잃어버린 시간을 찾아서

차례

잃어버린 시간을 찾아서 Ⅱ

제3편 게르망트 쪽
　Ⅰ … 1053
　Ⅱ … 1361
　　제1장 … 1361
　　제2장 … 1392

제4편 소돔과 고모라
　Ⅰ … 1641
　Ⅱ … 1675
　　제1장 … 1675
　　　마음의 흔들림 … 1802
　　제2장 … 1837
　　제3장 … 2038
　　제4장 … 2177

잃어버린 시간을 찾아서 I

등장인물
《잃어버린 시간을 찾아서》전7편 줄거리

제1편 스완네 집 쪽으로
    제1부 콩브레…41
    제2부 스완의 사랑…239
    제3부 고장의 이름—이름…454

제2편 꽃피는 아가씨들 그늘에
    제1부 스완 부인을 둘러싸고…505
    제2부 고장의 이름—고장…726

잃어버린 시간을 찾아서 III

제5편 갇힌 여인(소돔과 고모라III)
    제1부…2199

제6편 사라진 알베르틴(소돔과 고모라III)
    제2부…2623

제7편 다시 찾은 시간…2907

프루스트의 생애와 사상
    1. 마르셀 프루스트의 문학과 생애…3273
    2. 프루스트의 작품과 사상…3313
    프루스트 연보…3353
    프루스트 연구를 위한 주요 참고서적…3357

제3편

게르망트 쪽

Le Côté de Guermantes

레옹 도데*에게 바친다
《셰익스피어의 여행》,
《상속자》,
《검은 별》,
《망령들과 살아있는 사람들》,
《영상의 세계》,
그리고 그 밖에 많은 걸작을 쓴
작가에게,
둘도 없는 친구에게
감사와 상찬의
증거로서,

M.P.

---

* 1867~1942. 소설가 알퐁스 도데(1840~97)의 아들이자 '악시옹 프랑세즈'의 유력한 지도자
였던 작가·비평가. 통렬한 풍자와 반유대주의 논객으로도 유명하다. 프루스트는 젊은 시절
부터 도데 집안과 교류했는데 특히 레옹의 동생 뤼시앵 도데(1878~1946)와 친하게 지냈
다. 그러나 아카데미 콩쿠르의 회원인 레옹이 제2편 《꽃피는 아가씨들 그늘에》가 콩쿠르상
을 받을 수 있도록 애써주었으므로, 프루스트는 그에 감사하는 마음으로 이 헌사를 쓴 것이
다. 또한 1920년 1월호 〈신프랑스 평론〉지에 발표된 〈플로베르의 '문제'에 대하여〉란 글에
서도 프루스트는 레옹 도데를 절찬한 바 있음.

I

　새벽녘 새들의 지저귐도 프랑수아즈에겐 무미건조하게 들렸다. 하녀들이 뭐라고 조잘거릴 때마다 프랑수아즈는 소스라쳤다. 하녀들이 오락가락하는 발소리에 무슨 일이 있는가 하고 속이 답답했다. 말하자면 우리가 이사를 온 것이다. 물론, 먼저 살던 '7층'에서 하녀들이 덜 소란스러웠던 것은 아니다. 그러나 프랑수아즈는 그녀들과 잘 아는 사이여서 그 기척을 정겹게 들어왔다. 그런데 지금 여기서는 아무런 소리가 나지 않을 때도 조심스럽게 신경을 곤두세웠다. 이제껏 살아온 큰길 옆의 시끄러움과는 달리 새로 이사 온 곳은 조용했으므로 행인이 부르는 노랫소리가(약한 목소리일 때도 오케스트라처럼 멀리서도 똑똑하게 들려), 타향살이 신세가 된 프랑수아즈의 눈에 눈물을 글썽거리게 했다. 그러므로 우리가 살아온 '곳곳에서 존경받던' 집을 떠나야만 했을 적에, 그녀는 슬퍼하며, 콩브레의 관습에 따라 눈물을 흘리면서 이곳은 세상에서 가장 훌륭한 집이라고 단언하고는 이삿짐을 꾸렸는데, 나는 그러한 그녀를 비웃었다.

　그러나 한편으로 옛것을 쉽사리 버리는 만큼이나 새것에 동화하기가 쉽지 않은 나는, 그녀가 아직 우리를 잘 알지 못하는 문지기한테 존경의 표시를 받지 못해 풀이 죽어 있는 모습을 보자, 이 할멈이 친근하게 느껴졌다. 프랑수아즈만이 나를 이해해줄 성싶었다. 프랑수아즈 밑에서 일하는 젊은 하인은 아무리 봐도 그렇지 못할 것 같았다. 콩브레풍과는 영 딴판인 젊은 하인은, 살림살이를 새로 이사한 집으로 옮겨 들이거나 다른 거리로 이사하는 것이, 마치 보고 듣고 만지는 사물의 신기함으로 여행하는 듯한 휴식을 만끽하는 휴가라도 누리는 줄 아는 모양이다. 그는 시골에 온 기분으로 들떠 있었다. 코감기마저, 유리창이 잘 닫히지 않는 열차 안으로 불어오는 바람처럼 시골을 구경하고 왔다는 상쾌함을 그에게 가져다주었다. 자주 여행하는 주인을 모시는 일이 그가 늘 품어온 소망이어서, 재채기할 적마다, 비로소 꽤 좋은 일자리를 얻었다고 기뻐했다. 따라서 나는 이 젊은 하인에게 한 번 생각해 볼 가치도 두지 않고, 곧 프랑수아즈에게로 갔다. 이사 올 때, 아무래도 좋았던 내가 프랑수아즈의 눈물을 비웃어서 할멈은 나의 쓸쓸함에 얼음장 같은 냉랭한 태도를 보였는데, 할멈도 나만큼 슬펐기 때문이다. 신경질적인 사람들의 '감수성'이라는 것은, 그들의 이기심을 키운다. 그들 자신의 심신이 여의치 못함에 점점 더 깊은 주의를 기울이면서도 남들이 심신의 여의치 못함을 여봐란듯 보이는 데는 참지 못한다. 프랑수아즈는 자신이 느끼는 고통은 아무리 작을지라도 그냥 넘기지 않으면서 내가 괴로워하니까 고개를 돌려버렸다. 나는 내 고통을 불쌍히 여겨주는, 아니 오로지 알아주는 것만으로도 기쁜데 그것을 느낄 수도 없었다. 내가 새로 이사 온 집에 대해 이러니저러니 입을 열려고 하자마자, 바로 외면했다. 게다가 이사 온 지 이틀 뒤, 이사로 아직 '열'이 안 떨어져 있던 내가, 막 소 한 마리 꿀꺽 삼킨 왕뱀처럼 멀뚱멀뚱한 눈이 '소화'해야 할 엄청나게 긴 옷장 때문에 관자놀이가 지근지근 아프도록 오목하게 들어갔는데도, 떠나온 지 며칠 안 된 집에 두고 온 옷가지를 찾으러 가야 한다고 했던 프랑수아즈는 돌아오더니 뜬구름과도 같은, 여성 특유의 간사스런 투로 말했다. 이전 큰길에선 숨이 탁탁 막힐 것만 같더라, 찾아가는 데 여러 번 길을 잃어 헤맸다, 그런 불편한 계단은 처음 보았다, '나라 하나' 떼어준들, 백만금을 준들—이는 터무니없는 가정—거기에 돌아가 살 것 같냐, 모든 것이(다시 말해 부엌과 복도) 이번 집 쪽이 잘 '배치'되어 있다고. 그러니 말할 때가 왔나 보다. 이 집은 게르망트 저택에 속하는 아파트였다. 우리가 이곳으로 이사 온 이유는 할머니에게는 말하지 않았지만, 할머니 건강이 안 좋아 좀더 맑은 공기가 필요했기 때문이다.

　어느 나이에 이르면,* 고장 이름, 사람 이름은, 우리가 그 이름 속에 부어

---

* 이하 1절은 프루스트의 소설을 관철한 중요한 사상의 하나인 상상력의 문제와 관련되어 있다. 프루스트는 1913년 7월쯤 《잃어버린 시간을 찾아서》의 이름을 정하기 어려웠을 때, 친구 로베르에게 제1권 《이름의 시대》, 제2권 《언어의 시대》, 제3권 《사물의 시대》로 하는 것이 어떨지 묻는다. 이것은 각각의 대상을 파악하는 모든 단계를 가리키는 제목이라 생각된다. 즉 《이름의 시대》는 단지 이름에 의해 대상을 상상하는 단계, 《언어의 시대》는 단순한 기호로서의 언어의 단계, 《사물의 시대》는 대상의 진실이라 할 수 있는 단계일 것이다. 이러한 문제에 대한 관심은 이미 제1편 제3부의 '토지의 이름·이름', 제2편 제2부의 '토지의 이름·토지' 등 각 부분의 기술이나 제목에도 단적으로 나타남.

넣었던 알 수 없는 것의 형상(形像)을 우리에게 보인다. 그와 동시에 실재(實在)의 고장을 우리에게 가리켜, 형상이 실재와 다름없음을 확인할 수밖에 없게 만들어, 우리는 이름이 내포하지 못하나 이름과 떼어놓지도 못하는 혼을 찾아 한 도시로 나가게 된다. 은유적인 그림에서 그러하듯이, 이름이 개성을 부여하는 것은 도시나 강 따위의 자연현상에만 그치는 것이 아니고, 이름이 갖가지 색으로 알록달록 칠하거나 불가사의로 가득 채우는 것은 물질세계뿐만 아니라 인간 사회 또한 마찬가지다. 그러고 보면, 온 숲에 숲의 신령이, 물에는 물의 신령이 있듯, 성마다 저택마다 이름난 궁궐마다 그 귀부인이나 요정을 갖게 마련이다. 때로는, 그 이름 속에 몸을 숨긴 채, 상상 속에 사는 요정은 우리 공상의 삶이 변하는 대로 그 모습을 달리한다. 이와 같이, 내 마음속에서 게르망트 부인을 둘러싸고 있는 분위기는 여러 해 동안, 환등*[1]이나 성당 그림 유리창의 반사에 지나지 않다가, 이와는 전혀 다른 꿈이 급류의 습기로 젖게 되자, 그 빛깔이 바래기 시작했다.

그렇지만 우리가 그 이름에 상응하는 실재 인물에 가까이 가면 요정은 사라지게 마련이니, 그때는 그 인물에 이름이 빛을 반영하기 시작하여, 그 인물에 요정다운 티가 하나도 남지 않기 때문이다. 그래서 우리가 그 인물 곁에서 멀어지면 요정은 살아날지 모르나, 그 인물 곁에 그대로 남으면 요정은 영영 죽고 만다. 마치 멜뤼진(Mélusine) 요정*[2]이 사라지는 날 소멸하게 되어 있는 뤼지냥 가문처럼, 그 이름과 함께 사라진다. 그러자 연달아 다시 칠한 빛깔 밑에, 처음 우리가 영영 사귀지 못할 낯선 여인의 아름다운 초상화를 드디어 발견했는지도 모를 이름은, 지나치는 한 여인과 아는 사이인지를, 그 여인에게 인사해야 옳은지를 가리는 데 참고하는 한낱 신분증명 사

---

*1 콩브레에서 화자가 어린 시절에 환등으로 본 주느비에브는 중세 전설에 나오는 인물이지만, 이것은 게르망트 집안의 선조라고 말하는 브라반 백작으로 이어지고, 콩브레 교회에 그려진 게르망트 집안의 부인이나 영주와 관련되어 화자의 상상을 유혹함.
*2 이미 제3권에 그 이름이 나온다. 멜뤼진은 중세 소설 《멜뤼진》(1387)에 처음으로 나타난 요정으로 보통은 아름다운 여성의 모습을 하고 있지만, 토요일마다 하반신이 뱀이 된다는 전설의 인물. 그녀는 토요일에는 절대로 자신의 모습을 보지 않는다는 약속으로 레몽댕 백작과 결혼하고, 그를 위해 뤼지냥 성을 짓지만, 비밀이 알려져 달아났다고 한다. 이 멜뤼진 전설과 이어진 뤼지냥 집안은 10세기경부터 호와트 지방에서 알려진 백작이지만, 일족에게 불행이 있을 때마다 그 성에서는 멜뤼진이 외치는 소리가 들려왔다고 함.

진에 지나지 않게 된다. 그러나 흘러간 어느 해에 느린 한 감각이—거기에 녹음한 여러 예술가의 음성과 양식(樣式)을 보존하는 음악의 녹음기같이— 그때 우리 귀에 울려온 특별한 음색 그대로 그 이름을 우리에게 들려주는 것을 기억에 가능케 한다면, 듣기에 변함없는 이름인데도 우리는 같은 철자 가 우리한테 연이어 나타나고 모든 꿈의 여러 가지를 서로 떼어놓는 거리를 느낀다. 잠깐은 그림 그리는 데 쓰는 작은 튜브에서 짜내듯이, 옛 봄에 듣 던 지저귐에서, 서투른 화가처럼, 하나의 화폭에 펼친 우리의 모든 과거에, 비슷한 의식적인 기억과 관습적인 색조를 줄 때, 그 나날을 생각해낸다고 믿는다. 그 나날의 신비스런, 싱싱한, 잊어버린, 바로 그 음색을 뽑아낼 수 있다. 그런데 이와 반대로, 과거를 이루는 각 순간은 본디 그것을 지어내고 자, 이제는 우리가 모르는 당시의 색채를 유일한 조화 속에 썼던 것이다. 이를테면 어떤 우연으로 몇 해 뒤에 게르망트라는 이름이, 페르스피에* 따 님의 혼인날에 내가 감촉한 그대로의 소리, 오늘날의 울림과는 아주 다른 울림을 다시 띠면서, 젊은 공작부인의 부푼 깃장식을 벨벳처럼 윤나게 한, 몹시 부드러운, 몹시 빛나는, 몹시 신기한 그 연보랏빛과 꺾지 못할 협죽도 꽃이 다 핀 듯한 하늘빛 미소에 밝게 반짝이는 그 두 눈을 나에게 돌려준다 면, 그 옛 색채는 아직도 나를 황홀하게 만들 것이다. 그때 게르망트라는 이름은 산소 또는 다른 기체를 넣은 작은 풍선과도 같았다. 이걸 터뜨려 안 의 공기를 빼내려면 어떤 때는 햇살을 날아가게 하고, 어떤 때는 햇살을 성 구실의 붉은 모직 융단 위에 펼쳐, 장밋빛에 가까운 쥐손이풀 꽃의 눈부신 혈색과, 축제의 고귀함을 간직하는 희열 속에, 이를테면 바그너풍의 따사로 움을 거기에 씌우는 비의 전조, 광장 한 모퉁이에서 불어오는 바람으로 살 랑거리는 산사나무의 향기 섞인, 그해의 콩브레 공기를 나는 호흡한다. 그 러나 갑자기 실체가 꿈틀거려, 오늘날 죽고만 철자 가운데, 그 꼴을 다시 잡아 아로새김을 감촉하는 이런 드문 순간을 떼놓더라도, 실용의 목적으로 밖에 이름을 쓰지 않는 일상생활의 어지러운 회오리 속에, 마치 너무나 빨 리 빙빙 돌아 회색으로 보이고 마는 일곱 색깔의 팽이처럼, 이름이 모든 빛 깔을 잃었다. 한편 반대로 몽상에 빠질 때 우리는 과거에 되돌아가고자, 우

---

* 이것은 주느비에브의 후손인 게르망트 집안의 부인으로서 화자가 상상 속의 세계에서 만들 어낸 게르망트 공작부인의 영상이 처음으로 현실의 그녀와 부딪친 날의 경험.

리 몸을 끌어넣고 있는 부단한 움직임을 늦추고자, 멈추고자 하면서, 곰곰 생각해볼 때, 여태껏 흘러간 생애 중에, 단 하나 이름이 연달아 보이는 여러 빛깔이, 점차로 나란히, 동시에 서로 뚜렷하게 따로따로 나타남을 다시 본다.

나의 유모가—누구에게 경의를 표시하려고 작곡했는가, 아마도 오늘날에 이른 나 자신과 마찬가지로 모르고서—〈게르망트 후작부인께 영광 있으라〉는 옛 노래를 부르면서 나를 잠재웠을 적에, 또는 그런 지 몇 해 뒤, 게르망트의 나이 든 원수(元帥)가 샹젤리제에서 걸음을 멈추고 "그 녀석 귀엽군" 하고 말하며, 주머니용 봉봉 상자에서 초콜릿 봉봉을 꺼내주어 내 유모의 가슴을 자랑으로 부풀게 했을 적에, 그 게르망트라는 이름이 내 눈에 어떤 모양으로 드러났는지, 그야 물론 지금의 나로선 모르겠다. 나의 첫 어린 시절이야 이미 내 몸 안에 없고, 외적인 것이니, 태어나기 전에 생긴 일들처럼, 남의 얘기를 통해 알 따름이다. 하지만 그 뒤, 이 같은 이름이 내 사념 속에 연이어 일고여덟 가지 다른 모습을 띠기에 이르렀다. 처음 모양들이 가장 아름다웠다. 나의 몽상은 점점 버틸 수 없게 되는 장소를 현실 때문에 어쩔 수 없이 포기해버려, 좀 뒤쪽으로 새로 자리잡다가, 끝내는 더 뒤쪽으로 물러서게 되었다. 이와 같이 게르망트 부인이 변함에 따라 내 귀에 들려와서 몽상을 수정하는, 이렇고저렇고 하는 말에 해마다 늘어가는 그 이름에서 생겨난 저택도 변하곤 했다. 저택은 구름 또는 호수의 표면처럼 반사경이 된 그 돌 속까지 나의 몽상을 반영했다. 그 높은 데 올라가서 영주와 그의 부인이 신하들의 생사를 결정하던 성탑(城塔), 오렌지 빛 광선의 띠에 지나지 않는 두께 없는 성탑은—화창한 오후, 내가 자주 부모님과 함께 비본 내〔川〕의 흐름을 따라 산책하던, '게르망트 쪽'으로 이르는 길 끝에—공작부인이 나에게 은어 낚시질을 가르쳐주기도 하고, 그 주위를 둘러친 낮은 벽을 장식하고 있는 보랏빛과 불그스름한 꽃송이 이름을 일러주던 곳이었다. 맑은 물이 콸콸 흐르는 땅으로 변하고 말았다. 그리고 이곳이야말로, 여러 시대를 거치는 사이 황금빛으로 물들고 꽃장식을 한 성탑같이, 호기로운 게르망트 가문이, 나중에 노트르담 드 파리와 노트르담 드 샤르트르가 솟아오른 하늘 둘레가 아직 텅 비어 있었을 무렵, 벌써 프랑스를 짓눌러서 있던 세습(世襲)의 땅, 시정 그윽한 영지였다. 그 무렵 대성당은 마치 대홍수*¹를 피해 아라라트(Ararat) 산꼭대기에 머물렀던 노아의 방주처럼, 하느님의 진노가 진정되었는지 살펴보려고 걱정스런 얼굴을 창에 기대는 장로들과 의인(義人)들이 서성거리고, 그들이 앞으로 지상에 번식할 식물과 동물을 넘치도록 가져 와서 소 몇 마리가 탑에까지 도망쳐 나와 그 지붕 위를 한가롭게 거닐면서 샹파뉴 평야를 멀리 내려다본다. 날이 저물어 보베*² 시가를 떠난 나그네가, 가지 친 시커먼 대성당의 날개 표면이 석양의 금빛 영사막을 편 채 맴돌면서 뒤따라옴을 보지 못했을 무렵. 이 게르망트, 이는 소설의 장면처럼, 나로서는 떠올리기 힘든, 그만큼 오히려 더 맨눈으로 판별하고픈 공상의 풍경, 역에서 20리 남짓한 곳에, 갑자기 문장(紋章)의 수많은 특성으로 스며들게 되는 실제의 땅과 길 한복판에 핀 공상적인 풍경이었다. 나는 그 이웃 여러 고장 이름을 마치 파르나소스 또는 헬리콘*³ 산기슭에 자리잡고 있는 고장인 듯 떠올리고 보니, 그 이름은 신비한 현상이 나타나는 데 필요한—지형학상의—물질적 조건처럼 귀중하게 느껴졌다. 나는 콩브레 성당의 그림 유리창 밑부분에 그려져 있는 여러 문장을 떠올려본다. 그 동네 곳곳에, 세기에 걸쳐, 온갖 영주권(領主權)의 표시가 가득했다. 그것은 몇 세기에 걸친 이 명가가 결혼을 통해 얻거나 사들임으로써 독일, 이탈리아와 프랑스 여기저기에서 모은 영토의 표시다. 북방의 광대한 땅, 남방의 강력한 도시들이 모두 하나가 되어 게르망트 가문을 이루고, 그 실체는 잃어도 하늘빛 들판에 녹색 무대의 탑과 은빛 성곽을 우의적으로 새기고 있다. 나는 게르망트 가문의 유명한 벽걸이 얘기를 들은 적이 있으므로, 실드베르(Childebert)*⁴가 자주 사냥하러 갔다는, 유서 깊은 숲 기슭, 전설적이고도 맨드라미 빛의 이 기명 위에, 그 푸르고도 조금은 거친 중세기풍 벽걸이가 구름처럼 뚜렷이 드러나 보이는 것만 같았다. 이 땅의 신비로운 안쪽, 그 몇 세기 전으로 들어가, 여행하듯이 숨은 비밀을 찾아내려면, 이 고장의 종주(宗主)이자 부유한 상인의 귀부인인 게르망트 부인을 파리에서 잠

---

*1 구약성서 창세기 제8장에 의하면 신은 〈대홍수〉를 일으킨 뒤에 노아와 그의 가족과 방주에 있던 모든 생물을 구하기 위해 지상에 바람을 일으켰다. 그러자 물이 땅을 뒤덮고 방주는 7월 17일에 아라라트 산에 이른다고 함.

*2 파리 북부에 있는 도시.

*3 파르나소스산, 헬리콘산 모두 그리스 코린트 지협을 동쪽에서 굽어보는 산.

*4 메로빙거 왕조의 프랑크 왕(495~558).

시 가까이하는 것만으로도 될 성싶다. 마치 부인의 얼굴과 말씨가 수목이 무성한 숲과 시내의 풍토색 짙은 매력이나, 그 가문의 기록과 문서에 실린 관습과 마찬가지로 예스런 특성을 지니고 있음에 틀림없기라도 한 듯이. 그러나 그 무렵 나는 생루와 아는 사이였다. 그에게서 별장이 게르망트라고 불리게 된 것은 그리 오래되지 않은, 그 가문이 그것을 차지한 17세기부터였다고 들었다. 게르망트 가문은 그때까지 근처에 살았고, 칭호도 그 고장에서 따지 않았던 것이다. 게르망트 마을은 별장에서 이 이름을 받았으며, 별장을 향하여 세워졌고, 또 마을이 별장의 전망을 망치지 않도록, 그때의 봉건적인 강제력으로 길들의 선을 그었으며, 가옥들의 높이를 제한했다. 그 벽걸이는 부셰(Boucher)*가 그린 것으로 게르망트 집안의 어느 예술 애호가가 19세기에 사들여, 애호가 자신이 그린 보잘것없는 사냥 그림과 나란히, 값싼 붉은 무명 커튼을 친 매우 추악한 응접실에 놓여 있었다. 이것을 드러낸 생루가 성 안에 게르망트라는 이름과 관계없는 요소를 들이밀어서, 나는 계속해서 건축물의 돌 공사를 오로지 철자의 울림에서만 발굴할 수가 없게 되었다. 그러자 호수 속에 비치던 성은 사라지고, 게르망트 부인 주위에 그 저택으로 나타난 건, 파리에 있는 그 저택, 게르망트 저택이었다. 그 이름들이 투명감을 가려서 어둡게 만들 방해물은 하나도 없었으므로 그 이름처럼 투명했다. 성당이라는 말이 오직 성전뿐만 아니라 신자의 모임도 뜻하듯이, 게르망트 저택도 공작부인과 생활을 함께하는 모든 사람을 포함하고 있었다. 하지만 이러한 지인들을 내가 눈으로 본 적이 없어서 나로선 저명하고도 시적인 이름이 많았으며, 이들 또한 단지 이름에 지나지 않는 이들하고만 사귀는 인간들뿐이므로 요컨대 공작부인 주위에, 기껏해야 멀어짐에 따라 얻게 되는 광대한 무리를 펼치면서, 오로지 부인의 신비를 더욱 크게 하고 그것을 지키는 구실을 할 뿐이었다.

부인이 베푸는 연회의 초대 손님으로서 상상하는 건 털끝만한 육체도, 털끝만한 수염도 없는, 어떤 신도 신지 않은, 싱거운 말을 입 밖에 내지 않는, 또는 사리에 맞는 자못 인간다운 독창적인 말도 입 밖에 내지 않는 이들뿐이라서, 이들의 이름이 일으키는 소용돌이는 게르망트 부인이라는 작센 자기

---

* 프랑스의 화가(1703~70).

인 작은 인형 둘레에, 물질적인 것을 들이밀기로는 도깨비의 향연이나 유령의 무도회보다 적어, 유리로 된 그 저택에 진열창의 투명성을 간직하고 있었다. 그 뒤 생루가 나한테 그의 큰어머니의 예배실 전속 사제와 정원사에 관한 일화를 이야기했을 때, 게르망트 저택은—예전에 루브르궁전이 그랬을지도 모르듯—파리 한가운데, 괴상하게 여전히 효력이 있어서 아직도 공작부인이 봉건적 특권을 행사하는 옛 법 덕분에, 상속받아 소유하는 땅으로 둘러싸인 하나의 성이 되었다. 그러나 이 마지막 저택마저, 우리 식구가 게르망트 저택 바로 옆에 있는, 부인의 아파트와 이웃한 아파트 가운데 하나에서 빌파리지 부인과 나란히 살게 되자 사라지고 말았다. 이는 아직 몇몇 남아있을지 모르는 예스런 주택 가운데 하나, 현관 앞쪽 넓은 마당에—민주주의의 밀물이 가져온 충적물(充積物)인지, 아니면 갖가지 생업이 영주의 주위에 몰려 있던 좀더 옛 시대의 유물인지—가게 뒷방, 일터뿐만 아니라 건축기사의 심미적 노력도 철저하지 못한, 대성당의 옆면에 기생하고 있음을 목격하는 그것들처럼, 구두 가게 또는 옷 수선 가게, 닭을 기르고 꽃을 키우는 문지기 겸 헌신 파는 가게 따위가 그 옆쪽에 자리잡고, 그 안쪽 '저택을 이루는' 안채에 '백작부인'이 계시고, 이분이 말 두 필이 끄는 구식 사륜마차에 몸을 실어, 문지기 오두막의 작은 정원에서 빠져나올 때, 금련화 몇 송이를 모자에 꽂고서(거리에 있는 귀족 저택마다 명함을 놓고자 이따금 내리는 시중꾼을 마부 옆에 데리고) 외출할 때, 지나치는 문지기 애들이 가옥의 채용자인 부르주아들에게 미소를 분명치 않게 보내거나 손을 약간 흔들어 인사하거나 하다가, 그 건방진 싹싹함과 모든 사람은 평등하다는 교만한 태도에 어리둥절하기도 하는, 예스런 주택 가운데 하나였다.

우리 식구가 이사 온 집 안뜰 안쪽에 사는 귀부인은 우아하고도 아직 젊은 공작부인이었다. 이분이 바로 게르망트 부인으로, 프랑수아즈 덕분에 나는 꽤 빨리 저택에 관한 정보를 들었다. 까닭인즉 게르망트 사람들이(프랑수아즈는 이를 아래쪽·밑쪽이라는 말로 자주 가리켰다) 프랑수아즈의 마음을 끊임없이, 프랑수아즈가 엄마의 머리칼을 매만져 꾸며주는 동안에 아무래도 참지 못하고 눈을 슬쩍 안마당으로 던지면서, "저런저런, 수녀 두 분이네. 틀림없이 아래쪽에 가나 봐요"라든가, "어머나, 부엌 창가에 탐스런 꿩들은 어디서 생겼는지 물어보나마나, 공작께서 사냥하신 거지요?" 하고 묻는 아침부터, 내 잠자리를 정돈하는 동안에 피아노 소리나 샹송 메아리를 듣고서, "아래쪽에 손님이 왔나 봐요, 흥겹네요" 하고 결론을 내리고서, 지금은 백발이 성성한 머리 밑, 단정한 얼굴에 젊은 시절의 생생하고도 얌전한 미소를 지으면서 콩트르당스(contredanse)*에 나오듯 순식간에 그 얼굴을, 그때 그 순서에 맞도록 멋있게 섬세하게 화사하게 꾸며대는 밤에 이르기까지 사로잡고 있었기 때문이다.

그러나 게르망트네 생활이 프랑수아즈의 관심을 가장 또렷하게 일으켜 더할 나위 없는 만족과 불만을 준 순간은 두 정문 문짝이 활짝 열리며 공작부인이 사륜마차에 올라타는 바로 그 순간이었다. 이 순간은 보통 우리집 하인들이 점심이라고 일컫는, 아무도 방해 못하는 엄숙한 유월절(유대민족의 3대 축일의 하나)과 같은 의식을 마치고 난 지 얼마 되지 않은 때이다. 이 의식 동안 하인들을 부리는 것은 절대 '금기(禁忌)'여서, 아버지조차 초인종을 누르지 못했다. 하기야 아버지는 한 번을 울리건, 다섯 번을 울리건 하인들은 그 소리에 아랑곳하지 않으므로 이 금기를 범한대도 헛수고이며 아버지로서도 나중에 큰 손해가 없다는 것을 알고 있었다. 왜냐하면 프랑수아즈는 (늙어가면서 무슨 일에 관해서나 머리를 쳐드는 기회를 놓치지 않았으므로) 필연코, 그 뒤 종일, 아버지한테 작고 붉은 설형(楔形) 문자로 뒤덮인 얼굴을 나타내서인데, 그 글자는 좀 판독하기 어렵긴 하나, 프랑수아즈가 푸념한 기나긴 기록과 불만의 심오한 이유를 밖으로 펼치고 있었기 때문이다. 게다가 프랑수아즈는 무대 옆을 향해서 대사를 말하듯, 우리 식구가 뭐가 뭔지 분간 못하는 말을 늘어놓는 것이었다. 프랑수아즈는 이를—우리 식구는 실망시키는 '분한', '분개시키는' 말로 여기고 있었는데—우리 식구한테 하는 말로는 '소리 내어 말하는 작은 미사'의 성스런 나날을 지내고 있다고 했다.

마지막 의식도 끝나자, 초기 그리스도 교회에서처럼 미사를 거행하는 사제이자 신도의 한 사람이기도 한 프랑수아즈는 마지막 포도주 잔을 들이켜고, 목에서 냅킨을 벗어 붉은 액체와 커피 묻은 입술을 닦고 나서 고리 속에 접어 넣고, 열심인 체하려고, "자아, 포도주를 좀더 드시죠, 맛있는데요"라고 말하는 '그녀의' 젊은 시중꾼에게 수심에 잠긴 눈으로 고마워하고는, 곧

---

* 네 사람이 한 조를 짜서 추는 춤, 카드리유.

'이 비참한 부엌 안'이 너무 덥다는 핑계로 창을 열러 갔다. 그리고 창의 손잡이를 돌려 바람이 들어오게 하는 동시에 교묘하게 안마당 안쪽을 무관심한 듯 흘깃 보면서 공작부인의 외출 채비가 아직 다 되어 있지 않다는 것을 확인하고, 말을 매단 마차를 멸시와 열기가 넘치는 눈으로 잠시 보다가, 이 한순간의 응시를 먼저 땅 위의 사물에 돌렸다가, 하늘 쪽으로 쳐들었는데, 그러기에 앞서 대기의 따사로움과 해의 뜨거움을 피부로 느끼면서 하늘이 맑게 개었다는 사실을 환히 알고 있었다. 그리고 프랑수아즈는 콩브레의 부엌 안에서 꾸르르꾸르르 울던 비둘기와 똑같은 비둘기들이, 봄마다 보금자리를 지으러 오는, 바로 내 방 굴뚝 꼭대기, 지붕의 한 모퉁이를 물끄러미 바라보았다.

"아아! 콩브레, 콩브레." 프랑수아즈는 한탄했다(프랑수아즈가 이 기도를 올리는 데 실은, 거의 노래하는 듯한 가락은 아를의 여인과 같은 그 얼굴과 마찬가지로 남부 태생임을 의심케 하고, 그녀가 비탄에 잠겨 그리워하는 고향이 살러 온 고장이 아니었는지 의심케 할지도 모른다. 그러나 이는 착각일 수밖에 없는 것이, 어떤 지방도 그 '남부'가 없는 곳이 없기 때문이며, 또 남부 지방 주민의 특징인 장단의 감미로운 온갖 조옮김을 발음하는 사부아 사람과 브르타뉴 사람을 얼마나 자주 만나는가!). "아아! 콩브레, 언제 너를 다시 본다더냐, 가여운 땅! 언제 네 산사꽃과 라일락꽃 아래 물새 소리와 어느 누가 속삭이듯 졸졸 흐르는 비본 시내의 소리를 들으면서, 편안한 나날을 보낼 수 있단 말이냐. 우리 도련님이 쉴 새 없이 울려대는 저 지긋지긋한 초인종 소리를 안 듣고 말이야. 아무튼 내가 저 빌어먹을 복도를 온종일 뛰어다니게 해야 직성이 풀리는 거야. 그토록 나를 볶아대면서도 도련님은 내 걸음이 빠르지 않다더군. 그러니 초인종이 울리기도 전에 내 귀가 그 소리를 알아들어야 하는 거야. 또 1분이라도 늦어보라지, 도련님은 화가 머리끝까지 올라 있거든. 이 몸의 팔자라니! 그리운 콩브레야! 어물어물하다간 어쩌면 내가 죽고 나서, 돌처럼 무덤구덩이에 던져질 때 너를 다시 보겠구나. 그렇게 되고 보면, 네 예쁘고도 새하얀 산사꽃 냄새도 영영 못 맡겠지. 하지만 말이다, 죽음의 잠 속에서도, 살아 있는 동안 나를 괴롭히던 저 따르릉 소리가 들리겠지."

그러나 프랑수아즈의 넋두리는 안뜰 한구석에 터 잡은 재봉사의 아는 체하는 소리에 멈췄다. 이 재봉사는 전에 우리 할머니가 빌파리지 부인을 찾아가던 날 매우 마음에 든 그 사내로, 프랑수아즈도 적잖게 호감을 가지고 있었다. 우리 아파트의 창문이 열리는 소리를 듣자 머리를 쳐들어, 그는 벌써부터 아침 인사를 하려고 그녀의 주의를 끌고자 애쓰고 있었다. 프랑수아즈의 매력은 나이와 불만과 화덕의 더위로 둔해진 우리집 늙은 식모의 부루퉁한 얼굴을 한껏 광을 내어 쥐피앙 씨 쪽으로 돌리는 것이었다. 신중하고 애교 있게 친근감과 수줍음을 두루 섞어, 프랑수아즈는 그 재봉사에게 우아한 인사를 해보였지만, 소리 내서 답례하지는 않았다. 왜냐하면 안마당을 바라보아 엄마의 분부를 어겼을망정 감히 창 너머로 수다 떨 만큼 분부를 무시할 용기야 없을 테니까. 프랑수아즈에 의하면, 그랬다가는 마님에게 '날벼락'을 맞을 것이 뻔했다. 프랑수아즈는 쥐피앙에게 말 두 필을 매단 사륜마차를 가리키면서 '훌륭한 말이군요!'라고 말하는 시늉을 했는데, 실은 '얼마나 늙어빠진 말이람!' 하고 중얼거렸을 뿐이었다. 특히 쥐피앙이 자기에게 낮은 목소리로 소곤소곤하면서도 잘 들리도록 입에 손을 가져다 대고서 다음과 같이 대답하려는 것을 알고 있었기 때문이다. "댁도 원하신다면야 못 갖겠어요? 게다가 더 훌륭한 것도 말이오. 한데 저런 따위를 원하시지 않으니까."

그러자 프랑수아즈는 '취미는 저마다 다르게 마련, 우리 집안은 검소함을 첫째로 삼는다오'라는 뜻에 가까운, 겸손하고도 어물어물하는, 좋아서 어쩔 줄 몰라 하는 듯한 몸짓을 한 뒤에, 엄마가 올까 봐 창문을 닫았다. 원한다면 게르망트 집안보다 더 많은 말을 가질 수 있다는 이 '댁'은 우리 식구를 두고 하는 말이었는데, 그러나 쥐피앙이 프랑수아즈를 보고 '댁'이라 한 말은 옳았으니, (프랑수아즈가 쉴 새 없이 기침을 해대어 온 집안이 그 감기에 걸릴까 봐 전전긍긍했을 때, 감기 들지 않았다고 약 올리는 냉소와 더불어 우겨대는 그 자존심과 같은) 순전히 사사로운 만족을 느끼는 경우를 제외하면—어떤 동물과 식물이 하나가 되어, 동물이 먹이를 잡아먹고 소화한 뒤에, 완전히 같게 될 수 있는 찌꺼기를 받아먹고 자라는 식물처럼—프랑수아즈는 우리와 공생(共生)하고 있기 때문이다. 적반하장 격으로 우리 가족의 미덕, 재산, 생활 상태, 지위 따위를 가지고 프랑수아즈의 자존심이 보잘것없는 만족을 할 수 있도록 고심해 만들어내는 소임을 맡아하는 게 우리 식구였다. 프랑수아즈의 자존심은—식사 뒤 창가에서 바깥공기를 한 모금 들이 마시는 일을 용인하는 옛 관습에 따라, 점심이라는 의식을 자유로이 거행한다는, 물건을 사러 가서 거리를 잠시 거닌다는, 일요일에 그녀의 조카딸을 만나러 외출한다는 인정된 권리에 덧붙여—그 삶에 없어서는 안 될 만족의 일부를 이루고 있었다. 따라서 프랑수아즈가 이사 온 지 며칠 동안—아직 우리 아버지의 명예로운 직위를 아무도 모르는 가옥 내에서—코르네유*의 극중에서 보는, 또는 약혼녀 고향을 애타게 그리워한 끝에 자살하고 마는 병사의 붓끝으로 표현되는 강한 뜻으로서의 '상심(傷心)', 프랑수아즈가 스스로 말하는 '울증(鬱症)'에 걸려서 의기소침했던 것이 이해될 것이다. 프랑수아즈의 답답증은 바로 쥐피앙에 의해 재빨리 씻은 듯 나았다. 쥐피앙이 프랑수아즈에게, 만일 우리 식구가 말을 가지기로 결심했다면 프랑수아즈가 느꼈을 기쁨, 이와 똑같이 생생하고도 더욱 품위 있는 기쁨을 당장 마련해주었기 때문이다. '참 좋은 분이야, 쥐피앙 같은 이들이야말로 (하고 프랑수아즈는 이미 알고 있는 낱말에 새 낱말을 기꺼이 동화시키면서) 충직한 분들이지, 얼굴에 그렇게 씌어 있거든.' 사실 쥐피앙은, 우리네가 마차와 말을 소유하지 않았지만 그러기를 원하지 않기 때문이라는 점을 모두에게 이해시킬 수도, 가르칠 수도 있었다.

이 프랑수아즈의 친구는 관청에 일자리가 생겼으므로 자기 집에 있는 일이 드물었다. 그는 처음엔 우리 할머니가 그 딸인 줄 알았던 '여자아이'와 함께 조끼를 지었는데, 할머니가 빌파리지 부인을 찾아갔을 때에는, 아직 애송이지만 치마를 썩 잘 지을 줄 알던 그 여자아이가 부인복 재봉사가 된 뒤로 솜씨가 빛을 잃고 말았다. 이 여자아이는 처음에 부인의상점에서 '수습'으로 밑자락 장식을 깁는 일, 단추 달고 주름 잡는 일, 갈고리단추로 허리띠를 맞추는 일을 하다가, 금세 두 번째 수습 자리에 올라갔다가, 첫 번째 자리에 올라가, 상류 사회의 부인들 가운데에서 단골이 생기자, 제 집, 곧 이 안마당에 있는 가게에서 전 의상점의 동료 한두 사람을 조수로 쓰면서 함께 일하게 되었다. 그렇게 되자 쥐피앙은 있으나마나 한 존재가 되고 말았다. 그 여자아이는 지금은 다 컸지만, 어쩌다가 조끼를 만들어야 하는 일도 많을 것이다. 그러나 동료 아가씨들이 돕고 있어 누구의 손도 필요치 않았다. 따

─────────────────

* 피에르 코르네유(1606~84), 프랑스 극작가. 프랑스 연극의 아버지로 특히 고전극을 확립함.

라서 쥐피앙은 다른 직장을 구했다. 처음에는 정오에 마음대로 집에 돌아오다가, 그때까지 그가 보좌만 하던 사람의 후임자가 되고부터는, 저녁 식사 전에는 못 돌아오게 되었다. 그가 '정직원'으로 일하게 된 것은 다행히 우리가 이사 온 지 몇 주일 뒤였다. 그래서 쥐피앙의 친절은, 그토록 견디기 힘든 이사의 처음 무렵을 프랑수아즈가 그다지 심한 고통 없이 넘길 수 있도록 많은 도움을 주었다. 하기야 그가 이와 같이 '과도기의 영약'으로서 프랑수아즈에 대하여 거둔 효용을 무시하는 바는 아니지만, 내가 보기에 쥐피앙의 첫인상이 그다지 마음에 들지 않았던 것은 인정해야 한다. 멀리서 보면 살찐 뺨과 혈색 좋은 낯빛이 좋은 인상을 주었을지 모르나, 몇 걸음 거리에서는 다정다감한 듯한, 슬픈 듯한, 꿈꾸는 듯한 눈길에 넘치는 두 눈은 그런 인상을 아주 망치면서, 중병을 앓고 있는 사람이나 애통한 초상을 막 치른 사람을 떠올리게 했다. 그는 물론 그런 사람이 아니었을 뿐더러, 입을 열자마자 (말투는 아무런 결점이 없었지만) 오히려 냉랭하고 빈정거리길 잘했다. 그의 눈길과 말투 사이의 이런 어긋남에서 호감이 가지 않았는데, 이것에는 그 자신도, 마치 모든 이가 예복을 입은 모임에 홀로 짧은 저고리 차림인 손님처럼, 또는 전하에게 말씀을 올려야 할 처지에 놓였는데, 정확히 뭐라고 말해야 좋을지 몰라 우물쭈물 엉뚱한 말로 난처함을 피하는 사람처럼 당황함을 느끼고 있는 것 같았다. 반대로 쥐피앙의 말투는—단순한 비교에 지나지 않지만—매력이 있었다. 아마도 눈을 통한 얼굴의 이런 범람에 맞장구치려는지(그의 사람됨을 알고 나서는 그 눈을 주목하지 않게 되었다) 나는 곧 그에게서, 드문 지성, 틀림없이 아무 교양 없이, 그저 서둘러 읽어낸 책 몇 권 덕분에 더할 나위 없이 교묘한 언어 구사의 묘법을 터득한, 또는 동화하고 있다는 뜻으로서, 내가 여태껏 만난 사람 가운데 가장 문학적인 천성을 판별했다. 내가 아는 사람들 가운데 가장 천부적인 재질이 있는 이들은 전부 요절해버렸다. 그러니 나는 쥐피앙의 목숨도 오래 못 갈 거라고 확신했다. 그에게는 착함, 연민의 정, 아주 섬세한 정, 더할 나위 없는 너그러움이 있었다. 프랑수아즈의 생활에서 그가 맡아한 소임은 오래지 않아 없어도 괜찮은 것이 되고 말았다. 프랑수아즈가 그 소임을 다른 사람으로 채울 줄 알았기 때문이다.

출입 상인이나 딴 집의 하인이 우리집으로 물건이나 우편물을 가져왔을 때마저, 프랑수아즈는 온 사람을 거들떠보지 않는 체하고, 오로지 초연한 태도로 의자를 가리키고 나서, 하던 일을 계속하면서도, 방문한 사람이 어머니의 회답을 기다려 부엌에서 보내는 몇 분을 어찌나 능란하게 이용했는지 '이 집에 없는 건, 그것을 원치 않기 때문이다'라는 확신을 머릿속에 뚜렷하게 새기지 않고서 돌아가는 이가 거의 없다시피 했다. 하기야 우리가 '약간의 돈'(생루가 부분관사라고 일컫는 용법을 모르는 프랑수아즈인지라, avoir d'argent이나, apporter d'eau라고 하는데)*을 가지고 있다는 것은, 다시 말해 우리가 재산가임을 남에게 이토록 알리고 싶어한 것은, 부유밖에 없는 부귀, 미덕 없는 부유가 프랑수아즈의 눈에 세상에서 가장 좋은 것으로 보였기 때문이 아니라, 부귀 없는 미덕이란 그녀의 이상이 아닌 지 오래였기 때문이다. 부귀란 그녀에게 있어서 미덕의 필수 조건 같은 것으로, 미덕도 부귀 없이는 값어치나 매력이 없었을 것이다. 프랑수아즈는 이 두 가지를 거의 가려내지 못하다가, 드디어는 하나에 또 하나의 특성을 돌려, 미덕 속에 뭔가 안락함을 요구하고, 부귀 속에 뭔가 신앙심을 일으키는 힘을 인정하기에 이르렀다.

창문을 닫고 나자(그렇지 않으면 엄마가 '이루 상상도 못할 욕설을 늘어놓았을' 것이다) 프랑수아즈는 재빨리 땅이 꺼지도록 한숨을 내쉬면서 부엌 식탁을 정돈하기 시작했다.

"라 셰즈 거리에도 게르망트라는 저택이 있던데요." 시중꾼이 말을 꺼냈다. "그 댁에서 내 친구 하나가 일했죠. 마부 조수로. 그리고 내가 아는 사람 가운데, 그렇다고 친구가 아니라 그 처남이지만, 게르망트 남작 댁의 사냥개를 돌보는 하인과 같은 연대(聯隊)에 종사하던 이가 있기도 해요." "아무러면 어때, 우리 아버지도 아닌데(Et après tout allez-y donc, c'est pas mon père!)"라고 덧붙인 시중꾼은 그해 샹송의 후렴을 곧잘 콧노래하듯이, 새 농지거리를 얘기 속에 끼워넣는 버릇이 있었다.

프랑수아즈는 벌써 나이 든 여인의 피곤한 눈으로, 게다가 머나먼 허공 속에 콩브레의 전경(全景)을 보고 있는지라 이 말에 숨은 농담을 분간 못 했지만, 농담이 있다는 것은 알아챘다. 앞뒤의 말과 연결이 없었고, 익살꾼으

---

* 옳은 용법은 avoir de d'argent.

로 통하는 그가 힘주어 내던진 말이었으니까. 그래서 프랑수아즈는 호의 있는 환한 얼굴로 미소 지었는데, 마치 '언제나 저렇다니까, 우리 빅토르는!' 하고 말하는 듯싶었다. 게다가 프랑수아즈는 기뻐했으니, 이런 종류의 재치 있는 말을 듣는다는 것은, 모든 계급의 인사들이 그것을 위해서라면 서둘러 몸치장도 하고, 감기도 마다치 않는 상류 사회의 품위 있는 기쁨에 미칠 수야 없지만, 좀 비슷한 데는 있다는 사실을 알고 있었기 때문이다. 그리고 또 프랑수아즈는 이 시중꾼을 친구라고 믿고 있었는데, 공화정체*¹가 성직자에게 취하려는 가공할 조치를 그가 매번 화를 내며 비난했기 때문에 속을 터놓을 수 있는 친구라는 생각까지 하고 있었다. 그러나 프랑수아즈는 아직 이해하지 못했다. 우리의 가장 가증스러운 적은, 우리를 반박하고 설복시키려 드는 자들이 아니라, 우리를 슬프게 하는 소문을 지어내거나 과장하는 자들, 그리고 그러한 소문에다가 그럴듯한 겉모습을 조금도 부여하지 않는 사람들이라는 사실이다. 그러한 겉모습이라도 있다면 우리 고통도 덜할 수 있어서, 의기양양한 고약한 놈이라고 우리에게 말함으로써 우리를 약 올리려는 자에게, 오히려 조금쯤 존경심마저 가질지 모른다.

"공작부인은 그 댁의 친척*²이겠지." 프랑수아즈는 다시 안단테부터 곡조를 시작하는 이처럼 라 셰즈 거리의 게르망트 집안으로 화제를 되돌리면서 말했다. "누가 말해주었는지 잊어버렸지만, 그 댁의 한 분이 공작 댁 사촌누이하고 결혼했다더군. 아무튼 같은 '핏줄'이야. 게르망트는 큰 가문이니까!" 하고, 파스칼이 종교의 진리를 이성과 성서의 권위 위에 세웠듯이 이 가문이 위대한 근거를 그 구성원의 수와 빛나는 명성 위에 세우면서 공손히 덧붙였다. 왜냐하면 이 두 가지에 대하여 '큰'이라는 낱말밖에 가지고 있지 않아, 프랑수아즈에겐 두 가지가 한 가지로밖에 형성하지 않은 듯했기 때문이다. 따라서 프랑수아즈의 낱말은 어떤 보석같이 군데군데 흠이 나, 이것이 프랑수아즈의 사념까지 검은 그림자를 드리우고 있었다.

---

*1 1905년 12월 9일에 프랑스는 오랜 현안이었던 정교분리법을 공표하고, 이에 따라 종교에 대한 국가의 원조는 폐지되어, 교회재산은 국가에 수용되게 되었다. 이때부터 교회재산의 조사 등을 둘러싸고 각지에서 충돌이 일어났다. 여기서 시중꾼이 말하고 있는 비난은 이 문제에 관련됨.

*2 프랑수아즈는 allié(동맹국, 친척 등의 뜻)과 alliance(동맹관계, 친척관계의 뜻)를 합쳐 alliancée라는 말을 만들어냄.

"콩브레에서 10리 남짓한 곳, 게르망트에 성을 가진 댁이 공작부인*1 댁이 아닐까. 그렇다면 알제(Alger)의 사촌누이와 친척들일 거야."(어머니와 나는, 이 알제의 사촌누이라는 분이 누구일까 오랫동안 생각해보았는데, 드디어 프랑수아즈가 알제라고 하는 이름은 실은 앙제(Angers)*2라는 도시를 두고 하는 말인 것을 알았다. 먼 데 있는 것이 가까운 데 있는 것보다 더 알려지기 쉽다. 프랑수아즈는 정월 초하루에 우리집으로 오는 보기 흉한 대추야자 열매 때문에 알제라는 이름을 알고 있었는데, 앙제라는 이름은 모르고 있었다. 프랑수아즈의 말은 프랑스어 자체처럼, 특히 그 지명은 오류투성이였다) "공작부인 댁 집사에게 이에 대해 말해보려고 했지…… 그런데 그 사람 이름이 뭐라더라?" 예의상 질문을 하듯이, 프랑수아즈는 스스로 묻고 대답했다. "아아 그렇지! 앙투안이라고 하더군" 하고 앙투안이 정식 칭호라도 되는 듯 말했다. "이에 대해 말해줄 수 있는 이가 이 사람밖에 없거든. 그런데 이 집사의 꼴 좀 보소. 진짜 신사, 유식한 체하는 품이, 혓바닥이 빠졌는지 지껄이는 걸 까맣게 잊어버리고 만 것 같아. 말을 걸어도 회답조차 하지 않거든." 프랑수아즈는, 세비네 부인이 편지에 쓰듯이 '회답하다'라는 문자를 덧붙여 말했다. "그러나" 하고 프랑수아즈는 마음에도 없는 말로 "냄비 속에 익히는 것을 잊지 않는 한, 난 남의 일에 간섭하지 않아. 아무튼 그 사람은 다 어설퍼. 게다가 용감한 사내도 아니고 말야"라고 덧붙였다(이 평가를 듣고서는 프랑수아즈가 용기에 관한 의견을 바꿨다고 여길지 모른다. 콩브레 시절 프랑수아즈에 의하면, 용기는 인간을 야수로 만든다고 했지만, 의견은 하나도 변하지 않았다. 용감한 사람은 오로지 부지런한 사람이라는 뜻에 지나지 않았다). "남들의 말로는 그 사람은 까치처럼 도둑질도 잘 한다는군. 하지만 항상 남의 험담을 곧이 믿어야 쓰겠어? 공작부인 댁에서는 하인들이, 문지기 집의 고자질에 나가버린다는군. 문지기 부부가 질투가 많아서 공작부인을 부추기나 봐. 하여간 그 앙투안이 진짜 위선자로, '앙투아네스'도 그 점으론 제 남편을 당하지 못한다고 말할 수 있겠지." 프랑수아즈는 이렇게 덧붙이며, 앙투안이라는 이름에서, 이 집사의 아내를 가리키는 여성 명사를 찾아내는 데,

---

*1 원어는 eusse. 이것도 프랑수아즈의 조어로 남성 복수 대명사 강조형이 eux인 점에서 그 말 미의 x를 sse로 바꾸면 여성 복수가 된다고 생각했을 것이다. 여성 복수의 강조형은 elles.
*2 프랑스 서부의 멘강 연안에 있는 하항 도시.

문법상의 창작을 하는 중, 틀림없이 수사(chanoine)와 수녀(chanoinesse)를 무의식적으로 떠올렸나 보다. 프랑수아즈가 그렇게 말한 것은 그리 큰 잘못이 아니었다. 지금도 노트르담 근처에 샤누아네스(Chanoinesse)라는 거리가 있는데(수사들만이 살던 것을 미루어보건대), 옛 프랑스인들이 붙인 이름 같고, 실제로 그녀들과 같은 시대 사람이었다. 게다가 몇 마디 끝에 곧, 이 여성 명사를 만드는 식의 새로운 보기를 들었다. 프랑수아즈가 "그러나 확실한 일인데, 게르망트의 성은 공작부인의 것이고, 그 고장에선 그분이 여면장(女面長)님*이지. 대단하지."

"과연 대단하군요." 하인은 비꼬아 말한 것을 알지 못한 채 자신 있게 말했다.

"아니, 정말 대단하다고 생각하나? 하지만 말이야, 저이들로서는 면장이나 여면장이 된다는 게 대수롭지 않은 일이야. 만에 하나라도 게르망트의 별장이 내 것이라면, 파리에 좀처럼 나오지 않을 거야. 그렇지만 주인님과 마님처럼 신분 좋은 분들이 언제라도 가고자 하면 마음대로 갈 수가 있어 아무도 말리지 않는데, 콩브레에 안 가시고 이 비참한 도시에 남아 계시다니 무슨 생각이 있으시겠지. 모자라는 게 아무것도 없는데 어쩌자고 고향으로 돌아가시지 않는지 모른다니까. 죽을 때까지 기다리시려나? 나 같으면 먹을 양식만 있고, 겨울에 몸 따뜻하게 해줄 장작만 있다면, 벌써 옛날에, 콩브레에 있는 오빠 집에 갔을 거야. 거기선 적어도 사는 느낌이 들지. 사방을 둘러봐야 이런 집들도 눈에 띄지 않고, 고요하기 짝이 없어. 밤중에 20리 밖에서 개골개골 우는 개구리 소리가 들려올 정도니까."

"멋진 곳이군요, 가정부님." 젊은 하인은 마치 곤돌라에서의 생활이 베네치아 특유의 것인 양, 개구리가 운다는 특징이 콩브레 특유의 것인 듯이 감격하여 외쳤다.

게다가, 시중꾼보다 우리집에 고용된 지 얼마 되지 않은 하인은 그 자신에게는 별로 흥미롭지 않으나 프랑수아즈로서는 흥미 있는 얘기를 곧잘 하였다. 또 요리사로 대우할라 치면 무시무시하게 얼굴을 찡그리는 프랑수아즈 쪽에서도, 프랑수아즈를 가리키는 낱말로 '가정부님'이라는 존칭을 쓰는 하

---

* 원어는 mairesse. 이것은 면장(面長) maire의 부인이라는 뜻이지만, 프랑수아즈는 이것을 여면장이라고 말하고 있음.

인에게, 이류 왕족이 자기한테 '전하'라고 불러주는 마음씨 착한 젊은이들한테 느끼는 호의를 가지고 있었다.

"적어도 내가 하는 일과 어느 계절에 사는지 알거든. 파리와는 달라. 이곳처럼 부활절이 되어도 성탄 무렵같이 앙상한 미나리아재비조차 피지 않는 곳과는 달라. 또 내 늙어빠진 몸을 일으킬 적에만 가느다란 종소리를 듣는 것도 아니야. 거기서는 한 시간마다 들려, 작은 종이지만 말이야. 그때마다 '우리 오빠가 들에서 돌아오네'라고 들리고, 저물어 가는 해도 보이고, 지상의 행복을 위해 종소리가 나. 여기선 낮이구나 하면 밤이 돼, 잠자리에 들어가 뭘 하고 사는지 짐승처럼 통 모른다니까."

"메제글리즈 쪽도 매우 아름다운 곳인 모양이죠, 가정부님." 젊은 하인은 좀 추상적인 방면으로 잡아든 얘기대로 끌고 나가면서, 우연히 우리 식구가 식탁에서 메제글리즈 얘기를 한 바를 떠올리면서 한마디 끼어들었다.

"아! 메제글리즈." 프랑수아즈는 이렇게 말하면서 누군가가 이 메제글리즈의 콩브레, 탕송빌이라는 이름을 입 밖에 낼 적마다, 늘 미소를 지었다. 이 이름들이 프랑수아즈 생활의 일부를 이루고 있어서, 이를 바깥에서 만나거나 얘기 중에 듣거나 하면, 이를테면 교단 위에서 설마하니 그 이름이 굴러떨어져 들리리라 생각 못했던 현시대의 아무개 시인이나 인사를 언급할 적에 교사가 교실 안에 불러일으키는 쾌활함과 퍽 가까운 기쁨을 느꼈다. 또한 이 기쁨은 그 고장이 남들하고는 아무 인연이 없고, 같이 놀던 옛 소꿉동무들이라는 데서 기인하기도 하였다. 그래서 물어보는 그들에게, 그들의 재치를 발견하기나 한 듯이 미소 지었던 것이다. 왜냐하면 그들의 질문에서 자기 자신을 되찾았으므로.

"그래요, 당신 말대로 메제글리즈는 아름다운 곳이지." 프랑수아즈는 살짝 웃으면서 말했다. "그런데 말이야, 어디서 어떻게 메제글리즈 얘기를 들었지?"

"어디서 메제글리즈 얘기를 들었냐구요? 잘 알려진 곳인 걸요. 얘기해주던데요, 귀가 아플 정도로요." 하인은 우리에게 관계되는 무슨 일이 남들에게 어느 정도로 중요한지를 객관적으로 확인하려 할 때마다, 그 일을 불가능하게 하는 정보제공자 특유의 죄스러운 얼버무림으로 대답했다.

"아무렴! 거기서 말이야, 화덕 밑에 쭈그리고 있기보다 벚나무 밑에 있는 편이 좋은 만큼이나 좋지."

　프랑수아즈는 욀라리*¹에 대해서마저 착한 여인으로 얘기했다. 왜냐하면 욀라리가 죽고 나니, 프랑수아즈는 자기 집에 먹을 것이 다 떨어져, '굶어 뒈지게 된'*² 주제에, 어쩌다 부자의 선심 덕분에, '아니꼽게 구는' 건달을 싫어했듯이, 욀라리도 그녀가 살아 있을 동안은 싫어했던 것을 까맣게 잊어버리고 말았기 때문이다. 욀라리가 매주 숙모에게서 '잔돈푼을 우려내는' 솜씨가 참으로 귀신같았던 것을, 이제 프랑수아즈는 가슴 아파하지 않았다. 이 숙모에 대해서 프랑수아즈는 언제나 입에 침이 마르도록 찬사를 늘어놓았다.

　"그럼 그 무렵 콩브레에 계시던 댁이 우리 댁 마님의 사촌시누 댁이었나요?" 젊은 하인이 물었다.

　"아무렴, 옥타브 마님 댁이지 아아! 정말 성녀 같은 분이셨어. 그 댁엔 필요한 것이 언제나 다 있고, 좋은 것, 맛있는 것이 지천으로 쌓여 있고, 정말 친절한 마님이셨어. 자고 새끼도, 꿩도, 무엇이나 조금도 아끼지(프랑수아즈는 동사 'plaindre'를 라 브뤼에르*³와 마찬가지로 '아끼다'라는 뜻으로 사용했다) 않으시고, 하루에 손님이 대여섯 분이나 와도 고기가 모자라는 적이 없고, 그 고기도 상등품이었어. 백포도주와 적포도주도 있고, 필요한 것은 다 있으니까 친척이 와서 몇 달이나 몇 해를 묵든 간에 다 마님의 비용(dépens)*⁴이었지(이 비난은 조금도 우리의 비위를 거스르지 않았다. 왜냐하면 프랑수아즈가 쓴 'dépens'이라는 낱말이 법률 용어에 제한되지 않고, 오직 '비용'이라는 뜻만으로 쓰이던 시대에 속했으니까). 정말이지, 그 댁에서 허기진 배를 안고 돌아오는 사람은 하나도 없지. 주임 사제님께서도 여러 번이나 진정으로 말씀하셨어. 주님 곁에 갈 것이 뻔한 여인이 있다면 그분이야말로 거기에 속한다고 말이야. 가여운 마님, 그 작은 목소리로 '이봐요, 프랑수아즈, 이제 나는 다 먹었지만, 내가 먹고 있는 거나 매한가지로 모두에

---

*1　제1권에 나오는 노처녀로 아픈 레오니 고모를 돌보러 와서는 용돈을 받아 간다. 프랑수아즈는 이것을 좋게 생각하지 않았음.

*2　원어는 crever la faim. 프랑수아즈의 말. 굶어 죽을 것 같다는 뜻의 표현으로 보통은 crever de faim이지만, crever la faim도 속어적 표현으로 la crever라고도 말함.

*3　Jean de La Bruyère (1645~96). 프랑스의 모럴리스트. 《사람은 가지가지》의 저자.

*4　소송비용.

게 맛나게 해드려' 하시던 말씀이 지금도 귀에 들리는 것 같아. 물론 마님 자신을 위해서 하신 말씀이 아니지. 겉으로 보아 그분은 버찌 한 꾸러미 만큼도 무게가 안 나갔으니까. 그만한 무게도 없어서, 그분은 내 말에 귀도 안 기울이시고, 의사의 진찰도 받으시려고 하지 않았지. 아아! 거기선, 음식을 빨리 먹지 않아도 되었지. 하인들이 양껏 먹는 걸 좋아하셨거든. 여기선, 오늘 아침만 해도 빵껍질을 털어버릴 틈도 없었다니까. 모든 일이 그저 재빨리 돌지."

프랑수아즈는 특히 아버지가 드시는 토스트 빵의 비스코트*에 화가 나 있었다. 잘난 체하려고, 또 자기를 '쫓아내기' 위해서, 아버지가 비스코트를 드시는 줄로 알고 있었다. "아무렴요." 젊은 하인이 찬성하여, "난 그런 일을 본 적이 없거든요"라고 말했다. 마치 세상 모든 일을 두루 보기나 한 것처럼, 가슴속에 천 년간의 경험이 쌓여 있는데, 온 나라와 관습에 걸쳐 살펴본들 비스코트라는 것은 한 조각도 보이지 않기라도 한 듯이 하인이 말했다. "그렇고말고" 하고 집사가 중얼거리며, "하지만 다 달라지겠지. 캐나다에서 노동자들이 동맹 파업을 일으켰다고 하니까. 요전날 저녁 장관이 주인님한테, 그 때문에 20만 프랑을 벌었다고 하더군." 집사의 마음속에는 뇌물받는 일을 비난할 생각이 조금도 없었으니, 그 자신이 청렴결백하지 않아서가 아니라, 모든 정치가가 부패했다고 여겨, 뇌물 따위야 조무래기 도둑질만큼 가볍게 보였기 때문이었다. 집사는 이 역사적인 실토를 과연 정확히 들었는지 다시 생각해보지도 않았거니와, 범죄자 자신이 아버지에게 털어놓았는데도 아버지가 장관을 문 밖으로 내쫓지 않았다는 있음직하지 않는 일에도 놀라워하는 기색이 없었다. 그러나 콩브레의 철학은, 프랑수아즈에게 캐나다의 동맹 파업이 비스코트 사용에 영향을 주었으면 하는 기대를 할 수 없게 하였다. "세상이 이대로 있는 한, 우리 하인들을 종종걸음 치게 하는 상전이 있을 테고, 상전의 변덕을 받아주는 하인들이 있겠지"라는 프랑수아즈의 말이 영원한 종종걸음의 이론에도 불구하고, 점심시간을 재는 데 틀림없이 프랑수아즈와 똑같은 자를 쓰지 않는 어머니가 벌써 15분 전부터 말하고 있었

─────────────
*누렇게 구운 딱딱한 빵, 보존식으로 일종의 건빵.

다. "무엇들 하는 거지. 식탁에 앉은 지 두 시간이 넘었는데." 그래서 어머니는 머뭇거리며 서너 번 초인종을 울렸다. 프랑수아즈, 그녀의 시중꾼, 집사는 초인종 소리를 부르는 소리로 듣지 않고, 얼른 대령하려는 눈치도 보이지 않았으며, 마치 음악회가 다시 이어지기 전에 휴식 시간은 몇 분밖에 없구나 하고 느낄 때에, 악기를 조절하는 소리 정도로밖에 들리지 않는지, 귓등으로 듣고 있었다. 그 때문에 초인종이 다시 울리기 시작하여 더욱더 집요해지자, 우리집 하인들도 그 소리에 주의를 돌리기 시작하다가, 앞선 소리보다 좀더 세게 울리는 초인종 소리에 더 한가히 있을 여유가 얼마 남지 않고, 일을 다시 시작할 때가 가까웠음을 알아차리면서, 한숨을 내쉬며 제자리로 가서, 하인은 문 앞에 담배 피우러 내려가고, 프랑수아즈는 우리 식구에 대해, 예를 들어 '그 분들 좀 화나셨나 봐' 하고 잠시 반성한 뒤, 7층에 있는 제 방에 옷가지를 챙기러 올라가고, 집사는 내 방에 편지지를 달래러 와서, 재빨리 개인 편지를 써서 부치는 것이었다.

게르망트 집안의 집사는 거만한 태도에도 불구하고, 프랑수아즈가 이사온 지 며칠 안 되어 게르망트 집안이 아주 옛날의 권리 덕분에 이 저택에 사는 것이 아니라, 최근에 빌려 들어왔다는 일, 저택의 옆면에 나 있는(내 눈으로 보지 않았지만) 정원이 어지간히 비좁아 이웃해 있는 정원들과 비슷비슷하다는 것을 일러주었다. 그래서 드디어 나는 그 정원에 봉건 시대의 교수대도, 방비가 된 방앗간도, 비밀실도, 기둥 있는 비둘기장도, 빵 굽는 너절한 화덕도, 세금 10의 1을 물건으로 거두는 광도, 감옥도, 고정된 다리나 오르내리는 다리, 곧 가교(假橋)도, 하물며 다리 건너가는 통행세 징수소도, 다리를 내렸다 올렸다 하는 선로 바꿈 틀도 성벽에 건 현장이나 석표(石標)도 없다는 것을 알았다. 그러나 발베크의 물굽이가 그 신비성을 잃어버려 나로서는 지구상에 있는 다른 어떤 소금물의 수량과도 바꿀 수 있는 하찮은 부분이 되고 말았을 때, 이거야말로 휘슬러*가 은빛 도는 푸른빛의 조화로움 속에 그린 유광색(乳光色)의 물굽이라고 말하면서, 엘스티르가 대번 나에게 그 개성을 돌려주었던 것처럼, 게르망트라는 이름, 그 이름부터 생겨난 마지막 저택이 프랑수아즈의 입방아 밑에 산산조각이 나는 것을 보았을 즈음, 아

---

* 미국의 화가(1834~1903). 주로 런던과 파리에서 일을 했다. 인상주의와 일본미술의 영향을 받으면서 그림과 음악의 관계를 중시함.

버지의 옛 친구가 어느 날, 공작부인에 관해 언급하면서 우리한테 다음과 같이 말했다. "공작부인은 생제르맹 귀족 동네에서 최고 자리를 차지하죠. 그 집은 생제르맹 동네의 첫째가는 집입니다." 생제르맹 귀족 동네의 첫째가는 살롱, 첫째가는 집이지만 내가 공상해온 갖가지 거처에 비하면 보잘것없는 곳이었다. 그렇긴 하나 이 집에는 또한, 마지막 것임에 틀림없겠지만, 소박하면서도 뭔가 그 본질에서 떠나 저편에 어떤 비밀을 가지고 있었다.

그래서 나에겐, 게르망트 부인의 '살롱'에서, 그 벗들 가운데 그녀의 이름이 지닌 신비성을 찾아내는 능력이 더욱더 필요했던 것은 아침에 도보로 외출하거나, 오후에 마차로 외출하는 그녀의 모습을 보았을 때, 그 모습에서 이름의 신비성을 찾아내지 못해서였다. 그야 이미 콩브레 성당에서, 게르망트 부인은 한순간에 모습을 바꿔, 게르망트라는 명문의 빛깔과 비본 냇가의 오후를 느끼게 하는 빛깔과는 딴판의 두 볼을 갖고서, 벼락 맞은 내 몽상 대신 내 앞에 나타난 일이 있다. 마치 신령 또는 요정인 몸이 백조나 버들의 모습으로 탈바꿈한 뒤로는, 자연의 법칙에 따라 물 위에 가볍게 미끄러지고, 또는 부는 바람에 나풀거리듯. 그렇지만 이런 반영이 사라지고, 그녀에게서 눈을 떼자마자 저녁놀의 장밋빛과 초록빛의 반영이 노질에 부서졌다가 다시 돌아온다. 그리고 내 사념의 적막 속에서는 이름이 금세 그 얼굴의 추억을 스스로 순응시키고 말았던 것이다. 그런데 지금은 자주 창가에서, 안마당에서, 거리에서 그녀의 모습을 보곤 하였다. 그래서 적어도 나는, 그녀 속에 게르망트라는 이름을 꼭 맞추어넣을 수도 없고, 이 여자야말로 게르망트 부인이라고 생각하기가 어쩐지 어려워지면, 내 지력이 요구되는 행동의 끝까지 가지 못하는 내 정신의 무력함 탓으로 돌렸다. 그러나 그녀, 우리의 이웃인 그녀도 같은 잘못을 범하고 있는 듯싶었다. 아니, 도무지 무관심하여, 나만큼도 마음에 두지 않고, 그것이 잘못인 줄 꿈에도 모르고 과오를 범하고 있는 듯싶었다. 그러므로 게르망트 부인은 마치 자신이 남들과 같은 평범한 여인이 된 줄 여기면서 몸에 걸치면 그녀와 동등할 수 있는, 어쩌면 능가할지도 모르는 의상의 우아함에 동경해 마지않는 듯, 유행을 좇는 데 급급함을 그 옷에 드러내 보이고 있었다. 부인이 거리에서 멋진 옷차림을 한 여배우를 감탄하며 물끄러미 바라보고 있는 것을 목격한 일도 있다. 그리고 아침, 그녀가 걸어서 외출하기에 앞서서, 그 속으로 가까이 갈 수 없는 생활을 지나가는 사람들 속으로 끌고 다니면서 그들의 속됨을 뚜렷이 눈에 띄게 하면서도, 행인들의 의견이 자기를 재판하는 법정이라도 되는 것처럼, 거울 앞에서, 아무런 저의도 냉소도 없이 바쁘게, 궁중(宮中) 연극에서 시녀 역을 맡기로 승낙한 왕비처럼, 그녀보다 지체가 낮은 멋진 여인이라는 역을 연기하는 모습을 언뜻 엿볼 수 있었다. 그리고 신화에 있듯이 고귀한 태생을 망각하고서, 너울이 잘 걸려 있는지 거울 속을 들여다보고, 소매를 반듯하게 매만지며, 외투를 바로잡기도 하는 부인의 모습이, 마치 온몸이 신령인 백조가 동물인 백조의 동작을 다하고, 부리 양쪽에 그린 눈을 지니고도 못 보며, 신령인 몸을 잊고서, 백조인 양, 단추나 우산에 냅다 달려드는 듯했다. 그러나 처음으로 보는 거리의 모습에 낙심한 나그네가, 미술관을 찾아다니다가, 시민과 사귀다가, 도서관에 가서 공부하다가 어쩌면 이 도시의 매력을 이해할지 모른다고 생각하듯, 내가 만일 게르망트 댁에 드나들게 된다면, 부인의 친구가 된다면, 부인의 생활 속에 섞인다면 그때에야 비로소 이 여성의 이름이 오렌지빛 꾸러미에 빠져 남들에게 숨기고 있는 진정한, 객관적인 실체를 알 수 있을 줄로 생각했다. 드디어 우리 아버지의 친구분이 게르망트 집안의 환경은 생제르맹 귀족과는 아주 다른 것이라고 말했기 때문이다.

내가 떠올리는 게르망트 집안의 생활은 이제껏 겪었던 바와는 전혀 다른 샘에서 흘러나와 아주 특별한 것임에 틀림없을 성싶어, 내가 전에 교제하던 사람들이나 현실 사람들이 공작부인의 모임에 나가는 것은 상상도 할 수 없을 정도였다. 왜냐하면 별안간에 성격을 바꿀 수 없으니, 이들은 모임에서도 내가 알고 있는 비슷비슷한 얘기를 할 테고, 이들의 상대도 아마 몸을 낮춰 같은 인간이 쓰는 말로 대답할 것이다. 모임이 진행되는 동안, 생제르맹 귀족 동네의 첫째가는 살롱 안에, 내가 경험한 때와 똑같은 때가 흘러가는데, 이는 있을 수 없는 일이기 때문이다. 사실, 내 정신은 어떤 장애에 부딪쳐 어찌할 바를 몰랐다. 예수 그리스도의 한 몸이 성체(聖體)의 빵 안에 계시다 함도, 내 방에까지 아침마다 가구를 터는 소리가 들려오는, 센 강 오른쪽 둑 위 변두리 지역의 이 첫째가는 살롱보다는 아리송한 신비로 느껴지지 않았다. 그러나 나를 생제르맹 귀족 동네에서 격리하고 있는 경계선은 오로지 관념적인 것이기 때문에 오히려 현실적인 것으로 여겨졌다. 나는 적도(赤道) 반대쪽에 깔려 있던 게르망트 집안의 신발 바닥 닦는 깔개도 이미 귀족 동네에 들어와 있음을 느꼈다. 그것은 어느 날 게르망트네 현관문이 열린 채 있어서 나와 마찬가지로 그것을 보신 어머니가 몹시 해졌다고 하신 신발 닦는 깔개였다. 그러니, 이따금 내가 우리네 부엌 창 너머로 언뜻 볼 수 있는 만큼의, 게르망트네 식당, 붉은 벨벳을 드리운 가구들이 놓인 어두컴컴한 화랑(畫廊) 같은 게, 어찌 나에게 생제르맹 귀족 동네의 신비스런 매력을 띠고 있는 듯이, 본질적으로 생제르맹의 일부를 이루고 있는 듯이, 지리학상으로 거기에 자리잡고 있는 듯이 보이지 않겠는가? 그 식당에 초대받았다 함은 생제르맹 귀족 동네에 가고, 거기 분위기를 호흡했다는 것이며, 식탁 앞에 앉기에 앞서 화랑에 있는 가죽 씌운 소파에 게르망트 부인과 나란히 앉아 있는 이들은 모두 생제르맹 귀족 동네의 인사들인데? 그야 물론 생제르맹 귀족 동네 아닌 어느 다른 곳의 모임에서 굳이 떠올리려 하면 번갈아 마상(馬上) 시합이나 공유 사냥터의 모습을 띠는 이름에 지나지 않는 이런 인간들 가운데 하나가, 멋부리는 속된 사람들 가운데 위엄 있게 뻐기고 있음을 이따금 볼 수 있을 것이다. 그러나 이곳 생제르맹 귀족 동네의 첫째가는 살롱, 어두컴컴한 화랑에서는 이들밖에 없었다. 이들은 귀중한 재료로서, 크고 화려한 집을 버티고 있는 기둥들이었다. 게르망트 부인이 자주 드나드는 사람들끼리의 모임에서까지 택해서 초대하는 이들은, 오로지 이들 중에서다. 음식을 차려놓은 테이블 둘레에 모인 열두 손님은 생트샤펠 성당*¹의 황금 사도상 같이 성탁(聖卓) 앞, 축성(祝聖)된 상징적인 기둥들이었다. 저택 뒤, 높다란 벽에 둘러싸인 작은 정원, 여름이면 게르망트 부인이 저녁 식사 뒤에 거기로 리큐어 술과 오렌지 주스를 날라오게 하는 작은 정원에 대해 말하면, 밤 9시와 11시 사이―가죽 씌운 소파와 똑같이 위대한 힘을 부여받은―철제 의자에 앉자, 대번에 생제르맹 동네 특유의 산들바람을 호흡하지 않고서야, 마치 아프리카에 가 있지 않고서도 사하라 사막에 있는 피기그(Figuig)*²의 오아시스에서 낮잠 자는 것이나 매한가지로 있을 수 없는 일이라고, 어찌 내가 생각하지 않겠는가? 어떤 사물이나 인물을 따로 구별하거

─────────────

*1 생트샤펠 성당은 프랑스 파리에 있는 왕실예배당으로 성 루이의 사명으로 13세기에 지어진 뛰어난 고딕양식의 성당이다. 그 하나하나의 기둥에는 12사도의 상이 한 사람씩 새겨져 있음.
*2 모로코 북동부, 알제리와의 국경 부근에 위치한 오아시스 도시.

나, 분위기를 조성할 수 있는 건 상상력과 신념밖에 없다. 아아, 생제르맹 귀족 동네의 이런 그림 같은 경치, 자연스러운 보잘것없는 일들, 지방색 짙은 진품, 예술작품, 틀림없이 그 가운데 내 발을 영영 들여놓지 못할 것이다. 그러니, 난바다에서(영영 뭍에 닿을 희망도 없이) 치솟은 회교 사원의 긴 첨탑이나 첫눈에 띈 야자수나 이국의 산업이나 수풀의 한 조각이라도 바라보듯이, 물가에 놓인 낡은 신발 닦는 깔개를 보고 가슴을 설레면서 만족했던 것이다.

그러나 나로서는 게르망트 저택이 그 현관 어귀에서 시작되었지만, 공작의 판단으로는, 저택에 딸린 터가 훨씬 넓게 뻗어 있는 것이 틀림없다. 공작은 가옥을 빌려 사는 이 모두를, 놈들의 이견 따위야 안중에 두지 않아도 괜찮은 소작인, 상놈, 국가의 재산을 훔친 자로 생각하여 아침마다, 창가에서 잠옷 바람으로 수염 깎고, 날씨가 덥거나 춥거나 속옷 바람, 파자마 바람, 긴 털이 숭숭 난 희귀한 빛깔의 스코틀랜드 모직물인 윗도리 바람, 입고 있는 윗도리보다 더 짧은 밝은 빛깔의 팔르토(paletot)* 바람으로 안마당에 내려온다. 그러고는 말고삐를 잡는 하인 가운데 하나에게 새로 사들인 말의 고삐를 잡아 눈앞에서 달리게 하였다. 말이 한두 번 쥐피앙 가게의 진열창을 박살내, 쥐피앙이 그 변상을 청구하자 공작은 분통을 터뜨렸다. "공작부인이 이 가옥 안과 구역 안에서 베푸는 여러 은혜를 생각하지 않고서, 놈이 우리에게 무언가 요구하다니 더러운 짓이군." 게르망트 씨는 말했다. 하지만 쥐피앙은 공작부인이 어떤 '은혜'를 베풀어주었는지 전혀 모르겠다는 태도로 한 걸음도 양보하지 않았다. 하기야 게르망트 부인은 은혜를 베풀긴 베풀었지만, 모든 사람에게 고루고루 베풀 수는 없는 노릇이라, 한 사람에게 거듭한 은혜의 기억은, 또 한 사람에게는 그만큼 은혜를 받지 못한 불만을 일으키게 하는 이유가 되기도 한다. 은혜를 떠나 다른 관점에서도, 공작의 눈에 이 구역은—실로 넓은 지역에 걸쳐—그 안마당의 연장, 그 말이 달리는 더 넓은 경기장 주로(走路)로밖에 비치지 않았다. 새로 사들인 말이 맨몸으로는 어떻게 달리는가 보고 나서, 말을 수레 앞에 달아 고삐 잡은 하인을 마차

---

* 짤막한 외투.

에 따라 달리게 하여, 눈앞에서 근처 거리를 여러 번 왕복시키면서, 공작은 밝은색 옷차림으로, 입엔 여송연, 뒤로 젖힌 머리, 번쩍거리는 외알안경이라는 의젓하고도 거드름 부리는 자세로 보도 위에 떡 버티고 서 있다가, 마부 자리에 올라타 손수 말고삐를 잡아 몰아본 뒤, 새 마차를 타고 정부를 만나러 샹젤리제로 나가는 것이었다. 게르망트 씨는 안마당에서 제 계급 사회와 얼마간 연관 있는 부부 두 쌍에게 인사했다. 한 쌍은 그의 사촌뻘 되는 부부인데, 노동자 내외처럼 집에 남아서 자녀를 돌보는 일이라곤 없었다. 날마다 아침부터 아내는 아내대로 '스콜라(Schola)'*1에 대위법(對位法)과 둔주곡(遁走曲)을 배우러, 남편은 남편대로 아틀리에에 목각이나 가죽 세공을 하러 나갔기 때문이다. 또 한 쌍의 부부는 노르푸아 남작 부부로, 아내는 의자를 빌려주는 여인처럼, 바깥양반은 장의사의 일꾼같이 늘 검은 옷을 입고, 날마다 여러 성당에 가려고 외출했다. 이 부부는 우리네와 아는 사이인, 전직 대사*2의 조카뻘 되는 사람이다. 바로 이 때문에, 우리 아버지가 계단의 둥근 천장 밑에서 대사를 만나, 대사가 어디서 나왔는지 이해가 가지 않던 일이 있었다. 왜냐하면 아버지는 그토록 유력한 인물, 유럽의 가장 저명한 인사들과 관계를 맺어와서, 속빈 귀족 명사들에게 아주 무관심하게 보이던 이가, 알려지지 않은, 성직자를 옹호하는, 편협한 이런 귀족들과 교제하고 있을 리가 없다고 생각되었기 때문이다. 이 부부는 이 아파트에 산 지 얼마 되지 않았다. 바깥양반이 게르망트 씨와 인사말을 나누고 있는 중에, 쥐피앙이 그에게 한마디 건네기 위해서 안마당으로 나왔는데, 칭호를 정확히 몰라서 그만 '노르푸아 님'이라고 불렀던 것이다.

"뭐! 노르푸아 님*3이라고, 허어, 정말 놀랐는걸! 참으시오! 오래지 않아 이놈이 당신을 그냥 노르푸아라고 부를 거요!" 게르망트 씨는 남작 쪽을 돌아다보면서 외쳤다. 쥐피앙이 자기를 '공작님'이라고 부르지 않아서 전부터 품어온 울분을 마침내 발산할 수 있었던 것이다.

---

*1 처음은 성악 가수를 양성하다가 뒤에 일반 음악 학교가 됨.
*2 제3권 처음에 등장하는 외교관 노르푸아 후작을 가리킨다. 그는 게르망트 공작 부부의 숙모로 여기서 살고 있는 빌파리지 후작부인의 애인이었다. 따라서 노르푸아 후작이 여기에 나타난 것은 빌파리지 남편과 만나기 위함이지 조카 부부를 만나기 위한 목적은 아니었을 것임.
*3 귀족의 칭호인 de나 le를 빼놓은 결례를 탓하는 말.

어느 날 게르망트 씨는 우리 아버지의 전문 분야에 관련되는 일에 대하여 물어볼 일이 생겨, 정중하게 찾아온 적이 있었다. 그 뒤부터 그는 이웃으로서 아버지한테 무언가를 여러 차례 부탁하게 되었다. 어떤 일을 골똘히 하는 아버지가, 아무도 만나지 않기를 바라면서 계단을 내려오고 있는 모습을 언뜻 본 공작은, 당장에 외양간의 일꾼들을 팽개치고, 안마당에 나오는 아버지에게로 달려왔다. 그러고는 옛날 왕의 시중꾼들에게 물려받은 시중들기 좋아하는 습성으로 아버지의 외투 깃을 바로잡아주고, 아버지의 손을 잡아 제 손 안에 꼭 쥐고는, 나인처럼 뻔뻔스럽게 애무까지 하면서 자신의 귀중한 살에 아낌없이 닿게 하고 있는 것을 보이려고 했다. 그리고 몹시 못마땅해 도망치려는 생각만 하는 아버지를 문 바깥까지 끌고 나오는 것이었다. 또 하루는, 부인과 함께 마차에 몸을 싣고 외출하려는 찰나 우리와 엇갈렸을 때, 그는 우리에게 예의 바르게 인사했다. 그는 부인에게 내 이름을 일러주었음에 틀림없지만 그것이 뭐 부인에게 내 이름이나 얼굴을 떠올리게 할 만한 행운이었을까? 게다가 그저 가옥을 빌려 사는 사람 중 하나로서 지명되는 것이 얼마나 너절한 소개인가? 이보다 우리 할머니를 통해 찾아와달라는 뜻을 전했던 빌파리지 부인의 소개로 만나는 편이 나을 것이다. 내가 문학을 지망하고 있는 줄 알고서, 찾아오면 몇몇 작가를 만날 것이라고 덧붙여 말했었다. 그러나 아버지는 내가 사교계에 드나들기에 아직 어리다고 여기고, 내 건강 상태를 늘 걱정하여, 새삼스러운 외출의 쓸데없는 기회를 주고 싶어하지 않았다.

게르망트 부인의 하인들 가운데 하나가 프랑수아즈와 자주 수다를 떨어서, 공작부인이 자주 가는 살롱의 이름 몇몇을 대는 소리가 내 귀에 들렸지만, 그 살롱들을 머릿속에 그려내지는 못했다. 그 살롱들도 그녀 삶의, 내가 그녀의 칭호를 통해서밖에 보지 못하는 삶의 일부가 되자마자, 상상조차 할 수 없는 것이 아니었나?

"오늘 밤에 파름 대공부인 댁에서 그림자놀이 대야회가 있지만, 우리는 못 가죠. 5시에 마님께서 샹티이행 열차를 타시거든요. 오말* 공작 댁에서

---

* 1822~97. 루이 필립의 넷째 아들로 샹티이 성의 소유자. 몇 번이나 망명과 외국 추방을 겪었지만, 죽은 뒤에는 샹티이 영지를 프랑스 학사원에 기부하기를 밝혀 귀국이 허가되었다. 1890년 무렵에는 자주 샹티이에 명사를 초청함.

이틀쯤 지내시려고요. 몸종하고 시중꾼만 따라가죠. 나는 이곳에 남고요. 파름 대공부인께서는 그리 만족하지 않을걸요, 그분은 네 번인가 다섯 번 공작부인께 편지를 보내셨거든요." 하인이 말했다.

"그럼 올해는 게르망트 성에 못 가시나요?"

"거기 못 가는 건 이번이 처음일 거예요. 공작님이 신경통에 걸려서, 의사가 거기에 난방장치가 다 되기 전에는 못 간다고 금해서요. 전에야 해마다, 1월까지 거기에 있었죠. 만일 난방장치가 되지 않으면, 아마 마님께서는 칸에 있는 귀즈 공작부인* 댁에 며칠 동안 가시겠죠, 아직 확실하진 않지만."

"그럼 극장에는 가시나요?"

"이따금 오페라 극장에 가시죠. 때로는 파름 대공부인이 예약한 밤 공연에도 가고요. 이 공연은 매주 있는데 아주 멋진가 봐요. 연극도 오페라도 다 있고요. 우리 댁 마님은 좌석을 예약하기 싫어하시지만, 그래도 어떤 때는 마님 친구분의 칸막이 좌석, 또 어떤 때는 다른 친구분의 칸막이 좌석에 가시는데, 보통은 게르망트 대공부인, 공작님 사촌뻘 되는 분의 부인의 특별 좌석에 가시죠. 이분은 바비에르 공작의 누이시죠만…… 아니, 쉬지도 않으시고 그냥 위층으로 올라가십니까?" 하인은 말한다. 게르망트 집안과 혼동하면서도, '상전'이라는 것에 일반적인 정치적 관념을 품고 있어서, 프랑수아즈도 어느 공작 댁에서 일하는 여인인 듯이 정중한 예의를 표했다. "건강하시군요, 마님."

"아이구! 이 빌어먹을 다리가 없다면야! 평지라면 아직 잘 달리건만(평지는 안마당이라든지, 거리라든지, 프랑수아즈가 걸어다니는 것이 싫지 않은 곳, 다시 말해 평탄한 지면이라는 뜻이었다), 이런 그악스런 계단이고 보니. 안녕, 어쩌면 오늘 밤 뵙게 될지 모르지만."

공작(duc)의 아들은 공자(prince)라는 칭호를 지니는 예가 많고, 아버지가 죽을 때까지 그 칭호를 간직한다는 얘기를 하인이 들려주어 프랑수아즈는 이 사람과 더욱더 이야기하고 싶었다. 확실히 귀족 예찬은 귀족에 대한 반항 정신을 섞는 동시에 또 이를 받아들이면서, 대대손손 프랑스의 흙에 재배되어, 서민의 마음속에 깊이 뿌리박혀 있음에 틀림없다. 왜냐하면 프랑수아즈에게

---

* 이 인물을 실재 이사벨라 드 오를레앙(1878~1961)으로 보고 있다. 그녀는 1899년 오를레앙의 가계 귀즈 공작과 결혼했음.

나폴레옹의 천재라든지 무선전신이라든지를 얘기해봤자 그 주의를 끌 수 없어, 벽난로의 재를 끌어내거나 이부자리를 까는 동작을 잠시도 느리게 하지 못하지만, 이런 특수성을 알거나, 게르망트 공작의 차남은 올레롱 공자라고 부르는 게 관례라는 말을 듣기만 해도, 프랑수아즈는 '그거 멋있네요!'라고 외치고, 그림 유리창 앞에 서 있듯이 잠시 멍청히 서 있기 때문이었다.

또한 프랑수아즈는 공작부인한테 편지를 자주 가져와서 친하게 된 아그리장트 대공의 시중꾼 입을 통해, 사교계에 생루 후작과 앙브르사크 따님의 결혼 얘기가 파다하고, 결혼이 거의 결정됐다는 사실을 들어 알고 있었다.

게르망트 부인이 그의 생활의 이동 장소인 그러한 별장, 그 칸막이 좌석은 그녀의 아파트 못지않게 신비스러운 장소로 여겨졌다. 파름 게르망트 바비에르 드 귀즈라는 칭호는 게르망트 부인이 방문하는 별장이나 마차 바퀴 자국에 따라 그녀의 저택과 연결된 나날의 파티를 다른 모든 생활과 구별했다. 이런 별장 생활 속에, 이런 연회 중에 게르망트 부인의 삶이 연이어 존재한다고 나에게 일러준들, 나에게는 이런 삶이 하나도 뚜렷하지 않았다. 별장 생활이나 파티가 각각 공작부인의 삶을 다르게 한정하고 있긴 하지만, 그저 그 삶의 신비성을 바꿨을 뿐, 조금도 새어나오지 않고, 칸막이로 보호되어, 병 속에 갇힌 채 모든 사람의 삶의 물결 한가운데 오로지 두둥실 떠돌고 있을 뿐이다. 공작부인은 사육제 무렵 지중해 근방에서 점심을 먹기도 했으나, 귀즈 부인의 별장 안에 한했다. 거기서 파리 사교계 여왕은 두 겹으로 누빈 흰 피케 드레스 차림으로 수많은 대공부인 가운데, 남들과 똑같은 한 손님에 지나지 않는다. 그것만으로 나에게는 더욱 감동적이고, 마치 수석 발레리나가 발 가는 대로 동료 발레리나들의 자리를 하나하나 차지해가듯 새로워져서 더욱 그녀다웠다. 게르망트 부인이 그림자놀이를 구경한다면 파름 대공부인의 야회, 연극과 가극을 구경한다면 게르망트 대공부인의 칸막이 좌석 안에서뿐이다.

우리는 한 개인의 몸속에 그 사람의 생활의 모든 가능성, 그가 아는 이들, 그가 막 헤어지고 온 이들 또는 만나러 가려는 이들의 추억을 국한한다. 따라서 프랑수아즈의 입을 통해, 게르망트 부인이 파름 대공부인 댁의 점심 식사에 걸어갈 거라고 듣고 나서, 정오 무렵, 비단으로 수놓은 살빛 드레스 차림인 부인이 석양의 구름과도 같은 얼굴색으로 자택에서 내려오는 모습을 보았다면, 그때 내 눈앞에는 조가비 속에서, 장밋빛 진주처럼 윤이 나는 조개에 끼인 것처럼, 그 작은 부피 속에 담겨 있는 생제르맹 귀족 동네의 온갖 환락이 보이는 것이었다.

우리 아버지가 근무하는 부서에 A.J. 모로라는 분이 있었는데, 이분은 같은 성의 다른 사람들과 구별하고자, 늘 이름 앞에 그 두 머리글자를 붙여, 모두에게 간단히 A.J.라고 불리고 있었다. 그런데 사정은 잘 모르지만, 이 A.J.가 오페라 극장의 특별공연 입장권을 손에 넣어 아버지에게 보냈다. 처음 보고서 실망한 뒤로는 다시 보러 가지 않던 베르마가 〈페드르〉의 1막에 출현하기로 되어 있어서 할머니는 그 입장권을 아버지한테서 얻어 나에게 주었다.

사실을 말하자면, 나는 몇 해 전 그토록 내 마음을 설레게 했던 베르마의 목소리를 듣게 되는 이번 기회를 그다지 소중히 여기지 않았다. 또 이전에 건강과 안정을 뿌리치고서까지 좋아했던 것에 대한 내 무관심을 확인하자 한 가닥 우수의 정이 없지도 않았다. 까닭인즉, 내 상상력이 예상한 현실의 귀중한 몇몇 조각을 가까이 살펴봤으면 하는 바람이 그 무렵보다 식은 것도 아니고, 오로지 이젠 내 상상력이 그 귀중한 조각을 위대한 여배우의 대사 낭독법 중에 두지 않는다는 것이다. 지난날 베르마의 연기 속에, 그 비극적인 예술 속에 두고 왔던 나의 내적인 신념을, 엘스티르를 방문한 뒤로, 옮겨 놓았던 곳이 몇몇의 장식 융단, 몇몇의 현대 그림 위에 옮겨놓았기 때문이다. 그러니 내 신념, 내 소망은 이제 베르마의 대사 낭독법이나 동작에 끊임없는 예찬을 올리지 않게 되고, 내 마음속에 지니던 그 '복사체'도 점점 빛을 잃고 만다. 마치 생명을 유지하려면 끊임없이 양분을 줘야만 하는, 고대 이집트의 죽은 사람들의 또 다른 '복사체', 곧 미라처럼 시들고 말았다. 베르마의 예술은 보잘것없이 초라하게 되고 말았던 것이다. 심오한 영혼도 전혀 존재하지 않는 예술이 되고 말았던 것이다.

아버지가 준 입장권으로 오페라 극장의 큰 계단을 올라갈 때, 내 앞의 한 사내를 언뜻 보고서 처음에는 샤를뤼스 씨인 줄 알았다. 말씨나 태도가 그와 꼭 닮았기 때문이다. 그가 극장 관계자에게 뭔가를 물어보려고 머리를 돌릴 때 잘못 본 것을 알았지만, 그래도 그 낯선 사내의 옷차림뿐만 아니라, 그를 기다리게 하는 개찰원과 좌석 안내원에게 말하는 투로 미루어보아, 나는 그를 샤를뤼스 씨와 같은 사회 계급의 사람이라고 직감했다. 왜냐하면 개성을 제쳐놓더라도, 이 무렵에는 아직도 이 귀족계급의 멋부리는 온갖 부유한 남자들과 은행계나 실업계의 멋부리는 부유한 남자들 사이에는 현저한 차이가 있었기 때문이다. 재벌계의 한 사람이 아랫사람에 대하여 거만하고 딱딱거리는 말투로 제멋을 부리는 줄 여기는 것도, 미소 띤 온화한 대귀족은 겸허와 인내하는 모습으로 여느 관객들 가운데 하나인 체하는 것을 수양 높은 자의 특권으로 생각하는 듯이 보였다. 이와 같이 다른 사람에게는 넘을 수 없는 특수한 작은 세계를 호인다운 미소 밑에 감추고 있는 것을 보고서, 유복한 은행가의 아들들은 하나같이 하찮은 인간으로 여겼으리라. 만일 최근에 발행된 잡지에 초상이 실린 오스트리아 황제의 조카로, 마침 이 무렵 파리에 와 있는 작센 대공과 놀랍도록 닮은 것을 알아채지 못했다면 말이다. 나는 그가 게르망트 집안사람들과 각별한 사이임을 알고 있었다. 내가 개찰원 앞에 이르자, 작센 대공, 또는 그인 듯싶은 사내가 미소 지으면서 하는 말이 들려왔다. "좌석 번호를 모르겠군요. 내 사촌누이뻘 되는 분이 자기 칸막이 좌석을 물어보면 된다고 해서요."

　그는 역시 작센 대공이었던 모양이다. 그가 '나의 사촌누이뻘 되는 분이 자기 좌석을 물어보면 그만이라고 해서요'라고 입으로 말했을 적에 머릿속으로 그의 눈이 보고 있던 이는 아마도 게르망트 공작부인(그렇다면 부인이 그 사촌동서의 칸막이 좌석 안에서 상상할 수 없는 그녀 삶의 몇 순간을 보내고 있는 모습을 이번 기회에 엿볼 수 있겠는데)이었을 것이다. 그래서 미소 띤 독특한 그 눈길과 소박한 몇 마디는, 올지 모르는 행복과 확실치 않은 위세가 번갈아 뒤를 잇는 촉각으로써(추상적인 공상이 미치지 못할 만큼이나) 내 마음을 애무했다. 적어도 개찰원에게 이 몇 마디를 건네면서, 그는 내 일상생활의 평범한 하루저녁에, 새로운 세계 쪽으로 트인 우발적인 통로를 이어놓았다. 칸막이 좌석이라는 낱말을 입 밖에 낸 뒤에 그에게 지시되어 들어선 복도는 축축하고 갈라져, 바다 동굴로 물의 요정들이 있는 신화 속 왕국으로 통해 있는 듯했다. 내 눈앞에 연미복 차림의 신사가 멀어져 가고 있을 뿐이다. 그렇지만 나는 그가 작센 대공이며 게르망트 공작부인을 만나러 가고 있다는 생각을, 마치 형편없는 반사 망원경을 다루듯 정확히 그에게 초점을 맞추지 못해 그의 몸 곁에 이리저리 돌아다니게 하고 있었다. 또 그는 혼자지만, 그의 몸 바깥에 있는 이 생각이 환등처럼 만져지지 않는, 거대하면서도 다른 사람의 눈에는 띄지 않는 그리스 용사 곁에 머무르면서 신*¹처럼 앞장서 그를 인도하고 있는 것 같았다.

정확히 머리에 떠오르지 않는 〈페드르〉의 시구를 생각해내려고 애쓰면서 내 자리에 앉았다. 내가 암송해본 시구는 필요한 운각(韻脚)의 수*²가 모자랐는데도, 이를 세어보려고도 하지 않아서 균형 잃은 것과 고전적인 시구 사이에 공통된 운율이 하나도 없는 듯했다. 이 기괴한 시구를 알렉상드랭*³으로 고치기 위해 여섯 음절을 없애야 한다고 해도 나는 별로 놀라지 않았으리라. 그러나 돌연 그 시구를 떠올리니, 신기하게도 인간답지 않은 세계의 설명 못할 거칠음이 없어졌다. 그러자 곧 시구의 음절이 알렉상드랭 운율을 차지하고, 나머지 것은 수면에 꺼지는 거품처럼 쉽사리 가볍게 떨어져 나갔다. 내가 죽을힘을 다하여 싸우던 그 거대한 여분이 사실은 단 하나의 운각에 지나지 않았던 것이다.

매표소에서 아래층 앞자리 표를 몇 장 팔고 있었는데, 표를 사서 들어가는 이들이야 속물 또는 좀처럼 가까이서 볼 기회가 없는 인사들을 유심히 보고 싶어하는 호기심 많은 이들이었다. 과연, 여기서 공공연하게 구경할 수 있는 것이 평소에 숨겨오는 실제 사교 생활의 단편임에 틀림없었다. 왜냐하면 파름 대공부인이 그 벗들에게 칸막이 좌석, 2층 앞자리, 1층 칸막이 특별석을 나눠주고 있어 관객석은 마치 살롱 같아 저마다 자리를 바꾸기도 하고, 여기저기 절친한 여인 곁에 앉기도 했기 때문이다.

내 곁에는 평범한 이들이 있었는데, 그들은 정기 회원들을 모르는데도 누군지 아는 체하고 싶은 마음에 커다란 목소리로 그 이름을 부르기도 하였다. 그들은 정기 회원들이 저희 살롱에 얼굴을 내밀듯 와 있다고 덧붙여 말했는데, 그것은 상연되는 희곡에 주의를 기울이지 않는다는 뜻이었다. 그러나 일

---

*1 아테나를 가리킴.
*2 운각(韻脚)의 원어는 pied. 이것은 원래 그리스, 라틴 시에서 음절의 단위였다. 프랑스 시에 있어서도 이 호칭이 쓰인 적이 있지만, 그 때는 두 음절이 하나의 운각이 되고, 어떤 때는 음절과 같이 보여 일정하지 않음.
*3 고전극에서는 '알렉상드랭(alexandrin)'이라고 불리는 12음절로 구성된 시구가 쓰인다. 라신의 〈페드르〉도 이 형식의 운문극(韻文劇).

어나고 있는 현상은 그와 반대다. 베르마를 듣고자 무대 앞좌석에 자리잡은 뛰어난 재능의 학생은 긴 장갑을 더럽히지 말 것, 옆자리의 관객을 방해하지 말 것, 잘 지내기 위해 덧없는 눈길 뒤에 이따금 미소를 띨 것, 관람석에서 언뜻 본 지인의 눈길과 마주쳐도 불손한 태도로 피할 것만을 생각하다가, 당황과 망설임 끝에 인사하러 가려고 결심하고서 가려는데 세 번 징소리가 울리고, 홍해(紅海)*¹ 속 히브리인처럼 남녀노소의 넘실거리는 물결을 헤치며 밀어닥치는 이들의 옷들을 찢고 신발을 짓밟아 소스라쳐 깜짝깜짝 몸을 곤두세우거나 말거나 부랴부랴 제자리에 도망쳐온다. 한편 사교계 인사들은 칸막이벽을 걷어치운 높다란 작은 살롱 안, 또는 나폴리풍 붉은 좌석에 겁내지 않고서, 우유 탄 홍차를 마시는 작은 카페 안에 있기라도 하듯(발코니로 된 특별실의 뒤) 좌석에 앉아 있었으므로—오페라 예술의 전당을 버티고 있는 둥근 기둥의 금빛 몸에 무심히 손을 대고서—그들의 좌석 쪽으로 종려나무와 월계수 잎을 내밀고 있는 것처럼 조각된 두 얼굴이 자기들에게 바치고 있는 분에 넘치는 명예에 감동하지 않고 있으므로, 오직 그들만이 희곡을 구경할 정신의 여유가 있었을 것이다. 단, 그럴 만한 지성이 있었다면.

처음에 어렴풋한 어둠밖에 없다가, 언뜻 눈에 보이지 않는 보석의 빛, 이름난 두 눈의 인광(燐光)이라 할까, 아니면 검은 배경에 뚜렷이 드러난 앙리 4세*²의 큰 메달이라 할까, 오말 공작의 기울인 옆얼굴이 눈에 띄었는데, 이 공작에게 모습이 보이지 않는 한 귀부인이 소리쳤다. "공작님 외투를 벗겨드리죠." 이 말에 공작이 대답했다. "아니 이거, 죄송해서, 앙브르사크 부인." 그녀는 그런 막연한 사양에 아랑곳없이 외투를 벗겨, 이와 같은 영광 때문에 여러 사람의 선망을 한 몸에 받았다.

그러나 칸막이 좌석 안은 거의 어디나, 저승에 살고 있는 흰 신령들이 우중충한 벽에 몸을 기대고 숨어서 눈에 띄지 않은 채 있었다. 그렇지만 무대가 진행됨에 따라 어렴풋이 인간 형상인 그들의 모습이 융단 벽걸이로 수놓

---

*1 구약성서 '출애굽기' 제14장 삽화.

*2 1553~1610. 부르봉 왕조의 시조이다. 위그노 파였지만, 마르그리트 드 발루아와 결혼 직후 성 바르톨로메오 신교도 학살이 일어나자 구교로 개종해서 죽음을 면한다. 그 뒤에도 신교, 구교로 두 번의 개종을 거듭한 끝에 '낭트칙령'을 발포하여 종교내란을 종식시켰다. 구교도에 의해 암살당함.

인 어둠 속에서 하나 둘씩 몽롱하게 빠져나와, 밝은 쪽으로 나앉아 그 반라 (半裸)의 몸을 떠올리면서도, 모두가 하나같이 명암이 교차되는 수직선 위에 머물러 있는 그 가운데서, 화려한 거품처럼 너울거리는 가벼운 깃털 부채 뒤에서 넘실대는 파도를 따라 움직이는가 싶은, 진주로 꾸민 진보랏빛 머리 밑에 환한 얼굴이 드러나 있었다. 그 경계에서 시작하는 것이 아래층 앞자리이다. 이것은 오로지 인간들이 사는 곳으로 투명하고도 어두컴컴한 왕국과는 떨어져 있었다. 평평한 수면 여기저기에, 물의 신령들의 맑고도 반짝거리는 눈들이 경계선 구실을 하고 있었다. 왜냐하면 물가에 놓인 보조 의자, 아래층 앞자리 괴물들의 형태가 오직 광학(光學)의 법칙에 따라, 입사각(入射角)의 크고 작음에 따라서 그 여신들의 눈 속에 그려져 있었기 때문이다. 마치 아무리 유치한 영혼이라도 우리 영혼과 비슷한 혼을 지니고 있지 않음을 알고 있는, 외부 현실의 두 부분—광물과 우리하고는 관계가 없는 인간들—에 대해 미소나 눈길을 보내는 것이 우리에게는 주책없는 것이라고 여겨진다. 이와 반대로 그들의 영역 안쪽에서는 찬란한 바다 아가씨들이 낭떠러지의 우툴두툴한 곳에 매달린 털보 트리톤(Triton)*¹이나 반들반들한 자갈에 파도가 실어다준 미끄러운 해초를 붙인 듯한 머리에다 눈이 수정알 같은 바다의 반인반신(半人半神) 쪽을 끊임없이 돌아다보며 미소 짓곤 하였다. 아가씨들은 때때로 그들 쪽으로 몸을 기울여 봉봉 과자를 내밀었다. 이따금 물결이 방긋이 열려, 늦게 와 생글거리는 새 네레이데스*²가 부끄러운 듯이 교태를 지으며 들어와서 어둠 속에 꽃을 피웠다. 그러다가 막이 내리자, 그녀들을 수면에 이끌었던 지상의 아름다운 선율을 듣지 못한다고 단념한 그녀들은 단번에 물속으로 잠겨 어둠 속에 사라지고 말았다. 그러나 가까이 갈 수 없는 여신들이 인간의 행동을 엿보려는 가벼운 호기심에 이끌려 그 문턱에 얼굴을 내밀고 있는 모든 은신처 가운데 가장 유명한 곳이 게르망트 대공부인의 칸막이 특별석이라는 이름으로 알려진 캄캄한 어둠이었다.

위대한 여신이 하급 신들의 놀이를 멀찌감치서 통솔하는 양, 대공부인은 산호초처럼 붉은 옆면으로 놓인 소파의 약간 안쪽, 거울인 듯싶은 흐릿한 폭

---

*1 그리스 신화에 나오는 반인반어의 해신.
*2 그리스 신화의 네레우스와 도리스의 딸로 바다의 님프. 50명이나 100명이라고도 하며 바다 밑 궁전에서 노래를 부르고 춤을 춘다고 함.

넓은 반사경 곁에 제멋대로 앉아 있었는데, 그 반사는 눈부신 바다의 수정 속에, 빛살 하나가 깎아 세운 듯 영롱하게 파놓은 어떤 단면을 떠오르게 했다. 바다의 꽃이 피는 계절인 듯 깃털이자 화관(花冠)인 새 날개처럼 솜털이 많은 희고도 커다란 꽃이 대공부인의 이마에서 그 한쪽 볼을 따라 내려오고, 예쁘장하며, 사랑스럽고도 생기 있는 유연성과 더불어, 꽃이 볼의 곡선을 따르면서, 헬시언(halcyon)* 둥우리 속 장밋빛 알처럼 얼굴을 반쯤 숨기고 있는 듯이 보였다. 대공부인의 머리칼 위에, 눈썹까지 내려왔다가 결국 목 언저리에 내려오면서, 남쪽 바다에서 따는 흰 조가비에 진주를 섞어 짠 헤어네트가 파도에서 조금 전에 나온 바다의 모자이크처럼 널리고, 이따금 그늘에 잠겨 들어가나, 잠겨도 그 속에서, 대공부인의 눈에 반짝거리는 움직임으로 사람이 있다는 것을 드러내고 있었다. 대공부인을 반음영(半陰影)의 다른 그리스 전설 시대의 아가씨들보다 훨씬 윗자리로 놓는 아름다움은, 하나같이 육체적이고 포괄적으로 그 목덜미에, 어깨에, 팔에, 허리에 새겨져 있는 것이 아니었다. 오히려 그 모습의 우아한 미완성의 선은 보이지 않는 수많은 선의 정확한 시발점, 불가피한 시초로 어둠에 비친 이상의 한 가닥 스펙트럼처럼 그녀의 몸 둘레에 자아내는 선의 길이를 늘여볼 수밖에 없었다.

"저이가 게르망트 대공부인이라우." 내 옆자리에 앉은 여인이 같이 온 사내에게 '대공부인(princesse)'의 p를 거듭 발음해, 그런 칭호가 우스꽝스럽다는 듯이 말했다. "저인 진주를 아끼지 않나 봐. 내가 저만큼 갖는다면 저 꼴로 과시하지 않겠어요, 꼴사납거든요."

하지만 관객석에 누구누구 왔나 살피려고 두리번거리는 이들은 대공부인을 알아보자, 마음속에 아름다움의 정당한 옥좌가 솟아오름을 느꼈다. 실제로 뤽상부르 공작부인이나 모리앙발 부인이나 생퇴베르트 부인이나 그 밖의 여러 귀부인이나, 그 얼굴임에 틀림없다고 확인케 하는 것은 언청이 위쪽에 달린 커다란 붉은 코라든지, 잔털이 난 주름살투성이의 양 같은 것이었다. 하기야 이런 풍모도 주목을 끌기에 충분했다. 그러한 특징은 글씨와 마찬가지로 관례의 가치밖에 없으므로, 당당하고도 유명한 이름을 넌지시 읽게 했기 때문이다. 그러나 또한 이런 얼굴은 밉상이어도 무언가 귀족의 표적으로

---

* 바다 위에 마련한 둥우리에 알을 낳고 그것을 까려고 물결을 잔잔하게 한다는 전설의 물새.

품위만 있다면 귀부인의 얼굴이 밉건 곱건 대수냐는 생각을 하게 되었다. 하지만 이름 글자 대신에 그 자체로서도 아름다운 형태, 곧 나비나 도마뱀이나 꽃 한 송이 같은 것을 그린 몇몇 화가들처럼 '아름다움이야말로 서명(署名) 가운데에서 가장 고귀한 것일지도 모른다'라고나 하듯이, 대공부인이 칸막이 좌석 한 귀퉁이에 표시해놓고 있는 것은 그 아름다운 자태와 얼굴 생김새였다. 왜냐하면 여느 때도 친하게 지내는 이들밖에 극장에 데리고 오지 않는 게르망트 바비에르 부인의 참석은 귀족 사회에 정통한 이들의 눈에, 그 칸막이 특별석이 그려내보이는 그림의 가장 훌륭한 진짜 증명서로 보이기 때문이다. 이를테면 뮌헨과 파리에 있는 저택에서 보내는 대공부인의 특별한 일상생활의 한 장면을 떠올리게 했기 때문이다.

우리 상상력은 늘 수록된 곡과 다른 것을 연주하는 고장 난 오르그 드 바르바리(orgue de Barbarie)*1와 같아서, 내 귀가 게르망트 바비에르 대공부인에 관한 얘기를 들을 적마다 16세기 한 작품의 추억이 내 마음속에서 노래하기 시작했다. 그런데 부인이 연미복 차림의 뚱뚱한 신사에게 얼음 봉봉을 내밀고 있는 것을 본 지금, 나는 그런 연상에서 벗어나야 했다. 물론 나는 그녀나 그 초대객들 모두가 남들과 같은 인간이라고 단정한 것은 아니었다. 그들이 거기서 하는 행동은 오직 놀이에 지나지 않는다. 즉 그들 실생활의 서막으로서(실생활의 중요한 부분을 영위하는 곳은 이곳이 아님에 틀림없다) 내가 모르는 의식으로 그들이 동의하여, 봉봉을 내밀고 또 이를 거절하는 체하는 꾸밈, 마치 번갈아 발가락 끝으로 우뚝 서서 스카프 둘레를 빙그르르 도는 발레리나의 걸음처럼 미리 정해진 뜻없는 몸짓을 하고 있음을 나는 잘 알아차렸다. 누가 알랴? 봉봉을 내미는 순간에 어쩌면 여신이 그 비꼬는 말투로(그녀의 미소가 보였으니까), '봉봉을 마시지 않겠어요?' 하고 말했는지도 모른다. 그런들 대수냐? 여신이 반인반신(半人半神), 오래지 않아 실제 생활을 다시 영위할 때까지 둘 모두 마음속에 요약하고 있는 숭고한 사념이 뭔지 알고서, 이 놀이에 응하여 똑같이 숨은 뜻이 있는 듯한 퉁명스러움과 더불어 '아뇨, 버찌 쪽이 좋지요'라고 대답하는 반인반신에게 건네는 이런 말에, 메리메풍이나 메이야크(Meilhac)*2인, 고의적인 퉁명스러움을 나

---

*1 손잡이를 돌려서 연주하는 수동 풍금.

*2 프랑스의 극작가(1831~97).

는 그윽한 세련됨으로 생각했을 것이다. 그리고 나는 내게는 평이한 것이자, 메이야크 같으면 거기에 마구 넣었을 것이라고 추측하는 것, 시와 크나큰 사념이 결여되어서, 유독 우아한 것, 관습적으로 우아한 것, 그 때문에 더 숨은 뜻이 있으면서 교훈이 되는 〈신진 여배우의 남편〉*1 장면과 똑같은 탐욕과 더불어 이 대화에 귀를 기울였을 것이다.

"저 뚱보는 가낭세 후작이죠." 내 옆자리 남자가 아는 체하며 말했는데, 등 뒤에서 수군거리는 이름을 잘못 들었던 것이다.

팔랑시 후작*2은 내민 목, 갸웃한 얼굴, 외알안경 안쪽에 붙은 동그란 큰 눈을 뜨고서 투명한 그늘 안에 유유히 눈길을 왔다 갔다 하며, 수족관 유리 칸막이 너머, 호기심 많은 관객 무리를 모르는 체, 아래층 앞자리의 관객들 따위야 안중에 없는 듯했다. 이따금 후작은 숨을 헐떡이다 오랫동안 눈길을 멈추었다. 관객은 후작이 어디가 아파서 그런 건지, 잠들어 있는 건지, 유영(遊泳)하고 있는 건지, 알을 낳고 있는 중인지, 아니면 그저 숨만 헐떡헐떡 쉬고 있는 건지 보고도 몰랐을 것이다. 그 특별석에 자못 익숙한 태도와 대공부인이 봉봉을 내밀 적에 취한 무관심한 태도 때문에, 후작만큼 나에게 선망의 정을 부추긴 이도 따로 없었다. 대공부인이 봉봉을 내밀면서 다이아몬드같이 고운 눈빛을 던진 그 순간에 지성과 우정이 다이아몬드에 녹아버리는 듯싶었다. 그러다가 눈이 휴식을 취하게 되자, 순전히 물질적인 아름다움, 한낱 광석의 광채로 되돌아가, 가느다란 반사를 돌리기만 하면 아래층 뒷자리 깊숙이까지, 그 신성의, 수평의 것이 찬란하게 빛나고 있지 않은가. 그렇지만 이제 베르마가 연기하는 〈페드르〉의 막이 올라가기 시작해서 대공부인은 특별석 앞쪽으로 나왔다. 그러자 대공부인 자신이 무대의 출연 인물인 것처럼, 다른 빛의 경계를 통과하는 동시에, 그 몸치장의 빛깔만이 아니라 그 물질마저 변하는 것을 보았다. 이미 물의 세계에 속하지 않는, 물기 없어 보이는 칸막이 특별석에 대공부인이 네레이데스의 탈을 벗고서 자이르(Zaïre) 또는 오로스만(Orosmane)*3으로 분장한 비극의 여배우처럼 희고 푸른 터번을 두르고 나타났다. 다음에 대공부인이 맨 첫 줄에 앉았을 때, 그녀

---

*1 메이야크와 알레비가 함께 만든 희극.
*2 제2권에 이 장면과 아주 비슷한 팔랑시 후작의 초상화가 나옴.
*3 둘 다 볼테르의 희곡 〈자이르〉에 나오는 인물.

두 볼의 장밋빛 진주모를 아늑히 보호하고 있는 헬시언의 둥우리가 실은 유연하고도 번쩍거리는, 부드럽기가 벨벳 같은 낙원의 거대한 새였음을 나는 보았다.

이러는 사이, 허술한 옷차림에 못생기고 작달막한 여인이 불꽃 튀는 눈을 하고 두 젊은이를 데리고 들어와서, 내 자리에서 몇 걸음 안 되는 자리에 앉는 바람에 나의 눈길은 게르망트 대공부인의 특별석에서 돌려지게 됐다. 드디어 막이 올랐다. 연극과 라 베르마에 대하여, 세계의 끝까지 가서라도 관찰하고 싶은 비상한 현상을 놓칠세라, 마치 천문학자가 혜성 또는 일식을 세밀하게 관측하고자 아프리카나 서인도 제도에 설치하러 가지고 가는 감도가 강한 사진 건판처럼 내 정신을 잔뜩 긴장시키던 지난날, 구름(배우들의 좋지 않은 기분, 관객 중의 뜻하지 않은 사건) 몇 점이 가장 높은 강도로 일어나 구경거리를 망치지 않을까 전전긍긍하던 지난날, 그 상연물을 위해 제단으로 바쳐진 극장에 가지 않고서는 도저히 최고의 조건으로 관람할 수 없는 줄로 알았던 것이다. 거기에 라 베르마가 선정한 카네이션을 단 개찰원들, 허술한 옷차림의 사람들로 가득 찬 아래층 뒷자리 위로 내민 칸막이 좌석 아래쪽, 라 베르마의 사진이 든 프로그램을 파는 여자들, 거리의 작은 공원 마로니에, 그때 나와 인상을 같이하고, 함께 속내 이야기를 하여, 나의 인상과 떼어놓을 수 없을 듯한, 비록 조그만 부속품일지라도, 붉고 작은 장막 밑에 나타나는 그녀의 모습과 일체를 이루고 있는 성싶었던 것이다. 〈페드르〉, '고백의 장면'*, 라 베르마는 지난날의 나에게는 어떤 절대적인 존재였다. 일상 경험의 세계에서 멀리 위치하여, 그 스스로 존재하고 있어 이쪽에서 저쪽으로 가야만 했다. 될 수 있는 한 깊이 그 속으로 파고들어갔더라도, 내 눈과 영혼을 아주 크게 벌렸더라도 나는 조금밖에 흡수하지 못했을 것이다. 그러나 나에게 삶은 얼마나 쾌적하였던가! 내가 보내는 생활의 하찮음이야, 옷을 입거나, 외출 채비를 하는 따위의 때와 마찬가지로 하나도 대수롭지 않았으니, 저편에 엄연히, 접근하기 힘든, 모조리 소유하기 불가능한, 더욱 견실한 현실, 〈페드르〉와 라 베르마의 대사의 어조가 있었으니까. 완성된 무대

---

*〈페드르〉 제2막 제5장. 아테네의 왕비 페드르가 남편의 자식(즉 자신의 의붓아들) 이폴리트에게 사랑을 고백하는 유명한 장면.

예술에 관한 몽상으로 포화 상태에 빠진 채(그때 낮의 어느 순간에, 또 어쩌면 밤의 어느 순간에 내 정신을 분석했다면, 그러한 몽상의 상당량을 뽑아낼 수 있었을 것이다), 나는 마치 전기를 내뿜는 전지와도 같았다. 그러다가 병중에 내가 그 병으로 죽지 않을까 생각했어도 라 베르마만큼은 구경하러 가지 않고서 못 배기는 지경에 이르고 말았을 것이다. 그런데 지금은 멀리서 보면 창공의 한 조각 같으나, 가까이 가보니 사물을 평범하게 보는 시야 안에 들어오는 언덕처럼, 그 모든 것이 이미 절대의 세계를 떠나버려, 이제 다른 것들과 똑같은 것, 내가 거기에 있으므로 인식되는 것에 지나지 않았다. 배우들도 내가 아는 사람들과 본질적으로 같은 사람들로, 〈페드르〉의 시구를 되도록 잘 낭송하고자 애쓸 뿐이며, 그 시구 또한 온갖 몽상에서 분리된 숭고하고도 개성적인 본질을 형성하지 못하지만, 조금이나마 뛰어나 그 시구가 섞여 있는 프랑스 시의 방대한 전체로 되돌아갈 채비가 된 시구였다. 고집 세고 부지런한 내 소망의 대상이 이미 존재하지 않더라도, 해마다 모습을 바꾸면서도, 위험을 꺼리지 않고서 나를 갑작스런 충동으로 이끌어가는 부단한 몽상, 이 몽상에 쏠리기 쉬운 성미가 여전히 존속하고 있는 만큼, 나는 더욱더 심각한 실망을 느꼈다. 아파도 어느 저택에 있는 엘스티르의 한 폭 그림이나 고딕풍 벽걸이를 보고자 외출하는 날은 베네치아로 떠나는 날이나 라 베르마를 구경하러 가던 날이나, 또는 발베크에 가던 날이나 어찌나 비슷비슷했는지, 나는 미리, 현재 내가 희생을 치르며 보러 가는 대상도 얼마 안 가서 나의 관심 밖으로 밀려나고, 당장에야 잠 이루지 못하는 수많은 밤과 허다한 고통스런 발작을 무릅쓰고 싶어하나, 그즈음에 이르러서는 저택 근처를 지나가면서도 그 그림, 그 벽걸이를 구경하러 들르지 않을지도 모르리라는 것을 느꼈다. 나는 그 대상이 불안정해서 내 노력의 덧없음을 느끼는 동시에, 노력이 의외로 컸다는 사실도 느꼈다. 마치 신경쇠약 환자들이 다른 사람의 두 배로 피곤하듯이 말이다. 어쨌든 그때까지 나의 몽상은 몽상에 이어질 수 있는 모든 것을 돋보이게 하는 버릇이 있었다. 늘 어느 쪽으로 방향을 돌려 같은 꿈의 둘레에 집중되는 가장 관능적인 욕망 속에서마저, 첫 동기로서, 한 이념, 내 목숨을 바쳐도 아깝지 않은 한 이념을 인식할 수 있었을 것이다. 그렇다면 그 이념의 중심에, 오후에 콩브레의 정원에서 책을 읽는 도중에 빠진 몽상 가운데서 본 것처럼 극치라는 관념이 있었던 것이다.

이제 나는 아리시, 이스멘네, 이폴리트[1]의 어조와 연기 속에 주목했던 애정이나 분노의 올바른 의도에 대하여 지난날과 같은 관대함은 갖지 못한다. 이 배우들—지난날과 같은 배우들—이 한결같은 영리함과 더불어, 어떤 때는 그 목소리에 쓰다듬는 듯한 억양이나 미리 계산된 모호함을 띠게, 어떤 때는 그 동작에 비극적인 넓이 또는 애원하는 듯한 감미로움을 깃들이게 하고자 애쓰지 않아 그런 것이 아니다. 그들의 어조는 그 목소리를 '조용히, 밤 꾀꼬리처럼 노래하라, 쓰다듬듯 하여라' 하며 억누르기도 하고, 아니면 그와 반대로 '노발대발하라'고 명령하는 때는 그 목소리에 달려들어 광란 속에 휩쓸어가려고 애쓰기도 하였다. 그러나 순응하지 않는 목소리는 어조와는 엉뚱하게 여전히 그 형이하(形而下)의 결점과 매력, 평소의 속됨과 거드름을 지닌 타고난 목소리 그대로 남아 있어서 암송된 시구에 따라 정서가 달라지는 법 없이, 음향의 현상인지 사회의 현상인지 뭔지 모르는 앙상블(ensemble)을 벌이고 있었다.

마찬가지로 이 배우들의 동작은 그 팔이나 페플럼[2]에게 '위엄을 가져라'라고 말하고 있었다. 그러나 팔다리는 이 말에 순응하지 않고, 어깨와 팔꿈치 사이에 맡은 역을 전혀 알지 못하는 이두근을 멋대로 움직여, 일상생활의 따분함을 나타내고, 라신의 섬세한 명암 대신에 근육의 연결만을 계속해서 드러내고 있었다. 그들이 쳐든 옷자락은 직물의 무의미한 유연성만이 맞설 뿐 낙하의 법칙에 의해 다시 수직으로 떨어지고 있었다. 이 순간, 내 옆에 있던 키 작은 여인이 외쳤다.

"박수도 안 치네! 저 꼬락서니 좀 봐! 너무 늙었어, 별수 없지, 저렇게 되기 전에 그만둬야 했을걸."

주위 사람의 '쉬쉬' 소리에 키 작은 여인과 같이 있는 두 젊은이가 그 여인을 조용히 시키려고 애써, 그 여인의 분노는 이제 눈 속에서만 활활 타고 있었다. 하기야 그 분노는 성공과 명성에 보낼 수밖에 없었다. 막대한 돈을 번 라 베르마지만 남은 거라곤 빚밖에 없었기 때문이다. 늘 일이나 친구와 만날 약속을 하면서도 이를 이행 못 하니, 그녀는 파리의 온 거리에 약속을 취소하는 사과장을 지참한 심부름꾼을 달리게 하고, 한 번도 묵으러 가지도

---
[1] 세 인물 다 〈페드르〉에 등장함.
[2] 웃옷이나 블라우스의 허리 아랫부분에 부착된 짧은 치마.

않고서 미리 아파트 방을 계약하고, 개를 씻기기 위해 엄청난 양의 향수를 써버리며, 곳곳의 극장 지배인에게 위약금을 지불하기도 하였다. 더 이상 돈을 낭비할 길도 없었을 뿐더러 클레오파트라만큼 음탕하지는 않아도 그녀는 세계의 여러 왕국과 지방의 도시에서 속달우편을 부치거나 마차를 빌리거나 하는 것으로 있는 돈을 탕진하는 방법을 찾아냈을 것이다. 그런데 그 키 작은 여인은 좋은 기회를 갖지 못했던 여배우로, 라 베르마에게 극심한 증오를 품어왔던 것이다. 라 베르마가 이제 막 무대에 나왔다. 그러자 기적, 어젯밤에 아무리 애써도 기억하지 못하다가 다음 날 아침에 눈뜨니 모조리 외우고 있는 과제처럼, 또한 아무리 노력해도 떠오르지 않다가, 그들에 대해 생각하지 않을 때, 언뜻 눈앞에 살아 있을 때 모습 그대로 되살아나는 고인의 모습처럼, 내가 그토록 그 본질을 파악하려고 열심히 애썼을 때는 달아나던 라 베르마의 재능은 지금, 잊은 지 몇 년 뒤, 이 무관심한 시간에 명백한 힘과 더불어 내 마음에 감탄의 정을 받아들이게 하였다. 예전에는 이 재능을 외따로 떼어놓고자, 나는 이를테면 내가 보고 들은 것에서 배역 자체를 떼어버리려고 했다. 배역이라는 것은 〈페드르〉를 맡아하는 모든 여배우의 공통된 배역이었기 때문에 미리 연구하여 그것을 빼고, 남겨진 것으로 부인의 재능만을 모을 수 있도록 사전에 머리를 짜냈다. 하지만 내가 배역 밖에서 알아차리고자 애쓰던 그 재능은 오로지 그 배역과 하나를 이루고 있었다. 이와 같은 위대한 음악가일 경우에도(피아노를 연주하는 뱅퇴유의 경우가 이의 좋은 보기일 것이다) 그 연주는 방청객으로 하여금 연주자가 과연 피아니스트인지 전혀 모를 만큼 뛰어난 피아니스트와 하나를 이루니(여기저기 빛나는 효과를 거두는 손가락의 화려한 묘기나 어떻게 감상해야 할지 모르는 방청객이 유형(有形)의 현실 중에서 재능을 발견한 줄로 여기는 가락의 확산 따위를 느끼게 하지 않아서) 그 연주는 연주자가 해석한 것으로 가득 차, 어찌나 투명하게 되었는지 방청객의 눈에 연주자의 모습이 보이지 않고, 걸작으로 향해 나있는 창문에 지나지 않기 때문이다. 나는 아리시의, 이스메네의, 이폴리트의 목소리와 몸짓을 위엄 있는 또는 섬세한 가두리처럼 둘러친 의도를 뚜렷하게 판별할 수 있었다. 그런데 〈페드르〉역은 안에 의도를 감추고 있어, 내 정신은 거기에 깊숙이 흡수되어 있어서 흘러나오지 않는 그 보배, 그 효과를 용케 어조와 동작에서 잡아 뽑지도, 한결같은 그 표면의 단일

성에서 이해하지도 못했다. 아리시나 이스메네의 대리석 같은 목소리에 스며들 수 없었으므로 목소리 위에 넘치는 눈물이 흐르고 있는 것이 보였는데, 정신에 맞서는 무생물의 찌꺼기를 한 방울도 남기고 있지 않은 라 베르마의 목소리는 여분의 눈물을 그 목소리 둘레에서 가려내지 못하게 하고, 마치 물질적인 특성이 아니라 영적인 뛰어남을 칭찬하는 말로, 저이는 아름다운 목소리를 가진 사람이라는 호평을 받은 위대한 바이올리니스트의 악기처럼, 고루고루 섬세하게 갈고 닦고 있었다. 그리고 고전적인 풍경화에 사라진 요정 대신에 생기 없는 샘 하나가 있듯이, 뚜렷하고도 구체적인 의도는 제 것으로 만든, 차갑고도 야릇한 밝음을 지닌 음색의 어떤 뛰어난 질로 변하고 있었다. 시구 자체가 입술 밖으로 소리 나게 하는 것과 똑같은 밀어내는 힘으로, 넘치는 물에 떠내려가는 나뭇잎처럼, 그녀의 가슴 위로 쳐들리는 듯이 보이는 라 베르마의 두 팔, 그녀가 천천히 이루어왔던 무대 위에서 보이는 태도는 그녀가 앞으로도 고쳐 나가려니와, 동료들의 동작 속에 그 흔적이 엿보이는 따위의 추리와는 다른 깊은 논리에 따라 만들어진다. 그것은 그 본디의 의사를 잃은 채, 어떤 빛나는 방사(放射) 속에 녹아들면서 풍요하고도 복잡한 갖가지 요소를 〈페드르〉라는 배역 주위에 빛나게 하고 있다. 매혹된 관객이 이를 예술가의 결실로 생각지 않고 타고난 재주로 여기는 여러 추리로 이루어진 자세로 보고 있다. 흐늘거리거나 한결같게 몸에 붙어 있는 품이 살아 있는 것같이 보이며, 나약하고도 추위를 잘 타는 고치처럼 고뇌 둘레에 실을 토해 축소시키는, 절반은 이단적이고 절반은 장세니스트(Janséniste)*적인 고뇌를 통해 짜진 듯이 보이는 그 흰 너울 자체, 이런 모든 것은 목소리도 자세도 동작도 너울도 시라는 이념의 이 화신(化身)(이 화신은 인간의 육체와는 달리, 불투명한 장애물이 아니라, 정화(淨化)되고 영화(靈化)된 옷)의 둘레에서 보충의 겉모양에 불과한 영혼을 숨기는 대신에 오히려 영혼을 더 찬란히 빛내어, 영혼이 이에 동화되고, 그 속에 퍼져 있는 겉모양에 지나지 않았으며, 또한 반투명하게 된 갖가지 실체의 몇 겹 흐름, 그 몇 겹을 꿰뚫고 나오는 갇힌 중심의 광선을 더욱 다양하게 굴절시키고, 광선을 둘러싼 불꽃에 스며든 물질을 더욱 광대하게, 귀중하게, 아름답게 하는 흐름에

---

* 엄격을 주지로 삼는 종파.

지나지 않았다. 이와 같이 라 베르마의 연기는 라신 작품을 둘러싼, 천재의 입김으로 만들어진 제2의 작품이었다.

사실을 말하면 내 인상은 이전의 경우보다 좋았으나 다른 것은 아니었다. 다만 연극의 천재라는, 추상적이자 틀린 선입관에 대립시키지 않았을 뿐이고, 연극의 천재란 바로 그것임을 이해했던 것이다. 처음으로 라 베르마를 구경했을 적에 내가 기쁨을 못 가졌다면, 이는 그 이전 샹젤리제로 질베르트를 만나러 갔을 때처럼 너무나 큰 소망을 품고 구경하러 갔기 때문이라는 생각이 곧 들었다. 어쩌면 이 두 실망 사이에는 그런 비슷함뿐만 아니라, 더욱 깊은 유사함도 있었을 것이다. 매우 개성적인 어떤 인물이나 작품(또는 연기)에서 받는 인상은 특수하다. 우리는 '아름다움', '양식의 넓이', '감동'이라는 관념을 지니고 있어서, 부득이한 경우 이를 하찮은 재능이나 단정한 얼굴에서 언뜻 본 듯한 착각을 일으키기도 한다. 하지만 주의 깊은 정신은 눈앞에, 정신이 그것과 지적으로 대등하지 못하는 하나의 형태, 거기서 미지의 것을 끄집어내야 하는 형태가 집요하게 어른거림을 본다. 정신은 날카로운 소리와 기이하게 울어대는 가락을 듣는다. 정신은 생각해본다. '아름다움이냐? 내가 느끼는 바가 감탄이냐? 이게 빛깔의 풍요함이냐? 고귀함이냐, 힘이냐? 하고. 그러자 이에 다시 응하는 것은 날카로운 목소리, 신기한 질문의 가락, 모르는 인간에서 비롯하는 횡포한 인상, 빈틈없이 물질적이라서 그 안에 '연기의 넓이'를 위해 남아 있는 빈자리가 조금도 없는 인상이다. 또 이 때문에 정성을 다 들여 귀담아듣는 경우 가장 심하게 우리를 실망시킬 것임에 틀림없는 것은 정말 아름다운 작품이니, 우리 관념의 수집품 가운데 개성적인 인상에 대응할 만한 관념이 하나도 없기 때문이다.

이게 바로 라 베르마의 연기가 나에게 보인 점이었다. 그 대사의 어조야말로 확실히 고귀하고 총명한 어조였다. 이제야 나는 폭넓은 시적인 힘찬 연기의 값어치를 이해했다기보다, 신화와 아무 관계없는 별에 마르스,*¹ 베누스,*² 사투르누스*³라는 이름을 붙이듯, 그것에 이런 칭호를 붙이는 것을 시인했다고나 할까. 우리는 한 세계에서 또 하나의 세계를 느끼고, 생각하며,

---

*1 로마 신화의 군신인 동시에 화성.
*2 미의 여신인 동시에 금성.
*3 농경의 신인 동시에 토성.

이름을 붙이고, 그 두 세계 사이에 서로 들어맞는 다리를 이을 수 있으나, 그 헤아리지 못할 간격을 메우지 못한다. 처음으로 라 베르마의 연기를 구경하러 간 날, 한마디의 대사라도 놓칠세라 귀 기울여 듣고 나서, '우아한 연기', '독창성'이라는 관념에 이를 연관시키는 데 조금 난처해 박수를 친 것은 잠시 덧없는 느낌을 받은 뒤였다. 게다가 그 박수는 내 인상 그 자체에서 생겨난 것이 아니라, '드디어 라 베르마를 구경했다'고 생각하는 기쁨, 선입관에 이어진 듯한 박수였다. 그때, 내가 넘어야 했던 것은, 얼마간 이런 간격, 이런 단층이었다. 그리고 개성적인 인물이나 작품과 미의 관념 사이에 있는 차이는 개성적인 인물이나 작품이 우리에게 느끼게 하는 바와 그것에 대한 애정이나 감탄 사이에도 깊게 존재한다. 그러므로 개성적인 인물이나 작품을 알아보지 못한다. 나는 라 베르마를 구경할 때(내가 질베르트를 사랑할 즈음 그녀를 만났을 적에 그랬듯) 기쁨을 맛보지 못했던 것이다. '감탄할까 보냐'라고 속으로 중얼거렸던 것이다. 그렇긴 하나 그때 나는 여배우의 연기를 깊이 연구하기에 여념이 없었고, 그것에만 골몰했었으며, 거기에 포함되어 있는 것을 모두 받을 수 있게 힘껏 내 사념의 창문을 열려고 애썼다. 이제야 나는 그것이 바로 감탄임을 알 수 있었다.

라 베르마의 연기만이 두드러져 보였을 뿐인 이 비범한 천재적인 능력은 오로지 라신의 천재적 재능이었을까?

처음에 나는 그렇게 생각했다. 그러다가 관객의 열광 속에 〈페드르〉의 막이 내리자 나는 그게 잘못된 생각임을 깨달았다. 〈페드르〉가 상연되는 동안, 내 옆자리에 있던 나이 든 부인은 그 작달막한 허리를 젖히며 비스듬히 앉아서, 얼굴 근육을 굳히고, 팔짱을 가슴 위에 턱 끼고서, 남들의 박수에 낄까 보냐, 이목을 끌 만한 반대 의사를 더욱 뚜렷하게 보이려고 하였으나, 아무의 눈에도 띄지 않았다. 다음 희곡은 명성을 떨치지 않고, 또 상연되는 때밖에 존재하지 않아서, 지난날 나로서는 보잘것없는 특유한 것으로 생각한 새작품의 하나였다. 그러나 고전극이라면 영원히 남을 걸작이, 무대 앞 아래쪽에서 비치는 빛의 길이와 같은 상연 시간의 연극처럼, 상연 시간 속에 압축되어 있는 환멸을 맛보지 않아도 되었다. 게다가 관객의 마음에 들고 있음을 피부로 느끼면서 머지않아 유명해질지도 모를 기다란 대사마다, 그것이 과거에 알려져 있지 않던 만큼, 나는 앞으로 얻을 명성을 예상했다. 이런 정신작용은, 어느 걸작이 처음으로 햇빛을 볼 적에 같은 작가의 다른 작품 제목과 구별되지 않고 흐리멍덩 나타났던 맨처음을 떠올리는 것과 정반대이다. 이 배역도 머지않아 〈페드르〉의 배역에 이어 라 베르마의 명연기 목록에 실릴 것이다. 그 배역 자체는 문학적인 가치가 없었다. 하지만 라 베르마는 이 배역에서도 〈페드르〉 못지않게 훌륭했다. 그래서 나는 이 비극 여배우가 그 걸작을 창조하기 위한 하나의 재료에 지나지 않고, 그 작품 자체는 아무래도 좋다는 것을, 마치 내가 발베크에서 알게 된 위대한 화가 엘스티르가 보잘것없는 학교 건물과 그 자체가 걸작인 대성당에서 우열을 가릴 수 없는 두 그림의 주체를 발견했듯이 이를 이해했다. 또 엘스티르가 집, 짐수레, 인물들을 같은 질로 보이게 하는 광활한 빛의 효과 안에 녹이듯, 라 베르마도 평범한 여배우라면 따로따로 뚜렷이 드러나게 할 낱말들을 고르게 녹여 편편하게, 또는 높이 올린 위에다 두려움이나 애정으로 뒤덮고 있었다. 물론 낱말마다 고유의 억양이 있었고, 라 베르마의 어조 또한 시구의 운을 알아듣는 데 방해되지 않았다. 하나의 운, 다시 말해 앞의 운과 비슷하면서도 다르고, 또 다른 어떤 운이 앞 운으로 인해 나와 거기에 새로운 관념이라는 변주를 넣는 것을 들으면서, 사념과 운율이라는 두 양식이 겹쳐 나감을 느끼는 것은 그것만으로 이미 질서 잡은 복잡성의, 곧 아름다움의 첫 요소가 아닌가? 하지만 이와 동시에 라 베르마는 낱말들과 시구를, 아니, 긴 '대사'마저도 그보다 더 광대한 앙상블 속에 들여보냈는데, 경계선에서 그것이 걸음을 멈추자 가로막지 않을 수 없음을 본 것이 하나의 매력이었다. 이와 같이 시인은 내닫는 낱말을 잠시 운의 근처에서 주춤하게 만들기를 즐거워하고, 음악가는 오페라 가사가 반항하나 그것을 끌어넣는 같은 리듬 속에 여러 가지 가사 섞기를 즐겨 한다. 그러므로 현대 극작가의 대사 속에도, 라신의 시구에도 라 베르마는 고뇌·고귀·정열의 넓은 형상을 집어넣을 수 있었는데, 이는 라 베르마가 지어낸 걸작으로, 거기에 그녀가 마치 다른 여러 모델을 그린 초상화들 속에서도 늘 같은 화가를 알아보듯 인지되었다.

이제 나는 한순간에 사라져 다시 나타나지 않는 조명 속에 한순간 라 베르마가 드러나는 아름다운 색채 효과와 온갖 자세를 지난날처럼 정지시킬 수 있기를 바라지도 않았고, 라 베르마에게 같은 시구를 여러 차례 되풀이시키고 싶지도 않았다. 나의 옛 소망은 시인, 비극 여배우, 그녀의 무대를 설치하는 뛰어난 무대 장치가의 의사보다 더 까다롭게 요구가 많았고, 또 입 밖에 나온 순간에 시구가 풍기는 매력, 끊임없이 변화하는 불안정한 동작, 뒤이어 옮기는 그림은 무대 예술이 창조하고 싶어하는 덧없는 결과이자 순식간의 목적이며 뜬구름 같은 걸작으로 극에 지나치게 열중한 관객이 그걸 고정시키려 들면 부서지고 말 것임을 이해했다. 나는 또한 앞으로는 라 베르마를 다시 구경하고 싶지도 않았다. 그녀에게 만족한 것이다. 대상이 질베르트이건 라 베르마이건, 내가 너무나 감탄해버려 그 감탄의 대상에 환멸을 아니 느낄 수 없을 때, 미리 내일의 인상에 어제의 인상이 나에게 거부한 기쁨을 요구하는 것이었다. 지금 막 느낀 기쁨, 더 유효하게 쓸지도 모르는 기쁨을 찾으려 하지 않고서, 지난날 학교 친구가 말하는 것을 믿었을 때처럼 '그야 물론 나는 라 베르마를 첫째로 꼽지'라고 말하면서도, 내가 좋아하는 여배우라고 단언하거나, 또 '첫째' 자리를 얻은 것이 나에게 얼마간 위안을 가져다주지만, 라 베르마라는 천재는 정확히 표현되지 않았다는 막연한 느낌이 들었다.

이 두 번째 희곡이 시작되는 순간, 나는 게르망트 부인 쪽을 바라보았다. 부인은 절묘한 선을 그리면서 그 칸막이 특별석 뒤쪽으로 머리를 돌리는 참이었고, 나는 그 움직임을 뒤쫓았다. 초대받은 손님들이 일어서서 또한 출입구 쪽을 뒤돌아보자 생겨난 두 울타리 사이를 여신처럼 태연하고도 위엄 있게, 그러나 그토록 늦게 도착하여 상연 중에 다들 일어나게 한 일을 미안해하는 체하는 미소에서 풍겨나오는 야릇한 상냥함과 더불어, 흰 모슬린을 걸친 게르망트 공작부인이 들어왔다. 공작부인은 곧장 사촌동서 쪽으로 가서, 맨 앞줄에 앉아 있는 금발의 젊은이에게 정중히 인사한 뒤 동굴 깊숙이 들떠 있는 성스런 바다 괴물들 쪽으로 되돌아가, 자키 클럽의 그 반신반인들—특히 이 순간 내가 가장 되고 싶은 사람은 팔랑시 씨였다—에게 열다섯 해 동안 그들과 날마다 사귀어온 것을 암시하는 옛 친구로서의 절친한 인사를 하였다. 이 사람 저 사람에게 손을 내맡기는 동안, 부인은 하늘색으로 빛나는 상냥한 눈길을 친구들에게 보내고 있었는데, 나는 그 시선이 신비하게 느껴졌지만, 수수께끼를 풀 수가 없었다. 만일 내가 그 프리즘을 분해하고, 그 결정(結晶)을 분석할 수 있었다면, 아마도 이 순간에 나타나 있던 알 수 없는 생활의 본질이 밝혀졌을 것이다. 게르망트 공작이 부인의 뒤를 따라 왔다. 그 외알안경의 반사광, 번쩍이는 흰 치아, 카네이션이나 주름 잡은 와이셔츠 앞섶의 새하얀 빛 때문에 그의 눈썹, 입술, 연미복의 검은빛은 별로 표가 나지 않았다. 머리를 움직이지 않은 채 손을 내밀자 공작은 자기 자리를 양보하는 상대들의 어깨에 손을 내리면서 앉으라고 분부하고, 금발의 젊은이 앞에서 정중하게 허리를 굽혔다. 들리는 말로는 공작부인은 그녀가 이른바 과장(프랑스 정신에 철저하고 절제 있는 부인의 견지에서는 당장 게르망트풍의 시와 열정으로밖에 느껴지지 않는 단어)이라 일컫는 것을 사촌동서가 하기 좋아한다고 비웃고 있다고 한다. 따라서 오늘 밤 사촌동서가 '가장(假裝) 무도회용'으로밖에 여겨지지 않는 옷차림을 하고 있을 것이라 짐작해, 사촌동서에게 취미 교육을 강의해주고 싶어하는 듯했다. 대공부인의 머리에서 목까지 내려와 있는 경탄할 만한 부드러운 새털과 조가비와 진주의 헤어네트 대신에, 공작부인은 머리에 깃털 장식 하나를 꽂고 있었는데, 그것이 매부리코와 튀어나온 눈을 굽어보는 품이 새의 볏 같았다. 목과 어깨는 새하얀 모슬린의 눈 같은 물결에서 드러나, 그 위에 백조의 깃털 부채가 막 내려앉다가, 이어서 드레스 위에 앉았는데, 금속인지 다이아몬드인지로 만든 막대 모양이나 염주알 모양의 보석 세공을 앞가슴게에만 꾸민 산뜻한 의상이 그녀의 몸매를 영국풍의 날씬한 곡선으로 그려내고 있었다. 그러나 두 옷차림은 서로 아주 달라도, 대공부인이 그때까지 차지하던 자리를 사촌동서에게 내준 뒤에 사촌동서 자매간에 서로 돌아다보며 저마다 상대에게 감탄하고 있는 모습이 보였다.

틀림없이 그다음 날 게르망트 부인은 대공부인의 너무 복잡한 머리 장식에 관해 말할 때 미소를 띠겠지만, 그래도 역시 매력적이고 멋지다고 말했을 것이다. 또 대공부인은 취미상, 사촌동서의 옷차림은 뭔가 좀 차갑고, 무미건조하며, 옷장색 냄새가 나는 것이 있다고 생각하면서도 그 빈틈없는 절제에 세련됨을 발견했을 것이다. 게다가 둘 사이에는 교양으로 미리 생긴 조화와 인력이 의상뿐 아니라 자세의 대조마저 중화하고 있었다. 말씨나 태도의 우아함이 둘 사이에서 잡아당기는 눈에 안 보이는 자력선(磁力線)에 팽창하기 쉬운 대공부인의 본성은 사라져버리고, 공작부인의 단정한 선 쪽으로 끌려 상냥한 매력으로 변하고 있었다. 지금 상연 중인 연극에서 라 베르마가 개성적인 시를 얼마나 발산하고 있는지를 이해하려면, 라 베르마가 맡은 배역, 그녀만이 할 수 있는 배역을 누구라도 좋으니 다른 여배우에게 시켜볼 수밖에 없듯, 눈을 들어 2층 앞자리를 보기만 하면, 두 칸막이 좌석 속에 게르망트 대공부인과 스스로 비슷하거니 여기고 있는 '배합'이 모리앙발 남작부인에게 한갓 괴상한 잘난 체하는, 교양 없는 모양을 주고 있을 뿐이다. 한편 게르망트 공작부인의 옷차림과 멋을 흉내내고자 인내와 돈이 드는 노력을 보더라도 캉브르메르 부인을 무미건조하고도 뾰족한 철사 위에 박은 까마귀 깃을 머리털 속에 꼿꼿이 세운 어느 시골 기숙생으로 만든다. 아마도 캉브르메르 부인이 있는 곳은 칸막이 좌석(아래에서 보면 공간을 나눌 때 쓰는 붉은 벨벳 끈으로 사람들의 꽃을 담은 큰 바구니를 극장 천장에 매달고 있는 듯 보이는 맨 위층의 칸막이 좌석마저)이 그해의 가장 빛나는 여인네들만 모아놓고, 하루살이 같은 파노라마를 구성하고 있는 곳이 아닐까. 그 파노라마는 오래지 않아 죽음·추문·질병·불화 따위로 변하겠지만, 아직 회고하여 폭탄이 터진, 또는 대화재의 첫 불꽃의 전조였다고 생각하는 무의식적인 기다림과 고요하기 짝이 없는 마비 상태의 무궁하고도 비극적인 이 순간에, 주의·온기·현기·먼지·우아·권태로 말미암아 움직이지 않는 파노라마를 이루고 있는 이 극장은, 어쩌면 캉브르메르 부인에게 어울리지 않는 자리였는지 모른다.

캉브르메르 부인이 이 극장에 와 있는 것은 파름 대공부인이라는 분이 진짜 귀족 대부분이 그렇듯 속물근성이 없는 대신, 스스로 예술이라 여기는 취미와 마음속으로 동등하게 여기고 있는 자선을 베풀고 싶은 소망과 자존심에 휩쓸려, 캉브르메르 부인 같은 상류 사회에 참여 못하나 자선 사업과 관계있는 부인들에게도 극장의 몇 자리를 나누어주고 있었기 때문이다. 캉브르메르 부인은 게르망트 공작부인과 대공부인에게서 눈을 떼지 않았다. 그녀는 이 두 귀부인과 별로 친분이 없어서, 인사를 구하는 모습을 짓지 않아도 괜찮은 만큼 그러기가 더욱 쉬웠다. 그렇긴 하나, 이 두 귀부인 댁에 초대받았다는 것은 그녀가 10년 동안 꿋꿋한 인내로 추구해온 목표였다. 그녀는 앞으로 5년 안에 이 목표는 틀림없이 이루어지리라고 계산하고 있었다. 그러나 고질병에 걸려 있을 뿐더러, 의학상의 지식이 있다고 자부하는 터라, 병이 낫지 않을 것이라고 스스로 믿고 있었으므로 그때까지 목숨을 부지 못할까 봐 걱정하고 있었다. 그래도 얼마간이나마 이 밤 동안 모든 부인네가 아르장쿠르 부인의 동생인 젊은 보세르장 후작을 볼 것이라 생각해 기뻐했다. 그는 이 두 사회 전부 자주 드나들고, 이류 사회의 부인네들은 그가 곁에 있기만 해도, 일류 사회의 부인네들 눈에 돋보이리라 생각해 좋아들 했다. 젊은 보세르장 후작은 다른 칸막이 좌석들을 망원경으로 볼 수 있도록 캉브르메르 부인의 뒤쪽에 가로놓인 의자에 앉아 있었다. 그는 칸막이 좌석들에 있는 사람들과 다 아는 사이여서, 뒤로 젖혀진 맵시 있는 풍채와 아름다운 금발의 섬세한 얼굴로 푸른 눈에 미소를 띠고, 경의와 친근감을 잘 조화시켜 상반신을 일으켜 인사를 한다. 궁정의 거드름스러운 대귀족을 그린 옛 판화처럼, 그가 앉아 있는 비스듬한 직사각형 틀 속에 그 모습이 뚜렷이 새겨져 있었다. 그는 그렇게 자주 캉브르메르 부인과 함께 극장에 가는 것을 승낙했다. 실내에서도, 나가는 곳에서도, 복도에서도, 그는 거기에 있는 화려한 여자들 무리 한가운데서도 그녀 곁에 씩씩하게 남아, 다른 친구들을 난처하게 하고 싶지 않아선지, 또 보잘것없는 동반을 하고 있어선지 그들에게 말 건네기를 피했다. 그때, 게르망트 대공부인이 몸 뒤에 비길 데 없는 외투자락을 질질 끌면서 디아나*처럼 아름답고도 가볍게 지나가, 모든 사람을 뒤로 돌리고, 모든 눈을 끌었을 적에(누구보다도 캉브르메르 부인의 눈을 더 끌었다), 보세르장 씨는 곁에 있는 여인과 대화에 열중하여 대공부인의 정답고도 눈부신 미소에 대해서도, 마지못한 듯이, 이런 상황에서 상냥하게 대하기는 난처하다는 듯한, 점잖은 겸손과 정감 어린 냉담함으로 응대할 뿐이었다.

캉브르메르 부인은 칸막이 특별석이 대공부인에게 속한 것인 줄 몰랐더라도, 좌석 임자에게 상냥하게 굴려고, 게르망트 부인이 자못 재미나는 듯이 극과 객석에 눈길을 주고 있는 것을 보고는, 이분이 초대받은 손님인 줄 알았을 것이다. 그러나 이런 원심력과 동시에 상냥하려고 하는 같은 욕망에 의해 움직이는 반대 방향의 힘이 공작부인의 주의를 자기 자신의 의상, 머리에 꽂은 깃털, 목걸이, 가슴옷에 돌리게 했을 뿐더러, 또한 옆에 있는 대공부인의 의상에도 주의를 돌리게 하고 있었다. 그녀 자신은 이 사촌동서의 신하·

---

* 로마 신화에 나오는 달의 여신으로 수렵과 순결의 수호신.

노예이며, 이곳에 온 것은 오로지 대공부인을 만나기 위해서고, 이 칸막이 좌석의 주인이 떠나고 싶은 마음이 든다면 어디든지 따라갈 각오라고 말하는 듯했다. 다른 객석의 사람들은 전부가 신기한 낯선 이들이 합해진 것으로밖에 보이지 않았는데, 그렇긴 하나, 이 극장 안에 부인의 친구들이 많고, 또 다른 주에 부인은 그들의 좌석에 초대되어 가서, 그때 또한 배타적으로 상대적인, 매주의 충성스런 표시를 빼놓지 않았다. 캉브르메르 부인은 이날 밤 공작부인을 보고 적잖이 놀랐다. 공작부인이 늦게까지 게르망트에 있는 것을 알고 있어, 아직도 그곳에 있는 줄 추측했던 것이다. 그러나 파리에 재미있거니 생각하는 구경거리가 있으면, 게르망트 부인은 사냥꾼들과 차를 마시고 나서 곧 마차를 준비시켜, 해질 무렵 서둘러 출발해 어스름한 숲을 지나 큰길로 나와 콩브레에서 기차에 올라타 저녁에 파리에 나타난다는 얘기를 들은 적이 있었다. '아마 저분은 라 베르마를 구경하려고 일부러 게르망트에서 왔나 봐.' 캉브르메르 부인은 이렇게 생각하면서 감탄해 마지않았다. 그러자 그녀는 언젠가 스완이 샤를뤼스 씨와 같은 그 애매한 횡설수설로 '공작부인은 파리에서 가장 고귀한 분들 가운데 한 분이죠, 고르고 고른, 가장 세련된 엘리트이시죠'라고 하는 말을 들었던 일이 떠올랐다. 나로 말하면 게르망트라는 이름, 바비에르라는 이름, 콩데라는 이름에서 두 사촌동서의 삶과 사상을 상상하고 있었으므로(얼굴은 실제로 보았으므로 얼굴에서 상상할 수 없었다), 〈페드르〉에 관한 세계 최고의 비평가 의견보다 오히려 두 분의 의견이 듣고 싶었다. 왜냐하면 비평가의 의견에서 지성밖에, 나보다는 우수하나 결국 같은 성질의 지성밖에 발견하지 못할 테니까. 하지만 게르망트 대공부인이 생각하고 있는 것은 이 두 시적 인물의 성질에 관해 매우 귀중한 참고 자료를 나에게 주어서 나는 그녀들의 이름의 도움으로 상상하여 비합리적인 매력을 추측하기도 하였고, 또 열에 들뜬 사람 같은 갈망과 동경으로 나에게 〈페드르〉에 관한 그녀들의 의견을 표시해달라고 요구하게 한 것은 내가 게르망트 쪽으로 산책할 무렵의 어느 여름날 오후의 매력이었다.

캉브르메르 부인은 두 사촌동서가 어떤 몸치장을 하고 있는지 보려고 하였다. 나는 그 몸치장이 그녀들 특유의 것임을 의심하지 않았다. 붉은 깃 또는 푸른 안자락을 단 옷이 옛날에는 오로지 게르망트 가문과 콩데 가문의 고유한 것이라는 뜻이 아니라, 오히려 그 아름다움의 장식인 동시에 몸의 연장이기도 한 깃이 고유한 새의 것이라는 뜻에서도 그런 것을 의심하지 않았다. 이 두 부인의 몸치장은 그 내부 활동이 눈 같은 또는 알록달록한 물질로 변하는 것처럼 보였다. 또 내가 내 눈에 띈 게르망트 대공부인의 몸짓이 숨은 이념에 상통함을 의심하지 않던 몸짓과 마찬가지로 대공부인의 이마에서 내려오는 깃도, 사촌동서의 금박으로 꾸민 눈부신 코르사주도 각각 하나의 뜻을 가지고, 두 여인 각자의 유일무이한 속성인 듯 보여 나는 그 뜻을 알고 싶었다. 공작새를 유노*¹ 여신과 떼어놓을 수 없듯이, 극락조는 대공부인과 떼어놓을 수 없을 성싶었다. 미네르바*² 여신의 술 장식을 늘인 번쩍거리는 방패와 마찬가지로, 공작부인의 금박으로 장식한 코르사주를 어느 여인도 빼앗지 못할 것 같았다. 그리고 차갑고 생기 없는 비유화가 그려져 있는 극장의 천장*³ 따위보다 자주 이 칸막이 특별석으로 내 눈을 돌렸을 때, 거기에 언뜻 보인 것은 마치 늘 끼어 있는 두꺼운 구름이 기적적으로 갈라지면서 잠시 드러난 눈부신 하늘에서 붉은 차일 아래 한데 모인 신들이 두 하늘 기둥 사이로 인간의 연극을 지켜보는 듯한 광경이었다. 나는 이 순간적인 신격화를 어지러운 심정으로 물끄러미 바라보았는데, 어지러운 심정에는 그 신들에게 알려지지 않고 있다는 느낌이 주는 안도감도 조금 섞여 있었다. 공작부인은 그 남편과 함께 한 번 나를 본 적이 있긴 하나, 물론 그걸 기억할 리 없었고, 또 칸막이 특별석에 앉아 있는 탓에 부인이 아래층 앞자리의 관객이라는 이름 없는 집합적인 녹석(madrépore)*⁴을 바라보듯 이쪽을 보는 것을 나는 괴로워하지 않았다. 왜냐하면 다행히도 일반 관객 가운데 나라는 인간이 녹아 있음을 느껴서인데, 바로 이 순간, 굴절의 법칙으로 푸른 두 눈의 냉랭한 흐름 속에 나라는, 개체로서의 생존을 잃은 단세포 동물의 어렴풋한

---

*1 로마 신화의 여신. 유피테르(Jupiter)의 아내로 그리스 신화의 헤라에 해당한다. 공작새를 총애했음.
*2 로마 신화의 여신으로 그리스 신화의 아테나에 해당한다. 유피테르의 머리에서 갑옷을 입은 채 튀어나왔다고 함.
*3 제2제정(帝政)의 대표적 건축 오페라 극장은 샤를 가르니에(1825~98)의 설계로 1861년에 착공하여 1865년에 완성된 것으로 그 천장에는 쥘 위젠 르네뵈(1819~98)의 비유화가 그려져 있다. 1964년에는 이것 대신에 마르크 샤갈(1887~1985)의 천장화가 그려져 현재에 이르고 있음.
*4 석산호의 한 종류.

꼴이 비친 게 틀림없어, 나는 그녀의 눈이 반짝 빛나는 것을 보았다. 여신에서 여인으로 둔갑해 갑자기 몇 천 배나 더욱 아름답게 보이는 공작부인은 자리의 가장자리 위에 올려놓고 있는 흰 장갑 긴 손을 내 쪽으로 들어 우정의 표시로 흔들어 보였다. 내 눈은 무의식적으로 타올라 대공부인의 눈과 뒤섞이는 것을 느꼈다. 대공부인의 사촌동서가 누구에게 인사를 보내고 있는지 보려고 흘끗 움직인 대공부인의 눈만으로 무의식적으로 타올랐는데, 나를 알아보았던 공작부인은 그 미소의 반짝이는, 천상의 소나기를 내 몸 위에 내렸다.

요즘 아침마다, 그녀가 외출하는 시간을 앞질러, 나는 멀리 돌아서 그녀가 보통 내려오는 거리 모퉁이에 숨어 있는다. 그녀가 곧 지나갈 거라는 생각이 들었을 때, 반대 방향을 보면서 방심한 얼굴로 되올라가다가, 그녀와 같은 높이에 이르자마자, 뜻밖이라는 표정으로 그녀 쪽을 향해 눈을 돌렸다. 처음 며칠 동안, 나는 꼭 그녀와 만날 수 있도록 집 앞에서 기다렸다. 마차 문이(내가 기다리고 있지 않은 수많은 사람을 지나가게 하면서) 열릴 적마다, 그 흔들림은 내 마음속에 퍼지다가 한참 뒤에야 가라앉았다. 왜냐하면 아는 사이도 아니면서 이름난 여배우에게 열중한 나머지 극장의 배우 출입문 앞에 서서 꼼짝 않고 기다리는 이도, 막 나타나려고 하는 중죄인이나 위인을 욕하거나 찬양하려고 모인 격노한, 또는 심취한 군중도 감옥이나 궁전 안에서 나오는 기척을 들을 적마다, 여태껏, 이 귀부인이 나타나기를 기다리고 있을 때의 나만큼, 마음속에 심한 동요를 못 느꼈기 때문이다. 그녀는 간소한 옷차림이면서도(살롱이나 관객석에 들어갈 때의 걸음걸이와도 아주 다른) 우아한 걸음걸이로써, 아침나절의 산책을—나에게 있어서 산책하는 이는 세상에 그녀밖에 없었다—한 편의 우아한 시(詩), 더할 나위 없이 섬세한 장신구, 화창한 날씨의 아주 신기한 꽃으로 만들 수 있었다. 그러나 사흘 뒤, 문지기한테 내 술책을 들키지 않으려고, 더 멀리, 공작부인이 보통 지나가는 어떤 모퉁이까지 갔다. 그 극장의 밤 공연이 있기 전에도 날씨가 좋을 때는 자주 이와 같이 점심 전에 잠깐 외출하고, 비가 온 뒤에는 해가 반짝 나자마자 몇 걸음 걷기 위해 나온다. 햇살에 금빛으로 변한 아직 물기를 머금은 보도 위, 태양이 황금빛으로 물들인 안개 이는 네거리에서 가정교사 뒤를 따르는 한 여학생이나 흰 소매를 펼럭이며 우유 배달 아가씨가 오는 것을 언뜻 보자, 나는 꼼짝하지 않고서, 벌써 미지의 삶 쪽으로 뛰어가려는 내 가슴에 손을 가져갔다. 아가씨(때로는 그 뒤를 내가 따라가기도 한)가 어느 거리로, 몇 시에, 어느 문으로 사라지는지 잘 기억해두려고 하였다. 다시 만나고자 노력하기로 결심하면서 내 마음속에 품은 그런 모습은 다행히 내 기억에 깊이 새겨지는 일이 없었다. 병약한들, 아직 한번도 일을 시작하거나 책을 쓰거나 하는 용기를 갖지 못했던들 뭐가 대수로우냐는 느낌이 들어 그다지 쓸쓸하지 않게 되었기 때문이다. 예전에 내가 그토록 메제글리즈의 숲 속에 나오게 하고 싶었던 그 미지의 미녀들은 저마다 그녀만이 채워줄 수 있을 듯한 쾌락적인 욕망을 선동하였다. 하지만 파리의 거리거리가 발베크의 모든 길처럼 미녀들이 곳곳에 꽃피우고 있다는 것을 안 뒤, 이 세상은 더욱더 살기 좋고, 삶은 더욱더 재미난 것으로 느껴졌다.

오페라 극장에서 돌아오자, 내가 며칠 전부터 다시 보고 싶어한 그 아가씨만이 아니라 게르망트 부인의 모습도 보였다. 몸집이 크고, 경쾌한 금발을 높이 쌓아 올리고, 사촌동서의 특별석에서 내게 보낸 미소 속에 애정을 약속하던 모습이다. 난 프랑수아즈가 일러준 대로, 공작부인이 걷는 길을 따라가겠지만, 그 전전날 목격한 두 아가씨를 다시 만날 수 있도록 수업과 교리 문답에서 나오는 것을 놓치지 않도록 애쓸 것이다. 그러나 그동안, 이따금, 게르망트 부인의 반짝거리는 미소, 그것이 내 마음에 일으키는 감미로운 감각이 다시 살아났다. 내가 하고 있는 바를 잘 모르는 채, 나는 그것을(이제 막 받은 보석류의 단추가 옷에 어떤 효과를 내는지 그것을 여인이 바라보듯이) 오래전부터 품어온 낭만적인 관념, 알베르틴의 냉담, 지젤의 너무 이른 출발, 또 그 이전, 고의로 질베르트와 지나치게 질질 끈 소원함 때문에 내 마음속에서 사라졌던 것(이를테면 한 여인의 사랑을 받는다든가, 그 여인과 동거를 한다는 생각)과 나란히 놓고자 하였다. 다음에 거리에서 본 두 아가씨의 모습을 그런 관념에 하나하나 접근시켜보다가, 그 즉시 나는 공작부인의 추억을 그것에 맞추려고 하였다. 하지만 이런 관념에 비하면 오페라 극장에서의 게르망트 부인의 추억은 눈부신 빛을 내는 혜성의 긴 꼬리 곁의 작은 별만큼이나 미미하였다. 게다가 나는 게르망트 부인을 알기 오래전부터 이런 관념을 잘 알고 있었다. 그런데 추억 쪽은 그와 반대로, 불완전하게 지니고 있었으며, 때로는 잊어버리기도 하였다. 이 기억이 다른 아름다운 여인의 모습과 마찬가지로 내 안에서 잠시 떠다니다가, 그보다 훨씬 먼저 생겨난 나의 낭만적인 생각과 조금씩 독특하고도 결정적으로—다른 모든 여인의 모습을 배제한—합쳐지는 데에 필요했던 시간, 그것을 가장 똑똑히 떠올리던 바로 이 몇 시간 동안에 나는 그 회상이 어떠한 성질의 것이었는지를 생각해봐야만 했다. 그러나 그때에는 그것이 앞으로 나에게 얼마나 중요하게 될 것인지 몰랐다. 다만, 내 마음속에서 게르망트 부인과의 첫 밀회로서 그 회상은 즐거웠다. 그것은 최초의 스케치이고, 그것만이 진정한 것, 그것만이 실제 인생에 근거해 그린 것, 그것만이 현실적인 게르망트 부인이라고 말할 수 있다. 똑똑히 마음에 두려고는 않고, 그것을 잘 유지했던 몇 시간은, 어쨌든 그 회상은 즐거운 것이었음이 분명하다. 왜냐하면 아직 이때에는 자유롭게, 서두르지 않고, 지치지 않고, 필연적인 것이나 불안한 것을 섞지 않고, 내 사랑의 상념이 그 회상과 맺어졌기 때문이다. 이윽고, 이러한 생각들에 의하여 회상이 결정적인 것으로 굳어감에 따라서, 그것은 더욱 강한 힘이 생기기 시작했지만, 회상 자체는 막연한 것이 되고 말았다. 그리고 얼마 안 가서 본래의 모습은 찾아볼 수 없게 되었다. 또한 막연한 몽상 속에 그것을 완전히 바꿔버리고 말았을 것이다. 왜냐하면 게르망트 부인을 만날 적마다, 내가 상상하던 바와 현재 보고 있는 것 사이에 뚜렷한 거리를 느꼈기 때문이다. 그 거리는 그때그때에 따라서 같지는 않았지만, 날마다 게르망트 부인이 거리한 모퉁이에 나타나면 그 훤칠한 키, 가벼운 머리털 밑에 맑은 눈빛의 얼굴, 내가 보고 싶던 모든 것을 똑똑히 볼 수 있었다. 그러나 몇 초 뒤에 일부러 만나러 온 체하지 않으려고 먼저 눈길을 돌렸다가 공작부인 앞에 갔을 때에 얼른 쳐다보면, 눈에 띄는 것은 바깥공기 탓인지 뾰루지 탓인지 모를, 얼굴의 붉은 반점이었다. 그 뾰로통한 얼굴이 〈페드르〉에서 본 밤의 친절과는 너무나 동떨어진 시무룩한 고갯짓으로 내가 날마다 꼬박꼬박 놀란 듯한 표정으로 하는 인사에 대답했지만, 아무래도 그녀는 못마땅한 것 같았다. 그렇긴 하나, 며칠 동안, 두 아가씨의 추억은 게르망트 부인의 추억과 내 애정 관념의 지배권을 차지하려고 어울리지 않는 힘을 갖고서 싸운 끝에, 드디어 후자가 보통의 경우 마치 혼자서 떠오르듯이 되살아 나오게 되고, 그러는 사이에 두 경쟁자는 스스로 사라졌다. 결국 자발적으로, 뜻대로 좋아서 하듯이, 애정에 관한 나의 모든 사념을 게르망트 부인의 추억 쪽으로 옮기고 말았다. 나는 이제 교리 문답의 아가씨도, 우유 배달 아가씨도 떠오르지 않았다. 그렇지만 나는 이제 일부러 거기에 보러 갔던 것, 극장에서 미소 속에 약속된 애정도, 금발 아래의 옆얼굴과 밝은 얼굴도(이는 멀리서만 그렇게 보였을 뿐) 거리에서 다시 발견하기를 원치 않았다. 지금 나는 게르망트 부인이 어떤 모양을 한 분인지, 무엇으로 그분을 알아보는지 말할 수 없는데, 그도 그럴 것이 그녀의 얼굴이 옷과 모자처럼 날마다 다르기 때문이다.

어찌하여 어느 날, 푸른 두 눈 언저리에 균형 있게 나눠진 매력 안에 코의 곡선이 흡수되고 만 듯한, 부드럽고도 반들반들한 얼굴이 보랏빛 카포트(capote)*¹를 쓰고 앞쪽에서 다가오는 것을 보고서, 즐거운 충동으로, 게르망트 부인을 언뜻 보지 않고선 못 돌아가는 줄 알았는가? 또 어찌하여 어느 날, 뭔가 이집트의 여신같이, 날카로운 눈으로 가로지른 붉은 한쪽 뺨에 따라, 새부리 같은 코가 바다의 푸른빛 토케*² 밑 옆얼굴로 지름길에 나타나는 걸 보고서, 어제와 똑같은 동요를 느꼈으며, 똑같은 무관심을 가장하여 똑같이 멍하니 눈을 딴 데로 돌렸는가? 한번은 새부리가 있는 여인일 뿐만 아니라, 거의 새와 같은 여인을 보았다. 게르망트 부인의 옷도 토케도 다 모피로 만들어 한 조각의 천도 보이지 않아서, 두툼한, 고른, 담황갈색의 부드러운 새털이 짐승의 털 같기도 한 독수리처럼, 자연스럽게 털이 나 있는 듯이 보였다. 이 타고난 깃털 한가운데, 작은 머리는 새부리처럼 구부러뜨리고, 튀어나온 눈은 찌르는 듯 날카롭고도 푸르렀다.

어느 날, 내가 게르망트 부인을 언뜻 보지 못한 채 몇 시간 동안 이리저리 거리를 산책하다가, 느닷없이, 귀족적이자 평민적인 이 거리 구획의 두 저택 사이에 끼어 있는 우유 가게 안에서 '프티 스위스(petit-suisse)'*³를 보여달라고 하는 중인 맵시 있는 여인의 낯설고 아리송한 얼굴이 뚜렷이 드러났다. 그리고 누군지 분간할 사이 없이, 다른 어느 모습보다 재빨리 나에게 닥쳐온 번개처럼, 공작부인의 눈길이 나를 쏘았다. 또 한번은 그녀를 언뜻 보지 못하고서 정오 종소리를 들으니, 더 기다려봤자 헛수고일 줄 알고, 쓸쓸히 집

---

*1 외투에 달린 두건.
*2 테가 없고 위가 부푼 여성용 모자.
*3 크림으로 된 생치즈.

으로 돌아가는 길로 접어들어 실망에 잠긴 채, 멀어져가는 마차를 멀거니 바라보다가, 퍼뜩 한 귀부인이 마차 승강구에서 했던 눈인사가 나에게 보낸 것인 줄 깨달았다. 느슨하게 풀린 창백한 얼굴 또는 반대로 평평한 생기 있는 얼굴은 동그란 모자 또는 깃털 장식 밑에 내가 그녀라고 알아보지 못하게 했던 낯선 여인의 얼굴을 지어낸 그 귀부인이 게르망트 부인이었고, 인사를 받고서도 답례조차 하지 않았음을 깨달았다. 또 때로는 집에 들어가는 길에 문지기 방 모퉁이에서 공작부인을 만나기도 했는데, 남의 눈치를 살피는 듯한 눈초리를 내가 몹시 싫어하는 밉살스런 문지기가 그녀에게 큰절을 하고 있는 중이었으며, 또한 틀림없이 '고자질'하고 있었을 것이다. 왜냐하면 게르망트 집안 하인들 모두 창문의 커튼 뒤에 숨어서 들리지 않는 대화를 부들부들 떨며 엿들었는데, 그 결과로 공작부인은 '문지기 녀석'이 팔아넘긴 아무개 하인의 외출을 막았기 때문이다.

　게르망트 부인이 보이는 얼굴은 옷차림 전체 속에 어떤 때는 좁게, 어떤 때는 넓게, 끝없이 변하는 상대적인 넓이를 차지한 얼굴이 연이어 다른 모양으로 나타나므로 내 연정은 그 육신과 옷이 바뀌는 모든 부분의 어느 점에도 붙일 수 없다. 게다가 날에 따라 자리를 바꾸는 육신과 옷을 그녀가 바꾸거나 거의 온통 새롭게 하더라도 내 마음의 동요야 달라지지 않았으니, 새 옷깃이나 낯선 뺨으로 게르망트 부인을 느꼈기 때문이다. 내가 사랑하는 이, 그것은 이 모든 걸 움직이는 눈에 보이지 않는 인물이었다. 바로 그녀였다. 그 반감이 나를 슬프게 하며, 그 접근이 내 마음을 뒤집어엎고, 그 삶을 내 손안에 교묘하게 잡아 그 친구들을 내쫓고 싶어하는 그녀였던 것이다. 그녀가 푸른 깃털을 곧바로 세우건 또는 불같은 낯빛을 보이건, 그 행위는 내 눈에 중대성을 잃은 적이 없었다.

　이렇듯 내가 매일같이 아침나절에 외출하기 위해 채비하는 걸 도와줄 때 프랑수아즈가 나타내는 차가움과 비난과 연민에 넘친 얼굴에서 간접적으로 깨닫지 않았다면, 나는 게르망트 부인이 날마다 나와 만나게 되는 걸 몹시 귀찮게 여기고 있음을 스스로 느끼지 못했으리라. 프랑수아즈한테 내 옷가지를 내달라고 말하자, 주름살투성이인 쭈그렁밤송이 같은 그녀 얼굴에 바람이 거슬러 이는 것을 느꼈다. 나는 프랑수아즈의 믿음을 얻어보려는 시도조차 하지 않았다. 해본댔자 성공할 가망이 전혀 없다고 느꼈기 때문이다.

프랑수아즈는 우리에게, 곧 나의 가족과 나에게 뭔가 불쾌한 일이 일어날 기미가 있을 때에 곧바로 알아채는 힘, 언제까지나 나에게 그 성질이 아리송한 힘을 지니고 있었다. 아마도 그건 초자연적인 것이 아니라 프랑수아즈가 독점하고 있는 정보망으로 설명할 수 있었으리라. 우편이 유럽의 식민지에 어떤 정보를 전달하기 며칠 앞서 야만족이 이를 알고 있는 일이 있는데, 사실은 정신 감응*에 의해서가 아니라, 언덕에서 언덕으로 횃불을 올려 전달된 것이다. 마찬가지로 나의 산책이라는 특수한 경우에서도 어쩌면 게르망트 부인의 하인들이 길 가는 도중에 불가피하게 나를 만나는 데 진저리난다고 마님이 하는 말을 듣고, 이 얘기를 프랑수아즈에게 되풀이하여 말했는지도 모른다. 물론 부모님은 프랑수아즈가 아닌 다른 아무개에게 내 시중을 맡길 수도 있을 테지만, 나에게 별로 득이 되지 않을 것이다. 프랑수아즈는 어떤 뜻에서 다른 하녀들보다 덜 하인다웠다. 사물을 판단하는 투로 보나, 착하고도 동정심 많고, 엄하고도 거만하며, 꾀바르고도 고집스런 태도에, 흰 살갖에 손만이 붉은 것을 보면 프랑수아즈는 그 부모가 '어엿한 제 집에 잘 살다', 어찌어찌하다 망해, 하는 수 없이 종살이하러 나온 시골 아가씨다웠다. 프랑수아즈가 우리집에 있다는 것은 전원생활이 나그네 쪽으로 온다는 거꾸로 된 여행 덕분에 전원의 공기와 농촌의 생활이 50년 이래 우리집에 옮겨져 있다는 뜻이었다. 마치 지방 미술관의 진열창이 아직도 어느 촌구석 사람들이 세공하거나 짜는 신기한 물건 때문에 지방색을 띠듯, 파리에 있는 우리 아파트는 전통적이자 지방색 짙은 감정으로 고취된 프랑수아즈의 말, 매우 예스런 규율에 따르는 말씨로 꾸며져 있었다. 그래서 프랑수아즈는 색실로 수놓듯 어린 시절의 벚나무와 새들, 아직도 눈앞에 선하다는 어머니의 임종 자리를 그대로 말할 수 있었다. 그런데도 파리에 일하러 왔을 때부터 프랑수아즈는 다른 층 하인들의 사상이나 법해석에 동조하고 말았다—물론 누구나 다 그녀의 처지에 놓이면 그럴 테지만—우리에게 표시해야만 하는 경의를 채우는 셈으로 5층의 식모가 늘 제 여주인에게 쓰는 거친 말씨를 우리에게 되풀이하면서, 어찌나 하인다운 만족에 도취해 있던지, 태어나서 처음으로 우리는 5층의 아파트 임차인과 어떠한 연대가 있음을 느끼면서, 우리도 고

---

* 심적 내용이 지각에 의하지 않고 곧바로 전달되는 현상, 곧 텔레파시.

용주라는 생각이 들 정도였다. 이런 프랑수아즈의 성격 변화는 어쩌면 피할 수 없었을지도 모른다. 어떤 생활 형식은 너무나 이상해서 어차피 어떤 결점을 낳을 수밖에 없다. 이를테면 왕이 베르사유 궁전에서 궁인(宮人)들과 지낸 생활 또는 고대 이집트의 파라오나 도제(doge)*의 생활과 같은 기이한 생활도 그렇거니와 또 왕의 생활 못지않게, 아첨꾼인 궁인들의 생활도 그러했던 것은 다 아는 사실이다. 하인들의 생활 또한 더욱더 기묘해서 그저 습관이 우리 눈을 가리고 있을 따름이다. 하지만 설령 프랑수아즈를 해고했더라도, 나는 똑같은 하인을 계속 부려야 하는 운명이었나 보다. 왜냐하면 한참 뒤에 가서 다른 여러 사람이 나의 하인으로 들어왔는데, 이미 하인에게 공통적인 결점을 지니고 있으면서도, 나하고 지내는 사이에 프랑수아즈와 마찬가지로 순식간에 변했던 것이다. 공격의 법칙은 반드시 반격을 예상해야 한다는 말마따나, 내 성격의 우툴두툴함에 몸을 다칠세라, 누구나 다 그 성격 속에 나의 툭 튀어나온 부분에 꼭 들어맞는 부분을 파놓고 있었다. 반면에 나의 결함을 이용하여 거기에 꼭 들어맞는 도드라진 부분을 박고 있었다. 나는 이런 결함도 도드라진 부분 못지않게 몰랐으니, 바로 그것이 결함이었기 때문이다. 그러나 내 하인들은 점점 뻔뻔해져서 그것을 나에게 가르치려 들었다. 내가 타고난, 언제나 변함없는 결점을 안 것은 그들도 언제나 변함없이 같은 결점에 물드는 것을 보아서이다. 이를테면 그들의 성격은 내 성격의 음화판(陰畵版)이었다. 전에 사즈라 부인이 하인들을 가리켜 '그 종족, 그 종류'라고 말했을 때, 어머니와 나는 크게 웃었다. 그런데 어찌하여 내가 프랑수아즈를 다른 하인과 바꾸고 싶은 마음이 일어나지 않았는지는, 갈아본댔자 누구나 할 것 없이 반드시 하인이라는 일반 종족에 속하며, 나의 하인이라는 특수한 종류에 속하고 말 것이라는 바로 이런 예감임을 말해두고자 한다.

프랑수아즈 얘기로 되돌아와서, 나는 프랑수아즈 얼굴에 다 준비된 애도의 빛을 미리 보지 못한 채 어떤 굴욕을 느낀 적이 단 한 번도 없었다. 프랑수아즈가 날 불쌍히 여기는 데 약이 올라 그와 반대로 성공을 거두었다고 우겨

---

* 옛날 제노바와 베네치아의 집정관.

대려고 했을 때, 나의 거짓말은 그 공손한, 하지만 뚜렷한 불신과 확신을 갖는 마음에 보람 없이 부서지고 말았다. 왜냐하면 프랑수아즈는 진실을 알고 있었기 때문이다. 진실을 입 밖에 내지 않고, 마치 아직 입 속 가득히 있는 것을 겨우 맛난 한 조각만 삼킨 듯이 오로지 입술을 오물오물 움직였을 뿐이었다. 과연 진실을 입 밖에 내지 않았을까? 적어도 나는 오랫동안 그렇게 믿었다. 그때는 아직 사람이 남에게 진실을 알리는 건 말을 통해서라고 생각했기 때문이다. 뿐만 아니라 남들이 나한테 한 말은 예민한 내 정신에 그 변하지 않는 뜻을 어찌나 뚜렷하게 찍는지, 아무개가 나를 좋아한다고 말했으면서도 좋아하지 않는 따위의 일은 있을 수 없을 성싶었다. 예를 들어 프랑수아즈가 신문에서 우편으로 신청하는 즉시 만병통치약 또는 수입을 백 배로 올리는 비결을 무료로 보내준다고 아무개 신부 또는 신사가 낸 광고를 읽으면 그걸 의심할 수 없을 것 같았다(그 반면에, 단골 의사가 코감기에 잘 듣는 아주 간단한 연고를 프랑수아즈에게 주자, 더 심한 고통을 잘 견디어내면서도, 훌쩍거리며 '코가 간질간질하다'라고 한탄하면서 어쩔 줄 몰라 한다). 그러나 최초로 프랑수아즈가 본보기를 보여준 바로는(이 작품의 끝머리에 가서 보는 바와 같이 나중에 더 친근한 인물에게 새삼 더 고통스럽게 실례(實例)를 제시당했을 때 이해한 것이지만), 진실을 나타내는 데 말로 할 필요 없이, 말에 기대함이 없이, 말을 전혀 헤아리지 않고서도, 외부의 갖가지 표적에서, 물질세계의 대기 변동에 해당하는, 성격의 눈에 보이지 않는 어떤 현상 따위에서 오히려 더 확실히 진리를 이해할 수 있을 것 같다는 점이다. 진실과는 다른 바를 말하는 한편, 몸과 행위(프랑수아즈는 이것을 정확히 해석했다)의 수많은 무의식적인 고백으로 진실을 나타내는 일이 그때의 내게도 자주 있었으므로, 나는 이 점을 짐작할 수도 있었으리라. 그러나 그러기에는 내가 때로 거짓말쟁이나 협잡꾼이 되고 있다는 것을 알고 있을 필요가 있었다. 그런데 거짓말과 협잡은 내게도 모든 사람의 경우와 마찬가지로, 매우 절박하고도 우연하게 자기방어를 위해, 어떤 특별한 이익을 위해 일어나므로, 고상한 이상을 지향하는 내 정신은 내 성격이 그늘에서 그런 하찮은 긴급한 일을 저지르는 걸 내버려두고 거들떠보지도 않았던 것이다.

　프랑수아즈가 나에게 상냥하게 구는 저녁, 내 방에 그대로 앉아 있어도 좋으냐고 물어왔을 때, 그녀의 얼굴이 투명하게 된 듯, 호의와 솔직함이 보이는 듯했다. 나중에 안 일이지만 경솔한 점이 있는 쥐피앙이 그 뒤 나에게 누설하기를, 나라는 사람됨이 내 목을 달아매는 밧줄만큼의 값어치도 없는 주제에 가능한 한 온갖 고생을 다 시키려 든다고, 프랑수아즈가 말하더라는 것이 아닌가. 쥐피앙의 말은 여태껏 의심할 여지없이 프랑수아즈가 나를 썩 좋아하며 기회가 있을 때마다 나를 칭찬해 마지않는다는 모습과는 아주 다른 프랑수아즈와 내 관계를 그 즉시 내 앞에 미지의 빛깔로 찍어냈으므로, 나는 다음과 같은 사실을 깨달았던 것이다. 우리가 눈으로 보는 사물의 양상이 실제와 다른 것은 물리적 세계만이 아니다. 짐작하건대 다른 모든 현실도 이와 마찬가지로, 우리가 알고 있다고 생각하는 바와는 다른 모양일 것이다. 만약 우리의 눈과 구조가 다른 눈을 가진 생물, 또는 나무나 태양이나 하늘에 대해 동일한 가치를 부여하는 눈과는 다른 비시각적인 지각 기관을 가진 생물이 깨달은 단면이 있다면, 그것은 나무도, 태양도, 하늘도 우리 눈에 비치는 것과는 달라질 것이다. 이와 같이 쥐피앙이 나에게 현실 세계를 한번 열어 보인 갑작스런 엿보기는 나를 소스라치게 하였다. 아직은 내가 별로 걱정하지 않던 프랑수아즈의 뒷면이 나타났을 뿐이었다. 그렇다면 모든 사회적 관계 속에서도 마찬가지였을까? 사랑마저 그렇다면, 앞으로 그것이 나를 어떤 절망에 빠뜨릴까? 이는 미래의 비밀이었다. 당장 문제는 프랑수아즈에게만 관련되어 있다. 프랑수아즈가 쥐피앙에게 했던 말은 진심이었을까? 그저 쥐피앙과 나 사이를 틀어지게 하려고 그랬을까, 아니면 쥐피앙의 딸을 자기 대신 들어오지 못하게? 그래서 늘 나는 프랑수아즈가 나를 좋아하고 있는지 아니면 몹시 싫어하고 있는지 확실하게 알 수 없다는 사실을 깨달았다. 또 이와 같이 한 인간은 내가 생각했던 모양으로 그 장점, 결점, 계획, 우리에 대한 의사와 함께(울타리 너머로 온 화단이 환히 바라다보이는 정원처럼) 뚜렷하지도 고정되어 있지도 않고, 우리가 결코 들어갈 수 없는 그늘, 그것에 대한 직접적 인식이 존재하지 않는 그늘로, 인간의 말과 행위의 도움 덕분에 우리는 그 그늘에 관해 수많은 신념을 지어내나, 그 신념은 어느 것이든 불충분하고도 모순투성이의 지식을 줄 뿐이며 또 우리는 그 그늘 속에 증오와 애욕의 불꽃이 불타는 것을 똑같이 진실인 것처럼 번갈아 공상할 수 있다는 관념을 처음으로 내게 가르쳐준 사람이 바로 프랑수아즈였다.

　나는 진심으로 게르망트 부인을 사랑하고 있었다. 내가 신에게 구할 수 있는 최대의 행복은 그녀에게 온갖 재앙을 내리시어, 망하게 하고, 인망을 잃게 하며, 나와 그녀 사이를 떼어놓고 있는 모든 특권을 빼앗아 거처하는 집도 인사해주는 사람도 없어져 나에게 도움을 구하러 오게 하는 데 있었다. 나는 게르망트 부인이 그렇게 하는 장면을 상상해보기도 하였다. 뿐만 아니라 밤이 되어 대기 또는 나 자신의 건강 상태가 변해 옛 인상들이 적혀 있는 잊혀진 어떤 두루마리를 내 의식 속에 가져온 적도 있었다. 마음속에 갓 생겨난 새롭게 바꾸는 힘을 이용하거나 여느 때는 알아차리지 못한 사념을 마음속에서 판독하는 데 그걸 쓰거나 마침내 일을 시작하는 대신에, 나는 오히려 비참한 구렁텅이 속에 떨어진 공작부인이 유력한 재산가가 된 나한테 애원하러 온다는 순전히 허무맹랑한 곡절이 많은 소설을 쓸데없는 말과 몸짓에 지나지 않는, 표면상 파란이 심한 투로 꾸며대기를, 소리 높여 지껄여대기를 좋아했다. 이와 같이 공상하는 데, 내 집에 공작부인을 맞이하면서 할 말을 소리내어 지껄이는 데 몇 시간을 보냈어도, 사태는 여전히 그대로다. 나는 실제로는 갖가지 우월한 점을 전부 한 몸에 가지고 있을지 모르는 여성을 사랑하는 여인으로 택하고 말아, 그 때문에 그 눈에 아무런 위엄도 보일 수가 없었다. 왜냐하면 공작부인은 귀족인 데다가 최고 재산가에 못지않은 재력가로, 이분을 유행계의, 이를테면 모든 사람의 여왕으로 삼는 그 개인적인 매력을 셈속에 넣지 않더라도 말이다.

아침마다 일부러 부인과 엇갈리게 가는 것이 그녀의 마음을 언짢게 하는 줄 알았다. 그러나 2~3일 그렇게 하지 않고 꾹 참는 용기가 내게 있었더라도, 내게는 크나큰 희생으로 느껴졌을 이 근신이 어쩌면 게르망트 부인의 눈에 띄지 않거나, 알아채지 못했거나, 알아차리더라도 내 의사와는 관계없는 어떤 일 탓으로 돌리거나 했을 것이다. 실상 나는 나 자신을 도저히 불가능한 처지에 빠뜨리지 않고서는, 그녀의 길목을 지키지 않고는 못 배겼으리라. 오랫동안 헤어졌다가 우연히 다시 만나 잠시나마 그 주의의 대상이 되고픈 욕구, 그 인사를 받는 인물이 되고자 하는 끊임없이 되살아나는 욕구가, 부인의 마음을 언짢게 한다는 슬픔보다 강했으니까. 나는 당분간 멀리 가야 했지만, 그럴 만한 용기가 없었다. 그렇게 하자고 이따금 생각하긴 했다. 그래서 가끔씩 프랑수아즈에게 여행 가방을 꾸리라고 했다가, 잠시 뒤 풀라고 이르곤 했다. 구식으로 보이지 않으려는 마음과 모방의 정령은 아주 자연스럽고도 몸에 익숙한 표현 형식을 해치게 하므로 프랑수아즈는 딸이 쓰는 말에서 표현을 빌려, 이러는 나를 딩고(dingo)*¹라고 말했다. 프랑수아즈는 내가 이런 꼴인 게 마음에 들지 않아, 내가 늘 '이리 흔들 저리 흔들한다'라고 말했다. 현대인과 대적하고 싶지 않을 때, 그녀는 생시몽의 어구*²마저 썼으니까. 게다가 내가 주인답게 말하는 것이 프랑수아즈의 마음에 더욱 들지 않은 것도 사실이었다. 그러는 것이 나에게 자연스럽지 않으며 어울리지 않다는 것을 프랑수아즈도 알고 있어서, 이를 번역하여 말하기를 '의사가 거기에 따르지 않는다'라고 하였다. 나에게는 게르망트 부인과 가까워지는 방향으로 떠나는 용기밖에 없었으리라. 이는 불가능한 일이 아니었다. 부인에게 말 건네고 싶은 사념의 단 한 가지라도 결코 부인에게 다다르지 못하리라 느끼면서 아침나절 거리를 외로이 창피하게, 언제까지나 아무런 진전이 없을 듯한 그런 제자리 돌기의 산책을 하고 있느니보다, 게르망트 부인한테서 멀리 떨어진 곳, 그러나 부인이 사람을 사귀는 데 까다로운 걸 아는 그녀의 벗인 아무개, 나를 존중하고, 부인에게 나에 대한 것을 말할 수 있으며, 또 부인한테서 내가 바라는 바를 얻어주지 못할망정, 적어도 부인에게 이를 알려줄 것이다. 아무튼 부인에게 이러저러한 전언을 맡아 해줄지를 그 사람과 의논할 수 있을 테니까, 이것만으로 외롭고도 묵묵한 내 몽상에도 입 밖에 내는 말의 활동적인 새 형태를 줄 수 있을 것이다. 그래서 그 형태는 거의 하나의 실현, 하나의 진전으로 더욱더 부인 가까이 있게 되는 셈이 아닐까? '게르망트네 사람들'의 신비로운 생활을 누리면서 그 일원인 부인이 무엇을 하고 있는지는, 끊임없는 내 몽상의 대상이었다. 공작부인의 저택이나 그 파티에 거리낌 없이 드나들며 부인과 긴 대화를 나눌 수 있는 아무개를 지렛대 쓰듯이 하면서 간접적으로나마 거기에 끼어든다면, 이는 아침마다 길에서 바라보는 것보다 거리는 멀지만 더욱 효과 있는 접촉이 아닐까?

---

*1 오스트레일리아산 들개, 곧 미치광이를 말함.

*2 생시몽(1675~1755)의 《회상록》이 화자의 어머니와 할머니의 애독서인 것은 이미 말했지만, 여기서는 '이리 흔들 저리 흔들한다'(원어는 balancer)라는 말의 사용 방법이 생시몽적이라고 말할 것이다. 하지만 이것은 스탕달이나 발레리에게도 조금씩 보여 생시몽만의 용법이라고는 할 수 없음.

생루가 나에게 보이는 우정이나 존경이 내 분수에 맞지 않는 것 같아, 나는 여태껏 그것에 무관심했다. 그러나 갑자기 그것이 소중하게 여겨졌다. 생루가 우정이나 존경을 부인에게 말해주었으면, 그렇게 하도록 생루에게 부탁할 수 있다면 오죽 좋으랴 생각했다. 그도 그럴 것이 사람은 사랑을 하게 되자마자, 자기가 갖는 아무리 사소한 특권이라도 상대가 모르는 거라면 사랑하는 여인에게 모조리 늘어놓고 싶기 때문이다. 마치 일상생활에서 실격자들과 진저리나는 사람들이 그렇게 하듯. 상대 여인이 그런 특권을 몰라주는 걸 안타까워하다가, 눈에 안 띄는 바로 이런 뛰어난 능력을 여인이 알고 더 좋아할지 모른다고 생각하여 스스로 위로하려고 애쓰게 마련이다.

생루는 그의 말처럼 일 때문인지, 아니면 애인과 벌써 두 차례나 헤어질 뻔하여 비탄에 빠져 있어선지 파리에 못 온 지 오래였다. 그는 여러 차례 나한테 부대 주둔지로 자기를 찾아와주면 참으로 기쁘겠다고 말한 적도 있거니와, 그가 발베크를 떠난 지 이틀 만에, 이 친구한테 받은 첫 편지 봉투에서 주둔지의 지명을 읽고 나는 큰 기쁨을 느끼기도 했던 것이다. 그 고장은 넓고 아득한 풍경이 떠오를 만큼 발베크에서 그다지 먼 곳이 아니며, 갠 날에는 멀리 끊어졌다 이어졌다 하는 음향의 안개 같은 것이 자주 나부껴—늘어선 미루나무가 구불구불 굴곡지어 눈에 보이지 않는 냇물의 흐름을 그려내듯—훈련 중인 연대의 이동을 나타냈다. 그래서 거리와 광장의 대기마저, 어떤 씩씩한 음악적 떨림을 계속하게 되어 짐수레나 시가전차의 아주 평범한 음향까지도, 조용해진 뒤까지 환각에 익숙해진 귀에 사라져가는 나팔 소리처럼 메아리치며 지나가는, 넓은 들판에 둘러싸인 귀족적이자 군대적인 작은 도시 중 하나였다. 파리에서 그다지 멀지 않아서 급행을 타면 그날로 어머니와 할머니 곁으로 되돌아가 내 침대에서 잘 수 있었다. 이것을 깨닫자마자 나는 벅찬 욕망에 시달려, 파리에 돌아오지 않고서 그 도시에 머무르겠다는 결심을 할 만한 기력도 없어졌다. 그렇다고 짐꾼이 내 가방을 합승 마차까지 들어다주는 것을 막을 만한 힘도 없어 그 뒤를 따라가다가 집에서 자기를 기다릴 할머니도 없는 여행자가 자기 짐을 감시할 때처럼 멍청해져서, 하고 싶은 생각을 그만둔 뒤에 도리어 자못 분별 있어 보이는 인간처럼 얼른 마차에 올라서, 기병대 병영이 있는 거리 이름을 마부에게 일러주었다. 이날 밤, 생루가 내 짐을 푸는 호텔에 자러 와서 이 미지의 도시와 처음 접하는 불안을 덜어주리라 나는 생각했다. 위병 하나가 생루를 찾으러 가고, 내가 11월 바람에 메아리치고 있는 이 거대한 배 앞 면회실에서 기다리고 있으려니, 벌써 저녁 6시 무렵이라 잠시 정박한 어느 이국 항구에 상륙하듯, 그 안에서 두 사람씩 비틀거리면서 쉴 새 없이 많은 사람들이 거리로 나오고 있었다.

생루가 외알안경을 가슴 앞에 대롱거리면서 춤추듯 달려왔다. 나는 그가 놀라 기뻐하는 모양을 보고 싶어서 이름을 알리지 않았다.

"아니, 야단났군." 그는 나를 보자 귀까지 빨개지면서 느닷없이 외쳤다. "일주일 휴가가 오늘로 끝나요, 앞으로 일주일은 외출 못 하거든요!"

그는 누구보다도 발베크에서 내 저녁의 고민을 자주 보았으며 달래주어 알고 있는지라, 내가 이 첫 밤을 혼자 보내게 된다는 생각으로 투덜거리자 그는 한탄 소리를 그치고 내 쪽으로 머리를 돌려 빙그레 미소를 보였다. 하나는 직접 눈으로, 또 하나는 외알안경을 통해 한결같지 않은 다정한 눈길을 보내왔는데, 둘 다 나를 만난 감동을 암시하고, 또한 내가 늘 이해 못 했던 것이나 지금은 소중하게 된 그 중대사, 곧 우리의 우정을 넌지시 알리고 있었다.

"어쩐다! 어느 호텔에 묵으신다? 정말이지 우리가 하숙하는 호텔은 못 권하겠는걸. 박람회장 옆인데 축전이 벌어지는 참이라 여간 시끄럽지 않거든요. 거기보다 플랑드르 호텔이 낫겠어요, 18세기의 예스런 작은 궁전인데, 옛 태피스트리가 있어요. 거긴 꽤 '예스런 역사적인 저택'을 '이루고' 있으니까요."

생루가 '이루다(faire)'라는 말을 '……인 듯하다(avoir 1'air)'의 뜻으로 쓰는 것은 입 밖으로 나오는 말이 글로 쓰이는 말처럼 때때로 이와 같이 말의 뜻을 바꾸고, 표현을 세련되게 할 필요를 느끼기 때문이다. 신문 기자들이 가끔, 그들이 쓰는 수식어가 어느 문학유파에서 비롯하는 건지 전혀 모르는 것과 매한가지로, 생루가 쓰는 말은 그 어법마저도 다른 탐미주의자 세 명의 모방이었는데, 그는 세 사람과 다 아는 사이가 아니었으나 그 어법만은 간접적으로 그에게 주입되어 있었다. "그리고 또"라고 그는 결론지었다. "이 호텔은 당신의 청각 과민에도 꽤 적당해요. 옆방에 손님이 없을 테니까요. 이거야 뭐 사소한 특징인 줄 나도 알아요, 결국 내일 다른 여행객이 오지 말라는 법도 없으니 이런 믿을 수 없는 목적으로 일부러 그 호텔을 택할 필요도 없지요. 아니, 내가 거기를 권하는 건 겉모양 때문이죠. 방들이 꽤 있을 만하고, 가구들이 모조리 예스럽고 편안해서 어딘지 모르게 아늑한 기분이 들거든요." 하지만 생루만큼 예술가답지 않은 내게는 예쁜 집에서 받는 기쁨이 참으로 천박하고, 거의 아무것도 아니어서, 지난날 콩브레에서 어머니가 잘 자라는 밤인사를 하지 않았을 적에 느끼던 것, 또는 발베크에 도착하던 날 쇠풀 냄새 나는 높다란 천장의 방에서 느낀 것처럼 고통스런 불안이 시작됨을 진정시킬 수 없었다. 생루는 나의 고정된 눈길에서 이 점을 알아챘다.

"하지만 그 예쁜 궁전 따위야 개의치 말아요, 얼굴이 새하얗군요. 그런데 나는 아무것도 모르고 태피스트리가 어쩌니저쩌니 지껄이다니, 당신이야 볼 마음조차 없을 텐데. 당신이 쓸 방이야 잘 알고, 개인적으로는 썩 기분 좋은 방이라고 생각하지만, 당신같이 감수성이 예민한 사람은 그렇지 않은 것도 이해 가요. 내가 당신을 이해 못 한다고 생각 말아요. 같은 것을 느끼지는 못하지만, 당신 상황이 되어볼 수는 있답니다."

하사관 하나가 마당에서 말을 도약시키는 훈련에 몹시 열중해, 병사들의 경례에 응하지 않고서 방해되는 이들에게 욕설의 일제사격을 퍼붓다가, 생루를 보고 미소를 보내면서 생루가 한 친구와 같이 있는 것을 언뜻 보고는 경례했다. 그러나 그 말은 거품을 물면서 뒷발로 곧추섰다. 생루는 말 머리에 덤벼들어, 재갈을 잡아 용케 진정시키고 나서 나에게 돌아왔다.

"아무렴요." 그는 말했다. "당신이 느끼는 그 괴로움을 이해해요. 하지만 어쩔 수가 없네요." 다정스레 손을 내 어깨에 놓으면서 이렇게 덧붙였다. "만일 당신 곁에 있을 수 있다면, 아마 내일 아침까지 담소하면서 당신의 쓸쓸함을 조금이나마 덜어줄 수 있을 텐데 하고 생각하니 말입니다. 책을 여러 권 빌려주겠지만 그 기분대로라면 못 읽을 테고, 그렇다고 당장 내 근무를 바꿀 수도 없으니. 애인이 와서 벌써 두 번이나 계속해서 그렇게 했거든요."

그리고 나서 그는 자신의 난처함과 또한 의사처럼 어떤 약이 내 병에 알맞을지 궁리하느라 눈살을 찌푸렸다.

"달려가서 내 방에 불을 지피게." 그는 지나가는 한 병사에게 일렀다. "어서 빨리, 꾸물대지 말고."

다시 내 쪽으로 얼굴을 돌린 그의 외알안경과 근시안의 눈길은 우리 두 사람의 크나큰 우정을 암시하고 있었다.

"이거! 당신이 이곳, 내가 당신을 그토록 그리워한 이 병영에 와 있다니, 내 눈을 믿지 못하겠군요, 꿈같군요. 아무튼 건강은 좀 좋아졌나요? 조금 있다가 다 이야기해줘요. 내 방에 올라가요. 마당에 너무 오래 있지 않는 게 좋아요. 바람이 세니. 나야 아무렇지 않지만, 당신은 익숙하지 않아 감기에 걸릴까 걱정이 됩니다. 일, 시작했습니까? 아직? 당신은 참으로 이상한 사람이에요, 만일 내게 당신만한 소질이 있다면 아침부터 저녁까지 계속 쓰겠는데. 아무것도 하지 않는 편이 더욱 재미나시나. 나 같은 평범한 사람들은 늘 쓰고 싶어하는데, 할 수 있는 사람들이 쓰려고 하지 않다니, 참으로 유감스럽군요! 아참, 할머님의 안부를 물어보지 않았군요. 할머님께서 주신 프루동을 잘 간직하고 있죠."

키가 큰 의젓하고도 위엄 있는 장교 하나가 유유하고도 엄숙한 걸음걸이로 계단에 나타났다. 생루는 장교에게 경례 붙여 손을 군모 높이에 올리는 동안 계속 부동자세를 취했다. 그런데 어찌나 힘을 주어 서둘러 차려 자세를 취했던지, 경례가 끝나자 곧 어깨 다리와 외알안경의 위치를 모조리 바꾸면서 급히 손을 축 떨구어, 부동의 순간이라기보다, 오히려 갓 생겨난 과도한 운동과 시작하려는 운동을 서로 상쇄하고 있는 떨리는 긴장의 순간이었다. 그러는 동안에 장교는 가까이 오지 않은 채, 조용히, 호의 있게, 품위 있게, 위엄 있게, 다시 말해 생루와 대조적인 모습으로, 그 또한, 하지만 서두르지 않고 군모 쪽으로 손을 올렸다. "중대장에게 한마디 해줘야겠는 걸요." 생루는 나에게 속삭였다. "미안하지만 내 방에 먼저 가서 기다려주겠어요? 4층 오른쪽으로 두 번째 방입니다. 곧 뒤따라가죠." 이렇게 말하더니, 건들거리는 외알안경을 얼굴에 건 채, 침착하고 위엄 있는 상관 쪽으로 달려갔다. 이때 중대장은 끌어온 말에 오르기에 앞서, 짐짓 점잔 빼는 몸짓으로 몇 가지 명령을 내리고 있었다. 마치 나폴레옹 제정 시대의 전투에라도 출전하는 듯한 역사화 속 인물 같은 느낌을 주었지만 알고 보면 자기 집, 동시에르에 근무하는 동안만 세 들어 사는 집으로 돌아가는 참이었던 것이다. 게다가 그 주택이 있는 곳은 이 나폴레옹 숭배자를 비꼬기라도 하듯이, 진작부터 '공화국 광장'이라는 이름으로 불리고 있었다. 나는 계단을 오르기 시작했지만, 못투성이라 한 걸음마다 발이 미끄러질 듯싶었다. 벽지도 바르지 않은 방들이 보이고, 침대와 배낭이 두 줄로 가지런히 늘어서 있었다. 병사 하나가 생루의 방을 가르쳐주었다. 나는 닫힌 문 앞에 잠시 섰다. 어떤 기척이 들려왔기 때문이다. 뭔가를 움직이고, 뭔가를 떨어뜨리고 있었다. 방이 비어 있는 것이 아니라 누군가 있음을 느꼈다. 그러나 지핀 불이 타고 있을 따름이었다. 불이야 가만히 있을 수 없게 마련이라, 장작을 매우 서투르게 이동시키고 있었던 것이다. 나는 방에 들어섰다. 불이 장작 한 개비를 굴러 떨어지게 하고 나서 또 한 개비를 태웠다. 불은 움직이지 않을 때도 속된 사람들처럼 소음을 내고 있으니, 불꽃이 타오르고 있음을 본 뒤에야 불꽃 튀기는 소리임을 뚜렷이 알긴 하였지만, 만일 벽 너머 쪽에 내가 있었다면, 누가 이제 막 코를 풀고 있거나 거닐고 있거나 하는 소리인 줄 알았을 것이다. 드디어 나는 방 안에 앉았다. 리버티(liberty)* 벽걸이와 18세기 독일의 옛 피륙이 다른 건물에서 내뿜는 망측하고, 무미하며, 검은 합처럼 곰팡내 나는 냄새에서 이 방을 보호하고 있었다. 여기라면, 이 호감 가는 방 안이라면 나도 행복하며 안온하게 식사하고, 잘 수 있을 것 같았다. 탁자 위 사진들과 나란히 있는 공부 책 덕분에 생루가 방 안에 있는 듯한 느낌이 들었다. 장작불을 통해 사진들 가운데 내 것과 게르망트 부인의 것을 알아보았다. 벽난로에 익숙해진 장작불은 열심히, 조용히, 충실히 기다려 누워 있는 짐승처럼 이따금 숯을 떨어뜨려 불씨를 부스러뜨리거나, 또는 벽난로 안쪽을 화점의 혀로 핥거나 할 뿐이었다. 내 귀에 생루의 회중시계가 내는 똑딱거리는 소리가 들려왔는데, 그다지 멀리 있지 않는 것이 틀림없었다. 이 똑딱 소리는 줄곧 자리바꿈했는데, 회중시계를 눈으로 보지 못했기 때문이다. 내 뒤에서, 앞에서, 오른쪽에서, 왼쪽에서 들려오는 것 같다가, 때로는 아주 멀리 있는 듯이 들리기도 하였다. 단번에 나는 탁자 위에서 회중시계를 발견했다. 그러자 똑딱 소리는 일정한 장소에서 들려와 다시는 움직이지 않았다. 똑딱 소리를 듣고 있는 것이 아니라, 거기에서 똑딱 소리를 보고 있는 것이니, 소리에는 장소가 없기 때문이다. 적어도 우리는 소리를 움직임에 연결시킨다. 따라서 소리는 우리가 움직임을 예상하는 데 도움이 되고, 움직임을 불가피하고도 자연스러운 것으로 볼 수 있게 한다. 솜마개로 귀를 꼭 막은 환자라면 그러한 불 소리도 듣지 못하게 될 수도 있다. 이 순간에 생루의 벽난로 속에서 같은 소

---

* 리버티는 런던 리젠트 거리에 있는 백화점. 원래 리버티프린트는 꽃무늬가 놓인 면직물이나 실크를 가리켰지만, 지금은 직물 전체를 꾸미는 꽃무늬를 일컬음.

리를 되풀이 내고 있는 불, 뜬 숯과 재를 만들어내느라 애쓰면서 뒤이어 그 화단(火壇)에 떨어뜨려 버리는 불과 똑같은 불의 소리를 듣지 못하게 될 것이다. 더더구나 일정한 사이를 두고서, 동시에르의 대광장에 음악의 날개를 치며 지나가는 전차 소리를 못 듣는 일이 물론 때로는 있다. 그때 병자가 책을 읽는다면, 책장은 신의 손으로 넘겨지기라도 하듯이 소리 없이 젖혀질 것이다. 목욕탕에 채우는 둔한 물소리는 약해지다가, 가늘어지다가, 하늘 높이 지저귀는 새 소리처럼 사라진다. 소음이 물러가 가늘게 되는 동시에 우리에 대한 그 도전적인 힘을 전부 잃어간다. 금방 머리 위 천장을 흔들어대는 것 같이 느껴진 마차 소리에 얼빠졌다가, 이번엔 산들바람과 더불어 길바닥에서 장난하는 나뭇잎들의 살랑거림처럼 가볍고, 쓰다듬는 듯한, 머나먼 소리를 모으는 데 즐거워한다. 트럼프로 혼자서 '점쳐보기'를 하다 갑자기 카드 소리가 들리지 않게 되고 이윽고 트럼프를 움직이지 않았는데도 트럼프 스스로 움직이며, 트럼프 놀이를 하고픈 이쪽 의사에 앞질러, 이쪽과 함께 놀기 시작한 것이 아닌가 하고 여긴다. 이러고 보니, 사랑을 하는 경우(사랑만이 아니라 삶에 대한 사랑, 명예에 대한 사랑도 더하기로 하자, 이 두 가지 감정을 잘 아는 이들이 있을 듯싶으니까), 소음에 맞서서, 소음이 그치기를 애원하는 대신에 귀를 틀어막는 사람들처럼 행동해야만 할 게 아니겠는가, 또 그들을 모방하여 우리의 주의력과 방어력을 우리 자신에게 돌려, 우리가 사랑하는 외적 인간이 아니라, 그 인간으로 말미암아 고통받은 우리 능력 자체를 정복할 대상으로 삼는 게 좋지 않을까 하고 생각해볼 수 있다.

소리의 문제로 되돌아와서, 바깥귀길을 틀어막는 솜마개를 더 두껍게 하면, 머리 위쪽에서 어린 소녀가 소란스럽게 뚱땅거리고 있는 곡이 피아니시모(pianissimo, 매우 여리게)가 된다. 기름에 적신 솜마개로 막으면, 당장 그 횡포에 가옥 전체가 복종해 그 권위마저 바깥에 미친다. 피아니시모만으로는 충분하지 않다. 솜마개는 삽시간에 건반을 닫게 만들고 음악 연습도 갑자기 끝난다. 머리 위쪽에 거닐고 있는 신사가 불현듯 걸음을 멈춘다. 마차와 전차의 오감도 마치 황제의 행차를 기다리듯 차단된다. 또 이와 같이 그 소리를 약하게 함은 잠을 자게 하는 대신에 때로는 도리어 어지럽게 한다. 어제만 해도 그치지 않는 소음이 거리 안이나 집 안의 동정을 연달아 그려내고, 지루한 책이 그렇듯이 우리를 잠들게 하였다. 그러나 오늘은 우리의 잠 위에 펼쳐진 고요의 표면에, 다른 것들보다 더 세게 뭔가 부딪치자, 한숨같이 가벼운, 다른 소리와 아무 관련 없는, 불가사의한 울림이 들려온다. 그 울림에 대한 설명을 요구하는 소리가 잠을 깨우기에 충분하다. 이와 반대로 병자의 고막을 틀어막는 솜마개를 잠시 빼니, 갑자기 음의 빛과 음의 햇살이 눈부시도록 다시 나타나 우주에 되살아난다. 여태껏 귀양 갔던 소음의 한 무리가 전속력으로 돌아온다. 마치 음악 천사들의 성가 합창을 듣듯, 목소리의 부활에 참석한다. 텅 비었던 거리는 순식간에 노래하는 천사의 재빠르고도 잇단 날갯짓 소리로 넘친다. 방 안에서까지 병자가 이제 막 프로메테우스처럼, 불이 아니라 불의 소리를 창조하기 시작한다. 이처럼 솜마개를 더 또는 덜 끼는 거야말로 외부 세계의 음향을 가감하는 두 페달을 번갈아 밟는 것이나 진배없다.

그렇지만 순간적이 아닌 음의 말살법도 있다. 완전한 귀머거리는 바로 자기 옆에서 우유를 데우는 데에도 주전자 뚜껑을 연 채 지켜보면서, 눈보라의 반사와도 같이 새하얀 북극의 반사가 나타나기를 주시해야 한다. 그 흰빛이 바로 선구적인 예고이니, 파도를 가라앉히는 그리스도처럼* 그 신호에 따라서 전기 스위치를 끄는 편이 현명하다. 달걀과도 같이 부글부글 끓어오르는 우유의 막이 벌써 여러 차례 비스듬히 넘실거리면서 정상에 닿아, 크림을 주름 잡으면서 기우뚱거리는 몇몇 돛을 둥글게 부풀리고, 그 가운데 하나를 진주모 빛을 띠게 하여 폭풍 속으로 돌진케 한다. 전원을 꺼서 폭풍을 알맞은 때에 가라앉히면, 그 돛은 모두 빙글빙글 돌다가 목련 꽃잎이 되어 둥둥 떠다닐 것이다. 병자가 곧바로 필요한 조치를 취하지 않았다면, 오래지 않아 그의 책과 회중시계는 이 우유의 밀물이 가져온 새하얀 바다에 삼켜져서 겨우 머리만 내놓고, 늙은 하녀의 도움을 청해야만 하리라. 그럼, 그가 유명한 정치가이건 또는 뛰어난 작가이건 하녀는 그에게 다섯 살 난 어린애만큼도 철들지 않았다고 말할 것이다. 또 때로는 마법의 실내, 닫힌 문 앞에 조금 전까지 거기에 없었던 이가 모습을 나타내는 일이 있다. 이는 들어오는 기척이 나지 않던 손님, 지껄이는 말이 싫어진 사람으로서는 아득한 소인형극에

---

* 구약성서 '출애굽기' 제14장 삽화.

나오는 인물처럼 오로지 몸짓만 하는 손님이다. 아주 귀머거리가 된 사람은 하나의 감각을 잃는 것이 하나의 감각을 얻는 것과 마찬가지로 세계에 아름다움을 보태므로, 소리가 아직 창조되지 않았던, 거의 낙원 같은 지상을 이제야 그는 황홀하게 산책한다. 천 길이나 되는 폭포도 그의 눈으로만, 고요하고 깨끗하기가 잔잔한 바다보다 더한, 수정의 넓은 평면을 천국의 폭포처럼 펼친다. 귀머거리가 되기에 앞서, 그로서는 소음이 사물의 움직임에 대한 원인을 지각하는 형태였으므로, 소리 없이 움직이는 물체는 원인 없이 움직이는 듯이 보이고, 온갖 음향성인 성질을 벗어던진 물체는 자연 발생적인 행동을 나타내며, 마치 살아 있는 듯하다. 스스로 움직이고, 멈추며, 타오른다. 역사 이전의 날개 달린 괴물인 듯이 스스로 날아간다. 이웃 없는 적막한 귀머거리 집에서 고질이 극도에 이르기 전부터, 이미 더할 나위 없는 조심성을 보이며 묵묵히 행하던 시중은 몽환극(夢幻劇)에 나오는 나라님을 위해 일어나듯이, 이제는 묵묵한 이들에 의해 뭔가 내밀한 것으로 안정되어 있다. 또한 몽환극의 장면에서처럼 귀머거리가 창문에서 바라보는 건물—병영, 성당, 청사—은 무대 장치에 지나지 않는다. 어느 날 그것이 와르르 무너진다면, 먼지구름을 일으키며 눈에 보이는 폐허를 남길지 모르나, 무대의 궁전보다 비물질적이기 때문에(하기야 그만큼 가느다랗지는 않지만), 무거운 석재를 떨어뜨리면서도 야비한 음향으로 순결한 고요를 더럽히지 않고서, 건물은 마법의 세계 가운데 무너질 것이다.

상대적인 것이긴 하나, 조금 전부터 내가 있는 병영의 작은 방을 지배하던 정적은 깨졌다. 문이 열려 생루가 외알안경을 떨어뜨리면서 기운차게 들어왔다.

"이봐요, 로베르, 당신 방이 참으로 기분 좋군요." 내가 말했다. "이곳에서 식사도 하고 잘 수도 있게 허락해주면 좋겠는데!"

실상 만일 그것이 금지되어 있는 것이 아니었다면, 병영이라는 이 커다란 공동체 속에 불안을 모르는 질서 정연한 다수의 의지, 근심을 모르는 다수의 정신이 살아가는 평온과 경계와 빈틈없는 이 분위기에 보호되어, 나는 심심치 않은 어떠한 휴식을 이곳에서 맛보았을까. 이곳에서는 시간이 활동의 형태를 띠고 있어서, 시간을 알리는 다른 곳의 구슬픈 종소리도 듣기에 즐거운 군대 나팔 소리로 바뀌어, 그 명랑한 여음은 부스러져 가루가 된 듯이 끊임없이 도시 길거리에 떠돌고 있었다. —들릴 것이 확실한 목소리이고 음악적인 목소리이다. 왜냐하면 그것은 복종에 대한 권력의 명령일 뿐만 아니라, 행복에 대한 예지의 명령이기도 하기 때문이다.

"그럼 혼자 호텔에 가느니 나와 같이 이곳에 묵는 게 좋다는 말이군요." 생루가 웃으며 이렇게 말했다.

"아니! 로베르, 혼자 호텔에 가는 일로 나를 놀리다니 좀 심한데요. 내가 혼자 호텔에 못 가고, 거기에 가면 몹시 고통 겪을 줄 당신은 다 아니까."

"그거, 잘 됐군요." 그가 말했다. "나 또한 당신이 오늘 저녁 이곳에 묵는 게 좋겠다고 생각하던 참이었으니까요. 그래서 중대장에게 허락을 구하러 갔다 왔죠."

"허락해주었습니까?" 나도 모르게 큰 소리로 외쳤다.

"말썽 없이."

"고맙군요!"

"아니 뭐. 그럼 당직병을 불러 우리 둘의 식사를 차리라고 일러야겠어요." 그가 덧붙이는 동안, 나는 얼굴을 돌려 눈물을 감췄다.

여러 차례, 생루의 동료 중 한둘이 들어왔다. 그는 그들을 매번 내쫓아버렸다.

"꺼져, 오합지졸."

나는 생루에게 그들을 그냥 있게 하라고 부탁했다.

"천만의 말씀, 당신을 귀찮게 할 거예요. 교양이라곤 한 푼어치도 없는 놈들이라, 경마라든가 말 털의 빗질 따위밖에 이야기할 줄 모르거든요. 그리고 내가 애타게 기다리던 이 소중한 시간을 그들이 망쳐놓을 테고. 물론 동료들의 변변치 못함을 말한다고 해서, 군대에 몸담고 있는 사람이 모두 지성이 없다는 뜻은 아니랍니다. 그렇긴커녕, 이곳에는 훌륭한 소령이 한 사람 있답니다. 이분의 강의에서는 군사 역사를 하나의 증명처럼, 어떤 대수학처럼 다루죠. 미학상으로 보아도 그건 번갈아 귀납적이 되고 연역적이 되는 아름다움이 있죠, 당신이 감탄할 만한."

"그분이 내가 이곳에 남아 있는 걸 허락한 중대장입니까?"

"천만에요. 대단치 않은 일로 당신이 '고마워한' 인간이야말로 세상에 다시없을 바보 천치니까. 군대 급식이나 복장에 관련된 일을 맡아보기에 더없이 알맞은 그 작자는 급식 당번 중사와 재봉일 하는 어른과 함께 몇 시간이고 보낸답니다. 그게 바로 그 작자의 본성이죠. 그런 주제에 이곳에 있는 놈들이 다 그렇듯 그 작자도 지금 내가 말한 감탄할 만한 소령을 매우 멸시하죠. 아무도 이 소령과 사귀지 않아요. 그는 프리메이슨(Freemason)*¹인 데다 고해성사를 하러 가지 않거든요. 보로디노 대공*²은 단연코 이 프티부르주아를 집에 초대하지 않겠죠. 대공의 증조부가 소작인이었으므로, 나폴레옹의 전쟁이 없었다면 저 또한 틀림없이 소작인 태생이었을 인간이고 보니 얼마나 뻔뻔스런 짓이냐 이 말입니다. 하기야 놈은 자기가 사교계에서 차지하는 이도 저도 아닌 얼치기 위치를 좀 알긴 아나 봐요. 자키 클럽에 통 나오지 않는 게, 거기에 나오면 있기가 거북한 모양이죠, 자칭 이 대공 녀석은." 로베르는 이렇게 덧붙이며 같은 모방 정신에 이끌려, 선생들의 사회 이론과 친척들의 사교적 편견을 채택하기에 이르러, 깨닫지 못하는 사이에, 민주주의에 대한 애정에 제정 시대 귀족에 대한 멸시의 정을 합하고 있었다.

　나는 그의 외숙모 사진을 물끄러미 바라보았다. 그리고 생루가 이 사진을 가지고 있는 이상, 어쩌면 이걸 나에게 줄는지도 모른다고 생각하자 생루가 더욱더 소중히 여겨지는 동시에, 이 사진과 바꾸는 거라면 대단치 않은 일로 느껴지는 별의별 봉사를 마다하지 않을 성싶었다. 이 사진은 지금까지 여러 번 만나온 게르망트 부인과의 재회와도 같은 것이기 때문이다. 아니 그 이상으로, 오랫동안 헤어졌다가 우연히 다시 만나, 마치 우리 둘 사이의 관계가 급작스럽게 진전하여, 게르망트 부인이 정원용 모자를 쓴 채로 내 곁에 걸음을 멈추고, 처음으로 그 토실토실한 볼과 목덜미의 구부러진 곳, 그 눈썹꼬리(여태껏 부인이 빠르게 지나갔으므로, 내 인상이 얼떨떨하고, 기억도 희미하여 눈에 보이지 않던 것)를 마음껏 구경시켜주는 만남과도 같은 것이었기 때문이다. 또 이와 같이 자세히 바라보는 일은 이제껏 세운 깃의 옷차림을 한 것밖에 보지 못해 여인의 드러난 목과 팔을 물끄러미 바라보는 것만큼이나 내게는 관능적인 발견이자 특별 대우였다. 바라보기를 거의 금지하고 있는 듯한 얼굴선을 나에게 유일하게 가치 있는 기하학 개론 가운데에서 연

---

*1 평화와 행복의 실현을 목표로 하는 세계주의 운동의 국제적인 조직을 가진 비밀결사, 또는 그 회원.
*2 중대장의 이름.

구하듯, 이 사진으로 연구할 수 있을 것이다. 나중에 로베르의 얼굴을 언뜻 보았을 때, 그 또한 그의 외숙모 사진과 얼마간 같다는 사실을 알았다. 그의 모습이 외숙모의 모습에서 직접 생겨나지 않았더라도, 이 두 얼굴은 같은 혈통을 받았으므로 내게는 거의 똑같이 감동을 주는 신비에 싸여 있었다. 콩브레 시절의 내 환상 속에 돋은 게르망트 부인 얼굴의 특징, 매부리코와 날카로운 눈은—그것과 비슷하고 매우 섬세한 살갗의 날씬한 다른 영상 속에— 그 외숙모의 그것에 거의 겹쳐놓을 수 있는 로베르의 얼굴에서 오려내 만든 느낌이 있었다. 신화시대에 여신과 새가 더해져 생겨난 듯 보이므로 신성한 새의 영광에 싸여 있으면서 홀로 남은 그 종족, 게르망트 가문의 독특한 몇몇 얼굴 특징을 바라보면서 나는 부러움을 금치 못하였다.

그 이유는 알지 못하고, 로베르는 나의 감동에 자극되었다. 게다가 따스한 불과 샹파뉴 술이 만든 안락한 기분에 내 감동은 더욱 커져 술이 내 이마에 땀방울을, 눈에 눈물방울을 구슬처럼 맺히게 하였다. 또 요리로 더욱 흥이 더해져 있었다. 나는 그것을 마치 자기가 알고 있지 않은 어느 생활 속에서 거기에 없으리라고 여겼던 것(이를테면 사제의 주택에서 진수성찬을 먹고 있는 자유사상가처럼)을 목격하는 때, 누구나 느끼는 문외한의 경탄과 더불어 먹었다. 그다음 날 아침 눈을 뜨자, 인근 사방을 전망하는, 매우 높은 곳에 있는 생루의 창가로 가서, 이 근방 풍경을 알고자 호기심에 가득 찬 눈길을 던졌다. 어제 내가 너무 늦게, 근처 풍경이 이미 어둠 속에 잠들고 있는 시각에 도착해서 그것을 똑똑히 분간할 수 없었던 것이다. 그러나 이처럼 아침 일찍 깨어나, 내가 창문을 열자 눈에 비친 것은 못가에 있는 별장의 창에서 보이는 듯한 풍경이 아직 희고 부드러운 새벽 안개의 옷, 거의 뭐가 뭔지 조금도 분간 못하게 하는 옷 속에 싸여 있는 것뿐이었다. 하지만 연병장에서 말들을 돌보고 있는 병사들이 말 털의 빗질을 끝낼 즈음에, 아침 안개도 걷힐 것을 나는 알고 있었다. 그때까지 나는 앙상한 언덕 하나가 이미 그림자를 벗은 그 등을 병영 쪽으로 우뚝 세우며, 호리호리하고 까슬까슬한 살을 드러내는 것밖에 볼 수 없었다. 서리 탓에 구멍이 숭숭 뚫린 장막 너머로, 처음으로 나를 물끄러미 바라보고 있는 이 낯선 것에서 나는 눈을 떼지 않았다. 그러나 병영에 오는 습관이 들고부터는 언덕을 눈으로 보지 않고서도 거기에 언덕이 있다는 의식, 따라서 없는 이들, 죽은 이들을 생각하듯이, 다시 말해 그 존재를 이제 거의 믿지 않고서, 내가 생각하는 발베크의 호텔이나 파리의 우리집보다 더욱 현실적이 되었다. 그 언덕이 거기에 있다는 의식은 동시에르에서 받았던 보잘것없는 인상 위에 나도 모르게 반사된 언덕 형태를 영원히 그려넣었다. 이 아침을 비롯해서, 언덕을 바라보는 데 시각의 중심인 듯싶은 안락한 이 방에서 생루의 당번병이 마련한 초콜릿이 주는 따스함의 인상 위에 반사된 언덕 형태를 그려넣었다(그것을 바라보고 있을 뿐만 아니라 다른 행동을 하려는 사념, 거기에 산책하러 가자는 의사는 자욱한 안개 때문에 실현 불가능했다). 언덕의 형태를 흡수하며, 초콜릿 맛과 그때 내 사념의 모든 씨실에 이은 채, 이 안개는 내 생각이 전혀 그것에 미치지 않는데도, 그때의 내 모든 사념을 적시고 말았다. 마치 발베크에 대한 내 인상에 변하지 않은 금덩이가 이어져 있거나 또는 거무스름한 사암(砂岩)의 바깥 층계에 가까이 있다는 것이 콩브레에 대한 내 인상에 컴컴한 배경을 주고 있는 듯하다. 하기야 안개는 아침 늦게까지 끌지 않아, 해가 처음에 보람 없이 화살 몇 대를 쏘아대 무수한 광택의 장식줄을 붙이다가 이윽고 안개를 물리치고 말아 언덕이 햇살에 거무스름한 등성이를 드러낼 수 있었다. 한 시간 남짓 뒤, 내가 마을 쪽으로 내려갔을 때, 햇살이 단풍 든 나뭇잎의 붉은 빛깔에, 벽에 붙은 선거 광고지의 푸른색과 빨간색에 흥분의 빛깔을 덧붙여, 흥분은 나 자신의 기분마저 들뜨게, 노래 부르면서, 요란스럽게 포석을 밀게 하여, 나는 기쁜 나머지 껑충껑충 뛰고 싶은 걸 겨우 참았다.

그러나 이튿날부터, 나는 호텔로 돌아가야 했다. 그리고 나는 어차피 거기서 쓸쓸할 줄 알고 있었다. 그것은 그대로 맡아 넘기지 못하는 냄새 같은 것으로, 내가 태어난 이래 어떤 새 방이나 곧 모든 방이 나에게 풍기는 것이었다. 평소 내가 사는 방 안에 나는 없었다. 내 사념이 다른 곳에 머물러 그 대신 습관만을 보내왔던 것이다. 그런데 모르는 고장에 가면 나만큼 예민하지 않은 습관이라는 이 하녀에게 내 몸을 돌보도록 맡길 수는 없다. 나는 습관보다 앞서 떠나 혼자 도착하고, 거기서 몇 해 만에 다시 만나는 '자아', 하지만 여전히, 콩브레 시절 이래, 풀지 않은 여행 가방 곁에서 위안받을 길도 없이 울어대면서, 발베크에 처음으로 닿은 뒤부터 성장하지 않은 그대로의 '자아'를 주위 사물과 맞닿게 해야 했던 것이다.

그런데 나는 잘못 생각했다. 나는 쓸쓸함에 잠길 틈도 없었다. 잠시도 혼자가 아니었기 때문이다. 그것은 옛 궁전으로, 현대식 호텔에서 쓰지 못 하는 사치의 지나침이 남아 있는 곳이자, 온갖 실용적인 겉치레를 떠나, 한가로움 속에 어떤 생명 같은 것을 갖고 있었다. 이를테면 사방으로 뻗은 복도를 따라가면, 그것이 목적 없이 오락가락하는 모습에 끊임없이 엇갈리고, 휴게실은 복도처럼 길며, 손님방처럼 장식한 현관은 주택의 일부를 이루고 있다기보다 오히려 거기에 살고 있는 듯했고, 어느 방도 들어갈 수 없게 되어 있으나, 방들은 내 방 주위를 어슬렁거리고 있다가, 곧 그들의 손님들—한가로운, 그러나 시끄럽지 않은 이웃들, 예약된 방들 문에 소리 없이 머무는 걸 허락받은 과거 수종들의 유령들(이들은 내가 오가는 길에 만날 때마다 나한테 소리 없는 상냥함을 드러냈다) 같은 그들의 손님들—을 보이러 왔다. 요컨대 숙소라는 관념, 우리의 현실 생활을 내포하며, 오로지 추위와 남들의 눈을 막아주는 한낱 그릇이라는 관념은 사람의 무리에 못지않게 실제적인 방들의 집합인 이곳에 전혀 적용할 수 없었다. 참으로 조용한 삶의 하나이지만, 먼저 들어가고 나서는, 만나고, 피하며, 맞이해야만 하는 곳이었다. 18세기 이래, 예스러운 금빛 기둥 사이, 색칠한 천장의 구름 밑에 활개 펴고 누워 있는 큰 손님방을 들뜨리지 않고자 하는 애씀 없이, 존중하는 마음 없이는 바라볼 수 없었다. 그리고 더욱 친근한 호기심이 들게 하는 것은 몇몇 작은 방들인데, 그것들은 균형 따위는 아랑곳없이, 객실 둘레를 수없이 달음질치고, 정원까지 무질서하게 달아났지만, 그 정원에는 다 망가진 3단짜리 층계를 통해 쉽사리 내려갈 수 있었다.

만일 내가 승강기를 타지 않고, 큰 계단에서 남의 눈에 띄지 않고서 외출하거나 돌아오거나 하려면, 이제 쓰지 않는 내밀한 작은 계단이 발판을 놓아주고 있는데, 어찌나 교묘하게 차곡차곡 놓여 있던지, 한 걸음 두 걸음 발 옮겨가기에, 마치 색채와 냄새, 미각에서 가끔 우리에게 독특한 육감적인 감동을 일으키는 것과 같은 종류의 완전한 균형이 잡혀 있는 듯싶었다. 그러나 오르내리는 특수한 쾌감을 이곳에 와서 알았다. 마치 지난날, 평소에는 몰랐던 숨 쉬는 행위가 끊임없는 관능의 기쁨일 수 있다는 사실을 알기 위해 알프스에서 숨 쉬어야 하는 것과 비슷하다. 이 계단은 내가 친숙하기에 앞서 허물이 없어져, 마치 내가 아직 감염되지 않은 습관, 내 것이 될 때까지 약해질 리 없는 습관을 지레 맛보는 달콤한 맛을 가지고 있거나, 또는 어쩌면 그것이 날마다 접대한 옛 주인들의 혼이 그 속에 놓여 하나가 되고 있거나 하듯, 처음으로 그 위에 내 발을 디뎠을 때, 나는 오래 쓴 것 특유의 수고를 덜게 해주었다는 느낌을 받았다. 방문을 여니, 이중문이 내 등 뒤에서 스스로 닫혔다. 휘장이 정적을 들여보내, 그 안에서 나는 왕이 된 듯한 도취감을 느꼈다. 아로새긴 구리로 장식한 대리석 난로는 오집정관 정부(五執政官 政府)*¹ 시대의 예술로 착각했지만, 나에게 불을 대접했다. 그리고 다리가 짧은 안락의자는 난롯가에 깔려 있는 양탄자 위에 앉은 것과 마찬가지로 안락하게 몸이 따스해지는 걸 도와주었다. 벽들은 방을 그러안아, 이를 다른 세계에서 떼어놓았지만, 방을 완전하게 하는 것을 들여보내 가둬놓기 위해 책상 앞에 벌리고, 그 양쪽에 침대를 내려놓는 곳의 높다란 천장을 버티는 두 둥근 기둥이 있는 침대 넣는 장소를 남기고 있었다. 또 방에는 넓이가 같은 작은 개인 방 두 개가 안쪽으로 나 있고, 그 하나는 이곳에 명상을 구하러 오는 사람들을 향기롭게 하려고, 붓꽃 열매의 관능적인 묵주를 벽에 늘어뜨리고 있었다. 이곳에 내가 틀어박혀 있는 동안에도 문들을 열어놓고 있으면 문들은 사실의 조화로움을 깨뜨리지 않은 채 사실을 세 배로 보이게 하는 것만으로는 만족하지 않고, 집중의 기쁨에 이어 확대의 기쁨을 내 시선에 맛보게 할 뿐더러, 또한 여전히 침범할 수 없는 나의 고독, 하지만 갇혀 있지 않은 내 고독의 기쁨에 자유로운 느낌을 덧붙였다. 이 사실은 외따로 떨어져 아름다운 안마당을 마주보고 있었다. 이튿날 아침, 나는 창문 하나 없는 높은 벽으로 둘러싸여 환한 하늘에 밝은 부드러움을 더해주는 단풍나무 두 그루 말고는 아무것도 없는 그 안마당을 보자, 다시없는 친근함을 느꼈다.

나는 자기 전에 방을 나와 나의 요정의 모든 영역을 두루 답사하고 싶었다. 긴 복도를 따라 걸어나가니, 복도는 조금도 졸리지 않은 나에게 한구석에 놓인 안락의자, 스피넷(spinet),*² 콘솔(console)*³ 위의 시네라리아꽃을 꽂은 도자기병, 옛 그림틀 속에 있는 푸른 꽃을 꽂고 꽃가루를 뿌린 머리틀에 카네이션 꽃다발을 손에 쥔 옛날 귀부인의 모습 같은 것을 모두 보이며,

---

*1 프랑스 대혁명 뒤의 정부(1795∼99).

*2 건반이 달린 발현 악기의 하나. 작은 하프시코드.

*3 창과 창 사이에 붙인 까치발 탁자.

연이어 나한테 경의를 나타내게 했다. 끝머리에 이르니 나가는 문이 조금도 열려 있지 않은 빈틈없는 벽이 나에게 '이젠 되돌아가야 하네, 하지만 말이야, 여긴 자네 집이나 마찬가지야' 하고 꾸밈없이 말했다. 부드러운 양탄자도 홀로 남아 있지 않으려고, 만일 오늘 밤 잠 이루지 못하거든 맨발로 이곳에 와도 괜찮다고 덧붙였다. 또 들판을 바라보고 있는 덧문 없는 창문들이 '우린 밤새 울 테니 언제 오든 아무도 깨우는 게 아니야. 그런 걱정일랑 말게' 하고 다짐했다. 그저 휘장 뒤에 작은 사실이 숨겨져 있는 것을 발견했을 뿐인데, 작은 사실은 벽에 막혀 달아나지 못해, 어쩔 줄 몰라, 거기에 몸을 숨기고, 달빛에 푸르게 물든 둥근 창으로 겁난 듯이 나를 바라보고 있었다. 나는 잠자리에 누웠다. 하지만 털이불, 작은 기둥, 작은 벽난로 같은 존재가 파리에 있을 때와는 달리 나의 주의를 긴장시켜, 여느 때처럼 몽상할 수 없었다. 수면을 싸고, 이에 작용하며, 이를 바꾸고, 추억 계열의 이것저것과 같은 동일 평면에 이를 옮기는 것이 이처럼 특수한 주의 상태이므로, 이 첫날 밤, 내 꿈을 가득 채운 형상은 평소 내 잠이 이용하던 바와는 전혀 다른 기억에서 꾸어온 것이었다. 잠들면서 평소의 기억 쪽으로 끌려들어 가려고 하더라도, 몸에 익숙하지 않은 침대나 몸을 뒤칠 때에 팔다리 위치에 돌릴 수밖에 없는 쾌적한 주의력, 이것만으로도 내 꿈을 고치거나 잇거나 하기에 충분했다. 수면은 바깥 세계의 지각과 비슷하다. 우리 습관이 조금 변하는 것만으로도 수면은 시적이 되고, 옷을 벗고 무심코 침대에서 잠들어버리는 것만으로도 수면의 차원이 변하며, 그 아름다움이 느껴진다. 깨어나, 회중시계가 4시를 가리키는 것을 보고, 새벽 4시가 지나지 않았는데도 하루가 다 지나간 듯한 기분이 든다. 그만큼 이 몇 분간의 잠은 어느 황제의 금으로 만든 천구(天球)처럼 어떤 신권(神權) 덕분에 크게 가득 차 넘쳐 하늘에서 굴러 내려온 듯하다. 아침, 할아버지가 채비를 다 차려, 메제글리즈 쪽으로 산책하러 떠나려고 나를 기다리고 있거니 하는 생각에 시름하다가, 날마다 창문 아래를 지나가는 군대의 나팔 소리에 잠이 깼다. 그러나 두세 번—내가 이를 말하는 까닭도 인간은 생활을 잠 속에 잠그지 않으면 안 되고, 생활은 잠 속에 가라앉아, 반도(半島)가 바다에 둘러싸여 있듯이 밤마다 잠에 둘러싸이기 때문이다—끼워 넣어진 잠은 음악의 충격을 견디어낼 만큼 단단해, 나는 아무 소리도 듣지 못했다. 어느 아침에는 잠시 그 충격에 지기도 하였다. 하지만 아직 깊이 잠자고 난 쾌적한 부드러움에 잠긴 채, 내 의식은, 마치 미리 마취된 기관이, 마취가 깨끗이 가실 때에 가벼운 화상처럼 살을 지져 고친 흔적을 느낄 뿐, 처음에는 그 소작에 무감각하듯, 날카로운 피리 소리의 뾰족한 끝에 부드럽게 닿고 있을 뿐 피리 소리는 상쾌한 아침의 지저귐처럼 의식을 어루만지고 있었다. 고요가 음악으로 옮아가는 이 짧은 중단이 있은 뒤, 다시 나의 수면이 시작되고, 이윽고 용기병이 지나가버린 뒤에 맑고 또렷한 소리의 꽃다발이 화려한 마지막 봉오리를 빼앗길 때까지 이어진다. 길게 뻗은 꽃줄기에 가볍게 닿는 내 의식의 층은 매우 좁고 아직도 잠속에 깊이 빠져 있으므로, 나중에 생루가 나한테 군악을 들었느냐고 물을 때, 낮에 거리를 걷다가 예사로운 소리에서 그것을 떠올릴 때처럼, 그 군악 소리도 아주 공상적인 것은 아니었던가 하는 생각이 들 만큼 매우 불확실하다. 어쩌면 나는 깨어날까 봐, 또는 그와 반대로 깨어나지 않을까 봐, 또 군대의 행진을 구경 못할까 봐, 꿈속에서 군악을 들었을 뿐인지도 모른다. 왜냐하면 소음이 나를 깨울 거라고 생각했던 순간에 그대로 잠들어 있을 때, 잠시 얕은 잠에 빠져 있으면서도 깨어나 있는 줄로 여겨, 내 졸음의 영사막 위에 갖가지 광경을 흐릿한 그림자로 비추는 적이 자주 있기 때문인데, 졸음이 그것을 구경 못 하게 하나, 내가 거기에 있다는 착각이 든다.

　낮에 하려던 것을, 졸음에 빠지고 나서, 오로지 꿈에서만, 다시 말해 졸음의 굴절을 받은 뒤, 깨어나 있을 때에 밟아가는 길과는 다른 길을 따라가면서 이루는 적이 과연 있다. 같은 역사도 달리 꾸며 다른 종말을 짓는다. 어쨌든 잠자는 동안에 생활하는 세계는 너무나 달라, 잠들기 힘든 이들은 무엇보다 먼저 현실 세계에서 빠져나가려고 애쓴다. 여러 시간 동안 눈감고서, 눈뜨고 있을 때와 똑같은 사념을 죽도록 거듭한 끝에 이들은, 조금 전 순간이 논리 법칙과는 뚜렷한 모순인 추리의 무게에 허덕였음을, 또 지금의 명백성, 이 짧은 '무심(無心)'은, 문이 열려 어쩌면 당장에 현실의 시각에서 도망쳐 나와, 거기서 얼마간 멀리 정지할 테고, 그것이 얼마간 '단'잠을 줄 것이라는 사실을 뜻하고 있음을 깨닫기라도 한다면 기운을 되찾을 것이다. 그러나 이들이 현실에 등 돌리는 때에 벌써 큰 걸음을 내디뎌, 마녀처럼 '자기 암시'가 공상의 병이나 신경병 재발의 흉악하기 짝이 없는 잡탕을 끓이면서, 의식 못 하는 졸음 중에 졸음을 멈출 수 있을 만큼 심해진 발작이 터지는 시기를 노리고 있는 첫 동굴에 이른다.

거기서 멀지 않은 곳에 비밀스런 정원이 있고, 미지의 꽃들처럼 흰독말풀의 졸음, 인도 대마의 졸음, 에테르에서 짜낸 갖가지 졸음, 벨라도나의, 아편의, 쥐오줌풀의 졸음 같은 서로 다른 졸음이 피어 있는데, 이 꽃들은 예정된 낯선 이가 와서 꽃봉오리에 손을 대어 피게 하여, 놀라 감탄해 마지않는 이의 마음속에 그 꿈의 향기를 오래오래 퍼지게 할 날까지 닫힌 채로 있다. 정원 한구석에 수도원이 있고 그 열린 창에서 잠들기 전에 배운 학과를 복습하는 소리가 들려오는데, 깨어나고 나서야 이를 알리라. 그동안, 깨어남의 전조가, 마음속의 자명종을 똑딱 소리 나게 하고, 우리의 염려가 자명종을 곧잘 조절해놓아서, 가정부가 들어와서 '7시입니다'라고 할 때 우리는 벌써 깨어날 준비가 모두 되어 있다. 사랑의 여러 슬픔에 대한 망각이 어렴풋한 추억으로 가득 찬 악몽으로 이따금 일이 멈추고 좌절되다가도 금세 다시 시작해 쉴 새 없이 일하는 방, 꿈의 세계로 열린 방의 어두운 벽 안쪽에는 눈 뜬 뒤에도 꿈의 기억이 걸려 있는데, 그 모양이 어찌나 컴컴한지 대낮에 비슷한 사념의 햇살이 우연히 그 위에 스칠 때에야 비로소 그것을 언뜻 알아차리곤 한다. 잠들었을 때 꿈의 어떤 것은 이미 잘 조화된 것이 분명하지만, 어찌나 알아볼 수 없게 되어버렸는지 확인할 수 없는 우리는 그것을 부랴부랴 땅속에 파묻기에 여념이 없다. 예컨대 너무 빨리 썩은 시체라든가, 또는 아무리 솜씨 좋게 다시 고쳐내는 자라 할지라도 본디 모습으로 돌려놓을 수 없는, 아무런 손도 쓸 수 없는, 지독하게 망가져 거의 한 줌의 먼지가 다 된 것처럼.

철책 옆에 채석장이 있고, 이곳에 깊은 잠이 두뇌를 단단히 잘라버리기 위한 재료를 구하러 오는데, 그 잿물이 어찌나 단단한지 잠든 자를 깨우려면, 잠든 자의 의지가, 금빛 나는 아침에도, 젊은 지크프리트처럼, 도끼를 힘껏 여러 차례 내리쳐야만 한다. 그 저편에 또한 악몽이 있고, 의사는 이 악몽이 불면보다 우리를 더욱 피곤하게 한다고 어리석게 우기지만, 실제로는 그와 반대로 악몽은 생각에 잠긴 이로 하여금 주의에서 도망 나올 수 있게 한다. 악몽이 보이는 변덕스러운 앨범에서, 고인이 된 친척이 뜻하지 않은 큰 재앙을 당하다가, 곧바로 회복한다. 회복하기까지, 우리는 친척을 좁은 쥐틀 안에 잡아둬, 거기서 흰쥐보다 더 작아지고, 커다란 붉은 얼룩으로 뒤덮이며,

얼룩마다 깃 하나를 세우고서, 우리와 키케로(Cicero)*풍의 담소를 나눈다. 이 앨범 곁에서 회전하는 깨어남의 원반이 돌고, 그 덕분에 우리는 50년 전에 허물어진 집으로 곧 돌아가야 한다는 귀찮음을 잠깐 치르는데, 이 집의 영상도 잠이 멀어짐에 따라 다른 수많은 영상에 차츰 지워져, 드디어 우리는 원반이 회전을 멈췄을 때밖에 나타내지 않는 영상, 다시 말해 뜬눈으로 보는 것과 일치하는 영상에 이른다.

때로는 내 귀에 아무 소리도 들리지 않은 적도 있었다. 좀 있다가, 잠든 동안에 활력이 갑절이 된 그 날쌘 식물성의 힘이, 헤라클레스를 보살펴 키우는 요정들처럼 우리에게 가져다준 것을 모두 소화하면서, 조금 몸도 무겁고, 기운이 넘쳐, 우리를 거기서 꺼내주는 데 큰 기쁨을 맛보는, 구덩이 속에 떨어지듯 하는 그 잠 속에 빠져 있었기 때문이다.

이것을 납덩어리 같은 잠이라고 부른다. 이와 같은 잠이 그친 다음에도 잠시 자기 자신이 한낱 납으로 된 인형에 불과한 느낌이 든다. 나 자신은 이제 아무도 아니다. 그럼 어떻게 잃어버린 것을 찾듯 자기 사념이나 개성을 찾다가, 남의 '자아'가 아니라 자신의 '자아'를 되찾고 마는가? 왜, 다시 생각하기 시작할 때, 우리 가운데 들어가 있는 것이 먼저의 개성과 다른 개성이 아닌가? 선택을 강요하는 것을 못 보는데, 어찌하여, 자기가 될 수 있을 인간 몇 백만 가운데에서, 그 전날 자기였던 인간 위에 바로 선택의 손길을 놓는가(잠이 정말 깊었든지 또는 꿈이 자기 자신과 아주 다른 것이었든지). 실제로 중단이 있던 때, 우리를 이끌고 가는 것이 뭔가? 말 그대로 죽음이 있었다. 거기에는, 마치 심장의 고동이 멈추고 나서 인공호흡으로 되살아나는 때와도 같은 죽음이 실제로 있었다. 틀림없이 방은, 우리가 한 번밖에 보지 못한 것일망정, 그보다 더 옛 추억이 걸려 있는 추억을 깨닫게 하는지도 모른다. 아니면 우리가 지금 의식하는 어떤 추억이 우리 자신 속에 잠자고 있었는지도 모른다. 잠이라는 정신이상의 이 고마운 발작 뒤, 깨어남에 따르는 부활은, 요컨대 잊어버린 이름씨, 시구, 노래의 후렴을 다시 찾아내는 때에 생기는 것과 비슷함에 틀림없다. 그리고 아마 죽은 뒤 영혼의 부활 또한 기억 현상으로서 이해될 수 있는지 모를 일이다.

---

* 고대로마의 문인·철학자·변론가·보수파 정치가.

잠에서 깨어나자, 겨울로 접어드는 빛나고 서늘한 늦가을 아침의 햇빛이 눈부신 하늘에 마음 끌리는 동시에, 서늘함에 기가 질리면서도, 눈에 보이지 않는 그물에 걸린 채 공중에 남아 있는 듯한 금색 또는 장미색을 띤 두세 빛의 필치만으로 잎사귀가 그려져 있는 나무를 보려고, 나는 머리를 쳐들어, 이불 속에 몸을 반쯤 파묻은 채 목을 길게 내밀었다. 나는 마치 탈바꿈하고 있는 번데기처럼, 같은 환경에 적응하지 못하는 여러 부분을 가진 이중적인 생물이었다. 눈에는 빛깔만 있으면 충분하여, 따스함에 별로 관심 없는데, 가슴은 따스함을 근심하여 빛깔에는 마음 쓰지 않았다. 나는 벽난로에 불을 지폈을 때에야 잠자리에서 나와, 좋은 파이프처럼 불붙어 연기 내고 있는 불을 쑤셔 일으키면서, 서늘한 아침에 따스함이라는 요소를 일부러 덧붙이고 나서, 연보랏빛과 금빛이 도는 영롱하게 투명하고도 아늑한 아침의 그림을 바라보았다. 불은 파이프와 마찬가지로, 물질적인 안락 위에 쉬고 있으므로 거친 동시에, 그 뒤에 순수한 형상을 그려내고 있으므로 섬세한 기쁨을 나에게 주었다. 화장실에는, 검고 흰 꽃무늬를 뿌린 요란한 새빨간 벽지가 발라져 있었는데, 아무래도 이것은 내 눈에 익숙해지기 힘들 것 같았다. 그러나 그것은 내 눈에 새롭게 보일 뿐, 그다지 충돌할 일도 없고, 그저 일어날 때의 나의 명랑과 콧노래를 줄어들게 할 뿐, 나를 개양귀비 같은 중심에 가둬놓고 세계를 바라보게 할 뿐이어서, 우리 부모님 댁과는 방향이 달라, 신성한 공기가 흘러드는 이 새로운 집의 유쾌한 병풍 너머로, 나는 파리에 있을 때와는 전혀 달리 세계를 보았다. 어느 날, 나는 할머니가 보고 싶다거나 할머니가 병으로 괴로워하지 않을까 하는 근심으로 불안하기도 하고, 또는 하다가 말고 파리에 그대로 두고 온, 좀체 진전 안 되는 일이 생각나서 불안하기도 했으며, 때로는 또한 이곳에 와서까지 나에게 닥치는 어떤 곤란에 불안하기도 하였다. 이러한 근심 하나 둘이 나를 잠 못 이루게 함으로써 순식간에 나의 모든 존재를 가득 채우는 슬픔 앞에서 속수무책이었다. 그래서 호텔에서, 나는 생루에게 한마디 적은 쪽지를 인편으로 병영에 보냈다. 만일 틈을 보아 그렇게 할 수 있다면—그렇게 하기가 매우 어렵다는 것을 알고 있었지만— 잠시 와주었으면 정말 좋겠다는 내용의 쪽지였다. 한 시간쯤 지나 생루가 왔다. 그가 벨을 울리는 소리를 듣자, 나는 내 불안에서 벗어나는 느낌이 들었다. 그 불안은 나의 힘에 겨운 것이었지만, 그는 그것보다 강하다는 사실을 나는 알고 있었다. 그래서 내 주의가 불안에서 떠나 그것에 결말을 짓는 그의 쪽으로 갔던 것이다. 들어오자마자 그는 나의 주위에 상쾌한 바깥공기, 아침부터 그가 크나큰 활력을 발휘한 바깥공기, 내 방과는 전혀 다른 활기로 넘치는 환경을 풍겨 나는 즉시 이것에 알맞은 반응으로 순응했다.

"오라고 해서 미안합니다. 좀 걱정되는 일이 있어서요, 짐작할 테지만."

"천만에, 오직 당신이 나를 만나고 싶어하는 줄 생각해, 매우 기뻤습니다. 당신이 나를 불러준 게 참으로 기뻤습니다. 그건 그렇고 무슨 일이죠? 순조롭지 않은가요, 그럼? 도와줄 일이라도 있나요?"

그는 내 설명을 듣고 나서, 시원시원하게 대답했다. 그러나 그는 말을 꺼내기 전에도 나를 그와 비슷한 인간으로 만들고 있었다. 그를 그토록 바쁘게, 민첩하게, 만족하게 하고 있는 중대한 직무에 비하면, 조금 전까지 내가 한시도 견디어내지 못한 근심걱정 따위야, 그에게도 그렇게 느껴졌듯이 하찮은 것으로 여겨졌다. 내 꼴이야말로, 며칠 동안 눈을 뜰 수 없다가, 불러온 의사가 솜씨 좋게 살그머니 그 눈꺼풀을 벌려 모래 한 알을 꺼내 환자에게 보여, 환자가 낫고 기운을 되찾는 꼴이었다. 나의 모든 근심거리는 생루가 보내겠다고 약속한 전보 한 통으로 해결되었다. 삶이 아주 다르게, 매우 아름답게 보여, 힘에 넘친 나머지 나는 움직이고 싶었다.

"이제부터 어쩔 셈이죠?" 나는 생루에게 물었다.

"곧 가야 합니다. 한 시간 안에 행진이 있으니까 내가 나가야죠."

"그럼 일부러 여기에 오기가 퍽 난처했겠군요?"

"난처하진 않았습니다. 중대장이 당신을 위해서니 아주 싹싹하게 곧 가보라고 말합디다. 하지만 그런 친절을 함부로 쓰는 모습을 보이고 싶진 않군요."

"그렇지만 내가 아침 일찍 일어나서 당신이 훈련하는 곳에 간다면 매우 재미나겠는데요, 쉬는 동안 어쩌면 당신과 함께 이야기할 수도 있고 말입니다."

"난 그러기를 권하지 않겠습니다. 별로 자지 못했고, 물론 대수롭지 않은 일이지만 그 일로 머리가 아팠으니까요. 하지만 이젠 괜찮으니 다시 베개를 베고 자도록 해요. 그럼 신경세포의 광물 성질을 지닌 물질을 없어지게 하는 데에 기막힌 효험이 있을 겁니다. 금세 잠들면 안 돼요. 창 아래 우리 군악대가 지나갈 테니까. 그러고 나서는 조용하겠죠, 그럼 오늘 저녁 식사 때 만 납시다."

그러나 며칠 뒤, 생루의 친구들이 저녁 식사 자리에서 펼치는 전술론에 흥미를 갖기 시작했는데, 마치 음악을 전공하는 사람이 오케스트라 연주자들의 생활과 가까이 접할 수 있는 카페에 자주 출입하는 데에 기쁨을 맛보듯, 갖가지 지휘관을 좀더 가까이 보는 것이 내 나날의 소망이 된 뒤로는, 나는 연대가 야외에서 훈련하는 모습을 자주 보러 갔다. 연병장에 이르기까지 꽤 걸어가야 했다. 저녁 식사 뒤 졸려서 이따금 현기증 난 듯이 머리가 앞으로 꾸벅꾸벅하였다. 그 다음 날, 군악대의 소리를 듣지 못한 것을 알아차렸다. 마치 발베크에서, 생루가 나를 리브벨로 저녁 식사에 데리고 가던 저녁의 다음 날, 바닷가의 연주회를 듣지 못했던 것처럼. 또 몸을 일으키려는 순간에, 나는 노곤해서 그렇게 할 수 없음을 느꼈다. 근육과 영양 보급을 하는 뿌리의 마디마디가 피로 때문에 예민해져서, 보이지 않는 깊은 땅속에 몸을 묶어놓고 있는 것만 같았다. 몸에 힘이 넘치고, 목숨이 내 앞에 더 길게 널리고 있는 느낌이 들었다. 콩브레에서의 내 어린 시절, 게르망트 방향으로 산책하던 다음 날에 느낀 쾌적한 피곤에까지 내 몸이 물러갔기 때문이다. 우리가 어려서 살던 어느 집의 정원에 다시 들어서면, 그 옛날의 자기로 잠시 되돌아갈 때가 있다고 시인들은 주장한다. 하지만 이는 매우 무모한 순례로, 용케 성공하는 일도 있지만 그에 못지않게 환멸로 끝나는 적도 많다. 변하지 않는 장소, 갖가지 세월과 동시대의 것, 이것을 우리 자신 속에서 찾는 편이 차라리 낫다. 거기서는, 잠을 잘 잔 밤에 따르는 심한 피로가, 어느 정도까지, 우리에게 도움이 될 수 있다. 아무튼 푹 든 잠은, 땅속 깊이 감춘 잠의 광산 속 길, 어제의 반영도, 기억의 희미한 빛도 이미 내적 독백을 밝히지 못하는 화랑에 우리를 내려보내려고(내적 독백이 거기까지 이를 수 있다고 가정한다면), 우리 몸의 응회암(凝灰岩)과 흙을 잘 파내어서, 근육이 파들어가서 얽힌 뿌리를 비틀어 새 삶을 호흡하는 곳에, 어린 시절에 놀던 정원을 발견하게 한다. 이 정원을 다시 보려면 나그넷길을 떠날 필요 없이, 되찾고자 내부로 파들어가야 한다. 전에 지상을 덮었던 것도 이제 그 위에 있지 않고 밑에 있다. 죽은 도시를 방문하려면 여행만으로 충분하지 않으며, 발굴이 필요하다. 너무나 덧없는 우연한 어떤 인상이 이러한 유기적 분해보다,

더욱 정묘한 정확성으로, 가벼운, 비물질적인, 엄청난, 정확한, 불후한 비약으로, 교묘히 우리를 과거로 데려가는 것이다.

이따금 나의 피로가 더욱 심한 적이 있었다. 자지도 쉬지도 못하면서 며칠 동안 훈련을 구경하러 따라다닌 탓이다. 그때 호텔에 돌아오는 것이 얼마나 즐거웠는지! 침대에 기어들자, 17세기 선조들이 즐겨 읽던 '이야기'로 가득 차 있는 이들처럼, 마술사나 요술사들의 손아귀에서 드디어 벗어난 듯한 생각이 들었다. 그날 밤의 잠과 그다음 날의 늦잠은 그야말로 귀여운 선녀 이야기였다. 귀엽고도, 어쩌면 또한 고마운. 아무리 고약한 고뇌인들 그 나름의 피난처가 있게 마련이라, 별수 없는 경우에는 언제라도 휴식을 얻을 수 있다는 생각이 들었다. 그러나 이러한 생각이 나를 엉뚱한 결과로 데리고 갔다.

훈련이 없고, 생루가 외출할 수 없는 날에는 그를 만나러 여러 번 병영까지 갔다. 병영은 멀었다. 시가에서 빠져나와 구름다리를 건너야 했는데, 이 구름다리 양쪽에는 조망이 트여 있었다. 좀 강한 산들바람이 거의 늘 이 고지에 불어와, 연병장의 3면에 지어져 있는 건물에 가득 차서, 병영은 바람의 동굴처럼 쉴 새 없이 으르렁거렸다. 로베르는 무슨 군무에 종사하고 있어, 그의 방문 앞이나 식당에서 기다리면서, 소개해준 친구들과 담소하거나(오래지 않아 로베르가 없을 것이 뻔한데도, 이 친구들을 만나러 왔다), 창 너머로 내 몸에서 100미터 아래쪽에 벌거벗은 들판, 하지만 이곳저곳 새로 씨뿌린 곳이 아직 비에 젖은 채 햇빛에 반짝반짝 잿물 입힌 반투명의 맑음과 광택의 녹지대를 수놓고 있는 들판을 구경하고 있는 동안, 나는 어쩌다 로베르에 대한 얘기들을 하는 걸 듣는 일이 있었다. 그러자 로베르가 얼마나 사랑받고 있으며 인기 있는지 쉽게 알 수 있었다. 다른 기병 중대에 속한 수많은 지원병 가운데, 귀족 사교계에 끼지 못하고 이를 바깥에서만 바라보고 있는 유복한 부르주아 젊은이들간에, 그들이 생루의 성격에 대해 알고 있는 점에서 일어나는 호감은, 토요일 저녁 휴가를 얻어 파리에 갔을 적에, 로베르가 위제스 공작이나 오를레앙 대공과 카페 드 라 페에서 밤참을 먹는 모습을 흔히 목격하는 따위가 그들의 눈에 비친 로베르의 위세로 늘어나고 있었다. 또 이 때문에, 그의 예쁘장한 얼굴, 어색한 걸음걸이, 경례, 외알안경을 줄곧 뜀뛰게 하는 것에, 너무 높은 군모랑 지나치게 날씬하고 지나치게 짙은 장미색 천의 판탈롱 같은 '변덕스러움' 속에, 그들은 '세련'이라는 관념을 넣어서, 연대에서 가장 멋쟁이 장교들에게나, 내가 병영에 묵는 데 신세진 당당한 중대장(지나치게 일부러 엄숙하게 꾸미는 데 비해 거의 평범하기 짝이 없는 것 같았다)에게도, 멋이 없다고들 단언했다.

친구 하나가, 중대장이 새로 말 한 필을 사들였다고 말했다. "가지고 싶은 말을 모조리 사들이지. 난 일요일 아침, 아카시아 가로수길에서 생루를 만났는데, 말 타는 품에 또 다른 멋이 있더군!" 또 하나가 이렇게 대꾸했는데, 사정을 잘 알고 하는 말이었다. 왜냐하면 이 젊은이들이 속해 있는 계급은 귀족 사교계의 인사와 교제하지 않았지만, 풍족한 부와 여가 덕분에 돈으로 살 수 있는 멋에 관한 경험에서는 귀족과 다를 바 없었기 때문이다. 기껏해야 그들의 멋에는, 옷을 예로 들어본다면, 내 할머니의 마음에 썩 들던 생루의 자유롭고도 소홀한 멋보다 어딘지 모르게 지나치게 공들인, 너무나 완전한 점이 있었다. 대은행가의 아들이나 증권업자의 아들에게는, 극장에서 나와 굴 요리를 먹는 중에 옆 식탁에서 생루 하사관을 보는 것이 어지간한 감동이었다. 휴가를 마치고 돌아온 월요일 병영에서 얼마나 수다스런 이야기 꽃을 피웠는가! 로베르와 같은 중대 소속인 그들 가운데 하나는, 로베르한테서 '매우 상냥하게' 인사받았노라 수다 떨고, 같은 중대가 아닌(그런데도 생루가 자기를 알아보았다고 여기고 있는) 또 하나는, 자기 쪽으로 두세 번 외알안경을 돌리더라고 수다를 떨었다.

"그렇지, 우리 형님도 '라 페'에서 그를 보았다고 하더군." 정부 집에서 하루를 보내고 온 또 하나가 말했다. "입고 나온 옷이 좀 폭이 넓어 잘 어울리지 않던데?"

"조끼는 어떻고?"

"흰 조끼가 아니라, 종려나무 잎 같은 것이 달린 연보라 조끼라더군, 놀랍게!"

고참병들 또한(이들은 자키 클럽도 모르는 서민들로, 오로지 생루를 매우 부유한 하사관 부류, 파산했거나 아니거나, 겉으로 번드르르한 생활을 해서, 수입 또는 빚이 어지간히 많고, 졸병들에게 인심 좋은 지원병들을 모두 몰아넣는 하사관 부류에 넣고 있었다) 생루의 걸음걸이, 외알안경, 판탈롱, 군모 따위를 귀족적이라고 생각하지는 않았으나 그래도 꽤 흥미 있고도 의미심장한 것으로 여겼다. 그들은 이러한 특징이야말로 연대의 하사관 가운데 가장 인기 있는 인물의 성격이나 풍채, 아무에게도 없는 아니꼬운 태도, 상관들이 어찌 생각한들 아랑곳없다는 멸시임을 알아보았는데, 이런 게 그들에게는 병졸에 대한 그의 선량함에서 비롯하는 자연스러운 결과처럼 느껴졌다. 어느 고참병 하나가 입성 사납고 게으른 분대에서, 생루가 쓰고 있는 군모에 관해 풍취 있게 자세히 이야기할 때 병영 안에서 아침마다 마시는 커피, 또는 오후에 침대에서 자는 낮잠이 더 즐겁게 여겨지는 것이었다.

"높이가 내 옷 꾸러미만 하지."

"어림도 없는 말을 다 하네, 아무리 자네 옷 꾸러미만큼 높을라구." 젊은 문학사인 지원병이 군대 사투리를 섞어 쓰면서 신병 티를 보이지 않으려는 동시에, 일부러 반대말을 하여, 실로 재미나는 사실의 확증을 얻으려고 말참견을 하였다.

"그렇던가, 내 옷 꾸러미만큼은 높지 않나? 자네는 재보았군. 그런데 말이야, 중령 녀석, 영창에 처넣을 듯이 그를 노려보더군. 하지만 우리의 호걸 생루는 기가 죽기는커녕, 태연자약하게 오락가락, 머리를 내렸다 올렸다, 줄곧 외알안경을 번쩍거리거든. 중령이 뭐라고 할지 구경거리야. 하긴 아무 말도 않겠지, 마음에 들지 않을 게 뻔하지만. 그러나 그 군모 하나로는 별로 놀라운 게 아냐. 시가에 있는 그의 숙소에는 그런 게 서른 개 이상 있다고 하니까."

"어떻게 그걸 안다지, 빌어먹을 만년 중사놈의 입을 통해선가?" 젊은 문학사는 최근에 배우기 시작한 새 문법 형식, 제 말을 그것으로 꾸미는 게 자랑스러운 문법 형식을 늘어놓으면서 아는 체하며 물었다.

"어떻게 그걸 아느냐고? 두말할 것 없이 그 당번병의 입을 통해서지!"

"아아, 그놈 말이군. 팔자 좋은 녀석 말이지!"

"아무렴! 녀석은 나보다 확실히 주머니가 뜨뜻하단 말이야! 어디 그뿐인가, 생루가 녀석에게 옷은 물론 이것저것 다 주거든. 녀석은 피엑스에도 제대로 못 갔지. 그런데 생루가 와서 부엌데기놈에게 말했다는군, '그에게 잘 먹여주기 바라오, 대가는 얼마든지 지불할 테니'라고 말야."

고참병은 하찮은 말을 보상하려고, 말투를 흉내내면서 억양을 높였는데, 이 평범한 흉내가 큰 갈채를 받았다.

나는 병영에서 나와 그 주위를 한 바퀴 산책했다. 그리고 매일 저녁 생루가 친구들과 함께 하숙하고 있는 호텔에서 그와 같이 식사하는 시각이 되기까지, 두 시간 남짓 쉬거나 책을 읽거나 하려고, 해가 뉘엿뉘엿 저물기 시작하자 호텔 쪽으로 걸음을 돌렸다. 광장 위쪽에는, 저녁놀이 화약고 같은 성탑 지붕에 벽돌 빛깔에 잘 어울리는 장밋빛 작은 구름을 수놓아, 벽돌 빛깔을 놀의 반영으로 부드럽게 하면서 조화를 이루고 있었다. 아무리 움직여도 고갈되지 않을 것 같은 생명의 흐름이 내 신경에 넘쳐흘러, 광장의 포석에 한 발이 닿을 때마다 퉁 퉁겨져, 발뒤꿈치에 메르쿠리우스(Mercurius)의 날개가 돋친 듯하였다. 샘들 가운데 하나가 붉은 저녁 빛으로 가득 차 있고, 또 다른 샘에는 이미 달빛이 물에 젖빛을 띠게 하고 있었다. 이 샘들 사이에서 어린애들이 고함을 버럭버럭 지르며 놀면서도, 귀제비나 박쥐와 같이 어떤 시각의 필연성에 따라 하듯이 원을 만들고 있었다. 호텔 옆, 지금은 저축은행과 군대 본부가 들어서 있는 옛 궁전과 루이 16세의 밀감밭의 건물이 푸른 가스등 빛으로 안에서 밝게 비추고 있었고, 그것을 아직 훤한 건물 밖에서 보면, 18세기풍의 높고 커다란 창문에 남아 있는 저무는 해의 반영과 아름다운 조화를 이루고 있었다. 마치 노란 거북딱지로 만든 머리꾸미개가 밝고 명랑한 얼굴에 잘 어울리는 것과 같은 느낌이어서, 나에게 빨리 난로와 램프 곁으로 돌아가라고 권하는 것만 같았다. 램프는, 내가 묵는 호텔 정면에서 혼자 닥쳐오는 땅거미와 맞서 싸우고 있어, 이 때문에 나는 어둠이 아주 깊어지기 전에, 맛있는 음식을 먹으러 방에 들어가는 사람처럼 즐겁게 방으로 들어갔다. 방에 들어가도 나는 바깥에 있던 때와 똑같은 충만감을 유지했다. 예를 들면 벽난로의 노란 불길, 저녁놀이 중학생처럼 장밋빛 소용돌이를 낙서한 거친 푸른 천장 벽지, 학생용 종이 한 묶음과 잉크병이 베르고트의 소설책과 더불어 나를 기다리는 둥근 탁자에 깔린 기묘한 모양의 천 따위다. 그 뒤, 그런 것이 계속해서, 내가 다시 찾으려고만 하면 언제라도 꺼낼 수 있을 듯한 어떤 묶음과 특수한 실존을 가득 포함하고 있는 것 같았다. 나는 이제 막 떠나온 병영, 바람개비가 빙빙 바람에 도는 병영에 대한 생각을 즐겁게 하였다. 수면 위까지 오른 물 통하는 관 속에서 호흡하는 잠수부처럼, 초록빛 칠보의 수로를 내고 있는 들판을 굽어보는 그 높다란 전망대, 그 병영을 내 숨줄이 달린 곳으로 느끼게 하는 것은, 나로서는 건강에 바른 생활, 자유로운 대기에 이어져 있는 점 따위였다. 그런 병영의 헛간과 건물 안에 내가 언제라도 환영받음을 알고, 가고 싶을 때에 들어갈 수 있음이, 그렇게 오래 이어지기를 바라 마지않는 소중한 특권으로 여겨지기도 하였다.

7시 무렵에 나는 옷을 갈아입고 나서, 생루와 함께 저녁 식사를 하려고 그가 묵고 있는 호텔로 다시 갔다. 거기까지 걸어가는 것이 좋았다. 어둠이 깊었으며, 또 사흘째부터 어둠이 내리자마자 눈이 올 듯싶은 찬바람이 일기 시작했다. 걸어가는 동안 게르망트 부인에 대한 생각을 잠시라도 멈추지 말아야 마땅할 것이, 로베르의 주둔지에 찾아온 까닭도 오로지 그녀에게 접근하고 싶어서였으니 말이다. 하지만 추억도 슬픔도 변하기 쉬운 것. 회상이나 비애가 거의 알쏭달쏭할 정도로 멀리 가버려 영영 떠났구나 여기는 날도 있다. 그러면 우리는 다른 것에 주의를 기울인다. 이 시가의 여러 거리도 내게는 아직, 살기에 익숙해진 거리처럼 한곳에서 다른 곳으로 통하는 한낱 통로가 아니다. 이 낯선 세계에 사는 이들의 삶이 틀림없이 불가사의하게 느껴져, 흔히 어느 집 불빛이나 환한 유리창은 내가 어울리지 못할, 진실하고도 신비로운 생존의 장면을 눈앞에 나타내 어둠 속에 오래오래 발길을 멈추게 하였다. 이곳 불의 정령이 밤장수의 선술집을 내 눈에 다홍색 그림으로 나타내고, 그 안에 두 하사관이 허리띠를 의자에 풀어놓고서, 걸음을 멈춘 길가는 이의 눈에, 그 순간 실제로 있는 모습 그대로 불러일으키면서도, 무대에 나온 인물처럼 마법사가 어둠에서 그들을 떠오르게 하는 줄 꿈에도 모르는 채 트럼프 놀이에 열중하고 있었다. 조그만 골동품 상점 안, 반쯤 녹아든 촛불이 판화에 불그레한 빛을 비추면서 그걸 첫 빛깔로 변하게 만들고 있는 한편, 어둠과 맞서 싸우면서 커다란 램프의 빛이 가죽 기구를 검게 태우고, 사금이 반짝이는 비수에 니엘로(niello)*로 상감(象嵌)하고, 솜씨 나쁜 묘사에 지나지 않는 그림에 예스러운 색이나 대가의 칠 같은 귀중한 도금을 입히고 있어, 가짜와 서투른 그림밖에 없는 이 지저분한 상점을, 더할 나위 없이 귀중한 렘브란트의 그림으로 보이게 하였다. 때로는 해묵은 널따란 아파트에까지 내 눈을 쳐들어, 그 덧문이 닫히지 않았고, 거기에 물속과 땅 위 양쪽에서 다 살아가는 남녀가 매일 저녁, 낮 동안과 다른 원소 속에 사는 데 순

---

* 유황에 은·동·납 등을 섞은 흑색 합금, 금은 세공품의 상감에 씀.

응되어서, 어둠이 내리자 끊임없이 램프라는 샘에서 솟아나, 돌과 유리로 된 안벽의 가장자리까지 철철 넘칠 만큼 방을 채우는 기름기 많은 액체 속을 슬슬 헤엄치며, 몸을 옮기면서, 그 속에 금빛 나는 농후한 소용돌이를 번지게 하고 있는 걸 보았다. 다시 걸음을 옮겨, 흔히 대성당 앞을 지나가는 어두운 골목길에 들어서니, 지난날 메제글리즈 길에서처럼, 내 욕망의 힘이 걸음을 멈추게 했다. 한 여인이 불쑥 나타나 내 욕망을 만족시키려는 성싶었다. 어둠 속에서 갑자기 여인의 옷에 스치는 촉감을 느끼기라도 하면, 기세 사나운 기쁨이 솟아올라, 이 스침이 우연으로 여겨지지 않아서, 겁내 비켜 지나가는 여인을 껴안으려고 했다. 이 고딕풍 골목길은 나에게 무척 현실감을 주어서, 여기서 한 여인을 유괴해서 쾌락을 누릴 수 있었다면, 그 여인이 밤마다 거기 서서 손님을 낚는 매음부로 겨울, 낯선 고장, 어둠과 중세기에서 그 신비성을 빌려온 것에 지나지 않더라도, 우리 둘을 합치려고 하는 건 옛 쾌락이었다고 나는 믿을 수밖에 없었을 것이다. 나는 앞일을 생각해보았다. 그러자 게르망트 부인을 잊으려고 하는 것이 무서운 일로 느껴졌으나, 사리에 맞는, 또 처음으로 가능한 일로 생각하는 동시에, 아마도 쉽사리 잊을지도 모른다는 생각이 들었다. 이 거리의 괴괴한 정적 속에, 앞쪽에서 지껄이는 소리, 웃어대는 소리가 들려왔는데, 얼큰히 술에 취해 어슬렁어슬렁 귀가하는 이들이 내는 소리임에 틀림없었다. 나는 걸음을 멈추고 그들을 보았다. 소리가 들려오는 쪽을 물끄러미 바라보았다. 그러나 오래 기다려야만 했다. 주위의 정적이 어찌나 깊던지 아직 먼 기척이 아주 똑똑하게 힘차게 울려왔기 때문이었다. 드디어 어슬렁어슬렁 걸어오는 이들이 다다랐는데, 내 생각대로 앞쪽이 아니라 먼 뒤쪽에서 왔다. 길들이 가로세로 교차하고, 가옥이 빽빽한 탓에 울림의 굴절로 인해 이런 착각이 일어난 건지, 아니면 소리의 원인을 알 수 없을 때에 그 소리나는 위치를 정하기가 매우 어렵기 때문인지, 나는 거리뿐만 아니라 방향마저 틀렸던 것이다.

바람이 사나워졌다. 눈이 올 듯한, 가시처럼 따끔따끔한 바람이었다. 큰길로 다시 나와 작은 전차에 뛰어올랐는데 출입구 옆에 있던 한 장교가, 상대를 못 보고 있는 듯하나, 추위에 보기 흉한 빛깔이 된 얼굴로 보도를 지나가는 우둔한 병사들의 경례에 응하고 있었다. 돌연 가을이 껑충 뛰어 초겨울에 접어들면서 북쪽으로 가장 먼저 끌어넣은 듯한 이 시가에서, 병사들의 얼굴이 브뢰겔(Brueghel)*이 그린, 쾌활하고도, 먹고 마시기 좋아하는, 동상 걸린 촌사람들의 빨간 얼굴을 떠올렸다.

생루와 그 친구들이 모이는 장소인 호텔에는 축제가 막 벌어지고, 근방 사람들과 다른 고장 사람들이 속속 모여들었는데 꼬챙이에 꿴 영계들이 빙빙 돌고, 돼지고기가 석쇠에 구워지며, 아직 살아 있는 바닷가재가 호텔 주인이 이른바 '영겁의 불'이라 일컫는 것 속에 던져지는, 붉은빛을 띤 부엌이 들여다보이는 안마당을 내가 곧장 건너가는 동안 새로 도착한 이들이 무리지어 안마당에 몰려들어(옛 플랑드르파 거장이 그린 〈베들레헴에서의 인구 조사〉답게) 주인 또는 조수들 가운데 하나에게(이 조수는 상대의 외모가 썩 좋지 않으면 일부러 시가에 있는 다른 숙소를 가르쳐주었다) 식사나 숙박을 할 수 있는지 물어보고들 있었다. 한편 한 사환이 퍼드덕거리며 몸부림치는 닭의 목을 비틀어 쥐고서 그 앞을 지나가고 있었다. 이곳에 처음 온 날, 친구 생루가 기다리는 작은 방에 들어가기 전에 건너간 큰 식당에는 수많은 물고기, 암탉, 꿩, 누른도요, 비둘기가 갖가지로 꾸며져 김이 무럭무럭 나는 채, 숨이 끊어질 지경으로 가빠하는 사환들 손에 옮겨지고 있었으며, 이것 또한 중세기의 순박함과 플랑드르풍 과장과 더불어 그려진 성서 속 한 장면을 떠올렸다. 숨이 가쁘나 더 빨리 나르려고 마루 위를 미끄럼 타고 가는 사환들이 그런 요리를 커다란 식탁 위에 내려놓자마자, 당장 토막이 났지만, 거기에—내가 도착했을 때 식사가 거의 끝 무렵이어서—손도 안 댄 채 수북이 쌓여 있었다. 마치 요리의 풍부함과 그것을 나르는 이들의 분주함이, 손님들의 주문에 응해서라기보다, 오히려 세심하고 면밀하게 글자 그대로 순서대로 줄지어 늘어선 성전, 동시에 지방 생활에서 빌려온 실물의 잘게 나눔을 통해 순박하게 빛낸 성전에 대한 경의에 또 요리의 풍성함과 사환들의 분주함을 통해서 잔치의 광채를 눈들에 비치려는 심미적이자 종교적인 마음 씀씀이에 대응하고 있는 듯하다. 사환들 가운데 하나가 식당 끝머리, 음식 그릇 놓는 데 옆에 꼼짝 않고 서서 생각에 잠겨 있었다. 나한테 식사가 준비되어 있는 곳이 어느 방인지 대답하기에 충분할 만큼 홀로 침착함을 지니고 있

---

* 네덜란드의 화가(1520? ~69). 플랑드르 미술의 대표적 풍경·풍속 화가.

어 보이는 이 사환에게 물어보고자 나는 늦게 오는 사람들의 요리가 식지 않게 여기저기 불피운 풍로(그런데도 식당 가운데 거대한 인형의 손에 식후에 먹는 과자와 과일이 들려 있고, 때로는 이것을, 수정으로 만든 오리 같지만 실은, 매일 아침 요리사 겸 조각사가 플랑드르풍의 좋은 취미에서 날마다 벌겋게 단 쇠로 아로새긴 얼음으로 된 오리 날개를 받치고 있었다) 사이를 빠져나가, 다른 사환들에게 부딪혀 넘어질 위험을 무릅쓰고, 곧장 이 사환 쪽으로 걸어갔다. 나는 이 사환의 모습에서, 이러한 성스러운 주제에 으레 따르는 인물을 언뜻 알아본 줄로 생각해서, 다시 보니 남들은 아직 추측도 못하는 신이란 존재의 기적을 이미 반쯤 예지하고 있는 듯한 꿈꾸는 표정, 코가 납작한, 순박한, 서투르게 그려진 얼굴을, 그는 세심하고 면밀하게 제 얼굴에 복사하고 있었다. 그 위에 아마도 시일이 가까운 잔치 때문인지, 이 보조 구실에 모든 꼬마 천사와 최고 천사들 가운데에서 모은 전국적인 보충이 더해졌다. 열네 살 남짓한 얼굴을 금발로 둘러친 어린 음악 천사가, 실상은 아무 악기도 연주하지 않지만, 징인지 접시 무더기인지 앞에서 꿈꾸고 있는 동안, 덜 어린 천사들은 프리미티프파* 그림에 나오는 날개처럼 몸에서 늘어진 끝이 뾰족한 냅킨을 쉴 새 없이 펄럭여 공기를 저으면서, 드넓은 식당을 휘저으며 다니고 있었다. 종려 가지로 가려져(그 너머로 멀찌감치 바라보니 사환들이 지극히 높은 천상계에서 이제 막 내려온 듯했다), 일정하지 못한 이 지대에서 도망쳐 나와, 나는 생루의 식탁이 있는 작은 방까지 길을 헤치고 갔다. 거기에 생루와 늘 같이 식사하는 친구들, 평민 한둘을 제외하고, 귀족 출신인 친구들이 있었다. 귀족 출신 친구들은 학생 시절부터 이 평민 출신 친구를 알아내 기꺼이 사귀어왔던 것이다. 상대가 공화주의자일망정, 깨끗한 손을 가지며, 미사에 가기만 하면 원칙상 부르주아에게도 적의를 품지 않고 있음을 보여주었다. 처음 왔을 때, 우리가 식탁 앞에 앉기에 앞서, 나는 생루를 식당 한구석에 데리고 가서 남들이 보는 앞에서, 그러나 우리가 하는 말이 그들에게 들리지 않도록 그에게 말했다.

"로베르, 이런 말 하기에 때와 장소가 적당하지 않지만 오래 걸리지 않아요. 병영에 가서는 당신에게 물어보는 걸 번번이 잊어버리거든요, 탁상에 있

---

* 미개 민족의 예술. 14~15세기 또는 중세적 요소를 지닌 화가나 작품.

는 것이 게르망트 부인의 사진이 아닌지?"

"그렇습니다. 나의 아주머니시죠."

"아, 정말 그랬군, 내 머리가 돌았군, 전에 듣고서도 잊어버리다니. 틀림없이 친구분들이 초조해 하겠으니 빨리 얘기를 끝냅시다. 모두 이쪽을 흘끔흘끔 보니 차라리 다음에 할까요? 별로 중요하지 않으니까."

"상관없으니 그냥 말해요, 친구들이야 얼마든지 기다려주니까."

"아닙니다, 난 예의를 지키고 싶은걸요, 다 좋은 분들이니. 그리고 또 썩 궁금한 일도 아니고요."

"그분을 아십니까, 그 친절한 오리안을?"

그 '친절한 오리안'이라고 말했건 그 '착한 오리만'이라고 말했건, 생루가 게르망트 부인을 아주 착한 사람으로 생각하고 있다는 뜻은 아니었다. 이 경우, 착한, 뛰어난, 친절한 따위의 형용사는 오직 '그'를 강하게 할 뿐, 둘 모두 아는 인물이나, 자기만큼 친밀한 사이가 아닌 상대에게 뭐라고 할지 모르는 인물을 가리키는 데 쓰인다. '친절한'이라는 형용사는 이를테면 부차적으로, '자주 만나십니까? 또는 '그분을 뵌 지 여러 달인데요' 또는 '오는 화요일에 만나죠' 또는 '그녀도 이제 그리 젊지는 않겠죠'라는 말이 나오기까지 쓰인다.

"그분의 사진이라니 너무나 재미나는데요, 지금 우리 가족이 세 들어 있어서 그분에 관한 신기한 소식을 듣는데(뭐라고 꼬집어 말하기 난처하지만), 문학적인 입장이라 할까, 이해하겠지만, 뭐라고 할까, 발자크적인 입장에서 많은 흥미를 끌어서죠, 총명한 당신이니 첫마디에 이해하겠죠. 그러니 빨리 끝냅시다, 친구분들이 내 교양을 어떻게 생각하겠습니까?"

"아니, 뭐 추호도 언짢게 생각하지 않을걸요. 당신은 더할 나위 없이 뛰어난 분이라고 말해두었으니까, 저 사람들이 오히려 당신보다 더 기가 죽어 있을 겁니다."

"고맙군요. 저어, 게르망트 부인께서는 내가 당신을 안다는 걸 모르시겠죠, 안 그렇습니까?"

"글쎄, 모르겠는데요. 지난여름 뒤로는 그분을 만나 뵌 적이 없어 놔서, 그분이 파리로 돌아간 뒤론 휴가를 못 얻어, 거기에 가보질 못했기 때문에."

"내 말은 다름이 아니라, 듣자니 그분께서는 나를 아주 바보로 여긴다는

군요."

"설마, 난 그리 못 믿겠는데요. 오리안이 재주 있는 여인은 아니지만 그렇다고 바보도 아니거든요."

"아시다시피, 보통 당신이 내게 품는 호감을 남들에게 알리건 말 건 난 상관없어요, 난 자존심 따위 없으니까. 따라서 나를 여러모로 칭찬해 친구들에게 말하는 게 유감이죠(친구들 쪽으로 곧 갑시다). 하지만 게르망트 부인에게는, 당신이 나를 어떻게 생각하는지, 좀 부풀려 말해준다면 더 큰 기쁨이 없겠어요."

"아무렴 기꺼이 하고말고요. 나에게 부탁하는 게 고작 그것뿐이라면 어렵지 않죠. 그런데 그분이 당신을 어떻게 생각한들 그게 뭐 대수롭습니까? 농담으로 하는 말인가 싶네요. 아무튼 그쯤이야 모두 앞에서 우리 둘만 있을 때나 얘기할 수 있는 일이 아닙니까? 이처럼 서서 불편하게 얘기하다가 몸이 피곤하기라도 하면 어쩐다죠. 둘이서 얘기할 수 있는 기회가 얼마든지 있어서 하는 말입니다만."

나로 하여금 로베르에게 말 꺼내는 용기를 주었던 것이 바로 이 불편함이었다. 남들이 보는 것이 내게는 핑계가 되어, 덕분에 나는 퉁명스러운 투로 앞뒤가 맞지 않은 말을 할 수 있었고, 벗에게 공작부인이 그의 친척이라는 걸 잊었다고 한 거짓말을 쉽사리 감출 수 있었으며, 또 내가 그와 친하고, 총명하다느니 따위를 게르망트 부인에게 알리고 싶어하는 동기에 대하여 대답할 수 없을 만큼 당황했을 질문을, 그가 나에게 던질 틈도 주지 않을 수 있었다.

"로베르, 당신같이 총명한 사람이, 친구를 기쁘게 하는 것을 이러니저러니 따질 것이 아니라, 그걸 해줘야 한다는 걸 이해 못하다니 놀랐는데요. 난 당신의 부탁이라면 무엇이건, 또 당신이 뭔가 나한테 부탁하기를 여간 바라고 있지 않지만, 다짐하건대 당신에게 그 설명을 구하지 않을 거요. 나 또한 바라는 바와 동떨어진 것을 부탁할지도 모르죠. 게르망트 부인하고 별로 아는 사이가 되고 싶지는 않지만, 당신을 떠보기 위해서라면 게르망트 부인과 함께 저녁 식사를 하고 싶다고 말했을지도 모릅니다. 물론 당신이 그렇게 해주지 않았을 게 뻔하지만."

"그렇게 해주었을 뿐만 아니라, 앞으로도 그렇게 하죠."

"언제?"

"이번에 파리에 가는 즉시, 3주 안에, 틀림없이."

"어디 그때 봅시다, 하기야 그분이 원치 않겠지만 뭐라고 감사해야 좋을지 모르겠군요."

"천만에, 하찮은 일입니다."

"그런 말 말아요, 대단한 일이죠, 이제야 당신이 어떠한 친구인가 알았으니까. 내가 당신한테 부탁하는 일이 중요하건 중요하지 않건, 불쾌하건 유쾌하건, 내가 가장 원하는 것이건 오직 당신을 떠보려는 것이건, 아무래도 좋은 게, 당신이 그렇게 하는 말로 섬세한 지성과 아름다운 마음씨를 보여줬어요. 바보 같은 친구라면 어쩌고저쩌고 따졌을 텐데."

지금까지 그가 했던 것이 바로 그런 따짐이었다. 하지만 나는 그의 자부심을 자극하여 그를 꼼짝 못 하게 하려고 이런 말을 했는지도 모른다. 어쩌면 또한, 유일하게 가치를 알아볼 수 있는 기회는 보통 중요하게 보여지는 단 하나, 곧 내 사랑에 도움이 될 수 있는 그 이용성에 있다고 생각하여 진정에서 이런 말이 나왔는지도 모른다. 다음에 나는 속마음과 행동이 다른 속셈에선지, 아니면 감사의 정에서, 이해관계에서, 또 자연이 로베르를 창조했을 적에 그에게 부여한 그 외숙모인 게르망트 부인과 똑같은 모습으로 인해 생겨난 애정의 참된 넘침에선지 이렇게 덧붙였다.

"이젠 친구들 쪽으로 가봅시다. 그런데 내가 부탁한 것은 두 가지 가운데 하나, 덜 중요한 쪽인데, 다른 하나가 내게 더 중요하지만, 당신이 거절할까 봐서. 우리 두 사람 사이에 서로 벗하는 게 싫은가요?"

"싫을 리가 있겠습니까, 이봐요! 환희! 기쁨의 눈물! 경험한 바 없는 더없는 행복이여!"*

"고맙군……. 당신한테 고마워요, 당신이 먼저 그렇게 하도록! 이것만으로도 나는 아주 기쁘니, 게르망트 부인에 대해 애쓰고 싶지 않으면 안 해도 괜찮아요, 허물없이 하는 말만으로도 만족하니까."

"두 가지 다 하죠."

"저어, 로베르! 잠깐" 하고 식사 중에 나는 또다시 생루에게 말을 건넸다.

---

* 파스칼의 말.

"아까 그 이야기, 참 우스워요. 왜 그런지 모르지만—지금 내가 말한 귀부인이 누군지 압니까?"

"네."

"누구를 두고 하는 말인지 아나요?"

"왜 그런 말을 하세요. 당신은 나를 저능아라고 생각하고 계신가 보죠?"

"그러면 그분의 사진을 내게 주지 않겠습니까?"

처음에는 그저 사진을 빌려달라고 할 셈이었다. 그러나 말이 입 밖에 나오는 찰나, 겁이 나서, 나의 뻔뻔스런 부탁임을 깨달아, 그런 기색을 나타내지 않으려고 말을 일부러 노골적으로 꾸며, 마치 아주 당연한 노릇인 듯이 부탁을 크게 하고 말았다.

"안 됩니다, 먼저 그분의 허락을 받아야 하니까요." 그는 대답했다.

그는 금세 얼굴을 붉혔다. 나는 그가 어떤 속셈을 품었고, 내게 어떤 속마음을 두고 있으며, 어떤 도덕의 제한 밑에, 내 연정을 얼렁뚱땅 도우리라는 것을 알아채어, 그가 미웠다.

그렇지만 이제 그와 단둘이 아니라 친구들이 끼고 나서부터, 생루가 나에게 얼마나 다른 태도를 보이는지 알자 마음이 뭉클해졌다. 그가 더 친절했더라도 내가 그것을 고의라고 생각했다면 아무렇지도 않았겠지만, 나는 그것을 무의식적인 것으로 느꼈다. 아마도 내가 없는 자리에서 그가 나에 대해 지껄이는 것과, 단둘이 있을 적에는 입 밖에 내지 않은 것만으로 이루어져 있는 듯싶었다. 물론 단둘이 있을 때 나는, 그가 나와 얘기하는 것을 즐거워한다고 추측했지만, 그런 기쁨은 거의 언제나 표현되지 않았다. 여느 때는 그런 기색 없이 음미하던 나의 같은 이야기가, 이에 그가 기대를 걸던 효과, 친구들에게 미리 알린 바와 들어맞는 효과를 친구들에게 미치고 있는지, 지금 그는 곁눈질로 살피고 있었다. 첫 무대에 나온 여배우의 어머니라 한들, 딸의 대사와 관객의 태도에 그 이상주의를 기울이지 않았을 것이다. 나하고 단둘이라면 빙그레 미소 짓고 말았을 한마디를 내가 입 밖에 내어도, 그는 친구들이 잘 알아듣지 못했을까 봐, '뭐요, 뭐라고요?' 하는 말로 나에게 되풀이하도록 해 친구들의 주의를 거기에 집중시키고 나서, 곧 친구들 쪽으로 얼굴을 돌려, 고의가 아닌 너털웃음과 더불어 그들을 바라보면서 모든 사람을 웃음 속에 끌어넣음으로써, 처음으로 나에게, 그가 나를 어떻게 생각하고 있는지 친구들에게 자주 밝혔음에 틀림없는 사념을 보여주었다. 그래서 나는 마치 신문지에서 제 이름을 읽는 이처럼 또는 거울 안에서 제 모습을 보는 이처럼, 단번에 바깥에서 나 자신을 언뜻 보았다.

이러한 어느 날 밤, 나는 어쩌다 블랑데 부인에 관한 꽤 우스운 이야기를 하려다가 바로 그만두었다. 생루가 이미 그 이야기를 알고 있으며, 또 이곳에 도착한 다음 날 그에게 그 이야기를 하려니까 '벌써 발베크에서 얘기하셨는데'라고 하면서 가로막았음을 떠올렸기 때문이다. 따라서 나는 그가 그 이야기를 모른다고 말하고는 매우 재미있겠다면서 계속하기를 권하는 걸 보고 적잖이 놀랐다. 나는 그에게 말했다. "깜빡 잊었군요. 듣는 중에 곧 기억나겠죠."—"천만에, 당신이 혼동하는군요. 한 번도 그런 이야기를 한 적이 없으니, 어서 말해요"라는 그의 대답. 그래서 내가 이야기를 계속하는 동안, 그는 어떤 때는 나에게, 어떤 때는 친구들에게 열에 들뜬 듯이 황홀한 눈길을 번갈아 쏟고 있었다. 모든 사람의 웃음 속에 애기를 끝냈을 때 비로소 나는, 이 이야기를 들으면 친구들이 내 기지의 뛰어남을 알리라고 그가 생각했던 것을 깨닫는 동시에, 그가 이 이야기를 모르는 체했던 것이 그 때문이었음을 깨달았다. 우정은 이런 것이다.

세 번째 저녁, 여태껏 두 차례밖에 서로 애기를 나눌 기회가 없던 그의 친구들 가운데 하나가 나와 꽤 오랫동안 이야기를 했다. 그러고 나서 나는 그가 나와 담소한 기쁨을 생루에게 속삭이는 말을 들었다. 사실 우리는, 남자들 사이에 있는 그 친화력, 육체적인 매력을 기초로 삼지 않을 때에 아주 신비스러운 유일한 것으로 보이는 친화력 가운데 한 가지의 으리으리한 장막으로 남들에게서 따로 떨어져 보호받으며, 비우지 않는 소테른산 백포도주잔을 앞에 놓고 거의 온 저녁을 함께 담소로 보냈다. 마찬가지로 생루가 나에게 품고 있는 정도, 발베크에서는 그와 같은 수수께끼의 성질을 띠고 있는 것같이 보였다. 그것은 우리가 나누는 대화의 흥미와 섞이지 않고서, 모든 물질적인 유대에서 벗어나, 눈에도 보이지 않고, 손으로 만질 수도 없지만, 연소 가스처럼 그 몸 안에 존재함을 느끼고, 미소 지으면서 그도 그 점에 대해 언급할 정도였다. 어쩌면 또, 하룻저녁에 이곳에 생겨난 그 친화력에는, 몇 분 사이에 이 작은 방의 온기 속에 필 꽃처럼 더욱더 놀라운 뭔가가 있었는지도 모른다. 로베르가 발베크에 대한 얘기를 꺼내자, 정말 앙브르사크 아가씨와 결혼하기로 결정되었는지 그에게 묻고 싶은 마음을 참을 수 없었다. 그는 나에게 딱 잘라, 그건 결정되어 있지 않을 뿐더러, 아직 문제된 적도 없었거니와, 아가씨의 얼굴조차 본 적이 없다고 했다. 만일 이 순간에 내가 이 혼담을 얘기하고 다니던 사교계의 아무개들을 만났다면, 그들은 당장 나에게 생루가 아닌 아무개와 앙브르사크 아가씨의 혼담, 앙브르사크 아가씨가 아닌 어느 아가씨와 생루의 혼담을 알렸을 것이다. 그들이 최근에 했던, 이와는 반대되는 예언을 그들에게 떠오르도록 했다면 그들은 깜짝 놀랐으리라. 이런 장난이 언제까지나 이어질 수 있도록, 한 사람 한 사람의 이름 위에 될수록 많은 엉터리 소문을 계속해서 쌓아갈 수 있게 하기 위해 자연은 이런 장난에 탐닉하는 사람들에게, 모든 것을 쉬 믿고 싶어하는 버릇만큼이나 잊기 잘 하는 기억력을 주었다.

생루는 또한 이 자리에 와 있는 친구들 가운데 하나에 대해서도 내게 말했는데, 그는 이 사람과 특히 사이가 좋았으니, 이 동아리 가운데에서 드레퓌스 사건의 재심에 찬성하는 사람은 그들 둘뿐이었기 때문이다.

"흥! 그 사람, 그 사람은 생루와는 달라요, 뭣도 모르고 그저 거기에 미친 자입니다." 새 친구가 이렇게 말했다. "녀석은 확고한 신념조차 없어요. 처음에 녀석은 말했죠. '기다려보게, 내가 잘 아는 이가 거기에 있다네, 마음씨가 섬세하고 착한, 부아데프르 장군이 말이야. 그분의 의견이라면 주저 없이 받아들일 수 있지.' 그런데 부아데프르가 드레퓌스의 유죄를 이야기한 걸 알자, 부아데프르는 이제 한 푼의 가치도 없어지고 말았어요. 성직 지상주의, 참모부의 편견에 구애되어, 녀석이 성실하게 판단을 가리지 못하는 거죠. 하기야 이 친구처럼 성직 지상주의에 편드는 인간도 없겠지만, 적어도 드레퓌스 사건 전까지 말입니다. 그러나 녀석은 말하기를, 어쨌든 진실은 밝혀지네, 사건이 소시에 장군 손으로 넘어갔으니까. '이분이야말로 강철 같은 불굴의 소유자야'라고 합디다. 그런데 소시에가 에스테르하지(Esterhazy)*의 무죄를 선고하자, 이 친구는 그 판결에서, 드레퓌스에겐 불리하지 않고, 소시에 장군에게 불리한 새로운 해석을 발견했다니까요. 소시에 장군의 눈을

---

* 드레퓌스 대위가 근무했던 부대의 소령.

어둡게 한 게 군벌 정신이었다는 거죠(덧붙여 말하지만, 이 친구는 교권주의자이자 군국주의자거든요, 적어도 전에는 그랬답니다. 지금 이 친구를 뭐하는 작자로 생각해야 좋을지 몰라서 하는 말이죠), 녀석의 가족은 녀석이 그런 사상을 품고 있음을 알고 나서는 비탄에 잠겨 있답니다."

"여러분" 하고 나는, 나 혼자 외따로 있는 것처럼 보이지 않으려고, 반은 생루 쪽으로, 반은 그 동료 쪽으로 몸을 돌려 그들을 대화에 참여시키기 위해 말했다. "우리가 환경의 영향을 받는다고 해도, 그것은 특히 지적 환경에서 심합니다. 제 사상에 살아가는 게 인간입니다. 인간보다 사상의 수효가 훨씬 적어요. 때문에 같은 사상을 가진 인간은 다 비슷비슷합니다. 사상에는 육체적인 것이 하나도 없으므로, 어떤 사상을 가진 인간을, 오로지 육체적으로 둘러싸고 있는 데 지나지 않는 사람들은, 그 사상을 조금도 고치지 못합니다."

이때 젊은 군인 하나가 미소 지으며 나를 가리키면서 "뒤로크, 뒤로크와 똑같아"라고 말했으므로, 내 얘기는 생루에 의해 멈춰졌다. 나는 그 말이 무슨 뜻인지 몰랐으나, 수줍어하는 표정에서 호의 이상의 것을 느꼈다.

그러나 생루는 이 비교에 만족하지 않았다. 친구들 앞에서 나를 찬연히 빛나게 하고 있는 환희보다 곱절 되는 환희의 열광에 빠져, 제일 먼저 결승점에 닿은 말을 짚수세미로 비벼주듯 나를 어루만지면서 극히 수다스럽게 나에게 되풀이했다. "당신은 내가 아는 한 가장 총명한 사나이죠." 게다가 그는 덧붙였다. "엘스티르와 쌍벽을 이룹니다. 이 말이 당신 비위에 안 거슬리겠죠, 안 그래요? 이해하겠죠, 이것도 신경 쓴 거니까. 예를 들어 아무개가 발자크한테 '당신이야말로 현세기의 가장 위대한 소설가올시다, 스탕달과 쌍벽'이라는 뜻으로 말입니다. 신경 쓴 거니까, 이해하겠죠, 실은 크나큰 찬사라는 걸. 틀립니까? 당신은 스탕달을 인정하지 않나요?" 그는 내 판단력을 솔직하게 믿는 투로 덧붙였는데, 신뢰의 정이 그의 초록색 눈에, 거의 어리디어린, 귀엽게도 생글거리며 묻는 기색으로 나타나 있었다. "아아! 그래요, 당신도 나와 같은 의견이군요. 블로크는 스탕달을 싫어하던데, 그건 그가 바보라서 그렇죠.《파르마 수도원》이야말로 대단한 작품이 아닙니까? 당신이 나와 똑같은 의견이라니 기쁘군요.《수도원》에 나오는 인물 가운데 누가 가장 마음에 듭니까? 말해 봐요." 그는 어린애같이 극성스럽게 내게 졸라댔다. 위협하는 듯한 그 육체의 힘이 이 질문에 어떤 무시무시한 느낌마저 주고 있었다. "모스카? 파브리스?"* 나는 겁이 나, 모스카에게는 노르푸아 씨를 연상시키는 뭔가가 있다고 대답했다. 그러자 젊은 지크프리트 생루의 폭소. 내가 덧붙여, "그러나 모스카 쪽이 훨씬 현명하고, 덜 건방지죠"라고 채 끝맺기도 전에, 나는 로베르가 실제로 손뼉 치며, 브라보를 외치고 숨이 막힐 만큼 웃어대며, "바로 맞았어요! 멋져! 굉장해요!" 하고 고함지르는 소리를 들었다.

내가 말하고 있을 때, 생루에게는 이에 대한 남들의 칭찬까지 필요 없는 것으로 느껴 침묵을 강요했던 것이다. 그리고 누군가가 소음을 냈다고 해서, 오케스트라 지휘자가 지휘봉을 딱 두드리면서 연주를 멈추듯, 그는 교란자를 꾸짖어, "지베르그, 남이 말할 때는 잠자코 있는 법이오. 나중에 말하시지" 하고 나서, 나한테 "어서 계속하죠"라고 말했다.

처음부터 다시 시작하라고 할까 봐 잔뜩 겁나 있던지라, 나는 한숨 돌렸다.

"그리고 사상이라는 것은" 하고 나는 계속했다. "인간의 이해에 상관할 수 없는 동시에 거기서 이익을 누릴 수도 없는 것이라서, 사상가는 이해로 인한 영향을 받지 않습니다."

"어때, 여러분 입이 열이 있어도 일언반구도 없네그려." 생루는 내가 위험한 줄타기라도 하고 있는 듯 염려해 불안스러운 눈으로 지켜보다가 내 말이 끝나자마자 버럭 소리질렀다. "뭐라고 했었소, 지베르그?"

"이분의 얘기를 듣는 중에 뒤로크 소령과 똑 닮았다는 생각이 든다고 말하려던 거죠. 소령의 얘기 투와 똑같거든."

"나 또한 여러 번 그런 생각을 한 적이 있지." 생루가 대꾸했다. "여러 비슷한 점이 있지만, 이분에게는 뒤로크에게 없는 점이 수없이 많소."

스콜라 칸토룸(Schola Cantorum)에서 교육받은, 이 생루의 친구의 형이 아주 새로운 음악에 대하여, 조금도 그 부모, 사촌형제, 클럽의 친구들같이 생각지 않고, 음악 학교의 다른 학생들처럼 옳게 생각하고 있듯이, 이 귀족 출신의 하사관도(내가 이 하사관에 대한 얘기를 블로크에게 했을 때, 블로

---

*《파르마 수도원》에 나오는 인물들.

크는 이 하사관에 대해 야릇한 생각을 품었다. 왜냐하면 블로크는 저와 한편
이라는 말을 들어 감동하면서도, 귀족 태생과 종교적이자 군대적인 교육 때
문에, 이 하사관을 먼 나라 태생에 못지않은 이국적인 매력을 띤, 더할 나위
없이 별다른 인간으로 떠올렸기 때문이다), 이 무렵에 운운하기 시작하고
있듯이, 드레퓌스파 일반의 공통점인, 또 블로크에게 특유한 '정신 상태'와
비슷한 것, 가정의 전통이나 직업상 이해관계도 아무 영향을 미치지 못하는
'정신 상태'를 지니고 있었다. 생루의 사촌형제 가운데 하나가 동양의 어떤
젊은 왕녀와 결혼했는데, 이 왕녀가 빅토르 위고나 알프레드 드 비니에 못지
않은 시구를 쓴다고 소문이 자자하였으나, 그런데도 이 점에서 생각해낼 수
있는 것과는 다른 정신, 《아라비안나이트》의 궁전 속에 갇혀 사는 동양 왕녀
의 정신을 지니고 있거니 추측들 한 것도 이와 같은 예다. 이 왕녀와 가깝게
지내는 특권을 가진 작가들은 환멸이라기보다 오히려 기쁨을 맛보았는데,
그것은 셰에라자드*의 인상이 아니라, 알프레드 드 비니나 빅토르 위고와
같은 재질을 가진 여인의 인상을 주는 화술 때문이었다.

  나는 이 젊은이와 로베르의 그 밖의 친구들과, 또 로베르 자신과 함께, 병
영의 일, 주둔 부대의 장교들, 군사 전반에 관한 것에 대해 이야기하기를 좋
아했는데, 특히 이 젊은이와 이야기하는 것이 즐거웠다. 우리가 그 환경 속
에서 먹고, 얘기하며, 현실 생활을 누리는 사물, 아무리 작은 사건이건, 그
것을 보는 정도가 엄청나게 커졌으므로, 이런 어마어마한 과대평가 때문에,
거기에 없는 다른 사물들은 그 사물들과 대항할 수가 없어서, 마치 꿈처럼
덧없는 것으로 보이기 시작한 덕분에, 나는 병영의 여러 인물들에게, 내가
생루를 만나러 갔을 때에 병영 마당에서 잠깐 보거나 깨어났을 때 창 밑을
지나가는 연대에서 언뜻 보거나 하는 사관들에게 흥미를 느끼기 시작했다.
생루가 탄복해 마지않는 소령에 대해서도, '미학상으로 보아도' 나를 감탄시
킬 만하다는 군사 역사 강의에 대해서도 자세하게 알고 싶었다. 생루의 어느
군더더기 말은 보통 헛말이기 쉽지만, 어떤 때는 그가 능히 파악할 수 있던
심원한 사상의 완전한 소화를 보인 적이 있음을 나는 알고 있었다. 공교롭
게, 이 순간 군인의 견지에서, 로베르는 특히 드레퓌스 사건에 골몰해 있었

---

*《아라비안나이트》의 여주인공.

다. 하지만 같이 식사하는 이들 중에서 생루 혼자 드레퓌스파여서, 그는 이 문제에 대해 좀처럼 언급하지 않았다. 같이 식사하고 있는 친구들은 재심에 기세 사납게 반대했고, 식탁의 이웃, 나의 새 친구만이 예외였지만, 이 친구의 의견도 가을바람에 오락가락하는 갈대처럼 줏대 없어 보였다. 탁월한 장교로 통하는 동시에, 군대에 맞서는 불온 세력을 두세 차례나 일일 명령으로 꺾은 바 있어, 드레퓌스 반대파로 통하는 대령에 심취해 있던 자, 내 옆자리 친구는, 이 지휘관이 드레퓌스의 유죄에 의혹을 품고 있는 성싶은 확언 몇 마디를 누설했음을 듣고 나서는, 여전히 피카르(Picquart)*에게 존경을 품고 있었다. 어디서 새어나오는지 모르나 대사건을 둘러싸고 으레 생겨나는 풍문들과 마찬가지로, 대령이 드레퓌스파라는 소문도 아무튼 근거가 막연했다. 왜냐하면 좀 뒤에, 이 대령이 전직 정보국장을 심문하는 소임을 맡았을 적에 보기 드문 준엄과 경멸로 그를 다루었으니까. 하여튼 대령에게 직접 알아볼 수 없는데도, 내 옆 친구는—가톨릭교의 한 귀부인이 유대 부인한테, 주임 사제가 러시아에서 있었던 유대인 학살을 비난하지만, 몇몇 유대인의 너그러움을 감탄하더라고 알리는 어조로—생루에게 공손히 말했다. 대령은 드레퓌스파에 대해—적어도 드레퓌스파의 어떤 사람에 대해—사람들의 입에 오르내리고 있는 만큼 완고하고 사리에 어두운 소견 좁은 적수가 아니라고.

"그야 그렇겠지." 생루가 말했다. "영리한 인간이니 말이오. 그러나 뭐니 뭐니해도 태어난 계급의 편견과 특히 교권주의에 눈이 멀지" 하고 나에게 말했다. "그런데 뒤로크 소령, 당신에게 얘기한 군사 역사 교수, 이분이야말로 참으로 우리의 사념을 떠받치는 분이죠. 하기야 그렇지 않다면 내가 놀랐을걸요, 지성이 탁월할 뿐만 아니라 급진 사회주의자 프리메이슨 단원이니까 말입니다."

공공연히 드레퓌스파를 두둔하는 생루의 말에 마음 상한 그 친구들에게 예의를 지키려는 동시에 나중 말이 훨씬 더 재미나기도 해, 나는 옆에 앉은 친구에게, 그 소령이 군사 역사에 관해 미학상으로 뛰어난 아름다움을 증명했다는 것이 사실인지 물어보았다.

"절대적으로 사실이죠."

---

* 드레퓌스 사건 때의 대령(1854~1914). 뒤에 육군 장관이 됨.

"어떤 뜻으로 하는 말입니까?"

"예를 든다면, 당신이 전쟁사의 작자가 쓴 책을 읽는다 가정하고, 그 군사적인 서술 가운데에서 읽는 모든 것, 가장 보잘것없는 사실이나 가장 작은 사건도 도로 찾아내야만 하는 어떤 사상의 표식에 지나지 않고, 책에 있던 글자를 지우고 다시 글자를 적어넣은 양피지에서처럼, 가끔 거기에 다른 몇 개의 사상이 그 속에 간직되어 있다는 거죠. 그래서 어떤 과학이나 예술 못지않은 지적인 조화가 거기에 있고, 또 그게 정신을 충분히 만족시킨다는 뜻이죠."

"폐가 안 되면, 몇 가지 예를 들어주세요."

"당신에게 예를 말하긴 어렵죠." 생루가 참견했다. "이를테면 어느 군단이 뭔가를 시도했다는 글을 당신이 읽었다고 칩시다. 더 앞으로 나아가기 전에, 그 군단의 이름이나 그 편성은 이미 어떤 의미를 지니죠. 만일 그 작전이 그 군단에 의해서 처음으로 시도된 게 아니라면, 또 같은 작전에서 다른 군단이 등장한다고 하면, 이는 틀림없이 그 전의 군단이 이 작전 때문에 전멸했든가, 심한 손상을 입었든가 해서, 더 이상 작전을 끌고 나가지 못하는 상태에 있다는 것을 나타낼지도 모릅니다. 그래서 현재 전멸한 군단이 어떤 곳이었는지 알아볼 필요가 있죠. 만일 그것이 강력한 공격을 위해 남겨둔, 돌격 선발대였다면 질이 떨어지는 새 군단은 모든 군단이 패한 곳에서 성공을 거둘 승산이 거의 없는 셈이죠. 더더구나, 전투의 처음 무렵이 아니라면, 이 새 군단은 오합지졸로 이뤄져 있는지도 모르고, 이는 아직 교전국이 어느 정도의 힘을 남기고 있는지, 그 전투력이 상대의 전투력에 뒤지게 된 시기의 가까움을 밝히는 것이라, 이로써 그 군단이 시도하려는 작전에 다른 의미가 나타나게 됩니다. 왜냐하면 만약 군단이 손실을 회복하지 못할 상태라면, 작전이 성공하더라도 오래지 않아 수량적으로 결정적인 전멸 쪽으로 치닫게 할 따름이니까요. 게다가 그 군단에 대항하는 쪽의 편성단위를 나타내는 번호도 의의가 있죠. 의미가 없는 게 아닙니다. 예를 들어 그것이 훨씬 약소한 편제단위로, 이미 적의 중요한 여러 군단을 격퇴했다면, 작전 자체도 성격이 달라지죠. 지키던 진지를 잃고 말 테지만 얼마 동안 진지를 버티었음이 큰 성공인지도 모르니까. 만약 몹시 적은 병력만으로 적의 아주 중요한 병력을 무찌를 수 있었다면 말이에요. 이해했을 테지만, 동원된 군단을 분석함에서도 이와 같은 중대사를 발견하는 정도이고 보니, 진지 자체, 진지에서 내려다보이는 도로, 군단에 필요한 철도, 수비하는 보급에 대한 연구야 물론 더 중대한 일이죠. 먼저 지리적인 모든 배경이라 부르는 것을 조사해야 해요." 그는 껄껄 웃으면서 덧붙였다(과연 이 '지리적인 모든 상황'이라는 표현이 꽤나 그의 마음에 들었는지, 그 뒤 이 표현을 쓸 적마다 몇 달이 지나도 그는 같은 웃음을 보였다). "교전군의 한쪽 군대가 작전을 준비하는 중, 그 정찰대 중 한 소대가 적 부대로 인해 적 진지 근처에서 섬멸되었음을 읽었다고 하면, 거기서 당신이 이끌어낼 수 있는 결론 가운데 하나는, 한쪽 군대가, 자기 쪽 공격을 실패시키고자 적이 어떠한 방어 공사를 하고 있는지 정찰하려 했다는 겁니다. 한 지점에서 유달리 맹렬한 활동이 개시됨은, 그 지점을 점령하려는 욕망을 나타내기도 하려니와, 또한 적을 거기에 붙잡아두려는, 적이 공격한 지점에서 적에게 응수하지 않으려는 욕망을 나타내는 경우도 있죠. 또는 그 지점에 병력이 감소됨을 이러한 세찬 기세의 배가로 감추려는 위장 공격에 지나지 않는 경우도 있어요(이런 공격이야말로 나폴레옹이 전쟁에서 즐겨 쓴 고전적인 위장 공격이죠). 한편 사용법의 의미, 거기에 있을 법한 목적, 따라서 거기에 병행하거나 뒤따르거나 하는 기동 따위를 이해하려면, 사령부가 공표하는 것이기보다(그런 공표는 적을 속이려는 데, 있을 법한 패배를 감추려는 데 쓰도록 마련한 것인지도 모르니까), 오히려 그 나라의 군사 조례(條例)를 검토해보는 게 지름길입니다. 한 군대가 해보고자 한 기동은, 비슷한 정세에 적용되는 조례에 규정돼 있는 것이라고 추측해도 괜찮아요. 이를테면, '정면공격에는 측면공격이 따르니'라고 그 조례에 규정돼 있다고 합시다. 만일 측면공격이 실패로 돌아갔을 때, 사령부가 그건 정면공격과 아무 관계없는 그저 견제공격에 지나지 않노라 주장한다면, 진실을 찾아낼 가망성은 조례 안에 있지 사령부의 말 속에 있는 게 아니거든요. 또 고려해볼 점은 각국 군대를 지배하는 조례뿐만 아니라 그 전통, 관습, 가르침도 참고해야 해요. 군사 활동 위에 부단히 작용 또는 반작용을 되풀이하는 외교 활동의 연구도 소홀히 해서는 안 되죠. 당장 잘 이해가 안 가는, 보기에 하찮은 작은 사건도 오래지 않아, 적이 원군을 기대하면서, 이 작은 사건이 드러내고 있는 것처럼, 그 원조가 없었으므로, 실제로 전략 계획의 일부밖에 실행하지 못한 이유를 설명해줄 겁니다. 그래서 당신이 군사 역사를 읽을 줄 안다면, 일반 독자에게는 확실하지 않은 이야기도 알 수 있죠. 마치 미술관을 방문한 문외한이 아리송한 색채에 어리둥절하거나 정신 못 차리거나 두통을 일으키거나 하는 그림이, 그 그림 속 인물이 입고 있는 옷이나 손에 쥐고 있는 물건을 볼 줄 아는 애호가로서는 합리적인 듯이 순리적인 이야기로 여겨지는 것처럼 될 겁니다. 그러나 그림의 경우, 인물이 신성한 술잔을 들고 있음을 주목하는 것만으로는 충분치 않고, 어째서 화가가 술잔을 들게 했는가, 무엇을 상징하려는 건가 알아야 하듯, 그런 군사 작전은, 그 직접 목적을 제외하고는, 보통 그 전투를 지휘하는 장군의 머릿속에서 옛 전투를 본뜬 것으로, 이를테면 옛 전투는 새 전투의 과거, 도서관, 박학한 지식, 어원 같은 거죠. 단 지금 나는 전투의 지역상, 뭐랄까, 공간상의 일치를 말하는 게 아닙니다. 일치하는 적도 있죠. 싸움터가 몇 세기에 걸쳐 단 한 번만 싸움터인 적이 없었거니와 앞으로도 없을 거예요. 거기가 싸움터였다면, 거기를 좋은 싸움터로 만든 지세, 지질학상 특징, 적을 괴롭히는 데 알맞은 결함(예를 들어 적을 두 동강 내는 강) 따위의 여러 조건을 갖추고 있기 때문이죠. 따라서 옛 싸움터가 될 겁니다. 아무 방이나 화가의 아틀리에가 못 되듯, 아무 곳이나 싸움터가 못 되거든요. 안성맞춤인 장소가 있는 거죠. 다시 말하지만, 지금 내가 말하고 있는 건 그 점이 아니라, 인간이 모방하는 전투의 형태, 전략의 모사(模寫) 같은 것, 전술의 모작(模作)같은 것, 이를테면 울름(Ulm) 전투, *1 로디(Lodi) 전투, *2 라이프치히(Leipzig) 전투, *3 칸나에(Cannae) 전투*4를 말하는 겁니다. 앞으로 전쟁이 또 일어날지도 모르지만, 만일 일어난다면 반드시(사령관이 의식하고 기도하는) 칸나에식 전투, 아우스터리츠(Austerlitz)식 전투, *5 로스바흐(Rosbach)식 전투, *6 워털루식 전투, 그 밖의 여러 옛 전투 방식이 그 속에 포함되겠죠. 어떤 이들은 숨김없이 말합니다. 슐리이팬 원수와 팔켄하우젠 장군이 적군을 모든 전선에 걸쳐 고정시키면서, 그 양쪽 날개에서 공격해 들어가, 특히 오른쪽 벨기

---

*1 독일의 뷔르템베르크 주. 나폴레옹이 여기서 오스트리아군을 1805년에 무찌름.

*2 이탈리아의 도시. 나폴레옹이 오스트리아군을 이곳에서 1796년에 무찌름.

*3 독일 작센의 공업 도시. 나폴레옹이 여기서 1813년에 연합군에 패함.

*4 이탈리아의 북부 도시. 이곳에서 기원전 216년에 한니발이 로마군을 무찌름.

*5 오스트리아의 도시. 나폴레옹이 여기서 1805년에 오스트리아·러시아 연합군을 무찌름.

*6 독일 작센의 마을. 이곳에서 수비즈가 프리드리히 2세에게 패함(1757).

에 방면에서 쳐들어간다는 한니발식 칸나에 전투를 프랑스에 맞서 계획했다고 말이죠. 한편 베른하르디(Bernhardi)[1]는 프리드리히 대왕의 전술진 쪽을 택해, 칸나에식 전투보다 로이텐(Leuthen)[2]식 전투를 바랐다고요. 다른 사람들은 이처럼 노골적으로 자기 견해를 털어놓지는 않으나, 당신에게 보증하고 하는 말인데, 보콩세유 알죠, 요전날 당신에게 소개한 중대장이요, 장래가 유망한 장교죠. 이 사람이 자기의 프라첸(Pratzen)[3]식 소공격법을 맹렬히 연구해, 구석구석까지 친히 통해서, 머릿속에 소중히 간직하고 있는데, 만일 어느 때고 그걸 써먹을 기회가 온다면, 실수하지 않고, 대규모로 치러내 우리나라에 이바지할 겁니다. 리볼리(Rivoli)[4] 전투의 중심 돌파, 이것도 앞으로 전쟁이 일어난다면 또 되풀이되겠죠. 이건 《일리아드》처럼 케케묵은 게 아니거든요. 덧붙여 말하지만, 이젠 정면공격을 거의 금지하고 있어요. 1870년[5]의 잘못을 거듭 저지르기 싫으니까, 그렇지만 뭐니뭐니해도 공격하고 볼 일, 공격이 있을 따름이죠. 단 한 가지 나를 당황하게 하는, 시대에 뒤진 망령난 녀석들만이 이 훌륭한 원칙에 반대하고 있지만, 나의 가장 젊은 교련 선생 가운데 하나인, 두뇌가 비상한 망쟁(Mangin)[6]이 수세에도 여지를(물론 임시적인 여지를) 남겨두려 하였다는 점이에요. 이분이 수세가 공세 및 승리의 서두였던 아우스터리츠 전투를 보기로 인용할 때 대꾸할 말이 궁색합니다그려."

생루의 이러한 이론들은 나를 즐겁게 해주었다. 이러한 이론은 나로 하여금, 나의 동시에르 생활에서, 백포도주를 마시면서 이야기를 듣고 있는 사관들에 대해, 어쩌면 내가 속고 있지 않다는 바람직스러운 생각마저 품게 하였다. 비록 지금은 존재하지 않으나 그에 못지않을 만큼 내 눈에 축소된 오세아니아 왕과 여왕, 네 사람이 짝이 된 식도락가 무리, 젊은 난봉꾼, 르그랑댕의 매부 등등을 내가 발베크에 있을 동안에 거대하게 보이게 하던 그 확대

---

*1 독일 장군이자 군사 역사가(1849~1930).
*2 지명(地名). 여기서 있었던 전투를 말함.
*3 싸움터의 이름.
*4 이탈리아의 마을. 나폴레옹이 이곳에서 1797년에 오스트리아군을 무찌름.
*5 이 해에 프랑스가 패전한 프로이센-프랑스 전쟁을 가리킴.
*6 프랑스의 장군(1866~1925). 1914년부터 1918년까지 전쟁에 참전함.

하는 힘으로, 백포도주는 사관들에게 귀여운 반사를 던지고 있었다. 오늘 나를 즐겁게 해주는 것이, 여태껏 늘 그랬던 바와는 달리 내일 나에게 아무래도 좋지 않은 것이 될지도 모른다. 지금 나는 아직 이러한 존재지만, 그러한 존재도 오래지 않아 사라질 운명에 놓이게 될지도 모른다고 생각했다. 왜냐하면 이러한 며칠 저녁, 내가 군대 생활에 관한 모든 것에 품고 있는 열렬하고도 덧없는 열정에, 생루가 전술에 관해 이제 막 나한테 한 이야기로, 변하지 않는 성질을 가진 지적인 기초를 더했기 때문이며, 이것이 어지간히 강하게 내 흥미를 끌어, 나는 나 자신을 속이려 들지 않고서도 다음과 같이 믿을 수 있었다. 먼저 이곳을 떠난 뒤에도 이 친구들이 동시에르에서 하는 일에 계속 흥미를 느낄 테고, 짧은 시일 내에 이 친구들의 곁으로 오리라고. 그렇지만 이 병법(art de la guerre)이라는 것이 정신적인 의미로 하나의 예술(art)임에 틀림없음을 더 확인하고자, 나는 생루에게 말했다. "재미있군요, 그런데, 좀 걱정스러운 게 하나 있습니다. 내가 전술에 열중할지도 모른다는 느낌이 들지만, 그러려면 전술이 다른 술(術)과 어느 점에서나 다르지 않음을, 법칙을 아는 것만으로는 다가 아니라는 걸 먼저 확신하고 싶어요. 당신은 여러 사람이 여러 전투를 본떴다고 말했죠. 현대의 전투 배후에 옛 전투를 본다는 건, 당신 말마따나 과연 미학적으로 생각해서, 이 사념이 얼마나 내 마음에 드는지 이루 말할 수 없네요. 하지만 그렇다면, 사령관의 재능은 대수롭지 않나요? 사령관이야 실상 법칙을 적용할 따름인가요? 아니면 과학적으로 보아, 두 병의 상태가 겉으로 보기에는 같은 징후를 나타내고 있지만, 아마도 그 경험에서 얻은 듯싶은 새로운 판단의 상황에서, 이 경우는 오히려 이렇게 하는 게 낫다, 어떤 경우에는 수술하는 게 좋다, 어떤 경우에는 수술을 삼가는 게 낫다고 느끼는 위대한 외과 의사가 있듯 명장이 있는 게 아닐까요?"

"물론, 나도 그렇게 생각합니다! 나폴레옹을 봐요. 모든 법칙이 공격을 명하고 있을 때도 막연한 예감이 그것을 말리자 공격을 그만두었죠. 이를테면 아우스터리츠 전투나, 또는 1806년에 란(Lanne)*에게 보낸 훈령을 봅시다. 그러나 다른 장군들이 나폴레옹의 용병술을 교조주의적으로 본뜬다면

---

* 나폴레옹의 절친한 벗, 육군 원수.

전혀 반대의 결과가 나오죠. 1870년 전쟁 때에도 그런 실례가 수두룩해요. 하지만 적이 어찌 나올지 해석하는 마당에도, 적이 현재 하고 있는 것은 여러 해석을 허용하는 한 징후에 지나지 않아요. 추리와 지식에만 매달리면 그 해석 하나하나가 똑같이 사실임직하게 되고 맙니다. 마치 어떤 복잡한 병의 상태에서, 세계의 모든 의학 지식을 가지고서도 눈에 보이지 않는 종기가 악성이냐 아니냐, 수술해야 하느냐 마느냐를 정하기에 역부족이듯. 직감, 테베(Thebae)* 부인식의 예견(알겠죠)이 명장의 마음에 결심을 가져다주고, 명의의 머릿속에 결정을 가져다주죠. 그러므로 나는 당신에게 한 가지 보기를 보이려고, 전투의 첫머리에서 정찰이 어떠한 뜻을 갖는지 얘기한 겁니다. 그러나 정찰이 여러 다른 사실을 뜻할지도 모르죠. 예를 들어 공격하고자 하는 지점과는 다른 곳을 공격하려고 하는구나, 라고 적에게 믿게 하거나, 실제의 작전 준비를 적이 탐지 못하게 막을 치거나, 필요하지도 않은 지점에 적군으로 하여금 모여들 수밖에 없게 하여 거기에 묶어두어 꼼짝 못하게 하거나, 적이 얼마나 병력을 배치하고 있는지 확인하거나, 그걸 탐색하거나, 어쩔 수 없이 돌아가는 형편을 드러나게 하거나 하는 사실을 뜻할지도 모르죠. 때로는 어느 작전에 대군을 출동시켜도 그 작전이 진짜 작전이라는 증거가 아닌 적도 있어요. 왜냐하면 작전이 한낱 가장에 지나지 않지만 그 가장이 적을 속이는 기회가 많도록, 정말로 실행에 옮기는 경우도 있으니까요. 이 관점에서, 당신에게 나폴레옹의 여러 전쟁을 얘기할 틈이 있었다면, 다짐하지만 우리가 배우고 있는 이런 간단한 고전적인 병법을, 우리가 야외에서 훈련하는 것을 구경하러 오겠죠, 어슬렁어슬렁 한가로운 산책 삼아. 아차, 당신이 아프다는 걸 깜박 잊었군요, 용서하시게! 그런데 싸움터에 나가서 자기들의 후방에 총사령부의 신중한 경계, 투철한 판단과 심원한 탐구가 있음을 느낄 때, 마치 물질의 빛에 지나지 않으나, 암흑의 공간을 파헤치고서 선박들에게 위험을 알리는 정신의 내뻗침이라 일컬어도 괜찮은 등댓불을 앞에 둔 듯 감동한다는군요. 당신한테 오로지 전쟁의 문학만 말하는 게 어쩌면 내 잘못인지도 모릅니다. 사실 흙의 성분과 바람과 햇볕의 방향이 나무가 자라가는 쪽을 가리키듯, 야전이 벌어지는 때의 여러 조건, 군대를 유리한 곳으로 옮길

---

* 이집트 중부의 옛 도시.

때 그 지방의 지세 따위가, 장군이 여러 계획 가운데에서 택할 계획을 이를 테면 지휘하고 또 제한하는 거죠. 그래서 첩첩산중 기슭을 따라서, 연이은 골짜기 속을, 어느 평야 위를, 눈사태처럼 웅대한 미와 필연성을 갖고서, 군대가 행진한다고 거의 예언할 수 있는 겁니다."

"사령관 마음속에서 하는 선택의 자유니, 상대의 계획을 알아내려는 적의 마음속에서 일어나는 예감이니, 아까 당신이 나에게 가르쳐준 것을 이제는 부인하고 있는 거네요."

"천만의 말씀! 우리가 발베크에서 함께 읽은 그 철학책이 생각나나요, 현실세계에 비해 가능세계의 풍요함을 말입니다. 바로 그거예요! 전술에서도 마찬가지죠. 일정한 상황에서, 거기에 대처하는 네 가지 작전 가운데, 장군이 그 하나를 택할 수 있어요, 마치 병환이 의사가 그러리라 예상한 갖가지 진전을 치를지도 모르듯. 이 점에서 또한 인간의 약함과 위대함이 새로운 불안의 원인이 되는 겁니다. 까닭인즉, 이 네 가지 계획 가운데 어떤 우연의 이유(임시적인 목적을 이루어야 한다든가, 시간이 제한되어 있다든가, 또는 병력이 적으며 보급이 부족하다든가)가 장군으로 하여금 첫 번째 계획, 그 밖의 계획보다 덜 빈틈없으나, 싼 비용으로 신속히 실행할 수 있는 데다, 군대의 양식을 얻는 데 더 넉넉한 지방을 전투 지역으로 삼는 첫 번째 계획을 택하게 되었다고 합시다. 이 첫 번째 계획을 실행에 옮기고 보니, 반신반의하던 적도 오래지 않아 이 계획을 알아차리겠지만, 장군은 장애가 너무나 큰지라 성공 못할지도 몰라서―내가 인간의 약함에서 생기는 운이라고 이름 붙인 게 바로 이겁니다―이를 포기하고, 둘째 번, 셋째 번 또는 넷째 번 계획을 시도할지도 모르죠. 그러나 또한, 적이 공격받을 거라곤 꿈에도 생각 못한 지점에서 불시에 공격할 수 있도록 적을 한 지점에 고착시키고자, 오직 위장으로―내가 인간의 위대성이라 한 게 바로 이거죠―첫 번째 계획을 시도했을지도 몰라요. 이와 같이 울름 전투에서, 서쪽에서 출동 준비를 기다리던 마크(Mack)*가 무사하거니 믿던 북쪽을 통해 적에게 포위당했죠. 하기야 이건 그다지 좋지 않은 예입니다. 이 울름 전투는 포위전의 뛰어난 전형인지라, 앞으로도 되풀이해서 일어날 거예요. 앞으로 장군들이 영감을 받는

---

* 오스트리아의 장군.

고전적인 본보기일 뿐만 아니라, 결정을 이루는 표준형처럼, 이를테면 필연적인(가장 순수한 필연, 때문에 선택이나 변화의 여지가 있는) 형태이니까. 하지만 이 따위야 아무래도 좋아요, 이런 틀은 결국 인위적인 거니까. 우리가 읽은 철학책으로 돌아와서 논리의 원칙 또는 과학의 법칙처럼, 현실은 거의 그 틀에 순응하지만, 위대한 수학자 푸앵카레(Poincaré)가 수학은 엄밀하게 정확한지 확실치 않다고 한 말을 떠올려 봐요. 내가 당신에게 말한 조례만 하더라도, 결국 이차적인 중요성을 가진 것, 게다가 때때로 변하는 거죠. 그래서 우리 기병은 1895년식 야외 근무를 하고 있는 것인데, 이건 시대에 뒤진 거라고도 말할 수 있어요. 왜냐하면 기병의 전투에는 습격이 적에게 미치는 경악이라는 심리적 효과밖에 거의 아무것도 없다고 여기는, 고리타분해서 쓰이지 않게 된 원칙 위에 선 것이니까. 그런데 우리 선생들 가운데 가장 두뇌가 명석한 이들, 기병대에서 가장 훌륭한 이들, 특히 내가 당신에게 얘기한 바 있는 소령 같은 분은, 이와는 반대로, 승패의 열쇠는 말 그대로 검과 창이 휘두르고 찌르는 뛰어난 육박전을 통해 얻으며, 더 완강한 쪽이 정신적으로 승리할 뿐만 아니라, 공포감도 주고 실질적으로도 승리할 것이라고 생각하고 있어요."

"생루의 말이 옳아요, 이번 야외 근무에는 틀림없이 그 진화의 흔적이 보이겠죠." 내 옆의 남자가 말했다.

"자네의 찬동을 받다니 나쁘지 않군, 내 친구에게 자네의 의견이 내 의견보다 더 깊은 인상을 준 것 같으니 말이야." 생루는 동료들과 나 사이에 이런 공감이 생겨난 것에 좀 약이 올라선지, 아니면 공감을 공공연히 인정하여 이를 축복함이 고상하다고 여겨선지 웃으면서 말했다.

"게다가 나는 조례의 중요성을 너무 깎아내렸나 봅니다. 조례는 변한다, 이는 확실하죠. 그러나 그때까지 조례는 군대의 정세, 작전 계획과 집중 계획을 좌우해요. 조례가 그릇된 전략을 반영한다면, 그게 패배의 주요 원인이 될지도 모릅니다. 이런 건 다 당신에게는 좀 너무 전문적인 일이에요." 그가 말했다. "요컨대 전술의 진화를 촉진하는 것은 전쟁 자체임에 틀림없죠. 전투 동안에도, 그게 좀 오래 끌면, 교전군의 한쪽이 적의 성공과 실수가 주는 교훈을 이용하거나, 적의 수단 방법을 개량하거니와, 적도 한 술 더 뜹니다. 그러나 이건 다 옛일이에요. 포병의 무시무시한 진보와 더불어, 앞으로 또 전쟁이 일어난다면 미래의 전쟁은—매우 짧아, 배운 것을 실제로 이용할 엄두도 내기 전에, 평화가 찾아오겠죠."

"그렇게 신경 쓰지 말아요." 나는 생루가 이 얘기에 앞서 했던 말에 대꾸했다. "당신 얘기에 열심히 귀를 기울였으니까요!"

"자네가 다시는 화내지 않고, 또 내가 얘기해도 괜찮다면." 생루의 친구가 다시 말을 꺼냈다. "자네가 지금 말한 것에 덧붙여서, 전투가 서로 모방해 겹친다면 이는 사령관의 두뇌 탓만이 아니라고 말하겠네. 사령관의 하나의 오산(이를테면 적의 실력에 대한 인식 부족)이 산하 군대에 엄청난 희생, 몇몇 부대가 이 희생을 참으로 숭고한 자기희생으로 완수하여, 맡은 임무가 다른 전투에서 다른 부대의 임무와 비슷할 테니까, 역사상으로 서로 교환할 수 있는 보기, 1870년으로만 제한해서 예를 들어본다면, 생프리바*¹에서의 프러시아 친위대, 프뢰슈빌레와 뷔상부르*²에서의 알제리 저격대 같은, 보기로서 인용될 희생을 요하는 결과를 가져오는 일이 일어날지도 모르지."

"허어! 서로 교환할 수 있는, 바로 맞았어! 멋진데! 자네 머리가 좋군." 생루가 말했다. 특수한 일 밑에 일반적인 일이 보일 적마다 그렇듯, 나는 이 마지막 두 보기에 무관심할 수 없었다. 그렇지만 사령관의 재능이야말로 내 흥미를 끄는 일이어서, 언제 도움이 되는지, 또 재능 없는 사령관이라면 적에 맞설 수 없는 상황을 천재적인 사령관은 어떠한 방법으로 만회하는지 알고 싶었는데, 생루의 얘기로는 이런 만회가 가능했고, 또 나폴레옹이 몇 번이나 해냈다는 것이었다. 또 군사상의 가치라는 게 뭔지 이해하려고, 새 친구들이 귀찮아하거나 말거나, 내가 이름을 알고 있는 장군들 가운데 누가 사령관으로서의 재능이 풍부한지, 전략가로서의 재능이 많은지 그들에게 물어보았는데, 그들은 조금도 귀찮아하는 기색 없이 끝까지 친절하게 대답해주었다.

나는 나누어진 느낌이 들었다—멀리 우리 주위에 펼쳐져 있는 서늘한 깊은 밤에서뿐만 아니라(밤의 어둠 속에 이따금 기적 소리가 들려와, 이곳에 있는 기쁨을 한결 실감나게 하였고, 또는 시각을 알리는 종소리도 들려왔지만, 이 젊은이들이 군도를 차고 돌아가야 하는 시각은 다행히 아직 멀었다)

---

*1 메스 근방의 마을. 1870년 8월 18일의 격전지.
*2 두 곳 다 알자스 지방의 마을. 1870년 전투의 격전지.

외부적인 갖가지 염려, 거의 게르망트 부인에 대한 추억에서도 나누어진 느낌이 들었다. 이는, 그 동료의 친절이 부피를 더 가하듯이 덧붙은 생루의 호의 덕분이려니와, 또한 이 작은 식당의 따뜻함, 식탁에 차려져 있는 세련된 요리의 맛 덕분이기도 하였다. 요리는 내 공상에도 식욕에도 똑같은 기쁨을 주었다. 이따금 자연에서 추려낸 작은 천연물 조각, 그 안에 바닷물 몇 방울이 그대로 남은 굴의 꺼칠꺼칠한 성수 그릇, 또는 마디 많은 포도송이의 첫가지와 노란 잎이, 먹을 수 없는 까닭에, 도리어 하나의 풍경처럼 멀리 시적으로 아직 굴과 포도송이를 둘러싸고 있어, 식사 동안에 연달아, 포도나무 그늘의 낮잠과 바닷가 산책의 인상을 불러일으켰다. 또 어느 밤에는, 직접 요리를 예술품처럼 자연의 틀 속에 담아 내놓아 그 재료의 본디 특성을 드러나게 하기도 하였다. 생선을 갸름한 오지그릇에 담아 내왔는데, 푸르스름한 풀잎에 놓인 그 생선은, 산 채로 끓는 물에 던져졌을 때의 모습대로 몸이 뒤틀려 있었으나 게, 새우, 홍합 등, 조개류나 작은 갑각류의 껍데기에 빙 둘러싸여 마치 베르나르 팔리시(Bernard Palissy)*가 만든 오지그릇에서 불쑥 튀어나온 듯하였다.

"나 샘이 나, 화가 나요." 생루가 반은 웃고, 반은 진정으로 말하면서, 내가 그 친구와 둘이서만 길디긴 얘기를 한 것을 암시했다. "저 친구가 나보다 더 총명하다고 생각하는 거요? 나보다 저 친구를 더 좋아하는 거요? 그러니까 저 친구밖에 없다는 거요?"(여인을 몹시 사랑하는 사내, 여인을 좋아하는 남자 무리 안에서 살아가는 사내는, 남들이 그다지 순진하지 못한 말이라고 생각해서 감히 입 밖에 내지 않는 농담을 서슴지 않고 한다)

모두 대화에 끼게 되자, 생루의 마음을 거스를까 봐 드레퓌스 사건에 대해 언급하기를 피했다. 그렇지만 일주일 뒤, 그의 두 동료는, 이런 군대적인 환경 속에서 살아가면서, 그가 극성스런 드레퓌스파이며, 거의 반군국주의자인 게 실로 신기하다고 얘기했다.

나는 자세히 이야기하고 싶지 않아서, "그 까닭은 환경이 미치는 영향이 생각보다 크지 않기 때문이죠……" 하고 말했다.

물론 나는 여기서 그칠 작정이었고, 또 며칠 전 생루에게 내보인 생각을

---

* 프랑스의 도공(1510?~89?).

되풀이하고 싶지 않았다. 그런데도 그 말을 거의 그대로 되풀이한 이상, 나는 "이와 똑같은 얘기를 요 전날⋯⋯" 하고 덧붙여 그 변명을 하려고 했다. 그러나 나는, 생루가 나와 다른 몇몇 인물에 대해 품은 우정 어린 존경심을 성실하게 기대하고 있었다. 이 감탄의 정이 어찌나 그 상대들의 사상과 빈틈없는 동화를 완성했는지, 이틀이 지나자 생루는 그 사상이 제 것이 아님을 까맣게 잊어버리곤 하였다. 그래서 나의 수수한 주장에 관해서도, 생루는 그것이 분명 늘 제 두뇌에 있어왔기라도 하듯, 또 내가 그의 땅에서 줍기라도 한 듯, 이를 뜨겁게 환영해 동의해야 한다고 생각했다.

"그렇고말고! 환경은 아무래도 좋아요."

내가 그 말을 가로막거나 또는 이해 못할까 봐 힘주어 말했다.

"진정한 영향은 지적 환경의 영향이에요! 사람들은 모두 각자의 사상으로 만들어진 인간이죠!"

잠시 말을 멈추다가, 뱃속의 음식을 잘 소화한 사람처럼 미소를 띠는 동시에 외알안경을 떨어뜨리고서, 나사송곳 같은 눈길을 내 쪽으로 똑바로 돌리면서 "같은 사상을 가진 인간은 다 비슷비슷하죠" 하고 도전하는 것처럼 나에게 말했다. 그는 이 말만은 정말 잘 기억하고 있었지만, 겨우 며칠 전에 내가 그에게 했던 말이라는 사실은 티끌만큼도 기억나지 않는 게 틀림없었다.

내가 매일 저녁 같은 기분으로만 생루의 단골 식당에 온 것은 아니다. 마음속에 품은 어떤 추억이나 슬픔이, 이제는 깨닫지 못하고 있을 만큼 멀리 가버리는 때가 있는가 하면, 그것이 다시 돌아와 오랫동안 곁에서 떠나지 않는 경우도 있다. 식당 쪽으로 가려고 거리를 지나오면서, 게르망트 부인을 그리워한 나머지 숨이 막힐 듯한 저녁도 있었다. 내 가슴의 일부가 능숙한 손에 의해 잘려 나가, 그것과 같은 부피인 비물질인 고뇌로, 서로 비슷한 분량의 그리움과 애정으로 갈아넣은 것 같았다. 꿰맨 자리가 아무리 잘 아물었다고 한들, 한 인간에 대한 그리움이 내장 대신에 있고서야 어떻게 속 편한 나날을 보내겠는가. 그리움이 내장보다 더 넓은 자리를 차지하고 있는 듯하고, 그런 느낌이 끊임없이 들며, 더더구나 자기 몸의 일부를 '생각해야' 하다니 이 얼마나 까다로운 일이냐! 덕분에 자만심이 드는 것 같다. 산들바람에도 숨 가쁜, 애타는 한숨을 땅이 꺼져라고 내쉰다. 나는 하늘을 쳐다보았다. 갠 하늘이면 혼자 중얼거렸다.

"어쩌면 부인이 시골에 있어, 같은 별을 보고 계실지 모르지. 또 누가 아는가, 식당에 도착하자, 로베르가 나한테 '좋은 소식이 있어요, 아주머니한테서 편지가 왔는데 당신을 만나고 싶다더군요, 이곳에 오는 도중이랍니다'라고 할지." 내가 게르망트 부인에 대한 생각을 실어 보내곤 하던 곳은 창공만이 아니다. 좀 부드러운 바람이 지나가자, 지난날 메제글리즈의 밀밭 안에 질베르트의 전언을 가져왔듯이 부인의 전언을 나에게 가져오는 듯한 느낌이 들었다. 우리는 늘 변함이 없다. 어떤 사람에 대해서 품고 있는 감정 속에, 그 사람에 의해서 일깨워진 잠자는 여러 가지 요소를 옮겨넣지만, 그것은 그 사람 자신하고는 아무런 상관도 없다. 그리고 우리 속의 그 무엇인가가 그런 특수한 감정을 더 진실된 것에 접근시키려 애쓴다. 즉 인류에 공통되는 일반적인 감정과 이으려고 한다. 한 사람 한 사람이 우리에게 일으키는 고통은 오로지 그 일반 감정으로 통하는 한 방편에 지나지 않는다. 내 고통에 얼마간의 기쁨이 섞여 있었다면, 그 고통이 보편적인 사랑의 작은 부분임을 내가 알고 있기 때문이다. 질베르트에 관해 느끼던 슬픔, 또는 콩브레에서의 저녁, 엄마가 내 방에 남아 있지 않았을 때의 슬픔, 또는 베르고트의 어느 작품의 추억을 지금 내가 괴로워하는 번민 속에서 다시 인식한 줄 여겨선지 (학자의 정신 속에서 원인이 결과에 이어져 있듯이 뚜렷하게는, 게르망트 부인, 그 쌀쌀함, 그 부재가 이 번민에 연결되어 있지 않았지만), 나는 게르망트 부인이 그 원인이 아니라고 결론짓지 못했다. 신체의 병이 난 자리와는 다른 부분에 널리 퍼져 있어서, 막상 의사가 그 정확한 병의 원인 지점을 건드리면, 금세 퍼져버리는 성질을 띤 생리적 고통이 있는 게 아닐까? 그런데도 실제로 의사의 손이 거기에 닿기까지는, 널리 퍼진 고통이 도무지 포착할 수 없고 숙명적인 것으로 느껴져서, 우리는 그것으로 설명할 수도, 병의 원인을 밝혀내지도 못한 채, 고칠 수 없는 것으로 여기고 있었다. 식당 쪽으로 가면서 나는 생각했다. '벌써 2주나 게르망트 부인을 보지 못했구나' 하고(2주쯤이야 나 아닌 사람, 게르망트 부인에 관한 한 시간을 분으로 셈하고 있는 나 아닌 사람에게는 엄청나게 오랜 것으로 느껴지지 않는다). 나로서는 이제 별들과 산들바람뿐만 아니라 시간의 수학적 분할까지 뭔가 애달프고도 시적인 것을 띠었다. 이제는 하루하루가 확고한 바탕 없는, 언덕의 흔들리는 꼭대기 같았다. 한편으론 나는 망각 쪽으로 내려갈 수 있을 듯한 느낌이 들고, 다른 한편으로는 공작부인을 다시 만나고 싶은 소망으로 이끌려갔다. 이와 같이 나는 끊임없이 양쪽에 마음이 쏠려, 안전한 균형을 지키지 못했다. 어느 날 '오늘 저녁 아마 편지가 왔겠지' 하는 생각이 들어 식당에 들어서면서 씩씩하게 생루에게 물었다.

"파리에서 무슨 소식 없나요?"

"있어요." 어두운 얼굴을 지으며 생루는 대꾸했다. "나쁜 소식이야."

슬퍼하고 있는 게 생루만이며, 소식이라는 것이 그의 정부한테서 온 것임을 알고 나는 안도의 한숨을 내쉬었다. 그러나 그 결과로 로베르가 오랫동안 나를 그 외숙모 댁에 못 데리고 갈지 모른다는 사실을 깨달았다.

편지를 통해선지, 그를 만나러 아침 일찍 열차를 타고 와선지 모르나, 그와 그 정부 사이에 싸움이 터진 것을 나는 들어 알았다. 이제껏 그다지 심하지 않은 싸움을 벌이곤 했는데, 번번이 해결할 수 없을 듯이 보였다. 왜냐하면 그녀가 어두운 방에 틀어박힌 채 저녁 식사에도 나오지 않고, 이유를 물어도 대답하지 않고, 화가 나 손바닥으로 쳐대자 엉엉 더 소리 높여 우는 어린애처럼 요령부득한 일로 발버둥치며 울고불고하는 고약한 성미였기 때문이다.

생루가 이번 불화에 몹시 상심했다고 말하면, 독자가 그 상심을 너무 단순하게 또 잘못 생각할지도 모른다. 혼자가 되었을 때, 생루는 자신의 강한 태도를 보고 존경의 정을 품고서 물러간 정부의 모습만 머릿속에 떠올라, 처음 몇 시간 동안 맛보았던 불안도 다시 어쩔 수 없는 것 앞에 끝나버리고 마는 동시에, 불안의 소멸이 어찌나 감미로운 것인지, 불화가 한번 확실해지면, 그로서는 화해에 따르는 매력 같은 것마저 얼마간 느낄 정도였다. 그러고 나서 얼마 뒤 그가 상심하기 시작한 바는, 어떤 번민, 이차적인, 뜻하지 않은 일이었는데, 이런 불안의 밀물은 그녀와 관련 있는 수많은 사념, 곧 어쩌면 그녀가 화해하고 싶어할지도 모른다는 것이다. 내 한마디를 기다리는 거다. 기다리는 동안에 복수 겸 그녀가 어느 저녁, 어떤 곳에서, 어떤 행동을 할는지 모르지, 그런 일이 그녀에게 일어나지 않게 당장 전보를 치면 무사하겠지, 또는 이쪽이 빈둥빈둥 시간을 허비하는 사이, 다른 놈팡이들이 이때를 이용하고 있는지도 모르지, 며칠 지나고 보면 그녀를 되찾기엔 너무 늦을 것이라는 생각들이 쉴 새 없이 그의 마음속에 밀려왔다. 이런 일이 다 있을 법하면서도 하나도 종잡을 수 없는 게, 정부의 입이 밤톨같이 단단해, 이 침묵이 그의 고민을 어찌나 갈팡질팡하게 하는지, 드디어 그는 그녀가 과연 동시에르에 숨어 있는 건지, 아니면 인도로 훨훨 떠나버린 건지 생각하기에 이르렀다.

침묵은 힘이라고 하였다. 그것과는 아주 다른 뜻이지만, 사랑을 받고 있는 이가 일방적으로 밀고 나가면 침묵은 무시무시한 것이다. 침묵은 기다리는 이의 불안을 증가시킨다. 서먹서먹한 존재보다 가깝게 지내고 싶은 소망을 유인하는 것도 따로 없으려니와, 또 침묵만큼 넘기 힘든 장벽이 따로 있겠는가? 침묵은 형벌이라고 되풀이해 말했다. 감옥 안에서 침묵을 강요받은 자는 그 때문에 미치겠지. 그러나 사랑하는 사람의 침묵을 견뎌내기란—침묵을 지키기보다 더—지독한 형벌! 생루는 생각해보았다. '그녀가 이다지 소식을 보내오지 않다니 도대체 뭘 하고 있는 걸까? 설마가 사람 죽인다고 딴놈들과 함께 나를 속이는 게 아닐까?' 또 이렇게도 생각해보았다. '그녀가 이토록 소식을 끊을 만한 짓을 내가 했단 말인가? 나를 미워하는 거야, 영영.' 그리고 그는 자신을 책망했다. 이와 같이 침묵은, 과연 질투와 뉘우침으로 그를 미치게 하였다. 설상가상으로, 감옥의 침묵보다 더 잔혹한 이런 침묵은 그 자체가 감옥이다. 두 사람 사이에 있는 이 공허한 조작은 물론 비물질성 울타리임에 틀림없지만, 뚫고 들어갈 수 없는 것이라서 버림받은 자의 시각의 빛은 이를 관통할 수 없다. 곁에 없는, 한 여인이 아니라 무수한 여인, 저마다 어떤 다른 배신행위를 하고 있는 무수한 여인을 나타내는 이 침묵보다 더 가공할 조명(照明)이 있겠는가? 때로는 갑자기 불안이 풀려, 로베르는 머잖아 침묵이 곧 멈출 것 같은, 학수고대하던 편지가 올 것 같은 생각이 들었다. 그는 편지를 눈앞에 선하게 보고 있고, 편지가 오고 있으며, 기척 하나하나에 귀를 기울이고 있고, 벌써 갈증을 축이고 있으며, '편지다! 편지야!'를 중얼거리고 있다. 이렇게 애정의 오아시스라는 허깨비를 엿본 뒤, 그는 가엾은 침묵이라는 현실의 사막 속에 발을 구르는 신세로 되돌아갔다.

때때로 그는 불화의 온갖 시달림을 하나도 빼놓지 않고 미리 겪었다. 불화를, 마치 이뤄지기 희박한 해외 이주를 목적으로 잡무를 정리하는 이들처럼 모면할 수 있다고 여기는 적도 있었는데, 이런 사념은, 병자의 가슴에서 떼어낸 심장이 몸에서 떨어져나가 계속해서 팔딱 팔딱거리듯, 내일 어디에 몸 둘지 모르는 채 남들에게서 떠나 잠시 버둥거린다. 어쨌든 정부가 돌아오리라는 희망은 마치 전투에서 살아 돌아오리라는 신념이 죽음에 맞닥뜨릴 수 있는 힘을 주듯, 그에게 불화를 참아내는 용기를 주었다. 습관은 인간에게서 생겨나는 식물 가운데, 비옥한 흙을 가장 필요로 하지 않으며, 보기에 무척 황량한 바위에서도 제일 먼저 뻗어나가는 것이다. 처음엔 그가 불화를 흉내 삼아 했는지 모르지만, 결국 습관이 될지도 모른다. 그러나 불확실함이 그의 마음속에서 그 여인의 추억에 결부된, 연정과 비슷한 어떤 상태를 유지하고 있었다. 하지만 그는 꾹 참고 그녀에게 편지를 써 보내지 않았다(어쩌면 정부와 함께 그대로 사느니 차라리 그녀 없이 사는 편이 훨씬 덜 고통스러울지 모른다고 생각하면서, 또는 헤어진 투에 대해, 그녀의 변명을 기다리는 편이, 그녀가 그에 대해 품고 있는 줄로 여기는 정, 애정이 아니더라도, 적어도 존중과 존경의 정을 그대로 간직하게 만들 거라고 생각하면서). 그는 최근 동시에르에 설치한 전화를 걸러 가서, 그가 정부의 곁에 들여보낸 몸종에게 소식을 묻거나 지시를 내리기만 하였다. 하기야 이런 통화도 혼잡하여 시간이 오래 걸렸다. 왜냐하면 도시의 추함에 관한 문학 친구들의 의견에 따라, 하지만 무엇보다도 그 동물들—개, 원숭이, 카나리아와 앵무새 따위—을 고려하여(그 동물들이 끊임없이 울부짖는 소리에 파리의 집주인이 울화통을 터뜨리고 말았다), 로베르의 정부는 베르사유 근방에 있는 작은 셋집에 이사해서, 그러는 동안에 그는 동시에르에서 밤에 한숨도 자지 못했다. 한번은 그가 피로에 녹초가 되어 내 방에서 잠깐 얕은 잠에 빠졌다. 그러다가 냅다 지껄이기 시작하더니 달려가려는, 뭔가 막으려는 시늉을 하며 중얼거렸다. '그 신음 소리야, 넌…… 넌 못…….' 그가 깨어났다. 나에게 꿈을 꾸었다고 말했다. 시골에 있는 중사의 집에 간 꿈. 중사가 그 집의 어느 방에 그를 접근 못하도록 애썼다. 생루는 중사가 아주 부유하고 품행이 올바르지 못한 중위, 제 정부를 매우 탐내고 있는 줄 알고 있는 중위에게 방을 빌려주고 있는 것을 알아챘다. 난데없이 꿈속에서, 번번이 정부가 쾌락으로 황홀해지는 순간에 지르는 단속적이고도 고른 신음이 그의 귀에 또렷하게 들려왔다. 그는 중사에게 그 방에 데려가달라고 억지로 덤벼들었다. 중사는 그의 지나친 무례에 화가 난 듯한 표정을 지으면서, 거기에 못 가게 그를 우격다짐으로 막았다는 꿈인데, 로베르는 이 꿈을 영영 잊지 못할 것이라고 말했다.

"쑥스러운 꿈이네요." 그는 아직도 식식거리며 덧붙였다.

그러나 나는 이 말이 있은 지 한 시간 안에, 그가 정부에게 화해를 구하고자 여러 번 전화를 걸어보려고 했던 것을 바로 눈치챘다. 우리 아버지가 얼마 전 집에 전화를 놓았지만, 이것이 생루에게 많은 도움이 될지 알 수 없었다. 게다가 부모님에게, 뿐만 아니라 부모님의 거처에 설치된 기계에 생루와 그 정부 사이의 중개인 역할을 시킨다 함은, 설령 여인이 품격 있고도 감정이 고상한 분이라 한들, 그다지 예절 바른 일은 아닐 듯싶었다. 생루가 꾸었던 악몽은 조금 지워졌다. 방심하는 듯한 물끄러미 바라보는 눈을 하고서 그는 이 잔혹한 나날 동안 나를 찾아왔는데, 이 나날이 하루하루 연이어 지면서, 그 정부가 어떠한 결심을 취하는지 로베르가 스스로 묻고 답하며 단단한 금속으로 만든 어느 층계의 훌륭한 곡선과 같은 것을 내게 그려 보였다.

마침내 그녀가 그에게 용서해주겠는지 물어왔다. 그는 즉시 절교에서 벗어났음을 알아차리는 동시에, 화해의 여러 불리한 점을 깨닫고 말았다. 게다가 그는 벌써 덜 괴로워하여, 어쩔 수 없는 고통을 거의 감수하고 있었다. 하지만 그녀와의 관계를 다시 시작한다면 틀림없이 몇 달 안에 전처럼 괴로워질 것이다. 그는 오랫동안 망설이지 않았다. 그가 조금 망설인 것은 아마도 이제 정부를 되찾을 수 있음이 확실했기 때문이다. 되찾을 수 있다는, 따라서 그렇게 할 수 있다는 굳은 믿음이 있었기 때문이다. 단지 그녀는 제 마음의 안정을 되찾고자 그가 정월 초하루에 파리에 오지 않기를 부탁했다. 그런데 그는 그녀와 만나지도 않으면서 파리에 갈 만한 용기가 없었다. 한편 그녀는 여행이라면 함께 가도 괜찮다고 말했지만, 정식으로 휴가를 얻어야 했고, 보로디노 대위는 이를 허락하지 않을 것 같았다.

"난처한데, 우리가 숙모댁에 방문하는 날이 점점 더 연기되니 말이에요. 틀림없이 부활절에는 파리에 돌아가겠죠."

"그때는 게르망트 부인 댁에 못 갈걸요. 난 그 무렵에 발베크에 있을 테니까. 그러나 아무래도 상관없는 일이죠."

"발베크에? 아니 거기엔 팔월에야 가지 않나요?"

"하긴 그렇지만, 내년에는 내 건강 때문에 더 일찍 보낼 테니까요."

그의 걱정은, 그가 나한테 한 얘기에 따라, 내가 그 정부를 나쁘게 판단하지나 않을까 하는 것이었다. "그녀의 성미가 사나운 건 그저 감정에 너무 솔직하고 외롭기 때문이지 사실 뛰어난 여인이에요. 그녀가 가진 시적인 세련됨을 당신은 상상도 못 할 겁니다. 해마다 만령제(萬靈祭)*¹에는 브뤼주*²에 가서 지내요. 정말 '멋지죠', 안 그래요? 당신도 한번 만나보면 알게 될 겁니다. 훌륭한 여성이란걸……" 그는 그 여성을 둘러싸고 있는 문학가라는 사람들이 쓰는 말씨에도 물들어 있어서, "그녀에게는 뭔가 별과 같은 것, 예언적인 것마저 있어요. 내 말뜻을 알아듣겠죠, 성직자에 가까운 시인이라는 뜻을."

나는 식사하는 동안, 그가 파리에 오기를 기다리지 않고서도, 생루가 숙모에게 나를 초대하도록 부탁할 수 있는 핑계를 찾아보았다. 그런데 그 핑계를 준 것은 생루와 내가 발베크에서 알게 된 화가인, 엘스티르의 그림을 다시 보고 싶다는 나의 소망이었다. 하기야 핑계라곤 하지만 조금은 본심이기도 하였으니, 엘스티르를 방문할 때마다 내가 그의 그림에서 구해 마지않던 것이, 그림 자체보다 더 좋은 것, 정말 해빙, 진정한 시골 광장, 바닷가의 살아 있는 여인들을 이해하며 좋아하도록 이끌어달라는 것이었는데(적어도 산사의 오솔길 같은, 내가 깊이 연구할 수 없었던 현실을 그 그림에 요구하고 싶었다. 그림이 언제까지나 그 현실의 아름다움을 내 마음속에 간직해주기를 바라서가 아니라, 그 아름다움을 나에게 밝혀주기 위해서), 지금은 반대로 내 소망을 부추기는 것은 한 그림의 독창성과 매력이며, 또한 내가 특히 보고 싶은 것은 엘스티르의 다른 그림들이었기 때문이다.

그리고 또, 보잘것없는 그의 그림에마저, 더욱 뛰어난 화가의 걸작과는 다른 것이 있는 듯 느껴졌다. 그의 작품은 넘지 못할 경계를 진, 비할 바 없는 소재로 된 닫힌 왕국과도 같았다. 그에 관한 연구를 실은 잡지는 아주 드물었지만, 그것을 열심히 모으는 동안에, 나는 그가 풍경과 정물을 그리기 시작한 것이 최근이며, 신화적인 주제의 그림(나는 그 중 두 점의 사진을 그의 아틀리에에서 본적이 있다)부터 그리기 시작해서, 그 뒤로 오랫동안 일본화의 영향을 받았음을 알았다.

---

*1 11월 1일.

*2 벨기에 서북부의 도시.

그의 온갖 수법의 특징이 잘 살아 있는 몇몇 작품이 지방에 흩어져 있었다. 가장 훌륭한 풍경화 가운데 하나인 앙들리(Andelys)*의 어떤 집이야말로, 맷돌용 석재로 만든 창틀에 찬란한 그림 유리를 끼운 집이 있는 샤르트르 근방의 마을에 못지않게 소중하게 여겨져서, 여정을 북돋워 마지않는 것이었다. 그 걸작의 소유자, 한길을 향한 초라한 집 속에 점성가처럼 틀어박혀서 엘스티르의 그림이라는, 이 세계를 비추는 거울 하나를 조용히 바라보고 있는 인물, 아마도 수천 프랑을 던져 그 그림을 샀을 사나이 쪽으로, 어떤 중요한 일에 대해서 같은 생각을 지닌 사람들의 마음이나 성격을 하나로 만드는 그 공감에 의해 끌려가는 자신을 느꼈다. 그런데 내가 좋아하는 이 화가의 중요한 세 작품이, 그 잡지 가운데 하나에 씌어 있는 바로는 게르망트 부인의 소장이라는 것이었다. 따라서 생루가 그 정부의 브뤼주 여행을 나에게 알려주던 저녁, 요컨대 마음속으로 이리저리 숙고한 끝에, 나는 식사 중 여러 친구들 앞에서 퍼뜩 생각난 듯 불시에 그에게 말할 수 있었다.

"저어, 우리가 얘기했던 부인에 대해 마지막으로 몇 마디 하겠는데 괜찮나요? 당신 엘스티르를 기억하죠, 발베크에서 나와 친해진 화가 말입니다."

"기억하다뿐인가요, 잘 알죠."

"내가 그를 얼마나 숭배했었는지도 기억하나요?"

"물론이죠, 우리 둘이 그에게 보낸 쪽지도."

"좋아요, 좋아요, 그러면 말이죠, 가장 중요한 이유는 아니지만, 그 부인과 아는 사이가 되고 싶어하는 이유는 말이죠……. 그런데 당신은 내가 어느 부인을 두고 하는 말인지 압니까?"

"아무렴요! 퍽도 빙빙 돌려 말하네요!"

"그분 댁에 매우 아름다운 엘스티르의 그림이 있다는군요."

"처음 듣는걸요."

"틀림없이 엘스티르는 부활절에 발베크에 있겠죠, 알다시피 요새는 1년 내내 거의 그 해안에서 지낸다니까. 내가 파리를 떠나기 전에 꼭 그 그림을 보고 싶군요. 당신이 숙모님과 썩 사이가 좋은지 모르겠지만, 내가 그분한테 거절당하지 않으면서 나를 솜씨 있게 돋보이도록 주선해줘요. 당신이 가지

---

* 센 강 하류에 있는 시가.

않을 테니, 당신 없이 그림을 보러 가도 괜찮도록 부탁해줄 수 있나요?"

"그러죠, 책임질게요. 내가 그 일을 맡겠습니다."

"로베르, 당신이 얼마나 고마운지요!"

"고마워하는 거야 기쁘지만, 이제는 너라고 불러주면 더욱 고맙겠어요. 그렇게 부르자고 당신이 약속했으니, 또 당신이 말을 놓자고 했으니까."

"슬그머니 떠나려고 모의하는 게 아니기를 바랍니다." 생루의 친구 하나가 나에게 말했다. "알다시피 생루가 휴가를 떠난다 해도 별로 변하는 게 없을 테고, 우린 여기 그대로 있으니까요. 당신에게는 아마 덜 흥미롭겠지만, 우리가 온 힘을 다해 생루가 없다는 것을 잊도록 애써보죠!"

사실 로베르의 정부가 혼자 브뤼주에 가리라 다들 믿고 있을 무렵에, 이제 껏 완고하게 반대 의견이던 보로디노 대위가, 하사관 생루에게 브뤼주행 장기 휴가를 허락했다는 소식이 알려졌다. 사정은 이러했다. 숱 많은 머리털이 크나큰 자랑인 보로디노 대공은, 나폴레옹 3세 옛 이발사의 제자로 지낸 적이 있는, 이 거리에서 가장 유명한 이발사의 꾸준한 단골이었다. 보로디노 대위는 이 이발사와 사이가 아주 좋았으니, 그의 위엄 있는 행동거지에도 불구하고, 비천한 이들에게는 자연스럽게 대했기 때문이다. 그러나 이발사는, '포르투갈 향수', '수브랑의 향수', 머리인두, 면도칼, 가죽 숫돌 따위의 대가가 머리 감는 요금, 이발 요금 등등과 함께 적잖은 액수로 불어난, 무려 5년 동안 밀린 외상을 지불하지 않는 대공보다, 어김없이 꼬박꼬박 요금을 치르며, 마차와 말을 많이 갖고 있는 생루 쪽을 더 높이 평가하고 있었다. 생루가 정부와 함께 여행가지 못해 고민하고 있다는 얘기를 듣자, 이발사는 흰 보를 턱밑에 댄 대장의 머리를 뒤로 젖혀놓고, 목에 면도칼을 대는 순간에 열심히 그 얘기를 대공에게 해댔다. 이렇듯 한 젊은이에게 아름다운 여인이 잘 따른다는 이야기는 귀족 출신인 대위의 얼굴에 보나파르트풍의 너그러운 미소를 자아냈다. 그가 아직 값을 치르지 않은 계산서를 생각해봄직도 하나, 어느 공작의 추천이라면 불쾌하기 짝이 없을 것을, 이발사의 추천이고 보니 몹시 유쾌했다. 그의 턱에는 아직 비누 거품이 가득한데 그 자리에서 휴가 허가의 약속이 맺어지고, 그날 저녁 안으로 서명되었다. 늘 자기 자랑을 늘어놓는 버릇이 있는 데다, 거짓말 잘하는 재주로, 사뭇 자기 공인 듯이 적당히 꾸며낸 이야기를 하는 이발사가 이번만은 분명히 생루에게 좋은 일을 해주고서도 조금도 생색을 내지 않았을 뿐만 아니라, 또한 마치 허영이 거짓말을 필요로 하였지만, 거짓말을 할 필요가 없고 보니 겸양에 자리를 양보하듯, 로베르에게 한마디도 꺼내지 않았다.

로베르의 친구들이 입을 모아 나에게 말하기를, 내가 더 오래 동시에르에 머물러 있거나 또는 어느 때고 이곳에 다시 오거나, 로베르가 없더라도 그들의 마차나, 말, 집, 여가도 나에게 맡기겠노라 했는데, 이는 이 젊은이들이 그들의 풍요로운 생활이나 젊음, 활력을 병약한 나에게 바치는 큰 도량임을 나는 뼈저리게 느꼈다.

"그런데 어째서" 하고, 생루의 친구들은 내가 머물러 있기를 고집하고 나서 계속해 말했다. "해마다 이곳에 안 오시죠? 이곳의 조용한 생활이 마음에 드셨을 텐데! 게다가 마치 노병같이 연대 안에서 일어나는 갖가지 일에 흥미를 느끼시고."

왜냐하면 지난날 학창 시절에, 학우들에게 테아트르 프랑세즈 배우들의 우열을 꼽게 한 것처럼, 내가 그 이름을 알고 있는 여러 장교들을, 어느 정도 감탄을 받을 만한지, 그 감탄의 정도에 준해서 분류해달라고 그에게 계속 부탁했기 때문이다. 늘 다른 장군들의 선두에 그 이름이 인용됨을 들어온 장군 하나, 예컨대 갈리페(Galliffet),*¹ 또는 네그리에(Négrier)*² 대신에, 생루의 친구들 가운데 하나가, "아니지, 네그리에는 가장 평범한 장군들 가운데 하나입니다" 하면서 포(Pau)*³라든가 게슬랭 드 부르고뉴(Geslin de Bourgogne)*⁴ 같은 새로운, 풋내 나는 풍치 있는 이름을 입 밖에 내면, 나는 이전에 티롱(Thiron)*⁵이라든가 페브르(Febvre)*⁶ 같은 진부한 이름이 아모리(Amaury)*⁷라는 맑고 산뜻한 이름의 돌연한 개화로 납작해지는 것을 보던 때와 같은 즐거운 놀라움을 느꼈다. "네그리에보다도 뛰어나다고요? 어떤 점에서? 예를

---

*1 프랑스의 장군(1830~1909). 1899년 발데크 루소 내각의 육군 장관(1899~1905 재임).
*2 프랑스의 장군. 아프리카 전투와 통캥 전투에서 이름을 날림(1839~1913).
*3 프랑스의 장군(1848~1932).
*4 프랑스의 장군.
*5 프랑스의 배우(1830~1891).
*6 코메디 프랑세즈의 회원(1835~1916).
*7 오데옹 극장의 배우.

들어주시지요." 나는 연대의 소위·중위·대위 장교들 사이에까지 심한 차이가 있기를 바라 마지않았고, 그 차이가 근거 속에 군인으로서 어떠한 것이 탁월하다고 하는지, 그 탁월의 진수를 파악하고 싶었다. 내 눈에 가장 자주 띄어서 그 사람에 대해 이러니저러니 하는 말을 가장 흥미 있게 들었을지도 모르는 이들 가운데 하나는 보로디노 대공이었다. 그러나 생루도 그의 친구들도, 그를 제〇 기병대에 비할 바 없는 정돈을 확보하고 있는 훌륭한 장교로서 정당히 인정하면서도, 하나같이 그 인물을 좋아하지 않았다. 프리메이슨에 들어가서, 다른 장교들과 그다지 교제하지도 않으며, 다른 장교들에 비해 특무 상사의 험상궂음을 남기고 있는 병졸 출신인 몇몇 장교들에 대해서 말할 때와는 분명히 다른 말씨로 그에 관해서 말들 하지만, 그들은 보로디노 씨를 다른 귀족 출신인 장교들 수에 넣고 있지 않은 듯했다. 사실 생루에 대한 태도를 보더라도, 보로디노 씨는 다른 장교와는 달랐다. 다른 장교들은 로베르가 하사관에 지나지 않는 것, 그러므로 여느 때는 깔보고 있을 게 틀림없는 상관 집에 그가 초대받는 것을 보면 그의 세도 있는 가족이 기뻐할지도 모른다는 것을 이용하여, 젊은 중사에게 도움이 될 만한 고관이 참석할 때는 그를 식탁에 초대하는 기회를 놓치지 않았다. 유독 보로디노 대위만이 로베르와의 관계를, 하기야 번드르하게, 군무 말고는 관계를 가지려고 하지 않았다. 그의 할아버지가 나폴레옹 황제에 의해 원수 및 대공 겸 공작(prince -duc) 지위를 받게 되었고, 드디어는 결혼을 통해 나폴레옹 가문과 인척이 되었으며, 다음으로 그 아버지가 나폴레옹 3세의 사촌누이와 결혼했는데, 쿠데타가 있은 뒤 두 차례나 장관을 지낸 바 있는 대공은, 이와 같은 족보에도 불구하고, 생루나 게르망트 가문에서 본다면 대수롭지 않다는 것을 느꼈기 때문이다. 그런데 게르망트 가문 쪽으로서는, 그가 그들과 같은 입장에서 있던 적이 없어서, 그를 거의 셈속에도 넣지 않았다. 그는 생루의 눈에는, 자기가—호엔촐레른(Ho-henzollern)* 가문의 인척인 자기가—진정한 귀족으로 보이지 않고, 소작인의 손자로 보이리라 짐작하고 있는 반면에, 생루를 나폴레옹 황제에게 백작 작위를 받았던 사내—포부르 생제르맹에서 이를 가리켜 다시 된 백작이라 부른다—의 아들, 황제께 애원하여 도지사 한자리를

---

* 프로이센의 왕자, 곧 빌헬름 가문.

얻었다가, 다음에, 편지에 '각하'로 쓰이며, 황제의 생질이기도 한 장관, 보로디노 대공전하의 지위보다 형편없이 낮은 관직을 얻어낸 사내의 아들로 여겼다.

황제의 생질 이상인지도 모른다. 최초의 보로디노 대공부인은 나폴레옹 1세의 총애를 흠뻑 받았다는 소문이 자자해, 엘바 섬에까지 따라갔고, 두 번째 보로디노 대공부인은 나폴레옹 3세의 총애가 두터웠다고 하니까. 그래서 여느 사람이 보로디노 대위의 평온한 얼굴에서 나폴레옹 1세, 타고난 모습으로서가 아닐망정 적어도 일부러 꾸민 가면의 위엄으로서 나폴레옹 1세의 풍모를 다시 보았다고 하면, 특히 그 우울하고도 선량한 듯한 눈과 늘어진 수염 속에 뭔가 나폴레옹 3세를 떠올리게 하는 것이 있었다. 너무나 닮아, 그가 세당(Sedan)* 전투 뒤, 포로가 된 나폴레옹 3세와 동행하는 허가를 청하였다가 비스마르크에게 거절당했을 때의 일인데, 그를 기꺼이 끌고 오게 한 비스마르크는 우연히 눈을 쳐들어 물러가는 이 젊은이를 보고, 갑자기 그 닮음에 몹시 놀라 생각을 고쳐서 그를 다시 불러, 다른 자들에게 거절했던 허가를 그에게 내렸다고 한다.

보로디노 대공이(평민 출신인 쾌활한 두 부관을 곧잘 초대하면서도) 생루나 연대에 있는 생제르맹 귀족 사회의 다른 이들과는 스스로 교제하려고 하지 않았던 까닭은 황족다운 존엄의 높이에서 그들을 모두 깔보면서, 이 하급자들을 둘로 나누고 있었기 때문인데, 그 한쪽은 하급자인 줄 아는 이들, 이들하고는 기꺼이 교제하였고, 또 한쪽은 그가 결단코 받아들이지 못하는 무리, 하급자인 주제에 스스로 우월하다고 여기고 있는 이들이었다. 그러므로 연대의 모든 사관이 생루를 환대하고 있는데도, 어떤 원수에게 특별히 이 젊은이를 추천받은 바 있는 보로디노 대공은 군무상에서만 친절하게 대해주는 데 그쳐(하기야 생루의 근무는 모범적이었다), 이를테면 생루를 초대할 수밖에 없는 특별한 경우를 빼놓고서는 자택에 초대한 적이 한 번도 없었다. 그런 특별한 경우가 내가 머무는 동안에 있었으므로, 그는 생루에게 나를 데리고 오도록 청했다. 그날 저녁, 중대장의 식탁에 참석한 생루를 보면서, 나는 이른바 옛 귀족과 나폴레옹 제정 시대의 귀족이라는, 이 두 귀족 사이에

---

* 프랑스 아르덴 지방의 시가. 1870년 9월 나폴레옹 3세가 프러시아군에 패한 곳.

있는 차이를, 저마다 꾸민 태와 멋 속에서까지 쉽사리 가릴 수 있었다. 있는 이지력을 다 써서 거부하더라도, 이미 그 핏속에 물들어 있는 결점을 가진 계급, 적어도 한 세기 이래 실제의 위엄을 행사하지 못해, 이제는 필수 교양 의 일부를 이루는 거만한 상냥함을 진지한 목적 없이 오로지 심심풀이식으로 연습한 승마나 검술 따위의 훈련으로밖에 보지 않는 계급, 이 계급 출신 인 생루는 제 무릇없는 태도가 상대를 흡족하게 하며, 제 버릇없음이 상대의 낯을 세우는 줄 여길 만큼, 이 계급의 귀족이 깔보는 부르주아를 만나면, 소 개된 부르주아가 어떠한 인간이든 간에, 그 이름을 들은 적이 없던 인간이든 간에, 그 사람의 손을 정답게 잡고 담소하면서(쉴 새 없이 다리를 꼬고 있다 가는 풀고, 발을 손에 쥔 채 단정하지 않은 모양으로 뒤로 번듯이 걸터앉아) 그를 '나의 친애하는'이라고 부르곤 했다. 이와는 반대로, 혁혁한 공로의 보 수로 받은 막대한 세습재산이 남아 있는 한 그 작위도 본디 의의를 그대로 간직하는 귀족에 속하는 보로디노 대공, 수많은 사람을 지휘하여 사람 부리 는 줄 알 것이 남들에게 틀림없는 높은 관직의 기억을 떠오르게 하는 보로디 노 대공은—분명하지 않더라도, 개인적이자 뚜렷한 의식 중에서가 아니더라 도, 적어도 태도나 행동으로 그 점을 드러내고 있는 몸에서—제 계급을 아 직도 유력한 특권으로 여기고 있었다. 생루가 어깨를 툭툭 치거나 팔을 잡거 나 하는 평민들에게, 보로디노 대공은 위엄 있는 딱딱함을 보냈는데, 그때에 위대함으로 가득 찬 조심성이, 타고난 미소를 자아내는 순박성을, 진지한 온 정과 고의의 거만이 동시에 새겨져 있는 가락으로 완화하고 있었다. 이는 틀 림없이 탁자 위에 팔꿈치를 짚거나 발을 손에 쥐거나 하는, 생루의 아니꼬운 태도가 냉대를 받았을 궁정(宮廷), 보로디노 대공의 아버지가 최고의 벼슬 을 했던 궁정과 중대한 대사의 직에서 그가 그다지 멀리 떨어져 있지 않기 때문이다.

또한 나폴레옹 1세가 자기의 원수(元帥)·귀족을 선출했고, 제3세가 풀드 (Fould)*1·루에르(Rouher)*2를 발견했던 크나큰 저수지인 중산계급을, 그가 별로 멸시하지 않는 탓이기도 했다. 군대를 지휘하는 것보다 더 능한 것이 없는 황제의 아들인지 손자인지는 틀림없지만, 그 아버지와 할아버지의 전

---

*1 나폴레옹 3세의 재무장관(1800~1867).
*2 나폴레옹 3세 치하 장관(1814~1884).

넘이나 염려는 적용해볼 만한 대상이 없어서, 보로디노 씨의 신념 속에 실제로 살아남을 수가 없었다. 그러나 한 예술가가 땅 위에서 사라진 지 오랜 세월이 지난 뒤에도 그 정신은 그가 만든 조각상을 계속 실물처럼 보이게 하듯, 그런 전념이나 염려는 보로디노 씨에게 옮아가는 동시에 물질화되고 육신화하여, 그의 얼굴에 나타나 있는 것이 바로 그 전념이었다. 그는 목소리에 지닌 나폴레옹 1세의 활기로 기병 하사를 꾸중하고, 나폴레옹 3세의 꿈꾸는 듯한 우울과 더불어 담배 연기를 내뿜었다. 평복을 입고 동시에르 거리를 걸을 때는 중산모자 밑에서 새어나오는 어떤 눈빛이 대위 주위에 황제의 남모를 외출을 빛나게 하였다. 그가 베르티에 원수와 마세나 원수를 인솔하듯 특무상사와 물건을 대줄 하사를 데리고 중사실에 들어갈 때, 모두 부르르 떨었다. 병사의 판탈롱 감을 선택할 때, 그는 탈레랑(Talleyrand)*¹을 실패하게 하며, 알렉산드르(Alexandre)*²를 기만할 만한 눈초리를 옷을 마련해주는 하사에게 쏘았다. 때로는, 검열하는 도중, 걸음을 멈추고, 감탄할 만한 푸른 눈을 꿈꾸게 하면서 윗수염을 비비 꼬며, 새 프로시아와 이탈리아를 건설하는 듯했다. 그러다가 곧 나폴레옹 3세에서 나폴레옹 1세로 되돌아오면서, 그는 정돈된 옷이 윤나지 않음을 지적하기도 하고, 병사가 먹는 일반 음식을 맛보고 싶어하기도 했다. 자택에서의 사생활에서는, 그가 부르주아 계급인 장교들의 부인들에게(그 장교들이 프리메이슨 단원이 아니라는 조건 아래) 보이는 것은 대사가 아니고선 소유 못할 하늘빛 세브르(Sèvres) 자기의 접시뿐만이 아니다(그의 아버지가 나폴레옹에게서 받은 접시로, 그가 살고 있는 산책길에 마주한 시골풍 가옥 안에서 더욱 귀중하게 보였다. 마치 손님이 많아 번창하는 농가 주막으로 설비된 옛 저택의 촌스런 찬장을 보고 나그네가 기쁨과 더불어 감탄해 마지않는 희귀한 도자기처럼). 또한 황제에게서 받은 그 밖의 선물, 곧 '태어난' 신분의 좋음이 어떤 사람들에게는 일생 동안 지극히 부당한 추방을 당하지 않아도 괜찮게 했다면, 해외 사절의 자리에 나가 있어도 감탄하는 주목을 끌었을 그 고상하고도 싹싹한 예의, 무람없는 거동, 친절, 우아함, 그 밖에 감청색 잿물 밑에 갇힌 빛나는 영상, 불가사의하고도 반짝거리는, 살아남은 눈길의 유물도 보였다.

---

*1 프랑스의 주교이자 정치가(1754~1838). 1834년 빈 회의 때 프랑스를 대표함.
*2 여기서는 러시아 황제 알렉산드르 1세를 말함.

대공이 동시에르에서 중산계급 사람들과 맺고 있는 교제에 관해, 다음과 같은 일을 말해둘 필요가 있다. 중위는 피아노를 썩 잘 연주했고, 군의관 부인은 음악원에서 일등상을 탄 사람처럼 노래했다. 이 군의관 부부는 중위 부부와 마찬가지로 매주 보로디노 씨 댁에서 저녁 식사를 했다. 이들은 대공이 휴가를 얻어 파리에 갈 때마다, 푸르탈레스 부인이나, 뮐라 가문 따위에서 저녁 식사를 하는 것을 알고는 이를 자랑으로 삼았으리라. 그러나 이들은 이따금 서로 말하곤 했다. "그는 한낱 대위에 지나지 않아, 우리가 그의 집에 찾아가는 것을 매우 기뻐하지. 게다가 우리는 진정한 친구거든." 그런데 될 수 있으면 파리와 가까운 임지에 부임하는 운동을 오래전부터 해온 보로디노 씨로 말하면, 보베(Beauvais)로 전임이 결정되자 거기로 이사해, 동시에르 극장이나 자주 점심을 시켜 먹었던 작은 식당과 마찬가지로 음악가 부부 두 쌍을 깨끗이 잊어버리고 말았다. 이들은 크게 화가 났으니, 저녁 식사에 자주 초대받았던 중위도 군의장도 그 뒤 한평생 대공의 소식을 받지 못했다.

　　어느 날 아침, 생루는 우리 할머니에게 내 근황을 알리는 소식을 적어 보내고, 그 글 안에서, 동시에르와 파리 사이에 전화가 개통되었으니 나와 통화해보는 생각을 암시했노라고 내게 털어놓았다. 요컨대 그날 할머니가 나를 전화로 불러낼 테니, 4시 15분 전에 우체국에 가 있으라는 것이었다. 그때 전화는 아직 오늘만큼 일반적이지 않았다. 그렇지만 습관은 우리가 접하는 성스러운 힘에서 순식간에 그 신비성을 벗겨놓는지라, 곧바로 통화가 되지 않아 내 마음에 생겨난 것은, 그저 아주 오랜 시간이 걸리는, 매우 불편한 것이라는 생각뿐, 나는 불평을 해댈 생각조차 없었다. 지금 우리 모두가 그렇듯이 나는, 우리가 말 건네려는 상대가 사는 도시 안(우리 할머니의 경우는 파리였다), 우리가 있는 곳과 다른 하늘 아래, 반드시 같지만은 않은 날씨에다, 우리가 모르는 상황, 근심 가운데(상대는 우리한테 이런 일들을 말하려고 한다), 제 탁자 앞에 앉아 있다가, 우리 변덕이 명하는 순간, 단번에 몇 백 리를 뛰어넘어(잠겨 있는 모든 환경과 함께) 우리 귓가에 와 있는 상대를, 눈에 보이지 않으나 지금 이때에, 금방 우리 곁에 나타나게 하는 돌연한 변화, 이 탄복할 요술이 내 생각에는 그다지 빠르지 않았다. 그리고 우리는 옛이야기에 나오는 인물 같으니, 인물이 소망을 밝히는 동시에 마법 부리는 아가씨는 책을 뒤적이거나, 눈물을 흘리거나, 꽃을 따거나 하는 그 할머니 또는 약혼녀를 이상하도록 뚜렷하게, 바로 곁이지만 아주 멀리, 실제로 그녀가 있는 같은 곳에 나타내 보인다. 이 기적을 행하려면 우리 입술을 마법의 나무 조각에 가까이 대고—때로는 너무 오랜 시간이 걸리기도 하지만—'주의를 게을리하지 않는 처녀'를 부르기만 하면 그만이다. 날마다 목소리를 듣긴 하나 그 얼굴을 본 적 없는 처녀들이야말로, 현혹하는 어둠 나라의 문을 엄중히 감시하는 우리의 수호천사이기도 한 처녀들 눈에 보이지 않기는 하지만, 자리에도 없는 사람을 우리 곁에 솟아오르게 하는 전능한 아가씨들. 끊임없이 소리의 항아리를 비우고, 채우며, 옮기는 저승 세계의 다나이데스(Danaides),* 우리가 아무도 못 듣도록 여자친구에게 소곤소곤 속내 이야기를 속삭일 적에, '몇 번' 하고 잔혹하게 외쳐 빈정거리는 독살스러운 아가씨, 늘 성나 있는 신비의 시녀, 눈에 보이지 않는 성마른 수녀. 전화교환원 아가씨들! 우리의 부름이 울리자마자, 도깨비들이 가득한 어둠 속, 우리 귀만이 터놓은 어둠 속에, 가벼운 소리—추상의 소리—가 제거된 소리로, 그리운 이의 목소리가 우리에게 말한다.

  그녀다, 우리에게 말하는 것은 그녀의 목소리다, 거기 있는 것이다. 하지만 얼마나 먼가! 오랜 여행을 하지 않고서는 못 만난다는 어려움에 부딪치기라도 한 듯, 귓전에 울리는 그녀의 목소리를 불안 없이 들을 수 있었던 것이 도대체 몇 번인가! 더할 나위 없이 즐겁게 보이는 화목 속에도 실망을 주는 것이 있다는 사실, 손을 뻗기만 하면 붙잡을 수 있을 듯한 순간에도 사랑받은 이들한테서 우리가 얼마나 멀리 있을 수 있는지, 나는 여느 때보다 더 절실히 느꼈다—실제로 존재하는 것이다, 귓전에 울리는 그 목소리는—사실 멀리 떨어져서! 그러나 또한 영원한 갈라짐의 전조이기도 한 것이다! 여러 번, 아주 멀리서 나에게 말하는 모습도 볼 수 없는 그녀의 목소리에 이렇게 귀를 기울이면서, 한번 떨어지면 다시 올라오지 못하는 심원에서 그 목소리가 부르짖는 듯한 생각이 드는 동시에 나는 앞으로 어느 날, 어떤 목소리가 이와 같이(내가 영원히 다시 보지 못할 육신에 이미 깃들이지 않고서, 홀로) 되돌아오면서, 영영 유해로 된 입술에 스쳐갈 때에 내가 포용하고 싶

---

* 그리스의 아르고스(Argos) 왕인 다나오스(Danaos)의 딸들. 자신의 남편들을 죽였으므로 구멍 뚫린 항아리에 물을 채우는 형벌을 받았음.

은 말을 내 귀에 속삭일 때, 내 가슴 조일 불안을 경험했다.

그날, 동시에르에서는 유감스럽게도 기적이 일어나지 않았다. 내가 우체국에 이르렀을 때, 이미 할머니의 통화 신청이 걸려온 뒤였다. 나는 전화실로 들어갔으며, 그곳엔 이미 선이 이어져 있었다. 누군가 말하고 있는데, 이 사람은 대꾸하는 이가 없음을 모르는 게 틀림없는 것이, 내가 수화기를 귀에 대니, 이 나뭇조각이 어릿광대처럼 지껄이기 시작했으니까. 나는 인형 극장에서 하듯 수화기를 제자리에 놓으면서 상대를 속였다. 하지만 상대는 어릿광대처럼, 내가 수화기를 다시 들어 귀에 대자마자 또다시 지껄이기 시작했다. 나는 마침내 안 되겠구나 단념하고, 수화기를 걸어두어, 마지막 순간까지 수다스럽게 지껄이는 요란한 둥근 토막의 진동을 진압하고 나서 전화교환원을 찾아가니, 잠깐 기다리라고 했다. 다음에 내가 말하기 시작하니 잠시 침묵 끝에 단번에, 내가 잘 알던 그 목소리가 들려왔다. 사실 '귀에 익은'이라고는 할 수 없다. 왜냐하면 여태껏 할머니가 나한테 얘기할 때마다 나는 번번이 눈이 큰 자리를 차지하고 있는 그 얼굴의 열린 부분으로 하는 말을 열심히 들어왔으니까. 그런데 그 목소리만을 듣는 것은 그날이 처음이었다. 목소리가 전부이며, 모습과 함께하지 않고서 이처럼 홀로 나에게 다다른 찰나, 그 목소리의 균형이 변한 듯했으므로, 나는 할머니의 목소리가 얼마나 부드러운지 발견했다. 하기야 그토록 부드러운 적이 없었는지도 모른다. 왜냐하면 할머니는 내가 멀리 떨어져 쓸쓸해함을 느껴, 여느 때는 교육의 '주의'상 억눌러 숨겨둔 애정을 마음껏 드러내도 괜찮다고 믿었으니까. 부드러웠지만 또한 얼마나 슬픈 목소리였는가. 먼저 온갖 엄함을, 남에게 맞서는 온갖 요소를, 이기적인 모든 것을—인간의 목소리에서 그 예가 없을 만큼—거의 다 걸러낸 다정스러움 자체였으니까! 다정다감으로 연약한 목소리는 곧바로 깨어질 것 같았고, 청순한 눈물의 흐름 속에 사라질 성싶었다. 다음에, 목소리만을 귓전에 듣고, 얼굴이라는 가면 없이 그것을 보았으므로, 나는 처음으로, 삶을 보내는 동안에 목소리에 상처낸 슬픔을 주목했다.

내 가슴을 찢는 듯한 새로운 인상을 준 건 오로지 목소리뿐이었나? 아니다. 오히려 목소리의 이 격리는, 또 하나의 격리, 처음으로 나와 떨어진 할머니의 고독이라는 상징, 상기, 곧바로 나온 결과 같은 것이었다. 평소 할머니가 나에게 시키는 명령이나 금지, 내가 할머니에게 품고 있는 애정을 중화하고 마는 복종의 귀찮음과 반항의 울화는 이 순간에 싹 가시고 말았으며, 또 앞으로도 그럴지 몰랐다(이제는 할머니가 나를 가까이에 두려고 하지 않고, 내가 동시에르에 아주 머물러 있기를, 어쨌든 되도록 오래 머무르기를 바라는, 그러면 내 건강과 일에 도움이 될지 모른다는 말을 하는 중이었으니까). 또한 내 귀에 바싹 댄 이 작은 종 속에서 들려온 것은 여태껏 날마다 그것을 균형 잡히게 해온 상반되는 압력으로 떨쳐버리는 것, 그러자마자 저항할 수 없는 것이 되고 말아, 우리의 애정을 몽땅 내 마음속에 일게 했다. 할머니가 나한테 머물러 있으라고 말하니까 나는 돌아가고픈, 불안하고도 미칠 것 같은 욕구가 일어났다. 지금부터 나를 내버려두는 이 자유, 할머니가 승낙하리라고는 꿈에도 생각지 못했던 이 자유는, 언뜻 나에게 할머니 사후(내가 아직 할머니를 사랑하고 있는데도 할머니가 영영 나를 버리고 가버리는 때)의 자유처럼 슬프게 느껴졌다. 나는 "할머니, 할머니" 하고 외치며, 할머니를 꼭 껴안고 싶었지만, 내 곁에는 그 목소리, 할머니가 앞으로 죽을 때, 어쩌면 나를 찾아 되돌아올지도 모르는 유령처럼 손에 닿을 수도 없는 목소리뿐이었다. "말씀하세요" 하고 외쳤으나 별안간 목소리가 들리지 않아, 나는 더욱 외로워졌다. 이제 할머니는 내 목소리를 못 들으며, 나와 통화 중이 아니었고, 우리가 서로 맞대고 있는 것이 아니었으며, 서로 목소리가 들리는 것이 아니어서, 나는 소리의 어둠 속을 더듬어가면서 계속해 할머니를 불러대고, 할머니의 부름 소리 또한 어둠 속을 헤매고 있음에 틀림없다고 느꼈다. 아주 먼 지난날, 어린아이였을 무렵, 어느 날 사람들 속에서 할머니를 잃었을 적에 느꼈던 근심, 할머니를 못 찾을까 봐서 그러기보다, 할머니가 나를 찾고 있는 것을 느낌으로써, 내가 할머니를 찾고 있는 줄 할머니가 생각하고 있음을 느낌으로써 일어난 근심, 이미 대꾸할 수 없는 이에게, 말하지 않던 것이나 불행하지 않다는 확언을 들려주고 싶은 이에게, 말하는 날에 내가 느낄지 모르는 안타까움과 꽤 비슷한 근심, 이와 같은 근심으로 내 가슴이 고동치고 있었다. 내가 지금 막 어둠 가운데 잃어버린 것이 이미 그리운 분의 혼백이었다는 생각이 들었다. 홀로 전화기 앞에 서서, 나는 헛되이 계속해 "할머니, 할머니" 하고 불러댔다. 마치 혼자가 된 오르페우스가 죽은 아내의 이름을 불러대듯. 나는 우체국에서 나와 로베르를 만나러 식당에 가서, 파리에 돌아오라는 전보가 쉬 올 것 같으니, 어찌 되든 간에 열차 시간표를 알고 싶다고 그에게 말하기로 했다. 그렇지만 이 결심을 행동으로 옮기기에 앞서, 나는 마지막으로 한 번만 '어둠'의 아가씨들, 말의 '사자', 얼굴 없는 여신을 불러내고 싶었다. 그러나 변덕스러운 '문지기 아가씨들'은 이젠 다시 불가사의한 문을 열어주려 하지 않았다. 어쩌면 그럴 수가 없었을지도 모른다. 그녀들이, 여느 때처럼 존경할 만한 인쇄술 발명자 구텐베르크*¹나 인상파 그림 수집가이자 자동차를 좋아하는 젊은 귀공자 와그람(Wagram)*²(이 사람은 보로디노 공작의 조카였다)에게 여러 차례 간청해도 보람 없이, 구텐베르크도 와그람도 대답 없이 그 애원을 물리쳐, 나는 아무리 불러도 눈에 보이지 않는 세계는 그대로 귀머거리로 있으리라 느끼면서 떠났다.

로베르와 그 친구들 곁에 이르자, 나는 내 마음이 그들과 함께 있지 않고, 내 떠남이 이미 바꾸지 못할 결정이라곤 입 밖에 내지 않았다. 생루는 내 말을 곧이곧대로 믿는 모양이지만, 나중에 안 바로는, 내 망설임이 거짓이며, 내일 내가 이곳에 없으리라는 것을 처음부터 알아챘다고 한다. 음식이 식는 걸 꺼리지 않고, 그와 그의 친구들이 내가 타고 갈 파리행 열차를 시간표에서 찾는 동안에, 으스스 춥고 별이 반짝이는 밤 속에 이동하는 기척이 들려왔지만, 나는 이곳에서 여러 밤 동안 친구들의 우정과 기척들이 멀리 지나가는 데서 받아왔던 똑같은 평화로움을 이제 확실히 맛보지 못했다. 그렇지만 그들은 이 밤에도, 나에게 평화로움을 준다는 이 소임을 다른 꼴로 저버리지 않았다. 이제 나 혼자서 내 출발을 생각하지 않아도 괜찮았을 때, 기운찬 친구들, 생루의 동료들과 더욱 힘센 것, 낮이나 밤이나 동시에르와 파리 사이를 오가는 열차, 요 며칠을 돌아다보아 할머니와의 오랜 떨어짐을, 답답하고도 견딜 수 없게 한 것을 부숴버리고, 언제라도 돌아갈 수 있게 하는 열차, 이 두 가지의 더욱 건강하고 정상적인 활동력이, 내가 실행하고 있는 것에 쓰임을 느꼈을 때, 출발도 덜 짐스러웠다.

"자네 말이 정말이고 아직 떠날 셈이 아니라는 걸 의심치 않아." 생루가

---

*1 활판 인쇄술을 발명한 독일의 인쇄업자(1400～1468).
*2 오스트리아의 마을로, 1809년에 나폴레옹이 오스트리아군을 무찌른 곳. 여기서는 보로디노 중대장의 조카 이름.

웃으며 말했다. "하지만 떠나더라도 내일 아침 일찍 작별인사하러 와주게, 그렇지 않으면 자네를 못 만날지도 모르니까. 내일 난 시가에 나와 점심을 먹기로 했네, 연대장이 허락해주었어, 2시까지 병영에 돌아가야 해, 오후 내 내 행진이 있으니까. 여기서 3킬로미터 남짓한 집에서 점심을 먹네만, 틀림없이 그 집 주인은 나를 2시까지 병영에 돌아가게 해주겠지."

생루가 말을 끝내자마자 묵고 있는 호텔에서 심부름꾼이 왔다. 우체국에서 전화에 나와달라는 전갈이었다. 우체국 문 닫는 시간이 임박했으므로 나는 바로 달려갔다. 교환원이 나에게 하는 대꾸 중 '시외전화'라는 낱말이 잇달아 곧 튀어나왔다. 할머니가 걸어온 것이 틀림없어 안타깝기 그지없었다. 우체국 마감 시간이 다 되어갔다. 드디어 통화가 연결되었다. "할머니? 할머니?" 영어 악센트가 심한 여인의 목소리가 나한테 대답했다. "응, 그런데 당신 목소리가 누군지 모르겠는걸." 나야말로 누구 목소리인지 알지 못했다. 그리고 할머니는 나를 '당신'이라고 부르지 않았다. 마침내 까닭을 알았다. 목소리의 임자인 어떤 할머니가 전화로 찾는 젊은이는 내 이름과 거의 비슷한 이름을 지녔으며, 호텔 별관에 묵고 있는 이였다. 내가 할머니에게 전화를 걸려던 바로 그날 나를 불러냈으니, 나는 전화를 걸어온 사람이 할머니임을 잠시도 의심치 않았다. 그런데 실은 우연한 일치로, 우체국과 호텔이 거듭 실수한 것이었다.

그다음 날 아침, 내가 늦게 움직여서 생루를 만날 수 없었다. 그는 근방의 저택에 점심 먹으러 이미 떠난 뒤라 자리에 없었다. 오후 1시 30분쯤, 나는 어찌 되든 간에 병영에 가서 그가 돌아올 때까지 기다릴 결심을 하고, 가는 도중에 큰길을 건너가고 있을 때, 내가 걸어가는 같은 방향으로, 2인승 이륜마차 한 대가 달려오는 것을 보는 동시에, 내 옆을 지나가 몸을 피해야만 했다. 하사관이 눈에 외알안경을 끼고 마차를 몰고 있었다. 생루였다. 그의 옆에는 그를 점심에 초대했던 친구가 앉아 있었는데, 로베르가 저녁 식사 하는 호텔에서 한 번 만난 적이 있었다. 로베르 혼자가 아니라서 나는 감히 그를 부르지 못했지만, 마차를 세워 나를 태워주기를 바라면서, 낯선 이가 있는 탓으로 여겨졌던, 모자를 마구 흔들어대는 인사로 그의 주의를 끌었다. 나는 로베르가 근시안임을 알고 있긴 했으나, 나를 흘끗 보기만 하면 틀림없이 알아보리라 믿었다. 과연 그는 내 인사를 알아채고 답례했지만 마차는 멈추지 않았다. 전속력으로 마차를 달리면서, 미소 없이, 얼굴 근육 하나 움직이지 않은 채, 그는 오로지 군모의 가장자리에 잠시 손을 올렸을 뿐이었다. 마치 알지 못하는 병졸에게 답례라도 하듯. 나는 병영까지 달려갔지만 먼 거리였다. 도착했을 때, 군대가 마당에 정렬하고 있어 그곳에 못 있게 했다. 생루에게 작별인사를 못 했으므로 섭섭해하면서, 그의 방으로 올라가보았으나, 이미 거기에는 없었다. 군대의 정렬을 구경하고 있는 몸이 아픈 병사들, 행군이 면제된 신병, 젊은 학병, 고참병 한 무리에게 나는 생루에 대해서 물어볼 수도 있었다.

"생루 중사를 못 보셨습니까?" 내가 묻자,

"벌써 아래로 내려갔는데요." 고참병은 대답했다.

"나는 못 보았습니다." 학병이 말했다.

"자넨 그를 못 보았군." 고참병은 이제 나를 염두에 두지 않고 말했다. "우리의 인기인 생루를 자넨 못 보았네그려, 새 바지가 근사하더군! 중대장이 그 꼴을 보았다면, 장교의 나사(羅紗)*거든!"

"허어! 놀라운 일인데요, 장교의 나사라니 말입니다." 이렇게 말한 젊은 학병은 아파서 방에 남아 행군에 나가지 않았는데, 얼마간 불안을 느끼면서도 고참병들과 무람없이 굴려고 하였다.

"장교의 나사란 저런 나사인가요."

"뭐라고?" 바지 얘기를 했던 고참병이 화를 내며 물었다. 그는 젊은 학병이 바지가 장교 나사로 되어 있는 것을 의심하자 화가 났는데, 이 고참병은 광게른 스테르당이라는 마을에서 태어난 브르타뉴 사람으로, 마치 영어나 독일어를 배우듯이 가까스로 프랑스 말을 배웠으므로, 감정이 격해오는 것을 느꼈을 때, 그는 '뭐라고?'를 두세 번 연이어 말하며 그 사이에 할 말을 찾아내려 했다. 이런 준비를 한 뒤에 서두르지 않고, 발음이 익숙하지 못한 점을 조심하면서, 다른 낱말보다 더 잘 알고 있는 낱말을 되풀이하는 데 그치면서, 웅변을 털어놓았다.

"허어! 저런 나사냐고?" 그는 화를 내며 대꾸했는데, 분노의 강도가 점점 더해감에 따라 어조는 점점 느릿느릿해졌다. "허어! 저런 나사라네! 내가

---

*양털 또는 거기에 무명, 명주, 인조 견사 따위를 섞어서 짠 모직물.

자네에게 장교 나사라고 한 바에는 내가 자네에—게—그렇게—말—한—바에는, 그렇게—말—했으니까, 그렇게 내가 알고, 생각하기 때문이야. 쓸데없는 허풍을 늘어놓을 필요가 없지 않느냐 말이야."

"허어! 그러면" 하고, 이 논법에 굴복당한 학병이 신음했다.

"저기 보세요, 중대장이 지나가네요. 아니, 저기 생루 쪽을 좀 보세요. 다리를 내민 꼴을 보게나, 그리고 저 머리 꼴을. 저게 하사관입니까? 또 저 외알안경, 참말이지 용한 녀석이군요."

내가 있는 것 따위에는 아랑곳하지 않는 이 병사들에게, 나는 같이 창 너머로 구경시켜달라고 부탁했다. 그들은 내가 구경하는 것을 막지도 않았으며, 물러서지도 않았다. 보로디노 중대장이 말을 종종걸음치게 하면서 의젓하게 지나가, 아우스터리츠 전투에 임하는 환상을 품고 있는 듯한 모습이 보였다. 몇몇 통행인이 병영의 철책 앞에 모여 군대가 출동하는 것을 구경하고 있었다. 말 위에 똑바로 세운, 좀 살찐 얼굴, 당당하게 불룩한 볼, 명쾌한 눈을 똑바로 뜬 대공은 어떤 환상에 사로잡혀 있음에 틀림없었다. 마치 전차가 우르르 지나간 뒤의 정적이, 막연한 음악적인 고동에 줄무늬를 그려넣고 있는 듯한 생각이 들 때마다 나 자신이 환상에 사로잡혀 왔듯이. 생루에게 작별인사를 못 해서 매우 섭섭했으나, 나는 결국 떠났다. 할머니 곁으로 돌아가는 것이 나의 유일한 근심이었기 때문이다. 이날까지 이 작은 시가에 있으면서, 내가 할머니 혼자 무엇을 하고 계실까 생각했을 때, 나와 함께 있는 할머니를 떠올리면서도, 그 상상 가운데 내 모습을 지워, 이런 삭제가 어떠한 결과를 가져오는지 예상하지도 않았다. 그러다가, 여태까지 꿈에도 생각해보지 않던, 갑자기 그 목소리를 통해 불러일으켜진 할머니의 환상, 실제로 내게서 떨어져 나가며, 미처 내가 그렇게 여겨본 적이 없었던 바이지만, 나이 들어, 이에 하는 수 없이 참고 따르고 있는 할머니의 환상, 지난날 발베크로 떠났을 적에 엄마가 계시리라 내가 떠올렸던 빈 아파트에서 이제 막 내 편지를 받은 할머니의 환상에서, 이제야 나는 할머니의 품에 안겨, 한시바삐 석방되어야만 했다.

슬프도다. 이 환상 그대로의 모습이야말로 할머니한테 나의 돌아옴을 알리지 않고서 손님방에 들어가, 거기서 할머니가 책을 읽고 있는 모습을 발견했을 때 내가 눈으로 본 것이었다. 나는 손님방에 들어가 있었다고 하기보다 오히려 아직 거기에 들어가 있지 않았다고 하는 게 옳았다. 할머니는 내가 들어와 있는 줄 몰라, 누가 들어오면, 숨길 일을 몰래 하다가 들킨 여인처럼, 한 번도 나에게 보이지 않던 사색에 잠겨 있었기 때문이다. 나로 말하면 —오래 이어지지 않으나 귀가하고 나서 잠깐 갖는 그 특권, 자기 자신의 부재를 언뜻 목격하는 능력 덕분에—모자를 쓴 나들이 외투 차림을 한 관찰자, 목격자, 그 집의 한식구가 아닌 낯선 자, 다시 보지 못할 장소를 필름에 찍은 사진사에 지나지 않았다. 내가 할머니를 언뜻 본 순간에 내 눈에 기계적으로 찍힌 것은 아무튼 사진임이 틀림없었다. 극진히 사랑하는 이들을 만나보는 때, 우리는 반드시 생기 있는 체계 속, 부단한 애정의 끝없는 움직임 속에서 그들을 본다. 애정은 그들의 얼굴이 나타내는 형상을 우리 의식에 보내기에 앞서, 그걸 제 소용돌이 속에 끌어들여, 우리가 그들에 대해 늘 품어온 관념 위에 다시 던져, 관념에 밀착시켜, 관념과 같게 한다. 할머니의 이마와 뺨 위에 할머니 정신 속에서 가장 미묘하고도 변하지 않는 것을 간파해온 이상 어찌, 여느 모든 눈길이 어떤 마술이며 또 사랑하는 얼굴이 과거의 거울인 이상 어찌, 할머니의 몸 안에서 둔해져 변해 있었는지도 모르던 것을 못 보겠는가. 설령 삶의 가장 하찮은 것을 구경하는 데 있어서마저, 사념을 지닌 우리의 눈이, 고전극을 연기하듯, 행위에 협력하지 않는 모든 형상을 무시하고, 목적을 뚜렷하게 할 수 있는 것밖에 기억하지 않는다 할지라도.

그러나 바라보는 게 우리의 눈이 아니고, 순전히 물질적인 사진의 원판이라고 한다면, 이를테면 학사원 마당에서 보이는 건, 합승마차를 소리쳐 부르고 있는 학사원 회원의 모습이 아니라 마치 술에 취해 있거나 땅이 빙판이기나 하듯, 비틀거림, 뒤로 나자빠지지 않으려는 조심, 넘어짐의 포물선이리라. 결단코 보아서는 안 되는 것을 우리 눈에 숨기려고 우리의 슬기롭고도 경건한 애정이 때맞게 달려온다. 어떤 우연의 잔혹한 농간이 방해하는 때와 마찬가지로, 애정이 눈에 선수를 빼앗겨, 눈이 첫 번째로 그 장소에 이르러, 제멋대로, 필름식으로 기계적으로 작용하여 존재하지 않게 된 지 오래지만, 애정이 그 죽음을 우리에게 드러내지 않으려던 사랑받은 사람 대신에, 날마다 수백 번이나 애정이 친근하고도 거짓된 유사로 덮고 있는 새 사람을 보려는 때 또한 그렇다. 그래서 제 얼굴을 거울 속에 들여다본 지 오래되어, 늘 제 생각 중에 스스로 지닌 이상적인 모습에 따라 보이지 않는 얼굴을 구성하는 병자가, 거울 속에서 지나치게 초췌한 얼굴 한가운데, 이집트 피라미드처럼 커다란 코의 비스듬한 솟음을 보고서는 뒤로 물러나듯—할머니가 아직나 자신이던 나, 내 마음속에서 늘 과거의 동일한 자리, 잇달아 겹친 추억의투명을 통해서밖에 할머니를 보지 않았던 나는, 난데없이, 새로운 세계, 때의 세계, '저이도 꽤 늙었구나' 하고들 우리가 말하는 남들이 사는 세계에소속되는 우리집 손님방 안에서, 난생처음이자 한순간(그게 금세 사라졌으니까), 소파 위, 등불 아래, 붉고 둔하고도 속된, 병약한 얼굴을 한, 알지못하는 한 노부인이 기진맥진한 자세로 꿈꾸는 듯, 좀 멍한 눈을 책 위에 굴리고 있음을 언뜻 보았다.

게르망트 부인이 소장하고 있는 엘스티르의 그림을 구경하러 가고 싶다는나의 부탁에, 생루는 '그러죠, 내가 책임지죠'라고 말해주었다. 또 불행하게도 과연, 게르망트 부인에 대해 책임진 사람은 생루뿐이었다. 남들을 형태로나타내는 작달막한 모습을 머릿속에 등장시키면서, 이것을 제멋대로 조종하는 때, 우리는 남들을 쉽사리 책임진다. 물론 이런 때에도, 우리는 자기와다른 저마다의 성미에서 생기는 갖가지 어려움을 참작하며, 정반대되는 성향이나 버릇을 누그러뜨리고자, 그 성미에 강한 영향을 주거나, 이해관계를따지거나, 설득하거나, 감동시키거나 하는 방법을 틀림없이 쓰기는 쓴다. 그러나 우리 성미와 그렇게 다른 것도, 그렇겠거니 떠올리는 게 또한 우리의성미이며, 그런 어려움을 치워버리는 것도 우리다. 그러한 효과적인 동기를부여하는 것도 우리다. 우리 뇌리에서 남들에게 되풀이시키며, 우리 멋대로행동하게 하는 그 행동, 이것을 실생활에서 실행하려 할 때, 모든 일이 변해, 우리는 물리칠 수 없는 뜻하지 않은 저항에 부딪친다. 그 저항 가운데가장 강한 것은, 사내를 좋아하지 않는 여인의 마음속에, 그 여인을 좋아하는 사내가, 냄새가 역한 어쩔 도리 없는 혐오감을 주는 저항임에 틀림없다.그래서 몇 주일인지 오랫동안, 생루는 아직 파리에 오지 않았으나 그동안에그 큰어머니한테 나를 초대하라는 부탁의 편지를 틀림없이 써 보냈는데도,한 번도 부인에게서 엘스티르의 그림을 보러 오라는 전갈을 받지 못했다.
나는 이 가옥에 사는 또 다른 인간한테도 냉대를 받았다. 바로 쥐피앙이다. 내가 동시에르에서 돌아오는 길로 내 방에 올라가기에 앞서, 그에게 인사하러 갔어야 마땅한 줄로 그는 생각하고 있었던 걸까? 그럴 리 있겠느냐, 별다른 일이 아니라고 어머니가 말해주었다. 프랑수아즈가 어머니한테, 쥐피앙의 사람됨이 저 모양으로, 이유 없이 별안간 뾰로통하는 일이 있노라 얘기했던 것이다. 늘 때가 좀 지나야 뾰로통한 기색이 가시곤 하였다.

그러는 사이 겨울도 끝나갔다. 우박 섞인 소나기와 폭풍우의 몇 주일이 지나, 어느 아침, 굴뚝 안에서—바닷가에 가고픈 소망으로 내 가슴을 흔들어대는 꼴 없는, 탄력 있는 음침한 바람 대신에—벽에다 보금자리를 잡고 있는 비둘기의 꾸르르 소리가 들려왔다. 무지갯빛으로 빛나며, 첫 히아신스처럼 보드라운 연보라 음향의 꽃을 내뿜으려고 볼록한 가슴을 살그머니 벌려 첫 화창한 날씨의 포근함, 눈부심, 노곤함을, 아직 닫힌 내 방 안에 열린 창처럼 들여보내는 비둘기. 이 아침 나는, 피렌체와 베네치아에 갈 예정이던 그해 이래 잊어버리고 있던 카페 콩세르의 노래를 흥얼거림에 스스로 놀랐다. 그토록 대기는, 그날그날의 우연한 날씨에 따라 우리 육체 조직에 깊이 작용하며, 우리가 잊어버리고 있던 컴컴한 저장고에서, 기억이 읽지 못 하는 새겨진 멜로디를 꺼낸다. 오래지 않아 의식이 돌아온 몽상가가 이 음악가의 반주를 하고, 나는 마음속에서 그것을 들으면서, 처음에는 무엇을 노래하고 있는지 몰랐다.

보기 전에는 매력을 느꼈지만, 발베크에 도착해서 그 성당을 보자마자 매력을 발견 못했던 까닭이야 유독 발베크에만 특유한 것이 아니라, 피렌체, 파르마, 베네치아에 가더라도, 내 공상은 눈앞에 보는 바와 딱 들어맞을 수는 없을 것이라고 나는 똑똑히 지각했다. 이 점을 절실히 느꼈다. 그와 마찬가지로 정월 초하루 저녁, 어둠이 깔릴 무렵, 광고 붙인 기둥 앞에 서서, 나는 축일을 여느 날과 매우 다르다고 여기는 게 착각임을 발견했다. 그렇지만 나는, 부활 전 주일을 피렌체에서 보내려고 생각했던 무렵의 기억이, 계속해서 부활 전 주일을 이를테면 꽃의 도시 분위기로 하거나, 부활제에 뭔가 피렌체풍인 것을 더하는 동시에, 피렌체에 뭔가 부활제풍인 것을 띠게 하는 걸 어쩔 수 없었다. 부활절은 아직 멀었다. 하지만 내 앞에 널려 있는 나날 중에서, 부활 전 주일이 중간에 핀 나날들의 끝머리에 아주 뚜렷이 드러나 있었다. 명암의 인상 속에 멀리 보이는 마을의 어느 가옥들처럼 한 햇살에 물든 채, 부활 전 주일은 태양을 한 몸에 간직하고 있었다.

날씨가 더욱더 포근해졌다. 부모님조차 내게 산책하기를 권하여, 나의 아침나절 외출을 계속하는 핑계를 마련해준 셈이었다. 나가는 길에 이따금 게르망트 부인을 만나므로 그걸 그만둘까도 했었다. 하지만 내가 언제나 이 외출을 생각하고 있는 것도 실은 이 때문이고, 매번 외출하는 새 핑계를 찾아내게 하는 것도 이 때문이며, 또한 그것은 게르망트 부인과는 아무 관계도 없었다. 부인이 존재하지 않더라도 같은 시각에 산책했을 것이라고 쉽사리 나를 이해시키기도 했다.

슬프구나! 나로서는 부인 말고는 다른 인간과 만나는 게 아무래도 좋은 무관심거리였다면, 나 말고는 어떠한 인간과 만나는 것도 부인으로서는 견딜 수 있을 만한 일일 거라고 여겼다. 아침나절의 산책 중, 부인 또한 바보로 판단하고 있는 여러 바보들로부터 인사받은 적이 있었다. 그러나 부인은 그들의 나타남을 기쁨의 약속으로 생각지 않았을망정 적어도 우연의 결과로 생각하고 있었다. 때로는 그들의 걸음을 멈추게 했는데, 왜냐하면 인간은 자기 자신에게서 빠져나오고 싶은, 남들의 영혼이 보이는 환대를, 그 영혼이 아무리 수수하고 추한들 낯선 영혼이라면 받아들이고 싶은 욕구를 갖는 순간이 있기 때문이다. 한편 내 마음속에서, 부인이 발견하는 게 부인 자신이라는 것을 알자 그녀는 격노했다. 그러므로 나는 부인을 보는 이유와는 다른 이유로 같은 길에 접어들었을 때조차, 부인이 지나치는 순간에 죄인처럼 벌벌 떨었다. 그래 이따금, 지나칠지도 모르는 행동을 중화하려고, 부인의 인사에 겨우 대답할까 말까 하거나 또는 인사 없이 물끄러미 바라보거나 했는데 결과적으로는 부인을 더욱더 짜증나게 하여, 더욱더 나를 거만하고도 버르장머리 없는 놈으로 여기게 했을 뿐이었다.

부인은 요즘 가벼운 옷이라기보다는 밝은 빛깔 옷을 입고 거리를 내려왔는데, 벌써 봄이 된 듯이, 귀족이 사는 옛 저택들의 널따란 정면들 사이에 끼어 있는 좁다란 상점들 앞, 버터나 과일, 채소를 파는 여인들 가게의 차양에는 볕을 막으려고 발이 드리워져 있었다. 양산을 펴고, 거리를 건너가는 것이 보이는 이 부인이야말로, 권위자의 의견대로, 그러한 동작을 오롯하게 하며, 그것을 뭔가 감미로운 것으로 만드는 기술에서 현대의 가장 위대한 예술가로구나 하고 나는 생각했다. 그러는 사이에도 부인은, 여기저기 흩어져 있는 이 호평을 전혀 모르는 채 앞으로 걸어왔다. 호평에 조금도 아랑곳하지 않는 그 비좁고도 완고한 몸은 얇고 상긋한 보랏빛 비단 목도리 밑에 비스듬히 뒤로 휘어 있었다. 침울하고도 밝은 눈은 앞쪽을 멍하니 바라보다가, 어쩌면 나를 언뜻 보았는지, 입술 끝을 깨물고 있었다. 부인이 토시를 고치고, 가난한 자에게 적선하고, 꽃 파는 여인에게서 제비꽃 다발을 사고 하는 모습을, 나는 뛰어난 화백이 붓을 달리게 하고 있는 것을 구경하는 때와도 같은 호기심을 갖고서 바라보았다. 그러다가 내가 있는 거리의 높이에 이르자, 부인은 나한테 인사하면서 때로는 가느다란 미소를 덧붙였는데, 그것은 마치 나를 위해 뛰어난 수채화 한 폭을 그려준 데다가 헌정사(獻呈詞)까지 덧붙여 써준 격이었다. 부인의 옷 하나하나가 자연스러운, 당연한 분위기로, 그 영혼 특유한 모습의 영사로 보였다. 부인이 외식하러 나가는 사순절의 어느 아침, 옷깃을 초승달 모양으로 가볍게 도려낸, 밝은 빨간 벨벳 옷을 입은 모습을 만난 적이 있다. 게르망트 부인의 얼굴은 금발 밑에 꿈꾸는 듯했다. 이런 인상에 나는 여느 때보다 덜 쓸쓸했으니, 그 표정의 우수와 옷의 강한 빛깔이 부인과 그 밖의 것 사이를 떼어놓는 어떠한 깊은 가둬둠이, 나를 안도시키는 뭔가 불행하고도 고독한 기색을 부인에게 던지고 있었기 때문이다. 그 옷은, 부인이 갖고 있으리라고 내가 미처 알아채지 못하던 심정, 어쩌면 내가 위로할 수 있을지 모르는 심정의 빨간 빛살이 부인의 둘레에 구상화한 것으로 보였다. 부드럽게 물결이 이는 천의 신비로운 빛 속에 숨은 부인은 초기 기독교 시대의 어느 성녀를 떠오르게 했다. 그러자 나는 이 순교자를 구경함으로써 괴롭힌 게 부끄러웠다. '하지만 잘 생각해보면 거리는 모든 사람의 것.'

'거리는 모든 사람의 것'이라고 거듭 생각하면서, 이 말에 다른 뜻을 주며, 동시에 자주 비에 젖어, 이따금 이탈리아 옛 도시의 거리인 듯이 귀중하게 되는 어수선한 거리에서, 실상 게르망트 부인이 비밀스런 생활의 한때를 일반 생활에 섞어, 모든 사람과 팔꿈치를 스치면서, 위대한 걸작처럼 멋들어지게 공짜로 아무에게나 제 모습을 구경시키는 것에 나는 감탄해 마지않았다. 밤새도록 뜬눈으로 보내다시피 하고 나서 아침부터 외출하니까, 오후에 집안사람들이 나한테 좀 드러누워 잠을 청해보라고 말했다. 잠들기엔 이것저것 생각할 것도 없이, 오히려 습관이 훨씬 더 필요하고, 또한 아무것도 생각하지 않는 편이 좋다. 그런데 오후에는 이 두 가지 모두가 나에게 없었다.

잠들기 전에 오래오래 사색에 잠기는 탓에 잠들지 못하는 듯했고, 또 잠들었어도 사념의 조각이 머릿속에 남아 있었다. 그것은 거의 어둠 속의 한 가닥 희미한 불빛에 지나지 않으나, 먼저 내가 잠을 이루지 못할 거라는 생각을 졸음 가운데 반영시킬 만큼 환하여 다음에 이 반영의 반영, 곧 잠들지 않고 있다는 생각을 품으면서 실은 잠들고 있었다는 생각이 반영돼, 그 다음에 새 굴절로 깨어난다……. 하지만 이 또한 새 잠으로, 이 잠을 자는 동안 나는 내 방에 들어온 친구에게, 아까 잠들었으면서도 잠들지 않은 줄 여겼다고 얘기하려고 한다. 이러한 반사의 그림자는 매우 가려내기 어렵다. 이를 파악하려면 섬세하고도 예민한, 아주 헛된 지각이 필요할 것이다. 따라서 나중에 베네치아에서 해가 진 지 얼마 있다가 어둠이 다 깔렸다는 생각이 들었을 때, 어떤 광학적인 발판(페달)의 작용인 양 운하의 수면에 무한히 유지하는 빛의 마지막 가락의, 그 모습은 보이지 않으나, 메아리 덕분에, 내 눈에, 거꾸로 쓰러진 궁전의 그림자가 영영 그런 모양인 듯이, 잿빛 황혼에 물든 수면에 더 검은 벨벳으로 비치고 있음을 본 일이 있다. 내 꿈의 하나는, 잠들지 못하는 동안, 공상이 머릿속에 자주 나타내려고 하던 것, 어떤 바닷가 풍경과 그 중세 시대의 과거를 종합한 것이었다. 잠든 속에서 나는, 그림 유리창에 그려져 있듯이 물결이 잔잔한 바다 한가운데 고딕풍 시가가 있는 걸 본다. 해협이 시가를 둘로 나누고 있다. 초록빛 물이 내 발밑까지 퍼져온다. 물은 건너 물가에 있는 동양풍 성당을 잠그고, 다음에 14세기에 아직 존재하던 가옥들을 잠그고 있어, 그 가옥 쪽으로 건너가는 건 세월의 흐름을 거슬러 올라가는 셈이다. 이 꿈을 꾸는 동안에는 자연이 예술을 배우며, 바다는 고딕풍이 되고, 나는 불가능한 일에 닿기를 바라며, 현재에 다가간다고 믿는 것을 이미 여러 번 꿈꾼 듯한 생각이 들었다. 그러나 과거 안에서 늘어나거나, 새로운 것에 친근한 느낌이 드는 것은 잠든 사이에 사람이 떠올리는 것의 특성인지라, 나는 잘못 생각한 줄 여겼다. 이와 반대로, 사실 이런 꿈을 내가 여러 번 꾸었음을 깨달았다.

　잠을 특징짓는 기능저하의 현상도 나의 잠 속에 반영되어 있었지만, 그 방식이 상징적이었다. 어둠 속에서 나는 방에 있는 친구의 얼굴을 알아보지 못했으니 눈감고 자기 때문이며, 꿈꾸면서도 쉴 새 없이 수다스러운 이치를 지껄이는 내가 그 친구에게 말을 건네려고 하자마자 소리가 목에 걸림을 느꼈으니, 잠자는 동안에는 똑똑히 말하지 않기 때문이고, 내가 친구들 쪽으로 걸어가려고 하나 걸음을 옮길 수 없었으니, 자면서 걷다니 말도 안 되는 일이기 때문이며, 돌연 친구 앞에 나타나 있는 게 부끄러웠으니, 옷 벗고 자기 때문이다. 이와 같이 잠긴 눈, 닫힌 입술, 매인 다리, 알몸인 꼴로 나의 잠 그 자체가 비추는 모습은, 조토가 입에 뱀을 물게 함으로써 '선망'을 나타낸 그 뛰어난 비유화, 스완이 내게 준 그 상징화와 같았다.

생루가 겨우 몇 시간 머물 예정으로 파리에 왔다. 숙모한테 내 일을 얘기할 기회가 없었다면서 꾸밈없이 스스로를 속여가며 내게 말했다. "너무 불친절해, 오리안은 이미 지난날의 오리안이 아냐. 사람이 변했어. 자네가 마음속에 품을 가치가 조금도 없는 여인일세. 자네가 아까워. 내 사촌누이 푸아티에한테 자네를 소개하려고 하는데 어떤가?" 이렇게 덧붙였는데, 그것이 나에게 조금도 기쁘지 않으리라고는 알아차리지 못했다. "젊고 현명한 여인이니 자네 마음에 들 걸세. 내 사촌 푸아티에 공작과 결혼했지. 이 사내도 좋은 사람이지만 그녀한테는 좀 모자라. 그 사촌누이에게 자네 얘기를 했지, 자네를 데려 와달라고 하더군. 그녀는 오리안보다 더 예쁘고 젊네. 얌전한 여인이자 썩 좋은 여인이지." 이런 새로운 표현은—그만큼 열심히—로베르가 요즘에 쓰기 시작한 것인데, 아주 섬세하다는 뜻이었다. "푸아티에 공작부인을 드레퓌스파라고 말하지 않네만, 그녀의 환경도 헤아려봐야 해. 그나저나 그녀가 말하더군, '만약 드레퓌스가 무죄라면, 마귀섬에 갇히다니 참으로 무시무시한 일이군요!'라고 말이야. 자네 이해하겠지, 안 그래? 그리고 또 옛 가정교사들에게 여러 가지로 많은 도움을 주고 있지. 그들을 뒷문 계단으로 올려보내지 않도록 하고 있다네. 다짐하네만 썩 좋은 인간이야. 오리안도 속으로 이 여인을 싫어하지, 자기보다 이 여인 쪽이 더 영리하다는 걸 느끼고 있으니까."

게르망트네 한 사내종 신세까지—이 사내종은 공작부인이 외출했을 때조차 약혼녀를 만나러 갈 수 없었으니, 가면 그 즉시 문지기가 일러 바쳤다—걱정해서 동정해 마지않는 프랑수아즈였으므로, 생루가 방문했을 때 자신이 집에 없었던 것을 몹시 마음 아파했는데, 이는 프랑수아즈가 요즘 자주 외출하기 때문이다. 내가 그녀에게 일이 있는 날에는 어김없이 외출하고 없었다.

번번이 오빠와 조카딸, 특히 얼마 전부터 파리에 와 있는 그녀의 딸을 만나러 가기 때문이었다. 프랑수아즈가 행하는 이런 친밀한 가족적인 방문은, 그녀의 시중을 받지 못해 일어나는 나의 성가신 기분을 이미 부채질했는데, 생탕드레 데 샹 성당의 계율에 따라, 지켜야만 하는 일 가운데 하나처럼 프랑수아즈가 그 방문 하나하나를 말하리라 짐작했기 때문이다. 그러므로 나는 매우 심술궂은 기분 없이는 그 변명을 한 번도 들은 적이 없었으며, 또 심술궂은 기분은, 프랑수아즈가 "내 오빠를 만나고 왔습니다, 내 조카딸을 만나고 왔습니다"라고 말하지 않고, "오빠를 만나고 왔습니다, 지나는 길에 조카딸에게(또는 푸줏간을 하는 조카딸에게) '들러' 왔습니다" 하는 그 말투에 자극되어 절정에 이르렀다. 그 딸로 말하자면, 프랑수아즈는 딸이 콩브레에 돌아가주길 바라는 성싶었다. 그러나 딸은 멋쟁이 아가씨같이, 준말(하지만 속된)을 쓰면서, 콩브레에서 지내는 날엔 랭트랑(L'Intran) * 하나 없어 아주 지루할 것이라고 말했다. 산악 지방에 사는 프랑수아즈의 동생 집에는 더욱 가기 싫어했는데, 프랑수아즈의 딸은 '재미있는(intéressant)'이라는 반대말에 무시무시하고도 새로운 뜻을 주면서 말했다, "산악 지방은 전혀 재미나지 않으니까요." 그녀는 '바보들만 있는' 곳, 수다스러운 여자들, '촌아낙네'들이 먼 친척 관계를 내세워 "아니 너, 돌아가신 바지로의 딸이 아니냐?"고 말할 메제글리즈에 돌아갈 마음이 들지 않았다. '파리 생활을 맛보고 난 지금'의 그녀로서는, 거기에 돌아가 정착하느니 차라리 죽는 편이 나았으리라. 그렇지만 전통주의자인 프랑수아즈는, 딸이 "저어, 어머니, 외출 못 하면 내게 속달을 보내면 되잖아요" 말할 때, 신출내기 '파리지엔'이 드러내는 혁신 정신에 만족스러운 미소를 보냈다.

날씨가 다시 추워졌다. "외출? 뭣 하러? 죽으려고?" 이렇게 말하는 프랑수아즈는, 딸이랑 오빠랑 푸줏간을 하는 조카딸이 콩브레에 가서 지내는 주에는 집에 그대로 있기를 좋아했다. 게다가 자연계에 대한 레오니 고모의 학설을 암암리에 전하는 마지막 신봉자, 프랑수아즈는 계절에 어긋난 이 날씨에 대해 말하면서 "하느님의 진노가 남아서요!" 덧붙였다. 그러나 나는 프랑수아즈의 탄식에 우울이 가득한 미소로 대답할 뿐이었다. 어차피 날씨가 좋

---

* 석간신문 〈랭트랑지장L'*Intran-sigeant*〉의 준말.

아질 테니까 그러한 예언에 더욱더 무관심했다. 벌써 나는 피에졸레(Fiesole) 언덕에 빛나고 있는 아침 해를 보았으며, 그 햇살에 몸을 녹이고 있었다. 햇살의 기운에, 나는 저절로 미소 지으면서 눈꺼풀을 반쯤 뜨다가 감다가 했다. 그리고 흰 알맹이의 단단한 석고 등처럼, 눈꺼풀은 희미한 장밋빛으로 가득했다. 이탈리아에서 또다시 울려오고 있는 것은 종만이 아니었다. 이탈리아가 종소리와 함께 왔다. 성실한 내 손님은, 전에 하려 했던 여행 기념일 축하 꽃에 모자람이 없었는데, 왜냐하면 지난해 사순절의 끝무렵에 우리가 출발 준비를 할 때처럼 파리에 다시 추운 날씨가 온 뒤부터, 가로수길 마로니에, 플라타너스, 우리집 안마당에 있는 나무를 잠그는 물기를 잔뜩 머금은 차가운 공기 속에, 베키오 다리에 핀 노랑 수선화, 아네모네가 청순한 물그릇에 담겨 있듯이, 이미 그 잎을 반쯤 틔우고 있었으니까.

언젠가 집 근처에서 아버지가 노르푸아 씨를 만났을 때에 그분이 어디에 가던 길이었는지, 이제 A.J.를 통해 알았다고 아버지가 우리에게 얘기했다.
"빌파리지 부인 댁에 가는 길이었어, 부인하고는 절친한 사이야, 통 몰랐는데. 인간미가 그윽한 분, 뛰어난 부인인 모양이야. 너도 가 뵈어야 하겠더라" 하고 나에게 말했다. "그런데 정말 놀랐는걸. 그분이 나한테 게르망트 씨를 아주 탁월한 인간이라고 얘기하더란 말이야. 나는 언제나 그를 교양 없는 이로 생각했는데. 사물을 그지없이 잘 알고, 취미가 완벽한 분인 모양이야, 제 성씨와 인척 관계를 무척 뻐긴다지만. 하기야 노르푸아의 말로는, 그의 신분은 이곳뿐 아니라 유럽에서도 대단하다는군. 오스트리아 황제나 러시아 황제까지 그를 친구로 대우한대. 노르푸아 영감이 내게 말한 바로는, 빌파리지 부인이 너를 아주 좋아하고, 또 네가 그분 살롱에 가면 재미있는 사람들을 알게 된다는 거야. 노르푸아 영감이 너를 많이 칭찬하더구나. 부인의 살롱에 가면 그분을 만날 거다. 네가 작가가 될 셈이라면 뭔가 도움이 되는 충고를 해주실 거야. 네가 작가밖에 될 것 같지 않으니 말이다. 그 길로 훌륭한 일생을 얻을지도 모르나, 내가 너를 위해 바라는 건 그게 아니야. 하지만 너도 오래지 않아 어른이 될 테고, 우리도 언제까지나 네 곁에 있지 못하니까, 네가 타고난 직업에 따라가는 걸 방해해서는 안 되겠지."
만일, 적어도, 내가 쓰기 시작할 수만 있다면! 한데(유감스럽게도! 다시는 술을 마시지 않거나, 일찍 자리에 눕거나 잠자거나, 건강을 유지하거나 하는 것과 마찬가지로) 어떠한 상태에서 이 일을 시작해본들, 열중과 방법과 기쁨과 더불어, 산책을 그만두면서, 산책을 미루면서, 일의 보상으로 남겨두면서, 건강이 좋은 한 시간을 이용하면서, 아파서 쉬어야만 하는 날을 활용하면서 해본들, 늘 노력의 결과로서 나오는 것은, 마치 어느 마술에서, 아무리 미리 트럼프를 고루고루 섞어놓아도 반드시 끄집어내는 트럼프 카드처럼 불가피한, 쓴 자국은 그림자조차 없는 새하얀 종이 한 장이었다. 나라는 인간은, 기어코 실현되고 마는 습관, 일하지 않는, 자리에 눕지 않는, 자지 않는 습관의 꼭두각시에 지나지 않았다. 이 습관에 반항하지 않을 것 같으면, 하루가 이바지하는 첫 상황에서 습관이 마음대로 꺼낸, 습관 멋대로의 행동에 맡긴다는 핑계에 만족할 것 같으면 내 몸에 그리 큰 해가 미치지 않아서, 새벽녘에 결국 몇 시간 동안 잠들고, 책도 좀 읽고, 과도한 짓을 그다지 하지 않는다. 그러나 만일 습관을 막으려고 일찍 자리에 들고, 물밖에 안 마시고, 일하려고 한다면, 습관이 화를 내어, 강한 수단의 힘을 빌려, 내 몸을 정말 병자로 만들어버려서, 나는 어쩔 수 없이 주량을 두 배로 늘리고, 이틀 동안 자리에 들어 있어, 책도 읽을 수 없어서, 마음속으로 기약하기를, 다음에는 좀더 철이 나자, 다시 말해 좀 덜 슬기롭게 되자꾸나 하고 마치 반항하면 박살 날까 봐 도둑맞는 대로 그냥 있는 피해자처럼 하는 것이었다.

아버지는 그 사이에 게르망트 씨와 한두 번 만났는데, 지금은 노르푸아 씨한테 공작이 주목할 만한 사람이라는 말을 들어서, 그 이상으로 눈여겨보게 되었다. 마침 우리 식구는 안마당에서 빌파리지 부인에 대해 얘기했다. "그이 말로는 공작의 큰어머니라더군, 비파리지(Viparisi)라고 발음한대. 뛰어나게 총명한 부인이라면서, '재치 책상'을 갖고 있다고까지 덧붙여 말하더군." 아버지는 회상록에서 한두 번 읽은 바 있는 그 표현의 막연함에 감명받으면서도, 그것에 뚜렷한 의미를 두지 않았다. 아버지를 매우 존경하고 있던 어머니는 빌파리지 부인이 재치 책상을 갖고 있는 사실을 아버지가 소홀히 여기지 않는 것을 보자, 그 사실이 어떤 중대한 일이라고 판단했다. 할머니를 통해 늘 후작부인이 얼마큼 값어치 있는 여인인지 알고 있었지만, 어머니는 그때부터 바로 부인을 호의적으로 생각하게 됐다. 그때 몸이 조금 편치 않던 할머니는, 첫 방문에 마음 내켜하지 않다가, 다음에는 무관심해지고 말았다.

우리 식구가 새 아파트에 이사 온 뒤부터, 빌파리지 부인은 여러 차례 할머니한테 찾아와달라고 청하였다. 그때마다 번번이 할머니는 요즘에 외출하지 않는다는 답장을 써서 보냈는데, 웬일인지 모르나 할머니는 직접 편지를 봉인하지 않는 습관이 있어, 프랑수아즈에게 시켰다. 나는 어떤가 하면, 그 '재치 책상'을 머릿속에 뚜렷하게 그려보지 않았더라도, 발베크의 노부인이 '책상' 앞에 자리잡고 있는 걸 본들 별로 놀라지 않았을 테고, 또 사실 그러했다.

게다가 아버지는, 자유 회원으로서 학사원(Institut de France)*¹에 입후보할 생각이라 대사의 후원이 많은 표를 얻어줄 수 있을 만큼 유력한지가 알고 싶었다. 실은 노르푸아 씨의 후원에 감히 의혹을 품지 않으면서도, 확신을 갖지 못했던 것이다. 노르푸아 씨는 자기 혼자 아카데미를 대표하는 체하려고, 아버지의 입후보에 가능한 온갖 방해를 놓을 거다. 게다가 요새는 이미 다른 후보자를 후원하고 있으므로 특히 더 방해할 거라고, 근무하는 관청에서 누군가가 일러주었을 때, 아버지는 그것을 험담으로밖에 여기지 않았다. 그렇지만 르와르 볼리외(Leroy Beaulieu)*² 씨가 아버지에게 입후보하기를 권해 당선 가능성을 계산해주었을 때, 아버지는 이 경우에 기대할 수 있는 동료 중, 이 유명한 경제학자가 노르푸아 씨의 이름을 꼽지 않는 걸 보고 강한 인상을 받았다. 아버지는 전직 대사에게 이 점을 직접 물어보려고 하지 않았으나, 내가 빌파리지 부인네에서 아버지의 선거에 대한 확실한 소식을 갖고 돌아오기를 바라고 있었다. 그 방문이 급박해졌다. 틀림없이 아카데미 표를 3분의 2 확보할 수 있다는, 노르푸아 씨의 선전이 아버지한테 더욱더 사실임직하게 생각된 까닭은, 대사의 친절이 세상에 잘 알려져 있는 바로, 그를 아주 싫어하는 사람들마저, 그처럼 남의 일을 돌봐주기를 좋아하는 이가 따로 없는 줄 인정하고 있었기 때문이다. 한편 아버지가 근무하는 관청에서 그의 두둔이 다른 모든 관리보다 훨씬 두드러지게 아버지 위로 미치고 있었다.

---

*1 5개 아카데미, 곧 프랑스 한림원(Académie française). 금석학·문학 한림원(Académie des inscriptions et belles-lettres), 과학 한림원(Académie des sciences) 미술 한림원(Académie des beaux-arts), 윤리학·정치학 한림원(Académie des sciences morales et politiques)으로 구성됨.

*2 윤리학·정치학 한림원의 회원.

그즈음 아버지는 또 한 사람과도 우연히 만났는데, 그것은 먼저 그를 놀라게 했고, 매우 화나게 했다. 꽤 가난하여 파리 생활을 한댔자 드문드문 친구 집에 머무는 것이 고작인 사즈라 부인과 어느 날 거리에서 마주쳤다. 사즈라 부인만큼 아버지를 진저리나게 하는 여인도 없는지라, 어머니는 한 해에 한 번 부드럽고도 애원하는 듯한 목소리로 아버지한테 말해야만 했다. "여보, 사즈라 부인을 한 번만 집에 초대해야겠어요, 그분은 그리 오래 머물지 않을 테니까." 또는 "이봐요 여보, 무리한 부탁이 있어요, 사즈라 부인네에 다녀오세요. 당신을 괴롭히기 싫지만 그렇게 해주시면 참 고맙겠어요." 아버지는 웃고 나서, 조금 화내는 얼굴로 그 집을 방문했다. 그래서 사즈라 부인이 진저리났음에도, 아버지는 길에서 부인과 우연히 만나자 모자를 벗으면서 그녀에게 다가갔다. 그러나 사즈라 부인은, 나쁜 짓을 저지른 죄인이거나 또는 앞으로 지구 반대편에 살아야 한다고 선고받은 자에게 예의 삼아 억지로 하는 차가운 인사를 건넬 뿐이었다. 아버지는 기가 막혀 화난 채로 돌아왔다. 그다음 날 살롱에서 어머니는 사즈라 부인을 만났다. 사즈라 부인은 어머니에게 손을 내밀지 않았으며, 막연하고도 쓸쓸하게 미소 지을 뿐이었다. 마치 어린 시절에 같이 놀았지만, 방탕한 생활을 보내고, 중노동 형벌을 받는 죄인 또는, 더 고약하게, 이혼한 사내와 결혼했으므로, 그 뒤 모든 관계를 끊어버린 사람에게 하듯 말이다. 그런데 우리 부모님은 늘 사즈라 부인에게 깊은 경의를 표하기도 하고 또한 경의를 불어넣기도 하였다. 그런데(어머니는 모르고 있었지만) 사즈라 부인은 콩브레 출신 중에서 유일한 드레퓌스파였다. 쥘 멜린(Jules Méline)* 씨의 친구, 나의 아버지는 드레퓌스의 유죄를 확신하고 있었다. 관청 동료가 드레퓌스 사건 재심 청원서에 서명하기를 요구해왔을 때, 아버지는 불쾌한 얼굴로 한마디로 잘라 이를 거절했다. 내가 반대편에 따르고 있는 것을 알자, 아버지는 여드레 동안이나 내게 말을 건네지 않았다. 아버지의 의견이 어떤지 다 알려져 있었다. 아버지를 거의 민족주의자로 취급할 정도였다. 가족 중에서 유독, 고결한 의혹에 불타고 있는 성싶던 할머니는 어떤가 하면, 드레퓌스의 무고 가능성을 들을 때마다, 머리를 설레설레 저었다. 그때 우리는 그 의미를 몰랐지만, 보아하니 그것은 더욱

---

* 프랑스의 정치가(1838~1925).

진지한 생각을 할 때 남에게 방해된 이가 하는 동작과 비슷했다. 어머니는 아버지를 사랑하는 마음과 내가 슬기롭기를 바라는 희망과의 틈바구니에 끼여 불분명한 태도를 취해, 이를 침묵으로 나타냈다. 끝으로(국민군으로서의 의무야 그의 장년 시대 악몽이었으나) 군대를 찬미해 마지않는 할아버지는, 콩브레에서, 연대가 산울타리 앞을 행진하는 모습을 보며 연대장과 군기가 지나갈 때 모자를 벗지 않고 구경한 적이 단 한 번도 없었다. 이런 모든 것은, 내 아버지와 할아버지의 욕심 없는 고결한 생활을 속속들이 알고 있는 사즈라 부인으로 하여금, 이 두 분을 '불의'의 지지자로 여기게 하는 데 충분했다. 인간은 개인의 죄는 용서하지만, 개인이 단체의 죄악에 가담하는 건 용서하지 않는다. 아버지가 드레퓌스 반대파인 줄 알자, 사즈라 부인은 자기와 아버지 사이에 여러 대륙과 몇 세기를 가로놓았다. 시간과 공간에서 이와 같이 광대한 거리를 두고서는, 부인의 인사가 아버지의 눈에 띄지 않던 모양이던 것, 둘 사이를 떼어놓고 있는 몇몇 세계를 뛰어넘을 수 없을 듯한 말과 악수를 그녀가 꿈에도 생각해보지 않던 것을 이것이 설명해준다.

파리에 오기 전, 생루는 나에게, 빌파리지 부인 댁에 데리고 가겠다고 약속했다. 나는 생루에게는 말하지 않았으나, 거기에서 게르망트 부인을 만나기를 기대했다. 생루는 자기 애인과 함께 셋이서 식당으로 가 점심 식사를 하자고 내게 청했다. 식사 뒤 그 애인이 우리를 무대 연습에 안내한다고 하였다. 우리는 오전 중 파리 근교에 살고 있는 그 애인을 찾아가기로 했다.

우리가 점심 식사를 할 식당은(돈을 낭비하는 젊은 귀족의 생활에서 식당은 아라비아 이야기에 나오는 피륙 상자와 마찬가지로 중요한 소임을 맡아 한다) 에메가 발베크의 계절이 오는 동안까지 지배인으로 근무할 거라고 나에게 알려주던 곳이냐고, 내가 생루에게 물었다. 여러 번 여행을 꿈꾸면서도 좀체 행동으로 옮기지 못하는 나로서는 발베크에 대한 추억이라기보다 발베크 자체의 일부 같은 사람을 만나는 건 커다란 매력이었다. 내 강의가 나를 파리에 묶어놓았을 때도, 그 사람은 해마다 거기에 가서, 여전히 7월의 기나긴 오후 끝 무렵 손님들이 저녁 식사 하러 오기를 기다리며 석양이 지기 시작해 바닷속에 잠기는 모습을, 큰 식당의 유리창 너머로 바라보고 있으려와, 그 유리창 뒤쪽에는, 석양빛이 사라질 무렵, 머나먼 푸르스름한 배들의 까딱도 하지 않는 날개가 유리 상자에 든 이국 밤의 나비로 보이리라. 발베크라는 강력한 자석에 맞붙어 닿아 그 자신도 자기(磁氣)를 띠게 된 이 지배인은, 이번엔 나를 끌어당기는 자석이 되고 있었다. 나는 그와 담소함으로써 그나마 발베크와 통하기를, 파리에 있으면서 여행의 매력을 조금이나마 나타내고 싶었다.

약혼한 사내종이 어젯밤에 또다시 약혼녀를 만나러 가지 못했다고 투덜거리는 프랑수아즈를 내버려두고 나는 아침 일찍 집을 나섰다. 프랑수아즈는 사내종이 우는 모습을 봤던 것이다. 사내종은 문지기를 후려갈길 뻔했지만 꾹 참았다. 일을 잃고 싶지 않았으니까.

문 옆에서 나를 기다리기로 되어 있는 생루네에 도착하기에 앞서, 콩브레 이래 얼굴을 보지 못했던 르그랑댕을 만났다. 이젠 아주 머리털이 희끗했으나 젊고도 순진한 모습은 그대로였다. 그는 걸음을 멈췄다.

"허어! 오랜만이오." 그는 나에게 말했다. "멋쟁이군, 프록코트까지 입으시고! 그런 정복을 입기라도 한다면 내 독립 정신은 따르지 않을걸. 보아하니 사교계 인사가 되셔서 방문을 행하는 중임에 틀림없군! 나처럼 반쯤 허물어진 어느 묘 앞에 가서 멍하니 몽상하기엔, 이 큼직한 나비넥타이에 이 윗도리를 하고도 괜찮소이다. 알다시피 나는 그대의 마음과 혼이 지닌 아름다움을 존중하오. 다시 말해서 그대가 이교도 사이에 그 아름다움을 버리러 간다는 게 나로서는 매우 섭섭하기 짝이 없다는 말이오. 나로서는 잠시도 숨쉴 수 없는, 살롱의 구역질 나는 공기 속에 잠시라도 남아 있을 수 있다면, 그건 그대가 장래를 파괴 쪽으로 밀고 가는 것이며, 예언자의 저주 쪽으로 빠뜨리는 거요. 여기서도 빤히 보이오, 그대는 '경박한 심정들', 저택의 사회와 교제하고 있소이다. 이야말로 현대 부르주아의 악덕이지! 흥, 귀족놈들! 놈들의 목을 모두 댕강 자르지 않았다니 공포 시대의 죄가 또한 가볍지 않다 하겠소. 놈들은 전부, 한낱 음침한 바보가 아닐 때는, 음험한 방탕자라오. 요컨대, 가엾군, 그런 게 그대에게 재미있다면! 그대가 어느 다과회에 가 있는 동안, 그대의 늙은 벗은 그대보다 더 행복하리라, 홀로 교외에서 장밋빛 달이 보랏빛 하늘에 솟아오름을 바라볼 테니까. 사실 나는 이 땅에 거의 속하지 않아, 이곳이 유배지 같은 느낌이 든다오. 나를 이 땅에 붙잡아두어 다른 세계로 달아나지 못하게 하기엔 만유인력의 법칙이 가진 온 힘이 필요하오. 난 다른 유성의 인간이지. 잘 있게, 비본 냇가에 사는 촌놈이자 다

뉴브 강가 촌놈의 예스러운 솔직함을 언짢게 생각하지 마시게. 내가 그대를 존중하고 있는 증거로써, 내 최근 소설을 보내드리지. 하지만 그대는 그 소설을 좋아하지 않겠지, 그대에게는 퇴폐성이 모자란 것이자, 세기말적인 것이 아니니까. 너무나 담백하고 성실한 소설이니까. 그대에게 필요한 건 베르고트야, 그대가 고백했듯이, 쾌락을 섭렵하는 미식가의 마비된 입천장을 다시 살려내는 연한 꿩고기야. 그대의 동아리에서는 아마 나를 늙은 병자로 생각하겠지. 쓰는 것에 마음을 기울이는 게 내 잘못이고, 이제는 유행에 뒤진 거야. 그리고 또 민중의 생활은 유행에 따르는 속된 그대의 멋쟁이 여인들을 재미나게 할 만큼 특별한 것도 아니고 말이야. 자아, 가시게, 때로는 그리스도의 말씀을 떠올리시도록, '이를 행하라, 그리하면 영생하리라' 잘 있게, 친구."

나는 르그랑댕과 헤어질 때 그다지 불쾌하지 않았다. 어떤 추억은 공통된 친구와 같은 것, 그것은 화해할 줄 안다. 봉건 시대의 폐허가 쌓인 곳, 미나리아재비가 퍼져 있는 들판 한가운데 놓인 작은 나무다리는, 우리 둘, 르그랑댕과 나를 비본의 두 냇가처럼 연결하고 있었다.

봄이 시작됐는데도 가로수길 나무들에는 새잎이 겨우 돋아나기 시작한 파리를 떠나, 외곽 열차가 생루와 나를, 그의 애인이 사는 교외의 마을에 내려놓았을 때, 작은 뜰마다 꽃이 활짝 핀 과실나무의 새하얗고 커다란 가설 제단*으로 꾸며진 모습을 구경한다는 건 하나의 경이였다. 그것은 어느 한 시기에 일부러 멀리서 사람들이 구경하러 오는, 별난, 시적인, 잠시의 향토적인 축제 가운데 하나같았는데, 허나 그것은 자연이 베푸는 축제였다. 벚꽃은 흰 칼집처럼 어찌나 조밀하게 가지에 붙어 있던지, 아직 추운 이 맑은 날에, 멀찌감치, 거의 잎도 꽃도 보이지 않는 가지만 앙상한 나무 사이에, 다른 데는 녹고 거기만 아직 남아 있는 눈을 본 줄로 여길 만했다. 그러나 큰 배나무들은 집집마다, 수수한 안마당마다, 보다 넓은, 보다 한결같은, 보다 눈부신 흰빛으로 덮고 있어, 마을의 온 가옥이, 온 울타리가, 같은 날에 첫 영성체 미사를 올리고 있는 것 같았다.

---

* 길거리에 설치된 임시 제단(祭壇).

파리 근교에 있는 이러한 마을에는 감사*¹와 왕후의 애첩 따위의 '야외 오락장'이던, 17세기와 18세기 정원이 그 어귀에 아직도 있다. 한 원예가는 길보다 낮은 그러한 정원 하나를 이용해서 과수 재배를 하고 있었다(아니 그보다, 그저 그때 크고 넓은 과수원의 규모를 답습하고 있었는지도 모른다). 오점형(五點形)으로 심은 배나무들은, 내가 봐온 것보다 덜 들쭉날쭉하게 간격을 두고서, 낮은 벽으로 나뉘어, 흰 꽃의 커다란 마름모꼴을 이루고 있는, 그 각 변을 빛이 가지각색으로 물들이고 있어서, 지붕 없이 한데에 있는 그 방들은 크레타 섬에서 발견할 수 있을 것 같은 '태양궁(太陽宮)'의 방인 듯했다. 그리고 앞쪽을 바라봄에 따라, 햇빛이 봄물에 비치듯이 과수장(果樹墻)*² 위에 장난하러 와서, 하늘빛이 가득한 가지들의 창살 모양 산울타리 사이사이에 반짝이면서, 햇볕을 받아 부글부글 끓는 꽃의 새하얀 거품을 여기저기 부서뜨리는 걸 보자, 물고기를 낚으려고 또는 굴을 기르려고 잘게 나눈 바다의 구획이나 칸막이 저수지가 떠올랐다.

　그것은, 깃발이나 상품 따먹기의 미끄러운 장대 대신에 큰 배나무 세 그루가, 지방의 공식 축제를 축하하려고 흰 견수자로 우아하게 장식된 뒤쪽에, 금빛으로 햇볕에 구워진 낡은 면사무소가 있는 예스러운 마을이었다.

　여기 오는 동안만큼 로베르가 그 애인에 대해 애정 있게 얘기한 적이 없었다. 나는 느꼈다, 오직 그녀만이 그 마음속에 뿌리박고 있음을. 물론 그는 군대에서의 장래, 사회적 지위, 가족, 이런 모든 것에 무관심하지 않았으나, 그 애인에 대한 아주 보잘것없는 것에 비하면 하나도 셈속에 들지 않고 있음을. 그녀만이 그에게 소중했다. 게르망트네 사람들보다도, 이 세상의 왕을 전부 합친 것보다도 훨씬 소중했다. 그녀의 됨됨이가 누구보다도 뛰어난 본성으로 되어 있다는 원칙을 생루 자신이 세웠는지는 모르겠으나, 그는 그녀의 살에 닿는 것밖에 고려도, 걱정도 하지 않았다. 그녀를 통해, 그는 괴로울 수도, 행복할 수도, 어쩌면 남을 죽일 수도 있었다. 진실로 그에게 흥미로운 것, 그의 열정을 돋우는 것이라고는, 그 애인이 바라는 것, 그녀가 하려 하는 것, 지금 일어나고 있는 것, 곧 특권 있는 이마 아래, 얼굴이라는 좁다란 공간 안에서, 기껏해야 덧없는 표정으로 판별할 수 있는 것뿐이었다.

---

*1 지사(知事)와 같은 옛 벼슬.
*2 가지를 편편하게 하기 위한 과실나무 뒤쪽의 벽 또는 장치.

그 밖의 모든 일에 예민한 그가 오로지 그녀를 언제까지나 계속해 부양하며 간직하려고 장래의 화려한 결혼마저 고려했다. 그가 그녀를 평가하고 있는 가치가 얼마큼인지 누군가 생각해보았던들, 그 거액을 결코 떠올릴 수 없을 거라고 나는 생각한다. 그가 그녀와 결혼하지 않은 까닭은 실천적인 본능이 그에게 다음과 같이 깨닫게 했기 때문이다. 곧 앞으로 자기에게 기대할 게 없어지자마자 그녀는 그를 버리거나 적어도 제멋대로 살아갈 것이다, 내일에 대한 기대로써 그녀를 붙들어 나가야 한다고. 그는 아마도 그녀가 자기를 사랑하지 않는지도 모른다고 가정하고 있었으니까. 그야 물론, 사랑이라 일컫는 보편적인 탈이―온 남성에게 그렇게 하듯―으로 하여금 그녀는 자기를 사랑하고 있다고 이따금 강제로 믿게 했으리라. 그러나 사실상 그는, 그녀가 자기에게 그런 애정을 품고 있은들, 돈 때문에만 자기와 그대로 유대를 맺고 있는지 누가 안다더냐, 또 자기에게 기대할 게 아무것도 없어지는 날이야말로 그녀는(문학 친구들의 이론에 희생되어, 자기를 사랑하면서도 그랬을 거라고 그는 생각했다) 부랴부랴 자기를 버리고 갈 거라고 느끼고 있었다.

그는 나에게 말했다. "오늘 그녀가 상냥하게 군다면 그녀의 마음을 기쁘게 해줄 선물을 할 테야. 그녀가 부쉬롱 보석상에서 발견한 목걸이야. 요즘 내 형편으론 좀 비싸, 3만 프랑이거든. 하지만 불쌍하게도 그녀에겐 이 세상의 재미라는 게 많지 않아. 아주 기뻐하겠지. 그녀가 나한테 그 목걸이 얘기를 했거든, 또 어쩌면 그걸 사줄 벗이 있다고도 말하더군. 정말이라고 곧이곧대로 믿지 않아, 우리집 출입 보석상이기도 한 부쉬롱과 나는, 어떠한 일이 있든 간에 내가 살 때까지 잡아두기로 타협했거든. 자네가 그녀를 만난다고 생각하니 기쁘기 그지없네. 얼굴은 그다지 미인은 아니지만, 알다시피(그는 정반대로 생각하면서 오래지 않아 나의 경탄을 더욱더 크게 하려고 그렇게 말하는 것이 뻔했다) 무엇보다도 놀라운 판단력을 가졌네. 자네 앞에서야 아마 삼가서 많은 말을 안 하겠지. 그래도 나는 그녀가 나중에 자네에 대해 뭐라고 할는지 지레 즐겁네. 알다시피, 여느 사람이 아무리 애써도 깊이 캐낼 수 없는 것들을 그녀가 말한다네. 그녀에겐 정말이지 뭔가 피티아(Pythia)*다운 점이 있단 말이야!"

---

* 델포이에 있는 아폴로 신전의 무녀.

그녀가 사는 집에 가는 도중, 우리는 작은 정원들 옆을 따라갔는데, 나는 걸음을 멈추지 않을 수 없었다. 정원마다 배꽃과 벗꽃이 활짝 펴 눈부셨기 때문이다. 어제만 해도 세 들지 않던 빈 가옥처럼 텅 비어 아무도 살지 않았을 텐데, 어제 도착한 이 새 손님들로 지금은 난데없이 가득 차고 아름답게 단장되어 있어, 철망 너머로 그 손님들의 아름다운 흰옷을, 작은 길의 모퉁이에서 볼 수 있었다.

"여보게, 자네는 저걸 구경하며, 시적 기분에 잠겨 있고 싶은 모양이니 여기 그대로 있게. 그녀가 사는 집이 가까우니 내가 가서 데리고 오겠네." 로베르가 말했다.

기다리는 동안, 나는 어슬렁어슬렁 걸으면서 조촐한 정원들 앞을 지나갔다. 내가 머리를 쳐들자 창가에 있는 젊은 아가씨들이 이따금 눈에 들어왔다. 그러나 한데에서도, 2층까지 이르지 않을 높이에, 여기저기, 가볍고도 나른나른, 싱싱한 보랏빛 때때옷을 입은 채, 잎 그늘에 고개 숙인 어린 라일락 꽃송이가, 그 초록빛 중이층(中二層)에까지 눈을 쳐드는 길 가는 이에 아랑곳없이 산들바람에 한들거리고 있었다. 나는 그것을 보자, 봄의 따스한 오후 나절, 황홀한 시골풍 장식 모양으로, 스완 씨네 정원 출입구에 보이던 보랏빛 꽃무리를 떠올렸다. 나는 오솔길로 접어들었다. 그 길은 목장으로 이어진다. 콩브레와 마찬가지로, 거기는 찬바람이 살을 에는 듯 불고 있었다. 하지만 비본 냇가에 있을 듯한 농촌의 기름지고 축축한 땅 한가운데, 그 동무의 한 무리와 마찬가지로 어김없이 모여, 큰 하얀 배나무 한 그루가 우뚝 서, 물질화되어 닿을 수 있는 빛의 막처럼, 산들바람에 바르르 떠는 꽃, 햇살에 은빛으로 매끈하게 윤나는 꽃을 웃으며 흔들면서 햇볕에 마주 대하고 있었다.

갑자기, 생루가 애인과 함께 나타났다. 그 애인은 생루에게 사랑의 전부이자, 삶의 가능한 온갖 다사로움인데, 그 인격은 마치 성궤 속에 갇혀 있듯 성스럽게 갇혀 있고, 내 친구의 상상력을 끊임없이 차지하고 있는 대상이기도 하며, 영영 그가 알 것 같지 않고, 그 눈길과 육신의 너울 뒤에 뭐가 있는지 그가 스스로 묻고 답하는 것이다. 그때 나는 그 여인에게서 금방 '라셀 캉 뒤 세뇌르'를 알아보았다. 몇 해 전(이 사회의 여인은 그럴 의사가 있으면 눈 깜빡할 사이에 환경을 바꾼다), 갈봇집 마누라에게 '그럼, 내일 저녁,

손님이 와서 내가 필요하시면 불러주세요' 말하던 여인을.

　그리고 과연 '그녀가 불려와서', 방 안에 손님과 단둘이 되었을 때, 손님이 무엇을 요구하는지 잘 아는 그녀인지라, 꼼꼼한 여인의 조심성에서인지 또는 의식적인 몸짓에서인지 열쇠로 문을 잠근 뒤, 제 몸을 진찰하려는 의사 앞에서 하듯 몸에 걸친 옷가지를 훌훌 벗기 시작한다. 벗는 도중 그치는 건 '손님'이 홀랑 벗은 몸꼴을 싫어해, 속옷 바람으로 있어도 괜찮다고 이르는 때뿐이었다. 마치 매우 귀가 밝은 의사가, 환자 몸을 차갑게 할까 봐 속옷 너머로 호흡과 심장의 고동을 듣는 것으로 그만두듯. 온 생애, 온 사념, 온 과거, 그녀를 소유할 수 있던 뭇 사내가 나에게 아무래도 좋아, 이를 그녀가 내게 얘기한들, 나야 예의상 듣는 둥 마는 둥 했을 이 여인에게, 생루의 불안이나 고민, 사랑이 집중되어—나로서는 기계 장난감에 지나지 않는 것에—끝없는 고뇌의 대상, 생존의 가치마저 가진 대상이 되기까지 했던 것이다. 이런 두 요소를 나눠놓고 보니(왜냐하면 나는 '라셀 캉 뒤 세뇌르'를 갈봇집에서 알았기 때문에), 남성이 그 때문에 살고, 괴로워하며, 자살하는 따위의 여인 대부분은, 여인 자체로서는, 또는 제삼자로서 보면, 내가 보는 라셀과 비슷한 존재일 거라는 사실을 깨달았다. 그녀의 삶을 알고 싶어하는 애절한 호기심을 품는 자가 있다고 생각하니 나는 벌린 입이 다물어지지 않았다. 세상에 둘도 없이 흥미 없는 일이지만, 그녀의 화냥질에 대해 얼마든지 로베르에게 알려줄 수 있었을 것이다. 그것을 들으면 그가 얼마나 괴로워했을까! 그런데 그는 모든 일을 제쳐놓고 그것을 알려고 했다니, 헛되이!

　처음 사귈 때부터 상상력이 강하게 작용하는 경우, 예를 들면 이 여인같이 작은 얼굴의 배후에도, 그 상상력이 얼마나 수많은 것을 수놓는지 나는 모두 깨달았다. 또 거꾸로, 수많은 꿈의 대상이던 것도, 현실에 인지한 극히 저속한 점과 서로 어긋나면, 비참하게도 물질적이고 하나도 값어치 없는 요소로 분해되고 마는 일이 있다는 걸 깨달았다. 갈봇집에서 20프랑으로 내게 제공했을 때 내게는 20프랑의 값어치도 비싸게 보이던 것도, 그곳에서 나에겐 20프랑을 벌려고 애가 단 여인으로밖에 보이지 않던 것도, 만약에 아무개가 그녀를, 알고 싶어하는, 붙잡아 간직하기 어려운 신비스런 인간으로 상상하기 시작만 하면, 백만금보다, 그 가족의 애정보다, 선망의 대상인 온갖 지위보다 더 값어치 있을 수 있다는 점을 나는 이해했다. 곧 로베르와 내가 본 것은 여위고 같은 좁은 얼굴임에 틀림없었다. 그러나 우리 둘은 그동안에 아무 공통점이 없는 반대되는 두 길을 통해 그 얼굴에 이르렀으며, 앞으로도 우리가 보는 그 얼굴은 같지 않으리라. 그 눈초리, 미소, 입술의 움직임을 가진 얼굴을, 나는 오로지 20프랑으로 내가 바라는 것을 전부 하는 하찮은 여인의 얼굴로서 바깥에서 알았던 것이다. 그러므로 그녀의 눈초리, 미소, 입술의 움직임은 개성적인 것이 하나도 없는 일반적인 행동을 뜻하는 것으로밖에 내 눈엔 보이지 않아, 그 밑에서 하나의 인간을 찾으려는 호기심을 품지 않았으리라. 이를테면 출발점에서 나에게 주어졌던 것, 승낙을 표하는 그 얼굴은, 로베르에게는 수많은 희망, 의혹, 근심, 몽상을 건너 돌진해 나가는 궁극의 결승점이었다! 그렇다, 20프랑이면 나에게도, 다른 누구에게도 주어졌던 것을 남의 소유가 안 되게 독점하고자 그는 100만 프랑 이상을 썼던 것이다. 어째서 그가 20프랑 값으로 그녀를 향락 못했는지, 그것은 어느 순간의 우연, 몸을 내맡길 마음이 있는 듯한 여인이, 그날따라 다가가기 어렵게 만드는 어떤 이유, 어쩌면 다른 밀회가 있어 몸을 피하는 한순간의 우연 탓인지도 모른다. 상대가 감상적인 사내일 경우, 여인이 그런 줄 알아채지 못하고도, 알아챘다면 더더구나 가공할 놀이가 시작된다. 실망을 이겨내지도, 그 여인 없이 지낼 수도 없는 사내는 여인을 따라다니는데, 여인은 사내를 피하느라 마침내는 구할 기력조차 없어진 미소 하나 때문에, 여인이 남자에게 주는 사랑의 마지막 표적 하나에 지불하는 대가의 천 배를 지불하고 만다. 특히 판단의 유치함과 고민에 맞닥뜨린 비겁의 뒤섞임 때문에, 한 아가씨를 가까이하기 어려운 우상으로 삼는 어리석음을 저지른 경우, 이 사내가 정신적 사랑의 보증을 기만하지 않으려고, 그 사랑의 마지막 표적 하나도, 또는 첫 입맞춤도 영영 얻지 못하는, 또는 감히 원하지 않는 적도 있다. 그러니 이 사내가 더할 나위 없이 사랑하는 여인의 입맞춤이 어떠한 것인지 영원히 모르는 채 삶을 떠나는 것은 얼마나 크나큰 괴로움이겠는가. 그렇지만 생루는 운 좋게, 라셸의 사랑의 표적 전부를 용케 얻을 수 있었다. 그 사랑의 표적이 20프랑 금화 한 닢으로 누구에게나 소유되었던 것이라는 사실을 지금 그가 알았다면, 그는 물론 몹시 괴로워했을 테지만, 그래도 또한 그것을 독점하기 위해서라면 백만금이라도 내던졌을 것이다. 왜냐하면 아무리 괴이한 일을 들어 알았던들—인간이 지닌 힘의 한계를 넘은 것으로, 인간 의사가 어

떠함에도 불구하고, 어느 위대한 자연 법칙의 작용으로만 생기는 것이기에
─그는 지금 걸어가는 길에서 벗어날 수 없었을 테니까. 또 그 길에서는 그
얼굴도 그가 이미 지어낸 몽상으로밖에 그에게 나타날 수 없었다. 이 여윈
얼굴의 무표정은 두 줄기 대기의 지대한 압력에 짓눌린 종이 한 장처럼 서로
마주치지 않고서 이제 막 그녀에게 이르고 있는 두 무한(그녀가 그 두 가지
를 떼어놓고 있어서)으로 균형 잡고 있는 듯했다. 로베르와 나는 둘 다 그녀
를 바라보았으나, 같은 신비의 면에서 그녀를 보고 있지는 않았다.

'라셀'이 나에게 아무래도 좋은 여인으로 보인 것은 아니다. 인간의 상상
이 가진 강력한 힘, 사랑의 고뇌를 지지하는 환상이야말로 위대한 것으로 여
겨진다. 로베르는 내가 감동하고 있는 모양을 눈치챘다. 나는 바로 앞 정원
에 있는 배나무와 벗나무 쪽으로 눈을 돌려 그 꽃의 아름다움에 감동하고 있
는 줄 그가 여기도록 하였다. 또 조금은 그 꽃의 아름다움에도 똑같이 감동
하고 있었다. 또한 그 아름다움은 눈으로만 보지 않고 마음속에서도 느끼는
사물을 내 몸 가까이 가져다주었다. 내가 정원에서 본 이러한 나무들을 마음
속에서 이국의 신들로 여겼음은, 마들렌(Madeleine)*이 어느 날(그 축일이
멀지 않은) 어떤 동산에서 인간 모습을 보고 '산지기인 줄 여긴' 때처럼 틀
린 생각이 아니지 않겠는가? 황금시대의 추억을 지키기에, 현실은 사람이
상상하는 바와는 다르다는 약속의 보증자, 시의 찬란함이나 순결한 자의 으
리으리한 광채가 거기에 빛날 수 있으며 이를 받을 만하게 노력한다면 반드
시 보상되리라는 약속의 보증자, 휴식에, 낚시질에, 독서에 상서로운 그늘
위에 신기하게 기울어진 커다란 흰 생물, 천사들이 아니겠는가? 나는 생루
의 애인과 몇 마디 나누었다. 우리 셋은 마을을 질러갔다. 마을의 집들은 다
더러웠다. 그러나 유황 비에 타버린 듯한 가장 너절한 오두막집들 쪽에도,
저주받은 시가에 하루 동안 걸음을 멈춘 불가사의한 나그네, 빛나는 천사가
똑바로 서서 그 집 위에 활짝 꽃핀 청순한 날개를 크게 펼쳐 눈부신 보호자
가 되어 있었다. 그것은 배나무였다. 생루가 나를 끌고 몇 걸음 앞섰다.

"자네와 단둘이 있으면 좋겠는데. 아니, 자네와 단둘이서 점심을 먹고, 아
주머니 댁에 가는 시간까지 둘이서만 지내는 게 더 좋지. 한데 나의 불쌍한

---

* 막달라 마리아를 가리키는 말. 요한복음 제20장 15절 참조.

저 사람이 점심 식사를 큰 기쁨으로 삼고, 나에게 상냥하게 대하니 거절 못했네그려. 그리고 또 자네의 마음에 들 거야, 문학을 좋아하는 예민한 여인이니까. 또 저 사람과 함께 식당에서 점심 하는 게 썩 유쾌하거든. 뜻에 맞는, 단순한, 언제나 모든 일에 만족해하는 여인이거든."

그렇지만 바로 이날 오전에, 틀림없이 단 한 번만, 로베르가 애정에 애정으로써 천천히 층을 쌓아 나가던 여인한테서 잠시 벗어나, 그에게서 몇 걸음 떨어진 곳에서 난데없이 또 하나의 라셀을 보았을 거라고 나는 생각한다. 그녀의 복사체지만, 전혀 다른 한낱 매춘부에 지나지 않는 모습을 하고 있었다. 우리는 꽃이 활짝 핀 과수원을 뒤로하고, 파리에 돌아가는 열차를 타려고 갔는데, 그때 역에서, 우리로부터 몇 걸음 떨어져 걸어가던 라셀이, 그녀와 마찬가지로 속된 두 '암탉'의 눈에 띄어 소리치는 인사를 받았다. 처음에 라셀이 혼자인 줄 안 그 가운데 하나가 소리질렀다. "이봐, 라셀, 함께 타자. 뤼시엔과 제르멘도 열차 안에 있어. 마침 자리도 비었어. 어서 와, 함께 롤러스케이트장에 가는 길이야." 그러고 나서, 그녀들을 호위하고 있는 애인, 두 '점원'을 소개하려다가, 라셀이 좀 당황해하는 기색을 눈치채고 눈을 쳐들어 주위를 살피다가 우리 모습을 언뜻 알아보고 변명하면서 인사했는데, 라셀도 좀 당황해하면서도 정다운 투로 인사했다. 그녀들은 가짜 수달피 깃을 단 두 불쌍한 어린 매춘부로, 생루가 처음 만났을 때의 라셀과 거의 비슷한 몸짓이었다. 생루는 그녀들과 만난 일도 없고, 그 이름조차 몰랐다. 그런데 자기 애인과 매우 친한 사이인 듯한 것을 보자, 자기가 꿈에도 생각해 보지 못한 어떤 생활, 자기와 함께하는 생활과는 영 딴판인 생활, 20프랑 금화 한 닢으로 여인을 사는 생활을 어쩌면 라셀이 보냈던 것이 아닌가, 어쩌면 지금도 보내고 있는 것이 아닌가 하는 생각이 들었다. 그는 그런 생활을 짐작할 뿐이었으나, 그 한가운데, 그가 알고 있는 그녀와는 다른 라셀, 저 두 어린 매춘부와 닮은 라셀, 20프랑짜리 라셀을 또한 본 것이다. 요컨대 이 순간 라셀의 모습이 그의 눈에 둘로 나뉘어 보여, 그는 자기의 라셀에게서 몇 걸음 떨어진 곳에 보잘것없는 매춘부인 라셀, 실제의 라셀(단, 매춘부인 라셀이 그렇지 않은 라셀보다 더욱 사실답다는 가정 아래)을 언뜻 본 것이었다. 이때 로베르는 다음과 같은 생각을 품었으리라. 즉 해마다 라셀에게 10만 프랑을 계속 줄 수 있게, 끝내는 부유한 아가씨와 결혼하거나 이름을 팔거나 하는 처지가 되는 예측과 함께 살아가는 이 애욕의 지옥에서, 어쩌면 쉽사리 인연을 끊을 수 있을지 모른다. 저 두 점원이 적은 돈으로 매춘부들의 특별대우를 받듯, 나도 애인의 특별대우를 몇 푼 안 들이고 누릴 수 있을지 모른다고. 하지만 어찌한다나? 그녀에겐 아무 잘못도 없는 바에야. 덜 베푼다면, 그녀가 덜 싹싹해질 테고, 그를 매우 감동시키던 것을 말하지 않을 테고, 편지에 쓰지 않을 텐데. 여태껏 그는 그녀가 해온 귀여운 말을, 그녀가 얼마나 귀여운 여인인지 내세우려고 애쓰면서 동료에게 조금 보란 듯이 뻐기며 이용해왔던 것이다. 자기가 그녀의 생활비를 호사스럽게 대주고 있음을, 사진 위에 쓴 헌정사나 전보문의 끝머리 구절이, 가장 간략하고도 귀중한 형태로 변한 돈의 변형이라는 점을, 이 희귀한 라셀의 친절에 돈을 치르고 있다고, 무엇이든 간에 그녀에게 주고 있음을 입 밖에 내지 않고서 그것을 자존심이나 허영심 탓이라고 딱 잘라 말해서는 거짓말이 될 것이다. 그렇지만 고지식한 추측에서, 어리석게도 우리는 쾌락 때문에 돈을 지급하는 모든 애인에게도 남편들 대부분에게도, 자존심이라든가 허영심이라든가 하는 낱말을 쓴다. 생루는 자신의 위대한 가문이나 잘생긴 얼굴 덕분에 쉽사리 허영심을 만족시키는 따위의 온갖 쾌락을 공짜로 사교계에서 얻으려면 얻을 수 있음을 알아차릴 만큼 똑똑했고, 또 라셀과 관계를 계속해 나가면, 그와 반대로, 사교계에서 얼마간 배척받게 되어, 인기도 떨어지는 것을 알 만큼 총명하기도 했다. 아니, 자기가 사랑하는 여인에게서 편애의 표시를 거저 얻은 양으로 보이고 싶은 이 자존심은, 단순히 사랑의 결과이기도 하며, 자기가 뜨겁게 사랑하는 여인한테 자기도 사랑받고 있는 것처럼 자기 자신에게나 남에게 보이고 싶은 욕구이기도 하다. 찻간으로 올라가는 두 암탉을 내버려두고서, 라셀이 우리에게 왔다.

그러나 그 여인들의 가짜 수달피 깃과 점원들의 멋부린 모양에 못지않게, 뤼시엔과 제르멘이라는 이름이 한순간 새 라셀의 마음을 꽉 붙들었다. 순간 로베르는, 미지의 친구들, 추잡한 정사, 유치한 향락의 오후와 함께, 피갈 광장의 생활을, 파리 안에 상상했다. 그 파리 안, 클리시 큰길부터 거리들의 햇빛은, 자기가 애인과 함께 산책했을 때의 햇빛과 같은 것으로 느껴지지 않았다. 왜냐하면 사랑과 사랑에 따르는 번민은, 취기처럼, 외계의 사물 모습을 우리 눈에 다르게 보이는 힘이 있으니까. 파리 한가운데에 또 하나의 파리가 있는 게 아닌가 하고, 그는 의심해보았다. 그녀와의 관계가 기이한 생활의 탐험처럼 느껴졌다. 그도 그럴 것이, 그와 함께 있을 때의 라셀이 얼마간 그가 생각하는 대로인 라셀이었다고 할지라도, 라셀이 그와 함께 보내고 있는 시간은 그녀의 실제 생활의 일부이다. 그가 그녀에게 베푸는 막대한 돈으로 보아 가장 귀중한 부분이기도 하고, 그녀가 여러 벗에게 선망의 대상이 되기도 하며, 돈을 모은 뒤에는 시골로 은퇴하거나 큰 극장에 등장하거나 하는 날이 오게 하는 부분이기 때문이다. 로베르는, 뤼시엔과 제르멘은 어떤 여자냐, 만일 라셀이 그 여자들의 찻간에 들어갔다면 그녀들에게 뭐라고 말하겠느냐, 만일 로베르와 내가 없었다면, 스케이트를 탄 뒤, 올림피아 선술집에서 더할 수 없을 환락으로 끝났을지도 모르는 하루를, 그녀와 친구들이 함께 어울려 뭣들 하고 보내겠느냐 따위를 라셀에게 물어보고 싶었을 것이다. 한순간, 여태껏 그에게 지루하게 보였던 올림피아 선술집 근처가 그의 호기심과 번민을 일으켰다. 또 만일 로베르를 알지 않았다면, 라셀이 어떤 때는 거기로 가서 20프랑 금화 한 닢을 벌었을지도 모르는 코마르탱 거리에 비치는 이 봄 햇살도 그의 마음에 막연한 향수를 주었다. 그러나 라셀에게 물어본들, 대답은 고작 침묵 아니면 거짓말, 또는 그에게는 너무나 고통스러운 동시에 아무것도 설명해주지 않는 무엇인 줄 지레 알고 있는 바에야 새삼 물어본들 무슨 소용이 있겠는가? 라셀의 이중성은 너무나 오래 이어졌다. 역무원들이 승강구의 문을 닫고 있어, 우리는 일등칸에 빨리 탔다. 라셀의 몸에 걸친 으리으리한 진주를 보고서, 로베르는 그녀가 큰 값어치 나가는 여인인 사실을 떠올렸다. 그는 라셀을 애무하고—인상파 화가가 그린 듯한 피갈 광장에서 그녀를 보았던 그 짧은 순간을 빼놓고—그가 지금까지 늘 그렇게 해왔듯이 안으로 모셔 물끄러미 바라보는 제 마음속에 그녀를 다시 모시는 동시에, 열차가 떠났다.

그녀가 '문학 애호가'라는 것은 사실이었다. 그녀는 생루가 술을 너무 마시는 것을 나무라는 때를 빼놓고는 책, 새 예술, 톨스토이주의에 대해 쉴 새 없이 지껄였다.

"그래요! 당신이 나와 1년 동안 함께 살 수 있다면, 틀림없이 나는 당신에게 물만 마시게 하겠어요, 그럼 당신 몸이 더욱더 좋아지겠죠."

"좋았어, 그렇게 하자고."

"그러나 당신도 알다시피 나에겐 할 일이 많아서(왜냐하면 무대 예술을 매우 중시하고 있어서). 게다가 당신 집안사람들이 뭐라고 할는지?"

그러고 나서 그녀는 로베르의 가족을 비난하는 말을 나에게 하기 시작했다. 내가 듣기에 꽤나 옳은 비난인 것 같아, 샹파뉴 술에 대해서는 좀처럼 라셀의 분부를 듣지 않는 생루도, 이 비난에는 전적으로 동의했다. 그를 위해 술의 해로움을 근심하며, 그 애인의 좋은 영향을 십분 느낀 나는, 가족 따위는 두들겨 내쫓아버리라고 그에게 충고하고픈 기분이었다. 내가 드레퓌스 사건에 대한 말을 너무 쉽게 꺼내서 이 젊은 여인의 눈에는 눈물이 괴었다.

"불쌍한 순교자." 그녀는 흐느낌을 참으면서 말했다. "놈들이 그를 거기서 죽일지도 몰라요."

"진정해, 제제트, 그이는 돌아올 거야, 풀려날 거야, 잘못이 밝혀질 거야."

"그러나 그렇게 되기 전에 그이는 죽고 말 거야! 하여튼 그이의 자녀들은 누명을 쓰지 않을 테죠. 하지만 그이가 어떠한 고통이든 견뎌야 하는 것을 생각하니 몸서리나요! 그런데 말이에요, 로베르의 어머니께서는 신앙심이 두터운 분이신데도, 그이가 잘못이 없더라도 악마섬에 그대로 둬야 한다고 말씀하신다니, 이 어찌 무서운 일이 아니겠어요!"

"그렇지, 그대로야, 어머니가 그렇게 말한다네." 로베르는 인정했다. "내 어머니시니, 어머니한테 비난할 점은 나에겐 아무것도 없어. 그러나 물론 어머니는 제제트처럼 감수성이 예민하지는 않아."

사실 이런 식사, '지극히 즐거운 것'은 늘 재미없이 지나가곤 하였다. 왜냐하면 생루는 수많은 사람이 모이는 장소에 자기 애인과 같이 있으며, 금세, 그녀가 거기에 있는 뭇 사내를 물끄러미 바라보고 있구나 상상하여 우울해지고 말기 때문이다. 그래서 그녀 쪽은 그의 나쁜 기분을 알아채고는, 아마도 그걸 돋우는 것이 재미나선지, 아니면 틀림없이 그의 태도에 마음이 상해, 어리석은 자존심에서, 그걸 누그러지게 애쓰는 모양을 짓고 싶지 않아선지 아무개에게서 눈을 떼지 않는 시늉도 하였는데, 더욱이 이 시늉은 반드시 순전한 놀이만도 아니었다. 과연 극장이나 카페에서 우연히 그들의 옆자리에 있는 신사라든가, 아주 단순히, 그들이 잡아탄 합승마차의 마부 따위가 뭔가 보기 좋은 것을 갖추고 있기만 해도, 로베르는 금세 시새움에 부추김

당해서, 애인보다 먼저 그 사내를 주목했던 것이다. 곧바로 그는, 발베크에서 나에게 말한 바 있는, 재미 보고자 여성을 타락시켜 능욕하는 더러운 놈들 가운데 하나라고 생각하여, 애인에게 저 사람에게서 눈길을 돌리라고 애원해, 도리어 그 사람을 그녀 시선의 표적이 되게 했다. 그런데 때로는 로베르의 의심이 정통으로 맞는 일도 있어서, 그녀는 그를 놀려대기를 그치고 그를 진정시키고 난 뒤, 어떤 일을 보러 혼자 가는 것을 그에게 승낙받아, 그동안에 미지의 사내와 담소하기도 하고, 가끔 밀회를 약속하기도 하며, 때로는 한때의 기분을 빨리 해치우는 틈을 만들기도 하였다.

우리가 식당에 들어서자마자, 로베르가 걱정스러운 얼굴을 짓는 것을 나는 똑똑히 보았다. 까닭인즉, 발베크에서 우리가 알아채지 못했던 것, 평범한 동료들 한가운데, 에메가, 수수한 빛과 더불어, 아주 무의식중에 낭만적인 분위기를 퍼뜨리고 있음을 로베르가 곧 주목하고 말았기 때문이다. 그 낭만적인 분위기는 일생 중 몇 해 동안 산뜻한 머리칼과 그리스풍의 코에서 나오는 것으로, 그러한 얼굴 덕분에 에메는 다른 수많은 사환들 가운데 두드러지게 눈에 띄었다. 다른 사환들로 말하면 거의 모두가 어지간히 나이 들어 위선적인 사제와 신앙심을 가장하는 고해 신부, 특히 구파의 희극 배우 따위의 특색을 뚜렷이 드러낸 무시무시하게 추한 전형의 진열이었다. 이 희극 배우의 설탕 덩어리 같은 이마로 말하면 오늘날에 와서는, 그들이 시중꾼 또는 대주교의 배역을 맡아하던, 폐지된 작은 극장의 수수하게 역사적인 휴게실에 걸어놓는 초상화의 수집품에서밖에 거의 발견 못 하는 것으로, 이 식당은 엄선된 사환 모집과 어쩌면 세습적인 채용법 탓인지, 마치 고대 점쟁이를 양성하는 기관처럼 엄숙한 전형을 지니고 있는 성싶었다. 공교롭게, 오페라풍의 위대한 사제들 행렬이 다른 식탁 쪽으로 우르르 몰려가는 사이에, 에메가 우리의 모습을 알아보고 주문을 받으러 왔다. 에메는 내 할머니의 안부를 물었다. 나는 나대로 그의 부인과 자녀들의 소식을 물었다. 그는 열심히 대답했다. 한 집안의 좋은 아버지였으니까. 그는 총명한 정력 있는, 그러나 공손한 풍채였다. 로베르의 애인은 야릇한 주의로 그를 물끄러미 보기 시작했다. 하지만 가벼운 근시안 때문에 남에게 숨겨진 깊이를 지닌 듯한 인상을 주는 에메의 오목한 눈은, 그 무표정한 얼굴 가운데서 아무 반응을 나타내지 않았다. 그가 발베크에 오기에 앞서 몇 년 동안 근무했던 시골의 호텔에는, 그의 얼굴을 그린 예쁜 소묘가 오늘날 좀 누렇게 바래진 대로, 외젠 대공*의 조상처럼, 거의 늘 비어 있는 식당 한구석, 늘 같은 자리에 수년 동안 보여왔는데, 그렇다고 호기심 많은 눈길을 자주 끌지는 못했을 것이다. 따라서 오랫동안, 정통한 사람을 만나지 못해, 틀림없이 그는 제 얼굴의 예술적인 가치를 모르는 채 지냈고, 게다가 냉정한 기질이었는지라 남의 눈에 띄려고도 하지 않았다. 기껏해야 그 시가에 잠시 머무르고 지나가는 파리지엔이 눈을 쳐들어 그를 바라보고, 열차를 타기 전에 자기 방에 시중하러 오라고 그에게 부탁해서 시골의 착한 남편과 하인이라는 그 생활의 흐리멍덩하고도 단조로운, 속 깊은 공허 속에 아무도 영영 발견하지 못할 비밀, 내일 없는 일시적 기분의 비밀을 감춘 것이 고작이었다. 그런데도 에메는 젊은 여배우의 눈이 집요하게 자기 몸에 쏠리고 있는 것을 알아차렸음에 틀림없었다. 어쨌든 그것이 로베르에게 들키지 않을 리가 없어, 그의 낯빛이 홍조를 띠는 것을 나는 보았다. 그가 감정의 격동을 느꼈을 때에 다홍색으로 물드는 것처럼 생생하지는 않았지만, 희미하게 얼굴 전체에 퍼졌다.

"저 지배인이 퍽 흥미 있나 보군, 제제트?" 에메를 갑작스레 물러가게 하고 나서 로베르가 애인에게 물었다. "남이 보면 그를 모델로 습작하는 줄 알겠소."

"흥, 또 시작이군요. 이럴 줄 알았다니까!"

"뭐가 또 시작이라는 거지, 여보! 내가 잘못했다면, 아무 말도 하지 않겠어. 하지만 적어도 나에겐 당신이 저 하인에 대해 조심하라고 경고할 권리가 있지. 나는 저놈을 발베크에서 알았는데(그렇지 않다면 내가 왜 상관하겠어), 이 세상에 둘도 없는 제일가는 깡패야."

그녀는 로베르에게 순종하려는 듯이, 나와 문학 이야기를 나누기 시작해, 이 담소에 로베르도 끼었다. 나는 그녀와 담소하면서도 지루하지 않았으니, 내가 좋아하는 책들에 대해 그녀가 썩 잘 알고 있으며, 그녀의 의견이 내 의견과 거의 일치했기 때문이다. 그러나 나는 빌파리지 부인의 입을 통해 그녀가 재능 없다는 말을 들은 적이 있었으므로, 이 교양에 그다지 중요성을 두지 않았다. 그녀는 여러 가지에 대해 교묘하게 농담을 했다. 그래서 만약 문

---

* 오스트리아의 장군(1663~1736).

학가와 화가들의 결말을 성가시도록 쓰려고 하지 않았다면 참으로 재미있었을 것이다. 게다가 그녀는 결말을 아무것에나 썼다. 예컨대 그림을 보고 그것이 인상파의 것이라면, 또는 오페라를 구경하고 그것이 바그너풍의 것이라면 '아아! 이거 좋구나!'라는 버릇이 들어서, 어느 날 한 젊은이가 그녀의 귀에 입맞추었을 때, 그녀가 부르르 떠는 시늉을 하는 것에 감동한 사내가 수줍어하자 "그래요, 감각으로 이거 '좋구나' 느꼈어요" 하고 그녀가 말했다. 그러나 특히 내가 놀란 점은, 로베르에게 독특한 말투를(하기야 이 표현은 어쩌면 그녀를 통해 알게 된 문학가한테서 그에게 전해온 것인지도 모르지만), 그녀가 그 앞에서, 그가 그녀 앞에서 불가피한 언어이기나 하듯 사용하고 있는 것인데, 그것에 기발한 점이 하나도 없음을 두 사람 다 깨닫지 못했다.

식사 중, 그녀가 손을 어찌나 서투르게 놀리는지, 무대에서 연기할 때도 틀림없이 매우 어설픈 재주를 보이겠거니 상상하게 할 정도였다. 사내를 너무 좋아해, 자기 몸의 구조와 다른데도 그 몸에 최대의 쾌락을 주는 것이 뭔지 당장 짐작하는 여인들의 그 감동어린 선견지명으로써, 그녀가 능란함을 되찾는 것은, 사랑에서뿐이었다.

연극이 화제에 오르자, 나는 대화에 끼지 않았다. 이 화제에 관해 라셀이 너무나 악의를 품고 있었기 때문이다. 사실 그녀는 연민어린 말투로, 베르마를 변호하면서, 생루의 비난에—라셀이 생루 앞에서 가끔 베르마를 공격하던 증거이기도 하였다—대꾸했다. "아니죠! 천만의 말씀, 훌륭한 분이에요. 물론 그녀가 연기하는 것은 이젠 우리를 감동시키지 않으며 우리가 탐구하는 바와는 전혀 들어맞지 않지만, 그래도 그분을 그녀가 나타난 시대에 놓고 봐야 해요. 우리는 그분의 덕을 많이 입고 있답니다. 그분은 많은 일을 했답니다, 아시다시피. 뿐만 아니라 그분은 충직한 여인이자 도량이 큰 여인이기도 하고요. 물론 우리의 흥미를 끄는 것들을 그분은 안 좋아하지만, 그래도 옛날에는 꽤 인상 깊은 얼굴과, 재능의 멋진 소질을 가졌던 여인이죠." (손가락은 온갖 미적인 판단에 똑같이 가락을 맞추는 게 아니다. 그림에 대해서라면 기름 물감으로 가득 찬 뛰어난 작품임을 보이기에 엄지손가락을 불쑥 내미는 것으로 충분하다. 그런데 '재능의 멋진 소질'인 경우는 더 까다롭다. 두 손가락이 필요하다, 아니 오히려 두 손톱이 필요하다, 마치 먼지를 털어버리려고 하듯이) 그러나—이는 예외적인 일—생루의 애인은 비꼬는 투와 자기가 더 우월하다는 투로 유명한 여배우들에 대해 지껄여, 나를 화나게 했다. 그 여배우들보다도 라셀 쪽이 열등하다고—이는 내가 잘못 생각한—내가 믿어 마지않았기 때문이다. 내가 그녀를 평범한 여배우로 생각함에 틀림없다는 사실도, 그와 반대로 그녀가 멸시하고 있는 여배우들에게 내가 큰 존경심을 품고 있다는 사실도 그녀는 충분히 알아챘다. 하지만 그녀는 화내지 않았다. 그도 그럴 것이, 그녀의 재능이 그렇듯, 아직 알려지지 않은 위대한 재능 속에는, 아무리 자신감을 갖고 있더라도 어떤 겸허가 있기 때문이고, 또 우리가 남에게 요구하는 존경을, 숨은 타고난 재능이 아니라, 얻은 지위에 비례하도록 하기 때문이기도 하다(한 시간 뒤에 극장에서 생루의 애인이 그토록 가혹한 판단을 내린 바로 그 배우들에게 극진한 경의를 표하는 모습을 볼 것이다). 그러므로 내 침묵이 아무리 작은 의혹을 그녀의 마음에 남겨놓았을망정, 그녀는 서슴지 않고 저녁에 함께 식사하자고 우기며, 나와 담소하는 것보다 흥미 있는 일은 없다고 잘라 말했다. 우리는 아직 극장에 가 있지 않았지만(점심 식사 뒤에 그곳으로 가게 되어 있었다) 옛 단원들의 초상화가 걸려 있는 극장 휴게실에 있는 듯한 기분이 들 만큼 사환들의 얼굴이, 우수한 배우들의 한 시대와 더불어 사라진 듯한 얼굴들을 하고 있었다. 그들은 또한 아카데미 회원과 같은 얼굴을 하고 있었다. 그들 가운데 하나가, 음식을 차려놓은 식탁 앞에 서서, 쥐시외(Bernard de Jussieu)* 씨가 그랬을지 모르는 초연한 호기심을 가진 표정을 하고서 배를 살피고 있었다. 그 양쪽에 있는 다른 사환들은, 마치 정각 전에 닿은 국립학회 회원들이 남에게 들리지 않는 몇 마디를 서로 소곤대면서 청중에게 던지는 듯한 호기심과 냉정으로 가득 찬 눈길을 실내에 던지고 있었다. 그들은 단골손님들 사이에 알려진 얼굴들이었다. 그러는 사이, 콧구멍이 벌름한, 입술이 위선자답지 않은, 라셀이 사투리로 말했듯이 '성직자 냄새가 나는' 신참자가 나타나, 저마다 이 선발된 신입생을 흥미 있게 바라보았다. 그러나 아마도 에메와 단둘이 서 있고자 로베르를 쫓아버리려고 해선지, 이윽고 라셀은 이웃 식탁에서 친구 하나와 같이 식사하고 있는 젊은 주식 상인에게 추파를 던지기 시작했다.

---

* 프랑스의 식물학자(1699~1777).

"제제트, 부탁이니 저 젊은이를 그렇게 흘끔흘끔 보지 마." 생루가 말했다. 생루의 얼굴에는 조금 전까지 망설이던 홍조가 큰 핏빛 구름으로 몰려와, 그 심술난 얼굴을 부풀게 하는 동시에 어둡게 했다. "혹시 당신이 여기서 구경거리가 될 예정이라면, 난 혼자 식사를 대강 끝내고 극장에 가서 당신을 기다리는 편이 좋겠어."

이때 심부름꾼이 에메에게 와서, 마차 승강구로 몇 마디 하러 와달라는 한 신사가 있다고 전했다. 심부름꾼이 오기만 하면 자기 애인에게 전달하는 사랑의 전언일까 봐 늘 전전긍긍하는 생루가 유리 너머로 바라보아, 사륜마차 안에서, 손에는 검은 줄무늬가 있는 흰 장갑을 끼고, 단춧구멍에 꽃을 단, 샤를뤼스 씨를 알아보았다.

"저것 보게." 그는 나에게 목소리를 낮추어 말했다. "내 가족은 이런 곳까지 내 뒤를 쫓네그려. 여보게, 나로선 할 수 없는 일이라 자네에게 부탁하네만, 자네는 지배인과 잘 아는 사이니(녀석은 우리를 팔아먹을 것이 확실하거든), 녀석에게 마차로 가지 말라고 일러주게. 내 얼굴을 모르는 다른 사환을 대신 보내기만 하면 그만이니까. 난 숙부의 사람됨을 알거든. 사환이 나를 보지 못했다고 말하면 숙부는 나를 찾으러 이 안까지 올 분이 아니지, 이런 장소를 아주 싫어하거든. 제기랄, 여자 뒤꽁무니만 줄줄 따라다니는 주책망나니인 주제에, 자기 행실의 보따리는 풀어놓지 않고 걸핏하면 내게 설교를 늘어놓거나 내 뒤를 쫓다니!"

에메는 내 지시를 받자 즉시 부하 하나를 보내, 지배인은 지금 매우 바빠서 나올 수 없으며, 혹시 그 신사가 생루 후작에 대해 물어본다면, 그런 분은 모르겠다고 말하기로 했다. 마차는 곧 떠났다. 그런데 생루의 애인은 우리가 낮은 목소리로 쑥덕거린 얘기를 알아듣지 못해서, 자기가 추파를 던졌으므로 로베르가 책망한 그 젊은이에 대한 얘기인 줄 여기고, 욕설을 터뜨리기 시작했다.

"얼씨구! 저 젊은이를 두고 하는 얘기죠? 억측해주시니 고맙지 뭡니까. 별꼴 다 보지! 이런 상태에서 식사하다니 입맛이 더 당기네요! 제발 이분의 말을 귀담아듣지 마세요, 오늘따라 심보가 좀 삐뚤어져 있으니까요." 그녀는 나에게 덧붙였다. "시새움하는 모양을 짓는 것이 신사다운 일이다, 멋들어진 일이라고 여기므로 이분이 그런 말을 한다니까요."

그러더니 그녀는 발과 손으로 신경질적인 태도를 보이기 시작했다.

"하지만 제제트, 불쾌한 건 나야. 당신은 저놈 눈에 우리를 우스꽝스럽게 보이도록 하고 있단 말이야. 저놈은 당신이 아양을 떠는 줄 알 거야. 보아하니 가장 나쁜 놈인 듯한데."

"난 반대예요. 저 남자, 내 마음에 꼭 드는걸. 보기에도 황홀한 눈을 가진 분이거든. 여성을 바라보는 그 모습만 봐도, 저분이 얼마나 여성을 아끼는지 느껴지거든요."

"당신 미쳤대도, 내가 여기서 나갈 때까지만이라도 잠자코 있어." 로베르가 소리질렀다. "거기! 내 소지품을 가져다주게."

나는 그의 뒤를 따라가야 할지 어쩔지 몰랐다.

"그만둬, 나 혼자 있고 싶어." 그는 지금 막 애인에게 하던 투로, 마치 나에게 화내듯이 말했다. 그의 노기는, 마치 오페라에서 여러 번 되풀이 노래하는 줄거리의 뜻도 성질도 전혀 다른 동일 악절, 같은 정서로 들어맞는 악절과 같았다. 로베르가 나가버리자, 그의 애인은 에메를 불러 이것저것 물어보았다. 다음에 그녀는 내가 에메를 어떻게 생각하는지 알고 싶어했다.

"재미스런 눈이죠, 안 그래요? 나에게 뭐가 재미나는 것인지 아시겠어요? 그건 말이에요, 저이가 뭘 생각하는지 아는 것, 저이한테 자주 시중받은 것, 저이를 여행에 데리고 가는 것 따위죠. 하지만 그뿐, 마음에 드는 이를 전부 사랑해야만 한다면, 그야말로 몸서리날 거예요. 로베르가 그런 생각을 하는 것이 틀렸어요. 그건 다 내 머릿속에서만 생기고 끝나니, 로베르는 큰 배에 탄 듯 마음 턱 놓아도 좋으련만(그녀는 여전히 에메를 물끄러미 바라보고 있었다). 저것 좀 보세요. 까만 눈을 하고 있군요, 그 눈 밑에 뭐가 있는지 알고 싶어라."

이윽고 심부름꾼이 그녀에게 와서, 로베르가 특별실에서 그녀를 기다리고 있다고 알렸다. 그는 다른 출입구를 통해 빠져나가, 식당을 다시 건너지 않고서 점심 식사를 마치러 거기에 가 있었던 것이다. 그래서 나는 외톨이가 되었는데 뒤이어 로베르가 이번엔 나를 부르러 사람을 보냈다. 들어서니, 로베르가 마구 퍼붓은 입맞춤과 애무에 깔깔대면서 그의 애인은 소파에 누워 있었다. 둘이서 샹파뉴 술을 마시고 있었다. 그녀는 이따금 '안녕 여보' 하고 그에게 말했다. 이 문구를 최근에 배워서, 이를 다정스러움과 재치가 있는 최신어로 생각하고 있었기 때문이다. 나는 점심을 먹는 둥 마는 둥 하였고, 기분도 좋지 않아, 르그랑댕의 말이 별로 영향을 미치지 않았지만, 나는 이 첫봄의 오후를 식당의 작은 방에서 시작하여 극장의 무대 뒤에서 끝내리라 생각하니 후회가 막심하였다. 지각하지나 않을까 걱정돼 시계를 보고 나서, 라셸은 나에게 샹파뉴 술을 권하며, 터키 담배 한 개비를 꺼내주고, 코르사주에서 장미 한 송이를 떼어주었다. 그때 나는 생각했다. '이 하루를 그다지 후회하지 말자꾸나. 이 젊은 여인 곁에서 보낸 시간이 헛된 것은 아니다. 돈으로 쉽사리 살 수 없는 우아한 것, 장미 한 송이, 향기 진한 담배, 샹파뉴 술 한 잔을 이 여인에게서 받았으니까.' 내가 이렇게 생각한 까닭은, 그것이 이 지루한 시간에 미적인 품격을 부여해, 그럼으로써 정당화하고, 구하기도 한다는 생각이 들었기 때문이다. 아마도 나는, 내 권태를 위로하는 이유가 있었으면 하는 요구를 느끼는 자체가, 내가 미적인 것을 하나도 느끼지 않고 있다는 사실을 이미 증명하고 있다고 생각해야 마땅했으리라. 로베르와 그 애인은 어떤가 하면, 몇 분 전에 싸운 것도 내가 그 자리에 있던 것도 까맣게 잊고 있는 듯했다. 두 사람 다 그 낌새를 보이는 말은 한마디도 하지 않았으며, 그것에 대한 변명도, 그것과 지금의 태도가 대조를 이루고 있는 데 대한 변명도 찾지 않았다. 그들과 함께 샹파뉴 술을 마신 탓에, 나는 리브벨에서 느끼던 도취(틀림없이 전혀 같지 않은)를 조금 느꼈다. 태양이나 여행이 주는 도취를 비롯해 피로나 술의 도취에 이르기까지 온갖 종류의 도취뿐만 아니라 바다의 깊이를 나타내듯이 갖가지 '심도(深度)'를 가짐에 틀림없는 도취의 정도도, 우리 마음속, 바로 그것이 다다른 깊이에, 저마다 특수한 인간을 알몸으로 놓는다. 생루가 있는 방은 작았는데, 방을 꾸미는 유일한 거울은 특별한 것으로 어디까지나 이어지는 먼 경치 속에 서른 대의 경대를 반사하는 듯한 느낌이 들도록 놓여 있었다. 틀 꼭대기에 놓인 전구는, 저녁에 켜지는 동시에 그 자체와 비슷한 서른 개 반영의 행렬을 이으면서, 홀로 술 마시는 손님에게마저, 취기에 흥분한 감각과 주위의 공간이 여럿으로 되는 듯한 생각, 홀로 비좁은 작은 방에 갇혀 있으면서도 '파리 정원'의 작은 길보다 환하고도 끝없는 곡선으로 더 멀리 뻗어 있는 어떤 것을 지배하고 있는 듯한 생각을 줄 것이 틀림없었다. 그런데 그때에 나도 술꾼이어서, 갑자기, 거울 안에서 술꾼을 보려는 순간, 언뜻 나를 노려보고 있는 흉악망측한 낯선 얼굴을 보았다. 도취의 환희는 혐오보다 강했다. 쾌활한 탓인지 또는 아무 거리낌 없는 기분 탓인지, 내가 그 얼굴에 미소 지으니, 그 얼굴도 미소로 응했다. 여러 감각이 아주 센 순간의 덧없고도 강력한 세력 밑에 있는 듯한 느낌이 어찌나 들었는지, 내 유일한 애수는, 내가 지금 막 거울 속에 본 망측한 자아야말로 어쩌면 죽을 때의 그것인지도 모른다, 한평생 다시는 그 낯선 얼굴을 영영 만나지 못할 거라고 생각한 것이 아니었는지도 모른다.

로베르는 고작 내가 그의 애인 앞에서 좀더 빛을 내지 않으려고 하는 것이 불만이었다.

"여보게, 자네가 오늘 아침 얘기하던 그 신사, 속물근성과 천문학을 섞은 그 신사를, 저 사람에게 얘기해주게. 난 기억이 잘 안 나니." 이렇게 말하면서, 그는 그녀를 곁눈질로 보았다.

"하지만 여보게, 지금 자네가 말한 것 말고는 다른 게 별로 없는걸."

"딱도 하이. 그럼 샹젤리제에서 있었던 프랑수아즈의 일들을 얘기하게, 저 사람이 매우 기뻐하겠지."

"옳아, 옳아! 보베*라면 늘 프랑수아즈에 대해 얘기해주죠." 그리고 생루의 턱을 손으로 잡으면서, 별난 말이 생각나지 않아, 그 턱을 빛 쪽으로 끌어당기면서, '안녕, 여보!' 하고 되풀이했다.

내 눈에, 배우들이 그 대사와 연기에서, 오로지 예술적인 진실의 보유자들이라고 보이지 않게 되고부터, 나는 배우 그 자신에만 흥미를 갖게 되었다. 나는 익살스러운 옛 소설의 인물들을 구경하는 셈치고, 순진한 아가씨로 분장한 여배우가 지금 막 객석에 들어온 젊은이의 수려한 얼굴에 홀려, 극중에서 젊은 주인공이 지껄이는 사랑의 고백을 먼산바라기 하며 한 귀로 듣고 한 귀로 흘려버리는 한편, 이 극중의 젊은 주인공 또한 가까운 객석에 앉은 노부인의 몸에 달린 으리으리한 진주에 얼이 빠져, 사랑의 기다란 대사를 불같이 굴리면서도 노부인 쪽에 타는 듯한 추파를 던지고 있는 모습을 보는 게 재미있었다. 이와 같이, 특히 생루한테 배우들의 사생활에 대해 여러 가지를

＊로베르의 애칭.

들은 덕분에, 나는 이야기되는 연극 밑에서, 말 없는 표정이 풍부한 극을 또 하나 보았다. 하기야 이 연극은 하찮은 것이지만 나에겐 흥미로웠다. 왜냐하면 배우 얼굴 위에 하얀 분을 바른 마분지로 된 다른 얼굴이, 낱낱의 배역에 대사를 붙인 채, 한 시간 안에 조명 속에 그것이 싹터 꽃핌을 느꼈으니까. 또한 극중 매력 있는 인물들의 덧없고도 생기 넘치는 이러한 개성을, 구경하는 이들이 좋아하고, 감탄하며, 동정하고, 극장을 떠나서도 또 한 번 보고 싶어하나, 극중에서 차지하던 상황을 이미 잃은 배우로, 배우 얼굴이 이미 보이지 않는 각본이나 수건이 지워버리는 기분으로, 그것은 벌써 붕괴되고 만다. 간단히 말해, 극이 끝나는 즉시 붕괴가 끝나므로, 그것이 흔적도 없는 여러 요소로 되돌아간다. 그래서 그 개성들은, 사랑하는 이의 육체가 죽어 해체하듯이 자아의 실재성을 의심하게 하고, 죽음에 대해 명상하게 한다.

프로그램 가운데 하나는 보고 듣기에 몹시 딱했다. 라셀과 그 친구 대부분이 싫어하는 한 젊은 여인이, 옛 샹송을 부르며 데뷔하기로 되어 있는데, 그 여인은 앞으로의 꿈이나 가족의 기대를 거기에 모두 걸고 있었다. 이 젊은 여인은 우스울 정도로 엉덩판이 두드러져 있었고, 예쁜 목소리지만 지나치게 가늘고, 너무 흥분한 나머지 감동에 더 약해져서, 그 힘찬 근육과 좋은 대조를 보였다. 라셀은 객석에 남녀 친구를 여러 명 숨겨놓고, 첫 무대에 나오는 여인이 겁 많은 줄 알아, 그들에게 야유하게 시켜 어쩔 줄 모르게 하여서, 나중에 지배인이 계약을 파기할 만큼 대실패로 끝나도록 얼빠지게 하기로 짰다. 이 가련한 여인의 첫 가락이 울리자마자, 그 때문에 불러 모아진 몇몇 남자 관객은 크게 웃으며 등을 돌리기 시작하고, 음모에 가담한 몇몇 여인은 소리 높여 깔깔대기 시작해, 피리 같은 가락을 뽑을 때마다 고의의 폭소가 더해 난장판이 되고 말았다. 불쌍한 여인은 화장 밑에 식은땀을 흘리면서도 잠시 맞서려고 하다가, 관객을 둘러보면서 애원하는 듯한 비탄에 잠긴 비열한 눈길을 던졌지만, 야유하는 소리를 더 크게 할 뿐이었다. 모방의 본능, 기지와 대담성을 보이려는 욕망이, 미리 그 얘기를 듣지 않았던 예쁜 여배우들까지 동조하고, 그녀들이 심술궂은 공범의 눈짓을 남들에게 던지며 까르르 웃어대기 시작해서, 곡목이 아직 다섯이나 남아 있는데도, 두 번째 샹송의 끝 무렵에, 무대감독은 막을 내리게 했다. 나는 왕고모가 할머니를 약올리려고 할아버지에게 코냑을 마시게 할 때, 할머니의 괴로움에 마음 쓰지 않았듯이, 이 사건에 마음 쓰지 않으려고 노력했다. 악의라는 관념이 내게는 너무나 고통스러운 것이었기 때문이다. 그렇지만 불행에 맞서 싸워야 하는 불쌍한 사람이 제 자신을 스스로 측은히 생각할 틈도 없을 때의 고통을, 우리는 모두 공상으로 만들어내므로, 불행에 대한 연민은 아마도 그다지 정확하지 못할지도 모르려니와, 마찬가지로 악의도 틀림없이 심술궂은 마음 속에, 우리가 공상만 해도 가슴 아픈 그 순수하고도 쾌락적인 잔혹성을 가지고 있지는 않으리라. 증오가 그 사람에게 그것을 불어넣고, 노기가 그에게 주는 것이다. 그다지 기쁘지도 않은 극성과 활발을. 그것에서 쾌락을 끌어내려면 사디즘이 필요할 것이다. 악인은 자기가 괴롭히는 상대도 악인이라고 믿는다. 라셀은 틀림없이 다음과 같이 생각했을 것이다. 곧 자기가 괴롭힌 여배우는 누구에게나 흥미롭지 않을 여인이다, 어쨌든 그녀를 야유함으로써 좋은 취미의 앙갚음을 하며, 하찮은 동료들에게 교훈을 주고 있다고. 그나저나, 나는 그 사건에 대해 언급하기 싫었으니, 나에게 그것을 막을 용기도 힘도 없었기 때문이고, 또 희생자의 좋은 점을 들어서, 이 첫 무대의 여인을 함부로 죽인 이들 감정을 잔혹성의 만족과 비슷하게 하는 것도 나에게 너무 괴로웠을 테니까.

그러나 이 상연의 서막은 나에게 다른 방식으로 흥미로웠다. 그것은 나에게, 생루가 라셀에 대해 어떠한 환각의 희생자가 되고 있는지, 그 환각의 본질을 깨닫게 하는 동시에, 또 그 때문에, 그녀가 이날 아침 꽃이 활짝 핀 배나무 밑에 보였을 적에, 로베르와 내가 그 애인에 대해 품고 있는 영상 사이에 하나의 심연이 놓여 있음을 깨닫게 하였다. 라셀은 대수롭지 않은 극에서 거의 간단한 단역을 맡았다. 그런데 연기하고 있는 모습을 보니 그녀는 전혀 다른 여인 같았다. 라셀의 얼굴은 거리를 두고 봐야—반드시 객석과 무대 사이의 거리만이 아니라, 세상 자체가 더욱 커다란 극장임에 틀림없지만—비로소 그 선이 뚜렷하고, 따라서 가까이 보면 선이 흐릿해지는 생김새였다. 곁에서 보면 흐릿해, 성운처럼, 주근깨와 여드름의 은하수가 있을 따름이었다. 적당한 거리에 두고 보면 그런 것이 다 없어져 눈에 안 띄고, 주근깨가 지워진, 여드름이 없어진 두 볼에서, 초승달처럼 날씬하고 말끔한 코가 떠올라, 보는 이는, 라셀의 주목거리가 되고, 자주 만나며, 자기 곁에 두고 싶어 했을 텐데, 이런 건 다 그녀를 가까이 보고서는 절대로 일어나지 않는 욕망이었다. 그것은 내가 아니라 생루가 무대에서 그녀를 처음 보았을 때 그랬다. 그때, 그는 어떻게 하면 그녀에게 다가가, 그녀와 알게 될 수 있을까 숙고한 끝에, 신기한 영역—아무렴 그녀가 사는 영역—을 마음속에 활짝 열어보았으나, 거기에서 감미로운 빛이 나왔을 뿐, 들어갈 수 없을 성싶었다. 몇 해 전 그가 지냈던 지방의 시가에 있는 극장에서 나오며 생각하기를, 그녀에게 편지를 써서 보내다니 미친 짓이려니와, 그녀는 답장도 하지 않을 것이라 생각하면서 배우들의 출입구에서 조금 전 무대에 나왔던 예쁜 모자를 쓴 여배우들의 쾌활한 무리가 우르르 나오는 모습을 보았을 때, 일상의 현실과는 비교도 안 될 만큼 뛰어난 세계, 자기 마음속에서 욕망과 꿈으로 꾸민 세계에서 사는 이를 위해서라면 자기 재산과 명예를 다 내던질 각오를 했다. 문가에는 여배우들과 아는 사이인 젊은이들이 상대를 기다리고 있었다. 인간이라는 장기의 졸(卒)의 수효로 말할 것 같으면 저마다 짝을 지을 수 있는 수효보다는 적어서, 알 만한 사람이라곤 하나도 없는 극장에서 다시 만나리라고 생각지 않던 이를 우연히 만나, 그것이 신의 섭리같이 느껴졌다. 만약에 우리가 그곳에 있지 않고 다른 곳에 있었더라도 두말할 것도 없이 그 대신에 다른 우연이 일어나고, 거기서 다른 욕망이 생겨나며, 거기서 다른 친구를 만나 그 욕망을 거들어줄 것이다. 라셀이 극장에서 나오는 모습을 보기에 앞서, 생루의 꿈의 세계로 통하는 황금문이 그녀를 다시 가둬버렸으므로, 주근깨와 여드름 따위는 아무래도 좋았다. 그렇지만 이제 혼자가 아니라서, 특히 극장에서 하던 만큼 몽상하는 힘마저 없었으므로, 주근깨나 여드름이 그의 마음을 언짢게 하였다. 그러자 무대 위 그녀는, 이제 생루가 그녀의 모습을 보지 못했지만, 계속해서 그의 모든 동작을, 마치 우리 눈에 안 보이는 시간에도 그 인력으로 우리를 지배하는 별들처럼 지배하고 있었다. 그러므로 로베르의 기억에 남아 있지도 않은 아름다운 얼굴을 한 여배우에 대한 욕망의 결과로, 그는 우연히 거기에 와 있는 옛 친구에게 달려가, 특징 없이, 주근깨투성이인 여인(왜냐하면 같은 여인이어서)에게 소개해달라고 부탁했다, 나중에 두 여배우 중 어느 쪽이 진짜 라셀인지 똑똑히 알게 되겠지 하고 생각하면서. 그녀는 매우 바빠, 그때는 생루에게 말을 건네지 않았고, 며칠 뒤에 가서야 겨우, 그 동료들과 헤어진 그녀를 집까지 바래다주었다. 그는 이미 그녀를 사랑하고 있었던 것이다. 꿈꾸려는 욕구, 꿈에서 본 여인에 의하여 행복해지고 싶은 욕망만 있다면, 여인이 며칠 전부터 극장 무대에 우연히 나타난 낯선, 냉대한 여인에 지나지 않더라도, 그 여인에게 자기 행복의 기회를 전부 맡기기까지 그리 많은 시간이 걸리지 않는 법이다.

막이 내리고 나서, 내가 왔다 갔다 하기가 겁난 무대 쪽으로 우리가 갔을 때, 나는 생루에게 큰 목소리로 말하려고 했다. 나로선 익숙지 않은 이런 장소에서 어떻게 해야 할지 몰랐기 때문에 어느덧 나의 태도는 우리 대화에 완전히 지배되어 그랬거니와, 내가 대화에 아주 빠져들어 얼빠져 있다고 남들이 생각했을 테고, 내가 그 장소에 어울리는 표정을 짓지 않아도 당연하다고 여겼을 것이다. 말하려는 것에 정신이 팔려, 나는 겨우 그곳에 있다는 의식만 있었을 뿐이다. 빨리 해치우려고 머리에 떠오른 첫 화제를 잡았다.

나는 로베르에게 말했다, "알다시피 동시에르를 떠나는 날 자네에게 작별 인사를 하려 했지만, 얘기할 기회가 영 없었네그려. 거리에서 자네한테 손을 흔들어 인사했다네."

"그 얘기는 그만하게." 그는 말했다. "유감이었지. 바로 병영 근처에서 만났지만, 내가 이미 지각했으므로 멈출 수 없었다네. 내 가슴도 몹시 쓰렸어."

그렇다면 그는 나를 알아보았던 것이다! 그가 군모에 손을 올리면서, 나를 알아본 기색을 보이는 눈길도 하지 않고서, 멈출 수 없음을 섭섭해하는 표시의 몸짓도 없이 나에게 보내던, 남을 아주 깔보는 인사를 나는 또다시 떠올렸다. 그 순간에 나를 알아보지 못한 체했던 이 꾸밈은, 명백히 그로서는 모든 일을 아주 간단하게 만들어버렸을 것이 틀림없다. 그러나 나는 그가 그토록 빨리, 첫 번째 인상을 드러내는 표정을 짓지 않고서 태연할 수 있었던 데 어리둥절해지고 말았다. 발베크에서 이미 나는, 피부가 어찌나 투명한지 어떤 감정의 급작스런 몰려듦이 환히 나타나는 그 얼굴의 순진한 성실함에, 그의 몸은 예의범절에 맞게 숨김을 수없이 할 만큼 놀라운 훈련을 받아와서, 마치 일류 배우처럼, 그가 연대의 생활에서나 사교계의 생활에서나 그때그때 적절한 역할을 할 줄 아는 인간임을 주목했던 것이다. 그 역할 가운데 하나로 그는 나를 깊이 아끼며, 거의 나의 형제인 양 내게 행동했다. 그렇다. 그는 내 형이었고, 지금 또다시 형이 되었지만, 그날의 한순간, 그는 나와 모르는 딴 사람, 고삐를 잡고, 눈에 외알안경을 쓰고, 무표정하게 한 손을 군모의 쳉에 올려 나를 향해 예절 바르게 거수경례를 한 남남이었다!

뛰어난 무대장치가의 재주가 손질하고 계획한 조명과 원근을 가미한 것을 다 벗길 만큼 가깝게 보니, 아직 서 있는 무대장치야말로 꼴사나울 뿐만 아니라, 라셀도 가까이서 보니 엉망이었다. 그녀의 매력적인 코 양날개는, 무대장치의 입체감과 마찬가지로 관객석과 무대 사이, 배경 안에 남아 있었다. 그건 이미 그녀가 아니었으며, 나는 그 동일인이 숨어 있는 그녀의 눈 덕분에 그녀인 줄 알아보았을 뿐이다. 조금 전까지 그토록 빛나던 그 젊은 절세 미인의 자태도, 빛도 사라지고 없었다. 그 대신, 우리가 달을 가까이서 보면, 장밋빛이나 금빛으로 보이지 않듯이, 조금 전까지 매끈하던 이 얼굴에서, 나는 오로지 우툴두툴, 주근깨, 여드름 구멍을 식별할 뿐이었다.

신문기자들 또는 여배우들의 친구인 사교계 인사들이 거리에서 하듯이 서로 인사하고, 담소하며, 담배 피우는 한가운데, 쳉 없는 검은 비로드 모자를 쓰고, 수국 빛깔의 짧은 바지를 입고서, 바토가 그린 앨범의 한 페이지처럼 뺨을 붉게 칠한 한 젊은이가 있는 것을 언뜻 보고 나는 호기심이 생겼다. 입가에 미소를 띠고, 눈길을 위로 돌린 채, 손바닥으로 우아한 형태를 그리면서, 신사복이나 프록코트를 입은 점잖은 사람들 사이를 가볍게 뛰어 미친 듯이 황홀한 꿈을 좇는 그 젊은이는, 그 사람들과는 다른 인종으로 보였다. 그들 생활의 시름하고는 아무런 상관도 없으며, 그들이 지닌 문명의 관습보다는 오래되고, 자연 법칙에서 완전히 벗어나 있으므로, 짙은 화장을 한 그 젊은이가 가볍고 꾸밈없게 뛰놀면서 그리는 자연스런 아라비아 무늬를, 늘어진 장막 사이로 좇는 일은, 군중 속에 휘말려든 길 잃은 나비 한 마리를 보는 일만큼이나 아늑하고 신선한 그 무엇이었다. 그러나 그 순간에, 생루는 앞으로 출연할 막간 여흥의 몸놀림을 마지막으로 연습하고 있는 이 무용가에게, 라셀이 지나친 주의를 기울이고 있다고 생각하자 얼굴빛이 어두워졌다.

"한쪽만 바라보는군." 그는 어두운 얼굴로 그녀에게 말했다. "당신도 알다시피 저런 사당패는 그들이 줄 타고 한바탕 좋은 시절을 누리다가 마침내는 떨어져 허리를 분지르고 마는 밧줄만한 값어치도 없어서, 나중에 틀림없이, 당신의 주목을 끈 일을 부풀려 자랑할 녀석이야, 게다가 당신은 옷 갈아입으러 의상실에 가야 해. 이러다간 또 늦겠는걸."

신사 세 명—세 명의 신문기자—은 생루의 험상궂은 낯빛을 보고서, 가까이 와서 우리가 말하는 것을 듣고 재미있어했다. 그리고 무대장치를 건너편에 세우고 있었으므로, 우리도 그들 쪽으로 나가야 했다.

"아! 나 저이가 누군지 알아요, 내 친구인걸." 라셀은 여전히 무용수를 바라보면서 외쳤다. "저것 봐, 얼마나 잘해요, 저 작은 손을 자기 몸 전부인 듯이 놀리는 걸 봐요!"

무용수는 그녀 쪽으로 머리를 돌렸다. 그러자 그 풍채는 그가 되고자 연습하고 있는 실프(Sylph)*로 둔갑하여, 회색이 도는 그 영롱한 눈망울이 빳빳한 속눈썹 사이에 바르르 떨며 반짝거리고, 미소가 입가에서 넘쳐 붉게 칠한 뺨까지 번졌다. 다음에 젊은 여인을 재미나게 하려는지, 마치 감탄해 마지않노라고 칭찬받은 가락을 환심사려는 생각에서 콧노래 부르는 가수처럼, 그는 손바닥의 동작을 다시 시작해, 모방자다운 교묘함과 더불어 그 자신을 흉내내며, 어린애같이 귀여운 동작을 보였다.

"어머나! 저를 흉내내는 저 솜씨, 정말 친절하기도 해라." 라셀은 손뼉치면서 이렇게 외쳤다.

생루가 처량한 목소리로 그녀에게 말했다. "부탁이니 제발 그런 꼴사나운 구경거리가 되지 말라니까, 참을 수 없어. 당신이 한마디라도 더 했다간, 맹세코, 난 당신을 집에 바래다주지 않고 가버릴 테야. 자아 어서, 고약스런 짓을 하지 말라구." 그는 나를 돌아다보면서, 발베크 이래 내게 보여온 염려와 함께 덧붙였다. "담배 연기 속에 그대로 있지 말게, 자네 몸에 해로울 거야."

"흥! 가라지, 얼마나 다행이야!"

"미리 말해두지만, 두 번 다시 당신 곁에 안 갈 테야."

"누가 말리겠어요."

"이봐, 당신이 얌전히 굴면 목걸이를 사주겠다고 약속을 했지만 이렇게 나온다면……."

"아무렴! 이럴 줄 알았다니까. 굳게 약속해놓고도 나중에 안 지킬 줄 뻔히 알았다니까. 당신은 고작 돈이나 자랑하고 싶으시겠지만, 난 당신같이 욕심이 없어요. 당신 목걸이 따위는 개에게나 주시구려, 그걸 이 몸에 걸어줄

---

* 스위스의 의학자이자 연금술사인 파라켈수스(Paracelsus, 1493~1541)가 생각한 공기의 정령.

아무개가 또 있으려나."

"나 말고는 아무도 당신에게 그걸 못 주지, 잘 놔두라고 부쉬롱에게 말했거든, 나 말고는 팔지 않겠다는 약속을 했다고."

"잘했구려, 나를 협박하려고, 미리 짜놓았군요. 정말 마르상트(Marsantes), 마테르* 세미타(Mater Semita)야. 피는 못 속인다니까." 라셀은 조잡한 오역에 기초를 둔 어원을 빌려서 대꾸하였다. 왜 오역인가 하면, 세미타는 '오솔길(sente)'을 뜻하지 '유대인(Sémite)'이라는 뜻은 아니기 때문이다. 이 별명은 생루가 드레퓌스파를 편들고 있으므로 민족주의자들이 그에게 붙인 것이고, 한편 그의 의견은 이 여배우 때문이기도 했다(인류학자들이 레비 미르푸아 가문과 친척 관계인 것밖에는 아무래도 유대 민족의 흔적을 찾아낼 수 없는 마르상트 부인을 유대인으로서 대우하기는, 누구보다도 그녀가 못할 것이다). "그렇지만 다 끝장본 건 아니지, 아무렴 그렇고말고. 그런 약속 따위야 한 푼의 값어치도 없지. 당신은 나를 배신했어요. 부쉬롱한테 이 점을 알아듣도록 말하고, 목걸이 값으로 두 배를 줄 테야. 어떻게 되나 곧 알려드릴 테니, 안심하라구요."

로베르 쪽이 더 옳았다. 그러나 상황은 번번이 착잡하게 마련이라 백배나 더 옳은 사람도 한 번 과실을 범하는 수가 있다. 그리고 나는, 그가 발베크에서 말한, 불쾌하기 짝이 없는, 하지만 매우 순진한 다음 같은 말을 떠올리지 않을 수 없었다. 곧 '그리하여 나는 여인을 꼼짝 못하게 하죠'라는 장담을.

"내가 목걸이에 대해 한 말을 오해하나 보군. 나는 정식으로 약속하진 않았어. 당신과 헤어지게끔 하는 행동만 당신이 하는 이상, 목걸이를 당신에게 주지 않는 게 당연하지 않을까. 그걸 가지고 배신이니, 욕심이 많다느니 어쩌니 하니 통 이해 못하겠는걸. 내가 돈푼이나 있다고 자랑하다니 그런 말은 아예 하지도 마. 난 돈 한 푼 없는 빈털터리라고 늘 입버릇처럼 당신한테 말했잖아. 그걸 그런 뜻으로 해석하다니 당신 잘못이지. 나한테 무슨 욕심이 있어? 알다시피 내 유일한 욕심은, 당신이지."

"얼씨구절씨구, 마음대로 떠들어대시구려." 그녀는 수염을 깎아주는 사람의 손짓을 하면서 비꼬아 말했다. 그리고 무용수를 돌아다보면서 "어쩜! 정

---

* '어머니'라는 뜻.

말 그 손짓이 썩 좋아. 나는 여자지만 저 흉내는 못낼 거야" 하고 말하고는 무용수 쪽으로 몸을 돌려, 그에게 경련을 일으킨 로베르의 얼굴을 가리키면서, "저걸 봐, 괴로워하는 꼴을" 하고, 한순간 가학적인 잔혹성의 충동에 빠져 말했지만, 그렇다고 이런 충동이 그녀가 생루에게 품고 있는 애정의 참다운 느낌과 어떤 관계가 있는 건 아니었다.

"잘 들어, 두 번 다시 말하지 않아. 별짓을 다 한들 소용없어. 당신은 여드레 안으로 세상의 온갖 후회와 한탄을 도맡게 될 거야, 난 두 번 다시 돌아오지 않을 테니까. 이별의 술잔도 가득히 깨끗이 작별하겠으니 조심해야지, 소 잃고 외양간 고치는 격으로, 당신이 뉘우치는 날, 이미 때늦은 후회일 테니."

아마 그는 진심이었으리라. 애인과 이별하는 고뇌도 어떤 조건 속에서 그녀 곁에 그대로 있는 고민보다는 덜 심하게 느꼈을 것이다.

"한데 여보게." 그는 나에게 덧붙여 말했다. "여기 이대로 있지 말게, 기침이 나올 테니."

나는 빠져나갈 구멍을 막고 있는 무대장치를 그에게 가리켰다. 그는 모자에 가볍게 손을 대고, 기자에게 말했다.

"기자 양반, 여송연을 버리지 않으시려오, 연기가 내 친구의 몸에 해로우니."

그의 애인은 그를 기다리지 않고, 무대 뒷방 쪽으로 가다가 뒤돌아보면서, 일부러 듣기 좋게 꾸민, 애티가 나는 순진한 목소리로, 무대 구석에서 무용수에게 말을 건넸다.

"저런 귀여운 손짓으로 수많은 여성을 녹이겠지. 그대 자신이 여자 같아, 그대라면 썩 잘 어울릴 거야, 나하고 내 친구 하나와 셋이서."

"내가 아는 한 담배 피우지 말라는 법은 없다고 생각하는데요. 몸이 아플 때는 자기 집에 있으라지." 신문기자의 말.

무용수는 여배우에게 뜻깊은 미소를 지었다.

"부탁이야! 그만둬, 사람 미치겠네." 그녀는 무용수에게 외쳤다. "일이 복잡해진다니까!"

"어쨌든, 여보시오. 댁은 그다지 상냥하지 않은데." 생루는, 끝난 사건을 돌이켜보아 그것에 판결을 내리는 이처럼 확고한 모습과 더불어, 여전히 정중하고도 부드러운 투로 신문기자에게 말했다.

그때 나는 생루가 머리 위로 팔을 뻗는 걸 보았다. 마치 내 눈에 보이지 않는 이에게 신호하는 것처럼, 또는 오케스트라의 지휘자처럼, 사실―심포니나 발레 중에서, 지휘봉을 한 번 흔듦과 함께 기세 사나운 리듬이 우아한 안단테에 이어 나타나는 이상의 전이도 없이―지금 막 공손한 말이 끝나는 동시에, 그 손이 신문기자의 볼에 소리도 요란하게 따귀 갈기는 것을 나는 보았다.

외교가들의 절도 있는 대화, 미소 담은 평화의 기술에 이어, 공격이 공격을 부르는 처절한 전운이 감도는 요즘, 서로 적이 되어 피투성이가 되는 꼴을 목격한들 나는 별로 놀라지 않았을 것이다. 하지만 내가 아무리 생각해봐도 이해할 수 없는 것은(국경의 개정만이 아직 문젯거리일 때에 두 나라 사이에 전쟁이 일어나거나, 또는 긴장의 끝무렵이라고 하는데 병자가 죽거나 하는 것을 이치에 맞지 않는 일이라고 생각하는 사람들처럼) 어찌하여 생루가, 싹싹함의 티를 나타내는 그 말을 한 직후, 결코 그 말에서 생겨나지 않은 짓, 말이 알리지 않은 짓, 인간의 권리를 범할 뿐만 아니라, 인과의 근본마저 무시하면서, 일시적인 노기의 발작에 빠져 팔을 쳐든 짓, 무(無)에서 창조된 짓을 하게 되었느냐, 이 점이었다. 기자는 따귀의 기세 사나움에 비틀거리며, 새하얗게 되더니, 잠시 머뭇거리다가, 다행히도 덤비지는 않았다. 그 친구들은 어떤가 하면, 하나는 재빨리 외면해, 무대 뒤쪽을 바라보면서 명백히 거기에 없는 아무개를 눈알이 빠지도록 노려보고, 또 하나는 눈 속에 먼지가 들어간 체하고는 아픈 듯이 낯을 찡그리며 눈꺼풀을 비벼대기 시작하고, 셋째*는 다음과 같이 냅다 소리치면서 쏜살같이 달려갔다.

"아차, 막이 열리나 봐, 제자리에 못 가겠는걸."

나는 생루에게 말을 건네고 싶었지만, 그의 몸과 마음이 어찌나 무용수에 대한 분노로 가득 차 있는지, 분노가 바로 그 눈동자 겉에 달라붙어 있었다. 피부 밑의 뼈대처럼, 분노가 두 볼을 팽팽하게 해서, 안의 동요가 바깥에는 완전한 부동으로 나타나, 느슨함이 없어, 내 한마디를 받아 대하는 데 필요한 '여유'조차 없었다. 기자의 친구들은 모든 일이 아무 탈 없이 끝장났음을

---

* 이러고 보니 신문기자가 네 명이 되어 앞뒤가 모순됨―플레이아드판 주.

보자, 아직 전전긍긍하면서 그의 곁으로 돌아왔다. 그러나 친구를 저버렸음을 부끄러워하며, 그들은 그들이 전혀 아무것도 알아채지 못했던 것으로 친구가 믿기를 바라 마지않았다. 따라서 그들 가운데 하나는 눈 속에 먼지가 들어간 것을, 또 하나는 막이 열리고 있는 줄 알아 잘못 민첩한 행동을 한 것을, 세 번째 사람은 지나가던 사람이 자기 형과 영락없이 닮은 것을 누이 늘어놓았다. 그들은 친구가 그들 마음의 움직임을 함께 나누지 않았던 것을 얼마간 불쾌하게 생각하는 기색마저 나타냈다.

"뭐라구, 그걸 몰랐다구? 그럼 자네는 눈이 밝지 않네그려?"

"다시 말해서 자네들이 다 겁쟁이였다는 거지." 따귀 맞은 기자가 중얼댔다.

이왕 벌인 거짓 연극에 어긋나지 않게, 친구가 뭐라 하는지 그 뜻을 알아듣지 못하는 체해야만 하는 마당에, 그들은 앞뒤가 모순되게—그런 줄 모르고서—이런 형편에 흔히 쓰는 문구를 토해냈다. "흥분하고 있네그려. 성내지 말게. 화가 잔뜩 났구먼!"

나는 이날 아침, 꽃이 활짝 핀 배나무 앞에서, '라셀 캉 뒤 세뇌르'에 대한 로베르의 사랑이 환상에 빠져 있는 것을 알았다. 이와 반대로, 그 사랑에서 생겨나는 괴로움이 얼마나 현실적인지도 알았다. 한 시간 전부터 그가 느껴온 고뇌는 사라지지 않았지만, 쉴 새 없이 점점 좁아들어 몸 안으로 들어가, 대기 중에 있는 유연한 부분이 그 눈 속에 나타났다. 생루와 나는 극장을 나와 먼저 좀 걸었다. 나는 지난날 자주 질베르트가 오는 것을 보던 곳, 가브리엘 큰길 모퉁이에서 잠시 걸음을 멈췄다. 한순간 그 머나먼 인상을 생각해내려 했다가, '달음박질'로 생루를 따라잡으려고 가는 중, 옷차림이 썩 좋지 못한 사내가 로베르에게 바싹 가서 말을 건네려는 모양을 보았다. 나는 그 사내가 로베르와 개인적으로 친한 친구이거니 생각했다. 그런데 둘은 점점 더 서로 간격을 좁히고 있는 듯 보였다. 단번에, 하늘에 어떤 현상이 나타나듯, 달걀 모양 여러 개가 생루 앞에, 불안전한 별자리를 만들기에 가능한 모든 위치에 눈이 빙빙 돌 만큼 빠른 속도로 닿는 것이 보였다. 투석기(投石器)로 쏘아댄 듯한 그것들은 적게 보아 일곱 개인 듯했다. 그렇지만 그건 생루의 두 주먹이, 언뜻 보아 이상적이자 장식적인 전체 속에서 자리바꿈하는 속도로 인해 그 수가 많아 보였을 따름이었다. 그러나 이 불꽃은 생루가 가

하고 있는 연타에 지나지 않았으며, 그 성질이 심미적이라고 하기보다는 공격적이라는 점은, 먼저 옷차림이 별로 좋지 못한 사내가 아주 당황하는 동시에 턱이 빠지고 피를 흘리는 것으로 보아 드러났다. 이 사내는 왜 그러느냐고 물어오는 이들에게 거짓 설명을 하며, 외면하고, 결국 생루가 내 쪽으로 멀어져가는 모습을 보면서, 원망하는 듯, 기가 죽은 듯 멍하니 서 있었지만, 분노의 기색은 하나도 없었다. 이와 반대로 생루의 낯빛은 두들겨맞지 않았는데도 분노로 가득 차, 내 곁에 왔을 때도 아직 눈에 노기가 번쩍번쩍했다. 이 사건은, 내 상상과는 달리, 극장에서 따귀 갈긴 일과는 아무런 관계도 없었다. 잘생긴 군인 생루가 지나가는 걸 보고 열에 들뜬 산책자가 뭔가 그에게 제의했던 것이다. 내 벗은 밤의 어둠이 깔리기까지 기다리지 않고 위험을 무릅쓴 이 '못된 놈'의 대담성에 놀라서 대낮, 파리 중심가에서 감행한 강도를 신문이 보도하는 때와 같이 몹시 분노하면서, 제의받았던 일을 얘기했다. 그렇지만 두들겨맞은 사내 쪽에도 변명할 만한 여지가 있는 것이, 내리받이로 굴러가는 욕망은, 오직 아름다움만 봐도 이미 승낙을 받은 듯이 여길 만큼 재빨리 향락에 접근하니까. 그런데 생루가 잘생겼다는 점에는 논의의 여지가 없었다. 그가 이제 막 먹인 듯한 주먹질은, 아까 그에게 가까이 온 자와 같은 인간들에게 진지하게 반성시킨다는 점에서 도움이 되지만, 행실을 고치고 사법의 징벌을 모면하게 할 만큼 장기간에 걸쳐 효력이 있는 건 아니다. 따라서 생루는 앞뒤 생각 없이 난타를 먹였지만 이런 징벌은 법의 도움이 될망정, 풍습을 순화하는 데는 역부족이다.

　이런 사건들, 특히 이 가운데 어느 것에 마음이 걸려, 로베르는 잠시 혼자 있고 싶은 생각이 든 게 틀림없었다. 왜냐하면 잠시 뒤 로베르가 나에게, 일단 여기서 헤어져, 나 먼저 빌파리지 부인 댁에 가달라고 부탁했으니까. 그는 그 댁에서 나와 다시 만날 예정이지만, 이미 우리가 함께 반나절을 지냈다는 인상을 주느니보다, 지금 막 파리에 도착한 겉모양을 짓기 위해 우리가 함께 들어가지 않는 편이 좋다고 생각했던 것이다.

　발베크에서 빌파리지 부인과 알게 되기 전에 내가 추정했듯이, 빌파리지 부인이 사는 환경과 게르망트 부인이 사는 환경 사이에는 커다란 차이가 있었다. 빌파리지 부인은, 명문 출신으로, 결혼으로 그에 못지않게 명문인 다른 가문에 들어갔으면서도, 사교계에서 큰 자리를 차지하지 못하는 부인들 가운데 한 분으로, 그 살롱에 모이는 이들로 말하면, 조카딸 또는 올케뻘 되는 공작부인 두세 명, 왕족 한두 분, 집안과 옛 교제 관계가 있는 사람들이며, 이 밖에는 삼류 사람들, 곧 부르주아 신분인 시골 귀족이랑 몰락한 귀족뿐으로, 이런 이들이 있으므로, 오래전부터 그 살롱에는, 친척 관계라든가 옛 친교의 의리상 하는 수 없이 찾아오는 때를 빼놓고는, 멋쟁이들과 속물들의 발길이 뜸하였다. 물론 나는 한순간에 어째서 빌파리지 부인이 발베크에 있을 적에, 그때 나의 아버지가 노르푸아 씨와 함께한 에스파냐 여행에 대해 우리보다 더 자세하게 알고 있었는지 쉬이 이해할 수 있었다. 하지만 가장 빛나는 여인들마저 대사보다 신분이 낮은 애인을 자랑삼는 사교계에서, 20년에 걸친 빌파리지 부인과 대사의 교우 관계가 후작부인이 당한 망신의 원인이었다는 가정은 천부당만부당한 생각이었다. 게다가 틀림없이 대사는 오래전부터 후작부인의 옛 벗에 지나지 않았다. 빌파리지 부인은 지난날 그 밖에도 다른 연애 사건을 저질렀을까? 그 즈음은 지금보다 정열적인 성질인지라, 지금은 몸과 마음이 가라앉은 경건한 노년을 보내고 있지만, 노년의 빛깔이 조금은, 타오르고 다 타버린 그 몇 해의 재인지도 모르는, 부인이 오랫동안 살던 지방에서 어떤 추문, 이를 모르는 새 세대 사람들이 그 결과만을 살롱의 흠투성이인 구성에서 확인하며, 그것만 없다면 초라하지 않은 산뜻한 살롱이 되었을 추문을 피할 수 없었을까? 부인의 조카가 별명 붙인 그 '독설'이 그때에 부인에게 적을 만들었을까? 아니면 이 독설이 부인을 부추겨, 남성들 사이의 인기를 이용하여 여러 여인에게 복수를 가했을까? 이는 다 있을 수 있는 일. 빌파리지 부인이 정숙함과 선량함에 대해 얘기하던 그 형용하기 어려울 만큼 감정이 섬세하고도 예민한 방식—표현하는 말뿐만 아니라 그 억양에도 참으로 미묘한 명암이 있는—으로 보아, 이 가정을 부인할 수 없다. 왜 그런고 하니, 어떤 미덕에 대해 잘 말할 뿐만 아니라 그 매력도 몸소 느끼며 여러모로 이해하는 이들(사실 모두 제 회상록 속에 훌륭한 미덕을 그려내겠지만)은, 미덕을 실행한 과묵한, 거칠고 기교 없는 세대에서 가끔 생겨났으나, 그들 자신은 이 세대에 참여하지 않았기 때문이다. 이런 세대는 그들 속에 반영되어 있으나 줄곧 이어지지는 않는다. 그 세대가 지녔던 성격 대신에, 행동에 이바지하지 않는 감수성과 지성이 있다. 빌파리지 부인의 평생에 추문이 있건 없건 그런 건 부인의 명성이 지워버렸을 테고, 이 지성, 사교계의 여성이기보다 오히려 이류 작가의 지능과 비슷한 지성이야말로, 확실히 부인이 사교계에서 몰락한 원인이었다.

확실히 빌파리지 부인이 특히 설교하는 건, 중용이니 절도니 하는 그다지 핏기 없는 미덕이긴 했다. 그러나 절도에 대해 꼭 들어맞는 투로 말하려면 절도만으로는 모자라고, 절도 없는 격정을 전제로 하는 작가적인 장점이 필요하다. 빌파리지 부인은, 발베크에서 어떤 대예술가의 타고난 재능을 이해 못하며, 고작 부인이 할 수 있는 일이라곤 위대한 예술가들을 교묘하게 우롱하고, 자기 이해력 부족을 재치 있는 우아한 형태로 나타내는 데 지나지 않는 것뿐이다. 하지만 이 재치나 우아함도 부인의 경우처럼 높고 보니—다른 면으로 보아, 가장 고상한 걸작을 무시하는 데 발휘하긴 했지만—그 자체가 참된 예술적인 특질이 되어 있었다. 그런데 이와 같은 특질은 온갖 사교적인 지위에 대해 의사의 이른바 병적인 분해작용을 하는데, 어찌나 잘 분해하는지 아무리 튼튼한 사회의 토대라도 오래 견디지 못한다. 예술가들이 재능이라 일컫는 것도 상류 사회의 눈으로 보면 순전히 건방진 주장이다. 상류 인사들은 예술가들이 사물을 보고 판단하는 시선에 설 수도 없고, 예술가가 어떤 표현을 고르거나 어떤 비교를 해보는 경우에 이끌리는 그 특수한 매력을 영 이해 못해, 예술가에게 권태와 짜증을 느껴 반감이 생겨난다. 그렇지만 그 대화에서, 또 후년에 발간한 회상록에 대해서도 같은 말을 할 수 있는데, 빌파리지 부인은 뛰어난 사교상의 우아함을 보였을 따름이다. 큰일을 깊이 파고들지 않고서 겉핥기로 지나가고, 때로는 그것을 판별조차 못하고서, 부인은 자기가 살아온 세월—물론 부인은 그것을 매우 올바르고, 매우 아름답게 그리기도 했지만—속에서, 그것이 보여준 가장 시시한 것 말고는 거의 쓰지 않았다. 그러나 저술은 지적이지 않은 문제만을 다루더라도 또한 지적인 일이라, 책이나 대화에서(이는 조금도 다르지 않다), 하찮은 것의 완전한 인상을 나타내려면, 순전히 하찮은 인물로서는 할 수 없는 어느 정도의 진귀함이 필요하다. 어떤 여성이 쓴 회상록으로, 걸작으로 여겨지는 책 가운데에서, 사람들이 경쾌한 우아함의 귀감이라고 인용하는 글을 보아도, 나는 번번이, 이와 같은 경쾌함에 이르려면, 일찍이 작가가 얼마간 묵직한 학문과 딱딱한 교양을 가져야 하고, 또 여성으로서는, 틀림없이 그 친구들에게 유식한 체하는 밉살스러운 여자로 보일 것이라고 생각해본다. 따라서 문학적인 장점과 사회적인 단점 사이의 결합은 불가피한 것이려니와, 오늘날 빌파리지 부인의 회상록을 읽어보아도, 페이지마다 부가형용사와 은유의 글로 가득 차, 독자는 르와르 부인 같은 속물, 게르망트 댁을 방문하는 길에 후작부인네 집에 명함을 놓고 갔는지는 모르나, 의사나 변호사의 아낙네들 사이에 끼여 제 사회적인 격을 떨어뜨릴까 봐 부인의 살롱에 발을 들여놓은 적이 없을 만큼 속물인 르와르 부인이 대사관 계단에서 늙은 후작부인에게 보냈을 것임에 틀림없는, 정중하지만 냉랭한 인사를 마음속에 그려낼 수 있으리라. 여류 작가, 빌파리지 부인은 젊은 시절에 그 하나였는지도 모른다. 그리고 그 무렵 배운 학문에 도취되어, 자기보다 지성이 뒤지는, 교양이 낮은 사교계 사람들에게, 상처받은 쪽에서는 평생토록 잊지 못할 신랄한 독설을 퍼붓지 않고서는 못 배겼나 보다.

　그리고 재능은 상류 사회 사람들이 '완벽한 여인'이라 일컫는 것을 만들어내고자, 사회에서 성공하게 하는 갖가지 장점에 인공적으로 덧붙이는 부속물이 아니다. 그것은 보통 수많은 뛰어난 품성이 모자라거나, 또는 우리가 책에서 깨닫지 못하는 생활의 과정에서 뚜렷하게 느낄 수 있는 또 하나의 표시인 감수성, 예컨대 어느 경우의 호기심, 어느 경우의 변덕, 즐거움을 얻으려고 여기저기 가고픈 욕망, 사교상 교제 관계의 확장과 유지를 목적으로, 또는 간단한 그 운용을 위해 여기저기 가고픈 욕망 같은 감수성이 우리를 차지하는 어떤 심적인 기질의 소산이다. 나는 발베크에서, 빌파리지 부인이 호텔의 홀에서 시중꾼들 가운데 갇혀, 거기에 있는 사람들을 거들떠보지 않는 장면을 본 적이 있다. 하지만 나는 그 회피를 무관심 탓이라 생각지 않고, 부인이 늘 그것에 거리끼지 않고 있는 듯한 느낌이 들었다. 부인은 자기 집에 초대할 만한 작위를 갖지 않은 아무개들과 벗이 되고자 열중했는데, 그런 이들이 간혹 이목이 수려한 줄 알고 있었기 때문이며, 또는 그런 이들이 부인이 알고 있는 범위의 인간과는 다른 듯한 생각이 들었기 때문이기도 하였다. 사귀어온 사람들이 결코 자기를 놓아버리지 않으리라 믿어 마지않던 부인이라서 아직 그들을 존중하지 않던 이 시절에, 그들은 모두가 생제르맹 귀족 동네에 속한 이들이었다. 부인이 가려낸 이 보헤미안, 프티부르주아에게, 부인은 끈질기게 초대장(받는 편이 그 가치를 옳게 평가할 수 없는)을 보내야 했는데, 이 끈

질김으로 인해 한 가정의 주부가 맞아들이는 손님보다는 오히려 제외되는 사람들에 의하여 살롱의 가치를 가늠하는 습관에 젖은 속물들은 부인의 가치를 점점 낮게 평가하게 되었다. 확실히, 청춘의 한순간에서, 혹시나 빌파리지 부인이, 귀족의 고상한 꽃 한송이에 속한다는 만족에 싫증이 나서, 몸소 그 중에서 삶을 영위하는 사회의 사람들을 비방하는 데, 일부러 자기 위치를 망가뜨리는 데 재미를 느꼈다고 하지만, 한번 그 위치를 잃고 보니, 부인은 이를 소중히 생각하기 시작했다. 부인은 공작부인에게, 이들이 감히 말하지도 행하지도 못하는 것을 전부 말하고 행하면서, 자기가 이들보다 뛰어나다는 점을 보이고 싶어했다. 그러나 가까운 친척을 제외하고, 그 밖의 공작부인들이 자기 집에 오지 않게 되고 보니, 부인은 위세가 줄어든 느낌이 들어 또 한 번 지배하고픈 마음이 들었다. 하지만 재기가 아니라 다른 형태로 그러고 싶었다. 부인이 그토록 떨쳐버리려고 고심했던 상대들을 전부 끌어당기고 싶었다. 얼마나 수많은 여인의 삶이, 게다가 조금도 알려지지 않은 삶이(왜냐하면 삶마다 그 연륜에 따라 다른 세계를 가지게 마련인데, 늙은이의 조심성은, 젊은이들이 어떤 과거의 관념을 스스로 만들어내어, 모든 주기를 포착하지 못하게 하기 때문이다), 이와 같이 대조를 이룬 시기로 나뉘어, 그처럼 쾌활하게 바람에 날리던 두 번째 중에 있는 것을 다시 찾기에 마지막을 다 써버렸는가! 어떠한 식으로 바람에 날렸는가? 젊은이들은 눈앞에 늙고 존경할 만한 빌파리지 부인을 본 만큼, 또 오늘날의 엄격한 회상록 작가가 흰 덧머리 밑에 어찌나 위풍당당한지, 지난날 그때에 어쩌면 더할 나위 없는 즐거움이던 유쾌한 밤참 먹는 버릇이 있는 분이었다는—아마도 오래전부터 무덤 속에 누워 있는 이의 재산을 먹는—생각을 갖지 못하는 만큼, 이를 떠올리기가 더 힘들다. 그 고유한 태생으로 간직하고 있는 위치를 끈기 있고도 자연스러운 솜씨와 더불어, 격파하는 데 종사했더라도, 하기야 이 멀리 떨어진 시대에서마저, 빌파리지 부인이 그 위치에 큰 가치를 주지 않았다는 뜻은 전혀 아니다. 마찬가지로 신경쇠약 환자가 아침부터 저녁까지 고독과 무위의 삶을 살더라도, 그렇다고 해서 견디기 쉬운 게 아니라, 그가 자기를 감옥에 갇힌 몸으로 붙잡아두는 그물에 새 코를 더 다는 데 서두르는 동안에도, 그에게 무도회나 사냥, 여행만을 꿈꾸게 한다. 우리는 매 순간 우리 삶에 형태를 주려고 애쓰나, 우리가 되고자 하는 인간이 아니라, 현재 있는 인간의 모습을 소묘처럼 마지못해 본뜨면서 그렇게 한다. 르와르 부인의 오만한 인사야말로 빌파리지 부인의 진정한 본성을 어떤 방식으로 나타낼 수 있을지도 모르는데, 이는 빌파리지 부인의 소망에 조금도 부합하는 것이 아니었다.

르와르 부인이 (스완 부인의 입버릇처럼) 후작부인의 세력을 꺾어버리고 있는 순간에마저, 물론 빌파리지 부인은 어느 날, 마리 아멜리 왕비*께서 부인에게 '나는 그대를 딸처럼 사랑해요' 라고 말씀하신 일을 떠올리면서 스스로 위로삼았을지도 모른다. 그러나 이처럼 남모르는, 숨은 왕후의 호의도 국립 음악 학교의 옛 일등상 증서처럼 먼지투성이로 후작부인의 머릿속에만 존재했다. 사교계의 진짜 승리는 생활을 창조하는 것, 설령 그것이 없어져도 그날 안에 다른 원인이 뒤따르므로 승리의 혜택을 입은 자가 그것을 유지하거나 입 밖에 내려고 애쓰지 않아도 괜찮은 것, 그뿐이다. 왕비의 이와 같은 고마운 말씀을 떠올렸더라도 빌파리지 부인은, 르와르 부인이 지니고 있는 것, 곧 초대받는 영속적인 능력과 이 고마운 말씀을 기꺼이 맞바꿨을 것이다, 마치 식당에서, 알려지지 않은 예술가, 그 천재가 수줍은 표정에도, 해진 윗도리의 구식 마름질에도 씌어 있지 않은 예술가가, 사회의 최하급인 무면허 주식 중개인이지만 옆자리에서 두 여배우를 데리고 점심 먹는 젊은이, 끊임없이 아첨하는 달음박질로, 지배인, 집사, 사환들, 심부름꾼들이 우르르 몰려오고, 동화극 장면처럼, 설거지꾼들까지 부엌에서 줄지어 나와 인사하러 오는 동안에, 술창고 사환도 늦을세라 지하실에서 햇볕 쪽으로 올라오다가 다리를 삐었는지 손에 든 술병처럼 먼지투성이가 된 채 다리를 절룩절룩, 눈부셔하면서 앞으로 나와 하는 인사를 받는 젊은 무면허 주식 중개인의 신세가 되고 싶듯이.

그렇지만 빌파리지 부인의 살롱에서 르와르 부인의 모습을 볼 수 없는 것은 살롱 주인을 매우 섭섭하게 했지만, 참석한 손님 대부분의 눈에는 안 띄었다는 점도 말해둬야겠다. 그들은 우아한 사교계에만 알려져 있는 르와르 부인의 특별한 지위를 통 몰랐으며 또 오늘날 빌파리지 부인의 회상록 독자가 그렇게 믿어 마지않듯 파리에서 가장 찬란한 것임을 의심하지 않았다.

노르푸아 씨가 나의 아버지에게 했던 권고에 따라, 생루와 헤어진 뒤 처음으로 내가 빌파리지 부인을 찾아갔더니, 보베산 융단으로 된 소파와 으리으

---

* 프랑스의 왕비. 루이 필립 왕의 아내.

리한 안락의자 따위가, 무르익은 딸기의 보랏빛에 가까운 장밋빛으로 뚜렷이 드러나 있는, 노란 비단을 드리운 손님방에 부인이 있었다. 게르망트 가문과 빌파리지 가문의 사람들을 그린 여러 초상화와 나란히 마리 아멜리 왕비, 벨기에 왕비, 주앵빌(Joinville) 대공,*¹ 오스트리아 황후의 초상화가 있었다. 모두 모델이 된 본인에게서 받은 것이다. 예스러운 검은 레이스의 보네*²를 쓴 빌파리지 부인은(손님이 아무리 파리풍이 되더라도, 하녀들에게 쿠아*²를 씌우고, 소매 넓은 옷을 입히는 것이 장사 솜씨 좋은 줄로 여기는 브르타뉴 지방의 호텔 주인과 마찬가지로, 토착적인 또는 역사적인 색채에 대한 주의 깊은 본능에 따라, 부인은 그 모자를 지금껏 지니고 있었다), 작은 사무용 책상 앞에 앉아 있었다. 이 책상 위에는 붓과 팔레트, 그리기 시작한 꽃 수채화와 나란히 컵이나 접시, 찻잔에 들장미, 백일홍, 공작고사리가 담겨 있다. 마침 방문객이 한꺼번에 우르르 몰려들어온 참이었는데, 그 꽃들은 마치 18세기 목판화에다가 점포대를 벌여놓은 듯한 아담한 정취를 띠고 있었다. 후작부인은 별장에서 돌아오는 길에 감기가 걸려서 일부러 손님방을 따뜻하게 했는데, 내가 들어갔을 때 와 있던 사람들 가운데에는 고문학자가 한 명 있었다. 그날 아침 빌파리지 부인은 부인 앞으로 보내온 역사적 인물들의 자필 편지를 이 학자와 함께 분류해, 그녀가 집필하는 회상록에 고증 재료로서 그 편지들의 복사판을 넣기로 했다. 또 부인이 몽모랑시 공작부인의 초상화를 유산으로 받아 소장하고 있다는 풍문을 듣고서, 프롱드(Fronde)당에 대한 자기 저술에 사진판으로 넣을 수 있도록 그 초상화의 복사를 허락받으러 온, 점잔 부리면서도 소심한 역사가가 있었다. 이러한 방문객들에 이제 젊은 극작가로 통하는 나의 옛 친구, 블로크가 끼여 있었는데, 후작부인은 이후 직접 베푸는 마티네*³ 공연에 계속해서 출연할 배우들을 무보수로 마련해주기를 그에게 기대하고 있었다. 과연 사회의 만화경은 한창 빙글빙글 도는 중이며, 드레퓌스 사건이 유대인들을 사회계급의 최하층에 떨어뜨리려는 참이었다. 그러나 한편, 드레퓌스 사건의 태풍이 아무리 맹위를 발휘해도 소용없었

---

*1 루이 필립의 아들(1818~1900).
*2 챙 없는 헝겊 모자. 지금의 나이트캡과 같음.
*2 여자용 헝겊 모자. 지금은 주로 시골 여자만이 씀.
*3 연극이나 오페라·음악회 등의 주간흥행.

으니, 성난 파도가 최고조에 달하는 건 폭풍우의 첫 무렵에서가 아니다. 그리고 또 빌파리지 부인은, 집안사람들이 유대인을 적대시하여 노발대발 욕설을 퍼붓거나 말거나, 여태껏 드레퓌스 사건에 전혀 아랑곳하지 않아왔기에 그것에 하나도 개의치 않았다. 끝으로, 동아리를 대표하는 우두머리 격 유대인들이 이미 위기에 처해 있을 때에, 아무도 그 존재를 모르는 블로크 같은 젊은이들은 안중에 없는지도 몰랐다. 그는 지금 턱에 '염소수염'이 뾰죽하였고, 코안경을 걸쳤으며, 긴 프록코트를 입고, 손에는 파피루스(papyrus)*¹ 두루마리와 같은 장갑을 들고 있다. 루마니아인, 이집트인과 터키인은 유대인을 몹시 싫어할지도 모른다. 하지만 프랑스의 살롱에서는, 이들 국민간의 차이는 별로 눈에 띄지 않아, 이스라엘 사람도 사막 오지에서 나오기라도 한 듯, 몸을 하이에나처럼 구부리고, 고개를 갸웃이 기울이고 들어와, '살람(salams)'*²을 계속하면서 등장하는 모습은 동양 취미를 완전히 만족시킨다. 오로지 그러기 위해서는 유대인이 '사교계'에 속하지 말아야 한다. 그렇지 않으면 유대인의 풍모가 쉽사리 경(卿)의 겉모양을 취하게 되고, 그 행동거지가 너무나 프랑스화해, 순응하지 않는 그 코가 금연화*³처럼 엉뚱한 방향으로 뻗어나와 솔로몬의 코보다 마스카리유(Mascarille)*⁴의 코를 떠올리게 한다. 그런데 블로크는 '귀족 동네'의 체조에 연해지지도, 영국과 에스파냐의 잡교에 고상해지지도 않고서 유럽 사람의 옷을 입고 있을망정 여전히, 이국 취미 애호가의 눈에는, 드캉(Decamps)*⁵을 그린 유대인처럼, 신기한 풍미 있는 구경거리였다. 종족의 놀라운 힘은 수세기나 저 밑에서 현대의 파리까지, 우리나라 극장의 복도까지, 우리나라 관청의 창구 뒤까지, 장례식까지, 거리까지, 견고한 밀집 군단을 진출시키고, 그 대군은 현대식 모자를 보기 좋게 쓰고, 프록코트를 활용하지만, 본디를 잊어버린다. 결국 다리우스의 궁전 문 앞에 있는 수사의 기념 건축물의 기둥머리 조각에, 예복 차림으로 그려진 아시리아의 법관들과 똑같은 모습으로 남아 있다(한 시간 남짓 지나서,

---

*1 고대 이집트 사람이 종이 대신으로 글 쓰는 데 사용한 풀(紙草).

*2 유대인의 인사.

*3 불전에 바치는 황금빛 연꽃.

*4 몰리에르(1622~73)의 희극에 나오는 음험하고도 교활한 인물.

*5 프랑스의 화가(1803~1860).

샤를뤼스 씨가 오직 미학적인 호기심과 향토색에 대한 애호에서, 이름이 유대풍인 듯하다고 물어왔을 때, 블로크는 이 물음을 반유대적인 악의에서 나온 것으로 생각했다). 하기야 종족의 변하지 않는 성질에 대해 언급하고 보면, 그 차이를 그대로 두는 편이 나은 그 모든 민족, 유대인, 그리스인, 페르시아인에게 받는 인상이 정확하게 전달되지 않는다. 우리는 고대의 그림을 통해 옛 그리스인의 얼굴을 알고 있고, 수사 궁전의 합각(合閣)*에서 아시리아인의 얼굴을 본 일도 있다. 그런데 사교계 자리에서 어느 부류에 속하는 오리엔트 사람들을 만나면, 신을 내리게 하는 술법의 힘이 출현시킨 초자연적인 인물을 눈앞에 두고 있는 듯한 느낌이 든다. 우리는 그저 겉의 형상밖에 몰랐던 것이다. 그제서야 그 형상이 깊이를 띠고, 3차원으로 확장되고, 움직이기 시작한다. 그리스의 젊은 여인, 부유한 은행가의 따님이, 그 시절의 유행에 따라, 역사적인 동시에 심미적인 어떤 발레에서, 그리스 예술을 살과 뼈로 상징하는 발레리나들 가운데 하나인 듯하다. 하기야 극장에서는 무대장치가 그런 모습을 진부하게 만들지만. 이와 반대로 터키 여인이나 유대인 남자가 손님방에 들어오는 걸 볼 때, 실상 영매(靈媒)의 힘으로 불러온 존재인 듯, 그 모습에 생기를 주면서, 더 신기하게 만든다. 우리를 당황하게 하는 몸짓을 행하는 듯하는 것은 영혼이다(아니 그보다, 차라리 이런 영매에 의한 구현으로는 적어도 지금까지 영혼을 축소한 작은 것이라고 할까), 우리가 여태껏 미술관에서만 엿보아온 영혼, 뜻없는 동시에 초월적인 삶에서 빠져나온, 옛 그리스인의, 옛 유대인의 영혼이다. 피하는 젊은 그리스 여인의 몸 안에서, 우리가 헛되이 껴안으려고 하는 것은, 지난날 꽃병의 허리에 감탄한 그 모습이다. 만약 빌파리지 부인의 손님방 빛 속에서 블로크의 사진을 찍기라도 했다면, 심령사진에서 볼 수 있는 것과 마찬가지로, 인간에게서 나오지 않은 것 같으므로 보는 이의 눈을 어지럽게 하는, 그래도 인간과 너무나 닮아서 보는 이의 눈을 속이는 영상을 얻었을 것이다. 더 일반적으로 말하면 우리가 함께 생활하는 환경에서는 이들이 하는 이야기의 무의미한 말에 이르기까지, 우리에게 초자연의 인상을 안 주는 것이 없다. 우리는 이 가련한 일상 세계에서는, 점을 치는 회전 탁자 둘레에 모이듯이 둘러앉아, 무한

---

* 지붕 위 양옆에 '人'자 모양을 이루고 있는 각.

의 신비에 대한 이야기를 기대하는 천재마저도—지금 막 블로크의 입에서 튀어나온, '내 중산모자에 조심하시도록'과 같은—이런 말밖에 뱉지 않는다.

"아무렴요, 장관 따위." 빌파리지 부인은 내가 들어와서 끊긴 대화의 실마리를 이으면서, 특히 나의 옛 친구한테 건네는 투로 이어 말했다. "그 사람 얼굴 따위 아무도 보고 싶어하지 않았답니다. 어릴 때였지만, 지금도 기억나요. 한번은 폐하께서 나의 할아버지께 드카즈(Decazes)*¹ 님을 무도회에 초대하도록 부탁하셨죠. 이 무도회에서 나의 아버지께서는 베리 공작부인*²과 춤추기로 되어 있었습니다. '그렇게 해주면 매우 기쁘겠네, 플로리몽' 하고 폐하께서 말씀하셨답니다. 할아버지께선 귀가 좀 멀어서, 카스트리(Castries)*³ 님으로 잘못 들으시고는 아주 당연한 부탁이라고 생각하셨습니다. 드카즈 님에 대한 것인 줄 알자, 할아버지께서 잠시 화를 내셨으나, 복종해, 그날 저녁 드카즈 님에게, 오는 주에 개최하는 무도회에 부디 참석하시는 영광을 주십사 하는 뜻의 편지를 써 보냈습니다. 그 시절이야 예의 발랐거든요. 할아버지도 요즘처럼 명함에 '다과회' 또는 '무도의 다회' 또는 '음악의 다회'라고 쓴 몇 자를 보내는 것으로는 만족 못했을 거예요. 하지만 예의를 알고 있는 한편, 무례한 말과 행동도 할 줄 알았죠. 드카즈 님은 초대를 승낙했습니다만, 무도회 전날, 나의 할아버지께서 몸이 불편하여 무도회를 취소했다는 통지를 받았지요. 할아버지께선 폐하의 분부에 따랐으나, 드카즈 님을 무도회에 못오게 했던 거예요……. 그럼요, 몰레 씨는 잘 기억하지요, 재주 있는 분이었습니다. 비니 씨를 아카데미에 환영했을 때 연설에서 그 증거를 보여주셨습니다만, 여간 점잔 부리는 분이 아니었어요. 손에 중산모자를 들고서 자기 집 만찬에 내려오던 모습이 아직도 눈에 선합니다."

"허어! 이거 어지간히 고약스런 속물근성이 제멋대로 행동하던 시절을 썩 잘 떠올려주는데요. 자기 집에서 손에 모자를 들고 있는 것이 틀림없이 그때의 관습이었을 테니까요." 블로크는 현장 목격자한테 지난날 귀족 생활의 세밀한 특징을 배우는 이 드문 기회를 이용하고 싶어서 말했다. 한편 후작부인의 임시 비서 격인 고문서학자는, 감동어린 눈길을 부인에게 던지면서, 마치

---

*1 공작, 루이 18세 치하의 장관.
*2 샤를 10세의 아들인 베리 공작의 부인(1798~1870).
*3 후작(1727~1802).

우리한테 '어떠냐 말이다, 이분은 뭐든지 다 아신다, 누구와도 다 친하시다, 뭐든지 여쭤보게나, 참으로 비상한 분이시니' 말하고 있는 듯했다.

"천만에." 빌파리지 부인이 대답하면서, 조금 있으면 다시 그리기 시작할 공작고사리를 담근 유리컵을 몸 가까이 당겨놓았다. "그건 그저 몰레 님의 버릇이었어요. 나의 아버지께선 집에서 모자를 들고 계신 적이 없어요. 물론 폐하께서 오셨을 때는 예외지만. 폐하께서는 어디에 가시나 거기가 바로 그분의 집이니까요. 그 집 주인 또한 그때는 자기 집 손님방에 있으면서도 방문객에 지나지 않거든요."

"아리스토텔레스가 그 제2장에서 말하기를……." 프롱드당의 역사가, 피에르 씨가 입을 열어보았는데, 어찌나 머뭇거렸는지 아무도 그것에 주의를 기울이지 않았다. 몇 주일 전부터, 여러 치료에도 낫지 않는 신경쇠약성 불면증에 걸린 그는 잠자리에 눕기를 단념하고, 피로에 몸을 가누지 못해, 일 관계로 어쩔 수 없을 때밖에 외출하지 않았다. 남들에게는 매우 간단하나 그에게는 그렇게 하기가 달에서 내려오는 만큼이나 힘든 이러한 원정을 자주 되풀이할 수 없어서, 그는 자기 생활의 돌연한 비약에 최대한 효용을 주게끔 남들의 생활이 오래가는 것으로 이루어져 있지 않다는 사실에 자주 대면하여 깜짝 놀랐다. 도서관에 가는데도, 웰스(H.G. Wells)*의 소설에 나오는 인간처럼 기계적으로 벌떡 일어나 프록코트 차림으로 가보는데, 때로는 그 문이 닫혀 있는 일이 있었다. 다행히 그는 빌파리지 부인을 그분 댁에서 만날 수 있어서 초상화를 구경할 참이었다.

블로크가 그의 첫마디를 잘랐다.

"정말" 하고 블로크는, 빌파리지 부인이 왕의 방문에 관한 예식에 대해 지금 막 한 말에 대답했다. "나는 그런 줄 통 몰랐는데요(마치 자기가 그걸 모르는 게 이상한 일이기라도 하듯)."

"바로 이런 방문에 관해, 어제 아침 내 조카인 바쟁이 나에게 한 어리석은 농담을 아십니까?" 빌파리지 부인은 고문서학자에게 물었다. "조카가 자기 이름을 알리는 대신에, 나를 만나뵙기를 청하고 있는 분이 스웨덴 여왕님이라고 전갈해왔답니다."

---

* 영국의 소설가이자 문명 비평가(1866~1946).

"허어! 그분이 그런 말을 그처럼 아무렇게나 부인에게 전했다구요! 그거
……." 블로크가 외치고 있는 동안, 역사가는 엄숙한 소심과 더불어 미소 짓
고 있었다.

"나도 꽤 놀랐어요. 시골에서 온 지 며칠 안 되거든요. 좀 조용히 있고 싶
어서, 내가 파리에 있는 걸 아무에게도 말하지 않았는데, 어떻게 스웨덴 여
왕께서 내가 있는 줄 벌써 아셨을까 하는 생각이 들더군요." 빌파리지 부인
은, 스웨덴 여왕의 방문도 그 자체만으로는 이 집 마님으로서 하나도 이상한
일이 아니라는 사실을 알고 놀라는 손님들에게 아랑곳없이 이어 말했다.

아침나절 빌파리지 부인은 고문서학자와 회상록 집필을 위한 자료를 조사
했다고 하는데, 지금은 앞으로 그 회상록의 독자가 될 이들을 대표하는 표준
독자들에게, 모르는 사이에 그 서적의 구성과 효과를 시험하고 있었다. 빌파
리지 부인의 살롱은 진정한 뜻으로 멋들어지다고 부르는 살롱과는 구별되는
지도 모른다. 멋들어진 살롱에는 부인이 받아들이고 있는 대부분의 중류계
급 부인들이 없었을 테고, 그 대신에 르와르 부인이 드디어 끌어들이고만 빛
나는 부인들이 보였을 테지만, 이 미묘한 차이를 그 회상록에서 판별할 수는
없다. 그 책의 내용 가운데, 저자의 평범한 교제 관계 가운데 어느 것은 거
기에 언급할 기회도 없이 사라진다. 한편 찾아오지 않았던 부인들도 없지 않
아 있으니, 이 회상록이 제공하는 장소가 어쩔 수 없는 제한을 받아서 극히
적은 수의 인물밖에 나타날 수 없고, 만일 나타나는 인물이 왕후나 역사적인
중요 인물이라면, 회상록이 멋에 대해 대중에게 미칠 수 있는 최고의 인상은
들어맞는 셈이다. 르와르 부인의 의견으로는, 빌파리지 부인의 살롱은 삼류
였다. 그리고 빌파리지 부인에게 르와르 부인의 의견은 큰 타격이었다. 하지
만 오늘날에는 르와르 부인이 어떠한 여인이었는지 아무도 모르니, 그 의견
도 사라졌다. 한편 스웨덴 여왕이 자주 드나들고, 오말 공작, 브로이 공작,
티에르(Thiers), *¹ 몽탈랑베르, 뒤팡루(Dupanloup) *² 대주교 같은 이들이 자
주 드나들던 빌파리지 살롱이야말로, 호메로스와 핀다로스(Pindaros) *³ 시대

---

* 1 프랑스의 역사가이자 정치가(1797~1877).
* 2 오를레앙 주교(1802~1878), 아카데미 프랑세즈 회원 제2 제정기에 로마 교황에 맞서는
   프랑스 사교원의 대표적 실력자, 《여성 교육에 대한 글》이 있음.
* 3 그리스의 서정시인(B.C. 522~442).

이래 변함없는 후세, 왕가나 또는 왕가에 가까운 고귀한 태생이라든가, 왕이나 민중의 우두머리나, 저명인사들과의 친하게 사귐이 부러운 신분으로 보이는 후세에게 가장 빛나는 19세기 살롱의 하나로 여겨지리라.

그런데 빌파리지 부인은 이런 모든 것을 얼마간, 현재의 살롱이나 추억 속에 가지고 있었다. 추억은 이따금, 가볍게 손질되었는데, 부인이 살롱을 과거로 이어가는 데 도움이 되기도 했다. 게다가 노르푸아 씨는 이 여자친구에게 참다운 지위를 되살려줄 수 없는 대신에 그에게 조력을 구하는 외국이나 프랑스의 정치가, 그리고 그에게 아부하는 유일한 수단은 빌파리지 부인을 자주 찾아뵙는 일이라는 사실을 터득하고 있는 이들을 부인에게 데리고 왔다. 르와르 부인도 아마, 이런 유럽의 저명인사들과 아는 사이였을 것이다. 그러나 유식한 체하는 여인들의 티를 피하는 쾌적한 부인답게, 그녀는 총리에게 동양 문제에 대해 얘기하기를 삼가는 동시에, 소설가나 철학자들에게 사랑의 본질을 얘기하는 것도 삼갔다. 한번은 그녀가, 잘난 체하는 여인이 묻는 말에 대꾸했다. "사랑을 어떻게 생각하시나요?"—"사랑? 나 자주 그걸 하지만 그 얘기를 한 적은 없답니다." 그녀의 집에 문단과 정계의 저명인사들이 왔을 때, 그녀는 게르망트 공작부인이 그렇게 하듯이, 포커를 시켰을 뿐이었다. 그들도, 빌파리지 부인이 강요하는 일반 관념에 대한 진지한 대화보다 포커 쪽을 더 재미있어했다. 그러나 이런 대화는, 사교상에서는 쑥스러운 것인지 모르나, 빌파리지 부인의 '회상록'에, 코르네유의 비극에서와 마찬가지로 자서전에서도 효과가 많은 그 뛰어난 부분, 그 정치적인 논설을 제공했다. 게다가 빌파리지 부인의 살롱 같은 것들만이 후세에 남을 수 있으니, 왜냐하면 르와르 부인 같은 여인네들은 글을 쓸 줄 모르니까, 또 쓸 줄 알더라도 그럴 틈이 없을 테니까. 빌파리지 부인 같은 여인네들의 경멸이야말로 문학적 소질이 르와르 부인 같은 여인네들에게 경멸당한 원인이더라도, 르와르 부인 같은 여인네들의 문학 경력에 필요한 여가를 유식한 체하는 부인들에게 마련해주어 빌파리지 부인 같은 여인네들의 문학적 소질에 기묘하게 이바지한다. 이 세상에 잘 쓴 책이 몇 권 있기를 바라시는 신께서, 그 때문에 르와르 부인 같은 여인네들의 마음속에 그런 멸시의 정을 넣으시니, 까닭인즉 르와르 부인 같은 아낙네들이 빌파리지 부인 같은 아낙네들을 만찬에 초대할 것 같으면, 후자가 곧바로 펜을 놔두고 8시에 외출하도록 마차 준비를 시키리라는 것을 아시기 때문이다.

　잠시 뒤에 느릿느릿하고 엄숙한 걸음걸이로 키 큰 노부인 한 분이 들어왔는데, 쳐든 밀짚모자 밑에, 마리 앙투아네트처럼 많은 굉장한 흰 트레머리가 보였다. 그때의 나는 모르던 일이지만, 그녀는 그 무렵까지 파리 사교계에서 볼 수 있던 유명한 세 부인 가운데 한 분이며, 빌파리지 부인처럼 명문 태생으로, 시대의 어둠 속에 사라져간 어떤 이유, 지난 그 시절 멋을 자랑하던 노인만이 우리에게 얘기해줄 수 있을 어떤 이유 때문에, 다른 곳에서는 접대하기 싫어하는 인간의 찌꺼기밖에 접대 못 하는 신세에 이르러 있었다. 이 세 노부인들은 저마다, 자기를 의리상 찾아주는 빛나는 조카딸, 곧 각자의 '게르망트 공작부인'이 있었지만, 다른 두 분 가운데 한 분의 '게르망트 공작부인'을 자기 집에 이끌 수는 없었으리라. 빌파리지 부인은 이 세 부인들과 친한 사이였어도, 좋아하지는 않았다. 아마도 세 부인의 사회적 지위가 자기와 어지간히 비슷해 좋지 않은 인상을 받았나 보다. 그리고 또 모나고, 유식한 체하며, 제 집에서 여는 촌극의 수로 살롱다운 환상을 지어내려고 애쓰는 이 부인들 사이에는, 안온하지 못한 생활을 계속하는 중 꽤 재산이 줄어든 탓에 마치 생존 경쟁이라도 하듯이 배우의 무보수 출연을 기대하거나 이용하려고 다툼이 벌어졌다. 게다가 마리 앙투아네트와 같은 트레머리를 한 노부인은 빌파리지 부인을 볼 적마다 게르망트 공작부인이 금요일 모임에 와 있지 않은 것을 생각할 수밖에 없었다. 노부인의 위안은 이 금요일에 노부인의 게르망트에 해당하는 푸아 대공부인이 좋은 친척으로서 결코 결석하지 않는 사실이었다. 푸아 대공부인이야말로 이 노부인의 게르망트 부인이며, 게르망트 공작부인과 절친한 벗이었으나, 빌파리지 부인을 방문한 일이 한 번도 없었다.

　그런데도 말라케 강둑의 저택으로부터, 투르농 거리, 라셰즈 거리, 생토노레 동네의 살롱으로, 끊기 어려운 썩은 유대가 명성을 잃은 세 여신을 잇고 있었다. 도대체 어떠한 정사, 어떤 불경한 불손 때문에 세 여신에게 벌이 내렸는지, 나는 어느 사교계의 신화 사전이라도 뒤져서 알아내고 싶었다. 똑같이 고귀한 태생, 똑같은 현재의 쇠퇴 상태는, 그녀들을 부추겨 서로 미워하는 동시에 서로 자주 찾아가게 하는 데에 크게 기여했을 것이다. 그리고 그녀들은 저마다 상대를, 제 손님들에게 예의를 다 지키는 편리한 수단으로 여졌다. 그 자매가 사강 공작 또는 리뉴 대공과 결혼한, 작위 높은 부인에게 소개받는다면 어찌 그 손님들이 이제야 자기도 굳게 닫힌 귀족 동네로 뚫고 들어 왔구나 하는 생각을 않겠는가? 하물며 신문은 진정한 살롱보다 이런 사이비 살롱 쪽에 대해 더 크게 실으니 말이다. 친구한테 사교계에 데려다달라고 부탁받은 상류 사회의 자제들(생루를 필두로)마저 이렇게 말하곤 했다. "빌 파리지 아주머니 댁에, 또는 X아주머니 댁에 데리고 가지. 재미나는 살롱이니까." 그 편이 이 노부인들의 멋진 조카딸이나 조카며느리 집에 그 친구를 데리고 가기보다 쉽다는 사실을 알고 있기 때문이다. 나이 많은 영감님들, 이 영감님들에게 얘기 들어 알고 있는 젊은 여인네들이 나에게, 그 노부인들이 사교계에 받아들여지지 않는 까닭은 그 본디 행실이 너무 문란했기 때문이라고 말했다. 소행이 문란한들 상류가 못될 것도 없지 않느냐고 내가 비난하자, 그것은 오늘날 알려져 있는 모든 상식을 벗어난 행위라고 말하는 것이었다. 단정하게 앉아서 점잔 빼는 그 노부인들의 문란한 행실은, 비난하는 이들의 말을 들으면, 내가 떠올릴 수 없는 것, 선사 시대의 거대함, 매머드 시대와 맞먹는 그 무엇이 되는 것이었다. 즉 머리카락이 하양, 파랑, 장밋빛인 세 파르카(Parca)[1]는 셀 수 없을 정도의 남성들을 불행에 빠뜨린 것이다. 요즘 사람들은 이런 신화 시대의 악덕을 과장하고 있다고 나는 생각한다. 마치 그리스인이 인간을 가지고 이카로스(Ikaros)[2]나 테세우스(Theseus)[3]나 헤라클레스를 만들었지만, 그 인간은 그것을 신격화한 후세 사람과 별로 다르지 않았던 것과 같다. 그러나 우리는 그 인간이 다시는 악덕을 발휘 못하는 상태가 되고 나서야 비로소 한 인간의 총결산을 하며, 완수되어가기 시작하는 사회적 징벌, 확인된 사회적 징벌의 크기로만, 범했던 죄의 크기를 재고, 떠올리며, 부풀린다. 참으로 경솔한 여인들, 영락없이 메살리나 같은 여인들은, '사교계'라는 상징적 인물의 화랑에, 반드시 적어도 일흔 살 난 부인의 엄숙한 모습, 거만하게 되도록 많은 이를 초대하지만, 진정 초대하고 싶은 이를 초대 못 하는, 행실에 좀 결점 있는 여인들도 그 집에 가려들지 않

---

[1] 운명을 주관하는 세 자매 여신.
[2] 아버지 다이달로스(Daidalos)와 함께 밀초로 만든 날개를 달고 크레타 섬을 탈출했으나, 너무 태양에 접근했다가 날개가 녹아서 이카리아(Ikaria) 바다에 떨어져 죽었음.
[3] 아테네의 아이게우스(Aegeus)의 아들로서, 아테네를 통일한 영웅.

는, 교황께서 해마다 '황금 장미'*¹를 보내오는, 때로는 라마르틴의 젊은 시절에 대해서 쓴 저술로 아카데미 프랑세즈에서 상을 받은 귀부인의 엄숙한 모습을 갖추고 나타난다. "안녕하세요, 알릭스." 빌파리지 부인은 흰머리를 마리 앙투아네트처럼 땋은 부인에게 말했다. 이 노부인은 모인 사람들을 날카로운 눈길로 바라보면서 자기 살롱에 도움이 될 만한 어떤 조각이 있지 않나 살피고 있었다. 있다면 자기 눈으로 발견해야 하니, 빌파리지 부인이 여간 심술 사납지 않아 그것을 숨기리라는 것을 노부인은 의심치 않았기 때문이다. 따라서 빌파리지 부인은 자기 집에서 공연할 예정인 촌극과 같은 극을 말라케 강둑의 저택에서도 따라 할까 봐 노부인에게 블로크를 소개하지 않으려고 조심했다. 하기야 그건 앙갚음에 지나지 않았다. 왜냐하면 노부인은 그 전날 리스토리 부인을 불러 시 낭독을 시켰는데, 이 이탈리아 여배우를 빌파리지 부인에게서 가로챘는지라 시 낭독회가 끝날 때까지 빌파리지 부인이 모르도록 조심했기 때문이다. 빌파리지 부인이 그 일을 신문에서 읽고 노하지 않게, 죄책감을 안 느끼는 양 그 얘기를 하러 온 것이다. 빌파리지 부인은 블로크와 달리 나라면 소개해도 지장이 없다고 생각하여 강둑 거리의 마리 앙투아네트에게 내 이름을 말했다. 그러자 이 부인은 나이 들어도 쿠아즈보 (Coysevox)*² 여신의 선, 지난날 젊은 멋쟁이를 호리고 또 지금도 엉터리 문필가들이 짧은 시에서 찬양하고 있는 선을 유지하려고 되도록 움직이지 않으면서—게다가 유별난 불행을 당한지라 끊임없이 아첨을 강요하는 사람들에게 공통된, 거만한, 그러나 촌스러운 태도가 몸에 배고 말아—쌀쌀한 위엄을 지어 머리를 가볍게 끄떡하고 나서 곧 다른 쪽으로 돌려 마치 나 따위는 거기에 없다는 듯 무시했다. 두 목적을 가진 그 태도는 마치 빌파리지 부인에게 다음과 같이 말하고 있는 성싶었다. "보세요, 벗이 한두 사람 온들 아무래도 좋아요. 그리고 젊은이 따위야—조금도 독설을 하려는 것이 아니지만—난 흥미 없어요." 하지만 15분 뒤에 물러갈 때, 부인은 소란을 틈타 내 귀에 대고 다음 금요일 세 분 가운데 한 분과 함께 그녀의 칸막이 좌석에 오라고 말했다. 세 분 가운데 한 분의 으리으리한 이름은—더구나 그분은 슈아죌 가문 태생이었다—내게 굉장한 인상을 주었다.

---

*1 교황이 덕성 높은 여성에게 보내는 훈장.
*2 프랑스의 조각가(1640~1720).

"이봐요, 몽모랑시 공작부인에 대해 뭘 쓰고 싶어하시는 줄 아는데." 빌파리지 부인은 뾰로통한 낯으로 프롱드당 역사가에게 말했다. 그것은 실쭉하기 잘 하는 몸의 오그라듦, 늙음에서 오는 생리적인 분함으로, 그리고 옛 귀족들의 거의 농부 같은 말투를 흉내내려는 선멋*으로 말미암아, 어느새 부인의 남다른 친절함이 주름 잡히게 하고 말았던 것이다. "그분의 초상화를 보여드리죠, 루브르 미술관에 있는 모사화의 원화(原畵)랍니다."

부인은 붓을 꽃 곁에 놓고서 일어섰다. 그러자 그때 허리에 보인 작은 앞치마, 그림물감으로 더러워지지 않으려고 걸치고 있는 그 앞치마가, 헝겊 모자와 큰 안경이 주고 있는 거의 시골 여인 같은 인상을 더 짙게 하고, 홍차나 과자를 가져오는 집사, 몽모랑시 공작부인(프랑스 동부의 가장 유명한 수녀원 가운데 하나의 수녀원장)의 초상을 밝히려고 부인이 부른 제복 입은 사내종 같은 하인들의 화려한 옷차림과 대조적이었다. 모두 일어나 있었다. "꽤 재미나는 일은 우리네 왕고모들께서 흔히 수녀원장으로 계시던 그런 수녀원에, 프랑스의 왕녀들이 들어가지 못했던 점이죠. 매우 엄중한 수녀원이었답니다." 부인이 말했다. "왕녀들이 들어가지 못했다니, 왜 그렇죠?" 블로크가 어리둥절해하며 물었다. "프랑스 왕가가 신분 낮은 가문과 혼인을 맺은 뒤로 대(代)가 아직 얼마 지나지 않았기 때문이죠." 블로크의 놀라움은 더 커졌다. "신분 낮은 가문과 혼인을, 프랑스 왕가요? 도대체, 왜요?"—"메디치 가문과 혼인했거든요." 빌파리지 부인은 아주 자연스러운 투로 대답했다. "이 초상화 아름답죠, 안 그래요? 보존 상태도 완벽하고요." 부인이 덧붙였다.

"이봐요." 마리 앙투아네트처럼 머리를 땋은 부인이 말을 꺼냈다. "기억나시죠, 내가 댁에 리스트를 데려왔을 때, 그가 이걸 모사화라고 말했던 일을."

"음악에 대해서라면 리스트의 의견에 따르겠지만 그림에 관해선 천만에! 게다가 그분 이미 망령 들어 있고, 또 정말 그런 말을 했는지 기억나지 않네요. 게다가 리스트를 데리고 온 사람은 당신이 아니죠. 나는 그 전에 사인 비트겐슈타인 대공부인 댁에서 그분과 함께 여러 번 식사했거든요."

---

* 17세기 전반 프랑스 사교계를 풍미했던 잘난 체하는 취미와 경향. 프레시오지테.

알릭스의 일격은 빗맞아, 그녀는 묵묵히 선 자세로 움직이지 않았다. 분을 더덕더덕 발라 그 얼굴이 돌 같았다. 옆얼굴이 고상해서, 부인은 짧은 외투로 가려진 삼각형의 이끼 긴 태좌(台座) 위에 서 있는, 공원의 깨어진 여신상 같았다.

"허어, 이것 또한 아름다운 초상화군요!" 역사가가 말했다.

문이 열리고 게르망트 공작부인이 들어왔다.

"어서 와요." 빌파리지 부인은 머리 하나 까딱하지 않고 말하면서 앞치마의 주머니에서 한 손을 꺼내 막 들어온 상대에게 내밀었는데, 금세 접대하는 행동을 그치고 역사가 쪽으로 몸을 돌렸다. "이건 로슈푸코 공작부인의 초상화죠……."

성깔 있어 보이는, 얼굴이 잘생긴 젊은 하인(완벽성을 잃지 않을 정도로 가장자리를 깎은 듯한 얼굴, 조금 붉은 코, 좀 불그레한 살갗은, 마치 최근 조각칼로 도려낸 몇몇 자국을 남기고 있는 듯했다)이 명함 놓인 쟁반을 들고 들어왔다.

"후작부인을 뵙고자 이미 여러 차례 오신 그분이십니다."

"내가 손님 접대하는 중인 걸 그분에게 말했나?"

"말씀들 하시는 걸 그분이 들었습니다."

"그럼 하는 수 없지, 들어오시게 해. 전에 소개받은 분이죠." 빌파리지 부인이 말했다. "여기에 꼭 초대해주십사 졸라대지 뭐예요. 나는 한 번도 그분이 오는 걸 허락하지 않았어요. 그래도 다섯 차례나 일부러 오셨으니, 남을 화나게 해선 못쓰죠. 이봐요." 부인은 나에게 말하고, "그리고 이봐요" 하고 프롱드당의 역사가를 가리키면서 덧붙였다. "내 조카딸, 게르망트 공작부인을 두 분에게 소개합니다."

역사가는 나와 마찬가지로 정중히 머리 숙이고 나서, 이 인사 뒤에 뭔가 진정어린 감회를 토로해야 한다고 생각해선지, 두 눈을 빛내며 입을 벌리려다가 게르망트 공작부인의 모양을 보고는 맥이 빠지고 말았다. 부인은 자유자재로 움직이는 상반신을 이용해 그것을 앞으로 내밀면서 과장되게 정중한 인사를 하고 나서 얼굴도 눈도, 마치 앞에 누가 있는지 알아보지 못하는 듯이 그것을 똑바로 제자리로 돌렸다. 코웃음치는 한숨을 한 번 내더니, 역사가와 나를 보고 받은 인상이 시시한 것임을 뚜렷이 드러내고자, 무료한 주의력의 절대적 무력 상태를 증명하는 정확성으로 콧방울의 어떤 운동을 했을 뿐이었다.

귀찮게 굴었다는 손님이 들어와, 순진하고도 열성 있는 태도로 곧장 빌파리지 부인 쪽으로 걸어갔다. 르그랑댕이었다.

"뵙게 되어 매우 고맙습니다, 부인." 그는 '매우'라는 낱말에 힘주어 말했다. "참말 얻기 어려운 미묘한 기쁨을 늙은 고독자에게 주셔서, 그 기쁨의 울림을 말하자면……."

그는 나를 알아보고, 갑자기 말을 멈췄다.

"이분에게 《잠언집》 작가의 안사람, 로슈푸코 공작부인의 아름다운 초상화를 보이고 있던 참이죠, 우리 집안에 전해 내려오는 거랍니다."

게르망트 부인, 그녀는 알릭스에게 인사하면서, 올해도 예년같이 방문할 수 없었음을 사과했다. "마들렌을 통해 댁 소식을 들어왔어요." 그녀가 덧붙였다.

"그분이야 오늘 아침도 우리집에서 식사하셨죠." 말라케 강둑의 후작부인은 빌파리지 부인이라면 절대로 이렇게 말할 수 없으리라는 생각에 만족스러워 하며 말했다.

그러는 동안 나는 블로크와 이야기했는데, 그 아버지가 그에 대한 태도를 바꿨다는 소문을 들어, 블로크가 내 생활을 부러워할까 봐, 나는 그의 생활 쪽이 틀림없이 더 행복할 거라고 말해주었다. 이 말은 그저 나의 상냥함에서 나온 것이었다. 그런데 상냥함은 자존심 강한 이들에게 쉽사리 그들의 행운을 믿게 하고, 또는 남들이 그렇게 믿기를 바라는 욕망을 주게 마련이다. "아무럼, 나 사실 참으로 즐거운 생활을 보내고 있네." 블로크는 행복에 젖어 있는 모양으로 말했다. "세 친구가 있다네, 더 이상 하나도 바라지 않아. 귀여운 애인이 하나 있고 보니 한없이 행복하네. 제우스 영감이 이토록 많은 행복을 준 인간은 드물지." 그는 특히 뽐내어 내게 부러움을 일으키려 하였나 보다. 또한 어쩌면 그의 낙천주의 속에 어떤 독창성이 있기를 바라는 소망이 있었는지 모른다. 그의 집에서 열린 댄스파티에 못 가서 내가 좋았냐고 묻자, 그는 남의 일처럼 단조로운 무관심한 말투로 "암, 썩 좋았네, 더할 나위 없는 성공이야. 참말 황홀하였네" 하고 대답하는 걸 보아, 흔히들 말하는 "아니 뭐! 별거 아니었어" 따위의 평범한 대답을 하고 싶지 않은 것이 뻔했다.

"그와 같은 말을 들으니 나의 흥미는 무한히 깊어갑니다." 르그랑댕이 빌파리지 부인에게 말했다. "까닭인즉 바로 요전 날 나는 부인께서 로슈푸코와 퍽 닮으셨다고 생각했으니까요. 표현법의 기민한 명확성, 뭐랄까, 모순된 두 마디로 된 것이라면, 단단한 질의 고속도(rapidité lapidaire)라던가 영원한 순간 촬영(instantané immortel)과 같은 표현이지요. 나는 오늘 저녁 부인께서 말씀하시는 것을 전부 적어두려고 했습니다만, 그러기보다 모두 기억해두겠습니다. 부인의 말씀은, 주베르의 말인 줄 압니다만, 기억력도 참 좋으십니다. 주베르를 읽은 적이 없으시다구요? 그것 참 유감인데요! 부인 마음에 꼭 들었을 텐데! 오늘 저녁 안으로 주베르의 작품을 보내드리죠, 그의 재능을 부인께 선보이는 게 무한한 영광이니까요. 그는 부인만큼 힘차지 않지요. 하지만 그는 우아하고 아름답습니다."

나는 당장 르그랑댕에게 인사하러 가고 싶었으나, 그는 줄곧 되도록 내게서 멀리 떨어져 있었다. 아마도 빌파리지 부인한테 세련된 표현으로는 무슨 일에 대해서나 해대는 아첨을 나에게 들리게 하고 싶지 않아서였을 것이다.

부인은 조롱이라도 당한 듯이 웃으면서 어깨를 으쓱하고 역사가 쪽으로 몸을 돌렸다.

"이쪽은 유명한 마리 드 로랑 슈브뢰즈 공작부인, 처음엔 뤼인 님과 결혼했던 분입니다."

"이봐요, 뤼인 부인의 얘기가 나와 말인데 요랑드가 생각나네요. 요랑드가 어제 우리집에 왔답니다. 당신이 저녁에 아무 약속도 없는 걸 알았다면 당신한테 사람을 보내 오시라고 했을걸. 뜻밖에 리스토리 부인이 오셔서 카르멘 실바(Carmen Sylva)* 왕비의 시를 그 작자 앞에서 낭독했답니다. 어찌나 아름다운지!"

'방심해서는 안 돼!' 빌파리지 부인은 생각했다. '저이가 요전 날 볼랭쿠르 부인과 샤포네 부인한테 소곤댄 것이 틀림없이 이것이구나'—"난 한가했어도 가지 않았을 거예요." 빌파리지 부인이 대꾸했다. "리스토리 부인의 낭독을 그 한창 시절에 들은 일이 있거니와, 이제는 한물갔거든요. 그리고 또 카르멘 실바의 시를 무척 싫어하고요. 한번은 아오스트 공작부인이 리스토리

---

* 루마니아의 엘리자베트 왕비의 필명.

를 이곳에 데리고 온 적이 있는데, 단테의 《지옥편》한 구절을 낭독했답니다. 그거야말로 천하일품."

알릭스는 이 일격에도 끄떡없이 버텼다. 석상같이 버티고 있었다. 그 눈은 날카로우나 빈 듯하고, 코는 귀족답게 활 모양으로 휘어 있었다. 그러나 한쪽 뺨은 거칠었다. 초록빛에 장밋빛이 섞인 이상하고 가벼운 비대 증식이 턱 언저리에 퍼져 있었다. 겨울이 다시 오면, 어쩌면 그녀를 쓰러뜨릴지도 모른다.

"저어, 그림을 좋아하시면, 몽모랑시 부인의 초상을 구경하세요." 빌파리지 부인은 또다시 시작하는 찬사를 멈추게 하려고 르그랑댕에게 말했다.

그가 멀리 가 있는 기회를 타, 게르망트 부인은 냉소적으로 질문하는 눈길로 큰어머니에게 그를 가리켰다.

"르그랑댕 님이지." 빌파리지 부인은 작은 소리로 말했다.

"캉브르메르 부인이라는 누이가 있지, 하기야 이름을 말한들 자네나 나나 모르지만."

"아뇨, 그분을 잘 알아요." 게르망트 부인은 한 손을 입에 가져다 대면서 외쳤다. "아니, 아는 사이는 아니지만, 그 바깥분과 어디서 만나는 바쟁이 왠지 모르나, 나를 찾아가보라고 그 뚱뚱보 여인에게 말했나 봐요. 그분의 방문이 어떠했는지 이루 말할 수 없어요. 런던에 갔던 이야기를 꺼내더니 영국의 그림을 전부 나한테 주워섬기지 뭐예요. 그러나저러나 여기서 나가는 길로 그 괴물 댁에 명함을 집어넣으러 갑니다. 쉬운 일이 아니죠, 죽어간답시고 늘 집에 죽치고 있고, 누군가 거기에 저녁 7시에 가거나 아침 9시에 가거나 기다렸다는 듯 딸기 파이를 내놓으니까요. 암 괴물이구말구요." 게르망트 부인은 큰어머니의 의심스러워하는 눈길을 보고 말했다. "어처구니없는 분이죠, '플뤼미티프(plumitif)'*라던가, 아무튼 그런 따위 낱말을 쓴답니다."—"'플뤼미티프'라니 무슨 뜻이지?" 빌파리지 부인은 조카딸에게 물었다—"알 게 뭐예요!" 공작부인은 짐짓 분개하는 모습으로 외쳤다. "알고 싶지도 않고요. 나는 그런 프랑스 말을 입에 담지 않거든요." 그러다가 큰어머니가 플뤼미티프라는 낱말 뜻을 정말 모르는 것을 알자, 자기가 언어의 순수성을 고집하는 사람이자 학식 많은 여인임을 나타내는 만족감을 맛보기 위해,

---

* 속어로 글씨를 베껴 써주는 직업을 가진 사람.

또 캉브르메르 부인을 우롱한 다음 큰어머니까지 우롱하려고, 그녀는 짐짓 꾸민 심술의 나머지가 억누르던 미소와 함께 말했다. "그렇지, 누구나 다 알아요, 플뤼미티프는 문필가, 플륌(plume)*을 쥔 사람을 가리키는 말이죠. 하지만 소름끼치는 말. 속이 뒤집힐 것 같은 말이죠. 그 따위 말을 어떻게 입 밖에 낸담…… 어머나, 저분이 그 오빠라니! 전혀 몰랐어요. 그렇지만 생각해보니 알 만하군요. 그 누이 또한 침대 밑 깔개처럼 비굴하고, 회전 책장의 지식밖에 없거든요. 오빠 못지않게 아첨 잘하고 귀찮게 구는 분. 오누이 사이라는 걸 점점 알 만해요."

"앉거라, 홍차를 좀 들지." 빌파리지 부인은 게르망트 부인에게 말했다. "직접 따라서. 자네야 자네 종조모님들의 초상을 볼 필요도 없지, 나만큼 잘 알고 있으니까."

빌파리지 부인은 이윽고 다시 제자리에 가서 앉더니 그림을 그리기 시작했다. 다들 다가갔다. 나는 그 틈을 타 르그랑댕 쪽으로 가서, 그가 빌파리지 부인 댁에 와 있는 걸 전혀 잘못이라고 생각지 않으며, 내가 얼마나 그의 감정을 해치는지, 동시에 해치는 의도가 있다고 믿게 하는지 꿈에도 생각해보지 않고서 말했다. "저어, 내가 살롱에 와 있어도 괜찮은 셈이군요, 당신도 와 계시니까." 르그랑댕 씨는 이 말에 (적어도 며칠 뒤에 그가 나에게 내린 판단이지만) 내가 속속들이 고약한 젊은 놈이라 죄악밖에 좋아하지 않는다고 단정했다.

"먼저 인사할 정도의 예의쯤 가졌을 만한데요." 그는 손도 내밀지 않고, 내가 꿈에도 모르던 심술궂고 상스러운 목소리로 대꾸했다. 그 목소리는 그가 여느 때 말하던 것과 합리적인 연관이 조금도 없고, 오히려 그가 지금 느끼고 있는 것과 가장 직접적이자 감명적인 다른 연관을 갖고 있었다. 이는 우리가 느끼는 바를 언제까지나 감추려고 결심하는 경우, 우리는 그것을 나타내는 방식 따위를 결코 생각해보지 않기 때문이다. 그런데 돌연, 지금까지 몰랐던 추악한 짐승 한 마리가 냅다 소리 지른다. 간혹 그 억양은 결점이나 죄악의 이런 본의 아닌 고백, 간결하고도 거의 억누를 수 없는 이런 고백을 듣는 이로 하여금 겁나게 하는 경우가 있다. 마치 범인이 아무도 몰랐던 살

---

* 붓, 펜.

인을 고백하지 않고선 못 배겨 완곡하고 야릇하게 느닷없이 털어놓는 자백이 겁나게 하듯. 물론 나는 관념론, 주관론마저, 위대한 철학자들이 여전히 대식가이고 또는 집요하게 아카데미에 입후보하는 데 지장이 안 되는 줄 잘 알고 있었다. 그러나 사실 르그랑댕은, 그의 노기나 짝짝함의 경련적인 동작이 전부 이 세상에서 좋은 자리를 얻자는 욕망에서 나오는 것이고 보면, 자기가 딴 세계에 속해 있노라 그토록 자주 되풀이할 필요가 없지 않은가.

그는 낮은 목소리로 계속했다. "물론 그래, 어떤 곳에 와달라고 스무 번이나 연거푸 시달리고 보면, 설령 내게 나의 자유를 지키는 권리가 있다손 치더라도, 무례한 놈같이 행동할 수가 없어서."

게르망트 부인은 자리에 앉아 있었다. 그녀의 이름은, 그것이 칭호로 호위되고 있듯, 그녀의 육체에 공작 영지의 풍치를 덧붙이고 있었다. 그것은 그녀 주위에 비쳐, 살롱 한가운데 그녀가 앉아 있는 팔걸이 없는 의자 둘레에, 게르망트 숲의 금빛 나는 그늘진 산뜻함을 넘치게 하였다. 오직 나는 인간과 고장의 닮은 점을 공작부인 얼굴에서 좀처럼 읽기 쉽지 않은 데 적잖이 놀랐다. 그 얼굴에는 식물적인 것은 하나도 없고, 기껏해야 볕에 그은 두 뺨의 붉은 자국만이─게르망트라는 이름이 문장(紋章)처럼 그려져 있어야 옳았는데─대기 속에서 오래도록 말을 타던 영상은 아니더라도, 적어도 바깥에서 장시간 말을 탄 것처럼 보이게 했다. 나중에, 공작부인이 내 관심 밖에 나가게끔 되었을 때, 나는 부인의 여러 특징을 알았다. 특히(당분간 아직 가릴 줄 모르는 채 이미 내가 그 매력을 받고 있는 것에 한해서 말하면) 그녀의 눈에는 마치 프랑스 어느 오후의 푸른 하늘이 갇혀 펼쳐지고, 반짝이지 않을 때에도 늘 빛에 젖어 있다. 그리고 목소리가 있다. 첫 목쉰 소리에, 거의 상스럽게 들리는 목소리지만, 거기에 콩브레 성당의 돌층계 위나 광장에 있는 제과점 지붕같이, 시골 햇볕의 굼뜨고 기름진 금빛이 굴러다녔다. 그러나 이 첫날에 나는 하나도 판별 못하였고, 내 열렬한 주의력은 느꼈을는지도 모르는 조금의 것마저도 금세 증발시켰다. 아무튼 게르망트 공작부인이라는 이름이 모든 이에게 가리키는 것은 바로 그녀구나 하고 나는 생각했다. 이 이름이 뜻하는 불가사의한 삶을 이 몸이 담고 있으며, 이 몸은 이제 막 이 살롱 안, 모든 사람 가운데 그 생활을 들이밀고 있었다. 살롱은 이 생활을 사방에서 에워싸, 이 생활은 살롱에 강렬한 반작용을 일으켰는데, 어찌나 강렬한지 나는 그 생활이 뻗어나가 그치는 자리에, 경계를 정하는 나부끼는 술 장식을 보는 느낌이 들었다. 양탄자 위 푸른 목공단 치마의 불룩함이 두드러지게 하고 있는 주변 안에, 또 공작부인의 맑은 눈동자 속에 가지고 있었다. 여러 가지 걱정이나, 추억, 눈동자에 가득한 이해할 수 없는, 멸시하는, 재미있어하는, 알고 싶어하는 사념, 눈동자에 비치는 낯선 영상 따위가 서로 교차하고 있었다. 이런 식으로 내가 빌파리지 부인의 다과회에서가 아니라 후작부인의 야회에서 게르망트 부인을 만났더라면 좀 덜 감동했을 것이다. 이런 '낮' 다과회는 부인들로서는 나들이 도중 잠깐의 멈춤이니, 일보고 온 대로 모자를 쓴 채, 발길 닿는 일련의 살롱 속에 바깥공기의 질을 가져다주고, 지붕 없는 사륜마차의 덜그럭 소리가 들리는 열린 높은 창보다 오후 끝 무렵의 파리를 더 잘 보여준다. 게르망트 부인은 수레국화로 꾸며진 카노티에*를 쓰고 있었다. 그 수레국화가 나에게 떠올린 것은, 내가 여러 번 그것을 따던 콩브레의 밭고랑이나 탕송빌의 산울타리에 잇닿아 있는 비탈에 비친 오랜 옛 햇볕이 아니라, 게르망트 부인이 조금 전에 라 페 거리에서 그 속을 지나온 바로 그 순간대로의 황혼의 냄새와 먼지였다. 비웃는 듯한 막연한 미소를 띠던 그녀는 꽉 다문 입술을 비쭉거리며, 신비로운 생활의 맨 끝에 달린 촉각인 두 파라솔 끝으로 양탄자 위에 몇몇 동그라미를 그리고 있었다. 보이는 것과 자기 자신 사이에 있는 모든 접촉점을 떼어버리는 것으로 시작하는 무관심한 주의력을 가지고, 그 눈길로 우리 하나하나를 번갈아 훑어보다가, 다음에 긴 의자와 안락의자를 검열했는데, 그때 그러는 그 눈길은 낯익은 것, 거의 인간이나 다름없는 것의, 하찮은 존재라도 일깨우는 그 인간적인 공감으로 화목하게 하는 것이다. 그런 살림살이들은 우리와는 달리 막연히 그녀의 세계에 속했고, 큰어머니의 생활과 연결되어 있었던 것이다. 눈길이 보베산 융단을 간 의자에서 거기에 앉아 있는 사람 쪽으로 돌아오자 아까와 똑같은 날카로움, 똑같은 비난, 큰어머니에 대한 게르망트 부인의 존경 때문에 입 밖에 내지 못하나, 만약 그녀가 안락의자 위에서 우리 존재가 아니라 기름 자국이나 먼지 덮개의 존재를 확인했더라면 마음속으로 퍼부었을 비난의 기색을 띠었다.

---

* 챙이 좁고 편편한 밀짚모자.

뛰어난 작가 G……가 들어왔다. 빌파리지 부인에게 인사하러 왔는데, 이러한 방문을 늘 고역처럼 생각했다. 공작부인은 그를 만나 기뻤으나 그에게 몸짓하지 않았다. 하지만 물론 그가 아주 자연스럽게 그녀 곁으로 왔다. 그녀가 갖춘 매력, 요령, 꾸미지 않는 태도로 보아 그는 그녀를 재원으로 여겨 왔던 것이다. 뿐만 아니라 예의상 그녀 곁으로 가야 할 의무가 있었다. 그는 사람됨이 쾌활하고 유명했으므로, 게르망트 부인이 그를 여러 번 식사에 초대해 부인과 그 남편과 셋이서 마주앉은 적도 있거니와, 또 가을에 게르망트에서, 이 친밀한 사이를 이용하여, 그를 만나보고 싶어하는 왕가의 부인들과 함께 저녁 식사에 부른 적도 있었기 때문이다. 그도 그럴 것이, 공작부인은 어떤 부류의 명사들을 즐겨 초대했기 때문이다. 그러나 상대가 독신이라는 조건이 붙어 있었고, 설령 결혼한 몸이라도 명사들은 부인을 위해 그 조건을 완수하였다. 그들의 아내라야 한결같이 얼마간 속되어, 파리에서 가장 멋있는 미녀들밖에 모이지 않는 살롱에서는 남의 눈에 거슬린다. 그래서 늘 아내 없이 초대되었다. 그래서 공작은 상하기 쉬운 감정을 미리 달래고자 본의 아닌 홀아비들에게 설명했는데, 아내는 부녀자를 초대 않는 버릇이 있다, 부녀자와 교제하는 걸 견디지 못한다, 마치 의사의 지시에 따르기라도 하듯, 마치 의사가 냄새나는 방에 그대로 있지 말 것, 너무 짜게 먹지 말 것, 뒤쪽으로 걷지 말고, 코르셋을 매지 말라고 하는 말투였다. 물론 이 명사들은 게르망트네 집에서 파름 대공부인, 사강 대공부인(이분의 소문을 늘 듣는 프랑수아즈는 문법상 이와 같은 여성형이 반드시 필요한 줄 여겨서, 마침내 이분을 사강트라고 부르기에 이르렀다), 그 밖에 여러 부녀자를 만났으나, 그런 여인들이 와 있는 것을, 그녀들이 한집안 사람, 또는 빼놓을 수 없는 어린 시절의 친구들이구나 여겨 옳은 일이라고 생각했다. 부녀자들과 교제할 수 없다는 공작부인의 괴상한 병에 대해 게르망트 공작이 해준 설명을 이해했건 말건, 명사들은 그 설명을 아내에게 전했다. 그 가운데 어느 아내는, 그 병은 질투를 숨기는 핑계에 지나지 않고, 공작부인 혼자 숭배자들의 모임을 지배하려고 하기 때문이라고 생각했다. 좀더 소박한 아내들은 공작부인에게는 남다른 취미가 있는 데다가 추잡한 과거마저 있는지 모른다, 그래서 부녀자가 부인 집에 찾아가려 들지 않아 부인은 어쩔 수 없는 사정에 제 변덕이라는 이름을 붙이고 있는 것이라고 생각했다. 가장 마음씨 좋은 아내들은 남편이 공작부인의 재능을 한껏 추어올리는 말을 듣고서, 공작부인은 다른 여인보다 훨씬 뛰어났는지라 여인들과 사귀는 게 갑갑한 것이다, 여인네들은 아무것도 말할 줄 모르니까, 라고 판단했다. 사실 부인은 왕족 신분으로 특별한 흥미를 주지 않는 이상 부녀자들 곁에 있으면 따분해했다. 그러나 제외된 아내들이, 부인은 문학이나 과학, 철학을 논하고자 사내들만 초대하려 한다고 상상했다면 틀린 생각이었다. 왜냐하면 부인은 적어도 뛰어난 지성인과는 그런 것을 논하지 않았으니까. 위대한 장군의 따님은 아무리 허영에 골똘해 있는 중이라도 군대에 관한 일에 경의를 가지는 법이니, 이와 똑같은 가풍에 따라 티에르, 메리메, 오지에(Augier)*와 친교 있던 부인네의 손녀답게 부인은 무엇보다 먼저 자기 살롱에 지식인의 자리를 보존해야 한다고 생각해온 한편, 명사들을 게르망트네에 맞이하는 데 호의적이고도 친숙하게 대해, 재사(才士)들을 마치 한가족처럼 생각하는 버릇이 있다. 그 사람의 재능에 현혹되지 않고, 그의 작품에 대해서는 이야기를 않는다. 하기야 이야기를 한대도 그들에게는 흥미가 없는 것이다. 게다가 메리메풍의, 메이약과 알레비풍의 재치, 그것이 부인의 재치였는데, 그것이 부인에게, 전 시대의 입으로 말하는 감상주의와 정반대로, 과장된 문구나 고상한 정감의 표현을 전부 뺀 대화를 하게 하여, 시인이나 음악가와 함께 있을 때도, 먹고 있는 음식이나 앞으로 하려는 트럼프 놀이에 대해서밖에 지껄이지 않음을 멋의 하나로 생각하게 했다. 이러한 자제는 사정 모르는 제삼자를 얼떨떨하게 만들어 이상하다는 느낌마저 주었다. 게르망트 부인이 어느 유명한 시인과 함께 모시고 싶다는 초대를 받고, 호기심에 들떠 정한 시각에 닿는다고 하자, 공작부인은 시인한테 한창 날씨 이야기를 하고 있다. 모두 식탁 앞에 앉는다. "이런 달걀 요리를 좋아하십니까?" 부인이 시인에게 묻는다. 시인은 좋아한다고 대답하고, 부인도 동조한다(이 시인은 부인네 것이라면 게르망트에서 보내오게 하는 지독한 능금주까지 진미로 느꼈으니까). "이분께 달걀을 드려요, 더." 부인이 집사한테 분부하는데, 그동안 근심스러운 제삼자는, 시인의 출발에 앞서 온갖 장애를 무릅쓰고 시인과 부인이 회합하는, 조처를 취한 이상 확실히 서로 말하려는 의사가 있던 것을 학수고대한다. 그러나 게

---

* 프랑스의 극작가(1820~1889).

르망트 부인이 기지 넘치는 농담이나 교묘한 일화를 말하는 기회가 있는데도, 그대로 계속 식사하고, 접시가 하나 둘 치워진다. 그러는 동안 시인은 여전히 식사를 하고 있으며, 공작도 부인도 그가 시인이라는 사실을 잊어버린 것 같다. 이윽고 식사가 끝나, 시에 대해 한마디 말도 없이 작별인사를 나눈다. 다 좋아하는 시문이건만, 지난날 스완이 나에게 조금 맛보게 해준 것과 비슷한 신중성에서 아무도 시에 대해 말하지 않는다. 이 신중성은 오로지 점잖음 탓. 하지만 제삼자로서는 좀 생각해보면 거기에 뭔가 매우 애수적인 것이 있어, 게르망트네의 식사 분위기야말로 흔히 수줍은 애인들이 헤어지는 순간까지 평범한 것밖에 말하지 않고 수줍음 탓, 스스러움 탓, 또는 서투름 탓으로 고백하고 나면 더욱 행복하게 될 크나큰 비밀을 가슴에서 입으로 옮기지 못한 채 함께 보내는 그 몇 시간을 불러일으킨다. 하기야 한마디 더 해야 할 것은, 심오한 것에 대해 침묵을 지켜서 그것을 언급하는 순간을 허탕치게 하는 것이 공작부인의 특징이라고 하나, 부인의 경우 꼭 그렇지만은 않다는 점이다. 게르망트 부인은 젊은 시절을 지금과는 조금 다른 환경, 오늘날 살고 있는 환경과 마찬가지로 귀족적이나 덜 으리으리한, 특히 덜 경박한, 그리고 교양 깊은 환경에서 보냈다. 현재 그녀의 신중하지 못하고 가벼운 생활에 보다 견고한 어떤 기반을 남겨두고, 부인이 거기에(학자인 체하기를 극히 싫어하는지라 매우 드물게) 빅토르 위고 또는 라마르틴의 어떤 인용을 찾으러 가는 일마저 있는데, 그 인용이 아주 적합하여, 실감나는 아름다운 눈길을 담아서 외우면, 남을 놀라게 하고 매혹하고야 말았다. 뿐만 아니라 이따금, 건방진 생각 없이, 적절하게, 간략하게, 아카데미 회원인 어느 극작가에게 총명한 충고를 해, 한 장면을 약하게 하거나 종말을 바꾸게 하는 일도 있었다.

빌파리지 부인의 살롱에서도 꼭 페르스피에 아가씨의 결혼식 때 콩브레 성당 안에서와 마찬가지로, 내가 게르망트 부인의 몹시 인간다운 미모 속에, 그 이름이 가진 미지를 파악하기 어려웠더라도, 적이나 부인이 이야기할 때만은, 그 심원하고도 신비로운 담소에, 중세의 장식 융단이나 고딕풍 그림 유리 같은 야릇함이 있을 거라고 나는 생각해왔다. 그러나 게르망트 부인이라 일컫는 이의 입에서 들려오는 말씨에 실망하지 않으려면, 설령 부인을 좋아하지 않더라도, 그 말씨가 세련되고 아름다우며 깊은 것만으로는 모자라, 부인 이름의 마지막 철자가 지닌 그 맨드라미 빛깔, 처음 본 날부터 그것이 부인에게서 느껴지지 않음을 놀라워하여, 내 사념 속에 숨겨둔 그 빛깔을 비쳐야만 했을 것이다. 그야 물론 나는 빌파리지 부인, 생루, 그 지능이 조금도 비범하지 않은 이들이, 이 게르망트란 이름을, 지금 찾아 오고 있는 이, 또는 함께 식사하기로 되어 있는 이의 이름에 지나지 않듯이 이 이름 속에 황금빛으로 물드는 숲의 모양, 신비스런 시골의 한구석을 감지하는 기색 없이 함부로 발음하는 것을 이미 들은 적이 있었다. 하지만 고전 시인이 품은 깊은 의도를 남에게 알리지 않을 때처럼 이는 그들의 선멋임에 틀림없거니와, 나 또한 게르망트 공작부인이라는 이름을 다른 것과 비슷비슷한 이름인 듯 아주 자연스러운 투로 입 밖에 내면서 그 선멋을 애써 흉내내었다. 하기야 모두 부인을 매우 지성 있는 여인, 재치 있는 대화를 하는 여인, 가장 흥미로운 작은 무리에 둘러싸여 사는 여인이라고 딱 잘라 말했다. 나의 몽상에 편드는 말이었다. 왜냐하면 그들이 지성 있는 동아리니 재치 있는 대화니 말할 때, 내가 상상하는 것은 내가 생각해온 바와 같은 지성(설령 위대한 두뇌를 가진 지성이더라도)이 전혀 아니고, 이 무리를 이루는 이들도 결코 베르고트와 같은 사람들이 아니니까. 그렇지 않고 나는, 지성이라는 낱말을 숲에 생기는 싱싱함에 담뿍 젖은, 금빛 나는, 이루 형용하기 어려운 능력이라 이해하고 있었다. 이와 같이 특수한 능력에 대한 나의 기대는, 게르망트 부인이 아무리 지적인 말씨를 함부로 지껄인들('지적'이라는 낱말을 철학자나 비평가가 쓰는 경우의 뜻에서), 하찮은 대화 가운데 요리법 또는 성관의 살림살이에 대해서 이야기하거나 이웃 부인네들 또는 친척의 이름을 인용하기만 하는 경우보다(그러면 적어도 부인의 생활이 내 머리에 떠올랐을 것이다) 더욱 실망했을지도 모른다.

"바쟁이 여기 있는 줄 알았는데요, 찾아뵈러 오겠다고 했거든요." 게르망트 부인은 큰어머니에게 말했다.

"그 사람 못 보았다, 여러 날 동안이나." 빌파리지 부인은 격하기 쉬운 화난 투로 대꾸했다. "못 보았어, 아니지 한 번 보았나 봐, 스웨덴 왕비님이라고 스스로 내방을 알린 그 재미난 장난 이후."

게르망트 부인은 웃으려고 한쪽 입술을 마치 제비꽃을 씹듯 바싹 다물었다.

"우리 어제 블랑슈 르루아 댁에서 그 왕비님과 함께 식사했어요. 아마 몰라보실 거예요, 그분 아주 뚱뚱해졌거든요, 어디 안 좋으신가 봐요."

"마침 이분들에게 이야기하고 있었단다, 네가 왕비님을 개구리 모양으로 보았던 일을."

게르망트 부인은 쉰 듯한 목소리 하나를 들려주었는데, 그것은 양심의 거리낌이 없도록 콧방귀 뀌고 있다는 뜻이었다.

"그런 재미난 비유를 했던가요, 그렇다면 지금에 와서는 용케 소같이 큼직하게 된 개구리입니다. 아니지, 전혀 그렇지 않아요, 그 크기가 전부 배에 모여 있거든요, 오히려 잉태 중인 개구리입니다."

"참말 네 비유가 우습구나." 빌파리지 부인은, 손님들한테 조카딸의 재치를 보이는 것이 속으로 어지간히 자랑스러워 말했다.

"우습다기보다 뭐니뭐니해도 독단적인 비유죠." 게르망트 부인은, 스완이 그렇게 했을 것같이 골라잡은 이 형용사를 비꼬아서 뚜렷이 드러나게 하며 대답했다. "왜 그런고 하니 사실은 잉태 중인 개구리를 본 적이 없거든요. 아무튼 남편인 왕이 죽은 뒤로 전에 없이 쾌활해 다시는 왕 같은 건 바라지 않는다는 그 개구리, 다음 주 안에 집에 식사하러 오시기로 되어 있어요. 어쨌든 간에 큰어머님께 미리 알리겠노라 말했어요."

빌파리지 부인은 분명치 않게 중얼거리면서 덧붙였다.

"왕비님께서 그저께 메클랑부르 부인 댁에서 저녁 식사 하셨다더라. 안니발 드 브레오테가 거기 갔다 와서 내게 이야기하더구나, 꽤 익살스럽게 말이야."

"그 만찬회에 바발보다 더 재치 있는 한 분이 계셨어요." 게르망트 부인은 이렇게 말하면서, 브레오테 콩살비 씨와 얼마나 절친한 사이인지 이런 애칭으로 불러 나타내려고 하였다. "베르고트 님이에요."

나는 베르고트가 재주가 뛰어난 사람으로 여겨지리라곤 꿈에도 생각해보지 않았다. 더구나 나는 그를 지적인 인종에 섞여 사는 이, 다시 말해 내가 아래층 특별석의 자줏빛 휘장 밑에서 언뜻 보았던 신비스런 세계와는 아주 먼 존재로 여겼다. 한편 브레오테 씨는 그 신비스런 세계에서 공작부인을 웃기며 부인과 함께 신들의 언어로 상상도 못하던 것을 완성했다. 즉 포부르 생제르맹 동네 사람들 사이의 대화이다. 나는 그 균형이 깨지고 베르고트가 브레오테 씨의 위를 지나감을 보고 슬펐다. 그러나 특히 게르망트 부인이 빌파리지 부인한테 하는 말을 듣고 보니, 〈페드르〉를 구경한 저녁 내가 베르고트를 피해 그에게 가지 않던 일이 애석했다.

"그분은 내가 사귀고 싶은 유일한 분." 이렇게 덧붙이는 공작부인의 마음속에, 이를테면 정신상의 조수 때, 이름난 지식인에 대한 호기심의 밀물이 중간에서 귀족적인 속물근성의 썰물에 부딪히는 것을 본 느낌이 들었다. "아는 사이가 되면 정말 기쁠 텐데!"

베르고트를 소개해주는 거야 내게는 누워서 떡 먹기였지만, 그러면 게르망트 부인에게 나에 대한 나쁜 감정을 줄 거라고 여겼는데, 결과는 그 반대로, 틀림없이 부인이 나에게 그녀의 특별석에 오라고 신호하고 또 어느 날이 위대한 작가를 데리고 와달라고 부탁하게 되었을 것이다.

"그분 그다지 상냥하지 않은가 봐요. 누가 그분을 코부르 님께 소개했는데 그분 한마디도 안 하더래요." 게르망트 부인은 한 중국인이 종이로 코를 풀더라는 얘기를 하듯 이 신기한 사실을 알리면서 덧붙였다. "그분 한 번도 '각하'라고 하지 않더래요." 그녀에게는 신교도가 교황께 알현하는 자리에서 교황 앞에 무릎 꿇기를 거부하는 것과 마찬가지로 중대한 그 일이 이상하다는 듯 덧붙였다.

베르고트의 이러한 특이점에 흥미를 느꼈다고는 하나, 그녀가 그걸 비난할 점으로 생각하는 기색은 없었다. 오히려 정확히 어떤 종류인지 그녀 자신도 모르면서 어떤 장점으로 돌리고 있는 성싶었다. 베르고트의 특이성을 이해하는 이와 같은 괴상한 방식에도, 나는 그 뒤, 게르망트 부인이 베르고트를 브레오테 씨보다 더 재치 있다고 말해 많은 사람을 깜짝 놀라게 하는 것을 소홀히 보지 않기에 이르렀다. 이런 뒤집어엎는, 고립된, 하지만 어쨌든 옳은 의견은, 이처럼 남보다 우수한 몇몇 사람들에 의해 세상에 나온다. 그러자 그것이 다음 세대가 영원히, 구태여 구애하지 않고서 정하는 가치 등급의 첫 둘레를 그려낸다.

벨기에의 대리대사, 인척 관계로 빌파리지 부인과 육촌 간이 되는 아르장쿠르 백작이 절뚝거리며 들어왔다. 이어 두 젊은이, 게르망트 남작과 샤텔르로 공작이 들어왔다. 게르망트 공작부인은 샤텔르로 공작한테 "안녕, 프티 샤텔르로" 하고 먼산바라기 모양으로 의자에서 움직이려고도 하지 않은 채 말했는데, 부인이 이 젊은 공작 어머니의 벗이었고, 젊은 공작이므로 어려서부터 부인에게 지극한 존경심을 품어왔기 때문이다. 큰 키, 호리호리한 몸매, 피부나 머리칼이나 금빛, 그야말로 게르망트네의 전형인 이 두 젊은이는 큰 손님방에 넘치는 봄 저녁 빛살의 한 응결체인 듯싶었다. 그 무렵에 유행하던 습관에 따라, 두 젊은이는 실크해트를 몸 곁 방바닥에 놓았다. 프롱드당 역사가는 면사무소에 들어선 농부가 그 모자를 어찌할 바 몰라 하듯 두 젊은이가 난처해하고 있는 줄로 생각했다. 그들의 어색함과 수줍음을 자비롭게도 도와줘야 한다고 여긴(오로지 망상) 프롱드당 역사가는 이렇게 말했다.

"아냐 아냐, 방바닥에 놓지 마시오, 망가지니까."

게르망트 남작의 눈은, 눈동자의 면을 비스듬히 내리감고서 거기에 돌연 노골적이고도 예리한 푸른 색깔을 흘려 마음씨 좋은 역사가를 서늘하게 하였다.

"빌파리지 부인께서 내게 소개하신 저 사람 누구라고 하셨죠?" 남작이 나에게 물었다.

"피에르 님." 나는 작은 목소리로 대답했다.

"무슨 피에르?"

"피에르가 그의 이름입니다. 대단한 역사가죠."

"흥…… 저 사람이!"

"그런 게 아니라, 모자를 방바닥에 놓는 건 남자분들의 새 습관이랍니다." 빌파리지 부인이 설명했다. "나도 당신같이 그 습관에 익숙하지 않아요. 하지만 조카인 로베르가 늘 응접실에 놓고 오는 것보다야 이편이 낫습니다. 나는 조카가 모자 없이 들어오는 걸 보면 시계방 주인 같다고 말해주고, 시계 태엽을 감으러 왔느냐 물어본답니다."

"후작부인께서 아까 몰레 님의 모자에 대해 말씀하셨는데, 우리는 오래지 않아 아리스토텔레스처럼 모자에 관한 한 장(章)을 작성할 수 있게 될 것입니다." 프롱드당 역사가는 빌파리지 부인의 간섭에 조금 기운이 나 말했는데, 목소리가 아직 약해 나밖에는 아무도 듣지 못했다.

"참으로 놀라운 분이셔, 공작부인은." 아르장쿠르는 G와 얘기하고 있는 게르망트 부인을 가리키면서 말했다. "살롱 안에 한 인물이 보이는구나 하면 반드시 부인 곁에 있어요. 물론 그 자리를 차지하는 이야 가장 권위 있는 이뿐. 날마다 보렐리*¹ 님, 쉴랭베르제*²나 아브넬*³ 님일 수야 없지만. 그러나 그때엔 피에르 로티 군 또는 에드몽 로스탕이 그 자리에 있을 겁니다. 어제저녁, 두도빌네 댁에서, 여담이지만, 부인께서 에메랄드 꽃관을 쓰신 데다, 자락이 긴 당당한 장밋빛 드레스 차림이라 으리으리하셨는데, 그 자리에서 부인은 한쪽에 데샤넬 님을, 또 한쪽에 독일 대사를 거느리고, 중국 문제로 그들에게 맞서고 계셨답니다. 다른 사람들은 공손히 먼 간격을 두고 있어서 얘기의 내용이 들리지 않는지라 당장 전쟁이 터지는 게 아닌가 하고들 생각했다니까요, 정말이지 집회를 주관하시는 왕비님의 모습이라고 할까."

저마다 빌파리지 부인이 그림 그리는 것을 구경하려고 다가왔다.

"이 꽃이야말로 하늘의 장밋빛이군요." 르그랑댕이 말했다. "다시 말해 장미색 하늘빛이군요. 푸른 하늘 빛깔이 있듯이 장밋빛 하늘 빛깔이 있으니까요. 하지만" 하고 그는 목소리를 낮춰 부인한테만 들리게 속삭였다. "나는 그래도 부인께서 그리시는 사생화의 그 비단같이 보드랍고 살아 있는 살빛 쪽을 택하겠습니다. 정말이지, 부인께선 피사넬로나 반 호이줌(Van Huysum)*⁴의 세밀 정물화를 멀찌감치 물리치셨는데요."

예술가는, 아무리 겸손하대도, 경쟁자들보다 높이 평가되는 것을 마다하지 않지만, 오직 경쟁자의 참된 가치는 인정하려고 애쓰게 마련이다.

"댁에게 그런 인상을 주는 거야, 그분들이 우리가 모르는 그 시대의 꽃을 그렸기 때문이죠. 하지만 그분들은 조예가 매우 깊었답니다."

"아아, 그 시대의 꽃이라, 얼마나 교묘한 말씀이신지!" 르그랑댕이 외쳤다.

"과연 아름다운 벚꽃을 그리시는군요…… 아니면 하얀 수선인가요?" 프롱드당 역사가는, 꽃에 대해선 망설임이 있었으나, 목소리에는 확신이 있었다. 이것도 모자 사건을 이미 잊어버렸기 때문이다.

"아뇨, 이건 사과나무 꽃이죠." 게르망트 공작부인이 큰어머니한테 말했다.

"옳다, 과연 너는 어엿한 촌사람이구나. 나처럼 꽃을 다 구별할 줄 알고."

"음, 그렇군, 사실이야! 그런데 사과나무 꽃의 계절이 벌써 지났다고 생

---

*1 시인.

*2 역사가.

*3 경제사가.

*4 18세기 네덜란드의 화가.

각했습니다." 프롱드당 역사가는 변명 삼아 무턱대고 말했다. "천만에, 지나긴커녕, 꽃봉오리도 트지 않은걸요. 2주 아니면 3주 뒤라야 꽃필까?" 빌파리지 부인의 소유지를 관리한 경험이 좀 있어 시골의 사물에 통하는 고문서학자가 말했다.

"그럼요, 그것도 아주 이르게 피는 파리 근교에서. 노르망디, 이를테면 이 사람의 아버지 댁." 부인은 샤텔르로 공작을 가리키면서 말했다. "바닷가에 마치 일본의 병풍같이 현란한 사과밭이 있는데, 진짜로 장밋빛이 되는 건 오월 스무날이 지나서입니다."

"나는 가본 적이 없답니다." 젊은 공작이 말했다. "거기 가기만 하면 건초열(乾草熱)이 나서요, 이상하게도."

"건초열이라, 처음 듣는데." 역사가의 말.

"요즘 유행하는 병이죠." 고문서학자의 말.

"시간과 장소에 따라 다르죠. 사과가 여는 해라면 아무렇지 않을지도 모릅니다. 여러분 노르망디의 속담을 아시죠. 사과가 여는 해에……."* 순 프랑스인이 아닌데도 파리지엔인 체하려는 아르장쿠르 씨가 말했다.

"말한 대로야." 빌파리지 부인은 조카딸한테 말했다. "이건 남부산 사과나무란다. 한 꽃장수가 받아주십사 하고 이 가지를 보내왔구나. 뜻밖이죠, 발르네르 님" 하고 고문서학자 쪽으로 몸을 돌리고, "꽃장수가 사과나무 가지를 내게 보내다니? 하지만 나이 들어도 난 여러 사람들과 사귀고, 절친한 이들이 있답니다" 하고 웃으면서 덧붙였다. 그 미소를 보통 고지식함에서 비롯한 것이라 여겼으나, 내가 보기에, 부인은 이만큼 훌륭한 벗이 있으면서 꽃장수와 친함을 자랑하는 것이 그 나름대로 재미있다고 생각했기 때문인 듯싶다.

이번에는 블로크가 빌파리지 부인이 그리고 있는 꽃을 감상하러 가려고 일어섰다.

"염려 없습니다, 후작부인." 자기 의자에 돌아오면서 역사가가 말했다. "가끔 프랑스 역사를 피로 물들인 혁명이 설사 다시 일어난들—또 우리가

---

* '지금은 못 주니, 풍년에나 보자'라는 뜻. 이 말은 Ça me donne la fièvre des foins, 직역하면 '그건 나에게 꽃의 열을 준다', 곧 거기 가기만 하면 건초열(la fièvre des foins)이 나서'라는 말을 받아넘긴 익살.

사는 요즘에야 일어날 수도 없지만" 하고, 이 살롱 안에 '불온 분자'가 있지 않나(의심조차 않는데도) 살펴보듯 신중하게 돌아보면서 덧붙였다. —"이만한 솜씨에다 다섯 손가락이 있고 보면, 기필코 난처한 처지를 벗어나시고말고요."

프롱드당 역사가는 자기 불면증을 잊고 있었는지라 어떤 안정을 맛보고 있었다. 그러다가 엿새나 잠 이루지 못한 것을 느닷없이 떠올리자, 마음에서 생긴 심한 피로가 두 다리에 냅다 몰려와, 어깨가 축 처지고 비탄에 잠긴 얼굴이 노인처럼 아래로 늘어졌다.

블로크는 감탄의 정을 표하는 몸짓을 하려고 했는데, 그만 팔꿈치의 일격으로 가지 꽂은 꽃병을 넘어뜨려 물이 몽땅 융단 위에 쏟아졌다.

"참말이지 선녀의 손가락을 가지셨습니다." 후작부인에게, 그때 등을 내쪽으로 돌리고 있어서, 블로크의 실수를 보지 못한 역사가가 말했다.

그러나 블로크는 이 말을 자기에게 해대는 줄 여겨 실수한 부끄러움을 오만한 말과 행동으로 숨기려고 말했다.

"하나도 대수롭지 않소이다, 내 몸이 젖지 않았으니까요."

빌파리지 부인이 초인종을 울리자 사내종이 들어와 융단 자리를 훔치고 유리 조각을 주웠다. 빌파리지 부인은 오후 파티에 두 젊은이와 함께 게르망트 부인도 초대하고 나서 그녀에게 이렇게 부탁했다.

"지젤과 베르트(도베르종과 드 포르트팽 두 공작부인을 두고 하는 호칭) 한테 잊지 말고 말해다오, 두 시간쯤 전에 도우러 와달라고 말이야." 이는 마치 임시 고용한 집사들한테 미리 와서 잼을 만들라는 것이나 진배없었다.

빌파리지 부인은 왕족 친척이나 노르푸아 씨에 대해, 역사가나 블로크나 나를 대하는 만큼의 상냥함을 전혀 보이지 않았다. 또 부인에게 그들은 우리의 호기심을 끄는 먹이로 삼을 따름인 흥미밖에 없는 듯했다. 그들한테 자기가 썩 또는 덜 훌륭하다는 것이 문제가 되는 여인이 아니라, 그들의 아버지나 큰아버지도 아끼는 까다로운 누이이고 보니 그들을 어렵게 여길 필요가 없다는 사실을 부인은 알고 있었기 때문이다. 그들 앞에서 빛나보려고 한들 아무 소용도 없었을 것이다. 그런들 부인이 놓인 처지의 강약을 그들에게 속일 수 없거니와, 그들은 누구보다도 부인의 과거를 잘 알고 있으며, 부인이 태어난 명문 혈통을 존경하고 있었기 때문이다. 그러나 특히 부인에게 그들은 다시 열매 맺지 못할 죽은 나무의 찌꺼기에 지나지 않았으니, 그들이 부인한테 그들의 새 친구를 소개하거나 그들의 즐거움을 나누거나 하지 않을 테니까. 부인은 5시 모임에서 그들의 참석 또는 그들에 대해 얘기하는 가능성밖에 얻을 수 없었으므로, 뒤에 나온 부인의 회상록에서와 마찬가지로 작은 모임 앞에서 회상록의 연습 같은 것, 첫 낭독회에 지나지 않았다. 그리고 부인이 이러한 귀족 친척들을 써서 흥미를 끌고, 현혹하며, 얽매놓고 보려는 상대, 코타르 측, 블로크 측, 이름난 극작가나 온갖 프롱드당 역사가 측이야말로 빌파리지 부인에게는—상류 사회의 일부가 그녀 집에 가지 않는 대신에—활기, 새로움, 기분전환, 삶이었다(그 때문에 때론 그들에게 게르망트 공작부인과 만나게 해줄 만한 값어치가 있었다, 그렇다고 그들이 공작부인과 친해진다는 뜻은 아니지만). 또 그 업적에 흥미 있던 주목할 만한 인물들과 만찬을 같이하거나, 갓 상연된 희가극 또는 무언극을 그 작자를 시켜 그녀 집에서 재상연하거나, 신기한 구경거리의 특별 좌석을 여러 개 예약하거나 하였던 것이다. 블로크가 나가려고 일어선다. 그는 꽃병을 넘어뜨린 일 따위야 하나도 대수롭지 않노라 큰소리쳤지만, 작은 소리로 한 말은 그것과 다르고, 마음속으로 생각한 바는 더욱 달랐다. "손님을 적시거나 다치거나 하지 않도록 꽃병을 놓을 줄 알 만큼 훈련시키지 않을 바에야, 하인이라는 사치스러운 것을 갖지 말아야지." 그는 나직하게 투덜거렸다. 그는 실수를 저질러도 저질렀다고는 인정하지 않는 주제에 저질렀음을 견디지 못하고, 그 때문에 온 하루를 망치는 예민하고도 '신경질'적인 사내였다. 몹시 노한 그는 앞이 캄캄한 느낌이 들어 다시는 사교계에 얼굴을 내놓기 싫었다. 화풀이가 좀 필요한 순간이었다. 다행히 잠시 뒤, 빌파리지 부인이 그를 붙잡으러 갔다. 부인은 친구들의 의견을, 또 반유대주의 물결이 일기 시작하고 있음을 알고 있기 때문인지, 아니면 방심해선지 아직 블로크를 모여 있는 사람들에게 소개하지 않았다. 그런데 블로크는 사교계의 관습에 익숙지 않아, 돌아갈 때에는 예의상, 인사해야 한다고 생각했다. 다만 무뚝뚝한 인사이다. 그래서 그는 여러 번 고개를 숙이고, 수염 난 턱을 옷깃 속에 움츠리고 모든 사람을 차례차례, 안경 너머 차갑고 불만스런 표정으로 노려보았다. 그런데 빌파리지 부인이 그것을 막았다. 그녀 집에서 상연하기로 되어 있는 단막극에 대해 아직 말하고 싶은 것이 있고, 한편 노르푸아 씨와 가까워져 만족할 때까지는 그를 떠나고 싶지 않다는 이유였다(부인은 노르푸아 씨가 들어오지 않는 것이 이상했다). 하기야 소개할 것까지도 없었다. 왜냐하면 블로크는 아까 말 꺼냈던 두 여배우에게, 유럽의 엘리트가 자주 드나드는 모임 중하나이니, 자기들의 명예를 위해, 후작부인 댁에 무료로 노래하러 오도록 설득할 결심을 이미 하고 있었기 때문이다. 게다가 그는, 조형미의 감각과 더불어 서정적 산문을 낭독하는 '청록색의 눈에, 헤라 여신같이 아름다운' 한 비극 여배우를 추천까지 했다. 그러나 그 여배우의 이름을 듣고 빌파리지 부인은 거절했다, 생루의 여인이었기에.

"좋은 소식이 있어요." 부인은 내 귀에 속삭였다. "그 관계도 한쪽 날개가 상해 둘은 오래지 않아 헤어지겠죠. 이 일에서 한 장교가 고약한 역할을 맡아했는데도." 부인은 이렇게 덧붙였다(왜냐하면 로베르의 집안에서는, 이발사가 간절히 원하여 브뤼즈행을 허가한 보로디노 씨를 죽일 듯 미워하기 시작해 수치스러운 관계를 조장했다고 그를 비난하고 있어서). "매우 나쁜 사람입니다." 빌파리지 부인은 게르망트네 사람이라면 아무리 타락한 사람이라도 쓰는 어진 말투로 말했다. '매우(trés)'라는 말의 '매'에 힘을 주면서 되풀이했다. 부인은 보로디노 씨가 온갖 주색잡기에 한몫 끼고 있다고 믿는 성싶었다. 하지만 후작부인의 경우 상냥함이 주된 습성이었으므로, 흉악무도한 부대장(보로디노 대공이라는 그의 이름을, 제정(帝政)을 셈속에 넣지 않는 여인답게 부인은 비꼬아 과장해 발음했다)에 대한 찡그린 엄한 표정은, 나와 막연히 공모했음을 표시하는 기계적인 눈 깜박임과 함께 내게 보내는 다정한 미소로 바뀌었다.

"나는 생루팡브레를 꽤 좋아합니다." 블로크가 말했다. "못된 놈이지만, 아주 교양이 있으니까요. 나는 교양 있는 인간을 좋아합니다. 매우 드물거든요." 그는, 그런 수다를 늘어놓는 그 자신이 몹시 교양 없어서, 그 수다가 얼마나 남을 불쾌하게 하는지 깨닫지 못하고 계속했다. "그의 흠 잡을 데 없는 교양을 뚜렷이 나타낸다고 생각하는 증거 하나를 말씀드리겠습니다. 한번은 내가 어느 젊은이와 함께 있는 그를 만난 적이 있습니다. 말 두 필에 찬란한 가죽 끈을 직접 건 다음, 아름다운 바퀴가 달린 이륜마차에 올라타려는 참이었습니다. 귀리와 보리로 배부른 말이고 보니 빛나는 채찍으로 몰 필요가 없죠. 그는 우리를, 곧 그 젊은이와 나를 소개했는데, 젊은이의 이름이 내 귀에 안 들리지 않겠어요, 그도 그럴 것이, 소개된 상대의 이름은 결코 안 들리게 마련이니까." 그는, 그것이 그 아버지가 곧잘 하는 농담이라서 웃으며 덧붙였다. "생루팡브레는 전처럼 담담하고, 그 젊은이한테 과도한 애를 쓰지 않고, 조금도 거북한 기색이 없더군요. 그런데 말입니다, 며칠 뒤 나는 우연히 그 젊은이가 뤼퓌스 이스라엘 경의 아들이라는 걸 알았지 뭡니까!"

이 이야기의 끝머리는 첫머리만큼 불쾌감을 안겨주었다. 그 이야기를 들은 사람들에게 이해가 안 갔기 때문이다. 과연 뤼퓌스 이스라엘 경은, 블로크나 그 아버지에게는, 생루 따위가 그 앞에 나가면 부들부들 떨어야 하는 거의 왕 같은 인물이었는데, 그와 반대로 게르망트네의 환경에서는, 사교계가 너그럽게 묵인하는 한낱 외국 벼락부자에 지나지 않아, 그런 인물과 친교하는 걸 뽐내다니, 그럴 생각도 없거니와 어림없는 생각이었다!

"나는 그걸 뤼퓌스 이스라엘 경의 대리인을 통해 알았습니다. 이분은 아버지의 친구로 아주 대단한 사람이죠. 아니 절대적으로 신기한 인물이죠." 블로크는 몸소 지어내지 않은 확신에만 기울이는 그 망설이지 않는 정력과 더불어, 감격하는 말투로 덧붙였다.

"그건 그렇고, 여보게." 블로크는 낮은 목소리로 나에게 속삭였다. "생루는 재산이 얼마나 될까? 자넨 이해하겠지만, 내게 아무래도 좋은 그런 걸 자네한테 물어보는 이유는 발자크적인 관점에서야, 이해하지. 무엇에 투자하고 있는지, 프랑스의 유가 증권, 외국의 유가 증권, 토지를 가지고 있는지 자네 그것도 모르나?"

나는 그것에 대해 아무것도 알릴 수 없었다. 낮은 소리로 말하기를 그친 블로크는, 창문을 열어도 괜찮은지 큰 소리로 묻고 나서, 대답도 기다리지 않은 채 창 쪽으로 갔다. 빌파리지 부인은 감기에 걸려 열면 안 된다고 말했다. "열어서 몸에 안 좋으시다면야!" 블로크가 실망해 대답했다. "하지만 덥긴 하군요!" 그리고 웃기 시작하면서 그는, 눈으로는 좌중을 한 바퀴 둘러보면서, 빌파리지 부인에 반대하는 지지자를 희망했다. 교양 있는 이들 가운데 지지자는 단 한 사람도 안 나왔다. 한 사람도 꾀어낼 수 없어 쌍심지 켠 두 눈은, 단념하는 듯 다시 평온해졌다. 그는 패배에 대해서 선언했다. "적어도 22도, 아니 25도일걸요? 별로 놀라지 않아요. 거의 땀에 흠뻑 젖었습니다. 반들반들한 목욕탕 속에 몸을 담그고, 향유를 몸에 바르기 전에야, 내겐, 강의 신 알페이오스의 아들, 슬기로운 앙테노르처럼, 땀을 식히려고, 아버지인 강물 속에 몸을 담글 만한 능력이 없답니다." 그리고 자신의 건강에 적용하면 좋을 듯한 의학상의 학설을 남에게 들려주고픈 욕구에서, "이게 몸에 좋다고 생각하는 분이라면야 딴 소리 없지! 하지만 나는 정반대라고 생각합니다. 바로 이게 감기의 원인입니다."

블로크는 노르푸아 씨와 가까워진다는 생각만 해도 여간 기쁘지 않은 모양이었다. "드레퓌스 사건에 관한 이야길 듣고 싶군요." 그는 이렇게 말했다. "그런 정신 상태를 나는 통 이해할 수 없어요, 그래서 그런 고명하신 외교관과 인터뷰한다면 꽤 재미날 겁니다." 블로크는, 대사보다 열등하게 보이지 않으려고 빈정대는 말투로 이렇게 말했다.

빌파리지 부인은 블로크가 또다시 큰 소리로 말해서 곤란했으나, 그 고문서학자의 국수주의 사상이 부인을 이를테면 쇠사슬로 묶고 있는 고문서학자가, 그 귀에 들리기엔 너무 멀리 있는 것을 보고는 대수롭지 않게 생각했다. 그러다가 블로크가, 처음부터 그를 소경으로 만든 그 나쁜 교양의 귀신에 이끌려, 그 아버지의 농담이 생각나 웃으면서 이렇게 물어오는 걸 듣고는 참을성 많은 부인도 언짢아했다.

"그분이 쓴 해박한 논문에서 어떤 반박할 수 없는 이유로 러일 전쟁은 러시아의 승리, 일본의 패배로 끝날 거라고 증명하는 구절을 읽었습니다만, 그분 좀 망령 들지 않았습니까? 아까 그 자리*에 앉기 전에, 마치 발에 바퀴가 있는 것처럼 미끄러지듯 달려간 사람을 보았는데, 아무래도 그분 같던데요."

"설마! 잠깐 기다려요." 후작부인은 덧붙였다. "대체 뭘 하고 계시나, 저 사람은."

부인은 초인종을 울렸다. 하인이 들어오자, 그녀의 오랜 벗이 그 시간의 대부분을 그녀의 집에서 보내고 있는 것을 감추기는커녕 도리어 여봐란듯이 보이고 싶었으므로,

"노르푸아 님한테 가서 여기 오시라고 말씀드려요, 내 서재에서 서류를 정리하고 계시는 중이니까. 20분 안에 오시겠다고 해놓고, 벌써 1시간 45분

---

* 속어로 뒷간을 말함.

이나 기다리게 하시니 원. 그분은 드레퓌스 사건에 대해 당신이 원하는 것을 다 말씀하시겠지." 그녀는 뾰로통한 말씨로 블로크에게 말했다. "그분은 요즘 일어나는 일에 그다지 찬성하지 않아요."

왜냐하면 노르푸아 씨는 현 내각과 사이가 나쁘기 때문이다. 그리고 노르푸아 씨는 정부의 중요한 사람들을 빌파리지 부인 댁에 데려오지는 않았지만(아무튼 부인은 대귀족의 마님다운 품위를 간직했고, 노르푸아 씨가 마지 못해서 맺고 있는 교제 말고는 초연히 있었다), 부인은 그를 통해 세상이 돌아가는 형편을 알고 있었다. 마찬가지로 현 체제의 정치가들도 빌파리지 부인에게 소개해주기를 노르푸아 씨한테 감히 부탁하지 못했다. 그러나 몇몇은 중대 사태를 당해 그의 도움이 필요할 때, 시골에 있는 부인 댁까지 그를 만나러 갔다. 주소를 알고 있어서 성관에 갔다. 하지만 성관 마님을 뵙지 않았다. 그래도 저녁 식사 때 부인은 말했다. "누군가 당신에게 폐 끼치러 왔는지 알아요. 일이 잘 되어가나요?"

"그다지 급하지 않으시죠?" 빌파리지 부인은 블로크에게 물었다.

"아뇨, 별로, 몸이 편치 않아 물러가려고 했죠. 비시(Vichy)에 온천 요법을 하러 가자는 얘기까지 나온 정도니까요, 담낭 치료 때문에." 그는 이 말을 심술궂게 비꼬는 투로 똑똑히 발음하면서 말했다.

"어쩌면, 마침 나의 종손인 샤텔로도 거기에 가기로 되어 있으니, 둘이서 함께 짜보는 게 좋겠군요. 아직 그 애가 있나? 얌전한 애랍니다." 빌파리지 부인은 아마도 진정으로 말했다. 그녀가 친히 알고 있는 둘이 서로 못 친할 이유가 하나도 없다고 생각했을 것이다.

"글쎄요, 종손 되는 분이 좋다고 할는지, 나는 그분을 모르니까……. 그분이 저기 있군요." 블로크는 감지덕지 당황해 대답했다.

집사는 아까 분부받은 전언을 노르푸아 씨에게 제대로 전달하지는 못한 성싶었다. 왜냐하면 노르푸아 씨는 밖에서 이제 막 들어와 아직 이 댁 마님을 뵙지 않고 있는 양 보이려고, 응접실에서 무턱대고 한(내 눈에 익은) 모자를 집어들고 와서, 빌파리지 부인의 손에 정중하게 입맞추면서, 오랜만의 만남을 표시하는 큰 관심과 더불어 부인의 근황을 물었기 때문이다. 그는 빌파리지 후작부인이 이런 연극의 그럴듯함을 미리 무용지물로 만들어놓았던 것을 모르고 있었다. 하기야 부인이 노르푸아 씨와 블로크를 옆방에 데리고 감으로써 이 연극을 뚝 끊었지만. 블로크, 그가 아직 노르푸아 씨인 줄 모르는 이에게 다들 보이는 상냥함, 또 대사가 거기에 답례하는 틀에 박힌 듯한, 우아하고도 은근한 인사를 본 블로크는, 그런 의례에 기가 죽음을 느끼는 동시에 저 사람이 자기한테는 인사도 하지 않을 것이라는 생각에 울화가 치밀어, 아무렇지 않은 듯 나한테 물었다. "누구야, 저 바보 녀석은?" 하기야 어쩌면, 노르푸아 씨의 인사 모양이 블로크의 머릿속에 있는 가장 좋은 것, 현대 사회의 가장 곧바른 솔직성에 거슬려 우스꽝스럽게 생각한 것이 얼마쯤 본심인지도 모른다. 어쨌거나 블로크 자신이 그 인사의 대상이 되는 순간 그의 눈에 우스꽝스럽게 보이고, 그를 기뻐서 어쩔 줄 모르게까지 했다.

"대사님." 빌파리지 부인이 말했다. "소개합니다. 이분은 블로크, 이분이 노르푸아 후작님." 보통은 노르푸아 씨를 거칠게 다루면서도 입으로는 늘 고집스럽게 '대사님'이라고 불렀다. 이는 예의범절이면서도 대사라는 지위에 대한 과도한 경의, 후작에 의해 심어진 존경 때문이고, 어떤 사람에 대해 서먹서먹한 정중한 태도를 보이기 때문이었다. 점잖은 부인 살롱에서의 이런 태도는 다른 손님들에게 제멋대로 구는 태도와 뚜렷이 대조를 이루어 금세 그 애인임을 알리고 만다.

노르푸아 씨는 푸른 눈길을 흰 수염 속에 빠뜨리고, 블로크라는 이름이 표시하는 온갖 명성과 위엄 앞에 머리 숙이는 양 그 큰 키를 공손히 굽히고 중얼거렸다. "만나 뵈어 기쁩니다." 한편 이런 인사를 받은 젊은 쪽은 감동했으나, 이름난 외교관의 태도가 지나치게 공손하다고 생각하여, 서둘러 고쳐 "무슨 말씀을, 뵈어서 기쁜 건 접니다!" 하고 말했다. 그러나 노르푸아 씨가 빌파리지에 대한 호의 때문에, 이 오랜 애인이 소개해주는 낯선 사람마다 되풀이하는 이러한 의례도 부인의 눈에는 블로크에게 충분한 예절을 다한 것으로 보이지 않아, 부인은 블로크한테 이렇게 말했다.

"알고 싶은 것은 뭐든지 이분한테 물어보세요. 옆방이 더 편하다면 이분을 데리고 가세요, 기쁘게 당신과 담소하실 테니. 드레퓌스 사건에 대해 이분에게 여쭤보고 싶어하는 줄 알았는데요." 부인은, 노르푸아 씨가 그러기를 기뻐할지 염두에 두지 않고 말했다. 마치 몽모랑시 공작부인의 초상화를 역사가가 잘 볼 수 있게 불 비추기에 앞서 그 아름다움에 대한, 또는 홍차를 내놓기에 앞서 그 맛에 대한 동의를 묻는 생각밖에 없듯.

"이분에게 큰 소리로 말하세요." 부인은 블로크에게 말했다. "귀가 좀 어두우시니까, 하지만 당신이 알고 싶어하는 걸 무엇이든 말씀해주실 거예요. 비스마르크, 카부르(Cavour) *1를 잘 아니까요. 안 그래요?" 부인은 큰 소리로 말했다. "비스마르크를 잘 알았어요?"

"요즘 어떤 작업을 하시나?" 노르푸아 씨는 다정하게 내 손을 쥐면서 다 안다는 눈짓과 더불어 이렇게 물었다. 나는 이 기회를 타, 그가 예의범절의 표시로 들고 있어야 한다고 생각하여 가져온 그 모자를 친절하게도 그의 손에서 빼앗았다. 그가 손에 잡히는 대로 들고 온 것이 내 모자임을 알아차렸기 때문이다. "자네 언젠가 머리칼을 네 가닥으로 자르듯 좀 지나치게 꾸민 소품을 내게 보인 일이 있었지. 나는 자네에게 내 의견을 솔직히 말했네. 자네가 쓴 것은 종이에 적어넣는 수고를 할 만한 가치가 없다고. 요즘 어떤 걸 준비하시고 있나? 내 기억으론 자넨 베르고트에 열중했지." "그만! 베르고트에 대한 욕을 하지 마세요." 공작부인이 외쳤다. "나는 묘사가로서의 그의 재능을 왈가왈부하는 게 아닙니다, 공작부인, 아무도 그런 생각을 하지 않습니다. 그는 커다란 구성을, 세르뷜리에(Cherbuliez) *2처럼 솔질하듯 쓱쓱 하지 않더라도, 끌이나 동판 조각으로 새길 줄 알죠. 하지만 현대는 혼동하나 봅니다. 소설가의 본분은 겉장이나 삽화를 정교한 끌로 맵시 나게 그리기보다 오히려 줄거리를 맺고 심정을 드높이는 데 있다고 생각합니다. 나는 오는 주일 그 충직한 A.J.님 집에서 자네 춘부장을 뵐 걸세." 그는 내 쪽으로 머리를 돌리면서 덧붙였다.

나는 그가 게르망트 공작부인에게 말 건네는 모습을 보고서, 전에 내가 그에게 스완부인 댁에 갈 수 있게 도와달라고 했던 부탁은 거절했지만, 어쩌면 게르망트 부인을 방문하기 위한 도움은 아끼지 않을 거라는 생각이 언뜻 들었다. 나는 그에게 말했다. "내가 숭배해 마지않은 또 한 분은 엘스티르입니다. 게르망트 공작부인께서 엘스티르의 훌륭한 작품, 특히 그 감탄할 만한 붉은 순무 다발의 그림을 갖고 계시나 봐요. 그 그림을 전람회에서 보았는데 꼭 다시 한 번 보고 싶군요. 그 그림이야말로 걸작이죠!" 만일 내가 유명 인사이고, 가장 좋아하는 그림이 뭐냐고 물어온다면, 나는 그 붉은 순무 그림

─────────────

*1 이탈리아의 독립투사(1810~1861).
*2 스위스의 소설가(1829~1899).

을 댔을 것이다.

"걸작이라고?" 노르푸아 씨는 놀라는 동시에 비난하는 투로 외쳤다. "그건 그림이라 할 수 없지. 한낱 단순한 소묘지(옳은 말이었다). 그런 속필 조묘화(粗描畫)를 걸작이라 부른다면 에베르(Hébert)나 다냥부브레(Dagnan-Bouveret)[1]의 〈성모상〉을 뭐라고 말하겠소?"

"아까 로베르의 애인을 거절하시는 걸 들었는데." 게르망트 부인은, 블로크가 대사를 옆방으로 데리고 가자 큰어머니에게 말했다. "뉘우치실 게 조금도 없다고 생각해요. 아시다시피 눈뜨고 보지 못할 여배우, 재능의 그림자조차 없는 데다 괴상하기 짝이 없는 여인이랍니다."

"그런데, 어떻게 그 여인을 아십니까, 공작부인?" 아르장쿠르의 말. "어머나, 그녀가 어느 누구네보다 앞서 우리집에서 연기한 걸 모르시나요? 그렇다고 별로 그걸 자랑삼지 않지만요." 게르망트 부인은 웃으면서 말했다. 그렇지만 그 여배우가 여러 입에 오르내리고 보니, 그 여배우의 우스꽝스러움을 첫 번째로 맛보았던 것을 알리는 일이 유쾌했다. "자아, 이제 물러가야지." 부인은 이렇게 말했지만 움직이려고는 하지 않았다.

그녀는 남편이 들어오는 것을 보았던 것이다. 그리고 지금 입 밖에 낸 말로, 신혼 나들이를 함께 온 모양처럼 보이는 우스움을 암시했지, 늙어가는데도 여전히 젊은이의 생활을 보내는 이 씩씩한 거한과 그녀 사이에 자주 일어나는 까다로운 관계를 암시한 것은 결코 아니었다. 차 탁자를 둘러싸고 있는 수많은 사람들 위에, 명사수인 그가 겨누어 딱 맞히는 과녁의 흑점같이 정확히 눈 가운데 머무른 작고 동그란 눈동자의 상냥한, 깜찍스러운, 석양 빛살에 좀 부신 듯한 눈길을 이리저리 보내면서 공작은, 마치 그토록 화려한 모임에 겹나듯, 드레스 자락을 밟지나 않을까 담소에 방해가 되지 않을까 겁내듯, 감탄해 마지않는 신중하고도 느릿느릿한 걸음으로 나아갔다. 얼근히 취한 이브토(Yvetot) 왕[2]의 끊임없는 미소, 옆구리에 상어 지느러미같이 흐느적거리는 반쯤 편 손, 옛 벗이나 소개되는 낯선 이들에게 구별 없이 쥐어지는 그 손, 그것만으로 몸짓 한 번 하지 않은 채, 또 유약하고도 게으르고도 늠름한 그 시찰을 멈추지 않은 채, 오직 입속으로 "안녕하시오, 안녕한가,

---

*1 두 사람 모두 19세기 후반 프랑스의 화가.
*2 민요에 나오는 인심 좋은 왕.

여어 블로크 씨, 반갑소, 안녕하시오, 아르장쿠르"라고 중얼대면서, 모두의 열성을 만족시킬 수 있었다. 그는 내 곁에 와서 내 이름을 들었을 때, 특별한 호의를 보여, 내 비위를 맞추려고 덧붙였다. "안녕하신가 이웃분, 춘부장께서도 건강하시고, 참 좋은 분이셔! 알다시피 우리는 매우 친한 사이라오." 그는 빌파리지 부인한테만 큰 예의를 표시했는데, 부인 쪽은 앞치마에서 한 손을 내면서 머리를 끄떡여 인사했을 뿐이다.

남들이 점점 가난해지는 사회에서 어마어마한 부호, 그 거부의 관념을 끊임없이 몸에 동화해온 그에겐, 대귀족의 자부심이 부호의 자부심과 겹쳐, 전자의 세련된 교양이 간신히 후자의 건방짐을 억누르고 있었다. 하기야 그 아내에게 불행의 불씨가 된 그의 여자복은, 오로지 그 이름과 재산 덕분만이 아니라는 것을 이해하고 있었다. 그는 또한 매우 아름다워서, 옆얼굴에 어떤 그리스 신 같은 순수함, 선의 뚜렷함이 드러나 있었다.

"정말 그녀가 댁에서 연기했습니까?" 아르장쿠르가 공작부인에게 물었다.

"그럼요, 손에 나리꽃 다발을 들고 또 다른 나리꽃은 드레스에 달고 낭독을 하러 왔답니다."(게르망트 부인은 빌파리지 부인처럼 일부러 어떤 낱말을 심한 사투리로 발음했다. 큰어머니처럼 r을 굴리지는 않았지만)

노르푸아 씨가 마지못해 블로크를 단둘이서 이야기하기에 알맞은 작은 문 안에 데리고 가기 전에, 나는 나이 든 외교관 쪽으로 되돌아가서 잠시 나의 아버지를 위해 아카데미 회원 의석에 대한 이야기를 슬쩍 한마디 했다. 그는 처음에 그 얘기를 다음으로 미루고 싶어했다. 나는 발베크에 가니까 그러면 안 된다고 반대했다. "뭐요! 발베크에 또 간다고? 자네 진짜 유랑자군!" 그는 그렇게 말한 다음 내 말을 들어주었다. 내가 르루아 볼리외의 이름을 말하자, 노르푸아 씨는 의심 많은 눈초리로 나를 노려보았다. 아마도 그가 르루아 볼리외 씨에게 내 아버지에 대해 좋지 않은 말을 해서 이 경제학자가 아버지한테 그걸 고자질했을까 봐 걱정하고 있구나 하고 나는 상상했다. 금세 그는 아버지에 대한 진정으로 생기 도는 듯한 표정을 지었다. 말 꺼내는 이가 그렇게 하지 않으려 하지만 억제 못할 신념이 침묵하려고 더듬거리는 노력을 없애 느릿느릿 말하다가 느닷없이 한마디가 불쑥 나오듯, "아냐, 아니지" 하고 그는 동요하며 말했다. "자네 춘부장께선 입후보해선 안 되네. 춘부장의 이해관계로 보나, 그 자신을 위해서나, 또 그 따위 모험으로 손상

받을지도 모르는 춘부장의 크나큰 가치를 존중해 입후보하지 않으셔야 하네. 춘부장은 그 이상으로 훌륭하신 분이셔. 설령 당선해보았자 잃을 게 많지. 얻는 건 하나도 없을걸. 다행히 춘부장께서는 입당이 좋지 않으셔. 그런데 내 동료들 사이에선 그것만이 중요해. 왈가왈부하는 게 늘 되풀이하는 것이라도 말일세. 춘부장은 인생에 중요한 목적을 가지고 계셔. 거기에 곧장 매진하셔야지, 아카데모스 동산*¹의 덤불, 덤불인지 아닌지 모르나 아무튼 꽃보다 가시가 많은 덤불을 쏘다니는 배회일랑 마시고. 하기야 춘부장은 몇 표밖에 얻지 못하실 거요. 아카데미는 입후보자를 받아들이기에 앞서 실지 수습을 시키고 싶어하니까. 지금은 손 써볼 것이 하나도 없다네. 몇 해 뒤라면 모르지만. 어쨌든 아카데미 그 자신이 춘부장을 모시러 와야 해. 아카데미는 알프스 저편 이웃의 '파라 다 세(Farà da sè)'*²를 미신적으로, 아니 고맙게도 행동에 옮긴다네. 르루아 볼리외가 이에 대해 내 마음에 거슬리는 식으로 말했소. 게다가 자세히 보니 그는 춘부장과 결탁하고 있는 모양이더군? ……아마도 나는, 그가 항상 솜이나 광산물에 골몰해 있어서 비스마르크의 말마따나 무게를 헤아릴 수 없는 것의 역할을 무시하고 있다는 사실을 좀 따끔하게 느끼도록 했는지 몰라. 무엇보다 먼저 피해야 할 것은 춘부장의 입후보이고, 이것이 '프린키피스 오브스타(Principiis obsta)'*³라네. 춘부장의 친우들이 낙선이라는 기정사실에 맞닥뜨리게 되면 난처한 처지에 빠질 걸세. 여보게" 하고 그는 갑자기 솔직한 태도를 보이면서 그 푸른 눈으로 가만히 나를 보며 말했다. "춘부장을 무척 아끼는 내가 이런 말을 한다면 자네가 뜻밖으로 생각할지 모르는 것을 말함세. 다름이 아니라, 바로 내가 춘부장을 좋아하기에(춘부장과 나는 떼려야 뗄 수 없는 친우, 이를테면 둘 다 아르카데스 암보(Arcades ambo)*⁴이지), 춘부장께서 국가에 어떠한 이바지를 할 수 있는지, 법조계에 그대로 계시면 어떠한 난관에서 국가를 구할 수 있는지 바로 내가 알고 있기에, 애정에서, 헤아릴 수 없는 존경심에서, 애국심에서,

---

*1 플라톤이 학원을 창설한 곳.
*2 '스스로 이루리라'라는 이탈리아의 격언.
*3 '애초에 막아라'라는 라틴어.
*4 '둘 다 아르카디아 사람', '둘 다 악당'이라는 라틴어인데, 여기서는 단지 '친한 친구'라는 뜻으로 쓴 말.

나는 춘부장한테 투표하지 않겠소! 게다가 이 뜻을 비쳤다고 생각하오(나는 그의 눈 속에 르루아 볼리외의 엄격한 아시리아풍 옆얼굴이 언뜻 보이는 느낌이 들었다). 따라서 내 표를 춘부장한테 던지는 건 내게는 어떤 변절이 될 테지." 노르푸아 씨는 몇 차례 되풀이해서 그의 동료를 화석처럼 시대에 뒤떨어진 사람들로 여겼다. 거기에는 여러 가지 이유가 있지만, 어쨌든 클럽이나 아카데미의 회원이라면 누구라도 동료들에게 자기와는 정반대인 성격을 부여하고 싶어하는데, 이는, "그야 내 힘으로만 되는 일이라면" 하고 말할 수 있는 편의 때문이기보다, 오히려 자기가 얻은 자격을 그만큼 힘들고 그토록 자랑스러운 것으로 보이는 만족감 때문이다. "나는 자네 집안을 위해, 춘부장께서 10년 아니면 15년 뒤에 당당히 당선되는 쪽을 바라 마지않소." 그는 이렇게 결론지었다. 내가 듣기에 시기심이 아니더라도 적어도 남의 일을 돌보아주기 싫어하는 성미에서 나온 말로 판단했던 말이, 나중에 가서 선거 자체의 결과로, 다른 뜻을 가지게 됐다.

"당신은 프롱드당이 반란을 일으킨 동안의 빵값에 대해 학사원의 화제로 삼을 의사가 없으신가요?" 프롱드당 역사가는 조마조마해하며 노르푸아 씨에게 물었다. "그러시면 대단한 성공(선전의 뜻으로 한 말)을 거두실 텐데요." 그는 소심하고도 다정스레 대사에게 미소 지으면서 덧붙였다. 그 다정스러움은 눈꺼풀을 추어올리게 하고 두 눈을 하늘처럼 크게 뜨게 했다. 나는 이 눈을 본 적이 있는 듯한 느낌이 들었는데, 그렇지만 이 역사가는 비로소 오늘 알게 된 사람에 지나지 않는다. 그런데 갑자기 떠올랐다. 나는 이와 똑같은 눈길을 브라질 태생의 한 의사에게서 본 적이 있었다. 그 의사는 내가 겪고 있는 호흡 곤란을 식물 액체의 터무니없는 들이쉼으로 고치겠노라 주장했다. 그가 나를 더 정성 들여 치료하도록, 나는 코타르 교수와 아는 사이라는 걸 그에게 말했더니 그는 마치 코타르와 이해관계라도 있는 듯, "이 치료법이야말로, 당신이 교수에게 말해준다면 의학 아카데미에서 큰 반향을 일으킬 재료가 될 겁니다!" 그는 구태여 감히 강요하지는 못했으나, 내가 아까 프롱드당 역사가의 눈 속에서 보고 감탄한 것과 똑같이 겁 많은 속셈이 있는, 애원하는, 의심하는 투로 나를 바라보았다. 물론 이 두 사람은 서로 아는 사이도 아니려니와 거의 비슷하지도 않으나, 심리 법칙은 물리 법칙처럼 어떤 일반성을 갖는다. 필요조건이 같으면, 같은 눈길이 온갖 인간 동물을 비추니 지구상의 멀리 떨어진 지점, 서로 본 적 없는 두 지점을 같은 아침 하늘이 비추듯. 빌파리지 부인이 그림 그리는 것을 구경하려고 모두 좀 수선스럽게 가까이 모여들었으므로, 내 귀에 대사의 대답이 들리지 않았다.

"우리가 누구 얘기를 하는지 아시나요, 바쟁?" 게르망트 부인이 남편에게 물었다.

"물론 알지." 공작의 대답. "그 사람이야말로 우리가 일급 여배우라고 일컫는 것과는 영 딴판이지."

"딴판이죠." 게르망트 부인은 이어 아르장쿠르 씨한테 말했다. "그 이상 우스꽝스러운 것을 상상 못해요."

"익살맞기까지 했지." 게르망트 씨가 참견했는데, 그의 기묘한 말투는 사교계 인사들에게 바보가 아니냐는 말을 들었으며 문필가들에게는 지독한 숙맥으로 보였다.

"이해가 안 가요." 게르망트 부인은 이어 말했다. "어떻게 로베르가 그런 여인을 사랑할 수 있었는지. 그야 나도 그 일만은 이러니저러니 따지지 말아야 한다는 건 알아요." 부인은 철학자가 된 듯, 환멸을 겪은 감상가가 된 듯 예쁘게 입을 비죽거리며 덧붙였다. "아무나 아무거나 사랑할 수 있다는 건 나도 알아요. 또" 하고 그녀는 덧붙였다—왜냐하면 그녀는 아직 신문학을 깔보고 있긴 하였으나, 아마도 신문에 의한 대중화 또는 사교계의 대화를 통해 신문학이 그녀의 몸에 스며들어 있어서—"그게 바로 사랑의 아름다운 점이고, 바로 그게 사랑을 '신비'롭게 만드는 거예요."

"신비라! 솔직히 말하면 나에게 좀 강한 표현이라고 생각합니다. 사촌누님." 아르장쿠르 백작이 말했다.

"그렇고말고요, 아주 신비스러워요, 사랑은." 공작부인은 상냥한 사교계 부인답게 부드러운 미소를 띠며 다시 말하기 시작했는데, 거기에는 모임의 한 남자에게 〈발키리〉 속에 있는 게 소음만이 아니라고 잘라 말하는 바그너파 같은 불굴의 신념도 있었다. "하기야 요컨대, 왜 한 인간이 남을 사랑하는지 그 까닭은 모르죠. 아마도 제삼자가 생각하는 까닭과 전혀 다를지 몰라요." 부인은 웃으면서 덧붙여, 이제 막 쏟아낸 사념을 그 해석으로 단숨에 물리치고 말았다. "하기야 결국 우리는 아무것도 모르죠." 부인은 회의적이고도 피곤한 듯이 이렇게 결론지었다. "그러니 가장 '총명한' 처신은 애인의 선택을 이러쿵저러쿵 말 것, 이거예요."

그런데 이 원칙을 세운 뒤 그녀는 금세 생루의 선택을 비난하며 그 원칙을 깨뜨렸다.

"그렇다손 치더라도 우스꽝스러운 여인에게 매력을 느끼다니 어이없어요."

블로크는 생루에 대해 우리가 하는 말을 듣고, 또 생루가 파리에 있다는 걸 알아채고는 듣는 이로 하여금 매우 분하게 할 만큼 심한 악담을 늘어놓았다. 그러나 그는 증오심을 품기 시작하여, 그 증오심을 채우기 위해서라면 물불을 가리지 않고 덤벼들 기세였다. 자기는 드높은 성품의 소유자, 라 불리(그가 멋지다고 믿어 마지않는 운동 동아리)에 드나드는 무리는 도형장에 보내야 마땅한 놈들이라는 원칙을 세우고 난 블로크는, 그런 놈들에게 가하는 일격마다 칭찬받을 만한 것으로 생각했다. 그는 라 불리에 드나드는 친구들 가운데 하나에게 소송을 제기하련다는 말까지 꺼냈다. 이 소송 과정에서 그는 용의자가 조작을 증명할 수 없을 엉터리 진술을 할 속셈이었다. 하기야 블로크는 이 계획을 실행에 옮기진 않았으나, 그렇게 하면 상대를 더욱 절망시키고 당황케 하리라 생각했다. 그런들 왜 나쁘다는 것인가, 두들겨 패려는 멋밖에 모르는 인간, 라 불리 회원, 그런 놈들과 맞서는 마당에 어떤 무기인들 마다할까 보냐, 특히 무기를 드는 손 임자가 블로크 같은 성자이신데?

"그렇지만 스완을 보세요." 아르장쿠르 씨가 이의를 꺼냈다. 그는 사촌누이가 입 밖에 낸 말뜻을 드디어 겨우 깨닫자 그 정확성에 놀라, 제 마음에 들지 않았을 여인을 사랑한 이들의 예를 기억 속에서 찾아내고 있었던 것이다.

"스완이라면 전혀 달라요." 공작부인이 대꾸하였다. "스완 부인의 사람됨이 무척 바보스러워 놀라기야 몹시 놀랐지만요, 우스꽝스럽진 않았고, 게다가 예뻤어요."

"아이구, 맙소사." 빌파리지 부인은 불만스런 목소리로 투덜거렸다.

"어쩌면! 예쁘다고 생각지 않으셨나요? 그럼요, 스완 부인은 여러모로 남의 넋을 호렸어요. 퍽 예쁜 눈, 예쁜 머리칼, 또 옷치레가 훌륭했고 지금도 훌륭해요. 지금에야 스완 부인이 더러운 꼴이 되었다는 걸 인정하지만, 지난날 그분은 홀딱 반할 만큼 미인이었답니다. 그나저나 샤를이 그녀하고 결혼했다는 점은 역시 유감이죠, 아주 쓸데없는 짓이었거든요." 공작부인은 그다지 빼어나지 않은 것을 말한 줄 여기다가, 아르장쿠르 씨가 냅다 너털웃음을 치는 바람에, 재미나다 생각해선지, 아니면 그저 웃어주는 이를 친절하다고 생각해선지, 재치의 매력에 다정스러움의 매력을 더하려고 아양 떠는 듯이 그를 바라보며 끝 구절을 되풀이했다. 부인은 계속 말했다.

"그래요, 그럴 필요가 없었다니까요. 그러나 결국 그녀는 매력이 있어서 귀염받은 것도 충분히 이해가 가요. 그런데 로베르의 아가씨로 말하면, 확실히 말해두지만 우스워 죽을 만큼 이상해요. '취하기만 한다면 병(瓶) 같은 것은 아무래도 좋다'*¹라는 그 오지에의 낡아빠진 말을 쳐들어 이의를 주장해오리라는 것도 압니다. 그런데 로베르는 취하긴 취했는지 모르나, 병의 선택에 고약한 취미를 보이고 말았어요! 첫째, 그녀가 내 살롱 한가운데 한 계단을 만들게 하는 건방진 생각을 품었다고 상상해보세요. 그래도 이건 보잘것없는 일, 안 그래요? 설상가상 그녀는 계단 위에 넓죽 엎드려 있겠다고 말하지 뭐예요. 게다가 그녀가 낭독한 것을 당신이 들었다면, 나야 그 한 장면밖에 모르지만, 그런 극은 좀체 떠올리지 못할 거라고 믿어요. 〈일곱 공주〉란 제목이에요."

"〈일곱 공주〉라, 허어 그거 참, 속물근성인데!" 아르장쿠르 씨는 큰 소리로 외쳤다. "가만있자, 나 그 작품을 전부 알아요. 작가가 그걸 왕께 헌정했는데 왕께서 뭐가 뭔지 하나도 이해 못하셔서 내게 설명해보라고 분부하신일이 있습니다."

"혹시 사르 펠라당(Sâr Peladan)*²의 것이 아닌지요?" 프롱드당 역사가는 예민성과 시대감각을 보이려고 물었는데, 목소리가 낮아 그 질문은 아무도 듣지 못했다.

"어쩌면! 〈일곱 공주〉를 아신다고요?" 공작부인이 아르장쿠르에게 대답했다. "축하합니다! 나 그 가운데 한 공주밖에 모르지만, 그것만으로 나머지 여섯 공주를 알고 싶은 호기심이 싹 없어졌어요. 나머지 여섯 공주가 내가 본 공주와 비슷비슷하다면야!"

'기막힌 바보군!', 부인이 내게 한 푸대접에 화가 나 있던 나는 생각했다.

---

*1 'qu'importe le flacon pourvu qu'on ait l'ivresse!' 이 말은 오지에의 글이 아니라 뮈세(Musset)의 극시 〈잔과 입술〉의 헌시에 나오는 한 시구.
*2 프랑스의 신비주의 작가(1858~1918).

마테를링크(Maeterlinck)*에 대한 그 완벽한 몰이해를 확인한 나는 어떤 쓴 만족감을 느꼈다. '저런 사람 때문에 내가 아침마다 몇 킬로나 걸어다니다니, 사람도 참 좋으시군! 이제 원치 않는 건 내 쪽이다.' 이와 같은 말을 나는 나 자신에게 하였다. 그러나 그 말은 내 생각과는 정반대였다. 그것은 말을 위한 말이었다. 우리 자신이 혼자 있기엔 너무 흥분하여, 다른 말상대가 없어서 자신을 상대로, 진심 없이 남과 하듯 말하고픈 순간에 우리가 자신에게 말하듯.

공작부인은 이어 말했다. "얘기한대도 상상 못하시겠지만 우스워서 숨도 못 쉴 지경이었답니다. 모두 뒤질세라 너무 웃어대어서, 그 여자는 샐쭉해지고, 로베르도 속으론 나를 여전히 원망하고 있어요. 하지만 나는 뉘우치지 않아요. 왜냐하면 낭독이 잘 되었다면 그 아가씨가 또 왔을지도 모르고, 또 그렇게 되면 마리 에나르가 얼마나 기뻐할지 생각하면 말이에요."

가족 사이에서 로베르의 어머니, 에나르 드 생루의 미망인인 마르상트 부인을 그렇게 불렀다. 이는 부인의 사촌자매이자 또한 마리라는 이름을 가진 게르망트 바비에르 대공부인과 구별하기 위해서이며, 대공부인 쪽에는 조카, 사촌형제와 동서들이 혼동을 피하려고, 때론 남편의 세례명, 때론 부인 자신의 다른 세례명, 곧 마리 질베르가 되고, 또는 마리 에드비즈가 되는 식으로 덧붙였다.

"먼저 그 전날 연습 같은 게 있었는데, 볼만했어요!" 게르망트 부인은 비꼬아서 계속하였다. "상상해보세요, 그녀가 한 구절을, 아니 한 구절의 4분의 1도 낭독 못한 채 멈추고, 과장이 아니라, 5분 동안이나 아무 말도 못했어요."

"허어 그거 참!" 아르장쿠르 씨가 큰 소리로 외쳤다.

"나는 될 수 있는 한 공손히 그거 좀 이상하지 않느냐고 넌지시 말해보았어요. 그랬더니 그녀의 대답인즉, '대사를 낭독할 때 반드시 나 자신이 그걸 창작하는 중인 듯해야 합니다'라고 또박또박 말하더군요. 생각해보니, 굉장하죠, 이 대답!"

"그러나 나는 그 아가씨의 시 낭독이 서툴지 않다고 여겼는데요." 두 젊은

---

* 벨기에의 극작가, 시인(1862~1949). 〈일곱 공주〉는 이 극작가의 작품.

이 가운데 하나가 말했다.

"그녀는 자신이 낭독한 게 뭔지 몰라요." 게르망트 부인은 대꾸했다. "게다가 그 낭독을 들어볼 필요가 없었답니다. 나리꽃을 들고 온 걸 본 것만으로 충분했어요. 나리꽃을 보고서 그녀가 연기 못하는 배우라는 걸 금세 알아챘거든요!"

모두 웃었다.

"큰어머님, 요전 날 스웨덴 왕비의 일로 놀려서 화나지 않으셨습니까? 사죄하러 왔습니다."

"아냐, 화나긴커녕, 배고프다면 간식을 먹을 수 있게 해주마."

"어서, 발르네르 님, 아가씨 역을 하세요." 빌파리지 부인은, 늘 하는 농담으로 고문서학자에게 말했다.

게르망트 씨는 곁의 융단자리 위에 모자를 놓고 안락의자에 털썩 주저앉아 있다가, 몸을 일으켜, 내놓은 여러 프티 푸르*1 접시를 만족스러운 듯이 살펴보았다.

"기꺼이 들겠습니다, 고상한 모임과 친숙하게 되어가니까요. 바바*2 하나 주실래요, 맛있어 보이는군."

"이분 아가씨 역을 썩 잘하셨습니다." 아르장쿠르 씨는, 모방 정신을 발휘해 빌파리지 부인의 농담을 되풀이했다.

고문서학자는 프티 푸르의 접시를 프롱드당 역사가에게 권했다.

"일 솜씨가 이만저만 미끈하지 않습니다." 프롱드당 역사가는 소심하게, 또 모두의 공감을 얻으려고 말했다.

그래서 그는, 이미 자기처럼 했던 이들 쪽으로 슬그머니 공모의 눈길을 던졌다.

"저어 큰어머님." 게르망트 씨는 빌파리지에게 물었다. "내가 들어오니까 나간 꽤 풍채 좋은 그분 누구죠? 공손히 인사해온 것으로 보아 아는 이가 틀림없는데 기억이 안 나요. 아시다시피 나는 사람의 이름을 뒤섞어놔서요, 매우 난처한 노릇이지만." 그는 만족한 듯이 말했다.

"르그랑댕 님이지."

---

*1 한 입에 넣을 수 있는 작은 과자.
*2 버찌술에 적신 건포도를 넣은 카스텔라.

"그렇지, 오리안의 사촌자매로, 그 어머니는 틀림없이, 그랑댕네 소생이었죠. 잘 알죠, 그랑댕 드 레프르비에입니다."

"아냐." 빌파리지 부인이 대답했다. "그것과는 아무 관계없다. 아까 그분은 아무 칭호 없는 그랑댕, 그저 그랑댕. 하지만 그 집안사람들은 뭐라도 좋으니 칭호를 가지고 싶어 그것만을 생각하지. 아까 그분의 누이가 캉브르메르 부인이란다."

"이봐요, 바쟁, 큰어머님이 말씀하시는 분을 당신 잘 알면서." 공작부인은 화를 내며 목소리를 높였다. "요전 날 당신이 나를 찾아오게 한다는 묘한 생각을 했던 그 거대한 초식 동물의 오빠예요. 그녀가 한 시간 남짓 있어서, 난 미칠 뻔했다고요. 그런데 낯선 암소 같은 사람이 집 안에 들어오는 것을 보고서 그 사람 쪽이 미쳤구나 생각하기 시작했답니다."

"들어봐요, 오리안, 그분이 당신의 방문일을 내게 묻지 않겠어, 그러니 그분에게 실례되는 말을 할 수야 없잖아. 그러고 보니 당신 좀 과장하는구려, 그분 암소 같지 않아." 게르망트 씨는 투덜대는 투로, 그러나 미소짓는 눈길을 슬그머니 좌중에 던지는 것을 잊지 않으며 덧붙였다.

그는 아내의 웅변이 남의 반론으로 자극받을 필요가 있다는 것을 알고 있었다. 이를테면 한 여인을 암소로 여길 수 없다고 양심의 소리에서 나온 반론이다(그렇게 하면 게르망트 부인이 첫 비유에 한 술 더 떠서 최상급 명언을 토하게 되는 때가 자주 있었다). 그래서 공작은 마치 열차 같은 데서 야바위꾼의 바람잡이가 되어 나오듯이, 아내가 잘해내게끔, 넌지시 도우려고 천연덕스럽게 나오는 것이었다.

"그야 그녀가 암소 같지 않은 건 나도 인정해요. 왜냐하면 암소 떼 같으니까." 게르망트 부인이 외쳤다. "나는 그 암소 떼가 모자 쓰고 손님방에 들어와서 안녕하시냐고 묻는 걸 보고는 얼떨떨했어요. 한편으론 나는 '암소 떼야, 너 정신 나갔니, 네가 나와 사귈 수야 없지 않니, 암소 떼인 네 신세라서' 하고 대꾸하고 싶었어요. 또 한편으론, 기억을 더듬어본 끝에, 나는 그 캉브르메르를 한번 찾아오겠노라 말한 도로테(Dorothée) 왕녀*, 마찬가지로 어지간히 소 같은 그분인 줄로만 알고, 하마터면 전하라고 부르고 존댓말을

---

* 스웨덴의 왕녀.

쓸 뻔했지 뭐예요. 그녀 또한 스웨덴 여왕과 똑같은 새 모래주머니가 있어요. 그런데 그 강습은 전술법에 따라 먼저 원거리 사격으로 준비되었던 거예요. 언제부터인지 모르나 나는 그녀의 명함 포격을 받아와, 여기저기 온 살림살이 위에서 발견했답니다. 마치 광고지처럼, 그런데 그 선전의 목적이 뭔지 몰랐어요. 내 집에서 눈에 띄는 거라곤 '캉브르메르 후작과 후작부인'뿐, 거기에 주소가 씌어 있는데, 어딘지 기억나지 않거니와 그걸 결코 이용하지 않을 결심이랍니다."

"그러나 왕비님을 닮다니 큰 명예인데요." 프롱드당 역사가의 말.

"천만에, 현대에 와선 왕이건 왕비건 대수로운 게 아닙니다!" 게르망트 씨는, 자유를 존중하는 근대 정신의 소유자인 체, 또한 실은 소중히 여기고 있는 왕족과의 관계를 존중하지 않는 체하려고 말했다.

자리에서 일어선 블로크와 노르푸아 씨가 우리 곁으로 왔다.

"이분한테 드레퓌스 사건에 대해 얘기하셨습니까?" 빌파리지 부인이 말했다.

노르푸아 씨는 눈을 천장 쪽으로 치떴으나, 미소를 지었다. 마치 마음속의 여인*이 복종하기를 강요하는 그 변덕이 심하다는 것을 나타내기라도 하려는 듯이 말이다. 그래도 그는 매우 싹싹하게, 프랑스가 겪고 있는 무시무시한, 치명상이 될지 모르는 몇 해에 대해 블로크한테 이야기했다. 그것은 노르푸아 씨가 열광적인 드레퓌스 반대파임을 뜻할 것이다(블로크는 노르푸아 씨에게 드레퓌스의 결백을 믿노라 말했는데). 따라서 그 대사가 얼마나 싹싹하고, 상대방의 주장을 옳다 하며, 서로가 같은 의견임을 의심치 않고, 정부를 공격하기 위해 상대와 굳게 뭉치는 태도를 보여 블로크의 자만심을 쓰다듬고 호기심을 부채질하였다. 노르푸아 씨가 뭐라고 꼬집어 말하지 않았으나, 블로크와 같은 의견이노라 말 없는 가운데 인정하고 있는 성싶은 그 중요점은 뭔가? 도대체 그는 이 사건에 대해 둘을 한 동아리로 할 수 있는 어떤 의견을 가졌을까? 블로크는 자기와 노르푸아 사이에 있는 듯한 불가사의한 일치가 있는 것에 놀랐지만, 특히 빌파리지 부인이 블로크의 문학상 일에 대해 노르푸아 씨한테 꽤 상세히 얘기해놓고, 정치 문제에만 한하지 않아

---

* Dolcinée, 여인(돈키호테의 애인 이름인 돌시네아에서 따옴).

서 더욱 놀랐다.

"당신은 현대 사람이 아니군." 전 대사가 블로크한테 말했다. "또 그 점을 나는 아주 좋다고 생각하오. 당신은 이해관계를 초월한 연구가 이미 존재하지 않는 현대, 추잡한 것이 아니면 어리석은 것밖에 대중에게 팔리지 않는 이 현대의 사람이 아니오. 당신이 힘쓰고 있는 노력이야말로 만일 우리나라에 정부다운 정부가 있다면 마땅히 장려되어야 하오."

블로크는 온 세상이 침몰 중인데 유독 물 위에 떠 있는 기분이 들어 기쁜 표정이 얼굴에 가득하였다. 그러나 그 점에서도 그는 뚜렷한 설명을 듣고 싶었고, 노르푸아 씨가 어떤 어리석은 짓에 대해 말하는 것인지 알고 싶었다. 블로크는 수많은 이들과 같은 길에서 일하는 느낌이 들어, 자신을 그토록 예외적이라곤 믿지 않았던 것이다. 그는 드레퓌스 사건에 얘기를 돌렸지만, 노르푸아 씨의 의견을 종잡을 수 없었다. 그는 그 무렵 신문에 자주 이름이 나오는 장교들에 대해 노르푸아 씨한테 얘기를 들으려 하였다. 그 장교들은 같은 사건에 말려든 정치가들보다 훨씬 강한 호기심을 일으켰다. 그들이 정치가들처럼 전부터 알려진 이들이 아니라, 특별한 복장을 하고, 보통 사람들과는 다른 생활과 경건하게 지켜온 침묵 속에서, 백조가 끄는 쪽배에서 내리는 로엔그린처럼, 이제 막 나타나 말하기 시작했기 때문이다. 블로크는 아는 사이인 국수파 변호사 덕분에, 졸라의 소송 공판에 여러 번 참석할 수 있었다. 그는 일반 콩쿠르나 대학입학 자격시험을 치르는 때처럼, 샌드위치 도시락과 커피병을 들고, 아침에 공판정에 와서, 저녁에야 퇴장했는데, 이 습관의 변화가 신경을 긴장시켜, 그것이 커피와 재판의 흥분으로 극에 달해, 그가 거기서 나오자 그곳에서 일어난 모든 일에 어찌나 열중했는지, 저녁에 집에 돌아가서도 아름다운 꿈속에 다시 잠기고 싶을 정도였다. 또 두 파의 사람들이 드나드는 식당으로 친구를 만나러 달려가, 그날 일어난 일을 한없이 거듭 이야기하고, 권력자가 된 듯한 오만한 말투로 야식을 주문하며, 그것으로써 일찍 시작된 하루, 제대로 점심을 못 먹은 하루의 공복과 피로를 회복한 적이 있다. 인간은, 줄곧 경험과 공상 둘 사이를 오락가락하는지라, 아는 이들의 이상적 생활을 깊이 캐보고 싶고, 또 그 생활을 떠올려본 적이 있는 이들과는 실제로 알고 싶어하게 마련이다. 블로크의 질문에 노르푸아 씨는 이렇게 대답했다.

"두 장교가 진행 중인 사건과 관련되어 있는데, 나는 두 사람에 대해 한 분(미리벨* 씨)이 얘기하는 걸 들은 적이 있소. 이분의 판단에 나는 큰 믿음을 품소만, 두 장교를 매우 존경하더군. 두 장교는 앙리 중령과 피카르 중령이오."

그러자 블로크는 큰 소리로 외쳤다. "하지만 제우스의 딸, 아테네 여신은 인간 정신 속에, 남의 정신 속에 있는 것과 반대되는 것을 각각 주었습니다. 이 두 가지는 두 마리 사자같이 맞싸우죠. 피카르 중령은 육군에서 훌륭한 지위를 차지했는데, 그 운명의 신은 본디 그의 것이 아닌 쪽으로 그를 끌어 왔습니다. 민족주의자들의 칼이 그의 가냘픈 몸을 산산조각 내 육식 동물이나 송장 기름을 먹는 새들의 먹이로 삼을걸요."

노르푸아 씨는 아무 대답도 하지 않았다.

"저 두 분은 구석에서 뭘 숙덕거리고 있는 거죠?" 게르망트 씨가 노르푸아 씨와 블로크를 가리키면서 빌파리지 부인에게 물었다.

"드레퓌스 사건에 대해서야."

"원, 저런! 그런데 마침 열렬하게 드레퓌스파를 지지하는 자가 있는데 누군지 아십니까? 절대로 맞추지 못할 걸요. 누군고 하니 내 조카 로베르! 게다가 자기 클럽에서, 여러 회원이 그런 엄청난 말을 들었을 때엔, 죽어라, 괘씸하다 하고 발칵 뒤집혔답니다. 일주일 뒤에는 그를 회원 후보로 추천하려고 했는데……."

"그렇겠죠." 공작부인이 말을 가로막았다. "만일 다들 질베르(게르망트 대공)처럼 유대인을 깡그리 예루살렘에 보내라고 늘 주장하는 이들이라면야 ……."

"허어, 그럼 게르망트 대공은 내 의견과 아주 같은 걸요." 아르장쿠르가 말참견했다.

공작은 아내를 자랑으로 삼았으나, 사랑하지는 않았다. 그는 매우 '자신만만'해, 간섭받는 것을 아주 싫어한 데다가, 가정에서는 보통 아내에게 사납게 굴었다. 말참견당한 고약한 남편과 들어주지 않는 웅변가의 두 노기로 부르르 떤 그는 딱 그치고 공작부인을 노려보았는데, 그 서슬에 좌중은 어색해졌다.

---

* Miribel. 전 참모총장.

"어쩌자고 질베르와 예루살렘의 얘기를 꺼내는 거요?" 그는 드디어 입을 열었다. 그러곤 다시 부드러운 말투로 덧붙였다. "그런 게 문제가 아냐, 그러나 만에 하나라도 우리 가문의 하나가 자키 클럽 입회를 거절당한다면, 특히, 그 아버지가 10년 동안이나 회장을 지낸 바 있는 로베르가 그렇게 된다면, 그야말로 심각한 사태라고 당신도 생각할 거요. 어쨌든 회원들이 그 말을 듣곤 얼굴에 경련을 일으키며 눈을 부릅뜨더군. 나도 그들이 틀렸다고는 말 못해. 당신도 알다시피 나는 개인적으로는 인종에 대해 아무 편견도 없고, 그런 편견 따위를 시대에 뒤진 것으로 보며, 또 시대와 더불어 걸어갈 셈으로 있지만, 그렇더라도 이른바 생루 후작이라는 인간이 드레퓌스파가 되어서야 쓰겠소, 안 그렇소!"

게르망트 씨는 '이른바 생루 후작이라는 인간'이라는 구절에 힘을 주어 발음하였다. 그렇지만 그는 이른바 '게르망트 공작'이라는 쪽이 더욱 대단한 것임을 잘 알고 있었다. 그러나 그의 자존심이 게르망트 공작이라는 칭호의 우월성을 스스로 떠벌리는 경향이 있었다면, 이 칭호를 깎아 밀어내는 것은 좋은 취미의 법칙이라기보다 상상의 법칙인지도 몰랐다. 인간은 멀리 떨어져 있는 것, 남들 속에 있는 것을 더 아름답게 보게 마련이다. 왜냐하면 공상에서의 원근법을 규정하는 일반 법칙은 일반인과 마찬가지로 공작들에게도 적용되기 때문이다. 공상의 법칙뿐만 아니라 언어 법칙도 그렇다. 그런데 언어의 두 법칙 가운데 하나가 이 경우에 해당할지도 모른다. 그 하나는, 인간은 태어난 계급의 사람들이 아니라 속해 있는 정신적인 계급의 사람들처럼 나타내고 싶어한다는 것, 그러므로 게르망트 씨는 귀족에 대해 이야기하는 경우에도 그 표현법에서는 '이른바 게르망트 공작이라는 인간'이라고 말하는 프티 부르주아에 속해 있었다. 스완이나 르그랑댕 같은 교양인이라면 그렇게 말하지 않았을 것이다. 공작이라도 통속적인 상스러운 소설을 쓰고, 설령 상류 사회의 풍물을 그린들, 귀족 칭호가 거기에 아무 도움이 안 되며, 또 귀족적이라는 형용사가 한 평민의 작품에 마땅히 주어지기도 한다. 그런데 이 경우에 '이른바 ……이라는 인간'이라고 하는 말을 게르망트 씨가 어느 부르주아의 입을 통해서 들었을까? 아마 게르망트 씨도 확실하지 않을 것이다. 언어의 또 다른 법칙, 마치 어떤 질병이 갑자기 나타났다가 사라진 다음 소문도 안 들리고 말듯. 아메리카의 잡초 씨앗이 여행용 담요의 털에 묻어와 철도 선로의 비탈에 떨어져, 그것이 프랑스에 싹튼다, 이와 비슷한 우연에선지 아니면 자연 발생인지 까닭이야 잘 모르나, 이따금 수많은 표현법이 생겨나 같은 일정 기간, 그러자고 짠 일도 없는 이들의 입에 오르는 것을 듣는다. 그런데 그와 마찬가지로 어느 해, 나는 블로크가 그 자신의 얘기를 말하는 것을 들었다. "뭐니뭐니해도 가장 매력적이고, 빛나고, 퍽 신중한, 아주 까다로운 이들이, 총명한, 뜻에 맞는, 없어서는 안 될 사람이라고 느낀 이는 단 한 사람밖에 없다고 알아차렸는데, 그건 블로크였으니까." 그리고 블로크를 모르는 다른 젊은이들의 입에서, 오로지 블로크라는 이름을 그 자신의 이름으로 바꿨을 뿐 똑같은 미사여구가 나오는 것을 들은 적이 있는데, 그와 마찬가지로 나는 여러 번 이 '이른바 ……이라는 인간'이라고 듣게 되었다.

"별수 있소." 공작은 계속했다. "그 클럽을 지배하는 정신을 생각한다면 그런 것을 이해할 만하지."

그러자 공작부인이 대답했다. "특히 우스운 일은 우리를 아침부터 저녁까지 프랑스 조국동맹*1을 가지고 괴롭히는 그 어머니의 사고방식이 그러니까요."

"그렇군, 그러나 그 어머니만이 아니오. 허풍떨지 말아요. 또 하나 놀아난 여자, 가장 바닥에 있는 방탕녀가 문제지. 이 여자가 그에게 더 강한 영향을 미쳤어, 바로 드레퓌스 씨와 같은 나라 사람이지. 이 여자가 로베르에게 자기의 정신상태(état d'ésprit)를 감염시킨 거예요."

"공작님은 그런 정신 상태를 표현하는 새 낱말이 있는 걸 모르시나 보군요." 재심 반대 위원회의 서기인 고문서학자가 말했다. "'망탈리테(mentalité)'*2라고 합니다. 정확히 같은 뜻인데, 적어도 아무도 무슨 뜻인지 모릅니다. 최신 가운데 최신, 이를테면 '최신 유행'입니다."

그렇지만 블로크라는 이름을 듣고 난 그는, 블로크가 노르푸아 씨한테 여러 질문을 하는 것을 불안스럽게 보았다. 그런데 그 불안이 후작부인의 마음속에 다르나 똑같이 강한 불안을 일으켰다. 고문서학자에게 조마조마 그 앞에서 반드레퓌스파인 체하고 있는 부인은, 조금이라도 '조합'과 관련이 있는

---

*1 드레퓌스 반대주의로 결집한 지식인의 동맹으로 모리스 바레스, 브륀티에르, 르메트르가 가담함.

*2 정신 상태.

유대인을 초대한 것을 그가 알아차린다면 비난을 받을까 봐 전전긍긍했던 것이다.

"흠! 망탈리테라, 적어놓았다가 다시 써볼까." 공작은 말했다(말로만 하는 게 아니라, 공작은 '인용문'이 가득한 작은 수첩을 가지고 다니다가 그것을 대연회에 앞서 읽어보았다). "망탈리테라, 마음에 들어. 이런 새 낱말, 누가 확 퍼뜨리는 새 낱말이 있지만, 오래가지는 못하죠. 최근, 어떤 작가의 '탈랑튀외(talentueus)*¹ 사람이다'라는 글을 읽었습니다. 무슨 뜻인지 아십니까. 그 뒤로는 그 낱말을 두 번 다시 읽지 못했습니다만."

"그러나 망탈리테는 탈랑튀외보다 더 잘 쓰이고 있습니다." 프롱드당 역사가는 대화에 끼어보려고 말했다. "나는 교육부의 한 위원회 일원입니다만 거기서 몇 번이나 이 낱말을 쓰는 것을 들었고, 또한 나의 클럽, 동아리 볼네에서도, 또 에밀 올리비에*² 씨네의 만찬회에서도."

"저야 교육부에 참석하는 명예를 가진 바 없거니와" 하고 공작은 일부러 공손하게 그러나 그 입이 미소를 참지 못하며 그 눈이 기쁨에 반짝이는 눈길을 모두에게 던질 수밖에 없을 만큼 깊은 자부와 함께 대답해, 그 눈길의 비꼼을 받아 역사가는 얼굴을 붉혔다.

"저야 교육부에 참석하는 명예를 가진 바 없거니와" 하고 그는 제 말에 취한 듯 천천히 되풀이했다. "또한 동아리 볼네에도 들지 못했습니다(저는 위니옹과 자키에만 들었죠). 그런데 당신은 자키에 가입한 회원이십니까?" 그는 역사가에게 물었다. 역사가는 점점 얼굴을 붉히면서 뭔가 함부로 말하는 듯한 냄새를 맡으며 그 정체를 몰라 팔다리를 부들부들 떨기 시작했다. "저야 에밀 올리비에 씨네에서 저녁 식사를 한 적조차 없어서, 실은 망탈리테라는 낱말을 몰랐습니다. 아마 당신도 그럴 테지, 아르장쿠르…… 어째서 드레퓌스가 배반했다는 증거를 보일 수 없는지 아시오? 그건 드레퓌스가 육군 장관 부인의 애인이기 때문인 것 같소, 극비로 말하는 바에 의하면."

"허어! 나는 총리 부인의 애인인 줄 알았는데요." 아르장쿠르의 말.

"누구나 할 것 없이 그 사건을 가지고 이러니저러니 말이 많으니 지루해요." 게르망트 공작부인이 말했다. 부인은 사교적인 입장에서 아무에게도 고

---

*1 재능 있는.
*2 제2 제정기의 정치가. 1913년 사망.

분고분 따르지 않는다는 점을 늘 보이고 싶어했다. "그 사건은 유대인이라는 관점으로서는 나에게 조금도 중요하지 않아요, 나의 벗 가운데 유대인이 없거니와, 덕분에 언제까지나 아무것도 모르는 채 지낼 셈이니까요. 하지만 그렇다고 해서, 저 부인네들은 사상이 온건하다, 유대인 상점에서 아무것도 안 산다, 또는 그 파라솔 위에 '유대인을 죽여라'라는 글자를 쓰고 있다고 해서, 우리가 모르고 지냈을 뒤랑네 뒤부아*¹네 아낙네들을, 마리 에나르*² 또는 빅튀르니엔이 우리에게 떠맡긴다는 건 질색이에요. 나는 어제 마리 에나르네 집에 가봤죠. 지난날 그 집은 재미있었죠. 그런데 지금은 거기 가보면 평생 회피해온 사람들, 또 어느 말 뼈다귀인지 모르는 사람들이 드레퓌스 반대파라는 핑계로 우글거려요."

"아니지, 육군 장관의 부인입니다. 적어도 규방에 도는 소문으로는." 공작이 이어 말했다. 공작은 이런 식으로 대화중에 왕조 시대풍이라고 여기고 있는 표현*³을 곧잘 썼다. "요컨대, 아시다시피 나 개인으로서는 나의 사촌 질베르와 정반대의 의견을 가지고 있습니다. 나는 질베르처럼 봉건적이 아닙니다. 만일 내 친구라면, 흑인과도 산책하고 또 제삼자나 제사자의 의견 같은 건 걱정하지 않을 겁니다. 그렇지만 이른바 생루라는 인간이 우리 모두의, 볼테르보다 또 내 조카보다 현명한 우리 모두의 사념에 엇갈리는 장난을 치다니 말이나 되오. 더구나 클럽에 처음으로 자기를 소개하기 일주일 전에, 내가 감정의 곡예라고 일컫는 그런 짓을 하다니! 좀 심해! 아니지, 아마 그 매춘부가 그를 선동했는지 모르지. 그렇게 하면 '지식인' 사이에 끼게 될 거라고 그를 설득했을 거야. 지식인, 이것이 그 녀석들의 '크림 샌드위치'니까. 하기야 이 때문에 꽤 재미나는, 그러나 매우 신랄한 재담은 했지만."

그리고 나서 공작은 공작부인과 아르장쿠르 씨만 들리도록 목소리를 낮추어 마테르 세미타(Mater Semita)*⁴라는 말을 인용했다. 사실 이 말은 자키

---

*1 뒤랑(Durand)이나 뒤부아(Dubois) 등은 프랑스에서 가장 흔한 성으로 우리나라의 김씨·이씨 등에 해당함.
*2 생루의 어머니, 마르상트 부인.
*3 왕조 시대풍 표현으로 규방(ruelle)을 말함. 16, 17세기의 상류 사회 부인들이 손님을 만나고 사교·문학의 살롱이 되었던 규방(閨房).
*4 라틴어로 직역하면 근원. 민족주의자들은 이 오용된 라틴어를 '유대인의 어머니'라는 뜻으로 간주하고 드레퓌스파의 의견에 찬동하는 생루의 어머니 마르상트 부인의 혈통까지 의심함.

클럽에서 이미 입에 오르내리고 있었다. 그도 그럴 것이, 털이 난 모든 종자(種子) 가운데 가장 튼튼한 날개가 붙어 있어서 터진 자리에서 가장 먼 거리까지 퍼뜨려지는 것은 역시 농담이기 때문이다.

"그 설명은 여성학자 같은 이분에게 청해도 좋지만" 하고 그는 역사가를 가리키면서 말했다. "그러나 근거가 없는 이상 더 언급하지 맙시다. 나는 사촌누이 미르푸아처럼 집안의 선조를 예수 그리스도 이전 레위 부족까지 거슬러 올라갈 수 있다고 우기는 대망을 품지 않거니와, 우리 가문에는 유대인의 피가 한 방울도 섞이지 않았다는 것을 훌륭히 증명해보이겠습니다. 그렇지만 우리를 우롱하려고는 말아야지, 내 조카의 그럴듯한 의견이 항간에 커다란 물의를 일으킨 것은 확실합니다. 하물며 프장사크는 병중이니까, 뒤라스가 앞장서겠죠. 아시다시피 뒤라스는 앙바라(embarras)*하기를 좋아하니까." 공작은 이렇게 말했는데, 그는 어떤 낱말의 정확한 뜻은 영 파악하지 못하여, 앙바라를 한다(faire des embarras)를 잘난 체하다가 아니라 골치 아픈 일을 일으킨다는 뜻으로 알고 있었다.

"아무튼, 설령 그 드레퓌스가 무죄라도" 하고 공작부인은 가로막았다. "그는 그것을 조금도 증명하지 못하고 있네요. 그 섬에서 보내온 편지를 보세요, 얼마나 바보스럽고 과장된 것인지! 에스테르하지 씨가 드레퓌스보다 잘난 사람인지 아닌지는 모르지만, 글재주에서는 더 멋지고 특색 있어요. 그러니 드레퓌스파 사람들에겐 흥미롭지 않은 일임에 틀림없죠. 무고자를 돌려치지 못하는 게 그들로서는 얼마나 서운할까?"

모두 폭소하였다. "오리안의 말을 들으셨습니까?" 게르망트 공작은 빌파리지 부인에게 열심히 물었다. "응, 매우 익살스럽구나." 이런 대답으론 공작의 성에 차지 않았다. "그런데 내겐 하나도 익살스럽지 않습니다, 아니, 익살스럽건 말건 상관없습니다. 나는 재치라는 걸 전혀 존중 안 합니다." 아르장쿠르가 반대했다. "마음에도 없는 말을 하고 있네." 공작부인이 작은 목소리로 중얼거렸다. "그건 내가 대의원 노릇을 한 관계로 으리으리하나 아무 뜻 없는 연설을 들어왔기 때문인지도 모르죠. 나는 대의원에서 논리를 특히 존중할 것을 배웠습니다. 아마 그 덕분에 내가 재선되지 않았지만. 농담이니 익살

---

* 방해·난처함.

이니 나는 개의치 않습니다." "바쟁, 조제프 프뤼돔(Joseph Prudhomme)*1 흉내는 내지 말아요. 여보, 당신만큼 재치를 좋아하는 분이 또 있으려구." "내 말을 끝까지 들어봐요. 나는 바로 어떤 종류의 익살에 무감각하므로 아내의 재치에 감탄합니다. 아내의 재치야말로 옳은 관찰에서 나오니까요. 아내는 남자같이 사리를 따지고, 작가처럼 나타내죠."

블로크는 노르푸아 씨를 재촉해 피카르 중령에 대한 이야기를 시키려 하고 있었다.

"중령의 진술*2이 필요하게 된 것은 논의할 여지도 없소." 노르푸아 씨가 대답했다. "정부는 거기에 좀 무엇인가 수상한 것이 있을지 모른다고 생각했지만. 그는 그런 소신을 터놓고 말하여 수많은 동료에게 심한 비난을 받긴 했으나, 내 생각에 정부는 중령에게 발언시킬 의무가 있었지. 그런 막다른 골목에서는 빙그르르 도는 정도로는 못 빠져 나오지, 그러면 진흙탕에 빠질 위험이 있거든. 장교 그 사람으로 말하면, 그 진술은 첫 법정에서 참으로 좋은 인상을 주었소. 말쑥한 추격 기병(騎兵)의 제복을 꼭 맞게 입고, 실로 단순하고 솔직한 말투로 자기가 보았던 것과 믿었던 바를 말하며, '군인의 명예를 걸고(이 구절에서 노르푸아 씨의 목소리는 애국적인 가벼운 트레몰로(tremolo)로 떨렸다) 이것이 나의 신념이올시다'라고 말했을 때 감명 깊었음을 부인 못하오."

'그렇다, 이분은 드레퓌스파다, 이제는 의심할 여지도 없다.' 블로크는 이렇게 생각했다.

"그런데 처음 그가 모았던 공감을 말끔히 빼앗아가게 된 것은 문서과 직원인 그리블랭과의 대심(對審)이었다오. 이 늙은 관리, 두말하지 않는 이 사내의 진술을 들었을 때(노르푸아 씨는 다음의 말을 확신을 갖고 힘주어 강조했다), 이 늙은 관리가 윗사람 눈을 똑바로 노려보며, 겁도 없이 윗사람을 안절부절못하게 하는 걸 보고, 또 대꾸를 허용치 않는 말투로 '그러지 마시오, 중령님, 아시다시피 나는 결코 거짓말한 적이 없고, 아시다시피 지금도 진실을 말합니다'라고 하는 말을 들었을 때, 바람의 방향이 휙 돌았고,

---

*1 프랑스의 만화가 모니에(Monnier, 1805~1877)가 창작한 인물로서, 하찮은 것을 점잔 빼며 말하는 소시민 유형.
*2 드레퓌스가 아닌 진범인이 있다고 진술함.

피카르 씨는 다음 법정에서 하늘과 땅을 흔들려 했으나 헛일, 완전한 실패로 끝났다오.”

“아냐, 아무리 생각해도 이분은 반드레퓌스파야, 확실해. 하지만 피카르 가 거짓말을 했다고 생각한다면, 어째서 그 폭로를 헤아리며, 그 폭로에 매 력을 느끼고 있는 듯 진실로 믿고 있는 듯 상기시킬까? 만일 그와 반대로, 피카르를 양심을 털어놓는 정의의 지사로 본다면 어째서 그리블랭과의 대심 에서 그가 거짓말한 걸로 가정할까?” 블로크의 혼잣말.

노르푸아 씨가 블로크한테 블로크와 같은 의견인 듯이 말하는 까닭은, 노 르푸아 씨가 열렬한 반드레퓌스파로 현 정부가 우유부단한 것으로 보고, 드 레퓌스파와 같은 정도로 정부를 적대시하고 있는 데서 온 것인지도 모른다. 그리고 또 정치상, 노르푸아 씨가 대수롭게 생각하는 것은, 더 심각한, 차원 이 다른 어떤 것이어서 그 처지에서 본다면 드레퓌스 사건 따위는 중요한 대 외 문제를 근심하는 애국자의 주의를 끌지 못하는 하찮은 부수적인 사건으 로 생각해서인지도 모른다. 아니, 어쩌면 노르푸아 씨의 정치적 신중성에서 비롯하는 행동 원칙은 오직 형식 문제, 절차와 적시성의 문제에만 적용되므 로, 마치 철학에서 순 논리만으로는 존재의 문제를 해결할 수 없듯, 근본적 인 문제를 해결하는 힘이 없었기 때문인지도 모른다. 또는 이 신중함 자체가 이런 문제를 취급하는 위험을 감지시켜, 그 때문에 조심성에서 이차적 상황 밖에 얘기하려 들지 않았는지도 모른다. 그러나 노르푸아 씨가 이 정도로 신 중한 성격이 아니고 또 이 정도로 오로지 형식적인 정신이 아니며, 만일 할 뜻만 있다면, 앙리의, 피카르의, 뒤 파티 드 클랑의 역할에 대해, 또 사건의 모든 점에 대해서 진실을 말할 수 있을 것이라고 믿었다. 사실 블로크는, 노 르푸아 씨가 그런 모든 것에 관한 진실을 알고 있으리라 생각지 않았다. 장 관들과 아는 사이인데 어찌 진실을 모를까 보냐? 물론 블로크는 정치적인 진실은 매우 명철한 두뇌를 가진 자라면 재구성될 수 있는 것이라고 생각했 다. 그러나 또한 일반 대중과 똑같이, 진실은 늘 이의 없는 구체적인 형태로 대통령이나 총리의 기밀 서류 속에 들어가 있어, 대통령이나 총리는 이를 장 관에게 문서로 알리는 거라고 상상하고 있었다. 그런데 정치상의 진실이 설 령 참고 자료를 포함하는 경우라도, 참고 자료에 뢴트겐 사진 이상의 가치가 있는 일은 드물다. 일반인은 환자의 병이 뢴트겐 사진에 전부 똑똑히 나와 있다고 생각한다. 하지만 사실은 그렇지 않고, 사진은 한낱 판단의 한 요소를 제공할 뿐, 그 요소에 다른 요소가 많이 합쳐져, 그것에 대해 의사의 추리가 작용되어, 거기서부터 의사는 진단을 내린다. 그러므로 정치의 진실은, 소식통에 가까이 다가가 막상 잡았다고 여기자마자 빠져나간다. 마찬가지로 드레퓌스 사건에 한해서 말한다면, 그 뒤 앙리의 자백에 이어 자살*¹ 같은 큰 소동이 났을때, 이 사실은 드레퓌스파인 각료와 또 스스로 문서 위조를 발견했으며 심문을 행한 카베냐크(Cavaignac)와 키네(Cuignet)*²에게 정반대로 해석되었다. 뿐만 아니라 드레퓌스파의 각료들, 빛깔이 같은 그들 사이에마저, 같은 증거물로 판단할 뿐만 아니라 같은 정신으로 판단하는데도, 앙리의 역할은 전혀 반대로 설명을 받았으니, 어떤 자는 앙리를 에스테르하지의 공범자로 보고, 어떤 자는 그와 반대로, 이 역할을 파티 드 클랑이 한 것으로 보고, 곧 적인 키네의 설에 가담하여, 동지인 레나크와 완전히 대립하였다. 블로크가 노르푸아 씨에게서 꺼낼 수 있던 것은, 부아데프르 참모장이 로슈포르 씨에게 비밀을 누설한 것이 사실이라면 이는 아무래도 섭섭하기 짝이 없는 일이라는 것이 고작이었다.

"육군 장관이 적어도 인 페토(in petto)*³하게 틀림없이 참모장을 저주했을 거요. 내 생각으로는 정식 취소는 쓸모없는 일이 아니었을 거요. 그러나 육군 장관은 그 취소문에서 인테르 포쿨라(inter pocula)*⁴ 매우 노골적으로 나타냈고, 하기야 나중에 가서 수습할 수 없는 파탄을 일으킨다는 건 아주 경솔하니까."

"하지만 그 증거 서류는 분명히 가짜입니다." 블로크는 말했다.

노르푸아 씨는 이 말에 대꾸하지 않고, 앙리 오를레앙 대공*⁵이 행한 시위운동에 찬성할 수 없다고 말했을 뿐이다.

"게다가 그런 시위운동은 법정의 냉정성을 흐려놓고 어차피 한심한 동요

---

*1 드레퓌스를 모함하려고 위증을 하였다가, 그것이 폭로되자 자살했음.
*2 육군 장관과 대위. 이 두 사람은 앙리의 허위를 발견했음에도 드레퓌스파에 반대함.
*3 '속으로, 은근히'라는 이탈리아어.
*4 '술김에'라는 라틴어.
*5 루이 필립 왕의 손자. 우익임.

를 조장하는 게 고작이오. 물론 반군국주의의 음모를 진압해야 하나, 우익 무리가 선동하는 소동, 나라 사랑하는 마음에 이바지하긴커녕 나라 사랑하는 마음을 이용하려고 드는 소동은 달갑지 않네. 프랑스는 고맙게도 남미 공화국이 아냐, 그러니 혁명 선언문 따위를 내는 장군의 필요성을 느끼지 않소.”

블로크는 드레퓌스가 유죄냐 무죄냐 하는 문제에 대해 노르푸아 씨한테 이야기시킬 수도, 또 현재 진행 중인 이 국내 사건에 내려질 판결에 대한 예상을 이야기시킬 수도 없었다. 그 대신 노르푸아 씨는 그 판결의 결과에 대해 자세한 이야기가 하고 싶은 듯했다.

“만일 유죄라 해도, 아마 파기될 거요, 증인의 진술이 이렇게 많은 사건에서, 변호사한테 지적되는 형식상의 결점이 없는 경우가 드무니까. 앙리 오를레앙 대공의 맹공격에 대해 결론을 말한다면, 그건 그 춘부장의 취미라고는 생각지 않소.”

“댁은 샤르트르*1가 드레퓌스파라고 생각하시나요?” 공작부인은 웃으면서 눈을 동그랗게 하고, 볼을 장밋빛으로 물들이며, 프티 푸르 접시에 얼굴을 박은 채, 눈썹을 찌푸리며 물었다.

“천만에, 나는 다만 그 점에 그 집안의 정치감각이 있다는 걸 말하고 싶었습니다. 그 네크 플루스 울트라(nec plus ultra)*2 감탄할 클레망틴 공주로, 그 아들 페르디낭 대공이 소중한 유산처럼 지킨 그 정치감각이. 뷜가리(Bulgarie) 대공이 설마하니 에스테르하지 소령을 품에 안기야 하겠습니까.”

“한 졸병을 껴안는 편이 좋았을걸.” 게르망트 공작부인이 중얼댔다. 부인은 주앵빌*3 대공 댁에서 자주 뷜가리 대공과 저녁 식사를 했는데, 한번은 뷜가리 대공이 질투하지 않느냐고 묻기에 “그럼요, 지금 하고 계신 팔찌에” 라고 대꾸한 적이 있었다.

“오늘 저녁 사강 부인의 무도회에 안 가십니까?” 노르푸아 씨는, 블로크와 대화를 끊으려고 빌파리지 부인한테 물었다. 하기야 대사는 블로크가 마음에 안 든 것이 아니다. 그 뒤 우리에게 꾸밈없이, 또 아마도 블로크의 말씨에 그 무렵 그만둔 신(新)호메로스풍의 흔적이 얼마간 남아 있는 탓인지

---

*1 오를레앙 대공의 아버지.
*2 ‘더 나아갈 수 없는, 궁극’이라는 라틴어.
*3 루이 필립 왕의 3남. 클레망틴 공주의 동생이자 뷜가리 대공의 숙부.

말하기를, "저 사람 조금 옛 풍으로 장중하게 말하는 투가 꽤 재미나오. 라마르틴 또는 장 바티스트 루소처럼 '뮤즈 자매 박사'라곤 못 하지만. 요즘 젊은이들 가운데 그런 이가 드물어, 우리는 얼마쯤 낭만파였다오"라고 하였다. 그러나 노르푸아 씨는 말상대가 아무리 별나게 보였더라도 대화가 지나치게 길었다고 생각했다.

"아뇨, 나는 이제 무도회에 안 가요." 그녀는 노마님답게 우아한 미소를 띠며 대답했다. "여러분은 다 거기 가시죠? 당신들 같은 나이에 맞는 일이죠" 하고, 샤텔로 씨, 애인, 블로크를 한 시선 속에 넣으면서 덧붙이며, "나도 초대받았어요" 하고, 그것을 자랑하듯 짐짓 농담인 체하면서 "일부러 그 사람이 나를 초대하러 왔답니다"라고 말했다(그 사람은 사강 대공부인이었다).

"내겐 초대장이 없어 놔서." 블로크는, 빌파리지 부인이 초대장을 주겠지 생각하며, 또 사강 부인도, 일부러 몸소 초대하러 간 분의 친구를 맞으면 기뻐할 테지 생각하면서 말했다.

그러나 후작부인은 대꾸하지 않고, 블로크도 두말하지 않았다. 그는 부인과 함께 다른 중대한 일이 있었으며, 그 때문에 이틀 뒤의 회합을 청하러 왔기 때문이다. 누구나 연자방앗간 안처럼 드나드는 루아얄 거리의 동아리*를 탈퇴하기로 했노라는 두 젊은이의 말을 듣고서, 그는 빌파리지 부인한테 자기를 받아들이게 해달라고 부탁하고 싶었다.

"그 사강네는 어지간히 엉터리시고, 요령부득한 속물이 아닙니까?" 그는 빈정거리듯 말했다.

"천만에, 우리가 그 종류에서 최상으로 치죠." 파리풍 농담을 전부 익힌 아르장쿠르 씨가 대답했다.

그러자 블로크가 반은 비꼬는 말투로 "그럼 이른바 이번 시기의 성전(盛典), 일대 사교 집회라는 건가요?"

빌파리지 부인은 게르망트 부인한테 쾌활하게 물었다.

"사강 부인의 무도회를 일대 사교 성전이라고 보니?"

"내게 그런 것을 묻지 마세요." 공작부인은 비꼬아 대답했다. "나는 사교

---

* 사강네 집을 가리키는 말.

적 성전이라는 게 뭔지 모르거니와, 사교계 일은 내가 알 바가 아니에요."

"어! 그 반대라고 생각했는데요." 게르망트 부인이 진심으로 그렇게 말한 줄 생각한 블로크가 얘기했다.

그는 드레퓌스 사건에 대해 수많은 질문을, 노르푸아 씨가 짜증이 날 정도로 계속해서 해댔다. 노르푸아 씨는 딱 잘라 말하기를, '잠깐 보기'에, 파티 드 클랑 대령은 두뇌가 좀 흐리멍덩한 것 같다, 비상한 냉정성과 분별력과 학식이 필요한 예심이라는 미묘한 일을 이끌어 나가기엔 적임자가 아닌 것 같다고 하였다.

"사회당이 왁자지껄하게 그의 머리를 요구하고, 악마섬에 수감된 드레퓌스를 즉시 석방하라고 요구하는 걸 나는 아오. 그러나 우리는 아직 제로 리샤르(Gérault-Richard)*¹ 씨 일당에게 무릎을 꿇을 만큼 몰락했다고는 생각지 않소. 지금까지 이 사건은 통 밝혀지지 않았소. 어느 쪽에서 똑같이 숨겨야 할 비열한 점이 없다고는 하지 않아 당신네 쪽 의뢰인(드레퓌스)을 조금이나마 이해관계를 떠나 옹호하는 어떤 이들이 선의를 품고 있을지도 모른다는 것, 나는 이에 반대하지 않소! 하지만 아시다시피 지옥에도 선의의 포석이 깔려 있다고 하니까." 그는 교활한 눈짓을 하고서 덧붙였다. "요점은 정부가 좌파의 손안에 있지 않다는 인상, 뭔지 모르는 군벌(군벌은 한 나라의 군대가 아니라고 나는 생각하오만)의 명령에 손발이 매여 있지 않다는 인상을 주는 데 있소. 물론 새 사실이 나타나면 재심 절차가 취해지는 건 당연하지. 그 결과는 누구의 눈에도 선하오. 따라서 재심을 청구함은 열린 문을 통과하는 거요. 그렇게 되는 날 정부는 당당히 발언할 수 있고 아니면 가장 중요한 특권을 스스로 땅에 떨어뜨리고 말 거요. 닭 머리에 당나귀 몸뚱이니 하는 식의 횡설수설로는 이제 모자라. 드레퓌스에게 재판관을 붙여야만 하오. 그런데 이는 매우 쉬운 일이오. 왜 그런고 하니, 자신을 스스로 중상하길 좋아하는 우리의 평온한 프랑스에서는, 참과 정의의 말을 듣게 하려면 하는 수 없이 망슈(Manche)*²를 건너가야 한다고 여기거나 또는 여기게 하는 버릇이 있지만, 그것은 보통 스프레(Sprée)*³ 쪽으로 돌아가는 길에 지

_____

*1 사회당 대의원(1860~1911).

*2 영국 해협을 바라보는, 프랑스 북서부의 현.

*3 베를린 시내를 동에서 서로 흐르는 강.

나지 않는데, 베를린에만 재판관이 있는 것이 아니기 때문이오. 하지만 정부가 한 번 행동을 시작하면 당신네는 정부가 하는 말을 듣겠소? 공민으로서의 의무를 다하라고 정부가 권하면, 당신네는 정부 쪽에 가담하겠소? 정부의 애국적인 부름에 당신네는 귀를 막지 않고서 '네'라는 대답을 하겠소?"

노르푸아 씨는 이런 질문을 블로크에게 격렬하게 해댔는데, 그것이 내 친구 블로크를 아주 겁나게 하면서도, 또한 그를 흡족하게 하였다. 대사는 그를 통해 한 정당 전체에 말을 건네고, 마치 블로크가 그 당파의 기밀을 맡아 머잖아 곧 취할 결정의 책임을 인수할 수 있을 듯 물어오는 성싶었기 때문이다. 노르푸아 씨는 블로크의 대표자다운 대답을 기다리지 않고서 계속하였다. "만일 당신네가 재심 절차를 결정하는 법령의 잉크가 채 마르기도 전에, 어떤 음험한 군호에 따라 무기를 버리지 않고, 어떤 눈에는 정책상의 울티마 라티오(ultima ratio)*1로 보이는 보람 없는 반정부 입장을 지켜, 천막 속으로 물러가 배를 태우는 짓을 한다면, 이는 당신네의 손해가 될 것이오. 당신네는 질서를 어지럽힌 선동자들의 포로요? 그들에게 충성을 맹세했소?" 블로크는 대답하기가 난처했다. 노르푸아 씨는 대답할 틈도 주지 않았다. "만일 그 반대가 사실이라면(나도 그럴 거라고 믿지만), 또 만일 사건이 중죄재판소로 넘겨지는 날, 불행하게도 당신네 우두머리와 친구들 가운데 어떤 자들에겐 없을 성싶은 것, 즉 정치 판단이 좀 있다면, 만일 당신네가 불난 데의 도둑 같은 무리에 끼어들지 않는다면 천만다행이오. 참모 본부 전체가 용케 궁지를 벗어날지 장담 못하지만 적어도 그 일부가 화약에 불붙이지 않고서 무사히 체면을 유지한다면 그것만으로도 불행 중 다행이오. 하기야 정당한 권리를 주장하고, 처벌되지 않은 범죄가 너무도 많은 상태를 끝장내는 것은 당연히 정부가 할 일이오, 물론 사회당이나 정체 모를 군대들의 선동에 따라서가 아니고." 그는 이렇게 덧붙이면서 블로크의 눈을 뚫어지게 보았다. 거기에는 아마 적의 진영 안에서도 도움을 마련해보려는 보수파 특유의 본능이 들어 있었다. "정부의 행동은 어디에서 나왔든, 힘겨운 과격한 주장 따위는 마음에 두지 말고 행해야 하오. 정부는 다행히 드리앙(Driant)*2 대령의 명령에도, 또 그 반대의 극인 클레망소 씨의 명령에도 따르지 않고 있소.

---

*1 '마지막 수단'이라는 라틴어.
*2 전술 문필가이자 정치가(1855~1916).

직업적인 선동가들, 이들의 머리를 꽉 눌러 두 번 다시 쳐들지 못하게 해야 하오. 프랑스 국민 대부분은 질서 속에서 일하길 바라고 있소! 그 점에 대한 나의 신념은 굳소이다. 하지만 여론을 계몽하기를 두려워해서는 안 되오. 만일 양 몇 마리가, 우리의 라블레 선생께서 잘 아시는 양들이, 곤두박질해 물에 뛰어든다면, 양들에게 그 물은 탁하다, 우리나라 사람이 아닌 놈들이 위험한 밑바닥을 감추려고 일부러 흐려놓은 것이라고 가르쳐야 옳소. 또 정부는, 본질상 자기 권리, 곧 정의의 여신을 활동시키는 권리를 행사하는 경우, 소극적 태도로 마지못해 하는 겉모양을 지어서는 못쓰오. 정부는 당신네의 충고를 받아들일 것이오. 만일 재판상 과오가 있었던 게 확인된다면, 정부는 압도적인 다수의 지지를 받아 자유롭게 활동할 수 있을 것이오."

"당신은" 하고 블로크는, 다른 사람들과 동시에 소개받았던 아르장쿠르 씨 쪽으로 머리를 돌리면서 말했다. "당신은 물론 드레퓌스파죠, 외국에선 다 그러니까요."

"그건 주로 프랑스 사람들 사이의 문제입니다. 안 그래요?" 아르장쿠르 씨는, 상대가 지금 막 그와 반대되는 의견을 낸 이상, 상대가 갖고 있지 않은 것이 뚜렷한 의견을 상대에게 돌리는 그 유별난 방약무인과 더불어 대답했다.

블로크는 얼굴을 붉혔다. 아르장쿠르 씨는 주위를 둘러보면서 빙긋이 웃었다. 이 미소는, 다른 방문객들에게 보내는 동안, 블로크에 대한 악의에서 우러나온 것이었는데, 끝으로 블로크에게 멈췄을 때는, 그가 지금 막 들은 말에 화낼 만한 핑계를 없애기 위해(그렇더라도 그 말은 심했다) 다정스러움으로 부드러워졌다. 게르망트 부인은 아르장쿠르 씨의 귀에다 뭔가 속삭였다. 내 귀에 들리지 않았으나 틀림없이 블로크의 종교에 대한 것인 듯싶었다. 이 순간 게르망트 부인 얼굴에, 입에 오른 사람이 눈치채지 않을까 하는 염려가, 어쩐지 망설이는 듯한, 부자연스러움을 주고, 거기에 자기와 근본적으로 유대 없는 인종을 보고 느끼는 호기심 많고도 심술 사나운 기쁨이 섞이는 그런 표정이 지나갔기 때문이다. 블로크는 형세를 만회하려고 샤텔로 공작 쪽으로 머리를 돌리면서 말했다. "당신은 프랑스 사람이니까, 외국에선 다들 드레퓌스파라는 걸 확실히 아시겠죠, 프랑스에서는 외국의 사정을 전혀 모른다고 하지만. 게다가 당신은 이야기해볼 만한 분이라고 알고 있습니다. 생루가 말하더군요." 그런데 이 젊은 공작은 모두가 블로크에게 적의를 가지고 있는 것을 감지했으며, 사교계에 흔히 있듯이 비겁했다. 게다가 격세 유전으로 샤를뤼스 씨한테 이어받은 성실은, 잘난 체하는 신랄한 재치를 부려 말했다. "당신과 드레퓌스를 논하지 않음을 용서하세요. 하지만 이런 문제는 야벳족*끼리만 논하는 것이 내 주의랍니다." 블로크만 빼놓고 모두 빙긋 웃었다. 블로크는 자기 조상이 유대계인 데에 대해, 시나이산에 조금 인연이 있는 제 어느 부분에 대해 비꼬는 말씨를 늘어놓는 버릇이 있었다. 그런데 아마도 준비되어 있지 않아선지, 내부 기계의 제동기가 블로크의 입에서 그런 미사여구 대신 다른 대사를 튀어나오게 하였다. 결국 "어떻게 알았습니까? 누가 말했나요?"라는, 마치 죄수의 아들이나 되는 듯한 것밖에 우리는 듣지 못하였다. 한편 그의 이름은 아무리 좋게 보아도 그리스도 교도로는 통하지 않고, 용모가 용모인 만큼, 그의 놀라움에 어딘지 모르게 어린 티가 있었다.

노르푸아 씨가 해준 얘기로는 만족하지 못해, 그는 고문서학자 쪽으로 가까이 가서 그에게 빌파리지 부인 댁에 이따금 파티 드 클랑 씨나 조제프 레나크 씨가 보이지 않느냐고 물었다. 고문서학자는 아무것도 대답하지 않았다. 이 사람은 민족주의자로, 오래지 않아 내란이 일어날 테니까, 교제 상대를 고르는 데 더욱 신중을 기해야 한다고 끊임없이 후작부인에게 잔소리해왔다. 그는 블로크가 조합(組合)의 스파이로, 정보를 수집하려고 온 것이 아닌지 의심하고, 이제 막 블로크가 한 질문을 당장 빌파리지 부인에게 알리려고 갔다. 부인은 블로크를 적어도 교양 없는 자, 노르푸아 씨의 지위를 위해 아마도 위험한 자인지 모른다고 판단하였다. 마침내 부인은 고문서학자를 만족시키고 싶었다. 상대는 부인에게 어떤 두려움을 불어넣는 유일한 인물이자, 부인은 큰 효험 없이 그 가르침을 받아왔다(아침마다, 그는 부인에게 〈프티 주르날〉 신문에 실리는 쥐데 씨의 논설을 읽어주었다). 따라서 부인은 블로크에게 두 번 다시 오지 말라는 뜻을 알리고 싶어, 가지고 있는 사교 백과사전 속에서, 귀부인이 자택에서 어떤 자를 내쫓는 장면, 남이 상상하듯 손가락질하거나 눈을 부릅뜨거나 하는 짓이 전혀 없는 장면을 아주 자

---

* 구약성서 〈창세기〉에 따르면, 노아의 세 아들, 셈·함·야벳 가운데 셈의 후손은 유대인, 함의 후손은 흑인, 야벳의 후손은 아리아인이 되었다고 함.

연스럽게 찾아냈다. 블로크가 작별인사를 하려고 부인 곁으로 다가갔을 때, 부인은 큰 안락의자 속에 푹 파묻혀 아련한 비몽사몽에서 반쯤 깨어난 듯했다. 졸음에 잠긴 눈길은 겨우 진주와 같은 희미한 예쁜 빛을 반짝였다. 블로크의 인사말은, 후작부인의 얼굴에 겨우 기운 없는 미소를 띠었을 뿐, 단 한마디도 얻어내지 못했고, 또 부인은 손조차 내밀지 않았다. 이 장면은 블로크를 아주 놀라게 했으나, 뭐니뭐니해도 여러 사람이 보고 있는 자리라서, 그는 이런 장면이 질질 끌리면 자기에게 불리할 것이라 생각해, 잡아주지 않는 손을 억지로 잡아줬었다. 빌파리지 부인은 마음이 언짢았다. 하지만 고문서학자와 반드레퓌스파를 당장 만족시키고 싶으면서도, 뒤를 두고 싶어선지, 부인은 다만 눈꺼풀을 내려 눈을 반쯤 감았을 뿐이었다.

"잠드셨나 보죠." 블로크는 고문서학자한테 말했는데, 고문서학자는 후작부인이 자지 않음을 느껴 뾰로통했다. "안녕, 부인." 블로크가 외쳤다.

후작부인은 눈에 아무것도 보이지 않는 죽어가는 이가 입을 벌리고 싶은 듯 입술을 오물거렸다. 다음에 부인은, 블로크가 부인도 '얼간이'가 되었구나 굳게 믿고 멀어져가는 동안 생기를 되찾아 아르장쿠르 후작 쪽으로 머리를 돌렸다. 호기심에 가득 차 이토록 야릇한 사건의 진실을 밝히려는 일념에서, 블로크는 며칠 뒤 부인을 만나러 다시 왔다. 부인은 그를 매우 정중하게 맞이했는데, 마음씨 착한 여인이며, 고문서학자가 자리에 없었고, 블로크가 그녀의 집에서 상연하기로 되어 있는 촌극에 집착하였으며, 또 요컨대 그때는 바라 마지않는 귀부인 역을 했기 때문이다. 이 귀부인 역은 그날 저녁 여러 살롱에서 일제히 칭찬받아 평판을 자아냈는데, 이미 진실과는 아무 관계없는 소문으로 퍼졌다.

"공작부인, 아까 〈일곱 공주〉에 대해 말씀하셨는데, 아시다시피 (나는 그것을 자랑으로 삼지 않으나) 그…… 뭐랄까, 그 문서의 저자는 나와 같은 나라 사람이죠." 아르장쿠르 씨는 비꼬아 말했는데, 그 비꼼에는, 입에 오르내리고 있는 작품의 저자를 남들보다 더 잘 알고 있다는 만족감도 섞여 있었다. "그래요, 그는 벨기에 사람이죠, 국적은." 그가 덧붙였다.

"정말요? 하지만 나, 당신이 〈일곱 공주〉와 조금이라도 관계가 있다고는 말하지 않겠어요. 당신에게나 또 당신 나라 사람들에게나 다행한 일이지만, 당신은 그 보잘것없는 작품의 저자와 닮지 않았어요. 나는 매우 친절한 벨기에 사람들을 알죠. 먼저 당신, 그리고 당신네 왕. 왕은 좀 소심하나 재치가 풍부하시죠. 그리고 나의 사촌뻘 되는 리뉴네 사람들, 그 밖에도 많이. 그래도 다행히 당신 말투는 〈일곱 공주〉의 저자와 아주 달라요. 게다가 속을 털어놓고 말하면, 이 얘기는 지긋지긋해요, 뭐라 해도 하찮은 작품이니까. 그런 이들은 사상이 없는 걸 숨기려고 일부러 아리송하게 나타내고, 필요할 때는 웃음거리가 되기도 하는 사람들이에요. 그 속에 뭔가 있다면 대담하게 나타내는 것도 좋다고 생각해요." 부인은 진지한 투로 덧붙였다. "거기에 사상이 있는 이상. 보렐리의 작품을 보셨는지 모르지만 그걸 별나다고 생각한 이들도 있으나, 나는, 설령 돌을 맞더라도" 하고 부인은 커다란 위험이 없는 걸 깨닫지 않고서 덧붙였다. "솔직히 말해 그건 한없이 신기하다고 생각했어요. 그에 비해 〈일곱 공주〉는! 일곱 가운데 하나가 내 조카에게 얼마나 다정한지 모르나, 나는 가족의 감정을 부추길 수 없어서……."

공작부인은 갑자기 입을 다물었다. 한 부인이 들어왔는데 로베르의 어머니, 마르상트 자작부인이었기 때문이다. 마르상트 부인은 포부르 생제르맹에서 천사처럼 상냥한 마음을 가진, 대단한 인물로 여겨지고 있었다. 나도 그런 말을 들었고, 또 별로 놀랄 만한 이유도 없었는데, 그 무렵 부인이 게르망트 공작의 친누이라는 사실을 몰랐기 때문이다. 그 뒤 이 사회에서, 침울하고, 순결하며, 희생되고, 그림 유리창에 그린 이상의 성녀처럼 숭배받는 여성이, 사납고, 방탕하며, 야비한 형제들과 같은 핏줄기에서 태어났다는 것을 들을 때마다 나의 놀라움은 컸다. 무릇 형제자매는, 게르망트 공작과 마르상트 부인이 그렇듯 똑같은 얼굴인 경우 같은 마음을 나눠 가졌음이 틀림없다고 생각했기 때문이다. 마치 한 인간이 순간의 착함과 순간의 악함을 품을 수 있으나, 만일 그 생각이 좁은 사람이라면 넓은 견해로, 또 냉혹한 사람이라면 숭고한 희생을 기대할 수 없듯이 말이다.

마르상트 부인은 브륀티에르*의 강의를 듣고 있었다. 부인은 포부르 생제르맹을 감격시키며, 또 그 성녀와 같은 생활 태도로 동네 사람들을 교화했다. 그렇지만 예쁜 코와 예리한 눈은 형제인 게르망트 공작과 많이 닮았으므로, 나는 아무래도 마르상트 부인을 그 동생인 공작과 같은 지적·도덕적 종

---

* 프랑스의 문학사가이자 비평가(1849~1906).

족으로 분류하게 되었다. 여성이라는, 아마도 불행하다는, 동정을 한몸에 모으고 있다는 사실만으로 다른 피붙이와 그토록 다를 수 있다니, 마치 무훈시(武勳詩)*에서 사나운 형제들 누이의 몸에 온갖 미덕과 우아함이 모여 있다는 것과 마찬가지로, 나는 믿기 힘들었다. 자연은 옛 시인들만큼 자유롭지 않기 때문에, 거의 오로지 한 가족에 똑같은 요소만을 사용했음이 틀림없다고 생각했고, 또 바보와 시골뜨기를 빚어내는 것과 비슷한 재료로, 바보스러움의 흔적도 없는 위대한 두뇌, 사나움의 얼룩이 하나도 없는 성녀를 빚어낼 만한 혁신력이 자연에 있으리라고는 생각하지 않았다. 마르상트 부인은 커다란 종려 무늬가 있는 흰 능견 드레스를 입고 있었다. 드레스 위에 천으로 만든 꽃들이 뚜렷이 드러났는데, 검은색이었다. 이는 3주 전 사촌뻘 되는 몽모랑시 씨를 잃었기 때문인데, 그래도 부인은 여러 방문을 하고, 작은 연회에 상복 차림으로 가곤 하였다. 정말 귀부인이었다. 부인의 혼은 대를 걸러 듬성듬성 나타나는 집안의 유전으로 인해, 궁전 생활의 가벼운 말과 행동, 그것이 지니는 천박하고도 엄격한 것으로 가득 차 있었다. 마르상트 부인은 그 아버지나 어머니의 죽음을 오래도록 슬퍼하는 기운이 없었건만, 사촌이 죽고 한 달 동안은 하늘이 무너져도 색깔 있는 옷을 몸에 걸치지 않았다. 내가 로베르의 벗이자 로베르와 같은 사회의 인간이 아니라서, 부인은 나에겐 싹싹함 이상으로 대했다. 이 호의에는 짐짓 부리는 수줍음, 이를테면 너무 긴 치맛자락이 지나치게 자리를 차지하지 않을 만큼 유연한 자세이나, 조신하여 허리를 꼿꼿이 세우려고 몸 쪽으로 끌어당기는, 그런 당기는 목소리의, 눈길의, 사념의 단속적 수축의 동작 같은 수줍음이 따르고 있었다. 좋은 수신이라 하나 너무 글자 그대로 해석하지 말아야 한다. 이런 부인네들 대부분은 전속력으로 방종한 생활에 빠지는데, 그래도 거의 어린애 같은 버릇만은 결코 잃지 않는다. 마르상트 부인은 대화에 좀 아양부리는 투가 있었다. 이를테면 베르고트나 엘스티르 같은 평민에 대한 말마다, "나는 베르고트 님을 만나 뵈어, 엘스티르 님과 알게 되어 영광이에요, 큰 영광이에요(J'ai eu l'honneur, le grand hon-nenr)"라고, 낱말을 떼면서, 뚜렷하게 하면서, 게르망트네 특유의 억양으로 갖가지 높낮이를 붙여 발음하기 때문이다. 이는 자

---

*봉건 제후나 기사의 무용담을 노래한 중세 프랑스 서사시.

기의 겸허함에 탄복시키려 함에선지, 아니면 게르망트 씨가, 사람들이 좀체 '영광입니다'라는 말도 하지 않는 요즘 상스러운 풍습에 항의하고자 예스러운 말씨로 되돌아가려는 것과 통하는 취미에선지도 모른다. 이 두 가지 까닭의 어느 것이 사실이건 어쨌든 마르상트 부인이 "영광이에요, 큰 영광이에요"라고 말할 때, 부인은 큰 소임을 완수하는 줄, 또 가치 있는 사람들의 이름을 대우할 줄 안다는 것을 보이는 줄 여기고 있음이 느껴졌다. 마치 가치 있는 사람들이 그녀의 성관 근처에 있는 경우, 그들을 성관에 맞이하듯, 한편 그 집안의 수가 많고, 매우 아끼며, 말투가 느린 데다 설명하기를 좋아하는지라, 부인은 친척 관계를 이해시키고 싶어, 온 유럽에 퍼져 있는 집안의 이름을 툭하면 주워섬기게 되었는데(남을 놀라게 할 생각은 추호도 없고, 애처로운 농부나 훌륭한 밀렵 감시원에 대해 말하는 것만큼밖에 진심으로 좋아하지 않았는데), 이것을, 부인만큼 명문이 아닌 이들은 고깝게 생각하였고, 좀 영리한 이들은 어리석은 짓으로 비웃었다.

시골에서 모두 마르상트 부인을 좋아한 것은 행실이 착하기 때문이지만, 특히 여러 대 전부터 프랑스 역사상 가장 고귀한 피밖에 섞여 있지 않은 혈통의 순수함이 부인의 행동에서 평민이 일컫는 '아니꼬운 태도'를 모두 없애버려, 부인을 흠잡을 데 없이 솔직한 사람으로 만들었기 때문이다. 불행하고 가난한 여인을 거리낌 없이 포옹하고, 장작 한 마차를 가지러 성관에 오라고 하기도 했다. 조금의 흠도 없는 완벽한 그리스도 신자라는 평판이었다. 부인은 아들 로베르를 거대한 부잣집 딸과 결혼시키고 싶었다. 귀부인이라 함은 귀부인 놀이를 하는 것이다. 즉 어느 정도 솔직하고 담백한 체하는 일이다. 그것은 무척 돈 드는 놀이로, 남들이 알기를, 저이는 간소하지 않아도 괜찮은 이, 다시 말해 돈 많은 이라는 조건에서밖에 황홀하게 못하는 담백함의 유희다. 그 뒤, 내가 부인을 만난 적이 있다고 얘기했을 때 누가 말하였다. "그분의 황홀한 점을 알아차렸을 테지." 그러나 참된 아름다움은 아주 특수하고 새로운 것이라서, 그 황홀한 점을 아름다움이라고 인정하기는 힘들었다. 나는 그날 그저 부인이 아주 작은 코와 매우 푸른 눈에, 긴 목을 가진 쓸쓸한 모습이구나 생각했을 뿐이다.

"이봐요." 빌파리지 부인이 게르망트 공작부인에게 말했다. "좀 있으면 자네가 사귀기 싫어하는 여인이 올 거야. 그 때문에 자네가 귀찮아할까 봐 미리 알리는 거야. 하기야 안심해도 좋아, 앞으로 다시는 초대하지 않을 테니까. 하지만 오늘 한 번만은 오기로 되어 있단다. 스완의 아내야."

스완 부인은, 드레퓌스 사건이 커가는 걸 보고, 또 남편의 태생 때문에 그녀에게 화가 돌아올까 봐, 남편한테 죄수의 무죄에 대해 절대 왈가왈부하지 말기를 신신부탁했다. 그러나 남편이 없을 때, 그녀는 왈가왈부하지 않기는커녕 가장 열렬한 민족주의를 공공연히 주장했다. 하기야 이 점은 베르뒤랭 부인을 흉내냈을 뿐이었다. 베르뒤랭네에서는 몰래 숨어 있는 부르주아적 유대인 배척주의가 깨어나 이미 열광 상태에 이르고 있었다. 스완 부인은 이런 태도 덕분에, 결성되고 있는 유대인 배척자 사회의 부인 연맹에 가입하게 되고, 몇몇 귀족계급 사람들과도 교제를 맺게 되었다. 스완과 아주 친한 게르망트 부인이, 그런 귀족들을 본뜨기는커녕, 스완이 아내를 소개하고 싶다고 숨김없이 소망하는 것을 거꾸로 늘 들어주지 않았다는 사실은 이상하게 느껴질지도 모른다. 하지만 나중에 알다시피 그것은 공작부인의 특수한 성격, 이러저러한 일을 꼭 해야 할 '까닭이 없다'고 판단하는, 또 그 사교적인 매우 독단적인 '자유 의지'가 결정한 것을 횡포하게 강요하는 성격의 결과였다.

"미리 알려주셔서 고마워요." 공작부인이 대답했다. "사실 진저리날 거예요. 그러나 얼굴을 아니까 기회 보아 일어나겠어요."

"다짐하지만, 오리안. 그분은 기분 좋은 사람이야, 훌륭한 분이야." 마르상트 부인이 말했다.

"그럴지도 모르죠. 하지만 난 그것을 몸소 다짐해볼 필요를 못 느껴요."

"레디 이스라엘 댁에 초대받았니?" 빌파리지 부인은 화제를 바꾸려고 공작부인에게 물었다.

"다행히, 나는 그분을 몰라요." 게르망트 부인이 대답했다. "그분에 대한 것이라면 마리 에나르에게 물어보세요, 잘 아니까. 왜 아는지 이상하지만."

"사실 그분하고 사귀었어요." 마르상트 부인이 대답했다. "내 실수죠. 그러나 두 번 다시 사귀지 않을 결심이에요. 아주 고약한 사람인데 그 고약한 짓을 감추려고도 하지 않아요. 하기야 우리는 모두 지나치게 남을 믿고, 지나치게 너그러웠어요. 그쪽 사람하고는 다시는 교제하지 않겠어요. 같은 피를 나눈 시골의 옛 친척들한테는 문을 닫고, 유대인들한테는 문을 열어놓았으니. 이제야 그들의 사례를 똑똑히 보았습니다. 원참! 할 말이 없군요, 사랑스러운 내 아들이 철이 덜 들어 미친 소리만 하고 다니니." 부인은, 아르장쿠르 씨가 로베르를 암시하는 말을 듣고서 덧붙였다. "그런데 로베르를 보셨습니까?" 부인은 빌파리지 부인에게 물었다. "오늘이 토요일이니까 파리에 와서 24시간 지낼 수 있을 테고, 그렇다면 확실히 댁에 왔을 거라고 생각하니까요."

실은 마르상트 부인은 아들이 휴가를 받았으리라고는 생각지 않았다. 그러나 아무튼, 휴가를 받았더라도 빌파리지 부인네에는 오지 않을 것이라고 생각해, 이곳에 왔을 것이라고 여기는 체함으로써 그것으로 아들이 여태껏 방문하지 않았음을, 감정을 품기 쉬운 큰어머니에게 용서 받으려는 속셈이었다.

"로베르가 여기에! 하지만 로베르한테선 엽서 한 장 못 받았다. 발베크 이래 못 보았을 거야."

"바쁘니까요, 할 일이 많아서." 마르상트 부인의 말.

눈에 뜰까 말까 한 미소가 게르망트 부인의 속눈썹을 떨리게 하고, 부인은 파라솔 끝으로 양탄자 위에 그리고 있는 원을 물끄러미 보았다. 공작이 너무나 터놓고 아내를 버려둘 때마다 마르상트 부인은 늘 명백히 친동생에게 맞서 시누이 편을 들었다. 시누이는 이 두둔에 대한 고마움과 양심의 추억을 지녀, 로베르의 엉뚱한 짓을 절반밖에 노여워하지 않았다. 이 순간 문이 다시 열리더니 로베르가 들어왔다.

"어쩌면, 생루 얘기들을 하니까"* 하는 게르망트 부인의 말.

문 쪽으로 등을 돌리고 있는 마르상트 부인은 아들이 들어오는 것을 보지 못했다. 언뜻 알아보았을 때, 이 어머니의 마음에 기쁨이 날갯짓처럼 파닥파닥 치고, 마르상트 부인의 몸은 반쯤 들어올려지며, 얼굴이 꿈틀거리고, 놀란 눈으로 로베르를 보았다.

"어머나, 너 왔니! 잘됐다! 뜻밖이다!"

"음! 생루 얘기들을 하니까, 알아 모셨습니다." 벨기에 외교관이 별안간 크게 웃으며 말했다.

---

* '호랑이도 제 말하면 온다'는 우리나라 속담이 있는데, 프랑스에서는 호랑이 대신 '루(loup)', 곧 늑대를 씀.

"의미심장한 말이죠." 게르망트 부인이 퉁명스럽게 대꾸했다. 익살 섞인 이야기를 매우 싫어하는 부인인데, 어쩌다가 제 자신을 비웃는 모양으로 그런 이야기가 나왔을 뿐이었다. "안녕, 로베르, 그런데 이 외숙모를 아주 잊어버리기냐." 부인이 말했다.

두 사람은 잠시 함께 얘기했는데, 아마도 내 이야기였던지, 생루가 어머니에게 가까이 가는 동안, 게르망트 부인이 나를 돌아다보았다.

"안녕, 요즘 건강하세요?" 부인의 말.

그녀는 내 몸 위에 푸른 눈빛을 비 오듯 붓고, 잠시 주저주저, 팔을 펴 내밀며, 몸을 앞으로 구부렸다가, 마치 작은 떨기나무를 잡아 휘었다가 손을 놓으면 본디 자세로 돌아가듯 재빨리 뒤로 젖혔다. 부인은 이와 같은 태도를, 생루의 불 같은 눈길 아래, 멀리서 외숙모가 좀더 바람직한 태도로 나오기를 죽을힘을 다해 지켜보는 불 같은 눈길 아래서 취했다. 대화가 끊어질까봐 생루는 대화의 흥을 돋우러 와 나 대신 말하였다.

"그다지 좋지 않아요, 좀 과로해서요. 하지만 외숙모를 좀더 만나뵈면 좋아질지도 모르죠. 솔직하게 이 사람이 외숙모를 무척 보고 싶어했거든요."

"그래, 다정하셔라." 게르망트 부인은, 마치 내가 그녀에게 외투를 가져다 주기라도 한 듯 일부러 싱거운 투로 말했다. "기쁘기 그지없어라."

"자아, 나는 잠깐 어머니 곁에 가려네, 내 의자를 내주지." 생루는 그 외숙모 곁에 나를 억지로 앉히면서 말하였다.

우리는 둘 다 잠잠해졌다.

"아침에 때때로 언뜻 뵈었습니다." 부인은, 마치 나에게 소식을 전하기라도 하듯, 마치 내가 부인을 알아보지 못하기라도 한 듯 말하였다. "건강을 위해서라면 아주 좋은 일이에요."

"오리안" 하고 작은 목소리로 마르상트 부인이 말했다. "생페레올 부인을 만나러 가겠다고 말했죠. 미안하지만 만찬에 나를 기다리지 말라고 그분에게 전해주지 않겠어요? 로베르가 왔으니 나는 집에 있겠어요. 이 또한 미안한 부탁이지만 지나는 길에 집에 들러 로베르가 좋아하는 여송연을 당장 사놓도록 일러주세요, '코로나'라는 이름인데, 떨어졌거든요."

로베르가 가까이 왔다. 생페레올 부인이라는 이름을 비로소 들었던 것이다.

"그건 또 누구죠, 생페레올 부인은?" 그는 놀란 듯이 또렷한 투로 물었다. 사교계에 대한 것을 하나도 모르는 체하고서.

"그러지 마라, 잘 알면서." 그의 어머니가 말했다. "베르망두아의 누님이 아니냐, 네가 무척 좋아한 멋진 당구대를 주신 그분이야."

"뭐라구요, 베르망두아의 누님이라구요, 전혀 몰랐는데. 정말 우리 가문은 놀라워." 그는 몸을 반쯤 내 쪽으로 돌리며 말했는데, 블로크의 의견을 빌리는 동시에 그 말투까지 무의식중에 흉내내어 "그건 작건 생페레올이라 일컫는 이들, 이제껏 들은 적 없는 사람들과 사귀겠다(한마디마다 마지막 자음을 떼면서), 무도회에 가겠다, 지붕 없는 사륜마차를 타고 산책하겠다, 사치한 생활을 보내겠다, 굉장하군."

게르망트 부인은 억지 미소를 삼키듯 가볍고 짧고 센 소리를 목구멍에서 냈는데, 마치 친척 관계로 그렇게 해야만 하는 범위 안에서, 조카의 생각에 편드는 걸 나타내기 위한 것이었다. 이때 파펜하임 문스터부르크 바이니겐 대공에게서 노르푸아 씨한테, 여기에 와 있는지 알려달라는 전갈이 왔다.

"모시러 가세요." 빌파리지 부인이 전 대사한테 말하자 전 대사는 독일 수상을 마중하러 나섰다.

그런데 후작부인은 그를 불러 세우고 물었다.

"잠깐만, 그분에게 샤를로트 황후의 미니아튀르를 보여야 할까요?"

"그럼요, 매우 기뻐하겠죠." 대사는 이런 우대가 기다리고 있는 장관의 행운이 부러운 듯 자신 있는 투로 말하였다.

"암! 그분은 정말 온건파랍니다." 마르상트 부인이 말했다. "외국인에게는 드문 일이죠. 하지만 나는 알아보았거든요. 반유대주의의 화신이랍니다."

대공의 이름은 그 첫머리의 철자가—음악에서 말하듯이—어택*되는 대담성에, 철자를 운각으로 나누는 더듬거리는 반복에, 게르만적인 약동성과 동시에 점잔 빼는 소박함, 중후한 '멋스러움'을 지니고 있어서, 그것이 18세기 독일의, 빛이 희미하고 가느다랗게 아로새긴 금박 무늬 뒤에 라인풍 그림 유리창의 신비를 펼치는 검푸른 칠보와도 같은 '하임' 위에 마치 초록빛 도는 가지인 양 불쑥 튀어나오고 있었다. 이 이름은 그것을 이루는 갖가지 이름

---

* 음표나 악구를 명확히 시작하는 연주법.

속에 내가 아주 어렸을 때 할머니와 함께 간 적이 있던 독일의 작은 온천 마을, 괴테의 산책으로 이름난 산과 이 산의 포도밭에서 나는 유명한 토산주(土産酒)—호메로스가 작중의 영웅들에게 붙인 형용사처럼 격조 높은 복합명을 가진 포도주—를 우리가 곧잘 그곳 퀴르호프 호텔에서 마시던 작은 온천 시가의 이름을 포함하고 있었다. 그래서 대공의 이름이 발음되는 것을 듣자마자, 내가 그 온천장을 떠올리기에 앞서 그 이름은 줄어들고, 인간미를 띠며, 내 기억 속의 작은 자리에서도 자기에게 충분하다고 보고, 거기에 친근하게, 비속하게, 그림같이, 감미롭게, 가볍게, 그리고 뭔가 허용된, 지정된 것 같은 모습으로 들러붙는 듯했다. 게다가 게르망트 씨는 대공의 밑바탕을 설명하면서 여러 칭호를 주워섬기는 바람에, 나는 하천이 꿰뚫어 흐르는 어느 마을, 내가 치료를 끝내고 저녁마다 모기 속을 배 타고 간 하천이 꿰뚫고 흐르는 마을의 이름, 또 의사가 산책하러 가기를 허락하지 않을 성싶은 먼 숲의 이름도 알아들었다. 과연 영주의 군주권이 근처 고장에 퍼져, 지도 위에 나란히 읽히는 몇몇 고장의 이름을 칭호의 나열 속에 새로 결합시키는 것도 이해할 만했다. 그러므로 신성 제국의 대공이자 프랑켄 왕조의 시종(侍從)이 쓴 투구와 면갑(面甲) 밑에서 내가 본 것은, 오후 6시의 햇살이 나를 위해 여러 번 걸음을 멈추던 그리운 땅의 모습이었다. 라인 백작이자 팔라티나 선거후(選擧侯)인 대공이 들어오기까지는 적어도 그랬다. 그도 그럴 것이 나는 순식간에 알았기 때문이다. 대공이 땅의 신령이나 물의 신령이 번식하는 숲과 하천, 루터나 르와 게르만 왕 루이의 추억을 간직하고 있는 옛 도성이 솟은 매혹적인 산에서 얻는 수입을, 살롱형 자동차를 다섯 대, 파리와 런던의 저택, 오페라 극장에 월요일 특별석 하나, '프랑세 극장'의 '마르디(mardis)'[1]에도 특별석 하나를 사는 데 쓰고 있다는 것을. 나에겐 그가, 재산이나 나이가 같으나 오직 시적인 태생을 받지 못한 이들과 별로 다르지 않은 듯했고, 그 자신도 그렇게 믿지 않는 것 같았다. 그는 여느 사람의 교양과 이상을 가지며, 제 신분을 기뻐하나 오직 신분이 주는 이익에 지나지 않고, 이제 그에겐 인생에 단 하나의 야심밖에 없었으니, 그것은 윤리학·정치학 한림원[2]의 원외 회원에 뽑히는 일이므로, 빌파리지 부인 댁을 찾아온

---

*1 화요일의 특별 흥행.
*2 프랑스 학사원을 구성하는 다섯 아카데미 가운데 하나.

것이었다.

그 아내는 베를린에서 가장 보수적인 도당의 우두머리이지만, 그가 처음부터 후작부인에게 소개되기를 바란 것은 아니었다. 몇 해 전부터 학사원에 들어가려는 야심에 시달려온 그는, 불행하게도 자기에게 투표해줄 성싶은 아카데미 회원의 수가 아무래도 다섯 명을 넘지 않는다는 사실을 보아왔다. 그는 노르푸아 씨가 혼자서도 능히 여남은 표를 좌지우지하며, 교묘한 거래 덕분으로 몇 표를 더 보탤 수 있다는 걸 알고 있었다. 따라서 둘 다 러시아에서 대사로 있을 때 알게 되어서 노르푸아 씨를 방문하고, 그를 구슬리고자 있는 힘을 다해 왔다. 그러나 아무리 싹싹하게 굴어도 헛일, 후작에게 러시아의 훈장을 수여하게 해도, 외교 논문에 그 이름을 인용해도, 상대는 은혜를 모르는 사내로, 여태껏 호의를 셈속에 넣지 않는 태도로 나와, 그의 입후보를 한 걸음이나마 진전시키기는커녕 제 표도 약속해주지 않는 후작이었다! 틀림없이 노르푸아 씨는 매우 공손하게 대공을 맞이했고, 또한 대공이 틈을 내어 '누추한 곳까지 왕림해주신 데' 황송하다며 대공 댁에 가기도 했다. 그리고 이 튜턴* 기사가 "당신의 동료가 되고 싶은데요" 하고 서슴없이 말하자, 감개무량한 투로 "그럼 얼마나 좋겠습니까!"라고 대답했다. 코타르 의사라면 틀림없이 이렇게 생각했을 것이다. '어쩌냐, 그가 내 집에 왔다. 나를 자기보다 뛰어난 인물로 여기므로 그쪽에서 오고 싶었던 것이다. 그는 나에게 내가 아카데미 회원이 된다면 얼마나 좋겠냐고 말했다. 이 말은 아무튼 의미심장하다. 제기랄! 그가 나한테 투표하겠노라 말하지 않는 까닭은, 틀림없이 그 생각을 안 하기 때문이다. 내 위력을 지나치게 이러쿵저러쿵 말하는 것을 보니, 그는 내가 가만히 있어도 호박이 저절로 굴러온다, 바라는 대로 표가 모인다고 생각하는 게 틀림없다. 그래서 제 표를 준다고는 하지 않는 것이다. 그러니 지금 둘만 있는 자리에서 그를 막바지로 몰고 가 이렇게 말하면 그만이다. "내게 투표하시오", 그럼 못 하겠다곤 않겠지.' 그러나 파펜하임 대공은 순진한 사람이 아니었다. 코타르 의사라면 '교활한 외교관'이라 이름 지었을 인물로 노르푸아 씨가 자기 못지않게 교활한 것도, 어느 후보자한테 투표하면 기쁘게 해줄 수 있는지 스스로 알아차리지 못하는 사

---

* 1128년경 예루살렘에 창립된 기독교 군단의 기사를 뜻하는데, 독일인을 비꼬아 일컫는 말.

내가 아닌 것도 알고 있었다. 대공은 대사직을 맡아하는 동안, 또 외무부 장관으로서, 지금처럼 자신을 위해서가 아니라 나라를 위해, 상대가 어디까지 나오려고 하는지 뭘 말하지 못하게 하는지 미리 아는 회담을 여러 번 겪은 적이 있었다. 외교 용어에서 이야기한다 함은 제공한다는 뜻이라는 사실도 모르지 않았다. 그 때문에 그는 노르푸아 씨에게 생탕드레 대수장(大綬章)을 수여하게 했던 것이다. 그러나 나중에 그가 노르푸아 씨가 행한 회담에 대해 정부에 보고해야 했다면, 전보로 '당치 않은 일을 했는 줄 앎'이라고 보냈을지도 모른다. 그도 그럴 것이, 그가 학사원 이야기를 다시 꺼내자마자 노르푸아 씨는 거듭,

"그건 동료들을 위해 매우 고마운 일입니다. 당신이 그들을 생각해주시니 그들로서는 무한한 영광으로 느끼리라 생각합니다. 이는 우리의 습관을 좀 벗어난 흥미 깊은 입후보입니다. 아시다시피 아카데미는 퍽 보수적이라, 조금 새로운 소리가 나기만 해도 모조리 겁냅니다. 나 개인으로서는 그런 못된 점을 비난해 마지않습니다. 내 동료들에게 비난을 퍼부은 적도 한두 번이 아니죠! 한번은 융통성이 없다는 말까지 내 입에서 튀어나왔답니다." 그는 엷은 미소를 띠며, 마치 연주의 효과를 노리듯 독백풍인 작은 목소리로, 그 효과가 어떤지 살피려는 늙은 배우처럼 푸른 눈을 비스듬히 흘긋 대공 쪽으로 던지면서 덧붙였다. "이해하시죠, 대공님. 나는 당신같이 뛰어난 분이 손해 보리라 미리 아는 승부에 손대는 것을 그냥 보고 싶지 않습니다. 내 동료들의 사념이 지금처럼 구태의연한 이상 삼가시는 것이 현명한 일이라 생각합니다. 하기야 이대로 간다면 묘지가 될지도 모르는 이 학사원에 만일 좀더 새로운, 좀더 생기 있는 정신이 움터 나온다면, 만일 당신을 위한 기회가 생겼다고 판단하면 나는 첫 번째로 당신에게 이를 알려드리겠습니다."

'생탕드레 훈장은 실패였다'고 대공은 생각했다. '협상은 제자리걸음이다. 그가 바란 것은 그게 아니다. 헛물켰는걸.'

이는 대공과 똑같은 수업을 쌓은 노르푸아 씨도 할 수 있을 추론이었다. 노르푸아식 외교관이 거의 무의미한 공식 발언에 경탄해 마지않는 그 유식한 체하는 어리석음을 우리는 비웃을 수 있다. 그러나 그들의 유치함에는 그 반면이 있다. 유럽 및 그 밖에 여러 나라의 균형 상태, 이를 평화라 일컫는데, 이를 확보하는 천칭에서, 선의나 미사여구, 간청 따위는 거의 무게가 나가지

않으며, 진짜 무게는 다른 데에 있으니, 즉 상대가 매우 강한 경우, 교환 조건으로써 욕망을 채울 가능성이 상대에게 있는지 없는지를, 외교관들은 안다. 이런 종류의 진리, 이를테면 내 할머니같이 전혀 사리사욕 없는 이들은 이해 못하는 진리와 노르푸아 씨와 폰 ***[1]대공은 여러 번 씨름해왔다. 프랑스와 전쟁 직전 상태에 놓였던 여러 나라에서 대리대사를 맡은 노르푸아 씨는, 사태가 어찌 되어가는지 근심하면서도, 그 사태가 '평화'라는 낱말이나 '전쟁'이라는 낱말로 나타내지지 않고, 그것이 가공할 낱말이건 또는 축복된 낱말이건 듣기에 평범한 낱말, 외교관이 암수표의 도움으로 당장 해독하는, 프랑스의 체면을 세우고자 그 못지않게 평범한 낱말로 대구하면 상대 나라의 장관이 금세 전쟁을 간파하는 낱말로 통고해오리라는 걸 알고 있었다. 그뿐만 아니라, 결혼시키려는 두 사람의 첫 만남을 짐나즈(Gymnase) 극장의 공연에서 우연히 마주친 형태로 이루어지게 하는 옛 관습과 비슷하게, 운명이 '전쟁'이라는 또는 '평화'라는 낱말을 구술하는 대담은 흔히 장관실이 아니라, 장관과 노르푸아 씨가 둘이 같이 가서, 솟아나오는 광천의 샘물을 작은 유리잔으로 받아 마시는 쿠르가르텐(Kurgarten)[2]의 의자에서 나누었다. 두 사람은 말없는 가운데 우연히 맺은 약속에 의하여, 치료 시간에 만나서, 먼저 함께 몇 걸음 산책한다. 한가로운 산책처럼 보이나, 둘 모두 이것이 총동원령과 마찬가지로 비극적인 것을 알고 있다. 그런데 대공은 학사원에 대한 소개라는 사사로운 사건에서도, 외교관이란 직업에서 해온 바와 똑같은 귀납법, 겹친 부호를 꿰뚫는 같은 해독법을 썼던 것이다.

물론 나의 할머니나 할머니와 닮은 이들이 이런 타산을 모른다고 하지만, 모르는 사람이 이들뿐이라고는 할 수 없다. 부분적으로 말해서, 일정한 직업에 종사하는 여느 인간은 직관력의 부족으로, 나의 할머니가 숭고하고 욕심 없이 편안한 탓에 빠진 것과 똑같은 무지에 빠진다. 겉으로 보아 가장 순진한 행동이나 말의 진짜 동기를, 이해관계 속에 살아간다는 어쩔 수 없음 속에서 찾아내야 하는 경우, 남녀를 가리지 않고, 부양받는 이들에게까지 흔히 내려가야 한다. 돈을 내려고 하자 여인이 "돈 따위 얘기 마세요" 한다. 이

---

*1 이 ***는 자필 복사판에 나와 있는데, 이미 대공으로 선택된 이름을 되풀이하기를 소홀히 하였음.

*2 온천장.

말은 음악이라는 '아무것도 아닌 박자'로 계산해야 하고, 또 나중에 그 여인이 "당신은 나를 너무 고생시켰어, 여러 번 사실을 숨겼어, 더 못 참겠어" 하고 쏘아대면, 이를 '다른 보호자가 더 많이 준다'는 말뜻으로 해석해야 한다. 그 위에 그것은 사교계 부인에 어지간히 가까운 창녀의 말씨에 지나지 않는다. 불량배들은 더욱 뚜렷한 본보기를 보인다. 노르푸아 씨나 독일의 대공은 불량배들과 한패는 아니었으나, 평소 국민과 똑같은 면에서 사는 데에 익숙해왔고, 국민이란 아무리 위대한들 또한 이기주의와 간계(奸計)에 사는 존재이므로, 이것은 힘으로 또는 그것이 갖는 이해에 대한 배려로만 길들일 수 있다. 그런데 그 이해관계 때문에 국민을 살육에까지 밀고 가는 수가 있으며, 그 살육도 흔히 어떤 상징적인 뜻을 품고 있으니, 싸움하는 데 대한 단순한 머뭇거림 또는 거부가 그 나라로서는 '멸망'을 뜻하기 쉽기 때문이다. 그런데 이런 것이 온갖 외교 문서에 전혀 적혀 있지 않아, 국민은 스스로가 평화주의자라고 생각한다. 국민이 전의를 품는 것은 증오나 앙심을 통한 본능에서지, 노르푸아풍의 외교관한테 경고를 받아 국가 우두머리에게 결단을 내리게 한 갖가지 이유에 의해서가 아니다.

그다음 겨울, 대공은 중병을 앓다가 낫기는 했으나, 심장이 회복할 수 없을 만큼 상하고 말았다. '제기랄!' 그는 생각했다. '학사원 건에 시간을 허비해선 안 되겠다. 어물어물하다간 임명되기 전에 죽을지 모르지. 그럼 얼마나 한스러우랴.'

그는 최근 20년간의 정치에 대해 논문 한 편을 써서 〈양세계 평론〉지에 발표하고, 그 글에다 노르푸아 씨에 대한 최상급 아첨문을 여러 번 썼다. 노르푸아 씨는 대공을 찾아가 감사의 뜻을 나타냈다. 감사의 뜻을 뭐라 나타내야 할지 모르겠노라고 그는 덧붙였다. 대공은 자물쇠 구멍에 다른 열쇠를 끼워본 사람처럼 "이것도 아니군" 하고 중얼거렸다. 노르푸아 씨를 배웅했을 때 조금 헐떡거림을 느꼈다고 생각했다. '빌어먹을, 원기 왕성한 그놈들은 나를 입회시키기 전에 뒈지게 할 것이다. 서둘러야지.'

바로 그날 저녁, 그는 오페라 극장에서 노르푸아 씨를 만났다.

"친애하는 대사님." 대공이 노르푸아 씨에게 말했다. "오늘 아침 감사의 뜻을 어떻게 나타내야 할지 모르겠다고 하셨는데, 매우 과분한 말씀입니다. 내게 갚아야 할 것이 하나도 없으니까요. 하지만 염치없이 그 말씀을 곧이

믿겠습니다."

　노르푸아 씨는 대공이 그의 수완을 높이 평가해온 것 못지않게 대공의 수완을 높이 평가하고 있었다. 그는 파펜하임 대공이 자기에게 무언가 요구하려는 것이 아니라, 무언가 제의하려는 걸 당장 이해하고 싱글벙글 싹싹하게 귀담아듣기 시작했다.

　"이런 말을 하면 나를 아주 경솔한 사람이라고 생각하실 테지만 내가 무척 소중히, 곧 이해하시려니와 전혀 다른 뜻에서 소중히 여기는 두 여성이 있습니다. 최근 파리에 와서 앞으로도 오래 살 생각인 바로 내 아내와 장 대공비입니다. 두 여인은 가까운 날 만찬회를, 특히 영국 왕과 왕비에게 경의를 나타내고자 베풀려고 하는데, 두 여인의 꿈은 그 회식자에게 어떤 분을, 아는 사이는 아니지만 둘 다 매우 존경하며 사모하고 있는 분을 소개해드리고 싶다는 것입니다. 사실 나는 두 여인의 소망을 어떻게 채워줄지 모르다가, 조금 전에 참으로 우연히 당신이 그분을 알고 있다는 걸 알았습니다. 그분이 바깥출입을 안 하시고 극히 적은 사람들, 해피 퓨(happy few)＊밖에 안 만나시는 걸 압니다만, 당신이 내게 보여주시는 호의를 가지고 나를 도와주신다면, 반드시 그분은, 나를 그분 댁에 소개하는 일, 그래서 내가 그분한테 대공비와 내 아내의 소망을 전하는 일을 허락하실 것이 틀림없습니다. 어쩌면 그분은 영국 왕비와 함께 식사하러 오실지도 모르고, 또 지루하지 않다면 부활제 휴가를 볼리외에 있는 장 대공비 댁에서 우리와 같이 지내러 오실지 누가 압니까. 그분은 빌파리지 후작부인이라고 하십니다. 솔직히 말해 그와 같은 문예 살롱의 단골이 된다는 희망에, 학사원 입후보를 단념해도 적이나 위안되고, 근심 없이 견디어낼 것 같습니다. 그분의 살롱에서도 똑같은 지성의 교제와 미묘한 대화를 나누니까요."

　대공은 자물쇠가 저항하지 않아 마침내 이 열쇠가 들어맞은 것을 느끼고는 이루 말할 수 없이 기뻤다.

　"그와 같이 어느 것을 고를 필요는 없습니다, 친애하는 대공님." 노르푸아 씨가 대답했다. "말씀하시는 살롱만큼 학사원과 손발이 잘 맞는 곳도 따로 없으니, 그야말로 아카데미 회원의 못자리라고 해도 좋습니다. 당신의 부탁

＊ 영어로 행복한 소수인(少數人).

을 빌파리지 후작부인께 전하겠습니다. 아주 기뻐하실 겁니다. 당신 댁에 식사하러 간다는 건, 좀체 외출하시지 않으니까 쉽지 않을 테지만, 당신을 그분에게 소개해드릴 테니 몸소 설득해보시지요. 특히 아카데미 건은 단념하시지 말기를. 내일부터 2주 뒤에, 나는 르루아 볼리외 댁에 점심 식사를 하러 가서, 거기서 르루아 볼리외와 함께 중대한 회의에 참석합니다. 그런데 르루아 볼리외 없이는 선거를 할 수 없습니다. 나는 이미 그에게 당신 이름을 말해놓았는데, 물론 그 사람도 당신 이름을 잘 알고 있습니다. 그는 몇 차례 반대 의견을 꺼냈습니다. 그러나 그는 다음 선거에 내 편의 지원이 필요한 처지니까, 나는 다시 한 번 부딪쳐볼 생각입니다. 나는 당신과 나를 맺은 진정어린 우정을 그에게 솔직히 얘기하겠습니다. 만일 당신이 입후보한다면, 나는 내 편 모두에게 당신한테 투표하라고 부탁하리라는 걸 그에게 숨기지 않겠습니다(대공은 깊은 안도의 숨을 내쉬었다). 또 내 편이 많다는 사실은 그도 압니다. 만일 그의 협력을 확보만 한다면 당선은 따놓은 것입니다. 그날 저녁 6시에 빌파리지 부인 댁에 나오십시오. 그러면 안에 모시고 들어가 그날 오전의 회담을 보고드리겠습니다."

이와 같은 경과로 파펜하임 대공은 빌파리지 부인을 방문하게 되었던 것이다. 그런데 그가 말을 꺼냈을 때 나는 깊은 환멸을 느꼈다. 그때까지 나는 생각지도 못했던 것이지만, 한 시대의 사람들에겐 한 나라의 사람들 사이보다 더 강하고도 보편적인 특징이 있어서, 미네르바의 확실한 초상까지 실려 있는 그림이 든 사전을 보면, 가발을 쓰고 주름 깃을 단 라이프니츠*1는 마리보*2나 사뮈엘 베르나르*3와 그다지 다르지 않건만, 한 나라 사람들 사이엔 하나의 사회계급 이상으로 강한 특징이 있다. 그런데 그 특징은 엘프(elf)*4의 스치는 소리와 코볼트(kobold)*5의 춤 소리가 들릴 거라고 내가 기대했던 말씨를 통해서가 아니라, 그에 못지않게 시적인 유서를 증명하는 어떤 변음을 통해서 내 앞에 나타났다. 그것은 작은 키에, 상기된, 배불뚝이

───────────────

*1 독일의 철학자(1646~1716).

*2 프랑스의 극작가(1683~1763).

*3 프랑스의 은행가(1651~1739).

*4 풍신(風神).

*5 산신(山神).

라인 백작이 빌파리지 부인 앞에, 절하면서, 알자스 지방의 문지기와 똑같은 사투리로, 이렇게 말한 사실이다. "퐁슈르 마탐 라 마르키즈(Ponchour, Matame la marquise)."*

"홍차를 드릴까요, 아니면 타르트를 조금 드릴까요, 퍽 맛나요." 게르망트 부인은 되도록 상냥히 굴려고 나에게 말했다. "나는 이 집에 와선 내 집처럼 손님을 접대한답니다." 부인은 목쉰 웃음소리를 꾹 참는 듯한 뭔가 목구멍소리에 주는 비꼬는 말투로 덧붙였다.

"이봐요." 빌파리지 부인이 노르푸아 씨에게 말했다. "아카데미 건으로 대공께 말씀드릴 게 있는 걸 잊지 마세요."

게르망트 부인은 눈을 내리감고, 시간을 보려고 손목을 4분의 1쯤 돌렸다.

"어쩌나, 생페레올 부인 댁에 들러 가려면 큰어머님께 인사해야 할 시각이네, 또 르와르 부인 댁에서 저녁 식사를 하고."

그러고 나서 그녀는 나한테 작별인사도 없이 일어섰다. 부인은 이제 막 스완 부인의 모습을 언뜻 보았던 것이다. 스완 부인은 나를 만나 어지간히 거북한 모양이었다. 드레퓌스의 무죄를 굳게 믿는다고 누구보다 먼저 나한테 말했던 일을 떠올린 것이 틀림없었다.

"어머니가 나를 스완 부인에게 소개하지 않으면 좋겠는데." 생루는 내게 말했다. "옛 매춘부야. 남편이 유대인이라서 우리한테 민주주의를 떠들어대지. 이크, 팔라메드 아저씨가 왔군."

스완 부인이 여기 온 것은 며칠 전 생긴 일 때문에 나의 유별난 흥미를 북돋았다. 그 일은 한참 뒤에 여러 결과를 가져오므로 자세히 이야기할 필요가 있는데, 결과는 그때 가서 자세히 적겠다. 이 방문의 며칠 전, 나는 뜻하지 않은 방문, 내 종조할아버지의 옛 사내종의 아들, 얼굴도 모르는 샤를 모렐의 방문을 받았다. 이 종조할아버지(그 집에서 내가 장밋빛 옷차림을 한 부인을 만났던 인물인데)는 지난해 죽었다. 그 시중꾼은 나를 보러 오고 싶다는 의사를 여러 번 보여왔다. 방문의 목적이 뭔지 몰랐으나, 오면 기꺼이 만

---

* 정확한 발음은 '봉주르 마담……'이며 '안녕하십니까, 후작부인'이라는 뜻.

날 셈이었다. 그가 종조할아버지를 진정으로 추모하고 있으며, 기회 있을 때마다 성묘하고 있다는 사실을 프랑수아즈를 통해 들어 알고 있었기 때문이다. 그런데 고향에 몸조리하러 가야 했고, 거기에 오랫동안 머무를 셈인 그는 아들을 대신 보냈던 것이다. 나는 열여덟 살쯤 되어 보이는 잘생긴 소년이 들어오는 걸 보고 깜짝 놀랐다. 취미가 좋다기보다 오히려 사치스런 옷을 입어, 뭐니뭐니해도 어쨌든 시중꾼으로 보이지 않았다. 게다가 그는 처음부터 그 출신인 하인 신분과의 유대를 끊으려고 하였고, 만족스러운 미소를 띠며 콩세르바투아르를 수석으로 나왔다고 나에게 알렸다. 그 방문의 목적은 이러하였다. 그 아버지는 종조할아버지 아돌프가 남긴 유물 가운데, 우리 부모님한테 보내기에 적합지 않다고 판단했던 것들을 따로 놓아두었다가, 내 나이의 젊은이라면 흥미 있을 거라고 생각했던 것이다. 그것은 종조할아버지가 사귀어온 이름난 여배우, 고급 창부들의 사진으로 종조할아버지가 가정생활에서 방수벽으로 분리해놓은 늙은 탕아 생활의 마지막 회상이었다. 젊은 모렐이 그것을 내게 내보이는 동안, 나는 그가 짐짓 대등하게 말하려는 걸 알아챘다. 그는 되도록 '주인님'이라 하지 않고, '당신'이라 말하는 것에 기뻤는데, 그 아버지는 우리 부모님한테 말할 때 '삼인칭'밖에 쓴 적이 없던 것이다. 사진에는 거의 다 '내 최고의 벗에게'라는 헌사가 씌어 있었다. 가장 은혜를 모르며 신중한 한 여배우는 '여러 벗 가운데에서 가장 뛰어난 분에게'라고 써놓았다. 그렇게 쓰면, 종조할아버지가 전혀 그런 존재가 아니라, 정반대로 가장 잘 해준 벗, 그녀가 이용한 벗, 호인, 거의 늙은 바보 같은 존재라고 떠들어댈 수 있었음이 확실했다. 젊은 모렐은 자신의 출신에서 벗어나려고 애썼으나 소용없이, 늙은 시중꾼 눈에 존경할 만하고도 뛰어나게 보인 아돌프 종조할아버지의 그림자가, 아들의 어린 시대와 젊음 위에 거의 신성하게 끊임없이 감돌고 있음을 느꼈다. 내가 사진을 들여다보고 있는 동안, 샤를 모렐은 방 안을 살피고 있었다. 내가 사진을 어디에 간직해둘까 찾고 있으려니까, 그가 물었다. "당신 방 안에 종조할아버지님의 사진이 한 장도 보이지 않다니 어찌 된 일이죠?"(그 말투에 비난의 뜻을 나타낼 필요가 없을 만큼 말 자체가 비난이 담겨 있었다) 나는 얼굴이 붉어지는 걸 느껴 더듬거렸다. "하지만 종조할아버지 사진이 내게 아마 없지." "뭐라구요, 그토록 당신을 사랑하시던 아돌프 종조할아버지님의 사진을 단 한 장도 안 가졌습니까? 그럼 내 아버지께서 가지고 있는 수많은 사진 가운데에서 하나 골라 보내드리죠. 그걸 저 옷장, 바로 종조할아버지님이 물려준 저 옷장 위 가장 좋은 자리에 놓아두기를 바랍니다." 하기야 내 방 안에 아버지나 어머니의 사진도 한 장 없었으니까, 아돌프 종조할아버지의 사진이 없다고 해서 그토록 화낼 일은 못 되었다. 그러나 모렐의 아버지로서는, 내 종조할아버지가 집안의 가장 중요한 인물이며, 우리 부모는 그 빛을 받고 있는 데 지나지 않는다고 생각했음을 짐작하기에 어렵지 않았거니와, 또 그렇게 보는 투를 그 아들에게 가르쳤던 것이다. 그에 비하면 나는 가장 높이 평가되고 있었다. 종조할아버지가 날마다 그 시중꾼에게 내가 라신이나 볼라벨 같은 인물이 될 것이라고 말해왔으므로 모렐은 나를 종조할아버지의 양자나 귀애하는 아들로 여기고 있었다. 나는 모렐의 아들이 상당한 '출세주의자'임을 금세 알아챘다. 그러므로 그날 그는 조금 작곡을 하고 시에 곡을 붙일 수 있으니, 혹시 '귀족' 사회에서 중요한 지위를 차지한 시인을 모르느냐고 물어왔다. 나는 한 시인의 이름을 대었다. 그는 그 시인의 작품을 몰랐으며, 이름조차 들은 적이 없어서 그것을 수첩에 적어두었다. 그런데 그가 그 시인에게 서신을 보내, 그 시인의 작품을 열광적으로 찬미하는 자로서 그가 지은 소곡(小曲)을 작곡했으니, 만일 작사자가 ○○○ 백작부인 댁에서 그 소곡을 들려준다면 고맙겠다는 뜻을 전한 것을 나는 알았다. 이는 좀 성급하고 뱃속이 들여다보이는 짓이었다. 화가 난 시인은 대꾸도 하지 않았다.

　게다가 샤를 모렐은 야심과 함께, 더욱 구체적인 현실에 대해 강한 기호를 지니고 있는 성싶었다. 그는 안마당에서 조끼를 깁는 쥐피앙의 조카딸에게 눈길이 갔다. 마침 '색다른' 조끼가 필요하다고 했으나, 내가 보기에 이 젊은 아가씨가 그에게 강한 인상을 주었다. 그는 망설임 없이 나한테 아래로 내려가 그를 아가씨에게 소개해달라고 부탁했다. "그러나 당신 집안과의 인연은 입 밖에 내지 않도록, 알아들으셨습니까, 내 아버지에 대해 꼭 비밀을 지켜주시겠지요. 오로지 당신 벗 가운데 대예술가로만 말해주십쇼, 이해하시죠. 상인들에겐 좋은 인상을 주어야 하니까요." '친구라 부를 만한 관계(Cher ami)'가 아니라는 것은 알고 있으니까. 그 아가씨 앞에서 '물론 친한 선생(Cher Maître)이라곤 부르지 못할망정…… 만일 좋다면, 친애하는 대예술가(Cher grand artiste)' 정도로 불러달라는 암시이건만. 그에게 '칭호 붙이기'를 피하고, 그가 말하는 '당신'에 대해 '당신'으로 대꾸하는 것으로 그쳤다. 그는 몇 가지 비로드 천 가운데 새빨간 것을 골랐는데, 너무나 화려해서 그가 아무리 고약한 취미가 있다 하더라도 그 뒤 그 조끼를 한 번도 입을 수 없었다. 아가씨는 두 수습공과 함께 다시 일하기 시작했는데, 서로 감명이 있었나 보다. 샤를 모렐을 '같은 사회'의 인간(다만 더 멋있는, 더 부유한)이라 여기고, 아가씨의 마음에 몹시 들었나 보다. 그의 아버지가 보내온 사진 가운데에서, 엘스티르가 그린 미스 사크리팡(즉 오데트)의 초상 사진을 발견하고 깜짝 놀라서 샤를 모렐을 정문까지 배웅하며 말했다. "당신이 설명해줄 수 없는 일인지도 모르지만, 종조할아버지께서 이 여인과 친한 사이였는지? 종조할아버지 생애의 어느 시절에 이 여인을 놓아야 좋을지 통 모르겠는데, 스완 님 때문에 그것이 알고 싶거든……." "아버지가 이 여인에 대해 특히 당신의 주의를 끌도록 나에게 일러줬는데 깜박 잊고 말하지 않았군요. 사실 이 화류계 여자는 당신이 마지막으로 종조할아버지님을 만나 뵙던 날 그 댁에서 점심을 들었지요. 아버지는 당신을 들여보내도 좋을지 어떨지 몰랐답니다. 보아하니 당신은 그 경솔한 여인의 마음에 썩 들어, 또다시 당신을 만나고 싶어했답니다. 그러나 바로 그 무렵 집안에, 아버지의 얘기에 따르면 갈등이 생겨, 그 뒤 당신은 종조할아버지님을 한 번도 찾아뵙지 않았다고 합니다." 이 순간 그는 쥐피앙의 조카딸에게 멀리서 작별인사를 하려고 미소를 보냈다. 그녀도 그를 물끄러미 바라보며, 선이 고른 그의 야윈 얼굴, 가벼운 머리칼, 맑은 눈매에 틀림없이 마음을 빼앗겼으리라. 나는 그의 손을 잡으면서, 스완 부인을 생각하고, 앞으로는 스완 부인을 '장밋빛 옷차림의 부인'과 같은 사람으로 보아야 한다는 뜻밖의 생각을 하였다. 그만큼 이 두 여인은 내 기억 속에서는 동떨어진 다른 인물이었다.

샤를뤼스 씨는 오래지 않아 스완 부인 곁에 앉았다. 그는 어느 모임에 나가건, 사내들을 멸시하여, 여인들의 환심을 사며, 가장 우아한 여성 곁에 금세 다가가서, 그 여인의 몸치장으로 자기 자신이 돋보이는 느낌을 받았다. 남작의 프록코트 또는 연미복은 남작을 어느 색채 화가가 완성한 검은 옷차림의 사나이, 검은 옷이나, 곁에 있는 의자 위에 눈부신 외투를 놓고, 그것을 위에 입고 가장무도회에 가려는 사나이의 초상화와 닮게 하였다. 이런 대면은 보통 왕가의 부인이 상대인데, 샤를뤼스 씨는 덕분에 그가 좋아하는 특별대우를 받을 수 있었다. 그 결과 예를 들어, 어느 파티에서 주인 마님이 남작에게만 앞쪽 한 부인석 자리를 내주고, 다른 사내들은 뒤쪽에서 서로 떠다밀며 법석거리기도 하였다. 게다가 귀부인한테 재미있는 이야기를 큰 목소리로 정신없이(그렇게 보였다) 지껄이고 있는 샤를뤼스 씨는, 남들에게 인사하러 가지 않아도, 예절을 지키지 않아도 되었다. 선택된 여인이 그에게 지어주는 향긋한 문 뒤에서 그는 살롱의 한가운데 있으면서도 마치 극장의 칸막이 좌석에 있듯 외떨어져 있어서, 누가 그에게 와서, 이를테면 그의 말 상대인 미인 너머로 인사할 때, 여인과의 대화를 멈추지 않고 아주 짧게 대꾸해도 괜찮았다. 물론 스완 부인은 그가 함께 있는 것을 자랑삼아 보이고 싶은 계급의 여인이 아니었다. 그러나 그는 그녀에 대한 감탄, 스완에 대한 우정을 공공연히 드러냈으며, 그녀가 그의 호의를 기뻐하는 걸 알고 있었고, 또한 그 자신도 그 자리에서 가장 아름다운 여자와 연관되어 남의 입에 오르내리는 일이 기뻤다.

하기야 빌파리지 부인은 샤를뤼스 씨의 방문을 진심으로 기뻐한 것은 아니다. 샤를뤼스 씨는 큰어머니에게 중대한 결점이 있다고 생각하면서도 큰어머니를 매우 좋아했다. 그러나 이따금 화난 서슬에, 당치 않은 불만에, 일시적 감정을 억누르지 못하고, 격하기 그지없는 편지를 써 보내, 여태껏 마음속에 새겨두지 않았을 만큼 자질구레한 일까지 늘어놓았다. 여러 실례 가운데, 다음 같은 사실, 발베크에 머물면서 자세히 알게 된 사실을 인용할 수 있다. 빌파리지 부인은 발베크의 피서 생활을 길게 늘이는 데 충분한 돈을 가져오지 않은 것이 근심되어, 그렇다고 구두쇠인지라, 쓸데없는 비용이 들까 봐 파리로부터 송금해오기가 싫어, 샤를뤼스 씨한테 3천 프랑을 빌린 일이 있었다. 한 달이 지나 샤를뤼스 씨는 하찮은 일로 큰어머니에게 화가 나, 그 금액을 전신환으로 갚으라고 독촉했다. 그런데 그가 받은 돈은 2,990 몇 프랑이었다. 며칠 뒤 파리에서 큰어머니를 만나 다정스럽게 담소한 끝에, 송금을 맡은 은행이 저지른 착오를 그가 아주 부드럽게 지적했다. "아니다, 은행의 착오가 아니다. 전신환을 보내는 데에 6프랑 75상팀의 비용이 드니까." 빌파리지 부인이 대답했다. "알고 하신 바에야 그만이죠." 샤를뤼스 씨가 대꾸했다. "나는 다만 그걸 모르시는 경우를 위해서 말했을 뿐입니다. 왜냐하면 그런 경우 만일 은행이 나만큼 큰어머님과 가깝지 않은 분에게 그렇게 했다면 큰어머님을 난처하게 만들었을 테니까요." "아냐, 아니다. 은행의 착오가 아니다." "결국 큰어머님이 완벽히 옳았습니다." 샤를뤼스 씨는 큰어머니의 손에 애정 깊게 입맞추면서 명랑하게 결론지었다. 사실 그는 티끌만큼도 큰어머니를 원망하지 않았다. 그저 이 작은 인색함에 쓴웃음을 지었을 뿐이다. 그러나 며칠 뒤 가문의 어떤 일로 큰어머니가 그를 농락하기 위해 '자기에게 맞서는 큰 음모를 꾸몄다'고 여겼다. 게다가 바보스럽게도 큰어머니가 실업가들을 방패로 삼았는데, 바로 그 실업가들이 큰어머니와 한통속이 되어 그와 맞서고 있거니 의심쩍어한 이들이라, 그는 분노에 넘친 무례한 말을 늘어놓은 편지를 큰어머니에게 보냈다. "나는 복수하는 걸로 만족치 않으니, 큰어머니를 웃음거리로 만들겠습니다" 하고 으름장을 놓았다. "나는 내일부터 그 전신환 이야기와 빌려드린 3천 프랑에서 6프랑 75상팀을 제하고 보내온 이야기를 온 천하에 떠벌리고 다니겠습니다. 큰어머님의 명예를 훼손하겠습니다." 그런데 그러기는커녕 그다음 날, 편지에 심한 글을 적었음을 진심으로 뉘우친 그는 빌파리지 큰어머니에게 사죄하러 갔다. 하기야 전신환의 이야기를 이제 새삼 누구한테 지껄일 필요가 있을까? 복수심 없이, 진심으로 화해를 구하는 지금에 이르러 전신환 이야기 따위야 물론 하지 않았을 것이다. 그러나 그전에 큰어머니와 사이가 매우 좋았으면서도 곳곳에 이 이야기를 퍼뜨린 적이 있다. 악의 없이, 웃기기 위해, 또 실없었으므로 지껄여댔다. 그가 퍼뜨렸다는 것을 빌파리지 부인은 몰랐다. 그래서 제 입으로 잘한 노릇이라고 말한 적이 있는 일을 누설하여 창피주려는 속셈을 편지를 통해 안 그녀는, 그때에 자기를 속였구나, 자기를 아끼는 체하면서 거짓말하였구나 하고 생각했다. 이런 일이 이제는 다 가라앉았으나, 둘은 저마다 상대가 자기를 어떻게 생각하고 있는지 정확히 몰랐다. 물론 이는 점점이 이어지는 불화의 조금 특수한 경우에 지나지 않는다. 블로크와 그 친구들의 불화와는 다른 종류였다. 나중에 알겠지만 샤를뤼스 씨와 빌파리지 부인을 제외한 사람들하고의 불화도 또한 다른 종류였다. 그런데도 우리가 서로 남에게 품는 의견, 친구끼리의, 가족끼리의 관계가 겉으로만 고정되어 있지, 실은 바다와 같이 한없이 움직이고 있다는 사실을 기억해야 한다. 그래서 금슬이 좋아 보인 부부 사이에 이혼이란 소문이 나는가 하면, 오래지 않아 부부가 짝을 애정 깊게 말하게 되고, 우리가 허물 없는 벗인 줄 여기던 친구가 짝을

욕하는가 하면, 우리의 놀라움이 미처 가시기도 전에 다시 화해를 하고, 나라와 나라 사이에도 잠깐 사이에 동맹을 맺고 깨고 하기가 일쑤다.

"어렵죠, 아저씨와 스완 부인 사이가 뜨거운걸." 생루가 내게 말했다. "그런데 어머니는 아무것도 모르고 방해하러 왔군. 순결한 자에겐 모든 일이 순결하니라!"

나는 샤를뤼스 씨를 물끄러미 바라보았다. 회색의 앞 머리칼. 외알안경으로 눈썹이 쳐들린 채 미소짓고 있는 한쪽 눈, 붉은 꽃을 꽂은 단춧구멍, 쉴 새 없이 경련하여 눈길을 끄는 삼각형의, 이를테면 움직이는 세 정점을 이루고 있었다. 나는 그에게 감히 인사하지 못하고 있었다. 그쪽에서 아무 표시도 해오지 않았기 때문이다. 그런데 그는 내 쪽으로 머리를 돌리지 않고 있음에도, 나를 보았음은 확실하였다. 그 으리으리한 암자색 외투가 남작의 무릎까지 펄럭대는 스완 부인에게 어떤 이야기를 뇌까리면서도, 샤를뤼스 씨의 두리번거리는 눈은 마치 경찰이 올까 봐 두려워하는 길거리 장사치의 눈처럼, 살롱의 구석구석까지 살펴 거기에 있는 이들을 모두 발견하고 있는 것이 틀림없었다. 샤텔로 씨가 인사하러 왔는데, 샤를뤼스 씨의 얼굴엔 이 젊은 공작이 눈앞에 나타나기 전에 이미 알아본 기색이 전혀 없었다. 그와 같이 이곳처럼 사람 수가 많은 모임에서, 샤를뤼스 씨는 한정된 방향이나 누구에게 보내는지 모르는 미소, 다가오는 이들의 인사보다 먼저 존재하여서, 이 사람들이 그 범위 안에 들어왔을 때, 그들에 대한 상냥함의 뜻이 전부 벗겨지고 마는 미소를 끊임없이 띠고 있었다. 어쨌거나 나는 스완 부인에게 인사하러 가야 했다. 그런데 부인은 내가 마르상트 부인과 샤를뤼스 씨를 알고 있는지 몰라, 꽤 냉랭한 태도를 보였다. 내가 소개해달라고 부탁할까 봐 걱정이 되었을 것이다. 그래서 나는 샤를뤼스 씨 쪽으로 다가갔는데, 곧 뉘우쳤다. 내가 썩 잘 보였을 텐데, 그는 그런 기색을 조금도 나타내지 않았다. 내가 샤를뤼스 씨 앞에서 몸을 굽혔을 때, 내민 팔의 길이 이상 가까이 오지 못하게 하는 그 몸에서 떨어져 있는, 한 손가락, 이를테면 주교 반지야 끼고 있지 않으나 그것을 끼는 일정한 곳을 입맞추게 하려고 내밀고 있는 듯한 한 손가락을 발견했으니, 남작이 모르는 사이에, 그 오래 계속된 미소 속에, 누구에게 보내는지 모를 비어 있는 흩어짐 속에 억지로 침입(그는 그 책임을 내게 돌리고 있는 듯하였다)해온 걸로 내 꼴이 보였을 것이다. 이 차가움은 스완 부인의 차가움을 분해하는 데 그다지 힘이 되지 않았다.

"네 얼굴빛을 보니 매우 피곤하고 들떠 있는 것 같구나." 마르상트 부인은 샤를뤼스 씨에게 인사하러 온 아들한테 말했다.

사실 로베르의 눈길은 이따금 심원에 닿았다가 마치 바다 밑에 이른 잠수부처럼 금세 떠올랐다. 로베르가 닿자마자 괴로워 금세 떠나 잠시 뒤 되돌아가는 그 밑바닥은, 애인과 관계를 끊었다는 관념이었다.

"괜찮다" 하고 그 어머니는 그의 얼굴을 쓰다듬으면서 덧붙였다. "괜찮다, 자기 아이가 이런 얼굴빛인 걸 보면 좋단다."

그러나 이 애정이 오히려 로베르를 성가시게 하는 것 같아, 마르상트 부인은 아들을 손님방 뒤쪽으로 데리고 갔다. 거기에는 노란 비단을 드리운 창가에, 보베산 비단을 씌운 안락의자 몇 개가 미나리아재비 밭에 핀 다홍색 불꽃처럼 보랏빛 장식 융단을 빈틈없이 모이게 하고 있었다. 혼자가 된 스완 부인은 내가 생루와 절친하다는 걸 알아차려, 그녀 곁에 오라고 내게 손짓하였다. 만난 지 오래라서 나는 무슨 말을 해야 좋을지 몰랐다. 나는 양탄자 위에 놓여 있는 많은 모자 가운데 내 모자를 눈으로 찾아냈지만, 단 하나, 게르망트 공작의 것이 아닌데도 그 안감에 G자가 붙어 있고 그 위에 공작의 관이 그려 있는 모자가 도대체 누구의 것일까, 이상하게 생각하였다. 방문객의 이름을 다 알고 있었지만 이 모자의 임자일 듯한 사람은 한 사람도 생각나지 않았다.

"정말 노르푸아 씨는 호감을 주는 분입니다." 나는 스완 부인한테 그를 가리키면서 말했다. "로베르 드 생루는 저이를 좋게 보지 않지만……."

"맞아요." 그녀가 대답했다.

부인의 눈이 뭔가 내게 숨기고 있는 것을 알아본 나는 부인에게 따져 물었다. 벗이라곤 거의 없다시피한 이 살롱에서 어떤 이의 마음을 차지한 모습을 하는 게 기뻐선지, 부인은 나를 구석으로 끌고 갔다.

"생루 씨가 당신에게 말하려 한 것은 확실히 이거예요." 부인은 내게 말하였다. "하지만 그분에게 말하지는 마세요. 나를 실없는 사람으로 여길 테고, 그의 존경을 잃고 싶지 않으니까, 아시다시피 난 매우 '신사적'이거든요. 최근 샤를뤼스가 게르망트 대공부인 댁에서 저녁 식사를 했는데, 왜 당신에 대한 말이 나왔는지 모르지만 노르푸아 씨가 이렇게 말했나 봐요―어리석은 말이니 그 때문에 신경 쓰진 마세요, 아무도 대수롭게 생각하지 않았으니까, 누구의 입에서 나온 말인지 너무나 잘 아니까─곧, 당신은 절반 히스테리에 걸린 아첨꾼이라고요."

　노르푸아 씨처럼 아버지 친구분인 그가 나에 대해 태연하게 심한 욕을 할 수 있다는 것에 대해서 놀람을 금치 못한다고 이전에 독자에게 말한 적이 있다. 그런데 내가 스완 부인과 질베르트에 대해 말했던 옛날의 감동이 나를 모르는 줄 여겼던 게르망트 대공부인에게 알려졌음을 알자 나는 더 큰 놀라움을 느꼈다. 우리의 행동이나 말이나 태도 하나하나는 어떤 중간 지대에 의하여 '세상'에서 그것을 직접 보고 듣지 않는 사람들과 나누어져 있다. 그리고 이 중간 지대의 삼투도(滲透度)는 무한히 변화하므로, 우리로서는 헤아릴 수가 없다. 전파되기를 강하게 바랐는데(이를테면 전에 내가 뿌린 좋은 씨앗 가운데 하나쯤 돋아나겠지 생각하여, 스완 부인에 대해 모든 사람에게 모든 기회에 말한 감격적인 말) 그 말 대부분이 자주 그 소망 자체 때문에 순식간에 꺼지고 마는 걸 경험으로 알았다. 하물며 자신도 잊어버린 보잘것없는 말, 자기가 입 밖에 내지 않았던 말, 다른 말의 불완전한 반사작용으로 길에서 이뤄진 말이, 한 번도 그 걸음을 멈추지 않고서, 끝없이 멀리 떨어진 곳까지─이 경우 게르망트 대공부인 댁까지─옮아가서, 우리를 신들의 잔치에서, 웃음거리로 삼으리라고는 꿈에도 생각지 못한 일이었다. 우리가 기억하는 우리 자신의 행동은 아무리 가까운 이웃이라도 모르건만, 말했음을 우리 자신이 잊어버린 말, 또는 우리가 말한 적이 없는 말이 다른 세계까지 폭소를 자아내러 간다. 그리고 우리의 말과 행동에 대해 남들이 품는 영상이 우리 자신이 품는 그것과 닮지 않은 건 마치 소묘와 그 잘못된 복사의 다름과 같으니, 검은 선이 있는 곳에 아무것도 그려지지 않거나 흰 곳에 이해할 수 없는 선이 나기도 한다. 하기야 복사 못한 부분이 우리가 자기만족에서 본 것에 지나지 않은 비현실적인 선이고, 덧붙인 듯 보이는 것이 오히려 우리 자신의 것인데, 그저 너무나 몸에 밴 것이라 우리 눈에 띄지 않을 수도 있다. 그러므로 그다지 닮지 않은 성싶은 괴상한 원판도 때로는 물론 달갑지 않으나 뢴트겐 사진의 원판처럼 심각하고도 유익한 진실을 지닌다. 그렇다고 그걸 보고 자기라고 인정할 리는 없다. 여느 때 거울 앞에서 제 아름다운 얼굴이나 아름다운 상반신에 미소 짓는 이에게 뢴트겐을 보인다면, 바로 그 자신의 모습이라고 하는 배의 염주를 보고는, 마치 전람회를 구경하는 이가 젊은 여인의 초상 앞에 와서 목록을 보니, '누워 있는 단봉낙타'라고 씌어 있을 때처럼 틀리지 않았나 의심할 것이다. 그 뒤, 자신이 또는 남이 그리는 지에 따라 다른 영상의 차이를, 나는 나 아닌 남들에 대해서도 깨닫게 되었다. 그런 이들은 그들 자신이 찍은 자기 사진의 수집 한가운데 태평하게 사는 동안 주위에선 무시무시한 영상이 찡그리고 있는데, 평소에 그들 자신의 눈에 안 보이나, 만일 우연히 그것을 가리켜 '이게 자네다'라고 말한다면 그들은 너무 놀라 입을 다물지 못하리라.

몇 해 전이라면 나는 '어떤 이유'로 내가 노푸아 씨에 대해 그토록 호의를 품었는지 스완 부인에게 기꺼이 말했을 것이다. 그 '이유'는 스완 부인과 사귀고 싶은 마음이 간절했으니까. 그러나 나는 이제 그런 욕망이 없거니와, 질베르트를 사랑하지도 않았다. 한편 나는 스완 부인을 내 어린 시절의 장밋빛 옷차림의 부인과 같은 사람으로 보기가 어려웠다. 그래서 나는 그 순간에 내 마음을 빼앗은 여성에 대해 말했다.

"아까 게르망트 공작부인을 만나셨습니까?" 나는 스완 부인에게 물었다.

하지만 공작부인이 스완 부인에게 인사하지 않아서, 스완 부인은 공작부인을 관심 없는, 같이 있어도 눈에 안 띄는 이로 여기는 겉모양을 짓고 싶었다.

"글쎄, 레알리제(réalisé)* 못했어요. 자각하지 못했죠(Je n'ai pas réalisé)." 그녀는, 영어에서 직역한 말을 쓰면서 무뚝뚝한 말투로 대답했다.

그렇지만 나는 게르망트 부인만이 아니라 부인과 가까이 지내는 모든 사람에 대해서도 정보를 얻고 싶었다. 그래서 블로크와 똑같이, 대화에서 상대를 기쁘게 해주지 않고서 오로지 자기에게 흥미 있는 점만을 멋대로 밝히려 드는 인간의 둔함을 가지고 게르망트 부인의 생활을 뚜렷하게 머릿속에 그려보려고, 르와르 부인에 대해 빌파리지 부인한테 물었다.

"응, 알죠." 부인은 짐짓 멸시하는 투로 대답했다. "큰 재목상의 딸이에요. 요즘 사교계에 드나든다지만 나는 나이가 나이니만큼 새 친구를 만들고 싶지 않아요. 아주 재미있고 상냥한 분들하고 사귀어온 나는, 정말이지 르와

---

* 영어의 리얼라이즈(realize), 곧 '깨닫다' '실감하다'의 뜻으로 쓴 말.

르 부인 따위는 안중에도 없어요."

후작부인의 시녀 노릇을 하고 있는 마르상트 부인이 나를 대공에게 소개했는데, 부인의 소개가 미처 끝나기 전에 노르푸아 씨도 열띤 말로 나를 대공에게 소개했다. 내가 이제 막 소개되었으니까 다시 나를 소개해도 자기의 신용에 상관없으니 안성맞춤이라 생각했는지, 아니면 명사라도 외국인은 프랑스 살롱들의 사정을 잘 몰라, 상류 사회의 젊은이를 소개받았다고 여길지도 모른다고 생각했기 때문이었는지, 아니면 대사 자신의 추천이라는 무게를 더한다는 그런 특권의 하나를 행사하기 위해서, 또는 왕족에게 소개되고 싶으면 두 추천자가 필요하다는 대공에게는 나쁘지 않은 관습을 대공을 위해 부활시키는 회고 취미에서였는지.

빌파리지 부인은 노르푸아 씨한테 이야기를 걸었는데 르와르 부인과 아는 사이가 아니라도 별로 애석할 게 없다는 것을 내게 그의 입으로 들려줄 필요를 느꼈기 때문이다.

"안 그래요, 대사님, 르와르 부인은 흥미 없는, 이곳에 오는 어느 여인들보다 훨씬 못한 사람이고, 그러니 내가 그런 사람을 초대하지 않는 게 당연하지 않아요?"

오기에서인지 또는 피곤해서인지, 노르푸아 씨는 그저 고개를 숙여 답했을 뿐인데, 그것은 매우 공손하면서도 아무런 뜻도 없었다.

"대사님." 빌파리지 부인이 웃으면서 말했다. "별 우스운 사람들도 많아요. 글쎄 오늘 당신 손에 입맞추는 게 젊은 여인의 손에 입맞추기보다 더 기쁘다고 곧이듣게 하려고 한 분이 방문했답니다."

나는 금세 르그랑댕을 두고 하는 말인 줄 알았다. 노르푸아 씨는 가볍게 눈을 깜박거리며 미소 지었다. 마치 그것은 퍽 자연스런 욕망으로 그것을 느끼는 이를 비난할 수 없다는 듯, 또 소설의 맨 처음 같아, 그로서는 부아즈농(Voisenon) *¹풍의, 또는 크레비용 피스(Crébillon fils) *²풍의 도덕에 어그러진 관용으로써 용서도 하려니와 권할 마음마저 있다는 듯이.

"젊은 여인의 손이라지만 지금 내가 보고 있는 것을 만들어내지 못하는 게 수두룩합니다." 빌파리지 부인이 그리기 시작한 수채화를 가리키면서 대

---

*1 호색 소설가(1708~1775).

*2 호색 소설가(1707~1777).

공이 말하였다.

그리고 그는 최근 전시된 팡탱 라투르(Fantin-Latour)[*1]의 꽃 그림을 보았느냐고 부인에게 물었다.

"그 그림은 일류죠, 요즘 말마따나 거장의 작품, 팔레트 명수의 작품이죠." 노르푸아 씨가 잘라 말했다. "그렇지만 말입니다. 빌파리지 부인의 꽃 그림하고는 아무래도 비교가 안 되죠. 부인 그림 쪽이 꽃의 빛깔이 더 잘 나타나 있거든요."

옛 정인(情人)으로서의 두둔, 아첨하는 버릇, 한 도당에서 공인한 의견, 그런 것이 전직 대사에게 그런 말을 하게 하였다고 가정해도, 이런 말은 사교계 인사들의 예술에 대한 판단력이 얼마나 참된 취미 없음 위에 서 있는지 증명하였다. 그들의 예술에 대한 판단력은 참으로 제멋대로여서 대수롭지 않은 일이 그들로 하여금 고약한 몰상식으로 내닫게 하여, 도중에서 그들을 멈추게 하는 실감을 만나지 못한다.

"꽃을 안다고 해서 뭐 자랑스러울 건 하나도 없어요. 나는 늘 시골에서 살아왔거든요." 빌파리지 부인은 겸손히 대답했다. "하지만" 하고 부인은 대공에게 상냥히 덧붙여 말했다. "내가 어렸을 적에 꽃에 대해서 다른 시골 아이들보다 조금쯤 진지한 관념을 품게 된 것은, 선생님 나라의 매우 뛰어나신 분, 슐레겔(Schlegel)[*2] 선생님 덕분이랍니다. 나는 그분을 나의 숙모인 코르들리아(카스텔란 원수 부인)께서 데리고 갔던 브로이에서 만났죠. 르브랭 님, 살방디 님, 두당 님이 선생님한테 꽃 이야기를 시키던 일이 제법 기억나는군요. 나는 아주 어려서, 선생님이 말씀하시는 것을 잘 이해할 수가 없었죠. 하지만 선생님은 나하고 놀이하는 것을 재미있어하시고, 당신 나라에 돌아가셔서는, 언젠가 리셰 골짜기에 사륜마차를 타고 산책을 갔을 때, 나는 그분의 무릎 위에서 잠들고 말았지만, 그 산책의 기념으로 훌륭한 식물 표본을 보내주셨죠. 나는 그 표본을 아직도 소중히 간직하는데, 그것 없이는 거들떠보지 않았을 꽃의 갖가지 특징에 주목하는 것을 그 표본이 가르쳐주었답니다. 바랑트 부인이 브로이 부인의 글을 발표했을 때, 그것은 브로이 부인의 사람됨처럼 아름답고도 부풀려진 것이지만, 나는 그 안에서 슐레겔 선

---

*1 프랑스의 화가(1836~1904).

*2 독일의 학자(1767~1845).

생님의 그런 대화 몇 가지를 발견하고 싶었죠. 그러나 브로이 부인으로 말하면 자연 안에서 종교론을 위한 재료밖에 찾지 않는 분이었답니다."

로베르는 살롱 안쪽에서 나를 불렀다. 그는 어머니와 함께 거기에 갔던 것이다.

"여러 가지 신경 써줘서 고마웠네." 나는 그에게 말했다. "어떻게 사례한다지? 내일 함께 저녁 식사 하지 않겠나?"

"내일, 자네만 좋다면. 하지만 그때는 블로크와 함께야. 아까 문 앞에서 블로크를 만났네. 처음에 잠시 차가운 태도를 짓다가, 왜냐하면 그가 보낸 편지 두 통에 본의 아니게 답장을 보내지 못했거든(그것이 그의 감정을 상하게 했다고는 말하지 않았으나, 나는 알아들었다). 그러고선 어찌나 다정하게 구는지 친구에게 등을 돌릴 수 없었지. 우리끼리 얘기지만, 적어도 그의 처지로선, 생사를 같이할 기세인 우정이야."

나는 로베르가 잘못 생각했다고는 여기지 않는다. 블로크가 심한 욕을 하는 건 보통의 경우 상대가 그에게 돌려주지 않는다고 그 스스로가 여긴 강한 호감의 결과였다. 그런데 그는 남의 생활을 좀체 생각해보지 않으려니와, 남이 병들었거나 여행 중이거나 바쁜 일로 틈이 없다고는 꿈에도 생각지 않아, 일주일쯤의 침묵이 그에겐 의식적인 무관심에서 비롯하는 것으로 지레 짐작했다. 그래서 친구로서의, 또 뒤에 가서 작가로서의 그 고약한 세찬 기세를, 나는 뿌리 깊은 것이라곤 결코 여기지 않았다. 그의 세찬 기세에 대해 차가운 위엄으로 또는 진부한 말로 응하기라도 하면 그는 기승을 부리듯 공격에 기세를 올려 기고만장하지만, 뜨거운 공명 앞엔 흔히 항복하곤 하였다. "친절하게 대해주었다는 말이 나왔지만" 하고 생루는 계속하였다. "자넨 내가 자네한테 친절했다고 하지만, 난 조금도 친절하지 않았네. 외숙모가 말씀하기를, 자네 쪽에서 외숙모를 피하고 있다, 말 한마디 건네주지 않는다고 하더군. 혹시 자네가 뭔가 언짢게 생각하는 게 있지 않나 걱정하시더군."

나에게 다행스럽게도, 설령 내가 그런 말에 속아 넘어갔더라도, 당장에라도 발베크로 출발하려는 생각 때문에, 게르망트 부인을 다시 만나보려고 하지 못했을 터이며, 그러니 내가 부인에 대해 언짢게 생각하는 것이 하나도 없다는 점을 확실히 말하고, 부인이야말로 나에 대해 뭔가 언짢게 생각하고 있다는 증거를 억지로라도 보이게 할 수는 없었을 것이다. 나는 부인이 엘스티르의 그림을 보러 가는 기회조차 주지 않았음을 떠올리는 걸로 충분하였다. 하기야 이는 환멸이 아니었다. 부인이 그런 말을 꺼내리라곤 전혀 기대하지 않았으니까. 내가 부인의 마음에 안 든다는 사실, 부인의 사랑을 받을 가망이 없다는 사실을 나는 알고 있었다. 기껏해야 내가 받을 수 있는 것은, 내가 파리를 떠나기까지 부인을 다시 못 볼 테니까, 그 호의 덕분에, 구석구석이 감미로운 인상을 받아, 불안과 슬픔이 섞인 추억이 아니라, 그 인상을 그대로 한없이 늘여서 발베크로 가지고 가는 일이었다.

마르상트 부인은 끊임없이 로베르와의 담소를 멈추곤 나에게, 얼마나 자주 로베르가 내 말을 했는지, 얼마나 로베르가 나를 좋아하고 있는지 말하였다. 부인이 어찌나 내게 친절하게 굴었는지 괴로울 정도였다. 그런 친절한 태도에서 나는, 어머니가 오늘 아직 실컷 보지 못한 이 아들, 어서 단둘이 있고픈 아들을, 나 때문에 화나게 할까 봐 전전긍긍하는 기색을 느꼈기 때문이다. 그래서 부인은 아들에게 미치는 지배력이 나의 위세만 못하다고 느껴, 내 위세를 잘 이용해야 한다고 믿어 마지않았던 것이다. 그전에 내가 블로크에게, 블로크의 외할아버지뻘 되는 니생 베르나르 씨의 소식을 묻는 것을 엿들은 바 있는 마르상트 부인은, 그분 혹시 니스에 머물던 분이냐고 내게 물었다.

"그렇다면 마르상트 씨가 나와 결혼하기 전 그곳에서 그분과 사귀었어요. 그분에 대해 뛰어난, 마음씨가 섬세하고도 너그러운 분이라고 남편이 여러 번 말씀했답니다."

블로크라면 '한번도 거짓말을 하지 않았다니, 믿을 수 없는 일'이라고 생각했으리라. 나는 줄곧 마르상트 부인에게, 로베르가 나보다는 부인에게 더 깊은 애정을 지니고 있음을, 부인이 내게 적의를 표시한들 부인을 나쁘게 말해 모자간을 떼어놓으려는 사람은 아니라고 말하고 싶었다. 그러나 게르망트 부인이 돌아가자 더욱 자유롭게 로베르를 관찰할 수 있게 된 나는, 그때야 비로소 그의 몸 안에 어떤 노기가 다시 치솟아, 그의 굳은 어두운 얼굴에 드러나려는 걸 언뜻 보았다. 그가 오후의 시비 장면을 떠올려, 정부에게 그토록 학대받고도 말 한마디 없이 물러난 것을 나한테 부끄럽게 생각하고 있는 것이 아닌가 하고 나는 걱정했다.

별안간 그는 그의 목에 팔을 두른 어머니를 뿌리치고, 나에게 와 나를 빌 파리지 부인이 아직 앉아 있는 작은 꽃 카운터 뒤로 데리고 가, 작은 손님방 안으로 따라오라는 몸짓을 했다. 내가 꽤 빠른 걸음으로 그쪽으로 가고 있을 때, 샤를뤼스 씨는 내가 출입구 쪽으로 가는 줄 알고는 담소하고 있던 파펜 하임 씨 곁을 느닷없이 떠나 빙그르르 돌아 내 앞에 이르렀다. 나는 그가 안에 G자와 공작의 관이 붙은 모자를 집어드는 걸 불안한 마음으로 바라보았다. 작은 손님방 문틀에서 그는 나를 보지 않은 채 말했다.

"보아하니 자네도 이제 사교계에 나오게 됐으니, 나를 보러 찾아주는 기쁨을 갖게나. 하지만 좀 복잡하긴 해." 먼산바라기 같고도 타산적인 겉모양으로, 마치 함께 그 기쁨을 실현할 수단을 짜두는 기회를 한번 놓치기라도 하면 영영 다시 펴지 못할까 걱정되는 기쁨에 대한 것인 듯 덧붙였다. "나는 좀체 집에 없으니, 편지를 보내게나. 그러나 이런 일은 더 유유히 설명하는 게 좋지. 나는 곧 돌아가려오. 나와 같이 몇 걸음 거닐어 보실까? 잠시밖에 붙잡지 않을 테니."

"주의하십쇼." 나는 그에게 말했다. "착각으로 딴 분의 모자를 집으셨습니다."

"내 모자를 내가 집는데 안 되나?"

조금 전 나 자신에게 일어난 일도 있고 해서, 누군가 그의 모자를 가져갔으므로, 그는 모자 없이 돌아가기가 뭐해 손에 잡히는 대로 하나 집어든 것이 틀림없다. 그래서 내게 그 속임수를 들켜 당황하고 있다고 가정했다. 나는 고집하지 않았다. 나는 먼저 생루한테 몇 마디 해야겠다고 그에게 말했다. "그는 지금 그 바보인 게르망트 공작과 얘기 중이죠." 내가 덧붙였다. "자네 재미있는 말을 하는군, 형에게 그렇게 말함세." "아니! 이런 게 샤를뤼스 씨의 흥미를 끌 거라고 생각하십니까?"(나는 혹시 이 사람에게 형이 있다면 그 형 또한 샤를뤼스라는 이름일 거라고 상상했다. 생루가 이 점에 대해 발베크에서 몇 가지 설명해주었지만, 나는 그 설명을 전부 잊어버리고 말았다) "누가 자네더러 샤를뤼스 씨에 대해 말하던가?" 남작은 거만한 태도로 물었다. "로베르 곁으로 가게나. 나는 자네가 오늘 아침, 로베르가 그 명예를 더럽히는 계집과 같이 벌인 부어라 마셔라 함부로 행동한 점심에 한몫 낀 걸 아오. 자네는 마땅히 로베르에게 미치는 영향력으로 그가 우리 가문의 명예에 더러운 망신을 줘서 그 가엾은 어머니와 우리 전부를 얼마나 비통하게 하는지 깨닫게 해야 옳단 말씀이야."

상스럽다는 그 점심에서 주로 에머슨, 입센, 톨스토이가 화제에 올랐으며, 젊은 여인은 로베르한테 물밖에 마시지 말라 설교했노라고 나는 대꾸하고 싶었다. 자존심이 상한 걸로 아는 로베르를 얼마간 위로해보려고, 나는 그의 정부를 변명하려 했다. 이 순간에, 그녀에 대한 노기에도 불구하고, 비난을 퍼붓고 있는 상대가 그 자신임을 나는 몰랐다. 선남과 악녀 사이의 싸움에서 옳음이 온전히 선남 쪽에 있는 경우라도 보잘것없는 하나가 악녀 쪽에 적어도 어떤 점에서 잘못이 없다는 겉모양을 주기 일쑤다. 그런데 다른 모든 점, 그것을 여인은 아랑곳하지 않으므로, 선남이 조금이라도 여인에게 미련이 있고, 여인과 헤어져 기가 죽어 있기라도 하면, 의기 쇠퇴가 그를 세심하게 만들어, 자기에게 퍼부은 당치 않은 비난을 떠올려서 거기에 얼마간 근거가 있는 게 아닐지 생각해보게 마련이다.

"그 목걸이 건에선 내가 잘못했나 봐." 로베르가 말했다. "물론 악의로 그런 건 아니야. 그러나 상대는 이쪽과 똑같은 입장에서 생각하지 않거든. 그녀는 어려서 무척 고생했지. 그녀의 눈으로 본다면 나야 뭐니뭐니해도 돈으로 다 된다고 믿는 부자, 부쉬롱 보석상을 좌우하는 데 또는 법정에서 소송에 이기는 데 빈자가 맞서지 못하는 부자지. 그야 물론 그녀도 심했어, 그녀의 행복만 찾던 내게 말이야. 하지만 나는 다 이해하네, 내가 돈으로 그녀를 마음대로 할 수 있음을 깨닫게 하려 했다고 그녀가 믿고 있는 건 틀린 생각이지. 나를 그토록 사랑하는 그녀, 지금 무슨 생각을 하고 있을까! 불쌍도 하지, 알다시피, 정말 다정다감한 그녀야, 말 못할 정도로 나를 위해 자주 탄복할 일을 해주었네. 지금쯤 얼마나 슬퍼하고 있을까! 아무튼 무슨 일이 일어난들 나는 그녀한테 비열한 놈으로 보이고 싶지 않아. 부쉬롱 상점에 달려가서 목걸이를 구해 오겠네. 누가 알아? 내가 그런 행동을 하는 걸 보고서 그녀도 제 잘못을 인정할지. 여보게, 그녀가 지금 괴로워하고 있다고 생각하니 견딜 수 없네그려! 자기가 괴로워하는 것쯤이야 뭐가 괴로운지 아니까 아무것도 아니지. 그러나 그녀가 괴로워하고 있는데 그 괴로움이 나에겐 보이지 않는다고 생각하니 미칠 것 같아. 그녀를 괴로워하게 내버려두기보다 차라리 다시 안 만나는 편이 좋아. 하는 수 없다면 나 없이 행복하기를,

그게 내가 원하는 전부야. 들어보게, 알다시피, 내게는, 그녀와 관계된 것은 다 무한한 것, 우주의 어떤 일로 느끼네. 그러니 보석상에 달려갔다가 그녀한테 가서 용서를 빌겠네. 내가 거기 갈 때까지 그녀는 나를 어떻게 생각할는지? 적어도 내가 곧 간다는 걸 알아주었으면! 어찌 되든 간에 자네 그녀의 집에 와주지 않겠나. 누가 알아, 모든 일이 잘될지. 어쩌면" 하고 그는 이런 꿈을 감히 믿지 못하는 듯 미소 지으면서 말했다. "우리 셋이 시골로 저녁 식사 하러 갈지 몰라. 하지만 아직 알 수 없네. 그녀를 다루기가 서툴러 봐서. 불쌍하게, 내가 또 그녀의 마음을 상하게 할지도 몰라. 그리고 또 그녀의 결심이 꼼짝 안 할지도 모르지."

로베르는 갑자기 나를 어머니 쪽으로 끌고 갔다.

"안녕히 계세요." 그는 어머니한테 작별인사를 했다. "아무래도 떠나야겠습니다. 언제 또 휴가로 돌아올지 모르겠습니다. 아마 한 달 뒤는 무리겠지만. 알게 되는 즉시 편지 쓰겠습니다."

물론 로베르는 어머니와 함께 사교 자리에 나왔을 때, 남들에게 보내는 미소와 인사와는 반대로 어머니에 대해 몹시 화난 태도를 지어야 한다고 생각하는 아들들 가운데 하나는 결코 아니었다. 피붙이에 대한 예의의 어긋남이 의례적인 태도에는 으레 따르게 마련이라고 생각하는 사람들의 이 가증스러운 복수만큼 세상에 흔한 것은 없다. 불쌍한 어머니가 무슨 말을 한다 할지라도, 아들은 억지로 끌려오기라도 한 듯이, 제 출석의 대가를 비싸게 지불시키려는 듯, 어머니가 머뭇거리며 꺼내보는 주장에도, 비꼬는, 정확한, 잔혹한 반격을 가하여 꼼짝 못하게 한다. 어머니는 이 뛰어난 아들의 의견에 금세 굽히지만, 그것으론 아들은 무기를 버리지 않아, 어머니는 아들이 없는 자리에서 누구한테나 계속해서 아들 자랑을 하지만 아들 쪽은 어머니에 대해 신랄하기 짝이 없는 독설을 아끼지 않는다. 생루는 전혀 그런 인간이 아니지만, 라셀의 부재가 일으킨 불안이, 이유야 다르나 그런 아들들이 어머니에게 하는 짓 못지않게 그를 어머니에 대해 무자비하게 만들었다. 그가 입밖에 낸 말에, 아까 아들이 들어오는 것을 보고 억누르지 못했던 그 날갯짓과 같은 경련이 또다시 마르상트 부인의 눈을 아들에게 비끄러매고 있었다.

"뭐라고, 로베르, 떠난다고? 진심이야? 귀여운 아가야! 너와 단둘이 지낼 수 있는 단 하루인데!"

그리고 거의 낮은, 매우 자연스러운 투로, 아들에게 연민의 정, 아들로서는 참기 힘들지 모르는, 또는 무익하고 고작 아들을 성가시게 할지 모르는 연민의 정을 불어넣지 않게 온 슬픔을 애써 쫓아버리는 목소리로, 한낱 이치를 타이르듯이 덧붙였다.

"그럼 옳지 못하다는 걸 너도 알지."

그러나 부인은 아들의 자유를 침해하지 않음을 보이려고 이 소박성에 많은 소심을 가하고, 기쁨을 방해한다고 비난받지 않게 많은 애정을 더하여, 생루는 그 자신 속에 하나의 감동 가능성 같은 것, 다시 말해 애인과 하룻밤을 지내는 데의 장애를 깨달을 수밖에 없었다. 그래서 그는 화나기 시작했다.

"섭섭하지만, 착하건 착하지 않건, 할 수 없는 노릇입니다."

그리고 그는 어머니를 비난했지만, 그 비난은 자기가 받아야 한다고 느끼고 있을 것이다. 그와 같은 이기주의자들은 최후의 승리를 얻는다. 처음부터 자기 결심은 흔들리지 않는다고 정하고 있으므로, 그 결심을 버리도록 남이 그들 마음속에 불러일으키는 정이 가슴 치는 것일수록, 그들은 그 정에 맞서는 자기 자신을 비난하지 않고, 정에 맞서지 않을 수 없게 만드는 이를 비난한다. 그래서 그들의 무정함은 최고의 잔인성에까지 이르기도 하는데, 이 잔인성은 상대가 괴로워하거나, 이치를 따지거나, 비겁하게 연민의 정에 맞서 행동하는 고통을 주거나 하는 주책없는 이라면 더욱더 그 사람을 죄인으로 만들고 만다. 하기야 마르상트 부인은 스스로 그 이상 고집하지 않았다. 아들을 붙잡지 못하리라는 것을 알았기 때문이다.

"나 가네." 그는 내게 말했다. "그런데 어머니, 이 사람 곧 방문해야 할 곳이 있으니 오래 붙잡지 마세요."

마르상트 부인은 내가 있어도 조금도 기쁘지 않다는 것은 알고 있지만, 그래도 로베르와 함께 떠나지 않고, 부인한테서 그를 채가는 놈이 친구라고 오해받지 않는 편이 좋았다. 나는 로베르에 대한 애정보다는 부인에 대한 연민의 정에서 아들의 행동에 어떤 변명을 찾아내고 싶었다. 그러나 처음에 말을 꺼낸 것은 부인이었다.

"불쌍도 하지, 내 말에 상심했을 게 틀림없어요. 아시겠어요, 어머니는 다 이기주의자죠. 그 애는 좀체 파리에 안 오니 기쁨이 있겠어요. 아직 그 애가 떠나지 않았다면 다시 붙잡고 싶어요. 물론 붙잡아두려는 게 아니라, 원망하지 않는다고, 그 애가 옳았다고 말해주려고요. 괜찮다면 계단 위에 가봐도 될까요?"

우리는 계단까지 가 보았다.

"로베르! 로베르!" 부인은 소리쳤다. "소용없어요. 떠났네요, 늦었습니다."

이러고 보니 나는 로베르를 그 애인과 손끊게 하는 사명을 바로 몇 시간 전에 로베르가 애인과 같이 아주 살 셈으로 가출하는 것을 거들어주고 싶었던 만큼이나 기꺼이 떠맡고 싶은 심정이었다. 손을 끊는 경우라면 가족은 나를 그의 나쁜 친구라고 불렀을 것이다. 그렇지만 나는 몇 시간을 두고 같은 인간이었다.

우리는 다시 살롱으로 돌아왔다. 생루가 돌아오지 않는 걸 본 빌파리지 부인은 의심쩍어하는, 비웃는, 인정머리 없는 눈길을, 너무나 질투하는 아내 또는 너무나 애정 깊은 어머니(이들은 남의 눈에 희극으로 보인다)를 가리키면서 '저런, 한바탕 소나기가 지나갔네'라는 뜻을 나타내는 눈길을 노르푸아 씨와 교환하였다.

로베르는 으리으리한 목걸이를 가지고 애인 집에 갔는데, 그 목걸이는 타협 뒤 그녀에게는 주지 않기로 한 것이었다. 하기야 결과는 마찬가지였다. 그녀가 그것을 안 받고, 그 뒤에도 영영 받지 않았으니까. 로베르의 어떤 친구는 그녀가 이런 욕심 없음의 증거를 보인 것을, 로베르를 단단히 비끄러매기 위한 속셈의 하나라고 생각했다. 그렇지만 그녀는 돈에 욕심이 없었다, 아마도 셈하지 않고서 펑펑 쓰는 돈의 힘을 빼놓고는. 나는 그녀가 빈곤자들이라 여긴 이들에게 주책없이 함부로 시주하는 것을 본 일이 있다. "지금쯤 라셀은 폴리 베르제르(Folies-Bergère)*에서 엉덩이를 흔들고 있을 거야. 라셀은 수수께끼야. 진짜 스핑크스야." 로베르의 친구들이 라셀의 욕심 없는 행동에 비위가 상해서 로베르에게 욕을 하기도 했다. 그런데 부양받는 몸이고 보면 마땅히 물욕이 심하련만, 그런 생활 속에 피어난 알뜰한 마음씨로, 애인의 호의에 스스로 자질구레한 제한을 가하는 여자가 얼마나 많은가!

---

* 직역하면 '미친 목녀(牧女)'. 1867년에 설립한 레뷔 극장.

로베르는 애인의 온갖 부정을 거의 모르고 있었다. 라셀의 실생활, 날마다 그와 작별하고 나서 비로소 시작하는 생활에 비하면 하찮은, 미미한 것에만 머리를 썩이고 있었다. 그는 그런 부정을 거의 다 모르고 있었다. 설령 그것을 일러주었던들 라셀에 대한 그의 믿음을 흔들어놓지 못했으리라. 왜냐하면 인간이 사랑하는 상대를 전혀 모르고 산다는 것이 복잡다단한 사회 속에 나타나는 고마운 자연의 법칙이니까. 이쪽에서, 사랑에 들뜬 사내가 혼자 말한다. "그녀는 천사 같은 사람이다. 내게 몸을 맡기지 않을 거야. 그러니 난 죽을 수밖에, 그렇지만 그녀는 나를 사랑하지, 사랑하고 있으니까 어쩌면…… 아니지, 그럴 리 없지……!" 이렇듯 사내는 욕망에 흥분되어, 기대에 안달복달, 얼마나 많은 보석을 여인의 발밑에 놓고, 여인의 근심을 없애려고 돈을 꾸러 바쁘게 달리는지 모른다! 그런데 유리 칸막이의 저쪽, 마치 수족관 유리막 앞에서 구경꾼들이 주고받는 대화처럼 대화가 안 통하는 유리 칸막이 저쪽에서 관중이 말한다. "그녀를 모르지? 그거 다행이군. 저년이 얼마나 수많은 사내를 등쳐 먹고 신세를 망쳐놓았는지 모르네. 순 사기꾼이야, 술책이 능한!" 그리고 이 술책이 능하다는 형용사에 대한 한 절대로 틀리지 않는 것이, 그 여인을 진정 사랑하지 않고 그저 건성으로 좋아하는 의심 많은 사내마저 친구들에게 말한다. "아니지 아냐, 돈에 몸 파는 여자가 아닐세. 물론 두세 번 바람나긴 했지만, 돈으로 살 수 있는 여인은 아닐세. 사려면 엄청나게 들걸. 저 여자하곤 5만 프랑 아니면 거저지." 그런데 그는, 그녀 때문에 5만 프랑을 쓰고, 그녀를 휘어잡았다. 그런데 그녀 쪽은, 하기야 그러기에 사내 자신 속에서 한 공모자, 누구나 가진 자존심이라는 놈을 발견하여, 그로 하여금 그녀를 거저 휘어잡았다고 이해시킬 수 있었다. 이것이 사회다. 가장 알려진, 평판이 좋지 못한 존재가, 요컨대 감미롭고도 부드러운 조화의 진귀라는 비호 밑에 있어 어떤 인간에겐 결코 식별되지 않고 만다. 파리에는 생루가 인사조차 하지 않게 된 점잖은 두 사람이 있었다. 두 사람의 얘기를 할 때면 그는 목소리를 떨고, 그들을 여인들의 착취자라고 욕하였다. 이 두 사람은 라셀 때문에 파산했기 때문이다.

"스스로 책망하는 건 단 한 가지." 마르상트 부인은 아주 낮은 목소리로 말했다. "로베르한테 착하지 않다고 한 말입니다. 그와 같이 훌륭하고, 더없이 착한 아들인데, 모처럼 만나, 착하지 않다고 말했으니, 나는 차라리 몽둥

이맛을 보는 편이 좋겠어요. 좀체 즐거움도 없는 그 애가 오늘 저녁 어떤 즐거움을 누린들, 그 즐거움이 그런 옳지 못한 말로 그르칠 테니 말이에요. 그러나 이봐요, 바쁘시니까 당신을 붙들지 않겠어요."

마르상트 부인은 불안한 얼굴로 말했다. 그 불안한 얼굴은 로베르에 대한 일로, 그녀는 진심이었다. 하지만 부인은 바로 사교 부인으로 돌아가 진정한 태도를 버렸다.

"당신과 몇 마디 얘기한 게, '재미나고, 기쁘고, 흡족'했어요. 고마워요! 고마워요!"

그리고 겸손한 태도로 부인은 고마워하는 도취된 듯한 눈길로, 마치 나와 나눈 대화가 생애에서 겪은 가장 큰 기쁨 가운데 하나라도 되는 듯 나를 눈여겨봤다. 이 매력적인 눈길은 가지와 잎 모양의 흰 드레스에 단 검은 꽃과 썩 잘 어울려, 요령 아는 귀부인의 눈길이었다.

"전 급하지 않습니다, 함께 돌아가기로 한 샤를뤼스 씨를 기다려야 하니까요."

빌파리지 부인은 이 마지막 말을 들었다. 난처해하는 표정을 지었다. 이때 빌파리지 부인의 마음속에 겁을 주고 있는 성실은 것은, 그것이 이런 종류의 감정과 무관한 일이 아니었다면, 내게는 수치심으로 느껴졌을 것이다. 그러나 이런 가정은 내 머릿속에 떠오르지도 않았다. 나는 게르망트 부인에게, 생루에게, 마르상트 부인에게, 샤를뤼스 씨에게, 빌파리지 부인에게 만족하여, 숙고하지도 않고, 들떠 멋대로 지껄이고 있었다.

"내 조카 팔라메드와 같이 돌아가시려나?" 부인이 내게 물었다.

빌파리지 부인이 그토록 존중하는 조카와 친한 게 부인한테 매우 좋은 인상을 줄 것이 틀림없다고 생각한 나는, "그분이 함께 돌아가자고 하더군요" 하고 기쁘게 대답했다. "나는 기쁩니다. 게다가 그분하고는 부인께서 생각하는 것보다 더 친합니다. 더 친해지기 위해서라면 나는 무엇이나 다 할 작정입니다."

난처해하는 얼굴빛에서, 빌파리지 부인은 걱정하는 기색으로 된 듯싶었다. "기다리지 말아요." 부인은 나한테 걱정하는 모양으로 말했다. "그는 파펜하임 님과 얘기 중이지. 당신한테 한 말을 벌써 까맣게 잊었나 봐요. 어서, 떠나시라구, 그가 등을 돌리고 있는 틈을 타서 어서 빨리."

나로선 서둘러서 로베르와 그 애인을 다시 만나러 갈 필요가 별로 없었다. 그러나 빌파리지 부인이 어찌나 나를 떠나보내고 싶어하는지, 부인께서 아마도 조카와 얘기해야 할 중대한 일이 있나 보다 생각한 나는 작별인사를 했다. 부인 옆에 게르망트 씨가 올림포스의 신처럼 당당하게 앉아 있었다. 막대한 재산에 대한 온 팔다리에 퍼진 의식이, 마치 재산이 도가니에서 녹아 단 한 개의 인간 형상으로 굳어버리기라도 한 듯, 이 매우 값나가는 인간에게 비상한 비중을 주고 있다고나 할까. 내가 작별인사를 하자, 그는 의자에서 공손히 일어났다. 그 꼴을 본 나는 생기 없이 꽉 들어찬 3천만 프랑의 덩어리가 옛 프랑스의 교양으로 움직여져, 내 앞에 우뚝 서 있는 느낌이 들었다. 페이디아스(Pheidias)*가 순금으로 만들었다고 하는 올림포스의 유피테르 상을 보는 느낌이었다. 충분한 교양이 게르망트 씨에게 미친 힘, 적어도 게르망트 씨의 육체에 미친 힘(왜냐하면 이 힘은 공작의 정신을 그만큼 지배 못하여)은 그러한 것이었다. 게르망트 씨는 자기가 한 재미있는 이야기엔 웃었지만 남의 이야기엔 웃지 않았다.

계단에서, 나를 부르는 소리가 내 뒤로 들려왔다.

"이게 나를 기다리는 건가, 여보게."

샤를뤼스 씨였다.

"좀 걸어도 괜찮겠소?" 안마당에 나왔을 때 그는 나에게 무뚝뚝하게 말했다. "안성맞춤인 합승마차를 만날 때까지 걸읍시다."

"내게 할 말이 있나요?"

"암! 있고말고, 자네에게 할 말이 있었지. 그러나 해야 좋을지 모르겠소. 물론 내 생각에 이 얘기가 자네에겐 헤아릴 수 없을 정도의 이익을 가져다줄 출발점이 될 수 있지. 하지만 나같이 차차 안온한 생활을 하고픈 나이에, 그것이 대단한 시간의 소비, 모든 질서의 흩뜨림을 내 생활에 가져오리라는 예감도 드는군. 그런데 말씀이야, 자네라는 인간이 내가 그토록 골치를 앓을 만한 값어치가 있는지 의심스럽고, 또 그것을 결정할 만큼 나는 자네를 잘 모른단 말일세. 게다가 내가 많은 수고를 아끼지 않을 만큼 자네를 위해 해주려는 일을, 자네는 원치 않을지도 모르고 말이야. 솔직히 다시 말해, 여보

---

* 기원전 5세기경 그리스의 조각가.

게, 나한테 그 일은 귀찮은 노릇에 지나지 않거든." 그는 힘차게 낱말을 또 박또박 떼어 발음하면서 되풀이했다.

그렇다면 그런 일을 꿈에도 생각하지 말자고 나는 쏘아붙였다. 이 협상의 결렬이 그의 취미에 맞지 않았나 보다.

"이런 말치례는 무의미해." 그는 신랄하게 말했다. "그럴 만한 가치가 있는 인간을 위해서 수고하는 일만큼 즐거운 건 없지. 뛰어난 인간에게는 예술의 연구도, 골동 취미도, 수집도, 정원 가꾸기도, 모두 에어자츠(Ersatz), *1 대용품, 알리바이에 불과하네. 우리는 디오게네스*2처럼 통 속에서 인간을 찾고 있어. 우리는 마지못해서 베고니아를 재배하고, 주목(朱木)을 가지치기 하지만, 그건 주목이나 베고니아가 만만하기 때문인 거요. 그러나 수고할 만한 값어치가 있다는 확신이 서면 인간이라는 떨기나무에 시간을 쓰고 싶어하지. 모든 문제는 여기에 있소, 자네야 자네 자신을 조금쯤 알 테지. 자네한테 그만한 값어치가 있는가 없는가?"

"나 때문에 아무에게도 걱정 끼치기 싫은데요. 하지만 내 기쁨으로 말하면, 무엇이든 당신한테서 오는 거라면 더 크겠지요. 그처럼 내게 마음 쓰시고 도와주시려 하는 데 깊이깊이 감격합니다."

놀랍게도 이 말에 그는 거의 진심을 토로하며 고마워했다. 그 무뚝뚝한 말투와는 어긋나는, 또 발베크에서 이미 나에게 강한 인상을 준 그 되풀이되는 허물없는 태도로 나에게 팔짱을 끼며 말했다.

"자네 나이 또래에 있기 쉬운 철없음에서, 자네들은 우리 사이에 뛰어넘을 수 없는 깊은 구렁을 팔지도 모르는 말을 간혹 꺼내지. 그런데 자네가 지금 한 말은 그와는 반대로 바로 내 마음에 짜릿하게 닿는, 어쩌면 자네를 크게 도와주고 싶게 하는 말일세."

샤를뤼스 씨는 나와 팔짱을 낀 채 걸으며, 멸시를 섞었으나 애정어린 그런 말을 하면서, 어떤 때는 뚫어지도록 내 얼굴에 눈길을 고정시키고—날카로운 그 사나움은 내가 발베크의 카지노 앞에서 그를 처음 언뜻 본 아침, 아니 그보다 몇 해 전, 탕송빌의 정원 안, 장미꽃 가시덤불인가, 그 무렵 그의 정부인 줄 여긴 스완 부인 옆에서, 이미 내게 강한 인상을 주었던 것—또 어

---

*1 '대체물, 대용품'이라는 독일어.
*2 '통 속의 철학자'로 알려진 시노페 태생인 견유학파(犬儒學派)의 철학자(B.C. 400? ~323).

떤 때는 여기저기 눈길을 휘두르며, 교대 시각이라 꽤 많이 지나가는 합승마차를 유심히 살피곤 했는데, 그 눈길이 어찌나 집요한지 마부들은 그가 타려는 줄 알고 마차를 여러 대 멈춰 세웠다. 그러나 샤를뤼스 씨는 마차를 그대로 보내곤 했다.

"알맞은 건 하나도 없군." 그는 말하였다. "이건 모두 램프가 문제야.*1 여보게, 이제 자네한테 하려는 제의가 순전히 사리사욕 없는 봉사적인 것이라는 점에 오해 없기를 바라네."

나는 그의 이야기 투가, 발베크에서보다 훨씬 더 스완의 투와 닮았음에 놀랐다.

"자네는 영리하니까, 내 제의가 '교제의 결핍'이나 고독과 권태를 두려워하는 데서 나왔다곤 생각하지 않겠지. 내 가문에 대해 자네한테 말하지 않겠네, 왜냐하면 프티부르주아 계급(그는 이 낱말을 만족감과 더불어 발음하였다)에 속하는 자네 또래의 소년은 프랑스 역사를 알 거라고 생각하니까. 사교계 인사들은 책을 읽지 않아 사내종들에 대해서 아는 것이 없다네. 옛 왕의 사내종은 대귀족들 가운데에서 뽑혔지. 그래서 지금 대귀족들이 사내종들과 거의 같지만, 자네같이 젊은 부르주아들은 책을 읽지. 그래서 내 가문에 대한 미슐레*2의 훌륭한 글을 알고 있소. '짐은 게르망트 가문의 위력을 잘 보았노라. 그들에 비하면 프랑스의 가련한 국왕은 파리의 궁전 속에 갇힌 몸이나 진배없노라'는 글을. 내 형편 문제는 말하고 싶지 않네만, 〈타임스〉지에 실려 꽤 반응을 일으킨 기사가 그것을 언급하고 있으니까 자네도 아마 알겠지. 오스트리아 황제, 이분은 늘 내게 호의를 보이시어 나와 의형제를 맺고 싶다고 하신 분인데, 최근 알려진 한 회담에서 이렇게 말씀하신 적이 있소. 만일 샹보르(Chambor) 백작*3의 측근에 나만큼 유럽 정계 사정을 속속들이 꿰뚫은 인물이 있었다면, 백작은 오늘날 프랑스 왕이 되었을 거라고 하셨소. 나는 곧잘 이런 생각을 하네, 여보게. 내 몸속에, 미약한 재능의 탓이 아니라 언젠가는 자네도 알게 될 갖가지 경우 탓으로, 경험의 보물, 어떤 매우 귀중한 비밀문서를 가지고 있다고 말씀이야. 나는 그것을 나 자신을 위

---

*1 돌아가는 방향에 따라 램프의 빛을 바꿈.

*2 프랑스의 역사가(1798~1874).

*3 샤를 10세의 손자. 한평생 오스트리아에서 망명 생활을 함.

해 써야 한다고는 생각지 않네만, 내가 30년이나 걸려 얻은 것, 나만이 가지고 있는 것을 몇 달 사이 한 젊은이에게 전수하면 젊은이한테 값으론 치지 못하는 이익이 될 거요. 나는 현대의 기조(Guizot)*¹ 같은 사람이 그 생애의 몇 해를 걸려야 아는 비밀, 그 덕분에 어떤 사건이 전혀 다른 양상을 띠는 비밀을 배우는 데 느끼는 지적인 기쁨을 말하는 게 아니오. 나는 오직 과거의 사건뿐만 아니라 또한 경우의 이어짐을 말하는 거요(이것은 샤를뤼스 씨가 좋아하는 표현인데, 이 표현을 입 밖에 낼 때 흔히 그는 기도라도 하듯 두 손을, 뻣뻣한 손가락을 합쳤다. 이 엉킴을 통해 뭐라고 똑똑히 말하지 않는 갖가지 경우와 그 이어짐을 이해시키려는 듯). 내가 과거뿐만 아니라 미래에 대해서도 아무도 모르는 설명을 들려줌세."

샤를뤼스 씨는 얘기를 멈추고, 빌파리지 부인 댁에서 그 소문이 나왔을 때에 안 듣는 체하던 블로크에 대한 질문을 내게 하였다. 그리고 말하고 있는 것에서 동떨어진 어조, 다른 것을 생각하는 듯 단순한 예의상 기계적으로 말하는 어조로, 그는 나의 친구가 젊으냐, 잘생겼느냐 따위를 물었다. 만일 블로크가 그의 말을 들었다면, 샤를뤼스 씨가 드레퓌스파 또는 반대파인지 아는 데에, 이유야 매우 다르지만, 노르푸아 씨의 경우보다 더욱 고생했을 것이다. "사물을 배우려면, 자네 친구 가운데 몇몇 외국인이 있는 것도 나쁘지 않네." 샤를뤼스 씨가 블로크에 대해 묻고 나서 말했다. 블로크는 프랑스 사람이라고 나는 대답했다. "허어! 나는 그 사람이 유대인인 줄 알았네"라는 샤를뤼스 씨의 말. 유대인은 프랑스인일 수 없다는 이 선언으로 말미암아 나는 샤를뤼스 씨를 여태껏 만난 어느 누구보다 심한 드레퓌스 반대파라고 생각했다. 그런데 반대로 그는 드레퓌스가 반역죄로 고소된 데 항의했다. 그러나 이런 투였다. "신문에선 드레퓌스가 조국에 죄를 범했다고 쓰는 모양이더군, 그런 논조인 모양인데, 나는 신문 따위엔 하나도 마음을 안 쓰거든. 손을 씻는 셈치고 읽네만 흥미를 끌 값어치야 없지. 어쨌든 그런 죄는 없어요, 자네 친구의 동국인*²이 유대국을 배신했다면 조국에 죄를 범한 게 되지만, 도대체 그 사람은 프랑스와 어떤 관계가 있다는 거요?" 나는 만약 전쟁이 일어나면 남들과 마찬가지로 유대인도 동원된다고 반대했다. "그럴지도

---

*1 프랑스의 역사가이자 정치가(1787~1874).
*2 드레퓌스를 가리키는 말.

모르지. 그러나 그것이 무모함이 아니라곤 아무도 단언할 수 없네. 세네갈 사람 또는 마다가스카르 사람들을 오게 한들, 그들이 진심으로 프랑스를 지키리라곤 난 생각 안 하오, 또 당연한 일이야. 드레퓌스는 차라리 재류 외국인법 위반죄를 선고받아야 옳아요. 이런 얘기는 그만둡시다. 자네 친구한테, 유대 교회의 제전에, 할례식에, 유대교 성가회에 나를 참석시켜달라고 부탁해줄 수 없을까. 어디 홀을 빌려 성서극을 보여줄 수 없을까, 마치 라신이 《구약 시편》에서 뽑은 극을 생시르(Saint-Cyr)*의 여학생들이 루이 14세의 심심풀이를 위해 연기했듯이 말이야. 아니면 웃기는 놀이라도 마련해주지 않겠소. 이를테면 자네 친구와 그 아비 사이의 싸움으로 다윗이 골리앗을 치듯 아들이 아비를 치는 싸움 같은. 어지간히 재미나는 희극이 될 거요. 내친김에 자기 어미를, 아니 우리집 부엌 할멈의 말투로 하면, 제 어미를 장작패듯 두들겨 패는 장면도 좋고 말씀이야. 그것이야말로 썩 훌륭하여 적잖이 우리 마음에 들 거요. 어때, 어린 친구, 우린 이국적인 구경을 좋아하니까, 또 유럽 사람이 아닌 계집을 때리는 건, 늙고 못생긴 계집에게는 마땅한 벌이야." 차마 귀로 못 들을, 거의 미친 소리를 하면서, 샤를뤼스 씨는 내 팔을 아프도록 죄었다. 나는 샤를뤼스 씨의 친척이, 그가 이제 막 몰리에르풍의 악이 있는 사투리를 쓰는 이로 상기시킨 그 부엌 할멈에 대해, 남작 대신으로, 그 감탄할 착함의 예를 여러 가지 드는 걸 떠올려, 여태껏 그다지 연구 안 된, 한 마음속의 착함과 악함의 관계—여러 가지 있을 테지만—를 세운다면 재미날 것이라고 생각하였다.

어쨌든 블로크 어머니는 이미 죽었고, 또 블로크 아버지로 말하면 아주 눈이 나빠질지도 모르는 놀이를 어느 정도까지 좋아서 하는지 의심스럽다고 나는 그에게 알렸다. 샤를뤼스 씨는 화난 듯하였다. "죽다니 그 여인은 큰 잘못을 저질렀군그래. 나빠진 눈으로 말하면, 바로 유대교가 장님이라서, 복음서의 진리를 못 보지. 아무튼 생각해보시게, 가련한 온 유대인이 그리스도교도의 어리석은 광기 앞에 떠는 이때에, 나 같은 인간이 그들의 연기를 재미있어 해주는 게 그들한테 얼마나 명예스러운가!" 바로 이때 나는 블로크의 아버지를 보았다. 아마 아들을 마중가는 것이리라. 그는 우리를 못 보았

---

* 17세기 말에 생긴 여학교.

는데, 나는 샤를뤼스 씨한테 저 사람을 소개해주겠다고 제의했다. 이 제의가 동행자의 노기를 얼마나 폭발시킬지 미처 몰랐던 것이다. "나를 저 사람에게 소개한다! 자넨 인간의 값어치를 조금도 가리지 못 하네그려! 그렇게 호락호락 사귀어지는 내가 아닐세. 지금의 경우, 소개자가 젊고 소개되는 사람은 자격이 없으므로 거듭하여 합당치 않네. 기껏해야, 만일 지금 막 초안을 얘기한 아시아풍의 구경을 어느 날 보여준다면, 저 추악한 영감에게 친절한 몇 마디를 걸지. 그것도 아들한테 무수히 두들겨 맞는다는 조건으로. 그렇다면 내 만족의 뜻까지 표하겠네."

하기야 블로크 씨는 우리에게 전혀 주의하지 않았다. 그는 사즈라 부인에게 큰절을 보내는 중이었고, 부인도 그 절을 달갑게 받고 있었다. 나는 그 꼴을 보고 놀랐다. 지난날 콩브레에서, 부인은 나의 부모님이 젊은 블로크를 집에 맞이하는 것에 몹시 화가 나 있었기 때문이다. 그녀는 그만큼 유대인 배척자였다. 그런데 며칠 전 드레퓌스 운동이 돌풍처럼 블로크 씨를 부인 곁까지 날려 보냈던 것이다. 블로크의 아버지는 사즈라 부인을 호감 가는 분이라 생각하고, 특히 부인의 유대인 배척주의와 뜻을 맞췄으니, 그것을 부인이 지닌 신념의 성실함과 그 드레퓌스 옹호론의 진실한 증거로 생각했고, 그리고 또한 부인이 그에게 허락한 방문에도 가치를 더했기 때문이다. 그는 사즈라 부인이 그의 앞에서 얼떨결에 "드뤼몽(Drumont)*¹ 님은 재심론자들을 신교도와 유대인과 한통속이라고 주장해요. 이렇게 혼동하다니 고맙지 뭐예요!" 말했을 때도 마음 상하지 않았다. 그는 집에 돌아와서 우쭐거리며 니생 베르나르 씨에게 말했다. "베르나르, 사즈라 부인은 편견이 있더군!" 그러나 니생 베르나르 씨는 아무것도 대답하지 않은 채 천사와도 같은 눈길을 하늘로 쳐들었다. 유대인의 불행을 슬퍼하며, 기독교 신자들과의 우정을 떠올리면서, 세월이 흘러감에 따라, 그 까닭이야 나중에 아시리라, 점점 아니꼽게 태깔부리게 되어, 오늘날에 와서는 라파엘전파가 그린 원귀(怨鬼, larve)*²에 마치 단백석(蛋白石) 속에 빠진 머리칼처럼, 수염을 더럽게 꽂아넣은 모습을 하고 있었다.

---

*1 프랑스의 정치가로서 유대인 배척주의자(1844~1917).
*2 고대 로마에서, 생전에 죄를 지었거나 또는 비참한 죽음을 당한 자의 유령. 이 풀이를 하는 이유는, 이 'larve'라는 명사는 유충(幼蟲)이라는 말이기도 하기 때문임.

남작은 여전히 나에게 팔짱을 낀 채로 다시 말했다. "드레퓌스 사건은 단 하나 불리한 점이 있소. 그것은 사회를(선량한 사회라고는 말하지 않네, 사회가 이런 찬사를 받을 만한 자격이 없어진 지 오래니까) 샤모(Chameau), 샤멜르리(Chamellerie), 샤멜리에르(Chamelière)*라는 신사 숙녀, 처음 보는 연놈들의 침입으로 파괴한다는 거요. 사촌들 집에 가서도 이런 연놈을 만나는데, 그들이 반유대주의인지 뭔지 하는 프랑스 애국 연맹의 회원이기 때문이고 보니, 정치상의 의견이 당연히 계급의 높낮이를 정해주는 감이 없지 않단 말씀이야."

샤를뤼스 씨의 이런 말투는 그가 게르망트 공작부인과 한 핏줄임을 더욱 드러냈다. 나는 두 사람의 닮은 점을 강조해 말했다. 내가 게르망트 공작부인을 모르는 줄 여기는 것 같아, 나는 그에게 그가 피하려고 하던 오페라 극장의 밤을 상기시켰다. 그는 내 모습을 전혀 못 보았노라 힘주어 말해 나도 곧이들을 뻔했다. 그러나 그런 지 오래지 않아 작은 사건이 생겨, 샤를뤼스 씨는 아마도 너무나 자부심이 강해 나와 함께 있는 것을 남의 눈에 보이길 싫어했다고 생각하게 되었다.

"자네에 대한 내 계획으로 돌아가세." 샤를뤼스 씨는 말했다. "어떤 사내끼리는, 여보게, 한 비밀 결사가 있는데 뭐라고 말 못하지만, 현재 그 안에 유럽의 주권자가 네 분이나 들어 있다네. 그런데 그 가운데 한 분, 독일 황제의 측근자가 그의 공상을 고치려 드네그려. 이는 아주 중대한 일로 어쩌면 전쟁을 유발할지도 모르지. 암, 여보게, 바로 그렇소. 병 속에 중국의 공주를 붙들어둔 줄 여기는 사내의 이야기를 아시겠지. 그건 미친 생각이지. 그런데 그는 치료를 받고 나았네. 하지만 광기가 낫자마자 바보가 됐다네. 고치려 들지 말아야 하는 병이 있게 마련이니 그 병이 있음으로써 더 중병에 걸리지 않기 때문이라네. 내 사촌 중 하나는 위병으로 뭘 먹어도 소화가 안 됐지. 아무리 훌륭한 위 전문의가 치료해봐도 효능이 없었네. 그래 내가 그를 어느 의사(이 사람도 매우 별난 분이라서 할 얘기가 많은데)에게 데리고 갔다네. 이 의사는 병이 신경성인 것을 당장 알아채고, 환자를 설득해 위가 견디어낼 테니 먹고 싶은 것을 겁없이 먹어보라고 일렀지. 그런데 사촌의 몸

---

* 이것들은 모두 낙타(상것들)와 관계되는 말인데, 여기서는 고유명사로 쓰고 있음.

엔 신장염도 있었거든. 위가 소화한 것을 신장이 끝내 배설할 수 없게 되고 말아, 사촌은 원인 모르는 위병을 안고 어쩔 수 없이 건강관리를 하여 오래 사는 대신에, 위는 나았지만 신장이 못 쓰게 되어 마흔 살에 죽었소. 자네의 일생을 미리 내다보아 하는 말이네만, 누가 아나, 자네가 옛 위대한 인간 같이 될는지, 주위 인간이 무지한 가운데, 친절한 정령에게서 수증기와 전기의 원리를 들은 위인처럼 말이오. 어리석은 체 마시게, 겸허한 태도로 사양하지 마시게. 내가 자네에게 큰 도움을 준다면, 자네 또한 내게 그에 못지않은 도움을 주리라 믿어 의심치 않소. 나는 사교계 인사들에게 관심을 갖지 않은 지 오래요. 내겐 이제 정열밖에 없소. 아직 순결한 영혼, 미덕으로 불탈 수 있는 영혼에 내가 아는 것을 이용해서 내 삶의 잘못을 속죄하고자 하는 정열밖에 없소이다. 여보게, 난 크나큰 슬픔을 겪었네. 언젠가 얘기하겠지만, 난 아내를 잃었소. 더할 나위 없이 아름답고, 고귀하며, 흠잡을 데 없는 아내를. 내게는 젊은 친척이 있소. 하지만 그 녀석들은, 내가 지금 말하는 정신적 유산을 받을 값어치가 없다고는 말하지 않네만 받을 능력이 없지. 어쩌면 자네야말로 이 유산을 이어받을 수 있는 적임자, 내가 그 삶을 지도하고 높일 수 있는 사람인지? 그럼 내 삶마저 높아질 거야. 자네에게 외교상의 중대 사건을 가르치는 중에 나 자신도 그것에 취미를 새삼 가지게 되어, 자네가 한몫 끼는 흥미로운 일을 함께 시작하게 될지도 모르지. 하지만 이를 알기 전에, 자네를 자주, 매우 자주, 매일같이 만나야 하오."

　나는 샤를뤼스 씨가 보이는 뜻밖의 열렬한 기분을 이용해, 그의 형수를 만나게 해줄 수 없느냐고 부탁해보았다. 그러나 그 순간, 내 팔이 전기에 닿듯 세차게 뿌리쳐졌다. 그것은 샤를뤼스 씨가 조금 전까지 광대한 영감을 받던 '우주'의 법칙을 방해해온 어떤 이유에서 그의 팔을 내 팔에서 재빨리 빼냈기 때문이었다. 지껄이면서도, 그는 사방을 두리번거리다가, 마침 아르장쿠르 씨가 건널목에서 불쑥 나오는 걸 겨우 언뜻 보았던 것이다. 우리를 보고서 벨기에의 공사는 난처한 표정을 짓고, 의심쩍어하는 눈길, 게르망트 부인이 블로크에게 던진 다른 인종에게 보내는 그 눈길과 거의 같은 눈길을 내게 던지고 우리를 피하려 했다. 그런데 샤를뤼스 씨는 결코 그의 눈을 피하려 들지 않음을 보이고 싶은 듯, 상대를 불러 긴치 않은 말을 하였다. 그리고 아르장쿠르 씨가 나를 못 알아볼까 봐선지, 샤를뤼스 씨는 나를 그에게 소개하기를 빌파리지 부인의, 게르망트 공작부인의, 로베르 생루의 친구이자, 그 자신 샤를뤼스 씨도 내 할머니의 옛 친구로 할머니에 대해 품고 있는 호의의 약간을 손자인 나에게 기꺼이 옮겨가지고 있다고 말했다. 그렇지만 나는, 빌파리지 부인 댁에서 소개될까 말까 하던 아르장쿠르, 이제 막 나의 가정에 대해 샤를뤼스 씨가 길게 지껄인 아르장쿠르 씨가, 나에게 한 시간 전보다 더 냉담하게 된 것을 눈치챘으며, 그 뒤 매우 오랫동안 그는 나와 만날 때마다 그런 태도를 지었다. 그날 저녁 그는 조금도 호감이 없는 호기심 많은 눈으로 나를 살피고, 헤어질 때 망설인 뒤 내게 손을 내밀었다가 곧 안으로 굽히는, 어떤 사나운 저항을 이기려는 것 같았다.

"난처한 일이군." 샤를뤼스 씨는 말했다. "아르장쿠르란 놈은 태생은 좋으나 교양이 없고, 외교관으로선 무능하며, 남편으로선 가증스러운 난봉꾼, 연극에 나오는 간특한 놈으로 위대한 것을 이해할 수 없는 주제에 위대한 것을 부수는 힘만 있는 녀석이라오. 어느 날 우리의 우정이 기초를 쌓게 된다면 위대한 것을 이해하는 힘이 될 테고, 또 자네가, 계속될 성싶은 것을 심심풀이로, 실수로 또는 고약한 심보로 부수는 그런 당나귀 같은 바보들의 발길질에서 나와 마찬가지로 우리 우정을 막아주길 바라 마지않소. 불행하게도 사교계 인간의 대부분은 그런 거푸집으로 만들어졌거든."

"게르망트 공작부인은 매우 영리하신가 봐요. 아까 전쟁이 일어날지 모른다고 얘기하셨는데, 부인께서도 그 점에 대해 특별한 지식을 가지셨나 봅니다."

"그녀에겐 그런 게 하나도 없소이다." 샤를뤼스 씨는 무뚝뚝하게 대답했다. "여성은, 하기야 대부분의 남성도 마찬가지지만, 내가 말하고자 하는 것에 대해 아무것도 이해하지 못하오. 내 형수로 말하면 발자크의 소설에 나오는 시대, 여인이 정치에 영향을 미치는 시대에 여태껏 살고 있는 줄 상상하는 쾌적한 여인이라오. 그녀와 사귐은 사교상의 교제가 다 그렇듯 지금 자네한테 유감스러운 작용을 미치고 있을 따름이오. 또 이것이 바로, 아까 그 바보가 방해했을 때 내가 자네한테 말하려던 첫 번째 일이오. 나를 위해 치러야 하는 첫 희생—내가 자네에게 은혜를 베풀어감에 따라 더 많은 희생을 요구하겠지만—그것은 사교계에 나가지 않음이오. 나는 아까 그런 가소로운 모임에 자네가 와 있는 걸 보고 무척 괴로웠소. 자네는 말하겠지,

나도 거기에 와 있지 않았느냐고. 그러나 나에겐 그것은 사교 모임이 아니라, 친척 방문이라네. 나중에 자네가 성공하여 명성을 얻었을 때 재미로 잠깐 사교계에 얼굴을 보이는 거야 괜찮겠지. 그때에 내가 자네한테 얼마나 도움이 될지 새삼 말할 필요도 없네. 게르망트 저택과, 자네 앞에 문을 크게 여는 수고를 할 만한 값어치가 있는 온갖 저택의 '세잠(Sésame)'[*1]은 바로 내가 쥐고 있소. 나는 판정자라, 언제까지나 한 세대의 지배자로 있을 작정이란 말씀이야. 현재 자네는 한낱 세례 지망자일세. 자네가 높은 데 참석하는 건 뭔가 빈축을 사는 게 있다는 거지. 뭐니뭐니해도 추잡함을 피해야 하오."

샤를뤼스 씨가 빌파리지 부인 댁 방문에 대해 지껄이고 있으니까, 나는 그에게 그와 후작부인과의 정확한 친척 관계, 후작부인의 태생을 묻고 싶었는데, 그 질문이 내가 바라는 바와는 다른 꼴로 입에 올라, 빌파리지 가문이 뭐냐고 묻고 말았다.

"허어, 대답하기 쉽지 않은걸." 샤를뤼스 씨는 말했지만, 그 목소리는 얼음 위를 밟는 듯하였다. "가문이 뭐냐고 묻는 것과 마찬가지 질문인데, 곧 리앵(rien)[*2]이지. 무엇이든 과감히 행할 수 있는 나의 큰어머니는, 티리옹이라는 소인과 재혼함으로써, 프랑스의 가장 위대한 이름을 허무 속에 빠뜨리는 변덕을 부렸소이다. 이 티리옹이란 자가 소설에서 하듯, 멸망한 귀족 이름을 가져도 지장없겠지 생각하였다네. 역사는 그가 라 투르 도베르뉴라는 이름에 마음이 끌렸다, 그가 툴루즈와 몽모랑시라는 이름 사이에서 망설였다고는 말하지 않네만. 아무튼 그는 다른 걸 택해 빌파리지 님이 됐다네. 1702년 이래 빌파리지라는 이름이 없었으니까, 내 생각에 그는 겸손하게, 파리 근교의 작은 고장, 빌파리지에 소송 대리 사무소 또는 이발소를 소유한 빌파리지의 한 신사임을 의미하려고 했던 것이오. 그런데 큰어머니는 이런 말을 안 들었소─하기야 큰어머니는 아무 말도 못 듣는 나이였으니까. 그러고는 이 후작 칭호가 집안에 있었다고 우겨, 까닭이야 모르나, 우리 모두에게 편지로 알렸지. 일을 규정대로 하고 싶었던 것이오. 가질 권리도 없는 이

[*1] 참깨. 여기서는 《아라비안나이트》에서 알리바바가 적 굴의 문을 여닫을 때 왼 주문을 뜻함, 곧 열쇠.

[*2] 하찮은 것.

름을 스스로 붙인 바에는, 내 친구 아무개가 하듯 떠들썩하게 하지 않는 편이 제일이지. 그 뒤가 희극이지, 큰어머니는 진짜 빌파리지 가문, 고인이 된 티리옹 가문과는 친척도 사돈의 팔촌도 안 되는 빌파리지 가문에 관계되는 온갖 그림을 수집했소. 큰어머니의 성관은 진짜이건 가짜이건 그 초상화들의 독점 장소 같은 것이 되었고, 그 불어나는 물결 밑에 대수롭지 않은 어떤 게르망트네 사람과 어떤 콩데네 사람의 초상화가 사라져야만 했다오. 그림 장수들은 해마다 큰어머니한테 그것을 위조해오지, 큰어머니의 시골 식당엔 생시몽의 초상화까지 있소. 생시몽 생질의 첫 결혼 상대가 빌파리지 씨였다는 이유에서요."

빌파리지 부인이 티리옹 부인에 지나지 않는다 함은 내가 그 살롱의 잡다한 사람들을 보았을 때 머릿속에 일기 시작한 가치 전략을 완성하였다. 칭호나 이름이 거의 최근의 것인데도 한 여인이 왕족과 친하다는 점을 이용해 그 시대 사람들뿐만 아니라 후세까지 현혹하다니 당돌하다고 생각했다. 부인이, 내가 어린 시절에 그렇게 보이던 분, 귀족 티가 하나도 없던 분으로 되돌아가면, 부인을 둘러싸고 있는 쟁쟁한 친척 관계가 부인하고는 관계가 없는 사람들처럼 보였다. 부인은 그 뒤에도 우리 집안에 친절했다. 내가 이따금 부인을 찾아뵙고 부인도 때때로 내게 선물을 보내주었다. 그러나 나는 부인이 포부르 생제르맹 거리 사람이라는 인상이 전혀 들지 않거니와, 포부르 생제르맹에 대해서 뭔가 묻고 싶은 것이 있더라도, 부인은 맨 꼴찌가 되었을 것이다.

샤를뤼스 씨가 계속해서 말했다. "사교계에 나간다면 자네는 자네 처지를 불리하게 하고, 자네 지능과 성격을 망칠 뿐이오. 게다가 자네는 특히 교우 관계에 정신차려야 하오. 자네 집안에 지장이 없다면 애인을 몇이라도 가지시오. 나하곤 상관없는 일이고 그러기를 권하기까지 할지도 모르오, 어린 장난꾸러기, 오래지 않아 면도해야 할 어린 장난꾸러기." 그는 내 턱을 만지면서 말했다. "하지만 사내 친구의 선택은 훨씬 중요한 일이오. 젊은이 열 명 가운데 여덟 명까지가 영영 돌이킬 수 없는 누를 입히는 꼬마 깡패, 고약한 놈이라네. 내 조카 생루 말인데, 부득이한 경우라면 자네한테 좋은 친구요. 허나 자네의 장래라는 관점에서 본다면, 자네한테 아무런 도움이 안 될 친구지. 그 점이라면 나만으로 충분하오. 요컨대 나와 있기가 간혹 물릴 때, 생루하고 같이 돌아다녀도 내가 믿는 바로는 대단한 지장은 없을 것 같소. 적이나 생루에 한해서, 요즘 흔히 눈에 띄는 마치 트뤼쾨외르(truqueur)* 같은, 무고한 희생자를 내일 교수대에 보낼지 모르는 여자 같은 놈이 아니지 (나는 '트뤼쾨외르'라는 은어의 뜻을 몰랐다. 아는 사람이라도 나와 마찬가지로 놀랐을 것이다. 사교계 인사들은 기꺼이 은어 쓰기를 좋아하는데, 뒤가 구린 점이 있는 이들은 구린 점에 대해 겁 없이 지껄이는 걸 보이고 싶어한다. 그들의 눈에 무고의 증거. 그러나 그들은 척도를 잃어버려, 어느 정도를 넘으면 농담도 매우 특수한, 귀에 거슬리는 것이 되고 말아, 고지식함의 증거이기보다 오히려 타락의 증거가 되는 걸 미처 깨닫지 못한다). 생루는 남들과 다르지, 아주 상냥하고, 아주 건실한 인간이지."

나는 이 '건실하다'라는 형용사에 샤를뤼스 씨가 붙인 억양이, 마치 여공 아가씨를 건실하다고 말하듯, '덕성스럽다', '얌전하다'라는 뜻을 주고 있는 듯싶어 미소를 금치 못했다. 이 순간 합승마차가 반대쪽으로 지나갔다. 젊은 마부가 제자리를 비운 채, 마차 속 방석에 앉아, 얼근히 취한 모습으로 마차를 몰고 있었다. 샤를뤼스 씨는 큰 소리로 마차를 딱 세웠다. 마부는 잠시 협상하였다.

"어디로 가시죠?"

"자네 가는 쪽으로."(이 말에 나는 놀랐다. 샤를뤼스 씨는 같은 빛의 제등을 단 합승마차를 이미 여러 대 거절했기 때문이다.)

"하지만 다시 내 자리에 올라가기 싫은데요. 마차 안에 그대로 있어도 괜찮습니까?"

"좋아, 다만 덮개를 내리게. 그럼 내 제안을 잘 생각해보시오." 샤를뤼스 씨는 나와 헤어지기 전에 내게 말했다. "잘 생각해보게, 며칠 여유를 줄 테니 편지를 보내시오. 되풀이하네만 매일 자네를 만나, 먼저 자네의 성실함과 다른 사람에게 말하지 않는다는 보증을 받을 필요가 있소. 하기야 자네는 이미 그 보증을 보이고 있는 성싶네만. 그러나 이제까지 나는 겉모양에 여러 번 속아서 다시는 겉모습을 신용하고 싶지 않소. 제기랄! 보물을 포기하기에 앞서 적이나 어느 손에 내놓는지 알아야 하지 않겠소. 아무튼 내가 자네

---

* 사기꾼. 은어로는 남색가.

에게 이바지하려는 것을 생각해보시게. 자네는 불행하게도 헤라클레스처럼 센 근육을 못 가진 듯하네만, 갈림길에 서 있소. 미덕으로 인도하는 길을 택하지 않았음을 평생 뉘우치지 않도록 하시게." 이렇게 말하고 나서 그는 마부에게 물었다. "아직 덮개를 안 내렸나? 내가 손수 용수철을 접네. 게다가 자네 꼴을 보니 아무래도 내가 마차를 몰아야겠군."

그가 마차의 한쪽, 마부 옆에 뛰어오르자 마차는 재빨리 떠났다.

나로 말하면, 집에 돌아가자마자, 조금 전에 블로크와 노르푸아 씨가 나눈 대화와 참을 이루는 것—하지만 나타난 형태는 손쉽고, 서로 어긋나며, 노골적이지만—에 부딪쳤다. 그것은 드레퓌스파인 우리집 집사와 반드레퓌스파인 게르망트네 집사와의 입씨름이었다. 상층부, 프랑스 조국 연맹과 인권 옹호 연맹에 속하는 지식인들 사이의 진위(眞僞) 대립은 과연 대중의 하층부까지 퍼져가고 있었다. 레나크 씨는 전혀 알지 못하는 사람들을 이심전심으로 조롱했다. 그렇건만 그에겐 드레퓌스 사건은 한갓 반박 못할 정리(定理)로서 그 이성 앞에 제출되었으니, 과연 그는 이제껏 들은 적 없는 합리적 정책의 놀라운 성공(혹자는 프랑스에 화가 되는 성공이라 하지만)으로 이 정리를 증명했다. 두 해 사이 그는 비요(Billot) 내각을 클레망소 내각으로 대치하고, 여론을 뿌리째 흔들어놓아, 피카르를 감옥에서 꺼내, 은혜를 모르는 군인을 국방 장관에 앉혔다. 대중을 조종하는 이 합리주의자 자신도 그 조상에 의해 조종되고 있었는지 모른다. 최고 진실을 담은 철학 체계인들, 끝까지 분석해보건대, 하나의 감정 이유가 논자로 하여금 그토록 떠벌리게 하는 것으로 보아, 어찌 드레퓌스 사건 같은 단순한 정치 사건에서 그렇지 않기를 가정하겠는가? 블로크는 드레퓌스파의 상황을 논리상 택했노라 믿고 있으나, 또 한편 그 코, 피부와 머리칼이 혈통으로 좋건 싫건 주어진 것임을 알고 있었다. 물론 이성이란 가장 자유로운 것, 그렇지만 이성도 스스로 가하지 않은 어떤 법칙에 따르게 마련이다. 게르망트네 집사와 우리집 집사의 경우는 독특했다. 프랑스를 위부터 아래까지 둘로 가른 드레퓌스 옹호론과 드레퓌스 반대론 흐름의 물결 소리는 꽤 잔잔하였으나, 이따금 내는 메아리는 심각했다. 일부러 사건을 피하는 얘기 가운데, 아무개가 슬그머니 정치 뉴스, 보통은 터무니없는 헛소문이지만 반드시 바람직한 뉴스를 꺼내는 것을 들으면, 그 예측 대상에서 희망의 방향을 유도할 수 있다. 그와 같이 한편으로는 겁먹은 선전,[*1] 또 한편으로는 성스러운 분노[*2]가 몇몇 지점에서 충돌하고 있었다. 내가 집에 돌아와서 들은 두 집사의 이론은 이 원칙에서 벗어나 있었다. 우리네 집사는 드레퓌스가 유죄임을 내비치고, 게르망트네 집사는 드레퓌스가 무죄임을 암시하였다. 이는 그들의 소신을 감추기 위해서가 아니라, 심술과 극성맞은 승부심 탓이었다. 우리집 집사는 재심이 될지 확신이 없어서, 그것이 틀리는 경우를 위해, 게르망트네 집사에게서 옳은 주장이 깨졌다고 믿는 기쁨을 미리 빼앗아두고 싶었던 것이다. 게르망트네 집사는 재심이 거부되는 경우, 만약 드레퓌스가 무죄라면, 우리집 집사가 결백한 사람이 악마섬에 주저앉는 것을 보고 더욱 한탄하리라 생각했던 것이다. 문지기는 그들의 입씨름을 물끄러미 바라보고 있었다. 나는 게르망트네 하인 신분 안에 분열의 불씨를 붙인 사람이 문지기가 아니라는 인상을 받았다.

위층으로 올라가보니 할머니의 용태가 좋지 않았다. 며칠 전부터 별 까닭 없이 할머니는 건강을 투덜대고 있었다. 병들고 나서야 비로소 우리가 우리 혼자 사는 것이 아니라, 다른 세계의 존재와 이어져 산다는 것을 깨닫게 마련이다. 심연이 우리와의 사이를 떼어놓는 존재, 우리를 알지도 못한 채, 우리를 이해시킬 수도 없는 존재, 그것은 우리의 육체다. 길에서 무서운 강도를 만났을 때 우리 불운에 동정하게 만들 수는 없을망정, 강도 자신의 이해 관계를 타일러서 그 마음을 움직일 수는 있을지도 모른다. 그러나 우리 육체의 동정을 구함은 소귀에 경 읽기다. 소에겐 우리 말이 바람소리만큼의 뜻이라도 있을까, 이런 것과 한평생을 살아갈 우리 존재임을 안다면 오싹 소름이 끼칠 것이다. 할머니는 우리 쪽으로 늘 주의를 돌리고 있었으므로 병환을 깨닫지 못하고서 지나칠 때가 많았다. 너무 심하게 아프면 치료하고자 아픈 원인을 이해하려고 애썼다. 육체가 무대인 병적 현상이 할머니의 사념엔 그대로 아리송하고도 포착할 수 없는 것이라 할지라도, 그 현상과 똑같은 물질계에 속하는 이들, 마치 어떤 외국인의 대답을 듣고서 그 말을 통역해달라고 동국인을 찾아가듯, 육체가 말하는 것을 이해하고자 인간 정신이 결국 문의하고 마는 이들에겐 명백했다. 그들이야말로 우리 육체와 얘기할 수 있으며, 육체의 노여움이 중한지 또는 곧 가라앉을지 우리에게 일러줄 수 있다. 그래

[*1] 반(反)유대적 애국주의의 선전.
[*2] 우익의 무법에 대한 분노.

서 코타르를 할머니 옆에 불렀는데, 코타르는 할머니가 병들었다는 우리의 첫마디에, 교활한 미소를 지으며 "병환? 설마하니 꾀병은 아니겠죠?" 하고 물어 우리를 애타게 하고 나서, 환자의 흥분을 진정시키려고 우유 섭생법을 해보았다. 밤낮 우유 넣은 국을 먹었지만 효험이 없었는데 이는 할머니가 소금을 많이 넣었기 때문이다. 그즈음, 소금의 해로움을 모르고 있었던 것이다 (비달(Widal)*1이 아직 그 발견을 못했으므로). 의학이란 의사들의 연달은 모순된 오류의 집약이니까, 어떠한 명의를 부른대도, 보통의 경우, 몇 해 뒤에 틀림이 확인될 진실을 애원하게 마련이다. 그러므로 의학을 믿음은 미친 짓일지도 모르나, 실은 믿지 않는 쪽이 더 미친 짓이다. 나중에 이 오류 더미에서 몇몇 진실이 나왔기 때문이다. 코타르는 체온을 재보라고 권하였다. 체온계를 가져왔다. 거의 관의 모든 높이 속에 수은이 비었다. 작은 통 바닥에 웅크린 은빛 살라망드르(salamandre)*2가 겨우 분간되었을 뿐이다. 살라망드르는 죽은 것 같았다. 유리관을 할머니의 입안에 넣었다. 그러나 오래 넣어둘 필요 없이, 작은 마법사는 점치는 데 오래 걸리지 않았다. 보니 그것은 멈춰, 탑 중간 높이에 앉아, 옴짝달싹하지 않은 채, 우리가 물어본 숫자, 할머니의 영혼이 아무리 자신에게 물어보아도 가르쳐주지 않는 숫자, 38.3도를 똑똑하게 가리키고 있었다. 처음으로 우리는 불안을 느꼈다. 우리는 운명의 기호를 지우려고 체온계를 세게 흔들었다. 마치 표시된 온도와 함께 신열을 내릴 수 있듯. 아뿔싸! 이성 없는 꼬마 점쟁이가 이 대답을 엉터리로 하지 않았음이 명백했다. 그다음 날, 체온계를 할머니의 입술 사이에 다시 물리자마자, 꼬마 예언자는, 떳떳한 확신, 우리 눈에 안 보이는 사실에 대한 직관으로 껑충 뛰어오르듯 같은 점에 와 멈추더니 꼼짝하지 않으면서, 반짝이는 막대기로 또다시 그 숫자, 38.3도를 가리켰다. 다른 말 없이, 우리가 아무리 원하고 바라고 부탁해도 듣지 않고, 그것이 마지막 경고이자 협박인 듯싶었다.

그래서 우리는 예언자로 하여금 무리로 그 대답을 수정하도록 하려고, 같은 세계에 속하는 더 강력한 존재인 다른 한 명의 존재에 호소하였다. 그는 육체에 심문하는 데 만족하지 않고 육체에 명령할 수 있는 존재 당시 아직

---

*1 프랑스 세균 학자(1862~1929). 1896년 장티푸스 진단법으로 비달 반응을 발견하였음.
*2 샐러맨더, 불도마뱀. 불 속에 산다는 동물.

쓰이지 않았던 아스피린 같은 계통에 속하는 해열제였다. 우리는 체온계를 37.5도 이상 내려가지 않게 하였다. 그렇게 하면 그 이상 올라갈 리가 없으리라 생각했기 때문이다. 우리는 그 해열제를 할머니에게 먹이고 나서 다시 체온계를 넣었다. 꿋꿋한 문지기한테 높은 사람을 움직여 얻어낸 상관 명령서를 보이자 문지기는 정식 명령으로 보고 "좋소, 군소리 않겠소, 이것으로 됐으니 지나가시오"라고 대답하듯, 주의를 게을리하지 않는 탑지기도 이번엔 움직이지 않았다. 그러나 실쭉한 탑지기는 이렇게 말하는 듯하였다. "이런 게 무슨 소용이 있습니까? 당신이 키니네를 알고 있으니까, 키니네는 나에게 움직이지 말라 명령하겠죠, 한 번, 열 번, 스무 번. 그러곤 키니네는 지칠 테죠. 나는 키니네를 잘 알아요. 영원히 계속하진 못해요. 그러니 더 중태에 빠지겠죠."

그때 할머니는 깨달았던 것이다. 할머니 몸속에 자신보다 인간의 몸을 잘 알고 있는 녀석의 현존, 선사(先史) 종족과 같은 시대에 산 녀석의 존재, 선주자—생각하는 인간의 창조보다 훨씬 전의—의 현존을 말이다. 할머니는 이 수천 년 동안의 인척이, 머리에, 심장에, 팔꿈치에, 좀 사납게 더듬어오는 것을 느꼈다. 인척은 장소를 답사하고, 선사적 싸움을 위해 모든 준비를 하였다. 그 싸움은 바로 시작됐다. 삽시간에 큰 구렁이는 짓눌려, 신열은 강력한 화학 원소에 정복되었다. 할머니는 자연계를 가로질러, 모든 동물과 식물을 뛰어넘어서 이 원소에 감사하고 싶었다. 할머니는 식물의 창조보다 더 오래된 원소와 몇 세기를 건너 이야기 나눴음에 감동하고 있었다. 체온계 쪽은 더 오래된 신에게 잠시 정복당한 파르카처럼 은빛 물레 가락을 움직이지 않았다. 오호라! 다른 어떤 녀석, 인간이 쫓을 수 없는 신비한 사냥거리를 사냥하려고 제 몸속에 설치한 어떤 녀석이 날마다 무정하게도 우리한테 단백량(蛋白量)을 알려왔다. 양은 적었으나, 이 또한 눈에 안 보이는 어떤 완강한 상태와 관계가 있지 않나 느낄 만큼 일정했다. 언젠가 베르고트가 나에게 불르봉 박사에 대해, 그분은 나를 진저리나지 않게 할 의사, 겉으로 보기에 괴상하지만, 내 지능의 특이성에 적합한 치료법을 찾아낼 의사라고 말했을 때, 경계 본능이 자극되어, 그 본능이 내 지성을 복종시킨 일이 있었다. 그러나 우리의 관념은 변화한다. 견해는 처음에 우리가 마주 대하는 여러 저항을 이겨 나가, 이미 준비된 풍부한 지적인 저장, 견해를 위해서라고는 우리 자신도 모르던 지적인 저장을 양분으로 삼는다. 안면이 없는 아무개에 대해 들은 이야기가 우리 머릿속에서 그리는 그 위대한 헤아림, 천재라는 견해를 일으키는 힘을 갖고 있는 일이 여러 번 있듯, 나는 지금 마음속으로, 박사에 대해 남보다 깊은 시력을 지녀 진실을 통찰하는 이로부터 받는 무한한 믿음의 정을 기울이고 있었다. 물론 그가 오히려 신경병 전문가이고, 샤르코 (Charcot)*가 죽기 전에 그에게 신경학계, 정신병학계를 지배하리라 예언했던 것을 알고 있었다. 그 자리에 있던 프랑수아즈는 "어머! 모르지만, 그럴지도 모르죠"라고 말했는데, 샤르코도 불르봉도 그녀로서는 처음 듣는 이름이었다. 그런데도 전혀 거침없이 '그럴지도 모르죠'라고 말하였다. 그녀의 '그럴지도 모르죠', 그녀의 '아마도', 그녀의 '모르지만'은 이런 경우 귀에 거슬렸다. "프랑수아즈는 지금 문제되는 것을 아무것도 알지 못하니까 모르는 것이 당연해요. 그런데 아무것도 모르는 주제에 어떻게 그럴지 모른다느니 아닐지 모른다느니 씨부렁거린다죠? 아무튼 샤르코가 불르봉에게 한 말이야 모른다고 못할 테지, 우리가 자네한테 말했으니까 알 테지, 그러니 그 '아마도', 그 '그럴지도 모른다'고 하는 건 당치 않아요, 확실하니까" 하고 대꾸해 주고 싶은 마음이 들었다.

특히 뇌와 신경 분야가 권위이지만, 나는 불르봉이 명의이자 훌륭한 인물로, 창의 있는 깊은 지성의 소유자임을 알고 있는지라, 어머니한테 부탁해 그를 불렀다. 이분이라면 병을 정확히 간파해 치료할지도 모른다는 희망이 있었기 때문이며, 입회 의사를 부르기라도 하면 할머니가 겁낼지도 모른다는 걱정도 있었지만, 결국은 불렀다. 어머니를 결심시킨 것은, 모르는 사이 코타르의 영향을 받아, 할머니가 거의 외출도 하지 않고, 침대에서 떠나지 않는 일이었다. 할머니는 라파예트 부인에 대해 쓴 세비녜 부인의 글, "그분이 외출하지 않으려는 걸 미친 짓이라고들 하더군요. 저는 그처럼 급하게 판단하는 이들보고 '라파예트 부인은 미치지 않았습니다'라고만 말해두었습니다. 그분이 외출하지 않은 것이 옳았음을 알게 하려면 그분의 죽음이 필요했습니다"로 우리에게 헛되이 대답했다. 불려온 불르봉은, 그에게 들려주지 않은 세비녜 부인이 잘못이라고 말하진 않았지만, 적어도 할머니가 잘못이

---

* 프랑스의 의사(1825~1893).

라고 말했다. 그는 놀라운 눈길을 할머니 몸 위에 쏟으면서, 그 눈길 속에 어쩌면 환자의 용태를 속속들이 살핀다는 착각, 또는 자연스러운 것 같으나 실은 기계적으로 되어버리고 만 듯한 그런 착각을 환자에게 주고픈 욕구, 또는 아주 딴 것을 생각하고 있는 걸 보이고 싶지 않은 욕구, 또는 환자를 압도하고픈 욕구를 담아 할머니의 몸 위에 쏟으면서, 진찰도 하지 않고, 베르고트에 대해 말하기 시작했다.

"암 그렇고말고요, 부인, 탄복할 만하죠. 좋아하시는 게 옳고말고요! 그런데 어느 작품을 가장 좋아하십니까? 아아! 정말! 사실 그 작품이 가장 훌륭합니다. 아무튼 가장 구성이 잘 짜인 소설입니다. 거기에 나오는 클레르는 참으로 매력 있죠. 남성 인물 가운데 누구에게 제일 호감이 가십니까?"

나는 처음, 그가 이와 같이 할머니한테 문학 얘기를 시키는 것은 자신이 의학에 진저리내고 있기 때문이라 생각했다. 어쩌면 견문이 넓음을 보이고 싶어하기 때문인지도 모른다. 아니, 그보다 치료상의 목적에서, 환자에게 믿음을 가지게 하고, 그가 걱정하지 않음을 환자에게 보여, 병의 상태를 잊게 하기 위해서인 줄 알았다. 그러나 뒤에 나는 정신과의로서 특히 탁월하고 두뇌에 대해 조예가 깊던 그가 그러한 질문으로 할머니의 기억력이 완전한지를 확인하려고 했음을 깨달았다. 그는 침울한 눈을 고정시키고, 마지못해 말하듯 할머니의 생애에 대해 조금 질문했다. 그러다가 돌연, 진실을 언뜻 보아 기어코 그것을 맞힐 결심을 한 듯, 남아 있는지도 모르는 마지막 망설임을 떨쳐버리면서 그 물결에서 벗어나자고, 우리가 할지도 모르는 온갖 이의에서 벗어나자고 애쓰는 듯한 몸짓을 먼저 보인 뒤, 명석한 눈으로 할머니를 물끄러미 보며, 겨우 단단한 물에 올라온 듯이 자유로이, 잔잔하고도 마음을 사로잡는 말투, 온갖 억양을 지성이 은은하게 하는 말투로 한 마디 한 마디 떼면서(하기야 그 목소리는 이 왕진 동안 줄곧 여느 때처럼 남의 마음을 쓰다듬는 듯했고, 또 헝클어진 눈썹 아래 비꼬는 눈이 착함에 넘치고 있었다),

"부인, 먼 장래나 가까운 장래, 부인이 어떻게 하시느냐에 따라 그것이 오늘 당장일지도 모르지만, 부인이 아무렇지 않은 것을 깨닫고 똑같은 생활을 다시 시작하시는 날 건강하게 되십니다. 부인께선 식사도 안 하시고 외출도 안 하신다고 말씀하셨죠?"

"하지만 선생님, 조금 열이 있으니."

그는 할머니의 손을 만졌다.

"아무튼 지금은 없는데요. 그리고 또 그건 좋은 핑계입니다! 열이 39도나 되는 결핵 환자들에게도 바깥공기를 쐬게 하고, 영양 요법을 시키는 걸 모르십니까?"

"하지만 나 단백도 좀 나와요."

"그런 건 모르는 편이 좋습니다. 부인께선 내가 언젠가 정신적인 단백이란 이름으로 쓴 것에 걸리셨습니다. 인간은 모두 몸이 편치 않은 동안 단백의 작은 변동쯤은 일으키죠. 그런데 의사는 그것을 지적하여 서둘러 만성으로 만들어버립니다. 의사는 의약으로 한 가지 병을 치료하는(적어도 이따금 있다고 합니다) 반면에 세균보다 천 배나 악성인 병원체를 주사하여 건강체에 열 가지 병을 일으킵니다, 곧 자기가 병자라는 관념을. 이와 같은 신념은 모든 체질에 강하게 작용하는데, 신경질적인 분들에게는 특히 효과적으로 작용합니다. 그런 분에게, 등 뒤에 닫혀 있는 창을 열려 있다고 말해보십쇼, 재채기하기 시작합니다. 수프 속에 마그네슘을 넣었거니 여기게 하면 복통을 일으키고, 커피가 여느 것보다 진하다고 하면 밤새도록 눈을 못 붙입니다. 부인, 내가 부인의 눈을 보는 걸로, 부인의 말투를 듣는 것만으로, 뭐랄까, 부인과 꼭 닮은 따님과 손자를 보는 걸로, 부인께 내 할 일이 뭔지 아는 데 충분치 않다고 생각하십니까?"

"만약 선생님이 허락하신다면, 할머니께서 샹젤리제의 고요한 가로수길, 지난날 네가 그 앞에서 곧잘 놀던 월계수 숲가에 앉아 계시는 것도 좋겠지." 어머니는 나에게 말하면서 간접적으로 불르봉한테 의논하였다. 그 때문에 어머니의 목소리는 나에게만 건네는 말이었다면 없었을, 뭔가 서먹서먹하고도 공손한 투를 띠고 있었다. 의학박사는 할머니 쪽으로 머리를 돌리고 나서, 전문 지식 못지않게 여러 면에 박식한 분이라서 이렇게 말했다.

"샹젤리제에 가시도록, 부인, 손자분이 좋아하는 월계수 숲가에. 월계수는 몸에 좋죠. 심신을 깨끗이 하니까요. 아폴론이 큰 구렁이 피톤을 정복한 뒤 델포이에 개선했을 때 손에 쥔 것이 월계수 가지입니다. 아폴론은 그와 같이 해서 독사의 무서운 독을 막으려 했던 것입니다. 월계수는 해독제 가운데에서 가장 오래된, 가장 존중할 만한, 또 덧붙여 말하면—이것은 치료학상으로나 예방학상으로서 가치 있는 것이지만—가장 아름다운 것입니다."

의사들이 아는 것의 대부분은 병자들로부터 배운 것이므로, 의사들은 '환자'의 체험이 누구나 같다고 믿기 쉽다. 전에 돌본 환자에게 배운 고찰을 가지고 지금 돌보는 환자를 놀라게 하고 싶어한다. 따라서 농부와 담소할 적에 사투리를 써서 상대를 깜짝 놀라게 하려는 파리지엔 같은 교활한 미소를 짓고, 불르봉 박사는 할머니에게 말했다. "아무리 센 수면제라도 약효가 없을 때에 마침 바람이 솔솔 불어오면 잠드실 겁니다." "잠이 오기는커녕 선생님, 바람이 불면 잠잘 수 없어요." 그러나 의사들이란 격하기 쉬운 분들이다. "아앗!" 불르봉은 눈살을 찌푸리면서 중얼댔다. 마치 발등을 밟히기라도 한 듯, 또 폭풍우의 밤에 할머니가 못 주무시는 것이 그에게 가해진 모욕이기라도 한 듯. 그래도 그는 자존심이 지나치게 세지 않았으며, 또 '초월자'이니만큼, 의학을 지나치게 믿지 않는 것이 의무라고 믿고 있어서, 재빨리 철학자다운 본디 평온을 되찾았다.

어머니는 베르고트 친구의 입을 통해, 할머니가 아무렇지 않다는 보증을 받고 싶어, 의사의 말을 뒷받침하기 위해, 할머니의 사촌자매뻘 되는 한 분이* 신경병을 앓아, 콩브레 집의 침실에 일곱 해나 갇힌 채, 한 주일에 한두 번밖에 침대를 떠나지 않았다고 덧붙였다.

"그것 보세요, 부인. 나는 그 일을 몰랐지만, 눈에 선합니다."

"하지만 선생님, 나는 그 사촌자매하고는 전혀 달라요. 그와 반대로 내 의사는 나를 그대로 자게 할 수 없답니다." 할머니가 말했다. 박사의 이론에 조금 화가 나서인지 아니면 할 수 있는 한 이론을 내세워 박사의 반박을 받아, 박사가 떠나고 나면, 이 고마운 진단에 대해 마음속에 아무 의혹도 품을 필요가 없기를 바라서인지.

"물론이죠, 부인. 인간 전부가—이런 낱말을 써서 죄송합니다만—다 정신 착란일 수야 없습니다. 부인은 다른 정신병이지, 지금 말한 것은 없어요. 어제 나는 신경쇠약 환자를 위한 요양소를 방문했습니다. 정원에 한 사내가 걸상 위에 우뚝 서서 브라만교의 행자처럼 움직이지 않고, 보기에 몹시 괴로운 듯한 자세로 목을 숙이고 있더군요. 뭘 하고 있느냐 물으니까, 그는 옴짝달싹도, 머리를 돌리지도 않은 채 대답하기를 '선생, 나는 심한 류머티즘 환

---

* 레오니를 말함.

자이자 감기 들기 쉬운 체질이죠. 아까 운동을 지나치게 하였는데, 어리석게 몸을 덥게 하는 동안 내 목이 플란넬에 붙어 있었지 뭡니까. 만일 지금 몸의 열을 떨어뜨리기에 앞서 목을 플란넬에서 떼기라도 하면, 필연코 목이 비뚤어지거나 아마도 기관지염에 걸리거나 할 테죠'라고 해요. 사실 그는 그렇게 되겠죠. '당신은 완전한 신경쇠약이에요. 당신은 과연 신경쇠약이에요'라고 나는 말해주었습니다. 그러자 그가 그렇지 않다는 증거로 무슨 이유를 꺼낸 줄 아십니까? 이 요양소의 환자 가운데 체중을 달아보는 괴벽을 가진 이들이 있어, 체중을 다는 데 하루를 다 보내지 않도록 저울에 맹꽁이자물쇠를 채울 필요가 있는데도, 그는 체중을 달아보기가 싫어, 남이 억지로 저울 위에 올려놓아야 한다는 것입니다. 그는 남들의 괴벽을 안 가진 데 의기양양, 그 또한 제 괴벽이 있고 그것이 다른 괴벽을 막아주고 있음을 생각해보지도 않는 거죠. 이런 비유에 언짢아하지 마십쇼. 왜냐하면 감기 들까 봐 감히 목도 돌리지 못하는 이 사내야말로 우리 시대의 가장 위대한 시인이니까요. 이 불쌍한 괴벽 환자는 내가 알고 있는 한 가장 높은 지능을 가진 자입니다. 신경질이라 불린대도 참으세요. 부인께선 땅의 소금인 이 으리으리하고도 애처로운 한 무리에 속하십니다. 우리가 아는 위대한 것은 다 신경질적인 인간한테서 나왔습니다. 종교를 세우고 걸작을 구성한 이는 신경질적인 인간이지 다른 인간이 아닙니다. 세상은 그들한테 어떤 은혜를 입고 있는지, 특히 그들이 그 은혜를 주기 위해 어떤 고초를 겪었는지 영영 모르겠죠. 우리는 오묘한 음악, 아름다운 그림, 천만 가지 진미를 맛보지만 그것들을 지어낸 이들은 불면증, 눈물, 경련성의 웃음, 두드러기, 천식, 간질, 그리고 그런 것보다 더 고약한 죽음에 대한 불안을 얼마나 치렀는지 모릅니다. 죽음에 대한 불안이야, 부인도 겪으셨죠." 그는 할머니에게 미소를 지으며 덧붙였다. "그렇다고 고백하세요, 내가 왔을 때 몹시 불안해하셨으니까. 부인은 자신을 병자, 어쩌면 중병 환자라고 여겼습니다. 부인께서 당신 몸속에서 어떤 병환의 징후를 발견한 줄로 여겼는지 누가 알겠습니까. 또 부인은 잘못 생각하시지 않았으니, 그 징후를 가지셨거든요. 신경쇠약이란 천재적 모방자입니다. 썩 잘 모방해내지 못하는 병환은 하나도 없어요. 소화 불량 환자의 위의 거북함, 임신 기간의 구역질, 심장병의 부정맥, 결핵 환자의 열중세를 감쪽같이 흉내냅니다. 의사를 속일 정도니, 어찌 환자가 안 속겠습니까? 암요! 부인의 아픔을 비웃는 게 아니라, 나는 아픔의 정체가 뭔지 모르고선 치료를 기도하지 않습니다. 안 그렇습니까, 속내 이야기는 서로 해야 진짜죠. 신경병 없는 위대한 예술가란 없다고 말씀드렸는데, 그뿐만 아니라" 하고 그는 엄숙하게 집게손가락을 세우면서 덧붙였다. "위대한 학자도 없습니다. 더 말씀드린다면, 그 자신이 신경병에 걸리지 않고서는, 신경병의 명의는커녕, 신경병을 옳게 다루는 의사조차 없습니다. 신경 병리학상으로 보아, 그다지 어리석은 말을 안 하는 의사란, 비평가가 시를 짓지 못하는 시인이고, 순경이 그 짓을 안 하는 도둑이듯, 반쯤 나은 병자입니다. 나는 부인처럼 자신이 단백뇨 환자라고는 여기지 않으며, 신경성에서 오는, 식사나 바깥공기에 대한 공포감도 없습니다만, 문이 닫혀 있는지 스무 번이나 일어나보지 않고선 잠이 안 옵니다. 내가 어제 목을 안 돌리는 시인을 만난 그 요양소에, 실은 방을 예약하려고 갔는데, 우리끼리 얘기지만, 남들의 병환을 치료하는 데 너무 지쳐 내 병이 더할 때 거기 가서 휴가를 몸조리로 보내죠."

"하지만 선생님, 나도 그런 치료를 해야 하나요?" 할머니는 겁이 나서 물었다.

"그럴 필요 없습니다, 부인. 지금 호소하시는 따위의 징후는 내 한마디 앞에 굴하고 말 테니까요. 그리고 또 부인 곁에는 어떤 강력한 것, 내가 이제 부인의 의사로 임명한 것이 있습니다. 그것은 부인의 탈, 부인의 신경과민입니다. 그 탈을 고치는 방법을 안다 해도, 나는 고치기를 삼가겠습니다. 그것을 지배하는 걸로 충분합니다. 탁상에 베르고트의 작품이 있군요. 신경쇠약이 낫는다면 이것을 안 좋아하게 되겠죠. 그런데 이것이 마련해주는 기쁨을, 그런 기쁨을 도저히 부인께 주지 못할 건전한 신경하고 바꾸는 권리가 내게 있을까요? 아니 그런 기쁨 자체가 강력한 약, 아마 가장 강력한 약일 겁니다. 마님 신경의 힘을 결코 비난하지 않습니다. 오직 내 말을 듣거나 부탁할 뿐입니다. 신경의 힘에 부인을 맡기겠습니다. 그 힘이 기계를 뒤로 돌리기만 하면 그만입니다. 이제까지는 산책을 하거나, 충분한 영양식을 먹는 데 힘을 썼는데, 이번에는 식사를 하거나, 책을 읽거나, 외출을 하거나 갖가지 심심풀이하는 데 쓰면 그만입니다. 피곤하다곤 말씀 마십쇼. 피곤은 그렇거니 여기는 생각이 기관에 나타난 것입니다. 먼저 피곤이란 말을 생각지 마시옵길. 누구에게나 있는 일이지만, 혹시나 몸의 사소한 불편을 느끼신다면, 그것은 몸이 아무렇지 않은 거나 같사온데, 왜냐하면 몸의 편치 않음은 탈레랑 씨의 뜻 깊은 말마따나, 부인을 가상의 건강자로 만들 테니까요. 어떻습니까, 그것이 부인을 고치기 시작했군요. 부인께서 생기 찬 눈, 좋은 얼굴빛을 하시고, 한 번도 기대지 않고 똑바로 앉아 내 얘기를 듣고 계시며, 벌써 30분이 지났는 데도 그런 줄 알아채지 못하시는군요. 그럼 부인, 그만 실례하겠습니다.”

불르봉 박사를 배웅하고 어머니 혼자 있는 방에 들어오니, 몇 주일 전부터 가슴을 답답하게 하던 슬픔이 사라졌다. 나는 어머니가 그 기쁨을 터뜨릴 것 이고, 나의 기쁨을 볼 거라고 느꼈다. 내 곁에서 곧바로 한 사람이 감동에, 달리 비유하면, 아직 닫혀 있는 문으로 머잖아 곧 누가 겁내주려고 들어오리 라 아는 때에 느끼는 공포와 좀 닮은 감동에 빠지려는 순간을 조마조마하게 기다리는 그 어쩔 수 없음을 나는 실감하였다. 나는 어머니한테 한마디 하려 는데, 목소리가 떨리고, 눈물에 젖어, 오래오래 어머니의 어깨 위에 머리를 파묻고 울어대며, 슬픔이 내 생활에서 떠나버린 것을 아는 지금, 도리어 슬 픔을 맛보며, 받아들이며, 그리워하였다. 마치 사정으로 실행 못하고만 어진 계획에 흥분하기 좋아하듯이. 프랑수아즈는 우리의 기쁨에 참여치 않음으로 써 내 분통을 터뜨렸다. 프랑수아즈는 사내종과 고자질 잘하는 문지기 사이 에 터진 무시무시한 싸움 때문에 얼빠지고 말았던 것이다. 공작부인이 친절 한 마음에서, 사이에 들어, 겉보기로는 화해를 시키고, 사내종을 용서해주어 야 했다. 사실 공작부인은 착한 분이라서, 부인이 ‘수다’를 엿듣지만 않았다 면 이곳은 이상적인 일자리였다.

이미 며칠 전부터 할머니의 상태가 좋지 않다는 사실을 알고 문안 편지가 오기 시작하였다. 생루는 내게 다음같이 써 보냈다. “나는 자네의 소중한 할 머니께서 편치 않은 이 틈을 타 비난보다도 더 심한 말을 자네한테 하고 싶진 않네. 또 자네 할머니께서는 이 일과 아무 관계없네. 그러나 내가 자네 행동 의 불성실을 결코 잊지 않는다든가, 자네의 기만과 배신을 용서치 않는다든 가, 설사 암시적으로 넌지시 말한다면 그것은 거짓말이 되네.” 하지만 다른 친구는 할머니의 병환이 대단치 않다고 판단하여 또는 병환조차 모르고서, 내일 샹젤리제에서 만나, 거기서부터 한 집을 방문하고, 시골에 나가 재미나 는 만찬회에 참석하자고 요구해왔다. 나는 이미 이 두 가지 재미를 물리칠 이유가 없었다. 이제부터 불르봉 박사의 충고에 따라 많이 산책해야 한다고 할머니에게 말했더니, 할머니는 곧바로 샹젤리제가 어떨까 하고 말하는 것이었다. 그러니 내가 할머니를 거기에 데리고 가서, 할머니가 앉아 책을 읽는 동안, 친구들과 다시 만나는 장소를 의논하기야 누워서 떡 먹기, 또 서두르면 친구들과 같이 빌 다브레행 열차에 탈 틈도 있을지 모르지 않는가. 그러나 나 가려고 하자 할머니는 피곤하다고 외출하기를 꺼렸다. 하지만 불르봉의 가르침을 받은 어머니는 용기를 내어 할머니를 꾸짖고, 나가게 했다. 할머니가 또다시 신경쇠약에 빠지는 건 아닌가, 그러고 나서 다시 못 일어나는 건 아닌가 하는 생각에 어머니는 거의 울다시피 하였다. 할머니가 외출하기에 안성맞춤인 이토록 쾌청하고 따뜻한 날씨는 그리 흔하지 않다. 천천히 움직이는 태양은 발코니의 굳음을 여기저기 깨뜨려 그 속에 보드라운 모슬린을 넣고, 석재에 미지근한 살가죽, 모호한 금색 무리를 주고 있었다. 프랑수아즈는 딸에게 '튀브(tube)'*를 보낼 틈이 없어서 점심이 끝나자마자 나갔다. 그러나 그 전에 쥐피앙네에 들러, 할머니가 외출에 입고 나갈 짧은 외투를 몇 바늘 고치게 한 것은 잘한 일이었다. 나도 마침 이때 아침 산책에서 돌아와, 프랑수아즈와 함께 재봉사 집에 갔다. "젊은 주인이 당신을 이곳에 데리고 오셨나요, 당신이 젊은 주인을 데리고 오셨나요, 아니면 좋은 바람이 불어 우연히 두 분이 함께 들어오셨나요?" 쥐피앙이 프랑수아즈에게 말했다. 학교 공부를 못했을 망정, 쥐피앙은 게르망트 씨가 아무리 노력해도 문장 구성법을 저절로 위반하는 만큼이나 문장 구성법을 존중하였다. 프랑수아즈가 떠나고, 짧은 외투가 수선되자, 할머니도 옷치장을 해야 했다. 할머니는 어머니가 곁에 있겠다는 것을 굳이 거절한 뒤, 혼자 오래오래 몸치장을 하였다. 그래서 나는 이제 할머니의 몸이 건강하다는 사실을 알거니와, 부모님이 살아 있는 한 무엇에나 부모님을 남의 뒤로 미루는 그 괴상한 무관심과 더불어, 내가 친구들과 만나는 약속을 하고 또 빌 다브레로 만찬을 하러 가기로 되어 있다는 사실을 아시면서도 이토록 늑장 부려 지각할지도 모르게 만들다니, 할머니도 여간 이기주의자가 아니구나 생각했다. 초조한 나는, 준비가 다 되어간다는 전언을 두 번이나 들은 뒤, 끝내 먼저 내려가고 말았다. 할머니는 내가 반쯤 열린 유

---

* 속달우편.

리문 근처에 이르렀을 때, 이런 경우 늘 하는 버릇대로 지각의 용서를 빌지 않은 채 급해서 옷보따리를 반이나 잃어버리고 온 사람처럼 얼굴이 붉어지고 얼떨떨한 모습으로 겨우 나를 따라왔다. 반쯤 열린 문 사이로 물 흐르는 소리 같은 미지근한 바깥공기가 저택의 차디찬 벽 사이에 마치 저수지를 터놓은 듯 들어오고 있었다. 허나 조금도 벽을 데우지 않고서.

"저를 어째, 네가 친구를 만나러 간다면, 내가 다른 외투를 입을 걸 그랬구나, 이건 좀 초라해."

나는 할머니가 들떠 있음에 놀라, 늦을세라 무척 서둘러대었던 것을 알아챘다. 샹젤리제에 닿아, 가브리엘 거리의 어귀에서 합승마차를 내렸을 때, 할머니가 나에게 말도 건네지 않고 몸을 돌려, 내가 어느 날 프랑수아즈를 기다린 적이 있는, 녹색 철망을 친, 그 예스러운 작은 정자 쪽으로 걸어가는 걸 나는 보았다. 아마 구역질이 나는지 입에 손을 대고 있는 할머니의 뒤를 따라 정원 한가운데 세운 작은 야외극장의 계단을 올라가니, 그때에 거기 있던 바로 그 공원 문지기가 여전히 '후작부인' 곁에 있었다. 감시소에는 마치 야회 서커스에서, 출연할 준비가 되어 얼굴에 분가루를 칠한 어릿광대가 출입구에서 손수 자릿세를 받듯, '후작부인'이 떡 버티고 사용료를 받고 있었는데, 여전히 고르지 못한 큰 콧마루에 망측한 흰 가루를 더덕더덕 바르고, 붉은 덧머리에 빨강 꽃을 단 검은 레이스의 헝겊 모자를 올려놓고 있었다. 그러나 그녀는 나를 알아보지 못했나 보다. 공원 문지기는 초목의 감시는 그만두고 초목과 같은 색의 제복을 입은 채 그녀 곁에 앉아 지껄여대고 있었다.

"여전히 여기 있군. 은퇴할 생각이 없나 보군." 그가 말했다.

"내가 은퇴하다니 천만의 말씀을 다 하시네. 여기보다 좋은 곳이 있다면 어디 말씀해보시구려. 이곳보다 더 안락하고 쾌적한 곳을. 그리고 또 늘 사람들이 오락가락하니 심심치 않겠다, 이야말로 내가 말하는 작은 파리. 손님들이 세상일을 시시각각으로 알려주시니까. 이봐요, 나간 지 5분도 안 되는 그 손님, 그분은 엄청나게 지위 높은 판사님. 그런데 말씀이야." 그녀는 목소리를 높였다. 만약 공원 문지기가 이 단언의 정확성을 의심쩍어하는 얼굴을 보이기라도 하면 이 말을 폭력으로라도 밀고 나갈 듯 "8년도 전부터, 잘 들어보세요. 날마다 3시 종이 땡 울리는 신호로 그분이 왕림하시어, 늘 예절 바르고, 말씨가 조용하고, 더럽히는 적 한 번 없이, 작은 볼일을 보면서 신문을 읽는 데 30분 이상 걸리곤 했답니다. 단 하루만 그분이 안 왔어요. 3시에 나는 그것을 깨닫지 못하다가, 저녁 무렵에 가서 퍼뜩 혼잣말했죠, '저런, 그분이 안 왔군, 죽었나 봐.' 어쩐지 슬프더군요. 잘해주신 분에게 정이 붙는 성미라서요. 그래서 그다음 날 그분을 다시 뵈었을 때 어찌나 기뻤는지. '손님 어제 별일 없으셨습니까?' 하고 여쭤보니까, 대답하기를 내겐 별일 없었지만 안사람이 죽어서 너무나 경황이 없어 올 수가 없었다고 하지 뭐예요. 보아하니 무척 슬픈 모양이었어요. 무리도 아니죠, 스물 하고도 다섯 해나 쓴맛 단맛 같이 본 부부였으니까. 그래도 그는 다시 돌아와 매우 만족한 모양이더군요. 평소 하던 일을 방해받아서 기분이 언짢으셨던 모양이에요. 나는 그분의 기운을 돋우려고, '될 대로 되라고 놔둬선 못써요. 전처럼 오세요, 슬픔이 복받칠 때 그걸 보시면 조금쯤 풀릴 테니까'라고 말씀드렸답니다."

'후작부인'은 더욱더 온화한 투로 말을 이었다. 숲과 잔디밭의 보호자가, 뭔가 뜰을 가꾸는 도구 또는 원예 용구같이 보이는 칼을 적의 없이 칼집에 넣은 채, 말참견할 생각 없이 순하게 듣고 있는 것을 확인했기 때문이다.

"게다가, 나는 손님을 골라잡아요. 나는 나의 살롱이라 일컫는 곳에 무턱대고 아무나 안 받습니다. 어때요, 꽃도 있는 게 어엿한 살롱 같지 않습니까? 친절한 손님이 많이 오셔서, 늘 한두 분이 아름다운 라일락이나 재스민의 작은 가지, 또는 내가 좋아하는 장미꽃을 가져다주신답니다."

라일락도, 아름다운 장미도 가져다준 일이 없는 우리를 이 할망구가 틀림없이 악평하고 있다는 생각에 얼굴이 붉어져, 악평을 몸으로 피하려고―또는 결석재판밖에 받지 않으려고―나는 나가는 곳 쪽으로 갔다. 그런데 인생에서는 아름다운 장미꽃을 가져오는 사람들이 가장 친절한 대우를 받는다고 단정 못할 것이, '후작부인'은 내가 심심해하고 있는 줄 여기고 이렇게 말을 건넸기 때문이다.

"어떠세요, 한 곳 열어드릴까요?"

내가 거절하자, "아니, 싫으시다?" 말하고는 미소 지으며 덧붙였다. "선심 쓰려 했는데, 하지만 이 볼일만은 거저라고 해서 일어나지 않으니까 할 수 없지."

이때 옷차림이 좋지 않은 한 여인이 바로 그 볼일을 느낀 듯 부랴부랴 들어왔다. 그러나 그녀는 '후작부인'의 사회에 속해 있지 않았다. '후작부인'은 속물근성다운 사나움과 더불어 그녀에게 쌀쌀맞게 말했다.

"하나도 안 비었습니다, 부인."

"오래 걸릴까요." 불쌍한 여인은 노랑꽃 밑에 얼굴을 발갛게 하고 물었다.

"이봐요 부인, 다른 데 가보세요, 보다시피 아직 이 두 분이 기다리니까" 하고 나와 공원 문지기를 가리키며 말했다. "한 곳밖에 없어요. 딴 곳은 수리 중이고…… 상판대기를 보니 값을 치르지 못할 여인이야." '후작부인'은 말했다. "여기 올 신분이 못 돼. 저런 사람은 깨끗이, 소중히 아끼려는 마음이 없어요. 결국 내가 한 시간이나 걸려 그 뒤치다꺼리를 깨끗이 해야 할걸, 두 푼쯤 아깝지 않아."

드디어, 반시간이 지난 후에야 할머니가 나왔다. 할머니는 그토록 오래 지체한 무례를 행하고 상쇄할 생각을 꿈에도 하지 않을 것이라 생각한 나는, 틀림없이 '후작부인'이 할머니한테 나타낼 경멸의 한몫을 받지 않으려고 재빨리 퇴각했다. 한 가로수길에 들어섰는데, 할머니가 어렵지 않게 내 뒤를 따라와 함께 산책을 계속할 수 있도록 천천히 걸었다. 오래지 않아 할머니가 따라왔다. 나는 할머니가 '오래 기다리게 했구나. 그래도 네 친구를 안 놓쳤으면 좋겠다'쯤이야 말하겠지 생각했는데, 한마디도 입 밖에 내지 않아, 조금 실망하여, 먼저 말을 꺼내지 않았다. 그런데 할머니 쪽으로 눈을 들어 보니까, 내 곁을 걸으면서 다른 쪽으로 머리를 돌리고 있었다. 또다시 구역질이 나지 않았나 걱정되었다. 자세히 보니 할머니의 걸음걸이가 머뭇거리는데 섬뜩하였다. 모자는 비뚜름하고, 외투는 더러워졌으며, 마치 이제 막 마차에 떠밀렸거나 구덩이에서 건져낸 사람같이 어리둥절하고도 불쾌한 겉모양, 근심스러워하는 붉은 얼굴이었다.

"구역질했을까 봐 걱정했어요. 할머니, 괜찮겠어요?" 나는 물었다.

틀림없이 할머니는 대답하지 않았단 나를 걱정시킬 거라고 생각했나 보다.

"'후작부인'과 공원 문지기 사이의 대화를 다 들었다." 할머니가 내게 말했다. "그만큼 게르망트네풍과 베르뒤랭 작은 핵심*의 풍인 것이 어디 있겠니.

---

* 베르뒤랭 부인네에 드나드는 사교 인사들을 가리킴.

그런 것을 점잖은 말로 잘도 해대더라." 그리고 할머니는 또다시, 할머니가 좋아하는 후작부인인 세비녜 부인의 글, '듣고 있자니 그들은 나를 위하여 작별의 즐거움을 준비하고 있다는 생각이 들었습니다'를 정성껏 덧붙였다.

이것이 할머니가 내게 한 말, 거기에 할머니의 온갖 섬세함, 인용하는 취미, 고전의 기억을 여느 때보다 좀더 담고, 이런 것을 전부 머릿속에 간직하고 있는 것을 보이고 싶은 듯이 한 말이었다. 그러나 이 글을, 나는 들었다기보다 차라리 짐작하였다. 그만큼 할머니는, 토할까 봐 두려워하는 마음에서 수긍이 안 될 만큼 이를 악물고 중얼대는 목소리로 이 설명을 발음했다.

"갑시다." 나는, 할머니의 병환을 너무 대단하게 보는 모양을 짓지 않으려고 가벼운 투로 말했다. "좀 구역질이 나시니 괜찮으시면 돌아가요. 소화불량 기가 있는 할머니를 데리고 샹젤리제를 산책하고 싶진 않으니까."

"네 친구들 때문에 돌아가자고 말하지 못했단다." 할머니의 대답. "안됐구나! 하지만 네가 좋다고 하니, 그러는 편이 현명하지."

나는 그런 말을 하는 할머니의 기묘한 말투를 할머니 자신이 눈치채지 않을까 걱정하였다.

"할머니." 나는 퉁명스럽게 말했다. "메슥거리니까 억지로 말하지 마세요. 무리니까, 적어도 집에 돌아갈 때까지 기다리셔야 해요."

할머니는 쓸쓸히 미소 지어 보이며 내 손을 꼭 쥐었다. 할머니는 내가 금세 눈치챈 것을 새삼 숨길 필요가 없다고 깨달았던 것이다. 아까 가벼운 발작을 일으켰던 사실을.

Ⅱ

제1장

할머니의 병/베르고트의 병/공작과 의사/할머니의 쇠약/할머니의 죽음

산책하는 사람들이 붐비는 틈에 끼여, 우리는 가브리엘 거리를 다시 건넜다. 할머니를 벤치에 앉히고 나서 합승마차를 찾으러 갔다. 가장 하찮은 인간을 판단하려고 할 때에도 할머니라면 어떻게 생각할까를 궁리해보았는데, 지금은 할머니의 마음이 내 앞에 닫혔다. 그녀는 이제 바깥 세계의 일부가 되고 말아서, 나는 근처를 지나가는 행인들에 대해서보다도 더욱 할머니의 건강 상태에 대해 내가 생각하는 바를 할머니가 들을 수 없도록 침묵할 수밖에 없었고, 내 불안을 숨겨야만 했다. 건강 상태에 대해 할머니한테 속속들이 말할 수 없는 것은 남에게 그러지 못하는 것이나 마찬가지였다. 내가 어려서부터 늘 할머니에게 주던 근심과 슬픔을 이제 막 할머니가 내게 돌려주고 있는 것이다. 할머니는 아직 죽지 않았다. 하지만 나는 이미 혼자였다. 게르망트네 사람들, 몰리에르, 작은 핵심에 대한 우리 대화에서 할머니가 했던 암시마저 근거도 이유도 없는 가공적인 양상을 띠었다. 왜냐하면 그 암시가, 내일이면 존재하지 않을지도 모르는 인간, 그 인간으로서는 그런 것이 아무 뜻도 없는 허무—이 말을 이해할 수조차 없는 것—머지않아 할머니가 그렇게 될 허무로 돌아가려고 하고 있기 때문이다.

"그런 이유는 아니지만, 나와 약속이 없었고, 번호표도 없으시네요. 게다가 오늘은 진찰일도 아니고, 댁의 단골 의사가 있을 테니, 그 의사가 진찰 입회에 부르지 않는 한 내 멋대로 대리할 수 없습니다. 이건 의사가 당연히 지켜야 할 도의 문제라서……."

내가 합승마차에 신호하려고 할 때, 나는 유명한 E……교수를 만났다. 아버지와 할아버지의 친구라고 해도 괜찮은, 아무튼 두 분과 아는 사이로, 가

브리엘 거리에 사는 인물이다. 그때 퍼뜩 생각이 나는 김에, 나는 그가 집에 들어가려는 순간 그를 멈추게 하였던 것이다. 이분이라면 할머니를 위해 좋은 조언을 해주리라 생각하여서. 그러나 서두르던 그는 배달된 편지를 받고 나자 나를 따돌리려 하여, 나는 그와 같이 승강기를 타고 올라가면서 말할 수밖에 없었다. 그는 승강기 단추를 자기가 조종하게 맡기라고 부탁했다. 그 것이 그의 한 가지 버릇이었다.

"아닙니다. 선생님. 지금 바로 할머니를 진찰해주십사 부탁하는 게 아니고 내 말의 뜻을 나중에 이해하실 테지만, 할머니는 여기 와 진찰받을 용태가 아니시라, 30분쯤 지나 우리집에 왕진을 부탁합니다. 그때쯤 할머니가 집에 돌아가 계실테니."

"댁에 간다? 농담 말아요. 나는 이제부터 상공 장관 댁에 가서 식사한다오, 그 전에 한 군데 방문해야 해서 곧 옷을 갈아입으려는 참이오. 설상가상으로 옷이 좀 헐어서, 또 하나는 훈장을 달 단춧구멍이 없고. 부탁이니 승강기 단추에 손대지 마시오. 당신은 그걸 조종할 줄 모르오, 모든 일은 신중이제일이지. 그 단춧구멍이 아직 나를 지체시키고 있는 중이오. 그러나저러나 댁과는 절친하니 만일 할머니께서 지금 곧 오신다면 진찰해드리지. 미리 말해두지만 딱 15분 동안만이오."

나를 의심쩍어하는 눈으로 보면서도, E교수가 직접 운전하여 내려다준 승강기에서 나오자마자, 나는 부리나케 되돌아왔다.

우리는 흔히 사람은 언제 죽을지 모른다고 말한다. 그렇게 말할 때 우리는 이 죽음의 시간을 막연하고 먼곳에 있는 것처럼 상상한다. 그 시간이 이미 시작된 오늘 하루와 어떤 관계가 있을 수도 있다고는 생각지 않고 또 오늘 오후에도 죽음이 올지 모른다는—또는 우리 몸의 일부에 죽음이 달라붙어 오늘 오후에 죽음이 올지도 모른다—생각조차 하지 않는다. 사람은 한 달 동안에 요긴한 분량의 좋은 공기를 취하러 산책하고 싶어한다. 어떤 외투를 가져갈지, 어떤 마부를 부를지 망설인 끝에, 합승마차에 오르니, 하루가 그들 앞에 다 있는 셈이다. 짧다. 한 여성 친구를 맞이하러 그때에 맞춰 집에 돌아와 있고 싶기 때문이다. 그래서 그다음 날도 좋은 날씨이기를 바라 마지 않을 것이다. 그런데 다른 평면을, 뚫고 들어갈 수 없는 어둠 가운데를 지나 그대에게 걸어오던 죽음이, 바로 이날을 골라 몇 분 뒤에 마차가 거의 샹젤리제에 닿는 순간을 노렸다가 나타난다는 것을 알아채지 못한다. 여느 때 죽음을 사사로운 특이성으로 여겨, 공포에 시달리는 이들은 어쩌면 이와 같은 죽음—이와 같은 죽음과의 첫 접촉에—그것이 눈에 익은, 친한, 일상적인 겉모양을 걸치고 있으므로, 뭔가 안도감 같은 것을 느끼리라. 죽기 직전에 맛난 점심을 먹고, 건강한 사람들과 똑같이 외출한다. 지붕 없는 사륜마차로 돌아오니 첫 발작이 겹친다. 할머니의 병환이 아무리 중하다고 해도, 우리가 6시에 샹젤리제에서 돌아오니, 결국 여러 사람은 좋은 날씨에 지붕 없는 사륜마차로 지나가는 할머니한테 인사했다고 말할 수 있었을 것이다. 콩코르드 광장 쪽으로 걷고 있는 르그랑댕도 놀란 듯이 걸음을 멈춰 우리에게 모자를 들어 인사했다. 아직 일상생활에서 벗어나지 않았던 나는, 르그랑댕이 상처받기 쉬운 사람임을 떠올리며, 할머니한테 답례했는지 물어보았다. 나를 경박한 인간이구나 생각해선지, 할머니는 '그게 어떻다는 거냐? 대수롭지 않다'라고 말하는 듯이 손을 쳐들었다.

그렇다, 조금 아까 내가 합승마차를 찾는 동안, 할머니는 가브리엘 큰길의 벤치에 앉아 있다가, 잠시 뒤 지붕 없는 사륜마차를 타고 지나갔다고 말할 수 있었을 것이다. 그러나 그것이 과연 사실이었나? 벤치는 어느 길가에 떡 버티고 있기에—벤치도 어떤 균형의 조건에 복종해야 하나—에너지가 필요 없다. 하지만 살아 있는 인간이 떡 버티고 있으려면, 벤치나 마차 안에 몸을 기대고 있더라도, 우리가 대기의 압력을 지각하지 못하는 것과 마찬가지로 (대기의 압력이 사방팔방에 작용하므로) 여느 때 느끼지 못하는 힘의 긴장이 필요하다. 만약 우리 몸속이 텅 비어 공기의 압력에 그대로 견디어 나가야 한다면, 우리는 죽기 직전의 한순간 아무것도 중화하지 못하는 무서운 중압을 느낄지도 모른다. 마찬가지로 질병과 죽음의 심연이 우리 몸속에 열리고, 세계나 우리 자신의 육체가 반항하는 데에 대해, 우리에게 이미 아무런 저항력이 없을 때, 그때에는 근육의 무게를 견디고, 뼛속까지 짓밟는 전율을 견디고, 평소에는 그저 물체의 소극적인 자세에 불과하다고 생각하는 형상으로 꼼짝 않고 몸을 버티는 일조차도, 고개를 똑바로 세우고 시선을 한 곳에 고정하려면, 목숨을 건 에너지가 필요하며, 엄청난 소모를 강요하는 투쟁이 되는 법이다.

그래서 르그랑댕이 놀란 표정으로 우리를 바라본 것은, 그때의 다른 통행인과 마찬가지로, 마차 안 의자에 앉아 있는 듯 보인 할머니가 그에겐 심연에 굴러떨어지며, 절망적으로 방석에 매달려 급작스레 떨어지는 몸을 겨우 저지하면서, 머리칼을 흩뜨리고, 초점 잃은 눈, 이미 그 눈동자가 뚜렷하게 반영 못하는 여러 영상의 습격에 대적할 수 없는 것같이 보였기 때문이다. 할머니는 내 옆에 있는데도 벌써 미지의 세계에 빠져 그 속에서 입은 타격의 흔적이 아까 내가 샹젤리제에서 보았을 때 할머니의 몸에 나 있었으니, 할머니의 모자며 외투가, 할머니와 격투한 눈에 보이지 않는 천사의 손으로 엉망이 되어 있었다.

이때부터 나는, 할머니의 발작 시기가 전혀 기습이 아니라, 어쩌면 할머니는 오래전부터 이때를 예감해와 그 순간이 오기를 기다리며 살아오지 않았나 생각하였다. 아마 할머니는 이 치명적인 순간이 언제 올지, 이와 비슷한 의심을 품으면서 사랑하는 여인의 정숙성에 대해 몰상식한 희망과 근거 없는 의혹을 번갈아 가지는 애인들과 마찬가지로 몰랐을 것이며 확신 또한 없었을 것이다. 그러나 끝내 정면으로 엄습해온 이런 중병이, 병자를 죽이기 훨씬 전부터 그 몸 안에 거처하지 않는 예가 드물거니와, 또 이런 시기에 '상냥한' 이웃이나 집주인처럼 꽤 빨리 자기소개를 하지 않는 예가 드물다. 야기되는 고통보다도 그것이 목숨에 결정적인 제한을 강요한다는 기묘한 신기함에 의하여, 그것은 가공할 만한 지인이다. 이 경우에, 인간이 죽는 제 모습을 보는 건, 죽음의 순간뿐만 아니라, 여러 달, 때론 몇 해 전부터 죽음이 추악하게 우리 몸 안에 거처하러 온 때부터다. 병자는 '생면부지'와 아는 사이가 되고 그것이 머릿속을 오락가락하는 걸 듣는다. 물론 그 모습을 눈으로 봐 아는 사이가 아니라, 그것이 한결같이 내는 기척을 듣고 알아 그 습성을 짐작한다. 고얀 놈일까? 어느 아침, 기척이 안 들린다. 놈이 떠났구나. 아휴! 제발 영원히 떠나주었으면! 저녁, 놈이 다시 왔다. 뭘 기도하느냐? 진찰하는 의사는 귀여움받는 애인처럼 질문을 받아 대답하나, 믿을 만하기도 하고, 의심쩍기도 하다. 게다가 의사란 애인 역할이기보다 오히려 심문받는 하인 역할인 것이다. 요컨대 제삼자에 불과하다. 우리를 저버리는 것이 아닌지 의심하면서 우리가 추궁하는 것은 목숨 자체이니, 이 목숨이 전같이 느껴지지 않는데도 여전히 목숨에 희망을 걸고, 그것이 마침내 우리를 버리는 날까지 미련을 두고 의혹 속에 지낸다.

나는 할머니를 E교수네 승강기에 모셨다. 그러자 잠시 뒤 E교수가 와주어 우리를 진찰실로 안내했다. 진찰실에 들어서자, 그는 서둘러야 할 판인데도, 그 거만한 태도를 바꿨다. 그토록 습관의 힘은 강하니, 그는 환자들에게 상냥히 구는, 더더구나 익살맞게 구는 습관이 있었다. 그는 할머니가 문학에 매우 소양 있는 분임을 알고 있고 그 또한 그러하여, 2~3분 동안, 그날 날씨같이 빛나는 여름날을 노래한 아름다운 시구를 인용하기 시작했다. 할머니를 안락의자에 앉히고, 그는 할머니가 잘 보이게 빛살을 등지고 앉았다. 그의 진찰은 면밀해서, 내가 잠시 바깥에 나가 있어야 할 정도였다. 다시 진찰을 계속한 끝에 다 끝나도, 예정한 15분이 다 되려는데도 할머니한테 몇 가지 인용을 다시금 시작하였다. 꽤 미묘한 농담마저 꺼내, 그런 농담 따위야 다른 날 듣고 싶었던 나도 의사의 유쾌한 어조에 완전히 마음이 놓였다. 그때에 나는, 상원 의장 팔리에르 씨가 여러 해 전 비슷한 발작을 일으켰다가, 3일 뒤 다시 정무를 보기 시작하고, 조금 먼 차기 대통령 입후보의 준비를 하여 정적들을 실망시켰다는 소문을 떠올렸다. 할머니는 곧 회복하리라 굳게 믿었는데, 내가 이 팔리에르 씨의 예를 떠올렸을 때, 농담의 마무리로 E교수가 터뜨린 명랑하고 떠들썩한 웃음에 의해서 현실로 되돌아오게 된 만큼 더욱 완전해졌다. 그리고 나서 그는 시계를 꺼내 5분 늦은 걸 보고는 흥분하여 눈썹을 찡그린 뒤에, 우리한테 작별인사를 하면서 갈아입을 옷을 곧 가져오도록 초인종을 울렸다. 나는 할머니를 먼저 가게 하고 문을 닫고 나서 교수한테 용태의 진실을 물었다.

"당신 할머님은 희망이 없소." 그가 대답했다. "요독증(尿毒症)에서 생긴 발작이오. 요독증 자체는 꼭 죽을병이 아니지만 할머니는 절망적이오. 물론 나의 오진이기를 바라오. 게다가 코타르가 있으니 댁에 명의가 있는 셈이오. 실례하오." 하녀가 교수의 검은 옷을 팔에 안고 들어오는 것을 보고 그가 말했다. "알다시피 상공 장관 댁에 가서 식사하고, 그 전에 한 곳에 방문해야 하니까. 암! 인생이란 당신 나이에 생각하듯 장밋빛만은 아니라오."

그리고 그는 상냥하게 내게 손을 내밀었다. 나는 문을 다시 닫고, 하인에게 안내되어 할머니와 내가 응접실을 지나치자 큰 노성이 들려 왔다. 하녀가 훈장을 달 단춧구멍을 내는 것을 잊어버렸나 보다. 그러려면 10분은 더 걸릴 것이다. 교수는 내가 회복할 희망이 없다는 할머니를 층계참에서 바라보는 동안 여전히 고함지르고 있었다. 인간은 누구나 외톨이다. 우리는 집 쪽으로 다시 떠났다.

해가 기울고 있었다. 마차가 우리 사는 거리에 닿기까지 쭉 따라가는 끝없는 벽을 햇살이 붉게 물들였다. 벽 위에 저녁놀이 던지는 말과 마차의 그림자가, 폼페이의 오지그릇에 그려져 있는 장의차(葬儀車)처럼 불그스름한 바탕 위에 검게 뚜렷이 드러나 보였다. 드디어 집에 닿았다. 나는 할머니를 현관 안 계단 아래에 앉혀놓고, 어머니한테 알리러 올라갔다. 그리고 할머니가 현기증이 나서 좀 편찮은 몸으로 돌아왔다고 말했다. 내 첫 몇 마디에 어머니의 얼굴에는 더할 수 없는 절망, 그렇지만 이미 어찌나 단념한 표정인지, 몇 해 전부터 어머니가 언제 올지 모르는 종말의 날을 예상하여 마음의 준비를 해왔음을 내가 알아챈 잴 길 없는 절망의 기색이 나타났다. 어머니는 나에게 한마디도 묻지 않았다. 나쁜 마음씨가 남의 고통을 부풀리기 좋아하는데, 애정 때문에 어머니는 자기 어머니가 중병이라는 사실, 특히 지능에 관계될지도 모르는 병환에 걸려 있다는 사실을 인정하고 싶지 않은 성싶었다. 어머니는 부들부들 떨며, 눈물 없이 우는 얼굴로, 의사를 데려오게 하려고 달려갔다. 그런데 프랑수아즈가 누가 아프냐고 묻자 어머니는 대답을 할 수 없었다. 목소리가 목에 걸렸던 것이다. 오열에 주름 잡힌 얼굴을 지우면서 어머니는 나와 함께 뛰어내려갔다. 할머니는 현관 소파에 누워 기다리다가, 우리의 발소리를 듣자마자, 몸을 일으켜 똑바로 서서, 어머니한테 쾌활하게 손짓했다. 나는 할머니의 머리를, 감기 들지 않게 한다면서 흰 레이스 숄로 반쯤 둘러쌌다. 어머니의 눈에 그 심하게 달라진 얼굴, 비뚤어진 입을 보이고 싶지 않아서인데, 나의 조심은 소용없었다. 어머니는 할머니에게 다가가 주님의 손인 듯 그 손에 입맞추고, 몸을 받들어 승강기까지 부축했는데, 그 태도에는 서투르게 다루다가 할머니를 아프게 할까 봐 두려워하는 걱정과, 이처럼 귀중한 것에 손을 댈 만한 자격이 없다고 스스로를 낮추는 겸손이 한데 뭉쳐 있었다. 그러나 어머니는 한번도 눈을 쳐들어 병자의 얼굴을 바라보지 않았다. 어쩌면 자기 꼴을 보고 딸이 걱정하지 않을까 생각하여 할머니가 슬퍼하는 것을 두려워해선가, 아니면 감히 똑바로 바라볼 용기가 없는 고통을 두려워해선가, 또는 존경해 마지않는 얼굴에 뭔가 정신적 쇠약의 자국을 뚜렷하게 보는 것이 불경한 짓이라고 여기는 나머지, 꺼려선가. 아니면 재치와 착함으로 빛나는 자기 어머니의 참된 얼굴을 고스란히 마음속에 간직하고 싶어선가. 그와 같이 할머니는 반쯤 숄에 가려진 채, 어머니는 눈길을 딴 데로 돌리며 두 분은 나란히 올라갔다.

그동안 제 눈길을 떼지 않고서 할머니의 변한 모습, 그 딸이 감히 보지 못한 할머니의 변한 모습을 알아챌 수 있는 한 인물, 할머니의 얼굴에 어리둥절하고도 무례하고도 불길한 징조 같은 눈길을 비끄러매고 있는 한 인물이 있었다. 프랑수아즈였다. 프랑수아즈는 할머니를 진심으로 좋아하지 않은 것은 아니지만(프랑수아즈는 어머니가 울며 할머니의 품에 몸을 던지리라 생각했으므로, 그 차가움에 실망해버리고 거의 머리끝까지 약이 올랐다), 언제나 최악만 예상하는 버릇이 있었고, 서로 용납되지 않는 듯 보이면서도, 하나로 뭉칠 때는 도리어 강해지는 두 가지 특성을 어려서부터 간직해왔다. 곧, 눈에 안 띈 체하는 게 더욱 인정미 있을 남의 몸에 나타난 변화를 보고 말았을 때의 인상이나 괴로운 공포를 감추려 하지 않는 대중의 교양 없음, 또 하나는 병아리의 목을 비틀 기회가 오기 전에 잠자리 날개를 잡아뽑는 촌 여인의 무감각한 잔인성과 생물의 괴로워하는 몸뚱이를 보고 싶어하는 호기심을 감출 수 있는 수치심의 결여이다.

프랑수아즈의 빈틈없는 돌봄 덕분으로 할머니를 자리에 눕히자, 할머니는 매우 쉽게 말이 나와, 요독증을 일으킨 혈관의 작은 파열 또는 막힘이 분명 아주 가벼운 것이었구나 알아차렸다. 그래서 할머니는 아직 겪어본 적이 없는 가장 무서운 순간에 부닥친 어머니를 꼭 돕고 싶었다.

"글쎄, 애 어멈아." 할머니는 어머니의 한 손을 잡고, 또 한 손으로 입가를 가리면서, 아직 발음하기 어려운 낱말을 내는 데 느끼는 곤란을 그 탓으로 돌리려 하며 말했다. "네 어머니를 조금도 동정하지 않니! 소화불량쯤 대수롭지 않다고 생각하는 모양이구나!"

그때에 처음으로 어머니 눈은 할머니 얼굴의 나머지를 안 보려고 하면서, 열심히 할머니의 눈을 쏘아보고 나서, 우리가 지킬 수 없는 거짓 맹세를 늘어놓으며 말했다.

"어머니는 곧 나으실 거예요, 딸인 제가 약속해요."

가장 강한 애정, 어머니의 병을 고치고야 말겠다는 의지와 생각을 거기에 담고 실어, 자신의 목숨이 입술에서 넘쳐날 만큼 긴장하여, 공손하고 경건하게, 어머니는 사랑하는 할머니 이마에 입을 맞추었다.

할머니는 이불이 접혀서 마치 모래톱처럼 되는 것을 싫어했다. 이불은 언제나 왼쪽 다리의 어느 한 곳에 몰리므로 그것을 들어올릴 기운이 없었다. 그런데 그 원인이 자신에게 있다는 것을 몰랐다. 할머니는, 밀물이 잇따라 날아오므로(만약 둑을 쌓지 않으면) 순식간에 모래톱이 돼버리는 뒤쪽의 모래처럼, 층을 이루는, 순모 이불의 거품 이는 파도를 경련 같은 동작으로 이쪽으로 걷어차곤 했다. 그러나 날마다 자리를 잘못 편다고, 애꿎은 프랑수아즈만 나무랐다.

어머니와 나(우리의 거짓말을 예민하고도 무례한 프랑수아즈가 미리 간파하고 말았다)는 할머니가 중태라는 것조차 말하기 싫었다. 마치 그렇게 말하면 적(있지도 않은)을 기쁘게 해주기라도 하듯, 그다지 중태가 아니라고 생각하는 것이 더욱 애정 깊은 행동인 듯이. 요컨대 나로 하여금 앙드레가 알베르틴을 정말로 사랑한다기엔 지나치게 동정하고 있구나 하는 추측을 하게 만들었던 것과 같은 본능적 감성에서였다. 큰 위기에는 개인의 경우에도 집단의 경우에도 똑같은 현상이 일어난다. 전쟁 때 나라를 사랑하지 않는 이는 그것을 나쁘게 말하지 않으나, 나라가 망했다고 생각하고 나라를 불쌍히 여기며, 모든 일을 암담하게 본다.

프랑수아즈는 잠도 자지 않고 아무리 고된 일이라도 쉽게 해내는 능력으로 한없이 우리를 도와주었다. 여러 밤을 계속 뜬눈으로 보낸 뒤 한숨 자러 가서 겨우 15분이나 잠들었을까 말까 했을 때 아무래도 프랑수아즈를 부를 수밖에 없게 되었더라도, 고된 일을 마치 세상에서 가장 쉬운 일처럼 해내는 힘이 있는 데 기쁨을 느끼곤 하니까, 얼굴을 찌푸리기는커녕, 그 얼굴에 만족과 겸허의 표정이 나타났다. 다만 미사 시간과 아침 식사 시간이 됐을 때, 설령 할머니가 거의 죽게 된 지경이더라도, 프랑수아즈는 늦지 않으려고 자취를 감추었을 것이다. 자기 일을 어린 사내종에게 시킬 수도 없거니와 시키고 싶지도 않았다. 확실히 프랑수아즈는 콩브레로부터 우리 가족 한 사람 한 사람에 대한 의무에 대해 매우 드높은 이념을 몸에 지니고 왔다. 우리집 하인 가운데 하나가 우리에게 '의무를 저버리는 것'을 용서치 않았다. 이런 성미가 프랑수아즈를 무척 고상한, 무척 명랑하며 유능한 교육적인 여인으로 만들어버렸으므로, 우리집에서는 지금까지의 자기들 사고방식을 싹 달라지게 하고 순화해, 장사치들에게서 구문을 받지 않게 되고, 이제까지는 아무리 일하기 싫어하던 인간이라도, 행여 상전이 힘들세라, 내 손에 든 조그만 꾸러미조차 받아 들려고 달려오게끔 버릇이 들지 않은 하인은 한 사람도 없었을 정도이다. 그러나 프랑수아즈는 또한 콩브레에서—그리고 그것을 파리까지 가지고 왔지만—제 일에 남의 손이 가는 것을 참지 못하는 습관을 붙였다. 도움을 받는 것은 모욕을 받는 것이나 마찬가지였다. 다른 하인들이 몇 주일 동안 아침 인사를 해도 프랑수아즈는 답하지 않고, 그들이 휴가로 떠날 때도 인사 한마디 안 하는 적이 있는데, 그 까닭을 짐작해보건대, 프랑수아즈의 몸이 편치 않았던 날, 프랑수아즈의 일을 그들이 좀 대신하려고 했었다는 이유뿐이었다. 그리고 지금처럼 할머니가 중태에 빠지자 프랑수아즈의 일은 그녀에게 더욱 자신의 일로만 느껴졌다. 본래 전문가인 그녀는 이러한 기회에 자기 소임을 호락호락 빼앗기고 싶지 않았다. 그래서 그 어린 사내종은 소외되고 할 일이 없어서, 빅토르를 본받아, 내 책상 속의 종이를 꺼내는 것만으론 만족하지 않고, 책장에서 시집까지 가져가기 시작했다. 그는 그런 시집을 만들어낸 시인들에 대한 감탄 때문에 하루의 절반을 시를 읽으며 보냈는데, 또한 남는 시간에 고향 친구들에게 쓰는 편지를 갖가지 인용시로 잿물을 입히고자 읽기도 했다. 물론 그렇게 해서 친구들을 깜짝 놀라게 할 생각이었다. 그런데 의식 속에 일관성이 조금도 없어서, 내 책장에서 찾아낸 시들이 누구다 다 아는 것, 그것을 옮겨 쓰기가 누워서 떡 먹기라고 생각하였다. 그래서 그가 깜짝 놀라게 할 셈으로 시골 친구들에게 편지를 쓰면서, 마치 자기 자신의 감상처럼 '때가 되면 알리라' 또는 '안녕하신지' 같은 라마르틴의 시를 섞곤 했다.

할머니가 몹시 아파해 모르핀 주사를 맞게 했다. 불행히도 모르핀은 아픔을 가라앉히는 한편, 단백의 양도 늘렸다. 우리가 할머니 몸속에 자리잡고 있는 병마에 가하려는 공격은 번번이 빗나가버리고 그 충격을 받는 것은 가느다란 신음 소리로 간신히 아픔을 호소하는 할머니, 사이에 놓인 그 불쌍한 육체였다. 그리고 우리가 갖가지 아픔을 그 육체에 주어도 그것이 우리가 육체에 할 수 있는 좋은 결과로 맞물리지 않았다. 절멸시키고픈 이 잔인한 병에 우리의 손이 스쳤을까 말까, 도리어 그것을 악화시켰을 뿐, 어쩌면 병에 사로잡힌 몸이 없어질 시각을 빠르게 하였는지도 모른다. 단백의 양이 너무 많은 날, 코타르는 망설이다가 모르핀 사용을 금지했다. 이와 같이 하찮은 평범한 인간이라도, 곰곰이 생각하는 짧은 순간, 한 치료법과 다른 치료법의 위험성을 고려하여 그 어느 쪽을 정할 때까지 마음속에 싸움이 벌어지는 짧은 순간에는, 인생의 다른 면에서는 참으로 속물이건만 전술에 관한 한 천재인지라 위급한 경우에는 잠시 궁리하고 나서, 작전상 가장 현명한 결단을 내리고 '동쪽으로 가' 하고 호령하는 장군 같은 어떤 위대성이 있었다. 의학상, 요독증 발작을 억누를 희망이 얼마간 있더라도 신장을 약하게 하지 말아야 했다. 그러나, 할머니는 모르핀이 없으면, 그 고통은 견디기 어렵게 되었다. 그런 때 할머니는 끊임없이 어떤 동작을 되풀이했는데 신음 소리 없이는 힘들었다. 예컨대 아픔은 기관을 위협하는 상태를 의식하며, 감각을 그 상태에 맞추게 하는 하나의 욕구이다. 이 고통의 근원은 다른 사람들에게는 그렇지 않은 불쾌한 증상으로 식별할 수 있다. 코를 찌르는 냄새의 연기로 자욱한 실내에서, 둔감한 두 인간이 들어와 일을 한다. 그런데 섬세한 세 번째 인간은 끊임없는 동요를 드러낸다. 그 콧구멍은 될 수 있으면 맡지 않으려는 냄새를 근심스레 킁킁거리며 쉴 새 없이 맡고, 더욱 정확히 인지함으로써 불쾌한 후각에 익숙해지려고 할 것이다. 무엇에 정신 팔리면 심한 치통이 없어지는 것도 이 때문이리라. 할머니가 그와 같이 괴로워했을 때, 땀이 넓은 연보라 이마에 흘러, 거기에 흰 머리털 타래를 붙이고 있었다. 우리가 방 안에 없는 줄 여기면, '아아, 지긋지긋하구나' 하고 소리 지르다가도, 어머니를 언뜻 보고는 곧 얼굴에서 고통의 자국을 지우는 데에 모든 기운을 쓰거나, 또는 그와 반대로, 같은 불평 소리에 어머니가 알아들었을지 모르는 것과 다른 뜻을 주는 설명을 뒤늦게 덧붙이면서 다시 되풀이하거나 했다. "아아, 얘 어멈아, 지긋지긋하구나, 다들 산책하러 가고픈 이런 좋은 날씨에 누워 있다니. 나는 너희의 지시에 화가 나 눈물이 나오는구나." 그러나 할머니는 눈에 나타난 신음, 이마의 땀, 팔다리의 경련을 숨길 수 없었다.

"난 별로 아프지 않아, 누운 자세가 나빠서 앓는 소리가 나오는구나, 산발이 되고, 구역질 나고, 옆벽에 부딪쳐서."

고통에 못박혀 침대 발치에 있는 어머니는, 괴로워하는 이 이마와 병을 숨기고 있는 이 육체를 뚫어지게 봄으로써, 드디어는 병에 이르러 그것을 직접 없앨 수 있기라도 한 듯 말했다.

"아니죠, 어머니, 우리는 어머니를 이렇게 아프도록 그냥 두지 않아요. 뭔가 찾아내고야 말 테니, 조금만 더 참으세요. 누워 계신 그대로 입맞추어도 괜찮죠?"

그러고 나서 침대에 몸을 기울이고, 다리를 굽혀 반쯤 무릎 꿇고, 그렇게 몸을 낮추어야만 비로소 어머니 자신의 정열적인 헌신을 받을 수 있는 기회가 더 많기라도 한 듯, 어머니는 할머니 쪽으로 그 모든 생명을 얼굴 속 성체(聖體) 그릇 안에 담아 바치듯이 기울이며, 입맞춤의, 오열의 또는 미소의 끌로 팠는지 모를 만큼 열렬하고도 비탄에 잠겼으며 부드러운 보조개와 주름살로 돋을새김된 그 얼굴을 할머니한테 내밀었다. 할머니도 엄마 쪽으로 얼굴을 내밀려고 하였다. 그 얼굴은 완전히 변해서 설령 할머니가 외출할 힘이 남았다 하더라도 그 모자의 새털밖에 알아보지 못했을 것이다. 그 얼굴은, 조각의 원형을 만들 때처럼, 다른 모든 것을 잊고, 우리가 모르는 어떤 모형이 되려고 애쓰는 것만 같았다. 이 조각 일은 끝에 다다르고, 할머니의 얼굴은 작아지는 동시에 굳어 갔다. 그 얼굴을 가로지르는 혈관은 대리석의 결보다, 더 꺼칠꺼칠한 돌의 결 같았다. 숨쉬기 힘들어 늘 구부정하며 피로에 굽힌, 표정이 추악하며 거칠고도 오그라든 할머니 얼굴은, 원시적인, 거의 유사 이전의 조각에 있듯이, 거칠고, 보랏빛 도는 갈색 머리의 미개한 묘소지기 여인의 절망한 얼굴 같았다. 그러나 작업은 다 끝나지 않았다. 이제부터 얼굴을 깨뜨리고, 다음에 그 무덤―이 괴로운 긴장으로 간신히 지켜온―속에 묻어야 한다.

속된 말로, '어느 성자께 매달려야 할지 모르겠다'*1는 순간이 왔을 때, 할머니가 기침하고 심하게 재채기하여, 친척의 충고에 따랐다. 그는 전문의 X ……에게 보이면 3일 안에 씻은 듯 낫는다고 했다. 세상 사람들은 그들이 아는 의사를 이런 투로 말하게 마련이니, 듣는 쪽은 프랑수아즈가 신문 광고를 곧이곧대로 믿듯 그 말을 믿는다. 전문의가 아이올로스(Aiolos)*2의 가죽부대처럼, 환자의 온갖 감기 세균을 처넣은 가방을 들고 왔다. 할머니는 그의 진찰을 딱 잘라 거절했다. 그래서 우리는 헛수고시킨 이 의사를 보기가

---

*1 '어째야 좋을지 모르겠다'는 뜻.
*2 그리스 신화에 나오는 바람의 신.

민망해, 멀쩡했는데도, 우리 모두의 코를 진찰해보고 싶다는 그의 소망에 따랐다. 그는 아무렇지 않은 것이 다 뭐냐고, 또 복통이나 두통이나 심장병이나 당뇨병이나 다 콧병을 오진한 것이라고 주장했다. 그는 우리 각자에게 말했다. "이거 각막(角膜)을 꼭 다시 보고 싶은데요. 너무 늦추지 마시도록 불침 몇 대로 깨끗이 고쳐드리죠." 물론 우리는 그럴 리 없다고 생각하였다. 그렇지만 마음속으로 '그런데 뭘 고친다는 거지' 하고 물어보았다. 요컨대 우리 코는 다 병들어 있다고 한다. 다만 의사가 그것을 현재형으로 말한 것이 틀렸을 뿐이다. 왜 그런고 하니, 그다음 날부터 그의 진찰과 임시 치료가 효험을 다했기 때문이다. 우리 모두 비염에 걸렸던 것이다. 그리고 그가 거리에서 북받치는 기침에 팔다리를 흔들어대는 내 아버지를 만나자, 무식한 놈이 자기 간섭 탓으로 병들었다고 여기지 않을까 하는 생각에 미소 지었다. 아무려나 그는 우리가 이미 아파지려는 바로 그 순간에 진찰했던 것이다.

할머니의 병환이 여러 사람들한테 넘치는 또는 모자라는 동정을 나타나게 해, 이를테면 우연에 의하여 다른 한 사람 한 사람이 우리가 꿈에도 생각지 못한 상황 또는 우정의 사슬고리를 드러낸 만큼 우리는 놀랐다. 끊임없이 상태를 물어보는 이들의 관심 표시는 병환의 중함을 우리에게 밝혔으니, 그때까지 할머니 곁에 있으면서 느끼는 애처로운 무수한 인상에서 병 자체를 따로따로 뚜렷하게 분리해서 생각지는 않았던 것이다. 전보로 알려도 할머니의 자매는 콩브레를 떠나지 않았다. 그녀들은 뛰어난 실내 음악을 들려주는 예술가를 찾아내, 그러한 음악을 듣는 편이 병자의 머리맡에 있기보다 더욱 명상과 비통한 영혼의 고양을 느낄 수 있으며 또한 그러는 형식이 예사롭지 않게 보일 것이라고 생각했다. 사즈라 부인은 어머니에게 편지를 보냈지만, 약혼이 갑자기 깨져(파혼의 원인은 드레퓌스 사건이었다) 우리하고 영영 헤어졌다는 사람의 말투로 씌어 있었다. 그 대신 베르고트가 날마다 나와 함께 몇 시간 보내려고 와주었다.
그는 허물없이 지내는 우리집 같은 곳에 와서 몇 시간 동안 놀기를 좋아했다. 전엔 그런 때 혼자서 막힘없이 수다 떨기 위해서였는데, 요즘은 얘기하기를 청하지 않으면 오랫동안 침묵을 지켰다. 그 또한 중병에 걸려 있었기 때문이다. 할머니처럼 단백뇨 탓이라는 소문이었다. 또 어떤 이의 말로는 종기가 났다고도 하였다. 그는 눈에 띄게 쇠약해졌다. 우리집 계단을 오르는데 힘들어 보였고, 내려갈 때는 더욱 쩔쩔맸다. 난간에 몸을 기대도 자주 비틀거려, 나는, 만일 그가 외출하는 습관과 그 가능성을 완전히 잃는 걸 두려워하지 않았다면 자기 집에 그대로 있었으리라고 생각했다. 기력이 왕성한 그, '턱수염 난 사내'를 내가 사귄 지는 그다지 오래되지 않았다. 그러나 그는 이제 눈이 조금도 안 보였으며, 말투도 어눌했다.

하지만 동시에, 그와 반대로, 스완 부인이 그가 쓴 저작의 미미한 전파력을 돕던 시절에는 오직 문학 애호가에게만 알려진 그의 모든 작품이, 지금은 모든 사람의 눈에 크게, 힘차게 띄어, 일반 대중 사이에도 놀라울 정도의 침투력을 발휘하고 있었다. 물론 한 작가가 죽은 뒤에 비로소 유명해지는 일도 있었다. 그런데 베르고트는 생존하여 아직 다다르지 않은 죽음 쪽으로 천천히 걸어가고 있을 때에, '명성' 쪽으로 나아가는 자기 작품의 걸음을 바라보고 있었다. 죽은 작가는 적어도 자신에게 어떤 무리함 없이 이름이 난다. 그 이름의 광채도 묘석에 멈춘다. 영원히 잠든, 귀먹은 몸이니, '영광'에 시달리진 않는다. 그러나 베르고트의 경우와 대조되는 것이, 그는 아직 끝나지 않았다. 그는 여전히 살아 있으므로 소란에 시달렸다. 그의 몸이 움직이고 있는 동안에 쓴 그의 작품은, 좋아는 하지만 그 터질 듯한 젊음과 시끄러운 명랑성 때문에 지겨워지는 아가씨처럼 깡충깡충 뛰면서, 날마다 그의 침대 발치까지 새 찬미자들을 끌어왔다.

그가 우리를 찾아주는 방문은 내게는 몇 해 늦은 감이 있으니, 이제는 내가 그를 전처럼 숭배하지 않았기 때문이다. 이는 그의 명성이 높아진 것과 모순되지 않는다. 한 작품은, 아직 무명인 다른 작가의 작품이, 좀더 입맛이 까다로운 사람들 마음에, 거의 권위를 잃은 옛 작가 대신 새로운 예찬을 불러일으키기 시작함이 없이는, 완전히 이해되고 승리하는 일이 드물다. 내가 여러 번 읽은 베르고트의 문장은, 나 자신의 사념이나 내 방에 있는 살림살이, 거리의 마차와 마찬가지로 내 눈에 또렷하였다. 모든 일이 거기에선 쉬워 보이고, 늘 우리가 보는 그대로야 아닐망정, 적어도 습관으로 그것을 보듯 뚜렷하게 보였다. 그런데 최근 한 작가가 등장하여 몇 작품을 내기 시작했는데, 거기에는 사물과 사물 사이의 관계가 내가 그것을 잇는 관계하곤 매우 달라, 이 작가가 쓴 것을 거의 하나도 이해하지 못했다. 이를테면 그는 다음같이 말한다. "물뿌림관은 아름답게 보존된 도로를 감탄하고 있었다(이 것은 알기 쉬워서, 나는 이 도로를 따라 미끄러지듯 갔다). 그 도로는 브리 앙과 클로델에서 5분마다 떠난다." 그래서 나는 시가 이름을 짐작했는데, 사 람 이름이 튀어나왔으므로 뭐가 뭔지 몰랐다. 그저 나는, 문장이 잘못된 것 이 아니라, 끝까지 따라갈 만큼 머리가 강하지도 민첩하지도 못한 내가 글렀 다고 느꼈다. 나는 다시 내디뎌, 손발의 도움으로 사물 사이의 이런 새로운 관계를 볼 수 있는 곳까지 다가가려고 했다. 매번, 문장의 절반 가까이 가자 나는 다시 쓰러졌다. 그 뒤 군대에 들어가 가로목(Portique)이라 일컫는 기 계체조에서 그랬듯이. 그래도 나는 신진 작가에 대해, 체조가 서툴러 영점을 받는 어린이가 자기보다 재주 있는 다른 어린이 앞에서 느끼는 감탄을 품었 다. 이때부터 나는 베르고트에게 그다지 감격하지 않게 되었으며, 그 투명성 에 뭔가 모자람이 있다고 생각했다. 그린 이가 프로망탱이면 그린 것이 뭔지 잘 알아보고, 그린 이가 르누아르이면 그린 것이 뭔지 못 알아보던 시대가 있었다.

취미가 고상한 이들이라면 오늘날 르누아르를 18세기의 위대한 화가라고 말한다. 그러나 그런 말을 하면서, 그들은 '때'를, 르누아르가 대예술가로서 인정받기까지 19세기의 세상에서도 많은 '때'가 필요했음을 잊어버린다. 이 와 같이 알려지기 위하여, 독창적인 화가, 독창적인 예술가는 안과 의사처럼 행동한다. 그들의 그림이나 산문으로 행하는 치료는 늘 쾌적하지 않다. 치료 가 끝나자, 의사가 말한다. "자아, 바라보시오." 하지만 세계(한 번만 창조 되었던 것이 아니라 독창적인 예술가가 나타난 횟수만큼 자주 창조되어온 세계)는 우리 눈에 옛 세계와 아주 다르게, 그리고 완전히 밝게 보인다. 여 인네들이 거리를 지나간다. 지난날의 여인네와 다르다. 르누아르의 여인네 들이기 때문이다. 우리가 지난날 여인네로 보기를 거절한 그 르누아르의 그 림이다. 마차 또한 르누아르의 그림이다, 물도, 하늘도. 산책한 첫날, 숲이 라기보다, 예를 들어 수많은 빛깔로 넘치는 숲 특유의 색이 빠진 장식 융단 처럼 보인 그 숲과 많은 숲 속을 산책하고 싶어진다. 지금 막 창조된 새롭고 도 덧없는 우주란 이렇다. 이 우주는 한 독창적인 새로운 화가, 또는 새로운 작가가 다음 천지 이변이 일어날 때까지 존재할 것이다.

베르고트 대신 내 흥미를 끈 작가는, 내가 그것에 익숙지 않은, 갈피를 잡을 수 없게 된 관계 때문이 아니라, 긴밀하게 연결된 관계의 새로움 때문에 나를 지치게 하였다. 늘 같은 지점에서 내가 탈락하는 것을 느꼈는데, 이는 이를 이해하는 데 들여야 할 노력의 동일함을 가리키고 있었다. 게다가 우연히 전에 한 번 내가 그 문장의 끝까지 작가를 따라갈 수 있었을 때, 내 눈에 들어온 것은, 전에 베르고트의 책을 읽으면서 느꼈던 것과 비슷한, 그러나 더욱 그윽한 익살스러움이나 진실, 매력이었다. 그 새로운 작가에게 내가 기대한 것과 비슷한, 세계를 새롭게 보는 눈을 내게 가져다준 이는 베르고트였고, 오래된 일도 아니었다 하는 생각이 들었다. 그래서 호메로스 시대부터 더 이상 진전 없는 예술과 계속해 진보하는 과학 사이에 우리가 번번이 두는 구별에서 어떤 진실이 있는지 의식하기에 이르렀다. 어쩌면 예술은 그 점에서 도리어 과학과 비슷하지 않을까? 독창적인 신진 작가마다 선배를 넘어 전진하는 성싶었다. 하지만 스무 해 뒤에 내가 오늘의 신진 작가를 따라갈 수 있을 때, 또 다른 신진이 나타나 그 사람 앞에서는 이 현재의 신진 작가가 베르고트의 뒤를 이어 물러가는 일이 없으리라고 누가 장담하겠는가?

나는 베르고트에게 신진 작가에 대해 얘기했다. 그는 그 작가의 예술이 거칠고 안이하며 비었다고 내게 힘주어 말했는데, 그보다, 그 작가를 만나면 분간할 수 없을 정도로 블로크를 꼭 닮았다고 말해 진저리나게 하였다. 그 뒤 블로크의 모습이 책장 위에 떠올라 나는 애써 책 내용을 이해하려고 노력할 마음이 내키지 않았다. 베르고트가 나한테 그를 나쁘게 말한 것은, 그 성공을 질투했기 때문이 아니라 그 작품을 몰랐기 때문인가 보다. 그는 거의 아무것도 읽지 않았다. 이미 그의 사념 대부분은 두뇌에서 책 속에 옮겨져 있었다. 자기 책에 양분을 빼앗기고 만 듯이 그는 수척했다. 생각하는 바를 거의 다 밖에 보이고 만 지금, 창작 본능이 다시 그를 활동하게 하지는 못할 것이다. 그는 앓고 난 사람의 식물적인 생활, 임신한 여자의 생활처럼 살고 있었다. 그의 고운 눈은 거의 움직이지 않고, 멍하니 어리어리한 듯, 바닷가에 누워 아련한 몽상에 잠기며 오로지 작은 물결을 바라보는 사람의 눈 같았다. 그리고 또, 그와 이야기하는 데 이전만큼 흥미가 없었더라도, 그 때문에 나는 양심의 가책을 느끼지는 않았다. 그는 습관의 사람이라, 가장 간단한 습관도 가장 사치한 습관처럼 먼저 몸에 배고 나면 얼마 동안 불가피하게 되었다. 처음 어떤 계기로 그가 우리집에 왔는지 모르나, 그다음 매일같이 온 것은 그 전날 왔다는 이유 때문이었다. 그는 카페에라도 가듯이, 남이 말을 걸어오지 않고, 자기가—아주 드물게—말할 수 있는 점이 좋아서 우리집에 오곤 했다. 그래서 이와 같은 부지런에서 어떤 결론을 꺼내고 싶었다면, 우리의 슬픔을 동정한 표시 또는 나와 이야기하는 데 기쁨을 가진 표시를 찾아낼 수 있었을 것이다. 그러나 이런 부지런은, 병자에게 표하는 경의로 보이는 모든 것에 예민한 어머니를 감동시켰다. 그래서 날마다 어머니는 내게 말했다. "특히 베르고트 님께 사례하는 걸 잊지 마라."

우리는 남편의 직업상 방문의 무료 보충으로서, 코타르 부인의 방문 화가 마누라가 자세를 잡고 나서 쉬는 사이에 차려 내는 간식처럼, 여인답게 분별 있는 배려를 받았다. 그녀는 제 '시녀'를 보내드리겠다, 만일 사내종을 더 좋아하면 '맹활약하여' 찾아보겠다고 했다. 우리가 사양하자, 그것이 '억지로 꾸민 말', 적어도 그녀의 교제 사회에서 초대를 완곡히 거절하는 데 쓰는 거짓 핑계를 뜻하는 '꾸민 말'이 아니기를 바란다고 그녀는 말했다. 그녀는 우리한테 분명히 말하기를, 집에선 환자 이야기를 한 적이 없는 교수가 이번에는 자기 아내가 아프기라도 한 것처럼 우울해하더라고 했다. 그것이 사실이었다 할지라도, 아내한테 가장 부정한, 또 고맙게 여기는 남편의 말로서 크게 허풍 떨었음을 뒤에 알게 될 것이다.

마찬가지로 유익한, 그리고 그 표현의 투(드높은 지성과 넓은 마음과 드물게 보는 교묘한 표현의 혼합이었다)로 한없이 감동시키는 제의를, 뢱상부르 대공작 상속인이 내게 보내왔다. 나는 발베크에서 그 아주머니 가운데 한 분인 뢱상부르 공주를 만나러 왔던, 그때는 아직 나소 백작이었던 그와 벗이 됐던 것이다. 그런 지 몇 달 뒤에 그는 엄청나게 부유한(제분업을 크게 경영하는 대공의 외동딸이어서) 또 다른 뢱상부르 대공부인의 아름다운 딸과 결혼했다. 그런데 자녀가 없고 조카인 나소를 귀여워하던 뢱상부르 대공작은 그를 대공작의 상속자로 삼게 의회에서 허락을 얻었다. 이런 결혼이 다 그렇듯 재산의 출처는 결혼의 장애가 되지만, 또한 그 동력도 된다. 나는 내가 만난 사람들 가운데 가장 주목할 젊은이로서, 그즈음 이미 그 약혼녀와 침울하고도 빛나는 사랑에 열중했던 나소 백작을 떠올렸다. 할머니의 병환 중 끊임없이 보내온 그의 편지에 나는 매우 감동했고, 어머니까지 감격해 할머니의 입버릇인 한마디를 슬프게 중얼거렸다. "세비녜 부인도 더 잘 말하지 못할 것이다."

　엿새째 되는 날, 어머니는 할머니가 몹시 애원해 잠시 곁을 떠나 쉬러 가
는 척해야 했다. 나는 할머니가 주무실 수 있게 프랑수아즈가 움직이지 않고
방에 그대로 있어 주기를 바랐다. 나의 간청에도 프랑수아즈는 방에서 나갔
다. 확실히 프랑수아즈는 할머니를 좋아했지만, 그 사물을 살피는 똑똑함과
비관주의로 할머니를 회복될 가망 없는 병자로 판단했다. 따라서 할머니에
게 될 수 있으면 간호를 다 해주고 싶었을 것이다. 그러나 전기공이 왔다고
조금 아까 이르러 왔다. 그 전기공은 자기가 근무하는 전기상의 고참이자 주
인의 처남인데, 오래전부터 일하러 오곤 하는 이 집의 관계자, 특히 쥐피앙
의 존경을 받았다. 할머니가 앓기 전부터 이 전기공에게 일을 부탁했던 것이
다. 나는 이 전기공을 돌려보내거나 기다리게 내버려둘 수 있을 성싶었다.
그런데 프랑수아즈의 의례 법전(儀禮法典)은 이를 허락하지 않아, 그러면
이 친절한 사람한테 결례가 되니, 할머니의 용태 따위야 이제 프랑수아즈의
셈속에도 들지 않았다. 화난 내가 15분 정도 지나 프랑수아즈를 찾으러 부
엌에 가보니, 뒤쪽 계단 어귀에서 그와 담소하고 있었다. 문이, 만일 우리
가운데 하나가 오기라도 하면 이제 막 작별하려는 모양으로 보이게 열려 있
어, 집 안에 무시무시한 통풍이 들어오고 있었다. 따라서 프랑수아즈는 전기
공과 작별했는데, 그래도 깜박 잊은 안부, 그의 마누라와 매부를 위한 안부
를 큰 목소리로 외쳤다. 결례하지 않는다는 콩브레 특유의 마음씀씀이를 프
랑수아즈는 대외 정책에서까지 보였다. 우둔한 사람들은 광대한 사회 현상
이야말로 인간의 영혼을 더욱 깊이 통찰하는 절호의 기회라고 생각한다. 하
지만 오히려 이와 반대로, 한 개인의 깊이 속에 내려가야만 이 사회 현상을
이해하는 기회를 얻는다는 것을 알아야 한다. 프랑수아즈는 콩브레의 정원
사에게, 전쟁이란 죄악 가운데에서 가장 어리석은 죄악이고, 살지 않고선 아
무것도 가치가 없다고 수천 번 되풀이해 말했다. 그런데 러일 전쟁이 터지
자, 프랑수아즈는 러시아 황제에 대해 프랑스가 '동맹국이니까', '불쌍한 러
시아 사람'—이라는 그녀의 말—을 도우러 참전하지 않았다고 해서 민망해
했다. 늘 '우리를 위해 좋은 말씀을 해주신' 니콜라이 2세에 대해 이는 의리
가 아니라고 생각했던 것이다. 같은 법전의 효력으로, 프랑수아즈는 '소화에
좋지 않은' 줄 알면서 쥐피앙이 주는 술 한 잔을 거절 못하고, 또 할머니의

죽음이 아무리 절박해도, 많은 폐를 끼친 사람 좋은 이 전기공 옆에 몸소 가서 미안하다고 말하지 않으면, 일본에 대해 중립을 고수한 프랑스가 저지른 죄와 똑같은 파렴치를 자기도 범하게 된다고 믿었던 것이다.

다행스럽게 우리는 프랑수아즈의 딸에게서 벗어났다. 몇 주일 동안 집을 비울 필요가 생겼기 때문이다. 콩브레에서는 병자가 있는 가족에게 "잠시 여행해보세요. 공기가 변하면 식욕이 나서……" 따위의 틀에 박힌 권고를 하는데, 프랑수아즈의 딸은 이 말에 제멋대로 지어낸, 그녀로서는 거의 유일한 착상을 덧붙여서, 만날 적마다 지치지 않고, 마치 남들의 머릿속에 박듯 되풀이했다. "그분은 처음부터 근본적으로 치료해야 좋았을걸." 그녀는 특정 치료법을 권하는 것이 아니라, 오직 치료가 근본적이기만 하면 그만이었다. 프랑수아즈는 어떤가 하면, 할머니에게 약을 그다지 주지 않는 것을 보아왔다. 프랑수아즈의 의견에 따르면 약이란 위를 상하게 할 뿐이니까, 약을 별로 쓰지 않는 걸 기뻐했으나, 그 이상으로 창피스럽기도 하였다. 남부 지방에 프랑수아즈의 사촌—꽤 부유한—이 사는데, 그 딸이 젊은 나이에 병이 들어 스물세 살에 죽고 말았다. 딸이 죽기까지, 약이다, 여러 의사다, 온천장을 돌아다닌다 하는 데 쏟아부은 돈으로 몇년만에 부모가 파산하고 말았다. 그런데 그것이 프랑수아즈의 눈엔, 이 부모가 마치 경마용 말이나 별장이라도 가진 듯, 어떤 사치로 보였다. 부모 쪽도 아무리 슬픔이 깊었을망정, 엄청난 지출을 자랑삼았다. 그들에겐 이제 아무것도, 특히 소중한 보물인 딸도 잃었으니, 좀더 부유한 이들만큼, 아니 그 이상 딸을 위해 힘썼노라고 되풀이하여 말하기를 좋아했다. 몇 달 동안 하루에 여러 번 불쌍한 딸에게 자외선을 쐬게 했던 일이 특히 이 부모의 자랑거리였다. 아버지는 비탄 중에도 영광으로 뽐내는 나머지, 제 딸에 대해 신세 망치게 한 오페라 극장의 인기 여배우 얘기를 하듯 말하는 때도 있었다. 프랑수아즈는 이런 으리으리한 연출에 무감각하지 않아, 이에 비교하여 우리 할머니의 병환 무대장치가 좀 빈약하게, 시골의 작은 극장에서 상연되는 병환같이 느껴졌다.

요독증의 여러 장애가 할머니의 눈에 온 적이 있었다. 며칠 동안 할머니는 전혀 보지 못했다. 눈은 조금도 장님의 눈 같지 않고 그대로였다. 할머니가 못 본다는 사실을 내가 알아챈 것은, 단지 누가 문을 열고 들어와 인사하려고 손을 잡기까지, 할머니가 짓고 있던, 손님을 맞이하는 미소의 야릇함에서였다. 그 미소는 너무 일찍이 시작하여 입술 언저리에 스테로판(版) 뉴스같이 인쇄되고, 게다가 정면에다 고정시킨 채 어느 방향에서도 보이게 애썼으니, 미소를 조정하거나 순간과 방향을 가리키거나 초점을 맞추거나 이제 막 들어온 사람의 위치 또는 표정의 변화에 따라 갖가지로 변화시키는 눈의 도움이 이미 없었기 때문이다. 그 미소는 방문객의 주의를 잠깐 딴 데로 돌릴 수도 있던 눈의 미소 없이 혼자였으므로, 그 어색함이 심한 거만으로 보여 과장된 애교의 인상을 주었다. 그러다가 시력이 완전히 회복되고, 몸속을 돌아다니는 독소가 눈에서 귀로 건너갔다. 며칠 동안 할머니는 귀가 들리지 않았다. 아무런 기척이 들리지 않아서 누가 갑자기 들어와 놀랄까 봐, 줄곧 할머니는(벽 쪽을 향해 누워 있었으나) 문 쪽으로 갑작스럽게 머리를 돌리곤 하였다. 그러나 그 목의 동작은 서툴렀으니, 왜냐하면 소리를 보지 못할망정 적어도 눈으로 듣는 이러한 능력 전환이 며칠 사이에 익숙해지지 않기 때문이다. 마침내 아픔은 줄었으나, 말의 분명하지 않음은 더했다. 우리는 할머니가 하는 말을 거의 다 되풀이시켜야 했다.

자기 말을 알아듣지 못하는 것을 깨달은 할머니는, 이제 단념해버려 한마디도 하지 않고 옴짝달싹하지 않았다. 내가 곁에 있는 것을 언뜻 보았을 때, 할머니는 별안간 공기가 부족한 사람처럼 펄쩍 뛰는 모양으로 나한테 말하려 하였으나, 이해할 수 없는 소리만 띄엄띄엄 나왔다. 그러자 그 자신의 무력에 기가 죽어 할머니는 머리를 다시 떨구고, 침대 위에 대리석 같은 엄숙한 얼굴, 이불 위에 꼼짝하지 않거나 또는 손수건으로 손가락을 닦는 것 같은 온전히 육체적인 동작에 쓰는 두 손을 편편히 길게 뻗었다. 할머니는 생각하려 하지 않았다. 그러다가 부단히 흥분하기 시작했다. 끊임없이 일어나고 싶어했다. 하지만 할머니가 그 마비를 알아차릴까 봐 우리는 될 수 있으면 그러지 못하게 하곤 했다. 할머니를 잠시 혼자 있게 한 어느 날, 나는 할머니가 일어서서 잠옷 차림으로 창문을 열려고 하는 모습을 발견했다.

발베크에서, 한 과부가 물에 투신했다가 본의 아니게 구조됐던 날, 할머니는 나한테 말하기를(아리송하지만, 거기에 미래가 비치고 있는 성싶은, 우리 유기적 삶의 신비 속에서 간혹 해독하는 전조 가운데 하나였기 때문인지) 절망한 여인을 그 바라던 죽음에서 억지로 구해내 다시 팔자 사나운 신세에 돌려주는 것만큼 잔혹한 짓은 따로 없겠구나 한 바 있다.

할머니를 겨우 잡았다. 할머니는 어머니한테 사납게 대들다가, 져버려, 강제로 안락의자에 앉고 나니, 아무것도 바라지도 뉘우치지도 않고, 그 얼굴은 다시 태연하게 되었으며, 잠옷 위에 걸쳐준 외투가 남겨놓은 모피 털을 꼼꼼히 없애버리기 시작했다.

그 눈초리는 아주, 자주 불안한, 하소연하는, 거친 빛으로 변하여, 이전의 눈길이 아니었고, 노망난 노파의 침울한 눈초리였다.

"머리를 빗겨드릴까요." 몇 번이나 물은 끝에, 프랑수아즈는 드디어 머리 빗질을 청해온 이가 할머니 쪽이라고 믿었다. 프랑수아즈는 빗, 솔, 로 드 콜로뉴[*1], 가운을 가져왔다. 그리고 다음처럼 말했다. "제가 빗겨드려도 그 것으로 아메데 마님이 지치실 리가 없어요. 아무리 약한들 모두 다 빗질쯤은 하니까요." 즉 자기만족을 위해서 머리를 빗지 못할 만큼 인간이 약해지는 법은 없다는 말이었다. 그러나 내가 방에 들어섰을 때, 마치 할머니의 건강을 회복시키는 수술이라도 하고 있는 듯 기뻐하는 프랑수아즈의 잔혹한 두 손 사이, 빗살에 견디어낼 힘도 없는 축 늘어진 늙은 머리털 밑의 머리가 시키는 자세를 유지하지 못해 기진맥진함과 아픔이 번갈아 뒤잇는 소용돌이 속에 와르르 무너지는 할머니의 모습을 보았다. 나는 프랑수아즈가 빗질을 끝낼 순간이 가까이 왔음을 알아챘을 뿐만 아니라, 또 내 말에 따르지 않을지도 몰라, "이제 그만 해" 하고 말하여 그녀를 다그칠 용기가 나질 않았다. 그 대신 나는, 잘 빗겨드렸는지 할머니가 알아보시도록, 프랑수아즈가 악의 없이 잔인하게 거울을 가까이 했을 때 달려들었다. 여태껏 주의 깊게 모든 거울을 멀리해놓았는데, 프랑수아즈의 부주의로, 할머니가 꿈에도 그리지 못할 자신의 모습을 볼 수 있었지만 그 전에 손에서 거울을 빼앗았음에 나는 기뻐했다. 하지만 아! 잠시 뒤 내가 할머니 쪽으로 몸을 기울여 몹시 지친 그 아름다운 이마에 입맞추자, 할머니는 놀란 듯, 의심하는 듯, 화난 듯 나를 바라보았다. 나를 알아보지 못했던 것이다.

주치의의 말에 의하면 그것은 뇌출혈이 심해진 징후였다. 그것을 없애야 한다. 코타르는 망설였다. 프랑수아즈는 한순간 '정혈(淨血, clarifiées)'용 흡각(吸角, ventouse)[*2]을 붙이는 것이 좋겠다고 잠시 생각했다. 프랑수아즈는

[*1] 화장수 이름.

[*2] 종 모양의 작은 의료 기구이며, 피부에 접착시켜서 그 압력으로 피를 빨아들임.

내 사전에서 그 효험을 찾아보았지만 결국 못 찾아냈다. 프랑수아즈가 '정혈 (clarifiées)' 대신에 '방혈(放血, scarifiées)'이라고 옳게 말했더라도 이 형용사를 찾을 수 없었을 것이다. 프랑수아즈가 그것을 찾아본 알파벳은 C도 S도 아니었기 때문이며, 실상 '클라리피에'라고 말했으나 에스클라리피에(esclarifié)라고 썼기 때문이다 (따라서 그렇게 쓰는 줄 알았다). 코타르는 큰 기대도 없이 거머리 요법을 택해 프랑수아즈를 실망시켰다. 몇 시간 뒤 내가 할머니 방에 들어갔을 때, 할머니의 목덜미, 관자놀이, 귀에 검은색 작은 뱀이 들러붙어 피투성이가 된 머리털 속에 메두사*의 머리처럼 꿈틀대고 있었다. 그러나 창백하고도 평화로운, 꼼짝 않는 할머니의 얼굴에서, 나는 예전대로 아름다운 눈이 크게 떠 있어 반짝이고 고요한 것을 보았으니 (아마도, 입으로 말할 수 없거니와 몸을 움직일 수도 없어서, 피 몇 방울을 빨아내는 덕분에 저절로 되살아날지도 모르는 자기 사념을 유일하게 맡기는 데가 눈이라서 병나기 전보다 더 지성을 짊어지고 있는), 그 부드럽고도 기름처럼 물기 많은 눈에 불이 붙어 활활 타자, 병자 앞에 다시 얻은 우주가 비쳤다. 그 평온은 이제 절망의 예지가 아니라 희망의 예지였다. 병이 나아가는 줄 생각한 할머니는 조심성 있게 굴려고, 옴짝달싹하지 않고, 다만 내게 고운 미소로써 기분이 좋아짐을 알리고, 가볍게 내 손을 쥐었다.

할머니가 어떤 동물을 보는 걸 얼마나 싫어하며, 더욱이 그것에 닿는 걸 질색함을 나는 알고 있었다. 거머리를 참고 견디는 것은 그 뛰어난 효험을 고려했기 때문임을 알아챘다. 그래서 프랑수아즈는 아이와 장난치고 싶을 적에 짓는 싱글벙글 웃음을 띠며 "어쩌나! 마님 위를 조그만 놈들이 달리네요"라고 되풀이하여 나를 화나게 하고 말았다. 게다가 그것은 할머니가 노망이라도 든 것처럼 병자를 무시하는 취급이었다. 그래도 할머니의 얼굴은 금욕주의자의 침착한 용기를 나타내어 들은 체도 하지 않았다.

하지만 거머리를 떼어내면 다시 출혈하여 시시각각으로 중태에 빠졌다. 할머니가 이토록 위독할 때에 놀랍게도 프랑수아즈는 뻔질나게 자리를 떴다. 사실 프랑수아즈는 상복을 맞췄는데 재봉사 여자를 기다리게 하고 싶지 않았기 때문이다. 여인들 대부분의 삶에서는 모든 일이, 가장 큰 슬픈 일마

---

* 그리스 신화에 나오는 괴녀(怪女).

저, 결국 시침질한 옷을 입어보는 것으로 문제가 끝난다.

며칠 지나, 한밤중에 어머니가 자고 있던 나를 깨우러 왔다. 중대한 상황에서, 깊은 고뇌에 뼈아픈 사람이 남들의 사소한 불쾌에도 마음 쓰는 다정스러운 주의를 보이며, 어머니는 말했다.

"잠을 깨워서 미안하다."

"자지 않았어요." 나는 눈을 뜨면서 대답했다.

나는 진심에서 그렇게 말했다. 잠 깨기가 우리에게 가져다주는 큰 변화는, 뚜렷한 의식생활로 우리를 끌어들인다기보다, 우윳빛 바다 속에 잠기듯 우리 지성이 쉬고 있던 조금 부드럽게 새어든 빛의 기억을 우리로 하여금 잃게 하는 데 있다. 한순간 전 그곳을 헤엄쳐 다니던 반쯤 너울 쓴 사교력은, 우리가 그것을 깨어 있음이라는 이름으로 지칭할 수 있기에 충분하도록 뚜렷한 한 움직임을 우리 속에 끌어넣고 있다. 그러나 깨어나자 기억의 간섭을 받는다. 좀 있다가 우리는 이미 그런 것을 떠올리지 않으므로 그것에 잠이라는 명칭을 부여한다. 깨어나는 순간에, 잠자는 이의 등 뒤에서 그 잠의 전체를 비추는 찬란한 별이 반짝이는 때, 몇 초 동안, 그것은 잠을 잔 게 아니라 깨어 있었다는 생각이 들게 한다. 알고 보면 그 빛과 함께 거짓된 삶을, 또 꿈의 여러 양상을 가져가면서, 깨어난 자에게 '나는 자고 있었다'는 생각을 갖게 하는 유성이다.

내게 충격을 줄까 봐 걱정하는 듯 매우 부드러운 목소리로, 어머니는 나한테 일어나기가 괴롭지 않으냐 묻고, 내 손을 어루만졌다.

"불쌍한 아가야, 네가 의지할 수 있는 건 이제 네 아빠와 엄마밖에 없다."

우리는 방으로 들어갔다. 침대 위에 몸을 반원형으로 구부리고, 할머니가 아닌 다른 동물 같은 존재가 할머니의 머리털을 뒤집어쓰고, 할머니의 자리에 누워, 헐떡거리며, 신음하며, 경련하며, 이불을 흔들어대고 있었다. 눈꺼풀은 닫혀 있었는데, 탁하고, 눈곱이 낀, 시각 기관의 어둠과 몸속 고통의 어둠을 반영하는 눈동자의 한구석이 보이는 까닭은 그 눈꺼풀이 열려 있었기 때문이라기보다 꼭 감겨 있지 않았기 때문이다. 이런 온갖 몸부림도 우리한테 하는 것이 아니었다. 할머니에게는 우리 모습도 보이지 않고, 우리가 누구인지도 모른다. 하지만 여기 몸부림치고 있는 것이 이제 동물에 지나지 않는다면, 나의 할머니는 어디에 있는 것일까? 얼굴의 다른 부분과의 균형을 잃었으나 그 구석에 그대로 기미가 있는 코의 형태와, 전에는 이불이 거추장스럽다는 것을 뜻했으나 이제는 아무런 뜻도 없는 몸짓으로 이불을 뿌리치는 그 손 또한 할머니의 것이었다.

어머니는 할머니의 이마를 적시기 위해 물과 초를 가져오라고 나한테 부탁했다. 할머니가 머리칼을 떨쳐버리려고 하는 것을 보고, 이것만이 할머니를 시원하게 하는 유일한 일이라고 어머니는 믿었던 것이다. 그때 마침 문가에서 내게 가까이 오라는 손짓이 있었다. 할머니의 임종이 가깝다는 소식이 금세 집 안에 퍼졌다. 예외적인 일이 있을 때 하인들의 피로를 덜기 위해 고용하는 '임시 고용인' 중 하나가—이런 이들이 오면 임종의 고통도 뭔가 잔치같이 되는데—게르망트 공작에게 바깥문을 열어줘, 공작은 응접실에 남아, 나를 부른 것이었다.

"댁의 소식을 지금 막 들었습니다. 애도의 뜻을 표하고자 춘부장을 뵙고 싶은데요."

이런 판국에 아버지를 방해하기가 어렵다는 말로 나는 완곡하게 거절했다. 게르망트 씨는 이를테면 여행을 떠나는 찰나에 찾아온 불청객이었다. 그러나 그는 예의를 표하는 데만 정신이 팔려 그 밖의 일이 보이지 않는 듯 막무가내로 손님방에 들어가려 했다. 그에겐 늘, 아무개에게 경의를 나타내기로 작심을 하면 그 의례를 빈틈없이 완수하고야 마는 버릇이 있어서, 상대가 여행 가방을 꾸리건 관을 마련하건 조금도 개의치 않았다.

"디윌라푸아*를 오라고 했습니까? 그거 큰 실수군요. 나한테 부탁했더라면 내 얼굴을 봐 와주었을 텐데, 샤르트르 공작부인의 부탁이야 거절해도 내 부탁이라면 다 듣거든요. 그러니 나는 공주보다 더 뻐기죠. 게다가 죽음 앞에 우리는 다 평등하니까요." 그는, 할머니가 그와 같다는 것을 내게 이해시키기 위해서가 아니라, 아마도 디윌라푸아에 대한 제 위력과 샤르트르 공작부인보다 우월함에 대한 얘기를 길게 늘어놓은 일이 좋은 취미가 아님을 깨달았는지 덧붙였다.

하기야 그의 권고에 나는 놀라지 않았다. 게르망트네 집에서 이 디윌라푸

---

* 프랑스의 의사 (1839~1911).

아라는 이름을, 적수 없는 '출입 상인'의 이름처럼(단지 좀더 경의를 품고 서) 늘 입 밖에 내고 있음을 나는 알고 있었다. 또 게르망트 가문 태생인 모르트마르 노공작부인(공작부인에 대해서 번번이 '……노공작부인' 또는 정반대로 젊은 여인이며 날씬한 바토풍으로 '……작은 공작부인'이라고 말하는지 이유를 알 수 없지만)은 병이 중태인 경우에 거의 기계적으로 눈을 깜박거리면서 '디월라푸아, 디월라푸아' 하고 칭찬했다. 마치 아이스크림이 필요하면 '푸아레 블랑슈'*¹ 또는 비스킷이 필요하면 '르바테, 르바테'*² 하듯. 그런데 나는 아버지가 지금 막 디월라푸아를 불러오게 한 것을 미처 모르고 있었다.

　이때, 할머니의 호흡을 좀더 편하게 해줄 산소 기구를 초조하게 기다리던 어머니가, 게르망트 씨가 있는 줄은 꿈에도 모른 채 응접실에 들어왔다. 나는 어디에다 그를 숨기고 싶었다. 그러나 그는 이보다 더 중대한 일이 없다, 게다가 내 어머니를 이 이상 기쁘게 하는 일은 없을 것이다, 자기가 완벽한 귀족으로서의 평판을 유지하는 데 반드시 필요한 일이라고 굳게 믿고, 내 팔을 사납게 붙잡고, 내가 "이보세요, 이보세요" 되풀이하며 마치 강간에 맞서 저항하듯 뿌리치는데도, 나를 어머니 쪽으로 끌고 가면서, "나를 어머님한테 소개하는 큰 영광을 베풀어주시겠소?" 하고, 어머님이라는 낱말을 좀 떼어 발음하면서 말했다. 소개되는 건 어머니한테 오히려 명예가 된다는 생각에서 상황에 어울리는 얼굴을 꾸미며 미소를 금치 못했다. 나도 공작의 이름을 말할 수밖에 없었다. 그러자 즉시 그쪽에서 몸을 굽히고, 두 발을 마주치기 시작하더니 예의 바른 인사를 했다. 그는 잡담에 들어갈 생각이었으나, 고뇌에 빠진 어머니는 내게 빨리 오라고 말할 뿐, 게르망트 씨의 말에 대꾸조차 하려고 하지 않았다. 손님답게 접대되기를 기대하던 그는 응접실에 혼자 있게 되어, 마침 이 순간에, 그날 아침 파리에 도착해 소식 듣고 달려온 생루가 들어오는 걸 보지 않았다면 나오고 말았을 것이다. "여어! 마침 잘 만났네!" 공작은 조카의 소매 단추를 거의 잡아 뽑듯 붙들면서, 어머니가 응접실을 다시 건너가는 데도 개의치 않고 즐겁게 외쳤다. 생루는 진정 슬퍼했지만 나에 대한 거리낌에 나를 못 보게 된 것이 유감스럽지 않았나 보다. 생루는 아저씨에게 끌려나갔다. 공작은 생루에게 말할 중대사, 그 때문에 동시에르로 출발할

─────────────────

*1 아이스크림 가게 이름.

*2 과자 가게 이름.

뻔했던 중대사가 있어서, 그런 수고를 덜게 된 기쁨이 이만저만이 아니었다. "이거 참! 안마당을 건너가면 자네를 만날 거라고 누가 말했던들 엉뚱한 허풍으로 알았을 거야. 자네 친구 블로크라면 '익살스러운 일인데' 하겠지." 그리고 그는 로베르의 어깨를 잡고 나란히 걸으면서 "아무래도 괜찮아(하고 그는 되풀이했다), 어쩌다가 목매단 끈을 만졌다고나 할까, 운수 대통이야." 게르망트 공작이 예의를 모르는 것이 아니다. 그 반대다. 그러나 그는 남의 처지에서 보지 못하는 인간, 그 점에서 대부분의 의사나 장의사의 일꾼과 비슷한 인간, 상황에 어울리는 근엄한 표정을 잠시 지은 다음 '매우 괴로운 순간입니다' 말하고, 필요하면 포옹하거나 좀 쉬라고 권하고 나서, 임종의 고통이나 장례식을 얼마간 갑갑한 사교 모임으로밖에 생각지 않아, 거기서 잠시 쾌활성을 짓눌러, 눈으로는 자기의 보잘것없는 용건을 말할 수 있는 이를, 아무개한테 자기의 소개를 부탁할 수 있는 이를, 또는 돌아가는 마차의 '자리를 제공'해줄 만한 이를 찾아내려 하는 인간들 가운데 하나였다. 게르망트 공작은 그를 조카 쪽으로 불어 민 '순풍'을 기뻐하면서도, 내 어머니의 응대—그렇지만 아주 자연스러운—에 매우 놀라, 내 아버지가 공손한 만큼이나 어머니가 불쾌하다고, 이따금 '정신 나가' 남의 말조차 듣지 못하는 것 같다고, 여느 정신 상태가 아니라 좀 머리가 돌았다고, 뒤에 잘라 말했다. 그렇지만 그는, 내가 들은 바에 따르면, 그것을 얼마큼 상황 탓으로 돌리고 싶어해, 어머니가 이 '일'로 큰 '충격을 받은' 모양이더라고 단언했다고 한다. 그러나 그는 끝까지 다하지 못하고 뒤로 미룬 인사와 절의 나머지를 여전히 팔다리에 간직한지라, 장례식 전날, 내게 어머니의 기분을 바꿔봤느냐고 물었을 만큼 어머니의 슬픔이 어떤 것인지 조금도 알아차리지 못했다.

내가 모르는 사람이었는데, 수사(修士)로, 할머니의 시동생뻘 되는 분이, 그의 수도원장이 있는 오스트리아에 전보를 쳐, 예외의 은혜로 허락을 받았다고 하면서, 그날 집에 왔다. 슬픔에 맥 풀린 모습으로, 침대 옆에서 기도서와 묵상록을 읽으면서도 그 나사송곳 같은 눈은 병자에게서 떼지 않았다. 할머니가 의식을 잃었을 때, 이 수사의 슬픔을 보고서 가슴 아픈 나는 그를 바라보았다. 나의 동정에 그가 놀란 모양이었는데, 그때 괴상한 일이 일어났다. 그는 고통스러운 명상에 잠긴 사람같이 두 손으로 얼굴을 덮었는데, 내 눈이 다른 데로 가는 낌새를 느끼자, 손가락 사이에 작은 틈을 냈다. 그리고 내 눈길이 그에게서 떠나는 순간에, 그의 날카로운 눈길이 그 손의 틈을 이용하여 내 슬픔이 진정인지 살피는 것을 언뜻 보았다. 마치 고해소(告解所)의 어둠 속에 있듯 거기에 숨어 있었다. 내가 그 꼴을 보고 있는 줄 알아채자 곧 방긋이 연 창살을 꼭 닫고 말았다. 그 뒤 그를 다시 만났으나, 우리는 이 순간을 한 번도 문제삼지 않았다. 그가 나를 몰래 살펴보는 것을 나는 조금도 눈치채지 못했다는 묵계가 성립되었다. 수사나 신부에겐 정신병 의사와 마찬가지로 늘 예심 판사다운 데가 있다. 하기야, 아무리 친한 친구 사이라도, 서로 공통된 과거지사 가운데, 상대가 잊어버렸을 게 틀림없다고 믿는 편이 마음 편안한 그런 순간이 있지 않을까?

의사는 모르핀 주사를 놓고, 호흡의 고통을 덜어주려고 산소 기구를 가져오게 하였다. 어머니, 박사, 간호사가 그것을 손에 쥐고 있다가, 한 개가 끝나자마자 또 한 개를 그에게 건네주었다. 나는 잠시 방을 나왔다. 다시 들어갔을 때, 기적 같은 것을 보았다. 소리를 내지 않고 끊임없는 속삭임으로 반주되어, 할머니는 긴 행복의 노래를 빠른 가락으로 유창하게 부르는 듯해 그것으로 방 안을 가득 채우고 있었다. 나는 금세 이해했는데, 그것은 아주 무의식적인 것, 조금 전의 헐떡임과 마찬가지로 이 또한 순전히 기계적인 것이었다. 아마도 약하디약한 운율 속에 모르핀이 가져다준 얼마간의 안정이 반영되었나 보다. 특히 그것은 공기가 이미 기관지 속을 같은 투로 통하지 않아 호흡의 음역(音域) 변화에서 생겼다. 산소와 모르핀의 이중 작용으로 거침없는 할머니의 숨결은 이제 가쁘지 않고, 식식거리지 않으며, 생기 있고, 가볍게, 마치 그윽한 흐름 쪽으로 스케이트를 타듯 미끄럼을 타고 있었다. 이 노래 속에는, 갈대피리 속의 바람처럼 아무런 감각도 없는 숨결에 뭔가 더 인간다운 한숨, 가까운 죽음에서 벗어나, 벌써 감각 없는 이들에게서 고뇌 또는 행복의 인상을 주는 보다 인간다운 한숨이 섞여 있어, 벌떡 일어서서 더 높이 올라 다음에 새삼 냅다 뛰어오르려고 가벼워진 가슴부터 산소의 추구로 다시 하강하는 이 긴 악장에, 한결 더 선율적인, 그러나 리듬에 변화 없는 억양을 덧붙이고 있었다. 그러다가 아주 높이 이르러 힘껏 지속하더니, 그 노래는 관능의 쾌락 속 하소연하는 듯한 속삭임에 섞여, 이따금 아주 그치는 것 같았다. 마치 샘물이 마른 듯이.

프랑수아즈는 커다란 슬픔이 있으면, 그것을 겉으로 나타내고 싶은 쓸데

없는 욕구를 느끼곤 하는데, 그토록 단순한 기술조차 못 가졌다. 할머니는 이제 전혀 희망이 없다고 판단한 프랑수아즈는 그 인상을 우리에게 무척 알리고 싶어했다. 그런데 "뭔가 걱정스러워요"밖에 되풀이할 줄 몰라, 양배추 수프를 너무 먹었을 때, "위에 얹힌 것 같다"고 말하는 투로 그렇게 말했는데, 이 나중 것이, 그런 줄 몰랐을 테지만, 훨씬 자연스러운 말투였다. 표현이야 이렇듯 약했으나, 슬픔은 그래도 매우 컸다. 게다가 딸이 콩브레(그 파리지엔인 체하는 아가씨가 요즘 들어 건방지게 '벽촌'이라 부르고, 거기서 아가씨가 '촌뜨기'로 되어감을 느끼고 있는 콩브레)에 억류되어, 프랑수아즈의 생각에 호화로운 것이 틀림없는 장례를 위해 돌아오지 못할 것 같아, 그 슬픔은 더 컸다. 우리가 좀체 슬픔을 토로하지 않는 걸 알고서, 프랑수아즈는 어찌 되든 간에 한 주간 저녁마다 쥐피앙을 미리 초대하곤 하였다. 프랑수아즈는 쥐피앙이 장례식 시각에 틈이 없을 것을 알고 있었다. 그래서 적어도 그때의 모양으로 돌아와서 '자초지종을 들려주고' 싶었던 것이다.

며칠 전부터 아버지, 할아버지, 사촌 되는 한 분이 밤샘을 하며 집 밖으로 나오지 않았다. 그들의 계속된 헌신도 결국 겉으로는 그들의 얼굴에 무관심의 가면을 씌우고 말았고, 또 이 임종자의 주위에 있는 길디긴 한가로움은 그들로 하여금 열차 안에서 오래 지내는 데 빼놓지 못하는 그 잡담을 늘어놓게 하였다. 게다가 이 사촌(내 왕고모의 조카)은 평소 존경받았고 또 그걸 받을 만한 분이었기에 더욱 나의 반감을 일으켰다.

중대사가 있으면 번번이 이분의 모습이 나타났다. 그리고 죽어가는 사람 곁을 어찌나 떠나지 않는지 송구해 마지않는 가족들은, 보기엔 튼튼하고, 목소리는 바스타유*이며, 공병(工兵) 같은 수염에 어울리지 않게 체질이 약한 분이라고 우겨 늘 완곡한 표현으로 장례식에 오지 않도록 간원하곤 하였다. 아무리 큰 비탄 중이라도 남들을 생각하는 어머니인지라, 이런 경우에 이분이 매번 귀가 아프도록 들어왔던 것을 좀 다른 표현으로 말하리라, 나는 예상했다.

"'내일' 안 오시겠다고 약속하세요. '병자'를 위해서 그렇게 하세요. 적어도 '저기'에는 가지 마세요. 오지 마시라고 병자께서 부탁하셨거든요."

---

* 바리톤과 베이스의 중간음.

그러나 아무리 말해도 듣지 않는다. 이분은 여전히 첫 번째로 '집'에 왔으므로, 다른 데서는 우리가 모르는, '조화(弔花) 사절'이란 별명으로 불리고 있었다. '모든 일', 그 전에 이분은 늘 '모두 생각해두었다.' 그래서 어디를 가나, '당신께는 새삼스레 고맙다는 인사를 드리지 않겠어요' 하는 말을 들을 만했다.

　　"뭐라고?" 요즘 귀가 멀어서, 지금 사촌이 아버지에게 한 말도 잘 알아듣지 못한 할아버지가 큰 목소리로 물었다.

　　"아무것도 아닙니다." 사촌은 대답했다. "오늘 아침 콩브레에서 온 편지를 받았다고 말했을 뿐입니다. 거긴 날씨가 지독하다더군요, 여긴 거의 지나치게 따뜻한 햇볕인데."

　　"그래도 청우계는 매우 낮아." 아버지의 말.

　　"어디야, 날씨가 고약하다는 곳이?" 할아버지의 물음.

　　"콩브레입니다."

　　"허어, 그렇다면 놀랄 것 없지. 여기 날씨가 나쁘면 콩브레 날씨는 좋거든, 반대란 말이야. 아차! 콩브레라고 하니 생각나는데, 르그랑댕한테 알렸나?"

　　"그럼요, 걱정 마세요, 알렸습니다." 사촌의 말. 지나치게 짙은 수염 때문에 청동빛으로 보이는 그의 뺨은 그 일을 잊지 않았다는 만족감에 눈에 뜨이지 않게 미소 지었다.

　　이때 아버지가 부랴부랴 뛰어갔다. 나는 좋건 나쁘건 무슨 일이 일어난 줄 알았는데, 그저 디욀라푸아 박사가 막 도착한 것이었다. 아버지는 이제부터 무대에 나오려는 배우를 맞이하듯, 옆 손님방까지 그를 맞이하러 갔다. 박사를 청해온 것은 치료를 받기 위해서가 아니라, 말하자면 공중인의 일 같은 사망 확인을 부탁하기 위해서였다. 디욀라푸아 박사는 과연 위대한 의사이자 뛰어난 교수였을지 모르지만, 그런 갖가지 역할을 썩 잘한 데다가, 40년 동안 독점해온, 추리가(推理家), 어릿광대, 또는 연극의 아버지 역과 마찬가지로 독창적인 역할을 겸해왔다. 죽어가는 사람 또는 죽은 사람을 확인하러 가는 소임이었다. 그 이름이 벌써 그가 맡아하는 소임의 위엄을 예시하여, 하녀가 '디욀라푸아 님' 하고 알렸을 때, 우리는 몰리에르의 극중에 있는 착각에 빠졌다. 그 태도의 위엄에, 눈에 안 띄게 우아한 몸매의 날씬함이 꼭 들어맞고 있었다. 그 자체로선 지나치게 단정한 얼굴이 비탄에 빠진 장면과 어울리게 흐려 있었다. 품위 있는 검은 프록코트를 입은 교수가 겉치레 없는 부자연스런 슬픔을 띠며 들어왔는데, 거짓인 줄 뻔히 들여다보이는 위안의 말은 한마디도 하지 않고, 더더구나 요령에 한 치의 위반도 범하지 않았다. 죽음의 침대 곁에서는 이 사람이야말로 관록이 있고, 게르망트 공작 따위는 그 발에 입맞출 신분이었다. 할머니를 피로하지 않게, 또 주치의에 대한 예의상 극히 조심스럽게 잠깐 맥을 보고 나서, 낮은 목소리로 아버지에게 몇 마디 하고, 어머니한테 공손히 절했다. 그때 아버지가 어머니한테 '디욀라푸아 교수님'이라 말하려다 겨우 자제하는 낌새를 나는 느꼈다. 그러나 교수는 이미 머리를 돌려, 그런 귀찮음을 바라지 않아, 아무렇게나 금일봉을 받으면서, 세상에서 가장 아름다운 태도로 나갔다. 그는 금일봉을 보는 체도 하지 않았다. 그래서 그것을 그의 손에 확실히 쥐어주었는지 우리가 잠시 의심했을 만큼 그것을 감추는 데 요술쟁이 같은 날램을 갖추었는데, 그렇다고 그 때문에 비단 안감을 댄 긴 프록코트에 고상한 연민으로 가득한 잘생긴 얼굴을 한 이 위대한 입회 의사의 장중함이 조금이라도 사라지기는커녕 오히려 더했다. 그 느리면서도 날랜 동작은, 이제부터 그를 기다리는 왕진이 백 군데라 할지라도 절대 서두르는 모양을 보이고 싶지 않음을 나타내고 있었다. 왜냐하면 그는 요령 있고, 총명과 친절을 갖춘 이였기 때문이다. 이 뛰어난 인물도 이제 세상에 없다. 그에게 필적하는, 어쩌면 능가하는 의사나 교수도 많을 것이다. 하지만 학식, 타고난 용모, 높은 교양이 이 인물을 뛰어나게 한 그 '역할'은 유지해갈 만한 후계자가 없으므로 이제 존재하지 않는다. 어머니는 디욀라푸아 씨가 왔는지 알아채지도 못했다. 어머니한테는 할머니밖에 존재하지 않았던 것이다. 나는 기억한다(여기서 이야기를 미리 하지만). 묘지에서, 어머니가 초자연적인 유령처럼 머뭇거리며 무덤에 가까이 가서, 이미 멀리멀리 날아간 이의 모습을 물끄러미 보는 듯하던 그 장소에서 아버지가 "노르푸아 영감님이 집에, 성당에, 묘지에 와주셔, 그분은 매우 중대한 위원회에 못 나가셨소. 한마디 인사하구려, 기뻐할 테니"라고 어머니한테 말해, 대사가 어머니 쪽으로 절했을 때, 어머니는 잠자코 눈물도 안 나는 얼굴을 공손히 기울이는 것이 고작이었다. 그 이틀 전—병자가 아직 임종의 침상에 있는 순간으로 되돌아가기에 앞서 다시 이야기를 미리 하지만—죽은 할머니를 기리며 밤샘했을 때, 유령의 존재를 전연 부정하지 않는 프랑수아 즈가 사소한 기적에도 겁나 이렇게 말했다. "큰 마님인가 봐요." 그러나 이 말은 어머니의 마음속에 공포심을 일으키기는커녕, 오히려 한없는 애정을 갖 게 하였다. 어머니는 자기 곁에 가끔 어머니가 있어주기 원하여, 망자들이 유령으로 다시 나타나기를 바라 마지않았던 바로 그 애정이었을 것이다.

임종 때로 돌아오면,

"처제들이 전보를 보내 온 걸 아나?" 할아버지가 사촌에게 물었다.

"네, 베토벤에 미친 이들 말이죠, 들었습니다. 기가 막힌 일입니다. 별로 놀랍지 않지만."

"불쌍한 마누라는 처제들을 무척 아꼈는데." 할아버지는 눈물을 닦으면서 말했다. "원망한들 무슨 소용이 있겠나. 늘 말해왔네만, 머리가 돌았거든. 웬일이지, 이제는 산소 호흡을 안 시키나?"

"그러면 부인의 호흡이 다시 나빠지는걸요."

의사가 대답했다.

"아니죠, 산소의 효력은 아직 얼마 동안 이어지니 곧 다시 시작합시다."

의사가 한 그 말은 죽어가는 이를 위해서가 아니라, 만일 좋은 효력이 계 속될 것 같으면, 사람의 힘이 그 목숨을 위해 무엇인지 할 수 있다는 것을 의미하는 성싶었다. 산소의 획획거리는 소리가 잠시 그쳤다. 그러나 숨의 행 복한 애가(哀歌)는 가볍게, 거칠게, 나오다 그치다가 다시 나왔다. 이따금 다 끝났나 숨이 끊어진 듯했는데, 잠자는 이의 숨 속에 생기는 옥타브의 변 화에서였을까, 아니면 생리적인 간헐, 마취의 효력, 질식의 진행, 심장의 쇠 약에서였을까, 의사는 할머니의 맥박을 짚었는데, 그때는 이미, 마치 한 지 류(支流)가 마른 흐름에 공물(貢物)을 가져다주듯, 새 노래가 끊어진 악절 에 이어 솟아나왔다. 그러자 끊어진 악절도 다른 장단을 타고 똑같이 끝없는 비약과 더불어 부활했다. 누가 알랴, 할머니가 의식하지 못하더라도 괴로움 에 억눌린 행복하고도 다정한 상태가 오랫동안 압착된 가장 가벼운 기체처 럼 지금 할머니에게서 퍼지고 있는지? 할머니가 우리한테 말하고 싶은 것이 모두 이와 같이 흘러나오듯, 참으로 장황하게, 열성을 가지고, 진심을 토로 하여 우리한테 말하고 있는 듯했다. 침상 발치에서, 이 단말마의 숨결에 경 련을 일으키며, 소리내어 울지 않지만 이따금 눈물로 얼굴이 젖은 어머니는,

비바람에 매질되어 뒤집히는 나뭇잎처럼 아무것도 생각지 않은 채 오로지 비탄에 잠겨 있었다. 할머니께 입맞추러 가려니까 그 전에 눈물을 닦으라고 내게 말했다.

"하지만 이미 보실 수 없으리라 생각하는데." 아버지가 말했다.

"알 수 없죠." 의사가 대꾸했다.

내 입술이 할머니에게 닿았을 때, 할머니의 두 손이 움찔했다. 할머니의 머리부터 발끝까지 긴 전율이 일었는데, 반사작용이었는지, 아니면 어떤 애정은 사랑하기 위해서 거의 감각이 필요하지 않다는 것을 무의식의 장막을 통해서 분간하는 예민성이었는지 모른다. 갑자기 할머니는 몸을 반쯤 일으켜 자기 목숨을 지키려는 이처럼 사나운 힘을 썼다. 프랑수아즈는 더 이상 그 모양을 볼 수 없어 울음을 터뜨렸다. 나는 의사가 한 말이 생각나 프랑수아즈를 방에서 내보내고 싶었다. 이때 할머니가 눈을 떴다. 나는 부모님이 병자한테 몇 마디 하는 동안, 프랑수아즈의 울음을 감추려고 달려갔다. 산소 소리가 잠잠해지고, 의사가 침상 곁을 떠났다. 할머니는 돌아가셨다.

몇 시간 뒤, 프랑수아즈는 마지막으로 아프지 않게 아직도 희끗희끗 세었을 뿐 나이에 비해 고운 머리칼을 빗길 수 있었다. 그러나 이제, 거꾸로 머리칼은, 수많은 세월 동안 고생이 새긴 주름, 위축, 군살, 오그라듦 따위가 가뭇없이 젊어진 얼굴에 늙음의 관을 씌우는 유일한 것이었다. 할머니의 부모께서 할머니에게 남편을 골라주시던 먼 옛 시절처럼, 할머니 얼굴은 순결과 순종의 섬세한 모습을 가지고, 양 볼에 세월이 조금씩 허물어가던 순결한 희망과 행복에 대한 꿈, 게다가 순진한 명랑성마저 빛나고 있었다. 떠나간 목숨은 목숨의 환멸마저 휩쓸어가고 말았다. 한 미소가 할머니의 입술에 남아 있는 듯 보였다. 죽음은 중세기의 조각가처럼, 한 젊은 아가씨의 자태로 할머니를 죽음의 침상에 누이고 있었다.

제2장

알베르틴의 방문/생루의 친구들과 부호의 딸의 결혼에 대한 전망/
파름 대공부인의 눈에 비친 게르망트네 사람들의 기질/
샤를뤼스 남작에 대한 기묘한 방문/나는 샤를뤼스 씨의 성격을 더욱더
이해할 수 없게 된다/공작부인의 붉은 구두

그날은 어느 가을의 일요일에 지나지 않았는데, 나는 이제 막 되살아나, 삶이 내 앞에 그대로 있었으니, 따뜻한 날이 계속된 뒤, 아침나절 차가운 안개가 자욱하다가 갠 것은 정오 무렵이었기 때문이다. 그런데 계절의 변함은 세계와 우리 자신을 넉넉하게 다시 창조해낸다. 지난날, 바람 소리가 굴뚝 속에서 났을 때, 들창을 때리는 소리가 C(ut)단조 교향곡*의 첫머리에 나는 그 현악기의 활 소리와 닮은 저항할 수 없는 신비로운 운명의 소리라 생각해, 나는 감동하면서 들은 일이 있다. 모두 눈에 보이는 급격한 자연 변화는 사물의 새로운 모습에 우리의 욕망도 조화되도록 순응하면서 우리에게 그와 비슷한 변모를 준다. 안개는, 눈을 뜨자마자, 나를 화창한 날처럼 원심적인 인간이 아니라, 이 달라진 세계 속에서 명상하기 좋아하고, 난로 앞을 좋아하며, 같이 자는 잠자리를 그리워하는 인간, 외출을 싫어하는 이브를 찾는 추위 타는 아담이 되게 하였다.

이른 아침 교외의 부드러운 잿빛 색조와 한 잔의 초콜릿 맛 속에 약 1년 전에 내가 동시에르에서 경험한 육체적·지적·윤리적 생활의 독창성을 전부 맞춰넣었다. 그리고 그 독창성은 초목 없는 언덕—그것이 안 보일 때에도 늘 거기에 있는—의 기다란 형태를 상징 삼아, 내 속에서 다른 모든 즐거움과는 완전히 나뉘어, 그 인상이 오케스트라처럼 서로 풍요하게 섞여 짜여서, 내 입으로는 도저히 남에게 설명할 수 없을 만큼 특색이 있으므로, 친구들에게조차 말할 수 없는 하나의 즐거움이 되었다. 이 관점으로 보면 아침 안개

---

* 베토벤의 제5교향곡 〈운명〉.

가 나를 가라앉히고만 새로운 세계는 이미 나를 아는 세계(그것이 그 세계에 더욱 진실성을 주는)이자 얼마 동안 망각해온(그 때문에 그 세계의 싱싱함을 모두 되살아나게 하는) 한 세계였다. 그리고 내 기억이 가진 안개의 경치, 특히 '동시에르의 아침'의 그것, 병영에서 지낸 첫날, 또는 생루가 하루 숙박으로 나를 데리고 간 근교 별장의 경치를 바라볼 수 있었다. 그래서 새벽에 다시 눕기 전에 손수 커튼을 올리자, 첫 경치에는 한 기병이, 두 번째 경치에는(못과 숲의 가느다란 경계에, 그 밖의 부분은 모두 한결같이 뿌연 액체와 같은 안개의 부드러움 속에 싸여 있는) 허리띠를 한창 윤내고 있는 한 마부가, 마치 희미한 빛의 신비로운 어렴풋함에 익숙한 눈이라야 겨우 분간할까 말까 하는, 지워진 벽화에서 나타나는 쓸쓸한 인물처럼 나타났던 것이다.

이날 나는 침대에서 이러한 기억의 영상을 바라보고 있었다. 부모님은 며칠 예정으로 콩브레에 가셨으므로, 이 기회에 이날 저녁 빌파리지 부인 댁에서 연주하는 소곡을 들으러 갈 셈이던 나는 그 시각까지 누워서 기다리고 있었던 것이다. 부모님이 돌아와 있었다면, 아마 나는 감히 그렇게 하지 못했으리라. 어머니는 할머니에 대한 추억을 존중하는 마음씀씀이에서, 애도의 표시가 자발적이며 진정에서 나온 것이기를 바랐다. 그 때문에 어머니는 내가 외출하는 걸 막지는 않았을 테지만, 못마땅하게 여겼을 것이다. 의논했다면, 콩브레에서 어머니는 쓸쓸히 "네가 하고픈 대로 해라, 다 컸으니 네가 해야 할 바를 알잖니" 하고 대답해오지 않았을 테고, 나를 파리에 혼자 두고 온 것을 자책하며, 자기 슬픔에 의하여 내 슬픔을 판단하고, 어머니 자신은 스스로 거부한 심심풀이를 나에게 시키고 싶었을 테며, 그리고 무엇보다 내 건강과 신경의 불안을 걱정하신 할머니라면 틀림없이 그런 심심풀이를 내게 권했을 것이라고 스스로 이해시켰으리라.

아침부터 새로운 온수 난방장치에 불을 지피고 있었다. 이따금 딸꾹질 같은 소리가 나는 불쾌한 소리는 내 동시에르의 추억과 아무 관계가 없었다. 그러나 그날 오후 내 머릿속에서 이 소리와 동시에르의 추억이 유유히 만나 둘이서 친화력을 맺어, 내가 이 난방장치의 소리를(잠시 잊었다가) 다시 들을 적마다 동시에르의 추억을 떠올리게 했다.

집에는 프랑수아즈밖에 없었다. 안개는 걷혔다. 희끄무레한 햇빛이 가느다란 비같이 내려, 쉴 새 없이 투명한 그물을 짜고, 그 속으로 주일의 산책자들이 은빛으로 반짝여 보였다. 나는 발밑에 〈피가로〉지를 내던졌다. 내가 이 신문사에 기사를 보낸 뒤로 날마다 꼬박꼬박 사 보았으나 그 기사는 아직 실리지 않았다. 해가 가려져 있는데도, 햇빛은 아직 오후의 한창임을 가리키듯 강렬했다. 갠 날씨에 못 볼 흐릿하고도 부서지기 쉬운, 창에 드리운 명주 망사 커튼이 잠자리 날개와 베네치아의 유리 제품이 갖는 그 부드러움과 깨어지기 쉬움이 섞인 느낌을 보이고 있었다. 이 일요일 혼자 있는 것이, 내가 아침에 스테르마리아 아가씨에게 편지를 보냈던 만큼 내 기분을 더 무겁게 하였다. 생루가 편지를 보내, 전날 받았는데, 단기 휴가를 받아 며칠 안으로 프랑스에 도착하겠다고 알렸다. 그의 어머니는 비통하고도 여러 번 실패한 시도 끝에, 그 애인과 사이를 갈라놓는 데 성공했고, 그 뒤 생루는 이미 얼마 전부터 사랑하지 않게 된 여인을 잊기 위해 모로코에 파견됐던 것이다. 그는 파리에 잠깐 들러 가므로(그의 가족은 파리에서 그가 라셀과 다시 맺어질까 봐 겁났을 게 틀림없었다) 나를 잊지 않았다는 것을 보이기 위해, 탕제르(Tanger)에서 스테르마리아 아가씨를 만났다고 알려왔다. 스테르마리아 아가씨라기보다는 오히려 스테르마리아 부인으로, 그녀가 결혼한 지 석 달만에 이혼했기 때문이다. 그리고 로베르는 발베크에서 내가 한 말이 기억나, 이 젊은 여인한테 파리에서 나와 만나기를 부탁했던 것이다. 그녀는 브르타뉴에 돌아가기 전에 파리에서 지내는 날 가운데 하루를 나와 함께 기꺼이 식사하겠다고 그에게 대답했다. 그는 나한테 써 보내기를, 확실히 스테르마리아 부인이 파리에 닿았을 테니 빨리 몇 자 적어 보내라고 하였다.

할머니가 앓아누웠을 때에 그가 나를 불성실한 배신자라고 책망한 이후 그의 소식을 받지 못했으나, 나는 생루의 편지에 그다지 놀라지 않았다. 그때에 뭐가 일어났는지 나는 잘 이해했던 것이다. 그의 질투심을 선동하기 좋아하는 라셀은(그녀에게 또한 나를 원망할 부속적인 이유가 있어서) 그가 없는 동안, 내가 그녀와 관계를 가지려고 엉큼한 수작을 부렸다고 믿게끔 그 애인을 설득했던 것이다. 그는 틀림없이 그것을 사실로 믿었나 본데, 그녀한테 정신 안 판 지 오래라, 그게 사실이건 말건 아무래도 좋게 되고, 우리 둘의 우정만이 남아 있었다. 한번 내가 그를 만났을 때, 이쪽에서 그의 비난에 대해 말 꺼내려 하니까, 그는 다만 사람 좋은 다정한 미소를 띠며 용서를 비는 듯이 화제를 바꿨다. 그렇다고 해서 그가 그 뒤 얼마 동안 파리에서 이따금 라셀을 안 만났다는 것은 아니다. 우리 삶에서 큰 소임을 맡아한 인간이 마지막에 이르러 단번에 거기서 나가는 것은 드문 일이다. 그런 인간은 우리 삶에서 영영 떠나기 전에(어떤 사람이 애정의 되풀이로 여길 정도로) 간혹 거기에 돌아온다. 생루와 라셀의 불화도, 라셀이 끊임없이 돈을 요구하는 것이 그에게 안도감을 가져다준 덕분에 매우 빨리 그리 고통스럽지 않게 되었다. 질투는 사랑을 오래 지속시키지만, 상상이 지니는 다른 형식 이상의 것은 못 된다. 여행을 떠날 때, 어차피 도중에서 사라질 서너 심상(이를테면 베키오 다리의 나리와 아네모네, 안개 속의 페르시아 성당 같은)을 가지고 간다면, 그것만으로 짐 가방은 벌써 가득 찬다. 정부와 헤어지는 사내는, 그녀를 좀 잊을 수 있을 때까지, 가능성이 있는 그리고 여러 가지로 떠올릴 수 있는, 따라서 시새움하는, 서너 명의 다른 첩이 있는 이의 소유가 되지 않기를 바란다. 그의 머릿속에 떠오르지 않는 남들이야 아무렇지 않다. 그런데 헤어진 여인의 빈번한 돈 요구가 그녀의 생활에 대한 완벽한 개념을 주지 못하는 거야 고열의 체온표가 그 병이 뭔지 가리키지 못하는 거나 마찬가지다. 그러나 체온표는 그래도 상대가 병이라는 표시이고, 돈의 요구는, 사실 막연한 추측이긴 하나, 버림받은 여인 또는 뛰쳐나간 여인이 그다지 부유한 보호자를 얻지 못했다는 추측을 준다. 그래서 돈을 요구당할 적마다, 질투에 시달리는 사내의 고통이 조금 가라앉는 기쁨에 곧바로 돈을 보낸다. 사내는 자신이 좀 안정을 되찾아 다음 서방의 이름을 태연하게 들을 수 있기까지, 그녀가 단지 애인(자기가 상상하는 세 놈팡이 가운데 하나)을 갖지 않은 채, 무엇에나 모자라지 않기를 바라기 때문이다. 이따금 라셀은 밤늦게 로베르한테 와서 아침까지 그의 곁에서 자게 해달라고 청했다. 그것은 로베르에게 크나큰 다사로움이었으니, 그가 침대의 절반 이상을 혼자 차지해도 곁의 여인이 아무 불편 없이 자는 모습을 봄은, 어쨌거나 이제까지 둘이 얼마나 친밀하게 살아왔는지 확인하는 셈이었기 때문이다. 그녀가 옛 벗인 그의 몸 곁에 있는 것이 다른 데 있느니보다 편하고, 그녀가—호텔방이라도—전에 잘 아는 익숙한, 잠 잘 오는 방에 있기나 하듯 그의 곁에 있다는 것을 그는 알아챘다. 그의 어깨, 다리, 온몸이 잠이 안 오거나 할 일이 있어서 움직였을 때에도, 그녀로서는 아주 익숙한 일상적인 일이라 조금도 성가시지 않을 뿐만 아니라, 그러한 것의 감각이 도리어 휴식할 마음이 들게도 한다는 것을 그는 느꼈다.

애기는 앞으로 되돌아가, 생루가 모로코에서 보내온 편지 때문에, 그가 감히 명료하게 쓰지 못한 것을 글줄 사이에서 읽었던 만큼 나는 더욱 마음이 뒤숭숭해졌다. "자네는 특별실에 그녀를 초대할 수 있네(라고 그는 쓰고 있다), 매력 있는 여성이자 감미로운 성격이야. 자네와 그녀는 빈틈없이 서로 이해하여, 자네가 유쾌한 하룻밤을 보내리라 믿네." 부모님이 토요일이나 일요일에 돌아오실 테고, 그러면 매일 저녁 집에서 식사하게 되는지라, 나는 즉시 스테르마리아 부인에게 편지를 써 보내, 금요일까지 언제라도 좋으니 형편 닿는 날에 만나자고 제의했다. 그러자 오늘 밤 8시쯤에 답장을 보내겠다는 전갈이 왔다. 이 답장을 기다리는 오후에 누군가 찾아왔다면 빨리 시간이 지나 금세 그 시간이 되었을 것이다. 이야기하다 보면, 그것을 재지 않고, 보지 않고서도 사라지다가, 돌연 우리 앞에 날랜 요술처럼 그것이 다시 나타날 때는 아까 빠져나온 순간에서 멀리 와 있다. 그러나 혼자 있으면, 걱정이, 똑딱거리는 소리의 반복과 단조로움과 더불어, 올 순간을 더 멀리 데려가 끊임없이 기다리게 하여, 친구하고 있으면 세지 않을 시간을 분초로 나눠 곱한다. 그리고 내 욕망이 끊임없이 되풀이되어, 며칠 안으로 스테르마리아 부인과 맛볼 뜨거운 쾌락을 마주하고 있는 느낌이 들어, 나 혼자 지내는 이 오후가 참으로 헛되고 우울하게 느껴졌다.

이따금 승강기가 올라오는 소리가 들려왔는데, 거기엔 두 번째 소리가 따르고 있었다. 그것은 내가 있는 층에서 멎는 소리가 아니라, 승강기가 위층으로 계속 올라가기 위해 내는 아주 다른 소리였다. 그리고 그것은 내가 방문객을 기다리고 있을 때에 나의 층을 그냥 지나감을 뜻했으므로, 뒤에 내가 그 어떤 방문객도 기다리지 않을 때에도 그 소리 자체의 고통스러운 울림으로 말미암아 버림의 선고처럼 귀청에 남았다. 지치고 단념한 듯이, 두어 시간 동안은 여전히 태곳적부터의 일을 계속하면서, 회색 햇빛이 진주모빛 실을 잣고 있었다. 밝은 창가에서 일에만 골몰하여 여념이 없는 침모처럼 무관심한 낯선 여자와 마주 앉게 될 생각을 하면 정말 우울해졌다. 그때 갑자기, 초인종 소리도 없었는데, 프랑수아즈가 문을 열고 알베르틴을 방으로 안내했다. 가만히 웃으면서 들어온 알베르틴은 그 터질 듯이 통통한 몸속에 내가 그 뒤 한 번도 못 가본 발베크에서 지낸 나날들을 싸서, 다가온 그 날들을 내가 다시 삶을 계속할 수 있도록 준비해 왔다. 우리가 누군가와 만날 때, 그 사람과 관계—아무리 하찮은 관계일지라도—하던 이, 모습이 변한 이를 다시 만날 적마다, 그것은 참으로 두 시대의 대면이다. 그러기 위해 옛 애인이 일부러 친구로서 우리를 찾아올 필요가 없거니와, 우리가 어떤 종류의 생활로 그날그날 살아가는 데 사귄 사람이, 우리가 그 생활을 그만둔 지 겨우 일주일 뒤 파리에 찾아오는 것만으로 충분하다. 묻고 싶어하는 알베르틴 얼굴의 거북스러워하는, 생글거리는 표정 하나하나에서, 나는 다음 같은 질문을 읽을 수 있었다. '빌파리지 부인은 안녕하신가요? 댄스 선생님은? 또 그 과자 가게 주인은?' 그녀가 의자에 앉았을 때, 그녀의 등은 이렇게 말하는 듯했다. '저런, 여긴 낭떠러지가 없네요. 그러니까 발베크에서 그랬듯 당신 옆에 앉아도 좋죠?' 그녀는 '때'의 거울을 내게 보이는 마술 아가씨 같았다. 그 점에서 그녀는 좀처럼 만나지 않지만 전엔 가장 절친하게 지낸 사람들과 닮았다. 그러나 알베르틴은 그 이상이었다. 물론 발베크에서도, 날마다 이루어진 우리의 만남에서, 그녀가 나날이 변하는 걸 보고 놀란 적이 있다. 지금은 그녀를 알아보기 힘들었다. 가리던 장밋빛 안개가 걷혀, 용모가 조각상같이 우뚝 솟아나 있었다. 그녀의 얼굴은 달라졌다고 하기보다 드디어 한 얼굴을 가졌고, 몸이 자랐다. 발베크에서는 그녀의 미래 형태가 드러나 있지도 않았던, 그녀가 싸여 있던 깍지는 이제 흔적도 남지 않았다.

이번에 알베르틴은 여느 때보다 일찍 파리에 돌아왔다. 보통 그녀는 봄에야 돌아와, 그래서 몇 주 전부터 피기 시작한 꽃에 스치는 뇌우로 설렌 나는, 내가 품은 기쁨 가운데서, 알베르틴의 돌아옴과 아름다운 계절의 그것을 떼어놓지 못했다. 그녀가 파리에 와서 우리집에 들렀다고 누가 일러주는 말만으로도 그녀가 바닷가에 피는 장미처럼 다시 보이는 것이었다. 하지만 그 무렵 내 마음을 사로잡았던 것이 발베크에 대한 욕망이었는지 아니면 그녀에 대한 욕망이었는지 잘 모르겠다. 어쩌면 그녀에 대한 욕망 자체도 발베크를 소유하려는 게으른, 비겁하고도 불완전한 형태였는지도 모르니까, 마치 한 사물을 물질적으로 가지거나 한 시가에 머물러 사는 것이 그것을 정신적으로 소유함과 같았듯이. 그리고 또 물질적으로도, 그녀가 내 상상력으로 흔들려 바다의 수평선 앞에 있지 않고, 내 곁에 가만히 있을 때 흔히 그녀는 내 눈에, 꽃잎의 흠을 안 보려고 또 바닷가에서 호흡하고 있다고 여기려고 눈을 감고 싶을 만큼 빈약한 장미꽃으로 보였다.

그때는 몰랐지만, 오직 그 뒤에 일어날 일을 나는 여기서 말할 수 있다. 여인을 위해 제 삶을 희생함이란, 우표, 오래된 코담뱃갑, 그림과 조각 때문에 그렇게 하느니보다 물론 이치에 맞는다. 다만 이런 다른 수집의 보기는 우리에게 변화를, 단 하나의 여인이 아니라 수많은 여인을 가짐을 예고해줄 것이다. 한 아가씨가 바닷가와 하나가 되는 섞임, 한 아가씨가 성당 조각상의 땋아 올린 머리털, 한 판화, 꽃피는 아가씨들 가운데 하나의 모습이 그 속에 있을 적마다 좋아지는 어여쁜 그림 같은 온갖 매혹적인 섞임은 안전한 것이 못 된다. 여인과 아주 같이 산다면 그대로 하여금 그녀를 사랑하게 한 것이 흔적도 없어진다. 물론 질투심은 나누어진 이 두 요소를 다시 하나로 모을 수 있다. 오랜 동거 생활 뒤에 내가 알베르틴에게서 흔해 빠진 한 여성밖에 보지 않게 되었더라도, 그녀가 발베크에서 좋아한 한 사람과의 어떤 정사가 머리에 떠오른다면, 바닷가와 부서지는 물결을 또다시 그녀와 한데 섞을 수 있을 것이다. 단지 이 두 번째 섞임은 다시는 우리 눈을 사로잡지 않으며, 그것이 느껴지고 또 비통해지는 것은 우리 마음에서다. 이런 위험스런 모습 밑에, 기적의 재생을 바라면 안 된다. 그러나 이는 수년 뒤의 일. 나는 여기서 낡은 쌍안경을 모으는데, 그것은 절대 상자 속을 충분히 채우지 못하므로 늘 비어 있는 자리가 새롭고 한층 진기한 안경을 기다리듯이, 여자 수집을 할 수 있을 만큼 자신이 영리하지 못했던 사실을 뉘우치는 데에 그치리라.

그 별장 생활의 본디 순서와는 달리, 올해 그녀는 발베크에서 바로 왔고, 뿐만 아니라 발베크에도 여느 때보다 덜 오래 있었다. 나는 그녀를 보지 못한 지 오래였다. 그리고 그녀가 파리에서 교제하고 있는 이들의 이름조차 모르는 나는, 나를 만나지 않고 지낸 동안의 그녀에 대해서 아무것도 몰랐다. 그동안이 꽤 길었다. 그러다가 어느 날, 알베르틴이 느닷없이 나타나곤 하였는데, 그 장밋빛 출현과 말수 적은 방문은 그동안의 동정을 거의 알리지 않았으니, 그것은 그녀의 숨은 생활의 어둠 속에 잠긴 채로 있어, 내 눈도 그것을 간파하려 들지 않았다.

그런데 이번에는 몇 가지 표시 같은 것이 그녀의 생활에 뭔가 새로운 일이 일어났음을 가리키는 성싶었다. 아주 단순하게 추론하면, 알베르틴의 나이 무렵에는 몹시 빨리 변한다고나 할까. 이를테면 그녀의 지성은 이전보다 더 뚜렷하게 나타나, 내가 그녀한테, 소포클레스에게 '친애하는 라신'이라고 쓰게 해야 한다는 생각을 그녀가 기쓰고 우긴 날을 떠올리게 하자 그녀가 먼저 즐겁게 웃어댔다. "앙드레가 옳았어요. 내가 바보였지." 그녀가 말했다. "소포클레스는 당연히 '님'이라고 써야 했지." 나는 그녀에게 대답하기를, 앙드레의 '님'이나 '친애하는 '님'도, 그녀의 '친애하는 라신'이나 지젤의 '친애하는 벗'에 못지않게 우스꽝스럽지만, 요컨대 라신 앞으로 소포클레스가 부치는 편지를 쓰게 한 선생들이야말로 어리석다고 했다. 알베르틴은 여기서 더 이상 나를 따르지 못했다. 그녀의 눈엔 뭐가 어리석은지 안 보였던 것이다. 그녀의 지성은 반쯤 열렸지만, 트이진 않았다. 그녀에겐 더 이목을 끄는 새로움이 있었다. 이제 막 내 침상 곁에 앉은 이 아리따운 아가씨 속에 전과 다른 무엇, 눈이나 표정으로 일상적인 의사 표시를 하는 선에서 포진(布陣)의 변화, 고쳐 바꿈의 시작을 느꼈다. 발베크에서, 이미 멀리 지나가버린 하룻밤, 우리가 이 오후의 그것과는 반대되는 상대적인 한 쌍을 이룬—왜냐하면 그때 그녀는 침대에 누워 있었으며 그 곁에 있었던 사람은 나였기 때문인데—그날 밤, 나를 물리치던 때와 같은 저항은 사라지고만 듯싶었다. 지금 그녀가 입맞추게 하는지 확인하고 싶으면서도 감히 그러지 못한 채, 떠나려고 그녀가 일어설 적마다, 나는 더 있어달라고 했다. 승낙 얻기에 쉽지 않은 노릇이니, 할 일이라곤 별로 없는 그녀였으나(있다면 밖으로 뛰어나갔을 터), 시간에 까다로운 사람인 데다가 나에게는 데면데면하여서, 나와 함께 있기가 거의 즐겁지 않은 듯했기 때문이다. 그렇긴 하나 매번, 시계를 바라본 다음, 그녀는 내 청에 다시 앉아 내 곁에서 몇 시간을 보냈는데도 나는 그녀한테 아무것도 구하지 않았다. 내가 그녀에게 꺼낸 말은 조금 전 한 얘기에 이어지는 것이고, 내가 생각하고 있는 것이나 바라는 것에 전혀 관계되지 않고 그대로 무한정 평행선을 유지해 나갔다. 말하는 바와 생각하는 바를 하나도 닮지 않게 만드는 건 바로 욕망이다. 시간은 촉박한데, 걱정하는 것과 동떨어진 화제에 대해 말하면서 시간을 벌고 싶은 모양이다. 입 밖에 내려는 말에 이미 한 몸짓이 따르고 있을 때도(눈앞의 쾌락을 얻기 위해, 그 몸짓이 일으킬 반응에 대하여 느끼는 호기심을 채우기 위해), 한마디 없이, 아무 허락도 구하지 않고, 이 몸짓을 안 하였다고 가정하고 지껄였다. 확실히 나는 조금도 알베르틴을 사랑하지 않았다. 바깥 안개의 딸인 그녀는, 새 계절이 내 몸 안에 눈뜨게 한, 이를테면 요리 기술과 불멸의 조각 기술이 채울 수 있는 욕망의 중간에 있는 공상적인 욕망을 만족시킬 수는 있었다. 왜냐하면 그 욕망은 내 살에 다른 따스한 물질을 섞는 몽상을 시키는 동시에, 침대에 누워 있는 내 몸에 어떤 다른 몸을 어딘가에서 합하는 일을 꿈꾸게 했기 때문이다. 고대의 기둥머리 조각처럼 고상하고도 평온한 지음새로 여성의 창조를 나타낸 발베크 대성당의 로마네스크 양식 얕은 돋을새김에, 이브의 몸이 아담의 허리에 발로 아슬아슬하게 잇닿아, 그 사나이의 몸과 거의 수직을 이루고 있는 그 모습처럼. 거기에서 신은 언제나 두 아기 천사를 시종으로 거느리는데 그 가운데에는—날개로 날아다니는 여름 생물이 겨울이 되자 겨우 살아가듯이—13세기에 여전히 살아남아서 그 비상을 계속하며, 지친 모습이기는 하지만, 아직도 우아함을 간직하고 있는 헤르쿨라네움(Herculaneum)*의 큐피드가 정면에 하나 가득히 그려져 있다.

그런데 내 욕망을 이루면서 이런 망상으로부터 벗어나는, 상대가 어느 예쁜 여인이건 괜찮은 쾌락을 얻는데—끝없는 수다를 늘어놓으면서 내가 알베르틴한테 침묵시킨 유일한 생각이지만—그녀의 환심을 살지도 모른다는 내 낙관적인 가정의 근거가 뭐냐고 묻는다면, 그 가정은(잊고 만 알베르틴의 목소리 특징이 그녀의 사람됨의 윤곽을 다시 그려 보이는 반면에), 그녀의 어휘에 없었던, 적어도 그녀가 지금 부여하는 뜻으로는 쓰지 않았던 몇몇 낱말의 출현에 있다고 대답했을 것이다. 그녀가 나에게 엘스티르는 바보라고 말하기에 내가 반대한다고 하니까,

"못 알아듣는군요." 그녀가 웃으면서 대꾸했다. "내가 하고픈 말은 이런 경우엔 그분은 바보였다는 거예요. 그분이 아주 뛰어난 인물이라는 거야 잘 알지만."

마찬가지로, 퐁텐블로의 골프장에 대해, 그것이 멋지다고 나타내는 데 이렇게 말한다.

---

* 나폴리에 가까운 로마 시대의 도시. 기원전 79년에 베수비오 화산의 대분화로 매몰됨.

"아주 출중(sélection)해요."

내가 겪은 결투에 대하여 내 입회인을 두고 그녀가 "골라낸 입회원이네요"라고 하였다. 그리고 내 얼굴을 물끄러미 보면서 '콧수염을 기르면' 더 보기 좋겠다고 털어놓았다. 또 지난해 맹세코 그녀가 몰랐던 말씨, 지젤을 만난 지 꽤 '기간(laps de temps)'이 지났다는 말씨가 나오고 보니, 바람직한 기회는 매우 많을 듯싶었다. 내가 발베크에 있었을 때 이미 알베르틴이, 부유한 집안 태생임이 금방 드러나는, 해마다 어머니가 딸이 커감에 따라 중대한 경우에 하나하나 제 보석을 주듯 딸에게 물려주는 말씨를 안 가졌다는 건 아니다. 어느 날, 그녀가 선물을 받고 '황송해서 어쩌나(Je suis confuse)'라고 인사했을 적에 이미 알베르틴이 어린애가 아님을 다들 느낀 적이 있다. 봉탕 부인은 그때 남편의 얼굴을 물끄러미 바라볼 수밖에 없었고, 남편은 대답했다.

"음, 이제 이 애도 열네 살이 되어가니까."

알베르틴이 고약하게 화장한 어린 아가씨에 대해, "저 애가 예쁜지 알 수조차 없어, 얼굴이 연지투성이니"라고 말했을 때, 결혼에 알맞은 그 나이가 더한층 눈에 띄었다. 요컨대 아직 어린 아가씨지만, 이미 그 환경과 계급에 어울리는 어엿한 여인의 품을 갖춰, 누가 점잔 빼는 태를 짓기라도 하면, "눈뜨고 못 보겠어, 나도 저러고 싶어지니까"라든가, 누가 재미나 남의 흉내를 내기라도 하면, "흉내내는 사람이 흉내당하는 사람과 꼭 닮았으니 더 우습네"라고 말했다. 이런 말이야 사교계의 보물에서 빌려온 것들. 그런데 바로 알베르틴의 환경은, 예컨대 내 아버지가 남들이 매우 총명하다고 칭찬하는, 아직 사귀지 않은 동료의 아무개를 "아주 뛰어난(distingué) 사람인가봐"라고 말하는 뜻으로 '뛰어난' 것이라곤 못할 듯했다. 골프장에 대한 '출중(sélection)'이라는 말 또한 시모네 집안에 어울리지 않았다. 다원의 연구에 몇 세기 앞선 문장과, '자연의(naturelle)'라는 형용사가 어울리지 않듯* '기간(sélection naturelle)'은 더할 나위 없이 길조인 듯싶었다. 끝으로 알베르틴이 그 의견을 존중할 인물에 대해 만족스럽게,

"'내 생각으론(à mon sens), 이것이 가장 나아요⋯⋯. 가장 좋은 해결,

---

* 출중(sélection)에 자연(naturelle)이라는 형용사를 붙이면 '자연 선택'이라는 뜻이 됨.

우아한 해결이라고 봐요"라고 말했을 때, 내가 아직 몰랐던, 하지만 내게 온 갖 희망을 허락하기에 알맞은 변화가 이 아가씨에게 있었음이 내 눈에 또렷 이 보였다. 그것은 전에 몰랐던 그녀의 지형(地形)에서 변덕스러운 굴곡을 짐작하게 하는 매우 새로운, 매우 뚜렷한 암시여서, 나는 '내 생각으론' 하 는 말에서 알베르틴을 끌어당겨, '봐요'에서 그녀를 침대에 앉혔다.

그다지 교양 없는 여성이 학식 높은 사내와 결혼하여 그 지참금 안에 이와 같은 말씨를 넣는 일은 틀림없이 있다. 혼인 첫날밤에 일어나는 변화에 이 어, 찾아간 옛 여자친구에게 수줍게 이야기하면서, 어떤 사람을 총명 (intelligente)하다고 평하며 엥텔리장트라는 낱말의 l을 두 번 울리기라도 하 면, 듣는 이들은 그녀가 드디어 여자가 됐구나 하고 놀라움과 더불어 주목한 다. 그러나 그것이야말로 바로 변화의 표시이다. 이 새로운 말씨와 내가 알 던 알베르틴이 쓰는 말 사이에 한 세계가 있는 성싶었다. 내가 알던 알베르 틴의 가장 대담한 말은 어떤 괴상한 사람을 보면, "별난 녀석이야"라고 하 고, 노름하자고 하면, "잃을 돈이 없어", 또는 친구가 부당한 비난을 하면, "넌 정말 대단하구나!"와 같은, 성모 찬가(magnificat)와 별 차이 없이 예스 러운 서민의 전통에 따라 이런 경우에 하는 말, 좀 화가 난 어린 아가씨가 '아주 자연스럽게' 쓸 권리가 있다고 굳게 믿는 말(기도나 인사법과 마찬가 지로 어머니한테 직접 배웠으므로)이었다. 이런 말은 전부, 봉탕 부인이 그 녀한테, 유대인에 대한 미움과 흑인에 대한 존경과 함께 일반 상식으로서 가 르쳤던 것인데, 설령 부인이 뚜렷하게 가르치지 않았더라도, 갓난 방울새가 어미 방울새의 지저귐을 본받아 거뜬히 지저귀게 되듯 틀림없이 혼자 깨쳤 을 것이다. 아무튼 이 '출중'이란 말은 내게 걸맞지 않았고, '봐요'라는 말은 나를 고무하는 듯했다. 알베르틴은 전 같지 않다. 따라서 전처럼 행동하지 않겠지, 전같이 대들지 않겠지.

나는 이제 그녀에게 사랑을 품고 있지 않을 뿐만 아니라, 또한 나에 대한 그녀의 있지도 않은 우정을 깨뜨릴까 봐, 발베크에서처럼 두려워할 필요도 없었다. 오래전부터 내가 그녀한테 매우 냉담하게 되었음에 추호의 의심도 없었다. 그녀로서는 내가 '작은 동아리', 지난날 그토록 끼고 싶었고, 다음 에 기꺼이 받아들여져 그토록 기뻤던 '작은 동아리'의 일원이 전혀 아님을 나는 알아차렸다. 그리고 이제 그녀에게는 발베크에서처럼 솔직하고 착한 모습도 없어서, 나는 그다지 거리낌을 안 느꼈다. 그렇지만 내가 결단하게 한 것은 마지막 언어학상의 발견이었다고 생각한다. 속마음의 욕망을 그 밑에 숨기는 화제의 띠 사슬에 새 고리를 계속해 덧붙이면서, 내가 알베르틴을 침대 한구석에 앉히고 나서, 작은 동아리의 아가씨들 가운데 하나, 다른 아가씨들보다 가늘지만 그래도 꽤 예쁘게 생각했던 아가씨에 대해 말하자, 알베르틴이 대답했다. "그래요, 그 애는 작은 '무스메(mousmé)'* 같아요." 뚜렷이, 내가 전에 알베르틴을 사귀던 때, 그녀는 '무스메'라는 낱말을 몰랐다. 모든 일이 여느 진행에 따랐다면 그녀는 결코 이런 낱말을 몰랐을 테고, 또 나로서도 그런 건 아무래도 좋았을 것이다, 더 이상 소름끼치게 하는 낱말이 없으니까. 이 말을 듣자 마치 입속에 큰 얼음 덩어리를 넣었을 때처럼 이가 시렸다. 그러나 알베르틴같이 예쁜 아가씨가 말하면, 이 '무스메'조차 내게 불쾌하지 않았다. 오히려 그것은 외면의 깨우침이 아닐망정 적어도 내면 변화를 보이는 것처럼 느껴졌다. 공교롭게 그녀가 식사에 때맞게 돌아가고, 나 또한 식사에 늦지 않게 일어나고 싶다면 그녀에게 작별인사를 해야할 시간이었다. 식사 차리고 있는 프랑수아즈는 기다리기를 싫어하며, 또 알베르틴이 부모님이 안 계실 때, 이토록 엉덩이가 무거운, 매사를 늦추는 방문을 한 것을, 그 법전 조문 가운데 하나에 어긋난 것으로 생각하고 있음에 틀림없었다. 하지만 '무스메'라는 한마디 앞에 이런 이치가 구름처럼 흩어져 나는 서둘러 말했다.

"난 조금도 간지럼 타지 않는 체질이라서, 당신이 한 시간 동안 나를 간질인대도 전혀 간지럽지 않을걸."

"정말?"

"물론."

이 말이 욕망의 서투른 표현임을 그녀는 틀림없이 알아챘을 것이다. 이쪽에서 감히 애원하지 못하나, 그 말끝으로 이쪽에 유익하다고 짐작하는 것을 제공하는 사람처럼,

"시험해볼까요?" 그녀가 여성스럽게 공손히 말했다.

"하고 싶으면 당신도 침대에 눕는 게 편할걸."

---

* '아가씨'라는 일본어.

"이렇게?"

"아니, 더 깊숙이."

"하지만 나 너무 무겁지 않을까요?"

그녀가 이 말을 끝내자마자 문이 열리고, 램프를 든 프랑수아즈가 들어왔다. 알베르틴은 당황하여 의자에 겨우 앉았다. 어쩌면 프랑수아즈가 문 밖에서 엿듣거나 열쇠 구멍으로 엿보기까지 하다가, 우리를 당황케 하려고 일부러 이 순간을 골랐는지도 몰랐다. 그러나 이런 가정을 할 필요가 없었다. 프랑수아즈는 그 본능으로써 넉넉히 눈치챌 수 있는 것을 구태여 눈으로 확인하기를 수치스럽게 여겼으니, 나나 내 부모님과 살아온 힘으로, 두려움이나, 신중, 경계심, 꾀 따위가, 바다에 대해 뱃사람이, 사냥꾼에 대해 사냥감이, 병에 대해 의사나 병자가 지니는 어떤 본능적인, 거의 점(占)과 같은 정통을 우리에 대해 가지고 말았기 때문이다. 프랑수아즈가 알게 된 것은, 실지로 조사할 방법이라곤 도무지 없었던 고대인의 어떤 지식이 매우 우수했다는 사실이 느끼게 하는 정도로, 남을 놀래고 아연케 만들었을 것이다(프랑수아즈가 가진 정보 또한 많지 않았다. 식사 때 우리 식구가 하는 잡담의 10분의 1도 못 되는, 집사가 건성으로 듣고 재빨리 수집하여 식기실에 부정확하게 보고하는 터무니없는 이야기들이었다). 더욱이 프랑수아즈의 잘못된 생각은 정보 부족이기보다 옛 사람들의 그것처럼, 플라톤이 신봉한 전설같이, 오히려 그릇된 세계관이나 선입감에서 비롯하고 있었다. 그와 같이 곤충의 습성에 대한 오늘날의 가장 위대한 발견이 실험실도 장치도 갖추지 못한 학자의 손으로 될 수 있는 것이다. 하인이라는 그녀의 처지에서 생긴 불리한 입장도 그 궁극적 목적인—그리고 그 성과를 알림으로써 우리를 당황하게 하는 데에 있다—기술에 필요한 지식 획득에 방해는 되지 않지만 속박은 그 이상으로 효과적이었다. 거기선 방해가 상상의 비약을 마비시키지 않을 뿐만 아니라 그것을 힘차게 돕기까지 했다. 틀림없이 프랑수아즈는 예컨대 말투나 태도 같은 보조적인 것을 하나도 소홀히 하지 않았다. 프랑수아즈는 (우리가 말하는 것이나 믿어주기를 바라는 것을 결코 곧이듣지 않았는데), 같은 신분인 사람이 얘기한 것이라면 아무리 터무니없고, 더불어 우리 마음을 상하게 하는 것이라도 의심의 그림자조차 없이 인정했다. 우리 확언을 듣는 태도가 불신을 나타내는 만큼이나, 제 주인을 위협해온 사람 앞에서 제

주인을 '똥 같은 놈'이라 헐뜯어 많은 득을 보았노라고 그녀에게 애기한 어떤 식모의 이야기를 알리는 그녀의 말투는 (들떼여놓고 이야기를 하면 꾸중도 듣지 않고 우리에게 고약한 욕을 퍼붓기에 안성맞춤이라서) 그것이 성서의 말씀이라도 되는 만큼이나 또렷또렷했다. 프랑수아즈는 이렇게 덧붙이기까지 하였다. "내가 그 댁 마님이었다면 약올랐을 거예요." 우리는 5층에 사는 그 부인에게 본디 거의 호감을 가지고 있지 않았는데도 이렇게 터무니없는 이야기를 들을 때처럼, 그 시시한 예를 듣고 어깨를 으쓱했으나 헛일이었다. 주워섬기는 프랑수아즈는 결단코 이론의 여지가 없다는 격한 단언을 하듯 단호한 투로 말했다.

그러나 특히, 작가가 군주의 압제나 작시법(作詩法)의 속박, 운율법이나 국가 종교의 엄격성으로 묶여 있으면, 정치적 자유나 문학적 무질서의 체제에서는 불필요한 집중력에 도달하는 수가 흔히 있듯이, 프랑수아즈는 우리한테 또렷한 투로 대꾸할 수 없어서, 테이레시아스(Teiresias)[1]처럼 말하고, 또 글을 쓴다면 타키투스(Tacitus)[2]처럼 썼을 것이다. 프랑수아즈는 제 힘으로 직접 나타낼 수 없는 것을 전부, 우리가 자책 없이는 나무라지 못하는 글 속에, 글을 쓰지 않고서도, 침묵 속에, 물건을 놓는 그 방식 속에 담을 줄 알았다.

그러므로 다른 편지 가운데, 프랑수아즈가 보면 거북한 한 통, 이를테면 프랑수아즈에 대해 좋지 않게 말해서 보내는 이나 받는 이나 똑같은 속셈이구나 추측하게 하는 편지이기 때문인데, 그런 한 통을 부주의로 책상 위에 놓고 나갔다가, 저녁, 근심하면서 집에 돌아와 곧장 내 방으로 가 보니, 차곡차곡 정돈된 편지들 위에, 위험천만한 문서가 먼저 내 눈을 쏘는 게 아닌가. 물론 그것이 프랑수아즈의 눈에 안 띄었을 리가 없다. 프랑수아즈의 손으로 맨 위에, 딴 것과 뚜렷하게 따로 눈에 띄게 놓았으니, 이는 하나의 말, 웅변이라, 문을 열자마자 외침이 귀에 들리듯 나를 소스라치게 했던 것이다. 프랑수아즈는 제가 나중에 등장했을 때, 자기가 다 알고 있다는 사실을 구경꾼이 이미 알도록 제가 없는 동안에도 꾸며놓는 연출을 썩 잘했다. 무생물이 이와 같이 지껄이

---

[1] 그리스 신화에 나오는 유명한 장님 예언자. 오이디푸스 왕이 제 어머니와 결혼했음을 말함.

[2] 로마 제정 시대의 역사가·웅변가·정치가(55?~115?). 생략이 많은 글을 씀.

게 하는 데, 어빙(Irving) *¹이나 프레데릭 르메트르(Frédérick Lemaître) *²에 맞먹는 천재적이며 인내성 많은 기술을 가지고 있었다. 지금 이 순간도 알베르틴과 내 위에 불 컨 등잔을 쳐들어, 아가씨 몸이 이불 위에 옴폭 들어간 곳을 비쳤을 때, 프랑수아즈는 '죄를 밝히는 정의'의 모습을 하고 있었다. 알베르틴의 얼굴은 이 조명에 본디 매력을 잃지 않았다. 발베크에서 나를 매혹했던 그 밝은 윤이 두 볼에 반짝반짝했다. 이 알베르틴의 얼굴은 이따금 바깥에선 그 전체가 좀 푸르스름하게 창백했는데, 그와는 달리, 등잔빛이 비쳐감에 따라, 아주 빛나게 고루 물들어 탄력 있는 반들반들한 살갗이 되어, 어떤 꽃의 시들 줄 모르는 살빛에 비교할 수 있을 만했다. 그렇기는 하나 프랑수아즈의 뜻하지 않은 침입에 놀란 나는 외치고 말았다.

"뭐, 벌써 등잔이야? 빛이 세군!"

내 목적은 물론 나중 말로 내 혼란을 숨기고, 먼저 말로 내 늦음을 둘러대는 데 있었다. 프랑수아즈는 무자비하고 모호한 말로 대꾸했다.

"불 '껄'까요?"

"끈다가 옳죠?" 알베르틴이 내 귀에 속삭였는데, 그 허물없는 민첩성을 통해, 나를 선생님인 동시에 공범자처럼 다루면서, 문법상 의문형이 어조에 심리상 긍정을 넌지시 불어넣어 나를 기쁘게 하였다.

프랑수아즈가 방에서 나가 알베르틴이 침대에 다시 앉았을 때, 그녀에게 물었다.

"나 겁나는 게 뭔지 아오? 계속해서 이러다간 입맞추고 싶어 참을 수 없지 않을까 겁나오."

"불행 중 다행이군요."

나는 이 꾐에 얼른 응하지 않았다. 다른 사람이라면 그것조차 부질없는 일로 생각했을지 모른다. 알베르틴의 발음이 매우 육감적이고 감미로워서 말만으로도 그녀가 상대를 안고 있는 듯한 느낌이 들었기 때문이다. 그녀의 한마디가 은혜이며, 그 대화는 상대를 입맞춤으로 덮었다. 그렇지만 이 꾐은 내게 아주 쾌적했다. 같은 또래의 다른 예쁜 아가씨가 한 것이었대도 쾌적했을 것이다. 그러나 알베르틴이 지금 이처럼 손쉽게 됐다는 것, 이는 내게 기

---

*1 영국의 배우(1783~1859).

*2 프랑스의 배우(1800~1876).

쁨 이상의 것을 느끼게 하는 동시에, 아름다움의 각인이 찍힌 갖가지 형상이 줄지어 눈앞에 떠올랐다. 나는 먼저 바닷가 앞 바다만을 배경삼아 그린 알베르틴을 상기했다. 그것은 나로서는 무대에서 눈에 비치는 모습, 정말로 출연할 여배우를 보고 있는지 대역인 말단 여배우인지, 또는 그저 빛의 투영을 보고 있는지 모르는 환상 이상으로 실존이 아니었다. 다음에는 빛살의 다발〔光束〕에서 진짜 여인이 뚜렷이 드러나 내게 왔는데, 오직 마법의 광경 속에서 추측한 만큼 현실 세계에서 전혀 손쉬운 여인이 아니라는 사실을 내가 알아차릴 수 있도록 하기 위해서였다. 그녀를 만지고 껴안는 일이 가능하지 않다는 걸, 다만 그녀와 담소할 수 있을 뿐, 옛 식탁에 올려놓은 먹을 수 없는 장식인 경옥(硬玉) 포도가 진짜 포도가 아니듯, 내게 그녀는 한 여성이 아니라는 걸 알았다. 그러다가 세 번째 단계에 이르러, 내가 그녀에 대해 품었던 두 번째 인식에서처럼 현실로, 게다가 첫 번째 인식에서처럼 손쉬운 것으로 되어 그녀는 내 앞에 나타났다. 손쉽게, 그리고 오랫동안 그녀는 그렇지 않다고 내가 믿어왔던 만큼 더욱 감미롭게, 삶에 대한(내가 처음 믿었던 것보다 한결같지도 단순하지도 않은 삶에 대한) 나의 지나친 지식은 한동안 나를 불가지론(不可之論)*에 이르게 하였다. 뭘 단언하겠는가? 처음 그럼직하게 믿었던 것이 다음에 헛것임이 나타나고, 그러다가 세 번째에 참이 되는데(더구나 알베르틴에 대한 내 발견의 끝머리에 이르지 않았던 것이다), 요컨대 삶을 통해 한 면에서 또 한 면으로 더욱 풍부한 것을 발견해 나간다는 이 가르침에 로마네스크한 매력(리브벨에서 식사하는 동안, 생활이 잔잔한 얼굴답게 새긴 가면 한가운데에, 지난날 자신의 입술을 대었던 용모를 다시 찾으면서, 생루가 맛본 것과는 정반대인 매력)이 없었을망정, 알베르틴의 방에 입맞출 수 있음을 아는 일, 이는 나로선 입맞추는 기쁨보다 더 큰 기쁨이었다. 우리의 몸만을 차지하는, 왜냐하면 상대 여인은 한낱 살덩어리이니까, 그런 여인을 소유하는 것과, 바닷가에서 그 친구 아가씨들과 함께 있는 걸 어느 날 언뜻 보고, 별로 이렇다 할 일도 없었던 그런 나날이었기에 다시 못 만나지 않을까 불안해하던 아가씨를 소유한다는 것은 얼마나 하늘과 땅 차이인가. 삶은 쾌히 이 아가씨의 소설을 모두 상세히 누설하고, 그녀를 보

---

* 초경험적인 것의 존재나 본질은 인식 불가능하다고 하는 철학상의 입장.

기 위하여 시각 기관을, 다음에 다른 기관을 빌려주며, 또 육체적 욕망에, 그것을 백배나 늘이며 복잡케 하는 더 정신적이자 덜 물리는 욕망의 반주를 덧붙이는 것이다. 이런 정신적 욕망은 육체의 욕망이 오로지 살덩어리를 잡으려 할 때 마비 상태에서 빠져나오지 못하고 육욕만을 멋대로 하게 내버려 둔다. 그러나 그것은 거기서 쫓겨나 향수를 느끼는 추억의 세계를 전부 되살리기 위해, 육체적 욕망 곁에 폭풍우같이 고조되어, 그것을 자극하고, 비물질적인 현실을, 원하는 형태로 실현도 동화도 시키지 못하고, 다만 이 욕망을 처음 만나는 여인의 두 볼, 그것이 아무리 싱싱한들, 이름도 없고, 비밀도 없으면 매력도 없는데, 그러한 여인의 볼이 아니라, 내가 오랫동안 몽상해온 여인의 볼에 입맞춤이란, 여러 번 되풀이해서 보아온 색채의 맛, 풍미를 아는 일이다. 우리가 한 여인을 보았다 하자. 알베르틴이 바다를 배경삼아 선을 그린 듯이 인생이라는 무대장치 가운데 한낱 그림에 지나지 않는다. 다음 이 그림을 떼어내 몸 곁에 놓고, 입체 거울 렌즈 너머로 보듯, 조금씩 그 부피감과 색채를 볼 수 있다. 좀 까다로운, 금세 소유되지 않는, 과연 소유할 수 있을지 당장 모르는 여인만이 관심의 대상이 됨은 이 때문이다. 왜냐하면 이런 여인을 사귀고, 가까워지며, 차지하는 일은, 바로 인간의 모습이나 크기나 돋을새김을 여러 가지로 변화시키는 일이요, 삶의 무대장치 속에 그것이 본디 실루엣처럼 얄팍한 것으로 되돌아갔을 때, 한 번 더 보아도 좋다는, 평가의 상대성을 가르치는 것이다. 처음 뚜쟁이 집에서 사귄 여인이 흥미를 못 끄는 건 그런 여인이 그대로 변하지 않기 때문이다.

한편 알베르틴은, 내게 특히 소중한 바다에 대한 인상을 전부 그녀의 둘레에 잇고 있었다. 나는 이 아가씨의 두 볼에서, 발베크의 바닷가 전체를 입맞춘 것같이 느꼈다.

"정말 입맞춰도 괜찮다면, 나중에 내가 택하는 순간에 하고 싶군. 단지 그때 가서 허락한 걸 잊지 마시길. '입맞춤 허가증'이 필요해."

"거기에 서명이 필요할까요?"

"하지만 내가 지금 곧 입맞춰도, 나중에 또 할 수 있을는지?"

"허가증이라니 아이 재미나라, 이따금 허가증을 발행해드리죠."

"그럼 한마디만 더 해줘. 저어, 발베크에서, 내가 아직 잘 몰랐을 때, 당신은 흔히 냉혹하고도 교활한 눈초리를 했는데, 그때 무슨 생각을 했는지 말해줄 수 없을까?"

"어머! 나 하나도 생각 안 나요."

"이봐, 이를테면, 당신 친구 지젤이 한 노신사가 앉아 있는 의자 위를 뛰어넘던 날, 그 순간 뭘 생각했는지 떠올려봐."

"우리는 지젤하곤 그다지 자주 어울리지 않았어요, 우리 동아리기는 했지만 친하지는 않았거든요. 나 그 애를 썩 교양 없이 구는 평범한 애라 생각했죠."

"정말로 그뿐이야?"

나는 입맞추기에 앞서, 그녀와 사귀기 전에 그녀가 바닷가에서 나로 하여금 품게 한 신비로 새삼 그녀가 가득 차고, 전에 그녀가 살아온 고장을 그녀 가운데서 다시 발견할 수 있기를 바라 마지않았다. 내가 그것을 모르더라도, 적어도, 발베크에서의 우리 생활의 온갖 추억, 창 밑에 부서지는 물결 소리, 어린이들의 고함을 살그머니 넣을 수 있었다. 하지만 안쪽으로 부드럽게 굽은 두 볼, 그 표면이 곱다란 검은 머리칼의 첫 주름 끝에 사라지고, 그 검은 머리칼은 물결치는 산맥인 양 달리다가, 가파른 봉우리를 쳐들어, 골짜기의 기복을 빚어내고 있는 장밋빛 두 볼의 곱다란 곡선 위에 눈길을 슬며시 미끄러뜨리면서, '마침내, 발베크에서 성공 못했던, 알베르틴의 두 볼이라는 미지의 장미꽃 맛을 보는구나. 우리가 살아 있는 동안 사물이나 인간을 통과시키는 범위는 그다지 많지 않으니 내가 모든 것 가운데에서 택한 이 꽃 같은 얼굴을 먼 틀에서 떼어내어 이 새로운 평면 위에 데려다가, 마침내 그것을 입술로 알게 된다면, 어쩌면 그것으로 내 생존을 어느 정도 완수했다고 여길 수 있지 않을까' 하는 생각을 할 수밖에 없었다. 내가 이러한 생각을 한 건, 입술을 통한 인식이 있음을 믿었기 때문이다. 이 살의 장미꽃 맛을 알게 되는구나 하고 내가 생각한 건, 성게나 고래보다 얼마간 진화한 피조물인 인간이, 그래도 아직 중요한 몇몇 기관이 모자라고, 특히 입맞춤에 쓰이는 기관을 무엇 하나 가지지 못한 것을 꿈에도 생각해보지 않았기 때문이다. 인간은 이 갖지 못한 기관을 입술로 보충하니, 이로 애인을 애무하지 않을 수 없게 되었다. 하긴 좀더 만족한 결과가 나올지도 모르는 일. 그러나 식욕을 돋우는 풍미를 입천장에 가져가는 게 의무인 입술은, 제 착오를 이해 못한 채, 제 실망을 털어놓지 못한 채 겉에 빙빙 돌아, 탐나지만 뚫고 들어갈 수 없는 볼의 담장에 부딪치는 것만으로 만족해야 한다. 하기야 이 순간, 속살에 직접 닿거나, 더욱 노련하고 타고난 재능이 있었다 하더라도, 입술이야, 현재 자연이 파악 못하게 하는 풍미를 더 잘 맛볼 수 없는 게, 왜냐하면, 입술의 먹을거리를 발견 못하는 이 비탄할 지역에 시각이든 후각이든 입술을 내버리고 간 지 오래라 입술 혼자이기 때문이다. 내 눈길이 그녀에게 입맞춤을 제의했던 양 볼에 내 입술이 가까워지기 시작함에 따라, 시선이 움직이면서 새 양 볼이 보였다. 돋보기로 아주 가깝게 보듯 언뜻 본 목은 굵다란 결을 보여, 얼굴의 성격을 싹 달라지게 하는 튼튼함을 나타냈다.

사진의 최신 응용기술—가까이에서 보면, 흔히 거의 탑 높이만큼 보이는 가옥들을 대성당 밑에 눕히고, 연대를 움직이듯, 일렬로, 분산 대형으로, 밀집 대형으로, 연이어 같은 대건축물을 다루고, 조금 전에 그토록 떨어져 있는 피아체타*1의 두 기둥을 바싹 다가붙게 하고, 가까운 살뤼테*2의 둥근 지붕을 멀리하며, 또 창백하고 몽롱한 배경 속에 다리의 아치 밑, 창문의 포안(砲眼) 속, 앞면에 위치한 나뭇잎 사이에서 끝없는 지평선을 잡는 데 성공하여, 더 기운찬 색조로 같은 성당에 다른 성당의 아케이드를 차례차례 갖다놓는—을 써야 입맞춤과 비슷한 짓을 해볼는지, 그것은 우리가 한정된 모양으로 여기고 있는 것에서 백 가지나 다른 것을 솟아오르게 하는데, 그 하나하나가 정당한 원근법에 상관되므로 마땅하다. 한마디로 말하면, 발베크에서와 마찬가지로 알베르틴은 그때에 따라 자주 달리 보였는데, 지금—마치 만날 적마다 그 사람이 우리에게 보이는 배경의 변화와 색채의 변화 속도를 엄청나게 더하면서, 그것을 몇 초 안에 담아 한 인간의 개성을 다양화하는 현상을 실험상 재창조하여, 그 사람이 갖는 온갖 가능성을 그릇에서 꺼내듯 한 가지 한 가지 꺼내기를 내가 바라기라도 한 듯—내 입술이 그녀의 볼에 닿는 짧은 사이에 나는 열 사람의 알베르틴을 보았다. 이 유일한 아가씨가 수많은 머리를 가진 여신같이 되어, 내가 다가가려니까 저번에 본 그녀 대신에 다른 여인으로 변했다. 적어도 거기에 아직 닿지 않을 동안, 그 머리가 내게 보였고, 가벼운 향기가 그녀에게서 풍겨 왔다. 그런데 아뿔싸! —입맞추기 위해서는 우리의 콧구멍이나 눈은, 입술이 편리하게 만들어져 있지 않듯이

---

*1 산마르코 대성당 앞. 대운하 근처에 있는 작은 광장.
*2 성당 이름.

위치가 나쁘게 놓여—돌연, 눈이 보이지 않고, 다음에 코가 짓눌려 아무 냄새도 나지 않아, 바라고 바란 장미꽃 맛을 더 이상 잘 알 수가 없어서, 이 못마땅한 표정에서, 드디어 내가 알베르틴의 볼에 입맞추는 중이라는 걸 알았다.

전에 그처럼 준엄한 얼굴빛으로 거절했던 것을 지금 그녀가 이토록 쉽게 허락한 건, 누워 있는 게 나이며 일어나 있는 게 그녀라는, 발베크의 그것과는 거꾸로의 장면(고체의 회전이라는 형태로)을 우리 둘이 연기하여, 사나운 공격을 피할 수 있거니와 쾌락을 제멋대로 유도할 수 있었다. 그 때문이었을까(이전의 이 얼굴빛과, 내 입술이 가까워짐에 따라 오늘 그 얼굴이 지은 쾌락을 즐기는 표정의 차이는 틀림없이 몹시 적은 선의 편차에 지나지 않았으나, 그 빗나감 속에 부상자의 숨통을 끊으려는 사람의 동작과 목숨을 구하려는 사람의 동작, 훌륭한 초상과 너절한 그림 사이에 있는 차이가 있다고 하겠다). 그녀의 태도 변화를 최근 몇 달 동안 파리나 발베크에서 나를 위해 무심결에 도와준 어떤 은인 덕분으로 돌려 그 사람에게 감사해야 함을 모르는 채, 우연히 우리가 놓인 위치와 자세가 이 변화의 주된 원인일 것이라고 나는 생각했다. 그런데 알베르틴이 내게 들려준 이유는 달라, 다음과 같았다. "저어, 그때 발베크에선, 내가 당신을 잘 몰라서, 당신이 못된 속셈을 품었는 줄 여겼을 거예요." 이러한 설명은 나를 당황케 하였다. 알베르틴은 틀림없이 진정으로 그렇게 말했을 것이다. 여성이란 한 남자친구와 마주 앉은 동안에, 그 팔다리의 움직임이나 몸으로 느끼는 감각 속에, 남이 자기를 범하려는 계획을 하고 있지 않나 걱정하는 미지의 죄를 좀체 인정하지 않게 마련이다.

아무튼 최근 그녀의 생활에 일어난 변화가 무엇이건, 또 그 변화가 발베크에선 내 사랑을 몹시 싫어해 거절했건만 나의 일시적이자 순 육체적인 욕망을 어째서 이토록 쉽사리 허락했는지 설명해주는 것이건, 이날 저녁, 그녀의 애무가 내 몸에 만족을 가져다주자마자, 더 놀라운 일이 알베르틴에게 생겼다. 그녀는 내 만족을 알아챘을 것이 틀림없으니, 내가 만족해하는 꼴이 그녀한테, 질베르트가 샹젤리제의 월계수 숲 뒤에서 비슷한 순간에 품었던 반발과 상한 수치심의 작은 충동을 일으키지 않을까 걱정까지 했다.

그러나 정반대였다. 그녀를 침대에 눕히고 내가 애무하기 시작하자 벌써,

알베르틴은 내가 알지 못했던 온순하고도, 거의 어린애 같은 단순한 태도를 지었다. 쾌락에 앞서는 순간이 그녀한테서 평소의 염려나 건방진 생각을 싹 없애, 그 점에서 죽음에 따르는 순간과도 비슷하게, 얼굴을 순진한 어린 시절같이 앳돼 보이게 했다. 분명 그 재능을 느닷없이 발휘하기 시작한 사람은 다 겸손하며 근면하고 매력 있게 된다. 특히 그 재능으로 우리에게 큰 기쁨을 줄 수 있는 경우는 자신도 그것으로 행복하고, 더욱 완전한 기쁨을 주려 한다. 그런데 알베르틴의 얼굴에 나타난 이 새 표정에는 직업상의 무사무욕과 양심, 너그러움보다 더한 것, 어떤 관습적이자 갑작스러운 헌신이 있었다. 그녀 자신의 어린 시절에서 더욱 멀리, 그녀가 속해 있는 종족의 젊음에 그녀는 돌아왔던 것이다. 오로지 육체의 진정(드디어 얻은) 말고는 더한 것은 아무것도 바라지 않던 나와는 달리, 알베르틴은 이 관능의 쾌락에 감정 없이 뭔가를 끝마친다고 생각하기가 여전히 야비하다고 느낀 듯했다. 조금 전 그토록 서둘러댔건만, 지금 그녀는, 입맞춤엔 사랑이 관련돼야 한다, 사랑은 다른 어떤 의무보다 강하다고 생각해선지, 내가 저녁 식사라고 말할 때, 이렇게 대답했다.

"아무래도 상관없어요. 시간이 충분한 걸요."

그녀는 이제 막 한 일 뒤에 바로 몸을 일으키기가 거북하게, 예의상 거북하게 느낀 듯싶었다. 마치 프랑수아즈가 목이 그다지 컬컬하지 않은데도, 쥐피앙이 권하는 포도주 잔을 예의 바르게 기쁜 듯 받아야 했을 때, 아무리 급한 일이 있더라도 마지막 한 모금까지 마시고 곧 감히 자리를 못 떠났듯이. 알베르틴은—또 이는 나중에 보게 될 다른 이유와 함께 내가 모르는 사이에 이 아가씨에게 욕망을 품은 이유의 하나였는데—생탕드레 데 샹 성당의 돌에 그 모형이 새겨져 있는 프랑스 시골 처녀의 화신이었다. 오래지 않아 그녀의 철천지원수가 된 프랑수아즈한테서, 손님과 남에 대한 예절, 침상에 대한 예의와 존경심을, 나는 확인했다.

내 고모가 죽은 뒤 측은히 여기는 말투로 말해야 한다고 믿고 있는 프랑수아즈도, 자기 딸의 결혼 전 몇 달 동안, 딸이 약혼자와 산책할 때 사내의 팔을 잡지 않았다면 눈에 거슬렸을 것이다. 알베르틴은 내 곁에서 옴짝달싹 않고 말했다.

"머리칼이 곱고, 눈도 곱고, 귀엽기도 해라."

저녁때가 된 것을 그녀에게 주의시키고 나서, "내 말을 곧이곧대로 믿지 않소?" 덧붙이니까, 그녀는 이렇게 대꾸했는데, 아마 진실이었을 테지만, 그러나 다만 2분 전부터, 그리고 앞으로 몇 시간 동안만 그럴 테지만.

"나, 늘 당신을 믿어요."

그녀는 나에 대해, 내 집안, 내 사회적인 환경에 대해 이야기했다. 그녀는 나에게 말했다. "나 당신의 부모님께서 매우 훌륭한 분들과 사귀는 걸 다 알아요. 당신 로베르 포레스티에와 쉬잔 들라즈의 친구시죠." 잠시 동안, 이런 이름이 뭔지 나는 하나도 몰랐다. 그러다가 단숨에, 그 뒤 다시 만나지 않던 로베르 포레스티에와 샹젤리제에서 같이 놀던 일이 기억났다. 쉬잔 들라즈로 말하면 블랑데 부인의 종손녀로, 지난날 내가 한번 그녀의 부모 집에서 열린 댄스 연습 모임에 가본 적이 있고, 그 살롱에서 개최한 연극에서 말단 역을 맡았던 적도 있다. 그러나 폭소와 코피가 날까 봐 갈 마음이 나지 않아 그 뒤 한 번도 만나지 않았다. 나는 고작 깃털이 달린 모자를 쓴 스완네의 여자 가정교사가 전에 그녀의 부모 집에 있던 일이 생각났을 뿐이었는데, 그것도 어쩌면 이 여자 가정교사의 자매 또는 친구였는지도 몰랐다. 로베르 포레스티에와 쉬잔 들라즈가 내 생활과 아무 관계도 없다고 항의했다. "그럴지 모르지만, 어머님들은 관계하고 계셔요, 어울리는 교제예요. 나 메신 거리에서 자주 쉬잔 들라즈와 엇갈리죠. 그 애 세련됐어요." 어머니들은 봉탕 부인의 상상 속에서밖에 사귀고 있지 않았으니, 봉탕 부인은 전에 내가, 시를 암송해준 듯한, 로베르 포레스티에와 같이 놀았음을 알고서, 우리 둘이 집안 교제로 맺어졌다고 결론지었던 것이다. 어머니의 이름이 나올 때마다 봉탕 부인은 꼬박꼬박 "그럼요, 그분은 들라즈네와 포레스티에네와 아는 사이랍니다" 말해, 우리 부모님에게 걸맞지 않은 좋은 점수를 준다는 소문이었다.

게다가 알베르틴이 가진 사교계에 대한 지식은 참으로 어리석은 것이었다. 그녀는 n자가 둘 있는 시모네(les Simonnet) 집안이 n자가 하나 있는 시모네(les Simonet) 집안보다 떨어질 뿐만 아니라, 또한 온갖 다른 사람들보다 떨어진다고 믿고 있었다. 아무개가 당신 집안이 아닌데 같은 이름을 가지고 있으면, 그를 멸시하는 큰 이유가 된다. 물론 예외는 있다. 두 시모네가 (무슨 이야기이건 할 필요를 느끼는, 좀 기분이 들뜨는 모임의 하나, 이를테면 묘지에 가는 장례 행렬 같은 데서 서로 소개되어) 같은 이름임을 알고는, 서로가 조금이라도 혈연관계가 없을까 호의 있게, 효과 없이, 찾는 일이 있다. 그러나 이는 예외다. 인간 대부분은 존경할 만한 이가 못 되지만 우리는 그들을 모르거나 염려하지 않는다. 그런데 동명이인이므로 편지가 잘못 오거나 또는 거꾸로 이쪽에 올 것이 다른 데로 가거나 하면, 우리는 먼저 동명이인이 갖는 가치에 의혹을 품기 시작하는데, 흔히 그 의혹은 정당화된다. 우리는 혼동되기를 겁내, 동명이인에 대한 얘기가 나오면 불쾌하다는 표시로 얼굴을 찡그려 혼동을 미리 막는다. 신문에서 동명이인에게 붙인 제 이름을 읽으면 이름을 빼앗긴 기분이 든다. 세상 사람들 죄에 우린 무관심하다. 동명이인에겐 더 중하게 죄를 씌운다. 다른 시모네 집안에 품는 증오는 그것이 개인적인 감정에 그치지 않고, 유전적으로 내려온 것인 만큼 더 강하다. 두 세대 지난 뒤엔 조부모께서 다른 시모네 집안에 대해 짓던 모욕적인 찡그린 표정밖에 기억 못한다. 아무도 그 이유를 모른다. 그것이 살인 사건에서 비롯된 거라고 들어도 놀라지 않을 것이다. 자주 일어나는 일이지만, 조금도 혈연관계 없는 한 시모네 아가씨와 한 시모네 젊은이 사이에 결혼이 맺어지는 날까지 그렇다.

알베르틴은 로베르 포레스티에와 쉬잔 들라즈에 대해서만 이야기한 것이 아니다. 두 몸의 접근이 적어도 그 초기에(뒤에 가서 이것이 같은 사람에게 특수한 배신과 비밀을 남게 하기 전) 지어내는 속내 이야기의 의무감에서, 자기 스스로, 제 가정과 앙드레의 숙부에 대해 한 이야기를 꺼냈는데, 그 이야기가 발베크에서 내게 한마디도 비치지 않던 것인데도, 그녀는 내 눈에 아직도 여러 비밀을 갖고 있는 모양으로 보이리라곤 생각지 않았다. 지금 같으면 가장 친한 벗이 뭔가 내 욕을 하더라도 금세 그걸 내게 보고하는 것이 의무라 생각했을 것이다. 나는 그녀가 돌아가기를 고집했으며, 그녀는 떠나고 말았으나, 나의 무례한 언행에 당황한 나머지, 마치 짧은 저고리 차림으로 방문한 집의 마님이 방문자를 그대로 받아들이지만 그래도 마음에 걸리듯 거의 웃다시피 하면서 나를 용서했다.

"웃는 거요?" 내가 말하자,

"웃는 게 아니라, 미소 짓는 거예요." 그녀가 상냥하게 대답했다. "언제 또 만나죠?" 그녀는, 우리가 막 한 것을, 그것이 보통 대관식으로 되어 있으니까, 적어도 친밀한 우정, 전부터 존재하여 우리가 발견하며 털어놓아야만 하는, 또 그것만이 우리가 막 탐닉했던 바를 설명할 수 있는 커다란 우정의 서곡으로밖에 인정하지 않는 양 덧붙였다.

"당신이 좋다 하니, 내가 가능할 때 당신을 부르지."

감히 그녀에게 스테르마리아 부인을 만날지 안 만날지 확실하지 않으므로 모든 것을 뒤로 미루고 싶다고는 나도 말하기 어려웠다.

"갑자기 데리러 보낼지도 모르겠군. 난 예정을 세울 수가 없어서. 저녁쯤 틈날 때 당신을 데리러 보내도 되겠소?"

"오래지 않아 가능하다고 봐요, 숙모의 출입문하고 멀리 떨어진 문을 쓰게 되니까. 하지만 당장은 안 돼요. 아무튼 내일 아니면 모레 오후에 들러보겠어요. 나를 맞을 형편이 아니시라면 안 맞아도 좋으니까."

방문 앞까지 걸어가서, 내가 앞서 가려 않는 데에 놀란 그녀는 내게 뺨을 내밀었다. 이제는 우리가 입맞추는 데에 육체적인 추잡한 욕망을 느낄 필요는 조금도 없다는 듯이. 우리가 막 함께 가진 짧은 관계가 빈틈없는 본성과 마음의 선택이 이끄는 관계일 때가 적지 않으므로, 알베르틴은 우리 둘이 침대에서 나눈 입맞춤에, 중세기 음유 시인이 사랑시에서 읊조린 가사나 귀부인들한테 입맞춤이 그 표시였던 정을 즉흥적으로 덧붙여야 한다고 여겼던 것이다.

생탕드레 데 샹 성당의 석공이 그 현관에 조각했을 성싶은 피카르디*의 아가씨가 내 방에서 떠나자마자, 프랑수아즈가 편지 한 통을 가져왔는데, 그 편지가 나를 기쁨으로 가득 채웠으니, 스테르마리아에게서 온, 수요일 저녁 식사를 허락한다는 내용이었다. 스테르마리아 부인한테서, 곧 내게는 현실의 스테르마리아 부인한테서라기보다, 알베르틴이 오기 전 내가 온종일 생각했던 여성한테서 온 편지. 사랑의 가공할 속임수는 먼저 바깥세상의 여인하고가 아니라, 우리 두뇌 안쪽의 인형과 놀게 하기 시작하는 데 있다. 하기야 이 인형만이 늘 우리 의향대로 되는 유일한 것, 우리가 소유할 유일한 여인으로, 상상력의 독단과 거의 같이 절대적인 추억의 독단이, 꿈에 본 발베

---

* 프랑스의 옛 지방, 아미앵의 수도.

크가 내게는 현실의 발베크와 달랐듯이 이를 현실의 여인하고 달리함도 있을 수 있다. 괴로우려고, 현실의 여인을 이 인위적인 창조물에 조금씩 억지로 닮게 하려고 우리는 애쓰게 마련이다.

알베르틴이 나를 지체시켜 빌파리지 댁에 닿았을 때에는 연극이 막 끝나고 있었다. 게르망트 공작과 공작부인 사이에 이혼이 이뤄졌다는 큰 소식을 쑥덕거리면서 흘러들어오는 손님들의 물결에 휩쓸리고 싶지 않아, 나는 이 댁의 마님에게 인사할 수 있기를 기다리면서, 두 번째 손님방 안락의자에 앉아 있었다. 그때 첫 번째 손님방에서(아마 그녀는 거기 첫 줄 의자에 앉아 있다가), 위엄 있는 큰 키에 풍만한, 커다란 검은 양귀비 다발을 두드러지게 단 긴 노란 공단 드레스를 입은 공작부인이 흘러드는 걸 보았다. 그녀를 보아도 내 가슴은 조금도 흔들리지 않았다. 어느 날 어머니가 내 이마에 두 손을 대고(내 마음을 상하게 하지 않을까 걱정할 때 늘 하는 버릇대로), 나에게, "게르망트 부인을 만나려고 외출하는 것은 이제 그만둬라, 넌 집안의 웃음거리야. 게다가 봐라, 할머니께서 병환 중이시니까, 너를 아랑곳하지 않는 여인 때문에 길에서 숨어 있는 따위보다 참으로 더 진지한 일이 네게 있단다" 말해, 단번에, 가 있노라 상상했던 먼 나라에서 되돌아오게 하여 눈을 뜨게 하는 최면술사처럼, 또는 좋아라 하는 공상의 병을 고치고, 의무와 현실의 감정에 되돌아오게 하는 의사같이, 너무나 긴 몽상에서 나를 깨어나게 한 적이 있다. 그다음 날은 내가 단념한 이 병에 마지막 작별을 고하는 데 바쳤다. 나는 몇 시간이나 계속 울면서 슈베르트의 〈이별곡〉을 불렀다.

……잘 있으라, 야릇한 목소리는
나에게서 멀리 그대를 부른다. 천사들의 거룩한 누이여.

그리고 끝났다. 나는 아침 외출을 그만두었다. 또 어찌나 쉬웠던지, 나는 그때 내 삶 가운데에서 한 여인을 다시 만나지 않는 데 쉽사리 익숙해지리라는 예상, 그것이 잘못된 것임을 나중에 알게 될 예상을 얻을 정도였다. 그다음 프랑수아즈에게 쥐피앙이 장사를 늘리고 싶어 동네에서 점포를 찾는 중이라고 들었을 때, 나는 그에게 점포를 찾아주고 싶어(또한 벌써 내 침대에서 바닷가처럼 환하게 고함 소리를 듣고 있는 거리를 한가로이 거닐면서, 우유 판매소의 올린 철 커튼 뒤에, 흰 소매를 한 우유 파는 소녀들을 보는 게 즐거워) 다시 외출을 시작했다. 게다가 아주 자유로이, 그도 그럴 것이 게르 망트 부인을 만난다는 목적으로 외출하는 것이 아니라는 사실을 의식했기 때문이다. 내 의식은 마치, 애인이 있는 동안 한없이 신중을 기하다가 애인 과 사이가 깨진 날부터 애인의 편지를 흩어진 대로 그냥 둔 채 남편한테 들 킬지도 모르는 위험을 무릅쓰고, 죄를 범하지 않게 된 동시에 겁내는 것도 끝낸 여인과 같았다.

　내 마음을 괴롭게 한 것은 거의 모든 집이 불행한 사람들의 거처라는 사실 을 안 데 있었다. 이 집에선 아내가 남편한테 속았으므로 끊임없이 울고 있 다. 저 집에선 그 반대였다. 다른 집에선 근면한 어머니가 술망나니 아들한 테 매맞아, 그 아픔을 이웃들의 눈에 감추려고 애쓰고 있다. 인류의 절반이 울고 있다. 그리고 내가 그들을 알았을 때, 그 상태가 어찌나 악화되었는지, 간통하는 남편이나 아내도(당연한 행복이 그들에게 주어지지 않았기 때문에 그렇지, 아내나 남편이 아닌 남들에겐 상냥스럽고 성실한 태도를 보이는 이 상) 옳지 않나 하는 생각이 들 정도였다. 오래지 않아 이 아침의 외출을 계 속하는 게 쥐피앙을 돕기 위해서라는 이유마저 없어지고 말았다. 쥐피앙의 가게에서 얇은 칸막이로 나누어져 있는 일터를 가진, 안마당의 가구장이가 너무 시끄러운 소음을 내며 두들겨대므로 관리인이 내쫓으려 한다고 들었기 때문이다. 쥐피앙으로선 본디 바라던 바였고, 그 일터에는 관자를 두는 곳으 로, 우리집 술 창고로 통하는 지하실이 있었다. 쥐피앙은 거기에 석탄을 둘 수 있거니와 칸막이를 부숴 넓은 가게로 꾸밀 수도 있을 것이다. 그런데 게 르망트 씨가 내놓은 집세가 너무 비싸다고 생각한 쥐피앙은, 공작이 세들 사 람을 얻지 못해 실망한 끝에 값을 내리기를 기다려, 아직 빌리지 않고, 남들 이 보러 오게 했는데, 프랑수아즈는 아무도 보러 오는 이가 없는 시각에도 문지기가 이 '대점포'의 문을 열어두는 걸 알아채고, 거기에 문지기가 게르 망트네 사내종의 약혼녀를 이끌어(사내종과 약혼녀 둘이서 그곳을 사랑의 은신처로 할 테니까) 그다음 그들을 놀라게 하려고 설치한 올가미의 냄새를 맡아냈다.

　이제 쥐피앙을 위해 점포를 찾아내지 않아도 좋았지만, 나는 계속 점심 전 에 외출했다. 이 외출 중에, 나는 자주 노르푸아 씨를 만났다. 그는 동료와 담소하면서, 흘끗 눈길을 내게 던져 내 꼴을 잘 살핀 뒤, 마치 전혀 모르는 사람 대하듯 미소도 인사도 없이 다시 동료 쪽으로 머리를 돌린 일이 있었다. 그도 그럴 것이, 이런 거만한 외교관들에게는, 어느 투로·바라본다 함은 그들이 당신을 보았음을 알리는 목적이 아니라, 당신을 못 보았음을, 또 뭔가 중대 문제에 대해 동료와 얘기해야 했음을 알리는 게 목적이기 때문이다. 집 근처에서 자주 만난 몸집이 큰 부인은 나를 넉살 좋게 대했다. 내가 그녀를 모르건만 내 쪽으로 머리를 돌려, 상점의 진열창 앞에서—보람 없이—나를 기다리다가, 마치 내게 입맞추기라도 하려는 듯 미소 짓고, 잡아잡수하는 몸짓을 했다. 그녀는 아는 이를 만나기라도 하면 나에게 쌀쌀한 태도를 지었다. 이 아침나절의 산책에서 이미 오래전부터, 나는 그때그때의 볼일에 따라, 그것이 극히 하찮은 신문을 사는 일이어도, 가장 가까운 길을, 그 길이 공작부인의 산책길에서 벗어나도 유감없이 잡아들었고, 또 반대로 그 길이 공작부인의 산책길이라도, 무정한 여인과 억지로 만나는 기회로 노리는 금단의 길로는 이미 생각하지 않았으므로 거리낌 없이 버젓이 잡아들었다. 그러나 내 병의 치유가 내게 게르망트 공작부인에 대해 정상적 태도를 취하게 하여, 이와 평행하여 부인 쪽에도 같은 효과가 나타나, 이제는 아무래도 좋지만, 부인이 상냥한 태도로 우정을 가져다주리라곤 꿈에도 생각지 않았다. 여태까지 나를 그녀에게 접근시키기 위해 온 세계가 협력해주었던들 불행한 사랑이라는 불운 앞에 사라지고 말았으리라. 인간보다 강력한 힘을 가진 선녀들이, 이런 경우, '이제 나는 사랑하지 않는다'라고 우리가 진정으로 우리 마음속에 말할 날까지 아무 도움도 안 된다는 포고를 내린 것이다. 생루가 나를 그의 외숙모 댁에 데리고 가지 않아 원망한 적도 있다. 하지만 누구건 사랑의 주술을 깨뜨릴 수 없었다. 내가 게르망트 부인을 사랑하는 동안에는, 남들한테서 받는 상냥한 표시나 치하마저 나를 뼈아프게 하였는데, 그 것이 그녀의 입에서 나오지 않았기 때문일 뿐만 아니라, 또한 그것을 그녀가 못 들었기 때문이다. 하기야 그녀가 들어 알았던들 아무 소용도 없었을 테지만 애정의 매우 보잘것없는 일에서도, 만나지 않기, 초대받은 식사의 거절, 무심코 보인 본의 아닌 냉혹함 따위가 어떤 화장품이나 아름다운 옷보다도 더 도움이 된다. 만일 이런 풍의 출세술을 가르친다면 벼락 출세자가 많이 나올 것이다.

나하고는 얼굴도 모르는 그 벗들, 어쩌면 다른 야회에서 만나게 될 벗들의 생각으로 머리가 꽉 차 있는 듯싶은 게르망트 부인이, 내가 쉬고 있는 손님방을 지나가다가, 안락의자에 앉아 있는 나를 알아보았다. 그녀를 사랑하는 동안에는 무관심한 체하려고 무던히 애써보았건만 여의치 않았는데 지금은 완전히 무관심해져서, 오직 상냥하게 대하려고만 애쓰는 나였다. 그녀는 비스듬히 걸어서 나에게 다가왔다. 사랑하지 않는 누군가의 사랑을 받는 거북한 감정에도 불구하고 미소를 다시 띠면서.

"아뇨, 일어나지 마세요, 잠깐 당신 곁에 앉아도 될까요?" 그녀는, 걷어 올리지 않다간 안락의자를 온통 차지할지 모르는 활짝 펼쳐진 치마를 우아한 동작으로 그러모으면서 말했다.

그녀는 나보다 큰 데다 그 옷의 부피로 더 커져서 눈에 보일까 말까 한 수북한 솜털이 언제나 그 둘레에 금빛 김처럼 피어오르는 드러난 팔과, 또 그 향기가 풍겨오는 숱 많은 금발이 거의 내 몸에 스칠 것 같았다. 빈 데가 거의 없는지라, 그녀는 내 쪽으로 몸을 쉬 돌리지 못하고, 내 쪽보다 제 앞쪽을 바라보는 편이 쉬운 자세라, 초상화 속 인물처럼, 꿈꾸는 듯한 부드러운 표정을 짓고 있었다.

"로베르에게서 소식 있습니까?" 그녀는 내게 물었다.

그때 빌파리지 부인이 지나갔다.

"어쩌면! 알맞은 시각에 오셨네, 처음 오시면서."

그리고 내가 그녀의 조카딸과 얘기하는 걸 주목하고, 생각한 것보다 우리가 친한 줄 추측하면서,

"하지만 오리안과의 대화를 방해하지 않겠어요." 이렇게 덧붙였다(그도 그럴 것이 중매의 수고도 안주인의 의무이니까). "수요일에 이 사람과 함께 식사하러 안 오시겠어요?"

그날은 스테르마리아 부인과 식사하기로 된 날이라, 나는 거절했다.

"그럼 토요일은?"

어머니가 토요일 아니면 일요일에 돌아오니까, 집에 남아 어머니와 함께 저녁 식사를 하지 않으면 어머니한테 언짢은 일이라, 나는 또 거절했다.

"어쩌지! 당신을 손님으로 모시기가 쉽지 않네요."

"왜 한 번도 우리집엔 안 오시죠?" 빌파리지 부인이 연주자들에게 치하를

하고, 프리마돈나에게 장미 다발을 바치려고 저쪽으로 갔을 때, 게르망트 부인은 나에게 이렇게 말했다. 꽃다발은 20프랑밖에 안 나갔으니까 그것을 바치는 손만이, 말하자면 꽃다발의 가치였다(그런데 이것은 단 한 번만 노래 불렀을 때에 받는 최고의 상금이었다. 마티네나 야회가 베풀어질 때마다 꼬박꼬박 출연하는 자는 후작부인이 그린 장미 그림을 받기로 되어 있었다).

"다른 집에서밖에 뵙지 못하니 섭섭해요. 아주머니 댁에서 함께 식사하기 싫다면, 왜 내 집에 식사하러 안 오시겠다는 거죠?"

이런 핑계, 저런 핑계로 될 수 있는 한 오래 남아 있던 몇몇 사람이 겨우 떠나려다가, 공작부인이 두 사람밖에 앉지 못하는 좁은 안락의자에 젊은 사내와 같이 앉아 담소하는 것을 보고서, 그들은 생각하기를, 아무래도 틀린 소문이었나 보다, 이혼을 요구한 건 공작부인이 아니라 공작 쪽이며, 그 원인은 이 젊은 남자일 거라고 생각했다. 다음에 그들은 이 소식을 서둘러 퍼뜨렸다. 그것이 터무니없는 허위 사실인 줄 누구보다 잘 아는 나였다. 그러나 아직 매듭짓지 못한 이혼이 이뤄지려는 까다로운 시기에, 공작부인이 홀로 있으려 하지 않고, 아직 그다지 모르는 인간을 바로 초대하려고 하니 뜻밖이었다. 그녀가 나를 맞이하는 걸 싫어한 이는 공작 혼자뿐이고, 공작과 헤어지려는 지금에 와서, 마음에 드는 이들을 부인이 불러들이는 데 장애가 없게 됐는지도 모른다고 나는 추측했다.

게르망트 부인이 자네한테 찾아와 달라, 더더구나 식사하러 와달라 청하려 한다고 2분 전에 누가 말해주었다면, 나는 어리둥절했을 것이다. 게르망트네 살롱이 지난날 내가 그 이름에서 추려낸 특수성을 보일 리 없음을 아무리 알았던들, 내가 거기에 뚫고 들어감이 금지됐던 사실은 소설에서 묘사로 읽은 살롱이나 꿈속에서 영상으로 본 살롱과 똑같은 성질의 실존을 나로 하여금 이 살롱에 부여할 수밖에 없게 하여, 그것이 다른 살롱과 비슷하다고 확신했을 때 또한, 아주 달리 상상케 하는 것이었다. 나와 살롱 사이에 있는 칸막이 앞에서 현실이 사라져버리고 말았다. 게르망트의 만찬, 그것은 오랫동안 갈망한 여행을 꾀함, 한 소망을 내 머리에서 눈앞에 지나게 함, 몽상과 친교 맺음 같은 것이었다. 집주인이 "오세요, 아무도 부르지 않아 '분명' 우리뿐일 테니 괜찮아요"라고 말하면서, 다른 친구들과 함께 초대하는 일에 그들 자신이 느끼는 불안을 평소에 따돌리는 이 인간 탓으로 돌리거나, 같은 사교 그룹에서 소외당하기는 하지만, 조금 특혜받는 돌림쟁이를 따로 제쳐두는 수법을 남이 부러워하는 특권처럼 자랑하면서 초대하는데, 이것도 그런 만찬 가운데 하나라고 할 수 있었을지 모른다. 하지만 게르망트 부인이 다음과 같이 내게 말했을 때에는, 파브리스가 숙모 집에 도착했을 때의 보랏빛 띤 아름다움과 모스카 백작에게 소개되었을 때의 기적 같은 것을 눈앞에 그리게 하면서, 자기의 모든 애교를 내게 맛보이려 한다는 사실을 나는 알았다.

"금요일엔 한가하지 않으세요? 아주 가까운 이들끼리 작은 모임이 있는데, 오시면 아마 마음에 드실 거예요. 파름 대공부인께서 오시는데 유쾌한 분이세요. 하기야 유쾌한 분들만의 모임이 아니라면야 당신을 초대하지 않겠지만요."

끝없는 상승 운동을 계속하는 중간 사교계에선 가족을 버리지만, 프티부르주아라든가 그 특수한 사고방식 때문에 자기들 위에는 아무것도 없다고 생각하여 상승하려 애쓰지 않는 왕족 출신의 귀족 같은 변함없는 환경에선 가족이 중요한 역할을 하게 된다. '빌파리지 아주머니'나 로베르가 내게 표하는 우의 덕분에 늘 그들끼리 같은 동아리에서 생활하는 게르망트 부인이나 그 친구들의 눈에, 나라는 인간을 내가 꿈에도 생각지 못한 정도로 호기심의 대상으로 보이게 했는지도 모른다.

그녀는 이 두 친척에 대해 우리가 떠올리는 바와는 매우 다른, 한 집안다운, 일상적인, 흔한 지식을 갖고 있었다. 그리고 그 지식 속에 우리가 담기면, 우리의 행동거지는 눈에 들어간 먼지나 기관에 들어간 물방울처럼 거기서 빠지기는커녕, 우리 자신이 잊어버린 지 여러 해가 지나도 어느 궁전에 새겨져 남고 주석되어, 귀중한 자필 수집 속에서 제 글을 찾아내듯 그것을 보고 우리는 놀란다.

단순한 멋쟁이라면 지나친 침입을 문 닫아 막는다. 그러나 게르망트네 문은 그렇지 않았다. 남이 그 문 앞을 지나는 기회는 거의 없다. 누가 공작부인한테 남의 이름을 입 밖에 낸들, 그 남이 사교계에서 지니는 가치를 개의치 않았다. 그런 가치는 그녀가 주는 것이지 그녀가 남에게서 받는 것이 아니었기 때문이다. 그녀는 그 사람이 지닌 실제 재능밖에 생각하지 않은 채, 빌파리지 부인과 생루는 내가 그걸 갖고 있다고 그녀에게 말했다. 그리고 그들이 내가 오기를 바랄 때 나를 절대 오게 할 수 없을 것이라고 말이다. 다시 말해 나를 사교계에 집착하지 않는 인간이라고 보지 않았더라면, 내 재능을 틀림없이 곧이곧대로 믿지 않았으리라. 사교계에 집착하지 않는다 함은 공작부인에게 모르는 사람이 '유쾌한 사람들' 축에 끼일 자격이 있는 표시로 보였던 것이다.

그녀가 그다지 좋아하지 않는 여인들에 대해 말하다가, 그런 여인 가운데 하나, 이를테면 그녀의 의붓자매 이름이 남의 입에 오르기라도 하면 곧바로 그녀의 얼굴빛이 어떻게 변하는지 볼만했다. "암요, 매력 있는 분이고말고요." 그녀는 교활하고도 딱 잡아떼는 투로 말했다. 그 유일한 까닭인즉 의붓자매가 쇼스그로 후작부인과 실리스트리 대공부인에게 소개되기를 거절했으며, 게르망트 공작부인이란 그녀 자신에게 소개되기를 거절했기 때문이라고는 덧붙이지 않는다. 그렇지만 이는 실제 있던 일로, 그날 이후부터 공작부인의 정신은 사귀기 까다로운 의붓자매의 머릿속에 뭐가 일어나는지 판단하는 데 작용하게 되었다. 의붓자매 집에 초대받고 싶어 죽을 지경이었다. 사교계의 인간은 교제를 청해오는 데 습관이 되어서 자기를 피하는 남이 불사조같이 느껴져 거기에 마음을 빼앗기는 법이다.

게르망트 부인이 마음속으로(내가 그녀를 사랑하지 않게 된 뒤부터) 나를 초대하려 한 진짜 동기는, 내가 그녀의 벗 가운데 아무개에게 열망하면서도 이쪽에선 그녀의 벗을 열망하지 않는 데에 있었을까? 모르겠다. 아무튼, 나를 초대하기로 결정한 것은, 그녀로서는 최고의 호의를 보이며, 그 친구들 가운데에서 내가 싫어할지도 모를, 자기도 따분하다고 생각하는 사람들을 멀리하려고 한 것이다. 공작부인이 그 별의 궤도에서 벗어나 일부러 내 곁에 와 앉아 만찬에 초대하는 걸 보았을 때, 나는 공작부인이 이렇게 길을 바꾼 걸 어떤 까닭으로 돌려야 할지 몰랐다. 미처 모르는 원인의 결과겠지만, 그 점에 대하여 우리에게 일러주는 특별한 감각이 없는지라, 우리를 알까 말까 한 이들은—나의 경우는 공작부인—우연히 만나는 드문 순간밖에 우리를 생각지 않는다고 우리는 상상한다. 그런데 그들이 평소에 우리를 까맣게 잊고 있다고 상상하는 이 공상적 망각도 제멋대로의 상상이다. 그러므로 아름다운 밤의 침묵과 비슷한 고독의 고요 속에, 사교계의 수많은 여왕이 아주 먼 하늘에서 운행을 계속하고 있겠지 상상하는 때에, 만찬의 초대 또는 남의 흉이, 금성 또는 카시오페이아 별자리에선 모르리라 여긴 우리 이름을 새긴 운석같이, 높은 데서 뜻하지 않게 떨어지기라도 하면 불쾌나 기쁨에 소스라칠 수밖에 없다.

〈에스더〉서에, 충성을 바친 신하의 이름을 기록한 역대 일기를 읽히는 왕의 고사가 있는데, 게르망트 부인이 이를 본떠, 자기에게 호의 있는 이들의 명부를 참고했을 때, 어쩌면 간혹 나에 대해 '만찬에 초대할 만한 사람'이라고 생각했는지도 모른다. 그러나 궁전 출입구에 앉은 모르드개(Mordecai)* 처럼 혼자 있는 나를 언뜻 보았던 순간까지

　　(파란 많은 근심에 쌓인 왕의 몸이고 보니 새로운 대상에 끊임없이 마음이 끌리어)

딴 생각에 잊어오다가, 내 모습을 보고 다시 기억이 나, 아하수에로스 왕처럼, 그녀는 내게 은혜를 한껏 베풀고 싶었던 것이다.

그렇지만 게르망트 부인이 나를 초대한 순간에 느낀 놀라움과는 정반대의 성질을 가진 놀라움이 일어났음을 말해야겠다. 첫 번째 놀라움은 그것을 숨기기보다 오히려 느낀 기쁨을 얼마간 부풀려 보이는 게 더욱 겸손하게 감사의 뜻을 표하는 것인 줄 내가 생각하고 있으려니까, 다음 야회에 막 떠나려던 게르망트 부인은, 그녀의 집에 초대받았음에 내가 매우 놀란 꼴을 지었으므로, 거의 무슨 변명같이, 또 그녀가 누군지 내가 잘 모를까 봐, 내게 말했다. "나는 당신을 썩 좋아하는 로베르 생루의 외숙모이고, 게다가 우린 이미 여기서 만나 뵈었어요." 알고 있다고 대답하고 나서, 나는 샤를뤼스 씨하고도 아는 사이이며, 그분께 발베크에서나 파리에서 많은 신세를 졌다고 덧붙였다. 게르망트 부인은 놀란 듯이, 그 눈길은 참인지 거짓인지를 확인하려는 듯 마음속 옛 책장의 한 장을 참조하고 있는 성싶었다. "어쩌면! 팔라메드와 아는 사이세요?" 이 세례명은 게르망트 부인의 입에서, 으리으리한 명사이나, 그녀한테 시동생이자 지난날 함께 자란 사촌에 지나지 않는 사람에 대해 말하는 무의식적인 고지식함 때문에 부드러운 가락으로 나왔다. 내 머릿속에 그려지는 게르망트 공작부인의 생활은 어렴풋한 회색 속에

---

*에스델 왕비의 양아버지이자 사촌오빠로, 하만의 음모로부터 유대인을 구해냄.

싸여 있는데, 팔라메드라는 이 이름은, 그녀가 소녀 시절 게르망트의 뜰에서 그와 함께 놀던 긴 여름 나절의 빛 같은 것을 비추고 있었다. 그리고 또 흘러간 지 오래인 그들 삶의 그 시기엔 오리안 드 게르망트나 사촌인 팔라메드는 그 뒤에 이뤄진 사람됨과는 매우 달랐다. 특히 샤를뤼스 씨는 예술에 전념했는데, 나중에 그 열정을 아주 억누르고 말아서, 이 순간 공작부인이 펼친 부채의 노랑과 검정 불꽃이 사실은 그가 그린 것임을 듣고는 나는 어리둥절했다. 또한 그녀는 지난날 그가 그녀를 위하여 작곡한 소나티네를 내게 소개해줄 수도 있었을 것이다. 나는 남작이 평소에 입 밖에 안 내는 갖가지 재능을 갖추고 있는 걸 전혀 몰랐다. 얘기가 나왔으니 말인데, 샤를뤼스 씨는 가문에서 누가 자기를 팔라메드라고 부르는 걸 싫어했다. 메메라고 불리는 게 그의 마음에 거슬림이야 두말할 나위 없고. 이런 어리석은 약자 호칭이란, 그 이름의 고유한 시적 감흥에 대한 귀족계급의 몰이해(하기야 유대인도 같으니, 뤼퓌스 이스라엘 부인의 조카로 모이즈라는 인물은 사교계에서 거침없이 '모모'라고 불렀다)의 표시인 동시에, 귀족적인 것을 대수롭게 여기는 태도를 가지지 않으려는 선입감의 표시이기도 하다. 그런데 샤를뤼스 씨야말로 이 점에 대해 가장 시적인 상상력을 가지며 거만을 떠는 사람이었다. 그러나 그가 메메라고 불리는 걸 싫어하는 까닭은 그 때문이 아니었으니, 팔라메드라는 어엿한 세례명마저 싫어했기 때문이다. 실은 스스로 왕 가문의 태생이라 판단하며 그렇게 알고 있어서, 형이나 형수가 그를 '샤를뤼스'라 불러주기를 바랐던 것이다. 마치 마리 아멜리 왕비 또는 오를레앙 공작이 그 아들, 손자, 조카와 형제를 '주앵빌, 느무르, 샤르트르, 파리'라 말할 수 있었듯.

"어쩌면 메메는 그렇게 숨기기 좋아할까!" 게르망트 부인이 소리질렀다. "우린 당신에 대해 오랫동안 얘기했는데, 그분 글쎄 당신과 사귀고 싶다고 말하더라니깐. 마치 한 번도 만난 일이 없는 것처럼 시치미 떼고. 좀 괴상한 이가 아닐까? 무척 아끼며 그 드문 재능에 탄복해 마지않는 시동생에 대해 이런 말을 하면 안 된다는 건 알지만, 그분 가끔 좀 머리가 이상한 게 아닐까요?"

나는 샤를뤼스 씨에게 붙인 이 낱말에서 강한 인상을 받아, 이 반미치광이라는 낱말이 어쩌면 어떤 사실, 이를테면 블로크한테 그 어머니를 두들겨 패라고 부탁해보는 생각에 어쩔 줄 모르게 기뻐하는 눈치였음을 설명하는 것이 아닐까 하는 생각이 들었다. 그가 지껄이는 말의 내용만이 아니라, 그 태도를 봐도 샤를뤼스 씨는 머리가 좀 돌았다고 나는 짐작했다. 변호사나 배우가 지껄이는 걸 처음 들으면 그 말투가 대화의 투와 다름에 깜짝 놀란다. 그러나 다들 그걸 자연스럽게 보고 있음을 알아채자 남에게 아무 말 없이, 속으로 불평 없이 그 솜씨의 정도를 평가하는 데 그친다. 고작해야 프랑스 극단의 배우가 '어째서 쳐든 팔을 한 번에 내리지 않고서 10분이나 걸려서 조금씩 조금씩 내리는 것일까?' 또는 라보리(Labori)*같은 이가 '어째서 문을 열자마자 단순한 것을 비장하고도 뜻하지 않은 소리로 내지르는가?' 하고 생각해본다. 하지만 누구나 다 그걸 선험적으로 받아들이므로 아무도 얼떨떨해하지 않는다. 마찬가지로 샤를뤼스 씨가 미사여구를 쓰며 개인에 대해 말하는 걸 생각해본다면 그 말투가 보통 뇌까림이 아님을 알 만했다. '어쩌자고 꽥꽥 소리치죠? 어쩌자고 그렇게 방약무인하죠?' 이렇게 일일이 그에게 말하고 싶은 생각이 들었다. 단지 다들 암암리에 으레 그렇거니 받아들이고 있는 듯했다. 그리고 그가 떠벌리는 동안 옆에서 부추기는 무리에 자신도 끼어들었다. 그러나 이방인이 들었다면 이따금 미친놈이 외치는 줄 알았을 게 틀림없다.

"하지만" 하고 공작부인은 그 고지식함에 번번이 접붙이는 가벼운 무례한 투로 다시 말했다. "확실합니까, 확실히 내 시동생 팔라메드를 말씀하십니까? 아무리 비밀을 좋아해도 이건 너무 심해요!"

나는, 확실히 틀림없다, 샤를뤼스 씨가 내 이름을 잘못 들은 게 틀림없다고 대답했다.

"그래요! 그럼 나는 가야지." 게르망트 부인은 섭섭한 듯 말했다. "리뉴 대공부인 댁에 잠깐 들러야 해요. 거기 안 가시겠어요? 싫어요? 사교계를 싫어하시는군요? 당신이 옳아요, 따분하니까. 체면 때문에 가는 게 아니라면 얼마나 좋을까! 그런데 내 사촌이니 가봐야 해요. 이기적으로 말해 유감스러워요. 거기에 안 가면 당신과 함께 있을 수도, 당신을 댁까지 모셔다드릴 수도 있을 테니까요. 그럼, 안녕, 금요일을 애타게 기다려요."

---

* 드레퓌스와 졸라의 변호사.

샤를뤼스 씨가 아르장쿠르 씨 앞에서 내 일로 낯을 붉힌 건 그래도 좋다. 그러나 자신의 형수이자, 그를 매우 존경하고 있는 여인에게, 나와 아는 사이라는 것, 내가 그의 큰어머니와 조카와 아는 사이니까 당연한 일인데, 왜 그가 이를 부인했는지, 이해 못할 일이다.

마지막으로 말해두고 싶은데, 게르망트 부인에겐 말 그대로 범용치 않은 관점, 남이라면 온전하게 잊을 수 없었던 것을 기억에서 모두 지워버린다는 관점이 있었다. 아침나절의 산책 때 그녀를 귀찮게 굴며, 뒤따르며, 미행하는 나를 그녀가 한 번도 안 만났더라도, 매일같이 내 인사에 귀찮아 죽겠다는 투로 그녀가 한 번도 안 응했더라도, 생루가 그녀한테 나를 초대하기를 부탁했을 때 생루를 결코 쫓아버리지 않았더라도, 지금 이상 고상하게, 자연스럽게 상냥한 태도를 내게 보일 수는 없었을 것이다. 그녀는 과거의 일을 애써 설명하거나, 어중간한 말이나 알쏭달쏭한 미소나 암시로 우물쭈물하지도 않았다. 또 과거를 개의치 않고 말을 얼버무리지 않는 지금의 상냥함 속에 그 당당한 키와 마찬가지로 자존심에 찬 강직한 무엇이 있으며, 또한 과거에 아무개에게 느꼈을지도 모르는 불만 따위가 깨끗이 재로 되었는데, 이 재 자체가 그녀의 기억이나 적어도 그녀의 태도에서 멀리 버려져 있으므로, 다른 사람 같으면 아직도 쌀쌀하게 샐쭉거리거나 비난할 핑계로 삼을 만한 일이라도, 그녀는 산뜻하게 처리해버렸다. 따라서 그럴 때의 그녀 얼굴을 볼 때마다, 깨끗함 같은 인상을 받곤 하였다.

나에 대하여 그녀 마음속에 일어난 변화에 적잖이 놀라긴 했으나, 그녀에 대해 나 자신의 마음속에 생긴 변화를 느끼곤 얼마나 더 놀랐는지! 늘 새 계획을 세우며, 그녀에게 부탁해 나를 초대시킬 이, 또 이 첫 행복을 손에 넣은 뒤 더욱더 요구가 많아지는 내 마음에 다른 갖가지 행복을 마련해줄 이를 구하지 못해 사는 보람이나 힘을 잃어버린 적이 있었잖은가? 로베르 생루를 만나러 일부러 동시에르에 갔던 것도 그런 이를 찾음에서였다. 그런데 지금, 내 마음이 들떠 있으니 바로 로베르의 편지가 가져온 결과이긴 하지만, 스테르마리아 부인 때문이지 게르망트 부인 때문이 아니었다.

이 야회 이야기를 마치기 전에, 그때 생긴 일 하나를 덧붙이련다. 그 일이 거짓임은 며칠 뒤에 밝혀졌지만, 또한 나를 놀라게 했고, 얼마 동안 블로크와 서로 미워하게 했다. 그 일 자체가 좀 이상한 모순이지만, 그것은 이 편

《소돔과 고모라》)* 끝에 가서 설명이 될 것이다. 아무튼 빌파리지네에서, 블로크는 샤를뤼스 씨의 상냥한 태도를 줄기차게 나에게 칭찬하기를, 샤를뤼스 씨가 그를 거리에서 우연히 만났을 때, 마치 아는 사이 같은, 사귀고 싶어하는 듯한, 누군지 잘 아는 듯한 눈으로 자기를 바라보더라고 하였다. 나는 그 허풍에 빙긋이 웃었다, 블로크가 발베크에서 샤를뤼스 씨에 대하여 표독스럽게 수다떤 일이 있었기에. 그러니까 나는 단순히 부전자전이라 아비가 베르고트에 대해 그러했듯, 블로크는 남작을 '아는 사이가 아니면서' 알고 있구나 생각했다. 또 블로크가 상냥한 눈길로 생각한 것은 먼산을 바라보는 눈길이었다고. 그러나 기어코 블로크가 어찌나 따지고 볶는지, 두세 번 샤를뤼스 씨 쪽에서 그에게 접근하기를 계획한 게 확실한 듯했고, 또 내가 내 친구를 남작에게 말한 적이 있으며, 빌파리지를 방문한 뒤 돌아가는 길에 남작이 블로크에 대해 여러 가지 물어서, 블로크는 거짓말하는 것이 아니다, 샤를뤼스 씨는 그의 이름도 내 친구임도 다 알고 있다고 짐작했다. 그래서 얼마 뒤, 극장에서, 나는 샤를뤼스 씨한테 블로크를 소개하겠다고 말하고, 그 동의를 얻어 블로크를 찾으러 갔다. 그런데 샤를뤼스 씨는 그를 보자마자, 놀란 빛이 떠오르더니 곧 가시고 그 대신에 번쩍이는 분노의 형상이 나타났다. 그는 블로크한테 손을 안 내밀었을 뿐만 아니라, 블로크가 말을 건네올 적마다 더할 나위 없이 거만한 태도와 남의 마음을 언짢게 하는 화난 목소리로 대꾸했다. 그러므로 여태까지 남작한테서 미소만 받아왔다고 말하던 블로크는, 예의에 대한 샤를뤼스 씨의 기호를 알아, 친구를 데리고 오기에 앞서, 미리 소개를 해둘 때, 내가 자기에게 유리하도록 소개하지 않고 나쁘게 말했으려니 여겼다. 블로크는, 줄곧 날뛰는 말을 타려는, 또는 끊임없이 물가로 밀어내는 파도를 거슬러 헤엄치려던 사람같이 기진맥진하여 우리 곁을 떠나, 그 뒤 6개월 동안 내게 말도 하지 않았다.

스테르마리아 부인과 약속한 만찬을 앞둔 나날은 즐겁다기보다도 견디기 힘들었다. 보통, 목표에서 우리를 떼어놓는 시간이 짧으면 짧을수록, 도리어 때가 긴 것 같다. 우리가 더욱 짧은 단위를 때에 적용하기 때문이거나 또는

---

* 제1차 세계대전이 나기 전까지, 프루스트가 구상한 이 작품에서 《소돔과 고모라》는 〈게르망트 쪽〉 제2부에 들어 있었음.

때를 재려고 생각하기 때문이다. 교황 통치는 세기로 센다고 하는데, 아마 아무도 세려고 생각조차 않으니, 그 목표가 무한에 있기 때문이다. 내 목표는 오직 3일의 거리에 있었다. 나는 초 단위로 세면서 이것저것 공상에 빠졌다. 이러한 공상이야말로 애무의 시작인데, 그때 여자 자신에 의해서 그 애무(다른 온갖 애무를 제외하고 바로 이 애무)로 안달했다. 요컨대 욕망의 대상에 쉽게 닿을 수 없는 어려움이 흔히 그 욕망을 증가시킨다는 게(어려움이지 불가능은 아니다. 불가능은 욕망을 죽이고 마니까) 사실이지만, 한편 순전히 육체적인 욕망으로서는, 그것이 작성된 가까운 시기에 이뤄진다는 확실성도 우리를 흥분시키는 데에선 거의 불확실성에 뒤지지 않는다. 거의 불안한 의심과 마찬가지로, 의심의 결여는 반드시 오고야 말 쾌락에 대한 기대를 견딜 수 없는 것으로 만드니, 의심의 결여가 이 기대에서 무수한 성취를 지어내고, 또 너무 이른 갖가지 표상을 만들어내, 안타까움이 하는 만큼이나 시간을 조각조각 잘게 나누기 때문이다.

　내게 필요한 것은 스테르마리아 부인을 차지하는 일이었다. 며칠 전부터 내 욕망이 끊임없이 움직여, 공상 속에서 이 즐거움, 오로지 이 즐거움만을 준비해왔다. 다른 즐거움(다른 여인과의 기쁨)은 아직 준비되어 있지 않았다. 즐거움이란 미리 높아진 욕망의 실현에 지나지 않거니와, 그것은 늘 같은 욕망이 아니기 때문이다. 몽상의 갖가지 배합, 추억의 우연, 기분의 상태, 그 최근의 성취가 실행된 순간에 맛볼 실망을 좀 잊기까지 잠자는 욕망이 실제로 이루어질 가능성의 순서 따위에 따라 변한다. 나는 이미 보편적인 욕망의 큰길을 떠나 가장 유별난 욕망의 골목에 들어서 있었다. 다른 밀회를 바란다면 훨씬 멀리서부터 큰길에 되돌아와 거기서 다른 골목길을 다시 잡아들어야 한다. 만찬에 초대해놓은 불로뉴 숲의 섬에서 스테르마리아 부인을 차지하는 것이야말로 내가 줄곧 떠올려온 즐거움이었다. 만일 이 섬에서 스테르마리아 부인 없이 나 혼자 식사한다면 물론 이 즐거움은 망가질 테고, 또한 설령 그녀와 함께 식사한들 다른 곳에서 한다면 즐거움 또한 몹시 줄었을 것이다. 게다가 우리가 즐거움을 마음속으로 그리는 자세는, 여인에, 그러기에 알맞은 여인의 종류에 앞서 있다. 이 자세가 즐거움을 지시하고 장소도 지시한다. 그 때문에, 우리의 변덕스러운 생각 속에, 다른 날에서는 경멸했을 이러한 여인, 저러한 장소, 그러한 방 따위가 번갈아 떠오른다. 우리의 태도에서 생겨난 것인지라, 이러한 여인들 가운데 어떤 이는 그 곁에서 화합을 맛보는 큰 침대 없인 무의미했다. 또 어떤 이는 더욱 은밀한 의향과 더불어 애무받기 위해 바람에 하늘거리는 나뭇잎, 어둠 속에 졸졸 흐르는 물이 필요했는데, 그 물과 나뭇잎만큼이나 가볍고도 사라지기 쉽다.

확실히, 생루의 편지를 받기 이전 아직 스테르마리아 부인이 문제가 아니었을 때부터, 나는 불로뉴 숲의 섬이 즐거움을 위해 마련된 곳처럼 느껴졌다. 그 증거로 거기에 숨어서 누릴 아무 즐거움도 없는 슬픔을 맛보러 그곳에 가곤 했다. 이 섬에 안내하는 호숫가를 따라, 여름의 마지막 몇 주 동안, 아직 시골로 떠나지 않은 파리 여인들이 산책하고, 올해 마지막 무도회에서 사랑에 빠진 사내가, 어디서 그녀를 만날지, 그녀가 벌써 파리를 떠났는지조차 모르는 채, 다음 봄까지는 어느 야회에서도 다시 만날 수 없을 젊은 아가씨가 지나가는 걸 혹시나 보게 될까 하는 희망과 더불어 배회한다. 사랑하는 이의 출발은 내일일지도 모른다, 어쩌면 이미 떠났을지도 모른다, 그렇게 느끼면서, 살랑거리는 물가를 따라 붉은 첫 단풍이 철 늦은 장미처럼 핀 아름다운 작은 길을 따라간다. 지평선을 바라보면, 파노라마에서 앞에 세운 밀랍인형이 채색된 배경의 천에 깊이와 양감의 착각을 주는 그것과는 반대되는 기교에 의하여, 우리 눈은 잘 가꾼 공원에서 뫼동과 몽 발레리앙의 자연의 고지까지 거침없이 지나가, 어디에 한계가 있는지 모르고, 진짜 들판을 정원의 인공 속에 들게 하고, 그 인공의 아름다운 매력을 멀리까지 던져 조망한다. 따라서 식물원에 풀어놓아 기르는 희귀한 새들도 날마다 그 날개가 가는 대로 날아다녀 경계의 숲까지 앉으러 와서는 이국적인 가락을 낸다. 늦여름 축제와 겨울 귀양살이 사이에서, 사람들은 불확실한 해후와 사랑의 우수에 찬 낭만적인 이 왕국을 불안한 마음으로 방황한다. 또 이 왕국이 우주 밖에 있다고 해도 그다지 놀라지는 않을 것이다. 마치 푸른 하늘에 판 데르 묄렌(Van der Meulen)*의 화법처럼 뭉게뭉게 쌓여 있는 구름이 바라보이는 베르사유 궁전 테라스에 서서, 즉 그와 같이 자연 밖의 높은 곳에 서서, 자연이 다시 시작되는 운하의 끝, 바다처럼 눈부신 지평선에 희미하게 보이는 마을

---

* 플랑드르의 화가(1634~1690).

들이, 플뢰뤼스(Fleurus)*1 또는 네이메헨(Nijmegen)*2이라 불린다는 말을 들어도 별로 놀라지 않듯이.

마지막 마차도 지나가고, 이제는 그녀가 오지 않으리라 상심하면서, 혼자 섬에 저녁을 먹으러 간다. 그것에 응한다고 하기보다 오히려 끝없이 저녁의 신비를 부르는 듯 흔들대는 포플러 나무들 위에, 가라앉은 하늘에 장밋빛 구름 한 점이 생기의 마지막 빛깔을 수놓는다. 몇 방울의 비가 여러 성상을 두고 구름과 꽃이 비치는 그림자를 차례차례 잊어도, 변함없는 쪽빛을 간직한 저 청정한 앳된 수면에 소리도 없이 귀기울인다. 쥐손이풀이 그 색깔을 더욱 빛내면서 부질없이 어두워지는 황혼과 싸우다가, 짙은 안개가 잠들어가는 섬을 감싸러 온다. 축축한 어둠 속을 물가 따라 거니는 동안에 고작해야 백조의 조용한 지나감이 마치 밤의 침대에 잠들고 있는 줄만 알았던 아이가 한순간 눈을 크게 뜨고 미소 지어 오듯 놀라게 한다. 그래서 외로움을 느껴 외따로 있구나 여기면 여길수록 사랑하는 여인이 곁에 있으면 얼마나 좋으랴 하는 생각이 간절해진다.

여름에도 흔히 안개 끼는 이 섬에, 고약한 계절, 늦가을인 지금 스테르마리아 부인을 데리고 왔으면 얼마나 즐거웠으랴! 일요일 이후의 날씨가 그것만으로 내 공상이 살아 있는 고장을 잿빛 띤 해안으로 만들지 않았더라면—다른 계절이 그것을 향기롭게, 빛나게, 이탈리아처럼 하듯—며칠 뒤에는 스테르마리아 부인을 차지할 거라고 생각한 만큼 단조롭게 향수적인 내 공상 속에서 한 시간에 스무 번이나 안개 장막을 치는 데 충분했을 것이다. 아무튼 언제부터인가 파리에도 핀 안개는, 이번에 초대한 젊은 여성의 고향을 끊임없이 몽상케 하였을 뿐만 아니라, 시가에서보다 밤의 불로뉴 숲에서 더 짙고, 특히 호숫가에 침입해올 것 같았으므로, 백조의 섬을 얼마간 브르타뉴의 섬, 나로서는 그 바다와 안개의 분위기가 옷처럼 스테르마리아 부인의 창백한 선을 늘 둘러싸고 있는 브르타뉴의 섬과 비슷하게 만들리라 생각했다. 어릴 때, 내가 자주 메제글리즈 쪽을 산책하던 나이에는, 우리 욕망, 우리 믿음이 여인의 옷에 개성적인 특징, 줄어들 수 없는 본질을 부여한다. 우리는 실재를 추구한다. 그러나 그것을 놓치고 나서, 허무에 부딪치는 여러 헛된

---

*1 벨기에의 시가.
*2 네덜란드의 시가.

시도를 해본 뒤에야, 뭔가 확고한 것이 늘 존재하는 걸 깨닫는다. 그게 우리가 찾았던 것이다. 좋아하는 것을 끌어내고, 알려고 든다. 설령 농간을 부려서라도 좋아하는 것을 얻으려고 애쓴다. 믿음을 잃은 대신에, 일부러 하는 착각의 작용에 의하여 옷이 믿음을 대신한다. 집에서 30분 안에 브르타뉴를 못 찾을 건 나도 잘 알고 있었다. 하지만 스테르마리아를 얼싸안고 섬의 어둠 속 물가를 거닐면서, 나는 남들, 수녀원에 들어갈 수 없으니까, 적이나, 여인을 제 것으로 하기에 앞서, 여인에게 수녀옷을 입히는 남들같이 하련다.

나는 이 젊은 여인과 함께 찰랑거리는 물결 소리 듣기를 바랄 수도 있었으니, 만찬 전날 폭풍우가 날뛰었으니까. 섬에 가서 방을 예약하고(이 계절엔 섬에 사람이 없어 식당도 한적하겠지만) 다음 날의 만찬을 위한 메뉴를 정하려고 면도를 시작하려니까, 프랑수아즈가 알베르틴이 왔음을 알렸다. 나는 곧 들어오게 했다. 발베크에서 그 앞에 나가면 아무리 공들여 몸단장해도 모자란다고 느끼게 한 그녀, 또 지금의 스테르마리아 부인만큼이나 설렘과 근심으로 괴롭히던 그녀 앞에 검은 턱으로 흉한 얼굴을 보여도 상관없이, 나는 다음 날 저녁 스테르마리아 부인이 되도록 좋은 인상을 받도록 하는 것에만 마음 쓰고 있었다. 그러므로 알베르틴에게 곧 섬까지 같이 가서 내일 메뉴를 정하는 데 도와달라고 부탁했다. 우리가 모든 걸 아낌없이 내주는 여인이 순식간에 다른 여인으로 바뀌어서 우리는 언제나 미래의 희망도 없이 가진 것을 또다시 시시각각으로 주게 되고, 나 스스로도 놀라지 않을 수 없다. 내 부탁에, 생글거리는 알베르틴의 장밋빛 얼굴은, 눈 가장자리에까지 낮게 눌러 쓴 토케 밑에서 망설이는 듯했다. 그녀에겐 아마도 다른 계획이 있었을 것이다. 어쨌든 나 때문에 그것을 쉽사리 희생해준 게 감지덕지했는데, 나보다 식사를 더 잘 주문할 줄 아는 한 젊은 가정부와 동행하다니 이만저만 대견하지 않았으니까.

그녀가 나를 위해서 발베크에서와는 아주 다른 배역을 맡아할 것은 확실하다. 그러나 한번 반한 여인과의 친밀한 사이란, 그다지 친밀하지 않게 판단되는 경우마저, 그 시원하지 못한 사이가 우리를 괴롭히긴 하나, 사랑이나 사랑의 추억마저 사라진 뒤에도 오래도록 남아 두 사람 사이에 사회적인 유대를 만들어낸다. 그래서 이제 우리에게는 다른 여인 쪽으로 가는 한 수단이나 길에 지나지 않는 여인의 이름이, 지금은 남 같지만 지난날 우리한테 뭘 뜻했는지 생각나면 놀랍기도 하고 재미나기도 하다. 마치 거기서 만나는 사람만을 생각하면서 마부한테 갈 곳을, 카푸친 큰길 또는 바크 거리라 이른 다음, 이런 동네 이름이 옛적에 카푸친(Capucin)*의 수녀들 명칭이며 센 강을 건너가는 나루터의 이름이었다는 생각이 떠올랐다.

물론, 발베크에서의 내 욕망은 알베르틴의 몸을 완전히 성숙시켜, 거기에 싱싱하고도 감미로운 풍미를 쌓아놓았던지라, 불로뉴 숲에 같이 갈 때도 바람이 주의 깊은 정원사처럼 나무를 흔들어대며, 열매를 떨어뜨리며, 낙엽을 쓸고 있는 사이에 나는 이렇게 생각했다. 만일 생루가 잘못 생각하거나 그 편지를 내가 오해하거나 해서 스테르마리아 부인과의 만찬이 물거품으로 돌아갈 위험이 있을 바에야 알베르틴에게 같은 밤 더 늦게 밀회를 약속해놓고, 지난날 내 호기심이 계산한 바 있거니와 지금 그런 온갖 매력으로 넘치고 있음을 헤아린 몸을 품에 안으면서 순 쾌락적인 한 시간 동안에, 스테르마리아 부인에 대한 사랑이 시작될 무렵의 고상한 서정과 아마도 슬픔을 잊어버리자꾸나 했다. 또 물론 스테르마리아 부인이 이 첫 저녁에 내게 어떠한 사람의 표시도 허락하지 않을 것이라고 추측할 수 있었다면 그녀와의 저녁을 어지간히 실망을 주는 투로 내 머릿속에 그렸을 것이다. 아직 거의 알지 못하는 그녀 자신보다 오히려 그녀가 잠겨 있는 특수한 생활을 사랑하는 시기에는 그 여인과 깊은 사귐 없이 욕망만 품는 사랑의 처음에서, 우리 마음속에 연달아 생기는 두 단계가 사실의 분야에서, 다시 말해 우리 자신 속에서가 아니라 그녀와의 회합에서, 얼마나 기묘하게 반영하는지 나는 경험에 의해 매우 잘 알고 있었다. 그녀와 한 번도 얘기해본 적 없이, 그녀가 자아내는 시에 유혹되어, 우리는 망설인다. 과연 그녀일까 아니면 다른 여인일까? 이와 같이 그녀의 둘레에 몽상이 고정되어 그녀와 하나가 된다. 이윽고 있을 그녀와의 첫 밀회는 이 생겨나는 사랑을 반영하겠지. 그런데 실은 그렇지 않다. 속된 생활에도 첫 단계라는 게 반드시 있듯, 이미 그녀를 사랑하면서도 우리는 그녀에게 가장 싱거운 투로 말한다.

"이 섬에 초대한 건 이곳 분위기가 당신 마음에 들 거라고 생각했기 때문이죠. 하기야 꼭 당신께 할 말은 조금도 없지만요. 그런데 습기가 많아 춥지

---

*성 프란체스코회.

않으신지 걱정되는군요."

"아뇨."

"인사치레로 하시는 말씀이군요. 부인, 앞으로 15분 동안은 추위에 버티
셔도 눈감아드리죠, 당신을 괴롭히기 싫으니까, 그러나 15분 지나면 강제로
당신을 끌고 돌아가겠습니다. 감기 드시면 큰일이니까."

그리고 그녀에게 별로 말없이, 데리고 돌아간다, 그녀에 대해 별로 기억하
지 않고, 기껏해야 특색 있는 눈길이 기억에 남지만, 그래도 다시 한 번 만
나고 싶었다. 그런데 두 번째에는(유일한 기억인 눈길조차 생각나지 않았는
데도, 다시 한 번 만나고 싶다는 생각만은 더 강하게 들었다) 첫 단계가 지
나갔다. 그 사이에 아무 일도 일어나지 않았다. 그렇지만 식당의 안락함에
대해 말하지 않고, 밉상이라고 생각하는, 하지만 제 생활을 끊임없이 들려주
고 싶은 새 여인에게 말하고, 상대도 놀라지 않은 채 그것을 듣는다. 우리
두 사람이 서로 마음속에 있는 모든 장애를 이겨내려면 여간 힘들지 않습니
다. 이겨내리라 생각하십니까? 적을 이겨내 행복한 미래를 바랄 수 있다고
생각하십니까? 처음에 싱겁다가 차차 사랑을 암시하는 이런 대화는, 이번
경우 일어나지 않을 것이다. 나는 생루의 편지를 곧이곧대로 믿을 수 있었
다. 스테르마리아 부인은 첫 저녁부터 몸을 맡기겠지. 그러니까 일이 나쁘게
되는 경우를 생각해서 밤늦게 내 집에 알베르틴을 불러올 필요야 없을 테지.
그건 쓸데없는 일이었다. 로베르는 결코 부풀리지 않거니와 그의 편지는 분
명했다.

알베르틴은 말수가 적었으니, 내가 정신 나가 있는 걸 눈치챘기 때문이다.
우리 둘은 울창하게 크게 자란 나무숲의 거의 바닷속 같은, 초록빛 도는 동
굴 밑을 거닐었다. 그 나무숲의 둥근 지붕 위에서 바람이 부서지고 빗방울이
튀는 소리가 들려왔다. 나는 땅바닥의 낙엽, 밟으면 조가비처럼 땅속에 움푹
들어가는 낙엽을 짓밟으며, 성게처럼 가시 돋친 밤송이를 짧은 지팡이로 굴
렸다.

가지에 남아 있는 마지막 잎들이 떨면서, 움직일 수 있는 한 온몸으로 바
람에 팔락이다가, 이따금 가지에서 떨어져 땅 위를 구르면서 바람을 쫓아갔
다. 이런 날씨가 계속된다면 내일은 섬이 얼마나 외진 느낌이 들까, 아무튼
인기척은 전혀 없을 테지 하는 생각을 하면서 나는 혼자 좋아했다. 우리 둘

은 마차에 올라탔는데, 돌풍이 잔잔해지니까, 알베르틴은 생클루까지 가고 싶다고 내게 청했다. 발밑에는 낙엽이, 하늘에는 구름이 바람을 쫓아가고 있었다. 하늘에는 원뿔곡선이 누르듯이 장밋빛과 파랑과 초록의 층을 포개서 보여주는데, 그것은 변하기 쉬운 황혼으로 이미 아름다운 계절을 향하여 옮겨갈 채비를 하고 있었다. 받침돌에서 늘씬하게 몸을 일으켜, 그 몸에 받쳐진 듯한 큰 숲 속에 홀로 서서, 그 맹렬한 뛰어오름의 반은 동물적, 반은 거룩한 모습으로, 숲을 신화적인 공포로 채우고 있는 대리석 여인을 구경하려고, 알베르틴은 언덕에 올라가고, 그동안 나는 길에서 그녀를 기다렸다. 그와 같이 아래서 쳐다보니, 그녀마저, 요 전날 내 침대에서, 가까이 간 내 눈의 돋보기에 목의 굵은 결을 나타냈을 때처럼 토실토실하게 살찐 몸으로 보이지 않고, 섬세하게 아로새긴, 발베크의 행복한 시간이 그 푸른 녹을 슬게 한 조그만 조각상같이 보였다. 집에 돌아와 나 혼자 있게 되자, 알베르틴과 같이 오늘 오후 외출한 일, 모레 게르망트 부인 댁에 저녁 식사를 초대받은 일, 질베르트의 편지에 답장을 써야 할 일이 떠오르고, 이들이 내가 사랑했던 세 여인이라 사교 생활이란 예술가의 아틀리에처럼 버려둔 밑그림, 큰 사랑의 욕구를 붙들어맬 수 있음을 한때 믿었던 밑그림으로 가득하구나 생각했다. 그러나 나는, 그 밑그림이 너무 낡지만 않았다면, 때로는 그것을 다시 집어 들어, 아주 다른, 처음 계획했던 것보다 어쩌면 더 중요한 작품마저 만들게 되는 수도 있다는 걸 꿈에도 생각지 않았다.

그다음 날은 쌀쌀하고 맑은 날씨였다. 겨울이 오는 게 느껴졌다(사실, 계절은 앞으로 나아가 있어서, 이미 황폐한 불로뉴 숲 속에 금빛 도는 초록빛의 몇몇 둥근 지붕을 발견할 수 있었던 것은 기적이었다). 눈을 뜨면서 나는 동시에르의 병영 창문에서 보았듯이, 한결같이 부연 안개에 아름답게 가려져서, 솜사탕처럼 보기 좋게 굳어진 태양을 보았다. 이윽고 해는 숨었다. 오후가 되자 안개는 더욱 짙어졌다. 해는 일찍 졌다. 나는 몸단장을 했는데, 나가기엔 너무 일러, 스테르마리아 부인에게 마차를 보내기로 하였다. 스테르마리아 부인으로 하여금 나와 동행할 수밖에 없도록 하지 않기 위해 나는 마차에 타지 않았지만, 동행해도 좋다면 모시러 가겠다는 쪽지를 마부에게 내주었다. 답장을 기다리면서, 침대에 누워 잠시 눈을 붙였다가 떴다. 이제 커튼 위에는 어두워지려는 햇빛의 가느다란 선밖에 없었다. 쾌락을 기다리는 오묘한 현관이라는 이 무익한 시간을 인지했다. 이런 어둡고도 감미로운 덧없음을 발베크에서 경험한 적이 있다. 그때, 남들이 다 저녁 식사를 하는 동안 지금처럼 내 방에 홀로 남아, 커튼 위에 햇빛이 저물어감을 슬픔 없이 바라보았다. 오래지 않아, 북극의 밤같이 짧은 어둠 뒤, 리브벨의 번쩍거리는 빛 속에 눈부시게 되살아나리라는 걸 알았기 때문이다. 나는 침대에서 뛰어내려, 검은 타이를 매고 머리에 빗질을 했다. 이는 나 아닌 여인들, 리브벨에서 만날 여인들을 생각하면서 발베크에서 한, 늦은 몸단장의 마지막 동작, 그러는 동안 방구석에 비스듬히 걸려 있는 거울 속에서 지레 여인들에게 미소 짓고 있었다. 그래서 이 몸단장의 동작은 빛과 음악이 한데 섞인 하룻밤 향락의 전조로 남아 있다. 마법을 신호처럼 그것은 향락을 불러일으키고 있었다고 하기보다 오히려 이미 쾌락을 누리고 있었다. 그 덕분에 나는, 콩브레에서 7월에, 짐꾸리는 인부의 망치 소리를 들었을 때, 그리고 서늘한 어두운 방에서, 지레 더위와 해를 향락했을 때와 마찬가지로, 그 진실에 대해 확실한 관념을 품고 그 도취하게 하는 경박한 매력을 이미 완전하게 누릴 수 있었다.

그러므로 내가 만나고 싶은 이는 이제 스테르마리아 부인이 아니었다. 그녀와 함께 하룻저녁을 보내야만 하는 지금, 부모님이 돌아오기 전의 마지막 자유로운 저녁이라서, 리브벨의 여인들을 만나러 갈 수만 있다면, 나는 더 좋았을 것이다. 나는 다시 한 번 손 씻고, 들뜬 마음으로 집 안을 거닐다가 캄캄한 식당에서 손을 닦았다. 식당은 등불 켠 응접실 쪽으로 문이 열려 있는 듯했는데, 사실 문은 닫혀 있었고, 내가 빛으로 여긴 것은, 어머니가 돌아오면 걸어놓을 셈으로 벽에 기대놓은 거울 속에 비친 내 수건의 흰 반사에 지나지 않았다. 집 안에서 이렇게 발견했던 갖가지 착각을 곰곰이 생각해보았는데, 시각상의 착각만이 아니었다. 부엌에 있는 수도꼭지를 돌릴 적마다, 거의 사람 소리 같이 길게 짖는 강아지 소리가 들려와, 나는 처음엔 이웃 사람이 개를 기르고 있는 줄 알았다. 또 계단 중간에 있는 층계참 문은 계단에 부는 바람 탓에 저절로 천천히 닫힐 적에 〈탄호이저〉의 서곡 끝머리, 순례자들의 합창에 겹치는 일락적이고도 신음하는 듯한 악절의 단속(斷續)을 연주했다. 그런데 지금 막 수건을 제자리에 놓은 나는 이 으리으리한 교향곡의 악절을 다시 들을 기회를 얻었으니, 초인종이 울려, 대답을 가져온 마부에게 문을 열어주려고 달려갔기 때문이다. 대답이야 틀림없이 '부인께서 아래 계십니다' 또는 '부인께서 기다리십니다'일 테지 하고 나는 생각했다. 그러나 그는 손에 편지를 쥐고 있었다. 스테르마리아 부인이 뭐라고 썼는지, 나는 그 글을 읽는 데 잠시 망설였다. 그녀가 펜을 손에 쥐고 있는 한 달리하려면 달리할 수 있었겠지만, 지금 그녀의 손에서 벗어나 그녀로서도 바꿀 수 없는 오직 한 길을 계속해 가고 있는 한 운명이었다. 마부는 안개로 투덜대고 있었는데, 나는 다시 내려가 잠시 기다리라고 일렀다. 나는 그가 나가자마자 봉투를 열었다. "알릭스 드 스테르마리아 자작부인"이라 인쇄된 명함 위에, 내가 초대한 여인은 써놓았다. '매우 유감스러우나 뜻하지 않은 일이 생겨 오늘 저녁 불로뉴 숲의 섬에서 당신과 같이 식사 못하게 됨. 몹시 기다렸사온데. 나의 영지인 스테르마리아에서 더 자세한 사연을 올리겠음. 사죄와 우정을 표하며." 나는 충격을 받은 나머지 어이가 없어 옴짝달싹 못했다. 명함과 봉투가 발사 뒤의 탄피처럼 발에 떨어졌다. 나는 그걸 주워 내용을 분석했다. '그녀는 불로뉴 숲의 섬에서 나와 같이 식사할 수 없노라 말한다. 그렇다면 다른 데서라면 식사할 수 있다는 결론이 나올지도 모른다. 이쪽에서 그녀를 데리러 가는 게 무례할지 모르나 요컨대 그렇게 해석할 수 있을지도 모른다.' 나흘 전부터 내 사념은 이 불로뉴 숲의 섬에 스테르마리아 부인과 함께 지레 자리잡아왔으므로, 거기서 사념을 다른 데로 돌릴 수가 없었다. 내 욕망은 이미 오랜 시간 동안 뒤쫓아간 비탈을 무의식적으로 걸어나갔다. 또 이 편지에도 불구하고, 욕망을 이겨내기엔 너무나 최근의 것이라서, 마치 시험에 합격 못한 학생이 더 질문에 대답하고 싶어하듯, 나는 본능적으로 여전히 외출할 준비를 하였다. 겨우 나는 프랑수아즈한테 가서 아래로 내려가 마부에게 돈을 치르라고 부탁하기로 하였다. 복도를 건너가도 프랑수아즈가 안 보여 식당을 지나가려니까, 갑자기 내 발소리가 여태까지 그랬듯이 마루에 울리지 않고, 고요 속에 꺼져가지 않는가. 그 원인을 알아보기 전에도 그 괴괴한 정적은 나에게 질식과 감금을 느끼게 하였다. 까닭인즉, 부모님의 귀가에 앞서, 마루에 깔기 시작한 융단 때문이었다. 이 융단은 운수 좋은 아침나절에 매우 아름다워, 그 혼잡 가운데 해가 들판에 나가 점심 먹자꾸나 데리러 온 친구처럼 우리를 기다리고, 그 위에 숲의 눈길을 던지는 융단이었는데, 지금은 그와 반대로 이 융단은, 내가 거기서 살아야 하고 가족끼리 식사해야 하는, 다시는 자유롭게 외출 못할지도 모르는 겨울철 감옥의 첫 설비였다.

"넘어지지 않도록 주의하세요, 아직 못을 박지 않았으니까." 프랑수아즈가 내게 소리쳤다. "등불을 켜놓을걸. 벌써 섹탕브르(Sectembre)*도 다 가고, 좋은 날씨도 다 갔어요."

곧 겨울이다. 창 모퉁이 갈래의 유리처럼, 눈이 얼어붙는다. 또 샹젤리제에도 기다리는 젊은 아가씨들 모습은 안 나타나고, 참새 떼만 보인다.

스테르마리아 부인과 못 만나는 실망을 더 지독하게 한 것은, 일요일 이래, 내 쪽에선 매 순간마다 오로지 이 만찬을 위해서만 살아왔는데, 그녀는 한번도 그것을 생각지 않은 듯한 사실이다. 뒤에 가서, 나는 그녀가 한 젊은이와 맹랑한 연애결혼을 한 것을 알았는데, 이미 이때에 그녀가 이 젊은이하고 만난 게 틀림없어, 그 때문에 내 초대를 깜빡 잊어버렸던 것이다. 그도 그럴 것이 그녀가 내 초대를 기억하고 있었더라도, 처음 약속에선 그녀에게 마차를 보내마 하지 않았기 때문에, 틈내지 못함을 내게 알려주려고 그 마차를 기다렸을 리가 없다. 안개 긴 섬 안에 봉건적인 젊은 처녀에 대한 내 꿈이 아직 존재하지 않는 사랑에 길을 터놓았다. 이제야 나의 실망, 노여움, 거부한 여인을 다시 붙잡으려는 절망적인 욕망, 감수성까지 더하면서, 여태까지 상상력만으로 유약하게 그려온 있을 법한 사랑을 붙들 수 있었다.

우리 추억 속에, 아니 더 많은 망각 속에 젊은 아가씨들과 젊은 여인들의 갖가지 얼굴, 마지막 순간에 몸을 살짝 뺐으므로, 오직 그 때문에 우리가 매력과 다시 만나고 싶은 미칠 듯한 욕망을 덧붙이게 된 여인들의 얼굴이 얼마나 많은가! 스테르마리아 부인에 대해선 그 이상의 것이 있었다. 그녀를 사랑하려면, 아주 선명한, 그러나 너무 짧은 인상을 되살리기 위해서 하는 재회만으로 충분했다. 상황이 달리 돌아가, 나는 그녀를 다시 못 만났다. 내가 사랑한 건 그녀가 아니었다고 하나 그녀일 수도 있었을 것이다. 내가 오래지 않아 품게 되는 큰 사랑을 어쩌면 더 잔혹하게 만드는 것들 가운데 하나는, 내가 이 저녁의 일을 떠올리면서, 그때에 조금만 상황이 달랐다면, 이 사랑은 다른 데, 즉 스테르마리아 부인에게 갔을지도 모른다라는 점이다. 나중에

---

* 9월, 곧 Septembre이지만 프랑수아즈가 잘못 발음한 말.

내게 사랑을 불어넣은 여성에게 기울인 사랑은, 따라서—내가 그렇게 믿고 싶었고 믿을 필요가 있었던 것과는 달리—절대적으로 불가피한 숙명적인 것이 아니었다.

프랑수아즈는 나에게 불을 붙이기 전에 이곳에 있으면 안 된다고 말하면서, 나를 혼자 식당에 두고 나갔다. 프랑수아즈는 식사 준비를 하러 갔다. 아직 부모님은 안 돌아오셨는데도 이 저녁부터 내 은둔 생활이 시작되었기 때문이다. 찬장 구석에 놓여 있는 아직 두루마리인 융단 꾸러미를 본 나는, 거기에 머리를 숨기며, 먼지와 흐르는 눈물을 마시면서, 초상 때 머리에 재를 뒤집어쓰는 유대인처럼 흐느껴 울기 시작했다. 몸이 부르르 떨려왔는데, 방이 추웠기 때문만이 아니라, 체온이(위험에 맞서, 또한 저항할 마음이 나지 않는 쾌감에 맞서) 두드러지게 떨어져 내 눈에서 방울방울 스며드는 찬 이슬비처럼 하염없이 흘러나오는 눈물 때문이기도 하였다. 느닷없이 한 목소리가 들려왔다.

"들어가도 좋은가? 자네가 식당에 있을 거라고 프랑수아즈가 말하더군. 자네만 좋다면 어디 가서 같이 식사하려고 찾아왔네. 자네 몸이 불편하지 않다면 말이야, 칼로 벨 만큼 짙은 안개가 낀 날씨니까."

로베르 드 생루였다. 아직 모로코나 바다에 있겠지 생각했는데, 오늘 아침에 닿은 것이다.

우정에 대한 내 생각은 이미 말했다(본인도 모르는 사이에 그것을 자각하는 데 도와준 이는, 바로 발베크에서의 로베르 드 생루였다). 곧, 우정이란 하찮은 것이라는 내 생각으로, 어떤 천재들, 이를테면 니체 같은 이가 우정에 지적인 값어치를 부여해, 따라서 지적인 존경이 연관되어 있지 않은 우정을 거부하는 소박함을 가졌던 걸 이해하기가 어렵다. 그렇다. 지나치게 양심적인 나머지, 바그너의 음악에 등을 돌리기까지 그 자신에 대한 성실함을 밀고 나간 인간이, 본디 애매하고도 불충분한 일반적으론 행위, 개인적으론 우정인 그 표현 양식 속에 참을 실현할 수 있거니 생각하거나, 친구를 만나려고 제 일을 그만두거나, 또 루브르에 불났다는 거짓 소식을 듣고 친구와 같이 울어대는 행위 속에 어떤 뜻이 있다고 생각하는 모습을 본다는 것은 늘 놀라움이었다. 그러므로 나는 발베크에서 정신 생활에 우정보다 덜 해로운, 적어도 정신 생활과 관계없는 젊은 아가씨들과 노는 재미를 맛보기에 이르고 말았다. 우정의 모든 노력은 우리 자신의 진실되고 전달할 수 없는(예술의 수단을 쓰지 않고선) 유일한 부분을 표면적인 자아 때문에 희생하는 일이다. 이런 표면적 자아 또한 그 자신 안에서 기쁨을 발견하는 것이 아니라, 외적인 받침대에 서 있다는, 남에게 환대받고 있다는 느낌에서 어렴풋한 감동을 맛본다. 남이 주는 보호에 행복을 느끼니까, 그 안락함을 시인함으로써 빛나게 하고, 제 자신의 경우라면 결점이라 이름 붙일 또 고치고자 애쓸 남의 성실에 감탄한다. 하기야 우정을 경멸하는 인간은 착각에 빠지는 일 없이, 조금은 뉘우치면서도 최상의 친구일 수 있다. 마찬가지로 마음속에 걸작을 품어, 자기 의무란 일에 파묻혀 사는 데 있을 거라 느끼는 예술가라 하더라도, 이기주의자로 보이지 않으려고 또는 그럴 위험성을 없애려고, 쓸데없는 까닭 때문에 목숨을 거는 적도 있는데, 목숨을 안 거는 쪽을 더 좋아했을지도 모르는 그 까닭이 그에게 아무래도 좋은 까닭이었기에 더욱 용감무쌍하게 거는 적도 있다. 하지만 우정에 대한 내 소견은 제쳐놓고, 우정이 내게 준 기쁨, 피곤과 권태의 중간쯤 되는 무엇과 비슷한 평범한 기쁨에 대해서만 말한다면, 이따금 귀중품이 되어 우리 자신으로서는 얻을 수 없는 열을 돋우는 힘이 없을 만큼, 불길한 물약이 될 수 없는 것은 아니다.

한 시간 전에 그러고 싶었듯, 리브벨의 여인들을 다시 만나게 해달라고 생루한테 부탁하는 소망에서 나는 물론 동떨어져 있었다. 스테르마리아 부인에 대한 한이 내 마음속에 남긴 흔적이야 그렇게 빨리 지워지지 않겠지만, 그러나 마음속에 행복감이 일어날 아무 이유도 못 느끼게 된 이 순간에, 생루가 왔다는 사실, 이는 착함의, 쾌활의, 생명력 같은 것이었으니, 그것은 틀림없이 내 바깥에 있다가, 내게 스스로 와서, 내 것이 되기를 원하고 있을 뿐이었다. 생루도 내가 왜 그렇게 감사하거나 눈물을 흘리거나 감격하거나 하는지 몰랐다. 역설적이지만 외교관, 탐험가, 비행사, 또는 생루 같은 군인, 이런 친구들 가운데 한 사람만큼 다정한 이가 또 있을까. 다음 날 들판에 돌아가 거기서 어디로 갈지 모르는 이들은, 우리에게 바치는 저녁에, 그것이 드물고 짧은 만큼 그들에게 얼마나 감미로운 것인지, 그리고 그것이 그들의 마음에 들었는데도 더 이상 길어지거나 자주 되풀이하려고 안 하는 데 우리가 놀라는, 그런 인상을 그들 자신을 위해 지어내는 성싶다. 우리와 같이 하는 식사, 이 하찮은 일이, 파리의 큰길이 아시아 사람에게 주는 바와 똑같은 기이하고도 그윽한 기쁨을 이들 나그네에게 주는가 보다. 우리 둘이 같이 저녁 식사를 하러 집을 나와 계단을 내려가니까 퍼뜩 동시에르가, 거기 서 저녁마다 식당에 생루를 만나러 갔던 일, 그리고 잊어버렸던 그곳 작은 식당들이 머리에 떠올랐다. 그 가운데 한 군데, 까맣게 잊어버렸던 식당이 기억났는데, 생루가 저녁 식사하는 호텔이 아니라, 퍽 수수한, 여관과 하숙 집의 중간쯤 되는 곳으로 주인 마누라와 하녀 하나가 음식을 차려 냈다. 내 리기 시작한 눈이 거기에 내 발길을 멈추게 했던 것이다. 게다가 그날 저녁 로베르가 호텔에서 식사하지 않게 되어 있는지라, 나는 더 멀리 가고 싶지 않았다. 위층, 전부 목조인 작은 방 안에 내가 주문한 요리를 가져왔다. 식 사 도중 등불이 꺼져 하녀가 양초 두 개에 불을 붙였다. 나는 어두워서 안 보이는 척하며 접시를 하녀 쪽으로 내밀면서, 하녀가 접시에 감자를 담는 동 안 그녀를 이끄는 듯 그 벗은 팔뚝을 꼭 잡았다. 하녀가 팔뚝을 안 빼내는 걸 보고서 나는 팔뚝을 어루만지다가 말 한마디 없이, 내 쪽으로 하녀를 끌 어당겨, 양초를 불어 껐다. 돈을 줄 셈으로 내 주머니를 뒤지라*고 일렀다. 그 뒤 며칠 동안, 육체적 쾌락을 맛보기엔 이 하녀뿐만 아니라 나무로 된 외 딴 식당도 필요한 듯한 느낌이 들었다. 그렇지만 동시에르를 떠나는 날까지, 습관과 우정에 의하여, 나는 매일 저녁 로베르와 그 친구들이 식사하는 식당 쪽으로 발길을 옮기곤 했다. 그런데도 그가 친구들과 식사한 호텔마저 내 머 리에 떠오르지 않게 된 지 오래였다. 우리는 생활을 거의 이용하지 않고, 여 름의 황혼 또는 겨울의 이른 밤 속에 평온과 기쁨이 조금 깃들어 있는 성실 은 몇몇 시간을 미완성인 채로 버려둔다. 그런데 이런 시간은 전혀 잃어버린 것이 아니다. 머잖아 곧 다시 새로운 쾌락의 순간이 노래할 때(이 또한 가느 다란 선밖에 남기지 않고 덧없이 지나가나) 지나간 시간은 이 노래, 풍부한 교향곡의 토대와 밀도를 가져다준다. 이와 같이 지나가는 시간은 그 전형적 행복 가운데 하나에까지 뻗어나가 이따금밖에 나타나지 않으나 계속해서 존 재한다. 지금의 경우 그것은, 추억 덕분에 자연의 풍경 속에 여행의 기대를 숨겨두고, 쾌적한 분위기를 되살리면서, 잠든 삶을 정력과 온 애정으로 흔들 어놓고자, 나 혼자의 노력이나 사교적인 심심풀이로 얻는 것과는 아주 다른

---

* me fouiller. '내 몸을 더듬다'라는 뜻도 됨.

깊은 기쁨을 전달코자 온 벗과 같이 저녁 식사를 하기 위해 그 밖의 모든 걸 포기함이었다. 이런 벗에게야말로 우리는 정성을 다 쏟아, 이 시간의 칸막이 안에서 태어나, 그 칸막이 안에 그대로 갇힌 채, 다음 날 계속되지 않을지도 모르는 우정의 맹세를 하려고 한다. 그러나 나는 생루에게 그런 맹세를 거리낌 없이 할 수도 있었으니, 수많은 슬기로움과 용기와 우정이 깊어 갈 수 없다는 예감을 담은 마음에 품고, 다음 날 그가 다시 출발할 테니까.

계단을 내려가면서 동시에르에서 보낸 저녁을 떠올렸는데, 우리가 거리에 나왔을 때, 안개가 가로등 불을 꺼뜨린 듯 빛이 약해 코앞밖에 분간 안 되는 거의 칠흑 같은 어둠은 느닷없이, 어느 날 저녁인가 콩브레에 도착했을 적의 일을 떠올리게 했다. 그때 콩브레 시가는 아직 긴 간격을 두고 하나 둘밖에 불이 켜 있지 않아, 큰 초보다 덜 환한 타다 남은 초로 겨우 여기저기 별이랍시고 꾸며놓은 성탄절의 구유같이 축축하고 미지근한 어둠 속을 더듬어갈 수밖에 없었다. 이미 기억에 흐릿한 콩브레의 이해와 아까 커튼 위에 다시 본 리브벨의 저녁은 얼마나 다른가! 나는 이를 깨닫는 데 어떤 감동, 만일 나 혼자였다면 풍요하게 열매 맺었을지도 모르는 감동, 또 이 작품이 이를테면 그 이야기인데, 내가 자신에게서 찾아볼 수 없는 천직을 자각할 때까지, 그로부터 더 거쳐야 했던 보람 없는 숱한 세월의 에움길을 걷지 않아도 되었을 것을. 만일 그런 자각이 이 저녁에 일어났더라면 마르탱빌의 종탑의 묘사문—바로 얼마 전에 찾아내 손질해서 〈피가로〉지에 보람 없이 보낸 글—을 내가 그 자리에서 긁적거렸던 페르스피에 의사의 마차보다 이 마차가 나한테 더 기념할 만한 것으로 남았으리라. 이는 우리가 지나간 세월을 하루하루 순서에 따라 재생하는 게 아니라, 어느 아침 또는 어느 저녁의 냉기 또는 햇볕 속에 엉기어 굳은 추억으로 재생하기 때문일까? 외딴, 울타리 친, 움직이지 않는, 멈추고 잃어버린, 그 밖의 모든 것에서 먼 어느 풍경의 그림자를 받기 때문일까? 그리고 또 바깥에서뿐만 아니라, 우리 꿈과 성격의 발전에, 모르는 사이, 한 세월에서 아주 다른 세월의 생활로 우리를 이끈 단계적으로 된 변화가 모두 없어져버려, 만일 우리가 다른 해부터 미리 뺀 딴 추억을 되살린다면, 빈틈과 망각의 널따란 면 탓으로, 해발이 다른 깊은 못 같은, 호흡하는 분위기와 주위의 색채가 비교 안 되는, 동시에 성립될 수 없는 두 성질 같은 것을 그 사이에서 발견하기 때문인가? 연이어 내가 막 품은 콩브레와 동시에르, 리브벨의 추억 사이에, 때의 거리 이상의 것, 소재가 같지 않은 다른 우주 사이에 있을 거리를 이 순간에 나는 느꼈다. 만일 내가 어느 작품 가운데 리브벨에 대한 가장 보잘것없는 추억이 새겨져 있는 것처럼 느껴지는 소재를 묘사해보고 싶었다면, 여태까지 콩브레의 거무튀튀하고 거친 사암(砂岩)과 비슷하다고 생각한 재료에 장밋빛 무늬를 넣고, 단숨에 반투명한, 올이 촘촘한, 산뜻하고도 잘 울리는 것으로 바꿀 필요가 있었으리라.

그러나 그렇게 생각했을 때, 로베르가 마부에게 설명을 끝내고 나서 마차 안에 들어왔다. 내 앞에 나타나 있던 많은 사념이 사라졌다. 이런 사념이란 이따금 죽을 듯이 외로운 인간한테 길모퉁이에서 나타나주는 여신, 자고 있을 때는 방 문 앞에 와서 계시를 가져다주는 여신이다. 하지만 두 사람이 되자마자 여신은 바로 사라져, 교제하는 인간은 결코 여신을 못 본다. 나는 우정 속에 다시 빠졌다.

로베르는 집에 왔을 때부터, 안개가 짙다고 경고했는데, 우리 둘이 얘기하는 동안에도 안개는 계속해서 짙어갔다. 이제 그것은, 섬에 일어 스테르마리아 부인과 나를 감싸주길 바라던 엷은 안개가 아니었다. 두어 걸음에 가로등은 꺼져, 들판 한가운데같이 깊은, 숲 속, 아니 차라리 가보고 싶던 브르타뉴의 포근한 섬 가운데같이 깊은 밤이었다. 어떤 북방의 바닷가에서 길을 잃어 여러 차례 죽을 고비를 넘긴 뒤 겨우 한적한 주막에 닿는 그런 기분이었다. 인간이 찾는 신기루이기는커녕, 안개는 인간이 그것에 맞서 싸우는 위험, 길을 찾아내 무사히 항구에 닿고자 하는 고생과 불안, 또 어쩔 줄 몰라 어리둥절한 나그네에게 드디어 안전이 가져다주는 환희를 겪는 위험 가운데 하나가 되었다—이를 잃을 걱정 없는 이들이야 모르겠지만. 우리가 모험적으로 돌아다니는 동안에 단 한 가지가, 잠시 나를 성마른 놀라움에 빠뜨렸으므로 하마터면 내 즐거움을 망칠 뻔했다. "여보게, 블로크한테 얘기했네." 생루가 말했다. "자네가 놈을 전혀 안 좋아하거니와 속된 놈으로 여기고 있는 걸 말이야. 이게 나라는 인간이지, 상황을 딱 잘라 말하기를 좋아하지." 그는 만족한 듯이, 대꾸를 허락하지 않는 투로 말했다. 나는 어이가 없었다. 나는 생루가 가진 우정의 성실성에 빈틈없는 믿음의 정을 기울이고 있을 뿐만 아니라, 그걸 블로크한테 한 말로 저버렸지만, 또한 그의 장점뿐 아니라 그 단점—어느 정도 솔직성이 모자라리만큼 예의범절에 까다로운 교육으로 얻은 비범한 소양을 봐서라도 그런 짓을 못 할 것처럼 여겼던 것이다. 그의 의기양양한 태도는 하지 말았어야 옳을 줄 아는 어떤 일을 고백하면서 당황을 감추려고 취한 것이었나? 무의식으로 그랬나? 아니면 내가 미처 모르는 단점에서 비롯하는 어리석음인가? 나에 대한 순간적인 악감정의 발작이 그로 하여금 나를 버리게 하였나, 아니면 블로크한테 화가 나 나를 끌어들이면서까지 뭔가 불쾌한 일을 말하고 싶었던 한때 좋지 못한 기분의 발작 탓인가? 게다가 그의 얼굴에는 이런 속된 말을 지껄이는 동안, 내가 그 얼굴에서 평생 한두 번밖에 보지 못한 추악한 굴곡을 새겨냈는데, 처음에 그 주름이 얼굴 한가운데를 따라다니다가 입가에 닿자 아래위 입술을 일그러뜨려, 틀림없이 유전적이자 한동안 거의 짐승 같은 얼굴의, 흉하고도 비열한 표정을 짓게 했다. 아마도 두 해마다 한 번쯤 나타나겠지만, 어느 조상의 인격 같은 것이 번적 비춰지고, 이때에는 틀림없이 그 자신의 자아가 부분적으로 모습을 감출 것이다. 로베르의 만족스러운 태도와 똑같이 '상황을 딱 잘라 말하기를 좋아하지' 하는 그 말도 이런 의심을 자아내어, 마땅히 같은 비난을 불러올 만했다. 나는 생루에게 말하고 싶었다, 그토록 상황을 딱 잘라 말하기를 좋아한다면, 자네에 대해 이쪽도 시원하게 말해둘 필요가 있다, 남을 희생시켜서 자기만 덕성스러운 체하지 말라고. 그러나 벌써 마차는, 불타오르는 듯 밝은 널따란 앞면만이 어둠을 꿰뚫고 빛나는 식당 앞에 멈추고 있었다. 안개도, 안의 쾌적한 밝음에 의하여, 주인의 기분을 드러내는 사내종의 기쁨과 더불어 보도까지 나와 출입구를 가리키는 듯했다. 가장 미묘한 무지갯빛으로 빛나며, 히브리인을 인도한 불기둥처럼 출입구를 가리켰다. 그리고 또 손님 가운데에는 히브리인이 많았다. 블로크와 그 친구들이 종교 의식의 단식, 적어도 한 해에 한 번 행하는 단식만큼이나 굶주려, 커피와 정치의 관심에 허기져 저녁에 모이는 게 이 식당이었기 때문이다. 온갖 정신적인 자극은 으뜸가는 가치를 주어, 거기에 애착을 느끼는 습관을 고상하다고 여기게 마련이라, 그 주위에 동호인이 모이는 단체를 이루지 않는 게 없는데, 그 단체에선 저마다 다른 회원의 존경을 받기를 평생 소원으로 삼는다. 아무리 작은 시골 시가에도 음악에 열광하는 자들이 있다. 그들 대부분의 시간과 그 돈의 가장 뚜렷한 쓰임새는 실내악 연주회나 음악을 논하는 모임, 음악 애호가들이 드나드는, 또 음악가들과 팔꿈치를 맞대는 카페 출입에 쓰인다. 또 비행기에 열중하는 사람들은 비행장의 높은 곳에 자리잡은 유리 낀 바의 고참 사환 눈에 잘 보이고 싶어한다. 마치 등대의 유리 방 속에서처럼, 바람을 피해 그때 비행기에 오르지 않은 비행사와 함께, 공중회전을 하는 조종사를 눈으로 뒤쫓는다. 한편 조금 전 시야에 없던 다른 비행기가 갑자기 착륙하는 모양을 취해 아라비아의 커다란 새 로크(rokh)[1]같이 무시무시한 날갯소리를 내면서 습격해온다. 졸라 소송 사건의 짧은 감동을 언제까지나 깊게 지니고자 모이는 작은 그룹도 이런 카페를 중히 여겼다. 그러나 그들은 카페의 다른 단골손님들, 카페 두 번째 홀의, 초록빛으로 꾸민 얇은 난간에 의해 다른 홀과 사이 둔 방을 쓰는 젊은 귀족들 눈에 고얀 놈으로 보였다. 젊은 귀족들은 드레퓌스와 그 한패를 반역자로 생각했다. 스무 해가 지나면, 여러 사상이 정리되는 기간을 가져, 드레퓌스주의도 역사에서 좀 우아한 빛을 띨 것이다. 그때 이 젊은 귀족들의 과격파이자 왈츠를 추는 아들들은, 질문해오는 '지식인'에게, 만약 그 시대에 살았다면 당연히 드레퓌스파였지, 하고 드레퓌스 사건이 뭐였는지, 에드몽 드 푸르탈레스 백작부인 또는 갈리페 후작부인 같은 사람들이 태어난 날 이미 저승에 간 미인들을 모르듯 잘 모르면서도, 딱 잘라 말할 테지만. 왜냐하면 안개 낀 이 저녁, 앞으로 회고적 드레퓌스파에 속할 젊은 지식인의 아버지가 될 카페의 젊은 귀족들이 아직 미혼이었기 때문이다. 물론 부잣집 딸과 결혼하기를 모두 노리는 바였으나, 아직 아무도 이루지 못하고 있었다. 여러 젊은 귀족들이 함께 바라 마지않는 부잣집 딸과의 결혼은(몇몇 '부유한 혼사 자리'가 물망에 오르고 있긴 하나, 요컨대 막대한 지참금의 소유자 수는 그것을 간절히 바라는 구혼자의 수보다 훨씬 적어) 이 젊은이들 사이에 경쟁을 일으킬 가능성만 주었을 따름이다.

불운하게도 생루는 식사가 끝나자 우리를 데리러 오도록 마부에게 일러두려고 잠시 지체하여, 나는 혼자 들어가야 했다. 그런데 맨 먼저 익숙하지 않은 회전문에 들어갔다가, 빠져나오지 못할까 봐 걱정되었다(더 정확한 낱말을 좋아하는 이들에게 말하거니와, 이 회전문은 그 평화로운 겉모습에도 불구하고, 영어의 revolving door에서 온 porte revolver[연발 권총의 문][2]라고 불린다). 이날 저녁, 이 식당 주인은 밖에 나가 몸을 적시지도 않거니와 단

---

[1] 아라비아 전설에 나오는 성스러운 새.

[2] 영어 revolver(연발 권총)은 revolve(회전하다)에서 비롯한 낱말.

골손님들의 곁을 떠나지도 못해 출입구 가까이 서서, 여기까지 오는 데 고생하며 길을 잃을까 봐 걱정했던 손님들이 도착하자 이제 살았다는 표정을 빛내며 지껄이는 즐거운 푸념을 듣는 기쁨을 누리고 있었다. 그런데 그 접대의 싱글벙글하는 다정스러움은 빙빙 도는 유리 안에서 빠져나올 줄 모르는 낯선 손님을 보자 사라지고 말았다. 이 명백한 무지의 증거에 그는 '합격'이라는 판정을 내리고 싶지 않은 시험관처럼 눈살을 찌푸렸다. 거듭 운수 사납게 내가 귀족 전용으로 남겨둔 홀에 앉으러 가니까, 그는 거기서 나를 난폭하게 끌어내려 무례한 태도로 다른 홀의 한 자리를 가리켰고, 곧바로 모든 사환들은 그 행동을 본받았다. 거기 앉으라고 말한 의자는 벌써 사람으로 가득한 만큼, 또 나 있는 정면에 히브리인의 전용문, 회전식이 아니라, 끊임없이 열리고 닫혀 무시무시한 찬바람이 불어오는 만큼 아무래도 내 마음에 덜 들었다. 그러나 주인은 "안 됩니다, 손님. 당신 한 사람 때문에 다른 손님에게 누를 끼치진 못합니다" 말하면서 다른 자리를 내주지 않았다. 게다가 오래지 않아 그는 새로 들어온 손님 하나하나에 사로잡혀, 때늦게 온 귀찮은 식사 손님인 나를 잊어버렸다. 새로 들어온 손님들은 맥주 한 잔, 영계 날개쪽 찬 고기나 그로그(grog)*¹를 주문하기 전에(저녁 식사 시간이 지난 지 오래) 옛 소설에 나오듯, 이 따스함과 안전의 피난처, 이제 막 벗어난 곳과는 대조적으로 모닥불 가에서 담소하는 즐거움과 우정이 감도는 피난처에 들어서자 저마다 겪은 모험담을 말함으로써 각각 제 몫을 치러야 했다.

한 사람은 얘기하기를, 타고 온 마차가 콩코르드 다리에 이르렀다 여기면서 실은 앵발리드를 세 번이나 빙빙 돌았다고 하였다. 다른 한 이는 마차가 샹젤리제의 큰길로 내려가려고 하다가 롱푸앵(Ront-Point)*²의 밀림 속에 들어가버려 거기서 나오는 데 45분이 걸렸다고 했다. 다음에 안개, 추위, 거리의 쥐죽은 듯한 정적에 대한 불평 소리가 계속되는데, 내 자리를 제외하고는 부연 안개에 익숙해진 눈을 깜짝거리게 하는 강렬한 조명, 귀의 활동을 활발하게 하는 담소의 시끄러움에 이끌려 좀처럼 볼 수 없는 쾌활한 태도로 그런 이야기를 말하거나 듣고들 있었다.

이곳에 온 자들은 잠자코 있을 수 없었다. 사람들마다 저 혼자만이 겪었다

---

*1 럼주(酒)에 물을 탄 음료.
*2 원형 광장(圓形廣場).

고 여기는 갑작스런 변화의 특이성이 그들의 혀를 열나게 하여, 대화를 나눌 상대가 없을까 눈으로 찾고들 있었다. 식당 주인 자신도 신분 차의 감각을 잃었다. "푸아 대공님께선 생마르탱 문에서 오시는 동안 세 번이나 길을 잃으셨답니다." 그는 마치 소개라도 하듯이, 이 유명한 귀족을 이스라엘인 변호사, 초록빛 초목으로 꾸며진 칸막이보다도 더 넘기 어려운 울타리로 대공에게서 격리된 적이 있는 변호사에게 가리키며 웃으면서 무람없이 말했다. "세 번이나! 놀랐는데요." 변호사는 모자에 손을 살짝 대며 말했다. 대공은 스스럼없는 말을 싫어했다. 이 사람은 상대가 귀족이라도 일류 귀족이 아니면 오만한 태도를 짓는 걸 유일한 일로 삼는 듯싶었다. 이를테면 상대의 인사에 응하지 않는다. 만약 예절 바른 상대가 다시 인사하면 거만한 태도로 냉소하든가 화난 것처럼 머리를 뒤로 젖힌다. 친절히 돌봐준 노인을 만나도 악수와 인사는 주로 공작들이나 공작에게 소개받은 절친한 벗들에 한한다. 이러한 것이 젊은 귀족, 특히 푸아 대공의 태도였다. 이런 태도는 초기 젊음의 바탕에 의해 조장되나(부르주아의 경우에도, 젊은이는 배은망덕한 상스러운 놈이 되기 쉬우나, 예를 들어 아내를 갓 여읜 은인한테 석 달 동안이나 추도문을 잊고 보내지 않다가, 더 간략하게 해치우고자 은인에게 인사조차 안 하게 되는 것같이), 특히 지나치게 과민한 세습적 계급의 속물근성에 뿌리박고 있다. 나이 들면 안달복달하는 애정의 표시가 누그러지듯, 이 속물근성은 흔히 그토록 참을 수 없는 젊은이던 이들에게서도 그토록 밉살스러운 투로 나타나지 않는 게 사실이다. 한번 젊음이 지나면, 대부분의 인간은 오만한 말과 행동 속에 그대로 죽치고 있지 않는다. 처음 세상엔 오만만이 존재하는 줄 알다가, 느닷없이, 설령 대공일지라도, 세상에 음악, 문학, 그 위에 대의사라는 것도 있음을 발견한다. 그러자 인간 값어치의 순서가 바뀌어, 전에는 눈총으로 쏴 죽이려던 사람들과도 대화를 나누게 된다. 그러한 사람들 가운데, 기다리면서 인내하는 힘을 가진 이들, 스무 살 적에 무뚝뚝하게 거절당한 호의와 후대를 마흔 줄에 접어들면서 받는 기쁨을 느낄 줄 아는 성격을 가진 이들에게 행운이 있을지어다!

푸아 대공에 대하여 마침 좋은 기회이니 말해두지만, 그는 열두 명에서 열다섯 명쯤의 젊은이들 무리에, 좀더 좁혀 네 명의 무리에 속했다. 열두 명에서 열다섯 명쯤의 그룹은 그들이 저마다 이중 양상을 띠고 있다는 특징, 대공에겐 없는 특징을 갖추고 있었다. 빚에 쪼들리는 그들은 출입 상인들 눈에는, 입으론 기꺼이 "백작님, 후작님, 공작님……" 하고들 부르지만, 하찮은 인간으로 비쳤다. 이들은 아직도 '돈 부대'라 불리는 그 '부잣집 딸과의 결혼'으로 곤경에서 벗어나려고 했다. 그리고 이들이 탐내는 막대한 지참금의 수효가 네다섯밖에 없어서, 이들 가운데 몇 명이 슬그머니 같은 한 아가씨를 노리고 있었다. 꿍꿍이속이 어찌나 잘 지켜졌던지 이들 가운데 하나가 카페에 와서 "친구들, 나는 자네들을 더할 수 없이 좋아하니까 앙브르사크 아가씨와 내 약혼을 안 알릴 수 없단 말이오" 말했을 때 너무 놀란 나머지 몇몇 고함이 터져나올 정도였다. 이들 가운데 몇 명이 그녀와 자신과의 혼담이 마무리되는 줄 믿어왔기에, 터져나오려는 노기와 크게 놀라 외치는 고함을 죽이는 데 필요한 법정을 갖지 못하여, "그럼, 비비 자넨 결혼하는 게 기쁜가?" 하고, 경악과 실망에 포크를 떨어뜨린 채, 샤텔로 대공은 참을 수 없어 소리질렀다. 그도 그럴 것이 그는 앙브르사크 아가씨의 약혼이 오래지 않아 알려지겠지만, 그 상대는 자기, 샤텔로이거니 믿어왔기 때문이다. 하기야 그의 아버지가 앙브르사크네 사람들에게 비비의 어머니에 대해 이러니저러니 꾀바르게 얘기해둔 일은 하늘만 아신다. "그럼 자넨 결혼하는 게 기쁜가?" 참을 수 없어 그는 다시 한 번 비비에게 물었건만, 비비는 혼담이 '거의 공식적으로' 정해졌을 때부터 취할 태도를 잘 생각해볼 틈이 있었으므로, 차근차근 미소 지으며 대답했다. "결혼한다는 사실이 기쁜 게 아냐. 난 전혀 바라지 않았던 일이지만 상대가 내 마음에 썩 드는 앙브르사크이고 보니 결혼한다네." 이 대답이 계속되는 동안, 샤텔로 씨의 흥분은 가라앉아, 궁리하기를, 일이 이렇게 되었으니 되도록 속히 라 카누르크 아가씨나 포스테르 아가씨, 다시 말해 제이 후보 제삼 후보 쪽으로 방향을 바꿔야 한다. 또 앙브르사크 아가씨와의 결혼을 기다리고 있는 채권자들에겐 좀더 참아주기를 부탁하고, 또 앙브르사크 아가씨야말로 호감이 가는 여성이라고 제 입으로 들려주어온 이들에겐, 이 결혼이야 비비한테 안성맞춤일지 모르나, 자기가 이 아가씨와 결혼한다면 가문의 모든 사람들과 사이가 틀어질 것이라 설명해야 하리라. 솔레옹 부인 같은 분은, 그 따위 결혼만 해봐라 내 집에 발도 들여놓지 못하게 할 테니, 라고까지 말한다고 그는 우겨댈 셈이었다. 식당의 주인, 출입 상인 등등의 눈에 하찮은 인간으로 보였을망정, 이중 존재인 그들은 사교계에 모습을 나타내자마자 그들의 파산과 그것을 회복해보려고 골똘하는 서글픈 생업에 준해 평가되지 않았다. 어엿하게 아무개 대공, 아무개 공작으로 다시 되어, 오로지 그들 족보의 대(代)에 준해 계산되었다. 거의 백만장자이자 모든 것을 한 몸에 갖추고 있는 듯 보이는 공작이 그들에게 길을 비킨다. 그도 그럴 것이 한 집안의 우두머리인 그들의 조상이 옛적에 화폐 주조권(鑄造權) 등등의 온 권리를 장악한 작은 고장의 군주였기 때문이다. 가끔 이 카페 안에서 한 귀족이 다른 한 귀족이 들어올 때 굳이 인사하러 오지 않도록 눈을 내리감는다. 이는 돈이 들어올 수단을 궁리해 은행가를 저녁 식사에 초대했기 때문이다. 사교계의 인사는 이러한 상태에서 은행가와 거래를 틀 적마다 10만 프랑쯤 손해를 보는데도, 다른 은행가와 같은 거래를 되풀이한다. 교회에서 촛불을 켜 들거나 의사의 진찰을 받으러 가는 것을 멈추지 않는다.

그러나 유복한 푸아 대공은, 또한 이 열다섯 명쯤 젊은이들의 우아한 무리에 속했을 뿐만 아니라, 더 좁다랗고 친밀한 네 명의 무리에도 속했는데, 그 가운데 한 사람이 생루였다. 누구나 그들을 함께가 아니고선 초대한 적이 없고, 네 건달(quatre gigolos) *1로 불렸으며, 늘 같이 산책하는 모습이 보이고, 또 이들을 초대하는 별장에선 이들에게 통하는 방들을 주어서 넷이 다 잘생긴 젊은이인 만큼 이들의 절친함에 대해 이러니저러니 하는 소문이 파다했다. 생루에 관한 한 그 따위 소문을 나는 명확히 부인할 수 있었다. 그런데 괴상한 건, 뒤에 가서 이 소문이 네 사람 모두에게 사실이었음을 알았지만, 그 반면에 그들 모두 다른 세 사람이 그런 줄 전혀 몰랐다는 점이다. 그렇건만 그들은 저마다 욕망을 채우려고 했다기보다는 차라리 한을 풀려고, 결혼을 못 하게 하려고, 비밀을 들킨 친구를 두들겨주려고 해선지 몰라도, 다른 세 사람의 사생활을 자세히 알려고 여간 애쓰지 않았다. 또 한 사람, 다섯 번째 젊은이가(네 명의 무리라 하나 언제까지나 네 명만은 아니라서) 이 네 플라톤파*2에 가입했다. 그는 다른 네 명보다 더 심한 플라톤파였는데, 종교상의 양심이 그를 억제시켜, 무리 네 명이 뿔뿔이 흩어진 뒤 그 자신은 결혼해 한 가정의 아버지가 되고, 앞으로 태어나는 자식이 사내 또는

---

*1 직역하면 '네 기둥서방'.
*2 동성연애하는 남자를 가리키는 말.

계집아이이기를 루르드에 가서 기원하는데, 그동안에도 군무에 종사했다.

대공은 매우 아니꼬운 태도를 취했으나, 마음에 썩 안 드는 말이 자기 눈앞에 나왔으면서도 직접 자기에게 맞대놓고 하지 않았다는 사실에 노여움을 조금 누그러뜨렸다. 게다가 이 밤은 뭔가 예사롭지 않은 밤이기도 하였다. 결국 변호사는 이 고귀한 대감을 모시고 온 마부 이상으로 대공과 교제할 기회가 없었다. 그러므로 대공도, 안개 덕분에, 바람이 휘몰아치며 짙은 안개 속에 파묻히는 세계의 끝에 자리잡은 어떤 바닷가에서 만난 나그넷길 동무와도 같은 이야기 상대에게 거만한 태도로, 그렇지만 옆을 향해서 말하는 투로 대답해도 좋겠지 여겼다. "길을 잃었을 뿐만 아니오, 찾아내지 못했지." 이 의견의 정확성이 이날 밤 여러 차례 그런 표현을 듣던 주인의 머리를 후려갈겼다.

사실 이 주인은 듣거나 읽은 것을 이미 알려진 문장과 늘 비교해보는 버릇이 있었는데, 거기서 차이를 보지 못하면 비로소 감탄의 정이 눈뜨는 것이었다. 이 같은 정신은 소홀히 볼 것이 아니다. 그것이 정치적인 대화나 신문 읽기에 적용되면 여론을 형성하고, 더 나아가 매우 큰 사건을 일으킬 가능성이 있다. 독일의 카페 주인 대부분은 손님이나 신문이, 프랑스·영국과 러시아가 독일을 '손에 넣으려 한다'고 말할 때는 그저 감탄하면서도, 아가디르(Agadir)* 사건 때에, 하기야 실제로 터지지는 않았지만, 하마터면 전쟁을 일으킬 뻔했다. 역사가들, 그들이 국민의 행동을 국왕의 의사에 따라 설명하기를 그만둔 게 옳다면, 그 대신에 국왕의 의사를 마땅히 개인의, 평범한 개인의 심리로 대치해야 한다.

내가 조금 전 도착한 이 카페의 주인은, 정치 분야에, 아까부터 드레퓌스 사건에 대한 몇몇 자세한 보도에만 복습 교사의 정신을 발휘하고 있었다. 그는 손님의 담화나 신문란에서 익히 아는 말을 발견하지 못하면, 이 기사는 시원찮다거나 솔직하지 못한 손님이라고 단정했다. 이와는 반대로 푸아 대공에겐 탄복해 마지않아 그 말이 끝나기를 기다리지 못할 정도였다. "옳은 말씀, 대공님, 그럼요, 그렇고말고요(다시 말해 틀리지 않고 암송한다는 말인데), 그렇죠, 암요." 그는 《아라비안나이트》의 표현처럼 '더할 나위 없이

---

* 1911년 모로코에서 일어난, 프랑스와 독일 사이의 국제 분쟁.

만족한 마음에 부풀어올라' 말했다. 그러나 이미 대공은 작은 홀로 사라졌다. 그다음 생활이란 매우 독특한 사건 뒤에도 다시 정상으로 돌아가듯, 안개의 바다에서 빠져나온 이들도, 어떤 이는 음료를 또 어떤 이는 밤참을 주문했다. 이들 가운데, 자키 클럽의 젊은이들도 있었는데, 이날의 예외적인 성격 탓에, 주저없이 큰 홀에 있는 두 탁자에 앉아 있었는데, 내 자리에서 가까웠다. 이처럼 예상치 못한 일이, 작은 홀부터 큰 홀에 이르기까지, 안개 길은 대양의 오랜 배회 끝에 닿은 사람들의 마음을 식당의 안락을 통해 기운차리게 하고, 노아의 방주에 감돌았던 것과 비슷한, 나 혼자만 제외된 친근함을 이룩하고 있었다. 돌연, 나는 주인이 몸을 굽혀 절하고, 지배인과 사환들이 일제히 달려오는 것을 보았다. 그 꼴이 손님들의 눈을 다 그쪽으로 돌리게 하였다. "어서 빨리. 시프리앙을 불러, 생루 후작님께 식탁을!" 주인이 외쳤다. 주인이 보기에 생루는 푸아 대공의 눈에도 그렇듯 진짜 위세로 빛나는 대귀족일 뿐만 아니라, 호화로운 생활을 누려 이 식당에서 큰돈을 쓰는 중요한 손님이었다. 큰 홀의 손님들이 호기심에 찬 눈으로 그를 바라보고, 작은 홀의 손님들은 구두를 막 다 닦은 그들의 친구를 저마다 앞다투어 소리쳐 불렀다. 그러나 그는 작은 홀에 들어서려는 순간, 큰 홀에 있는 나를 언뜻 보았다. "저런!" 그가 외쳤다. "거기서 뭘 하는 거야, 자네 앞에 문이 열려 있는데." 그는 주인에게 화난 눈길을 던지며 말했다. 주인은 당황하여 문을 닫으며 "꼭 닫으라 늘 말해두지만, 워낙" 하고, 잘못을 사환들에게 뒤집어씌웠다.

그에게 가기 위해 나는 내 식탁과 옆에 있는 다른 식탁을 움직여야만 했다. "어쩌자고 거기까지 갔나? 작은 홀보다도 저기서 식사하는 편이 나은가? 하지만 자네, 동상에 걸리지. 이 문을 아주 닫아주쇼." 그는 주인에게 말했다. "네, 곧 그렇게 합죠, 후작님, 지금부터 돌아가시는 손님들을 작은 홀로 나가시도록 하겠습니다." 그리고 그는 정성을 더 잘 드러내려고, 지배인과 몇몇 사환한테 이 업무를 명하고 나서, 일이 제대로 안 되기라도 하면 벨을 크게 울려 위협했다. 그는 내게 과도한 존경의 표시를 보임으로써, 그것이 나의 도착부터가 아니라 생루가 도착한 뒤에 비로소 시작되었음을 잊어버리게 하려 애썼다. 또 내가 그 표시를 부유한 귀족 단골손님이 내게 보인 우정 때문이라고 여기지 않도록, 아주 개인적인 호감을 보이는 성실은 잔잔한 미소를 슬그머니 내게 보내기도 했다.

내 뒤의 한 손님이 한 말이 순간 나를 돌아보게 했다. '영계 날개 쪽 좋은 살에, 샹파뉴 술을 좀, 너무 세지 않은 걸로'라는 말 대신, "나 글리세린 쪽이 좋을 거요. 암, 뜨겁게, 좋아 좋아"라는 말이 내 귀에 들려왔던 것이다. 이 같은 식사를 제 입에 넣는 고행자가 도대체 어떤 사람인지 알고 싶었다. 나는 이 괴상망측한 음식통의 눈에 안 띄도록 재빨리 생루 쪽으로 얼굴을 되돌렸다. 나와도 안면 있는 한낱 의사, 이 의사를 한 손님이 안개를 이용하여 이 카페 안에 데리고 들어와서 건강 상담을 하고 있는 중이었다. 의사들은 주식 상인들처럼 무턱대고 '나'라고 말한다.

나는 로베르를 물끄러미 바라보는 동안 다음과 같은 것을 곰곰이 생각해보았다. 이 카페 안에, 내가 지금껏 아는 수많은 이방인, 온갖 지식인과 서투른 화가들이 있는데 그들의 멋부린 케이프(cape),* 1830년풍 타이, 그 이상으로 어설픈 그들의 동작이 자아내는 웃음을 감수해, 그러거나 말거나 개의치 않음을 보이려다가 더욱 웃음을 야기하는 행동거지를 취하는 그들이야말로 참된 지적·정신적 값어치와 깊은 감수성을 지닌 이들이다. 그들은—특히 유대인들, 물론 동화되지 않은 유대인들, 동화된 유대인들이야 문제되지 않을 테니까—괴상하고도 별난 외모를 참지 못하는 사람들의 마음에 들지 않았다 (블로크가 알베르틴의 마음에 들지 않듯). 그들의 지나치게 긴 머리칼, 너무 큰 코와 눈, 좀 연극적이고 생뚱맞은 몸짓을 하는 별난 점이 있긴 하나, 겉으로만 그들을 판단한다는 것은 유치하다. 그들이야말로 매우 총명하고 마음씨 좋아서, 오래 사귀다 보면 깊이 사랑할 수 있는 사람들임을 널리 인식하기에 이르렀다. 특히 유대인으로 말하면, 그 부모는 고결한 마음, 너그러운 정신, 성실성을 갖추지 않은 이가 드물어, 이에 비하면 생루의 어머니나 게르망트 공작 같은 이는 그 차가운 성격, 남의 비행을 헐뜯기만 하는 천박한 종교심, 그리고 결국엔(유일하게 존중되는 약삭빠름의 뜻하지 않은 수단을 통해) 막대한 돈을 목표 삼는 결혼에 틀림없이 다다르는 그리스도교의 교리를 변호하는 게 고작인, 그 도덕성은 초라하기 그지없는 것이다. 그런데 생루까지 오면, 부모의 결점이 새로운 장점을 창조하는 데 어떤 방식으로 섞였는지 모르

─────────────
* 두건 달린 소매 없는 외투.

나, 가장 매력 있는 솔직한 정신과 마음이 그 바탕을 지배했다. 그러니까 프랑스 불후의 명예를 위해 한마디 하노니, 이러한 장점이 순 프랑스인의 몸속에 있는 경우, 그 태생이 귀족이건 서민이건, 아무리 존경할 만한 외국인이라도 못 보이는 우아한 품위와 더불어, 그것이 꽃피어간다는 점이다—꽃핀다고 하면 지나친 말이 될지 모른다. 정도가 있으면 제한도 남겨지니까. 지적 및 정신적인 장점이야 물론 이방인도 가지고 있다. 처음에 마음에 좀 거슬리는 것, 불쾌한 것, 미소 짓게 하는 것과 맞닥뜨리게 될지라도, 그것 또한 귀중한 것이다. 하지만 공정한 판단에서 볼 때 아름다운 것, 마음과 정신에 대해 값어치 있는 것이, 먼저 우아한 색채를 띠며, 정확하게 새겨진 것으로서 우리 눈에 아름답게 보이고, 내용·외형이 모두 내면적 완전성을 실현하고 있다는 것은 흐뭇한 일이며, 아마도 이것은 달리 찾아볼 수 없는 프랑스적인 일일 것이다. 나는 생루를 바라보면서 생각했다. 내적 우아함에 이르는 현관 노릇을 하는 데에, 육체적 결함이 없는 경우, 그 코의 양쪽 날개가 콩브레 근처 목장의 꽃 위에 쉬기 위해 사뿐히 앉는 작은 나비의 날개처럼 섬세하고 완벽한 소묘로 되어 있는 경우, 그것은 아리따운 일이라고. 또 진짜 '프랑스 국민다운 작품', 그 아름다움의 비밀은 13세기 이래 사라지지 않고, 성당과 함께 없어지지 않을 작품은, 생탕드레 데 샹 대성당에 있는 천사의 조각상보다도, 프랑스의 귀족이나 부르주아나 농민의 후손에게서 볼 수 있는, 저 유명한 대성당의 현관과 같이 지금까지 전통적으로 남아 있는 창조적인 섬세함과 솔직함으로 새겨진 얼굴이라고 나는 생각했다.

문을 걸어잠그고 식사 주문하는 일(주인은 '육붙이'를 드시라고 여러 번 권했다. 아무래도 새고기가 신통치 않다는 것이다)에 몸소 참견코자 잠시 떠났다가 다시 돌아온 주인이, 푸아 대공께서 우리 옆자리에 와 식사할 수 있게 후작께서 허락해주기를 바라고 있다고 말했다. "하지만 자리가 다 찼는데." 로베르는 내 식탁을 에워싸고 있는 자리를 보면서 대답했다. "뭘요, 괜찮습니다. 후작님께서만 좋으시다면 옆자리 손님들께 자리를 바꿔달라고 부탁하긴 쉽습니다. 후작님을 위해서라면 누워 떡먹기죠!" "자네가 정하게." 나한테 하는 생루의 말. "푸아는 좋은 녀석이야, 자네를 귀찮게 할지 모르나, 그다지 바보는 아니니까." 나는 로베르에게 대답하기를, 물론 그는 내 마음에 들 거다, 그러나 한 번쯤 그와 단둘이서 식사하여 기쁘게 생각하고 있으니,

단둘이 있는 편이 좋다고 했다. "아! 아주 훌륭한 외투를 입고 계십니다, 대공님은." 주인은 우리가 이야기하는 동안 말했다. "알고 있소." 생루의 대답. 나는 로베르에게, 샤를뤼스 씨가 그 형수한테 나와 아는 사이임을 숨겼던 일을 이야기해 왜 그랬는지 까닭을 물어보고 싶었는데, 마침 푸아 씨가 우리 쪽으로 와서 못하고 말았다. 우리는 그가 자기 요청이 받아들여졌는지 보려고 두 발짝 거리에 서 있는 것을 언뜻 보았다. 로베르는 우리를 소개하는 동시에, 나와 얘기할 일이 있어 우리 둘만 있는 편을 바란다는 걸 친구에게 감추지 않았다. 대공은 내게 하는 작별인사에 한 미소를, 생루를 가리키며, 더 오래 하고픈 첫 대면의 인사가 짧아지는 것은 생루 탓이라고 변명하는 듯한 미소를 덧붙이면서 떠났다. 하지만 이 순간 로베르는 갑자기 어떤 생각이 드는 듯, "자네 여기 앉아 먼저 식사를 시작하게, 곧 올 테니" 하고 나에게 말한 뒤 친구와 같이 자리를 떴다. 그리고 작은 홀로 사라졌다. 만나본 적 없는 멋진 젊은이들이, 나와 발베크에서 아는 사이가 되고, 할머니의 병환 동안 그토록 다정한 동정을 표해주던 뤽상부르의 후계자인 젊은 공작(전 나소 백작)에 대해 가장 우습고 악의에 찬 이야기를 지껄이는 게 들려와 나는 마음이 언짢았다. 그 가운데 하나가 다음같이 우겨대고 있었다. 뤽상부르 젊은 공작이 게르망트 공작부인에게 "내 안사람이 지나갈 때 모두가 일어서주기를 청합니다" 말하니까, 공작부인이 "당신 안사람이 지나갈 때 기립해야 한다면 그분 할머니 때와 매우 다르네요, 그분 할머니를 위해선 사내들이 누웠으니까요"라고 대꾸했다는 것이다(재치도 없거니와 정확하지도 않은 얘기니, 이 젊은 공작부인의 할머니는 참으로 정숙한 부인이었기 때문이다). 이어 지껄이기를, 그가 숙모인 뤽상부르 대공부인을 만나러 올해 발베크에 가서, 그와 호텔에 머물렀을 때, 둑 위에 뤽상부르 가문의 작은 깃발이 높이 걸려 있지 않음을 지배인(나의 친구)에게 불평했다는 것이다. 그런데 이 작은 깃발은 영국 또는 이탈리아의 깃발보다 덜 알려지고 쓰이지도 않아, 이를 손에 넣는 데 여러 날이 걸려 젊은 공작의 극심한 불만을 샀다는 것이다. 나는 이 이야기를 한마디도 곧이듣지 않았지만, 그래도 다음번 발베크에 갔을 때 지배인에게 물어봐, 그것이 순전히 지어낸 이야기임을 확인하겠다고 결심했다.

생루가 돌아오기를 기다리면서, 나는 식당 주인에게 빵을 가져다달라고 부탁했다. "곧 가져오겠습니다. 남작님." 그는 굽실거리며 대답했다. "나는 남작이 아닙니다." 나는 장난삼아 일부러 침울한 표정을 지으며 그에게 대꾸했다. "이거, 실례했습니다, 백작님!" 나는 상대의 귀에 두 번째 항의를 들려줄 틈이 없었다. 그다음은 내가 틀림없이 '후작님'이 되었을 것이다. 또한 그가 그렇게 부른 동시에, 생루가 손에 대공의 커다란 비큐나(야생 라마) 외투를 들고 출입구에 나타났는데, 그것을 본 나는 내 몸을 따뜻하게 해주려고 빌려왔구나, 짐작했다. 그는 멀리서 내게 그냥 앉아 있으라는 신호를 보내고 이쪽으로 걸어왔다. 그러나 그가 자리에 앉으려면 내 식탁을 움직이든지 내가 자리를 바꾸든지 해야 했을 것이다. 큰 홀에 들어서자 그는, 벽 옆을 따라 둘려 있는 붉은 벨벳을 씌운 걸상 위에 몸도 가볍게 올랐다. 거기엔 나를 빼놓고 작은 홀에 자리를 얻지 못했던, 그와 아는 사이인 자키 클럽 젊은이 서너 명밖에 앉아 있지 않았다. 식탁들 사이에, 전선이 어떤 높이에 처져 있었다. 장애물 경주의 말이 장애물을 뛰어넘듯 생루는 거침없이 교묘하게 그것을 뛰어넘었다. 이러한 동작이 오로지 나를 위해, 아주 간단한 움직임도 내게 시키지 않으려는 목적에서 나왔음에 황송한 마음을 금치 못하는 나는 동시에 내 친구의 훌륭한 곡예 실력에 경탄해 마지않았다. 하기야 경탄하는 이는 나 혼자가 아니었다. 그다지 귀족적이지 않으며 너그럽지도 않은 손님의 비위를 거스리게 했을는지도 모르나, 식당의 주인과 사환들은 경마에 정통한 사람들처럼 홀려버리고 말았다. 한 종업원은 마비된 듯, 곁에서 손님이 기다리고 있는 요리 접시를 손에 든 것도 잊은 채 빳빳이 굳어버렸다. 그리고 생루가 친구들 뒤를, 걸상 따위의 가장자리 위에 올라 균형을 잡으면서 나아갔을 때 조심성 있는 갈채가 홀 안쪽에서 터져나왔다. 드디어 내 높이에 닿은 그는, 옥좌 앞에 나오는 우두머리 신하와도 같이 정확하게 딱 뜀뛰기를 멈추고, 허리를 굽히며, 공손하고도 순종하는 태도로 비큐나 외투를 내게 내밀고 나서, 곧 내 곁에 앉으며, 내게 몸짓 하나 않고 그것을 가벼운 덮개로 따뜻하게 내 어깨에 입혔다.

로베르가 내게 말했다. "그건 그렇고 샤를뤼스 아저씨가 뭔가 자네한테 할 얘기가 있다는군. 내일 저녁 자네를 아저씨 댁에 가게 한다고 그분에게 약속했네."

"마침 나도 그분에 대해 자네에게 말할 참이었어. 그러나 내일 저녁은 자네 외숙모 게르망트 댁에서 저녁 식사 하는걸."

"그렇지, 내일 오리안 댁에서 떠들썩한 연회가 있지. 나는 초대 못 받았지만. 하지만 팔라메드 아저씨는 자네가 거기 가지 않기를 바랄걸. 그 약속을 취소할 수 없을까? 아무튼 그 뒤라도 팔라메드 댁에 가보게. 자네가 무척 보고 싶은 모양이야. 11시 무렵에 가도 되네. 11시야, 잊지 말게, 내가 그렇게 말해둘 테니까. 그분은 화를 잘 내. 자네가 안 가면 자네를 원망할걸. 또 오리안 댁 모임은 늘 일찍 끝나지. 거기서 저녁만 먹는다면 11시에 아저씨 댁으로 갈 수 있고말고. 하기야 나도 오리안을 만나야 해, 모로코의 내 부서에 대한 일로 말이야, 바꾸고 싶거든. 오리안은 이런 일에 매우 친절하거니와, 이 일을 좌우하는 생조제프 장군까지 마음대로 할 수 있지. 그렇지만 오리안에게 이 말을 하지 말게. 파름 대공부인에게 한마디 해두었으니까 그걸로 잘될 거야. 모로코는 재미있는 곳이지. 자네에게 들려줄 얘기가 많아. 약은 사람들이야. 지능은 같거든."

"그 사건으로 독일이 전쟁을 일으킬지도 모른다고 생각지 않나?"

"천만에, 그들의 비위야 상하긴 하겠지만, 또 옳기도 하고. 그러나 황제는 평화를 원해. 그들은 이쪽에 양보를 강요하기 위해서 늘 전쟁도 마다하지 않는다고 믿게 하려는 거야. 포커의 수법이지. 빌헬름 2세의 시무관 격인 모나코 대공은, 이쪽이 양보하지 않으면 독일이 쳐들어올 거라고 이쪽에 내밀히 말해왔다네. 그래서 이쪽이 양보하지. 하지만 양보하지 않아도 전쟁 같은 건 일어나지 않아. 오늘날 전쟁이란 얼마나 우주적인 규모가 될지 자네 생각해보았나. 노아의 대홍수나 신들의 황혼(Götterdämmerung)*보다 더 큰 재난일 거야. 단, 더 오래 끌진 않을 테지만."

그는 우정, 편애, 애착에 대해 얘기했다(그와 같은 모든 나그네와 마찬가지로 내일은 다시 떠나 수개월 동안 병영에서 지내야 하고, 또 오직 이틀 동안 파리에 다시 돌아와 모로코나 다른 데로 돌아가야 했지만). 그러나 이날 밤의 우정으로 뜨거운 내 마음에 그가 던진 낱말들은 감미로운 몽상을 불붙였다. 우리의 드문 마주 앉음, 특히 이날의 마주 앉음은 그 뒤 내 기억 속에 한 시기를 만들어냈다. 그에게나 나에게나, 그것은 우정의 밤이었다. 그렇지만 이 순간에 내가 느꼈던 우정은(이 때문에 조금 후회가 되었지만) 그가

---

* 북유럽 신화에 나오는, 신들과 세계의 멸망. 바그너 악극의 주제.

내게 불어넣고 싶은 우정이 아니었는지도 모른다. 그가 껑충껑충 앞으로 나가 멋들어지게 목표에 닿는 것을 본 나는, 매우 기뻐서 이렇게 느꼈다. 벽을 따라 의자 위에 펼쳐진 동작 하나하나에서 온 이 기쁨은, 그 뜻, 원인이 생루의 개인적인 성질 속에 있을지 모르나, 그 이상으로 그의 출생과 교육을 통해 혈통에서 이어받은 천성 속에 있다고.

아름다움의 범주에서가 아니라, 평상시 삶의 동작 범주에서 본 취미의 확실성, 그것이 어떤 새로운 상황에 부닥쳐도, 세련된 사람으로 하여금—알지 못하는 작품의 연주를 부탁받은 음악가처럼—새 정황에 필요한 감정이나 동작을 곧 파악시켜, 거기에 가장 알맞은 기교와 기술을 적용하고, 다음에 이 취미가, 수많은 부르주아 젊은이들의 눈에 예절 없이 보여 웃음을 사지 않을까 하는 걱정과 동시에, 친구들의 눈엔 너무나 굽실대는 모습으로 보이지 않을까 하는 걱정에서 몸이 굳어져버리고 마는 공연한 고려에 속박되지 않고, 이 취미를 발휘할 수 있는 법이지만, 이와 같은 걱정 대신 경멸이 있었다. 아마도 그는 마음속으로는 그것을 느끼지 않았겠지만, 그의 몸속에 유전적으로 물려받은 이것, 이것에 의하여 그 조상의 근엄한 태도를—그렇게 해야만 상대를 만족시킬 수 있다고 여기는—허물없는 태도로 바꾸고 말았던 것이다. 끝으로 물질적 이득에 아랑곳없는(이 식당에서도 돈을 펑펑 쓰지만 이곳 못지않게 다른 데서도, 가장 인기 있는 단골이 되어버려서, 가장 미끈한 모든 젊은이마저 서둘러 '아, 그 사람' 하고 힘주어 말하는 신분) 대범함, 우아하고도 빠르게 내 쪽으로 오게 함으로써 내 친구의 마음에 든 호화로운 길인 양, 그로 하여금 사실상 그리고 상징상 자줏빛 걸상을 짓밟게 한 드높은 대범함. 이와 같은 것이 귀족의 바탕이 되는, 내 몸같이 불투명하고도 아련한 육체가 아니라, 뚜렷한 뜻을 가진 투명한 이 육체를 통해 그 등 뒤에 맑게 비쳐 보였다. 한 예술작품을 통해 그것을 창조한 힘이 보이듯, 속까지 환하게 보이는 특징으로서, 이것이 로베르가 벽을 따라 펼친, 그 곡예의 몸짓을 기둥머리 조각에 새긴 기사의 몸짓과 마찬가지로 알기 쉽고도 매혹적인 것으로 만들었던 것이다. 다만 로베르는 이렇게 생각했을지도 모른다. '아차! 가문을 경멸하고, 오직 정의와 재능을 존중하며, 환경이 자기에게 강요한 친구들 말고도 걸맞지 않거나 옷차림이 너절하거나, 말재주만 있다면 그런 친구를 선택하는 데에 젊음을 보낸 일은 헛수고였던가. 내 마음에 나타나는 유일한 인간, 마음속에 귀중한 추억을 간직하는 인간은, 내 의사가 진지한 노력으로 자기를 닮게 빚어낸 인물이 아니라, 내 손으로 만들어낸 인물도, 나 자신도 아닌, 내가 늘 멸시하고 극복하려고 노력해온 인간이라면? 내가 했듯이 특별히 선택한 친구를 사랑한 일도 과연 보람이 있었던가? 친구가 내게서 찾은 가장 큰 기쁨이 나 자신보다 더 일반적인 뭔가를 발견함의 기쁨이고, 친구가 입으론 말하나 진정으론 믿지 않듯, 우정 자체의 기쁨이 전혀 아니라, 지적이자 무사무욕한 어떤 예술적인 기쁨이라면? 오늘날 나는 두렵다.' 생루가 이따금 이와 같이 생각지 않았을까? 그렇다면 그는 잘못 생각했다. 생루가 그랬듯이 몸의 타고 난 유연성보다 뭔가 더 고상한 것을 좋아하지 않았다면, 그리고 오래전부터 그가 귀족의 거만에서 못 벗어났다면, 그 몸짓의 민첩 자체에 둔함이, 그 행동거지에 점잔 빼는 속됨이 있었으리라. 그 대화나 회상록에 지적인 경솔한 말과 행동의 감정을 수놓기 위하여 비상한 진지함이 빌파리지 부인에게 필요했듯이, 생루의 몸에 많은 귀족적인 것이 깃들이기엔, 귀족적인 것이 더 높은 대상 쪽으로 뻗는 그의 사념을 버린 뒤, 또 제 몸에 흡수되어, 고상한 무의식의 선으로 정착할 필요가 있었던 것이다. 그래서 그 정신의 품위는 육체적인 품위가 없지 않았으며, 정신의 품위가 없었다면 육체적인 품위가 완전하지 못했으리라. 예술가는 그 작품에 제 사상을 나타내지 않아도, 작품은 사상의 특질을 반영하게 된다. 신께 보내는 최고 찬사란 그 창조가 너무나 완전하여 흠이 없으므로 창조자가 없어도 좋다는 무신론자의 부정 속에 있다고까지 말하지 않는가. 벽을 따라 그 곡예의 기둥머리 조각을 펼친 이 젊은 기사에게 내가 감탄해 마지않는 건 예술작품만이 아니라는 사실을 나는 잘 알고 있었다. 나 때문에 그가 이제 막 헤어진 젊은 귀족(나바라 여왕이자 샤를 7세의 손녀인 카트린 드 푸아의 후예), 그가 내 앞에 머리를 숙이게 한 가문과 재산, 자신과 민첩한 동작 속에 살아남은 건방지고도 날렵한 조상들, 아까 추위 타는 내 몸에 비큐나 외투를 입혀준 상냥스러움, 이런 모든 게 그의 생활에서 나보다 더 오래된 친구들이자, 나하곤 영영 인연 없을 거라 여겨온 벗들 같은 것이 아니었나? 그런데 그와 반대로, 높은 지성으로만 할 수 있는 선택을 통해, 로베르의 동작이 그 모습이며, 또 이 모습 안에 완전한 우정이 나타난 숭고한 대범과 더불어, 나를 위해 그 같은 친구들을 희생시킨 것이다.

게르망트네 사람의 허물없는 태도—로베르의 경우, 그 유전적인 멸시는 무의식적인 우아함이 되어서, 참된 정신적인 겸허란 옷에 지나지 않았으므로 그것이 품위 있는 대신에—밑에 야비하며 교만한 태도가 드러난 것은, 잘 모르는 성격상 결함이 귀족적인 습관상에 쌓여 있는 샤를뤼스 씨의 태도 속에서가 아니라, 도리어 게르망트 공작의 태도에서였다. 그렇긴 하나 이 사람에게는 지난날 내 할머니가 빌파리지 부인 댁에서 그를 만났을 때 매우 못마땅해했던 야비한 인상과 아울러 오래된 가문의 위대성 같은 것이 있었다. 그리고 생루와 함께 지낸 밤의 다음 날 그의 집에 저녁 식사 하러 갔을 때 그것이 분명히 느껴졌다.

　　내가 그들의 큰어머니 댁에서 그들을 처음 보았을 때에는 그런 위대성의 부분이 공작에게서도 부인에게서도 눈에 띄지 않았다. 마치 내가 첫날 라 베르마를 동료인 여배우들에게서 떼어놓는 다름을 보지 못했듯. 하긴 라 베르마의 특성을 파악하기란 사교계의 사람들에 비해 쉬우니, 대상이 더욱 현실화되면 될수록 특성은 더 뚜렷하게 되어 지적으로 이해할 수 있기 때문이다. 하지만 요컨대, 사교계의 뉘앙스가 아무리 미묘하대도(생트 뵈브 같은 진실한 묘사가가 조프랭(Geoffrin) 부인*1과 레카미에 부인과 부아뉴 부인*2의 살롱 사이에 있는 뉘앙스를 연이어 묘사하고 싶어한대도, 다 이게 저거고 저게 이것이라, 작가도 모르는 사이에, 그 탐구에서 결론에 이르는 가장 중요한 사실은 살롱 생활의 허무이다), 라 베르마의 예술과 똑같은 이유로, 게르망트네 사람들이 내게는 대수롭지 않게 되어버리고, 그 특이성의 작은 한 방울이라도 이제는 내 공상으로 증발하지 않게 되었을 때, 비로소 그 미묘한 모습을 나는 파악할 수 있었다.

　　공작부인은 큰어머니의 야회에서 남편에 대해 나에게 한마디도 없었고, 또 이혼 소문이 나돌고 있는 참이라, 공작이 만찬에 참석할지 궁금했다. 그러나 금세 궁금증이 풀렸다. 응접실에 서서(지금까지 나를 목공의 아들 정도로, 다시 말해 그들 주인보다 호감이 가지만, 이 집에 초대될 리가 없는 인간처럼 여겼음이 틀림없어), 이 빠른 변화의 원인을 궁리하고 있는 성실은 하인들 사이에, 게르망트 씨가 슬그머니 들어오는 걸 보았기 때문이다.

───────────

*1 18세기 프랑스의 명류 부인(1699~1777?).
*2 두 여성 다 프루스트와 아는 사이.

그는 내가 도착하기를 기다리고 있다가 문턱에서 나를 맞아 직접 내 외투를 벗겨주었다.

"게르망트 부인이 몹시 기뻐할 거요." 그는 능란하게 수긍시키는 투로 내게 말했다. "당신의 낡은 외투를 벗겨드리리다(그는 속어를 쓰는 걸 소탈하다고 생각하는 동시에 익살을 느끼고 있었다). 안사람은 좀 걱정하더군요. 당신 쪽에서 날을 정했다지만, 당신이 약속을 어기지 않을까 하고. 오늘 아침부터 우리 두 사람은 서로 얘기했소. '두고 봐, 그분 안 올 테니' 하고 말입니다. 게르망트 부인 쪽이 나보다 옳게 봤다고 해야겠지. 당신은 대하기가 좀 까다로워서, 나는 당신이 우리를 허탕치게 할 줄로 생각했던 거요."

공작은 아주 고약한 남편이며 사뭇 잔인하기까지 하다는 소문이 파다했으므로, 심통 사나운 인간이 어쩌다가 상냥하게 굴면 반갑듯이 모두 그가 한 '게르망트 부인'이라는 말에 호감을 갖게 되는 것이었다. 그는 이 말에 의하여 공작부인 위에다 남편으로서의 보호 날개를 펴고 있으며, 자기와 아내는 한 몸이라는 인상을 주었기 때문이다. 그는 허물없이 내 손을 잡아 몸소 손님방으로 안내하기 시작했다. 농부의 입에서 나오면 별 게 아닌 두루 쓰이는 표현이, 어쩌면 그것을 암시하는 이도 미처 모르는 토속적인 전통의 유풍이나 역사적인 사건의 흔적을 보이는 경우 흥미롭다. 그와 마찬가지로, 이 게르망트 씨의 예절, 만찬회 동안 쭉 내게 나타낸 상냥함은 몇 세기에 걸친 관습의, 특히 18세기 유물인 양 나를 매혹했다. 과거 사람들이 우리한테서 한없이 멀어져 있는 듯싶다. 우리는 그들이 뚜렷하게 나타내는 것을 초월한 깊은 의도가 있음을 감히 추측하지 못한다. 호메로스의 영웅들 속에서 거의 우리가 겪는 바와 비슷한 감정과 맞닥뜨렸을 때나, 또는 칸나에 전투에서 한니발이 기습으로 적을 포위하기 위해 일부러 측면을 찌르게 내버려두는 교묘한 전략과 맞닥뜨렸을 적에 우리는 놀란다. 우리는 이 서사 시인과 장군을 마치 동물원에서 구경하는 동물처럼 동떨어진 존재로 떠올리고 있는 듯싶다. 루이 14세 궁전의 어떤 인물들의 경우만 해도, 별 쓸모 없는 신분 낮은 사람에게 보낸 편지 속에서 예의의 흔적을 발견하면 우리는 어리둥절하다. 이 귀족들의 마음속을(그들이 결코 곧바로 표명하지 않으나) 지배하는 신조를, 특히 예의로써 어떤 감정을 감춰 세심하게 면밀하게 상냥함의 기능을 행할 것이라는 신조를 우리에게 드러내기 때문이다.

이러한 과거의 상상적인 동떨어짐은 어쩌면 위대한 작가마저 '오시안 (Ossian)*1의 시' 같은 평범한 가공 작가의 작품에서 독창적인 아름다움을 발견했음을 이해시키는 이유 가운데 하나일지도 모른다. 우리는 먼 옛날의 음유 시인들도 현대 사상을 가질 수 있는 데 매우 놀라, 만일 우리가 게일(Gael)*2 족속의 옛 노래로 여겼던 노래 속에서, 현대 작가라야 비로소 가지는 재치 있는 사상과 맞닥뜨리면 뜻밖에 놀라 감탄하고 만다. 그러니 재능 있는 번역 가는 손수 얼마간 충실하게 옮긴 어떤 고대 작가의 작품에, 현대 작가의 이름으로 따로 출판되면 인기를 얻을 듯한 단편을 덧붙이면 그만이다. 그 즉시 그는 가공 시인에게 세상을 감동시키는 위대성을 주어, 시인은 여러 세기 동안 건반을 친다. 만일 이 책이 그의 창작으로 출간되었다면 이 번역자는 신통치 못한 책밖에 못 썼을 것이다. 번역서로 출판되어 걸작의 번역같이 보이지만 과거란 금세 사라지는 게 아니라 그대로 자리에 남는다. 서두름 없이 가결된 법률이 효력을 발휘하는 때는 전쟁이 터진 지 수개월이 지난 뒤이기 일쑤이고, 오리무중에 빠진 범죄가 15년 뒤에야 사법관으로 하여금 범죄를 밝히는 데 도움 되는 증거물을 찾게 하기 일쑤이다. 뿐만 아니라 세기가 거듭 지난 뒤에도, 동떨어진 고장에서 지명이나 주민의 관습을 연구하는 학자가 그런 것들 속에서, 이미 헤로도토스 시대에 잊혀지지는 않았을망정 이해하지 않게 되어, 바위에 붙여진 명칭 속에, 종교 의식 속에, 태곳적부터의 지속적이고도 밀도 있는 방사(放射)처럼 현대 속에 남아 있는, 서기 이전의 어떤 전설을 파악하기도 일쑤다. 마찬가지로 그다지 고대가 아닌 궁전 생활의 방사는, 자주 비속하게 보이는 게르망트 씨의 행동 속에, 아니 적어도 그런 행동을 조종하는 정신 속에 남아 있었다. 나는 이와 같은 방사를, 잠시 뒤에 살롱에서 다시 발견했을 때, 옛 향기로서 새롭게 맛보게 될 것이다. 왜냐하면 나는 바로 살롱에 가지는 않았기 때문이다.

현관에서 안으로 들어설 때, 나는 게르망트 씨에게, 갖고 있는 엘스티르의 그림을 구경하고 싶다고 말했다. "좋으실 대로. 그럼 엘스티르하곤 친구신가요? 그의 그림에 당신이 관심 있는 걸 진작 몰랐다니 유감이군요. 나도

---

*1 아일랜드와 스코틀랜드 전설에 나오는 3세기경 인물로서 시인이며 용사. J. 맥퍼슨에 의하여 그의 시가 수집되어 번역 발표되었음.
*2 스코틀랜드의 고지 민족.

그분하고 좀 아는 사인데 좋은 분이죠. 우리 선조들께서 군자라 하는 그런 분이죠. 그분에게 우리집에 와서 식사하자고 청할 수 있었는데, 당신과 함께 보내는 것을 분명 기뻐했을 텐데 말입니다."

애써 그렇게 되고자 할 적에는 그다지 옛 귀족풍이 아닌 공작은 그런 의식 없이는 금세 옛 귀족처럼 되었다. 나에게 그림을 보고 싶으냐 묻고 나서, 그는 나를 안내해주었는데, 문 앞에 올 때마다 우아하게 비켜서고, 안내 때문에 앞서가야 할 때에는 변명하는, 이런 장면은(생시몽이, 게르망트 가문의 한 조상이 궁전 귀족의 하찮은 의무를 다하는 세심한 면과 더불어 나를 자택에서 접대하더라고 기술한 때부터) 오늘에 이르기까지, 수많은 게르망트네 사람들에 의해 수많은 방문객을 상대로 상연되어왔음이 틀림없었다. 그래서 공작에게 그림 앞에 잠시 혼자 있고 싶다고 말하니까, 그는 이따가 살롱에서 다시 만나자고 말하고 나서 얌전하게 물러갔다.

엘스티르의 그림 앞에 마주 서자 나는 만찬 시각을 까맣게 잊어버렸다. 또다시 발베크에서처럼 나는 이 알려지지 않은 빛깔, 이 위대한 화가 특유의 관찰법, 반사라고 일컬을 수밖에 없는, 그의 언어로써는 나타낼 수 없는 빛깔로 이루어진 세계의 단편을 내 앞에 보고 있었다. 하나같이 그가 그린 것과 같은 성질의 그림으로 대부분이 덮인 벽은 환등이 비추는 빛의 영상 같았다. 이 경우 환등기는 화가의 두뇌이고, 오로지 그 인간만을 알고선 그 그림의 기묘함을 꿈에도 떠올리지 못한다. 다시 말해 착색된 슬라이드 판을 채 하나도 끼지 않고, 등불만 들이댄 환등만을 보고선 그런 기묘함을 꿈에도 떠올리지 못한다. 이러한 그림 가운데, 사교계 사람들의 눈에 가장 우스꽝스럽게 보일 성싶은 몇 점이 만일 우리가 이지력을 참여시키지 않는다면 대상을 나누지 못하리라는 걸 증명하는 시각상의 환영을 재창조한 사실 때문에 다른 것보다 더 나의 흥미를 끌었다. 마차 안에서 몇 미터 앞에 밝고 기다란 거리가 죽 뻗어 있는 광경을 보는 듯싶다. 알고 보면 우리 앞에는 강한 빛을 받은 벽면이 있을 뿐이지만, 그것이 우리에게 깊이의 신기루를 자아냈다! 그러므로 한 사물을 상징의 기교에 의하지 않고, 삽시간에 첫 환영으로 포착한 것을 통해 재현하는 편이, 인상의 뿌리 자체에 대한 진지한 돌아감이며, 논리적이 아닐까? 사물의 겉과 부피감은 실제로 우리가 인식했을 적에 우리

기억이 그것에 붙이는 사물의 이름하고는 아무런 관계가 없다. 엘스티르는 직접 감각한 것에서 머리로 알고 있는 것을 떼어내려고 애썼다. 그의 노력은, 우리가 시각(vision)이라고 부르는 이지(理智)의 집합체를 해체하는 작용일 경우가 많다.

이처럼 '끔찍한 것'을 싫어하는 사람들은 엘스티르가 샤르댕이나 페로노 등 사교계 사람들이 좋아하는 수많은 화가를 존중하는 데 놀라고 있었다. 그들은 엘스티르가 현실에 맞서 자기 나름대로(어떤 탐구에 대한 취미의 특징과 더불어) 샤르댕 또는 페로노와 똑같은 노력을 되풀이했음을 알아차리지 못했다. 따라서 그 자신의 일을 쉬고 있을 때, 엘스티르는 지난날의 화가들이 했던 자기와 같은 시도에, 그의 작품의 선구적인 단편 같은 것에 감탄했던 것이다. 그러나 사교계 사람들은 '때'라는 시점에 선 덕분에 샤르댕의 그림을 좋아하거나 적어도 불쾌감 없이 볼 수 있게 됐는데도 엘스티르의 작품에 그 시점을 더하지 않았다. 그렇지만 더 나이 많은 사람도 살아 있는 동안에, 그들이 앵그르의 걸작이라고 판단한 그림과 영영 소름 끼칠 것이라고 여겼던 그림(예컨대 마네의 〈올랭피아〉) 사이의 넘을 수 없는 거리가 세월이 흘러감에 따라 줄어들어, 드디어 이 두 화폭이 쌍둥이처럼 보이기까지 이른 경험을 떠올릴 수 있었을 것이다. 하지만 흔히들 보편에까지 생각이 미치지 않아, 늘 과거에 전례 없는 경험과 마주하고 있는 줄 생각하므로, 눈앞의 어떠한 교훈도 이용하지 않는다.

나는 그림 두 폭 속에서(더욱 사실적이고, 초기 화풍의) 같은 인물, 한 명은 연미복 차림으로 손님방에 있는 모습, 다른 한 명은 윗도리 차림에 실크해트를 쓰고 물가에서 벌어진 파티 속에 있는 모습을 발견하고 감동했다. 그 인물은 분명히 거기서 할 일이 없는 듯해, 엘스티르가 늘 쓰는 한낱 모델이라기보다 한 친구, 어쩌면 그가 좋아하는 후원자임을 증명하고 있었다. 마치 첫날 카르파초가 베네치아의 저명한―그리고 꼭 닮은―귀족들을 그 그림 속에 그려넣었듯이, 또한 베토벤이 마음에 드는 작품의 첫머리에 경애하는 로돌프 대공의 함자를 즐겨 써넣었듯이. 이 물가의 파티는 마음을 뺏는 뭔가를 가지고 있었다. 강, 여인네들의 옷, 작은 배의 돛, 이러한 것의 수많은 반영이 엘스티르가 황홀하게 밝은 오후부터 잘라낸 네모 그림 가운데 이웃하여 있었다. 더위와 숨막힘 때문에 잠시 춤을 멈춘 여인의 옷 안에서 황홀케 하는 것이, 또한 같은 투로, 멈춘 돛의 천 안에, 작은 항구의 물 속에, 나무로 된 배다리 안에, 잎이 무성한 나뭇가지와 하늘 속에 비단벌레 빛깔로 아롱거리고 있었다. 내가 발베크에서 본 그림 가운데 한 폭에서처럼, 청금석(靑金石) 빛깔의 하늘 밑에 대성당 그 자체와 마찬가지로 아름다운 병원이, 이론가 엘스티르, 중세에 빠진 엘스티르보다 더 대담하게, "고딕 건축이 없으면 걸작도 없다. 양식(style) 없는 병원이지만, 화려한 대성당의 정면에 비길 만하지"라고 노래하는 것만 같았다. 또 이렇게도 들렸다. "산책하는 예술 애호가(dilettante)가 외면을 하고, 자연이 그의 앞에 이루는 시적인 풍경으로부터 제외할지도 모르는 비속한 여인. 이 여인 또한 아름답다. 그 옷은 배의 돛과 똑같은 빛을 받고 있다. 고귀함이 더하고 덜하고 한 것이 없으며, 평범한 옷도 그 자체가 예쁜 돛도 요컨대 같은 빛을 반사하는 두 거울이다. 온 값어치는 화가의 눈 속에 있다." 그런데 이 화가는 여인이 더워서 춤을 그만두고, 나무가 그늘에서 둘레를 동그라미 치며, 돛이 금빛 옻칠 위를 미끄러져가듯이 보이는 눈부신 순간에 시간의 움직임을 영원히 멈추게 할 수 있었다. 그러나 바로 이 순간이 강한 힘으로 보는 눈을 압도하고, 이 고정된 화포가 어찌나 순식간의 인상을 주는지, 거기서 여인은 오래지 않아 집에 돌아가고, 배는 사라지며, 그늘은 자리바꿈하고 밤이 오는, 또 환락은 끝나, 삶은 지나가며, 그리고 함께 이웃하고 있는 수많은 빛을 통해 나타난 순간이 다시 돌아오지 않는 느낌을 받는다. 또한 나는 '순간'이라는 것의, 사실 아주 다른 것이지만, 하나의 모습을, 신화를 주제로 삼은 수채화 몇 점에서 보았다. 그것은 엘스티르의 초기 작품으로, 이런 그림이 또한 손님방을 꾸미고 있었다. 사교계의 '진보적' 사람들은 이 초기 화풍'까지는' 왔으나, 더 이상 따라오지 못했다. 물론 이런 작품은 엘스티르에게 최상의 일이 아니지만, 이미 주제가 성실하게 고려되어 있어서 그 차가움에서 벗어날 수 있었다. 이를테면 미의 여신들은 화석이 된 존재처럼 그려져 있지만, 만일 신화 시대라면 밤에 두셋이 짝지어 산의 오솔길을 따라 지나는 모습을 보는 일이 드물지 않았을 것이다. 간혹 한 시인이, 동물학자(어떤 무성적 (無性的)인 특징이 있는)로서는 별난 개성을 타고나, 마치 자연계에서 다른 종(種)이지만 서로 가까운 종의 생물이 사이좋게 사귀듯, 미의 여신들과 산책하고 있다. 이런 수채화 가운데, 산에서 오래 쏘다니다가 지친 시인을, 켄타우로스*¹가 동정해, 등에 업어 데리고 가는 한 작품이 있었다. 다른 그림 몇 폭에는, 광대한 풍경(거기서는 신화적 장면이나 이름난 영웅들이 아주 작은 자리를 차지해 눈에 안 띄는 정도이다)이 산꼭대기에서 바다에 이르기까지 정밀히 그려져, 태양의 정확한 기울기나 그늘지는 순간의 정확성 덕분에 시간은 물론 분까지 나타나 있었다. 이런 방식으로 예술가는 순간을 나타내면서, 우화의 상징에 진실에 가까운 역사적 현실을 주어, 그것을 그리고 또 일정한 과거의 모습으로 자세히 이야기한다.

엘스티르의 그림을 구경하고 있는 동안에도 차례차례 도착한 손님들이 끊임없이 울리는 초인종 소리가, 내 마음을 가만가만 흔들었다. 그러나 그것에 뒤이어 이미 오래전부터 이어지고 있는 정적이—사실은 덜 빨랐는데—드디어 나를 몽상에서 깨우고 말았다. 마치 랭도르*² 음악 뒤에 오는 정적이 바르톨로*³의 잠을 깨웠듯. 나는 다들 나를 까맣게 잊어, 식탁 앞에 앉은 게 아닌지 걱정되어, 손님방 쪽으로 재빨리 갔다. 엘스티르의 그림이 걸려 있는 방문에, 노인인지 머리에 분가루를 뿌렸는지 모를, 에스파냐의 장관 같은 풍모를 지닌 하인이 기다리고 있는 걸 보았는데, 그는 마치 왕에게 표하는 듯한 경의를 내게 표했다. 그런 태도로 보아 한 시간 더 나를 기다려줄 성싶어, 나는 나 때문에 저녁 식사가 늦어질 것을 생각하니 걱정되었다. 특히 11시에 샤를뤼스 씨 집에 가기로 약속했기 때문이다.

에스파냐 장관은(가는 도중에 나는 문지기가 귀찮게 군다는 사내종과 맞닥뜨려 그와 약혼녀의 일을 물어보니 행복한 듯한 얼굴을 빛내면서, 내일이 마침 그녀와 자기의 외출날이라 종일 그녀와 함께 지낼 수 있고, 이게 다 공작부인이 착하기 때문이라고 찬양했다) 나를 손님방에 안내해주었고, 이르고 보니 나는 게르망트 씨가 언짢은 얼굴을 하는 게 아닐까 걱정되었다. 그러나 그는 뚜렷하게 얼마쯤 예의상 억지로 지어낸 기쁨, 또한 이와 같이 늦어져 허기진 위장을 통해, 또 손님방을 가득 메운 손님들이 다 비슷하게 느끼는 초조함을 통해 의식된 매우 진지한 기쁨과 함께 나를 접대했다. 사실 나중에 알게 된 일이지만, 모두 나를 45분쯤 기다렸던 것이다. 게르망트 공

─────────────────

*1 그리스 신화에 나오는 반인반마의 괴물.
*2 〈세빌랴의 이발사〉에 나오는 알마비바 백작의 별명.
*3 〈세빌랴의 이발사〉에 나오는 의사.

작은 모두의 고통이 2분쯤 더 늘어나도 죽지야 않을 테지, 또 본디 예의상 이토록 오래 식사 시간을 늦추었으니, 곧 식사를 대접하지 않고, 나에게, 아니 뭐 아직 늦지 않다, 나 때문에 기다린 것은 아니라는 듯이 꾸민다면 이 예의가 더 완벽할 것이라고 아마 생각했으리라. 그래서 그는, 아직 식사 시간 전인 양, 또 아직 몇몇 손님이 도착하기를 기다리는 양, 엘스티르의 그림이 어떻더냐고 나에게 물었다. 하지만 위장의 잡아뜯기는 듯한 고통을 눈치채지 않게, 단 1초라도 잃지 않으려고, 공작부인과 함께 사람들을 소개하기 시작했다. 그때에 비로소 나는 내 주위에, 오늘까지—스완 부인의 살롱에서 한 수습을 빼놓고—콩브레나 파리의 어머니 댁에서 나를 어린애 취급하며, 낯을 찌푸리는 부르주아 부인네들의 보호자 같은 또는 옹호자 같은 태도에 익숙해진 내 주위에, 파르시팔*을 느닷없이 꽃 같은 아가씨들 한가운데에 데리고 간 것에 견줄 만한 환경의 변화가 생긴 것을 알아차렸다. 내 주위에 있는, 가슴과 어깨를 다 드러낸 옷차림인 여인들은(그 살은 미모사의 구불구불한 가지 양쪽부터 또는 장미의 커다란 꽃잎 아래부터 나타나 있었다), 내게 인사하는 데에도 애무하는 듯한 긴 눈길, 나를 입맞추지 않는 건 오로지 조심성 탓인 듯한 긴 눈길을 빼놓지 않고 보내왔다. 그래도 이 여인들의 대부분은 품행이 매우 단정했다. 단, 대부분이 그렇다는 말이지 전부는 아니다. 왜냐하면 가장 품행이 바른 여인들도 바람기가 있는 여인들에 대해 내 어머니라면 느낄 반감조차 품지 않았기 때문이다. 정숙한 여성들의 비난을 받을 만한 행실의 변덕이 뚜렷하여도, 게르망트네 사교계에서는 대수롭지 않아, 가장 중요한 일은 교제를 유지할 수 있느냐에 달려 있는 성싶었다. 안주인의 몸이 이를 원하는 이의 손에 다루어지는 경우라도, '살롱'이 고스란히 남기만 한다면 다들 모르는 체했다.

공작은 초대한 손님들과는 아주 무람없이 굴었는데(오래전부터 그들에게 배울 것도, 가르칠 것도 전혀 없어서), 내게 어떤 점에 재능이 있는지 그 종류를 아직 모르는지라, 루이 14세의 궁정 귀족들에게 부르주아 출신 장관들이 느끼게 한 바와 같은 존경을 그에게 나타내고 있는 성싶어 나를 매우 어려워하고 있었다. 그래서 그는 내가 다른 손님들과 아는 사이가 아니라는 사

---

* 중세 유럽의 아서 왕 전설에서 성배(聖杯)를 찾아나선 기사.

실은, 그들한테 그렇지 않을망정, 적어도 나한테는 하나도 대수롭지 않은 일이라고 여기고 있는 듯, 내가 공작 때문에 마음을 써서, 그들에게 주는 내 인상을 염려하고 있는 동안, 공작은 공작대로 그들이 내게 어떤 인상을 줄지 그것만 걱정하고 있었다.

　게다가 맨 처음부터 보잘것없는 혼란이 거듭 일어났다. 사실 내가 손님방에 들어선 순간, 게르망트 씨는 내가 공작부인에게 인사할 틈도 주지 않고, 작달막한 한 부인 쪽으로 "자아 보세요, 당신의 친구올시다, 목덜미 잡아끌어 당신 곁에 데리고 왔습니다" 말하고서 그녀를 깜짝 놀라게 할 셈인지 나를 끌고 갔다. 그런데 공작에게 떠밀려 이 부인 앞에 나오기 전부터, 부인은 그 크고도 부드러운 검은 눈으로, 자기를 못 알아보는 옛 친구한테 보내는, 이해심 많은 미소를 계속 보내고 있었다. 저 부인이 누구였는지 도무지 생각이 나지 않는 나는, 소개를 받고 당황에서 벗어나기까지 응하지 않아도 괜찮도록 머리를 딴 데로 돌리면서 앞으로 나아갔다. 그동안, 부인은 계속해서 내게 보내는 미소를 불안정한 균형으로 유지하고 있었다. 어서 빨리 이런 상태에서 벗어나, 내가 마침내 '반갑습니다, 부인 알아 모시고말고요! 만나뵈었다고 여쭈면 어머니가 얼마나 기뻐하실지 모르겠습니다!'라고 말해주기를 부인은 고대하고 있는 듯했다. 나 또한 이 부인의 이름을 빨리 알고 싶었으며, 이에 못지않게 부인도 내가 알아보아 깍듯이 인사해주어서, 올림 솔(sol)처럼 한없이 늘린 미소를 그만둘 수 있길 바라고 있는 듯싶었다. 그런데 게르망트 씨는 적어도 내 생각으론 눈치가 없어, 소개하는 데 내 이름밖에 대지 않은 것 같아, 나는 여전히 이 부인이 누군지 몰랐는데, 그녀도 눈치를 채고 자기소개를 하지 않았다. 나로서는 오리무중이나, 그만큼 우리는 친한 사이로, 그 이유도 부인에겐 환하였나 보다. 과연 내가 부인 앞에 이르자마자, 부인은 손을 내밀지 않고, 자못 허물없이 내 손을 꼭 쥐고서, 마치 부인이 마음속으로 떠올리는 즐거운 추억을 내가 부인과 똑같이 알고 있기라도 한 듯한 가락으로 말했다. 알베르(부인의 아들인가 보다)가 못 온 것을 얼마나 유감으로 생각할까 하고 부인이 나에게 말했다. 나는 옛 동창생들 가운데에서 알베르라는 이름의 친구를 찾아보았지만 블로크밖에 생각나지 않았다. 그러나 눈앞에 있는 분이 블로크의 어머니일 리는 없다. 그녀는 이미 몇 년 전에 죽었으니까. 나는 이 부인이 마음속으로 떠올리고 있는 그 과거를 알아채려고 했으나, 소용이 없었다. 그러나 미소밖에 지나가게 하지 않는 크고도 부드러운 눈동자의 반투명한 흑옥(黑玉) 너머론, 검은 유리에 아무리 강하게 햇빛이 비친다 해도 그 너머에 있는 풍경을 분간할 수 없듯, 공통된 과거를 나는 알아차리지 못했다. 부인은 나에게, 아버지께서 너무 피로하시지 않느냐, 어느 날 알베르와 같이 극장에 가지 않겠느냐, 몸이 편찮지 않으냐고 물었다. 머리가 혼란스럽던 나는 횡설수설 대답하면서, 오늘 밤 몸이 좋지 않다고 말한 때 말곤 똑똑하지 않았으므로, 부인은 손수, 내 부모님의 다른 친구들이 평소 내게 한 번도 보인 적 없는 정성을 보이면서 의자를 내밀었다. 마침내 수수께끼를 푸는 한마디가 공작의 입에서 나왔다. "저분은 당신을 샤르망(charmant)*하다고 하시는데." 공작이 내 귀에 속삭였다. 이 말은 뭔가 낯선 것이 아닌 듯이 내 귀를 쟁 울리게 하였다. 그것은 빌파리지 부인이 나의 할머니와 내게, 뤽상부르 공주와 우리가 알게 되었을 때 한 말이었다. 그러자 나는 전부 이해가 갔다. 눈앞에 있는 이분에겐 뤽상부르 부인과 공통점이 하나도 없었으나, 이분이 나한테 쓴 말에서, 나는 동물의 종속을 알아냈다. 이분은 전했다. 그녀는 나의 가족도 나 자체도 생면부지였다. 하지만 가장 고귀한 혈통을 이어받고, 가장 큰 재산을 소유하여(왜냐하면 파름 대공의 딸인 그녀는 또한 왕족인 사촌과 결혼했으므로), 그녀는 조물주께 감사하는 뜻에서 이웃에게, 그 이웃이 아무리 가난하고 보잘것없는 가문의 태생이건, 결단코 자기는 깔보지 않는다는 사실을 보이고 싶었던 것이다. 사실 그 미소만 보고서도 나는 이 점을 알아차릴 수 있었다. 나는 뤽상부르 공주가 바닷가에서 작은 호밀빵을 사서, 동물원의 사슴에게 주듯이 내 할머니에게 주는 걸 본 적이 있다. 그러나 내가 소개받았던 이가 아직 이류 왕족에 지나지 않았기에, 왕족들의 상냥한 일반적 특징을 못 찾아낸 것은 내 잘못만도 아니었다. 게다가 그들 자체가 이런 상냥함에 너무 기대를 걸지 말라고 내게 미리 알리는 수고를 하지 않았으니, 오페라 코미크 극장에서 그처럼 손을 흔들어 내게 인사해주었던 게르망트 공작부인이, 거리에서 만나 내가 인사하면, 한번 아무개에게 동전 한 푼을 주고 나면 그것으로 영원히 의리를 다했다고 생각하는 사람들처럼 화난 표정을 짓지 않았던가. 샤

* '매력이 있다'는 뜻.

를뤼스 씨는 어떤가 하면 감정의 높낮이가 더 심했다. 요컨대 나는, 나중에 보겠지만, 이들과는 다른 전하, 폐하, 여왕의 역을 맡아 하며, 같은 부류의 사람들 습관에 따라 말하지 않고, 사르두의 연극에 나오는 여왕들처럼 말하는 여왕들과도 사귀었다.

게르망트 씨가 그토록 당황하여 나를 소개하려고 한 건, 그것은 이런 모임에, 왕족의 아무개께서 모르는 인간이 있다는 사실이 허용될 수 없는 일이자 1초라도 더 끌 수 없는 상태였기 때문이다. 이를테면 생루가 우리 할머니한테 자기를 소개시키게 했던 것과 똑같은 서두름이었다. 그리고 또, 사교 예절이라 불리는, 겉으로라기보다 오히려 겉에서 안으로 역행하여 도리어 겉이 본질이 되고 심오하게 된 궁정 생활에서 전승된 흔적에 의하여 게르망트 공작과 공작부인은 자비, 정숙, 연민의 정, 공정 같은, 그들에 의해 무시당하기 쉬운 의무보다도, 파름 대공부인에게 말할 때는 거의 3인칭*¹밖에 쓰지 않는 더욱 엄격한 의무를 더 본질적인 것으로 여기고 있었다.

여태껏 파르마에 가본 적이 없어서(오래전 부활절 휴가 때부터 내가 가고 픈 곳), 그 이름을 가진 대공부인, 그 밖의 세계에서 외딴 곳이긴 하나, 반들반들한 벽 사이, 이탈리아 소도시의 후텁지근하고 바람 한 점 없는 광장의 여름밤같이 빽빽하고도 감미로운 거리의 이름과 모든 것이 같아 보이는 도시에서 가장 아름다운 궁전을 지니고 있는 파름 대공부인을 안다는 것은 내가 머릿속에 그려보려고 애썼던 것을, 이를테면 움직이지 않고서도 순간만을 단편적으로 잘라, 실제로 파르마에 존재하는 것과 단번에 바꾸는 셈이었다. 이는 조르조네가 태어난 시가를 향한 여행의 대수학(代數學)에서, 미지수의 1차 방정식 같은 것이었다. 그러나 내가 수년 전부터—향수업자가 매끄러운 지방성(脂肪性) 덩어리에 대해서 그렇게 하듯—이 파름 대공부인이라는 이름에 수많은 제비꽃 향기를 스며들게 했다면, 그 대신에, 내가 지금껏 적어도 산세베리나*²일 것이라고 굳게 믿어온 대공부인을 눈으로 보자마자 제2의 작용이 시작되었으리라. 이 작용이란, 사실은 그 뒤 몇 달 걸려 완성된 것으로, 새로운 화학작용의 도움으로, 대공부인의 이름에서 제비꽃의 정유와 스탕달풍 향기를 모두 내쫓아버린 뒤, 거기에 자선 사업에 바쁘고 일

---

*1 프랑스 말에서는 복수는 높임말, 3인칭은 아주높임말.
*2 스탕달의 《파르마 수도원》에 나오는 여자 주인공.

이 많은, 어찌나 겸허한지 당장 그 안에 얼마나 거만스러운 자존심이 바탕을 이루고 있는지 알 만한 상냥함을 보이는, 검은 머리에 작달막한 부인의 모습을 대신 합치는 데 있었다. 더구나 몇 가지를 빼놓고는 다른 귀부인들과 닮아서 그녀는 조금도 스탕달풍이 아니었다. 이를테면 파리에서, 파르마 거리가 유럽 구역에서 근처의 어느 거리보다도 가장 파르마답지 않아, 생라자르 역 대합실 이상으로 파브리스*¹가 죽은 수도원을 상기시키지 않는 곳이 따로 없듯.

그녀의 상냥함은 두 가지 원인에서 비롯했다. 그 하나는 일반적인 원인으로 이 군주의 딸이 받은 교육에 있었다. 그녀의 어머니는(유럽의 온갖 왕가와 인척일 뿐만 아니라, 또한―파름 공작의 가문과는 대조적으로―현재의 어느 대공부인보다도 유복했다) 그녀가 어렸을 때부터 툭하면 복음을 내세우는 속물근성의 거만하면서도 겸손한 교훈을 그녀의 머릿속에 집어넣었다. 그래서 지금은 이 여인의 얼굴 선, 어깨 곡선, 팔의 움직임 따위가 다음과 같이 되뇌고 있는 듯했다. '하느님이 너를 옥좌의 계단 위에 태어나게 하셨지만, 섭리(찬송할지어다!)에 의하여 복받은 태생과 부귀를 자랑하여 그렇지 못한 이들을 멸시해서는 못쓴다는 것을 잊지 마라. 그와 반대로, 소인들에게 친절하여라. 네 조상은 서기 647년부터 클레브*²와 쥘리에*³의 영주였다. 하느님은 착하신 마음에서 네가 수에즈 운하의 거의 모든 주권, 에드몽드 로스차일드와 같은 정도로 로열 더치(Royal Dutch) 주권을 지니기를 바라셨다. 네 혈통은 서기 63년 이래 계보학자의 손으로 확립되었다. 네게는 시누이뻘 되는 황후가 두 분이나 있다. 따라서 다른 사람과 이야기를 할 적에 이토록 큰 특권을 가지고 있는 것을 얼굴에 드러내서는 안 된다. 그것이 덧없는 것이라서가 아니라(왜 그런고 하니 그 무엇도 오래된 혈통을 바꾸지 못한다, 세상이 석유를 늘 필요로 하듯), 다들 그것을 아니까, 네가 누구보다도 태생이 좋다든가 네 지위가 첫 계급에 속한다고 일부러 가르칠 필요가 없기 때문이다. 불행한 사람들을 도우라. 하느님의 선하신 뜻이 네 밑에 든다는 은총을 네게 내리신 온갖 사람들에게, 네 계급에서 떨어짐 없이 네가

---

*1 스탕달의 《파르마 수도원》에 나오는 남자 주인공.
*2 독일의 도시.
*3 독일의 도시.

그들에게 줄 수 있는 것, 곧 돈을 주는 구제, 병자의 간호도 해라. 하지만 물론 절대 네 야회에 초대하진 마라, 분명 그들에게 선을 베푸는 것이 아닐 테고, 네 위엄을 떨어뜨려 선행의 효과를 없애고 말지니.'

그래서 선행을 베풀 수 없는 순간마저, 대공부인은 한 마디 말도 없이 온갖 바깥 표시를 통해, 결코 주위 사람들보다 자기가 뛰어나다고 생각지 않는다는 걸 나타내려고, 또는 믿게 하려고 애썼다. 그녀는 교육을 잘 받은 이들이 아랫사람에게 보이는 매력 있는 예절로 사람들을 대하며, 줄곧 남의 도움이 되려고, 자리를 더 넓히는 목적에서 자기 의자를 밀며, 내 장갑을 쥐고, 거만하게 구는 부르주아 부인으로서는 있을 수 없는, 고귀한 신분의 부인네들이라면 기꺼이, 아니 본능적으로, 직업적인 습관에서 해주는 온갖 시중을 내게 해주었다.

파름 대공부인이 내게 보인 상냥함의 또 다른 이유는 더욱 유별난 것인데, 나로서는 신비로운 교감이 읽어주는 것을 조금도 받아쓰지 못했다. 하지만 내가 이 순간에 이 두 번째 이유를 파고들 여유가 없었다. 소개를 서둘러 끝내고 싶은 모양인 공작이, 이미 꽃 같은 한 여인 쪽으로 나를 끌어갔던 것이다. 그 이름을 듣고 난 나는 그녀에게 발베크에서 멀지 않은 그녀의 별장 앞을 지나간 적이 있다고 말했다. "어머나! 그때 뵈었더라면 얼마나 기뻤을까." 그녀는 더욱 겸손한 태도를 보이려는 듯한 거의 낮은 목소리로, 그러나 진정으로 아주 특별한 기쁨의 기회를 놓치고 만 걸 섭섭해하는 투로 말한 뒤 교묘하게 환심을 사는 눈으로 덧붙였다. "앞으로 그런 기회가 다시 오기를 바라겠어요. 말해두지만 틀림없이 브랑카 큰어머님의 성관 쪽이 당신의 흥미를 더 끌 거예요. 망사르(Mansard)*가 건축했답니다. 그 지방의 진주라 해도 좋아요." 토지라는 것이 사는 보람을 모르는 금융업자들의 손에 넘어가는 경향이 짙은 시대에, 특히 지체 높은 귀족이 봉건 영주 같은 손님을 환대하는 드높은 전통을, 아무리 지껄여도 밑질 것이 없는 말로 유지할 필요가 있다고 여기는 듯싶은 이 귀부인이 내게 확실히 말한 바에 의하면, 그녀는 물론이려니와 브랑카 큰어머님도 나를 제 별장에 맞아들여 접대하는 일을 무척 기뻐할 거라고 하였다. 또한 그녀는 그런 환경의 여성이 다 그렇듯, 말

---

* 프랑스의 건축가(1598~1666).

상대를 기뻐 날뛰게 할 수 있는 것을 말하고자, 우월감을 품게 하고자, 편지를 쓰면 받는 이들이 기뻐하고, 손님을 접대하는 주인의 체면을 세워주며 상대방으로 하여금 모두들 자기와 사귀고 싶어하는 줄로 믿게 하려고 애썼다. 남을 흐뭇하게 만들려는 노력은, 사실은 부르주아에게서도 흔히 볼 수 있는 태도이다. 그런 사회에서는, 가장 믿을 수 있는 남자친구라기보다도, 차라리 유쾌하게 사귈 수 있는 여자친구일 경우에, 어떤 결점을 메우는 개인적 장점 같은 형태로 이러한 사람에게서 친절하고 다정한 성품을 보게 되는 수가 있다. 이러한 성미는 아무튼 외따로 꽃핀다. 그와 반대로 귀족계급의 대부분에게는, 이 성미의 특징은 개인의 것으로 멈추지 않고, 교육으로, 자신을 낮추는 데 겁내지 않는, 경쟁자를 모르는 독자적인 위대성의 관념으로 유지되고 있는 그들은 싹싹함을 통해 남을 기쁘게 할 수 있다는 걸 알아, 그러기를 좋아해, 그것이 귀족계급 특유의 성격이 되었다. 그리고 개인적인 결점이 너무나 이와 서로 달라 마음속에 이 성미를 유지하지 못하는 이들마저 어휘나 몸짓에 무의식적으로 그 흔적을 가진다.

"아주 친절하신 분입니다." 게르망트 씨는 파름 대공부인에 대해 나에게 말했다. "게다가 '귀부인'답게 굴 줄 안다는 점에선 첫째가는 분이라오."

내가 여러 여성에게 소개되는 동안, 안절부절못하는 한 신사가 있었다. 바로 안니발 드 브레오테 콩살비 백작이었다. 늦게 온 그는 손님들의 이름을 일일이 물어볼 틈이 없어서, 내가 손님방에 들어갔을 때, 그는 나를 공작부인의 사교계에 본디 속하지 않은, 따라서 여기에 들어올 만한 아주 특별한 자격을 가진 것이 틀림없는 손님으로 봐, 활 모양의 눈썹 밑에 외알안경을 썼다. 분명 외알안경이 내가 어떤 종족의 인간인지 알아보는 데 많은 도움이 될 거라고 생각했던 것이다. 그는 게르망트 부인이, 상류 부인들의 귀중한 부속물인 '살롱'이라 부르는 것을 가지고 있다는 사실을, 다시 말해 새로운 치료술의 발견 또는 걸작의 생산으로 최근 주목을 끄는 저명인사를 이따금 자기 세상의 사람들에게 덧붙인다는 사실을 알고 있었다. 포부르 생제르맹은 영국 왕과 왕비를 주빈으로 모신 향연에, 공작부인이 드타유(Detaille)* 씨를 거리낌 없이 초대해 받은 충격이 아직도 남아 있었다. 포부르의 재원들

---

* 프랑스의 군사 화가(1848~1912).

은 이 별난 천재와 가까이하고 싶은 관심이 간절했던 만큼 그 자리에 초대받지 못한 한을 좀처럼 풀지 못했다. 쿠르부아지에 부인은 리보(Ribot)[1] 씨도 거기에 와 있었다고 우겼지만, 이는 오리안이 남편을 대사로 임명시키고 싶어한다는 소문을 믿게 하려고 지어낸 말이었다. 끝으로, 엎친 데 덮친 격으로, 게르망트 씨가 작센 원수 못지않은 싱거운 멋을 부려 코메디 프랑세즈의 휴게실에 나타나, 라이헨베르크(Reichenberg)[2] 양에게 왕 앞에서 시를 낭독해달라고 부탁하여, 대연회 연감(年鑑)에 전례 없는 사실을 만들고 또한 실제로 거행되었다. 이렇게 수많은 뜻밖의 일을 떠올리면서(하기야 그는 이런 일에 박수갈채를 아끼지 않았다), 게르망트 공작부인과 마찬가지로 그 자신도 이를테면 한 장식품, 단 남성 쪽 살롱을 위해 받쳐진 브레오테 씨는, 도대체 내가 무엇하는 인간일까 의심하면서, 이 탐구의 범위가 너무 넓어 쉽지 않음을 느꼈다. 퍼뜩 비도르(Widor)[3] 씨의 이름이 생각났다. 하지만 오르간 연주자로서는 내가 너무 젊으려니와, 이곳에 '초대되기'엔 비도르 씨는 너무나 유명하지 않다고 그는 판단했다. 차라리 아주 간단히 나를, 누군가 얘기해주던 스웨덴 공사관에 새로 취임한 그 외교관보로 보는 편이 더 사실에 가깝다고 생각했다. 그래서 그는 오스카르(Oscar) 왕, 여러 번 그를 융숭하게 환대한 바 있는 스웨덴 왕의 근황을 내게 물어보려고 입을 여는 찰나 공작이 나를 소개하려고 브레오테 씨에게 내 이름을 말하자, 이 이름이 난생처음 듣는 것임을 깨닫고, 그때부터는, 내가 여기 있는 까닭은 내가 아주 저명한 명사이기 때문임을 다시는 의심하지 않았다. '오리안은 그렇지 못한 인간을 결단코 초대하지 않거니와 제 살롱에 저명인사를 끌어당기는 술수를 부릴 줄 알지 않은가. 물론 100분의 1정도로 저명인사를 섞지만, 그렇지 않고선 살롱의 지위를 잃고 말지.' 이렇게 생각한 브레오테 씨는, 이제부터 확실히 먹게 될 맛난 식사 때문만이 아니라, 또한 내가 참석했기에 반드시 흥미 있게 될 모임, 이튿날 샤르트르 공작과의 점심을 위해 재미나는 이야깃거리를 주워들을 수 있을 듯한 모임의 성격 때문에 부쩍 식욕이 나, 늘어진 입술을 혀로 핥으며 맛있는 음식을 가리는 콧구멍을 쿵쿵거리기 시작했다. 그

---

[1] 프랑스의 정치가(1842~1923).
[2] 프랑스 극장의 여배우(1853~1924).
[3] 프랑스의 음악가(1845~1937).

래도 아직 그는, 암에 맞서는 혈청을 최근 실험한 것이 아니며 테아트르 프랑세(프랑스 극장)의 다음 개막 연습에 들어 있는 작품을 쓴 것이 나인지를 결정적으로 알 만한 단계에 이르지 못했으나, 지식인이자, '여행담'의 애호가인 그는 끊임없이 내 앞에서 존경을, 이해한다는 표시를, 외알 안경 너머로 미소를 부풀렸다. 뛰어난 값어치를 가진 사람한테, 자기, 즉 브레오테 콩살비 백작으로선, 정신의 특권도 가문의 그것에 못지않게 위엄 있다는 환영을 용케 불어넣는다면 더욱 자기를 높이 평가해줄 거라는 틀린 생각에선지, 아니면 그저 나한테 해야 할 말을 몰라 만족감을 표시하고 싶으나 하기 어려워선지, 아무튼 자기가 탄 뗏목이 닿은 낯선 땅의 '토인' 가운데 아무개 앞에서, 이득 볼 속셈으로, 그들의 복장을 신기한 듯이 구경하면서, 우정의 표시도 그들처럼 큰 고함을 그치지 않고 냅다 지르면서, 유리구슬과 타조 알이나 향로와 교환하려는 태도같이 보였다. 그의 싱글벙글함에 되도록 잘 응한 다음, 나는 전에 빌파리지 부인 댁에서 만난 샤텔로 공작과 악수했다. 이 사람은 빌파리지 부인을 교활한 인간이라고 나한테 말한 적이 있다. 샤텔로 공작은 금발과 매부리코인 옆얼굴, 빰의 피부가 그때그때 색이 바뀌는 점들, 16~17세기가 남겨놓은 이 가문의 초상화에서 이미 보이는 특징 때문에 몹시 게르망트네 사람다웠다. 그러나 나는 이제 공작부인을 사랑하지 않았으므로, 그녀가 젊은 남자의 모습으로 변해도 아무런 매력을 느끼지 못했다. 나는 샤텔로 공작의 갈퀴 모양 코를 자세하게 살펴보았으나, 이제는 내게 전혀 흥미 없는 화가의 서명을 읽는 것에 지나지 않았다. 다음 나는 푸아 대공에게도 인사했다. 그리고 불쌍하게도 내 손가락뼈가 지끈거리고 나서야 거기서 빠져나왔는데, 그것은 독일식 악수로 노르푸아 씨의 친구인 파펜하임 대공의, 비꼬는 또는 멍청한 미소가 따라왔다. 이분을 두고, 이 계급에 독특한 별명의 버릇에서 흔히들 '폰(Von)'이라 불러, 그 자신도 '폰 공작' 또는 절친한 친구에게 편지 쓸 때는 '폰'이라고 서명할 정도였다. 또한 이러한 생략을 하는 건 엄밀히 말하자면 이름이 긴 탓인가 보다. 그런데 엘리자베트(Élisabeth)를 일부러 릴리(Lili)라든가 베베트(Bebeth)로 줄여 부르는 것은, 다른 세계에 키킴(Kikim)이니 뭐니 하는 것이 우글우글하듯, 그 까닭을 모르겠다. 보통 한가하고 하찮은 사람들이지만, '몽테스키외(Montesquieu)'라고 말하여 시간을 허비하기 싫어서 '키외(Quieu)'라고 줄여 말하는 것은 그래도 알 만하다. 그러나 그들의 사촌을 페르디낭(Ferdinand)이라 부르는 대신에 디낭(Dinand)이라 부른대서 그들이 시간을 얼마나 버는지 통 모르겠다. 그리고 또 애칭을 붙이는 데 게르망트네 사람들이 반드시 철자의 반복을 쓴다고 생각하면 틀린 생각이다. 두 자매인 몽페루 백작부인과 벨뤼드 자작부인은 둘 다 비만이었는데, 조금도 화내는 법 없이 또 아무도 픽 웃어댈 생각이 없을 만큼 오래된 습관으로, '프티트(Petite, 작은)'나 '미논(Mignonne, 귀여운)'이라고 부르는 것밖에 듣지 못했다. 몽페루 부인을 무척이나 좋아하는 게르망트 부인은, 만약에 이 부인이 중태에 빠지기라도 했다면, 눈에 눈물을 글썽거리면서 그녀의 동생에게, "'프티트'가 몹시 아프다던데요" 하고 물어보았을 것이다. 가르마를 똑바로 타서 좌우로 늘어뜨린 머리털로 귀를 완전히 가린 레클랭 부인을, 모두들 '공복(ventre affamé, 空腹)'[*1]이라고밖에는 부르지 않았다. 때로는 아내를 지칭할 때, 남편의 이름이나 세례명에다가 'A'만 붙이는 수도 있었던 것이다. 포부르 동네에서 가장 인색하고 욕심 사나우며 몰인정한 남자의 세례명이 라파엘(Raphaël)이었기 때문에, 바위에 피어난 꽃 같은 그의 매력적인 아내는, 언제나 라파엘라(Raphaëla)라고 서명을 하였다. 하지만 이와 같은 보기는 이루 셀 수도 없을 만큼 숱한 법칙 가운데 단순한 본보기에 지나지 않는다. 아무 때고 다시 기회가 있으면, 그 법칙 몇 가지를 설명하겠다.

이어서 나는 공작한테 아그리장트 대공을 소개해달라고 부탁했다. "뭐요, 이 뛰어난 그리그리(Gri-gri)를 모르다니." 게르망트 씨는 외치고 나서 아그리장트 씨에게 내 이름을 말했다. 이분의 성함은 프랑수아즈의 입을 통해 자주 들어와서 늘 투명한 유리제품같이 내 앞에 나타나곤 했다. 그것을 통해 보랏빛 바닷가에 금빛 태양의 비스듬한 햇살을 받은 고대 도시의 장밋빛 정육면체를 보는 듯했다. 나는 이 대공이—순식간의 기적으로 파리에 와 있지만—시칠리아같이 빛나고 영광스러운 고색을 띤 이분 자신이 사실상 군주임을 의심하지 않았다. 하지만 내게 소개된 속된 풍뎅이(hanneton),[*2] 내게 인사하려고 어설프게 방자한 태도로 핑 돈 풍뎅이는, 소장하는 예술품을 한 번

[*1] '배고픈 사람은 귀가 없다(남의 말에 귀를 기울이지 않는다)'는 속담이 있음.

[*2] '경솔한 사람'이라는 뜻도 됨.

도 구경한 적이 없을 만큼이나 그 반영을 제 몸에 못 지닌, 제 이름과는 무관한 인물이었다. 아그리장트 대공에게서는, 한 고장의 영주다운 것, 그리고 아그리장트라는 고장을 생각하게 하는 것이라곤 도무지 찾아볼 수 없었으므로, 그와는 아주 별개인 그 이름은 그 사람됨과도 아무런 연관이 없었고, 남들의 경우처럼, 이름 자체가 지닐 수 있는 막연한 시 전부를 이름에 끌어들여서, 이러한 작용이 있고 나서도 매혹적인 이름의 철자 속에 그러한 시를 가둬두는 힘이 있었던 듯싶다. 아무튼 만약 이러한 작용이 있었다면 그것은 아주 뚜렷하게 있었을 것이다. 그 자리에는 게르망트네의 한 집안에서 끌어낼 만한 매력이라곤 티끌만큼도 남아 있지 않았으니까. 그러므로 그는 세상에서 아그리장트 대공다운 유일한 인간인 동시에 아마도 세상에서 가장 그렇지 못한 인간이었다. 하기야 그는 아그리장트 대공임에 매우 흡족해했다. 그러나 은행가가 수많은 광산 주식을 가진 것에 만족하면서 그 광산이 아이반호(Ivanhoe)라든가 프림로즈(Primerose)* 광산이라는 예쁜 이름에 어울리는지, 또는 그저 제일 광산이라 불리든지 상관없이 흡족해하는 모양으로. 그러는 동안에, 이야기하다 보니 이처럼 길지만 실은 내가 손님방에 들어서면서 시작해 몇 분밖에 걸리지 않은 소개가 끝나, 게르망트 부인이 거의 애원하는 말투로, "바쟁이 이렇게 여기저기 끌고 다녀 피곤하시겠네요. 우리 친구들과 알고 지내기를 바라지만, 당신을 지치게 하진 말아야죠, 자주 와주셔야 하니까"라고 나에게 말하는 동안, 공작은 어지간히 서투른 소심한 몸짓으로 음식을 내오라는 신호(내가 엘스티르의 그림을 보느라고 보낸 한 시간 동안 고대하던 그 신호)를 내렸다.

초대객 한 사람이 보이지 않음을 말해두어야겠다. 바로 그루시 씨로, 게르망트 가문 출신인 그의 아내만이 혼자 와 있었다. 남편은 낮에는 사냥을 하고 곧장 오기로 되어 있었다. 그루시 씨는 제1 제정기 그루시의 후예로, 워털루 전투의 시초에 그가 불참하여 나폴레옹이 패배했다고 잘못 전해져 있지만, 훌륭한 가문 태생인데도, 귀족 신분에 집착하는 몇몇 사람의 눈엔 그래도 모자랐다. 그래서 게르망트 대공은, 그로부터 몇 년 뒤에는 그 자신에 대한 일에는 덜 까다롭게 되지만, 이 무렵에 입버릇처럼 조카딸들에게 말했

---

* 접시꽃.

다. "자기 애들 모두를 제대로 시집보내지 못했다니 그 불쌍한 게르망트 부인(게르망트 자작부인, 곧 그루시 부인의 어머니)으로선 참으로 불행이야!" ─ "하지만 큰아버님, 맏딸은 그루시 씨와 결혼했는데요."─"그게 남편이야? 결국 프랑수아즈 큰아버지가 막내딸을 달라고 하였다니, 둘 다 처녀 귀신을 면한 셈이지만."

음식을 차려내라는 명이 내려지자 곧 커다랗고 복잡한 걸쇠가 빙빙 돌아 식당 문이 좌우로 열렸다. 의식을 담당하는 식부관(式部官)같은 집사가 파름 대공부인 앞에 허리를 굽히며 "마님, 차려놓았습니다" 인사했지만, 그 말은 마치 "마님, 위독하옵니다" 말하는 듯했다. 그러나 그 소식이 이 모임자리에 어떤 슬픔도 던지지 않은 채, 쾌활하게, 로뱅송(Robinson)*의 여름같이, 짝지어 식당 쪽으로 나아가, 자리 앞에 이르러 시중꾼이 의자를 뒤로 당겼을 때 떨어졌다. 맨 마지막, 게르망트 부인이 나를 식탁에 안내하려고 이쪽으로 다가왔는데, 나는 걱정했을지도 모르는 겁을 조금도 느끼지 않았다. 왜냐하면 근육이 교묘한 동작으로 쉽게 움직이는 여자 사냥꾼이랄까, 내가 적당하지 않은 쪽에 있는 것을 보았던지, 아주 적절하게 내 둘레를 빙그르르 돌아 그녀의 팔이 내 팔 위에 정확하고도 품위 있는 율동으로 자연스럽게 끼어졌기 때문이다. 참된 학자가 지식을 대수로워하지 않아, 학자들보다 무식한 자들이 도리어 겁나듯, 나는 게르망트네 사람들이 대수로워하지 않는 태도로 행동하는 만큼이나 더욱 편한 기분으로 부인의 동작에 순종했다. 다른 문이 열리더니 김이 무럭무럭 나는 수프가 들어왔는데, 이 만찬은 교묘하게 장치된 인형극 속 사건으로서, 젊은 손님이 이제 막 뒤늦게 도착했으므로 우두머리의 신호에 의해 모든 장치가 일제히 작용하기 시작한 듯한 느낌이었다.

그것에 응해 크고도 정교한, 온순하고도 호사스러우며 기계적이고 인간적인 시계 장치가 움직이기 시작한, 공작의 신호는 군주다운 위엄 없이 소심한 것. 그 우유부단한 몸짓에 따라 벌어진 구경거리의 효과를 나로서는 손상하지 않았다. 신호를 주저주저 망설이듯 내린 게, 많은 그림을 구경한 뒤 쉴 사이도 없이 계속해서 여러 사람에게 소개되어 지쳤을까 봐 게르망트 공작

---

* 파리의 교외.

부인이 걱정한 바와 마찬가지로, 나 때문에 만찬이 늦어졌다. 모두가 나를 오랫동안 기다렸다고 내가 생각할까 봐 공작이 걱정한 탓이라는 것을, 나는 느꼈기 때문이다. 그러니까 위엄이 모자란 이런 몸짓이 실다운 위대성, 자기 자신의 사치에 대한 무관심, 반대로, 상대가 하찮은 인간이라도 아무나 집에 맞아들여 접대하고 싶은 손님에 대한 고려를 풍긴 셈이었다.

이런 부분이 있긴 하나, 게르망트 씨에게는 다른 면에서 매우 평범함, 또 몹시 부유한 인간이 가지는 우스꽝스러운 결점, 벼락 출세자가 아닌데도 그들만이 지닌 거만이 있었다. 그러나 관리 또는 성직자가 프랑스의 행정부 또는 가톨릭 교회 같은, 그들이 기대는 권력에 의해(파도가 뒤에 밀려드는 온 바다에 의하듯) 그들의 평범한 재능이 한없이 확대됨이 보이듯, 게르망트 씨도 다른 힘인 진짜 귀족적인 예절이라는 것에 의지하고 있었다. 이 예절은 수많은 사람을 배척했다. 게르망트 공작부인은 캉브르메르 부인 또는 포르슈빌 씨를 집에 받아들이지 않았다. 하지만 나의 경우같이, 아무개가 게르망트네 주위에 들어와도 좋다고 보이는 순간부터, 이 예절은 예스러운 손님방이나 거기에 있는 훌륭한 살림살이들보다 더 으리으리하게 환대하는, 꾸밈 없는 보물을 드러내었다.

누군가를 기쁘게 해주고 싶을 때, 게르망트 씨는 그날만큼은 상대를 중요한 인물로 만들기 위해 상황과 장소를 잘 이용할 줄 알았다. 게르망트 씨 경우의 '정중'과 '우아함'도 임기응변으로 다른 형태를 지었을 것이 틀림없다. 그는 만찬에 앞서 나만 데리고 산책하기 위해 마차도 준비시켰을 것이다. 옛 회상록을 읽고서, 루이 14세가 청원하러 오는 자에게 친절히 웃는 얼굴로 반쯤 존경을 표하면서 대답하는 태도에 감동하듯, 누구나 게르망트 씨의 접대하는 방식에 감동을 느꼈다. 그래도 이 두 경우에 알아두어야 할 것은, 이와 같은 예절이란 한낱 이 낱말이 뜻하는 바 이상의 것이 아니라는 점이다.

루이 14세(그즈음 귀족 신분에 집착하는 사람들은 이 왕의 예의범절이 소홀타 비난하며, 필립 드 발루아, 카를 5세에게 뒤지는 보잘것없는 왕으로 여겼노라, 생시몽이 지적한 바 있는)는 아주 상세한 교서를 기초시켜 왕족과 대사인 자들이 어떤 군주에게 상석을 양보해야 하는지 가르쳐주려 했다고 한다. 경우에 따라서는 막무가내로 의견 일치를 보지 못해, 루이 14세의 아들인 태자가 외국 군주를 맞이하는데 누가 먼저 궁전에 들어가는지 말하지 않아 한데서 회견하는 편이 좋다는 합의를 보았고, 또 만찬에 슈브뢰즈 공작을 초대한 궁내관(宮內官)인 선거후(選擧候)*¹는 그에게 상석을 주지 않으려고 병에 걸린 척 자리에 누워 이 난감한 자리를 넘겼다고 한다. 태자가 왕의 동생게 이바지하는 기회를 피하니까, 왕의 동생은 자기에게 애정을 그대로 품고 있는 형인 왕의 조언에 따라, 핑계를 꾸며 잠자리에서 일어나는 순간에 조카를 오게 해 그가 속옷을 입힐 수밖에 없게 하였다고 한다. 하지만 이런 것이 깊은 정, 마음의 문제로 되면 예절에 대한 한 그토록 굽힐 수 없는 의무라는 것이 아주 변한다. 루이 14세가 가장 아끼던 이들 가운데 하나였던 이 동생이 죽은 지 몇 시간 뒤, 몽포르 공작*²의 표현에 따르면, 동생의 시신이 '아직 따뜻할 때'에 루이 14세는 태평하게 오페라의 가락을 노래하고, 부르고뉴 공작부인이 슬픔을 감추기 힘들어 우울한 모양을 하고 있는데 놀랐다. 다들 즉시 명랑해지기를 바라, 궁인들이 다시 놀이하는 기분이 나도록 부르고뉴 공작에게 브를랑(brelan) 놀이*³를 시작하라고 분부했다. 그런데 주로 사교적인 행위에서뿐만 아니라, 게르망트 씨의 가장 무심코 하는 말에도, 염려에도, 시간의 사용에도 마찬가지로 대조적인 면이 보였다. 곧 게르망트네 사람들은 남들 이상으로 슬픔을 느끼는 일 없이, 오히려 그들의 진정한 감수성은 그 이하라고까지 말할 수 있다. 그 대신에, 굉장한 장례식의 수효 때문에 〈골루아〉지의 사교란에 날마다 게르망트 부부의 이름이 보였으니, 그들은 그런 장례식에 참석하지 않음을 죄같이 생각했다. 나그네가 크세노폰*⁴ 또는 바오로 성자가 잘 알았을 듯한 흙으로 덮인 집과 테라스를 거의 예전대로 발견하듯, 남을 감동시키는 친절한 인물이자 불쾌한 냉혹함을 갖춘 인물, 자질구레한 의무의 노예이자 가장 신성한 계약을 헌신짝같이 파기하는 사람인 게르망트 씨의 행동에서, 마찬가지로 나는 2세기가 지난 오늘날에도 양심의 거리낌을 애정과 도덕의 영역에서 순 형식의 문제로 옮겨놓은 루이 14세 치하 궁전 생활 특유의 빗나감을 그대로 발견했다.

파름 대공부인이 내게 친절한 태도를 보인 또 다른 이유는 더할 나위 없이

---

*1 왕을 뽑을 자격이 있는 자.
*2 슈브뢰즈 공작의 아들(1669~1704).
*3 트럼프 놀이의 하나.
*4 그리스의 군인이자 문필가(B.C. 430~354).

특수했다. 그녀가 게르망트 공작부인네에서 보는 것은 물건이건 사람이건 다 자기 집에 있는 온갖 것보다 뛰어나다고 지레 믿어버렸기 때문이다. 하기야 그녀는 남들 집에서도 똑같이 행동했다. 아무리 간단한 요리나 평범하기 짝이 없는 화초에 대해서도, 오로지 그것에 황홀해지는 것만으로는 만족하지 않아, 이튿날 재빨리 그 요리나 재배의 비결을 듣기 위해, 또는 요리나 화초의 종류를 구경하기 위해, 부리는 요리장이나 정원사를 그 집에 보낸다. 많은 봉급을 받는 그들은, 제 마차를 소유하고, 특히 직업상 자부심이 대단한지라, 멸시한 요리를 일부러 문의하려고, 또는 오래전부터 대공부인의 정원에서 기르고 있는 것의 반쯤도 예쁘지 않거니와, 빛깔도 크기도 다르지 않은 카네이션의 변종을 모범으로 삼으려고 가는 데 심한 굴욕을 느꼈다. 그러나 대공부인으로서는, 남들의 집에서 하찮은 것에도 보이려는 이런 경탄은 짐짓 꾸민 태이자, 옛 가정교사가 금한 거만, 어머니가 감추라고 타일러주고, 신도 용서하지 않을 거만을 제 신분의 우월과 부유에서 결코 꺼내지 않음을 보이는 목적에서 나온 것이었다. 그 반면에 그녀가 게르망트 공작부인의 손님방을 구경하면서 기쁜 놀라움 없이는 걷지 못하는 특수한 장소라고 생각한 건 진정이었다. 일반적으로 말해, 이와 같은 정신 상태에 대한 설명으로선 충분하지 않을 테지만, 게르망트네 사람들은 그 밖의 사교계의 귀족과 매우 달랐다. 그들은 더욱 귀중하고 드물었다. 첫인상에서 나는 거꾸로 다른 남녀들과 비슷하거나 비속한 이들이라고 생각했다. 하지만 그것은 발베크나 피렌체나 파르마와 마찬가지로 내가 게르망트네 사람들 속에서 미리 이름을 보았기 때문이다. 내가 작센 인형처럼 상상했던 이 손님방의 여인들은 확실히 훨씬 더 대부분의 여인들과 비슷했다. 그러나 발베크나 피렌체와 마찬가지로, 게르망트네 사람들도, 그 이름보다는 오히려 그들과 같은 신분의 사람들과 비슷했기 때문에 환멸을 주고서 다음에 근소한 차이지만, 그들을 남과 구별하는 조금의 특수성을 지성에 제공할 수 있었다. 그들의 외모자체, 피부는 특별한 장밋빛으로 때로는 보랏빛에 가깝고, 사내들마저, 반쯤은 벽에서 자라나는 개물통이 이끼를 반쯤은 고양이 털을 떠올리게 하는, 보드라운 금빛 솔로 덩어리진 가느다란 털의 거의 반짝이는 금발(이 빛나는 광택이 지성의 어떤 광택에 상응하고 있었다. 왜냐하면 게르망트네 사람들의 얼굴빛과 머리털을 말한다는 것은, 모르트마르네 사람들 정신의 경우와 마찬가지로 게르망트네 사람들의 정신을 말하는 셈이 되기 때문이다), 가장 섬세한—루이 14세 이전부터—또 그들 자신의 입으로 떠들어대었던 만큼 더 알려진 어떤 사교적인 특성, 이런 것이 그들이 여기저기 끼어 있는 귀족 사회의 성분 속에서(이것이 아무리 귀중한 것일망정), 또한 게르망트네 사람들을 알아보는 데, 식별하고 뒤를 따르는 데 수월케 하였다. 마치 황금색이 벽옥과 무늬 마노의 줄 자국을 나타내는 광맥처럼, 아니, 차라리 흐트러진 머리칼 끝이 굴절하는 빛살처럼 마노 이끼의 측면을 스치는, 이 빛나는 머리털의 부드러운 파동처럼.

게르망트네 사람들—적어도 그 이름을 받을 만한 이들—은 오직 살이나 머리털의, 투명한 눈의 뛰어난 질을 가졌을 뿐만 아니라, 자세를 취하는, 걷는, 인사하는, 악수하기에 앞서 바라보는, 악수하는 방식이 있었다. 이런 것으로 그들은 보통 사교인과 달랐다—이 사교인이 작업부 차림의 소작인과 다르듯. 그들의 상냥함에도 사람들은 속으로 말했다. "저놈들은 내색이야 하지 않지만, 우리가 걷고, 인사하고, 외출하는 걸 보고서(이런 것을 그들이 하면 마치 제비의 비상, 또는 장미의 기울임같이 우아하게 되는데), '녀석들은 우리하곤 인종이 다르지, 우리는 지상의 왕이지' 하고 생각하는 권리가 정말 있는가?" 나중에 안 일이지만 게르망트네 사람들은 과연 나를 다른 인종으로 생각했으며, 내가 모르는, 그리고 그들이 유일하게 중요한 것으로 여긴다고 공공연히 주장하는 재능을 가졌으므로 그들의 선망의 정을 자극했던 것이다. 더 나중에 가서 알았지만, 이 신조의 드러냄도 절반밖에 성실하지 않거니와, 그들에게는 멸시나 놀라움이 감탄과 선망과 공존한다는 것을 나는 느꼈다. 게르망트네 사람들의 본질인 신체의 유연성은 두 가지였다. 늘 끊임없이 활동하는 한 유연성 덕분에, 이를테면 만일 게르망트네의 한 남자가 어떤 귀부인에게 인사하려면, 신경질적으로 균형이 잡히지 않은 동작의 불안정한 균형으로 된 그 자신의 그림자를 지어내고, 이를 상쇄하려는지, 좀 일부러, 아니면 사냥에서 자주 삐었기 때문인지, 한쪽 다리를 끌면서 또 한쪽 다리에 따라가려고 몸을 굽히고, 그것과 균형이 잡히도록 한쪽 어깨를 올리는 동안에, 외알안경을 눈에 끼고는, 인사를 하는 바람에 앞머리칼이 늘어지자 그와 동시에 눈썹을 꿈틀 치켰다. 또 하나의 유연성은, 조가비나 배가 영원히 그 자취를 남기는 물결이나 바람에 새긴 형태처럼, 이를테면 어떤 고정된 운동으로 붙박아지고 말았다. 튀어나온 푸른 눈 밑, 여인이라면 쉰 목소리가 거기서 나오는, 너무나 얇은 입술 위에 자리잡은 매부리코는, 16세기 무렵 이 옛 종속의 식객인 그리스 학문에 능통한 족보학자가 호의로 정해준 전설적인 혈통을 상기시켰으나 옛 종속은 옛 종속이어서, 족보학자가 신성한 '새'에 의한 요정(님프)의 신화적인 잉태를 이 옛 종속의 기원으로 주장할 만큼은 오래되지 않았다.

게르망트네 사람들은 지적으로도 육체적인 특징 못지않게 유별스러웠다. 오직 질베르 대공을 빼놓고. '마리 질베르'에 대해 낡은 생각을 품은 남편인 그는 마차를 타고 산책할 때, 왕족이긴 하나 자기만큼 좋은 가문이 아니라서, 아내인 마리 질베르를 왼쪽에 앉혔는데(그는 예외였다. 그가 없는 자리에서는 가문의 비웃음과 늘 새로운 일화의 대상이 되고 있었다), 게르망트네 사람들은 '순' 귀족 사회 안에서 살아가면서 귀족임을 존경하지 않는 체했다. 게르망트 공작부인의 학설은(그녀는 너무나 게르망트네 사람인 나머지 좀 그것과는 다른 것이자 더욱 쾌적한 것으로 되고 말았지만) 어찌나 지성을 모든 일 위에 놓는 데 있었는지 정치 분야에선 극히 사회주의적이었으므로, 그녀 저택의 어딘가에, 귀족 생활의 유지를 다짐하는 신령이 숨어 있는지 의심스럽고, 또 신령은 언제나 눈에 보이지 않았으나, 어떤 때는 응접실에, 어떤 때는 손님방에, 어떤 때는 화장실에 웅크리고 있다가 작위 따위를 믿지 않는 이 여성의 하인들에게 '공작 마님'이라 부르게 하기를 상기시키며, 독서만을 좋아해 조금도 다른 사람의 비평을 꺼리지 않는 이 여성에게 8시가 땡 울리자 사촌동서 누이 집에 만찬하러 가도록 가슴과 어깨를 드러내는 드레스를 입게끔 일깨우는 것이 아닐까.

또한 그와 같은 신령이 공작부인으로서의 적어도 그 가운데 첫째가는, 그녀같이 막대한 자산을 가진 공작부인으로서의 처지를 게르망트 부인에게 일러주며, 따분한 다과회, 밖에 나가서 하는 저녁 식사 대연회 때문에, 흥미있는 것을 읽었을지도 모르는 시간을 희생하는 걸, 비처럼 불쾌하면서도 필요한 일로서 타일러, 게르망트 부인은 투덜대면서 승낙하지만, 승낙한 이유를 따져보기까지는 하지 않았다. 신기한 사실로 게르망트 부인의 집사는 지성밖에 믿지 않는 이 여인에게 늘 '공작 마님'이라 했는데, 마님의 마음을 언짢게 하지는 않는 것 같았다. 이 집사에게 아주 간단히 '마님'이라고 말하라고 분부 내릴 생각이라곤, 그녀의 머리에 한 번도 떠오른 적이 없었다. 한 껏 선의로 해석한다면, 부인은 멍하니 있어 '마님'이라는 말밖에 듣지 못해, 거기에 덧붙인 칭호를 미처 알아차리지 못했다고도 생각할 수 있었으리라. 다만, 그녀는 들리지 않는 체해도 말을 할 수 없는 것은 아니었다. 그래서 그녀가 남편에게 보낼 심부름이 있을 때마다 집사에게 반드시 '공작님께 여 쭈어서……'라고 말했다.

그리고 또 가문의 신령에겐 다른 업무도 있었다. 이를테면 설교를 시키는 일이다. 물론 게르망트네 사람들 가운데 특히 지적인 사람들, 특히 덕성스러 운 사람들이 있었는데, 흔히 같은 사람은 아니었다. 그러나 전자는—바르지 못한 짓을 하고, 도박에서 속임수 쓰며, 누구보다도 가장 인상이 좋고, 새롭 고 옳은 사상에 다 허심탄회한 사람마저—후자보다 도덕에 대해 더 잘 지낄 였다. 가문의 신령이 이 노부인의 입을 빌려 말하는 순간에는 빌파리지 부인 과 똑같은 식으로, 이와 같은 순간 돌연 게르망트네 사람들은, 예를 들어 후 작부인이 어느 하녀에 대해 "그 애는 마음씨가 착해, 보통 애가 아냐, 틀림 없이 좋은 집안의 딸일 거야. 늘 옳은 길에 있을 게 확실해" 말하는 것과 똑 같이 노티 나는, 호인다운, 또 그들의 더욱 큰 매력 때문에 더 훌륭하고도 감동어린 말투를 띠었다. 이러는 순간에 가문의 신령은 어조에 나타났다. 또 때론 공작부인에게도, 그녀 할아버지인 원수의 경우와 마찬가지로, 가문의 신령은 풍채, 표정, 이해할 수 없는 어떠한 경련, 바르카 가문의 카르타고 신령인 뱀의 그것과 비슷한 경련이어서, 내가 전에 하던 아침나절의 산책 도 중 게르망트 부인과 벗이 되기 전에, 식품점 안쪽에서 부인이 이쪽을 바라보 는 걸 느꼈을 때, 그것 때문에 여러 번 가슴이 두근거렸다. 이 신령은 단순 히 게르망트 가문만이 아니라, 이 가문의 경쟁 상대로 게르망트 가문에 못지 않은 좋은 혈통인데도 그와는 정반대인 쿠르부아지에 가문(게르망트네 사람 들이, 태생과 귀족의 작위를 유일한 중대사인 양 말하는 게르망트 대공의 편 견을 설명하는 데, 쿠르부아지에 가문 태생인 그의 할머니를 입에 올렸다) 의 무관심할 수 없는 한 상황에 끼어들기도 했다. 쿠르부아지에네 사람들은 지성이라는 걸 게르망트네 사람들과 같은 정도로 존중하지 않을 뿐만 아니 라, 또한 그것에 대해 아주 다른 사고방식을 가지고 있었다. 게르망트네 사 람으로서는(그 자신이야 바보이건) 총명하다는 것은, 험담 잘하며, 심술궂은 말을 할 줄 알고, 신랄하다는 뜻이며, 또 그림, 음악, 건축 따위에 대해 남에게 반항할 줄, 영어를 말할 줄 안다는 뜻이었다. 쿠르부아지에네 사람들은 지성이라는 것에 대해 덜 좋게 생각하여, 그들의 사회에 속하지 않은 인간이라면 총명하다는 것은, '아까도 부모를 죽였을지도 모른다'라는 의미에 가깝다. 그들에게 지성이란 '밤손님의 지렛대', 그 덕분에 어느 누구도 이브인지 아담인지 모르는 놈들이 가장 존경할 손님방의 문을 부수고 들어온 지렛대 같은 것이라서, 이런 '놈들'을 받아들이다간 오래지 않아 반드시 뉘우치게 되고 만다는 것을 쿠르부아지에네 사람들은 잘 알고 있었다. 상류 사회의 사람이 아닌, 총명한 인간이라고 불리는 이들에 대한 아무리 보잘것없는 말에도, 쿠르부아지에네 사람들은 틀에 박힌 불신을 드러내곤 했다. 한번은 아무개가 "하지만 스완은 팔라메드보다 젊어요" 말하니까, "제 입으로 그렇게 말했나요, 그렇다면 그렇게 말해두는 것이 득이라고 그가 생각해서죠, 틀림없이"라고 갈라르동 부인이 대답했다. 그뿐만 아니다. 게르망트네에 초대받은 매우 우아한 두 외국 여인에 대한 얘기가 나와, 그 어느 쪽이 연장자라 그 여인을 먼저 들어오게 했다고 말하니까 "하지만 정말 연장자였을까요?" 하고 갈라르동 부인은 물었는데, 확실히 이런 사람들에게 나이라는 게 없지는 않지만, 호적 및 종교상의 신분과 확고한 전통 따위가 없어, 한 바구니 속에 기른 작은 고양이처럼 얼마간 나이 차야 있지만, 수의사밖에 알아보지 못한다는 말투였다. 게다가 쿠르부아지에네 사람들은 마음이 좁고 심술궂어서, 어느 의미로선 게르망트네 사람들 이상으로 완벽하게 귀족다움을 유지하고 있다고 하겠다. 한편 게르망트네 사람들은(그들로서는, 왕족과 리뉴 가문, 라 트레모유 가문 같은 몇몇 명문보다 낮은 다른 가문은, 다 잔물고기에 지나지 않았다) 그들 주위에 살고 있는 옛 혈통의 사람들에게 거만하게 행동했는데, 그것은 바로 쿠르부아지에네 사람들이 크게 마음 쓰는 바인 이 이류의 가치 따위를 거들떠보지 않았기 때문이니, 이런 가치의 결핍은 그들에겐 조금도 대수롭지 않았다. 고향인 시골에선 그다지 상류 출신이 아닌 여인들이, 화려한 결혼을 해, 부유하게, 예쁘게, 공작부인들의 귀여움을 받게 되자 '부모'에 대해 아무도 자세히 알지 못하는 파리에선, 멋지고도 훌륭한 수입품이 된다, 드문 일이지만. 그러한 여인들이 파름 대공부인의 운하를 통해, 또는 자기 자신의 매력으로 게르망트네 사람들의 어떤 집에 받아들여진

적이 있었다. 그런데 이런 여인들에 대한 쿠르부아지에네 사람들의 분개는 좀체 꺼지지 않았다. 사촌*1 집에서, 5시와 6시 사이에 그들의 부모가 페르쉬*2에서 사귀기를 마다한 한집안의 딸들과 맞부딪침은 그들을 잔뜩 성나게 하여 퍼내고 퍼내도 마르지 않는 연설거리가 되었다. 이를테면 애교 있는 G……백작부인이 게르망트네 집에 들어온 순간부터, 빌르봉 부인의 얼굴은 그녀가 다음 같은 시구를 낭독해야만 할 때에 짓는 표정을 곧바로 지었다.

　　　단 한 사람밖에 남지 않는다면, 나야말로 그 사람,

이라는 시구*3를, 하기야 이 여인은 모르지만. 이 쿠르부아지에네의 여인은 거의 월요일마다 G……백작부인으로부터 몇 걸음 떨어진 곳에서 크림 든 에클레르를 먹어 치웠으나 이렇다 할 성과는 없었다. 또 빌르봉 부인은, 샤토됭에선 이류 사교계에도 들지 못한 여인을 사촌인 게르망트 부인이 어쩌자고 받아들였는지 이해 가지 않는다고 남몰래 털어놓았다. "참말이지 사촌은 교제에 대해 그토록 까다롭지 않아도 돼요, 사교계를 아랑곳하지 않으니까." 빌르봉 부인은, 또 하나의 표정, 절망 가운데 생글대는 냉소적인 표정을 지으며 결론지었다. 이런 표정의 수수께끼를 푸는 데 또 다른 시구, 물론 백작부인이 더더욱 아리송해할 시구를 차라리 적어보겠다.

　　　신 덕택에! 나의 불행은 희망을 초월하고 말았다!

　사건을 미리 당겨 말하면, G부인한테 밉살스럽게 군 빌르봉 부인의 '끈기 (persévérance)'―다음에 오는 시구 가운데 '희망(espérance)'과 운이 맞는―는 아주 쓸모없지는 않았다. 밉살스러운 끈기가 G부인의 눈엔 비상한 위세, 게다가 순전히 터무니없는 위세로 보여, 그 계절의 무도회에 선보인 아가씨들 중 가장 예쁘고 부유한 G부인의 딸이 신랑감을 고를 때 공작들을 전부 거절하는 것을 보고 다들 깜짝 놀랐다. 이는 그녀의 어머니가 샤토됭의 추억

＊1 게르망트네를 말함.
＊2 쿠르부아지에네의 시골.
＊3 위고의 시구.

으로서 매주 그르빌 거리에서 받은 모욕을 마음속에 새겨두어, 딸의 신랑감으로 단 한 명, 곧 빌르봉네 아들밖에 원하지 않았기 때문이다.

게르망트네와 쿠르부아지에네 사람들의 유일한 일치점은 남과의 거리를 뚜렷하게 표시하는 변화무쌍한 기술이었다. 게르망트네 사람들의 행동거지는 그들에 따라 다르긴 하였다. 그러나 이를테면 게르망트 가문의, 진짜 게르망트네 사람들에게 소개되었을 때, 그들이 상대에게 손 내미는 행동을, 거의 상대에게 기사의 칭호를 수여하기라도 하는 듯이 중대한 일처럼 하나의 의식을 행했다. 게르망트네 한 사람이 아직 스무 살에 지나지 않아도 벌써 연장자들의 발자취를 걸어가, 소개하는 사람의 입에서 소개되는 사람의 이름이 발음되는 걸 듣는 순간, 그는 상대 위에, 아직 인사말을 할 결심이 조금도 없는 양, 그 푸른, 늘 강철의 차가움이 번득이는, 남의 마음속 바닥까지 들여다보려고 하는 듯한 눈길을 떨어뜨렸다. 게르망트네 사람들은 다들 스스로 제일가는 심리학자인 줄 알아 그런 모양으로 상대를 살폈다고 여겼다. 그들은 그럼으로써 다음에 오는 의식적인 인사의 그 상냥함을 한층 효과적인 것으로 만들 생각이었다. 이런 것이 모두 상대와 일정한 거리, 검술에서 찌르기의 경우라면 가깝지만, 악수하기에는 너무 먼 듯하여, 첫 번째 경우와 마찬가지로 두 번째 경우에도 어쩐지 섬뜩한 느낌이 드는 거리를 두고 일어났다. 그래서 게르망트네 사람들이 상대의 영혼과 존경할 만함을 샅샅이 재빠르게 점검한 뒤에, 상대를 다시 만나도 좋은 인간이라 판단하고 나서야 팔을 다 뻗어 손끝을 상대 쪽으로 내미는 품이, 뭔가 괴상한 시합 때문에 칼을 내미는 듯했다. 그리고 손은 이 순간 게르망트네 사람한테서 어찌나 멀리 떨어져 있는지, 그가 머리를 숙였을 때, 그 인사를 받는 것이 상대인지 또는 그 자신의 손인지 분간하기 어려울 정도였다. 개중에는 절도의 감각이 없는지, 아니면 끊임없이 되풀이하지 않고선 못 배겨선지, 만날 적마다 떡 벌어지게 이 의식을 다시 시작하는 게르망트네 사람도 있었다. '가문의 신령'께서 그들에게 능력을 내리셨으며 틀림없이 그 능력의 성과를 기억하고 있는 바인 예비적인 심리 조사를 행할 필요도 없고, 악수에 앞선 구멍을 뚫는 듯한 눈길의 집요함은 그들의 눈이 습득한 자동력 또는 그들 스스로 가지고 있다고 생각하는 타고난 매력의 힘으로밖에 설명할 수 없을 것이다. 이들과 외모가 다른 쿠르부아지에네 사람들은 상대를 살피는 듯한 인사를 흉내내려고 했으나 안 되어, 거만한 어색함 또는 재빨리 무관심한 태도 쪽으로 방향을 바꿨다. 그 반면에, 게르망트네의 매우 희귀한 몇몇 여인들은 귀부인다운 인사법을 이 쿠르부아지에네 사람들로부터 빌려온 것 같았다. 과연, 이런 게르망트네의 한 여인에게 소개되는 순간에, 그녀는 거의 45도 각도로 머리와 상반신을 기울이나, 한가운데를 이루는 허리까지(매우 높은)의 하반신은 그대로 부동자세인 인사를 하며 가까이 온다. 그런데 상체를 이 모양으로 불쑥 앞쪽으로 내밀었을까 싶을 때 돌연 물러나 거의 같은 길이만큼 뒤를 향해 수직으로 젖힌다. 이 덕택에 보이던 것을 다시 잃어버린 감이 들거니와, 얻은 줄 여긴 지반이 결투에서같이 도로아미타불, 원 위치가 그대로 유지되고 있다. 이 거리 탈환에 의한 상냥함의 무효(이는 쿠르부아지에네 가문에서 유래한 것인데 첫 동작에서 나타난 상대에 대한 호의가 순간의 꾸밈에 지나지 않는다는 사실을 보이기 위한 것이었다)는 게르망트네 사람들에게나 쿠르부아지에네 사람들에게도 한결같이, 적어도 아는 사이가 된 처음 무렵 동안, 그녀들한테서 받은 편지에도 뚜렷하게 나타나 있었다. 편지의 '본문'이야 절친한 친구 사이밖에 쓰지 않는 글이 담겨 있을지 모르나, 그렇다고 보내온 귀부인의 친구라고 스스로 자랑할 수 있다 여기면 잘못이니, 왜냐하면 편지는 '므시외(Monsieur)'*¹로 시작해 'Croyez, Monsieur, à mes sentiments distingués'*²로 끝나 있기 때문이다. 그러니까 본문의 뜻을 싹 달라지게 하는 이 냉담한 첫머리와 싸늘한 끝머리 사이에(만일 그것이 애도의 편지에 대한 답장이라면) 게르망트네 여인이 자매를 여의고 품었던 슬픔, 자매 사이에 있었던 친애의 정, 그녀가 별장 생활을 하고 있는 고장의 아름다움, 손자들의 귀여움에서 맛보는 위안 같은 감동어린 묘사를 얼마든지 쓸 수 있으니, 결국 편지틀에 있는 편지에 지나지 않고, 또 그 편지의 친밀감은 이쪽과 발신인인 여성 사이에, 발신인이 플린 르 죈 또는 시미안(Simiane)*³ 부인이었던 것보다 더한 친밀성까지는 담겨 있지 않았다.

사실 게르망트네의 몇몇 여인은 처음부터 'mon cher ami'*⁴ 'mon ami'*⁵라

---

*1 편지 첫머리에 쓰는 '님, 씨, 귀하'.
*2 '저의 심정을 각별히 헤아려주소서'라는 뜻으로 편지의 끝맺음말.
*3 세비네 부인의 손녀(1674~1737). 할머니의 글월을 편집함.
*4 '나의 친애하는 벗에게'라는 뜻.
*5 '나의 벗에게'라는 뜻.

고 썼다. 그것은 그녀들 가운데 가장 단순한 이들만이 아니라, 오히려 왕족뿐인 환경에서 살며 또 좀 '경솔'하여, 자존심에서 그녀들로부터 오는 것이라면 그게 무엇이든 누구나 다 기뻐한다고 굳게 믿은 나머지 조금 품위가 떨어져 자기들이 제공할 수 있는 만족이라면 뭐든지 해주는 습관이 생긴 이들이었다. 하기야 게르망트네 한 젊은이가 게르망트 후작부인을 '아당(Adam) 아주머니'라고 말하는 데엔 루이 13세 치하에 공통된 고조모를 가졌다는 것만으로 충분했으니까. 그렇게 게르망트네 사람들은 그 수가 너무 많아서 예컨대 첫 대면 인사법 같은 간단한 예식만 해도 가지각색이었다. 작은 무리마다 좀 세련된 자라면 자기만의 예식이 있어, 외상약(外傷藥)의 처방과 열매의 설탕조림을 담그는 비법처럼 대대손손 이어진다. 생루가 이쪽의 이름을 듣는 순간, 눈짓 없이, 인사의 덧붙임 없이, 무심코 하는 양 악수한 것도 그 때문이다. 특별한 이유로—라고 하지만 드물게 일어나는 일—생루의 작은 무리 아무개에게 소개된 평민은, 일부러 무심코 하는 양 꾸민 이 뚱딴지 같은 인사에 얼떨떨해져, 게르망트네 놈이 또는 년이 자기에게 어떤 반감을 품었을 거라 생각했다. 그리고 그놈이 또는 년이 소개자한테 그가 마음에 썩 들어 또다시 만나고 싶다는 뜻을 일부러 편지에 써서 보내 왔다는 것을 알고는 아연실색했다. 생루의 기계적인 몸짓과 마찬가지로 남다른 것은, 피에르부아 후작의(샤를뤼스 씨는 이를 가소롭다고 판단했는데) 복잡하고도 재빠른 도약과 게르망트 대공의 장중하고도 절도 있는 발놀림이었다. 그러나 여기에 게르망트네 사람들의 이 같은 풍부한 무도술을 샅샅이 묘사하기엔 이 발레단이 너무나 커서 불가능하다.

쿠르부아지에네 사람들이 게르망트 공작부인에 대해 품고 있는 반감으로 얘기를 되돌리면, 그녀가 아직 미혼인 아가씨였을 때에는 재산이 적었으므로 불쌍히 여기는 위안을 가질 수도 있었다. 공교롭게도, 줄곧 '어떤 독특한' 그을음 같은 방사물이 쿠르부아지에네 사람들의 재산을 눈에 띄지 않게 감추어, 그것이 아무리 막대한들 여전히 세상에 알려지지 않고 있었다. 아주 부유한 쿠르부아지에네 한 여성이 훌륭한 배필과 으리으리한 결혼을 했다고 하자. 하지만 여전히 이 젊은 부부는 파리에 집을 소유하는 일 없이, 시부모 댁에 '머물' 뿐, 한 해의 나머지는 시골에서, 매우 순수하나 아주 수수한 환경에서 보낸다. 이제는 거의 빚밖에 없는 생루가, 자가용 마차를 타고 동시에르 주민들을 눈부시게 하고 있는 동안, 아주 부유한 쿠르부아지에네 한 사람은 결코 전차밖에 타지 않았다. 거꾸로(하기야 오래전의 일) 대단한 자신도 없는 게르망트네 아가씨(오리안)가 쿠르부아지에네 사람들의 의상을 다 합친 것보다 더 그녀의 옷차림에 대해 떠들썩하게 만들었다. 그녀의 말이라면 남의 빈축을 사는 말이라도 그 옷 입는, 또 머리 땋는 맵시의 이를테면 어떤 선전이 되었다. 대담하게도 그녀는 러시아의 대공작한테, "저어, 전하, 전하는 톨스토이를 암살하고 싶으신가 보군요?"라고 말했다. 그것은 어느 만찬회 자리였는데, 누구도 쿠르부아지에네 사람들을 초대하려 하지 않았다. 하기야 그들은 톨스토이에 대해 아무것도 모르고 있었다. 하물며 갈라르동 공작 미망인(그때 아직 젊은 아가씨이던, 갈라르동 대공부인의 시어머니)의 말을 미루어보면 고대 그리스 작가에 대해서는 그 이상으로 아무것도 몰랐다. 이 갈라르동 공작부인은 5년 동안에 단 한 번도 오리안이 방문해주는 영광을 입지 못했는데, 그 이유를 묻는 이한테, 이렇게 대답했다. "그녀는 사교계에서 아리스토텔레스(제깐에는 아리스토파네스를 말했지만)의 대사를 낭송한다지 뭐예요. 우리집에서 그러면 난 견디지 못 해요!"

톨스토이에 대해 게르망트 아가씨의 이 같은 '주제넘은 말'이, 만일 쿠르부아지에네 사람들을 분개시켰다면 게르망트네 사람들은 얼마나 경탄했는지 상상할 수 있다. 더 나아가서 사이가 가까운 사람들뿐 아니라, 먼 사람들도. 센포르 태생인 아르장쿠르 백작 미망인은, 아들이 지독한 속물인데도 그녀 자신은 문학을 좋아하는 여성이라서 여러 사람을 집에 초대했는데, 한번은 문학가들 앞에서 다음과 같이 한마디 하였다. "오리안 드 게르망트는 머리가 좋고, 원숭이같이 꾀바르며, 온갖 것에 재능이 있고, 위대한 화가에 못지않은 수채화도 그릴 줄 알며, 대시인이라도 좀처럼 짓지 못하는 시를 쓰는데다, 아시다시피 가문도 최고라, 그분의 할머니는 몽팡시에 아씨였고, 또 그분은 18대째 오리안 드 게르망트랍니다. 신분 낮은 가문과 한 번도 인척 관계를 안 맺은, 프랑스의 가장 순수한 가장 오래된 핏줄이랍니다." 그러자 아르장쿠르 부인을 접견하고 있는 엉터리 문학가나 날라리 지식인들은, 개인적으로 사귈 기회가 없는 오리안 드 게르망트를, 바드룰 부두르 공주*보

---

* 《아라비안나이트》에 나오는 인물. 이상한 램프의 힘으로 알라딘이 결혼하는 공주.

다 더 경탄할 이상한 존재처럼 상상하고 말아, 그토록 고귀한 분이 무엇보다도 톨스토이를 칭송한다는 말을 듣고 그녀를 위해서라면 언제든지 죽어도 좋다는 생각이 들었을 뿐만 아니라, 또한 그들의 정신에 새 힘이 생겨 톨스토이에 대한 그들 자신의 애정과 러시아 황제에 맞설 욕망이 다시 솟음을 느꼈다. 이런 자유주의 사상은 그들 마음속에서 약해져, 감히 입 밖에 내지 못했으나, 그들이 그 위세를 의심했을지도 모르는 때, 돌연 게르망트 아가씨에게서, 곧 그토록 이론 없이 고귀하고도 권위 있는 이, 이마에 앞머리칼을 납작하게 내린(쿠르부아지에네 여성이라면 절대 그렇게 하지 않았을) 아가씨에게서 그와 같은 원조가 왔던 것이다. 수많은 현실은 이와 같이 우리 위에 권위를 가진 이들의 동의를 받아 힘을 얻는다. 이를테면 쿠르부아지에네 사람들이 거리에서 남들에게 보이는 상냥함의 예식은 꼴사나워 그 자체야 조금도 상냥하지 않은 인사였는데, 남들은 그렇게 하는 것이 고상한 인사 방식이라 생각해, 모두 미소나 환대를 일부러 삼가, 이 뻣뻣한 체조를 애써 따라 했다. 그러나 게르망트네 사람들은 흔히, 그리고 특히 오리안은 누구보다도 이런 예식을 잘 알면서도, 마차를 타고 가다 아는 사람을 언뜻 보기라도 하면 망설임 없이 손을 흔들어서 상냥하게 인사하고, 또 살롱에서는, 쿠르부아지에네 사람들이 어색하고도 뻣뻣한 인사를 하거나 말거나 애교 있는 인사를 가볍게 하고, 푸른 눈으로 웃으면서 친구에게 하듯 손을 내밀었다. 이렇게 게르망트네 사람들 덕분에 느닷없이 지금껏 좀 공허하고도 무미건조한 세련됨이라는 실질 속에, 본심은 그렇지 않았건만, 억지로 금하려고 애써 온 모든 것, 환영, 진정한 상냥함의 드러남, 자발성이 들어왔다. 그것은, 마음속에 너절한 음악과 가락(그런 음악이 아무리 시시해도 들어 알기 쉬워 사람의 마음을 쓰다듬는 뭔가를 가지고 있는데)에 대한 본능적인 강한 기호를 가진 이들이 교향악의 교양을 받고 이때까지의 기호를 억누르기에 이르는(좀 석연치 않은 명예 회복을 통해서지만) 것과 같은 방식이다. 하지만 한번 이 교양에 이르면, 리하르트 슈트라우스의 화려한 관현악적 색채의 눈부심에 마음을 빼앗겼을 때, 이 음악가가 다니엘 오베르*에 못지않은 관대성으로 더 비속한 주제를 환대함을 보고, 자기가 좋아하던 것이 이처럼 위대한

---

* 〈왕관의 다이아몬드〉 작곡가(1782~1871).

음악가의 높은 권위에서 돌연 풀어 밝혀지는 걸 발견하므로 기뻐 마지않아, 〈살로메〉를 들으면서, 〈왕관의 다이아몬드〉 가운데에서 좋아해선 못쓴다고 꺼리던 것에 거리낌 없이 거듭 감사의 뜻과 더불어 황홀해진다.

  게르망트 아가씨가 러시아 대공작에게 퍼부은 쏘아붙이는 말은, 사실이건 아니건, 집에서 집으로 퍼뜨려져서, 오리안이 이 만찬 자리에 차리고 나온 옷차림이 얼마나 훌륭한 맵시였는지 얘기하는 기회가 되었다. 그러나 설령 이 같은 사치가 부유에서 생겨났다고 하기보다 낭비에서 생겨나더라도(쿠르부아지에네 사람들에게 사치가 다가갈 수 없는 것은, 바로 그 때문이었다) 그것이 부유로 유지되는 것이라면 낭비는 더욱 오래 이어진다. 부유는 낭비로 하여금 온갖 찬란한 빛을 퍼지게 한다. 그런데 오리안만이 아니라 빌파리지 후작부인도 공공연하게 제시한 주장, 즉 귀족이란 셈속에도 들지 않는다, 계급을 염려함은 우스꽝스럽다, 재산이 행복을 만들지 못한다, 오로지 지성·심정·재능이 중요하다는 주장을 듣고 보아온 쿠르부아지에네 사람들은, 후작부인에게 받은 이 교육에 의하여, 오리안이 상류 사회의 인간이 아닌 아무개, 예술가, 전과자, 비렁뱅이, 자유 사상가 따위와 결혼해서, 결국 그들이 '탈선자'라 일컫는 범주에 들어가리라고 기대할 수 있었다. 빌파리지 부인이 바로 이 무렵 사회적인 입장에서 험한 위기를 겪고 있어(내가 그녀의 집에서 만난 명성 있는 드문 인사들 가운데 그 누구도 아직 그녀의 집에 돌아와 있지 않았다), 그녀를 멀리하려는 사회에 심한 혐오감을 지니고 있던 만큼 더욱더 이런 기대가 컸던 것이다. 빌파리지 부인은 가끔 만나는 조카인 게르망트 대공에 대해 말했을 때마저, 가문 자랑에 열중한다고 그를 비웃어 마지않았다. 하지만 막상 오리안에게 배필을 얻어주는 단계에 이르자 일을 지휘했던 것은 큰어머니와 조카딸의 입을 통해 계시됐던 주장 따위가 아니었다. 그것은 신비한 '가문의 신령'이었다. 마치 빌파리지 부인과 오리안이 문학적 재능과 심정의 장점이 지니는 가치 대신에, 오로지 공채 증서와 족보밖에 말한 적이 없기라도 한 듯, 또 후작부인이 며칠 동안만—나중에 그렇게 되듯—죽어, 관에 넣어져, 콩브레의 성당, 공작의 관이 위에 놓인, 자줏빛 'G'만이 커다란 흑막 위에 증명하고 있을 뿐, 가문의 일원마다 개성과 세례명을 박탈당해 한낱 게르망트네의 한 자에 지나지 않게 되는 곳인 성당 안에 누워 있었기라도 한듯, '가문의 신령'이 지식인이자 반항가이자 복음주의자인 빌파리지 부인에게 조카딸의 배필로 간택하게 한 상대야말로 가장 부유하고 태생 좋은, 포부르 생제르맹에서 첫째가는 신랑감, 게르망트 공작의 맏아들인 롬 대공이었다. 그리고 결혼식 날 두 시간 동안, 빌파리지 부인은 자기 집에 그동안 경멸해온 온갖 귀족들을 초대하고, 절친한 몇몇 부르주아들(이 부르주아들에게 롬 대공은 명함을 나눠 인사했다. 그다음 해부터 그들과 '인연을 끊지'만)과 함께 귀족들을 놀리기까지 했다. 쿠르부아지에네 사람들의 불행에 설상가상으로, 지성과 재능만을 사회의 유일한 상위로 삼는 격언이 결혼 뒤 즉시 롬 대공부인 집에서 뇌까려지기 시작했다. 또 이 점에 대해, 이야기가 났으니 말인데, 라셀과 같이 살며, 라셀의 친구들과 사귀며, 되도록 라셀과 결혼까지 바라던 때의 생루가 주장했던 것은—어떤 혐오감을 가문에 불어넣었으나—지성을 찬양하며, 인류의 평등을 의심하는 것을 거의 용서하지 않는다고 하나, 이런 것이 다 실제로는 어느 시기에 이르자 처음부터 이와 반대되는 격언을 주장하는 것과 똑같은 결과, 다시 말해 부유한 공작과 결혼하게 되는 결과에 이르고 마는, 게르망트네 아가씨들 대부분의 견해만큼 거짓을 포함하지는 않았다. 생루는 이와 반대로 그의 이론에 따라서 행동했다. 그것이 그가 잘못된 길에 들어갔다느니 어쩌니 하고 지껄이게 하는 결과가 되었다. 물론 도덕적인 관점에서, 라셀은 사실 좀 만족할 만한 여인이 못 되었다. 그러나 가장 값어치 없는 인간이라도, 그 사람이 공작부인이거나 막대한 재산을 지녔다면, 마르상트 부인이 결혼에 반대했을지 확실하지 않다.

롬(시아버지의 서거로 오래지 않아 게르망트 공작부인이 됨) 부인에게 얘기를 되돌리면, 이 젊은 대공부인의 이론이 말뿐이고, 그 행실을 하나도 다잡지 않았다는 사실이 쿠르부아지에네 사람들의 불행을 더하게 했다. 왜냐하면 이 철학(만약 철학이라 부를 수 있다면)도 이와 같이 게르망트네 살롱의 귀족다운 아담한 정취를 조금도 해치지 않았기 때문이다. 게르망트 부인이 받아들이지 않는 사람들은 모두, 자기가 충분히 현명하지 못하므로 받아들여지지 않는다고 틀림없이 짐작하여서, 부유한 아메리카 여인, 책이라곤 파르니(Parny)*의 조그마한 낡은 시집 한 권밖에 가진 일이 없거니와, 결코

---

* 프랑스의 시인(1753~1814).

펴보지도 않고, '유행'이므로 작은 손님방 살림살이 위에 놓고 있는 아메리카 여인 같은 이는, 게르망트 공작부인이 오페라 극장에 들어올 때 부인의 몸 위에 타는 듯한 눈길을 쏘아붙여, 그럼으로써 자기가 얼마나 정신의 장점을 존중하는지 나타내었다. 게르망트 부인이 한 인물을 그 지능 때문에 택하는 경우 부인에게는 그것이 진심임에 틀림없었다. 그녀가 어떤 부인에 대해 저분은 '매력' 있게 보인다고 말하거니와, 한 사내에 대해 머리가 썩 좋은 사람이라고 말하는 경우, 그녀는 그 매력이나 그 지능 말고 그들을 받아들이는 데 승낙할 다른 이유가 있다고는 생각지 않았다. 게르망트 가문의 신령이 이 마지막 순간에 끼어들지 않았기 때문이다. 경계하고 있는 이 신령은 더 깊은 곳, 게르망트네 사람들이 거기서 판정을 내리는 영역의 어두컴컴한 출입구에 자리잡고, 상대가 현재건 미래건 이런 사회적인 값어치가 없다면 게르망트네 사람들로 하여금 그 사내를 현명하다 또는 그 여인을 매력 있다 생각지 못하게 했다. 학식 있노라 일컬어진 남성의 경우 사전 같다는, 또는 그와 반대로 행상인 기질을 가진 속물이라는 딱지가 붙고 예쁜 여인의 경우 가공할 유형, 또는 너무 수다스럽다는 딱지가 붙었다. 지위 없는 사람들은 어떤가 하면 소름 끼치는 속물들이었다. 게르망트 인근에 사는 브레오테 씨는 지체 높은 귀부인들밖에 사귀지 않았다. 그런데 그는 귀부인들을 멸시하여 유일한 소망이란 여러 미술관에서 세월을 보내는 데 있었다. 그래서 남들이 브레오테 씨를 속물로 취급했을 때, 게르망트 부인은 격분했다. "속물, 바발이! 미쳤군요 당신은, 속물이긴커녕 그분은 저명인사들을 딱 질색해서 누굴 소개해드리지 못해요. 우리집에서마저! 새로운 아무개와 함께 초대하기라도 하면 그분은 투덜투덜하며 오신답니다."

그렇다고, 게르망트네 사람들이 실행에서도, 재능을 쿠르부아지에네 사람들보다 훨씬 높이 평가하지 않은 것은 아니다. 게르망트 가문과 쿠르부아지에네 가문의 이 같은 다름은 적극적인 수고로 이미 꽤 좋은 결실을 맺고 있었다. 예컨대 게르망트 공작부인, 하기야 신비에 싸여 많은 시인이 그 신비에서 멀찍이 몽상했는데, 이 부인이 이미 말한 바 있는 연회를 열어, 영국 왕이 다른 어느 곳보다 훨씬 즐거워했는데, 부인이 아무도 생각해내지 못하는 생각을 해내어, 쿠르부아지에네 온 패거리의 용기를 꺾을 만큼 대담하게, 호명한 바 있는 사람들 말고도, 음악가인 가스통 르메르[*1]와 극작가인 그랑

무쟁*2을 초대했기 때문이다. 그러나 지성이 풍기는 것은 특히 부정적인 관점에서이다. 게르망트 공작부인 집에 초대되기를 원하는 사람의 지위가 높으면 높을수록 지능과 매력의 필요 계수(係數)는 낮아지고, 두각을 나타내는 왕족의 경우는 영(제로)에 가까운데, 이와 거꾸로 왕족의 수준에서 내려가면 내려갈수록 계수는 높아진다. 이를테면 파름 대공부인의 집에는, 이 전하가 어린 시절에 아는 사이라든가, 또는 모 공작부인과 인척이 된다. 혹은 모 군주의 측근이라는 이유로, 설혹 그 사람이 밉상, 게다가 진저리나거나 그렇지 않으면 바보스러운 사람이라도 받아들여지는 사람이 헤아릴 수 없었다. 그런데 쿠르부아지에네 사람으로서는 '파름 대공부인의 총애를 받는다', '아르파종 공작부인의 이모뻘이다', '해마다 석 달 동안 에스파냐 여왕 댁에서 지낸다'는 이유만으로 그 사람을 초대하기에 충분하지만, 게르망트 부인은 10년 전부터 파름 대공부인 댁에서 그런 사람들의 인사를 공손히 받아왔건만, 한 번도 제 집 문지방을 넘어서게 하지 않았다. 그녀에게 살롱은 사교적인 뜻으로도 물질적인 뜻으로도 같은 낱말이니, 보기 싫은 살림살이를 빈틈 채우기로서 부유한 티를 내려고 그대로 놓아둔다면, 그 때문에 살롱은 추악하게 된다고 생각했기 때문이다. 이러한 살롱은, 작가가 지식과 재치와 능란함을 분명히 드러내길 삼갈 수 없었던 저술과 비슷하다. 책 한 권처럼, 가옥 한 채처럼, 한 '살롱'의 장점은 버릴 것은 버리는 데 있다고, 게르망트 부인은 옳게 생각했던 것이다.

파름 대공부인의 수많은 여성친구, 게르망트 공작부인에게서 몇 년 동안 예절 바른 인사를 받든가, 또는 명함을 나누든가 할 뿐 결코 집에 초대해주지 않고 연회에도 와주지 않는 대우를 받는 사람들은, 전하에게 조심성 있게 그것을 하소연하여, 전하는 게르망트 씨가 혼자 찾아온 날, 그에게 넌지시 한마디 하였다. 그런데 교활한 공작, 수많은 애인이 있다는 점에서는 공작부인에게 못된 남편이지만 살롱의 운영(및 살롱의 주된 매력인 오리안의 재치)에 대해선 산전수전 다 겪은 공모자는 대답했다. "하지만 내 안사람이 그분과 아는 사이인지요? 아아! 그래요, 그럼 마땅히 초대해야죠. 그러나 부인, 사실을 말씀드리겠습니다. 사실 오리안이 부인네들과 담소하기를 좋아하지

---

*1 프랑스의 작곡가(1854~1928).
*2 자유 사상가이자 극작가(1850~1930).

않습니다. 오리안은 뛰어난 지식인들에게 둘러싸여 있으니까요—나 같은 것은 그 남편이 아니라 집사에 지나지 않죠—매우 재치 있는 몇몇 여성을 빼놓고, 여성은 안사람을 진저리나게 하죠. 안목이 높으신 전하께서 설마하니 수브레 후작부인을 재치 있는 분이라고 말씀하지 않으시겠죠. 그럼요, 나도 잘 이해합니다. 대공부인께서 그분을 호의로 받아들이는 것을. 그리고 또 전하는 그분을 잘 아시고요. 오리안이 그분을 뵈었다고 부인께서 말씀하셨는데, 그야 그럴 수 있습니다만 흘끔 본 것이 확실합니다. 그리고 또 사실을 말씀드리면 조금은 내 잘못이기도 합니다. 안사람은 몹시 피곤합니다. 그런데 상냥하게 굴기를 좋아하는 성미라서, 내가 그대로 내버려두었다간 방문이 한이 없을 겁니다. 어제저녁만 해도 열이 있었지만, 부르봉 공작부인 댁에 안 가면 부인의 마음을 언짢게 할까 봐 걱정하더군요. 나는 하는 수 없이 야단치고 마차 채비를 금했습니다. 들어보세요, 부인, 나는 부인께서 수브레 부인에 대해 말씀하신 것조차 오리안에게 말하고 싶지 않습니다. 오리안은 전하를 지극히 사모하는지라 당장 수브레 부인을 초대하게 될 테고, 그러니 방문이 하나 더 늘고, 그분의, 그 바깥분을 내가 잘 아는 누이와도 교제할 수밖에 없습니다. 대공부인께서 허락만 해주신다면 오리안에겐 아무 말도 안 하겠습니다. 그러면 수많은 피로와 번민을 덜어주는 셈이니까요. 그리고 분명하게 말하지만 수브레 부인은 하나도 손해볼 것이 없을 겁니다. 그분은 곳곳에 드나드시죠, 가장 화려한 곳에도. 우리집이야 어디 손님 대접을 할 줄 알아야죠, 하찮은 만찬회니 수브레 부인 같은 분은 지루해서 죽을 지경일 겁니다." 파름 대공부인은 게르망트 공작이 공작부인에게 자기 청을 전하지 않을 것이라고 고지식하게 믿어 수브레 부인이 바라는 초대를 얻어내지 못했음을 매우 섭섭해하면서도, 그만큼 또 한편으로는 이토록 가까이하기 힘든 살롱의 단골손님 가운데 한 사람이라는 사실이 자랑스러웠다. 하기야 이 만족감에는 번민도 없지 않았으니, 이를테면 파름 대공부인은 게르망트 부인을 초대할 적마다, 공작부인의 기분을 언짢게 만들어서 두 번 다시 오지 않게 만들 만한 인물을 초대하지 않으려고 무척이나 골치를 앓았다.

초대일(옛 습관을 지켜 아주 일찍이), 늘 몇몇 회식자가 있는 만찬 뒤, 파름 대공부인의 살롱은 지위 높은 중요한 손님들과 대체로 프랑스와 외국의 대귀족들에게 활짝 열렸다. 식당을 나오자 대공부인은 큰 원탁을 앞에 두고 긴 의자에 앉아 함께 식사한 부인네들 가운데 가장 세력 있는 두 여인과 담소하거나 또는 '잡지'를 보거나, 트럼프 놀이를 하거나(혹은 독일 궁전의 관습을 따라 하는 체하거나), 파시앙스(patience)*를 혼자, 그렇지 않으면 저명인사를 진짜 또는 꾸며낸 짝으로 삼아 하는 것이 초대회의 내용이었다. 9시 무렵 큰 손님방 문이 끊임없이 활짝 열리다가, 다시 닫히고, 다시 열려, 대공부인의 면접 시간에 맞추려고 서둘러 저녁 식사를 하고 온 손님들(외식한 경우, 곧 돌아오마 말하면서, 또 실상 '한쪽 문으로 들어갔다가 한쪽 문으로 나 올' 셈으로 커피를 마시다 말고 온 이들)을 들여보냈다. 그런데 대공부인은 트럼프 놀이나 담소에 정신 팔려 도착한 여인들이 눈에 안 보이듯, 그녀 곁에 바싹 왔을 때에야 비로소 이 여인네들에게 우아하게 미소 지으면서 몸을 일으켰다. 한편 이 여인네들은 서 있는 전하 앞에 절했는데 그 절은 축 늘어뜨린 고운 손의 높이까지 입술을 가져가 거기에 입맞추도록, 거의 무릎 꿇고 하는 절이 되었다. 그러자 이 찰나에 대공부인은, 익히 알면서도 이 의례에 번번이 놀라듯이, 무릎 꿇은 이를 비할 데 없이 정중하고도 다정스럽게 강제로 일으켜 그 두 볼에 입맞추었다. 정중함과 다정스러움도, 들어온 여인의 무릎을 꿇는 그 겸손에 달려 있다고 할지 모른다. 물론 그럴지도 모른다. 또 평등주의 사회에선 예절은 사라질 성싶은데, 흔히 생각하듯 교육의 모자람 때문이 아니라, 권위에 대한 존경이 일부 사람의 마음속에서 사라지기 때문이며, 권위의 효력이 나타나려면 권위는 상상의 산물이어야 한다. 또는 또 다른 일부 사람의 마음속에서 특히 상냥함이 사라지기 때문이기도 하다. 상냥함이란 그것을 받는 이가 한없이 가치 있는 것으로 느낄 때에 마구 주고 세련되어지게 마련인데, 평등을 기초로 삼는 사회에서 그런 가치는, 신용상의 가치밖에 없는 것이다. 그렇듯이, 돌연히 헛것이 되고 말리라. 그러나 새 사회에서 예절의 이 같은 사라짐이야 확실하지 않거니와, 우리는 이따금 한 사태의 지금 상황만이 실현 가능한 단 하나의 상황이라 믿기 쉽다. 지혜로운 자들도 공화국에 외교와 동맹이 있을 리 없고, 농민계급은 정치와 종교의 나뉨을 감수할 리 없다고 믿었다. 결국 평등주의 사회에 예절이 존재한다는 건 철도의 발달과 비행기의 군사 이용 이상의 기적이 아닐지도 모른다.

---

* 혼자서 그림이나 나무 조각 따위를 맞추거나 짜서 답을 찾는 놀이.

그리고 만일 예절이 사라진들 그것이 불행이라는 증거는 하나도 없다. 요컨대 사회는 사실상 그것이 민주화됨에 따라 몰래 계급을 두지 않을까? 이는 있을 법한 일이다. 교황의 정치권력은 교황이 나라도 군대도 가지지 않게 되면서부터 갑자기 커졌고, 대성당이 17세기 신자에게 미친 권세는 20세기 무신론자에게 미친 권세에 비해 훨씬 적었다. 그러므로 만약에 파름 대공부인이 한 나라의 원수(元首)였다면, 아마도 나는 공화국 대통령에 대해서 말하는 것과 거의 같은 정도로 대공부인에 대해서 말하려는 생각이 들었을지도 모른다. 즉 전혀 말하지 않으려는 생각이 들었을지도 모른다.

수령인(受領人)이 대공부인에 의해서 일으켜지고, 입맞춤을 받고 나자, 대공부인은 다시 앉아서 파시앙스를 시작했다. 하기야 새로 온 손님이 세도 있는 거물급 손님이라면 안락의자에 앉게 하여, 잠시 담화를 나누기는 하지만.

살롱이 꽉 차면 정리 임무를 맡은 우두머리 시녀가 중요한 손님들을 널따란 홀로 안내하면서 자리를 내었다. 손님방과 이어져 있는 그 널따란 홀은 초상화, 부르봉 왕가의 유물들로 차 있었다. 거기서 대공부인 댁에 자주 오는 사람들은 기꺼이 안내자로서 소임을 맡아 재미있는 이야기들을 들려주었지만, 젊은 축들은 죽은 여왕들의 유품을 구경하기보다는, 살아 있는 비(妃) 전하들을 바라보는 일(기회를 보아 우두머리 시녀나 시녀들에게 부탁하여 소개받는 일) 쪽에 정신이 팔려서, 귀담아듣지 않았다. 사귀게 될지도 모를 친구, 무슨 수가 날지도 모를 초대, 그런 것에만 마음이 팔려서, 그들은 왕정 시대의 자료를 모아놓은 이 귀중한 박물관에 무엇이 있는지 몇 년이 지나도 전혀 몰랐고, 오로지 거기에는 선인장과 종려나무로 꾸며져 있었는데, 그런 것들이 이 풍류의 중심지를 아클리마타시옹 공원의 종려원과 똑같이 보이게 하던 기억만이 희미하게 남아 있었다.

물론 게르망트 공작부인은 이러한 저녁에 고행하는 셈치고, 간혹 대공부인 댁으로 만찬 초대에 대한 사례 방문을 하러 왔다. 그러면 대공부인은 공작과 농담을 나누면서, 그녀를 줄곧 곁에 있게 했다. 그러나 공작부인이 만찬에 왔을 때, 대공부인은 좀 잘못 택한 손님들이 까다로운 공작부인의 기분을 언짢게 할까 봐 손님들을 받지 않도록 하고 식탁에서 물러나서는 문을 닫아버렸다. 이러한 저녁에 아무 예고도 받지 못한 손님들이 전하의 문에 나타나자, 문지기는 "오늘 저녁 대공부인께옵서는 아무도 만나지 않으십니다"라고 대답했다. 그래서 다들 돌아가버렸다. 하기야 대공부인의 친구들 대부분은 이날 초대받지 못할 것을 미리 알고 있었다. 이날 손님은 특별해서, 거기에 끼고 싶은 수많은 이들에게는 닫힌 날이었다. 제외된 이들은 선택된 이들의 이름을 하나하나 거의 확실하게 댈 수 있어서, 서로 얄미운 듯이 이렇게 말했다. "오리안 드 게르망트는 참모본부 전부를 모두 거느리지 않고서는 절대 움직이지 않으니까." 대공부인은 이 참모본부의 힘으로 공작부인 앞에 나와 잘 처신할지 가장 의심스러운 인물들에 맞서는 방벽 같은 것을 공작부인 둘레에 쌓으려고 했다. 파름 대공부인은 공작부인이 마음에 들어 하는 사람들의 대부분, 그 빛나는 '참모본부' 대부분에게서 그다지 상냥한 대우를 못 받아왔으므로, 상냥하게 대우하기가 난처했다. 부인은 자신의 사교에서보다 게르망트 부인의 사교에서 더 즐길 수 있다는 사실을 충분히 인정하고 있었나 보다. 대공부인은 공작부인의 '초대일'엔 사람이 밀어닥치고, 그녀의 집에 기껏해야 명함을 놓고 갈 뿐인 지체 높은 서너 분을 그곳에서 자주 조우하는 것을 확인할 수밖에 없었다. 또 대공부인은 오리안의 재미있는 이야기를 기억하고, 오리안의 드레스를 흉내내며, 차를 마실 때 똑같은 딸기 타르트를 차려내기는 해도, 온종일 우두머리 시녀와 외국 공사관의 참사관과 단 셋이서 지내는 적도 가끔 있었다. 그 때문에(전에 스완이 그랬듯이) 아무개가 게르망트 공작부인 댁에서 두 시간을 보내지 않고서는 하루를 마치지 못하고, 파름 대공부인 댁에는 두 해에 한 번밖에 방문하지 않는 경우, 파름 대공부인은, 설령 오리안을 기쁘게 하는 일일망정, 이 스완이나 아무개를 만찬에 초대하기 위해 이쪽에서 '빌붙기'는 싫었다. 요컨대 공작부인을 초대한다는 건 파름 대공부인에게는 골칫거리였으며, 그토록 대공부인은 오리안이 전부 나쁘게 생각하지 않을까 하는 걱정으로 속상해했다.

반면에 파름 대공부인은 게르망트 부인 댁 만찬에 왔을 때, 같은 이유에서, 다 좋고 즐거울 거라고 미리 확신했고, 단 하나 두려운 것은, 이해할 줄, 기억할 줄, 즐길 줄 모르지 않을까, 여러 의견과 여러 사람들을 비교할 줄 모르지 않을까 하는 두려움이었다. 이 점에서 나라는 존재는, 과일 줄장식으로 탁자를 꾸미는 새로운 양식과 마찬가지로, 대공부인의 주의와 욕심을 자극했는데, 특히 오리안의 초대회 성공 비결, 그 갖가지 매력 가운데 하나인 것이 저건지 이건지, 탁자의 장식인지 아니면 나의 존재인지, 그것이 확실하지 않아, 반신반의 중, 다음에 갖는 만찬회에서 두 가지를 시도해보기로 굳게 결심하는 것이었다. 하기야 파름 대공부인이 게르망트 부인 댁에 기울이는 극도의 호기심도 충분히 이해할 수 있었으니, 그 희극적인, 위험한, 자극적인 요소로, 대공부인은 어떤 두려움과 감동과 기쁨과 더불어 거기에 뛰어들어 마치(바닷가에서 그 '파도타기'를 하듯이, 수영 감시인들은 그 위험을 경고하지만, 그것은 오로지, 수영 감시인들이 모두 수영할 줄 모르기 때문에 그럴 뿐인 것이다) 거기서 튼튼하게 되어, 명랑하게 되어 젊어져 나오는 요소, 이른바 게르망트 기질이었다. 게르망트 기질—그것을 갖고 있는 유일한 게르망트네 여성이라 자부하는 공작부인의 의견에 따르면, 이는 원의 넓이와 부피를 계산하는 법처럼 존재하지 않는 관념적인 실재—은 투르의 리예트(rillettes)* 또는 랭스의 비스킷만큼이나 명물이었다. 물론(한 지적인 특징은 머리털 색깔이나 얼굴빛과 같은 방법을 쓰지 않아) 같은 핏줄은 아니지만 공작부인과 친한 어떤 사람들이, 또한 이 기질을 가지고 있을 것이다. 그와는 반대로 이 기질은 어떤 종류의 기질이건 무턱대고 반항하는 일부 게르망트네 사람들에겐 감염되지 않았다. 공작부인과 인척 관계 없이, 게르망트 기질을 지닌 자들은 보통 한 직업에 적합한 훌륭한 인물이었지만, 예술이건 외교건, 국회의 웅변이건 군대이건, 그런 직업보다도 클럽 생활 쪽을 더 좋아하는 특징을 가지고 있었다. 아마도 이런 경향은 독창성, 주도성, 의지력, 건강, 또는 기회의 어딘가에 결함이 있거나, 속물근성으로 설명될 수 있었을 것이다.

어떤 이들의 경우(하기야 이는 예외였음을 인정해야 하지만), 게르망트네 살롱이 직업에서 실패하게 된 원인이었더라도, 그것은 그들의 의사에 어긋난 것이었다. 그러므로 장래 유망한 의사나 화가, 외교관은 다른 수많은 이들보다 타고난 재능을 가지고 있었는데도 그 직업에서 성공할 수 없었으니, 그들이 게르망트네 사람들과 절친하다는 사실이 의사와 화가의 경우는 단순히 두 사람을 사교계 사람으로 보이게 하고, 외교관의 경우는 반동가로 생각하게 하여, 그것이 이 세 사람을 그들 동료들에게 인정받게 하는 데 방해가 되었기 때문이다. 지금도 대학 선거회에서 몸에 걸치고 머리에 쓰는 예스러운 가운과

---

* 부드럽게 다진 돼지고기.

붉은 토크(toque)*¹는 도량이 좁은 과거, 폐쇄적인 당파 근성의 순전히 외형적인 잔존만이 아니다. 아니, 적어도 최근까지는 그렇지 않았다. 유대풍의 원뿔형 헝겊 모자를 쓴 대주교처럼 금빛 술이 달린 토크를 쓴 '교수'들은, 드레퓌스 사건 이전 시대엔 아직 엄격하게 형식주의 사상 속에 갇혀 있었다.

불르봉 의사는 바탕이 예술가였는데, 사교계를 싫어했으므로 목숨을 건졌다. 코타르는 베르뒤랭네 집에 드나들었으나, 베르뒤랭 부인은 그의 환자였고, 게다가 그는 그 속됨에 의해 보호되었다. 결국 그는 자기 집에 대학 동료밖에 초대하지 않아서, 그 연회는 석탄산(石炭酸) 냄새가 떠다녔다. 그러나 조직을 가진 단체, 하기야 거기서 행하는 편견의 엄격성은 사실은 다름아닌 최고의 공명정대, 지극히 높은 도의심의 대가였고, 보다 너그럽고 자유로운, 보다 빨리, 보다 붕괴하기 쉬운 사회에서는 이런 도의심은 구부러지기 마련이나, 그런 강한 조직을 가진 단체에선, 공작 저택에 틀어박힌 베네치아 도제(Doge)*²(곧 공작)의 그것처럼 흰 담비 모피로 안을 댄 빨간 견수자 가운을 입은 한 교수는, 그 또한 공작이고 훌륭하지만 무시무시한 인물인 생시몽과 마찬가지로, 덕성스럽고 숭고한 주의에 충실하지만 온갖 이색분자에 대해서는 사정없었다. 이색분자란 태도도 다르고, 교제 관계도 다른 사교적인 의사였다. 여기서 말하는 이 불행한 이색분자*³는, 요령 있게 굴려고, 만일 동료들의 눈에 게르망트 공작부인을 감추기라도 하면 동료들한테서 깔본다는 비난을 받을까 봐(이 얼마나 사교인다운 사고방식인가!), 사교적인 요소 속에 의학적인 요소를 집어넣은 혼성 만찬회를 열어 동료들을 회유하려고 했다. 이렇게 그는 스스로 무덤을 파고 있다는 사실도 몰랐다. 아니, 그렇다기보다는, 10인 위원회*⁴(실제로는 좀더 많은 수효)가 막상 한 강좌의 모자라는 인원을 채우게 되어, 운명의 투표함에서 나온 것은 역시 그보다 평범하지만 훨씬 정상적인 의사의 이름이었고, 고대풍의 의학부 건물 안에 베토(veto)*⁵를 외치는 소리가, 마치 몰리에르가 그 한마디를 내뱉고 죽은 주

---

*1 테가 없고 위가 부푼 여성용 모자.
*2 옛날 제노바와 베네치아 공화국의 총독.
*3 코타르 의사를 가리킴.
*4 14세기부터 18세기까지 베네치아의 최고 비밀 회의.
*5 '나는 거부한다'는 뜻.

로(juro)*¹라는 소리*²같이 장엄하게, 우스꽝스럽게, 무시무시하게 울렸을 때, 그는 그 점을 깨달았다. 예술에 정진하는 사교인이 용케 예술가라는 딱지를 받는데, 사교인 딱지가 평생토록 붙여진 만화가도 그렇고, 반동분자들과 접촉이 너무 많은 외교관도 그렇다.

그러나 이런 경우는 매우 드물었다. 게르망트 살롱에 기반을 두고 있는 삼류 명사들의 전형은 그 밖의 것, 다시 말해 게르망트 기질과, 게르망트풍 예절과, 조금이라도 '구성된' 온갖 '단체'의 미움을 받는 불가해한 그 매력과 어울리지 않는 전부를 기꺼이 포기한(또는 적어도 그렇게 믿는) 이들의 유형이었다.

그래서 공작부인 살롱에 자주 오는 사람 가운데 하나가 지난날 살롱(Salon)*³에서 메달을 받았던 일이 있었다. 변호사회 서기였던 다른 한 명은 국회에 떠들썩한 등장을 했다. 또 한 사람은 대리대사로서 프랑스를 위해 솜씨 있게 이바지했다. 그것을 알고 있는 이들은, 그 뒤 20년 동안 아무것도 하지 못한 그 사람들을 보고 낙오자로 생각했을지도 모른다. 하지만 이러한 '소식통'은 수가 적거니와, 당사자들도 좀체 지난일을 입 밖에 내지 않으려 했으니, 바로 게르망트 기질에 의하여 그러한 옛 자격을 아무 가치없다고 생각했기 때문이다. 게르망트 기질은, 뛰어난 장관들, 하나는 좀 엄숙하고, 또 하나는 재미있는 이야기를 즐기는 분, 신문이 그들을 칭찬해 마지않으나, 어느 댁 마님의 경솔로 이 가운데 하나의 옆자리에 앉히기라도 하면 게르망트 부인이 그 옆자리에서 하품을 하거나 참지 못하는 몸짓을 하는 아무아무 장관들을 진저리나는 놈, 졸개, 또는 상점의 사환이라 부르기를 명하지 않는가? 일류 정치가가 게르망트 공작부인 옆에 앉을 값어치가 하나도 없고 보니, '직업'을 버리거나 근무를 그만둔, 국회에 다시 나타나지 않은 측근들은, 그들의 위대한 여성친구 집에 와서 그녀와 함께 날마다 점심 식사를 하고 담소를 나눔으로써 또 그들이 대수롭지 않게 생각하는, 적어도 그렇게 말하고들 있는 전하들 댁에서 그녀를 만남으로써, 정말로 가장 좋은 길을 택했

---

*1 '나는 맹세한다'는 뜻.
*2 몰리에르의 희극 〈상상병 환자(Le malade imaginaire)〉의 한 장면에서 하는 말. 작자 몰리에르는 이 연극 상연 중에 갑자기 죽음.
*3 미술 전람회.

구나 스스로 판단했다. 하기야, 쾌활한 자리 가운데서 그들이 침울해하는 모습은, 이 판단의 정당성과 좀 어긋나지만.

그렇지만 인정해야 하는 점은 게르망트네 사교 생활의 미묘함, 대화의 세련됨에는, 아무리 적을망정, 뭔가 현실적인 것이 갖춰져 있었다는 사실이다. 어떠한 공식 칭호라도 게르망트 부인의 마음에 드는 어떤 사람들의 유쾌함을 따르지 못하고 가장 세도 당당한 장관들도 그들의 관심을 끌 수 없었을 것이다. 설령 이 살롱에서 수많은 지적인 야심과 고귀한 노력마저 영영 매장되었다 할지라도 적어도 그것의 유해에서 보기 드문 사교의 꽃이 피어났다. 물론, 예컨대 스완 같은 재능이 있는 사람들은 능력 있는 인사들보다 스스로 뛰어나다고 생각해 유능한 인사들을 깔보았는데, 게르망트 공작부인이 첫째로 손꼽는 것은 지성이 아니라 재능이었기 때문이다—지성의 가장 높고도 영묘한 형태, 재능의 언어적인 한 변종(變種)으로까지 높여진 것이다. 지난날 베르뒤랭네 집에서 스완은 브리쇼와 엘스티르를 평하기를, 전자의 박식함과 후자의 천재에도 불구하고, 전자를 현학자라, 후자를 상스러운 놈이라 했는데, 이 같은 분류를 한 것은 게르망트 기질이 스며들어 있는 탓이었다. 아무래도 스완은 이 두 사람, 브리쇼의 장황한 수다와 엘스티르의 '허튼 소리'를 공작부인이 어떤 얼굴로 대할지 지레 알아 그녀에게 감히 이 두 사람을 소개하지 못했다. 게르망트 기질은 아니꼽고 길디긴 말을 근엄한 종류건 어릿광대 종류건 차마 듣지 못할 어리석은 말의 부류에 넣었던 것이다.

혈육을 나눈 게르망트네 사람들은 어떤가 하면, 예컨대 문학회 같은 데서 다들 같은 투의 발음, 진술, 따라서 사고방식을 갖기 마련인데, 이와는 달리, 게르망트 기질이 그들에게 충분히 스며들어 있지 않았던 건, 물론 괴상한 성격이 사교계에서 더 강해 모방을 방해하기 때문이 아니다. 모방엔, 움직이지 않는 괴상한 성격의 결핍뿐만 아니라, 나중에 모방하려는 것을 먼저 똑똑히 분별해 듣는 정도로 비교적 귀가 예민한 것이 조건이다. 그런데 게르망트네 사람들 가운데에는 쿠르부아지에네 사람들과 마찬가지로 이런 음악적 감각이 아주 없는 이들이 있었다.

모방(imitation)이란 말의 다른 뜻으로, 흔히 '흉내내기(faire des imitations)'를 한다(게르망트네에서는 '만화 그린다(faire des charges)'고 불렸다)라는 놀이를 예로 들어보면, 게르망트 부인이 아무리 멋들어지게 해내도 헛일로, 쿠르부아지에네 사람들은 어찌나 이해를 못 하는지 그들이 인간의 남녀가 아니라 토끼 떼 같았던 것은, 공작부인이 흉내내려고 하는 결점이나 사투리에 한 번도 주목할 줄 몰랐기 때문이다. 공작부인이 리모즈 공작의 '흉내'를 내자, 쿠르부아지에네 사람들은 반대했다. "아냐 아냐, 그런 말투가 아니에요. 어제저녁도 베베드네 집에서 그분과 같이 저녁 식사를 해서, 그분과 얘기했는데, 그런 말투가 아니던데요." 한편 좀 교양 있는 게르망트네 사람들은 "참말 오리안은 재미나요! 썩 멋들어진 점은 흉내내어 가는 중에 모습까지 비슷해지는 거야! 본인의 목소리를 듣는 것 같아. 오리안, 좀더 리모즈의 흉내를!" 하고 외쳤다. 그런데 이러한 게르망트네 사람들은(공작부인이 리모즈 공작의 흉내를 낼 때 감탄한 나머지 "허어, 꼭 닮았는데요" 또는 "꼭 닮았네"라고 말하는 아주 예민한 이들까지 가지 않고서도), 게르망트 부인의 말마따나 설령 재치를 못 가졌어도(이 점에서 부인의 생각은 옳았다) 공작부인의 명언을 듣고 그것을 남에게 얘기하던 힘으로, 부인의 표현이나 판단, 스완이라면 공작부인 자신처럼 그녀의 '마무리 방식'이라 불렀음직한 것을 그럭저럭 본뜨게 되어, 대화 속에, 쿠르부아지에네 사람들이 보기에 지독하게 오리안의 재치와 똑같은 것, 그들이 게르망트 기질로 다뤄온 뭔가를 보이기까지에 이르렀다. 이러한 게르망트네 사람들은 그녀로서는 친척일 뿐만 아니라 예찬자이기도 하여, 오리안(가문의 나머지 사람들을 멀리해, 소녀 시절에 당했던 심술궂은 말과 행동을 지금 멸시로써 복수하고 있는)은 이따금 그들을 보러 갔다.

좋은 계절에 공작과 함께 외출했을 때 보통은 공작과 같이 보러 갔다. 이런 방문은 일대 사건이었다. 1층 큰 손님방에서 손님을 접대하고 있는 에피니 대공부인은 멋진 모자를 쓴, 여름 향기가 비 오듯 떨어지는 양산을 기울인 공작부인이 비스듬한 걸음걸이로 안마당을 천천히 건너오는 것을, 마치 크지 않은 화재의 첫 흰한 빛 또는 뜻하지 않은 침입꾼의 '정찰대'인 양 멀찌막이 언뜻 보았을 때, 가슴이 좀 빨리 두근거렸다. "어머나, 오리안." 그녀는 '정신 차려'라는 호령같이 말했다. 방문객들에게 조심히 경고해서, 순서 있게 나갈 틈을 만들어 당황하지 않고 손님방을 비우려는 심산이었다. 거기에 있는 이들의 절반은 감히 그대로 있지 못해 일어섰다. "어머나, 왜 그러세요? 다시 앉으시라니까, 좀더 있다가 가시라니까." 대공부인은 거리낌

없이 그윽한 태도로 말했으나(귀부인인 체하려고), 그 목소리는 부자연스러웠다. "저분과 말씀하실 게 있으니까."—"정말, 바쁘신가요? 그럼 나중에 찾아가 뵙겠어요" 하고 이 집 마님은 부인들에게 대답했는데, 내심 빨리 돌아가주었으면 생각했던 것이다. 공작 부부는 수년 동안 이곳에서 만나는 사람들이라 해도 더 이상은 알지 못하고, 상대도 꺼려 거의 인사조차 나누지 않는 사람들에게도 정중히 절했다.

그들이 떠나자마자 공작은 그들에 대한 것을 상냥하게 물어보았는데, 그것은 오직 운명의 심술궂은 장난으로 또는 오리안의 신경 상태 때문에 이들을 초대하지 않는 것뿐, 이들의 본질적인 장점에 흥미 있어하는 모양을 지으려는 뜻이었다. "장밋빛 모자를 쓴 작달막한 그 부인은 누구시오?"—"사촌도 가끔 만난 분인데요, 투르 자작부인으로, 라마르젤 가문 태생이죠."—"미인이던데, 재치도 있어 보이고. 윗입술에 조그마한 흠만 없었다면 말 그대로 매력적일걸. 만약 투르 자작이라는 인물이 있다면 나날이 심심치 않을 텐데. 오리안, 그분 눈썹과 머리털 생김새를 보고 내가 누굴 떠올린 줄 아시오? 당신의 사촌인 에드비즈 드 리뉴야." 게르망트 공작부인은 공작이 자기 말고 다른 여인의 아름다움에 대해 왈가왈부하자마자 지루해져서 대화를 끊고 말았다. 초대하지 않는 사람들의 일을 전부 잘 알고 있다는 겉모양을 꾸미는 취미가 남편에게 있다는 사실을—그 취미로 남편은 아내보다 건실함을 보이고 있었다—그녀는 깜빡 잊고 있었다. 그는 느닷없이 힘주어 에그르몽 자작부인에게 말했다. "그런데 라마르젤이라는 이름을 말씀하셨는데, 생각납니다. 내가 의회에 나갔을 때, 아주 주목할 만한 연설을 하시던 분이……."—"그분이 바로 지금 만난 그 젊은 부인의 아저씨랍니다."—"암! 대단한 재능입니다! ……아니, 그만." 게르망트 부인이 참을 수 없이 싫어하는 이 에그르몽 자작부인은 에피니 대공부인 댁을 떠나지 않고, 스스로 하녀의 역으로 몸을 낮춰(자기 집에 돌아가서 제 하녀를 때리면 그만두게 된다) 황송한 마음을 금치 못하며, 기가 죽어 있었는데, 공작 부부가 있는 한 남아서, 외투를 벗고, 도움이 되려 애쓰고 조심스러워하는 마음에서 옆방에 가 있겠다고 말하기도 했다. "우리를 위해서라면 차는 필요 없습니다. 조용히 얘기나 합시다. 우리는 솔직하니까, 터놓고 말하죠. 게다가" 하고 그는 에피니 부인 쪽으로 얼굴을 돌리면서(에그르몽이 얼굴을 붉히거나, 겸손해하거나, 야심만만하거나, 열렬하거나 말거나) 덧붙였다. "우리는 15분밖에 시간이 없으니까." 이 15분은 공작부인이 그 주간에 말한 이른바 명언의 전시에 다 쓰였다. 그녀 자신은 물론 입 밖에 내고 싶지 않았으나, 공작이 그런 명언이 나오게 된 사건에 대하여 짐짓 그녀를 꾸짖는 투로, 능수능란하게, 마지못해 그 명언을 되풀이하게 했다.

에피니 대공부인은 자신이 좋아하는 사촌이 칭찬에 약하다는 점을 알고 있어서 넋을 잃은 표정으로 게르망트 부인의 모자나 양산, 재치에 경탄했다. "안사람의 옷에 대해선 좋으실 대로 말씀하시죠." 공작은 일부러 퉁명스러운 투로 말하다가 곧이듣지 않도록 꾀바른 미소로 완화하고서, "하지만 제발, 안사람의 재치에 대해선 말씀 마십쇼, 내가 이같이 재치 있는 아내를 갖다니 힘겹습니다. 분명 안사람이 내 동생 팔라메드에 대해 말한 허튼 이야기를 말씀하시나 본데" 하고 그는 대공부인도 그 밖의 가족도 아직 그 재미있는 이야기를 모르고 있는 줄 뻔히 알면서도, 아내를 선전하기에 안성맞춤이라고 생각하여 덧붙였다.

"첫째로 허튼 이야기를 한다는 건, 이따금 꽤 멋들어진 말을 한 적이 있는 인간으로서, 나도 이 점을 인정합니다만 부끄러운 일입니다. 하물며 격하기 쉬운 내 동생에 대한 것이고 보니, 그 결과로 내가 동생과 사이가 틀어지기라도 하면, 그야말로 고생이지 뭡니까!"

"하지만 우리는 모르는데요! 오리안의 재치있는 이야기라! 재미나겠지. 얘기해주세요."

"안 됩니다, 천만에." 공작은 아직도 부루퉁한 표정, 하지만 더 싱글벙글하는 표정을 지으며 다시 말했다. "댁은 모르시는 편이 좋겠습니다. 나는 진정 내 동생을 몹시 아끼니까요."

"여보." 공작부인이 말했다. 남편에게 대답할 순간이 왔던 것이다. "그게 어째서 팔라메드를 화나게 할 거라고 말씀하시는지 모르겠네요, 그 반대인 걸 잘 아시면서. 그분은 아주 영리하니까 실례될 게 하나도 없는 그런 농담에 언짢아할 리 없어요. 그렇게 말씀하시면 내가 뭐 악의 있는 말을 한 것처럼 남들이 생각하겠어요, 나는 그다지 우습지도 않은 대답을 했을 뿐인데. 당신이 화를 내어 공연히 일을 크게 만드시네요, 나 당신을 이해 못하겠어요."

"정말 궁금하군요, 도대체 뭐죠?"

"아니 뭐! 대단한 일은 아닙니다!" 게르망트 씨가 외쳤다. "아마 들으셨을 테지만 내 동생은 그 안사람*1의 저택, 브레제를 누이동생인 마르상트에게 주려고 했습니다."

"그래요, 그러나 마르상트는 그 저택을 바라지 않았다고 누가 말하던데요, 그 저택이 있는 고장을 싫어한다는, 기후가 그분의 몸에 맞지 않는다는 이야기를."

"글쎄, 바로 그 이야기를 아무개가 내 안사람에게 했어요. 만일 내 동생이 그 저택을 우리 누이에게 준다면, 그것은 누이를 기쁘게 하기 위해서가 아니라 괴롭히기 위해서다, 샤를뤼스는 정말 괴롭히는 것을 좋아하니까, 하고 그 사람이 말했습니다. 그런데 아시다시피 브레제는 왕령(王領)으로, 몇백만의 값어치가 있거니와, 국왕의 땅으로, 거기에 프랑스에서 가장 아름다운 숲이 있습니다. 그런 종류의 짓궂은 짓이라면 얼씨구나 해주기를 바랄 사람이 많죠. 그래서 그처럼 훌륭한 저택을 주려고 하므로 샤를뤼스에게 '괴롭히기 좋아하는'이라는 딱지가 붙은 걸 들은 오리안은 무심코, 털어놓고 말해, 악의에서가 아닙니다. 그도 그럴 것이 번갯불같이 삽시간에 입에서 튀어나왔으니까요, '괴롭히기 좋아하는…… 괴롭히기 좋아하는…… 그럼 괴롭히기 좋아하는 오만한 왕이군요'라고 외치고 말았습니다. 알아들으셨죠?" 공작은 고대사에 대한 에피니 부인의 지식에 대해 어지간히 회의적이었으나, 그 무뚝뚝한 말투를 다시 쓰면서, 아내의 재치로 생긴 효과가 어떤지 살핀 다음 덧붙였다. "알아들으시죠, 이는 로마의 왕, 오만한 왕 타르퀴니우스*2를 두고 한 농담입니다. 쑥스러워서, 오리안답지 않은 허튼 농담입니다. 그리고 내 안사람보다 신중한 나는, 재치야 덜할지 모르나, 일의 결과를 생각합니다. 만일 불행하게도 누가 이 이야기를 동생에게 일러바치면 큰일나죠. 하물며 팔라메드는 거만하기 짝이 없는 데다 따지기 좋아하고, 험담하는 버릇이 있으니까, 저택의 문제 말고도 괴롭히기 좋아하는 거만한 왕이란 별명은 그에게 썩 잘 어울린다고 하겠습니다. 이게 내 안사람의 농담을 살린 것이죠, 다시 말해 좀 속된 말을 할 때도 아무튼 안사람은 재치를 잃지 않거니와 인물

---

*1 샤를뤼스 남작은 아내를 여의었음.
*2 로마의 마지막 왕.

을 꽤 잘 묘사합니다."

이래서, 어떤 때는 괴롭히기 좋아하는 오만한 왕, 어떤 때는 다른 명언 덕분에, 공작 부부의 이러한 친척 방문은 이야기의 저장을 새롭게 하고, 또 이 방문이 일으킨 동요는 재원과 흥행주가 떠나간 뒤에도 오랫동안 이어졌다. 먼저 잔치에 참석했던 특권자들(거기에 남아 있던 사람들)과 함께, 오리안이 말한 명언을 즐겼다.

"댁은 괴롭히기 좋아하는 거만한 왕을 알아듣지 못하셨습니까?" 에피니 대공부인의 질문.

"그래요." 얼굴을 붉힌 바브노 후작부인의 대답. "사르시나 라 로슈푸코 대공부인이 그 이야기를 해주셨지만, 같은 말이라도 아주 달라서요. 하지만 이렇게 사촌*1 앞에서 그 이야기를 들었으면 더 재미났을 거예요"라는, '작곡자의 반주로 들었으면' 하고 말하듯 덧붙이는 말. "우린 조금 아까 이곳에 있던 오리안의 최근 명언에 대해 말하고 있어요" 하고 말하자, 늦게 온 부인은 한 시간 일찍 못 온 것을 유감스러워했다.

"뭐라고요, 오리안이 이곳에 있었다고요?"

"그럼요, 좀더 일찍 오시지……." 나무람 없이, 늦게 온 이가 뭘 보지 못했는지 깨닫게 하려고 에피니 대공부인은 대답했다. 우주 창조나 카르발로(Carvalho) 부인*2의 최근 공연을 못 본 건 네 잘못이라고 말하듯 이렇게 덧붙이기도 했다. "오리안의 최근 명언을 어떻게 생각하시죠? 나는 괴롭히기 좋아하는 거만한 왕이 썩 좋다고 생각해요." 이와 같이 '명언'은 다음 날 점심 식사에도, 그 때문에 초대한 절친한 사이에서 식은 대로 먹혀, 그 주일 동안 갖가지 소스를 쳐서 다시 나왔다. 뿐만 아니라 대공부인은 1년에 한 번 들리는 파름 대공부인네를 그 주일에 방문하여 이 기회를 이용해 그 명언을 알고 있는지 대공부인에게 묻고는 낱낱이 이야기했다. "어머나! 괴롭히기 좋아하는 거만한 왕!" 파름 대공부인은 선천적으로 감탄에 눈을 크게 떴지만, 보태는 설명을 간청해서 에피니 부인은 마다하지 않고, 결국 "참말이지 괴롭히기 좋아하는 거만한 왕이라니 내 마음에 들어요, 마무리로서" 하고 결론지었다. 마무리란 낱말은 이 결말에 조금도 맞지 않지만, 게르망트 기질

*1 게르망트 부인.
*2 프랑스의 여가수(1827~95).

을 터득한 체하는 에피니 대공부인은 '마무리한, 마무리'라는 표현을 오리안한테서 빌려 와 분별없이 썼다. 그런데 파름 대공부인은 에피니 부인을 밉게 생각한 데다가, 인색함을 알아, 쿠르부아지에네 사람들의 신념에 따라 심술궂다고 여겨 그다지 좋아하지 않았는데, 게르망트 부인이 입 밖에 냈던 이 '마무리'라는 낱말, 그녀 혼자서는 써먹을 수 없는 이 낱말을 알아들었다. 그녀는, 과연 괴롭히기 좋아하는 거만한 왕의 매력을 만들어낸 게 '마무리'라는 느낌이 들어서, 밉상이자 인색한 부인에 대한 반감을 아주 잊은 건 아니지만, 게르망트 기질을 이 경지까지 터득한 여인에게 감탄하지 않을 수 없어, 에피니 대공부인을 오페라 극장에 초대하고 싶었다. 다만 게르망트 부인한테 먼저 상의하는 게 좋겠다는 생각에 초대를 그만두었다.

에피니 부인은 어떤가 하면, 쿠르부아지에네 사람들과는 달리 오리안을 좋아해 여러모로 친절히 대했는데, 그래도 오리안의 교제 관계를 질투하며, 또 공작부인이 여러 사람 앞에서 그 인색함을 우롱하는 데 좀 화가 나서, 집에 돌아오자 그녀는, 파름 대공부인이 괴롭히기 좋아하는 거만한 왕이라는 신소리를 이해하느라고 얼마나 애썼는지, 그런 둔한 자와 사이가 좋다니 오리안도 참말로 속물이라고 얘기했다. "설사 내가 그러고 싶어도 파름 대공부인과는 자주 만날 수 없을 거예요, 그분의 부도덕한 말과 행동 때문에 에피니 씨가 절대로 그냥 두지 않을 테니까요." 그녀는 만찬에 초대한 친구들에게 대공부인의 부도덕함은 머릿속에서 만들어낸 것에 지나지 않는다고 말했다. "설령 남편이 그다지 엄하지 않더라도 솔직히 말해서 나는 자주 만날 수 없을 거예요. 오리안이 어째서 줄곧 그분을 찾아가는지 모르겠어요, 난 1년에 한 번 가는데도 끝까지 남아 있기가 힘든데."

게르망트 부인이 방문했을 때에 빅튀르니엔* 집에 와 있던 쿠르부아지에네 사람들은, 오리안에 대해 표하는 '파격적인 정중한 인사'에 부아가 치밀어 대부분 달아나버렸다. 괴롭히기 좋아하는 거만한 왕의 날에는 단 한 사람이 남았다. 그는 이 결말을 완전히 이해하지는 못했지만 그래도 반쯤은, 배운 게 있어서 이해했다. 그래서 쿠르부아지에네 사람들은 오리안이 팔라메드 아저씨를 '괴롭히기 좋아하는 거만한 왕'이라고 말했다며 떠벌리고 다녔

---

* 에피니 부인을 말함.

다. 그들은 매우 정곡을 찌른 말이라고 하면서, 이렇게 말했다. "하지만 어째서 오리안의 일이라면 그토록 야단법석이냐? 여왕을 위해서도 그토록 야단법석은 안 떨 텐데. 도대체 오리안이란 뭐냐? 게르망트 가문이 옛 가문이 아니라는 말이 아니라, 쿠르부아지에 가문 또한 무엇 하나 지지 않는다는 뜻이다. 명성으로도, 오래된 점으로도, 인척 관계로도, 금사의 진영*¹에서 영국 왕이 프랑수아 1세한테, 여기 있는 대감들 가운데 가장 고귀한 분이 누구냐고 물었을 때, 프랑스 국왕께서 '폐하, 쿠르부아지에입니다'라고 대답하신 일을 잊지 말아야 한다."

애당초 쿠르부아지에네 사람들이 다 남아 있었더라도, 명언을, 무릇 이와 같은 명언을 생기게 한 사건을 아주 다른 관점에서 보는 그들이라, 더욱 느끼지 못했으리라. 이를테면 한 쿠르부아지에네 여성이 자신이 주최하는 파티에 의자가 모자라는 걸 발견하는 경우, 또는 방문객을 알아보지 못하고 이름을 틀리게 부르는 경우, 또는 하녀가 자기에게 우스꽝스러운 말씨를 쓰는 경우, 쿠르부아지에네 여인은 몹시 당황해, 얼굴을 붉히며 흥분해 부르르 떨면서 이런 뜻하지 않은 사고를 한탄했다. 또 한 방문객을 대접하고 있을 때, 오리안이 오기로 되어 있으면, 불안한 투로 따지듯 "그분과 아는 사이신가요?" 하고, 방문객이 오리안과 모르는 사이라면 방문객이 있는 게 오리안한테 나쁜 인상을 주지 않을까, 겁나 말했다. 그런데 게르망트 부인은 그와 반대로, 이러한 사건에서, 게르망트네 사람들을 눈물이 나도록 웃기는 이야기의 계기를 만들어내어, 그래서 부인이 의자가 모자랐던 것, 몸소 실수한 것 또는 하녀에게 실수시킨 것, 아무도 모르는 사람을 초대한 것을 다들 부러워할 수밖에 없었다. 마치 위대한 작가가 많은 남성들에게 소외당하고 수많은 여성들에게 배신당하나, 이 괴로움과 굴욕이 천재의 오페라가 아닐망정 적어도 작품과 소재가 된 경우 다들 기뻐하지 않을 수 없듯이.

쿠르부아지에네 사람들은 게르망트 부인이 사교 생활에 들이미는 개혁 정신의 높이까지 닿을 수 없었다. 게르망트 부인은 이 개혁 정신을 임기응변과 정확한 본능에 따라 적응시켜, 엄한 규칙을 순 이론상으로 적용하고선, 정치나 연애에서 성공하려고 뷔시 당부아즈(Bussy d'Amboise)*² 때 무공을 글자

---

*1 1520년 영국과 프랑스 국왕이 회견한 자리.
*2 16세기 말엽의 검객. 뒤마 작품 《몽소로 귀부인》에 나와 특히 유명해짐.

그대로 제 생활에 옮기려는 아무개처럼 못된 결과밖에 나오지 않을 경우에도, 이 개혁 정신을 어떤 예술적인 것으로 만들어내었다. 쿠르부아지에네 사람들은 친척끼리의 만찬회 또는 왕족을 위한 만찬회를 베푸는 경우, 재사나 아들의 친구를 참석시키는 걸 최악의 결과를 낳는 변칙이라고 생각했다. 그 아버지가 황제의 대신이던 쿠르부아지에네의 한 여인이, 마틸드 공주를 위하여 파티를 베풀게 되어, 기하학적인 정신에 의해 보나파르트파 말고는 아무도 초대할 수 없다는 결론을 내렸다. 그런데 그녀는 보나파르트파를 거의 몰랐다. 교제를 맺어온 우아한 숙녀, 뜻에 맞는 신사는 전부 가차없이 제외되었는데, 쿠르부아지에파의 논리에 따르면, 정통 왕조파의 의견 또는 애착을 갖는 그들이 황제의 공주전하 마음을 언짢게 할지도 몰랐기 때문이다. 포부르 생제르맹의 일류 여인들을 늘 자기 집에 받아들이던 공주전하는, 쿠르부아지에 부인 집에 와서 만난 사람이 고작 제정 시대 및 지사의 미망인인 소문난 식객(食客), 우체국장의 미망인, 나폴레옹 3세에 대한 충성심과 미련하고 답답하기로 알려진 몇몇뿐인 데에 적잖이 놀랐다. 마틸드 공주는 그래도 공주다운 호의를 친절하고 대범하게 끔찍한 추녀들 위에 냇물처럼 철철 부었다.

그러나 게르망트 공작부인은 공주를 초대하는 차례가 왔을 때, 이런 추녀들을 초대하는 것을 단연코 삼가고, 그 대신 보나파르트주의에 대한 선험적(先驗的)인 추론(推論)은 제쳐놓고, 온갖 미인, 온갖 유능한 인사, 온갖 명사의 풍요한 꽃다발을 준비했다. 어떠한 후각, 촉각, 재질로, 설령 그들이 왕족이라도, 황제의 조카딸을 기쁘게 할 것이 틀림없다고 느껴지는 꽃다발로 말이다. 거기엔 오말공작까지 끼여 있었다. 공주가 돌아가려고 했을 때 게르망트 부인이 정중히 절하며 손에 입맞추려는 걸 보고, 그녀를 안아 일으키면서 두 볼에 입맞추며, 더 이상 즐거운 하루를 보낸 적이 없고 더 성공한 파티에 참석한 적이 없다고 말했는데, 정말 진심에서 나온 말이었다. 파름 대공부인은 사교 방식에서 혁신하지 못하는 점으로 쿠르부아지에풍이었으나, 쿠르부아지에네 사람들과는 달리, 게르망트 공작부인이 언제나 일으키는 놀라움이 그들의 경우처럼 반감이 아니라 경탄을 자아냈다. 이 놀라움은 대공부인의 한없이 시대에 뒤진 교양 탓으로 더 컸다. 게르망트 부인 자신도 대공부인의 생각보다는 훨씬 시대에 뒤져 있었다. 하지만 자기보다 앞서 있다는 것만으로 파름 대공부인은 어리둥절해지고 마는데, 각 시대의 비평가란 전 시대의 비평가들이 인정한 진리에 이의를 주장하는 데 지나지 않으니까, 부르주아의 적인 플로베르는 게르망트 부인이 뭐라 해도 부르주아였다. 또는 바그너의 작품에 이탈리아 음악이 많이 들어 있다고 말하는 것만으로 대공부인의 머릿속에, 마치 폭풍우 속을 헤엄치는 사람처럼, 늘 새로운 노심초사 끝에 듣지도 보지도 못한 그대로 아련하게 보이는 지평선이 떠올랐다. 하기야 이런 어리둥절함은 예술작품에 대한 역설에서뿐만 아니라 또한 그들의 벗과 사교 활동에 대해 입 밖에 낸 역설 앞에서도 생겨났다. 물론 파름 대공부인은 게르망트 가문의 진짜 기질과 이 기질의 유치한 흉내를 구별하지 못했다(그 때문에 부인은 게르망트네의 어느 남성들과 특히 어느 여성들의 높은 지적인 가치를 믿었는데, 나중에 공작부인이 엷은 미소를 띠면서 저이는 한낱 바보라고 하는 말을 듣고 어쩔 줄 몰라 했다). 이것이 바로 게르망트 부인이 인물을 비평하는 걸 듣고 대공부인이 번번이 느끼는 놀라움의 원인 가운데 하나였다. 그러나 또 하나의 원인이 있었으니, 이즈음 인간보다는 책을, 사교계보다는 문학 쪽을 더 잘 알던 나는 그 원인을 다음같이 생각하여 스스로 설명했다. 즉 공작부인은 사교 생활로 살아가는데, 그 무위무익(無爲無益)과 참다운 사회 활동의 관계는 예술에서 비평과 창작의 관계와 비슷한 것으로, 부인은 그 주위 사람들에게 관점의 불안정을 확대시키고 있다, 이론가는 메마른 자기 정신을 적시려고 아직 조금 물기 있는 역설이라면 무엇이든 찾아내, 가장 아름다운 〈이피게네이아〉는 피치니의 그것이지 글룩의 그것이 아니라든가, 필요에 따라선 진정한 〈페드르〉는 프라동(Pradon)* 의 그것이라든가 하는 갈증을 끄는 의견을 함부로 주장하는데, 부인은 그런 이론가의 건강하지 못한 갈증을 주위 사람들에게 퍼뜨리고 있다고.

영리하고, 교양도 재치도 있는 한 여인이, 좀처럼 모습을 안 보이며 말도 하지 않는 소심한 속물과 결혼하고 말았는데, 게르망트 부인은 어느 날 아내를 묘사해냈을 뿐만 아니라 남편을 '발견해'냄으로써 어떤 정신적인 만족감을 느꼈다. 이를테면 캉브르메르 부부 생활에서, 만일 게르망트 부인이 그때 이 환경에 살았다면, 캉브르메르 부인은 바보이다. 그 대신에 흥미로운 이, 이

---

* 물론 라신의 〈페드르〉가 훨씬 나음.

해 못 받은 이, 우아한 이, 수다스러운 마누라 때문에 입다물고 있으나 천 배나 더 값어치 있는 이, 그것은 후작(캉브르메르)이라고 딱 잘라 말했을 테고, 그럼으로써 공작부인은 70년 이래 세상 사람들이 〈에르나니(Hernani)〉*1에 감탄해 마지않는데도, 그것보다 〈사랑에 빠진 사자〉*2가 좋다고 털어놓는 비평가와 똑같은 시원함을 느꼈으리라. 성녀라고 불러도 좋을 만한 여인이 불량배한테 시집을 가 젊어서부터 수많은 사람들의 동정을 받아왔건만, 어느 날 게르망트 부인은 제멋대로의 신기함에 대한 병적인 욕망에 휩싸여, 그 불량배는 경솔하긴 하지만 마음씨만은 깊었는데, 마누라의 가차없는 냉담성이 진짜 분별 없는 짓을 저지르게 했다고 단언했다.

비평이란, 연달아 몇 세기에 걸쳐서 작품들 사이에뿐만 아니라 한 작품 속에마저, 너무 오래 빛나던 것을 어둠 속에 잠그거나 또 결정적으로 파묻히고만 듯한 것을 꺼내거나 한다는 사실을 나는 알고 있었다. 나는 벨리니, 빈터할터, 예수회의 건축가들, 왕정복고 시대의 한 건축가 따위가 이른바 지친 천재의 자리를(신경쇠약 환자들이 늘 지치고 변덕스럽듯이 단지 한가한 지식인들이 천재들에게 지치고 말았으므로) 차지하는 것을 보았다. 뿐만 아니라 생트뵈브가 차례차례 비평가로 시인으로 애호되고, 매우 시시한 작품과 또 콩트 작가로서 찬양받는 것 말고는 위세가 부정당하는 것을 보아왔다. 물론 어떤 수필가들이 〈르 시드〉나 〈폴리왹트〉*3 가운데 가장 유명한 장면보다, 〈거짓말쟁이〉*4의 기다란 대사, 옛 지도같이, 그때의 파리에 대한 정보를 주는 그런 대사 쪽을 낫다고 보는 것은 잘못이나, 그들의 기호는 아름다움의 주제로서는 의문이 들더라도, 적어도 참고 자료가 되는 흥미에 의해 명분을 세워, 머리가 돈 비평의 눈으로 보면 그래도 아직 충분히 합당하다. 머리가 돈 비평은 〈경솔한 사람〉*3 가운데 한 구절을 위해선 몰리에르 전부를 주어도 좋다느니 바그너의 〈트리스탄〉을 지루하다고 하면서도 그 가운데 사냥꾼들 무리가 지나갈 적의 '고운 뿔피리 가락'의 결함만을 메우거나 한다.

---

*1 위고의 혁신적인 희곡.
*2 퐁사르(Ponsard, 1814~67)의 희극.
*3 둘 다 코르네유의 걸작 비극.
*4 코르네유의 희극.
*3 몰리에르의 초기 희극.

이런 성질의 변화가 게르망트 부인이 보이는 변화를 이해하는 데 도움이 되었다. 즉 부인이 그들 사회에서 마음씨 착하나 바보로 통하는 사내를 생각보다는 교활한 이기주의의 괴물로 보고, 도량이 넓기로 알려진 사람을 인색의 상징이다, 선량한 어머니를 자녀들에게 애착 없는 사람이다, 행실이 좋지 않을 것 같은 여인을 실은 고상한 감정의 소유자라고 그녀가 딱 잘라 말하는 변화를 이해하는 데 말이다.

사교 생활의 공허함에 상했는지, 게르망트 부인의 지성과 감정은 너무나 동요가 심해 심취에 이어 이내 혐오감이 오고(그러고 나선 차례로 추구하거나 버리거나 해온 사고방식에 다시 끌려가기만 하면 그만이다), 어느 성실한 남성에게서 발견한 매력도, 그 남성이 너무 자주 드나들고, 그녀가 주지 못하는 지시를 지나치게 구하기라도 하면, 그 매력이 성가신 기분으로 변하고 마는데, 부인은 이 성가신 기분이 그 예찬자 때문에 생겨났다고 여기나, 사실 인간이 쾌락을 찾는 데만 만족할 때 쾌락을 얻지 못하는 데서 생겨난 것에 지나지 않았다. 공작부인이 내리는 판단의 변화무쌍함을 모면하는 사람은 그 남편을 빼놓고 아무도 없었다. 오직 남편만 그녀를 사랑한 적이 없었다. 그녀는 남편의 마음속에서 강철 같은 성격, 그녀가 부리는 변덕에 무관심한, 그녀의 아름다움에 아랑곳 않는, 난폭한, 결코 굽히지 않는 의지력을 가진, 그 지배 밑에 놓여 신경질적인 인간이 비로소 안정을 얻을 수 있는 성격을 느껴왔다.

한편 게르망트 씨는 늘 같은 여성미를 좇아, 게다가 그것을 자주 바꾸는 정부의 몸속에서 구하고, 정부들을 버리고 나선 마치 정부들을 비웃듯이, 배우자는 언제까지나 변하지 않았다. 배우자는 가끔 그 수다로 그를 성가시게 했는데, 다들 그녀를 귀족 사회에서 가장 곱고도 정숙하며 총명하고도 교양 있다고 떠받들며, 이런 배우자를 얻은 게르망트 씨야말로 행운아, 남편의 방탕을 한없이 덮어주는, 아무도 따라하지 못하는 손님 대접을 하는, 그 살롱을 포부르 생제르맹에서 첫째가는 살롱으로 이끌어 나가는 여인으로 떠받들고 있음을 그는 알고 있었다. 남들의 이 같은 의견에 그 자신도 동의했다. 아내에게 기분 나쁜 적이 자주 있었지만, 그는, 아내가 자랑스러웠다. 호사스러운 만큼이나 인색한 그는 자선 사업이나 하인들을 위한 얼마 안 되는 돈도 아내에게 내주지 않으면서, 아내가 으리으리한 옷과 명마를 갖길 바랐다.

결국 그는 아내의 기질을 높이 사기를 좋아했다. 그런데 게르망트 부인은 그 친구 가운데 아무개의 장점이나 단점을 갑자기 뒤집어, 그것에 대해 새로운 맛이 나는 역설을 생각해낼 적마다 그것을 맛볼 줄 아는 사람들 앞에서 시험해보아, 그 심리적인 독창성을 맛보여 간결하고도 무게 있는 독설을 빚내고 싶어했다. 물론 이 같은 새로운 의견엔 보통 먼저 의견 이상의 진리는 담겨 있지 않으며, 흔히 그 이하였는데, 그것이 갖는 제멋대로의 뜻하지 않은 점이 도리어 뭔가 지성적인 느낌을 주어 듣는 사람들의 마음을 움직였다. 다만, 공작부인의 심리 분석을 당한 환자는 대부분 측근이고, 부인이 제 발견을 전하고 싶어하는 이들은 이 환자가 부인의 총애를 잃은 걸 전혀 몰랐다. 그러므로 게르망트 부인은 감상적인, 부드럽고 헌신적인, 비할 바 없는 우정의 소유자라는 평판이 자자한 만큼 부인 스스로 공격을 시작하기가 난처했다. 기껏해야 억지로 강요당한 듯 나중에 끼어들어, 맞서 변명하려는 짝패를 진정시키고 겉으로는 반대하면서도 사실은 지지하는 듯한 대꾸를 하는 것이다. 이 짝패 역할을 바로 게르망트 씨가 잘해내었다.

게르망트 부인은 사교 활동에서도 끊임없이 감미로운 놀라움으로 파름 대공부인을 자극하는 뜻밖의 판단을 내리는 데 제멋대로 또 다른 극적인 기쁨을 느끼곤 했다. 그러나 나는 공작부인이 느끼는 이 기쁨의 정체를 이해하는 데 문예 비평의 도움을 빌리는 것보다 오히려 정치 생활과 의회 기사에 따랐다. 게르망트 부인이 주위 사람들의 가치 서열을 끊임없이 뒤엎는 잇따른 그 모순된 알림도 그녀의 마음을 놓게 하기에 충분하지 않자, 부인은 또 자기 자신의 사교 태도를 끌고 나가는 방식, 몹시 보잘것없는 사교의 결정을 알리는 방식에서, 의회인들의 감성을 자극하는 그 기교적인 감동을 맛보고, 정치가들에게 꼭 필요한 그 인위적인 의무에 따르려고 애썼다. 알다시피 한 장관이 의회에서 자신이 취한 행동은 옳았다고 믿는다 설명하자 다음 날 신문에서 의회의 보도를 읽은 양식 있는 독자는 그 행동이 아주 단순한 것이었다고 생각하지만, 이 양식 있는 독자도 장관의 연설이 심한 흥분 가운데 행해졌고, '그것은 중대하다'라는 비난의 표현으로 구두점이 찍힌 걸 읽고 나면 갑자기 동요를 느껴, 장관을 찬성한 게 옳았는지 의심하기 시작한다. 이 비난은 한 대의원이 발언한 것인데, 이 대의원의 이름과 직함이 너무도 길고 또 매우 심하게 흔들리는 모습이 적혀 있어서, 장관의 연설이 끊어진 틈을 타서 말한, '그것은 중대하다'라는 말은 알렉상드랭(alexandrin)* 반 구절만큼의 자리도 못 차지한 정도다. 이를테면 이전에 롬 대공, 게르망트 씨가 의회에 참석했을 무렵, 파리 신문에 간혹 다음과 같은 기사가 실렸다. 하기야 특히 메제글리즈 선거구를 겨누고, 선거민들에게 그들이 하는 일 없이 입다물고 있는 대리인에게 투표하지 않았다는 걸 보이기 위해서지만.

"롬 대공, 게르망트 부이용 씨, '이는 중대하다'고 외침, 한가운데와 오른쪽 군데군데에서 '잘한다. 잘한다'라는 소리, 왼쪽 끝에 격한 불만의 소리."

양식 있는 독자는 현명한 장관에게 아직 아주 조금의 충성심을 잃지 않았지만, 장관에게 답하는 두 번째 연설자의 첫마디에 의해 그 심장은 다시 두근거린다.

"아연실색이라 해도 과언이 아니다(의장 오른쪽에 심한 동요), 지금 아직 내각의 일원이라는 인물의 말을 듣건대……(우레 같은 박수, 몇몇 대의원이 장관석으로 몰려감. 체신부 차관은 제자리에서 머리를 끄덕거림)."

이 '우레 같은 박수'라는 활자가 양식 있는 독자의 마지막 저항을 무너뜨린다. 그는 그 자신에겐 보잘것없는 장관의 시행법을 의회에 대한 모욕, 극악무도한 짓이라고 여긴다. 필요하면, 예를 들어, 가난한 자들보다 부자들에게 세금을 더 물게 한다든가, 부정을 폭로한다든가, 전쟁보다 평화를 택하든가 하는 어떠한 정상적인 일마저 그는 말이 안 된다고 생각하며, 한 원리, 실제로 자신이 그것을 생각해본 적도 없었거니와, 그것이 그의 가슴속에 새겨져 있지도 않지만, 그것이 일으키는 갈채와 대부분을 그 아래에 빽빽이 모이게 함으로써 강하게 마음을 움직이는 원리에 대한 모독이라고 생각한다.

게다가 정치가들의 이런 잔재주는 내가 게르망트네의 환경과 그 뒤 다른 환경을 설명하는 데 도움이 되었는데, 이것은 '글 뒤에 숨은 뜻을 알아챈다(lire entre les lignes)'라는 숙어를 통해 흔히 지칭되는 그 해석이 뒤틀린 것에 지나지 않는다. 이 뒤틀린 미묘한 해석 때문에 의회에 어리석음이 생겨나서, 국민은 '글자를 곧이곧대로 믿어, 한 고관이 '의원'에서 면직되면 이를 파면인 줄 모르고, '본인이 청원했으므로 파면된 게 아니다'라고 생각하며, 러시아 군대가 전략 행동에 따라 미리 준비하고 강력한 진지를 행한 일본군

---

* 프랑스 시(詩)에서 12음절로 된 운율(韻律) 형식.

앞에서 후퇴한다면 이를 패배라고 생각지 않고, 한 지방이 독일 황제에게 독립을 요구해 황제가 이 지방에 종교의 자유를 허락한다면 이를 거부라고 생각지 않는다.

의회로 얘기를 되돌리면, 의회가 열릴 때는 의원들 자신도 이 의회의 보도를 읽을 양식 있는 사람과 비슷할지 모른다. 동맹 파업을 하고 있는 노동자들이 장관한테 대표자를 파견했다고 들으면, 아마 그들은 '음, 무슨 말을 주고받았을까? 모든 일이 해결되겠지' 하고 고지식하게 생각할 것이다. 그때 장관이 벌써 기교적인 감동의 맛을 풍기는 깊은 침묵 속에 등장한다. 장관의 첫마디, 청천벽력이다. "의원 여러분께 말할 것까지도 없는데, 본관은 정부의 의무를 너무나 깊이 느낍니다. 따라서 본관의 직권상 관할 밖에 속하는 그 같은 대표자를 받아들이지 않았습니다." 의원들의 양식도 이것만은 가정 못했기 때문이다. 그러나 바로 이게 청천벽력이기에 장관은 박수갈채를 받고 나서 몇 분 지나 겨우 발언할 수 있고, 제자리에 돌아가 각료들의 축사를 받는다. 그들 모두는 이 장관이 어느 공식 연회에, 그를 반대하는 시청 의회장을 초대하지 않은 날과 같은 정도로 감동하고, 그때나 지금이나 그는 진정한 정치가답게 행동했다고 평가하게 된다.

그 무렵 게르망트 씨는 이 장관에게 찬사를 보낸 동료 의원들과 자주 행동을 같이해, 쿠르부아지에네 사람들의 빈축을 샀다. 내가 나중에 들은 이야기지만, 그가 의회에서 꽤 큰 소임을 맡아, 그를 장관이나 대사에 임명하려는 기운이 돌았을 즈음, 벗이 무슨 일을 부탁하자, 그는 게르망트 공작이 아닌 남들보다 한없이 단순히 굴어 정치적으로 대정치가인 체하는 행동을 그 누구보다도 덜 취했다. 그도 그럴 것이 그는 입버릇처럼 귀족이란 하찮은 것이다, 동료들은 모두 비슷하다고 말했으나 마음속으로는 그렇게 생각지 않았기 때문이다. 그는 정치적인 지위를 바랐고, 존경하는 체하고는 있었으나, 속으로는 멸시했다. 그런데 그는, 그 자신은 어디까지나 게르망트 씨이므로, 정치적인 지위는, 남들이 가까이 갈 수 없게 만드는 요직에 걸맞은 틀거지가 잡히게 해주지 않았다. 그래서 그의 자존심이, 억지로 꾸민 그 친근한 체하는 태도뿐 아니라, 그가 지니고 있는 진정한 소박성까지, 온갖 더러움에서 보호해주었던 것이다.

정치가처럼 기교적이자 감동적인 단정으로 얘기를 되돌리면, 게르망트 부인도 그에 못지않게 뜻밖의 단정, 그 밑에 짐작할 수 없었던 만큼 더욱 강한 인상의 원리가 느껴지는 단정을 통해 게르망트네 사람들, 쿠르부아지에네 사람들, 온 포부르, 또 누구보다도 파름 대공부인을 당황하게 했다. 그리스 신임 공사가 가장무도회를 개최하니, 저마다 옷을 고르고, 또 공작부인은 어떤 옷을 입을까 궁금해했다. 어떤 여인은 공작부인이 부르고뉴 공작부인으로 꾸밀 줄 알았으며, 어떤 여인은 틀림없이 뒤자바르 대공부인으로 꾸밀 거라고, 또 다른 여인은 프시케(Psyche)*로 꾸밀 거라고 생각했던 것이다. 드디어 쿠르부아지에네의 한 여인이 "뭘로 꾸미지, 오리안?" 하고 물어보니 아무도 생각지 못한 대답이 튀어나왔다. "아무것도!" 이 대답은 그리스 신임 공사가 사교상 차지하는 진정한 지위와 공사에게 취해야 할 태도에 대한 오리안의 의견, 다시 말해 공작부인이고 보니 이 신임 공사의 가장무도회에 나갈 '필요가 없다'는, 다들 마땅히 짐작해야 할 의견을 말한 것으로서 많은 사람들의 입에 오르내렸다. "나는, 아는 사이도 아닌 그리스 공사네 집에 가야만 하는지, 잘 모르겠어요, 난 그리스 사람도 아닌데, 무엇 때문에 그런 데엘 가야 하죠? 가본댔자 아무것도 할 일이 없을 텐데 말이에요." 공작부인은 말했다.

"하지만 다들 거기에 간대요, 즐거울 것 같다나 봐요!" 갈라르동 부인이 외쳤다.

"그렇지만 난롯가에 그대로 있는 것 또한 즐거워요." 게르망트 부인이 대답했다.

쿠르부아지에네 사람들은 놀라서 어리둥절했는데, 게르망트네 사람들은 흉내야 내지 않았으나 동의했다. "물론 누구나 다 오리안같이 온갖 관례를 깨뜨려도 괜찮은 처지는 아니지. 게다가 어디서 굴러들어왔는지도 모르는 외국인 앞에 배를 깔고 엎드려 절한다는 건 지나치지 않느냐고 오리안이 가르치고 싶어함은 잘못이라 말할 수도 없지."

물론 어떠한 태도를 취한들 왈가왈부하리라는 걸 뻔히 아는 게르망트 부인은, 그녀를 감히 기대하지 못한 연회에 들어가는데, '다들 가는' 연회의

---

* 에로스의 사랑을 받은 아가씨.

저녁, 집에 그대로 있거나 남편과 같이 극장에 가서 그 저녁을 지내는 데 기쁨을 느끼고, 또는 유서 깊은 보배로운 왕관을 머리에 얹어 가장 아름다운 다이아몬드의 빛도 무색하게 할 거라고 남들이 생각했을 때에, 그들이 반드시 해야 한다고 잘못 여긴 옷차림과는 달리 패물 하나 없는 옷차림으로 들어오기도 했다. 그녀는 드레퓌스 반대파였으나(드레퓌스의 무죄를 믿으면서 반드레퓌스파로, 마치 그녀가 사교계에서 지내면서 사상밖에 믿지 않는 것과 마찬가지로) 리뉴 대공부인 댁의 야회에서, 먼저 메르시에*1 장군의 입장에 부인들이 모두 일어섰을 때에 그대로 앉아 있고, 그 다음 애국파의 한 연사가 연설을 시작했을 때 벌떡 일어서서 보란 듯이 제 하인을 불러서는 돌아갈 채비를 시켜 큰 충격을 주었다. 그녀는 이렇게 행동함으로써 사교계가 정치를 운운하는 곳이 아님을 보이려고 했다. 성 금요일의 연주회에서, 무대에 그리스도 상을 그대로 놓은 것이 파렴치한 짓이라 생각했으므로, 볼테르주의자임에도 불구하고 자리를 떠났을 때 온 머리가 그녀 쪽으로 돌아간 적도 있었다. 여러 잔치가 벌어지기 시작하는 계절이 훌륭한 사교 부인으로서도 뭔지 다 아는 바이다. 아몽쿠르 후작부인 같은 이는, 수다떨고 싶은 욕구, 심리적인 버릇, 감수성의 결핍에서 끝내는 어처구니없는 말을 자주 했는데, 부인은 아버지 몽모랑시 씨의 죽음에 애도를 표하러 온 손님한테 다음같이 대답했다. "겨울에 초대장 몇 백 장이 있는 요즘에 이 같은 불행이 닥쳐와서 더 슬픈가 봐요."

그런데 한 해의 이 시절에, 게르망트 공작부인이 예약이 차기 전에 서둘러 남들이 부인을 만찬에 초대하면, 부인은 사교인이 꿈에도 생각지 못한 단 하나의 이유로 초대를 거절했다. 늘 관심을 가져온 노르웨이의 피오르드(fiord)*2 를 구경하러 순항을 떠난다는 것이다. 사교계 사람들은 얼떨떨해하면서도, 공작부인 흉내를 낼 마음 없이, 부인의 행동에 어떤 안심, 마치 칸트의 저술에서 엄밀하기 짝이 없는 결정론의 증명 뒤, 필연의 세계를 뛰어넘은 자유의 세계가 있음을 발견하는 때의 안심 같은 것을 느꼈다. 꿈에도 생각해보지 못한 모든 발명은 그것을 이용할 수 없는 사람들의 마음까지도 자극한다. 기선의 발명도 사람들이 파리를 떠날 수 없는 '시즌(season)' 시기에 기선을 쓰는 데

---

*1 1894년에 국방 장관을 지냄. 드레퓌스 대위를 스파이 죄로 국방 회의에 소환한 인물.
*2 높은 절벽 사이에 끼인 좁은 만(灣), 협만(峽灣).

비하면 아무것도 아니었다. 백 군데 만찬회 또는 야회 오찬회, 그 두 배나 되는 '다과회', 그 세 배나 되는 야회, 화려하기 그지없는 오페라 극장의 월요 흥행, 프랑스 극장의 화요 흥행을, 노르웨이의 피오르드를 구경하기 위해서 스스로 포기하다니, 쿠르부아지에네 사람들한테는 《해저 이만 마일》같이 불가사의하게 느껴지면서도, 그들에게 같은 해방감과 매혹감을 주었다. 그래서 '오리안의 최근 명언을 아십니까?' 뿐만 아니라, 또한 '오리안의 최근 일을 아십니까?'라는 말이 들리지 않는 날이 없었다. 그리고 '오리안의 최근 일'에 대해, '오리안의 최근 명언'에 대해서와 마찬가지로, 다들 '정말 오리안답다', '그야말로 오리안풍이다', '순 오리안식이다'라고들 되풀이했다.

　오리안의 최근 일이라는 건, 예를 들어 어느 애국 단체의 대표로서, 마콩 (Mâcon) 주교인…… 추기경에게 답사를 쓰게 되어(이분을 말할 때 게르망트 씨는 보통 '마스콩 씨(Monsieur de Mascon)'*1를 불렀다. 공은 그러는 것이 옛 프랑스식이라고 생각했기 때문이다) 저마다 어떤 편지가 될 것인지 상상해보아, '예하' 또는 '각하'라는 서두의 낱말이야 어림잡았지만, 본문은 짐작도 안 갔는데, 모두가 놀랍게도 오리안의 편지는, 학구적인 첫 관습에 따라, '추기경님' 또는 '나의 사촌'이라는 낱말로 시작되어 있었다. 이 명사는 교회의 우두머리를, 게르망트네 사람들과 왕후들, '거룩하고 높으신 가호를' 저희에게 내려주소서 하고 천주께 빌던 이들 사이에 쓰였던 것이다. 파리의 명사들이 모두 참석한, 명작을 상연하는 극장에서, 파름 대공부인의, 게르망트 대공부인의, 부인을 초대한 다른 부인네들의 칸막이 좌석 안에서 부인의 모습을 찾다보니, 부인이 검은 옷차림으로, 아주 작은 모자를 쓰고, 막이 올라가기 직전에 와서 홀로 의자에 앉아 있는 걸 보기만 해도 '오리안의 최근 일'이 왈가왈부되었다. "수고할 가치가 있는 작품이라면 이러는 게 더 잘 들려요." 이렇게 말하는 부인의 설명에, 쿠르부아지에네 사람들은 얼굴을 찡그리고, 게르망트네 사람들과 파름 대공부인은, 대만찬회에 출석하고 야회에 나타났다가 끝판에야 오는 것보다 연극의 시작을 듣는 '장르(genre)'*2 쪽이 더 새롭고 독창적이자 총명하다(그것이 오리안이고 보니 놀랍지 않으냐)는 걸 퍼뜩 깨달아 경탄해 마지않았다. 게르망트 부인한테 문학이나 사교의 질

---

*1 마콩(Mâcon)의 옛 철자, 곧 s를 생략하고 a에 ∧가 붙음.
*2 행동의 양식, 태도의 방식.

문을 던졌을 때에 각오해야 하는 놀라움이 대충 이러저러한 것임을 파름 대공부인은 아는지라, 공작부인네의 만찬 동안, 대공부인은 아무리 보잘것없는 주제에 대해서도 두 파코 사이에 나타나는 해수욕객같이 불안하고도 즐거운 경계를 하지 않고서는 덤벼들지 않았다.

라이프니츠가 모나드(monad)* 하나하나는 온 우주를 반영하면서 거기에 뭔가 특수한 것을 부가한다고 인정하듯이, 포부르 생제르맹의 첫머리 격인 거의 비슷한 딴 살롱의 두세 군데엔 없지만, 그 살롱들과 게르망트 공작부인의 살롱을 구별짓는 요소 가운데, 그다지 동감 안 되는 요소를 제공하는 건 보통 한두 절세미인, 오로지 미인이라는 것과 게르망트 씨가 그 미를 이용하는 것 말고는 거기에 있을 자격이 없었다. 그러한 부인들의 존재는 다른 살롱에서 이 같은 뜻밖의 광경이 그렇듯, 이 살롱에서도 남편이 여성미의 열렬한 찬미가라는 걸 금세 드러내었다. 이미 그녀들은 거의 비슷비슷했다. 공작은 몸집이 크고 당당한 동시에 무람없는, 〈밀로의 비너스〉와 〈사모트라케의 승리의 여신상〉 중간쯤인 여성을 좋아했기 때문이다. 보통은 금발로, 갈색 머리칼은 거의 없지만, 때로는 가장 최근의 여성처럼 붉은 머리칼도 있다. 이 만찬에 나온 최근의 여성, 아르파종 자작부인이 다갈색 머리칼이었는데, 공작은 어찌나 이 여인을 좋아했는지, 오랫동안 그녀로 하여금 하루에 전보를 열 통이나 보내오게 했고(이 때문에 공작부인도 좀 짜증이 났다), 게르망트의 영지에 있었을 때에는 비둘기로 그녀와 연락했다. 결국 그녀와 길게 떨어져서는 살 수 없었으므로, 어느 해 겨울을 파르마에서 지내야 했을 때, 그는 그녀를 만나기 위해 이틀 동안 여행하면서 매주 파리로 돌아올 정도였다.

보통 단역을 맡은 미인들이 그의 정부였다고 하지만, 이제는 그렇지 않거나(아르파종 부인의 경우가 그랬다) 또는 그렇지 않게 되어가고 있는 참인 정부들이었다. 그렇지만 그녀들 자신이 이류이긴 하나 매우 귀족적인 환경에 속해 있는데도, 공작부인의 사람됨과 그 살롱에 받아들여지게 된다는 기대가 그녀들에게 미친 위력, 이것이 공작의 사내다움과 넓은 도량 이상으로 작용해 공작의 욕망에 꺾이는 결심을 시켰는지도 모른다. 하기야 공작부인도 그녀들이 자신의 집에 들어오는 것을 한사코 말리진 않았으리라. 그런 여

---

* 단자(單子). 라이프니츠 철학에서 말하는 실재의 궁극 단위.

성 가운데 자기의 동맹자를 발견한 게 한둘이 아님을 알거니와, 그녀들 덕분에, 그녀는 가지고 싶던 것, 게르망트 씨가 딴 여인한테 빠져 있지 않는 한 인정머리 없이 딱 거절해버린 여러 가지를 얻을 수 있었으니까. 그러므로 이 여인들이 관계가 깊어진 다음에야 비로소 공작부인의 살롱에 받아들여진다는 이유의 설명은, 오히려 먼저, 공작이 뜨거운 사랑을 시작할 적마다, 이건 그저 단순한 변덕이라고 여겨 이런 변덕과 교환으로 아내의 살롱에 초대한다는 것은 손해가 크다고 계산한 데에 기인했다. 그런데 첫 입맞춤 같은 매우 보잘것없는 일로 그는 이 기회를 제공한 적도 있는데, 그가 셈속에 넣지 않았던 저항이 있었기 때문이고 또는 거꾸로 저항이 없었기 때문이기도 하다. 사랑에서는 흔히 감사의 정, 기쁘게 하고픈 욕망이, 희망과 관심이 약속한 것 이상을 주기 일쑤다.

　그러나 이런 경우 이 제공의 실현은 다른 여러 사정으로 방해되었다. 첫째, 게르망트 씨의 구애에 응한 여인들은, 아니 때로는 아직 그에게 꺾이지 않은 경우에도, 차례로 그의 손으로 갔혔다. 그는 정부가 아무도 만나지 못하게 하고, 거의 온 시간을 정부 곁에서 보내고, 정부의 자녀 교육에도 참견하고 때론 그 자녀들에게(나중에 눈에 띄게 많은 것을 미루어보아) 동생이나 누이를 만들어준 적도 있었다. 둘째, 설령 관계 맺은 첫 무렵에, 공작이 전혀 생각지 않았으나 정부의 정신에서 게르망트 부인에게 소개되고픈 소망이 한 소임을 맡았더라도, 관계 맺음 자체가 정부의 입장을 바꾸고 말았다. 공작은 정부한테 이제는 파리의 첫째가는 우아한 부인의 남편이 아니라, 새 정부인 그녀가 사랑하는 사내, 더 나은 사치와 취미를 실현하는 수단을 준 사내, 속물근성의 문제와 이해관계의 중요도를 뒤집어놓은 사내이기도 했다. 끝으로, 때로는 게르망트 부인에 대한 갖가지 질투가 공작의 정부들 마음을 들뜨게 했다. 하지만 그런 경우는 아주 드물었다. 하기야 막상 소개하는 날이 왔을 때(그것은 보통 정부에 대한 공작의 열이 어느 정도 식었을 때인데, 그의 행동은 사람들 대부분이 그렇듯 대개는 이미 첫 동기가 없어진 옛 행동에 지배되었다), 그 정부를 초대하려고 애쓴 사람은 게르망트 부인, 정부 속에서 무서운 남편과 맞서는 귀중한 동맹자를 발견하기를 기대하며 크게 필요로 했던 게르망트 부인인 경우가 자주 있었다. 그렇긴 하나, 공작부인이 너무 말이 많을 때, 공작이 벼락같이 쏘아붙이는 말과, 특히 침묵을 끼없는 드문 순간을 빼놓고, 게르망트 씨는 아내에 대해, 이른바 '격식'을 소홀히 하지 않았다. 따라서 그들을 잘 모르는 사람들은 무심코 속는다.

가을에, 도빌의 경마장이나 온천장에 가거나 게르망트 영지로 출발하거나 사냥을 하는 틈틈이, 파리에서 지내는 두어 주일 동안에, 공작부인이 카페 콩세르를 좋아해서, 가끔 공작은 그녀와 함께 그런 곳에서 하룻저녁을 지내는 수가 있었다. 손님들은 금세, 두 사람밖에 못 앉는 트인 작은 특별석 가운데 한 군데, '스모킹'(프랑스에선 조금이라도 영국풍인 것에 영국에서는 쓰지 않는 이름을 붙이므로)을 입은 헤라클레스를 주목한다. 눈에 외알안경, 약손가락에 사파이어가 반짝이는 굵으나 고운 손에 굵다란 엽궐련을 들고 이따금 담배 연기를 내뿜으며, 눈길은 대부분 무대 쪽을 향하고 있다가, 아래층 좌석을 굽어볼 때는 거기에 벗 하나 없는데도, 부드럽고 조심성 있게, 공손하고도 정중히 눈길을 무디게 한다. 가사가 우습고 그다지 외설스럽지 않다고 생각하면, 공작은 빙긋이 웃으면서 아내를 돌아다보고, 다정하고도 서로 통하는 눈짓으로, 그 새 노래가 주는 천진스런 기쁨을 아내와 나눈다. 그래서 관객들은 세상에 이같이 좋은 남편이 따로 없으며, 공작부인만큼 부러운 여인이 따로 없다고 여기고 만다—공작으로선 삶의 흥밋거리가 이 여인의 밖에 있고, 사랑하지도 않는 이 여인을 지금까지 속여온 것이다. 공작부인이 피곤을 느끼자, 게르망트 씨가 일어나, 안감에 걸리지 않도록 목걸이를 바로잡아주면서 외투를 손수 아내에게 입혀주고, 출구까지 친절하고도 공손한 돌봄과 함께 길을 내주는 한편, 아내는 그 자상한 시중을 한갓 예절로밖에 보지 않는 사교 부인다운 냉담한 태도로, 때로는 모든 것에 환멸을 느끼고 체념을 배운 유부녀의 조금 냉소 어린 못마땅한 태도로 받아들였다. 이와 같은 겉보기—이미 먼 옛날 일이긴 하지만, 아직 살아 있는 자에게는 흔적이 남아 있는 어떤 시기에, 예절이 의무를 속에서 거죽으로 옮겨놓은 것이 겉보기이지만—에도, 공작부인의 생활은 괴로웠다. 게르망트 씨는 새 정부에게만 너그러움과 인간다움을 보이게 되었고, 정부는 공작부인의 편을 들었다. 공작부인은 손아랫사람들에게 혜택을, 가난한 사람들에게 자선을, 그뿐더러 자기 자신에게, 나중에, 으리으리한 새 자동차를 주게되지 않을까 생각했다. 그러나 너무나 복종하는 사람들을 보자, 게르망트 부인의 마음에 늘 금세 생기는 성가심은, 공작의 정부들한테도 예외가 아니었다. 오래지 않아 공작부인은 그녀들이 성가셔졌다. 그런데 바로 이 무렵, 공작과 아르파종 부인의 관계는 끝나가고 있었다. 다른 정부가 두각을 나타내고 있었던 것이다.

게르망트 씨가 모든 여인에게 차례차례 품었던 연정이 어쩌다가 문득 되살아나는 수도 있었다. 처음에 이 연정은 죽기 전에 그녀들을 아름다운 대리석상으로서—공작에게 아름다운 석상, 이리하여 공작은 어느 정도 예술가가 되었으니, 그는 지난날 그 여인들을 사랑했으며, 사랑 없이는 맛볼 수 없는 선(線)의 아름다움을 지금도 느낄 수 있었으니까—물려주었으므로, 공작부인의 살롱 안에, 시새움과 싸움에 시달리면서 오랫동안 서로 원수로 지내던 그 모습, 그러다가 마침내는 우정과 평화 속에 화해하고 만 그 모습들이 늘어놓여 있었다. 그리고 이 우정도 연정, 게르망트 씨로 하여금 그 정부였던 여인들의 마음속에, 인간이라면 누구에게나 있는, 그러나 쾌락의 눈만이 꿰뚫어 볼 수 있는 미덕을 주목하게 한 연정의 결과였다. 따라서 궂은일이든 좋은 일이든 모두 해주는 '좋은 친구'가 된 옛 정부란, 의사나 아버지가 아니면서도 의사나 아버지 같은, 친구의 정형(定型)이다.

하지만 처음 얼마 동안, 게르망트 씨에게 버림받기 시작한 여인은 푸념하고, 대들고, 떼쓰고, 채신없이 귀찮게 굴었다. 공작은 유행성 감기를 피하듯 반감을 품기 시작했다. 그러자 게르망트 부인에겐 그를 들들 볶아대는 여인의 결점을, 그 결점이 있는지 없는지 가리지 않고 드러낼 이유가 생겼다. 착하다고 알려진 게르망트 부인은 버림받은 여인의 전화, 속내 이야기, 눈길을 받고, 듣고 보아도 불평 한마디 하지 않았다. 하긴커녕 남편, 그리고 절친한 몇몇과 그녀를 웃음거리로 만들었다. 그리고 그녀가 무슨 말을 하건, 공작과 공작부인이 최근에 만들어낸 그녀의 우스꽝스러운 성격의 틀 안에 들어가는 것이라면, 설령 그녀가 보는 앞이라도 그녀를 비웃을 권리가 있다(불행한 그녀에게 연민의 정을 보이고 있는 이상)고 믿어 마지않은 게르망트 부인은 거리낌 없이 남편과 비웃는 눈짓을 주고받았다.

그러는 사이 식탁 앞에 앉은 파름 대공부인은 외디쿠르 부인을 오페라 극장에 초대하려던 일이 생각나서, 이 일이 게르망트 부인의 마음에 안 들지나 않을까 알고 싶어, 떠보려고 했다. 그때 그루시 씨가 들어왔다. 그가 탄 기차가 탈선해서 한 시간이나 멈추었기 때문이다. 그는 힘껏 변명했다. 만일 쿠르부아지에네 사람이었다면 그의 아내는 죽을 만큼 부끄러웠으리라. 하지만 그루시 부인이 게르망트네 사람이라는 사실은 '쓸데없는 일'이 아니었다. 남편이 늦은 변명을 하니까, 끼어들어 말했다.

"옳지, 보잘것없는 일에도 늦는 게 당신 가문의 전통이군요."*¹

"앉으시오, 그루시, 흥분하지 말고"라는 공작의 말.

"시대와 더불어 앞으로 나아가는 나지만, 워털루 전투에도 좋은 점이 있었던 건 인정해야 해요, 그 덕분에 부르봉 왕가가 부흥했으니까, 더구나 왕가를 평판 나쁘게 만드는 식으로요. 그건 그렇고 댁은 과연 니므롯(Nimrod)*² 이군요!"

"사실 몇 마리를 잡아 왔습니다. 내일 공작부인께 꿩 열두 마리를 보내드리겠습니다."

게르망트 부인의 눈 속에 뭔가 생각난 듯이 보였다. 부인은 그루시에게 꿩을 보내줄 필요는 없다고 고집했다. 그리고 내가 엘스티르의 그림이 있는 방을 나오면서 몇 마디 나눈 그 약혼한 사내종에게 손짓하며, 부인은 말했다. "풀랭, 가서 얼른 백작님의 꿩을 가지고 와요, 안 그래요, 그루시, 내일 요리해서 같이 먹읍시다. 바쟁과 나 단둘이 꿩 열두 마리를 먹지는 못할 테니까."

"모레라도 늦지 않습니다"라는 그루시 씨의 말.

"아니에요, 내일이 좋아요"라는 부인의 고집.

풀랭은 창백해졌다. 약혼녀와의 밀회가 틀어지고 만 것이다. 이것만으로도 공작부인의 심심풀이론 충분했는데, 부인은 모든 사람에게 인정미 있는 모양을 짓고 싶은 사람이었다.

"내일이 자네 휴일이라는 걸 알아요." 부인은 풀랭에게 말했다. "조르주와 바꾸면 되지, 조르주가 내일 놀고 모레 일하는 걸로 해요."

한데 이튿날에는 풀랭의 약혼녀가 틈나지 않는다. 그러니 외출하나마나다. 풀랭이 방에서 나가자마자 다들 공작부인이 하인들에게 착하게 대함을 칭송했다.

---

*1 남편 그루시의 아버지는 나폴레옹군의 장군이었는데 워털루 싸움에 늦게 참전함으로써 나폴레옹이 패전한 원인의 하나가 되었던 사실을 꼬집은 말.
*2 성서에 나오는 노아(Noah)의 증손자로 사냥의 명수.

"별말씀을, 내게 그러기를 바라는 대로 하인들에게 해줄 뿐인걸요."

"그거예요! 좋은 일자리를 얻었다고 기뻐할 만합니다."

"특별하게 좋다곤 못 하지만요. 하인들이 나를 따르나 봐요. 아까 그 하인만은 연애 중이라서 좀 시무룩하죠, 우울한 모습을 지어야 한다고 생각하나 봐요."

이때 풀랭이 들어왔다.

"과연 그렇군. 싱글벙글하는 얼굴이 아닌데요. 저들에게 친절해야 하지만, 지나쳐서는 못쓱니다." 그루시 씨가 이렇게 말했다.

"내가 엄하지 못한 건 인정해요. 저 사람이 온종일 댁의 꿩을 가지러 갔다가 와서 하는 일 없이 제 몫을 먹어치우는 게 하루 일일 테니까요."

"그의 자리를 차지하고 싶은 사람이 많겠는데요." 그루시 씨의 말.

"선망의 정은 눈먼 것이라니까요."

"오리안" 하고 파름 대공부인이 말했다. "요전 날 댁의 사촌뻘 되는 외디쿠르를 찾아가 뵈었어요. 물론 뛰어나게 총명한 분이죠, 게르망트네 분이니까, 그래선지, 그분의 입이 좀 험하다는 소문이……."

공작은 일부러 놀라는 눈을 아내 쪽으로 돌렸다. 게르망트 부인은 웃어댔다. 대공부인은 왜 웃는지 겨우 깨달았다.

"하지만 댁은…… 내 의견과 다른가요? ……" 부인은 불안한 듯이 물었다.

"부인께서 바쟁의 얼굴빛을 걱정해주시다니 황송해라. 저어, 바쟁, 친척의 욕을 넌지시 내비치지는 마세요."

"그분이 너무 심술궂다는 뜻입니까?" 대공부인의 성급한 물음.

"천만에요." 공작부인의 대꾸. "그분의 입이 험하다고 전하께 말씀했는지 모르지만, 입이 험하기는커녕 남의 욕을 한 번도 한 적이 없는, 남을 해친 적이 없는 좋은 분입니다."

"그래요!" 파름 부인의 안심하는 말. "나도 그분의 입이 험하다는 걸 눈치 못 챘어요. 하지만 재치가 많은 분은 좀 깜찍스럽다고 하니까……."

"어머나! 재치라뇨, 그런 건 더더욱 없어요."

"더더욱 없다고요, 재치가?" 어리둥절해진 대공부인의 물음.

"이봐요, 오리안." 공작은 재미난다는 눈길을 좌우에 던지면서 투덜거리는 말투로 가로막았다. "대공부인께서 당신에게 그분이 훌륭한 부인이라고 말씀하셨는데."

"그분 그렇지 않습니까?"

"그분 적어도 훌륭하게 뚱뚱한 분입니다."

"이분의 말을 곧이듣지 마세요, 부인, 진심이 아니니까요. 그분은 흰 누아 (Heun oie), *¹ 바보예요." 게르망트 부인은 목쉰 큰 소리로 말했다. 그녀가 노력하지 않는 때도 공작보다 더욱 옛 프랑스풍인 게르망트 부인은 자주 옛 풍, 레이스 가슴 장식 같은 퇴폐적인 남편과는 반대로, 사실 더욱 섬세한 방식, 짜릿하고도 감미로운 전원의 맛이 나는 거의 시골 여인 같은 발음을 통한 옛풍을 보이려고 했다. "그러나 세상에 그분같이 좋은 사람은 없어요. 하기야 그 정도라면 바보라고 불러도 좋을지 모르지만. 그런 분은 난생처음 봤다니까요. 의사한테 가야죠, 뭔가 병리적인 게 있어요, 다시 말해 통속극이나 〈아를의 여인〉에 나오는 '어린애' 백치, '바보'라 할까. 그분이 이곳에 오면, 당장 그분의 지혜가 눈뜨지 않나 하고 나는 늘 조금 겁난답니다." 대공부인은 이런 판결에 어리벙벙하면서도 표현의 능숙함에 감탄해 마지않았다. "그분이 에피네 부인과 마찬가지로 댁이 말씀한 괴롭히기 좋아하는 거만한 왕에 대한 명언을 내게 일러주었답니다. 참 좋아요." 대공부인이 대답했다.

게르망트 씨는 내게 그 명언의 의미를 설명해주었다. 나는 그에게, 나를 모른다고 우기는 그의 동생이 오늘 밤 11시에 나를 기다리고 있다는 것을 말하고 싶었다. 그러나 이 약속을 입 밖에 내도 좋은지 어떨지 로베르한테 물어보지 못했고, 또 샤를뤼스 씨가 이를 거의 혼자서 정했다는 사실은 그가 공작부인에게 말했던 것 *²과는 모순되어, 나는 잠자코 있는 게 현명하다고 판단했다.

"괴롭히기 좋아하는 거만한 왕도 나쁘지 않지만" 하는 게르망트 씨의 말, "오리안이 요전 날 만찬회에 초대한 답사로, 외디쿠르 부인에게 말한 더 재미나는 명언은, 아마 외디쿠르 부인께서 말씀드리지 않았겠죠?"

"네! 못 들었어요! 말씀하세요!"

"어머나, 바쟁, 잠자코 계세요. 첫째로 그런 말 따위는 어리석어 대공부인

---

*¹ 옳은 발음은 윈 누아(une oie). 거위, 바보라는 뜻도 됨.
*² 샤를뤼스가 공작부인에게 '나'를 모른다고 말한 사실.

께서 나를 나의 바보 사촌보다 더 못났다고 판단하실 거예요. 그리고 내가 왜 나의 사촌이라고 했는지 모르겠네. 바쟁의 사촌누이인걸. 나하고도 먼 친척이지만."

"오오!" 파름 대공부인은 게르망트 부인의 어리석음이 보일지도 모른다고 생각해 외쳤다. 동시에 그 어느 것도 공작부인을 제 감탄의 정 속에 차지하고 있는 서열에서 떨어뜨리지 못할 거라고 굳게 믿었다.

"그리고 또, 우리는 아까 벌써 그분에게서 정신의 장점들을 뽑아버렸거든요. 그런데 그 말은 마음의 어떤 장점까지 부인하는 경향이 있으니까, 적절하지 않아요."

"부인한다! 적절하지 않다! 썩 잘된 표현인걸!" 모두가 아내에게 감탄하도록 공작은 일부러 비꼬는 투로 말했다.

"어머나 바쟁, 아내를 놀리는 법이 어디 있어요."

"대공부인께 말씀드려야 할 것은 다름이 아니라." 공작이 다시 말했다. "오리안의 사촌은 뛰어나건, 착하건, 뚱뚱하건 어떻든 간에 좋은데, 저어 뭐라고 할까……. 낭비만은 안 합니다."

"그래요, 알고 있어요, 그분 매우 인색하세요." 대공부인이 가로막았다.

"나 따위야 그런 말은 할 수 없지만, 맞는 말인데요. 그건 그분의 살림살이와 특히 식사에 잘 나타나 있는데 맛은 좋지만 좀 아끼는 편이죠."

"그것이 꽤 웃기기까지 합니다." 브레오테 씨가 끼어들었다. "그러니까, 바쟁, 외디쿠르네 집에서 하루를 보낸 적이 있는데, 당신들, 오리안과 자네를 기다리더군. 이미 호화로운 준비가 되어 있었는데, 그날 오후에 가서야, 하인이 당신들이 못 온다는 전보를 가져왔지."

"별로 놀랍지 않은 일이군요!" 속을 잘 알 수 없을 뿐만 아니라, 그런 점을 남이 알아주길 바라는 공작부인이 말했다.

"당신네 사촌은 전보를 읽고 섭섭해하더니, 바로 태연자약하게, 아마 나 같은 하찮은 놈에겐 쓸데없이 소비할 필요는 없다고 생각해선지, 하인을 다시 불러, '영계백숙은 그만두라고 숙수에게 일러요' 하고 소리치더군. 또 저녁에 내 귀에 들려왔는데, 집사한테 '아니, 어제 쇠고기의 나머지는? 차려내지 않는 거요?' 하더군."

"하기야 맛이 일품임을 인정해야지." 공작은, 이런 표현을 쓰는 게 구정체

시대*¹풍인 줄 여기며 말했다. "더 맛있게 해주는 집을 나는 몰라."

"그리고 더 적어요." 공작부인이 가로막았다.

"나같이 촌부(村夫)라고 불리는 사람한테는 몸에 좋고 양도 충분해. 공복으로 견디니까." 공작의 말.

"치료법으로서야 다르겠죠. 그건 물론 호사스럽기보다 위생적이에요. 하지만 그다지 맛나지도 않아요." 파리의 첫째가는 식탁이라는 자격을 남에게 빼앗기기 싫은 게르망트 부인이 덧붙였다. "15년에 한 번 단막극 또는 소네트(sonnet)*²를 한 알 낳는 변비증 작가 같은 점이 나의 사촌에게도 있어요. 이른바 콩알 같은 걸작이라 하는, 이를테면 보석같이 작은 것, 내가 가장 싫어하는 것이죠. 제나이드*³네 음식은 나쁘지 않지만, 그분이 덜 인색했다면 더욱 맛있었을 거예요. 아무리 요리사라도 잘 만드는 음식이 있으면 망치는 요리도 있답니다. 어디나 다 그렇지만, 나는 그분 댁에서 아주 고약한 만찬을 했어요. 다만 다른 데만큼 피해가 없었던 건 위장이라는 게 결국 질보다 양에 예민하기 때문이죠."

"요컨대" 하고, 공작이 결론지었다. "제나이드가 오리안에게 만찬에 꼭 와달라고 졸랐는데, 내 안사람은 외출하기를 그다지 좋아하지 않아 좀체 승낙하지 않고, 벗들끼리의 회식이라는 핑계로 엉뚱하게 부어라 마셔라 하는 파티에 끌어내는 게 아니냐고 캐물으며, 그 만찬에 어떤 사람들이 오는지 알려고 했으나 헛수고였죠. '와요, 와' 하고 제나이드는, 만찬에 나올 좋은 음식들을 자랑하면서 조르더군요. '밤죽을 드실 테니, 더 이상 말하지 않아도 알 만하죠, 거기에다 작은 부셰 아 라 렌(bouchée à la reine)*⁴이 일곱 개가 나온 다니까.' 오리안이 그 말에 '작은 부셰가 일곱 개라, 그럼 회식자는 적어도 여덟 명은 되겠군 그래!' 하고 외쳤죠."

잠시 뒤에 대공부인은 겨우 이해하고서 우레 같은 소리로 웃음을 터뜨렸다. "아아! 그럼 여덟 명이라고! 정말 멋있어요! 정말 좋은 마무리예요!" 대공부인은 에피니 부인이 쓴 이 표현을 노심초사 끝에 생각해내어 말했는

---

*1 대혁명 전의 구정체 시대.

*2 14행시. 프랑스어 발음으로는 소네.

*3 외디쿠르 부인의 세례명.

*4 닭고기가 든 파이. 직역하면 '왕비님께 한 입'이라는 뜻.

데, 이번이 더 잘 들어맞았다.

"오리안, 대공부인께서 말씀하신 게 썩 좋은데, '좋은 마무리'라는 말씀 말이야."

"여보, 당신이 일러주지 않더라도, 나는 대공부인께서 매우 재치 있는 분이라는 걸 알아요." 게르망트 부인은, 그 말이 대공부인의 입을 통해 나왔을 때 그것이 저 자신의 재치를 칭찬하는 말이라는 걸 쉬 음미하면서 대답했다. "부인께서 내 보잘것없는 완성을 칭찬해주시다니 기뻐요. 하기야 난 그런 말을 했는지 기억이 안 나지만. 설사 그런 말을 했더라도 내 사촌의 비위를 맞추려고 그랬을 거예요. 그도 그럴 것이 부셰(bouchée) *¹가 일곱 개 있었다면, 노골적인 말이지만 부슈(bouche) *²는 열두 개를 넘었을 테니까요."

이러는 동안에도 아르파종 백작부인은 아그리장트 대공의 머리 너머로 말을 걸어왔다. 그녀는 만찬이 시작되기 전에 나에게 노르망디에 있는 성관을 보러 온다면 그녀의 아주머니가 무척 기뻐할 거라고 말했는데, 나를 특히 맞이하고 싶은 곳은, 황금의 해안이라고 했다. 거기, 퐁 르 뒤크(Pont-le-Duc)에 그녀의 성관이 있으므로.

"성관의 기록 고문서들이 당신의 흥미를 끌 거예요. 그 안에 17~18세기와 19세기의 온갖 저명인사들 사이에 오고 간 몹시 신기한 편지들이 있답니다. 저는 거기서 황홀한 시간을 지내요, 과거 속에 사는 셈이니까요." 게르망트 씨가 나에게 문학에 조예가 매우 깊다고 미리 알려준 바 있는 백작부인이 또렷한 말씨로 말했다.

"그분은 보르니에(Bornier) *³ 씨의 원고를 다 보관하고 있나 봐요." 대공부인은, 외디쿠르 부인과 교제하고 있는 충분한 이유를 더 값어치 있게 보이고 싶어 외디쿠르 부인에 대한 말을 다시 꺼냈다.

"꿈속에서 아마 그분을 본 거죠, 그분은 보리니에하곤 아는 사이도 아닌데 말이죠." 공작부인의 말.

"특히 재미나는 것은, 각 나라 사람들의 편지죠." 아르파종 백작부인은, 유럽의 주요 공작 가문과 왕가하고도 인척 관계를 맺고 있고, 그것을 떠올리

＊1 고기를 넣은 작은 파이.

＊2 입.

＊3 나중에 나오는 《롤랑의 딸》의 작가(1825~1901).

게 하기를 좋아해 계속 말했다.

"그렇지 않아, 오리안." 게르망트 씨가 말한 것은 어떤 복잡한 일이었다. "잘 기억하고 있을 텐데, 그 만찬회의 일을. 보르니에 씨가 당신 옆에 있지 않았나?"

"하지만 바쟁." 공작부인이 가로막았다. "내가 보르니에 씨와 아는 사이가 아니냐고 묻는 말씀이라면, 물론 그분이 여러 차례 나를 방문해주셨지만, 나는 그분을 초대할 결심이 나지 않았어요. 그도 그럴 것이 그때마다 살균제로 소독해야 했을 테니까요. 그 만찬회의 일이라면 너무 지나칠 정도로 기억하고 있답니다. 단연코 제나이드의 집은 아니었어요. 그분은 평생에 한 번도 보르니에를 본 적 없거니와, 누가 《롤랑의 딸》에 대해 말이라도 꺼내면, 그리스 왕자의 약혼녀라는 소문이 자자한 보나파르트 가문의 공주에 대한 일로 생각할 위인이니까요. 그건 오스트리아 대사관이었어요. 치밀한 호요스(Hoyos) *¹ 가 내 옆 의자에 그 역한 냄새를 풍기는 아카데미 회원*²을 앉혀서 나를 기쁘게 할 셈이었던 거예요. 나는 이웃에 헌병 일개 대대가 있는 줄 알았다니까요. 그래서 식사 동안 젖 먹던 힘을 다해서 코를 틀어막아야만 했어요. 겨우 숨돌린 건 그뤼예르(gruyere) *³ 치즈가 나왔을 때죠!"

은밀한 목적을 이룬 게르망트 씨는, 공작부인의 명언으로 생긴 인상을 참석자들의 얼굴에서 몰래 살폈다.

"그런데 나는 편지에 유별난 매력을 느껴요." 아그리장트 대공의 얼굴이 중간에 끼여 있는데도, 자기 성관에 신기한 편지들을 가지고 있으며 문학에 조예가 깊은 부인은 계속해서 말했다. "흔히 작가의 편지가 그 작품보다 우수하다는 걸 주목하셨습니까? 그럼 《살람보》를 쓴 작가의 이름은 뭐죠?"

이 대화를 길게 끌고 싶지 않아 대답하지 않으려고 했으나, 《살람보》가 누구의 작품인지 썩 잘 알고 있는 체하는, 심한 당황 중에서도 순전히 예의상 내게 대답하는 기쁨을 양보하고 있는 체하는 아그리장트 대공의 비위에 거슬리지 않을까 하는 느낌이 들었다.

"플로베르." 나는 말하고 말았는데, 대공의 머리가 짓는 동의의 끄떡거림

---

*1 파리 주재 오스트리아 대사.
*2 보르니에를 가리킴.
*3 퍽 고리타분한 냄새가 나는 치즈.

이 내 대답 소리를, 질문자의 귀에 완전한 만족을 주지 못할 이름 폴베르 또는 필베르라고 말하기라도 한 듯 똑똑히 들리지 않도록 약하게 했다.

"아무튼" 하고 그녀는 다시 말했다. "그 작가의 편지는 그 책들보다 얼마나 신기하고 뛰어난지 모르겠어요! 덕분에 작가를 설명해주거든요, 구절마다 책을 쓰는 데 겪은 고생을, 참된 작가란 하늘이 주신 재질의 인간이 아니란 걸 보니까요."

"편지에 대해 말씀하시는데, 나는 강베타의 편지를 훌륭하다고 생각해요." 게르망트 공작부인은, 프롤레타리아와 급진파에 관심을 가진 것도 두려워하지 않는다는 걸 보이려고 말했다. 브레오테 씨는 이 대담성의 모든 재치를 알아채고 좀 취한 동시에 감동한 듯한 눈으로 두루 둘러본 다음 외알안경을 닦았다.

"암, 《롤랑의 딸》은 정말 따분했어." 보르니에 씨에게 만족하지 않던 게르망트 씨는, 매우 따분했던 작품에 대한 자신의 우월감이 주는 만족과 더불어, 또 어쩌면 좋은 만찬 자리에서 무시무시한 밤을 되새기는 데 느끼는 그 '수아베 마리 마그노(Suave mari magno)'*의 심정으로 말했다. "그러나 좋은 구절도 몇몇 있긴 있지, 애국심도 있고."

보르니에 씨에 대해 감탄의 정이라곤 티끌만큼도 없다고 나는 완곡하게 말했다.

"그래요! 뭔가 그에게 나무랄 일이라도 있습니까?" 누가 어느 사람을 나쁘게 말하면, 그걸 어떤 개인적인 감정 탓이라고 생각하고, 어느 여인을 좋게 말하면 그것을 정사의 시작이라고 생각하는 공작이 꼬치꼬치 캐물었다. "보아하니 그에게 원한이 있는 듯한데, 그 사람과 무슨 일이 있었습니까? 얘기해보시구려! 아니 이거, 그분을 헐뜯은 이상 당신과 그이 사이에 뭔가 있어. 《롤랑의 딸》은 길기야 길지만, 꽤 실감나지."

"그렇게 냄새를 풍기는 작가니 '실감'이 나겠죠." 게르망트 부인이 비꼬는 투로 가로막았다. "만일 이 도련님이 그분과 함께 있게 된다면 코 안에 구린내가 들어오는 걸 이해하실 거예요."

"그런데 부인께 털어놓고 말합니다만." 공작은 파름 대공부인에게 말을 이

---

* '즐거워라, 망망대해에'라는 뜻의 라틴어. 망망대해에 폭풍이 일어 위험할 때, 뭍에서 구경하는 자신은 즐겁다는 루크레티우스의 말.

었다. "《롤랑의 딸》은 제외하고, 문학에서도 또 음악에서조차 나는 시대에
뒤처졌어요. 늙은 나이팅게일의 울음소리를 듣는 게 싫지 않습니다. 곧이듣
지 않으실는지도 모르나, 저녁, 내 안사람이 피아노 앞에 앉으면, 나는 오베
르*¹나 부아엘디외,*² 뿐만 아니라 베토벤의 옛 곡을 부탁하는 일이 있죠!
내가 좋아하는 건 그런 겁니다. 그 대신, 바그너는 어떤가 하면, 그건 금세
나를 졸게 합니다."

    "당신이 틀려요." 게르망트부인이 말했다. "견딜 수 없이 길긴 하나 바그
너에겐 천재적인 면이 있어요. 〈로엔그린〉은 걸작이에요. 〈트리스탄〉에도
여기저기 신기한 데가 있고요. 〈유령선〉 가운데 실 잣는 여인들의 합창은
아주 훌륭해요."

    "안 그렇소, 바발." 게르망트 씨는 브레오테 씨에게 말했다. "우리는 이게
더 좋지 않나요,

    고귀하신 분과의 만남은
    다 이 아름다운 곳에서. *³

감미롭죠. 〈프라 디아볼로(Fra Diavolo)〉*⁴ 〈요술 피리〉, 〈오막살이집〉 그
리고 〈피가로의 결혼〉, 〈왕관의 다이아몬드〉, 이게 음악입니다! 문학에서도
마찬가지죠. 나는 발자크를 좋아해요, 《소의 무도회》, 《파리의 모히칸족》."*⁵

    "아니 여보, 발자크에 대한 논쟁을 시작하면 끝이 없으니, 메메가 오는 날
을 위해 그냥 두어요. 그분, 더 잘 알아서, 발자크의 글을 외우고 있으니까
요."

    아내의 말참견에 화가 난 공작은, 위협하는 침묵의 총화(銃火) 밑에 얼마
동안 아내를 제압했다. 수렵가다운 그의 두 눈은 장전한 권총 두 자루 같았
다. 한편 아르파종 부인은 비극 시와 그 밖의 것에 대해 파름 대공부인과 애

＊1 다니엘 프랑수아 오베르. 다음에 인용되는 〈프라 디아볼로〉의 작곡가.
＊2 프랑스의 작곡가 프랑수아 아드리앵 부아엘디외(1775~1834).
＊3 페르디낭 에롤의 작곡 〈서생들의 목장(Le Pré-aux-clercs, 1832)〉에 나오는 유명한 이중창.
＊4 '악마의 형제'라는 뜻인데, 이탈리아의 도둑 괴수 미켈레 페차의 별명. 원래는 수도사였음
    (1770? ~1806).
＊5 사실은 알렉상드르 뒤마의 작품.

기하고 있었는데, 내 귀에 똑똑히 들리지 않다가, 아르파종 부인이 내뱉은 다음과 같은 말을 들었다. "그야 부인 말씀대로 나도 찬성해요. 그분이 이 세상을 추하게 보지만, 그것은 추한 것과 아름다운 것을 가릴 줄 모르기 때문이죠. 아니면 그대로 볼 수 없는 자만심에서 자기가 말한 것은 다 아름답게 여기기 때문이죠. 대공부인 말씀마따나, 언급한 시 속에 뭐가 뭔지 이해할 수 없는 쑥스러운 것, 몰취미한 데가 있다는 점도 인정해요. 이해하기 어려워, 러시아말이나 중국말로 쓴 것처럼 읽기 힘든 게, 명백히 그것은 문법을 무시한 프랑스말이니까요. 하지만 고진감래라고 열심히 읽으면 많은 보답은 받아요, 상상력이 풍부하거든요!" 나는 이 작은 연설의 첫머리를 듣지 못했다. 하지만 끝은 알았다. 아름다움과 추함도 구별 못하는 시인이란 빅토르 위고임을 알아챘을 뿐만 아니라, 또한 러시아말, 중국말만큼이나 이해하기 어렵다는 시란,

> 어린 아기 모습 보이자, 둘러앉은 일가 친척들
> 갈채하며 환영하네⋯⋯*¹

라는 이 시인의 초기 작품으로, 《여러 세기의 전설》을 쓴 시대의 빅토르 위고보다도 데줄리에르(Deshoulières) 부인*²의 작품에 더 가까운 시임을 알았다. 아르파종 부인을 익살맞다고 생각하기는커녕 나는 이 여자를(내가 커다란 환멸을 안고 자리에 앉은 이 현실적인, 시시껄렁한 회식자들 가운데에서는 처음으로) 마음의 눈으로 보았다. 레뮈자(Remusat) 부인이나, 브로이(Broglie) 부인이나 생톨레르(Saint-Aulaire) 부인*³ 등이 쓴 두건과 똑같은 레이스 두건을 쓰고, 그 밑으로, 관자놀이로 길게 땋아 늘인 머리털의 동그란 고리가 비어져 나와 있었다. 하나같이 뛰어난 이 부인들은 자기의 매혹적인 편지 속에서 소포클레스나 실러나 《그리스도를 모방하여》의 글을 그토록 박식하게 그리고 그토록 적절하게 인용하고 있는데도, 로망파*⁴의 처음 시들은, 스테

---

*1 위고의 시집 《가을의 나뭇잎》 제19. 제목은 〈어린이가 나타나자〉.
*2 프랑스의 여류 시인(1638~94).
*3 모두 19세기 초엽 사교계 부인들.
*4 그때의 신문학 사조(新文學思潮).

판 말라르메의 최근 시가 나의 할머니와는 떼어놓을 수 없는 그 공포와 피로를 이 부인들에게 일으켰던 것이다.

"아르파종 부인은 시를 매우 좋아하시나 봐요." 아르파종 부인이 이야기했을 때 그 열렬한 어조에 강한 인상을 받은 파름 대공부인이 게르망트 부인에게 말했다.

"천만에, 저이는 시에 대해 아무것도 모르죠." 게르망트 부인은 아르파종 부인이 보트레유 장군의 이의에 대꾸하며, 제 말에 정신이 팔려 공작부인의 소곤대는 말이 안 들리는 틈을 타서 낮은 목소리로 대답했다. "저이가 문학을 좋아하게 된 것은 버려졌기 때문입니다. 말씀드리겠는데 그게 다 내 골칫거리랍니다. 바쟁이 저이를 보러 가지 않을 적마다, 다시 말해 거의 매일같이 나한테 신세타령하러 오니까요. 저이가 바쟁의 눈 밖에 난 게 내 잘못도 아니려니와, 바쟁을 억지로 저이 집에 가게 할 수 없지만서도, 바쟁이 좀더 성실하게 저이를 구슬려주었으면 해요. 그러면 저이를 좀 덜 볼 테니까요. 그런데 저이는 바쟁에게 귀찮게 구나 봐요, 그야 별일은 아니죠. 나쁜 여인이야 아니지만 아무도 떠올리지 못할 정도로 진저리나는 여인이라, 덕분에 나는 날마다 머리가 아파 그때마다 피라미돈(pyramidon)*을 한 알 먹어야 한답니다. 이게 다 바쟁이 1년 동안 저이와 함께 나를 속인 탓이죠. 게다가 어떤 어린 창부에게 반한 하인 녀석도, 내가 그 어린년한테 벌이가 좋은 거리 장사를 잠깐 쉬고 나와 차를 마시러 오라고 초대하지 않는다고 대들 거예요! 정말 산다는 게 귀찮아요." 공작부인은 심란한 빛으로 이렇게 결론지었다. 그러나 아르파종 부인이 게르망트 씨를 특히 귀찮게 하는 건 그가 요즘 다른 여인과 깊은 사이가 되었기 때문인데, 들리는 바에 따르면 쉬르지 공작부인이었다.

마침 외출날을 빼앗긴 하인이 시중들고 있었다. 나는, 그가 아직 슬퍼서 시중드는 데 쩔쩔매고 있구나 생각했다. 샤텔로 씨에게 접시를 내는 데 너무나 서툴러 공작의 팔꿈치가 하인의 팔꿈치와 여러 번 부딪치는 걸 보았기 때문이다. 젊은 공작은 얼굴 붉히는 하인한테 조금도 화내지 않고, 도리어 푸르스름한 눈으로 웃으면서 그를 눈여겨보았다. 이 회식자의 좋은 기분은 착

---

* 해열 진통제.

한 사람됨의 증거같이 느껴졌다. 그러나 그 줄기찬 미소로 보아 그와 반대로 하인이 실망한 걸 알고 어쩌면 심술궂은 기쁨을 느끼고 있는지도 모르겠다는 생각이 들었다.

"하지만 이봐요, 당신이 빅토르 위고에 대해 말한 게 그다지 새로운 발견이 아니라는 걸 아셔야지." 공작부인은, 아르파종 부인이 불안한 모습을 하고서 이제 막 이쪽으로 고개를 돌린 것을 보고 이번엔 그녀에게 말을 계속했다. "이 새사람을 세상에 내놓으려곤 마세요. 그가 재능이 있다는 건 누구나 다 알아요. 돼먹지 않은 건 만년의 빅토르 위고입니다. 《여러 세기의 전설》이라나 뭐라나 하는, 이제 제목도 잊어버리고 말았지만. 그러나 〈가을의 나뭇잎〉, 〈황혼의 노래〉는 과연 시인다운 시, 참된 시인의 시죠. 《정관시집(靜觀詩集)》 속에도." 공작부인은 이렇게 말을 덧붙였는데, 듣고 있는 사람들 가운데 감히 아무도 반대하지 않았으며, 당연한 일이었다. "역시 아름다운 게 있어요. 하지만 터놓고 말해 〈황혼〉 다음의 것은 읽어보고 싶지 않아요! 게다가 빅토르 위고의 아름다운 시엔, 많은 데서, 흔히 사상을, 심오한 사상마저 발견해요."

바른 감정과 더불어 억양의 온갖 힘을 다해 구슬픈 사념을 나오게 하면서, 사념을 목소리 저편에 놓으며, 꿈꾸는 듯한 예쁜 눈길을 앞쪽에 붙들어두며, 공작부인은 천천히 읊었다.

"들어 보세요.

　괴로움은 열매로다. 신께서는 그것을
　가냘픈 가지에 열리게 않으시도다.

그리고 또

　죽은 자는 바로 사라진다……
　관 속에서 티끌이 되거니와
　마음속에선 더욱 빨리 흩어지도다!"

비통한 입가에 환멸을 느낀 미소로 우아한 굴곡을 지으면서 공작부인은 밝고도 아름다운 눈으로 꿈꾸듯 물끄러미 아르파종 부인을 보았다. 나는 조금씩 그 눈을 알아보기 시작했다. 또 그 목소리, 목소리, 무겁게 끌리는 자극적인 맛의 목소리를. 이 눈 속에서 이 목소리 속에서 콩브레의 자연 속 많은 것을 나는 다시 발견했다. 물론 간혹 이 목소리가 향토 특유의 거칢을 나타내는 감정 속엔 갖가지 것이 있었다. 먼저 게르망트 가문의 한 분가(分家)로, 다른 분가보다 더 오래 시골에 남아, 더욱 대담한, 더욱 야성적이자 도전적인 이 분가의 향토색 짙은 근원 그리고 품위란 입 끝으로 말하는 게 아니라는 사실을 아는 정말로 점잖은 이들과 교양 있는 이들의 습관과 또한 부르주아들보다 기꺼이 영지의 농민들하고 사귀는 귀족의 습관이 있다. 즉 이런 모든 특징을 게르망트 부인은 몸소 차지하고 있는 여왕 같은 지위에서 한결 더 쉽게 과시할 수도, 제멋대로 드러낼 수도 있었던 것이다. 부인이 싫어하는 자매들, 그녀만큼 현명하지 않으며 거의 부르주아풍으로 시집을 간—시골에 묻혀 있거나 또는 파리에서, 포부르 생제르맹의 수수한 구역에 사는 알려지지 않은 귀족과 맺어진 경우에 이 부르주아풍으로라는 부사를 쓸 수 있다면—자매들 또한 이 같은 목소리를 가지고 있었지만 되도록 그것을 억누르고, 다듬어, 부드럽게 고쳐버렸다. 우리 중 누군가가, 이름난 본보기를 본받으려 않고, 자기의 특징을 밀고 나가는 일이란 좀체 없듯이. 그런데 오리안은 자매들보다 크게 현명하고도 부유하며, 더더구나 더욱 유행의 첨단을 걷고, 롬 대공부인으로서의 자격으로, 웨일스 황태자에게도 제 기분대로 굴던 사람됨이라, 그녀는 이 조화롭지 않은 목소리가 매력임을 알아채고, 기발함과 성공에서 오는 대담함을 발휘했다. 레잔(Réjane),[1] 잔 그라니에(Jeanne Granier)[2] 같은 분들이(하기야 물론 이 두 여배우의 가치와 재능을 비교하려는 것은 아니지만) 연극에서, 자기 목소리를 무슨 엄청난 것, 하나의 특징—물론 세상에 전혀 알려지지 않았던 레잔이나 잔 그라니에 자매들은, 그러한 것을 마치 결점처럼 여기고 숨겼으리라—으로 삼아버린 일을, 사교계에서 해냈던 것이다.

그의 특색을 과시하는 여러 이유에다가 게르망트 부인이 좋아하는 작가

---

[1] 프루스트와 죽을 때까지 특별한 사이였던 유명한 여배우(1859~1920). 라 베르마의 모델 가운데 한 사람.

[2] 오페레타(operetta)에 능했던 여배우(1852~1939).

메리메나 메이야크와 알레비가 '자연스러움'을 존중하면서 산문 투에 아끼는 마음을 주어, 부인은 그것으로 시심(詩心)을 얻었다. 또한 그들은 순전히 사교적인 재치를 주었는데, 그것은 내 눈앞에 온갖 풍경을 되살아나게 해주었다. 뿐만 아니라 공작부인은 이런 갖가지 영향에 예술가다운 탐구를 덧붙여 대부분의 말을 가장 일 드 프랑스(Ile-de-France)*¹풍, 가장 샹파뉴(Champagne)*² 풍으로 느끼도록 발음할 수 있었다. 시누이 마르상트만큼은 아닐망정, 옛 프랑스 작가가 사용했을 순수한 어휘밖에 거의 쓰지 않았기 때문이다. 그래서 혼합식 잡탕인 근대어를 듣기에 물렸을 때, 게르망트 부인의 이야기를 듣는 건, 표현의 범위가 훨씬 좁은 줄 알면서도 커다란 휴식이었다─부인과 단둘이, 부인이 언어의 흐름을 막아서 더욱 맑게 하기라도 하면, 옛 노래를 들을 때에 느끼는 것과 같은 그런 휴식이었다. 그래서 나는 게르망트 부인을 바라보고 그 목소리를 들으면서, 일 드 프랑스나 샹파뉴의 하늘이 부인의 눈 속한없이 고요한 오후의 빛에 갇혀 생루의 눈 속과 같은 빗각으로 기울면서 파르스름하게 펼쳐져 있는 것을 보았다.

따라서 게르망트 부인은 이러한 갖가지 교양을 통해 가장 오래된 귀족적인 프랑스를 표현하는 동시에 훨씬 새로운 것, 브로이 공작부인이, 7월 군주 정치 시대*³에 빅토르 위고를 음미하거나 비난했을 투와 같은 방식, 드디어 메리메와 메이야크에서 생겨난 문학에 대한 강한 기호를 표현했다. 이러한 형성 가운데 첫 번째는 두 번째 것보다 내 마음에 들어, 생각한 것과는 아주 다른 이 포부르 생제르맹을 향한 여행과 도착의 환멸을 달래는 데 적지 않은 힘이 되어주었는데, 두 번째 것도 세 번째 것에 비하면 그래도 내 마음에 들었다. 그런데 게르망트 부인은 거의 그럴 의사 없이 게르망트풍인 반면에, 그 파유롱(Pailleron)*⁴ 취미와 소(小)뒤마에 대한 취미는 깊이 생각한 데다가 의도적인 것이었다. 이 기호는 내 것과 정반대였으므로, 부인은 포부르 생제르맹의 얘기를 했을 때 내 정신에 문학을 제공했으며, 또 거꾸로 문학을 이야기할 때만큼 어리석게도 포부르 생제르맹적으로 보인 적이 따로 없었다.

─────────────

*1 파리를 중심으로 삼는 고장 이름.
*2 파리 동쪽으로 트인 고장.
*3 1830년에서 1848년까지의 루이 필립 왕 시대. 낭만파의 전성시대.
*4 〈심심한 사교계〉(1881) 상연으로 유명한 극작가.

마지막 시구에 완전히 감동한 아르파종 부인은 외쳤다.

"이 마음의 유품에도 티끌은 쌓이도다!

라는 시구를 부디 내 부채에 써주세요" 그녀가 게르망트 씨에게 말했다.

"측은도 하시지, 마음이 아프네요!" 파름 대공부인이 게르망트 부인에게 말했다.

"딱하긴 뭐가 딱해요, 동정하지 마세요, 자업자득인걸요."

"그러나…… 저어 이런 말하는 건 죄송하지만……. 그래도 저이는 정말 사랑하고 있나 봐요!"

"천만에, 그럴 분이 못 돼요, 사랑하는 줄 여기고 있을 뿐이랍니다. 마치 지금 빅토르 위고의 시를 인용하는 줄로 여기듯이, 실은 뮈세의 시를 말하고서. 들어보세요." 공작부인은 우울한 투로 덧붙였다.

"나만큼 진심에 감동하는 사람도 없을 거예요. 보기를 하나 들어보죠. 어제 저이가 바쟁한테 무섭게 덤벼들었답니다. 대공부인께선 어쩌면 그건 바쟁이 딴 여인을 사랑하고 있기 때문이다, 바쟁이 이제 저이를 사랑하지 않기 때문이라고 생각하실 테지만. 천만에, 바쟁이 저이의 아들을 자키 클럽에 소개해주지 않기 때문이랍니다. 부인, 그게 사랑을 하는 여인이 할 짓이라고 생각하십니까? 아니죠! 그러긴커녕" 하고 게르망트 부인은 명확하게 이야기를 덧붙였다. "저이는 보기 드물게 둔감한 여인입니다."

한편 게르망트 씨는 아내가 '불쑥' 빅토르 위고에 대해 말하거나 그 시를 인용하거나 하는 데 만족해 눈을 빛내며 듣고 있었다. 공작부인이 그를 자주 성가시게 했지만, 이런 순간에 그는 아내가 자랑스러웠다. '오리안은 정말 대단하다. 그녀는 무엇이나 이야기할 수 있고 무엇이나 읽고 있다. 오늘 저녁 화제가 빅토르 위고가 될 줄이야. 그녀는 짐작도 못 했다. 어떤 화제건 척척 받아넘겨 아무리 박식한 자들과도 맞설 수 있다. 이 젊은이도 완전히 마음을 빼앗겼을걸.'

"화제를 바꿉시다." 게르망트 부인이 덧붙였다. "저이는 무척 예민한 분이니까. 나를 유행에 뒤진다고 생각하시겠죠." 그녀는 나에게 말을 이었다. "시에서 사상을 좋아하는 거나, 사상이 있는 시를 좋아하는 게 오늘날 약점으로 여겨지는 걸 나는 알아요."

"그게 시대에 뒤떨어진 겁니까?" 파름 대공부인은, 뜻하지 않은 이 아리송한 새로운 이야기에 가벼운 놀라움을 느껴 물었다. 하기야 대공부인은 게르망트 부인의 대화가 늘 이와 같이 끊일 줄 모르는 쾌적한 충격, 숨막히는 놀라움, 건강한 피로, 그 뒤에는 별실에서 탕에 발을 담그고 '반작용' 때문에 종종걸음을 쳐야겠다고 본능으로 생각하는 그런 심정이 들게 하기는 했지만.

"나는 그렇게 생각하지 않아요, 오리안." 브리사크 부인이 말했다. "빅토르 위고가 사상을 갖는 걸 탓하지는 않아요. 오히려 그 반대죠. 하지만 기괴한 것 속에서 사상을 찾다니. 요컨대 우리가 문학에서 추악함에 익숙해지게 한 사람은 위고입니다. 그렇지 않아도 세상엔 추한 게 많은데. 적이나 책 읽는 동안만이라도 그런 따위를 잊어선 안 되나요? 삶에서 외면하고픈 괴로운 광경, 바로 그것에 빅토르 위고는 끌리나 봐요."

"그래도 빅토르 위고는 졸라만큼 사실주의자가 아니지 않습니까?" 대공부인이 물었다.

졸라의 이름을 듣고도 보트레유 씨의 얼굴은 근육 하나 움직이지 않았다. 장군의 드레퓌스 반대주의는 일부러 설명할 필요가 없을 만큼 뿌리 깊었다. 드레퓌스에 대한 말이 나왔을 때에 그의 호의 있는 침묵은, 신부가 상대의 종교상 의무에 대한 말을 피하고, 자본가가 몸소 경영하는 사업을 일부러 소개하지 않으려 힘쓰며, 괴력의 사나이가 온순하게 굴어 주먹질하지 않는 경우와 똑같은 다정다감으로 문외한들에게 감명을 주었다.

"당신이 쥐리앙 드 라 그라비에르 제독의 친척 되는 분이라는 걸 나는 알아요." 바랑봉 부인이 아는 체하며 나에게 말했다. 파름 대공부인의 시녀로, 마음씨는 좋으나 생각이 짧은 여인, 지난날 공작 어머님의 알선으로 대공부인의 시녀가 된 분이었다. 더 이상 나에게 말을 건네지 않았으나, 그 뒤에도 파름 대공부인의 나무람과 자기 자신의 항의에도 불구하고, 내가, 나와 친분조차 없는 그 아카데미 회원인 제독과 어떤 인척이 된다는 관념을 이 부인의 머리에서 없앨 수 없었다. 파름 대공부인의 시녀가 나를 쥐리앙 드 라 그라비에르의 조카로 보는 고집 자체가 속된 의미에서 뭔가 우스꽝스러운 데가 있었다. 그러나 시녀가 범한 착오는, 세상에서 우리에 대해 작성하는 '조서

(調書)' 속에서 우리 이름을 따라다니는 수많은 착오, 무의식적이건 고의건, 가장 경박한, 가장 미묘한 착오의, 극단적이고 말라비틀어진 표본에 지나지 않았다.

게르망트네의 한 친구 일이 떠오르는데, 그는 나와 사귀고 싶다고 했다. 그 이유로, 내가 그의 사촌누이인 쇼스그로 부인과 잘 아는 사이이기 때문이라 했다. "그녀는 아주 매력적인 분인데 당신을 매우 좋아하죠." 뭔가 착오라고, 나는 쇼스그로 부인을 모른다고 아무리 강조해도 소용없었다. "그럼 당신과 아는 사이는 언니 쪽이군요, 마찬가지죠. 그녀는 스코틀랜드에서 당신을 만났군요." 나는 스코틀랜드에 가본 일이 없는지라 이 사실을 상대에게 일러주었건만 헛수고였다. 쇼스그로 부인 자신이 나와 아는 사이라고 말했던 것이고, 처음 얼떨결에 그런 줄 곧이곧대로 믿고 있는 성싶은 것이, 그 뒤 부인은 나를 언뜻 보면 반드시 나한테 손을 내밀었기 때문이다. 요컨대 내가 드나드는 환경이 쇼스그로 부인의 바로 그것이었는지라, 나의 겸손은 아무 뜻도 없었다. 내가 쇼스그로네 사람들과 친하다는 것은 완전히 착오였지만, 사회적으로 보면, 그것은 내게 어울리는 지위였—나 같은 애송이에 대해서 지위라는 낱말을 입 밖에 내도 괜찮다면. 그러므로 게르망트네의 친구가 나에게 나에 대한 아무리 틀린 말을 했을망정, 그는 나에 대해 줄곧 품어온 관념 속에서 나를 낮추지도 높이지도 (사교적으로 보아) 않았던 것이다. 결국 남이 우리를 오해하여, 아는 사이도 아닌 부인과 우리를 한데 묶어 하지도 않은 즐거운 여행 도중에 친해졌다는 구설을 듣는 일은, 연극을 하지 않는 사람에게, 언제나 똑같은 인물로서 살아가는 권태가, 마치 무대에라도 선 듯이, 잠시 동안 가시게 되는 일이다. 잇달아 실수를 낳는 즐거운 실수, 하기야 나를 그 따분한 쥐리앙 드 라 그라비에르 제독의 친척인 줄로 확신한, 파름 부인의 그 멍텅구리 시녀가, 나의 되풀이되는 부인에도 불구하고 저지른 실수, 평생을 두고 계속한 그 실수처럼 고집불통이 아닐 경우를 두고 하는 말이다. "저 여인은 머리가 그다지 좋지 않다오." 공작이 나에게 말했다. "게다가 술이 과해서 못쓰지. 조금 바쿠스의 영향을 받나 보네." 사실 바랑봉 부인은 물밖에 마시지 않는데, 공작은 좋아하는 숙어 쓰기를 좋아했다.

"그러나 졸라는 사실주의자가 아니죠, 부인! 시인입니다!" 게르망트 부인

은, 최근 몇 년 동안에 읽었던 평론에서 도움을 얻어 그것을 저 자신의 타고
난 재질에 맞추며 말했다. 재치의 목욕, 그녀를 위해 뒤흔들리는 물에 들어
가 오늘 저녁 해보는 목욕, 건강에 특별히 좋을 성싶은 재치의 목욕 동안, 연
이어 부서지는 역설의 물결에 몸을 맡기며 그때까지 기분 좋게 떠밀려온 파
름 대공부인은, 다른 것보다 엄청나게 큰 이 역설 앞에서 거꾸로 곤두박질할
까 봐 겁이 나 뛰어올랐다. 그리고 숨이 찬 듯 헉헉거리는 목소리로 말했다.

"졸라가 시인이라고요!"

"아무렴요." 공작부인은 이 질식 효과에 재미나 웃으면서 대답했다. "글쎄,
대공부인도 생각 좀 해보세요, 졸라가 손에 닿는 모든 것을 얼마나 웅대하게
만드는지. 졸라가 만지는 건 바로 복덩어리(porte bonheur) *1뿐이라고 말씀하
시겠죠. 그러나 졸라는 그걸 장대한 것으로 만들어버린답니다. 졸라는 웅장한
거름통을 가지고 있어요! 거름을 쳐가는 호메로스죠! 캉브른(Cambronne) *2
의 말*3을 쓰는 데 대문자가 모자랄 정도랍니다."

대공부인은 심한 피로를 느끼기 시작했는데도 열심히 듣고 있었다. 이토
록 유쾌하기는 난생처음이었다. 그녀를 기쁘게 한 유일한 것이라 한다면 쇤
브룬(Schoenbrunn)의 체류였지만, 양념이 잘되어 있고 몸에 이로운 게르망
트 부인의 그 멋들어진 만찬회하고는 바꾸지 않았으리라.

"졸라는 그걸 대문자 C로 쓰죠!"*4 아르파종 부인이 소리 질렀다.

"오히려 대문자 M일 거예요."*5 게르망트 부인은 대답했는데, 그 와중에
도 남편과 '어지간히 바보군!'이라고 말하고 싶은 듯한 유쾌한 눈길을 주고
받았다. "옳지, 생각나요." 게르망트 부인은 미소 짓는 부드러운 눈을 나에
게 향하면서 말했다. 이는 모범적인 안주인으로서 특히 내가 관심을 가지고
있는 예술에 대해 박식함을 나타내고, 필요하다면 내게도 보이게 하는 기회
를 주고 싶었기 때문이다.

"이보세요." 부인은 깃털 부채를 살살 흔들면서(부인은 그 순간에 안주인으

---

*1 행복을 가져오는 것. 꿈에 똥을 보면 재수 좋다는 말에서 나온 똥의 곁말.

*2 프랑스의 장군(1770~1842).

*3 메르드(Merde), 곧 '똥'을 가리킴.

*4 이 경우 C는 crotte(똥)의 생략이라는 뜻.

*5 이 경우는 메르드(Merde)라고 그대로 쓴다는 뜻.

로서 의무를 다하고 있음을 그만큼 의식하고 있었다), 그리고 누구에게도 모자람이 없도록, 나를 위해 크림소스를 친 아스파라거스를 또 한 번 내오도록 신호하면서, 이렇게 덧붙였다. "이보세요, 바로 졸라가 엘스티르에 대해 글을 썼다고 생각해요, 조금 아까 그 그림을 구경한 화가 말입니다―하기야 그분의 그림 가운데 내가 좋아하는 건 그것뿐이지만." 사실 부인은 엘스티르의 그림을 싫어했는데, 그녀의 집에 있는 거라면 전부 천하일품이라고 여겼다.

나는 게르망트 씨한테, 서민 풍속을 그린 그림 속에 실크해트를 쓴 모습으로 그려진 신사, 게르망트네가 소유하는 바로 옆에 걸려 있는 성장(盛裝) 초상화와 같은 사람으로 내가 알아본 신사(엘스티르의 개성이 아직 다 나타나지 않고 얼마간 마네를 본뜨던 시대의 것)의 성함을 아느냐고 물어보았다. "글쎄올시다." 그는 대답했다. "그는 그 분야에서는 무명 인사도 아주 어리석은 인간도 아니라는 걸 알지만, 난 이름이 섞갈려서 혀끝에 나올 것 같은데……. 뭐라더라……. 아니 뭐, 상관없지, 잊어버렸으니. 스완이라면 누군지 말해줄 텐데, 안사람한테 그런 그림을 사게 한 이가 바로 스완이니까. 안사람은 늘 너무나 싹싹해서, 뭔가 거절하면 부탁해온 사람의 마음을 괴롭힐까 봐 걱정하지. 우리끼리 얘기지만, 스완은 우리한테 서투른 그림을 떠맡겼나 보네. 내가 자네에게 말할 수 있는 건, 그 신사는 엘스티르한테 보호자 같은 사람, 엘스티르를 화단에 진출시키고, 그림을 주문하여 여러 번 곤경에서 구해준 사람이라는 걸세. 그래서 감사의 표시로―그것을 감사의 표시라고 일컫는다면, 그것은 취미에 따르지만―엘스티르는 그 사람을 그린 장소에서(그 호사스럽게 겉치레한 모습이 어지간히 익살스러운 효과를 자아내는 장소에서) 그린 거네. 돈 많은 거물일지 모르지만 어떤 상황에서 실크해트를 쓰는지 제대로 모르는 사람이오. 모자도 쓰지 않은 여자들에 둘러싸여, 실크해트를 쓴 꼴이야말로 시골 공증인이 얼근히 취해 있는 모습이지. 그런데 보아하니 자네는 그 그림에 흠뻑 빠진 것 같은데, 이럴 줄 알았으면 대답할 수 있게 알아둘걸 그랬지. 하기야 앵그르의 〈샘〉이나 들라로슈(Paul Delaroche)*의 〈에두아르의 자녀들〉에 대해 논하듯이, 엘스티르의 그림을 규명하는 데 머리 쓸 필요야 없지만 말일세. 거기서 무엇을 평가하느냐 하

---

* 프랑스 화가(1797~1856).

면, 그건 관찰의 섬세함, 재미스러움, 파리풍이라는 것인데, 그게 전부요.
그런 그림을 보는 데 박식가라야 할 필요는 없소. 한낱 간략한 그림인 줄 알
지만, 그래도 일이 차근차근하지 못하다고 생각하네. 스완은 뻔뻔스럽게도
우리한테 〈아스파라거스 한 묶음〉을 사게 하려고 했지. 아스파라거스야 우
리집에도 며칠 먹을 게 있었다네. 그 그림엔, 바로 지금 당신이 가지고 있는
것과 똑같은 아스파라거스 한 묶음밖에 없지 뭔가. 그래 나는 엘스티르 씨의
아스파라거스를 삼키는 걸 거절했지. 300프랑이나 달라더군. 아스파라거스
한 묶음에 300프랑이라니! 첫물이라도 기껏해야 20프랑이 적당한 값인데
말일세! 거기에 엘스티르가 인물을 더하자, 비루한 면, 염세적인 면이 나오
는데, 마음에 들지 않더군. 당신같이 뛰어난 두뇌와 예민한 정신을 지닌 인
물이 그런 걸 좋아하다니 놀라운데."

"왜 그런 말씀을 하는지 모르겠네요, 바쟁." 남이 자기 집 손님방에 있는
것을 과소평가하는 걸 싫어하는 공작부인이 말했다. "엘스티르의 그림을 무
턱대고 다 인정하는 건 아니죠. 취할 것과 버릴 것이 있어요. 그러나 어쨌든
재능이 없지 않답니다. 특히 내가 사들인 그림들은 보기 드물게 아름다운 것
들이죠."

"오리안, 그런 그림이라면 수채화전에서 본 비베르(Vibert)* 씨의 소품이
천 배나 더 좋아. 물론 조그마하지, 손 안에 들어갈 정도로. 하지만 재치가
구석구석까지 차 있어. 강아지를 재롱부리게 하는 나약한 주교 앞에 피골이
상접한 더러운 전도사가 있는 장면, 그건 한 편의 짧은 시야. 섬세하고 심오
하기까지 해."

"엘스티르와 아는 사이라죠." 공작부인이 나에게 말했다. "유쾌한 분이
죠."

"약은 사람이야." 공작의 말. "그 사람과 얘기하면, 그 그림이 그토록 비
속한 데 놀랄 정도지."

"약은 정도가 아니죠, 꽤 재치도 있고." 그 길에 득도한 감식가인 듯한 영
리한 얼굴로 공작부인이 말했다.

"엘스티르는 당신의 초상화를 그리기 시작했었죠, 오리안?" 파름 대공부

---

* 프랑스 화가(1840~1902).

인이 물었다.

"그래요 가재같이 붉은색으로요." 공작부인은 대답했다. "하지만 그 그림을 가지고선 후세에 이름이 남지 않을 거예요. 흉해요. 바쟁이 찢어버리려고 했답니다."

게르망트 부인은 이 한마디를 자주 말했다. 그러나 때론 그 평가가 달랐다. "나는 그분의 그림을 좋아하지 않지만 전에 나의 아름다운 초상화를 그려주셨답니다." 이 두 가지 판단 가운데 하나는 공작부인에게 그녀의 초상화에 대해 말하는 사람들에게 흔히 건네고, 또 하나는 초상화에 대해 말하지 않는 이, 초상화가 있는 걸 알려주고 싶은 사람들에게 말했다. 첫 번째는 아양에서 두 번째는 허영에서 온 것이었다.

"당신의 초상화를 흉하게 그리다니요! 그렇다면 그건 초상화가 아니라 거짓이에요. 붓도 쥘 줄 모르는 나지만, 만일 당신을 그린다면, 눈에 보이는 대로 그리기만 해도 걸작이 생길 것 같아요." 파름 부인이 천연덕스럽게 말했다.

"엘스티르는 아마도 나를, 내가 나를 보는 대로, 다시 말해 즐거움이 없어진 여인으로 본 거죠." 게르망트 부인은, 우울하고도 겸손한, 동시에 아양떠는 눈길, 엘스티르가 그린 자기와 다르게 보이는 데 가장 적절하다고 생각한 눈길과 더불어 말했다.

"그 초상화는 갈라르동 부인의 마음에 안 들진 않을걸." 공작의 말.

"그분이 그림에 대해 아는 게 없기 때문에요?" 파름 대공부인은 물었다. 그녀는, 게르망트 부인이 이 사촌누이를 한없이 경멸하는 줄 알고 있었던 것이다. "하지만 매우 좋은 분이시죠?" 공작은 심각하게 놀라는 표정을 지었다.

"이봐요, 바쟁, 대공부인께서 당신을 놀리시는 걸 모르시나 봐(대공부인에게는 그런 의사가 없었는데). 대공부인께서도 갈라르도네트(Gallardonette)＊가 '독설가'라는 건 당신 못지않게 잘 아세요." 게르망트 부인은 말을 이었다. 부인의 어휘는 평소에 이 같은 예스러운 표현에 한정되어, 읽기에 감칠맛 나는 팡피유의 요리책에서 보는 일이 있어도, 실제로는 드물게 된 요리, 젤리도 버터도 육수도 고기 단자도 제 것이랑 섞은 게 없고, 소금까지 브르타뉴에서

＊ Gallardon에 지소사(指小辭)인 ette를 붙여 경멸의 뜻을 나타낸 것.

가져다 쓴 요리같이 풍미 있었다. 악센트에서, 낱말의 선택에서, 게르망트 부인의 대화 속 바닥은 게르망트에서 곧바로 온 게 느껴졌다. 그래서 공작부인은 새로운 사상과 표현에 흠뻑 젖은 조카인 생루하고는 근본부터 달랐다. 칸트의 사상과 보들레르에 대한 향수로 머릿속이 혼잡해선, 앙리 4세 시대의 아담한 프랑스어를 쓰긴 어렵다. 그러므로 공작부인 말씨의 순수함도 하나의 한계이며, 그녀의 지성과 감수성도 온갖 새로움에 그대로 닫혀 있었다. 또한 게르망트 부인의 정신은 바로 그것이 배척하는 것(바로 나 자신의 사상의 내용을 이루는 것)과 배척함으로써 지닐 수 있던 것, 아무리 심신을 피로케 하는 반성도, 도덕상의 어떠한 근심이나 신경병도 못 해친 유연한 몸의 그 매력 있는 생기로 말미암아 나를 기쁘게 했다. 내 것보다 훨씬 전에 이루어진 부인의 정신은, 바닷가에서 작은 무리의 아가씨들 행동이 내게 보여주었던 것과 비슷했다. 게르망트 부인은 상냥스러움을 품도록 길들여지고, 정신의 가치에 대한 존경에 온순하나, 콩브레 근처 귀족의 말괄량이, 어려서부터 말을 타고, 고양이의 허리를 부러뜨리고, 토끼의 눈알을 뺀 어린 소녀의 기력, 또 미덕의 본보기로 되어 있긴 하나, 사강 대공의 가장 빛나는 정부가 되었을지도 모를 만큼, 몇 년 전까지 변하지 않은 고운 얼굴을 지닌 매력을 내게 주었다. 다만 부인은, 내가 부인의 몸속에서 찾고 있던 것—게르망트라는 이름의 매력—도, 내가 거기에서 발견한 보잘것없는 것, 게르망트의 시골티 나는 나머지도 이해할 수 없었다. 우리 둘의 관계는 오해 위에 기초를 쌓고 있었다. 그녀는 자신이 비교적 뛰어난 여성이라 생각하고 있는데도, 나의 찬사가 다른 여인, 즉 평범하면서도 똑같은 무의식적 매력을 퍼뜨리는 다른 여인 쪽으로 가는 날엔 틀림없이 밝혀지고 말 오해 위에 말이다. 꿈꾸는 젊은이와 상류 부인 사이에 극히 자연스럽고 반드시 있는 오해이긴 하나 젊은이가 아직 제 공상력의 성질을 이해하지 못하고, 연극이나 여행이나 또 연애에서까지도, 남에게 반드시 느끼는 불가피한 실망에 대해 아직 방향이나 계획을 정하지 않는 한 이 오해가 젊은이의 마음을 심각하게 어지럽힌다.

게르망트 씨가(엘스티르의 아스파라거스와 닭요리 다음에 이제 막 나온 아스파라거스를 핑계 삼아) 대기에 돋아난 싱싱한 아스파라거스, E. 드 클레르몽 토네르라는 필명의 명문가(名文家)가 쓴 익살스러운 표현처럼 '그 자매들의 인상적인 뻣뻣함'을 가지지 않은 아스파라거스는 달걀에 찍어 먹는 게 좋다고 말하니까, "내가 좋아하는 걸 남들은 싫어한다. 거꾸로……" 하고 브레오테 씨가 대꾸했다. "중국의 광저우에선 완전히 썩은 맵새 알보다 더 맛있는 것은 없소이다." 브레오테 씨는 〈양세계 평론〉에 실린 모르몬 교도에 대한 연구 논문을 쓴 사람인데, 가장 귀족적인 환경, 그 가운데에서도 지적이란 평판이 높은 환경에밖에 드나들지 않았다. 그래서 그의 출석, 적어도 꾸준한 출석으로, 그 부인이 살롱을 가지고 있는지를 알 만했다. 그는 사교계가 싫다고 우기며, 귀족 부인 한 사람 한 사람에게 부인을 찾아뵙는 것은 당신의 재치와 미모 때문이라고 분명하게 말했다. 부인들은 모두 그 말을 곧이곧대로 믿고 있었다. 죽을 듯이 싫으나 단념하고 파름 대공부인의 대야회에 나갈 적마다 그는 용기를 얻으려고 부인들을 다 불러 모아 절친한 동아리에 둘러싸이지 않고서는 나타나지 않았다. 사교인으로서 자격을 잃고도 지식인이라는 평판이 살아남도록, 그는 게르망트네 기질의 어떤 가르침을 응용하여, 무도회의 계절이 되면 멋있는 부인들과 함께 긴 학술 여행을 떠나고, 속물인 인물, 따라서 아직 지위 없는 사람이 곳곳에 나타나기 시작하면, 그는 그 사람과 아는 사이가 되지 않으려고, 소개되지 않으려고 고집스럽게 버티었다. 그의 속물 증오는 그 자신의 속물근성에서 비롯한 것인데, 순진한 사람들, 다시 말해 모든 사람들로 하여금 그를 속물이 아닌 것처럼 여기게 했다.

"바발은 언제나 다 아셔." 게르망트 부인은 외쳤다. "아주 썩은 달걀, 큰 혜성(彗星)이 나타난 해*의 달걀이라도, 자기가 원했을 적에 반드시 크림 상점이 팔아주는 나라라니 얼마나 멋있어요. 그것에 버터 바른 가느다란 빵을 찍어 먹는 내 모습이 보이네요. 실은 마들렌 큰어머님(빌파리지 부인) 댁에서도 그런 일이 있어요. 썩은 음식들이 나오거든요. 달걀까지(그리고 아르파종 부인이 설마하니 그럴 리가, 하니까). 이봐요 필리, 당신도 나처럼 알지 않나요? 병아리가 벌써 달걀 속에 있는 걸. 어떻게 그렇게 얌전히 들어 있는지 모른다니까요. 그건 음식이 아니라 닭장이에요, 적이나 메뉴에 안 들었지만. 그저게 만찬에 안 오시기를 잘하셨어요, 석탄산(石炭酸)에 절인 넙치가 나왔다니까요. 요리 상이 아니라 전염병원의 급식 같더군요. 정말이

---

*큰 혜성이 나타난 해의 포도주는 매우 얻어 마시기가 어렵다고 함.

지, 노르푸아는 비장하리만큼 충실하시더군요. 그걸 곱빼기로 드셨다니까!"

"큰어머니 댁에서 자네를 본 줄 아는데, 큰어머니가 블로흐 씨를 야단친 그날 말이오(게르망트 씨는 이스라엘 사람 이름을 외국풍으로 발음하려는지 블로크(Bloch)의 ch를 k가 아니라, 독일어 호흐(hock)처럼 발음했다), 블로흐 씨가 누군지 모르나 어느 푸아트(포에트, 시인)를 숭고하다고 말했다오. 샤텔로가 아무리 블로흐 씨 정강이를 툭툭 건드려도 알아채지 못하고, 내 조카가 무릎을 움직이는 걸, 바로 옆에 앉은 젊은 여인을 겨냥한 줄로 생각한 모양일세(여기서 게르망트 씨는 얼굴을 살짝 붉혔다). 블로흐 씨는 함부로 입에 올리는 '숭고'로 우리 큰어머님의 화를 돋우고 있다는 걸 알아채지 못해, 그래서 결국 마들렌 큰어머님은 말을 삼가서 하는 분이 아닌지라, 그에게 쏘아붙였지. '이봐요, 그럼 드 보쉬에 씨에 대해선 뭐라고 하실래요?'(게르망트 씨는 유명한 인물의 이름에 씨와 드(de)를 붙이는 게 본질적 옛풍이라고 여기고 있었다) 구경할 만했지."

"그래서 그 블로흐 씨는 뭐라고 대꾸했나요?" 게르망트 부인은, 이 순간에 갑자기 기발한 마무리가 떠오르지 않아, 남편의 독일풍 발음을 흉내내야겠다고 생각해 멍청하게 물었다.

"그야 물론 블로흐 씨는 뒤도 돌아보지 않고 줄행랑을 놓았지."

"그렇군요, 그날 댁을 뵌 게 생각나요." 게르망트 부인은 강조하듯이 나에게 말했다. 마치 그걸 기억하고 있는 게 내 마음을 매우 기쁘게 하는 일이기라도 한 듯이. "우리 큰어머님 댁은 언제나 아주 흥미로워요. 바로 댁을 만난 요전 야회 때, 우리 곁을 지나는 늙은 분이 프랑수아 코페*가 아닌지 댁한테 물어보고 싶었답니다. 시인들의 이름을 다 아실 테니까." 나에게 부인은, 시단에서의 나의 교우 관계에 대한 진심에서 우러나오는 부러움과 더불어, 또한 손님들의 눈에 이토록 문학에 정통한 젊은이를 돋보이게 하려는 나에 대한 호의에서 말했다. 나는 공작부인에게 빌파리지 부인의 야회에서 이름난 얼굴을 하나도 못 보았다고 잘라 말했다. "뭐라구요!" 게르망트 부인은 얼떨결에 말했지만, 그것으로 문학가에 대한 부인의 존경도, 사교계에 대한 경멸도, 부인의 입으로 말하고, 어쩌면 마음속으로 생각하는 이상으로 천

---

* 서민 생활을 즐겨 시작(詩作)한 시인(1841~1908).

박한 거라는 사실을 털어놓고 만 셈이다.

"어머나! 위대한 작가가 거기에 없었다구요! 이상하네, 그렇지만 보기에 묘한 얼굴이 몇몇 있었는데!"

나는 그 저녁 일을 아주 하찮은 사건 탓에 잘 기억하고 있었다. 빌파리지 부인이 블로크를 알퐁스 드 로스차일드 부인에게 소개했건만, 내 친구는 그 이름이 똑똑히 안 들려, 좀 머리가 돈 영국 노부인이라 생각하고, 옛날에 아름다웠던 미인의 장황한 말에 짧게 대꾸했을 뿐이었는데, 그러다가 빌파리지 부인이 이 부인을 다른 아무개에게 소개하면서 이번에는 또렷하게 '알퐁스 드 로스차일드 남작부인'이라고 발음했다. 그러자 갑자기 블로크의 혈관 속에 백만장자의 재산과 권세라는 관념이 한꺼번에 흘러들어서, 이런 관념은 조심스레 잘게 나누어졌어야 했는데도, 심장에 일격을 받고, 뇌에 착란을 일으킨 이 상냥한 노부인 앞에서 그만 이렇게 외치고 말았다. "그런 줄 알았다면!" 이 외침의 어리석음에 그는 일주일 동안이나 잠자지 못했다. 블로크의 이 말은 그다지 흥미있는 게 아니지만, 삶에는 예외적인 감동을 받아 생각한 대로 말하는 적이 때때로 있다는 증거로 나는 그 일을 기억하고 있었다.

"빌파리지 부인은 전연…… 도덕가는 아닌가 봐요." 파름 부인은, 공작부인의 큰어머니 집에 다들 자주 드나들지 않음을 알거니와, 공작부인이 지금 한 말로 미루어보아 빌파리지 부인에 대해 마음대로 말할 수 있다고 판단하여 말했다. 그러나 게르망트 부인이 찬성하지 않는 모습을 지어 대공부인은 덧붙였다.

"하지만 그 정도라면, 영리하다는 점에서 모든 게 너그럽게 보이겠지만."

"나의 큰어머니에 대해 대공부인께서는 일반적인 생각을 하시는 모양입니다만, 그런 생각은 결국 큰 잘못입니다." 공작부인이 말했다. "어제만 해도 나한테 메메가 그런 말을 하더군요(부인은 얼굴을 붉혔으며, 내가 모르는 어떤 기억이 부인의 눈을 어둡게 했다. 샤를뤼스 씨가 부인에게 나를 초대한 걸 취소하라고 부탁하지 않았을까, 언젠가 로베르를 통해 부인 댁에 가지 말라고 나한테 부탁했듯이, 나는 가정해보았다. 그러나 공작이 동생에 대해 말하면서 잠깐 띤 홍조─하기야 내게는 이해할 수 없는 일─를 같은 원인으로 돌릴 수 없다는 인상을 받았다). 불쌍한 큰어머님! 눈부신 재치를 갖춘 방종하기 짝이 없는 옛 제도의 인간이라는 평판이 따라다니죠. 큰어머니만큼 부르주아풍의 건실한, 수수한 지성도 없는데 말이에요. 예술의 보호자로 통하겠지만, 그 뜻은 큰어머니가 어느 위대한 화가의 정부였다는 뜻이지만서도 그 화가는 그림이 뭔지 큰어머니에게 도저히 이해시킬 수 없었답니다. 그리고 큰어머님의 생활로 말하면, 퇴폐한 인간이기는커녕 큰어머니는 결혼을 위해 창조된 사람, 배우자로 태어난 사람이라, 한 남편을—하기야 천민이었다—끝까지 섬길 수 없게 된 뒤에도, 남자하고 관계를 갖게 되면 반드시 그것을 정식 결혼처럼 진지하게 생각했지요. 똑같이 예민해지고, 똑같이 성을 내며, 똑같이 성실성을 보이면서 말이에요. 때로는 이런 마음이 가장 진지한 모양이죠. 결국 아내에게 미련을 두는 남편의 수보다도, 애인에게 미련을 두는 남자 쪽이 많은 거죠."

"그렇지만 오리안, 방금 말씀하신 시동생 팔라메드의 경우를 보세요. 돌아가신 그 샤를뤼스 부인만큼 애도받기를 어느 애인이 꿈이나 꾸겠어요."

"저어, 대공부인의 의견에 반대하는 말은 아닙니다만." 공작부인이 대답했다. "세상 사람들이 다 같은 식으로 애도받기를 좋아하는 건 아니죠, 저마다 기호가 있으니까요."

"아무튼 그 부인이 돌아가신 뒤로 그분은 부인을 신처럼 숭배하죠. 간혹 살아 있는 사람에겐 하지 않을 일을 망자를 위해 하는 건 사실이지만요."

"첫째로" 하고 게르망트 부인은, 빈정거리는 속셈과는 반대인 생각에 잠긴 듯한 투로 대답했다. "그 망자의 장례식에 갑니다. 이건 살아 있는 사람에겐 결코 하지 않는 일이죠(게르망트 씨는 장난기 어린 표정으로 공작부인의 재치에 웃음을 터뜨리게 하려는 듯 브레오테 씨를 바라보았다)! 하지만 솔직히 말해, 좋아하는 사내의 애도를 받는다 치고, 내가 바라는 방식은, 내 시동생과 같은 그런 식이 아닙니다."

공작의 얼굴이 흐려졌다. 그는 아내가 함부로 비평을, 특히 샤를뤼스 씨에 대해 하는 것을 싫어했다. "당신은 까다로워. 동생의 비탄은 모두에게 감명을 주었는걸." 그는 거만한 투로 말했다. 그러나 공작부인은 남편에 대해 맹수를 놀리는 사람 같은 또는 미친 사람과 함께 살아 겁내지 않고 미친 놈을 약 올리는 사람 같은 대담성을 가지고 있었다.

"글쎄요, 안 그럴 거예요, 그야 신통방통해요, 오찬회에 손님이 몇 분 있었는지 날마다 묘소에 이야기하러 간다니까. 땅속에 묻힌 사람을 대단히 그리워한다니까. 하지만 사촌누이처럼, 할머니처럼, 누이처럼이에요. 그건 남편의 슬픔이 아니에요. 사실 두 사람은 성인 같았으니까, 슬픔도 좀 유별나겠죠(게르망트 씨는 아내가 나서는 데 분통이 터지려는 걸 꾹 참고 튀어나올 듯한 눈동자를 무섭게 부릅뜨며 아내를 노려보고 있었다). 불쌍한 메메의 욕을 하려는 게 아닙니다. 말이 나왔으니 말인데, 메메는 오늘 저녁 일이 있어 오지 못한다고 하더군요. 그가 보기 드물게 좋은 사람이라는 건 인정해요, 솔직하고, 섬세하고, 보통 사람이 못 지니는 다정다감함을 가진 분. 여인 같은 심성이죠, 메메는!"

"당신이 하는 말은 터무니없어." 게르망트 씨는 몹시 매섭고 날카롭게 가로막았다. "메메는 여인 같은 데가 조금도 없어. 그처럼 사내다운 사내가 따로 없지."

"내 말은 메메가 여인 같다는 말이 아니에요. 내가 한 말 뜻을 제대로 알아들으세요." 공작부인은 이어 말했다. "저것 보세요! 저이는 동생과 관계되는 일이라 생각하기만 하면 그만……." 부인은 파름 대공부인 쪽을 향해 덧붙였다.

"상냥하시군요, 듣기에도 즐거워요. 형제가 서로 아끼는 것만큼 좋은 일이 또 있겠어요." 파름 대공부인은, 대부분의 서민이 그렇게 말하듯(왜냐하면 서민적인 가문에 속할 수 있으니까) 말했다.

"댁 가문의 이야기가 나왔으니 말인데, 오리안." 대공부인이 말했다. "어제 댁의 조카인 생루를 만났어요. 뭔가 댁에 부탁할 일이었나 보더군요."

게르망트 공작은 유피테르 같은 눈썹을 찌푸렸다. 그는 남을 위해 수고하고 싶지 않을 때, 아내가 부탁을 떠맡는 걸 싫어했다. 그것은 결국 마찬가지일 것을 알거니와, 공작부인이 하는 수 없이 부탁해보는 상대는, 남편 혼자서 부탁하기라도 한 것처럼 그 부탁을 부부 공동의 부채로 적어두리라는 것도 알기 때문이다.

"어째서 자기 입으로 부탁하지 않았을까?" 공작부인은 말했다. "어제 두 시간이나 이곳에 있었는데, 그리고 생루가 얼마나 진저리나게 굴었는지 하느님만 아시죠. 만약 생루가 사교계 사람들 대부분이 그렇듯 어리석은 척할 줄 아는 지혜가 있었다면, 남보다 덜 바보가 되었을걸. 오로지 그 지식을 떠벌리고 싶어하나 봐요……. 알쏭달쏭한 것을 모두 집어넣으려고. 모로코에 대해 지껄이면, 듣기에 지긋지긋해요."

"모로코에 되돌아가고 싶지 않은 거죠, 라셀 때문에." 푸아 대공의 말.

"하지만 둘 사이가 끊어졌으니까." 브레오테의 가로막는 말.

"그렇지 않다는 증거로, 이틀 전 로베르의 거처에서 라셀을 보았어요. 싸운 사람들 같지 않았습니다. 장담하지만." 로베르가 결혼을 못 하게 하는 소문이라면 무엇이나 퍼뜨리기 좋아하는 푸아 대공, 하기야 사실 끝장난 관계가 얼마간의 시간을 두고 되풀이됨에 속았는지도 모르는 푸아 대공이 대답했다.

"그 라셀이 당신에 대해 말하더군, 아침 샹젤리제에서 지나는 길에 우연히 그녀를 만났는데, 그녀는 당신네 말마따나 경솔한 여인, 당신네들이 일컫는 단추를 벗긴 여인 '춘희' 가운데 하나죠, 물론 비유적인 뜻으로 말입니다."(이 말을 내게 한 이는 프랑스 문학과 파리의 낌새에 정통한 체하고 싶어하는 폰 대공이었다)

"바로 모로코에 관한 건데……." 이 마디를 부랴부랴 붙잡으며 대공부인이 외쳤다.

"도대체 모로코에 무엇을 바라는 거죠?" 게르망트 씨는 엄하게 물었다. "오리안은 그와 같은 방면에는 속수무책입니다. 그 애도 이 점을 잘 알 테지만."

"전략을 생각해낸 줄 아나 보죠." 게르망트 부인은 이어 말했다. "그리고 그 애는 보잘것없는 것에 어려운 낱말을 쓰죠, 그러면서도 편지를 잉크 얼룩 투성이로 만드는 애지만. 요전만 해도 탁월한 감자를 먹었다느니, 좋은 자리를 빌리는 데 성공했다느니 말했죠."

"라틴어도 하지." 공작의 한술 더 뜬 말.

"뭐요, 라틴어를?" 대공부인의 물음.

"그럼요! 부인, 내가 과장하는지 오리안에게 물어보십쇼."

"그렇다니까요, 부인, 요전날도 그 애는 한 구절 안에서 단숨에 이렇게 말했답니다. '그처럼 감동적인 〈이리하며 세상의 영광은 지나가도다(Sic transit gloria mundi)〉의 예를 나는 모른다. 이 구절을 대공부인께 말씀드리는 건 여러 번 질문을 하거나 여러 언어학자들에게 도움을 구한 끝에, 겨우 다시 구성할 수 있었기 때문이에요. 그런데 로베르는 이 구절을 숨도 돌리지 않고 냅다 주워섬기니, 그 말 속에 라틴어가 들어 있다곤 거의 구별하기 어려울 정도예요. 마치 〈상상병 환자〉에 나오는 인물*1 같았지 뭡니까! 게다가 그건 오스트리아 황후님의 서거에 대한 말이었다니까요!"

"불쌍한 분! 참말 좋은 분이었는데!" 대공부인의 외침.

"그래요." 공작부인은 대답했다. "좀 머리가 돌고 주책없는 데가 있었지만, 썩 좋은 분, 아주 상냥스러운 얌전한 바보였죠. 다만 내가 아무래도 이해 못하는 건, 그분이 어째서 꼭 맞는 의치(義齒)를 안 사셨는가인데, 그분의 의치는 말이 끝나기 전에 늘 벗겨져서 그분은 그걸 삼키지 않으려고 하던 말을 멈출 수밖에 없었답니다."

"그 라셀이 당신에 대해 말하더군요, 생루는 당신을 좋아해서 그녀보다 당신 쪽을 더 아낀다고 말입니다." 폰 대공은 볼이 미어지도록 게걸스럽게 음식을 입에 넣으면서 얼굴을 붉히며 나에게 말했는데, 그 싱글벙글대는 웃음은 치아를 다 드러내고 있었다.

"그렇다면 라셀은 나를 시새워 몹시 싫어하겠군요." 나의 대답.

"천만에, 당신을 칭찬하더군요. 푸아 대공의 애인 같으면, 만일 대공이 그녀보다 당신을 더 좋아하기라도 하면 시새워할 테지만. 알아듣지 못하십니까? 나와 같이 돌아갑시다, 자세히 설명해드릴 테니."

"그럴 수 없습니다, 나는 11시에 샤를뤼스 씨 댁에 가야 해서."

"저런, 그는 어제, 오늘 밤 만찬에 와달라, 그러나 11시 15분 전 뒤로는 오지 말라고 일러왔는데요. 그나저나 굳이 그 댁에 가고 싶다면, 적어도 테아트르 프랑세즈까지 같이 갑시다. 주변(périphérie)이니까." 대공이 말했다. 주변이라는 낱말을 '부근에(à proximité)' 또는 '중앙(le centre)'의 뜻으로 알지도 모른다.

그러나 크고 잘생긴 붉은 얼굴의 부릅뜬 그 눈에 겁이 난 나는, 친구가 데리러 오기로 되어 있다고 말하면서 거절했다. 이 대답은 남의 감정을 언짢게 하는 게 아닐 성싶었다. 대공은 이 대답에서 다른 인상을 받았는지, 다시는 내게 말을 건네지 않았다.

"나는 아무래도 나폴리 왕비*2를 뵈러 가야겠어요, 얼마나 슬퍼하실까!"

---

*1 몰리에르의 희극. 이 극에서 의사가 엉터리 라틴어가 섞인 대사를 지껄임.
*2 오스트리아 황후와는 자매간.

파름 대공부인이 말했다. 아니, 적어도 그렇게 말한 것 같았다. 왜냐하면 이 말은 폰 대공이 내게 건네오는 더 가까운 목소리가 훼방놓아 또렷하지 않게 들렸기 때문이다. 하기야 폰 대공의 목소리도, 더 큰 소리로 말한다면 푸아 대공에게 들릴까 봐 두려워해선지 매우 낮았지만.

"아니죠, 슬퍼하다니, 그분은 조금도 슬프지 않을 거예요." 공작부인은 대답했다.

"조금도? 당신은 언제나 말하는 게 극단적이야, 오리안." 게르망트 씨는 파도에 맞싸우면서 흩날리는 물방울을 더 높이 솟구치게 하는 절벽의 소임을 다시금 맡으면서 말했다.

"내가 사실을 말한다는 건 바쟁이 더 잘 알죠." 공작부인은 대답했다. "대공부인께서 계시니까 엄숙한 모양을 짓지 않으면 실례되는 일이라고 저이는 생각하나 봐요, 내가 빈축을 사지나 않을까 걱정이 되어서요."

"오오! 별말씀을 다하시네." 파름 대공부인은, 그녀 탓으로 게르망트 공작부인의 감미로운 수요일, 스웨덴 왕비마저 아직 맛볼 권리를 못 가진 이 금단의 과일 맛을 조금이라도 달라지게 할까 봐 겁이 덜컥 나 말했다.

"하지만 바쟁이 그분한테 평범하게 슬픈 표정으로, '왕비께서는 상중(喪中)이신지요, 그럼 누구의? 폐하께 극심한 슬픔인지요?'라고 말씀드리니까, 그분은 이렇게 대답하셨으니까요—'아뇨, 대수로운 거상이 아니라 대수롭지 않은 거상, 아주 조그만 거상, 아우의 상입니다.' 그와 같이 즐거워하시던 게 진실이고, 바쟁도 이 점을 잘 알아요. 그분이 그날 어느 파티에 우리를 초대해주셨고, 진주 두 알을 내게 주셨잖아요. 그러니 날마다 자매분을 여의셨으면 얼마나 좋을까 하고 생각할 정도였다니까요! 그분은 아우의 죽음에 울기는커녕 웃어넘기세요. 아마도 로베르같이 이렇게 생각하고 계시나 봐요, 이리하여 지나가도다(Sic transit), 그 다음이 뭐라더라, 잊어버렸네." 부인은 잘 알면서도 겸손하게 덧붙였다.

하기야 게르망트 부인은 이 경우, 오직 재치를, 그것도 아주 못된 재치를 발휘했을 뿐이었다. 왜냐하면 나폴리 왕비는 비극적인 죽음을 당한 알랑송 공작부인*과 마찬가지로 마음이 따뜻한 사람이라, 진심으로 집안사람들의

---

* 오스트리아 황후인 엘리자베트, 나폴리 왕비인 마리와 자매간. 1847년에 태어나 1897년 자선 바자회의 화재로 죽음.

죽음을 슬퍼했기 때문이다. 게르망트 부인은 제 사촌자매인 고상한 바바리아(Bavaria)*를 매우 잘 알아 그런 줄 모를 리가 없었다.

"그는 모로코에 되돌아가고 싶지 않나 봐요." 파름 대공부인은 게르망트 부인이 장대처럼 무심코 내민 로베르의 이름을 다시 덥석 잡으면서 말했다. "댁이 몽세르푀유 장군과 아시는 사이인 줄 아는데요."

"그다지." 공작부인은 대답했는데, 사실 이 장군과 절친한 사이였다. 대공부인은 생루가 바라는 것을 설명했다.

"글쎄요, 혹시 장군을 만나면…… 만난 적이 없지 않으니까." 거절하는 모양으로 보이지 않도록, 공작부인은 대답했다. 어떤 부탁을 해오자마자 부인과 몽세르푀유 장군의 관계는 금세 멀어지는 성싶었다. 그렇지만 이 모호한 관계로는 공작의 마음에 차지 않아, 아내의 말을 가로막고,

"장군을 못 뵐 걸 당신도 잘 알지 않소, 오리안. 그리고 이미 당신이 그에게 두 가지를 부탁했는데도 그는 해주지 않았소. 내 안사람은 친절한 게 병이랍니다" 하고 공작은, 대공부인으로 하여금 공작부인의 친절함을 의심케하지 않고서 그 부탁을 거둬들일 수밖에 없게, 또 파름 대공부인이 이를 본디 완고한 그 자신의 성미 탓으로 돌리게 더욱더 노발대발하며 말을 이었다. "로베르는 바라는 것을 몽세르푀유한테 시킬 수 있습니다. 다만 자기가 바라는 게 뭔지 모르니까 우리를 통해 부탁하려는 거죠, 일을 좌절시키는 데 더 좋은 방법이 없다는 걸 알기 때문입니다. 오리안은 몽세르푀유에게 지나치게 부탁을 했습니다. 지금 오리안이 부탁한다면 그가 거절하는 데 좋은 핑계가 됩니다."

"어쩌나! 그렇다면 공작부인이 아무것도 안 하는 편이 좋겠어요." 파름 대공부인의 말.

"물론이죠." 못박는 공작의 말.

"딱하게도 그 장군은 선거에서 또 떨어졌더군요." 파름 대공부인이 화제를 바꾸려고 말했다.

"뭐 대수롭지 않습니다. 겨우 일곱 번째니까." 그 자신이 정치를 단념해야 해서, 남들의 낙선이 싫지 않은 공작이 말했다.

---

* 현재 독일의 한 마을, 허구인 게르망트 가문의 발상지.

"그분은 부인에게 새로 애를 만들게 함으로써 분을 풀었답니다."

"아니! 몽세르푀유 부인이 가련하게도 또 임신했나요?" 대공부인의 외침.

"바로 맞았습니다." 공작부인의 대답. "그곳은 장군님이 한 번도 떨어지지 않은 유일한 선거구랍니다."

이런 식사 모임, 지난날 내가 그 회식자들을 성스러운 회당의 손님들 모양으로 떠올렸던 식사 모임에, 나는 그 뒤 몇몇 사람과 함께 연이어 초대되었다. 과연 회식자들은 고대 그리스도교도처럼 거기에 모였는데, 물질의 양식(하기야 진미)을 나누기 위해서만 아니라, 이를테면 사교적 성찬(聖餐)*¹을 나누기 위해서였다. 그러므로 나는 이런 모임에 몇 차례 나오지 않고서도 쉽게 이 집 주인 부부의 벗들과 아는 사이가 되었고, 부부는 그들에게 나를 소개할 때 뚜렷하게 호의를 보여서(오래전부터 부모님처럼 귀여워해준 사람같이), 친구들은 하나도 빠짐없이 무도회를 개최할 적에 내 이름을 명부에 올리지 않으면 공작 부부에게 결례가 된다고 생각했다. 동시에 게르망트네 지하실에 저장한 샤토 디켐(Chateau d'Yquem)*²을 마시면서, 공작이 신중하게 고심하여 고안하고 바꾼 갖가지 조리법에 따라서 요리한 멥새*³를 맛보았다. 그렇지만 이 신비로운 식탁에 여러 번 참석한 적이 있는 사람이라고 해서 반드시 이 멥새 요리를 대접받는 것은 아니었다. 게르망트 부부의 오랜 친구들은 만찬이 끝난 뒤, 스완 부인이라면 '이쑤시개를 물고'라고 말했을 태도로, 뜻하지 않게 찾아와서, 겨울이면 큰 손님방의 빛 속에서 보리수차 한 잔을, 여름이면 직사각형 모양을 한 작은 정원의 어둠 속에서 오렌지 주스 한 잔을 마셨다. 이런 정원에서 갖는 식후 모임에, 게르망트네에서는 오렌지 주스밖에 나오지 않았다. 뭔가 관례 같은 것이었다. 거기에 다른 음료를 덧붙인다는 건, 포부르 생제르맹에서 열리는 대연회에 연극이나 음악이 끼면 대연회가 아닌 게 되고 말듯이, 관례를 변질시키는 느낌이 들었다. 사람들은—5백 명이나 모인 야회라도—이를테면 게르망트 대공부인을 잠깐 찾아온 걸로 여겨야 하는 것이다. 이 오렌지 주스에 버찌나 배즙을 한 병 더할 수 있는 나

---

*1 최후의 만찬.

*2 보르도의 최고급 백포도주.

*3 정성들여 만든 맛있는 요리.

의 세력에 사람들은 감탄했다. 그래서 나는 아그리장트 대공에게 반감을 품게 되었는데, 까닭인즉 짐작 없이 욕심만 많은 사람이 다 그렇듯, 그는 남이 마시는 것에 감탄해 조금 나눠달라는 사람이었기 때문이다. 그래서 아그리장트 씨는 매번 내 몫을 축내, 내 기쁨을 그르쳤다. 그도 그럴 것이 이 과일즙은 아무리 많아도 갈증을 좀체 풀어주지 못한다. 과일 빛깔의, 이 같은 맛으로 옮겨놓은 만큼 물리지 않는 게 없거니와, 과일을 끓이면 꽃 계절로 되돌아가는 느낌이 든다. 봄의 과수원처럼 다홍색으로 물든, 아니면 과수 밑에 부는 산들바람처럼 빛깔 없이 시원한 즙은, 방울방울 냄새 맡고 바라봐야 맛이 나는데, 아그리장트 씨는 내가 마음껏 맛보는 것을 번번이 가로막았기 때문이다. 이런 끓인 과일즙이 나와도, 오렌지 주스는 보리수차와 마찬가지로 관례적으로 나왔다.

이 같은 수수한 성체 배령(聖體拜領) 밑에서도 사교적 성체 배령 또한 거행되었다. 이 점에서 어쩌면 게르망트 부부의 친구들은, 내가 처음에 떠올렸던 것처럼, 기대에 어긋난 그들의 외모로 보아 아무튼 생각하기보다 남들하고는 다른 데가 더 있었다. 수많은 노인이 언제나 다름없는 음료와 더불어 흔히 그리 상냥하지 않은 대우를 받으러 공작부인 댁에 왔다. 그런데 이는 속물근성 때문이 아니었다, 그들 자신이 남 못지않은 지위에 있었으니까. 또 이는 사치심에서도 아니었다. 사치를 좋아했는지는 모르나, 사교상 더 낮은 신분의 집에 가도 호사를 누릴 수 있었으니까. 이날 저녁만 해도, 대자본가의 매력 있는 부인이 에스파냐 국왕을 위해 이틀 동안 베풀 호사스러운 사냥에 이들을 초대하려고 온갖 수단을 다 썼으니까. 그런데도 이들은 그걸 거절하고, 게르망트 부인이 혹시 집에 있지 않을까 요행을 바라고 찾아온 것이었다. 이곳에 와서 그들과 똑같은 의견을 듣거나, 또는 특별히 열렬한 환대를 받거나 한다는 것은 그들로서는 확실하지 않았다. 게르망트 부인은 드레퓌스 사건, 공화국, 반종교적 법률에 대해, 또는 작은 목소리로 그들 자신에 대해, 그들의 허약, 그들 회화의 싱거움에 대해, 간혹 못 들은 척해야 하는 욕설을 쏘곤 했다. 그래도 그들이 습관을 지켜 여기에 오는 까닭은, 틀림없이 사교에 정통한 세련된 교양 때문이었고, 잡맛 없는 순 맛, 입에 익숙한 맛, 마음 놓이는 맛깔스러운 맛을 한 사교 요리의 완전하고도 제일가는 질을 분명하게 알아서 그들은 그것을 차려주는 게르망트 부인과 마찬가지로 그 옛일의 겪어온 자취를 잘 알고 있었기 때문인데, 그 점에서 그들은 그들 자신이 의식하는 이상으로 어디까지나 '귀족'이었다.

그런데 만찬 뒤에 내게 소개된 방문객들 가운데, 파름 대공부인이 말했던 몽세르푀유 장군이 있었다. 게르망트 부인 살롱의 단골이긴 했으나 오늘 저녁 오리라곤 미처 몰랐다. 장군은 내 이름을 듣자 마치 내가 최고 군사 평의회의 의장이기라도 한 듯 내 앞에 굽실거렸다. 공작부인이 자기 조카의 일로 몽세르푀유 씨에게 부탁해달라는 청을 거의 거절하다시피 한 것은 오로지 친절하지 못한 성미 때문이고, 이 점에 대해 공작은, 애정 면에서는 그렇지 않더라도, 사고방식에서는 늘 그렇듯이 아내와 공범자라고 나는 생각했다. 게다가 파름 대공부인이 두세 마디로 로베르의 임지(任地)가 위험하고 전임시키는 게 현명하다고 여긴 것만으로 나는 이 짓이 더욱 죄스러운 무관심이라고 여겼다. 그러나 파름 대공부인이 몸소 장군에게 책임지고 머뭇거리며 말을 꺼내려고 하자, 게르망트 부인이 기를 쓰고 못하게 했을 때야말로, 나는 게르망트 부인의 짓궂은 천성에 분개했다.

"하지만 부인." 공작부인이 외쳤다. "몽세르푀유는 이번 정부와는 신용이나 권력 같은 게 하나도 없답니다. 헛수고예요."

"저분에게 들리겠어요." 대공부인은 속삭여, 공작부인이 더 낮게 말하도록 하였다.

"조금도 걱정하지 마세요, 저분은 귀머거리니까요." 공작부인이 목소리를 낮추지 않고 말한 것을 장군은 다 들었다.

"생루는 안심이 되지 않는 곳에 있다는 생각이 들어서요." 대공부인이 말했다.

"별수 있습니까." 공작부인은 대답했다. "그 애는 일반 경우와 같아요, 다른 점은 그 애 스스로 청해 가지고 거기에 간 것뿐. 그리고 또 위험하지 않아요. 그렇지 않으면 나도 걱정하게요. 내가 만찬 동안 생조제프에게 부탁했을 거예요. 그이가 더 세력 있고, 근면한 사람이죠! 보세요, 그이는 벌써 떠났죠. 게다가 장군보다는 훨씬 말하기 쉬워요. 장군은 모로코에 아들을 셋이나 보냈는데도 전임을 요구하지 않았거든요, 그걸 핑계 삼아 거절할지도 모르죠. 대공부인께서 바라시니 생조제프에게 말해보겠어요⋯⋯. 혹시 그를 만나면, 아니면 보트레유한테. 하지만 내가 그들을 못 만나더라도 로베르를 너무 동정 마세요. 요전 날 어느 분이 모로코가 어떤 곳인지 설명해주셨습니다. 그 애한테 더 이상 좋은 곳이 없다고 생각해요."

"꽃이 예쁘기도 해라, 이런 꽃은 처음 보았네. 오리안, 댁이 아니고선 이렇게 으리으리한 꽃을 못 구해요!" 파름 대공부인은, 몽세르푀유 장군이 공작부인의 수다를 듣지 않았을까 겁나 화제를 바꾸려고 말했다. 그것은 엘스티르가 내 앞에서 그리던 꽃과 같은 종류의 식물이었다.

"마음에 드셨다니 기뻐요. 정말 황홀한 꽃이죠. 연보라 우단 같은 귀여운 목둘레를 구경하세요. 다만, 매우 예쁘고 옷차림 좋은 분들게도 간혹 있듯. 이 꽃은 이름이 야비하고 냄새가 고약해요. 그래도 나는 이 꽃을 썩 좋아합니다. 하지만 좀 슬프게도 시들어가고 있군요."

"그러나 이건 화분에 심었으니, 꺾인 꽃이 아닌데." 대공부인이 말했다.

"그건 그렇지만." 공작부인은 웃으면서 대답했다. "그래도 결국은 마찬가지입니다. 이건 아씨 쪽이거든요. 이건 아씨와 도령이 같은 한 그루에 있지 않은 식물이죠. 나는 암캐를 기르는 사람 같다니까요. 내 꽃을 위해 신랑이 필요하답니다. 그렇지 않고선 아이들을 낳아주지 않거든요!"

"신기하기도 해라. 그럼 자연에서는……."

"그래요, 여러 곤충이 있어 결혼을 밀고나가는 역할을 하죠. 마치 왕가의 경사처럼, 신랑 신부가 한 번 선도 보기 전에, 대리로 혼사를 치르는 것처럼 말이죠. 그래서 나는 하녀에게 일러 이 화초를 될 수 있으면 창가에 내놓아요. 어떤 때는 안마당 쪽, 어떤 때는 정원 쪽의 창가에 말이죠. 그러면 아무래도 필요한 곤충이 와주지 않을까 해서요. 그런데 그건 까다로운 요행에 달려 있답니다. 생각해보세요, 곤충이 마침 같은 종류의 것이자 이성의 것을 찾아가, 그런 뒤에 퍼뜩 생각이 나서 우리집에 명함을 놓으러 와야 하니 말입니다. 여태까지 곤충이 오지 않아, 내 화초는 여전히 품행이 반듯하여 상받을 만한 숫처녀라 생각하오나, 사실 좀더 거리낌 없는 편이 내게는 좋아요. 저기 보세요, 안마당에 있는 저 아름다운 나무도 마찬가지예요. 저 나무도 우리나라에선 희귀종이므로 자식 없이 죽어 간답니다. 저것은, 바람이 맺어주는 소임을 맡았는데, 담이 좀 높아서요."

"과연." 브레오테 씨가 말했다. "단 몇 센티미터만 담을 낮추면 되는 겁니다, 그걸로 충분할 겁니다. 그만한 대책은 다 세워둬야 하는 법이죠. 아까 차려 내신 그 맛난 아이스크림 속에 든 바닐라 향료는 바닐라 나무에서 납니다. 이 식물은 암수가 한데 붙은 꽃을 무수히 피우는데, 단단한 칸막이 같은 것이 그 사이에서 교통차단을 하죠. 그래서 한 번도 열매가 열리지 않다가 어느 날 레위니옹 섬 태생인 알뱅(Albin)이라는 젊은 니그로,*¹ 여담이지만 알뱅은 희다는 뜻이니까 검둥이 이름으론 좀 이상하지만, 그 니그로가 끝이 뾰족한 작은 것으로 분리된 기관을 합치는 생각을 해냈던 겁니다."

"바발, 당신은 신 같아요. 무엇이든 다 아시니!" 공작부인이 외쳤다.

"하지만 댁 또한, 오리안, 내가 꿈에도 몰랐던 여러 가지를 가르쳐주었어요." 대공부인이 말했다.

"실은 대공부인님, 내게 늘 식물에 대한 이야기를 많이 해준 이가 바로 스완이랍니다. 이따금 다과회나 오후 모임에 가기가 귀찮으면 스완과 같이 시골에 갔는데, 그럼 스완은 꽃들의 놀랄 만한 결혼을 보여주었어요. 인간의 결혼보다 훨씬 재미나고, 피로연도 교회도 필요 없어요. 더 멀리는 갈 수 없었지만. 지금 같으면 자동차가 있으니 즐거울 텐데. 그러던 중 불행하게도 스완 자신이 더욱 놀랍고도 훨씬 야릇한 결혼을 하고 말아 모든 일이 까다롭게 됐지요. 정말이지 부인, 삶이란 지겨운 것, 진저리나는 일로 허송세월하다가, 이제야 흥미로운 것을 같이 구경하러 갈 만한 이를 사귀고 보니, 스완 같은 결혼을 하고 말지요. 식물 연구의 산책을 단념하느냐, 수치스러운 여인과 마지못해 교제하느냐, 이 두 재난 사이에 끼어, 나는 전자를 택했어요. 하기야 결국 멀리 갈 필요도 없죠. 우리집 작은 정원 끝머리에서도, 어둠에 …… 불로뉴 숲 속보다 더 많이 예의에 어그러진 일들이 한낮에 일어나나 봐요! 다만 그 짓이 눈에 안 띄는 건 꽃끼리는 매우 간단히 끝나기 때문이죠. 오렌지빛 꽃가루가 이슬비같이 내리든가, 꽃가루투성이인 파리가 와서 꽃 속에 들어가기 전에 발을 씻거나 샤워를 하거나. 그걸로 다 끝난 거예요!"

"꽃 놓인 옷장도 훌륭하네요. 제정식(帝政式)*²인가 봐요." 대공부인이 말했는데, 다윈 및 그 후계자들의 연구와 친숙하지 않은 대공부인은 공작부인이 던진 농담의 뜻을 알아채지 못했다.

━━━━━━━━

*1 사하라 이남의 아프리카에 거주하는 흑인종. 흑인.
*2 나폴레옹 1세 및 3세 치하(治下)에 유행한 양식.

"아름답죠, 마음에 드셔서 기뻐요." 공작부인의 대답. "일품이에요. 늘 제 정식을 좋아했어요, 그게 아직 유행하기 전부터요. 게르망트에서, 바쟁이 몽테스키외네에서 상속받은 제정식의 화려한 가구들을 전부 다락방에서 꺼내오라고 일러, 그걸 내가 살고 있는 옆채에 장식했으므로, 시어머님한테 호된 꾸중을 당한 일이 생각나네요."

게르망트 씨는 빙그레 웃었다. 그렇지만 그는 일의 앞뒤가 매우 다른 방식으로 일어났음을 기억하고 있는 게 틀림없었다. 그러나 롬 대공부인*¹이 시어머니의 악취미에 대해 말하는 농담은 대공이 아내에게 반했던 얼마간 관례가 되다시피 했으므로, 아내에게 애정이 식은 뒤에도, 어머니의 머리가 열등한 데 대한 멸시의 정, 하기야 깊은 애정과 존경에 연결되어 있는 멸시의 정은 남아 있었다.

"이에나네는 웨지우드(Wedgwood)*²의 상감(象嵌)을 한 똑같은 안락의자를 가지고 있는데, 훌륭한 거예요. 하지만 난 우리집 것을 더 좋아해요." 공작부인은 두 가구의 어느 것도 갖고 있지 않은 듯한 공평한 태도로 말했다. "하기야 이에나네가 내겐 없는 훌륭한 것들을 갖고 있다는 사실은 인정하지만요."

파름 대공부인은 침묵을 지켰다.

"정말입니다, 대공부인께서도 그 집의 수집품을 모르시겠지만. 나와 꼭한 번 같이 가셔야겠어요. 파리에서 가장 으리으리한 것들 가운데 하나, 살아 있는 박물관이랍니다."

이 제의는 공작부인으로서도 가장 게르망트적인 거리낌 없는 말과 행동이었다. 이에나네 사람들은 파름 대공부인의 눈에 순 찬탈자, 그 아들이 대공부인의 아들같이, 가스탈라 공작의 칭호를 가진 순 찬탈자로 보였기 때문이다. 그래서 이 제의를 하면서 게르망트 부인은(부인이 자신의 기발한 생각을 존중하는 정도는 파름 대공부인에 대한 경의보다 강했다), 다른 손님들에게 재미있어하는 생글거리는 눈길을 던지지 않곤 못 배겼다. 손님들도 애써 싱글거렸다. 놀라는 동시에 감탄해서, 특히 오리안의 '최신판'을 직접 들어, '따끈한 걸' 떠벌리고 다닐 수 있다는 생각에 기뻐서. 그들은, 공작부인

---

*1 게르망트 부인의 이전 칭호.
*2 영국의 근대 도기예술의 창시자(1730~95).

이 가장 짜릿하고도 쾌적한 사교적 성공을 얻기 위해서 쿠르부아지에풍 편견 따위를 중요시하지 않는 기술을 터득하고 있는 줄 알아, 절반밖에 놀라지 않았다. 요 몇 년 사이에 부인은, 마틸드 대공부인과, 다름 아닌 대공부인의 오라비한테 '우리 가문의 남성은 다 용감무쌍하고 여성은 다 정숙하노라'는 유명한 편지까지 보낸 오말*¹ 공작을 화해시키지 않았는가? 무릇 왕족들이란 신분을 잊으려고 하는 듯 보이는 순간에도 왕족이라서, 오말 공작과 마틸드 대공부인은 게르망트 부인 댁에서 의기투합하여, 그 뒤에도 서로 오가게 되어 과거를 깨끗이 잊었는데, 그것은 루이 18세가 제 형*²의 처형에 찬성했던 푸셰(Fouché)*³를 장관으로 뽑았을 때에 보인 것과 같은 망각능력이었다. 게르망트 부인은 뮈라 대공부인과 나폴리 왕비 사이를 가깝게 하려는 계획도 꾸미고 있었다. 그동안, 파름 대공부인은 네덜란드 왕위의 계승자와 벨기에 왕위의 계승자—하나는 오랑즈 대공이고 또 하나는 브라방 공작—를, 이 또한 오랑즈 대공인 마이넬 씨와 브라방 공작인 샤를뤼스 씨에게 소개하려고 하는 경우와 마찬가지로 몹시 어리벙벙한 모양이었다. *⁴ 그러나 스완과 샤를뤼스 씨(샤를뤼스 씨는 단호하게 이에나네를 무시했지만)가 크게 애를 쓴 결과 겨우 제정식을 좋아하게 된 공작부인이 먼저 외쳤다.

"대공부인, 거짓말은 하지 않습니다. 부인께서 그것을 얼마나 아름답게 생각하실지 모르겠어요! 솔직히 말해 나는 제정식에 늘 강한 인상을 받아왔답니다. 하지만 이에나네에 있는 것은 그야말로 환각의 세계죠. 이집트 원정의…… 뭐랄까, 썰물 같은 것, 그리고 우리를 고대 문명까지 거슬러 올라가게 하는 것, 그런 게 가옥 안에 가득 있는데, 안락의자 다리에 앉아 있는 스핑크스, 촛대에 감긴 뱀, 트럼프 놀이를 하는 데 작은 불빛을 내밀어주거나, 벽난로 위에 얌전히 올라타 괘종(掛鐘)에 한쪽 팔꿈치를 기대고 있거나 하는 큰 뮤즈, 또 폼페이풍 남포등, 나일 강에서 발견해낸 듯한, 거기서 모세

---

*1 루이 필립의 아들(1822~97).

*2 루이 16세.

*3 프랑스의 전형적인 모략 정치가(1763~1820).

*4 마이넬 씨가 곧 오랑즈 대공 본인이고, 게르망트의 조상이 브라방 공작이므로 샤를뤼스도 브라방 공작이라는 칭호를 이어받을 수 있다. 또 뮈라 대공부인은 후기 나폴리 왕비이고, 여기서 말하는 나폴리 왕비는 그 전의 나폴리 왕비, 곧 마리 소피 아멜리(Marie-Sophie -Amélie)를 말한다. 그러므로 어리벙벙할 수밖에 없음.

가 나올 듯한 배 모양의 작은 침대, 사이드 테이블 옆을 따라서 빠르게 달리는 고대의 이륜마차……."

"제정식 의자는 앉기에 편하지 않아요." 대공부인이 큰맘 먹고 말했다.

"그렇군요." 공작부인은 대답했는데, 미소 띠어 강조하면서 덧붙였다. "나는 석류빛 우단이나 초록색 비단을 덮은 그런 마호가니 의자라면 앉기에 편치 않아도 좋아해요. 단단한 의자밖에 모르고, 큰 손님방 한가운데, 권표*¹를 십자로 엇걸어놓고, 월계관을 쌓아놓는 호반의 그 안락하지 못함을 나는 좋아해요. 정말이지 이에나네 들러, 눈앞에 커다란 승리의 무뢰한이 벽화로 그려져 있는 걸 보면 앉는 방식 따위는 잠시도 머리에 떠오르지 않아요. 바깥양반은 나를 못된 왕당파라고 생각할지 모르지만요. 아시다시피 나는 불온 사상가랍니다. 그래서 그 집에 가면 N의 머리글자*²와 벌*³이 좋아진답니다. 여러 왕들의 지배 아래에서, 아주 오래전부터 승리하는 운을 못 받았거든요. 안락의자의 활 위에까지 달아놓을 만큼 왕관을 가져온 그 호반들, 나는 뭔가 멋이 있다고 생각한답니다! 대공부인께서도 부디 가보시죠."

"글쎄요, 댁이 그렇게 생각하신다면, 하지만 그러기가 쉽지 않을 것 같네요." 대공부인의 말.

"아니요, 잘될 거예요. 매우 좋은 사람들이고 바보가 아니니까. 슈브뢰즈 부인을 거기에 데리고 갔는데" 하고, 이 실례의 위력을 아는 공작부인은 덧붙여, "부인이 아주 기뻐하시더군요. 아드님도 썩 호감이 가는 분이에요……. 예절 바르지 못한 말입니다만, 아드님의 침실과 특히 침대는 거기에 있고 싶을 정도…… 물론 아드님 없이! 마찬가지로 예의에 어긋난 말입니다만, 그분이 병으로 누워 있었을 때 한번 찾아간 일이 있어요. 그분의 옆, 침대 테두리 위에 길게 누워 있는 아름다운 인어가 새겨져 있었답니다. 꼬리는 자개로 되어 있고 손엔 백련 같은 것을 들고 있었어요. 참말이지" 하고 게르망트 부인은 덧붙였다—공작부인은 그 삐죽거리는 예쁜 입과 표현이 풍부한 긴 손의 골격으로 두드러지게 하는 듯한 말을 더욱 강조하려고 어조를 느리게 하면서, 또 부드러운, 노려보는 심각한 눈길을 대공부인에게 비끄러매면

---

*1 권력 표시의 막대기 다발(faisceaux).

*2 나폴레옹의 N.

*3 나폴레옹의 문장(紋章).

서—"그 옆에 종려나무 잎 모양과 금관이 있는 게 감동적이었어요, 귀스타브 모로의 〈젊은이와 사신(死神)〉의 구도와 똑같더군요(부인께서는 확실히 그 걸작을 아시죠)."

그 화가의 이름조차 몰랐던 대공부인은, 머리를 세게 끄덕이고 열심히 미소 지으면서 그 그림에 대한 감탄의 정을 표하고자 했다. 그러나 그녀 몸짓의 세참도 상대가 말하려는 바를 모르는 이상 눈에 켜지지 않는 그 빛을 대신하지는 못했다.

"잘생긴 젊은이겠죠?" 대공부인이 물었다.

"아뇨, 맥(貘)같으니까. 눈은 램프 갓에 그리는 오르탕스(Hortense) 여왕*의 눈을 좀 닮고요. 하지만 너무 거창하게 많으면 남자에겐 좀 우스꽝스러울 거라고 생각해선지, 왁스를 발라 윤이 나는 듯한 볼은 마치 이집트 기병 같은 느낌을 줘요. 아마 아침마다 왁스를 바르러 사람이 오나 보죠. 스완은" 하고 부인은 젊은 공작의 침대에 얘기를 되돌리면서 덧붙였다. "그 인어와 귀스타브 모로의 〈사신〉이 비슷한 데 놀랐어요. 하기야" 하고 부인은 더욱 웃기기 위해 빠르나 진지한 투로 덧붙였다. "걱정할 건 없어요, 코감기였는데, 젊은이는 이제 다 나았어요."

"속물이라는 소문인데?" 브레오테 씨는 짓궂은 투로, 흥겨워, '오른손에 손가락이 넷밖에 없다고 하는데, 정말입니까?' 묻기라도 한 듯이 뚜렷한 답을 구하는 표정이었다.

"어……머나, 아아……뇨." 게르망트 부인은 너그러운 미소를 띠며 대답했다. "겉보기에 아주 조금 속물인지 모르죠, 썩 젊으니까. 하지만 사실 속물이라면 이상해요, 영리하거든요." 부인은 이렇게 덧붙였는데, 마치 그녀의 생각으로는 속물과 지성은 절대로 함께 성립할 수 없기라도 한 듯이 말이다. "예민한 분이에요, 익살스러운 분이라고 생각했어요." 부인은 맛을 잘 아는 달통한 사람과도 같이, 아무개에게 익살스럽다는 판단을 내리는 경우엔 쾌활한 표정이 필요하기라도 한 듯, 아니면 이 순간에 가스탈라 공작의 재치있는 이야기가 머릿속에 떠올라선지 또다시 웃으면서 말했다. "하기야 그는 누구도 초대하지 않으니까 속물근성이 있더라도 부릴 데가 없을 거예요." 부

---

* 나폴레옹 1세의 의붓딸이며 나폴레옹 3세의 어머니(1783~1837).

인은, 이렇게 말하면 파름 대공부인의 용기를 그다지 북돋우는 일이 못 된다는 걸 미처 깨닫지 못하고 말을 이었다.

"게르망트 대공은 이에나 부인이라고 막 부르는데, 만일 내가 이에나 댁에 간 걸 안다면 게르망트 대공이 뭐라고 하실까."

"별 생각을 다 하시네요." 공작부인은 엄청나게 흥분해서 외쳤다. "아시다시피 제정식 놀이 도구 한 벌을 질베르에게 넘겨준 건 우리입니다(공작부인은 오늘에 와서 그것을 쓰디쓰게 뉘우쳤다!), 그건 훌륭한 것이죠! 이곳에 놓을 자리가 없어서였지만, 여기가 질베르네보다 훨씬 나았을 거예요. 아주 아름다운 물건이죠, 반은 에트루리아식, 반은 이집트식……."

"이집트식?" 에트루리아식 쪽이 뭔지 모르는 대공부인이 물었다.

"그럼요, 양쪽에서 조금씩, 스완이 그렇게 말하더군요. 스완은 자세히 설명해주었지만 아시다시피 듣는 내가 배운 게 없어서. 그리고 결국 생각해야 할 점은, 제정식 이집트란 진짜 이집트와 아무런 관계가 없고, 제정식으로 표현한 로마인이란 진짜 로마인과 아무런 관계가 없으며, 제정식 에트루리아란……."

"정말!" 대공부인이 놀라 외쳤다.

"그럼요, 그것은 제2제정 시대, 바로 안나 드 무쉬(Anna de Mouchy)[1]와, 친애하는 브리고드[2]의 어머니가 한창 젊었을 무렵, 루이 15세식 의상이라고 부르던 것과 같은 거예요. 아까 바쟁이 베토벤에 대해 말씀드렸죠. 요전 날 베토벤의 곡을 들었습니다만, 매우 아름다운, 좀 차가운 곡인데, 그 안에 러시아풍 주제가 있어요. 그걸 베토벤이 러시아풍이라고 여겼구나 생각하니 애처로워요. 마찬가지로 중국 화가들은 벨리니를 본뜬 줄 여겼답니다. 하기야 같은 나라에서도 아무개가 조금이라도 새로운 방식으로 사물을 바라볼 적마다 인간의 4분의 4는 그 아무개가 표현한 걸 조금도 이해 못해요. 분별하려면 40년은 족히 걸리죠."

"40년이나!"

깜짝 놀란 대공부인이 외쳤다.

"아무렴요." 공작부인은, 활자에서 '이탤릭'이라고 일컫는 것에 해당하는

---

[1] 나폴레옹의 처남인 뮈라(Murat)의 손녀.
[2] 나폴레옹의 시종의 후예인 듯함.

강함을 발음 덕택으로 더욱더 낱말에 덧붙이면서 말을 이었다(사실 거의 내가 말한 것이었지만, 바로 내가 부인 앞에서 그와 비슷한 사념을 늘어놓은 적이 있었기 때문이다). "그것은 이를테면 아직 존재하지 않으나 오래지 않아 몹시 빠르게 번식하는 종족의 고립된 개체, 그 시대의 인류가 못 가진 어떤 감각을 타고난 한 개인이라 할까요. 남들과는 달리 나는 아무리 새로운 것이라도 흥미 있는 표현이라면 언제나 처음부터 좋아했어요. 하지만 요전날 러시아 태공비(太公妃)를 모시고 루브르 관에 가서, 마네의 〈올랭피아〉 앞을 지나갔어요. 지금은 아무도 그 그림에 놀라지 않아요. 앵그르의 작품 같은 거죠. 그렇지만 그 그림 때문에 내가 얼마나 논쟁했는지 모르겠어요, 전체로 봐서 내가 안 좋아하는 그 그림, 그렇지만 확실히 당당한 사람의 작품이에요. 어쩌면 그것을 진열할 자리는 루브르가 아닐지도 모르지만."

"건강하신가요, 태공비께선?" 대공부인이 물었다. 그녀에게는 마네의 모델보다 러시아 황제의 숙모 쪽이 한없이 더 친근했다.

"암요, 우리 둘이서 댁 얘기를 했답니다. 요컨대" 하고, 자기 의견에 아직 미련이 있는 공작부인은 말을 이었다. "실로, 시동생 팔라메드의 말마따나, 인간이란 자기와 남 사이에 외국어의 벽을 쌓고 있죠. 하기야 누구보다도 질베르가 가장 심하다고 생각해요. 혹시 이에나네 집에 가시고 싶다면, 그 가련한 사람이 어찌 생각하든 그런 것에 행동이 좌우되기엔 댁은 너무나 사려 깊으세요. 그 사람은 고지식한 호인이긴 하지만, 결국 다른 세계의 사념을 가진 이죠. 대담왕 필립이나 뚱보왕 루이 시대의 사람이 생각했을 일을 언제나 기준으로 삼는 그 사람보다, 나는 우리집 마부나 말들하고 더욱 가까운 것, 더욱 짙은 혈족 관계를 느껴요. 아, 글쎄, 농촌을 산책할 때, 그는 악의 없는 태도로 농촌 사람들을, '저리 가, 촌놈들 같으니!' 하면서 지팡이로 쫓아버린답니다. 그가 말하는 걸 들으면 고딕식 옛 묘소에 '누워 있는' 분들의 말이라도 들은 것처럼 깜짝 놀라고 말죠. 이 살아 있는 묘석은 내 사촌이지만 조금도 겁나지 않고, 나의 유일한 생각은 그 묘석을 본디 있던 중세기에 그대로 두는 거예요. 그런 못된 짓을 제외하고, 그가 아무도 죽이지 않은 것은 인정해요."

"마침 나는 빌파리지 부인 댁에서 그분하고 같이 저녁 식사를 하고 오는 길입니다." 장군이 말했는데, 게르망트 부인의 농담에 웃지도 않고 동조도 하지 않았다.

"노르푸아 씨도 거기 계셨습니까?" 폰 대공이 물었다. 그는 늘 인문·사회과학 아카데미에 들어가기를 바라고 있기 때문이다.

"암"이라는 장군의 말. "당신네 황제에 대해서도 얘기하더군."

"빌헬름 황제께선 매우 현명한 분인데, 엘스티르의 그림을 안 좋아하시나 보죠. 그게 뭐 나쁘다는 말은 아니에요." 공작부인이 말했다. "나도 황제님과 같은 의견이니까요. 엘스티르가 내 훌륭한 초상화를 그려주었지만 말이에요. 저런! 모르셨나요? 비슷하지는 않으나 신기하답니다. 그분은 자세를 취하고 있는 동안이 재미나죠. 나를 할망구처럼 그리고 말았어요. 할스(Hals)*¹ 〈병원의 여이사(女理事)〉를 본뜬 거예요. 내 조카가 툭하면 쓰는 표현을 빌린다면, 그런 탁월한 작품을 당신은 아실 거라고 생각하는데요." 검은 깃털 부채를 툭툭 치고 있는 공작부인이 이쪽을 돌아다보면서 말했다. 부인은 의자에 똑바로 앉아 머리를 우아하게 뒤로 젖히고 있었는데, 귀부인이면서도 조금 귀부인 티를 내고 있었기 때문이다. 나는 전에 암스테르담과 헤이그에 간 적이 있지만, 시간이 한정되어 있었으므로 뒤죽박죽되지 않도록 하를렘(Haarlem)*² 쪽을 빼고 말았다고 말했다.

"아아, 헤이그, 훌륭한 미술관!" 게르망트 씨가 외쳤다. 나는 게르망트 씨한테 그가 베르메르의 〈델프트 풍경〉을 구경했을 게 틀림없다고 말했다. 그런데 공작은 교양보다도 자존심이 더 높았다. 그래서 그는, 미술관이나 화랑의 작품 가운데 그가 생각나지 않는 작품의 얘기가 나올 적마다 그렇듯, 건방진 태도로 이렇게 대답할 뿐이었다. "볼만한 건 다 봤지!"

"어쩌면! 네덜란드 여행을 하신 길에 하를렘에 들르지 않으셨어요?" 공작부인이 외쳤다. "설령 15분밖에 틈이 나지 않더라도, 할스의 그림은 보아둘 만한 거예요. 할스의 그림이 바깥에 진열되어 있다 가정하고, 전차의 윗자리에서 멈추지 않고 구경할 수밖에 없었다면 두 눈을 부릅떠야 했을 거라고, 나는 기꺼이 말하고 싶어요."

이 말은 내 비위에 거슬렸다. 예술적인 인상이 어떤 식으로 만들어지는지 무시하는 말로 들려, 이 경우, 우리의 눈이 순간 사진을 찍는 한낱 기록 기

---

*1 네덜란드의 화가(1580~1666). 초상화에 특히 뛰어났음.
*2 네덜란드의 도시 이름.

계라는 뜻을 포함하고 있는 성싶었기 때문이다.

게르망트 씨는, 아내가 내게 흥미 있는 문제에 대해 이와 같이 능숙하게 말하는 것이 기뻐서, 아내의 소문난 늠름한 모습을 바라보며, 아내가 프란츠 할스에 대해 하는 말을 듣고 생각했다. '아내는 무엇에나 정통하다. 이 젊은 손님은, 낱말의 모든 의미에서, 또 오늘날 둘도 없는 예스러운 귀부인 앞에 있다고 생각하는 게 틀림없다.' 나는 두 사람을 이와 같이 게르망트라는 이름에서 떼어내보았다. 지난날 그 이름 속에, 나는 상상도 못할 생활을 누리는 두 사람을 상상했지만, 지금 다른 남성이나 여성과 닮아서, 그저 현대인보다 좀 뒤져 있는 것뿐이고, 이 또한 포부르 생제르맹의 가정 대부분이 그렇듯, 아내는 거뜬히 황금시대에 있는데, 남편은 불운하게도, 과거를 잊은 추악한 시대로 내려가버리고, 아내가 아직 루이 15세 시대에 머물러 있을 때, 남편은 야단스럽게도 루이 필립식으로 위아래를 따졌다. 게르망트 부인이 다른 여인들과 비슷하다는 사실은, 처음에는 나에게 하나의 환멸이었는데, 지금은 그 반동으로, 또 거의 갖가지 좋은 술의 도움을 받아 하나의 경탄이 되었다.

오스트리아의 돈 환이나 에스테 가문의 이사벨라*¹는, 이름의 세계에 자리를 차지할 뿐, 대역사와는, 메제글리즈 쪽이 게르망트 쪽과 통하지 않듯이 그다지 통하지 않는다. 에스테 가문의 이사벨라는 실제로는 변변치 못한 공주로, 루이 14세 치하 궁전에서 특별한 위치도 못 얻은 공주들과 비슷했을 게 틀림없다. 그러나 이사벨라는 유일한, 따라서 비교할 수도 없는 어떤 본질을 가진 듯하여, 이사벨라의 위대성을 낮춰 생각할 수 없거니와, 그 때문에 루이 14세와의 밤참이야 그저 어떤 흥밋거리로밖에 느껴지지 않는 반면에, 에스테 가문의 이사벨라 속에서, 초자연적인 상봉을 통해, 소설의 여주인공을 우리 눈으로 보는 느낌이 들 것이다. 그런데 에스테 가문의 이사벨라를 연구하고, 그녀를 꿈 같은 세계에서 역사의 세계로 끈기 있게 옮기고 나서, 그녀의 생활이나 사상이, 그 이름이 암시했던 신비로운 야릇함을 조금도 담고 있지 않음을 확인한 끝에, 완전한 환멸을 맛보았을 때, 이 공주가 만테냐의 그림에 대해, 라프네스트르(Lafenestre)*² 씨의 지식, 그때까지 우리의 멸시를 받아 프랑수아즈풍으로 말한다면 '땅바닥보다 더 낮게' 친 지식과 거

─────────────

*1 15세기의 귀부인으로 만테냐의 후원자.

*2 프랑스의 시인이자 평론가(1837~1919).

의 같은 지식을 가졌음에 한없이 고마워한다. 게르망트라는 이름의 다가가기 어려운 봉우리를 기어오른 다음, 공작부인의 생활 속 비탈을 내려오면서 빅토르 위고, 프란츠 할스, 그리고 아뿔싸, 비베르 같은 다른 데서 익숙한 이름을 발견한 나는, 한 나그네가 중앙아메리카나 북아프리카의 미개한 골짜기는 지리상으로 떨어져 있고 식물 이름도 달라서 생활 습관도 다를 거라고 떠올렸었는데, 거대한 알로에나 맨치닐(manchineel)*¹의 장막을 뚫고 나오자, 거기 사는 주민들이(간혹 로마 극장과 베누스에게 바친 원주의 폐허 앞에서) 〈메로포(Méropo)〉 또는 〈알지르(Alzire)〉*²를 읽는 걸 발견하고 느끼는 것과 같은 경악이다. 내가 알고 있던 교양 있는 중산계급 여인들과는 이토록 멀고 우월하면서도 게르망트 부인이 같은 교양을 통해, 평생 사귀지 않을 중산계급 여인들의 수준으로, 이득 없이, 야심을 가질 이유 없이 내려오려고 애썼던 그 교양에는, 정치가나 의사가 갖는 고대 페니키아에 관한 박식과 같이 칭찬받을 만한 것, 이용 가치가 없는 만큼 거의 감동적인 데가 있었다.

"보여드릴 수도 있는데." 게르망트 부인은 내게 할스에 대해 이야기하다가 상냥하게 말했다. "매우 훌륭한 그림이라고 말하는 분도 있겠지만, 독일에 사는 사촌이 물려준 거죠. 공교롭게 그건 성관에 '봉(封)'해져 있답니다. 이런 말씨를 못 알아들으시죠? 나 또한 그래요." 부인은 옛 관습, 그녀가 무의식적으로 모질게 집착하고 있는 옛 관습을 비웃는(그러는 게 현대식인 줄 믿고 있었다) 취미에서 덧붙였다. "나의 엘스티르를 봐주셔서 기쁘기 그지없지만요, 그 성관에 '봉'한 나의 할스를 보여드릴 수 있었다면 더욱 좋았을 텐데."

"그 그림은 알고 있습니다." 폰 대공이 말했다. "혜세 대공작의 것이 아닙니까?"

"맞아요, 그의 형이 내 누이와 결혼했다오." 게르망트 씨가 대답했다. "게다가 그의 어머님이 오리안의 어머니와 사촌자매간이죠."

"그런데 말이죠, 엘스티르 씨에 대한 일입니다만" 하고 대공은 덧붙여 말했다. "그의 작품을 몰라서 의견이 없습니다만, 황제께서 엘스티르 씨를 한

---

*1 열대산 유독 식물.
*2 둘 다 볼테르의 비극.

사코 싫어하신다고 해서 황제를 비난할 게 아니라고 나는 감히 말해두겠습니다. 황제는 놀랍도록 총명한 분이니까요."

"그럼요, 나는 두 번 정도 그분과 만찬을 했답니다, 한 번은 사강 큰어머니 댁, 또 한 번은 라지빌 숙모 댁에서요. 참으로 신기한 분이구나 생각했답니다. 소박한 분으로 안 보였어요! 하지만 어딘지 모르게 재미나는, '꾸민'(이 낱말을 뚜렷이 드러나게 하면서) 데가 있어요, 초록빛 카네이션처럼. 다시 말해 나를 놀래주지만 그다지 내 마음에 들지 않는 것, 이런 게 다 생겨났을까 놀라긴 하지만 생겨나지 않아도 좋았을 거라고 생각하는 것, 그런 데가 있어요. 귀에 거슬리십니까?"

"황제께서는 이제까지 들은 적 없는 총명을 타고난 분입니다." 대공은 말을 이었다. "황제께서는 미술을 열렬히 좋아하십니다. 미술품에 대해 이를테면 틀림없는 감식력을 가지셔서, 잘못 보는 일이 없습니다. 뭔가 아름다운 것이 있으면 당장 그것을 알아보시고 싫어하십니다. 황제께서 어떤 것을 몹시 싫어하시면 의심할 여지가 조금도 없습니다. 그것은 우수한 것입니다." 모두가 미소 지었다.

"그 말을 듣고 안심했어요." 대공부인이 말했다.

"나는 황공하옵게 황제님을" 하고, 아르케오로그(archéologue, 고고학자)라는 낱말을 바르게(곧 kéologue라고 했듯이) 발음할 줄 모르는 주제에 이 낱말을 쓸 기회를 결코 놓치지 않은 대공은 말을 이었다. "베를린에 사는 노련한 고고학자(대공은 아르세오로그라고 발음했다)에 비기고 싶습니다. 아시리아의 고대 유물을 보면 이 늙은 고고학자는 눈물을 흘립니다. 그러나 요즘의 위조품이라면, 정말로 옛것이 아니라면, 그는 울지 않습니다. 그래서 어느 아르세오로지크*한 물건이 정말 옛것인가 알고 싶을 때 그것을 이 노련한 아르세오로그에게 가져갑니다. 그가 울면 그 물건을 박물관에 사들입니다. 그의 눈이 그대로라면 상인에게 돌려보내 상인을 사기죄로 고소합니다. 그런데 말입니다, 나는 포츠담 궁전에서의 만찬 때마다 황제께서 '그건 꼭 봐야 하오, 천재적인 재능이 넘치는 작품이오'라고 말씀을 내리시는 미술품을, 기억해두었다가 보러 가지 않고, 황제께서 어느 전시회에 대해 벼락을

---

* '고고학적인'의 뜻으로서 아르케오로지크라야 바른 발음.

내리는 소리를 들으면 틈나는 대로 곧바로 거기에 달려갑니다."

"노르푸아는 영·프 제휴파인가요?" 게르망트 씨가 말했다.

"그런 게 무슨 소용이 있다는 거죠?" 폰 대공은 화가 나, 동시에 음흉한 모양으로 물었다. 영국인이라면 참지 못했으리라. "영국인들은 그토록 바보입니다. 나는 영국인들이 군인으로서 나라를 도울 힘이 없다는 걸 압니다. 그래도 영국 장교들의 어리석음에 비춰봐 그들을 어림잡아 판단할 수 있습니다. 내 친구 하나가 최근 보타, 아시다시피 보어(Boer)인*1 우두머리와 담소했습니다. 그가 말했다는군요. '그런 게 군대라니 기가 막혀. 하기야 난 영국 사람을 좋아하는 편이지만, 생각해보구려, 흙 파먹고 사는 일개 농부인 내가, 모든 전투에서 놈들을 두들겨 팼으니 말이오. 요전번 전투에서 스무 배나 되는 적군에게 몰려 어쩔 수 없이 항복했지만, 그래도 나는 2천 명의 포로를 잡는 방법을 발견했지 뭐요! 내가 농민군의 우두머리에 지나지 않아서 좋았지만. 만일 그 바보놈들이 유럽의 진짜 군대와 겨루기라도 하는 날엔 어떤 꼴을 당할지 생각만 해도 놈들이 불쌍하구려!'라고 말입니다. 하긴 나처럼 당신도 잘 아는 그들의 왕, 그가 영국에선 위인으로 통하는 걸 보기만 해도 다 알겠지만."

나는 노르푸아 씨가 나의 아버지에게 하는 말과 비슷한 이런 이야기를 거의 귀담아듣지 않았다. 이런 이야기는 내가 즐기고 있는 몽상에 한 알의 양식도 주지 않기 때문이다. 설령 그 없는 양식을 가졌더라도, 그 양식은 이런 사교의 시간 동안, 내 피부, 손질한 머리칼, 셔츠의 앞쪽, 다시 말해 삶에서 나를 위해 기쁨인 것을 하나도 느낄 수 없는 곳에 내가 머무는 동안, 나의 내적 생명이 깨어날 수 있는 자극성의 품질이라야 했으리라.

"나는 찬성하지 않아요." 게르망트 부인은 말했다. 독일 대공을 요령 없다고 생각했던 것이다. "나는 에드워드 왕을 호감이 가는, 아주 솔직하고, 남들이 생각하는 것보다 훨씬 총명한 분이라고 생각해요. 또 왕비님은 지금도 내가 알고 있는 한 절세미인이세요."

"그러나 공작부인(Matame)." 대공은 화가 나서 남이 싫어하는 눈치도 못 챈 채 말했다. "그렇지만 만약에 드 갈 황태자(Prince de Galles)*2가 보통

---

*1 네덜란드계 남아프리카 이주민. 보타(Botha)는 그 주민의 우두머리.

*2 영국 황태자, 곧 Prince of Wales. 여기서는 영국 왕의 칭호.

사람이었다면 그를 제명하지 않았을 동아리는 하나도 없고 아무도 그와 악수하는 데 동의하지 않았을 거예요. 왕비는 황홀하도록 아름다우나, 매우 온순하고 평범한 분입니다. 어쨌든 그 왕 부부에겐 뭔가 사람을 불쾌하게 하는데가 있습니다. 글자 그대로 인민에 의해 부양되고 있는데, 직접 지급해야 마땅한 경비를 전부 유대인 대금업자들에게 지급하게 하고, 그 대가로 그들을 준남작에 임명하거든요. 마치 빌가리 대공처럼……."

"그분은 우리의 사촌이에요, 재능 있는 분이죠." 공작부인이 말했다.

"내게도 사촌뻘이 됩니다." 대공은 말했다. "그렇다고 그 사람이 훌륭한 인간이라고 생각하진 않습니다. 오히려 당신네들이 접근해야 할 데는 우리 쪽입니다. 이는 황제의 최대 희망입니다. 그러나 황제께서는 그것이 진심이기를 바라시죠. 황제께서는 '짐이 바라는 것은 악수이지 인사가 아니오'라고 말씀하십니다. 그렇게 된다면 당신네는 무적일 겁니다. 그러는 편이 노르푸아 씨가 권하는 영·프 제휴보다 더 실제적일 겁니다.

"노르푸아 씨를 아시죠?" 게르망트 공작부인은 나를 대화 밖에 버려두지 않으려고 물었다. 나는 노르푸아 씨가, 내가 그의 손에 입맞추고 싶은 모양이었다고 말한 일이 기억에 떠올랐는데, 이 일을 게르망트 부인한테 얘기했을 게 틀림없다, 어쨌든 나의 아버지와의 우정에도 불구하고 나를 웃음거리로 만드는 데 망설이지 않은 이상, 나에 대해 부인한테 나쁘게밖에 말할 수 없었겠지 생각하면서, 그래도 사교인이 할 짓은 하지 않았다. 사교인이라면 나는 노르푸아 씨를 몹시 싫어하여 그에게 그 점을 느끼게 했다고 말하리라. 사교인이라면 대사의 험구거리를 만들어준 체하려고 그렇게 말할 것이다. 그러면 험구는 사리에 급급한 허망한 앙갚음밖에 되지 않았으리라. 그런데 나는 그와 반대로, 매우 유감스럽게도 노르푸아 씨는 나를 싫어하는 모양이라고 말했다. "잘못 생각하셨네요." 게르망트 부인은 나한테 대답했다. "그이는 당신을 많이 좋아해요. 바쟁에게 물어보세요. 만약 내가 지나치게 상냥하다는 평판이라면 말이에요, 바쟁은 입에 발린 말을 하지 않으니까요. 바쟁은 말하겠죠, 노르푸아가 당신에 대해서만큼 호의를 가지고 말하는 것을 한번도 듣지 못했다고 말이에요. 또 노르푸아 씨는 요전에 당신을 부내(部內) 좋은 직위에 앉히려고 했답니다. 그런데 당신이 몸이 편치 않아 받아들이지 못하리라는 걸 알고는 다정다감하게도 그 착한 뜻을 존경해 마지않는 아버님께 비치지도 않으셨답니다." 노르푸아 씨에게 신세를 졌다는 것은 전혀 기대하지 않았던 일이다. 사실 남을 빈정거리기 좋아하고 게다가 어지간히 심술궂어서, 떡갈나무 아래에서 재판하는 생루이 왕 같은 외모, 좀 지나치게 말 많은 입에서 튀어나오는 목소리, 금세 동정적인 가락을 띠는 그 목소리에 홀린 사람들은, 그 말에 진심이 있는 줄 생각한 사람이 자기들의 험담을 했다는 걸 알자, 이는 명백한 배신이라고 여기게 마련이다. 이러한 험담이 그의 경우 어지간히 잦았다. 그런데도 그가 친화감을 갖고, 좋아하는 이들을 칭찬하며, 그들의 일을 돌보아주는 기쁨을 갖는 데 별로 지장이 없었다.

"하긴 그분이 당신을 높이 평가하는 건 당연한 거예요." 게르망트 부인은 나에게 말했다. "그분은 총명하니까요. 그리고 나는 잘 이해가 가요." 부인은 남들한테, 내가 모르고 있는 결혼 문제를 암시하면서 덧붙였다. "우리 큰어머님은 옛날 애인으로서도 노르푸아 씨에게는 냄새가 날 정도이니까, 새 부인으로서는 무용지물로 여겨지고 있다는 것을 말이에요. 게다가 큰어머님은 이제 애인 소리를 들을 자격이 없어진 지도 오랜 모양이에요, 신앙심이 독실한 큰어머님이니까. 보즈 노르푸아(Booz-Norpois)*는 빅토르 위고의 시 속에 있듯이 다음 같이 말할 수 있죠.

나와 함께 오랫동안 잠자던 그녀,
오 주여, 내 잠자리를 떠나 주의 잠자리에!

참말이지, 가여운 큰어머니는 한평생 아카데미와 싸우다가 만년에 와서 자기들의 작은 아카데미를 창립하는 전위파 예술가들, 아니면 사사로운 종교를 멋대로 만들어내는 환속자들 같다니까요. 그럴 바에야 차라리 수도를 지키든지 아니면 처음부터 서로 들러붙지 않든지 하는 게 낫죠. 또 누가 압니까." 공작부인은 꿈을 꾸는 듯한 표정으로 덧붙였다. "상대를 잃었을 때를 예상했을지도 모르죠. 떳떳하게 치르지 못 하는 초상만큼 쓸쓸한 게 따로 없으니까요."

"아냐, 만일 빌파리지 부인께서 노르푸아 부인이 된다면, 내 생각에 우리

---

* 보즈는 구약성서 룻기에 나오는 룻의 남편 보아스. 여기에다 노르푸아 씨를 합쳐서 지어낸 성명. 다음의 시는 위고의 〈잠자는 보즈〉 시구.

의 사촌 질베르는 병이 날걸." 생조제프 장군이 말했다.

"게르망트 대공은 좋은 분이지만, 사실 가문과 예의범절을 매우 소중히 여겨요." 파름 대공부인은 말했다. "나는 그분의 시골 댁에서 이틀간 지낸 일이 있답니다. 공교롭게 대공부인은 병환 중이셨지만. 나는 꼬마(몸집이 크기 때문에 위놀스타인 부인에게 붙여진 별명)와 함께였어요. 대공은 현관 앞 층계까지 내려와서 나를 기다려주었는데, 꼬마는 못 본 체했습니다. 2층 손님방 앞까지 올라가자 나를 들여보내려고 몸을 비키면서 '흠! 안녕하시오, 위놀스타인 부인' 하고 말했습니다(헤어진 뒤론 언제나 그렇게밖에 안 부르죠), 그때 비로소 꼬마를 언뜻 본 체하면서. 아래까지 인사하러 갈 상대가 아니라는 걸 보이고자 말이에요."

"조금도 놀라운 일이 아닙니다. 새삼스럽게 말할 필요도 없지만." 매우 현대적이라 자처하고, 누구보다도 가문을 멸시할 뿐만 아니라 공화파라고까지 자처하는 공작이 말했다. "나와 사촌은 그다지 공통된 의견이 없습니다. 부인께서도 우리 두 사람이 거의 모든 일에 대해 낮과 밤이 다르듯 합의하지 못하는 걸 짐작하시겠지요. 그러나 만에 하나라도 나의 큰어머니가 노르푸아와 결혼한다면 그때만큼은 질베르의 의견에 찬성하겠습니다. 플로리몽 드 기즈의 따님 되는 분이 그런 결혼을 하다니, 이는 속말로 암탉들도 웃을 일입니다. 도리 없지요." 공작은 이 마지막 말을 보통 어느 한 말을 하다가 입 밖에 내곤 했는데, 여기선 전혀 쓸데없는 일이었다. 하지만 말끝마다 말하지 않고선 못 배겼으므로, 다른 데에 놓을 자리가 없으면 한 구절의 끝에 붙였다. 그에게 이는 무엇보다 운율의 문제였다. "하긴" 하고 그는 덧붙였다. "노르푸아 가문은 출신지도 선조도 좋은, 충직한 귀족이지만요."

"이봐요 바쟁, 질베르처럼 말할 바에야 질베르를 비웃을 필요가 없잖아요." 게르망트 부인이 말했다. 게르망트 부인에게는 가문의 '좋음'이 포도주의 '좋음'과 같아, 게르망트 대공이나 공작과 마찬가지로 정확히 그 오래됨에 있었다. 그러나 사촌만큼 솔직하지 않고, 남편보다 더 약은 그녀는, 담소하는 데 게르망트 기질에 어긋나지 않고 싶어, 행동으론 신분을 존중하지만 말로는 무시했다.

"한데 댁하고는 사돈의 팔촌쯤 되지 않습니까?" 생조제프가 물었다. "노르푸아는 첫 결혼을 라 로슈푸코 가문의 딸과 했나 본데."

"그런 식으론 아닙니다. 그 여인은 라 로슈푸코 공작 가문의 분가 태생이고, 내 할머님은 두도빌 공작 가문 태생이십니다. 가문 가운데 가장 현명한 분, 에두아르드 코코*의 할머니가 되는 분이죠." 현명하다는 것에 대해 좀 천박한 견해를 지닌 공작이 대답했다. "그런데 이 두 가문은 루이 14세 시대 이후 인척 관계를 맺지 않았습니다, 그러니 사돈의 팔촌도 안 되죠."

"저런, 흥미 있는데요, 그런 줄 몰랐습니다." 장군은 말했다.

"하긴" 하고 게르망트 씨는 말을 이었다. "노르푸아의 어머니는 몽모랑시 공작의 누이로, 처음에 라 투르 도베르뉴 가문의 한 분하고 결혼했었나 봐. 그런데 그 몽모랑시네는 거의 정통인 몽모랑시 가문이 아니고, 또 그 라 투르 도베르뉴네는 정통인 라 투르 도베르뉴 가문이 전혀 아니니까, 나는 결국 노르푸아를 대단한 신분으로 안 봐요. 그의 생각으론 신분이 가장 중요한 것인가 본데, 생트라유 가문에서 내려온 집안이라고 그는 말해요. 그런데 우리 집은 그 직계니까……."

콩브레에 생트라유 거리가 있었는데, 나는 되새겨본 적도 없었다. 그것은 라 브르토느리 거리에서 루아조 거리로 통하는 곳이었다. 그런데 잔 다르크의 동지인 이 생트라유는 게르망트 가문의 한 여인과 결혼했으므로 콩브레의 백작령을 게르망트 가문에 넘겨주었고, 생트라유의 문장(紋章)이, 생틸레르 성당의 그림 유리창 아래쪽에 있는 게르망트 가문의 문장을 네 쪽으로 나누고 있다. 나는 거무스름한 사암(砂岩) 계단이 생각났다. 그리고 어떤 억양이 이 게르망트라는 이름 속에, 전에 듣고는 잊어버린 그 가락, 내가 오늘 저녁 식사한 집의 상냥한 주인들을 뜻하는 가락과는 아주 다른 그 가락을 다시 살아나게 했다. 게르망트 공작부인이라는 이름이 내게는 집합명사의 하나였다면, 역사 속에서 이 이름을 지녔던 온갖 여인들의 덧붙임으로서뿐 아니라, 유일한 이 게르망트 공작부인 속에, 수많은 갖가지 여인이 겹쳐 있음을 이미 보았고, 다음의 여인이 꽤 성립되었을 때 먼저 여인이 차례차례 사라져갔던 나의 짧은 젊음을 통해서이기도 했다. 낱말이 몇 세기 동안에 뜻을 바꿔가나, 이름은 몇 해 사이에 더 넓게 그 뜻을 바꾼다. 우리의 기억과 마음은 변하지 않을 만큼 크지는 않다. 우리의 현 사념은 살아 있는 사람 옆

---

* 라 로슈푸코의 별명.

에 죽은 사람을 그대로 둘 만한 자리가 없다. 우리는 먼저 있던 것 위에 지어야 하지만, 먼저 있던 것이 다시 발견되는 건, 생트라유라는 이름에 지금막 실행한 바와 같은 발굴의 우연에 달렸을 뿐이다. 나는 이런 것들을 설명하는 일이 쓸데없다고 생각했으며, 게다가 조금 전 게르망트 씨가 나한테 "자네는 우리 고향을 모르시나?" 물었을 때, 대답하지 않음으로써 말 없는 가운데 거짓말을 한 셈이었다. 아마도 게르망트 씨는 내가 그의 고향을 알고 있음을 알았을 테고, 또 굳이 묻지 않은 것은 오로지 교양이 높았기 때문이었으리라. 게르망트 부인이 나를 몽상에서 끌어냈다.

"나는 이런 것이 다 재미없어요. 이보세요, 우리집이라고 이렇게 늘 싫증나게 하진 않아요. 그 대신에 가까운 날 만찬에 다시 와주세요. 이번은 족보 없이." 내가 부인 댁에서 어떤 매력을 발견하고 있는지 이해 못하는, 또 시대에 뒤진 화초로 가득한 표본 상자로서 나를 기쁘게 할 뿐인 겸허함도 없는 공작부인이 나한테 작은 목소리로 말했다.

게르망트 부인이 나의 기대를 실망시킨 줄로 생각한 것이, 실은 반대로 끝머리에 와서—왜냐하면 공작과 장군은 족보 이야기를 그치지 않았으니까—빈틈없는 환멸에서 나의 하룻저녁을 모면해주었다. 여태까지 어떻게 나는 환멸을 느끼지 않았을까? 만찬의 손님마다, 신비로운 이름, 내가 그것으로 그 사람을 알거니와 멀리 몽상했을 뿐인 그 이름에, 내가 알고 있는 모든 사람과 같거나 못한 체구와 지능을 걸치고 있어, 평범하고 저속한 인상을 내게 주었다. 마치 덴마크의 헬싱괴르 항구에 들어갔을 때 그것이 햄릿에 열중한 독자에게 주는 듯한 인상이었을 것이다. 이러한 지리적인 지방과 먼 과거는 그들의 이름 속에 크게 자란 나무 숲과 고딕풍의 종류가 깃들어, 어느 정도 그들의 용모, 기질과 편견을 형성하고 있음에 틀림없으나, 결과 속의 원인처럼, 다시 말해 지성의 힘으로 그것을 끄집어낼 수 있을지 모르나, 상상력으로는 조금도 감지할 수 없는 형태로밖에 남아 있지 않았다.

이러한 옛풍의 편견은 게르망트 부부의 친구들에게 잃어버린 그들의 시를 곧바로 돌려주었다. 물론 귀족들이 지닌 여러 관념은, 그들을 학식 있는 사람으로, 낱말 아닌, 이름의 어원학자로 만드는(이 또한 부르주아계급의 어중간한 무식자와 비교해서 하는 말. 왜냐하면 같은 평범한 사람이라도, 독신자 쪽이 종교 예식에 대해 신앙 없는 자보다 더 잘 대답할 수 있을 테지만,

그 대신에 교권 반대자인 고고학자가 제 교구석 사제에게 그 성당에 대한 모든 것을 가르쳐줄 수 있는 경우가 흔하기 때문이다) 이런 지식은, 진실을 말한다면, 곧 정신 세계에 한해서 말한다면, 이 대귀족들에 대해 한 부르주아에 대해 가졌을 매력조차 없었다. 귀족들은 기즈 공작부인이 동시에 클레브 오를레앙, 포르시앙 따위의 대공부인이라는 사실을 나보다 잘 알는지는 모르나, 그들은 이런 이름보다 앞서 이미 기즈 공작부인의 얼굴을 알고 있었으니까, 그들에게 이 이름은 얼굴을 반영한다. 나는 오래지 않아 가뭇없이 사라지고 말지 모르나 요정을 통해서 시작했고, 그들은 현실의 여인을 통해서 시작했던 것이다.

부르주아 가정에서 손아래 누이가 손위 누이보다 먼저 결혼하기라도 하면 시새움이 생기는 것을 볼 수 있다. 귀족 사회도 마찬가지로, 특히 쿠르부아지에네 사람들이 그러했지만, 게르망트네 사람들 또한 그렇다. 내가 책에서 읽어 알고 있는 유치한 것(이것이 나에게는 귀족 사회에 대해서 느끼는 유일한 매력이지만)에 의하여 귀족으로서의 위대성을 단순히 가족 안의 높은 지위로 격을 낮춰버린다. 탈르망 데 레오(Tallemant Des Réaux)*¹는, 게메네*² 씨가 동생에게 '들어오게, 여긴 루브르 궁전이 아니야!'라고 소리치고, 또 로앙 기사에 대해(클레르 몽 대공의 사생아였으므로) '저래뵈도 대공이야!' 했다고 의기양양하게 이야기한 건, 로앙 가문의 일 대신 게르망트네 사람들을 두고 하는 말 같지 않은가. 이날의 대화에서 듣기 거북한 한 가지는 뢱상부르 공국의 후계자인 호감 가는 대공작에 대한 터무니없는 풍문을 생루의 동료들 사이에서와 마찬가지로 이 살롱에서도 곧이곧대로 믿고 있는 일이었다. 아무리 생각해도 이는 하나의 전염병으로, 두 해도 못 갈 테지만 모두에게 퍼지고 있었다. 같은 허풍이 되풀이되고, 거기에다 다른 허풍을 덧붙인다. 뢱상부르 대공부인마저 조카를 두둔하는 체하면서, 조카를 공격하

---

*1 《일화집(逸話集)》의 작자(1619~92).

*2 《일화집》에 나오는 인물. 그의 동생 아보구르가 3년 전에 우기기를 사륜마차를 타고 루브르 궁전에 들어가겠다고 했으나 지키지 못했다. 한번은 아보구르의 마부가 게메네 집 현관 앞에 말을 매두는 걸 보고, '들어오게, 여긴 루브르 궁전이 아니야!' 하고 외쳤다는 일화가 있음.

기 위한 무기를 제공하는 것을 나는 눈치챘다. "자네가 그를 두둔하는 건 잘 못이오." 게르망트 씨는 생루가 그랬듯이 내게 충고했다. "이보게, 모두 똑같은 우리 친척들의 의견은 그만두고라도, 그 사람의 하인들에게 물어보시구려, 우리를 가장 잘 아는 사람이야 뭐니뭐니해도 하인들이니까. 전에 뢱상부르 부인이 자기가 부리는 어린 검둥이를 조카에게 준 일이 있었소. 그런데 그 검둥이가 울며불며 돌아왔지 뭐요. '대공작님이 나를 때려, 나는 비루한 놈이 아냐, 대공작은 심술사나워, 놀라워' 하면서. 나는 일부러 이런 말을 하는 거라오, 오리안의 사촌이니까."

하기야 이 저녁 동안 사촌과 사촌자매라는 낱말을 몇 번이나 들었는지 나는 알 수 없다. 한편에서는 게르망트 씨가 남의 입에서 튀어나오는 이름마다 거의 매번 "그건 오리안의 사촌이오" 하고, 마치 숲 속에서 방향을 잃은 사람이, 푯말 위에 거꾸로 붙인 두 화살 끝에 몇 리 안 되는 숫자 다음 '카지미르 페리에 망대(望臺)'와 '프루아 뒤 그랑 브뇌르'라고 적혀 있는 것을 보고, 자신이 길을 잃지 않았다는 사실을 알았을 때의 기쁨 같았다. 또 한편에서는 이 사촌형제와 사촌자매라는 낱말은, 식후에 찾아온 터키 대사부인에 의해 아주 다른 의도로(이곳에서는 예외적이겠지만) 쓰였다. 사교상의 야심에 불타 동화하는 실력이 왕성한 대사부인은, 1만 명 퇴각*의 역사나 새들의 성적인 도착(倒錯)을 쉽게 배웠다. 경제학, 정신병리학, 수음(手淫)의 여러 형태, 에피쿠로스 철학을 다루는, 독일의 최근 연구에 대해서 모르는 것이 하나도 없을 정도였다. 하긴 하는 말을 곧이듣기가 위험천만한 여인이었다. 그도 그럴 것이 늘 오해만 하여, 나무랄 데 없는 정숙한 여인을 화냥년으로 생각하고, 순수한 의도로 생기 있는 사내에 대해 저놈 속이 구리니 경계하라고 주의시키며, 책에서 나온 듯한 이야기, 내용이 진지해서가 아니라 있을 법하지 않은 그런 이야기를 하기 때문이다.

이 무렵 그녀는 거의 초대되지 않았다. 몇 주 동안 게르망트 공작부인처럼 으리으리한 부인네들의 집에 드나들었으나 대체로, 지체 높은 집으로서는, 게르망트네 사람이 드나들지 않게 되고 만 알려지지 않은 분가 따위에 하는 수 없이 한정되었다. 그녀는 사교계에 받아들여지지 않는 자기 벗들의 대단

---

* 기원전 401년 그리스군의 역사적 철퇴.

한 이름을 주워섬기면서 어엿한 사교인인 척하고 싶어했다. 그러자 게르망트 씨는 그것이 자기 집의 만찬에 자주 오는 이들에 대한 일인 줄 여겨, 정통한 고장에 들어서는 기쁨에 부르르 떨면서 집합 나팔을 불어대었다. "그이는 오리안의 사촌이죠! 내 주머니 속같이 잘 알죠. 바노 거리에 살죠. 그녀의 어머님께선 위제스 가문의 따님이시죠."

대사부인은 자기가 든 예가 더 작은 동물에서 일어났음을 털어놓을 수밖에 없었다. 대사부인은 게르망트 씨를 비스듬히 휘어잡아 자기 벗을 게르망트 씨의 벗에게 연결시키려고 애썼다. "말씀하시는 분을 나도 잘 알아요. 하지만 내가 말하는 건 그분이 아니라 그 사촌 되는 분입니다." 그러나 불쌍한 대사부인이 던진 썰물 같은 이 말은 금세 사라졌다. 실망한 게르망트 씨가 이렇게 대답했기 때문이다. "아아, 그럼, 누구를 두고 하는 말씀인지 모르겠는데요." 대사부인은 대꾸 한마디 못 했으니, 이야기하는 사람의 '사촌'밖에 몰랐는데도, 그 사촌이라는 게 흔히 사돈의 팔촌뻘도 아니었기 때문이다. 다음에 게르망트 씨 편에서 '그이는 오리안의 사촌이죠'라는 새 밀물이 들어왔다. 이 말이 게르망트 씨에게는, 한 마디 한 마디 속에, 라틴 시인들에게 편리한 형용사, 그들의 육각시(六脚詩)를 위해 장단단격(長短短格)이나 장장격(長長格)을 제공해주기 때문에 편리한 형용사와 동일한 실지 이익을 가지고 있을 성싶었다. 하지만 '그이는 오리안의 사촌이죠'라는 폭발도 게르망트 대공부인에게 붙여지는 경우만은 적어도 당연했으니, 대공부인은 사실 공작부인의 가까운 친척이었다. 대사부인은 이 대공부인을 좋아하지 않는 모양이었다. 대사부인은 목소리를 낮춰 속삭였다. "그녀는 바보예요. 천만에, 아름답기는 뭐가 아름다워요. 헛명성이에요. 게다가." 그녀는 사려가 깊은 동시에 반발하는 듯하고도 단호한 태도로 덧붙였다. "그녀는 정말이지 마음에 들지 않아요." 그런데 이 사촌 관계는 더 멀리 넓혀지는 일이 많았다. 게르망트 부인은 적어도 루이 15세 시대까지 거슬러 오르지 않고선 공통된 조상을 못 찾는 이들에게도 '아주머니'라고 부르는 것이 자신의 의무라 생각했다.

한편 시절이 고약해 한 대부호의 딸이 어느 대공과 결혼했는데, 이 대공의 고조할아버지가 게르망트 부인의 고조할아버지처럼 루부아 가문의 딸과 결혼했기 때문에, 대부호인 아메리카 여인은 게르망트 저택을 처음 방문했을 때부터, 하기야 여기서 얼마간 푸대접받아 적잖이 본색이 드러났지만, 게르망트 부인한테 '아주머니'라고 불러댔는데, 게르망트 부인은 아주머니다운 미소를 띠고 내버려두었다. '가문'이라는 것이 게르망트 씨와 보세르푀유 씨한테 무엇이건 내겐 대수롭지 않았다. 두 사람이 이 문제에 대해 나누는 대화에서, 나는 주로 어떤 시적인 기쁨을 찾고 있던 것이다. 그들은 그 기쁨을 자신들도 모른 채 내게 마련해주었다. 마치 농부나 어부가 농사나 조수에 대해 말하듯, 너무나 신변에 가까운 현실이라 그들 스스로 거기서 아름다움을 맛보지 못하는데 나 혼자 아름다움을 추려내는 소임을 맡은 격이었다.

간혹 이름이 생각나게 하는 것은 혈통보다 오히려 특수한 한 사건, 한 시기였다. 게르망트 씨가 브레오테 씨의 어머니가 슈아죌 가문 태생이며 할머니가 뤼생즈 태생임을 되새기는 말을 들은 나는, 수수한 진주 단추를 단 평범한 셔츠 밑에, 존엄한 유물, 프라슬랭 부인*¹과 베리 대공*²의 심장이 수정으로 만든 둥근 두 그릇 속에 피 흘리고 있는 모습을 보는 듯한 느낌이 들었다. 다른 유물은 더욱 육감적이었다. 탈리앙 부인이나 사브랑 부인의 가늘고도 긴 머리칼.

이따금 내가 보는 것은 단순한 유물만이 아니었다. 그들의 선조들이 어떠했는지 아내보다 더 잘 아는 게르망트 씨는, 옛 거처 같은 아름다운 모양, 실다운 걸작이야 없으나, 평범하고도 장중한 진짜 그림으로 가득하고 전체가 당당한 옛 거처 같은 아름다운 모양을 대화에 주는 여러 추억을 가지고 있었다. 아그리장트 대공이 어째서 X대공은 오말 공작을 두고 말할 때 '아저씨'라고 했느냐고 묻자, 게르망트 씨가 대답했다. "그 어머님의 오빠인 뷔르템베르크 공작께서 루이 필립의 왕녀와 결혼했기 때문이오." 그러자 나는 카르파초나 멤링크(Memlinc)*³가 그린 유물함(遺物函)에서도 똑같은 것을 떠올렸다. 첫 부분, 왕녀가 시라귀즈 대공에게 구혼차 보낸 사절을 물리치는 꼴을 당한 화풀이를 보이려고, 오누이 사이인 오를레앙 공작의 결혼식에 수수한 정원의 옷차림으로 나타나는 그림부터, 왕녀가 그 팡테지 성관, 어느 가문 못지않게 귀족적인 장소에서, 사내아이 뷔르템베르크 공작(지금 내가 만찬을 같이하는 대공의 아저씨)을 분만하는 마지막 그림까지. 이러한 장소

＊1 슈아죌 공작부인. 1847년 남편에게 살해됨.

＊2 샤를 10세의 아들(1778~1820).

＊3 플랑드르의 화가(1430~94).

에서 역사의 인물이 한 세대 이상에 걸쳐 한둘 이상 연결되어 있다. 특히 팡테지 성관에는 바이로이트 변경(邊境) 총독부인에 대한 추억과 남편의 성관이*¹이 마음에 들었다고 하는 좀 변덕스러운 대공부인(오를레앙 공작의 누이)의, 또 바바리아 왕의, 끝으로 X대공의 추억이 있다. 그런데 바로 거기가 X대공의 주소여서, 조금 전만 해도 X대공은 게르망트 공작한테 그 주소로 편지를 보내달라고 부탁했다. 그도 그럴 것이 X대공은 그것을 상속받아, 바그너의 상연 동안만, 또 하나의 유쾌한 '변덕스러운 사람'인 폴리냐크 대공에게 빌려주었기 때문이다.

게르망트 씨가 어떤 촌수로 아르파종 부인의 친척이 되는지 설명하려고, 손 이은 할머니 네 명이나 증조할머니 다섯 명을 연이어 아주 간단히 거슬러 올라 마리 루이즈 황후나 콜베르까지 멀리 가야만 했을 때도 같았다. 이러한 경우에, 역사상 큰 사건은 소유지의 이름 속에, 한 여인의 세례명, 그 여인이 루이 필립과 마리 아델리의 손녀라서(또 루이 필립과 마리 아멜리도 프랑스의 왕과 왕비로서가 아니라 오로지 조부모로서 유산을 남긴 분이라는 정도로 여겨지는) 그렇게 붙인 세례명 속에, 가려져, 변질되어, 한정되어 지나치는 길에 나타날 뿐이었다(발자크 작품의 인명 사전 속에는 또 다른 이유로 저명한 인물이 《인간 희극》과의 관계에 따라서밖에 나오지 않아, 나폴레옹도 라스티냐크(Rastignac)*²보다 작은 자리밖에 차지 못하고, 다만 생 시뉴(Cinq-Cygne)의 아가씨들*³에게 말을 건넸으므로 그나마의 자리도 차지한다). 이렇듯 귀족 사회란 묵직한 구조 안에 뚫린 창이 거의 없어 햇빛이 좀체 들어오지 않고, 로마네스크식 건축과 마찬가지로 날아갈 듯한 모양 없이, 또한 똑같게 틈새 없이 투박한 힘을 보이며, 온 역사를 넣어두고, 가두고, 뭉갠다.

그래서 내 기억의 공간은 여러 이름으로 조금씩 덮여가고, 그 이름들은 각각 서로 조정되고, 구성되어, 서로 점점 더 복잡한 관계를 맺으면서, 마치

---

*1 팡테지(fantaisie)라는 뜻이 '환상'이고, '변덕스러운', '기이한'의 형용사가 팡타스크(fantasque)라서 이런 신소리가 나옴.

*2 《파리 생활 정경》에 나오는 인물.

*3 《암흑 사건》에 나오는 아가씨. 생 시뉴네의 아가씨는 단 한 명뿐이다. 따라서 아가씨'들'이란 표현은 착오.

완성된 미술품, 단 하나의 필치도 고립된 것 하나 없이, 각 부분이 차례로 다른 부분에서 존재 이유(raison d'être)를 받으며 거꾸로 다른 부분에 자기의 존재 이유를 주장하는 미술품을 닮아갔다.

뤽상부르 씨의 이름이 다시 화제에 오르자, 터키 대사부인은 다음과 같이 이야기했다. 젊은 부인의 할아버지(밀가루와 밀가루 반죽으로 막대한 재산을 모은 이)가 뤽상부르 씨를 오찬에 초대했더니, 뤽상부르 씨는 이를 거절하는 편지 봉투에 '제분업자……님'이라고 썼는데, 이에 할아버지는 '매우 친밀한 분위기에서 자네를 만나는 기쁨을 누릴 수 있었을 텐데 못 오다니 더욱 섭섭하구나. 아주 작은 모임으로, 식사에 제분업자와 그 아들과 자네밖에 없었을 테니까'라고 답장을 보냈다는 이야기였다. *1 나의 친애하는 나소(Nassau) *2 가 아내의 할아버지(더구나 그이한테서 유산을 받게 될 것을 알고 있었다)에게 '제분업자'라는 칭호로 편지를 써 보냈다니 도덕적으로 있을 수 없는 일임을 아는 나에겐 이 이야기가 불쾌했을 뿐만 아니라, 첫마디부터 어리석음이 나타나 있었다. 제분업자라는 호칭은 라 퐁텐의 우화 제목을 꺼내기 위해 쓴 것이 너무나 뻔했다.

그러나 포부르 생제르맹에는 어리석은 데가 있으며, 악의가 이를 더하게 하여, 저마다 이 대답을 멋진 '일격'이라 생각하고, 할아버지가 손주사위보다 윗수인 재치를 보였다고, 대단한 인물이라고, 곧 다들 자신 있게 잘라 말했다. 샤텔로 공작은 이 일을 계기로, 내가 카페에서 들었던 이야기, '다들 누워 있었다'는 이야기를 하려고 했는데, 첫 몇 마디, 뤽상부르 씨가 게르망트 씨한테 자기 아내 앞에서 일어나기를 요구한 일을 꺼내자마자, 공작부인이 가로막아 반대했다. "아니에요, 그이는 웃기긴 하지만, 그래도 그 정도까지는 아니에요." 나는 뤽상부르 씨와 관련된 말썽이 모두 한결같이 거짓이며, 그 말썽에 낀 사람이거나 구경한 사람들의 하나가 내 앞에 있을 때마다 틀림없이 같은 부정을 들을 거라고 마음속으로 굳게 믿었다. 그렇긴 하지만 나는 게르망트 부인의 부정이 사실을 존중해서인지 아니면 자존심 탓인지 의심스러웠다. 아무튼 자존심이 악의 앞에 물러간 듯 부인은 웃으면서 덧붙

---

*1 라 퐁텐의 우화 제목 《제분업자와 그 아들과 당나귀》를 두고 비꼰 말. 당나귀는 '바보'라는 뜻도 됨.

*2 뤽상부르 대공작의 또 하나의 이름, 뤽상부르 왕녀의 조카.

였다. "하기야 나도 좀 모욕당한 적이 있어요. 그이가 나를 뤽상부르 대공부인한테 소개하겠다고 모임에 초대했어요. 그이는 자기 아내를, 제 아주머니한테 편지를 쓰면서, 대공부인이라고 부르는 좋은 취미를 가졌답니다. 나는 유감스럽지만 사양하는 답장에 다음같이 덧붙여 말했어요. '대공부인'—하고 인용 부호를 넣고—에 대해서 말인데, 대공부인이 만일 나를 찾아오겠다고 하면, 나는 목요일마다 5시 이후 집에 있다고 전해주시라고요. 또 한 번 모욕을 당한 일이 있어요. 룩셈부르크에 갔을 때, 내가 그이에게 전화를 걸어 바꿔달라고 일렀어요. 그러나 전하께선 이제부터 식사하십니다, 이제 막 식사를 마치셨습니다라는 말뿐, 두 시간이 지나도 바꿔주지 않아, 나는 다른 수단을 썼어요. '나소 백작을 바꿔주시겠어요?'라고요. 그러자 그이는 아픈 데를 찔려 곧바로 달려나오더군요." 모두가 공작부인의 이야기와 이와 비슷한 이야기에 웃어댔다. 비슷한 이야기, 다시 말해 내 확신으론 거짓 이야기였다. 왜냐하면 이 뤽상부르 씨보다 머리가 좋은, 훌륭한, 영리한, 명백히 말해서 더 이상 섬세한 인간을 만난 적이 없기 때문이다. 나중에 내가 옳았던 것을 알게 되리라. 온갖 '통렬한 야유' 가운데, 게르망트 부인이 친절한 한마디를 넣었음을 나는 인정해야 한다.

"그이는 본디 그렇진 않았어요. 이성을 잃기 전, 이야기책에 있듯이, '왕이 된 줄 아는 사내'가 될 만큼 바보는 아니었고, 약혼 시절의 첫 무렵, 그이는 그것을 뜻하지 않은 행운처럼 어지간히 호감을 주는 투로 말하기까지 했어요. '이건 정말 동화 같습니다, 나는 동화 속 마차를 타고 룩셈부르크에 입성해야 될까 봐요' 하고 그이는 아저씨인 오르네상에게 말했답니다. 그러자 오르네상이 대답하기를, 그도 그럴 것이 아시다시피 룩셈부르크는 작으니까, '동화 속 마차론 못 들어갈까 걱정되네. 차라리 염소 수레를 타고 가게나'라고 했답니다. 그 말에 나소는 화를 안 냈을 뿐만 아니라 제 입으로 우리한테 그 이야기를 하고는 웃었다니까요."

"오르네상은 재치가 넘치지. 과연 피는 못 속여. 어머니가 몽죄네 태생이시거든. 그런데 불쌍하게도 오르네상은 병이 심한가 봐."

오르네상이라는 이름에는 한없이 계속될 성싶은 싱거운 험담을 멈추는 힘이 있었다. 과연, 게르망트 씨가 오르네상 씨의 증조할머니는 마리 드 카스티유 몽죄의 손아래 누이로 티몰레옹 드 로렌의 아내, 따라서 오리안의 아주머니뻘이 된다고 설명하기 시작했다. 그래서 대화는 족보 쪽으로 되돌아왔다. 그러는 동안 어리석은 터키 대사부인은 내 귀에 속삭였다. "당신은 게르망트 공작의 마음에 든 모양인데, 주의하세요." 내가 그 설명을 묻자 부인이 덧붙였다. "다 말하지 않아도 알게 되겠지만, 저분에겐 딸이라면 안심하고 맡겨도 아들은 그럴 수 없는, 그런 분입니다." 그런데 게르망트 씨만큼 여인을, 여성만을 열렬히 좋아하는 사람도 따로 없었다. 착오이긴 하나 고지식하게 믿은 거짓이야말로 대사부인에게는 그 바깥에서 움직일 수 없는 생활 공간 같은 것이었다. "저분의 동생 메메는, 하기야 다른 이유로도(샤를뤼스 씨는 대사부인에게 인사도 하지 않았다) 정말 싫지만, 공작의 품행을 진정으로 한탄하더군요. 그의 큰어머니 되시는 빌파리지 님도 그렇구요. 정말, 나는 그분이 좋아요. 그분이야말로 고상한 부인, 옛 귀부인의 전형이십니다. 미덕의 본보기일 뿐만 아니라, 신중한 분이십니다. 날마다 만나는 노르푸아 대사, 말이 나왔으니 말입니다만, 터키에 훌륭한 추억을 두고 오신 그 노르푸아 대사한테 지금도 '므시외(Monsieur, 님)'라고 하십니다."

나는 족보 얘기를 들으며 대사부인에게 대꾸도 하지 않았다. 족보라고 전부 다 중요한 것은 아니었다. 얘기 중에, 게르망트 씨가 가르쳐준 뜻밖의 인척 관계가 신분 낮은 상대와의 결혼이었다는 일까지 있었다. 하지만 이런 혼인에도 매력이 없지 않았으니, 7월 왕정 시대 게르망트 공작과 프장사크 공작을 유명한 뱃사람의 아름다운 두 딸과 맺어준 혼인은, 그와 같이 이 두 공작부인에게, 이국적인 부르주아풍이라 할 만한 우아함, 루이 필립적인 인도풍의 우아함이라는 뜻하지 않은 멋을 주었기 때문이다. 또는 루이 14세 지배 아래, 노르푸아네 가운데 한 사람이 모르트마르 공작의 딸과 결혼했는데, 그 화려한 칭호는, 내가 지금껏 개성 없는 것으로 생각해왔으며 최근의 것이라고 여긴 노르푸아라는 이름을, 그 먼 시대에 쇠망치로 두들겨, 거기에 메달의 아름다움을 깊게 아로새기는 것이었다. 하기야 이런 경우, 오직 이름이 알려지지 않은 쪽만 접촉으로 혜택을 입는 건 아니었다. 지나치게 이름나서 평범해진 또 한쪽의 이름은, 이 새롭고도 아리송한 모습으로 한결 더 인상 깊었다. 마치 눈부신 색채화가가 그린 초상화 가운데에서 가장 마음을 사로잡는 것이 가끔 검은색으로만 그린 초상화이듯. 서로 멀리 떨어져 있는 줄 여겨온 다른 이름 옆에 와서 앉는, 이런 온갖 이름이 새로운 이동성을 타고

난 듯 느껴진 것이, 오로지 내 무지 탓만은 아니었다. 한 칭호가 반드시 한 땅에 붙어 있고, 한 가족에서 다른 가족으로 따라간 시대에도, 이런 이름은 내 머릿속에서 쉽사리 교차 운동을 실행했던 것이다. 따라서 이를테면 느무르 공작*¹이나 슈브뢰즈 공작*² 등의 칭호인 아름다운 봉건적인 건물 안에, 마치 소라게의 환대한 거처에 있듯 웅크린, 기즈, 사부아 대공 오를레앙, 뤼인 따위를 나는 연이어 발견할 수 있었다. 때로는 수많은 사람이 같은 한 조가비를 차지하려고 경쟁했다. 오랑즈 대공 영지에 대해서는 네덜란드 왕가와 마이넬네 사람들, 브라방 공작 영지에 대해서는 샤를뢰스 남작과 벨기에 왕가. 또 많은 이들이 나폴리 대공, 파름 공작, 레지오 공작의 칭호를 노리고 있다. 때로는 이와 반대로, 소유주가 죽은 지 오래되어 조가비가 오래전에 텅 비어, 나는 어느 성관의 이름이 그다지 멀지 않은 시대에 가문의 이름이었는 줄 짐작 못하는 적도 있었다. 그래서 게르망트 씨가 몽세르퀴유 씨의 질문에 대답하여 "아니죠, 나의 사촌누이는 열렬한 왕당파였습니다. 올빼미당의 반란*³에서 어떤 소임을 맡았던 페테른 후작의 따님이시니까"라고 말하자, 발베크에 머문 뒤로 줄곧 성관의 이름이라 생각했던 그 페테른이라는 이름이, 내가 꿈에도 그리지 못한 가문의 이름이 되는 것을 보고, 작은 탑과 현관 앞 층계가 생명이 있는 인간으로 바뀌는 만큼이나 놀라웠다. 이 의미에서 역사는, 한낱 족보의 역사에 지나지 않은 경우에도, 오래된 돌을 되살린다고 하겠다. 파리 사교계에, 게르망트 공작이나 라 트레모유 공작에 못지않은 소임을 맡고, 우아함이나 재치 때문에 더 인기 있으며, 가문도 비슷하게 높은 사람들이 있었다.

그러나 그들도 오늘날에 와서는 망각 속에 빠졌다. 그도 그럴 것이 그들에게 자손이 없어, 그들의 이름은 귀로 듣는 일이 없고, 마치 알려지지 않은 이름같이 울리기 때문이다. 기껏해야 인간의 이름이라고는 꿈에도 생각 못하는 사물의 이름으로, 먼 촌락에 있는 성관의 이름으로 남는다. 가까운 날, 부르고뉴의 끝에서 성당을 구경하려고 샤를뢰스라는 작은 마을에 걸음을 멈추는 나그네, 만일 그가 학구심이 모자라서 또는 바빠서 묘석을 살피지 않는

---

*1 루이 필립의 아들(1814~96).
*2 뤼인 공작의 아들(1646~1712).
*3 프랑스 혁명 뒤 1803년에 일어난 왕당파의 내란.

다면 이 샤를뤼스라는 이름이 가장 지체 높은 귀족들과 어깨를 나란히 할 정도의 사람 이름이었음을 모르고 말리라. 이런 생각 끝에, 돌아가야겠다는 것을, 게르망트 씨의 족보 이야기를 듣는 동안에 그의 동생과 만날 약속 시간이 가까워졌다는 것을 나는 떠올렸다. 나는 계속 생각해보았다. 누가 알랴, 어느 날 게르망트라는 이름마저, 우연히 콩브레에 걸음을 멈춰, 질베르 르 모베의 그림 유리창 앞에서, 테오도르가 말하는 계승자들의 설명을 참을성 있게 듣거나 또는 사제가 쓴 안내서를 읽는 고고학자를 떼놓고, 한 곳의 이름으로 되고 말는지. 하지만 위대한 이름은 꺼지지 않는 한 그 이름을 지닌 사람들을 빛나게 한다. 그래서 이런 가문의 저명이 내 눈에 주는 흥미는, 바꾸어 말하면 오늘날에서 출발하여, 그 가문을 14세기 너머까지 점점 거슬러 올라가면서 뒤를 밟아, 샤를뤼스 씨의, 아그리장트 대공의, 파름 대공부인의 온 선조들이 쓴 수기와 편지를 발견할 수 있는 데 있다. 그 먼 과거에는 뚫고 들어갈 수 없는 어둠이 부르주아 가문의 기원등인 한 이름이 던지는 빛나는 역광선 밑에, 게르망트네 아무개들의 특수한 신경작용, 어떤 악덕, 방탕 따위의 기원과 그 잔류(殘留)를 식별할 수 있을 것이다. 현존하는 자손들과 병리학상으로도 거의 비슷한 그들은, 세기에서 세기로 그들의 통신자들에 대한 불안한 관심을 끌어왔다. 그들이 팔라틴 공주와 모트빌 부인*1 이전의 사람이건, 또는 리뷰 대공*2 이후의 사람이건.

　하기야, 역사에 대한 내 호기심은 미학적 기쁨에 비해 약했다. 늘어놓은 이름들은 공작부인의 손님들, 별나지 않은 살로 된 우둔한 또는 영리한 얼굴이 평범한 인간으로 바꾸고 만 손님들을 비육체화해서, 결국 나는 현관의 신발닦개에 닿았을 때, 이름들이 사는 마법 세계의 들목에 왔다고 생각했는데 실은 그 세계의 끝이었다. 아그리장트 대공만 해도, 그 어머니가 모데나 공작의 손녀인 다마스라는 말을 내가 듣자마자, 불안정한 화합물에서 어느 분자가 떨어지듯, 그를 알아보는 데 방해가 된 얼굴과 말에서 나뉘어, 한낱 칭호에 지나지 않는 다마스와 모데나가 힘을 모아 훨씬 매혹적인 화합물을 만들어냈다. 아무런 관계도 없는 줄 알았던 이름이 지닌 흡인력으로 움직여진 하나하나의 이름은, 내 두뇌 속에 차지하고 있던 꼼짝 않는 장소, 습관의 힘

─────────────
*1 두 사람 모두 17세기 후반의 사람. 전자에게는 서간집, 후자에게는 회상록이 있음.
*2 18세기 후반의 장군으로 수필집이 있음.

에 윤을 잃은 장소를 버리고, 모르트마르 가문, 스튜어트 가문 또는 부르봉 가문과 합치면, 보기에 한결 더 우아한 갖가지 색깔의 작은 가지를 그려냈다. 게르망트라는 이름마저 사라질 만큼 다시 더욱더 붉게 타오르는 온갖 아름다운 이름, 내가 이제 막 거기에 붙어 있는지 안 이름에서, 눈 깜짝할 사이에 새 뜻을 받았다. 기껏해야 호기롭게 부풀어 오르는 줄기 끝머리마다, 앙리 4세의 아버지 또는 롱그빌 공작부인*같이 현명한 왕 또는 이름 높은 공주의 모습으로 꽃피는 것을 나는 볼 수 있었다. 하지만 이런 모습이 바로 손님들의 모습과 다른지라, 나로서는 속된 경험과 사교적 평범함의 찌꺼기로 두껍게 칠해져 있지 않아, 그 아름다운 소묘와 변하기 쉬운 반사 빛깔이 그대로 그 이름들에 굳게 맺어져 있으며, 그 이름들은, 고른 간격을 두고, 각기 다른 색깔로, 게르망트네 족보 나무에서 떨어져나와, 그리고 마치 예수의 계보를 그린 옛 그림 유리창에 보이는 예수의 선조들 모양으로, 유리 나무 양쪽에 서로 어긋나게 놓여 갖가지 색으로 꽃피어 있는 반투명한 순을 불투명한 이물(異物)로 흐려놓지 않았다.

벌써 여러 번 나는 물러나려고 했는데, 이는 다른 이유에서보다도 내가 있으므로 이 모임, 내가 오랫동안 아름다울 거라고 상상해온 모임, 또 나 같은 방해꾼이 없었더라면 틀림없이 그랬을 모임이 하찮게 될 수밖에 없었기 때문이다. 내가 떠나기만 하면, 문외한이 없으므로 손님들은 비로소 비밀 회의를 열게 될 것이다. 비밀 의식을 거행코자 모였으니 그것을 거행할 수 있으리라. 그들이 모인 것이 물론 프란츠 할스나 인색한 사람에 대해서, 그것도 부르주아 계급이 말하는 투로 지껄이기 위해서가 아니었기 때문이다. 내가 있어선지 다들 대수롭지 않은 일밖에 얘기하지 않아, 나는 격리된 이 예쁜 부인들을 보고서, 이분들이 포부르 생제르맹의 비밀스러운 삶을 가장 품위 있는 살롱에서, 내가 있으므로, 못 누리게 된 것을 보고 마음이 아팠다. 그러나 내가 끊임없이 돌아가려고 하는데도 게르망트 부부가 희생심을 발휘해 번번이 말려 미루게 했다. 더욱 신기한 것은, 서둘러, 넋을 잃고, 곱게 몸단장하고, 보석을 별처럼 반짝이며 왔건만, 내 탓으로, 포부르 생제르맹 안의 다른 곳에서 베푸는 파티와 본질적으로 하나도 다른 게 없는 만찬에—마치

---

* 대(大)콩데(le Grand Condé)의 누나로서, 유명한 문학 살롱을 주재했음(1619~79).

발베크에 와서도 눈에 익은 것과 다른 시가에 있는 느낌이 안 나듯—참석한데 지나지 않은 부인들의 대부분은 마땅히 실망했어야 옳건만 그렇지 않고, 게르망트 부인에게 그녀들이 지낸 즐거운 하룻저녁을 진심으로 감사해 하면서 물러갔다. 마치 내가 없는 다른 날도 그다지 별난 일이 일어나지 않았던 것처럼.

이러한 이들이 몸단장하고, 그토록 폐쇄적인 살롱에 부르주아 계급의 여인네들을 못 들어오게 한 것은 참으로 이 같은 만찬회 때문이었을까? 내가 있어도 다를 바 없는 이 같은 만찬회 때문이었을까? 나는 문득 의심해보았지만, 터무니없는 생각이었다. 상식적으로도 떨쳐버려야 옳은 의심이었다. 또, 만일 내가 이런 의심을 인정했다면, 게르망트라는 이름에 뭐가 남았을까, 콩브레 이래 이미 품위가 떨어진 그 이름에?

하기야 꽃 같은 이 아가씨들은 이상할 만큼 간단히 남에게 만족하기 쉬운, 또는 남을 만족시키고 싶어하는 이들이었다. 왜냐하면 그날 저녁 내내 그 어리석음에 나 스스로 얼굴이 붉어질 두세 마디밖에 건네보지 않았던 부인이 살롱을 떠나기에 앞서 내게 와서 쓰다듬는 듯한 아름다운 눈길을 쏟고, 가슴을 둘러싸는 난초 송이를 고치면서, 나를 알게 되어 얼마나 기쁜지 모르겠다고 말하고, 게르망트 부인과 '날을 잡은' 다음에 '어떻게 해보겠다'—만찬에 초대함을 암시하는 말이었다—는 뜻을 전했기 때문이다.

꽃 같은 이 부인들은 아무도 파름 대공부인보다 먼저 떠나지 않았다. 대공부인이 그대로 있는 까닭은—아무도 전하보다 먼저 가버려서는 안 되므로—내가 그대로 남아 있도록 게르망트 부인이 끈기 있게 말린, 나로서는 짐작도 못 한 두 이유 가운데 하나였다. 파름 대공부인이 일어서니 그것은 해방 같은 것이었다. 부인들이 모두 대공부인 앞에 무릎을 꿇자, 대공부인은 그녀들을 일으키고, 그녀들은 외투를 가져오게 하인을 불러도 좋다는 허락을, 무릎 꿇고 구원하는 그녀들에게 내리는 축복처럼, 입맞춤 속에서 받았다. 그래서 문 앞에서, 프랑스 역사에 남을 위대한 이름들의 이를테면 고함치는 낭송이 일어났다. 파름 대공부인은 게르망트 부인이 감기들까 봐 현관까지 배웅하러 내려오는 것을 말렸다. 말리는 말에 공작이 덧붙였다. "이봐요, 오리안, 부인께서 허락하셨소, 의사가 한 말을 잊지 말라니까."

"파름 대공부인께서 자네와 함께한 만찬에 매우 만족하신 모양이오." 나는 이와 같은 흔히 쓰는 말을 알고 있었다. 공작은 반대쪽에서 손님방을 가로질러 일부러 내 앞까지 와서, 내게 자격증을 직접 전해주기라도 하듯 또는 비스킷을 내밀듯이 간곡하고도 자신 있는 태도로 이러한 관용어를 말했다. 나는 공작이 이 순간에 느끼고 있는 성싶은 기쁨, 그의 얼굴에 잠시 이토록 부드러운 표정을 주는 기쁨을 보자, 그 대신에 지금 드러내고 있는 이런 배려야말로, 노망 들어도 아직 지키기 쉬운 명예직같이, 목숨이 다하기까지 의무를 다할 배려임을 느꼈다.

내가 돌아가려 하자, 대공부인의 시녀가 손님방으로 다시 들어왔다. 게르망트 영지에서 딴 카네이션, 공작부인이 파름 부인에게 주었던 카네이션을 가지고 가는 걸 잊었기 때문이다. 시녀는 어지간히 얼굴이 붉어져 있어, 몹시 야단맞은 게 뻔했다. 남들에겐 착한 대공부인일지라도 시녀의 미련한 짓만은 참을 수 없었을 테니까. 그래서 시녀는 카네이션을 들고 부랴부랴 달려갔는데, 그래도 태연자약함과 고집이 센 모양을 지키려고, 내 앞을 지나치는 길에 톡 쏘았다. "대공부인은 나를 굼벵이로 아시죠, 그분은 어서 떠나고 싶어하고 그대로 카네이션을 갖고 싶어하신다니까. 흥, 내가 뭐 참새인가, 한 번에 여러 곳에 훨훨 날아가게."

아뿔싸! 전하보다 먼저 못 일어서는 이유는 그뿐이 아니었다. 내가 곧바로 떠날 수 없었던 것은 또 하나의 이유가 있었기 때문이다. 쿠르부아지에네 사람들이 겪지 못한 그 소문난 사치, 부유한 또는 반쯤 파산한 게르망트네 사람들이 마구 써서 벗들을 즐겁게 하는 데 뛰어난 그 사치는, 내가 생루와 함께 여러 번 겪었던 바와 같이 물질적인 사치가 아니라, 미사여구의 친절한 행동의 사치, 진정한 마음의 풍요함에 길러진 구술(口述)의 온갖 멋이었다. 그런데 마음의 풍요함은 사교계의 무위 속에서는 쓸모가 없었으므로, 그것은 간혹, 그 당장뿐인, 그만큼 더 세심한, 게르망트 부인의 경우엔 참된 애정이라고 생각하는 어떤 정열로서 나타나 거기에서 배출구를 찾는 것이었다. 하긴 진정이 흘러나와 넘치는 순간에 부인은 그것을 느꼈다. 그도 그럴 것이 그런 때 부인은 동석한 남녀 친구들과의 교제에서 도취, 결코 관능적이 아니라 오히려 음악이 어느 사람에게 주는 것과 비슷한 도취를 맛보았기 때문이다. 부인이 윗몸에서 꽃이나 로켓을 떼어내, 오늘 저녁을 계속해서 함께 보내고 싶은 이에게 주는 일이 있었다. 더 함께 오래 있어본들 닿을 곳이라야, 한동안의 감동이 주는 기운 찬 기쁨이라곤 그림자조차 안 비치는 헛된 담소, 그 뒤에 남는 나른함과 쓸쓸함이 봄의 첫 더위와도 같은 헛된 담소밖에 없으리라. 우울하게 느끼면서도 이러한 부인들이 입 밖에 내는 약속을 받은 벗으로 말하면, 전에 들어왔던 어느 것보다 더욱 도취시키는 약속에 속지 말아야 할 것이, 그녀들은 한때의 따사로움을 몹시 강하게 느끼는 나머지, 속된 놈들이 모르는 섬세한 마음씨와 기품을 가지고서, 이 한때를 우아하고도 착한 감동 어린 걸작으로 만들어내어, 나중에 그런 때가 다시 오면 줄 것이 그녀들 자신에게 하나도 없기 때문이다. 그녀들의 애정은 그것을 일으킨 흥분 뒤에는 남지 않고, 또 상대가 듣고 싶어할 것을 다 짐작해 그것을 그녀들로 하여금 말하게 했던 섬세한 재치가, 며칠이 지나면 상대의 쑥스러움을 파악해, 그것을 가지고, 또다시 그 짧은 '음악적인 순간'의 한때를 함께 맛보고 있는 중인 손님들의 또 하나를 웃기게 할 것이다.

나는 하인에게 현관 앞으로 겨울 부츠를 가져오도록 했다. 눈송이가 조금 날리더니 금세 진창으로 변한 눈을 대비해, 운치 없는 줄은 모르고 신고 온 것이다. 모두 비웃는 것을 보고 부끄러웠던 게 기억나는데, 특히 제일 부끄러웠던 것은 파름 부인이 아직 돌아가지 않아서 미국제 고무 구두를 신는 나를 보고 있음을 알았을 때였다. 대공부인이 내게로 돌아왔다. "어쩌면! 기막히네요." 그녀는 외쳤다. "얼마나 실용적이야! 이분이야말로 영리한 분이시네, 우리도 이것을 사야 해요." 그녀가 이렇게 시녀한테 말하는 사이, 사내종들의 비웃음은 존경심으로 변하고, 손님들은 내 주위로 몰려와 어디서 이런 신기한 것을 찾아냈느냐고 물었다. "이것만 있으면 아무 걱정 없겠네요, 다시 눈이 내려도 아무리 먼 데 가도. 계절이 있으나마나네요." 대공부인은 나에게 말했다.

"어머! 마님, 그 점이라면 안심하세요." 시녀가 꾀바른 표정으로 가로막았다. "눈은 다시 오지 않을 테니까요."

"그걸 어떻게 알지?" 늘 인자했던 파름 대공부인은, 시녀의 어리석은 행동만은 화가 나서 날카롭게 물었다.

"마님께 딱 잘라 말씀드리죠. 다시는 눈이 내릴 수 없어요, 사실상 불가능해요."

"어째서?"

"다시는 눈이 내리지 못해요. 그 때문에 필요한 수를 썼어요. 소금을 뿌렸거든요."

소박한 시녀는 대공부인의 노기도 남들의 쾌활도 통 알아차리지 못했다. 그도 그럴 것이 잠자코 있기는커녕, 쥐리앙 드 라 그라비에르 제독에 대한 나의 부인 따위 아랑곳없이 생글거리며 말했다. "하긴 상관없어요. 이분은 바다에 익숙한 발을 가졌을 테니까. 피는 속이지 못하니까요."

파름 대공부인을 배웅하고 나자, 게르망트 씨는 내 외투를 들고 말하였다. "자, 내가 외투를 걸쳐드리지." 그는 이런 표현을 쓰면서도 미소조차 짓지 않았으니, 아무리 속된 말투라도 게르망트네에 특유한 짐짓 소탈한 체 꾸미는 태도 때문에 도리어 귀족적으로 되기 때문이다.

부자연스러웠으므로 결국은 우울해질 수밖에 없는 흥분, 내가 드디어 게르망트 부인 댁에서 나와, 샤를뤼스 댁으로 가는 마차 안에서 느낀 것은, 게르망트 부인과는 아주 다른 투였으나, 그것이었다. 우리는 두 힘 가운데 어느 하나를 골라 거기에 몸을 맡길 수 있다. 하나는 우리 자신에게서 솟아나, 우리의 깊은 인상에서 나오며, 다른 하나는 밖에서 온다. 전자는 자연히 하나의 기쁨, 창조자의 삶이 퍼뜨리는 기쁨을 동반한다. 또 하나의 흐름, 바깥 사람들에게 뒤흔들린 동요를 우리 안에 들이밀려고 시도하는 흐름은 즐거움을 동반하지 않는다. 그러나 우리는 반격에 의해, 한 도취, 부자연스러워서 금세 권태로 또는 쓸쓸함으로 변하는 도취, 그 때문에 사교인 대부분의 얼굴이 침울하고, 어떤 이는 자살까지 할 만큼 심한 신경 증상을 보이는 도취에 빠지면서 거기에 즐거움을 더할 수 있다. 그런데 나를 샤를뤼스 댁으로 데리고 가는 마차 안에서, 나는 이 두 번째 흥분에 사로잡혔다. 그것은 내가 지난날 다른 마차 안에서 느꼈던 사사로운 인상을 통해 주어진 흥분과는 달랐다. 한번은 콩브레에서 페르스피에 의사의 이륜마차에 앉아 마르탱빌 성당의 종루가 석양에 뚜렷하게 그려지는 것을 본 적이 있다. 또 어느 날 발베크에서 탄 빌파리지 부인의 사륜마차 안에서 길섶 나무가 내게 주는 희미한 추억을 풀려고 했다. 그러나 이 세 번째 마차 안에서, 내 마음에 떠오른 것은, 게르망트 부인의 만찬회에서 그토록 지루하게 느낀 대화, 이를테면 독일 황제, 보타 장군, 영국 군대에 대한 폰 대공의 이야기 같은 것이었다. 나는 이제야 그런 이야기를 마음의 입체경(立體鏡)에 끼웠다. 우리가 이제는 우리 자신이 아니게 되자, 사교적인 얼을 타고나 우리 삶을 남들한테서밖에 받으려고 하지 않게 되자, 우리는 곧 이 입체경을 통해서 남이 말한 것과 한 일을 드러나게 한다. 시중 드는 사환한테 두터운 정분을 느끼는 취객처럼, 나를 빌헬름 2세와 잘 아는 사이이며 그 사람에 대해 재치 있는 일화를 이야기해준 인물과 만찬을 함께한 나의 행복—하기야 그때는 행복이라곤 느끼지 않았지만—에 스스로 감탄했다. 그리고 대공의 독일 사투리와 함께 보타 장군의 이야기를 떠올리면서, 나는 크게 웃었다. 마치 이 웃음이, 마음속의 감탄을 더 크게 하는 갈채와 같이, 희극미를 강하게 하는 데 꼭 필요한 것처럼. 확대경을 통해 보면, 게르망트 부인의 의견 가운데 어리석다고 생각했던 것(이를테면 프란츠 할스의 그림을 전차에서 봐야 했을 경우에 대한 것)마저 하나의 생기를, 이상한 깊이를 띠었다. 또 말해둘 것은, 이 흥분은 금세 깨어났을망정 궤도를 벗어난 것은 아니었다는 점이다. 우리가 가장 업신여긴 이가, 우리가 좋아하는 아가씨와 친한 것을 알고는, 우리를 아가씨한테 소개해줄지 몰라, 이용 가치나 호감이 가는 구석이 하나도 없는 줄 알았는데 그것이 생겨나서, 어느 날 그 사람과 아는 사이임이 요행이 되는 일이 있듯, 교우 관계와 마찬가지로 어느 날 뭔가를 거기서 꺼내지 못하는 이야기란 없다. 게르망트 부인이 전차에서 보아도 흥미 있을 거라는 그림에 대해 나에게 말한 것은 틀린 의견이긴 하나, 그래도 나중에 내게 귀중한 것이 된 참의 한 부분을 담고 있었다.

마찬가지로 부인이 내게 인용한 빅토르 위고의 시는, 사실 위고가 아주 새로운 사람이 된 시대, 진화의 길 위에 더욱 복잡한 기관(器官)을 갖춘, 아직 알려지지 않은 문학을 출현시킨 시대 이전의 시대에 속하는 작품이었다. 이런 초기 시대에, 빅토르 위고는 자연계처럼 명상거리를 주는 데 만족하지 않고, 아직 몸소 명상한다. '팡세',* 위고는 이것을 그 무렵엔 가장 올바른 꼴로, 공작이 이 낱말에 부여한 것, 게르망트 성관의 큰 잔치에 초대된 사람들이, 성관의 앨범에 서명한 다음에 철학적이고 시적인 감상을 적는 것을 진부하고도 번잡한 짓이라고 생각해, 처음 오는 사람들에게 애원하는 말투로 '부

---

* 사상, 감상.

인 성함을, 하지만 팡세는 말고!'라고 했을 때, 이 낱말에 준 것과 거의 같은 뜻에서 표현했다. 그런데 게르망트 부인이 초기 위고의 작품 속에서 좋아한 것은 이 '팡세'였다(바그너 제2기 작품 속에 '곡조'나 '가락'이 없듯이 《여러 세기의 전설》*¹엔 볼 수 없었다). 그러나 전혀 잘못이 아니다. 위고의 팡세는 감동시키는 데가 있고, 이미 그 둘레에, 꼴이야 아직 나중에 닿은 깊이를 갖추지 못했지만, 다양한 낱말과 가락이 풍부한 음으로 물결쳐 부서져, 이를테면 코르네유에게서 발견할 수 있는 시구와 같은 것으로 볼 수 없게 했다. 코르네유의 시구에는 간격을 두고 되풀이되는, 억눌린, 그만큼 더 감동시키는 낭만주의가 있긴 하나, 생명의 육체적 근원까지 스며들지 못해, 관념이 숨은 곳인 총합할 수 있는 무의식의 유기체, 하지만 보편화할 수 있는 유기체를 조금도 바꾸지 않았다. 그러므로 내가 그때까지 위고의 후기 시집에만 관심을 둔 게 잘못이었다. 물론 게르망트 부인의 대화를 장식한 것은 초기 시집 가운데 한 부분에 지나지 않았다. 그러나 그와 같이 한 시구를 인용하고 보면 도리어 이끄는 힘이 몇 배로 늘어난다. 만찬회 동안에 내 기억 속에 들어온 아니, 돌아온, 몇몇 시구가, 그것이 늘 끼여 있는 시편 전체를 이번엔 자기화(磁氣化)시켜, 엄청난 힘으로 자기 쪽으로 끌어서, 전류에 닿은 내 손은 《동방 시집》,*² 《황혼의 노래》*³를 묶은 한 권 쪽으로 끌리는 기운에 이틀 이상 맞설 수 없었다. 나는 프랑수아즈의 사내종이 내 《가을의 나뭇잎》*⁴을 고향에 선물한 것을 저주하고, 당장 다른 책을 사오도록 이 사내종을 보냈다. 나는 이 시집을 샅샅이 다시 읽고, 게르망트 부인이 인용한 시구가, 부인이 뿌린 빛 속에서 나를 기다리고 있는 것을 언뜻 보기까지 진정되지 않았다. 이런 모든 이유에서 공작부인과 나눈 이야기는 성관의 도서실에서 펴낸 여러 지식과 닮아 있었다. 시대에 뒤진, 불완전한 그 도서실은 지능을 이루는 힘이 전혀 없으며, 우리가 좋아하는 거라곤 거의 가지고 있지 않지만, 그래도 간혹 신기한 참고와 우리가 모르고 있던 명문의 인용문을 제공해주어, 나중에 그것을 알게 된 것이 영주 덕분임을 떠올려 행복에 빠진다.

---

*1 위고의 서사시집.
*2 위고의 초기 시집, 1828년.
*3 역시 위고의 시집, 1835년.
*4 역시 위고의 시집, 1831년.

그래서 우리는 《파르마 수도원》에 붙인 발자크의 서문이나 주베르의 발표되지 않은 편지를 발견했다고 해서, 그 성관에서 지낸 생활의 가치를 과장하고 싶어지고, 하룻저녁의 요행 때문에 그 생활의 경솔함을 잊어버린다.

이렇게 살펴 내려오면, 사교계가 처음엔 내 상상이 기대한 바에 대응할 수 없어, 다른 사회와 다른 점보다는 도리어 먼저 공통점으로 내게 강한 인상을 주었건만, 사교계는 내 앞에 점점 별개의 것으로 나타났다. 대귀족이란 농민들과 마찬가지로, 우리가 무언가 배울 수 있는 거의 유일한 사람들이다. 그들의 대화는 땅, 예전대로 있는 거처, 옛 풍습, 돈의 세계가 꿈에도 모르는 온갖 것으로 꾸며진다. 갈망이 가장 적은 온건한 귀족이 몸담았던 시대를 겨우 따라잡았다 하자. 그래도 어린 시절을 떠올릴 적에, 그의 어머니, 아저씨, 왕고모들이, 오늘날 거의 알려지지 않은 생활과 그를 잇는다. 오늘날 시신을 모시는 방에 들어간다면, 게르망트 부인은 지적하지야 않을 테지만 관례에 어긋난 모든 점을 파악했으리라. 게르망트 부인은 어느 장례식에 나가, 여인들로만 치러야 할 특별한 예식에 남녀가 섞여 있음을 보고 눈에 거슬렸다. 푸알(poêle)*1은, 부고 기사에 푸알의 끈을 잡는 이는 누구누구라고 나오기 때문에, 블로크라면 틀림없이 장례식에만 쓰이는 것인 줄 알 테지만, 게르망트 씨는 아직 어릴 적에 마이넬 씨의 결혼식에서 푸알을 걸친 걸 본 적이 있었다. 생루는 귀중한 '족보', 부이용 가문의 초상화, 루이 13세의 편지를 팔아 카리에르의 그림과 현대 양식의 가구를 산 대신에, 한편 게르망트 부부는 한 감정, 예술에 대한 뜨거운 사랑이 아마도 작은 소임밖에 못해 그들을 평범한 인물로 만들고 있는 감정에 움직여, 불(Boulle)*2이 만든 놀라운 가구류를 간직하고 있었는데, 그것이 예술가한테 썩 매력 있는 조화로 보였다. 문학가 또한 게르망트 부부의 대화에 홀렸을 것이다. 게르망트 부부의 대화는 문학가한테—굶주린 자는 다른 굶주린 자가 필요하지 않으니까—성 요셉풍의 타이, 푸른빛에 바친 어린이*3 등등, 나날이 잊혀지는 표현, 오늘날에 스스로 나서서 과거의 친절하고도 너그러운 보존자가 된 이들에게만 얻어듣는 표현의 산 사전이었으리라. 작가가 다른 작가들 사이에서보다도 게르

---

*1 관포. 옛날 결혼식 때 신부가 쓰던 면사포.
*2 프랑스의 가구 장색(1642~1732).
*3 어느 나이가 될 때까지 아이에게 청색, 백색 등 한 가지 빛깔의 옷만 입히던 관습.

망트 부부 곁에서 더 강하게 느끼는 기쁨, 이 기쁨에 위험이 없지 않으니, 과거의 사물이 그 자체로서 매력이 있는 줄 알고, 그것을 그대로 작품 속에 옮길 위험성이 있기 때문인데, 그런 경우 그 작품은 처음부터 실패한 것이라 권태감을 퍼뜨리건만, 작가는 '이는 사실이니까 아름답다, 이렇게들 말한다' 하고 혼자 위로한다. 하기야 이런 귀족적인 대화는, 게르망트 부인 댁에서 뛰어난 프랑스어로 한다는 매력을 갖고 있었다. 그러므로 게르망트 부인이 생루가 쓰는 바티크(vatique), *¹ 코스미크(cosmique), *² 피티크(pythique), *³ 쉬레미낭(suréminent) *⁴ 같은 낱말을 듣고—빙(Bing) *⁵이 만든 가구 앞에 있 듯—웃음을 터뜨리는 게 당연했다.

어쨌든 내가 게르망트 부인 댁에서 들은 이야기는, 산사꽃 앞에서 또는 마 들렌을 맛보면서 느낄 수 있었던 것과는 매우 달라 내겐 낯선 것이었다. 잠 시 내 몸 안에 들어와, 내 육체만이 사로잡혔던 그런 이야기는(개인적이라 기보다는 오히려 사교적인 성질이 있어) 한시바삐 내 몸 바깥으로 나가려고 조바심치고 있는 듯했다. 나는 마차 안에서 무당처럼 몸을 흔들어댔다. 나 자신이 X대공이나 게르망트 부인이 되어 그 이야기를 할 수 있을 다음 번 만찬회를 학수고대했다. 그때까지 그 이야기들은 그것을 중얼대는 내 입술 을 우물거리게 하고, 나는 원심력 때문에 어지러울 지경으로 빨리 휩쓸려간 내 정신을 내게 도로 데려오려 했으나 헛수고였다. 그래서 나는 차 안에서 더 이상 이야기라는 무거운 짐을 혼자 지고 싶지 않다는 열병 같은 초조감 —하기야 나는 차 안에서 혼잣말하며 말상대가 없는 것을 속였지만—과 더 불어 샤를뤼스 씨의 집 문을 두드렸다. 하인이 들여보낸 손님방에 있는 동안 —나는 흥분한 나머지 방을 구경하지 않았다—쭉 나 자신과 긴 독백을 하 고, 이제부터 샤를뤼스 씨에게 이야기하려는 모든 것을 입속으로 되풀이하 며, 듣는 쪽이 내게 뭐라고 할지 거의 생각해보지 않았다. 내가 몸달아 하고 픈 이야기를 샤를뤼스 씨에게 꼭 들려주고 싶어서, 이 집 주인이 어쩌면 자

---

* 1 예언적.

* 2 우주적.

* 3 무녀적(巫女的).

* 4 탁월한.

* 5 가구 장색의 이름.

고 있는지도 모른다, 그러면 말에 대한 나의 도취를 내 집에 돌아가 발효시켜야 할지도 모른다는 생각에 몹시 실망했다. 그러고 보니 여기 온 지 벌써 20분이 지났고, 이 손님방에 나를 둔 채 잊어버렸을지도 모른다는 것을 알아차렸다. 이렇게 오래 기다렸는데도, 내가 이 손님방에 대해 말할 수 있는 것은 기껏해야 방이 넓고, 초록빛이 돌며, 몇몇 초상화가 있다는 것뿐. 지껄이고 싶은 욕구는 듣는 것뿐 아니라 보는 것을 방해하니, 이 경우 주위의 외적인 묘사가 전혀 없음은 이미 내적 상태의 묘사이다. 나는 손님방에서 나와 누군가 불러보다가 아무도 없으면 응접실까지 멋대로 가서 문을 열려고, 몸을 일으켜 모자이크로 된 마루를 몇 걸음 걸었을 때, 시중꾼이 들어와 걱정스러운 얼굴로 말했다. "남작님은 지금까지 회견이 있었습니다. 아직 몇 분이 기다리고 계십니다. 댁을 만나시도록 될 수 있는 한 힘써보겠습니다. 벌써 두 번이나 비서에게 전화했습니다만."

"아닙니다. 그냥 두세요. 남작님과 약속은 했으나 이미 너무 늦었고, 오늘 저녁 바쁘신 모양이니 내일 다시 오겠습니다."

"아뇨, 부디 가지 마십쇼." 시중꾼이 외쳤다. "남작님께서 화내실지도 모릅니다. 다시 연락해보겠습니다."

샤를뤼스 씨의 하인들과 그들의 충성에 대해 들었던 소문이 생각났다. 대신의 마음에나 하인의 마음에나 똑같이 들리려고 애썼다는 콩티(Conti) 대공* 같다고는 말할 수 없으나, 샤를뤼스 씨는 아무리 보잘것없는 분부라도 그것을 어떤 은총으로 만드는 데 어찌나 능숙한지, 저녁에 하인들이 사이를 두고 공손히 그의 둘레에 모였을 때, 그들을 쑥 훑어본 다음, 그가 "쿠아네, 촛대를" 또는 "뒤크레, 잠옷을!"이라고 분부하자, 딴 하인들은 주인의 눈에 든 자를 부러운 듯 시기하며 투덜거리면서 물러날 정도였다. 서로 미워하는 사이인 두 하인도, 남작이 여느 때보다 일찍 위층에 올라가면, 오늘 저녁이야말로 촛대나 잠옷의 임무를 맡을 셈으로, 터무니없는 핑계로 남작에게 전할 말을 하러 가면서 저마다 총애를 억지로 빼앗으려고 했다. 시중이 아닌 일로 남작이 하인 하나한테 직접 몇 마디 하거나, 겨울에 정원에 나와서, 마부 하나가 감기 든 것을 아는 남작이, 10분이나 지나 '모자를 쓰게' 하고 말하기

---

* 부르봉 왕가의 왕족(1664~1709).

라도 하면, 딴 마부들은 그자에게 내린 은총을 시기하여 반 달가량이나 그자에게 말을 건네지 않았다.

나는 또 10분 동안 기다린 끝에, 남작님이 피로하신지라, 며칠 전부터 약속했던 대단한 분들을 여러 명이나 돌려보내셨으므로 너무 오래 있지 말도록 하라는 요구를 받은 다음에야 그의 곁으로 안내되었다. 샤를뤼스 씨를 둘러싼 무대장치는 그의 형인 게르망트 씨의 소탈함에 비하면 훨씬 웅대함의 흔적이 덜한 듯했다. 그러나 이미 문이 열리고, 나는 이제야 중국풍 실내복을 입은, 목을 드러내놓고 긴 의자에 번듯이 누운 남작의 모습을 보았다. 또한 나는 남작이 이제 막 돌아오기라도 한 듯이 의자 위에 외투와 함께 여덟 광택 나는 실크해트가 놓인 것을 보고 잠깐 놀랐다. 하인은 물러갔다. 나는 샤를뤼스 씨가 내게로 오려니 생각했다. 그런데 그는 몸 하나 까딱하지 않고 엄한 눈초리로 나를 쏘아보았다. 내가 그에게 가까이 가 인사했는데, 그는 손도 내밀지 않고, 대답도 하지 않았으며, 의자에 앉으라고도 하지 않았다. 잠시 뒤 나는 예절 모르는 의사에게 하듯 이대로 서 있어야 하느냐고 그에게 물어보았다. 내가 악의 없이 그랬는데도, 샤를뤼스 씨의 차가운 노기는 더 심해진 듯싶었다. 하기야 나는 그가 시골에 있는 샤를뤼스 성관에서, 식후 흡연실에서 자기는 안락의자에 번듯이 눕고는 그 둘레에 손님들을 서 있게 내버려두는, 그토록 왕 노릇 하기를 좋아하는 버릇이 있는 줄 몰랐다. 그는 손님들 가운데 하나에게 불을 청하고 또 하나에게 여송연을 권한 뒤에 좀 있다가 "여보게 아르장쿠르, 앉게나 의자에, 어서"라고 말하곤 했는데, 선 자세로 오래 있게 한 까닭은, 오로지 앉는 허락이 자기한테서 나온 것임을 보이기 위해서였다. "루이 14세풍 의자에 앉으시오." 그는 명령 투로, 내게 앉기를 권하기보다 차라리 나를 억지로 멀리 떼어놓으려는 투로 대답했다. 나는 그다지 멀지 않은 의자에 앉았다. "허어! 자넨 그걸 루이 14세풍 의자라고 부르나! 자네야말로 교양 있는 젊은이로군." 그는 비웃듯 이렇게 외쳤다. 나는 어찌나 어리둥절했는지, 당연한 노릇으로 물러가려고 해도, 그가 바라는 대로 의자를 바꿔 앉으려 해도 몸이 움직여지지 않았다. "여보게." 그는 한 마디 한 마디 힘을 주며, 무례한 말씨의 첫 자음을 이중으로 발음하면서 나에게 말했다. "이 회담을 허락한 것은 이름만은 밝히지 않기를 원하는 어느 분이 부탁했기 때문인데, 이는 우리 관계에 마침표를 찍을 걸세. 숨김없이 말하네만 나는 더 큰 희망을 걸었더랬어. 내가 자네한테 호감을 품었다고 말한다면, 어쩌면 좀 말뜻을 왜곡하는 셈이라, 이런 말은, 말의 가치를 모르는 인간하고는, 아니 오로지 자중한다는 뜻에서도 하지 말아야지. 하지만 '호의', 가장 실효성 있게 보호한다는 뜻에서의 '호의'라면, 내가 느끼고 있는 것에나, 내가 이루고자 했던 것에 지나친 말이 아니라고 생각하오. 파리에 돌아오자마자, 나는 직접 발베크에, 자네한테 나를 의지해도 좋다고 알렸소." 샤를뤼스 씨가 발베크에서 얼마나 무례한 투로 나와 헤어졌는지 기억하고 있던 나는, 조금 부인하는 몸짓을 했다. "뭐라고!" 그는 화난 투로 외쳤다. 과연 경련을 일으킨 핏기 없는 얼굴은 평소 그의 얼굴과 달랐는데, 폭풍우의 아침, 여느 때의 미소 짓는 수면 대신에, 거품과 흩어지는 물방울이 무수한 뱀처럼 보이는 바다와도 같았다. "자넨 나를 기억해두라는 내 통첩— 아니 고백이라도 좋아—을 못 받았다고 우기는가? 내가 보낸 책 둘레에 장식으로 뭐가 있었나?"

"아름답게 꾸민 무늬 엮음 장식이었습니다." 나는 말했다.

"허어!" 그는 멸시하듯 대꾸했다. "프랑스 젊은이들은 우리나라의 걸작을 몰라. 베를린의 젊은이가 '발키리(Vallkyrie)'*1를 모른다고 하면 남들이 뭐라고 할까? 하긴 자네는 눈뜬 장님인가 보군, 그 걸작 앞에서 두 시간이나 보냈노라 나한테 말했으니까. 과연 자넨 가구의 양식도 모르지만 꽃에 대해서도 무식하군. 양식에 대해선 이러니저러니 시비하지 않아." 그는 몹시 날카로운 화난 투로 외쳤다. "자넨 무엇에 앉아 있는지조차 몰라, 루이 14세 풍 안락의자인 줄 알고 집정관 정부*2 시대의 앉은뱅이의자를 엉덩이에 대고 있군. 그러다간 빌파리지 부인의 무릎을 빌리겠구면. 거기에 무슨 짓을 할지 누가 알겠나. 마찬가지로 자넨 베르고트의 책 장식을 봐도 발베크 성당 상인방(上引枋)*3 무늬인 물망초가 있는 것조차 못 알아봤네그려. '나를 잊지 마오' 이렇게 자네한테 말하는 데 더 이상 투명한 식이 따로 있겠는가?'

나는 물끄러미 샤를뤼스 씨를 바라보고 있었다. 물론 그의 당당한 얼굴은 반감을 불러일으켰으나, 그 가문의 어느 얼굴보다도 뛰어났다. 늙은 아폴론

---

*1 게르만 민족의 신화에 나오는 여신. 전쟁의 신 오딘의 사자.

*2 프랑스 혁명 뒤의 정부(1795~99).

*3 창이나 문틀 윗부분 벽의 하중을 받쳐 주는 부재.

같았다. 그러나 그의 험한 입에서는 올리브빛 도는 쓸개즙이 곧바로 튀어나올 듯했다. 이해력으로 말하면 매우 폭넓게 봐, 게르망트 공작 같은 이로서는 영원히 모르고 말 허다한 것을 보고 있었다. 하지만 그가 품은 미움을 아무리 아름다운 말로 얼버무려도, 그는 자존심이 상한 경우라든가, 실연한 경우라든가, 또는 앙심, 사디즘, 짓궂음, 고정관념 따위 탓으로 사람을 죽일지도 모르는 인간, 게다가 논리와 미사여구의 힘으로, 스스로 행한 바가 옳았음을, 자기가 여전히 형과 형수, 그 밖의 남들보다 백배나 뛰어남을 증명할지도 모르는 인간같이 느껴졌다.

"벨라스케스* 〈창병(槍兵)들〉 그림에서 승리자가 가장 보잘것없는 자 쪽으로 나아가듯, 또 모든 고귀한 사람이 마땅히 그래야 하듯, 나는 전부이고 자네는 아무것도 아니었으므로, 내가 스스로 먼저 자네 쪽으로 나아갔다 이 말씀이야. 내가 하는 말은 아니지만 이 후덕한 부름에 자네는 어리석게 응했어. 하지만 나는 실망하지 않았다네. 우리의 종교는 인내를 권하지. 내가 자네에 대해 가진 인내를 인정해주길 바라네, 또 불손하다고 비난받을 태도도 미소로 감수했다는 것도. 오로지 자네보다 몇십 배나 우월한 사람한테 불손한 말과 행동을 하는 힘이 자네에게 있다면 말씀이야. 그나저나 여보게, 이젠 그런 게 문제가 아냐. 나는 자네를 우리 사회에서 유일하게 걸출한 분계서 넘치는 호의의 시련이라고 잘도 이름 붙이고, 또 가장 무시무시한 시련이라 나쁜 것과 좋은 것을 구별할 수 있는 유일한 것이라고 정당하게 말한 시련에 걸어본 거야. 그 시련을 감내 못한 걸 가지고 자네를 나무라지는 않아, 이 시련을 이겨내는 이가 아주 드무니까. 그러나 적어도, 또 이것이 이승에서 자네와 나누는 마지막 말 가운데 내가 꺼내려고 하는 결론이지만, 나는 자네가 꾸며낸 중상을 피하고 싶네."

나는 여태껏 샤를뤼스 씨의 노기가 누군가 그에게 고자질한 험담 탓인 줄은 꿈에도 생각지 않았다. 나는 기억을 더듬어보았다. 샤를뤼스 씨에 대해 누구에게도 말한 적이 없었다. 어느 나쁜 놈이 하나부터 열까지 전부 지어낸 말이었다. 나는 샤를뤼스 씨에게 그에 대해서 절대로 아무 말도 한 적이 없다고 주장했다. "설마 게르망트 부인한테 당신과 친하다고 말한 것으로 당

---

* 에스파냐의 화가(1599~1660).

신의 노기를 샀다고는 생각지 않는데요." 그는 경멸하듯이 엷은 미소를 띠면서 목소리를 최고 음역까지 높여, 거기서, 더없이 날카롭고 더없이 오만불손한 투로 잘라 말했다.

"여보게" 하고 아주 느리고 자연스러운 어조로 되돌아가면서, 지나치는 길에, 이 내려가는 음계의 야릇함을 즐거워하는 듯 말했다. "우리 둘이 '관계'하고 있다고 말한 것을 자네 스스로 자책하는 건 자네 자신에게 부당한 짓이라고 생각하네. 치펀데일(Chippendale)[*1]의 의자를 로코코식 의자로 쉽사리 잘못 보는 인간한테 용어의 정확성을 기대하진 않으나, 어쨌든 나는" 하고 점점 더 냉소적이면서, 입술에 매혹적인 미소마저 띠는 쓰다듬는 듯한 목소리로 덧붙였다. "어쨌든 나는 자네가 우리 둘이 '관계'하고 있다고 말했다고는, 또 그렇게 여겼다고는 생각지 않소! 자넨 내게 '소개'되어, 나와 '담소'했고, 나와 좀 아는 사이이며, 거의 간청 없이 어느 날 나의 '보호'를 받는 약속을 얻었노라 자랑했다면, 나는 반대로 아주 자연스럽고 현명한 짓이라고 생각하네. 자네와 나 사이의 심한 나이 차이로 보아, 그 '소개', '담소', '관계'의 모호한 시초란 자네한테 명예라고 내 입으로 말하기야 쑥스럽지만, 아무튼 적어도 이점이었음을 나는 인정하는데, 다만 자네가 어리석은 것은 그 이점을 누설한 게 아니라, 간직할 줄 몰랐다는 점이오. 그리고 또" 하고, 거만한 노기에서 한순간 울어대지 않을까 싶을 만큼이나 슬픔에 젖은 부드러움으로 느닷없이 옮기면서 말했다. "내가 파리에서 자네한테 한 제의에 대해 자네가 대답 없이 내버려둔 것은, 교육을 받고 자란 부르주아의(이 부르주아라는 형용사에서만 그 목소리가 거만스러운 휘파람 소리를 내었다) 좋은 집안 태생인 듯싶었던 자네의 짓이라고 하기엔 어찌나 엄청났는지, 나는 단순하게도 편지가 도중에 사라지지 않았나 주소가 틀리지 않았나 하고 일어날 수도 없는 실수를 다 믿어보았소. 나로선 우직함이 컸음을 인정하지만, 성 보나벤투라(Bonaventura)[*2]께서도 제 형제가 거짓말했다고 믿기보다는 차라리 소가 날아다닌다고 믿는 게 낫다고 하셨소. 그나저나 그건 다 끝난 일, 자네 마음에 들지 않는다 하더라도 이제 문제가 되지 않네. 다만 자네는 내 나이를 봐서도(정말 울음 섞인 목소리였다) 편지쯤은 보내주어야 하지 않았

[*1] 영국의 가구 장색(1718~79).
[*2] 이탈리아의 가톨릭 신학자(1221~74).

을까. 나는 자네한테 입 밖에 내진 않았을망정 자네의 마음을 한없이 솔깃하게 할 것들을 품고 있었소. 자네는 알려고도 하지 않고 마다하는 쪽을 택했어! 그건 자네 일이지. 하지만 지금 말한 대로 '편지'쯤은 쓸 수 있지 않았나. 만일 내가 자네 처지라면, 아니 내 처지였더라도 나는 편지를 했을걸. 그 때문에 나는 자네 처지보다는 내 처지가 좋아. 그 때문에라고 한 말은 누구의 처지나 다 같아. 나는 수많은 공작들보다 현명한 노동자 쪽에 공감하고 있기 때문이지. 그래도 내 처지가 낫다는 말은, 나도 꽤 오래 살아왔지만, 온 생애에 걸쳐, 나는 자네가 한 짓을 한 번도 한 적이 없다는 걸 알기 때문이지(그는 얼굴을 어둠 속으로 돌리고 있어서, 목소리로 짐작되듯 눈에 눈물을 흘리고 있는지 보이지 않았다). 아까 말한 대로 나는 자네 쪽으로 100걸음이나 다가갔는데, 그것이 자네로 하여금 200걸음 후퇴시키는 결과가 되었네그려. 이번은 내가 물러날 차례로 우리 둘은 이제 남남이 되겠지. 자네 이름을 기억해두진 않겠지만 자네 짓이야 잊지 않겠지, 인간에겐 정이 있고, 예절이 있으며, 적어도 다시없는 기회를 안 놓치는 지혜가 있다고 믿고 싶어지는 날, 그건 인간을 너무나 높이 평가하는 생각이라는 걸 떠올리기 위해서 말이야. 아니지, 자네가 나를 안다고 말했을 때는 그것이 사실이었으므로─왜냐하면 지금 그렇지 않게 되어가니까─말한 것은 당연하다고밖에 생각하지 않거니와, 그것을 경의로, 다시 말해 기쁜 일로 생각하오. 그런데 유감스럽게도 다른 데서 다른 경우에, 자네는 아주 다른 말을 했소."

"맹세하지만 당신을 모욕하는 말이라곤 단 한 마디도 하지 않았습니다."

"모욕당했다고 누가 말했나?" 그는, 그때까지 미동도 없이 누워 있던 긴 의자에서 사납게 몸을 일으키며 미친 듯이 소리를 질렀다. 한편 그 얼굴에는 거품이 이는 새파란 뱀이 움찔하는 동시에, 목소리는 귀를 째는 듯한 폭풍우 같이 번갈아 높아졌다가 낮아졌다(보통 그의 목소리는 커서, 바깥에서 얼굴 모르는 이들조차 뒤돌아볼 정도였는데, 마치 강음부를 피아노가 아닌 오케스트라로 연주하고, 더더구나 그것의 최강음부로 변한 듯 백 배로 커졌다. 샤를뤼스 씨는 으르렁대고 있었다). 자네는 나를 모욕할 수 있다고 생각하는가? 그럼 자네는 말상대인 내가 누군 줄 모르나? 자네 친구들인 꼬마 녀석들이 오백 명이나 합쳐 독 있는 침을 뱉더라도, 내 거룩한 발가락에 그 침이 닿을 줄 아는가?"

아까부터, 샤를뤼스 씨에 대해 욕을 하지도 듣지도 않았다고 설득하고픈 소망 끝에, 내 생각으로는 주로 그의 한없는 자부심이 그로 하여금 입 밖에 내게 한 말 때문에 생긴 사나운 분노가 내게 일어나고 있었다. 하긴 적어도 일부는 아마 자존심 탓이었으리라. 그 나머지 거의 전부는 내가 아직 모르는 감정에서 비롯한 것으로, 따라서 그것을 고려하지 않은 것은 어쩔 수 없는 일이었다. 만일 내가 게르망트 부인의 말을 기억하고 있지 않았다면, 모르는 감정 대신에 광기 조금을 그 자존심에 섞을 수도 있었을 것이다. 하지만 그 때 광기라는 관념은 머리에 떠오르지도 않았다. 샤를뤼스 씨의 몸속엔, 내 생각에, 자존심밖에 없었으며, 내 속엔 격분밖에 없었다. 이 격분(샤를뤼스 씨가 으르렁대기를 그치고, 누군지 모르는 모독자들에 대해 낯을 찡그리며 혐오의 구토를 하면서, 엄숙하게 거룩한 발가락에 대해 말하기 시작한 찰나), 이 격분은 터지고 말았다. 충동적으로 나는 무언가를 때리고 싶었는데, 남은 분별로 나보다 나이가 위인 사람에게 손을 대는 것만은 가까스로 막았다. 또 그 주위에 놓인 독일제 도자기도 그 예술적인 위엄 탓으로 존중케 하여 나는 남작의 새 실크해트에 달려들어, 그것을 바닥에 내동댕이치고, 짓밟아, 악착같이 갈기갈기 찢어, 안감을 뜯어내고, 왕관 표시를 둘로 찢고 나서, 여전히 계속되는 샤를뤼스 씨의 성난 소리를 들은 체 만 체, 떠나려고 방을 가로질러 방문을 열었다. 그러자 놀랍게도, 문 양쪽에 두 하인이 서 있다가 그저 볼일로 지나가는 길에 거기에 있는 체하려고 어슬렁어슬렁 가버렸다(나중에야 나는 두 하인의 이름을 알았는데, 하나는 뷔르니에, 또 하나는 샤르멜이었다). 그들은 무사태평한 걸음걸이로 거기에 있던 사정을 설명하는 듯이 보였지만, 나는 속지 않았다. 그런 설명은 사실 같지 않았다. 다른 세 가지 설명이 그보다 사실 같았다. 첫째는 남작이 만나는 손님들 중엔 간혹 원조자가 필요한 놈이 있어서(그러나 왜?) 가까이 구급소를 설치해야 한다고 그가 판단했다는 것. 둘째는 두 하인이 호기심에 끌려, 내가 그렇게 빨리 나올 줄 미처 모르고서 엿들었다는 것. 셋째는 샤를뤼스 씨가 내게 한 바탕 걸어온 시비가 미리 연출된 것이라, 그는 연극을 좋아하는 데다 어쩌면 저마다 이익을 얻을 수 있는 'nunc erudimini'*하는 마음도 있어서, 그 스스

---

* '너희는 배웠도다', 곧 '실지 교육' 정도의 뜻.

로 두 하인한테 엿듣기를 분부했다는 것.

내 노기도 남작의 노기를 가라앉히지 못했으나, 방을 나온 것은 그에게 심한 고통을 일으킨 듯했다. 그는 나를 도로 불러, 되돌아오게 해, 마침내, 아까 '거룩한 발가락'에 대해 말하며, 저 자신의 신격화를 내 눈앞에 보인 줄 여긴 것도 잊고서 걸음아 날 살려라고 달려와 현관까지 나를 쫓아와서 문을 막았다. "어서 어린애 같은 짓을 그만두고 잠깐 안으로 들어가세. 매우 사랑하는 이는 곧잘 벌한다고, 내가 자네를 곧잘 벌했다면 그건 자네를 매우 사랑하기 때문이지." 내 노기는 사라졌다. 나는 '벌한다'는 말을 한쪽 귀로 듣고 한쪽 귀로 흘려버려 남작의 뒤를 따랐다. 남작은 체면에 아랑곳없이 하인을 불러 부서진 모자 조각을 가져가게 하고 다른 모자로 갈게 했다.

"신의 없이 나를 중상모략한 이가 누군지 말씀해주신다면, 나는 그 야바위꾼을 혼내주기 위해 여기 남겠습니다." 나는 샤를뤼스 씨에게 말했다.

"누구냐고? 자넨 그걸 모르나? 자네는 자네 입으로 말한 걸 기억 못하나? 그런 말을 내게 일러준 사람이 먼저 내게 비밀로 해달라고 요구했다고 생각지 않소? 또 내가 약속한 비밀을 어길 거라고 여기는가?"

"그럼 막무가내로 누군지 말씀 못하시겠다는 겁니까?" 나는, 누구한테 샤를뤼스 씨에 대해 말했는지 다시 한 번 마지막으로 기억을 더듬으면서 말했다(그러나 아무도 찾지 못했다).

"밀고자한테 비밀을 약속했다고 한 말을 못 들었나 보군." 그는 혀를 차며 말했다. "자넨 비열한 욕을 좋아하는 데다 쓸데없는 고집도 좋아하나 보군. 적어도 자네는 마지막 회담을 이용해 하찮은 일이 아님을 지껄이는 지각이 있어야겠네."

"당신은 나를 모욕하시는군요." 나는 자리를 뜨면서 대꾸했다. "내 나이보다 몇 배나 더 나이 드신 당신이기에 난 화도 안 나죠, 어울리지 않는 승부인걸요. 게다가 당신을 설득시킬 수도 없고요. 아무 말도 하지 않았다고 맹세했는데도 말입니다."

"그럼 내가 거짓말했다는 건가!" 그는, 한 번 껑충 내게로 두어 걸음 다가오면서 무서운 목소리로 말했다.

"누군가 당신을 속였어요."

그러자 부드럽고도 다정스러운, 우울한 목소리로, 마치 여러 곡 사이를 끊지 않고 연주하는 심포니 속에서 첫 곡의 벼락에 이어, 사랑스러운, 목가적인, 우아한 스케르초가 계속되듯, 그는 말했다. "그럴지도 모르지. 본디 고자질이란 사실인 경우가 드물지. 하지만 내가 모처럼 제의했던 나와 만나는 기회를 자네가 이용하지 않았고, 또 신뢰의 정을 만들어내는 허심탄회한 나날의 말을 통해서, 자네를 배신자로 보이게 하는 말에 맞서는 유일하고도 드높은 예방물을 내게 안 보낸 것은 자네 잘못이야. 사실이건 허위이건 아무튼 그 험담은 제 구실을 했다네. 나는 그것이 내게 일으킨 인상에서 이제 벗어날 수 없어, 매우 사랑하는 이는 곧잘 벌한다는 말조차 할 수 없네. 자네를 곧잘 벌했으나 이젠 자네를 사랑하지 않으니까 말씀이야." 이런 말을 하면서 그는 억지로 나를 앉히더니 초인종을 울렸다. 다른 하인이 들어왔다. "마실 것을 가져오게, 그리고 2인승 마차에 말을 매라고 하게." 나는 목이 마르지 않다고, 너무 늦었거니와 게다가 마차가 있다고 말했다. "그 마차라면 마차삯을 지불해 돌려보냈을 거요, 그런 건 걱정하지 말게." 그는 말했다. "자네를 배웅하려고 마차 준비를 시킨 거요…… 시각이 너무 늦은 게 걱정이라면 이곳 방 하나를 자네에게 줄 수도 있고……." 나는 어머니가 걱정하실 거라고 말했다. "흠, 그렇지, 사실이건 허위이건 험담은 제 구실을 다했다네. 나의 공감은 좀 너무 이르게 꽃을 피웠나 봐. 자네가 발베크에서 시적으로 이야기한 그 사과나무처럼 첫 서리에 견디지 못했나 봐." 설령 샤를뤼스 씨의 공감이 허물어지지 않았더라도, 그는 다른 행동을 취할 수 없었을 것이다. 한편으로 우리 사이가 틀어졌다고 말하면서도, 그는 나를 붙잡아두고, 술을 내온다, 자고 가라 권하는가 하면 나를 배웅해주겠다고 했으니까. 뿐만 아니라 그는 나와 작별하고 나서 다시 혼자되는 순간을 두려워하는 기색마저 보였다. 그의 형수이자 사촌누이인 게르망트 부인이 바로 한 시간 전에 나를 좀더 붙잡아두고 싶어할 때 보이던 조금 불안스러운 두려움, 내 마음속에 스친 맛도 같거니와, 1분이라도 시간을 끌려는 노력도 같은 두려움이었다.

　그는 이어 말했다. "유감스럽게도 나는 한번 망가진 것을 다시 꽃피게 하는 재능은 없소. 자네에 대한 내 공감은 아주 죽었네. 아무것도 그것을 되살릴 수 없지. 이를 섭섭하게 생각한다고 솔직히 말해도 내 위신과 관계없다고 생각하네. 나는 늘 좀 빅토르 위고의 보즈 같은 느낌이 들어.

나 홀아비, 홀몸이니, 내 몸 위에 저녁의 어둠이 내리도다."

　나는 그와 함께 푸르스름한 큰 손님방을 건너갔다. 나는 무턱대고 참으로
이 손님방이 아름답다고 그에게 말했다. "그런가?" 그는 대답했다. "인간이
란 뭔가를 좋아해야 하네. 나무 세공품들은 바가르가 만든 것들이지. 꽤 예
쁜 것은 보게, 나무 세공품들이 보베 직물의 의자와 소용돌이 까치발에 맞추
어서 만들어졌다는 점일세. 알겠나, 나무 세공품들은 이것들과 똑같은 장식
모티프를 되풀이한다네. 이젠 이 같은 것이 있는 곳이라곤 두 건물, 루브르
궁전과 이니스달 씨의 집밖에 없어. 그런데, 내가 이 동네에 와서 살고 싶어
하자마자, 시메관이라는 이 옛 저택이 발견되었지. 아무도 이 시메관을 알아
보지 못하다가 오로지 나만을 위해 이곳에 나타났거든. 요컨대 좋은 가옥이
지. 좀더 좋아질 수 있겠지만 이대로도 나쁘지 않아. 어떤가, 아름다운 것들
이 있지 않은가. 미냐르가 그린 내 숙부들, 폴란드 왕과 영국 왕의 초상일
세. 아니 내가 무슨 말을 하고 있지, 자네가 이 손님방에서 기다렸으니까 일
부러 말하지 않아도 아는 걸 가지고. 모른다고? 허어! 그럼 자네를 푸른 손
님방에 안내했나 보군." 그는, 나의 무관심에 대해 멸시하는 듯한, 또는 지
위가 높아서 어디서 기다렸는지 물어보지도 않았다는 듯한 태도로 말했다.
"이보게, 이 진열실에, 엘리자베트 부인*1과 랑발 대공부인과 왕비님이 쓰시
던 모자가 전부 있네. 관심이 없나? 아무것도 보이지 않는 것 같군. 어쩌면
시신경에 문제가 있는지도 모르겠어. 만일 자네가 이런 아름다움을 좀더 좋
아한다면, 여기 터너(Turner)*2의 무지개, 렘브란트의 두 그림 사이에서, 우
리의 화해 표시로 빛나기 시작하는 무지개가 있네. 들리나, 베토벤이 무지개
에 합류하네그려." 과연 전원 교향곡의 제3악장 〈소낙비 뒤의 기쁨〉의 첫
화음이, 2층에선지, 그다지 멀지 않은 곳에서 음악가들에 의해 연주되는 소
리가 들려왔다. 나는 순진하게도 어떤 우연으로 저 곡을 연주하는지 또 음악
가들은 누군지 물어보았다. "그거 나 모르겠는데. 결코 모르지. 눈에 안 보
이는 음악이거든. 아름답지 않나." 그가 이렇게 말했을 때 그의 말투는 가볍
게 멸시하는, 그렇지만 어딘지 모르게 스완의 영향과 말투를 떠올리게 했다.

---

*1 루이 16세의 누이동생.
*2 영국의 풍경 화가(1775~1851).

"자네에겐 물고기에 사과이듯 있으나마나지. 베토벤과 나에게 결례하고 떠나려고 하니 말씀이야. 자네는 자네 자신을 심판하고 판결하고 있는 거야." 그는 내가 돌아갈 시간이 왔을 때 다정스럽고도 쓸쓸한 모습으로 덧붙였다. "예의상 마땅히 해야겠지만 자네를 배웅 안 하는 것을 용서하게." 그는 말했다. "다시는 자네와 만나고 싶지 않으나, 자네하고 5분쯤 더 지내는 것은 아무렇지 않아. 하지만 몸이 피곤하고 할 일이 많아서." 그런데 날씨가 좋은 것을 보자, "아니 나도 마차에 탐세. 기막힌 달밤이군. 자네를 배웅하고 나서 불로뉴 숲에 달구경 가려네. 저런! 자네는 면도할 줄도 모르나, 외식하는 저녁에도 수염이 조금 남아 있으니." 그는, 자력(磁力)에 이끌린 듯이 두 손가락으로 내 턱을 쥐면서 말했다. 그 손가락은 잠시 머뭇거린 끝에 이발사의 손가락처럼 내 귀까지 올라왔다. "흠! 자네 같은 사람과 함께 숲에서 '푸른 달빛'을 구경하면 쾌적하겠지." 뜻하지 않게 불쑥 달콤하게 말하고 나서, 우울한 듯이 "자네는 참한 사람이니까, 누구보다도 훌륭한 인물이 되겠지" 덧붙이면서, 아버지처럼 부드럽게 내 어깨를 어루만졌다. "이전엔, 실은 자네를 하찮은 인간으로 생각했네그려." 그가 지금도 그렇게 여기고 있다고, 마땅히 나는 그렇게 생각해야 옳았으리라. 겨우 30분 전, 그가 나한테 말했을 때의 그 격노를 생각만 해도 알 만했다. 그런데도 나는, 그가 이 순간에 본심이며, 그의 착한 마음이 내가 예민과 거만의 거의 광란 상태로 여기는 것을 이겨내고 있다는 인상을 받았다. 마차가 우리 앞에 있는데도 여전히 그는 대화를 질질 끌었다. "자아" 하고 그는 불쑥 말했다. "올라타게나, 5분 안에 우리는 자네 집에 닿게 돼. 거기서 나는 우리 관계를 영원히 끊을 작별인사를 하겠네. 어차피 영영 헤어질 바에야, 음악에서처럼 완벽한 조화 가운데 헤어지는 편이 좋아." 두 번 다시 못 만나리라는 이 엄숙한 단언에도, 아무리 봐도 샤를뤼스 씨는 아까 정신없이 한 일이 어색하고 또 나를 괴롭히지 않았을까 걱정스러워, 또 한 번 나를 만나도 좋다는 기분임에 틀림없었다. 아니나 다를까 잠시 뒤 "아차! 요점을 잊었군. 자네 할머니의 추억으로, 나는 자네를 위해 세비녜 부인의 진본(珍本)을 장정해 놓았소. 그래서 이 회견이 마지막이 아니라네. 복잡한 일은 좀처럼 하루에 정리되지 않는 법이니 단념해야지, 빈 회의가 얼마 동안 계속됐는지를 보면 알지."

"하지만 폐를 끼치지 않고 심부름꾼을 시켜 받아 올 수 있는데요." 나는 공손히 말했다.

"바보 같은 소리 말게." 그는 가차 없이 대답했다. "틀림없이 (내가 확실히 말하지 않는 건 어쩌면 하인을 시켜 책을 보낼지도 모르기 때문이지만) 나를 만나게 되는 명예를 보잘것없는 일로 생각하는 따위의 괴상한 짓을 하지 말아야 하네."

그는 다시 침착해졌다. "이런 말로 자네와 헤어지고 싶지 않네. 불협화음, 영원한 침묵이 오기 전에, 불협화음이 있어선 안 되지!" 신랄한 말다툼 끝에 곧 재발을 두려워하는 듯이 보이는 건 그 자신의 신경 때문이다. "자넨 숲까지 가고 싶지 않나 보군." 그는 묻는 투가 아니라 단정하는 투로 말했는데, 보아하니 내게 숲을 산책시키고 싶지 않아서가 아니라, 거절되어 자존심이 상할까 봐 두려웠기 때문이다. "아무래도 좋아." 그는 또다시 질질 끄는 투로 말했다. "지금이 바로 휘슬러의 말마따나, 부르주아들이 집에 돌아가는 때(어쩌면 그는 내 자존심을 상하게 하려는지도 몰랐다)이고, 또 사물을 보기 시작하기에 알맞은 때니까. 그런데 자네는 휘슬러가 누군지조차 모를걸."

나는 화제를 바꿔 이에나 대공부인이 현명한 분인지 물어보았다. 샤를뤼스 씨는 내 말을 가로막고는 여태껏 그가 한 것 가운데에서 가장 모욕적인 투로 말했다.

"허어! 자네는 지금 나하곤 아무 상관없는 인명록을 주워섬기네그려. 타히티족 가운데에도 귀족이야 있겠지만, 솔직하게 난 그런 귀족을 몰라. 자네가 지금 말한 이름이 이상하게도 며칠 전에 내 귀에 들렸네. 젊은 가스탈라 공작을 내게 소개하는 걸 쾌히 승낙하겠느냐 물어온 자가 있었거든. 그 물음에 난 놀랐지. 왜 그런고 하니, 가스탈라 공작이야 나하곤 사촌뻘이며 늘 사귀어왔으므로 일부러 소개고 뭐고 할 필요가 없었거든. 그 사람은 파름 대공부인의 아들인 교양 있는 젊은 친척으로서, 정초에 나한테 세배를 빠뜨린 적이 없네. 그런데 더 자세히 알아보니, 내 친척을 두고 하는 말이 아니라, 자네가 지금 묻고 있는 사람의 아들이야. 그런 이름의 대공부인이 존재하지 않으니까, 아마도 이에나 다리 밑에서 자는 여자 거지를 두고 하는 말로, 바티뇰(Batignol)*의 표범 또는 제철왕(製鐵王)이라고 말하듯, 이에나 대공부인

---

* 파리의 동네 이름.

이라는 칭호를 그린 듯이 붙인 게 아닌가 상상해보았지. 천만에, 그건 부유한 부인을 두고 하는 말로, 나는 그분의 가구들을 어느 전시회에서 보고 감탄한 적이 있네만 매우 아름다운 것으로 가짜가 아닌 점에서 그 주인의 이름보다 뛰어났지. 이른바 가스탈라 공작이란, 내 비서실에 드나드는 주식중매인인지도 모르지, 돈만 있다면 여러 가지를 손에 넣으니까. 천만에, 아무리 생각해봐도 나폴레옹 황제가 재미 삼아 쓸모없는 칭호를 그들에게 준 모양이오. 그것은 권력, 무지 또는 교활함의 증거일 테지만, 특히 나는 황제가 하는 수 없이 칭호 횡령자가 된 이들에게 고약한 장난을 쳤다고 생각하는 바네. 어쨌든 나는 그런 사람들에 대해 설명해 줄 수 없어. 내 관할은 포부르생제르맹에 한하니까. 여기선 쿠르부아지에네와 갈라르동네 사람들 가운데, 만일 자네가 소개자를 찾아낸다면, 일부러 발자크의 작품에서 꺼내온 듯한 재미난 험담꾼들을 보지. 물론 그런 이들은 게르망트 대공부인의 위세하곤 아무 관계없소. 그런데 나와 나의 '열려라, 참깨'*¹ 없이는 대공부인 저택에 다가가지 못하네."

"게르망트 대공부인의 저택은 정말 아름답습니다."

"아름다운 정도가 아니라 더할 나위 없이 아름답지, 대공부인에게는 미치지 못하지만."

"게르망트 대공부인은 게르망트 공작부인보다 훌륭한가요?"

"허어, 그건 비교도 안 되네(사교계 사람들이란 상상력만 조금 있고 보면, 아무리 지위가 튼튼하고 안정된 듯이 보이는 사람들이라도, 그들하고 사이가 좋다든가 나쁘다든가에 따라 치켜세우거나 깎아내리거나 한다는 걸 주목할 것). 게르망트 공작부인은(그가 오리안이라고 부르지 않은 까닭은 부인과 나 사이에 좀더 거리를 두고 싶어서인지도 모른다) 좋은 인상을 주는 분이지, 자네가 짐작한 이상으로 훌륭한 분일세. 그렇지만 그 사촌하고는 공통점이 없어. 게르망트 대공부인으로 말하면 중앙 시장의 장사치들이 메테르니히 대공부인이란 저런 분이었구나 상상하는 바로 그런 분이지. 그런데 메테르니히 여사는 모렐(Victor Morel)*²과 아는 사이라고 해서 바그너를 세상에 내놓았다고 여겼소. 게르망트 대공부인이라고 하기보다 그 어머니는

---

*1 《아라비안나이트》에서 알리바바가 왼 주문.
*2 프랑스의 가수(1848~1923). 바그너와는 벗이 아님.

바그너 본인과 아는 사이였네. 이 여인이 절세미인임은 두말할 것도 없고, 그리고 오직 에스테르 정원*만으로도 대단하지!"

"구경할 수 없습니까?"

"못 하네, 초대를 받아야 해. 한데 내가 사이에 들지 않는 한 '아무도' 초대 못 하지."

그러나 이 미끼를 던지고 나서, 이어 도로 빼앗으면서 그는 내게 손을 내밀었다, 마차가 내 집에 닿았으므로.

"내 소임은 끝났소. 다만 몇 마디 덧붙이겠네. 어느 날 다른 사람이 내가 한 듯 자네에게 공감을 표할지도 모르네만, 부디 지금의 보기를 교훈으로 삼아주게나, 이 보기를 소홀히 하지 말게. 공감이란 어느 경우에나 귀중한 걸세. 삶에서 혼자만의 힘으로는 할 수 없는 것(혼자선 구할 수도, 행할 수도, 바랄 수도, 배울 수도 없는 게 많으니까), 그것을 남과 함께라면 할 수 있소. 발자크의 소설에서처럼 열세 명이 필요하지도, 《삼총사》처럼 네 사람이 필요하지도 않네만. 그럼 안녕."

그는 피곤해서 달빛을 보러 갈 생각을 단념했는지 나에게 집으로 돌아가도록 마부한테 일러달라고 부탁했다. 그러고 나서 이어 그는 고쳐 말하고 싶은 듯 불쑥 몸을 움직였다. 그러나 나는 이미 분부를 전하고, 더 이상 늦지 않도록, 우리집 초인종을 울렸는데, 이미 독일 황제나 보타 장군에 대해 샤를뤼스 씨에게 이야기하고 싶었던 것은 완전히 잊었다. 조금 전까지 그토록 머리에서 떠나지 않던 이야기지만, 그의 뜻하지 않은 무서운 태도로 멀리 사라져버렸다.

집에 돌아와 보니, 내 책상 위에 편지 한 통이 있었다. 프랑수아즈가 부리는 젊은 하인이 제 친구에게 써놓고 잊어버린 편지였다. 어머니가 집을 비운 이래 이 하인은 버릇없이 굴었다. 분명 다른 사람의 편지를 읽은 것은 더 죄받을 짓이긴 하지만, 그것이 활짝 펼쳐져 있고 마치 이것만이 나의 유일한 변명이니, 읽어달라는 것만 같았다.

　친애하는 벗, 나의 사촌형께.

＊ 게르망트 대공부인 저택의 정원.

늘 몸 건강하고, 집안 모두 안녕하시옵고, 특히 대자(代子) 조제프도 건강하기를 비나이다. 조제프하고 아직 사귀어보지 못했으나 내 대자이므로 누구보다 귀엽게 여겨 사랑하오니, 티끌도 쌓이면 마음의 소중한 기념물이라, 이 거룩한 유물을 때리지 마옵기를. 하오나 나의 친애하는 벗이자 사촌이여, 그대와 그대의 정다운 아내인 나의 사촌누이 마리나, 큰 돛대 꼭대기에 달라붙은 선원처럼 내일이라도 둘이 다 바닷속까지 가라앉을지도 모르는 일, 인생이란 어두운 골짜기에 지나지 않으니까요. 친애하는 벗이여 저의 최대 관심은 놀랍게도 요즘에 좋아하게 된 시문입니다, 왜냐하면 허송세월 하지 말아야 하니까요. 그러므로 친애하는 벗이여, 전번 그대 편지에 아직 답장을 못 보낸 일에 너무 놀라지 말고, 용서하지 않을 경우엔 잊어주옵기를. 아시다시피 이 댁 부인의 어머니께서 이루 말로 나타내기 어려운 고통 속에서, 의사가 셋이나 와서 지체케 한 끝에 운명하셨습니다. 장례식날은 훌륭했습니다. 주인님의 벗들과 여러 장관들이 떼지어 오셨습니다. 묘지에 가는 데만 두 시간이 넘게 걸렸는데, 이 일을 알린다면 그대 마을에서 다들 눈을 동그랗게 뜨겠지요. 미슈 할머니를 위해서도 그만큼 못할 것이 확실하니까요. 그러므로 내 인생은 앞으로 기나긴 오열밖에 없을 겁니다. 최근에 배운 모터사이클에 무척 재미 보고 있습니다. 제가 전속력으로 레 제코르스에 닿는다면 친구들이 뭐라고들 할까요. 하오나 이런 일을 솔직히 말씀드리는 까닭은, 불행에 취하여 마음이 어지럽기 때문입니다. 저는 게르망트 부인을 비롯해, 무식한 우리 고향에선 이름조차 못 듣는 인물들과 사귀고 있습니다. 그러므로 저는 라신, 빅토르 위고, 쉰돌레 선집, 알프레드 드 뮈세의 서적을 기꺼이 보내는 바입니다. 죄까지 범하게 하는 무지로부터 저를 낳은 고향을 구하고 싶은 소망에서. 더 할 말이 없은즉, 긴 나그넷길에 지친 사다새처럼, 그대에게, 또 그대의 아내, 나의 대자와 그대의 누이동생 로즈에게도 큰절을 보내옵니다. 로즈만은 '장미이니 장미다운 삶밖에 살지 못했어라'라는 말이 남의 입에 오르지 않도록. 이 시는 빅토르 위고, 아르베르의 소네트, 알프레드 드 뮈세의 것인데, 이 위대한 천재들은 그 때문에 잔다르크처럼 장작불 위에서 죽었습니다. * 형

---

* 물론 사실무근인 말임.

제 같은 나의 입맞춤을 받아주시기를, 그대의 가까운 편지를 기다리며, 폐 리고 조제프 올림.

    인간은 미지의 무엇인가를 보여주는 온갖 생활, 깨져버릴 마지막 환영에 끌리는 법이다. 샤를뤼스 씨가 나한테 말한 수많은 것이 내 공상에 세찬 매질을 하여서, 게르망트 공작부인 댁에서 현실이 얼마나 공상을 실망시켰는지 망각케 하여(사람의 이름도 고장의 이름도 마찬가지였다), 공상을 오리안 사촌 쪽으로 쏠리게 만들었다. 하기야 샤를뤼스 씨가 나를 얼마 동안 사교계 사람들에 대한 가상의 가치와 다양성에 대해서 잘못 생각하게 한 것은 오로지 그 자신이 잘못 생각하고 있었기 때문이다. 그리고 어쩌면 그가 하는 일 없이 먹기만 하는 사람이었기 때문일 것이다. 그는 글도 쓰지 않고, 그림도 그리지 않으며, 진지하게 책을 정독하지도 않았다. 그러나 그는 다른 사교계 사람들보다 몹시 뛰어나, 대화의 소재는 사교인들의 사람됨과 모양에서 끌어내고 있음에도, 그것을 사교인들이 이해해주지 않았다. 예술가답게 말하면서, 그는 기껏해야 사교인들의 거짓 매력을 벗길 수 있는 정도였다. 하지만 벗긴다 해도 그것은 오로지 예술가들만을 위해서였다. 그는 에스키모에 대한 순록(馴鹿) 구실을 예술가들에 대해 맡은 셈이었다. 이 귀중한 동물은 에스키모를 위해, 황량한 바위 위에서, 지의류(地衣類)*나 이끼를 뜯는다. 에스키모 자신은 그것을 찾아낼 수도 이용할 수도 없으나, 먼저 순록이 그것을 삭이고 나면, 북극 주민들을 위해 흡수하기 쉬운 음식이 된다.

    한마디 덧붙일 것은, 샤를뤼스 씨가 그려 보이는 사교계의 그림은 극심한 증오와 경건한 공감이 섞여 생생하게 약동하는 경향이 있었다는 사실이다. 그 증오는 특히 젊은이들에게 향하고, 찬미는 주로 어떤 부인들에 의해 돋우어졌다.

    이 부인들 가운데에서도, 게르망트 대공부인은 샤를뤼스 씨에 의하여 드높은 옥좌에 앉혀져 있긴 했지만, 그의 사촌이 사는 '가까이 갈 수 없는 알라딘의 궁전'에 대한 그의 의미심장한 말만으로는 나의 경악에 대한 설명으로 충분하지 않았다.

---

* 균류와 조류의 공생체. 지의식물.

인공적 확대 작용 속에는, 갖가지 주관적인 관점에 의해서 생기는 부분 (그것에 대해서는 나중에 말하겠다)이 있지만, 이런 모든 존재 속엔 그 어떤 객관적인 현실성이 있으며, 따라서 모든 존재 사이에는 여전히 차이가 있다.

하기야 언젠 안 그러랴? 우리가 자주 만나는 인간, 우리의 꿈과는 조금도 닮지 않은 인간도, 저명한 이들의 회상록이나 편지에 서술되어 있는 것을 보면 우리가 사귀고 싶어했던 이들과 같은 인간이다. 함께 식사하는 하찮은 늙은이가 바로, 70년전쟁*¹에 대한 서적에서 감동하며 읽던, 프리드리히 카를 (Friedrich-Karl) 대공*²에게 보낸 그 용맹스런 편지의 주인공이다. 함께 식사하는 데 지루한 것은 상상력이 없기 때문이다. 이에 반해 독서는 상상력이 따르므로 흥미를 느끼는 것이다. 그러나 문제는 같은 인물이다. 예술을 썩 잘 보호한 퐁파두르와 사귀고 싶을 테지만, 다가가고 나서 보면 지루하기가, 너무나 평범해 두 번 다시 볼 결심이 나지 않는 현대의 유력 부인들과 마찬가지일 것이다. 그래도 역시 사람마다 다르다. 인간은 전혀 같지 않아, 우정의 정도야 같을지 모르나, 서로 처신하는 모양이 다른 점을 폭로해, 결국 그 다름이 상쇄된다.

내가 몽모랑시 부인과 사귀었을 때, 부인은 나에게 불쾌한 것만 말했지만, 그래도 내가 어떤 도움이 필요하면, 유효하게 그것을 얻도록 있는 힘을 다해 아낌없이 내주었다. 이와는 달리 게르망트 부인 같은 이는, 나를 괴롭히기 싫어하고, 나를 기쁘게 하는 것밖에 말하지 않으며, 게르망트네 사람들의 풍요한 정신을 형성하는 온갖 자상한 배려를 한껏 베풀어주었으나, 그 밖에는 아무리 보잘것없는 일을 부탁해도, 자동차도 심부름꾼도 마음대로 부리는데도, 예정에 없었던 능금주 한 잔 얻어 마실 수 없듯, 그것을 얻어 주기 위해 한 걸음도 걷지 않았으리라. 내 성미를 건드리기 좋아하나, 언제나 나를 도와주려는 몽모랑시 부인과 아무리 보잘것없더라도 누가 내게 불쾌감을 주면 그것을 가슴 아파하면서 내게 도움이 되는 일을 위해선 어떤 노력도 하지 않을 게르망트 부인 가운데, 어느 쪽이 나의 진정한 친구였을까? 한편, 게르망트 공작부인은 하찮은 것밖에 말하지 않고, 그 사촌 쪽은 사고방식은 평범하나 늘 흥미 있는 것을 말한다는 소문이었다. 사고방식이란 문학계에서뿐만 아니라

---

*1 1870년의 프로이센−프랑스전쟁.
*2 빌헬름 1세의 조카(1828~85).

사교계에서도 어쩌나 다양하며 서로 다른지, 서로 멸시하는 권리가 있는 이는 보들레르와 메리메만이 아니었다. 이러한 특수성이 모든 사람의 속에, 눈길의, 말씨의, 행동의 계통(체계)을, 어쩌나 시종일관하게, 횡포하게 형성하는지 그들의 앞에 나갔을 때 그 계통이 다른 것보다 우수하게 느껴진다. 게르망트 부인의 경우, 부인의 사고방식에서 정리(定理)인 듯 연역(演繹)된 그 말이, 내겐 인간의 입이 당연히 해야 할 유일한 말처럼 여겨졌다. 그래서 부인이 몽모랑시 부인은 바보이며 이해도 못 하는 온갖 일에 흥미를 품고 있는 얼간이라고 말했을 때, 또는 몽모랑시 부인의 짓궂은 짓을 듣고서, 공작부인이 나한테 '그래 그이를 좋은 분이라고 하세요, 나 같으면 괴물이라고 부르겠어요'라고 말했을 때, 나는 결국 그 의견에 찬성이었다. 그러나 우리 앞에 있는 이 현실의 불가항력, 이미 멀어진 새벽빛을 한낱 추억처럼 희미하게 하는 등잔빛 같은 그 뚜렷한 증거는, 내가 게르망트 부인의 곁에서 멀리 떨어져 있는데, 다른 부인이 나와 비슷한 처지에서 공작부인을 깔보며 "오리안은 결국 어느 것에도 누구에게도 관심이 없어요"라든가(게르망트 부인 앞에선 부인 자신은 믿기 힘들 만큼 이와 반대되는 말을 입 밖에 냈으나), "오리안은…… 속물이에요"라고까지 했을 때 가뭇없었다. 어떠한 수학도 아르파종 부인과 몽팡시에 부인*을 같은 성질의 길이로 변화시키지 못하니까, 어느 쪽이 뛰어나다고 생각하느냐 누가 물어도 나는 대답 못했을 것이다.

그런데 게르망트 대공부인 살롱의 여러 특징 가운데, 가장 흔히 거론되는 것은 부분적으로 대공부인의 왕가 태생에서 비롯한 배타성과, 특히 대공의 귀족적인 편견(하기야 공작 부부가 내 앞에서 비웃던 편견)에서 비롯한 거의 화석 같은 엄격함으로, 물론 그 때문에 대공이 우리 같은 자를 초대했다는 것은 더욱 있을 수 없는 일이라 여겼다. 이 인물은 왕족과 공작들밖에 초대하지 않거니와 만찬에 초대될 적마다 루이 14세 시대라면 마땅히 제가 앉을 자리(역사와 족보에 대한 해박한 지식 덕분에 그만이 아는 자리)를 식탁에서 못 받았다고 한바탕 시비했다. 이런 배타성과 엄격함 때문에 수많은 사교계 사람들은 공작 부부와 그 사촌 부부를 구별하는 다름을 공작 부부 쪽에 유리하게 딱 잘라 말했다. "공작 부부 쪽이 훨씬 근대적이다, 훨씬 총명하

---

* 몽모랑시 부인의 오기(誤記)인 듯함.

다. 대공 부부같이, 아무개의 몇 대째라고 촌수만 따지지 않고, 그 살롱은 사촌의 살롱보다 300년이나 앞서 있다"는 것이 통설이므로, 이를 생각만 해도, 지금 이 초대장은 아무래도 속이기 좋아하는 누가 보내 왔을 가능성이 더 많아 소름이 끼쳤다.

만일 게르망트 부부가 칸에 가 있지 않았다면, 내가 받은 초대가 진짜인지 확인해볼 수 있었으리라. 나를 괴롭히던 이 의심은, 내가 잠깐 그렇게 여겨 우쭐해했듯, 사교인이 못 느끼는 감정, 따라서 작가가 (작가 말고 설령 사교계 인종에 속하더라도) 충분히 '객관적'일 수 있도록 또 각 계급을 달리 그릴 수 있도록 마땅히 재현해야 하는 감정조차 전혀 아니다. 사실상 나는 최근 어느 재미나는 회상록 속에서, 대공부인의 초대장 때문에 내 마음에 스친 것과 비슷한 불안의 기호를 발견했다. '조르주와 나(또는 엘리와 나였는지도 모르지만, 확인하기 위한 책이 없다)는, 드레세르 부인의 살롱에 초대되기를 어찌나 애타게 기다렸는지, 막상 초대받고 나니, 만우절이나 뭔가에 속은 것은 아닌지, 우리 둘은 각기 우리 쪽에서 확인해보는 게 좋겠다고 생각했다.' 그런데 이 회상록의 이야기꾼은 다름 아닌 오송빌 백작(브로이 공작의 딸과 결혼한 사람)이고, 속임수에 걸리지 않았는지 '자기 쪽에서' 확인해보려는 또 다른 젊은이는, 조르주 또는 엘리라는 이름인지에 따라, 오송빌 백작의 절친한 두 벗, 아르쿠르 씨 또는 샬레 대공이었다.

게르망트 대공부인 댁에서 야회가 열리는 날, 나는 공작 부부가 어제부터 파리에 돌아와 있는 것을 알았다. 대공부인의 무도회였다면 돌아오지 않았겠지만, 부부의 사촌이 아팠고, 뿐만 아니라 공작은 그날 밤 가장무도회에서 아주 열심히, 자신은 루이 14세, 아내는 이자보로 꾸몄다. 그래서 나는 아침에 그들을 보러 가기로 결심했다. 그런데 두 사람은 아침 일찍 외출해 아직 돌아오지 않았다. 나는 망보기에 알맞은 곳이라고 믿고, 처음엔 작은 방에서 마차가 도착하는 것을 엿보았다. 실제론 관측소를 매우 잘못 택했다. 거기서부터 나는 우리 안뜰을 거의 분간 못했다. 그러나 다른 집 안뜰이 몇 군데 보여, 나에게 도움이 되지는 않았지만, 잠깐 나를 위로해주었다. 이렇게 화가들의 마음을 끄는 여러 가옥이 보이는 조망(眺望)은 베네치아에만 있는 게 아니라 파리에도 있다. 나는 무턱대고 베네치아라고 말한 것이 아니다. 아침, 너부죽하게 벌어진 높다란 굴뚝이 우뚝우뚝 솟은 파리의 빈민가는 베네치아의 빈민가를 떠오르게 한다. 햇살이 굴뚝들을 더할 나위 없이 강렬한 장밋빛, 더욱 밝은 빨간색으로 물들인다. 그것은 가옥들 위에 꽃피는 큰 화원, 어찌나 가지각색으로 피었는지 델프트(Delft)*¹나 하를렘의 튤립 화원이 온 동네 위에 우뚝 서 있는 듯하다. 게다가 같은 안뜰을 향해 창을 마주 낸 가옥들이 아주 가까워서 그 유리창 하나하나가 틀이 되고, 그 틀 안에서 하녀가 멍하니 아래쪽을 바라보며, 더 먼 틀 안에 젊은 아가씨가, 그늘지어 잘 보이지 않으나, 마녀 같은 얼굴의 할멈이 머리를 빗질하는 대로 가만히 있는다. 이렇듯 안뜰마다, 거리를 두어 소음을 없애면서, 창을 닫아 유리 낀 직사각형 안에 무언의 몸짓을 보이면서, 그 가옥의 이웃에, 나란히 걸어놓은 수많은 네덜란드 그림을 전시해준다. 물론 게르망트네 저택에서는 그런 종류의 조망이 없긴 했으나, 그래도 신기한 것이 있었다. 특히 내가 싫어하던 야릇한 삼각점의 조망이 그랬는데, 거기선, 내가 모르긴 했으나 게르망트 씨의 사촌으로 매우 신분 높은 실리스트리 대공부인과 플라사크 후작부인의 저택을 이루고 있는 먼 높은 곳까지—그 앞에 있는 빈터는 비교적 가파른 언덕이라서—시야를 가리는 게 하나도 없었다. 그 저택은 두 부인의 아버지인 브레키니 씨의 것이었는데, 낮은 건물만 있어서, 사방팔방으로 방향이 나고, 비스듬한 면이라, 시야를 가리지 않아, 거리를 늘려 보이고 있었다.

프레쿠르 후작이 마차를 넣어두는 차고의 붉은 기와로 만든 작은 탑은, 그 앞에 높다란 종루가 있긴 했으나, 가느다래서 아무런 방해도 안 되어, 산기슭에 외따로 높이 솟은 스위스의 예쁜 옛 건물을 떠오르게 했다. 두 눈을 쉬게 하는 막연하고도 분산된 이 모든 시점이, 플라사크 부인의 저택을, 그 사이에 여러 거리나 수많은 버팀벽이 가로놓여 있기라도 하듯 더 멀리, 실은 꽤 가까웠는데 알프스의 풍경처럼 환각적으로 더 멀리 보이게 했다. 그 네모난 널따란 창들이, 수정의 꽃잎인 양 햇살에 반짝이며, 청소 때문에 열려 있던 적도 있었다. 그때 여기저기 층에서 뚜렷하게 분간할 수 없지만 하인들이 양탄자를 두드리고 있는 모양을 보고 있으려니까, 터너 또는 엘스티르의 풍경화에서, 생고타르(Saint-Gotthard)*² 여러 높이에, 합승마차를 탄 나그네나 안내자가 보일 때와 똑같은 기쁨을 느꼈다. 그러나 내가 서 있던 그 '전

---

*1 네덜란드의 도시 이름.
*2 스위스 중부. 알프스 산맥의 생고타르 산괴(山塊)에 있는 고개.

망대'에서 게르망트씨 또는 부인의 귀가를 못 볼 위험이 있어, 오후에 다시 망보는 틈이 났을 때, 나는 그냥 계단 위에 섰다. 여기서라면 정문이 열리는 것이 눈에 띄지 않을 리가 없었기 때문이다. 여기선 하인들이 멀리 작게 보여 한창 청소하는 브레키니 저택의 찬란한 알프스풍 경치야 없었지만, 나는 이 계단에 자리잡았다. 그런데 이 계단에서의 기다림이 나로선 참으로 중요한 결과를 낳게 되고, 이번엔 터너적이 아닌 정신적인 중대한 풍경이 내 눈에 띄게 되었는데, 심상치 않은 일인 만큼 그 이야기는 뒤로 미루고, 먼저 내가 게르망트 부부의 귀가를 알고 부부를 방문한 이야기를 하는 게 좋겠다.

서재에서 나를 맞은 이는 공작 혼자였다. 내가 거기에 들어서니까, 흰머리에 작은 키, 구차한 풍채를 한 사내가 나왔는데, 콩브레의 공증인과 나의 할아버지의 여러 친구들이 매곤 하던 작고 검은 타이를 하고 있는데도, 더 소심한 태도로 내게 인사를 하면서, 내가 지나갈 때까지 계단을 내려오려고 하지 않았다. 공작이 서재 안에서 내가 이해 못하는 어떤 것을 그에게 소리치니까, 이 사내는 벽에 대고 다시 넙죽 절하며 대답했다. 공작이 그를 볼 수 없는데도, 마치 전화로 통화하는 이들의 그 쓸데없는 미소처럼, 한없이 절을 되풀이했다. 날카로운 목소리의 이 사내는 집사같이 공손히 내게 또다시 절했다. 하기야 콩브레의 집사인지도 몰랐다. 그토록 이 사내에겐, 그곳의 조촐한 이들, 겸손한 노인들의, 시골티 나는, 시대에 뒤진, 온화한 점이 있었다.

"곧 오리안이 올걸세." 공작은 내가 들어가자 그렇게 말했다. "스완이 몰타 기사단(Malta騎士團)의 화폐에 대한 연구의 교정쇄와 더 나쁘게도, 그 화폐 양면을 복사한 커다란 사진을 오리안에게 곧 가져올 테니까, 오리안은 만찬회에 나가는 순간까지 스완과 같이 있을 수 있도록 미리 옷을 갈아입기로 했다오. 그렇지 않아도 우리집은 여러 가지로 꽉 차 어디에 놓아야 좋을지 몰라, 그 사진을 어딘가에 쑤셔넣나 생각 중이라네. 그런데 집사람은 너무 지나치게 친절하고, 남을 기쁘게 하기를 좋아하지. 집사람은, 로도스(Rhodos) 섬*에서 그 화폐를 발견한 기사단 우두머리들 얼굴을 나란히 구경할 수 없을까 부탁한다면 스완이 기뻐할 거라고 생각한 걸세. 아까 몰타 섬이라고 했으나 실은 로도스 섬이네. 둘 다 예루살렘의 같은 성 요한 기사단이지만. 사실

---

* 터키 남서안의 섬.

집사람이 그런 것에 흥미를 갖는 것은 오로지 스완이 그것을 연구하고 있기 때문이지. 우리 가문하고 이 기사단은 깊은 관계가 있었거니와, 또한 오늘날 자네가 아는 내 동생만 해도 몰타 기사단의 고관 가운데 하나일세. 하지만 오리안한테 이런 이야기를 한들 듣지도 않을 테지. 그 대신 성당 기사(騎士)에 대한 스완의 연구가(한 종교의 신자가 남의 종교들을 연구하는 열의야 대단하니까) 성당 기사의 후계자 로도스 기사단의 역사에 스완을 이끌고 보니, 곧바로 오리안은 그 기사들 얼굴을 보고 싶다는군. 이 기사들은, 키프로스의 왕들인 뤼지냥 가문, 우리는 그 직계이지만, 이 뤼지냥네 사람들에 비하면 하찮은 녀석들일세. 그런데 지금까지 스완이 뤼지냥 가문을 다루지 않으므로, 오리안은 뤼지냥 가문에 대해 하나도 알고 싶어하지 않지."

내가 찾아온 이유를 공작에게 곧바로 말할 수는 없었다. 사실 게르망트 부인이 자주 만찬회에서 손님을 만나서 실리스트리 부인과 몽로즈 공작부인 같은 친척 또는 친구 여인들이 찾아오고, 지금 또한 부인이 보이지 않아, 공작과 함께 있었기 때문이다. 그 부인들 가운데 첫째 분(실리스트리 대공부인)은 소박한 옷차림으로, 마른 편이지만 상냥하고 손에 지팡이를 쥐고 있었다. 처음에 나는 그녀가 다쳤거나 어딘가 부자연스러운 건가 걱정했다. 그러나 그러긴커녕 그녀의 동작은 재빨랐다. 그녀는 공작에게, 공작의 사촌형제—게르망트 가문 쪽은 아니지만, 있을 수 있다면 게르망트 가문보다 더욱 빛나는 가문의 사촌형제—의 건강 상태가 며칠 전부터 심상치 않다가 갑자기 악화되었다고 비통하게 말했다. 그러나 공작이, 사촌의 처지를 동정하여 '불쌍한 마마, * 정말 좋은 사람인데' 되풀이하면서도 자기에게 유리한 진단을 내리고 있는 것이 눈에 띄었다. 사실 이제부터 참석하기로 되어 있는 만찬회가 공작을 즐겁게 했고, 게르망트 대공부인 댁의 대야회도 싫지 않았으나, 특히 새벽 1시에, 아내와 함께 대밤참회와 가장무도회에 가기로 되어 있어 그 때문에 그에겐 루이 14세 의상과 공작부인에겐 이자보 의상이 준비되어 있었다. 그래서 공작은 이런 갖가지 기분풀이를 아마니앙 도스몽의 병고 때문에 망치고 싶지 않았다. 지팡이를 든 부인, 브레키니 백작의 두 딸이 잇따라 바쟁을 찾아와서 사촌인 마마의 용태가 이제 희망 없다고 알렸다. 어깨

---

* 아마니앙 도스몽의 애칭.

를 으쓱한 다음 화제를 바꾸려고, 공작은 그녀들한테 오늘 저녁 마리 질베르*네 집에 가느냐고 물었다. 그녀들은 아마니앙이 거의 죽게 생겼으니까 안 가겠다고 대답하고, 뿐만 아니라 공작이 가려는 만찬회도 거절했다고 말하고 나서, 그날 예정되어 있는 초대객은 테오도시우스 왕의 형제, 에스파냐 왕녀 마리아 콩세프시옹 등등 이름까지 늘어놓았다. 도스몽 후작은 그녀들하곤 바쟁보다 먼 친척이었으니까, 그녀들의 '결석'이 공작에겐 제 행동에 대한 간접적인 비난같이 느껴져, 그는 쌀쌀한 태도를 보였다. 그러므로 공작부인을 보려고(아니, 사촌의 병이 아주 위험한 상태여서 친척으로서 사교 모임에 못 나감을 알리고자) 일부러 브레키니 저택의 높이에서 내려왔는데도, 그녀들은 오래 있지 않았으며, 등산 지팡이를 지니고, 발퓌르즈와 도로테(라는 것은 이 자매의 세례명이었다)는 그 꼭대기로의 가파른 길을 다시 올라갔다. 나는 게르망트 부부에게 물어볼 생각은 없었지만, 포부르 생제르맹의 일부에서 자주 눈에 띄는 저 지팡이는 대체 무엇에 쓰이는 걸까 궁금했다. 어쩌면 그녀들은 이 구역을 제 영지로 여겨 삯마차를 타기 싫어하여 긴 걸음을 하는데, 사냥을 과도하게 하거나 사냥에서 흔히 일어나는 낙마 탓에 지난날 배를 부러뜨렸든가, 아니면 그저 어느 한 편 강가와 오래된 별장의 습기로 류머티즘에 걸렸든가, 어쨌든 걷는 데 지팡이가 필요하게 됐는지도 모른다. 또는 이 구역에서, 그처럼 먼 원정에 나선 게 아니라, 단지 설탕 절임에 필요한 과일을 따러 정원(공작부인의 정원에서 그다지 멀지 않은)에 내려왔다가, 제 집으로 돌아가기 전에, 전지가위나 물뿌리개까지야 못 들지만 그 지팡이만은 든 채 게르망트 부인에게 인사하러 들렀는지도 모른다.

공작은 파리에 돌아온 날, 내가 방문해준 것을 기뻐하는 듯이 보였다. 그러다가 내가, 대공부인이 실제로 나를 초대해주었는지 그의 아내한테 알아봐달라 부탁하러 왔다고 말하니까 공작의 얼굴이 흐려졌다. 나는 게르망트 내외가 도와주고 싶어하지 않는 이바지 가운데 한 가지에 스친 셈이었다. 공작은 나에게, 그러기엔 너무 늦었다, 대공부인이 나를 초대하지 않았다면 자기가 초대장을 부탁하는 꼴이 되는데, 전에도 사촌 부부가 그에게 그것을 거절한 일이 한 번 있어, 다시는 사촌 부부의 초대인 명부에 참견하는 모양을

---

* 게르망트 대공부인의 이름.

가까이서나 멀리서나 짖고 싶지도 '간섭하고' 싶지도 않다. 어쨌든 밖에 나가서 저녁 식사 하는 자기와 아내가 식사를 끝내고 나서 곧 집에 돌아오게 될지도 모르니, 대공부인이 야회에 못 나간 최상의 핑계는 파리에 돌아와 있는 것을 숨기는 데 있다, 그렇지만 않다면, 물론 서둘러 대공부인한테 내 일을 한마디 적어 보내거나 전화로 알리겠지만, 그것도 틀림없이 너무 늦으니, 모든 경우를 고려해봐도 대공부인의 초대인 명부가 마감되었을 게 확실하니까라고 하였다. "자네는 대공부인과 별로 나쁘지 않은 사인가 보군." 그는 의심쩍은 모양으로 내게 말했다. 게르망트 부부는 최근의 불화 사건을 몰라서, 화해를 위해 이용당하게 될까 봐 늘 전전긍긍했다. 아무튼 공작은 좀 불친절하게 보일 듯싶은 결정은 모두 자기 책임으로 돌리는 습관이 있어서 "이보게" 하고, 갑자기 생각난 듯이 느닷없이 나한테 말했다. "자네가 초대장에 대해 한 말을 나는 오리안한테 입 밖에 내기조차 싫소. 알다시피 안사람은 사람됨이 싹싹하고 더구나 자네를 썩 좋아하니까, 내가 아무리 말린들 사촌동서네 집에 문안을 보내려고 할 테니, 만찬 뒤에 피곤한들 핑계가 없는지라 어쩔 수 없이 야회에 나가게 된다네. 그러니 절대로 안사람에게 말하지 않겠소. 하기야 곧 만나겠지만, 그 이야기는 한마디도 말아주게, 부탁이니. 자네가 야회에 나갈 작정이라면, 자네와 더불어 하룻밤을 보내는 게 우리에게 얼마나 기쁜 일인지는 새삼 말할 필요도 없지만." 인간미 있는 동기란 몹시 신성해서 그것을 내세우는 말을 듣는 이는, 동기를 곧이곧대로 믿건 말건, 그 앞에 굴복할 수밖에 없다. 나는 나의 초대와 게르망트 부인의 있을 법한 피곤을 잠시라도 저울질하는 모양을 짓고 싶지 않아, 내 방문 목적에 대해 부인한테 입 밖에 내지 않겠다고 약속했다. 마치 게르망트 씨가 내게 해 보인 연극에 어김없이 속아넘어간 모양으로 나는 공작한테, 대공부인 댁에서 스테르마리아 부인을 볼 기회가 있을 것으로 생각하느냐고 물었다.

"천만에." 그는 잘 아는 듯이 말했다. "자네가 말하는 이름은 클럽 명부에서 보아 아는데, 질베르네 집에 갈 만한 사람이 전혀 아닐세. 거기선 지나치게 점잖은 체하는 진저리나는 이들, 없어졌거니 여겼는데 경우에 따라 다시 꺼낸 칭호를 달고 나온 공작부인들, 대사들, 코부르크(Coburg)* 사람들, 외

---

* 독일의 명문.

국의 왕족들을 볼 테지만, 스테르마리아의 그림자는 기대해서는 안 되네. 질베르는 자네의 그런 가정만으로도 병나리다. 이보게, 그림을 좋아하니, 사촌한테서 사들인 희한한 그림, 일부는 아무래도 우리 눈에 안 드는 엘스티르의 그림 몇 점과 맞바꾼 그림을 보여주겠네. 필립 드 샹파뉴*의 작품이라고 해서 왔는데, 나는 더 위대한 화가의 작품이라고 생각하지. 내 생각을 말해볼까? 이것은 벨라스케스의 한창 시대 작품이라고 생각하네." 공작은 내 인상을 살펴 알아내려는지 아니면 그 인상을 더 세게 하려는지, 내 눈을 유심히 들여다보면서 말했다. 그때 한 하인이 들어왔다.

"부인께서 아직 준비가 안 되셨으니 공작님께 스완 씨를 잘 접대해주실 수 있는지 여쭤보라십니다."

"스완 씨를 들어오시게 하게." 공작은, 회중시계를 보고 그 자신이 옷을 갈아입으러 갈 때까지 아직 시간이 있는지 확인하고 나서 말했다. "안사람은, 스완에게 오라고 말해놓고서도 준비가 덜 됐나 보군. 마리 질베르의 야회에 대해 스완 앞에서 말하지 맙시다." 공작은 나에게 말했다. "스완이 초대되었는지를 모르니까. 질베르는 스완을 무척 좋아하네. 스완을 베리 공작의 서손(庶孫)으로 여기기 때문인데, 이야기하자면 길지(그렇지 않고서야, 생각해보게! 100미터 앞쪽에 유대인이 보여도 졸도하는 사촌인데). 아무튼 요즘 드레퓌스 사건으로 사태가 심각하다네. 스완은 누구보다도 그런 놈들과 모든 연락을 끊어야 한다는 걸 알 텐데, 그러긴커녕 유감스러운 말만 하는군그려."

공작은 하인을 도로 불러 사촌 오스몽네 집에 보낸 하인이 돌아왔느냐고 물었다. 까닭인즉 공작의 계획은 다음과 같았던 것이다. 당연한 일이지만 공작은 사촌이 위독하다는 말을 믿고 있었으므로 임종하기 전에, 곧 어쩔 수 없이 상을 입게 되기 전에 문병을 시키고 싶었던 것이다. 먼저 아마니앙이 아직 살아 있다는 정식 확보가 있으면, 그것을 핑계 삼아 그 만찬회에, 대공의 야회에, 가장무도회에 갈 것이다. 거기에서 루이 11세로 꾸미고, 무엇보다 새로운 정인과 만날 짜릿한 약속이 있으니, 즐거움이 끝나는 내일까지 문안하지 않기로 한다. 만일 사촌이 밤중에 죽었다면 그때 가서 상복을 입기로

---

* 프랑스의 화가(1602~78).

하자. "아뇨, 공작님, 아직 안 돌아왔습니다."—"괘씸한지고! 이 집에선 모든 일에 다급해져야만 한단 말이야." 공작은, 아마니앙이 석간신문의 마감 전에 '뒈져'버려서 그 가장무도회에 가지 못하는 게 아닌가 하는 생각에서 말했다. 그는 〈르 탕〉지를 가져오게 했지만 그런 기사는 없었다.

나는 스완을 본 지 오래였다. 스완이 전에 코밑수염을 손질했는지, 짧게 깎은 머리가 아니었는지, 나는 퍼뜩 생각해보았다. 스완이 어딘지 모르게 변했기 때문이다. 하지만 스완은 몸이 매우 안 좋아서 많이 변했을 따름이었다. 질병이란 수염을 기르기 시작한다든가 가르마를 다르게 탄다든가 하는 것과 마찬가지로 얼굴에 심한 변화를 일으킨다(스완의 병은 그의 어머니를 앗아갔던 병으로, 그 어머니는 바로 그와 똑같은 나이에 그것에 걸렸다. 사실 우리의 생존은 유전을 통해, 이 세상에 정말로 마녀들이 있기라도 하듯 신비스런 숫자와 주문(呪文)으로 가득하다. 일반적으로 인류에게 일정한 수명이 있듯이, 가족에게도, 곧 가족 가운데 서로 닮은 사람들에게도 일정한 수명이 있다). 스완은 우아한 옷차림이었다. 아내의 우아함과 마찬가지로 지금의 그를 지난날의 그에게 맺는 우아함이었다. 큰 키를 돋보이도록 회백색 프록코트를 착 붙게 입어 날씬하고, 검은 줄이 든 흰 장갑을 낀 그는, 들리옹(Delion)*이 이제는 스완과 사강 대공과 샤를뤼스 씨와 모델 후작과 샤를 아스 씨와 루이 드 튀렌 백작을 위해서밖에 만들지 않는, 끝이 너부죽하게 벌어진 모양의 회색 실크해트를 쓰고 있었다. 나는 스완이 내 인사에 응해 상냥한 미소를 띠우며 다정스럽게 악수를 하여 놀랐다. 그토록 오랜 세월이 지났으니 곧바로 나를 알아보지 못할 거라고 생각했기 때문이다. 나는 내 놀라움을 그에게 말했다. 그는 이 말에, 알아보지 못하겠거니 상상하는 것은 그의 두뇌의 완벽성이나 정(情)의 성실함을 의심하는 일이기라도 한 듯, 웃음을 터뜨리고, 좀 분개하는 모양을 짓다가 다시 악수로 응했다. 실은, 나중에 안 일이지만, 그는 몇 분 뒤 내 이름이 불리는 것을 듣고 비로소 나를 확인했을 뿐이었다. 그러나 게르망트 씨의 한마디로 내가 누군지 알아도 얼굴색 하나 변하지 않고, 말씨도, 내게 말하는 이야기의 내용도 변하지 않았다. 그토록 그는 사교 생활의 놀이에 솜씨와 자신이 있었다. 더구나 그는 게르망

---

* 모자 제조인.

트네 사람들 수법의 특징인 그 거동의 자발성과 사사로운 창의성—의상에 대해서마저—을 보이고 있었다. 그러니까 이 늙은 클럽 회원이 나를 알아보지 못한 채 내게 했던 인사는 순 형식적인 사교인의 차고도 뻣뻣한 인사가 아니라, 이를테면 게르망트 공작부인이 하듯이(부인은 누군가를 만나면 상대가 인사하기 전에 부인 쪽에서 먼저 미소를 보이기까지 하는 정도) 실다운 상냥함, 참된 우아함으로 넘치는 인사로, 포부르 생제르맹 부인들의 습관인 그 기계적인 인사하곤 정반대였다. 또한 그의 모자, 점점 사라져가는 풍습에 따라 모자를 제 옆의 바닥에 놓았지만, 그 모자 안은 초록색 가죽으로 대어져 있었는데, 여느 때는 그렇지 않은 일로(그의 말에 의하면), 털이 더러워지기 때문이라지만, 실은(그렇다고 그는 말하지 않았으나) 바닥과 색깔이 잘 어울리기 때문이었다.

"이보게 샤를, 자네는 그림에 대해 잘 아니 이 그림 하나 봐주게. 그런 다음, 내가 옷 갈아입는 동안 미안하지만 잠시 두 사람이 함께 있어주게. 하기야 오리안도 곧 나올 테지만." 그러고서 그는 스완에게 그 '벨라스케스'를 보였다. "어디서 본 것 같군." 스완은, 말하기에도 지쳐버린 병자답게 얼굴을 찌푸리며 말했다.

"그래." 공작은, 감정가가 감탄을 해주지 않아 정색이 되어 물었다. "아마 질베르네 집에서 보았을 테지."

"그렇군, 기억나는데."

"어떻게 생각하나?"

"글쎄, 질베르네 집에서 보았다면, 이건 아마 당신네 '선조님들' 가운데 한 분이시겠지." 스완은 무시하는 것이 무례하고도 우스꽝스럽긴 하지만, 좋은 취미에서 '장난하듯', 말하고 싶지 않은 고귀한 사람에 대한 비꼬기와 경의가 섞인 투로 말했다.

"그야 물론이지." 공작은 무뚝뚝하게 말했다. "보종이야, 게르망트의 몇 대인지 모르지만. 그런 건 아무래도 좋아. 알다시피 난 사촌만큼 봉건적이 아니니까. 리고*¹ 미냐르,*² 벨라스케스의 이름마저 입 밖에 내는 걸 들었거든!" 공작은 스완의 사념 속을 읽어내는 동시에 그의 대답에도 영향을 주려

---

*1 프랑스의 초상화가(1659~1743).
*2 프랑스의 화가(1612~95).

고, 심문관과 고문관 같은 눈길을 스완에게 던지면서 말했다. "어쨌든" 하고 공작은 결말을 지었다(그도 그럴 것이 그는 자기가 바라는 의견을 억지로 말하게 하고 나서, 잠시 뒤에 그것이 자발적으로 나온 의견이라고 믿는 능력이 있었기 때문이다). "어서 말하게, 아첨은 말고. 자네는 이것이 내가 지금 말한 대가 가운데 누구의 작품이라고 생각하나?"

"아, 아냐." 스완이 말했다.

"그럼, 결국 난 아무것도 몰라, 저 그림이 누구의 작품인지 정할 자격이 내겐 없어. 한데 자네는 예술 애호가야, 그 방면의 대가지. 누구의 작품이라고 생각하나?"

스완은 이 그림 앞에서 잠시 망설였지만, 자못 소름끼치는 작품이라 생각했다. "악의의 작품이오!"* 그가 웃으면서 공작에게 대답하자, 공작도 노기를 보이지 못했다. 노기가 가라앉자 "둘 다 미안하지만 잠시 오리안을 기다려주게, 연미복을 입고 다시 올 테니. 둘이서 기다린다고 아내에게 전하겠소."

나는 드레퓌스 사건에 관해 스완과 잠시 이야기하고 나서, 어째서 게르망트네 사람들이 전부 드레퓌스 반대파인지 물었다. "첫째 그들 전부가 철저히 유대인 배척자들이기 때문일세." 스완은 이렇게 대답했지만, 그는 그중엔 그렇지 않은 이도 있다는 것을 경험으로 알고 있었다. 그러나 그는, 열렬한 의견을 가진 이들이 다 그렇듯, 어느 사람들이 자기와 의견을 달리하는 것을 설명하는 데, 이론의 여지가 있는 갖가지 이유보다, 어쩔 수 없는 선입관에 의한 이유, 어떤 편견을 상대 속에 가정하는 편을 좋아했다. 게다가 너무 이르게 삶의 끝에 이른 그는, 들볶여 지친 짐승처럼, 이러한 괴롭힘을 증오하고, 선조의 종교적인 품 안으로 돌아가고 있었다.

"사실 게르망트 대공이 유대인 배척자라는 소문은 들었습니다." 나는 말했다.

"그 사람에 대해선 말도 마시오. 그가 장교였을 무렵 심한 치통을 앓은 일이 있는데, 그 지방의 유일한 치과 의사가 유대인이라서 그 의사한테 진찰받기보다 차라리 아픈 게 낫다고 생각할 정도이고, 그 뒤 그의 저택 별채에 불이 났을 때, 이웃 저택의 펌프를 빌려 써야 했는데 그게 로스차일드네 저택

---

* 포르토 리슈(Porto-Riche) 극작 〈과거〉 제1막 3장에 나오는 대사—플레이아드판주.

이라서 별채를 몽땅 태워버린 정도이니."

"오늘 저녁 혹시 그 댁에 가시는 게 아닙니까?"

"그렇다네, 몹시 피곤하지만." 그가 대답했다. "뭔가 할 말이 있다며 내게 속달우편을 보내 와서 말일세. 요즘 몸이 좋지 않아 그 댁에 가기도 손님을 맞이하기도 힘들다네. 과로할 테지. 그러니 차라리 외출한 김에 해치울 생각일세."

"그런데 게르망트 공작은 유대인 배척자가 아니군요."

"웬걸, 그는 훌륭한 유대인 배척자야. 그러니까 드레퓌스 반대파이지." 스완은 자신이 이치에 어긋난 말을 한 걸 깨닫지 못한 채 대답했다. "그래도 역시, 그 사람—아니지 그 공작—을 실망시킨 건 안됐어, 이른바 미냐르의 작품인지 뭔지에 내가 감탄하지 않아서 말일세."

"그렇지만" 하고 나는 드레퓌스 사건으로 얘기를 되돌리며 다시 말했다. "공작부인, 그분은 총명하시군요."

"그렇지, 그분은 매혹적인 분이네. 내 의견으로는, 아직 롬 대공부인이라고 불리었을 무렵에 더욱 매혹적이었지만. 그분의 마음씨에 뭔가 모난 게 생겨났는데, 젊었을 땐 더 부드러웠다네. 아무튼 젊든 젊지 않든, 남녀노소를 불문하고, 어차피 그들은 인종이 달라. 천년 동안의 봉건성이 핏속에 있으니 탈없을 리가 있겠소. 물론 그들은 봉건성이 자기들의 의견과 무관하다고 믿고들 있지만."

"그렇지만 로베르 드 생루는 드레퓌스파인데요?"

"그래! 그거 잘됐군, 알다시피 그 어머니가 극성스러운 반대파인 만큼 더욱 잘됐군. 생루가 드레퓌스파라고 들어왔지만, 확실하지 않았네. 기쁜 일일세. 생루는 아주 총명하니, 별로 놀라운 일이 아니지. 대단해, 그것은."

드레퓌스 옹호론은 스완을 몹시 소박한 사람으로 만들어, 사물을 보는 그의 방식에, 지난날 오데트와 결혼했을 때보다도 더 심한 충동성, 일탈적 행동을 주었다. 오데트와 결혼했다는 이 새로운 계급적 이탈은 실은 계급 복귀라고 불러도 좋을 만큼 그로서는 명예로운 일이었다. 그럼으로써 그는 조상이 걸어온 길, 귀족과의 교제 때문에 벗어났던 길로 되돌아왔으니까. 그런데 스완은, 조상에게 이어받은 자질 덕분에, 아직 사교인들의 눈에 안 뜬 진실을 볼 기회가 주어진 바로 그 순간에 그토록 명석한 그가 웃기는 망동을 했다.

그는 이제껏 품어온 모든 감탄의 정과 무시의 정을, 드레퓌스 옹호론이라는 새 표준에 걸어 다시 검토했다. 그가 봉탕 부인의 드레퓌스 반대주의를 보고 그녀를 바보로 판단한 것이나, 그가 결혼할 무렵에 부인을 총명하다고 생각한 것이나 그다지 놀라운 일이 아니었다. 또한 이 새로운 파도가 그의 두뇌 속에서 정치적 판단을 침범하고, 클레망소를 돈에 매수된 놈, 영국의 간첩이라고(이것이 게르망트 사회의 부조리였다) 했던 기억을 깡그리 잊게 해, 지금에 와서 클레망소를 전부터 코르넬리(Cornély)*¹ 같은 양심가, 철인(鐵人)이라고 여긴 듯 떠들어대는 것도 대수로운 일이 아니었다. "아니, 난 달리 말한 적이 한 번도 없소. 혼동하나 보군." 그런데 정치적 판단을 넘어서, 이 파도는 스완의 문학적 판단과 그 판단을 드러내는 방법까지 엎어놓고 있었다. 바레스는 온 재능을 잃고 말아, 그의 젊은 시절의 작품마저 빈약해서 거의 다시 읽기 힘든 게 되고 말았다. "시험해보구려, 끝까지 못 읽을 테니. 클레망소하곤 천양지차일세! 개인적으로 나는 교권 반대론자가 아니지만, 클레망소에 비하면 바레스 따위야 뼈가 없다는 걸 깨달았지! 클레망소 영감은 큰 인물이라네. 참으로 훌륭하게 언어를 구사한다고!" 하기야 드레퓌스 반대파 사람들도 이런 주책없는 의견을 비난할 자격이 없었으리라. 그들도 아무개가 드레퓌스파인 것은 유대계이기 때문이라고 설명하곤 했다. 사니에트 같은 충실한 가톨릭 신자까지 재심에 찬성한 까닭은, 열렬한 급진파로서 활약하고 있는 베르뒤랭 부인에게 농락당하고 있었기 때문이다. 베르뒤랭 부인은 무엇보다도 '성직자'를 싫어했다. 사니에트는 심술궂다기보단 오히려 어리석은 편이라서 '주보 성녀'*²께서 자기 처지를 불리하게 만들고 있는지 모르고 있었다. 브리쇼 또한 베르뒤랭 부인의 친구이자 '애국 연맹'의 회원이 아니냐고 반박하는 사람이 있을지 모르지만, 그것이 그가 똑똑했기 때문이다.

"이따금 그를 만나십니까?" 나는 스완에게 생루에 대해 물었다.

"아니, 전혀. 다만 요전 날 자키 클럽에 가입되도록 뮈세 공작과 몇몇 사람한테 투표를 부탁해달라는 편지가 왔더군, 하기야 우체통에 편지가 들어가듯 지나쳤지만."

"드레퓌스 사건에도 불구하고요!"

---

*1 〈피가로〉지의 기자, 드레퓌스파(1845~1907).

*2 베르뒤랭 부인을 가리킴.

"그건 문제되지 않았네. 사실 그 사건 이래 나는 이 장소에 발을 들여놓지 않지만 말일세."

게르망트 씨가 돌아왔고, 곧 부인이 나타났다. 채비를 다 하고, 치마 깃을 금박으로 꾸민 붉은 새틴 드레스를 기품 있게 입고서, 머리에 자줏빛으로 물들인 커다란 타조 깃털, 어깨에는 같은 빨강 명주 망사 목도리를 걸치고 있었다. "모자에 초록빛 안감을 대다니 참 좋군요." 공작부인은 무엇 하나 놓치지 않고 말했다. "하긴 샤를, 당신은 무엇이나 다 멋있어요, 몸에 걸치는 것이나 하시는 말씀이나, 읽으시는 책이나, 하시는 일이나." 그런데 스완은 귀에 안 들리는 것처럼, 대가의 그림이라도 감상하듯 공작부인을 바라보며, '야 이거!'라고 말하려는 듯이 입을 삐죽거리면서 부인의 눈길을 찾았다. 게르망트 부인은 까르르 웃었다. "내 몸치장이 당신 마음에 들어 기뻐요. 하지만 사실 이런 몸치장은 내 마음에 그다지 들지 않아요." 부인은 침울한 모습으로 계속했다. "정말이지, 집에 그대로 있고 싶을 때 옷을 갈아입고 외출하다니 지긋지긋해요!"

"참으로 으리으리한 루비군요!"

"어쩌면! 샤를, 당신만은 알아주시네요. 이게 진짜냐고 내게 물어 본 그 상스러운 몽세르퓌유하곤 다르시군요. 실은 나도 이처럼 아름다운 것은 본 적이 없을 정도예요. 대공부인의 선물이죠. 내 취미론 좀 커서 철철 넘게 부은 보르도 술잔 같지만, 오늘 저녁 마리 질베르네 집에서 대공부인을 뵙게 될 거니까 끼었어요." 게르망트 부인은, 이 단언이 공작의 단언을 망쳐버리는 줄 모르고서 덧붙였다.

"대공부인 댁에서 뭐가 있나요?" 스완이 물었다.

"보잘것없는 일일세." 공작은, 스완의 물음을 듣고 스완이 초대되지 않은 줄 알고서 서둘러 대답했다.

"뭐라구요, 바쟁? 사실은 문중(門中)과 휘하(麾下)들을 전부 다 소집했답니다. 아주 혼잡할 거예요. 특히" 하고 부인은 야릇한 눈매로 스완을 보면서 덧붙였다. "저 찌푸린 날씨가 폭풍우로 변하지 않는다면, 그 멋들어진 정원 말이에요. 아시죠, 한 달 전 라일락꽃이 피었을 때 가보았지만 어찌나 아름다운지 떠올리지도 못 할 정도예요. 그리고 그 분수, 정말이지 파리 안에다 베르사유를 갖다놓은 것 같아요."

"대공부인은 어떤 여인이십니까?" 나는 물었다.

"아시잖아요, 우리집에서 한 번 보셨으니까. 눈부실 정도로 아름답고 좀 얼간이인 데다, 독일풍으로 거만한 점이 있지만 친절하고, 다정하고, 실수만 하는 분."

스완은 매우 예민해서 게르망트 부인이 지금 '게르망트 기질'을, 그것도 큰 수고 없이(전에 입 밖에 낸 재담을 더욱 불완전한 형태로 다시 쓰고 있는 데에 지나지 않았으므로) 발휘하려는 것을 알아챘다. 그럼에도, 익살스러우려고 하는 공작부인의 의도를 이해하고 있음을 부인에게 증명하기 위해, 또 부인이 실제로 익살스럽다는 듯이 스완은 좀 억지로 미소를 지었는데, 이 별난 성실하지 못함은, 지난날 나의 부모님이 뱅퇴유 씨와 어느 사회의 퇴폐에 대해(몽주뱅에 창궐하는 퇴폐 쪽이 더 심한 걸 잘 알면서도) 얘기하는 걸 들었을 때와 똑같은, 또는 르그랑댕이 바보들에겐 말솜씨를 바꿔, 부유하고 멋도 내지만 무식한 사람은 알아듣지 못할 줄 뻔히 아는 미묘한 형용사를 일부러 쓰는 것을 들었을 때와 똑같은, 그런 거북함을 내게 일으켰다.

"이봐요, 오리안, 무슨 말을 하는 거요." 게르망트 씨가 말했다. "마리가 바보라고? 하지만 책을 읽고, 마치 바이올린처럼 어떤 곡이라도 알지 않나?"

"한심한 바쟁, 당신은 갓난애 같군요. 그렇더라도 좀 바보스러운 데가 있어요. 바보 같다는 말은 좀 지나칠지도 모르죠, 그래요, 그녀는 흐리멍덩해요. 헤세 다름슈타트(Hesse-Darmstadt)*풍이고, 신성 로마 제국풍이고, 말 많고 게으르죠. 그녀의 발음만 들어도 신경질이 난다니까요. 하지만 귀여운 철부지라는 건 인정해요. 첫째 독일의 옥좌에서 내려와 아주 부르주아식으로 보통 인간과 결혼하러 왔다는 그 사고방식만 해도 대단해요. 실은 그녀가 상대를 택했는데! 정말이라니까요." 부인은 나를 돌아다보면서 말했다. "당신은 질베르의 사람됨을 모르시나 보죠! 그럼 한 가지 말씀드리죠. 그녀는 지난밤 내가 카르노 부인 댁에 명함을 놓고 왔다고 해서 몸져누웠답니다……. 그런데 샤를." 공작부인은, 카르노 부인 댁에 명함을 놓고 온 이야기가 게르망트 씨를 노하게 한 기색을 보고, 화제를 바꾸기 위해 말했다. "그 로

---

*독일의 명문.

도스 섬의 기사들 사진을 안 보내주셨군요. 당신 덕분에 좋아져서 알고 싶은 그 기사들 사진 말이에요."

공작은 그러는 동안 쭉 아내에게서 눈을 떼지 않았다.

"오리안, 적어도 사실을 말해야지, 흐릿하게 말하지 말고. 실은" 하고 공작은 스완에게 말을 걸면서 바로잡았다. "그 무렵 영국 대사부인은 마음씨 착한 분이지만 좀 현실과 동떨어져 흔히 이런 서툰 수작을 하는 버릇이 있었는데, 우리를 대통령과 그 부인과 함께 초대한다는 어지간히 괴상야릇한 착상을 해냈다오. 우리는 깜짝 놀랐지, 오리안도 깜짝 놀랐고. 그도 그럴 것이 대사부인에겐 우리와 공통된 벗이 있으니 일부러 그런 괴상한 모임에 우리를 초대하지 않아도 좋았을 테니까. 그 가운데에는 도둑질한 장관도 있었지. 그건 좋다고 치고, 우리는 사전에 아무 통지도 못 받아 함정에 걸리고 말았는데, 하기야 모두들 공손했던 건 인정하네. 그뿐이라면 또 좋아. 게르망트 부인은 나하고 흔히 상의하지 않았지만, 그 주간에 엘리제 궁에 명함을 놓으러 가야 하는 게 도리라고 믿어 마지않았지. 질베르가 그걸 가명에 똥칠하는 것처럼 생각한 건 좀 지나쳤어. 하지만 정치 문제는 별도로 치고, 카르노 씨는 제자리를 적절하게 지키고 있지만, 하루 동안에 우리 가문의 열한 명을 사형에 처한 혁명 재판소 일원의 손자라는 걸 잊어선 안 되지 안 돼."

"그럼 바쟁, 당신은 어째서 매주 샹티이*1 만찬에 가시죠? 오말 공작 또한 혁명 재판소 판사의 손자가 아닙니까. 카르노*2는 정직한 사람이었고, 필립 에갈리테*3는 흉악한 악당인 게 다르지만."

"말씀 중에 죄송합니다만 사진을 보내드렸는데요." 스완이 말했다. "왜 못 받으셨는지 모르겠군요."

"그럴 만도 하지요." 공작부인이 말했다. "우리집 하인들은 중요한 듯싶은 것밖에 내게 말하지 않으니까요. 아마 성 요한 기사단이 마음에 안 드나 보죠." 그리고 그녀는 초인종을 울렸다.

"알다시피, 오리안, 내가 샹티이에 만찬하러 갔을 때, 열의는 안 가졌어.

---

*1 오말 공작의 거주지.

*2 1792년 9월 20일에 시작된 프랑스의 혁명 의회 의원, 카르노 대통령의 할아버지(1753~1823).

*3 오를레앙 공작. 오말 공작의 할아버지(1747~93).

"열의야 안 가졌지만, 대공이 자고 가라고 당신한테 청할 때의 준비로 잠옷을 가지고 가셨죠, 하기야 자고 가라고 하는 적이 드물지만. 오를레앙네 사람들이 다 그렇듯 그분은 빈틈없이 상스러우니까⋯⋯. 생퇴베르트 부인 댁에서 우리가 누구하고 식사하는지 아십니까?" 게르망트 부인이 남편에게 물었다.

　"당신도 아는 회식자 말고, 테오도시우스 왕의 형제가 끝판에 올 거요."

　이 소식을 듣자 공작부인 얼굴에는 만족스런 빛이 보였지만, 말투는 반대로 지루하다는 듯이 말했다. "어머! 또 왕족이군요."

　"하지만 그분은 싹싹하고 똑똑한 사람입니다." 스완이 말했다.

　"그래도 완벽하지는 못해요." 공작부인은 제 의견에 신기함을 붙이려고 낱말을 찾는 모양으로 대답했다. "왕족들 중에서 아무리 싹싹한 분이라도 정말로 싹싹한 이는 없지 않습니까? 아무렴, 없고말고요! 그 사람들은 무엇에나 다 의견을 갖지 않고선 못 배깁니다. 그런데 어떠한 의견도 없는지라, 인생의 첫 부분은 우리의 의견을 듣는 데 보내고, 두 번째로 그 의견을 우리에게 다시 쓰는 데 보냅니다. 그들은 기어이, 이 연주는 좋았다, 그건 그다지 좋지 않았다고 말하지 않고선 못 배겨요. 다를 게 하나도 없는데. 그렇지, 테오도시우스의 동생(이름이 생각나지 않지만)이 어느 관현악의 모티프를 듣고, 그게 뭐냐고 나에게 물어본 적이 있어요. 나는 대답했죠." 공작부인은 눈을 반짝이며, 붉은 입술을 벌려 까르르 웃어대면서 말했다. "'저것은 관현악의 모티프라고 합니다'라고요. 그랬더니, 마음속으로, 그는 불만이었나 봐요. 정말이지, 샤를." 게르망트 부인은 활기 없는 모습으로 말을 이었다. "외식하는 게 진저리나기도 해요! 죽는 편이 낫다고 생각하는 저녁이 있답니다! 하긴 죽는 것도 권태로울지 모르지만, 죽는다는 게 뭔지 모르니까."

　하인이 나타났다. 문지기와 싸움했다가, 공작부인이 착한 마음씨로 그들 사이를 겉으로만 화해시켰던 그 젊은 약혼자였다.

　"오늘 저녁 오스몽 후작님의 용태를 여쭤보러 갈까요?" 그는 물었다.

　"당치도 않은 소리, 내일 아침까지 절대 안 돼! 오늘 밤 자네가 여기 있는 것조차 싫단 말이야. 그 댁 하인이 자네와 아는 사이니까, 자네한테 용태를 알리러 와서 우리를 모시고 오라고 할지도 몰라. 외출하게, 가고 싶은 데 가게, 자고 오게, 내일 아침까지 여기 있지 말게."

　끝없는 기쁨이 하인의 얼굴에 넘쳤다. 드디어 약혼녀와 오래오래 지낼 수 있었던 것이다. 문지기와 또다시 싸운 끝에, 공작부인한테 또 다른 싸움을 피하려면 외출하지 않는 것이 좋다고 설득된 이래 약혼녀와 거의 만날 수 없던 그였다. 드디어 하룻밤 자유로운 몸이 되는구나 생각하니 그는 행복에 잠겼다. 그런데 공작부인이 이를 눈치채고 수상쩍게 생각했다. 공작부인은 자기가 모르는 사이에 숨어서 누리는 남의 행복을 보자, 화가 나고 질투가 나서, 가슴이 죄어드는 듯한, 손발이 근질근질한 느낌이 들었다. "안 돼요, 바쟁, 그건 안 돼요, 여기 있어야 해요, 집에서 나가지 말아야 해."

"하지만 오리안, 그건 억지야. 당신 하인은 다 여기 있고, 한밤중에 그 가장무도회를 위해 분장사와 의상 담당이 올 거요. 저 사람은 할 일이 전혀 없소, 저 사람만이 마마의 하인과 친구니까 멀리 보내는 편이 좋아."

"이봐요 바쟁, 제게 맡겨두세요. 몇 시쯤인지 정확히 모르지만 오늘 저녁 안으로 마침 저 사람에게 심부름시킬 게 있으니까. 1분이라도 여기서 움직여선 안 돼." 부인은 실망한 하인에게 말했다.

공작부인 댁에서 줄곧 싸움이 일어나고, 고용인이 오래 붙어나질 못했는데, 이 끊임없는 싸움의 원인이 되는 이는 파면되지 않는 인물이지, 문지기가 아니었다. 거친 일을 맡게, 힘든 닦달질을 하게, 치고받는 싸움이 터지게, 확실히 공작부인은 문지기에게 무거운 연장을 맡기고 있었다. 하기야 문지기는 맡은 줄은 꿈에도 모르고서 그 소임을 맡았다. 다른 하인들과 마찬가지로, 그는 공작부인이 상냥한 사람이라 믿고 존경했다. 그래서 눈치가 빠르지 못한 하인들은, 퇴직한 뒤 흔히 프랑수아즈를 찾아와서 공작네 집에 문지기가 없다면 파리에서 제일 좋은 자리일 텐데 하고들 말했다. 공작부인은 사람들이 오랫동안 교권주의, 프리메이슨 유대인의 재앙의 근원을 이용했듯이 문지기를 이용했다. 한 하인이 들어왔다.

"어째서 스완 님이 보내온 꾸러미를 내게 안 가져왔나? 그런데(샤를, 마마가 중태라는 걸 아시죠) 오스몽 후작님의 용태를 여쭤보러 갔던 쥘은 돌아왔나?"

"이제 막 돌아왔습니다, 공작님. 후작님께서 곧바로 임종하시지 않나 하고 여러분이 기다리고 계십니다."

"허어, 살아 있군." 공작은 안도의 한숨을 내쉬며 외쳤다. "여러분이 기다린다. 기다린다! 그럴 테지. 목숨이 붙어 있는 한 희망이 있지." 공작은 즐거운 모양으로 우리에게 말했다. "이미 죽어 파묻힌 듯이 말했는데, 일주일 안에 나보다 더 활기차게 되겠지."

"오늘 밤을 넘기지 못하실 거라는 의사들의 말입니다. 의사 한 사람이 밤에 다시 오겠다고 했는데, 주치의가 소용없다고 말했습니다. 후작님은 벌써 돌아가셨을 몸이지만 장뇌액의 관장으로 겨우 목숨이 붙어 있습죠."

"입 닥쳐, 바보 같으니라고!" 공작은 이성을 잃고 외쳤다. "누가 그런 걸 물었나? 입으로 한 말이 무슨 뜻인지 자네는 몰라."

"제가 한 말이 아닙니다. 쥘이 한 말입니다."

"닥치지 못하겠어?" 공작은 고함치고, 스완 쪽을 보고서 손을 비비며 말했다. "살아 있다니 다행이오! 차차 기운이 나겠지. 그 같은 중태 뒤에 살아 있다니, 이것만도 대단한 일이오. 단번에 다 바랄 수야 없지. 장뇌액의 관장도 나쁘지 않겠지. 그가 살아 있다. 더 이상 뭘 바란다지? 그런 중태를 지나 살아 있는 것만도 대단해. 그런 체질을 갖다니 부러울 정도네. 흠! 병자들한테, 우리는 여느 사람에게 하지 않는 자질구레한 시중을 들게 마련이야. 오늘 아침만 해도 주방장 녀석이 베아르네즈 소스를 곁들인 양 넓적다리 고기를 요리해왔지 뭔가, 썩 잘 요리한 건 인정하지만, 너무 많이 먹어 아직 위에 얹혀 있소. 그런데도 아마니앙에게 하듯이 나에게 문병 오는 이가 아무도 없구려. 아마니앙에겐 문병객이 지나치게 많아. 그를 지치게 해. 숨을 돌리게 해야지. 쉴 새 없이 그에게 문병을 보내선 그 사람을 죽이고 말지."

"아니!" 공작부인은 물러가려는 하인에게 말했다. "스완 님이 보내주신 사진 꾸러미를 가져오라고 일렀는데."

"마님, 그건 너무 커서 문을 통과할는지 몰라, 현관에 놓아두었습니다. 가져올까요?"

"괜찮아! 그러면 그렇다고 말해줘야지, 그렇게 크다면 이따가 내려가서 볼 테니까."

"또 말씀드리는 걸 잊었습니다만 몰레 백작부인께서 오늘 아침 마님께 전하라고 명함을 놓고 가셨습니다."

"뭐라고, 오늘 아침?" 공작부인은, 그렇게 어린 부인이 아침부터 명함을 놓으러 오다니 고얀 짓이라고 생각해 불만 섞인 투로 말했다.

"10시쯤이죠, 마님."

"그 명함을 보자."

"어쨌든, 오리안, 마리가 질베르와 결혼한다는 우스운 생각을 품었다고 말하지만" 하고 공작은 첫 화제를 다시 끄집어내며 말했다. "당신이야말로 우습구려. 그 결혼에서 바보였던 사람이 있었다면, 그것은 본디 우리 것인 브라방 가문의 이름을 부당하게 빼앗은 벨기에 왕의 근친과 결혼한 질베르지. 한마디로 말해, 우리는 헤세 가문과 같은 핏줄인 데다 장손 계통이오. 자기 이야기하는 게 늘 쑥스럽지만" 하고 공작은 나에게 말했다. "어쨌든 우리가 다름 슈타트뿐 아니라 카셀과 헤세 선거후령(選擧候領)의 전역을 돌아다녔을 때, 영주들은 언제나 공손히 한 걸음 물러서서 우리에게 첫 자리를 양보했다네. 장손 계통이라고 해서 말일세."

"그런데 바쟁, 이 사람에 대해서는 이야기하시지 않네요. 제 나라의 온 연대의 참모장이고, 스웨덴 왕과 약혼한 이가……."

"허허, 오리안, 너무 심하군. 스웨덴 왕 따위야, 우리 선조께서 900년 이래 온 유럽에서 훌륭한 지위를 차지했을 무렵, 포(Pau) 지방에서 흙을 파먹고 살던 것을 모르기나 하듯이."

"그래도 만약에 거리에서 누가 '저것 봐, 스웨덴 왕이시다' 말한다면 다들 콩코르드 광장까지 달려가 구경할 테지만, '저이가 게르망트 님이시다' 말한들 아무도 모를 거예요."

"옳은 말씀!"

"또, 브라방 공작이라는 칭호가 벨기에 왕실에 옮겨지고 말았는데, 당신이 어째서 권리를 주장하는지 통 모르겠어요."

하인이 몰레 백작부인의 명함이라기보다 오히려 백작부인이 명함이랍시고 놓고 간 것을 가지고 돌아왔다. 백작부인은 몸에 가진 명함이 없다는 핑계를 주워대며, 받아 넣은 편지 한 통을 주머니에서 꺼내더니 알맹이를 간직하고, 몰레 백작부인이라고 이름이 쓰인 봉투의 귀를 접어놓았다. 그해에 유행하던 편지지의 크기에 따라 봉투가 어지간히 커서, 손으로 쓴 이 '명함'은 여느 명함 크기의 거의 두 배였다.

"이게 사람들이 일컫는 몰레 부인의 소박함이군요." 공작부인은 비꼬아 말했다. "그녀는 몸에 가진 명함이 없다는 걸 믿게 하며 기발한 점을 보이고 싶은 거예요. 하지만 우리는 그런 수를 다 알아요, 안 그래요, 샤를, 사교계에 나온 지 4년밖에 안 되는 어린 여인한테서 재치를 배우기엔 우리는 좀 나이를 먹었거니와 우리 자신도 어지간히 기발하거든요. 그녀는 매력 있어요. 그래도 명함 대신에 봉투를, 그것도 아침 10시에 놓고 가다니, 그런 싸구려 수로 남을 놀라게 한 줄로 떠올리는 걸 보니 통이 큰 사람 같지는 않아요. 나이 든 어미쥐가 그 방면에 대해 더 잘 안다는 것을 보여줘야지."

스완은 웃지 않을 수 없었다. 몰레 부인의 명성에 얼마간 시새워하기도 하는 공작부인이 '게르망트 기질' 속에서 그 방문객에 대한 엄중한 응수를 발견할 거라고 생각했기 때문이다.

"브라방 공작의 칭호에 대해선, 몇 번이나 당신한테 말하지 않았소, 오리안……." 공작은 다시 말을 꺼냈는데, 공작부인은 듣지도 않고 말을 가로막았다.

"그런데 샤를, 그 사진을 구경하고 싶어요."

"아아, Extinctor draconis latrator Anubis."[1] 스완의 말.

"그래요. 당신이 그 일을 가지고 베네치아의 조르주 성자[2]와 비교해 하신 그 말씀 참 좋군요. 그런데 나는 왜 아누비스(Anubis)라는지 이해가 안 가요."[3]

"바발(Babal)[4] 조상은 어떤 사람이지?" 게르망트 씨가 물었다.

"그 사람의 바발(baballe)[5]을 보고 싶은 게로군요." 게르망트 부인은, 그녀 자신이 하찮음을 보이려고 무뚝뚝한 투로 말했다. 그리고 이렇게 덧붙였다. "나는 모두 보고 싶어요."

"여보게, 샤를, 마차가 나올 때까지 아래에 내려가 있을까?" 공작이 말했다. "현관 안에서 우리를 방문하는 셈이지, 안사람이 그 사진을 보기까지 우리에게 시끄럽게 굴지 않을 테니까. 사실 나는 조금도 초조하지 않아." 공작은 의기양양하게 덧붙였다. "난 침착한 인간이지, 하지만 안사람은 우리를 못 살게 굴 걸세."

---

* 1 '용을 퇴치한 우짖는 아누비스'라는 뜻의 라틴어로서 기사단의 표어. 아누비스는 견두인신(犬頭人身)의 이집트 신이므로 '우짖는다'고 형용됨.
* 2 같은 이름의 성당에 용을 퇴치한 성 조르주의 그림이 있음.
* 3 이집트 신의 이름이므로 이해할 수 없다고 말한 것임.
* 4 브레오테의 애칭.
* 5 '얼굴'의 은어.

"당신 의견에 대찬성이에요, 바쟁." 공작부인이 말했다. "현관으로 갑시다. 당신 서재에서 우리가 왜 내려가는지 알지만, 왜 우리가 브라방 백작 가문에서 내려왔는지 통 모르겠네요."

"그 칭호가 어떻게 해서 가문에 들어왔는지는 수없이 설명하지 않았소." 공작은 말했다(우리가 사진을 보러 가는 도중에 그리고 내가, 스완이 콩브레에서 가져다준 사진을 생각하는 동안에). "그건 1241년, 브라방 가문의 한 사람이 튀링겐(Thüringen)의 마지막 영주의 딸과 결혼했기 때문이오. 그래서 브라방 공작의 칭호가 헤세 가문에 들어갔다기보다 헤세 대공의 칭호가 브라방 가문에 들어간 셈이지. 그런데 당신도 기억하겠지만, 우리 가문의 함성도 브라방 공작네와 마찬가지로 '랑부르를 정복한 자에게 랑부르를'이었소. 그것도 우리 가문이 브라방 가문의 문장과 게르망트 가문의 문장을 교환했을 때까지의 일인데, 우리 가문 쪽에 손해가 많은 교환이었소. 그라몽 가문의 예를 본대도 나의 이 생각은 변함이 없소."

게르망트 부인이 대꾸했다. "하지만 랑부르를 정복한 이는 벨기에 왕인걸요……. 게다가 벨기에의 후계자는 브라방 공작이라고 불리고요."

"아니지, 당신 이야기는 뒤죽박죽이야. 근본적으로 틀렸어. 당신도 나처럼 잘 알지 않는가? 설령 침략자에게 영지를 빼앗겼다 해도 권리를 주장할 만한 칭호는 떳떳이 계속 존재한다는 사실을. 이를테면 에스파냐 왕도 바로 이 브라방 공작이라고 자칭하는데, 그로써 우리네보다 오래되지 않지만 벨기에 왕보다는 오랜 소유권을 내세우는 셈이오. 에스파냐 왕은 또한 부르고뉴 공작, 동서 인도 왕, 밀라노 공작이라고도 자칭하지. 그런데 에스파냐 왕이 부르고뉴, 인도, 브라방을 갖지 않음은 나 자신이 브라방을 갖지 않고, 헤세 대공이라는 칭호도 갖지 않는 거나 같소. 에스파냐 왕도 예루살렘 왕이라고 자칭하고, 오스트리아 황제 또한 마찬가진데, 두 사람 다 예루살렘을 소유하지 않아요."

공작은 잠시 입을 다물었다. '진행 중인 사건' 때문에 예루살렘이라는 이름이 스완을 당황하게 했을지 몰라 거북했다. 그러나 그만큼 더 빨리 계속했다.

"당신 말론 무엇이나 다 그렇게 말할 수 있지. 우리네 가문은 오말 공작이었소. 그런데 이 공작 영지는 주앵빌과 슈브뢰즈가 알베르 가문으로 옮겼듯이 프랑스 왕가에 정상적으로 옮겨지고 말았소. 따라서 우리네는 더 이상 그런 칭호를 돌려달라고 주장하지 않소. 마찬가지로 우리네 것이었는데, 정상적인 순서를 밟아 라 트레모유 가문의 소유물이 되고만 누아르무터에 후작이라는 칭호 또한 그렇고. 하지만 양도증의 어떤 것이 유효하다고 해서 전부가 그런 결과가 되지는 않소. 이를테면" 하고 공작은 나에게 말했다. "내 처제의 아들은 아그리장트 대공이라는 칭호를 가지고 있는데, 이는 미친 왕비 잔(Janne la Folle) *¹한테서 비롯한 것일세. 마치 라 트레모유 가문에 타랑트 대공이라는 칭호가 전해오듯이. 그런데 나폴레옹은 이 타랑트라는 칭호를 한 병사에게 수여했지. 하기야 매우 훌륭한 병사였을지도 모르네. 하지만 이 점에 있어서 황제는 자기 소관이 아닌 것을 함부로 처리한 노릇이라, 나폴레옹 3세가 몽모랑시 공작을 만들어낸 쪽은 그래도 약과일세. 그도 그럴 것이 페리고르는 적어도 어머니가 몽모랑시네 출신이었으니까. 한편 나폴레옹 1세의 타랑트는 나폴레옹이 그렇게 되라고 한 것 말고는 아무 관계없었으니까. 그런데도 쉑스 데스탕즈는 우리 큰아버지인 콩데(Condé)를 암시하며 검사총장에게 물어봤지. 몽모랑시 공작의 칭호를 뱅셴 성의 도랑 속에서 줍지 않았느냐고 말일세."*²

"이봐요 바쟁, 당신 따라 뱅셴 성의 도랑 속과 타랑트까지 가다니 더 바랄 게 뭐가 있겠어요. 말이 나왔으니 말인데 샤를, 당신이 베네치아의 조르주 성자 얘기를 하는 동안 마침 내가 말하고 싶던 건, 바쟁과 내가 이번 봄을 이탈리아와 시칠리아에서 보낼 작정이라는 거예요. 만일 당신이 함께 가주신다면 아주 달라질 거라고 생각해요! 당신을 만나는 기쁨은 두말할 것 없고, 상상해보세요, 노르만 정복의 고적과 고대의 유적에 대해 자주 해주신 이야기를, 실제로 함께 여행한다면 얼마나 좋을까요! 바쟁도, 아니 질베르마저 덕볼 거예요. 그도 그럴 것이 로마네스크풍 옛 성당이나 프리미티프파 그림에 있는 듯한 높은 곳의 촌락에서 당신의 설명을 듣고 보면, 나폴리 왕위 계승권인가 뭔가 하는 그런 것에까지 흥미가 날 테니까요. 그나저나 보내

---

*1 16세기 전반 카스틸라의 왕비(1479~1555). 남편 필립 1세가 죽자 미쳤음. 샤를 5세(Charles Quint)의 어머니.

*2 콩데는 1804년 뱅셴 성의 도랑에서 총살되었으나, 따로 이 몽모랑시라는 칭호를 갖고 있었음.

주신 사진을 보죠. 포장을 풀어." 공작부인은 하인에게 말했다.

"아냐 오리안, 오늘 저녁은 보지 맙시다! 내일 봅시다." 사진의 엄청난 크기를 보고서 내게 몸서리를 보인 공작은 애원했다.

"하지만 샤를과 같이 보는 게 재미나요." 공작부인은 짐짓 탐내는 듯하고도 미묘하게 심리적인 미소를 띠고 말했는데, 그로써 스완에게 상냥하려는 부인은, 사진을 구경하고 느낄 기쁨을 마치 병자가 오렌지를 먹고서 느낄 기쁨처럼, 또는 친구들과 몰래 빠져나가 놀기를 궁리한 동시에 제 아첨하는 취미를 전기 작가에게 알리기라도 하듯 말한 셈이었다.

"그럼 샤를이 그 때문에 일부러 오면 되지." 공작이 딱 잘라 말해, 부인은 그 말에 따라야만 했다. "그게 재미나다면 그 앞에서 세 시간쯤 지내구려." 공작은 비꼬아 말했다. "한데 저 엄청나게 큰 장난감을 어디에 놓을 작정이오?"

"그야 내 방이죠, 늘 눈앞에 두고 싶으니까요."

"흠! 당신 방에 놓는다면 얼마든지 보구려, 나는 다행히도 그걸 보지 않게 되니까." 공작이 말했는데, 이렇게 부부 관계의 단절을 경솔하게 누설할지는 생각도 하지 못했다.

"함부로 하지 말고 조심스레 풀어." 게르망트 부인은 하인에게 명했다(스완에 대한 상냥함에서 명령을 연발했다).

"포장도 다치지 않게 해."

"포장까지 소중히 하라시네!" 공작은 두 팔을 번쩍 올리면서 내 귀에 대고 속삭였다. "그런데 스완, 극히 산문적인 변변치 못한 남편인 나지만 내가 감탄하는 것은 저렇게 큰 봉투를 당신이 발견했다는 점일세. 어디서 저걸 찾아냈지?"

"이런 종류의 발송을 자주 하는 사진관이지, 그런데 예의를 모르는군. 겉에 '님' 없이 '게르망트 공작부인'이라 씌어 있다니."

"상관없어요." 공작부인은 멀거니 말하다가, 갑자기 어떤 생각이 떠오른 듯 쾌활해져, 가벼운 미소를 참으면서 부리나케 스완 쪽으로 돌아와서 물었다. "어때요, 우리와 함께 이탈리아에 안 가시겠어요?"

"부인, 아무래도 가능할 것 같지 않습니다."

"그럼 몽모랑시 부인이 나보다 운이 좋았네요. 당신은 부인과 같이 베네치아와 비첸차에 가셨다 했죠. 그분이 말했어요, 당신과 함께라면 당신과 함께가 아니고선 결코 보지 못할, 아무도 얘기한 적 없는 여러 가지를 볼 수 있거니와, 듣도 보도 못한 갖가지를 보여주셨고, 또 유명한 것이라도, 당신 없이, 그 앞을 스무 번 지나갔더라도 주목 못할 세밀한 부분을 이해할 수 있었다고요. 분명 그분이 우리보다 복이 많았네요……. 스완 님의 큰 사진 봉투를 가지고" 하고 부인은 하인에게 말했다. "고집을 꺾어, 오늘 저녁 10시 30분, 몰레 백작부인 댁에 두고 와."

스완은 웃음을 터뜨렸다.

"그래도 알고 싶네요." 게르망트 부인은 스완한테 물었다. "어떻게 불가능하리라는 걸 열 달이나 미리 아시는지."

"부인, 굳이 알고 싶으시면 말씀드리겠습니다. 첫째 보시다시피 내 몸이 몹시 편치 않습니다."

"그렇군요 샤를, 기운이 없어 보이고, 얼굴색도 좋지 않으시네요. 하지만 일주일 뒤의 일을 부탁하는 게 아니라 열 달 뒤의 일을 부탁하는 거예요. 열 달 안에 몸조리하실 틈이 있지 않습니까."

이때 한 하인이 와서 마차를 대령했다고 전했다. "자아, 오리안, 탑시다." 아까부터, 그 자신이 기다리고 있는 말이 되기라도 하듯이 참지 못하여 발을 동동 구르고 있는 공작이 말했다.

"저어, 한마디로 이탈리아에 못 가시는 이유는 뭐죠?" 공작부인은 우리와 작별하려고 일어나면서 물었다.

"친애하는 벗이여, 그 몇 달 전에 내가 죽을 테니까요. 연말에 진찰받은 의사의 말로는 내 병은 당장에라도 목숨을 앗아갈지도 모르고, 어쨌든 3~4개월 이상 살지 못할 거라는데, 더구나 그것이 최대한이라고 합니다." 스완은 미소 지으면서 대답했다. 그동안 하인은 공작부인이 지나가도록 현관 유리문을 열고 기다리고 있었다.

"그게 무슨 뜻이죠?" 공작부인은 마차 쪽으로 걷던 걸음을 잠시 멈추며, 푸르고 우울한, 그러나 불안으로 가득 찬 고운 눈을 쳐들면서 외쳤다. 만찬에 가려고 마차에 타든가, 죽어가는 사람에게 동정을 보이든가, 이토록 다른 의무 사이에 난생처음 낀 부인은, 예절 법전 속에서 따라야 할 성문율(成文律)을 가리키는 조항을 하나도 보지 못해, 어느 쪽을 택해야 좋을지 몰랐다.

그녀는 지금 적은 노력이 드는 첫 번째 의무에 따르도록, 두 번째 의무 따위는 문제도 안 된다고 믿는 체해야겠다고 여기고, 이 갈등을 해결하는 최상책은 갈등을 부인하는 거라고 생각했다. "농담이시겠죠?" 부인은 스완에게 말했다.

"농담이라면 꽤 멋진 취미겠죠." 스완은 비꼬아 대답했다. "어째서 내가 이런 말을 여쭈었는지 모르겠습니다. 여태껏 내 병에 대해 말씀드리지 않았는데. 굳이 물어보시기에 그만, 또 이젠 나도 언제 죽을지 모르는 몸이라서 ……. 뭐니뭐니해도 지각시키고 싶지 않습니다. 만찬에 초대되었으니까요." 그는 덧붙였다. 남들에게는 그들 자신의 사교상 의무 쪽이 벗의 죽음보다 중요하다는 사실을 알고 있고, 또 예의 바른 탓으로 그들의 처지를 생각해주고 있기 때문이다. 그런데 공작부인도 예의 바른 덕분에, 자기가 가려고 하는 만찬회가 스완에게는 그 자신의 죽음처럼 중요하지 않다는 것을 어렴풋이 깨닫기 시작했다. 그래서 마차 쪽으로 가면서도 어깨를 축 늘어뜨리며 말했다. "만찬회 같은 건 걱정 마세요. 하나도 대수롭지 않으니까!" 그런데 이 말에 완전히 기분이 상한 공작은 소리쳤다. "이봐요 오리안, 이제는 그만 수다 떨고 스완과 푸념을 나누지. 생퇴베르트 부인이 정각 8시에 만찬에 참석해 달라고 하지 않았소. 뭘 생각하는 거요, 벌써 마차가 5분이나 기다리는데. 실례하겠네, 샤를." 공작은 스완 쪽을 보고 말했다. "벌써 8시 10분 전이라서, 오리안은 늘 늦거든. 생퇴베르트 할멈 댁까지 가는 데 5분 이상 걸리니까."

게르망트 부인은 단호하게 마차 쪽으로 나가 또 한 번 스완에게 마지막 작별을 말했다. "그 일은 다시 얘기하기로 해요, 나는 당신이 한 말을 한마디도 곧이듣지 않지만 함께 얘기해야죠. 분명히 의사가 어리석은 말을 해 겁을 준 거예요, 점심 식사에 오세요, 좋으신 날(게르망트 부인에게는 모든 일이 점심으로 해결되었다), 날짜와 시간만 말씀하세요." 그리고 부인은 붉은 치마를 쳐들며 한쪽 발을 마차 발판 위에 놓았다. 부인이 마차 안으로 들어가려는 순간, 공작은 그 발을 보고, 무서운 목소리로 외쳤다. "오리안, 어쩌자는 거지, 어울리지 않게, 검은 신을 신은 채 아냐! 붉은 드레스에! 빨리 다시 올라가 붉은 신을 신고 오구려, 아니면" 하고 공작은 하인에게 "당장 마님의 몸종한테 붉은 신을 내오라고 이르게."

"하지만 여보." 공작부인은 조용히 대답했다. 나와 함께 나와서 우리 앞에 있는 마차를 그대로 지나치려던 스완이 "너무 늦었으니까……"라는 말을 들었다고 생각하니 민망스러워서.

"아냐, 시간은 넉넉해. 아직 10분 남았어. 몽소 공원까지 가는 데 10분도 안 걸려. 게다가 8시 반이 되더라도, 다들 기다려줄 테니까, 어쨌든 붉은 드레스에 검은 신을 신고는 못 가. 더구나 우리가 꼴찌는 안 될걸, 사스나즈 부부가 있으니까, 알다시피 9시 20분 전에야 오니까 말이오."

공작부인은 자기 방으로 되돌아갔다.

"그렇지 않소." 게르망트 씨는 우리한테 말했다. "불쌍한 건 남편들이지, 그들을 비웃지, 하지만 그래도 쓸모가 있거든. 내가 없었다면, 오리안은 검은 신을 신고 만찬에 나갈 뻔했거든."

"보기 흉하지 않은데." 스완이 말했다. "처음부터 검은 신이 눈에 띄었는데도 별로 거슬리지 않았는데."

공작은 대답했다. "이상한 건 아니지만 그래도 신은 드레스와 같은 색이라야 더 멋이 나오. 그리고, 안심하시게, 안사람은 거기에 도착하고 나서야 그것을 알아차릴 테지만, 그러면 내가 신을 가지러 와야만 해. 9시에야 숟가락을 들게 되지. 두 분 잘 가시게." 공작은 우리를 슬그머니 밀면서 말했다. "오리안이 내려오기 전에 가시게. 오리안이 당신들을 만나기 싫어해서가 아닐세. 그렇기는커녕 지나치게 만나고 싶어서. 두 사람이 아직 있는 걸 보면 안사람은 다시 수다 떨기 시작할 거요, 그렇지 않아도 지쳐 있어서, 만찬회에서 반죽음이 될 테지. 그리고 사실 나도 배고파 죽을 지경이오. 오늘 아침 기차에서 내리는 길에 고약한 점심을 먹어서. 하긴 베아르네즈 소스라는 빌어먹을 음식이 있었지만, 그래도 식탁에 앉는 것은 괴롭지 않을 거야, 전혀 괴롭지 않을 거라고. 8시 5분 전이라! 쯧쯧! 여자들이란! 안사람 덕분에 둘 다 위가 망가지는군. 안사람은 보기보다 튼튼하지 않거든."

공작은 죽어가는 사람 앞에서 조금의 배려도 없이 아내와 제 몸의 불편함을 늘어놓았다. 자기들 몸에 더 많은 신경을 써서 그 무엇보다 자기들 몸이 가장 중요하다고 생각하기 때문이었다. 그래서 우리를 상냥하게 쫓아버린 뒤 공작이 문가에서 이미 안뜰에 나와 있는 스완한테, 눈에 보이지 않는 사람에게 하듯 큰 소리로 이렇게 외친 것도, 오로지 좋은 교양과 명랑한 기분에서였다.

"그리고 여보게, 의사들의 그런 어리석은 말에 낙심 말게. 빌어먹을 의사 놈들! 그들은 바보들이니까. 자넨 퐁뇌프(Pont-Neuf)*만큼이나 튼튼해. 자 넨 우리보다 오래 살 거야!"

---

* 파리 센 강에 있는 다리. '아주 튼튼하다', '건강하다'는 뜻.

제4편

소돔과 고모라

Sodome et Gomorrhe

I

소돔의 주민 가운데 하늘의 불을 피한 자들의 후예인
남성—여성(hommes-femmes)들의 첫 출현

'계집은 고모라를 가지고 사내는 소돔을 가지리라'
—알프레드 드 비니*

    이미 이야기한 대로, 게르망트 공작 부부를 방문한 자초지종은 그날(다시 말해 게르망트 대공부인의 가든파티가 있었던 날) 게르망트 공작 부부를 방문하려고, 내가 오래전부터 두 사람의 귀가를 엿보고 있었던 일, 그러다가 샤를뤼스 씨에 대한 어떤 발견을 했던 일, 게다가 그 발견 자체가 매우 중대하여 지금껏 그것을 밝히는 데 필요한 장소와 여유를 갖기까지 보고를 잠시 미루어왔음은 다 아는 사실이다. 그때 내가 브레키니 저택으로 올라가는 경사가 심한 비탈길, 프레쿠르 후작의 차고가 장밋빛 종루처럼 솟아 있어 이탈리아풍 흥취를 자아내는 그 비탈길이 훤히 보이는 쾌적한 곳을 떠나 있었던 것은 앞에서도 얘기했다. 공작 부부가 이제 곧 돌아오리라는 예감이 들자 나는 오히려 계단에서 기다리는 게 낫겠다고 생각했다. 지금까지 머물던 높은 장소를 떠나는 게 좀 아쉬웠으나, 점심 식사가 끝난 시간이기에 미련이 덜했다. 아침처럼 브레키니 저택의 하인들이 손에 새털 비를 들고, 붉은 벽돌 버팀벽 위로 아주 상쾌하게 드러나 있는 투명하고 넓은 운모 조각 사이를 지나 가파른 비탈을 향해 어슬렁어슬렁 올라가는 것이 멀리 그림 속 콩알만 한 인물로 보이는 일은 없을 테니까. 그러한 지질학자의 관찰은 몰라도 식물학자의 관찰 정도는 할 줄 알았으므로, 나는 시집보낼 젊은 아가씨들을 여봐란듯이 밖에 내놓는 것처럼 집요하게 안마당에 늘어놓은 공작부인의 작은 떨기

---

* 프랑스의 시인 극작가, 소설가(1797~1863).

나무와 값진 식물을 계단 덧문 너머로 바라보았다. 그리고 곤충이 찾아올 성싶지는 않지만 그래도 뜻밖의 우연에 의해 이렇게 방치된 암술에도 언젠가 찾아오지 않을까 상상해보았다. 호기심에 점점 대담해진 나는 1층 창문까지 내려갔는데, 그 창문도 열려 있고 덧문도 반밖에 닫혀 있지 않았다. 그때 외출 준비를 하는 쥐피앙의 목소리가 또렷하게 들려왔다. 그가 커튼 뒤에 숨은 나를 알아챌 리는 없었다. 나는 잠시 그대로 서 있다가 샤를뤼스 씨에게 보일까 봐 급히 옆으로 비켜섰다. 샤를뤼스 씨는 빌파리지 부인 댁에 가기 위해 안마당을 천천히 가로질러오고 있었는데, 배가 나오고 한낮의 햇빛으로 노화가 두드러져 보이는 데다 머리도 희끗희끗했다. 빌파리지 부인의 심기가 불편했기 때문이었는데(하기야 그것은 샤를뤼스 씨하고 개인적으로 더할 수 없을 만큼 사이가 틀어진 피에르부아 후작의 병환이 원인이었다), 이런 시간에 남의 집을 방문하는 것은 샤를뤼스 씨로선 난생처음이리라. 그도 그럴 것이 게르망트네 사람들은 사교 생활에 보조를 맞추지 않고 그들 개인의 습관대로 사교 생활을 바꿔 버렸는데(끝까지 개인의 습관에 따라야 하며 사교계의 관습에 따라선 안 된다고 믿은 결과, 사교계의 관습 같은 무가치한 것을 무시하는 게 당연하다고 생각하기에 이르렀다—그러므로 마르상트 부인은 따로 약속을 정하지 않고 매일 아침 10시부터 정오까지는 여자친구들의 방문을 받아들였다), 남작도 그 가문의 일원답게 게르망트네의 그런 독특성을 지켜, 이 시간을 독서와 골동품 찾기 따위를 위해 남겨두고, 오후 4시에서 6시 사이가 아니면 절대 남을 방문하지 않았다. 6시에는 자키 클럽에 가든가 불로뉴 숲으로 산책하러 갔다. 잠시 뒤 나는 쥐피앙에게 들키지 않게 다시 뒤로 물러섰다. 오래지 않아 그가 관청에 나갈 시간이었다. 그는 저녁 식사 무렵에야 관청에서 돌아오곤 했으나, 조카딸이 단골손님의 드레스를 끝내려고 수습 여공들과 함께 시골에 가 있는 일주일 전부터는 반드시 그렇지만도 않았다. 이윽고 아무도 나를 볼 수 없다는 걸 알자 더 이상 움직이지 않겠다고 결심했다. 거의 기대는 하지 않았으나, 혹시나 기적이 일어나 오래전부터 상대를 몹시 애타게 기다리고 있는 처녀꽃에 멀리서 사자로 파견된 곤충의(뜻하지 않은 거리의 사건, 위험 등 수많은 장애를 넘어서) 방문을 못 보게 될까 염려되었기 때문이다. 곤충을 기다리는 그 암꽃의 태도는 수꽃 이상으로 능동적이란 것을 나는 알고 있었다. 수술은 벌레가 더 쉽게 안을 수 있도록 자연스럽게 방향을 바꾼다. 그와 마찬가지로 여기에 있는 암꽃도 만약 벌레가 오면, 그 암술대를 요염하게 비틀어 벌레가 들어오기 쉽도록, 새침하면서도 정열적인 색시처럼 티가 나지 않게 길을 열어준다. 식물계 또한 더 높은 법칙의 지배를 받도록 되어 있다. 곤충의 방문, 즉 다른 꽃의 밑씨를 날라다주는 일이 흔히 꽃의 수정을 위해 필요한 까닭은 자화수정(自花受精), 다시 말해 자기 꽃에 의한 수정이 근친혼처럼 퇴화나 불임을 초래하기 때문이다. 그와는 반대로 곤충에 의해 이루어지는 교배는 같은 종족의 다음 세대에게 조상에게는 없었던 활력과 강건함을 가져다준다. 그러나 이 진화가 지나치면 그 종족이 무한히 증식하는 경우도 있다. 그렇게 되면 마치 항독소가 어떤 병을 막듯이, 갑상선이 우리의 비만을 억제하듯이, 패배가 교만을 벌하듯이, 피로가 쾌락을 보상하듯이, 또한 수면이 피로를 풀어주듯이, 적당한 때에 자화수정이라는 예외적인 행위가 이루어져서 나사를 죄거나 제동을 걸어 함부로 일탈한 꽃을 정상 궤도로 되돌려놓는다.

　나의 사색은 뒤에서 말하게 될 비탈길을 굴러 내려오듯, 또렷하게 눈에 띄는 꽃들의 기묘한 책략에서, 이미 문학작품의 무의식적인 부분을 설명하는 결론을 이끌어내고 있었는데, 그때 빌파리지 부인의 집에서 나오는 샤를뤼스 씨의 모습을 발견했다. 들어간 지 몇 분밖에 지나지 않았을 때였다. 아마 친척인 노부인에게서 또는 하인의 입을 통해 빌파리지 부인의 병은 몸이 좀 거북했을 뿐인데 경과가 썩 좋아졌거나 완쾌했다는 것을 알았나 보다. 아무도 보는 사람이 없는 줄 아는 이때의 샤를뤼스 씨는 강한 햇살에 눈을 감고 있었는데, 그 얼굴에는 남하고 이야기할 때의 활기나, 의지력으로 유지하고 있던 평소의 긴장이 풀려 작위적인 생기가 줄어들어 있었다. 대리석처럼 창백하고, 다부진 코와는 달리 섬세한 그의 얼굴선에는 더 이상 의지가 굳어 보이는 눈빛도 조각적인 아름다움을 변질시켜버리는 듯한 표정도 나타나 있지 않았다. 한낱 한 게르망트네 사람에 지나지 않는 그, 팔라메드 15세는, 마치 콩브레의 작은 성당의 조각상 같았다. 그러나 샤를뤼스 씨의 얼굴은 게르망트 가문 특유의 다부진 코가 정신적인 섬세함과 더욱 깊은 부드러움을 띠고 있었다. 지금 빌파리지 부인의 집에서 나오는 그 얼굴에서 느껴지는 천진난만하며 순수한 온순함과 선량함이 평소에는 난폭함, 기이한 불쾌감, 험담, 가혹함, 화를 잘 내는 성질과 거만함으로 바뀌고, 위장된 난폭성 밑에 숨어 있는 그가 몹시 안타까웠다. 그는 햇살에 눈이 부신 듯 깜박거리면서 거의 미소 짓고 있는 것처럼 보였다. 느긋하고 자연스러운 그의 얼굴에서 나는 다정하고 편안한 모습을 발견하고는 샤를뤼스 씨가 지금 남이 보고 있는 줄 안다면 얼마나 노발대발할까 생각했다. 그도 그럴 것이 사나이다움에 그토록 열중하고 그토록 자부하며, 모든 사람이 불결한 여자처럼 추악하게 보인다고 큰소리치는 이 사내에게서 내가 떠올린 것은(그의 얼굴, 표정, 미소가 잠깐 그렇게 보였다) 한 여성의 모습이었기 때문이다.

나는 그의 눈에 띄지 않게 다시 위치를 바꾸려 했다. 그러나 그럴 여유도 그럴 필요도 없었다. 나는 무엇을 본 것인가! 그들이 여태껏 한 번도 마주친 적 없었던 이 안마당에서(샤를뤼스 씨는 오후 늦게, 쥐피앙이 관청에 있는 시간에만 게르망트 저택에 왔기 때문이다) 덜컥 마주쳐서는, 남작은 반쯤 감고 있던 눈을 갑자기 크게 뜨고 특별한 주의를 기울여 가게 문턱에 있는 옛날 재봉사를 바라보는 한편, 상대도 돌연히 샤를뤼스 씨 앞에 꼼짝 않고 서서 식물처럼 뿌리내린 듯 감탄한 표정으로 늙어 보이는 남작의 비대한 몸을 바라보고 있었다. 하지만 더욱 놀라운 일은 샤를뤼스 씨의 태도가 변하자, 마치 무슨 비밀 법칙에 따르듯이 쥐피앙 또한 이내 샤를뤼스 씨에게 어울리는 태도를 보이기 시작한 것이었다. 남작은 지금 자신이 느낀 인상을 감추려고 짐짓 무관심을 가장하고 있음에도, 그 자리를 떠나기가 매우 섭섭한 듯 왔다 갔다 했다. 그리고 그 눈동자의 아름다움을 더욱 강조하려는 듯이 허공을 쳐다보며 득의양양하지만 될 대로 되라는 듯 우스꽝스러운 모습을 하고 있었다. 그런데 쥐피앙은 내가 늘 보아오던 겸손하고도 선량한 모습이 아니라—남작과 완전히 어울리는 모습으로—고개를 쳐들고, 상체는 거만스러운 자세를 취하며, 한쪽 주먹을 꼴사납고 시건방지게 허리 위에 올려놓고, 엉덩이를 쑥 내밀고는 조물주의 섭리로 뜻밖에 나타난 땅벌을 향해 난초꽃이 보여주는 교태스러운 자세를 취했다. 쥐피앙이 그처럼 보기 흉한 자세를 보일 줄은 전혀 몰랐다. 또한 오랫동안 되풀이해온 듯한(쥐피앙은 처음으로 샤를뤼스 씨 앞에 섰지만), 두 사람의 이와 같은 장면에서 그가 불시에 자신의 역할을 해치울 능력이 있는 줄은 몰랐다—이러한 완성의 영역에 저절로 다다르는 것은, 우리가 외국에서 동포를 처음 만났음에도 표현 수단이 같기 때문에 단박에 마음이 통하여 자연히 서로 이해하게 되는 것과 같다. 그런데 이 광경은 확실히 우스꽝스럽기만 한 것은 아니다. 그것은 점점 아름다움을 더해가는 어떤 기묘함, 또는 어떤 자연스러움이라고 할 수 있는 인상이었다. 샤를뤼스 씨가 아무리 초연한 체하려고 해도, 아무렇지도 않은 듯 눈을 내리뜨려 해도, 어쩔 수 없이 이따금 그 눈을 뜨고 쥐피앙에게 주의 깊은 눈길을 던졌다. 그러나(그는 아마도 이런 곳에서 이런 상태를 언제까지나 지속할 수만은 없다고 생각했으리라. 그것은 나중에 알게 되는 이유 때문일지도 모르고, 세상만사가 한순간에 덧없이 끝난다는 감각 때문일지도 모른다. 그 감각 때문에 우리는 일거수일투족을 정확하게 적중시키고 싶은 것이며, 또 그것이 온갖 사랑의 정경을 그토록 감동적인 것으로 만들고 있지만) 쥐피앙을 바라볼 때마다 그 눈길이 하나의 언어를 얘기하고 있는 것처럼 조종하는데, 그것이 그의 눈초리를 평소에 그다지 친하지 않거나 모르는 사람에게 돌리는 눈길과 영 딴판으로 만들고 있었다. 쥐피앙을 뚫어지게 바라보는 그 특별한 눈길은 마치 이렇게 말하고 싶은 것 같았다. '실례를 용서하시오. 당신 등에 긴 흰 실이 붙어 있는데요' 또는 '내가 잘못 보았을 리 없는데 당신도 취리히 태생이죠? 골동품점에서 몇 번 뵌 듯합니다만.' 이와 같은 은근한 눈길로 샤를뤼스 씨는 쥐피앙에게 2분마다 같은 질문을 끈질기게 던지고 있는 듯했다. 마치 같은 간격을 두고 한없이 되풀이하여 새 주제, 가락의 변화, 주제의 '반복'을—터무니없이 호화로운 준비와 더불어—주려는 베토벤의 그 질문하는 듯한 악절처럼.

하지만 반대로 샤를뤼스 씨와 쥐피앙의 눈길이 지닌 아름다움은 적어도 한순간은, 그 눈길에 무엇인가로 유도할 목적이 없는 것처럼 보이는 데서 오는 것이었다. 남작과 쥐피앙이 이런 아름다움을 나타내는 걸 보기는 처음이었다. 두 사람의 눈 속에 떠오른 것은 취리히의 하늘이 아니라, 내가 아직 알지 못하는 이름의 어느 동방 도시 하늘이었다. 샤를뤼스 씨와 재봉사를 붙잡을 수 있는 지점이 어느 곳이든, 아무튼 그들의 협정은 맺어진 듯싶었고, 그 불필요한 눈길은 이미 결정된 결혼에 앞서서 베풀어지는 잔치 같은, 의례적인 전주곡에 지나지 않는 듯했다. 그런 두 사람은 더욱 자연에 가까운 존재로—이런 비유를 되풀이한다면 몇 분 동안 유심히 살펴본 한 인간이 연달아 인간에서 새 인간으로, 물고기 인간으로, 곤충 인간으로 보일 만큼 그 둔갑 자체가 극히 자연스러워—마치 암수 두 마리 새처럼 수컷은 앞으로 나가려 하고, 암컷—쥐피앙—은 그런 술책에 더 이상 어떠한 신호로도 응하지 않으려 하면서, 새로운 벗을 놀라지도 않고 멍한 눈길로 바라볼 뿐, 수컷이 이미 첫발을 내디딘 이상 그다지 마음이 내키지 않은 듯이 쏘아보는 게 틀림없이 상대를 더욱 안타깝게 하는 유일한 유효책이라 판단하고는 제 깃털을 가다듬는 것으로 그쳤다. 그러다가 쥐피앙은 관심 없는 척하는 것만으로는 만족스럽지 않은 모양이었다. 자기 꽁무니를 따라다니며 욕정을 일으키게 할 만큼 상대방을 정복했다고 굳게 믿게 된 데에는 이제 단 한 걸음만 남았을 뿐이었다. 쥐피앙은 일하러 가기로 결심하고 정문을 통해 거리로 나갔다. 다만 두세 번 뒤돌아본 뒤에 비로소 거리로 나갔다. 남작은 그를 거리에서 놓칠까 봐 (잘난 척하며 휘파람을 불면서, 그래도 문지기한테 '또 봅시다' 잊지 않고 외쳤지만 문지기는 얼근하게 취해 초대 손님들을 뒤쪽 부엌에서 접대하느라 그 소리를 듣지 못했다) 따라잡으려고 힘차게 달려 나갔다. 샤를뤼스 씨가 큼직한 땅벌처럼 윙윙거리며 문을 지나가는 동안 다른 한 마리, 진짜 땅벌 한 마리가 안마당에 들어왔다. 그것은 난초꽃이 그토록 기다리던 땅벌이다. 그것 없이는 영영 숫처녀인 채로 있을 난초꽃을 위해 희귀한 꽃가루를 가져다주는 땅벌이었는지 누가 알랴?

하지만 나는 곤충의 놀이를 뒤쫓을 겨를이 없었다. 그도 그럴 것이 잠시 뒤, 나의 주의를 더욱 자극시키면서 쥐피앙이(샤를뤼스 씨가 나타나는 바람에 얼떨결에 두고 나간 꾸러미를 가지러 왔는지, 아니면 더 자연스러운 이유 때문인지) 되돌아왔고 남작이 그 뒤를 따라왔기 때문이다. 남작은 강제로 일을 처리할 속셈으로 재봉사한테 불을 빌려달라고 했다가 곧바로 깨닫고는 중얼거렸다. "불을 빌려달라고 하면서 여송연을 잊고 왔군." 환대의 법칙이 교태의 규칙을 이겼다. "들어가시죠. 필요한 것을 다 드릴 테니." 그렇게 말하는 재봉사 얼굴에 경멸 대신 기쁨의 빛이 떠올랐다. 그들이 들어간 뒤 가게 문은 다시 닫혔고 나는 더 이상 아무 소리도 들을 수 없었다. 땅벌은 어느 틈에 가뭇없어져, 그것이 난초꽃에 요긴한 곤충이었는지 알 길 없었으나, 매우 희귀한 곤충과 그에 사로잡힌 꽃 사이에 기적적인 교합이 이루어질 가능성이 있음을 이제 나는 의심하지 않았다. 한편 샤를뤼스 씨로 말하면(이 두 가지를 나는 오로지 섭리의 우연으로서—그게 무엇이든 간에—비교해본 것에 지나지 않으며, 식물학의 어느 한 법칙과 흔히들 동성애라는 끔찍한 이름으로 불리는 것을 비교하려는 과학적인 의도는 추호도 없다), 그는 몇 년 동안 이 저택에 쥐피앙이 없는 시간에만 오다가 빌파리지 부인의 편치 않은 마음 덕분에 재봉사를 만나, 그와 함께 행운을 누리게 된다. 남작과 같은 부류의 남자에게 그 행운은, 나중에 보다시피 쥐피앙보다 훨씬 젊고 훨씬 잘생긴 이들 중 어느 한 사람에 의해 초래된다. 그것은 남작과 같은 부류의 사내들과 이 지상에서 관능의 쾌락을 나누도록 미리 운명적으로 정해진 사내이다. 다시 말해 노신사밖에 사랑하지 않는 사내이다.

물론 내가 지금 여기서 한 이야기는 몇 분이 지난 뒤에 비로소 이해한 것에 지나지 않는다. 그만큼 현실이라는 것에는 갖가지 속성이 더덕더덕 붙어 있어서 어떤 상황이 그런 속성을 벗기지 않으면 현실은 눈에 잘 보이지 않는다. 어쨌든 나는 옛날 재봉사와 남작의 대화가 더 이상 들리지 않아 몹시 아쉬웠다. 그때 쥐피앙의 가게와는 아주 얇은 칸막이로 구분되어 있을 뿐인 세놓을 가게가 내 머릿속에 떠올랐다. 그리로 가려면 먼저 우리집까지 올라가서 부엌으로 간 다음, 뒤 층계를 따라 지하실까지 내려가서 그 지하실 안을 안마당의 폭만큼 가면, 가구장이가 몇 개월 전부터 목재를 넣어둔 곳과 앞으로 쥐피앙이 석탄을 쌓아둘 곳에 다다르고, 거기서 쥐피앙의 가게 안으로 통하는 몇몇 계단을 올라가면 그만이었다. 내가 가는 통로는 안전하여 누구의 눈에도 띄지 않을 것이다. 가장 신중한 방법이었다. 그러나 내가 취한 방법은 벽을 따라 안 보이게 애쓰면서, 푸른 하늘 아래 안마당을 횡 돌아가는 것이었다. 들키지 않은 건 내 분별보다는 우연의 덕분이다. 지하실을 걸어갔다면 매우 안전했겠지만, 그런 신중하지 못한 결심을 한 것에 무슨 까닭이 있느냐고 한다면 그럴싸한 이유가 세 가지 생각난다. 첫째는 나의 초조함, 둘째는 몽주뱅에서 뱅퇴유 아가씨 창문 앞에 숨어서 엿본 정경의 아련한 추억, 사실 내가 간여한 이런 사건에는 늘 그 연출 안에 무모함과 도저히 사실로 믿어지지 않는 점이 있다. 마치 그러한 행동이 남의 눈을 피해 숨기는 하지만 위험천만한 행동에 대한 대가일 수밖에 없다는 듯이. 셋째 이유는 너무나 유치해서 털어놓고 말하기 쑥스러운데, 그것은 무의식중에 결정된 거라고 생각한다. 생루의 병법 원리를 이해하기 위해―그 원칙이 결국 사실과 모순됨을 차차 알게 되지만―보어 전쟁의 경과를 매우 상세히 살펴본 뒤로 나는 옛 탐험기와 여행기를 다시 읽게 되었다. 나는 그런 이야기에 열정적으로 매달렸으며 스스로 더욱 용감해지기 위해 그 이야기를 평소 생활에 적용하곤 했다. 병 발작 때문에 며칠 밤낮을 연이어 잠들지 못할 뿐만 아니라 몸을 가누지도, 마시지도 먹지도 못한 채 움직일 수도 없게 되었을 때, 몸이 몹시 쇠약해지고 또 아픔은 어찌나 심한지 거기서 영영 벗어나지 못할 수도 있다는 생각을 하는 어느 여행자를 떠올렸다. 순간, 나는 모래톱에 쓰러져 독초를 먹고 중독되어 바닷물에 젖은 옷을 입은 채 고열에 덜덜 떨면서, 그래도 이틀 뒤에 기분이 좋아져 발길 가는 대로 걸어서 어떤 사람이든 상관없이 그 주변에 사는 주민, 어쩌면 식인종일 수도 있는 주민을 찾아간다. 그들의 모범이 나를 격려하고 희망을 안겨주어 나는 잠시나마 의기소침해 있었던 게 부끄러웠다.

영국군과 맞닥뜨리자 밀림에 다다를 때까지 나무 하나 없는 평야를 가로질러야만 하는 순간에 몸을 드러내기를 두려워하지 않던 보어인을 떠올리며 '그들보다 소심하면 웃음거리가 되겠지' 하는 생각이 들었다. 작전 무대라야 고작 우리집 안마당인데, 또 드레퓌스 사건 때 손톱만큼도 겁 없이 몇 차례 결투했던 내가, 지금 두려운 칼이라고는 안마당을 멍하니 바라보는 것밖에 할 일이 없는 이웃들의 눈이라는 칼 한 자루뿐인데. 그러나 가게 안에 들어섰을 때 쥐피앙 가게의 아주 작은 삐걱 소리도 이쪽에 들리는 걸 알고, 나는 쥐피앙과 샤를뤼스 씨가 얼마나 무모하며 또 그들이 얼마나 좋은 기회를 썼는가를 생각해보았다.

나는 꼼짝도 할 수 없었다. 틀림없이 게르망트네 마부가 주인이 없는 틈을 타서 이제껏 차고에 넣어두었던 사다리를 지금 내가 있는 가게 안으로 슬쩍 옮겨다놓은 것이리라. 그 사다리에 올라가면 회전창을 열 수 있어 쥐피앙의 방에 있는 것처럼 이야기를 들을 수 있을 것이다. 하지만 나는 인기척이 날까 봐 걱정되었다. 게다가 그런 짓을 할 필요도 없었다. 이 가게에 이르기까지 걸린 몇 분을 유감으로 여길 필요도 없었다. 처음에 쥐피앙의 방에서 들려온 소리가 또렷하지 않은 것으로 미루어 말을 거의 주고받지 않은 듯했기 때문이다.

그 소리는 몹시 격렬하여 그보다 한 옥타브 높은 똑같은 신음으로 응하는 소리가 없었다면, 누가 바로 내 옆에서 남의 목을 조른 다음 가해자와 다시 깨어난 피해자가 범행 흔적을 지우려고 목욕이라도 하고 있는 줄 알았으리

라. 그래서 나는 나중에 결론짓기를, 고통에 못지않은 소란스러운 것이 있으니 그것은 쾌락이다, 특히—임신을 할 걱정, 《황금전설(黃金傳說)》*의 있을 법하지 않은 실례야 어쨌든 여기선 그런 걱정이 있을 리 없고—곧바로 몸을 깨끗이 씻는다는 배려가 따르는 경우에는. 30분쯤 지난 뒤(그동안 나는 작은 창문으로 구경하려고 살금살금 사다리를 기어올라갔지만 창을 열지는 않았다) 대화가 시작됐다. 쥐피앙은 샤를뤼스 씨가 주려는 돈을 단호하게 거절하고 있었다.

이윽고 샤를뤼스 씨가 방에서 나왔다. "턱수염을 왜 깎으세요?" 쥐피앙이 달짝지근한 목소리로 남작에게 물었다. "멋진 턱수염이 얼마나 아름다운데요!"—"그만해! 끔찍하군." 남작이 대답했다.

이렇게 말하는 동안에도 남작은 여전히 문턱에서 주춤거리며 쥐피앙에게 주변에 대해 이것저것 물었다. "모퉁이의 군밤장수에 대해 자네 아무것도 모르나? 왼쪽 말고, 그놈은 추악해, 그놈이 아니라 오른쪽 모퉁이의 군밤장수, 머리가 새까맣고 키 큰 놈 말이야. 그리고 맞은편 약방 주인은 자전거로 약을 배달하는 썩 귀여운 소년을 데리고 있지." 이런 질문은 아마도 쥐피앙을 토라지게 했을 것이다. 배신당한 덩치 큰 요부처럼 원망을 담아 몸을 일으키면서 이렇게 대꾸했기 때문이다. "보아하니 바람기가 꽤나 심한 분이시군요." 심술궂고 차가우며 거만한 어조의 이 비난은 틀림없이 샤를뤼스 씨의 가슴을 뜨끔하게 했으리라. 그는 자신의 호기심이 상대에게 준 좋지 않은 인상을 지우려고 쥐피앙에게 뭔가를 간청했는데, 목소리가 너무 낮아 무슨 말인지 알아듣지 못했지만 아무튼 둘이 가게 안에 좀더 있어야 하는 뭔가를 부탁하는 듯했다. 그것은 재봉사의 마음을 달래주기에 충분할 만큼 그를 감동시켰다. 쥐피앙은 회색 머리카락 아래 기름이 번진 새빨간 남작 얼굴을 자존심이 넉넉히 채워진 사람의 사뭇 행복에 겨운 표정으로 뚫어지게 바라보다가 샤를뤼스 씨의 부탁을 들어주기로 결심하고, "엉덩이가 크시군요!" 같은 실없는 말을 한 뒤에 감동 어린 목소리로 자기가 우위에 서서 상대에게 감사하고 있는 듯한 투로 남작에게 이렇게 말했기 때문이다. "좋아요, 우리 큰아기!"

---

* 15세기 무렵에 발행된 성인전(聖人傳). 남성이나 여성이나 한쪽 성만으로도 아기를 낳는 등, 있을 수 없는 사례가 적혀 있음.

"전차 승무원의 얘기로 되돌아가서 말인데." 샤를뤼스 씨는 집요하게 다시 말했다. "돌아오는 길에 뜻밖의 흥밋거리가 생길지도 모르거든. 실제로 바그다드 거리를 돌아다니다가 장사치로 오인된 이슬람 왕처럼, 나도 어쩐지 실루엣이 마음에 드는 독특하고 사랑스러운 이의 뒤를 밟은 적이 있으니까 말이야." 나는 여기서 전에 베르고트에 대해 알았던 것과 같은 사실을 깨달았다. 만약 베르고트가 언젠가 법정에서 대답할 일이 생긴다면 그는 판사들을 설득하는 데 어울리는 문구가 아닌, 그의 고유한 문학적 기질에서 매우 자연스럽게 떠오르는, 또 쓰는 데 기쁨을 느끼는 베르고트만의 문구를 쓸 것이다.

마찬가지로 샤를뤼스 씨는 재봉사에게 제 버릇을 떠벌리면서 사교계 사람들에게 쓰는 말씨를 썼는데, 그것은 두려움을 극복하기 위해 지나친 거만 쪽으로 치달았기 때문인지도 모르고, 또 그 두려움이 자제심을 잃게 하여(그도 그럴 것이 우리는 자기와 같은 환경에 속하지 않은 사람 앞에서 당황하기 쉽다) 그의 성격, 게르망트 부인의 말마따나 거만하고 좀 삐뚤어진 성격을 적나라하게 폭로해버리기 때문일지도 모른다.

그는 계속했다. "그를 놓치지 않으려고 나는 가정교사처럼, 젊고 잘생긴 의사처럼, 그 귀여운 이와 같은 전차에 올라타지. 귀여운 이(Petite Personne)라고 여성형으로 말한 것은 문법을 따랐을 뿐이야(어느 대공에 대해서 말할 때 경칭으로 여성형을 써서 전하(Altesse) 안녕하십니까? 라고 말하듯이). 만일 귀여운 이가 전차를 갈아타면 나도 갈아타. 아마 페스트균과 함께일 테지만 '환승권'이라는 괴상한 것을 받는데, 그것은 하나의 번호표야. 글쎄, 이 '나'에게 주는 것이 늘 1번은 아닌 게 괘씸하다니까! 그렇게 나는 세 번이고 네 번이고 '차'를 갈아타. 가끔 밤 11시에 오를레앙 역*에 다다르기도 해서 거기서 집으로 돌아와야 한단 말이야! 오를레앙 역이면 그래도 약과지! 한번은 말 붙일 기회가 없어서 진짜 오를레앙까지 간 적이 있는데, 그 끔찍한 차량 가운데 하나에 올라탔더니 보이는 것이라곤 '그물 선반'이라고 하는 세모난 바구니 사이로 보이는 물가의 중요한 걸작 건물 사진밖에 없더군. 빈자리가 하나뿐이어서 내 앞에 역사적 건물인 오를레앙 대성당의 '풍

---

* 오를레앙 시에 있는 역이 아니라, 현재 파리 시내에 있는 아우스터리츠의 전(前) 이름.

경 사진'밖에 없는 자리에 앉았는데, 프랑스에서 가장 추악한 성당을 마지못해 바라보고 있으니, 마치 결막염을 옮기는 펜대 끝의 그 작은 유리구슬을 통해 억지로 탑을 들여다보는 것처럼 피곤해지더군. 오브레(Aubrais)[1]에서 그 젊은이와 같이 내렸는데 어럽쇼, 그의 가족이(나는 이 젊은이의 결점을 요모조모 떠올렸지만 가족이 있다는 건 뜻밖이었지) 플랫폼에서 기다리고 있지 않겠어! 파리로 돌아가는 기차를 기다리는 동안 디안 드 푸아티에[2]의 집을 본 게 그나마 위안이었지. 디안은 내 조상인 왕족 가운데 한 분을 유혹했는데, 나라면 더 생기 있는 미녀를 택했을 거야. 나는 혼자 귀가하는 쓸쓸함을 달래기 위해 침대차의 사환이나 보통 열차의 승무원 따위와 가까이 지내는 것도 나쁘지 않다고 생각하거든. 뭐 그렇게 화내지는 말게나." 남작은 이렇게 결론을 내렸다. "이런 것은 다 각자의 기호 문제야. 이를테면 사교계의 젊은이라고 일컫는 것들에 대해선 나는 육체적인 소유욕을 전혀 느끼지 않아. 다만 한 번 살짝 손을 대보지 않고는 직성이 풀리지 않는데, 그렇다고 그 몸에 손을 대는 게 아니라 그 감수성을 건드려보고 싶은 거지. 젊은이가 내 편지에 꼬박꼬박 답장을 써 보내고, 정신적으로 내 것이 되고 나서야 내 마음이 가라앉는단 말씀이야. 적어도 그 뒤에 다른 젊은이로 인해 속 썩지 않는 한, 내 마음은 가라앉을 거란 얘기지. 참으로 요상하지, 그렇지 않나? 사교계 젊은이들 말인데, 이곳에 오는 이들 가운데 친한 이가 없어?"—"없는데요, 우리 아기. 그렇지! 있어요, 있어. 갈색 머리에 키가 무척 크고, 외알안경에 늘 싱글거리면서 뒤를 돌아보는 사람."—"누굴 두고 하는 말인지 모르겠는걸."

쥐피앙은 그의 용모를 보태 이야기했지만 그래도 샤를뤼스 씨는 누군지 알 수 없었다. 왜냐하면 그리 친하지 않은 사람의 머리카락 색깔을 기억하지 못하는 사람들이 의외로 많은데, 옛 재봉사가 그런 사람 가운데 하나라는 걸 샤를뤼스 씨는 몰랐기 때문이다. 그러나 쥐피앙의 이 같은 결점을 잘 알고 있는 나는 갈색 머리를 금발로 바꿔보니, 그 초상이 샤텔로 공작과 똑같다는 생각이 들었다. "서민이 아닌 젊은이들의 얘기로 돌아가면" 남작이 다시 말

---

[1] 오를레앙 시 역의 바로 전 역의 이름.

[2] 생발리에 백작의 딸(1499~1566), 앙리 2세의 총애를 받았으며, 그녀를 위해 아네(Anet) 성관을 지어줬음.

했다. "요즘 나는 어느 묘한 녀석한테 흠뻑 빠져 있는데, 약아빠진 프티부르
주아라서 나한테 몹시 버릇없이 굴거든. 내가 대단한 인물인 데 비해 녀석은
비브리오(vibrio)* 정도밖에 못 되는 미미한 존재라는 걸 전혀 모르고 있단
말이야. 그런 건 아무래도 좋아. 그 어린 나귀 녀석, 마음대로 울라지, 내
거룩한 주교옷 앞에서."—"주교라고요!" 쥐피앙은 샤를뤼스 씨가 막 입 밖
에 낸 마지막 말의 뜻을 몰라 주교라는 낱말에 어리둥절해하며 외쳤다. "하
지만 어쩐지 종교와는 어울리지 않는 이야기 같은데요."—"우리 가문에서
교황이 세 분이나 나왔어." 샤를뤼스 씨가 대꾸했다. "또 나에겐 붉은 옷을
입을 권리도 있지. 내 외종조할아버지인 추기경의 조카딸이 내 할아버지에
게 추기경 대신 공작이라는 칭호를 가져다주었거든. 보아하니 자네에게는
은유가 통하지 않는 것 같고, 프랑스 역사에도 관심이 없나 보군. 게다가"
그는 아마 결론이라기보다 경고의 뜻으로 다음과 같이 덧붙였다. "나는 나
를 피하려 하는 젊은이들에게 강하게 끌려. 물론 그들은 경외심에서 나를 피
하는 거지. 왜냐하면 그들은 오로지 존경심 때문에 나를 사랑한다고 확실하
게 말하지 못한 채 입만 다물고 있을 뿐이니까. 하지만 그런 매력을 가지려
면, 그들이 사회적으로 높은 신분일 필요가 있어. 더욱이 그들의 무관심한
체하는 가장은 그 속셈과 달리 정말 역효과를 낼지도 몰라. 무관심한 체하는
어리석음이 길어지면 이쪽에서는 구역질이 나거든. 자네와 가장 가까운 계
급에서 예를 들면, 전에 내 저택을 수리했을 때 전에 나를 묵게 해주었다고
말할 수 있는 영광을 차지하기 위해 다투는 여러 공작부인들 사이에 시샘이
일지 않도록 나는 이른바 '호텔'에 가서 며칠 지낸 적이 있네. 내 방을 맡은
사환들 가운데 잘 아는 하나를 시켜 차 문이나 여닫는 귀여운 '잔심부름꾼
(chasseur)' 하나를 교섭해보았는데 놈이 내 부름에 완강하게 응하지 않는 거
야. 결국 화가 나서 내 의도가 순수하다는 걸 놈에게 보여주려고 그저 내 방
에 5분 동안 이야기하러 올라오라고, 어리석게도 많은 돈을 객실을 맡은 사
환을 통해 보내봤지. 놈이 오기를 기다렸으나 허탕이었어. 어찌나 기분이 나
쁘던지 그 못된 어린놈의 얼굴이 보기 싫어 뒷문으로 빠져나갔을 정도였지.
나중에 안 일이지만, 놈은 내 편지를 한 통도 받은 일이 없지 뭐야. 가로챈

* 콜레라균과 같은 간상(桿狀) 세균의 일종.

거지. 첫 번째는 객실을 맡은 사환이 시샘이 나서, 두 번째는 낮 동안의 문지기가 엄격해서, 세 번째는 야간 문지기가 그 어린 종을 좋아해서 디아나 (diana)*가 일어나는 시간에 그 사냥꾼(chasseur)과 함께 누워 있었단 말씀이야. 아무튼 내 혐오는 조금도 가시지가 않았어. 설령 그 사냥꾼 놈을 사냥에서 잡은 고기처럼 은접시에 담아 가져온들 나는 구역질이 나서 물리쳤을 걸. 아니, 이런 얘기는 그만두세. 우린 진지한 대화를 나누는 중이었으니. 내가 꿈꿨던 예전 이야기들은 관두자구. 자네야말로 중개를 맡아 내게 큰 도움을 주면 좋으련만. 아니지, 아니야, 그 생각만 해도 어쩐지 기운이 나는 것이, 하나도 끝나지 않았다는 느낌이 드는걸."

눈에서 비늘이 떨어진 나에게는, 이 장면의 처음부터 마치 마술 지팡이에 닿기라도 한 듯이 샤를뤼스 씨 속에서 곧바로 오롯한 혁신이 일어난 것처럼 느껴졌다. 그때까지 나는 아무것도 몰랐으므로 내 눈에는 보이지 않았던 것이다. 악덕(언어의 편의상 이렇게들 말하지만), 악덕은 인간이 그 존재를 알지 않는 한 눈에 보이지 않는 정령처럼 저마다에게 붙어 있다. 선량함, 음험함, 이름, 사교상 관계 따위를 쉽사리 드러내지 않은 채 저마다 몰래 가지고 있는 것이다. 오디세우스도 처음에는 아테나를 알아보지 못했다. 그러나 신들은 다른 신들의 눈에 바로 보이는 것처럼, 닮은 자들도 곧바로 서로를 알아보는 법이니, 쥐피앙도 샤를뤼스 씨를 알아보았다. 여태껏 나는 샤를뤼스 씨 앞에서 임신한 여인 앞에 있는 멍청한 사내처럼 행동했다. 사내는 여인의 부른 배를 알아채지 못하고, 여인이 미소 지으면서 "네, 요즘 좀 피곤해서요" 하고 되풀이하는데도 주책없이 "어디가 아프시죠?" 묻는다. 그러다가 누가 그에게 "그녀는 배가 불러" 말하면 그제야 여인의 배를 보고 그때부터는 그것밖에 눈에 들어오지 않게 될 것이다. 눈을 뜨게 하는 것은 이성이다. 그리고 하나의 착오가 사라지면 우리에게는 그때까지 없었던 하나의 감각이 주어진다.

아는 사람 가운데 샤를뤼스 씨가 몇 사람이나 있는데도, 이러한 법칙의 실례로서 그들을 떠올리고 싶어하지 않는 사람이 있기 마련이어서, 그들은 남들과 다를 바 없는 어느 개인의 매끄러운 살결 위에, 옛날 그리스인들에게

---

* 달의 여신이자 사냥의 여신.

친숙했던 동성애라는 글자가, 그때까지는 눈에 보이지 않다가 잉크로 씌어져 나타나는 날까지, 그러한 샤를뤼스 씨들을 전혀 의심하지 않는다. 그런 사람들에게는 그들을 에워싼 세계가 처음으로 모습을 드러낸 것처럼 보여, 사정을 잘 아는 사람들의 눈에는 잘 보이는 무수한 장식이 하나도 없는 듯이 느껴졌는데, 그것을 이해하려면 지금까지의 인생에서 하마터면 실수를 범할 뻔한 적이 몇 번이나 있었는지 떠올리는 것만으로도 충분하다. 이를테면 어떤 남자의 아무런 특징 없는 얼굴을 보고 있으면, 바로 그 남자가 어떤 여자의 형제 또는 약혼자나 애인임을 짐작하게 하는 것은 아무것도 보이지 않는다. 그래서 그들은 그 여자를 "형편없이 굴러먹은 여자야!" 말하려다가, 다행히 그때 이웃 사람이 귀띔한 한마디에 입술에서 튀어나오려던 그 운명의 말을 꿀꺽 삼킨다. 그러면 이내 메네, 테겔, 베레스* 같은 수수께끼의 문자처럼 다음 말이 나타난다. 이 남자는 그 여자의 형제 또는 약혼자나 연인이다, 그러니 그 앞에서 그 여자를 '굴러먹은 여자'라고 부르는 건 적절하지 않다고. 그리고 오로지 이 새로운 관념만으로 나머지 가족들에게 가지고 있던 관념도 채워져, 후퇴 또는 전진을 불러와서 완전히 재편성되는 것이다. 지금까지는 마치 켄타우로스의 하반신이 말인 것처럼, 샤를뤼스 씨 속에 그를 다른 남자들과 구별하는 다른 존재가 결부되어 있든, 그 존재가 남작과 한 몸을 이루든, 나는 한 번도 그것을 알아차린 적이 없었다. 그러나 이제 추상적인 것이 물질화하여 마침내 정체를 알게 된 이 존재는, 다른 사람에게 보이지 않도록 몸을 숨기는 힘을 곧바로 잃어버렸다. 그리고 새로운 인간이 되는 샤를뤼스 씨의 변신은 참으로 완벽하여, 단순히 그의 얼굴과 목소리의 대비뿐만 아니라, 돌이켜보면 나와 그 사이의, 고조되는 것 같다가도 이내 악화되는 관계 자체와, 이제까지 내 머릿속에서는 이해되지 않았던 모든 것이 이해되어 또렷하게 보이기 시작했다. 마치 한 문장의 문자가 아무렇게나 배열되어 있을 때는 아무런 뜻도 나타내지 않다가, 그럴 듯한 순서로 다시 배열하면 결코 잊을 수 없는 하나의 사상을 나타내는 것과 같다.

뿐만 아니라 바로 조금 전에 빌파리지 부인의 집에서 나오는 샤를뤼스 씨를 보았을 때, 어째서 그를 여자 같다고 생각했는지 그 이유도 이제 나는 이

---

* 구약성서 〈다니엘〉서 제5장 참조.

해할 수 있었다. 그는 한 사람의 여자였던 것이다! 그가 속해 있는 종족은 겉모습처럼 모순된 사람들이 아니고, 남성적인 것을 이상으로 삼는 까닭은 바로 여성적인 기질을 가지고 있기 때문이며, 그들이 실생활에서 다른 남자들과 닮은 것은 오직 겉모습뿐이다. 인간은 각자 우주 만물을 바라보는 그 눈 속에 각인되는 형태로, 눈동자에 새겨진 하나의 실루엣을 가지고 있는데, 그들에게 그 실루엣은 님프의 모습이 아니라 어느 한 미소년이다. 그들은 어떤 저주의 압력 아래 거짓과 허위의 맹세 속에서 살아가야 하는 종족이다. 왜냐하면 모든 피조물에게 살아 있는 가장 큰 기쁨을 주는 것은 그 욕망인데, 그들은 자신의 욕망이 벌을 받아야 하는 수치스러운 것이고, 입에 올릴 수 없는 것이 되어 있음을 알고 있기 때문이다. 자신의 신을 부인해야 하는 종족이다. 비록 그리스도교도라 해도, 피고로서 법정의 증언대에 설 때는 그리스도 앞에서 그리스도의 이름으로 마치 중상모략에서 자신을 지키듯이 자신들의 생명 자체인 것을 부정함으로써 몸을 보호해야 하기 때문이다. 바로 어머니가 없는 아들이다. 한평생, 어머니의 눈을 감겨줄 때조차 그녀에게 거짓말을 해야 하기 때문이다. 우정이 없는 친구들이다. 분명히 사람들은 가끔 그들의 매력을 인정하고 우정을 느끼며, 그들 쪽에서도 순수한 마음으로 그런 우정을 느끼는 일이 적지 않겠지만, 거짓말에 의존하지 않으면 발전하지 않는 교제, 그들이 자신도 모르게 믿음과 성실을 보여주고 싶어서 그러한 마음을 드러내면, 당장 혐오의 대상이 되어 거부당해 버리는 교제를 과연 우정이라 부를 수 있을까? 하기야 그들의 상대가 공평할 뿐만 아니라 동정심이 깊은 사람이라면 다르지만, 그런 경우에도 상대는 그들에 대한 인습적인 심리에 흔들려서, 겉으로 드러난 악덕과는 전혀 상관없는 애정조차 그 악덕에서 비롯된 것으로 여기리라. 마치 어떤 재판관들이 성도착자는 살인을, 유대인은 배신을 저지르기 쉬운 법이라고 가정하고, 원죄와 종족의 숙명에서 여러 가지 이유를 끌어내어 그런 행위를 너그럽게 보는 것과 같다. 결국—적어도 그때에 내가 머릿속으로 그려본 최초의 이론, 그러나 나중에는 모두 변하는 것을 독자들도 알 수 있는 이론에 의하면, 그들은 자신들이 눈으로 볼 수도 살아갈 수도 있다고 착각하고 있으며, 그 착각 때문에 모순을 보지 못하고 있지만, 만약 그 모순이 폭로되면 무엇보다 심하게 화를 낼 것이다—그들은 사랑에 희망을 걸어야만 수많은 위험과 고독을 견디는 힘이 주어지는데도, 그 사랑의 가능성이 거의 닫혀 있는 연인이다. 왜냐하면 그들이 열중하게 되는 것은 바로 여자의 특징을 전혀 가지지 않은 남자, 성도착자가 아니고, 따라서 그들을 사랑하는 일이 있을 수 없는 남자이기 때문이다. 그래서 만약 돈으로 진짜 남자를 사지 않는 한, 그들이 몸을 판 상대인 성도착자를, 상상력에 의해 진짜 남자라고 믿지 않는 한, 그들의 욕망은 영원히 채워지지 않으리라. 덧없는 명예밖에 없고 죄가 발각될 때까지 한때의 자유밖에 없는 그들은, 마치 전날까지 모든 살롱에서 환영받고 런던의 모든 극장에서 갈채를 받던 시인이, 이튿날에는 온갖 가구가 딸린 방에서 쫓겨나 머리를 뉠 베개 하나 찾을 수 없게 되는 것처럼 참으로 불안정한 지위일 뿐이며, 어느 시인*과 마찬가지로 삼손처럼 고역의 맷돌을 돌리면서 읊조리는 것이다.

남녀는 각각 자신의 장소에서 죽어가리라
Les deux sexes mourront chacun de son côté

드레퓌스 주위에 유대인들이 결집한 것처럼, 사람들이 희생자 주위에 몰려드는 크나큰 불행의 나날을 제외하면, 그들은 같은 부류의 공감으로부터도—때로는 그 사회로부터도—배척당하며, 그 부류들에게 자신의 모습을 적나라하게 거울로 비춰 보는 듯한 혐오감을 일으킨다. 그 거울은 이제 같은 부류의 마음을 충동질하기는커녕, 그때까지 스스로 인정하고 싶지 않았던 모든 결점을 부각시켜, 그들이 사랑이라 부르던 것이(그들은 교묘하게 언어를 구사하여 시, 그림, 음악, 기사도, 고행 따위가 사랑에 부여한 모든 미묘한 차이를 사회적인 의미에서 그것과 결부해왔지만) 자신들이 선택한 미의 이상에서 나오는 게 아니라 불치의 병에서 나온 것임을 깨닫게 한다. 또 유대인과 마찬가지로(그렇다고 자기 종족끼리만 교제하려 하고, 늘 의례적인 말이나 상투적인 농담만 일삼는 유대인들은 제외하고) 그들은 서로를 피하고, 자신과 정반대인, 자신들을 좋아하지 않는 사람들을 떠받들며, 그들의 배척을 너그럽게 여기고 그들의 빈말에 감격해버린다. 그러나 그들은 자신

---

* 시문은 비니의 〈삼손의 노여움〉 가운데 한 구절. 여기서 암시하는 시인은 오스카 와일드를 말하고 있는 듯함.

들에게 가해지는 도편추방*과 자신들이 빠진 오욕 때문에 같은 부류끼리 모여 이스라엘이 받은 박해와 비슷한 박해에 의해, 하나의 종족이 가지는 육체적·정신적 성격—때로는 아름답고 때로는 추악한 성격—을 띠게 되어, 그 부류와의 친밀한 교제 속에(적대하는 종족과 잘 어울려 동화된 자, 겉으로는 거의 성도착자로 보이지 않는 자가 더욱 성도착자다운 자에게 보내는 모든 비아냥에도 불구하고) 어떤 안식을, 그뿐 아니라 살아가는 하나의 버팀목까지 발견하고 있다. 그러므로 자신들이 하나의 종족이라는 것을 부정하면서도(그 종족의 이름으로 불리는 것은 최대의 모욕이다), 그들은 다른 사람들이 그 일원임을 숨기고 있으면 기꺼이 그 가면을 벗겨버리는데, 그것은 그들에게 상처를 주기 위해서가 아니라—상처를 주는 것도 마다하지는 않지만—자신을 변명하기 위해서다.

그들은 또 의사가 맹장을 찾듯이 역사 속에서 성도착을 찾아내어, 이스라엘 사람들이 예수를 유대인이라고 말하는 것처럼 소크라테스도 성도착자임을 지적하고 기뻐하는데, 그때 그들이 깨닫지 못하는 것은 동성애가 일반적이었던 시대에는 동성애자에 대한 개념이 없었고, 그리스도 이전에는 반그리스도교도가 없었으며, 오욕만이 범죄를 만든다는 사실이다. 왜냐하면 오욕을 겪고도 여전히 살아남은 것은 선천적인 특수한 기질로 인해 모든 설교, 모든 모범, 모든 형벌을 거역하는 자들뿐이기 때문이다. 그들의 기질은(높은 덕성을 갖추는 일도 있지만) 너무나 특수한 것이어서 도둑질, 잔인함, 불성실 따위와 같이 높은 덕성에 반하는 것, 그러나 일반인이 더욱 이해하기 쉽고 따라서 너그럽게 여겨지는 몇 가지 악덕보다 훨씬 더 다른 사람들로부터 기피당한다. 그들은 어떤 비밀결사를 이루고 있는데, 그것은 각 지부(로지)로 구성된 진짜 비밀결사(프리메이슨)보다 훨씬 광범하고, 더욱 유효하며, 게다가 쉽게 감지되지 않는다. 왜냐하면 그것은 취미, 욕구, 습관, 위험, 수련, 지식, 거래, 용어 따위의 같음에 바탕을 두고 있으며, 그 안에서는 서로 교류하고 싶어하지 않는 회원 자신이 자연스러운 신호 또는 정해진 신호, 무의식적인 신호 또는 의식적인 신호로 곧바로 서로를 인정하기 때문이고, 그 신호는 대귀족의 마차 문을 닫아주고 있는 거지에게 그 대귀족이

---

* 고대 그리스의 비밀투표에 의한 추방제도, 추방하려는 자의 이름을 도편에 적어서 투표한 뒤 그것이 6천 표를 넘으면 추방했음.

같은 부류의 한 사람임을 알게 하는 것이며, 아버지에게는 딸의 약혼자가 그렇다는 것을, 병을 치료하고 싶은 자, 고해하고 싶은 자, 재판에서 자신의 이익을 지키고자 하는 자에게는, 그가 만나러 간 의사, 신부, 변호사가 각각 같은 부류임을 말해주는 것이다. 그들은 모두 어쩔 수 없이 자신의 비밀을 지켜야 하는 한편, 그들 말고는 다른 사람은 생각도 할 수 없는 타인의 비밀을 함께 지니고 있으며, 그것이 그들로 하여금 흔히 일어날 수 없는 모험소설도 실제처럼 생각하게 한다. 왜냐하면 시대와 동떨어진 소설 같은 이 생활에서는, 대사(大使)가 죄수의 친구이기도 하고, 왕족이 귀족적인 교육에서 얻은 자유와 활달함, 소심한 프티부르주아는 도저히 흉내조차 낼 수 없는 자유와 활달함을 발휘하여, 공작부인의 집에서 나온 그길로 깡패와 얘기하러 가기 때문이다. 이것은 인간 집단에서는 규탄받지만 중요한 부분이어서, 있을 것으로 생각하는 곳에는 존재하지 않는 대신, 생각지도 않은 곳에서 버젓하게 벌도 받지 않고 널리 퍼져 있다. 가는 곳마다 서민 속에, 군대에, 신전에, 감옥에, 왕좌 위에 동족이 있다. 끝으로, 적어도 그 대부분은 다른 종족의 사람들과 친근하고도 위험한 친분 속에서 그들을 선동하며, 자기 것이 아닌 듯이 자신의 악덕을 화제에 올리며 즐거워하는데, 상대가 깨닫지 못하거나 잘못된 해석을 내리므로 이 놀이는 별다른 어려움 없이 성공하여, 조련사들이 잡아먹히는 사건이 일어나는 날까지 몇 년씩 이어지는 일이 있다. 그때까지는 어쩔 수 없이 자기들의 생활을 숨기면서 보고 싶은 것으로부터 눈을 돌리고, 보고 싶지도 않은 것에 눈길을 보내며, 쓰는 말에서도 형용사의 성(性)을 바꿔야 하지만, 이러한 사회적 구속도, 그들의 악덕 또는 부적절하게 악덕이라 불리고 있는 것이, 타인이 아니라 자기 자신에게 강요하는 내적인 구속, 그것도 자신에게는 악덕으로 보이지 않는 형태로 강요해오는 내적인 구속에 비하면 가벼운 것이다. 그러나 어떤 사람들은 더욱 실제적이고 더욱 바빠서 굳이 필요하지도 않은 것을 손에 넣으러 갈 여유도 없거니와, 생활을 단순화하여 공동 작업이 가져다줄 수 있는 시간 절약을 포기할 여유도 없으므로 두 갈래의 교제를 만드는데, 그 두 번째 것은 오로지 그들과 같은 사람들로만 이루어져 있다.

특히 그것이 눈에 띄는 것은, 가난하고 친척도 없이 장차 유명한 의사나 변호사가 되겠다는 야심 말고는 아무것도 없는 시골에서 올라온 자들의 경우인데, 아직 그 머릿속에는 견해가 없으며 몸에는 예의도 배어 있지 않지만, 앞으로 카르티에 라탱(Quartier Latin)*에 있는 조그마한 자기 방에, 그러한 유용하고도 든든한 직업에 의해 이미 '성공한' 사람들의 집에서 본 것을 그대로 복사한 듯한 살림살이를 사서 갖추어 두듯이, 육체도 그런 식으로 예절에 의해 꾸미려는 자들에게 이런 경향이 뚜렷하다. 그런 자들은 이를테면 그림이나 음악에 대한 소질과 마찬가지로, 자신도 모르게 무분별에 대한 특별한 취향을 가지고 있는데, 이것이 아마 그들의 뿌리 깊고 전제적이며 유일한 독창성일 것이다—그 취향 때문에 어느 날 밤 그들은 자신의 출세에 도움이 되는 모임에 그만 빠지게 되는데, 그 모임에 오는 사람들은 다른 일에 대해서라면 말씨, 사고방식, 옷차림, 머리 모양에 이르기까지 그들이 그 방식을 선택해 쓰고 있는 사람들이다. 그들이 사는 동네에서도 동기생, 스승 또는 출세한 동향인 보호자들하고만 교제하다가, 그 동네 안에서 같은 취향에 의해 접근해오는 젊은이들을 발견한다. 마치 어느 작은 도시에서 고등학교 교사와 공증인이 둘 다 실내악이나 중세기의 상아 세공품을 좋아하는 것 때문에 맺어지는 것과 같다.

자신들의 직업 생활을 이끄는 바와 똑같은 공리적인 본능, 똑같은 직업 정신을 기분전환의 대상에도 적용하는 그들은, 오래된 담배통이나 일본의 판화, 진귀한 꽃 따위의 애호가들 모임과 마찬가지로, 문외한은 아무도 넣어주지 않는 모임에서 그 젊은이들과 다시 만나는데, 그런 모임에서는 새로운 것을 아는 즐거움이나 교환의 실리, 또는 쟁탈전을 두려워하는 마음 때문에, 마치 우표 시장처럼 전문가들 사이의 긴밀한 양해와 수집가들 사이의 처절한 경쟁의식이 함께 지배한다. 첫째로 그들이 정해진 테이블을 가지고 있는 카페에서는, 그것이 도대체 무슨 모임인지, 낚시 동호회인지 편집자들의 모임인지, 또는 앵드르 지방 출신자들의 모임인지 알 수 없을 정도로, 그들의 복장은 단정하고 행동거지는 신중하고도 냉정하다. 또 그만큼 그들은, 몇 미터 떨어진 곳에서 애인인 여자들을 과장스럽게 떠받들고 있는 최신 유행 차림의 젊은이들, 이 젊은 '귀공자'들 쪽도 가만히 훔쳐보고만 있다. 눈도 들지 않고 훔쳐보면서 그 젊은이들을 간절히 그리워하고 있는 사람들도 앞으

---

* 파리의 센 강 왼쪽 기슭에 있으며, 소르본 대학을 비롯한 주요 대학들이 밀집해 있음.

로 20년 뒤에는, 어떤 자는 아카데미에 들어가기 직전이고, 어떤 자는 클럽의 고참회원이 되어 있는데, 그 무렵에야 비로소 그 젊은 귀공자들 가운데에서 가장 매력적이었던 사람, 이를테면 머리가 희끗희끗하고 뚱뚱한 지금의 샤를뤼스 씨 같은 사람도, 사실은 자기들과 같은 부류였다는 것, 다만 다른 장소, 다른 세계에서 겉으로 드러나는 신호도 다르고, 본 적도 없는 마크를 달고 있었으므로 자신들이 알아보지 못했음을 알게 되리라.

그러나 인간의 모임은 조금이라도 진보하게 마련이다. '좌익 단체'가 '사회주의자 연맹'과 다르고, 멘델스존 연주 협회라는 게 스콜라 칸토룸과 다르듯이, 어느 날 저녁 이 카페의 다른 식탁에 과격주의자들이 모여 남몰래 팔찌나 목걸이를 하고, 집요한 눈길을 보내거나 킥킥 웃음을 참다가 때로는 반대로 껄껄 웃어젖히면서 서로 애무하기 시작하면, 보다 못한 학생 한 무리는 부랴사랴 달아나버리기도 한다. 한편 시중들고 있는 사환은 겉으론 공손하지만 속으로는 분개하여 드레퓌스파 사람들을 시중드는 저녁처럼, 수고한 값을 주머니에 챙기는 이득이 없다면 기꺼이 경찰을 부르러 갈 것이다. 사람들은 그러한 직업적인 조직을 고독한 취미로 여기는데, 그것은 한편으로 보면 대단한 궁리를 할 필요가 없는 일이다. 왜냐하면 그때 그 정신은 그저 고독한 사람들의 흉내를 내는 것뿐이며, 그 고독한 사람들은 자신들의 눈에 비치는 이해받지 못하는 사랑만큼 조직된 악덕과 동떨어진 것은 없다고 믿고 있기 때문이다. 그럼에도 조금의 궁리는 필요하다고 해야 할 것이, 이런 다양한 계층은 적어도 여러 생리학적 형태에 호응하고, 병리학적이거나 단순한 사회적 진화의 연속 단계에도 대응하기 때문이다. 그리고 사실 언젠가는 고독한 자가 때로 단순한 권태나 편의상, 그러한 조직에 동화되어버리는 경우도 결코 드물지 않다(예를 들어 그때까지 가장 극성맞게 반대하던 이들도 결국 자기 집에 전화를 놓거나 이에나 가문 사람들을 초대하고, 포탱(Potin)*에서 식료품을 사게 되는 것과 같다). 하기야 그들은 일반적으로 이러한 조직에서 그다지 환대받지 못한다. 왜냐하면 비교적 순수한 생활을 해온 그들은 경험이 모자라 상상을 통해서만 만족해야 함으로써, 전문가가 끊임없이 말살하려고 애써온 여성화의 그 특수한 성격이 뚜렷하게 나타나 있기 때문이다. 더욱

---

* 사람들이 단골로 드나드는 식료품점.

이 인정해야만 하는 것은 이러한 신참자들은, 그저 내적으로 여성이 남성과 일체 되어 있을 뿐만 아니라, 사람에 따라서는 추한 형태로 드러나게 되어 있어서, 히스테리 환자처럼 무릎이나 손을 부들부들 떨며 날카롭게 웃을 때의 그들은, 눈 밑에 검은 기미가 낀 우울한 눈을 하고, 발로 물건을 잡는 원숭이가 턱시도를 입고 검은 넥타이를 맨 경우보다도 더 남자답지 않다. 그러므로 이 신참자들은 좀더 때가 묻은 지금까지의 성도착자들에게 위험한 친구로 여겨지므로 그들의 즐거운 모임은 쉽지가 않다. 그래도 결국은 받아들여지게 되는데, 그렇게 되면 그들은 그 편리함을 누리게 되어―마치 상점이나 대기업이 개개인의 생활을 바꿔, 그때까지 너무 비싸서 손에 넣지 못하거나 찾는 것도 힘들었던 상품을 쉽게 구할 수 있게 하듯이―혼자일 때는 군중 속에서 찾아낼 수도 없었던 것이 이제는 그들을 삼켜버릴 듯이 넘쳐나게 된다.

그러나 이런 배출구가 아무리 많아도 이 같은 악덕에 대한 정신적인 구속을 강하게 느낀 적이 없거나, 도착된 사랑을 실제보다 드문 현상이라고 생각하는 사람들 속에서 지내온 이들에게 사회적 구속은 여전히 너무 무겁다. 이같은 성향의 특별한 예로서, 자기들이 여성보다 뛰어난 존재라고 자부하며, 그 자부심에서 여성을 멸시하고 동성애를 위대한 천재와 영광된 시대의 특권으로 삼으며, 누군가를 자신이 선호하는 쾌락의 짝으로 삼으려 할 때도, 모르핀 중독자가 모르핀을 나누려 하듯이 본디 그런 경향을 지닌 듯싶은 사람을 대상으로 하는 게 아니라, 다른 사람들이 시오니즘*¹이나 병역 거부, 생시몽주의,*² 채식주의와 무정부주의를 설교하듯이 사도적인 전도의 열정 때문에 거기에 어울릴 성싶은 사람을 대상으로 한다.

어떤 사람들은 아침까지 자고 있는 얼굴을 몰래 보면 놀랄 만큼 여성적이다. 그만큼 표정이 일반적인 모든 여성을 상징한다. 머리카락부터 그것을 뚜렷하게 보여주고 있는데, 그 곡선이 참으로 여성적이어서 펼쳐도 아주 자연스럽게 땋은 머리처럼 구불구불하게 뺨 위에 늘어지므로, 사람들은 젊은 여자, 아니 젊은 아가씨, 자신이 갇혀 있는 남자 신체의 무의식 속에서 아직

---

*1 유대인이 그들 조상의 땅인 팔레스타인에 조국을 재건하려던 운동. 1948년 이스라엘 독립으로 실현됨.

*2 공상적 사회주의.

눈도 덜 뜬 갈라테아(Galatea)*가 누가 가르쳐준 것도 아닌데 스스로 절묘하게 그 감옥에서 겨우 빠져나갈 수 있는 길을 이용하고, 자신의 생활에 필요한 것을 찾아내는 법을 터득한 것에 감탄한다. 아마 이 아름다운 얼굴을 가진 젊은이는 '나는 여자'라고는 말하지 않으리라. 이 젊은이가 만일—여러 가지 이유가 있을 수 있지만—한 여자와 함께 살고 있다면, 그는 상대한테 자기가 여자임을 부정하고 사내들과 관계한 적이 결코 없다고 맹세할지도 모른다. 그가 파자마 차림으로 팔을 드러낸 채 검은 머리 아래로 목을 내놓고 침대에 누워 있는 모습을 그녀가 본다고 가정하자. 그러면 파자마는 여인의 속옷이 되고 얼굴은 예쁜 에스파냐 여인의 얼굴이 된다. 애인인 여자는 자신의 눈길 앞에 드러난 그 고백, 그 어떤 말이나 행위보다 더욱 진실일지도 모르는 그 고백에 경악한다. 게다가 행위 자체도, 비록 지금까지는 그렇게 해오지 않았다 해도 반드시 그것을 증명하게 될 것이다. 그도 그럴 것이 인간은 누구나 자신의 쾌락을 추구하기 때문이다. 만약 그 사람이 심한 악덕에 젖어 있지 않다면 그는 그 쾌락을 이성 속에서 찾는다. 그런데 성도착자한테 악덕이 시작되는 것은 관계를 맺을 때가 아니라(왜냐하면 너무나도 많은 이유가 그 관계를 가지라고 명령할 가능성이 있으므로) 오히려 여자를 상대로 쾌락을 누릴 때다.

우리가 예로 든 젊은이는 분명 한 사람의 여자였으므로 욕망을 품고 그를 바라보는 여인들은(특수한 취향을 가지지 않은 한) 셰익스피어의 희극에 나오는 여인들이 소년으로 변장한 젊은 아가씨한테 실망을 느끼는 것과 똑같은 실망을 맛보아야만 했다. 착오가 생기는 것은 양쪽 모두 마찬가지이며 성도착자 자신도 그것을 알고 있다. 그는 가면이 벗겨졌을 때 상대 여자가 느낄 환멸을 미리 간파하고 있고, 성에 대한 이 착각이 이색적인 시의 원천임을 똑똑히 느낀다. 게다가 그의 까다로운 애인에 대해(그녀가 고모라의 여자가 아닌 한) '나는 여자'라고 고백하지 않으려 해도 아무 소용없다. 그의 안에서는 마치 덩굴식물이 그 덩굴손을 뻗는 것처럼, 참으로 교활하고 민첩하게, 또 집요하게, 무의식의 여자, 그러나 뚜렷하게 알 수 있는 여자가 남성의 기관(器官)을 원하고 있는 것이다! 하얀 베개 위에 굽이치는 곱슬머리

---

* 그리스 신화에 나오는 해신 네레우스의 딸로, 조각가 피그말리온은 자기가 빚은 갈라테아상에 반해 아프로디테에게 빌어서 그녀에게 영혼을 불어넣은 뒤 자신의 아내로 삼았음.

만 보아도, 밤에 이 젊은이가 부모의 뜻을 어기고, 또 스스로 도저히 어찌할 수가 없어서 부모의 손가락 사이로 빠져나갈 때, 그것은 여자를 찾아가는 것이 아님을 알 수 있다.

애인이 그를 벌주고 가두어놓아도, 다음 날 이 남성—여성은 마치 나팔꽃이 곡괭이나 갈퀴가 있는 쪽으로 덩굴손을 뻗듯이, 어느 사내와 어울리는 수단을 반드시 찾아내고야 말 것이다. 이 젊은이의 얼굴에서 볼 수 있는—일반 남성에게서는 볼 수 없는—보는 이를 감동시키는 섬세한 아름다움과 우아함, 자연스러운 애교를 발견하고 감탄한 우리가, 이 젊은이가 갈구해 마지 않는 상대가 권투 선수라는 걸 안다 한들 어찌 한탄하겠는가. 그것은 똑같은 하나의 현실이 지니는 두 가지 모습이다. 그뿐 아니라 우리에게 반발을 느끼게 하는 쪽이 오히려 더할 수 없이 감동적이며, 어떤 섬세한 아름다움보다 더욱 우리 마음을 울리고 있다. 왜냐하면 그것은 자연이 무의식중에 기울이는 놀라운 노력을 보여주고 있기 때문이다. 처음에는 남녀를 잘못 알고 있다가도 이윽고 성이 자신의 진정한 모습을 인식하게 되면, 그것은 주변 사회가 맨 처음에 일으킨 오류로 인해 멀리 떨어져 있던 것 쪽으로 달아나려고 하는, 입 밖에 내지 않는 은밀한 시도로 보인다.

아마 매우 내성적인 어린 시절을 보낸 사람들은 쾌락의 구체적인 종류에 대해서는 거의 관심이 없고, 다만 그 쾌락을 남자다운 얼굴과 연결할 수만 있으면 된다. 이에 비해 다른 사람들은 더욱 강렬한 감각을 지니고 있어서, 그 구체적인 쾌락을 무슨 일이 있어도 일정한 부분에 한정하려고 한다. 이들의 고백에 보통 사람들은 충격받을 것이다. 그렇다고 그들이 배타적으로 오직 사투르누스의 별* 아래에서만 사는 건 아니다. 왜냐하면 그들에게 여자들은 제1종의 남자들에게 있어서처럼 전면적으로 배척당하고 있는 것은 아니기 때문이다. 제1종의 남자들에게 여자는 대화와 교태, 머릿속에서 만들어낸 사랑이 없으면 존재하지 않는다. 그에 비해 제2종의 남자들은 여자를 좋아하는 여자를 원한다. 그런 여자들은 젊은 남자를 손에 넣게 해줄 수 있어서 그 남자와 함께 있을 때의 쾌락을 더해줄 수도 있다. 뿐만 아니라 그들

---

* 베를렌의 《사투르누스의 시집》에, 고대 비법서에 따르면 토성 아래에 태어난 사람들이 불행의 몫, 우울증의 몫을 가장 많이 받으므로, 마음속에 불안하고도 병적인 상상력이 일어나 이성의 노력을 헛되게 한다는 내용의 글이 있음.

은 남자를 상대할 때와 마찬가지로, 여자들을 상대로 같은 쾌락을 얻을 수도 있다. 그들은 상대가 다른 남성을 사랑할 때만 질투를 느끼며 그 쾌락만을 배신으로 여긴다. 왜냐하면 그들은 여성과의 사랑에는 관심이 없고, 그 사랑은 다만 관습에 따른 것일 뿐이며, 또한 결혼의 가능성을 남겨두기 위한 것일 뿐이다. 그 사랑이 주는 쾌락을 떠올리는 일은 거의 없으므로, 그들은 자기가 사랑하는 남자가 여자와 사랑을 나누는 것은 도저히 인정할 수 없다.

한편 제2종의 남자들은 여자들과의 사랑에 가끔 질투를 느낀다. 왜냐하면 그들은 자기들이 그들과 맺는 관계에서, 여자를 좋아하는 여자를 위해서 또 하나의 여자 역할을 하기 때문이며, 여자는 그들이 남자에게서 찾아내는 바와 거의 같은 것을 그들에게 제공하기 때문이다. 그리하여 질투하는 친구는 자신이 사랑하는 남자가, 그에게는 거의 남자나 다름없는 여자에게 빠져 있다는 걸 느끼고 괴로워하면서, 그 남자가 이러한 여자들에게 있어서 자신이 모르는 누군가, 즉 어떤 여성이 되어 있으므로 그가 거의 자기를 버렸다고 느끼는 것이다. 여기서 어리석은 젊은이들에 대해서는 언급하지 않겠다. 그들은 어린애 같은 성격에서, 친구들을 골려주고 부모의 마음을 아프게 하기 위해 여자 옷과 비슷한 옷을 고르거나, 입술을 빨갛게 칠하고 눈언저리를 검게 칠하는 일에 열중하는 자들이다. 이런 무리들은 한쪽으로 밀어놓기로 하자. 왜냐하면 언젠가 유별난 겉치레에 대해 너무 가혹한 벌을 받았을 때, 지난날 악마에게 홀려 저질렀던 잘못을 한평생 신교도의 엄격한 복장으로 속죄하려고 헛되이 시도하는 그들의 모습을 다시 보게 될 것이기 때문이다. 같은 악마에 홀린 포부르 생제르맹의 젊은 여인들은 사람들의 빈축을 사는 생활을 하며, 온갖 관습을 깨뜨리고 가족을 망신시키며 살아가는데, 그러던 어느 날 자신이 그때까지 재미있게 내려온 언덕, 아니 내려갈 수밖에 없었던 언덕을, 참을성 있게 다시 올라가려고 하지만, 그것은 결코 쉬운 일은 아니다.

마지막으로, 고모라와 계약을 맺은 사람들 이야기도 뒤로 미루기로 하자. 그 이야기는 샤를뤼스 씨가 그 사람들을 알게 될 때 하게 될 것이다. 어떤 변종에 속하든, 언젠가 차례가 돌아오면 나타날 모든 사람도 제쳐두고, 지금은 이 최초의 서술을 끝맺기 위해 아까 언급하다 만 고독한 사람들에 대해서만 한마디 해두겠다. 자신들의 악덕을 실제 이상으로 예외적이라고 여기는 그들은, 오랫동안—그저 남들보다 더 오랫동안이라는 뜻일 뿐이지만—정체도 모른 채 그 악덕을 품고 있다가, 어느 날 그것을 발견했을 때부터 줄곧 고독하게 살아왔다. 왜냐하면 처음부터 자기가 성도착자인지, 아니면 시인인지, 속물인지, 악인인지 아는 사람은 아무도 없기 때문이다. 연애시를 배우거나 외설스러운 그림을 본 한 중학생이, 그때 옆에 있던 친구의 몸에 자기 몸을 밀착시켰다 해도, 그는 오로지 자신들이 여자에 대한 같은 욕망 속에서 하나가 된 것뿐이라고 생각할 것이다. 라파예트 부인, 라신, 보들레르, 월터 스콧을 읽고 거기서 평소에 자신이 느끼고 있던 것의 실체를 본 이 소년이, 어떻게 자신을 다른 사람과 다른 인간이라고 생각할 수 있겠는가? 게다가 아직 제대로 자기 자신을 관찰할 능력도 없는 그는, 자기 본성에 무언가 덧붙여졌다는 것도 자각하지 못하고, 설령 감정은 같더라도 대상은 다르다는 사실, 그가 원하는 상대는 롭 로이(Rob Roy)*¹이지 처녀 다이애나 버논(Diana Vernon)*²이 아니라는 사실을 깨닫지 못한다. 그들 대부분은 지성의 명석한 견해보다 본능의 방어적인 조심성이 앞서서, 그들의 방 거울이나 벽을 저속한 여배우들 그림으로 가득 메우고 이런 시를 짓는다.

　　나는 세상에서 오직 클로에(Chloé)*³만을 사랑하노라,
　　클로에는 성스럽고 금발이어라,
　　그 사랑으로 내 가슴 넘치노라.

　그렇다고 해서 이들의 생애 처음에는, 마치 나중에 짙은 갈색으로 바뀌어 갈 어린이가 곱슬거리는 금발을 하고 있는 것처럼, 나중에는 절대로 그들 속에서 찾을 수 없게 될 하나의 취향이 존재하고 있었다고 해야 하는가? 여자들의 사진은 위선의 시작이고 다른 성도착자들에게는 혐오의 시작일지 누가 알랴? 그러나 고독한 사람이란 바로 그런 위선을 괴로워하는 이들이다. 아마도 또 다른 무리인 유대인의 예를 들어도, 교육이 그들에게 미치는 힘이

＊1 스콧의 동명 소설의 주인공.

＊2 롭 로이의 애인.

＊3 2~3세기 무렵 그리스의 작가 롱고스(Longos)가 지었다고 하는 목가적인 이야기 《다프니스와 클로에》의 여주인공.

얼마나 약한지, 또 그들이 어떤 방법으로 본디 성벽으로 되돌아가는지 설명하기에는 모자랄 것이다. 게다가 그들은 아마 자살처럼, 오직 외곬으로 무서운 행동으로 돌아가는 게 아니라(이들이 미친 사람들이라면 남이 아무리 주의를 기울여도 질리지 않고 자살로 돌아가므로, 비록 몸을 던진 강물에서 구출되어도 이내 다시 독약을 삼키거나 권총을 손에 넣는다) 하나의 생활로 돌아가는데, 다른 종족 사람들은 단순히 그 생활 속에 있는 필연적인 쾌락을 이해도 상상도 하지 못하며 불쾌하게 여길 뿐만 아니라, 거기서 가끔씩 발생하는 위험과 늘 따라다니는 굴욕에 두려움까지 느끼게 된다. 이 성도착자들을 묘사하려면 아마도 길들이지 않은 동물, 길들였다 해도 야수의 성질을 잃지 않은 새끼 사자까지는 아니더라도, 적어도 백인의 쾌적한 생활을 견디지 못해 원시적인 생활의 위험이나 남들은 이해하기 힘든 기쁨을 택하는 흑인들을 생각할 필요가 있다. 다른 사람들에게나 자기 자신에게 거짓말을 할 수 없음을 스스로 깨닫는 날이 오면, 그들은 시골에 가서 살며 그 괴상망측한 짓에 대한 공포 또는 유혹에 대한 두려움 때문에 동족(그들이 극소수라고 생각하고 있는 자들)을 피하고, 또 부끄러움 때문에 다른 일반 사람들도 피한다. 한 번도 참다운 육체적 성숙에 이르지 못하고 이따금 우울한 기분에 빠지는 그들이 달 없는 일요일 밤 산책하러 나가서 네거리에 이르면, 그곳에 한마디 상의도 하지 않았음에도 가까운 곳에 사는 어린 시절의 친구 하나가 와서 그들을 기다리고 있다. 그래서 두 사람은 한밤중 풀 위에서 말 한마디 없이 지난날의 장난을 시작한다. 평일에는 서로의 집에서 얼굴을 마주하고 잡담을 나누지만, 마치 그들이 아무것도 하지 않은 듯이, 두 번 다시 아무것도 되풀이하지 않을 것처럼, 일어난 일에 대해서는 한마디도 하지 않는다. 오직 그들의 관계에 얼마간의 차가움, 빈정거림, 초조함, 원망, 때로는 미움이 끼어들 뿐이다. 그러다가 가까이 사는 친구는 말을 타거나 나귀를 타고 험한 나그넷길을 떠나, 험준한 산에 오르거나 눈 위에 눕기도 한다. 혼자 남은 친구는 자신의 악덕을 나약한 기질이나 안으로 틀어박히는 소심한 생활 따위와 동일시하여, 친구의 마음이 해발 수천 미터 높이의 산꼭대기에서 해방되면, 이 악덕도 더 이상 살아남을 수 없을 거라고 생각한다. 그리고 그 친구는 결혼해버린다. 남겨진 상대는 치유되지 않는다(성도착이 치유되는 경우도 있는 것은 뒤에 가서 보게 되리라). 아침이 되면 그는 부엌에서 우유

배달 청년의 손으로 직접 생크림을 받아들지 않으면 성에 차지 않고, 저녁에 끓어오르는 욕망에 사로잡히면 자기도 모르게 길가의 술주정뱅이를 집에 돌려보내거나 장님의 옷을 여며주기까지 한다.

물론 어떤 성도착자들의 생활은 이따금 바뀌는 것처럼 보일 때가 있으며, 그들의 (이른바) 악덕이 그 습관에서 사라지는 일도 있다. 그러나 없어진 것은 아무것도 없다. 숨겨져 있던 보석은 다시 발견된다. 병자의 오줌 양이 줄어들 때는 틀림없이 그가 괜스레 땀을 흘린 것이고, 배설은 늘 하게 마련이다. 이 동성애자는 어느 날 젊은 사촌을 여의게 된다. 사람들은 그의 위로할 길 없는 비탄을 보고 이해한다. 사촌에 대한 그의 애정은 아마 순결한 것이었으며, 육체의 소유가 아니라 상대의 존경을 잃지 않으려 했지만 남자의 욕망이 방향을 바꿔 이 사촌에 대한 애정 속으로 흘러들어온 것이라고. 마치 하나의 예산 속에서 총액은 조금도 변하지 않은 채 어떤 경비가 다른 용도로 돌려진 것과 같다. 어떤 병자에게는 두드러기가 돋아날 때마다 평소의 불쾌한 증세가 잠시 사라지는데, 그것과 마찬가지로 성도착자에게는 친척에 대한 순수한 사랑이, 전이를 통해 일시적으로 습관을 대신한 것처럼 보인다. 그러나 조만간 이 대역의 질병은 나아버리고, 습관이 다시 자리를 차지하게 되리라.

그러는 동안 고독한 남자의 이웃인 결혼한 남자가 돌아왔다. 어쩔 수 없이 친구 부부를 저녁 식사에 초대한 날, 고독한 남자는 젊은 아내의 아름다움과 그 남편이 보여주는 애정을 바라보고 과거를 수치스럽게 생각한다. 이미 임신한 젊은 아내는 남편을 남긴 채 혼자 일찍 집으로 돌아가야 한다. 남편은 돌아갈 시간이 되자 친구에게 잠시 배웅해주지 않겠느냐고 부탁한다. 처음에는 이 친구의 마음에 어떠한 의혹도 없었으나, 네거리에 이르자 이윽고 아버지가 될 등산가 친구는 말없이 그를 풀 위에 쓰러뜨린다. 그리하여 두 사람의 밀회는 다시 시작되어 젊은 아내의 사촌이 근처에 이사 오는 날까지 계속된다. 하지만 이제 친구는 언제나 이 사촌과 함께 산책하고 있다. 그리고 버림받은 친구가 자기를 만나기 위해 다가오는 모습을 보면, 이미 혐오의 대상이 된 것을 눈치채지 못할 만큼 둔한 상대에게 불같이 화를 내며 그를 내쫓아버린다. 그래도 딱 한 번, 이 불성실한 이웃은 한 낯선 남자를 보낸다. 그러나 버림받은 남자는 그때 마침 바빠서 상대를 만나지 못하고, 나중에 가서야 그 이방인이 찾아온 목적을 알게 된다.

고독한 남자는 혼자 번민한다. 지금의 그에게는 근처 해수욕장에 있는 역에 가서 철도원에게 무언가를 물어보는 재미밖에 없다. 그런데 그 철도원도 승진해 프랑스의 다른 지방으로 발령받아 가버렸다. 고독한 남자는 더 이상 열차 시간이나 1등실 요금을 그에게 물으러 갈 수 없어 바닷가를 서성거리다가, 집에 돌아가 그리젤다(Griselda)*¹처럼 탑 속에 들어앉아 몽상에 잠긴다. 마치 아르고호(Argo號)*²의 선원들이 구출하러 와주지 않는 기묘한 안드로메다처럼, 또 모래 위에서 덧없이 죽어가는 해파리처럼. 때로는 열차가 출발하기 전에 플랫폼에 맥없이 서서 승객들에게 눈길을 던진다. 그 눈길은 다른 종족의 사람들한테는 무관심한 것으로, 사람을 얕보는 듯이, 또는 아무런 의미도 없는 듯이 보일 테지만, 실은 어느 곤충이 같은 종류의 곤충을 끌어들이기 위해 몸을 꾸미는 반짝거리는 빛깔처럼, 수정시켜줄 곤충을 끌기 위해 어떤 꽃이 내는 꿀처럼, 거의 어디에 있는지 알 수 없는 특수한 쾌락을 애호하는 자의 눈은 못 속인다. 그의 눈앞에 나타난 쾌락은 너무나 희한한 것이어서 상대를 특정하기가 매우 어렵지만, 그 상대를 발견하면 우리 전문가는 그와 기이한 말로 얘기할 수 있을 것이다. 그 희한한 언어에 대해서는 기껏해야 플랫폼의, 누더기 옷을 입은 거지가 관심을 보이는 척하는 정도이겠지만, 그것은 단순히 물질적인 이득을 바라고 그러는 것뿐이다. 콜레주 드 프랑스에서 청강생이 없는 산스크리트어 교수의 교실에, 오로지 추위를 녹이려고 강의를 들으러 오는 자들처럼. 아, 해파리여! 난초여! 오직 본능만 따르고 있었을 때 나는 발베크에서 해파리를 보고 두려움에 떨었다. 그러나 미슐레처럼 박물학과 미학의 관점에서 해파리를 볼 줄 알게 되자, 나는 멋진 가지를 가진 푸른 촛대를 거기서 보았다. 해파리는 투명한 비로드 꽃잎을 갖춘 바다의 연보라색 난초 같은 게 아닐까? 수많은 동물계와 식물계 생물, 바닐라 향료를 분비하는 식물처럼—다만 이 식물은 그 꽃의 안에서 수기관과 암기관이 하나의 칸막이로 나누어져 있어, 벌새나 작은 벌들이 꽃가루를 옮겨주거나 사람이 인공적으로 수정시키지 않으면 언제까지나 결실을 맺지

---

*1 11세기 전설의 목녀(牧女). 정절을 시험받아 오랫동안 시련을 견딤.

*2 이아손(Iason)의 통솔 밑에 수많은 그리스 영웅들이 황금 양가죽을 찾으러 콜키스(Colchis)에 갔을 때 탄 배.

못하는데—샤를뤼스 씨는(이 경우에 수정이라는 말은 정신적인 뜻으로 해석해야 한다. 왜냐하면 남성과 남성의 육체적 결합에서는 아무것도 생겨나지 않기 때문이다. 그러나 어떤 개인이 맛볼 수 있는 그 유일한 쾌락을 만날 수 있다는 것, 또 '이 세상에서는 모든 마음'이 누군가에게 '그 음악, 불꽃, 또는 향기'를 줄 수 있다는 것은 시시한 일이 아니다) 예외적이라고 부를 수 있는 인간에 속해 있었다. 그들이 예외적이라고 불리는 까닭은, 그런 사람이 아무리 허다해도 다른 인간에게는 매우 간단한 일인 성적 욕구의 만족이 그들의 경우에는 너무나 많은 조건, 게다가 쉽게 만날 수 없는 여러 조건의 우연한 일치에 달려 있기 때문이다. 서로간의 사랑에 이르기까지는 일반 사람들도 매우 큰 어려움, 때로는 해결할 수 없는 어려움을 만난다. 하물며 샤를뤼스 씨 같은 사람들의 경우는(이미 예감되었듯이, 이제부터 조금씩 임시방편의 쾌락이 나타나는데, 어쩔 수 없이 미온적으로나마 동의하는 쾌락의 욕구에 의한 타협은 제외하고) 서로간의 사랑에 이르는 데는 그 밖에도 아주 특수한 어려움이 뒤따르는데, 그 때문에 모든 사람에게 매우 드물게 일어나는 것이 그들의 경우에는 거의 완전히 불가능해질 뿐만 아니라, 글자 그대로 행복한 만남 또는 자연이 행복한 것처럼 보여주는 만남이 일어나면, 그것은 정상적인 연인의 행복보다 훨씬 좋고, 뭔가 비범하고 선택받은 것, 깊은 필연성을 지닌 게 된다. 캐풀렛 집안과 몬터규 집안 사이의 증오도, 얌전하게 직장에 나가려던 전직 재봉사가 배가 불룩 나온 한 50대 사내 앞에서 자기도 모르게 휘청거릴 때까지 극복해온 온갖 장애에 비하면, 또 사랑을 가져다주는 우연은 본디 어디에나 굴러다니는 것이 아닌데도 자연이 다시 그 우연에 가한 특별한 배제에 비하면, 아무것도 아닌 것이다.

이 로미오와 줄리엣은 당연히 자신들의 사랑이 한때의 기분이 아니라, 서로의 기질적 조화가 준비한, 문자 그대로 예정된 숙명이라고 생각할 수 있을 테고, 그것도 단순히 그들 자신의 기질뿐만 아니라 그 조상들의 기질과, 훨씬 오랜 유전에 의해서도 준비되어왔다고 생각할 수 있다. 그러므로 그들과 관련되는 인간은 태어나기 전부터 그들의 것이 되어 있었으며, 우리가 보낸 전생의 세계를 움직이고 있는 힘에 필적하는 힘으로 그들을 맺어주었다. 그런데 샤를뤼스 씨 덕분에 눈을 다른 데로 돌리고 말았지만, 그때 나는 난초꽃이 전부터 그토록 애타게 기다리던 꽃가루를 정말 땅벌이 옮겨준 것인지

지켜보고 있었다. 난초꽃이 그 꽃가루를 받을 기회는 완전히 우연에 달려 있었고, 그 우연은 너무나도 가능성이 적어서 기적이라고 부를 수 있을 정도였다. 그러나 내가 방금 목격한 것 또한, 이것과 거의 종류가 같은, 그에 못지않은 불가사의한 기적이었다. 두 사람의 만남을 이상과 같은 관점에서 바라보기 시작한 순간, 나에게는 그 모든 것에 아름다움의 각인이 새겨져 있는 것처럼 보였다. 분명히 수꽃과 암꽃이 너무 멀리 떨어져 있으므로 곤충이 없으면 수정이 불가능하므로, 곤충으로 하여금 그런 꽃의 수정이 제대로 이루어질 수 있도록 자연이 고안한 영리한 시스템은 참으로 탁월한 것이다. 어쩌면 또 꽃가루의 운반이 바람에 맡겨져 있는 경우, 더 이상 곤충을 불러들이지 않아도 되므로 필요 없게 된 꿀의 분비를 멈추고, 곤충을 끌어들이는 꽃부리의 영롱한 색채마저 없앤 뒤, 꽃가루를 수꽃에서 훨씬 잘 떨어지게 하고 지나가다가 암꽃에 쉽게 붙잡힐 수 있게 하는 장치, 그리고 오직 꽃이 필요한 꽃가루, 그 꽃 속에서만 결실을 맺는 꽃가루를 받도록, 다른 꽃가루에 대한 면역을 만드는 액체를 분비하게 하는 교묘한 구조—이런 것도 노인이 된 성도착자에게 사랑의 쾌감을 보장하기 위해 정해진 성도착자의 아변종(亞變種)의 존재보다 더 불가사의하지는 않다는 생각이 들었다. 그 아변종이란 모든 사내에게 끌리는 게 아니라 자기보다 훨씬 나이가 많은 사내에게만 끌리는 남자를 가리킨다—털부처꽃(lythrum salicaria)은 형태가 다른 세 종류의 암술을 가진 꽃들의 수정으로 번식하는데, 이것은 그런 현상과도 비교할 수 있을 만큼 균형과 조화가 잘 이루어진 현상이다.

쥐피앙은 방금 나에게 이 아변종에 대한 하나의 예를 제공해주었다. 그러나 그것은 다른 예, 그 수가 극히 드문데도 인간이라는 식물 채집가, 정신이라는 식물 연구가라면 누구나 관찰할 수 있는 몇몇 다른 예에 비하면 그다지 충격적이라고 할 수 없는 것으로, 튼튼하고 배가 불룩 나온 50대 남자가 유혹해오기를 기다리고 있는 한 화사한 청년, 젊은이들의 유혹에는 눈길도 주지 않는 청년의 모습을 보여준다. 마치 암술이 짧은 자웅동화(雌雄同花)인 카우스립 앵초(Primula veris)가 암술이 긴 앵초의 꽃가루는 기꺼이 받아들이면서, 자기처럼 암술이 짧은 다른 앵초에 의해서 수정하는 경우에는 전혀 결실을 맺지 않는 것과 같다. 그리고 샤를뤼스 씨라는 존재에 대해 나중에 안 사실이지만, 그에게 있어서는 여러 가지 결합이 있는데, 그 가운데 어떤 것은 다양성이나 눈에 보이지 않는 재빠른 속도, 특히 두 배우 사이의 접점의 결여 따위로 인해 더욱더 정원의 어떤 꽃을 떠올리게 하는 데가 있었다. 그러한 꽃은 옆에 있는 꽃의 꽃가루로 수정하지만 그 옆의 꽃에 닿는 일은 결코 없다. 실제로 어떤 사람들의 경우, 샤를뤼스 씨는 상대를 집으로 불러들여 몇 시간 동안 자신의 말에 따르게 하는 것만으로, 어떤 만남에서 불붙은 욕망을 충분히 진정시킬 수 있었다. 단순히 말을 거는 것만으로, 마치 적충류(滴蟲類)에서 일어나듯이 간단하게 결합이 이뤄지는 것이었다. 때로는 아마 게르망트네에서의 만찬 뒤에 나를 불렀던 밤에, 나를 상대로 했던 것처럼, 남작이 방문자에게 눈앞에서 사납게 호통치는 것만으로 만족하는 일도 있었다. 마치 어떤 꽃이 펌프 같은 장치를 갖추고 있어 멀리서 안개를 뿜어내, 어느새 공범자가 된 곤충을 당황시키는 것과 같다. 지배받는 자에서 지배하는 자로 재빨리 변신한 샤를뤼스 씨는, 불안이 해소되었다고 느끼면 마음도 가라앉는데, 그렇게 되면 방문자는 더 이상 그에게 욕망을 부추기는 존재가 아니므로 얼른 상대를 내쫓아버린다. 결국 성도착 그 자체는 도착자가 너무나 여성적이어서 여성과 유효한 관계를 가질 수 없는 데서 오며, 그로 인해 더욱 고차원의 법칙—대부분의 자웅동화를 수정하지 않은 채, 즉 자가 수정의 결실을 맺지 못한 상태인 채 끝나게 하는 법칙—과 연관되어 있다.

분명히 수컷을 찾는 도착자들이 가끔 자신들과 마찬가지로 여성화한 성도착 남자로 만족하는 경우는 있다. 그러나 거기에는 도착자들이 여성에 속해 있지 않은 것만으로 충분하다—그들은 여성의 배(胚)를 자기 안에 품고 있으면서도 그것을 활용하지 못한다. 이것은 대부분의 자웅동화에, 그리고 달팽이 같은 자웅동체 동물에도 일어나는 일로, 그들은 자기 스스로는 수태할 수 없지만, 다른 자웅동체의 개체에 의해서는 수태할 수 있다. 그래서 고대 동양과 그리스의 황금시대에 기꺼이 관심을 보내는 도착자들은, 더욱 거슬러 올라가서 자웅이주 꽃과 단성생식 동물조차 존재하지 않았던 그 시험시대(試驗時代), 원초의 자웅동체 시대까지 이르려 할 것이다. 여성을 해부할 때 볼 수 있는 조금의 남성기관 흔적, 남성을 해부할 때 볼 수 있는 여성기관 흔적은 그러한 자웅동체 시대의 흔적을 간직하고 있는 것으로 여겨진다. 처음에는 이해할 수 없었던 쥐피앙과 샤를뤼스 씨의 무언극도, 다윈에 의하면 겹꽃차례인 꽃이 곤충에게 보내는 유혹의 몸짓, 멀리서도 보이도록 두상화(頭狀花) *¹ 주변의 설상화(舌狀花) *²를 높이 쳐들거나, 암술대의 길이가 다른 어떤 꽃의 경우에는 수술을 구부려서 곤충을 위해 길을 내주거나 세정수(洗淨水)를 뿌리기도 하는, 그러한 몸짓과 마찬가지로 흥미진진했고, 간단하게 말하면 지금 이 순간에 곤충을 정원으로 불러들이고 있는 꿀 향기와 선명한 꽃부리의 색채에도 비교할 수 있는 것으로 느꼈다.

이날을 경계로 샤를뤼스 씨는 빌파리지 부인을 방문하는 시간을 바꾸게 되는데, 그것은 다른 장소에서는 쥐피앙을 쉽게 만날 수 없어서가 아니라, 오후의 태양과 떨기나무 꽃이, 나에게도 그랬던 것처럼 아마 그의 추억과 연결되어 있었기 때문이리라. 게다가 그는 쥐피앙 집안을 빌파리지 부인과 게르망트 공작부인을 비롯한, 지체 높은 단골손님들에게 소개했는데, 그의 소개를 물리치거나 좀처럼 응하지 않은 몇몇 부인들은, 본때를 보여주기 위해서, 또는 그의 분노를 사거나 그의 지배에 맞섰다는 이유로, 남작의 맹렬한 복수의 대상이 되었으므로, 그런 만큼 다른 고객들은 쥐피앙의 조카딸인 젊은 자수가(刺繡家)를 떠받들고 있었다. 샤를뤼스 씨는 그것만으로는 만족하지 않고, 쥐피앙의 위치를 수입이 좋은 곳으로 점점 올려주다가 나중에는 아예 자기 비서 자리에 앉혀, 그를 우리가 나중에 보게 되는 신분에 자리잡게 했다. "어머, 쥐피앙은 정말 행운아야!" 프랑수아즈가 말했다. 그녀는 호의가 자신을 향한 것인가 타인을 향한 것인가에 따라, 그것을 떠벌리거나 깎아내리는 경향이 있었다. 물론 이 경우에는 떠벌릴 필요도 없었으며 선망도 느끼지 않았다. 마음속으로 쥐피앙을 좋아했기 때문이다. "정말이지, 남작님은 호인이라니까!" 그녀는 또 이렇게 덧붙였다. "멋쟁이이신 데다 신앙심도 깊으시고, 정말 더할 나위 없이 훌륭한 분이셔! 만일 나에게 시집보낼 딸이 있고 돈 많은 상류 사회의 신분이라면 눈 딱 감고 남작님한테 시집보내겠는데."—"하지만 프랑수아즈." 내 어머니가 부드럽게 말했다. "그러다간 그딸에게 서방이 수두룩이 생길 거야. 그 딸을 이미 쥐피앙한테 주겠다고 약속한 걸 잊었나 보지?"—"아참! 그렇네요." 프랑수아즈가 대답했다. "그 사람도 여자를 무척 행복하게 해줄 사람이니까요. 부자든, 아니면 비참하도록 가난뱅이든 타고난 성질을 어떻게 하지는 못 해요. 남작님과 쥐피앙은 정말

---

*1 꽃대 끝에 많은 꽃이 뭉쳐 붙어서 머리 모양을 이룬 꽃. 국화, 민들레, 해바라기 따위.
*2 혀 모양 화관으로 된 꽃을 통틀어 이르는 말.

같은 부류의 사람들인걸요."

하기야 그때의 나는, 처음으로 폭로된 그 사실 앞에서, 좀처럼 얻기 힘든, 선택받은 결합이라는 성질을 너무 부풀려 생각하고 있었다. 물론 샤를뤼스 씨 같은 사내들은 죄다 괴상한 인간들이다. 왜냐하면 인생의 가능성에 양보하지 않는 한, 그들은 오로지 다른 부류의 사내, 곧 여자를 좋아하는 사내의 사랑을 구하기 때문이다(따라서 그들을 좋아할 수 없는 사내의 사랑이다). 나는 방금 정원에서 마치 난초꽃이 땅벌을 유인하듯 샤를뤼스 씨 주위를 어정거리는 쥐피앙의 모습을 보았는데, 그때 내가 생각한 바와는 반대로, 사람들에게 동정을 받아야 할 이런 예외적인 존재는, 이 이야기가 전개됨에 따라 우리가 알게 되듯이—다만 끝에 가서야 그 이유가 밝혀지지만—실은 방대한 수에 이르며, 그들 자신이 너무 적어서가 아니라 오히려 너무 많다는 점을 개탄하고 있는 것이다. 실제로 창세기에 나오듯이, 그 소리가 하늘에까지 오른 온갖 못된 짓이 모두 소돔의 백성들이 한 짓인지를 알려고 주께서 두 천사를 소돔 성문에 두었다고 하는데, 그것은 완전히 잘못된 선택이었으며—하기야 그것은 축하해야 할 일이지만—주께서는 그 소임을 한 소도미스트 (sodomist) *¹에게 맡겨야 했던 것이다. 소도미스트라면 "저는 육남매의 아비이고 두 첩이 있사옵니다. 어쩌고—" 하고 변명해도 친절하게 불의 칼을 거두거나 처벌을 낮추지는 않았으리라. 그는 오히려 이렇게 대답했을 것이다. "그러냐? 그렇다면 네 마누라는 질투의 고통으로 괴로워하겠구나. 네가 그 두 첩을 고모라에서 골라오지 않았다 하더라도 넌 헤브론의 양치기와 함께 밤을 보내겠지." 그리고 그는 당장 그 백성을 불과 유황의 비로 파괴되고 있는 소돔으로 쫓아버렸으리라. 그런데 거꾸로 두 천사는 지은 죄를 부끄러워하는 소돔의 백성들을 전부 달아나게 내버려두었고, 비록 그들이 한 청년을 발견하고 롯의 아내처럼 뒤돌아보았어도 그녀처럼 소금기둥으로 변하게 하지는 않았다.*²

그래서 그들에게는 수많은 자손이 태어났으며, 그 자손들 사이에서는 그런 몸짓이 습관으로 남았다. 마치 음탕한 여인들이 진열장에 놓인 구두를 구경하는 척하면서 머리는 한 청년 쪽으로 돌리듯이. 이 소돔 백성들의 자손은

---

*1 남색가(男色家).

*2 구약성서 창세기 제19장 26절 참조.

그 수가 매우 많았으므로 창세기의 말을 적용하여 '사람이 땅의 티끌을 능히 셀 수 있을진대 네 자손도 세리라'고 할 수도 있는데, 이 자손들은 지상 곳곳에 정착하여 온갖 생업에 종사하면서, 더없이 폐쇄적인 클럽에도 꾸역꾸역 비집고 들어가 있어서, 만약 한 소도미스트가 클럽 입회를 거부당할 경우, 반대를 표시하는 검은 공은 대부분 이미 입회한 소도미스트 회원이 던진 것이다. 또 그들은 자기들의 조상이 저주받은 도시를 떠날 수 있었던 그 기만을 계승하여 소도미(sodomie)를 비난하는 데 열을 올린다. 그러한 그들에게도 언젠가 소돔으로 되돌아갈 날이 올지도 모른다. 아닌 게 아니라 그들은 모든 나라에서 집단을 이루고 있어, 동양적이고 교양이 높으며, 음악적이고 비방하기를 좋아하는 이 집단은 몇몇 매력적인 특징과 함께 견디기 힘든 결점도 갖추고 있다. 독자들은 그러한 그들의 모습을 다음의 이야기에서 더욱 철저히 규명된 형태로 보게 될 것이다. 다만 여기서 나는 치명적인 과오에 대해 경고하고 싶었다. 그것은 시오니즘 운동을 고취하는 사람이 있었던 것과 마찬가지로 동성애 운동을 일으켜 소돔의 도시를 재건하는 과오이다. 그런데 소도미스트들은 소돔의 백성으로 보이고 싶지 않아서, 그 도시에 닿아이내 그곳을 떠날 테고, 다른 도시에서 마누라를 얻고 정부(情婦)를 두며, 게다가 그곳에 어울리는 온갖 오락거리를 찾아낼 것이다. 그들은 극한의 상황이 아니면 소돔에 가지 않으리라. 그때는 그들의 도시가 텅 비고, 기근이 이리를 숲에서 불러내는 계절일 것이다. 요컨대 모든 것은 런던, 베를린, 로마, 페트로그라드, 또는 파리에서와 마찬가지로 진행되리라.

어쨌든 그날, 공작부인을 방문하기에 앞서서 내가 생각한 것은, 아직 그런 먼 앞일은 아니었다. 그리고 나는 쥐피앙과 샤를뤼스의 결합에 정신이 팔려 땅벌이 꽃을 수정시키는 장면을 그만 놓쳐버린 것을 못내 아쉬워했다.

Ⅱ

제1장

사교계의 샤를뤼스 씨/어느 의사/보구베르 부인의 특징 있는 얼굴/아르파종 부인, 위베르 로베르의 분수와 쾌활한 블라디미르 대공작/아몽쿠르 부인, 시트리 부인, 생퇴베르트 부인 등/스완과 게르망트 대공의 야릇한 대화/알베르틴에게 걸려온 전화/두 번째이자 마지막으로 발베크에 머무는 동안의 몇몇 방문/발베크 도착/알베르틴에 대한 질투/마음의 간헐(間歇)

그날 나는 게르망트 집안의 야회에 내가 초대되었는지가 확실하지 않아, 그곳에 가는 일을 특별히 서두르지 않고 바깥에서 한가롭게 시간을 보냈다. 그러나 아무래도 여름날의 태양 또한 나처럼 꾸물대는 모양인지 벌써 9시가 지났는데도 콩코르드 광장에서는 아직 남아 있는 햇살에 룩소르(Louqsor) *¹의 오벨리스크가 장밋빛 누가(nougat) *²처럼 보였다. 그러다가 오벨리스크의 색깔이 다시 변해 금속의 물질처럼 보이자 오벨리스크는 더욱 고귀한 것으로 비쳤을 뿐만 아니라, 더욱 가늘어져서 거의 구부러질 듯했다. 마치 그 보석은 비틀 수도 있을 것 같았고, 어쩌면 벌써 가볍게 휘어져 있는 것처럼 보였다. 하늘에는 이제 달이 떠 있어, 예쁘게 껍질을 벗긴 오렌지, 다만 조금 베어 먹은 오렌지처럼 보였다. 그러나 이 달도 몇 시간 지나면 가장 강한 황금 칼날이 될 것이다. 달 뒤에 홀로 웅크리고 있는 가련한 작은 별이, 외로운 달의 유일한 길동무가 되리라. 달은 이 여자친구를 보호하면서 더욱 대담하게 앞으로 나아가, 그 넙적하고 으리으리한 황금 낫을 맞서기 힘든 무기, 동방의 상징처럼 휘두를 것이다.

게르망트 대공부인의 저택 앞에서 나는 샤텔로 공작을 만났다. 그때는 30분 전에 나를 괴롭혔던 걱정, 내가 초대받지 않은 손님이 아닌가 하는 걱정

---

*1 이집트의 테베에 있던 전당.
*2 흰 빛깔의 무른 사탕.

은 이미 잊고 있었다—하기야 그것은 오래지 않아 다시 나를 사로잡게 되지만—. 걱정이 있어도 뭔가에 정신이 팔려 까맣게 잊고 있다가 위험한 시간이 지나고 나면 다시 그 걱정이 생각나는 일이 적지 않다. 나는 젊은 공작에게 인사하고 저택 안에 들어섰다. 여기서 먼저 보잘것없는 주변 상황을 적어둘 필요가 있다. 그것이 곧 일어날 어떤 사건을 이해시켜줄 테니까.

그날 저녁 또한 그가 누구인지도 모르고 며칠 전부터 끊임없이 샤텔로 공작에 대해 곰곰이 생각하는 사람이 있었다. 바로 게르망트 대공부인의 문지기(그 무렵에는 '아부아외르(안내 담당)'라고 불렸다)였다. 샤텔로 씨는 대공부인과 친밀한 사이는 아니었고—부인의 친척이기는 했지만—이 살롱에 초대받은 것은 이번이 처음이었다. 그의 부모는 게르망트 부인과 10년 전부터 사이가 틀어져 지내다가 겨우 보름 전에 화해했는데, 하필이면 그날 저녁 볼일이 있어서 파리에 없었으므로 아들을 대신 보낸 것이었다. 그런데 며칠 전 대공부인의 문지기는 샹젤리제에서 우연히 한 젊은이를 만나 매력적인 청년이라고 생각했지만, 그가 누구인지 확인하지는 못하고 있었다. 그것은 이 젊은이가 인심은 좋지만 친절하지는 않아서가 아니었다. 문지기는 이렇게 젊은 신사에게는 반드시 애정 표시를 해야 한다고 생각했는데, 오히려 상대가 이 문지기에게 애정을 베풀었던 것이다. 그러나 샤텔로 씨는 조심성이 없는 반면 겁도 많았다. 그래서 자신의 상대가 누군지 모르는 이상 절대로 신분을 밝히지 않겠다고 결심했다. 만일 상대가 누군지 알았다면 더 큰 공포—근거 없는 공포지만—를 느꼈으리라. 그는 결국 영국인인 척하기만 했을 뿐이다. 그리고 문지기가 이토록 쾌락과 호의를 베풀어준 사람을 꼭 다시 만나고 싶다며 열정적으로 던진 온갖 질문에 대해, 공작은 가브리엘 거리를 걸으면서 줄곧 다음과 같이 대답했을 뿐이다. "I do not speak french(프랑스어를 할 줄 모릅니다)."

한편 게르망트 공작은—자기 사촌의 외가 쪽 조상 때문에—게르망트 바비에르 대공부인의 살롱에는 어딘지 모르게 쿠르부아지에 집안과 닮은 데가 있음을 알아챈 척했으나, 다른 사람들은 대체로 다른 어느 곳에도 없는 이 환경 안의 참신함 덕분에, 대공부인의 진취적 정신과 지적 우월성을 인정하고 있었다. 게르망트 대공부인의 집에서는 만찬이 끝나면, 그 뒤에 아무리 중요한 대연회가 기다리고 있어도, 필요에 따라 손님들이 의자에 서로 등을 돌리고 앉아서 작은 그룹을 짓는다. 대공부인은 그런 때, 맘에 드는 그룹이 있는 것처럼 한 그룹 안에 들어가 앉아서 사교적인 감각을 보여주었다. 또 그녀는 다른 그룹에서 한 사람을 골라 서슴지 않고 그쪽으로 끌어갔다. 이를 테면 그녀가 다른 그룹 속에서 빌뮈르 부인이 등을 보이고 앉아 있는 모습을 드타유 씨에게 가리키며, 목덜미가 얼마나 예쁜지 모른다고 주의를 불러일으킨다. 드타유 씨가 물론 거기에 찬성하면, 대공부인은 서슴지 않고 큰 소리로 말한다. "빌뮈르 부인, 드타유 씨는 정말 위대한 화가랍니다, 아까부터 당신 목덜미를 감탄하면서 바라보고 계셔요." 그러면 빌뮈르 부인은 대화를 권유하는 것임을 알아채고, 승마 습관에서 얻은 세련된 동작으로, 원의 4분의 3쯤 원을 그리며 의자를 천천히 돌린다. 그러면 옆 사람에게 하나도 성가시게 굴지 않고 대공부인과 거의 마주 보게 된다. "드타유 씨를 모르세요?" 안주인이 묻는다. 그녀로서는 여자 손님의 조신하고 능란한 회전만으로는 모자라는 느낌이 든 것이다—"아는 분이 아니에요. 하지만 그리신 작품은 알고 있어요." 빌뮈르 부인은 경의를 담아 상대의 마음을 거스르지 않는 말씨로, 게다가 수많은 이들이 부러워하는 재치를 담아 대답하면서, 저명한 화가에게 거의 보일까 말까 하는 희미한 인사를 보낸다. 오직 상대의 이름을 말해준 것만으로는 정식으로 소개받았다고 할 수 없기 때문이다. "이리 오세요, 드타유 씨." 대공부인이 말했다. "빌뮈르 부인께 소개해드리겠어요." 그러자 빌뮈르 부인은 방금 《꿈》의 작자 쪽으로 몸을 돌린 것과 똑같이 세련된 동작으로 그에게 자리를 내주려고 했다. 그래서 대공부인은 자신을 위해 의자 하나를 앞으로 내밀었다. 그녀가 빌뮈르 부인에게 말을 건넨 것은 실은 규정대로 10분 동안 함께 보낸 첫 번째 그룹을 떠나, 두 번째 그룹에 같은 시간만큼 얼굴을 내밀기 위한 핑계였다. 그리하여 한 시간이 좀 안 되는 동안 모든 그룹이 그녀의 접대를 받았는데, 그것은 매번 그 자리에서의 생각과 숨은 의도로 결정된 것처럼 보이면서, 무엇보다도 '상류 사회 여성은 손님을 접대할 줄 아는가' 하는 점을 참으로 자연스러운 형태로 보여주는 것이 목적이었다. 그러나 곧 야회의 손님들이 하나 둘 도착하기 시작하자, 대공부인은—거의 왕비 같은 위엄을 갖춰 당당하게 등을 꼿꼿이 펴고, 두 눈을 특유의 정열적인 빛으로 불태우면서—출입구에서 그리 멀지 않은 곳에서 별로 아름답지 않은 두 왕족과 에스파냐 대사부인 사이에 앉아 있었다.

나는 나보다 일찍 도착한 몇몇 초대 손님의 뒤를 따라갔다. 눈앞에 대공부인이 있었으나, 아마 그녀의 미모는 수많은 다른 미인들 속에서 그날 야회의 유일한 추억이 될 만한 것은 아니었던 듯싶다. 그러나 이 집 안주인으로서의 그 얼굴은 흠잡을 데 없이 완벽하여, 마치 아름다운 메달에 새겨진 것 같았으므로, 나에게는 그날 밤의 기념으로서 마음에 남을 만한 효과를 가지고 있었다. 대공부인은 야회 며칠 전에 초대 손님들을 만나면 그들과 수다를 떨고 싶어 견딜 수 없다는 듯이 "꼭 와주시겠죠?" 말하는 습관이 있었다. 그러나 사실은 반대로 아무것도 얘기할 게 없어서, 그들이 눈앞에 다가오면 그녀는 일어나지도 않고 두 왕족과 대사부인 사이에서 주고받던 공허한 대화를 한순간 멈추고, "이렇게 일부러 와주셔서 고마워요" 하고 인사할 뿐이었다. 그것도 손님이 일부러 찾아와 친절을 보여준 게 고마워서가 아니라, 초대한 자신의 친절을 더욱 강조하기 위해서였다. 그런 다음 그녀는 상대를 이내 다시 강물 속에 던져넣으면서 이렇게 덧붙인다. "게르망트 씨는 정원 들목에 있을 거예요." 그러면 손님들은 그리로 찾아가고 그녀는 상대로부터 벗어나는 것이다. 어떤 손님들한테는 말도 걸지 않고 다만 그 감탄스러운 줄마노 같은 눈을 보여주기만 할 때도 있다. 그런 때의 손님은 마치 그저 보석 전시회를 구경하러 온 사람 같았다.

내 앞에 가는 이가 샤텔로 공작이었다.

살롱에서 보내오는 모든 미소와 손짓에 일일이 답해야 했으므로, 공작은 출입구에 서 있는 문지기를 미처 보지 못했다. 그런데 문지기는 처음부터 그를 알아보았다. 그토록 궁금했던 그 사람이 누군지 곧 알게 되는 순간이었다. 전전날에 만난 그 '영국 사람'한테 성함을 뭐라고 알려야 할지 물어보면서, 문지기는 감격만 한 것이 아니었다. 자기가 하는 짓이 주제넘고 무례하다고 생각했다. 자기가 모든 사람 앞에서(물론 아무도 짐작조차 하지 못할 테지만) 어떤 비밀을 누설하는 듯싶어서, 이런 식으로 그 비밀을 공개해서는 안 된다고 생각했다. 손님이 '샤텔로 공작'이라고 대답하는 것을 듣고서, 문지기는 너무나 자랑스러운 나머지 머리가 혼란스러웠는지 잠시 말이 나오지 않았다. 공작은 문지기를 보자 누군지 생각이 나서 아차 싶었지만, 다시 정신을 차린 하인은 그 가문(家紋)을 잘 알고 있었으므로, 참으로 간단한 호칭을 자기 마음대로 더하여, 직업적인 강한 목소리를 은근한 애정으로 부드럽게 녹여서 낭랑하게 소리쳤다. "샤텔로 공작 전하 각하(Son Altesse monseigneur le duc de Châtellerault)!" 다음은 내 이름이 불릴 차례였다. 나는 그때까지 다행히 이 집 안주인이 아직 내가 온 것을 모르고 있는 틈에 그녀를 쳐다보는 데 정신이 팔려, 망나니처럼 검은 옷을 입고 있는 이 문지기가 나에게 있어서는 무시무시한 역할—샤텔로 씨한테는 다른 형태로 무시무시한 역할이지만—을 맡고 있다는 것은 생각도 하지 않았다. 그 주위에는 불청객이 보이면 곧바로 붙잡아서 바깥으로 내쫓으려는 힘센 장정들, 더할 나위 없이 화려한 제복을 입은 하인들이 버티고 있었다. 문지기가 내 이름을 물어서, 나는 사형수가 단두대에 설 때처럼 얼떨결에 내 이름을 댔다. 그러자 곧 그는 위엄을 갖추고 당당하게 머리를 쳐들었다. 만일 내가 초대되지 않았으면 내 자존심이 상하지 않게, 초대되었다면 게르망트 대공부인의 자존심이 상하지 않게, 작은 목소리로 내 이름을 불러달라고 부탁할 틈도 주지 않고, 저택의 둥근 천장을 흔들어댈 기세로 걱정스러운 내 이름의 철자를 부르짖었다.

그 유명한 헉슬리(Huxley)*(그 조카가 현재 영국 문단에서 유력한 자리를 차지하고 있다)는, 그의 여환자 가운데 하나가, 남들이 자기에게 정중히 권하는 안락의자에 한 노신사가 앉아 있는 게 자꾸 보여서 사교계에 나갈 용기를 잃은 예를 든 적이 있다. 이 환자는 물론 의자를 권하는 동작, 그리고 그 의자에 이미 앉아 있는 노신사의 존재, 그 둘 가운데 하나가 환각이라는 걸 잘 알고 있었다. 왜냐하면 누군가가 벌써 차지한 의자를 자기에게 권할 리 없을 테니까. 그래서 헉슬리가 그 병을 고치려면 야회에 꼭 참석해야 한다고 권유했을 때, 그녀는 남이 보여주는 친절의 표시가 과연 현실인지, 아니면 터무니없는 환상을 따르다가 여러 사람들이 보는 앞에서 멀쩡한 신사의 무릎에 가서 앉게 되는 건 아닌지 망설여져서 잠시 고통스러운 주저를 느꼈다. 그녀의 짧은 불안은 잔혹했다. 하지만 이때의 내 불안보다는 덜했으리라. 내 이름이 마치 파국의 예고처럼 울려퍼진 순간부터, 나는 어쨌든 나에게 악의가 없음을 증명하기 위해 어떤 의혹에도 시달리고 있지 않은 듯한 얼굴로 결연하게 대공부인 앞에 나서야만 했다.

---

* 영국의 생물학자(1825~95).

몇 걸음 앞으로 나가자 대공부인이 나를 힐끗 보았다. 그리고 이것으로 누군가의 흉계에 감쪽같이 걸려들었음이 의심할 여지없는 사실이 되었다고 생각했지만, 그녀는 다른 초대 손님을 대할 때처럼 그대로 앉아 있지 않고, 일어서서 내 쪽으로 다가왔다. 하지만 바로 그 뒤, 나는 헉슬리의 환자가 마침내 안락의자에 앉기로 결심했을 때, 의자에는 아무도 없었고 노신사는 환각이었음을 깨닫고 안도한 것처럼, 나도 안도의 한숨을 내쉴 수 있었다. 대공부인이 웃으면서 나에게 손을 내밀고 있었던 것이다. 그녀는 잠깐 서 있었는데, 거기에는 다음과 같이 끝나는 말레르브(Malherbe)[1] 시의 특유한 우아함이 감돌고 있었다.

   "그들을 맞이하기 위해 천사들은 일어서고."[2]

그녀는 공교롭게도 공작부인이 아직 오지 않아서, 하고 변명하듯 말했는데, 그것은 마치 내가 공작부인이 없으면 지루해할 거라고 여기는 듯한 말투였다. 그녀가 이런 인사말을 하면서 내 한쪽 손을 잡고 내 주위를 우아하게 한 바퀴 돌자, 그 회오리바람 속에 내 몸이 휩쓸려 들어가는 느낌이었다. 나는 그녀가 코티용(cotillon)[3]을 이끄는 여성처럼, 상아 부리가 달린 지팡이 또는 손목시계를 내게 건네주지 않을까 기대했을 정도였다. 그러나 사실 그녀는 아무것도 주지 않았다. 그리고 보스턴 왈츠를 추는 대신, 신성하여 침범할 수 없는 베토벤의 사중주곡에 귀를 기울이며, 그 숭고한 가락을 어지럽힐까 염려하듯이 거기서 대화를 끝내고 말았다. 아니, 그게 아니라 아예 대화를 시작하지도 않았던 것이다. 그리고 내가 들어오는 것을 보았을 때 기쁜 듯이 환하게 웃던 얼굴 그대로, 다만 대공이 있는 장소를 나에게 알려주었을 뿐이다.
   그녀의 곁을 떠난 나는 두 번 다시 그녀에게 다가갈 용기가 나지 않았다. 그녀는 나에게 아무런 할 말이 없는 듯이, 키가 아주 크고 아름다운 이 부

---

[1] 프랑스 시문(詩文)의 개혁자(1555~1628).
[2] 〈베드로 성인의 눈물〉 가운데 한 구절.
[3] 네 명이나 여덟 명이 추는 여흥적인 춤. 춤을 추면서 지도자가 참석자들에게 기념품 따위를 나눠줌.

인, 그토록 기고만장하게 단두대에 오른 귀부인들처럼 고귀한 이 여성은, 분명히 한량없는 선의를 가지고 있으면서도, 나한테 차마 멜리사수(mélisse 水)*를 권할 수도 없어서 결국 이미 두 번이나 말한 "대공은 정원에 계실 거예요"를 되풀이할 수밖에 없으리라는 걸 느꼈기 때문이다. 그런데 대공 곁에 가는 것은 다른 형태로 의혹이 일어남을 느끼게 하는 일일 뿐이었다.

아무튼 누군가 나를 소개해줄 사람을 찾아내야만 했다. 그때 모든 대화를 제압하는 커다란 목소리로 샤를뤼스 씨의 끝없는 수다 소리가 들려왔다. 그는 이제 막 아는 사이가 된 시도니아 공작과 얘기하고 있었다. 같은 직업은 서로를 알아보는데 그건 나쁜 습관도 마찬가지다. 샤를뤼스 씨와 시도니아 씨는 그 자리에서 상대의 나쁜 습관을 알아차렸다. 바로 두 사람 모두 사교계에서 어느 누구도 끼어들 수 없을 만큼 혼자 떠벌리기를 좋아한다는 것이다. 유명한 시에도 있듯이, 이 고질병엔 약이 없음을 이내 판단한 두 사람은 각자 입을 다무는 게 아니라, 상대가 뭐라고 지껄이든 개의치 않고 혼자 떠들기로 결심했다. 그래서 그 시끄러운 장면이 연출되었는데, 그것은 마치 몰리에르의 희극 속에서 여러 사람이 동시에 다른 얘기를 떠들 때의 소리 같았다. 남작은 그 요란한 목소리로 시도니아 씨의 약한 목소리를 덮어버리고 이길 자신이 있었지만, 천만의 말씀, 그 정도로 물러설 상대가 아니었다. 샤를뤼스 씨가 잠시 숨 돌리는 동안, 그곳은 태연하게 자기 연설을 계속하던 에스파냐 대귀족의 속삭이는 듯한 목소리로 가득 찼다. 나는 게르망트 대공에 대한 소개를 샤를뤼스 씨한테 부탁하고 싶었으나, 그가 화를 낼까 봐 걱정되었다(거기에는 너무나 마땅한 이유가 있었다). 나는 이미 그의 제의를 두 번이나 무시했고, 그가 그토록 다정하게 나를 집까지 바래다준 밤 이후로 아무 기별도 보내지 않는 배은망덕한 태도를 취해왔기 때문이다. 물론 바로 그 날 오후에 본 쥐피앙과 그 사이에 일어난 장면을 예견하고 그것을 핑계 삼아 제의를 거절하려는 건 전혀 아니었다. 나는 그런 건 상상조차 하지 못하고 있었다. 하기야 얼마 전에 부모님이 샤를뤼스 씨에게 편지나 몇 자 써 보내는 수고조차 하지 않는 내 게으름을 나무랐을 때, 파렴치한 제의를 받아들이게 하려는 거냐고 부모님을 심하게 몰아세운 적이 있었다. 그러나 그것은 홧

---

* 강심제.

김에, 부모님이 가장 불쾌하게 여길 대꾸를 찾은 데에 지나지 않았다. 실제로는 남작의 제의에서 관능적인 것은커녕 감성적인 것조차 하나도 떠올리지 않았다. 내가 부모님에게 그렇게 말한 것은 정말이지 본심이 아니었다. 하지만 간혹 미래는 자신도 모르는 사이에 우리 마음속에 깃들고 있으며, 거짓으로 한 말이 다가올 현실을 그리고 있는 경우도 있는 법이다.

샤를뤼스 씨는 나의 예의 없는 행동을 아마 용서해주었으리라. 그러나 그를 몹시 분하게 만드는 것은, 내가 그날 저녁 게르망트 대공부인 댁에 와 있다는 사실로, 얼마 전부터 부인의 사촌 여동생 집에 드나들고 있는 것과 아울러, 그것이 샤를뤼스 씨의 '그런 살롱에는 나를 통하지 않고는 들어갈 수 없다'고 하는 거만한 선언을 비웃는 것처럼 보인 점이다. 그것은 중대한 과실, 어쩌면 돌이킬 수 없는 무거운 죄였다. 계급 사회의 순서와 절차를 밟지 않았기 때문이다. 샤를뤼스 씨도, 그의 명령에 따르지 않는 사람이나 그가 미워하는 사람을 향해 내리치는 뇌성벽력이 아무리 사나워도, 많은 사람들에게 차차 종이 벼락으로 여겨지기 시작하여, 언제 어디서든 누구나 추방해버렸던 예전의 힘을 잃었다는 걸 잘 알고 있었다. 아마도 그는 약해지긴 했어도 아직 강대한 자신의 권력이, 나 같은 신참자의 눈에는 흠결 하나 없이 그대로 남아 있을 거라고 믿고 있는지도 모른다. 그래서 내가 거기에 와 있다는 사실만으로도 그의 자부심을 냉소적으로 부정(否定)하는 것으로 보이는 야회에서, 그에게 부탁을 청하는 건 매우 적절하지 않다고 나는 판단했다.

그때 나는 매우 무례한 한 남자에게 붙들렸다. E교수였다. 그는 게르망트 저택에서 내 모습을 보고 깜짝 놀랐다. 나 또한 거기서 그를 발견하고 그 못지않게 놀랐다. 그 같은 인물을 지금까지 대공부인 댁에서 본 적이 한 번도 없었고 그 뒤에도 본 적이 없었기 때문이다. 그는 최근에 대공이 감염성 폐렴에 걸려 병자 성사까지 받은 것을 무사히 치료해주었는데, 그에 대한 감사의 마음으로 부인이 관례를 깨고 그를 초대한 것이었다. 이런 살롱 안에 아는 사람이 하나도 없고, 또 저승사자처럼 언제까지나 혼자 어슬렁거릴 수도 없어서, 나를 알아본 순간 그는 난생처음으로 할 말이 산더미처럼 많다는 것을 느꼈고, 그 덕분에 가까스로 평정을 가장할 수 있었다. 그가 내 쪽으로 온 이유의 하나는 그것이었다. 그런데 또 다른 이유가 있었다. 그는 결코 오진을 하지 않는 것을 중시하고 있었다. 그런데 그에게 오는 우편물이 어찌나 많은지, 한 번밖에 진찰하지 않은 환자의 경우, 그 병이 그가 말한 과정을 정말 거쳐갔는지 어떤지 늘 기억이 잘 나지 않았다. 독자는 아마 잊지 않았으리라. 내 할머니가 발작을 일으켰을 때 내가 할머니를 모시고 간 곳이 그의 집이었고, 그날 저녁 그는 하인을 시켜 수많은 훈장을 옷에 달고 있었던 것을. 그 뒤 세월이 흘러, 그는 그때 그에게 배달된 부고를 기억하지 못했다. "할머님께서는 아마 사망하셨지요?" 그 목소리에는 거의 확신에 가까운 느낌이 나타나 있었으며, 그것이 아직 희미하게 남아 있던 불안을 가라앉혀주었다. "아, 역시 그랬군요! 하긴 처음 본 순간부터 내 진단은 비관적이었지요. 똑똑하게 기억납니다."

E교수는 이런 식으로 할머니의 죽음을 알았다고 할까, 새삼스럽게 인식한 것이다. 그리고 그의 명예와 의학계 전체의 명예를 위해 말해두지만, 그는 특별히 만족한 듯한 기색을 보여주지 않았고, 그런 기분인 것 같지도 않았다. 의사들의 오류는 수두룩하다. 의사는 보통 식이요법에 대해서는 지나치게 낙관적이며 질병의 결말에 대해서는 지나치게 비관적이다. "포도주말입니까? 적당한 양이라면 해롭지 않아요, 요컨대 강장제 같은 거니까…… 육체적 쾌락이요? 마찬가지로 하나의 기능이죠. 과도하지만 않으면 괜찮아요, 과도하지 않으면 말입니다. 뭐든 도를 지나치면 해롭죠." 이런 소리에, 병자는 그 두 가지 소생술, 즉 포도주를 대신하는 물과 금욕을 얼마나 버리고 싶었는지! 반대로 심장에 뭔가 단백질 같은 게 끼어 있으면 수명이 얼마 남지 않은 것으로 진단한다. 또 중대한 장애, 오로지 기능상의 장애가 있으면 이내 암으로 상상하고 그 탓으로 돌리려 한다. 그렇게 되면 아무리 의사를 찾아다녀도 소용없다. 불치병에는 저항할 수 없을 테니까. 이렇게 버려진 환자가, 그때야 비로소 스스로 엄격한 식이요법을 하여 마침내 병이 나았다고 가정하자. 또는 적어도 살아남았다고 하자. 의사는 병자가 오래전에 페르 라셰즈 묘지에 들어갔을 거라고 생각했는데, 어느 날 오페라 거리에서 모자를 쳐들며 인사하는 모습을 보면, 사람을 얕잡아보는 무례하기 짝이 없는 놈이라고 생각할 것이다. 중죄 재판소 소장이 2년 전에 사형을 선고한 남자가, 두려워하는 기색 하나 없이 자기 눈앞을 태연하게 구경꾼처럼 지나간다 해도 이토록 화가 나지는 않으리라. 의사들은(물론 다 그렇다는 건 아니고, 훌륭한 예외가 있다는 것을 마음속에서 배제할 생각은 없지만) 대체로 올바른 진단을

내렸을 때의 유쾌함에 비해 오진이었을 때의 불만과 초조가 더 크다. 그래서 E교수는 자신의 진찰이 틀리지 않았다는 걸 알고 틀림없이 지적 만족을 느꼈겠지만, 그래도 우리 집안에 닥친 불행에 대해 얘기할 때, 그는 안됐다는 듯한 표정밖에 보여주지 않았다. 그는 절대 대화를 그만두려 하지 않았다. 누군가와 얘기하고 있으면 편안하게 그 자리에 있을 수 있는 핑계가 생기기 때문이다. 그는 지난 며칠 동안의 심한 무더위에 대해 얘기하면서, 교양 있는 어엿한 프랑스말로 나타낼 수 있는 것을 "이 이페르테르미(hyperthermie)* 때문에 고생하지 않으십니까?" 이렇게 말했다. 그것은 의학이 몰리에르 이후에 지식에서는 조금 진전이 있었으나 용어에서는 전혀 진보가 없었기 때문이다. 내 말상대는 이렇게 덧붙였다. "중요한 점은 특히 과열된 살롱 안에서 이 같은 날씨가 일으키는 발한(發汗)을 피하는 것이죠. 땀을 너무 많이 흘렸을 때는 집에 돌아가 물을 마시면서 이열치열로 고칠 수 있습니다."(이것은 명백하게 따뜻한 음료를 마시라는 뜻이다)

할머니의 죽음과 관계가 있었으므로 이 화제는 내 흥미를 끌었다. 최근 어느 저명한 학자의 책에서, 발한은 다른 데로 배출해야 하는 열을 피부를 통해 배출하므로 신장에 해롭다고 한 것을 읽었다. 나는 할머니가 죽었을 때의 그 삼복더위가 원망스러워 거기에 죄를 뒤집어씌우고 싶은 심정이었다. 나는 그것을 E교수에게 말하지 않았지만 교수 쪽에서 이렇게 말했다. "이처럼 심하게 더운 날씨의 장점은 땀이 많이 나서 그만큼 신장의 부담이 가벼워지는 일이죠." 정말이지 의학은 정확한 과학이라고 할 수 없는 것이다.

내게 바싹 달라붙은 E교수는 나에게서 떨어지지 않으려고 안간힘을 썼다. 그러나 나는 이때 보구베르 후작이 한 걸음 뒤로 물러서 게르망트 대공부인에게 좌우로 두 번 상반신을 구부리며 절하는 모습을 언뜻 보았다. 노르푸아씨가 요전에 나를 그에게 소개해주었으니 그가 이 집 주인한테 나를 소개해줄 수 있지 않을까 하고 기대를 걸었다. 이 작품의 길이로 봐서 이 시점에서 자세히 설명할 수는 없으나, 젊었을 때 어떤 사건이 있었고, 그 결과 보구베르 씨는 소돔의 세계에서 샤를뤼스 씨와 이른바 '속을 터놓는' 사이가 된, 사교계에서 극히 드문(어쩌면 유일할지도 모른다) 관계를 가진 친구였다.

---

* 높은 신열.

그러나 테오도시우스 왕에게 파견되어 있었던 이 프랑스 공사가, 남작과 똑같은 결점을 몇 가지 가졌다 하더라도 그것은 아주 희미하게 반영되어 있다고 할 정도에 지나지 않았다. 남작 쪽은 상대의 마음을 매료하고자 하는 욕망을 가졌다가도, 다음에는 상대로부터 경멸당하지 않을까, 적어도 정체를 눈치채지는 않을까 하는 우려를 품고—이것도 멋대로 상상이 만들어낸 우려지만—그 때문에 공감과 증오를 교대로 경험했지만, 보구베르 후작은 그런 것을 극히 약화된 감상적이며 보잘것없는 형태로 보여주고 있었을 뿐이었다. 순결과 '플라톤주의' 때문에(학교 선발시험을 치를 나이부터 대단한 야심가였던 보구베르 씨는 모든 쾌락을 버리고 오로지 순결과 '플라톤주의'를 지키고 있었다), 특히 지적인 무능함 때문에 그가 보여주는 이리저리 뒤섞인 공감과 증오는 우스꽝스러운 꼴이 되고 말았으나, 그래도 보구베르 씨가 그런 것(교착 상태)을 보여주고 있었던 건 틀림없는 사실이었다. 그러나 샤를뤼스 씨의 경우는, 누군가를 칭찬할 때 문자 그대로 빛나는 웅변으로 소리 높여 찬사를 늘어놓는가 하면, 거기에 촌철살인 같은 더할 수 없이 날카로운 조소의 말을 보태어 상대방에게 영원히 지워지지 않을 각인을 남기는데, 반면에 보구베르 씨의 경우는 공감의 표현도, 평범하고 너무나 보잘것없는 남자, 그저 상류 사회에 속해 있을 뿐인 남자, 또는 일개 관리의 입에서나 나올 만한 수준의 것이었고, 끊임없이 악의를 낳는, 재치 같은 건 눈곱만큼도 없는 불만은(남작의 경우와 마찬가지로 대부분 하나에서 열까지 꾸며낸 말이지만) 반년 전에 공사 자신이 입에 올린 말이나, 아마 언젠가 곧 그가 할 말과 늘 모순되므로 그만큼 남의 감정을 상하게 했다. 그래도 이러한 변화가 어김없이 일어나므로, 보구베르 씨 인생의 다양한 국면은 마치 세월에 따라 바뀌는 별자리와도 비슷한 시적인 정취를 갖추고 있었으나, 그것을 제외하면 보구베르 씨만큼 별을 연상시키는 일이 적은 사람도 없었다.

그가 나에게 응해온 인사는 샤를뤼스 씨의 인사와는 전혀 달랐다. 보구베르 씨는 사교계나 외교계의 예의범절이라고 여기는 온갖 방법을 동원하여, 사뭇 기사인 척하는 씩씩하고 유쾌한 모습으로 인사를 했다. 그것은 한편으로는 완전히 만족스럽게 살고 있음을 보여주기 위한 것이고—물론 그는 마음속으로 승진 기회가 없을 뿐만 아니라, 쫓겨날까 봐 두려운 외교관이라는 직업에서 이따금 쓰디쓴 실망을 맛보고 있었지만—다른 한편으로는 젊고 남자다우며 매력적인 사람으로 보여주기 위한 것이기도 했다. 그런데 그는 거울 속에서, 매력이 철철 넘치기를 바라는 얼굴에 주름이 잔뜩 생긴 것을 보고, 다시는 거울 따위 보지 않으리라고 생각하고 있었다. 그렇다고 그가 실제로 여자를 정복하고 싶어한 것은 아니다. 그런 것을 생각만 해도 남들이 뭐라 그러지 않을까, 소문이 나서 곤경에 빠지게 되지 않을까 겁이 났다. 거의 어린아이 같은 쾌락을 한 번 겪은 뒤 그가 절대적인 금욕 생활로 이행한 것은, 외무성에 들어가 출세하려고 마음먹은 그날인데, 그때부터 그는 마치 우리에 갇힌 동물처럼 두리번두리번 주위를 둘러보고 있었지만, 그 눈에는 공포와 욕망과 어리석음이 나타나 있었다. 그가 얼마나 어리석었던지, 소년 시절의 문제아들도 이제는 어린아이가 아니라는 사실도 생각지 못했고, 신문팔이가 코앞에서 "신문이요!" 외치기라도 하면, 자기를 알아보고 뒤를 쫓는 거라 착각해 욕망보다 공포로 온몸을 떨 정도였다.

그러나 배은망덕한 외무부 때문에 자신의 쾌락을 희생시킨 보구베르 씨는, 쾌락 대신—그가 지금도 여전히 남의 마음에 들고 싶어하는 것은 그 때문이었지만—이따금 갑자기 가슴이 뛰는 마음의 약동을 느끼곤 했다. 그가 아무런 정당한 이유도 없고 요만큼의 장점도 없는 청년을 공사관 직원으로 채용하기 위해 얼마나 많은 편지를 보내 외무부를 질리게 만들었는지, 또 얼마나 교활한 방법으로 개인적인 관계를 이용하고, 또 얼마나 자주 보구베르 부인의 신용을 미리 이용했는지(보구베르 부인은 뚱뚱한 데다 고귀한 태생이고, 남성적이며, 무엇보다 남편이 용렬한 위인이었으므로, 뛰어난 능력을 갖춘 여성으로서 사실상 공사의 임무를 대행하고 있는 것으로 인정받고 있었다)! 하기야 몇 달 또는 몇 년이 지난 뒤, 그 보잘것없는 공사관 직원이 무슨 악의가 있어서는 아니지만 상사에게 조금이라도 냉담한 태도를 보이면, 공사는 자신이 경멸당하거나 배신당한 거라고 믿어, 전에 청년에게 베풀었던 것과 같은 열정으로 히스테릭하게 그를 벌하려고 했다. 그는 이 청년을 불러오라며 천지가 진동할 만큼 소란을 피웠고, 정무장관은 날마다 그에게서 이런 편지를 받았다. "이곳에서 이런 녀석을 내쫓는 데 뭘 그렇게 망설이십니까? 이런 녀석은 훈련을 좀 받아야 합니다. 이 녀석한테 지금 필요한 것은 조금의 쓴 약입니다." 그래서 테오도시우스 왕에게 파견된 이 공사직은 썩 유쾌한 자리는 아니었다. 그러나 그것을 제외하면, 보구베르 씨는 사교계 인사로서 몸에 밴 빈틈없는 양식 덕분에 프랑스 정부의 가장 뛰어난 외교관 가운데 한 사람이었다. 그 뒤 모든 것에 박학하고 스스로 뛰어나다고 자부하는 자코뱅파 인물이 그와 대체되자, 프랑스와 테오도시우스 왕이 다스리는 나라 사이에 즉각 전쟁이 터졌을 정도였다.

샤를뤼스 씨와 마찬가지로 보구베르 씨도 자기가 먼저 인사하는 걸 싫어했다. 두 사람 다 인사에 '응하는' 쪽으로, 만나지 못하는 동안 상대가 자신들에 대해 뭔가 나쁜 소문을 듣지 않았을까 하고 늘 두려워했기 때문인데, 그것만 아니면 자기 쪽에서 먼저 손을 내밀었을 터였다. 나에 대해서 보구베르 씨는 그런 두려움을 품을 필요가 없었다. 물론 나이 차이가 나기 때문이기는 하지만, 내 쪽에서 먼저 인사했기 때문이다. 그는 놀라면서 기쁜 듯이 나에게 답례했는데, 그 사이에도 마치 동물이 사방에 있는 개자리풀을 먹지 못하게 된 것처럼, 두 눈을 계속 두리번거리면서 좌우를 둘러보고 있었다. 나는 대공에게 소개받기 전에, 먼저 보구베르 부인에게 소개해달라고 부탁하는 게 좋겠다는 생각이 들어서, 대공에 대해서는 그 뒤에 얘기할 생각이었다. 자기 아내에게 나를 소개한다고 생각하자, 그는 자신에게나 아내에게나 매우 큰 기쁨이라는 듯이 나를 후작부인 쪽으로 데려갔다. 그런데 그녀 앞에 이르자, 최대한의 존경심을 담아 손과 눈으로 나를 가리키면서도 그는 그대로 아무 말도 하지 않고, 몇 초 뒤에 나만 자기 아내 옆에 남겨놓고는 팔짝팔짝 뛰는 듯한 걸음걸이로 가버렸다. 그의 아내는 곧 나에게 손을 내밀었지만, 틀림없이 자기가 누구에게 이런 호의를 표시하고 있는 건지 몰랐으리라. 짐작컨대 보구베르 씨는 아무래도 내 이름을 잊어버린 듯했고, 어쩌면 내가 누구인지 확실하게 몰랐던 건지도 모른다. 그렇다고 그것을 고백하는 것도 실례라고 생각하여 단순한 무언극으로 소개한 것이리라.

그래서 나의 계획에는 조금도 진전이 없었다. 내 이름도 모르는 부인이 어떻게 나를 이 집 주인에게 소개할 수 있겠는가? 더구나 나는 잠깐 보구베르 부인과 얘기를 나눠야만 했다. 그것은 두 가지 관점에서 나를 진저리나게 했다. 먼저 끝까지 이 야회에 남아 있고 싶지 않았는데, 왜냐하면 알베르틴이 밤 12시가 되기 조금 전에 만나러 오겠다고 약속했기 때문이다(나는 그녀에게 〈페드르〉를 관람하기 위한 박스석 표를 주었던 것이다). 물론 나는 알베르틴한테 조금이라도 마음이 있었던 것은 아니다. 그날 밤 그녀를 오게 한 까닭은 순전히 육욕에 따른 것뿐이었다. 하기야 1년 가운데 가장 더위가 심한 이 계절이 되면, 해방된 관능은 오히려 미각을 관장하는 기관을 향해 돌아서서 시원한 맛을 찾기 마련이다. 관능은 젊은 아가씨의 입맞춤보다 오렌지 주스나 수영을 필요로 하며, 또 하늘의 갈증을 풀어주는 달, 껍질 벗긴 즙 많은 과일 같은 그 달을 바라보고 싶어한다. 그래도 나는 알베르틴과 나란히 누워—그녀는 시원한 바다의 파도를 떠올리게 했으므로—매력적인 수많은 얼굴(대공부인이 연 그 야회에는 귀부인들뿐만 아니라 젊은 아가씨들도 모여들었으므로)에 대해 느낄 수밖에 없는 미련에 마침표를 찍고 싶기도 했다. 또 하나는 보구베르 부인의 당당한 얼굴, 부르봉풍의 어두운 얼굴이 어느 한 구석도 마음에 들지 않기 때문이다.

외무부에서는, 조금이라도 악의가 있어서 그러는 건 아니지만, 이 부부는 남편이 치마를 두르고 아내가 반바지를 입고 있다고들 말했다. 그런데 이 말속에는 뜻밖의 진실이 들어 있었다. 보구베르 부인은 한 사람의 남성이었다. 그녀가 옛날부터 쭉 그랬는지, 아니면 지금 보는 것처럼 서서히 그렇게 되어갔는지, 그런 건 아무래도 상관없다. 왜냐하면 어느 경우에도 사람은 자연계의 매우 감동적인 기적의 하나에 맞닥뜨려 있으며, 특히 후자의 경우 그 기적은 인간계를 꽃의 세계와 비슷하게 만들기 때문이다. 만약 첫 번째 가정에 선다면—즉 보구베르 부인이 결혼 전부터 뒤룩뒤룩한 사내 같은 여자였다면—자연은 악마적인 동시에 자비롭고 간사한 꾀를 부려 젊은 아가씨에게 타인을 얕잡아보는 남성적인 모습을 준 셈이 된다. 그리고 여자를 싫어하는 젊은이, 게다가 그것을 고치고 싶어하는 젊은이는, 파리 중앙시장에서 일하는 건장한 노동자를 떠올리게 하는 여자를 찾아내어 기꺼이 약혼자로 선택하여 탈출구로 삼는 것이다. 그 반대인 경우, 다시 말해 여자가 처음에는 남성적인 성격이 아니었는데, 남편의 마음에 들려고 무의식적이지만 천천히 그런 성격을 지니게 되는 경우에는, 마치 어떤 종류의 꽃이 곤충을 끌어들이기 위해 스스로 그 곤충과 같은 모습을 하는 흉내가 작용한 것이다. 사랑을 받지 못하는 한(恨), 사내가 아니라는 한이 그녀를 남성화시킨다. 지금 우리가 다룬 예 말고도, 아주 정상적인 많은 부부가 결국 취향이 같아지고, 때로는 특징이 뒤바뀌는 경우마저 있다는 사실을 깨달은 사람이 많지 않을까? 독일의 전 수상 뷜로 대공은 이탈리아 여성과 결혼했다. 그 뒤에 핀치오 언덕에 가서 그들을 만난 사람들은, 게르만인 남편은 완전히 이탈리아풍으로 세련되었고, 이탈리아 태생인 대공부인은 독일풍의 뻣뻣함을 지닌 것에 주목했다. 방금 설명한 법칙을 넘어서서 더욱 극단까지 나아간 예로서, 누구나 다 알고 있는 그 유명한 프랑스인 외교관*¹이 있다. 그의 출신은 그의 이름으로 생각해내는 수밖에 없는데, 그것은 동방에서 가장 유명한 이름 가운데 하나였다. 그런데 그가 성숙하여 늙어감에 따라, 그때까지 꿈에도 몰랐던 동양인으로서의 정체를 나타내기 시작하여, 사람들은 그런 그를 보고 있으면 터키 모자만 쓰면 완벽할 텐데 하고 아쉬워했다고 한다.

방금 우리는 조상으로부터 물려받은 뚱뚱한 풍모의 보구베르 대사의 실루엣을 언급했는데, 전혀 알려지지 않은 그의 행적으로 얘기를 되돌리면, 보구베르 부인이 실현한 생김새가 선천적이든 후천적이든, 그 불멸의 인상은 항상 승마복을 입고 있었던 그 팔라틴(Palatine) 공녀*²로, 이 사람은 남편한테서 남자다움 이상의 것을 빼앗고, 여자를 싫어하는 남자들이 가지고 있는 결함을 배웠으며, 입이 험한 여자가 쓴 것 같은 그 편지 속에서는 루이 14세 궁전의 모든 대귀족이 맺고 있는 상호 관계를 폭로했다. 보구베르 부인 같은 여성들이 남성적인 분위기를 점점 더해가는 원인의 하나는, 남편한테서 버림받고 치욕을 느낀다는 점에 있으며, 그것이 조금씩 여성다움을 빼앗아 가버린다. 그러는 동안 그녀들은 남편이 가지고 있지 않은 장점이나 결점까지 몸에 배고 만다. 남편이 점점 변덕스러운 여자처럼 되어 신중함을 잃어감에 따라, 그녀들은 남편이 실천해야 할 미덕을 아무런 매력도 없는 조각상으로 빚어낸 듯한 사람이 되어가는 것이다.

보구베르 부인의 단정한 얼굴에 굴욕과 권태와 분노의 흔적이 그림자처럼 드리워져 있었다. 아뿔싸, 그녀가 아무래도 나를, 남편 보구베르 씨가 마음에 들어하는 젊은이들 가운데 한 사람으로서, 또 늙은 남편이 젊은이를 좋아하게 된 지금은 가능하다면 그녀 자신도 그렇게 되기를 간절히 바라는 인물로서, 흥미와 호기심을 가지고 바라보는 것처럼 느껴졌다. 그녀는 나를 가만히

---

*1 비잔틴의 명가 출신인 모리스 팔레올로그를 가리킨다. 터키 대사를 지내고 제1차 세계대전 중 러시아 대사를 지냄.

*2 루이 14세의 동생 오를레앙 공의 두 번째 아내. 바비에르 팔라티나 선거후의 딸이었으므로 팔라틴 공주라고 불렸다. 얼굴이 추하고 독일풍 말씨 때문에 모두들 싫어했음.

응시했는데, 그것은 시골 사람이 유행하는 옷가게의 상품 안내서에 그려져 있는 미녀에게 어울리는 맞춤옷을 주의 깊게 묘사할 때의 눈길이었다(사실 모든 페이지에 나오는 모델은 모두 한 사람이지만, 자세를 바꾸고 의상에 변화를 주었으므로 모두 다른 사람인 듯한 착각을 일으킨다). 곤충이 식물에게 끌려가듯이 보구베르 부인도 내 쪽을 향해 강하게 끌렸으므로, 마침내 그녀는 오렌지 주스가 있는 곳으로 안내해달라며 내 팔을 잡았다. 그러나 나는 곧 떠나야 하는데 아직 이 집 주인에게 인사도 하지 못했다는 핑계로 몸을 뺐다.

게르망트 대공은 정원으로 통하는 출입구에서 몇몇 손님들과 얘기를 나누고 있었는데, 하지만 나한테서 그리 멀리 떨어지지 않은 곳이었다. 그러나 그 거리를 건너가는 것은, 끝없이 이어진 불길 속을 지나가는 것 이상으로 나에게 공포를 주었다.

나를 소개해줄 만한 부인들은 모두 정원에 나가 있었고, 다들 호화로운 파티라고 감탄하는 척하면서 속으로는 뭘 해야 좋을지 모르고 있었다. 이런 파티는 대부분 전야제 같은 것이어서, 다음 날 초대받지 않은 사람들이 주목하기 전까지는 그다지 실감이 나지 않는 법이다. 수많은 문학가들은 어리석은 자존심을 가지고 있는데, 그런 것에서 벗어난 참된 작가라면, 늘 자신에게 최고의 존경을 표시해온 비평가가 너절한 작가들의 이름을 나열한 것에 자기 이름이 들어있지 않은 걸 보아도 일일이 놀랄 틈이 없다. 써야 할 몇 권의 책이 그를 기다리고 있기 때문이다. 그러나 사교계 여성들은 할 일이 아무것도 없다. 따라서 〈피가로〉지에서 "어제 게르망트 대공과 게르망트 대공부인이 대야회를 개최했다"는 기사를 보고 이렇게 소리친다. "어머나! 사흘 전에 마리 질베르와 한 시간이나 얘기를 했는데, 어째서 그런 말을 하지 않았을까!" 그리고 그녀는 자기가 게르망트네 사람들한테 뭘 잘못한 게 있나 알려고 머리를 쥐어짠다. 하기야 대공부인의 파티에서는, 초대된 사람들이나 초대받지 않은 사람들이나 마찬가지로 몹시 놀라는 일이 있다. 왜냐하면 사람들이 전혀 예상하지 않고 있을 때 느닷없이 파티를 열어, 게르망트 대공부인이 여러 해 동안 잊고 있었던 사람들을 갑작스레 부르기 때문이었다.

사교계 사람들은 거의 예외 없이 하찮은 위인들이라, 각자가 동료를 판단할 때 오직 사교성이 있는지 없는지를 기준으로 삼는다. 초대받으면 그 상대를 좋아하고, 초대받지 못하면 미워하는 것이다. 실제로 대공부인은 아무리 친한 친구라 해도 초대하지 않는 일이 있는데, 그것은 그들을 파문한 '팔라메드'의 비위를 건드리지 않기 위해서였다. 그렇다면 그녀가 나에 대해 샤를뤼스 씨에게 말하지 않은 건 거의 확실하다고 할 수 있었다. 그렇지 않다면 내가 이곳에 있지 못했을 테니까. 그는 이제 정원 앞에서 독일 대사와 나란히, 저택으로 이어져 있는 커다란 계단 난간에 팔꿈치를 짚고 있었다. 그래서 초대받은 손님들은, 남작을 숭배하는 여자들 서너 명이 그 주위를 에워싸서 그의 모습을 거의 가리고 있는데도, 그에게 인사하러 갈 수밖에 없었다. 그는 인사하는 이들의 이름을 일일이 부르면서 응답하고 있었다. 이런 이름들이 차례차례 들려왔다. "안녕하시오, 뒤 아제 씨, 안녕, 라 투르 뒤 팽 베르클로즈 부인, 안녕, 라 투르 뒤 팽 구베르네 부인, 안녕, 필리베르 씨, 안녕, 친애하는 대사부인." 이런 식으로 그의 새된 목소리가 쉬지 않고 들려오다가 멈추는 것은, 친절한 듯이 뭔가를 권유하거나 질문할 때뿐이었는데(남작은 상대의 대답을 제대로 듣지도 않았다), 그때의 그 온화한 말투에서는 그다지 관심이 없음을 나타내기 위해 억지로 꾸민 듯한 부드러움이 느껴졌다. "따님이 감기 걸리지 않게 주의하세요, 정원은 언제나 좀 축축하니까요. 안녕하세요, 브랑트 부인, 안녕, 메클랑부르 부인, 따님이 오셨나요? 그 아름다운 장밋빛 드레스를 입었을까? 안녕, 생제랑." 물론 이런 태도에는 자존심이 넘치고 있었다. 샤를뤼스 씨는 자신이 게르망트 집안의 일원이며, 오늘 밤 파티에서 탁월한 지위를 차지하고 있다는 것을 알고 있었다. 그러나 자존심만 있는 건 아니었다. 이 파티라는 말 자체가, 심미안을 갖춘 사람에게는 사교계 사람들의 집이 아니라 카르파초나 베로네세의 그림에 그려진 연회처럼 화사하고 신비로운 의미를 떠오르게 했다. 아니, 그 이상으로 샤를뤼스 씨는 독일의 왕족이기도 했으므로 오히려 〈탄호이저〉에서 펼쳐지는 연회를 떠올리며 자신이 마르그라브(margrave)*가 된 기분으로, 바르부르크(Warburg) 성 들목에서 손님 한 사람 한 사람에게 친절하고 너그러운 인사말을 보내는 기분이었을지도 모른다. 그때 성 안에서 정원으로 이동하는 초대 손님들의 물결을 수없이 되풀이되는 유명한 '행진곡'의 긴 악절이 맞이하는 것이다.

---

* 변경(邊境) 총독. 고대 독일의 변방 수령.

어쨌든 나는 마음을 정해야 했다. 나무그늘에는 나와 조금 아는 사이인 몇몇 부인이 있었는데, 그녀들은 완전히 변해버린 듯이 보였다. 왜냐하면 이곳은 대공부인의 저택으로 그 사촌 여동생의 집과는 달랐고, 그녀들은 작센 도자기 앞이 아니라 마로니에 가지 밑에 앉아 있었기 때문이다. 그 자리의 우아한 분위기도 이 상태를 도저히 어떻게 할 수 없었으리라. 그러나 설령 우아함에 있어 '오리안'의 집보다 훨씬 못했다 하더라도, 나에게는 똑같은 혼란이 일어났을 것이다. 살롱의 전등이 갑자기 꺼져서 대신 석유램프로 바꿔야 한다면, 그것만으로 모든 게 변한 것처럼 보이는 법이다. 하지만 그런 애매한 상태에서 나를 끌어낸 것은 수브레 부인이었다. "안녕하세요?" 그녀가 내 쪽으로 오면서 말했다. "게르망트 공작부인을 뵌 지 오래됐나요?" 그녀는 이 말을 능숙한 억양을 붙여 말했는데, 그것은 그녀가 뭘 말해야 좋을지 모르는 사람들처럼, 아무렇게나 공통의 지인, 그것도 대부분 매우 애매한 관계인 사람의 이름을 꺼내며 접근하는 어리석은 사람은 아니라는 사실을 증명하고 있었다. 오히려 그녀는 그 눈을 교묘한 도선(導線)으로 사용하여 이런 의미를 전하고 있었다. "내가 당신을 못 알아보는 줄로 생각 마세요. 게르망트 공작부인 댁에서 뵌 젊은이죠. 똑똑히 기억하고 있어요." 공교롭게도, 우스꽝스럽게 보이지만 속으론 섬세한 의도를 품은 이 말이 나에게 보호의 손길을 내밀었지만, 너무나 연약하여 내가 그것에 매달리려 한 순간 사라지고 말았다. 수브레 부인은 권력자에게 누군가를 추천할 때, 부탁한 사람이 볼 때는 정말 친절하게 그를 밀어주는 듯하지만, 동시에 높은 지위의 인물에게는 추천하지 않는 것처럼 보이는 희한한 기술을 가지고 있었다. 그리하여 이중 의미를 가진 이 방식을 통해, 부탁한 사람에게는 감사를 빌려주면서도 권력자에 대해서는 아무런 빚도 지지 않게 되는 것이다. 이 부인의 호의에 용기가 난 나는 게르망트 대공에게 나를 소개해달라고 부탁할까 생각했지만, 그녀는 이 집 주인이 우리 쪽을 보고 있지 않은 순간을 이용해, 어머니처럼 다정하게 내 어깨를 잡더니, 얼굴을 돌리고 있어서 그녀를 보지 못하는 대공에게 미소 지으며 나를 그쪽으로 밀어주었는데, 그 동작은 보호자인 척하면서 일부러 효과를 없애려고 한 것이어서, 덕분에 나는 어찌할 도리 없이 거의 출발점과 같은 곳에 그대로 남겨졌다. 사교계 사람들의 비겁함이란 이런 것이었다.

내 이름을 부르면서 나에게 인사를 한 어떤 부인의 비겁함은 이보다 더 심했다. 나는 그녀와 얘기하면서 그녀의 이름을 기억해내려고 애썼다. 그녀와 함께 식사한 일, 그녀가 한 말도 아주 잘 생각났다. 하지만 그런 기억이 들어 있는 마음의 내면에 아무리 주의를 집중해도 거기서 그 이름을 찾아낼 수는 없었다. 그래도 이름은 그곳에 있을 터였다. 나의 사고는 어떻게든 그 이름의 윤곽을 파악하고 첫 번째 문자를 찾아내어 마침내 전체를 밝혀내려고 어떤 놀이 같은 것을 시작했지만, 그것도 헛수고였다. 이름의 크기와 무게는 대략 느껴지지만, 막상 그것을 구체화할 때는, 나는 마음의 어둠 속에 웅크리고 있는 수수께끼의 포로와 대조해보면서 나 자신에게 이렇게 말할 뿐이었다. "이건 아니야." 물론 내 정신은 가장 어려운 이름도 만들어낼 수 있었을 것이다. 그러나 불행하게도 지금 필요한 일은 만들어내는 게 아니라 재현하는 것이었다. 정신의 모든 활동은, 만약 그 활동이 현실에 따르지 않아도 된다면 쉬운 일이다.

하지만 지금의 경우, 나는 무리를 해서라도 현실에 자신을 따르게 해야만 한다. 그러나 마침내 그 이름 전체가 단번에 나왔다. '아르파종 부인'이었다. 나왔다는 표현은 정확하지 않다. 왜냐하면 그것은 아무래도 자력으로 걸어나와 모습을 드러낸 것은 아닌 듯싶기 때문이다. 한편으로 나는 이 부인에 대한 수많은 작은 기억에 도움을 구하고 있었지만(이를테면 '가만있자, 이 부인은 수브레 부인의 친구이고, 빅토르 위고에 대해 심한 공포와 전율이 섞인 참으로 소박한 존경심을 품고 있었지' 하는 식으로, 끊임없이 자신에게 들려주었지만), 나와 그녀의 이름 사이에 오가는 그러한 다양한 기억도 그 이름을 떠올리게 하는 데는 전혀 도움이 되지 않았던 것 같다. 하나의 이름을 찾아내고자 할 때, 기억 속에서는 대대적인 '숨바꼭질'이 연출되는데, 거기서는 조금씩 단계를 밟아 다가가는 일은 있을 수 없다. 처음에는 아무것도 보이지 않는다. 그러다가 갑자기 뚜렷한 이름이 나타나지만, 그것은 짐작했던 것과 매우 다르다. 그 이름이 스스로 우리에게 온 것은 아니다. 아니, 오히려 우리는 살아가는 동안 이름을 또렷하게 구별할 수 있는 지대에서 멀어지는 셈이다. 하지만 의지와 주의력을 발휘하여 내면을 들여다보는 눈을 갈고닦는 동안, 나는 갑자기 희미한 어둠을 뚫고 똑똑히 볼 수 있게 되었다. 어쨌든 망각과 회상 사이에 이행의 여러 단계가 있다 해도 그것은 무의식적인 것이다. 왜냐하면 진짜 이름을 찾아내기까지 지나가는 이름들은 틀린 것이며, 우리를 진짜 이름에 접근시키는 것이 전혀 아니기 때문이다. 그것은 엄밀하게 말하면 이름이 아니라 대부분의 경우 단순한 자음의 집합이며, 더욱이 발견된 이름 속에는 들어 있지 않은 자음이다. 하기는 아무것도 존재하지 않는 상태에서 현실로 옮겨가는 정신의 이 작용은 참으로 신비로운 것이어서, 이러한 잘못된 자음도 결국은 우리를 정확한 이름에 가서 매달리게 하기 위해, 미리 서투르게 내밀어진 구출용 장대였을지도 모른다.

독자는 이렇게 말할 것이다. "그런 말을 아무리 늘어놓아도 이 부인이 친절하지 않다는 사정은 도무지 이해할 수가 없군. 하지만 작가 양반, 당신이 여기서 이토록 오래 멈춰 서 있다면, 나도 딱 1분만 더 당신에게 시간을 주어 이렇게 말하고 싶네. 당신처럼 젊은 나이에(또는 만약 그게 당신이 아니라면, 당신의 주인공처럼 젊은 나이에) 벌써 기억력이 나빠져서 잘 아는 부인의 이름도 생각나지 않다니 정말 안됐군." 독자들이여, 이건 정말 딱한 일이오. 그뿐 아니라 당신들이 생각하는 것 이상으로 슬픈 일이오. 이것은 이름과 낱말이 사고의 명석한 곳에서 사라져 없어지는 시기를 예고하듯이 느껴지는데, 그렇게 되면 잘 알던 사람들의 이름을 부르는 것조차 영영 단념해야만 한다오. 실제로 잘 알던 이름을 찾는 데 젊어서부터 이렇게까지 고생해야 한다면 분명히 유감스럽기 짝이 없는 일일 걸세. 그러나 이러한 결함이 그다지 잘 알지 못하는 이름, 아주 자연스럽게 잊어버린 뒤 일부러 수고하여 생각해내고 싶지도 않은 이름에 한해서만 일어난다면 이점이 없는 것도 아니라네. "그건 도대체 어떤 이점인가?" 독자들이여, 그것은 오직 질병만이 건강할 때는 알 수 없는 메커니즘을 깨닫게 하고, 그것을 습득하게 하며, 또한 그것을 분석할 수 있게 한다는 사실이오. 매일 밤 침대에 나무토막처럼 쓰러져서 눈을 뜨고 일어날 때까지 죽은 듯이 자는 남자가, 수면에 대한 대발견은 물론이고, 하다못해 작은 발견이라도 하고 싶다는 생각을 한 번이라도 할까? 자신이 자고 있다는 것조차 그는 거의 모르지. 그래서 잠의 소중함을 알고 그날 밤의 어둠에 빛을 조금 비추는 데, 얼마간의 불면이 아주 쓸모없는 건 아니라네. 완벽한 기억은 기억 현상을 연구하는 데 매우 강렬한 자극은 되지 않는다네. "결국, 그 아르파종 부인은 당신을 대공에게 소개해주었나?" 그렇지는 않네. 하지만 잠자코 내 이야기에 귀를 기울여주시게나.

아르파종 부인은 수브레 부인보다 더욱 비겁했으나, 그 비겁함에 변명의 여지가 없는 것은 아니었다. 그녀는 자기가 애초에 사교계에서 거의 세력이 없다는 사실을 알고 있었다. 또 남아 있는 조금의 세력마저 게르망트 공작의 정부가 되는 바람에 더욱 약해졌다. 게다가 공작한테서 버림받은 게 결정타가 되었다. 대공에게 나를 소개해달라는 내 청에 심기가 불편해진 그녀는 입을 다물고 말았다. 순진하게도, 그렇게 하면 내 말을 듣지 못한 것처럼 보일 거라고 생각한 것이다. 그녀는 자신이 노기로 눈살을 찌푸린 것조차 깨닫지 못했다. 아니, 어쩌면 반대로 그것을 알면서도 모순에 아랑곳없이, 지나치게 무례하지 않을 정도로, 나에게 얌전히 있으라는 뜻을 침묵으로 표현한 건지도 모른다. 이를테면 무언의 교훈, 그러나 웅변에 못지않은 교훈이었다.

게다가 아르파종 부인은 매우 화가 나 있었다. 수많은 눈길이 르네상스 양식의 발코니 쪽으로 쏠려 있었는데, 그 구석에는 이 시대에 흔히 그런 장소에 장식되어 있었던 거대한 조각상 대신, 그에 못지않게 당당한 쉬르지 공작부인이 몸을 내밀고 있었기 때문이다. 그녀는 바쟁 드 게르망트의 마음속에서 아르파종 부인의 뒤를 이어 자리를 차지한 여자였다. 그 나긋나긋한 몸은 선선한 밤공기를 막아주는 가벼운 흰 명주 레이스에 싸여, 승리의 여신이 날아오르는 듯한 모습으로 보였다.

나는 정원으로 나가는 아래층 방으로 돌아간 샤를뤼스 씨에게 가서 도움을 청할 수밖에 없었다. 나는 천천히 시간을 들여(마침 그는 주위에 있는 사람을 보지 않는 것처럼 휘스트(whist)* 놀이에 열중한 척하고 있었으므로) 일부러 단순하게 보이도록 멋을 낸 연미복을 감탄하면서 바라보았다. 그 옷은 재단사만이 알아볼 수 있는 섬세한 세공 때문에, 마치 휘슬러의 흑과 백의 '하모니' 같은 느낌이 있었다. 아니, 차라리 흑과 백과 적이라고 해야 할 것이다. 왜냐하면 샤를뤼스 씨는 예복 셔츠 가슴에 폭넓은 끈으로, 몰타 기사단의 기사가 다는 흑, 백, 적의 칠보 십자가를 늘어뜨리고 있었기 때문이다. 그때 남작이 하던 놀이는 조카를 데리고 온 갈라르동 부인 때문에 멈추었다. 이 조카 쿠르부아지에 자작은 얼굴은 잘생겼으나 어딘지 건방진 데가 있는 젊은이였다. "오라버니." 갈라르동 부인이 말했다. "조카 아달베르를

---

* 트럼프 놀이의 일종.

소개할게요. 아달베르, 너 알지, 유명한 팔라메드 아저씨야. 늘 말하던."—
"안녕하세요, 갈라르동 부인." 샤를뤼스 씨가 대답했다. 그리고 나서 젊은이
쪽으로는 시선도 돌리지 않고, "안녕한가, 자네" 덧붙였는데, 그 언짢은 듯
한 얼굴과 무시하는 듯한 말투에 모두들 어안이 벙벙했다. 아마 샤를뤼스 씨
는 가르동 부인이 자신의 소행에 의심을 품고, 한 번쯤 그 빈정거리는 쾌락
에 맞서지 못한 일을 알고 있었으므로, 섣불리 조카를 친절하게 대했다가 무
슨 말을 들을지 알 수 없어서 아예 그것을 막으려 한 것일 테고, 동시에 자
신이 젊은이에 대해 관심이 없다는 것을 공공연하게 보여주고 싶었으리라.
어쩌면 숙모의 말에 대한 아달베르의 태도가 너무 무성의하다고 생각한 건
지도 모른다. 그것도 아니면, 이렇게 인상이 좋은 친척 청년과는 언젠가 친
밀해지고 싶어서, 미리 선제공격을 함으로써 유리한 위치에 서고 싶었는지
도 모른다. 마치 군주들이 외교 교섭에 들어가기 전에 군사행동으로 미리 손
을 써놓는 것처럼.

　샤를뤼스 씨는 대공에게 소개해달라는 내 청을 의외로 간단하게 승낙했다.
한편으로, 지난 20년 동안 이 돈키호테는 너무나 많은 풍차와 싸워왔다(그
상대는 대부분 자기에게 무례한 행동을 했다고 그가 우기는 친척). 그는 툭
하면 게르망트 집안의 몇몇 남자들과 여자들을 '절대로 우리집 문턱을 넘어
오게 할 수 없는 인간'으로 선고하고, 그들의 집에 초대받아서는 안 된다고
사람들에게 경고했는데, 상대는 이러다가 자신이 좋아하는 모든 사람과 사이
가 틀어지지 않을까, 흥미로운 몇몇 새 얼굴과도 죽을 때까지 교제할 수 없
는 게 아닐까 하고 걱정이 되기 시작하여, 처남인지 동서인지 사촌인지 모르
지만, 이런 남자가 시끄럽게 잔소리하면서 영문 모를 원한을 말하는 데 따랐
다가는 아내와 형제, 자식까지 버리라고 할지도 모른다고 생각했다. 게르망
트 집안의 다른 사람들보다 총명한 샤를뤼스 씨는 사람들이 이제는 그의 배
타적인 주장을 두 번에 한 번밖에 고려하지 않는다는 사실을 눈치채고 장래
를 생각하니, 언젠가는 자기가 따돌림을 당하게 되는 게 아닐까 불안해져서
불길이 번지는 것을 막는 방법을 강구하기 시작했다. 말하자면 자신의 값을
낮추기 시작한 것이다. 그뿐 아니라 그는 미운 놈에게는 몇 달이고 몇 년이
고 끈질기게 같은 꼴을 당하게 할 수 있는 능력을 가지고 있었지만—그런
상대에게 누군가가 초대장을 보내는 것은 참을 수 없을 테고, 자신에게 반대

하는 자는 어떤 신분이든 상관하지 않으며, 설령 왕비라 해도 무뢰한처럼 싸웠으리라—반면에 너무나 빈번하게 분노를 터뜨려, 결국 별 효과가 없는 단편적인 것이 될 수밖에 없었다. "바보 같으니, 고얀 놈! 뜨끔한 맛을 보여주마. 모두 하수구에 쓸어넣어 줄 테다. 마을의 위생에는 별로 좋지 않겠지만."

그는 집에 혼자 있을 때조차 편지를 읽고 무례하다고 생각하거나, 누군가가 고자질한 말이 생각나거나 하면 큰 소리로 호통을 쳤다. 그러나 다음 바보에 대해 새로운 분노가 폭발하면 앞의 분노는 사라지고 만다. 그리고 처음의 남자가 조금이라도 경의를 표시할 성싶으면, 그자 때문에 일어난 발작은 그리 오래 이어지지 않았으므로 곧 잊어버려서 증오가 쌓일 틈도 없었다. 그래서—그가 나에 대해 불쾌한 생각을 하고 있었어도—만약 내가 어리석은 생각을 일으키지만 않았더라면, 대공에게 소개해달라고 한 내 부탁은 성공했을지도 모른다. 그런데 나는 이상한 쪽으로 마음을 써서, 멋대로 여기에 끼어들었을 뿐만 아니라 그를 믿고 계속 들러붙으려고 하는 염치없는 사람으로 보이지 않도록 이런 말을 덧붙이고 말았다. "저 두 분에 대해서는 잘 알고 있습니다만. 대공부인은 무척 친절하게 대해주셨습니다."—"그래? 그렇게 잘 아는 사이라면 내가 소개할 필요도 없겠지?" 그는 냅다 그렇게 대답하더니 등을 돌려 교황 대사와 독일 대사, 그리고 또 한 사람의 낯선 인물과 함께 놀이를 다시 시작하는 척했다.

그때 정원 안쪽에서—옛날에 에귀용(Aiguillon) 공작*이 진귀한 동물을 기르던 곳—활짝 열려 있는 여러 개의 문을 통해, 수많은 우아한 치장의 냄새를 들이마시면서 그중 하나라도 놓칠세라 코를 쿵쿵대는 소리가 들려왔다. 그 소리가 다가오자, 나는 혹시나 하고 그쪽으로 나아갔는데, 갑자기 귓전에서 "안녕" 하고 속삭이는 브레테오 씨의 목소리가 들려왔다. 그것은 이 빠진 칼을 쓱쓱 갈 때의 쇳소리도 아니고, 하물며 밭을 짓밟고 다니는 새끼 멧돼지가 우는 소리도 아니었으며, 어쩌면 구세주일지도 모른다는 생각이 드는 목소리였다. 그는 수브레 부인만큼 세력이 크지는 않지만, 그녀만큼 속속들이 불친절하지 않고, 대공과는 아르파종 부인 이상으로 편안하게 얘기

---

* 루이 15세 시대의 외상(1720~82).

할 수 있는 사이였다. 그리고 게르망트 집안이라는 환경 속에서의 내 상황에 대해 환상을 품고 있을지도 모르며, 어쩌면 거꾸로 그 상황을 나보다 더 잘 알고 있을지도 모른다. 그래도 처음 몇 초 동안 나는 좀처럼 그의 주의를 끌 수가 없었다. 왜냐하면 그는 콧구멍을 벌리고 코를 움찔거리며 사방을 두리번거리면서, 마치 눈앞에 500점에 이르는 걸작이 있기라도 한 듯, 외알안경을 낀 눈을 흥미진진한 기색으로 크게 뜨고 있었기 때문이다. 하지만 내 부탁을 듣자 그는 기꺼이 승낙하고 나를 대공 쪽으로 데리고 가더니, 마치 맛있는 비스킷이라도 권하면서 접시를 내밀듯이 의례적이고 속된 말을 거창하게 늘어놓으며 그럴듯하게 나를 소개했다. 게르망트 공작의 대응이, 마음이 내킬 때는 참으로 친절하고, 정말 친구 사이처럼 마음을 기울인 허물없는 것인데 비해, 대공의 태도는 딱딱하고 엄숙한 데다 거만하게 보였다. 그는 거의 웃지도 않고 장중한 말투로 나를 '므시외(monsieur)'라고 불렀다. 그때까지 나는 공작의 입을 통해 사촌형의 거만함을 비웃는 말을 자주 듣고 있었다. 그러나 대공이 내게 말한 첫 몇 마디가 너무나 차갑고 진지하며, 바쟁의 말투와는 정반대인 것을 본 순간, 나는 당장 이해했다. 마음속으로 남을 경멸하고 있는 사람은 첫 번째 방문부터 '대등하게' 말하는 공작 쪽이고, 두 사촌 가운데 정말로 소박한 사람은 대공 쪽이라는 것을. 나는 그의 신중함 속에 더욱 위대한 감정을 보았다. 그것을 평등의 감정이라고는 말하지 않겠다. 왜냐하면 평등은 그에게는 생각할 수 없는 것일 테니까. 하지만 적어도 그것은 아랫사람에게 표시할 수 있는 경의는 될 수 있다. 마치 분명하게 계급화된 모든 환경, 이를테면 재판소나 대학 같은 곳에서 볼 수 있는 것으로, 그곳에서는 자신의 높은 직무를 의식하고 있는 검찰총장이나 '학장'이라는 사람들이, 사실은 꾸밈없고 솔직한 인품이면서도 그것을 겉으로 나타내려 하지 않는다. 그리고 깊이 사귀면 사귈수록 소탈한 교제를 가장하는 현대적인 사람들보다 오히려 전통적인 거만함을 지닌 그들이 훨씬 더 선의와 진정한 솔직함, 성의 등을 지니고 있음을 알 수 있다. "당신은 아버님의 직업을 이어받을 생각입니까?" 그는 서먹서먹한 태도로, 그러나 관심을 나타내면서 물었다. 나는 인사치레로 그렇게 물을 뿐이라는 걸 알고 있으므로 짧막하게 대답하고, 대공이 새롭게 도착한 다른 손님을 접대할 수 있도록 그 자리를 떠났다.

나는 스완의 모습을 보고 말을 건네고 싶었으나, 바로 그때 게르망트 대공이 자신이 있는 장소에서 이 오데트 남편의 인사를 받는 대신, 마치 빨펌프로 빨아들이듯이 그를 정원 안으로 이끌고 갔다. 몇몇 사람은 나에게 말했다. "저건 내쫓으려는 겁니다."

사교계에 들어와 어찌나 정신이 없었던지, 나는 그날 밤새도록 체코의 오케스트라가 연주하고 있었던 것과, 뱅골 불꽃을 쉬지 않고 쏘아 올렸다는 것을 다음다음 날 신문기사에서 처음으로 알았을 정도였다. 내가 어느 정도 주의력을 되찾은 것은, 유명한 위베르 로베르의 분수를 구경하러 가야겠다고 생각했을 때였다.

분수만 외따로 떨어져서 설계되어 있는 공터는 아름다운 숲 사이에 있었는데, 나무 몇 그루는 분수와 마찬가지로 오래된 것이었다. 멀리서 바라보는 늘씬한 분수는 튼튼하여 꿈쩍도 하지 않는 것처럼 보였고, 창백하게 떨면서 깃털 장식처럼 솟아오른 물이 다시 떨어져내리는 모습은 가볍게 미풍에 흔들리고 있는 것만 같았다. 18세기에는 분수가 그리는 우아한 궤적을 더욱 순화했지만, 분출하는 형태를 붙박아 놓아서 그 생명을 멈추게 한 듯한 느낌도 있었다. 분수는 이렇게 떨어진 곳에서 바라보면, 물이라기보다 예술작품 같은 인상을 준다. 언제나 꼭대기에 걸려 있는 습기를 머금은 구름도 베르사유 궁전을 에워싸며 상공에 모이는 구름처럼, 그 시대의 특징을 계속 지니고 있다. 그러나 가까이 다가가서 보면, 옛 궁전을 이루는 돌처럼 미리 그려진 도면을 존중하면서도, 물은 끊임없이 새롭게 솟아올라 건축가가 내린 옛 명령에 따르지만, 바로 그 명령을 어기는 형태로 명령을 수행하고 있음을 알 수 있다. 사방으로 흩어지는 무수한 물방울은 다만 멀리서 보았을 때만, 한 줄기 물이 솟아나고 있다는 인상을 줄 수 있기 때문이다. 사실 이 분수는 멀리서 보면 끊어지지 않고 굵게 이어져서 움직이지 않는 것 같지만, 떨어져내리는 물보라와 마찬가지로 끊임없이 멈춰지고 있었다. 좀더 다가가면, 얼핏 완전히 선처럼 보였던 그 연속도 상승이 끊어질 듯한 모든 높이에서, 그것과 평행하는 분수가 선 안에 들어가서 옆에서 그것을 이어받아 위로 밀어올리고 있음을 알 수 있다. 두 번째 분수는 처음의 것보다 높이 올라가는데, 더욱 위쪽에서 이 두 번째 분수가 힘에 부치는 데까지 다다르면, 세 번째 분수에 넘겨진다. 다가가면 물기둥에서 힘없는 물방울이 넘쳐 떨어지고, 그것은 도중에 올라가는 자매들과 엇갈려서 때로는 산산이 부서진 뒤, 쉬지 않고 솟아나는 물에 의해 뒤흔들려 어지러워진 공기의 소용돌이에 휩쓸려 공중에 떠오른 뒤 못 속으로 무너져내렸다. 이러한 물방울은 높이 솟아오른 분수를 저주하면서 반대 방향으로 떨어지는 것으로 맞서며, 꼿꼿하게 서 있는 물기둥을 아스라한 수증기로 흐려놓았다. 위쪽에는 무수한 작은 물방울이 가늘고 긴 구름이 되어 걸려 있어, 언뜻 보기에 변하지 않을 성싶은 금갈색으로 채색되어 있는 것 같은데, 꼼짝도 하지 않는 튼실한 구름이라고 생각한 순간, 쑥쑥 위로 뻗어가서 하늘의 구름과 합쳐졌다. 바로 그때 공교롭게 바람이 불기라도 하면, 그 구름은 비스듬하게 땅 위로 다시 불려오고 만다. 때로는 제멋대로 노는 한 줄기 물이 다른 방향으로 튀어나가는 일도 있다. 그럴 때 너무 가까운 곳에서 바라보고 있던 조심성 없는 군중은, 틀림없이 뼛속까지 흠뻑 젖어버리고 말리라.

그런 보잘것없는 사건은 바람이 불 때 말고는 거의 일어나지 않는데, 우연하게도 아주 불쾌한 결과를 일으키는 그런 일이 이곳에서 일어났다. 아르파종 부인은 사람들 이야기를 듣고, 게르망트 공작이 쉬르지 공작부인과 함께 장밋빛 대리석 회랑에 있다고 믿었는데—사실 공작은 아직 도착하지 않았다—그 회랑은 분수 경계석에서 시작되어 내부를 지나갈 수 있는 두 줄기둥을 통해 다가가게 되어 있었다. 그런데 아르파종 부인이 그 줄기둥 하나를 지나갔을 때, 느닷없이 따뜻한 바람이 강하게 불어와 분수를 휘게 했고, 그것이 이 아름다운 부인 위로 쏟아지는 바람에 가슴팍이 드러난 드레스 속으로 물이 들어가, 그녀는 마치 욕조에 빠진 생쥐 꼴이 되었다. 그러자 그녀에게서 멀지 않은 곳에서 짐승이 울부짖는 듯한 목소리가 박자를 맞춰 울려 퍼졌는데, 그것이 전군(全軍)에 들릴 정도로 큰 목소리인 데다 중간 중간 끊어지면서 오래 이어졌으므로, 마치 군 전체가 아니라 각 부대를 향해 차례차례 말을 걸고 있는 것처럼 들렸다. 목소리의 주인공은 블라디미르 대공작으로, 물벼락을 맞은 아르파종 부인을 보고서 배를 잡고 웃었던 것이다. 그것은 한평생 목격한 일 가운데 가장 재미있는 사건의 하나였다고, 그는 뒷날까지 즐겨 말하곤 했다. 배려심이 있는 몇몇 사람들이 이 모스크바 출신 대공작에게, 저 부인에게 하다못해 위로의 말이라도 한마디 하는 게 옳지 않느냐, 그러면 틀림없이 부인이 기뻐할 거라고 충고했다. 40대가 넘은 그 부인은 누구에게도 도움을 청하지 않고 자기 스카프로 몸을 닦으면서, 연못 가장자리를 심술궂게 적시고 있는 물에서 몸을 피하려 하고 있었다. 그러자 마음씨 착한 대공작은 그래야겠다고 생각했는지, 군대처럼 울리던 마지막 웃음소리가 잦아들자, 이번에는 아까보다 더 크게 외치는 소리가 모두의 귀에 들어왔다. "브라보, 할망구!" 그는 마치 극장에서 하듯이 손뼉을 치면서 소리를 질렀다. 아르파종 부인은 젊음을 제물로 삼아 기민함을 칭찬하는 소리를 들어도 전혀 달가워하지 않았다. 그래서 귀가 멍멍하도록 시끄러운 분수 소리에도, 그보다 더 크게 울려 퍼지는 대공작 전하의 우레 같은 목소리를 들은 사람이 "대공작 전하께서 부인에게 무슨 말씀을 했나 본데요" 말하자 그녀는 이렇게 응수했다. "그럴 리가요! 수브레 부인한테 했겠지요."

나는 정원을 가로질러 계단에 다시 올라갔는데, 거기에는 대공이 스완과 함께 옆으로 사라지고 없었으므로 손님들은 샤를뤼스 씨에게 모여들고 있었다. 마치 루이 14세가 베르사유 궁전을 비웠을 때, 그 동생에게 수많은 사람이 모여든 것처럼. 지나가는 나를 샤를뤼스 남작이 불러 세웠을 때, 마침 내 뒤에서 두 부인과 한 젊은이가 남작에게 인사하기 위해 다가오고 있었다.

"여기서 만나다니! 잘 왔소." 그가 나에게 손을 내밀면서 말했다. "안녕하세요, 트레모유 부인, 안녕, 에르미니." 아마 그는 게르망트 저택에서 자기가 우두머리 역할을 하고 있다며 나에게 말한 일을 떠올리고, 그 때문에, 마음에 들지 않는데도 자신의 힘으로 제압할 수 없는 경우에는 그것에 만족하고 있는 것처럼 보이고 싶었으리라. 그 만족감은 대귀족 특유의 오만함과 히스테리 환자 같은 명랑함에 의해 이내 극단적인 빈정거림으로 변했다. "반갑네." 그는 말을 이었다. "아니, 아주 이상한 얘기란 말이야." 그리고 그는 폭소를 터뜨렸는데, 그것은 기쁨을 나타내는 동시에 인간의 언어는 그 기쁨을 나타내는 데 무력하다는 점을 보여주는 것 같기도 했다. 게다가 그동안, 몇몇 손님들은 샤를뤼스 씨가 쉽게 다가갈 수 없는 사람이며, 또한 사람을 사람으로 여기지 않는 '독설'의 명수임을 알고, 호기심에서 다가와서는 체면에 아랑곳없이 한달음에 달아나는 것이었다. "자, 너무 기분 나빠하지 말게." 그는 친절하게 내 어깨를 만지면서 말했다. "알다시피 난 자네를 아주 좋아하니까. 여어, 안녕하시오, 안티오슈. 안녕, 루이 르네. 분수를 구경하셨나?" 그가 물었는데, 그것은 묻는다기보다 단정하는 투였다. "그거 무척 아름답지, 안 그래? 정말 훌륭해. 물론 몇 군데를 없애면 더 좋겠지만. 그러면 프랑스에서 그 분수와 겨룰 만한 건 하나도 없을 거야. 허나 지금 이 대로도 가장 멋있는 분수로 손꼽히지. 브레오테는 거기에 조명 램프를 단 건 잘못이라고 말하겠지만, 그건 그런 어리석은 생각을 한 게 그 자신이라는 걸 잊게 하려는 수작이란 말이야. 하지만 결국 그도 분수를 보기 흉하게 만드는 데 그리 성공하지 못했어. 하나의 걸작을 창조하는 것보다 그것을 흉측하게 만드는 쪽이 더 어려운 법이거든. 게다가 우리도 어렴풋이 짐작하고 있었지만, 브레오테의 힘은 도저히 위베르 로베르에 미치지 못한단 말씀이야."

　나는 다시 저택 안으로 들어가는 손님들 줄에 끼어들었다. "당신은 나의 예쁜 동서인 오리안을 오랫동안 만나지 못했나요?" 게르망트 대공부인이 나에게 물었다. 그녀는 방금 출입구 안락의자에서 일어선 참으로, 나는 그 대공부인과 함께 살롱으로 돌아갔다. "오늘 밤엔 올 거예요. 오늘 오후에 만났거든요." 이 집 안주인이 덧붙였다. "오겠다고 약속했어요. 그런데 분명히 당신은 우리 둘과 함께 이탈리아 왕비님 만찬회에 참석할 예정이죠? 목요일 대사관에서. 틀림없이 모든 전하가 오실 거예요. 완전히 무시무시할 정도로." 그 전하들이 게르망트 대공부인을 무시무시하게 만드는 건 결코 있을 수 없는 일이었다. 그녀의 살롱은 그런 전하들로 가득했고, 게다가 그녀는 마치 '나의 작은 강아지들'이라고 말하는 듯한 투로, '나의 작센 코부르크 (Sachsen Cobeurg) *¹의 작은 공자들'이라고 부르고 있었기 때문이다. 그러므로 게르망트 대공부인이 '무시무시할 정도'라고 말한 건 단순한 농담이며, 그런 농담은 사교계 사람들의 경우, 허영심보다 훨씬 효과적이다. 그녀는 자기 자신의 가계에 대해 역사학 교수자격자만큼의 지식도 가지고 있지 않았다. 그래도 자신의 교제에 대해서는, 그 사람들에게 붙여진 별명을 알고 있음을 즐겨 과시하고 싶어했다. 그래서 흔히 '라폼(la Pomme)'*²으로 불리는 라 포물리에르 후작부인 댁의 다음 주 만찬에 갈 거냐고 나에게 물어보고는 내가 못 간다고 대답하자, 그녀는 몇 초 동안 입을 다문 뒤, 자기도 모르게 몸에 배어버린 박식한 척하는 습관이나, 진부한 일이나 세상 사람들의 생각에 따르고 있음을 보여주고 싶은 것 말고는 뚜렷한 이유도 없이 이렇게 덧붙

---

*1 독일의 공국 이름.

*2 사과.

였다. "그분은 꽤 인상이 좋은 여성이죠, 라폼 님 말이에요!"

대공부인이 나하고 잡담을 나누는 동안, 마침 게르망트 공작 부부가 들어왔다. 그러나 나는 그대로 그들 앞에 갈 수가 없었다. 도중에 터키 대사부인한테 덥석 붙잡히고 말았는데, 대사부인은 내 팔을 꼭 붙들고 방금 나와 헤어진 이 집 마님을 가리키면서 외쳤다. "아! 얼마나 멋진 분인지 몰라요, 대공부인 말이에요! 누구보다 뛰어난 분이시죠! 만일 내가 남자라면." 그녀는 조금 동양적인 천박함과 관능을 담아 덧붙였다. "저 순결한 여성에게 일생을 바치고 싶은 기분이 들어요." 나는, 물론 대공부인은 매력적이지만 나자신은 그분의 동서인 공작부인 쪽을 더 잘 알고 있다고 대답했다. "하지만 그 두 분은 전혀 달라요." 대사부인이 나에게 말했다. "오리안은 사교계 여성으로서 매력 있는 분이지만 그분의 재치는 메메나 바발에게서 빌려온 거죠. 그렇지만 마리 질베르는 독립적인 대단한 인물이에요."

나는 이런 식으로, 내가 알고 있는 사람들에 대해 생각해야 할 것을 타인으로부터 강요받는 일은 아무래도 좋아할 수가 없다. 또 터키 대사부인이 게르망트 공작부인의 가치에 대해 나보다 더 정확한 판단을 내릴 수 있다고 할이유 또한 하나도 없었다. 한편, 터키 대사부인이 내 비위에 거슬린 까닭은단순히 아는 사람이나 친한 친구라도 그들의 결점은 틀림없는 독이 되기 때문인데, 다행히 우리는 그것에 대해 '면역'이 되어 있다. 여기서 과학적인비교 자료를 꺼낼 마음은 전혀 없으며, 과민성에 대해 얘기할 생각도 없지만, 우리의 교우 관계와 순수하게 사교적인 교제 속에는 어떠한 적의가 있어서 잠시 괜찮은 듯하다가도 다시 발작적으로 도지는 법이다. 보통 상대가'자연 그대로 있는' 동안은 좀처럼 그런 독에 중독되지 않는다. 터키 대사부인은 그녀와 그리 잘 아는 사이도 아닌 이들을 '바발'이니 '메메'니 하고 부름으로써, 평소에 그녀에 대해 그럭저럭 참을 수 있게 해주던 그 '면역'작용을 멈추게 하고 말았다. 그녀는 나를 불쾌하게 했다. 물론 그녀는 자신이'메메'와 절친한 것처럼 보이려고 그렇게 나타낸 게 아니라, 갑자기 주입된지식 때문에 귀족을 그런 식으로 부르는 것이 이 나라의 관습인 줄 알고 그런 것이므로, 그만큼 내가 화내는 것은 부당한 일이었다. 그녀는 몇 달 동안주입식으로 공부했고, 순서를 밟아 지식을 쌓은 게 아니었다.

나는 대사부인 옆에 있으면서 느끼는 불쾌감에 대해 곰곰이 생각하다가 거기서 또 하나의 이유를 찾아냈다. 얼마 전에 '오리안'의 집에서 바로 이 외교관 부인이 나에게, 너무나 잘 안다는 듯한 진지한 얼굴로 게르망트 대공 부인이 괜스레 마음에 들지 않는다고 말한 적이 있었다. 나는 그런 갑작스런 마음의 변화에 대해서는 신경 쓰지 않기로 했다. 오늘 저녁 모임에 초대받은 일이 그러한 변화를 일으켰기 때문이다. 게르망트 대공부인은 정말 훌륭한 분이라고 나에게 말했을 때, 대사부인은 완전히 진심이었다. 그녀는 줄곧 그렇게 생각하고 있었던 것이다. 그러나 지금까지 대공부인의 집에 한 번도 초대받은 적이 없어서, 그녀는 이런 종류의 초대 누락에 대해서는 원칙적으로 의사표시를 삼가야 한다고 생각했다. 그녀가 이제는 초대받았고, 앞으로도 아마 계속 초대받을 것 같자, 그녀의 호의는 자유롭게 표현되었다. 우리가 타인에 대해 품는 견해의 4분의 3까지는, 그것을 설명하는 데 사랑의 원한 이나 정권에 대한 불만 따위는 언급할 필요도 없다. 사람의 판단은 애매한 것이어서, 다만 초대를 받았는가 받지 못했는가로 결정된다. 게다가 나와 함께 손님방에서 손님방으로 돌아다닌 게르망트 공작부인도 말했듯이, 터키 대사부인은 '상당히 호감이 가는' 사람이었다. 무엇보다도 무척 유용한 사람이었다. 사교계의 진짜 스타들은 이제 사교계에 나오는 것을 귀찮아한다. 그래서 그런 스타를 한번 만나고 싶은 사람은 가끔 지구 반대쪽으로 가야만 한다. 그곳에서는 스타들이 거의 혼자 틀어박혀 있다. 그런데 오스만 제국의 대사부인처럼 극히 최근에 사교계에 등장한 여성들은, 말하자면 곳곳에서 동시에 반짝이고 싶어한다. 그래서 그녀들은 야회니 대야회니 하는 이런 모임에는 유용한 사람이며, 거기에 빠지기는커녕 거의 죽을 지경에 이르렀을 때 또한 끌려서라도 가고 싶어하는 사람들이다. 그녀들은 언제라도 참석이 보장되는 단역으로, 어떤 모임에도 절대로 빠지지 않을 만큼 열성적이다. 그래서 어리석은 젊은이들은 그녀들이 가짜 스타라는 것을 모르고 그야말로 세련된 여왕들이라고 믿는데, 그런 젊은이들에게 그들이 알지도 못하는 여성, 사교계에서 멀리 떨어져 쿠션만 만들고 있는 스탕디슈 부인이 어떤 이유에서 두도빌 공작부인 같은 귀부인으로 대접받는지에 대해 설명하기 위해서는 한바탕 강의가 필요하리라.

일상생활에서 게르망트 공작부인의 눈은 방심한 듯 조금 침울했다. 그녀는 누구든 친구에게 인사를 해야 할 때면 그때마다 그 눈을 기지의 불꽃으로 반짝거렸는데, 그것은 전적으로 상대인 친구가 뭔가 재치 있는 말이나 마음을 끄는 명문구, 또는 요리에 까다로운 사람을 대접하는 음식 등으로, 그것을 맛본 전문가의 얼굴에 섬세함과 기쁨에 찬 표정을 떠올리게 한 것과 같았다. 그러나 대규모 야회에서는 너무나 많은 사람과 인사를 해야 하므로, 그때마다 그 눈의 등불을 끄면 그야말로 지치게 될 것 같아서 그녀는 포기하고 있었다. 문학 애호가가 무대연극의 거장이 발표한 신작을 보러 극장에 갈 때, 여자 안내원에게 옷가지를 넘겨주면서, 벌써 총명한 미소를 짓기 위해 입술을 가다듬고, 놀리는 듯한 칭찬을 나타내려고 눈을 생생하게 빛내며, 결코 지루한 하룻밤을 보낼 리가 없다는 확신을 나타내듯이, 공작부인은 그 자리에 도착하자마자 야회 동안 내내 밝히고 있을 등불을 켜는 것이다. 그리고 눈이 번쩍 뜨이는 티에폴로(Tiepolo)*¹풍의 빨간 야회용 외투를 건넬 때, 오리안은 문자 그대로 목줄처럼 그녀의 목을 감고 있는 루비 목걸이를 보여주면서, 자신의 드레스에 사교계 부인 특유의, 마치 재단사처럼 재빠르고 면밀하며 빈틈없는 마지막 눈길을 던진 뒤, 그녀의 몸을 꾸민 보석과 마찬가지로 자신의 눈도 반짝반짝 빛나고 있음을 확인했다.

주빌 씨를 비롯한 몇몇 '수다쟁이들'은 공작이 있는 곳으로 뛰어와서 이렇게 말하며 그가 살롱에 들어가는 것을 막으려고 했으나 헛수고였다. "아니, 모르신단 말입니까, 가엾게도 마마*²께서 위독하시답니다. 방금 병자 성사를 받았다는군요."—"알아, 알아." 게르망트 공작은 그렇게 대꾸하면서 훼방꾼을 제치고 살롱에 들어가려 했다. "임종 때의 성체는 유감없이 효험을 발휘했지." 그는 게르망트 대공의 야회 뒤, 무슨 일이 있어도 참석하기로 결심한 파티를 생각하고 즐거운 미소를 지으면서 그렇게 덧붙였다. "우리가 파리로 돌아오지 않은 걸 알리고 싶지 않았는데 말이에요." 공작부인이 나에게 말했다. 나는 미리 대공부인한테서 이 사촌동서를 잠시 만나 오늘 저녁에 오겠다는 약속을 받았다는 말을 들었으므로 이런 변명은 통할 리가 없었지만, 공작부인은 그럴 줄은 꿈에도 모르고 있었다. 공작은 5분이나 아내를 지긋이 노려봄으로써 그녀를 성가시게 한 뒤, 나에게 이렇게 말했다. "자네가 느꼈던 의혹을 오리안에게 전해두었네." 이제 그 의심은 근거가 없고, 그것을 풀기

---

*1 이탈리아 베네치아파의 대표적 장식화가(1696~1770).
*2 게르망트 공작의 사촌. 아마니앙 도스몽의 애칭.

위해 수고할 필요가 조금도 없다는 것이 드러났으므로, 그녀는 그런 의심을 하는 건 어리석다면서 나를 실컷 놀려댔다. "당신을 초대하지 않다니, 어떻게 그런 생각을 했죠? 언제나 초대받는 분이, 게다가 내가 있는데요! 내가 사촌동서 집에서 당신을 초대하게 하지 못할 줄 아셨어요?"

그 뒤 그녀가 가끔 나를 위해 이보다 훨씬 더 곤란한 일을 해준 것은 말해 두어야겠다. 그래도 나는 그녀의 말을 내가 너무 내성적이라는 뜻으로 해석하지는 않았다. 귀족들이 호의를 표시하는 말과 입 밖에 내는 말 또는 무언의 말이 지닌 정확한 가치를 알기 시작했다. 귀족의 호의란 그것이 상대방의 열등의식을 위로하는 데서 기쁨을 느끼는 것이지만 그 열등의식을 해소해주지는 않는다. 그렇게 되면 이미 호의는 존재할 이유가 없어지기 때문이다. "하지만 당신은 우리와 비슷합니다. 우리보다 뛰어나지는 않을지도 모르지만." 게르망트 부부는 그 모든 행동으로 말하고 있는 것처럼 보였다. 그들은 또 그것을 생각할 수 있는 한 가장 친절한 투로 말한다. 그것은 자신들이 남에게 호감을 사고 칭찬을 받기 위해서이지, 그 말을 그대로 믿어주기를 바라서가 아니다. 이 호의가 가진 허구의 성격을 분간하는 것, 그것이 바로 그들이 교육을 잘 받았다고 일컬어지는 점이었다. 한편 이 친절을 그대로 진실이라 생각하는 것은 교육을 잘 받지 못한 것이다. 더욱이 나는 그로부터 얼마안 되어 하나의 교훈을 얻었는데, 그것은 나에게 귀족의 친절이 지니고 있는 어떤 형태의 폭과 한계를 더할 나위 없이 완벽하고 정확하게 가르쳐주었다. 그것은 몽모라시 공작부인이 영국 여왕을 위해 연 어떤 오찬회에서였다. 뷔페 형식의 테이블을 향해 짧은 행렬이 생겼고, 그 맨 앞에 게르망트 공작에게 팔을 잡힌 왕비가 나아가고 있었다. 내가 도착한 것은 바로 그때였다. 공작은 비어 있는 손으로 적어도 40미터는 떨어져 있는 곳에서 나에게 몇 번이나 우정의 신호를 보내왔는데, 그것은 마치 무서워하지 말고 가까이 오게, 샌드위치 대신 머리부터 덥석 잡아먹진 않을 테니까, 하고 말하는 듯했다. 그러나 나는 궁정 언어에 점점 익숙해지고 있었으므로, 한 걸음이라도 다가가기는커녕 40미터 떨어진 그곳에서 그저 잘 알지 못하는 사람 앞에서 하듯이, 미소도 짓지 않고 깊이 고개를 숙인 뒤 곧장 반대 방향으로 걸어갔다. 내가 아무리 걸작을 썼다 해도, 게르망트 부부는 이 인사에 대해서만큼 칭찬하지는 않았으리라. 그날 공작은 5백 명이 넘는 사람들의 인사에 응해야만 했는데, 그래도 내 인사는 그의 눈에 띌 수밖에 없었다. 뿐만 아니라 그것은 공작부인의 눈에도 띄어, 그녀는 내 어머니를 만났을 때, 내가 잘못했다거나 가까이 다가갔어야 했다는 말은 한마디도 하지 않고, 그것을 어머니에게 얘기하면서 자신의 남편이 인사하는 내 태도를 보고 완전히 감탄했으며, 그 이상 많은 말을 인사에 담는 것은 불가능하다고 말했다. 그리하여 사람들은 이 인사의 다양한 장점을 늘어놓았는데, 가장 귀중하다고 생각한 장점, 즉 이 인사가 조심성 있는 것이었다는 사실은 전혀 언급되지 않았다. 사람들은 계속 나를 칭찬했지만, 나는 그러한 찬사가 과거 일에 대한 보상이 아니라 미래를 위한 지적임을 이해했다. 마치 어느 학교의 교장이 학생들에게 교묘히 지시하는 것과 같다. "잊지 마세요, 친애하는 여러분. 이 상은 여러분보다 여러분의 부모님을 위해 드리는 것입니다. 내년에도 부모님이 여러분을 이 학교에 보내주시도록." 그런 식으로 마르상트 부인은 다른 사교계의 누군가가 그녀의 교제에 끼어들면, 그 앞에서 조심성이 많은 사람들을 칭찬했다. "그분들은 부르러 가면 언제나 계시지만, 그렇지 않을 때는 사람 눈을 피하고 계시는 거랍니다." 그것은 바로 불쾌한 냄새가 나는 하인에게 간접적으로 목욕을 하는 게 건강에 최고라는 말로 경고하는 것과 같다.

아직 현관홀에 있던 게르망트 공작부인과 내가 얘기하고 있는데, 이색적인 목소리, 앞으로 결코 잘못 들을 일이 없을 듯한 목소리가 들려왔다. 그것은 다름 아닌, 샤를뤼스 씨와 얘기하고 있는 보구베르 씨의 목소리였다. 임상의는 진찰 중인 환자의 셔츠를 걷어 올릴 필요도 없고, 그 숨소리를 들을 필요도 없다. 오직 목소리만으로 충분하다. 나중에 나는 어느 살롱에서 이러저러한 남자 목소리의 억양과 웃음에 몇 번이나 놀랐는지! 그래도 그 남자는 자신과 같은 직업의 사람이 쓰는 말과 자기 주변 사람들의 태도를 그대로 흉내내면서, 엄격한 기품을 가장하거나 허물없고 탁 트인 인물처럼 행동했는데, 그 지어낸 듯한 목소리를 듣기만 해도 조율사의 소리굽쇠처럼 잘 훈련된 내 귀는 당장 '여기에 또 한 사람의 샤를뤼스 씨가 있다'는 것을 알 수 있었다! 바로 그때, 어느 대사관의 직원들이 지나가다가 샤를뤼스 씨에게 인사를 했다. 나는 그날(샤를뤼스 씨와 쥐피앙을 보았을 때)에서야 가까스로 그 문제의 질병을 찾아냈지만, 진단을 내리는 데는 상태를 물어볼 필요도 청진기를 갖다댈 일도 없었다.

그러나 샤를뤼스 씨와 얘기하고 있던 보구베르 씨는 확실하게 알지 못한 성싶다. 하기야 그도, 젊었을 때의 의심은 이미 졸업하고 이제는 사정을 이해할 수도 있었을 것이다. 성도착자는 처음에 자기 같은 사람은 세상에 단한 사람뿐일 거라고 믿는다. 나중에야 겨우 그는—이 또한 극단적인 망상이지만—유일한 예외는 정상적인 인간이라고 생각하게 된다. 야심가이지만 소심한 보구베르 씨는 이미 오랫동안, 그에게 쾌락을 주었을 것에 몸을 맡기지 않았다. 외교관 경력이 그의 삶에 수도회 생활과 같은 효과를 주고 있었다. 법과대학에 열심히 다닌 것과 관련하여, 외교관직은 스무 살 때부터 내내 그를 그리스도교적인 순결에 얽어매고 말았다. 인간의 감각은 하나하나 쓰이지 않으면 그 힘과 활성을 잃고 위축되어가는데, 마찬가지로 보구베르 씨는 문명인이 이미 동굴 속에 살던 때처럼 힘을 행사하지도 예민한 청각을 가질 수도 없게 되듯이 특수한 통찰력을 잃어버렸다—그것은 샤를뤼스 씨의 경우, 거의 실수하지 않는 능력이었다. 그리하여 파리에서든 외국에서든, 특명전권공사 보구베르 씨는 공식 연회 테이블에서 제복으로 위장한 가운데, 실은 그와 같은 부류인 사람들을 더 이상 알아보지 못했다. 한편 샤를뤼스 씨는 만약 남이 그와 같은 성적 기호를 가진 자로서 자기 이름을 들먹이면 격분하지만, 남의 일에서는 언제나 그것을 떠벌리며 재미있어했는데, 샤를뤼스 씨가 입에 올린 몇몇 이름들은 보구베르 씨에게 즐거운 놀라움을 안겨주었다. 그렇다고, 이렇게 오랜 세월이 지난 뒤에 뭔가 행운을 이용할 수 있을 거라고 생각한 것은 아니었다. 그게 아니라, 라신의 비극 속에서 아탈리와 아브넬에게 조아스가 다윗의 종족에 속해 있음을 폭로하듯이, 또 '주홍빛 옥좌에 앉아 있는' 에스테르*가 실은 '유대인' 부모를 두었음을 밝히듯이, 이 난데없는 폭로는 X공사관이나 외무성 어느 국의 양상을 변화시켜, 나중에 생각해도 그러한 관저는 마치 예루살렘의 사원이나 고대 페르시아의 수도 수사의 왕실처럼 신비롭게 보였다. 젊은 관리들이 모두 다가와서 샤를뤼스 씨와 악수를 하고 간 그 대사관에 대해 보구베르 씨는 에스테르 속에서 다음과 같이 소리친 엘리즈처럼 그야말로 경탄한 기색이었다.

---

* 라신의 희곡 〈에스테르〉의 주인공.

아아! 내 눈 앞에 그토록 수없이 무리지어
사방에서 나타나는 티 없이 아름다운 아가씨들이여!
그 얼굴에 어린 사랑스러운 수줍음이여! *¹

이어서 더욱 '정보를 얻고' 싶어진 보구베르 씨는 엷은 웃음을 지으면서
탐색하듯이 질문하는 얼빠진 시선을 샤를뤼스 씨에게 보냈다. "그렇지 않
소? 다 아는 사실 아닌가요?" 샤를뤼스 씨는 무지한 남자를 깨우치는 대학
자 같은 표정으로 말했다. 그러자 그때부터 보구베르 씨는(샤를뤼스 씨를
몹시 짜증나게) 그 젊은 서기관들한테서 눈을 떼지 않았다. 그들은 이름난
상습범인 프랑스 주재 X국 대사가 엄선한 자들이었다. 보구베르 씨는 입을
다물고 말았다. 나는 오직 그의 눈매만을 보고 있었다. 하지만 어릴 때부터,
이를테면 잠자코 있는 사람에게도 고전 작가의 대사를 끼워맞추는 버릇이
있던 내가 보구베르 씨의 눈에서 본 말은, 에스테르가 엘리즈를 향해, 모르
드개*²는 열렬한 신앙심에서 왕비 옆에 오직 같은 종교에 속하는 아가씨들만
두도록 배려했노라고 설명하는 시구였다.

그러나 우리 백성에 대한 백부의 사랑은
이 궁전을 시온의 딸들로 가득 채웠도다.
운명에 시달리는 어리고 연약한 꽃들,
나처럼 외국 하늘 아래 옮겨진 이 꽃들로.
속인들의 눈을 벗어난 장소에서, 백부(그 뛰어난 대사)는,
노력과 배려를 기울여 이 딸들을 키우고 있노라. *³

드디어 보구베르 씨는 눈으로 말할 뿐만 아니라 입도 열었다. "그럴까요."
그는 우울한 목소리로 말했다. "내가 머무는 나라에도 같은 일이 있지 않을
까요?"—"아마 있을걸요." 샤를뤼스 씨가 대답했다. "테오도시우스 왕을 비
롯해서, 물론 난 그분에 대해 자세히는 하나도 모르지만."—"뭐라고요? 말

---

*1 〈에스테르〉 제1막 2장.
*2 에스테르의 사촌오빠. 엘리즈는 에스테르의 시녀.
*3 〈에스테르〉 제1막 1장.

도 안 됩니다!"—"아니라면 그토록 그럴듯한 모습을 할 리가 없죠. 그리고 그분은 자질구레한 버릇이 있거든요. '응, 여보(ma chére)' 하는 식으로, 내가 가장 싫어하는 부류죠. 난 그분하곤 도저히 거리에 나설 용기가 없소. 하긴 그 사람의 정체는 당신이 나보다 더 잘 알 테지만. 하얀 늑대처럼 모든 사람에게 알려진 분이니까."—"당신은 그분에 대해 아주 잘못된 생각을 하고 있어요. 아무튼 매력적인 분이지요. 프랑스와 협정이 조인된 날, 왕은 나를 껴안았습니다. 그렇게 감격한 건 처음이었지요."—그때야말로 당신이 바라는 것을 그분에게 전할 기회였는데!"—"천만에요, 소름 끼치는 말씀, 만일 조금이라도 의심받으면 큰일 납니다! 하지만 그 점에 대해서는 걱정하지 않습니다만." 나는 바로 옆에 있었으므로 그 말들이 귀에 들어왔다. 그리고 그 말은 마음속으로 다음과 같은 시구를 암송하게 했다.

> 왕께선 이날까지 내가 누구인지 모르시도다,
> 그리고 이 비밀이 언제까지나 내 혀를 비끄러매었노라.[1]

절반은 무언, 절반은 유언으로 이루어진 이 대화는 아주 잠깐밖에 이어지지 않았다. 내가 게르망트 공작부인과 함께 살롱 안에 몇 걸음 들어섰을 때, 갈색 머리의 자그마하고 매우 아름다운 부인이 공작부인을 불러 세웠다.

"뵙고 싶었어요. 단눈치오(D'Annunzio)[2]가 박스석에서 당신을 언뜻 보고, T대공부인에게 보낸 편지에서 그토록 아름다운 분은 처음 보았다고 말했답니다. 당신과 10분만이라도 대화를 할 수 있다면 일생을 바쳐도 좋다고요. 어쨌든 그런 일은 불가능하고 또 그러고 싶지도 않다고 말씀하셔도, 그 편지는 내가 가지고 있는걸요. 그러니 만나는 날짜를 정해주셔야죠. 이 자리에서 말씀드리지 못해도 여러 가지로 비밀 이야기가 많아요." 그러더니 그녀는 내 쪽을 향해 덧붙였다. "어머나, 당신은 나를 못 알아보시나 봐요. 파름 대공부인 댁에서 당신을 뵈었는데(나는 거기에 간 적이 없었다). 러시아 황제께서는 당신 아버님이 페테르부르크에 파견되기를 바라시나 봐요. 화요일

---

*1 〈에스테르〉 제1막 1장.
*2 이탈리아의 시인이며 작가(1863~1938).

에 당신이 와주시면 마침 이스볼스키(Isvolski)*¹도 와 있을 테니 그 일에 대해 당신과 말씀하시겠죠. 그런데 당신께 드릴 선물이 있어요." 그녀는 공작부인 쪽으로 고개를 돌리면서 덧붙였다. "당신 말고는 누구에게도 드리고 싶지 않은 물건이죠. 입센이 쓴 세 희곡의 초고인데, 입센이 늙은 간호인을 통해 내게 보내 온 거랍니다. 그 가운데 하나만 내가 간직하고 나머지 둘은 당신께 드리겠어요."

게르망트 공작은 그런 선물을 좋아하지 않았다. 그는 입센이나 단눈치오가 죽었는지 살았는지 모르고서, 벌써 그런 소설가나 극작가들이 아내를 찾아오는 장면과 그녀를 그 작품에 등장시키는 장면을 떠올렸다. 사교계 사람들은 곧잘 책을 어떤 정육면체처럼 생각하는데, 그 정육면체의 한 면이 없어서 저자는 자신이 만나는 인물을 서둘러 그 정육면체 속에 '들여보낸다'는 것이다. 물론 그것은 당치도 않은 일이고, 그런 짓을 하는 작가들은 변변치 못한 위인들이다. 하기야 '지나가는 길에' 그들과 얼굴을 마주하는 것도 심심풀이는 되리라. 그들 덕분에 책이나 기사를 읽을 때 '이면'을 알 수 있고 '가면을 벗기고' 맨얼굴을 볼 수도 있기 때문이다. 아무리 그래도 가장 현명한 것은 죽은 저자하고만 관계를 맺는 일이다. 게르망트 씨는 오직 〈골루아〉지(紙)의 부고란을 담당하는 기자만을 '제대로 된 사람'으로 여기고 있었다. 적어도 이 기자만은 게르망트 공작이 누군가의 장례식에서 방명록에 이름을 써넣으면, '특히' 눈에 띄는 참석자로서 게르망트 씨의 이름을 제일 먼저 말하는 것만으로 만족했다. 공작이 자기 이름을 신문에 내고 싶지 않을 때는, 장례식에 가서 서명하는 대신 고인의 유족에게 애도의 글을 보내 자신의 슬픔을 전했다. 만약 그 가족이 신문에 '보내 주신 조의문 가운데에는 게르망트 공작의 글월을 비롯해서 등등'이라는 기사를 싣는다면, 그것은 그 기자 탓이 아니라 죽은 부인의 아들, 형제, 아버지의 잘못이므로, 공작은 그런 가족을 벼락출세한 자로 규정하고 그 뒤부터 교제하지 않는다(그는 그것을 이러한 글귀의 뜻도 잘 모르면서 '한바탕 말썽을 일으키다'*²라고 표현했다).

그건 그렇고, 입센과 단눈치오의 이름과 그 두 사람의 생사가 불확실한 것

---

*1 파리 주재 러시아 대사(1910~17).

*2 avoir maille à partir. 원 뜻은 나눠야 할 동전. '사이가 틀어지다', '다투다'이지만 여기서는 '갈라선다'는 뜻으로 썼음.

은 공작의 눈살을 찌푸리게 했는데, 그는 아직 우리와 가까운 곳에 있었으므로 티몰레옹 다몽쿠르 부인이 늘어놓는 갖가지 치사가 귀에 들어가지 않을 리가 없었다. 그 매력적인 여인은 미모 못지않게 재치로도 주목을 받았는데, 둘 가운데 하나만으로도 반드시 사람들의 마음을 끌었으리라. 그러나 그녀는 지금 살고 있는 환경과는 다른 곳에서 태어나, 처음에는 오로지 문학적인 살롱에 드나들기만을 열망하여 차례차례 대작가만 골라 친구가 되었다―몹시 순결한 생활을 했으므로 결코 그들의 정부가 되는 일은 없었다. 그런 대작가들은 하나같이 그녀에게 손으로 쓴 원고를 주고 그녀에게 바치는 책을 썼는데, 우연히 포부르 생제르맹의 귀족 사회에 들어간 뒤로는 그러한 문학적 특권이 도움이 되었다. 이제 그녀는 존재 자체만으로 매력을 퍼뜨리므로, 그것 말고 다른 어떠한 매력도 갖출 필요 없는 지위를 얻었다. 예전에 남의 비위를 맞추기 위해 이것저것 신경을 쓰며 봉사하는 것이 몸에 배어 있어서 그럴 필요가 없어진 지금도 그녀에게는 어딘지 모르게 그런 면이 남아 있었다. 늘 국가 기밀을 알고 있어서 그것을 누설할 수 있었고, 어느 나라의 군주를 소개해주거나 거장이 그린 수채화를 선사할 수도 있었다. 물론 이런 쓸모없는 여러 가지 매력을 늘어놓는 말에는 얼마간 거짓이 섞여 있었을 것이다. 그래도 그 덕분에 그녀의 생활은 복잡한 빛깔을 흩뜨리는 어떤 연극 무대를 만들어내고 있었으며, 또 그녀가 몇몇 지사와 장군을 임명하게 한 것도 틀림없는 사실이었다.

　나와 나란히 걸으면서, 게르망트 공작부인은 그 눈이 발하는 감청색 빛을 앞쪽으로 보내다가, 교제하고 싶지 않은 사람들, 그들의 위험한 암초가 이따금 먼 곳에서 감지되는 사람들을 피하기 위해, 그 빛을 초점 없이 허공을 헤매게 하고 있었다. 우리는 두 줄로 늘어선 손님들 사이를 나아갔다. 그들은 절대 '오리안'과 직접적으로 아는 사이가 될 수 없다는 걸 알고 있어서, 하다못해 진기한 것을 구경시키듯이 자신의 아내에게 그녀를 보여주고 싶어했다. "위르쉴, 빨리빨리 와서 게르망트 부인을 보구려, 저 젊은이와 얘기하는 분이야." 그들은 자칫하면 혁명 기념일의 열병식 또는 롱샹 경마장의 그랑프리경주에서 보는 것처럼, 더 잘 보려고 의자 위에 올라갈 뻔했다. 그것은 게르망트 공작부인이 사촌동서인 게르망트 대공부인보다 더 귀족적인 살롱을 갖고 있어서가 아니었다. 공작부인의 집에는 대공부인이, 특히 남편 때문에 결코 초대하고 싶어하지 않는 사람들도 드나들었다. 대공부인은 알퐁스 드 로스차일드 부인 같은 사람은 초대하지 않았을 것이다. 로스차일드 부인은 오리안과 마찬가지로 라 트레모유 부인이나 사강 부인과 친하여 오리안의 집에 자주 드나들고 있었다. 이르슈 남작의 경우도 마찬가지로, 영국 황태자가 그를 공작부인의 집에 데리고 갔으나, 대공부인의 집에는 그녀의 마음에 들지 않을 듯하여 데려가지 못했다. 그 밖에 몇몇 저명한 나폴레옹파 거물이나 공화파 사람들도 공작부인의 관심을 끌었으나, 대공은 철저한 왕당파였으므로 도무지 그런 사람들을 부를 마음이 내키지 않았을 것이다. 반(反)유대인주의도 그의 원칙이어서, 상대가 아무리 모든 사람한테서 인정받는 우아한 부인이라 해도 흔들리는 일이 없었다. 분명히 평생 친구인 스완을(게르망트 집안에서 대공만이 그를 샤를이라는 이름이 아니라 스완이라는 성으로 부르기는 했지만) 자기 집에 받아들이기는 했다. 그러나 그것은 스완의 할머니가 유대인과 결혼한 신교도이자 베리 공작의 애인이라는 사실을 알고 있었고, 스완의 아버지가 베리 공작의 사생아라고 하는 이야기를 간혹 곧이 들으려 했기 때문이다. 이 가설은 물론 사실무근이지만, 만약 그것을 받아들인다면 스완은 가톨릭 신자인 아버지를 두고, 그 아버지 자신은 부르봉 왕가의 남자와 가톨릭 신자인 여자 사이에서 태어난 아들이 되므로, 결국 스완은 순수한 기독교 신자인 셈이었다.

"뭐라고요, 이렇게 훌륭한 것이 있다는 걸 모르셨단 말씀이에요?" 공작부인은 지금 있는 이 저택에 대해 얘기하면서 나에게 말했다. 그러나 사촌동서의 '궁전'을 칭찬한 다음, 그녀는 늦추지 않고 '자기의 조촐한 동굴' 쪽이 천배나 좋다고 덧붙였다. "여긴 '구경'하기엔 감탄할 만한 곳이죠. 하지만 수많은 역사적 사건이 일어난 방에서 자야 한다면 난 가슴이 답답해 죽고 말 거예요. 블루아 성이나 퐁텐블로, 아니면 루브르도 마찬가지지만, 그런 곳에서 잊혀 있다가 성이 폐쇄되어 혼자 남겨진 듯한 심정이 들 테니까요. 쓸쓸함을 달랠 수 있는 유일한 방법은 지금 모날데스키(Monaldeschi)[*1]가 암살된 방 안에 있구나 하고 중얼거리는 게 고작일 테니, 카밀레(kamille)[*2]로는 부족해요. 저기 보세요. 생퇴베르트 부인이 계시네. 우리 아까 저분 댁에서 저

[*1] 이탈리아의 후작. 스웨덴 마리 크리스틴 여왕의 명령으로 퐁텐블로 성에서 1657년에 암살됨.
[*2] 엉거시 과에 속하는 일년초. 말려서 진통제로 씀.

녁 식사를 했답니다. 내일은 저분이 1년에 한 번 거창한 파티를 여는 날이어서 벌써 주무실 줄 알았는데. 하지만 잔치는 하나도 안 놓치는 분이죠. 이 파티가 시골에서 열렸더라도 저분은 참석 못하기는커녕 짐마차를 타고서라도 달려왔을걸요."

사실 생퇴베르트 부인이 이날 저녁에 온 이유는, 남의 집 파티를 하나도 놓치지 않는 기쁨을 위해서라기보다, 자기 집 잔치를 확실히 성공시키기 위해 마지막 가입자를 모집하여, 내일의 가든파티에서 화려하게 활약할 부대를 이른바 '최종적으로' 검열하기 위해서였다. 그도 그럴 것이 몇 해 전부터 생퇴베르트 집안의 초대 손님이 옛날과는 완전히 바뀌었기 때문이다. 옛날에는 게르망트 집안과 교제가 깊은 유명한 여성들은 어쩌다가 한 명씩 있을 뿐이었는데—이 집 안주인의 융숭한 대접으로—그녀들이 조금씩 친구를 데려오기 시작한 것이다. 동시에, 다만 방향은 반대였지만, 생퇴베르트 부인은 우아한 사교계에 얼굴이 알려지지 않은 사람들의 수를 해마다 조금씩 줄여가고 있었다. 한 사람, 또 한 사람, 그들의 모습은 보이지 않게 되었다. 얼마 동안 '다른 가마' 체계를 채용하여, 어떤 파티는 일체 비밀로 하고 소외된 사람들만 불러서 그들끼리 즐기도록 했는데, 그 덕분에 그들을 훌륭한 사람들과 함께 초대하지 않아도 되었다. 이들이 뭐라고 불평할 수 있겠는가? 그들에게도 비스킷이 나오고 아름다운 음악도 준비되어 있지 않은가(그야말로 '빵과 서커스'*다). 그래서 지난날 생퇴베르트 부인의 살롱이 처음으로 베풀어졌을 때는, 말하자면 유배된 것 같은 두 공작부인이 마치 두 개의 여신상(女身像) 기둥처럼 흔들거리는 살롱의 천장을 떠받치고 있었지만, 그것과 대조적으로 최근 몇 년 동안은 훌륭한 사교인들 틈에 섞여 있는 단 두 사람의 이질적인 인물을 볼 수 있을 뿐이었다. 그들은 캉브르메르 노부인과 아름다운 목소리를 가진 건축가의 아내로, 이 후자에게는 자주 노래를 청해야 했다. 그러나 두 사람은 이제 생퇴베르트 부인의 저택에 가도 아는 이가 하나도 없어서, 사라진 동무들을 그리워하며 자신들이 거추장스러운 존재가 된 것을 느끼고, 마치 날아갈 시기를 놓쳐버린 두 마리 제비처럼 추위에 떨며 죽어가는 꼴이었다. 그리하여 이듬해부터 두 사람은 더 이상 초대받지 않

---

* panem et circenses, 로마 시대에 시민들에게 무상으로 빵을 주고 투기를 보여주던 모임.

게 되었다. 프랑크토 부인은 음악을 무척 좋아하는 사촌 캉브르메르 노부인을 위해 중재를 시도해보았다. 하지만 그녀는 결국 다음과 같은 대답을 얻었을 뿐이다. "마음에 드신다면 언제라도 음악을 들으러 오시라죠, 뭐. 조금도 죄가 되지 않으니까!" 이 말을 들은 캉브르메르 부인은 그다지 마음에 없는 초대라고 생각하여 가지 않았다.

생퇴베르트 부인에 의해, 따돌림 당하는 자들의 살롱에서 귀부인들의 살롱으로(보기에 가장 세련된 이 형태가 살롱의 최신형태였다) 바뀌어, 그 이튿날 그해 중 가장 화려한 파티가 열리는 셈인데, 어째서 그것을 주최하는 당사자가 그 전날 일부러 자신이 지휘하는 부대의 최종 점호를 하러 올 필요가 있느냐고 이상하게 여기는 사람도 있을지 모른다. 그러나 생퇴베르트 집안의 살롱을 대단하게 여기는 것은, 오찬이든 만찬이든 한 번도 간 적 없고 오직 〈골루아〉지 또는 〈피가로〉지에서 그 연회에 대한 기사를 읽는 것만이 사교 생활인 줄 아는 사람들뿐이다. 신문을 통해서만 사교계를 보고 있는 사교인들에게, 영국과 오스트리아를 비롯한 각국 대사부인, 위제스 공작부인, 라 트레모유 공작부인, 그 밖에 공작부인 누구누구라는 이름의 열거는, 그것만으로도 생퇴베르트 부인의 살롱을 파리에서 제일가는 것으로 떠올리기에 충분하지만, 사실을 말하면 그것은 최하급 살롱의 하나였다. 그것은 신문 보도가 거짓이라는 얘기가 아니다. 이름이 열거된 이들의 대부분은 분명히 거기에 참석했다. 그러나 그 한 사람 한 사람은 간청과 호의, 봉사의 결과로 참석한 것이며, 그것은 어디까지나 생퇴베르트 부인에게 경의를 표한다는 의리에서 온 것에 지나지 않는다. 그렇게 인기가 있는 게 아니라 오히려 겉으로는 존경하는 체하면서 사실은 꺼리고 있는 살롱, 이를테면 봉사를 요구받고 그곳에 가는 살롱은 '사교계 소식'란을 읽는 여성 독자들에게만 환상을 주고 있다. 이 여성 독자들은 정말로 우아한 파티에 대한 기사는 지나쳐버린다. 그런 파티는 모든 공작부인을 끌어들일 수 있으며, 공작부인 쪽에서도 '선택받은 사람들' 속에 끼고 싶어서 안달하지만, 한 집안의 여주인은 두세 사람밖에 부르지 않을 뿐만 아니라, 초대받은 사람의 이름을 신문에 내지도 않는다. 그래서 오늘날 선전이 가지고 있는 힘을 잘못 보거나 경시하는 이 여주인들은, 설령 에스파냐 왕비에게는 우아한 부인일지 몰라도, 대중에게는 인정받지 못하는 존재이다. 왜냐하면 그녀들이 누군지 에스파냐 여왕은 알고 있지만 대중은 모르기 때문이다.

생퇴베르트 부인은 그런 여성들과는 달랐다. 그래서 부지런한 일벌처럼 내일을 위해 지금 게르망트 대공부인의 저택에 초대된 사람들을 전부 채가려고 온 것이다. 샤를뤼스 씨는 초대받지 않았다. 그는 그녀의 집에 가기를 늘 거절해왔다. 그러나 그는 수많은 사람과 사이가 틀어져 있어서 생퇴베르트 부인은 그의 거절을 그런 성격 탓으로 돌릴 수 있었다.

물론 거기에 오리안 한 사람밖에 없었다면 생퇴베르트 부인이 일부러 갈 필요도 없었으리라. 왜냐하면 초대는 이미 말로써 했고, 게다가 참으로 사람들을 끌어당기는 매력적인 기품을 담아, 흔쾌히 승낙하는 대답을 얻었기 때문인데, 이러한 대답은 아카데미 회원의 주특기로, 입후보자는 감격하여 그들의 집을 나가면서 이것으로 상대의 표를 확보했다고 굳게 믿어 의심치 않는다. 하지만 오리안만 있는 게 아니었다. 아그리장트 대공이 와줄까? 또 뒤포르 부인은? 그래서 생퇴베르트 부인은 신중을 기해 몸소 출동하는 편이 효과적이라고 생각한 것이다. 어떤 이에겐 넌지시, 또 어떤 이에겐 명령조로, 그러나 모든 사람에게 완곡한 말투로 두 번 다시 구경할 수 없는 기발한 여흥이 있음을 예고하고, 한 사람 한 사람을 향해 만나고 싶은 사람이나 만날 필요가 있는 사람이 그녀의 집에 올 거라고 약속했다. 이렇게 한 해에 한 번—마치 고대 사회의 어떤 관직처럼—이튿날 최대의 가든파티를 열게 되어 있는 인물로서의 권한을 지니는데, 그 역할은 잠시 그녀에게 권위를 부여해주었다. 그녀의 초대인 명부는 이미 모두 작성되어 있었다. 그래서 그녀는 대공부인의 살롱을 두루두루 돌면서 "내일 저희 집에 오시는 것 잊지 마세요" 하며 각자의 귀에 연이어 속삭이는 한편, 피하고 싶은 추녀(醜女)의 모습을 보거나, 학교 동급생으로서 '질베르'네 집에 오는 것은 허락되지만 가든파티에 나와도 아무 득이 없을 성싶은 어느 시골 귀족을 언뜻 보면, 미소 지으면서 눈을 딴 데로 돌리는 것에 일시적인 긍지를 느꼈다. 그녀가 그런 사람에게 말을 건네는 것을 좋아하지 않는 까닭은 나중에 이렇게 말할 수 있게 하기 위해서였다. "나는 여러분을 직접 만나서 말로 초대했어요. 공교롭게 당신을 만나지 못해서 그렇지." 그런 식으로 한낱 생퇴베르트에 지나지 않는 그녀가 탐색을 좋아하는 그 눈빛으로 대공부인의 파티를 이루는 사람들을 '선별'한다. 그렇게 행동함으로써 자신이 진짜 게르망트 공작부인이 된 듯한 느낌에 사로잡히는 것이었다.

　그러나 그 공작부인도 남이 생각하듯 멋대로 인사와 미소를 뿌리고 있었던 건 아니다. 아마 어떤 사람들에 대해 그녀가 인사나 미소를 거부하는 것은 자신의 의도에서였으리라. "질려서요, 저이는." 그녀는 말한다. "어째서 한 시간 동안이나, 저분이 여는 야회 이야기를 내내 듣고 있어야 하나요?"

　머리가 몹시 검은 한 공작부인이 지나가는 모습이 보였다. 그녀는 그 추한 생김새와 아둔함, 그리고 엉뚱한 행동 때문에 사교계에서 추방까지는 아니지만, 우아한 부인들의 친밀한 모임에서 제외된 사람이었다. "어머나!" 게르망트 부인은 가짜 보석을 보고 감식가가 흔히 하듯이 뚜렷하고도 냉정한 표정을 지으면서 속삭였다. "이곳에는 저런 이마저 찾아오는군요!" 얼굴에 검은 털이 난 사마귀가 잔뜩 있는, 거의 결함품이라고 할 수 있는 이 부인을 힐끗 본 것만으로 게르망트 부인은 그날의 야회를 하잘것없는 것으로 판정했다. 그녀는 이 부인과 함께 자랐으나 지금은 모든 관계를 끊고 있었기 때문에, 상대방의 인사에 더없이 쌀쌀한 고갯짓으로 응했을 뿐이다. "이해할 수가 없어요." 공작부인은 변명하듯이 나에게 말했다. "마리 질베르가 우리를 저런 쓰레기와 함께 초대하다니요. 이곳은 정말로 옥석을 아무렇게나 뒤섞어놓은 것 같군요. 여기에 비하면 멜라니 푸르탈레스*¹ 쪽이 훨씬 더 잘 구성되어 있더군요. 그분도 마음만 내키면 러시아정교회의 성무원(聖務院)*²이나 오라토리오회(Oratorio)*³의 성당도 모두 불러올 수 있지만, 그런 날에는 적어도 우리를 함께 초대하지는 않는답니다." 그러나 대부분의 경우 그녀가 인사와 미소를 거부하는 것은, 마음이 약해서, 즉 예술가 같은 사람들을 집에 초대하기 싫어하는 남편과 한바탕 싸울까 봐 꺼려서이고(마리 질베르 쪽은 수많은 예술가를 비호하고 있었으므로, 유명한 독일 여가수가 접근하지 못하도록 주의해야 했다), 또 민족주의에 대해 조금 경계하고 있었기 때문이기도 했다. 공작부인은 샤를뤼스 씨와 마찬가지로 게르망트 집안의 재주를 지닌 자로서, 사교적인 입장에서 민족주의를 경멸하고 있었지만(오늘날에 와서는 참모본부의 영광을 찬양하며 몇몇 공작들보다 평민장군을

---

*1 에드몽 드 푸르탈레스 백작부인을 말함.
*2 주교와 황제 측 대표로 구성된 러시아정교회(正敎會)의 최고지도기관(1721~1917).
*3 16~17세기에 창설된 두 개의 수도회.

우선시키는 형편이었기 때문이다), 그래도 자기에게 위험한 사상의 소유자라는 딱지가 붙어 있음을 알고 있어서, 민족주의에 크게 양보하여 이러한 반유대주의자들이 가득한 환경에서 스완에게 손을 내밀어야 하게 될까 봐 두려워하고 있었다. 이점에서 그녀는 대공이 아까 스완을 살롱에 들여보내지 않고 스완과 '말다툼 같은 것'을 했다는 걸 알고 곧 안도했다. '불쌍한 샤를'과 모든 사람 앞에서 공공연히 대화하지 않아도 되었기 때문이다. 오히려 그녀는 스완을 가족처럼 아끼고 싶었다.

"또 저 사람은 뭐지?" 게르망트 공작부인은 작은 키에 좀 괴상하게 생긴 한 부인이 상중(喪中)인 듯 매우 간소한 검은 드레스를 입고, 남편과 자기에게 큰절을 하는 걸 보고 그렇게 소리쳤다. 그녀는 그 부인이 누군지 몰랐지만 그 거만한 성격을 발휘하여, 모욕을 당한 것처럼 몸을 꼿꼿이 세운 채 답례도 하지 않고 상대를 바라보았다. "저인 누구죠, 바쟁?" 그녀는 놀란 표정으로 남편에게 물었다. 한편 게르망트 씨는 오리안의 무례함을 보상하듯이 부인에게 인사하고 그 남편과 악수했다. "쇼스피에르 부인이지 누구야, 당신은 심한 결례를 했어."—"난 모르겠어요. 쇼스피에르가 누구죠?"—"샹리보 할머니의 조카야."—"난 하나도 알아보지 못하겠네요, 전혀. 저 여인은 누구죠? 왜 나에게 절을 할까?" "이봐요, 당신은 저 부인을 아주 잘 알고 있어. 샤를바르 부인의 따님인 앙리에트 몽모랑시야."—"그래요? 그 어머니라면 잘 알죠. 잘생기고 재치 있는 분이었죠. 그런데 저이가 어째서 내가 모르는 저런 사람과 결혼했을까? 쇼스피에르 부인이라고 했나요?" 공작부인은 캐묻는 듯한 투로, 혹시라도 틀릴까 봐 철자를 하나하나 또렷하게 발음하면서 말했다. 공작은 아내에게 엄한 눈초리를 던졌다. "쇼스피에르라는 이름은 당신이 생각하듯 그렇게 우스꽝스러운 이름이 아니야. 쇼스피에르 할아버지는 아까 말한 샤를바르와 센쿠르 부인, 메를로 자작부인과 남매였지, 훌륭한 분들이야."—"아, 그만하세요!" 공작부인이 소리쳤다. 그녀는 조련사처럼 잡아먹을 듯한 맹수의 눈길에도 겁먹지 않겠다는 기색이었다. "바쟁, 나를 기쁘게 해주시네요. 어디서 그런 이름을 캐내왔는지 모르지만, 칭찬해드리죠. 난 쇼스피에르라는 이름은 모르지만, 발자크는 읽었어요, 당신 혼자만 읽은 게 아니랍니다. 라비슈도 읽었고요. 샹리보는 좋은 이름이라고 생각해요. 샤를바르도 나쁘지 않고요. 하지만 솔직하게 말해서 메를로라는 이름은 걸작이에요. 게다가 쇼스피에르라는 이름도 그리 나쁘지 않고요. 잘도 그러모으셨네요, 그런 이름들을. 수월한 일이 아니었을 텐데. 당신은 책을 쓰고 싶어하시니까." 그녀는 나에게 말했다. "샤를바르와 메를로를 잊지 말고 기억해두셔야 할 거예요. 이보다 더 좋은 이름은 도저히 찾아내지 못할 테니."—"그런 이름을 쓰다간 고소당하고 감옥에 가게 될 거야. 당신은 못된 조언을 하는군, 오리안."—"이분이 못된 조언을 구하고, 거기에 따르고 싶다면, 나보다 젊은 사람들이 얼마든지 있을 거예요. 이분은 그저 책을 쓰고 싶을 뿐이라구요!" 우리한테서 꽤 멀리 떨어진 곳에서, 매우 아름답고 의연한 한 젊은 부인이 온통 다이아몬드와 명주 망사로 꾸며진 하얀 드레스를 입고 조용히 앉아 있는 모습이 우리의 눈길을 끌었다. 게르망트 부인은 그 여성이 자신의 우아함에 이끌려온 한 무리의 사람들 앞에서 뭔가 얘기하고 있는 모습을 지긋이 바라보았다.

"댁의 여동생은 어딜 가나 가장 아름다워요. 오늘 밤에도 매력적이군요." 그녀는 의자에 앉으면서 마침 그 앞을 지나가던 시메 대공에게 말했다. 프로베르빌 대령(이 사람에게는 성이 같은 장군(將軍) 숙부가 있었다)이 브레오테 씨와 마찬가지로 우리 옆에 와서 앉는 한편, 보구베르 씨는 몸을 좌우로 흔들면서(이 사람은 테니스를 칠 때마저 지나칠 정도로 정중하여, 공을 넘기기 전에 일일이 저명한 인물에게 허락을 청하는 바람에 그의 편은 언제나 경기에 졌다) 샤를뤼스 씨 쪽으로 되돌아가려 했다(샤를뤼스 씨는 그때까지 어떤 여성보다 존경한다고 여러 사람 앞에서 말하기를 망설이지 않았던 몰레 백작부인의 커다란 치마폭에 거의 폭 싸여 있었다). 마침 그때 새롭게 파리에 파견된 외교 사절단 몇 명이 샤를뤼스 남작에게 인사를 했다. 그중에서 특히 총명해 보이는 한 젊은 서기관을 보자, 보구베르 씨는 샤를뤼스 씨를 향해 계속 미소 지었는데, 거기에는 뚜렷하게 오직 한 가지 질문이 나타나 있었다. 샤를뤼스 씨는 자신이 누군가를 위험한 일에 끌어들이는 것은 아마 마다하지 않았겠지만, 타인이 던지는 이 미소, 게다가 다른 뜻으로는 받아들일 수 없는 미소를 보고 자신이 위험에 빠질 거라고 느끼는 것은 참을 수 없었다. "나는 절대로 아무것도 모르오. 부탁이니 당신 호기심은 당신 자신을 위해 남겨두시오. 내겐 아무 흥미 없소이다. 게다가 지금과 같은 경우에 당신은 말도 안 되는 착각을 하고 있소. 저 젊은이는 절대로 당신 생각과는 다른 인간이니까."

이때 샤를뤼스 씨는, 어리석은 남자에게 속마음을 들킨 것에 화가 나서 사실을 말하지 않았던 것이다. 만약 남작의 말이 옳다면, 이 서기관은 그 대사관에서 예외적인 인간이 되었으리라. 실제로 그 대사관은 매우 잡다한 사람들로 이루어져 있어서, 전혀 능력이 없는 사람들도 섞여 있었으므로, 도대체 어떤 기준으로 뽑은 것인지 생각해본다면 거기서 찾아낼 수 있는 것은 성도착밖에 없으리라. 이 외교소국(外交小國) 소돔의 정점에 앉은 대사는 반대로 레뷔(revue)*의 사회자 같은, 과장스러울 정도로 여자를 밝히는 사람으로, 그런 그가 성도착자들의 부대를 질서정연하게 조종하는 모습은, 마치 대조의 법칙에 순종하는 한 본보기 같았다. 그런 광경을 보면서도 대사는 성도착을 믿으려 하지 않았다. 그 증거로 그는 얼른 자신의 여동생을 어떤 대리공사에게 시집보냈는데, 그 상대를 여자 꽁무니나 쫓아다니는 남자로 완전히 잘못 알고 있었다. 그렇게 되자 그는 조금 거북한 존재가 되어 곧 새 대사와 교체되었으며, 그 사람이 대사관 전체를 같은 성질의 집단으로 만들고 말았다. 다른 대사관도 이에 맞서려고 시도했지만 도저히 경쟁할 수가 없었다(마치 전국 고등학교 대항 경쟁시험에서 언제나 같은 학교가 우승하듯이). 가까스로 10년이 더 지난 뒤, 이렇게 전체가 훌륭하게 통일된 곳에 몇몇 이질적인 대사관원이 들어오자, 겨우 다른 대사관이 이 꺼림칙한 영예를 빼앗아 선두에 설 수 있었던 것이다.

스완과 얘기하지 않아도 되자 불안이 사라진 게르망트 부인은 스완이 이 집 주인과 무슨 얘기를 했는지 계속 알고 싶어했다. "어떤 얘기였는지 아시오?" 공작이 브레오테 씨에게 물었다. "언뜻 들었는데 말입니다." 브레오테 씨가 대답했다. "작가인 베르고트 씨가 스완 부부의 집에서 상연했던 단막극에 대해서였던 것 같습니다. 아주 훌륭했다는군요. 한데 배우가 질베르와 얼굴이 똑같았다고 하니, 본디 베르고트 씨도 정말로 질베르를 묘사하고 싶었나 봅니다."—"아아, 질베르를 흉내내는 것을 구경하다니 얼마나 재미있었을까!" 공작부인이 꿈꾸듯이 미소 지으면서 말했다. 브레오테 씨는 설치류(齧齒類) 같은 턱을 내밀면서 다시 말했다. "그 단막극에 대해서 질베르

---

*특정 주제를 가진 호화 쇼. 춤과 노래, 시사풍자와 토막극 등을 엮어 구성한 공연.

가 스완한테 어떻게 해석하느냐고 물어보자, 스완은 이렇게 대답했는데 사람들은 모두 매우 재치 있다고 감탄했지요. '아니, 전혀 당신과 닮지 않았어. 당신이 훨씬 더 익살스럽거든!' 게다가 그 토막극이 무척 재미있었는지 몰레 부인이 거기 와서 아주 즐겁게 구경했다는군요."—"뭐라구요, 몰레 부인이 거기에?" 공작부인이 놀라서 말했다. "그렇지! 메메가 주선했겠죠, 결국 그런 곳에 닿고 마는군요. 모두 언젠가는 거기에 드나들게 되고 말지. 그리고 나의 이런 주의 때문에 나 스스로 사양했지만, 그 때문에 이렇게 혼자 한쪽 구석에서 심심하게 지내는군요." 이미 브레오테 씨의 얘기를 들은 뒤부터, 게르망트 공작부인은(스완의 살롱에 대해서는 아니지만, 적어도 이제부터 곧 스완을 만난다는 가설에 대해) 보다시피 새로운 견해를 선택하고 있었다. "당신의 설명은 말이오." 프로베르빌 대령이 브레오테 씨에게 말했다. "처음부터 끝까지 엉터립니다. 얼마든지 그 이유를 대죠. 대공은 단순히 스완을 윽박질러서 그가 공공연히 그런 의견을 입 밖에 내는 한 다시는 이 집에 나타나지 말라는 것을, 우리 조상들의 말씀마따나 찬찬히 알려주었을 뿐입니다. 내 생각으로는 우리 숙부 질베르가 그렇게 윽박지른 건 백 번 옳았을 뿐만 아니라, 공인된 드레퓌스파와는 반년 전에 이미 절교했어야 마땅합니다."

보구베르 씨는 가련하게도, 이번에는 너무나 꾸물대는 테니스 선수로부터 스스로 움직이지 않고 사정없이 두들겨 맞는 테니스공이 되어 게르망트 공작부인 앞에 던져졌으므로, 정중하게 인사했지만 그다지 좋은 대접은 받지 못했다. 오리안은 자신과 같은 사교계에 드나드는 모든 외교관—또는 정치가—은 누구나 할 것 없이 아둔하다고 확신했다.

물론 프로베르빌 씨는 얼마 전부터 사교계에서 군인에게 베풀어지는 특별대우를 듬뿍 받고 있었다. 그러나 공교롭게도 그에게 시집온 여성은 틀림없는 게르망트 집안의 친척이었으나 또한 매우 가난하기도 했다. 그리고 그 자신도 재산을 잃어버려서, 두 사람은 거의 친척으로서의 교제도 없이, 꽤 중요한 기회가 아닌 한, 즉 친척이 죽거나 결혼하는 큰일이 없는 한 모두에게서 무시되는 사람들에 속해 있었다. 그런 때가 되면, 마치 이름뿐인 가톨릭교도가 1년에 딱 한 번 성탁(聖卓)에 다가가는 것처럼, 그들도 문자 그대로 대사교계라는 공동체에 속하게 된다. 그들의 물질적인 상황도, 만약 생퇴베르트 부인이 고인이 된 프로베르빌 장군에 대한 애정을 충실하게 지켜, 다양한 형태로 현재의 프로베르빌 대령 부부에게 구원의 손길을 내밀고, 어린 두 딸에게 입을 옷과 오락거리를 주지 않았다면 매우 비참해졌을 것이다. 하지만 세상 물정 모르는 도련님으로 통하는 대령에게는 감사하는 마음이 없었다. 그래서 그는 은혜를 베풀어주는 생퇴베르트 부인이 끝없이 펼치는 호화로운 생활을 부러워했다. 해마다 여는 가든파티는 그와 아내와 딸들에게도 세상의 모든 황금을 쌓아준다 해도 놓치고 싶지 않은 멋진 쾌락이었지만, 생퇴베르트 부인이 의기양양하게 기뻐하고 있을 거라고 생각하자 그 쾌락도 반으로 줄고 말았다. 신문은 이 가든파티를 예고하고, 이어서 그날의 모습을 상세하게 전한 뒤, '이 화려한 파티에 대해서는 다시 언급하게 될 것'이라고 빈틈없이 덧붙이고, 그로부터 며칠 동안 옷에 대한 자세한 보도가 더해진다. 이 모든 것은 프로베르빌 집안사람들에게 불쾌하기 짝이 없는 일이었다. 그래서 별다른 낙이 없는 그들에게 이 오후의 파티는 확실히 보장할 만한 즐거움이었건만, 결국 마지막에는 해마다 날씨가 나빠서 잔치가 엉망진창이 되길 바라게 되어, 청우계를 노려보다가 파티를 망치는 소낙비의 징조를 미리 읽고 좋아하는 것이었다.

게르망트 씨가 말했다. "프로베르빌, 당신과 정치 얘기를 하고 싶지는 않지만 스완에 대해서는 솔직한 얘기로, 우리에 대한 태도가 너무 어이없어서 말이 안 나올 정도요. 지난날 우리와 샤르트르 공작의 비호를 받았던 사람이 이젠 공공연한 드레퓌스파라고 하니 말이오. 그 사람이 그렇게 되다니 도저히 믿기지가 않아요. 까다로운 미식가(美食家)이자 실리주의자, 수집가이자 고서(古書) 애호가, 자기 클럽 회원, 모두가 존경하는 남성, 맛있는 상점이나 상품을 통해 우리가 마실 수 있는 최상의 포르토(porto)를 보내준 사람, 호사가이자 처자가 있는 가장인 그 사람이 말이오. 아뿔싸! 나는 눈뜨고 속았소. 아니, 나는 불평을 말하려는 게 아니오. 나야 어차피 어리석은 늙은이라 어떻게 생각해도 문제가 되지 않는 실업자 같은 존재니까. 하지만 오리안을 생각하면 그런 짓을 할 순 없지. 오히려 유대인이나 죄수를 지지하는 자들을 공개적으로 비난하는 게 옳았소."

"그렇고말고. 내 안사람은 언제나 그에게 우정을 나타내왔으니까." 공작은 말을 이었다. 그는 명백하게 드레퓌스가 유죄인가 아닌가에 대해 스완이 마음속으로 어떻게 생각하든, 적어도 드레퓌스를 국가에 대한 반역자로서 비난한다면, 그것이 포부르 생제르맹의 귀족 사회에 받아들여진 것에 대한 감사가 된다고 여기고 있었다. "그는 동료들과 손을 끊어야 했소. 오리안에게 물어보오. 스완에게 진심으로 우정을 품고 있었으니까." 천진하고도 조용한 어조가 자신의 말에 더욱 극적이고도 진실한 가치를 주리라 생각한 공작부인은 눈에 조금 우울한 표정을 띠면서, 입으로는 오직 진실만을 말한다는 듯이 어린 학생 같은 목소리로 이렇게 말했다. "사실이에요, 내가 샤를에게 진심에서 우러나오는 애정을 품은 걸 숨길 이유는 하나도 없어요!"—"들었소? 내가 시킨 말이 아니오. 그런데도 스완은 배은망덕하게 드레퓌스파가 되었으니!"

"드레퓌스파 말인데요." 내가 말했다. "폰 대공도 그렇다는군요."—"오, 마침 잘 말해주었네." 게르망트 씨가 외쳤다. "잊을 뻔했소, 그가 나에게 월요일 만찬에 와달라고 했는데! 하지만 그 사람이 드레퓌스파든 아니든 나에게는 아무 상관없어요, 그는 외국인이니까. 조금도 신경 쓸 필요가 없죠. 프랑스 사람일 경우는 달라요. 사실 스완은 유대인이오. 그렇지만 오늘날까지—용서하시게, 프로베르빌—나는 미욱하게도 유대인 또한 프랑스인이 될 수 있다고 믿었소. 아, 물론 명예로운 유대인, 사교계의 유대인을 두고 하는 말이오만. 스완은 글자 그대로 그런 사람이었거든요. 그런데 어떻소! 그는 내 생각이 잘못되었다는 것을 인정할 수밖에 없게 만들었소. 왜냐하면 그 드레퓌스라는 인간(그 인간은 죄가 있든 없든 스완과는 전혀 계층이 다른 인물이고 스완이 이제까지 한 번도 만난 적이 없는 사람이었다)을 편들어, 스완을 양자처럼 받아들이고 한 가족처럼 대우했던 사교계에 반기를 들었으니 말이오. 말할 나위도 없어요. 우리 모두가 지금까지 스완의 보증인 노릇을 해왔으니까, 그의 애국심에 대해서도 자신의 애국심처럼 당연히 책임을 져야 했죠. 정말이지, 그런 식으로 은혜를 갚다니! 솔직히 말해 나는 그가 그런 짓을 하리라곤 꿈에도 생각 못했소. 좀더 괜찮은 인간인 줄 알았거든요. 그에게는 재치도 있었소(물론 그 사람 나름대로). 물론 그가 그 전에 수치스러운 결혼이라는 어리석은 짓을 저질렀다는 건 알고 있었죠. 그런데 스완의 결혼으로 심한 고통을 느낀 이가 누군지 아시오? 바로 내 아내라오. 내가 알기로, 오리안은 흔히 대범한 척할 때가 있는데, 사실은 비정상적일 만큼 예민하다오." 게르망트 부인은 자기 성격이 이렇게 분석되는 걸 보고 무척 기뻤지만, 얌전하게 귀를 기울이면서 한마디도 하지 않았다. 찬사에 동의하고 있는 것처럼 보여서도 안 되고, 무엇보다 남편의 이야기를 방해하고 싶지 않았다. 게르망트 씨가 이 일로 한 시간이나 지껄인다 해도 그녀는 음악이라도 듣는 양 꼼짝하지 않았으리라.

"그러니까 생각나는데, 오리안은 스완이 결혼했다는 얘길 듣고 무척 속상해했다오. 우리가 그토록 우정을 보여준 상대로서는 심한 처사라고 생각한 거죠. 아내는 스완을 무척 좋아했거든요. 그래서 무척 슬퍼했소. 안 그래, 오리안?" 게르망트 부인은 직접 질문을 받은 데다, 이제 끝났다고 생각한 찬사를 넌지시 인정할 수 있는 질문이어서 여기에는 대답해야 한다고 생각했다. 그녀는 조심스럽고 태연한 투로, 또 '실감 나게' 보이려고 생각하는 만큼 억지로 갖다붙인 듯이, 얌전하고 조용한 목소리로 말했다. "사실이에요, 바쟁의 말은 틀리지 않아요."―"그렇지만 그래도 완전히 정확한 말은 아니오. 뭐랄까, 사랑은 사랑이니까 말입니다. 내 생각으로는, 사랑이란 어느 한계 안에 머물러야 하오. 만약 젊은이라면 너그럽게 봐줄 수도 있죠. 코흘리개 아이가 유토피아에 열중해 날뛰는 거라면. 하지만 스완은 머리가 좋은 남자로, 확실히 배려심이 있고, 그림에 대해서 뛰어난 안목이 있는 데다, 샤르트르 공작과 질베르와도 절친한 인물이고 보니!"

그러나 그렇게 말하는 게르망트 씨의 어조에는 더할 나위 없는 공감이 담겨 있었으며, 그가 자주 보여주던 비속함은 그림자도 보이지 않았다. 그는 조금 분노가 섞인 슬픔을 담아 얘기하고 있었는데, 그의 모든 것은 렘브란트가 그리는 어떤 인물, 이를테면 시크스 시장처럼 끈끈하고 느긋한 매력을 이루는 온화한 무게를 드러내고 있었다. 드레퓌스 사건에서 스완의 도의에 어긋나는 태도가 공작에게는 아무 문제도 되지 않는다는 걸 잘 느낄 수 있었다. 그 정도로 의심을 품을 여지가 없는 일이었기 때문이다. 오히려 그는 더없는 희생을 치르며 교육한 아이 하나가, 모처럼 아버지로부터 물려받은 훌륭한 지위를 스스로 헛일로 만들고, 가족의 방침이나 생각에서 보면 용서할 수 없는 비상식적인 행위로, 남에게 존경받아온 가명을 더럽히고 있을 때, 그것을 보고 있는 아버지와도 같은 슬픔을 느끼고 있었다. 물론 게르망트 씨는 일찍이 생루가 드레퓌스파가 되었다는 말을 들었을 때도 이토록 심하게 가슴 아파하지는 않았다. 그것은 첫 번째로, 그는 조카를 나쁜 길에 들어선 젊은이로 여기고, 그가 잘못을 뉘우치기 전에는 무슨 일이 일어나도 놀라지 않은 것에 비해, 스완은 게르망트 씨가 명명하기를 '냉정하고 침착한 인간, 제1급의 지위를 차지하고 있는 남자'였기 때문이다. 특히 두 번째로, 이미 꽤 오랜 시간이 지났으며, 그동안 역사적인 관점에서 보아 여러 사건이 드레퓌스파의 주장을 부분적으로 정당화하는 것처럼 보였다 해도, 반드레퓌스파에 의한 반격도 더욱 치열해져서, 순 정치적인 것에서 사회적인 대립으로 바뀌었기 때문이다. 군국주의와 애국주의와 관련하여 사회에 불러일으켜진 분노의 물결은 어느새, 폭풍이 시작될 무렵에는 그때까지 전혀 없었던 강력함을 띠게 되었다.

"아시겠소?" 게르망트 씨가 말을 이었다. "스완이 무슨 일이 있어도 유대인을 지지하기 때문에 하는 말이지만, 그의 소중한 유대인의 관점에서 봐도, 스완이 저지른 잘못은 지대한 영향을 미칠 겁니다. 스완은 유대인이 모두 은밀하게 맺어져 있어서, 상대가 아무리 모르는 사람이라도 자기네 종족의 일원이면 힘을 빌려줘야만 한다는 사실을 증명하고 있어요. 이것은 공공의 안전을 위협하는 일이오. 우리는 분명 이해심이 지나치게 많았어요. 그리고 스완이 모두에게 높이 평가받고 모두로부터 환영받고 있었던 만큼, 또 우리가 알고 있는 거의 유일한 유대인이었던 만큼, 그가 한 실수는 크나큰 영향을 미칠 것이오. 모든 사람들은 이렇게 자신에게 들려주겠죠. '아브우노 디스케 옴네스(abuno disce omnes).'*

(딱 알맞은 순간에 이렇게 들어맞는 인용을 기억 속에서 발견했다는 만족감은, 그것만으로 이미 자랑스러운 미소가 되어 배반당한 대귀족의 우울한 감상을 밝게 비춰주었다).

대공과 스완 사이에는 정확하게 무엇이 있었던 걸까. 나는 그것이 못내 궁금했고, 만약 아직 스완이 야회 자리에 남아 있다면 그를 만나고 싶어서 견딜 수 없었으리라. 그것을 공작부인에게 얘기하자 그녀가 대답했다. "난 말이에요, 꼭 만나고 싶은 마음은 없어요. 왜냐하면 아까 생퇴베르트 씨 집에

---

* '하나에서 모든 것을 배워라'는 라틴어.

서 들은 얘기로는 죽기 전에 부인과 따님을 나에게 소개하고 싶어한다는군
요. 정말이지, 그분이 병에 걸린 걸 생각하면 몹시 마음이 좋지 않아요. 아
무튼 병이 그렇게 위중하지 않으면 좋으련만. 그건 그렇고, 설령 병에 걸렸
다 해도 그것이 내가 그분을 만나야 할 충분한 이유는 되지 않아요. 그러면
모든 것이 너무 간단하잖아요. 재능이 없는 작가라도 '아카데미 회원 선거는
나에게 투표해주십쇼. 아내가 죽어가는데 마지막 기쁨을 주고 싶습니다' 하
면 그만이게요. 만약 죽어가고 있는 사람과 전부 아는 사이가 되어야 한다면
살롱 같은 건 있을 필요도 없지요. 내 마부도 '딸아이의 상태가 몹시 좋지
않으니 파름 대공부인이 저를 초대하도록 주선해주십시오' 말할 수 있게요.
난 샤를을 아주 좋아해요. 그래서 샤를의 부탁을 거절하면 마음이 무척 괴로
울 거예요. 그래서 가능하면 그에게 부탁받고 싶지 않답니다. 난 그분 말처
럼 죽을병에 걸린 건 아니기를 진심으로 바라고 있어요. 하지만 설령 정말
그렇게 된다 해도, 그 때문에 그 두 분과 가까워져야 한다고 생각지는 않아
요. 그 두 사람은 15년 동안, 나한테서 가장 기분 좋은 친구를 뺏어간 걸요.
그런 사람들을 나에게 맡기려는 거예요. 게다가 그것을 이용하여 그분을 만
날 수도 없고요. 그때는 이미 죽은 뒤의 일일 테니까요!"

　그러나 브레오테 씨는 아까 프로베르빌 대령이 단호하게 부정한 것에 여
전히 미련이 남는 듯 되새김질하고 있었다. "이보시오, 당신 얘기가 옳다는
건 인정하지만, 내 말도 확실한 소식통에서 나온 겁니다. 라 투르 도베르뉴
대공한테서 들은 거니까요."—"이거 놀랍군요. 당신처럼 박식한 사람이 아
직도 라 투르 도베르뉴 대공이라고 말하다니." 게르망트 공작이 말을 가로챘
다. "그는 전혀 그런 사람이 아니오. 그 일족의 구성원은 이제 단 한사람밖
에 남지 않았어요. 오리안의 숙부 부이용 공작이오."—"빌파리지 부인의 동
생이군요?" 나는 부인이 전에는 부이용 집안의 딸이었음이 생각나서 물었
다. "그렇소. 오리안, 랑브르사크 부인이 인사를 하고 있구려."

　정말 랑브르사크 공작부인이 이따금 알아본 몇몇 사람에게 보내는 가벼운
미소가 유성처럼 반짝하다가 사라지는 것이 보였다. 그러나 그 미소는 적극
적으로 무언가를 긍정하거나, 말없는 가운데 뚜렷한 의미의 언어로 나타나지
않고, 거의 아무것도 알아볼 수 없는 어떤 관념적인 도취가 되어 흩어져버렸
다. 한편 그동안 그녀의 머리는, 조금 노망기가 있는 주교가 성체 배령하는

소녀들에게 하는 동작을 떠올리게 하는, 평온한 축복의 몸짓이 되어 기울어 지곤 했다. 물론 랑브르사크 부인은 전혀 노망하지 않았다. 나는 다만 이런 따위의 시대에 뒤처진 기품을 이미 다른 데서도 알고 있었다. 콩브레나 파리 에서도 내 할머니의 친구들은 약속이라도 한 듯이, 사교적인 모임에 나가면 천사처럼 티 없는 태도로 인사를 하는 습관이 있었기 때문인데, 그것은 마치 교회에서 하는 성체 봉사나 장례식 때, 그녀들이 벗을 언뜻 알아보고 건네는 느릿한 인사가 마지막에는 기도로 변해가는 바와 같은 것이었다. 그런데 게 르망트 씨가 툭 내뱉은 한마디가 방금 내가 한 비교에 마침표를 찍었다.

"하지만 자네는 부이용 공작을 만났네." 게르망트 씨가 나에게 말했다. "아까 자네가 내 도서실에 들어오려고 했을 때 거기서 나온 양반 말일세. 키 가 작고 머리가 새하얀 사람." 바로 내가 콩브레에서 온 프티부르주아라고 생각한 사람이었다. 그리고 지금 생각해보니 빌파리지 부인과 닮은 데가 있 는 듯했다. 랑브르사크 공작부인의 처음엔 반짝거리다가 점차 사라지는 듯 한 인사와 내 할머니 친구들의 그것 사이의 유사함은, 설령 인사하는 사람이 소시민이건 대귀족이건 폐쇄적이고 비좁은 사회 환경에서는 옛 풍습이 계속 존재함을 보여준다는 점에서 내 흥미를 끌기 시작했다. 지금 남아 있는 그런 옛 풍습은 다를랭쿠르 자작(Vicomte d'Arlincourt) *¹이나 로이자 퓌제(Loïsa Puget) *² 시대에 교육이 어떠했으며 교육이 반영한 정신이 어떤 것이었는지, 마치 고고학자에게 시사하듯이 우리에게 가르쳐준다. 그러나 지금은 그 이 상으로, 동년배인 콩브레의 소시민과 부이용 공작이 겉으로 보기에는 완전 히 같게 보이는 것이다(이전에도 나는 어느 은판사진에서 생루의 외할아버 지인 라 로슈푸코 공작이 입고 있는 옷과 태도와 행동이 내 종조할아버지와 똑같은 것을 보고 깜짝 놀란 적이 있다). 그것은 사회적인 차이나 개인적인 차이나, 멀리서 보면 한 시기의 획일성 속에 녹아버리는 점을 상기시켰다. 실은 복장의 유사성과 얼굴 모습에 의한 시대정신의 반영 같은 것은, 한 개 인에게 그 계급보다 훨씬 중대한 자리를 차지하며, 계급 쪽은 기껏해야 당사 자의 자존심이나 남들의 상상 속에서 큰 자리를 차지할 뿐이다. 그래서 루이 필립 시대의 대귀족은 루이 15세 시대의 대귀족보다 오히려 같은 루이 필립

---

*1 프랑스의 소설가이자 시인(1789~1856).
*2 종교적이자 감상적인 소설가(1810~1889).

시대의 부르주아와 비슷하므로, 그것을 이해하기 위해 특별히 루브르 미술관의 화랑을 둘러보고 다닐 필요가 없다.

이때 게르망트 대공부인이 비호하고 있는 긴 머리칼의 바바리아 음악가가 오리안에게 인사를 했다. 오리안이 머리를 까딱하며 답례하자, 공작은 누군지 모르는 사내에게 아내가 인사하는 것을 보고 화가 났다. 게다가 상대 남자의 태도가 유별나고, 게르망트 씨가 아는 한, 평판이 굉장히 나쁜 남자여서 더욱 화가 나 추궁하는 듯한 험악한 얼굴로 아내를 돌아보았다. 마치 "도대체 이 버릇없는 녀석은 누구냐?" 하고 말하는 것 같았다. 가엾은 게르망트 부인은 이미 꽤 난처한 처지에 놓여 있었다. 만약 음악가가 수난당하는 이 부인을 조금이라도 딱하게 여겼다면, 되도록 빨리 그곳에서 물러났으리라. 그러나 대중의 눈앞에서, 그것도 공작의 추종자들 중에서도 가장 친한 친구들에게 에워싸여 (아마 얼마간은 그런 사람들과 있었으므로, 그는 처음에는 말없이 인사하고 싶은 기분에 사로잡혔으리라), 공공연하게 굴욕적인 처사를 당한 일을 참을 수 없었던 건지도 모르고, 자신이 게르망트 부인에게 인사한 것은 정당한 행위이며, 그녀를 모르는 게 아니라는 사실을 보여주려 한 건지도 모른다. 어쩌면 눈치 없는 짓을 저지르고 싶은 막연하고도 저항할 수 없는 충동에 사로잡혀—오히려 재치를 발휘해야 할 순간에—관습을 판에 박은 듯이 그대로 적용하려 한 건지도 모르지만, 어쨌든 음악가는 게르망트 부인에게 좀더 다가서더니 그녀에게 이렇게 말했다. "부인, 황송하지만 공작님께 소개해주는 영광을 베풀어주지 않으시겠습니까?" 게르망트 부인은 몹시 난감한 눈치였다. 그러나 결국, 아무리 남편에게 속고 있는 아내일지라도 그녀는 게르망트 공작부인이었고, 자기가 아는 사람을 남편에게 소개할 권리마저 빼앗긴 것처럼 보이고 싶지는 않았다. "바쟁." 그녀가 말했다. "헤르베크 씨를 소개하겠어요."—"내일 생퇴베르트 부인 댁에 가실 건지 여쭤보는 건 삼가겠습니다만," 프로베르빌 대령이 게르망트 부인에게 말한 까닭은 헤르베크 씨의 불편한 요청에 의한 괴로운 분위기를 날려버리기 위해서였다. "파리의 명사들이 모두 갈 모양이던데요."

그동안 게르망트 공작은 느닷없이 주제넘은 음악가 쪽으로 몸을 돌리더니, 말없이 분노를 드러내며, 벼락을 내려치는 유피테르처럼 상대 앞에 버티고 선 채, 몇 초 동안 꼼짝도 하지 않았다. 그 눈은 분노와 경악으로 활활 타오르고, 곱슬머리는 분화구에서 막 튀어나온 것처럼 거꾸로 서 있었다. 그러다가 먼저 도발적인 태도를 취하여, 자신이 바이에른의 음악가 따위는 알 리가 없다는 것을 그 자리에 있던 모든 사람에게 증명하듯이 보여준 뒤, 충동에 사로잡혔을 때야말로 비로소 요구된 예의를 수행할 수 있다는 듯, 새하얀 장갑을 낀 두 손으로 뒷짐을 지고는 앞으로 몸을 숙여 음악가에게 들이대는 것처럼 인사를 했는데, 허리를 지나치게 깊이 꺾어서, 너무나 어이없고 화가 난 나머지 몹시 당돌하고 격렬하게 보였으므로 질겁한 예술가는 배에 무서운 박치기를 당할까 봐 두려워서 자기도 얼른 머리를 숙이며 뒤로 몸을 뺐다.

"하지만 공교롭게도 나는 파리에 있지 않을 거예요." 공작부인이 프로베르빌 대령에게 대답했다. "실은(말하고 싶지 않지만) 이 나이가 되도록 몽포르 라모리 성당의 그림 유리창을 구경하지 못했거든요. 부끄러운 일이지만 사실이에요. 그래서 이 무지의 죄를 씻으려고 내일 그것을 구경 가기로 했답니다."

브레오테 씨는 미묘한 미소를 지었다. 사실 그는 이해하고 있었다. 공작부인이 그 나이가 되도록 몽포르 라모리의 그림 유리창을 몰랐다 하더라도, 이 미술 견학이 갑자기 '염증을 무릅쓰고' 하는 수술처럼 짧은 시간을 다툴 리도 없고, 25년 이상이나 늦추어왔으니 24시간쯤 늘여도 지장이 없을 터였다. 공작부인이 꾸민 계획은 단순히 게르망트의 방식에서 나온 법령을 공포하는 것에 지나지 않았다. 그것은 분명히 말해서 생퇴베르트의 살롱은 조금도 대단한 가문이 아니라, 〈골루아〉지의 사교란에 실리는 이름으로 제 몸을 꾸미기 위해 남들을 초대하는 집이며, 거기에 얼굴을 내밀지 않는 여성이야말로(어쩌면 한 사람뿐일지도 모르지만) 가장 고상하다는 보장이 주어지는 집안임을 말하는 것이었다. 브레오테 씨가 느낀 미묘한 재미는, 사교계 사람들이 게르망트 부인이 하는 행동을 바라볼 때 느끼는 시적(詩的)인 즐거움에 의해 배가되어 있었다. 지위가 낮은 그들로서는 흉내도 낼 수 없는 일이지만, 마치 밭에 속박되어 있는 농부가 자기들의 머리 위를 지나가는 더욱 자유롭고 부유한 사람들을 보고 미소를 흘리듯이, 그것을 보기만 해도 미소가 떠오르는 것이었다. 그러나 그 미묘한 쾌락은, 프로베르빌 씨가 어떡해서든 숨기려고 노력하면서도 곧 느끼고 만, 미친 듯한 기쁨과는 아무 관계도 없는 것이었다.

웃음소리가 새나가지 않도록 죽을힘을 다해 참았으므로 얼굴이 수탉처럼 빨개졌지만, 그래도 프로베르빌 씨는 몹시 기뻐서 말도 제대로 하지 못하고 딸꾹질을 하면서도 연민을 담아 이렇게 외쳤다. "오오! 불쌍한 생퇴베르트 아주머니는 몸져눕고 말 겁니다! 가엽게도 그 사람은 기대했던 공작부인을 만나지 못하는군요! 얼마나 타격이 클까요! 어쩌면 죽어버릴지도 모르겠습니다!" 그는 배를 잡고 웃었다. 뿐만 아니라 너무 도취해서 발을 구르고 손까지 비벼댔다. 게르망트 부인은 프로베르빌 씨의 호의를 충분히 인정하며 한쪽 눈과 한쪽 입가로 웃었지만, 그래도 죽을 만큼 지루한 것은 마찬가지여서 마침내 그의 곁을 떠나기로 했다.

"저어, 나 아무래도 실례해야겠어요." 그녀는 자리에서 일어서면서, 우울한 체념의 표정으로 마치 불행한 일이라도 있는 듯한 목소리로 말했다. 그녀의 푸른 눈에 마치 주문이 걸린 것처럼, 그 부드러운 음악 같은 목소리는 요정이 뱉어내는 시적인 한숨 소리를 떠오르게 했다. "바쟁이 마리 질베르를 잠깐 보고 오라고 하니까요." 사실 그녀는 프로베르빌의 얘기를 듣는 데 진력나 있었다. 그는 게르망트 부인이 몽포르 라모리에 간다는 게 부러워 죽을 지경이었는데, 그녀로서는 그 성당의 그림 유리창에 대한 이야기를 그가 처음 듣는다는 것, 또 그가 무슨 일이 있더라도 생퇴베르트의 마티네를 놓칠 리가 없다는 걸 잘 알고 있었다. "그럼 안녕, 거의 얘기도 못 나눴네요. 사교계란 언제나 이렇다니까요, 서로 얼굴도 못 보고 하고픈 말도 다 못 하거든요. 하긴 이 세상은 어디서나 다 똑같지만. 죽은 뒤의 세상에선 좀더 형편이 나아졌으면 좋겠어요. 적어도 늘 상체를 드러낼 필요는 없겠죠. 또 누가 아나요? 큰 파티 때마다 자기 뼈와 구더기를 자랑삼아 보일지. 안 그래요? 저기 좀 보세요. 랑피용 부인을. 저 모습이 가슴이 트인 드레스를 입은 해골과 그리 차이가 있다고 생각하시나요, 그러고 보니 똑같잖아요? 적어도 백 살은 되었을 테니까. 내가 사교계에 처음 나왔을 때, 저분은 이미 성스러운 도깨비 같아서 그 앞에 나가 절하기가 무서웠지요. 벌써 오래전에 돌아가신 줄 알았는데, 그렇지 않고서야 눈에 보이는 저 광경을 어떻게 설명하겠어요? 정말 어찌나 놀랐는지 예배라도 드리고 싶은 기분이에요. 마치 캄포 산토(Campo Santo)* 같아요!" 공작부인은 이미 떠나고 있었다. 프로베르빌이

---

* 이탈리아어로 직역하면 성스러운 들. 곧 묘지.

부인의 뒤를 쫓아갔다. "마지막으로 한마디만 더 여쭙고 싶은데요." 공작부인은 좀 짜증나는 기색으로 거만하게 말했다. "또 뭔가요?" 그는 마지막 순간에 마음이 변해 몽포르 라모리에 가는 것을 그만둘까 봐 걱정이 되었던 것이다. "생퇴베르트 부인이 상심하실까 봐 아까는 말씀드리지 못했는데, 그집에 안 가신다니까 말씀드립니다. 실은 저도 부인을 위해 매우 다행으로 생각했습니다. 그 댁에는 홍역이 돌고 있답니다!"—"아이 무서워라!" 병에 겁이 많은 오리안이 말했다. "하지만 난 괜찮아요, 이미 앓았으니까요. 홍역은 두 번 걸리지 않아요."—"의사들은 그렇게 말하죠. 그렇지만 내가 아는 사람 가운데 네 번 걸린 이가 있습니다. 어쨌든 알려드리는 겁니다." 프로베르빌로 말하자면, 이 가짜 홍역이 진짜가 되어 그가 그것에 걸려 자리에 몸 져눕지 않는 한, 그토록 여러 달 동안 학수고대하던 파티에 참석하는 것을 단념하지 못했으리라. 그에게는 거기서 수많은 멋진 여성들을 구경한다는 기쁨이 있었다. 그보다 더 큰 기쁨은 그곳에서 실수를 몇 가지 목격하는 기쁨, 특히 멋진 여성들과 가까이 사귀었다고 오랫동안 자랑할 수 있고, 남의 실수를 부풀리거나 지어내어 탄식할 수 있는 쾌락이 있었다.

공작부인이 자리를 떠난 틈을 타, 나도 일어나 흡연실에 가서 스완에 대해 물어보려고 생각했다. "바발(브레오테)이 한 말은 한마디도 믿지 마세요." 그녀가 내게 말했다. "그 귀여운 몰레 백작부인도 절대로 그런 곳에 들어갔을 리가 없어요. 우리 관심을 끌려고 그런 말을 한 거예요. 백작 부부는 아무도 초대하지 않고 또 어디에도 초대되지 않아요. 백작 자신도 그 점을 털어놓고 말하죠. '우리는 단둘이 우리집 난롯가에 가만히 있다'고요. 그분은 늘 우리라고 말해요. 왕처럼 우리라고 말하는 게 아니라, 아내를 포함해서 하는 말이죠. 구구하게 말하진 않겠지만, 난 꽤 사정에 밝답니다." 공작부인과 나는 두 젊은이와 엇갈렸는데, 그들의 뛰어난 미모는 서로 닮지는 않았으나 같은 여성의 혈통을 이어받은 것이었다. 그들은 쉬르지 부인의 두 아들이었으며, 부인은 게르망트 공작의 새 애인이었다. 두 젊은이는 어머니의 완벽한 아름다움을 물려받아 빛을 발하고 있었는데, 다만 저마다 다른 아름다움을 물려받았다. 한 아들에게는 굽이치고 있는 쉬르지 부인의 여왕처럼 당당한 풍채가 남성적인 육체 속에 전해지고, 또 어머니와 아들의 똑같이 창백한 피부색은 열을 간직하고 있어서 신성한 붉은빛을 띠고 있으며, 그것은 대리석 같은 뺨도 마찬가지였다. 그러나 또 한 아들에게는 어머니로부터 그리스 사람 같은 이마, 완벽한 형태의 코, 조각상 같은 목덜미, 아득히 먼 곳을 바라보는 듯한 눈매를 물려받았다. 여신이 나눠준 다양한 선물에 의해 이렇게 완성된 그들의 두 아름다움은, 그 아름다움을 만들어낸 근원이 그들의 바깥에 있다는 것을 생각하는 추상적인 즐거움을 제공하고 있었다. 그것은 마치 그들 어머니의 중요한 속성이 두 육체 속에 구현된 듯싶었다. 마치 유피테르 또는 미네르바의 '힘'과 '아름다움'을 나타낸 신들이 있듯이, 한 젊은이는 어머니의 키와 피부색을, 또 한 사람은 어머니의 눈매를 드러내고 있는 것처럼 느껴졌다. 두 젊은이는 게르망트 공작을 '우리 부모님의 친구'라고 말하며 마음으로 존경했는데, 맏이는 그래도 공작부인에게 인사하러 가는 것을 삼가는 편이 현명하다고 생각했다. 아마도 그 이유는 잘 이해되지 않았겠지만, 공작부인이 자기 어머니에게 반감을 품고 있다는 것을 알고 있었다. 그래서 그런지 그는 우리를 보자 얼굴을 슬쩍 피하는 듯했다. 동생은 아둔한 데다 근시안이어서 늘 형을 흉내 내며 자기 생각을 가지고 있지 않았으므로 형과 비슷한 각도로 고개를 숙였다. 그러고는 둘 다 마치 우화 속에 그려진 두 형태처럼 앞뒤로 나란히 오락실 쪽으로 쭉쭉 나아갔다.

그 방에 닿기 직전에 나는 시트리 후작부인에게 붙잡히고 말았다. 여전히 아름다운 사람이지만 입에서 거품이 튈 것 같은 기세였다. 상당한 귀족 출신으로 빛나는 고귀한 가문에서 태어난 그녀는 호화로운 결혼식을 올리고 싶어서 오말 로렌의 증손자인 시트리 씨에게 시집감으로써 소원을 성취했다. 그러나 만족을 얻자, 그녀의 부정적인 성격은 곧 상류 사회 사람들을 몹시 싫어하게 되었다. 그래도 사교 생활을 전적으로 배척하지는 않았다. 어디든 야회에 갈 때마다 그녀는 사람들을 비웃었는데, 그 경멸이 어찌나 격렬했는지 웃는 것만으로는 성에 차지 않는 듯 목구멍을 웽웽 울리는 소리로 말하는 것이었다. "아, 정말!" 그녀는 방금 내 곁을 떠나 저만치 간 게르망트 공작부인을 가리키면서 말했다. "어처구니가 없다니까요. 어떻게 저런 생활을 할 수 있는지!" 도대체 이 말은 이교도들이 스스로 진리를 깨닫지 못하는 것을 보고 놀라는 노기등등한 성녀의 말인가? 아니면 살육에 굶주린 여성 아나키스트의 입에서 나온 말인가? 어쨌든 이 심한 비난은 전적으로 부당한 것이었다. 첫째, 게르망트 부인이 '하고 있는 생활'은 시트리 부인의 생활

(분개는 빼놓고)과 거의 다르지 않았다. 시트리 부인은 공작부인이 마리 질베르의 야회에 참석하는, 도저히 견딜 수 없는 희생을 치르는 걸 보고 놀랐다는 것이다. 이 점에 대해 미리 얘기해둘 것은, 시트리 부인이 말은 그렇게 하면서도 대공부인을 매우 좋아했고, 사실 대공부인은 무척 마음이 착한 사람이었다. 또 그녀는 야회에 가면 대공부인이 아주 기뻐하리라는 것을 알고 있었다. 그래서 이 연회에 오려고 어느 여성 무용가와의 약속을 거절해버렸을 정도인데, 그 무용수는 그녀가 천재로 여기는 사람으로, 러시아 발레 안무의 비밀을 가르쳐주기로 되어 있었다. 둘째, 오리안이 아무 초대 손님에게나 인사하는 걸 보고 시트리 부인이 느낀 격렬한 분노가 그렇게 중시할 만한 일이 아님을 설명하는 이유로서, 게르망트 부인도 증상이 훨씬 가볍기는 하지만 시트리 부인을 괴롭히고 있는 병의 징후를 보여주고 있었다는 사실이다. 하기야 게르망트 부인이 선천적으로 그런 경향의 소질을 갖고 있는 것은 이미 보아왔다. 결국 시트리 부인보다 총명한 게르망트 부인은, 그녀 이상으로 이런 허무주의(반드시 사교적인 것에만 한하지 않는 허무주의)를 지니고 있어도 상관없으리라. 그런데 어떤 종류의 뛰어난 장점을 가진 사람은 이웃의 결점에 괴로워하기보다 오히려 그것을 참을 수 있는 것도 진실이다. 그리고 보통 재능이 풍부한 사람은 어리석은 자보다, 다른 사람의 어리석은 행동에 그다지 주의를 기울이지 않는다. 우리는 이미 공작부인이 어떤 재능을 가진 사람인지 장황하게 묘사해왔다. 그래서 설령 높은 지성과 공통된 점이 하나도 없다 해도 그 또한 재능이며, 통사법(統辭法)의 갖가지 형태를(번역자처럼) 능숙하게 쓰는 재능임을 이해해주리라 생각한다. 그런데 시트리 부인에게서는 그런 점을 전혀 볼 수 없었으므로, 그녀에게는 자신과 똑같은 타인의 성질을 경멸할 자격이 없는 것처럼 여겨졌다. 그녀는 모든 사람을 바보라고 생각했는데, 대화나 편지에 나타나는 그녀는 본인이 그토록 경멸하는 사람들보다 오히려 뒤떨어져 있었다. 게다가 그녀는 강한 파괴욕을 가지고 있어서, 사교계를 거의 포기한 뒤에 그녀가 차례차례 추구한 즐거움도 그 무서운 파괴력의 영향을 받았다. 야회를 그만두고 음악회에 가게 되었을 때 그녀는 이렇게 말하기 시작했다. "이런 걸 좋아해요? 이런 음악을? 아아, 지긋지긋해, 시기마다 달라요. 얼마나 지루한지! 아아, 베토벤이래, 이젠 질렸어요!" 바그너에 대해서, 그리고 프랑크와 드뷔시에 대해서는 '질렸다'는 말

조차 하지 않고, 그저 이발사처럼 손으로 얼굴을 문지르는 시늉만 할 뿐이었다. 얼마 지나지 않아 모든 것이 지겨워졌다. "정말 지겨워, 아름다운 것은! 아아! 그림 따위, 미칠 것 같아……. 당신 말이 옳아요, 정말 지겨워요, 편지를 쓴다는 것 말이에요!" 드디어 삶 자체가 따분한 거라고 딱 잘라 말하기에 이르렀다. 따분하다는 비유를 어디서 주워 왔는지는 모르지만.

내가 게르망트 공작부인 집에서 처음으로 만찬을 한 저녁에 부인이 이 방에 대해 들려준 이야기 탓인지 알 수 없지만, 어쨌든 이 오락실인지 흡연실인지 하는 곳에는, 무늬가 들어 있는 마룻장, 삼각의자, 이쪽을 노려보는 듯한 신들과 동물들 조각상, 의자 팔걸이에 길게 앉아 있는 스핑크스, 특히 에트루리아와 이집트 예술을 얼마간 본뜬 것처럼 보이는 상징적인 무늬로 가득한 데다 대리석인가 칠보가 모자이크된 커다란 테이블이 있는데, 그러한 것이 놓여 있는 이 오락실은 나에게는 정말 마법의 방 같은 효과를 냈다. 그 번쩍거리는 점치는 테이블에 의자를 바싹 대고 샤를뤼스 씨가 앉아 있었다. 그는 카드에 손도 대지 않고 주위 일에는 무관심한 듯, 내가 들어간 것도 모르고 그야말로 의지와 추리의 전력을 기울여 점괘를 이끌어내려는 마술사 같은 모습이었다. 그는 삼각의자에 앉아 신탁을 전하는 고대 그리스 무녀 피티아처럼 두 눈을 금방이라도 튀어나올 것처럼 부릅뜨고 있을 뿐만 아니라, 조금의 움직임도 허용치 않는 미묘한 일에서 집중력을 잃지 않으려고, (문제를 풀기 전에는 다른 일은 아무것도 하지 않겠다는 수학자처럼) 조금 전까지 입에 물고 있던 여송연도 내려놓은 채, 그것을 피울 만한 정신도 없어 보였다. 그의 맞은편에 놓인 안락의자 팔걸이에 웅크리고 있는 두 신상을 보면, 남작은 스핑크스 수수께끼를 풀려고 애쓰는 것으로도 보였지만, 오히려 그의 과녁은 바로 그 의자의 주인, 거기에 앉아 트럼프 놀이를 하는 살아 있는 한 젊은 오이디푸스의 수수께끼를 생각하는 중이었다.

그런데 샤를뤼스 씨가 그처럼 긴장하여 온 정신을 기울여 노려보는 도형(圖形)은, 솔직히 말해 우리가 보통 기하학적인 방법으로 연구하는 도형에는 속하지 않았다. 그것은 젊은 쉬르지 후작의 얼굴선이 그려내고 있는 도형이었다. 샤를뤼스 씨가 그토록 몰입해 있는 걸 보면, 대상은 뭔가 마름모꼴로 적혀 있는 말이나 수수께끼 또는 난해한 대수 문제이고, 그는 그 수수께끼를 명확하게 풀어서 공식을 이끌어내려고 노력하는 듯했다. 그 앞에는 신탁처럼 이해할 수 없는 표시와 율법의 석판에 새겨진 도형이 있고, 그것은 늙은 마법사에게 그 젊은이의 운명이 향하는 방향을 알려주는 마법 책이 아닐까 하는 생각이 들었다. 갑자기 그는 내가 바라보는 걸 언뜻 의식하고 꿈에서 깨어나듯 고개를 들어 얼굴을 붉히면서 나에게 미소 지었다. 그 순간 쉬르지 부인의 또 다른 아들이 내기를 하고 있는 아들의 카드를 보러 그 옆에 다가왔다. 내가 두 젊은이는 형제라고 가르쳐주자, 샤를뤼스 씨 얼굴에 숨길 수 없는 감탄이 나타났는데, 그것은 이토록 훌륭하고 빼어난 걸작을 만들어낸 집안이 일깨운 감정이었다. 그리고 남작의 감격을 더욱 크게 했을지도 모르는 것은, 쉬르지 부인의 두 아들이 단순히 같은 어머니의 아들일 뿐만 아니라 같은 아버지에게서 태어났다는 사실이었다. 유피테르의 자녀들은 서로 달랐는데, 그것은 유피테르가 처음에는 메티스와 결혼해야 그 배에서 많은 현명한 자녀들이 탄생할 운명이었는데도, 다음에 테미스와, 그 다음에는 에우리노메, 또 므네모시네, 그리고 레토, 마지막에 겨우 유노와 결혼했기 때문이다. 그러나 쉬르지 부인은 한 아버지에게서 두 아들을 낳았고, 그 아들들에게 그녀의 아름다움을, 게다가 서로 다른 아름다움을 물려주었으니 참으로 장한 일이 아닌가!

드디어 스완이 들어와 나는 무척 기뻤지만 이 방이 너무 커서 처음에는 그가 나를 알아보지 못했다. 그 기쁨에는 슬픔도 섞여 있었는데, 아마 다른 손님들은 느끼지 못한 슬픔이리라. 그들은 오히려 머지않아 찾아올 죽음이, 사람들이 죽을상이라고 부르는, 생각지도 못한 독특한 형태로, 이미 얼굴에 나타나 있는 것을 보고 무언가 홀린 듯한 기분을 느꼈을지도 모른다. 모든 사람은 거의 뻔뻔하다고도 할 수 있는 경악한 표정으로 그 얼굴에 시선을 퍼부었는데, 거기에는 염치없는 호기심, 잔혹함과 함께, 자기 자신을 돌아봤을 때의 편안함과 염려가 담겨 있었다(로베르였다면 '수아베, 마리 마그노'*1와 '메멘토, 퀴아 풀비스'*2를 섞은 것이라고 말했으리라). 질병은 마치 달이 이

---

*1 '재미있어라, 바다에 풍파가 일어났을 적에(suave, mari magno)', '사람이 힘들게 싸우는 꼴을 뭍에서 바라봄이란(turbantibus aequora ventis, 루크레티우스의 《만물의 본성에 대하여》)'의 앞부분과 구약성서의 말을 합친 말장난.

*2 '기억하라. 흙으로 돌아갈 것이니라(memento, quia pulvis)'라는 라틴어. 재의 수요일에 신부가 신자의 이마에 재를 뿌리면서 외는 말(창세기 3장 19절).

지러지는 것처럼 뺨을 완전히 깎아버려서 어떤 각도, 아마 스완이 자신의 얼굴을 거울에 비춰볼 때 그렇겠지만, 그 각도에서 보았을 때 말고는 뺨이 홀쭉하게 패여 있었다. 마치 연극 무대장치가 눈의 착각으로 두껍게 보이지만, 실제로는 아무것도 아닌 것과 같다. 그런 모양으로 뺨이 깡말라서 코가 튀어나온 건지, 또는 그 자체가 중독 증상의 하나인 동맥경화 때문에 술꾼처럼 코가 빨개진 건지, 아니면 모르핀의 영향으로 형태가 무너진 건지, 오랫동안 인상 좋은 얼굴 속에 조화를 이루고 있던 스완의 코가 지금은 어릿광대처럼 커다랗게 부풀어올랐을 뿐만 아니라 새빨갛게 되어서 발루아 왕조의 기묘한 남자의 코가 아니라 마치 늙은 히브리인의 코처럼 보였다. 게다가 아마 그는, 최근에 유대 종족이 다른 유대인과의 정신적 연대감과 동시에, 종족을 특징짓고 있는 육체적인 유형도 훨씬 두드러지게 나타냈을 그 연대감을 평생 동안 잊고 있었던 것처럼 보이지만, 그의 불치병과 드레퓌스 사건, 반유대주의 프로파간다가 서로 이어져 그 감정을 일깨운 것이었다. 어떤 이스라엘 사람은 매우 세련되고 섬세한 사교인인데도, 그 무대 뒤에는 야비한 남자나 예언자가 기다리고 있다가, 생애의 일정한 시기가 되면 마치 연극 속에서처럼 무대에 등장하기 마련이다. 스완은 이 예언자의 나이에 이르러 있었다. 물론 그의 얼굴은 어느 한 쪽이 질병의 영향으로 완전히 사라지고 없었다. 마치 얼음덩어리가 녹아서, 곳곳이 모두 떨어져나가 버린 듯이. 그리하여 그 얼굴은 완전히 변해버렸지만, 나는 그 이상으로 나에게 있어서 스완이 얼마나 변했는가 하는 것에 가슴이 아팠다. 이 훌륭하고 교양 있는 인물, 그런 그를 만나는 일은 지루할 리가 없었을 텐데, 지금은 어떻게 자신이 옛날의 그 스완에게 그만한 신비를 심을 수 있었는지 이해가 되지 않았다. 그 신비 덕분에 스완이 샹젤리제에 나타나면 나는 가슴이 두근거려서 명주로 안을 댄 그 망토에 다가가는 것도 부끄러웠고, 또 그러한 사람이 살고 있는 아파트 출입구에서는 끝없는 혼란과 공포를 느끼지 않고는 초인종을 울릴 수가 없었다. 그런데 그 모든 일이 그의 집에서 사라졌을 뿐만 아니라, 그라는 인간으로부터도 사라지고 말았다. 그리고 그와 이야기를 하는 거라 생각해도, 그것이 기분 좋을 때도 있고 그렇지 않을 때도 있을지언정, 내 신경계통은 전혀 자극을 받지 않았다.

더구나 내가 게르망트 공작의 서재에서 그를 만난 그날 오후 이후로—다시 말해 겨우 몇 시간 전부터—그는 얼마나 많이 변했는지! 도대체 그는 정말로 대공과 언쟁을 했으며 그것 때문에 깊은 상처를 받은 걸까? 그러나 가정할 필요는 없었다. 중병에 걸린 사람에게는 조금이라도 노력을 요구하면 금세 과로가 되어버린다. 이미 지친 몸에 야회의 열기를 쐬면 얼굴은 곧 일그러지고 얼굴빛은 창백해진다. 마치 너무 익은 배나, 쉬기 직전의 우유가 하루도 못 가서 상하듯이. 게다가 스완의 머리카락은 군데군데 숱이 줄어들어, 게르망트 부인의 말마따나 모피 장수가 필요한 상태였고, 장뇌(樟腦)가 들어 있었던 것처럼, 그것도 잘못 넣은 듯이 보였다.

그런데 내가 흡연실을 가로질러 스완에게 말을 건네려고 했을 때, 공교롭게도 한 손이 내 어깨를 툭 치는 것이었다. "안녕, 여보게, 48시간 예정으로 파리에 왔네. 자네 집에 들렀더니 여기 있다고 하더군. 그러니까 자네 덕분에 숙모네 연회에 참석하는 영광을 얻은 셈이지." 생루였다. 나는 그에게 내가 이 저택을 얼마나 아름답다고 생각하는지에 대해서 얘기했다. "그래, 꽤역사적인 건축물이지, 내게는 진력나지만. 팔라메드 아저씨 곁에 가까이 가지 말자구, 갔다간 덥석 붙잡고 말 테니까. 몰레 부인(지금 고삐를 쥐고 있는 게 부인이니까)이 돌아갔으므로 아저씬 거북해서 어쩔 줄 몰라 하고 있거든. 정말 볼만 했나 봐. 몰레 부인의 곁을 한 발짝도 떠나지 않고 있다가 몰레 부인을 마차에 태워주고 나서야 손을 놓았다니까. 아저씨를 탓하고 싶진 않지만, 다만 우스꽝스러운 것은 나에게는 언제나 엄격한 친족회의 구성원들이, 바로 친척들 중에서도 가장 요란하게 노는 무리라는 점이야. 그 으뜸이 누구보다도 놀기 좋아하는 샤를뤼스 아저씨인 셈이지. 그 아저씨가 내 후견감독인인데, 본인은 돈 후안(Don Juan)에 비견할 만한 난봉꾼이고, 게다가 그 나이에 아직도 행실을 고치지 못했다니 말이야. 한때는 나에게 후견인을 붙이는 게 문제가 된 적이 있었지. 내 생각에 여자 엉덩이만 쫓아다니는 그런 늙은이들이 모여 문제를 검토하고 나를 불러 설교한답시고 내가 어머니를 고생시키고 있다고 말했을 때, 그자들은 서로 얼굴을 마주보면서 웃을 수밖에 없었을 거야. 자네도 이 가족회의 구성원을 살펴봐. 여자 치마를 걷어 올리는 짓에만 열을 올리는 자들을 일부러 고른 감이 없지 않을 테니." 샤를뤼스 씨에 대해 내 친구가 놀라는 것은 너무나 당연한 일이었지만, 그 샤를뤼스 씨는 제쳐두고, 다른 여러 이유에서도—하지만 그 이유는 나중에 내 머릿속에서 바뀌어버리지만—지난날 어리석은 짓을 했던 친척들, 지금도 그런 짓을 계속하고 있는 자들이 젊은이에게 설교를 하는 건 당치도 않은 일이라고 로베르가 생각한 것은 크게 잘못된 일이었다.

유전이나 혈통에 의한 유사만을 문제로 삼는다면, 조카에게 설교하는 역할을 맡은 아저씨가 그 조카와 거의 같은 결함을 지니고 있는 것은 피할 수 없는 일이다. 게다가 아저씨는 그런 자신의 결함을 조금도 숨기지 않으며, 새로운 상황에 부딪칠 때마다 '별개의 문제'라고 믿는 인간의 능력에 의해 속고 있는 것에 지나지 않는다. 그 능력 덕분에 사람은 예술과 정치, 그 밖의 것에 대해 여러 가지 오류를 저지르는데, 10년 전에도 같은 것을 진리로 여겼었다는 사실은 깨닫지 못한다. 그 무렵에는 다른 회화의 유파를 헐뜯거나 다른 정치적 사건을 증오해야 한다고 생각했지만, 사람은 거기서 벗어나서, 같은 것이 새롭게 치장하고 있는 줄은 꿈에도 모르고, 지금은 그것을 받아들이고 만다. 게다가 설령 아저씨의 과실이 조카의 그것과 다르더라도, 어느 정도까지 유전이 그 인과율을 이루고 있을 수는 있다. 왜냐하면, 복사가 원본과 다르듯이 결과는 반드시 원인을 닮은 건 아니기 때문이며, 설령 아저씨의 과실이 더 크다 하더라도, 아저씨는 자기 쪽이 훨씬 더 가볍다고 진심으로 믿을 수가 있기 때문이다.

샤를뤼스 씨가 화를 내며 로베르를 질책했을 때, 로베르는 아저씨의 진짜 취향을 아직 모르고 있었다. 그 시기에는 설령 남작이 아직 자신의 취향을 명예롭지 못하게 생각하고 있었다 해도, 사교계 사람이라는 관점에서 보면, 그는 로베르가 자기보다 훨씬 죄 많은 인간이라고 진심으로 생각할 수 있었을 것이다. 로베르는 아저씨가 자신에게 도리를 설교하는 역할을 하고 있었을 무렵, 하마터면 사교계에서 추방당할 뻔하지 않았던가? 하마터면 자키 클럽에서 제명될 뻔하지 않았던가? 가장 너절한 부류에 속하는 한 여자를 위해 엄청난 돈을 낭비하고, 작가와 배우와 유대인 등, 누구 하나 사교계에 속하지 않은 사람들과 친하게 지내거나, 배신자나 다름없는 견해를 가지고 모든 가족에게 고통을 주었으므로 모두의 웃음거리가 되지 않았던가? 이러한 추문으로 가득한 생활이 어떻게 샤를뤼스 씨의 생활과 비교될 수 있으랴? 샤를뤼스 씨는 지금까지 사교계에서 절대적인 특권을 가지고, 선별된 사교인들로부터 더할 나위 없는 칭찬을 받으며 인기를 누려왔으므로, 단순히 게르망트 집안의 일원으로서 그 지위를 유지해왔을 뿐만 아니라, 그것을 더욱 높여서 부르봉 왕가의 공주인 어느 뛰어난 여성과 결혼하여 그녀를 행복하게 해주었고, 그녀가 죽은 뒤에도 사교계 관습을 뛰어넘는 정성으로 열심히 명복을 빌어주어 착한 남편이자 훌륭한 아들 노릇을 이어오지 않았던가?

"하지만 샤를뤼스 씨에게 수많은 정부가 있었다는 건 확실한가?" 내가 그렇게 물은 까닭은, 물론 내가 몰래 본 비밀을 로베르에게 누설하려는 악마적인 의도에서는 아니었으며, 그가 그토록 자신만만하게 독선적으로 잘못된 주장을 하는 것을 듣고 시큰둥했기 때문이다. 그는 나를 풋내기로 생각해선지 대답 대신 어깨를 으쓱했을 뿐이다. "아니 뭐 그렇다고 아저씨를 비난하는 건 아니야. 아저씨는 완전히 옳다고 나는 생각해." 그리고 그는 발베크에서라면 그 자신이 몸서리쳤을 하나의 이론을 나에게 설명하기 시작했다(그 무렵 그는 난봉꾼이라고 낙인을 찍는 정도로는 부족하며, 사형만이 그 죄에 어울리는 벌이라고 생각했다). 그것은 그때에 아직 그가 여자를 사랑하고 질투를 느끼고 있었기 때문이다. 그런데 지금은 매춘굴을 예찬하기까지 했다. "그런 데가 아니면 발에 꼭 맞는 신발을 찾지 못해. 군대에서 자기 치수라고 일컫는 것 말이야."

발베크에서 내가 그런 장소에 대해 말할라치면 그는 반발했는데, 지금은 혐오감조차 나타내지 않았으므로, 나는 그의 이야기를 들으면서 옛날 블로크가 비슷한 장소를 가르쳐준 적이 있다고 말했다. 그런데 로베르는 블로크가 가는 집은 틀림없이 '몹시 살풍경한 가난뱅이의 천국'이 틀림없다고 대답하는 것이었다. "결국 장소에 따라 달라. 그건 어디였나?" 나는 얼렁뚱땅 넘겨버렸다. 그곳은 바로 로베르가 그토록 사랑했던 라셀이 금화 한 푼에 몸을 맡기던 장소였기 때문이다. "아무튼 더 좋은 데를 알려줌세, 깜짝 놀랄 정도로 멋있는 여자들이 가는 데야." 그가 알고 있는 장소는 분명히 블로크가 가르쳐준 곳보다 훨씬 고급스러울 것 같아서, 되도록 빨리 그곳으로 안내해달라고 조르자, 그는 이튿날 부대로 돌아가므로 이번엔 그렇게 할 수 없다고 진심으로 미안한 듯한 표정을 지었다. "다음에 올 때 안내하겠네." 그가 말했다. "기대하시라, 젊은 아가씨들도 있으니까." 그는 의미심장하게 덧붙였다. "귀여운 아가씨가 하나 있다네……. 아마 오르주빌이라는 이름이었던 것 같은데 다음에 정확하게 가르쳐주지. 어엿한 집안의 아가씨야. 어머니가 라크루아 레베크 가문 태생인가 봐. 상류 사회의 엘리트 가족인데, 틀림없이 오리안 숙모와도 먼 친척일 거야. 게다가 그 아가씨는 겉으로 언뜻 보아도 상당한 집안의 규수라는 게 느껴지거든(나는 로베르의 목소리에서 한순간 게르망트 집안 정령의 그림자가 떠오르는 걸 느꼈으나, 그것은 걸음을 멈추려 하지 않고 구름처럼 매우 높은 곳을 지나가버리고 말았다). 그녀를 발견한 게 나에겐 신비로운 사건 같아. 부모는 늘 아파서 딸을 돌보지 못했어. 물론 아가씨는 심심풀이로 하는 거지. 그래서 난 자네를 믿고 자네가 그 귀여운 아가씨를 위로해주기를 바라네!"—"좋지, 좋아! 자네 언제 돌아올 건가?"—"몰라, 만일 자네가 꼭 공작부인만 고집하지 않는다면(서민이 공주라고 부르듯이, 귀족계급에서 공작부인이라는 칭호는 특별히 빛나는 지위를 가리키는 유일한 칭호였다) 조금은 다른 부류이기는 하지만, 퓌트뷔스 부인의 첫째 하녀가 있네."

이때 쉬르지 부인이 두 아들을 찾으러 오락실에 들어왔다. 샤를뤼스 씨는 그녀를 언뜻 보자 친절하게 그녀 쪽으로 갔다. 후작부인은 남작의 쌀쌀한 태도를 '예상'했던 만큼 기분 좋은 놀라움을 느꼈다. 그도 그럴 것이 남작은 옛날부터 언제나 오리안의 보호자 행세를 하면서, 게르망트 일족 가운데—많은 사람은 공작의 막대한 유산만 노리고, 또 공작부인에 대한 질투에 사로잡혀 공작의 요구에 따르고 있었는데도—그 한 사람만은 가차 없이 형의 애인들을 멀리해왔기 때문이다. 그래서 쉬르지 부인은 남작의 그런 태도를 두려워하고 있었으며, 그 태도의 원인이 어디에 있는지 잘 이해할 수 있었지만, 남작이 그것과 정반대의 태도로 맞이할 이유가 있을 거라고는 꿈에도 생각지 않았다. 그는 옛날 자케(Jacquet)*가 그린 그녀의 초상화를 칭찬했다. 이 칭찬은 순식간에 열광에 이르렀는데, 그것은 어느 정도 후작부인이 떠나는 것을 방해하기 위한 일이었고, 로베르가 적의 병력을 일정한 지점에 묶어두려는 작전을 평가하여 말하듯이 그녀를 '가까이 끌어오기' 위한 것이어서, 그런 뜻에서 조금 타산적이기는 했지만 어쩌면 진심에서 우러난 열광이었을지도 모른다. 왜냐하면 누구나 두 아들 속에 왕비 같은 위엄과 쉬르지 부인의 눈을 찾아내고 깊이 감동했지만, 남작은 그것과는 반대이지만 마찬가지

---

* 프랑스의 초상화가(1846~1909). 사교계 인사들을 많이 그렸음.

로 강렬한 쾌락, 그러한 매력이 어머니 속에 모두 갖춰져 있는 것을 보는 쾌락을 느낄 수 있었기 때문이며, 그것은 마치 초상화 한 장이 그 자체로서 욕망을 부추기는 건 아니지만 미적인 칭찬을 부채질함으로써, 거기서 눈뜬 욕망에 양식을 주는 것과 같았다. 나중에 돌이켜보면, 그런 욕망이 자케가 그린 초상화 자체에 관능적인 매력을 주고 있었다. 그리고 지금 이 순간 남작은, 두 쉬르지 집안 청년의 생리적인 계보를 연구하기 위해 기꺼이 그 초상화를 손에 넣고 싶었으리라.

"보게나, 내 말이 과장이 아니지." 로베르가 나에게 속삭였다. "저 꼴 좀 봐, 아저씨가 쉬르지 부인에게 얼마나 푹 빠져 있는지! 저런 모습에는 나도 좀 놀랐어. 오리안이 알면 얼마나 화를 낼까. 솔직히 말해 저런 사람에게 매달리지 않아도 여자는 얼마든지 있는데 말이야." 사랑하고 있지 않은 사람들이 다 그렇듯이, 그도 인간은 심사숙고한 끝에 갖가지 장점과 편의에 따라 사랑하는 상대를 선택하는 것으로 생각했다. 그리고 아저씨를 완전히 난봉꾼으로 오해하고 원망하는 마음에서 너무나 경솔하게 화제에 올리고 있었다. 누군가의 조카라면 그 응보 또한 피할 수 없다. 하나의 습관이 유전되어 언젠가 전해지는 것은 대부분의 경우 아저씨를 중개자로 한다. 그래서 독일 희극인 〈아저씨와 조카〉*라는 제목을 붙이고 하나의 화랑을 완전히 초상화로 장식할 수도 있으리라. 그런 희극에서는 아저씨가 점점 자기를 닮아가는 조카를, 물론 무의식적이지만 조심스럽게 지켜보는 모습을 볼 수 있다. 나는 여기에 사실 아무런 혈연관계도 없는 아저씨, 곧 조카의 처삼촌까지 진열해 놓지 않으면 완전한 화랑이 될 수 없다는 말을 하고 싶다. 수많은 샤를뤼스 씨들은 과연 자기만이 좋은 남편이고 또 자기만이 아내를 질투로 괴롭히지 않는 사내라고 굳게 믿으며, 귀여워하는 조카딸 또한 자기 같은 남자에게 시집보내고 싶어하는 게 보통이다. 이것이 유사의 실타래를 뒤엉키게 한다. 게다가 조카딸에 대한 애정에는 가끔 그 약혼자에 대한 애정도 합쳐진다. 이러한 결혼이 드물지 않은데, 사람들은 흔히 그것을 행복한 결혼이라고 부른다.

"무슨 얘기를 했더라? 그렇지, 금발에 키 큰 여인, 퓌트뷔스 부인의 하녀. 그녀는 여자도 좋아하지만 그런 건 자네에겐 상관없겠지. 솔직히 말해

---

* 실러 (Schiller)의 3막 희극.

그토록 아름다운 여자는 본 적이 없어."—"내가 상상하건대 몹시 조르조네*
풍인가 보군."—"엄청나게 조르조네풍이야! 아아! 파리에서 지낼 여유가
있다면 한번 멋들어지게 해볼 게 많건만! 그러고 나서 다른 여자로 옮기지.
이보게, 연애란 건 말이야 전부 엉터리야, 난 환상에서 깨어났네."

　나는 오래지 않아 그가 문학에서도 완전히 꿈을 잃어버렸음을 알고 깜짝
놀랐다. 요전에 만났을 때는 문학 자체가 아니라 오직 문학가들에게만 환멸
을 느끼는 것처럼 보였다(그자들은 거의 다 사기꾼들이라고 그는 말했다).
그것은 라셀의 어느 친구들에 대한 원한과 원망 때문이라고 설명할 수 있다.
실제로 그들은 라셀이 로베르라고 하는 '다른 인종에 속한 남자'의 영향을
받고 있는 한, 절대로 재능이 뻗어나지 못할 거라고 그녀를 설득하여, 로베
르가 그들은 위해 연 만찬 자리에서, 즉 로베르가 보는 앞에서 라셀과 함께
그를 조롱했다. 그러나 실은 문예에 대한 로베르의 애정은 조금도 깊이가 없
었고, 그의 본성에서 나온 것도 아니었다. 그것은 라셀을 사랑해서 생긴 것
에 지나지 않아 그 사랑이 사라짐과 동시에 문예에 대한 애정 또한 사라져버
린 것이다. 또한 쾌락을 좇는 남자들에게 느꼈던 혐오와 여성의 미덕에 대한
그의 종교적 경의도 사라지고 말았다.
　"저 두 청년은 어쩌면 저토록 신비스러운 모습일까요! 저 승부에 열중하
는 모습을 보십시오. 후작부인!" 샤를뤼스 씨는 그 두 사람이 누군지 전혀
모르는 듯이, 두 아들을 쉬르지 부인에게 가리키며 말했다. "저 청년들은 아
마도 동양 사람인가 봅니다. 얼굴에 어딘지 모르게 특색이 있군요. 터키 사
람일지도 모르지요." 그는 이렇게 덧붙였는데, 그것은 아무런 저의가 없는
척하면서 어렴풋이 반감을 표시하기 위한 것으로, 그 반감이 나중에 친절한
마음으로 바뀐다면, 두 청년이 누구인지 알고 나서 비로소 친절한 마음이 생
기는 셈이므로, 그것은 다만 쉬르지 부인의 아들이란 자격 때문이라는 사실
을 증명하는 결과가 될 터였다. 어쩌면 불손한 태도는 샤를뤼스 씨의 타고난
성질로, 그는 그런 태도를 보여주길 좋아해서, 두 청년의 출신을 모르고 있
는 줄 아는 잠깐을 이용하여 그의 버릇대로 쉬르지 부인을 안주 삼아 즐기며

_____
* 베네치아파의 화가(1477~1511).

비웃은 건지도 모른다. 마치 스카팽*이 주인이 변장한 것을 이용하여 주인을 지팡이로 실컷 때리듯이.

"저 애들은 내 아들들이랍니다." 쉬르지 부인이 얼굴을 붉히면서 말했다. 그녀가 좀더 세련되고 그렇게 딱딱한 여자가 아니었다면 얼굴을 붉히지는 않았을 것이다. 만약 그랬다면 샤를뤼스 씨가 어느 젊은 남자에 대해 보여주는 전혀 관심이 없다는 듯한 태도나 얕보는 기색도, 여성에 대해 보여주는 극히 표면적인 칭찬이 그의 진정한 성격이 아닌 것과 마찬가지로, 그의 본심과는 다르다는 점을 이해했으리라. 그로부터 최상의 찬사를 받은 여성은, 그녀와 얘기하면서도 그가 끊임없이 응시하고 있는 한 남자, 게다가 나중에는 그가 그런 사람이 있는 줄도 몰랐다는 시늉을 하지만, 그 남자에게 쏠린 눈길에 질투를 느껴야 마땅할 것이다. 왜냐하면 그것은 샤를뤼스 씨가 여성에게 던지는 눈길과 다른 것이었으니까. 그것은 특별한, 깊은 곳에서 나오는 눈길로, 어떤 야회에 참석하든 어느새 자기도 모르게 젊은이들 쪽으로 내달리는 눈길을 막을 수가 없다. 마치 재단사가 사람들이 입고 있는 옷을 보면 이내 시선이 빨려들어감으로써 그의 직업을 알게 되는 것처럼.

"오호! 신기한 일도 다 있군요!" 샤를뤼스 씨는 마치 긴 생각을 거친 끝에, 처음에 가정했던 현실과는 동떨어진 곳에 다다른 척하면서, 여전히 사람을 얕보는 듯한 태도로 대답했다. "저 두 젊은이를 몰라봐서, 그만." 그는 아까 좀 지나치게 반감을 드러낸 탓에, 두 아들을 자기에게 소개하려던 후작 부인의 마음이 위축되었을까 봐 두려워서 그렇게 덧붙였다. —"소개해드려도 괜찮을까요?" 쉬르지 부인이 소심하게 물었다. —"아니 뭐! 좋으실 대로 하시죠. 나야 좋지만, 저렇게 젊은 사람에게는 나 같은 사람은 별로 재미없는 인물이어서, 원." 샤를뤼스 씨는 마지못해 예의를 지키는 사람처럼 망설임과 냉담함이 담긴 단조로운 목소리로 말했다.

"아르뉠프, 빅튀르니앙, 이리 오너라." 쉬르지 부인이 아들들을 불렀다. 빅튀르니앙이 벌떡 일어섰다. 자신의 형밖에 눈에 들어오지 않는 아르뉠프는 온순하게 그 뒤를 따랐다.

"저것 보게, 아들 차례야, 이번엔." 로베르가 나에게 말했다. "우스워 죽

---

* 몰리에르의 희극 〈스카팽의 간계〉에 나오는 인물.

겠군. 이건 기르는 개에게까지 아첨하려는 거지 뭔가. 기둥서방을 싫어하는 아저씨라서 더욱 우스꽝스러워. 저 꼴 좀 보게. 진지하게 녀석들의 얘기를 듣고 있군. 만일 내가 녀석들을 아저씨에게 소개하려 했다면 당장 쫓아버렸을걸. 아차, 그렇지, 난 오리안에게 인사하러 가야 해. 파리에서 지낼 시간이 얼마 없으니 여기서 다들 만나봐야지. 그렇지 않으면 명함을 두고 다녀야 하니까." 바로 그때 샤를뤼스 씨는 이렇게 말하는 중이었다. "정말 훌륭한 아드님들을 두셨군요. 예의 바르고 행동거지도 단정해요"—"그렇게 보이세요?" 쉬르지 부인이 기뻐하며 대답했다.

아까 나를 언뜻 본 스완이 생루와 나에게 다가왔다. 스완에게서 볼 수 있는 유대인다운 쾌활함은 사교인으로서 그가 입에 올리는 농담처럼 세련된 것은 아니었다.

"안녕들 한가." 스완이 우리에게 말했다. "허어, 셋이 이렇게 이마를 맞대고 보니, 무슨 조합의 모임 같군. 잘못하다간 문초를 당하겠는데? 기금이 어디서 나오는지!" 그는 보세르피유 씨가 등 뒤에서 얘기를 듣고 있다는 걸 깨닫지 못했다. 장군은 본의 아니게 눈살을 찌푸렸다. 우리 바로 옆에서 샤를뤼스 씨의 목소리가 들려왔다. "뭐? 자네 이름이 빅튀르니앙이라고, 그렇다면 '골동실'과 같구먼?" 남작이 그렇게 말한 것은 두 청년과 대화를 더 하기 위함이었다. "그렇습니다. 발자크의." 쉬르지의 맏아들이 대답했다. 그는 이 소설가의 작품을 한 줄도 읽지 않았지만, 그의 선생이 며칠 전 그의 이름과 데스그리뇽 후작 아들[1]의 이름이 같다는 것을 알려주었다. 쉬르지 부인은 아들이 더욱 빛을 발하고 있으며, 아들의 그 풍부한 지식 앞에 샤를뤼스 씨가 넋을 잃는 것을 보고 기뻐했다.

"아무래도 루베(Loubet)[2]는 전적으로 우리 편인가 봐. 확실한 소식통에 따르면." 스완이 이번에는 장군에게 들리지 않도록 목소리를 낮춰 말했다. 스완은 드레퓌스 사건이 관심의 중심을 차지하게 된 뒤로, 아내가 공화파와 교제하는 것에 한결 흥미를 느끼기 시작했다. "자네 두 사람이 우리와 같은 길을 나아가고 있는 걸 아니까 하는 말이지만."

"아니죠, 그건. 당신은 완전히 오해하고 계십니다." 로베르가 대꾸했다.

---

*1 발자크의 소설《골동품 진열실》에 나오는 미모의 젊은이.
*2 드레퓌스 사건 재심사 때의 대통령(1899~1906).

"나는 사회문제와 관련된 그런 고약한 사건에 끼어들었던 것을 크게 뉘우치고 있습니다. 나하고는 아무런 관계도 없는 일이니까요. 만약 돌이킬 수 있다면 아주 멀리 떨어져 있겠습니다. 나는 군인이고, 또 뭐니뭐니해도 군의 편이니까요. 자네, 스완 씨와 더 있을 요량이면 나중에 만나기로 하세. 난 숙모님에게 갔다 오겠네."

그러나 나는 생루가 앙브르사크 양에게 다가가서 말 거는 것을 보았다. 나는 두 사람의 약혼 가능성에 대해 그가 거짓말을 했다고 생각하자, 슬픈 기분이 들었다. 그런 내 기분이 밝아진 것은 그가 겨우 30분 전에 마르상트 부인에 의해 그녀에게 소개되었다는 사실을 알았을 때였다. 부인은 앙브르사크 집안사람들이 꽤 부자여서 이 결혼을 꼭 성사시키고 싶어했다.

"아무튼 젊은이로서 발자크를 읽고 발자크가 누군지 아는 것은 교양이 있다는 증거라고 생각합니다. 게다가 그런 사람이 매우 드물어진 집에서, 즉 나와 동류인 사람, 내 친척의 집에서 그런 젊은이를 만나 더욱 기쁘군요." 샤를뤼스 씨가 쉬르지 부인에게 말했다. 그는 그 말 한 마디 한 마디를 강조하면서 덧붙였다. 하긴 게르망트 집안사람들이 아무리 모든 사람을 평등하게 생각하는 척하려 해도 소용없었다. 그런 큰 모임에서 '출신'이 좋은 귀족이나, 특히 비교적 '출신'이 나쁜 사람들과 자리를 같이하게 되어, 그런 사람들의 비위를 맞추고 싶고, 또 맞출 수 있을 때가 되면, 그들은 망설이지 않고 가족의 오랜 추억을 끄집어낸다. 남작이 다시 입을 열었다. "옛날에는 귀족이라고 하면 지성에 있어서나 감정에 있어서 가장 뛰어난 사람이라는 뜻이었죠. 그런데 지금 나는 우리 가운데 빅튀르니앙 데스그리뇽이 누구인지 알고 있는 최초의 사람을 만났습니다. 아니, 처음이라고 한 건 틀렸군요. 그 밖에도 폴리냐크 집에 한 사람, 몽테스키외 집안에 한 사람 있으니까요." 샤를뤼스 씨가 덧붙였다. 이러한 두 개의 이름과 같은 자격으로 취급받으면 분명 후작부인이 기뻐할 것을 그는 알고 있었다. "게다가 아드님들은 훌륭한 혈통을 이어받았습니다. 외할아버지께서는 유명한 18세기 수집품을 갖고 계셨지요. 언제 점심 식사에 와주시면 내가 가지고 있는 수집품을 보여주겠네." 그는 젊은 빅튀르니앙에게 말했다. "발자크가 직접 수정한 《골동품 진열실》의 희귀본을 보여드리지. 두 사람의 빅튀르니앙을 대면시킬 수 있다니, 얼마나 기쁜지 모르겠소."

나는 스완의 곁을 떠날 결심이 서질 않았다. 그는 더할 수 없을 정도로 지쳐 있어서, 병자의 몸이 이미 화학 반응을 관찰하는 레토르트(retort)*에 지나지 않은 단계에 이르러 있었다. 그 얼굴에는 이제 살아 있는 것들의 세계에 속하지 않는 듯 보이는 작은 감청색 반점이 눈에 띄게 늘어나 있고, 고등학교에서 '실험' 뒤의 '이과' 교실을 달아나고 싶을 만큼 불쾌한 것으로 만드는 그 독특한 냄새를 퍼뜨리고 있었다. 나는 그에게 게르망트 대공과 꽤 오랫동안 얘기하는 것 같던데 그 내용을 말해주지 않겠느냐고 물었다. "들려드리지." 스완이 말했다. "하지만 먼저 잠깐 샤를뤼스 씨와 쉬르지 부인 곁에 가 보게, 나는 여기서 기다릴 테니."

실제로 샤를뤼스 씨는 쉬르지 부인한테 이 방은 너무 더우니 잠깐 다른 방에 가서 앉자고 제의하고, 두 아들에겐 어머니와 함께 오라며 청하지 않고 나를 청했다. 이런 식으로 그는 두 젊은이를 유인한 뒤, 그들에게 집착하지 않는 양 꾸민 것이다. 뿐만 아니라 쉬르지 부인은 모두 싫어하는 사람이어서, 샤를뤼스 씨가 나에게 보여주는 친절도 그렇게 썩 반가운 것은 아니었다.

공교롭게도 우리가 퇴창이 에워싸고 있는, 통로가 없는 장소에 앉자마자, 남작이 비웃는 대상인 생퇴베르트 부인이 지나갔다. 아마 그녀는 샤를뤼스 씨가 자기를 싫어하는 것을 숨기고 싶었거나, 아니면 공공연하게 그것을 무시하고 싶었으리라. 또 무엇보다도 그와 친숙한 듯 얘기하고 있는 부인이 자신과 친한 사이임을 보여주고자 한 것인지도 모른다. 그녀가 그 유명한 미녀에게 허물없는 듯한 말투로 친구처럼 인사하자, 상대는 경멸하는 듯이 엷은 웃음을 지으며 곁눈으로 샤를뤼스 씨 쪽을 보면서 그것에 응했다. 그러나 퇴창으로 에워싸인 그 장소는 너무 좁아서, 우리 뒤쪽에서 다시 내일의 초대 손님을 찾아내려고 했던 생퇴베르트 부인은 몸을 움직일 수 없게 되어 그곳에서 쉽게 빠져나가지 못하고 있었다. 두 청년의 어머니가 보는 앞에서, 사람을 사람으로 여기지 않는 독설을 퍼붓고 싶어 입이 근질근질했던 샤를뤼스 씨가 이 절호의 기회를 놓칠 리 없었다. 게다가 내가 아무런 악의 없이 매우 멍청한 질문을 하는 바람에, 그것이 그에게 승리의 개선가를 올릴 기회를 주고 말았다. 가엾게도 우리 뒤에서 오도 가도 못하고 있던 생퇴베르트 부인

---

*목이 굽은 플라스크 모양의 화학 실험용 기구.

은, 샤를뤼스 씨가 하는 말을 한마디도 빼놓지 않고 들을 수밖에 없었다.

"이 버릇없는 젊은이가 말이에요." 그는 쉬르지 부인을 향해 나를 가리키면서 말했다. "방금 나에게 묻는군요. 본디 이런 종류의 지저분한 호기심은 사람들 앞에서 드러내지 않는 법이지만, 그런 배려는 요만큼도 하지 않고 내가 생퇴베르트 부인의 집에 갈 거냐고 말입니다. 즉 나에게 심한 복통이 나느냐고 묻는 것과 같지요. 아무튼 복통을 고치는 데는 누구네 집보다는 좀더 쾌적한 곳에 가는 게 낫지요. 게다가 그 누군가는, 내 기억이 정확하다면 내가 사교계, 다시 말해 그녀의 집과는 다른 곳에 가기 시작했을 무렵에 백 살 생일잔치를 하고 있었어요. 그렇지만 그이보다 더 재미있게 이야기하는 이가 또 있을라구요. 제1제정기*¹와 왕정복고 시대*²의 그 수많은 역사적인 추억을, 그녀는 그 눈으로 보고 겪었을 터이니 사적인 이야기를 얼마나 많이 알고 있겠소! 물론 그런 이야기는 조금도 '신성한(saint)' 것은 아니지만, 나이를 먹어도 쌩쌩 날아다니는 가벼운 엉덩이를 가진 것에서 생각건대,*³ 엄청 베르트(verte)*⁴한 게 틀림없단 말이죠. 그런데 내가 이 정열적인 시대에 대해 이것저것 묻고 싶어서 좀이 쑤시는 것은 후각이 너무 예민한 탓입니다. 이 부인이 옆에 온 것만으로 이미 충분하지요. 나는 자기도 모르게 이렇게 혼잣말을 합니다. '아니 이거, 누가 내 요강을 깨뜨렸군.' 그런데 그것은 그저 후작부인이 초댄가 뭔가 하는 목적으로 입을 여신 것에 지나지 않아요. 그러니 이해하시겠지요, 불행하게도 내가 그녀의 집에 가기라도 한다면, 그 요강이 몇 갑절로 부풀어올라서 어마어마한 똥통이 되리라는 걸. 그래도 그분의 이름은 신비로워서, 그것이 언제나 나에게, '퇴폐적'이라 불리는 어리석은 시구를 떠올리는 엄청난 기쁨(jubilation)을 주지요. 하기야 본인은 이미 오래전에 쥐빌레(jubilé)*⁵가 지났지만 말입니다. 그 시라는 것은 '아! 푸르렀도다, 그날 나의 영혼은 참으로 푸르렀도다⋯⋯'라는 겁니다. 그러나 나에게 필요한 것은 더욱 청결한 푸름입니다. 듣자하니, 그 지칠 줄 모르고 깡

---

*1 프랑스 나폴레옹 1세가 황제에 즉위한 최초의 제정(1804.5.~1814.4.).
*2 나폴레옹의 제정이 구왕조로 돌아간 기간을 말함(1814~30).
*3 생퇴베르트 부인의 이름을 따서 놀려대는 익살.
*4 '외설적인' '초록색 젊은'이라는 뜻.
*5 '금혼식' '50년 기념'.

충거리는 할망구가 '가든파티'를 연다고 하는데, 나 같으면 그런 것은 '시궁창 산책에의 권유'라고 하겠어요. 그런 곳에 가서 진흙투성이가 되시렵니까?" 그가 묻자 이번에는 쉬르지 부인도 난처해지고 말았다. 그도 그럴 것이 남작한테는 안 가는 척하고 싶었으나, 생퇴베르트 부인의 오후 파티에 결석할 바에는 차라리 수명이 며칠 줄어드는 편이 낫다는 걸 알고 있었기 때문이다. 그래서 그녀는 그 중간, 즉 애매함으로 그 자리를 모면하기로 했다. 다시 말해 아직 알 수 없다는 태도를 취한 것이다. 이 애매함에는 매우 어리석은 호사가나 침모(針母) 같은 인색함이 드러나 있어서, 샤를뤼스 씨는 쉬르지 부인의 호감을 사고 싶었음에도 '그 수에는 넘어가지 않는다'는 걸 보여주기 위해 상대를 불쾌하게 만드는 것도 아랑곳하지 않고 웃음을 터뜨렸다.

"여러 가지로 계획을 짜는 분들에게는 늘 감탄해요." 그녀가 말했다. "하지만 마지막 순간에 가서 거절하는 경우가 있지요. 여름옷도 문제고, 그래서 모든 것이 변해버리는 경우도 있으니까요. 그때 가서 결정하기로 하겠어요."

나로 말하면, 아까 샤를뤼스 씨의 밉살스러운 연설에 매우 화가 나 있었다. 그래서 될 수 있으면 가든파티를 여는 생퇴베르트 부인의 행운을 빌고 싶을 정도였다. 불행하게도 사교계에서는 정치계와 마찬가지로 희생자가 몹시 비굴해지므로 잔인한 박해자를 오래 원망할 수가 없다. 생퇴베르트 부인은 우리가 출입구를 막고 있는 퇴창 앞의 한 모퉁이에서 용케 빠져나가다가 본의 아니게 남작과 몸이 스쳤다. 그러자 그녀는 반사적인 속물근성에 사로잡혀 분노가 모두 사라져버렸을 뿐만 아니라, 틀림없이 전에도 이런 것을 시도했겠지만, 어쩌면 이것이 본제에 들어가기 위한 어떤 계기가 될 거라고 기대했는지, 마치 주인 앞에 무릎이라도 꿇을 듯한 기세로 소리쳤다. "어쩌나, 용서하세요. 샤를뤼스 씨, 아프지 않으셨나요?" 샤를뤼스 씨는 서슴지 않고 빈정거리는 웃음소리로 응하면서 오직 '안녕'이라는 한마디만 했는데, 그것은 마치 후작부인이 말을 걸어서 비로소 그녀가 있는 것을 알았다는 듯한 태도로, 이 또한 새로운 모욕이었다. 마지막으로 생퇴베르트 부인은 나까지 딱한 생각이 들 만큼 더할 수 없이 비굴한 태도로 나에게 다가오더니, 한옆으로 나를 끌고 가서 귓전에 속삭였다. "도대체 내가 샤를뤼스 씨에게 뭘 어쨌다는 거죠? 누가 그러는데, 저분의 눈에는 내가 너무 세련되어 보인다더군요." 그렇게 말한 그녀는 큰 소리로 웃어댔다. 나는 험악한 표정을 풀지 않았다.

한편으로는 그녀가 자기만큼 세련된 사람은 없다고 생각하고 있고, 또 타인에게도 그렇게 생각하게 하려는 것이 너무나 어이가 없었던 것이다. 그러나 또 한편으로는 자기가 말한 우습지도 않은 얘기에 낄낄거리고 웃는 사람들은 저 혼자 웃어젖히므로, 다른 사람은 그것에 따를 수도 없게 되고 만다.

"내가 초대하지 않아서 기분이 상한 거라고 말하는 분도 있더군요. 하지만 저분을 보고 있으면 좀처럼 초대할 용기가 나지 않아요. 어쩐지 나에게 토라진 것 같아서요(이 표현은 조금 약한 듯했다). 왜 토라졌는지 알아보시고 내일 와서 얘기해주시겠어요? 그리고 저분이 뉘우치며 당신과 함께 오고 싶어한다면 같이 오세요. 용서받지 못할 죄는 없으니까요. 게다가 그렇게 되면 무척 재미있을 것 같아요. 쉬르지 부인이 틀림없이 난처해할 테니까요. 당신에게 모두 맡기겠어요. 당신은 이런 일에 대해 직감이 무척 예민한 데다, 나는 손님을 구걸하는 것처럼 보이고 싶지 않거든요. 어쨌든 당신만 믿겠어요."

나는 스완이 나를 기다리는 데 지쳤을 거라고 생각했다. 게다가 나도 알베르틴과의 약속이 있어서 너무 늦지 않게 돌아가고 싶었다. 나는 쉬르지 부인과 샤를뤼스 씨에게 작별인사를 하고 오락실에 있는 병자에게 돌아갔다. 나는 그에게 정원에서 게르망트 대공에게 얘기한 것은, 브레오테 씨가(그 이름을 대지는 않았지만) 우리에게 전한, 베르고트의 어떤 단막극에 대한 것이었느냐고 물었다. 그는 웃음을 터뜨렸다. "지금의 이야기는 한마디도 사실이 아니네. 단 한 마디도. 하나부터 열까지 엉터리로 지어낸 이야기지. 정말이지 이건 듣도 보도 못한 이야기야. 이런 식으로 엉터리가 자연스럽게 만들어지다니. 누가 그런 얘길 했는지는 묻지 않겠네만, 그렇다 해도 이렇게 한정된 범위 안이므로, 차례차례 거슬러 올라가서 어떤 식으로 그런 엉터리가 만들어졌는지 안다면, 틀림없이 재미있을 거야. 게다가 대공이 나에게 한 말이 어째서 여러분의 관심을 끄는지? 다들 호기심도 많군. 나는 남의 일에 호기심을 느낀 적이 없네, 물론 사랑에 빠져 질투가 심했을 때는 빼고. 그때는 그 덕분에 많은 것을 알았지만! 자네는 질투가 심한 편인가?" 나는 질투를 느낀 적이 한 번도 없으며 질투가 뭔지조차 모른다고 말했다. "그래! 다행이군. 조금의 질투는 나쁘지 않지, 두 가지 관점에서. 먼저 호기심이 없는 사람에게도 남의 생활, 아니 적어도 어떤 사람의 생활에 흥미를 느끼게 하니까. 다음은 질투 덕분에 여자를 갖는 즐거움도 느낄 수도 있고, 여자와 함께 마차를 타거나, 상대가 혼자 걷는 것을 금지할 때 안도하는 기분을 느낄 수 있으니까 말이야. 하지만 그것도 질투의 초기나 질투의 병이 거의 나았을 때 얘기지. 그 중간에는 그보다 무서운 고통은 없다네. 그뿐 아니라 방금 말한 두 가지 즐거움도 사실 나는 그다지 겪지 못했지.

첫 번째 것은 한 가지를 끈기 있게 생각할 수 없는 타고난 성질 때문이네. 두 번째 것은 운이 나빴기 때문인데, 내가 질투를 느낀 여인, 아니 여인들의 잘못이야. 그러나 그건 아무래도 좋아. 설령 뭔가에 대한 집착이 사라져도, 그것에 집착했었다는 것에 완전히 무관심해질 수는 없지. 왜냐하면 거기에는 늘 남들이 모르는 어떤 이유가 있었으니까. 그런 감정들에 대한 기억은 자기 안에만 있다네. 우리는 그걸 느낄 수 있어. 그것을 응시하기 위해서는 자기 내부에 돌아가야 해. 이런 관념적인 넋두리를 너무 비웃지 말게. 내가 하고 싶은 말은, 나는 삶을 매우 좋아했고 예술을 좋아했다는 것뿐이네. 그런데 남들과 함께 살아가는 데 너무 지치고 보니, 내가 예전에 겪은 극히 개인적인 감정이, 모든 수집가의 버릇인지도 모르지만 무척 소중하게 느껴지는군. 나는 내 마음을 진열장처럼 나 자신에게 열어 보이고, 다른 사람은 겪은 적이 없는 나의 수많은 사랑을 하나하나 바라본다네. 지금 나는 다른 어떤 수집보다 애착이 강한 이 사랑의 수집품에 대해, 이를테면 마자랭(Mazarin)*이 그 장서에 집착했던 것처럼, 다만 격렬하게 고뇌할 정도는 아니지만 그것과 헤어지는 건 곤란한 일이라고 나 자신에게 중얼거리지. 그건 그렇고 대공과의 이야기로 돌아가세. 난 그 내용을 단 한사람한테만 얘기할 생각인데, 그 한 사람은 아마도 자네일 거네." 나는 그의 이야기를 듣고자 했지만, 오락실에 돌아온 샤를뤼스 씨가 우리 바로 옆에서 끝없이 끌어가는 대화 때문에 스완의 목소리가 잘 들리지 않았다. "그런데 당신도 책을 읽나요? 늘 뭘 하고 지내시오?" 샤를뤼스 씨는 발자크라는 이름조차 모르는 아르뉠프 백작을 붙잡고 물었다. 그러나 근시안이라 무엇이든 작게 보여서 그는 아주 먼 곳을 보는 듯한 모습이었는데, 그래서 그리스 조각의 신 같은 젊은이치고는 보기 드물게 시적인 분위기이지만, 그 눈동자 속에는 저 멀리 있는 신비한 별 같

---

* 이탈리아 출신인 프랑스 17세기의 재상(1602~61). 사후 수많은 서적과 미술품을 남겨, 그의 저택이 마자랭 도서관이 되었는데 프루스트도 이곳의 사서직을 무보수로 잠깐 지냈음.

은 것이 수없이 새겨져 있었다.

"정원에 나가서 좀 걷지 않으시겠어요?" 나는 스완에게 말했다.

한편 그 사이에 아르뉠프 백작은 샤를뤼스 씨의 질문에 너무나 상냥하게, 또 고지식할 정도로 정확하게 대답했지만, 잘 돌아가지 않는 혀로 '슈'와 '주' 음을 '스'와 '즈'로 발음해서, 그 목소리는 적어도 정신적인 발육부전을 나타내고 있는 것처럼 보였다. "네, 나는 오히려 골프, 테니스, 축구, 달리기, 특히 폴로를 즐깁니다." 그와 같이 미네르바는 더욱 작게 나뉘어져, 어떤 도시에서는 지혜의 여신 노릇을 그만두고 자신의 일부를 순수한 스포츠의 여신으로 변신시켰다. 이를테면 경마의 여신 '아테네의 히피아스(Hippias)'[1]처럼. 그리고 그는 생모리츠[2]에 스키를 타러 가기도 한다고 했다. 왜냐하면 팔라스 트리토게네이아(Pallas Tritogeneia)[3]는 자주 높은 산봉우리를 떠돌면서 말 탄 사람을 잡기 때문이다. "흠!" 샤를뤼스 씨는 지식인의 초월적인 미소를 지으면서 대답했는데, 그것은 자신의 경멸을 숨길 필요도 없다고 생각할 뿐만 아니라, 자기가 남보다 훨씬 뛰어나다는 것을 느끼고 아무리 영리한 사람들의 지성도 완전히 경멸하고 있어서, 상대가 세상없이 멍청한 사람이라 해도 다른 형태로 자신이 호감을 느낄 수 있다면 영리한 사람과 별 차이가 없다고 생각하는 그런 미소였다. 아르뉠프에게 말하면서, 샤를뤼스 씨는 그렇게 하는 것만으로도 자신이 상대를 격려하는 것이며, 누구나 그것을 부러워하면서 인정할 거라고 생각했다.

"아니야." 스완이 대답했다. "걷기엔 너무 피곤하니 차라리 어디 구석에라도 앉기로 하지. 서 있기가 힘들어서." 그건 사실이었다. 그렇지만 말을 하기 시작하자, 그것만으로도 벌써 그에게는 활력이 돌아와 있었다. 왜냐하면 아무리 피곤해도, 특히 신경질적인 사람의 경우, 그 피곤에는 주의력에 좌우되는 부분, 기억만으로 보존되고 있는 부분이 있기 때문이다. 피곤하지 않을까 걱정하면 금세 지쳐버린다. 그러므로 피로를 말끔히 씻으려면 피곤하다는 사실을 잊어버리면 된다. 분명히 녹초가 되어도 피곤을 모르는 사람들이 있는데, 그런 사람들은 처음에 왔을 때는 지쳐서 생기를 잃고 서 있을 수도

---

[1] 아테네 시의 폭군(B.C. 527~510).

[2] 스위스 남동부의 관광 도시.

[3] 트리토니스 호수 태생의 미네르바.

없는 지경이지만, 얘기하는 동안 물에 담근 꽃처럼 생기가 되살아나서, 몇 시간이고 계속 자신이 하는 말 속에서 자꾸자꾸 활력을 퍼낼 수 있다. 그러나 그 힘은 불행하게도 이야기를 듣는 쪽에는 전해지지 않아서, 말하는 사람이 활기를 회복할수록 상대방은 점차 탈진하게 되는 것처럼 보인다. 사실 스완은 반드시, 그렇게 지쳐 있어도 피로를 모르는 사람들에 속하는 건 아니었다. 하지만 그는 저 억센 유대인의 한 사람이었다. 유대인 특유의 생명력과 죽음에 대한 그 민족의 저항력은 한 사람 한 사람에까지 깃들어 있는 듯하다. 이 민족 자체가 박해받은 인종이지만, 그것과 마찬가지로 저마다의 유대인도 설령 각자가 무슨 병에 걸려 있든, 그 무서운 단말마의 고통 속에서 끝까지 싸운다. 지금은 이미 예언자 같은 턱수염과, 그 위에 솟아올라 마지막 숨을 들이마시기 위해 커다랗게 팽창한 코밖에 보이지 않게 되어, 기도 시간이 다가오면, 맨 먼저 먼 곳의 친척들이 성실하게 행렬을 지어 마치 아시리아의 장식띠처럼 기계적인 동작으로 걷기 시작하는데도, 병자의 무서운 단말마는 거의 믿을 수 없을 정도의 길이로 언제까지나 이어지는 일이 있다.

우리는 의자에 앉기 위해 샤를뤼스 씨와 쉬르지 집안의 두 청년 및 그 어머니로 이루어진 그룹에서 멀어졌는데, 그 전에 스완은 자못 전문가처럼 음란한 눈을 크게 뜨고, 쉬르지 부인의 가슴께를 한동안 바라볼 수밖에 없었다. 그는 좀더 잘 보려고 외알안경까지 꼈다. 그리고 나에게 얘기하는 동안에도 계속 부인 쪽을 흘깃거리는 것이었다.

"이제부터 할 얘기는 한 마디 한 마디 대공과 나눈 대화 그대로네. 아까 얘기한 것을 자네가 되새긴다면, 이 이야기를 털어놓는 데 왜 자네를 선택했는지 알게 될 걸세. 그리고 또 한 가지 이유가 있는데 그건 언젠가 알게 되겠지. '이보시오, 스완' 하고 게르망트 대공이 내게 말했네. '아까부터 자네를 피하는 것처럼 보였다면 용서하게(이 점에 대해서 나는 전혀 깨닫지 못했네. 나 또한 아픈 몸이라 스스로 손님을 피하고 있었으니까). 첫째로, 그런 소문도 들었고 나도 예상하고 있었지만, 현재 이 나라를 둘로 갈라놓은 불행한 사건에서 당신과 나는 정반대의 견해를 갖고 있었네. 그런데 만일 자네가 내 앞에서 그런 의견을 말했다면 나는 무척 괴로웠을 걸세. 나는 무척 신경질적이어서, 내 아내는 2년 전에 처남인 헤센 대공이 드레퓌스는 무죄라고 하는 말을 들었을 때 그 말을 강력하게 비난했을 뿐만 아니라, 내 신경을 건드릴까 봐 나에게는 알리지도 않았을 정도지. 거의 같은 무렵에 스웨덴 황태자가 파리에 오셨네. 그런데 외제니 황후가 드레퓌스파라는 소문을 듣고, 아마 대공부인으로 혼동한 모양이야(묘한 혼동이라고 생각하겠지. 내 아내 같은 신분의 여인을 에스파냐 여자, 그것도 들리는 소문보다 훨씬 더 비천한 출신으로 한낱 보나파르트 집안사람과 결혼한 여자와 헷갈리다니). 그 스웨덴 황태자가 아내에게 말했다네. '대공부인, 부인을 뵙게 되어 저는 거듭 기쁘게 생각합니다. 왜냐하면 부인이 드레퓌스 사건에 대해 저와 같은 의견을 갖고 계시다는 걸 알고 있기 때문입니다. 대공비 전하께서는 바이에른 출신이니 별로 놀랄 일도 아닙니다만.' 그러자 다음과 같은 대답이 황태자에게 돌아왔소. '전하, 저는 이제 프랑스의 대공부인에 지나지 않습니다. 따라서 나의 모든 동포와 같은 생각을 가지고 있습니다.' 그런데 스완 씨, 1년 반쯤 전에 나는 보세르퓌유 장군과 얘기하다가 한 가지 의혹에 사로잡혔소. 그 재판이 틀렸다는 건 아니지만 진행 방식에 중대한 위법행위가 있었던 건 아닐까 하고, 말일세."

우리 대화는 샤를뤼스 씨의 목소리로 멈추었다(스완은 남이 자기 이야기를 듣는 걸 꺼렸다). 샤를뤼스 씨는(그것도, 우리를 상관하지 않고) 쉬르지 부인을 배웅하면서 지나가다가 좀더 그녀를 붙잡아두려고 걸음을 멈췄다. 그것은 그녀의 두 아들 때문인지도 모르고, 아니면 게르망트 집안사람들 특유의 지금 시간이 지나가지 않기를 바라는 욕망 때문인지도 모른다. 그 욕망이 게르망트 집안사람들을 어떤 불안한 무기력 상태에 빠뜨리고 있었다. 이에 대해 스완은 잠시 뒤 어떤 것을 가르쳐주었는데, 그 덕분에 나는 쉬르지 르 뒤크라는 이름에서 발견한 시적인 환상에서 깨어날 수 있었다. 쉬르지 르 뒤크 후작부인은 사교계에서 사촌동생인 쉬르지 백작보다 훨씬 높은 지위와 훨씬 영광스러운 인척 관계를 가지고 있었다. 그에 비해 쉬르지 백작은 조그마한 영지에서 나오는 수입에 의지하여 가난한 생활을 하고 있었다. 그러나 그 칭호 끝에 붙은 '르 뒤크(Le Duc)'*1라는 말은 내가 멋대로 상상을 펼쳐 '부르 라베(Bourg-1'abbé)'*2니, '부아 르 루아(Bois-le-Roi)'*3 같은 이름에

---

*1 '공작'이라는 뜻.

*2 '수도원장의 읍'이라는 뜻.

*3 '왕의 숲'이라는 뜻.

비교했지만, 본디 이것은 내가 생각한 그러한 기원과는 아무 관련도 없는 이름이었다. 단순히 쉬르지 백작이라는 인물이 왕정복고기에 르 뒤크 씨나 르 뒤크라는 부유한 실업가의 딸과 결혼했다는 얘기일 뿐이다. 이 르 뒤크라는 실업가 자신도 화학제품을 제조하던 사람의 아들로, 그 아버지는 당시 누구도 나란히 설 수 없을 정도로 부자이자 귀족원 의원이었다. 국왕 샤를 10세*는 이 결혼으로 태어난 아이를 위해 쉬르지 르 뒤크 후작이라는 작위를 만들었다. 일족에 이미 쉬르지 후작이라는 지위가 있었기 때문이다. 이런 식으로 부르주아의 이름을 붙였는데도, 분가한 이 가계는 막대한 재산 덕분에 왕가의 몇몇 최고 가문과 인척 관계를 맺었다. 그래서 현재의 쉬르지 르 뒤크 후작부인도 좋은 가문 출신이라 일급 지위를 얻을 수 있었으리라. 하지만 심사가 비뚤어진 그녀는 기존의 지위를 경멸하여 시집에서 달아난 뒤 더없이 방종한 생활을 보내게 된다. 그리하여 스무 살 때는 자신의 발밑에 무릎을 꿇고 있는 사교계를 멸시하던 그녀가, 이윽고 서른 살이 되어 몇몇 안 되는 충실한 여자친구를 제외하면 10년 동안 어느 누구에게서도 인사를 받지 못하게 되자 그 사교계를 사무치게 그리워하여, 이번에는 나면서부터 가지고 있었던 것을 하나 하나 되찾기 위해 부지런히 노력하기 시작한 것이다 (이렇게 오락가락하는 것은 결코 드문 일이 아니었다).

그러자 이번에는 지난날 그녀에게 버림받았던 친척 대귀족들이 거꾸로 그녀를 외면하고 말았는데, 그런 사람들을 되찾을 수만 있었다면 쉬르지 부인은 얼마나 기뻐했을까. 그 기쁨에 대한 변명으로, 그녀는 어릴 때의 추억은 되살릴 수 있음을 이야기했다. 그러나 속물근성을 숨기려고 그렇게 말하면서도, 그녀는 어쩌면 자신이 생각한 것만큼 거짓말을 한 건 아닐지도 모른다. "바쟁은 내 청춘의 전부예요!" 그녀는 그가 돌아온 날 그렇게 말했다. 실제로 그것은 어느 정도 사실이었다. 하지만 그를 애인으로 택한 것은 오산이었다. 그도 그럴 것이 게르망트 공작부인의 여자친구들이 모두 공작부인의 편을 들었으므로, 쉬르지 부인은 몹시 애써가며 다시 기어 올라간 언덕에서 또다시 굴러떨어질 형편이었다.

"아무튼!" 대화를 더 길게 하고 싶은 샤를뤼스 씨는 마침 그녀에게 이런

---

*1830년 7월 혁명 때 추방된 프랑스 국왕.

말을 하고 있는 중이었다. "부디 아름다운 초상화의 발아래 나의 찬사를 바쳐주시기를. 무사한가요, 그 초상화는? 어떻게 되었습니까?"—"그게 말이에요." 쉬르지 부인이 대답했다. "이미 내게 없답니다. 남편이 좋아하지 않아서요."—"좋아하지 않았다고요! 우리 시대 걸작의 하나를. 나티에(Nattier)*¹가 그린 샤토루 공작부인에 못지않은 작품이고, 게다가 거기에 그려져 있는 것은 그 이상의 위엄을 갖추고 사람의 마음을 빼앗아가는 여신*²이라 일컬어지고 있는데도! 아! 그 작고 푸른 깃, 페르메르도 한 조각의 천을 그 이상 훌륭한 솜씨로 그린 적은 한 번도 없답니다. 아무튼 이건 너무 큰 소리로 이야기하지는 맙시다. 스완이 애지중지하는 화가인 그 델프트의 거장을 위해 복수하려고 우리에게 덤벼들지도 모르니까요." 뒤를 돌아본 후작부인은 그녀에게 인사하려고 일어선 스완에게 미소를 보내며 손을 내밀었다. 그러나 스완은 이미 나이가 들어 정신적 감정 조절이 어려워진 데다, 세상의 이목에 대해 무관심해졌는지, 아니면 체력이 떨어지고, 욕망을 감추는 걸 도와주는 용수철도 늘어져버렸는지, 후작부인의 손을 잡고, 바로 위에서 눈앞에 그 봉긋한 가슴을 내려다보자, 주의 깊게, 진지한 표정으로, 거의 걱정이 되어 견딜 수 없다는 듯이, 도취한 것처럼 가슴팍 속까지 시선을 쏟아부었으며, 여성의 방향에 취한 그의 콧구멍은 얼핏 본 꽃 위에 내려앉으려는 나비처럼 실룩거리고 있었다. 그러나 갑자기 그는 자신을 사로잡았던 현기증에서 몸을 빼냈다. 쉬르지 부인도 어쩔 줄 몰라 하면서 깊은 숨을 삼켰다. 그처럼 욕망은 이따금 타인에게 전염되는 수가 있다. 그녀는 샤를뤼스 씨에게 말했다. "화가가 완전히 감정이 상해서 그것을 도로 가져가버렸어요. 들리는 말에 의하면 지금은 디안 생퇴베르트의 집에 있다고 하더군요."—"도저히 믿어지지가 않는데요." 남작이 대꾸했다. "걸작에 그런 악취미가 있다니."

  "샤를뤼스는 쉬르지 부인의 초상화에 대해 말한 거네. 나 또한 그 초상화에 대해서는 샤를뤼스처럼 거침없이 말하겠네만." 스완은 짐짓 불량배 같은 말투로 느릿느릿 나에게 말하면서, 눈은 멀어져가는 두 사람의 뒤를 좇고 있었다. "또 내가 샤를뤼스보다 그런 이야기를 더 좋아하는 게 틀림없는데."

---

*¹ 프랑스의 궁정 화가(1685~1766).

*² 루이 15세의 애첩이었던 샤토루 공작부인은 소심한 왕을 싸움터로 몰아낼 정도로 극성스러웠음.

그가 그렇게 덧붙였다. 나는 샤를뤼스 씨에 대한 소문이 사실인지 그에게 물어보았다. 나는 그렇게 말하면서 이중으로 거짓말을 하고 있었다. 왜냐하면 사람들이 지금까지 조금이라도 소문 같은 것을 퍼뜨린 적이 있는지 어떤지 전혀 몰랐을 뿐만 아니라, 그날 오후부터는 지금 말하려 하는 게 진실임을 잘 알고 있었기 때문이다. 스완은 마치 내가 당치도 않은 것을 입에 올리기라도 한 듯이 어깨를 추어올렸다.

"그는 정말 기분 좋은 친구라네. 하지만 순수하게 플라토닉한 관계라는 말을 덧붙일 필요가 있을까. 그는 남들보다 감상적인 데가 있을 뿐이지. 한편으로 여자와의 관계에서는 그다지 깊이 빠져드는 일이 없어서, 그것이 자네가 말하는 당치도 않은 소문에 믿음을 주었을 거네. 아마 샤를뤼스는 남자 친구들을 무척 사랑하고 있을 거야. 하지만 그것은 그의 머리와 마음속에서의 일일뿐, 절대로 그 밖에서는 아무 일도 일어나지 않았다는 건 확실하다고 생각해주게. 어쨌든 잠깐 둘이서 조용히 이야기할 수 있게 되었군. 아까 하던 말로 돌아가자면 게르망트 대공이 계속해서 이렇게 말했네. '솔직히 말해서, 재판의 진행 방식에 위법성이 있을지도 모른다고 생각하는 건 끔찍한 고통이었소. 아시다시피 나는 군에 대해 외경심을 품고 있기 때문이오. 그래서 나는 장군과 다시 얘기해보았소. 그랬더니 아뿔싸! 나에게는 그 점에 대해 더 이상 의심할 여지가 없어진 거요. 솔직히 말하리다. 이 사건에서 설마 죄 없는 사람이 가장 명예롭지 못한 형벌을 받을 수 있다는 생각이 내 머리를 스친 적은 한 번도 없었소. 하지만 그 위법성이라는 생각이 계속 마음에 걸려, 나는 그때까지 읽을 생각도 하지 않았던 것을 검토하기 시작했소. 그러자 어찌된 일인지, 이번에는 위법이라는 점뿐만 아니라 무죄라는 점에 대해서도 내 머릿속에서 의혹이 떠나지 않지 뭔가. 그 일에 대해 나는 아내에게 말해야 한다고 생각지는 않았소. 아, 물론 그녀는 나와 마찬가지로 프랑스 사람이 되었소. 아무튼 결혼한 날부터, 나는 크게 자부심을 느끼면서 그녀에게 우리 프랑스의 아름다움을 보여주기 위해 노력해왔고, 그중에서도 나에게 있어서 가장 영광스러운 것은 프랑스 군대였으므로, 내가 느끼고 있는 의혹을 그녀에게 얘기하는 건 가혹한 일이었다네. 본디 그 의혹은 매우 적은 몇몇 장교들과 관련 있는 일이었으니까. 그러나 나는 군인 가족 출신이라서 장교들이 잘못을 저지른다는 것도 믿고 싶지 않았소. 그래서 나는 또다시 보세르쾨유와 얘기해봤소. 그랬더니 그는 본디 고약한 모략이 깔려 있었으므로 그 문서*¹는 아마 드레퓌스가 쓴 게 아닐지라도, 드레퓌스의 유죄를 증명하는 뚜렷한 증거가 있다고 나에게 털어놓았소. 그것은 앙리의 문서였소. 그리고 며칠 뒤 그것이 가짜임이 밝혀진 거라네. 그때부터 대공부인에게는 비밀로 하고, 나는 매일 〈르 시에클(le Siècle)〉*²지, 〈로로르(l'Aurore)〉*³지를 읽기 시작했지. 그리고 곧 의심할 나위가 전혀 없어서 나는 밤에도 잠을 이루지 못했소. 나는 그런 정신적인 고뇌를 우리 집안과 친한 푸아레 신부에게 털어놓았는데, 놀랍게도 신부도 나와 똑같은 확신을 품고 있지 뭔가. 그래서 신부에게 드레퓌스와 불쌍한 그 아내, 자녀들을 위해 미사를 올려달라고 청했소. 그러던 어느 날 아침, 대공부인의 방에 들어갔다가 아내의 하녀가 손에 들고 있던 뭔가를 감추는 걸 보았네. 웃으면서 그게 뭐냐고 물었더니 하녀가 얼굴을 붉히면서 말하려 들지를 않는 걸세. 나는 아내를 절대적으로 믿고 있지만, 그 일에는 마음이 몹시 어지러웠다오(틀림없이 대공부인도 그랬을 걸세. 하녀가 얘기했을 테니까). 그래서 내 아내 마리는 그 뒤의 점심 식사 때도 나에게 거의 말을 걸지 않아서, 그날 나는 푸아레 신부에게 내일 드레퓌스를 위해서 미사를 올려줄 수 있겠느냐고 부탁했소' 이러지 뭔가!"

스완은 이야기를 멈추고 작은 소리로 속삭였다. 내가 고개를 들자 게르망트 공작이 우리 쪽으로 오고 있는 것이 보였다. "방해하는 걸 용서하시오, 자네, 잠깐만." 공작이 나에게 말했다. "오리안이 보내서 왔는데, 마리와 질베르가 오리안에게 대여섯 사람들하고만 야식을 하고 싶으니 남아달라고 부탁했네. 헤센 대공부인, 리뉴 부인, 타랑트 부인, 쉬브뢰즈 부인, 아랑베르 공작부인들인데, 공교롭게도 오리안과 나는 무슨 무도회 같은 데 가야 해서 남을 수가 없지." 나는 그의 이야기에 귀를 기울였다. 그러나 정해진 시간에 뭔가를 해야 할 때, 우리는 시간에 주의하여 미리 알려주도록, 그런 일에 익숙한 마음속 어떤 인물에게 부탁해두는 법이다. 마음속에 있는 이 하인은 그 몇 시간 전에 내가 부탁한 대로, 지금까지 까맣게 잊고 있던 나에게, 알베르

---

*1 드레퓌스 사건의 발단이 된 문서로, 당시 육군참모본부 정보부장 앙리 소령이 손에 넣어 육군장관에게 보고한 첩보 노트.

*2 세기(世紀)라는 뜻.

*3 여명(黎明)이라는 뜻.

틴이 연극이 끝난 뒤 곧장 내게 오기로 되어 있음을 되새겨주었다. 그래서 나는 그 야식 권유를 거절했다. 게르망트 대공부인의 집에 있는 게 즐겁지 않아서가 아니었다. 이런 식으로 인간은 여러 종류의 즐거움을 가질 수 있다. 그중에서도 정말 즐거운 것은 무엇인가 하면, 그것을 위해 다른 즐거움을 포기할 수 있는 즐거움이다. 하지만 이 포기되는 쪽의 즐거움도, 만약 그것이, 아니 오직 그것만이 눈에 띄게 되면 또 하나의 즐거움이 눈에 들어오지 않게 만든다. 그래서 질투로 괴로워하는 자도 그만 안도하거나 상대에게 속아 넘어가고, 때로는 판단을 그르치게 되기도 하는 것이다. 그런데도 아주 조그마한 행복이나 괴로움이 있기만 해도, 당장 우리는 다른 것을 위해 하나의 즐거움을 희생시킬 것이다. 때로는 더욱 중대하고 본질적인 제3의 즐거움이 숨어 있는 경우도 있다. 그것은 아직 형태를 드러내지 않은 채, 다만 우리에게 미련이나 낙담을 느끼게 함으로써 그 가능성이 나타날 뿐이다.

그러나 우리가 이윽고 몸을 맡기게 되는 것은 그런 즐거움에 대해서이리라. 아주 보잘것없는 예를 하나 들면, 평화로운 시대의 군인은 연애를 위해 사교 생활을 희생하겠지만, 일단 선전이 포고되면(애국적인 의무라는 관념을 들먹일 것도 없이) 그는 그 연애를 그것보다 훨씬 강렬한 전투의 정열을 위해 희생할 것이다. 스완은 나에게 이런저런 얘기를 할 수 있어서 행복하다고 말했지만, 시간도 늦었고 그의 몸 상태도 너무 좋지 않아서 나와 이렇게 계속 얘기하다가는 틀림없이 피곤하리라는 것을 확실히 느낄 수 있었다. 그것은 바로, 밤을 새거나 너무 놀아서 생명이 단축될 걸 알고 있는 사람이 또다시 피곤에 지쳐서 집에 돌아갔을 때, 그 사람을 절망적으로 뉘우치게 만드는 피로이다. 그런 뉘우침은 생각 없이 돈을 마구 쓰는 사람이 또다시 돈을 낭비했을 때 느끼는 감정과 비슷한데, 그런 낭비가는 이튿날이 되면 또다시 돈을 물 쓰듯이 쓰지 않고는 못 배긴다. 나이 때문이든 질병 탓이든, 쇠약이 어느 정도에 다다르면, 그때부터는 잠을 줄이거나 습관을 깨면서 얻을 수 있는 어떤 쾌락, 어떤 방종도 견딜 수 없게 된다. 이야기하기를 좋아하는 사람은 예의상 또는 자기 스스로 흥분하여 끝없이 얘기를 이어간다. 그러나 그는 알고 있다. 잠을 청할 수 있는 시간은 이미 지나가버린 사실을. 또 이제부터 올 불면과 피로 사이에서 끊임없이 자신을 책망하리라는 사실도 알고 있다. 게다가 그 일시적인 쾌락도 이미 끝나버리고 몸도 마음도 완전히 힘을 잃었으므로, 이야기 상대에게는 하나의 심심풀이로 보이는 것을 기분좋게 받아들일 수가 없다. 이러한 육체와 정신은 여행을 떠나는 날이나 이사하는 날의 아파트와 비슷하다. 그런 곳에서 짐가방 위에 앉아, 눈은 괘종시계의 추에 붙들어 맨 채 사람들의 방문을 받는 일은 고역일 뿐이다.

"겨우 단둘이 남게 됐군." 스완이 말했다. "그런데 어디까지 얘기했더라? 그렇지, 대공이 푸아레 신부에게 드레퓌스를 위해 미사를 올려줄 수 없겠느냐고 부탁한 데까지였지. '못 합니다' 하고 신부가 나한테 말했소."(방금 나에게 말했다고 했는데, 그건 대공의 말을 재현하고 있는 거네, 알겠나?) "실은 오늘 아침 다른 분한테서 드레퓌스를 위해 미사를 올려달라는 부탁을 받아서요"—"뭐라고요?" 내가 신부에게 말했소. "나 말고도 그의 무죄를 믿는 가톨릭 신자가 또 있습니까?"—"그렇게 생각해야겠지요."—"하지만 또 다른 지지자가 설마 나보다 먼저 그렇게 믿고 있는 건 아니겠지요?"— "한데 그분은 당신이 아직 드레퓌스를 유죄로 생각했을 때부터 이미 여러 번 나에게 미사를 부탁했습니다"—"허어! 그렇다면 그건 우리 주변에 있는 사람은 아니겠군요."—"천만에요!"—"정말입니까? 우리 중에 드레퓌스파가 있다는 게? 호기심이 생기는데요, 그 별난 사람이 만약 내가 아는 사람이라면 속을 터놓고 얘기해보고 싶군요."—"아시는 분입니다."—"누군가요?"— "게르망트 대공부인입니다." 나는 아내가 민족주의적인 견해를 가지고 프랑스 사람으로서의 신념을 품고 있다고 생각하여, 그것에 상처를 주지 않을까 두려워하고 있었고, 아내는 그동안 내 종교적인 의견이나 애국적인 감정을 자극하지 않을까 하고 염려하고 있었소. 그런데 그녀 쪽에서도 나와 똑같이 생각하고 있었던 걸세. 그것도 나보다 훨씬 이전부터 그랬던 거지. 내가 아내 방에 들어갔을 때 하녀가 숨긴 것은 그녀가 매일 아내를 위해 사왔던 〈로로르〉지였네. 이보시오, 스완 씨, 그때부터 나는 생각했소, 내 사상이 그 점에 대해 자네의 사상과 얼마나 비슷한지를 얘기한다면 틀림없이 기뻐할 거라고 말일세. 더 빨리 말하지 않은 걸 부디 용서하시게. 대공부인에 대해서도 줄곧 입을 다물고 있었소. 그것을 생각해준다면, 자네와 똑같이 생각하는 것은 다르게 생각하는 것 이상으로 더욱 자네로부터 멀어지는 결과가 되었을지도 모른다는 사실도 이해해주겠지. 왜냐하면 이 문제에 다가가는 것은 나에게는 너무나 괴로운 일이었으니까. 하나의 과실이, 아니 여러 가지 범죄까지 있었음을 생각하면 생각할수록 군에 대한 나의 애정은 피를 토하는 듯한 심정이라네. 자네가 나와 비슷한 의견을 가졌다 해도, 설마 나 같은 고통을 느낄 거라고는 생각지 않았지만, 며칠 전에 들은 바로는, 자네는 군에 대한 중상과 드레퓌스파가 군을 모욕하는 사람들에게 맞장구치는 것을 엄격하게 비난했다더군. 그래서 나도 결심했소. 솔직히 말해서 몇몇 장교에 대해 생각하고 있는 바를 털어놓는 건 괴로운 일이었네. 다행히 그런 사람들은 몇 안 되지만 말일세. 하지만 이제 자네를 피할 필요가 없다고 생각하니 안심이 되고, 특히 전에 내가 다른 감정을 가지고 있었던 것은 판결의 정당성에 한 점 의혹도 느끼지 않았기 때문이라는 것을 당신이 느끼고 있다고 생각하니 마음이 훨씬 가벼워지는군. 나는 판결에 의혹을 품은 뒤부터 이제 단 하나의 희망밖에 남지 않았소. 그것은 잘못을 보상하는 것일세.' 솔직히 말해서 게르망트 대공의 이같은 말은 나를 깊이 감동시켰지. 만일 자네도 나처럼 대공의 사람됨을 알고, 그러한 결론에 이르기까지 그가 얼마나 먼 길을 걸어왔는지를 안다면 틀림없이 그분에게 경의를 표했을 걸세. 또 사실 대공은 그럴만한 가치가 충분히 있다네. 게다가 대공의 생각은 나에게 조금도 놀라운 게 아니야. 본디 참으로 곧은 분이니까!"

스완은 까맣게 잊은 모양이지만, 그날 오후 그는 반대로 이 드레퓌스 사건에 대한 의견은 유전에 좌우되고 있다고 나에게 말했다. 기껏 그가 예외로 한 것은 높은 지성뿐이었다. 왜냐하면 생루의 경우, 지성이 유전을 극복하여 그를 드레퓌스파로 만들었기 때문이다. 그런데 이런 승리도 잠시뿐, 스완은 생루가 이미 반대 진영으로 옮겨갔다는 사실을 이제 막 알았던 것이다. 그런 이유로 방금 전까지는 지성에 배당했던 역할을, 이제 그는 곧은 마음에 주게 되었다. 사실을 말하면, 우리는 언제나 나중에 가서야 깨닫지만, 우리의 적이 적의 당파에 속해 있는 것에는 그 나름의 이유가 있고, 그것은 그 당파에 정당성이 있는 것과는 반드시 관계 있는 건 아니며, 또 우리와 같은 생각을 하는 사람들의 경우, 그 도덕성이 너무 낮아서 증거로 삼을 수 없을 때는 지성이, 또 그들의 통찰력이 모자랄 때는 곧은 성격이, 각각 그들에게 그런 사고를 하게 하는 원인이 되고 있었다.

이제 스완은 그와 의견을 같이하는 자라면, 그가 옛날부터 친구인 게르망트 대공이든 나의 급우였던 블로크이든 모두 총명한 사람으로 여겼다. 블로크는 그때까지 따돌림을 당해왔지만 지금은 점심 식사에 초대받을 정도였다. 스완이 블로크에게 게르망트 대공이 드레퓌스파라는 사실을 알려주자, 블로크가 비상한 관심을 보였다. "그렇다면 피카르를 지지하는 명부에 서명을 청해야겠군요. 게르망트 대공 같은 사람의 이름이 들어가면 엄청난 효과가 날 테니까." 그러나 스완은 이스라엘 사람으로서의 열렬한 신념에, 오랜 습관 때문에 이제 와서 떨쳐버릴 수도 없게 된 사교인 특유의 외교적인 온건함을 합해서, 블로크가 대공에게 명부를 보내는 것은 설령 별 생각 없이 그렇게 한 것처럼 보이더라도 결코 허가하려 하지 않았다. "대공은 그렇게 할 수 없네. 불가능한 일을 부탁해서야 쓰나." 스완은 되풀이해서 말했다. "그는 정말 사랑스러운 사람이네, 수천 리나 되는 길을 걸어서 가까스로 우리에게 왔어. 그러니까 우리에게 엄청나게 도움이 되는 사람일지도 몰라. 하지만 만약 자네의 명부에 서명한다면, 생각과는 달리 친척들 사이에 말썽이 일어나 우리 때문에 형벌을 받을 테고, 어쩌면 그런 일을 털어놓은 걸 뉘우치며 두 번 다시 속마음을 얘기하지 않을지도 모르네."

그뿐 아니라 스완은 자신의 서명마저 거절했다. 너무나 히브리적인 이름이어서 인상이 나빠질 거라는 이유였다. 게다가 그는 재심에 대해서는 무엇보다 찬성했지만, 반군국주의 활동에는 조금도 관여하고 싶지 않았다. 그때까지 결코 하지 않았던 일이지만, 지금 그는 1870년의 전쟁 때 지극히 젊은 국민유격대의 한 사람으로서 받은 훈장을 달고 있었다. 그리고 유언에는 보충서를 붙여서 앞부분에 적혀 있는 조항과는 반대로, 자기 장례식 때는 레지옹도뇌르 5등 훈장을 받은 자의 지위에 걸맞은 군사적 예우를 해달라고 요구했다. 그 때문에 콩브레 성당 주변에 기병 한 개 중대가 집합하게 되었다. 이것은 지난날 프랑수아즈가 전쟁이 일어날 것을 예상하고 병사들의 운명을 생각해 눈물을 흘렸던 그 기병대였다.*

요컨대 스완은 블로크가 돌린 명부에 서명하는 것을 거절했다. 그런 까닭에 많은 사람들의 눈에 열광적인 드레퓌스파로 비치고 있었던 스완이지만, 내 급우 블로크는 그를 미적지근한 남자, 민족주의에 오염되어 훈장을 좋아하는 사람으로 여겼다.

---

* 제1편의 〈콩브레〉참조. 여기서 스완의 장례식 때 기병대가 집합했다 함은 앞으로 일어날 일을 미리 말해두는 수법임.

스완은 나와 악수도 하지 않고 떠났는데, 그것은 이 손님방에 너무 많은 친구들이 있어서, 하나하나 작별인사를 해야 하는 번거로움을 피하기 위해서였다. 그래도 그는 나에게 이렇게 말했다. "자네 친구 질베르트를 만나러 오지 않겠나. 그 아인 정말 몰라보게 성숙해졌어. 만나러 와주면 틀림없이 기뻐할 텐데!" 나는 이제 질베르트를 사랑하지 않았다. 나에게 그녀는 죽은 여인이나 마찬가지였다. 오랫동안 그 죽음에 슬퍼하며 울었으나, 지금은 망각이 찾아와 설령 그녀가 되살아난다 해도 이제 그녀를 위해 만들어진 게 아닌 인생 속에 들어오는 것은 불가능했다. 나는 그녀를 만나고 싶지도 않았으며, 옛날 사랑하고 있었을 때는 언젠가 사랑이 식으면 보여주고 싶다고 날마다 자신에게 들려주었던 일, 즉 반드시 그녀를 만나고 싶어하지 않는다는 것을 보여주려는 마음조차 이제 없었다.

　그래서 나는 질베르트에게 마음속으로 다시 만나기를 원하고 있었는데도 이른바 '자신의 의지와는 관계없는' 상황 때문에 그것이 방해받아온 것처럼 굴 생각밖에 없었다(물론 그런 상황이 적어도 일정 기간 계속해서 일어나는 것은 의지가 그것을 방해하지 않을 때뿐이지만). 그런 척하면서도 나는 유보를 전제하더라도 스완의 초대를 받아들이기는커녕, 사정이 있어서 이제까지 그의 딸을 만나러 갈 수 없었고, 앞으로도 당분간 그럴 것임을 그가 딸에게 자세히 설명하겠다고 약속할 때까지 그를 놓아주지 않았다. "그리고 오늘 안에 돌아가면 따님에게 편지를 쓰겠습니다." 나는 그렇게 덧붙였다. "하지만 얘기 좀 잘해주십시오, 그건 협박 편지니까요. 한두 달 지나 제가 완전히 한가해지면 따님은 틀림없이 전전긍긍할 겁니다. 전처럼 자주 댁에 갈 테니까."

　스완과 헤어지기 전에 나는 그의 건강에 대해 물었다. "아니 뭐 그렇게 나쁘지는 않네." 그가 대답했다. "하긴 아까 말한 대로, 매우 피곤해서 미리 체념하는 심정으로, 앞으로 일어날 일을 받아들이고 있지. 솔직히 말해 드레퓌스 사건의 결말을 보지 못하고 죽는 건 속상하네. 그 악당놈들은 온갖 술수를 다 부리고 있으니까. 마지막에 놈들이 지리라는 것은 의심하지 않지만 놈들은 아직까지 강대하여 곳곳에 지지자를 갖고 있지. 모든 게 순조롭게 되어가다가도, 어느 순간 갑자기 모든 것이 와르르 무너져버린다네. 나는 드레퓌스가 복권하고 피카르가 대령이 되는 걸 볼 때까지 어떻게든 살아서 버티고 싶으이."

스완이 떠난 뒤 게르망트 대공부인이 있는 큰 손님방으로 돌아갔는데, 그무렵 나는 언젠가 이 대공부인과 아주 친해지는 날이 오리라는 걸 아직 모르고 있었다. 그녀가 샤를뤼스 씨에 대해 품고 있는 정열은, 처음에는 나도 전혀 예상하지 못했다. 오로지 내가 눈치챈 것은 어느 시기를 경계로 남작이 그에게는 드물지 않은 적의를 게르망트 대공부인에게만은 전혀 나타내려 하지 않고, 전과 마찬가지로 또는 어쩌면 그 이상으로 그녀에게 애정을 품으면서도, 타인한테서 그녀에 대한 소문을 들을 때마다 불만인 듯이 역정을 내는 표정을 보여주기 시작한 것이었다. 그는 이제 대공부인의 이름을 자신이 만찬을 함께하고 싶은 사람들 명단 속에 절대로 넣지 않았다.

사실 그 전에, 어떤 심술궂은 사교인으로부터, 대공부인은 완전히 사람이 변하여 샤를뤼스 씨를 사랑하고 있다는 말을 들은 적이 있는데, 이 험담은 말도 안 되는 것으로 느껴져서 나를 완전히 분개시켰다. 분명히 그때까지도, 내가 자신의 이야기를 하고 있는 중에 샤를뤼스 씨가 끼어들면, 그 순간 대공부인이 한층 더 긴장하여 주의 깊게 귀를 기울이는 것을 깨닫고 놀란 적이 있었다. 마치 우리가 자신들의 이야기를 하고 있는 동안 건성으로 멍하니 듣고 있던 병자가, 갑자기 이야기 속에 나오는 어떤 말이 자기가 앓고 있는 병명임을 알고 흥미와 기쁨을 느끼는 것과 같았다. 이를테면 내가 대공부인에게 "그러고 보니 샤를뤼스 씨한테서 들었는데……" 하고 말하면, 부인은 느슨해진 주의력의 고삐를 다시 잡아당기는 식이었다. 한번은 부인이 있는 곳에서 지금 샤를뤼스 씨는 어떤 분에 대해 매우 강한 감정을 품고 있는 것 같다고 내가 말하자, 놀랍게도 대공부인의 눈 속에서 마치 눈동자가 두 쪽이 나는 것처럼 언뜻 다른 빛이 달리는 게 보였는데, 그것은 모르는 사이에 우리 이야기가 상대의 안에서 사고의 동요를 불러일으켰기 때문이며, 그런 내밀한 사고는 언어로 표현되는 일은 없을망정, 우리가 혼란스럽게 만든 깊은 내부에서 떠올라 한순간 눈빛마저 바꿔버리는 것이다. 그러나 어쩌면 내 말이 대공부인을 동요시켰다 해도 어떻게 해서 그렇게 된 것인지는 나는 짐작도 할 수 없었다.

하기야 조금 뒤 그녀는 샤를뤼스 씨에 대해, 그것도 거의 꾸밈없는 솔직한 태도로 말하기 시작했다. 그녀는 극히 적은 몇몇 사람들이 남작에 대해 퍼뜨리는 소문들을 말했는데, 마치 그 어조는 소문을 단순히 어리석게 지어낸 불쾌한 이야기로 여기는 듯했다. 한편으로 그녀는 이렇게 말했다. "팔라메드처럼 대단한 가치를 가진 분에게 반하는 여성은, 있는 그대로의 그분을 몽땅 받아들이고 이해해드리며, 그분의 자유와 기발한 공상을 존중하되 다만 어려움을 없애고 수고를 위로해드릴 수 있는, 높은 식견과 헌신적인 마음을 지닌 분이어야 해요." 이러한 표현은 매우 막연하지만, 그것을 통해 게르망트 대공부인은 자기가 무엇을 찬미하고 있는지 보여주었는데, 그것은 샤를뤼스 씨 자신이 가끔 쓰는 방식이었다. 실제로 나는 샤를뤼스 씨가 그에 대한 중상의 진실을 그때까지 잘 모르고 있던 사람들에게, 다음과 같이 말하는 것을 몇 번이나 들은 적이 있다. "내 인생에는 많은 산과 골짜기가 있었고, 나는 정말 여러 사람들과 알고 지냈소. 그중에는 도둑이 있는가 하면 왕도 있었는데, 감히 말한다면 나는 차라리 도둑 쪽을 더 좋아하는 편이지. 또 나는 온갖 형태 밑에서 아름다움을 추구해왔소. 그런 내가⋯⋯." 그리고 스스로 교묘한 것이라 믿고 있는 그런 말을 하거나, 소문이 돌고 있다고 전혀 생각지도 않는 사람에게 일부러 그런 소문을 부정하면서(이것은 취향이나 균형 감각이며, 진실로 보이고자 하는 마음에서 비롯된 것이지만, 본인만이 진실의 아주 작은 단편이라고 멋대로 믿는 것을 거기에 섞어서), 그는 일부 사람들에게서 자신에 대한 마지막 의혹을 없애고, 또 의혹을 가지지 않은 사람들에게는 최초의 의혹을 심어주는 것이었다. 왜냐하면 모든 은폐 가운데 가장 위험한 일은 실수를 저지른 본인이 마음속에서 실수를 숨기려고 하기 때문이다. 그는 언제나 그 실수를 의식하고 있으므로, 그것이 사람들에게 전혀 알려져 있지 않다는 사실을 생각지 못하고, 또 사람들이 완전한 거짓말을 쉽게 믿는다는 사실도 알지 못한다. 반대로, 자신은 아무 죄도 없는 말이라 생각해도, 거기에 어느 정도 진실을 담으면 사람들은 실수를 털어놓는 것으로 받아들인다는 사실 또한 생각지 못한다. 게다가 그가 그것을 말하지 않으려고 노력하는 것은 결국 커다란 착각이다. 상류 사회에서는 어떤 악덕도 너그러운 지지를 얻게 마련이어서, 두 자매의 어느 한쪽이 상대에게 자매로서의 애정 이상을 품고 있는 사실을 안 순간에, 두 사람을 바로 옆에서 재우기 위해 집을 완전히 개조한 사람도 있을 정도다.

그러나 대공부인의 사랑이 단숨에 내 눈에 드러난 것은 어떤 특수한 사건 때문이었다. 그것에 대해 여기서 그다지 자세히 말하지는 않겠다. 왜냐하면 그것은 샤를뤼스 씨가 무슨 일이 있어도 이발사를 기다리느라, 어느 왕비가 죽기 전에 문병 가는 시기를 놓쳐버렸다는, 완전히 엉뚱한 이야기로 이어지기 때문이다. 그 이발사는 샤를뤼스 씨가 어느 승합마차 승무원을 만나러 가기 전에 머리를 손질해주기로 되어 있던 사람인데, 샤를뤼스 씨는 그 승무원 앞에만 나가면 놀랄 만큼 주눅이 들었던 것이다. 그래도 나는 대공부인의 사랑 이야기에 결말을 짓기 위해, 어떤 사소한 일이 내 눈을 뜨게 한 것에 대해 얘기해두기로 한다. 그날 나는 대공부인과 단둘이 마차를 타고 있었다. 어느 우체국 앞에 이르렀을 때 대공부인이 마차를 세웠다. 그녀는 하인을 데리고 오지 않았으므로, 토시 속에서 편지 한 통을 반쯤 꺼내며 그것을 우체통에 넣기 위해 마차에서 내리려고 했다. 내가 붙들고 못 하게 말리자 그녀는 조금 저항했고, 그때 이미 우리 두 사람은 깨닫고 있었다. 즉 거기까지의 동작이, 대공부인에게는 하나의 비밀을 지키려다가 그 비밀이 드러나게 하는 것이었고, 나에게는 주제넘은 행동을 하다가 비밀을 지키려는 상대에게 맞서는 꼴이 된 것이다. 먼저 침착을 되찾은 사람은 대공부인 쪽이었다. 갑자기 얼굴이 붉어지더니 그녀는 나에게 편지를 건넸고, 나는 그것을 받아들 수밖에 없었다. 그러나 우체통에 편지를 넣을 때 나는 본의 아니게 그 편지가 샤를뤼스 씨에게 보내는 것임을 보고 말았다.

　　이야기를 게르망트 대공부인 집에서의 그 첫 야회로 되돌리면, 나는 대공부인에게 작별인사를 하러 갔다. 그녀의 사촌동생 부부가 나를 배웅하려고 몹시 서둘렀기 때문이다. 하지만 게르망트 공작은 동생인 샤를뤼스 씨에게 인사를 하고 싶어했다. 쉬르지 부인이 문에서 공작에게, 샤를뤼스 씨가 그녀의 아들들을 무척 친절히 대해주었다고 말했기 때문인데, 자신의 동생이 보여준 그러한 친절, 그것도 이런 상황에서 보여준 최초의 친절이 바쟁을 몹시 감격시켜, 그의 마음에 결코 오랫동안 잠들지는 않았던 가족의 정을 일깨웠던 것이다. 우리가 대공부인에게 작별인사를 하고 있을 때, 바쟁은 드러내놓고 샤를뤼스 씨에게 인사할 수는 없지만, 꼭 그에게 애정을 표시하고 싶었다. 실제로 그가 그 애정을 억누를 수 없었기 때문이기도 하고, 또한 그날 밤의 행위가 형의 눈에 띨 수밖에 없음을 남작에게 되새겨주기 위한 것이기도 했는데, 그것은 마치 장래에 도움이 되는 기억을 심어주기 위해, 재주를 부린 개에게 사탕을 주는 것과 같은 일이었다. "여보게, 동생!" 공작은 샤를뤼스 씨를 불러 세우고 다정하게 팔을 잡으면서 말했다. "인사 한마디 없이 형 앞을 지나갈 작정인가? 요즘 자주 못 보는구나. 메메, 그게 얼마나 나를 쓸쓸하게 하는지 너는 모를 거야. 옛날 편지들을 뒤적이다가 마침 돌아가신 어머니의 편지를 발견했는데, 그게 다 너에 대한 애정으로 넘치는 것들이더구나."—"고마워요, 바쟁." 샤를뤼스 씨는 평소와는 다른 목소리로 대답했다. 어머니에 대한 말만 나오면 감동할 수밖에 없었기 때문이다. —"실은 게르망트의 땅에 네가 지낼 별채를 지을 생각인데, 괜찮겠지?" 공작이 말을 이었다. "두 형제가 저렇게 다정한 모습을 보니 마음이 좋군요." 대공부인이 오리안에게 말했다. —"그럼요! 저런 형제는 그리 흔치 않다고 생각해요. 저분과 함께 당신을 초대하겠어요." 공작부인이 나에게 약속했다. "당신은 저분과 사이가 나쁘지 않죠? 한데 저분들은 뭘 저렇게 얘기할까?" 그녀는 조금 불안한 듯이 덧붙였다. 그들의 말이 잘 들리지 않았기 때문이다. 공작부인은 게르망트 공작이 기쁜 듯이 동생과 옛날얘기를 하는 것에서 늘 시샘 같은 걸 느꼈다. 공작은 그 과거에서 아내를 얼마쯤 멀리해왔다. 부인은 느끼고 있었다. 두 형제가 그렇게 나란히 서서 행복을 느끼고 있을 때, 참을 수 없는 호기심에 사로잡힌 그녀가 두 사람 사이에 끼어드는 것을 두 사람은 전혀 달가워하지 않는다는 사실을.

그러나 그날 밤, 여느 시샘 말고도 또 다른 시샘거리가 있었다. 쉬르지 부인이 게르망트 씨의 입을 통해 감사의 말을 할 양으로 그의 동생의 친절을 게르망트 씨에게 얘기했다면, 동시에 게르망트 부부에게 충실한 몇몇 여자친구들이 남편의 정부가 남편의 동생과 마주 보며 얘기하는 것을 보았다고 공작부인에게 고자질한 것이다. 게르망트 부인은 그것 때문에 괴로워하고 있었다. "생각해봐, 지난날 우리가 게르망트에서 얼마나 즐겁게 지냈는지." 공작이 샤를뤼스 씨한테 말을 이었다. "네가 여름에 가끔 그곳에 와준다면 우리는 또다시 즐거운 생활을 보낼 수 있지 않겠어? 쿠르보 영감이 한 말 생각나? 왜 파스칼은 사람을 고민하게 하는가? 그것은 그가 고민…… 고민……"—"하고 있기 때문에." 샤를뤼스 씨는 지금도 선생님에게 대답하는 학생처럼 발음했다. "그럼 왜 파스칼은 고민하는가? 그것은 그가 사람을 고민

…… 고민……"—"하게 하기 때문에"—"잘했어요, 합격입니다. 틀림없이 우등생이 될 겁니다. 공작부인께서 상으로 중국어 사전을 주실 겁니다." "생각나죠, 바쟁, 그때 난 중국어에 열중해 있었거든요." "물론 기억하고말고, 메메! 게다가, 에르뵈그 생드니가 너에게 갖다준 오래된 중국 항아리도. 지금도 눈에 선해. 너는 한평생 중국에 가서 살겠다고 말해 온 가족을 걱정시켰지. 그 정도로 그 나라에 푹 빠져서 말이야. 그 시절에도 넌 언제까지고 정처 없이 걸어다니는 걸 좋아했지. 정말이지, 넌 못 말릴 괴짜였어. 아무리 보잘것없는 일에서도 절대로 남들과 같은 취향을 가진 적이 없었다고 할 수 있을 정도였으니까……."

　하지만 이 말을 입 밖에 내자마자 공작은 얼른 얼굴을 붉혔다. 그는 동생의 진정한 취향이 어떤 것이든, 적어도 그 또한 그 평판을 듣고 있었기 때문이다. 동생에게 그런 말을 한 적이 없었던 만큼, 뭔가 그것을 내비치는 말을 입 밖에 낸 것에 완전히 어색해졌고, 더군다나 난처한 기색을 보인 것에 더욱더 거북해졌다. 잠깐 입을 다문 뒤 그는 마지막 말을 지우려고 말했다. "그때는 어쩌면 중국 여자에게 반해 있었던 게 아니야? 그 뒤에 수많은 백인 여성과 연애를 하고 깊이 사랑을 받게 되지 않았니. 오늘 저녁에도 어느 여성이 너와 얘기를 하고 무척 즐거운 모양이더라. 그 여성도 너한테 마음을 빼앗겼나 보던데." 공작은 쉬르지 부인의 얘기는 하지 않기로 마음먹었으나, 방금 저지른 실수로 머릿속이 뒤죽박죽이 되어, 자기도 모르게 가장 가까운 사람의 이야기로 비약한 것이다. 그런데 바로 그녀야말로, 이 이야기의 계기가 되기는 했지만 결코 대화 속에 나와서는 안 되는 여성이었다. 그러나 샤를뤼스 씨는 형의 얼굴이 붉어진 것을 벌써 알아챘다. 그리고 마치 범인이, 자기가 한 짓이라고는 꿈에도 모르는 사람들이 눈앞에서 범죄 이야기를 하고 있을 때, 당황한 기색을 보이지 않기 위해서는 위험한 대화를 더 길게 이어가야 한다고 생각하는 것처럼 대답했다. "그렇다니 나도 기쁘군요. 하지만 형이 아까 한 얘기로 되돌아가고 싶어요. 깊은 진실이 담긴 얘기 같아서 말이죠. 형은 내가 남들하고는 생각이 달랐다고 말했는데, 아니 생각이 아니라 취향이라고 말했죠. 정말 그랬어요! 난 아직도 무슨 일에서고 모두와 같은 취향을 가진 적이 없어요. 정말 그래요! 내가 특수한 취향을 가지고 있다고 형은 말했죠."—"아냐, 그렇지 않아." 게르망트 씨가 항변했다. 실제로 그는 그것과 똑같이 나타내지는 않았고, 아마 이 말이 나타내는 사실이 동생에게 있다고 생각지도 않았으리라. 애초에 동생의 이상함을 들추어서 괴롭힐 자격이 자기에게 있다고 생각할 이유가 존재한단 말인가? 어쨌든 그 이상함은 존재하는지 어떤지도 애매한 것, 또는 줄곧 숨겨져 있었던 것으로, 남작의 어마어마한 지위를 조금이라도 손상시키는 게 아니었기 때문이다. 게다가 공작은 동생의 이러한 지위가 언젠가 자신의 정부들에게 도움이 될 거라 여기고, 그 대신 뭔가 호의를 표해두어야 할 거라고 생각했다. 그래서 설령 이 순간 동생의 뭔가 '특수한' 인간관계를 알았다 하더라도, 언젠가 동생한테서 지지를 얻을 수 있을 거라 믿고, 지난날의 경건한 추억과 연결된 이러한 기대에서, 게르망트 씨는 그런 자취에도 눈을 감고 필요하면 기꺼이 손을 빌려주었으리라. "자, 바쟁, 그럼 안녕, 팔라메드." 공작부인은 노기와 호기심에 바짝바짝 몸이 달아 더 이상 참지 못하고 말했다. "여기서 밤을 지샐 작정이라면 우리도 야식에 남아 있는 편이 낫겠어요." 공작은 뜻 깊은 포옹을 한 뒤 동생과 헤어졌고, 우리 셋은 대공부인 저택의 큰 계단을 내려갔다.

높다란 계단 위 양쪽에 마차가 오기를 기다리는 부부 몇 쌍이 흩어져 서 있었다. 공작부인은 남편과 나를 양쪽에 대동하고 조금 떨어진 계단 오른쪽에 꼿꼿이 서 있었다. 이미 티에폴로풍 외투를 입고 루비로 된 똑딱단추로 깃을 여미고 있었는데, 여러 남녀의 눈들이 그녀의 멋과 아름다움의 비밀을 캐내려는 듯이 그녀를 뚫어지게 쳐다보고 있었다. 같은 계단의 반대쪽 끝에서 마차를 기다리고 있던 갈라르동 부인은 사촌인 게르망트 부인의 방문을 받고 싶은 희망을 잃은 지 오래라, 그녀 쪽을 보고 있다는 것을 들키지 않도록, 또 그녀에게 인사를 받을 수 없다는 증거가 남에게 보이지 않도록 등을 돌리고 있었다. 갈라르동 부인은 기분이 몹시 언짢아 있었다. 왜냐하면 함께 있던 남자들이 그녀에게 오리안에 대한 얘기를 화제로 삼아야 한다고 믿고 있었기 때문이다. "특별히 그 사람을 만나고 싶은 생각은 눈곱만큼도 없어요." 그녀는 그렇게 대답했다. "하긴 아까 언뜻 보았지만, 늙기는 늙었더군요. 본인도 조바심이 나는 모양이에요. 바쟁도 그렇게 말하더군요. 그럼요! 이해가 가요. 머리가 좋은 것도 아니고, 기계총처럼 심통 맞은 데다 매너도 형편없으니까, 스스로도 잘 느끼고 있는 거겠죠. 아름다움까지 사라지고 나면 남는 게 아무것도 없을 거라는 사실을."

나는 이미 외투를 입고 있었는데, 감기에 걸릴까 봐 늘 전전긍긍하는 게르망트 씨가 계단을 내려가면서 덥다고 내 외투를 타박했다. 뒤팡루 주교의 영향을 조금이라도 입은 세대의 귀족은 정말 끔찍한 프랑스어를 쓰는데(카스텔란 집안사람들은 예외지만), 공작은 그 말투로 이런 생각을 나타냈다. "바깥에 나오기 전에 미리 입지 않는 편이 좋지. 적어도 '일반적인 강령으로서는'." 나는 이때 떠나던 모습이 지금도 눈에 선하다. 만약 내가 착각한 게 아니라면, 그 계단에 사강 대공도 있었을 터인데, 마치 액자에서 떼어낸 초상화 같은 그 모습이 눈앞에 떠오른다. 그것이 대공에게 사교계의 마지막 야회가 될 줄이야. 대공은 공작부인에게 경의를 표하려고 단춧구멍에 꽂은 치자꽃과 잘 어울리는 하얀 장갑을 낀 손으로 실크해트를 벗어 어찌나 크게 돌렸는지, 그것이 대혁명 전 구체제 시대의 깃 달린 펠트 모자가 아닌 게 이상할 정도였다. 이러한 구체제의 몇몇 조상들 얼굴이 이 대귀족의 얼굴에 뚜렷하게 재현되어 있었다. 그는 공작부인 옆에 잠시밖에 머물지 않았는데, 잠시 일망정 그의 자세는 살아 있는 한 폭의 그림, 역사의 한 장면을 이루는 데 충분했다. 더구나 그는 그 뒤에 세상을 떠나 그의 살아 있을 때 모습을 언뜻 보았을 뿐인 나에게 역사의 한 인물, 적어도 사교계의 역사적인 인물이 되었다. 그래서 내가 아는 어느 여성이나 어느 남성이 그의 누이동생이거나 조카임을 생각하면 묘한 기분이 들 때가 있다.
　우리가 계단을 내려갈 때 한 여성이 거꾸로 올라왔다. 나른한 모습이 잘 어울리는 여성으로 나이는 마흔 살 전후로 보였지만, 실제로는 그 이상일 것이다. 바로 파름 공작의 사생아라는 소문이 나돌고 있는 여성인데, 그 부드러운 목소리에 어딘지 모르게 오스트리아 사투리가 느껴지는 오르빌레르 대공부인이었다. 키가 큰 그녀는 꽃무늬가 그려진 하얀 비단드레스를 입고 몸을 앞으로 숙인 채 올라오고 있었다. 다이아몬드와 사파이어가 마치 마구를 단 것처럼 온몸을 꾸미고 있었으며, 그 속에서 조금 탄력이 없어 보이지만 모양 좋은 가슴이 드레스와 함께 흔들리고 있었다. 마치 왕이 탄 말이 헤아릴 수 없을 만큼 값비싸고, 거추장스러울 만큼 무거운 진주굴레를 못내 귀찮아하듯이, 그녀는 목을 좌우로 흔들면서 이리저리 온화하고 매력적인 눈길을 보냈는데, 그 푸른 눈은 색이 바랠수록 더욱 부드러움을 더해가고 있었다. 그녀는 돌아가려는 수많은 손님들에게 친근하게 인사를 보냈다. "좋은 시간에 도착하셨네요. 폴레트 씨!" 공작부인이 말했다—"어쩌나! 후회막급이에요! 하지만 물리적으로 불가능했어요." 이렇게 대답하는 오르빌레르 대공부인의 말투는 게르망트 공작부인한테 배운 것이었으나, 그녀는 거기에 타고난 부드러움과 함께 고지식한 기질을 더하고 있었다. 무척 부드러운 목소리 속 머나먼 게르만인의 혈통을 잇는 강한 억양이 그 고지식한 분위기를 만들어냈다. 그녀는 야회 때문이라는 상투적인 이야기가 아니라, 간단하게 설명할 수 없는 생활상의 복잡한 사정 때문에 늦어졌다고 말하고 싶은 기색이었지만, 실은 지금 몇몇 야회를 마치고 온 참이었다. 하기야 늦은 건 야회 때문만은 아니었다. 게르망트 대공이 오랫동안 아내에게 오르빌레르 부인을 초대하지 못하게 했었는데, 부인은 그 금지가 풀렸을 때 초대받고 싶어서 안달난 것으로 보이지 않기 위해, 초대에 응해 그저 명함만 두고 가는 데 그쳤다. 그런 방법을 2, 3년 계속한 끝에 이윽고 몸소 야회에 오게 됐는데, 그것도 마치 극장에서 돌아오는 길인 양 아주 늦게 나타났다. 이런 방법으로 그녀는 전혀 야회에 참석하고 싶지도 않고, 그곳에서 다른 사람들의 눈에 띄고 싶지도 않은 것처럼 꾸몄으며, 오로지 대공 부부에 대한 공감에서, 대부분의 손님들이 돌아가버린 뒤 '대공 부부를 만끽할 수 있는' 시간에, 오로지 부부를 만나기 위해서 오는 척하고 있었던 것이다. "오리안도 완전히 추락할 데까지 추락했군요." 갈라르동 부인이 심술궂게 투덜거렸다. "저이가 오르빌레르 부인과 얘기하고 있는 걸 보고만 있는 바쟁의 심사를 모르겠어요. 갈라르동이라면 내가 저러는 꼴을 그냥 보고 있지 않을 텐데."

나는 오르빌레르 부인이 실은 게르망트 저택 부근에서 이미 만난 여성임을 알아보았다. 그 여성은 나른한 눈길을 나에게 던진 뒤 몸을 돌려 상점 유리창 앞에 서 있었다. 게르망트 부인이 나를 소개했다. 오르빌레르 부인은 매력적으로 행동했다. 지나치게 친절하지도, 그렇다고 쌀쌀맞지도 않았다. 그녀는 여느 사람을 대하는 것과 똑같이 나를 바라보았다. 부드러운 눈길로 ……. 그 뒤로 몇 번 그녀와 다시 만났지만, 이미 그녀는 두 번 다시 온몸으로 구애하는 듯한 태도를 보이지 않게 되었다. 이쪽을 잘 알고 있는 듯한 특수한 눈길이 있어서, 젊은 남자는 어떤 여자들로부터—또 어떤 남자들로부터도—그런 눈길을 받을 때가 있지만, 어느 날 그 사람들과 사귀게 되어 그들의 친한 친구가 또 이쪽과도 친한 사이라는 것을 그들이 안 순간, 우리는 두 번 다시 그런 시선을 받지 않게 된다.

마차가 왔다는 전갈을 받았다. 게르망트 부인은 아래로 내려가 마차에 올라타기 위해 붉은 치맛자락을 잡았는데, 아마 갑자기 후회가 밀려들었거나, 아니면 상대에게 기쁨을 주고 싶다는 기분에 사로잡혔으리라. 특히 지금은 인사를 오래 끄는 게 불가능해서, 그 따분한 행위를 짧게 줄일 수 있는 이 기회를 이용할 생각으로 갈라르동 부인을 빤히 바라보았다. 그리고 그제야 상대의 모습을 발견하고 문득 생각난 듯이, 계단을 내려가기 전에 한쪽 끝에서 다른 한쪽 끝까지 가로질러 사촌이 있는 곳으로 가더니, 기뻐하는 상대에게 손을 내밀었다. "이게 얼마만이에요!" 공작부인은 이 인사에 스민 것으로 여겨지는 유감의 뜻과 당연한 사죄를 일일이 늘어놓지 않아도 되도록, 불안한 기색으로 공작을 돌아보았으나, 공작은 나와 함께 벌써 마차 쪽으로 내려가다가 아내가 갈라르동 부인 쪽으로 가버린 것을 보고 큰 소리로 버럭버럭 외치면서 다른 마차의 길을 가로막는 중이었다.

"오리안은 여전히 아름답군요!" 갈라르동 부인이 말했다. "사람들은 우리 사이가 나쁘다고 말하지만 웃기지 뭐예요. 그야 우리가 몇 년 동안 만나지 못하기는 했지요. 하지만 거기에는 남들이 참견할 필요가 없는 이유가 있었고, 영영 헤어지기엔 우리가 함께 지닌 추억이 너무나 많잖아요. 게다가 사실 오리안은 잘 이해하고 있답니다, 그 사람은 날마다 많은 사람들을 만나고 있지만 혈통도 다른 그런 사람들보다 나를 훨씬 더 사랑하고 있어요." 실제로 갈라르동 부인은 애인한테 괄시받는 사내들과 똑같은데, 그런 사내들은 어떻게 해서든 모두에게, 그 애인이 귀여워하는 사내들보다 자기가 더 사랑받고 있는 것처럼 보이고 싶어서 안달한다. 게다가(방금 자신이 한 말과 모순되는 것도 상관하지 않고, 갈라르동 부인이 게르망트 공작부인에게 찬사를 보냈으므로) 그녀는 간접적으로 증명한 것이다, 생애를 통해 우아한 대귀족 부인을 이끌어주는 가르침이 있고, 공작부인은 그것을 완전히 자기 것으로 터득했다는 사실을. 그러한 귀부인은 그녀의 더없이 훌륭한 옷차림이 사람들의 감탄과 선망을 불러일으켰을 때, 그것을 가라앉히기 위해 계단을 끝에서 끝까지 일부러 가로지를 줄 알아야 한다는 얘기다. "신을 적시지 않게 좀 주의하시지." 공작이 소리쳤다(소나기가 한바탕 지나갔으므로). 그는 기다린 데 대해 아직도 화를 내고 있었다.

돌아가는 동안 2인승 마차 안이 비좁아서 게르망트 부인의 붉은 신이 내 신 바로 옆에 있게 되자, 게르망트 부인은 신이 닿을까 봐 신경이 쓰여 공작에게 이렇게 말했다. "이 젊은 분은 틀림없이 어느 만화에 나온 것처럼, 나에게 어쩔 수 없이 이렇게 말할 거예요. '부인, 부디 지금 당장 나를 사랑한다고 말씀해주십시오. 하오나 그렇게 내 발을 밟지는 마시옵기를'." 하기야 내 마음은 게르망트 부인한테서 꽤 멀리 떨어져 있었다. 생루가 매춘굴에 나가는 어느 양갓집 규수와 퓌트뷔스 남작부인의 하녀 이야기를 한 뒤부터, 내 욕망은 이 두 사람 속에 한 덩어리로 간추려져 버려, 매일 두 계급에 속한 수많은 미녀들을 내 안에서 눈뜨게 하는 것이었다. 한쪽에는 품위는 없지만 뛰어나게 아름다운 여자들, 명문가에 고용되어 뽐내고 있는 하녀들이 있다. 그녀들은 자만에 푹 빠져서 공작부인들에 대해 얘기하며 '우리'라고 말하는 지경이다. 또 한쪽에는 젊은 아가씨들이 있다. 그녀들이 마차를 타거나 걸어서 지나가는 것을 본 적은 없어도, 때로는 다만 무도회에 대한 기사 속에 그 이름이 나오는 것을 읽기만 해도, 이미 나는 사랑에 빠져 그녀들이 어디서 여름을 보내는지를 연감을 샅샅이 뒤져서라도 알아내어(가끔 비슷한 이름과 혼동하기도 하면서), 차례차례 서쪽 평야와 북쪽의 모래언덕, 남프랑스의 소나무 숲 따위에 가서 사는 것을 꿈꾸었다.

그러나 생루가 그려준 이상적인 모습을 좇아 더없이 매력적인 모든 육체를 하나로 합쳐, 바람난 아가씨와 퓌트뷔스 부인의 하녀를 만들어내려고 해도 도무지 잘되지가 않았다. 내 손에 넣을 수 있을 성싶은 그 두 미녀에게는, 실제로 만나지 않는 한 알 수 없는 무언가가 빠져 있었다. 즉 그녀들의 개성이다. 욕망이 젊은 아가씨들 쪽을 향하고 있던 몇 달 동안, 나는 생루가 말한 아가씨가 어떤 몸매를 갖고 있는지, 누구인지 상상하느라 헛되이 정력을 소모해야만 했다. 또 하녀 쪽이 바람직하게 느껴지는 몇 달 동안은 퓌트뷔스 부인의 하녀를 상상하는 데 헛된 노력을 기울였다. 하지만 생각해보면, 나는 여태껏 언제나 달아나는 수많은 여자들에 대한 불안한 욕망에 시달려 왔고, 그것도 대부분 이름조차 모를 뿐만 아니라, 재회는커녕 알고 지내기도 어려워 내 손에 넣는 건 거의 불가능하다고 여겨지는 여자들이었다. 그런데 이제 그렇게 곳곳에 흩어져서 잡으려 하면 달아나는 이름 없는 미녀들 속에 서, 인상기록카드를 갖춘 표본 두 개를 남들보다 먼저 얻었을 뿐 아니라, 적어도 마음만 내키면 언제라도 확실하게 그것을 손에 넣을 수 있게 되었다. 그것이 얼마나 내 마음을 안정시켜주었는지! 나는 일을 시작하는 시간을 가능한 한 뒤로 미루는 것처럼 이 두 겹의 쾌락의 시간도 뒤로 미뤘다. 그러나 자신이 원할 때는 틀림없이 그 쾌락을 얻을 수 있다고 생각하자, 나는 그 쾌락을 붙잡아야 할 필요성을 거의 느끼지 않았다. 마치 수면제 봉지를 손이 닿는 곳에 놓아두기만 하면 그것을 먹지 않아도 잠들 수 있듯이. 나에겐 이제 그 두 여인에 대한 욕망밖에 없었다. 물론 그 얼굴을 머릿속에 그릴 수는 없지만 생루가 그 이름을 가르쳐주고, 그녀들이 기꺼이 응할 거라는 보장도 해주었다. 그래서 아까 생루가 한 말은 설령 내 상상력에 힘겨운 일을 부과하기는 했지만, 반대로 내 의지에 대해서는 쾌적한 안락과 긴 휴식을 가져다주었던 것이다.

"그건 그렇고." 공작부인이 나에게 말했다. "무도회 말고 내가 뭔가 도와줄 일이 없을까요? 내가 당신을 소개해주기 바라는 살롱이라도 있나요?" 나는 내가 가고 싶은 유일한 살롱이 공작부인한테는 너무 상스럽지 않을까 걱정된다고 대답했다. "그게 어딘데요?" 그녀는 거의 입을 벌리지 않고 위협하는 듯한 쉰 목소리로 물었다. "퀴트뷔스 남작부인의 살롱입니다." 이 말에 그녀는 정말로 화난 듯한 표정을 지었다. "어머나, 안 돼요. 그런 데라니, 나를 놀리시는 거죠? 나도 어쩌다가 그런 추잡한 여자의 이름을 기억하고 있는지 몰라. 그 사람은 사교계의 쓰레기예요. 이건 나한테 방물장수를 소개해달라고 부탁하는 거나 같아요. 아냐, 그보다 더 심하지, 내 방물장수야 귀여운 여인이니까. 당신 좀 이상하군요! 아무튼 제발 부탁이니 내가 소개한 사람들에게는 예의 바르게 행동해주세요. 먼저 명함을 놓으러 가시고, 그 다음에 만나러 가셔야 해요. 그리고 퀴트뷔스 남작부인이니 뭐니 입 밖에도 내지 마세요. 그런 사람은 아무도 모른답니다." 나는 오르빌레르 부인이 좀 바람기가 있는 사람이 아니냐고 물어보았다. "어머나! 말도 안 돼요. 다른 사람하고 착각하시나 봐, 그이는 오히려 새침데기인걸요. 안 그래요, 바쟁?" —"그럴걸? 뭐 아무튼 그녀가 어쨌다는 얘기는 한 번도 들은 적이 없는 것 같은데?" 공작이 대답했다.

"우리와 같이 가장무도회에 갈 생각은 없나?" 그가 나에게 물었다. "베네치아풍 외투를 빌려주겠네. 그러면 무척 기뻐할 사람이 있는데, 두말할 것도 없이 먼저 오리안, 하지만 파름 대공부인이 줄곧 자네를 칭찬하고 있지. 걸 핏하면 자네 이야기를 하신단 말이야. 다행히 이분은 중년이 지났으니까 아 주 정숙할 거네. 그렇지 않으면 꼭 자네를 시지스베(sigisbée)*로 삼았을걸. 그건 내가 젊었을 적에 하던 말인데, 귀부인의 시중을 드는 기사라고 할 수 있네."

나는 그런 가장무도회보다 알베르틴과의 약속이 마음에 걸렸다. 그래서 거절했다. 마차가 멈췄다. 하인이 대문을 열라고 이르자 말들은 대문이 양옆 으로 활짝 열릴 때까지 앞발로 땅을 차고 있었다. 문이 열리고 마차가 안뜰 로 들어갔다. "그럼 다음에 보세." 공작이 말했다. "난 이따금 이렇게 마리 와 가깝게 사는 게 후회된답니다." 공작부인이 나에게 말했다. "마리를 퍽 좋아하긴 하지만 좀더 사이를 두고 만나고 싶거든요. 하지만 오늘 저녁만큼 가까이 사는 게 유감인 적은 없었어요. 당신하고 이렇게 잠깐밖에 있지 못했 으니."—"자, 오리안, 이야기는 이제 그만." 공작부인은 괜찮다면 들어갔다 가지 않겠느냐고 말했다. 실은 한 아가씨가 마침 찾아오기로 되어 그럴 수 없다고 말하자 공작부인과 공작이 함께 크게 웃었다. "당신은 묘한 시간에 방문을 받는군요." 공작부인이 말했다. "자, 우리도 어서 서둘러야지." 게르 망트 공작이 아내에게 말했다. "벌써 12시 15분 전이군. 옷 갈아입을 시간 이야⋯⋯."

그는 현관문 앞에서 손에 지팡이를 들고 엄중하게 그곳을 지키고 있는 두 여성과 부딪쳤다. 그녀들은 추문이 생기는 것을 막기 위해 밤중임에도 자신 들이 사는 높은 산꼭대기에서 내려와 있었던 것이다. "바쟁, 빨리 알리고 싶 어 왔어요. 당신이 가장무도회에 나가 남의 이목에 띄면 안 되니까요. 가엾 게도 아마니앙이 돌아가셨어요, 한 시간 전에." 공작은 한순간 흠칫했다. 그 는 기대하고 있었던 가장무도회가, 산에서 내려온 이 고약한 두 여인의 입을 통해 와르르 무너지는 것이 눈앞에 보였다. 그러나 그는 재빨리 정신을 차리 고 두 사촌누이에게, 쾌락을 단념하지 않겠다는 굳은 결의와 함께, 프랑스어 표현법을 정확하게 구사할 수 없는 그의 무능함이 드러나도록 다음과 같이 말했다. "죽었다고! 그럴 리가, 과장이야, 과장!" 그런 다음 등산지팡이에

---

* 귀부인의 공공연한 애인.

의지하여 깊은 밤 산속의 집으로 돌아가는 두 친척에 아랑곳도 하지 않고 하인에게 잇따라 물었다. "내 투구는 도착했나?"—"예, 공작님."—"숨 쉴 구멍은 뚫려 있고? 질식해서 죽는 건 질색이야!"—"예, 공작님."—"정말 기막히게 고약한 저녁이야. 오리안, 바발에게 물어본다는 걸 잊었어. 코가 뾰족하게 들린 구두는 당신이 신을 것인지!"—"그래도 여보, 오페라 코미크 극장의 의상 담당이 집에 와 있으니까 우리에게 말해주겠죠. 난 그게 당신의 박차와 어울린다고는 생각지 않아요."—"그럼 의상 담당을 찾아갑시다." 공작이 말했다. "그럼 자넨 잘 가게. 우리가 의상을 입어보는 동안만이라도 함께 있으면 재미날 텐데 말이야. 하지만 그러다간 수다가 길어질 테고, 시간도 벌써 12시가 다 되었으니. 무도회가 완벽하려면 우리가 늦어선 안 되지."

나 또한 되도록 빨리 게르망트 부부와 헤어지려고 서둘렀다. 〈페드르〉는 11시 반쯤 끝나기로 되어 있었다. 거기서 오는 시간을 계산해도 알베르틴은 이미 와 있을 게 틀림없었다. 나는 곧장 프랑수아즈한테 갔다. "알베르틴 아가씨는 왔어?"—"아무도 안 오셨는데요." 저런! 그렇다면 아무도 안 올 거란 얘긴가? 나는 마음이 심란했다. 알베르틴의 방문이 애매하면 애매할수록 이제는 그것이 더 잘됐다는 생각이 들었기 때문이다. 프랑수아즈 또한 난처해하고 있었는데, 그것은 전혀 다른 이유 때문이었다. 그녀는 자기 딸을 맛있는 요리를 차린 식탁 앞에 막 앉히던 참이었다. 내가 오는 발소리를 듣고선, 접시를 치우고 바늘과 실을 늘어놓아 야식이 아니라 바느질을 하는 양 꾸밀 새가 없는 걸 안 프랑수아즈가 말했다. "딸아이가 막 스프를 한 숟가락 먹으려던 참이랍니다. 내가 억지로 닭뼈를 조금 빨아먹어 보라고 했어요." 그리하여 그녀는 야식을 별것 아닌 것으로 보이려고 했는데, 그것은 마치 푸짐한 식사라면 무슨 죄라도 되는 듯한 말투였다. 점심때 또는 저녁 식사 때 내가 어쩌다가 부엌에 들어가면, 프랑수아즈는 식사를 마친 척하며 이렇게 둘러대기도 했다. "조금만 먹어보았어요, 그저 한 조각" 또는 "그저 한 입만." 그러나 식탁이 비좁도록 널린 수많은 접시나, 또 갑자기 내가 나타나서 당황한 프랑수아즈가 나쁜 짓을 한 것도 아닌데 나쁜 짓을 들키기라도 한 것처럼 접시를 미처 감출 새도 없이 우물거리고 있는 모습을 보면 당장 알 수 있었다. 그녀는 이렇게 덧붙였다. "자, 이제 가서 자거라, 오늘은 그만해도 일을 많이 했으니까(그도 그럴 것이 그녀는 딸이 비용이 싸게 먹히고, 또 매우 절약하는 생활을 하고 있을 뿐만 아니라, 우리 가족을 위해 몸이 부서져라 일하고 있는 것처럼 보이고 싶어서). 네가 부엌에 있으면 거치적거리는 데다 특히 주인님께 방해만 될 뿐이야. 손님이 오시기를 기다리고 계시니까. 어서 올라가." 그녀가 다시 말했는데, 그것은 마치 딸을 재우기 위해 어쩔 수 없이 자신의 권위를 행사한다는 듯한 투였다. 그 딸은 야식을 놓쳐버린 이상 그저 체면상 거기 있을 뿐이므로, 만약 내가 그곳에 5분만 더 있었다면 스스로 물러갔으리라. 프랑수아즈는 내 쪽으로 몸을 돌려 그 아름답고 서민적인 프랑스어, 그러면서도 그녀의 독특한 개성이 조금 섞인 프랑스어로 말했다. "저 애가 졸음이 와서 눈꺼풀이 자꾸 내려오는 게 보이시죠?" 나는 프랑수아즈의 딸과 얘기하지 않아도 되는 것을 크게 기뻐하며 그곳에 남아 있었다.

앞에서도 말했듯이 프랑수아즈는 자기 어머니가 태어난 고향 바로 가까이 있는 매우 작은 마을 출신인데, 그곳은 땅의 성질도 농작물도 사투리도 서로 다를 뿐 아니라, 특히 주민들의 어떤 특징에서도 사뭇 다른 지방이었다. 그래서 '푸줏간 안주인'과 프랑수아즈의 조카딸은 도무지 얘기가 통하지 않았지만 한 가지 공통점을 가지고 있었다. 그것은 심부름을 하러 나가면 '언니네' 또는 '사촌동생네'에서 몇 시간이고 죽치고 있는 것이었다. 자기 쪽에서 이야기를 끝낼 줄 모르기 때문이다. 그런 식으로 언제까지나 이야기하는 동안 심부름하러 온 목적은 가뭇없이 사라져버린다. 그 결과 집에 돌아가서 "어떻더냐, 노르푸아 후작님을 6시 15분에 뵐 수 있다더냐?" 하는 질문을 받으면, 그녀들은 이마를 때리면서 "앗! 까맣게 잊어버렸네" 하는 것도 아니고 그저 이렇게 대답할 뿐이다. "어머! 주인님이 그걸 물어보라고 하신 줄은 꿈에도 몰랐어요. 그저 인사만 여쭙고 오라는 줄 알았죠."

겨우 한 시간 전에 일러준 것을 이렇게 '까맣게 잊는' 일은 있어도, 언니나 사촌동생한테서 한 번 들은 얘기는 절대로 잊는 법이 없다. 그래서 푸줏간 안주인은 1870년에 영국인이 프러시아인과 동시에 우리에게 전쟁을 걸어왔다는 이야기를 듣고 오자(엉터리라고 아무리 내가 설명해도 헛일), 3주일에 한 번은 얘기 가운데 '그건 전쟁 탓이에요. 1870년에 영국인이 프러시아인과 동시에 우리에게 전쟁을 걸어왔어요' 하고 나에게 되풀이해 말하곤 했다. "그 이야기는 틀린 거라고 벌써 백 번이나 일러주었잖아." 그녀의 대답은 그 신념에 티끌만치도 흔들림이 없음을 나타내고 있었다. "아무튼 그렇다고 영국인을 원망할 이유는 없어요. 1870년부터 이미 꽤 시간이 흘렀으니까, 어쩌고." 또 한번은 영국과 전쟁을 해야 한다고 계속 떠들어대서 내가 반대하자 그녀가 말했다. "물론 언제까지나 전쟁을 안 하는 게 가장 좋죠. 하지만 필요하다면 당장 하는 편이 나아요. 아까 동생이 설명했듯이 1870년에 영국인이 우리에게 걸어온 그 전쟁 이래, 프랑스는 통상조약으로 파산해가고 있는걸요. 영국인을 무찌른 뒤 300프랑을 내지 않고선 한 놈의 영국인도 프랑스에 못 들어오게 해야 해요. 우리가 지금 영국에 갈 때 당하고 있는 것처럼요."

이상이 인구가 채 500명도 안 되는 이 작은 마을, 주위를 밤나무와 버드나무, 감자와 무 밭이 에워싸고 있는 이 마을 주민들의 특징이었다. 또한 이밖에도 철저한 성실성과 자기가 말할 때 남이 가로막지 못하도록 귀머거리가 되는 고집, 만일 남이 가로막으면 스무 번이라도 같은 말을 되풀이하는 집요함도 가지고 있었다. 그 결과 그들의 언어에는 바흐의 둔주곡처럼 꿈쩍도 하지 않는 견고함이 주어지게 되었다.

이와 반대로 프랑수아즈의 딸은 자신이 옛날의 좁은 시골 오솔길에서 빠져나와 현대의 첨단을 가는 여자라고 믿고 있고, 파리의 속어를 쓰면서 반드시 거기에 얽힌 농담을 덧붙이는 걸 잊지 않았다. 프랑수아즈가 내가 어떤 대공부인 댁에서 오는 길이라고 하자, 그녀는 내가 누군가의 방문을 기다린다는 것을 알고 내 이름을 샤를로 생각하고 있는 척한다. "그러세요, 틀림없이 시시한 대공부인이겠죠." 내가 고지식하게 내 이름은 그렇지 않다고 대답하자, 그녀는 기다렸다는 듯 말한다. "그러세요! 난 그런 줄 알았는데! 그래서 샤를 아탕(Charles attend)*¹인 줄 알았죠." 이건 그리 좋은 취미라고 할 수 없다. 그러나 그녀가 좀처럼 오지 않는 알베르틴의 지각을 위로하는 양 다음과 같이 말했을 때, 나는 전같이 무관심할 수가 없었다. "틀림없이 바람맞았나 봐요. 그 사람, 이젠 안 올걸요. 아! 요즘의 지골레트(gigolette)*²들이란!"

---

*1 '샤를은 기다린다'는 말이지만 발음이 같은 charlatan은 '협잡꾼, 허풍쟁이'라는 말.
*2 '과년한 처녀', 곧 속어로는 '갈보, 첩, 화냥년'.

이렇듯 그녀의 말투는 어머니의 그것과 달랐다. 하지만 더욱 기묘한 것은 그 어머니의 말투 또한 할머니의 그것과 다른 점이었다. 이 할머니가 태어난 바이요 르 팽은 프랑수아즈의 고향 바로 근처였는데, 사투리는 좀 달랐다. 마치 풍경이 미묘하게 다른 것처럼. 프랑수아즈 어머니의 고향은 비탈땅으로 되어 있어 버드나무가 무성하게 자라는 골짜기로 이어져 있었다. 이와는 반대로 거기서 매우 먼 곳에 있는 프랑스의 한 지방에서는, 메제글리즈와 거의 똑같은 사투리를 쓰는 것이었다. 그것을 알았을 때, 나는 동시에 짜증을 느꼈다. 왜냐하면 어느 날 프랑수아즈가 집에 있는 한 하녀와 한바탕 수다를 떠는 것을 보았기 때문인데, 그 하녀는 이 지방 출신으로 그곳 사투리를 쓰고 있었다. 두 사람은 거의 애기가 통했지만 나는 전혀 알아들을 수 없었다. 그걸 알면서도 두 사람은, 그렇게 떨어진 지방에서 태어났으면서도 동향인이라는 반가움 때문에 받아들여질 거라고 생각했는지, 마치 남이 알아듣지 못하게 얘기할 때처럼 내 앞에서 그 외국어 같은 사투리를 계속 지껄이는 것이었다. 이 언어지리학(言語地理學)과 하녀들의 우정에 대한 향토색 짙은 연구는 그 뒤에도 일주일이 멀다 하고 부엌에서 이어졌는데, 나는 아무런 재미도 흥미도 느낄 수가 없었다.

대문이 열릴 때마다 문지기가 전기 스위치를 눌러 계단에 불을 밝히게 되어 있었으며, 이곳에 살고 있는 사람은 이미 다 들어온 뒤였으므로, 나는 부엌을 떠나 응접실에 돌아와 커튼 틈새를 바라보고 앉았다. 그 커튼은 폭이 너무 좁아서 아파트 문의 유리를 다 가리지 못하고, 계단의 어두컴컴함 때문에 세로로 검은 줄처럼 틈이 나 있었다. 만일 이 세로줄 무늬가 갑자기 황금색이 되면 그것은 알베르틴이 아래층에 들어와서 2분 내로 나에게 올 거라는 표시였다. 누군가 다른 사람이 이 시간에 올 리는 없으니까. 그래서 나는 줄무늬에서 눈을 떼지 못하고 오래도록 그대로 있었지만 세로줄 무늬는 언제까지나 어둠에 싸여 있었다. 나는 좀더 잘 보이도록 온몸을 앞으로 내밀고 있었다. 그러나 아무리 바라보고 있어도 소용이 없었다. 검은 줄무늬가 느닷없이 의미심장한 마법에 걸려 황금빛 격자로 변하는 것이 보이면 나는 기쁜 나머지 넋을 잃었을 텐데, 나의 뜨거운 욕망에도 그런 환희는 좀처럼 찾아오지 않았다. 게르망트 저택에서의 야회 동안 알베르틴에 대해서는 겨우 3분도 생각하지 않았는데, 그 알베르틴 때문에 이토록 마음을 졸이고 있다니!

하기야 전에는 다른 소녀들, 특히 질베르트가 늦도록 오지 않을 때는 기다리고 있는 자의 애타는 심정을 맛보았지만, 지금은 단순히 육체적 쾌락을 가질 수 있을지도 모른다고 생각만 해도 그런 감정이 되살아나서, 나에게 잔인한 고민이 일어나는 것이었다.

나는 내 방에 돌아가야만 했다. 프랑수아즈가 뒤따라왔다. 그녀는 내가 야회에서 돌아왔으니 단춧구멍에 낀 장미를 그대로 둘 필요는 없다고 생각해, 그것을 치우려고 온 것이다. 그녀의 몸짓은 알베르틴이 이제 오지 않을지도 모른다는 걸 새삼 떠올리게 하는 동시에, 우아한 모습을 그대로 지니려고 한 것은 그녀에게 보여주기 위한 일이었다는 자백을 강요하는 성싶어서 나는 울화통을 터뜨렸다. 내가 거칠게 몸을 뿌리쳐서 꽃을 망가뜨리자, 프랑수아즈는 이렇게 말하여 더욱 내 분통을 터뜨렸다. "이렇게 꽃을 망가뜨릴 바에는 차라리 내가 떼어내게 그냥 두지 그러셨어요." 안 그래도 그녀가 무심코 하는 사소한 말에도 나는 비위가 거슬렸다. 사람을 기다리는 동안은 원하는 사람이 없는 것에 대한 고통 때문에 다른 사람의 존재를 좀처럼 참기 힘든 법이다.

프랑수아즈가 방에서 나가자 나는 생각했다. 이렇게 알베르틴에게 멋진 모습을 보여주고 싶은 마음이 드니, 전에 몇 번이나 밤에 그녀를 집에 오게 하여 애무를 되풀이했을 때, 며칠씩 면도를 하지 않아 수염이 덥수룩하게 자란 얼굴로 그 앞에 나타난 일이 무척 후회스러웠다. 그래서 그녀가 나 같은 건 생각도 하지 않고 이렇게 혼자 내버려두는 거라는 생각도 들었다. 그래도 알베르틴이 찾아올지도 모르니 방을 아름답게 꾸며야겠다고 생각한 나는, 내가 가지고 있는 것 가운데 가장 아름답다고 생각하는, 터키석이 장식된 서류철을 지난 몇 년 이래 처음으로 침대 바로 옆 테이블 위에 올려놓았다. 예전에 질베르트가 베르고트의 소책자를 넣기 위해 만들어달라고 부탁한 것인데, 나는 오랫동안 그것을 마노 구슬과 함께 잠을 잘 때도 몸에서 떼어놓지 않고 지니고 있었다. 하기야 여전히 오지 않는 알베르틴과 똑같이 나를 괴롭히는 것은, 지금 내가 모르는 어딘가 '다른 곳', 명백하게 그녀가 이곳보다 즐겁다고 생각한 장소에 있을 알베르틴의 존재였다. 스완에게 나는 질투할 줄 모르는 사람이라고 말한 지 채 한 시간도 지나지 않았는데, 지금 느끼고 있는 이 고통은, 만일 내가 더 자주 여자친구들을 만났다면, 그녀가 어디서 누구와 시간을 보내고 있는지 알고 싶은 불안한 욕구로 변했을지도 모른다.

알베르틴의 집에 사람을 보낼 수도 없었다. 너무 늦은 시간이기도 하고, 어쩌면 어느 카페에서 여자친구들과 야식을 먹다가 내 생각이 나서 전화를 걸지도 몰랐다. 그렇게 기대한 나는, 평소 같으면 이 시간에 문지기 방에 연결되어 있는 전화를 선을 돌려 내 방으로 통하도록 했다. 프랑수아즈 방 앞의 작은 복도에 전화를 두는 것이 더 간단하고 시끄럽지도 않겠지만, 그러면 아무 소용이 없기 때문이다. 문명의 진보는 사람들이 생각지도 못한 장점이나 새로운 악습을 이끌어내어, 그로 인해 친구들에게 더 소중한 존재가 되기도 하고 참을 수 없는 인간이 되기도 한다. 그러므로 에디슨의 발명은 프랑수아즈에게 또 하나의 결점을 가져다주었는데, 그것은 아무리 편리하고 아무리 급해도 완강하게 전화를 사용하지 않는다는 것이었다. 전화 사용법을 가르치려고 하면 마치 예방 주사를 맞는 아이처럼 달아날 핑곗거리를 찾곤 했다. 그리하여 전화를 내 방에 놓고, 부모님을 성가시게 하지 않도록 호출음도 그저 회전기 돌아가는 소리로 바꿔놓았다. 나는 그 소리를 듣지 못할까 봐 꼼짝하지 않고 앉아 있었다. 몇 달 만에 처음으로 시계추가 똑딱거리는 소리가 들릴 만큼 나는 계속 숨을 죽이고 있었다. 그때 프랑수아즈가 뭔가를 정리하러 왔다. 그녀는 내게 말을 건넸으나 나는 그런 대화가 너무 싫었다. 언제나 하찮은 얘기만 늘어놓아서, 그걸 듣다보면 내 감정은 시시각각 걱정에서 불안으로, 불안에서 완전한 환멸로 변해갔다. 그래도 그녀에게 막연하게나마 기쁘게 해주는 말을 걸어야 한다고 생각했지만, 그 말과는 반대로 나 자신이 너무나 비참한 얼굴일 거라고 느꼈으므로, 겉으로는 아무렇지도 않은 척하면서 이렇게 고통스러운 표정을 짓고 있는 모순을 설명하기 위해 류머티즘 때문에 아픈 거라고 해두었다. 그러고 나서 나는 프랑수아즈가 하는 말 때문에, 물론 작은 목소리이긴 하나(꼭 알베르틴 때문에 목소리를 낮춘 건 아니다. 왜냐하면 프랑수아즈는 그녀가 올 수 있는 시간이 지났다고 판단했기 때문이다), 이제는 오지 않겠지만 만에 하나라도 구원의 부름 소리를 듣지 못할까 봐 걱정이 되었다. 이윽고 프랑수아즈도 자러 갔다. 그녀가 나갈 때 시끄러운 소리를 내어 전화 벨소리가 지워지지 않도록, 나는 굳은 표정으로 조용히 그녀를 내보냈다. 그리고 다시 귀를 기울이며 괴로워하기 시작했다. 뭔가를 기다릴 때 소리를 받아들이는 귀에서 그 소리를 검토하고 분석하는 두뇌로, 두뇌에서 결과를 전달하는 마음으로 가는 이중의 과정이 극히 빠르게 일어나서, 우리는 그 연속을 느끼지조차 못하고 곧바로 마음으로 듣는 것 같다.

호출 소리를 듣고 싶은 욕망은 끊임없이 불안을 더해가며 결코 채워지지 못한 채, 언제까지나 나를 괴롭혔다. 나선을 그리며 높아져가는 고독한 고뇌에 시달리면서 마침내 그 절정에 이르렀을 때, 수많은 사람으로 붐비는 파리의 밤거리에서 뭔가가 느닷없이 다가와 내 책꽂이 바로 옆에서 울려왔다. 《트리스탄》 속에서 펄럭이는 망토나 목동의 갈대피리처럼, 숭고한 그 기계적인 울림은 바로 팽이가 돌아가는 듯한 전화 호출음이었다. 나는 수화기에 달려들었다. 알베르틴이었다. "이런 시간에 전화해서 방해가 된 건 아니에요?"—"아니야, 천만에……." 나는 기쁨을 억누르면서 말했다. 그녀가 이런 시간이라고 말한 것은 틀림없이 이렇게 늦은 시간에라도 오겠다는 변명이지, 안 올 생각으로 그렇게 말하는 게 아니기 때문이다. "집인가?" 나는 아무래도 상관없다는 투로 물었다. —"아뇨……. 그만두겠어요. 당신이 꼭 나를 필요로 하지 않으신다면."

나의 일부분은 알베르틴 속에 있으며, 그 밖의 부분이 거기에 함께하고 싶어 했다. 어떻게든 그녀를 오게 해야 한다. 그러나 처음에는 그 뜻을 입 밖에 내지 않았다. 우리는 통화 중이었고, 어차피 마지막에 가서야 그녀가 이쪽으로 오거나 내가 그쪽으로 달려가는 것을 승낙할 거로 생각했다. "그래요, 집 근처에 있어요." 그녀가 말했다. "당신 집에서는 아주 멀어요. 당신 쪽지를 자세히 읽지 않았거든요. 지금 다시 읽어보고 혹시 당신이 나를 기다리고 있는 게 아닐까 걱정이 돼서요." 나는 그녀가 거짓말을 한다고 느꼈다. 그러자 이번엔 화가 나서, 그녀를 보고 싶은 마음보다 굴려주고 싶은 생각에서 그녀를 억지로라도 오게 하고 싶었다. 먼저 처음에는 상대를 거절하는 데 집착했다—바로 뒤에 그것을 손에 넣으려고 안달하게 되겠지만—. 그렇다 해도 그녀는 지금 어디에 있는 걸까? 그녀의 목소리 말고 다른 소리가 들려왔다. 자전거 벨소리, 노래를 부르는 여자의 목소리, 먼 곳의 악대, 그런 것이 익숙한 그녀의 목소리와 비슷할 정도로 똑똑히 울린다. 마치 지금 내 옆에 있는 알베르틴은 그런 것들로 에워싸여 있음을 보여주듯이, 흙 또 한 덩어리와 함께 그 주위의 모든 벼과 식물까지 몽땅 가져온 듯이. 내 귀에 들리는 소리가 그녀의 귀에도 들려 그녀의 주의력을 방해하고 있었다. 그것은 주제와 관계없는 진실의 세부이며, 그 자체로는 쓸모없지만 그만큼 뚜렷한 기적의 존재를 보여주는 데 필요한 것이다. 파리의 어느 거리를 그려내고 있는 간결하지만 매력 있는 특징, 그와 함께 내가 모르는 밤 한때의 날카롭고도 잔인한 특징, 그러한 것들에 방해받았으므로 알베르틴은 〈페드르〉를 관람하고 나서 우리집에 올 수 없었던 것이다.

"미리 말해두지만, 당신을 이리로 오게 하려는 건 아니야. 시간이 너무 늦어서 좀 난처하기도 하고……." 내가 말했다. "졸려서 쓰러질 것 같아. 게다가 여러 가지로 곤란한 일이 있어서. 그저 내가 말하고 싶은 건 내 편지에는 당신이 오해할 만한 게 아무것도 없었다는 거야. 당신도 동의한다는 답장을 보내왔지. 그런데도 몰랐다고 하면 그건 도대체 무슨 뜻이지?"—"분명히 동의한다고 했지만 내용이 잘 기억나지 않았어요. 그나저나 당신 화난 모양이군요, 어쩌나. 〈페드르〉를 보러 간 게 후회되네요. 일이 이렇게 될 줄 알았더라면……." 그녀가 그렇게 덧붙였는데, 그것은 어떤 일을 추궁받을 때, 다른 일로 비난받고 있는 거라 생각하는 척하는 모든 사람과 같은 말투였다. "〈페드르〉는 내 불만과 아무 관계도 없어. 당신한테 구경 가라고 한 게 난걸."—"그럼 나를 원망하는군요. 오늘 밤은 너무 늦어서 곤란해요. 그렇지 않으면 갔을 텐데. 아무튼 내일이나 모레쯤 사과하러 가겠어요."—"아냐! 안 돼, 알베르틴, 부탁이야. 하룻저녁을 망쳐놓았으니 며칠 동안은 가만히 내버려둬. 난 이제부터 2주일이나 3주일 뒤라야 틈이 나. 잘 생각해봐. 우리 둘이 서로 화난 채 있는 게 마음에 걸린다면, 어쩌면 당신이 옳은 건지도 모르고. 어차피 피곤한 상태이니 차라리 이렇게 하는 게 어때? 난 이 시간까지 당신을 기다렸고, 당신은 아직 바깥에 있으니까 차라리 지금 이리로 오지 않겠어? 지금부터 커피라도 마시고 졸음을 쫓아버릴 테니까."—"내일로 미루면 안 될까요? 좀 곤란해서……."

마치 올 마음이 없는 양 이런 변명을 늘어놓는 걸 듣고 나는 느꼈다. 그녀의 비로드처럼 매끄러운 얼굴, 전에 이미 발베크에서 매일같이 나에게 9월의 연보랏빛 바다를 배경으로 그 장밋빛 꽃 옆에 나란히 있을 수 있는 순간을 꿈꾸게 하고, 날마다 그 방향으로 이끌고 갔던 얼굴, 그 얼굴을 다시 한 번 보고 싶은 욕망에, 그것과는 전혀 다른 또 하나의 요소가 합쳐지려고 고통스럽게 몸부림치고 있는 것을. 그것은 콩브레에서 느낀 어떤 사람에 대한 무서운 욕구였다. 그 욕구를 나는 어머니에게 느꼈고, 그것도 만일 어머니가 프랑수아즈를 시켜 2층에 올라올 수 없다고 말해온다면 죽어버리겠다고 생각할 정도로 격렬한 욕구였다. 그런 옛 감정이 더욱 새로운 다른 감정, 이쪽은 관능의 대상으로서, 다만 바다의 빛깔과 바닷가에 피는 한 송이 꽃의 장밋빛 살결을 가지고 있는 데 지나지 않지만, 그러한 새로운 감정과 결합되어 하나의 요소가 되기 위해 노력하고 있었다. 이 노력은 대부분의 경우, 하나의 새로운 물체를(화학적인 의미에서) 만드는 데밖에 이르지 않으며, 그 물체도 아주 잠깐만 지속된다. 적어도 그날 저녁은, 또 그 뒤 당분간은 이 두 가지 요소도 계속 나누어져 있었다.

그러나 이미 전화의 마지막 말을 듣고 나도 이해하기 시작한 알베르틴의 생활은, 나한테서 멀리 떨어진 곳에 있어서(물론 물리적으로는 가까운 곳에 있지만) 내가 그것을 파악하려면 늘 녹초가 되도록 탐색이 필요했을 테고, 더구나 그 생활은 마치 전투용 요새처럼 이루어진 데다 더욱 안전을 기하여 나중에 흔히 '위장'이라고 부른 어떤 위장도색이 되어 있었다. 게다가 알베르틴은 사회적으로는 한 단계 위지만, 다음과 같은 부류의 인간에 속했다. 이를테면 당신의 편지를 전해주러 간 심부름꾼에게, 문지기 여자가 나중에 돌아오면 전해주겠다고 약속하는 그런 사람들이다―그런데 뒷날 당신은 알아차린다. 당신이 밖에서 만나 용기를 내어 편지를 쓴 상대 여성은 바로 그 문지기였으며, 그래서 그녀는 당신에게 가르쳐준 주소에―단, 문지기의 방에―살고 있다는 사실을(게다가 그 주소는 작은 매음굴이고, 문지기는 그곳의 뚜쟁이다)―. 어쩌면 또 그녀가 준 주소에서 그녀는 공범자들에게 잘 알려진 여성이며, 공범자들은 절대로 그녀의 비밀을 폭로하지 않으므로 편지는 제대로 그녀에게 전해지지만, 실은 그녀는 그곳에 사는 게 아니라 기껏해야 소지품을 조금 두고 있는 정도다. 그런 식으로 생활은 대여섯 갈래로 흩어져 있어서, 그 여자를 만나고 싶거나 그 여자에 대해 알고 싶어서 누가 찾아와도, 그 장소는 너무 오른쪽이거나 너무 왼쪽, 아니면 너무 앞이거나 너무 뒤여서, 결국 몇 달 동안, 아니 몇 년 동안 아무것도 알아내지 못한다. 나는 느꼈다, 알베르틴에 대해 나는 결코 아무것도 알 수 없으며, 보잘것없는 진실들의 단편과 거짓된 사실의 무수한 혼합 속에 빠져 거기서 도저히 헤어나지 못할 것임을. 또 감옥에라도 갇히지 않는 한(그녀는 그곳에서도 달아나고 말겠지만) 끝까지 이런 일이 이어질 것임을. 그날 밤에는 그러한 확신이 내 마음에 불안이 스쳐지나가는 걸 느끼게 했을 뿐인데, 거기서 난 기나긴 고통의 예측 같은 게 떨고 있는 것을 느꼈다.

"안 돼." 나는 대답했다. "아까 말했잖아, 3주 뒤까지 틈이 없을 거라고, 내일도 모레도 안 돼."—"좋아요, 그럼 이제부터 서둘러 달려가겠어요……. 하지만 어쩐지, 나 지금 여자친구 집에 있어요. 그 친구가……." 그녀는 이제부터 가겠다는 제의를 내가 받아들이지 않을 거라고 생각했으리라. 나는 그렇게 느꼈다. 즉 그 제안은 진심이 아니었던 것이다. 그렇다면 그녀를 막다른 골목까지 몰고 가자고 생각했다. "그게 나하고 무슨 상관이지, 당신 친구가? 오고 안 오고는 당신 문제야. 내가 와달라고 부탁한 게 아니라 당신이 스스로 그러겠다고 말했거든."—"화내지 말아요. 당장 삯마차를 잡아타고 10분 안에 갈 테니까요."

그리하여 이 파리의 깊은 밤 심연 속에서 이미 내 방 안까지, 멀리 있는 사람의 행동 범위를 보여주면서, 눈에 보이지 않는 전화 메시지가 발표되었다. 이 최초의 메시지 뒤에 떠올라 나타나려는 것은, 일찍이 발베크의 하늘 아래서 알게 된 그 알베르틴이다. 그때는 그랜드 호텔의 사환들이 눈부신 석양에 어른거리는 눈으로 식탁에 포크와 나이프를 놓았으며, 유리창이 활짝 열려 있어서, 마지막 남은 산책자들이 늑장부리고 있는 바닷가에서 아직 아무도 저녁 식탁에 앉지 않은 넓은 식당으로 희미한 석양의 숨결이 자유롭게 흘러들었고, 카운터 뒤에 걸린 거울에는 붉은 선체가 비치고 지나간 뒤 리브벨행 마지막 배가 잿빛 연기를 뿜으면서 언제까지나 그곳에 남아 있었다. 나는 이미 알베르틴이 늦은 이유를 생각하는 일도 그만두었는데, 그때 프랑수아즈가 방에 들어와서 나에게 알렸다. "알베르틴 아가씨가 오셨어요." 그 말에 내가 머리도 움직이지 않고 이렇게 대답한 것은 본심을 숨기기 위한 것이었을 뿐이다. "알베르틴이 왜 이렇게 늦게 왔지?" 그러나 얼핏 진지해 보이는 내 질문에 대해 그것을 채워주는 대답이 돌아올 거라는 기대와 호기심에 프랑수아즈를 향해 시선을 든 나는, 비로소 감탄과 분노가 섞인 묘한 기분을 느끼면서 깨달았다. 피가 통하지 않는 옷과 얼굴 표정으로 웅변을 토하는 기술에 있어서 라 베르마에게 절대로 뒤지지 않는 프랑수아즈는, 자신의 상반신과 머리에 참으로 명료하게 지시를 내려, 머리카락의 가장 흰 부분이 표면에 모여서 마치 출생증명서처럼 사람들 눈앞에 드러나 있는가 하면, 목은 피로와 복종으로 인해 굽어져 있었다. 그런 것들은 프랑수아즈가 그 나이에 단잠과 따뜻한 침대에서 한밤중에 끌려나와, 폐렴에 걸릴까 봐 얼른 옷을 걸쳐야만 했던 것을 동정하는 듯했다. 그래서 알베르틴의 밤늦은 방문을 변명하는 것처럼 보여서는 안 된다고 생각한 나는 이렇게 말했다. "어쨌든 그녀가 온 것은 반가운 일이군. 잘됐어." 그리고 솔직하게, 진심으로 기쁨을 표시했다. 하지만 프랑수아즈의 대답을 들었을 때 그 기쁨은 언제까지나 순수함을 유지할 수는 없었다. 프랑수아즈는 한마디도 불평하지 않고 참기 힘든 기침을 어떻게든 참아보려는 것처럼 보였는데, 다만 몹시 추운 듯이 숄을 걸치면서, 자기가 알베르틴에게 한 말을 하나도 빼지 않고, 잊지 않고 숙모의 근황을 물은 것까지 포함하여, 나에게 얘기하기 시작했다. "바로 그때 내가 말했어요. 도련님은 아가씨가 오지 않는 게 아닐까 걱정하신 게 틀림없다고요. 지금은 누구를 방문할 시간도 아니고 곧 날이 샐 참이잖아요. 그 사람은 아마 여기저기 재미난 곳에 다녀온 게 분명해요. 왜냐하면 도련님을 기다리게 해서 미안하다는 말은 한마디도 하지 않았으니까요. 마치 사람을 놀리는 듯한 태도로 '늦긴 했지만 아주 안 오는 것보다야 낫잖아!' 이러는 거예요." 그리고 프랑수아즈는 이렇게 덧붙였는데 그 말은 내 가슴을 날카롭게 찔러왔다. "그런 말투를 보면 틀림없이 몸을 팔고 온 거예요. 아마 숨기고 싶었겠죠, 하지만……."

그리 놀랄 일은 아니었다. 아까도 말했듯이 프랑수아즈는 뭔가 심부름을 부탁하면, 자기가 한 말에 대해서는 길게 늘어놓지만 적어도 중요한 대답을 보고하는 일은 거의 없었기 때문이다. 그러나 예외적으로 아무리 짧은 말이라도 우리의 친구가 한 말을 프랑수아즈가 전해줄 때, 그녀는 보통 거기에 세공을 가하고, 필요할 때는 그 말에 이런 표정과 말투가 따랐다고 분명히 말하여, 뭔가 사람의 기분을 언짢게 하는 것이었다. 심부름을 하러 간 가게에서 그녀가 무슨 모욕을 당한 경우에도(물론 그것은 아마 모욕을 당했다고 멋대로 상상한 것일 뿐이겠지만), 우리집 대신 우리의 이름으로 얘기하는 그녀가 당한 모욕이므로, 그것이 반사되어 우리에게도 미칠 것으로 생각하고, 그녀는 가까스로 그것을 받아들이는 것이었다. 그럴 때는 프랑수아즈에게 그것은 뭔가 착각이나 피해망상이다, 모든 상인이 그녀를 상대로 동맹을 맺을 리가 없다고 대답하는 것 말고는 방법이 없었다. 하기야 상인들의 감정이야 나와는 아무 상관도 없었다. 하지만 알베르틴의 감정이 되면 문제가 다르다. 그리고 "늦긴 했지만 아주 안 오는 것보다야 낫잖아!" 하는 빈정거리는 말을 전한 프랑수아즈는, 그것으로 당장 나에게 알베르틴이 그날 밤을 함께 보낸 친구들, 즉 나와 함께 있는 것보다 즐거웠던 친구들의 존재를 떠올리게 했다.

"이상한 사람이에요. 작고 납작한 모자를 쓰고 커다란 눈을 부릅뜨고 있는 건 정말 이상해요. 특히 그 망토는 짜깁기 집에라도 보내야겠던데요. 완전히 좀이 슬었던걸요. 정말 우스운 아가씨야!" 프랑수아즈는 알베르틴을 무시하듯이 그렇게 덧붙였는데, 그녀는 평소에 내가 느낀 인상에 찬성한 적이 거의 없으면서도 자신의 인상은 강요하고 싶어했다. 그런 웃음은 알베르틴을 얕보고 내려다보는 것이었지만, 내가 그것을 알아챈 것처럼 보이고 싶지 않아서, 프랑수아즈가 말하는 작은 모자를 본 적도 없으면서 지지 않고 이렇게 대꾸했다. "난 오히려 그 '작고 납작한 모자'가 귀엽다는 생각밖에 들지 않는걸……." "그런 건 아무런 가치도 없다는 뜻이에요." 프랑수아즈는 이번에는 솔직하게, 글자 그대로 경멸을 드러내면서 말했다. 그때 나는(나의 거짓 대답이 분노 때문이 아니라 본심의 표현으로 보이도록 온화하고 느린 투로, 또 알베르틴을 기다리게 하지 않기 위해 시간을 뺏기지 않도록 하면서) 프랑수아즈에게 심술궂게 말했다. "당신은 정말 훌륭해." 나는 달콤한 목소리로 말했다. "친절하고 정말 장점이 많아. 하지만 파리에 처음 온 날과 전혀 달라지지 않았어. 멋에 대한 지식도, 정확한 발음도, 연음을 틀리지 않는 것도 말이야." 그런데 이런 비난은 너무나 우스꽝스러운 것이었다. 왜냐하면 우리가 득의양양한 듯이 정확한 발음에 유의하고 있는 프랑스어 단어 자체가, 라틴어나 색슨어를 엉터리로 발음하는 갈리아인의 입에 의해 만들어진 '연음의 오류'에 지나지 않으며, 우리 국어는 다른 언어를 불완전하게 발음한 것에 지나지 않기 때문이다. 살아 있는 언어의 진수, 프랑스어의 미래와 과거, 그것이야말로 프랑수아즈가 잘못 말한 실수 속에서 내 흥미를 끌어 마땅한 것이었다. '짜깁기꾼' 대신 '까집기꾼'이라고 말하는 것은, 고래나 기린 같은 아득한 시대부터 살아남은 동물이 계속해서 더듬어온 그 생태를

나타내는 것과 마찬가지로 흥미로운 일이 아닐까? "게다가 말이야." 나는
말을 이었다. "몇 년이 지나도 기억을 할 수 없으니, 앞으로도 결코 기억하
는 일은 없을 테지. 하지만 걱정할 것 없어. 그래도 훌륭한 사람임에는 틀림
없고, 무척 맛있는 쇠고기 젤리나 그 밖에 여러 가지를 만들 줄 아니까 말이
야. 그 모자를 흔해빠진 거라고 생각하는 것 같은데, 그건 500프랑이나 하
는 게르망트 부인의 모자를 본떠서 만든 것이거든. 하기야 어차피 가까운 시
일 안에 내가 더 멋진 모자를 하나 알베르틴에게 선물할 생각이지만." 프랑
수아즈가 가장 싫어하는 것은 그녀가 싫어하는 사람에게 내가 아낌없이 돈
을 쓰는 일이라는 걸 나는 잘 알고 있었다.

　그녀가 몇 마디 대꾸했지만, 갑자기 호흡이 거칠어져서 무슨 말을 하는 건
지 알아들을 수가 없었다. 나중에 가서야 그녀가 심장병에 걸린 것을 알고
얼마나 뉘우쳤는지! 어떻게 그런 식으로 그녀의 말을 반박하는 잔인하고 무
익한 기쁨을 늘 나 자신에게 허락할 수 있었는지! 게다가 프랑수아즈가 알
베르틴을 싫어한 까닭은 알베르틴이 가난하여 프랑수아즈가 인정하는 나의
장점에 아무런 도움을 줄 수 없었기 때문이다. 프랑수아즈는 내가 빌파리지
부인한테서 초대를 받을 때마다 호의적인 미소를 짓곤 했다. 그런 반면 알베
르틴에게는 답례를 하지 않는다고 화를 냈다. 그 때문에 나는 알베르틴에게
서 받았다고 말할 선물을 꾸며내야만 했는데, 프랑수아즈는 그런 것이 실제
로 있다고는 손톱만큼도 믿지 않았다. 이렇게 답례가 없다는 사실, 특히 먹
는 것에 대해 그렇다는 사실이 프랑수아즈의 마음에 들지 않았다. 이를테면
알베르틴이 어머니에게 저녁 식사 초대를 받아 대접을 받았다고 치자. 그런
다음에 우리가 봉탕 부인의 집에 초대되지 않으면(그렇지만 그녀의 남편이
지난날 직무에 진저리가 났을 때처럼 여기저기에 '자리'를 맡아서 봉탕 부인
은 1년의 절반도 파리에 있지 않았다), 그것은 내 여자친구가 실례를 하는
것으로 프랑수아즈의 눈에 비쳐, 그녀는 콩브레에 널리 퍼진 이런 속담을 읊
으면서 은근히 비난했다.

　내 빵을 먹으세.
　—대찬성.
　—자네 것도 먹으세.

—이젠 배가 불러.

　나는 뭔가를 쓰는 척했다. "누구에게 쓰고 있죠?" 알베르틴이 들어오면서 물었다. —"나의 예쁜 여자친구 질베르트 스완에게. 당신은 그녀를 모르나?" —"몰라요." 나는 그날 저녁 알베르틴이 어떻게 시간을 보냈는지 캐묻는 걸 단념했다. 그녀에게 불평을 하게 될 것 같았고, 그렇게 되면 시간이 시간인 만큼 화해를 하고 키스와 애무로 옮길 수 있는 여유가 없다고 느꼈기 때문이다. 그래서 처음부터 키스와 애무로 시작하고 싶었다. 하기야 기분은 조금 안정되었지만 그리 기쁜 마음은 아니었다. 사람을 기다릴 때는 모든 나침반, 모든 방향을 잃는 게 특징인데, 그런 기분은 기다리던 사람이 온 뒤에도 계속 남아서, 상대가 오면 안심하여 이렇게 즐거울 거라고 상상하던 감정과는 달리 모든 즐거움을 방해해버린다. 알베르틴은 그곳에 있다. 그러나 나의 당황한 신경은 여전히 흔들리면서 그녀를 기다리고 있었다. "알베르틴, 멋진 키스를 하고 싶은데, 괜찮지?"—"얼마든지, 마음껏." 알베르틴은 호의를 가득 드러내면서 말했다. 그녀가 그토록 예뻐 보인 적이 없었다. "한 번 더 괜찮아? 난 이러는 게 아주 아주 좋아."—"난 그 천 배나 더 좋아요." 그녀가 대답한다. "어머나! 이 예쁜 서류집게 좀 봐!"—"가지구려, 기념으로 줄 테니까."—"마음씨도 좋으셔라……." 사랑하는 여자를 생각할 때, 더 이상 사랑하지 않게 된 미래의 자기가 되려고 애쓴다면 아마 비현실적인 기분에서 영원히 깨어날 수 있으리라. 질베르트의 서류집게와 마노 구슬이 지난날 그토록 소중했던 것도 그 무렵 나의 순수하게 내적인 상태 탓이었다. 왜냐하면 이제 그것들은 나에게 하찮은 것들이었기 때문이다.

　나는 알베르틴에게 뭔가 마시지 않겠느냐고 물어보았다. "저기 보이는 게 오렌지와 물인가 보군요." 그녀가 말했다. "저거면 충분해요." 그리하여 게르망트 대공부인의 집에서는 키스보다 더 좋은 것으로 생각했던 차가운 음료를 나는 그녀의 키스와 함께 맛볼 수 있었다. 오렌지를 짜서 물에 탄 주스를 조금씩 마심에 따라, 잘 익은 오렌지의 비밀스러운 생명력, 과일과는 전혀 다른 세계에 속한 인간 몸의 어떤 상태를 치유하는 유용한 효과, 사람을 살리지는 못하지만 그 몸을 기분 좋게 적셔주는 작용, 지성과는 아무 상관도 없지만 과일을 통해 감각적으로 느낄 수 있는 수많은 신비가 나에게 전해지는 것 같았다.

알베르틴이 돌아간 뒤, 스완한테 질베르트에게 편지를 보내겠다고 약속한 일이 생각난 나는, 어차피 쓸 바에는 당장 쓰는 것이 좀더 친절하게 보이리라고 생각했다. 봉투 겉면에 질베르트 스완이라는 이름을 썼는데, 아무런 감동도 없이 마치 진저리나는 학교 숙제에서 마지막 한 줄을 쓰는 기분이었다. 지난날 공책 여러 권을 그녀의 이름으로 뒤덮으면서, 그녀와 편지를 주고받는 듯한 환상을 품은 적이 있었다. 그때 그 이름을 쓴 건 나 자신이었지만, 지금은 습관이 선택한 여러 비서 가운데 한 사람에게 맡겨져버렸기 때문이다. 바로 얼마 전 습관에 의해 우리집에 파견되어 내 일을 하게 된 이 비서는 질베르트를 만난 적이 없어서 그 이름에서 아무런 감정도 느낄 수 없었으며, 다만 내 이야기를 통해 그 이름이 지난날 내가 사랑한 소녀의 이름이었다는 사실만 알고 있었을 뿐이었으므로 그만큼 냉정하게 질베르트라는 이름을 쓸 수 있었다.

이 비서를 마음이 차가운 사람이라고 나무랄 수는 없다. 지금 질베르트를 상대하고 있는 나라는 존재는, 옛날에 그녀 자신이 어떠했는지 이해하기 위해 선별된 '증인'이었다. 알베르틴에 비하면, 이 서류집게와 마노 구슬은 나에게는 옛날 그것들이 질베르트에게 갖고 있었던 의미밖에 없었다. 즉 그 두가지 위에 마음의 불꽃을 번쩍거리며 반영시키지 않았던 모든 사람에게 그랬던 것처럼 매우 평범한 것에 지나지 않았다. 그러나 지금은 새로운 불안이 내 안에 싹트기 시작하여, 그것이 이번에는 사물이나 언어가 가지고 있는 진정한 힘을 바꾸기 시작했다. 알베르틴이 다시 나에게 고마움을 나타내려고, "난 터키석이 정말 좋아요!" 하고 말했을 때, 나는 "이것을 죽게 내버려두지는 마" 하고 대답하며 마치 귀한 보석을 선물하듯이 그 터키석에 우리 우정의 미래를 맡겼지만, 그것도 이전에 나와 질베르트를 묶어주었던 감정을 유지시키지 못했던 것처럼 알베르틴에게 어떠한 감정도 불어넣을 수 없었다.

그 무렵 한 가지 현상이 나타났는데, 그것을 일부러 거론하는 까닭은 다름이 아니라, 그것이 역사의 중대한 시기에 접어들면 반드시 되풀이되는 현상이기 때문이다. 내가 질베르트에게 보내는 편지를 쓰고 있었던 바로 그때, 가장무도회에서 방금 돌아와 아직 투구도 벗지 않고 있던 게르망트 공작은, 날이 새면 아무래도 정식으로 상복을 입어야겠다고 생각했다. 그리고 차라리 예정되어 있던 온천요법을 일주일 앞당기기로 결심했다. 3주일 뒤에 온천에서 돌아온 그가(지금 나는 질베르트에게 보내는 편지를 겨우 다 쓴 참이어서, 이것은 앞질러 얘기하는 셈이 되지만), 처음에는 드레퓌스 사건에 무관심했다가 다음에는 열광적인 반드레퓌스파가 된 것을 본 그의 친구들은, 공작이(마치 온천요법이 오로지 방광에만 효과가 있었던 게 아닌 양) 다음과 같이 대답하는 것을 듣고 입이 다물어지지 않을 만큼 놀랐다. "그렇겠지, 틀림없이 재심이 열려 그는 풀려날 거요. 아무 죄도 없는 사람을 벌할 순 없으니까. 당신들은 도대체 지금까지 프로베르빌처럼 노망한 영감을 본 적이 있소? 프랑스인을 전부 도살장에(다시 말해 전쟁터에) 보내려고 준비하고 있는 장교 말이오! 기막힌 시대야!"

그런데 그 사이에 게르망트 공작은 온천장에서 매력적인 세 여성(어느 이탈리아 대공부인과 그 두 시누이들)과 알게 된 것이다. 그녀들이 읽고 있는 책과 카지노에서 상연 중인 연극에 대해 촌평하는 것을 듣는 동안, 공작은 곧 이 여성들이 뛰어난 지성을 가지고 있으며, 그의 표현을 빌리면 도저히 감당할 수 없는 상대라는 사실을 알았으나, 그런 만큼 그 대공부인한테서 브리지 게임에 초대를 받자 뛸 듯이 기뻐했다. 그러나 상대 여성들이 있는 곳에 닿자마자, 공작이 완고한 반드레퓌스주의의 정열을 숨기지 못하고 "그런데 그 드레퓌스의 재심 문제는 이제 완전히 흐지부지된 것 같더군요" 말하자, 대공부인과 그 시누이들이 "하지만 지금만큼 재심의 가능성이 높았던 적은 없을걸요. 아무 짓도 하지 않은 사람을 감옥에 붙잡아둘 순 없을 테니까요." 말하는 걸 듣고 그는 깜짝 놀랐다. "뭐, 뭐라고요?" 공작은 처음에는 말을 더듬었다. 마치 그때까지 그가 총명한 줄 알았던 사람들을 웃음거리로 만드는 듯한 별난 별명이 이 집안에서 쓰이고 있는 것을 발견한 듯이.

그러나 그로부터 며칠 지나자, 마치 어느 대예술가가 조조트라 불리고 있는 것을 들은 사람이 그 이유도 모르면서, 그저 비굴하게 같이 따라서 그 예술가에게 "어이! 조조트." 부르는 것처럼, 공작은 이 집안에서, 아직 새로운 관습에 완전히 당혹스러워 하면서도 "그야 물론 그에게 비난의 여지가 없다면야!" 말하고 말았다. 매력적인 세 여성은 그의 진보가 느린 것을 보고 그를 좀 거칠게 다루기 시작했다. "하지만 본디 머리가 있는 분들은 그에게 뭔가 있었다고 아무도 믿지 않았답니다." 드레퓌스에게 불리한 '압도적' 사실이 나타나자, 공작은 그것으로 매력적인 세 여성들도 주장을 바꿀 거라 생각하고 그것을 알려주러 갔으나, 그때마다 그녀들은 크게 웃으면서 참으로 교묘한 화술을 발휘하여, 그런 얘기에는 아무런 가치도 없으며 그저 우스꽝스러울 뿐이라는 것을 간단하게 논증해버렸다. 그리하여 공작은 열광적인 드레퓌스파가 되어 파리로 돌아온 것이다. 물론 우리는 이 경우, 그 매력적인 세 여성들이 진리를 전달하는 사자는 아니었다고 주장하려는 건 아니다. 다만 주목해야 할 것은, 아무리 확신에 찬 사람이라도 10년에 한 번쯤은 그 사교 생활에 총명한 부부 또는 어느 한 매력적인 여성이 들어오는 경우가 있는데, 그렇게 되면 몇 달 뒤에는 그 인물이 반대 의견으로 기울어지고 만다는 점이다. 이 점에 있어서는 대부분의 나라도 마찬가지여서, 그 착실한 남자처럼 어느 민족에 대한 증오로 넘치고 있던 많은 나라들이 가끔 몇 달만에 마음이 바뀌어 정반대로 그 민족과 동맹을 맺는 일이 일어나는 것이다.

한동안 나는 알베르틴을 만나지 않았다. 그러나—이제 더 이상 내 상상력에 호소하는 일이 없게 된 게르망트 부인은 제외하고—다른 동화 속의 요정들을 만나거나 그 집을 방문하는 일은 멈추지 않았다. 그러한 집이 그녀들과 끊으려야 끊을 수 없는 관계인 것은, 진주조개와 법랑질의 껍데기 또는 총안이 있는 작은 탑을 꼭 닮은 조개껍데기가, 그런 것을 만들어 그 속에 몸을 숨기는 연체동물과 떼어놓을 수 없는 관계인 것과 같다. 이 여성들에게 등급을 매기는 것은 나로서는 도저히 할 수 없는 일이다. 그런 문제는 본디부터 무의미하여, 그것을 풀기는커녕 제기조차 할 수 없는 어려운 문제였다. 하지만 여성들을 만나는 데는 그 전에 동화나라의 집으로 다가갈 필요가 있었다. 그런데 어느 여성은 여름 내내 매일같이 점심 식사 뒤에 손님을 맞이하므로, 그 여성의 집에 갈 때는 닿기 전부터 삯마차의 포장을 내려야만 했다. 그만큼 태양이 뜨겁게 내리쬐어서, 자신도 모르는 사이에 그 태양의 추억이 전체의 인상을 지배하게 된다. 나는 다만 쿠르 라 렌(Cours-la-Reine)*에 산책하러 가는 것뿐이라고 여기고 있다. 그런데 실제로는, 현실적인 사람이라면 아마 경멸할 그 모임에 닿기 전부터, 나는 이탈리아 각지를 여행할 때와 같은 현혹과

---

* 파리의 가로수길.

환희를 느껴, 그런 감정과 저택은 기억 속에서 결코 떼어놓을 수 없는 것이 되었다. 게다가 이 계절과 그 시간 특유의 더위 때문에, 그 여성은 손님을 맞이하는 1층의 널따란 직사각형 살롱 안에서 덧문을 꼭 닫아두고 있다. 처음에 나는 여주인도 방문객들도 잘 구별하지 못하고 게르망트 공작부인조차 알아보지 못했는데, 게르망트 부인이 갈라진 목소리로, 자기 옆에 있는 안락의자에 앉으라고 권하는 것이었다. 그 의자에는 '에우로페(Europe)*의 약탈'이 그려진 보베산(產) 태피스트리가 씌워져 있었다. 이윽고 벽에 걸려 있는 커다란 18세기 태피스트리가 내 눈에 들어온다. 돛대에 장밋빛 접시꽃을 단 배 여러 척을 나타낸 것으로, 그 배 밑에 있는 나는 센 강변의 저택이 아니라 오케아노스 강변의 넵투누스 궁전에 있는 듯싶어서, 게르망트 공작부인이 마치 물의 여신이 된 듯한 느낌이었다. 만약 내가 이것과 다른 살롱을 모두 늘어놓는다면 끝이 없으리라. 이 예가 충분히 증명하듯이, 나는 사교계에 대한 나 자신의 판단 속에 시적인 인상을 부여하고 있었는데, 보통은 그것을 계산에 넣은 적이 한 번도 없으므로, 내가 어느 살롱의 장점을 계산하면서 합계를 낼 때 덧셈이 맞은 적이 결코 없었다.

물론 그런 것만이 잘못의 원인은 아니었다. 그러나 발베크를 향하는 출발을 앞두고(불행하게도, 이제부터 내가 하려는 두 번째 발베크 체류는 또한 마지막 체류이기도 한데), 나는 더 이상 사교계를 묘사할 여유가 없었다. 그 것은 훨씬 뒤에 가서 기회가 주어질 것이다. 다만 여기서 말해두고 싶은 것은, 내가 질베르트에게 편지를 써서 스완의 집 쪽으로 돌아가려는 시늉을 한 것에 대해, 오데트는 맨 먼저 엉뚱한 이유(내가 비교적 경박한 생활을 하고 있는, 사교를 좋아하는 사람인 것 같다는 이유)를 댔을 뿐만 아니라, 그것과 아울러 막상막하로 사실과 다른 두 번째 이유를 생각했을지도 모른다는 점이다. 나는 이제까지 어느 한 인간에게 있어서 사교계가 가지는 다양한 국면을 생각할 때, 반드시 사교계 자체는 바뀌지 않는다는 가정 아래 서 있었다. 만약 아는 사람이 아무도 없었던 여성이 누구의 집에 드나들게 되거나, 반대로 다른 사람을 내려다보는 높은 지위에 있던 여성이 외면당하게 되면, 사람들은 거기서 순수하게 개인의 성쇠만을 보려는 경향이 있다—그런 부침은

---

* 그리스 신화에 나오는 페니키아의 왕녀로, 황소로 변신한 제우스에게 납치됨.

이따금 주식 투기 따위에 의해서도 초래되어, 변하지 않는 똑같은 사회 속에서 철저한 도산이나 생각지도 않은 횡재를 가져오기도 한다.

그런데 사실은 그것에 그치지 않는다. 사교계에 나타나는 동향은 (예술운동이나 정치적인 위기에 비해 훨씬 하위에 속하는 것으로, 대중의 취향 변화, 즉 그 취향이 사상극으로, 인상과 회화로, 복잡한 독일 음악으로, 단순한 러시아 음악으로, 또는 사회사상, 정의의 사상, 종교적 반동, 애국적인 분기 따위로 차례차례 넘어가는 변화와 비교해도 훨씬 차원이 낮은 것이지만) 그래도 어느 정도 그러한 것을 비춰내어 그 먼, 무너진, 불확실한, 혼란스런, 변하기 쉬운 반영을 보여주고 있다. 그러므로 살롱이라고 해도 좀처럼 움직이지 않고 멈춘 상태에서 묘사되는 건 아니다. 그러한 정지 상태는 이제까지 인간의 성격 연구에 알맞았지만, 그 성격도 앞으로는 거의 역사적이라고 할 수 있는 움직임 속에 끌려갈 것이다. 새로운 것을 좋아하는 마음은, 지적인 진화를 배우려고 조금이나마 진지하게 의욕의 눈빛을 빛내고 있는 사교계 사람들을 움직여, 그들을 그런 지적 진화를 좇을 수 있는 환경에 드나들게 하여, 대부분은 그들의 마음을 그때까지 빛을 받지 못하던 어느 부인 쪽으로 기울어지게 하는 법이다. 그 여성은 아직 신선한 형태로 뛰어난 정신성에 대한 기대를 대표하지만, 오래전부터 사교적 권력을 행사해온 여성들의 경우는 그 기대가 완전히 퇴색하여 고갈되어 있어, 그들은 그런 여성들의 강점과 약점을 훤히 꿰뚫고 있으므로, 그런 여성들은 더 이상 그들의 상상력을 자극하지 못한다. 그리고 하나하나의 시대는 이런 식으로 새로운 여성 몇몇이나 또 다른 새로운 여성 그룹의 인간 속에 구체화되고, 그러한 여성들은 매우 참신한 호기심을 자극하는 것과 밀접하게 연관되어, 새로운 '집정관 정부 시대', 새로운 '총독 정부 시대'가 출현할 때마다 각 시기를 대표하는 저항할 수 없는 미녀가 되어, 가장 최근에 일어난 대홍수에서 태어난 미지의 생물처럼 그 의상에 싸여 이제 막 세상에 나타난 것으로 보인다.

그러나 대부분의 경우 새로운 여성은 바로 처음으로 장관이 된 정치가와 같은 존재로, 그런 정치가들이 실은 40년 전부터 각 부처의 문을 전부 두드렸지만 열지 못한 자들인 것과 마찬가지로, 그녀들도 사교계에는 알려지지 않았지만 그래도 오래전부터 손님들을 초대하고 있었던 여성들, 다만 달리 방법이 없어서 극소수의 '벗'만 초대해왔던 여성들이었다. 물론 모두가 늘 그런 것은 아니다. 발레뤼스가 눈부시게 꽃을 피우며 차례차례 마크스트, 니진스키, 브누아(Benoi),*1 스트라빈스키 등의 천재를 세상에 알림에 따라, 그 모든 대형 신인의 젊은 후견인인 유르벨레티예프 대공부인이 그때까지 파리 여성들이 한 번도 본 적 없는 커다란 깃털장식을 머리 위에 흔들면서 등장하자, 한 사람도 남김 없이 파리 여성들 모두가 그것을 따라하려 애썼을 때, 사람들은 그 훌륭한 여성이 러시아 무용수들에 의해 무수한 짐 속에 섞여 가장 귀중한 보물로서 운반됐을 거라고 믿었다. 하지만 '발레뤼스'의 공연이 있을 때마다, 특별 박스석의 그녀 옆에 진짜 요정처럼 그때까지 귀족들에게 알려지지 않았던 베르뒤랭 부인이 앉아 있는 모습을 보면, 사교계 사람들은 그녀도 디아길레프*2 일행과 함께 이제 막 찾아온 여성이라고 간단하게 믿어버릴 것이다. 거기에 대해 우리는 이렇게 대답할 수 있다. 아니다, 이 여성은 이미 여러 시기를 빠져나와 다양한 변신을 거듭해왔으며, 이번의 변신이 그때까지의 것과 다른 점은, '여주인'이라고 불린 이 사람이 그토록 오랫동안 헛되이 기다려온 성공을 마침내 안겨주는 첫걸음이라는 것뿐이며, 그 성공은 앞으로 점점 확실해져서 더욱더 빨리 이뤄질 거라고 말이다.

스완 부인에 대해서는, 분명히 그녀로 대표되는 새로움은 베르뒤랭 부인의 경우 같은 집단적인 성격을 가지고 있지는 않았다. 그녀의 살롱은 한 남자를 중심으로 결정(結晶)된 것이었는데, 곧 죽을 듯한 그 남자는 재능이 사라지려는 무렵에, 묻혀버린 이름 없는 존재에서 위대한 영광으로 거의 한 걸음에 뛰어오른 인물이었다. 베르고트의 작품에 대한 독자의 열광은 대단한 것이었다. 그가 온종일 스완 부인의 집에서 사람들의 눈에 띄지 않게 지내는 동안, 스완 부인은 유력자만 보면 그 귓전에 속삭였다. "베르고트 씨에게 얘기해두겠어요. 틀림없이 당신을 위해 원고를 써주실 거예요." 본디 베르고트는 그렇게 할 수 있는 사람이어서, 스완 부인을 위해 간단한 단막극까지 썼을 정도였다. 죽음이 점점 다가오고 있던 그는 내 할머니의 용태를 물으러 왔을 때보다는 조금 상태가 좋아져 있었다. 그것은 심한 육체적 고통 때문에 식이요법을 할 수밖에 없었기 때문이다. 병이라는 것은 사람들이 가장 그 말을 잘 듣는 의사이다. 타인의 호의나 지식에 대해서는 사람들은 그

---

*1 러시아 발레단의 무대장치가(1870~1928).
*2 러시아 발레단의 창시자(1872~1929).

저 입으로만 약속할 뿐이지만, 자신의 괴로움에 대해서는 얌전하게 따르는 법이다.

물론 베르뒤랭 집안의 작은 그룹은, 스완 부인의 얼마쯤 민족주의적이고 그보다 더 문학적이며, 또 무엇보다도 베르고트의 색깔이 짙은 살롱보다 훨씬 신선했다. 사실 작은 그룹은 이때 가장 큰 긴장에 다다른 하나의 긴 정치적 위기의 활동 거점이 되어 있었다. 즉 드레퓌스파다. 그러나 사교계 사람들은 대부분 완전한 재심 반대파여서, 드레퓌스파의 살롱 같은 것은, 다른 시기라면 코뮌파(Communard)* 살롱이 있을 수 없듯이, 완전히 불가능한 일로 생각했다. 카프라롤라 대공부인은 자신이 주최한 어느 대전람회 일로 베르뒤랭 부인과 알게 되었는데, 가능하면 작은 그룹 안의 재미있는 몇 명을 뽑아 자신의 살롱에 합류시키려는 속셈에서, 어느 날 베르뒤랭 부인의 집을 방문하여 오랫동안 돌아갈 생각을 하지 않은 적이 있다. 그 방문 중에 대공부인은(작은 게르망트 공작부인인 것처럼) 상식을 벗어난 행동을 하며 자신이 드나드는 사교계 사람들은 바보들뿐이라고 딱 잘라 말했다. 그것을 베르뒤랭 부인은 매우 용기 있는 말이라고 여겼다. 하지만 이 용기에도, 나중에 발베크의 경마장에 갔을 때, 민족주의자 여성들이 던지는 시선의 포화 속에서까지 베르뒤랭 부인에게 인사하지는 못했다.

스완 부인은 어떤가 하면, 반대로 반드레퓌스파 사람들은 그녀가 '온건한 사고의 소유자'인 점을 좋게 생각하고 있었는데, 그것은 유대인과 결혼한 그녀인 만큼 이중의 가치를 가지고 있었다. 그러나 그녀의 집에 한 번도 간 적 없는 사람들은 그녀가 정체를 알 수 없는 이스라엘 사람들이나 베르고트의 제자들만 초대하고 있을 거라 생각했다. 이와 마찬가지로 스완 부인보다 훨씬 격이 높은 여성들도 사교계에서 가장 낮은 계층에 위치하는 경우가 있는데, 그 이유는 그녀들의 출생, 만찬회나 야회에 초대받는 일을 좋아하지 않는 것, 그런 장소에서 그녀들의 모습을 전혀 볼 수 없는 까닭은 초대받지 않았기 때문이라는 잘못된 추측, 그녀들이 사교계 친구에 대해서는 결코 입에 올리지 않고 오로지 문학이나 예술에 대해서만 얘기하는 것, 사람들이 그녀들의 집에 가는 일을 비밀로 하고 있는 것, 또는 다른 사람들에게 예의를 잃

---

* 1871년 파리 코뮌에 가담한 일단.

지 않도록 그녀들이 그 사람들을 자택에 초대하는 일을 숨기고 있는 것 따위이다. 요컨대 그러한 수많은 이유 때문에 결국 그녀들 가운데 아무개는 어떤 사람들의 눈에 초대받지 못하는 여성으로 비치게 된다. 오데트의 경우도 그랬다. 에피누아 부인은 '프랑스 조국동맹'을 위한 모금에 함께할 것을 권유하기 위해 오데트를 만나러 가야만 했는데, 마치 단골 방물장수의 집처럼, 더욱이 업신여기고 있던 사람들의 얼굴은커녕 온통 모르는 사람들밖에 없을 거라고 생각하며 들어갔는데, 문이 열린 순간 그 자리에 못 박히고 만다. 그것은 그녀가 상상한 살롱이 아니라 마법의 방이었고, 마치 관객이 보고 있는 앞에서 몽환극 무대가 다른 장면으로 바뀌듯이, 그곳에는 눈부신 단역 여자들이 소파에 반쯤 눕거나 안락의자에 앉아서 안주인을 '오데트 씨'라고 이름으로 부르고 있었는데, 그들은 놀랍게도 에피누아 대공부인 자신도 쉽게 초대할 수 없는 비전하들과 공작부인들이었던 것이다. 게다가 바로 그때는 오데트의 호의로 가득한 눈길 속에서 로 후작, 루이 드 튀렌 백작, 보르게제 대공, 에스트레 공작 같은 사람들이 그 귀부인들에게 오렌지 주스와 비스킷을 나르면서, 안주와 마실 것을 시중드는 사환 역할을 하고 있었다. 에피누아 대공부인은 무의식적으로 사교의 가치를 인간의 내면에 두고 있었으므로, 먼저 스완 부인의 본질을 그 육체에서 나눈 다음, 그녀를 다시 한 사람의 우아한 사교 여성으로 만들어내야만 했다.

자신의 생활을 신문에 드러낸 적 없는 여성들이 실제로 보내고 있는 생활이 어떤지 타인은 알 길이 없으므로, 그로 인해 어떤 상황에 이렇게 신비의 베일을 씌워버린다(그것이 살롱의 다양화에 기여하게 된다). 오데트의 경우, 처음에는 최고의 사교계에 드나드는 몇몇 남자들이 베르고트와 사귀고 싶은 마음에 그녀의 집에서 여는 매우 가족적인 만찬회에 찾아온 것이었다. 그녀는 최근 터득한 지혜를 발휘하여 그 사실을 사람들에게 떠벌리지 않았다. 그들은 오데트의 집 테이블에 늘 자신의 자리가 준비되어 있는 것을 발견했다―그것은 아마 베르뒤랭 부인의 작은 핵심*의 자취로, 오데트는 분열 뒤에도 그 전통을 지켜왔다―. 또 오데트는 그들을 베르고트와 함께 재미있는 공연의 '초연(初演)'에 데리고 갔다. 하기야 거기에는 베르고트도 결국

---

* 제1편 《스완네 집 쪽으로》 참조.

항복하게 되지만. 그들은 자신들의 사교계 속에서 새로운 것이라면 뭐든지 흥미를 가지는 몇몇 여성들에게 오데트 얘기를 했다. 그 여성들은 오데트가 베르고트와 친하게 지내므로 조금이나마 그의 작품에 협력해왔을 거라 믿고, 포부르 생제르맹의 가장 뛰어난 여성들보다 오데트가 훨씬 더 머리가 좋다고 생각했는데, 그것은 바로 그녀들이 두메르 씨와 데샤넬 씨 같은 몇몇 유능한 공화파에게 자신들의 모든 정치적 희망을 거는 것과 같은 이유 때문이며, 반대로 자신들이 저녁 식사에 초대하고 있는 왕당파 사람들, 샤레트나 두도빌 같은 자들에게 만약 프랑스가 맡겨진다면, 이 나라는 망할 게 뻔하다고 생각했다. 오데트의 지위가 그렇게 변했어도 그녀는 그것을 남에게 말하지 않았다. 그것이 그녀의 지위를 한층 더 확실하게 다져주고 상승 속도를 훨씬 앞당긴 반면, 살롱의 성쇠에 대해서는 모든 걸 〈골루아〉지의 가십란에만 의지하는 경향이 있는 독자들은 아무것도 알 수 없었던 것이다. 그래서 어느 날, 어떤 자선사업을 위해 더없이 우아한 여성들이 모이는 극장에서 열린 베르고트의 연극 총연습 때, 작가의 자리인 정면 박스석의 스완 부인 옆에 마르상트 부인과 함께 또 한 사람의 여성, 지금의 게르망트 공작부인의 그림자가 천천히 희미해짐에 따라(명예가 지긋지긋해진 공작부인은 노력을 게을리했으므로 지금은 존재가 희미해지고 있었다) 새롭게 사교계의 꽃, 시대의 여왕이 되고 있는 몰레 백작부인이 와서 앉는 것을 보았을 때, 그것은 그야말로 극적인 사건이 되었다. "그 사람의 지위가 저렇게 올라가기 시작한 줄은 까맣게 몰랐어." 사람들은 박스석에 몰레 백작부인이 들어오는 것을 본 순간, 오데트에 대해 속으로 중얼거렸다. "그 사이에 저 사람은 마지막 계단까지 올라서고 말았구나." 그래서 스완 부인은 내가 그녀의 딸에게 다시 다가가려고 한 것은 속물근성 때문이라고 생각했을지도 모른다.

빛나는 친구들과 함께 있으면서도 연극에 온통 집중하여 귀를 기울이는 오데트는, 마치 오로지 연극을 보기 위해서만 그곳에 온 듯싶었다—지난날 불로뉴 숲을 지나가고 있었을 때도 그것은 오직 건강과 운동을 위해서였던 것처럼. 예전에는 그렇게 앞다투어 그녀에게 달라붙는 일이 없었던 남자들이, 사람들을 헤치고 발코니석에 몰려들어 그녀를 에워싸고 있는 대단한 인물들에게 접근하려고 그녀의 손에 매달렸다. 그녀는 빈정대기보다는 오히려 호의가 담긴 미소와 함께 참을성 있게 그들의 질문에 대답하면서, 남들이 생각한 이상으로 평정한 모습을 보여주었는데, 그것은 아마 거짓이 아니었을지도 모른다. 왜냐하면 이렇게 사람들 눈에 드러난 모습은, 지금까지 조심스럽게 숨겨온 평소의 친밀한 관계를 뒤늦게나마 보여준 것에 지나지 않았기 때문이다. 사람들의 이목을 끈 세 여성 뒤에는 베르고트가 있고, 아그리장트 대공, 루이 드 튀렌 백작, 브레오테 후작이 그들을 에워싸고 있었다. 쉽게 알 수 있는 일이지만, 곳곳의 살롱에 드나드는 남자들, 이제 특이한 것 말고는 자신을 높일 수 있는 수단을 찾을 수 없게 된 사람들에게는, 높은 지성의 소유자로 알려진 여주인, 주변에 있으면 그 어떤 유행하는 극작가와 소설가라도 모두 만날 수 있을 성싶은 이 여주인에게 다가감으로써 자신들의 가치를 증명하는 것은, 게르망트 대공부인 저택의 야회에 가는 것보다 자극적이고 신선한 일이었다. 게르망트 대공부인의 야회는 아무런 프로그램도 새로운 매력도 없어서, 우리가 길게 묘사한 야회와 엇비슷한 것을 몇 년 전부터 막연하게 되풀이해온 것에 지나지 않았다. 이 대(大)사교계, 즉 게르망트 집안의 사교계는 사람들의 호기심에서 조금 멀어져, 스완 부인을 위해 베르고트가 재치 있는 소품을 쓴 것처럼, 또(혹시 사교계가 드레퓌스 사건에 관심을 가질 수 있다면) 베르뒤랭 부인의 집에서 피카르, 클레망소, 졸라, 레나크, 라볼리 등이 모여 문자 그대로 공안위원회의 모임을 실현한 것처럼, 새로운 지적 유행이 그것에 어울리는 영상의 오락 속에 구체화되지는 않았다.

질베르트도 어머니의 지위를 높이는 데 힘이 되었다. 스완의 숙부 한 사람이 거의 8천만 프랑에 가까운 유산을 이 소녀에게 남겼기 때문인데, 그래서 포부르 생제르맹 사람들은 그녀에게 관심을 가지기 시작했다. 그런 반면 스완이 다 죽어가면서도 드레퓌스파의 의견에 따르는 일이 있었으나, 그 일조차 그의 아내에게 해를 주지는 못했고 오히려 그녀에게 공헌했다고 할 수 있다. 그것은 그녀에게 상처를 주지 않았는데, 왜냐하면 사람들이 이렇게 말했기 때문이다. "스완은 망령이 들어 바보가 되고 말았다. 그자는 상대할 필요 없고, 중요한 사람은 그 아내뿐이다. 게다가 그녀는 얼마나 매력적인가." 그뿐 아니라 스완의 드레퓌스주의는 오히려 오데트에게 유리했다. 만약 혼자 있게 된다면, 그녀는 아마 세련된 여성들에게 멋모르고 말을 붙이다가 망신만 당했으리라. 그런데 포부르 생제르맹에서의 만찬에 남편 스완을 데리고 가는 밤에는, 고집스럽게 한구석에 앉아 있던 스완이, 오데트가 어느 민족주의자 여성에게 소개되는 것을 보면, 거리낌 없이 큰 소리로 말하는 것이었다. "왜 그러오, 오데트, 정신이 나갔소? 제발 부탁이니 가만히 좀 있구려. 당신이 반유대주의자와 인사를 하는 건 천박한 짓이야. 그건 내가 허락할 수 없어!" 모든 사람에게 환영받는 사교계 사람들은, 이렇게 오만하고 무례한 행동에는 익숙하지 않다. 그들은 처음으로 자신을 그들 '이상'으로 평가하는 인물을 접한 것이다. 사람들은 저마다 스완이 터뜨리는 불평에 대해 숙덕거렸다. 그리고 모서리를 접은 명함*이 오데트에게 쇄도했다. 그녀가 아르파종 부인의 집을 방문했을 때, 사람들은 강한 공감이 담긴 호기심으로 그녀를 환영했다. "그 사람을 소개해서 불쾌하지 않았어요?" 아르파종 부인이 말했다. "무척 좋은 분이거든요. 난 마리 드 마리상트를 통해 알게 되었지만요." —"어머나, 불쾌하다니요, 정말 머리가 좋은 분 같더군요. 멋진 분이에요. 나야말로 무척 만나뵙고 싶었답니다. 그분은 어디에 사시나요?" 아르파종 부인은 스완 부인을 향해 그저께는 댁에 가서 무척 즐거웠고, 그 때문에 생퇴베르트 부인 쪽은 기꺼이 퇴짜를 놓았다고 말했다. 그것은 사실이었다. 왜냐하면 스완 부인을 선택하는 것은 다과회 대신 음악회에 가듯이 지적인 것을 증명하는 일이었기 때문이다.

그러나 생퇴베르트 부인이 아르파종 부인의 집에 갔다가 오데트와 마주쳤을 때, 생퇴베르트 부인은 무척 속물적인 여성이었고, 아르파종 부인은 그녀를 꽤 위에서 내려다보는 태도를 취하면서도 그녀가 주최하는 모임에는 미련이 있어서, 오데트가 누구인지 생퇴베르트 부인이 모르도록 그녀를 소개하지 않았다. 생퇴베르트 후작부인은 자신이 한 번도 만난 적 없는 걸 보면 거의 외출을 하지 않는 어느 대공부인이 틀림없다고 생각하고, 방문을 오래 끌면서 오데트가 하는 얘기에 간접적으로 대답해보기도 했지만, 아르파종 부인은 끝내 소개해주지 않았다. 생퇴베르트 부인이 결국 포기하고 돌아가자 여주인은 오데트에게 말했다. "저분을 소개하지 않은 건 말이에요, 다들 그분 댁에 가고 싶어하지 않는데도, 저분은 아무나 사람을 초대하기 때문이에요. 틀림없이 당신도 피해가지 못했을 거예요." "저런! 난 그런 것쯤 아무렇지도 않은데요." 오데트는 미련을 담아서 말했다. 하지만 사람들이 생퇴

---

* 누군가를 방문했다가 상대를 만나지 못했을 때 모서리를 접은 명함을 두고 가는 관습이 있음.

베르트 부인의 집에 가고 싶어하지 않는다는 것이 인상에 박히고 말았다. 그것은 어느 정도 사실이었다. 그래서 그녀는 자신이 생퇴베르트 부인보다 훨씬 우월한 지위에 있다고 결론을 내렸는데, 실은 생퇴베르트 부인의 지위는 대단한 것이었고, 그것에 비해 오데트는 아직 아무런 지위도 없는 거나 마찬가지였다.

그녀는 그 사실을 깨닫지 못하고 있었다. 그리고 게르망트 부인의 여자친구는 모두 아르파종 부인과 친하게 지내고 있는데도, 그 아르파종 부인의 초대를 받으면 오데트는 걱정된다는 듯이 사람들에게 말했다. "난 아르파종 부인의 집을 방문할 거예요. 틀림없이 시대에 뒤처진 사람이라고 생각하시겠죠. 그게 충격이에요, 게르망트 부인을 생각하면 말이에요."(하기야 그녀는 게르망트 부인을 몰랐다). 상류층 남자들은, 스완 부인이 대사교계 사람들을 거의 모르는 까닭은 그녀가 뛰어난 재녀이고 어쩌면 대음악가가 틀림없기 때문이며, 또 한 사람의 공작에게 이학박사라는 직함이 그렇듯이, 그녀의 집에 가는 것은 어떠한 초(超)사교적인 직함이 된다고 생각했다.

한편 장점이라고는 아무것도 없는 여성들은 다른 이유로 오데트에게 끌리고 있었다. 오데트가 콜론 연주회에 다니고 있고 스스로 바그너 숭배자라고 말한다는 것을 안 그녀들은 오데트가 '보통내기'가 아니라는 결론을 내리고, 그녀와 교제하게 된다는 생각에 완전히 흥분해 있었다. 그러나 자기 자신의 지위가 애매하여, 공개석상에서 오데트와 매우 친한 듯한 모습을 보여 쓸데없이 손가락질을 받을까 봐 걱정한 그녀들은 자선 연주회에서 스완 부인의 모습을 발견하면 고개를 돌렸는데, 그것은 바이로이트에도 간 적이 있을지 모르는 여자—즉 무슨 일을 저지를지 모르는 여자—에게 로쉬슈아르 부인이 보는 앞에서 인사를 하는 건 도저히 있을 수 없는 일이라고 판단했기 때문이다.

남의 집을 방문할 때는 어느 누구나 딴 사람이 된다. 동화 나라에서 화려하게 변신하는 것은 두말할 나위도 없지만, 스완 부인의 살롱에 있을 때의 브레오테 씨는, 평소 자기 주위에 있는 사람들이 없으므로 당장 가치가 높아져서 몹시 안정되어 보였고(모임에 가는 대신 집 안에 틀어박혀 커다란 돋보기안경을 걸치고 〈양세계 평론〉을 읽을 때처럼), 그리하여 오데트를 만나러 오는 신비로운 의식을 수행하고 있는 듯한 브레오테 씨는 그 자신이 새로운 인간이 된 것처럼 보였다. 몽모랑시 뢱상부르 공작부인이 이 새로운 환경에 들어가면 어떻게 변하게 될지, 그것을 보기 위해서라면 나는 기꺼이 많은 희생도 마다하지 않았으리라. 그러나 몽모랑시 뢱상부르 공작부인은 도저히 오데트를 소개할 수 없는 사람들 가운데 한 사람이었다. 몽모랑시 부인은 오리안에 대해, 오리안이 그녀를 대하는 태도보다 훨씬 호의적이었지만, 그 게르망트 부인에 대해 그녀는 이런 말을 하여 나를 크게 놀라게 했다. "그분은 분명히 재기가 넘치는 사람들을 알고 있고, 다들 그녀를 좋아해요. 하지만 만약 그분이 좀더 일관된 마음을 가졌다면 자신의 살롱을 만들 수 있었을 텐데 말이죠. 사실 그분은 그런 일에는 관심이 없었던 거예요. 당연한 일이죠. 지금 이대로도 행복하고 모든 사람에게 인기가 있으니까요."

만약 게르망트 부인이 '살롱'을 가지고 있지 않다면 도대체 뭐가 '살롱'이란 말인가? 그 말은 나를 깜짝 놀라게 했지만, 내가 몽모랑시 부인의 집에 가고 싶다고 말했을 때 게르망트 부인은 그보다 훨씬 더 놀랐다. 오리안은 몽모랑시 부인을 어리석은 늙은이로 보고 있었던 것이다. "난 어쩔 수가 없어요." 그녀가 말했다. "어떻게 가지 않을 수 있겠어요, 숙모인데요. 하지만 당신이 그곳에 가다니! 그분은 호감 가는 사람들을 끌어당길 줄 모르는 분인데." 게르망트 부인은 알지 못했다. 호감이 가는 사람 따위 나에게는 아무 상관없다는 사실을, 또 그녀가 '아르파종의 살롱'이라고 말할 때 내 눈에는 노란 나비가 떠오르고, '스완의 살롱'이라고 말할 때는(스완 부인은 겨울에는 6시부터 7시까지 자택에서 사람을 맞이했다) 날개에 눈이 폭신하게 내린 검은 나비가 떠오르는 사실을. 그래도 그녀가 스완 부인의 살롱에 내린 판단은, 그런 것은 살롱이 아니고, 자신은 도저히 가까이할 수 있는 곳이 아니지만, '재기 있는 사람들'이 있으므로 내가 가는 것은 뭐, 상관하지 않겠다는 것이었다. 아무리 그래도 뢱상부르 부인의 집에 가다니! 만약 내가 사람들에게 주목받을 만한 것을 이미 '생산'해냈다면, 조금은 속물주의를 발휘하는 것도 재능과 이어진다고 그녀는 결론 내렸을지도 모른다. 게다가 나는 그녀의 실망을 부풀렸다. 몽모랑시 부인의 집에 가는 것은(그녀가 생각하는 것처럼) '메모와' '연구를' 위해서가 아니라고 털어놓았다. 하기야 게르망트 부인은 사교계에 드나드는 소설가 이상으로 당치도 않은 착각을 하던 것은 아니다. 그런 소설가는 어느 한 속물, 또는 속물로 일컬어지는 사람의 행동을 바깥에서 가차없이 분석하지만, 상상력 속에서 사교의 봄이 꽃피는 때 그 마음속에 들어가볼 생각은 절대로 하지 않는다. 나 자신은 몽모랑시 부인의 집에 가서 얼마나 큰 기쁨을 느낄 것인지 시험에 봤는데, 실제로는 조금 실망했다.

그녀는 포부르 생제르맹의 낡은 집에 살고 있었고, 그 땅 안에는 작은 정원으로 나누어진 건물이 몇 동 서 있으며, 출입구 둥근 천장 밑에 팔코네(Falconet)*의 작품으로 알려진 작은 석상이 샘을 나타내고 있는데, 그러고 보니 거기서 끊임없이 물이 스며 나오고 있었다. 조금 나아가자 문지기 여인이 슬픈 일이 있는지, 아니면 기분이 우울한지, 편두통인지, 감기에 걸렸는지 늘 눈이 빨개가지고, 사람이 하는 말에 대답도 않고, 애매한 동작으로 공작부인이 집에 있음을 알리더니, 화분에 가득 핀 '물망초' 위로 그 눈까풀에서 눈물을 몇 방울 떨어뜨렸다. 작은 석상을 보면, 나는 콩브레의 어느 집 뜰에 있었던 석고 정원사 상을 떠올리며 즐거워했는데, 그것도 옛날의 어느 목욕탕 계단처럼 온갖 소리가 습기를 빨아들여 메아리치는 큰 계단이나, 기다림방에 놓인 푸르디푸른 시네라리아로 가득한 꽃병, 특히 윌라리의 방에서 듣던 소리와 똑같은 초인종 소리가 안겨주는 즐거움에 비하면 아무것도 아니었다. 그 초인종 소리로 나의 열광은 절정에 이르렀지만, 그것은 너무나 하찮은 것 같아서 몽모랑시 부인에게 설명할 수 없었다. 그래서 이 부인은 언제나 황홀해하는 내 얼굴을 보면서도 그 까닭은 끝내 알지 못했다.

마음의 흔들림

나의 두 번째 발베크 도착은 처음과는 매우 달랐다. 먼저 호텔 지배인이 직접 퐁 타 쿨뢰브르까지 마중 나와서 자신이 작위가 있는 고객(clientèle titrée)을 얼마나 소중히 대접하는지 주워섬기는 바람에, 나는 그가 나를 귀족으로 알고 있는 게 아닌가 생각했지만, 이내 알게 되었다. 그가 단어를 잘못 알고 있어서 '작위가 있는(titrée)'이란 단순히 '단골손님(attitrée)'이라는

---

* 프랑스의 고전파 조각가(1716~91).

의미에 지나지 않았다는 것을. 게다가 이 사람은 새 말을 배웠다 하면 전에 배운 말은 꼭 틀리게 말하곤 했다. 내 방을 호텔 맨 꼭대기에 잡아두었다고 말하면서, "부디 실례(d'impolitesse, 예의(de politesse)의 잘못)를 어긴다고는 생각지 말아주십쇼. 당신에게는 아까운 방(une chambre dont vous êtes indigne, 어울리지 않는 방(une chambre indigne de vous)의 잘못)을 드려서 죄송하오나, 실은 시끄러울 것을 고려해서 그랬습죠. 거기라면 위에 아무도 없으니까 착암기(trépan, 고막(tympan)의 잘못)가 상하지 않습니다. 그러니 안심하십시오. 창문은 덜컹거리지 않도록 잘 닫아두겠습니다. 그 소리만은 저도 못 참거든요."(이 말은 창문 소리에 늘 엄격한 자신의 마음이 아니라, 아마 그 층 종업원들의 기분을 나타내고 있었던 건지도 모른다).

방은 첫 번째 방문 때 머물렀던 곳과 같은 방이었다. 즉 방의 격이 내려간 게 아니라 나에 대한 지배인의 평가가 올라간 것이다. 필요하면 난로에 불을 피워도 된다고 했다(왜냐하면 의사의 명령으로 나는 아직 부활제인데도 벌써 떠나왔기 때문이다). 다만 지배인은 천장에 동상(凍傷, fixures)*이 없어야 할 텐데 하고 걱정했다. "특히 불을 활활 땔 때는 먼저 피운 불이 완전히 다 소비(consommée, 소각(consumée)의 잘못)될 때까지 반드시 기다려주십쇼. 난로에 화재가 일어나지 않는 것이 중요하니까요. 게다가 방을 조금 화려하게 꾸미기 위해 난로 위에 커다란 옛 중국 항아리(postiche, 꽃병(potiche)의 잘못)를 놓았으므로, 그것에 금이라도 가면 큰일이거든요."

그는 매우 침통한 얼굴로 셰르부르의 변호사 회장이 죽었다고 알려주었다. "그분은 너무 낡은 사람(routinier)이었습죠."(아마 경험이 많고 교활한 사람(roublard)이라는 뜻이었으리라) 그리고 환멸 생활(une vie de déboire) 때문에 그 마지막이 앞당겨진 것을 암시했는데, 그것은 방탕한(débauche) 생활이라는 의미였다. "얼마 전부터 저는 다 알고 있었습니다요, 저녁 식사 뒤에 그분이 살롱에서 웅크리고(s'accroupir) 있는 것을요(아마도 잠들어 있다(s'assoupir)는 뜻이리라). 마지막에는 몰라보게 달라져서 그분이라는 걸 아는 사람이 아니면 얼른 보아서는 거의 감사(reconnaissant)하지 않았을 겁니다."(아마도 알아보지 못했다(reconnaissable)는 뜻이리라).

---

* 피쉬르(fissure, 틈)의 서투른 발음.

그에 비해 다행히 칸의 재판소장은 최근에 레지옹도뇌르 3등 훈장인 '채찍 (cravache)'*1을 받았다는 것이다. "물론 자격이야 있겠습죠만, 아무래도 거 뭡니까, 그 심한 '무능(impuissance)'*2 때문인 듯합니다." 어제저녁 〈에콜 드 파리〉에도 그 훈장에 대한 기사가 실렸는데, 지배인은 아직 그 첫 장식 글자(paraphe, 서명 끝의 장식 글자. 절〔paragraphe〕이라는 뜻)밖에 읽지 않 았다고 한다. 신문에서는 또 카요(Joseph Caillaux)*3 씨의 정책이 호되게 비 난받고 있었다 한다.

"저 또한 신문이 옳다고 생각합니다요." 그가 말했다. "카요 씨는 우리 국 민을 너무나 독일 천장 밑에('천하에'라는 뜻) 둔단 말씀입니다요." 이런 얘 기가 호텔 경영자의 입에서 나오는 건 권태롭기 짝이 없어서 나는 더 이상 그의 말을 듣지 않았다. 그리고 나로 하여금 다시 발베크로 돌아올 결심을 하게 한 여러 가지 영상을 떠올려보았다. 그것은 전에 가지고 있었던 영상과 는 완전히 다른 것으로, 처음에 그려낸 전망이 희미하게 안개가 낀 것이었던 데 비해, 이번에 내가 원하고 있는 모습은 반짝반짝 빛나는 전망이었다. 이 러한 영상 또한 나를 실망시키리라. 회상을 통해 선택되는 영상은 상상력이 만들어내고, 현실이 파괴되는 영상과 마찬가지로 자의적이고 편협하며 종잡 을 수 없는 것이다. 우리 바깥에 있는 현실 속 어떤 장소가 꿈속의 정경보다 오히려 더욱 기억의 정경을 간직한다고 할 이유는 아무것도 없다. 게다가 하 나의 새로운 현실은 우리가 출발하는 원인이었던 욕망을 아마 잊게 할 테고, 그 욕망을 꺼림칙한 것이라고까지 생각하게 할지도 모른다.

나를 발베크로 떠나게 한 욕망은 다음과 같은 것에서도 얼마쯤 비롯되었 다. 즉 베르뒤랭 부부는(나는 이제까지 단 한 번도 그 초대에 응한 적이 없 었으므로, 만약 파리에서 한 번도 방문하지 못한 것을 사죄하러 시골집을 찾 아가면 틀림없이 반갑게 맞아줄 거라고 생각했다) 이 해안에서 많은 신자들 이 휴가를 보내는 걸 알고, 일부러 캉브르메르 씨의 건물 하나(라 라스플리 에르 성관)를 계절 내내 빌려서, 그곳에 퓌트뷔스 부인을 초대했다. 그것을 (파리에서) 안 날 밤, 나는 문자 그대로 안절부절못한 채, 우리집의 어린 하

---

*1 크라바트(cravate, 훈장의 수〔綬〕)의 잘못.

*2 '성교불능'이라는 뜻도 됨. 능력(puissance)의 잘못.

*3 당시의 프랑스 수상(1863~1944).

인을 시켜 퓌트뷔스 부인이 발베크에 하녀를 데리고 가는지 어떤지 알아오게 했다. 밤 11시였다. 문지기는 오래 뜸을 들인 뒤에 겨우 문을 열어주었는데, 기적적으로 나의 사자를 쫓아내지도 경찰을 부르지도 않았으며, 몹시 퉁명스럽게 그를 다뤘지만 알고 싶은 정보는 모두 알려주었다. 문지기의 얘기로는 하녀는 틀림없이 여주인과 함께 먼저 독일의 온천으로, 이어서 비아리츠에, 마지막으로 베르뒤랭 부인의 집으로 갈 거라고 했다. 그것을 알자 내 마음은 이내 가라앉았고, 이렇게 언제든지 손만 내밀면 먹을 수 있는 것을 가졌다는 것만으로 만족했다. 더 이상 길에서 만나는 미녀들 뒤를 소개장도 없이 따라가는 짓을 하지 않아도 되는 것이다. 그날 밤 베르뒤랭 부부의 집에서 그 하녀의 여주인과 저녁 식사를 함께한다면, 그것이 그 '조르조네'에 대한 소개장이 되리라. 게다가 그녀는 내가 라 라스플리에르 성관을 빌리고 있는 부르주아들뿐만 아니라 그 소유자와도 아는 사이이며, 특히 생루를 알고 있다는 걸 들으면, 아마 훨씬 더 호감을 가질 것이다.

생루는 그 먼 곳에서 나를 이 하녀에게 추천할 수가 없었으므로(그녀는 로베르의 이름도 몰랐다), 캉브르메르 부부 앞으로 나를 위해 열렬한 편지를 써보냈다. 그는 부부가 나에게 여러 가지로 도움이 될지도 모를 뿐만 아니라, 르그랑댕 집안 출신인 며느리 캉브르메르 부인과 얘기를 나누면 내가 흥미를 가질 거라고 생각했다. "그녀는 머리가 좋은 여성이야." 그는 나에게 그렇게 보장했다. "물론 어느 정도까지지만. 그 사람은 자네에게 결정적인 것은 말하지 않을걸('결정적인' 것이라는 건 로베르가 '탁월한 것'이라는 표현 대신 쓰게 된 말로, 그는 마음이 드는 표현의 주된 것은 계속 지키지만 그 몇 가지를 5, 6년마다 바꾸는 버릇이 있었다). 그래도 뛰어난 인물이어서 개성이 있고 직감이 예민하여, 그때그때 참으로 적절한 언어를 구사하지. 이따금 사람의 화를 돋우거나 '고상한 척하다가' 엉뚱한 말을 할 때도 있어. 캉브르메르 집안만큼 우아함을 갖추지 않는 사람들도 드물어서 더욱 우스꽝스러워 보인다네. 언제나 시대의 첨단을 가는 건 아니지만, 결국 늘 사귀는 데 가장 적당한 부류에 속한다고 할 수 있지."

로베르의 소개장이 도착하자, 곧 캉브르메르 부부는 속물근성 때문에 생루에 대해 간접적으로 친절을 보여주고 싶었는지, 아니면 조카 하나가 동시에르에서 생루에게 신세진 일에 대한 감사 때문인지, 또는 그 이상으로 특히 사람이 착하고 대대로 손님을 좋아하는 가풍 때문인지, 긴 편지를 몇 통이나 써보내 자기들 집에서 지내라고 한 뒤, 혹시 혼자 있는 게 편하다면 다른 숙소를 알아봐주겠다고 제의했다. 생루가 그것을 거절하고 발베크의 그랑 호텔에 숙박하기로 되어 있다고 하자, 그들은 답장을 보내 하다못해 내가 도착하면 곧 자신들의 집에 방문해줄 것으로 기대하고 있겠다, 그게 너무 늦을 경우에는 자기들 쪽에서 반드시 나를 가든파티에 초대하기 위해 귀찮게 따라다닐 거라는 얘기였다.

물론 퓌트뷔스 부인의 하녀를 본질적으로 발베크 지방과 연결하고 있는 것은 아무것도 없었다. 지난날 나는 혼자서 메제글리즈로 가는 도중에, 내 모든 욕망을 담아 몇 번이나 헛되이 농가의 아가씨를 불렀지만, 발베크에서 퓌트뷔스 부인의 하녀는 나에게 그런 농가의 아가씨와는 달랐으리라.

그러나 나는 한 여자로부터 그 미지의 부분에 대한 제곱근 같은 일을 이끌어내는 것은 이미 오래전에 그만두고 말았다. 그런 미지의 것은 상대에게 소개받는 일만으로 흔히 무너져버리기 때문이다. 다만 적어도 오랫동안 가지 않은 발베크에서는, 그 지역과 그 여자 사이에 필연적인 관계가 없으므로, 파리에서처럼 현실 감정이 습관에 의해 뭉개어 없어지는 일이 없다는 이점은 있으리라. 파리라면 자신의 집이든, 잘 알고 있는 방이든, 여자 옆에서 얻을 수 있는 쾌락은 일상적인 것에 에워싸여 있으므로, 새로운 삶에 이르는 길을 열어줄 거라는 환상 같은 건 한순간도 주지 않았다(왜냐하면 설령 습관이 제2의 천성이라 해도 그것은 제1의 천성을 아는 것을 방해하고 있고, 제1의 천성의 비정함도 매력도 없기 때문이다). 그런데 이 환상은 어쩌면 새로운 곳에서라면 얻을 수 있을지도 모른다. 그곳에서는 햇살 앞에서 감수성이 되살아나고, 내 욕망의 대상인 하녀가 그야말로 나를 열광시켜줄 것이다.

하지만 이윽고 알게 되는 몇 가지 사정 때문에 그 여자는 발베크에 오지 않았을 뿐 아니라, 나는 그녀가 찾아오는 것을 무엇보다 두려워하게 되었다. 그래서 내 여행의 주요 목적은 달성되기는커녕 추구조차 되지 않은 셈이다. 물론 퓌트뷔스 부인은 계절이 돌아와도 그렇게 빨리 베르뒤랭 집안에 가진 않았으리라. 그렇지만 선택한 쾌락이 분명히 찾아온다면 그것이 먼 뒷일이라도 상관없다. 그때까지는 쾌락을 기다리면서, 이제 와서 누군가의 환심을 사는 것도 귀찮은 일이니 사람을 사랑하는 건 불가능하다며 포기하고 있으면 되기 때문이다. 게다가 나는 첫 번째만큼 실리를 떠난 정신에 사로잡혀 발베크로 가려는 것은 아니었다. 흔히 순수한 상상력에는 회상에 비해 조금의 이기주의만 들어 있다. 나는 알고 있었다, 이제부터 가려는 곳은 미지의 아름다운 여자들이 넘치는 장소라는 것을. 바닷가는 댄스파티 못지않게 미녀들을 보내준다. 그래서 나는 미리 어떤 쾌락을 담아 호텔 앞에 있는 제방 위 산책길을 떠올렸다. 아마 게르망트 부인이 나를 화려한 만찬회에 초대하게 하는 대신, 무도회를 여는 집의 여주인에게 자주 내 이름을 전하고, 그 상대 남성의 명단에 넣게 해준다면 틀림없이 같은 쾌락을 느꼈을 것이다. 예전에는 발베크에서 여성들과 사귀는 것이 몹시 어려웠지만, 이번에는 그것도 쉬우리라. 첫 번째 여행 때는 전혀 없었던 교제와 후원자를 지금은 많이 가지고 있기 때문이다.

나는 지배인의 목소리에 몽상에서 깨어났다. 그의 정치 논의를 제대로 듣지 않았던 것이다. 상대는 화제를 바꿔, 재판소장이 내 도착을 알고 기뻐하고 있으며, 오늘 밤에라도 내 방으로 만나러 올 거라고 했다. 나는 피로를 느끼기 시작했으며, 그 방문을 생각하자 끔찍한 생각이 들어서, 어떻게든 그것을 막아달라 부탁하고(그는 그렇게 하겠다고 약속했다), 다시 다짐을 두면서 첫날 밤에는 내가 머무는 층에 경비원을 세워주도록 부탁했다. 그는 자신이 고용한 종업원들에게 그다지 호의적이 아닌 듯했다. "저는 1년 내내 그자들 뒤를 뛰어다녀야만 합니다요. 다들 하나같이 무기력(inertie)*1이 없어서 못쓰겠습니다요. 제가 없으면 도무지 움직이려 하질 않아요. 그럼 엘리베이터 보이를 손님 방 앞에 전령으로 세워두겠습니다요." 그 엘리베이터 보이가 이제 '종업원 우두머리'가 되었느냐고 내가 물었다. "그자는 아직 그렇게 고참은 아닙니다요." 지배인이 대답했다. "나이가 더 많은 동료들이 있어서 그들을 제쳐놓고 주임 자리를 주면 불만이 생깁죠. 무슨 일이든 알알이(granulation)*2가 필요합죠. 분명히 엘리베이터 앞에 있을 때 녀석의 재능(aptitude, 태도〔attitude〕라는 뜻)이 훌륭한 것은 인정합니다요. 하지만 그런 자리에 오르기엔 아직 좀 어려서요. 다른 고참들이 있어서 대조(contraste)*3

---

*1 '기력'이라는 뜻으로 말함.

*2 눈금 매기기(graduation), 곧 '순서대로'의 잘못.

*3 균형(contrebalance)이라는 뜻.

가 맞지 않습니다요. 녀석은 좀 착실하지가 못합죠. 인간에겐 그것이 원시적인 장점이니까요(qualité primitif, 아마도 근원적인 장점〔qualité primordiale〕, 즉 '으뜸가는 장점'이라는 뜻으로). 녀석도 좀더 날개(l'aile)에 추를 달 필요가 있어요(내 상대가 말하려 한 것은 머리〔tête〕에 추를 달 필요가 있다, 즉 신중해야 한다는 뜻이었다). 뭐 그는 저만 믿으면 됩니다. 저야 실수가 없으니까요. 이래뵈도 그랑 호텔의 지배인 임명장을 받기 전에는, 파이야르*1 씨 밑에서 잔뼈가 굵은 몸이거든요." 이러한 비교는 나에게 깊은 인상을 주어, 나는 지배인에게 직접 퐁타 쿨뢰브르까지 와준 데 대해 감사했다. "원, 천만에요! 무한한(infini) *2 일인 걸요." 우리는 그때 이미 호텔에 도착해 있었다.

　나의 인격 전체를 뒤흔든 충격. 도착 첫날 밤부터 피로 때문에 심장이 발작을 일으킬 것처럼 괴로워, 그 고통을 꾹 참으면서 구두를 벗으려고 조심스럽게 몸을 천천히 구부렸다. 그런데 목구두의 첫 단추에 손을 댄 순간, 내 가슴은 어떤 미지의 거룩한 존재로 가득 차서 부풀어올라, 오열로 몸이 떨리고 눈물이 주르르 흘러내렸다. 나를 도우러 달려와 영혼의 고갈에서 구해준 존재, 그것은 몇 해 전에 비슷한 슬픔과 고독에 사로잡혀 나 자신을 송두리째 잃어버렸던 순간, 갑자기 내 안에 들어와 나를 나 자신에게 돌려준 존재였다. 그것은 나인 동시에 나 이상의 것이었다(알맹이보다 더 큰 그릇, 게다가 나에게 그 알맹이를 가져다준 그릇이다). 방금 나는 기억 속에서 보았다. 사랑이 담긴, 걱정스러운 듯한, 그리고 실망한 할머니의 얼굴, 처음 도착한 날 밤과 똑같은 할머니의 얼굴이 내 피로 위에 몸을 숙이고 있는 것을. 그것은 지금까지처럼 그 죽음을 슬퍼하는 마음이 거의 일어나지 않는 할머니, 그것이 놀라워서 스스로 꾸짖었던 그 이름뿐인 할머니가 아니었다. 진짜 할머니의 얼굴이었다. 샹젤리제에서 할머니가 발작을 일으킨 이래, 처음으로 나는 무의식적이고 완전한 기억 속에서 할머니의 생생한 현실을 발견한 것이다. 이러한 현실은 우리 사고를 통해 재창조되지 않는 한 우리에게 존재하지 않는다(그렇지 않으면 대규모 전투에 휘말렸던 사람은 모두 위대한 서사시인이 될 것이다). 그리하여 할머니의 품 안에 뛰어들고 싶은 미친 듯한 욕망에 사로잡힌 나는 지금—사실의 달력과 감정의 달력을 일치시키는 걸 자주

＊1 파리의 유명한 식당의 주인.

＊2 하찮은(infime)의 잘못.

방해하는 그 시대착오 때문에 할머니를 땅속에 묻은 지 1년이 넘은 이제야 —비로소 할머니가 죽은 것을 깨달았다. 분명히 돌아가신 뒤로 자주 할머니에 대해 얘기하고 생각했지만, 배은망덕하고 이기적이며 냉혹한 젊은이인 나의 말과 사고 속에는 지금까지 할머니 비슷한 것은 요만큼도 들어 있지 않았다. 경박한 성격에 쾌락을 좋아하는 나, 게다가 병든 할머니를 익히 본 나는, 지난날의 할머니에 대한 추억을 나 자신 속에 잠재적인 상태로밖에 가지고 있지 않았기 때문이다.

　우리 영혼의 부(富)는 얼마든지 헤아릴 수 있지만, 어떤 순간에 그 영혼을 생각하든 영혼 전체는 거의 허구의 가치밖에 지니지 않는다. 왜냐하면 현실의 부이든 상상의 부이든, 이를테면 나의 경우 게르망트라는 오랜 이름에 얽힌 것이든, 아니면 그보다 훨씬 중대한 할머니에 대한 진실한 추억이라는 부이든, 어느 때는 한쪽의 부가 어느 때는 다른 한쪽의 부가, 자기 마음대로 되지 않기 때문이다. 그것은 또 기억의 혼란에는 마음의 간헐이 연관되어 있기 때문이다. 아마 우리에게 자기 안의 모든 재산, 자기 과거의 기쁨, 자신의 모든 고뇌를 계속해서 지니고 있는 것처럼 생각하게 만드는 것은 우리 육체의 존재이리라. 이것은 우리에게 있어서 자신의 정신성을 가두고 있는 단지와 비슷하다. 아마 그러한 기쁨과 고뇌가 우리에게서 달아나거나 돌아온다고 생각하는 것도 맞지 않을 것이다. 어쨌든 그런 것들이 설령 내부에 남아 있다 해도, 대부분의 경우는 미지의 영역에 머물러 있어서 우리에게 아무런 도움도 되지 않으며, 그중에서 가장 일상적인 것조차 다른 종류의 회상 때문에 압살당하고 만다. 그 다른 종류의 회상은 의식 속에서 기쁨이나 고뇌와 함께 존재하기를 모두 거부하고 있다. 그러나 그러한 감정이 보존된 틀을 다시 파악하면, 이번에는 그러한 감정이 마찬가지로 자신과 양립할 수 없는 모든 것을 배제하고, 그 감정을 겪은 자아만을 우리 안에 확립하는 힘을 얻는다. 그런데 방금 내가 갑자기 그곳으로 돌아간 자아는, 발베크에 닿았을 때 할머니가 내 옷을 벗겨준 그 아득한 저녁 이래 존재하지 않았던 것이므로, 나는 매우 자연스럽게 그 자아가 몰랐던 오늘 하루의 뒤가 아니라—마치 시간 속에는 다른 계열이 나란히 존재하고 있듯이—아무런 단락도 없이 옛날에 도착한 첫날 밤 뒤에 바로 이어서, 할머니가 내 쪽으로 몸을 숙인 순간과 딱 밀착한 것이었다. 그토록 오랫동안 사라져 있었던 그 무렵의 자아가

다시 내 바로 옆에 와 있었으므로, 아직 잠에서 덜 깬 사람에게 달아나는 꿈 속의 소리가 자기 귓전에서 들리는 기분인 것처럼, 나에게는 그 직전에 나온 할머니의 말이 아직 귀에 남아 있는 것처럼 느껴졌지만, 그것은 이제 하나의 꿈에 지나지 않았다.

　나는 이제 할머니의 두 팔 안에 몸을 숨기고 싶다. 할머니에게 키스함으로 써 그녀의 슬픔이 남긴 흔적을 지워버리고 싶어하는 존재에 지나지 않는다. 만약 내가 이 존재를 조금 전부터 자신 속에 잇따라 나타나서는 사라져간 존 재 가운데 어느 것이라고 생각한다면, 매우 곤란할 것이다. 바로 지금은 반 대로, 적어도 한동안은 그런 조금 전의 존재가 아니게 되었으므로, 그러한 존재의 하나가 가지고 있던 욕망이나 기쁨을 느끼고자 한다면 엄청난 노력, 게다가 보람 없는 노력이 필요하리라. 나는 생각해냈다. 할머니가 이런 식으 로 몸에 가운을 걸치고 내 목구두 위로 몸을 숙인 순간보다 한 시간쯤 전에, 더위로 숨막힐 듯한 거리의 과자 가게 앞을 걸으면서, 할머니를 껴안고 싶은 욕구에 애가 타 견딜 수 없었던 나는, 이제 할머니 없이는 한순간도 살 수 없다고 굳게 믿었던 것을. 그리고 같은 욕구가 되살아난 지금, 나는 이제 아 무리 기다려도 할머니는 결코 찾아오지 않는다는 걸 알고 있었다. 나는 그것 을 발견했을 뿐이었다. 왜냐하면 처음에 할머니를 생생하고 진짜이면서 내 마음을 찢어질 듯이 가득 채우는 사람이라고 느꼈으며, 결국은 가까스로 그 녀를 찾아내고도 영원히 잃은 사실을 깨달았기 때문이다. 그것은 영원히 잃 어버린 것이다.

　나는 이해할 수 없었다. 그리고 다만, 다음과 같은 모순된 고통을 참으려 고 애썼다. 한쪽에는 일찍이 알고 있었던 그대로의 형태로, 즉 나를 위해 만 들어지고, 내 안에 살아남은 하나의 존재, 하나의 애정이 있었다. 그 사랑에 있어서는, 모든 것이 나에 의해 성립되고, 나를 목표로 하여, 쉴 새 없이 나 를 향하고 있었으므로, 어떤 위인들의 재능도, 세상이 시작된 이래 지금까지 존재한 모든 천재도, 할머니에게는 나의 결점 하나만도 못하다고 생각했으 리라. 한편으로는, 이 행복감을 현재의 것으로서 다시 겪은 그 순간에 육체 적 고통이 되살아난 듯이, 할머니가 이 세상에 없다는 허무함이 솟아나서 그 것이 행복감을 꿰뚫는 게 느껴졌다. 그 허무함은 애정에 대해 내가 품은 인 상을 지우고, 존재를 파괴하며, 과거로 거슬러 올라가서 두 사람이 미리 운명으로 이어져 있었다는 사실을 없애고, 내가 할머니를 거울 속에서 보듯이, 다시 발견한 그 순간에 할머니를 단순히 낯선 타인으로 바꿔버렸다. 할머니는 하찮은 우연에서 몇 년 동안 내 옆에 있게 된 여자였고, 다른 누구의 곁이라도 상관없었을 것이며, 할머니에게 있어서 나는 이전에는 아무것도 아니었을 뿐만 아니라 앞으로도 아무것도 아닐 것이다.

지금 이 순간에 내가 맛볼 수 있는 유일한 즐거움은, 얼마 전부터 겪던 여러 쾌락이 아니라 과거를 고쳐 지난날 할머니가 느낀 고통을 줄여주는 것이었으리라. 그런데 내가 떠올리는 할머니는 오직 그 가운을 입고 있던 모습만이 아니다—그 가운은 피로와 떼어놓을 수 없는, 거의 그 상징이라고도 할 수 있는 것이었는데, 피로는 물론 몸에 좋지 않지만 나를 위해서라면 그녀에게는 기쁜 것이었다—. 이제 나는 조금씩 생각이 났다. 온갖 기회를 붙잡아 내 고통을 할머니에게 보여주고 필요에 따라 그것을 떠벌리면서 할머니를 걱정시킨 것, 게다가 내가 다정하게 굴면 나의 행복한 모습과 마찬가지로 할머니 자신을 행복하게 하는 힘이 있는 것처럼, 나중에 할머니에게 입을 맞추면 그 걱정도 사라져버릴 거라고 생각했던 것을. 아니 더 고약한 것은, 지금은 애정에 의해 이뤄진 할머니의 얼굴, 애정을 담아 이쪽으로 기울어진 할머니의 얼굴 위에, 추억 속에서 행복해 보이는 모습이 커지는 걸 발견하는 일만이 나의 행복이라고 생각하지만, 전에는 미친 듯한 분노에 사로잡혀, 그 얼굴에서 아주 작은 즐거움에 이르기까지 모든 걸 뿌리째 뽑으려고 날뛰었던 적이 있다. 생루가 할머니의 사진을 찍어준 날이 그랬다. 챙이 넓은 모자를 쓰고 적당히 어두운 빛 속에서 애교를 부리며 자세를 취하는 할머니의 모습이 거의 우스꽝스러울 정도로 어린아이 같은 것을 참고 봐줄 수가 없어서, 나는 그만 짜증을 내며 마음 상하게 하는 말을 몇 마디 투덜거리고 말았는데, 그것이 명중하여 할머니에게 타격을 준 것은 굳어진 할머니의 표정으로도 느낄 수 있었다. 그런데 수없이 입맞춤을 퍼부으면서 할머니를 위로하는 일이 영원히 불가능해진 지금, 그 못된 말에 가슴이 찢어지는 것은 바로 나였다.

이제 나는 절대로, 할머니의 그 굳어진 얼굴을, 또 할머니의 마음, 아니 오히려 내 마음의 고통을 지울 수 없을 것이다. 망자는 이제 우리 안에만 존재하므로, 망자에게 가한 타격을 계속 떠올리려고 노력할 때 우리는 끊임없이 자기 자신을 때리게 되기 때문이다. 이러한 고통이 얼마나 가혹하든 나는 온 힘을 다해 거기에 매달린다. 왜냐하면 나는 강하게 느끼고 있었기 때문이다. 이 고통은 바로 할머니의 추억이 가져다주는 것이고, 지금 내 안에서 그 추억이 분명히 존재한다는 증거임을. 나는 느끼고 있었다. 진실로 할머니를 생각하는 것은 오로지 고통을 통해서뿐이라는 사실을. 그렇다면 할머니의 기억을 붙들어 매고 있는 그 못이 내 안에 더욱 단단하게 박히는 게 낫다. 나는 고통을 달콤하게 포장하지도, 그것을 미화하지도 않았다. 마치 헤어진 사람, 그러나 언제까지나 개성을 유지하면서 이쪽을 기억하고 있고, 결코 깨지지 않는 조화에 의해 우리와 맺어져 있는 사람을 대하듯이, 할머니 사진(생루가 찍었으며 내가 몸에 지니고 있던 사진)에 말을 걸거나 기도하지도 않고, 그렇게 함으로써 할머니는 다만 자리를 비워, 잠시 모습이 보이지 않을 뿐인 것처럼 꾸미려고도 하지 않았다. 결코 그런 짓은 하지 않았다. 왜냐하면 나는 괴로워하는 일에 집착하고 있었을 뿐 아니라, 스스로 원하지도 않았는데 느닷없이 나에게 닥친 고뇌의 독자성을 있는 그대로의 형태로 존중하고 싶었기 때문이다.

할머니가 내 안에 계속 살아 있는데도 어디에도 없는, 이 생존과 무가 뒤섞인 참으로 신비한 모순이 돌아올 때마다, 나는 고뇌의 특유한 법칙에 따라 계속해서 고뇌에 시달리고 싶었다. 이렇게 괴로운 인상, 지금은 이해할 수 없는 이 인상, 거기서 언젠가 얼마간의 진리를 꺼낼 수 있을까. 물론 그것은 알 수 없다. 그러나 나는 알고 있었다. 만약 그 얼마간의 진리를 언젠가 이끌어낼 수 있다면, 그것은 이렇게 특수하고 자연발생적인 이 인상에서 뿐일 거라는 사실을. 나의 지성에 의해 그려진 게 아니라, 내 무기력함 탓에 왜곡되거나 약해지지 않았던 인상, 또 죽음 자체가, 갑작스러운 죽음의 계시가, 마치 번개라도 치듯이 초자연의 비인간적인 도식에 따라, 내 안에 두 겹의 신비로운 도랑을 파버린 인상이다(할머니를 잊고 지낸 지금까지는, 거기서 진리를 이끌어내기 위해 거기에 집착하리라고 생각조차 할 수 없었다. 왜냐하면 망각은 그 자체가 하나의 부정이고 사고의 쇠약이며, 인생의 진정한 순간을 재창조하는 힘이 없는 사고는, 그 대신 인습적인, 아무렇든 상관없는 인상을 어쩔 수 없이 가져오기 때문이다).

하지만 자기보존 본능이나 우리를 고통에서 보호하는 교묘한 지성은, 아직 연기가 나고 있는 폐허 위에 유익하고 불길한 그 일의 기초공사를 이미 시작했고, 아무래도 나는 이 소중한 사람이 내린 판단을 이것저것 생각하고 즐기면서, 할머니가 아직도 그런 판단을 할 수 있는 것처럼, 그리고 아직 이 세상에 존재하고 있으며 나는 그런 할머니를 위해 살아가고 있는 것처럼 생각했던 듯싶다. 그러나 내가 마침내 잠이 들어 외부 사물에 대해 눈이 닫히는 훨씬 더 진실한 시간에 이르면, 이내 잠의 세계가(지성도 의지도 그 세계의 어귀에서 한동안 마비되어버리고, 엄격한 진짜 인상에서 나를 도로 빼앗을 수 없게 되어버리지만) 몸속 깊은 곳에서 신비롭게 비치는 내장의 반투명한 부분에, 할머니의 생존과 무라는 두 가지 고통에 찬 종합을 반영하고, 그것을 굴절시켰다. 잠의 세계, 그곳에서는 내적인 인식이 기관의 혼란에 의존하고 있어, 심장과 호흡의 리듬을 빨리한다. 왜냐하면 같은 양의 놀람, 슬픔, 후회도 만약 이런 식으로 정맥에 주사하면 백 배나 강하게 작용하기 때문이다. 우리가 지하도시의 동맥을 끝까지 나아가기 위해, 구불구불 여섯 갈래로 굽이치며 흐르는 배 속의 '망각의 강(레테)'처럼, 자기 혈액의 검은 물결 위에 배를 띄우자마자, 장중한 사람들의 모습이 엄숙하게 나타나 우리에게 다가와서는 눈물짓는 우리를 남기고 사라져간다.

나는 어둑한 현관 밑에 닿자 곧 할머니의 모습을 찾았지만 헛일이었다. 그렇지만 나는 그녀가 아직 존재한다는 걸 알고 있었다. 다만 그 생명은 쇠약해져서 회상 속에서처럼 연약하기는 하지만. 어둠은 훨씬 더 짙어졌다. 바람도 강해졌다. 할머니가 있는 곳으로 나를 데리고 가줄 아버지는 도무지 오지 않는다. 갑자기 나는 숨이 막혔다. 심장이 딱딱하게 굳어지는 게 느껴졌다. 이미 몇 주일이나 전부터 할머니에게 편지 쓰는 것을 잊고 있었던 사실을 이제야 깨달은 것이다. 도대체 할머니는 나를 어떻게 생각하실까? "말도 안 돼." 나는 자신에게 중얼거렸다. "틀림없이 할머니는 자기를 위해 빌린 이렇게 작은 방에 갇혀 비참한 기분이 들었을 거야. 이렇게도 좁다니 옛날 하녀방과 다를 게 없어. 이 방에서 할머니는 자신을 돌보기 위해 붙여진 간호사와 단둘이 제대로 움직이지도 못했어. 하지만 늘 몸이 말을 듣지 않아 한 번도 일어나려고 하지 않았으니까! 틀림없이 자신이 죽은 뒤에는 내가 할머니를 잊어버린 줄 아시겠지. 아마 혼자 버림받은 것처럼 느꼈을 거야! 그래! 달려가서 할머니의 얼굴을 봐야 해. 1분도 기다릴 수 없어. 아버지가 도착할 때까지 어떻게 기다린담. 그런데 어디로 가야 한단 말인가? 어쩌다가 주소를 잊어버린 걸까? 할머니가 그나마 나를 알아봐주시면 좋으련만! 어떻게 몇 달씩이나 할머니를 잊고 있었던 말인가!" 깜깜절벽이다. 이래가지고는 도저히 찾을 수 없다. 바람 때문에 앞으로 나아갈 수도 없다. 그런데 눈앞에 아버지가 서성거리고 있다. 나는 크게 소리를 지른다. "할머니는 어디 계세요? 주소를 가르쳐주세요. 잘 계신가요? 정말로 아무것도 불편한 게 없으신 거죠?" "아무렴." 아버지는 나에게 말한다. "안심해도 돼. 간호사가 다 잘하고 있으니까. 필요한 것은 거의 조금뿐이지만, 그것을 사드릴 수 있도록 이따금 조금씩 돈을 보내고 있단다. 할머니는 가끔 너는 어떻게 지내고 있느냐고 물으시지. 네가 책을 쓴다고 말씀드렸더니 무척 기뻐하시면서 눈물을 훔치시더구나."

그때 나는 돌아가시고 얼마 뒤 할머니가 마치 쫓겨난 늙은 하녀처럼, 그리고 남처럼 자기를 낮추는 태도로 눈물을 흘리면서 나에게 이렇게 말한 적이 있었던 듯한 느낌이 들었다. "그래도 가끔은 너를 만나고 싶구나. 몇 해씩이나 나를 찾아오지 않은 채 내버려두면 못 쓴다. 생각해보렴. 너는 내 손자였어. 할머니는 절대로 손자를 못 잊는단다." 이렇게 유순하고 구슬프며 다정한 할머니의 얼굴을 다시 떠올리면서, 나는 당장에라도 달려가서 그때 대답해야 했던 말을 할머니에게 하고 싶었다. "좋아요, 할머니. 몇 번이고 원하시는 대로 오겠어요. 나에게는 이 세상에 할머니밖에 없어요. 다시는 할머니 곁을 떠나지 않겠어요." 할머니가 누워 계신 곳에 내가 가지 않았던 몇 달 동안, 나한테서 아무 소식이 없어서 할머니는 얼마나 흐느껴 울었을까! 할머니는 어떻게 생각하셨을까? 나 또한 흐느껴 울면서 아버지에게 말했다. "어서 빨리 주소를 가르쳐주세요. 나를 데려다줘요." 그러나 아버지는 말한다. "하지만 네가 만날 수 있을지 모르겠다. 게다가 너도 알다시피 할머니는 무척 쇠약해지셨어, 무척. 예전의 할머니가 아니야. 만나 뵈는 게 오히려 고통스러울지도 몰라. 또 번지도 정확하게 기억나지 않고 말이야."―"하지만 아버지는 아시죠. 죽은 사람이 이미 살아 있지 않다는 건 거짓말이라는 사실을. 사람들이 뭐라 하든, 그건 거짓말이에요. 할머니는 여전히 살아 계시니까요." 아버지는 쓸쓸히 미소 짓는다. "아아, 아주 조금이란다, 아주 조금만 살아 계셔. 아무튼 너는 가지 않는 게 좋을 듯싶구나. 할머니는 조금도 불편하시지 않아. 모든 게 다 잘되고 있으니까."―"그렇지만 자주 외톨이로 계시죠?"―"그래, 하지만 그 편이 할머니한테는 좋단다. 본인은 그다지 생각하지 않는 게 좋지. 생각하면 괴로울 뿐이니까. 생각한다는 건 고통의 원인이 되는 일이 많거든. 게다가 알다시피 곧 꺼질 것처럼 기운이 없으시단다. 뭐 네가 갈 수 있도록 정확한 메모는 너에게 남겨두마. 하지만 거기 가서 네가 뭘 할 수 있을지 난 알 수가 없구나. 간호사도 너를 만나게 하고 싶지 않을 거야."—"그렇지만 아버진 잘 아시잖아요, 내가 이제부터 쭉 할머니 곁에서 살리란 것을. 사슴, 사슴, 프랑시스 잠, 포크."

그러나 이미 나는 검은 물이 구불구불 흘러가는 강을 거슬러 올라가, 살아 있는 사람의 세계가 열리는 수면에 다시 떠올랐다. 그래서 설령 내가 여전히 "프랑시스 잠, 사슴, 사슴" 되풀이해도, 이렇게 하나로 이어지는 말들은 바로 조금 전까지 매우 자연스럽게 나타내고 있었던 명쾌한 의미와 논리를 더 이상 나에게 보여주지 않았고, 나는 이제 그것이 무엇이었는지 떠올릴 수 없었다. 아까 아버지가 나에게 했던 아이아스(Aias)*라는 말이 어째서 조금의 의심도 없이, 즉각 '감기에 걸리지 않도록 조심하라'는 의미가 되었는지, 그런 것조차 이제 나는 알 수 없다. 덧문을 닫는 걸 잊어버린 바람에, 아마 나는 한낮의 햇살에 깨어났나 보다. 하지만 나는 할머니가 몇 시간이나 가만히 뚫어지게 봤을지도 모르는 파도를 눈앞에 보고 있는 것이 견딜 수 없을 만큼 괴로웠다. 파도의 무심한 아름다움이 드러내는 새로운 영상에는, 이내 할머니가 이 파도를 보고 있지 않다는 관념이 더해졌다. 나는 파도 소리에 귀를 막아버리고 싶었다. 왜냐하면 지금은 바닷가에 충만한 빛이 내 마음에 구멍을 도려내고 있었기 때문이다. 내가 아주 어렸을 때, 할머니를 잃어버렸던 그 공원 산책길이나 잔디밭이 그랬듯이, 모든 것이 나에게 '할머니를 보지 못했다'고 말하는 것 같았다. 숭고한 엷은 색 하늘이 이루는 둥근 천장 아래, 나는 할머니가 없는 수평선을 가둔 푸르스름한 커다란 종에 눌려 찌부러진 듯한 느낌이 들었다. 더 이상 아무것도 보지 않으려고 나는 벽 쪽을 향한다. 그러나 어쩌랴! 내가 마주하고 있는 칸막이벽은, 옛날 할머니와 나 사이에서 아침의 심부름꾼 역할을 해준 그 벽으로, 바이올린처럼 부드럽게 감정의 모든 미묘한 차이를 전하며, 나의 걱정(할머니를 깨우지 않을까 하는 걱정인 동시에, 만약 할머니가 이미 일어나셨다면, 할머니 귀에 들리지 않아서 와주지 않는 게 아닐까 하는

---

* 아킬레스의 무기를 얻고자 율리시스와 싸웠으나 실패한 뒤 자살한 그리스 영웅.

걱정)을 할머니에게 정확히 전해주었고, 그러면 당장 두 번째 악기가 이에 응하듯이 할머니가 오는 것을 알려주는 노크가 나를 안심시키는 것이었다. 나는 할머니가 치는 피아노, 그 손가락의 건드림으로 아직 떨고 있는 피아노에 다가갈 용기가 없는 것처럼, 더 이상 그 칸막이벽에 다가갈 용기가 없었다. 나는 알고 있었다. 지금은 이 벽을 노크해도, 더 세게 두드려도, 결코 할머니를 깨울 수 없고 아무 대답도 들리지 않으며, 이미 할머니가 찾아오는 일은 없다는 것을. 만약 천국이 있다면, 나의 가장 큰 바람은 그 천국에서 내가 이 칸막이벽을 세 번 노크할 수 있는 것이었다. 그것을 할머니는 천 개의 노크 속에서 알아듣고, 그것에 대해 이런 뜻을 담은 노크로 응해주리라. "애태우지 마라, 생쥐야, 기다리고 있는 줄 알고 있다, 곧 가마." 그리고 내가 신께 기원하는 것은 언제까지나, 영원히 할머니와 함께 있게 해달라는 것이었다. 그것은 우리 두 사람에게 결코 너무 긴 시간은 아닐 테니까.

지배인이 찾아와서 아래층에 내려오지 않겠냐고 물었다. 혹시나 해서 그는 식당의 내 '배치(placement)'*¹를 둘러보았다고 한다. 내 모습이 보이지 않자 또 전처럼 숨이 막히는 발작이 일어난 게 아닐까 하고 걱정한 것이다. 별것 아닌 '후두염들(maux de gorge)'*²이면 다행이지만, 하고 말한 뒤에 그렇다면 칼립투스(calyptus)*³라는 약을 먹으면 가라앉는다는 말을 들었노라고 장담했다.

그는 나에게 알베르틴한테서 받은 쪽지를 건네주었다. 올해는 발베크에 오지 않을 예정이었는데, 계획을 바꿔 사흘 전부터 발베크는 아니지만 발베크에서 전차로 10분쯤 걸리는 옆 마을에 와 있다, 내가 여행으로 지쳤을까 봐 첫날 밤에 오는 것을 삼갔지만, 언제 만날 수 있을지 알려주기 바란다는 내용이었다. 나는 본인이 왔더냐고 물었다. 그녀를 만나기 위해서가 아니라 가능하면 만나지 않고 싶어서였다. "물론입죠." 지배인이 대답했다. "그것도 가능한 빨랐으면 하던데요. 손님께 빈궁한(nécessiteuses)*⁴ 일이 없으시다면 말이죠, 아시겠지요?" 그러고선 이렇게 말을 맺었다. "여기선 모두가 손님

＊1 자리(place)의 틀린 말.

＊2 후두염(mal de gorge)의 틀린 말.

＊3 유칼립투스(eucalyptus, 진정제)의 틀린 말. 이것은 프루스트가 먹던 약의 이름.

＊4 긴급한(nécessaire)의 틀린 말.

을 끔찍이 좋아한다 이겁니다요." 그러나 나는 아무도 만나고 싶지 않았다.

　어제 이곳에 닿았을 때는 해수욕장 생활의 느긋한 매력에 다시 사로잡혔다. 전과 같은, 말수가 적은 엘리베이터 보이가 이번에는 경멸 때문이 아니라 존경의 마음을 담아서 입을 다물고 있었는데, 반가운 듯이 얼굴을 붉히면서 엘리베이터를 조작해주었다. 나는 수직굴을 따라 올라가며, 전에는 낯선 호텔의 신비로 느꼈던 곳을 다시 한 번 지나갔다. 보호자도 없고 아무런 권위도 없는 외톨이 관광객으로서 호텔에 도착한 경우에는, 방으로 돌아가는 단골손님이나 저녁 식사를 하러 아래층으로 내려오는 젊은 아가씨들, 기묘한 형태로 구불거리는 복도를 지나가는 하녀들, 동행한 여성과 함께 미국에서 찾아와 저녁 식사를 하러 내려오는 젊은 아가씨, 그런 사람들이 한 사람 한 사람 이쪽을 흘깃 바라보는데, 그 눈 속에서는 아무런 기대도 읽을 수 없었다. 그러나 이번에는 반대로, 나는 잘 알고 있는 호텔 속을 올라간다는 매우 아늑한 즐거움을 느끼고 있었다. 나는 마치 내 집에 있는 듯한 기분으로 늘 끊임없이 되풀이해야 하는 작업을 그 호텔에서도 다시 한 번 해냈다. 안과의사가 눈까풀을 뒤집는 것보다 좀더 시간이 걸리는 곤란한 그 작업은, 주위에 있는 사물의 무서운 영혼 대신, 그 사물들 위에 우리에게 익숙한 영혼을 두는 일이다. 그때 나는 이 영혼의 급격한 변화가 기다리고 있는 줄은 꿈에도 모르고 이렇게 자신에게 중얼거렸다. 도대체 이제 와서 매번 다른 호텔에 갈 필요가 있을까? 그런 호텔에서는 저녁 식사를 하는 것도 처음이고, 여러 층마다 문 앞에 도사리고 있는 무서운 용(龍)도 아직 습관의 힘에 의해 죽지 않은 채 마법의 생활을 감시하고 있는 것처럼 보이며, 또 내가 다가가는 미지의 여성들은 마치 커다란 산호초처럼 그저 호화로운 호텔이나 카지노, 해안 등 한곳에 모여 함께 생활하고 있는 사람들에 지나지 않는데도?

　그 따분한 재판소장이 나를 한시라도 빨리 만나고 싶어한다는 것조차, 나에게는 새삼스레 즐거움을 느끼게 했다. 최초의 하룻밤이 지나면, 파도와, 바다가 만드는 코발트블루의 산맥, 그 빙하와 폭포, 그 높이와 무심한 위엄이 눈에 들어올 것이다—하기야 나는 손을 씻으면서, 오랜만에 그랑 호텔의 향기가 너무 강한 비누의, 그 특별한 냄새를 맡았을 뿐이다. 그 비누 냄새는 현재의 순간과 과거의 체류에 함께 속해 있는 것처럼 보이면서 그 둘 사이에 떠 있었다. 마치 넥타이를 바꿀 때만 방에 돌아가는 특수한 생활 속에 실제로 존재하는 매력처럼. 침대 깔개는 너무 얇고 가볍고 넓어서, 제대로 매트리스 밑에 꼭 끼어 있지 않고 움직이는 소용돌이가 되어 담요 주위에 부풀어 있는 것도, 예전 같으면 나를 실망시켰으리라. 그런데 지금은 그 깔개가 만들어내는, 둥그렇게 부풀어 거추장스러운 돛 위에, 다만 내일 아침의 희망에 찬 빛나는 태양이 가만히 잠들어 있는 것처럼 보일 뿐이었다. 그러나 그 태양도 끝내 얼굴을 내밀지 않았다. 그날 밤 무섭고도 신성한 존재가 되살아났기 때문이다. 나는 지배인에게 나가달라고, 아무도 이 방에 들여보내지 말라고 부탁했다. 누워서 쉬겠다고 말하고, 약국에 잘 듣는 약을 사러 사람을 보내겠다는 그의 제의도 거절했다. 내 거절에 그는 좋아했다. 사실은 다른 손님들이 '칼립투스' 냄새를 싫어하지나 않을까 걱정했기 때문이다. 그래서 나는 이런 찬사를 들었다. "손님이 움직이시는 대롭니다(Vous êtes dans le mouvement. 지당한 말씀이십니다(Vous êtes dans le vrai)라는 뜻으로)." 또 이런 충고도 했다. "조심하십시오, 문 때문에 손이 더러워지지 않도록. 열쇠구멍에 기름을 주다가(induire)*¹ 문에도 흘러나왔는지 모르니까요. 혹시 하인이 방문을 두드리기라도 하면 여지없이 굴러(roulé)버리고 말걸요. 아무렴요, 분부는 꼭 지키게 하겠습니다요. 저는 복습(répétition, 물론 그것 같은 말을 되풀이하기 싫다는 뜻)을 좋아하지 않습니다. 그럼 정신이 나시게 묵은 포도주를 좀 드시면 어떨까요. 멍텅구리(bourrique, 틀림없이 큰 통(barrique)이라는 뜻으로)를 창고에서 꺼내오게 할 테니까요. 전 마치 요나탕(Ionathan)의 머리*²처럼 은쟁반에 받쳐서 가져오는 그런 짓은 하지 않습니다요. 미리 말씀드립니다만 샤토 라피트(Château Lafite)*³는 아니라도, 그것과 거의 모호한(équivoquem, 가치가 같은(équivalent)의 뜻으로) 것입죠. 그리고 소화가 잘되는 조그만 혀가자미를 한 마리 튀겨 올립지요." 나는 모두 사양했다. 다만 그 가자미(sole)라는 이름이 여태까지 수없이 그 주문을 받았을 그의 입에서 버드나무(saule)처럼 발음되는 걸 듣고 놀라고 말았다.

　지배인의 약속에도, 잠시 뒤 모서리가 접힌 캉브르메르 후작부인의 명함

---

*1 넣다(verser)의 잘못.

*2 요카난, 곧 '요한'의 틀린 말. 살로메(salome)의 청으로 목이 잘린 '세례 요한의 머리'(마태복음 제14장, 마가복음 제6장 참조).

*3 보르도산(產) 포도주의 이름.

이 배달되었다. 나를 만나러 온 이 노부인은 내가 방에 있는지 물어보고, 어제저녁에 도착한 데다 몸이 편치 않다는 것을 알고는 고집부리지 않고(아마 그 뒤 약국이나 잡화점 앞에 멈춰, 하인이 마차에서 내려 가게에 들어가 뭔가 지불하거나 필요한 물건을 사겠지만), 말 두 필이 끄는, 스프링이 여덟 개 달린 옛 사륜마차를 타고 페테른으로 돌아갔다. 발베크 거리나 발베크와 페테른 사이에 있는 해안의 작은 마을에서 가끔 이 사륜마차 굴러가는 소리가 들리면, 모두들 그 화려한 장비에 눈이 휘둥그레지곤 했다. 그러나 단골 상점 앞에 그렇게 멈춘 게 그 긴 산책의 목적은 아니었다. 후작부인과 격이 맞지 않는 시골 귀족이나 부르주아의 집에서 개최하는 다과회 또는 원유회가 있었기 때문이다. 후작부인은 그 신분과 재산으로, 근처의 소귀족들 위에 높이 군림하지만 착하고 싹싹한 사람이라, 초대해주는 이를 실망시키지 않으려고 이웃의 하찮은 사교 모임에도 나가고 있었다. 물론 대부분 무능한 가수의 목소리를 듣기 위해 먼 길을 달려가서 숨이 턱턱 막히는 작은 손님방의 무더위 속에 시달리며, 그 지방의 귀족 마님이자 이름난 음악가로서 나중에 부풀려진 치하를 해야 하는 것보다는, 차라리 페테른의 훌륭한 정원, 작은 물굽이에 잔잔하게 물결이 일렁이는 그곳에 들어와서 꽃들에 묻혀 있는 정원을 산책하거나 앉아 있는 편이 훨씬 좋을 것이다.

하지만 그녀는 자기를 초대한 주인이 멘빌 라 탱튀리에르 또는 샤퉁쿠르 로르괴이외 같은 귀족이든 부르주아든, 캉브르메르 부인이 온다는 사실을 모두에게 떠벌리고 있다는 것쯤은 알고 있었다. 그런데 이날처럼 후작부인이 외출을 하면서도 모임에 참석하지 않는다면, 작은 바닷가 마을에서 온 초대 손님 가운데 누군가가 후작부인의 사륜마차 소리를 듣거나 보았을 테니까, 페테른을 떠날 수 없었노라는 핑계는 통하지 않을 게 뻔했다. 한편 초대해주는 집주인들은 캉브르메르 부인이 신분에 어울리지 않는 이들의 집에서 개최하는 음악회에 자주 가는 것을 보고, 그 당장이야 후작부인도 너무 착하다, 저러다간 지위도 좀 떨어질 거야 하고 생각하지만, 자기 집에 초대한 마당에는 그런 생각이 싹 사라지고 과연 자기네 다과회에 와줄까 몹시 궁금해했다. 집주인의 딸이나 별장에 머물고 있는 아마추어 가수가 첫 곡을 노래한 뒤, 한 손님이 시계방이나 약방 앞에 유명한 사륜마차가 서 있는 걸 보았다고 알리기라도 하면(그것은 후작부인이 오후 모임에 틀림없이 올 거라는 표시다) 며칠 전부터 가슴을 조였던 불안이 한꺼번에 쑥 내려가는 것이었다. 그리하여 캉브르메르 부인은(아니나 다를까, 잠시 뒤 며느리와 마침 그때 그녀의 집에 머무르고 있던 손님들을 데리고 들어와서 그렇게 여럿이 온 것을 사과했지만, 그 말을 들은 사람들은 얼마나 반갑게 맞이했는지) 그 주인의 눈에 다시 한 번 빛을 돌이켜주는 것이었다. 아마 집주인으로서는 이 기다리던 캉브르메르 부인의 방문으로 받게 되는 보상이, 한 달 전부터 결심한 오후 모임의 개최에 대해 온갖 법석과 비용을 각오했을 때 가슴에 숨긴 결정적인 동기였을지도 모른다. 후작부인이 자기네 다과회에 나온 모습을 보고 그 주인이 떠올리는 것은, 신분이 낮은 이웃집에도 기꺼이 드나드는 부인의 친절이 아니라, 그녀의 오랜 가문, 그 화려한 저택, 르그랑댕 집안 출신인 며느리의 무례함이었다. 이 며느리는 언제나 도도하게 새침을 떨고 있어서 시어머니인 캉브르메르 부인의 조금 수수한 인품을 더욱 두드러지게 했다. 집주인은 벌써 〈골루아〉지의 사교란에 실릴 짤막한 기사를 읽는 기분이었다. 그것은 사실 그 자신이 남몰래 집에서 만들어 보내는 기사이다. '브르타뉴 한쪽에서의 더없는 즐거움, 주최자에게 가까운 시일 내에 다시 개최하겠다는 약속을 받아낸 뒤 끝난 초일류 알짜 오후 파티'에 대한 기사가 실리기를 바라며 날마다 목을 빼고 신문을 기다린다. 자기가 주최한 모임에 대한 기사가 아직 보이지 않으면, 캉브르메르 부인이 참석한 파티가 수많은 구독자들에게 알려지지 않고 초대 손님들에게만 알려지는 게 아닐까 하고 불안해한다. 그러다가 마침내 축복의 날이 찾아온다. '발베크의 올 계절은 유난히 화려하다. 특히 유행하고 있는 오후의 작은 연주회 운운……' 고맙게도 캉브르메르 부인의 이름 또한 정확한 철자로 '넌지시 인용'되어 있다. 단, 첫머리에. 나머지는 그저, 이렇게 무신경한 신문 기사가 초대할 수 없었던 사람들 사이에 분쟁을 일으키게 되지 않을지 참으로 난처하다는 듯한 표정을 지으면 되고, 또 캉브르메르 부인 앞에서는 위선적으로 누가 이런 촌평을 몰래 제공했을까요 하고 뻔뻔스럽게 물으면 되는 것이다. 그 말에 후작부인은 귀족 마님답게 너그럽게 말한다. "귀찮으시겠군요, 하지만 난, 내가 댁에 찾아간 것을 여러분이 알게 되어 정말 기쁠 뿐입니다."

나에게 놓고 간 명함에 캉브르메르 부인은 모레 오후에 파티를 연다고 갈겨 써두었다. 사실 이 초대가 불과 이틀 전이었다면 아무리 사교 생활에 신물이 나 있어도, 그 정원 속으로 자리를 옮긴 사교 생활을 맛보는 것은 나에게도 정말 기쁜 일이었으리라. 페테른의 양지바른 땅 덕분에 무화과, 종려, 장미가 정원 가득 무성하게 자라 바다까지 이어져 있으며, 자주 지중해를 떠올리게 하는 푸른색을 띠고 고요하게 가라앉아 있는 그 바다에는 정원 주인의 작은 요트가 떠 있다가, 파티가 시작되기 전에 만의 건너편 해안까지 가장 중요한 초대 손님을 모시러 간다. 손님들이 다 도착하면 요트는 돛을 차일 삼아 다과회를 위한 식당이 되고, 저녁에는 데리고 온 손님들을 데려다주기 위해 다시 떠난다. 이 안락한 사치는 그만큼 비용이 들기 때문에 캉브르메르 부인은 갖가지 방법을 써서 수입을 늘려보려고 애써왔는데, 특히 소유지의 하나인 페테른과는 매우 풍취가 다른 라 라스플리에르 성관을 처음으로 남에게 빌려준 것도 그 때문이었다.

그렇다, 만약 이틀 전이었다면, 새로운 환경 속에서 낯선 소귀족들이 모이는 그런 파티가 조금은 파리 '상류 생활'의 기분을 바꿔주었을 텐데! 그러나 이제 쾌락은 나에게 아무런 의미도 없었다. 그래서 한 시간 전에 알베르틴을 돌려보낸 것처럼, 캉브르메르 부인에게도 사양하는 편지를 썼다. 고열이 식욕을 끊어버리듯, 슬픔이 욕망의 가능성을 가슴속에서 싹 없애버린 것이다. 어머니는 내일 도착할 예정이었다. 그리고 지금은 미지의 퇴폐적인 모든 생활을 대신하여 가슴을 찢는 듯한 추억이 솟아나, 마치 어머니의 영혼을 옥죄는 가시관처럼, 내 영혼을 옥죄어 그것을 고귀하게 만들었다. 그러자 나는 전보다 조금 더 어머니 곁에서 살 자격이 있는 인간이 되어, 어머니를 잘 이해할 수 있을 듯한 느낌이 들었다. 나는 그렇게 믿고 있었다. 하지만 실제로는 어머니의 슬픔 같은 진정한 슬픔—사랑하는 사람을 잃은 순간, 글자 그대로 우리의 생명을 오랫동안, 때로는 영원히 빼앗아버리는 슬픔—과, 그밖의 다른 슬픔에는 커다란 차이가 있었다. 이에 비하면 나의 슬픔은 아무튼 일시적이어서, 늦게 찾아와서 빨리 사라지며, 또 사건이 일어난 지 훨씬 뒤에 가서야 깨닫는다. 왜냐하면 그 슬픔을 느끼기 위해서는 사건을 '이해할' 필요가 있기 때문이다. 대부분의 사람들이 느끼는 슬픔은 그런 것이다. 그리고 지금의 나를 못살게 구는 슬픔도 다만 무의식적인 기억에 의해 일어났다는 점만이 다를 뿐이다.

어머니의 깊은 슬픔에 대해서는 이 이야기의 다음에 나오겠지만, 언젠가 나도 그것을 경험할 날이 올 것이다. 그러나 곧바로 그렇게 되지는 않았고, 그 슬픔은 내가 떠올리던 것과 같지도 않았다. 그렇지만 마치 자신의 역할을 잘 알고 오래전부터 준비하고 있었을 서창(敍唱) 가수가, 실은 아슬아슬한 시간에 도착하여 자기가 대사할 대목을 아직 한 번밖에 읽지 않고도, 막상 대사를 할 차례가 되면 아무도 늦은 것을 눈치채지 못할 만큼 교묘하게 넘어가듯이, 슬픔은 방금 시작되었을 뿐인데도, 어머니가 도착했을 때 나는 마치 오래전부터 그렇게 슬퍼하던 것처럼 말할 수 있었다. 어머니는 오직, 내가 전에 할머니와 함께 지냈던 이곳을 다시 찾아왔으므로 슬픔이 되살아난 거라고 생각했다(사실은 그렇지 않았는데). 그때 비로소 나는 어머니의 고통에 비하면 하찮은 것이라도 내가 느낀 고통을 알았으므로, 어머니가 얼마나 괴로워했는지를 깨닫고 몸서리쳤다. 그제야 할머니가 돌아가신 뒤 어머니가 줄곧 보여주던 눈길, 눈물도 짓지 않고(그래서 프랑수아즈는 어머니를 그다지 동정하지 않았다) 가만히 한곳을 바라보던 눈길이, 실은 추억과 허무의 그 이해할 수 없는 모순 위에 쏠려 있었던 것을 이해했다. 게다가 검은 베일만은 그대로였으나, 이 새로운 곳에 와서 어머니가 입는 옷을 보면 볼수록, 어머니의 안에서 뭔가가 완전히 변한 것에 놀랄 수밖에 없었다. 어머니는 모든 쾌활함을 다 잃었다는 말로는 충분하지 않았다. 마치 애원이라도 하는 듯한 모습으로 새로이 굳어버린 것 같았던 어머니는, 너무 거친 동작을 하거나 목소리를 높이면, 자신에게 달라붙어 떠나려 하지 않는 고통스러운 존재의 기분을 상하게 할까 봐 두려워하는 듯했다.

　그러나 특히 크레이프로 지은 외투를 입고 들어온 어머니의 모습을 본 순간, 나는 알아차렸다―파리에 있었을 때는 몰랐지만―. 내가 눈앞에 보고 있는 사람은 이제 어머니가 아니라 할머니였다. 마치 왕족이나 공작 가족의 가장이 죽으면 아들이 작위를 물려받아, 오를레앙 공작, 타랑트 대공 또는 롬 대공이 프랑스왕, 트레모유 공작, 게르망트 공작 등이 되듯이, 그것과는 다른 차원의 더욱 뿌리 깊은 세대교체가 이루어짐으로써 흔히 죽은 사람이 살아 있는 사람을 사로잡는 일이 있는데, 그때 살아 있는 사람은 죽은 사람과 매우 유사한 후계자, 단절된 죽은 이의 생명을 잇는 계승자가 된다. 아마 어머니가 죽은 뒤에 딸의 마음속에 남은 커다란 슬픔은, 한시바삐 고치를 깨고 변신하여 자기 속에 간직한 존재를 드러내려 할 것이다. 그 존재는 이런 동요 때문에 중간 과정이 무시되어 여러 단계를 한꺼번에 뛰어넘지 않으면 더욱 느리게 나타날 것이 분명하다. 아마 죽은 어머니를 애도하는 마음은 무언가를 암시하고 있어, 그것이 우리 얼굴에 본디 잠재적으로 지니고 있던 어머니와 닮은 특징을 끌어내게 되는 것이리라. 그러한 애도 속에서는 우리의 활동, 특히 개성적인 활동이 멈춰 설 때도 있다(내 어머니의 경우에는 그 건전한 양식과, 자신의 아버지한테서 물려받은, 타인을 놀리는 듯한 쾌활함이 그 개성이었다). 사랑하는 사람이 살아 있는 한, 우리는 혹시 상대에게 불쾌감을 안겨주더라도 두려워하지 않고 그 개성을 발휘한다. 그것이 그 사람한테서만 물려받은 성격과 잘 조화시켜주기 때문이다.

하지만 어머니가 죽고 나면, 우리는 어머니와 다른 인간이라는 사실이 마음에 걸리기 시작한다. 우리는 이제 옛날에 어머니가 그랬던 것밖에 찬미하지 않는다. 그것은 이미 우리의 존재 자체이지만 뭔가에 일체화한 존재이다. 그것이야말로 우리가 앞으로 오로지 그렇게 되고자 애쓰는 존재이다. 바로 그런 뜻에서(결코 일반적으로 사람들이 이해하고 있는 애매하고 다른 의미가 아니라) 죽음은 헛되지 않으며, 죽은 자는 여전히 우리에게 작용한다고 할 수 있다. 죽은 자는 살아 있는 사람보다 더욱 우리에게 영향을 미친다. 왜냐하면 진정한 현실이란 정신을 통해 나온 것일 뿐이고, 정신이 작용하는 바로 그 대상인 이상, 우리가 정말로 알고 있는 바는 사고에 의해 어쩔 수 없이 재창조된 것뿐이기 때문이다. 그리고 나날의 생활은 그런 것을 우리로부터 숨겨버린다.

마지막으로, 죽은 이들에 대한 애도의 정을 소중히 한 나머지 우리는 죽은 자가 사랑한 것을 우상처럼 숭배하게 된다. 어머니에게 할머니의 핸드백은 사파이어나 다이아몬드보다 더 소중한 것이 되어, 어머니는 그것을 늘 몸에서 떼어놓지 않고 지니고 있었으며, 할머니의 토시와 갖가지 옷도 마찬가지여서, 그것 때문에 두 사람의 모습은 점점 닮아갔는데, 그게 다가 아니었다. 할머니가 늘 가까이 두던 세비녜 부인의 《서간집》 몇 권도 마찬가지로, 어머니는 혹여 세비녜 부인의 진짜 편지를 준다고 해도, 그 책들과 바꾸지 않았으리라. 이전의 어머니는 할머니가 세비녜 부인이나 보세르장 부인의 글을 한 번이라도 인용하지 않고는 편지를 쓰지 못한다고 말하며 놀렸다. 그런데 어머니가 발베크에 닿기 전에 나에게 보낸 편지 세 통에는 모두 세비녜 부인이 인용되어 있어서, 그 편지들은 어머니가 나에게 보낸 게 아니라, 마치 할머니가 어머니에게 보내는 편지 같았다. 어머니는 할머니가 매일같이 편지에 썼던 그 바닷가를 보러 제방에 내려가고 싶다고 했다. 나는 당신 어머니의 '우산 겸용 양산'을 손에 든 어머니가 검은 옷을 입고 조심스러우며 경건한 걸음걸이로 소중한 사람의 발이 자기보다 먼저 밟았던 모래 위로 나아가는 모습을 창문에서 바라보았다. 그것은 마치 죽은 사람이 분명 파도에 밀려올라올 거라 여기고 찾으러 가는 듯한 모습이었다. 어머니를 혼자 식사하게 내버려둘 수 없어서 나는 어머니와 같이 내려가야만 했다. 재판소장과 변호사 회장의 미망인이 어머니에게 소개되었다. 할머니와 관계되는 일이라면 무엇에나 예민한 어머니는, 재판소장이 얘기하는 할머니에 대한 추억담에 끝없이 감동하여 그것을 늘 기억하고 감사하는 마음을 잊지 않았는데, 그와 반대로 변호사 회장의 부인은 고인에 대한 추억을 한마디도 하지 않는다며 완전히 분개했다. 그러나 실제로는 재판소장도 변호사 회장의 부인과 마찬가지로 할머니에게 아무런 관심이 없었다. 한쪽의 감동 어린 말과 다른 한쪽의 침묵은 어머니에게는 큰 차이였지만, 사실은 양쪽 다 죽은 자에 대한 무관심의 다른 표현에 지나지 않는다. 특히 어머니는 내가 나도 모르게 괴로운 심정을 내비치는 말에서 위안을 찾았던 것 같다. 어머니는(나에게 깊은 애정을 품고 있음에도) 그런 말을 듣고 행복한 기분을 느꼈다. 할머니가 사람들의 마음속에 살아 있다는 걸 증명하는 모든 것이 어머니를 행복하게 하듯이. 다음 날부터 어머니는 날마다, 당신 어머니가 한 것과 똑같이 하려고, 바닷가에 나가 앉아서 할머니가 좋아했던 책 두 권, 보세르장 부인의 《회상록》과 세비녜 부인의 《서간집》을 읽었다. 어머니는 물론이고 집안의 누구에게나 세비녜 부인을 '재치 있는 후작부인'이라고 부르는 것은 라퐁텐을 '호인'이라고 부르는 것과 마찬가지로 참을 수 없는 일이었다. 하지만 어머니는 그 서간집에서 '나의 딸아' 하는 글을 읽으면, 할머니가 당신에게 말을 거는 목소리를 듣는 듯한 기분이 들었다.

그런 순례 때는 누구에게도 방해받고 싶지 않았던 어머니는, 어느 날 운나쁘게 바닷가에서 딸들과 함께 나온 콩브레의 어느 부인을 만나고 말았다. 그 사람의 이름은 아마 푸생 부인이었던 것으로 기억한다. 그러나 집에서 우리끼리는 그녀를 '틀림없어, 두고 봐'라는 별명으로만 부르고 있었다. 왜냐하면 그녀는 끊임없이 이 'Tu m'en diras des nouvelles'라는 말을 되풀이하면서 딸들에게 신상에 해로운 행동은 하지 말라고 늘 경고했기 때문이다. 이를테면 자꾸만 눈을 비비는 딸에게는 이런 식으로 말하는 것이다. "그러다가 진짜 눈병에 걸린다. 틀림없어, 두고 봐." 그녀는 멀리서 어머니에게 오래도록 슬퍼하는 인사를 보냈는데, 그것은 애도의 표시가 아니라 그녀가 받은 교육 때문이었다. 만약 할머니가 돌아가시지 않았어도, 또 불행해질 이유가 전혀 없어도, 그녀는 같은 식으로 인사했을 것이다. 콩브레에서 꽤 넓은 정원이 있는 집 안에 틀어박혀 사는 그녀에게는 보고 듣는 모든 것이 놀라운 자극이어서, 프랑스어 낱말이나 이름까지 부드럽게 얼버무리곤 했다. 이를테면 즙을 따르는 은숟가락을 '퀴이예르(Cuiller)'라고 발음하는 게 너무 딱딱해서 '쾨이예르(Cueiller)'라고 발음했다. 《텔레마크》를 쓴 다정한 시인을 딱딱하게 페늘롱(Fénelon)이라고 부르면 너무 난폭한 듯싶어—마치 더할 수 없이 총명하고, 착하며, 용감하고, 한번 친해지면 누구나 잊지 못하는 베르트랑 드 페늘롱이라는 친구가 있었던 내가 모든 걸 알면서도 그랬던 것처럼—그녀는 반드시 '페넬롱(Fénélon)'이라고 부르면서, 그렇게 악상테귀(´)를 붙여서 '네'라고 발음하면 조금 부드러워진다고 생각했다. 그녀만큼 상냥하지 않은, 이 푸생 부인의 사위는, 지금은 이름도 잊었지만 콩브레에서 공증인으로 일하다가 어느 날 공금을 들고 달아나는 바람에, 특히 내 숙부에게 엄청난 금액의 피해를 주었다. 그러나 콩브레의 사람들 대부분은 이 가족이 다른 사람들과는 아주 가깝게 지냈으므로 결코 소원해지지는 않았으며, 다만 푸생 부인을 동정했을 뿐이다. 그녀는 집에 사람을 초대하는 일이 없었지만, 그 집 울타리 앞을 지나갈 때마다 사람들은 정원의 아름드리 나무가 이루는 훌륭한 그늘을 칭찬하곤 했다. 하지만 그것 말고는 아무것도 보이지 않았다. 발베크에서의 그녀는 특별히 우리를 방해하지는 않았다. 나는 딱 한 번 그녀를 만난 적이 있는데, 그때 그녀는 손톱을 씹고 있는 딸에게 이렇게 말하던 중이었다. "너 그러다가 정말로 생인손을 앓게 될지 몰라. 틀림없어, 두고 봐."

어머니가 바닷가에서 책을 읽는 동안 나는 혼자 방에 남아 있었다. 그리고 할머니 삶의 마지막 무렵과 그것과 관련된 여러 가지 일들, 둘이서 마지막 산책을 나갔을 때 활짝 열려 있던 계단 문을 떠올리곤 했다. 그런 것과는 대조적으로 그 밖의 세상일은 도무지 현실 같지가 않았고, 나의 고뇌에 의해 완전히 왜곡되어 있었다. 드디어 얼마 뒤 어머니는 나보고 잠시 나갔다 오라고 명령했다. 하지만 한 걸음 걸을 때마다 잊고 있었던 카지노와 거리 풍경이―처음 오던 날 밤 할머니를 기다리면서, 나는 그 거리를 걸어 뒤게 트루앵의 기념비까지 갔다―도저히 맞설 수 없는 맞바람처럼 가로막고 서서 더 이상 앞으로 나아갈 수가 없었다. 나는 눈을 감고 그것을 보지 않으려 했다. 다시 조금 기운을 차린 뒤 호텔 쪽으로 돌아왔는데, 그 호텔은 이제 거기서는 아무리 기다려도 예전에 도착한 첫날 밤에 다시 만났던 할머니의 모습을 다시는 찾을 수 없다는 걸 알고 있는 장소였다. 외출하는 것은 이번이 처음이었으므로, 내가 밖으로 나가는 걸 본 적 없는 종업원들이 신기한 듯 나를 유심히 쳐다보았다. 호텔 출입구에서는 한 젊은 보이가 나에게 인사하기 위해 얼른 모자를 벗었다가, 기세 좋게 그것을 다시 머리에 썼다. 나는 에메가 이자에게 나를 정중히 대하라고, 그의 표현을 빌리면 '지령을 내린' 거라고 생각했다. 그러나 그 순간, 그가 밖에서 들어오는 다른 사람들에게도 모자를 벗는 모습이 눈에 들어왔다. 즉 이 청년은 의무적으로 모자를 벗고 쓰는 것밖에 몰랐던 것이고, 또 그것을 참으로 완벽하게 해내고 있었던 것이다. 자신이 다른 일은 할 줄 모르지만 이것만은 잘할 수 있다는 걸 안 그는, 날마다 가능한 한 자주 그 동작을 해냈으므로, 손님들로부터 은근히 호감을 사고 있었고, 보이를 고용하는 일을 맡은 프런트 담당으로부터도 절대적인 호평을 받고 있었다. 프런트 담당은 이 진기한 보물을 찾기까지, 일주일도 안 되어 해고해야만 하는 놈밖에 찾지 못했으므로, 그 일에 완전히 질려버린 에메는 이렇게까지 말했을 정도였다. "그렇지만 이 일은 그저 공손하기만 하면 되는 일이잖아. 그렇게 어려운 일이 아닐 텐데 말이야."

지배인은 또 현관 보이에게 이른바 당당한 프레장스(présence, 존재)를 가질 것을 요구했는데, 그것은 곧 그들이 언제나 그곳에 있어야 한다는 뜻이거나, 아니면 오히려 프레스탕스(prestance, 풍채)라는 말의 착각이었을 것이다. 호텔 뒤쪽에 펼쳐진 잔디밭은 군데군데 조성된 화단에 꽃이 피어 있었던 것과, 이국풍 떨기나무가 없어졌을 뿐만 아니라 첫해에 있었던 현관보이, 그 유연한 줄기 같은 상체와 신비로운 빛깔로 물든 머리카락으로 문의 겉모습을 꾸미고 있었던 현관 보이도 다른 데로 뽑혀서 가버렸기 때문이다. 그는 폴란드의 어느 백작부인에게 비서로 채용되어 그녀를 따라가버렸는데, 이 점에서 그는 두 형과 타이피스트가 된 누나가 갔던 길을 갔다. 이 남매들은 그들의 매력에 반한 명사들, 국가도 성별도 다른 명사들에 의해 호텔에서 뽑혀갔다. 유일하게 남은 것은 막내로, 그는 사팔뜨기라서 아무도 원하지 않았다. 폴란드 백작부인과 다른 두 형의 보호자가 발베크의 호텔에 와서 잠시 머물 때면 이 막내는 매우 행복해 보였다. 형들을 부러워하면서도 그들을 사랑했으므로, 이렇게 몇 주일씩 혈육의 정을 나눌 수 있었기 때문이다. 퐁트브로의 수녀원장도 루이 14세가 또 다른 모르트마르 집안의 딸인 애인 몽테스팡 부인을 환대할 때는, 일부러 수도원의 수녀들 곁을 떠나 자기도 함께 손님으로 대접받기 위해 가는 습관이 있지 않았던가. 이 막내에게는 그것이 발베크에서 근무한 첫해였다. 그는 아직 나를 몰랐지만, 그전부터 일하던 동료가 나에게 말을 걸 때, 내 이름 앞에 므시외를 붙여서 므시외 아무개라고 부르는 것을 듣고 처음부터 의기양양하게 그것을 흉내냈다. 자신이 유명한 인물이라고 판단한 사람에 대해 잘 알고 있다는 것을 과시하는 게 좋았을 수도 있고, 아니면 바로 5분 전까지 몰랐던 예법, 그러나 그에게는 결코 소홀히 해서는 안 될 성싶은 예법을 제대로 지키고 있다는 만족감 때문일지도 모른다.

나는 이 호화로운 호텔이 어떤 사람들에게 매력의 대상이 되어 있음을 잘 이해하고 있었다. 이 호텔은 마치 극장처럼 지어져, 많은 조각품으로 아치 부분까지 풍성하게 꾸며져 있었다. 투숙객이 비록 관객에 지나지 않는다 해도 끊임없이 연극에 휩쓸리는데, 그것은 배우가 객석 속에서 한 장면을 연기하는 극장 같은 게 아니라, 마치 관객의 삶이 호화로운 무대 한복판에서 펼쳐지는 것처럼 보였다. 테니스를 마치고 돌아오는 남자가 하얀 플란넬 윗도리를 입고 호텔에 들어서는 일이 있는데, 프런트 담당자는 그에게 편지를 전해주기 위해 은으로 도금한 가느다란 줄 장식의 푸른 제복을 빈틈없이 갖춰 입고 있는 것이다. 만약 이 테니스 선수가 계단을 걸어서 올라가고 싶지 않다 해도 그는 배우들 사이에 섞이게 되고, 그 한쪽에는 엘리베이터를 작동시키기 위해 마찬가지로 화려한 옷을 입은 엘리베이터 보이가 기다리고 있다. 여러 층의 복도는 하녀와 수행하는 여자들, 즉 바다를 배경으로 마치 파나테

나이아제(祭)를 나타낸 프리즈에 그려져 있는 것과 같은 이 미녀들이 남몰래 살짝 달아나는 장소인데, 아름다운 하녀들을 좋아하는 남자들은 복잡하게 꼬불거리는 길을 지나 끝내 그녀들의 작은 방에까지 이르게 된다.

아래층에서는 남성이 지배적이고, 보이들은 무척 젊은 데다 그 젊음을 주체하지 못하여, 이 호텔을 1년 내내 상연되고 있는 어떤 유대 그리스도교적 비극의 실현의 장으로 만들고 있다. 그래서 나는 그들의 모습을 보았을 때, 나도 모르게 라신의 시를 흥얼거릴 수밖에 없었는데, 그것은 게르망트 대공부인의 집에서 샤를뤼스 씨에게 인사하는 대사관의 젊은 서기관을 보구베르 씨가 바라보고 있었을 때 떠오른 시가 아닌, 라신의 다른 시였다. 즉 이번에는 〈에스테르〉가 아니라 〈아탈리〉*¹의 한 구절이었다. 17세기에 주랑(portique)이라고 불렸던 곳인 휴게실에 발을 들여놓으면, 특히 오후의 휴식 시간에는 라신극 합창대의 이스라엘 소녀들처럼 젊은 현관 보이들이 '빛나는 별'처럼 그곳에 늘어서 있었기 때문이다. 하기는 아탈리가 어린 국왕 조아스에게 "도대체 그대의 소임은 무엇인고?" 물었을 때, 그들 가운데 조아스가 생각해낸 애매한 대답이나마 할 수 있었던 자는 한 사람도 없었다. 왜냐하면 그들에게는 아무런 소임도 없었기 때문이다. 고작해야, 만약 누군가가 늙은 왕비 아탈리처럼 그들 가운데 누구든 붙잡고, "도대체 여기 갇힌 사람들은 모두 무슨 일을 하고 있느뇨?"*² 묻는다면 상대는 이렇게 대답했으리라.

"장엄한 의식을 바라보고 있습니다.*³ 그리고 거기에 공헌하고 있습니다." 이따금 젊은 단역이 더욱 중요한 인물에게 다가가지만, 곧 이 젊은 미모의 남자는 다시 합창대 속으로 돌아간다. 그리고 느긋하고 편안하게 앉아서 명상에 잠기는 순간은 제쳐두고, 모두가 자신들의 불필요한 움직임, 정중하고 장식적인 나날의 움직임을 차례차례 교차시킨다. '외출하는 날'을 빼면 '세상과 멀리 떨어져 자라면서' 신전의 문턱을 나서는 일이 없는 그들은, 〈아탈리〉의 레위족 소녀들과 마찬가지로 신께 봉사하는 생활을 하고 있었기 때문이며,

---

*1 〈아탈리〉는 이 책 앞부분에 이미 언급되어 있지만, 〈에스테르〉와 마찬가지로 라신이 만년에 생시르 여학교의 학생들을 위해 쓴 종교비극. 유대 왕의 미망인인 아탈리는 왕위를 빼앗고 권력을 다지기 위해 자신의 손자들을 모두 죽였으나, 유일하게 죽음을 면하고 왕위에 오른 손자 조아스에게 살해된다는 줄거리.

*2 〈아탈리〉 제2막 제7장에서의 인용이지만 정확하지는 않음.

*3 〈아탈리〉 제2막 7장.

이 '젊고 신앙심이 깊은 자들', 호화로운 융단을 깐 계단 밑에서 연기하는 그들 앞에서, 나는 나 자신이 발베크의 그랑 호텔에 들어온 것인지, 아니면 솔로몬의 신전에 온 것인지 알 수 없을 정도였다.

나는 다시 꼿꼿이 내 방으로 올라갔다. 생각은 끊임없이 할머니 병환의 마지막 날들과 그 고통으로 이어졌고, 나는 다시금 그것을 체험하면서 연민의 정으로 그 고통을 훨씬 크게 만들었다. 타인의 고통 이상으로 견딜 수 없는 것은, 우리가 품는 연민의 정이 가혹하게도 거기에 덧붙인 요소이다. 그저 가까운 사람의 고통을 그대로 재현하고 있을 뿐이라 생각할 때도, 연민의 정은 그 고통을 과장하게 마련이다. 그러나 그것에 의하면 연민의 감정 쪽이, 실제로 고통에 번민하는 사람들이 그 고통에 대해 가지는 의식보다, 진실에 더욱 가까울지도 모른다. 고통에 번민하는 사람들의 생활이 얼마나 비참한지는, 본인들에게는 숨겨져 있어서 알 수 없지만, 연민 쪽은 그것을 똑똑히 보고 절망하기 때문이다. 하지만 내가 오랫동안 모르고 있었던 것을 만약 그때 알았더라면, 내 연민의 정은 새롭게 뛰어올라 할머니의 고통을 넘어섰을 것이다. 그것은 할머니가 죽기 전날 의식이 한동안 맑았을 때, 내가 그곳에 없는 것을 확인한 뒤 어머니의 손을 잡고 거기에 열이 있는 입술을 갖다대고는, "잘 있어라, 딸아. 이것이 영원한 작별이다" 말한 일이다. 아마 어머니가 끝없이 가만히 바라보고 있는 것도 그 추억이리라. 이어서 그리운 추억이 되살아났다. 그녀는 내 할머니이고, 나는 그녀의 손자였다. 할머니의 표정은 나만 읽을 수 있는 언어로 씌어져 있는 것 같았다. 할머니는 내 인생의 전부였다. 다른 사람들은 할머니와의 관계 속에서만, 또 할머니가 그 사람들에 대해 내리는 판단과의 관계 속에서만 존재했다. 아니, 틀렸다. 할머니와 나의 관계는 너무나 덧없는 것이어서, 아무래도 우연적일 수밖에 없었다. 할머니는 이제 나를 모르고, 나는 앞으로 결코 그녀를 만날 수 없으리라. 우리는 서로 오직 상대를 위해 만들어진 존재가 아니었으며 할머니는 생판 남이었다. 그 남인 사람에 대해 나는 바로 지금 생루가 찍어준 사진을 보고 있는 참이다.

알베르틴을 만난 어머니는 알베르틴이 할머니와 나에 대해 무척 다정히 말해주는 것을 듣고, 알베르틴을 꼭 만나보라고 간곡하게 권했다. 그래서 나는 벌써 그녀와 만날 약속을 하고 있었다. 나는 미리 지배인에게 그녀가 오면 살롱에서 기다리게 해달라고 부탁했다. 지배인은 꽤 오래전부터, 그녀와 그 여자친구들이 '순결(pureté)한 나이'가 되기 훨씬 전부터 그녀에 대해 알고 있었지만, 호텔에 대해 불평했으므로 그리 좋게 여기지는 않는다고 나에게 말했다. "그렇게 입방아를 찧는 것으로 보아 아무래도 '저명한(illustrées)' 인 사들이 아닌 게 분명합니다요. 물론 그게 남의 험담은 아니라서 다행입죠 만." 나는 '순결'이 '사춘기(puberté)'라는 뜻으로 쓴 말임을 쉽게 알아들었다. 알베르틴을 만나러 갈 시간을 기다리면서, 나는 생루가 찍은 사진 위를 뚫어지게 바라보고 있었다. 너무 열심히 들여다보고 있으면 나중에는 아무것도 보이지 않게 되어버리는 소묘처럼.

그러자 문득 기억상실증에 걸린 사람이 우연히 자기 이름을 생각해내듯이, 병자가 완전히 딴 사람이 되듯이, 새삼스레 이런 생각이 들었다. '이건 내 할머니다, 난 이 사람의 손자이고.' 프랑수아즈가 들어와서 알베르틴이 왔다고 알려준 뒤 사진을 보더니 말했다. "불쌍하신 큰마님. 정말 똑같아요, 빰의 사마귀까지. 후작님이 이 사진을 찍던 날, 큰마님께선 상태가 몹시 좋지 않으셨어요. 그 전에 두 번이나 까무러쳤거든요. '특히 손자가 알지 못하게 해야 하네, 프랑수아즈' 하고 말씀하셨죠. 용케 병을 숨기시고 여러분 앞에서 늘 명랑하셨답니다. 나만은 이따금 좀 정신이 멍하시구나 생각했지요. 하지만 그런 모습은 잠시였죠. 그리고 나에게 이렇게 말씀하셨어요. '무슨 일이 있을지 모르니, 그 애도 내 사진을 한 장쯤 가지고 있게 해야지. 아직 한 장도 사진을 찍은 적이 없으니.' 그래서 큰마님께서 나를 후작님께 보내시어 도련님께는 비밀로 하고 사진을 찍어줄 수 없겠는지 부탁해보라 하셨답니다. 그런데 막상 제가 돌아와서 승낙의 말을 전했더니, 큰마님은 얼굴색이 너무 좋지 않다고 사진 찍기를 꺼려하셨지요. '이런 꼴로는 차라리 사진이 없는 편이 낫지.' 하지만 워낙 총명하신 분이시라, 결국 챙이 내려온 커다란 모자를 쓰시고 썩 잘 꾸미신 덕분에 밝은 햇살만 받지 않으시면 감쪽같았어요. 그래서 매우 만족해하시면서 사진을 찍었지요. 그때는 이미 발베크에서 집에 돌아가는 건 무리라고 여기셨으니까요. 아무리 제가 '큰마님, 그런 말씀 마세요. 큰마님이 그렇게 말씀하시는 걸 들으면 기분이 좋지 않습니다' 말씀드려도 소용없었답니다. 그렇게 믿고 계셨으니까요. 그럼요, 벌써 여러 날째 식사도 못하고 계셨죠. 도련님께 후작님과 함께 아주 멀리 저녁 식사를 하러 가도록 부추긴 것도 그 때문이었어요. 그동안 큰마님은 식탁에 앉지 않고 책을 읽는 척하셨는데, 후작님의 마차가 떠나면 바로 방에 올라가서 주무셨어요. 어떤 날에는 큰마님도 마님께 알려 다시 한 번 얼굴을 보러 와달라고 할까 생각하신 적도 있었죠. 하지만 곧, 그때까지 아무 말 않다가 갑자기 그러면 깜짝 놀랄까 봐 걱정하셨어요. '그 아인 남편과 함께 그대로 있게 하는 편이 낫지. 안 그래, 프랑수아즈?'" 프랑수아즈가 내 얼굴을 바라보더니 느닷없이 '몸이 불편한 것' 아니냐고 물었다. 나는 그렇지 않다고 대답했다. "내 정신 좀 봐. 수다를 떠느라 여기서 내내 이러고 있었네. 손님이 이미 왔을걸요. 나도 내려가야지. 그런 아가씨는 여기 올 사람이 못 돼요. 워낙 바쁜 아가씨니까 이미 돌아가버렸을지도 모르지. 기다리는 걸 싫어하거든. 흥! 알베르틴 아가씨까지 이제 대단한 손님이 되었으니!"—"틀린 생각이야, 프랑수아즈. 그녀는 이미 어엿한 아가씨야, 이런 곳에 부르기에는 미안할 정도로. 그나저나 가서 오늘은 못 만나겠다고 전해줘."

울고 있는 꼴을 프랑수아즈에게 보인다면, 그녀는 나를 가엾게 생각해 얼마나 부풀려진 미사여구를 늘어놓았을지! 나는 조심스럽게 얼굴을 가렸다. 숨기지 않으면 프랑수아즈의 동정을 받았을 것이다. 하지만 내 쪽에서는 프랑수아즈에게 동정을 느꼈다. 우리는 좀처럼 이 가련한 하녀들의 마음을 헤아리려 하지 않는데, 그녀들은 울고 있는 당사자가 고통을 느끼는 것만큼 우리가 우는 꼴을 차마 보고 있을 수 없다. 어쩌면 그것이 그녀들 자신에게 고통을 주는 건지도 모른다. 프랑수아즈는 내가 어렸을 때, 이렇게 말한 적이 있다. "그렇게 울지 마세요. 그렇게 우는 모습은 보고 싶지 않아요." 우리는 부풀려진 말이나 장황한 설명을 좋아하지 않지만, 이것은 잘못된 일이다. 그 때문에 시골에서 자주 볼 수 있는 감동적인 광경, 그 가련한 하인이 말하는 푸념에 우리는 마음을 닫아버린다. 그 하인은, 아마도 누명이겠지만 뭔가 훔쳤다 하여 내쫓기면 얼굴이 새파랗게 질려서, 마치 의심을 받는 것 자체가 하나의 범죄인 것처럼 갑자기 비굴하게 굽실거리며, 자기 아버지가 정직한 사람임을 내세우고 어머니의 교육과 할머니의 충고 따위를 늘어놓는다. 분명히 이쪽의 눈물을 똑바로 쳐다보지 못하는 하인이, 한편으로는 아래층에 사는 하녀가 통풍이 잘되는 것을 좋아한다 하여 그 바람을 없애버리는 건 상대에게 미안한 일이라 여기고 아무렇지도 않게 우리를 폐렴에 걸리게 하는 일도 있을 것이다. 왜냐하면 프랑수아즈처럼 언제나 사리에 맞는 말만 하는 사람도 반드시 어딘가 잘못된 점이 있을 테고, 순수한 '올바름'은 있을 수 없기 때문이다.

하녀들의 아주 하찮은 즐거움조차 주인들의 거절이나 조소를 불러일으키는 경우가 있다. 물론 그것은 어김없이 아무래도 상관없는 일에 지나지 않지만, 너무나 어리석고 감상적이며 비위생적이기 때문이다. 그래서 그녀들은 이렇게 말할지도 모른다. "내가 부탁하는 거라곤 고작 이런 일 정도인데, 어째서 허락해주지 않는 걸까." 그러나 주인들은 만약 너무 어리석은 일이 아니라면, 또 그녀들에게―또는 주인들에게―위험하지 않다면 훨씬 많은 것을 허락할 것이다. 물론 가련한 하녀가 몸을 떨면서 자신이 하지 않은 일까지 자백할 듯한 태도로 이렇게 말하는 걸 들으면, 그 가련함에 맞설 수 있는 사람은 거의 없을 것이다. "정 떠나라 하시면 오늘 밤에라도 나가겠습니다." 하지만 몹시 거만한 태도로 좋은 생활과 훌륭한 조상을 가진 것처럼 행동하는 나이 든 요리사, 빗자루를 마치 왕이 쥐던 홀처럼 들고 자기 역할을 비극적으로 과장하다가 이따금 눈물로 멈추고는, 다시 위엄을 담아 당당하게 가슴을 펴는 이런 여자를 상대할 때도, 분명히 그녀가 귀뜀하는 어머니의 유산이나 울타리를 친 훌륭한 '농지'에 대한 이야기가 아무리 진부하며 과장스럽고 위협적이더라도 그 이야기에 무심할 수 없는 것이다. 이날 나는 그런 장면을 떠올렸다. 그리고 그것을 집의 늙은 하녀에게 끼어맞춰 보았다. 그 뒤로 프랑수아즈가 알베르틴에게 조금 심통을 부리더라도 과연 프랑수아즈가 좋아졌다. 그 애정은 틀림없이 얼마간의 시간을 두고 되풀이되었지만, 가장 강렬한 종류의 것, 연민을 기반으로 하는 애정이었다.

나는 그날 할머니 사진 앞에서 온종일 괴로워했다. 그 사진은 나를 몹시 번민하게 했다. 그러나 지배인의 저녁 방문이 나에게 준 고통에 비하면 그나마 가벼운 편이었다. 내가 그에게 할머니 이야기를 하고, 그가 다시금 애도의 말을 했을 때, 나는 그가 이렇게 말하는 것을 들었다(그는 발음도 제대로 할 수 없는 말을 쓰는 것을 좋아했기 때문이다). "마치 할머님께서 그 출도(symecope)* 발작을 일으키신 날 같군요. 나는 당신에게 알려드리려고 생각

---

* 졸도(syncope)의 틀린 발음.

했습지요. 손님들이 계시니 잘못하면 호텔에 난처한 일이 생길 수도 있었으니까요. 그분은 틀림없이 그날 밤 바로 떠나시는 편이 좋았을 겁니다요. 하지만 부탁이니 아무 말도 말아달라고 하시며, 다시 출도를 일으키는 일은 없을 거라고 장담하셨습죠. 만약 다시 그런 일이 있으면 곧 떠나겠다고 말씀하시더군요, 하기야 위층 주임*의 보고로는 한 번 더 출도하셨다더군요. 그래도, 전부터 단골손님이시고, 우리는 아무쪼록 만족하시게 해드리려고 노력해온 데다, 아무도 불평을 하는 사람이 없어서……." 이렇게 할머니는 몇 번이나 실신하는 발작을 일으켰으면서도 그것을 나에게 숨겼던 것이다. 아마 그때는 내가 할머니를 가장 매정하게 대하고 있었던 시기여서, 할머니는 고통을 참으면서 내 마음을 건드리지 않기 위해 기분 좋게 행동하려고 애쓸 수밖에 없었을 테고, 호텔에서 쫓겨나지 않기 위해서도 어쩔 수 없이 주의 깊게 건강한 모습을 꾸몄던 것이리라. '출도'라고 말하면 도저히 상상도 가지 않고, 다른 사람의 일이라면 아마 우스꽝스럽게 보였겠지만, 그 말은 기묘하고 신선한 울림, 독창적인 불협화음 비슷한 울림에 싸여, 오랫동안 내 마음에 가장 괴로운 감각으로 남아 있었다.

다음 날, 나는 어머니의 간곡한 권유로 잠시 바닷가에 일광욕을 하러 갔다. 아니, 그보다는 모래언덕 속, 그것도 모래언덕의 주름 뒤쪽이어서, 알베르틴과 그녀의 친구들에게 발견되지 않을 것임을 알고 있는 장소로 갔다. 내려뜬 내 눈꺼풀에는 한 줄기 빛밖에 통하지 않았으며, 그 빛은 완전히 장밋빛으로 물들어 있었는데, 그것은 눈 안쪽에 있는 빛이었다. 그리고 곧 눈꺼풀은 완전히 닫혔다. 그러자 안락의자에 앉아 있는 할머니의 모습이 나타났다. 무척 쇠약해져서 다른 사람들보다 그림자가 옅어 보인다. 그래도 나에게는 그 숨결이 들려왔다. 이따금 보여주는 희미한 표정을 보아, 우리, 즉 아버지와 내가 얘기하고 있는 것을 할머니도 이해하고 있는 게 분명했다. 그러나 내가 그녀를 포옹해도 소용없었다. 나는 그 눈 속에 애정의 눈길을 한 번도 되살릴 수 없었고, 그 뺨에 아주 희미한 혈색이 돌아오게 하는 데도 성공하지 못했다. 방심한 그녀는 나 같은 건 사랑하지 않은 것처럼 보였고, 나를 알지도 못하며, 나를 보고 있지도 않은 기색이었다. 할머니의 무관심, 그 무

---

* 층마다 있는 사환 우두머리.

기력한 모습, 말없는 가운데 보여주는 그 불만, 그런 것의 비밀을 나는 꿰뚫어볼 수 없었다.

나는 아버지를 옆으로 데리고 갔다. "이제 아셨죠?" 나는 아버지에게 말했다. "틀림없어요. 할머니는 하나하나 정확하게 이해하셨어요. 이건 완전히 살아 있는 사람과 똑같아요. 아버지의 그 사촌형님을 이곳에 데리고 올 수만 있다면! 그분은 죽은 사람은 살아 있지 않다고 우겼다구요! 할머니는 돌아가신 지 1년이 넘었지만 여전히 살아 계세요. 그런데 왜 나에게 입을 맞춰주지 않으실까요?"—"보려무나, 가엾게도 할머니의 고개가 또 푹 꺾였구나."—"하지만 오후에는 샹젤리제에 가고 싶어하세요."—"정신 나간 소리!"—"정말 그렇게 생각하세요? 가면 할머니 몸에 해롭고, 할머니를 더 죽게 할 거라고? 할머니가 이제는 나를 사랑하지 않다니 그럴 리가 없어요. 내가 입을 맞춰도 소용없을까요? 이제 영영 나에게 웃어주지 않으실까요?"—"어쩔 수 없는 일이란다, 죽은 사람은 죽은 사람이니까."

며칠 뒤 생루가 찍은 사진을 기분 좋게 바라볼 수 있게 되었다. 사진은 프랑수아즈가 얘기한 추억을 더 이상 불러일으키지 않았다. 그 추억이 이제는 내게서 떠나지 않게 되어 내가 그것에 익숙해졌기 때문이다. 그러나 이 사진을 찍던 날 할머니의 용태가 얼마나 위중하고 힘들었는지를 생각하면, 그에 비해 사진은 아직도 할머니가 궁리한 꾀 덕분에, 그 꾀가 폭로된 뒤에도 감쪽같이 나를 속이고 있었으며, 거기에 찍혀 있는 할머니는 머리에 쓴 모자 때문에 얼굴이 조금 가려져서 어찌나 우아하고 밝은 모습인지, 내가 떠올리던 것보다 훨씬 행복하고 건강해 보였다. 그렇지만 그녀의 뺨은 이미 자신이 선택되어 희생될 운명에 있음을 느끼고 있는 짐승의 눈초리처럼, 본인도 모르는 사이에 특유한 표정, 어딘지 험악한 납빛을 띠고 있어서, 그로 인해 할머니는 사형을 선고받은 사람처럼 자기도 모르게 얼굴빛을 흐린 채로 비극적인 기색을 띠고 있었고, 나에게는 그것이 보이지 않았지만 어머니에게는 이 사진을 똑바로 바라볼 수 없는 까닭이 되었다. 어머니에게 이 사진은 당신 어머니의 사진이라기보다 어머니 병환의 사진이었으며, 그 병환이 난폭하게 할머니의 얼굴에 가한 모욕의 사진처럼 보이는 것이었다.

이윽고 어느 날, 나는 사람을 보내 알베르틴에게 곧 와달라는 말을 전하기로 했다. 아직은 이른 더위가 찾아온 날 아침, 장난치면서 놀고 있는 아이들

과 희롱하는 해수욕객들, 신문팔이들의 온갖 외침 소리가, 솟아오르는 불꽃,
난무하는 불티가 되어, 작은 물결이 차례차례 다가와서 차가운 물을 뿌리고
가는 타는 듯이 뜨거운 모래사장의 광경을, 벌써 내 마음속에 그려내고 있었
다. 파도 소리에 섞여 악단의 연주가 시작되었고, 바이올린이 마치 바다 위
에서 헤매는 꿀벌 떼처럼 떨고 있었다. 그러자 당장 알베르틴의 웃음소리를
다시 듣고 싶다, 그녀의 친구들을 다시 만나고 싶다는 욕망이 끓어올랐다.
파도 위에 또렷하게 떠오르는 그 아가씨들은 발베크와 떼려야 뗄 수 없는 매
력이자 발베크를 특징짓는 식물로서 내 추억 속에 줄곧 남아 있었다. 그래서
나는 다음 주에 그녀와 만나기 위해, 프랑수아즈에게 부탁하여 알베르틴에
게 편지를 보내기로 결심했다.

　한편 그동안 바다는 파도가 무너질 때마다 조용히 높아지면서, 거기서 흘
러나오는 수정으로 가락을 완전히 덮어버렸고, 악절은 토막이 난 채 하나씩
따로따로 나타났다. 마치 이탈리아의 대성당 꼭대기에 있는 현악기를 든 천
사들이, 푸른 얼룩 화성암과 거품이 이는 듯한 벽옥의 용마루 사이에 서 있
는 것처럼. 그러나 알베르틴이 온 날에는 날씨가 다시 나빠져서 서늘해졌으
며, 게다가 나는 그녀의 웃음소리를 들을 기회조차 얻지 못했다. 그녀의 기
분이 매우 나빴던 것이다. "올해 발베크는 지루해요." 그녀가 나에게 말했
다. "난 너무 오래 있지 않을 생각이에요. 벌써 부활절부터 이곳에 와 있거
든요, 한 달 이상. 아무도 없어요. 그러니 재미있을 리가 있겠어요?" 조금
전에도 비가 내렸고 날씨는 시시각각 변하고 있었지만, 그래도 먼저 알베르
틴을 에그르빌까지 바래다준 다음—알베르틴은 봉탕 부인의 별장이 있는 이
작은 바닷가와 그녀가 '하숙하고' 있는 로즈몽드 집안의 별장이 있는 앵카르
빌의 사이를, 그녀의 표현에 따르면 베틀의 북처럼 '왕복'하고 있었으므로—
나는 혼자서 전에 빌파리지 부인과 내가 할머니와 함께 산책 나갔을 때, 부
인의 마차가 지나간 그 큰길 쪽으로 산책하러 나갔다. 쨍쨍 내리쬐는 햇빛에
도 아직 덜 마른 곳곳의 웅덩이 때문에 길 위는 온통 늪과 다름없었다. 나는
할머니가 두 걸음도 걷기 전에 진흙투성이가 되어버린 일을 기억해냈다. 그
러나 길에 나와서 본 광경은 눈에 어릴 것만 같았다. 할머니와 함께 있었던
그 8월에는, 다만 사과나무 잎과, 사과가 심겨 있는 장소가 보일 뿐이었던
곳인데, 지금은 그곳에 꽃이 활짝 핀 사과나무가 듣도 보도 못한 화려한 모

습으로 서서, 발은 진흙 속에 빠져 있지만 무도회 의상으로 몸을 치장하고, 지금까지 본 적도 없는 장밋빛 새틴, 햇살을 받아 빛나고 있는 참으로 멋진 장밋빛 옷자락이 더러워지는 것도 전혀 개의치 않는 기색이었다. 아득한 저편에 보이는 수평선은, 사과나무에 일본 판화의 배경 같은 느낌을 주고 있었다. 머리를 들어, 꽃 사이로 고요하게 내다보이는 파란색, 거의 강렬하다고 해도 좋을 만큼 푸른 하늘을 바라보니, 꽃들이 이 낙원의 깊이를 나타내기 위해 옆으로 몸을 젖히는 것처럼 보였다. 이 푸른 하늘 밑에서, 산들바람은 가볍게 그러나 차갑게, 붉은 기운이 감도는 꽃들을 희미하게 흔들고 있었다. 파란 박새들이 찾아와 가지에 앉아 꽃 사이를 돌아다니면, 꽃은 마치 살아있는 아름다움이 이국적인 취향과 색채의 애호가에 의해 인공적으로 만들어진 것처럼 그것을 관대하게 맞이했다. 하지만 그 아름다움이 눈물날 만큼 사람을 감동시키는 까닭은, 세련된 기법의 효과를 아무리 부풀려도 그 아름다움은 자연의 것이라는 사실이 느껴지기 때문인데, 거기에 있는 이 사과나무들은 마치 프랑스의 어느 길가에 모여 있는 농부처럼 전원(田園) 한복판에 존재하고 있었다. 이윽고 햇살 뒤에 갑자기 줄을 긋는 듯한 빗발이 찾아왔다. 그것은 지평선 곳곳에 줄무늬를 그리고, 그 잿빛 그물눈 속에 사과나무의 열을 집어넣었다. 그러나 사과나무는 떨어지는 소나기 밑에서 얼어붙을 듯이 차가워진 바람에 시달리면서도, 여전히 장밋빛으로 꽃을 피운 아름다운 모습으로 높이 서 있었다. 그것은 어느 봄날의 사건이었다.

제2장

알베르틴의 신비/그녀가 거울 속에서 본 소녀들/낯선 여성/엘리베이터 보이/캉브르메르 부인/니생 베르나르 씨의 쾌락/모렐의 괴상한 성격에 대한 첫 스케치/샤를뤼스 씨, 베르뒤랭의 집에서 저녁 식사를 하다

이 고독한 산책에서 느끼는 기쁨 때문에 할머니의 추억이 내 마음속에서 희미해질까 봐, 나는 할머니가 겪었을 커다란 정신적 고통을 생각하면서 추억을 되살리려고 애썼다. 내 부름에 응해 그 고통이 마음속에서 형태를 이루더니, 거기에 거대한 기둥을 몇 개 세우기 시작했다. 그러나 내 마음은 분명히 그 고통을 담기에는 너무 작았나 보다. 나는 그처럼 큰 고통을 견뎌낼 힘이 없었고, 그것이 완전히 이뤄지려는 순간 주의가 산만해져서, 고통을 받치고 있던 아치는 마치 파도가 돔 형태로 완성되기 직전에 부서지듯이 와르르 무너지고 말았다.

하지만 자는 동안 꾸는 꿈만으로도 할머니의 죽음에 의해 일깨워진 내 비탄이 천천히 가라앉고 있다는 것을 알았으리라. 왜냐하면 꿈에 나타난 할머니는 전과 달리, 없다는 관념에 의해 압살당하지는 않았기 때문이다. 확실히 꿈에 보인 할머니는 늘 병든 몸이었으나 조금씩 나아가고 있었으며 전보다 건강해 보였다. 할머니가 넌지시 무척 힘들었다고 암시하면, 나는 그 입을 입맞춤으로 막아버리고, 이제 완쾌했으니 앞으로는 쭉 괜찮을 거라고 호언장담했다. 나는 가능하면 의심 많은 사람들에게, 죽음은 문자 그대로 하나의 질병에 지나지 않으며, 거기서 회복할 수 있음을 보게 하고 싶었다. 다만 나는 할머니 안에서 전처럼 풍부한 자발적인 반응을 볼 수 없었다. 할머니의 말은 내 말에 연약하고 순종적으로 대답할 뿐, 거의 단순한 메아리에 지나지 않는다. 할머니는 이제 내 생각의 반영이었다.

다시 육체적인 욕망을 느끼는 힘은 아직 없건만, 그런 나에게 그래도 알베르틴은 다시금 행복의 욕망 같은 것을 불어넣기 시작했다. 우리 마음속에는

사랑하고 사랑받고 싶다는 꿈이 늘 서려 있는데, 그것이 전에 쾌락을 함께 나눈 여성에 대한 추억에(단, 그 추억이 이미 어느 정도 희미해져 있을 때에 한해) 어떤 친화력을 통해 즐겨 하나가 되게 한다. 그러한 감정이 나로 하여 금 알베르틴의 얼굴에 있는 몇몇 특징을 떠올리게 했는데, 그것은 육체의 욕 망이 이끌어내는 용모와는 매우 다른, 더욱 온화하게 가라앉은 얼굴이었다. 또 그 감정은 육체의 욕망처럼 절박한 게 아니어서, 알베르틴이 발베크를 떠 나기 전에 그녀를 만날 필요도 없었으며, 그 실현을 다음 겨울까지 미뤄도 전혀 상관없었으리라. 그런데 아직 생생한 고뇌가 계속되는 가운데서도 육 체의 욕망은 되살아나는 법이다. 오랫동안 매일 가만히 쉬라는 얘기를 들었 지만, 나는 침대 속에서도 알베르틴이 찾아와서 이전의 놀이를 다시 시작해 주지 않을까 하고 생각했다. 아이를 잃은 그 방에서 이윽고 부부가 다시 서 로를 껴안고, 죽은 어린아이에게 동생을 선물하는 것을 볼 수 있지 않은가.

나는 창문에 다가가 그날의 바다를 바라보면서 이 욕망을 잊으려 했다. 첫 해와 마찬가지로 바다는 날마다 같은 모습을 하고 있는 일이 드물었다. 하기 야 이 바다는 첫해에 본 그 바다와도 그다지 닮지 않았다. 이번에는 계절이 이따금 소나기가 덮치는 봄이기 때문인지도 모른다. 그러나 만약 첫 번째와 같은 시기에 찾아왔다 해도 날씨가 달라 더욱 변하기 쉬웠다면, 예전에 타는 듯이 뜨거운 나날에 쓸쓸히 심장이 뛰어 푸르스름한 그 가슴을 희미하게 들 썩이면서 해변에서 잠자고 있는 것을 바라본 바다, 께느른하게 안개 낀, 부 서지기 쉬운 저 바다도, 이 바닷가에는 다가가지 말라는 충고를 들었을지도 모른다. 또한 특히 엘스티르한테서 배운 내 눈이 옛날에는 스스로 멀리했던 여러 요소를 그대로 계속 지니게 되어, 첫해에는 볼 수 없었던 것을 조용히 바라보게 되었기 때문인지도 모른다. 그때 나는 빌파리지 부인과 함께 전원 을 돌아보는 마차 산책과, 바로 가까이 있으면서도 늘 움직이고 있어서 다가 갈 수 없는 신화 같은 영원한 '바다'가 너무나도 동떨어진 정반대의 것인 데 대해 경탄했으나, 그런 대립은 더 이상 나에게 존재하지 않았다.

어떤 날에는 반대로 바다 자체가 거의 육지의 시골처럼 보이기 시작했다. 아주 드물게 정말 화창한 날도 있어, 더위가 들판처럼 바다 위에 먼지투성이 하얀 길을 한 줄기 만들고, 그 뒤에 마치 마을의 종탑처럼 어선의 뾰족한 끝 이 튀어나와 있었다. 굴뚝밖에 보이지 않는 예인선(曳引船)이 외딴 곳에 있는 공장처럼 멀리서 연기를 토해내고 있었다. 한편 수평선에 홀로 부풀어올라 하얀 네모로 보이는 것은 아마도 배의 돛이 그려낸 형태일 텐데도 빼곡하게 채워진 석회암처럼 보이며, 병원인지 학교인지 혼자 떨어진 건물 모서리가 햇빛을 받고 있는 모습을 떠오르게 했다. 그리고 태양과 힘을 모아 구름과 바람이 이는 날에는, 그러한 것들이 판단을 더욱 그르치는 건 아닐망정 적어도 맨 처음 헤어졌을 때의 착각, 즉 그때 상상력에 암시된 바를 완성시키는 것이었다. 뚜렷하게 색이 다른 부분이 엇갈려 있는 것은, 마치 시골에서 다른 작물의 밭이 나란히 있을 때처럼 뚜렷하게 색이 나눠진 것 같은데, 바다 겉면은 거칠고 누런 데다 진흙처럼 요철이 보이고, 제방과 둑에 숨어 본체가 보이지 않는 배 한 척 위에서 시원시원하게 일하는 선원들의 모습은 마치 수확물을 거두어들이는 작업에 한창인 듯싶었다. 그러한 것들 때문에 폭풍이라도 부는 날에는, 바다는 마치 예전에 내가 타고 간 마차로 지나갈 수 있는 육지, 언젠가 곧 그런 산책을 시작하게 될 육지와 마찬가지로, 변화가 풍부하고, 단단하고 기복이 심하며, 사람들이 많은 번화한 장소로 바뀐다.

그러한 어느 날, 더는 욕망에 맞설 수 없게 된 나는, 침대로 돌아가서 다시 눕는 대신 옷을 갈아입고 알베르틴을 찾으러 앵카르빌로 갔다. 그녀에게 도빌까지 함께 가달라고 부탁할 셈이었다. 도빌에서는 페테른에서 캉브르메르 부인을 방문하고, 또 라 라스플리에르로 가서 베르뒤랭 부인을 방문할 작정이었다. 알베르틴은 그동안 바닷가에서 나를 기다리고 있다가, 둘이 함께 밤중에 돌아오리라. 나는 작은 지역철도를 타러 갔다. 그것은 내가 전에 알베르틴과 그 친구들한테 이 고장에 유행하는 온갖 별명을 배웠던 철도였다. 선로가 수없이 꼬불꼬불하다고 해서 '꼬부랑 기차', 하도 느려서 도무지 가는 것 같지 않으므로 '고물차', 통행인을 선로에서 쫓아내기 위해 내는 무시무시한 기적 때문에 '대서양 횡단 정기선', 결코 케이블카가 아니건만 절벽을 기어 올라간다 하여 '케이블', 또는 진짜 경편철도가 아니건만 철도폭이 60센티미터밖에 되지 않아서 '경편', 발베크에서 앙제르빌을 지나 그랄르바스트로 간다고 해서 'B.A.G.', 노르망디 남부 시가철도(les tramways du Sud de la Normandie)의 노선이라고 해서 '트람' 또는 'T.S.N.' 따위로 불렸다.

나는 객차 안에 들어가 혼자 자리를 차지했다. 태양이 쨍쨍 내리쬐어 숨이 막히도록 더웠다. 파란색 발을 내리자 한 줄기 햇살밖에 들어오지 않았다.

그러나 오래지 않아 내 눈에, 파리에서 발베크로 가는 차 안에 앉아 있던 할머니 모습이 보였다. 그때 할머니는 맥주를 마시는 내 꼴이 보기 싫어 차라리 눈을 감고 자는 체했다. 할아버지가 코냑을 마실 때마다 할머니가 괴로워하는 모습을 견디지 못했던 내가, 이번에는 할머니한테 그런 슬픔을 스스로 가한 것이다. 그것도 나에게 해롭다는 걸 알고 있는 음료를 남이 권하는 대로 마시는 모습을 보여주었을 뿐만 아니라, 내 마음대로 맥주를 마시도록 내버려두라고 할머니에게 강요했다. 그뿐 아니라 내가 화를 내거나 숨이 막히도록 발작을 일으켜서, 할머니도 하는 수 없이 어서 마시라고 권할 수밖에 없게 되어 완전히 포기하고 만 꼴이지만, 내 기억에 남아 있는 그때의 할머니는, 아무 말 없이 절망한 나머지 눈을 감고 나를 보지 않으려 하던 모습이었다. 그런 추억이 마치 요술 지팡이의 일격처럼, 얼마 전부터 사라져가던 영혼을 다시 나에게 돌려주었다. 내 입술 전체가 돌아가신 할머니에게 입을 맞추고 싶다는 절망적인 욕망에 사로잡힐 때 도대체 나는 로즈몽드*와 무엇을 할 수 있을까. 할머니의 고통이 잇달아 마음에 나타나서 내 심장이 몹시 두근거리고 있을 때, 도대체 캉브르메르 집안사람들과 베르뒤랭 집안사람들에게 무슨 말을 할 수 있을까. 나는 객차 안에 그대로 있을 수 없었다. 열차가 멘빌 라 탱튀리에르에 멈추자, 나는 계획을 포기하고 내리고 말았다. 멘빌은 얼마 전부터 꽤 중요한 장소가 되어 특별한 평판을 얻게 된 곳이다. 많은 카지노를 경영하고 있는 쾌락의 상인이, 이곳에서 그리 멀지 않은 곳에 호화 호텔만큼 사치스럽고, 현란하며, 악취미한 어느 건물을 짓게 했기 때문으로, 이것에 대해서는 나중에 다시 말하겠지만, 솔직히 말해 프랑스 바닷가에 지을 예정이었던 멋쟁이들을 위한 첫 번째 유곽이었다. 그리고 단 한 채뿐이었다. 항구마다 그런 집은 있지만, 그것은 선원들과 관광객들만을 위한 곳이다. 그들은 아득한 옛 성당 바로 옆에 그 성당 못지않게 나이를 먹어서 경의를 표할 만한, 고풍스러운 포주 할멈이 유곽 문 앞에 서서 어선이 귀항하길 기다리는 모습을 보고 무척 재미있어한다.

　여러 가정이 면장에게 보낸 항의서도 보람 없이 그곳에 뻔뻔스레 서 있는 으리으리한 '쾌락'의 집을 그대로 지나쳐 절벽에 이른 나는 발베크 쪽으로

---

* 알베르틴의 오기.

난 구불구불한 길을 따라갔다. 도중에 아가위꽃이 부르는 소리를 들었지만 나는 거기에 응하지 않았다. 아가위꽃은 다소곳이 이웃한 사과꽃을 멸시했다. 장밋빛 꽃잎을 가진, 이 대규모 사과주 제조업자들의 딸들이 싱싱한 혈색을 띠는 것을 잘 알고 있으면서도, 아가위꽃들은 자기들이 사과꽃보다 가난한 태생이므로 더욱 사랑받는다는 사실도, 또 사람들을 즐겁게 해주는 데는 누더기를 걸친 자기들의 흰 살결만으로 충분하다는 사실도 알고 있었다.

내가 돌아오자, 호텔 문지기가 부고장을 하나 건네주었다. 거기에는 곤빌 후작부부, 앙프르빌 자작부부, 베르느빌 백작부부, 그랭쿠르 후작부부, 아므농쿠르 백작, 멘빌 백작부인, 프랑크트 백작부부, 에그르빌 집안 출신인 샤베르니 백작부인의 이름이 나열되어 있었다. 이 부고가 왜 나에게 배달되었는지 이해한 것은, 마지막에 메닐 라 기샤르 집안 출신인 캉브르메르 후작부인과 캉브르메르 후작의 이름을 보았을 때였고, 또 고인이 캉브르메르 집안의 사촌자매이며, 엘레오노르 외프라지 앵베르틴 드 캉브르메르라 불리고 있는 크리크토 백작부인임을 확인했을 때였다. 이름이 가는 글씨로 빽빽하게 열거되어 있는 이 지방의 오랜 가문인 이 일족에 부르주아는 한 사람도 없거니와 알려진 칭호도 없었으며, 다만 이 지방 귀족의 전 구성원이 자신들의 이름—이 지방의 모든 흥미로운 장소의 이름—에 ville(빌)과 court(쿠르) 같은 밝은 어미를 붙이거나 때로는 더욱 애매한 어미 tot(토)를 붙여서 그것을 암시하고 있을 뿐이었다. 그들이 사는 집의 기와 또는 그들이 다니는 교회의 초벽(crépi)을 몸에 걸치고, 둥근 지붕이나 안채 위로 흔들거리는 머리만 겨우 비쭉 내밀고 있는 이름, 그것도 단순히 노르망디풍 채광창, 또는 망루처럼 우뚝 서 있는 목조 지붕을 머리에 이기 위한 것에 지나지 않지만, 그런 이름은 마치 50리 사방에 흩어져 있거나 모여 있는 모든 아름다운 마을에 소집령을 내리고, 하나도 빠짐없이, 또 바깥에서 들어오는 자도 없이, 검은 테로 가장자리를 두른 너무나 귀족적인 부고장이 밀집 대형을 짜고 있는 직사각형 장기판 속에, 그들을 빼곡하게 배열한 느낌이었다.

어머니는 방으로 돌아가서 세비녜 부인의 다음과 같은 글을 생각하고 있었다. '나는 내 마음을 달래주려는 이들을 아무도 만나지 않습니다. 그 말이 암시하고 있는 바는 당신에 대해 생각하는 일을 방해하려는 것인데, 그것이 나는 불쾌합니다'. 왜냐하면 재판소장이 어머니에게 기분전환을 좀 하라고 권했기 때문이다. 그는 나에게도 이렇게 속삭였다. "저분이 파름 대공부인입니다." 나는 놀랐지만 재판소장이 가리키는 여성이 비전하와는 아무 관계도 없는 걸 알고 안심했다. 그러나 그녀가 뤽상부르 부인 댁에서 돌아가는 길에 하룻밤 묵기 위해 방을 예약해둔 사실이 소문나자, 새로운 귀부인이 도착할 때마다 사람들은 분명 저분이 파름 대공부인일 거라고 믿었던 것이다 ─그것은 나에게 자신의 다락방으로 달아나서 틀어박히는 결과를 가져다주었다. 하기야 나는 혼자 그런 곳에 남아 있고 싶지 않았다. 이제 겨우 4시였다. 나는 프랑수아즈에게 부탁하여, 오후의 남은 시간을 함께 보내기 위해 알베르틴을 부르러 보냈다.

　알베르틴은 그 뒤 나에게 괴로운 불신감을 끝없이 부추기게 되는데, 그것이 이미 그때 시작되었다고 한다면 아마 거짓말일 것이다. 하물며 이 불신감이 띠는 특수한 성격, 특히 고모라적인 성격은 아직 시작되지 않고 있었다. 그렇지만 분명히 이미 그날부터─물론 그것이 최초는 아니었지만─그녀를 기다리는 마음에 불안이 조금 섞여 있었다. 프랑수아즈도 나간 뒤로 좀처럼 돌아오지 않아서 나는 희망을 잃어가고 있었다. 나는 불도 켜지 않았다. 주위는 이미 거의 어두워졌다. 바람에 카지노의 깃발이 펄럭였다. 밀물이 들어오는 모래사장의 고요함 속에 아주 가늘게, 이 불안하고 애매한 시간의 희미한 긴장을 훨씬 높게 나타내는 목소리처럼, 호텔 앞에 있는 바리바리 풍금(orgue de Barbarie)*이 비엔나 왈츠를 연주하고 있었다. 마침내 프랑수아즈가 돌아왔으나 그녀는 혼자였다. "나는 될 수 있는 한 빨리 달려갔는데 그 사람은 오고 싶어하지 않았어요. 머리가 엉망이라면서. 만약 한 시간이나 단장하지 않았다면 5분 만에 올 수 있었는데 말이죠. 이제 이곳은 향수로 완전히 뒤덮일 거예요. 곧 오기는 올 거예요, 거울 앞에서 화장을 고친다고 뒤에 남았으니까. 난 벌써 와 있을 줄 알았는데."

　알베르틴이 온 것은 그로부터도 한참 지나서였다. 그러나 오늘 밤의 알베르틴은 쾌활하고 다정했으므로 그것이 내 마음의 어둠을 걷어주었다. 그녀는 (전날 말한 것과는 달리) 계절 내내 머무를 거라고 하더니, 첫해처럼 날마다 만날 수 없겠냐고 물었다. 나는 요즘 기분이 너무 우울하니, 파리에서처럼

---

* 손잡이를 돌려 소리를 내는 이동식 풍금.

가끔 보고 싶어 견딜 수 없을 때 사람을 보내겠다고 말했다. "괴로운 일이 있거나 나를 만나고 싶으면 언제든지 부르세요. 얼른 달려올 테니까. 그리고 호텔 안에 소문나는 걸 개의치 않는다면 원하는 대로 오래 있을게요."

프랑수아즈는 알베르틴을 데리고 오면서, 나를 위해 수고할 때마다 늘 그렇듯이 기쁜 표정을 지었다. 하지만 그 기쁨 속에 알베르틴 자신은 아무런 의미도 갖지 않았으며, 다음 날부터 프랑수아즈는 의미심장하게 이런 말을 하기 시작했다. "도련님은 그 아가씨를 만나면 안 돼요. 나는 그 아가씨 같은 사람의 성격이 어떤지 잘 압니다. 그 사람은 틀림없이 도련님을 괴롭히게 될 거예요."

알베르틴을 배웅하면서, 불이 켜져 있는 식당 저편으로 파름 대공부인의 모습을 보았다. 나는 그녀를 보았지만 그녀 쪽에서는 내가 보이지 않게. 솔직하게 말하면 나는 게르망트 집안에서는 왕족 특유의 행동거지에 쓴웃음을 지었지만, 지금은 거기서 어떤 위대함을 발견하고 있었다. 왕족들은 어디를 가나 제 집에 있는 것처럼 행동하는 게 원칙이지만, 정해진 형식은 그것을 죽은 무가치한 습관으로 만들어버린다. 이를테면 한 집안의 가장은 자신의 집에서도, 그곳이 자기 집이 아니라 왕자의 집인 것을 보여주기 위해 손에 모자를 들고 있어야 하듯이. 파름 대공부인은 아마 이런 관념을 분명하게 의식했던 것은 아니겠지만, 그것이 완전히 몸에 젖어 있어서 그때그때 상황에 따라 자연스럽게 나오는 대공부인의 모든 행위는, 그러한 생각을 보여주는 것이었다. 그녀는 식탁에서 일어나자 에메에게 많은 봉사료를 주었는데, 마치 에메가 그녀만을 위해 거기에 있는 듯한, 또 어느 저택을 떠나면서 그때까지 시중든 우두머리 사환에게 상을 주는 듯한 모습이었다. 게다가 그녀는 봉사료뿐만 아니라 우아한 미소와 더불어 그 어머니가 물려준 상냥하고 따뜻한 말 몇 마디까지 에메에게 건넸다. 그녀는 에메에게 호텔이 잘 경영되고 있으면 그만큼 노르망디가 번영하고 있는 거지요, 또는, 세계 어느 나라보다도 프랑스가 좋아졌다, 이런 말을 했을지도 모른다. 또 화폐 한 장이 대공부인의 손에서 미끄러져 술을 담당하는 소믈리에에게 주어졌다. 그녀는 일부러 그를 불러서 열병을 마친 장군처럼 만족의 뜻을 표했다. 그때 엘리베이터 보이가 와서 뭔가 답장 같은 것을 전했다. 그리고 그 또한 한마디 말과 미소와 봉사료를 얻었는데, 동시에 거기에는 대공비도 그들과 별로 다르지 않은 인간임을 증명하기 위한, 상대를 격려하는 겸손한 마음이 섞여 있었다. 에메와 마찬가지로, 소믈리에와 엘리베이터 보이, 또 다른 자들도, 자신들에게 웃어주는 사람에 대해 온 얼굴의 미소로 응하지 않는 것은 실례라고 생각하여, 대공비는 당장 하인들 한 무리에게 에워싸여 친근히 담소를 주고받게 되었다. 그런 행동은 호화로운 호텔 안에서 흔히 볼 수 없는 것이어서, 그곳을 지나가던 사람들은 그녀의 이름도 모르는 채, 틀림없이 하인들이 발베크의 단골손님을 만나고 있는 거겠지, 상대는 평범한 신분 탓인지, 아니면 직업적인 이해가 얽혀선지(어쩌면 샴페인 중개인의 아내일지도 모른다), 정말 세련된 손님들과 달리 하인과 크게 다르지 않은 모습일 거라고 믿었다. 한편 나는 파르마의 궁전을 떠올리면서, 이 대공비에게 주어진 반쯤 종교적이고 반쯤 정치적인 충고에 대해 생각했다. 대공비는 언젠가 서민을 통치하기 위해 그들의 환심을 사려는 듯이 행동하고 있었다. 아니, 이미 통치하고 있는 것처럼 행동하고 있었다.

나는 방으로 돌아갔다. 그러나 그곳에 혼자 있었던 건 아니다. 누군가 슈만의 곡을 부드럽게 연주하는 소리가 들려왔던 것이다. 물론 우리가 아무리 사랑하는 사람들이라도, 때로는 우리가 퍼뜨리는 슬픔이나 짜증에 넌더리를 내는 일도 있으리라. 그런데 어떤 인간도 도저히 미치지 않는 힘으로 분노를 불러일으킬 수 있는 것이 있다. 바로 한 대의 피아노다.

알베르틴은 친구들 집에 가서 며칠 동안 집을 비우게 될 날짜를 나에게 적어주었고, 또 그런 날 밤에 내가 그녀를 필요로 하는 일이 있을 경우에 대비하여 친구들의 주소도 적어두었다. 다들 가까이 살고 있었기 때문이다. 그 결과 그녀를 찾기 위해 한 아가씨에게서 다른 아가씨로, 그녀 주위에 아주 자연스럽게 꽃의 인연을 맺게 됐다. 솔직히 말해 그녀의 친구들 대부분은—아직 내가 그녀를 사랑하기 전이었으므로—이곳의 바닷가나 저쪽의 해안에서 나에게 쾌락의 한때를 주었음을 나는 감히 고백한다. 그렇게 호의적인 젊은 친구들이 매우 많았던 것 같지는 않다. 하지만 최근에 그 일을 다시금 생각해보니 그녀들의 이름이 되살아나는 것이었다. 세어 보니 그 계절에만도 열두 명의 아가씨가 나에게 덧없는 호의를 표시했다. 그다음 또 한 사람의 이름이 생각났다. 즉 열세 명이 된다. 그때 나는 어린아이처럼 열셋이라는 숫자가 그대로 있는 게 두려웠다. 왜 그랬을까? 나는 자신이 최초의 한 사람을 잊고 있음을 깨달은 것이다. 그 사람은 바로 지금 이 세상에 존재하지 않는 알베르틴으로, 그녀가 열네 번째 사람이 된 셈이다.

다시 원래의 이야기로 돌아가면, 나는 알베르틴이 앵카르빌에 있지 않아도, 이러이러한 날이라면 이러이러한 아가씨 집에서 그녀를 만날 수 있다는 상대의 이름과 주소를 써두었지만, 속으로는 차라리 그런 날에는 베르뒤랭 부인의 집에 가고 싶다고 생각했다. 게다가 우리가 여러 여자에 대해 품는 욕망은 언제나 같은 힘을 가지고 있는 것은 아니다. 어느 날 밤에는 그 여자 없이는 도저히 견딜 수 없을 것 같다가도, 그것이 지나면 한두 달 동안 그녀 때문에 괴로워하는 일은 거의 사라진다. 이런 변화가 일어나는 원인을 지금 여기서 검토할 생각은 없으므로 그것은 제쳐두고, 육체관계로 완전히 지쳐 얼마간 노인처럼 늘어져버린 우리 머리에서 그래도 여자의 영상이 떠나지 않을 때, 그 상대에 대해서 거의 이마에 하는 키스 이상은 표현할 마음이 들지 않는 법이다.

알베르틴의 경우, 나는 아주 드물게밖에 그녀를 탐하지 않았으며, 그것도 상당한 간격을 두고, 오직 그녀 없이는 견딜 수 없는 밤뿐이었다. 프랑수아즈가 데리러 갈 수 없을 만큼 그녀가 발베크에서 멀리 떨어진 장소에 있을 때 그런 욕망에 사로잡히면, 나는 엘리베이터 보이에게 일찌감치 일을 끝내 달라고 부탁하고, 에그르빌이나 라 소뉴에, 생프리슈에 보내곤 했다. 그는 내 방에 늘 문을 열어둔 채 들어왔다. 사실 그는 분명히 그 '일'을 양심적으로 하고 있었지만, 아침 5시부터 온종일 청소를 해야 하므로, 그 일이 너무 힘들어서 일일이 문을 닫는 것까지 신경 쓸 여유가 없었다. 그래서 문이 열려 있다고 주의를 주면, 그는 뒷걸음질쳐서 최대의 노력을 기울여 문을 조금만 민다. 그의 특징을 이루고 있는 점은 민주적인 자존심인데, 그것은 자유업 중에서도 어느 정도 수가 많은 직업들, 이를테면 변호사, 의사, 문학가 등도 그를 따를 수 없다. 그들은 다른 변호사, 문학가, 의사 등을 부를 때 '나의 동업자'라고 말할 뿐인데, 나의 엘리베이터 보이는 당연히 더욱 수가 적은 집단, 이를테면 아카데미 같은 곳에서만 쓰는 언어를 써서, 격일제로 엘리베이터를 조작하는 보이를 나에게 이런 식으로 부르는 것이었다. "나의 동료에게 교대해줄 수 있는지 물어보겠습니다." 그런 자존심에도, 자신의 수당을 늘리려는 목적을 위해 심부름에 대한 사례도 거절하지 않아서, 그 때문에 프랑수아즈는 그를 까닭 없이 싫어했다. "예, 처음 만났을 때는 벌레도 죽이지 못할 것 같은 얼굴을 하더니, 어떤 날에는 어이가 없을 만큼 퉁명스러워지는 남자예요. 저런 자는 그저 돈이 목적이랍니다." 프랑수아즈는 지금까지 그 범주 안에 가끔 윌라리를 포함시켰는데, 유감스럽게도(언젠가 여러 가지 불행을 가져올 게 틀림없다 하여) 이미 알베르틴도 거기에 들어가 있었다. 그것은 내가 가난한 이 여자친구들을 위해 싸구려 장신구 같은 자질구레한 것을 어머니에게 조르는 모습을 프랑수아즈가 여러 번 보아서 프랑수아즈는 그것을 받아들일 수 없는 것으로 여겼기 때문이고, 또 봉탕 부인은 하녀를 한 사람밖에 쓰고 있지 않았기 때문이다.

엘리베이터 보이는 이내, 나라면 '제복'이라고 불렀겠지만, 그는 정장이라고 이름 붙인 옷을 벗고 밀짚모자를 쓰고 짧은 지팡이를 들더니, 차림새에 주의하면서 허리를 곧게 펴고 나타났다. 그의 어머니가 '노동자'나 '사환' 같은 옷차림은 절대로 하지 말라고 그에게 늘 당부했기 때문이다. 일이 끝난 뒤에는 더 이상 노동자가 아닌 노동자가 책 덕분에 학문에 다가갈 수 있듯이, 엘리베이터 보이도 납작한 밀짚모자와 장갑 덕분에 우아함에 다가갈 수 있게 된 것이다. 그리하여 엘리베이터 보이는, 그날 밤에는 손님을 위로 올려 보내는 일을 그만두고, 수술복을 벗은 젊은 외과 의사나 군복을 벗은 생루 중사처럼 어엿한 사교계 인사가 된 줄 여기고 있었다. 그래도 그에게 야심이 사라진 것은 아니었으며, 승강기를 잘 조작해서 손님을 두 층 사이에 서 있게 하지 않을 수 있는 재능도 있었다. 그러나 그의 말투는 결함투성이였다. 내가 그의 야심을 알아챈 것은 그가 그의 윗사람인 프런트 담당을 가리켜 '우리 문지기'라고 부르는 걸 들었기 때문인데, 그것은 마치 파리에 '저택'이라고 부르는 것을 지니고 있는 사람이 자기 집 문지기에 대해 얘기하는 듯한 말투였다. 엘리베이터 보이의 말투에 대해 말하면, 손님이 '아상쇠르(ascenseur)'*라고 말하는 걸 하루에 쉰 번씩이나 들으면서도 정작 자신은 '악상쇠르(accenseur)'라고밖에 말하지 못하는 것은 과연 기묘한 일이다. 이 엘리베이터 보이에게는 사람을 몹시 짜증나게 하는 몇 가지 버릇이 있었다. 내가 무슨 말을 하든 그는 덮어놓고 '암, 그렇고말고요!' 또는 '물론이죠!'라는 숙어로 이쪽 이야기를 가로막는다. 그것은 내 지적이 너무나 당연하므로 누구나 다 아는 일이라

---

* 승강기.

는 듯이, 또는 내 주의를 그쪽으로 돌린 것은 바로 그 자신이라는 듯이 모두 자신의 공으로 돌리는 것 같기도 했다. 꽤 힘을 주어 발음하는 '암, 그렇고말고요!' 또는 '물론이죠!'는, 그가 생각해낸 일이 전혀 아닌 사항에서도 2분에 한 번씩은 반드시 그의 입에서 나오므로, 완전히 넌더리가 난 나는 그가 아무 것도 모르고 있다는 걸 보여주기 위해 곧 반대되는 말을 하기 시작한다. 그런 데 내 두 번째 주장은 최초의 주장과 함께 성립하지 않는 것이건만, 그것에 대해서도 그는 이렇게 말해야만 된다는 듯이 '암, 그렇고말고요!' '물론이죠' 하고 대답한다. 또 나는 그가 자신의 일에 대한 몇 가지 말, 본디 의미라면 이상할 게 전혀 없는 말을 그저 비유적인 의미로만 쓰는 것을 쉽사리 받아들일 수가 없었다. 그런 말이 몹시 유치한 재치로 보였기 때문인데, 예컨대 '페 달을 밟는다'는 동사가 그랬다. 그는 그 말을 자전거를 타고 심부름 갈 때는 절대 쓰지 않았다. 시간에 대려고 서둘러 걸어갔을 때 빨리 걸었다는 뜻으로 이렇게 말하는 것이다. "암, 그렇고말고요, 페달을 밟고 갔어요!" 엘리베이 터 보이는 키가 작고 골격이 약한 데다 꽤 못생겼다. 그런데도 키가 크고 늘 씬하며 호리호리한 청년에 대한 얘기가 화제에 오르면 그는 서슴지 않고 말 했다. "아! 그 사람, 압니다. 바로 제 키 정도 되는 사람이죠."

그가 가져오는 답장을 기다리던 어느 날, 계단을 올라오는 발소리를 듣고 마음이 조급해진 내가 방문을 열자, 엔디미온(Endymion)*같이 아름다운 한 보이가 나타났다. 믿을 수 없을 만큼 얼굴이 단아한 청년으로, 내가 모르는 어느 귀부인에게 심부름을 온 것이었다. 엘리베이터 보이가 돌아왔을 때, 내 가 그의 답장을 얼마나 기다렸는지 말하던 끝에, 그가 올라오는 줄 알았더니 노르망디 호텔의 보이더라고 말했다. 그러자 그는 이렇게 대답했다. "아아! 그 사람, 압니다. 거기에는 키가 저만한 보이가 한 사람밖에 없으니까요. 얼 굴도 어찌나 꼭 닮았는지 헷갈리죠, 마치 친형제 같아요." 끝으로 그는 처음 부터 모든 걸 다 알고 있었다는 시늉을 하고 싶어한다. 그래서 그에게 뭔가 를 권하면 "네, 네, 네, 네, 네, 잘 알고 있습니다" 말하는데, 그것이 너무 나 단호하고 명석한 듯한 투여서, 한동안은 나도 속았을 정도였다.

그러나 사람은 그 인간성을 알면 알수록 산성용액(酸性溶液) 속에 담근 금

---

* 그리스 신화의 미소년(美少年). 달의 여신 셀레네(Selene)의 사랑을 받음.

속처럼 점점 장점(때로는 결점도)을 잃어가게 마련이다. 그에게 부탁하기에 앞서, 나는 그가 문을 열어둔 것을 보고 누가 엿들을까 봐 그에게 주의시켰다. 그는 내가 원하는 대로 따랐지만, 문틈을 조금 좁히기만 한 뒤 돌아왔다. "이제 마음 놓으시죠. 이층에는 우리 둘밖에 없습니다." 곧 하나, 둘, 세 사람이 지나가는 기척이 들렸다. 그것이 내 신경을 건드렸는데, 그건 그가 조심성이 없기 때문만이 아니라 그가 천연덕스럽게 그 정도야 뭐 어떠냐는 얼굴을 하고 있었기 때문이다. "네, 하녀가 옆방에 일을 보러 갔습니다. 별일 아닙니다. 술 나르는 사환이 열쇠를 이 층에 두러 가는 소립니다. 아니, 아니, 아무 일도 아닙니다. 마음 턱 놓고 말씀하십쇼. 나의 동료가 자기 자리로 돌아가는 중이니까요." 복도를 지나가는 사람들의 그럴듯한 사유는 엿듣지 않을까 하는 내 걱정을 씻어주지 못했으므로 나는 단호하게 명령을 내렸고, 그에 따라 그는 다시 문 쪽으로 걸어갔는데, 그 문을 완전히 닫는 것은 '오토바이'를 갖고 싶어하는 이 자전거 선수의 힘에도 부치는 듯, 문틈이 좀더 좁아질 때까지 문을 얼마쯤 더 밀었을 뿐이다. "이러면 안심입니다." 우리가 완전히 안심하고 있으니 한 미국 여성이 들어왔다가 방이 헛갈렸다고 변명하면서 다시 나갔다. 나는 내 손으로 탕 소리 나게 문을 닫은 뒤(그 소리에 다른 보이가 창문이 열려 있는지 확인하려고 방 안에 들어왔을 정도였다), 그에게 말했다. "이 아가씨를 모시러 가게. 잘 기억하게. 알베르틴 시모네라는 아가씨야. 하기야 봉투 겉에 씌어 있지만. 내 심부름으로 왔다고만 말하면 돼. 그러면 기꺼이 올 테니까." 나는 그를 격려하고 또 나 스스로 비참해지지 않기 위해 그렇게 덧붙였다. "암, 그렇고말고요!"—"천만에, 그렇지 않아, 보통 때 같으면 기꺼이 올 리가 없지. 베르느빌에서는 이곳에 오기가 쉽지 않거든."—"잘 알겠습니다!"—"자네와 함께 가자고 말하게."—"네, 네, 네, 네, 잘 알겠습니다." 그는 늘 그렇듯이 너무나 명확하고도 믿음직스럽게 대답했으나, 그것은 이미 오래전부터 나에게 '좋은 인상'을 주지 못하게 된 말투였다. 나는 그것이 거의 기계적인 대답이며, 얼핏 명쾌해 보이지만 많은 애매함과 어리석음을 숨기고 있다는 것을 알고 있었기 때문이다. "몇 시쯤 돌아올 수 있겠나?"—"그렇게 오래 걸리지 않을 겁니다(j'ai pas pour bien longtemps, 오래 안 걸립니다)."*

* 원래는 Je n'ai pas……라고 말해야 하는 부정문의 n'(ne)를 생략한 것.

엘리베이터 보이가 대답했다. 그는 느(ne)와 파(pas)의 중복을 피한다는 벨리즈의 규칙을 극단적으로 확대하여, 늘 하나의 부정사로 만족하곤 했다. "아무 문제없습니다. 마침 오늘 점심때 스무 명의 회식이 있어서 오후 외출이 금지되었거든요. 사실 오늘 오후에는 제가 외출할 차례였지요. 저녁에 잠시 외출하면 계산이 맞는 거지요. 자전거를 타고 쏜살같이 갔다 오겠습니다." 그리고 한 시간 뒤에 돌아와서 말했다. "오래 기다리셨죠. 하지만 아가씨께서 저하고 함께 오셨습니다. 아래층에서 기다리고 계십니다."—"고맙네. 프런트 담당이 나에게 화내지 않던가?"—"폴 씨가요? 그는 제가 어디에 갔다 왔는지조차 모릅니다. 문지기도 불평할 일이 하나도 없지요." 그러나 한번은 내가 "오늘은 꼭 아가씨를 데려와야 하네" 부탁했을 때, 그는 엷은 웃음을 지으면서 말했다. "아시다시피 그분을 못 만났습니다. 거기에 안 계셔서요. 거기서 오래 기다릴 수도 없었죠. 호텔에서 앙부아이에(envoyé, 전직)된 나의 동료처럼 될까 봐서요."(엘리베이터 보이는 사람이 처음으로 어떤 직업에 들어갈(entrer) 때, 돌아간다(rentrer)는 말을 써서 "나는 우체국에 돌아가고 싶다"는 식으로 말했는데, 그 반대로 자신이 해고될(renvoyé) 때는 사태를 줄이기 위해서, 또는 누군가 다른 사람의 경우에는 시치미를 떼고 음험하게 그 사실을 암시하기 위해서 그러는 것이겠지만 r을 생략하고 이렇게 말했다. "알고 있습니다. 그 사람은 전직되었군요(renvoyer).") 그가 싱긋 웃은 건 악의가 아니라 소심함 탓이었다. 마찬가지로 '아시다시피 그분을 못 만났습니다' 말한 것은, 실제로 정말 내가 그 사실을 알고 있다고 생각해서가 아니다. 그와 반대로 그는 내가 그것을 모른다는 것을 의심하지 않았으며, 오히려 그 때문에 전전긍긍했다. 그래서 그는 찾을 수 없었다는 사실을 나에게 알릴 때 느끼는 공포를 피하려고, '아시다시피'라고 말한 것이다. 우리는 과실의 현장에서 사람들이 싱긋 웃는 것에 화내서는 안 된다. 이쪽을 놀리려고 웃는 게 아니라, 이쪽이 화내지 않을까 겁을 내고 있는 것이다. 그러므로 웃고 있는 자를 진심으로 동정하고 그들에게 깊은 배려를 보여주자. 진짜 발작이라도 일으킬 것처럼 혼란에 빠진 엘리베이터 보이는 뇌졸중을 일으킨 사람처럼 얼굴이 순식간에 붉어졌을 뿐 아니라 말씨도 바뀌어 갑자기 친근하게 굴었다. 결국 그가 한 설명에 의하면, 알베르틴은 에그르빌에 없다, 9시라야 돌아올 거라고 한다. 또 경우에 따라, 그건 물론 우연히 그런 일이 일어나는 경우를 뜻하지만, 일찍 돌아오면 연락을 주게 되어 있어, 아무튼 그녀는 오전 1시 전에는 나를 찾아올 거라는 얘기였다.

하기야 알베르틴에 대한 나의 잔인한 의혹이 뚜렷해지기 시작한 것은 아직 그날 저녁의 일이 아니었다. 아니, 단호하게 말하면 사건은 몇 주일 뒤에 일어났지만 그 의혹은 코타르의 지적에서 시작됐다. 알베르틴과 친구들은 그날 나를 앵카르빌의 카지노에 데리고 가고 싶어했다. 그리고 사실은(몇 번이나 초대해준 베르뒤랭 부인을 방문할 생각이었으므로) 그녀들과 그곳에서 합류할 수가 없었는데, 다행히 열차가 고장 나는 바람에 나는 다름 아닌 앵카르빌에서 발이 묶이고 말았다. 수리하는 데 꽤 시간이 걸릴 듯싶어서, 끝나기를 기다리며 여기저기 돌아다니던 나는 우연히 의사 코타르와 마주쳤다. 진료하러 앵카르빌에 와 있었던 것이다. 그때까지 그는 이곳에서 내가 보낸 편지에 전혀 답장을 보내주지 않아, 나는 인사조차 망설였을 정도였다. 그러나 호의가 모든 사람에게 똑같은 방법으로 표시되는 것은 아니다. 코타르는 자기가 받은 교육 때문에 사교계 사람들과 똑같은 정해진 예의범절에 속박되어 있지는 않았지만 선의로 넘치는 사람이었다. 다만 그가 그것을 표시할 기회를 얻기 전에 사람들에게 알려지지 않았으므로, 선의가 없다고 생각되었을 뿐이다. 그는 사과를 한 뒤 분명히 편지는 받았다, 베르뒤랭 부부에게 당신이 와 있다는 소식은 전해두었다, 무척 만나고 싶어한다고 말하고, 꼭 그들을 방문하라며 나에게 권했다. 그뿐 아니라 그는 그날 저녁 당장에라도 나를 데려가고 싶다고 했다. 그도 그럴 것이 그는 베르뒤랭 부부의 집에 만찬을 하러 가기 위해 다시 이 지역 열차를 탈 예정이었기 때문이다. 나는 망설였다. 그가 탈 열차 시간도 아직 남아 있고, 수리도 오래 걸릴 것 같아, 나는 그를 데리고 작은 카지노에 들어갔다. 내가 처음 여기 도착하던 날 저녁, 무척 을씨년스러워 보이던 카지노 가운데 한 곳이었는데, 지금은 아가씨들이 법석을 떨며 떠드는 소리로 소란스러웠다. 그녀들은 짝이 없어서 자기들끼리 춤추고 있었다. 앙드레가 미끄러지듯이 내게 다가왔을 때, 곧 코타르와 함께 베르뒤랭의 집으로 갈 예정이었던 나는 갑자기 알베르틴과 함께 있고 싶은 욕망에 사로잡혀 코타르의 제의를 분명하게 거절하고 말았다. 그때 알베르틴의 웃음소리가 들려왔기 때문이다. 그 웃음소리는 장밋빛 살결을, 또 좋은 향기가 나는 육체를 떠오르게 했다. 방금 그 육체의 안벽을 스쳐서 나온 그 웃음소리는 제라늄 향기처럼 진하고 관능적이며 폭로적으로, 육체 안쪽의 몇몇 입자, 거의 무게를 느낄 수 없는 안타깝고 비밀스러운 입자를 운반해온 듯했다.

내가 모르는 한 아가씨가 피아노 앞에 앉았다. 앙드레가 알베르틴에게 함께 왈츠를 추자고 신청했다. 아가씨들과 함께 이 작은 카지노에 남을 것을 생각하고 완전히 기분이 좋아진 나는, 저 아가씨들은 춤을 잘 추는군요, 하고 코타르의 주의를 끌었다. 그런데 코타르는 의사의 독특한 견해로, 또 내가 그 아가씨들에게 인사하는 것을 보았으면서도 능청스럽게 내가 그녀들과 아는 사이임을 무시하고 이렇게 대답했다. "그렇군요. 하지만 자기 딸에게 저런 행동을 하게 내버려두는 부모가 좀 경솔한 것 같군요. 나 같으면 딸아이가 이런 곳에 다니는 건 절대로 허락하지 않을 거요. 어디 얼굴이라도 예쁜가? 잘 안 보이는군. 어렵쇼, 저것 좀 보시오." 그는 서로 껴안고 천천히 왈츠를 추고 있는 알베르틴과 앙드레를 가리키면서 덧붙였다. "안경을 안 가져와서 잘 보이지 않지만 저 두 아가씨는 확실히 지금 쾌락의 절정에 있어요. 아직 모르는 사람들이 많지만 여성이 쾌락을 느끼는 건 젖가슴을 통해서요. 보시오, 두 아가씨의 젖가슴이 완전히 붙어 있군그래." 사실 앙드레와 알베르틴의 젖가슴은 그때까지 계속 맞닿아 있었다. 코타르의 지적을 들었는지, 아니면 느꼈는지 모르나, 두 아가씨는 왈츠를 계속 추면서 슬그머니 몸을 떼었다. 그 순간 앙드레가 알베르틴에게 뭔가 한마디 했고, 알베르틴은 아까 들었던 것과 똑같이 마음을 깊게 자극하는 웃음을 터뜨렸다. 그 웃음소리가 나에게 가져온 동요는 이번에는 더욱 잔인했다. 알베르틴은 그렇게 웃음으로써, 관능의 은밀한 전율을 나타내고 그것을 앙드레에게 확인시키려는 것처럼 보였다. 그 웃음은 이쪽이 모르는 잔치의 시작이나 끝을 알리는 음악처럼 울렸다.

나는 코타르와 함께 밖으로 나갔고, 그와 얘기를 나누느라 방금 본 광경에 대해서는 이따금 생각날 뿐이었다. 코타르의 이야기가 재미있어서 그랬던 건 아니었다. 오히려 이때 그의 이야기는 가시가 돋친 것처럼 느껴졌다. 그때 불르봉 의사의 모습을 보았기 때문이다. 그는 우리를 보지 못했다. 불르봉 의사는 발베크 만(灣) 건너편에 얼마 동안 머물고 있었는데, 그곳에서는 많은 사람이 그의 진료를 기다리고 있었다. 코타르는 휴가 중에 진료를 하지 않는다고 늘 말해왔으나, 실은 이 바닷가에서 알토란 같은 단골을 만들 작정이었는데, 불르봉이 그 일에 방해가 되었던 것이다. 물론 발베크의 의사는 코타르에게 방해가 될 수 없었다. 발베크의 의사는 그저 매우 양심적인 의사일 뿐, 모든 과를 다 다루고 있어서 피부가 좀 가렵다고 말하면 반드시 아주 복잡한 처방의 크림이나 로션 또는 적당한 연고를 알려주었다. 마리 지네스트[1]가 그 현란한 화술로 말했듯이, 그는 부상이나 상처에 '마술'을 걸 줄 알았다. 그러나 그에게는 명성이 없었다. 그는 코타르에게 전혀 성가신 존재가 아니었다.

코타르는 임상의학 강의로 바꿀 계획을 세운 뒤로 중독 현상을 전문으로 하고 있었다. 중독 현상이라는, 의학에 위험을 가져올 수 있는 이 혁신은, 제약 회사가 붙이는 라벨을 새롭게 하는 데 기여하여, 지금은 모든 약에 유사제품과 달리 독성이 전혀 없을 뿐만 아니라 오히려 해독작용까지 있다고 표시하게 했다. 그것은 유행하는 선전문구가 되었다. 그 제품이 정성껏 살균되었다는 보증은, 이전 방식의 희미한 흔적으로서, 라벨 아래쪽에 잘 보이지도 않는 작은 글씨로 겨우 살아남아 있을 뿐이다. 중독은 또 환자를 안심시키는 데도 도움이 되어, 환자는 자신의 마비가 중독에 의한 현상이라는 걸 알면 기뻐한다. 그런데 어느 대공이 발베크에서 며칠 지내려고 왔다가 한쪽 눈이 심하게 부어올라 코타르에게 왕진을 청한 적이 있었는데, 코타르는 100프랑짜리 지폐 몇 장에 대한 대가로(교수는 더 싸게는 못 하겠다고 거절했다), 그 염증의 원인은 중독이라고 판단한 뒤 해독을 위한 식이요법을 처방했다. 그래도 눈의 부기가 빠지지 않자, 대공은 방향을 바꿔 이번에는 발베크의 평범한 시골 의사에게 보였더니 불과 5분 만에 눈에서 작은 먼지 알갱이를 꺼내준 것이다. 다음 날 부기가 씻은 듯이 사라졌다. 그러나 더욱 위험한 적수는 어느 유명한 신경과 의사였다. 그는 얼굴이 불그레하고 성격이 쾌활한 남자로, 늘 신경질환을 접하고 있으면서도 매우 건강하여, 안녕하십니까, 다시 만납시다, 하고 인사하면서 너털웃음으로 환자를 안심시키고 있었다—하기야 안심시켜놓고 나서는, 그 씨름 선수 같은 팔을 휘둘러 그들에게 억압복[2]을 입히는 걸 도울 때도 있었다. 하지만 사교계에서 사람들과 대

*1 뒤에 또 나오지만 그랑 호텔에 온 손님의 하녀 이름.
*2 정신병 환자에게 입히는 옷.

화할 때는, 정치 애기든 문학 애기든 그는 "무슨 문제인가요?" 하는 듯이 친절하고 주의 깊게 상대에게 귀를 기울이며, 마치 진찰이라도 하는 것처럼 금방 대꾸하지는 않았다. 어쨌든 어떤 재능을 가지고 있든, 그는 한 전문의에 지나지 않았다. 그래서 코타르의 분노는 전부 불르봉에게 떨어지고 있었던 것이다. 나는 호텔로 돌아가기 위해 베르뒤랭 부부의 친구인 교수에게 언젠가 두 사람을 만나러 가겠다고 약속하고 헤어졌다.

알베르틴과 앙드레에 대한 코타르의 말은 나에게 심각한 고통을 안겨주었으나, 최악의 고민은 마치 얼마쯤 시간이 지나야 작용하는 독극물처럼 곧바로 느끼지는 못했다.

알베르틴은 엘리베이터 보이가 그녀를 부르러 간 날 밤, 반드시 올 거라고 보이가 보장했음에도 결국 오지 않았다. 분명히 한 인간의 매력은, 그 사람의 다음과 같은 말, "안 돼요. 오늘 밤엔 시간이 없어요" 하는 말만큼 자주 사랑을 부채질하지는 않는다. 그러나 사람은 친구들과 함께 있는 동안은 그런 말에 제대로 주의를 기울이지 않는 법이다. 그래서 밤새도록 즐겁게 지내면서 말이 가져다주는 인상에 대해서는 신경도 쓰지 않는다. 그동안 그 인상은 필요한 용액 속에 담겨 있다. 집에 돌아오면 그 음화용 필름을 발견하는데, 그것은 이미 현상되어 매우 또렷하게 찍혀 있다. 그때 사람은 전날까지도 하찮은 일 때문에 인생과 결별했을 테지만, 이제 그런 인생과 다르다는 것을 깨닫는다. 왜냐하면 죽음을 두려워하지 않는 것은 전과 다르지 않다 해도, 이미 상대와 헤어지는 일은 생각조차 할 수 없게 되었기 때문이다.

오전 1시(엘리베이터 보이가 말한 시간)가 아닌 오전 3시쯤부터 그녀가 나타날 기회가 줄어든다는 걸 느꼈지만, 나는 예전처럼 고통스럽지 않았다. 이제 절대로 그녀가 오지 않을 거라는 확신이 나에게 완전한 평온함과 개운함을 가져다주었다. 오늘 밤에도 단순히, 그녀를 만나지 않았던 수많은 다른 밤과 같은 밤이라는 생각에서 나는 출발했다. 그러자 내일이나 다른 날에 언젠가 그녀를 만날 수 있다는 생각이, 그녀 없이 보내는 것을 받아들이고만이 허무 위에 두드러져, 이내 달콤함이 느껴졌다. 때로는 그런 식으로 사람을 기다리는 저녁의 고통이 사실은 복용한 약 때문인 경우도 있다. 그런데 괴로워하고 있는 당사자가 잘못 해석하여, 찾아오지 않는 여자로 인한 불안이라고 생각해버리는 것이다. 이런 경우, 사랑은 어떤 신경질환과 마찬가지로 참을 수 없는 불쾌감에 대한 잘못된 설명에서 비롯된다. 그 설명은 적어도 특히 연애에 대한 한 고칠 필요도 없다. 연애는(그 원인이 무엇이든) 늘 잘못된 감정이다.

다음 날 알베르틴이 편지로, 이제 막 에그르빌에 돌아와 내 편지를 제때 보지 못했는데 허락한다면 저녁에 만나러 가겠다고 알려왔을 때, 나는 전에 한번 전화로 통화했던 때의 말 뒤끝처럼 이 편지의 말 뒤에, 그녀가 나보다 더 좋아하는 쾌락과 인물의 존재가 숨어 있다는 느낌이 들었다. 또 한 번 나는 사람이 늘 자기 속에 잠재적으로 품는 사랑 때문에 그녀가 무슨 짓을 했는지 알려는 괴로운 호기심에 온몸이 동요되었다. 한순간 알베르틴에게 몰두할 것 같은 생각이 들었으나 사랑은 그 자리에서 몸을 부르르 떠는 것으로 그치고, 앞으로 나아가기도 전에 그 마지막 소음도 꺼져버렸다.

첫 번째 발베크 체류 중 나는—아마도 앙드레마저 나와 마찬가지였겠지만—알베르틴의 성격을 오해했다. 나는 그녀를 단순하고 경박한 성격인 줄 알았다. 그래서 우리가 아무리 애원해도 그녀를 원유회, 당나귀 타고 산책하기, 소풍에 빠지게 하여 붙잡아놓을 수 없는 거라고 생각했다. 그런데 이번 발베크 체류 중에 나는 이 경박함이 겉보기에 지나지 않으며, 원유회라는 것도 지어낸 말은 아닐망정 핑계에 지나지 않는 게 아닐까 의심했다. 이유인즉 형태는 달라도 그녀는 다음 같은 일을 했던 것이다(그 일은 조금도 투명치 않은 유리 너머로 내가 본 것이고, 그 탓으로 건너편에 일어난 일이 사실인지 아닌지 알 수 없었지만). 알베르틴은 몹시 정열적인 사랑의 맹세를 내게 했다. 그러나 그녀는 계속 시간을 확인했다. 앙프르빌에서 날마다 5시에 손님을 맞이한다는 어느 귀부인을 방문해야 하기 때문이었다. 나는 의혹으로 번민하고 몸 상태도 나빠져서 알베르틴에게 그대로 나와 같이 있어달라고 청하고 애원했다. 하지만 그럴 수 없단다(게다가 5분밖에 더 이상 못 있겠단다). 자기가 늦으면 그 귀부인은 손님에게도 함부로 대하고 감정적인 사람이라 화낼 거라는데, 알베르틴 말로는 참으로 귀찮은 사람이라는 거다.

"그렇지만 한 번쯤 방문을 안 할 수도 있지." "안 돼요. 아주머니가 무엇보다 예의를 지켜야 한다고 가르치신걸요." "하지만 당신은 자주 무례한 짓을 하더군." "그것과 이것은 달라요. 그 귀부인은 나를 원망해 아주머니와 말썽을 빚을 거예요. 안 그래도 이미 나를 좋지 않은 눈으로 보고 있죠. 하다못해 한 번쯤은 자기를 찾아와야 할 것 아니냐고 생각하고 있을 거예요."
"그렇지만 날마다 손님을 맞이한다고 하지 않았어?" 여기서 알베르틴은 '들
통 났다'고 느껴 이유를 바꿨다. "물론 날마다 손님을 맞이하시죠. 하지만
오늘 그 댁에서 친구들을 만나기로 했거든요. 그러면 덜 심심할 테니까."
"그럼, 알베르틴, 당신은 그 귀부인과 당신 친구들이 나보다 좋다는 거야?
그 방문이 심심하지 않겠다 싶으니까, 곧바로 이 병들고 쓸쓸한 나를 내버려
둔 채 가려고 하니." "방문이 심심하건 말건 나는 상관없어요. 친구들 때문
에 가야 해요. 내 이륜마차로 친구들을 데리고 와야 해요. 그렇지 않으면 친
구들은 집에 갈 방법이 없을 거예요." 나는 알베르틴에게 저녁 10시까지 앙
프르빌발 열차가 있다는 걸 지적했다. "그러네요. 하지만 아시다시피 만찬까
지 남기를 청하는 경우가 있거든요. 그 귀부인은 손님 접대를 매우 좋아하시
죠." "그럼 거절하면 그만이지." "또 아주머님을 화나시게 하게요." "애초에
만찬을 하더라도 10시 열차에 탈 수 있을 텐데." "빠듯해요." "그러면 나 또
한 외식하러 나가 열차로 못 돌아오겠네. 아 그렇지, 알베르틴, 아주 간단한
방법이 있어. 바깥공기를 쐬면 내 몸도 좋아질 것 같으니, 당신이 그 귀부인
을 저버릴 수 없다면 나와 앙프르빌까지 함께 갑시다. 아무 걱정 마. 나는
엘리자베트 탑(그 귀부인의 별장)까지 안 갈 테니까. 그 귀부인도 당신 친구
들도 만나지 않을 테니." 알베르틴은 무서운 타격을 받은 모양이었다. 그녀
의 말이 뚝 끊어졌다. 그러더니 해수욕이 자기 몸에 좋지 않다느니 따위의
말을 했다. "내가 붙어다니는 게 그렇게도 싫은가?" "어떻게 그런 말을 할
수 있죠? 나의 가장 큰 기쁨이 당신과 함께 외출하는 일인 줄 잘 아시면서."
여기서 그녀의 태도가 갑작스레 변했다. 그녀는 말했다. "같이 산책하러 갈
바에야 차라리 발베크 건너편으로 가지 않겠어요? 같이 저녁 식사도 하고.
재미있을 거예요. 사실 저쪽이 더 아름다워요. 나 앙프르빌이 물리기 시작해
요. 게다가 사방팔방에 질리도록 푸른 채소밭만 있고." "하지만 당신 숙모님
친구께서 당신이 안 가면 화내실걸." "괜찮아요, 금방 풀릴 테니." "안 되지,
사람을 화나게 해서는 못써." "그러나 그분은 내가 안 온 것조차 알아차리지
못할 거예요. 날마다 손님을 맞이하니까. 내일 가면 그만이죠, 모레, 다음
주 안에, 보름 안에, 언제라도 가면 돼요." "그럼 당신 친구들은?" "어머!
그 애들 자주 나를 차버렸어요. 이번엔 내 차례죠." "하지만 당신이 가자고

하는 건너편에는 9시 뒤엔 열차가 없는데." "그런 것쯤은 문제없어요! 9시라면 안전해요. 또 돌아오는 길 문제로 끙끙거릴 필요가 전혀 없어요. 틀림없이 짐수레나 자전거를 구할 수 있을 테니까. 못 구하면 걷죠 뭐." "틀림없이 구할 수 있다고? 알베르틴, 너무 속단하는구려! 앙프르빌 쪽이라면 작은 목조 정거장이 연이어 붙어 있으니 괜찮겠지. 하지만 건너편은 그렇지 않아." "건너편도 괜찮아요. 무사히 데리고 돌아올 것을 약속해요."

알베르틴이 뭔가 말하고 싶지 않은 예정을 나 때문에 단념하고, 그로 인해 내가 그랬듯이 누군가가 불행하게 되리라는 걸 나는 느꼈다. 그녀는 하려던 일이, 내가 따라가겠다고 나서는 바람에 불가능해졌음을 알고 결연히 단념한 것이다. 그녀는 이 행동이 돌이킬 수 없는 결과를 가져오지 않는다는 걸 알고 있었다. 왜냐하면 실생활에서 여러 군데에 손을 뻗치고 있는 여성이 다 그렇듯, 그녀는 결코 약해지지 않는 받침점을 쥐고 있었다. 그것은 상대의 의혹과 질투다. 물론 그녀는 그것을 부추기려 들지 않았다. 오히려 그 반대였다. 그러나 연애를 하는 사내란 곧바로 거짓말 냄새를 맡아낼 만큼 의심 많은 법이다. 그래서 남들보다 특별히 감이 좋지도 않은 알베르틴도 경험을 통해(다만 그것이 남자의 질투 탓인 줄 꿈에도 알아채지 못한 채), 사내란 하룻저녁 차버려도 반드시 다시 만나게 된다는 사실을 알고 있었던 것이다. 그녀가 나 때문에 저버린 어느 인간은 괴로운 나머지 더욱 그녀를 사랑하게 될 테고(알베르틴은 그 때문인 줄 모르나), 그 고통을 지우려고 내가 그랬듯이 몸소 그녀에게 다시 다가갈 것이다. 하지만 나는 남을 괴롭히기도, 나를 피로케 하기도, 탐색과 갖가지 꼴의 수많은 감시의 무시무시한 길로 접어들기도 싫었다. "아냐, 알베르틴. 나는 당신의 즐거움을 망치고 싶지 않아. 그 앙프르빌의 귀부인 댁에 가구려. 아니면 당신이 그저 그렇게 부르는 다른 사람의 집인지도 모르지만, 어쨌든 나는 상관없어. 내가 당신과 같이 외출하고 싶지 않은 진짜 이유는, 당신이 그러기를 싫어하고 또 당신이 나와 함께할 산책이 당신이 하고픈 산책이 아니라는 걸 알기 때문이야. 그 증거로 당신은 당신도 모르게 다섯 번 넘게 스스로 모순되는 말을 했거든."

가련하게도 알베르틴은 자기가 깨닫지 못한 채 범한 모순이 실제보다 더 중요하지 않을까 겁이 났다. 어떤 거짓말을 했는지 정확히 몰라서 이렇게 말했다. "그야 내가 모순된 말을 했는지 모르죠. 바닷바람이 내 정신을 몽땅 빼앗았으니까. 사람 이름도 자주 착각하고." 그리고 나는(이번엔 그녀가 수많은 달콤한 확언을 늘어놓지 않아도 내가 너무나 쉽게 그녀 말을 믿어버렸다는 점을 증명하여) 어렴풋이 짐작했을 뿐인 이런 고백을 듣고 아픈 상처를 느꼈다. "좋아요. 그럼, 나 가겠어요." 그녀는 비통한 투로 말하면서도, 나와 같이 저녁을 지내지 않아도 될 핑계를 내게서 받은 지금 또 한 사람을 위해 지각하지 않으려고 곁눈으로 시계를 보고 있었다. "당신은 너무 심술궂어요. 당신과 재미나게 하룻저녁을 지내려고 예정을 바꿨는데, 당신은 그러기 싫다니. 또 거짓말한다고 나를 책망하다니. 이토록 당신이 지독한 줄 미처 몰랐어요. 바다가 내 무덤이 되겠죠. 다시는 영영 당신을 못 보겠죠(내 심장은 이 말에 두근거렸다—물론 내일 그녀가 다시 오리라 확신했고, 또 실제로도 왔지만). 나물에 빠져 죽을 거야. 물에 풍덩 몸을 던질 거야." "사포(Sappho)*처럼." "또무시하네요. 내 말은 하나도 곧이듣지 않으시네. 어디 두고 보세요." "하지만이봐, 나는 전혀 악의가 없어. 맹세하지. 사포가 바다에 몸을 던진 건 당신도알잖아." "아니, 아니에요. 당신은 나를 조금도 믿지 않아요." 그녀는 20분 전인 것을 보고 약속을 망칠까 봐, 가장 짧은 작별인사를 골라(하기야 이 인사말에 대해 그녀는 다음 날 나를 보러 왔을 때 사과하고 둘러댔지만. 틀림없이그날 또 하나의 인간은 틈이 없었나 보다), 처량한 모습으로 외치며 달아났다. "영영 안녕." 어쩌면 정말 처량했는지도 모른다. 그녀는 그 순간 자기가하고 있는 짓을 나보다 더 잘 알며, 내가 그녀에게 한 것 이상으로 그녀 자신에 대해 엄하면서도 너그러웠는데, 이런 식으로 작별해버렸으니 이제는 내가그녀를 다시 만나고 싶어하지 않을 거라고 의심했을 테니까. 그런데 이제 와서 생각해보면 그녀는 몹시 내게 집착하고 있었으니까, 분명히 다른 한 사람은 나보다도 더 강한 질투를 느꼈으리라.

　며칠 뒤 발베크에서 우리가 카지노의 댄스홀에 있으려니까 블로크의 누이와 사촌누이가 들어왔다. 두 아가씨 다 예뻐졌는데, 내 여자친구 앞이라 나는 인사하지 않았다. 두 아가씨 가운데 더 젊은 사촌누이가, 나의 첫 번째체류 중에 그녀가 알게 된 여배우와 동거하고 있다고 소문이 파다했기 때문

---

* 기원전 7세기 무렵의 그리스 여류 시인.

이다. 작은 목소리로 그런 이야기를 들은 앙드레는 나한테 말했다. "어머! 그러면 나와 알베르틴하고 같네요. 그런 두 짝들에 우리는 하나도 소름 끼치지 않으니까." 알베르틴은 어떤가 하면, 우리가 앉아 있는 긴 의자에서 나와 얘기하기 시작하면서 이 고약한 두 아가씨에게 등을 돌리고 있었다. 그렇지만 나는 블로크 아가씨와 그 사촌누이가 나타나는 순간, 내 애인의 눈 속에 이따금 진지하고도 엄숙하기까지 한 느낌을 주는 갑작스럽고도 깊은 관심의 빛이 스치고 난 뒤, 그녀가 구슬프게 된 것에 주목했다. 물론 알베르틴은 곧 내 쪽으로 눈길을 돌렸는데, 그 눈길은 묘하게 한곳에 붙박여져 있어 꿈이라도 꾸는 것 같았다.

블로크 아가씨와 그 사촌누이가 크게 웃으며 기이한 소리를 지르다가 떠나버리자, 나는 알베르틴에게 그 금발 소녀(여배우의 여자친구)가, 어제 꽃마차 행렬에서 상을 탄 여인과 같은 사람인지 물어보았다. "어머나! 글쎄요." 알베르틴이 말했다. "금발 아가씨가 있었나요? 그녀들한테 그다지 관심이 없어서 잘 안 보았어요. 진짜 금발 아가씨가 있었니?" 이렇게 그녀는 세 아가씨 친구에게 초연히 묻는 사람의 태도로 물었다. 알베르틴이 날마다 둑에서 만나는 사람들에 대해 그렇게 모르다니, 아무리 생각해도 심한 일이라 거짓으로밖에 느껴지지 않았다. "그녀들도 그다지 우리 쪽을 바라보지 않는 것 같아." 나는 알베르틴에게 이렇게 말했다. 똑똑히 의식하고 한 말은 아니지만, 알베르틴에게 동성애 습성이 있을 거라는 가정 아래, 그녀가 그녀들의 주의를 끌지 못했으며, 또 일반적으로 그 악습이 심한 여자들이라도 모르는 소녀들에게 눈독을 들이는 법은 없다는 사실을 보여줌으로써, 전혀 서운해할 필요가 없다는 점을 그녀에게 알리고 싶었던 것이다. "우리 쪽을 바라보지 않았다고요?" 알베르틴은 놀라면서 대답했다. "그 애들, 줄곧 바라보던데요." "하지만 당신은 알 수가 없지. 그녀들한테 등을 돌리고 있었으니까." 나는 말했다. "그래요? 그럼 이건?" 그녀는 내가 주목하지 않았던 눈앞의 벽에 걸린 큰 거울을 가리키면서 대답했다. 그때 비로소 나는, 내 애인이 나와 말하는 동안 넋을 잃은 아름다운 눈으로 거울을 뚫어지게 보고 있었던 것을 알아챘다.

코타르가 앵카르빌의 작은 카지노에 나와 같이 들어간 날부터, 그가 진술한 의견에 동의한 것은 아닐망정 알베르틴이 전과 달리 보이게 되었다. 그녀를 보면 화가 났다. 그녀가 변한 만큼이나 나 자신도 변해버렸다. 나는 그녀의 행복을 빌어줄 뜻도 사라졌다. 그녀의 눈앞에서, 그리고 나중에 내 말이 그녀의 귀에 들어갈 가능성이 있다면 그녀가 없는 장소에서도, 나는 그녀에 대해 모욕적인 투로 말했다. 그렇기는 하지만 휴전이 성립될 때도 있었다.

어느 날 나는 알베르틴과 앙드레가 단둘이 엘스티르네에 초대받은 사실을 알았다. 나는 두 사람이 돌아오는 길에, 외출한 기숙사 여학생처럼 악습에 젖은 젊은 여자들의 장난을 흉내내어 틀림없이 나의 가슴을 죄는 듯한 처녀들끼리의 은밀한 쾌락을 맛볼 작정이겠지 하는 생각에서, 두 사람을 방해하여 알베르틴이 기대하는 쾌락을 그녀에게서 빼앗아버리려고, 예고 없이 갑자기 엘스티르네에 들이닥쳤다. 그러나 거기엔 앙드레밖에 없었다. 알베르틴은 숙모가 거기에 갈 예정인 다른 날을 택했던 것이다. 그래서 나는 코타르가 오해한 게 틀림없다고 생각했다. 앙드레가 혼자 왔다는 사실이 내게 준 좋은 인상은 한동안 유지되어 알베르틴에 대한 한층 다정스러운 기분을 내 마음속에 깃들게 했다. 하지만 그런 기분은 병약한 사람의 불안정한 건강 상태처럼 오래 계속되지 않는 것으로, 한때 좋아진들 대수롭지 않은 일로 다시 병들고 마는 것이었다. 알베르틴은 그다지 심각한 단계까지는 안 갔을지라도 아마도 완전히 순결하다고는 못할 놀이를 함께하자며 앙드레를 부추기고 있으리라. 나는 이런 의혹에 사로잡혀 괴로워했지만 결국 그것을 물리쳤다. 그런데 내가 그 의혹에서 벗어나자마자, 의혹은 다른 모양으로 다시 생겨났다. 나는 앙드레가 그녀 특유의 사랑스러운 동작으로 어리광 부리며 알베르틴의 어깨에 머리를 기대고, 눈을 반쯤 감고는 그 목에 입맞추는 것을 보았다. 또는 둘이서 눈맞춤을 주고받는 적도 있었고, 단둘이서 해수욕하러 가는 걸 본 사람한테서 한마디가 새어나온 적도 있었다. 이런 것은 대부분의 사람들에게는 온종일 잠겨 있어도 건강에 해롭지 않으며 기분의 변화도 일으키지 않는 환경의 공기 속에 마땅히 떠도는 매우 하찮은 일인데, 특수한 체질의 인간에겐 병의 원인이 되고 새로운 고통을 낳는다. 때로는 알베르틴을 만나지 않고 아무에게서도 그녀 이야기를 듣지 않은 채, 나는 기억 속에서, 직접 눈으로 보았을 적에는 순결하게 보였던 알베르틴이 지젤 옆에서 취한 모습을 생각해내기도 했다. 그런 모습은 이제 내가 되찾은 안정을 무너뜨리기에 충분하여, 나는 바깥으로 위험한 세균을 마시러 나갈 필요조차 없이 코타르의 말마따나

자가 중독에 걸리고 말았다. 그때 나는 오데트에 대한 스완의 사랑과, 그 때문에 스완이 일생을 농락당한 수법에 대해 아는 바를 다 생각해보았다. 사실 지금 와서 생각해보니, 알베르틴의 모든 성격을 점차 내게 구성시키고, 내가 전적으로 통제할 수 없는 한 여성의 삶의 모든 순간을 비통하게 풀이케 했던 가정은, 내가 과거에 들었던 스완 부인의 성격에 대한 추억, 그 고정관념에서 온 것이었다. 스완 부인의 이야기는 뒷날, 알베르틴이 착한 아가씨가 아니라 옛 창부와 똑같이 부도덕하며 속임수의 능력을 지닌 여자일지도 모른다고, 내 상상력이 억측하는 데 이바지했다. 그리고 나는 그런 그녀를 계속 사랑할 경우에 나를 기다리는 온갖 괴로움을 생각해보았다.

어느 날, 우리가 모이게 된 그랑 호텔 앞 둑 위에서 내가 알베르틴에게 매우 심하고도 모욕적인 말을 쏘아대었을 때, 로즈몽드가 말했다. "어쩌면! 알베르틴을 대하는 태도가 아주 딴판이 되셨네요. 전에는 모든 게 그녀 중심이었고 그녀가 고삐를 쥐고 있었는데, 지금은 개에게 먹이로 줄 가치도 없는 꼴이 되었네요." 나는 알베르틴에 대한 나의 태도를 더욱 뚜렷이 드러나게 하려고, 앙드레에게 온갖 상냥한 말을 건네고 있는 중이었다. 앙드레라면 만일 같은 악습에 물들어 있다 해도, 몸이 아프고 신경쇠약에 걸려 있으니까 용서할 만하다고 생각했기 때문이다. 그때 우리가 서 있는 모퉁이에, 둑과 수직으로 만나는 거리에서, 캉브르메르 부인의 사륜마차를 끄는 말 두 필이 빠른 걸음으로 불쑥 튀어나오는 게 보였다. 마침 그 순간에 우리 쪽으로 걸어오던 재판소장은 그 마차를 알아보자, 우리와 함께 있는 걸 보이지 않으려고 한 번 껑충 뛰어 비켰다. 그러고 나서 후작부인의 눈길이 그의 눈길과 마주쳤다고 생각한 그는, 눈에 띄게 모자를 높이 들면서 깊숙이 절했다. 그러나 마차는 예상대로 해안 거리를 계속 달려가지 않고, 호텔 문 안으로 사라졌다.

10분쯤 지나 엘리베이터 보이가 숨을 헐떡이며 와서 내게 알렸다. "카망베르 후작부인께서 손님을 뵈러 이곳에 오셨습니다. 제가 방에 올라가 보기도 하고 독서실도 찾아보았으나 손님께서 안 계시지 뭐예요. 다행히 바닷가에 계시지 않을까 하는 생각이 들더군요." 그가 얘기를 겨우 끝내자, 며느리와 거드름 피우는 한 신사를 데리고 후작부인이 내게로 걸어왔다. 그녀는 아마도 근처에서 열린 오후 모임이나 다과회에서 돌아오는 길일 것이다. 늙음이라는 무게보다 산더미 같은 장신구의 무게에 허리가 굽었는데, 그것은 그녀가 자신과 만나는 이들에게 되도록 '정장'을 한 것처럼 보이기 위해 그런 장신구를 몸에 걸치는 편이 보기에도 좋고 신분에도 어울린다고 여겼기 때문이다. 이전에 우리 할머니는 어쩌면 우리 식구가 발베크에 가게 될지도 모르는 걸 르그랑댕에게 알리고 싶어하지 않았다. 할머니가 크게 두려워했던 것이, 요컨대 캉브르메르네 사람들의 이런 호텔 '상륙'이었기 때문이다. 그 때 어머니는 그런 일이 있을 리가 있느냐며 공연한 걱정이라 웃곤 했다. 그렇지만 드디어 그 일이 일어났다. 그것도 르그랑댕과는 아무 상관없는 다른 길을 통해서였다.

"나 여기 그대로 있어도 방해되지 않을까요." 알베르틴이 내게 물었다(그녀의 눈에는 내가 아까 한 심한 말 때문에 아직도 눈물이 글썽거렸는데, 나는 이를 눈치채고 속으로 고소하다는 생각을 했다). "당신한테 할 말이 좀 있는데." 캉브르메르 부인의 가발 위에는 사파이어 핀으로 치받친 깃털 모자가 아무렇게나, 마치 보여주기만 하면 그만인 휘장처럼 어디에 놓였든 상관없이 여전히 고상한 티가 나도록 대충 놓여 있었다. 날이 더운데도 이 귀부인은 법의(法衣)와 같은 새까만 케이프를 입고 그 위에 흰 담비 스톨을 걸치고 있었다. 그 옷차림은 계절이나 기온과는 상관없이 까다로운 예절과 관계 있는 성실었다. 또 캉브르메르 부인의 가슴 위에는 작은 사슬에 맨 남작부인 관(冠)이 신부 가슴에 달린 십자가 모양으로 늘어뜨려져 있었다. 같이 온 신사는 귀족 집안 출신인 파리의 유명한 변호사로, 캉브르메르 댁에 사흘 동안 묵으러 온 사람이었다. 노련한 직업적 경험으로 자신의 직업을 얼마간 깔보며 "나는 내가 잘 변호하는 줄 알기 때문에 이제 변호도 재미없다" 또는 "나는 이제 수술이 재미없다. 내가 수술을 잘한다는 걸 알아서"라고들 하는 사람들 가운데 한 사람이었다. 총명하고 예술가 기질이 있는 그들은 원숙기에 다다라 성공에서 오는 풍부한 수입을 얻으며 동료들에게는 그 빛나는 '지성'과 '예술가'적인 소질을 인정받고, 그로써 제법 그럴싸한 취미와 견식을 갖게 된다. 그들은 위대한 예술가는 아니지만 아주 탁월한 예술가인 화가에게 열중하며, 그 작품을 사들이는 데 그들의 직업이 가져다주는 엄청난 수입을 쓴다. 캉브르메르네 벗이 택한 화가는 르 시다네르(Le Sidaner)*였

---

* 프랑스의 화가(1862~1939).

다. 게다가 이 벗은 꽤 유쾌한 사람이었다. 그는 문학에 대해서도 곧잘 말했
는데, 절제를 아는 진짜 거장의 작품에 대해서가 아니라 솜씨 좋은 작가의
것들에 대해서였다. 이 예술 애호가가 보이는 단 하나의 답답한 결점은 끊임
없이 판에 박은 어떤 어구를 쓰는 것이었다. 이를테면 '앙 마죄르 파르티(en
majeure partie, 대부분은)'인데, 그는 중요하지만 미흡한 무엇을 말하고 싶을
때 그것을 썼다.

　캉브르메르 부인은 로베르 드 생루에게 약속한 대로 나를 보러 오려고, 일
부러 이날 그녀의 벗이 발베크 쪽에서 연 오후 모임에 들러 왔다고 내게 말
했다. "아시다시피 그는 오래지 않아 이 고장에 며칠 동안 지내러 오기로 되
어 있어요. 그의 외삼촌인 샤를뤼스 씨가 처제 되는 뢱상부르 공작부인의 별
장에 피서하러 와서, 생루 씨도 이 기회를 통해 숙모님께 인사도 할 겸,
그분이 매우 인기 있었던 옛 연대도 방문하려나 봐요. 우리는 자주 장교님들
을 초대했는데, 다들 그를 여간 칭찬하는 게 아니더군요. 당신과 그분이 함
께 페테른에 방문해주시면 얼마나 좋을까요." 나는 캉브르메르 부인에게 알
베르틴과 그 친구들을 소개했다. 캉브르메르 부인은 며느리에게 우리의 이름
을 대었다. 며느리는 페테른 근처에서 마지못해 교제하는 소귀족들에겐 체면
이 깎일까 봐 무척 쌀쌀하게 굴건만, 그와 반대로 내게는 빛나는 미소와 더
불어 손을 내밀었다. 로베르 드 생루의 친구 앞에서는 마음이 놓이고 기쁘기
도 했던 것이다. 게다가 로베르가 보기와 다르게 사교적인 섬세함을 발휘하
여, 나를 게르망트네 사람들과 아주 친하다고 그녀에게 소개해두었던 것이
다. 그러니까 시어머니와는 반대로, 젊은 캉브르메르 부인은 한없이 다른 두
예절을 지니고 있는 셈이었다. 만일 내가 그 오빠인 르그랑댕을 통해 그녀를
알았다면, 그녀가 내게 허락한 예절은 기껏해야 첫 번째 것의 메마르고 참을
수 없는 예절이었으리라. 그러나 게르망트네 사람들 친구에 대해서 그녀는
미소를 아끼지 않았다. 호텔에서 손님을 맞이하는 데 가장 편리한 방은 독서
실이었다. 전에는 그곳이 무시무시했는데, 요즈음 나는 그곳을 하루에 열 번
이나 주인처럼 마음대로 드나들었다. 마치 오랫동안 입원해 있으면서 좀처럼
미친 듯이 날뛰지 않아 의사가 열쇠를 맡긴 미치광이처럼. 나는 캉브르메르
부인에게 거기로 모시겠다고 말했다. 우리에게는 사물의 용모도 인간의 얼굴
처럼 변하는데, 이 살롱도 이제는 내게 겁을 불어넣거나 매력을 보이거나 하

지 않게 되었으므로 나는 혼란 없이 이 제의를 했다. 그러나 그녀는 바깥에 있는 게 좋다며 거절했다. 우리는 호텔 테라스 위에 앉았다. 나는 거기서 세비녜 부인의 책 한 권을 발견하고 집어들었다. 그것은 어머니가 내게 손님이 온 걸 듣고서 빨리 달아나는 바람에 가지고 갈 틈이 없었던 책이다. 할머니와 마찬가지로 어머니도 낯선 사람의 침입을 꺼렸다. 포위당하면 벗어날 수 없을까 봐 걸음아 날 살려라고 달아나, 늘 아버지와 나한테 놀림받곤 했다. 캉브르메르 부인은 수놓은 몇몇 가방과 작은 상자, 석류석 실을 몇 가닥이나 늘어뜨린 금으로 된 지갑과 레이스 손수건 따위를 양산 손잡이와 함께 손에 쥐고 있었다. 그런 것들은 의자 위에 놓는 편이 편안할 듯싶었다. 그러나 나는 그녀에게 그 순회주교(巡廻主敎)와 사교계 사제의 장식품을 내려놓으시라고 권하는 게 버릇없고도 쓸데없는 짓이라고 느꼈다. 우리는 드문드문 갈매기들이 흰 꽃잎처럼 떠 있는 고요한 바다를 바라보고 있었다.

사교적인 대화는 사람을 단순히 '중간' 수준으로 끌어내리며, 우리는 자신도 모르는 자신의 장점을 끌어내는 게 아니라, 상대가 높이 평가하는 것에 의존하여 상대의 환심을 사고 싶어한다. 나는 본능적으로, 그녀의 오빠가 쓸 것 같은 말투로 르그랑댕네 출신인 젊은 캉브르메르 부인에게 말하기 시작했다. 나는 갈매기 얘기를 하며 말했다. "수련같이 희고 움직이지 않는군요." 그리고 과연 갈매기들은 그들을 뒤흔들고 있는 잔물결에 무생물같이 몸을 맡기고, 그와 반대로 잔물결은, 갈매기를 뒤쫓는 동작이 의지적인 것처럼 보여 그 때문에 생명을 얻은 듯이 보였다. 늙은 후작부인은 우리 눈앞에 펼쳐진 발베크 바다의 희한한 조망을 지칠 줄 모르고 찬양하며, 라 라스플리에르의 성관에서는(하기야 그녀는 올해 거기에 살지 않았으나) 멀리서밖에 물결이 보이지 않는다고 나를 부러워했다. 그녀에겐 예술에 대한(특히 음악에 대한) 열띤 사랑과 치아의 결핍에서 동시에 유래한 두 가지 기묘한 버릇이 있었다. 심미적인 얘기를 할 때마다 그녀의 침샘은 마치 발정기인 어떤 동물의 침샘처럼 침이 넘쳐, 이가 빠진 노부인의 입은 솜털이 난 입가에 뜬금없는 침 몇 방울을 괴게 했다. 그러면 곧 그녀는 숨 돌리는 사람처럼 큰 한숨과 함께 그것을 삼켰다. 그러다가 마침내 얘기가 너무나 위대한 음악의 아름다움에까지 이르면, 열광하는 나머지 그녀는 두 팔을 번쩍 들며 간략한 의견 몇 개를 기운차게 씹은 다음 내뱉었는데, 이것이 급한 경우에는 코에서도 나왔다. 나는 발베크의 속된 바닷가가 과연 '바다의 조망'을 나타내는지 생각해본 적도 없었는데, 캉브르메르 부인의 두세 마디가 그 점에 대한 내 생각을 바꿨다. 오히려 나는 그때까지 라 라스플리에르 성관의 독특한 전망이 아름답다는 이야기를 늘 들어왔으며, 그것을 그녀에게 들려주었다. 언덕 꼭대기에 자리잡은 라 라스플리에르 성관은 두 벽난로가 있는 큰 손님방에서 한 줄로 늘어선 창 너머로, 정원 끝 나무들 사이로, 발베크의 저 멀리까지 펼쳐진 바다가 바라보이고, 다른 편 줄지은 창 너머로는 골짜기가 보인다 하더라고.

"당신은 참으로 친절하시군요. 또 잘도 표현하셨네요. 잎이 우거진 가지 사이의 바다. 황홀해요, 마치…… 마치 그림 부채 같아요." 그리고 나는 침을 삼키는 동시에 수염을 말리기 위한 그녀의 깊은숨에, 그 인사말이 진정이라는 걸 느꼈다. 그러나 르그랑댕네 태생인 젊은 후작부인은 시어머니의 말에 멸시를 나타내기 위해 계속 냉담한 태도만 보였다. 그녀는 시어머니의 지성을 깔보고 있었을 뿐만 아니라, 시어머니의 소탈한 태도가 캉브르메르네 사람들의 격을 떨어뜨릴까 봐 못마땅하게 여겨왔다. 나는 입을 열었다. "그리고 정말로 훌륭한 이름입니다. 이런 이름을 들으면 그 기원을 알고 싶어지게 마련이죠." "라 라스플리에르 성관에 대해서라면 설명할 수 있습니다." 노부인은 부드럽게 대답했다. "그것은 내 할머님인 아라쉬펠 가문, 유명한 집안은 아니지만 지방의 권세가로 매우 오래된 가문의 저택이었습니다." "뭐라고요, 유명하지 않다고요?" 며느리가 쌀쌀하게 말참견했다. "바이외 대성당의 그림 유리창 하나는 온통 그 집안의 문장으로 가득하고, 또 아브랑슈의 본당에는 그들의 묘비가 즐비합니다. 이런 옛 이름에 흥미를 가지신다면 오신 게 한 해 늦으셨습니다. 여기서 아주 먼 곳인 콩브레, 내가 개인적으로 토지를 가지고 있는 고장인데, 그곳의 신부께서 신경쇠약이 되어, 교구를 바꾸는 게 매우 어려웠는데도 우리가 힘을 써서 그분을 크리크토의 주임 사제로 임명되게 했습니다. 그런데 불행하게도 바다 공기가 그 나이에 좋지 않아, 도리어 신경쇠약이 심해져 그분은 콩브레로 되돌아가시고 말았습니다. 그러나 그분은 우리 이웃에 계시는 동안 온갖 옛 문서를 뒤지러 다니는 일로 시간을 보내시고, 이 고장의 이름에 대해 꽤 신기한 팸플릿을 쓰셨습니다. 더구나 그 일로 흥이 오르셨는지, 남은 생애를 콩브레와 그 근방에 대해 큰 책을 쓰면서 보내시려나 봐요. 페테른 근방에 대한 그분의 팸플릿을 보내드리겠어요. 그건 정말 부지런한 베네딕트회 신부다운 일입니다. 우리의 옛 라 라스플리에르에 대해서 아주 재미나는 이야기들을 그 책에서 읽으실 수 있을 거예요. 어머님께서는 매우 겸손하게 말씀하시지만." 캉브르메르 노부인이 대답했다. "아무튼 올해, 라 라스플리에르는 이제 우리 게 아니죠. 내 것이 아니랍니다. 하지만 당신은 화가의 소질이 있는 듯하니, 그림을 그리세요. 기꺼이 페테른을 보여드리죠. 라 라스플리에르보다 더 훌륭한 페테른을."

캉브르메르네 사람들이 라 라스플리에르를 베르뒤랭네 사람들에게 세놓은 뒤로는, 그 전망 좋은 장소는 여러 해 동안 그들에게 주었던 의미, 곧 그 고장에서 바다와 골짜기를 함께 바라볼 수 있는 유일한 장소라는 이점을 갑자기 잃고, 오히려 별안간—새삼—그곳에 드나들 적마다 번번이 산을 오르내려야 하는 불편을 그들로 하여금 깨닫게 했던 것이다. 요컨대 캉브르메르 부인이 그곳을 세놓은 까닭은 수입을 늘리기 위해서라기보다 말을 쉽게 하기 위해서인 것 같았다. 그리고 그녀는 페테른 덕분에 마침내 줄곧 가까이에 바다를 둘 수 있게 되어 기쁘게 생각하고 있었다. 그런데 그녀는 그토록 오랫동안(페테른에서 지낸 2개월을 잊으면) 바다를 위쪽 멀리서밖에 바라보지 못했던 것이다. "이 나이에 이르러 나는 겨우 바다를 발견한 셈이죠." 그녀는 이렇게 말했다. "바다는 정말 유쾌해요! 덕분에 나도 기분이 무척 좋아졌어요! 페테른에 살기 위해서라면 라 라스플리에르를 헐값으로도 세놓겠어요."

"더 재미나는 얘기를 하지요, 어머님." 르그랑댕의 누이동생이 다시 입을 열었다. 늙은 후작부인을 부르는 '어머님'이라는 말투는 해가 갈수록 불손한 투가 되어왔다. "수련 얘기를 하셨는데. 클로드 모네가 그린 작품들을 아실 거라 생각해요. 천재죠! 그건 콩브레 근처의 그림이라서 더욱 흥미 있어요. 아까 말씀드린 내 땅이 있는 곳이지만……." 그녀는 콩브레 얘기는 더 하고 싶지 않았는지 입을 다물었다. "아아! 그것은 확실히 현대의 최대 화가인 엘스티르가 얘기해준 연작 그림이군요." 그때까지 아무 말 없던 알베르틴이 외쳤다. "어쩌면! 아가씨는 예술을 좋아하나 보죠?" 캉브르메르 노부인은 깊은숨을 쉬고 침을 한 방울 삼키면서 외쳤다. "실례지만 아가씨, 나는 그이보다도 르 시다네르를 더 좋아합니다." 변호사가 정통한 사람 같은 모양으로 엷게 미소 지으면서 말했다. 그리고 지난날 엘스티르의 '대담한 작품'을 몇 번 맛보았거나 또는 남이 맛보는 것을 보았거나 한 듯이 그는 덧붙였다. "엘스티르도 재능이 있었고, 거의 전위파에 속했지요. 그런데 까닭은 모르나 그것이 오래가지 못했습니다. 그는 일생을 망쳤죠." 젊은 캉브르메르 부인은 엘스티르에 대해서는 변호사 말에 찬성했지만, 모네를 르 시다네르와 같게 여겨 그 손님을 실망시켰다. 그렇다고 그녀를 바보라고는 말할 수 없다. 오히려 그녀는 내가 전혀 쓸데없다 여기는 지성으로 넘치고 있었다.

마침 해가 기울어서 이제는 갈매기가 노랗게 되어, 모네의 같은 연작에 속하는 또 다른 화폭의 수련 같았다. 나는 그 연작을 안다고 말하고는(아직 내가 감히 그 이름을 입 밖에 내지 못한 그녀의 오빠 말씨를 계속 흉내내며) 이렇게 덧붙였다. "도리어 그녀가 어제 올 생각이 들지 않았던 게 유감스럽습니다. 왔다면 같은 시각에 푸생의 빛줄기를 감상할 수 있었을 텐데요." 그녀한테 어제 왔더라면 좋았을 거라고 말한 사람이 게르망트네 사람들과 벗이 아닌 노르망디의 시골 귀족이었다면, 캉브르메르 르그랑댕 부인은 틀림없이 자존심에 상처라도 받은 듯 샐쭉해졌으리라. 그러나 바로 내가 이처럼 친근한 말투를 썼으므로, 그녀는 한결같이 벌꿀처럼 달콤한 미소를 보내주었다. 나는 이 아름답고 맑은 오후의 마지막 더위 속에, 놀랍게도 커다란 벌집으로 변한 캉브르메르 부인에게서 마음껏 꿀을 따 먹을 수 있었다. 그것은 내가 깜빡하고 내놓지 않았던 비스킷 대신이었다. 하지만 푸생의 이름은, 사교계 여성의 호감을 잃게 하지는 않았지만 예술 애호가다운 항의를 복받쳐 오르게 했다. 이 이름을 듣자 그녀는 바보짓을 하는 어린이에게 그것을 하기 시작한 데 대한 꾸중과, 그것을 계속하는 데 대한 금지의 뜻 모두가 들어 있는 혀차기를 연이어 여섯 번이나 했다. "제발 진짜 천재인 모네 같은 화가의 얘기 끝에, 푸생같이 재능도 없는 시시한 늙은이 이름을 꺼내지 마세요. 푸생을 따분한 사람들 중에서도 가장 진저리나는 사람으로 본다고 나는 솔직하게 말하겠어요. 어떻게 생각하실지 모르지만, 나는 그것을 그림이라고도 부를 수 없어요. 모네, 드가, 마네, 그래요. 이 사람들이야말로 화가죠! 그런데 이상하네요." 문득 그녀는 허공의 막연한 한 점에 탐색하는 듯한 눈길을 모으며, 거기서 자기 생각을 알아보면서 덧붙였다. "참으로 이상해요. 전에는 마네를 좋아했는데. 지금도 물론 여전히 마네에게 탄복하지만요. 그렇지만 아마 모네를 더 좋아한다고 생각해요. 아아, 정말이지! 그 대성당 그림이란!" 그녀는 그 취미가 밟아온 진화에 대해 내게 줄줄 자세히 알려주었다. 그녀는 그 취미가 통과한 여러 과정이, 모네 자신의 갖가지 수법의 변화에 뒤지지 않을 만큼 중요하다고 생각하는 모양이었다.

하기야 나는 그녀의 속내 이야기를 들어도 조금도 기쁘지 않았다. 왜냐하면 가장 지능이 열등한 시골 여인 앞에서도, 그녀는 자신의 감탄을 털어놓고픈 욕구를 느끼지 않고는 5분도 못 견디는 여성이었으니까. 모차르트와 바그너도 가리지 못하는 아브랑슈의 귀족 부인이 젊은 캉브르메르 부인 앞에서 "파리에 머무르는 동안 흥미로운 신작은 하나도 못 봤어요. 한번 오페라 코미크 극장에 갔더니 〈펠레아스와 멜리장드〉를 상연하더군요, 정말 끔찍했어요" 말했을 때, 젊은 캉브르메르 부인은 화가 끓어오를 뿐 아니라 "천만에, 그것은 주옥같은 걸작입니다" 외치며 '따지고' 싶은 욕구를 느꼈다. 그것은 아마도 우리 할머니의 여동생들이 '정의를 위해 싸우다'라고 일컬어, 매주 만찬회에서 속인들에게 맞서 신들을 변호하길 좋아하던 그 콩브레의 습관이 전염되어선가 보다. 마찬가지로 젊은 캉브르메르 부인도 남들이 정치담을 하듯, 예술에 대해 '입씨름'하면서 '피끓기'를 좋아했다. 행실을 고발당한 친구의 편을 들 듯 그녀는 드뷔시의 편을 들었다. 그렇지만 그녀는 "천만에, 그것은 주옥같은 걸작입니다" 말해봤자, 콧대를 꺾은 상대 여인의 마음속에서 예술적 교양을 단숨에 진보시켜 그 자리에서 이론의 여지없는 의견 일치를 이룰 수는 없다는 것을 잘 이해하고 있었다. "푸생에 대한 생각을 르 시다네르에게 물어보겠습니다." 변호사가 내게 말했다. "그는 폐쇄적이고 말이 적은 사람이지만, 내가 어떻게든 그의 닫힌 입을 열어보이겠어요."

젊은 캉브르메르 부인은 말을 이었다. "그런데 나는 석양이 정말 싫어요. 그것은 지나치게 낭만적이에요. 오페라예요. 그래서 난 남부의 식물이 잔뜩 있는 어머님 집이 싫어요. 거기는 몬테카를로의 공원 같아요. 그래서 나는 이쪽 해안이 좋아요. 훨씬 구슬프고, 훨씬 성실하니까. 바다가 안 보이는 작은 길도 있고. 비 오는 날은 믿어지지 않을 만큼 진흙탕투성이고, 꼭 베네치아 같아요. 베네치아에서도 대운하야 싫지만, 그곳의 좁은 뒷골목은 참으로 내게 감동을 주죠. 하기야 주변 환경의 문제지만요." 나는 젊은 캉브르메르 부인의 눈앞에서 푸생의 명예를 회복시킬 유일한 방법은 푸생이 또다시 유행하기 시작한 것을 가르치는 데 있다고 느껴, 그녀에게 말했다. "하지만 드가 씨는 샹티이에 있는 푸생의 작품만큼 아름다운 것은 없다고 딱 잘라 말합니다." "어머나, 진짜요? 샹티이의 작품은 몰라요." 젊은 캉브르메르 부인은 드가와 다른 의견을 가지고 싶지 않아 말했다. "그러나 나는 루브르의 푸생 작품은 알죠. 그 그림들은 끔찍해요." "드가는 그것에도 매우 감탄합니다." "그러면 언제 한번 다시 봐야겠네요. 좀 옛 기억이라서." 그녀는 잠시 잠잠하다가 이렇게 대답했다. 반드시 오래지 않아 그녀는 푸생에 대해 호의적인 평가를 내리겠지만 이는 내가 그녀에게 전한 소식 때문이 아니며, 그녀가 판단을 고치는 데는 루브르의 푸생을 다시 한 번, 이번에는 결정적으로 다시 검토해보는 일이 꼭 필요하다는 듯이. 그녀는 아직 푸생을 인정하지 않았지만 다음 고찰의 기회까지 그것을 미루고 있을 뿐이니까, 그녀의 의견이 점점 사라지고 있음에 만족하고 나는 더 이상 그녀를 괴롭히지 않기로 했다.

나는 그녀의 시어머니한테 페테른의 감탄할 만한 꽃들이 얼마나 자주 사람들의 입에 오르내리는지 모르겠다고 말했다. 그녀는 겸손하게 저택 뒤쪽에 있는 식물로 가득한 작은 정원에 대해 얘기했다. 그녀는 매일 아침 실내복 차림으로 문을 밀고 거기에 들어가서, 공작새들에게 먹이를 주거나 알을 찾거나, 백일홍이나 장미를 딴다. 그 꽃들은 탁자 한가운데의 갸름한 헝겊 위에서 크림 친 달걀 또는 생선 튀김의 가두리 장식이 되어, 그 정원의 작은 길을 그녀에게 연상시킨다. "정말 우리집에는 장미가 많아요." 그녀는 나에게 말했다. "장미원이 본채에서 좀 지나치게 가까워 두통이 나는 날도 있답니다. 라 라스플리에르의 테라스가 더 기분이 좋죠. 그곳에선 바람이 장미 향기를 실어다주지만 두통을 덜 일으키니까요." 나는 며느리를 돌아보며 그녀의 근대 취미를 만족시키려고 말했다. "〈펠레아스〉와 똑같군요. 테라스까지 올라오는 장미 향기. 악보 속에서도 그 향기가 어찌나 강하게 풍기는지, 건초열(乾草熱)과 장미열에 걸린 나는 그 장면을 들을 때마다 반드시 재채기가 나올 정도지요." "얼마나 대단한 걸작인지, 〈펠레아스〉는!" 젊은 캉브르메르 부인은 외쳤다. "나는 그것에 홀딱 반했어요." 이어서 그녀는 서투르나마 사내에게 교태 부리려는 여인 같은 몸짓으로 내게 다가오더니, 머릿속의 음표를 연주하듯 손가락을 쓰면서 뭔가를 입속으로 노래 부르기 시작했는데, 보아하니 〈펠레아스〉의 이별 장면 곡인 듯싶었다. 그리고 이 순간에 그 장면을 내게 상기시키는 것, 아니 오히려 그녀 자신이 상기하고 있는 모습을 내게 보이는 것이 젊은 캉브르메르 부인으로서는 중대한 일이라도 되는 양,

그녀는 열렬한 집요함을 발휘해 계속 흥얼대었다. "그것은 〈파르시팔〉보다 더욱 아름답다고 생각해요." 그녀는 이렇게 덧붙였다. "〈파르시팔〉에서는 가장 아름다운 부분에 선율적인 악절이 뭔가 달무리 같은 것을 생기게 해요. 그건 선율적이니까 시대에 뒤진 것이죠." "나는 댁이 위대한 음악가라는 걸 압니다, 부인." 나는 노부인에게 말했다. "한번 꼭 들려주십시오."

캉브르메르 르그랑댕 부인은 이 대화에 끼지 않으려고 바다를 바라보았다. 그녀는 시어머니가 좋아하는 건 음악이 아니라고 생각해, 사람들이 인정하고 있는 시어머니의 재능을 그저 시시한 기교로만 보고 있었다(그녀 생각에 시어머니의 재능은 자칭 천재일 뿐이었지만, 사실 그것은 매우 훌륭했다). 확실히 유일하게 살아 있는 쇼팽의 제자인 그녀가 스승의 연주법과 감정은 자기한테서 며느리 캉브르메르 부인에게만 전해지고 있다고 공언한 것은 옳지만, 이 폴란드 음악가를 누구보다 경멸하는 르그랑댕의 누이동생에겐 쇼팽같이 연주한다는 것은 조금도 기준이 되지 않았다. "어머, 날아오르네." 알베르틴이, 순식간에 꽃의 변용을 벗으며 태양을 향해 일제히 날아오르는 갈매기를 가리키면서 외쳤다. "저 커다란 날개가 걷는 데 방해가 되나 봐요." 젊은 캉브르메르 부인은 갈매기를 앨버트로스와 혼동하며 말했다. "나는 갈매기를 참 좋아해요. 암스테르담에서 자주 보았어요." 알베르틴이 말했다. "갈매기는 바다 냄새를 풍겨요. 거리의 자갈들 한가운데에서도 바다 냄새를 맡고 있죠." "아! 네덜란드에 가보셨군요. 그럼 베르메르를 아십니까?" 젊은 캉브르메르 부인은 오만하게, 마치 '게르망트네 사람들을 아십니까?' 말하는 듯한 투로 물었다. 그도 그럴 것이 속물근성은 대상을 바꿔도 어조는 변하지 않기 때문이다. 알베르틴은 모른다고 대꾸했다. 그녀는 베르메르가 현대인인 줄 착각했다. 그러나 그 착각은 눈에 띄지 않았다. "음악을 연주해드리고는 싶은데." 캉브르메르 노부인은 나에게 말했다. "아시다시피 나는 젊은 분들이 흥미 없어 하는 곡밖에 연주하지 않아서. 나는 쇼팽 숭배 속에서 자라났거든요." 그녀는 낮은 목소리로 이렇게 말했다. 며느리가 두렵거니와, 쇼팽을 음악이 아니라고 여기는 며느리에게는 쇼팽을 잘 치느니 못 치느니 하는 건 아무 뜻없는 표현임을 알고 있으므로.

며느리는 시어머니가 기교에 뛰어나고 표현력도 완벽하다는 걸 인정하고 있었다. "그렇지만 결코 어머님이 음악가라고는 말 못해요"라는 게 캉브르메르 르그랑댕 부인의 결론이었다. 그녀는 자기 자신을 '진보적'이라고 믿었으며, 또(특히 예술에서만은) '지나친 왼쪽으로의 치우침은 없다'고 믿고 있었다. 그러므로 음악은 진보할 뿐 아니라 그 진보는 한 방향으로만 이루어지며, 드뷔시는 이를테면 훨씬 뛰어난 바그너로서 바그너보다 더 진보했다는 주장이었다. 그녀는 몰랐던 것이다. 사람은 한때 상대를 극복하더라도 그에게서 빼앗은 무기를 써서 자유를 얻으므로, 드뷔시도 그녀가 몇 년 뒤에 믿게 될 정도로 바그너에게서 독립하지는 않았을 테지만, 그런데 드뷔시는 사람들이 모든 게 표현되어 있는 몹시 완벽한 작품에 싫증을 느끼기 시작했을 때 그와 반대되는 요구를 만족시키려 애썼다는 사실을. 물론 여러 이론이 한때 이 반동을 지지하고 있었다. 정치에서 종교 단체를 반대하는 여러 법안이나 동양에서의 전쟁을 지지하는 이론이 나왔듯이(자연에 어긋나는 교육, 황화론 따위). 바쁜 시대에는 신속한 예술이 알맞다고 사람들은 말한다. 마치 미래 전쟁은 보름 이상 걸리지 않는다든가, 철도가 발달해서 역마차 시대의 소중한 작은 장소는 버림받게 될 거라든가, 그렇지만 자동차로 그곳이 다시 쓰이게 될 거라든가 하고 말하듯이. 또 우리가 온갖 주의력을 마음대로 처리하지 못하기라도 하듯, 청중의 주의력을 피로하게 하지 말라고 요구한다. 그러나 예술가야말로 바로 최고의 주의력을 깨어나게 하는 소임을 맡는다. 그래서 시시한 글을 열 줄만 읽으면 피곤해 하품하는 사람들이 해마다 '4부작'을 듣기 위해 바이로이트 순례를 되풀이해온 것이다. 하기야 앞으로 얼마 동안은 드뷔시도 마스네(Massenet)[1]와 마찬가지로 나약하다고 선언받고 멜리장드[2]가 준 충격이 〈마농〉의 충격과 같은 수준으로 취급되는 날도 올 것이다. 이론과 유파란, 세균과 혈구(血球)처럼 서로 잡아먹으면서 그 싸움으로 삶의 지속을 확보하기 때문이다. 하지만 그러한 시대는 아직 오지 않았다.

주식 거래소에서 어떤 주식의 값이 오르면 덩달아 한 무더기의 주식 가격이 오르듯이, 몇몇 무시받던 작곡가들이 이런 반동의 득을 보고 있었다. 어떤 작곡가들은 처음부터 부당하게 무시를 받았기 때문이고, 또 오직 무시되어왔다는 이유로 인정받게 된 작곡가들도 있었다—사람들로선 그들을 격찬하기만 해도 새로운 사상을 선보이는 셈이었으니까. 그리고 사람들은 고립

─────────

*1 〈마농〉, 〈노트르담의 곡예사〉의 작곡가(1842~1912).

*2 〈펠레아스와 멜리장드〉에 나오는 여주인공.

된 과거 속에서 남에게 속박되지 않은 재능을 지닌 이들마저 찾아내려고 했다. 현재 흐름이 그 사람들에 대해 어떤 평가를 내려서가 아니라, 다만 새로운 거장 가운데 하나가 칭찬과 함께 그 이름을 거론했기 때문이다. 흔히 이런 현상은, 어느 거장이 그가 누구건 또 그 유파가 얼마나 배타적이건 간에 그의 독특한 감각에서 어떤 작곡가의 재능을 평가하여 정당하다고 인정하며, 또 재능까지 가지 않는 경우에도 그의 그리운 청춘 시절에 어떤 쾌적한 영감을 받은 적이 있는 작곡가를 인정했기 때문에 일어난다. 때로는 그 거장이 차차 깨닫게 된 자신이 진짜 추구했던 어떤 일과 비슷한 일을 이미 옛날 어느 작곡가가 간단한 곡에서 실현했기 때문에 일어나기도 한다. 그때에 그는 이 옛 작곡가 속에서 선구자를 발견한다. 그는 이 옛 작곡가 속에서, 형태는 다를망정 자신과 형제처럼 느껴지는 일시적이고 부분적인 노력을 찾아내 아낀다. 푸생의 작품 속에 터너의 부분이 있고 몽테스키외 속에 플로베르의 한 구절이 있다. 그리고 거장이 어떤 작가를 좋아한다는 출처 모를 풍문이, 그저 단순한 착각이 그 유파에서 잘못 유포된 결과에 지나지 않았던 적도 있다. 그러나 인용된 이름은 알맞은 때에 그 유파의 처마 밑으로 들어가 그 사회의 덕을 보게 된다. 거장이 그 이름을 들었을 때에는 어떤 자유와 참된 기호(嗜好)가 작용했을지라도, 유파는 이론만을 따라가기 때문이다. 그런 까닭에 정신은 때로는 이쪽으로, 때로는 반대쪽으로 기울어지면서 탈선한 채 나아가는 통상적인 진행 과정에 의하여, 세상 사람이 다 알도록 몇몇 작품을 뚜렷하게 되살린다. 그리고 그런 작품 속에 쇼팽의 작품도, 정의의 요구인지 혁신의 요구인지, 아니면 드뷔시의 취미인지 변덕인지, 또는 드뷔시가 입 밖에 낸 적도 없건만 그가 한 것으로 되어버린 말 덕분인지, 하여튼 들어갈 수가 있었던 것이다.

신용 있는 비평가들에게 격찬되고, 〈펠레아스〉가 일으킨 감탄의 혜택을 입어, 쇼팽의 작품은 새로운 빛을 얻었다. 그리고 그 작품을 다시 듣지 않던 사람들마저 그것을 좋아하고 싶어져서, 사실 본의가 아닌데도 마치 자기 뜻대로 그러는 것처럼 착각하며 쇼팽을 좋아하게 되고 말았다. 그러나 캉브르메르 르그랑댕 부인은 한 해의 일부를 시골에서 보냈다. 파리에 있을 때도 자주 앓아 방 안에서만 사는 적이 많았다. 그런 불리한 형편은 특히 젊은 캉브르메르 부인이 유행인 줄 여기고 일부러 골라 쓰는 표현 속에 나타나 있었다. 그것은 오히려 문장에 알맞은 어구인데, 그녀는 그 미묘한 어감을 분간 못했다. 그녀는 그런 표현을 대화에서보다 독서에서 배웠기 때문이다. 대화 는 온갖 의견을 정확히 알기보다는 오히려 새로운 표현을 알기 위해 필요하 다. 그런데 쇼팽의 〈야상곡〉의 회춘은 아직 비평문으로 나타나지 않았다. 이 소문은 '젊은이'들의 이야기를 통해서만 전해졌을 뿐이었다. 그래서 캉브 르메르 르그랑댕 부인은 몰랐던 것이다. 나는 그녀에게 쇼팽은 유행에 뒤지 기는커녕, 드뷔시가 좋아하는 작곡가라고 가르치는 즐거움을 맛보았다. 그 것도 당구에서 공을 맞히는 데 쿠션을 겨냥하듯, 나는 시어머니한테 말을 건 네서 이 일을 해냈다. "어머나, 재미나라." 며느리는 미묘하게 미소 지으며 나에게 말했다. 마치 그것이 〈펠레아스〉의 작곡가가 던진 역설에 지나지 않 기라도 한 듯이. 그렇지만 이제부터 그녀가 존경과 기쁨마저 품고 쇼팽을 들 을 것은 뻔했다. 그런 뜻에서 노부인을 위해 자유의 종을 울린 내 말은, 그 녀 얼굴에 나에 대한 감사와 특히 환희의 빛이 가득 떠오르게 했다. 그녀의 두 눈은 〈라튀드 또는 35년의 감금〉이라는 극에 나오는 라튀드(Latude)[1]처 럼 빛나고, 그 가슴은 오페라 〈피델리오(Fidelio)〉[2] 가운데 죄수가 마침내 '싱싱한 공기'를 호흡하는 장면에서 베토벤이 잘 나타낸 그 후련함과 더불어 바닷바람을 들이마셨다. 나는 노부인이 그 솜털 난 입술을 내 뺨에 대려는 줄 알았다. "뭐라고요? 쇼팽을 좋아하신다고? 세상에, 이분이 쇼팽을 좋아 해. 쇼팽을 좋아해." 그녀는 열렬한 콧소리로 외쳤다. 마치 "뭐라고요? 당 신도 프랑크토 부인을 아신다고요?"라고 말하는 듯한 투였다. 그러나 거기 에는 나와 프랑크토 부인의 관계에 그녀가 깊은 관심이 없는 데 반해, 내가 쇼팽을 안다는 점은 그녀를 어떤 예술적인 정신착란 속에 던져 넣는다는 차 이가 있었다. 이제는 침이 많이 나오는 정도가 아니었다. 쇼팽의 재발견에서 드뷔시가 한 역할을 이해하려고 들지도 않으면서, 그녀는 오로지 내가 쇼팽 을 호의적으로 판단한다는 것만을 느꼈다. 음악적인 열광이 그녀를 사로잡 았다. "엘로디! 엘로디! 이분이 쇼팽을 좋아하신다는구나." 그녀의 가슴은 부풀어오르고, 팔은 허공에서 퍼덕거렸다. "암! 나는 당신이 음악가인 줄 짐작했어요." 그녀는 외쳤다. "당신 같은 혜술가(예술가)가 쇼팽을 좋아하는

---

[1] 18세기 모험가. 루이 15세의 애첩과 갈등이 있었으므로 35년 동안 여러 감옥에 갇힘.
[2] 베토벤이 작곡한 유일한 오페라.

심정을 이해합니다. 참으로 아름다우니까요!" 그리고 그녀의 목소리는 내게 쇼팽에 대한 열의를 나타내기 위해 데모스테네스[1] 흉내를 내어, 바닷가의 자갈을 전부 입에 문 듯이 자갈 소리를 냈다. 그리고 썰물이 지자 그녀는 피할 틈도 없이 너울까지 파도에 적시고서야, 드디어 쇼팽의 추억에 솜털을 적신 침 거품을 수놓은 수건으로 닦았다.

"어쩌나, 어머님이 좀 많이 지체하시네요. 저녁 식사 때 시누빌(Ch'nouville)[2] 아저씨가 오시기로 되어 있는 걸 잊으셨나 봐요. 게다가 캉캉은 기다리는 걸 싫어한답니다." 캉브르메르 르그랑댕 부인이 내게 말했다. 나는 캉캉이 뭔지 몰라서 개 이름이겠거니 생각했다. 하지만 시누빌 아저씨에 대해서는 다음과 같이 생각했다. 그들의 이름을 이렇게 발음하는 것은 이 젊은 부인에게 하나의 쾌락이었다. 나이와 더불어 그 이름을 이런 투로 발음하는 기쁨은 덜해졌으나, 젊은 후작부인이 결혼을 결심했던 까닭은 그 기쁨을 맛보기 위해서였다. 다른 사교 모임에서는 쉬누빌(Chenouville)네 사람들에 대해서 말할 때, 보통 귀족을 나타내는 관사 de의 무음인 e를 생략한다(적어도 de 앞에 모음으로 끝나는 명사가 있을 때면 늘 그러는데, 그러지 않으면 혀는 Madam' d'Ch'nonceaux라고는 발음하지 못하니까 de에 힘을 주게 된다). 곧 'Monsieur d'Chenouville'이 보통이다. 그런데 캉브르메르네 집에서는 관례가 그 반대였으며 또한 절대적이었다. 모든 경우에서 Chenouville의 Che의 무음인 e가 생략되었다. 이름 앞에 나의 사촌 또는 나의 사촌누이라는 낱말이 붙어도, 언제나 Ch'nouville였지, 결코 Chenouville이 아니었다(그들은 쉬누빌네의 아버지를 우리 아저씨[oncle]라고 불렀는데, 이는 게르망트네 사람들같이 oncle을 'onk'라고 줄일 만큼 페테른 사람들이 상류계급은 아니었기 때문이다. 또한 자음을 생략하거나 외국어를 국어로 만들 때 게르망트네 사람들이 일부러 쓰는 까닭 모를 말은 고대 프랑스어 또는 현대 방언만큼이나 이해하기 어렵다). 이 집안에 들어온 사람은 누구나 곧 Ch'nouville로 발음하도록 충고를 받았으나, 르그랑댕 아가씨, 지금의 젊은 캉브르메르 부인에겐 그럴 필요가 없었다.

어느 날 그녀는 방문한 집에서 한 소녀가 '위제 숙모(ma tante d'Uzai)',

---

[1] 아테네의 유명한 평론가(B.C. 384~322).

[2] 본디 Chenouville라야 하는데 그녀는 Ch'nouville라고 줄여서 발음하고 있음.

'루앙 숙부(mom onk de Rouan)'라고 부르는 걸 듣고, 그것이 자기가 위제스 (Uzès)와 로앙(Rohan)이라고 늘 발음하던 명가의 이름인 줄 당장에 못 알아 들은 적이 있다. 그녀는 식탁에 새로 발명된 그릇이 나와 그 사용법을 몰라 서, 감히 숟가락을 들지 못하는 사람이 느끼는 듯한 놀라움과 당황스러움과 부끄러움을 느꼈다. 그러나 그 밤과 그다음 날, 그녀는 기쁘게 Uzès의 s를 빼고 '위제 숙모'라고 되풀이했다. 그 생략은 어제만 해도 그녀를 어리벙벙 하게 했는데, 이제는 그것을 모르는 게 속돼 보였다. 그래서 그녀의 여자친 구가 위제스 공작부인의 흉상(胸像)에 대해 말할 때, 르그랑댕 아가씨는 기 분이 상해서 거만한 투로 말했다. "적어도 이름만은 옳게 위제 부인(Mame d'Uzai)*이라고 발음해야지." 그때부터 그녀는, 그녀가 아버지한테서 떳떳이 이어받은 막대한 재산, 그녀가 받은 완전한 교육, 소르본 대학에서 들은 가 로 교수와 브륀티에르 교수의 강의, 라무뢰 연주회의 출석 등등이 전부 연기 처럼 증발하다가, 점점 미세한 원소로 옮아가는 고체의 변질작용에 의하여, 어느 날 '위제 숙모'라고 말할 수 있게 된 즐거움 속에서 마지막으로 승화하 리란 사실을 깨달았다. 하지만 이 쾌락은 그녀로 하여금, 적어도 결혼 초에 는 옛 친구들과의 교제를 아예 끊어버리게 하진 않았다. 그녀는 교제를 단념 해버린 좋아하는 여자친구들이 아니라, 안 좋아하지만 '위제 숙모를 소개하 겠어요'라든가, 그 관계가 까다롭다면 '시누빌 숙모에게 당신을 소개하겠어 요'라든가 '위제네 사람들과 함께 식사에 초대하겠어요'라고 말할 수 있는 친 구들과 (그래서 그녀는 결혼했으니까) 한동안 계속 교제했다. 캉브르메르 씨와의 결혼은 르그랑댕 아가씨에게 첫 번째 문구를 말할 기회를 주었으나 두 번째는 그렇지 않았다. 시부모가 드나드는 사교계는 그녀가 떠올렸던 것, 그리고 지금도 계속 헛된 생각을 하고 있는 것과 달랐기 때문이다. 그래서 그녀는 내게 생루의 얘기를 했을 때(그 때문에 그녀는 로베르의 표현을 골 라 썼는데, 왜냐하면 그녀와 함께 얘기하면서 내가 르그랑댕의 표현을 쓴 데 반하여 그녀는 반대적인 암시에 의해, 그것이 라셀에게서 빌려온 것인 줄 모 르고서 로베르 말투로 대답했으니까), 엄지손가락과 집게손가락을 합치며, 뭔가 한없이 작은 것을 붙잡은 양 그것을 바라보는 듯 눈을 반쯤 감으면서

---

* 그녀는 아예 Madame의 자음까지 생략해버렸음.

"그분은 정말로 훌륭한 마음씨를 지니셨어요" 말하며 열렬하게 칭찬했는데, 나는 그녀가 그를 사모하고 있는 게 아닌가 생각할 정도였다(하기야 전에 동시에르에 있을 때, 로베르가 그녀의 애인이었다고 우기는 이도 있었다). 그러나 사실 그녀는 오로지 내가 그녀의 말을 로베르에게 전하길 바랐을 뿐이고, 결국 다음 같은 말로 끝맺었다. "당신은 게르망트 공작부인과 절친하시다고요. 나는 몸이 편치 않아 거의 외출하지 않지만, 공작부인이 선택된 친구들의 동아리하고만 어울리신다고 들었어요. 매우 좋다고 생각해요. 또한 나는 그분을 잘 모르지만, 전적으로 뛰어난 여성이라는 것만은 알아요."

젊은 캉브르메르 부인이 공작부인을 거의 알지 못하는 걸 알고서, 나 자신을 그녀와 똑같이 낮추기 위해 이 화제를 버리고, 후작부인한테 그녀의 오빠인 르그랑댕 씨와는 특히 잘 아는 사이라고 대답했다. 이 이름을 듣자, 그녀는 내가 게르망트 부인의 이름을 들었을 때에 한 것과 똑같이 어물어물 이야기를 피하는 태도를 지었다. 다만 거기에는 불만의 표정이 더해져 있었다. 그도 그럴 것이 그녀는, 내가 자신을 낮추는 게 아니라 그녀를 모욕하려고 그 이름을 말한 줄 생각했으니까. 그녀는 르그랑댕 출신이라는 절망감에 시달렸나? 적어도 그녀의 시누이들은 그렇게 우겼다. 이 시골 귀족들의 부인네들은 아무도 모르고 아무것도 몰라, 그저 젊은 캉브르메르 부인의 지식, 교육, 재산, 병들기 이전의 미모를 시기하고 있었다. "그녀는 다른 것은 생각지 않죠. 그 생각이 그녀를 죽이고 말걸." 이 심술궂은 시골 여인네들은 젊은 캉브르메르 부인의 얘기가 나오자마자 아무에게나 말하곤 했는데, 특히 서민에게 그렇게 말하기를 좋아했다. 만일 그 서민이 겉멋 부리는 어리석은 사람이라면, 이렇게 서민의 수치임을 확인시켜줌으로써 그에게 보이는 자신들의 상냥함의 값을 더 올리는 셈이 되고, 만일 서민이 소심하고 예민한 사람이라면, 그가 그 말을 저 자신에게 적용해보아서 자기가 대접받고 있긴 하나 간접으로 모욕받고 있음을 알아챌 거라는 기쁨을 갖는 셈이 되니까. 하지만 이 귀부인들이 올케에 대하여 사실을 말하는 걸로 여겼다면, 이는 착각이었다. 그녀는 자기가 르그랑댕네 출신이라는 걸 괴로워하지 않거니와 평소에 잊어버리고 있었으니까. 그러나 그녀는 내가 그것을 다시 떠올리게 한데 화가 나서 알아듣지 못하는 체 잠자코 있었다. 그 화제는 발전시킬 필요도, 아니 인정할 필요조차 없다고 판단한 것이다.

"우리 친척이 이 방문을 짧게 하는 주된 이유는 아니죠." 캉브르메르 노부인이 내게 말했다. 그녀는 아마도 며느리와는 다르게 '시누빌'이라고 줄여서 말하는 기쁨에 싫증이 났으리라. 그녀는 변호사를 가리키면서 말했다. "너무 여럿이 방문하면 폐가 될까 봐, 저분은 감히 부인과 아드님을 여기까지 데리고 오지 못했죠. 두 분은 바닷가를 산책하면서 우리를 기다리고 있어요. 아마 슬슬 심심해지기 시작했을 테죠." 나는 두 사람의 특징을 자세히 묻고 나서 찾으러 달려갔다. 그 부인은 미나리아재빗과의 어느 꽃처럼 둥근 얼굴로, 눈가에는 식물에 있을 법한 꽤 큰 얼룩이 있었다. 그리고 인류의 생식도 식물의 종속처럼 자기 특징을 전하는 까닭에, 어머니의 시든 얼굴 위에 있는 얼굴과 똑같은 게, 변종의 분류를 도와 아들의 눈 아래도 부풀어 있었다.
　그 부인과 아들에 대한 나의 열성은 변호사를 감동시켰다. 그는 나의 발베크 체류에 관심을 보였다. "당신은 좀 외국에 와 있는 기분이 드시겠어요. 이곳에는 외국인이 많이 있으니까." 이렇게 말하면서 그는 나를 바라보았다. 그의 단골손님이 거의 외국인이었음에도 그들이 싫어, 내가 그의 외국인을 싫어하는 성향에 반대하지 않음을 확인하고 싶어서. 만약 내가 반발했다면 그는 이렇게 말하며 물러났을 것이다. "아, 물론 X부인은 훌륭한 여성이죠. 그저 이것은 원칙론입니다." 그 무렵 나는 외국인에 대해 아무 의견도 없어서 그다지 반대하지 않으므로, 그는 자신이 생겼다. 그는 파리에 돌아가면 그의 집에 르 시다네르의 수집을 구경하러 오라고, 캉브르메르네 사람과 같이 모시겠다고 제안까지 했다. 그는 내가 캉브르메르네와 매우 친하다고 생각한 것이다. "르 시다네르도 함께 초대하겠습니다." 그는 내가 오로지 이 축복된 날을 손꼽아 기다리며 살 거라고 확신하듯 말했다. "당신도 알게 되겠지만, 그는 품위 있는 사람이죠. 또 그의 그림은 당신을 매혹할 겁니다. 물론 나는 대수집가들과 경쟁할 셈은 아니지만, 그가 스스로 좋아하는 그림의 대부분은 내 것이라고 생각합니다. 발베크에서 오는 길이라면 더욱더 흥미 있을 겁니다. 바다 그림이 대부분이니까." 식물적인 성격을 갖춘 그 아내와 아들은 마음을 가다듬어 이야기를 듣고 있었다. 파리에 있는 그들의 집이 르 시다네르 신전과 같다는 걸 알았다. 이러한 신전은 무익하지 않다. 신이 자신에게 의심을 품었을 때, 그 생애를 자기 작품을 위해 바치는 이들의 부정할 수 없는 증언에 의하여, 신은 자기 의견에 생겨난 균열을 쉽사리 틀어

막을 수 있으니까.

며느리의 손짓에 캉브르메르 노부인도 이제 자리에서 일어나며 내게 말했다. "페테른에 묵고 싶지 않으시다면, 적어도 점심 식사 하러 안 오시겠습니까? 이번 주 언제쯤, 괜찮다면 내일이라도?" 그리고 나를 결심시키려는 친절에서 그녀는 덧붙였다. "크리즈누아 백작을 다시 뵈올 테니." 나는 그 백작이 누군지 몰랐기에 못 만나도 잃을 게 전혀 없었다. 그러자 그녀는 내 눈앞에 다른 유혹을 살살 보이다가 문득 뚝 그쳤다. 재판소장의 모습이 보였기 때문이다. 그녀가 호텔에 있는 것을 안 그는 엉큼하게 두루 찾아, 오랫동안 기다린 끝에 우연히 만난 체하면서 인사하러 다가오고 있었다. 나는 캉브르메르 부인이 이제 막 내게 한 점심 식사 초대를 그에게까지 넓히려는 마음이 없는 걸 알았다. 그렇지만 그는 오래전부터 그녀와 아는 사이였고, 여러 해 동안 페테른의 오후 모임의 단골 가운데 하나여서, 나는 발베크에 처음 머물 때 그것이 무척 부러웠다. 그러나 사교계 사람들에겐 오랜 사귐이 다가 아니다. 도리어 그들은 아직 그들의 호기심을 자극하는 새 교제를 위해 점심 식사의 자리를 잡아둔다. 생루가 그랬듯이 권위 있는 사람의 열렬한 추천이 있을 때에는 특히 그렇다. 캉브르메르 부인은 그녀가 내게 한 말이 재판소장의 귀에 안 들렸을 거라고 예측했으나, 마음속으로 느끼는 양심의 가책을 가라앉히려고 가장 싹싹한 말을 그에게 건넸다. 평소에는 보이지 않는 리브벨의 금빛 해변을 수평선 위에 띄우고 있는 석양 속에, 우리는 빛나는 푸른 하늘에 닿을락 말락 하게 페테른 주변의 작은 종루 몇몇이, 장밋빛과 은빛으로 아련히 바다 위에 떠올라서 '삼종(三鐘)'을 울리는 걸 분간했다.

"이 또한 꽤 〈펠레아스〉풍이군요." 나는 캉브르메르 르그랑댕 부인에게 지적했다. "내가 말하려는 장면을 아시죠." "네, 알 것 같아요." 그러나 아무 추억에도 맞지 않는 그 목소리와 얼굴, 또 막연하고 근거 없는 미소에 '나는 하나도 모르겠다'라는 대답이 나타나 있었다. 노부인은 이쪽 해안까지 종소리가 들려왔다는 놀라움에서 벗어나지 않은 채, 그래도 시간을 생각하며 일어섰다. 나는 입을 열었다. "하지만 사실 여느 때는 발베크에서 저 바닷가도 보이지 않고, 종소리도 들리지 않죠. 날씨가 변해 수평선을 두 배로 넓혔나 봐요. 아니면 종소리가 당신을 찾으러 여기까지 왔을지도 모르겠네요. 그 덕분에 당신이 떠나시니까. 저 종소리는 부인께 만찬을 알리는 신호인가 보죠."

재판소장은 종소리 따위에 무감각해서, 살짝 둑을 바라보며 오늘 저녁 인적이 드문 것을 보고 비관하고 있었다. "당신은 진짜 시인이세요." 캉브르메르 노부인은 내게 말했다. "당신은 감수성이 예민한 참된 예술가예요. 우리집에 오세요. 쇼팽을 연주해드릴 테니." 그녀는 도취한 모양으로 두 팔을 올리며 입속에서 자갈을 옮겨놓는 듯한 쉰 목소리로 발음하면서 덧붙였다. 그 다음 침을 꿀꺽 삼킨 노부인은 본능적으로, 이른바 미국풍으로 손질한 코밑의 솜털을 수건으로 닦았다. 재판소장은 후작부인의 팔을 잡아 마차까지 안내함으로써 뜻하지 않게 내게 이바지했다. 그것은 남들이 맡기에 망설일 테지만 사교계에서는 환영을 받는 그런 행동을 감히 하려는 과시와 통속성과 대담성의 혼합이었다. 게다가 그는 오래전부터 그런 행동에 나보다 더 길들어 있었다. 그의 행동에 진심으로 감사하면서도 감히 흉내낼 수 없었던 나는 캉브르메르 르그랑댕 부인과 나란히 걸었다. 그녀는 내 손에 든 책을 보고 싶어했는데, 세비녜 부인의 이름을 보고는 입을 삐쭉거렸다. 그리고 어느 신문에서 읽은 낱말을 써서(그러나 그것을 회화체로 말하고 여성형으로 써서 17세기 작가에게 적용하고 보니 괴상한 효과가 생겨났는데) 이렇게 말했다. "당신은 세비녜 부인을 정말 재능 있는 여자(talentueuse)라고 생각하십니까."

후작부인은 길 떠나기에 앞서 들러야 할 과자 가게의 주소를 하인에게 일렀다. 길에는 저녁 먼지가 석양에 장밋빛으로 물들어 있었고, 그 속에 말 엉덩이를 늘어놓은 듯 고른 간격으로 이어져 있는 낭떠러지들이 푸르스름하게 보였다. 그녀는 늙은 마부에게 추위 타는 말을 충분히 덥게 해주었는지, 또 한 필의 편자는 튼튼한지 물었다. "편지를 쓰겠어요. 상담할 것도 있으니." 그녀는 내게 작은 목소리로 말했다. "당신은 내 며느리와 문학 이야기를 하셨는데, 며느리는 근사하죠." 그녀는 사실 그렇게 생각하지 않는데도, 아들이 돈 때문에 결혼했다고 여겨지지 않도록 그렇게 말하는 게—선량함에서—습관되어 있어서 덧붙였다. 그녀는 도취한 나머지 마지막으로 중얼거리면서 보태어 말했다. "그리고 또 며느리는 꽤 대단한 '혜술가(예술가)'죠!" 그러고 나서 그녀는 마차에 올라 머리를 흔들고 양산의 손잡이를 쳐들어, 견진성사(堅振聖事)를 위해 돌아다니는 늙은 주교처럼 그녀의 높은 신분을 나타내는 장신구에 파묻혀 발베크 시내로 다시 출발했다.

"저분이 자네를 점심 식사에 초대했네그려." 재판소장은 마차가 멀어지고 내가 아가씨 친구들과 함께 돌아왔을 때, 엄숙한 목소리로 내게 말했다. "우리 사이는 냉랭하오. 저분은 내가 자기를 소홀히하는 줄 생각하시오. 하지만 나는 그야말로 사귀기 편한 사람 아니겠소. 남이 나를 필요로 할 때 언제라도 '여기 있소' 대답하러 나타나지. 그러나 저분들은 나를 독차지하려 들었지. 거참! 그러니 그건" 하고 그는 논쟁을 벌여 따지려 드는 사람같이 손가락을 쳐들면서 빈틈없는 모양으로 덧붙였다. "나도 용서 못하오. 그것은 내 휴가의 자유를 해치는 것이오. 나는 '정지!' 하고 명해야만 했소. 보아하니 자네는 저분과 사이가 썩 좋은 모양인데. 하지만 자네도 내 나이가 되고 보면 사교계라는 게 별것이 아님을 알게 되고, 그동안 그런 하찮은 일을 중요시했음을 뉘우칠 거요. 자, 이제부터 나는 저녁 식사 전에 한 바퀴 돌아야겠네. 잘들 있게, 젊은이들." 이렇게 그는 마치 쉰 걸음이나 떨어진 곳에서 무대에 대고 고함치듯이 외쳤다.

내가 로즈몽드와 지젤에게 또 보자고 인사했을 때, 그녀들은 알베르틴이 같이 가지 않고 남아 있는 데 놀라서 그녀를 바라봤다. "저런, 알베르틴. 뭐하니, 지금 몇 시인지 모르니?" "돌아들 가." 그녀는 딱 잘라 대꾸하고, 온순한 모양으로 나를 가리키면서 덧붙였다. "나 이이와 얘기할 게 있어." 로즈몽드와 지젤은 나에 대한 새로운 존경심에 사로잡혀 나를 바라보았다. 나는 적어도 한순간 로즈몽드와 지젤의 눈에, 나와 알베르틴에게 그녀들이 돌아가야 할 비밀이 있을지도 모른다고 보이는 게 기쁘기 그지없었다. "그럼 오늘 저녁 우리는 못 만나니?" "모르겠어. 이이에게 달려 있으니까. 아무튼 내일 보자."

"내 방으로 올라가지." 나는 두 아가씨 친구가 멀어졌을 때 알베르틴에게 말했다. 우리는 승강기를 탔다. 그녀는 엘리베이터 보이 앞에서 침묵을 지켰다. 자기들끼리는 이야기하지만 하인들에게는 말을 건네지 않는 상전들이라는 이 이상한 인종의 자질구레한 관심거리를 알려면, 하인들은 사사로운 관찰이나 추리를 해야만 한다. 이런 습관이 (엘리베이터 보이가 하인들을 그렇게 부르듯) '종업원들'에게, '고용주들'이 갖는 이상으로 큰 통찰력을 주고 있었다. 필요의 정도가 더하거나 덜하거나에 따라서 인체 기관은 위축되거나 강해지거나 더욱 예민해지거나 한다. 철도가 개통된 이래, 열차를 놓치지 말아야겠다는 필요가 우리에게 분(分)을 셈속에 넣게끔 가르쳤다. 그런데 천문학이 부식했을 뿐만 아니라 생활이 바쁘지도 일이 많지도 않았던 고대 로마인들은 분의 관념은커녕 정확한 시각의 관념마저 거의 없었다. 그래서 엘리베이터 보이는 알베르틴과 내가 넋이 나가 있는 걸 쉽게 알아채고, 그것을 동료들에게 이야기할 셈이었다. 그러나 그는 또 눈치가 없는 사람이라 쉴 새 없이 우리에게 말을 건넸다. 그러는 동안 나는 그의 얼굴에서 제 승강기에 타주었다는 우의와 기쁨의 여느 표정 대신에, 이상하리만치 극심하게 낙담한 불안의 빛이 어려 있는 것을 보았다. 그 이유는 모르지만 그의 기분을 바꾸려고, 알베르틴에게 훨씬 정신이 팔려 있었는데도, 나는 그에게 지금 막 떠난 귀부인의 이름은 캉브르메르 후작부인이지 카망베르가 아니라고 말했다. 우리가 그때 지나친 층에서, 긴 베개를 든 못생긴 하녀가 내게 공손히 절하며 봉사료를 바라는 모습이 언뜻 보였다. 나는 그녀가, 처음 발베크에 도착하던 저녁 그토록 내 욕망을 일으켰던 하녀였는지 알고 싶었으나 아무래도 확실치 않았다. 엘리베이터 보이는 여전히 절망한 표정을 하고서는 보통 거짓 증인이 그렇듯 진정으로, 후작부인이 그 방문을 그에게 알리라고 분부했을 적에 틀림없이 카망베르라는 이름을 대었다고 맹세했다. 또 실제로 그것이 그의 귀에는 이미 알고 있는 이름처럼 들렸을 수도 있다. 게다가 그는 귀족계급과 같은 칭호가 붙은 이름에 대해 엘리베이터 보이 아닌 사람들 대부분이 그렇듯이 매우 막연한 관념밖에 갖지 않아, 그가 보기엔 카망베르라는 이름도 그 이름이 붙은 치즈가 널리 알려진 이상 그토록 영광스러운 명성에서 후작 칭호를 낳았더라도 그다지 놀랄 일이 아니며, 거꾸로 그 명성을 치즈에 준 게 후작 칭호라 해도 전혀 이상하지 않았다. 아무튼 그것은 그에겐 있을 법한 이름이었다. 하지만 그는 내가 너무나 확신에 차 있음을 알아채고는, 주인들이란 아무리 쓸데없는 변덕이라 해도 잘 따르며 아무리 뻔한 거짓말이라도 받아들이는 것을 보기 좋아한다는 사실을 알고 있었으므로, 좋은 하인답게 앞으론 캉브르메르라 말하겠다고 내게 약속했다. 하기야 이 시가의 어느 점원이나 근방의 어느 농부나 캉브르메르라는 이름과 인물을 완벽히 알고 있어서 엘리베이터 보이와 같은 실수는 결코 하지 않았으리라. 그러나 '발베크 그랑 호텔'의 종업원들은 모두 이 고장 사람이 아니었다. 그들은, 일부는 도빌에, 또 일부는 디나르에, 또 다른 일부는 발베크에 보내져 온갖 자재와 함께 비아리츠와 니스와 몬테카를로에서 곧장 온 사람들이었다.

하지만 엘리베이터 보이의 불안하고 괴로운 기색은 심해질 뿐이었다. 이처럼 그가 그 헌신을 여느 미소로 내게 보이는 걸 잊은 이상, 뭔가 그에게 불행한 일이 일어난 게 틀림없었다. 어쩌면 그는 '해고'되었는지도 모른다. 그렇다면 지배인이 그 종업원에 대해서는 "언제라도 댁 마음대로 할 수 있습니다. 미리 말해두지만" 하고 약속해주었으니까 그가 여기에 있도록 애써보리라고 나는 마음먹었다. 그러나 승강기에서 내리려는 순간, 나는 돌연 엘리베이터 보이의 비탄과 낙담의 원인을 깨달았다. 알베르틴 앞이라, 나는 탈 적마다 그에게 습관적으로 쥐여주던 100수(sou)를 이번엔 안 주었던 것이다. 그래서 이 바보는 내가 다른 사람 앞에서 여봐란듯이 봉사료를 내주는 걸 싫어하는 줄 몰라, 이것으로 봉사료는 없어졌고 앞으로 영영 내가 한 푼도 주지 않을 거라고 추측해 떨기 시작했던 것이다. 그는 내가(게르망트 공작의 말마따나) '군색'해졌다고 상상했으며, 이 추측이 나에 대한 연민을 일으키는 대신 가공할 이기적인 실망을 일으켰던 것이다.

나는 옛일을 생각했다. 그때 나는 전날 지나친 액수의 돈을 줘버려서 다음 날에도 상대가 열에 들뜬 듯이 바라는 같은 액수의 봉사료를 줄 수밖에 없었는데, 그런 나를 보고 어머니는 무분별하다고 했다. 하지만 이제 그런 짓은 하지 않으리라. 그러나 또한 내가 평소에 그의 기뻐하는 모습을 볼 때마다, 이것은 나에 대한 애정의 표시라고 추호의 의심도 없이 내리던 해석이, 그전만큼 확고한 것으로는 여겨지지 않게 되었다. 절망 속에 6층에서 몸을 던질 태세인 엘리베이터 보이를 보자, 나는 만일 우리의 사회적인 신분이 예컨대 혁명이라는 것을 통해 서로 바뀌었다고 하면, 부르주아가 된 엘리베이터 보이가 나를 위해 상냥하게 승강기를 운전해주는 대신에 나를 집어던지지 않을까, 또 우리가 없는 자리에서는 심한 소리를 할망정 우리가 가난해졌다고 해서 맞이하는 태도가 모욕적으로 변하진 않는 사교계와는 달리, 서민의 어느 계급에서는 안팎이 뚜렷이 구별되고 있는 게 아닐까 하고 자문할 수밖에 없었다.

그렇지만 발베크의 호텔에서 이 엘리베이터 보이가 가장 이해에 예민했다고는 말할 수 없다. 이 관점에서 종업원은 두 부류로 나뉘었다. 한 부류의 종업원들은 손님들을 구별하는 이들이니, 그들이 그 손님 앞에서는 대범한 분이라고 말하지만 실은 그 대범한 태도 자체가 바로 습관의 결여를 드러내는 애송이 부자의 엄청난 낭비보다는, 노귀족의 적당한 봉사료(더구나 그는 보트레유 장군에게 청을 넣어, 자기들의 28일간 단기 소집을 면제해줄 수도 있다)에 더욱 깊은 감사를 나타냈다. 또 한 부류의 종업원들은 신분도 지식도 명성도 지위도 풍채도 전부 현금에 묻혀 있으나마나 하다고 생각했다. 그들에겐 단 하나의 계급 제도밖에 없었다. 곧 손님이 가지고 있는 돈, 아니 손님이 주는 돈의 단계이다. 아마 에메 자신도, 수많은 호텔에서 일해 와 사교계에 잘 통한다고 주장하지만 이 부류에 속해 있을 것이다. 기껏해야 그는 이런 금전적 평가에다가 명가에 대한 지식과 조금의 사교적 기술을 더하고 있을 뿐으로, 이를테면 뤽상부르 대공부인에 대해 '알부자시죠?'라고 말하는 사람인 것이다(이 물음표는 어떤 손님에게 파리의 '주방장'을 얻어주거나, 발베크에서 출입구 왼쪽의 바다가 보이는 식탁을 구해주거나 할 때, 미리 정보를 얻기 위해서 또는 자신이 가진 정보를 최종적으로 검토해보기 위해서 쓰였다). 그런데 이와 같이 물욕은 있어도, 그들이라면 그것을 엘리베이터 보이처럼 바보스런 절망과 더불어 드러내지는 않았으리라. 하기야 어쩌면 엘리베이터 보이의 소박성은 모든 일을 단순화했는지도 모른다. 이쪽에서 중간에 아무런 중개인도 없이 100프랑짜리 지폐를 내놓으면, 그야 1000프랑 지폐라면 더욱 좋겠지만, 혹여 이 돈이 남에게 주어진다 해도 그때까지 얼어 붙었던 하인이나 여자들의 얼굴에 미소를 띠게 하여, 도움이 되어드리겠습니다 하는 제의가 나오게 한다. 그것이 큰 호텔이나, 전에 라셀이 있던 곳 같은 창가(娼家)의 편리한 면이다. 이와 반대로 정치나 애인끼리의 관계에서는 돈과 복종 사이에 너무나 수많은 매개물이 낀다. 너무 많은 것들이 있다 보니, 돈에 의해 끝내는 미소를 짓는 사람들마저 돈과 미소를 맺는 내적인 과정을 밟지 못하는 일이 자주 있다. 그들은 자신이 좀더 복잡하다고 믿으며 실제로도 그렇다. 그리고 그것은 예절 바른 대화에서 '나는 이제부터 할 일을 알아요. 내일이면 나는 시체 보관소에 있겠죠' 따위의 말을 없애버린다. 그러므로 금지된 말을 하는 소설가라든가 시인 같은 숭고한 인종은 점잖은 사교계에서는 좀처럼 찾아볼 수 없다.

단둘이 복도를 걸어가기 시작하자 알베르틴은 얼른 내게 물었다. "무엇 때문에 나한테 화내죠?" 그녀에 대한 야박한 태도가 그녀보다도 나 자신에게 괴로웠던 걸까? 아니면 그 태도는, 내가 두려움과 애원의 태도를 이 여자친구에게 짓게 하려고 마음먹고, 오랫동안 그녀에 대해 품어온 두 가정 가운데 어느 것이 진실인지 알기 위해 부렸던 무의식적인 책략이었나? 아무튼 그녀의 질문을 들었을 때, 오랫동안 바라던 목적에 이른 사람처럼 돌연 행복한 기분이 들었다. 대답하기에 앞서 나는 그녀를 방문까지 데리고 갔다. 방문이 열리자, 저녁이 되어 쳐놓은 흰 모슬린 커튼을 황금색 돋을무늬 비단으로 변케 한 장미색 빛이 방에서 한가득 쏟아져나왔다. 나는 창가까지 갔다. 갈매기들이 또다시 물결 위에 앉아 있었다. 그러나 이제 갈매기들도 장밋빛이었다. 나는 그것을 알베르틴에게 알려주었다. "얘기를 딴 데로 돌리지 마세요, 나처럼 솔직하세요." 그녀는 말했다.

  하지만 나는 거짓말을 했다. 나는 그녀가 먼저 내 고백을 들어야 한다고 선언했다. 그것은 얼마 전부터 내가 앙드레에 대하여 품은 열정의 고백이었다. 나는 그 고백을 무대에 어울리는 단순성, 솔직성과 더불어 해냈는데, 실생활에서는 느끼지 못하는 사랑을 고백할 때만 그렇게 할 수 있는 것이다. 발베크 첫 체류 전에 내가 질베르트에게 썼던 거짓말을 변형해 쓰면서, 나는 지금 알베르틴을 사랑하지 않는다고 말하는데, 이 말을 더 잘 곧이듣게 하려고 이렇게까지 덧붙였다. 즉 지난날 나는 그녀를 애타게 사랑할 정도까지 이르렀으나 너무나도 긴 시간이 흘러 이제 그녀는 내게 좋은 친구에 지나지 않게 되었으며, 내가 다시 사랑하려 해도 그보다 뜨거운 정을 느끼기는 어려울 거라고. 사실 이렇듯 그녀에게 냉담해졌다고 그녀 앞에서 주장하며, 나는—이 특별한 상황 때문에, 그리고 특별한 목표 실현을 위해—애정의 양면적인 리듬을, 훨씬 감동적인 것으로 만들고 훨씬 힘차게 강조할 뿐이었다. 이는 한 여인이 자기를 사랑할 수 있고, 또 자기도 여인을 참되게 사랑할 수 있다고 믿기에는 너무나 자기 자신에게 회의적인 이들이 사랑을 할 때에 보이는 두 가지 리듬이다. 자기 자신에게 회의적인 사람들은 스스로를 잘 알고 있으므로, 아주 다른 여인에 대하여 자기가 같은 소망, 같은 불안을 느끼며, 같은 소설을 지어내고, 같은 말을 할 수 있다는 사실을 알고 있다. 또한 그들의 감정과 행위가, 사랑하는 여인과 밀접하고도 필연적인 관계에 있지 않다는 사실을 알아챈다. 그리고 그 여인 곁으로 달려가, 바위에 몸을 던지는 썰물처럼 그녀 주위를 맴돌며 물보라를 일으키는 게 고작인 저 자신을 인식한다. 이렇게 되면 그들 자신의 불안정한 느낌이, 그들이 그 사랑을 갈구하는 여인에게 사랑받지 못한다는 의심을 더하게 한다. 그녀가 우리 욕망의 분출 앞에 놓인 한낱 우연의 여인에 지나지 않는 이상, 또 우연이 겹쳐서 우리 자신도 그녀 욕망의 대상이 된다는 게 과연 가능키나 한 일인가?

이런 까닭에 우리는 우리 이웃이 불어넣는 단순한 인간다운 정과는 매우 다른 이러한 감정, 연정이라는 특별한 감정을 모두 그녀에게 쏟아붓길 바라면서도, 한 걸음 앞으로 나아가 사랑하는 여인에게 그녀에 대한 애정이나 희망을 고백할 때면, 곧바로 자신이 그녀의 기분을 언짢게 했을까 봐 걱정한다. 또한 우리가 쓰는 말이 일부러 그녀를 위해 만들어진 게 아니라 이전에도 쓰였고 또 앞으로도 다른 여인에게 쓰일 것이며, 만일 그녀가 우리를 사랑하지 않는다면 우리를 이해할 수 없을 테고, 그 결과 우리는 그들에게 맞지 않는 교묘한 표현을 무식한 사람들에 대해서 쓰는 현학자(衒學者)처럼 뻔뻔스럽고 파렴치한 짓을 저지르고 있는 게 아닐까, 하는 생각에 당황하게 된다. 그 걱정과 부끄러움이 반대 리듬을 썰물과 같이, 곧 처음에는 뒤로 물러나면서 이제까지 고백한 애정을 맹렬히 부인하는 결과가 되면서도, 또다시 반격을 개시하여 여자의 존경과 복종을 쟁취하려는 요구를 가져오는 것이다. 이 이중의 리듬은 똑같은 사랑 과정의 갖가지 시기뿐만 아니라 여러 비슷한 사랑의 온갖 시기에도, 자기를 믿기보다 자기를 분석하는 힘이 강한 모든 사람 속에서 볼 수 있다. 만일 이때 내가 알베르틴에게 한 이야기 속에 이 리듬이 평소보다 한결 강하게 나타났더라도, 그것은 오로지 내 애정이 노래하는 상반된 리듬에 더욱 빠르고 기운차게 이 몸을 옮기려는 소망에서였다.

시간이 너무 많이 흘러서 이제 다시 그녀를 사랑할 순 없다는 내 설명을 알베르틴이 쉽게 믿기는 힘들 거라는 듯이, 나는 상대의 잘못 또는 내 잘못으로 사랑하는 시간을 놓쳐버려 그 다음에는 내가 아무리 애써도 다시 사랑할 수 없게 된 여인들의 예를 꺼내, 자칭 내 비뚤어진 성격을 지지했다. 이렇듯 나는 그녀를 다시 사랑할 수 없다는 것을 마치 무례한 행동처럼 사과하면서, 그 심리적 이유가 내게만 있는 특별한 것이라도 되는 듯 그것을 그녀에게 이해시키려고 애쓰는 척했다. 그러나 이런 투로 설명하는 데 질베르트의 예까지 들면서(실제로 알베르틴에겐 진실이 아닌 것도 질베르트에게 적용하면 진실 그 자체였다), 나는 내 확언을 나 자신도 거의 믿기 어렵다는 체하면서 실은 오직 그럴듯하게 꾸몄을 뿐이다. 알베르틴이 나의 '솔직한 말'을 평가하고, 내 설명 속에서 지당함과 명쾌함을 알아보기 시작하는 걸 눈치챈 나는, 진실을 말하는 것은 언제나 듣는 귀에 거슬린다는 걸 잘 알거니와 진실이란 요령부득한 것으로 보이게 마련이라고 그녀에게 말하며 변명했다. 그런데 그녀는 거꾸로 내 솔직함에 감사하고, 게다가 이토록 흔하고 자연스러운 내 정신 상태를 썩 잘 이해한다고 덧붙였다.

앙드레를 향한 지어낸 애정에 대해 알베르틴에게 한 이 고백, 또 그 고백이 아주 진지하고 부풀림도 없음을 나타내려고, 예의를 차리듯 너무 문자 그대로 해석하지 말기를 덧붙여 다짐한 그녀 자신에게 무관심을 밝힌 이 고백으로 말미암아, 마침내 나는 알베르틴한테 사랑의 의심을 받을 걱정 없이, 그토록 오래전부터 스스로 거절해온 고요한 만족감과 더불어 그녀에게 이야기를 할 수 있게 되었다. 나는 거의 속내 이야기 상대를 어루만지는 상태였다. 내가 사랑하고 있는 그녀의 친구 앙드레에 대해 말하면서 눈에 눈물이 고였다. 그러나 요점에 이르자, 나는 드디어 그녀에게 말했다. 그녀는 사랑이란 어떤 것인지 알고 그 예민성과 고통을 알고 있으니, 오래된 내 친구로서, 아마 그녀가 내게 일으켰을 커다란 슬픔을 멎게 해줄 수는 없겠느냐고. 이런 말을 다시 하면 마음 상할지 모르지만, 내가 사랑하는 상대는 그녀가 아니니까, 직접이랄 수는 없지만 앙드레에 대한 나의 사랑에 상처를 입힘으로써 간접적으로 그렇게 해줄 마음이 없느냐고.

나는 얘기를 멈추고 바깥을 바라보며, 알베르틴에게 서둘러 날고 있는 외로운 커다란 새를 가리켰다. 그 새는 저 멀리 날개를 규칙적으로 흔들며 대기를 때리고, 찢어진 붉은 종잇조각과 같은 석양의 반영을 여기저기 남기면서 바닷가 위를 전속력으로 날고 있었다. 기다란 바닷가 한쪽 끝에서 다른 한쪽으로, 속도도 늦추지 않고 주의도 딴 데로 돌리지 않고 길에서도 벗어나지 않으며, 소중하고 급한 편지를 멀리 나르는 밀사같이 바다를 가로질러 날고 있었다. "적어도 저 새만은 곧장 목적지에 가네요." 알베르틴이 나무라는 얼굴로 내게 말했다. "당신은 내가 하려는 얘기를 모르니까 그런 말을 하지. 그러나 이건 너무 어려워서 나도 그만 말하고 싶을 정도야. 당신의 비위에 거슬릴 게 뻔하니까. 그래서 어차피 이런 결과가 나오겠지. 나는 사랑하는 이와 함께 있어도 전혀 행복하지 않을 테고, 좋은 친구도 잃고 말 거야." "아니, 나 화내지 않겠다고 맹세할게요." 그 태도가 어찌나 부드럽고 슬프도록 온순한지, 그 행복이 나한테 달려 있다는 그녀 얼굴은 이제 장밋빛 작은 들창코를, 꾀바르고도 짓궂은 고양이의 빈틈없고 상기된 얼굴이 아니라, 기가 죽은 슬픔의 충만 속에 선량함이 납작하게 펼쳐진 모양으로 깊이 주조된 듯했다. 나는 거의 어머니에게 입맞출 때와 같은 기쁨과 더불어 그녀의 새 얼굴에 입맞추고 싶은 충동을 억누르기 힘들었다. 그녀와 관계없는 만성적인 광기와 닮은 내 사랑을 치워버리고서 그녀의 처지가 되고 보니, 나는 부드럽고 성실하게 다루어지는 데 익숙한 이 착한 아가씨 앞에서 눈시울이 뜨거워졌다. 이 아가씨를, 그녀가 좋은 친구라고 여길지도 모르는 내가, 몇 주일 전부터 괴롭혔고 마침내 그 괴롭힘이 절정에 달한 것이다.

만일 내가 그녀를 사랑하지 않았다면 느끼지 않았을 이 깊은 연민을 알베르틴에게 품은 까닭은, 내가 우리 둘 바깥의 순 인간다운 관점에 몸을 두었기 때문이고, 거기서는 내 질투심 많은 사랑도 사라졌다. 하기야 사랑 고백에서 불화에 이르는 리듬을 지닌 진동(잇달아 일어나는 반대 운동에 의해, 우리를 한 인간과 이어서 풀어지지 않게 단단히 매듭을 짓기 위한 가장 확실하고 위험할 정도로 효과적인 방법) 속에서, 그 리듬의 두 요소 가운데 하나를 이루는 후퇴 운동의 한복판에 존재하는 연민, 사랑과 대립하지만 어쩌면 무의식적으로 같은 원인을 가지고 언제나 같은 효과를 낳는 인간다운 연민이라는 이 썰물을, 더 이상 분석한들 무슨 소용이 있겠는가? 우리는 나중에 가서 한 여인을 위해 해온 것의 합계를 돌이켜볼 때, 제 사랑을 보이거나 상대의 사랑을 받거나 사랑의 표시를 얻고 싶은 욕망에서 했던 행위의 수가, 마치 상대를 사랑하지 않는 것같이 한낱 도덕상 의무감으로, 좋아하는 사람에게 범한 잘못을 속죄하려는 인간다운 욕구에 바탕을 두고 한 행위의 수에 미치지 못함을 흔히 알아차린다. "그러나 결국 내가 뭘 할 수 있을까요?" 알베르틴은 내게 물었다. 그 순간 노크 소리가 들렸다. 엘리베이터 보이였다. 마차로 호텔 앞을 지나가던 알베르틴의 숙모가 알베르틴이 여기 와 있지 않나, 있다면 데려가야지 하고 바깥에 마차를 세우고 있다는 것이다. 알베르틴은 지금 내려갈 수 없다, 기다리지 말고 식사하시라, 몇 시에 돌아갈지 모른다고 대답했다. "하지만 숙모께서 화내실 텐데?" "천만에! 그분은 이해해주실 거예요." 말하자면—아마 다시는 이럴 리 없겠지만 적어도 지금은—하나로 이어진 정황 덕분에, 나와의 대담이 알베르틴의 눈에 무엇보다 먼저 해치워야 할 뚜렷한 중대사로 보인 것이다. 또 틀림없이 본능적으로 가족의 판례를 참고하면서, 이를테면 봉탕 씨의 지위가 위험했을 때는 여행이 문제가 아니었다는 식의 실례를 차례차례 들어, 나의 여자친구는 식사 시간을 희생하는 일쯤은 숙모가 더할 나위 없이 당연하게 생각해줄 것을 의심치 않았다. 그녀가 자기 집에서 나 없이 지낸 먼 옛날의 시간을, 알베르틴은 내게까지 미끄러뜨려 보내주었다. 나는 그것을 내 마음대로 쓸 수 있었다.

나는 마침내 그녀의 특별한 성적 취향에 대해 어떤 소문을 들었는지 고백했다. 또 같은 악습에 젖은 여인들이 내게 일으키는 깊은 혐오에도, 나는 그녀의 공범자 이름을 듣기 전까지는 거의 신경도 쓰지 않았는데 내가 지금 이토록 앙드레를 사랑하는 이상, 그 소문에 어떤 괴로움을 느꼈는지 알베르틴이라면 쉽사리 이해해줄 것이라고 말했다. 나로선 아무 관심도 없는 다른 여인들의 이름도 들었다고 말하는 게 아마도 훨씬 그럴싸했으리라. 그러나 코타르가 내게 했던 급작스럽고 가공할 폭로는 내 마음속에 고스란히 들어와 나를 갈가리 찢었고, 오직 그뿐이었다. 만일 코타르가 왈츠를 추는 알베르틴과 앙드레의 자세를 지적해주지 않았다면 나는 알베르틴이 앙드레를 사랑한다든가, 적어도 그녀와 함께 애무 놀이를 한다든가 따위의 생각조차 갖지 않았으리라. 마찬가지로 나는 그 생각에서 매우 달라 보이는 생각, 즉 알베르틴이 앙드레 말고 다른 여인들과 애정조차도 변명이 안 되는 관계를 가질지 모른다는 생각으로 옮아갈 수는 더욱 없었다. 알베르틴은 그게 사실이 아니라고 내게 맹세하기에 앞서, 자기에 대해 그런 소문이 돈다는 걸 알았을 적에 모든 사람이 그렇듯 노여움과 괴로움을 나타내고, 또 그 미지의 중상자(中傷者)가 누군지 알려는 심한 호기심과 그와 직접 대결하고픈 소망을 나타냈다. 그러나 그녀는 적어도 나를 원망하지 않는다고 확언했다. "만일 그게 정말이라면, 나는 당신에게 그렇다고 고백했을 거예요. 하지만 앙드레나 나나 둘 다 그런 것을 몹시 싫어해요. 그야 이 나이에 이르기까지, 사내 같은 차림을 하고 머리를 짧게 깎은 여인들이나 당신이 말하는 성적 취향을 가진 사람도 여러 차례 보았죠. 그토록 반감을 일으키는 것은 따로 없을 정도예요." 알베르틴은 다만 언질, 아무 증거도 없는 단호한 말을 내게 주었을 뿐이다. 그러나 그것이 바로 나를 가장 잘 위로해주는 것이었다.

질투란, 말한 내용의 그럴싸함보다 그 단호한 가락이 더 잘 없애주는 병적인 의혹의 한 가지니까. 게다가 우리를 의심 많게 하는 동시에 쉽사리 믿게 만들어, 우리로 하여금 사랑하는 여인을 다른 여인보다 더 빨리 의심케 하고 또 그녀의 부인하는 말을 더 쉽사리 믿게 하는 것이 사랑의 특성이다. 정숙한 여인이란 없는 게 아닌지 염려하려면, 다시 말해 알아차리려면 사랑을 해야 한다. 또한 정숙한 여인이 있기를 바라면, 곧 있다고 굳게 믿으려면 마찬가지로 사랑을 해야 한다. 고통을 구하는 것도 또 바로 거기서 벗어나려는 것도 사람이면 누구나 가지는 마음이다. 그런 해방을 가능케 하는 말은 쉽사리 진실같이 믿어진다. 사람은 잘 듣는 진통제에 대해서는 그다지 트집을 잡지 않는 법이니까. 게다가 우리가 사랑하는 이의 성격이 아무리 복잡하더라도, 그것은 본질적으로는 두 인격으로 나뉘고, 그에 따라 우리에게는 상대가 우리 것으로 느껴지거나 또는 나 아닌 쪽으로 그 욕망을 돌리고 있다고 느껴지거나 한다. 이런 인격 중 첫 번째는 두 번째 것의 실재를 믿지 못하게 하는 특수한 힘, 두 번째 것이 일으킨 괴로움을 진정시키는 특수한 비밀을 가지고 있다. 우리에게 사랑받는 존재는 차례로 병도 되고 약도 되어, 병을 가볍게도 무겁게도 한다. 물론 나는 스완의 예가 내 상상력과 감수성에 미친 강한 영향에 의해 오래전부터, 내가 원하는 게 아니라 두려워하는 것이 바로 진실이라고 믿을 각오가 되어 있었다. 그래서 알베르틴의 단호한 말이 가져온 평화는, 내가 오데트의 이야기를 떠올려서 한순간 자칫 위태롭게 될 뻔했다.

그러나 나는 속으로 말했다. 물론 나는 이전에 스완의 괴로움을 이해하기 위해 그의 처지가 되어 생각해보았는데, 그때뿐 아니라 자기 자신이 문제가 되고 있는 지금도 상황을 남의 일같이 생각하고 진실을 찾는다면, 최악의 사태를 제대로 생각하는 것이 옳은 일일지도 모른다. 하지만 가장 유리하다는 점이 아니라 가장 적게 드러나 있다는 이유로 장소를 고르는 병사처럼, 자신에게 너무 엄격한 나머지, 그것이 가장 괴롭다는 이유만으로 어떤 상상을 다른 상상보다 진실하다고 믿는 오류를 범하지는 말아야 한다. 꽤 좋은 부르주아 가정의 아가씨인 알베르틴과 어려서 어머니의 손에 팔린 고급 창부 오데트 사이에는 깊은 못이 가로놓여 있지 않나? 두 사람의 말은 서로 비교가 안 된다. 애초에 알베르틴은 나를 속인들, 오데트가 스완한테서 얻어낸 바와 같은 이득을 얻을 리 없다. 더구나 알베르틴이 지금 부정한 사실을 오데트는 스완에게 털어놓았다. 그러므로 내가 만약 두 정황 속의 사실이 다르다는 점도 참고하지 않고서, 오로지 오데트에 대해 들어온 것만으로 내 여자친구의 현실 생활을 다시 구성한다면, 그 가정이 다른 가정보다 덜 괴롭기 때문에 그것을 진실로 믿고 싶어하는 것과 똑같이 중대한—방향은 반대지만—오류를 범하는 셈이다. 내 앞에는 새로운 알베르틴이 있다. 사실 나의 첫 번째 발베크 체류의 끝 무렵부터 이미 여러 번 보았던 솔직하고도 착한 알베르틴, 그러나 이제 나에 대한 애정으로 나의 의심을 용서하고 그것을 없애려고 애쓰는 알베르틴이었다.

그녀는 나를 침대 위 그녀 옆에 앉게 했다. 나는 그녀가 내게 말해준 것에 감사하고, 화해가 됐으니 다시는 무뚝뚝하게 굴지 않겠다고 그녀에게 확실히 말했다. 그래도 식사하러 돌아가야 하지 않겠느냐고 알베르틴에게 말했다. 그녀는 이렇게 함께 있는 게 싫어요? 하고 내게 물었다. 그러고는 내 머리를 끌어당겨 이제껏 한 적 없는 정성 어린 애무를 했다. 아마도 끝난 불화의 표시로. 그녀는 혀를 내 입술에 가볍게 대고 내 입을 벌리려 했다. 처음에 나는 입을 굳게 다물었다. 그녀는 내게 말했다. "당신도 참, 심술부리지 마세요!"

나는 그날 저녁 안으로 발베크를 떠나 다시는 그녀를 만나지 않는 편이 나았을지도 모른다. 짝사랑에서는—즉 사랑에서라는 말과 같은 뜻이지만(수많은 이들이 짝사랑하니까)—이와 같이 여자의 선심이나 변덕이나 우연이, 정말로 우리가 사랑받는 경우와 꼭 맞아떨어지는 말이나 행위를 주는 흔치 않은 순간에만 우리는 행복의 환상을 맛볼 수 있다는 사실을, 나는 그때 이미 예감했던 것이다. 나보다 덜 까다롭고 더 축복받은 사람에게는 이러한 행복이 있을 수 있다는 것을 몰랐던들, 내가 꿈에도 모르고 죽었을 그런 행복의 조각을, 나는 호기심 어린 눈으로 바라보면서 커다란 환희로써 맛보는 편이 현명했으리라. 이 행복의 조각은 크고 지속적인 행복의 한 부분으로서, 내게는 이때 이런 형태로만 나타난 거라고 생각하는 편이 현명했을 것이다. 다음날에도 이런 행복의 겉모습이 부정당하지 않기 위해, 이 예외적인 순간의 속임수에 의해 우연히 생겨난 은총을 입고 나서는 그 이상의 은총은 바라지 않는 편이 현명했으리라. 나는 발베크를 떠나 고독에 묻혀 지내야만 했다. 그이상 아무 말도 하지 않기를 바라는 일 말고는 아무것도 바라지 않는, 일순 사랑이 넘치던 그 음성의 마지막 떨림과 조화를 이루면서 고독에 머물러야 했을 것이다. 그 음성이 다시 말을 한들 틀림없이 다른 새로운 말이 나올 테니까. 어떤 특별한 페달을 밟기라도 한 듯이 내 마음속에서 오랫동안 행복의 음조를 울려 마지않는 예민한 침묵이, 그런 음성의 불협화음에 의하여 깨뜨려지는 일이 없도록 경계해야 옳았으리라.

알베르틴과 나눈 이야기로 마음이 가라앉은 나는 다시 어머니 곁에서 더 많이 지내기 시작했다. 어머니는 할머니의 젊은 시절 이야기를 다정하게 들려주기를 좋아했다. 할머니 삶의 마지막 무렵을 어둡게 했을지도 모르는 슬픔에 대해 내가 자책할까 봐, 어머니는 지금껏 내게 숨겨온 일이지만 내 공부가 할머니를 기쁘게 했던 그 어린 시절로 기꺼이 돌아갔다. 우리 둘은 콩브레 얘기를 되풀이했다. 거기서 너는 적어도 독서는 많이 했으니, 발베크에서도 일이야 안 할망정 책을 읽는 게 어떠냐고 어머니는 말했다. 나는 그렇다면 콩브레와 예쁜 그림 접시의 추억에 둘러싸이고 싶으니 《아라비안나이트》를 다시 읽고 싶다고 대답했다. 지난날 콩브레에서 그랬듯 어머니는 내 생일에 책을 선물로 주었는데, 나를 깜짝 놀래주려고 몰래 갈랑이 번역한 《아라비안나이트》와 마르드뤼스가 번역한 《아라비안나이트》를 한꺼번에 주문했다. 그러나 어머니는 이 두 번역을 한번 흘낏 본 다음, 지적 자유에 대한 존중심과 내 사고 생활에 어설프게 끼어드는 게 아닐까 하는 두려움과, 여성이니까 자신에게는 문학 능력이 미치지 못할 테고 또 여자인 자기 마음에 거슬린다는 이유로 젊은 청년의 독서를 판단해서는 안 된다는 마음에서 내게 영향을 미치기를 겁내면서도, 내가 갈랑의 번역만 택하기를 바랐을 것이다. 어머니는 우연히 몇몇 이야기를 읽고서, 그 주제의 부도덕성과 마르드뤼스 번역본의 적나라한 표현에 분개했다. 특히 브로치, 우산 겸 양산, 외투, 세비녜 부인의 책뿐 아니라, 자기 어머니의 사고방식과 말씨의 버릇까지 유물로서 소중히 간직해온 어머니는, 어떤 경우에도 할머니가 그것을 어떻게 생각할까부터 먼저 생각하기 때문에, 할머니라면 마르드뤼스의 책을 반드시 단죄했을 거라고 믿어 의심치 않았다. 어머니는 콩브레에서 내가 아직 메제글리즈 쪽으로 산책을 나가기 전에 오귀스탱 티에리의 역사책을 읽었는데, 그때 할머니가 내 독서나 산책에는 만족했으나 "다음에 메로베 가문이 군림하도다(Puis règne Mérovée)"라는 시에 나오는 이 이름이 메로비히(Merowig)라 불리는 것을 보자 언짢아했고, 또 할머니의 입에 익은 카를로뱅지앵(Carlovingiens) 대신에

카롤랭지앵(Carolingiens)*¹이라고 부르는 것을 절대 받아들이지 않던 일이 생각났다.

그래서 나도 결국 어머니한테, 블로크가 르콩트 드 릴의 흉내를 내어 호메로스의 신들에게 붙인 그리스풍 이름에 대해 할머니가 어떻게 생각했는지 얘기했다. 블로크는 문학적 재능이 거기에 달려 있기라도 하듯, 아무리 하찮은 것에도 그리스풍 철자를 쓰는 것을 종교적인 의무로 삼기에 이르렀다. 이를테면 그의 집에서 마시는 술은 진짜 넥타르(nectar)*²라는 걸 알리는 편지에서, 그는 nektar라고 k를 썼다. 그 때문에 라마르틴의 이름을 보자 그는 냉소했다. 그런데 만일 율리스와 미네르브의 이름이 안 보이는 《오디세이》가 할머니에게는 더 이상 《오디세이》가 아니라면*³ 《아라비안나이트》가 이미 표지의 표제부터 달라진 것을 봤을 때 할머니는 뭐라고 했을까. 할머니의 입에 익은 셰에라자드나 디나르자드라는 영원히 친근한 이름이 정확한 발음으로 바뀌어서 다시는 못 보게 되고, 거기서는 감히 회교 이야기에 이런 낱말을 쓴다면 어떤 재세례를 통해, 매력 있는 칼리프*⁴와 강력한 지니*⁵가 저마다 칼리파와 지니스로 불려서, 좀처럼 알아볼 수 없게 된 것을 안다면, 할머니는 과연 뭐라고 했을까. 그럼에도 어머니는 두 책을 내게 주었다. 그리고 나는 산책하기에 너무 피곤한 날 그것을 읽겠다고 말했다.

하기야 그런 날은 드물었다. 우리, 알베르틴과 그녀의 친구 아가씨들과 나는 전같이 '무리지어' 절벽 위 또는 마리 앙투아네트 농원에 소풍을 갔다. 그런데 알베르틴은 내게 큰 즐거움을 여러 번 주었다. 그녀는 나에게 말했다. "오늘은 나 당신과 단둘이 있고 싶어요. 단둘이 있는 게 더 좋지 않아요?" 그럴 때 그녀는 할 일이 있는데 자세한 설명은 않겠다며 다른 이들에게 말하고, 만일 아가씨들이 우리 둘 없이 소풍을 가더라도 우리를 찾지 못하게, 우리는 애인 사이처럼 단둘이서 바가텔 또는 크루아 데를랑에 갔다. 그

---

*1 티에리 이후의 근대 역사가들은 관용되어오던 본디 프랑스 왕조 이름을 귀에 선 과학적인 것으로 고쳤음.
*2 그리스 신화에 나오는 신들이 마시는 술.
*3 율리스, 미네르브, 오디세는 그리스식으로 정확히 말하면 율리시스, 미네르바, 오디세우스가 됨.
*4 이슬람 국가의 통치자.
*5 이슬람 신화에서 병이나 램프 속에 사는 정령(精靈).

동안 무리는 거기까지 찾아볼 생각은 못 해서인지 눈앞에 나타나지 않았으며, 우리 둘이 돌아오지 않을까 하면서 마리 앙투아네트 농원에 계속 남아 있었다. 나는 지금도 그때의 더운 날씨를 떠올린다. 햇볕 아래 일하는 젊은 농부의 이마에서 땀방울이 물통의 물방울처럼 뚝, 뚝, 고른 간격으로 똑바르게 떨어졌고, 그것은 이웃 과수원의 나무에서 나누어지는 익은 과일의 낙하와 번갈아 일어났다. 그것들은 오늘날 여전히 내 기억 속에 연정의 가장 단단한 부분으로서, 모습을 감춘 한 여인의 비밀과 함께 남아 있다. 내가 말로만 듣고 한 번도 생각해보지 않은 한 여인이라도, 그때 같은 날씨에 어떤 호젓한 농원에서 만난다면 그녀와 만나기 위해 한 주 동안의 모든 약속을 어기리라. 그 같은 날씨와 만나는 장소가 여인과 관계없음을 안다고 해도, 아무 소용없이 나는 이 미끼에 걸려 사로잡힌다. 겨울의 도시에서도 나는 이 여인에게 욕망을 일으킬 수 있을 테지만, 그 경우 소설적인 정이 따르지 않거니와 내가 사랑에 빠지지 않으리라는 것을 안다. 물론 사랑은 환경 덕분에 내 마음을 사로잡았다고 해서 그만큼 약해지는 게 아니다. 다만 그 사랑은 서글플 뿐이다. 마치 우리 인생에서 만나는 사람들이 맡은 역할이 점점 더 작아지고, 또 우리가 오래 이어지기를 바라는 새 사랑도 우리의 삶과 함께 짧게 줄어들어 이게 마지막 사랑일 거라고 우리가 점점 깨달아감에 따라, 상대에 대한 우리의 정이 차츰 서글프게 변해가듯이.

발베크에는 아직 사람이 뜸했고 아가씨들도 적었다. 이따금 나는 그 가운데 한 아가씨를 언뜻 보았지만 매력을 못 느꼈다. 그러나 수많은 일치로, 그녀가 친구들과 승마 연습장인지 운동장에서 나오는 걸 본 순간 가까이할 수 없어 나를 절망시키던 그 아가씨와 같은 인물이라는 것을 알았다. 그것이 같은 아가씨라면(이 점을 나는 알베르틴에게 말하지 않았지만), 내가 반했다고 여긴 그 아가씨는 더 이상 존재하지 않는 셈이다. 그러나 나는 굳게 믿을 수 없었다. 아가씨들의 얼굴이 바닷가에서 일정한 크기를 차지하지 않았으며, 불변의 꼴을 보이지 않기 때문이다. 나 자신의 기대, 내 욕망의 불안 또는 그 자신에게 만족하는 안락, 아가씨들 차림새의 온갖 변화, 빠른 걸음이나 정지 따위에 의해서, 그녀들 얼굴 또한 줄어들기도 늘어나기도 하면서 바뀌었으니까.

그렇지만 아주 가까이 다가가 보니 두세 아가씨는 아름다워 보였다. 그 아

가씨들 가운데 하나를 볼 적마다, 나는 그 아가씨를 타마리 (Tamaris)* 거리
나 모래언덕 또는 절벽 위로 데려가고 싶었다. 무관심에 비하면 이 욕망 속
에는, 혹여 일방적이라 해도 무엇인가를 이루려는 대담성이 이미 들어 있었
으나, 그래도 내 욕망과 행동(아마 그녀에게 입맞춤하는 것이겠지만) 사이
에는 망설임과 소심의 애매한 '공백'이 있었다. 그럴 때 나는 음식점에 들어
가 포도주를 연거푸 일고여덟 잔 들이켰다. 그러자 곧바로 내 욕망과 행동
사이의 메울 수 없는 간격 대신, 알코올의 효과가 이 둘을 맺는 선을 그었
다. 이제는 망설임이나 두려움이 들어설 자리가 없었다. 아가씨가 내게로 날
아올 것 같았다. 나는 아가씨에게 갔고, 저절로 입에서 말이 나왔다. "혹시
괜찮다면 같이 산책하고 싶습니다만. 절벽 위에 안 가시렵니까? 지금 비어
있는 폐가가 있는데, 그 집의 바람막이숲 뒤는 아무도 얼씬하지 않는대요."
인생의 온갖 어려움이 사라지고 이제는 우리 둘의 육체적인 결합에 장애되
는 게 없었다. 적어도 나에게는 아무런 장애도 없었다. 그도 그럴 것이 포도
주를 마시지 않은 아가씨에게는 장애가 사라진 게 아니었으니까. 설령 아가
씨가 취해, 세계가 아가씨 눈에 어떤 현실성을 잃어, 그녀가 오랫동안 애지
중지해온 꿈이 갑자기 이뤄질 성싶은 느낌이 들었던들, 그 꿈은 전혀 내 팔
안에 떨어지지 않으리라.

아가씨들은 수가 적었을 뿐만 아니라, 아직 '제철'이 아닌 이 계절에는 좀
처럼 오래 머무르지 않았다. 나는 한 아가씨, 콜레우스 같은 적갈색 피부에
초록 눈과 붉은 두 볼을 갖고, 그 선이 흐릿한 얼굴이 어떤 나무의 날개 있
는 씨앗과 닮았던 아가씨가 떠올랐다. 어떤 바람이 그녀를 발베크에 데려왔
으며, 또 어떤 바람이 그녀를 데려갔는지 나는 모른다. 다만 너무나 갑작스
러운 일이라서 나는 며칠 동안 슬픔에 잠겼다. 그리고 그녀가 영영 떠나 버
렸구나 여겼을 때 비로소 그 괴로움을 알베르틴에게 털어놓고 얘기했다.

말해두지만 아가씨들 대부분은 내가 전혀 모르는 사람이거나 여러 해 동
안 보지 못했던 사람이었다. 여러 번, 그녀들을 만나기 전에 나는 그녀들에
게 편지를 보냈다. 그 답장에서 사랑의 가능성이 엿보이면 얼마나 기뻤는
지! 한 여인과의 우정의 첫 무렵에는 그 우정이 발전하지 못할 걸 알아도,

---

* 위성류(渭城柳).

처음에 받은 편지 몇 통을 몸에서 떼어놓지 못한다. 그것을 이제 막 받은 싱싱한 고운 꽃처럼 늘 가까이 두고 싶어하며, 얼굴을 대어 그 냄새를 들이마시려고 할 때 말고는 그것을 끊임없이 바라본다. 외운 글을 다시 읽기가 즐겁고, 글자대로 외우지 못한 글 속에서 한 표현에 포함된 애정의 정도를 확인하고 싶어한다. 그녀가 '당신의 그리운 편지'라고 썼던가. 행복의 향기를 맡으려 했으나, 뜻밖에 작은 실망이 일어난다. 내가 너무 빨리 읽어 내려갔거나 또는 상대의 필적이 읽기 힘들었던 까닭이다. 상대는 '그리고 당신의 그리운 편지(et vorte chère lettre)'라 쓴 게 아니라, 그저 '이 편지를 보고서(en voyant cette lettre)'라고 썼던 것이다.

그러나 그 나머지는 참으로 다정스럽다. 아아! 이 같은 꽃이 내일도 왔으면! 이윽고 그것만으로는 만족하지 않고 쓰인 낱말에 눈길이나 목소리를 맞대어 보고 싶어진다. 그리하여 만나기로 약속한다. 그리고—아마 상대가 변한 건 아니겠지만—자신이 떠올린 모습이나 사사로운 추억으로 요정 비비안을 만날 거라 믿은 장소에서, 나는 장화 신은 고양이를 발견한다. 그래도 다음 날 다시 만나기로 약속한다. 어쨌든 그녀임에 틀림없고, 바라던 게 그녀였으니까. 그런데 몽상하던 한 여인에 대한 이런 욕망은 명확한 특징을 갖춘 아름다움을 꼭 필요로 하진 않는다. 그 욕망은 오로지 어떤 인물에 대한 욕망이며, 향기처럼 막연하다. 마치 프로티라이아의 욕망이 안식향(安息香)이요, 천상계의 욕망이 사프란이요, 헤라의 욕망이 향료요, 구름들의 욕망이 몰약(沒藥)이요, 니케의 욕망이 만나요, 바다의 향기가 향(香)이듯. 하지만 고대 오르페우스교 송가가 노래하는 이런 향기는 그 향기를 참으로 아끼는 신들의 수보다 훨씬 적다. 그래서 몰약은 구름들의 향기이지만 프로토고노스, 넵투누스, 네레우스, 레토의 향기이기도 하다. 향(香)은 바다의 향기인데, 아름다운 디케, 테미스, 키르케, 아홉 뮤즈, 에오스, 므네모시네, 태양, 디카이오시네의 향기이기도 하다. 안식향과 만나와 향료로 말하면 그것을 들이마시는 신들의 이름은 끝이 없을 만큼 수두룩하다. 암피에테스는 향 말고도 온갖 향기를 갖고, 가이아는 잠두와 향료의 냄새만을 싫어한다. 아가씨들에게 내가 품은 욕망도 마찬가지였다. 아가씨들보다 그 수가 적어, 욕망은 서로 비슷한 실망이나 슬픔으로 변했다. 나는 결코 몰약을 원하지 않았다. 나는 그것을 쥐피앙과 게르망트 대공부인을 위해 남겨두었다. 그도 그럴 것이 몰약은 '남녀의 성을 모두 갖추고, 황소 울음소리를 내며, 수많은 주신제(酒神祭)를 열고, 주신의 신도들이 바치는 제물에 기쁘게 강림하는, 아주 야릇하고도 잊지 못할 신'인 프로토고노스의 욕망이니까.

그러나 오래지 않아 계절이 절정에 이르렀다. 날마다 새 아가씨가 도착했다. 《아라비안나이트》의 매력 있는 독서 대신 빈번해진 나의 산책에, 기쁨 없는 이유가 생겨나 그것이 하루하루를 망쳐버렸다. 바닷가는 이제 아가씨들로 가득했다. 그리고 코타르가 내게 암시했던 관념은, 새 의혹을 주지는 않았으나 그쪽에 대하여 나를 예민하고 다치기 쉽게 만들어, 나는 내 마음속에 새로운 의혹이 생기지 않도록 조심하게 되었다. 젊은 여인이 발베크에 도착할 때마다 나는 불안해져서, 알베르틴이 그 여인과 사귀지 못하도록, 또 될 수 있으면 새로 온 여인을 못 보도록, 알베르틴에게 아주 먼 산책을 제의했다. 게다가 나는 그 악덕으로 알려진 여인들 또는 나쁜 평판이 있는 여인들을 두려워했다. 어쩌면 알베르틴이 이런 타락한 여인과 관계하려고 애쓰는 게 아닌가, 나 때문에 그러지 못하는 걸 아쉬워하는 게 아닌가, 또는 수많은 예에 의해 그토록 퍼진 악덕을 그녀가 죄악이 아니라고 믿고 있는 게 아닌가 하는, 어떤 두려움을 나는 무의식적으로나마 품고 있었다. 그래서 나 스스로는 그렇게 인정하지 않고서도 이 고약한 평판이 아무 근거도 없는 중상이라고 알베르틴을 설득하려 들었다. 죄 많은 여인들의 악덕을 하나하나 부정하면서, 나는 여인의 동성애라는 존재 자체를 부정하려 들었다. 알베르틴은 이런저런 아무개의 악덕에 대한 나의 회의적인 태도에 동의했다. "그럼요, 그건 오로지 그런 체 꾸며 보이는 시늉이라고 생각해요. 시늉일 뿐이에요."

그러나 이럴 때 나는 결백을 주장한 걸 늘 뉘우쳤다. 그도 그럴 것이 전엔 그처럼 엄하던 알베르틴이, 그런 취미가 없는 여인이라도 그렇게 보이도록 애쓸 만큼이나, 그 '시늉'을 즐겁고도 편리한 것으로 여기지 않을까, 기분이 나빠졌기 때문이다. 나는 어떠한 여인도 발베크에 오지 않기를 바랐다. 그러고 보니 퓌트뷔스 부인이 베르뒤랭네 별장에 다다를 시기가 되었으니, 생루가 가르쳐주었던 그 난잡한 몸종도 바닷가까지 소풍을 올지 모른다. 그러면 내가 알베르틴 곁에 없는 날을 틈타서 그녀를 타락시키려 들지도 모른다. 이런 생각에 나는 덜컥 겁이 났다. 코타르는 베르뒤랭 부부가 내게 무척 관심을 가져, 코타르의 말마따나 내 꽁무니를 쫓아다니는 것처럼 보이고 싶지는 않아도 그들의 집에 나를 부르기 위해 많은 희생을 아끼지 않을 거라고 내게 털어놓았다. 그래서 나는 스스로 묻기에 이르렀다. 파리에 돌아가서 게르망트네 사람들을 모두 베르뒤랭네 사람들에게 인사시키겠다고 약속한다면, 베르뒤랭 부인으로 하여금 퓌트뷔스 부인에게 어떤 핑계를 붙여 그녀의 별장에 더 이상 머물지 못하게 되었다고 알려서 되도록 빨리 떠나게 할 수 있지 않을까.

이런 생각에도 나를 특히 불안케 한 것은 앙드레의 존재였으나, 알베르틴의 단호한 부정이 내게 준 안심은 조금 더 이어졌다. 게다가 앙드레는 사람들이 몰려오기 직전에 로즈몽드와 지젤과 함께 떠날 예정이라, 그녀가 알베르틴 곁에 있는 것도 2~3주만 지나면 끝이므로 그 걱정도 덜해지리란 사실을 나는 알고 있었다. 더구나 그 한 주 동안 알베르틴은 혹시 의혹이 내 마음속에 남아 있더라도 그것을 때려 부수게, 또는 그것이 다시 떠오르지 않게 모든 말과 행동을 조정하는 듯했다. 그녀는 한 번도 앙드레와 단둘이 남지 않게 처신했고, 또 우리가 돌아갈 때 자기네 집 앞까지 내가 데려다주게 했으며, 우리가 외출할 때는 집 앞까지 자기를 데리러 오게 했다. 한편 앙드레도 일부러 알베르틴을 피하는 성싶었다. 그녀들 사이에 성립된 이 명백한 합의는, 알베르틴이 우리 둘 사이의 대화를 여자친구들에게 알려, 나의 터무니없는 의혹을 가라앉히게 마음 써달라고 부탁한 사실을 알려주고 있었다.

이 무렵 발베크의 그랑 호텔에 한 추문이 생겼는데, 그것도 내 고민의 경향과 꼭 들어맞았다. 블로크의 누이동생은 얼마 전부터 전직 여배우와 비밀스런 관계를 맺어오다가 이윽고 그것으론 만족하지 않게 됐다. 누가 보고 있다는 생각이 그녀들의 즐거움에 한결 퇴폐성을 더해주는 것 같았다. 그녀들은 남들의 눈앞에 그 위험스런 희롱 행위를 드러내고 싶었다. 그것은 오락실의 바카라 탁자 옆에서, 남이 보기에 절친한 친구 사이의 짓으로 여길 수 있는 애무로 시작됐다. 그 다음 그녀들은 대담해졌다. 마침내 어느 날 저녁, 커다란 댄스홀의 별로 어둡지도 않은 한구석의 긴 의자 위에서, 그들은 침대 안에서 하던 짓을 태연히 하기 시작했다. 거기서 멀지 않은 곳에 아내와 함께 있던 두 장교가 지배인에게 불평했다. 한순간 이 항의가 효과를 낼 거라고 생각했다. 그러나 이 두 장교는 그들이 살고 있는 네톨므에서 하룻저녁 발베크에 놀러 온 사람들로, 지배인에게 아무 이익도 안 된다는 불리한 점이 있었다. 그에 반해 블로크 아가씨는 그녀도 모르는 사이에 또 지배인이 그녀에 대해 뭐라고 말하든 간에, 니생 베르나르 씨의 보호 밑에 있었다. 그 까닭은 다음과 같다.

니생 베르나르 씨는 가족의 미덕을 최고로 실천하는 사람이었다. 해마다 그는 발베크에 조카를 위한 굉장한 별장을 세내었고, 또 어떤 초대도 그가 자기의, 다시 말해 그들의 별장에 저녁 식사 하러 돌아가는 것을 막지 못했다. 하지만 결코 그는 제 별장에서 점심을 먹지 않았다. 그는 정오마다 그랑 호텔에 있었다. 남들이 오페라 극장의 젊은 무희를 돌봐주듯이, 그는 이미 말한 바 있는 〈에스더〉와 〈아탈리〉의 젊은 이스라엘 사람들을 떠오르게 하는 도어맨들과 비슷한 한 젊은 '사환'을 부양하고 있었다. 솔직히 말해 니생 베르나르 씨와 젊은 사환을 갈라놓는 40년의 세월이 젊은 사환을 지나치게 뻔뻔스러운 접촉에서 구해주었는지도 모른다. 그러나 라신이 같은 합창 속에서 현명하게 말했듯이,

오, 주여, 싹트기 시작하는 덕이
그처럼 많은 위험 가운데 비실거리는 걸음으로 걷도다!
당신을 찾아 오로지 순결코자 하는 영혼이
돌부리에 걸려 넘어지누나!

젊은 사환은 발베크의 신전이라 할 만한 호화 호텔에서 '세상 멀리 키워지고' 있었지만 그래도 소용없었다. 그는 제사장 조아드의 충고를 따르지 않았다.

부귀와 황금에 기대지 말지어다.

그는 아마도 '죄인들이 이 지상을 덮다'라는 말로 자신을 정당화하면서 받아들였나 보다. 어쨌든 니생 베르나르 씨도 반응이 그토록 빠를 줄은 몰랐는데, 첫날부터 벌써

아직 공포로 가득 차 있어서인가, 그를 껴안기 위해서인가,
순결한 두 팔이 그를 죄어옴을 느끼도다.

그리고 이틀째부터 니생 베르나르 씨는 사환을 여기저기 데리고 다니면서 '그 독으로써 순결한 자를 해치는' 것이었다. 그때부터 젊은이의 생활은 변해버렸다. 우두머리의 분부대로 빵과 소금을 나르면서도, 그 얼굴 전체는 이렇게 노래하고 있었다.

꽃에서 꽃으로, 쾌락에서 쾌락으로
우리 욕망을 산책시키자.
세월은 쉽게 흐르고 수명도 의미 없으니.
어서 오늘부터 삶을 즐기자!
명예와 지위는
눈먼 순종에 대한 상이니.
슬프게도 순결한 자를 위해
그 누가 입을 열어주겠는가?

이날부터 니생 베르나르 씨는 점심때마다 빼놓지 않고 이곳 식탁을 차지하러 오게 됐다(매우 특징 있는 단역 무희로서 아직 제 드가(Degas)를 기다리고 있는 한 무희를 돌봐주는 어떤 이가, 빼놓지 않고 극장 관람석에 나타나듯). 식당 안은 물론이고 저 멀리 종려나무 밑 여성 회계원이 군림하는 곳에서까지, 시중으로 바쁜 젊은이의 움직임을 눈으로 좇는 것이 니생 베르나르 씨의 즐거움이었다. 젊은이는 누구에게나 똑같이 시중을 들었는데 니생 베르나르 씨에게 보살핌을 받게 된 뒤부터 그에 대한 시중은 누구에게보다도 소홀해졌다. 젊은 합창대원은 자기를 충분히 사랑해주는 사람에게는 똑같은 친절을 보여줄 필요가 없다는 생각을 하는지도 몰랐고, 그 애정이 그에게는 역겹거나, 이를 남에게 들키면 다른 기회를 놓칠까 봐 걱정하는지도 몰랐다. 그러나 그 데면데면한 대접 자체가, 그 뒤에 숨어 있는 모든 것에 의하여 니생 베르나르 씨를 기쁘게 했다. 그는 히브리인의 유전적 특성 탓인지 아니면 기독교적 감정을 모독하고픈 마음 때문인지는 몰라도, 이 라신적 의식을(유대 의식이든 가톨릭 의식이든 간에) 매우 좋아했다. 만일 그 의식이 〈에스더〉나 〈아탈리〉에서 실제로 상연됐다면, 베르나르 씨는 자기의 숨은 애인에게 더 중요한 역을 얻어주기 위해, 몇 세기라는 거리 때문에 작자인 장 라신과 친교가 없다는 사실을 유감으로 생각했을 것이다.

하지만 점심 의식은 어떤 작가의 작품도 아니었으므로 그는 그 '젊은 이스라엘 사람'을 원하는 지위, 주임보나 아니면 주임까지 승진시킬 수 있도록 지배인이나 에메와 사이좋게 지내는 것으로 만족했다. 소믈리에 자리가 젊은이에게 주어졌지만, 베르나르 씨는 억지로 거절시켰다. 그렇게 되면 그는 젊은이가 날마다 초록빛 식당 안을 달리는 모습을 다시는 볼 수 없거니와 남남 사이 같은 태도로 젊은이의 시중을 받지도 못하게 될 테니까. 그런데 이 기쁨이 어찌나 강했던지 해마다 베르나르 씨는 발베크에 와서, 별장이 아닌 바깥에서 점심을 먹게 되었다. 이 모습을 본 블로크의 아버지는, 발베크에 오는 버릇은 어느 해안보다 마음에 드는 이 해안의 아름다운 빛줄기나 일몰에 대한 시적인 취미에서 비롯됐고, 바깥에서 점심을 먹는 버릇은 늙은 홀아비의 고집에서 시작됐다고 여겼다.

사실을 말하자면, 그가 해마다 발베크에 오는 진짜 이유를 짐작도 못하는 니생 베르나르 씨 친척들의 이 착각, 현학적인 블로크 부인의 이른바 외식 취미에 대한 이 착각은, 보다 깊은 제2단계 진리이기도 했다. 왜냐하면 니생 베르나르 씨 자신이, 발베크의 바닷가나 식당에서 바라보는 바다의 광경에 대한 자신의 사랑과 편집적(偏執的)인 습관이, 지금껏 남의 손을 타지 않은 사환 한 사람을 아직 드가의 눈에 띄지 않은 오페라 무희처럼 꿰차는 취미에서 얼마나 큰 역할을 했는지 몰랐기 때문이다. 이런 까닭으로 니생 베르나르 씨는 발베크 호텔이라는 이 극장의 지배인과, 또 연출가 겸 무대감독인 에메와—그들의 역은 이 사건 전체에서 그리 분명하지 않았으나—적절한 관계를 유지하고 있었다. 그들은 어느 날 큰 역할, 예컨대 주임 자리를 얻는 책동에 끼어들 것이다.

그동안 니생 베르나르 씨의 즐거움은, 실로 시적이고 조용히 일이 돌아가는 모양을 관찰하는 것이었으나, 언제나 사교계에 나가기만 하면 애인을 만날 수 있다는 것을 아는 호색한 사내—이를테면 이전의 스완—의 성격을 얼마간 띠고 있었다. 니생 베르나르 씨가 앉자마자 그가 점찍어둔 대상이 과일이나 여송연을 담은 쟁반을 손에 들고 무대에 등장하는 게 보였다. 그러므로 그는 아침마다 조카딸에게 입맞추고, 내 친구 블로크의 일을 걱정하며, 손을 내밀어 손바닥 안에 놓은 설탕 덩어리를 말에게 먹이고 나서는, 열에 들뜬 듯 서둘러서 그랑 호텔에 점심 먹으러 가는 것이었다. 집에 불이 나건 조카딸이 발작을 일으키건 그는 반드시 갔으리라. 그래서 그는 감기를 흑사 병처럼 두려워했다. 감기에 걸리기라도 하면 침상에 누워 있어야만 해서— 그는 건강염려 증세를 보였다—간식 시간 전에 그의 별장으로 그 젊은 친구 를 보내달라고, 사람을 시켜 에메에게 부탁해야 하니까.

게다가 그는 발베크의 호텔을 이루는 복도, 화장실, 객실, 휴대품 보관소, 식료품 저장실, 화랑의 온갖 미로(迷路) 전체를 좋아했다. 동양인의 유전적 특성으로 그는 하렘을 좋아했고, 그가 저녁에 외출했을 때는 남몰래 그 복잡 한 통로를 탐험하는 모습이 남들의 눈에 띄었다.

추문을 피하고 남들 눈에 안 띄고자 하면서도 젊은 레위인을 찾아 지하실 까지 위험을 무릅쓰고 내려가는 니생 베르나르 씨는, 〈유대 여인〉의 다음 시구를 떠올리게 한다.

오, 우리 아버지이신 주여,
우리 사이에 다시 내려오소서,
못된 자들의 눈에서
우리 비밀을 지키소서.

반대로 나는, 한 외국 부인이 몸종으로 발베크에 데리고 온 자매의 방에 올라갔다. 자매는 호텔 용어로 말하면 시녀(courrières)이고, 또 그들이 심부 름(courses)하는 걸로 상상하는 프랑수아즈의 용어로 말하면 두 '여자 심부 름꾼(coursières)'이었다. 호텔은 좀더 고상하게 '저건 외교문서 배달원(C'est un courrier de cabinet)' 하고 불리던 시대의 습관을 남기고 있었다.

손님이 심부름꾼 방에 가는 건 매우 어려웠으며 그 반대도 마찬가지였으 나, 그래도 나는 이 젊은 두 여인 마리 지네스트 아가씨와 셀레스트 알바레 부인과 아주 깨끗하고도 강한 우정으로 몹시 빠르게 맺어졌다. 프랑스 중부 의 고산 기슭 개울과 급류 강변(물이 그녀들의 생가 밑을 흘렀으며, 그 집은 안에서 물방아가 돌고 홍수가 나면 여러 번 물에 잠겼다)에서 태어난 그녀 들은 그 자연의 성질을 간직하는 성싶었다. 마리 지네스트는 한결같이 빠르 고도 급한 반면, 셀레스트 알바레는 느른하고도 활기 없고 호수같이 잔잔했으나, 한 번 성나면 모든 걸 휩쓸어가는 홍수와 소용돌이의 위험을 떠오르게 하는 폭발적인 무서움을 보였다. 그녀들은 내가 아직 잠자리에 있는 아침에 자주 찾아왔다. 나는 그토록 일부러 무식을 지니려는 사람을 본 적이 없었다. 그녀들은 학교에서 아무것도 배우지 않았다. 그런데도 그 말씨엔 참으로 문학적인 구석이 있어, 거의 야성적인 그 소박한 말투만 아니었다면 그것은 분명 기교를 부린 말로 들렸으리라. 내가 우유에 크루아상을 담갔을 때 셀레스트가 나에게 이런 말을 했는데, 그것은 둘 다 잘못됐으나 나에 대해 매우 진지한 칭찬과 비난을 품고 있었으며(여기서 칭찬을 인용하는 건 자기 자랑을 위해서가 아니라 셀레스트의 기이한 재능을 칭찬하기 위해서다), 그대로 적으면 다음 같은 친밀한 말투였다.

"어쩌면! 이분은 어치 같은 머리털을 한 검정 꼬마 귀신일세. 속속들이 깜찍스러운 분이야! 어머니께서 당신을 만들 때 뭘 생각했는지 모르겠네. 당신이 작은 새와 똑같으니 말이에요. 봐, 마리. 이분은 깃을 부리로 다듬고 있는 것 같잖아. 목을 부드럽게 돌리고 말이야! 가벼운 모양이, 마치 나는 법을 배우는 것 같네. 당신을 만든 분들이 당신을 부잣집에 태어나게 했으니 운이 좋았네요. 그렇지 않았다면 당신 같은 낭비가가 어떻게 되었을까? 저것 봐, 침대에 닿았다고 해서 크루아상을 그냥 버리네. 어머나, 이번엔 우유를 흘리네. 기다려요, 냅킨을 해드릴 테니. 자기 손으로 할 줄 모를 테니까. 당신같이 바보스럽고 서투른 사람은 처음 봐요."

이때 마리 지네스트의 급류처럼 시원시원한 소리가 들렸다. 그녀는 성이 나서 여동생을 질책하고 있었다. "셀레스트, 당장 입 다물지 못해? 이분에게 그런 말을 하다니 돌았어?" 셀레스트는 생긋 웃을 뿐이었다. 그리고 내가 냅킨을 하기 싫어하니까 이렇게 말했다. "천만에, 마리, 이걸 봐! 뱀같이 똑바로 고개를 일으켰어. 꼭 뱀 같아." 본디 그녀는 동물 비유를 곧잘 썼다. 그녀의 말에 따르면 남들은 내가 언제 자는지 모르고, 나는 한밤에 나방처럼 팔락팔락 날아다니고 낮에는 다람쥐처럼 재빠르게 돌아다닌다는 것이었다. "너도 알지, 마리. 우리 고향에선 다람쥐가 눈으로 뒤쫓을 수 없을 만큼 날쌔잖아." "하지만 셀레스트, 이분은 먹을 때 냅킨을 하기 싫어해." "싫어하는 게 아냐. 아무도 제 의사를 꺾지 못한다는 걸 보이고 싶어 그러는 거야. 이분은 신사거든. 신사 티를 내고 싶은 거야. 필요하면 깔개를 열 번이나 갈아드리는데, 이분은 그래도 만족하지 않으셔. 어제 깔개는 소임이 끝났다 쳐도, 오늘 자리는 이제 막 깔았잖아. 그런데도 벌써 갈아야 해. 아아! 이분이 가난한 집에서 태어나지 않기를 잘했다고 한 내 말이 옳아. 봐, 머리털이 곤두서고 있어. 새 깃털같이 화가 나 부풀었네. 불쌍한 플루미수(ploumissou)*!"

이러고 보니 항의하는 이는 마리뿐만 아니었다. 나도 항의했다. 나는 조금도 스스로 신사라고 생각하지 않으니까. 그러나 셀레스트는 나의 겸손을 진정이라 믿지 않아서 내 말을 가로막았다. "아아! 꾀주머니, 아아! 내숭쟁이. 아아! 음흉주머니! 꾀보 중의 꾀보, 심술꾸러기 중의 심술꾸러기! 아아! 정말이지 몰리에르 같아!"(몰리에르는 그녀가 알고 있는 유일한 작가의 이름이었다. 그녀는 스스로 극을 쓰고 연기도 하는 사람이란 뜻으로 그 이름을 내게 적용했다) "셀레스트!" 마리는 몰리에르의 이름을 몰라, 그것이 새로운 욕지거리가 아닌지 걱정하여 외쳤다. 셀레스트는 다시 생긋 웃었다. "서랍 속에 있는 이분의 어릴 적 사진을 못 봤니? 이분은 자기가 늘 수수한 옷차림을 한 것처럼 말씀하셨지. 그런데 사진 속에선 짧은 지팡이를 들고 모피와 레이스에 푹 파묻혀 있으니, 왕자라도 그런 옷차림은 못했을걸. 하지만 그것도 이분의 당당한 위엄과 더욱 깊은 자비에 비하면 아무것도 아니지." "아니 그럼, 너는 이분의 서랍까지 뒤지는 거니!" 마리의 급류가 으르렁거렸다. 마리의 걱정을 가라앉히려고 나는 그녀에게 니생 베르나르가 하고 있는 일을 어떻게 생각하느냐고 물었다. "어머나! 그런 일이 실제로 있을 줄은 정말 몰랐어요. 여기서 처음으로 알았네요." 이렇게 말한 그녀는 보다 심각한 말로 단숨에 셀레스트를 이기려고 덧붙였다. "살다 보면 무슨 일이 일어날지, 통 알다가도 모르겠군요." 나는 화제를 돌리고자 밤낮 일하는 우리 아버지의 생활에 대해 말했다. "어쩌면! 자기를 위해선 잠깐도, 1분도, 한 기쁨도 안 남기고, 전부 몽땅 남을 위해 희생하는 생활이네요. 남에게 줘버린 생활이네요. 보렴, 셀레스트. 고작 이불 위에 손을 내놓고 크루아상을 드시는데도 얼마나 기품 있는지! 하찮은 일을 하실 때조차 마치 프랑스의 온 귀족, 피레네 산맥 끝까지의 귀족이 이분의 동작 하나하나 속에 이사 온 것 같아."

이처럼 진실하지 않은 묘사에 아연한 나는 입을 다물었다. 그런데 셀레스

---

* 플뤼마소(plumasseau, 깃털 먼지떨이)의 사투리인 듯함.

트는 이를 새로운 꾀로 보았다. "어머나! 이다지도 순진한 모양인 이마 속에 뭐를 숨기고 있다지. 감복숭아 알맹이처럼 사이좋게 이웃한 싱싱한 뺨, 새틴처럼 부드러운 손, 그러면서도 손톱은 맹금의 날카로운 발톱 같지. 저런, 마리, 내가 기도를 올리고 싶도록 경건하게 우유를 마시는 모습을 봐. 얼마나 진지한 얼굴이니! 이 순간에 이분 사진을 찍어야 해. 하나부터 열까지 어린애 같아. 그렇게 맑은 낯빛을 유지하시는 것도 어린애처럼 우유를 드시기 때문인가요? 아아! 젊으셔라! 아아! 예쁜 살갗! 당신은 결코 늙지 않을걸. 운이 좋은 분이셔. 남에게 손을 들지 않을 거야. 상대 의사를 단숨에 꺾을 줄 아는 두 눈을 가지고 있으니까. 어머, 그런데 지금은 성나셨네. 곧바르게 우뚝 섰네. 그게 당연하다는 듯이."

프랑수아즈는 제 입으로 두 아첨꾼이라고 이름 붙인 그녀들이 이렇게 나와 얘기하러 오는 것을 조금도 좋아하지 않았다. 종업원을 통해 호텔에서 무슨 일이 일어나고 있는지 다 감시하는 지배인은, 손님이 시녀들과 담소하다니 어울리지 않는다고 내게 엄숙히 주의를 줬다. 나는 '아첨꾼'이 호텔의 어느 여자 손님보다 뛰어나다고 생각해, 지배인의 얼굴 앞에서 비웃음을 터뜨리는 것으로 만족했다. 내가 아무리 설명해도 그는 이해하지 못할 테니까. 그 뒤에도 자매는 여전히 찾아왔다. "보렴, 마리. 이분의 섬세한 얼굴. 꼭 세밀화 같지. 진열창 속에 있는 가장 소중한 세밀화보다 더 훌륭한 거야. 이분은 움직이고 언제나 말을 들려주니까."

외국 부인이 그녀들을 데리고 올 수 있었던 것은 기적이었다. 역사도 지리도 모르는 주제에 그녀들은 영국인, 독일인, 러시아인, 이탈리아인 등 외국의 '해충'을 몹시 싫어해, 단 프랑스 사람밖에 좋아하지 않았기 때문이다. 그녀들의 얼굴은 고향 하천의 유순한 찰흙의 습기를 지니고 있어, 호텔에 있는 외국인이 화제에 오르면, 그 사람이 한 말을 되풀이하는데 셀레스트나 마리나 둘 다 얼굴이 그 사람의 얼굴이 되고, 입은 그 사람의 입으로 변하며, 눈도 그 사람의 눈이 되어, 나로선 이 감탄할 연극의 가면을 간직하고 싶을 정도였다. 셀레스트는, 지배인 또는 내 친구 하나가 한 말밖에 되풀이하지 않는 척하면서, 그 보잘것없는 이야기 속에 블로크나 재판소장의 온갖 실패를 짓궂게 묘사하여 슬쩍 집어넣었다. 그것은 그녀가 스스로 친절하게 떠맡은 간단한 볼일의 보고라는 형태를 연, 누구도 흉내낼 수 없는 성격 묘사였다. 그녀들은 아무것도 읽지 않았으며 신문조차 펴보려 하지 않았다. 그런데 어느 날, 두 사람은 내 침대 위에서 책 한 권을 발견했다. 그것은 감탄할 만하지만 난해한 생레제 레제(Saint-Réger Réger)*의 시집이었다. 셀레스트는 그것을 몇 장 읽더니 나에게 말했다. "이게 시입니까? 수수께끼 아닌가요?" 그것은 어렸을 때 '이 세상 모든 라일락이 죽도다'라는 시만을 배운 인간으로서는 분명히 다가갈 수 없는 대상이었다. 아무것도 배우지 않으려는 그녀들의 고집은 얼마쯤 건강하지 못한 고향 탓이라고 생각한다. 그렇지만 그녀들은 시인 못지않게 재능이 있으며 여느 시인보다 겸손했다. 왜냐하면 셀레스트가 뭔가 놀랄 만한 것을 말한 뒤, 내가 그게 잘 생각나지 않아 다시 말해달라고 부탁하면, 그녀는 잊어버렸다고 딱 잡아떼었으니까. 그녀들은 결코 책을 읽지 않을 테고, 더더구나 쓰지도 않을 것이다.

프랑수아즈는 이 평범한 여인들의 두 형제들 가운데 하나는 투르 대주교의 조카딸과 결혼하고, 또 하나는 로데즈 주교의 친척 여인과 결혼한 걸 알고서는 깜짝 놀라고 말았다. 지배인한테는 그것이 아무렇지도 않았겠지만. 셀레스트는 자기를 알아모시지 않는다고 가끔 남편을 비난했는데, 나는 오히려 남편이 그녀에 대해 참고 견디는 데 놀랐다.

왜냐하면 이따금 화가 나 부들부들 떨며 닥치는 대로 부수는 그녀의 꼴이 보기 흉했으니까. 우리의 피라는 짭조름한 액체는 원시 바다 요소의 몸속 잔존물에 지나지 않다고 한다. 마찬가지로 셀레스트도 격노했을 때, 또한 의기소침해 있을 때 그 고향 하천의 리듬을 지녔다고 나는 생각한다. 몹시 지쳤을 때에도 그녀는 하천과 똑같았다. 그녀는 정말 메말라 있었다. 그때엔 아무것도 그녀의 기운을 회복시키지 못하는 듯싶었다. 그러다가 단숨에 그녀의 크고 당당하며 날렵한 몸속에 다시 순환이 시작된다. 물이 젖빛으로 투명한 푸르스름한 피부 속을 흐르기 시작한다. 그녀는 해를 향해 미소 지으면서 한층 더 푸르러진다. 그때 그녀는 말 그대로 셀레스트(céleste, 하늘)처럼 보였다.

블로크네 사람들은 숙부가 절대로 집에서 점심을 먹지 않는 까닭을 의심하지 않았으며, 그것은 늙은 홀아비의 괴벽으로 틀림없이 어떤 여배우와 관계 있는 일이겠거니 하고 처음부터 모르는 체 슬며시 지나갔는데, 그래도 니

---

*프랑스의 시인·외교관인 생존 페르스(Saint-John Perse)의 본명(1887~1975).

생 베르나르 씨에 대한 일은 전부 발베크의 호텔 지배인에게 '금기(禁忌)'였다. 그래서 숙부에게 호소조차 못한 채, 결국 지배인은 조카딸을 감히 비난하지 못하고 고작 그녀에게 조심해달라고 당부했을 뿐이다. 아가씨와 여자친구는 최소한 며칠 동안 카지노와 그랑 호텔에서 배척되리라 각오했는데 모든 일이 전대로인 것을 보고는, 그녀들을 피하려고 하는 가정의 부모들에게, 우리는 무슨 짓을 해도 처벌되지 않고 용서받을 수 있다는 사실을 신나게 과시했다. 물론 그녀들도 여러 사람을 격분시켰던 그 공공연한 장면을 재연하기까지에는 이르지 못했다. 하지만 모르는 새 그녀들의 행실은 점점 심해졌다. 그러던 어느 날 저녁, 등불을 반쯤 끈 카지노에서 내가 알베르틴과 우연히 만난 블로크와 셋이서 함께 나왔을 때, 그녀들은 계속 입맞춤을 하면서 껴안은 채 지나가다가, 우리 가까이에 이르자 낄낄대고 웃으며 외설적인 외침을 내질렀다. 블로크는 누이동생을 알아보지 못한 척 시선을 떨구었고, 나는 나대로 이 유별나고도 무서운 메시지가 어쩌면 알베르틴에게 보내진 게 아닌가 하는 생각에 심장이 갈기갈기 찢겼다.

또 다른 사건이 고모라*에 대한 나의 관심을 더욱 끌어당겼다. 나는 바닷가에서 날씬하고도 창백한 젊은 미녀를 보았다. 그 눈은 중심에서 기하학적으로 빛줄기를 내뿜고 있어서, 그 눈길과 마주치면 별자리를 바라보는 느낌이 들었다. 나는 이 젊은 미녀가 알베르틴보다 훨씬 아름다우니까 알베르틴을 버리는 편이 더 현명하지 않나 몽상해보았다. 다만 이 젊은 미녀의 얼굴은 인생의 비열함과 속된 술책을 부단히 받아들이는 가운데 눈에 안 보이는 그 대팻날에 깎여, 그래도 얼굴의 어느 부분보다 고상하게 보이는 눈도 탐욕스런 정욕만을 내뻗치고 있는 것 같았다. 그런데 다음 날, 이 젊은 여인은 카지노에서 우리와 멀리 떨어진 자리에 있었는데, 나는 그녀가 알베르틴 주위를 끊임없이 빙빙 돌며 번갈아 비추는 그 시선의 불꽃을 알베르틴에게 쏘아대는 것을 보았다. 그녀는 이를테면 등대의 도움을 얻어 신호하는 듯싶었다. 나는 알베르틴이 이토록 주목받고 있는 사실을 눈치챈 것 같아 괴로웠고, 쉴 새 없이 번쩍이는 이 눈길이 다음 날 밀회를 약속하는 상투적인 뜻일까 봐 겁났다. 누가 알랴, 이 만남이 어쩌면 처음이 아니었는지. 반짝이는

---

* 여성 동성애.

눈을 가진 이 젊은 여인은 언젠가 발베크에 왔었는지도 모른다. 혹시 알베르틴은 이미 그녀의 정욕에 꺾였거나, 아니면 그녀의 친구 여인의 정욕에 꺾였는지 모른다. 바로 그렇기에 이 여인은 알베르틴에게 반짝이는 신호를 보내고 있는 걸지도 모른다. 그렇다면 그 눈은 현재의 무엇을 요구할 뿐만 아니라, 과거의 즐거운 시간에 대한 권한을 내세우고 있는 것이다.

그렇다면 이 밀회는 처음이 아니며, 몇 년에 걸쳐 함께한 놀이의 계속이다. 과연 그 눈길은 '어때?' 하고 말하지는 않았다. 젊은 여인은 알베르틴을 언뜻 보자, 이내 아주 그녀를 향해 고개를 돌려 추억으로 가득 찬 시선을 빛내기 시작했다. 알베르틴이 기억 못하지 않을까 겁내면서도, 한편으로는 당연히 기억하겠지 말하기라도 하는 것처럼. 알베르틴은 그녀가 똑똑히 보였는데도 냉정하게 눈썹 하나 움직이지 않았다. 그래서 상대는 마치 옛 애인이 다른 사내와 같이 있는 걸 본 남자처럼 신중한 태도로 눈을 돌리고, 그녀가 거기에 있지 않은 양 더 이상 신경 쓰지 않게 되었다.

그러나 며칠 뒤 나는 이 젊은 여인의 취향과, 아마 전에 그녀가 알베르틴과 아는 사이였을 거라는 증거를 잡았다. 흔히 카지노 홀에서 두 아가씨 사이에 욕정이 싹트면, 광학 현상 같은 게 일어나 한쪽에서 다른 한쪽으로 인광(燐光)이 꼬리를 그었다. 이야기가 나왔으니 말인데 이렇게 만들어지는 물질은, 풍비박산이 된 고모라가 방방곡곡에서 뿔뿔이 흩어진 그 백성들을 모아 구약 성서의 도시를 다시 세우려고 공기의 일부를 태우는 별의 신호로서 헤아릴 수 없는 형태로나마 구체화된 것으로, 한편 곳곳에서 소돔의 회고적이고 위선적이며 때로는 대담한 유배자들도, 비록 순간적인 것일지라도 그 도시를 다시 세우기 위해 같은 노력을 계속하는 것이었다.

언젠가 나는 마침 블로크의 사촌누이가 지나가는 순간에, 알베르틴이 못 알아보는 체했던 그 미지의 여인을 보았다. 젊은 여인의 눈은 별같이 빛났는데, 그녀가 이 이스라엘 아가씨를 모르고 있음은 뚜렷했다. 그녀는 블로크의 사촌누이를 처음 보고서 정욕을 느꼈다. 이는 거의 의심할 나위 없었고, 단연코 알베르틴과는 달랐다. 알베르틴의 경우 그 여인은 우의를 굳게 믿고 있었는데 그토록 냉대를 당했다. 그리하여 그녀는 마치 전에 파리에서 살다가 지금은 살지 않는 외국인이 몇 주일 다시 머무르러 와서, 즐거운 저녁을 보내곤 했던 작은 극장 자리에 은행 건물이 지어진 것을 보는 때와 같은 경악을 느꼈던 것이다.

블로크의 사촌누이는 한 탁자에 가서 앉더니 잡지를 보기 시작했다. 잠시 뒤 젊은 여인은 시치미 떼고 그녀 곁에 가서 앉았다. 그러나 탁자 밑에서는 이윽고 그녀들의 발끝이 닿고, 다음에는 다리가, 그리고 손이 열정적으로 얽히는 것을 볼 수 있으리라. 이어 말이 나오고, 대화가 시작된다. 그리고 이리저리 그녀를 찾아다니던 젊은 여인의 순진한 남편은 자기 아내가 전혀 모르는 아가씨와 그날 저녁의 계획을 짜고 있는 것을 발견하고 놀랐다. 아내는 남편에게 블로크의 사촌누이를 어릴 적 친구로 소개했는데, 그 이름은 대충 얼버무렸다. 그녀는 상대의 이름을 미처 묻지 못했던 것이다. 하지만 남편의 참석이 그녀들의 거리를 더 좁혀주었다. 수도원 기숙여학교에서 사귄 사이라고 해서 서로 너, 나로 불렀으니까. 이 뜻밖의 일은 나중에, 골탕먹은 남편과 아울러 그녀들을 크게 웃겼다. 그리고 그 명랑한 기분이 그들의 애정에 새 불을 지폈다.

알베르틴으로 말하자면, 카지노에서나 바닷가에서나 한 아가씨와 어울려 너무 상스러운 태도를 취하지는 않는 것 같았다. 오히려 그녀는 아가씨들에게 지나친 쌀쌀함과 무관심을 보였는데, 그것이 좋은 교육의 결과라기보다 의심을 피하기 위한 꾀같이 여겨질 정도였다. 이를테면 한 아가씨에게 그녀는 빠르면서도 차갑게, 점잖으면서도 매우 큰 목소리로 대답했다. "응. 나 5시쯤 테니스장에 갈 거야. 내일 아침 8시쯤 해수욕할 거고." 그리고 그런 말을 건넨 상대의 곁을 곧 떠났다—거기엔 밀회를 약속하는 듯한 모양, 아니 그보다 남을 속이려는 무서운 모양, 즉 밀회 약속은 작은 목소리로 한 다음 남이 '눈치' 못 채게 뜻 없는 말을 크게 소리치는 모양이 있었다. 그런 뒤 그녀가 자전거를 타고 전속력으로 가버리는 걸 보고서, 나는 그녀가 아까 말 건넨 상대를 다시 만나러 가는구나 생각할 수밖에 없었다.

어쨌든 한 젊은 미녀가 바닷가 한 모퉁이에 자전거를 내리면, 알베르틴은 무심코 뒤돌아보지 않고선 못 배겼다. 그리고 곧 변명했다. "해수욕장 앞에 세운 새 깃발을 본 거예요. 돈을 좀더 들일 수 있었을 텐데. 먼저 것은 확실히 초라했죠. 그런데 이번 것은 더욱 보기 흉하네요."

한번은 알베르틴이 쌀쌀함만으로 만족하지 못해, 그것이 나를 한결 더 불행케 했다. 나는 그녀가 숙모의 여자친구인 '악습이 있고, 가끔 봉탕 부인네에 2~3일 지내러 오는 여인'과 만나는 걸 싫어했으며, 알베르틴도 그것을 알고 있었다. 그래서 알베르틴은 친절하게도 다시는 그 여인에게 인사하지 않겠다고 내게 말한 바 있다. 그리고 이 여인이 앵카르빌에 왔을 때, 알베르틴은 그 여인을 몰래 만나지 않는다는 걸 내게 증명하려는 듯 말했다. "맞다, 그 사람이 여기 와 있어요. 못 들었나요?" 그녀는 그렇게 말한 어느 날 다음과 같이 덧붙였다. "그래요. 나 그 사람을 바닷가에서 우연히 만났어요. 일부러 난폭하게 스치며 지나가 떼밀었죠." 알베르틴이 그런 말을 했을 때 내 머릿속에, 전에 봉탕 부인이 했던 말이 떠올랐다. 내 앞에서 그녀가 스완 부인한테 조카딸인 알베르틴이 얼마나 뻔뻔스러운지 자랑삼아 얘기한, 또 누군지 모르나 그 아버지가 설거지꾼이었던 어느 관리의 마누라를 두고 알베르틴이 그 사실을 어떻게 폭로했는지 얘기한 말이,* 한 번도 생각나지 않다가 지금 떠올랐다. 그러나 사랑하는 이의 말은 오랫동안 그 순수성을 간직하지 못하며, 상하고 썩는다. 하루인가 이틀 저녁 뒤 나는 알베르틴의 말을 다시 생각해보았는데, 그것은 그녀가 굳이 뽐내는 부족한 교양—그뿐이라면 나도 쓴웃음만 지었겠지만—이 아닌 다른 것을 나타내고 있었다. 알베르틴은 아마 뚜렷한 목적도 없이 이 부인의 감각을 자극하려고, 아니면 부인의 옛 제의(어쩌면 전에 알베르틴이 승낙했던)를 심술궂게 되새기려고 그녀와 재빨리 스쳤던 것이며, 그게 공공연히 벌어진 일이라 내가 들어 알고 있거니 생각해, 불리한 해석을 미리 막고 싶었던 것이다.

하기야 어쩌면 알베르틴이 사랑하고 있는지 모르는 여인들에 대한 나의 질투는 갑자기 그치게 되었지만.

우리, 곧 알베르틴과 나는 지방 철도의 발베크 역 앞에 있었다. 날씨가 나빠 우리는 호텔의 합승마차를 타고 왔다. 멀지 않은 곳에 니생 베르나르 씨가 한쪽 눈에 멍이 든 채 서 있었다. 그는 최근 〈아탈리〉 합창대원을 버리고, '버찌 과수원'이라는 근방의 꽤 번창한 농장 식당의 젊은이와 사귀고 있었다. 우악스럽고 뺨이 새빨간 그 젊은이는 목에다 꼭 토마토를 얹고 다니는 것 같았다. 정확하게 똑같은 토마토가 그 쌍둥이 형제의 머리에 쓰였다. 공평한 관찰자는 두 쌍둥이의 빈틈없는 비슷함에서 매우 아름다운 것, 자연이

---

* 제3권 246쪽 참조.

잠시 공업화되어 동일한 제품을 만들어내는 듯한 아름다움을 엿볼 수 있으리라. 하지만 불행하게도 니생 베르나르 씨의 견해는 달라, 그에게 이 비슷함은 겉모습에 지나지 않았다. 토마토 제2호는 오직 부인들한테 귀여움을 받는 데 열중했고, 토마토 제1호는 어떤 신사들의 기호에 쾌히 응했다. 그런데 반사운동처럼, 토마토 제1호와 함께 지낸 즐거운 시간의 추억에 가슴이 설렌 베르나르 씨가 '버찌 과수원'에 나타날 적마다, 근시안(하기야 쌍둥이를 혼동하기에 근시안일 필요는 없지만)인 이 늙은 이스라엘인은 자기도 모르게 암피트리온* 노릇을 하여 쌍둥이 동생에게 말을 건넸다. "오늘 밤에 만나주겠나?" 그는 이내 호된 '따귀'를 얻어맞았다. 토마토 제1호와 시작했던 대화를 다른 쌍둥이와 계속하려다가, 같은 식사 중에 다시 한 번 얻어맞는 경우까지 있었다. 마침내 그는 그 때문에 토마토에 질려버렸고, 먹는 토마토마저 싫어하게 되어, 한 여행자가 그랑 호텔에서 그의 곁에 앉아 토마토를 주문하는 걸 들을 적마다 여행자에게 속삭였다. "안면도 없이 말을 건네 실례입니다만, 토마토를 주문하셨나 본데요. 오늘은 토마토가 썩었습니다. 이런 말씀을 드리는 건 당신을 위해서죠. 내겐 아무래도 좋으니까. 난 절대 토마토를 주문하지 않거든요." 손님은 이 공평한 박애주의자인 이웃에게 진심으로 감사하고 보이를 다시 불러, 생각이 바뀐 체했다. "아니, 토마토는 역시 취소하겠소." 이 장면을 익히 알고 있는 에메는 혼자 웃으면서 생각했다. '베르나르 씨도 능구렁이라니까. 또 주문을 바꾸게 했군.'

베르나르 씨는 늦은 열차를 기다리고 있었는데, 멍든 눈 때문에 알베르틴과 내게 인사를 하려 들지 않았다. 우리도 더욱 그에게 말 건네고 싶지 않았다. 그렇지만 만일 그때 자전거 한 대가 우리 쪽으로 전속력으로 오지 않았다면, 결국 인사를 해야만 했을 것이다. 엘리베이터 보이가 숨을 헐떡이며 자전거에서 뛰어내렸다. 우리가 출발하자마자, 베르뒤랭 부인에게서 나를 모레 만찬에 초대하는 전화가 걸려 왔다고 했다. 그 까닭은 나중에 알게 된다. 통화 내용을 내게 말하고 나서 엘리베이터 보이는 떠났는데, 부르주아에게는 자립성을 보여주려고 하면서도 자기들 사이에서는 권위 원칙을 세우는 민주적인 '종업원'의 일원으로서, 늦으면 문지기와 마부의 불신을 받을지 모

---

* 고대 이집트의 도시 테베의 왕자.

른다는 뜻으로 덧붙였다. "전 우두머리들 때문에 서두르는 겁니다요."

알베르틴의 아가씨 친구들은 떠나더니 얼마 동안 돌아오지 않았다. 나는 그녀의 무료함을 달래주고 싶었다. 혹시 알베르틴이 발베크에서 날마다 나하고만 오후를 지내며 행복을 느낄지도 모르나, 나는 그 행복이 결코 완전한 형태의 행복이 아님을 알고 있었다. 또 알베르틴은 행복의 불완전성이 그것을 느끼는 사람 탓이지 그것을 주는 사람 탓이 아니라는 걸 아직 가리지 못하는 나이라서(어떤 이는 그 이상의 나이에 이르지 못하는데), 그 실망의 원인을 내게 돌리려 할지도 몰랐다. 나는 카지노나 둑에 나 없이 그녀 혼자 있지 못하게 하면서도, 아무리 궁리해도 단둘이 있기 어려운 이곳 환경 탓에 자신이 실망하는 거라고 그녀가 여기길 바랐다.

그래서 나는 그날 생루를 만나러 동시에르에 갈 건데 그녀도 함께 가달라고 했다. 마찬가지로 그녀를 무언가에 몰두시키기 위해, 나는 그녀에게 전에 배웠던 그림을 그려보라고 권하기도 했다. 손을 움직이는 동안 그녀는 제 자신에게 자기가 행복한지 불행한지 묻지는 않을 테니까. 또한 나는 이따금 베르뒤랭네와 캉브르메르네, 물론 내가 소개한 여자친구라면 기꺼이 받아줄 양가의 식사에 그녀를 데려가고 싶기도 했다. 하지만 그러려면 앞서 퓌트뷔스 부인이 아직 라 라스플리에르에 와 있지 않은지 확인해야 했고, 그것을 확인하려면 몸소 가봐야 했다. 나는 그 다음다음 날 알베르틴이 숙모와 같이 근교에 가야 하는 걸 알고 있어서, 그때를 이용해 베르뒤랭 부인에게 전보를 보내, 수요일에 찾아가도 좋겠느냐고 물어보았다. 만일 퓌트뷔스 부인이 거기에 있다면, 어떻게든 그 몸종을 만나서 그녀가 발베크에 올 위험이 있지 않나 확인하고, 만일 그럴 가능성이 있다면 언제 올지 알아내서 그날은 알베르틴을 멀리 데리고 가야 한다. 지방의 작은 철도는 그 옛날 내가 할머니와 같이 승차했을 때에는 없던 우회선이 생겨, 지금은 동시에르 라 구필을 지나갔다. 그곳은 큰 역으로 거기서 간선열차가 떠나는데, 특히 내가 파리에서 생루를 만나러 왔다가 돌아갈 때 이용했던 급행이 출발했다. 그리고 날씨가 나빠 그랑 호텔의 합승마차가 우리, 알베르틴과 나를 발베크 바닷가 작은 열차역까지 데리고 왔다.

기차는 아직 도착하지 않았다. 그러나 기차가 지나가면서 남긴 연기가 한가롭게 천천히 움직이는 게 보였고, 그 연기는 이제 거의 움직이지 않는 구름의 걸음걸이가 되어 느릿느릿 크리크토 절벽의 초록색 언덕을 기어오르고 있었다. 수직으로 피어오르는 연기가 보이고 나서, 드디어 작은 열차가 천천히 도착했다. 열차를 타려는 승객들은 자리를 내주려고 뒤로 물러섰는데 특별히 서두르는 이는 없었다. 상대는 거의 인간과 같은 속도로 걷는 온순한 존재로, 초심자용 자전거처럼 역장의 친절한 신호에 따라, 기관사의 힘찬 감시 밑에 아무도 치어 넘어뜨리지 않고 정해진 장소에 멈출 것을 다들 알고 있었기에.

베르뒤랭네에서 전화가 온 것은 내 전보 때문이었다. 게다가 나는 몰랐는데, 수요일(그 다음다음 날이 우연히도 수요일이었다)은 파리에서와 마찬가지로 라 라스플리에르에서도 베르뒤랭 부인의 대만찬회 날로 정해져 있었으므로 내 전보는 더욱 안성맞춤이었다. 베르뒤랭 부인은 이따금 '만찬회'를 차려 벌이는 게 아니라, 매주 '수요일회'를 갖는 것이었다. 수요일회는 이른바 예술작품이었다. 그와 같은 모임이 달리 없다는 걸 다 아는 바라, 베르뒤랭 부인은 각 수요일회 사이에 차이를 두고 있었다. 그녀는 가끔 다음같이 털어놓기도 했다. "이번 수요일은 다른 수요일만 못해요. 그 대신 다음 수요일에는 크게 놀랄 일이 있을 거예요." 시골로 떠나기 전 파리 사교철의 마지막 몇 주 동안, '마님'은 수요일회의 끝을 예고했다. 이는 신자들에게 자극을 줄 기회였다. "이제 수요일은 세 번밖에 안 남았어요. 이제 두 번 남았어요." 그녀는 세상이 끝나고 있기라도 한 듯한 투로 말했다. "폐회를 위한 오는 수요일을 놓치지 마시도록." 그러나 이 폐회는 거짓이었다. 그녀가 이렇게 알렸으니까. "이제 공식적으론 수요일회가 없어요. 이게 올해의 마지막 수요일회였습니다. 하지만 나는 그래도 수요일엔 집에 있겠어요. 우리끼리만 수요일회를 가집시다. 다시 말해 친밀한 수요일회죠. 어쩌면 이 소박한 수요일회가 가장 즐거울지도 몰라요." 라 라스플리에르의 수요일회는 어쩔 수 없이 소규모가 되었다. 그리고 잠시 머물고 있는 친구를 만나면 어느 저녁에라도 초대하게 되어, 거의 매일이 수요일이었다.

"손님들의 성함은 자세히 기억 못하지만, 카망베르 후작부인이 있는 줄 압니다." 엘리베이터 보이가 내게 말했다. 캉브르메르라는 이름에 대한 우리 설명은 그 젊은 종업원의 머릿속에서 카망베르라는 옛 말의 기억을 확실히 없애지 못했다. 그가 어려운 이름에 당황했을 때, 귀에 익은 뜻 있는 철자가 젊은 종업원을 도우러 와서 곧 선택되었기 때문이다. 이는 몸에 밴 옛 습관처럼 그가 그것을 게으르게 받아들였기 때문이 아니다. 다만 그것이 논리의 명석함이라는 욕구를 채워주었기 때문이다.

나는 여행하는 동안 줄곧 알베르틴을 포옹할 수 있는 빈 찻간을 찾으려고 서둘렀다. 그러나 빈 곳은 하나도 없었다. 우리가 탄 찻간에는 벌써 얼굴이 크고 못생긴 늙은 부인이 사내 같은 표정으로 요란한 차림을 하고 앉아서〈양세계 평론〉을 읽고 있었다. 속되었지만 거동만은 제법 점잖았다. 나는 심심풀이로 그 여인이 어떤 사회적 부류에 속하는지 생각해보았다. 나는 곧 이 여인이 커다란 창가의 여주인, 여행 중인 뚜쟁이일 거라고 짐작했다. 얼굴과 태도에 그 티가 또렷했다. 다만 나는 여태껏 그런 부인네가〈양세계 평론〉을 읽을 줄은 미처 몰랐다. 알베르틴은 방긋이 웃고 내게 눈짓하며 부인을 가리켰다. 부인은 더할 수 없이 위엄을 보이고 있었다. 나로 말하면 이틀 뒤 이 작은 철도의 종점인 유명한 베르뒤랭 부인의 별장에 초대되었으며, 도중역에서는 로베르 드 생루가 나를 기다리고, 좀더 멀리 페테른에 묵으러 가면 캉브르메르 부인이 매우 기뻐하리란 자각이 있어, 나는 이 부인이 멋을 부려 모자에 깃을 달고〈양세계 평론〉을 읽어 나 따위보다 스스로를 중요 인물이라고 여기는 듯한 꼴을 보니 아니꼬워 눈을 끔뻑거렸다. 나는 이 부인이 니생 베르나르 씨보다 더 멀리 가지 않고 투탱빌 못미처에서 내려주었으면 했으나, 그렇게 되진 않았다. 열차가 앙프르빌에 멈췄는데도 부인은 앉아 있었다. 몽마르탱 쉬르 메르에서도, 파르빌 라 뱅가르에서도, 앵카르빌에서도 마찬가지였다. 속을 태우던 나는 열차가 동시에르 앞 정거장인 생프리슈를 떠났을 때, 결국 부인을 개의치 않고 알베르틴을 껴안았다.

동시에르에 도착하니 생루가 역에 나와 나를 기다리고 있었다. 가까스로 왔다고 그는 나에게 말했다. 큰어머니 집에 묵고 있어서 내 전보가 조금 전에야 도착해, 시간을 미리 조정할 틈이 없었으므로 한 시간밖에 나와 같이 있지 못한다는 것이었다. 그런데 이게 웬일인지! 그 한 시간이 내겐 너무나 길게 느껴졌다. 그도 그럴 것이 열차에서 내리자마자 알베르틴이 생루에게만 주의했기 때문이다. 그녀는 나하곤 얘기하지 않았으며, 내가 말을 건네도 겨우 대꾸할까 말까 하고 곁에 다가서면 밀어냈다. 그 대신 로베르와는 유혹하는 듯한 웃음을 지으며 수다를 늘어놓고, 로베르가 끌고 온 개와 놀며, 개를 성가시게 굴면서 개 주인의 몸에 몸을 스치곤 했다. 나는 알베르틴이 처음으로 얌전히 내 입맞춤을 받던 날, 그녀를 심각하게 변화시켜 일을 이처럼 간단케 해준 미지의 유혹자에 대하여 내가 감사의 미소를 지었던 것을 떠올렸다. 그러나 이제 나는 그놈을 증오와 더불어 생각했다. 로베르는 알베르틴이 나와 무관한 사이가 아님을 알아차려선지 그녀의 교태에 넘어가지 않아, 그 바람에 그녀는 괜히 나에게 쌀쌀맞게 굴었다. 그러다가 로베르가 마치 이곳에 나 혼자 있는 듯 말하기 시작해, 그녀는 이를 주목하고 다시 내게 존경하는 태도를 지었다.

로베르는 이전에 내가 동시에르에 묵었을 때 그 덕분에 매일 함께 저녁 식사를 했던 친구들 가운데, 아직 이곳에 남아 있는 이들을 만나보지 않겠느냐고 나한테 물었다. 그리고 평소라면 자신도 싫어했을 짜증스러운 투로 따졌다. "그들을 다시 만나고 싶지 않다면 어째서 그 무렵 그토록 끈기 있게 그들에게 잘 보이려고 애썼나?" 나는 그 제의를 거절했다. 왜냐하면 나는 알베르틴의 곁을 떠나는 위험을 무릅쓰고 싶지도 않거니와, 지금은 그들한테서 마음이 떨어져 있었으니까. 그들한테서, 즉 나한테서 멀어졌다는 뜻이다. 우리는 저승의 삶도 이승에서 누리는 삶과 똑같기를 열렬히 기원한다. 그러나 저승 생활을 기다릴 것도 없이 이미 이승에서도 몇 해만 지나면, 우리는 영원히 그대로 있기를 바라던 과거의 자기 자신을 배신하게 되고 만다. 죽음은 인생에서 생기는 변화 이상으로 우리를 바꿀 거라고 상상할 필요도 없이, 만약 저승에서 과거의 자신을 만난다면, 우리는 전에 교제하다가 오래 못 만났던 사람들—이를테면 그처럼 저녁마다 '금계정(錦鷄亭)'에서 즐겁게 만나던 상대이건만 지금의 나에게는 귀찮기만 한 생루의 친구들—을 만난 듯이, 자기 자신을 외면하고 말 것이다. 그 점에서 나는 내 마음에 들었던 것을 다시 찾으러 가지 않는 쪽을 택했으므로, 동시에르 산책은 오히려 천국에 들어가는 모양을 내게 미리 나타내어 보이는 것 같았을지도 모른다. 사람은 자주 천국을 꿈꾼다. 아니, 연이어 수많은 천국에 대해 몽상한다. 하지만 그 몽상은 전부 사람이 죽기 훨씬 전에 실낙원(失樂園)이 되고 말아, 사람들은 실낙원에서 저 자신을 잃고 방황하리라.

로베르는 우리를 역에 남겨두고 갔다. "자네 한 시간쯤 기다려야 될걸세." 그는 내게 말했다. "이곳에서 시간을 보내면 아마 샤를뤼스 아저씨를 만나겠지. 아저씨는 자네 열차보다 10분 전에 출발하는 파리행 열차에 탈 테니까. 나는 아저씨에게 미리 작별인사를 해두었네. 열차 시간 전에 돌아가야만 했거든. 그때는 아직 자네 전보를 받지 못해 자네가 여기 온다는 건 말 못했지." 생루가 우리와 헤어지자 나는 알베르틴에게 화를 냈다. 그러자 그녀는 아까 열차가 멈추는 순간에 내가 그녀의 몸에 기대고 팔로 그녀의 허리를 감싸고 있는 것을 생루가 보았을 테니까, 일부러 내게 쌀쌀하게 굴어 의심을 없애려고 그랬던 거라며 대꾸했다.

과연 그는 이런 자세를 놓치지 않았다(나는 눈치채지 못했다. 알았더라면 나는 알베르틴 곁에서 보다 단정하게 앉아 있었을 것이다). 그는 틈을 봐 내 귀에 대고 말했다. "저 아가씨군, 자네가 말한 새침하고 까다로운 아가씨라는 게? 행실이 나쁘다고 해서 스테르마리아 양과 사귀려 들지 않았다는 아가씨가?" 실제로 나는 그를 만나러 파리에서 동시에르로 가 발베크 얘기를 했을 때, 알베르틴과는 아무 짓도 하지 않았으며 그녀는 참으로 순결하다고 로베르에게 진심으로 말한 일이 있었다. 그것이 거짓이라는 걸 나 스스로 오래전부터 깨닫게 된 지금에 와서도 나는 여전히 그것이 사실임을 로베르에게 믿게 하고 싶었다. 사실 내가 알베르틴을 사랑한다고 로베르에게 그냥 털어놓으면 될 일이었다. 그는 친구가 느끼는 고통을 저 자신의 고통인 양 느끼면서, 이를 없애기 위해 자기 쾌락을 단념할 줄 아는 사람이니까. "그렇다네, 그녀는 아직 어린애야. 그런데 자네, 그녀에 대해 뭐 아는 게 있나?" 나는 근심스럽게 덧붙였다. "아무것도 몰라. 단지 자네 둘이 애인처럼 껴안고 있는 것을 보았을 뿐이야."

"당신 태도는 조금도 의심을 없애지 못했어." 나는 생루가 떠났을 때 알베르틴에게 말했다. "맞아요." 그녀가 대답했다. "내가 서툴렀나 봐요. 당신을 괴롭히고 말았으니. 하지만 내가 당신보다 더 괴로워요. 다시는 안 그럴게요, 용서해줘요." 그녀는 슬픈 모습으로 내게 손을 내밀면서 말했다. 그 순간, 대기실 안쪽에 앉아 있던 우리는, 여행용 가방을 든 짐꾼을 뒤에 거느린 샤를뤼스 씨가 느릿느릿 지나가는 걸 보았다.

파리에서 나는 그를 늘 야회에서 만났는데, 그때마다 그는 꼭 끼는 검은 연미복을 입고 거만하게, 환심을 사려는 열의와 대화의 비상(飛翔) 속에 수직으로 감각을 유지하고 가만히 서 있었으므로, 나는 그가 이렇게 늙은 줄은 알아채지 못했다. 지금 그는 뚱뚱해 보이는 밝은색 여행복을 입고 몸을 좌우로 흔들며 걸어, 불룩 나온 배와 거의 상징적인 엉덩이를 흔들어대고 있었다. 전등 밑에서라면 아직 젊은이의 성성한 모습으로 보일지도 모르는 온갖 것, 입술에 바른 연지, 코끝에 콜드크림으로 굳게 들러붙은 분, 그 칠흑 같은 빛깔이 희끗희끗한 머리털과 대조를 이루고 있는 수염 위의 검정 따위를, 한낮의 잔혹한 빛이 나눠 헤치고 있었다.

　나는 그의 열차가 출발할 것 같아 그와 짧게 얘기하면서, 곧 가마 하는 신호를 하려고 알베르틴의 찻간을 바라보았다. 내가 샤를뤼스 씨에게 고개를 돌리자, 그는 그의 친척인 한 군인을 불러주겠느냐고 내게 부탁했다. 그 군인은 우리 열차에 타려는 듯, 반대쪽인 발베크에서 멀어지는 쪽으로 가는 건너편 선로 쪽에 서 있었다. "저 사람은 연대의 군악대원이지." 샤를뤼스 씨는 말했다. "자네는 다행히 젊어. 난 유감스럽게 꽤 늙어서, 자네가 나 대신 선로를 가로질러 저기까지 다녀와줬으면 좋겠는데……." 나는 그가 가리킨 군인 쪽으로 가는 일을 받아들였다. 과연 그의 깃에 군악대 표시인 칠현금(七絃琴) 휘장이 수놓아져 있었다. 그런데 내가 막 임무를 다하려는 순간, 이 아니 놀라겠느냐, 또 이 아니 기쁘겠느냐, 나는 그 군인이 내 종조할아버지 하인의 아들인 모렐임을 알아보고서, 갖가지 일이 머리에 떠올랐다. 나는 그만 샤를뤼스 씨의 전갈을 잊었다. "아니, 동시에르에 있습니까?" "네, 군악대에 있지요. 포병 중대에 속해 있습니다." 그러나 그의 대답은 무뚝뚝하고 거만한 투였다. 그는 매우 '태깔 부리는 사람'이 되었고, 또 명백히 나를 본 게 그 아버지의 직업을 되새기게 하여 달갑지 않았던 것이다.

　돌연 나는 샤를뤼스 씨가 이쪽으로 날아오는 걸 보았다. 나의 늑장이 그를 초조케 했나 보다. "오늘 저녁 음악이 좀 듣고 싶소." 그는 앞뒤 꼬리를 모두 자르고 모렐에게 말했다. "야회 한 번에 500프랑 내겠소. 이 액수라면 자네 친구 하나쯤은 관심을 가질 테지. 악대에 친구가 있다면 말씀이야." 나는 샤를뤼스 씨의 오만함이야 잘 알고 있었으나, 그가 젊은 친구에게 인사 한마디 하지 않는 데는 어리벙벙해졌다. 게다가 남작은 내게 곰곰 생각해볼 틈도 안 주었다. 내게 다정스럽게 손을 내밀며 이제 나는 가도 좋다고 통고하듯이 말했다. "그럼 또 보세."

　하기야 나도 소중한 알베르틴을 너무 오랫동안 혼자 내버려두었다. 나는 찻간에 돌아와서 그녀에게 말했다. "알겠어. 해수욕과 여행 생활은, 이 세상이란 극장에 배경보다는 배우, 배우보다는 '인물 관계'가 풍부하다는 점을 내게 깨우쳐줬어." "무슨 까닭으로 그런 말을 하죠?" "샤를뤼스 씨가 자기 친구에게 전갈을 해달라고 부탁했거든. 그래서 지금 막 이 정거장의 플랫폼에 가보았더니, 그가 내 친구지 뭐야." 그러나 이런 말을 하면서도 나는, 처음에는 눈치 못 챘지만 생각해보니 사회적으로 영 안 어울리는 사람을 남작이 어떻게 사귀게 되었는지 알고 싶었다. 맨 먼저 내 머리에 떠오른 것은 쥐피앙을 통해서일 거라는 생각이었다. 그 딸이 아마도 바이올리니스트에게 반한 듯했으니까. 그렇지만 나를 어리벙벙하게 한 것은 5분 안에 파리로 떠난다는 남작이 동시에르에서 음악을 듣고 싶다고 부탁한 일이었다. 하지만 기억 속에서 쥐피앙의 딸을 다시 보며, 만일 사람이 소설적인 진실에까지 다다를 수 있다면, 인공적인 작품에서 반드시 다뤄지는 '재인식'이라는 방법이 인생의 중요한 부분을 나타내리라는 걸 나는 생각하기 시작했는데, 그때 갑자기 번갯불이 머릿속에 일어나 내가 멍청이였음을 깨달았다. 샤를뤼스 씨는 모렐을 몰랐고 모렐도 샤를뤼스를 전혀 몰랐는데, 칠현금 표시밖에 지니지 않은 군인에게 현혹된 동시에 소심해진 샤를뤼스 씨는 가슴이 두근거린 나머지, 내 벗일 줄 꿈에도 모르고 그를 데려오라고 나한테 부탁했던 것이다.

어쨌든 500프랑은 모렐에게, 두 사람이 전혀 관계가 없었다는 사실을 메울 만한 보상이 되는 성싶었다. 왜냐하면 두 사람이 우리 찻간 옆인 줄 모르고 계속 얘기하는 게 보였으니까. 샤를뤼스 씨가 모렐과 내게 접근해온 방식을 떠올리니, 그 친척 가운데 어떤 남자들이 거리에서 여인을 낚을 때의 방식과 매우 비슷하다는 생각이 들었다. 다만 노리는 대상의 성(性)이 다를 뿐이다. 어떤 나이가 지난 뒤 다른 진전이 우리 내부에 이뤄지더라도, 우리가 자기 자신이 되면 될수록 가족의 특징은 더욱 두드러진다. 왜냐하면 자연은 조화롭게 그 그림 유리창의 무늬를 계속 짜 나가면서 그 구도의 단조로움을, 넣어지는 얼굴의 다양성으로 깨뜨리기 때문이다. 게다가 샤를뤼스 씨가 바이올리니스트를 아래위로 훑어보았던 거만함도 시점에 따라서 상대적인 것이다. 그에게 인사하는 사교계 인사의 4분의 3이 그 거만을 알아모셨는지는 모르나, 몇 해 뒤 그를 감시하게 된 시경 국장은 그렇지 않았다.

"파리행 열차의 출발 신호입니다, 나리." 여행 가방을 든 짐꾼이 말했다. "열차는 안 타. 제길, 그건 다 수하물 보관소에 맡겨주게!" 샤를뤼스 씨는 이렇게 말하면서 짐꾼에게 20프랑을 주었다. 짐꾼은 이 돌변에 얼떨떨하면서도 봉사료 때문에 기뻐하고 있었다. 이 후한 인심은 당장 꽃 파는 여인의 주목을 끌었다. "카네이션 사세요. 여기, 이 아름다운 장미를, 친절하신 나리. 행운을 가져오는 꽃입니다." 샤를뤼스 씨는 참을성 없이 40수를 내주고, 그 주고받음으로 여인은 축복과 더불어 또다시 꽃을 주었다. "이거 참, 우릴 좀 내버려두면 좋을 텐데." 샤를뤼스 씨는 비꼬며 신경질을 내는 듯 투덜거리는 투로, 찬성을 구하는 것이 기쁜 듯 모렐에게 말했다. "우리는 꽤 복잡한 얘기를 하는 중이니까." 아마 철도 짐꾼이 아직 멀리 못 간 탓도 있어, 샤를뤼스 씨는 수많은 청중을 갖고 싶지 않았던 모양이다. 또 어쩌면 그의 거만한 소심함이 이런 삽입 문구로 밀회의 청을 너무 직접적이지 않게끔 하였나 보다. 음악가는 거리낌 없는 위압적인 태도로 꽃 파는 여인을 향해 몸을 돌리더니, 손바닥을 쳐들어 그녀를 떠밀며, 꽃 따위 필요 없으니 빨리 꺼지라는 손짓을 했다. 샤를뤼스 씨는 이 단호하고도 씩씩한 손짓이 우아스런 손, 그 손으로선 아직 너무 무겁고 투박하며 난폭한 듯싶어, 그 조숙한 강인함과 유연함이 수염도 나지 않은 이 젊은이에게 골리앗한테 싸움을 거는 젊은 다윗의 모습을 주고 있는 손을 통해 이루어지는 것을 황홀하게 보았다. 남작의 감탄에는, 우리가 나이보다 조숙한 무거운 표정을 나타내는 아이를 볼 때 느끼는 흐뭇함이 모르는 사이에 섞여 있었다. "내 여행에 같이 다니거나 내 일을 돕기에 안성맞춤인 놈인걸. 이 사람과 함께라면 내 생활이 편할걸!" 샤를뤼스 씨는 혼자 중얼거렸다.

파리행 열차(남작이 안 탄 열차)가 떠났다. 그 뒤로 알베르틴과 나도 우리 열차에 올라, 샤를뤼스 씨와 모렐이 어찌 되었는지 몰랐다. "다시는 우리 서로 성내지 말아요. 나 한 번 더 사과해요." 알베르틴은 생루의 일을 암시하면서 거듭 말했다. "늘 둘이서 사이좋게 지내야죠." 그녀는 다정하게 말했다. "당신 친구 생루 말인데요, 혹시 내가 그분에게 관심이 있는 거라고 생각한다면 큰 오해예요. 그분의 사람됨이 내 마음에 든 것은, 오직 그분이 당신을 퍽 좋아하는 성실다는 점뿐이에요." "아주 좋은 녀석이지." 나는 이렇게만 말했다. 상대가 알베르틴이 아니었다면, 우정에서 틀림없이 로베르에게 꾸며낸 뛰어난 성질을 이것저것 입히며 말했을 테지만. "훌륭한 인물이지. 솔직하고 헌신적이며 신의가 두터워서, 모든 일에 기댈 수 있는 사람이야." 이렇게 말하면서도 나는 질투심 때문에 말을 아껴, 생루에 대해 진실을 말하는 것만으로 그쳤다.

물론 내가 말한 것은 진실임에 틀림없다. 그런데 그 진실은, 내가 아직 그와 아는 사이가 아니고서 그를 실제와는 전혀 다른 거만한 사내라고 상상해 '저 사람은 대귀족이니까 다들 훌륭하다고 보는 거다'라고 생각했을 때, 빌파리지 부인이 내게 그에 대해 말하는 데 쓰던 바와 같은 투로 표현되었다. 마찬가지로 빌파리지 부인이 내게 "그가 기뻐할 거예요" 말했을 때도, 나는 그가 당장에라도 떠날 모습으로 호텔 앞에 있는 걸 본 뒤, 그 종조할머니의 말은 내 비위를 맞추기 위한 순 사교적인 빈말이라고 상상했다. 그리고 나는 그 뒤, 빌파리지 부인이 내 관심을 끄는 것과 내 독서 경향을 생각해서, 그것이 생루가 좋아하는 것과 같다는 사실을 알았으므로 진심으로 그런 말을 했음을 알아챘다. 그런 뜻에서 그의 조상인 《잠언집》의 저자 로슈푸코의 전기를 쓰는 이가 로베르에게 여러 가지 조언을 부탁하고 싶다고 했을 때, 나도 진심으로 "그가 기뻐할 겁니다" 말할지도 모른다. 이런 점은 그와 사귀고 나서야 알았다. 그러나 처음으로 그를 보았을 때, 내 것과 공통점이 있는 지성을 가진 자가 이토록 겉으로 드러난 멋을 몸에 걸칠 수 있을까 싶어 나는 곧이곧대로 믿지 못했었다. 그의 치장으로 보아 나는 그를 다른 부류의 인간으로 판단했었다.

그리고 이번에는 알베르틴이, 아마도 생루가 나에 대한 친절에서 그녀한테 그토록 무뚝뚝하게 굴었기 때문인지, 내가 지난날 생각한 바대로 나에게 말했다. "흥! 무척 헌신적인 사람이네요! 난 알아요, 포부르 생제르맹에 사는 인간이라면 누구나 늘 온갖 미덕을 갖춘 사람으로 통한다는 사실을." 그런데 생루가 포부르 생제르맹의 인사라는 건, 그가 그 위신을 벗고서 내 앞에 미덕만 나타낸 여러 해 동안에 내가 한 번도 생각해본 적이 없던 점이다. 남들을 바라보는 시점의 변화는, 단순한 사교적인 교제에서보다 우정에서 이미 더욱 두드러진다. 하물며 욕망이라는 게 일의 규모를 키워서 보잘것없는 쌀쌀함마저 크게 부풀리는 사랑에서는, 그런 변화가 더욱 두드러진다. 그리하여 이런 쌀쌀함은 맨 처음에 생루가 보였던 것보다 훨씬 작은 것이었건만, 나는 그 때문에 처음에 알베르틴에게 무시당한다고 생각한 데다 그녀의 아가씨 친구들을 아주 인정머리 없는 계집애들이라고 떠올렸던 것이다. 또 엘스티르가 그 작은 무리에 대해 "좋은 아가씨들입니다"라고, 마치 빌파리지 부인이 생루에 대해 말할 때와 똑같은 정에서 말했을 때도, 나는 그의 판단을 사람이 미녀나 어떤 멋에 대하여 갖는 너그러움 탓으로 돌렸을 뿐이었다. 그런데 이 판단은, 지금 알베르틴이 "헌신적이건 아니건 어쨌든, 나 그분을 다시 만나고 싶지 않아요. 그분이 우리 사이를 틀어지게 했으니까. 우리 다시는 싸우지 말아요. 불쾌하니까요" 말하는 것을 듣고 내가 기꺼이 내리게 된 판단과 같은 게 아닐까?

나는 그녀가 생루에게 욕망을 느끼는 듯하여, 그녀가 여인을 사랑한다는 생각에서 얼마 동안 해방될 수 있다는 느낌이 들었다. 그런 두 태도가 함께 성립되지 않을 것 같은 생각이 들어서. 게다가 눈앞에 있는 알베르틴은 지금 비옷을 입고 있어, 비오는 날에 지칠 줄 모르고 돌아다니는 사람, 마치 다른 사람 같았다. 그녀 몸에 찰싹 붙어 있는 그 부드러운 점토 같은 회색 비옷이, 옷에 빗물이 떨어지는 것을 막고 있다기보다 비에 젖어 그녀 몸에 달라붙어, 내 애인의 모습을 조각가를 위해 틀로 뜨고자 하는 듯싶었다. 나는 탐스런 가슴을 조심스럽게 감싸고 있는 튜닉을 헤치고 알베르틴을 내게 끌어당겼다.

그대, 마음씨 좋은 나그네여,
네 이마를 내 어깨에 기대고 꿈꾸지 않겠나?

이렇게 말하면서 나는 그녀의 머리를 두 손으로 감싸, 말없이 물에 잠긴 큰 초원을 그녀에게 가리켰다. 초원은 멀리 푸르스름한 언덕과 골짜기의 평행선들로 닫힌 지평선까지, 석양 속에 뻗어 있었다.

그 다음다음 날 수요일, 라 라스플리에르 성관의 만찬회에 가기 위해 발베크에서 이 작은 기차를 탄 나는, 그랭쿠르 생바스트에서 코타르를 절대 놓치면 안 된다는 생각에 사로잡혀 있었다. 베르뒤랭 부인이 내게 다시 전화를 걸어 거기서 그를 만날 거라고 말했기에. 코타르는 내가 탄 열차에 올라서, 라 라스플리에르에서 역에 마중하러 보낸 마차를 발견하려면 어디서 내려야 하는지 가르쳐주기로 되어 있었다. 또한 작은 열차는 동시에르의 다음 역인 그랭쿠르에 1분밖에 머물지 않아, 코타르를 못 볼까 봐 또는 그가 나를 못 찾을까 봐 나는 미리 승강구에 나와 있었다.

참으로 쓸데없는 걱정이었다! 나는 베르뒤랭네 작은 모임이 모든 '단골'을 얼마나 똑같은 형태로 만들어버리는지를 계산에 넣지 않았던 것이다. 게다가 그들은 만찬의 정장을 하고 플랫폼에서 기다리는데, 그 자신만만하며 우아하고도 무람없는 태도와 독특한 시선만으로 한눈에 알아볼 수 있었다. 그들의 시선은 아무런 주의도 못 끄는 저속한 대중의 분주한 행렬을 빈 공간처럼 훌쩍 뛰어넘어, 먼저 정거장에서 열차를 잡아탄 어떤 단골의 도착을 살피며, 앞으로 벌어질 수다에 대한 기대로 벌써 반짝거렸다.

함께 식사한다는 습관이 선택된 작은 단체의 회원들에게 찍은 이러한 표시는, 그들이 떠들썩하게 잔뜩 모여서 다른 여행자 무리의 한가운데에 한층 빛나는 반점을 만들어냈을 때에만 그들을 알아볼 수 있도록 도움을 주는 게 아니었다. 다른 여행자 무리—브리쇼는 이들을 '양 떼'라고 불렀는데—의 어두운 얼굴에는 베르뒤랭네와 관련된 어떤 관념도, 또한 언젠가는 라 라스플리에르의 만찬에 참가할지도 모른다는 희망도 전혀 없었다. 애초에 이 저속한 여행자들은, 이 베르뒤랭네 신자들의 이름이 자기 앞에서 발음되는 것을 들어도—그 가운데에는 유명한 사람들도 있었건만—나 정도의 관심도 안 보였으리라. 그러한 사람들이 만찬에 계속 출석하는 것을 보고 나는 놀랐는데도 말이다. 왜냐하면 내가 들은 바로는 그들 가운데 몇몇은 내가 태어나기 전부터 그렇게 해왔건만 그 시기가 너무도 아득히 먼 옛날이므로, 나는 그것을 더욱 과장해서 생각하기 쉬웠던 것이다. 그들이 다만 살아 있을 뿐 아니라 그 장년기가 그처럼 오래 이어지고 있다는 사실과, 여기저기서 이미 사라져가는 것을 내 눈으로 본 숱한 친구들의 죽음과의 대조는, 신문의 최신 뉴스에서 이를테면 어떤 요절한 자의 기사처럼 가장 뜻밖의 소식을 읽었을 때와도 같은 감회를 내게 주었다. 그렇게 된 원인을 우리가 모르기 때문에 그 죽음은 우연한 일처럼 느껴진다. 이때 우리는 죽음이 온 인간을 한결같이 해치는 게 아니라, 그 죽음의 비극적인 맨 앞물결이 남들과 같은 높이에 놓인 한 존재만을 휩쓸어가고, 남들은 더 오래오래 계속 물결을 모면하며 살아가는구나 하는 감회를 느낀다.

하기야 우리는, 보이지 않게 순환하는 죽음의 다양성이, 신문의 사망 소식이 특별히 뜻밖으로 느껴지는 원인임을 나중에 보리라. 더불어 나는 참된 재능이 가장 저속한 대화 속에도 숨어 있을 수 있어, 시간이 지나면 나타나 세도를 부리는 것을 보았다. 뿐만 아니라 우리의 어린 상상 속에선 어느 유명한 노인들에게만 허락되던 높은 지위에 뜻하지 않게 평범한 이들이 다다르고, 더구나 몇 해쯤 지나면 그들의 제자들도 대가가 되어, 전에 그들이 느낀 존경심과 두려움을 이제는 남들에게 불어넣는 걸 보았다.

그러나 신도들의 이름이 '양 떼'에게 알려져 있지 않을망정 그들의 겉모습은 눈에 띄었다. 열차 안에서마저(그들 중 몇몇이 그날 낮의 볼일로 우연히 같은 기차에 함께 모였을 때), 다음 역에서는 개인 행동을 하는 신자만 주워 담으면 그만이니까, 그들이 모여 있는 찻간은 조각가인 스키의 팔꿈치가 표적이 되고 코타르의 〈르 탕〉지가 깃발처럼 펄럭여 멀리서도 꽃이 핀 듯이 호화로운 차 모양으로 보여, 어느 역에서나 늦은 동료를 주워 실을 수 있었다. 이런 약속된 표시를 못 볼 가능성이 있는 유일한 이는 반(半)장님인 브리쇼였다. 하지만 신도 하나가 이 장님을 지키는 직분을 기꺼이 맡아, 그의 밀짚모자와 녹색 우산과 푸른 안경이 눈에 띄자마자 곧 그를 조심스럽게 안내하여 선택된 찻간 쪽으로 서둘러 데리고 간다. 그래서 신도 하나가 외도한다는 중대한 의심을 일으킨다든가 또는 '열차로' 오지 않는다든가 하지 않는 한, 가는 길에 다른 신도를 못 만나는 일은 없었다.

그런데 가끔 반대 현상도 일어났다. 한 신도가 오후에 꽤 먼 곳에 가야 해, 그 결과 동아리와 만나기에 앞서 노선 일부를 혼자 여행하는 경우였다. 그러나 이렇게 외따로 집단에서 떨어져 있어도 신자는 번번이 어떤 효과를 내었다. 그가 다가가고 있는 '미래'가 그를 맞은편 자리에 앉은 이의 눈에 띄게 했다. '이분은 유명한 사람일 거야.' 맞은편에 앉은 사람은 이렇게 생각한다. 그는 엠마오의 여행자처럼 어렴풋한 통찰력으로 코타르 또는 조각가인 스키의 중절모 둘레에서 막연한 후광을 가려내고, 다음 역에서 멋들어진 한 무리가 나타나도 그리 놀라지 않는다. 이 멋들어진 무리는 만일 거기가 목적지라면 승강구까지 그를 마중하러 나와 기다리고 있는 마차 쪽으로 함께 사라지면서 도빌 역 역원의 공손한 절을 받았고, 거기가 중간 역이면 모두 모여 찻간을 차지했다.

오늘도 그 모양이었다. 게다가 서둘러야 했다. 왜냐하면 이미 역에 닿은 열차가 다시 떠나려는 바로 그 순간에 몇몇 신도들이 늦게 와서, 코타르가 무리를 이끌고 창가에서 내 신호가 보였던 찻간 쪽으로 달음질쳐 왔기 때문이다. 브리쇼도 신도들 가운데 있었는데, 요 몇 년 동안 다른 신도들은 열의가 줄어든 데 반해 그는 이전보다 더 신도로서의 열의를 높이고 있었다. 시력 저하가 점차 그를 파리에서마저 저녁 일을 못하게 했다. 게다가 그는 독일풍의 과학적 정확성이라는 관념이 인문주의를 능가하기 시작한 새로운 소르본 대학에 거의 공감하지 못했다. 이제 그는 오로지 제 강의와 시험에만 신경 쓸 뿐이었다. 그래서 베르뒤랭네의 야회, 간혹 베르뒤랭네에서 신도 아무개가 감동으로 부들부들 떨면서 제의해오는 야회 같은 사교에 더 많은 시간을 보내게 되었다. 그의 연구가 브리쇼를 이 작은 모임에서 떨어뜨리는 일은 이미 불가능해졌건만, 두 번에 걸친 사랑이 하마터면 그 일을 가능하게 할 뻔했다. 그러나 폭풍을 경계하는 베르뒤랭 부인은 더구나 제 살롱의 이익을 위해 익혔던 습관에서 이제는 이런 갈등에 끼어드는 데 욕심 없는 기쁨을 느끼게 된지라, 브리쇼를 위험천만한 여인과 완전히 손 끊게 했다. 그녀는 그녀의 말마따나 '모든 일을 정리하고, 붉은 쇠를 상처에 가져다댈 줄' 알았다. 위험천만한 상대 여성 하나는 한낱 브리쇼의 세탁부여서 더욱 쉬웠다. 베르뒤랭 부인은 언제든 교수의 방에 드나들 수 있는 특권이 있었다. 그래서 그녀가 교수의 6층 방까지 행차해 계단을 다 올라오자, 교수는 영광스러워서 얼굴이 새빨개졌다. 그러자 그녀는 느닷없이 이 하찮은 여인을 문밖으로 내쫓았다. "뭐예요." 마님은 브리쇼에게 말했다. "나 같은 여성이 일부러 당신 방을 찾아왔는데 저런 변변찮은 여자나 맞이하고 있습니까?" 브리쇼는 자신을 늘그막에 수렁에 빠지지 않게 해준 베르뒤랭 부인의 이바지를 결코 잊지 않았다. 그래서 점점 더 깊이 부인에게 마음이 끌렸는데, 이 애정의 되살아남과 대조적으로, 아니 아마도 그 애정 때문에 마님은 너무나 온순한 신도, 그 복종이 미리 확보되어 있는 신도가 싫어지기 시작했다.

그러나 브리쇼는 베르뒤랭네에서의 친밀성에서 한 빛깔을 끄집어냈고, 그것이 소르본 대학의 온 동료 사이에서 그를 돋보이게 했다. 동료들은 그들이 절대 초대되지 않을 만찬회에 대해 그가 하는 이야기라든가, 다른 문학부 강좌의 교수들이 어떤 작가의 재능을 높이 평가해도 그 주목을 끌지 못하는 이름 난 어떤 작가가 잡지에 쓴 브리쇼 비평이라든가, 화가가 살롱에 전시한 브리쇼 초상이라든가, 마지막으로 이 사교적인 철학자 복장의 우아함 등에 눈앞이 아찔해졌다. 실크해트는 방문 동안에 마룻바닥에 놔둬도 되는 것이며, 아무리 멋진 모임이라도 야외 만찬회에서는 실크해트를 써서는 안 되고, 스모킹*에 잘 어울리는 중절모를 써야 한다고 브리쇼는 동료들에게 친절히 설명해주었다. 그리하여 그들은 처음에 무관심한 복장이라고 잘못 생각했던 그 옷차림의 우아함에 현혹되었다.

그런데 그 작은 단체가 찻간 안으로 몰려 들어오는 첫 순간, 나는 코타르에게 말조차 건넬 수 없었다. 그가 하도 숨을 헉헉거려서. 열차를 놓칠까 봐 줄달음쳤기 때문이라기보다, 이토록 용케 뛰어서 잡아탄 데 흥분해서 그러는 것이었다. 그는 성공에 기뻐했을 뿐만 아니라 거의 명랑한 소극(笑劇)이라도 본 듯 마구 웃어대었다. "아아! 썩 잘됐어!" 그는 침착해졌을 때 말했다. "하마터면! 아슬아슬한 도착이라는 거지!" 그는 눈을 깜박이며 덧붙였는데, 지금은 이 표현이 정확한지 물어볼 필요가 없을 정도로 충만해진 자기만족에서 눈짓을 하는 거였다. 드디어 그는 이 작은 동아리의 사람들에게 내 이름을 댈 수 있었다. 나는 그들이 거의 전부 파리 스모킹이라고 불리는 턱시도를 입은 것을 보고 기분이 나빠졌다. 나는 드레퓌스 사건 때문에 늦어졌다가 '새로운' 음악에 의하여 빨라진 소심한 진화(進化)를, 베르뒤랭네가 사교계를 향해 개시하고 있다는 사실을 잊고 있었던 것이다.

하기야 그들은 그 진화를 부인했는데, 마치 장군이 실패했을 경우 졌다는 인상을 줄까 봐 군사 목표에 이르기 전에는 그 목표를 널리 알리지 않듯이, 거기에 다다르기까지는 계속 부인할 작정인 듯싶었다. 게다가 사교계 쪽에서도 그들에게 다가갈 눈치가 보였다. 베르뒤랭네 사람들은 사교계 사람들의 방문은 받지 않았지만 그것을 섭섭해하지 않는 사람들로 여겨지기에 이르렀다. 베르뒤랭의 살롱은 음악의 전당으로 통하고 있었다. 거기서 뱅퇴유가 영감과 고무를 받았노라고 단언들 했다. 그런데 뱅퇴유의 소나타는 아직 전혀 이해되지 않았거니와 거의 안 알려졌으나, 그 이름은 현대 최고 음악가로서 거론되어 기이한 명성을 일으키고 있었다. 마지막으로 포부르의 젊은이들 가운데 부르주아들보다 교양이 떨어져서는 안 된다고 알아차려 음악을 배운 이가 세 사람쯤 있어서, 그들한테 뱅퇴유의 소나타가 큰 평판을 일으키고 있었다. 그들은 집에 돌아오자, 늘 교양을 널리 전하는 똑똑한 어머니에게 그것을 얘기했다. 그리고

---

* 천을 모아 홀쳐서 생긴 주름과 주름을 연속해서 색실로 수를 놓아 아름다운 무늬와 음영을 나타내는 자수 기법.

제 아들의 공부에 관심 많은 어머니들은, 음악회에서 2층 칸막이 좌석에 앉아 베르뒤랭 부인이 악보를 보는 모습을 어떤 존경의 눈으로 바라보았다.

이제까지 베르뒤랭네 사람들의 이 숨은 사교적인 성공은 두 사실로밖에 나타나지 않았다. 하나는 베르뒤랭 부인이 카프라롤라 대공부인에 대해 말한 것이다. "아아! 그분은 똑똑한 분이세요. 뜻 맞는 여인이세요. 내가 견디지 못하는 것은 바보들, 지루한 사람들이죠. 그런 이들은 나를 미치게 해요." 이 말은 좀 예민한 사람에게, 최상류 사회의 부인인 카프라롤라 대공부인이 베르뒤랭 부인을 방문했다고 생각하게 했으리라. 대공부인도 남편을 잃은 스완 부인을 조문했을 때에 베르뒤랭 부인의 이름을 언급하면서, 그 댁 사람들과 아는 사이냐고 스완 부인에게 물었었다. "무슨 말씀이지요?" 오데트는 갑자기 어두운 표정을 지으며 대꾸했다. "베르뒤랭 말이에요." "아아! 그분이라면 압니다." 오데트는 비탄에 잠겨 이야기를 계속했다. "아는 사이야 아니지만, 뭐랄까 사귐 없이 그저 아는 사이죠. 오래전에 친구 집에서 본 적이 있는 사이랍니다. 유쾌한 분들이죠." 카프라롤라 대공부인이 떠나자, 오데트는 단순히 사실을 말해버리는 쪽이 좋았을 거라고 생각했다. 그러나 이 반사적인 거짓말은 계산에서 나온 게 아니라, 두려움과 소망의 폭로였다. 그녀는 부인하는 편이 이롭다고 생각해서 그런 게 아니라, 묻는 사람이 한 시간 안에 사실을 알게 되더라도 그녀가 그렇지 않기를 바라는 마음을 부인한 것이었다.

그 뒤 그녀는 곧 확신을 되찾아, 질문을 겁내는 모습을 보이지 않으려고 앞질러, 마치 전차를 탄 것을 얘기하는 귀부인처럼 꾸민 겸손의 태도를 지으면서 이렇게까지 말했다. "베르뒤랭 부인 말입니까? 아무렴요. 잘 아는 사이입니다." "요즘 어디를 가나 베르뒤랭네 사람들에 대해 많이들 말해요." 수브레 부인이 말했다. 오데트는 공작부인과 같은 멸시 섞인 미소를 지으면서 대답했다. "그래요. 과연 그들에 대해 많이들 말하나 봐요. 이따금 그런 모양으로 사교계에 새로 들어오는 이들이 있어요." 다만 그녀는 그녀 자신도 '새로 들어온 이'라는 점을 생각지 못했다. "카프라롤라 대공부인도 그 댁 만찬에 참석했답니다." 수브레 부인이 이어 말했다. "그랬군요!" 오데트는 미소를 더욱 두드러지게 하면서 대답했다. "별로 놀랍진 않네요. 그런 일을 시작하는 건 늘 카프라롤라 대공부인이니까. 그리고 다음 사람이 나타나죠. 이를테면 몰레 백작부인 같은 사람이." 오데트는 이렇게 말하면서, 새로 연

살롱에 언제나 가장 먼저 뛰어드는 두 귀족 부인에게 깊은 경멸을 품은 태도를 지었다. 말투로 보아 그 말은, 오데트 자신은 수브레 부인과 마찬가지로 그런 갤리선*에 걸려들지 않는다는 뜻이었다.

카프라롤라 대공부인의 똑똑함에 대한 베르뒤랭 부인의 고백에 이어, 베르뒤랭네 사람들이 제 장래 운명을 어떻게 의식하고 있는지를 보여준 두 번째 표시는(물론 공식적으로 그러기를 요구하지는 않았으나), 베르뒤랭 부부가 지금은 손님들이 야회복을 입고 만찬에 오기를 원한다는 것이었다. 베르뒤랭 씨도 이제는 '형편없다'가 입버릇인 조카한테 인사받아도 부끄럽지 않은 정도가 되었다.

그랭쿠르에서 내 찻간에 탄 사람들 중에는 사니에트, 그 사촌인 포르슈빌에 의해 베르뒤랭네 집에서 내쫓겼다가 다시 돌아온 사니에트가 있었다. 사교 생활의 관점에서 보면 그의 결점은—많은 장점에도 불구하고—지난날 코타르의 결점과 같은 종류였다. 즉 소심함, 남의 마음에 들려는 지나친 소망, 이에 성공하려는 무익한 노력이었다. 그러나 삶은 코타르에게 또 다른 긍정적 성격을 주었다. 베르뒤랭네 집에서는 익숙한 환경에 있을 때 옛 시간이 우리에게 미치는 암시를 통해, 그는 얼마간 이전과 똑같은 태도를 남기고 있었다. 하지만 적어도 환자를 만날 때나 병원에서 일할 때나 의학 아카데미에 나갔을 때는, 그는 냉담하며 다른 이를 얕보는 듯한 위엄 있는 모양새를 갖추게 되었고, 아첨하는 제자들 앞에서 신소리를 지껄이는 동안 그런 특징이 심해져서, 현재 코타르와 예전 코타르 사이에 뚜렷한 단절을 만들었다. 그런데 똑같은 결점이 사니에트의 경우에는 그가 그것을 고치려 들면 들수록 거꾸로 과장되어갔다. 가끔 사니에트는 남들이 자기 이야기를 지루해하며 듣고 있지 않다고 느꼈는데, 그럴 때 그는 코타르라면 했을 듯한 권위 있는 태도로 주의를 끌기 위해 말을 늦추는 대신에, 제 이야기의 너무나 진지한 말투를 받아들이게 하려고 일부러 가벼운 말투를 써볼 뿐만 아니라, 얘기를 길지 않게 보이려고 서둘러 지껄이며 중간을 빼먹고 약칭을 써서, 결국 이야기를 뭐가 뭔지 모르게 만들어 끝없는 수다처럼 보이게 할 뿐이었다. 그와 달리 코타르는 자신만만했다. 코타르는 환자들을 소름끼치게 하여, 사교

---

* 고대 중세에 지중해에서 쓰던 배의 하나. 양쪽 뱃전에 아래위 두 줄로 노가 많이 달림.

계에서 그의 상냥함을 칭찬하는 사람들이 있으면 환자들은 이렇게 대꾸했다. "그는 환자를 진찰실에 맞이하면 딴 사람이 돼요. 환자는 빛을 받게 하고 자기는 역광선을 받으며 눈을 번쩍번쩍 빛내고 있다니까요."

사니에트에게는 이처럼 위압적인 성격도 없고 겁이 많아서, 하찮은 일에도 그의 자신감이 달아나는 게 느껴졌다. 사니에트는 친구들한테 자신감이 부족하다는 말을 늘 들어왔는데, 사실 그는 그동안 자기보다 아주 못하다고 올바르게 판단한 사람들이 자신에겐 불가능했던 성공을 쉽사리 얻는 것을 보아온 탓에, 이제는 자기의 진지한 태도 때문에 자신이 낮게 평가될까 봐 두려워서 이야기할 때마다 반드시 바보 같은 미소를 짓게 된 것이었다. 때로는 자기가 하려는 이야기가 우스꽝스러운 내용인 것처럼 꾸미는 그의 태도에 이끌려서, 좌중이 이야기에 조용히 귀기울이는 경우도 있었다. 그러나 이야기는 싱겁게 끝나버렸다. 이따금 마음씨 착한 손님이 슬그머니 칭찬의 미소를 보내 사니에트의 용기를 돋우어주기도 했다. 마치 쪽지를 눈에 띄지 않게 남몰래 건네주듯. 하지만 아무도 책임을 떠맡아 웃음을 터뜨려서 그를 공공연히 지지하는 위험을 무릅쓰지는 않았다. 이야기가 실패로 끝난 뒤에도 오랫동안, 사니에트는 쓸쓸히 혼자 미소 지었다. 남들은 못 느꼈지만 자신은 그것을 충분히 느낀 척하면서, 마음속으로 자기를 위해 그 이야기의 재미를 음미하듯.

조각가 스키는 그 폴란드 이름이 발음하기 어렵거니와, 그 자신도 사교계 비슷한 곳에서 살게 되고 나서는 매우 지위가 높지만 좀 귀찮고 수도 많은 친척들과 혼동되고 싶지 않은 체하여, 자신을 그렇게 부르게 내버려두었다. 45살인 그는 몹시 추했는데, 10살까지 온갖 귀부인들에게 가장 매력 있는 사교계 신동으로 귀여움을 받았던 데서 기인한 어떤 유치함과 엉뚱함을 지니고 있었다. 베르뒤랭 부인은 그를 엘스티르보다 나은 예술가라고 우겼다. 사실 그와 엘스티르 사이에는 순 겉으로 봤을 때의 유사함밖에 없었다. 그러나 그 비슷함은 한 번 스키를 만났던 엘스티르가 그에게 심각한 혐오감을 느끼기에 충분했다. 우리는 우리와 정반대인 사람들보다 우리와 나쁘게 닮은 이들, 그 속에 우리가 지닌 가장 나쁜 점과 이미 고친 결점이 펼쳐져 있는 이들과 마주쳤을 때 그런 혐오감을 느낀다. 그때 우리는 이렇게 되기에 앞서 우리도 틀림없이 남들에게 그렇게 보였을 거라는 사실을 불쾌하게 떠올린다.

하지만 베르뒤랭 부인은 어떤 예술에서도 스키가 쉽게 능력을 보였으므로 엘스티르보다 더 재능 있다고 믿었으며, 또 그가 덜 게으르기만 하면 그 능력을 재능으로까지 밀고 나갈 거라고 믿고 있었다. 이 게으름마저 마님에겐 또하나의 재능으로 보였으니, 그 반대인 부지런함을 부인은 타고난 재능이 없는 사람들의 운명이라고 여겼기 때문이다. 스키는 소맷부리 단추에나 문 위의 장식 부분에나 그려달라는 건 무엇이나 다 그렸다. 그는 작곡가의 목소리로 노래했고, 암기로 피아노를 연주하면서 관현악 효과를 냈는데, 이는 뛰어난 솜씨가 있어서가 아니라, 코넷(cornet)이 들어가는 곳을 손가락으로 가리키지 못하고 입으로 저음 악기를 흉내냈기 때문이다. 그는 이야기할 때 신기한 인상을 주려고 낱말을 고르며, 피아노로 금관 악기의 느낌을 내기 위해 '팽(ping)' 하고 말한 다음에 화음을 치는 것과 같은 방식을 썼다. 이런 그는 놀라우리만큼 이지적인 인간으로 보였으나, 그의 사상은 사실 더할 나위 없이 짧은 두세 문장으로 요약되었다. 변덕쟁이 공상가라는 평판에 싫증이 난 그는 자기가 현실적이자 실용적인 인간임을 보이겠다는 생각이 들었다. 그래서 그는 틀린 정확성과 거짓 양식, 그것도 모자란 기억력 탓에 끔찍한 꼴이 된 그것들을 자랑스레 내보이고, 늘 확실치 못한 지식을 떠벌리게 되었다. 그의 머리·목·다리 놀림은, 그가 아직 9살에다 금빛 곱슬머리를 하고, 커다란 레이스 깃을 달고 조그만 붉은 가죽 장화를 신었다면 꽤 근사해 보였으리라.

그는 코타르와 브리쇼와 함께 그랭쿠르 역에 일찍 도착해, 브리쇼만 대기실에 남겨두고 산책하러 갔다. 코타르가 돌아가자고 했을 때 스키는 대답했다. "조금도 서두를 필요가 없어요. 오늘은 지방선 열차가 아니라, 도(道) 열차이니까." 그 정확해 보이는 지적에 코타르가 놀라자, 기분이 좋아진 그는 자신에 대해 다음같이 덧붙였다. "그래요, 스키는 예술을 아끼며 찰흙을 빚어 형상을 만드니까, 현실적이 아닌 인간이라고 생각들 하죠. 하지만 철도에 대해선 아무도 나만큼 모를걸요." 그래도 그들은 역으로 돌아왔는데, 그때 갑자기 역에 들어오고 있는 작은 열차의 연기를 보고 코타르는 고함을 질렀다. "큰일 났다, 부리나케 달려가야겠는걸!" 실제로 그들은 겨우 때맞춰 도착했다. 지방선 열차와 도 열차의 구별은 스키의 머릿속에밖에 존재하지 않았다.

"그런데 대공부인은 열차에 안 계십니까?" 떨리는 목소리로 브리쇼가 물었다. 그의 커다란 안경은 이비인후과 의사가 환자의 목구멍을 비추기 위해 이마에 단 반사경처럼 반짝거려, 교수의 눈이 안경에 생명을 빌려준 듯했다.

아마도 안경과 시력을 맞추려는 노력 때문에, 가장 대수롭지 않은 순간에도 안경 자체가 줄기찬 주의력을 발휘해 이상할 정도로 바라보고 있는 듯싶었다. 병은 브리쇼의 시력을 조금씩 빼앗으면서 그에게 점점 시각적인 아름다움을 드러내왔다. 마치 가끔 우리가 한 물건을 내놓는 결심을 할 때, 이를테면 그 물건을 선물로 주려는 때, 비로소 그것을 유심히 보고 아까워하며 감탄하여 바라보듯이. "아니지, 아냐. 대공부인은 파리행 열차에 타는 베르뒤랭 부인의 손님들을 멘빌까지 배웅하러 갔습니다. 베르뒤랭 부인도 생마르에 볼일이 있으니까 그분과 함께 갔는지도 모르죠! 그렇다면 그분은 우리와 함께 타게 되니까 다 같이 여행하게 될지도 모르겠군요. 이거 멋진데요. 먼저 멘빌에서 눈을 크게 떠야겠군. 좋아, 그건 아무래도 좋아요. 아까는 하마터면 차를 놓칠 뻔했죠. 열차를 보았을 때는 어찌나 놀랐던지. 이를 심리적 순간에 도착한다고 일컫죠. 생각해보세요, 만약 우리가 열차를 놓쳤다면, 베르뒤랭 부인은 우리 없이 오는 마차를 보겠지요. 아, 그 무슨 광경이람!" 감동에서 아직 덜 깬 의사는 이렇게 덧붙였다. "흔치 않은 무모한 행동이었죠. 이봐요, 브리쇼, 어땠죠? 우리의 갑작스러운 발광이." 의사는 자랑스럽게 물었다. 그러자 브리쇼는 대답했다. "맹세코, 과연 당신이 열차를 놓쳤더라면, 죽은 빌맹(Villemain)* 말마따나 그것은 심각한 타격이었을 거요."

그러나 처음에 이 낯선 사람들로 멍해진 나는, 돌연 코타르가 카지노의 댄스홀에서 내게 말했던 게 생각났다. 눈에 보이지 않는 고리가 한 기관과 기억 속 영상을 연결하기라도 한 것처럼, 앙드레의 가슴에 가슴을 맞댄 알베르틴의 모습이 내 심장을 무섭도록 아프게 했다. 하지만 이 아픔은 계속되지 않았다. 알베르틴과 여인들이 관계를 맺고 있다는 사념은 전전날부터 불가능한 일로 여겨졌기 때문이다. 전전날 내 애인이 생루에게 접근해 내게 새로운 질투를 일으켜 첫 번째 질투를 잊게 했다. 나는 순진하게도 다른 사람들처럼, 한 취미가 또 하나의 취미를 당연히 밀어낸다고 믿었던 것이다.

아랑부빌에서 열차가 만원이 되었을 때, 푸른 작업복을 입은 농부가 3등 표밖에 갖지 않았는데도 우리 찻간에 탔다. 의사는 대공부인을 이 농부와 함께 여행하게 할 순 없다고 생각해, 승무원을 불러 대철도 회사의 촉탁 명함

---

* 문예 평론가(1790~1870).

을 보이고, 역장에게 억지로 농부를 내리게끔 했다. 이 광경이 어찌나 사니에트의 착한 마음을 자극하고 겁 많은 그를 불안에 빠뜨렸는지, 일이 벌어지자마자 벌써 플랫폼에 있는 농민의 수로 보아 농민 폭동이 일어날까 봐 걱정할 정도여서 그는 배가 아픈 체를 했다. 그러곤 의사의 횡포에 대한 책임이 있다는 비난을 피하고자, 코타르가 이른바 '워터(water)'라고 부르는 것을 찾는 척 복도로 달아났다. 하지만 그것을 찾지 못해, 그는 이 구불구불 철도 기차의 반대편 끝에서 경치를 바라보았다.

브리쇼가 자기 재능을 '신출내기'에게 자랑할 셈으로 내게 말했다. "혹시 베르뒤랭 부인 댁에 처음 가는 거라면 우리의 그 잘나신 여자들 사이에서 대유행인 '무슨무슨 주의'라는 낱말, 이를테면 예술 도락주의니 무관심주의니 하는 온갖 '주의'들을 발명한 사람들 가운데 하나가 말했듯이, 이른바 '사는 즐거움'을 거기 이상으로 맛볼 수 있는 환경이 없다는 것을 곧 아시리다. 발명한 사람들 가운데 하나란 탈레랑 대공님을 두고 하는 말이지만." 그는 과거의 대귀족들에 대해 말할 때 그 칭호에 님을 붙여, 라 로슈푸코 공작님, 레츠 추기경님이라고 하는 게 재치도 있고 '시대의 색채'도 나오는 줄 생각하고 있었던 것이다. 때로는 그들을 '그 생존 투쟁가인 공디(Gondi)', *¹ '그 불량제 장군 지지자인 마르시야크(Marcillac)'*²라고도 불렀다. 그리고 몽테스키외 이야기를 하면서 그 이름을 부를 때는 반드시 미소를 머금으며 '스콩다 드 몽테스키외 고등법원장님'이라고 했다. 재치 있는 사교인이라면 학교 냄새를 풍기며 학자인 체하는 태도에 비위가 상했으리라. 그러나 사교인의 완벽한 예절에도, 왕족에 대해 말할 때는 그것이 특별한 사회계급임을 폭로하는 학자인 체하는 기질이 있어, 빌헬름의 이름 뒤에 '황제'라고 붙이고 전하에겐 3인칭으로 말 건넨다. "아무렴! 그분에겐 모자를 벗고 절해야 합니다. 그분은 그야말로 선구자이십니다." 브리쇼는 '탈레랑 대공님'의 이야기를 계속하면서 말했다.

"베르뒤랭네는 매력 있는 환경이죠." 코타르가 내게 말했다. "당신은 거기서 모든 걸 조금씩 볼 거요. 베르뒤랭 부인께서는 배타적이 아니시니까. 브리쇼 같은 유명한 학자들도 있고, 이를테면 셰르바토프 대공부인 같은 고귀한 분들도 계십니다. 셰르바토프 대공부인은 러시아의 대귀족이고 외독시

---

*1 레츠 추기경(1613~79).

*2 라 로슈푸코.

대공부인의 친구인데, 아무에게도 허락되지 않는 시간에 혼자서 외독시 대공부인을 뵐 수도 있는 분이죠." 사실 외독시 대공부인은, 오래전부터 아무한테도 초대받지 않게 된 셰르바토프 대공부인이 자기 집의 사교 모임에 오는 걸 꺼려, 대공부인도 만나면 불쾌할 테고 마찬가지로 대공부인을 만나면 거북해할 자기 친구들이 곁에 없는 시각을 택해 아침 일찍 대공부인을 오게 했다. 3년 전부터 셰르바토프 부인은 손톱을 다듬어주는 사람처럼 대공부인 댁에서 나오자마자, 이제 막 눈뜬 베르뒤랭 부인 댁으로 가서 그녀 곁을 떠나지 않았다. 대공부인의 이 충성은 브리쇼의 충성보다도 한없이 뛰어나다는 소문이었다. 물론 브리쇼도 수요회에 부지런히 참석해, 파리 수요회에서는 자신이 불로뉴 숲 수도원의 샤토브리앙 같은 존재이고, 시골에서는 샤틀레(Châtelet)* 후작부인 댁의 '볼테르 님'(이라고 그가 늘 풍부한 교양을 지닌 자 특유의 짓궂음과 만족스러움과 더불어 부르던 인물)과 어깨를 나란히 하는 효과를 내고 있다고 스스로 믿어 의기양양했지만.

교우 관계의 결핍이 셰르바토프 대공부인으로 하여금 수년 동안 베르뒤랭 부부에게 충성을 보이게 했던 것이다. 그런 그녀는 보통 신도를 지나, 베르뒤랭 부인이 오랫동안 손에 넣을 수 없다고 여긴 신도의 이상상(理想像), 나이가 들어 그녀가 마침내 이 신입 여성 회원 가운데서 발견한 신도의 전형이었다. 마님이 아무리 질투에 괴로워한들, 신도들 가운데 제일가는 열성분자들도 한 번쯤은 그녀를 '무시'하곤 했다. 가장 죽치기 좋아하는 사람들도 한 번은 여행하고 싶었고, 가장 절제하는 사람들도 여인을 얻는 행운을 만났으며, 가장 튼튼한 사람들도 감기 들었고, 가장 게으른 사람들도 4주간 단기 병역에 잡혔으며, 가장 무정한 사람들도 어머니의 임종을 지켜보러 갔으니까. 그래서 베르뒤랭 부인이 그런 때 로마 황후처럼 그들에게, 그녀만이 그 군단이 복종해야 할 유일한 대장이노라, 그리스도나 독일 황제같이 제 부모를 그녀와 비등하게 사랑하여 그녀를 따르기 위해 부모를 버릴 각오가 없는 인간은 그녀의 사랑을 얻을 자격이 없노라 아무리 딱 잘라 말한들, 또 침대 안에서 몸을 축내거나 갈보한테 골탕먹거나 하는 대신 그녀 곁에 남아서 그녀를 유일한 치료제와 유일한 쾌락으로 삼을지어다 하고 아무리 말한들 다 헛일이었다.

---

*볼테르의 애인(1706~49).

그러나 가끔 오래 살아남은 사람의 끝 무렵을 아름답게 꾸미기를 기뻐하는 운명이, 베르뒤랭 부인을 셰르바토프 부인과 만나게 했다. 가족과 사이가 틀어지고 조국에서 쫓겨나 이제 퓌트뷔스 남작부인과 외독시 대공부인밖에 친구가 남지 않은 셰르바토프 대공부인은, 게다가 남작부인의 친구들은 만나기 싫고 대공부인 쪽은 제 친구들을 대공부인과 만나게 하지 않으려 해서, 베르뒤랭 부인이 아직 잠들어 있는 아침 시간밖에 이 두 부인 댁에 가지 않았다. 홍역을 앓던 12살의 어느 날을 빼놓고는 한 번도 제 방에 죽치고 있던 기억이 없는 그녀, 12월 그믐날 베르뒤랭 부인이 혼자되는 게 싫어, 내일은 정월 초하루지만 그대로 묵어주지 않겠느냐고 묻는 말에 이렇게 대답했다. "어느 날이고 상관없이 묵고말고요. 게다가 정월 초하루는 가정에서 지내게 마련이죠. 이 댁은 내 가정이거든요." 평소에는 하숙집에 살며 베르뒤랭 부부가 이사할 적마다 하숙을 옮기고, 별장에도 따라오는 대공부인은 베르뒤랭 부인을 위해 비니의 다음 시구를 잘 드러내고 있었다.

그대만이 내가 늘 구하는 자 같도다.

작은 동아리의 우두머리는 죽은 뒤까지 '신도'를 확보하고 싶어, 대공부인에게 두 사람 가운데 나중에 죽는 사람이 먼저 죽은 사람 곁에 묻히게 하자고 청했다. 셰르바토프 대공부인은 남들 앞에서—그 인물에게 멸시를 당하는 일이 가장 괴로워서 우리가 누구보다도 심하게 속이는 대상, 곧 우리 자신도 그 수 속에 넣어야 하는 남들—그녀의 셋뿐인 우정—대공부인과 베르뒤랭 부부와 퓌트뷔스 남작부인과의 우정—을, 그것이 그녀의 의사와 관계없는 큰 재앙 때문에 그 나머지 전부가 전멸하여 남은 게 아니라, 자유로운 선택에 따라 다른 모든 우정에서 골라낸 것이고, 자신이 고독과 간소함을 사랑하는 마음에서 이 세 우정만으로 만족하고 있음을 나타내려고 마음 썼다. "다른 사람과는 아무도 안 만납니다." 그녀는, 자기가 어쩔 수 없이 이러는 게 아니라 이것이 스스로 지키는 규율인 척, 그 굽히지 않는 성격을 강조하면서 말했다. 4회까지 계속하지 못할까 봐 자기 희곡은 3회밖에 상연하지 않을 거라고 선언하는 극작가처럼 그녀는 덧붙였다. "나는 세 집밖에 드나들지 않아요." 베르뒤랭 부부가 이 거짓을 곧이곧대로 믿었는지 안 믿었는지는 몰라도, 신도들의 머릿속에 그것이 명심되도록 대공부인을 도왔다. 신도들도, 대공부인이 그녀에게 청해진 수많은 교제 가운데 베르뒤랭 부부만을 택했으며, 베르뒤랭 부부도 대귀족들이 구해온 교제를 전부 거절하다가 대공부인만은 예외로 받아들여 승낙했다고 이해하고 있었다.

그들의 눈에 대공부인은 너무나 뛰어난 인물이라 그 고귀한 출신 환경에서는 지루함을 느낄 수밖에 없어서, 그녀가 사귈 수 있는 수많은 사람들 가운데 오직 베르뒤랭 부부만이 마음에 들었고, 또 베르뒤랭 부부도, 온 귀족 계급에게 받은 교제 신청에 귀를 막았으나, 셰르바토프 대공부인만은 그녀와 같은 일류 귀부인들보다 훨씬 똑똑한지라 유일한 예외로서 그녀와 사귀는 데 동의했다는 모양으로 보였다.

대공부인은 큰 부자였다. 그녀는 공연 첫날마다 커다란 1층 칸막이 관람석을 예약해 베르뒤랭 부인의 허락 아래 신도들을 데리고 갔는데, 다른 사람은 하나도 초대하지 않았다. 사람들에게 이 수수께끼 같은 창백한 인물, 나이 들어도 머리가 세지 않고 오히려 산울타리에 끝까지 남아 있는 쭈글쭈글한 어떤 열매처럼 붉어지는 이 여성은 늘 주목거리였다. 그녀의 세력과 겸손 또한 감탄거리였다. 그도 그럴 것이 그녀는 언제나 아카데미 회원 브리쇼, 유명한 학자 코타르, 당대 일류 피아니스트, 나중엔 샤를뤼스 씨까지 데리고 다니면서도, 일부러 가장 어두운 칸막이 관람석을 잡아 겉에 나서지 않고, 다른 객석을 전혀 개의치 않으며 오로지 이 작은 단체만을 상대했던 것이다. 또한 그 작은 단체도 상연이 끝나기 조금 전에 이 기묘하고도 수줍으며 매력적인, 빛바랜 아름다움이 있는 귀족 여인을 따라 줄줄이 퇴장했다.

그런데 셰르바토프 부인이 객석을 바라보지 않고 어둠 속에 그대로 있는 것은, 열정적으로 원하지만 사귈 수 없는 생생한 사교계의 존재를 잊으려고 애썼기 때문이다. '1층 칸막이 관람석'의 '무리'는 그녀에게는 어떤 동물이 위험에 닥쳐 취하는 죽은 척과 같은 것이었다. 한편 사교인들은 새로운 것에 호기심을 보이니, 그들은 아마도 이제 막 방문한 2층 칸막이 좌석의 명사들보다 이 신비로운 미지의 여인에게 더 많은 주의를 돌렸을 것이다. 사람들은 그녀가 자기들이 사귀고 있는 사람들과 다른 인간이며, 그 통찰력 있는 착한 마음씨와 한데 엮인 으리으리한 지성이 그녀 주위에 걸출한 이들의 작은 무리를 잡아둔다고 상상했다.

대공부인은 아무개의 이야기를 듣거나 아무개에게 소개될 때, 사교계를 싫어한다는 거짓을 지키려고 매우 쌀쌀맞은 태도를 꾸며야만 했다. 그렇지만 코타르나 베르뒤랭 부인의 도움으로 몇몇 새 사람이 그녀와 사귀는 데 성공했다. 그러면 그녀는 사람을 하나 사귄 게 아주 기뻐서, 스스로 고립을 택했다는 꾸며낸 전설마저 잊고 신출내기에게 이만저만한 대접을 하는 게 아니었다. 그 신출내기가 극히 평범한 사람일 때면 다들 놀랐다. "대공부인도 참 이상해. 아무하고도 사귀고 싶지 않다면서, 저렇게 특징 없는 사람을 위해 예외를 만들다니!" 그러나 이런 결실 있는 사귐은 드물어, 대공부인은 몹시 좁은 신도들 속에 갇혀 살고 있었다.

코타르는 "나는 그분을 화요일 아카데미에서 만나죠" 말하기보다 "나는 그분을 수요일 베르뒤랭네 집에서 만나죠" 말하는 적이 더 많았다. 그는 또 수요일 모임을 중대하고도 피할 수 없는 임무처럼 말했다. 사실 코타르는 한 초대를 군사적인 또는 법률상의 소환처럼 절대적인 의무로 받아들일 만큼 평소에 그다지 인기 없는 사람들 가운데 하나였다. 그가 수요일에 베르뒤랭네를 '저버리기' 위해서는 중요한 진찰에 불려 가야 했는데, 그 중요성은 병의 심각함보다 병자의 신분에 달려 있었다. 때문에 코타르는 착한 사람이었으나, 뇌출혈로 졸도한 직공을 위해서가 아니라 장관의 코감기 때문에 수요일의 즐거움을 단념했다. 또한 그런 경우에도 그는 아내에게 말했다. "베르뒤랭 부인께 잘 말씀드려. 내가 늦을 거라고 미리 알려드려야 해. 각하도 너무하시지. 다른 날을 골라 감기 들었더라면 좋았을걸."

어느 수요일, 코타르네 늙은 식모가 팔 혈관을 벤 일이 있었는데, 코타르는 이미 베르뒤랭네 집에 가려고 스모킹 차림을 한 터라, 아내가 부상자를 치료해주지 않겠느냐고 겁내며 부탁했을 때 어깨를 으쓱했다. "그러나 할 수 없어, 레옹틴." 그는 신음하며 외쳤다. "보다시피 흰 조끼를 입고 있잖아." 남편의 신경을 건드리지 않게 주의하면서 코타르 부인은 서둘러 진료소장을 부르러 사람을 보냈다. 진료소장은 빨리 오려고 마차를 타고 왔는데 안뜰에 들어가는 찰나, 베르뒤랭네로 나가는 코타르의 마차와 마주쳐, 마차를 앞으로 빼다가 뒤로 물리는 데 5분이나 허비했다. 코타르 부인은 진료소장이 야회복을 입은 그의 선생을 봐버린 탓에 처지가 난처해졌다. 코타르는 아마도 양심의 가책으로 늦은 걸 저주하며 수요일의 온갖 즐거움을 망치고 말아주 나쁜 기분으로 떠났다.

코타르의 한 환자가 그에게 "가끔 게르망트네 사람들을 만나십니까?" 물으면, 교수는 진지하게 다음같이 대답했다. "정확하게 게르망트네 사람들인지는 모르지만, 나는 사교계 인사들을 전부 내 친구 집에서 만나죠. 베르뒤랭네 사람들에 대해 물론 들은 일이 있으시겠지. 그들은 누구나 압니다. 게다가 그 집에 오는 사람들 가운데에는 적어도, 멋만 부릴 뿐 몰락한 사람은 없습니다. 다들 확실한 돈줄이 있는 사람들입니다. 베르뒤랭 부인의 재산은 대체로 3,500만으로 평가됩니다. 그럼요, 3,500만은 적은 액수가 아니죠. 그러다 보니 베르뒤랭 부인은 인색하지 않습니다. 방금 게르망트 공작부인에 대해 말씀하셨지요. 내가 그 차이를 말해볼까요. 베르뒤랭 부인은 훌륭한 귀부인이고, 게르망트 공작부인은 틀림없이 빈털터리입니다. 이 미묘한 차이를 잘 아시겠죠? 아무튼 게르망트네 사람들이 베르뒤랭 부인 댁에 가건 말건, 베르뒤랭 부인은 훨씬 가치 있는 분들을 맞이하고 계십니다. 드 셰르바토프네와 드 포르슈빌네 사람들, 그 밖에 최고급 신분인 사람들, 프랑스와 나바르의 온 귀족들이 그곳에 모이지요. 나는 그들과 대등하게 대화를 나누고요. 본디 그런 사람들은 기꺼이 과학의 왕자들과 교제를 열망합니다." 그는 이렇게 거만한 자기만족에 의해 입술에 오른, 행복한 자부심으로 가득한 미소와 더불어 덧붙였다. 이 자기만족은 이전에 포탱이나 샤르코 같은 이들에게만 쓰이던 이런 표현이 이제 그에게도 쓰이게 된 데에서 오는 만족보다는, 이런 관용적인 표현을 마침내 자기가 적절히 쓸 줄 알게 되고, 오랜 노력 끝에 그 사용법을 속속들이 배웠다는 데서 온 것이었다.

그래서 코타르는 베르뒤랭 부인이 손님으로 맞이하는 이들 가운데 셰르바토프 대공부인을 예로 든 다음, 나한테 눈을 끔벅이며 덧붙였다. "어떠한 집인지 아시겠죠. 내 말뜻을 이해합니까?" 그것은 가장 멋진 집이라는 뜻이었다. 그런데 외독시 대공부인하고밖에 교제가 없는 러시아 귀부인을 손님으로 맞는다는 것은 조금도 멋지지 않았다. 그러나 셰르바토프 대공부인이 외독시 대공부인과 교제가 없었더라도, 우아하기 그지없는 베르뒤랭네 살롱에 대한 코타르의 견해도, 거기에 초대되는 기쁨도 전혀 줄어들지 않았으리라. 우리가 교제하는 사람들이 보여주는 빛은 무대의 등장인물들과 똑같아 본질적인 게 아니다. 그 의상을 위해 감독이 수십만 프랑이나 들여 틀림없는 옷과 진짜 보석을 사더라도 아무 효과가 나지 않아 쓸데없는 데 반해, 위대한 무대장치가 유리구슬을 붙인 거친 천 조끼와 종이로 된 외투에 조명을 비추는 것만으로 천 배나 더 화려한 인상을 준다. 어떤 사람은 그 삶을 지극히 지위가 높은 사람들 사이에서 보내는데, 요람 때부터 몸에 밴 습관이 그 눈에서 온갖 현혹을 거두어갔으므로, 그에게는 그들이 아무런 위신도 없는 지긋지긋한 친척이나 평범한 벗에 지나지 않게 된다. 한편 수많은 코타르들이 귀족 칭호를 지닌 부인들에게 홀려 살기엔, 그가 어떤 우연으로 가장 보잘것없는 이들과 알게 되는 것만으로 충분하다. 그들은 그런 부인들의 살롱을 우아한 귀족들이 모여드는 중심이라고 상상하고 있는데, 사실 그 부인들은 빌파리지 부인과 그 친구들(함께 자라난 이들도 상대하지 않는 몰락한 귀부인들)에게마저 신분으론 미치지 못한다. 뿐만 아니라 그녀들과의 우의를 수많은 사람이 자랑스러워하고 또 회상록을 발간해 그 안에 그런 부인들이나 그 손님이 된 부인들의 이름을 적어놓더라도, 아무도(게르망트 부인은 물론이고 캉브르메르 부인도) 그게 누군지 모를 거다.

그러나 그게 무슨 상관인가! 한 코타르는 그렇게 해서 제 남작부인 또는 후작부인을 갖는데, 이 부인이야말로 그에게는 '남작부인' 또는 '후작부인' 그 자체다. 그것은 마리보 작품 가운데 남작부인과 같은 존재이다. 아무도 그 이름을 말한 적 없으며, 그 부인이 그런 이름을 갖고 있는 줄조차 몰랐던 남작부인. 귀족계급에서는 칭호가 수상하면 수상할수록 도리어 유리그릇, 은그릇, 편지, 여행용 가방 위에 귀족 문장이 잔뜩 붙어 있는 법이다. 이리하여 코타르는 자신이 그러면 그럴수록 그 이름 없는 부인 속에—사실 귀족들은 그 부인을 전혀 모르는데—귀족계급이 요약되어 있다고 믿는다. 포부르 생제르맹의 중심지에서 생활을 보내고 있는 줄로 여기는 수많은 코타르들은, 봉건적인 몽상에 대하여 어쩌면 실제로 왕족들 사이에서 산 이들보다 더 매혹적인 상상을 품었는지도 모른다. 그것은 일요일에 가끔 '옛적' 건물을 구경하러 가는 소상인에게 가장 중세기적인 감동을 준 것이, 실은 간혹 그 석재가 모두 현대의 것이고 그 둥근 천장이 비올레 르 뒤크의 제자들에 의해 푸르게 칠해지고 금빛 별로 치장된 건물에 지나지 않는 것과 마찬가지다.

"대공부인은 멘빌에 계세요. 우리와 함께 여행하게 될 테죠. 하지만 나는 당신에게 그분을 당장 소개하진 못할 거요. 베르뒤랭 부인이 소개하는 편이 더 좋겠죠. 어떤 계기를 내가 발견하지 않는 한. 계기를 발견하면 뛰어들어 돕겠지만." "무슨 이야기를 하십니까?" 바람 쐬는 체하고 있던 사니에트가 말했다. 그러자 브리쇼는 대답했다. "내 의견으론 '세기말'(물론 18세기 말)의 첫 번째 인물인 샤를 모리스, 페리고르 신부의 유명한 한마디를 이분께 소개하고 있습니다. 그는 처음에 매우 뛰어난 신문 기자로 대성할 것 같았는데, 그만 방향을 나쁘게 바꾸고 말았습니다그려. 무슨 뜻인고 하니 장관이 됐단 말씀입니다! 인생엔 이런 불행이 있게 마련이죠. 결국은 성의 없는 정치가에 지나지 않소. 단, 기품 있는 대귀족다운 멸시의 정과 더불어, 프러시아 왕을 위해 때때로 서슴지 않고 일했습니다. 이 말은 안 할 수가 없는데, 그는 중도좌파의 가죽을 쓰고 죽었습니다."

생피에르 데 지프에서 눈부시게 아름다운 한 아가씨가 탔는데, 아쉽게도 그녀는 작은 모임의 일원이 아니었다. 나는 그녀의 목련꽃처럼 새하얀 살, 검은 눈, 훤칠한 모습에서 눈을 뗄 수 없었다. 좀 있다가 그녀는 창문을 열고 싶어했다. 찻간이 좀 더웠으니까. 그녀는 모두에게 허락을 청할 생각은 없지만 나 혼자만이 외투를 안 입고 있어서 그런지, 상쾌하고 웃음기 어린 빠른 목소리로 내게 말했다. "언짢지 않으세요, 바깥바람이?" 나는 그녀에게 "우리와 함께 베르뒤랭 댁에 가시죠" 또는 "이름과 주소를 말해주십쇼" 말하고 싶었으나 이렇게 대답했다. "아뇨, 바람은 괜찮은데요. 아가씨." 그 뒤 그녀는 자리를 뜨지 않은 채 "담배 피워도 상관없을까요?" 말하고 나서 궐련에 불을 붙였다. 세 번째 역에서 그녀는 뛰어내렸다.

다음 날 나는 알베르틴에게 그녀가 누구일까 물어보았다. 나는 어리석게도 사람은 한 명밖에 좋아할 수 없다고 믿어, 로베르에 대한 알베르틴의 태도를 질투하느라 여성에 대해서는 안심하고 있었기 때문이다. 알베르틴은 진심으로 모른다고 내게 말했다. "다시 만나고 싶은데!" 나는 외쳤다. "안심하세요. 언제고 다시 만날 테니." 알베르틴은 대답했다. 그러나 이 경우 그녀의 말은 틀렸다. 나는 궐련을 피우던 이 아름다운 아가씨를 영영 다시 만나지 못했으며 누군지도 알지 못했다. 오랫동안 내가 그녀를 찾는 일을 그만두어야만 했던 이유는 나중에 알리라.

하지만 나는 그녀를 잊지 않았다. 가끔 그녀가 떠올라 미칠 듯이 만나고 싶어지는 적이 있었다. 그러나 이러한 욕망의 재발은 우리를 반성케 한다.

우리가 그런 아가씨를 다시 만나 똑같은 기쁨을 느끼려면 10년 전으로 되돌아가야 하고, 그 10년 동안에 아가씨는 시들어버린다. 때때로 우리는 어떤 존재를 다시 만나지만, 그동안 흐른 세월의 시간을 없애지는 못한다. 그러한 욕망도 뜻하지 않은 슬픈 겨울의 한밤, 그 아가씨도 다른 아무도 만나고 싶지 않고 오히려 만나기가 두려워질 겨울의 한밤까지다. 그때는 그녀를 사로잡을 매력도, 사랑할 만큼의 힘도 자신에게서 느끼지 못하기 때문이다. 물론 구체적인 뜻으로, 성교 불능자가 된다는 말이 아니다. 사랑하는 거로 말하면 어느 때보다도 더 사랑하겠지. 그렇지만 남아 있는 힘에 비해 사랑에 대한 계획이 너무나 크다는 것을 느낀다. 다가오는 영원한 휴식이, 거기서 나올 수도 말 건넬 수도 없는 일정한 기간을 이미 설정해버렸다. 그때 한 발을 계단에 올려놓는다면, 고작 그것이 위험한 뛰어넘기를 실수 없이 성공한 것과 같다. 혹여 용모도 안 변하고 머리칼도 젊은이같이 여전히 풍성한 금발이더라도, 이런 상태에서 사랑하는 아가씨와 만나는 것은 참혹하다! 젊음의 걸음걸이에 맞추면 지칠 뿐이다. 육체적 욕망이 줄지 않고 더 심해진다면 이젠 도리가 없다! 그런 욕망에 필요한 건, 기쁘게 해주려고 애쓰지 않아도 될 여인, 하룻밤 잠자리를 같이하고 영영 다시 만나지 않을 여인이다.

"여전히 바이올리니스트의 소식은 없나 보죠." 코타르가 말했다. 이 작은 동아리의 이날 사건은 베르뒤랭 부인의 마음에 드는 바이올리니스트의 결석이었다. 바이올리니스트는 동시에르 근처에서 병역을 치르고 있었는데, 외박 허가를 받아서 매주 세 번 라 라스플리에르의 만찬회에 오곤 했다. 그런데 전전날, 처음으로 신도들은 열차 안에서 그를 발견할 수 없었다. 기차를 놓쳤거니 추측들 했다. 그러나 베르뒤랭 부인이 다음 기차 편에 대어 마차를 보내도, 또 막차에 대어 보내도 헛수고였다. 마차는 빈 채로 돌아왔다. "틀림없이 영창에 처넣어졌군. 달리는 그의 결석을 설명하지 못하니까. 나 원! 정말이지, 아무렴. 군대가 다 그렇죠. 그런 팔팔한 젊은이도 괴팍한 특무 상사가 하나 있으면 혼이 나니까요."

"그가 오늘 저녁에도 안 오면 베르뒤랭 부인의 자존심이 이만저만 상하지 않겠는데요. 우리 상냥하신 마님께서 마침 오늘, 라 라스플리에르를 빌려준 이웃인 캉브르메르 후작부인을 처음으로 만찬에 초대했거든요." 브리쇼가 이렇게 말했다. "오늘 저녁, 캉브르메르 부부가!" 코타르는 외쳤다. "나는 전혀 몰랐는데요. 그야 나도 여러분처럼, 언젠가는 후작 부부가 올 거라 알고는 있었지요. 하지만 이렇게 빨리 오실 줄 몰랐는데요. 저런." 그는 내 쪽으로 고개를 돌리며 말했다. "아까도 말했죠. 셰르바토프 대공부인을, 캉브르메르 후작부인을." 그리고 자장가를 부르듯 가락에 맞춰 몸을 흔들면서 이름을 되풀이한 다음, 다시 내게 말했다. "우리가 얼마나 좋은 교제를 하고 있는지 아시겠죠? 하여간 당신은 처음부터 큰 행운을 쥔 겁니다. 오늘 저녁은 각별히 빛나는 모임이 되겠는걸." 그리고 그는 브리쇼를 돌아보면서 덧붙였다. "마님께서 몹시 노하고 계시겠죠. 우리가 협력한다고 해도, 이미 올 시간이 지났으니."

라 라스플리에르에 와서부터 베르뒤랭 부인은 신도들과 마주 대하고, 한 번쯤 집주인을 초대해야겠는데 그것이 괴로운 의무인 체하고 있었다. 그것은 다음 해에 좀더 유리한 조건으로 별장을 빌리기 위해서이고, 따라서 이해관계 때문에 초대하는 것에 지나지 않는다고 그녀는 말했다. 그런데 그녀는 작은 단체에 속하지 않은 사람들과 식사하는 것이 생각만 해도 소름끼치는 일이라, 하루 이틀 미루고 있다고도 주장했다. 한편으로는 남에게 말할 수 없는 속물 근성 때문에 다가올 그 만찬회에 매력을 느끼고 있었으나, 많이 부풀려지긴 했어도 그녀가 선언하고 있는 위와 같은 이유 때문에 그녀는 만찬회를 겁내기도 했다. 따라서 그녀의 말은 반쯤 진심이었다. 그녀는 제 작은 동아리를 세상에 둘도 없는 것이며, 그 같은 모임을 이루려면 몇 세기가 걸려야 하는 앙상블 가운데 하나라고 믿었다. 거기에 바그너의 '4부작'과 '마이스터징거'도 모르는 촌사람들이 끼어들어온다고 생각하니 몸이 떨렸다. 그들은 음악회 같은 전체 대화 안에서 자기 파트를 맡지도 못하고, 베르뒤랭 부인 댁의 유명한 수요일회, 한 가락 불협화음에도 부서지고 마는 베네치아 유리그릇처럼 비길 데 없는 동시에 깨어지기 쉬운 걸작품인 수요일회 가운데 하나를 파괴할지도 모르기 때문이다. "게다가 그들은 극렬한 반대파로, 군국주의자임에 틀림없어." 베르뒤랭 씨는 말했다. "어머! 그런 건 아무래도 좋아요. 그 사건에 대해 왈가왈부한 지 꽤 오래이니까." 베르뒤랭 부인은 이렇게 대답했다. 그녀는 뼛속까지 드레퓌스파이지만 드레퓌스파가 우세한 자기 살롱에서 사교적인 어떤 보상을 발견하고 싶었는지도 모른다. 드레퓌스주의는 정치에선 승리했는데 사교에선 그렇지 못했다. 라보리, 레나크, 피카르, 졸라도 사교계 사람들에게는 배신자 같은 존재라, 여전히 작은 핵심에서 사교계 사람들을 멀리 떼어놓을 뿐이었다. 그러므로 이 정치계에 잠깐 들러 나온 베르뒤랭 부인은 예술계로 다시 돌아가려고 결심했다. 게다가 댕디(Vincent d'Indy)*도 드뷔시도 드레퓌스 사건 동안에 '나쁜' 쪽이 아니었나? "드레퓌스 사건에 관련해서는 그 사람들도 그저 브리쇼와 마찬가지였어요." 그녀는 말했다(브리쇼 교수는 참모 본부의 편을 들었던 유일한 신교로, 이 점이 그에 대한 베르뒤랭 부인의 평가를 매우 떨어뜨렸다). "계속 드레퓌스 사건만 얘기할 게 뭐람. 아니 물론, 솔직히 말해 캉브르메르네 사람들은 너무 지겨워서 난 싫지만요."

신도들은 캉브르메르네 사람들과 사귀고 싶다는 은밀한 소망에 안달이 나는 동시에, 베르뒤랭 부인이 짐짓 캉브르메르네 사람들을 초대하는 데 느낀다고 말하는 같잖은 혐오에 속았다. 그래서 그들은 날마다 그녀와 얘기하며, 그녀가 속으로 그 초대를 하고 싶어서 꺼낸 얄팍한 논거를 되풀이하고서는 이에 저항할 수 없게 하려고 애썼다. "눈 딱 감고 해보십쇼." 코타르는 몇 번이고 되풀이했다. "집세를 깎아줄 겁니다. 정원사의 삯도 그쪽에서 줄 테고 목장도 쓸 수 있을 겁니다. 그리되면, 하룻저녁의 지루함쯤 견딜 만한 보람이 있습니다. 마님을 위해 여쭈는 말씀입니다만." 그는 이렇게 덧붙였는데, 실은 베르뒤랭 부인의 마차를 타고 가다가 길에서 캉브르메르 노부인의 마차와 엇갈렸을 때 심장이 두근거렸고, 특히 역에서 후작 곁에 서 있을 때는 역원들 앞에서 창피함을 느끼기도 했다.

그런데 캉브르메르네 사람들은 사교계의 움직임하고는 멀리 떨어져서 살았으므로 몇몇 우아한 귀부인들이 베르뒤랭 부인을 두고 존경을 담아서 얘기한다는 걸 꿈에도 몰랐다. 베르뒤랭 부인은 자유 방종한 예술가들하고밖에 사귀지 못하는 이로 아마 결혼도 합법적으로 못했을 테고, '유서 깊은 가문 출신' 가운데 그녀가 만날 수 있는 사람은 자기들뿐일 거라 상상하고 있었다. 그럼에도 캉브르메르네 사람들이 그 만찬에 가기로 체념한 까닭은, 오로지 앞으로 해마다 다시 와주기를 바라는, 세든 사람과 사이좋게 지내고 싶은 마음에서였고, 이런 기대는 지난달 베르뒤랭 부인이 수백만의 유산을 받았다는 소문을 들은 다음부터 특히 강해졌다. 그래서 그들은 숙명적인 날을

---

* 프랑스의 작곡가(1851~1931).

위해 못된 농담 없이 묵묵히 준비했다.

한편 신도들은 캉브르메르네 사람들이 이젠 영영 오지 않을 거라고 생각했다. 베르뒤랭 부인이 늘 날짜를 정하고는 몇 번이고 바꿔버렸기 때문이다. 이러한 거짓 결심의 목적은 오직 이 만찬회가 그녀로선 탐탁지 않은 일임을 과시하는 데 있을 뿐만 아니라, 근처에 살고 있으면서 이따금 그녀를 소홀히 하는 경향이 있는 이 작은 단체원들에게 한눈팔 여유를 주지 않으려는 데도 있었다. 그렇다고 그 '중대한 날'이 그녀 자신과 마찬가지로 작은 단원들에게도 즐거움이라는 걸 마님이 알아챈 것은 아니었다. 그저 그녀는 그 만찬이 가장 무서운 고역이라고 그들을 설득해놓았으니, 그들의 헌신적인 도움을 바랄 수 있다고 생각했던 것이다. "설마 그 중국인들과 나를 혼자 만나게 내버려두지는 않을 테죠! 그런 지루함을 견디려면 우리는 여럿이 있어야 해요. 물론 재미있는 이야기야 하나도 할 수 없겠죠. 망친 수요일이겠지만, 하는 수 없지!"

"당연한 말씀이죠." 브리쇼가 코타르한테 대답하면서 나에게 말을 건넸다. "베르뒤랭 부인은 매우 총명한 분이고 또 그 수요일회를 공들여 준비하는지라, 훌륭한 가문이지만 재치 없는 시골 귀족 따위는 초대할 마음이 나지 않았던 거죠. 후작 미망인을 초대할 결심은 도저히 못하겠으니, 아들과 며느리를 눈 딱 감고 초대한 겁니다." "아아! 캉브르메르 후작부인을 보다니!" 코타르는 캉브르메르 부인이 미인인지 아닌지도 모르면서, 스스로 음탕스럽게 멋 부리는 꼴로 여기는 미소와 더불어 말했다. 후작부인의 칭호는 그의 마음속에 당당하면서도 매혹적인 인상을 일으켰던 것이다. 베르뒤랭 부인과 산책했을 적에 한 번 그녀와 만난 일이 있는 스키는 이렇게 말했다. "아아! 나는 그분을 압니다." "성서에 나오는 뜻으로 그분을 안다는 말은 아니겠지?"* 의사는 코안경 밑에서 수상한 눈초리를 슬쩍 던지며 좋아하는 농담을 해댔다. "총명한 분입니다." 스키는 나에게 말했다. "물론" 하고 그는 내가 한마디도 하지 않는 걸 보고는 미소 짓더니 말마다 힘을 주면서 계속했다. "그분은 총명하기도 그렇지 않기도 합니다. 교양이 부족하고 가벼운 구석이 있죠. 하지만 아름다운 것에 대한 본능을 가졌습니다. 침묵할지언정 절

---

* 육체를 안다는 뜻.

대 어리석은 말은 하지 않습니다. 그리고 또 혈색이 고와요. 초상을 그리는 데 재미날 겁니다." 그는 눈앞에서 그녀가 자세를 취하는 걸 바라보기라도 하듯 눈을 반쯤 감으며 덧붙였다. 나는 스키가 이토록 많은 느낌을 담아 표현한 것과는 반대로 전혀 상반된 감상을 가지고 있었지만, 그녀는 매우 뛰어난 기사(技師) 르그랑댕 씨의 누이라는 말밖에 하지 않았다. "아시겠습니까, 당신은 예쁜 부인한테 소개되는 겁니다." 브리쇼는 내게 말했다. "그 결과야 누가 압니까. 클레오파트라는 늘씬한 귀부인이 아니었습니다. 아니 오히려, 오늘날 메이야크의 연극에 나오듯이 무분별하고도 무서운 작은 여인이었습니다. 그런데 그 여자가 어리석은 안토니우스뿐만 아니라 고대 세계 전체에 어떤 결과를 가져왔는지, 한번 보시지요."

"나는 이미 캉브르메르 부인한테 소개되었습니다." 나는 대답했다. "그래요! 그렇다면 당신은 친숙한 사람들을 방문하는 셈이군요." "그분을 뵙다니 기쁘기 그지없어요. 그분이 내게 콩브레의 늙은 주임 사제께서 이 지방의 지명에 대해 쓴 책을 빌려준다는 약속을 하셨거든요. 이번에 그 약속을 그분에게 기억나게끔 할 수 있을 테니까요. 나는 이 사제에게도 관심이 많고, 또 어원에도 관심이 있습니다." "그 사제가 지적하는 어원을 너무 믿지 말기를." 브리쇼가 대꾸했다. "라 라스플리에르에 있는 그 책을 재미 삼아 대강 훑어보았는데, 흥미로운 내용이 하나도 없더군요. 오류투성이야. 한 예를 들어볼까요. 브리크(bricq)라는 낱말이 이 근방의 지명에 많이 들어 있습니다. 그런데 그 용감한 성직자께서는 그것이 높은 곳 또는 요새라는 뜻의 브리가(briga)에서 온 거라는 꽤 기묘한 생각을 품었습니다. 그는 그것이 이미 켈트의 사투리에 들어 있다고 보았죠. 라토브리주(Latobriges), 네메토브리주(Nemetobriges) 등등. 그리고 그 흐름을 브리앙(Briand), 브리옹(Brion) 같은 이름으로까지 더듬어 갑니다. 지금 우리가 함께 가로지르고 있는 이 고장 이야기로 되돌아간다면, 브리크보스크(Bricquebosc)는 높은 곳에 있는 숲이라는 뜻이 되고, 브리크빌(Bricqueville)은 높은 곳의 마을이 되며, 멘빌에 닿기에 앞서 우리가 잠깐 멈출 브리크베크(Bricquebec)는 개울가의 높은 곳이라는 뜻이 된다는 겁니다. 그런데 실은 전혀 그렇지 않습니다. 왜냐하면 브리크(bricq)는 그저 다리라는 뜻의 옛 스칸디나비아어거든요. 마찬가지로 캉브르메르 부인의 비호를 받는 저자는, 플뢰르(fleur)라는 말을 어찌 해석할까 고민하다가 때로는 스칸디나비아어의 플루아(floi)나 플로(flo)에, 때로는 아일랜드어의 아에(ae)와 아에르(aer)에 연결시켰는데요. 어이쿠 맙소사, 그건 의심할 여지도 없이 덴마크 사람들이 말하는 피오르(fiord)로, 항구라는 뜻입니다. 마찬가지로 탁월한 사제께서는, 라 라스플리에르의 이웃에 있는 생마르탱 르 베튀(Saint-Martin-le-Vêtu)는 생마르탱 르 비외(Saint-Martin-le-Vieux, vieux의 라틴말 어원은 vetus)의 뜻이라고 믿고 계십니다. 비외(vieux)라는 말이 이 고장의 지명학에서 큰 구실을 하고 있는 건 확실해요. 그런데 비외(vieux)는 보통 레 비외(Les Vieux)처럼 얕은 물을 뜻하는 라틴어의 바둠(vadum)에서 온 거죠. 이것을 영국인들은 퍼드(ford)라고 일컫는 겁니다(옥스퍼드(Oxford), 헤리퍼드(Hereford) 같은). 그러나 문제의 생마르탱 르 비외의 비외(vieux)는 베투스(vetus)에서 온 게 아니라, 황폐해진(dévasté) 헐벗은 땅을 뜻하는 바스타투스(vastatus)에서 온 거죠. 이 근처 소트바스트(Sottevast)는 세톨의 황무지(le vast de Setold), 브리유바스트(Brillevast)는 베롤의 황무지(le vast de Berold)입니다. 제가 더욱 사제의 오류를 확신하는 까닭은, 생마르탱 르 비외가 이전에 생마르탱 뒤 가스트(Saint-Martin-du-Gast)라고 불렸으며, 또 생마르탱 드 테르가트(Saint-Martin-de-Terregate)라고까지 불렸기 때문입니다. 그런데 이런 낱말에서 브(v)와 그(g)는 같은 글자지요. 데바스테(dévaster) *1는 가세(gâcher) *2라고도 하니까요. 테르가트(terregate)는 자세르(jachères) *3와 가틴(gâtine) *4 —고지 독일어의 바스티나(wastinna)—와 같은 뜻으로, 곧 테라 바스타(terra vasta) *5입니다. 생마르스(Saint-Mars)는 어떤가 하면, 옛날에는 생메르(Saint-Merd)라고 불렸는데요(사념을 품는 자에게 화 있을진저!). 이것은 생메다르두스(Saint-Medardus)이고, 때로는 생메다르(Saint-Médard), 생마르(Saint-Mard), 생마르크(Saint-Marc), 생크 마르스(Cinq-Mars)라 하며, 또 다마스(Dammas)라고도 해요. 잊지 말아야 할 점은, 이 부근의 여러 곳

---

*1 황폐하게 하다.

*2 망치다.

*3 미개척지.

*4 불모지.

*5 황무지.

이 이 마르스(Mars)라는 이름을 가진 것은, 아직 이 고장에 이교적인 기원 (마르스 신)이 생생히 남아 있음을 증명한다는 겁니다. 그런데 그것을 성직 자께서는 인정하려 들지 않아요. 이런 이교의 신들에게 바쳐진 고지(高地) 는 특히 많습니다. 이를테면 유피테르의 산(montagne de Jupiter)인 쥐몽 (Jumont)같이. 당신의 사제께서는 그것을 하나도 보려 들지 않습니다. 게다 가 그리스도교가 흔적을 남긴 곳곳에서는 또 그 흔적이 그의 눈에 하나도 띄 지 않는군요. 그는 로크튀디(Loctudy)까지 여행했는데, 그것을 야만족이 붙 인 이름이라고 말합니다. 그런데 그것은 로쿠스 상크티 투데니(Locus sancti Tudeni) *1입니다. 또 그는 사마르콜(Sammarcoles)에서도 상크투스 마르티알 리스(Sanctus Martialis) *2를 분간 못해요. 당신의 사제는" 하고 브리쇼는, 내 가 이야기에 흥미를 갖는 것을 확인하고서 이어 말했다. "혼(hon), 홈 (home), 홀름(holm)으로 끝나는 낱말이 홀(holl, 라틴 어원은 hullus) 곧 언 덕에서 유래한다고 했는데요. 사실 그것은 당신도 잘 아는 스톡홀름 (Stockholm)과 마찬가지로, 스칸디나비아어의 섬(île)이라는 뜻인 홀름 (holm)에서 유래한 것이죠. 이건 이 고장에 널려 있습니다. 라 울므(la Houlme), 앙고옴(Engohomme), 타움(Tahoume), 로브옴(Robehomme), 네 옴(Néhomme), 케토(Quettehou) 따위죠."

이런 이름들은 알베르틴이 앙프르빌 라 비고(브리쇼 말에 따르면 이 지명 은 차례로 그곳 영주가 된 두 사람의 이름에서 유래했다)에 가려고 했던 날 을 떠올리게 했다. 그날 그녀는 로브옴에 가서 함께 저녁 식사 하자고 제의 했었다. 한편 몽마르탱은 우리가 곧 지나갈 고장의 이름이었다.

"네옴은 카르크튀이와 클리투르 근처가 아닙니까?" 내가 물었다. "그래 요. 네옴(Néhomme)이란 유명한 니젤(Nigel) 자작의 섬 또는 반도, 곧 홀름 (holm)입니다. 이 자작의 이름은 네빌(Néville)에도 남아 있습니다만. 당신 이 방금 말한 카르크튀이(Carquethuit)와 클리투르(Clitourps)도, 캉브르메르 부인이 좋아하는 저자가 또 다른 잘못을 저지르게 만들었지요. 그는 카르크 (carque)가 독일어로 성당인 키르헤(Kirche)라는 건 눈치챘나 봅니다. 케르 크빌(Querqueville)이나 카르크뷔(Carquebut)는 아시겠죠? 됭케르크

---

*1 성(聖) 투데니의 땅.
*2 성(聖) 마르티알리스.

(Dunkerque)는 말할 것도 없고. 그런데 여기서, 켈트족에게는 높은 곳을 뜻하는 이 됭(Dun)이라는 유명한 낱말을 고려해보는 게 좋겠습니다. 그것은 프랑스 곳곳에 퍼져 있습니다. 당신의 신부께서는 뒨빌(Duneville)이라는 이름에 부딪쳐 최면술이라도 걸린 듯 정신을 잃었는데, 외르 에 루아르 지방을 살폈더라면 샤토됭(Châteaudun)을 발견했겠죠. 셰르 지방에서는 됭 르 루아(Dun-le-Roi)를, 사르트 지방에서는 뒤노(Duneau)를, 아리에즈 지방에서는 됭(Dun)을, 니에브르 지방에서는 뒨 레 플라스(Dune-les-Places) 따위를. 이 됭(Dun)이 그로 하여금 두빌(Douville), 우리가 내릴 역이자 베르뒤랭 부인의 안락한 마차가 기다리고 있을 두빌에 대해서, 묘한 오류를 범하게 했습니다. 그는 두빌을 라틴어의 돈빌라(Donvilla)라고 말합니다. 사실 두빌은 큰 고지의 기슭에 있습니다. 모든 일을 아는 당신의 사제께서는 그래도 자신의 큰 실수를 깨달았습니다. 그는 고대 교회의 재산 목록에서 돔빌라(Domvilla)라는 이름을 읽었거든요. 그래서 그는 이전에 한 말을 취소했습니다. 이제 두빌은 그의 말에 의하면, 몽생미셸 대수도원장(abbé)의 영지(domino abbati)라는 겁니다. 그는 이 결론에 흥겨워합니다만, 생클레르 쉬르 엡트(Saint-Clair-sur-Epte)의 법령 이래, 몽생미셸에서 사람들이 행한 악명 높은 생활을 생각해보면 괴상해요. 또 이 해안 전체의 영주이던 덴마크 왕이 그리스도보다 오딘(Odin)에게 더 예배를 올리게 한 사실을 고려하는 편이, 훨씬 설득력 있지 않겠습니까. 한편 n이 u로 변했다는 가정은 내 마음에 걸리지 않습니다. 리옹(Lyon)의 변화에 비하면 별로 변한 것도 아니고요. 리옹의 변화 과정은 확실한데, 이것도 됭(Dun)에서 온 루그두눔(Lugdunum)이 변한 결과죠. 그러나 결국 사제는 틀렸습니다. 두빌은 결코 동빌(Donville)이 아니라 도빌(Doville), 곧 외드의 마을(Eudonis Villa)이었습니다. 두빌은 이전엔 언덕의 계단인 에스칼클리프(Escalecliff)라고 불렸습니다. 1233년 무렵, 에스칼클리프의 영주 외드로 부테이에가 성지순례를 떠날 즈음 블랑쉬랑드 수도원에 성당을 기증했습니다. 그 선행의 보답으로, 마을이 그의 이름을 따서 지금의 두빌이 된 거죠. 그러나 덧붙여 말하자면(나는 사실 그쪽에 무식합니다만) 지명학이란 정확한 학문이 못 됩니다. 이 역사적인 확증이 없었다면, 두빌은 아마 우빌(Ouville), 다시 말해 물(les Eaux)에서 왔다고 할 수도 있었을 테죠. aqua(물)를 ai로 쓰는 형태(예를 들

어 Aigues-Mortes)는 흔히 eu 또는 ou로 변합니다. 그런데 두빌 근처에 유명한 온천이 있습니다. 사제께서는 거기에 있는 그리스도교 흔적을 발견해 크게 만족하셨겠지만, 사실 이 지방은 교화하기가 매우 어려웠나 봅니다. 연이어 성 위르살, 성 고프루아, 성 바르사노르, 성 로랑 드 브레브당에게 인계되어 마지막에는 보베크의 수사들 손에 넘어가야 했을 정도이니까. 뿐만 아니라 tuit에 대해서도 틀렸습니다. 그는 tuit에서 크리크토(Criquetot), 에크토(Ectot), 이브토(Yvetot)에서와 마찬가지로, 폐가를 뜻하는 toft의 한 형태를 봅니다만, 그것은 브라크튀이(Braquetuit), 르 튀이(le Thuit), 레뉘튀이(Regnetuit) 따위에서와 마찬가지로, 개간지·개척지라는 뜻인 thveit입니다. 마찬가지로 클리투르(Clitourps)에서 그는 마을이라는 뜻의 노르만어 thorp를 알아보고는 있지만, 그 낱말의 첫 부분이 언덕이라는 뜻의 clivus에서 나온 거라고 우기고 싶은가 봅니다. 실은 암벽이라는 뜻의 cliff에서 나온 것인데. 그러나 그의 가장 큰 오류는 무식보다 편견에서 나온 겁니다. 아무리 충성스런 프랑스인이라도 명백한 증거를 부정하면서까지 그 유명한 로마의 사제를, 실은 더블린의 대주교인 성 로렌스 오툴(Saint Lawrence O'Toole)인데, 성 로랑 탕 브레(Saint-Laurent-en-Bray)라고 우길 필요가 있습니까? 하지만 애국심 이상으로 당신 친구의 종교적 편견이 그에게 온갖 커다란 오류를 저지르게 합니다. 이를테면 라 라스플리에르의 주인 댁에서 멀지 않은 곳에 두 몽마르탱, 몽마르탱 쉬르 메르(Montmartin-sur-mer)와 몽마르탱 앙 그레뉴(Montmartin-en-Graignes)가 있습니다. 그레뉴에 대해선 선량한 사제께서 틀리지 않고 그레뉴(Graignes)가 라틴어의 그라니아(grania), 그리스 말의 crêné, 즉 못이나 늪을 뜻한다고 알아차렸습니다. 크레스메(Cresmays), 크로앙(Croen), 그렌빌(Grenneville), 랑그론(Lengronne) 따위 예가 많으니까요. 그러나 몽마르탱에 대해선, 당신의 자칭 언어학자께서는 그것이 성 마르탱에게 바쳐진 교구라고 단호히 우기려 들어요. 그는 그 성자가 그 고장의 수호성인임을 근거로 삼는데, 사람들이 오랜 후세에 가서 그를 수호성인으로 모신 것을 모르나 봐요. 아니, 오히려 이교에 대한 미움에 눈뜬 장님이 됐다고 할까요. 만일 성 마르탱과 관계가 있다면, 몽생미셸(Mont-Saint-Michel)이라고 말하듯 몽생마르탱(Mont-Saint-Martin)이라고 말할 텐데, 이것을 인정하려 들지 않습니다. 사실 몽마르탱의 이름은, 보다 이교적인 방식으로 마르스(Mars) 신에게 바쳐진 수많은 신전에 쓰이고 있습니다. 물론 그 신전의 흔적은 남아 있지 않지만, 이 근방에 널리 로마인 야영지가 있었음은 두말할 나위 없는 사실이죠. 이로 미루어보아 그런 신전도 있었을 법한데, 몽마르탱이라는 이름이 남아 있고 보니 의심할 여지가 없습니다. 아시겠습니까, 당신이 라 라스플리에르에 가서 읽어볼 소책자는 그다지 훌륭한 게 못 됩니다."

나는 콩브레에서 사제가 우리에게 흥미로운 어원을 여러 번 가르쳐주었다고 반박했다. "아마 제 교구에서는 더 좋은 일을 했나 본데, 노르망디 여행에선 낯선 고장이라 당황했나 보죠." "그리고 병도 낫지 않았고요" 하고 나는 덧붙였다. "신경쇠약에 걸려 노르망디에 오셨다가 류머티즘 환자가 되어 돌아가셨으니까요." "아아! 그럼 다 신경쇠약 탓이었군요. 나의 스승 포클랭(Poquelin) *1의 말마따나 신경쇠약에서 문헌학 속에 떨어졌군요. 이봐요, 코타르. 신경쇠약이 문헌학에 딱한 영향을 미칠 수 있다고 생각하십니까? 문헌학이 신경쇠약을 가라앉히고, 신경쇠약의 완치가 류머티즘을 유발한다고 생각하십니까?" "그렇고말고요. 류머티즘과 신경쇠약은 신경관절염의 대상적(代償的)인 두 형태입니다. 하나에서 다른 하나로 옮겨지는 예가 있습니다." "탁월한 교수계서" 하고 브리쇼는 말했다. "프랑스말에 라틴어와 그리스어를 섞어 설명하는 품이, 마치 퓌르공(Purgon) *2 씨 자신이 몰리에르풍 기억력을 발휘해 청산유수같이 줄줄 외는 것 같군요! 선생에겐 못 당하겠습니다. 말하자면 우리의 국민적인 사르시(Sarcey) *3가······."

그러나 그는 제 말을 마치지 못했다. 코타르 교수가 소스라쳐 크게 울부짖었던 것이다. "제기랄!" 그가 외친 목소리는 드디어 뚜렷한 말로 바뀌었다. "멘빌을 지나쳤네(헉! 헉!). 세상에, 렌빌도." 그는 이제 막 열차가 생마르스 르 비외에 정차하고, 거기서 거의 모든 승객이 내리는 모습을 보았던 것이다. "설마 멈추지 않고 통과했을 리는 없고. 캉브르메르네 사람들에 대해 이야기하느라 몰랐나 보군." "잠깐 내 말을 들어봐요, 스키. '좋은 일'을 들려드리죠." 코타르는, 어떤 의사들 사이에서 쓰이는 이 표현을 즐겨 쓰며 말했다. "대공부인은 이 열차에 있을 게 틀림없어요. 우리가 안 보여 다른 찻

---

*1 몰리에르의 본명.
*2 몰리에르의 〈상상병 환자〉에 나오는 의사.
*3 극평론가(1827~99).

간에 탔겠죠. 자, 찾으러 갑시다. 소동이 일어나기 전에." 그리고 그는 셰르바토프 대공부인을 찾는 데 우리 모두를 끌고 갔다.

그는 빈 찻간 한구석에서 〈양세계 평론〉을 읽고 있는 대공부인을 발견했다. 그녀는 오래전부터 냉대를 두려워하여, 인생 속이건 열차 속이건 제 자리, 제 한구석에 머무르며, 남이 인사할 때까지 손을 내밀지 않고 기다리는 버릇이 생겼다. 그녀는 제 찻간에 신도들이 들어왔을 때도 계속 잡지를 읽었다. 나는 그녀를 곧 알아보았다. 지위를 잃었을망정 고귀한 가문 태생임에는 변함없어, 아무튼 베르뒤랭네 같은 살롱에서는 진주처럼 빛나는 존재인 이 여인은, 그저께 같은 열차 안에서 내가 창가의 마님일 거라고 생각했던 그 부인이었다. 도통 알 수 없었던 그녀의 사회적인 인격은, 내가 그 이름을 듣자마자 명백해졌다. 마치 기를 쓰고 한 수수께끼를 생각해본 끝에 그 한마디를 겨우 깨달았을 때, 알쏭달쏭한 모든 것이 순식간에 밝혀지듯이. 인물의 경우라면 이름이 바로 그 열쇠다. 지난번 호(號)에서 출제된 수수께끼의 해답을 이번 호에서 읽는 것보다 훨씬 재미나는 놀라움은, 기차에 함께 앉은 옆 사람의 사회적 계급을 몰랐다가 그 다음다음 날 알게 되는 일이다. 큰 식당, 카지노, '구불구불 지방 철도'는 이런 사회적 수수께끼의 박물관이다.

"대공부인, 멘빌에선 깜박 실수했습니다. 이 찻간에 우리가 앉아도 괜찮겠습니까?" "어머, 어찌 된 일이죠?" 대공부인은 코타르가 건네오는 말을 듣고 비로소 잡지에서 눈만 쳐들었는데, 그 눈은 샤를뤼스 씨의 눈보다는 부드러웠으나, 그의 눈과 마찬가지로 아무것도 눈에 띄지 않는 체하면서 눈앞에 있는 인물을 또렷이 보고 있었다. 코타르는 캉브르메르네 사람들과 함께 초대되었다는 사실이 나를 위해 충분한 추천이라고 곰곰이 생각해, 잠시 뒤 나를 대공부인에게 소개할 결심을 했다. 대공부인은 공손히 절했으나, 내 이름은 처음 듣는 모양이었다. "제기랄!" 의사는 외쳤다. "안사람이 흰 조끼의 단추를 가는 걸 잊었군. 허! 여자란 아무것도 생각 못해. 자네 절대 결혼하지 마시게." 그가 내게 말했다. 그러고는 이 농담이 아무런 할 말이 없을 때에 알맞은 농담이라고 판단해서 대공부인과 그 밖의 신도들을 곁눈으로 바라보았고, 그들은 교수이자 아카데미 회원인 그가 호기롭게 가벼운 농담을 던진 데 감탄하여 미소 지었다.

대공부인은 우리에게 젊은 바이올리니스트를 찾아냈다고 알려주었다. 바이올리니스트는 어젯밤 편두통으로 자리에 누워 있었으나, 오늘 저녁은 동시에르에서 그가 만난 제 아버지의 옛 친구를 데리고 올 거라는 말이었다. 그녀는 오늘 아침 베르뒤랭 부인과 같이 식사하면서 이 소식을 들었다고 한다. 대공부인은 빠른 목소리로 말했는데 r의 굴리기가 러시아풍 악센트라서, r이 아니라 l같이 목구멍 속에서 부드럽게 중얼거리는 소리로 들렸다. "허! 댁은 오늘 아침에 그분과 같이 식사하셨군요." 코타르는 대공부인에게 말하면서도 나를 바라보았다. 그도 그럴 것이 이 말은 내게 대공부인이 마님과 얼마나 친밀한지 보이는 게 목적이라서. "댁은 그야말로 충실한 신도이십니다. 댁은!" "그래요, 나는 이 작은 모임이 좋아요. 다들 지적이고, 유쾌하고, 악의 없고, 간소하고, 속물이 아니고, 철저하게 재치 있거든요."*—"이런, 맙소사. 차표를 잃었나 봐요. 아무 데도 없는데." 코타르가 갑자기 소리를 질렀다. 하지만 그렇게 걱정하는 눈치는 아니었다. 사륜마차 두 대가 우리를 기다릴 두빌에서, 역무원이 그를 차표 없이 나가게 하면서 그 너그러움의 이유를 몸짓으로 설명할 테니, 곧 코타르가 베르뒤랭네 단골손님임을 자기도 잘 안다는 뜻으로 공손히 절하리라는 걸 코타르는 알고 있었던 것이다. "그 때문에 파출소까지 데리고 가지는 않겠지." 의사는 이렇게 결론지었다.

"이 근처에 소문난 온천이 있다고 말씀하셨지요? 그런데 어떻게 그걸 알죠?" 나는 브리쇼에게 물었다. "다음 역의 이름이 많은 증거 가운데 하나입니다. 페르바슈(Fervaches)라는 곳이죠." "난 말뜻을 통 모르겠네요." 대공부인이, '지겹게 구네요, 그렇죠?'라고 나한테 상냥히 묻는 가락으로 중얼거렸다. "하지만 대공부인, 페르바슈란 더운 물, Fervidae aquae라는 뜻입니다. 아, 젊은 바이올리니스트 말이 났으니 말인데" 하고 브리쇼는 계속했다. "코타르, 당신에게 굉장한 뉴스를 말하는 걸 깜박 잊었군요. 우리 친구 데샹브르, 지난날 베르뒤랭 부인의 마음에 들었던 피아니스트. 가엾게도 그가 최근에 죽었답니다. 몸서리나는 일이죠." "아직 젊은데." 코타르가 대답했다. "분명 간장 근처에 뭔가 생겼을 거요. 뭔가 나쁜 것이. 오래전부터 얼굴색이 좋지 않더라니." "하지만 그다지 젊지도 않죠." 브리쇼가 말했다. "엘스티르와 스완이 베르뒤랭 부인 댁에 드나들 무렵에 데샹브르는 이미 파리에서 유

---

* 원문에서는 r을 l로 쓰고 있다. 예를 들면 agréable을 agléable로, cercle를 celcle로 썼음.

명했거든요. 놀랍게도 그가 외국에서 성공 세례를 받기 이전이었죠. 아아!
그는 성 바넘(Barnum)* 복음서의 신도가 아니었습니다." "혼동하시는군요.
그 무렵 그는 베르뒤랭 부인 집에 갈 수 없었죠. 아직 젖을 먹고 있었으니
까." "그러나 내 기억이 틀리지 않는 한, 데샹브르가 스완을 위해 뱅퇴유의
소나타를 연주한 것 같은데. 그 스완이라는 클럽 회원이 귀족계급과 인연을
끊고, 어느 날 우리 오데트 여왕님의 시민화된 부군이 되리라곤 꿈에도 생각
못했을 무렵 말이오." "그럴 리 없어요. 뱅퇴유의 소나타가 베르뒤랭 부인
댁에서 연주되었던 건 스완이 그 댁에 오지 않게 되고 나서 한참 뒤였으니
까." 의사는 이렇게 말했다. 그는 너무 바빠서, 도움이 될 거라고 생각하는
수많은 일을 기억한다고 여기면서도 다른 수많은 일은 잊어버리는 사람들
가운데 하나였다. 그래서 이런 사람들은 하는 일 없는 사람들의 좋은 기억력
에 넋을 잃는다. "착각하고 계신 거 아닌가요? 그렇다고 노망이 드신 건 아
니지만." 의사는 미소 지으면서 말했다. 브리쇼는 제가 틀렸다고 인정했다.

열차가 라 소뉴에 멈추었다. 이 이름이 내 관심을 끌었다. "이런 고장 이
름의 뜻을 다 알면 얼마나 재미있을까요." 나는 코타르에게 말했다. "그럼
브리쇼 님에게 물어보구려. 아마 알 테니." "물론 라 소뉴(sogne)는 시코뉴
(Cicogne), 즉 황새(siconia)죠." 브리쇼가 대답했다. 나는 그에게 다른 지명
들에 대해서도 묻고 싶어 안달이 났다.

셰르바토프 부인은 제 '한구석'을 지키는 것을 깜박 잊고서, 내가 흥미를
갖는 어원에 대해 브리쇼와 더 자세히 얘기할 수 있도록 자리를 바꾸자고 내
게 친절히 제의했다. 그리고 그녀는 열차 안에선 앞으로 앉건 뒤로 앉건 서
있건 자기는 상관없다고 말해주었다. 그녀는 새로 온 사람들의 의도를 모르
는 동안은 그때의 형편을 따르지만, 그 인물이 상냥스럽다는 걸 알아보면 무
슨 일이건 다 해 상대를 기쁘게 하려고 했다. 드디어 열차는 두빌 페테른 역
에 멈춰 섰다. 역이 페테른 마을과 두빌 마을에서 거의 같은 거리에 위치했
다고 하여 두 이름이 붙은 것이다. "아, 이런." 코타르는 개표구 앞에 모두
모였을 때 겨우 알아차린 척하며 외쳤다. "표가 없네, 잃어버렸나 봐." 그러
나 역원은 모자를 벗고 전혀 문제없다고 그를 안심시키며 공손히 미소 지었

---

* 미국의 흥행업자(1810~91).

다. 대공부인은(드문 일이지만 캉브르메르네 사람들 때문에 베르뒤랭 부인이 역에 못 나와, 자기가 부인의 시녀라도 된 양 마부에게 이것저것 설명하더니) 나를 브리쇼와 함께 그녀와 한 마차에 태웠다. 다른 마차에는 의사와 사니에트와 스키가 탔다.

마부는 아직 아주 젊은데도 베르뒤랭네 집의 첫째 마부였다. 사실 정식 마부는 그 사람 혼자였다. 그는 길을 훤히 알았으므로 낮에는 베르뒤랭네 사람들을 산책에 안내하고 저녁에는 신도들을 마중하거나 배웅했다. 그는 필요하면(그가 뽑은) 임시 고용인을 데리고 다녔다. 그는 겸손하고도 솜씨 좋은 훌륭한 젊은이였는데, 얼굴 생김새는 우울했으며, 지나칠 만큼 뚫어지게 보는 눈초리는 하찮은 일에도 발끈해 무시무시한 생각마저 품으리란 인상을 주었다. 그러나 요즘 그는 행복했다. 그와 닮아 훌륭한 청년인 제 동생을 베르뒤랭 댁에서 일하게 하는 데 성공했기 때문이다.

우리는 먼저 두빌을 가로질렀다. 풀이 난 둥그스름한 언덕들이 널따란 방목장(放牧場)을 이루며 바다까지 뻗어 내려가고 있다. 습기와 염분을 듬뿍 머금은 그 땅은 두툼하고 연해, 극심한 생기를 띠고 있었다. 이곳에서는 리브벨의 점점이 흩어진 작은 섬들과 울퉁불퉁한 해안선이 발베크에서보다 더 가까이 보여, 내게는 바다의 이 부분이 입체 지도 같은 새로운 모양으로 보였다. 우리는 대부분 화가들이 세든 작은 산장들 앞을 지나갔다. 어느 오솔길에 접어드니 방목된 암소들이 우리의 말 못지않게 겁을 내, 10분쯤 길이 막혔다. 그리고 우리 일행은 벼랑길로 나왔다.

느닷없이 브리쇼가 물었다. "그런데 불사의 신들께 맹세코 그 불쌍한 데샹브르 이야기를 좀더 하고 싶습니다만, 베르뒤랭 부인이 그의 죽음을 안다고 생각하시나요? 누가 얘기해주었을까요?" 베르뒤랭 부인은 사교계 인사들 거의 전부가 그렇듯 늘 남들과 교제해야 하므로, 누가 죽어서 수요일회에도 토요일회에도 실내복 차림으로 하는 저녁 식사에도 올 수 없게 된다면, 이제 그 사람은 단 하루도 생각하지 않게 된다. 이 점에서 모든 살롱의 모습을 반영하는 그녀의 작은 동아리에서는 사람이 죽자마자 전에 한 번도 존재치 않은 것같이 돼버리므로, 거기에 살아 있는 사람보다 죽은 사람이 더 많다고는 말할 수 없었다. 또한 고인의 얘기를 해야 한다든가, 마님에게는 있을 수 없는 일이지만 초상 때문에 만찬회를 멈춰야 한다든가 하는 불상사는 되도록 피하고 싶었기에, 베르뒤랭 씨는 신도의 죽음이 아내를 매우 슬프게 하므로 아내의 건강을 염려한 나머지 죽음을 말하지 않는 체했다. 게다가 아마도 남의 죽음이 그에겐 참으로 결정적이면서도 흔한 사고처럼 느껴졌다는 것 자체가 그 자신의 죽음에 대한 생각으로 그를 소름끼치게 해, 그와 관계될 성싶은 모든 고찰을 피하고 있었다.

브리쇼는 몹시 정직한 사람이라 베르뒤랭 씨가 아내에 대해 얘기한 것을 곧이들어, 친한 여성이 너무 슬퍼서 심히 동요하지나 않을까 걱정했다. "그래요. 그분은 오늘 아침 다 아셨습니다." 대공부인이 말했다. "그분께 숨길 수가 없었습니다." "아아! 이 무슨 날벼락!" 브리쇼는 외쳤다. "무서운 타격이겠죠. 25년지기 친구니! 우리 동아리 가운데 하나였죠!" "물론, 분명히 그럴 겁니다. 그러나 어쩌란 거요." 코타르는 말했다. "이런 건 언제나 가슴 아픈 법이죠. 하지만 베르뒤랭 부인은 강한 여성이고, 다감하다기보다는 이성적인 사람입니다." "저는 의사 선생님 의견과 정반대예요." 대공부인이 말했다. 빠르게 말하는 투와 속삭이는 듯 독특한 그녀의 악센트는, 토라진 한편으로 상대를 놀리는 것처럼 느껴졌다. "베르뒤랭 부인은 냉정한 겉모양 밑에 보석 같은 감수성을 숨기고 있습니다. 베르뒤랭 님의 얘기론, 장례식을 위해 파리로 가려는 그분을 말리는 데 혼났다고 해요. 장례식이 전부 고향인 시골에서 이뤄진다고 거짓말을 해야 할 정도였다는군요." "허! 파리까지 가려고 했군요. 물론 나는 잘 알아요. 그분은 다감한 여성이라는 걸, 아니, 어쩌면 매우 감동하기 쉬운 여성이라는 걸. 불쌍한 데샹브르! 베르뒤랭 부인이 '그 사람에 비하면 플랑테도 파데레프스키*¹도 리슬레르*²도 별것 아니다'라고 말씀한 지 두 달도 안 되었는데. 아아! 저 자만에 빠진 네로 황제에게는 독일 학문도 애먹었거늘, 그가 말한 쿠알리스 아르티펙스 페레오(Qualis artifex pereo)*³는 데샹브르가 말하는 편이 더 옳겠죠. 그 사람 데샹브르는 적어도, 베토벤에 대한 숭배의 향기 속에서 음악의 사제로서 임무를 마치고 죽은 셈이죠. 게다가 당당히 죽어 간 게 틀림없어요. 지독히 당연하지만, 그 독일 음악의 사제는 D장조 미사곡을 경건히 연주하면서 운명할 만한 값어치

---

*1 폴란드의 피아니스트·작곡가(1860~1941).
*2 프랑스의 피아니스트(1873~1929).
*3 얼마나 나는 예술가답게 죽는가.

가 있었을걸요. 하기야 그는 경쾌한 트릴과 더불어 죽음을 맞이했을 인간이기도 합니다. 이 천재적 연주자는 때때로 파리 시민이 된 샹파뉴 지방 사람인 조상한테서 왕실 근위병의 씩씩함과 멋을 이어받았으니까.”

우리는 이미 고지에 닿았다. 그곳에서 바다는 발베크에서처럼 솟은 산들의 물결같이 보이는 게 아니라, 뾰족한 산봉우리 또는 산을 도는 길에서 내려다볼 때의 풍경처럼, 낮게 내리깔린 푸르스름한 빙하나 눈부신 벌판으로 보였다. 잘게 들쭉날쭉 솟은 물마루는 그대로 거기에 있어 영원히 변치 않는 동심원을 그려내는 듯했다. 칠보와 같은 바다는 눈에 띄지 않게 빛깔이 변해가, 강어귀가 푹 파인 만(灣) 안쪽에서는 푸른빛이 도는 유백색을 띠며, 거기에 흩어져 있는 작고 검은 나룻배들은 앞으로 나아가지 않아 파리들처럼 옭매여 있는 것 같았다. 이보다 널따란 경치는 다른 어디에서도 찾아볼 수 없을 듯싶었다. 그러나 모퉁이를 돌 때마다 바다의 새로운 부분이 더해지곤 하여, 우리가 두빌의 세관에 닿았을 때는 그때까지 만의 반을 감추고 있던 절벽 돌출부가 쑥 들어가, 눈 깜짝할 사이에 내 앞에 있던 만과 똑같이 깊은 만이 왼쪽에도 보였다. 그러자 이제까지의 만 쪽 크기가 변해서 한층 아름다워졌다. 이처럼 높은 곳의 공기는 생생함과 순수함을 지녀, 나를 도취시켰다.

나는 베르뒤랭네 사람들을 좋아하게 되었다. 우리에게 마차를 보내준 그들의 착한 마음씨에 감동했다. 나는 대공부인한테 입맞춤하고 싶을 지경이었다. 이처럼 아름다운 경치는 본 적이 없다고 나는 그녀에게 말했다. 그녀 또한 어느 곳보다 이 고장을 좋아한다고 망설임 없이 말했다. 그러나 나는 분명히 느꼈다. 베르뒤랭 부부한테 그렇듯 그녀한테도, 이곳 풍경을 관광객으로서 구경하는 일이 중요한 게 아니라, 여기서 좋은 식사를 하고, 마음에 드는 사람을 손님으로 맞으며, 편지를 쓰고 책을 읽는 등, 이곳에서 생활하는 것이 중요해서, 요컨대 그들은 이 고장의 아름다움을 관심 대상으로 삼기보다 오로지 수동적으로 그것에 젖어 살아가고 있는 것이었다.

마차는 세관에서 잠시 멈췄다. 마치 산꼭대기처럼 바다에서 높이 솟아오른 그곳에서 내려다보는 푸르스름한 심연의 조망은 거의 현기증을 일으켰다. 나는 유리창을 열었다. 물결이 부서질 적마다 똑똑히 들리는 소리는 그 감미롭고 맑은 울림 속에 뭔가 숭고한 것을 지니고 있었다. 그것은 우리가 평소에 받는 인상을 뒤집어서 정신의 습관적인 생각과는 반대로, 수직 거리도 수평 거리와 같을 수 있다는 사실을 보여주는 하나의 척도가 아니었을까? 그 척도는 우리를 하늘에 다가가게 하여 하늘과 우리 사이의 거리가 그리 멀지 않으며, 마치 이 작은 물결 소리가 지금 하고 있듯이 그 거리를 넘어오는 소리에게는 그 길이가 더욱 짧아진다는 사실을 보여주는 게 아닐까? 왜냐하면 그 소리가 지나오는 공간은 지상보다 훨씬 깨끗하니까. 그리고 사실, 이 세관에서 겨우 2미터가량 뒤로 물러나자, 200미터나 되는 절벽도 그 섬세함과 치밀하고도 부드러운 정확함을 없애지 못했던 물결 소리가 들리지 않았다. 단순함 속에 위대함이 엿보이는 자연이나 예술의 모든 모습에 감동하는 나의 할머니라면, 분명 이 물결 소리에도 감동했을 테지, 이렇게 나는 생각했다. 나의 흥분은 절정에 이르러 주위의 온갖 것에서 커다란 가치를 느꼈다. 나는 베르뒤랭 부부가 우리를 마중하러 역까지 마차를 보내준 데도 감격하고 있었다. 내가 이 감격을 대공부인에게 말하니, 그녀는 내가 그 같은 단순한 예의를 너무 과장해서 생각하는 줄 여긴 모양이다. 그녀가 나중에 코타르에게 나를 심한 열광자라 생각한다고 고백한 사실을 나는 안다. 코타르는 내가 지나치게 감동하기 쉬우니까 진정제도 먹이고 뜨개질이라도 시키는 편이 좋을 거라고, 그녀에게 대답했단다. 나는 대공부인에게 나무 하나하나, 장미덩굴 밑에 쓰러져가는 작은 집 하나하나를 지적하며, 그녀가 감탄하면서 구경하도록 했다. 가능하다면 그녀를 내 가슴에 꼭 껴안고 싶을 지경이었다. 그녀는 내게 타고난 화가의 재능이 있어 소묘를 공부해야 하고, 지금까지 그런 말을 아무도 해주지 않았다니 놀랍다고 말했다. 그리고 그녀는 이 고장은 과연 그림같이 아름답다고 인정했다.

우리는 높은 곳에 새처럼 앉아 있는, 앙글레크빌(Englesqueville)이라는 작은 마을을 지나갔다(옛날에는 앙글레베르티 빌라(Engleberti Villa)였어요, 하고 브리쇼는 말했다). "그런데 대공부인, 데샹브르가 죽었는데도 정말로 오늘 저녁 만찬회가 열립니까?" 그는 우리가 타고 있는 마차가 역에 온 것이 이미 그 대답임을 생각해보지도 않고서 덧붙여 물었다. 그러자 대공부인이 대꾸했다. "그럼요. 베르뒤랭 님은 아내가 '생각에' 잠기지 못하도록, 만찬회를 미루지 않기로 결정했어요. 게다가 여러 해 동안 수요일에는 빼놓지 않고 손님을 맞이해왔으니, 이 습관이 변하면 부인에게 깊은 충격을 줄지도 몰라요. 부인은 요즘 매우 신경질적입니다. 베르뒤랭 님은 특히, 당신이 부인을 위해 큰 기분전환이 되리라는 점을 알고 있어서, 오늘 저녁 만찬에 오시는 것을 기뻐하고 계시죠." 대공부인은 아까 나에 대한 얘기를 들은 적이 없는 체하더니, 그것도 까맣게 잊고서 말했다. "그런데 베르뒤랭 부인 앞에선 아무 말도 안 하시는 게 좋을 거예요." 대공부인이 덧붙였다. "아! 충고의 말씀 고맙습니다." 브리쇼는 솔직하게 대답했다. "이 충고를 코타르에게 전하죠."

마차는 잠시 멈췄다가 다시 떠났는데 바퀴가 마을 안에서 내던 소음이 그쳐 있었다. 이미 라 라스플리에르의 앞쪽 길에 접어든 것이다. 그 끝에는 베르뒤랭 씨가 현관 앞 층계에서 우리를 마중하고 있었다. "스모킹을 입길 잘했군." 베르뒤랭 씨는 신도들이 스모킹을 입고 있는 것을 확인하면서 기쁜 듯 말했다. "이처럼 멋들어진 사람들이 오니까." 그리고 내가 평복 차림으로 온 것을 사과하니까 이렇게 답했다. "뭘요, 그것으로 훌륭해요. 친구끼리 식사하는 자리니까. 내 스모킹을 빌려드려도 좋지만 당신 몸에 맞지 않을 테니."

라 라스플리에르의 현관에 들어서면서 브리쇼는 피아니스트의 죽음에 대한 애도 삼아 주인과 감정이 담긴 악수를 했는데, 주인은 아무 반응이 없었다. 나는 주인에게 이 고장에 대한 찬사를 했다. "오! 그것 잘됐군요. 하지만 아직 아무것도 못 보셨습니다. 나중에 보여드리죠. 이곳에 몇 주일간 묵으러 오시지 않겠습니까? 공기가 참 좋죠." 브리쇼는 상대가 악수의 뜻을 이해 못했나 싶어 불안해졌다. "글쎄, 그 불쌍한 데샹브르!" 그는 베르뒤랭 부인이 들을까 걱정되어 작은 목소리로 말했다. "소름끼치는 일입니다." 베르뒤랭 씨는 가볍게 대답했다. "그렇게 젊은데 말이죠" 하고 브리쇼는 이야기를 계속했다. 이런 끝도 없는 대화를 계속하는 데 짜증이 난 베르뒤랭 씨는 슬픔에서가 아니라 신경질이 난 초조함에서, 빠르고 몹시 날카로운 신음 소리로 대꾸했다. "그건 그렇죠. 하지만 어쩌자는 거요? 하는 수 없지 않소. 우리가 무슨 말을 하든 그가 되살아나는 것도 아닌데. 안 그래요?" 그리고 부드러움이 쾌활함과 함께 돌아왔다. "자, 브리쇼 님, 그보다 어서 물건을 맡기세요. 부야베스(bouillabaisse)* 는 기다려주지 않으니까. 특히 안사람한테는 꿈에도 데샹브르 얘기를 말아주시오! 알다시피 그 사람은 자기 감동을 많이 감추지만, 사실은 병적으로 감수성이 예민합니다. 아니 맹세하지만, 데샹브르가 죽은 걸 알았을 때 그 사람은 거

---

* 남프랑스의 생선 수프.

의 울음을 터뜨릴 뻔했답니다." 베르뒤랭 씨는 심하게 비꼬는 투로 말했다. 그의 말을 들어보면 마치 30년지기 친구의 죽음을 슬퍼하려면 어떤 발광이 필요할 듯싶었으며, 한편 베르뒤랭 씨와 아내의 늘 변함없는 관계도, 남편으로선 언제나 아내를 지켜보고 아내한테 계속 짜증을 느껴왔다는 사실을 짐작할 수 있었다. "당신이 그 얘기를 하면 또다시 병나고 말 거요. 기관지염에 걸린 지 3주밖에 안 지났으니, 그러면 큰일이지. 그렇게 되면 병간호하는 사람은 나거든요. 아시겠소, 난 이제 진절머리가 나요. 마음속으로만 실컷 데샹브르의 운명을 슬퍼하고 생각하시게. 절대 입 밖에 내지는 마시고. 나도 데샹브르를 퍽 좋아했지만 안사람을 더 좋아한다고 해서 나를 원망하지야 않겠죠. 아, 코타르가 오는군요. 저 사람에게 물어보시구려." 사실 그는 이 주치의가, 슬퍼하면 몸에 해롭다고 금하는 따위의 세세한 주의를 잘 준다는 것을 알고 있었다.

코타르는 온순하게 마님에게 말하고 있었다. "그렇게 흥분하시다가는 내일 '내게' 39도나 되는 열을 보여주시게 될 겁니다." 그것은 마치 찬모에게 '내일 내게 송아지 췌장 요리를 만들어주게'라고 말하는 듯한 투였다. 의학은 병을 치료하지 못하는 대신, 동사와 대명사의 뜻을 바꾸는 데 몰두하는 법이다.

베르뒤랭 씨는 사니에트가 전전날 심한 냉대를 당하고도 이 작은 동아리를 저버리지 않았음을 확인하고서 기뻐했다. 사실 베르뒤랭 부인과 그 남편은 빈둥거리면서 살아오는 동안 잔혹한 본능이 몸에 배어버렸는데, 큰 사건이 드물어 그 본능을 충족시키지 못했다. 물론 그들은 오데트와 스완, 브리쇼와 그 정부 사이를 썩 잘 틀어놓은 바 있다. 그러니 앞으로도 다른 신도들에게 비슷한 짓을 되풀이할 것이다. 두말하면 잔소리다. 그러나 기회란 날마다 있는 게 아니다. 한편 사니에트는 그 감동하기 쉬운 감수성과 겁 많아 금세 질겁하는 소심함 때문에 언제나 그들이 괴롭힐 수 있는 대상이었다. 그래서 부부는 그를 놓칠까 봐 싹싹하고도 설득력 있는 말로 그를 초대하도록 유의했다. 마치 고등학교에서 상급생이 신입생을, 군대에서 고참병이 신병을 추어올려주다가 그가 달아나지 못할 때 마음껏 구박하려고 얼러맞추듯. "특히 베르뒤랭 부인 앞에선 입을 다무시길." 코타르는 베르뒤랭 씨의 말을 못 들은 브리쇼에게 상기시켰다. "염려 마오, 코타르. 테오크리토스* 말마따나

---

* 시라쿠사(Siracusa) 태생의 고대 그리스 전원 시인(B.C. 310~245).

당신의 상대는 현자요. 게다가 베르뒤랭 씨가 옳아요. 우리가 슬퍼한댔자 무슨 소용이 있단 말입니까?" 그는 이렇게 덧붙였다. 그도 그럴 것이 브리쇼는 언어 형태와 그것이 주는 관념은 흡수할 수 있으나 섬세함이 전혀 없어서, 베르뒤랭 씨의 말속에서 의연한 스토아주의만 발견하고는 그저 감탄했기 때문이다. "어쨌든 위대한 천재가 사라졌는걸."

"아직도 데샹브르 얘기를 하시나요?" 앞서 가던 베르뒤랭 씨는 우리가 따라오지 않는 걸 알고는 되돌아와서 말했다. "이봐요." 그는 브리쇼한테 말했다. "어떤 일이든 과장해선 못써요. 죽었다고 해서 그를 천재로 만들 이유야 없죠. 사실 천재가 아니었으니까. 연주는 잘했죠, 물론. 특히 여기서는 무대가 좋았소. 다른 곳에 가면 그는 그야말로 없는 거나 마찬가지였어요. 안사람이 열중해 그의 명성을 높였죠. 알다시피 안사람은 그런 여자니까. 더구나 명성이라는 점에서 본다면, 그는 좋은 때 죽었죠. 정말 알맞게. 여러분께 내놓을, 팡피유(Pampille)*¹의 비길 데 없는 비결에 따라 석쇠에 올려진 드무아젤 드 캉*²도 알맞게 구워지면 좋으련만(온갖 바람을 받아들이는 이런 카스바*³ 같은 곳에서 여러분이 지루하게 푸념만 늘어놓는다면 과연 어찌 될지). 설마 당신들도 데샹브르가 죽었다고 해서 우리 모두를 허기져 죽게 하고 싶지야 않으시겠죠. 게다가 1년 전부터, 그는 음악회를 열기에 앞서 음계를 연습해야 했다오. 겨우 잠깐 동안 손가락의 유연성을 되찾기 위해. 더구나 우리는 오늘 저녁, 데샹브르하고는 비교도 안 되는 다른 예술가의 연주를 듣게 됩니다. 아니 적어도 그를 만나게 됩니다. 그 녀석은 식후 트럼프에 열중해 자주 연주를 잊곤 하니까. 그는 내 안사람이 발견했는데(데샹브르와 파데레프스키와 그 밖의 여러 예술가를 발견했듯이) 모렐이라는 젊은이입니다. 아직 안 왔죠, 그 녀석은. 막차에 맞춰 마차를 보내야겠군요. 녀석은 가족하고 오래 사귄 친구와 함께 온다고 합니다. 우연히 옛 친구를 만나 귀찮은 모양인데, 제 아버지의 한탄을 받지 않으려면 동시에르에 남아 그 사람의 상대가 되어주어야 한다는군요. 샤를뤼스 남작이라는 사람입니다."

신도들은 살롱에 들어갔다. 베르뒤랭 씨는 내가 소지품을 맡기는 동안 나

---

*1 레옹 도데 부인. 요리법의 저자.
*2 구운 왕새우에 백도포주 소스를 곁들인 요리.
*3 좀 높은 언덕에 위치한 성채.

와 같이 뒤에 남아 있다가, 만찬회에서 여자 손님이 남지 않았을 때에 집주인이 사내에게 손을 빌려주는 것처럼 익살스럽게 내 팔을 잡았다. "좋은 여행을 했습니까?" "네. 브리쇼 씨가 흥미진진한 것을 많이 가르쳐주셨습니다." 나는 어원학에 대해 생각하면서 말했다. 베르뒤랭네 사람들이 브리쇼를 매우 존경한다고 들었기 때문이다. "그에게서 아무것도 배우지 않는 게 오히려 더 이상하죠." 베르뒤랭 씨는 말했다. "그는 아주 겸손해서 아는 것을 좀처럼 들려주지 않지만." 나로서는 이 찬사가 정확하지 않다고 생각했다. "매력적인 분이죠." 나는 말했다. "품위 있고 멋진 데다 학자인 체하는 구석이 전혀 없는 사람, 변덕스럽고 공상적이며 민첩한 보기 드문 인물이죠. 안사람은 그분을 무척 좋아합니다. 나도 그렇지만!" 베르뒤랭 씨는 과장해서 교과서를 암송해대는 가락으로 대답했다. 그제야 나는 그가 브리쇼에 대해 하는 말이 비꼬기임을 알았다. 나는 오래전에 들은 베르뒤랭 씨의 소문에 대해 생각했다. 지금까지 그는 내내 부인에게 순종해온 게 아닐까.

조각가는 베르뒤랭 부부가 샤를뤼스 씨를 받아들이는 데 동의했음을 알고는 매우 놀랐다. 샤를뤼스 씨가 잘 알려진 포부르 생제르맹에서는 사람들이 그의 버릇에 대해 결코 말하지 않았다(사람들 대부분은 그것을 몰랐고, 다른 사람들은 의심했으나 오히려 그것을 부풀려진 정신적인 우정이며 경망한 행동으로 여겼고, 끝으로 진실을 아는 몇몇 사람들은 갈라르동 부인처럼 악의 있는 사람이 감히 그것을 비난해도 어깨를 으쓱할 뿐 조심스레 진실을 감추었다). 그런데 겨우 절친한 몇몇 사람밖에 모르는 이 버릇은, 어떤 대포 소리가 조용한 한 지대의 간섭(interférence)*1이 있어야 비로소 들리듯, 그가 사는 환경에서 멀리 떨어진 곳에서는 날마다 입방아에 오르고 있었다. 게다가 그가 성도착의 화신으로 통하는 부르주아와 예술가의 환경에서는 그의 높은 사교계 위치나 고귀한 가문이 전혀 알려져 있지 않았다. 이는 루마니아 국민 사이에서 롱사르*2가 대귀족 이름으로서는 알려져 있지만, 그 시 작품은 알려져 있지 않은 것과 비슷한 현상이었다. 뿐만 아니라 루마니아에서는 롱사르의 귀족 신분을 한 오류에 근거를 둔다. 마찬가지로 샤를뤼스 씨가 화가나 배우들 사회에서 그토록 고약한 평판을 받은 것도, 그가 르블루아 드

---

*1 음파의 간섭.

*2 플레이아드파의 우두머리 시인(1524~85).

샤를뤼스 백작과 혼동되었기 때문이다. 이 둘 사이는 아무런 친척 관계도 없으며, 있더라도 사돈의 팔촌이었다. 그런데도 백작이 경찰 단속 때 오해를 받아 검거되었던 사실이 완전히 소문나버렸다.

요컨대 샤를뤼스 씨에 대해 입에 오르내리는 이야기는 모두 엉터리였다. 수많은 진짜 동성애자들이 샤를뤼스 씨와 관계를 맺었다고 진지하게 맹세했는데, 그것은 가짜 샤를뤼스를 진짜로 믿었기 때문이며, 또 가짜도 아마 반은 귀족 신분을 드러내 보이고 반은 악덕을 숨기려고 일부러 이 혼동을 부추겼나 보다. 이런 못된 짓은 진짜(우리가 잘 아는 남작)에게 오랫동안 해로운 일이었는데, 나중에 그가 언덕을 굴러떨어지기 시작했을 때에는 편리한 것이 되었다. 왜냐하면 그 또한 그 혼동 덕분에 '그건 내가 아냐' 말할 수 있었으니까. 과연 이제는 더 이상 그에 대해 왈가왈부하지 않게 되었다. 끝으로, 진짜 사실(남작의 성적인 버릇)을 둘러싼 온갖 잘못된 해석을 더욱 조장한 것은, 무슨 까닭인지 모르나 연극계에선 그런 평판이 나돌았는데, 실은 가당치 않은 한 작가와 그가 매우 친밀해서 육체관계 없이 순결하기 만한 우정을 유지하고 있는 일이었다. 첫 공연 날에 함께 있는 두 사람을 보자 '거봐, 아시겠지' 하고들 말했는데, 그것은 게르망트 공작부인이 파름 대공부인과 부도덕한 관계라고 여기는 것과 마찬가지였다. 이것은 파괴할 수 없는 전설이었다. 이유인즉 이것은 이 지체 높은 두 부인을 가깝게 봐야 사라져버릴 소문인데, 왈가왈부하는 사람들은 극장에서 두 부인을 오페라글라스로만 보고선 이웃 좌석 사람에게 쑥덕거렸을 뿐이니까.

조각가는 샤를뤼스 씨의 버릇에 비춰보아 남작의 사회적 지위도 나쁜 게 틀림없다고 아무 망설임 없이 결론지었다. 그만큼 그는 샤를뤼스 씨가 속하는 가계나 그 칭호, 이름에 대해 아는 게 하나도 없었다. 의학 박사라는 칭호는 별것 아니고 병원 인턴이라는 칭호가 더 대단하다는 걸 세상 사람들이 다 안다고 코타르가 여기는 것과 마찬가지로, 사교계 사람들도, 그들 이름의 사회적인 중요성에 대하여 세상 사람들이 다 그들이나 그들 주위 사람들과 똑같은 관념을 지닌다고 잘못 생각한다.

아그리장트 대공은 그가 25루이를 빚지고 있는 클럽 보이의 눈엔 '사기꾼'으로 보였고, 그 위엄을 되찾는 건 누이 셋이 공작부인으로 있는 포부르 생제르맹에서뿐이었다. 대귀족이 어떤 감명을 주는 대상은 수수한 사람들(그들에겐 대귀족이 셈속에 들지 않는다)이 아니라, 그가 누군지 아는 명사들이기 때문이다. 그런데 샤를뤼스 씨는 이날 저녁 곧바로, 주인이 가장 저명한 공작 가문들에 대해 참으로 얕은 개념밖에 지니고 있지 않음을 알아챌 수 있었다.

베르뒤랭 부부가 이 '엄선된' 살롱에 타락한 녀석을 허락하는 실수를 저지르고 있다고 확신한 조각가는, 마님을 한쪽에 불러 귀띔을 해야겠다고 생각했다. "아주 잘못 생각하고 있어요. 게다가 나는 그런 일을 절대 믿지 않아요. 설령 그것이 사실이라도 내게는 그다지 큰 문제가 아니라는 걸 말해두겠어요!" 베르뒤랭 부인은 벌컥 화를 내며 대답했다. 모렐이 수요일회의 중요 회원인 이상, 부인은 무엇보다 그를 불쾌하게 하고 싶지 않았기 때문이다. 코타르는 의견을 늘어놓을 틈이 없었다. 그는 부엔 레티로(buen retiro)*에서 '사소한 볼일을 보아야겠으니' 잠시 2층에 올라가게 해달라고 청하고 나서, 어느 병자에게 보내는 편지를 쓰려고 베르뒤랭 씨의 방으로 가버렸기 때문이다.

파리에서 방문한 어느 대출판사 편집인은 모두가 자기를 가지 못하게 붙들 거라고 생각했는데, 자기가 이 작은 동아리와 어울릴 만큼 멋이 없다는 걸 깨닫고는 재빨리 가버렸다. 그는 키가 크고 건장하며 머리카락이 짙은 갈색인 근면한 남자로, 뭔가 날카로운 느낌을 풍기는 사내였다. 흑단(黑檀)으로 만든 종이칼 같은 인상이었다.

베르뒤랭 부인은 오랜 친구와 카드놀이를 하고 있었는데, 잠시 멈추고 일어나 커다란 손님방에서 우리를 맞이했다. 거기에서는 그날 딴 화본과(禾本科) 식물, 개양귀비, 들꽃이 죽 놓여 있어, 2세기 전 섬세한 취미를 지닌 한 미술가가 그렸던 같은 주제의 단색화와 번갈아 아름다움을 다투고 있었다. 그녀는 카드놀이를 끝내기까지 2분쯤 기다려달라고 한 다음 우리와 얘기하면서 카드를 계속했다. 그녀는 내가 그녀에게 말한 여러 가지 인상에 반밖에 만족하지 않았다. 나라면 라 라스플리에르의 발코니에서보다 더 아름다운 일몰을 볼 수 있는 낭떠러지가 있다면 수십 리도 멀다 하지 않고 구경하러 갈 텐데, 그녀와 남편이 언제나 그 시각이 되기 훨씬 전에 집에 들어와 버린

---

* '화장실'을 뜻하는 에스파냐 말인데 직역하면 '좋은 은신처'.

다는 걸 알고, 나는 입을 딱 벌리고 말았다. "그래요. 비길 데 없이 아름다워요." 베르뒤랭 부인은 전체가 유리로 된 십자형 큰 유리창을 한 번 흘낏 보면서 가볍게 말했다. "늘 보아도 싫증나지 않아요." 그러고 나서 그녀는 다시 카드로 눈길을 돌렸다. 그런데 내 열광이 나를 까다로운 성미로 만들었다. 나는 이 손님방에선 다르느탈의 암벽이 보이지 않는다고 한탄했다. 수많은 빛깔을 반사하는 이 시각에 특히 근사하다고 엘스티르가 내게 말했던 것이다. "저런! 여기선 그게 안 보여요. 정원 끝머리에 있는 관망대(觀望臺)까지 가야 해요. 그곳 긴 의자에선 전경이 한눈에 보이죠. 그러나 당신 혼자선 못 가요, 길을 잃을 테니. 뭐하면 거기에 모시겠어요." 그녀는 심드렁하게 덧붙였다. "안 돼. 요전에 그토록 앓고선 또 병이 도지고 싶소? 이분은 다시 오시겠지. 그때만을 구경하시라지."

나는 더 고집하지 않았다. 베르뒤랭 부부한테는 이 일몰도 그들의 손님방이나 식당에서의 으리으리한 그림 같은 것, 일본의 값비싼 칠보 같은 것으로서, 가구와 함께 빌린 라 라스플리에르의 비싼 집세에 알맞은 부속물이라, 그들은 그것으로 만족할 뿐 석양을 보려고 눈을 쳐드는 일은 드물다는 걸 나는 깨달았다. 이곳서 그들의 큰일이란 쾌적하게 살고, 산책하며, 잘 먹고, 담소하며, 유쾌한 손님을 초대해 그들에게 재미나는 당구 놀이, 좋은 식사, 즐거운 간식을 제공하는 것이었다.

그렇지만 나중에 안 일인데, 베르뒤랭 부부는 '발표되지 않은' 음악을 들려주는 것과 마찬가지로 '발표되지 않은' 산책을 손님들에게 시키려고 이 고장에 대한 지식을 지성껏 배웠다. 라 라스플리에르의 꽃들, 바닷가의 길들, 옛 가옥들, 알려지지 않은 성당들이 베르뒤랭 씨의 생활에서 맡은 임무가 매우 커서, 파리에서밖에 그를 보지 못하는 사람들 즉 바닷가나 시골 생활 대신에 도시의 사치를 즐기는 사람들은, 베르뒤랭 씨가 제 생활을 어떻게 생각하고 거기서 느끼는 기쁨을 얼마나 중시하는지 거의 이해할 수 없었으리라. 이 기쁨의 중요성은 베르뒤랭 부부가 살 작정인 라 라스플리에르가, 세상에 둘도 없는 특징을 갖췄다고 확신함으로써 더욱 커졌다. 그들의 자부심이 라 라스플리에르에 부여한 이 우월성 덕분에 내 열광은 그들 눈에 정당한 것으로 보였다. 그러지 않았다면 내 열광은 그들을 속상하게 했을 것이다. 열광은 반드시(전에 라 베르마의 무대를 구경한 뒤에 그랬듯이) 환멸을 뒤따르게 하고, 나는 그 환멸을 곧이곧대로 털어놨을 테니까.

"마차가 돌아오는 소리가 나네. 그 사람들이 잘 탔으면 좋으련만." 마님이 갑자기 중얼거렸다. 여기서 한마디 덧붙이자면, 베르뒤랭 부인은 나이로 인한 피할 수 없는 변화 말고도, 스완과 오데트에게 그녀의 집에서 소악절을 들려주었던 시절의 그녀와는 딴판이었다. 누가 소악절을 연주해도, 이제 그녀는 이전처럼 감탄에 기진맥진한 모양을 꾸밀 필요가 없었다. 지금은 그 지쳐 빠진 모양 자체가 그녀의 용모가 되고 말았으니까. 바흐, 바그너, 뱅퇴유, 드뷔시의 음악이 그녀에 일으킨 수많은 안면 신경통에 의해, 베르뒤랭 부인의 이마는 마치 류머티즘이 바꿔버린 손발같이 엄청나게 부풀어 있었다. 불타는 듯이 뜨겁고 아름다운 두 천체(天體)가 영원히 '조화'를 굴리는 듯한 그녀의 양옆 관자놀이는 고통 때문에 젖빛으로 물들어 있었는데, 양쪽으로 은발의 다발을 물리치며 부인의 입 대신에 이렇게 단언하고 있었다. "오늘 저녁 어떤 일들이 나를 기다리는지 다 알고 있어요." 그녀의 얼굴도 이제는 너무 강렬한 미적인 인상을 잇따라 나타내는 수고를 하지 않았다. 그도 그럴 것이 얼굴 자체가 쭈글쭈글해져 그래도 아직 아름다움을 간직한 얼굴에, 미적 인상을 표현하는 영속적인 표정을 주고 있었기 때문이다. 아름다움에 시달리는 고통을 늘 기다리는 체념의 태도, 마지막 소나타의 감동에서 회복되기도 전에 이번에는 용기를 내 만찬 드레스를 입으려는 태도, 이런 것들 덕분에 베르뒤랭 부인은 가장 비참한 음악을 듣는데도 멸시하듯 태연한 얼굴을 유지하고, 남몰래 아스피린을 두 숟가락 꿀꺽 삼키기까지 했다.

"아아! 그래, 드디어 왔군." 베르뒤랭 씨는 문이 열리고, 샤를뤼스 씨를 데리고 온 모렐이 보이자 안심이 되어 외쳤다. 샤를뤼스 씨로서는 베르뒤랭네 만찬회에 오는 일이 사교계에 나가는 게 아니라 못된 장소에 가는 느낌이 들어, 그는 처음으로 창가에 들어가는 데 그곳 부인한테 지극한 경의를 나타내는 학생처럼 겁에 질려 있었다. 그러므로 평소 사나이답고도 냉정한 모습으로 보이고 싶어하는 샤를뤼스 씨의 욕망은, (그가 열린 문 속에 나타났을 때) 그 꾸민 태도가 겁먹어서 무너진 바람에 그가 무의식의 도움을 구하자마자 눈뜨게 되는 전통적인 첫인사의 관념에 압도되고 말았다.

그가 귀족이건 부르주아이건 샤를뤼스 씨 같은 사람의 마음속에서, 낯선 사람들에 대하여 본능적으로 선조에게 물려받은 전통적 인사를 하려는 감정이 작용할 때, 그를 새로운 살롱으로 인도하고 그 댁 마님 앞에 이르기까지 그의 태도를 이뤄주는 것은, 언제나 여신처럼 그를 비호하거나 수호천사같이 그에게 강림한 여성 친척의 영혼이다. 이를테면 성녀와 같은 신교도 사촌누이 밑에서 자라난 어떤 젊은 화가는 비스듬한 머리를 떨면서 눈을 천장에 돌리며, 눈에 안 보이는 토시 속에서 두 손을 꼭 잡고 들어오리라. 마음속에 그린 토시의 모양새와 실제로 그를 감싸주는 사촌누이의 존재에 도움을 받아, 겁 많은 화가는 기다림방에서 작은 손님방으로 가는 심연의 파인 공간을 광장공포증(廣場恐怖症) 없이 건너갈 수 있으리라. 오늘날 그 추억이 화가의 길잡이가 되는 경건한 친척 여인도 먼 옛날에는 그와 같은 태도로 살롱에 들어왔는데, 그 모양이 어찌나 구슬프게 보였던지 어떤 불행을 알리러 왔구나 생각하다가, 그 첫마디에, 지금의 화가처럼 그저 만찬 초대에 대한 사례 방문임을 깨달았던 것이다. 인생은 아직 일어나지 않은 행위를 위해 과거의 가장 존경할 만한 유산, 때로는 가장 신성하고 가끔은 오로지 가장 결백할 뿐인 유산을 도구로 선택하여 그것을 이용하고 변질시켜서 끊임없는 매춘 행위로까지 타락하게 만드는데, 이것이 곧 인생의 법칙이다. 그런 경우에는 같은 법칙이라도 다른 양상으로 나타난다. 이를테면 그 여자 같은 행동거지와 나쁜 교제로 가족을 괴롭힌 코타르 부인의 조카는, 마치 그가 뜻밖의 일을 하거나 무슨 유산이라도 받아 소식을 알려주려는 듯이 늘 명랑하게 등장했다. 그 이유는 그의 무의식적인 유전(遺傳)과 빗나간 성(性)에 있었으므로, 어째서 그렇게 행복으로 얼굴이 빛나느냐고 물어본댔자 소용없었을 것이다. 그는 발끝으로 가만가만 걷고, 손에 방문 명함의 수첩을 쥐고 있지 않은 데 스스로 놀라며, 큰어머니가 그렇게 하는 걸 본 적 있듯이 거짓 웃음을 띠면서 손을 내민다. 그의 눈길이 유일하게 불안해지는 것은 거울을 들여다볼 때뿐이며, 그는 맨머리인데도 전에 코타르 부인이 스완에게 물었듯이 제 모자가 비뚤어져 있지 않나 거울에 비춰 살피기라도 하는 것 같았다.

한편 샤를뤼스 씨는 이런 중대한 순간에도 그가 살아온 사회에서 배운 여러 대응 방법이나, 정교하고 빈틈없는 또 다른 방법들을 아울러 지니고 있었다. 요컨대 그는 한낱 프티부르주아를 위해서도 때로는 평소에 따로 간직해 둔 가장 희귀한 친절을 햇볕에 내놓아 쓸 줄 아는 처세술을 터득했다. 그래서 그는 아양 떠는 몸짓, 치마라도 입혀놓으면 더욱 걷기 거북할 만큼 몸을 흔들고 들까불며 베르뒤랭 부인 쪽으로 나릿나릿 다가왔는데, 그 모양이 어찌나 아첨과 존경으로 가득했는지 그녀의 살롱에 소개되는 게 그에겐 최고 은혜인 듯싶었다. 만족과 예의가 겨루고 있는 반쯤 숙인 그의 얼굴에는 상냥스러운 잔주름이 잡혀 있었다. 마치 마르상트 부인이 다가오는 것 같은 느낌이 들 만큼, 자연이 샤를뤼스 씨의 몸속에 잘못 넣어버린 한 여성이 이 순간에 드러나 있었다. 물론 남작은 지금까지 자연의 이 잘못을 감추려고 사내다운 겉모양을 짓는 데 몹시 애태우고 있었다. 그러나 이에 겨우 성공해도 그동안 그는 여전히 똑같은 성향을 지니고 있었으므로, 여성으로서 느끼려는 그 습관이 그에게 여성 같은 새 겉모양을 주었다. 이는 유전 탓이 아니라 개인적인 생활 탓이었다. 그리고 그는 점점 사회적인 일마저 여성적으로 생각하게 되었고, 또 그 사실을 스스로는 알아채지 못했다. 사람이 거짓말하는 걸 알아차리지 못하는 까닭은, 남에게 거짓말을 할 뿐만 아니라 자기 자신마저 속이고 있기 때문이니까. 이리하여 그가 대귀족의 온갖 정중함을(베르뒤랭네 집에 들어오는 순간에) 그의 몸에 나타내려고 했더라도, 그 몸은 샤를뤼스 씨 본인조차 깨닫지 못하게 되어버린 것을 잘 아는지라, 남작은 결국 레이디 라이크(lady-like)*라는 형용사가 어울릴 만큼 상류 귀부인의 온갖 매력을 발휘하게 되었다. 게다가 아들은 아버지를 똑 닮는 것은 아니라 할지라도, 혹시 그가 성도착자가 아니라 여성의 꽁무니를 쫓는 남자라도, 그 얼굴로써 어머니에 대한 모독을 이루는 법이다. 이 사실과 샤를뤼스 씨가 드러낸 모습이 과연 전혀 관계없다고 할 수 있겠는가? 그러나 이 문제는 '모독을 당한 어머니들'이라는 다른 장(章)으로 미루자.

　순전히 생리적인 요인이 물질에 '작용'해 점점 그의 몸을 여체의 범주에 넣었더라도, 또 다른 여러 이유가 샤를뤼스 씨의 이런 변화를 지배했더라도, 우리가 여기서 지적하는 변화는 정신적인 변화다. 사람은 병들었다고 여기기 때문에 실제로 병들어서, 여위어 몸을 일으킬 힘도 없어지고 신경성 장염을 앓는다. 남성을 다정스럽게 생각하므로 여성이 되고, 거짓 드레스라도 입은 양 걸음이 흐트러진다. 이 경우에 고정관념이(전자의 경우에 건강을 그렇게 했듯) 성별(性別)을 바꿀 수 있다.

---

* 숙녀다운.

그때 샤를뤼스 씨를 뒤따라온 모렐이 내게 인사하러 왔다. 이 첫 순간부터 그의 몸속에 생긴 두 변화 때문에, 그는 내게(아뿔싸! 나는 때늦게 그것을 알아차렸으나) 나쁜 인상을 주었다. 그 이유는 다음과 같다. 나는 앞서, 모렐이 아버지의 하인 신세에서 벗어나 평소에는 매우 무람없는 태도를 짓는 데 만족한다고 말했다. 그는 내게 사진을 가져왔던 날에도 나를 얕보았으며, 한 번도 씨(氏) 자를 안 붙이고 얘기했다. 그러니 내가 얼마나 놀랐겠는가! 베르뒤랭 부인 댁에서 만난 그는 내 앞에서 아주 낮게 허리를 숙이고(게다가 내 앞에서만), 다른 말을 하기에 앞서 아주 정중한 높임말—그의 붓끝이나 입에서 나올 수 없다고 생각하던 말—을 내게 건네는 것이었다! 나는 곧바로 무슨 부탁이 있구나 하고 생각했다. 잠시 뒤 그는 나를 따로 끌고 가더니, "도련님, 나를 도와주십쇼" 말했다. 이번엔 나를 3인칭으로 말하기까지 했다. "아버지가 아저씨 댁에서 무슨 일을 했는지, 베르뒤랭 부인이나 손님들에게 꼭 숨겨주십쇼. 아니, 이왕이면 아버지가 댁에서 꽤 넓은 소유지의 관리인이라서 부모님과 거의 같다고 말씀해주시면 고맙겠는데요." 모렐의 부탁은 내 기분을 한없이 언짢게 했는데, 그의 아버지의 지위를 높여야 하기 때문은 아니었다. 그런 따위는 아무래도 좋았다. 그게 아니라, 적어도 겉으로 내 재산을 크게 늘려야 하므로 쑥스러웠던 것이다. 그러나 그의 태도가 어찌나 가련하고 절박했는지 나는 거절하지 못했다. "아니, 부디 만찬 전에." 그는 애원하는 투로 말했다. "도련님께선 베르뒤랭 부인을 따로 부를 핑계야 얼마든지 갖고 계시니."

나는 실제 그렇게 했는데, 모렐 아버지의 빚을 한껏 두드러지게 하면서도, 내 친족의 '생활 수준'이나 '땅 재산'은 너무 부풀리지 않도록 힘썼다. 나의 할아버지를 막연히 아는 베르뒤랭 부인은 내 말에 놀란 표정을 지었지만, 그래도 그 이야기를 믿어주었다. 그리고 그녀는 재치가 없거니와 가정이라는 것(부인의 작은 핵심을 파괴하는 것)을 미워해서, 이전에 나의 종조할아버지를 본 적이 있다고 말하고, 그를 이 작은 단체에 대해 아무것도 이해 못하는, 다시 말해 그녀의 표현을 빌리면 '자기들과 부류가 다른', 거의 바보 같은 인간으로 내게 얘기한 다음 이렇게 덧붙였다. "게다가 가정이란 참으로 진저리나요. 누구든 거기서 달아나는 것밖에 원하지 않아요." 곧 그녀는 나에게 내 할아버지의 아버지에 대해, 내가 모르던 특징에 대해 이야기했다.

하기야 나도 집에서는 그런 특징을 어렴풋이 깨닫고 있었지만(그분을 뵌 적은 없으나 이야기로 들어). 그 특징이란 보기 드문 인색이었다(그것은 장밋빛 옷차림을 한 귀부인의 벗이자, 모렐 아버지의 주인이던 내 종조할아버지의 너무 호사스런 후한 인심과는 정반대였다).

"할아버님과 할머님께서 그토록 멋진 관리인을 부리셨다니, 집안에 여러 어른이 계셨다는 증거네요. 당신 할아버지의 아버님 되시는 분은 어찌나 인색하셨던지. 그분은 만년에 노망이 들었는데—우리끼리만의 이야기네요. 그것은 별로 신기한 것도 아니고, 게다가 당신은 그런 단점을 메우니 상관없고요—그런데도 합승마차 요금으로 3수를 지불하는 걸 아까워했어요. 그래서 한 사람이 그의 뒤를 따라가 따로 마부에게 삯을 내고, 그 구두쇠 영감한테는 그 친구이자 장관인 페르시니 님이 거저 합승마차에 타는 허가를 얻어주었다고 여기게 해야만 했답니다. 하여튼 '우리' 모렐의 아버지가 그렇게 훌륭한 분이었다니 정말 기쁘네요. 고등학교 교사인 줄 알았는데. 뭐 상관없지, 내가 잘못 안 거죠. 이런 건 사실 대수롭지 않아요. 여기서 우리는 자기 자신의 가치와 개개인의 기여, 즉 내가 참가라고 부르는 것만을 존중하니까요. 예술적인 재능이 있기만 하다면, 한마디로 동료이기만 하다면 그 밖의 것은 문제가 안 돼요."

모렐이 동아리에 낄 수 있었던 이유는—내가 들어서 아는 바로는—그가 남녀 모두와 사랑을 하는데, 한쪽 성에서 쌓은 경험을 이용해 다른 한쪽 성도 기쁘게 해주는 데에 있었다. 나중에 가서 알게 될 일이다. 그러나 여기서 꼭 말해둘 게 있다. 내가 베르뒤랭 부인에게 손을 쓰겠다고 약속하자마자, 특히 내가 그 일을 하여 되돌릴 수 없게 되자마자, 나에 대한 모렐의 '존경'은 마법같이 사라지고 공손한 말씨도 자취를 감췄다. 더더구나 그는 얼마간 나를 깔보는 척하며 피하기까지 했다. 베르뒤랭 부인이 어떤 곡을 연주해달라는 청을 그에게 전해달라며 내게 부탁했을 때에도, 내가 다가가면 그는 계속 한 신도와 얘기하다가 자리를 옮겨 다른 신도 쪽으로 가 버리곤 했다. 나는 할 수 없이 세 번 네 번 다시 말을 걸어야 했는데, 그 뒤에야 그는 거북한 태도로 겨우 짧게 대답했다.

다만 단둘이 있을 때는 그렇지도 않았다. 단둘인 경우에 그는 속을 털어놓고 우정 어린 태도를 보였다. 이처럼 그의 성격에도 매력적인 구석이 있었다. 그렇지만 그의 성질엔 사악한 데가 있고, 필요하다면 어떤 비굴한 일도 마다하지 않으며, 심지어 감사의 정을 모르는 사내라는 결론을 나는 이 첫날 저녁 모임에서 얻었다. 이 점에서 그는 대부분의 서민과 비슷했다. 그러나 내 몸속엔 할머니의 요소가 조금 있어서 나는 인간에게 아무런 기대도 원망도 없이 인간의 다양성을 즐길 줄 알았으므로, 그의 비열함을 잊고 그 명랑성이 나타날 때에 그것을 즐겼다. 그 또한 내게 진지한 우정을 가졌다고 생각하여 그것을 즐기기까지 했다. 그가 인간 본성에 대한 수많은 틀린 인식을 한 바퀴 돌고 나서(이런 일은 이따금 발작적으로 일어났는데, 이는 그가 기묘하게도 가끔 처음의 어두운 비사교적 상태로 되돌아갔기 때문이다) 그에 대한 나의 친절이 내 이익이나 욕심과는 무관하며, 내 너그러움이 통찰력의 결핍에서 온 게 아니라 이를테면 착함에서 온 것임을 알아차렸을 때, 그는 내게 우정을 느꼈던 것이다.

특히 나는 그의 음악에 매료됐다. 그것은 놀라운 솜씨에 지나지 않았으나(따라서 그는 낱말의 지적인 뜻으론 참된 음악가는 아니었지만), 그는 그 솜씨로 아름다운 여러 음악을 거듭 들려주어 그 존재를 가르쳐줬다. 더구나 그에게는 매니저가 있었는데, 바로 내가 모르는 온갖 재능을 갖춘 샤를뤼스 씨였다(게르망트 부인은 둘 다 젊었을 때 지금과는 전혀 다른 샤를뤼스 씨를 알고 지냈는데, 그가 그녀에게 소나타를 작곡해주고 부채에 그림도 그려주었다고 했다). 샤를뤼스 씨는 자신의 정말로 뛰어난 점에 대해서는 매우 겸손했지만, 그래도 매니저로서의 실력은 일류였다. 그는 모렐의 놀라운 솜씨를 다채로운 예술적 방향으로 뻗게 하여 그것에 열 배의 힘을 실어주었다. 러시아 발레의 한낱 능숙한 무용가가, 디아길레프 씨의 지도로 훈련을 거듭하며 온갖 방향으로 그 솜씨를 발전시켜 나가는 경우를 떠올려보시라.

나는 모렐이 부탁한 이야기를 베르뒤랭 부인에게 하고 나서, 샤를뤼스 씨와 생루의 얘기를 하고 있었다. 그때 코타르가 손님방에 뛰어들어와 불이라도 난 듯 캉브르메르 부부가 도착했다고 알렸다. 베르뒤랭 부인은 샤를뤼스 씨(코타르는 그를 못 봤다)와 나 같은 신참 앞에서 캉브르메르 부부의 도착을 너무 중요시하는 모양을 보이고 싶지 않아, 꼼짝 하지 않은 채 이 소식에 아무런 대꾸도 하지 않았다. 그녀는 테아트르 프랑세즈 무대에 등장하는 후작부인처럼, 우아하게 부채질하면서 꾸며낸 말투로 의사한테 한마디만 했다. "남작이 우리에게 지금 말씀하기를……." 그것은 코타르에게는 청천벽력이었다! 공부와 높은 지위 덕분에 그의 말씨는 지난날처럼 빠르지 않았으나, 그래도 그는 베르뒤랭네 집에서는 예전의 흥분을 되찾았으므로, 눈을 마구 굴려 남작을 찾으면서 못 믿겠다는 듯 놀라움을 담아 외쳤다. "남작! 어디 있죠, 남작이? 남작이 어디 있죠?" 베르뒤랭 부인은 하인이 손님들 앞에서 값진 유리그릇을 깨뜨렸을 때에 한 집안의 여주인이 보이는 짐짓 꾸민 무관심과, 또 콩세르바투아르의 일등상을 받은 이가 뒤마 피스의 극 대사를 욀 때에 일부러 높이는 부자연한 어조와 더불어, 모렐의 보호자를 부채로 가리키면서 대답했다. "그럼요, 샤를뤼스 남작입니다. 당신에게 소개하죠. 이쪽은 코타르 교수님." 하기야 베르뒤랭 부인은 귀부인 역을 할 기회를 갖는 게 불쾌하지 않았다. 샤를뤼스 씨가 두 손가락을 내밀었다. 교수는 '과학의 왕자'다운 관대한 미소를 띠며 그것을 꽉 쥐었다가, 캉브르메르네 사람들이 들어오는 걸 보고는 동작을 딱 멈추었다. 한편 샤를뤼스 씨는 내게 한마디 하려고 나를 한쪽 구석으로 데리고 갔는데, 그러면서 은근슬쩍 내 몸을 만졌다. 이는 독일식 방법이었다.

캉브르메르 씨는 노후작부인과 거의 닮지 않았다. 그는 노후작부인이 애정을 담아 말했듯이 '아주 아빠 쪽 사람'이었다. 그에 대한 얘기만 듣거나, 산뜻한 문장이 적절하게 표현된 그의 편지만 듣거나 읽었을 뿐인 사람은, 그 용모를 보면 깜짝 놀랐다. 물론 익숙해지면 아무렇지 않았지만. 그러나 그의 코는 입 위쪽에, 아무도 그 얼굴 위에 그으려 하지 않았을 비스듬한 단 하나의 선을 수많은 다른 선 사이에서 골라 비뚤어지게 그어놓고 말았다. 그것은 속된 바보스러움을 표현했고, 더구나 사과같이 붉은 노르망디인의 피부색과 이웃했으므로 일이 더욱 심각했다. 캉브르메르 씨의 눈은 어쩌면 그 눈까풀 안쪽에 햇볕 드는 화창한 코탕탱의 하늘, 그 아래서 산책자가 길가에 그림자를 드리우는 수백 그루 포플러를 감상하면서 수를 세거나 하는 코탕탱의 하늘을 조금 간직하는지도 모른다. 하지만 눈곱이 끼어 잘 끔벅이지 못하는 둔한 눈까풀이 축 늘어져, 지성(知性)마저 그 사이를 통과하지 못하는 것 같았다. 그래서 이 푸른 눈의 얄팍한 시선에 난처해진 상대는 저도 모르게 삐뚜름한 큰 코에다 눈길을 멈춘다. 캉브르메르 씨는 감각을 옮겨, 코로 상대를 보았다. 캉브르메르 씨의 이 코는 결코 못생기지 않았다. 오히려 몹시 잘

생긴 편이었고 지나치게 훌륭해 위세가 등등했다. 반들반들 빛나는 이 잘 만들어진 매부리코는, 눈길의 영적인 모자람을 전부 채울 각오를 하고 있었다. 그러나 불행히도 눈이 때로는 지성을 드러내는 기관이라면, 코는(이목구비의 각 부분은 밀접하게 연관되어 있어 서로에게 뜻밖의 영향을 주긴 하지만) 보통 어리석음을 가장 쉽사리 드러내 보이는 기관이다.

캉브르메르 씨는 언제나, 심지어 아침에도 어두운 빛깔의 수수한 옷을 잘 갖춰 입었다. 이런 예의 바른 옷이 풍기는 안정감은, 낯선 사람들이 바닷가에서 입는 대담한 옷의 화려함에 눈부셔 화가 나 있는 이들을 크게 안심시켰다. 하지만 그래도 재판소장 부인이 알랑송의 상류 사회 경험을 쌓은 사람으로서의 감식력과 권위를 갖춘 태도로, 캉브르메르 씨 앞에 서면 당장에 그가 누구인지 알기 전에도 지체 높고 교육을 아주 잘 받은 인물, 발베크의 인종 따위와는 다른, 요컨대 그 곁에서는 안심할 수 있는 인물 앞에 자기가 있다는 느낌이 든다고 선언한들, 남들로선 이해할 수 없었다. 그녀가 속해 있는 사회를 모르는 발베크의 유람객들 때문에 질식할 듯한 그녀에게 그는 각성제 같은 존재였다. 이와 반대로 내가 보기에 그는, 나의 할머니라면 당장 '매우 고약하다'고 판단했을 인간 가운데 하나 같았다. 또 속물근성이라는 걸 이해하지 못했던 할머니로선 그가 '그처럼 멋진' 인물의 누이동생으로, 품위에 대해서는 아주 엄격할 터인 르그랑댕 아가씨와 용케 결혼했다는 데 어리벙벙했을 게 틀림없다.

기껏해야 캉브르메르 씨의 저속한 밉상은 얼마쯤은 태어난 고장 탓이며 옛 지방적인 무엇이 있다고 말할 수 있었다. 그의 이목구비는 잘못 붙여놓은 것 같아서 눈앞에 두면 바로잡고 싶어진다. 그런데 그 얼굴은 노르망디의 소도시들 이름, 농부들이 그 마을을 가리키는 노르만어나 라틴어를 잘못 발음하거나 뜻을 엉뚱하게 이해하거나 하여, 브리쇼 말마따나 이미 교회 장부에서 발견되는 것같이 파격적인 방법으로 붙들어진 이름들, 콩브레 사제가 어원을 잘못 생각했던 오역되고 뒤틀려버린 발음의 소도시들 이름을 떠오르게 했다. 하기야 이런 옛 소도시의 생활은 쾌적할지도 모르고, 또 캉브르메르 씨도 여러 장점이 있는 게 틀림없다. 왜냐하면 노후작부인이 며느리보다 아들을 더 좋아하는 거야 어머니로서 당연하겠지만, 그와 별개로 여러 자식을 두고 있으며 그 가운데 적어도 둘은 재능이 있는데도, 그녀는 가끔 자기 생각으론 후작이야말로 집안에서 가장 훌륭한 인물이라고 딱 잘라 말했기 때문이다.

그가 군대에서 지낸 짧은 기간 동안 그의 친구들은 캉브르메르라는 이름이 너무 길다고 생각해 그에게 캉캉*¹이라는 별명을 붙였다(사실 그와는 전혀 안 어울렸지만). 그는 초대된 만찬에서 생선(그것이 상했더라도)이나 앙트레(entrée)*²가 나왔을 때에 "이거 참, 아름다운 동물입니다그려" 말하면서 흥을 돋울 줄 알았다. 그리고 그의 아내는 그의 가정에 들어온 이상 이 사교계의 예법이라고 생각하는 걸 모두 몸에 익혀, 남편 친구들의 수준까지 올라갔다. 마치 남편의 독신 시절 생활도 함께한 애인처럼 행동하면서, 장교들과 그의 얘기를 할 때는 거리낌 없는 투로 이렇게 말하며 남편을 기쁘게 하려고 했다. "캉캉을 만나시겠죠. 캉캉은 발베크에 갔지만 저녁 안으로 돌아올 테니까."

그녀는 오늘 저녁 체면을 꺾고 베르뒤랭 따위의 집에 온 것에 격노하고 있었다. 집세를 위해서라는 시어머니와 남편의 청에 못 이겨 왔을 뿐이었다. 그러나 시어머니나 남편보다 교육을 못 받고 자라난 그녀는 그 동기를 숨기지 못하고, 무려 2주일 전부터 친구들 앞에서 이 만찬회를 사람들의 웃음거리로 삼았다. "아시다시피 우리는 세든 이의 집에서 만찬을 하게 됐어요. 집세를 올리는 데 도움이 되거든요. 사실은 우리의 불쌍한 옛 라 라스플리에르를(마치 그녀가 거기서 태어나, 그곳에서 가족의 온갖 추억을 발견하기라도 하는 듯) 그들이 어떻게 만들어버렸는지 알고 싶어 좀이 쑤셔요. 옛 관리인이 어제도 말했지만, 이전 모습이 하나도 없다시피 되었다는군요. 거기서 무슨 일들이 일어나고 있는지 상상도 못하겠어요. 우리가 다시 머물기에 앞서 구석구석 소독해야 할까 봐요."

그녀는 성관이 전쟁으로 적에게 점령되었지만 그래도 이곳은 자기 집이며 승리자들은 사실 침입자에 지나지 않는다는 것을 끊임없이 과시하려는 대귀족부인처럼, 거만하고 침울한 태도를 보였다. 캉브르메르 부인은 처음에 나를 보지 못했다. 내가 샤를뤼스 씨와 함께 옆 창구 쪽에 있었기 때문이다. 샤를뤼스 씨는 모렐의 아버지가 내 집안의 '관리인'이었다는 걸 모렐한테 들

---

*1 '프렌치캉캉' 말고 '험담'이란 뜻도 있음.
*2 수프나 전채(前菜) 다음에 먹는 요리.

었는데 자기는 나의 지성과 아량(그와 스완이 쓰는 공통어)을 충분히 기대하니, 속된 바보 같은 소인배(이런 식으로 그는 내게 미리 경고한 셈인데)들처럼 관리인이라는 걸 하찮은 일로 생각할지도 모르는 손님들에게 시시콜콜한 이야기를 해 비열하고도 치사스런 기쁨을 누리는 짓 따위야 내가 절대 하지 않을 걸로 기대한다고 내게 말했다. "내가 그에게 관심이 있고 내 비호가 그에게 뻗쳐 있다네. 이 사실만으로도 그에게 탁월성이 주어져 과거가 없어지지." 남작은 이렇게 결론지었다. 그의 말을 듣고서 나는, 설령 지성과 아량이 있다고 여겨지지 않더라도 지킬 셈이던 침묵을 새삼 그에게 약속했다. 그리고 그 순간에도 나는 캉브르메르 부인을 바라보고 있었다.

자갈같이 단단해 신도들이 도저히 깨물어 먹지 못할 노르망디의 과자와도 같은 지금의 그녀 속에서, 어느 날 발베크의 테라스에서 가졌던 간식 시간에 그녀가 내 곁에 있을 때 맛보았던 스르르 녹는 듯 달콤한 그녀의 맛은 찾아보기 힘들었다. 남편이 어머니한테서 이어받은 지나치게 소탈한 성질 때문에 신도들에게 소개되면 영광이라는 듯 반드시 공손한 태도를 취할 거라고 예상해 그녀는 지레 화를 내고 있었다. 하지만 사교계 부인으로서 소임은 완수하고 싶어, 브리쇼의 이름을 들었을 때는 자기보다 우아한 그녀의 친구들이 그렇게 하는 걸 보아와, 그녀도 남편을 브리쇼에게 소개하고 싶었다. 그러나 분노와 자존심이 처세술을 뛰어넘어, "남편을 소개하겠습니다" 하는 대신 "남편에게 소개합니다" 말하며, 캉브르메르네의 깃발을 높이 쳐들었건만 헛일이었다. 후작은 그녀가 예상한 대로 브리쇼 앞에 허리를 낮게 숙였다.

하지만 캉브르메르 부인의 이런 기분은 안면 있는 샤를뤼스 씨를 언뜻 보고서 별안간 변했다. 그녀는 스완과 관계를 맺었던 시절에마저 그에게 소개되지 못했던 것이다. 샤를뤼스 씨는 늘 아내들 편이어서, 형수 게르망트 공작부인을 위해선 게르망트 공작의 정부들을 적대시했고, 그때 아직 결혼하진 않았으나 스완과 오래 사귀었던 오데트를 위해선 스완의 새 애인들을 적대시했다. 또한 도덕의 준엄한 수호자이자 가정의 충실한 옹호자로, 결코 캉브르메르 부인에게 소개되지 않겠다고 오데트한테 약속했으며 이를 지켜왔기 때문이다. 캉브르메르 부인은 베르뒤랭네 집에서 드디어 이 좀처럼 함락되지 않는 인물과 사귀게 될 줄이야 꿈에도 생각 못했다. 캉브르메르 씨는 그것이 아내한테 큰 기쁨이라는 걸 알고 있어 그 또한 감동해 그녀를 바라보았다. 마치 이렇게 말하는 것처럼. "오기로 결심하길 잘했어, 안 그렇소?" 본디 그는 말수가 적었다. 자기보다 뛰어난 여인과 결혼한 것을 알기 때문이다. "어울리지 않는다"는 게 그의 입버릇이었다. 그리고 그는 라 퐁텐과 플로리앙의 우화를 하나씩 즐겨 인용했는데, 이는 그의 무식함에 들어맞는 한편, 자키 클럽에 속해 있지 않은 학자들에게 자신이 사냥도 할 수 있고 우화도 읽을 수 있다는 걸 은근히 보여주는 것으로 여겼다. 불행하게도 그는 우화를 둘밖에 몰랐다. 그래서 이 둘만 자주 되풀이되곤 했다.

캉브르메르 부인은 바보가 아니었으나 사람의 신경을 몹시 건드리는 갖가지 버릇이 있었다. 그녀가 하는 이름의 변형은 절대로 귀족적인 거만과는 관계가 없었다. 그것은 게르망트 공작부인이(그녀는 가문으로 봐도 캉브르메르 부인보다는 그런 어리석음에 덜 빠질 테지만) 쥘리앵 드 몽샤토 같은 우아함이 없는 이름(지금 그것은 가장 가까이하기 힘든 여성들 가운데 하나의 이름이지만)을 모르는 체하려고 "그 키 작은 부인 있잖아요. 피크 드 라 미랑돌이었던가……" 말하는 것과는 다르다. 캉브르메르 부인이 이름을 틀리게 부르는 것은 오히려 친절한 마음에서 나온 행동이었다. 즉 어떤 일을 모르는 체하기 위해서이고, 그래도 솔직히 말해야 해 특징을 없애고선 이름을 잘 감춘 줄 아는 것이다. 이를테면 그녀는 어떤 여인을 감쌀 때, 사실을 말하라고 부탁하는 이에게 거짓말하고 싶지 않으면서도, 모 부인이 현재 실르뱅 레비 씨의 정부임을 숨기려고 이렇게 말했다. "아뇨……. 나 그분에 대해 절대로 아무것도 몰라요. 그분이 어떤 사내에게 정열을 불어넣었다고 비난받는 모양인데, 나는 그 사내의 이름을 몰라요. 캉이라나, 뭐라던가. 캉, 콩, 큉 같은 이름인데. 그런데 그 사내는 죽은 지 오래니 두 사람 사이에 아무 관계도 없었다고 생각해요." 그것은 거짓말쟁이의 그것과 비슷한—다만 거꾸로 된—방식이다. 거짓말쟁이는 자기가 한 짓을 애인 또는 평범한 친구에게 왜곡하면서 이야기하는데, 그때 그 거짓말(캉, 콩, 큉과 같은)이 넣어진 것이고 대화를 이루는 말들과는 다른 종류의 말, 즉 속마음을 감춘 의미심장한 말이란 사실을 상대가 쉽게 눈치채진 못할 거라고 상상한다.

베르뒤랭 부인은 남편의 귀에다 대고 물었다. "샤를뤼스 남작에게 팔을 내밀까요? 당신 오른쪽에 캉브르메르 부인이 앉을 테니까, 예절을 나누는 셈이죠." "아냐." 베르뒤랭 씨가 말했다. "저쪽 계급이 위인걸(캉브르메씨는 후작이라는 뜻이었다). 샤를뤼스 씨는 결국 후작보다 아래지." "맞아요! 그럼 남작은 대공부인 옆에 앉히겠어요." 그러고 나서 베르뒤랭 부인은 샤를뤼스 씨에게 셰르바토프 부인을 소개했다. 두 사람 다 말없이 인사했다. 서로 잘 아는 사이며 상대의 비밀을 지키자고 약속하는 모양으로. 베르뒤랭 씨는 나를 캉브르메르 씨에게 소개했다. 그는 가볍게 더듬거리는 높은 목소리로 말 꺼내기에 앞서, 그 큰 키와 혈색 좋은 얼굴을 가볍게 흔들었다. 마치 부하를 안심시키려고 다음같이 말하는 군대 대장처럼. "자네 얘기를 들었지. 선처하겠네. 처벌을 취소시켜주지. 우리는 피도 눈물도 없는 사람들이 아니니까. 모든 일이 잘되겠지." 그런 다음에 그는 내 손을 잡으며 말했다. "내 어머니와 아는 사이인 것 같은데." 그러나 '인 것 같다'라는 말은 그에겐 조심스러운 첫 대면에 꼭 알맞은 표현처럼 여겨졌기 때문이지, 전혀 의문을 표명하려고 쓰인 것은 아니었다. 그 증거로 그는 덧붙였다. "실은 어머니한테서 당신에게 보내는 편지를 받아왔습니다."

캉브르메르 씨는 그가 오래 살던 곳을 다시 봐 천진난만하게 기뻐하고 있었다. "옛 생각이 절로 나네요." 그는 베르뒤랭 부인에게 말했다. 그 순간에도 그는 문 위의 벽에 달린 꽃 그림과 높은 받침 위에 놓인 대리석 흉상을 반갑다는 듯 황홀한 눈길로 바라보고 있었다. 그렇지만 베르뒤랭 부인이 가지고 있던 수많은 옛 시대의 미술품을 옮겨왔으므로 그는 낯선 느낌이 들었을지도 모른다. 이 관점에서 보면 캉브르메르네 사람들의 눈엔 모든 게 뒤죽박죽인 걸로 보였어도, 베르뒤랭 부인은 결코 혁명적이 아니라 어떤 뜻으로는 보수적이었다. 그러나 그것이 그들에게 통할 리 없었다. 그들이 부인을, 오래된 저택을 싫어해서 화려한 명주실 벨벳 대신에 단순한 천으로 뒤덮어 더럽혔다고 비난한 것도 당치 않았다. 그것은 무식한 주임 사제가 폐물로 치워버린 낡은 나무 조각품을 제자리에 다시 놓았다고 해서 교구의 건축가를 나무라고, 자기는 생쉴피스 광장에서 산 장식품으로 바꾸는 게 좋다고 여기는 것과 마찬가지다.

어쨌든 캉브르메르네 사람들뿐만 아니라 그 정원사에게도 자랑이던 성관 앞 화단도 조금씩 약초 정원으로 바뀌기 시작했다. 정원사는 캉브르메르네 사람들을 유일한 주인으로 모시며 땅이 잠깐 침략자와 오합지졸들에게 점령되었기나 하듯, 베르뒤랭네 사람들의 멍에 밑에서 신음하고 있었다. 그래서 그는 쫓겨난 지주에게 몰래 푸념을 전하러 가서 그의 남양삼나무, 베고니아, 꿩의비름, 겹꽃잎달리아가 받고 있는 멸시를 분개하며, 이토록 기름진 땅에 카밀레니 섬공작고사리니 하는 흔해빠진 꽃을 피워 억울하다고 말했다. 베르뒤랭 부인은 이 조용한 반항을 느껴, 만일 라 라스플리에르를 오랫동안 빌리든가 사든가 하면 이 정원사를 해고한다는 조건을 붙일 작정이었다. 그런데 이곳 소유자인 노부인은 거꾸로 이 정원사를 몹시 아꼈다. 그는 어려운 시기에 캉브르메르 부인을 위해 거저 일했으며 그녀를 숭배했다. 그러나 서민의 의견은 기묘하게 갈피를 잡을 수 없어서, 가장 깊은 도덕적인 경멸이 가장 열정적인 존경과 뒤섞이고, 게다가 존경이 오래된 강한 원한에 뒤섞인다. 그래서 정원사는 가끔 캉브르메르 부인이 1870년 전쟁 때 동부 성관에서 적의 기습을 받아 한 달 동안 독일군의 접촉을 견디어내야 했던 일을 두고 이렇게 말했다. "후작 마님의 비난받아 마땅한 점은, 전쟁 중 프러시아군을 편들어 마님 저택에 숙박까지 시킨 일입니다. 다른 때라면 또 모르죠. 하지만 전시엔 그래서 쓰나요. 괘씸한 노릇이죠." 이처럼 그는 죽을 때까지 노부인한테 충실했고 그 선량함을 깊이 존경한 반면, 그녀에겐 프랑스를 배신한 죄가 있다고 믿었다.

베르뒤랭 부인은 캉브르메르 씨가 라 라스플리에르를 썩 잘 알아보겠다고 하자 심통이 났다. "그렇지만 무엇인가 변한 점을 발견하시겠죠." 그녀가 대답했다. "먼저 바르브디엔(Barbedienne)*의 그 커다란 청동 조각상과 명주실 벨벳으로 덮인 작은 의자 놈들을 재빨리 고미다락에 처넣어버렸죠. 실은 거기도 과분하지만." 이렇게 쏘아붙이며 캉브르메르 씨에게 대꾸한 다음, 그녀는 그를 식탁에 안내하려고 팔을 내밀었다. 그는 속으로 '그래도 샤를뤼스 씨보다 먼저 갈 순 없지'란 생각에 잠시 망설였다. 그러나 곧 샤를뤼스 씨가 이 집의 오랜 친구라서 윗자리에 앉지 않는 것이겠거니 생각한 그는, 그에게 내밀어진 팔을 잡아야겠다고 결심하고 이 동지회(그는 작은 핵심을 그렇게 불렀는데, 이 말을 알고 있다는 데 만족한 나머지 미소가 절로 나왔다)에 들어가게 되어 자랑스럽기 한이 없다고 베르뒤랭 부인에게 말했다.

코타르는 샤를뤼스 씨 옆에 앉아 코안경 너머로 그를 바라보고 있었다. 그

---

* 19세기 청동 주조가, 명작 조각을 모조하여 대중화함(1810~92).

는 상대와 벗이 되려고 전보다도 한결 집요해진 눈짓, 겹도 그것을 멈추지 못하는 눈짓으로 부드러운 분위기를 만들려 했다. 그리고 상냥스러운 그 눈길은 미소에 의해 불어나 이제는 코안경의 유리알을 넘어 사방팔방으로 흘러넘치고 있었다. 남작은 곳곳에서 자기와 같은 부류를 쉽사리 알아보았는데, 코타르도 그 가운데 한 사람으로 자기에게 눈짓하고 있는 걸로 의심치 않았다. 당장 그는 성도착자들 특유의 냉혹성을 교수에게 표시했다. 제 마음에 드는 이들에겐 열렬히 다가가는 만큼이나 자기에게 마음이 있는 이들을 멸시하는 게 성도착자들의 버릇이다. 언제나 사람들은 사랑받는 즐거움을 운운하지만 그건 다 거짓말에 지나지 않아, 그 즐거움은 늘 운명에 의해 거부당한다. 이쪽에선 좋아하지 않는데 이쪽을 좋아하는 사람은 지긋지긋하게 여긴다. 이것은 하나의 일반 법칙이고, 그 적용 범위는 샤를뤼스 씨 같은 족속들에게만 한하는 게 아니다. 그녀는 나를 좋아한다네 하는 말을 못 듣고 그녀는 나한테 귀찮게 붙어다닌다네 하는 말을 듣는 사람, 우리는 그런 여인과 교제하느니 차라리 그녀보다 매력도 애교도 재치도 없는 딴 여인과 교제하는 편을 좋아한다. 그녀는 이쪽을 좋아하는 걸 그만두고 나서야 그 매력과 애교와 재치를 되찾게 될 것이다. 이런 뜻에서 보면 싫어하는 남자가 자기를 쫓아다닐 때 성도착자의 마음속에 일어나는 노여움도, 이 일반 법칙의 별난한 형태에 지나지 않는다. 그러나 성도착자의 경우 이 노여움이 훨씬 더 심하다. 그래서 보통 사람이라면 노여움을 느껴도 감추려고 하는 반면에 성도착자는 그 느낌을 일으킨 상대에게 그 마음을 노골적으로 드러낸다. 상대가 만약 여성이라면 결코 이런 일은 없을 것이다. 이를테면 샤를뤼스 씨와 게르망트 대공부인의 경우, 그는 부인의 열정을 지켜보면서도 기분 나쁘다고 느끼진 않았다. 하지만 성도착자들은 남이 자기에게 유별난 기호를 나타내는 걸 보면, 그 정도로 넘어가지 못한다. 그 사내가 자기와 같은 기호를 갖고 있는 게 이해가 되지 않는다. 또한 그것을 저 자신이 느끼는 동안은 미화되는 이 기호가 실은 남들에게 악덕으로 여겨진다는 사실이 가슴 아프게 머리에 떠오르기도 한다. 또는 자기에겐 하나도 고통스럽지 않은 이 기회를 이용해 명예를 되찾고픈 바람을 가지기도 한다. 혹은 욕망에 눈이 멀어버리면 경솔한 언행을 거듭하는 주제에, 욕망이 없을 때는 곧바로 제 정체를 남이 알아챌까 봐 겁낸다. 또 상대가 자기 마음에 드는 경우에는 자기 행동이 그에게 해가 되든 말든 상관도 안 하면서, 남의 수상쩍은 행동에 자신이 해를 입게 되는 데에는 몹시 분노한다. 아무튼 그들은 평소에는 몇 십 리나 한 젊은이의 뒤를 쫓고, 젊은이가 극장 같은 데서 친구들과 같이 있더라도 그 젊은이한테서 눈을 떼지 않아 그 때문에 상대와 시비할 위험을 무릅쓰는데, 그러면서 제 마음에 안 드는 딴 사내에 대해서는, 그가 이쪽에 눈길만 보내도 "여보게, 자네 나를 뭐로 생각하나? (알고 보면 있는 그대로를 간파당했을 뿐인데) 통 까닭을 모르겠는걸. 더 말할 것도 없네. 자네는 착각하고 있어" 하고서, 여차하면 따귀까지 때린다. 그리고 그 분별 없는 자를 아는 사람 앞에서는 몹시 화를 내 이렇게 말하기도 한다. "뭐라고? 그 못된 놈을 안다고? 별난 눈짓을 하는 놈이야! 몹시 버릇이 없지!"

샤를뤼스 씨는 그렇게까지 심하진 않았으나, 이를테면 행실이 나쁘다고 여겨졌을 때 그렇지 않은 여인이 짓는, 아니 행실 나쁜 여인이 더 심하게 짓는 분노한 차가운 태도를 지었다. 성도착자는 다른 성도착자와 마주하면 제 자존심을 괴롭히는 순 생기 없는 자기 자신의 불쾌한 모습만 보는 게 아니다. 그는 생기 있게 살아 움직이며 똑같이 행동하는 자신, 따라서 그의 사랑을 방해할 수 있는 또 하나의 자기 자신도 본다. 그러므로 그가 경쟁자일지도 모르는 사내를 욕하는 건 자기 보존 본능에서이다. 이때 그의 이야기 상대는 문제의 남자를 비난해줄 성싶은 사람들이거나(게다가 사정을 잘 알아서, 눈앞에서 첫 번째 성도착자가 이렇게 두 번째 성도착자를 헐뜯어도 그를 거짓말쟁이로 볼 염려가 없는 사람들), 그가 '주운' 젊은이다. 즉 그는 남에게 빼앗길 우려가 있는 젊은이에게, 그와 같이하면 가장 좋은 일도 또 다른 사내랑 한다면 끔찍한 불행을 불러일으킬지도 모른다고 설득할 작정이었던 것이다.

그가 그 미소를 오해한 코타르의 존재가 모렐에게 가져올지 모르는 수많은 위험(참으로 공상적인 위험)을 생각해본 샤를뤼스 씨에게는, 그의 마음에 안 드는 성도착자는 그저 저 자신의 풍자화였을 뿐만 아니라, 동시에 틀림없는 경쟁자이기도 했다. 뭔가 희귀한 장사를 하는 장사치가 일생을 보내려고 이사 간 시골 동네에서, 같은 광장 바로 맞은편에 같은 장사를 벌이고 있는 경쟁자를 봤을 때 느끼는 당혹감도, 샤를뤼스 씨 같은 사람이 한적한 지방에 가서 조용히 제 사랑을 키우려는데, 그곳에 도착한 날 그 용모와 거동으로 봐 의심할 여지가 없는 성도착자인 시골 신사나 이발사를 언뜻 보았을 때의 당혹감에 비하면 그나마 나은 편이리라. 장사꾼은 흔히 경쟁자를 미워한다. 이 미움은 때론 우울증으로 악화되어, 조금이라도 그런 경향이 유전됐다면 작은 마을 안에서 그 장사꾼이 발광하기 시작하는 걸 구경하게 될 수도 있다. 그것은 그가 '영업권'을 팔고 이사 갈 결심을 하기까지 사라지지 않는다. 성도착자의 분노는 그보다 더욱 격렬하다. 첫 순간부터 그는 신사와 이발사가 그의 젊은 친구를 탐내고 있다는 사실을 알았다. 하루에도 백 번이나 그 이발사와 신사는 악한이니 가까이하면 체면을 더럽힐 거라고 젊은 친구한테 되풀이하는 것으론 모자라서, 그는 아르파공*처럼 자기 보물을 감시하며 빼앗기지 않으려고 밤을 새워야만 한다. 그리고 그것이 분명히 욕망이나 편리한 공통적 관습 이상으로, 또 유일한 진실인 자기 자신의 경험과 비슷하게, 성도착자로 하여금 재빠르고 거의 틀림없이 다른 성도착자를 알아내게 한다. 어쩌다 한순간 틀려도, 재빨리 예감이 들어 그를 다시 진실 안에 되돌려놓는다.

그러므로 샤를뤼스 씨의 착오도 짧았다. 신통한 통찰력은 잠시 뒤 그에게, 코타르는 그와 같은 부류가 아니며, 그 접근 상대가 자신이라면 그는 격노할 테고 혹시 모렐이라면 그보다 더 큰 문제겠지만, 결국 그런 걱정은 필요 없다는 걸 보였다. 그는 다시 침착해졌다. 그러나 아직 남녀 양성(兩性)을 갖춘 베누스가 지나간 영향이 남아 있는 듯이, 그는 입을 다문 채 입꼬리를 일그러뜨려서 가끔 베르뒤랭 부부에게 미소 짓고 눈을 아양스럽게 빛냈다. 그것은 확실히 형수인 게르망트 공작부인의 흉내였는데, 그의 경우는 사나이 다음에 반했을 적에 하는 짓이었다.

"자주 사냥하십니까?" 베르뒤랭 부인은 캉브르메르 씨에게 경멸과 더불어 말했다. "우리가 하마터면 큰일 날 뻔한 것을 스키가 얘기하던가요?" 코타르는 부인에게 물었다. "나는 주로 샹트피 숲에서 사냥하죠." 캉브르메르 씨가 대답했다. "아냐, 나는 아무 얘기도 하지 않았소"라고 스키는 말했다. "그 숲은 그 이름을 받을 만합니까?" 브리쇼는 캉브르메르 씨에게 물었는데, 그 전에 곁눈으로 나를 바라보았다. 그는 어원에 대해 얘기해주기로 약

---

* 몰리에르의 〈수전노〉에 나오는 인물.

속한 대신, 캉브르메르 부부한테는 콩브레 주임 사제의 어원학에 대해 그가 품고 있는 경멸을 비밀로 해달라고 미리 내게 부탁했기 때문이다. "무슨 말씀인지 통 모르겠습니다. 부족한 제가 질문을 알아듣지 못해서요." 이렇게 말하는 캉브르메르 씨의 말에 브리쇼가 대답했다. "즉, 샹트피에선 피(pie, 까치)들이 많이 샹트(chante, 노래)하느냐고 물어본 거죠."

그러는 동안 코타르는 하마터면 그들이 열차를 놓칠 뻔했던 일을 베르뒤랭 부인이 모르는 것에 속을 태우고 있었다. "여보, 어서 당신의 오디세이*를 얘기해보세요." 코타르 부인은 남편의 기운을 북돋워주려고 말했다. "사실 이건 이제껏 들어본 적 없는 그런 사건이었어요." 의사는 다시 얘기를 시작했다. "열차가 역에 도착해 있는 걸 보았을 때, 나는 잠시 멍해져버렸어요. 모든 게 스키의 잘못이죠. 자네 정보는 대부분 엉뚱하니까! 게다가 브리쇼가 역에서 우리를 기다리고 있었으니!" "난 또 이렇게 생각했죠. 그들이 그랭쿠르에서 꾸물거린 건 어떤 소요학파 여인을 만난 탓이겠거니 하고요." 대학교수는 조금 남아 있는 시력으로 주위를 둘러보면서 얇은 입술에 미소를 띠며 말했다. "이봐요, 입 닥치시오. 내 안사람이 듣기라도 하면! 안사람은 질투가 심해놔서." 의사는 이렇게 대꾸했다. "나 참! 브리쇼는 여전하시군요." 스키는 브리쇼의 음탕한 농담에 습관적인 쾌활함이 솟아나 외쳤는데, 실은 이 대학교수가 정말로 여자를 밝히는지 어떤지는 몰랐다. 그래도 그는 성스러운 이 말에 의식(儀式)의 동작을 덧붙이려고, 브리쇼의 다리를 꼬집고 싶어 못 견디겠다는 시늉을 했다. "안 변하셨군요. 이 두드러지게 뛰어나신 분은." 스키는 말을 잇더니, 이 말은 반(半)장님인 대학교수에게 슬프기도 우스꽝스럽기도 하다는 걸 생각 못하고서 덧붙였다. "늘 여성에게 눈멀어 계신다니까."

"과연, 학자를 뵙는다는 게 바로 이런 것이군요. 나는 15년 동안 샹트피 숲에서 사냥을 해왔습니다만, 그 이름의 뜻을 생각해본 적이 없었습니다." 캉브르메르 씨가 말하자, 캉브르메르 부인은 남편 쪽으로 엄한 눈길을 던졌다. 그녀는 남편이 브리쇼 앞에서 그렇게 겸손하기를 바라지 않았다. 그녀의 불만이 더욱 심해진 것은, 캉캉이 숙어를 쓸 때마다 이미 그 숙어를 고생고

---

* 모험담.

생하여 외웠으므로 그 장점에도 단점에도 환히 통해 있는 코타르가, 그것이 아무 뜻도 없다는 것을 증명하여 결국 후작이 제 어리석음을 고백한 꼴이 되었을 때였다. "왜 양배추처럼 바보라고 말하죠? 양배추가 다른 것보다 더 바보라고 생각하십니까? 서른여섯 번이나 같은 짓을 되풀이한다고 말씀했는데, 왜 하필 서른여섯 번이죠? 왜 말뚝처럼 잔다죠? 왜 브레스트의 천둥이라고 하죠? 왜 400발을 쏘았지요?"*¹ 그러나 그때 캉브르메르 씨를 변호하려고 브리쇼가 나섰다. 그는 숙어 하나하나의 기원을 설명했다.

그런데 캉브르메르 부인은 특히 베르뒤랭 부부가 라 라스플리에르에 가져온 변화를 조사하기에 열중하고 있었다. 그 가운데 어떤 것은 비난하고 그와는 다른 것을, 아니 상황에 따라서는 같은 것이라도 페테른에 끌어들일 작정이었기 때문이다. "이 샹들리에는 이렇게 비뚜름하지 않았는데. 옛 라 라스플리에르를 알아보기가 힘들어요." 그녀는 마치 하인의 얘기를 하며 그 나이를 지적하는 대신에 갓 태어난 자신을 그가 돌봐줬다는 얘기를 하듯이, 귀족다우면서 그리움이 담긴 투로 말했다. 그리고 그 언어 속에 얼마간 책 냄새를 풍기는 그녀가 조그만 목소리로 덧붙였다. "아무튼 나라면 남의 집에 살면서 이토록 모든 걸 바꾸어놓는 것은 내심 겸연쩍었을 거예요."

"저분들과 함께 못 오신 게 불운이네요." 베르뒤랭 부인은 샤를뤼스 씨와 모렐에게 말했다. 샤를뤼스 씨가 회원이 되어, 모두가 같은 열차로 이곳에 도착한다는 규칙에 따르길 바란 것이다. "정말 당신은 샹트피를 까치가 노래한다는 뜻으로 생각하시나요, 쇼쇼트?"*² 그녀는 훌륭한 여주인답게 모든 대화에 참여하고 있다는 걸 보이려고 덧붙였다.

"저 바이올리니스트에 대해 좀 얘기해주세요." 캉브르메르 부인이 나에게 말했다. "관심이 가네요. 음악을 좋아하니까. 또 저이의 얘기를 들어본 것 같아요. 가르쳐주세요." 그녀는 모렐이 샤를뤼스 씨와 같이 온 것을 알고 있어서, 모렐을 곁에 부름으로써 샤를뤼스 씨와 인연을 맺고 싶었던 것이다. 그렇지만 그녀는 내가 그 이유를 짐작 못하도록 한마디 덧붙였다. "브리쇼님도 재미있는 분이지만." 확실히 그녀는 교양이 높았으나, 살찌는 체질인 사람들은 거의 먹지 않고 온종일 걸어도 자꾸만 뚱뚱해지듯이, 캉브르메르

---

*1 갖은 난봉을 다 피운다는 뜻.

*2 브리쇼의 별명.

부인은 특히 페테른에 틀어박혀 철학을 아무리 그 깊은 뜻까지 연구하고 음악 지식을 더욱 넓혀가도, 그 연구를 떠나기가 무섭게 책략을 꾸미는 체질이었던 것이다. 그런 책략으로 그녀는 젊었을 적의 시민적 교제를 '끊음'과 동시에, 처음에 그녀가 자기 시집의 교제 범위 안에 있다고 믿었던 귀족들과 관계를 맺기 위해 애썼는데, 결과적으로는 자기가 높아지면 높아질수록 그들은 먼 곳에 위치하고 있다는 사실을 깨달을 뿐이었다.

그녀가 보기에는 좀 낡은 철학자 라이프니츠는, 지성에서 마음으로 가는 길은 멀다고 했다. 캉브르메르 부인은 오빠 르그랑댕과 마찬가지로 이 길을 쉬지 않고 끝까지 달릴 만한 힘이 없었다. 스튜어트 밀*¹의 책을 읽으면 곧바로 라슐리에*²의 책을 읽어야 직성이 풀리는 그녀는, 바깥 세계의 실재를 점점 덜 믿게 되었는데, 그럴수록 죽기 전에 이 세상에서 좋은 자리를 차지하려고 더 열의를 불태우는 것이었다. 사실과 예술에 홀딱 반한 그녀의 눈엔 어떠한 대상도 화가나 작가의 모델이 되기에 충분하다고 여겨졌다. 사교계를 그린 그림이나 소설은 그녀를 구역질나게 했으리라. 한편 그녀에게 톨스토이의 농노(農奴)나 밀레의 농부는 예술가에게 뛰어넘기를 허락하지 않는 사회적인 극한이었다. 그러나 자기 자신의 교제 범위의 경계를 넘어 공작부인들과 사귀는 데까지 올라가는 게 그녀가 쏟는 온 노력의 목적이었다. 그 정도로, 걸작을 연구함으로써 그녀가 스스로에게 했던 정신 치료도, 그녀 몸속에 퍼져 있는 타고난 병적인 속물주의에는 효력이 없었다. 속물근성은 그것에 걸리면 다른 병에는 면역되는 독특하고도 오래가는 병적 상태와도 같이, 그녀가 젊은 시절에 보이던 인색과 간통 등 몇몇 성벽을 어느새 고치고야 말았다. 나는 그녀의 말을 들으면서 조금도 즐겁지 않았으나, 그 표현의 세련미만은 인정할 수밖에 없었다. 그것은 어떤 시대에 그와 같은 지적인 능력을 갖춘 사람들이 모두 쓰던 표현이라서, 그 세련된 표현은 컴퍼스처럼 그 지성의 온 둘레를 그리며 한정하는 수단을 주었다. 그러므로 이런 표현을 쓰는 사람은 이미 오랫동안 알고 지낸 사람처럼 금세 나를 싫증나게 하였건만, 동시에 뛰어난 사람으로 보여, 여러 차례 멋지지만 진가를 인정받지 못하는 이웃으로서 내 눈에 비쳤다.

*1 영국 철학자·경제학자(1806~73).
*2 프랑스의 철학자(1832~1918).

"아실 테지만 부인, 삼림 지대의 대부분은 거기에 사는 동물에서 이름을 따 왔죠. 샹트피 숲 옆에 샹트렌(Chantereine)이라는 숲이 있지 않습니까." "어느 렌(reine, 왕비)을 두고 하는 말씀인지 모르지만, 당신은 그녀에 대해 정중하지 않군요" 하고 캉브르메르 씨가 끼어들었다. "당신도 여왕 한 사람 붙잡아보시구려, 쇼쇼트" 하고 베르뒤랭 부인은 말했다. "다른 얘기지만 여행은 즐거웠습니까?" "열차를 가득 메운 승객이 다 시시한 인간뿐이었습니다. 그건 그렇고, 캉브르메르 씨의 질문에 대답하겠습니다. 여기서 렌(reine)이란 왕의 아내가 아니라 개구리를 두고 하는 말입니다. 이 고장에선 오랫동안 개구리를 그렇게 불러왔습니다. 그 증거는 렌빌(Renneville) 역인데, 실은 렌빌(Reineville)로 써야 옳습니다." "이거 훌륭한 놈인데요." 캉브르메르 씨는 식탁에 나온 생선을 가리키면서 베르뒤랭 부인에게 말했다. 그것은 그 특유의 인사말 가운데 하나로, 그는 이렇게 말함으로써 식사의 셈을 치르고 이미 그 답례를 한 줄로 알았다(그는 흔히 어느 친구에 대해 아내한테 이렇게 말했다. "그들은 초대해서 뭘 해. 우리를 초대한 것만으로도 기뻐들 하고 있는데. 오히려 감사해야 할 사람은 그들이야."). "그런데 나는 몇 년 전부터 거의 날마다 렌빌에 가지만, 다른 곳보다 더 많은 개구리를 보지는 못했습니다. 내 안사람은 어느 지방에 넓은 땅을 가지고 있는데, 그 교구의 주임 사제를 이곳에 모셨습니다만 그분은 당신과 비슷한 성격이었습니다. 그분은 책도 한 권 저술했죠." "그렇지요. 나도 그 책을 흥미진진하게 읽었습니다." 브리쇼는 위선적으로 대답했다. 이 대답에서 간접적으로 제 자존심이 충족된 캉브르메르 씨는 오래오래 웃었다.

"아아! 그 책. 뭐랄까, 지리서랄까, 고어 사전이랄까. 그 책에는 우리 가문이 옛적 영주였던 작은 고장의 이름에 대해 길게 풀이한 부분이 있습니다. 퐁 타 쿨뢰브르(Pont-à-Couleuvre)*라는 이름이죠. 그런데 나는 학문이 샘솟는 우물 같은 그분에 비하면 분명히 아주 무식한 속인에 지나지 않으나, 주임 사제가 그곳에 한 번 갔다면 저는 천 번쯤은 갔습니다. 한데 나는 그런 흉악한 뱀을 한 마리도 본 적이 없거든요. 나는 방금 흉악하다고 말했습니다. 그 사람 좋은 라 퐁텐은 그 뱀을 칭찬하지만(〈사람과 구렁이〉가 그가

---

* 직역하면 구렁이 다리.

아는 두 우화 가운데 하나였다)." "본 적이 없으시다고요. 네, 정확히 보셨습니다." 브리쇼가 대답했다. "물론 말씀하시는 저자는 그 주제를 속속들이 알고, 주목할 만한 책을 저술했습니다만." "과연! 그 책은, 말해두지만 정말로 학문 깊은 베네딕트회 신부다운 일이에요." 캉브르메르 부인은 이렇게 말하며 감탄했다. "아마 그 사제는 교회 재산 목록(각 주교구의 교회 봉급과 사제직 목록)을 참고했을 겁니다. 그것이 그에게 평신도(平信徒)와 교회 성직록(聖職祿) 수여자의 이름을 알려주었을 테죠. 그러나 다른 원전(原典)도 있습니다. 내 친구 가운데 가장 학식 있는 분이 거기서 암시를 받았습니다. 그 친구는 문제의 장소가 퐁 타 킬뢰브르(Pont-à-Quileuvre)라고도 불렸던 걸 발견했습니다. 이 괴상한 이름 때문에 그는 더 멀리 거슬러 올라갈 마음을 먹었지요. 그러다 마침내 한 라틴어 문장에 이르렀습니다. 친구이신 사제께서 구렁이(couleuvre)가 들끓는 곳이라고 생각한 퐁(pont, 다리)이, 거기서는 폰스 쿠이 아페리트(Pons cui aperit)라고 적혀 있었습니다. 적절한 보수를 받고서만 열리는 닫힌 다리라는 뜻입니다." "개구리 얘기를 하셨는데, 지금 나는 이토록 학식 높은 분들 사이에 끼여서 고등법원에 들어선 개구리 같은 꼴입니다(이것은 그가 알고 있는 두 번째 우화였다)." 캉캉이 말했다. 그는 이 농담을 크게 웃으면서 곧잘 했다. 그는 이 농담 덕택에 겸손하면서도 시기적절하게 무식의 고백과 지식의 자랑을 함께 하는 걸로 믿어 마지않았다.

코타르는 한쪽이 샤를뤼스 씨의 침묵으로 멈춰져, 다른 쪽으로 활로를 뚫고자 내 쪽으로 고개를 돌리고는 익숙한 질문을 했다. 그것은 바로 맞히면 환자를 어안이 벙벙하게 하는, 이를테면 그가 환자의 몸속에 들어가 있는 듯한 느낌을 주는 질문이었다. 또 그 질문은 혹시 빗나가도, 어떤 이론을 바로잡아서 그의 옛 관점을 넓히는 데 도움이 된다. "어디, 지금 우리가 있는 곳처럼 비교적 높은 장소에 있을 때 호흡 곤란이 더 심해지는 느낌이 안 드시오?" 그는 나를 확실히 감탄시키려고 하는 동시에, 실패하더라도 제 지식을 보충하겠다는 의도에서 내게 물었다. 캉브르메르 씨는 이 질문을 듣고 미소지었다. "저런. 당신도 숨이 차다니 이상하군요." 그는 식탁 너머로 내게 말했다. 그는 그것이 그를 기쁘게 한다는 뜻으로 말한 건 아니었다. 사실은 그랬지만 그는 인품이 훌륭한데도 어떤 행복과 폭소의 경련 없이는 남의 불행을 듣지 못했던 것이다. 하지만 그런 감정은 곧바로 마음씨 착한 동정에 자리를 비워주었다. 그러나 지금 그의 말에는 다른 뜻도 있었다. 다음 같은 그의 말이 이를 밝혔다. "이상하군요. 내 누이도 같은 병인걸요." 요컨대 그것은 그들의 집에 자주 오는 아무개의 이름이 내 친구 가운데 하나로서 입에 오른 것을 듣기라도 한 듯이 그를 기쁘게 한 것이다. '세상은 참 좁군.' 이것이 코타르가 내 호흡 곤란에 대해 말했을 때 그의 마음속에 만들어지고 그 미소 띤 얼굴 위에 쓰인 걸 본 내 감상이었다. 그리고 이 호흡 곤란은 이 만찬회 날부터 어떤 공통된 벗처럼 되어서, 캉브르메르 씨는 반드시 그 벗의 소식을 누이에게 전하고 싶어 나한테 묻곤 했다.

그의 아내가 모렐에 대해 내게 한 질문에 대답하면서 나는 오후에 어머니와 나눴던 대화를 생각하고 있었다. 어머니는 베르뒤랭네 집에 가는 게 기분 전환이 된다면 말리지 않겠다고 하면서도, 거긴 내 할아버지라면 마음에 안 들 환경인지라 '몸 조심, 마음 조심!'이라고 할아버지가 외쳤으리란 걸 상기시키며 덧붙였다. "애야, 투뢰유 재판소장 부부께서 봉탕 부인과 점심 식사했다고 부인이 말씀하시더라. 물론 나에게는 아무것도 물어보시지 않았지. 하지만 알베르틴과 너의 결혼이 그분 큰어머님의 꿈이라는 걸 나는 눈치챘지. 그 진짜 이유는 네가 그들 모두의 마음에 들어서일 거야. 그래도 그들이 네가 알베르틴에게 해줄 거라 생각하는 사치나 우리가 갖는 얼마간 알려진 교제가, 이차적이긴 하지만 그 혼담과 관계가 없지는 않겠지. 나는 거기에 큰 관심을 갖지 않으니까 네게 말하지 않으려고 했지만, 어차피 그들이 네게 말할 것 같아 선수를 치는 편이 좋다고 생각한 거야." "그런데 어머니는 그녀를 어떻게 생각하시나요?" 나는 어머니에게 물었다. "아니, 결혼하는 건 내가 아니잖니. 그야 너는 틀림없이 천 배나 더 좋은 결혼을 할 수 있지. 하지만 할머니라면 네가 남의 의견으로 마음이 변하는 걸 안 좋아하셨을 거야. 지금으로선 나는 알베르틴을 어떻게 생각하는지 말 못해. 딱히 생각해보지도 않은걸. 세비녜 부인처럼 말해보마. '그녀에겐 장점이 있다. 적어도 나는 그렇게 믿는다. 하지만 갓 사귀기 시작한 터라 부정사(否定辭)로밖에 그녀를 칭찬 못한다. 그녀는 조금도 이렇지 않다, 그녀에겐 렌의 사투리가 조금도 없다, 이런 식으로. 세월이 가면 나도 말하겠지, 그녀는 이렇다고.' 그리고 그녀가 너를 행복하게 해준다면 난 언제라도 그녀를 좋게 볼 거란다.'"

그러나 내 행복을 내 손에 맡긴 이런 말 자체로, 어머니는 나를 의혹 상태 속에 던졌다. 그것은 이전에 아버지가 내게 〈페드르〉를 구경 가는 걸 허락해주었을 때, 특히 문학가가 되기를 허락해주었을 때 일어난 의혹과 똑같았다. 그때 나는 갑자기 내 책임이 너무나 커진 걸 느낌과 동시에, 아버지를 슬프게 하고 마는 두려움과 남의 명령에 따르기를 그만뒀을 때 덮쳐오는 우울함을 느꼈다. 이럭저럭 우리 미래를 감추어주는 남의 명령에 따르기를 그만두었을 때, 우리는 드디어 어엿한 어른으로서 저마다의 처리에 모두 맡겨진 유일한 삶을 진지하게 살아가기 시작했음을 깨닫는다.

아마도 최선책은 내가 좀더 기다리면서 그녀를 정말 사랑하고 있는지 알기 위해 이전같이 다시 한 번 살피기 시작하는 일이었으리라. 나는 그녀의 기분을 달래주기 위해 베르뒤랭네 집에 그녀를 데리고 와도 좋았을 것이다. 그 순간 나는 문득 떠올랐다. 내가 오늘 저녁 이곳에 온 것은 오로지 퓌트뷔스 부인이 여기에 묵고 있는지 아니면 묵으러 오는지 알기 위해서라는 걸. 어쨌든 그녀는 만찬회 자리에 없었다. "당신 친구 생루의 얘기입니다만" 하고 캉브르메르 부인은 나에게 말했는데, 그 표현은 상상 이상으로 아까 하던 이야기와 관념의 맥락이 닿아 있었으니, 음악 이야기를 할 때도 그녀는 게르망트네를 생각하고 있었기 때문이다. "다들 그분과 게르망트 대공부인의 조카딸 결혼에 대해 왁자지껄하는 걸 아시죠. 나야 그런 사교계 잡담에 조금도 들고 파지 않지만요." 나는 그 가짜 독창성을 자랑하지만 그야말로 재치 없고 성격도 사나운 아가씨에 대해, 생루 앞에서 호감 없이 말했던 일이 생각나 걱정되었다. 우리가 듣고서 제 말을 뉘우치지 않아도 되는 소문이란 거의 하나도 없다. 나는 캉브르메르 부인에게 그것에 대해 아무것도 모른다(이건 사실이었다), 애초에 약혼녀가 아직 너무 어린 것 같다고 대답했다. "아마 그래서 아직 알려지지 않나 봐요. 아무튼 왁자지껄들 해요."

"미리 말씀드리지만" 하고 베르뒤랭 부인은 캉브르메르 부인에게 쌀쌀히 말했다. 캉브르메르 부인이 나에게 모렐 이야기를 하는 걸 들어서, 그 다음에 그녀가 생루의 약혼녀에 대해 말하려고 목소리를 낮춘 것을 아직껏 모렐에 대해 말하는 줄 여겼던 것이다. "여기서 연주하는 건 시시한 음악이 아니에요. 예술에 대해선 아시다시피 나의 수요일회 신도들, 내가 내 애들이라고 부르는 이들은 무서울 정도로 진보하고 있어요." 그녀는 두려워하는 표정을 지으며 거만한 모습으로 덧붙였다. "나는 이따금 그들에게 말해요. '나의 착한 어린이 여러분, 여러분은 어떠한 대담성에도 겁내는 법이 없는 이 마님보다 더 빨리 걸어가시네요' 하고요. 해마다 그들의 취미는 더 멀리 나아갑니다. 오래지 않아 바그너와 댕디를 숭배하지 않는 날이 올 거예요." "진보되는 건 매우 좋죠. 결코 과하지 않으니까." 캉브르메르 부인은 이렇게 말하면서 식당 구석구석을 살피며 시어머니가 남겨뒀던 것이며 베르뒤랭 부인이 가져온 것을 확인하여, 부인의 악취미 현장을 붙잡으려고 애썼다.

그러는 동안에도 그녀는 더욱 그녀의 관심을 끄는 주제, 샤를뤼스 씨에 대해 내게 말을 건네려고 했다. 그녀는 그가 바이올리니스트를 보호하는 것이 감동적이라고 말했다. "저이는 똑똑한 것처럼 보이네요." "이미 좀 나이 든 사내에겐 당치 않은 말씀입니다." 내가 말했다. "나이 들었다고요? 하지만 나이 든 것처럼 안 보여요. 보세요. 슈뵈(cheveu, 머리카락)가 아직 그대로 젊디젊잖아요."(서너 해 전부터 슈뵈라는 낱말은 아무도 모르는 문학적 유행의 제조자들이 단수형으로 사용해왔고, 또 캉브르메르 부인과 같은 지적 범위의 사람들은 다들 짐짓 미소 지으면서 '슈뵈'라고 했다. 지금은 이렇게 '슈뵈'라고 단수형으로 말하나 단수의 과용에서 언젠가 다시 복수형이 생겨날 것이다. *) "샤를뤼스 씨의 경우 특히 내 관심을 끄는 것은" 하고 그녀는 덧붙였다. "그분에게서 타고난 재능이 느껴진다는 점이죠. 나는 지식이라는 걸 대수롭게 생각하지 않아요. 공부해서 배우는 것이야 내 관심 밖이죠." 이 말은 명확히 모방해 얻은 캉브르메르 부인의 특별한 값어치와 모순되지 않는다. 그러나 바로 이 순간에 알아두어야 할 점은, 지식은 하찮으며 독창성 곁에서는 지푸라기만도 못하다는 것이다. 캉브르메르 부인은 그 밖의 것들을 배우면서, 아무것도 배울 필요가 없다는 사실도 함께 배웠다. "그러니까, 물론 나도 신기한 브리쇼 님의 풍미 있는 박식을 멸시하지 않지만, 그것은 그다지 내 관심을 끌지 못해요." 그녀는 이와 같이 나에게 말했다.

이 순간 브리쇼는 한 가지에만 골몰해 있었다. 음악 이야기를 들으면서 그 주제가 베르뒤랭 부인한테 데샹브르의 죽음을 떠오르게 할까 봐 두려워하고 있었다. 그는 이 슬픈 추억을 멀리하고자 뭔가를 말하고 싶었다. 그때 캉브

---

* cheveu라는 단수형은 하나의 머리카락을 뜻하고, cheveux라는 복수형은 모발 전체인 머리털이라는 뜻이 됨.

르메르 씨가 다음과 같은 질문으로 그에게 기회를 주었다. "그럼 숲이 있는 곳은 반드시 동물 이름이 붙습니까?" "아니죠." 브리쇼는 많은 신참들, 그 가운데 적어도 한 사람은 흥미를 갖고 있는 게 확실하다고 내가 그에게 말했던 신참들 앞에서 제 지식을 늘어놓는 게 기뻐서 말했다. "사람 이름 속에 석탄 속 고사리처럼 나무가 들어 있는 걸 봐도 이를 충분히 압니다. 우리나라 원로원(元老院) 의원 가운데 한 분은 솔스 드 프레시네(Saulces de Freycinet)인데, 제 생각이 잘못되지 않았다면 그 뜻은 솔스(saules, 버드나무)와 프렌(frênes, 물푸레나무)이 심어진 곳(salix et fraxinetum)이 됩니다. 그 조카인 셀브(Selves) 씨도 나무의 모임이라는 뜻입니다. 셀브란 라틴어의 실바(sylva, 숲)니까요."

사니에트는 대화가 이토록 활기를 띠어가는 걸 기쁘게 보고 있었다. 그는 브리쇼가 줄곧 떠들어대니까 자연스레 침묵을 지킬 수 있어, 베르뒤랭 부부에게 비웃음의 대상이 되는 걸 면하고 있었다. 벗어났다는 기쁨에서 더욱 예민해진 그는, 이 만찬회가 엄숙한데도 베르뒤랭 씨가 집사에게, 다른 것을 못 마시는 사니에트 곁에 물병을 갖다놓으라고 이르는 말을 듣고 눈시울이 뜨거워졌다(병사를 가장 많이 죽이는 장군은 부하들이 잘 먹도록 신경 쓰는 법이다). 게다가 베르뒤랭 부인은 사니에트에게 한 차례 미소까지 지었다. 이 부부는 정말로 착한 사람들이었다. 이제 그는 학대받지 않으리라.

이 순간에 식사는 내가 이름을 대는 걸 잊었던 한 손님 때문에 멈추었다. 그는 노르웨이의 유명한 철학자로, 프랑스말을 썩 잘했으나 말투가 매우 느렸다. 그 이유는 두 가지였으니 첫째는 프랑스말을 배운 지 얼마 안 된 만큼 틀리고 싶지 않아(그래도 몇 가지 오류는 범하고 있었다) 한마디 할 때마다 어떤 마음속 사전을 참조했기 때문이고, 둘째는 형이상학자로서 말하는 동안에 말하려는 것을 늘 생각하고 있었기 때문이다. 두 번째 것은 프랑스 사람의 경우에도 느린 말씨의 원인이다. 그는 이 점을 빼놓고는 다른 수많은 사람과 비슷한 모습을 하고 있었지만 무척 매력 있는 인물이었다. 그런데 그토록 느리게 말하는 이 사내가(한마디마다 사이에 침묵이 있었다) 작별인사만 하면 전광석화처럼 서둘러 물러가는 것이었다. 어찌나 빠르게 돌아가는지, 처음 보는 사람은 그가 설사 또는 더 급한 볼일에 쫓기는 걸로 생각할 정도였다.

"친애하는—동료여." 그는 머릿속에서 '동료'가 적당한 낱말인지 깊이 생각한 다음 브리쇼에게 말했다. "나는 당신 나라의 아름다운 말—프랑스어—라틴어—노르만어—의 어휘 속에—또 다른 나무가 있는지 알고 싶은, 어떤—욕망을 가집니다. 부인은(그는 그녀를 감히 바라보지는 못했지만 베르뒤랭 부인을 가리켜 하는 말이었다) 내게, 당신은 모든 것을 아신다고 말씀하셨습니다. 바로 지금이 그때가 아닐까요?" "아뇨, 지금은 식사 때예요." 베르뒤랭 부인은 이러다가는 식사가 끝나지 않을 거라 생각해서 가로막았다. "아! 그렇군요." 스칸디나비아 사람은 접시 위에 얼굴을 숙이고 쓸쓸히 단념하는 듯한 미소를 띠며 대답했다. "하오나 부인께 말씀드려야겠는데, 내가 이 케스티오네르(questionnaire, 질문서)—실례, 케스타숑(questation) *1 인가요? —이걸 하게 해주십사 부탁한 건, 내일 투르 다르장이나 호텔 뫼리스에서 만찬회에 참석하기 위해 파리로 돌아가야 하기 때문입니다. 내 동업자—프랑스 사람이지만—부트루(Boutroux) *2 씨가 거기서 강신술(降神術)—실례, 정신적 초혼(招魂)—에 대한 강의를 하기로 되어 있습니다." "투르 다르장은 소문만큼 좋지 못해요." 베르뒤랭 부인은 약이 올라 이렇게 말했다. "거기서 식사해보았지만 고약했어요." "그런데 내가 틀렸는지요? 부인 댁에서 먹는 음식이야말로 가장 세련된 프랑스 요리가 아닐지요?" "어머나, 뭐 과히 나쁘지 않죠." 베르뒤랭 부인은 기분이 좋아져서 부드럽게 대답했다. "오는 수요일에 와주시면 더 좋은 음식이 나올 거예요." "하오나 나는 월요일 알제로 떠납니다. 그리고 거기서 케이프타운으로 갑니다. 내가 희망봉으로 가고 나면 나는 내 유명한 동료를 다시 못 만나겠죠—실례, 내 동업자를 다시 못 만나겠죠."

그는 이렇게 미래에서 과거를 돌아보며 변명을 한 다음, 따르고자 하는 마음에 어지러울 지경으로 빠르게 먹기 시작했다. 그러나 브리쇼는 식물적 어원의 설명을 더 할 수 있는 게 매우 기뻐서 얼른 대답하기 시작했다. 그게 어찌나 노르웨이 사람의 관심을 끄는지 그는 먹기를 다시 그만두고, 아직 가득 찬 접시를 가져가고 다음 접시를 내오도록 하인에게 손짓했다. "사십인회(Quarante) *3 회

---

*1 케스티옹(question, 질문)의 잘못.

*2 프랑스의 철학자(1845~1921).

*3 아카데미 프랑세즈.

원 가운데 한 분은" 하고 브리쇼는 말했다. "우세(Houssaye)*¹라는 이름인데 우(houx, 호랑가시나무)를 심은 곳이라는 뜻입니다. 능숙한 외교관인 도르메송(d'Ormesson)의 이름에는, 베르길리우스가 좋아한 울무스(ulmus, 느릅나무) 또는 울름(Ulm)이라는 도시 이름이 되기도 한 오름(orme, 느릅나무)이 보입니다. 그의 동료인 라 불레(La Boulaye) 씨의 이름은 불로(bouleau, 자작나무)이고, 도네(d'Aunay) 씨는 온(aulne, 오리나무)이며, 뷔시에르(Bussière) 씨는 뷔이(buis, 회양목)입니다. 알바레(Albaret) 씨는 오비에(aubier, 버드나무)이고 (나는 이것을 셀레스트에게 말해주기로 마음먹었다), 숄레(Cholet) 씨는 슈(chou, 양배추)이며, 라 포므레(La Pommeraye)*² 씨의 이름은 포미에(pommier, 사과나무)지요. 여보시게 사니에트, 생각나오? 우리가 라 포프레 씨의 강의를 듣던 일이. 그 선량한 포렐(Porel)*³이 오데옹 나라의 총독이 되어*⁴ 세상 끝으로 파견될 무렵이었지." 브리쇼의 입에서 사니에트의 이름이 나오자, 베르뒤랭 씨는 아내와 코타르에게 비꼬는 눈길을 던져 겁쟁이 사니에트를 당황케 했다. 나는 브리쇼에게 말했다. "숄레는 양배추에서 유래한다고 말씀하셨는데." "그럼 동시에르에 도착하기에 앞서 통과한 역 생프리슈(Saint-Frichoux)도 양배추(chou)에서 유래한 건가요?" "아니죠. 생프리슈는 상크투스 프루크투오수스(Sanctus Fructuosus)에서 유래했죠. 상크투스 페레올루스(Sanctus Ferreolus)가 생파르조(Saint-Fargeau)로 변했듯이. 이것은 전혀 노르만어와 관계없지만."

"너무나 박식하셔서 질릴 정도네요." 대공부인이 부드럽게 종알거렸다. "그 밖에도 내 관심을 끄는 이름이 많지만 한꺼번에 다 여쭤볼 순 없겠지요." 나는 이렇게 말하고 나서 코타르 쪽으로 머리를 돌려 물었다. "퓌트뷔스 부인은 여기 계십니까?" "아뇨, 다행히도." 베르뒤랭 부인이 내 물음을 듣고서 대답했다. "내가 그분의 피서지를 베네치아 쪽으로 바꾸게 했어요. 올해는 그분을 몰아냈어요." "나 또한 두 나무를 갖게 될 듯합니다." 샤를뤼스 씨는 말했다. "생마르탱 뒤 셴(Saint-Martin-du-Chêne)과 생피에르 데

---

*1 프랑스의 역사가(1848~1911).
*2 프랑스의 연사(1839~1891).
*3 1884년에서 1891년까지 오데옹 극장의 지배인을 역임.
*4 오데옹 극장의 지배인이 되었다는 뜻.

지프(Saint-Pierre-des-Ifs) 사이에 작은 집을 곧 갖게 될 테니까." "어쩌면, 여기서 멀지 않네요. 그럼 가끔 샤를리 모렐과 함께 와주시기를. 우리 작은 단체와 열차 시간을 상의하시기만 하면 되겠네요. 동시에르에서 몇 걸음 안 되는 곳에 계시니." 베르뒤랭 부인은 마차를 마중 내보내는 시간에 손님이 한 열차로 오지 않으면 몹시 불쾌해지는 터라 그렇게 말했다. 그녀는 페테른 뒤를 돌아서 30분이 더 걸리는 지그재그 길로 온다 해도, 라 라스플리에르까지 올라오려면 여간 힘들지 않다는 것을 알고 있었다. 그래서 그녀는 일행에서 떨어진 사람이 마차를 못 잡든가, 또 실제로는 집에 있으면서도 두빌 페테른까지 왔다가 마차를 못 잡은 척하면서 그 힘든 비탈길을 오를 기운이 없었다는 핑계로 이곳에 오지 않을까 봐 염려했다. 이 초대에 샤를뤼스 씨는 잠자코 고개를 끄덕였을 뿐이다.

"저 사람은 본디 까다로운 성미인가 봐. 뚱하게 있으니 말일세." 코타르 의사는 스키에게 쑥덕거렸다. 겉으론 거만한 체했으나 속은 여전히 매우 단순한 그는 샤를뤼스 씨에게 멸시당한 걸 감추려고 하지 않았다. "틀림없이 그는 모르나 봐. 모든 해수욕장과 온천장, 심지어 파리에서도 병원 의사들한테 내가 자연히 '큰 우두머리'로 대우받고, 의사들은 그런 곳에선 안심하지 못하는 귀족들 하나하나한테 나를 소개하는 걸 명예로 여긴다는 사실을. 그래서 나는 해수욕장이나 온천장에 머무르는 게 꽤 쾌적하지." 그는 가벼운 투로 덧붙였다. "동시에르에서도 대령의 주치의인 연대 군의관이, 장군과 함께 식사할 만한 지위에 있다고 말하면서 나를 점심 식사에 초대해주었다네. 그 장군이야말로 드(de) 자가 붙은 사람인데 그 귀족 칭호와 저 남작의 칭호 가운데 어느 쪽이 더 유서 깊은지 모르겠군." "흥분하지 마시게. 저 사람은 대수로운 귀족이 아니니까." 스키는 낮은 목소리로 대답하고, 뭔가 확실치 않은 말을 덧붙였다. 나는 브리쇼가 샤를뤼스 씨에게 하는 말을 듣는 데 열중하고 있어서 그 마지막의 'arder'라는 어미(語尾)밖에 알아듣지 못했다.

"아니죠. 이런 말씀을 드리는 게 유감이지만, 당신에겐 틀림없이 나무가 하나밖에 없습니다. 왜냐하면 생마르탱 뒤 셴은 분명히 상크투스 마르티누스 육스타 쿠에르쿰(Sanctus Martinus juxta quercum)*이지만, 이프(if)라는

---

* '떡갈나무 옆의 성(聖) 마르티누스'라는 뜻의 라틴어.

낱말은 오로지 어근(語根)인 아베(ave)나 에베(eve)로서 아베롱(Aveyron), 로데브(Lodève), 이베트(Yvette) 따위의 지명에서 보듯이 축축하다는 뜻이니까요. 우리 부엌에도 에비에(éviers, 개수대)라는 낱말 속에 그 흔적이 남아 있지요. 그것은 '물(eau)'을 뜻하는데, 브르타뉴 말로는 스테르(Ster), 스테르마리아(Stermaria), 스테르레르(Sterlear), 스테르부에(Sterbouest), 스테랑 드뢰샹(Ster-en-Dreuchen) 따위." 나는 이 말을 끝까지 듣지 못했다. 스테르마리아의 이름을 다시 들어 몹시 기뻤지만, 내 곁에 있는 코타르가 스키하고 쑥덕거리는 소리가 아무래도 귀에 들려왔기 때문이다. "허! 몰랐는데. 그렇다면 그는 여기저기서 잘 지내겠군. 뭐! 그도 그런 부류라고! 그런 것 치고는 그의 눈언저리에 군살이 없던데. 나도 식탁 밑의 내 발을 조심해야겠군. 나한테 흥미를 갖기라도 하면 큰일이니까. 하기야 그렇게 놀랍지 않아. 목욕탕에서 아담의 차림을 한 벌거숭이 귀족들을 많이 봤거든. 그들은 누구나 얼마간 변질자 기질이 있지. 나는 그들에게 말을 건네지 않네. 요컨대 나는 공무원이고 보니, 내게 해가 될지도 모르니까. 게다가 내가 누군지 그들은 잘 알지."

브리쇼가 말을 걸자 겁을 먹었던 사니에트는, 천둥 치는 심한 비바람을 두려워하는 사람이 번갯불 뒤에 천둥 소리가 따르지 않는 걸 보듯 겨우 한숨 돌리기 시작했다. 그런데 그때 베르뒤랭 씨의 질문을 받았다. 베르뒤랭 씨는 사니에트를 노려보며, 말하는 동안 그를 쩔쩔매게 하여 정신을 못 차리도록 그 눈길을 불행한 사람에게서 떼지 않았다. "여보시게 사니에트, 당신은 오데옹 극장의 마티네에 자주 드나드는 걸 우리한테 숨겨 왔죠?" 심통 사나운 중사 앞에 선 신병처럼 벌벌 떨면서, 사니에트는 주먹을 어떻게든 피하려고 되도록 짧은 말로 대답했다. "한 번 〈찾는 여인〉을." "뭐라고 했소?" 베르뒤랭 씨는 이해하기 어려운 뭔가를 이해하려고 온 주의를 집중해도 모자란 것처럼 눈살을 찌푸리면서 짜증스럽고 화가 난다는 표정으로 고함쳤다. "도무지 뭐라고 말하는지 모르겠소. 입속에 뭐가 들어 있소?" 베르뒤랭 씨는 더욱더 사나워지는 목소리로, 사니에트의 발음상 결함을 빈정거리며 물었다. "불쌍해라, 사니에트. 이분을 너무 괴롭히지 마세요." 베르뒤랭 부인은 남편의 무례한 의도에 대해 아무도 의심을 품지 못하게 자비심을 꾸민 가락으로 말했다. "나는 차…… 차……." "차, 차라니. 똑똑히 말하시오. 안 들리니."

베르뒤랭 씨는 말했다. 거의 모든 신도가 웃음을 참지 못했다. 마치 상처 입은 백인을 보고 피맛을 떠올린 식인종 무리와 같은 꼴이었다. 군중을 지배하는 모방 본능과 용기의 결핍이 사교계도 지배하기 때문이다. 그리고 다들 우롱당하는 이를 보고 웃는데, 그러다가 10년 뒤에 우롱당한 이가 어느 사교 클럽에서 존경을 받게 된다면 모두들 서슴지 않고 그를 숭배한다. 그것은 민중이 왕을 내쫓거나 환호로 맞이하는 일과 같다.

"아시겠어요? 저분 잘못이 아니에요." 베르뒤랭 부인은 말했다. "내 잘못도 아니지. 발음 하나 또렷이 못하면 만찬회에 어떻게 나오겠어." "파바르(Favart)*¹의 〈혼백을 찾는 여인〉을 구경 갔습니다." "뭐라고! 당신이 〈찾는 여인〉이라고 한 게 〈혼백을 찾는 여인〉을 두고 하는 말이었소? 이거 놀랍군. 그래서야 나는 100년이 걸려도 못 찾을걸." 베르뒤랭 씨는 큰 소리로 외쳤다. 그러면서도 그는 누가 어느 작품의 표제를 모두 말하는 걸 들으면 그 사람을 문학자·예술가가 아니라고, '동료가 아니다'라고 단번에 판단했을 것이다. 이를테면 〈환자〉, 〈평민〉*²이라고 말해야 옳아서, 여기에 '상상' 또는 '귀족'을 덧붙이는 사람은 그쪽에 능통하지 못하다는 걸 증명하는 셈이었으리라. 살롱에서 몽테스키외를 몽케스키외 프장사크라고 부르면 스스로 사교계 인사가 아니라는 것을 증명하듯. "그러나 별로 이상하지 않습니다." 사니에트는 흥분으로 숨을 헐떡이고 억지웃음을 지으며 말했다. 베르뒤랭 부인은 까르르 웃었다. "웃겨요! 그것이 〈혼백을 찾는 여인〉인 줄 짐작할 수 있는 사람은 세상에 하나도 없어요." 그녀는 냉소하면서 외쳤다.

베르뒤랭 씨는 부드러운 목소리를 되찾아 사니에트와 브리쇼에게 같이 말을 건넸다. "하기야 좋은 희곡이죠. 〈혼백을 찾는 여인〉은." 진지한 투로 발음된 이 단순한 말은 악의의 흔적이 하나도 없어, 사니에트에게는 친절한 말과도 똑같은 효과를 보여 그의 마음속에 감사와 기쁨을 자아냈다. 그는 한마디도 못하고 행복한 침묵을 지켰다. 한편 브리쇼는 그보다 말솜씨가 유창했다. 그는 베르뒤랭 씨에게 대답했다. "정말 그렇습니다. 만일 사르마티아(Sarmatia)*³나 스칸디나비아 작가의 작품으로 알려진다면 〈혼백을 찾는 여

---

*1 프랑스 극작가(1710~1792).

*2 몰리에르 작 〈상상으로 앓는 사나이〉, 〈평민 귀족〉을 말함.

*3 동유럽의 옛 지방.

인〉도 걸작의 빈자리를 메울 후보작이 될 수 있었을 겁니다. 그러나 저세상에 있는 착한 파바르의 영혼에 경의를 잃지 않고 말하건대, 그는 입센 같은 체질이 아니었습니다(그 순간 그는 노르웨이 철학자가 여기 있다는 사실이 생각나 귀까지 빨개졌는데, 철학자는 브리쇼가 아까 뷔시에르에 대하여 인용한 뷔이(회양목)가 어떤 나무인지 아무리 확인하려고 해도 알 수가 없어 울상이었다). "하기야 이제는 포렐의 통치 구역이 철저한 톨스토이 신봉자인 관리의 손에 점령되었으니, 머지않아 우리는 〈안나 카레니나〉나 〈부활〉을 오데옹의 추녀 밑에서 구경하게 될 겁니다."

"나는 당신이 말하는 파바르의 초상화를 알죠." 샤를뤼스 씨는 말했다. "몰레 백작부인 댁에서 퍽 아름다운 판화를 보았거든요." 몰레 백작부인의 이름은 베르뒤랭 부인에게 강한 인상을 주었다. "어머나! 드 몰레(de Molé) 부인 댁에 다니시나요." 그녀는 외쳤다. 사람들이 귀족 칭호인 de를 빼고 오직 몰레 백작부인, 몰레 부인이라고 부르는 건, 그녀가 들은 적 있는 로앙네(les Rohan)의 경우처럼 생략해서 그렇게 부르거나 또는 그녀 자신도 라 트레모유 부인이라고 부른 적이 있듯 깔보고 그렇게 부르는 거라고 그녀는 생각했다. 그녀는 그리스 왕비와 카프라롤라 대공부인 같은 이들과 교제하는 몰레 백작부인이 누구보다도 귀족 칭호인 '드(de)'를 붙일 권리가 있음을 조금도 의심치 않아, 언젠가 그토록 빛나는 인물, 또 자기를 썩 상냥하게 대해준 인물에게 '드'를 붙여주기로 결심했었다. 그래서 그녀는 자신이 일부러 이렇게 말했다는 것과 백작부인에겐 '드'를 아끼지 않는다는 것을 뚜렷이 보이려고 이어 말했다. "그러나 당신이 드 몰레 부인과 아시는 사이인지 전혀 몰랐어요!" 마치 샤를뤼스 씨가 그 귀부인과 아는 사이라는 것과 베르뒤랭 부인이 그런 사실을 몰라온 것이 둘 다 기이한 노릇이라도 된다는 투였다. 그런데 사교계, 적어도 샤를뤼스 씨가 사교계라고 일컫는 곳은 비교적 같은 물질로 이뤄진 닫힌 전체를 이룬다. 그러므로 잡다한 사람들이 모인 방대한 중산계급에서는, 어떤 변호사가 자기 동창생을 아는 사람한테 "아니, 어떻게 그 사람을 아십니까?" 말하는 것은 이해할 수 있는 일이지만, 그 반면 샤를뤼스 씨와 몰레 백작부인을 맺어준 우연에 감탄하는 것은 프랑스 사람이 '탕플(temple, 사원)' 또는 '포레(forêt, 숲)'라는 낱말의 뜻을 안다고 해서 놀라는 것이나 마찬가지다. 게다가 이 둘의 인연이 사교계 법칙에서 자연히 생겨난 게 아니라 우연히 그렇게 됐더라도, 베르뒤랭 부인이 이를 모르는 걸 어찌 이상타 하겠는가? 그녀가 샤를뤼스 씨를 만난 건 이번이 처음이며, 단지 그와 몰레 부인의 관계를 모르는 것뿐만 아니라 애초에 그에 대해서 아무것도 모르고 있는데 말이다.

"사니에트, 그 〈혼백을 찾는 여인〉을 누가 연기했습니까?" 베르뒤랭 씨가 물었다. 폭풍우가 지나갔구나 느끼면서도 늙은 고문서 학자는 대답하기를 망설였다. "아니 당신은 또 저분을 겁먹게 하네요." 베르뒤랭 부인이 말했다. "저분이 하는 말을 전부 놀리더니, 이제는 또 대답까지 시키려 드니. 그런데 이봐요, 말씀해보세요. 누가 그 역을 했습니까? 말씀해주시면 선물로 수육을 드리겠어요." 베르뒤랭 부인은 사니에트가 친구 부부의 살림을 도와주려다가 그 자신이 파산에 빠지고 만 일을 짓궂게 암시하면서 말했다. "라 제르빈(Zerbine)*1을 맡은 배우가 사마리*2 부인이었다는 것만 생각납니다." 사니에트가 대답했다. "라 제르빈? 그게 뭐죠?" 베르뒤랭 부인이 몸에 불이라도 붙은 듯 날카롭게 외쳤다. "옛날 상연 목록 속의 한 역입니다. 이를테면 〈프라카스 대위〉*3에서 트랑슈 몽타뉴(Tranche-montagne, 허풍선이), 페당(Pédant, 학자인 체하는 사람)이라는 역이 나오듯." "흥! 당신이야말로 학자인 체하는 사람이오. 라 제르빈이라니! 정말이지 머리가 돌았군요." 베르뒤랭 씨는 소리 높여 외쳤다. 베르뒤랭 부인은 사니에트를 위해 둘러대는 듯 웃으면서 손님들을 바라보았다. "라 제르빈이라니, 저분은 그 뜻을 누구나 곧 이해한다고 상상한 거예요. 당신은 롱즈피에르 씨와 똑같아요. 그분은 내가 아는 사람들 가운데에서 으뜸가는 바보인데, 전에 우리한테 이상하게 허물없는 투로 '르 바나'라고 말했어요. 아무도 그게 무슨 말인지 몰랐죠. 마침내 그것이 세르비아 지방의 이름이라는 걸 알았습니다만."

본인 이상으로 내 기분을 언짢게 한 사니에트 골리기를 끝장내기 위해 나는 브리쇼에게 발베크(Balbec)의 뜻을 아느냐고 물어보았다. "발베크는 틀림없이 달베크(Dalbec)가 바뀐 것일 게요." 그는 내게 말했다. "노르망디 영주였던 영국 왕가의 헌장이 참고가 될 수 있을 거요. 발베크는 그 무렵 도버

*1 〈혼백을 찾는 여인〉에 나오는 인물.
*2 프랑스의 여배우(1857~90).
*3 고티에의 작품.

(Dover) 남작령에 속하여 흔히 발베크 두트르 메르(Balbec d'Outre-Mer, 바다 건너의 발베크), 발베크 앙 테르(Balbec-en-Terre, 내륙 발베크)라고 불렸으니까. 그러나 도버 남작령 자체도 바이외(Bayeux)의 주교구(主教區)에 속해, 예루살렘 대주교이자 바이외 주교이던 루이 다르쿠르 이후, 한때 성당 기사단(騎士團)이 대수도원을 좌우할 권한을 쥐고 있었다 해도 발베크 재산의 임명자는 이 주교구의 주교들이었소. 이것을 내게 설명해준 이는 두빌의 수도원장으로 말솜씨 좋은 대머리 공상가이자 미식가인데, 브리야 사바랭 (Brillat-Savarin)*1을 덮어놓고 따르는 분이죠. 이분이 감탄할 만한 감자튀김을 내게 먹이면서 조금 신비로운 낱말을 써가며 미덥지 않은 교육학을 늘어놓았소."

　브리쇼가 이같이 잡다한 것을 하나로 묶고 흔한 것을 고상한 말로 이야기하면서 스스로 재치 있음을 보였다 생각하여 미소 짓는 동안, 사니에트는 아까의 실의에서 그를 빼내줄 재치를 보이려고 애쓰고 있었다. 그 재치란 '근사(近似)'라는 것이었는데, 그 형태는 바뀌어왔다. 왜냐하면 문예 양식이나 유행병 따위와 마찬가지로 빗대어 하는 말도 여러 변화를 겪어, 먼저 것이 다른 것으로 바뀌어 사라지니까. 지난날 '근사'의 형식은 '극치'라는 것이었다. 그러나 그것은 이미 낡아빠진 것이 되어 이젠 아무도 쓰지 않았다. 코타르 혼자만 아직까지 '피케 놀이(piquét)'*2 중에 가끔 쓸 뿐이었다. "멍청이의 극치가 뭔지 아십니까? 낭트 칙령(l'édit de Nantes)*3을 영국 여성의 이름으로 착각하는 놈이죠." 이제 극치는 별명으로 갈리고 말았다. 사실 그것도 여전히 옛 '근사'였으나, 별명이 유행 중이라 사람들은 그것을 알아차리지 못했다. 사니에트에게는 불행하게도, 그런 '근사'가 그의 창작품이 아니고 보통 작은 핵심에 알려지지 않은 것일 때 그는 그것을 어찌나 머뭇거리며 지껄였는지, 그 익살스러운 성질을 알리고자 웃음을 덧붙여본들 아무도 그 근사를 이해하지 못했다. 그와 반대로 만약에 그것이 그의 발명일 경우에는 ─그는 보통 그것을 신도 가운데 누군가와 이야기하다가 찾아냈는데─상대

---

*1 18세기 말 프랑스의 사법관·문인으로 미식가였음. 《미각의 생리학》 저자.

*2 카드놀이의 하나.

*3 신교도에게 신앙의 자유를 허용하는 칙령. 발음은 '레디 드 낭트'로 영어의 '레이디'와 비슷함.

가 그것을 스스로 발명한 듯이 퍼뜨리므로 그 말이 유행되어도 사니에트의 것이 되지는 못했다. 그래서 그가 그 가운데 하나를 넌지시 쓰면, 사람들은 알아듣긴 했지만 정작 발명자인 그는 표절자라는 오명을 뒤집어쓰곤 했다.

브리쇼는 이야기를 이었다. "그건 그렇고 베크(bec)는 노르만어로 시내입니다. 르 베크(le Bec)의 대수도원이라는 게 있죠. 모베크(Mobec)는 늪의 시내이고요(모르[mor] 또는 메르[mer]는 늪[marais]이라는 뜻이죠. 모르빌[Morville], 브리크마르[Bricquemar], 알비마르[Alvimare], 캉브르메르[Cambremer] 등에 들어 있습니다). 브리크베크(Bricquebec)는 고지(高地)의 시내인데, 브리가(briga, 요새)에서 온 거죠. 브리크빌(Bricqueville), 브리크보스크(Bricquebosc), 르 브리크(le Bric), 브리앙(Briand)도 모두 같습니다. 또 브리스(brice, 다리)에서 온 것도 있지요. 이것은 독일어의 부르크(bruck)와 같은데(이를테면 인스부르크[Innsbruck]), 영어에서는 브리지(bridge)로서 수많은 고장의 이름이 이것으로 끝나지요(케임브리지[Cambridge] 따위처럼). 노르망디에는 이 밖에도 베크가 많습니다. 코드베크(Caudebec), 르 로베크(le Robec), 르 베크 엘루앵(le Bec-Hellouin), 베크렐(Becquerel) 따위입니다. 이것은 게르만어 바흐(bach)의 노르만 어형(語形)이죠. 오펜바흐(Offenbach)나 안스바흐(Ansbach)에 나오는 바흐 말입니다. 바라그베크(Varaguebec)는 고어(古語)인 바레뉴(varaigne)에서 유래했는데, 가렌(garenne)과 같은 수렵 금지림, 금어지(禁漁池)라는 뜻입니다. 달(dal)로 말하면 그것은 탈(thal), 곧 골짜기라는 말의 변형이에요. 다른탈(Darnetal), 로젠달(Rosendal), 또 루비에(Louvier) 옆에 있는 베크달(Becdal)까지도 그렇죠. 그런데 달베크(Dalbec)라는 이름의 근원이 된 하천은 참으로 매력적이에요. 팔레즈(falaise, 절벽)에서 내려다보면(독일어의 펠스[fels]인데, 이 근처 어느 언덕에는 팔리즈[Falise]라는 아름다운 동네도 있습니다), 하천이 실은 아주 멀리 있는 성당의 뾰족탑과 이웃해 보여 마치 그 그림자를 비추는가 싶지요." "그렇군요." 나는 말했다. "그것은 엘스티르가 매우 좋아하는 효과라고 생각합니다. 그분 댁에서 그런 소묘를 여러 장 보았습니다."

"엘스티르! 당신 티슈(Tiche)*를 아시나요?" 베르뒤랭 부인이 외쳤다.

---

*엘스티르의 별명.

"아실 테지만 나와도 무척 친한 사이였어요. 하느님 뜻으로 이젠 그를 안 만나지만. 하지만 코타르나 브리쇼에게 물어보세요. 그는 내 집에 수저 한 벌을 놓아두고 매일같이 왔었죠. 그는 우리의 작은 핵심을 떠나는 게 그의 처지에 좋지 않았다고 말할 수 있는 본보기 가운데 한 사람이에요. 나중에 그가 나를 위해 그린 꽃을 보여드리죠. 그가 오늘날 그리는 것과 얼마나 다른지 아실 거예요. 요즘 것은 내 마음에 조금도 들지 않아요. 정말 조금도! 그런데 어쩌면! 나도 참, 내가 여러 번 모델이 된 거야 그렇다 쳐도, 그에게 코타르의 초상까지 그리게 했답니다." "그리고 그는 교수의 머리털을 연보라색으로 그렸답니다." 코타르 부인은 그 무렵 남편이 아직 조교수도 되지 못했던 사실을 잊고서 말했다. "어때요? 내 남편의 머리털이 연보라색으로 보입니까?" "그건 아무래도 좋아요." 베르뒤랭 부인은 코타르 부인에 대한 경멸과 화제에 오른 인물에 대한 존경을 나타내는 모양으로 턱을 쳐들면서 말했다. "대담한 색채가 아름다운 화가죠. 그런데" 하고 그녀는 내게 다시 말을 건네면서 덧붙였다. "과연 어떨지. 그걸 그림이라고 부를 수 있을까요? 그가 우리집에 오지 않은 뒤부터 전람회에 내놓기 시작한 그 추잡한 구도, 그 커다란 그림을? 나는 그것을 괴발개발이라고 부르죠. 그것은 졸작(拙作)이에요. 입체감도 개성도 없는 졸작이에요. 어중이떠중이의 영향이 그 안에 있어요." "그는 18세기의 우아함을 재현합니다. 물론 근대적으로." 나의 상냥함에 격려받아서 기운을 차린 사니에트가 부랴사랴 말했다. "사실 나는 폴 엘뢰(Paul Helleu) *¹를 좋아합니다만." "엘뢰하고는 조금도 닮은 점이 없어요." 베르뒤랭 부인이 대꾸했다. "아니, 있어요. 18세기 열(熱)이죠. 바토 아 바푀르(Watteau à vapeur) *²죠." 그러고 나서 그는 웃었다. "흥! 알죠. 안 지 오래지. 오래된 곁말이죠." 베르뒤랭 씨는 이렇게 말했는데, 과연 스키가 전에 그것을 그 자신이 지어낸 양 그에게 얘기한 적이 있었다. "안타깝군요. 모처럼 조금 재미있는 것을 똑똑한 발음으로 말씀하셨는데. 당신이 지어낸 게 아니라니." "내 가슴이 아파요." 베르뒤랭 부인은 다시 입을 열었

---

*1 프랑스의 화가(1859∼1927).

*2 직역하면 증기의 바토. W와 같은 발음이 나오는 B를 대신 붙여 Bateau라고 하면 증기선이라는 뜻이 되고, 증기선을 발명한 Watt와 18세기 화가 Watteau의 발음이 같으므로 이중으로 쓴 재담.

다. "재능은 타고났건만, 훌륭한 화가의 자질을 망치고 말았다니. 아아! 그가 여기에 그대로 남아 있었다면! 현대의 으뜸가는 풍경화가가 됐을 텐데. 그를 망쳐놓은 건 한 여인이에요! 하기야 놀랍지 않아요. 그는 상냥하긴 했지만 저속했으니까요. 근성이 평범했죠. 나는 금세 그 점을 느꼈어요. 그러니까 솔직히 말해 그는 내 관심을 끈 적이 없어요. 나는 그를 아주 좋아했지만요. 그뿐이에요. 먼저 그는 몸이 더러웠어요! 한 번도 목욕하지 않는 사람을 여러분은 좋아하시나요?"

"우리가 먹고 있는 이 예쁜 색을 한 것은 뭐죠?" 스키가 불쑥 물었다. "딸기 무스예요." 베르뒤랭 부인이 대답했다. "혀에 살살 녹는데요. 샤토 마고*¹나 샤토 라피트*²나 포트*³의 마개를 따야겠는걸요." "어머나 재미나는 말씀을 하시네요. 물밖에 못 마시면서." 베르뒤랭 부인은 이 엉뚱한 생각을 재미있어하는 투로 그런 낭비에 대한 두려움을 숨기며 말했다. "마시기 위해서가 아닙니다." 스키는 이어 말했다. "여러분의 유리잔을 술로 다 채우고 썩 좋은 복숭아와 커다란 천도복숭아를 가져오게 하는 거죠. 저기, 석양을 바라보는 테이블에다 늘어놓으면, 아름다운 베로네세의 그림같이 화려할걸요." "그건 실물을 사는 것과 거의 같은 정도로 돈이 들겠지." 베르뒤랭 씨가 중얼댔다. "그러나 빛깔이 보기 흉한 이 치즈는 치워버리죠." 스키는 말하면서 주인의 접시를 빼앗으려 했고, 주인은 힘껏 그뤼에르 치즈를 놓치지 않으려 했다. "내가 엘스티르를 아까워하지 않는 걸 이해하시겠죠." 베르뒤랭 부인은 나에게 말했다. "이 사람은 타고난 재능이 달라요. 엘스티르는 오로지 노력에만 치우쳐 있습니다. 하고 싶어도 그림을 그만둘 수 없는 사람이에요. 우등생이고 점수를 잘 받죠. 그런데 스키는 마음 내키는 대로 합니다. 보세요, 식사 도중에 궐련에 불붙이는 사람이에요."

"사실 나는 모르겠습니다. 부인께선 왜 그의 아내를 초대하지 않으십니까?" 코타르가 말했다. "그가 이전같이 이곳에 올 텐데." "무슨 말씀, 교수님도 예의라는 걸 좀 지키시죠? 난 갈보는 못 받아들입니다." 베르뒤랭 부인은 이렇게 말했다. 실은 그와 반대로 엘스티르를 그 아내와 함께라도 다시 오게 하기 위해 기를 쓰고 있지만 말이다. 그러나 두 사람이 결혼하기 전에

＊1, 2, 3 세 가지 다 값비싼 술 이름.

그녀는 둘 사이를 갈라놓으려 애썼으며, 엘스티르한테 그가 사랑하는 여인은 바보다, 더럽다, 엉덩이가 가볍다, 도둑질한 적이 있다고 말했었다. 하지만 이번만은 그녀도 그들의 관계를 끊지 못했다. 엘스티르가 관계를 끊었던 것은 베르뒤랭네 살롱이다. 그리고 그는 개종자(改宗者)가 자기를 은둔케 해 구원의 길을 알게 한 병환이나 불운을 진심으로 기뻐하듯, 그것을 자축했던 것이다. "대단하시네요, 교수님은" 하고 그녀는 말했다. "차라리 내 살롱을 뚜쟁이집이라고 떠들어대시지 그래요. 당신은 마치 엘스티르 부인이 어떤 인간인지 모르는 것 같네요. 그 사람에 비하면 차라리 가장 질 나쁜 갈보를 받아들이는 편이 더 좋을 거예요! 아아, 끔찍해! 나는 그러기 싫어요. 더구나 이젠 사내 쪽에도 관심이 없는데 그 아내를 초대한다면 바보 천치가 되고 말게요. 그 사내는 유행에 뒤진 사람이에요. 이젠 소묘조차 못하는." "그같이 지성 있는 사람으로서는 이상한 일인데요." 코타르가 말했다. "어머! 그건 아니죠." 베르뒤랭 부인이 대답했다. "재능이 있던 시기에도—그런 비뚤어진 남자한테도 한때는 재능이 넘치고 있었지요—그 사람의 가장 못마땅한 점은 지적인 구석이 전혀 없다는 것이었어요." 베르뒤랭 부인이 엘스티르에 대해 이런 판단을 내리기엔 그들의 불화를 기다릴 필요도 그의 그림을 싫어할 필요도 없었다. 엘스티르는 이 작은 단체에 속하던 때에도 베르뒤랭 부인이 옳건 그르건 간에 '어리석은 여자'라고 생각한 그 여인과 며칠이나 온종일 지낸 일이 있었기 때문이고, 그녀의 생각으론 그런 짓은 지적인 인간의 행동이 아니었다. "아니죠." 그녀는 참으로 공평한 척하면서 말했다. "그 아내와 그는 천생배필이라고 생각해요. 내가 이 세상에서 그 아내보다 더 진저리나는 인물을 모른다는 것과, 내가 그 여자와 함께 두 시간쯤 지내게 되기라도 한다면 미치고 말리라는 것을 하느님께서도 아시죠. 그런데 그는 아내를 지적이라고 생각한다더군요. 그러니까 털어놓고 말해서, 우리의 티슈는 엄청난 바보라 이거지요! 나는 그가 당치도 않은 사람들에게, 우리의 작은 핵심에 결코 넣지 못할 바보 천치 여인들에게 푹 빠져서 정신 못 차리는 걸 봤습니다. 글쎄 엘스티르가 그런 여인들을 상대로 편지 쓰거나 수다 떨거나 하지 뭐예요! 그래도 그한텐 매력 있는 구석이 있죠. 참으로! 매력적인 데다 매혹적일 만큼 터무니없는 구석이 있지요, 물론."

그도 그럴 것이 베르뒤랭 부인은 재능 있는 사람에겐 수없이 많은 엉뚱한 말과 행동이 있다고 믿어왔기 때문이다. 이는 얼마간 진실이 담긴 그릇된 관념이다. 확실히 사람의 '어리석은 행동'이란 견딜 수 없는 것이다. 그러나 오랫동안 조금씩 나타나는 정신의 불균형(déséquilibré)*이란, 인간 두뇌에는 어울리지 않는 미묘한 사상이 머릿속에 들어간 결과다. 그래서 매력 있는 사람들의 유별남은 우리를 화나게 하지만, 한편 매력 있는 사람치고 유별나지 않은 사람은 거의 없다.

"자, 그러면 지금 당장 그가 그린 꽃을 보여드리죠." 그녀는 남편이 다들 식탁에서 일어나도 좋다는 손짓을 하는 걸 보고서 내게 말했다. 그리고 그녀는 이번에도 캉브르메르 씨의 팔을 잡았다. 베르뒤랭 씨는 캉브르메르 부인의 곁을 떠나자마자 샤를뤼스 씨의 곁으로 다가갔다. 상대가 귀족 칭호를 지녔는데도 그가 앉아야 할 자리는 여기라고 판단해서 그를 잠시 아랫자리에 앉힌 까닭을 둘러대고 싶었고, 특히 귀족과 그런 사교상의 미묘한 차이를 얘기하는 게 즐거웠기 때문이다. 그러나 먼저 그는 샤를뤼스 씨를 지적으로 매우 존경하니까 그가 그런 하찮은 일에 신경 쓰리라곤 생각지 않는다는 걸 보이려고 했다. "하찮은 일에 대해 말씀드리는 걸 용서하십쇼." 그는 이렇게 첫머리를 뗐다. "당신은 그것에 거의 개의치 않으실 테니까. 부르주아 기질이 있는 사람이야 그것에 신경 쓰지만 다른 사람들, 이를테면 예술가들, 정말로 '정통한' 사람들은 개의치 않아요. 그런데 우리가 나눈 첫마디부터 당신이 '정통한' 분이라는 걸 알아모셨습니다그려." 이 말을 아주 딴 뜻으로 해석한 샤를뤼스 씨는 순간 움찔했다. 코타르 의사의 눈짓에 이은 주인의 이런 모욕적인 솔직함은 그를 숨 막히게 했다. "둘러대지 마시오. 당신이 정통하다는 건 불 보듯 훤하니." 베르뒤랭 씨는 이어 말했다. "물론 당신이 어떤 재주를 실제로 행하시는지는 모르나, 그건 문제가 아니고 또 그럴 필요도 없습니다. 최근에 죽은 데샹브르는 누구보다도 충실한 기교로 빈틈없이 연주했습니다만, 그가 '정통'하지 않다는 건 금세 느껴졌습니다. 브리쇼도 정통하진 못하죠. 모렐은 정통합니다. 내 안사람도 정통하고요. 당신도 반드시 정통⋯⋯." "내게 무슨 말씀을 하시려는 거요?" 샤를뤼스 씨는 베르뒤랭 씨의 말뜻을 알아들어 안심했으나, 두 가지 뜻으로 해석되는 이 말을 좀더 조

---

* '정신 이상'의 뜻도 됨.

용히 해주기를 바라며 가로막았다. "우리가 당신을 왼쪽에 앉혀서 말이지요." 베르뒤랭 씨는 대답했다. 샤를뤼스 씨는 이해한다는 어질고도 거만한 미소로써 대답했다. "아니 뭐! 그거야 대수롭지 않습니다. 여기서는!" 그리고 나서 그는 특유의 잔웃음을 지었다—그 웃음은 틀림없이 바이에른 또는 로렌의 할머니한테서 그에게 전해온 것이다. 게다가 할머니 자신도 선조한테서 똑같은 웃음을 물려받았으리라. 그리하여 이 웃음은 오랜 세기에 걸쳐 옛날 유럽의 작은 궁전 여기저기서 변함없이 울려와, 그 음색에는 지극히 드물게 되어버린 옛 악기와도 같은 진귀한 맛이 있었다. 어느 인물을 완전히 그리려면 음성 묘사가 꼭 들어가야 하는 경우가 있다. 마찬가지로 샤를뤼스 씨의 초상도, 더할 수 없이 섬세하고 경쾌하면서도 묘한 잔웃음을 빠뜨린다면 불완전해질 수밖에 없다. 마치 바흐의 어느 작품이, 오늘날 오케스트라엔 매우 특수한 소리를 내는 '작은 트럼펫'이 없으므로 결코 정확하게 연주되지 않듯. 작자 바흐는 오직 그 악기를 위해 어느 한 부분을 작곡했기 때문이다.

"하지만" 하고 베르뒤랭 씨는 기분이 언짢아 설명했다. "그건 고의입니다. 물론 나는 귀족 칭호를 조금도 중요시하지 않습니다만." 그리고 그는 건방진 미소를 지었다. 내 할머니와 어머니 말고는 내가 만나온 많은 사람이, 상대는 갖고 자기는 못 가진 것을 말할 때에 그렇게 미소를 띠었는데, 그러면 자기가 안 지는 줄로 생각했던 것이다. "하지만 뭐, 마침 캉브르메르 씨가 와 계셔서요. 그분은 후작이고, 당신은 한낱 남작이니까……." "실례." 샤를뤼스 씨는 놀라는 베르뒤랭 씨에게 깔보는 태도로 대답했다. "저는 또한 브라방 공작, 몽타르지 공작, 그리고 올레롱, 카랑시, 비아르지오, 레 뒨의 대공입니다. 하기야 그런 건 전적으로 대수롭지 않은 것이니 걱정하지 마시기를." 그는 다시금 미묘한 웃음을 띠면서 덧붙였는데, 그 웃음은 마지막 말에서 활짝 꽃피었다. "당신이 그런 일에 익숙지 못한 줄은 바로 알았으니."

베르뒤랭 부인은 엘스티르의 꽃 그림을 보이려고 내게로 왔다. 오래전부터 내 관심을 끌지 못하게 된 만찬회 참석은, 지금 바닷가를 쭉 여행하고 나서 바다 위 200미터까지 마차로 올라간다는 전혀 새로운 형태로 변해 나를 도취하게 했으니, 이 기분은 라 라스플리에르에 닿은 뒤에도 흩어지지 않았다. "자, 이것 보세요." 부인은 엘스티르의 탐스럽고도 으리으리한 장미 그림을 가리키면서 말했다. 그 번들거리는 진홍색과 거품 같은 흰색은, 장미가 심어진 화분에서 조금 크림 모양으로 부풀어올라 흘러넘치고 있었다. "어때요? 그에게 아직 이런 솜씨가 있을 거라고 생각하세요? 꽤 강한 필치죠! 그리고 질감도 매우 아름다워요. 만질 수 있다면 좋았을 텐데. 그가 그리는 걸 구경하는 일이 얼마나 재미있었는지 이루 말 못하겠어요. 이런 효과를 내려고 정성을 기울이는 게 느껴졌답니다." 그리고 부인의 눈길은, 그의 위대한 재능뿐만 아니라 그녀에게 남겨진 이런 추억의 물건 속에만 살아 있는 그들의 오랜 우정도 요약되어 담긴, 이 예술가의 선물 위에 꿈꾸듯 멈췄다. 그녀는 지난날 그녀 자신을 위해 그가 딴 꽃들 너머에서, 어느 오전 그것을 그리고 있던 그의 고운 손을 다시 보는 느낌이 들었다. 어찌나 싱그러웠는지, 하나는 탁자 위 또 하나는 식당의 안락의자에 등을 기대, 부인의 점심 식사 때, 아직 살아 있는 장미와 반쯤 닮은 장미 초상화가 마주 보는 모습을 떠올릴 수 있을 정도였다. 다만 반쯤 닮았을 뿐이다. 엘스티르는 먼저 그것을 우리가 언제나 부득이 머무는 그 내적인 뜰 안에 옮겨 심지 않고선 꽃을 바라볼 수 없었으니까. 그는 이 수채화 속에 그가 본 장미, 그 없이는 절대 누구도 알 수 없었을 장미의 모습을 나타내고 있었다. 그러니 그것은 장미의 새로운 변종이랄 수 있다. 이 화가가 재간 있는 원예가처럼 장미 종을 늘린 셈이었다. "우리 작은 핵심을 떠난 날부터 그는 볼 장 다 본 사람이었어요. 우리집 만찬은 시간 낭비였고, 내가 그 천재의 발전을 해쳤나 봐요." 그녀는 비꼬는 투로 말했다. "마치 나 같은 여인을 자주 방문하는 게 예술가한테 이로울 수 없기라도 하듯!" 그녀는 노골적으로 자존심을 드러내며 외쳤다.

우리 바로 가까이에는 캉브르메르 씨가 이미 앉아 있었는데, 그는 샤를뤼스 씨가 서 있는 걸 보고는 일어나 그에게 의자를 내주려는 시늉을 보였다. 이 행동은 아마도 후작의 생각으론 그저 막연한 예의상의 뜻밖에 없었을 것이다. 그러나 샤를뤼스 씨는 그것이 말단 귀족이라도 제후(諸侯)에게 다해야 할 의무를 잘 알고 있다는 증거라고 보아, 윗자리에 앉을 권리를 사양하는 편이 제 권위를 더 높이 세울 수 있다고 생각했다. 그래서 그는 외쳤다. "그러지 마시오! 부디! 그대로!" 교활하게도 격렬한 이 반대의 어조에는 더할 나위 없이 '게르망트네'다운 어떤 것이 보였다. 그리고 그것은 일어서지도 않은 캉브르메르 씨의 양어깨 위에, 그를 억지로 다시 앉히려는 듯 두 손을 올려놓은 샤를뤼스 씨의 명령적이고 불필요하며 무람없는 동작 속에서 더욱 눈에 띄었다. "자! 부탁이오." 남작은 고집했다. "그런 짓을 왜 하시오! 당치 않소! 오늘날에 그런 짓은 왕가 분들에게만 하죠."

나는 베르뒤랭 부인에 이어 캉브르메르 부부에게도, 그들 집을 칭찬함으로써 좋은 인상을 주진 못했다. 그도 그럴 것이 나는 그들이 보여주는 아름다운 것 앞에 냉담하며, 어렴풋한 추억 속에 흥분하고 있었기 때문이다. 가끔 나는 그 이름이 내게 상상케 한 바에 들어맞는 게 없다는 내 실망마저 그들에게 털어놓았다. 이곳이 더 시골인 줄 알았다고 말해서 캉브르메르 부인을 분개시켰다. 그런가 하면 문틈으로 들어오는 바깥바람의 냄새를 맡으려고 황홀히 걸음을 멈췄다. "바깥바람을 좋아하시나 봐요." 그들은 내게 말했다. 깨진 창유리를 막은 초록빛 무명 조각을 칭찬한 것도 실패였다. "참 끔찍한 분이네요!" 후작부인은 외쳤다. 그 절정은 내가 다음같이 말했을 때였다. "내 가장 큰 기쁨은 여기 도착했을 때 일어났습니다. 내 발소리가 복도에 울리는 걸 들었을 때, 벽에 지도가 걸린 어느 면사무소에 들어온 느낌이었습니다." 이번엔 마침내 캉브르메르 부인도 단호히 내게 등을 돌렸다.

"모든 게 너무 고약하게 배치되었다고 생각하지 않았소?" 남편은 아내가 고달픈 의례를 어떻게 참았는지 알아보기라도 하는 듯 자애로운 염려로써 그녀에게 물었다. "아름다운 게 있긴 하지만." 그러나 악의란, 확고한 취미에 근거한 고정된 규칙이 넘어설 수 없는 한계선을 그어주지 않는 한, 자기 대신 들어앉은 사람들에 대해서는 그 성품에서건 집에서건 다 비난할 건더기를 찾아내기 마련이다. "그래요, 하지만 다 제자리에 있지 않아요. 게다가 정말로 훌륭한 걸까요?" "당신도 눈치챘소?" 캉브르메르 씨는 어떤 신념을 품은 우울한 투로 말했다. "주이(Jouy) 직물*¹의 올이 드러났군. 이 손님방의 것들은 전부 낡았어." "게다가 저 큰 장미로 덮인 천 좀 봐요. 시골집 아낙네 발 덮개 같네요." 캉브르메르 부인이 말했다. 그녀의 겉으로만 꾸며진 교양은 관념론 철학, 인상파 그림과 드뷔시 음악에만 적용되었다. 그리고 사치뿐만 아니라 취미의 이름으로도 규탄하려고 그녀는 말했다. "그리고 브리즈 비즈(brise-bise)*²를 쳤어요! 볼품없어라! 별수 없죠. 이 사람들은 아무

*1 그림이 그려지거나 프린트가 된 면직물의 총칭.
*2 창문 아랫쪽을 가리는 반 커튼.

것도 모르니까. 어디서 이런 걸 배워 먹었을까? 은퇴한 큰 장사치임에 틀림없어요. 그렇다면 이 정도라도 그리 나쁘지 않지만." "샹들리에는 훌륭한 것 같더군." 후작이 말했다. 어째서인지 그는 샹들리에만은 예외로 쳤다. 마치 성당에 대해 얘기할 적마다 그것이 샤르트르의, 랭스의, 아미앵의 대성당이건 또는 발베크의 성당이건, 언제나 그가 훌륭하다고 늘어놓는 게 반드시 '파이프 오르간, 설교단, 미제리코르드(miséricorde)'*1이듯. "정원에 대해선 말 맙시다." 캉브르메르 부인이 말했다. "그건 거의 학살이에요. 길도 삐뚤삐뚤 났다니까!"

나는 베르뒤랭 부인이 커피를 내고 있는 틈을 이용해, 캉브르메르 씨가 내게 준 편지를 대강 훑어봤다. 그의 어머니가 나를 만찬에 초대하는 내용이었다. 흔한 잉크로 쓴 필적은 그 뒤 내가 다른 많은 것들 중에서도 알아볼 수 있는 개성을 드러내고 있었다. 특별한 펜이 쓰였을 거라고 생각할 필요도 없었다. 참신한 영상을 나타내는 화가에게 특별 제작된 희귀한 물감이 필요치 않듯. 한 중풍 환자가 발작 뒤에 실서증(失書症)*2에 걸려 글자를 그림 보는 양으로 바라보기만 할 뿐 읽지 못하게 되었더라도, 이 편지를 보면 그는 캉브르메르 노부인이 옛 가문에 속하고 또 문학 예술에 대한 열정적인 교양이 그 귀족의 전통에 바람을 넣고 있음을 알아챘으리라. 또한 그는 후작부인이 어느 무렵에 글쓰기와 쇼팽 연주를 함께 배웠는지 짐작했을 것이다. 그것은 교양 높은 이들이 상냥스럽게 군다는 법칙과 이른바 세 형용사의 법칙을 지키던 시절이었다. 캉브르메르 노부인은 그 두 가지를 한데 합하고 있었다. 남을 칭찬하는 형용사 하나론 흡족하지 않아, 그녀는(작은 '―' 뒤에) 두 번째 형용사를 잇고, 나아가(두 번째 '―' 뒤에) 세 번째 형용사를 잇고 있었다. 그러나 그녀의 독특한 점은 그녀가 꾀하는 사교적이고 문학적인 목적과는 반대로, 편지에서는 세 형용사의 연속이 점점 높아지는 양상이 아니라 디미누엔도(diminuendo)*3의 모양을 띠고 있는 점이다.

캉브르메르 노부인은 이 첫 편지에서 내게 말했다. 그녀가 생루를 만난 일, 더욱더 그의 '둘도 없는―희귀한―현실적인' 자질을 확인하고 감탄한

---

*1 성당의 성직자석에 선 채로 조금 몸을 걸칠 수 있게 붙인 받침대.
*2 특별한 장애 없이, 글씨나 글을 제대로 못 쓰는 증세.
*3 음악 용어로, '점점 여리게'.

일, 또 그가 친구 가운데 하나(분명 며느리를 좋아하고 있는 사내다)와 같이 다시 오기로 되어 있는 일, 만일 내가 그들과 함께 또는 혼자서 페테른에 만찬을 하러 온다면, '더없이 기쁘고—행복하며—만족하겠다'고. 아마도 상냥하려는 강한 욕구에 비해 그녀의 상상력과 어휘력은 그만큼 풍부하지 못했으므로, 이 귀부인은 세 가지 감탄사를 말하고 싶어도 두 번째와 세 번째에는 첫 번째의 약해진 메아리밖에 줄 힘이 없었던 것이다. 만일 네 번째 형용사가 붙어 있었다면 거기서 첫 상냥함은 흔적 하나 남기지 못했으리라. 끝으로 가족과 교제 모임에까지 매우 강한 인상을 주고 있는 그녀의 세련된 어떤 솔직함 때문에, 캉브르메르 노부인은 거짓으로 들릴지도 모르는 '생세르(sincère, 진심)'라는 흔한 낱말 대신 '브레(vrai, 참된)'라는 낱말을 쓰는 버릇을 갖고 있었다. 그리고 실제로 마음에서 우러난 말이라는 걸 나타내기 위해, 명사 앞에 '브레'를 놓는 상투적인 결합법을 깨뜨리고, 대담하게도 이것을 명사 뒤에 놓고 있었다.* 그래서 그녀의 편지는 다음과 같이 끝났다. '믿어주시기를 나의 우의를, 참된(Croyez à mon amitié vraie).' '믿어주시기를 나의 친밀감을, 참된(Croyez à ma sympathie vraie).' 그런데 공교롭게 이것은 이제 하나의 공식이 되고 말아, 이렇게 솔직함을 나타내봐도 사람들이 뜻도 생각하지 않는 오래된 관용어보다 더 겉치레 인사말 같은 인상을 주었다.

나는 대화의 혼잡한 소리에 방해를 받아 편지를 제대로 읽지 못했다. 특히 아까부터 같은 화제를 붙잡고 늘어져 캉브르메르 씨에게 말을 건네고 있는 샤를뤼스 씨의 커다란 목소리가 전체를 지배하고 있었다. "당신께서 내게 자리를 내주려는 때 생각났습니다. 오늘 아침 내게 편지를 보낸 사람이. 그 사람은 수신인을 '샤를뤼스 남작(Son Altesse le baron de Charlus)'이라 쓰고, '각하(Monseigneur)'라는 경칭으로 시작했다 이 말씀이죠." "과연 그 편지를 보낸 사람은 좀 지나치군요." 캉브르메르 씨는 작게 웃음을 터뜨리면서 대답했다. 샤를뤼스 씨가 그 웃음을 유발했던 것이다. 그러나 정작 샤를뤼스 씨는 웃지 않았다. "그러나 사실은, 이보시오." 그는 말했다. "가문학상으로 말하면 그 사람이 옳단 말씀이죠. 개인적인 문제로 이런 말을 하는 게 아닙니다. 아시겠습니까. 나는 남의 일처럼 말하고 있어요. 한데 아무튼 역사는

---

* vrai라는 형용사는 일반적으로 명사 앞에 두지만, 뒤에 붙이면 의미가 강해짐.

역사니까. 우리는 별수 없죠. 우리가 역사를 고칠 순 없단 말씀입니다. 굳이 예를 들 것도 없지만, 킬(Kiel)*¹에서 빌헬름 황제께선 계속 각하라고 불렀어요. 황제께서 프랑스의 모든 공작을 그렇게 불렀다는데, 그래선 경칭의 남용이죠. 어쩌면 그저 우리의 머리 너머로 프랑스를 겨냥하는 섬세한 배려였을 테고." "섬세하고도 얼마간 성실한 배려였겠지요." 캉브르메르 씨가 말했다. "흠, 내 의견은 그렇지 않습니다. 개인적으로 그 호엔촐레른 가문처럼 지체 낮은 제후, 더구나 신교도이고 나의 사촌인 하노버 왕을 몰아낸 자 따위는 내 마음에 들지 않아요." 하노버의 병합이 알자스 로렌의 병합보다 더 가슴 아프다는 듯이 샤를뤼스 씨는 덧붙였다. "그래도 나는 황제가 우리에게 기울이는 관심은 더할 수 없이 성실한 것이라고 생각합니다. 바보들은 그 인물을 무대의 황제라고 말하겠지만, 그러기는커녕 그는 매우 지적인 인물이죠. 하기야 그림에 대해선 백지라, 그는 국립미술관에서 엘스티르의 그림을 끌어내리라고 츄디(Tschudi)*²에게 강요했습니다. 그러나 루이 14세도 네덜란드의 거장들을 싫어하고, 또 사치를 누리는 취미가 있긴 했으나 결국 대군주였다 이 말씀이죠. 물론 빌헬름 2세는 육해군의 관점에서 제 국토를 무장했어요. 그것은 루이 14세가 하지 않았던 일이지요. 하지만 나는 속된 말로 루아 솔레유(Roi-Soleil)*³라고 불리는 분의 태평한 세상을 말년에 가서 흐리게 한 불운이, 이 황제의 잘 다스려진 세상에 일어나지 않기를 바라 마지않아요. 내 의견으론 프랑스 공화국은 호엔촐레른 가문 황제의 친절함을 물리침으로써 또는 그것에 인색하게만 응함으로써 큰 실수를 범했습니다. 황제 자신도 이를 썩 잘 알아차려 훌륭한 표현 재능을 부려서 '짐이 원하는 것은 친밀한 악수이지 서먹한 인사가 아니노라' 했죠. 그의 인간됨은 비열합니다. 그는 가장 좋은 벗들을, 그들의 침묵이 위대하면 위대할수록 그 자신의 침묵은 비참해지는 상황에서, 버리고 팔고 부인했습니다."

샤를뤼스 씨는 이야기를 이어가면서 비탈을 슬슬 미끄러져 오일렌부르크(Eulenbourg)*⁴ 사건 쪽으로 내려가, 신분이 대단히 높은 용의자 하나가 그

---

*1 독일 북부 슐레스비히—홀슈타인 주(州)의 수도.
*2 1851년에 태어난 독일 미술 역사가, 1896년 베를린 국립미술관장에 임명됨.
*3 태양왕, 루이 14세의 별명.
*4 독일 내무부장관. 1881년에 사임.

에게 했던 말을 떠올렸다. '황제께서 이런 재판을 너그러이 넘어가 주시다니, 우리 마음을 참으로 믿으신 게 틀림없습니다! 하기야 그분이 우리의 비밀 엄수를 믿은 건 틀리지 않았습니다. 우리는 단두대까지 입을 봉한 채 갈 테니까요.' "그러나 그런 것은 내가 하려는 말과 아무런 관계도 없습니다. 독일에서는 나같이 배신(陪臣)이 된 제후는 두르히라우흐트(Durchlaucht)*1 인데, 프랑스에서는 알테스(Altesse, 전하)라고 불리는 우리 가문의 지위가 공공연히 인정되고 있다 이 말입니다. 생시몽은 우리 가문이 그것을 사칭했다고 주장하지만 완전히 틀린 말이죠. 그는 루이 14세가 우리 가문에게 '더없이 독실한 그리스도교도의 왕'이라고 부르기를 금했으며 짧게 '왕'이라고 부르게 분부한 사실을 그 근거로 들었으나, 그것은 오로지 우리 가문이 왕의 지배를 받았음을 증명할 뿐 본디 우리에게 왕족의 자격이 없었다는 증거가 되지 않습니다. 그렇지 않으면 로렌 공작 가문과 그 밖에 수많은 가문의 왕족 자격도 부인해야 합니다! 게다가 게르망트 가문 칭호의 대부분은 테레즈 데스피누아를 통해 로렌 가문에서 유래합니다. 그분은 나의 증조할머니로, 코메르시 귀족의 따님이십니다." 모렐이 듣고 있는 걸 알아채자 샤를뤼스 씨는 자기 주장의 근거를 더 대대적으로 펼치기 시작했다. "형님께 지적했지만 우리 가문의 기록은 고타(Gotha)*2의 제1부는 아니더라도, 제3부가 아니라 제2부에 실려야 옳습니다." 그는 모렐이 고타가 뭔지 모르는 걸 알아차리지 못하고서 말했다. "그러나 그것을 문제 삼을 사람은 형님이죠. 그가 우리 가문의 우두머리니까. 그러니 형님이 이런 취급에 만족한다면 나도 눈감을 따름입니다."

"브리쇼 님은 매우 재미있는 분이군요." 나는 곁에 온 베르뒤랭 부인에게 말하면서 캉브르메르 부인의 편지를 주머니에 넣었다. "교양도 있는 훌륭한 사람이죠." 그녀는 내게 쌀쌀히 대답했다. "그는 독창성 없고 취미도 그다지 좋지 않습니다. 하지만 놀라운 기억력을 가졌어요. 오늘 저녁 우리가 초대한 저들의 '조상'인 에미그레(emigré)*3는 무엇 하나 잊지 않았다고 말들 하죠. 그렇지만 적어도 그들에겐 변명할 말이 있어요." 그녀는 스완의 경구(警句)

---

*1 '전하'의 존칭. 곧 전하와 각하의 중간.
*2 독일의 귀족 연감.
*3 프랑스 대혁명 때의 망명 귀족.

를 빌려서 말했다. "그야 아무것도 기억하질 않았으니까. 그런데 브리쇼는 무엇이든 다 알고, 식사가 한창일 때도 우리 머리를 향해 산더미 같은 사전을 차례차례 냅다 던지죠. 당신도 이젠 어떤 시가와 어떤 마을의 이름이 무슨 뜻인지 모르는 게 하나도 없겠죠." 베르뒤랭 부인이 얘기하는 동안 나는 생각에 잠겼다. 뭔가 그녀에게 물어볼 말이 있었는데 도무지 생각나지 않았다. "브리쇼 얘기를 하는 게 확실한가요." 스키가 끼어들었다. "맞죠? 샹트피니 프레시네니, 숨 쉴 틈도 없이 지껄이던데요. 우리 마님, 난 유심히 당신을 바라보았죠." "나도 당신을 줄곧 보았어요. 하마터면 웃음을 터뜨릴 뻔했어요."

지금에 와서 나는 베르뒤랭 부인이 이날 저녁 어떤 옷차림을 했는지 말할 수 없다. 아마 그때도 몰랐을지 모른다. 내게 관찰력이 없었으니까. 그러나 그녀가 옷차림에 신경 쓴 게 느껴져서, 나는 그녀에게 겉치레 인사뿐만 아니라 싹싹하게 칭찬하는 말까지 했다. 그녀의 반응은 거의 모든 여성과 마찬가지였다. 여성은 사람들이 자기에게 하는 찬사를 진실의 엄밀한 표현으로 상상하고, 그것을 개인의 문제가 아니라 예술품에 대한 경우처럼 공평하고도 어쩔 수 없는 판단이라고 생각한다. 그래서 그녀는 이럴 때 흔히 그러듯이 진지한 얼굴로 자부심 가득한 소박한 질문을 내게 했다. "마음에 드세요?" 그 바람에 나는 자신의 위선이 부끄러워져 얼굴을 붉혔다.

"샹트피 얘기로군요. 확실히." 베르뒤랭 씨가 이렇게 말하면서 우리에게 가까이 왔다. 나는 초록빛 무명과 나무 냄새를 생각하느라, 브리쇼가 어원을 늘어놓는 동안에 웃음거리가 된 것을 눈치채지 못한 단 한 사람이었다. 나에게는 사물에 가치를 주게 한 인상이 남들에게는, 느끼지도 못하거나 또는 생각해보지도 않고 무의미한 것으로서 내버리는 대상이었다. 그러니 혹시 내가 그것을 전달할 수 있더라도 그 인상은 이해되지 않거나 멸시받을 것이다. 그러므로 그 인상은 내게 전혀 쓸모없는 데다가 베르뒤랭 부인의 눈에 나를 바보로 보이게 하는 지장을 가져왔으니, 전에 내가 아르파종 부인 댁에서 즐거웠다고 해서 게르망트 부인이 나를 바보로 생각했듯이 이번에 베르뒤랭 부인도 내가 브리쇼의 말을 '맹신(盲信)'하는 걸 보았기 때문이다. 그렇지만 브리쇼의 경우는 또 다른 이유가 있었다. 나는 이 작은 동아리의 일원이 아니었다. 그리고 사교적이건 정치적이건 문학적이건 간에 어떤 동아리에서

든, 우리는 그곳에 들어가면 바깥의 대화나 공식 강연이나 단편 소설이나 소네트 속에서, 변변한 독자라면 꿈에도 그리지 않을 온갖 잡것을 쉽게 찾아낸다는 비뚤어진 능력이 몸에 밴다. 그러고 보면 지금까지도 이런 일이 여러 번 있었다. 내가 어떤 감동과 더불어 유창하고도 좀 노티 나는 아카데미 회원의 손으로 교묘하게 쓰인 콩트를 읽고, 블로크나 게르망트 부인에게 "얼마나 아름다우냐!"라고 막 말하려는 때, 내가 입도 벌리기 전에 그들은 저마다 다른 말투로 외쳤다. "즐거운 한때를 보내고 싶으면 아무개의 콩트를 읽으시지. 인간의 어리석음이 그토록 멀리까지 간 예가 없으니." 블로크의 멸시는 특히 문체의 어떤 효과가 쾌적하기는 하나 좀 한물간 것으로 보인 데서 나왔다. 게르망트 부인의 경멸은 그 콩트가 작가의 의도와는 전혀 반대되는 것을 증명하고 있는 듯 보인 데서 나왔다. 그녀는 내가 생각조차 못했던 구체적인 이유들을 능숙하게 들었다.

나는 베르뒤랭네 사람들이 브리쇼에 대하여 겉으로는 상냥하게 굴면서 속으로는 비웃고 있는 데 놀랐고, 며칠 뒤 페테른에서 내가 라 라스플리에르에 대해 열광적인 찬사를 늘어놓자 캉브르메르네 사람들이 "그들이 거기를 그렇게 망쳐놨는데, 설마 진심으로 하는 말씀은 아니겠죠" 말했을 때도 똑같이 놀랐다. 하기야 그들도 접시는 아름다웠다고 털어놓았다. 그런데 사실 그것은 보기 흉한 브리즈 비즈와 마찬가지로 내 눈에 띄지 않았다.

"뭐, 그래도 이제 발베크에 돌아가면 발베크의 뜻은 아시겠지." 베르뒤랭 씨는 비꼬아 말했다. 그것은 바로 나의 흥미를 끈 브리쇼가 내게 가르쳐준 것이었다. 그의 재치라고 불렸던 것으로 말하면, 확실히 이전에 작은 동아리 안에서 매우 호평받던 것과 같은 것이었다. 그는 전과 똑같은 자극적인 유창함과 더불어 말했으나 그 말은 이제 힘이 없어, 적의 있는 침묵이나 불쾌한 메아리를 이길 기운이 없었다. 변한 것은 그가 떠들어대는 것 자체가 아니라, 그에 대한 살롱의 반응과 청중의 생각이었다.

"조심!" 베르뒤랭 부인은 브리쇼를 가리키면서 작은 목소리로 말했다. 눈은 나쁘지만 청각이 예민한 브리쇼는 철학적인 근시의 눈길을 부인에게 던졌다가 이내 재빨리 돌렸다. 그의 눈이 점점 나빠져온 것과는 반대로, 그 정신의 눈은 사물 위에 더 폭넓은 눈길을 던지게 되었다. 그는 인간의 애정 따위는 거의 기대할 수 없음을 알아보고, 그것도 어쩔 수 없다며 달게 받아왔다. 물론 그는 이 때문에 괴로워했다. 인간은 지금까지 환영받는 버릇이 든 환경에서 단 하룻저녁에 너무나 경박하다, 또는 너무나 학자인 체한다, 또는 너무나 어색하다, 또는 너무나 뻔뻔하다고 보인 것만으로 불행해져서 집에 돌아가는 적이 있다. 그가 남들에게 터무니없거나 시대에 뒤떨어진 놈으로 보이는 건 대부분 그 의견이나 방법의 문제 때문이다. 하지만 그는 가끔 그런 남들이 자기보다 수준이 낮다는 걸 잘 안다. 그를 암암리에 비난하는 데 쓰인 궤변을 파헤치기는 쉬울 것이다. 그래서 그는 방문을 하고 싶고 편지를 쓰고 싶다. 하지만 가장 현명한 길은 아무것도 하지 않고 다음 주의 초대를 기다리는 것이다. 때때로 그렇게 총애를 잃는 건 하룻밤에 끝나지 않으며 여러 달 이어진다. 사교계의 판단이 불안정한 탓인데, 반대로 총애를 잃었다는 사실이 불안정성을 더욱 키워버리는 경우도 있다. X부인이 자기를 멸시하는 걸 아는 이가, Y부인이라면 자기를 존경해주리라 생각해 Y부인 쪽이 더 뛰어나다고 선언하며 그 살롱으로 옮겨가기 때문이다. 그러나 지금은 그런 자들을 묘사할 때가 아니다. 그들은 사교 생활 이상의 능력이 있건만 사교계 밖에서는 자기실현을 못하게 되어, 초대받으면 좋아하고 무시당하면 분개하며, 해마다 자기들이 받들어모시는 댁 마님의 흠이나 여태껏 그 가치를 몰랐던 재능 같은 것을 찾아내는데, 두 번째 우정이 주는 역겨움으로 괴로워지면, 첫 번째 괴로움은 조금 잊어버리고 그전 우정으로 되돌아가려 든다.

이렇듯 짧게 총애를 잃음에 비춰보면, 브리쇼가 확정된 걸 아는 총애 잃음이 그에게 일으킨 비애를 우리는 쉽게 떠올릴 수 있다. 브리쇼는 베르뒤랭 부인이 가끔 그에 대해, 그의 육체적 장애에 대해서마저 공공연히 웃는 걸 모르는 바 아니었다. 하지만 남들의 애정에 기대할 수 있는 것이 소량임을 알아, 그것을 견디고 변함없이 부인을 제 가장 좋은 벗으로 여기고 있었다. 그러나 대학교수의 얼굴을 덮은 붉은빛을 보고, 베르뒤랭 부인은 그의 귀에 들렸다는 것을 알았으므로 저녁 동안은 그에게 상냥하게 굴리라 마음먹었다. 나는 사니에트에겐 조금도 상냥하시지 않다고 그녀한테 말할 수밖에 없었다. "어쩜, 상냥하지 않다고요! 그러나 저 사람은 우리를 숭배해요. 그한테 우리가 얼마나 소중한지 당신은 모르세요! 그야 남편이 이따금 저 사람의 어리석음에 좀 화내긴 하지만, 솔직히 그건 화낼 만한 일이라고요. 하지만 그런 순간에 저이는 어째서 비굴하게 실실 웃기만 하고 반항하지 않는다죠? 석연치 않은 일이에요. 난 그런 게 싫어요. 그래도 나는 늘 남편을 진정시키려고 애쓰지요. 만일 남편이 너무 심하게 다루다간 사니에트가 다시 못 올지 모르니까요. 그렇게 하고 싶진 않아요. 저 사람에겐 동전 한 푼 없고 저녁 식사는 해야 하니까요. 그리고 말이죠, 결국 저이가 기분이 언짢아서 다시 오지 않아도 내 문제가 아니에요. 다른 이를 필요로 한다면 저 사람이 저런 칠칠찮은 태도를 바꿔야죠."

"오말의 공작 영지는 프랑스 왕가 손에 들어가기 전까지 오랫동안 우리 가문의 것이었습니다." 샤를뤼스 씨는 어리벙벙한 모렐 앞에서 캉브르메르 씨에게 설명하고 있었다. 사실 이 모든 허튼소리는 모렐에게 건넨 게 아닐망정 적어도 모렐을 목표로 삼은 것이었다. "우리는 온갖 외국 왕후들의 윗자리에 있었습니다. 수백 가지 실례를 들 수 있죠. 크루아 대공부인*이 프랑스 왕제 전하의 장례식에서 내 고조할머니 뒤에 무릎을 꿇기 시작하자, 고조할머니께서 대공부인에겐 방석을 깔고 꿇어앉을 자격이 없다고 엄하게 지적해 의전(儀典) 장교로 하여금 그것을 빼내게 했어요. 또 그 일을 왕께 보고하도록 했죠. 그러자 왕은 크루아 부인에게, 게르망트 부인 댁에 가서 사죄를 드리라고 분부했습니다. 부르고뉴 공작이 시종들을 데리고 지팡이를 쳐들면서 우리 저택에 찾아왔을 때, 우리는 왕의 윤허를 얻어 공작의 지팡이를 내리게 했죠. 제 가문의 덕행에 대해 말하는 것은 바람직하지 못하다는 건 아오만, 나라가 위급할 때 우리가 번번이 선두에 섰다는 건 널리 알려진 바입니다. 게르망트 일족의 함성은 브라방 공작의 함성을 그만두고 나서는 '앞으로 나가라'였죠. 그래서 요컨대 여러 세기의 싸움터에서 싸워 얻어온, 곳곳에서 첫머리를 맡는다는 이 권리를 우리가 그 다음 궁전에서도 얻었음은 지당한 일입니다. 아무렴, 우리는 늘 그것을 인정받아왔어요. 다시 바덴 대공부인의 예를 증거로 들어보죠. 그녀는 신분을 망각하고 아까 말씀드린 게르망트 공작부인과 석차를 겨루어보려고, 우리 조상께서 아마 잠시 머뭇거리는 틈을 이용해(그렇게 주저할 이유도 없었지만) 왕 어전에 먼저 들어가려고 한 일이 있었답니다. 그러자 왕은 목소리를 높여 외치셨죠. '들어오시오,

───────────────
* 헝가리의 옛 왕가 출신.

어서, 짐의 사촌누이여. 바덴 부인도 짐의 사촌누이에 대한 의무를 너무나 잘 알 테니.' 게다가 이분은 게르망트 공작부인으로서 이런 지위에 있었으나, 한편 생가 쪽도 어지간히 큰 가문이었어요. 이분은 모계를 통해 폴란드 왕비, 헝가리 왕비, 팔라티나 선거후, 사부아 카리냥 대공, 하노버 대공 즉 훗날의 영국 왕 등등의 조카딸뻘 되는 분이었습니다."

"마이케나스 아타비스 에디테 레기부스! (Maecenas atavis edite regibus!)"*1 그때 브리쇼가 샤를뤼스 씨에게 말을 건네자 샤를뤼스 씨는 이 인사말에 가볍게 머리를 끄덕이며 응했다. "뭐라고 하셨죠?" 베르뒤랭 부인은 브리쇼에게 물었다. 조금 전의 말을 사죄하고 싶었던 것이다. "나는 그러니까, 숨길 것도 없겠죠, 상류 사회의 꽃이던 한 멋쟁이를 말한 겁니다(베르뒤랭 부인은 눈살을 찌푸렸다). 아우구스투스 시대의 인물이죠(베르뒤랭 부인은 이 상류 사회가 멀리 있음에 안심되어 표정이 밝아졌다). 베르길리우스나 호라티우스의 벗으로, 이 두 시인이 그에게 아첨하기를, 그의 선조는 귀족 이상으로 왕가에 속한다고까지 맞대고 말했어요. 한마디로 호라티우스, 베르길리우스, 아우구스투스 황제의 벗이던 책벌레 마이케나스*2를 두고 하는 말입니다. 샤를뤼스 씨는 마이케나스가 어떤 사람이었는지 모든 점에서 썩 잘 아시리라 확신합니다." 부인이 모렐에게 모레의 만남을 약속하는 걸 듣고서 자기가 초대되지 않을까 봐 걱정한 샤를뤼스 씨는 베르뒤랭 부인을 우아하게 곁눈으로 바라보며 말했다. "어떤 의미에서 마이케나스는 고대의 베르뒤랭이라고 생각합니다." 베르뒤랭 부인은 만족의 미소를 반밖에 참지 못했다.

그녀는 모렐 쪽으로 가서 말했다. "내 뜻에 맞는 분이에요. 당신 부모님 친구는 교육도 받고 교양도 높은 분으로 보여요. 우리 작은 핵심에 꼭 맞는 분이에요. 파리에선 어디 사시는지?" 모렐은 거만한 침묵을 지켜 다만 카드놀이를 하자고 했다. 베르뒤랭 부인은 먼저 바이올린을 연주해달라고 부탁했다. 샤를뤼스 씨는 자신의 뛰어난 재능에 대해 한마디도 꺼내지 않았건만, 포레의 피아노와 바이올린을 위한 소나타(불안과 고민을 품은 슈만풍이지만, 그래도 프랑크의 소나타보다 이전 시대의 소나타)의 끝 악장을 가장 순수한 풍으로 반주해서 모두를 깜짝 놀라게 했다. 나는 음과 연주 솜씨엔 놀

---

*1 "유서 깊은 왕가에서 나온 마이케나스여!" 호라티우스의 시구.
*2 아우구스투스의 충실한 조언자였던 정치가·외교관. 예술가의 보호자로 유명함.

라운 재능을 보이는 모렐에게, 확실히 결핍되어 있는 교양과 양식(樣式)을 샤를뤼스 씨가 줄 거라고 감지했다.

한편 나는 육체적인 결함과 정신적인 재능이 같은 인물 속에서 어떻게 결합하고 있는지 흥미롭게 생각해보았다. 샤를뤼스 씨는 그의 형인 게르망트 공작과 별로 다르지 않았다. 아니 조금 전에는(확실히 드문 일이지만), 그는 공작과 마찬가지로 괴상한 프랑스말까지 했다. 그는 내가 그를 보러 한 번도 오지 않는다고 나를 꾸짖고(아마 나로 하여금 베르뒤랭 부인 앞에서 모렐을 열렬히 칭찬하게 하고 싶었던 것이리라), 내가 일부러 사양한 거라고 말하자 이렇게 대답했던 것이다. "그러나 자네한테 오라고 부탁하는 게 나니까 '발끈해지는 것도' 나 홀로일세." 그것은 게르망트 공작의 입에서도 나올 법한 말이었다. 샤를뤼스 씨는 결국 게르망트네 일원에 지나지 않았다. 하지만 그가 형인 공작처럼 여성을 좋아하는 대신 베르길리우스의 목동이나 플라톤의 제자를 더 좋아하게 된 데에는, 자연이 그의 신경조직 균형을 깨는 것만으로 충분했다. 그리고 게르망트 공작에겐 없는 자질, 이처럼 균형이 깨진 신경조직을 흔히 따라다니는 자질이, 샤를뤼스 씨를 뛰어난 피아니스트, 감각 있는 아마추어 화가, 유창한 이야기꾼으로 만들었던 것이다. 샤를뤼스 씨가 포레의 소나타를 연주하던 빠른 손놀림과 불안스러우면서도 매력 있는 연주 양식이 샤를뤼스 씨의 팔다리 속에, 신경상의 결함 속에, 그—원인이라고는 굳이 말하지 않겠지만—교감(交感)을 가지고 있음을 누가 꿰뚫어 볼 수 있으랴? 이 신경상의 결함이라는 표현은 나중에 설명하겠다. 또 어떤 이유로 소크라테스 시대의 그리스인이나 아우구스투스 시대의 로마인이 오늘날 보는 바와 같은 남성—여성(hommes-femmes)이 아니고, 전적으로 정상인 남성이면서도 그런 짓을 했는지에 대한 설명도 뒤로 미루자. 샤를뤼스 씨는 진정한 예술적 기질을 갖췄음에도 그것을 완성하지 못했다. 마찬가지로 그는 게르망트 공작과는 비교도 안 될 정도로 어머니를 사랑했고 아내를 사랑해, 죽은 지 여러 해가 지나도 남들이 그녀들에 대해 말하면 눈물을 흘렸으나, 그 눈물 또한 표면적인 것에 지나지 않았다. 그것은 너무 뚱뚱한 사람의 이마가 대수롭지 않은 일로 땀방울을 내비치는 것과 같았다. 다만 땀일 경우에 사람들은 '더우신가 봐!' 말하지만 남들의 눈물은 못 본 체한다는 게 다를 뿐이다. 여기서 사람들이란 사교계 인간을 두고 하는 말이다. 서민은 우는 사람을 보면 오열이 출혈보다 더 중대한 일이기라도 하듯 염려하기 때문이다. 샤를뤼스 씨의 경우 아내의 죽음에 따른 슬픔은, 그 슬픔과 들어맞지 않는 생활을 떨쳐버리지 못했다. 나중에 가서는 그가 파렴치하게도 아내의 장례식 동안 성가대의 한 소년에게 이름과 주소를 알아냈다는 이야기도 언뜻 나왔다. 이건 아마 사실일 것이다.

곡이 끝나자 나는 감히 프랑크의 곡을 청했는데, 그것이 캉브르메르 부인을 몹시 괴롭히는 듯싶어 굳이 고집하진 않았다. "그런 곡을 좋아할 수 있을 리 없어요." 그녀는 나에게 말했다. 그녀는 그 대신에 드뷔시의 〈축제〉를 청했고, 이 곡은 첫 가락부터 그녀로 하여금 이렇게 외치게 했다. "아아! 정말 멋져!" 그러나 모렐은 자기가 첫 악절밖에 모르는 걸 알아차려, 속일 속셈은 하나도 없이 그저 장난으로 마이어베어*¹의 행진곡을 켜기 시작했다. 공교롭게 그가 거의 사이를 두지 않고 예고도 없이 옮겨가는 바람에, 다들 아직 드뷔시라고 여겨 '멋져!' 하고 계속 외쳤다. 모렐이 그 작곡가는 〈펠레아스〉의 작자가 아니라 〈악마 로베르〉의 작자라고 털어놓자, 분위기가 냉랭해졌다. 하지만 캉브르메르 부인은 그 분위기를 거의 느낄 틈도 없었다. 지금 막 스카를라티*²의 악보를 발견해 히스테릭한 충동으로 거기에 덤벼들었기 때문이다. "오! 이걸 연주해주세요. 어서요, 숭고한 명곡이라고요." 그녀는 외쳤다. 그렇지만 오랫동안 멸시받다가 최근에야 최고 명예를 얻은 이 작곡가의 작품 가운데 그녀가 열에 들떠 조급하게 골라낸 곡은, 인정머리 없는 제자 하나가 이웃 층에서 무한정 되풀이해 남을 자주 잠 못 이루게 하는 지긋지긋한 곡 가운데 하나였다. 그러나 모렐은 이제 음악은 그만하고 카드놀이를 하고 싶다고 했다. 샤를뤼스 씨는 자기도 한몫 끼려고 휘스트를 하자고 말했다.

스키가 마님에게 말했다. "아까 저 사람은 주인께 자신이 왕족이라고 말했으나 사실은 그렇지 않아요. 그는 한낱 부르주아인 소소한 건축가입니다." "마이케나스에 대해 무슨 말씀을 하셨나요? 알고 싶어요. 재미날 것 같으니. 자, 어서!" 베르뒤랭 부인이 이렇게 말하자, 브리쇼는 그 상냥함에 도취되었다. 그래서 그는 부인의 눈에, 어쩌면 내 눈에도 빛나게 보이려고 하면

---

*1 프랑스서 활동한 독일 작곡가(1791~1864). 주요 작품 〈악마 로베르〉가 있음.
*2 이탈리아 작곡가·쳄발로 연주자(1685~1757).

서 말했다. "그러나 사실을 말하자면, 부인. 마이케나스가 특히 나의 흥미를 끄는 건 그가 오늘날 프랑스에서 인도의 브라만(Brahman, 범천)보다도, 그리스도 그 자체보다도 많은 신도를 거느린 저 중국의 전능하신 신인 즈 멘 푸(Je-Men-Fou)*의 걸출한 첫 사제이기 때문입니다." 베르뒤랭 부인은 이런 경우 머리를 손안에 감추는 것만으론 만족하지 않았다. 그녀는 하루살이라 불리는 곤충과도 같이 돌연 셰르바토프 대공부인 쪽으로 풀썩 쓰러졌다. 대공부인이 가까이 있어서 마님은 대공부인의 겨드랑이 아래 파고들어, 거기에 손톱을 박아넣고 잠깐 숨바꼭질을 하는 어린애처럼 머리를 감추었다. 이 가리개 속에서 그녀는 눈물 나도록 웃을 수도, 또 조금 긴 기도를 하는 동안 현명하게 얼굴을 손안에 파묻는 사람들같이 아무것도 생각하지 않을 수도 있었다. 베르뒤랭 부인은 베토벤의 사중주곡을 들을 때도 그것을 하나의 기도처럼 여기고 있음을 보이려는 동시에 자기가 졸고 있음을 들키지 않으려고, 똑같이 기도하는 사람 흉내를 내곤 했다.

"매우 진지하게 말씀드립니다만, 부인." 브리쇼는 말했다. "제 배꼽이 세계의 중심이나 되는 것처럼 그것을 주시하는 데 세월을 보내는 사람들이 오늘날 너무나 많다고 생각합니다. 나 또한 이론적인 문제로서는 우리를 큰 전체 속에 녹이는 열반(涅槃) 같은 것에 반대할 건더기가 없습니다(그 전체는 뮌헨과 옥스퍼드와 마찬가지로, 아니에르나 콜롱브 숲보다 파리에 더 가까우니까). 그러나 일본군이 우리 비잔티움의 성문에까지 쳐들어올지도 모르는 판국에, 사회주의에 푹 빠진 반(反)군국주의자들은 자유시(自由詩)의 주된 장점에 대해 엄숙하게 토론하고 있으니. 이건 착실한 프랑스 사람은 물론 착실한 유럽 사람이 할 짓이 못 됩니다." 베르뒤랭 부인은 타박상을 입은 대공부인의 어깨를 놓아주어야 한단 생각에 거기서 얼굴을 빼내자, 눈을 닦는 체하며 두세 번 숨을 돌렸다.

그런데 브리쇼는 나를 잔치에 끌어넣고자 했다. 그는 그 자신이 맡은 학위 논문 심사에서의 경험으로, 젊은이를 부추기는 데는 훈계하면서 상대를 대단한 인물로 대하고, 자기를 반동자로 믿게 하는 게 상책인 줄 알았다. "나는 젊은이의 신들을 모독하려는 게 아닙니다." 그는 연설자가 청중 속에 끼

---

* '신'을 뜻하는 말이지만 프랑스 속어인 Je m'en fous(알 게 뭐냐는 뜻)와 똑같은 발음이라, 이 농담에 베르뒤랭 부인이 웃음을 터뜨린 것.

어 있는 아무개의 이름을 인용할 때 그에게 몰래 눈짓하는 것처럼 은밀한 눈길을 내게 던지면서 말했다. "나는 말라르메의 예배당에서 이단자와 배교자로 단죄되고 싶지 않습니다. 거기서 우리의 새 친구도 그 나이 또래가 다 그렇듯이 비교(秘敎)의 미사를 올리거나, 적어도 합창대의 한몫을 맡아 자기가 조해성(潮解性) 또는 장미십자회(薔薇十字會)의 일원임을 나타내고 있을 테니까. * 그러나 정말로, 우리는 대문자 A를 붙여 예술(Art)이란 놈을 숭배하는 이런 지성인을 너무나 많이 보아왔습니다. 그들은 졸라를 벌컥벌컥 마셔 취하는 걸로는 모자라 베를렌의 주사를 맞습니다. 보들레르에 심취한 나머지 마쳐제 중독자가 된 그들은, 언젠가 조국이 그들의 씩씩한 힘을 바라더라도 이에 응하지 못할 겁니다. 아편굴 같은 상징주의의, 유해한 악취로 가득 찬 덥고 무거운 공기 속에서, 심한 문학적 신경증에 걸려 멍하니 마비되어 있는 겁니다."

브리쇼의 도무지 갈피를 잡을 수 없는 장광설에 감탄하는 체할 수 없어, 나는 스키 쪽으로 몸을 돌려 샤를뤼스 씨 집안에 대한 그의 의견이 확실히 틀렸다고 단언했다. 그는 나에게 제 말이 틀림없다고 대답하고는 내가 그에게 샤를뤼스 씨의 본명이 강댕, 르 강댕이라고 말하기까지 했다고 덧붙였다. 나는 대답했다. "내가 말한 것은 캉브르메르 부인이 르그랑댕 씨라는 기술자의 누이라는 겁니다. 샤를뤼스 씨에 대해서는 한마디도 한 적이 없습니다. 그와 캉브르메르 부인의 출신을 비교하자면, 콩테 대공과 라신의 출신만큼이나 동떨어져 있죠." "허! 그런가요." 스키는 가볍게 말했다. 그는 몇 시간 전에 우리가 하마터면 열차를 놓칠 뻔했을 때와 마찬가지로 자신의 실수를 덮으려고도 하지 않았다.

"앞으로 바닷가에 오래 계실 셈이신가요?" 베르뒤랭 부인은 샤를뤼스 씨에게 물었다. 그녀는 샤를뤼스 씨가 신자가 될 성싶어, 너무 일찍 파리로 돌아갈까 봐 걱정했던 것이다. "글쎄요, 모르겠는데요." 샤를뤼스 씨는 콧소리로 애매하게 대답했다. "가능하면 9월 말까지 있고 싶지만." "옳아요." 베르뒤랭 부인이 말했다. "근사한 폭풍우가 오는 시기니까요." "사실인즉, 그런

---

* 델리케상(déliquescent, 조해성)은 그 시대 상징파 시인들의 난해성을 비꼰 별명. 장미십자회 (Rose-Croix)는 17세기 초에 생긴 신비주의 비밀결사. 여기에서는 말라르메를 중심으로 한 시인들의 배타적인 모임을 비유한 말.

이유로 결심한 게 아닙니다. 나는 나의 수호천사인 성 미카엘 님을 오래전부터 너무나 소홀히 해와, 그 축일인 9월 29일까지 몽생미셸 수도원에 머무름으로써 죄를 갚으려는 겁니다." "그런 게 퍽 재미나시나요?" 베르뒤랭 부인이 물어보았다. 그토록 긴 소풍 때문에 자기가 이틀이나 바이올리니스트와 남작에게 '버림받을' 염려만 없었다면, 그녀는 상처 입은 제 반(反)교권주의를 어쩌면 용케 침묵시켰을지도 모른다. "아마 부인께서는 가끔 귀가 들리지 않나 보군요." 샤를뤼스 씨는 불손하게 말했다. "나는 성 미카엘 님이 나의 명예로운 수호천사라고 말씀드렸습니다그려." 그러고 나서 그는 정 깊은 황홀의 표정으로 미소 지으며 멀리 응시했다. 그는 심미적이라기보다 종교적으로 보이는 흥분 때문에 커진 목소리로 말했다. "참으로 아름답습니다. 빵과 포도주를 봉헌할 때는 미카엘이 흰옷 차림으로 제단 옆에 서서 금향로를 흔들지요. 그러면 향기는 뭉게뭉게 피어 신의 옥좌까지 올라갑니다!" "우리가 다 같이 보러 가도 좋겠군요." 베르뒤랭 부인은 성당이라면 질색이지만 그래도 그렇게 암시했다. 샤를뤼스 씨는, 의회의 웅변가와 이유야 다르지만 같은 식으로 주위의 방해에 대꾸하지 않고 못 들은 체하며 이야기를 이었다. "그때, 봉헌이 시작되자마자 팔레스트리나[1]의 곡을 연주하는 우리 젊은 친구를 본다면 얼마나 황홀할까요. 바흐의 아리아도 연주할 수 있겠죠. 착한 수도원장도 매우 기뻐하실 겁니다. 그리고 이것이야말로 내가 나의 수호천사께 바칠 수 있는 가장 커다란 경의입니다. 적어도 남들이 볼 수 있는 최대의 경의죠. 신자들에 대한 얼마나 큰 교화인지! 우리 나중에 이 계획에 대해, 성 미카엘 같은 용사인 어린 음악의 안젤리코(Angelico)에게 말합시다."

휘스트 사람 수를 맞추는 데 불려온 사니에트는 휘스트 놀이를 할 줄 모른다고 고백했다. 코타르는 기차 시간까지 그다지 틈이 없는 걸 알고는 곧 모렐과 에카르테(écarté)[2]를 한 판 하기 시작했다. 베르뒤랭 씨는 약이 올라 무시무시한 형세로 사니에트를 공격했다. "도대체 당신은 카드조차 칠 줄 모르시나!" 그는 휘스트를 할 기회를 놓친 데 화가 나고, 게다가 이 늙은 고문서 학자를 욕할 기회를 얻은 데 기뻐 외쳤다. 사니에트는 겁이 덜컥 나 농담으로 무마하려는 듯이 말했다. "칠 줄 압니다, 피아노는."

---

*1 이탈리아의 작곡가(1525~94).
*2 주로 둘이서 하는 카드놀이의 하나.

코타르와 모렐은 마주 보고 앉아 있었다. "당신이 먼저." 코타르가 말했다. "트럼프 탁자 쪽으로 좀더 가까이 가 볼까요?" 샤를뤼스 씨는 바이올리니스트가 코타르와 단둘이 있는 걸 보고 불안해져서 캉브르메르 씨에게 말했다. "이런 예의범절 문제도 흥미로워요. 현대에 와서 대수롭지 않게 되었지만 말입니다. 오늘날 남아 있는 왕은, 적어도 프랑스에서는 트럼프의 왕들뿐이란 말씀이죠. 오, 그 왕들이 젊은 바이올린 명수의 손안으로 무리를 지어 몰려들었어요." 그는 이렇게 덧붙였다. 이처럼 모렐에 대한 그의 칭찬은 트럼프 솜씨에까지 퍼져 나갔는데, 이는 모렐을 치켜세우는 동시에 그가 바이올리니스트의 어깨 위로 몸을 기울이는 동작을 정당화하기 위해서였다. "나아는 끊어요." 코타르가 수상쩍은 외국인의 말투를 흉내내며 말하자 주위 사람들이 웃음을 터뜨렸다. 마치 이 의학의 '대가'가 중환자의 머리맡에서도 간질 환자같이 무표정하게 익숙한 농담 하나를 던지자, 학생들과 병원장이 웃음을 터뜨리듯. "어느 패를 써야 좋을지 모르겠네요." 모렐은 캉브르메르 씨에게 의논했다. "마음대로 하시게. 어차피 질 테니. 세 테갈(c'est égal, 이러나저러나 매한가지)." "에갈(Egal)…… 갈리 마리에(Galli-Marié)?"* 의사는 캉브르메르 씨 쪽으로 환심을 사기 위한 애교 있는 눈길을 흘리면서 말했다. "그녀는 우리가 참된 프리마돈나라고 부르던 분입니다. 꿈 같았죠. 다시 못 볼 카르멘이죠. 그 역을 위해 태어난 여인입니다. 또 거기서 듣는 앙갈리 마리에(Ingalli-Marié)의 목소리도 참으로 기막혔어요."

후작은 주인을 모욕하게 된다는 것도 모르고 손님들과 잘 어울리려 하지 않는, 지체 높은 사람들에게서 흔히 볼 수 있는 거만하고도 점잖지 못한 태도로 일어섰다. 그런데 그들은 상대를 깔보는 다음과 같은 표현을 영국 습관이라면서 둘러댔다. "트럼프 놀이 하는 저분은 누구죠? 직업은 뭡니까? 뭘 파는 사람이죠? 나는 아무하고나 교제 못하니, 함께 있는 이가 누군지 알고 싶군요. 아까 저 사람한테 나를 소개해주셨을 때는 이름을 잘 못 들었습니다." 만일 베르뒤랭 씨가 그 마지막 말을 이용해 실제로 손님들에게 캉브르메르 씨를 소개했더라면 캉브르메르 씨는 기분이 언짢았으리라. 그러나 캉

---

* égal의 발음과 비슷한 갈리 마리에(1840~1905)란 여가수를 떠올린 것. 뒤에 나오는 앙갈리 마리에도 비슷한 발음에서 연상한 것이다. 19세기 말 오페라 코미크 극장에는 앙갈리(Engalli)라는 여가수도 있었던 모양.

브르메르 씨의 속마음은 그렇지 않다는 것을 아는지라, 그는 위험을 피하고 얌전히 있는 게 무난하다고 생각했다.

사실 베르뒤랭 씨가 코타르와의 교제에서 느끼고 있는 자부심은 코타르가 유명한 교수가 된 뒤 커질 뿐이었다. 하지만 그 자부심은 이전 같은 유치한 형태로는 표현되지 않았다. 코타르가 아직 거의 알려지지 않았을 때 베르뒤랭 씨는 아내의 안면 신경통이 화제에 오르면 이렇게 말했다. "어쩔 도리가 없습니다." 아는 사람 중 유명한 이가 있다, 제 딸의 노래 선생 이름은 세상이 다 안다고 믿는 사람들의 유치한 자부심과 더불어서. "이류 의사가 치료를 맡고 있다면 다른 치료법도 찾을 수 있겠지만, 의사가 코타르다보니(그 이름을 그는 부샤르 또는 샤르코 같은 명의의 이름처럼 발음했다) 이보다 나은 치료법은 있을 수 없죠." 그러나 지금은 캉브르메르 씨가 유명한 코타르 교수에 대해 틀림없이 소문을 들었다는 걸 아는지라, 거꾸로 베르뒤랭 씨는 사람 좋은 태도를 지었다. "저분은 주치의로 마음씨가 착한 사람이죠. 우리가 무척 좋아하는 분인데, 우리를 위해서라면 팔다리가 네 조각이 나도 마다하지 않을걸요. 의사라기보다 벗이죠. 당신은 저분을 아실 리 없거니와 이름을 대어도 누군지 모르실 테지만. 어쨌든 우리에게는 참으로 좋은 사람, 절친한 벗으로, 이름은 코타르라고 합니다."

겸손한 태도로 속삭인 이 이름은 캉브르메르 씨로 하여금 다른 사람을 두고 하는 말로 잘못 생각하게 했다. "코타르? 코타르 교수를 말씀하시는 건 아니겠죠?" 마침 문제의 교수 목소리가 들렸다. 그는 상대의 좋은 패에 어쩔 줄 몰라 카드를 쥔 채 말했다. "야, 이거 두 아테네인이 맞닥뜨렸네요." "아! 바로 저 사람도 교수입니다." 베르뒤랭 씨가 말했다. "뭐라고요! 코타르 교수! 틀림없습니까! 확실히 같은 인물입니까! 바크 거리에 사는!" "그래요. 바크 거리 43번지에 살죠. 아십니까?" "누구나 다 코타르 교수를 압니다. 최고 권위자인걸요! 부프 드 생블레즈나 쿠르투아 쉬피*를 아느냐고 묻는 거나 같아요. 저분의 얘기를 듣다가 보통 사람이 아니라는 걸 알아, 그래서 여쭤본 거죠." "자, 이번엔 뭘 낸다지? 으뜸패?" 코타르는 스스로 묻고 있었다. 그러다가 갑자기, 영웅적인 상황에서 병사가 죽음을 깔보고 일부

---

*두 사람 다 의사.

러 허물없는 표현을 쓰려고 할 때에도 귀에 거슬리는데, 하물며 트럼프라는 아무런 위험 없는 심심파적의 경우엔 두 곱으로 바보스러워지는 비속함과 더불어, 코타르는 으뜸패를 내놓을 마음을 먹자 '이기느냐 지느냐' 하는 심각한 얼굴로 이 순간 목숨 거는 사람을 암시하며, 마치 그것이 목숨인 양 카드를 내놓으면서 외쳤다. "에라 모르겠다, 될 대로 되라!" 그것은 좋은 수는 아니었으나 한숨 돌리긴 했다.

손님방 한가운데 폭넓은 안락의자에서는 코타르 부인이 만찬 뒤에 늘 밀려오는 것에 저항하지 못하고, 헛되이 노력한 끝에 그녀를 푹 감싸는 가벼운 졸음에 빠져 있었다. 이따금 저 자신을 비웃거나, 또는 누가 건네온 상냥한 말에 대답 없이 그냥 있을까 봐 걱정돼서, 몸을 일으켜 미소 지으려고 하나 헛일. 집요하고도 감미로운 졸음에 사로잡혀 본의 아니게 그녀는 다시 의자에 푹 파묻혔다. 한순간이나마 그녀를 깨어나게 하는 것은 잡음보다도 눈길이었다(그녀는 눈을 감고 있어도 애정으로 남편의 시선을 보았으며, 아니, 오히려 예견하고 있었던 것이다. 왜냐하면 같은 장면이 매일 저녁 벌어져서, 그 기억이 일어나야 할 시간처럼 그녀의 졸음에서 떠나지 않았기 때문이다). 그것은 교수가 아내의 졸음을 동석자들에게 알리는 눈길이었다. 그는 처음엔 그녀를 바라보고 빙긋 웃는 걸로 만족했다. 이유인즉 의사로서는 이 식후의 졸음을 비난했으나(적어도 나중에는 과학적 이유를 들어 그녀를 비난했지만, 그 밖에도 갖가지 견해가 많아 그 또한 확신하진 못했다), 전능하고도 짓궂은 남편은 아내를 놀려대는 게 즐거웠기 때문이다. 그래서 먼저 반만 깨우기를 재미있어했다. 아내가 또다시 잠들면 다시 깨우는 재미가 있으므로.

지금 코타르 부인은 곤하게 잠들어 있었다. "저런! 레옹틴, 당신 곯아떨어졌소." 교수는 그녀에게 외쳤다. "스완 부인의 얘기를 듣고 있어요, 여보." 코타르 부인은 희미하게 대답하고는 다시 깊은 잠 속에 빠졌다. "어처구니없군." 코타르는 외쳤다. "곧 저 사람은 잠들지 않았다고 우길걸요. 환자 가운데에도 진찰 받으러 와서 전혀 못 잔다고 우기는 사람이 있습니다만." "자신이 정말 못 잔다고 생각하나 보군요." 캉브르메르 씨는 웃으면서 말했다. 그러나 의사는 반박하기를 놀리기만큼이나 좋아한다. 특히 문외한이 그 앞에서 의학에 대해 왈가왈부하는 걸 용서하지 않았다. "아니, 못 잔다고 생각하는 게 아닙니다." 그는 독단적인 가락으로 공포했다. "허, 그렇군요!" 후작은 이전의 코타르가 했듯이 공손히 머리를 숙이면서 대답했다. "그쯤이야 금방 알죠." 코타르가 이어 말했다. "당신은 나처럼 수면 상태에 이르지 않고서도 트리오날(trional)*을 2그램까지 복용하신 적이 없으시겠지요." "그럼요, 그럼요." 후작은 뻐기는 듯이 웃으면서 대답했다. "나는 트리오날은 물론, 효과가 점점 약해지고 위만 상하는 어떠한 약품도 복용한 적이 없습니다. 나같이 밤새도록 샹트피의 숲 속에서 사냥을 하면 잠자는 데 트리오날이 필요치 않다는 걸 분명히 말하는 바입니다." 교수가 대답했다. "아무 것도 모르니 그런 말씀을 하시는데 트리오날은 가끔 신경 긴장을 두드러지게 높입니다. 트리오날을 말씀하시는데 그것이 뭔지 아십니까?" "물론……. 수면제라고 들었습니다." "내 질문에 대한 대답이 못 됩니다." 교수는 매주 세 번 의과 대학에서 '시험관' 일을 할 때처럼 거드름을 피우며 계속 말했다. "나는 그게 수면제인지를 물어본 게 아니라 그것이 뭐냐고 물었습니다. 거기에 아밀과 에틸이 얼마나 들어있는지 말할 수 있습니까?" "못합니다." 캉브르메르 씨는 당황해 대답했다. "그보다 나는 고급 브랜디나 포드345를 한 잔 마시는 편을 좋아합니다." "그건 열 배나 더 독성이 있습니다." 교수는 캉브르메르 씨의 말을 가로막았다. "트리오날로 말하자면……." 캉브르메르 씨는 용기를 내어 말해보았다. "내 안사람이 늘 먹고 있으니 안사람과 얘기하시는 편이 좋겠죠." "당신과 거의 같은 정도의 지식일 테죠. 어쨌든 부인께서 잠드는 데 트리오날을 복용하신다면, 저기 보십쇼, 내 안사람에겐 그게 필요치 않아요. 자, 레옹틴. 일어나봐요. 몸이 굳어버릴 거야. 내가 식후에 잠드는 거 봤소? 지금부터 할망구처럼 잠든다면 예순 살엔 어떻게 된다지? 살이 찌고 혈액 순환이 멎을걸. 이런, 내 말도 안 들리나보군." "건강에 해롭죠, 식후에 이런 한잠은? 안 그렇습니까, 박사님?" 캉브르메르 씨는 코타르에게서 다시금 체면을 세우려고 말했다. "잘 먹은 다음에는 운동이 필요하다죠." "당치도 않은 소리!" 의사가 대답했다. "편히 있던 개와 달리던 개의 두 위 속에서 같은 분량의 음식물을 끄집어냈더니, 소화가 더 진행된 쪽은 첫 번째 개였죠." "그래도 잠은 소화를 막죠?" "그것은 소화가 진행

---

* 수면제.

되는 곳이 식도냐 위냐 장이냐에 따라 달라요. 이해 못할 설명을 한댔자 쓸데없겠네요. 의학 공부를 안 하셨으니까. 자, 레옹틴. 앞으로……갓! 돌아갈 시간이야." 그것은 사실이 아니었다. 의사는 오로지 트럼프 놀이를 계속하려고 했으니. 그러나 그는 이토록 훌륭한 권고를 받고도 아무 대꾸가 없는 이 벙어리 여인의 잠을 가능한 한 난폭하게 방해하고 싶었다.

잠에 저항하려는 의지가 코타르 부인의 수면 상태에서까지 끈질기게 계속돼선지, 안락의자에 머리 받침이 없어선지, 그녀의 머리는 오른쪽에서 왼쪽으로 아래에서 위로 마치 무생물처럼 기계적으로 꾸벅거렸다. 또 코타르 부인은 이런 머리의 흔들림 때문에 음악을 듣고 있는 듯 또는 위독한 상태에 빠진 듯했다. 더욱더 심해지는 남편의 질책도 그녀를 완전히 깨나게 하진 못했으나, 그녀 자신의 바보스러움은 효력이 나타났다. "목욕물 온도가 딱 알맞아요." 그녀는 중얼댔다. "그러나 사전(辭典)의 깃털 장식이……." 그녀는 큰 소리로 외치며 벌떡 일어났다. "어머! 맙소사, 나도 참 바보스럽기도 하지! 뭐라고 했을까? 내 모자를 생각했는데, 이상한 소리를 한 게 틀림없어. 하마터면 졸 뻔했네. 이 못된 난롯불 탓이야." 다들 웃기 시작했다. 난로에 불은커녕 불티도 없었기 때문이다.

"여러분은 나를 놀리시네요." 코타르 부인은 자신도 웃으면서 최면술사와 같이 가볍게, 머리를 매만지는 여인같이 교묘하게, 이마에 남은 잠의 마지막 흔적을 손으로 지워냈다. "친애하는 베르뒤랭 마님께 정중히 사과드리는 바예요. 그리고 마님께서 사실을 가르쳐주신다면 정말 기쁠 텐데." 그러나 그 미소는 곧 침울해졌다. 아내가 그의 마음에 들려고 하나 그렇게 되지 않아 전전긍긍하고 있는 줄 아는 교수가 그녀 곁으로 와서 소리 질렀기 때문이다. "거울 좀 봐. 여드름이 난 것처럼 새빨개. 촌 할망구 같아."

"아시다시피 저분은 매력 있답니다." 베르뒤랭 부인은 말했다. "상냥하면서도 빈정거리기 좋아하는 분으로, 재미있는 면이 있어요. 또 저분은 의학부의 모든 선생님이 포기했던 내 남편을 무덤 앞에서 도로 데려와주었어요. 사흘 밤이나 자지도 않고 남편 곁에서 지냈어요. 그러니까 코타르는 내겐, 아시겠습니까." 그녀는 음악적인 양쪽 관자놀이의 흰 머리털 타래의 두 둥근 물체 쪽으로 손을 쳐들면서, 마치 우리가 의사를 때려잡으려 하기라도 한 듯 엄숙하고도 거의 위협하는 가락으로 덧붙였다. "거룩한 분이에요! 뭐든 다

원하시는 대로 해드리고 싶어요. 애초에 나는 코타르 박사라고 안 불러요. 신령 박사라고 부릅니다! 아니 그렇게 말하는 것 또한 그분을 헐뜯는 게 돼요. 왜냐하면 이 신령님은 다른 신의 책임 아래 생겨난 불행의 일부를 가능한 한 고치시는 거니까요."

"으뜸패를 내놓게." 샤를뤼스 씨가 모렐에게 즐거운 표정으로 말했다. "그럼 시험 삼아 으뜸패를." 바이올리니스트가 말했다. "처음에 왕을 선언했어야지." 샤를뤼스 씨가 말했다. "자네 멍하네그려. 그러나 참으로 잘하네!" "왕이오." 모렐이 선언했다. "대장부다운데." 교수가 대꾸했다.

"저기 말뚝이라도 박힌 듯한 건 대체 뭐죠?" 베르뒤랭 부인은 캉브르메르 씨에게 벽난로 위에 조각된 화려한 방패 모양을 가리키면서 물었다. "댁의 가문(家紋)입니까?" 그녀는 비꼬는 멸시와 더불어 덧붙였다. "아뇨, 우리게 아닙니다." 캉브르메르 씨는 대답했다. "우리 것은 금 바탕에 가로줄 셋이 들어가고 붉은 총구멍 다섯이 번갈아 그려진 것으로, 저마다 금빛 토끼풀 무늬가 하나씩 붙어 있습니다. 아니, 저건 아라쉬펠네 거예요. 이 집안이 우리 선조는 아니지만 이 가옥을 우리가 이어받았지요. 그리고 대대손손 하나도 바꾸려 들지 않았던 겁니다. 아라쉬펠네 가문(家紋)은(이전엔 펠빌랭이라고 불렸는데) 금 바탕에 끝이 동그스름한 붉은 말뚝 다섯 개가 붙은 것이었습니다. 그 집안이 페테른과 하나가 되었을 때 방패 가문이 변해, 끝 부분 또한 십자로 된 작은 십자가 무늬 스무 개가 네 귀퉁이에 있고, 거기에 금빛으로 박은 작은 말뚝이 있으며, 오른쪽에는 흰 바탕에 검은 반점 무늬의 날개 모양이 붙게 된 것입니다." "아트라프(attrape, 맞았어요)."* 캉브르메르 부인이 나직하게 말했다. "나의 증조할머니가 아라쉬펠 집안, 아니 라쉬펠이라고 해도 좋지만 어쨌든 그 집안 태생이었습니다. 옛 문서에 이 두 이름이 나와 있으니까요." 캉브르메르 씨는 이야기를 계속하면서 얼굴이 몹시 빨개졌다. 그는 그제야 아내의 칭찬이 무슨 뜻인지 깨달음과 동시에, 베르뒤랭 부인이 자기를 조금도 겨냥하지 않은 그 말의 대상이 자기인 줄로 여길까 봐 걱정했기 때문이다. "역사에 따르면, 11세기 무렵 일명 펠빌랭이라고 하는 초대 아라쉬펠인 마세가 요새 공성전에서 말뚝을 뽑아내는 데 특별한 재주를

---

* 속어로는 '꼴 좋다'라는 뜻.

보였습니다. 이에서 아라쉬펠(Arrachepel)*¹이라는 별명이 생기고 그는 그 이름으로 귀족이 되죠. 그리고 말뚝은 보시다시피 몇 세기에 걸쳐 가문에 남게 된 겁니다. 그 말뚝은 요새에 적이 다가오지 못하게 요새 앞쪽 땅에 세워 박아넣고(이 표현을 용서하시기를) 서로 연결했던 것입니다. 그것이 부인께서 아까 말뚝이라고 부르신 것인데, 그것은 착한 라 퐁텐의 물에 뜬 말뚝하고는 아무 관계없습니다. 왜냐하면 그것은 한 진지를 함락할 수 없도록 만들기 위해 쓰이는 거니까요. 물론 현대의 대포와 맞서서는 웃음거리도 못 되지만, 우리는 이게 11세기 무렵 일이라는 걸 떠올려야 합니다." "현대성이 없네요." 베르뒤랭 부인이 말했다. "하지만 작은 종각같아 운치 있어요."

"자네에겐 튀를뤼튀튀한(turlututu, 시시한)*² 운이 있네그려." 이렇게 코타르는 말했는데, 이는 몰리에르가 쓴 말을 교묘히 피하기 위해 그가 즐겨 쓰는 말이었다. "다이아의 왕이 물러난 까닭을 아시나?" "내가 그 대신 물러나고 싶은데요." 병역에 싫증나 있는 모렐이 말했다. "뭐라고! 이 못된 백성아!" 샤를뤼스 씨는 이렇게 외치며 바이올리니스트의 귀를 꼬집고 말했다. "아니, 모른다고? 왜 다이아의 왕이 물러났는지?" 코타르는 제 농담에 집착해 이어 말했다. "외눈밖에 없기 때문이죠." "어려운 상대군요, 박사님." 캉브르메르 씨는 코타르가 누군지 안다는 걸 나타내려고 말했다. "이 젊은이는 놀랍단 말씀이야." 샤를뤼스 씨는 모렐을 가리키면서 천진난만하게 가로막았다. "신령님 같은 솜씨로 놀이하거든." 이 실례의 말은 의사의 마음에 그다지 들지 않아 그는 대답했다. "누가 이기나 두고 보시죠. 뛰는 놈 위에 나는 놈 있다고." "여왕, 에이스." 운이 붙은 모렐은 의기양양하게 선언했다. 의사는 이 행운을 부정할 수 없다는 듯 머리를 숙이고, 홀린 듯이 조용히 고백했다. "이거 대단하군."

"샤를뤼스 씨와 함께 식사해 매우 기뻤어요." 캉브르메르 부인은 베르뒤랭 부인에게 말했다. "아시는 사이가 아니셨나요? 꽤 유쾌하고 특별한 분이죠. 한 시대의 느낌을 가진 분이죠(어느 시대냐고 물어온다면 그녀는 난처했으리라)." 베르뒤랭 부인은 예술 애호가다운, 심판관다운, 한집안의 여주

---

*1 arrache는 '뽑아내다'라는 동사인 arracher에서 딴 것이고, pel은 '말뚝'이라는 뜻인 pieu의 전음(轉音). 그러니까 합쳐서 '말뚝 뽑기'라는 뜻이 됨.
*2 명사로는 '퉁소', 감탄사로는 냉소하는 '흥'이라는 뜻.

인다운 만족의 미소를 띠며 대답했다. 캉브르메르 부인은 내게 생루와 같이 페테른에 오겠느냐고 물었다. 나는 성관에서 이어지는 참나무들 꼭대기에 오렌지색 램프 모양으로 걸린 달을 보고서 감탄의 소리를 금치 못했다. "이건 아직 아무것도 아니에요. 곧 달이 더 높이 올라 골짜기가 환히 비춰지면 천 배나 더 아름다워요. 페테른에선 못 보는 경치랍니다!" 베르뒤랭 부인은 캉브르메르 부인에게 거만한 어조로 말했는데, 캉브르메르 부인은 제 소유지를 특히 세든 사람 앞에서 과소평가하기 싫어 뭐라고 대답해야 좋을지 몰랐다.

"얼마간 근처에 머무르십니까, 부인?" 캉브르메르 씨는 코타르 부인에게 물었다. 그것은 막연한 초대 의도를 풍기면서 당장 뚜렷한 약속은 하지 않아도 괜찮은 물음이었다. "어머나! 물론이죠. 나는 애들을 위해 어떻게든 매년 이렇게 도망쳐오려고 애쓰는걸요. 뭐라 해도 아이들에겐 바깥공기가 필요하니까요. 이 점에 대해선 나는 아주 단순합니다. 아이들에겐 공기만 한 치료도 없다고 생각해요. 설령 A+B가 얼마니 하는 식으로 과학적인 반대가 증명된다 해도 이 기분은 변하지 않아요. 아이들 표정만 봐도 알 수 있죠. 옛날과는 전혀 다르니까요. 의과 대학에선 나를 비시 온천장에 보내고 싶어 하지만 거기는 숨이 막히니까, 애들이 좀더 큰 다음에 내 위장을 스스로 격정할 생각이에요. 그리고 교수는 시험관이라 늘 일에 쫓기고 있어서, 그 때문에 더위에는 금세 녹초가 돼버려요. 그이같이 1년 내내 바쁜 사람한테는 온전한 휴식이 필요하다고 생각해요. 하여튼 우리는 한 달쯤 더 있을 거예요." "그렇습니까! 그럼 또 뵙겠군요." "게다가 남편이 사부아에 여행을 가기로 되어 있으니, 그동안 나는 이곳에 남아 있어야 해요. 그리고 나서 2주 뒤엔 남편도 이곳에 있을 거예요."

"나는 바다보다 골짜기 쪽이 더 좋아요." 베르뒤랭 부인은 이어 말했다. "돌아가는 길엔 날씨가 눈부시겠는데요." "오늘 저녁 꼭 발베크에 돌아가야 한다면 마차 준비를 했는지 알아보고 오라고 해야겠어요." 베르뒤랭 씨는 나에게 말했다. "나는 마차가 필요치 않다고 생각했거든요. 내일 아침 마차로 데려다드려도 되고. 화창한 날씨겠죠. 가는 길은 근사하고." 나는 그럴 수 없다고 말했다. "그러나 아무튼 아직 시간이 있어요." 베르뒤랭 부인이 맞서서 말했다. "여보, 손님들을 가만 두세요. 아직 시간이 많으니. 역에 한 시간이나 일찍 도착한댔자 뭘 하겠어요. 여기 계시는 편이 더 좋아요. 그리고 당신, 나의 모차르트." 그녀는 감히 샤를뤼스 씨에게 직접 말 건네지 못해 모렐에게 말했다. "당신은 남죠? 바다 쪽 깨끗한 방이 있어요." "하지만 그는 남지 못합니다." 놀이에 열중해 듣지 못한 모렐 대신 샤를뤼스 씨가 대답했다. "자정까지밖에 외출 허가를 얻지 못해서 말씀이죠. 얌전하고 말 잘 듣는 어린애처럼 돌아가서 자야 합니다." 그는 신이 나서 유치하고 고집 센 목소리로 덧붙였다. 이 순수한 비유와 모렐에 대한 이야기에 자기도 목소리를 내어 손 대신 말로 그를 주무르는 일에서, 사디즘의 쾌락을 찾아내고 있기라도 하듯이.

브리쇼가 나에게 늘어놓은 설교 덕분에 캉브르메르 씨는 나를 드레퓌스파라고 결론지었다. 그는 골수 드레퓌스 반대파였으나 내 앞에서 적에 대한 예의를 지켜, 한 유대인 대령이 쉬브르니 가문의 사촌에 대하여 늘 공평했으며 마땅한 승진을 시켜주었노라고 칭찬하기 시작했다. "또 내 사촌은 완강한 대립 사상을 가지고 있었는데도 말입니다." 그러나 캉브르메르 씨는 그 사상이 어떤 것인지는 말하지 않았다. 하지만 나는 그것이 그의 얼굴처럼 예스럽고 꼴사나운 것으로, 어떤 작은 마을의 가족이 오래전부터 지녀온 사상 따위임을 알아차렸다. "아시겠지요. 나는 그것이 참으로 아름다운 일이라고 생각합니다!" 캉브르메르 씨는 결론지었다. 사실 그는 이 '아름다운'이라는 낱말을, 그 어머니나 아내가 갖가지 작품(다만 모두 다 예술작품)을 가리킬 때 쓰는 심미적인 뜻으로 쓰지 않았다. 캉브르메르 씨는 오히려, 이를테면 최근에 조금 살찐 허약한 인물을 칭찬하는 데 이 형용사를 썼다. "뭐라고요, 두 달 안에 몸이 3킬로그램이나 불었다고요? 매우 아름다운 일인데요!"

다과류가 탁자 위에 차려져 있었다. 베르뒤랭 부인은 마음에 드는 음료를 직접 고르도록 손님들을 불렀다. 샤를뤼스 씨는 제 잔을 마시러 갔다 곧바로 돌아와 트럼프 탁자 옆에 앉아 더 이상 움직이지 않았다. 베르뒤랭 부인은 그에게 물었다. "오렌지에이드를 드셨나요?" 그러자 샤를뤼스 씨는 아주 드물게 맑은 어조로 우아한 미소를 띠며 연방 입을 삐쭉삐쭉, 몸을 흔들대면서 대답했다. "아뇨, 그 옆의 것을 마셨습니다. 딸기술요. 맛있던데요." 어떤 비밀 행위가 겉으로 드러낸 결과로 그 비밀을 폭로하는 말씨 또는 몸짓을 보인다는 건 신기한 일이다. 한 어른이 성모의 원죄 없는 잉태나 드레퓌스의 무죄나 우주의 다수성(多數性)을 믿든 안 믿든, 만일 본인이 침묵을 지킨다면 그의 목소리 속에도 걸음걸이 속에도 그 생각을 들통나게 하는 것은 하나도 없다. 반면에 샤를뤼스 씨가 그 날카로운 목소리로 그런 미소와 팔짓과 더불어 "아뇨, 그 옆의 것을 택했습니다. 딸기술요" 말하는 걸 들으면, 듣는 이는 '아니, 저 사람은 남자를 좋아하는군' 생각하리라. 그것은 마치 재판관이 자백을 하지 않는 범인에게 유죄 선고를 내릴 때의 확신, 또는 어떤 중풍 환자가 당사자는 병이 있는 줄 모르지만 의사는 발음의 흠으로 미루어 그가 3년 안에 죽을 거라고 추정할 때의 확신과 똑같은 것이었다. "아뇨, 그 옆의 것을 마셨습니다. 딸기술요"라는 말투에서 이를테면 자연법칙에 어긋나는 사랑을 끌어내는 사람들은 어쩌면 재판관이나 의사만한 지식도 필요없을지 모른다. 여기엔 비밀과 그것을 폭로하는 표시 사이에 더욱 직접적인 관계가 있기 때문이다. 뚜렷이 말할 순 없으나 사람들은, 지금 대답하는 이가 얌전하게 미소 짓는 귀부인이며 그녀가 사내로 보이고 싶어하므로 부자연스럽게 보이는 걸 알아채고, 또 사내들이 이런 행동을 하는 건 보기 드물다는 사실을 느낀다. 그러나 그보다 매력적인 점은 오래전부터 일정한 수의 천사와 같은 여자들이 잘못하여 남성 속에 끼어들어가 유배를 당하고 말아, 사내들에게 생리적인 혐오를 품으면서도 사내들 쪽으로 헛되이 날개를 펄럭이면서, 살롱을 능숙하게 정돈하고 그 '내부'를 꾸민다고 생각하는 것이다.

샤를뤼스 씨는 베르뒤랭 부인이 서 있는 데 개의치 않고서 모렐 곁에 더 있으려고 그대로 안락의자에 앉아 있었다. "어떻게 생각하세요?" 베르뒤랭 부인은 남작에게 말했다. "이건 죄악이 아닌가요? 제 바이올린으로 우리를 매혹할 수 있는 이 사람이 트럼프 탁자에 붙어 있다는 게? 그토록 멋지게 바이올린을 연주하는 이가!" "트럼프도 잘해요. 다 잘해요. 총명하거든요." 샤를뤼스 씨는 이렇게 말하면서 모렐에게 훈수하기 위해 놀이를 계속 바라봤다. 하기야 그것은 그가 베르뒤랭 부인 앞의 안락의자에서 일어서려고 하지 않는 유일한 이유가 아니었다. 대귀족과 예술 애호가라는, 자기 모습으로 인정된 사회적 개념을 기묘하게 혼합한 그는 사교계 사람같이 예의 바르게 구는 대신, 생시몽을 참조해서 자기를 살아 있는 초상화 같은 존재로 만들려고 했다. 그리고 지금 그는, 다른 면에서도 그의 흥미를 끌었지만, 궁전에서 게으름을 피워 어떤 명문 귀족 앞이든지 의자에서 떠날 생각을 하지 않을 만큼 교만했다는 위그셀르(Huxelles) 원수*를 흉내내면서 즐거워하고 있었다. "이봐요, 샤를뤼스 씨." 친근한 말투로 베르뒤랭 부인은 말했다. "당신 주위에 몰락한 귀족 영감으로 우리집 문지기가 돼줄 사람이 없을까요?" "있습니다, 있고말고요." 샤를뤼스 씨는 사람 좋은 모양으로 빙그레 웃으며 대답했다. "하지만 권하지는 않겠습니다." "어째서요?" "당신을 위한 일입니다. 멋진 방문객들이 문지기 오두막집에서 더 안으론 들어가지 않을까 봐." 이것이 두 사람 사이의 첫 시비였다. 베르뒤랭 부인은 그것에 거의 신경 쓰지 않았으나 파리에 돌아가면 불행하게도 이런 시비가 거듭될 것이다. 샤를뤼스 씨는 여전히 의자를 떠나려고 하지 않았다. 게다가 그는 귀족의 위신과 부르주아의 비겁에 대한 제 마음에 드는 격언처럼 그토록 쉽게 베르뒤랭 부인이 굴복한 걸 보고서 남몰래 미소를 금치 못했다.

마님은 남작의 태도에 조금도 놀란 기색이 없었다. 그리고 그녀가 그의 곁을 떠난 건, 그저 캉브르메르 씨가 나한테 성가시게 구는 걸 보고 걱정되었기 때문이다. 그러나 떠나기에 앞서 그녀는 샤를뤼스 씨와 몰레 백작부인과의 관계를 밝히고 싶었다. "드 몰레 부인과 아는 사이라고 말씀하셨는데요. 그 댁에 자주 가십니까?" 이때 베르뒤랭 부인은 '그 댁에 가다'라는 말에, 댁에 받아들여진다, 그녀한테 그녀를 만나러 가는 허락을 받았다라는 뜻을 담아 물었다. 샤를뤼스 씨는 경멸하는 투로 짐짓 정확성을 꾸미면서 단조롭게 대답했다. "네, 이따금." 이 '이따금'은 베르뒤랭 부인에게 의심을 주어, 그녀는 물었다. "거기서 게르망트 공작을 만난 적이 있으세요?" "글쎄! 생각나지 않는데요." "어머나!" 베르뒤랭 부인은 말했다. "그럼 게르망트 공작을 모르시나요?" "어찌 그를 모르겠습니까?" 샤를뤼스 씨는 이렇게 대답했는데, 입이 미소로 일렁이고 있었다. 이 미소는 비꼬는 미소였다. 하지만 남작은 금니가 보일까 봐서 곧 입술을 다물고 미소를 부수었으며, 그 때문에 비틀린 입술이 그것을 호의의 미소로 만들어버렸다. "왜, 어찌 그를 모르겠습니까라고 말씀하시죠?" "그는 내 형인걸요." 샤를뤼스 씨가 아무렇게나 말하자, 베르뒤랭 부인은 어안이 벙벙해졌다. 이 손님이 자기를 놀리고 있는 건지, 아니면 그가 사생아인지 또는 이복형제인지 의심스러웠다. 게르망트

---

* 이 이야기는 생시몽의 《회상록》에 있음.

공작의 동생이 샤를뤼스 남작이라고 불린다는 생각은 그녀 머릿속에 얼른 떠오르지 않았다.

그녀는 나에게 다가왔다. "아까 캉브르메르 씨가 당신을 만찬에 초대하는 걸 들었어요. 나야 뭐, 어떻게 하시든 아무래도 좋아요. 하지만 당신을 위해서 하는 말인데 가지 않는 게 좋아요. 첫째 그곳은 지긋지긋한 사람들이 마구 들끓는 곳이에요. 그야 물론, 아무도 모르는 시골 백작이나 후작들과 식사하기를 좋아한다면야 더없이 만족하실 테지만." "한두 번쯤은 거기에 가야 할 겁니다. 애당초 나 혼자서 결정할 문제도 아니고요. 혼자 내버려둘 수 없는 어린 사촌누이가 있거든요(이렇게 친척이라고 해두면 알베르틴과 함께 나돌아다니기 편할 거라고 생각했다). 그런데 캉브르메르네 사람들에겐 내가 이미 사촌누이를 소개해놔서……." "마음대로 하시죠. 내가 말할 수 있는 거라곤 그곳이 더할 나위 없이 건강하지 않다는 거예요. 폐렴이나 가벼운 류머티즘에 걸리기라도 하면 대체 뭐 하러 갔나 싶겠지요." "그러나 매우 예쁜 곳 아닌가요?" "그으래애요오……. 뭐 그럴지도. 나는 솔직히 말해 이곳 골짜기의 경치가 백배는 더 좋아요. 누군가 돈을 준다 해도 나는 그쪽 집으로는 옮기지 않겠어요. 바닷바람이 우리 남편 베르뒤랭에게 치명적이니까요. 당신 사촌누이가 조금이라도 신경질적이라면……. 게다가 당신도 신경질적인 것 같네요. 숨이 차죠. 뭐, 하여튼, 아실 날이 있겠죠. 거기에 한번 가면 이레나 잠을 이루지 못할 거예요. 정말이지 거긴 당신한테 안 맞는 곳이에요." 그리고 그녀는 새로 한 말이 전에 한 말과 모순된다는 것 따윈 생각하지 않고서 말했다. "하지만 만일 그 집을 구경하고 싶으시다면 그 집도 썩 나쁘지 않아요. 예쁘다고 하면 지나친 말이지만. 아무튼 옛 도랑, 옛 도개교(跳開橋)가 있어서 재미나요. 실은 나도 한번쯤 거기에 가서 식사해야 할 거예요. 그렇지! 당신도 그날 오세요. 나는 내 작은 동아리를 다 데리고 갈 테니. 그럼 재미나겠죠. 모레 우리는 마차로 아랑부빌에 갈 거예요. 가는 길이 멋지고, 감칠맛 나는 능금주도 있답니다. 그러니 오세요. 이봐요 브리쇼, 당신도 오세요. 또 스키 당신도. 그럼 하나의 부대가 되네요. 하기야 남편이 미리 준비해두었을 테죠. 누구누구를 초대할지 나는 잘 모르지만요. 샤를뤼스 님, 당신도 그중 한 분이십니까?" 남작은 이야기 끝 부분만 들었으므로 아랑부빌로 가는 소풍에 대한 말이라는 걸 몰라서, 소스라쳐 놀라 비꼬는 투로 이렇게 중얼거려 베르뒤랭 부인의 감정을 상하게 했다. "괴이한 질문이로군요."

"그나저나." 그녀는 나에게 말했다. "캉브르메르네의 만찬 전에 어째서 사촌누이를 이곳에 안 데리고 오시죠? 얘기하기를 좋아하는 지적인 분? 유쾌한 분? 아무렴 그러시겠죠. 그럼 썩 좋네요! 함께 오세요. 캉브르메르네만 사교계가 아니니까요. 그 집이 당신 사촌누이를 기꺼이 초대하는 걸 이해하겠어요. 아무도 초대하지 못하거든요. 여기라면 공기도 좋고, 늘 지적인 분들이 오시죠. 어쨌든 오는 수요일에 나를 저버리지 않기를 기대합니다. 당신이 사촌누이, 샤를뤼스 씨, 또 내가 모르는 아무개와 함께 리브벨에서 다과를 즐기신다고 들었어요. 그분들을 모두 이곳에 데려오기로 계획하시는 게 좋겠어요. 한 떼로 몰려오면 재미날 거예요. 연락은 어렵지 않아요. 오는 길의 경치도 무척 아름답고요. 필요하면 마중하러 사람을 내보내죠. 그런데 어째서 리브벨이 당신의 관심을 끄는지 모르겠네요. 모기들이 시끄럽게 우글거리는 곳인데. 아마 갈레트(galette)*가 맛있다는 평판을 곧이듣나 보죠. 하지만 우리 요리사가 더욱 맛있게 만들어요. 진짜 노르망디풍 갈레트를 드시게 해드리겠어요. 그리고 사브레도. 거짓말이 아니랍니다. 아무튼지! 리브벨에서 차려내는 형편없는 음식을 좋아하시더라도, 나는 차려내지 않겠어요. 내 손님들을 독살하고 싶지 않으니까. 또 내가 차려내고 싶어도, 우리 요리사는 그런 상스러운 것을 만들기 싫어서 보따리를 싸겠다고 할 거예요. 그곳 갈레트는 뭘 가지고 만들었는지 알 게 뭐예요. 내가 아는 어떤 불쌍한 아가씨는 그걸 먹고 복막염에 걸려 3일 만에 목숨을 잃었어요. 17살밖에 안 되었는데. 그 불쌍한 어머니는 정말 괴로웠겠죠." 베르뒤랭 부인은 경험과 괴로움이 꽉 들어찬 양쪽 관자놀이의 둥근 물체 밑에서 우울한 표정을 지으며 덧붙였다. "그러나 가진 것을 몽땅 털리거나 돈을 펑펑 쓰는 게 재미나다면 리브벨에 다과를 즐기러 가시죠. 다만 부탁합니다. 당신을 믿고 맡기는 사명입니다만, 6시가 땡 하고 치면 당신의 무리를 전부 이곳에 데리고 오세요. 뿔뿔이 흩어져 제 집으로 돌아가게 하지 마세요. 누구든 마음에 드는 이를 데리고 오세요. 아무에게나 이런 말을 하지는 않는답니다. 하지만 당신의 친구들이라면 좋은 분들임에 틀림없으니까요. 한눈에 알아봤답니다, 우리가

---

* 둥글고 판판한 빵과자.

서로 통하리란 것을. 작은 핵심 말고도, 수요일에는 썩 유쾌한 분들이 오세요. 그 귀여운 롱퐁 부인을 모르시나요? 매력 있고 재치로 가득한 데다 조금도 속물이 아닌 분이죠. 분명 당신 마음에 썩 들 거예요. 그분도 한 무리의 친구들을 데리고 오기로 되어 있답니다." 그리고 베르뒤랭 부인은 고상한 사람들을 예로 들어 나를 격려하기 위해 덧붙였다. "바르브 드 롱퐁과 당신 가운데 누가 더 세력 있으며 더 많은 사람을 데리고 오는지 알게 되겠네요. 그리고 베르고트도 분명히 데리고 오시겠지요." 그녀는 이렇게 말했지만, 아침 신문에 이 대작가의 건강이 몹시 안 좋다는 기사가 실렸으므로 이 저명인사의 참가는 그다지 가능할 성싶지 않아 애매하게 말을 흐렸다.

"뭐, 두고 보세요. 나의 수요일회 중에서도 손꼽힐 만큼 성대한 날이 될 거예요. 지겨운 여인들은 부르지 않겠어요. 그런데 오늘 저녁 모임으로 봐서 판단하지 마시기를. 오늘 저녁은 아주 실패였으니까. 안 그렇다는 말 마세요. 당신보다 내가 더 진저리나 견딜 수 없으니까요. 하지만 늘 오늘 같지는 않아요! 게다가 캉브르메르네 사람들이야 내 안중에도 없지만, 나는 유쾌한 분으로 통하는 사교계 인사들도 알고 있답니다. 그런데 말이죠! 그들도 나의 작은 핵심에 비하면 아무것도 아니지 뭐겠어요. 스완을 지적인 사람으로 본다고 말씀하셨죠. 내 생각으론 그건 지나친 칭찬이에요. 그 사람의 불쾌하고 못되고 음험한 성격에 대해 운운하지 않더라도 말이에요. 그래도 나는 그를 자주 수요일회에 초대했죠. 그런데 세상에! 다른 사람들에게 물어보셔도 좋아요. 신통찮은 위인에 이류 교수지만 내가 어찌어찌 힘써서 학사원에 집어넣은 브리쇼, 그 사람에 비해서도 스완은 아무것도 아니에요. 그에겐 개성이 조금도 없답니다!" 그리고 내가 반대 의견을 나타내니까 그녀는 대꾸했다. "그런가요. 나는 그의 욕을 한마디도 하고 싶지 않아요. 당신의 벗인걸요. 게다가 스완도 당신을 퍽 좋아해, 감미로운 말로 당신을 힘껏 칭찬했지요. 하지만 다른 사람들에게 물어보세요. 그가 우리 만찬회에서 한 번이라도 뭔가 재미있는 이야기를 했나. 어쨌든 여기에서는 그 사람의 가치를 알아볼 수 있어요. 그런데도 글쎄! 까닭이야 모르지만, 스완은 우리집에선 조금도 재치를 보이지 않고, 우리한테 도움 준 것도 하나 없답니다. 또 그가 조금이나마 가치 있게 된 것도 우리 덕분이랍니다." 나는 그가 매우 지적이라고 힘주어 말했다. "아니에요. 우리만큼 그 사람과 오래 사귀지 않아서 그렇게 생각하시는 것뿐이에요. 사실 우리는 그의 정체를 아주 빨리 알았답니다. 나한 테 그는 지겨운 사람이었어요(즉 그는 라 트레모유네와 게르망트네 집에 드 나들고, 내가 거기에 드나들지 않음을 알고 있다는 뜻이었다). 나는 다 참을 수 있지만 지루함만은 못 참아요. 정말 못 참아요!" 이제는 지루함에 대한 혐오가 베르뒤랭 부인의 작은 환경 구성을 설명하기 위한 이유가 되었다. 그녀의 말에 따르면 그녀는 뱃멀미 때문에 유람선에 못 타듯, 진저리나는 게 싫어서 공작부인들을 아직 초대하지 않은 셈이었다.

나는 베르뒤랭 부인이 한 말이 전적으로 거짓이라고는 생각지 않았다. 게르망트네 사람들은 브리쇼를 가리켜 만나본 사람들 가운데에서 가장 바보스러운 인간이라고 말할 것이다. 그러나 나는 브리쇼가 스완 정도야 아닐망정, 적어도 게르망트 가문의 재치 있는 사람들—그들에게는 그런 현학적인 농담을 피할 줄 아는 좋은 취미와 그러한 일에 낯을 붉히는 수치심이 있었지만 —보다는 낫지 않을까 하는 생각에 결론을 못 내리고 있었다. 나는 이 문제에 대한 나 자신의 해답으로 이지의 본성이 얼마간 밝혀질 수 있기라도 하듯이, 포르루아얄 수도원의 영향을 받은 그리스도교도가 성총(聖寵) 문제를 자문할 때처럼 진지하게 스스로에게 물어보았다.

베르뒤랭 부인은 말을 이었다. "사교계 사람들을 정말 지적인 사람들, 우리 환경의 사람들과 함께 있게 하면 당신도 아시게 될 거예요. 장님 나라에서 가장 재치 있는 사교인도 여기서는 그저 애꾸눈에 지나지 않아요. 게다가 그는 남들을 얼어붙게 하죠. 사람들은 더 이상 안심할 수 없게 되고요. 그러니 그 둘을 하나로 합쳐서 전부 망가뜨리기보다는 진저리나는 사람들끼리만 따로 모임을 만드는 편이 좋지 않나, 그러는 편이 나의 핵심을 더욱 잘 즐기는 게 아닐까 생각할 정도랍니다. 결론은 말이에요, 사촌누이와 같이 오세요. 그럼 결정됐어요. 좋아요. 적어도 여기선 두 분 다 먹을 게 있어요. 페테른엔 허기와 갈증뿐이에요. 틀림없어요! 하지만 혹시 쥐를 좋아하신다면, 곧바로 거기에 가세요. 그쪽에서 잔뜩 차려낼 테니. 당신이 바라는 만큼 기르고 있을 거예요. 대신 배고파 죽겠죠. 그래요, 내가 갈 때는 떠나기 전에 식사를 마칠래요. 당신께서 나를 데리러 오신다면야 더 재미날 테죠. 그러면 먼저 간식을 잔뜩 먹고, 돌아와서 밤참을 듭시다. 사과 파이 좋아하세요? 어머, 잘됐네요! 그거라면 우리 요리사만큼 잘 만드는 이가 없답니다. 이제 아시겠죠, 당신은 여기서 살게 될 분이라고 내가 말했잖아요. 그러니 여기에 와서 사세요. 이 집에는 보기와는 달리 방이 여러 개 있어요. 진저리나는 사람들한테는 이런 말 안 해요. 당신의 사촌누이가 묵으러 와도 좋아요. 발베크와는 공기가 다르니. 이곳 공기로는 불치병 환자도 고칠 수 있다고 나는 감히 말하겠어요. 정말이에요. 고쳤어요. 그것도 어제오늘 일이 아니죠. 왜냐하면 전에도 이 근처에 산 적이 있거든요. 나는 그 집을 찾아내 헐값으로 세들었는데, 이 라 라스플리에르와는 또 다른 풍취가 있는 곳이었답니다. 둘이서 산책한다면 안내하죠. 그러나 여기에서조차 공기가 참으로 생기를 주는군요. 아직 나는 이 사실을 너무 떠들고 싶지 않아요. 파리 사람들이 나의 은신처인 이 작은 구석에 몰려오면 큰일이니까요. 이곳은 지금까지 늘 내 행운의 장소였는데 말이죠. 어쨌든 사촌누이에게 말씀해주세요. 골짜기를 바라보는 예쁜 방 두 개를 빌려드리겠어요. 아침이 되면 보이실 테죠. 안개 속 태양이! 그런데 아까 말씀하신 그 로베르 드 생루는 어떤 분이죠?" 그녀는 내가 그를 만나러 동시에르에 가기로 되어 있다고 한 말을 들어, 나를 놓칠까 봐 불안한 표정으로 말했다. "진저리나는 분이 아니라면 그분도 여기에 데리고 오지 그러세요? 나는 모렐한테 그분 얘기를 들었어요. 절친한 친구 가운데 한 분인가 봐요." 이는 새빨간 거짓말이었다. 생루와 모렐은 서로 그 존재조차 모르는 사이였으니까. 그러나 생루가 샤를뤼스 씨와 아는 사이라는 말을 들은 그녀는 아마 그 만남이 바이올리니스트를 통해서인 줄 생각하고 아는 체하고 싶었던 것이다. "의학을 하는 분? 아니면 문학을 하는 분인가요? 아시다시피 시험을 위한 추천이 필요하다면 코타르가 얼마든지 할 수 있어요. 그는 내 뜻이라면 무조건 따르니까. 아카데미는 역시 뒷날이겠지요, 그분 아직 젊으실 테니. 하지만 나는 표를 꽤 모아뒀답니다. 당신 친구도 여기서 친한 친구들을 많이 사귀실 테고, 또 집 구경도 즐거울 거예요. 동시에르는 재미없는 곳이죠. 뭐, 그나저나 당신이 원하는 대로 하세요. 가장 좋은 형편대로 하세요." 그녀는 이 정도로 결론을 맺고 더는 강요하지 않았다. '귀족'과 벗이 되는 데 집착하는 모습을 보이지 않기 위해서였으며, 또 그녀의 신도들을 지배하는 제도가 독재였건만 그녀는 이를 자유라고 자부하기 때문이었다.

"이봐요, 왜 그래요?" 그녀는 베르뒤랭 씨를 발견하고 말했다. 그는 참을 수 없다는 몸짓을 하면서, 손님방에서 골짜기 위쪽으로 뻗은 마루로 된 발코니로 나가고 있었다. 꼭 분노에 숨이 막혀 바람을 쐬야 할 사람 같았다. "또 사니에트가 화나게 했나요? 그가 바보인 걸 잘 알면서. 운명이라 체념하고 그렇게 펄펄 뛰지 말아요. 나는 저러는 게 싫다니까." 그녀는 나에게 말했다. "그이 몸에 해로워요. 혈압이 높아지거든요. 말해두지만, 사니에트를 참고 견디기엔 이따금 천사와 같은 참을성이 필요해요. 특히 그를 맞아들이는 게 자선이라는 걸 기억할 필요가 있어요. 나로서는 털어놓고 말해 그 희한한 어리석음이 오히려 재미날 정도예요. 당신도 식사 뒤에 그가 한 말을 들으셨죠. '나는 휘스트를 칠 줄 모르지만, 피아노는 칠 줄 압니다.' 얼마나 멋져요! 대견한 일이죠. 거짓말이지만. 둘 다 할 줄 모르거든요. 남편은 겉으론 무뚝뚝하지만, 아주 예민하고 착해요. 그래서 늘 두드러져 보이려고 마음 쓰는 사니에트의 그런 이기심엔 화가 나고 말죠. 이봐요, 여보. 진정해요. 코타르가 그러면 간장에 해롭다고 했잖아요. 이러면 화살이 전부 내게 온다고요." 베르뒤랭 부인은 말했다. "내일 사니에트는 또 신경 발작이 나서 울어댈 거예요. 불쌍한 사람 같으니! 그건 이미 심각한 병이에요. 그러나 그것이 남들을 지치게 하는 이유는 못 돼요. 그리고 그가 매우 슬퍼해 남들이 동정하고 싶은 순간에도, 그 어리석음이 측은한 마음을 싹 날려버리죠. 너무나 바보스러우니까. 여보, 그에게 상냥하게 말하세요. 이런 말썽을 되풀이하면 둘 다 병이 날 테니, 그냥 다시는 오지 말라고요. 그게 그이한테는 가장 무시무시한 말이니, 신경도 진정이 되겠죠." 베르뒤랭 부인이 남편에게 소곤소곤 말했다.

오른쪽 창 너머로 바다를 겨우 알아볼 수 있었다. 왼쪽 창 너머로는 이제 달빛의 눈이 내리는 골짜기가 보였다. 이따금 모렐과 코타르의 목소리가 들려왔다. "으뜸패를 가지셨나?" "예스(yes)." "헉! 부 장 나베 드 본(Vous en avez de bonnes, 이거 운이 좋군요)." 캉브르메르 씨는 의사의 트럼프가 으뜸패로 가득한 걸 보고서 그 질문에 대답하듯 모렐에게 말했다. "여기 다이아의 여인이 있다" 하고 의사는 말했다. "이게 으뜸패라는 걸 아시나? 나 끊겠소. 나 잡겠소. 그런데 이젠 소르본(Sorbonne)은 없습니다. 파리 대학뿐입니다." 의사가 캉브르메르 씨에게 말했다. 캉브르메르 씨는 의사가 왜 그런 설명을 하는지 모르겠다고 솔직히 말했다. "당신이 소르본에 대해 말씀하신 줄 알았는데요." 의사는 말을 이었다. "당신이 우리에게 소르 본(sort bonne, 행운)*¹이라고 말하는 걸 들었어요." 그리고 의사는 그것이 곁말임을 보이려고 윙크했다. "잠깐." 그는 상대를 가리키며 말했다. "나는 트라팔가르 해전의 일격을 준비하고 있소." 의사로선 그 일격이 회심의 일격임에 틀림없었다. 기쁜 나머지 양어깨를 얼싸구 흔들면서 웃어댔기 때문인데, 그것은 그 가족, 코타르'속(屬)'의 만족을 나타내는 거의 동물학적인 특징이었다. 전 세대에는 비누칠하듯이 두 손을 비비대는 동작이 이 어깻짓에 뒤따랐다. 코타르 자신도 처음엔 이 어깻짓과 손짓을 한꺼번에 썼으나, 어느 날 누가 뭐라고 했는지는 모르나, 어쩌면 아내나 교수들의 충고 때문에 손을 비비대는 동작은 돌연 없어지고 말았다. 의사는 도미노 놀이 때 상대에게 마지못해 '패를 뽑게' 해 육땡을 잡는 가장 짜릿한 순간에도 이젠 어깻짓으로 만족했다. 그리고—좀처럼 드문 일이나—며칠 예정으로 고향에 가서 사촌이 아직 손을 비비대는 걸 보았을 때, 그는 돌아와 아내에게 말했다. "그 불쌍한 르네도 시시하더군." "좀 괜찮은 패 없나?" 그는 모렐한테 말했다. "없다고? 그럼 이 다윗 영감을 내지." "잠깐, 그럼 다섯 장인데. 당신이 이겼습니다!" "암, 이겼지." "멋진 승리인데요, 박사." 후작이 말했다. "피루스(Pyrrhus)*²식 승리." 코타르는 후작 쪽으로 머리를 돌려 코안경 너머로 제 재담의 효과를 살피면서 말했다. 그러고는 모렐을 보았다. "아직 시간이 있다면 복수할 기회를 드리죠. 내 차례였죠. 아! 안 되겠소. 이미 마차가 왔는걸. 금요일에 합시다. 예사롭지 않은 솜씨를 보이겠소."

베르뒤랭 부부는 우리를 밖으로 데리고 갔다. 부인은 사니에트에게 그가 다음 날 반드시 오도록 특히 달콤한 말씨를 썼다. "한데 보아하니 자네는 옷을 얇게 입은 것 같군." 베르뒤랭 씨는 부모 자식만큼이나 차이 나는 나이 때문에 나에게 이런 식으로 말했다. "날씨가 변한 것 같아." 이 말은 나를 기쁨으로 넘치게 했다. 마치 이 말들이 본디 지니고 있는 자연의 깊은 생명, 다른 배합의 출현이, 내 인생에 생겨날 다른 변화를 예고하여 거기에 새로운 가능성을 만들어내는 듯이 느꼈다. 떠나려고 정원으로 난 문을 여는 것만으

---

*1 발음이 같은 Sorbonne에 빗댄 익살.
*2 에피루스의 왕. 그는 희생이 컸던 한 전쟁에서 이긴 뒤 "이런 승리를 다시 한 번 했다가는 내 목숨이 떨어지겠다"는 말을 해서 유명해짐.

로도 다른 '날씨'가 한순간 전부터 풍경을 차지하고 있는 게 느껴졌다. 시원한 바람, 여름의 쾌감이 전나무 숲(거기서 이전에 캉브르메르 노부인이 쇼팽을 몽상했었다)에서 일었다. 거의 느껴질까 말까 하게 애무하는 듯한 굽이로, 또한 변덕스러운 소요로 숲의 가벼운 야상곡을 시작하고 있었다. 이때 나는 그 뒤의 저녁, 알베르틴이 곁에 있을 때 추위를 막기보다 오히려 쾌락의 비밀을 지키기 위해 받아들이게 되는 무릎덮개를 거절했다. 모두 노르웨이의 철학자를 헛되이 찾았다. 그에게 복통이 났나? 열차를 놓칠까 봐 걱정했나? 비행기가 그를 데리러 왔나? 하늘로 올라가 버렸나? 그는 신령처럼 남의 눈에 띌 사이도 없이 사라졌다.

"얇은 옷은 안 돼요." 캉브르메르 씨는 나에게 말했다. "오리 추위*인걸요." "오리가 어쨌다고요?" 의사가 물었다. "숨이 막히지 않게 조심하시게." 후작이 이어 말했다. "내 누이는 밤에는 절대 외출하지 않아요. 게다가 누이는 요즘 용태가 꽤 나쁘죠. 아무튼 맨머리로 있지 마시고 빨리 모자를 쓰시도록." "그건 추위로 인한 호흡 곤란이 아닙니다." 코타르는 거드름 피우며 말했다ㅡ"아! 그게 당신의 의견이라면……." 캉브르메르 씨는 머리를 숙이면서 말했다. "독자 상담란의 의견이죠!" 의사는 미소 지으려고 코안경 밖으로 눈길을 굴리면서 말했다. 캉브르메르 씨는 웃었지만, 그래도 자기가 옳다고 믿어 고집했다. 그가 말했다. "그렇지만 내 누이는 밤에 외출할 적마다 발작이 납니다." "궤변을 늘어놔도 소용없습니다." 의사는 제 무례를 깨닫지 못한 채 대답했다. "게다가 나는 바닷가까지 진찰을 하러 온 게 아니거든요. 왕진해달라고 부탁받으면 또 모르지만. 나는 이곳에 휴가를 보내러 왔습니다." 그것은 어쩌면 그의 생각 이상으로 사실이었다. 캉브르메르 씨가 그와 함께 마차를 타면서 "사실 우리 둘 다 운이 좋아요. 바로 근처(만의 당신네 쪽이 아니라 건너편이지만, 그래도 그 부근에선 만이 무척 좁아지니까요)에 또 한 분의 유명한 의사인 뒤 부르봉 박사가 계시니까요" 말하자, 평소의 코타르는 의사 윤리에 따라 동업자의 비평을 삼갔음에도, 우리 둘이 작은 카지노에 갔던 그 불쾌한 날 내 앞에서 그랬듯이 외치지 않고는 못 배겼다. "아니, 그는 의사가 아닙니다. 그의 의학은 문학적입니다. 그는 즉흥적으로 치

---

* 지독한 추위라는 뜻.

료하는 돌팔이예요. 하기야 우리는 사이가 좋습니다. 만일 내가 잠시 여기를 떠나지 않아도 괜찮다면 그를 만나러 가기 위해 배를 타겠는데." 그러나 코타르가 캉브르메르 씨에게 뒤 부르봉에 대해 이야기한 투로 보아, 그를 기꺼이 만나러 타고 가겠다는 배는 살레르노 의사들이 탄 배와 매우 닮았을 것이다. 그들은 또 한 명의 문학적인 의사 베르길리우스(살레르노 의사들의 단골손님을 전부 빼앗은 인물)가 찾아낸 온천을 망치러 가려고 배를 빌려 탔는데, 그 배는 항행 중 승객과 함께 가라앉아버렸다.

"잘 가세요, 사니에트. 내일 꼭 오세요. 남편은 당신을 좋아해요. 당신의 재치를, 당신의 지성을 아껴요. 그렇다니까요. 당신도 아시면서. 남편은 무뚝뚝한 표정을 짓기 좋아하지만 당신을 보지 않고선 못 배겨요. 늘 나에게 처음 묻는 말이 '사니에트가 오나? 보고 싶은걸!'이랍니다." "난 그런 말 한 적 없소." 베르뒤랭 씨는 짐짓 솔직한 척 사니에트에게 말했다. 부인이 한 말과 그가 사니에트를 다루는 태도를 빈틈없이 맞추는 듯했다. 그러고 나서 그는 저녁의 습기 속에 작별을 질질 끌지 않으려고 시계를 보면서 마부에게 꾸물거리지 말도록, 그러나 내리막길에선 조심하도록 명하고, 우리에게는 반드시 기차가 도착하기 전에 닿을 거라고 다짐했다. 기차는 신도들을 저마다 다른 역에 내려놓다가 나를 맨 나중에 내리게 할 테고(발베크만큼 멀리 가는 사람이 없어서), 캉브르메르 부부가 맨 처음 내릴 것이었다. 그들은 제 말이라 라스플리에르까지 밤길을 올라오지 않아도 되게 우리와 함께 두빌 페테른 역에서 기차를 탔다. 사실 그들의 집에서 가장 가까운 정거장은 이 역이 아니라 라 소뉴였다. 두빌 페테른 역은 그들이 사는 마을에서 좀 멀고, 성관으로부터는 더 멀었다.

두빌 페테른에 이르자, 캉브르메르 씨는 베르뒤랭네 마부에게(바로 그 우울한 생각을 품은 다정다감하고 상냥한 마부였는데) 프랑수아즈의 말마따나 '잔돈'을 주려 했다. 캉브르메르 씨는 인심이 후했으며 그것은 '어머니 쪽'에서 온 것이었다. 그런데 '아버지 쪽'이 거기에 끼어들어서인지, 돈을 내주면서 그는 잘못을 저지르는 게 아닌가 걱정했다―어두워서 그가 잘못 보고 1프랑이 아니라 겨우 1수만 내주는 게 아닌지, 또는 받는 쪽이 그가 주는 봉사료가 얼마나 큰지를 모르지나 않을지 걱정했다. 그래서 그는 그 금액을 꼭 집어서 말했다. "내가 주는 건 1프랑이야. 안 그래?" 그는 은화를 빛에 번쩍거리게 하면서 마부에게 말했는데, 이것은 또한 신도들이 베르뒤랭 부인에게 이 사실을 전달할 수 있게 하기 위함이었다. "안 그래? 분명 20수야. 거리가 짧으니까."

캉브르메르 부부는 라 소뉴에서 우리와 헤어졌다. "내 누이에게 꼭 말하겠소." 그는 거듭 말했다. "당신도 호흡 곤란을 앓는다고. 틀림없이 누이의 관심을 끌걸요." 나는 그 말이 그녀를 기쁘게 하리란 뜻임을 이해했다. 그의 아내는 내게 작별인사를 하면서 두 가지 생략을 했는데 그것은 편지에 쓰일 때조차 나중엔 귀에 익게 될망정 그때 내 마음엔 거슬리는 것이었다. 하물며 대화에서 쓰일 경우에는 오늘날에 와서도 그 가식적인 대범함이나 멋대로 허물없이 구는 태도가 내게는 어딘지 아니꼬운 현학적인 것으로 느껴졌다. "당신과 같이 저녁을 보내 만족해요." 그녀는 내게 말했다. "만나시면 생루프에게 안부를." 이렇게 말하면서 캉브르메르 부인은 생루를 생루프라고 발음했다. 나는 누가 그녀 앞에서 그렇게 발음했는지, 왜 그녀가 그렇게 발음해야 한다고 믿게 되었는지 아직도 모르겠다. 아무튼 몇 주일 동안 그녀는 번번이 생루프라고 발음했고 또 그녀를 크게 숭배하는 사내도 그녀를 흉내내 똑같이 발음했다. 다른 사람이 생루라고 말하면 두 사람은 고집스럽게 큰소리로 생루프라고 했는데, 그것은 남들에게 간접적으로 가르치기 위해서 또는 자기들이 남들과는 다르다는 걸 보이기 위해서였다. 그러나 캉브르메르 부인보다 더 빛나는 지위에 있는 부인들이 그렇게 발음해서는 못쓴다, 그녀가 독창성을 보이려고 그렇게 발음하는 건 사교계에 잘 통하지 않는다고 그녀에게 타일러선지, 아니면 간접적으로 알아차리게 해선지, 얼마 뒤 캉브르메르 부인은 예전처럼 생루라고 발음하게 되었으며, 그 숭배자도 똑같이 온갖 저항을 그만두었다. 그녀가 그에게 가르쳤기 때문이거나 그녀가 이젠 마지막 자음을 발음하지 않는다는 것을 그 스스로 알아챘기 때문이다. 그같이 가치와 세력과 야심을 가진 부인이 자기 주장을 굽혔다면, 사정을 잘 알고서 그랬을 게 틀림없다는 생각에서였으리라.

그녀의 숭배자들 가운데 가장 고약한 사람이 그녀의 남편이었다. 캉브르메르 부인은 남을 놀리기를 좋아했는데, 그런 때 흔히 매우 무례한 표현을 썼다. 그녀가 그런 식으로 나건 남이건 공격하자마자, 캉브르메르 씨는 희생자를 바라보며 웃기 시작했다. 후작은 사팔뜨기였는데—그것은 바보들의 쾌활함마저 재치 있게 보이지만—그 웃음은 본디 흰자위만 보이던 눈 위로 눈동자를 조금 끌어왔다. 마치 구름 사이로 난 틈이 구름으로 흐릿한 하늘에 얼마간의 푸름을 수놓듯. 게다가 외알안경이 귀중한 그림 위의 유리처럼 이 미묘한 조작을 지켜주고 있었다. 웃음의 의도는 분명치가 않았다. 상냥한 '아아! 자네 대단한데! 부러워. 이토록 까다롭고 재치 있는 여인의 호감을 사다니'라는 뜻일까, 또는 짓궂은 '어떤가! 자네, 못 들을 말까지 다 들을 판이구먼. 이야말로 상처에 소금 뿌리는 격이지'라는 뜻일까. 아니면 도와주려는 '이봐, 나는 자네 편일세. 이건 그냥 농담이야. 그래서 내가 웃고만 있는 게지. 상황이 나빠지면 얼른 도와주겠네'라는 뜻일까. 또는 잔혹하게 마누라와 합심해서 '봉변에 끼어들지 않겠네만, 보다시피 나는 아내가 자네에게 아낌없이 퍼붓는 모욕에 몸을 가눌 수 없을 만큼 웃는다네. 나는 남편으로서 내 아내를 지지하고 있는 셈이야. 그러니 만에 하나라도 자네가 반항하는 변덕을 부린다면 누가 상대인지 알겠지, 젊은이. 나는 자네에게 먼저 양쪽 따귀를, 그것도 때릴 때마다 철썩 달라붙는 따귀를 올려붙일 테고, 그 다음 우리는 샹트피 숲 속으로 가서 검을 나누겠지'라는 뜻일까.

남편 캉브르메르 씨의 쾌활한 웃음에 대해 어떤 해석을 하던, 아내의 변덕은 곧 끝난다. 그러자 캉브르메르 씨는 웃음을 그치고, 잠시 나타난 눈동자도 이내 사라진다. 또 몇 분 전부터 보이지 않던 온통 흰자위인 눈이 다시 나타나기 시작한다. 얼굴색이 붉은 이 노르망디 사내는 핏기 없는, 넋을 잃은 모양을 띠었다. 마치 후작이 이제 막 수술을 받았거나, 아니면 그 외알안경 밑에서 순교자의 명예인 종려나무 가지를 내려주십사 하늘에 애원이라도 하는 듯.

제3장

샤를뤼스 씨의 비애/그의 거짓 결투/'트랑사틀랑티크' 선의 정거장들/
알베르틴에 지친 나는 그녀와 헤어지려고 한다

나는 졸려 쓰러질 듯했다. 내가 머무는 층까지 승강기로 겨우 올라왔는데, 운전한 이는 평소의 엘리베이터 보이가 아니라 사팔뜨기 도어맨이었다. 그는 멋대로 수다를 떨기 시작했다. 자기 누나는 여전히 부유한 신사와 같이 사는데, 한번은 그 누나가 얌전한 생활에 질려 집을 박차고 친정으로 돌아와 있었다. 신사가 일부러 이 도어맨과 그 밖에 부자가 된 형들과 누나의 어머니를 찾아오자, 어머니는 당장 그 철없는 딸을 신사 댁으로 돌려보냈다는 것이다. "아시겠지만 누나는 당당한 귀부인입니다, 나리. 피아노도 치고, 에스파냐말도 잘합니다. 당신을 승강기에 태워주는 이런 하찮은 고용인의 누나라곤 믿기 어렵죠. 누나는 뭐든지 할 수 있습니다. 누나는 귀부인이며 자기 몸종도 있어요. 어느 날 제 마차를 가진다 해도 나는 안 놀랄 겁니다. 생김새도 썩 예쁘죠. 당신이 그녀를 본다면, 좀 거만하게 느낄지 모르나 과연 예쁘구나 이해하실 거예요. 아니! 그렇게 보이는 것도 당연해요. 좀 별난 생각을 곧잘 하거든요. 호텔에서 나올 적에는 반드시 서랍장 속이나 옷장 속에다 볼일을 보아, 나중에 청소하는 하녀에게 조그만 추억을 선사합니다. 가끔 마차 안에서도 그런 짓을 해요. 그리고 마찻삯을 치른 다음 몰래 한 모퉁이에 숨어, 마차를 다시 닦아야만 하는 마부가 투덜대는 걸 구경하면서 웃어대죠. 또한 우리 아버지는 용케 내 작은형을 위해 이전에 사귄 인도의 왕자를 찾아냈습니다. 물론 이쪽과는 양식이 다르죠. 하지만 지위는 훌륭합니다. 이 세상에 여행이라는 게 없었다면, 그건 아마 꿈속의 이야기였을걸요. 여태껏 출세하지 못한 건 나뿐입니다. 그러나 누가 압니까? 우리 가족은 운이 좋습니다. 나도 언젠가 대통령이 될지도 모르는 일이죠. 그나저나 우리, 너무 많이 수다를 떨었네요(나는 한마디도 안 했거니와 상대의 수다를 들으면서 졸기까지 했지만). 그럼 안녕히 주무십쇼, 나리. 이거! 고맙습니다. 세상 사람이 다 나리같이 착한 마음씨를 가졌다면 가난한 사람들이 없어질 텐데. 하지만 누나의 말마따나, 가난한 사람도 있어야죠. 내가 부자가 되었을 때 놈들한테 엿 좀 먹이게. 아차, 지나친 표현을 용서하십쇼. 안녕히 주무십시오, 나리."

어쩌면 우리는 매일 밤 잠자는 동안 괴로움을 체험하는 위험을 감수하고 있을지도 모른다. 다만 그런 괴로움은 의식 없는 상태라고 생각하는 잠 속에서 느껴지는 괴로움이므로 존재하지 않은 것처럼 여겨진다.

라 라스플리에르에서 늦게 돌아오는 이런 밤은 몹시 졸렸다. 그러나 주위가 식어감에 따라서 나는 곧 잠들지 못한다. 난롯불이 마치 등잔불을 켠 듯이 비치기 때문이다. 하지만 그것은 일순 타오르는 한낱 장작불에 지나지 않아—등잔불, 어둠이 내릴 적의 햇빛과 마찬가지로—너무나 센 그 빛도 곧 사그라지고 나는 잠 속에 들어간다. 이를테면 잠은 우리가 들어가는 두 번째 방이다. 우리는 우리 방을 나와 그 별실에 자러 가는 것이다. 그 방에는 전용 벨이 있어 이따금 그 시끄러운 소리가 난폭하게 우리를 깨우는데, 귀로 오롯하게 그 소리를 들었건만 누른 이는 아무도 없다. 그 방에도 하인들이 있고, 특정한 손님들이 우리를 부르러 온다. 우리는 일어날 채비를 하는데 그 순간 곧바로 또 하나의 방, 깨어 있을 적의 방에 옮겨짐으로써, 그 방이 텅 비고 아무도 오지 않은 것을 확인하게 된다. 그 두 번째 방에 사는 종족은 초기의 인류처럼 남녀 양성이다. 거기서는 한 사내가 잠시 뒤에 여인의 모습으로 나타난다. 거기서는 사물도 인간이 되며, 인간도 친구였다가 적이 되기도 한다. 잠자는 사람한테 그런 잠 속에서 흐르는 시간은 깨어난 사람이 생활을 꾸려 나가는 시간과는 전혀 다르다. 어떤 때는 그 흐름이 훨씬 빨라 15분이 하루 같고, 어떤 때는 훨씬 느려 가볍게 한잠 잤거니 여겼는데 온종일 잔 경우도 있다. 그런 때 우리는 잠의 수레에 실려 깊이 내려가는데, 회상은 그 수레를 뒤따르지 못하고 정신은 그 깊이에 못 미쳐서 가던 길을 되돌아올 수밖에 없는 것이다.

잠의 수레를 끄는 용마는 해를 끄는 그것과 똑같이 한결같은 걸음으로 대기 속을 걸어나간다. 어떠한 장애도 그것을 막지 못하며, 그렇게 고른 잠을 따라잡으려면 우리와 관계없는 운석 같은 것이(어떤 미지의 손으로 창공에서 던져져) 하늘에서 뚝 떨어져야 한다(그렇지 않으면 잠은 멈출 까닭이 없으므로 영원토록 똑같은 움직임을 계속할 것이다). 그러면 우리는 비로소 잠의 방향을 갑작스레 바꿔 현실 쪽으로 돌아오게 해, 거침없이 생활의 테두리 안으로 끌고 와—그런 테두리 안에 가까워짐에 따라 잠든 자는 실생활의 온갖 잡음을 막연히 듣게 되는데, 처음엔 왜곡되었던 그 소리가 점점 또렷하게 들리면서—갑자기 깨달음에 이르게 한다. 이러한 잠은 별안간 깨달음의 대륙에 착륙한다.

그 깊은 잠에서 새벽빛을 받으며 깨어난 자는 자기가 누군지 모르고, 아무도 아니며, 새로 태어나 뭐든 할 수 있는 상태가 된다. 뇌(腦)는 여태껏 살아온 과거라는 게 사라져서 텅 비어버린다. 그런 느낌이 특히 심해지는 건 깨달음의 대륙에 급격히 착륙했을 때, 곧 망각의 법의(法衣)로 숨겨진 잠의 사념들이 깨달음에 따라 천천히 되돌아올 여유조차 없을 때일 것이다. 그런 때 우리는 (하기야 우리라고조차 말하지 못하지만) 칠흑 같은 폭풍우 속을 지나온 듯하다. 아무튼 속이 빈 하나의 '우리'가 그런 시커먼 폭풍우 속에서 아무런 생각 없이 누운 그대로 나온다. 이처럼 인간이 물체나 다름없는 상태로 누워서 아무것도 모르다가, 이윽고 기억이 되돌아와서 의식이나 인격을 회복시켜줄 때까지 몽롱한 상태로 있다니, 대체 어떤 쇠망치로 일격을 받았기에 이렇단 말인가. 그런데 이와 같은 두 가지 깨달음을 경험하려면, 혹여 깊은 잠이라 해도 습관의 법칙에 지배되는 잠은 피해야 한다. 습관은 모든 것을 그 그물 속에 가두어놓고 빈틈없이 감시하기 때문이다. 우리는 그러한 습관의 그물눈을 피해, 자는 게 아니라 다른 일을 하는 줄로 여길 때 잠자야 한다. 요컨대 예상도 못했던 잠, 아무 말도 하지 않는 가운데 반성도 따르지 않는 그런 잠을 자야 한다.

적어도 내가 라 라스플리에르에서 만찬에 참석한 다음 날 아침의 깨달음은 대체로 방금 설명한 바와 같았고, 모든 일은 그런 식으로 진행됐다. 나는 그것을 입증할 수 있다. 지금의 나, 죽음이 풀어주기를 기다리면서 덧문을 꼭 닫고 살며, 세상일을 하나도 모르고, 올빼미같이 옴짝달싹하지 않으며, 또 올빼미같이 어둠 속에서밖에 사물을 보지 못하는 나, 이같이 괴상한 인간인 나는 이를 체험으로 증명할 수 있다. 모든 일은 그런 식으로 진행된다. 그런데 아마도 틈을 막는 이부자리 하나가, 회상의 내적인 대화와 잠의 끊임없는 수다를 잠든 사람의 귀에 들리지 않게 하는 것 같다. 왜냐하면(이는 더욱 널따랗고 신비로운, 우주와 같은 최초의 체계에서도 쉽게 설명되겠지만) 깨어나기 시작하는 순간에, 잠든 사람은 다음 같은 속마음의 목소리를 들으니까. '오늘 저녁 만찬회에 와주시겠어요? 그럼 얼마나 즐거울지!' 그리고 '암, 즐거울걸. 가야' 하고 생각한 다음, 좀더 확실한 깨달음이 이어지면서 그는 느닷없이 떠올린다. '할머니는 앞으로 2, 3주일밖에 못 사신다고 의사가 장담하는데.' 그는 초인종을 울린다. 그리고 울면서 생각한다. 이에 응해 찾아오는 사람은 전같이 그의 할머니가 아니다. 죽어가는 할머니가 아니라 아무래도 상관없는 하인일 거다. 게다가 잠이 그를 아주 멀리 데리고 갔을 때, 추억과 사념이 사는 이 세계를 떠나서 자기라는 길동무도 사라진 외로운 천공(天空)의 저쪽으로 데려가는 경우, 그는 시간과 그 척도의 영역 바깥에 있었던 것이다. 하지만 이미 하인이 방에 들어와 있다. 그는 감히 시간을 묻지 못한다. 그도 그럴 것이 잠을 잤는지, 몇 시간이나 잤는지 모르니 말이다 (몇 시간이긴커녕 며칠 동안이 아닐까 생각한다. 그토록 몸이 나른해지며 정신은 쉬고 마음은 고향을 그리워하는 정으로 가득 차, 오랫동안 먼 나라를 여행하고 온 기분이 드는 적이 있다).

물론 하루라고 여겼는데 시계를 보니 15분에 지나지 않는다는 시시한 이유로 시간은 유일하다고 우기는 사람도 있다. 그러나 15분에 지나지 않음을 확인하는 그땐 이미 그는 깨어난 인간이며, 깨어난 인간의 시간 속에 빠진 그 사람은 이미 또 하나의 시간, 잠의 시간을 버린 상태다. 아니, 또 하나의 시간이라기보다 어쩌면 그것은 그 이상의 것, 또 하나의 삶이라 하겠다. 잠 속에서 누리는 즐거움을 흔히 우리는 인생에서 맛본 즐거움의 수 속에 넣지 않는다. 모든 쾌락 가운데 가장 속된 육체적 욕망의 즐거움에 대해서 말하더라도 그렇다. 한번 잠이 깨면 그날(너무 지치고 싶지 않다면) 끝없이 되풀이하진 못하는 그런 즐거움을 잠자며 맛보아, 일어났을 때 짜증을 느끼지 않았던 인간이 우리 가운데 하나라도 있는가? 그것은 행복을 하나 잃은 듯한 느낌이다. 다시 말해 우리는 우리의 여느 삶이 아닌 또 하나의 삶에서 즐거움을 가졌던 것이다. 우리는 꿈속의 피로와 즐거움(그것은 대체로 깨어나자마자 이내 사라져버리지만)을 어떤 셈속에 넣기는 하나, 결코 평소 생활의 셈속에는 넣지 않는다.

나는 두 가지 시간이라고 말했다. 그러나 어쩌면 시간은 한 가지밖에 없을지도 모른다. 깨어난 사람의 시간이 잠자는 사람에 대하여 유효하다는 뜻에서가 아니라, 또 하나의 삶, 곧 잠든 사람의 삶은—그 깊은 부분이—시간의 범주에 속하지 않을지도 모르니까. 나는 라 라스플리에르에서 만찬에 참석한 다음 날 푹 잠들었을 적에 그러한 것을 떠올렸다. 실은 이런 일이 있었기 때문이다. 깨어난 나는 열 번이나 초인종을 울렸는데도 하인이 오지 않아 슬슬 화가 났다. 열한 번째에 겨우 하인이 들어왔다. 그런데 그게 첫 번째로 울린 초인종이었다. 그때까지의 열 번은 내가 아직 계속 잠자는 채로 여러 차례 초인종을 울리려 했던 것에 지나지 않았다. 마비된 내 손은 꿈쩍도 안 했던 것이다. 그런데 그런 아침(그리고 그 결과가 '잠은 시간의 법칙을 모르나 보다'라고 나로 하여금 말하게 하지만) 깨어나려는 내 노력은, 특히 내가 지금까지 자고 있던 그 잠의 컴컴하고도 어슴푸레한 덩어리를 시간의 틀 속에 집어넣으려는 노력이었다. 그것은 쉬운 일이 아니다. 잠은 두 시간 잤는지 이틀 잤는지 모를 뿐더러 그 지표를 제공하지도 못한다. 그런 지표를 바깥에서 찾지 못해 시간 안으로 돌아가지 못하면 우리는 다시 5분쯤 잠드는데, 그 5분이 때로는 세 시간 같다.

내가 늘 말했듯이—또 경험했듯이—잠이야말로 가장 강한 최면제다. 두 시간 깊이 잠들어 수많은 거인과 격투하고 또 수없이 굳은 우정을 맺은 다음에는, 베로날*¹을 몇 그램 먹은 것보다도 깨어나기 어렵다. 그러므로 나는 그 노르웨이 철학자의 입을 통해 그가—"저명한 나의 동료, 실례, 나의 동업자"라고 말하는 부트루*²한테 들었다는 얘기로—최면제 때문에 일어나는 기억의 특수한 변화를 베르그송 씨가 어떻게 생각했는지 알고, 깜짝 놀랐던 것이다. 노르웨이 철학자의 얘기에 따르면, 베르그송 씨는 부트루 씨에게 이렇게 말했다고 한다. "당연한 이야기지만 가끔 알맞은 분량으로 먹는 최면제는 우리 일상생활의 기억, 우리 안에 굳건히 자리잡은 그 건전한 기억에 아무런 영향을 미치지 않아요. 그러나 더 높고 더 불안정한 또 다른 기억이 있습니다. 나의 동료 가운데 고대사를 강의하는 사람이 있습니다. 하루는 그가 내게 말했지요. 어젯밤 최면제를 한 알 먹고 잤더니 다음 날 강의에서 필

---

*1 최면제의 상품명.
*2 프랑스의 철학자(1845~1921). 베르그송의 스승.

요한 그리스말 인용문이 생각나지 않았다고요. 그런데 그 알약을 먹어보라고 권한 의사는 기억에 조금도 영향이 없다고 딱 잘라 말했답니다. 그래서 역사가는 상대를 깔보는 투로 거만하게 대꾸했지요. '그야 당신은 그리스말 인용문을 주워섬길 필요가 없을 테니까.'"

베르그송 씨와 부트루 씨의 이 대화가 정확한 것인지는 나도 모른다. 노르웨이 철학자는 통찰력이 깊고 명석하며 다른 이의 애기에 열심히 귀를 기울이는 사람이지만, 그래도 그가 잘못 알아들었는지도 모른다. 개인적으로 내 경험은 그와 반대의 결과를 얻어왔다. 수면제를 먹고 잔 다음 날 아침의 망각은, 하룻밤의 자연스럽고도 깊은 잠을 지배하는 망각과 부분적으로나마 신비한 엇비슷한 점이 있다. 그런데 두 경우에 내가 잊는 것은, 보들레르의 시구가 아니다. 그 시구는 오히려 '팀파논(tympanon)*1같이' 내 귀를 시끄럽게 한다. 또 위에 인용한 철학자들 가운데 한 사람의 사상 개념도 아니다. 오히려 그것은—내가 잘 때는—나를 둘러싼 일상 사물의 실재 자체이며, 이처럼 사물에 대한 지각이 사라지면서 나는 허황된 생각을 하게 된다. 또 내가 잊는 것은—내가 부자연스러운 잠에서 깨어난 다음에 외출할 때는—포르피리오스(Porphyrios)*2나 플로티노스의 체계가 아니라—그런 체계에 대해서라면 다른 날과 마찬가지로 얼마든지 논할 수 있는데—보내기로 약속한 초대에 대한 답장이다. 그것은 기억 속에서 사라지고 대신에 완전히 빈 공간만 남는다. 드높은 관념은 제자리에 남아 있다. 수면제에 의해 쓸모없어진 것은 자질구레한 일에서의 행동력이고, 모든 나날의 생활 이것저것의 추억을 그때그때 척척 떠올리고 붙잡는 데 필요한 활동력이다. 뇌가 파괴된 뒤 육체의 존속에 대해 이러니저러니 여러 설이 있는데, 나는 오히려 뇌가 변화할 때마다 거기에 단편적인 죽음이 존재한다고 지적하고 싶다. 우리는 자기의 모든 회상을 지니고 있는데 다만 그 전부를 기억하는 능력이 없다고, 베르그송 씨의 설에 따라 노르웨이의 위대한 철학자는 말했다. 나는 더 이상 이야기를 질질 끌지 않기 위해 그 말을 그대로 여기에 옮기지 않았다. 다만 회상의 전부를 기억하는 능력이 없다니. 그럼 우리가 떠올리지 못하는 회상이란 뭔가? 아니, 더 깊이 생각해보자. 우리는 최근 30년 동안의 회상조차

---

*1 그리스 로마 시대의 모든 북 종류를 말함.
*2 그리스의 철학자(233~304)로서 플로티노스의 제자.

일일이 기억하지 못하지만, 그 회상에 푹 잠겨 있는 셈이다. 그럼 어째서 30년에 한정하는가? 어째서 그 전생이라는 걸 탄생의 저쪽까지 늘어뜨리지 않는가? 내 뒤에 남겨진 회상의 커다란 부분을 내가 전혀 모르는 이상, 그것들이 내 눈에 보이지 않으며 그것들을 떠올리는 능력이 내게 없는 이상, 내가 모르는 그 거대한 덩어리 속에 회상이라는 것, 내 인생보다 훨씬 이전으로 거슬러 올라가는 회상이라는 것이 없다고 누가 말할 수 있겠는가? 내가 내 몸속에, 내 둘레에 내가 떠올리지 못하는 수많은 회상을 가질 수 있다면, 그런 망각은(내게는 볼 능력이 없으니까 이것은 적어도 사실상의 망각인데) 내가 다른 인간의 몸속에서, 극단적으로 말해 다른 행성의 생명체 속에서 보냈던 삶에 대한 망각일지도 모른다. 어쨌든 하나의 같은 망각이 모든 걸 잊게 한다. 그렇다면 노르웨이 철학자가 또렷하게 그 실재성을 말한 영혼의 불멸이란 무슨 뜻인가? 내가 죽은 다음에 될 존재는, 태어나서 여기까지 이른 지금의 나란 인간을 기억할 리가 없다. 지금의 내가 태어나기 전에 있던 나를 떠올리지 못하듯.

호텔 종업원이 들어왔다. 나는 그에게 내가 여러 번 초인종을 울렸다고는 말하지 않았다. 여태껏 초인종을 울리는 꿈을 꾼 것을 알아챘기 때문이다. 하지만 나는 그 꿈이 현실만큼이나 뚜렷한 지각을 가졌단 생각에 오싹해졌다. 그렇다면 거꾸로 지각도 꿈의 비현실성을 갖지 않을까?

나는 딴전을 부려, 아까 누가 그렇게 여러 번 초인종을 울렸느냐고 종업원에게 물었다. 그러자 그는 아무도 울리지 않았다, 분명하게 말할 수 있다, 울렸다면 기록이 남았을 거라고 말했다. 그렇지만 내게는 미친 듯이 되풀이해서 울리는 벨 소리가 들렸고, 그 소리가 아직 내 귀에 울려 앞으로도 며칠은 그대로 들릴 성싶었다. 하지만 이렇게 잠잘 때의 회상이 죽지 않고 깨어난 생활 속에 던져지는 경우는 드물다. 우리는 그런 운석을 셀 수 있을 정도다. 만약 꿈이 만든 게 하나의 관념이라면 그것은 순식간에 산산이 흩어져 흔적도 없이 사라진다. 그러나 이 경우 잠은 소리를 만들어냈다. 관념보다 훨씬 물질적이며 단순한 만큼, 그 소리는 더 오래 이어졌다.

나는 호텔 종업원이 알려주는 아침 시각이 비교적 이른 데 놀랐다. 그래도 나는 잘 잤던 것이다. 길게 이어지는 건 얕은 잠이다. 그것은 깨어 있음과 잠의 중간쯤 되는 존재로, 깨어 있을 때의 관념을 조금 흐릿하지만 지속적으로 간직하여, 우리에게 쉬는 느낌을 주려면 깊은 잠보다도 훨씬 많은 시간을 필요로 하기 때문이다. 반대로 깊은 잠은 짧아도 충분할 수 있다. 그런데 나는 또 다른 이유에서도 잘 잤다는 느낌이 들었다. 우리는 '지쳤구나' 하는 생각만으로 피로감을 느끼듯이, '잘 쉬었다'는 생각만으로 충분히 쉰 느낌을 만들어낸다. 나는 110살이 된 샤를뤼스 씨가, 자신의 어머니 베르뒤랭 부인이 제비꽃 한 다발을 50억 프랑이나 주고 샀다며 그녀의 양쪽 뺨에 따귀를 때리는 꿈을 꾸었다. 그래서 나는 깨어 있을 때의 관념이나 일상생활의 온갖 가능성과는 반대되는 꿈을 꾼 것을 알고 푹 잤음을 확신했다. 잘 쉬었다는 느낌이 들기엔 그것으로 충분했다.

샤를뤼스 씨가 베르뒤랭네 집에 부지런히 드나드는 이유를 이해할 수 없었던 나의 어머니는, 그 샤를뤼스 씨가 누구와 함께 발베크 그랑 호텔의 한 객실에 저녁 식사 하러 왔었는지 내가 얘기했더라면 매우 놀랐으리라(그 일은 내가 알베르틴을 깜짝 놀라게 해주려고 말없이 토크 모자를 주문한 날 일어났다). 초대된 손님은 바로 캉브르메르 부부의 사촌누이가 부리는 사내종이었다. 그 사내종은 아주 멋들어진 옷차림을 하여, 남작과 함께 휴게실을 지났을 때 관광객들의 눈에는 생루 말마따나 '사교인인 체'하는 것으로 보였다. 교대 시간이 되어서였던지 떼를 지어 신전 계단을 내려오는 '레위 족속'인 젊은 보이들은 막 도착한 두 사람에게 주의를 기울이지 않았다. 한편 샤를뤼스 씨도 시선을 떨구면서 보이들에게 관심이 없다는 걸 보이려고 했다. 그는 그들 한가운데에 길을 트는 듯 보였다. "번창하여라, 성스러운 백성의 정다운 희망이여." 그는 머리에 떠오른 라신의 시구를 다른 뜻으로 인용하면서 중얼댔다. "뭐라고 말씀하셨습니까?" 고전문학을 통 모르는 사내종이 물었다. 샤를뤼스 씨는 대답하지 않았다. 남의 질문 따위엔 귀 기울이지 않고 마치 호텔에 딴 손님들이 없기라도 한 듯, 이 세상에 자기 자신 즉 샤를뤼스 남작밖에 없기라도 한 듯 똑바로 나아가는 걸 자랑으로 삼았기 때문이다. 그러나 "오너라, 오너라, 내 딸들"이라는 조자베트(Josabeth)*의 대사를 계속하다 그는 갑자기 혐오감을 느껴, 조자베트처럼 "딸들을 불러오라"는 대사

---

* 라신의 〈아탈리〉에 나오는 인물. 이 구절의 세 인용문은 모두 〈아탈리〉의 시구.

를 덧붙이지는 않았다. 그 어린 보이들은 성별이 완성되는 나이, 다시 말해 샤를뤼스 씨의 마음에 드는 나이에 아직 이르지 않았기 때문이다.

하기야 그가 쉬브르니 부인의 사내종에게 편지를 썼던 건 이 사내종을 마음대로 다룰 수 있으리라고 믿어 의심치 않았기 때문이지만, 그래도 그는 이 사내종이 좀더 남자다울 거라 기대했다. 그런데 막상 만나 보니 뜻하지 않게 좀더 여성적이었다. 그는 사내종에게 말했다. 자기가 착각한 모양이라고, 볼 일이 있는 사람은 쉬브르니 부인의 다른 하인인 것 같다고. 사실 샤를뤼스 씨는 마차에서 그 사내종을 본 적이 있었다. 그 사내종은 매우 촌스러운 놈으로, 이 사내종과는 정반대였다. 이 사내종은 나긋하게 행동할수록 제 위치가 높아진다고 믿었다. 그런 사교인의 자질이 샤를뤼스 씨의 마음을 끌었다고 굳게 믿던 그는, 남작이 누구를 두고 하는 말인지조차 깨닫지 못했다. "같이 일하는 친구라곤 하나밖에 없는데 그 녀석을 당신이 눈여겨보았을 리가 없죠. 볼품없고 막돼먹은 시골뜨기니까요." 하지만 어쩌면 남작의 눈에 띈 게 그놈인지도 모른다는 생각에 그는 자존심이 상했다. 남작은 곧 그것을 알아채고, 자기의 조사 폭을 넓히기 위해 이렇게 말했다. "아니 뭐, 나는 꼭 쉬브르니 부인의 하인들하고만 사귀겠다는 맹세를 한 건 아니야." "어느 집 하인이라도 괜찮으니 자네 친구들을 많이 소개해주지 않겠나? 이곳 사람이어도 좋고, 어차피 자네도 오래지 않아 파리로 갈 테니 파리 사람이어도 좋네." "그건 좀 어려운데요!" 사내종은 대답했다. "나는 같은 계급의 사람과는 누구와도 친하게 지내지 않습니다. 놈들과는 일에 대해서밖에 말하지 않습니다. 그러나 당신에게 소개할 수 있는 썩 좋은 분이 있습니다." "누군데?" 남작이 물었다. "게르망트 대공." 샤를뤼스 씨는 그런 나이 든 사내밖에 권해주지 않는 데 실망했고, 게르망트 대공이라면 새삼 사내종 따위한테 소개받을 필요도 없었다. 그래서 그 제의를 무뚝뚝하게 거절했는데, 사내종의 사교인인 체하는 시건방짐에 너무 실망하지 않게 마음을 다잡고서 자기가 원하는 인간의 부류와 취향을, 경마 기수 따위의 예를 들어 설명하기 시작했다. 이때 옆을 지나간 공중인의 귀에 자신의 말이 들릴까 우려한 그는 남이 떠올릴지도 모르는 것과는 딴판인 이야기를 지껄이는 걸로 보이려고, 그저 대화를 이어가는 체하면서 들으란 듯이 힘 있게 말했다. "암, 이 나이에도 아직 골동품을 수집하는 취미가 있소. 예쁜 골동품을 좋아하지. 나는 옛 청동이나 오래된 샹들리에엔 미친단 말씀이야. 아름다움을 숭배하거든.”
그러나 샤를뤼스 씨는 그토록 재빨리 일어난 화제의 변화를 사내종에게 이
해시키려고 어찌나 한마디 한마디 힘을 주고, 더더구나 공증인의 귀에 들리
라고 어찌나 큰 목소리로 지껄였는지, 그 연극은 이 공증인보다 더 예민한
귀에 걸렸다면 속뜻이 곧바로 드러날 정도였다. 그러나 공증인도 호텔의 다
른 손님도 누구 하나 눈치채는 이가 없었다. 그들은 옷 잘 입은 이 사내종을
어느 외국의 멋쟁이로 생각했다.

그런데 사교계 사람들이 그렇게 속아 넘어가서 이 사내종을 아주 세련된
아메리카 사람으로 착각했다면, 그와 반대로 하인들은 이 사내가 그들 앞에
나타나자 금세 그 정체를 알아챘다. 도형수(徒刑囚)가 도형수를 한눈에 알
아보듯, 아니 어쩌면 그보다 더 빠르게, 그들은 한 동물이 다른 동물의 냄새
를 맡듯이 멀리서 그 냄새를 맡아냈다. 우두머리 사환들이 눈을 들었다. 에
메는 의심하는 눈길을 보냈다. 소믈리에는 어깨를 으쓱하고 나서, 입을 손으
로 가리고(그러는 게 예의인 줄 믿어) 모두에게 들리도록 비꼬는 한마디를
했다. 또 시력이 약해진 우리 프랑수아즈 할멈마저 그랬다. 이때 ‘시종들 방
에 저녁 식사 하러 가려고 계단 아래를 지나가다가 고개를 든 그녀는, 호텔
손님들이 조금도 수상히 여기지 않는 곳에 한 하인이 있는 걸 알아보았다—
늙은 유모 에우리클레이아가 향연 자리에 참석한 구혼자들보다 훨씬 먼저
오디세우스를 알아본 것처럼. 그녀는 샤를뤼스 씨가 그와 함께 다정하게 걷
는 걸 보고서 허를 찔린 표정을 지었다. 마치 여태껏 말로만 들어와 곧이듣
지 않았던 나쁜 소문이, 난데없이 가슴을 에는 듯한 사실로 그녀의 눈에 띄
기라도 한 듯. 그녀는 이 사건에 대해 내게는 물론 아무에게도 말하지 않았
지만, 그것은 그녀에게 큰 충격을 준 듯했다. 왜냐하면 그때까지는 그토록
호의를 보였건만, 뒷날 파리에서 쥘리앵*을 만날 기회가 있을 때마다, 늘 예
의를 차리면서도 냉담하고 무척 서먹한 태도를 취했기 때문이다.

그런데 이 사건은 반대로 다른 사람으로 하여금 내게 속내 이야기를 할 마
음이 나게 했다. 그는 바로 에메였다. 내가 샤를뤼스 씨와 스쳐 지났을 때,
나를 만날 줄 몰랐던 샤를뤼스 씨는 한 손을 들면서 나에게 외쳤다. “안녕한

---

* 쥐피앙의 별명.

가!" 자기는 뭐든지 할 수 있으니 괜히 몸을 숨기지 않는 게 도리어 교묘한 수라고 생각하는 대귀족다운 뻔뻔함, 적어도 겉으로는 그러한 뻔뻔함이 태도에서 드러났다. 그런데 에메는 이때 샤를뤼스 씨를 의심의 눈길로 관찰하다가 어디로 보나 하인인 자와 함께인 사람에게 내가 인사하는 걸 보고서, 그날 저녁 나한테 그 사람이 누구냐고 물었다. 그도 그럴 것이 요즘 에메는 나와 담소, 아니 그의 말을 빌리면—그런 잡담이 지닌 이른바 철학적인 성격을 강조하기 위해서이겠지만—나와 '토론'하기를 좋아했기 때문이다. 나는 내가 저녁 식사를 하는 동안 그가 같이 앉아 식사를 함께하기는커녕 내 곁에 가만히 서 있는 게 아무래도 민망하다고 여러 번 말했는데, 그는 '그런 옳은 이치'를 따지는 손님은 처음 보았다고 딱 잘라 말했다.

그런데 지금 그는 두 사환과 얘기하고 있었다. 두 사환은 무슨 연유인지 내게 인사했다. 그들의 얼굴은 낯설었지만 이야기 속 울림은 어디서 들어본 듯싶었다. 에메는 두 사람 다 그가 반대하는 약혼을 한 탓에 둘을 훈계하던 참이었다. 에메는 내 의견을 물었으나, 나는 두 사람을 모르니 의견이 있을 수 없다고 말했다. 하지만 두 사람이 이름을 대자, 그들이 리브벨에서 여러 번 내 시중을 들었던 일이 떠올랐다. 그러나 하나는 코밑수염을 길렀고, 다른 하나는 코밑수염을 면도하고 머리를 짧게 깎았다. 그래서 그들 어깨 위에 얹힌 머리는 이전과 똑같은 머리지만(노트르담의 잘못된 수리에서처럼 잘못 얹힌 머리는 아니지만), 내 눈에 띄지 않았던 것이다. 마치 아무리 샅샅이 뒤져도 눈에 띄지 않는 물건이 어처구니없게도 모든 사람의 눈에 잘 띄는 벽난로 위에 있건만 아무도 알아보지 못하듯. 그들의 이름을 알자마자 나는 그들 목소리의 어렴풋한 음악을 확실히 알아들었다. 그들의 이전 얼굴이 다시 떠올랐기 때문인데, 얼굴이 그 목소리의 음악을 확정했다. "이들이 결혼하고 싶답니다. 영어도 모르는 주제에!" 에메는 내가 호텔 일에 대해 아는 게 없어서, 외국어를 모르면 좋은 자리를 기대할 수 없다는 사정을 잘 알지 못하는 걸 깜박 잊고 나에게 말했다.

저녁 식사를 하러 온 이 손님이 샤를뤼스 씨라는 것쯤이야 에메는 쉽사리 알 테고, 또 나의 첫 발베크 체류 중 남작이 빌파리지 부인을 만나러 왔을 때 에메는 식당에서 남작의 시중을 들었는지라 금세 그를 기억할 터였다. 그렇게 생각한 나는 에메에게 남작의 이름을 말했다. 그런데 에메는 샤를뤼스 남작을 기억하지 못할 뿐만 아니라, 그 이름을 듣고 크게 놀란 것 같았다. 그는 나에게, 내일 깊숙이 넣어둔 편지를 찾아오겠다, 당신이라면 그 글을 해독할 수 있을 거라고 말했다. 발베크에서 보낸 첫해에 샤를뤼스 씨가 베르고트의 책을 내게 주려고 했을 때 일부러 에메를 부르려 한 바 있고, 그 다음 내가 생루와 그 애인과 셋이서 점심을 먹었던 파리의 식당에서도 샤를뤼스 씨가 거기까지 우리를 쫓아와 에메를 다시 보았을 게 틀림없는 만큼, 나는 그의 말에 더욱 놀랐다. 첫 번째는 잠든 뒤고 두 번째는 일하는 중이라 에메가 샤를뤼스 씨의 심부름을 몸소 할 수 없었던 것은 사실이다. 그래도 나는 에메가 샤를뤼스 씨를 모른다고 주장했을 때 그의 진실성에 대해 큰 의심을 품었다. 또한 그는 남작의 마음에 들었음이 틀림없다. 발베크 호텔의 모든 층의 주임들처럼, 게르망트 대공의 여러 하인들처럼, 에메는 대공의 혈통보다 더 오래된 혈통에, 따라서 더욱 고귀한 혈통에 속했다. 어느 살롱을 찾아갔을 때, 손님은 처음에 혼자구나 생각할 때가 있다. 그러나 곧 주방에 한 우두머리 사환이 조각처럼 서 있는 걸 언뜻 본다. 에메는 전형적인 붉은 머리칼의 에트루리아 사람인데 샴페인을 지나치게 마신 탓에 좀 늙어 보여, 콩트렉세빌 약수의 신세를 질 날도 머지않은 듯했다. 그런데 손님 모두가 이들에게 시중들어 주기만을 부탁하는 건 아니다. 젊은 사환들은 양심적이고 부지런하나, 밖에 애인이 와 기다리면 빠져나가버린다. 그래서 에메는 그런 놈을 착실하지 않다고 꾸중한다. 에메에겐 비난할 자격이 있었다. 그는 착실함, 그 자체였다. 그에겐 처자식이 있고, 처자식을 위한 야심도 있었다. 그래서 별난 여인이나 별난 사내가 그에게 신청을 하면 혹여 밤을 새우는 한이 있더라도 그는 이를 물리치지 않는다. 뭐니뭐니해도 일을 우선시하기 때문이다. 이처럼 그는 샤를뤼스 씨의 마음에 들 부류인지라 샤를뤼스 씨를 모른다고 말했을 때 나는 거짓말이라고 생각했다.

그러나 이는 잘못된 생각이었다. 그때 사환이 남작에게 에메는 잠들었다(또는 외출했다)고 말하고(다음 날 에메는 사환을 심하게 꾸짖었다), 또 한 번은 그가 일하는 중이라고 말한 것은 사실이었다. 하지만 상상력은 현실을 뛰어넘어 추측한다. 또 사환의 당황한 모양이 그 변명의 진실성에 대해 틀림없이 샤를뤼스 씨의 마음속에 의심을 불러일으켜 그의 감정을 상하게 했을 수도 있는데, 에메는 그런 줄 꿈에도 몰랐던 것이다. 그리고 이미 보았듯이 에메를 샤를뤼스 씨의 마차 쪽으로 못 가게 막은 사람은 생루였고, 어떻게 해선지 모르나 우두머리 사환의 새 주소를 알아냈던 샤를뤼스 씨는 그 마차 안에서 또다시 실망감을 맛보았다. 그런 줄 몰랐던 에메가, 생루와 그 애인과 같이 내가 점심 먹은 날 저녁, 게르망트네 가문이 든 봉인으로 밀봉된 편지를 받았을 적에 얼마나 놀랐을지는 쉽게 짐작할 수 있다. 분별 있는 무식자에게 호소하는 유식자의 일방적인 무분별의 보기로써 여기에 그 편지의 몇 구절을 인용하겠다.

　"절하고 아룁니다, 저의 영접과 예를 얻고자 헛되이 애쓰는 수많은 이들이 안다면 경탄해 마지않을 만큼 노력을 했는데도, 저는 당신에게 부탁받은 바는 없으나 서로의 체면상 당신에게 하는 게 옳다고 생각한 몇 가지 설명을 직접 여쭈는 기회를 얻지 못했습니다. 까닭에 직접 말로 여쭈는 편이 더 쉬웠을 것을 이렇게 글로 적습니다. 무엇을 감추리오. 발베크에서 당신을 처음 보았을 때 당신 얼굴이 진실로 싫었습니다." 그리고 샤를뤼스 씨가 큰 애정을 품었던 죽은 친구와 그가 닮았다는 사실―두 번째 날에 겨우 알아본 사실―에 대한 고찰이 이어진다. "그때 제 머리에 퍼뜩 떠오른 게 있습니다. 저의 죽은 벗이 트럼프를 하면서 그 쾌활한 성격으로 제 슬픔을 없애주었듯이, 당신도 일에 방해가 되지 않을 정도만 저와 같이 트럼프 놀이를 하며 죽은 벗이 아직 살아 있다는 환상을 저에게 줄지도 모른다는 생각이었습니다. 그리고 제가 사환을 시켜 당신한테 책을 가져오라고 부탁했을 때, 틀림없이 당신이 했을 것 같은 추측―어떤 고매한 감정의 이해라기보다는 차라리 한낱 하인(남에게 봉사하기(servir)를 싫어했으니 이 하인(serviteur)이란 이름을 들을 까닭이 없는 이)의 능력 범위 안의 얼마간 어리석은 추측인 듯싶습니다만―아무튼 그 추측의 성질이 어떠한 것이었건, 그때 당신은 내가 누구이며 무엇인지 모르시면서 이미 당신이 잠들었노라는 답변을 나에게 보냄으로써, 아마 스스로 체면을 세우신 줄로 아셨나봅니다. 그러나 실례되는 행동으로써 인간의 품위가 높아지는 줄로 여기는 것은 잘못입니다. 당신에게는 애당초 그 품위라는 것이 도무지 없었으니, 더 말해 무엇하리까. 그 이튿날 아침, 우연히 당신과 이야기를 할 기회가 없었다면 영영 인연은 끊어졌을 겁니다. 저의 죽은 벗과 당신이 어찌나 닮았는지, 당신 주걱턱의 보기 흉한 꼴까지 눈에 안 들어올 정도라, 저는 깨달았습니다. 아마도 틀림없이 당신이

제 마음을 다시 꽉 잡게 하고자, 죽은 벗이 이 순간 당신에게 그 좋은 표정을 빌려주어, 당신에게 주어진 이 유일한 기회를 놓치지 않도록 한 걸. 과연 저는 이제 바라는 게 없거니와 이승에서 당신과 다시 만날 기회도 없을 테니, 새삼 비속한 물질적인 문제를 섞을 마음이야 없지만, 죽은 벗의 기원에 순종해(왜냐하면 저는 성도(聖徒)들의 마음이 통함과, 산 자의 운명에 죽은 자의 의지가 끼어듦을 믿으니까) 죽은 벗과 사귀듯 당신과 사귀었더라면 얼마나 행복했을지 모르오. 죽은 벗은 마차도 있고 하인도 여러 명 있는 신분이었는데, 저는 그를 마치 내 아들같이 사랑했으므로 내 수입의 대부분을 그를 위해 충당해도 그건 몹시 자연스런 일이었습니다. 그런데 당신은 그와는 달리 홀로 결정해버렸습니다. 책을 저한테 가져오라는 부탁에, 당신은 외출할 일이 있다는 대답을 인편에 보냈습니다. 또 오늘 아침에 제 마차까지 와달라고 사람을 통해 부탁했을 때, 이런 표현이 신성모독에 속하지 않길 바랍니다만, 당신은 세 번째로 나를 부인했습니다. 이 봉투 안에 제가 발베크에서 당신에게 줄 셈이던 고액의 돈을 넣지 않음을 용서하시기를. 저로서는 잠깐이나마 저의 모든 것을 같이 나누고자 생각했던 분에 대하여 이 정도의 액수에 그치는 게 얼마나 가슴 아픈지 모릅니다. 적이나 당신의 식당에서 네 번째 헛된 시도가 일어나지 않기만을 바랄 뿐입니다. 저의 인내도 한계가 있기에(그리고 여기서 샤를뤼스 씨는 제 주소, 만날 수 있는 시각 따위를 적어놓았다). 그럼, 안녕히. 저의 죽은 친구와 딱 닮은 당신이기에 아주 어리석지는 않을 거라고 생각합니다. 그렇지 않으면 관상학이 거짓 학문이 되는 거니까. 저는 어느 날 당신이 이 사건을 다시 생각할 때, 반드시 어떤 뉘우침과 미련을 느끼리라 확신하는 바입니다. 저는 솔직히 말해 티끌만큼의 서운함도 품지 않는 걸 믿어주시기를. 하기야 이 세 번째 헛된 교섭이 아닌 좀더 달콤한 추억을 안고서 헤어지고 싶었습니다마는. 그러나 이 허무한 사건도 쉬 잊히리. 우리 둘은 당신이 발베크에서 가끔 봤을 그 한순간 엇갈린 두 척의 배와 같은 것. 멈춰 서면 두 배에 다 좋은 일이 있었으련만. 한쪽 배가 판단을 달리해 이윽고 두 배는 수평선 너머로 사라지고, 서로의 만남은 물거품이 됩니다. 하지만 마지막 이별에 앞서 서로 상대에게 인사하니, 저도 이편에서 인사 올립니다. 당신의 행운을 빌면서, 샤를뤼스 남작 올림."

에메는 이 편지를 끝까지 읽지조차 않았다. 뭐가 뭔지 하나도 모르겠고 무슨 속임수가 아닐까 의심했기 때문이다. 그 남작이 누구인지 내가 설명해주니, 에메는 어떤 생각에 잠기는 듯했다. 아마 샤를뤼스 씨가 예측했던 그 미련을 느끼는 모양이었다. 어쩌면 에메는 마차든 뭐든 다 친구들에게 줘버리는 사람에게 그때 일을 변명하는 편지를 썼을지도 모른다. 그러나 그 사이에 샤를뤼스 씨는 모렐과 사귀게 되었다. 하기야 모렐과의 관계는 아마 정신적인 것이었을 테니, 샤를뤼스 씨는 이따금 하룻밤을 위해, 이제 막 내가 휴게실에서 마주친 것 같은 남자를 찾아내곤 했다. 하지만 이제는 이미 그 격정을 모렐 말고 다른 데로 돌릴 수 없게 되었다. 수년 전에는 그 감정이 아직 자유로워 오로지 에메와 맺어지기를 바라는 마음에서, 우두머리 하인이 내게 보여준 편지, 그것을 본 내가 샤를뤼스 씨에게 미안함을 느꼈던 그 편지를 쓰게 했던 것이다. 그 편지는 정열이 밀고 가는 눈에 보이지 않지만 세찬 힘을 잘 보여주었다. 수영을 하다가 자기도 모르게 강물의 흐름에 떠내려가는 사람처럼, 사랑에 빠진 사내는 정열에 휩싸여 순식간에 시점(視點)을 잃어버리고 만다. 그리고 샤를뤼스 씨의 경우에는 그 사랑의 반사회적 성격 때문에 이것이 한층 두드러져 보였다. 물론 정상적인 사랑에서도, 사랑에 빠진 사내가 제 욕망·미련·실망·계획 따위를 연이어 지어내면서 어느 미지의 여성에 대하여 한 편의 소설 같은 세계를 만들어낼 경우, 그 컴퍼스의 두 다리는 틀림없이 꽤나 먼 거리까지 벌어질 것이다. 하물며 그런 거리는 일반적이지 않은 열정의 성격과, 샤를뤼스 씨와 에메의 신분 차이를 통해 유난히 넓어졌다.

나는 날마다 알베르틴과 외출했다. 그녀는 그림을 다시 그리기로 결심해, 연습 삼아서 먼저 생장 드 라 에즈의 성당을 그리기로 했다. 이제 이 성당은 아무도 드나들지 않아 망각에 묻혀버린 곳, 어디에 있는지 알기도 어렵고 안내 없이는 찾아낼 수 없는 외진 곳, 에프르빌(Épreville) 정거장에서 30분 이상 가서 케톨므 마을의 마지막 가옥을 지나서도 한참 더 가야 하는 곳이었다. 에프르빌 이름의 유래에 대해서는 주임 사제의 서적과 브리쇼가 알려준 내용이 들어맞지 않았다. 서적에 따르면 에프르빌은 옛 스프르빌라(Sprevilla)이고, 브리쇼가 지적한 어원은 아프리빌라(Aprivilla)였다.

먼저 우리는 페테른과 반대 방향, 곧 그라트바스트 쪽으로 가는 작은 기차를 탔다. 그러나 때마침 복선 철도라서 점심 식사 뒤 바로 떠난다는 게 이미 무리였다. 나는 좀더 늦게 떠나는 편이 좋았다. 버쩍버쩍 타는 듯한 공기는 그저 빈둥거리며 시원한 음료나 마시고픈 소망을 불러일으켰다. 그런 공기가 어머니 방과 내 방을 채우고 있었다. 마치 한증막처럼 방의 방향에 따라 실내 온도를 달리하면서. 햇빛을 받아 눈부신 무어식(式) 흰빛으로 물결 모양이 새겨진 어머니의 화장실은 해가 비치는 그 회벽들 탓에 우물 바닥에 잠겨 있는 듯했다. 한편 높은 곳에 네모꼴로 뚫린 창 속에는 하늘이 있고, 그곳을 보드라운 물결이 겹쳐진 채 연이어 미끄러져 가는 게 보였다. 그 하늘은(마음속에 품은 욕망 탓인지) 푸른 물로 가득 찬 목욕용 수영장이 옥상에 설치돼 있는 것 같기도 하고, 창에 걸어놓은 거울에 거꾸로 비치는 것 같기도 했다.

이런 타는 듯한 더위에도 우리는 1시 기차를 탔다. 알베르틴은 열차 안에서 무척 더워했고, 땀을 뻘뻘 흘리며 머나먼 길을 걸어갈 때에는 더 더워했다. 나는 그녀가 도착하자마자 햇빛이 닿지 않는 축축한 성당에서 옴짝달싹하지 않고 그림만 그리다가 감기나 들지 않을까 걱정되었다. 게다가 우리가 엘스티르를 처음 방문했을 무렵부터, 그녀가 돈이 없어 못 누리던 사치뿐만 아니라 보잘것없는 안락마저 좋아하는 걸 눈치챘던 나는, 발베크의 마차 임대업자와 상의해서 날마다 우리를 데리러 마차를 한 대 보내달라는 합의를 보았다.

더위를 피하려고 우리는 샹트피의 숲길로 접어들었다. 길가 수풀 속에서 서로 울어대는 새들 가운데에는 바다새에 가까운 것들도 섞여 있었다. 그 새들은 눈에 보이지 않아서 눈을 감았을 때와 똑같은 편안함을 주었다. 마차 안 알베르틴의 옆에서 그 팔에 얽어매진 나는 이들 오케아니데스*의 목소리를 들었다. 그러다가 우연히 그러한 음악가 하나가 한 가지에서 다른 가지로 날아가는 걸 언뜻 보았을 때, 그 음악가와 노래 사이에 연관성이 거의 없어서, 나는 마차에 놀라 대뜸 날아오르는 그 작은 몸에서 노래의 본체를 본 듯한 생각이 도무지 들지 않았다.

마차는 우리를 성당까지 데리고 갈 수 없었다. 나는 케톨므 마을을 나오는 곳에서 마차를 멈추게 하고서는 알베르틴에게 또 보자고 말했다. 왜냐하면

---

* 바다의 요정으로 대양의 신 오케아노스의 딸들.

그녀는 다른 사적이나 그림에 대해 말하듯 이 성당에 대해서도 "당신과 함께 보면 얼마나 즐거울까!" 말하면서 나를 질겁하게 한 적이 있기 때문이다. 그런 즐거움이라면 나는 맛볼 수 있을 성싶지 않았다. 아름다운 것 앞에서 나는 혼자가 아니고서는, 또는 혼자인 채 침묵을 지키지 않고서는 즐거움을 느끼지 못했다. 그리고 이처럼 남과는 같이 맛보지 못하는 예술적 감동을 그녀가 내 덕분에 맛볼 수 있다고 여긴 이상, 차라리 그녀를 혼자 있게 하고 나는 떠나는 편이 더욱 현명하다고 생각했다. 지금 떠나지만 해질 무렵에는 데리러 오겠다, 그동안 마차를 타고 되돌아가서 베르뒤랭 부인이나 캉브르메르네를 방문하거나 아니면 발베크에서 어머니와 함께 한 시간쯤 보내겠지만, 더 멀리는 안 가겠다고 나는 그녀에게 말했다.

적어도 처음에는 정말로 그렇게 했다. 한번은 알베르틴이 변덕이 나서 나에게 이런 말을 했기 때문이다. "아이 시시해. 자연이란 모든 일을 고약하게 만들었네요. 생장 드 라 에즈를 이쪽에, 라 라스플리에르를 저쪽에 놓아, 어느 한 장소를 택하면 온종일 그곳에 갇힌 신세가 되니." 나는 맞춘 토크 모자와 너울을 받자마자, 제 불행을 스스로 불러들이는 줄도 모르고 생파르조(Saint -Fargeau, 주임 사제의 책에 따르면 어원은 상크투스 페레올루스(Sanctus Ferreolus)였다)로 자동차 한 대를 보내라고 주문했다. 아무것도 몰랐던 알베르틴은 호텔 앞에서 붕붕 울리는 엔진 소리를 듣고 깜짝 놀랐다가, 그 자동차가 우리를 위해 온 것인 줄 알고는 뛸 듯이 기뻐했다. 나는 그녀를 내 방에 잠시 데리고 올라갔다. 그녀는 기뻐서 깡충깡충 뛰며 물었다. "우리 베르뒤랭네를 방문하러 가는 거죠?" "응. 하지만 그런 옷차림을 하고선 안 가는 게 좋겠어. 이제부터 당신 자동차를 가지니까. 자, 이거라면 딱 어울리겠지." 그러고 나서 나는 숨겨두었던 토크 모자와 너울을 꺼냈다. "내 거예요? 어머나! 친절하셔라!" 그녀는 내 목을 끌어안으면서 외쳤다. 계단에서 우리와 만난 에메는, 알베르틴의 멋진 차림새와 우리의 승용차에 우쭐해졌다. 그도 그럴 것이 발베크에는 자동차가 드물었기 때문이다. 그는 우리 뒤를 기꺼이 따라 내려왔다. 알베르틴은 새 옷차림을 남의 눈에 좀더 띄게 하고 싶어서, 포장을 치워달라고 나에게 부탁했다. 나중에 둘이서 더 편하게 있고 싶어질 때 내리면 그만이라는 것이었다. "이봐." 에메는 꼼짝도 하지 않는 낯선 운전사에게 말했다. "포장을 걷어올리라는 분부가 안 들리나?"

에메는 오랜 호텔 생활로 이미 높은 지위를 차지했으므로, 프랑수아즈를 '마님' 대우하는 삯마차의 마부처럼 소심하지 않았다. 먼저 소개가 없어도 그는 처음 보는 평민한테 그걸 하라는 식으로 말했다. 그것이 그의 귀족주의적인 멸시인지 민중주의적인 우애의 행동인지 아무도 모르지만, "나는 한가하지 않습니다." 나를 모르는 운전사는 대답했다. "나는 시모네 아가씨를 태우러 왔습니다. 당신을 모실 수 없습니다." 에메는 웃음보를 터뜨렸다. "이봐 얼간이." 에메는 운전사에게 대꾸하고는 이렇게 말하며 그를 곧 이해시켰다. "이분이 바로 시모네 아가씨이고, 자네한테 포장을 걷어올리라고 분부한 분이 바로 자네 주인이야." 또 에메는 알베르틴에게 사사로운 호감은 품지 않았지만, 나 때문에 그녀의 멋진 옷차림이 덩달아 자랑스러워 운전사에게 살짝 속삭였다. "어때! 날마다 모시고 싶을걸, 이런 공주님을!"

처음으로, 다른 날처럼 알베르틴이 그림을 그리는 동안 나 혼자 라 라스플리에르에 가지 않게 되었다. 그녀는 나와 함께 거기에 가고 싶어했다. 그녀는 가는 길에 여기저기 들를 수 있을 거라고 생각했으나, 생장 드 라 에즈에 먼저 가서 그 주변을 드라이브하는 건 불가능하다고 믿었다. 방향이 전혀 달라서 그곳에는 다른 날 가야겠거니 했다. 그런데 운전사 말로는 생장에 들러서 가는 건 20분밖에 안 걸려 누워서 떡 먹기다, 우리가 바란다면 거기에 몇 시간 머무를 수 있으며 더 멀리 나갈 수도 있다, 케톨므에서 라 라스플리에르까지 35분도 안 걸린다는 것이었다. 우리는 자동차가 내달려 준마(駿馬)의 스무 걸음을 단번에 껑충 뛰어넘은 순간 이를 깨달았다. 거리란 시간에 대한 공간의 비례 관계에 지나지 않고, 관계와 함께 변한다. 어떤 장소에 가는 어려움을 우리는 이수(里數)와 킬로미터로 설명하는데, 그런 어려움이 줄어들면 이 표현은 헛것이 된다. 예술도 그 때문에 변한다. 다른 마을과는 별세계에 있는 것 같은 어느 한 마을도 차원이 변한 풍경 속에서는 이웃이 되고 마니까. 아무튼 어쩌면 둘 더하기 둘이 다섯이 되고 일직선이 두 점 사이의 최단 거리가 아닌 세계가 존재한다는 사실을 배우기보다, 같은 날 오후에 생장과 라 라스플리에르를 전부 들르는 일은 누워서 떡 먹기라고 하는 운전사의 말을 듣는 편이 알베르틴으로서는 더 놀라웠다. 두빌과 케톨므, 생마르스 르 비외와 생마르스 르 베튀, 구르빌과 발베크 르 비외, 투르빌과 페테른도 마찬가지로 각각 연결이 가능한 것이다. 이러한 두 곳은 지난날 메제글리즈와 게르망트의 두 방향처럼 이제까지 저마다 다른 날이라는 독방에 엄중히 감금되어, 같은 사람의 눈이 같은 날 오후에 이 두 곳을 모두 보는 건 불가능했다. 그러나 이제 그곳들은 단번에 70리를 날 수 있는 장화를 신은 거인의 손으로 해방되어, 우리의 간식 시간 주위에 모여들어 각자의 종루와 탑을, 가까운 숲이 늘 그 모습을 드러내 보이려고 안달하는 예스런 정원을, 한곳에다 모으는 것이었다.

코르니슈(Corniche)라는 낭떠러지 길 아래에 이르자 자동차가 칼 가는 소리같이 죽 이어지는 소리를 내며 단숨에 오르니, 바다는 쑥쑥 낮아져 우리 아래에 펼쳐졌다. 몽쉬르방의 촌스러운 옛 가옥들이 자기네 포도밭이나 장미나무를 가슴에 꼭 껴안으면서 우리를 향해 달려왔다. 그런가 하면 라 라스플리에르의 전나무들은 저녁 바람이 일 적보다 더 일렁거리며 우리를 피하려고 사방으로 달려갔다. 이윽고 내가 본 적 없는 새 하인이 현관 층계에 나타나 문을 열고, 그러는 동안 정원사의 아들은 조숙한 얼굴에 호기심을 나타내면서 엔진 부근을 뚫어지게 바라보고 있었다. 월요일이 아니라서 베르뒤랭 부인을 만날 수 있을지 몰랐다. 그도 그럴 것이 손님을 맞기로 되어 있는 월요일 말고는, 갑작스레 그녀를 만나러 가는 건 경솔한 행동이기 때문이다. 물론 그녀는 '원칙적으로(en principe)' 집에 있을 테지만. 스완 부인은 자기도 작은 동아리를 만들고, 설령 헛수고일 때가 많다 해도 스스로 움직이지 않고서 손님을 끌려고 노력하던 시절에 같은 표현을 썼는데, 그녀는 이를 어긋나게 '원칙에 따라서(par principe)'로 해석했다. 어쨌든 이는 오직 '대부분'이라는 뜻이니, 수많은 예외가 있었다. 베르뒤랭 부인은 외출하기 좋아했을 뿐만 아니라 마님으로서의 의무를 아주 멀리 밀고 나가는 버릇이 있었기 때문이다.

오찬에 손님을 대접할 때 모두가 커피·리큐어와 궐련을 들고 나면(더위와 소화 때문에 노곤해진 손님들로서는 테라스의 나무 그늘에 앉아서 저지(Jersey) 섬의 여객선이 칠보 같은 바다 위를 지나가는 걸 바라보는 편이 더 좋았지만) 그녀의 프로그램은 한 바퀴 산책으로 옮겨갔다. 그동안 손님은 억지로 마차에 앉아 하는 수 없이 두빌 주변에 많이 있는 경승지 이곳저곳으로 끌려다녔다. 그러한 향연의 제2부는, 그래도(일어나서 마차를 탄다는 수고를 하고 나면) 손님에게 적잖은 즐거움을 선사했다. 그들은 맛난 요리, 뛰

어난 포도주, 거품 이는 능금주로 이미 산들바람의 시원함과 풍경의 장려함
에 쉬 도취될 준비가 되어 있었다. 베르뒤랭 부인은 좀 낯선 사람들에게 그
런 곳을 제 소유지의(조금 먼 느낌이 들지만) 부속으로서 구경시키곤 했다.
그녀의 오찬에 참석한 이상 그들은 구경하러 갈 수밖에 없었는데, 거꾸로 말
하면 이 마님한테 초대되지 않았더라면 그런 경승지를 영영 몰랐으리라.

　모렐의 연주와 이전 데샹브르의 연주 위에 독재권을 휘둘렀듯 그녀는 산
책 위에도 자기 혼자 권력을 휘두르며, 풍경까지 작은 동아리의 중요한 부분
으로 만들고 말았다. 하지만 그런 자부심은, 그래도 처음에 생각했던 만큼
사리에 어긋나지는 않았다. 베르뒤랭 부인은 캉브르메르네 사람들이 라 라
스플리에르의 실내장식과 뜰의 정리에서 나타내는 그 몰취미를 경멸했을 뿐
만 아니라, 그들이 근처를 산책하거나 또는 손님에게 산책을 시키는 그 독창
성 없는 방법도 업신여겼다. 그녀의 눈으로 보면 라 라스플리에르가 진가를
발휘하기 시작한 건 그곳이 그녀의 작은 동아리의 쉼터가 되고 나서부터이
다. 또한 그녀는 캉브르메르네 사람들이 언제나 사륜마차를 타고 바닷가의
기찻길을 따라, 하필 이 근처의 딱 하나 시시한 길을 고르고 골라서 오가는
걸 보아, 예부터 이 고장에 살면서도 이 고장을 통 모르는 것 같다고 딱 잘
라 말했다. 이 말은 맞는 말이었다. 상상력이 모자란 캉브르메르네 사람들은
이 지방이 너무 가까우므로 진부하게 느껴졌는지, 판에 박힌 듯 언제나 같은
장소를 같은 길로 가기 위해서밖에 외출하지 않았다. 물론 캉브르메르네 사
람들은 그들의 고장을 그들에게 가르쳐주겠다고 하는 베르뒤랭네의 자부심
을 크게 비웃고 있었다. 그러나 캉브르메르네 사람들은 물론이고 그들의 마
부조차도 막상 그 고장을 가르쳐달라고 하면, 기막히다는 말을 들을 만한 숨
겨진 곳으로 우리를 안내할 수는 없었으리라. 그런데 베르뒤랭 씨는 다른 사
람 같으면 도저히 들어갈 엄두도 내지 못할 황폐한 사유지의 울타리를 넘어
가거나, 또 마차를 타고는 도저히 갈 수 없는 길을 마차에서 내려 헤쳐 나가
며 우리를 안내하는 것이었다. 그러면 그 보람으로 반드시 기막힌 풍경이 펼
쳐졌다.

　사실 라 라스플리에르의 뜰은 주위 몇 킬로미터에 걸친 산책 장소를 전부
간추린 어떤 축도와 같은 것이었다. 먼저 그 위치가 한쪽은 골짜기를 향하고
또 한쪽은 바다를 내려다보는 높은 곳인 데다, 이를테면 바다 쪽만 해도 나

무들 사이에 여기저기 공간이 나 있어, 이쪽에서 수평선이 바라다보이는가 하면 저쪽에서는 또 하나의 수평선이 보이는 것이었다. 그런 조망대에는 각각 걸상이 있다. 사람들은 차례로 거기에 앉아 발베크를, 파르빌을, 두빌을 바라본다. 한 방향으로만 향해 있는 곳에도 걸상 하나가 낭떠러지 위에 조금 쑥 나오거나 들어가 놓여 있다. 이런 걸상에서 바라보면 눈앞의 초록빛 울창한 숲 너머로 수평선이 펼쳐진다. 그 수평선은 거기서 벌써 한껏 넓어졌는가 싶더니, 우리가 계속해 작은 오솔길을 가는 동안에 한없이 커져 다음 걸상까지 이르면 바다의 원형극장 전체가 한눈에 보인다. 거기서는 물결 소리가 또 똑히 들리는데, 뜰의 가장 깊숙한 곳까지는 울리지 않는다. 그 깊숙한 곳에 서면 물결은 여전히 보이나, 소리는 더 이상 들리지 않는다. 라 라스플리에르의 이러한 휴식처는 주인 부부 사이에 '조망'이라는 이름으로 불린다. 과연 이 장소들은 바닷가와 숲의 이름난 곳인 인근의 가장 아름다운 '조망'을 성관 둘레에 모으고 있었다. 그것들은 멀리서 보면 매우 작게 보여, 하드리아누스(Hadrianus)*가 그 별궁 안에 여러 지방의 가장 유명한 기념물의 소품을 모았던 것과 비슷하다. '조망'이라는 낱말에 붙는 이름은 그 바닷가의 이름뿐만 아니라, 만(灣)의 건너편 기슭에 보이는 곳의 이름일 경우도 많았다. 파노라마가 펼쳐진 가운데서도 그 장소는 특별히 두드러져 보였다. 손님은 베르뒤랭 씨의 서재에서 책 한 권을 빌려 한 시간쯤 '발베크의 조망'에 읽으러 갈 수도 있거니와, 갠 날이면 '리브벨의 조망'에 리큐어를 마시러 갈 수도 있다. 그렇지만 그것도 너무 센 바람이 불지 않는 날에 한해서니, 주위에 나무가 무성한데도 그런 높은 장소의 공기는 사납기 때문이다.

베르뒤랭 부인이 오후에 꾸미는 마차 산책으로 얘기를 되돌리면, 마님은 그런 산책에서 돌아와 '이 해안을 우연히 지나간' 사교계의 아무개가 놓고 간 명함을 보면 기쁜 체하지만 실은 그 만남을 놓친 것을 몹시 애석하게 여겼다. 그리고(방문한 사람은 그저 '집'을 구경하러 들렀거나, 또는 예술적인 살롱으로 유명하나 파리에선 드나들 수 없는 살롱의 부인을 하루만 사귀려고 들렀거나 했을 뿐이지만) 남편인 베르뒤랭 씨를 통해 그가 이번 수요일 만찬에 올 수 있도록 재빨리 그를 초대했다. 상대가 그 전에 떠나야 하거나 돌아

---

*로마 황제(76~138).

오는 길이 늦어질까 봐 걱정하는 일도 빈번한데, 그러면 베르뒤랭 부인은 월요일이면 언제나 간식 시간에 집에 있을 거라고 타협안을 내놓는다. 그런 다과회는 인원수가 많지 않으며, 나는 이미 파리에서 게르망트 대공부인 댁이나 갈리페 부인 또는 아르파종 부인 댁에서 더욱 빛나는 그런 다과회를 경험했다. 그러나 이곳은 파리가 아니라서, 나로서는 환경의 아름다움이 모임의 즐거움뿐만 아니라 모인 사람의 품격을 더하게 하는 듯했다. 이를테면 어느 사교인과 만난다는 것은 파리에서라면 조금도 기쁘지 않지만, 라 라스플리에르에서는 그 사람이 멀리 페테른이나 샹트피의 숲을 지나왔다면 그 성격도 가치도 변해 즐거운 사건이 되었다. 때때로 그것은 내가 잘 아는 사람, 스완네 집에서 만나기 위해서라면 내가 한 걸음도 나아가지 않았을 사람이었다. 하지만 그런 사람의 이름도 이 해안의 절벽 위에서는 달리 울렸다. 마치 극장에서 자주 듣는 배우의 이름이 특별 공연 광고지에 다른 색으로 인쇄되자, 배경의 뜻하지 않은 변화로 갑자기 그 명성이 더 자자해지는 것같이.

시골에서 체면을 차리지 않는 법이라, 그런 사교인은 묵고 있는 집 사람들을 흔히 데리고 와서 베르뒤랭 부인한테 변명으로, 자기가 묵고 있는 집의 사람들이니 저버릴 수 없었다고 낮은 목소리로 말한다. 그래 놓고선 묵고 있는 집의 사람들에게는, 그가 어떤 예의로써 단조로운 바닷가 생활에 그런 심심풀이를 제공하고, 재치 있는 이들의 모임에 그들을 데려와서 으리으리한 저택을 구경시키고 훌륭한 다과회를 맛보게 해주는 체했다. 그래서 그다지 값어치 없는 몇몇 사람들로 한 모임이 이루어졌다. 시골에서라면 비좁은 뜰에 초라하게 보이는 나무 몇 그루가 있는 것만으로, 파리의 가브리엘 큰길이나 몽소 거리에선 대부호만 누릴 수 있는 놀라운 매력을 띤다. 또 파리의 야회에선 이류쯤 되는 사교인들도 라 라스플리에르의 월요일 오후에는 그 값어치를 다 발휘했다. 창 사이의 한 가지 색으로 칠해진 벽 아래, 붉은 가두리를 댄 상보로 덮인 식탁에는 갈레트, 노르망디의 쾨유테(feuilleté),[*1] 산호 구슬 같은 버찌로 가득 찬 배 모양의 타르트, 디플로마트(diplomate)[*2] 따위가 나온다. 그 둘레에 앉은 초대객들은 곧 창문 너머의 하늘빛 우묵한 대접 같은 바다―초대객들을 보는 눈으로 같이 봐야만 하는 바다―를 배경 삼아

*1 여러 겹 껍질로 된 과자.
*2 비스킷. 과일 설탕 조림과 크림 따위로 만든 과자의 하나.

서 깊은 변모를 거쳐 비할 데 없이 귀중한 것으로 변했다. 그뿐만이 아니다. 그런 초대객들을 보기 전부터 월요일 베르뒤랭 부인의 성관을 찾아오는 사람들은, 파리에서라면 호화로운 저택 앞에 서 있는 멋들어진 마차를 보아도 질린 시선을 보낼 텐데, 라 라스플리에르 앞 큰 전나무 아래에 멈춰 선 두세 대의 허름한 마차는 보기만 해도 가슴이 뛰는 걸 느낀다. 아마 시골의 환경이 다르기 때문이고, 사교계에 대한 인상이 그런 변화 덕분에 새로워지기 때문이리라. 또한 그들이 베르뒤랭 부인을 만나러 가기 위해 빌린 허름한 마차가 아름다운 산책을 떠올리게 하면서, 하루 삯으로 '두둑이' 요구한 마부의 비싼 '요금'을 떠올리게 했기 때문이다. 그렇지만 새로 온 사람에 대한 호기심은 그 사람의 속성을 잘 몰라서 저마다 '어떤 사람일까?' 자문하는 데서도 기인하는데, 그 물음은 쉽사리 대답할 수 있는 게 아니었다. 캉브르메르네나 다른 집에 일주일간 지내러 올 법한 사람이 누구인지 짐작도 안 가기 때문이다. 그럼에도 모두가 즐겁게 그런 물음의 답을 찾으려 하는 것은, 시골에서 쓸쓸히 살다보면 긴 시간 만나지 못했던 이들을 만나거나 한 번도 만난 적 없는 이에게 소개되는 것도 파리 생활에서와는 딴판으로 진절머리나지 않거니와, 우편집배원이 오는 시간마저 즐거워지는 시골의 적적한 생활의 텅 빈 공간을 그것이 감미롭게 메워주기 때문이다.

우리가 자동차로 라 라스플리에르에 온 날은 월요일이 아니었다. 그러므로 찾아올 손님이 없는 베르뒤랭 부부는 누군가를 만나고 싶은 욕구, 날씨 요법을 위해 가족들한테서 멀리 떨어져 외로움 속에 갇힌 병자가 창으로 몸을 던지고 싶어지는 욕구, 남녀 모두 그 마음이 혼란해지는 그러한 욕구에 사로잡혀 있었던 게 틀림없었다. 왜냐하면 민첩한 새 하인이 벌써 이 집의 말씨에 익숙해져서 우리한테 "마님께서는 외출하시지 않았다면 '두빌의 조망'에 계실 테니까 가보고 오겠습니다" 대답하고, 곧 돌아와 우리에게 말했기 때문이다. "마님께서 만나시겠답니다."

우리는 그녀의 머리가 좀 흐트러진 걸 알아챘다. 가끔 사육장, 뜰의 화초밭과 채소밭을 돌며 공작과 암탉에게 모이를 주고, 달걀을 모으고 과일과 꽃을 따 왔기 때문이다. 과일과 꽃은 이른바 '테이블에 길을 만들기' 위한 재료들이었다. 이 길이라는 것은 바깥 정원의 길을 떠올리게 하는 모형이었는데, 그러한 길은 이 테이블에 유용한 것이나 맛있는 것만 올라오는 게 아니라는 뜻으로 품위를 더해주었다. 왜냐하면 배라든가 거품 낸 달걀 등 정원에서 온 수많은 선물 주위에, 줄기를 높이 자른 지치며 카네이션이며 장미며 금계국이 늘어서고, 그 사이로 마치 꽃으로 꾸며진 방향 표지 기둥 사이를 가듯 저 멀리 바다를 미끄러져가는 배가 유리창 너머 어렴풋이 보였기 때문이다. 베르뒤랭 부부는 하인이 알린 방문객을 맞이하기 위해 꽃을 꽂다가 그만두었는데, 그 손님이 알베르틴과 나라는 걸 알고서 좀 놀란 표정을 지었다. 그 표정을 보고서 나는, 새 하인이 일에 열심이지만 아직 내 이름이 귀에 익지 않아서 잘못 전해, 이를 들은 베르뒤랭 부인은 낯선 손님이지만 아무라도 좋으니 만나고 싶은 욕구에 들여보내라고 말했음을 짐작했다.

　새 하인은 우리가 이 집에서 맡은 역할을 이해하고자 문가에서 이 광경을 물끄러미 보고 있었다. 그러다가 성큼성큼 달려가버렸다. 그는 겨우 어제 고용된 사람이었다. 알베르틴은 베르뒤랭 부부에게 토크 모자와 너울을 실컷 보이고 나서, 둘이서 할 일이 있으니 너무 늑장부리진 못한다는 걸 떠올리게 하려고 나를 흘긋 보았다. 베르뒤랭 부인은 느긋하게 간식까지 들고 가길 바랐으나 우리는 거절했다. 그때, 내가 기대하고 있던 알베르틴과의 산책의 즐거움이 물거품으로 돌아갈지도 모르는 한 계획이 드러났다. 베르뒤랭 부인은 우리와 헤어질 결심이 서지 않아선지, 아니면 새로운 심심파적을 놓치기가 섭섭해선지 우리를 따라나서려고 한 것이다. 하지만 그녀가 그런 제의를 해도 상대가 기꺼워하지 않는 경우를 예전부터 겪어왔기에 이번 제의 또한 우리에게 환영받을 거란 확신이 없었다. 그래서 그녀는 이런 제의에 대한 켕기는 기분을 감추고 몹시 자신만만한 태도를 꾸며, 우리의 대답을 알고 있다는 표정을 지으면서 우리에겐 묻지도 않고, 마치 우리에게 은혜를 베푸는 양 남편에게 다음같이 말했다. "그럼 내가 두 분을 배웅하겠어요!" 그와 동시에 그녀의 입술 위에 부자연스러운 미소가 떠올랐다. 어떤 사람들이 베르고트에게 거만한 태도로 "나도 당신 책을 샀습니다만 좋더군요" 말할 때 그들 입술에서 이미 보았던 미소였다. 그것은 사람들이 필요할 때—철도편과 이삿짐 마차를 빌려 쓰듯이—남한테서 빌리는 그 집단적이자 보편적인 미소였다. 다만 아주 세련된 몇몇 사람들, 이를테면 스완이나 샤를뤼스 씨 같은 사람의 입술에는 그러한 미소가 떠오르는 모습을 본 적이 없었다.

　이때부터 나의 방문은 망가지기 시작했다. 나는 그녀의 말을 이해 못하는 체했다. 그러나 잠시 뒤 베르뒤랭 씨마저 함께 간다는 사실이 뚜렷해졌다. "그래도 베르뒤랭 씨한테는 너무 멀걸요." 나는 말했다. "천만에요." 베르뒤랭 부인은 덮어놓고 신이 나서 나에게 말했다. "저이의 말로는 지난날 많이 다닌 길을 젊은이와 함께 다시 가보는 게 무척 재미날 거라네요. 때에 따라서는 저이가 운전사 옆에 탈 거예요. 무서워하지 않거든요. 그리고 우리 둘은 얌전하게 기차로 돌아오겠어요. 사이좋은 부부처럼. 보세요. 저이가 기뻐하는 모습을." 그녀는 남편에 대해, 썩 인품 좋은 노인이 된 대화가 동심으로 돌아가서 자기 손자들을 웃기려고 재미있는 그림을 되는 대로 그리며 기뻐하는 이야기를 하듯이 말했다. 내 침울함을 더 크게 한 점은, 알베르틴이 나와 침울함을 나누기는커녕 오히려 이대로 베르뒤랭 부부와 함께 여러 고장을 돌면 재미있을 거라고 생각하는 듯 보인 것이었다. 하지만 그녀와 함께 즐거운 시간을 보내려 했던 내 마음은 더할 수 없이 절실한 것이어서, 나는 부인의 참견으로 그것을 망치고 싶지 않았다. 그래서 나는 거짓말을 꾸며 댔다. 베르뒤랭 부인의 성가신 뻔뻔함에 맞서 어쩔 수 없이 한 거짓말이었건만, 아뿔싸! 이번엔 알베르틴이 말대답했다. "실은 방문할 데가 있어서요." 내가 말하자 알베르틴이 물었다. "어떤 방문?" "나중에 설명하지. 꼭 가야 해." "그래요! 그럼 우리는 그동안 기다리죠." 모든 걸 포기한 베르뒤랭 부인이 말했다. 마침내 그토록 갈망한 행복을 빼앗길지도 모른다는 고민이, 실례를 무릅쓸 용기를 내게 주었다. 나는 베르뒤랭 부인에게 귀엣말로, 알베르틴이 가슴속에 품어온 근심에 대해 나와 의논하기를 바라므로 나는 꼭 그녀와 단둘이 될 필요가 있다고 둘러대며 딱 거절했다. 부인은 화난 모습과 노기에 떨리는 목소리로 내게 말했다. "좋아요. 안 가겠어요." 나는 그녀가 몹시 화난 걸 눈치채고, 조금 양보하는 기색을 보이려고 했다. "그러나 어쩌면……." "안 가겠어요." 그녀는 더욱 화가 나 되풀이했다. "안 간다면 안 가는 거예요."

나는 그녀와 사이가 아주 틀어진 줄 알았다. 하지만 그녀는 문가에서 우리를 불러 세워, 오는 수요일회에 '결석하지' 말기를, 이런 것을 타면 밤에 위험하니 기차로 작은 단체와 함께 오기를 당부했다. 또 그녀가 우리를 위해 싸게 한 네모꼴 타르트와 사블레를 신입 하인이 자동차 포장 속에 넣는 걸 잊었기 때문에, 그녀는 이미 뜰의 언덕을 내닫기 시작한 자동차를 멈추게 했다.

우리는 다시 출발했다. 작은 가옥들이 꽃들을 가지고 달려와 잠시 우리를 배웅했다. 고장의 풍모는 꼭 변한 듯했다. 우리가 각 고장에 대해 만들어내는 지형학(地形學)의 심상에서 공간의 관념이 맡은 소임은 별로 대단치 않다. 시간의 관념이 고장 사이를 더 크게 떼어놓는 건 이미 말했다. 그러나 그뿐만이 아니다. 이를테면 우리가 늘 외딴 곳이라 여기는 어느 고장은 딴 고장과의 공동 척도(尺度)가 없어, 거의 세계 밖에 있는 듯 보인다. 마치 우리 인생에서 떨어져 있는 군대 시절이라든가 어린 시절에 우리가 사귄 사람들이, 다른 무엇과도 이어지지 않는 것처럼. 내가 발베크에 처음으로 머문 해, 빌파리지 부인은 보몽(Beaumont)*이라는 바다와 숲밖에 보이지 않는 언덕으로 곧잘 우리를 데리고 갔다. 거기에 가는 데 그녀가 마부한테 매번 지나도록 했던 길, 오래된 나무들이 무성해 그녀가 가장 아름답다고 생각한 그 길은 오르막이라서, 그녀의 마차는 보통 걸음으로 갈 수밖에 없었으므로 시간이 꽤 오래 걸렸다. 꼭대기에 이르면 우리는 마차에서 내려 좀 거닐었다. 그리고 다시 마차를 타 같은 길로 돌아왔는데, 그 사이 아무 마을도 아무 별장도 만나지 않았다. 나는 보몽을 뭔가 신기하며 아주 멀고 높은 곳으로 알고, 또 보몽에서 다른 곳을 가는 길로 접어든 적이 없어서 거기가 어디에 있는지 전혀 알지 못했다. 게다가 거기에 이르는 데 마차로 꽤 많은 시간이 걸리기도 했다. 분명히 거기는 발베크와 같은 현(또는 같은 주)에 속했으나, 내게는 그곳이 딴 차원에 있고 특수한 치외 법권을 누리는 것처럼 느껴졌다.

그러나 자동차는 어떤 신비도 존중하지 않는다. 앵카르빌의 집들이 아직 내 눈에 비치고 있는데도 자동차는 이미 그곳을 지나 파르빌(파테르니 빌라, Paterni villa)에 이르는 해안의 옆길을 내려가고 있었다. 우리가 달리는 고원(高原)에서 언뜻 바다를 본 나는 이 근처를 뭐라고 부르느냐고 물었다. 그러고는 운전사가 내게 대답하기도 전에, 옳지 보몽이구나 알아챘다. 알고 보니 지금까지 경편 철도를 탔을 적마다 나는 아무것도 모른 채 그 옆을 지나가곤 했던 것이다. 사실 거기는 파르빌에서 2분밖에 안 걸리는 곳이었다. 이를테면 내 연대의 한 장교가 명문 태생으로서는 몹시 친절하고 소탈해 단

---

* 아름다운 산이라는 뜻.

순히 명문 출신이라고 하기에는 매우 신비스러운 어떤 특별한 인간처럼 느껴졌는데, 어느 만찬회에서 나와 자리를 같이한 아무개의 처남이나 사촌이라는 사실이 밝혀진 경우와 같다. 보몽도 다른 곳하고는 그처럼 동떨어져 있는 줄 알았는데 졸지에 다른 곳과 연결됨으로써, 그 신비성을 잃고 이 고장에 자리를 잡게 된 것이다. 그 사실은 더 나아가 나에게 다음과 같은 생각마저 품게 하여 불안을 불러일으켰다. 즉 보바리 부인이건 산세베리나 부인이건, 폐쇄된 소설의 분위기 밖에서 만났다면 아마도 다른 여성들과 똑같은 여자로 보였을지도 모른다.

나는 마음껏 환상의 날개를 펴게 하는 기차 여행을 좋아하므로, 자동차를 앞에 놓고 알베르틴이 나타낸 환희에는 아무래도 따를 수 없었다. 자동차는 병자마저도 원하는 곳으로 데려다주며, 가는 곳을—이제까지 내가 생각해왔듯이—개성적이고 움직일 수 없는 아름다움의 유일한 본질이라 여기는 생각을 방해하기 때문이다. 또한 내가 전에 파리에서 발베크로 갈 때에 탄 기차와 달리 자동차는, 가는 곳을 일상생활의 우발적인 일에서 벗어난 하나의 목적, 거의 관념적인 목적 같은 것으로 만들어주지는 않았다. 기차의 경우 가는 곳은 그곳에 닿고 나서까지 여전히 그 관념적인 목적의 성질을 남겨두고 있다. 도착한 곳이 아무도 살지 않으며 오로지 소도시의 이름만을 지니고 있는 휑뎅그렁한 장소이기 때문이다. 그 정거장은 다만 하나의 구체화이기라도 한 듯이, 우리에게 이제야 겨우 그곳에 가게 되었구나 하는 생각이 들게 한다.

자동차의 경우는 그렇지가 않다. 자동차라는 놈은 그처럼 환상적으로 우리를 한 소도시에 데려가는 일이 없었다. 마치 극장의 관객들이 온갖 환상을 품듯, 그 지역의 이름이 요약하는 전체의 개념 속에 우리가 하나의 소도시를 그리는 일은, 자동차의 경우에는 받아들여지지 않았다. 자동차는 우리를 무대 뒤로 끌어들여, 그곳에 사는 사람들에게 길을 묻기 위해 멈춰 서기도 했다. 그러나 그처럼 무람없는 전진의 대가라도 치르듯이, 운전사가 길이 서툴러 오던 길로 되돌아가는 따위의 시행착오도 있게 마련이니, 그때마다 전경(前景)이 샤세 크루아제(chassé-croisé)*를 하는 바람에 성이 언덕이나 교회나 바다와 '구석차지 놀이'를 하듯 어지럽게 자리를 바꾸기 시작한다. 성이

---

* 상대가 발을 미끄러뜨리면서 위치를 바꾸는 동작을 가리키는 무용 용어.

고목나무 잎 그늘에 숨지도 못하고 정신없이 움직이는 새에 우리는 그 성에 다가가고 만다. 이렇게 자동차는 그 눈을 벗어나려고 여기저기로 피해 다니는 한 소도시를 꼼짝 못하게 호려놓고, 그 소도시 둘레에 그리는 원을 차차 좁혀간다. 마침내 자동차는 그 소도시 쪽으로 곧바로, 거의 수직으로 돌진하다가 골짜기 속에서 고꾸라지듯이 멈춘다. 이런 까닭에 유일한 목표 지점도 자동차에 의하여 급행열차의 신비를 잃어버린 듯이 여겨진다. 자동차는 기차와는 반대로 목적지를 드러나게 하고 컴퍼스로 잰 것처럼 그 위치를 확정하여, 정성스러운 탐험가의 손처럼 누구보다도 면밀한 정확성을 가지고 고장의 진정한 기하학과 아름다운 '토지 측량' 방식을 느낄 수 있도록 도와준다는 인상을 우리에게 주는 것이다.

공교롭게도 이때는 내가 몰랐으며 2년이 더 지나서 겨우 알게 된 사실은, 이 운전사의 단골손님 가운데 하나가 샤를뤼스 씨라는 점이다. 그리고 이 운전사에게 지불하는 일을 맡아 그 돈의 일부를 몰래 차지한 모렐이(운전사한테 주행 거리를 세 배 다섯 배 늘리게 했다), 운전사와 무척 사이가 좋아져(남들 앞에서는 아는 사이가 아닌 체하면서) 그 자동차를 먼 소풍에 사용했다는 점이다. 이때 내가 이를 알았더라면, 또 얼마 안 가서 베르뒤랭 부부가 이 운전사에 대해 가지게 된 신용이 이상과 같은 이유에서 생각도 못한 사이에 생겼다는 것을 내가 알았더라면, 그다음 해 파리에서 보낸 내 생활의 수많은 슬픔, 알베르틴과 관련된 수많은 불행은 피할 수 있었으리라. 그러나 나는 전혀 알아채지 못했다.

샤를뤼스 씨가 모렐과 함께 자동차로 하는 산책 자체는 내게 직접적인 흥밋거리가 못 되었다. 애초에 그런 산책은 보통 해안에 있는 식당에 점심이나 저녁을 먹으러 가는 정도였다. 그런 식당에서 샤를뤼스 씨는 신세 망친 늙은 하인, 값을 치르는 소임을 맡은 모렐은 몹시 인심 좋은 귀족으로 통했다. 여기서 그런 식사의 예를 하나 든다면 다른 날의 식사도 미루어 알 수 있을 것이다. 그것은 생마르 르 베튀에 있는 길쭉한 모양의 식당에서 벌어진 정경이었다.

"이것 좀 치워줄 수 없을까?" 샤를뤼스 씨가 직접 보이들에게 말을 건네지 않으려고 중개인에게 말하듯 모렐에게 청했다. 샤를뤼스 씨가 '이것'이라고 가리킨 것은 시든 세 송이 장미꽃으로, 호의를 품은 우두머리 사환이 식탁을 장식할 셈으로 놓은 것이었다. "그러죠." 모렐이 난처해하며 말했다. "장미를 싫어하십니까?" "아니, 오히려 이런 요구로 내가 장미를 좋아하는 걸 증명한 셈이지. 여긴 장미가 없으니까(모렐은 놀란 표정을 지었다). 그러나 사실 나는 별로 좋아하지 않는다네. 이름엔 꽤 예민하거든. 장미란 좀 고우면 바로 드 로스차일드 남작부인 또는 니엘 원수부인이라고 불리는데, 그런 얘기를 들으면 오싹하지. 자네는 이름을 좋아하나? 콘서트에서 연주하는 곡 가운데 예쁘다고 생각한 제목이 있었나?" "〈슬픈 시〉라는 게 하나 있습니다." "지독하군." 샤를뤼스 씨가 뺨이라도 한 대 치듯이 날카로운 목소리로 대답했다. "그나저나 내가 샴페인을 주문하지 않았나?" 그는 우두머리 사환에게 말했다. 사환은 두 손님 옆에 거품 이는 술이 찰찰 넘치는 두 잔을 놓으면서 자기가 샴페인을 가지고 온 줄 믿어 마지않았다. "네. 그렇습니다만……." "치우게. 싸구려 샴페인 축에도 못 끼는 이런 끔찍한 것을. 이런 것은 퀴프(cup)라고 불리는 구토제로, 쉬어버린 포도주에다 탄산수를 넣고 썩은 딸기를 세 알쯤 섞어 만들지." 그는 모렐 쪽으로 머리를 돌리면서 말을 이었다. "자네는 제목이라는 게 뭔지 모르나 보군. 더구나 자네가 가장 자신 있는 곡을 연주할 적에도 사물의 영매(靈媒)에 대한 측면을 깨닫지 못하나 보군." "무슨 말씀이죠?" 모렐은 남작이 한 말을 전혀 이해 못해, 어느 오찬회에 대한 초대와 같은 이로운 정보를 못 알아들었을까 봐 물었다.

샤를뤼스 씨는 그 "무슨 말씀이죠?"를 질문으로 여기지 않았으므로, 결국 모렐은 대답을 받지 못한 채 화제를 바꿔야겠다고 생각해 관능적인 방향으로 이야기를 돌렸다. "저기 보세요. 귀여운 금발 아가씨가 꽃을 파네요. 당신이 좋아하지 않는 꽃을. 저 여인에게도 틀림없이 좋아하는 계집애가 있을 거예요. 그리고 안쪽 식탁에서 식사하는 저 할머니도요." "어떻게 너는 단박에 알지?" 샤를뤼스 씨가 모렐의 통찰력에 감탄해 물었다. "이 정도야 뭐! 1초 안에 알아채죠. 우리 둘이서 사람들 속을 산책한다면, 내 육감이 절대 틀리지 않는다는 걸 아실걸요." 이때 이 사나이다운 아름다움 속에 소녀의 분위기를 지닌 모렐을 바라보고 있는 사람이 있었다면, 그가 어떤 여인들을 한 눈에 알아보는 것과 똑같이 그녀들도 그를 한눈에 알아보는 은밀한 신통력을 이해했을 것이다.

모렐은 쥐피앙을 밀어내고 대신 그 자리에 들어앉고 싶었다. 재봉사가 남작한테서 우려내는 수입을 자기 '고정급'에 덧붙이고 싶은 막연한 꿈을 꾸고 있었다. "지골로(gigolo)*라면 나는 더 잘 알아요. 틀림없다는 것을 보여드릴 수 있죠. 곧 발베크의 장날인데, 여러 가지를 볼 겁니다. 또 파리에서도요! 실컷 재미 보실걸요." 그러나 하인의 유전적인 조심성이 그로 하여금 꺼내기 시작한 말의 방향을 돌려놓게 했다. 그래서 샤를뤼스 씨는 여전히 아가씨에 대한 얘기로 여겼다. "아시겠어요?" 모렐은 그 자신한테 덜 위험하다고 판단되는 수(실제는 더 부도덕한 수인데도)를 써서 남작의 성욕을 자극하려고 말했다. "내 꿈은 매우 순결한 젊은 아가씨를 찾아내, 나를 사랑하게 하고 그 동정을 빼앗고 마는 겁니다." 샤를뤼스 씨는 모렐의 귀를 살짝 꼬집고 싶어 못 견뎠다. 하지만 아무것도 모르는 척 덧붙였다. "그런 짓을 한댔자 무슨 이득이 있나? 만일 그 동정을 빼앗고 나면, 자넨 결혼해야만 하는데." "결혼한다고요?" 모렐은 크게 외쳤다. 그는 남작이 취했다고 생각했거나, 아니면 현재 자신의 말상대가 의외로 조심성 많은 사람이란 점을 미처 떠올리지 못했던 것이리라. "결혼이라뇨? 천만에! 결혼한다는 약속이야 해도, 일만 잘 풀리면 그날 밤 안으로 차버리죠." 샤를뤼스 씨에겐 허구가 일시적인 육감의 기쁨을 일으킬 때는 그 허구에 동의하고, 잠시 뒤 그 기쁨이 물러가면 손바닥을 뒤집듯 그 동의를 거두어들이는 버릇이 있었다. "정말 너는 그렇게 할 텐가?" 그는 모렐 곁에 몸을 바싹 대며 싱글벙글하면서 말했다. "물론이죠!" 모렐은 자신의 쾌락 가운데 한 가지가 무엇인지를 남작에게 숨김없이 설명하는 게 그의 흥을 깨지 않는다는 걸 눈치채고 말했다. "그건 위험하이." 샤를뤼스 씨가 말했다. "미리 봇짐을 싸놓고, 주소를 남겨두지 않고서 훌쩍 사라지면 그만이죠." "그럼, 나는?" 샤를뤼스 씨가 물었다. "함께 떠나겠죠. 물론." 그런 경우 남작이 어떻게 될지 조금도 관심이 없어 생각해보지도 않던 모렐이 서둘러 말했다.

"그런데 실은 아주 마음에 드는 아가씨가 있습죠. 공작님 저택 안에 가게를 차린 재봉사 아가씨입니다." "쥐피앙의 딸이야!" 남작이 외치는 순간, 소믈리에가 들어왔다. "맙소사! 그 애는 안 돼." 남작은 말했다. 제삼자가 나타나 그의 마음이 조금 가라앉았는지, 또는 가장 성스러운 사물마저 더럽히

---

* 매춘부의 기둥서방. 나이 많은 여자에게 기생하는 제비족.

는 데에 만족을 느끼는 이 같은 추잡한 실없는 말에, 자기가 우정을 느끼는 인간을 끌어들이는 데에는 그 또한 결심이 서지 않아선지 덧붙였다. "쥐피앙은 갸륵한 사람이야. 딸은 귀엽고. 그들을 괴롭히는 건 지독한 짓이야." 모렐은 말이 지나쳤다고 느껴 입을 다물었지만, 그 눈길은 허공에 그린 그 아가씨 위에 쏠려 있었다. 그는 지난 어느 날 이 아가씨 앞에서 자기를 '위대한 예술가'로 불러달라고 나한테 부탁했고, 또 이 아가씨에게 조끼를 주문한 적이 있었다. 부지런한 아가씨는 휴가를 보낸 적이 없었는데, 나중에 알게 된 바로 그녀는 바이올리니스트가 발베크 근처에 있는 동안 그 잘생긴 얼굴을 끊임없이 생각했던 모양이다. 모렐이 나와 함께 있는 모습을 본 그녀는 그를 어엿한 '신사'로 착각해 그 얼굴도 기품 있어 보인 것이다.

"나는 쇼팽의 연주를 들은 적이 없네만." 남작이 말했다. "들으려고 하면 들을 수도 있었을걸. 나는 스타마티(Stamati)*1에게 개인 지도를 받았는데, 그분이 내 숙모인 시메 댁에 이 〈야상곡〉 거장의 연주를 들으러 가는 걸 막았지." "참으로 어리석은 짓을 했군요!" 모렐이 큰 소리로 말했다. "그렇지 않아." 샤를뤼스 씨가 날카로운 목소리로 생기 있게 대꾸했다. "그분은 현명하셨지. 내가 특별한 '성격' 탓에 쇼팽의 영향을 크게 받을 걸 그분은 알았던 거야. 하지만 그건 아무래도 좋아. 나는 아주 젊었을 때 음악을 그만두었으니까. 하긴 다른 것도 다 그만뒀지만. 그래도 생각해보면" 하고 그는 천천히 콧소리로 덧붙였다. "연주를 들었다는 사람들도 여전히 살아 있으니까, 어떤 것인지 알려줄지도 모르지. 그러나 결국 쇼팽은, 자네가 믿지 않는 영매 이야기로 돌아가기 위한 기회를 만들려고 인용했을 뿐이네."

한번 허물없는 말*2을 집어넣은 다음 샤를뤼스 씨의 말이 갑자기 여느 점잔 빼고 거만스러운 투로 되돌아갔다는 점을 독자는 주목할 것이다. 그것은 모렐이 젊은 아가씨를 강간한 다음 후회 없이 '차버린다'는 그 착상이 샤를뤼스 씨에게 갑자기 오롯한 쾌락을 맛보게 했기 때문이다. 그러자 그의 성욕은 잠시 가라앉았으며 얼마 동안 샤를뤼스 씨와 바뀌어 있었던 사디스트(이거야말로 진짜 영매다)는 달아나고, 예술적인 세련미와 감수성과 선량함이

---

*1 프랑스의 작곡가·피아니스트(1811~70).
*2 샤를뤼스 씨가 모렐에게 처음에는 자네(vous)로 호칭하다가 중간에 너(tu)라고 하고, 또다시 갑자기 자네라고 호칭하는 데에 주목.

넘치는 참된 샤를뤼스 씨가 이야기를 이어받게 된 것이다. "요전에 자네는 〈사중주곡 제15번〉의 피아노를 위한 편곡을 연주했는데 그런 모양으로 편곡한 자체가 이미 엉터리야. 그 이상 피아노답지 못한 건 또 없으니까. 그건 영광스러운 '귀머거리'*¹의 너무나 팽팽하게 당겨진 현(絃)이 귀에 나쁘다고 말하는 작자들을 위해 개작된 거야. 그런데 바로 그 현의 지나치리만큼 날카로운 신비성이 그 곡이 지닌 거룩함의 실체거든. 어쨌거나 모든 악장을 바꿔버린 자네의 연주는 정말 엉망이었어. 그런 곡은 자기가 작곡하고 있듯이 연주해야 하네. 한동안 귀먹음과 재능 상실에 괴로워하는 젊은 모렐이 잠시 멈춰 서 있는 거야.

그러다 문득 성스러운 열광에 사로잡혀, 그는 연주한다. 첫 소절을 작곡한다. 그러자 그 같은 첫머리의 노력에 기진해 그는 그 예쁜 머리카락을 이마 위에 늘어뜨리고, 베르뒤랭 부인은 이에 기뻐한다. 그리고 그는 한숨 돌리면서 델포이 신탁을 눈앞에 실현하고자 꺼낸 영묘한 음의 잿빛 실체를 짜 맞추기 시작한다. 이윽고 다시 기운을 내어 참신한 영감에 사로잡혀 그 퍼내고 퍼내도 마르지 않는 지고한 악절로 뛰어든다. 이는 베를린의 명수(샤를뤼스 씨는 멘델스존을 그렇게 가리킨 듯싶다)가 끈기 있게 본뜬 걸세. 단 하나의 초월적이고도 생동감 있는 이런 연주법이야말로, 내가 파리에서 자네한테 시킬 연주법이야." 샤를뤼스 씨가 이 같은 충고를 했을 때, 모렐은 우두머리 사환이 무시당한 장미와 '구토제'를 가져가는 걸 보고 놀랐던 것보다 훨씬 더 놀랐다. 샤를뤼스 씨의 연주법이 자기 '바이올린반(班)'에 어떤 결과를 빚어낼지 걱정스럽게 생각해보았기 때문이다.

그러나 그는 언제까지고 그런 숙고를 계속할 순 없었다. 왜냐하면 샤를뤼스 씨가 그에게 거만한 태도로 다음같이 말했기 때문이다. "우두머리 사환한테 봉 크레티앵(Bon Chrétien)*²이 있는지 물어보게." "봉 크레티앵? 알아듣지 못하겠는데요." "과일을 먹을 차례가 아닌가. 배를 가리켜 하는 말이지. 캉브르메르 부인 댁에는 분명히 그게 있을 거야. 왜냐하면 그녀는 에스카르바냐스 백작부인이고, 이 부인은 그것을 가졌으니까. 티보디에 씨가 백작부인에게 배를 보내자 부인은 말했다네. '어머, 군침이 도는 봉 크레티앵

---

*1 베토벤을 가리키는 말.
*2 선량한 기독교 신자.

이네요' 하고 말씀이야."*1 "뭐가 뭔지 모르겠는데요." "나도 아네, 자네가 아무것도 모른다는 건. 몰리에르도 읽어보지 않았다면……. 좋아, 그런 식으로 주문하기 어렵다니, 아주 간단히 주문하게나. 바로 이 근처에서 나는 배 '라 루이즈 본 다브랑슈'라는 것을." "라……." "아니, 그만두게. 자네가 그렇게 서투르니 다른 것을 주문하겠네. 내가 더 좋아하는 것을. 이보게, 두아예네 데 코미스(Doyenné des Comices)*2가 있나? 샤를리, 자네는 이 배에 대해 에밀리 드 클레르몽 토네르 공작부인이 쓴 아름다운 글을 꼭 읽어봐야해." "죄송합니다, 손님. 없습니다." "트리옹프 드 조두아뉴는 있나?" "없습니다." "비르지니 달레는? 파스 콜마르는? 없어? 좋아. 그럼 이 가게에는 아무것도 없으니 돌아가지. '뒤세스 당굴렘'은 아직 여물지 않았고 말씀이야. 자, 샤를리. 가세."

　샤를뤼스 씨로서는 불행하게도, 양식이 모자라는 그는 아마 모렐과의 관계가 순결했던 탓으로 이 무렵부터 바이올리니스트에게 기묘한 호의를 베풀려고 이리저리 애썼는데, 한편 모렐은 그런 호의를 전혀 이해할 수 없었다. 더구나 모렐은 그 성질의 됨됨이가 미치광이 같은 데다 배은망덕하고도 천해, 샤를뤼스 씨의 호의에 대해 날로 더해가는 무뚝뚝함과 난폭한 언동으로밖에 대답하지 않았다. 샤를뤼스 씨도 전에는 그토록 거만했건만 지금은 아주 소심해져서 진짜 절망의 발작 속에 빠지고 말았다. 어떻게 모렐이 자기가 본인보다 천배나 더 중요한 샤를뤼스 씨 같은 인물이 된 줄로 믿어, 보잘것 없는 일에서도 귀족 취미에 대한 남작의 거만한 가르침을 고스란히 받아들이면서 비틀어지게 이해했는지 독자는 보게 되리라. 어쨌든 알베르틴이 생장 드 라 에즈에서 나를 기다리는 동안 더할 수 없이 간단히 말해두겠다. 모렐이 귀족계급보다 위로 치는 무엇이 있다고 하면(그리고 그것은 특히 운전사와 함께―'남의 눈에 안 띄게, 남이 모르게'―젊은 아가씨들을 찾아나서는 데 즐거움을 느끼는 인간의 심보치고는 꽤 귀족적인 행동 원리였다고 할만하지만) 그것은 예술가로서 그의 명성이고, 바이올린반 학생들의 평판이

---

*1 몰리에르의 작품 〈에스카르바냐스 백작부인〉에 나오는 장면. 시골 귀족인 티보디에 씨가 배를 비유 삼아 백작부인에게 연모의 정을 말하며, 나는 이 배같이 선량한 기독교 신자다, 이 '봉 크레티앵'인 배를 드시라는 편지를 씀.

*2 배의 한 종류.

었다. 그는 샤를뤼스 씨를 손아귀에 넣고 있다는 사실에 우쭐해서는 상대를 무시하거나 바보 취급을 하곤 했다. 그것은 내가 내 종조할아버지의 집에서 일했던 그의 아버지 직업을 비밀로 해두겠다고 약속하자마자, 그가 나를 깔보던 것과 똑같은 고약한 짓이었다. 한편 그는 면허장을 가지고 있는 예술가로서의 모렐이라는 이름이 한낱 귀족의 '이름'보다 더 뛰어나다고 생각했다. 그래서 샤를뤼스 씨가 순수한 정신적 애정을 바라는 꿈에서 그의 가문 칭호를 모렐에게 주려고 했을 때, 모렐은 단호히 거절했다.

알베르틴이 생장 드 라 에즈에 남아 그림 그리겠다는 말을 꺼내면 나는 자동차를 타고, 구르빌과 페테른뿐만 아니라 때로는 생마르 르 비외나 크리크토까지 발을 옮겼다. 그리고 그녀를 데리러 돌아왔다. 그녀와 상관없이 바쁘고, 다른 즐거움 때문에 그녀를 버릴 수밖에 없는 체하면서도, 나는 그녀밖에 생각하지 않았다. 대체로 구르빌을 내려다보는 넓은 벌판보다 더 멀리 나가지 않았는데, 그 벌판은 콩브레에서 메제글리즈 쪽으로 막 올라가는 언저리의 벌판과 좀 비슷해, 나는 알베르틴과 꽤 떨어진 곳에 있으면서도 어쩐지 기뻤다. 내 눈길이야 그녀에게까지 닿을 수 없으나, 지금 내 곁을 지나치는 이 힘차고도 부드러운 바닷바람은 내 눈길보다 훨씬 멀리 이를 수 있기에. 그 바람은 무엇에도 방해받지 않고 단숨에 케톨므까지 내려가, 생장 드 라 에즈를 우거진 잎새로 감싸는 나무들의 가지가지를 흔들어대면서 내 연인의 얼굴을 쓰다듬는다. 그렇게 해서 마치 함께 노는 두 어린이가 이따금 서로 모습이 안 보이고 목소리가 닿지 않는 곳에 떨어져 있으면서도 꼭 매여 있는 걸 느끼는 경우처럼, 이렇게 한없이 떨어진 위험 없는 장소에 내가 숨어 있어도, 어쩐지 그녀와 나 사이에 한 줄기 끈이 이어졌구나 하는 기분이 들었다.

나는 바다가 보이는 길로 돌아왔는데, 지난날 그런 길에 이르면 나뭇가지 사이로 바다가 나타나기 전에 눈을 감고 생각하곤 했다. 내가 이제부터 보려는 건, 아직 생물이 없던 때 그대로 광기와 같은 태곳적의 용틀임을 계속하는 대지의 오랜 선조님이시다 하고. 그러나 지금의 내게 그 길은 알베르틴을 다시 만나러 가기 위한 수단에 지나지 않았다. 길이란 다 비슷해서 어디까지 곧바로 달리고 어디부터 도는지 나는 알고 있었다. 그러면 나는 전에 스테르마리아 아가씨를 생각하면서 이러한 길을 지난 적이 있던 것을, 또한 알베르틴을 조금이라도 빨리 보고 싶다는 지금의 마음과 똑같은 생각을, 지난날 파리에서 게르망트 부인이 지나가는 거리를 내려가며 품었던 일이 떠올랐다. 그런 길들은 속속들이 단조로운 것으로, 내 성격이 가는 방향을 가리키는 정신적인 의미도 지니고 있었다. 그 길들은 자연스러운 것이었으나 그러한 것들과도 관계가 있었다. 그 길들은 나로 하여금 나의 운명이란 환상만을 좇는 게 아닌지, 내가 좇는 자의 현실성은 대부분이 내 상상에 의해 만들어진 것은 아닌지 떠올리게 했다.

세상에는 별난 사람도 있다. 바로 내가 어려서부터 그러했는데, 그 사람에게는 남들에게 인정받는 고정된 값어치를 지닌 재산, 성공, 높은 지위 따위가 셈속에 들지 않는다. 이런 인간에게 필요한 것은 환영(幻影)이다. 그들은 환영을 위해 다른 모든 걸 희생한다. 온갖 노력을 기울이며, 어떤 환영을 만나려고 수단 방법을 가리지 않는다. 그러나 환영은 곧 사라진다. 그러면 그들은 또 다른 환영의 뒤를 좇으나, 결국 첫 환영으로 돌아올 따름이다. 발베크에 온 첫해, 내가 보았던 바다를 배경으로 나타난 젊은 아가씨 알베르틴. 그 알베르틴을 내가 좇아다니는 건 이번이 처음은 아니었다. 물론 내가 처음으로 사랑한 알베르틴과 내가 거의 옆을 떠나지 않는 지금의 알베르틴 사이에 다른 여인들이 끼여 있었던 것은 사실이다. 다른 여인들, 특히 게르망트 공작부인이. 아마 사람들은 말하리라. 그렇다면 왜 그토록 질베르트 때문에 고뇌했는가? 또 게르망트 부인의 친구가 된 내가 결국 부인을 생각지 않게 되고 오로지 알베르틴을 생각한다면, 왜 그토록 게르망트 부인 때문에 고뇌했는가? 마찬가지로 환영 애호가였던 스완이라면 죽기 전에 이 물음에 대답할 수 있었으리라. 뒤쫓다가 잃어버리고 다시 새로이 찾는 환영, 때론 단 한 번만이라도 힐끗 보고 싶어, 또 금방 달아나는 현실 아닌 생활에 잠시나마 닿고 싶어 다시금 추구하는 환영, 발베크에서 더듬어가는 수많은 길은 이런 환영으로 가득 차 있었다. 이런 길의 나무들, 배나무, 사과나무, 위성류(渭城柳)는 나보다 오래 살겠지. 나는 그런 나무들에게서, 아직 영원한 잠의 종이 울리지 않는 동안 서둘러 일을 시작하라는 충고를 받는 듯했다.

나는 케톨므에서 차를 내려 가파르고 움푹한 길을 달려 내려갔다. 널빤지 다리를 디뎌 시냇물을 건넜다. 그리고 가시투성이 붉은 장미나무가 꽃을 활짝 피운 모양새와도 닮은, 작은 첨탑들로 꾸며진 성당 앞에서 그림 그리고 있는 알베르틴을 발견했다. 합각(合閣)머리의 삼각 면만이 편편했다. 웃음 띤 듯한 석재 표면에는 천사들이 손에 초를 들고, 20세기의 남녀 한 쌍인 우리 앞에서 의연하게 13세 의식을 거행하고 있었다. 알베르틴이 화폭 위에 그리려고 한 것은 그러한 천사들의 모습이었다. 그녀는 엘스티르를 흉내내 힘차게 화필을 놀리면서 대가에게 들은 대로, 자신이 알고 있는 다른 모든 천사와 이 천사들을 구별하는 고귀한 리듬을 따르고자 애쓰고 있었다. 그러다가 그녀는 그림 도구를 챙겨 들었다. 우리는 서로 기대면서 작은 성당을 뒤로하고 움푹한 길을 올라간다. 작은 성당은 마치 우리를 보지도 않았단 듯이 끊임없이 졸졸 흐르는 시냇물 소리만 조용히 듣고 있다.

이윽고 자동차가 달린다. 우리는 올 때와는 다른 길로 접어들었다. 마르쿠빌 오르궐뤼즈 앞을 지나갔다. 반쯤은 새롭고 반쯤은 수리된 그 성당 위의 기울어져가는 태양은 여러 세기 동안의 녹슨 빛처럼 아름다운 빛깔로 성당을 감싸 안고 있었다. 그 빛깔을 통해 크고 얕은 돋을새김이 반은 액체, 반은 빛살인 유동적인 층 밑에서만 그 모습을 보이는 것 같았다. 성모 마리아, 엘리사벳 성녀, 요아킴(Joachim) 성자*가 거의 말라버린 미세한 소용돌이 속을 수면에 닿을락 말락, 또는 햇볕에 닿을락 말락 헤엄치고 있다. 뜨거운 먼지 속에 원기둥 위로 불쑥 솟아오른 수많은 현대의 조각상들은 지는 해가 흩뿌리는 금빛 너울의 중간 높이까지 우뚝 서 있다. 성당 앞쪽 큰 사이프러스는 어떤 성스러운 토지에 뿌리내린 듯하다. 우리는 잠깐 그 나무를 구경하려고 차에서 내려 근방을 걸었다. 알베르틴은 밀짚 토크 모자와 비단 스카프를 자기 의식과 이어진 손발과 마찬가지로 실감 나게 느꼈다(이것들은 그녀에게 쾌적한 감각의 중심이었다). 성당을 한 바퀴 도는 동안 그녀는 또 다른 자극을 받았다. 그것은 나른한 만족감으로 나타났으며, 나에게는 그 표정이 매력적이었다. 스카프와 토크 모자는 최근 들어서 우연히 내 연인의 한 부분이 됐을 뿐인데도 내겐 벌써 정다운 것이라, 나는 저녁 공기에 휩싸여 사이프러스 언저리에 자국을 남기고 다니는 그것들을 눈으로 좇았다. 그녀 자신의 눈엔 보이지 않을 테지만, 그런 멋들어진 맵시가 내게 좋은 인상을 자아낸다는 건 짐작해선지, 그녀는 모자에 잘 어울리도록 머리를 살짝 기울이며

---

* 성모 마리아의 아버지.

내게 생긋거렸다.

"내 마음에 안 들어요. 고친 모습이니까." 그녀는 내게 성당을 가리키며, 따라할 수 없는 옛 돌의 귀중한 아름다움에 대해 엘스티르가 그녀에게 한 말을 떠올리면서 말했다. 알베르틴은 고친 부분을 곧바로 알아볼 수 있었다. 음악에 대한 그녀의 취향은 참으로 형편없지만, 그 대신 건축에 대해 이미 지니고 있는 취미는 그 정확성에 놀랄 뿐이다. 나 또한 엘스티르와 마찬가지로 이 성당을 좋아하지 않아서, 금빛 햇살이 스며든 정면이 내 눈앞에 우뚝 서 있는 걸 보아도 전혀 즐겁지 않았다. 이것을 구경하려고 내가 차에서 내린 건 오직 알베르틴을 기쁘게 하기 위해서였다. 그나저나 그 인상파의 거장은 자기 자신과 모순되지 않나 하고 나는 생각해보았다. 어째서 그는 이러한 객관적인 건축물 가치를 우상처럼 숭배하며, 석양과 어우러진 성당의 변모를 고려하지 않는 걸까? "역시 안 되겠어요." 알베르틴은 내게 말했다. "나는 이 성당이 싫어요. 그 오르괼뢰즈(Orgueilleuse)*라는 이름은 좋아하지만. 그렇지, 브리쇼 씨에게 꼭 물어봐야겠어요. 생마르에 베튀를 붙여서 부르는 이유를. 저기, 다음번에 거기에 가지 않겠어요?" 그녀는 검은 눈으로 나를 바라보면서 말했다. 그 검은 눈 위에, 토크 모자가 이전의 작은 폴로 모자처럼 내려와 있었다. 모자의 너울이 하늘하늘 나부꼈다.

나는 그녀와 다시 자동차에 탔다. 다음 날 함께 생마르에 간다고 생각하니 마음이 들떴다. 다들 해수욕밖에 생각하지 않는 이런 더운 날엔 그 생마르 성당의 마름모꼴 기와를 얹은, 장밋빛 연어와도 같은 예스러운 두 종탑은 가볍게 안으로 굽어 꿈틀거리는 듯싶어, 마치 머리끝이 날카로운 늙은 물고기가 비늘에는 갈색 이끼가 낀 채 움직임 없이 투명한 푸른 물속에 우뚝 선 듯한 모습이었다.

마르쿠빌을 떠나 지름길로 가려고 어느 네거리에서 옆길로 들어서니 거기에 한 농가가 있다. 가끔 알베르틴은 거기서 차를 세우게 하고, 차 안에서 마실 음료를 혼자 가서 구해오라고 부탁한다. 칼바도스나 능금주 같은 것을. 그리고 절대로 거품이 일지 않는다고 들었는데, 우리는 그 능금주로 온몸이 흠뻑 젖었다. 우리는 서로 몸을 바싹 붙인다. 농가 사람들의 눈엔 닫힌 차

---

* '오만한'이라는 뜻.

안의 알베르틴 모습이 거의 안 보일 정도이다. 나는 그들에게 병을 돌려주고, 우리는 다시 출발한다. 마치 우리 둘만의 생활을 이어가기 위해서인 양. 그들은 그것이 연인들의 생활이라고 추측할 것이다. 목을 축이기 위해 잠시 차를 멈춘 것은 그런 생활의 대수롭지 않은 한순간에 지나지 않을 거라고 상상하리라. 알베르틴이 능금주 병을 비운 다음의 우리 모습을 그들이 보았다면 더욱 그렇게 생각했을 것이다. 여느 때라면 신경 쓰지 않았을 텐데 과연 이때의 알베르틴은, 그녀와 나 사이의 틈이 더 이상 견딜 수 없는 성싶었다. 삼베 치마 밑으로 그녀의 다리가 내 다리에 바싹 다가섰다. 그녀는 그 뺨을 내 뺨에 댔다. 파랗게 질린 뺨은 오직 광대뼈 언저리만 빨갛게 달아올라 마치 변두리 아가씨들처럼 그곳에 뭔가 열정과 빛바램이 섞여 있었다. 이런 순간 그녀는 성격뿐만 아니라 목소리도 순식간에 변해서 본디 소리를 잃고 낮게 갈라진 대범한, 거의 외설한 목소리가 되었다.

날이 어두워졌다. 치마와 토크와 더불어 그녀가 내게 기대고 있음을 느끼며, 만나는 연인들이 늘 이렇듯 나란히 있는 모습을 떠올리는 게 얼마나 기쁘냐! 어쩌면 나는 알베르틴에게 연정을 품었으나 그것을 그녀가 알아차리게 내버려둘 용기가 없었는지도 모른다. 그러므로 내 마음속에 사랑이 있더라도, 그것은 경험으로 억누를 수 있게 되기까지는 가치 없는 사실로서밖에 존재할 수 없었다. 그런데 이런 연정은 내겐 이룰 수 없는 것이며, 인생 설계의 범주 밖에 있는 것 같았다. 한편 나의 질투는 알베르틴에게서 영원히 떨어져야만 완전히 가라앉으리라는 것을 알았지만, 도리어 질투는 알베르틴의 곁을 떠나지 말아야겠다는 쪽으로 부추겼다. 나는 그녀의 곁에서마저 질투를 느끼곤 했는데, 그럴 때 내 마음속에 질투를 눈뜨게 한 상황이 되풀이되지 않도록 조절하곤 했다.

이를테면 어느 화창한 날 우리 둘은 리브벨에 점심을 먹으러 갔다. 식사를 하거나 차를 마실 때 쓰이는 복도처럼 길쭉한 휴게실의 커다란 유리문은, 햇살을 받아 금빛으로 반짝이는 잔디밭을 마주 보며 활짝 열려 있고, 조명으로 가득 찬 식당은 이 잔디밭의 한 부분처럼 보였다. 장밋빛 얼굴과 불꽃같이 구불거리는 검은 머리칼을 지닌 보이가 이 넓은 공간을 전보다 덜 빠른 걸음으로 뛰어다니고 있었다. 그도 그럴 것이 이젠 수습 보이가 아니라, 식탁의 우두머리 사환이 되었기 때문이다. 그래도 아직 그에게는 부지런함이 자연스럽게 배어 있다. 때로는 먼 식당 안에 있는 듯싶다가도 때로는 바깥 정원에서 점심 먹는 편을 좋아하는 손님들을 시중든다. 마치 한 젊은 달리기 신(神)의 연달은 석상이 여기저기에 놓여 있는 것처럼, 그의 모습은 이곳저곳에서 눈에 띄었다. 그 석상의 몇몇은 건물 안에 있었다. 그러나 그것은 바깥 못지않게 밝은 건물로, 그대로 바깥을 향해 뻗어 초록빛 잔디밭에 이어졌다. 그런가 하면 다른 몇몇 석상은 야외의 나무 그늘이나 빛 속에 나타나는 게 보였다. 그런 그가 잠시 우리 곁에 왔다. 그때 알베르틴은 내가 하는 말에 건성으로 대답했다. 그리고 눈을 크게 뜨고 그를 바라보고 있었다. 잠깐 나는 사랑하는 이의 곁에 있으면서도 그 사람과 떨어져 있는 듯한 느낌이 들었다. 알베르틴과 그 보이는 내가 있어 서로 말을 섞지는 않지만 이상야릇한 대면을 하고 있는 성싶었다. 내가 모르는 그 옛날에 그들이 거듭한 밀회의 계속일지도 모르며, 어쩌면 그저 그가 그녀에게 던진 눈길의 결과일지도 몰랐다—즉 나는 방해되는 제삼자이며, 그들은 내게 들키지 않으려고 몰래 행동하는 것이다. 주인이 보이를 난폭하게 불러 그가 물러가고 나서도 알베르틴은 점심을 계속 먹는 가운데 이제는 이 식당과 정원을, 여기저기 검은 머리털의 달리기 신이 나타나는 갖가지 장식의 환한 경주로로밖에 보지 않는 듯했다. 한순간 나는 보이의 뒤를 쫓아가기 위해 그녀가 나 혼자 식탁에 버리고 가진 않을까 걱정되었다. 그러나 다음 날부터 나는 그런 고통스러운 인상을 천천히 잊기 시작했고, 마침내 다시 떠올리지 않게 되었다. 두 번 다시 리브벨에 오지 않으리란 결심을 했으며, 여기에 와본 게 처음이라고 딱 잘라 말하는 알베르틴도 절대 다시 오지 않겠다고 약속했기 때문이다. 그리고 나는 내가 함께 와서 그녀의 즐거움을 빼앗아버렸다고 그녀가 믿지 않도록, 그 날쌘 다리의 보이가 그녀만 보고 있던 건 아니라고 주장했다.

그 뒤에도 나는 가끔 전에 그랬듯이 혼자 리브벨에 술을 잔뜩 마시러 갔다. 마지막 잔을 비우면서 나는 흰 벽에 그린 로자스(rosace)*를 바라본다. 내가 느끼는 즐거움을 로자스에 옮겼다. 이 세상에서 로자스만이 나를 위해 존재했다. 나는 흔들리는 눈빛으로 그것을 쫓고, 그것에 닿다가, 결국 그것을 잃는다. 미래가 어찌 되든, 나는 로자스만으로 충분했다. 머물러 있는 한

---

* 장미꽃 모양의 장식.

마리 나비 주위를 팔랑팔랑 맴도는 또 한 마리의 나비처럼, 나는 이 최상의 일락(逸樂) 행위 안에서 상대와 더불어 삶을 마치려 했다. 그런데 나는 아무리 보잘것없는 것일지라도, 인간이 평소에 그다지 주의를 기울이지 않는 만성적인 병과도 닮은 고통이 내 안에 존재한다는 것은 위험하다 생각했다. 아주 보잘것없지만 만약 예견할 수도 피할 수도 없는 사고가 일어난다면, 이러한 고통은 더할 수 없이 중대한 결과를 가져올 테니까. 이 고통의 원인인 여자들은 그 고통을 위로할 만한 것을 가지고 있으리라. 그러나 얼마 전 엄청난 고통을 경험해서 그 진통제를 절실히 구해야 한다면 몰라도, 그렇지 않은 지금 같은 때는 어쩌면 한 여자를 포기하는 데 더할 나위 없이 좋은 순간일지도 몰랐다. 이러한 드라이브 덕분에 내 고뇌는 진정되었기 때문이다. 당장은 그런 드라이브를 다음 날에 거는 기대와 같은 것으로만 생각하고, 그다음 날 자체도 그것이 내게 욕망을 불러일으킬망정 전날과 다른 날일 리가 없다고 생각했지만, 그래도 사실 그 드라이브는 그때까지 알베르틴이 있던 장소, 그녀의 숙모나 친구 집 등등 내가 그녀와 함께할 수 없었던 장소에서 멀어진다는 매력이 있었다. 구체적으로 설명할 수 있는 기쁨의 매력이 아니라, 오로지 불안을 가라앉히는 매력이긴 하지만. 그래도 그것은 매우 강렬한 매력이었다. 왜냐하면 우리가 그 앞에서 능금주를 마셨던 농가, 또는 알베르틴이 토크 모자를 쓰고 나와 성당 앞을 거닐던 일을 떠올렸을 때, 그녀가 거기에 있다는 느낌이 새로 수리된 성당의 대단치 않은 심상에 어찌나 귀한 가치를 단번에 덧붙였는지, 석양에 물든 성당 정면이 나의 추상 속에 스며들려는 순간, 아픔을 가라앉히는 커다란 젖은 찜질 같은 것이 내 심장에 닿는 느낌이 들었기 때문이다.

나는 알베르틴을 파르빌에 내려놓는다. 그러나 저녁에 다시 그녀와 만나 어둠 속 모래사장에 가서 그녀 곁에 누울 셈이다. 물론 나는 그녀와 하루가 멀다하고 만나지는 않았지만, 그래도 스스로에게 이러한 애기를 할 수 있었다. '그녀가 만일 어떻게 시간을 보내고 어떤 생활을 하는지 애기한다면 거기서 가장 큰 자리를 차지하는 건 역시 나다.' 이렇듯 우리는 함께 오랜 시간을 보냈는데 그런 시간이 나의 나날에 어찌나 감미로운 도취를 가져다주었던지, 파르빌에 이르러 한 시간 뒤 그녀에게 다시 보낼 자동차에서 그녀가 뛰어내렸을 때도, 자동차 안에 홀로 남은 나는 그녀가 헤어지기 전 꽃이라도 남겨놓은 듯 외로움을 느끼지 않는다. 그러니까 어쩌면 그녀를 날마다 보지 않고서도 지낼 수 있을지도 모른다. 나는 행복한 기분으로 그녀와 작별하고, 이 행복이 불러오는 진정 효과는 며칠 동안 이어질 것 같았다.

하지만 그때, 알베르틴이 숙모나 여자친구에게 말하는 소리가 들려왔다. "그럼 내일 8시 30분이야. 늦지 않도록 해. 그 사람들은 8시 15분에 채비를 다 끝낼 테니까." 사랑하는 여인의 입에서 나오는 말이란 위험한 지하수를 품은 땅과 비슷하다. 그 말속에 눈에 안 보이는 수층(水層)의 존재가 느껴지며 거기서 차가운 습기가 스며든다. 여기저기에서 스며나오는 부정(不貞)한 말이 눈에 띄지만, 수층 자체는 여전히 숨어 있다. 그러한 알베르틴의 말이 귀에 들려오자, 나의 안심은 와르르 무너져 내렸다. 내 앞에서 그저 넌지시 말했던 8시 30분의 그 비밀스러운 모임에 그녀가 가는 걸 방해하고자, 나는 그녀에게 다음 날 아침에 만나자고 청하고 싶었다. 아마 처음 몇 번은 그 계획을 단념하는 걸 섭섭해하면서도 나를 따르겠지. 그러나 곧 끊임없이 그녀의 계획을 훼방하려는 내 욕구를 알아차리겠지. 이런 나이기에 모든 걸 비밀로 했겠지. 하기야 내가 빠지는 그런 모임은 하찮은 것임에 틀림없으며, 그녀가 나를 초대하지 않는 건 거기에 오는 아무개를 내가 저속하고 진저리나는 여인으로 생각할까 봐서인지도 모른다.

이렇게 나는 알베르틴의 생활과 맞닿은 하루하루를 보내고 있었는데, 이런 생활은 불행하게도 나한테만 영향을 미친 게 아니었다. 그녀는 나를 안심시키는가 하면 내 어머니를 불안하게 만들고, 어머니 입에서 그 말이 나옴으로써 나의 안심을 무너뜨렸다. 이러한 생활을 끝내는 것은 내 의지로만 가능하므로 어느 날, 머잖아 이 생활을 끝내야겠다는 마음을 먹고서 만족하여 호텔에 돌아온 적이 있다. 그때 내가 운전사에게 저녁 식사 뒤 알베르틴을 데리러 가라고 일러둔 말을 들은 어머니가 내게 말했다. "돈을 너무 쓰는구나! (프랑수아즈 같으면 이 말을 단순하고도 뚜렷한 표현으로 더 강하게 '돈이 줄줄이 도망간다'라고 말했을 것이다) 신경 써다오." 어머니는 말을 계속했다. "샤를 드 세비녜*처럼 되지 않도록. 그 어머니가 말했지. '그 애의 손은 도가니예요. 돈이 녹아요'라고 말이야. 그리고 어지간히 자주 알베르틴과

─────────────

* 세비녜 부인의 외아들로서 방탕아.

외출하는구나. 너무 지나치잖니. 알베르틴도 어리석은 짓이라고 생각할 거야. 네 기분이 좋아진다면야 나도 기쁘지만, 그러니까 만나지 말라는 건 아냐. 다만 둘이 너무 함께 있지는 말았으면 해."

그러지 않아도 알베르틴과의 내 생활은 큰 즐거움을 잃은 나날—적어도 실감할 수 있는 큰 즐거움을 잃은 생활—이 되었다. 머잖아 평온한 때를 골라서 이 생활을 바꿀 작정이었다. 그러나 어머니의 그런 충고로 위협받게 되자, 그 생활은 얼마 동안 다시 필요한 것이 되었다. 나는 어머니의 말 때문에 오히려 결심이 두 달쯤 늦어질 것 같다, 그런 요구가 없었다면 요번 주말로 그 생활은 끝이 났을 거라고 말했다. 어머니는 그 충고가 순식간에 빚어낸 엉뚱한 결과에 웃기 시작했다(나를 슬프게 하지 않으려고). 그리고 나의 굳센 의지가 다시 생겨나는 걸 방해하지 않도록 다시는 그런 말을 하지 않겠다고 내게 약속했다. 하지만 할머니가 돌아가신 뒤로, 어머니는 웃을 때마다 갑자기 그 웃음을 딱 그쳐 마지막에는 거의 괴로움에 흐느끼는 것 같은 표정이 되곤 했다. 그것은 한순간이지만 할머니를 잊었다는 후회에서이거나, 그런 망각이 어머니의 쓰라린 근심을 더욱 되살아나게 해서다. 어머니 마음속에는 할머니와의 추억이 고정관념처럼 뿌리내리고 있으며, 그것이 걱정을 일으킨다. 그런데 이번엔 거기에 또 하나의 걱정이 더해진 듯하다. 나에 대한 걱정, 알베르틴과 나의 친밀한 교제가 낳을 결과에 대한 걱정이다. 그렇지만 내가 조금 전 불평을 한 탓에 어머니는 이제 이 친밀한 교제를 막을 용기가 없었다. 그러나 어머니는 내 생각이 옳다고 이해한 것 같지는 않았다. 어머니는 내가 할머니나 어머니의 잔소리를 들으면 오히려 불안과 동요를 느껴, 그만큼 일이나 규칙적인 생활을 시작할 수 없게 된다는 내 말에 더 이상 내게 간섭하지 않았던 사실을 떠올린 것이다. 하지만 할머니나 어머니가 순순히 침묵하고 내 의견을 받아들여주었어도, 나는 도무지 규칙적인 생활을 하려 들지 않았다.

저녁 식사 뒤 자동차가 알베르틴을 데리러 출발했다. 아직 해가 다 지지 않은 시각이다. 더위는 누그러졌으나 낮에 타는 듯이 더웠던 만큼, 우리 둘은 지금껏 겪지 않은 시원함을 꿈꾼다. 그때 우리의 열 있는 눈에 아주 가느다란 달이 보였다. 내가 게르망트 대공부인 댁에 갔던 날 저녁이나 알베르틴이 내게 전화 걸던 날 저녁의 달과 같이. 그것은 마치 눈에 보이지 않는 칼이 하늘에서 벗기기 시작한 어느 과일의 하늘거리는 얇은 껍질처럼 보이고, 또 그 안에서 끄집어낸 싱싱한 과일의 살 덩어리처럼 보였다. 때로는 내가 몸소 그녀를 데리러 가기도 하는데, 늘 평소보다 조금 늦은 시각이었다. 그녀는 멘빌의 시장 상점가 앞에서 나를 기다린다. 처음엔 그녀를 몰라봤다. 안 온 게 아닌가, 그녀가 내 말을 착각한 게 아닌가 하고 나는 걱정한다. 그 순간 흰 바탕에 푸른 물방울 무늬 블라우스를 입은 그녀가, 젊은 아가씨라기보다 팔팔한 동물같이 가볍게 껑충 뛰어올라 차 안 내 옆자리로 들어오는 걸 본다. 그리고 그녀는 암캐처럼 금세 나를 한없이 애무하기 시작한다. 완전히 날이 어두워져 호텔 지배인의 말마따나 하늘이 온통 별의 양피지같이 될 무렵, 우리는 샴페인을 한 병 들고 숲으로 산책하러 가지 않으면, 아직 사람들이 희미하게 밝은 둑 위를 거닐고 있지만 두 걸음 앞 어두운 모래사장에서는 아무것도 알아차리지 못할 그들의 눈을 꺼리지 않고, 모래언덕의 낮은 곳에 가서 눕는다. 처음 보았을 때 바다의 수평선을 배경으로 지나가던 아가씨들의 육체, 나긋나긋한 가운데 여자다움과 바다와 활기찬 운동선수의 아름다움이 생생하게 숨 쉬는 똑같은 육체를, 지금 나는 파르르 떠는 하나의 빛줄기로 물가에 금을 긋는 잔잔한 바닷가에서 덮개를 덮은 채 꼭 끌어안는다. 그리고 우리는 지루한 줄 모르고 바다 소리에 귀를 기울인다. 바다가 숨을 죽이고 썰물이 멈추었다는 생각이 들 만큼 오래 조용히 있을 때에도, 드디어 우리 발밑에서 숨을 내쉬며 몹시 기다리던 달콤한 속삭임을 시작할 때에도, 우리는 그 목소리에 귀를 기울인다.

마침내 나는 알베르틴을 파르빌로 보낸다. 그녀의 집 앞에 이르면 남이 볼까 봐 우리의 입맞춤을 멈춰야 한다. 아직 자고 싶지 않다는 그녀는 다시 나와 함께 발베크까지 온다. 그리고 이번엔 정말 마지막이라며 다시 그녀를 파르빌에 데리고 간다. 자동차 시대 초기 운전사들은 어느 시간에 자도 괜찮은 사람들이었다. 사실 내가 발베크로 돌아온 것은 언제나 아침 이슬이 내리기 시작할 무렵이었다. 이번에야말로 나는 혼자였다. 그러나 나는 아직도 여자친구가 옆에 있을 때와 똑같은 기분에 싸여 있었고, 잔뜩 채운 입맞춤은 좀처럼 줄어들지 않는다. 책상 위를 보니 전보인지 엽서인지 한 통 와 있다. 역시 알베르틴한테서다! 내가 혼자 자동차로 돌아오는 동안에 그녀가 케톨므에서 나를 생각한 걸 알리려고 쓴 것이다. 나는 그것을 거듭 읽으며 잠자리에 든다. 그때 커튼 위로 새어들어오는 밝은 아침 햇살을 언뜻 보고는 생각한다. 밤새 키스를 하며 지샌 우리는 서로 사랑하는 게 틀림없다고.

다음 날 아침 둑 위에서 알베르틴을 만났을 때, 그녀가 오늘은 바빠 함께 산책할 수 없다는 대답을 할까 봐, 나는 그녀에게 산책하자는 청을 되도록 늦춘다. 그녀가 쌀쌀하게 딴 데 정신이 팔린 태도를 지으면 지을수록 나는 더욱 불안스럽다. 그녀와 아는 사이인 사람들이 지나간다. 아마도 그녀는 오후를 위해 나를 떼어놓은 여러 계획을 세웠음이 틀림없다. 나는 그녀를 물끄러미 바라본다. 알베르틴의 그 아름다운 몸을, 그 장밋빛 얼굴을. 그 얼굴은 내 눈앞에 수수께끼 같은 의지와 알 수 없는 결의를 보이고 있다. 그 결의야말로 그날 내 오후의 행복 또는 불행을 만들어낼 것이다. 이처럼 내 앞에 한 젊은 아가씨라는 우의적이자 숙명적인 형태를 지니고 있는 것은, 하나의 정신 상태이며, 한 인간 존재의 미래였다. 그러다가 드디어 나는 결심하고 되도록 아무렇지 않게 묻는다. "오늘도 오후부터 밤까지 같이 산책하지 않겠어?" 그러자 그녀가 대답한다. "응, 기꺼이." 그 순간 장밋빛 얼굴 속에서 나의 긴 불안은 감미로운 안심으로 바뀌고, 그 얼굴 모양을 더욱 귀중하게 만든다. 그런 얼굴이야말로 언제나 내게 폭풍우가 지나간 뒤에 느끼는 안도와 진정을 안겨준다. 나는 혼자 몇 번이고 중얼거린다. '얼마나 착한 아가씨이더냐. 얼마나 사랑스러운 아가씨이더냐!' 이런 흥분은 술기운으로 인한 그것보다야 덜 풍요하고 우정의 그것보다야 덜 깊지만 사교 생활의 흥분보다는 훨씬 뛰어나다.

우리가 자동차를 취소하는 건, 베르뒤랭네 집에서 만찬회가 있는 날과 알베르틴이 나와 같이 자유롭게 외출할 수 없는 날뿐이었다. 나는 알베르틴이 자유롭지 못한 날을 이용해, 나를 만나고 싶어하는 사람들에게 내가 발베크에 있다는 걸 알렸다. 생루에게도 그런 날에는 와도 좋다고 해두었다. 다만 그런 날에만 오도록 못을 박았다. 왜냐하면 그가 갑작스레 찾아와 그를 알베르틴과 만나게 해서, 내가 모처럼 누리는 행복감이 무너져 나의 질투가 되살아날지도 모르는 위험을 무릅쓰는 것보다 차라리 내가 알베르틴을 만나는 걸 스스로 포기하는 편이 낫다고 생각했기 때문이다. 게다가 나는 생루가 떠나가기 전까지 마음을 놓을 수가 없었다. 그러므로 그는 섭섭해하면서도 내쪽에서 부르지 않으면 절대 발베크에 오지 않는다는 약속을 착실히 지켰다.

지난날 게르망트 부인이 그와 함께 지내는 시간을 떠올리면서, 그토록 그를 보고 싶어하던 나였는데! 인간이란 끊임없이 상대와의 위치를 바꾼다. 직접 느낄 순 없어도 영원히 계속되는 이 세계의 걸음 속에서 우리는, 한순간의 광경 속에 상대를 움직이지 않는 존재로 바라본다. 그런데 상대를 바라보는 그러한 한순간은 너무나 짧아서, 우리는 그를 끌고 가는 운동의 존재를 미처 느끼지 못한다. 그러나 우리는 두 개의 다른 시점(時點)에서 얻게 되는 그의 심상을 기억 속에서 골라내기만 하면 된다. 서로 다른 시점이지만 적어도 상대 자체는 두드러진 변화를 했다고 여겨지지 않는 시점의 심상이다. 그러면 그 두 심상 사이의 차이가 우리와의 관계에서 상대가 이동한 거리를 알려 준다.

생루는 베르뒤랭네에 대해 말을 꺼내 나를 소름끼치도록 불안케 했다. 자신도 초대되도록 도와달라고 부탁하면 어쩌나 초조했다. 그렇게 되면 내 마음속의 쉴 새 없는 질투 때문에, 거기서 내가 알베르틴과 같이 맛보는 즐거움이 사라질 테니까. 하지만 다행히 로베르는 정반대로 그런 사람들과 전혀 사귀고 싶지 않다고 털어놓았다. "싫으네." 그는 말했다. "그런 짜증 나는 교권주의적인 사람들은." 나는 처음 그가 베르뒤랭네 사람들에게 붙인 '교권주의적'이라는 수식어가 이해되지 않다가, 생루의 말을 끝까지 듣고 보니 그의 생각을 알 수 있었다. 그것은 지식인이 곧잘 써서 남을 놀라게 하는 유행어에의 양보였다. 그는 말했다. "그들은 부족을 만들고 있어. 수도회와 예배당을 만드는 중이야. 자네도 그것이 작은 종파가 아니라곤 말 못하겠지. 집단에 속한 사람들에겐 갖은 애교를 떨지만, 집단에 속하지 않는 사람들에겐 깔보는 표정만 짓지. 햄릿처럼 죽느냐 사느냐가 아니라, 집단에 소속하느냐 또는 소속하지 않느냐일세. 자네도 거기에 속하고, 외삼촌 샤를뤼스도 그렇지. 어쩔 수 없어. 나는 전부터 그런 게 싫으니, 하는 수 없지."

내가 오라는 때만 나를 만나러 오라고 생루에게 강요한 규칙을, 나는 물론 라 라스플리에르, 페테른, 몽쉬르방 등지에서 천천히 교제를 맺은 이들 누구에게나 똑같이 엄격하게 적용했다. 그리고 호텔 창문 너머로 뭉게뭉게 피어오르는 3시 열차의 연기가 파르빌의 낭떠러지 굽이 속에서 형태를 갖춘 채 초록빛 산비탈 허리에 오랫동안 걸려 있는 걸 보았을 때, 아직은 신령처럼 그 작은 구름 밑에 숨어 있지만 곧 나와 간식을 함께 먹으러 오는 사람이 있겠구나 하고 나는 확신했다.

　말해두지만 미리 내게 오기로 허락받은 그 방문객이 사니에트인 적은 없었다. 그래서 나는 자주 나 자신을 나무란다. 그러나 사니에트는 자신이 남을 지루하게 하는 인간이라고 생각하므로(물론 그의 이야기보다 그의 방문이 더욱 남을 진저리나게 하지만), 그는 남들보다 학식 있고 총명하며 훌륭함에도, 그의 곁에선 누구나 즐겁기는커녕 모처럼의 오후를 망치고 마는 견딜 수 없는 우울함만을 느끼게 되었다. 차라리 사니에트가 스스로 일으킬까 봐 두려워하는 그 지루함을 솔직하게 털어놓고 말했다면, 사람들은 분명 그의 방문을 그렇게까지는 싫어하지 않았으리라. 지루함은 고통 가운데에서도 가장 견디기 쉬운 것 가운데 하나이고, 그가 일으키는 지루함도 어쩌면 남들의 상상 속에만 존재하는 것으로, 이를테면 그는 얌전하고 겸손한 성격 탓에 타인의 암시에 감염돼서 자기가 지루하다고 생각한 걸지도 몰랐다. 하지만 그는 자기가 인기 없음을 결코 보이고 싶지 않아, 감히 나서지도 못했다. 사니에트가 사람들 앞에서 의기양양하게 우렁찬 인사를 던지는 이들 흉내를 내지 않은 것은 물론 잘한 일이었다. 그들은 오랫동안 만나지 못한 친구가 낯선 화려한 사람들과 같이 칸막이 관람석에 있는 걸 보면 재빨리 과장되게 인사하면서 만나게 되어 기쁘고 감동적이다, 즐거움을 다시 맛보게 되어서 그런지 얼굴색이 좋다는 말을 건넨다. 그러나 사니에트는 이와 반대로 너무나 대담하지 못했다. 그는 베르뒤랭 부인네 집이나 작은 열차 안에서, 폐가 안 되면 발베크에 나를 만나러 가도 좋겠느냐고 나한테 말할 수도 있었으리라. 그리고 나는 그 제의에 그리 놀라지 않았을 것이다. 그런데 그는 아무 제의도 하지 않았다. 오히려 잔뜩 찌푸린 얼굴과 구운 칠보같이 단단한 눈길을 보였다. 그 눈길 속에는—그 자리에 다른 더 재미있는 사람이 없는 한—상대를 방문하고픈 숨 막히는 욕망과 그런 욕망을 보이지 않으려는 의지가 들어 있었다. 그러면서 그는 나에게 초연한 태도로 말하는 것이었다. "요즘 어떤 예정이 있으신지요? 내가 발베크 근방에 갈지도 몰라서 여쭤보는 말이지만. 아니 뭐, 상관없는 일입니다. 그냥 여쭈었을 뿐입니다."

　이런 태도는 속이 뻔히 들여다보였다. 우리 감정을 반대로 나타내려는 뒤집힌 암호는 사실 너무나 쉽게 풀린다. 그러니 자신이 초대 안 된 것을 어떻게든 감추려고 '너무나 초대를 많이 받아 어디부터 가야 할지 갈피를 못 잡겠는데요' 말하는 이들이 대체 왜 있는지 이상스러울 정도다. 게다가 그의 아무렇지도 않은 듯한 태도는 아마 그 애매함을 만들어내는 탓인지, 단순히 지루함의 원인이 될까 봐 품는 두려움이나 상대를 만나고 싶은 욕망의 솔직한 고백뿐이라면 결코 느끼게 하지 않았을 것, 곧 어떤 불쾌감·혐오감을 일으켰다. 그런 태도는 그저 사교적인 예절만 차리는 관계 안에 존재하며, 마치 연애 관계에서 말하는 가식적인 제의, 짝사랑하는 사내가 여인에게 별로 원하지는 않는다고 둘러대면서도 내일 만나자고 하는 그 가식적인 제의이다. 아니, 그런 제의조차 하지 않고 일부러 냉담한 체 꾸미는 태도이다. 사니에트의 인품은 어쩐지 우리로 하여금 세상에서 둘도 없는 상냥한 투로 다음과 같은 대답을 하게 만드는 그 무엇을 풍겼다. "저, 마침 이번 주는 안 되겠는데요. 사실은……."

　이리하여 나는 사니에트 대신 다른 사람들을 오게 했다. 그들은 사니에트가 지닌 값어치에는 도저히 못 미치지만, 사니에트처럼 침울로 가득 찬 눈길이 아니었고, 사니에트처럼 남에게 하고 싶은 방문 신청을 모두 꾹 참고 억누르느라 일그러진 입이 아니었다. 공교롭게도 사니에트는 꼬불꼬불한 기차 안에서 나를 만나러 오는 초대 손님과 마주치지 않은 적이 거의 없었다. 그 사람은 이를테면 베르뒤랭네 집에서 나에게 '목요일에 찾아갈 테니 잊지 마시기를' 말하지 않아도 그렇게 날 만나러 온다. 이날은 내가 사니에트에게 한가하지 않다고 명확히 말했던 날이다. 그러한 연유로 마침내 그는 떠올릴 것이다. 이 삶이란 그를 밀쳐내진 않더라도, 그가 모르는 사이에 계획된 심심풀이로 가득한 것이리라.

　한편 인간이란 결코 단 하나의 인격이 아니다. 그토록 조심스러운 그는 도리어 병적으로 주책없기도 했다. 단 한 번 그가 내 의사를 무시하고 무턱대고 나를 찾아온 일이 있는데, 그때 누구한테서 온 것인지 모르는 편지 한 통이 책상 위에 펼쳐져 있었다. 잠시 뒤 나는 그가 내 말을 건성으로밖에 듣지 않는 걸 알아차렸다. 그는 어디서 왔는지 전혀 모르는 그 편지에 정신이 쏠려 있었다. 나는 그 구운 칠보 같은 눈동자가 당장에라도 눈에서 튀어나와 하찮은 편지, 그러나 그의 호기심을 끈 이 편지에 달라붙지나 않을까 끊임없이 생각했다. 마치 새가 어쩔 수 없는 운명으로 뱀에게 빨려들어가는 것 같았다. 마침내 견딜 수 없게 된 그는 내 방을 정돈하는 척하며 먼저 편지의 자리를 바꿨다. 그것만으론 모자라서, 편지를 들어 무의식적으로 그러는 척 뒤집고 다시 뒤집었다. 또 그는, 한번 엉덩이를 붙이면 여간해선 돌아가지 않는 버릇이 있다. 그날 몸이 편치 않았던 나는 그에게 다음 열차를 타고 돌아가도록 30분 안에 떠나기를 부탁했다. 그는 내가 편치 않다는 걸 의심하지 않았으나 이렇게 대답했다. "한 시간하고 15분쯤 있다가 떠나겠습니다." 그 뒤 나는 그를 초대할 수 있을 때 초대하지 않은 것을 뉘우쳤다. 어쩌면 내가 그의 악운을 쫓아줄 수 있지 않았을까. 그 덕분에 남들도 그를 초대했을지 모른다. 그렇게 되면 그는 나를 곧바로 저버렸을 테니, 나의 초대는 그를 기쁘게 하면서도 그를 몰아내는 두 가지 이익을 가져왔으리라.

손님이 다녀간 뒤 며칠은 방문 예약이 없었으므로 자동차가 알베르틴과 나를 데리러 왔다. 그리고 우리가 호텔에 돌아오면, 에메는 호텔의 첫 계단에 서서 호기심 많고도 탐욕스러운 눈을 번쩍이며, 내가 운전사에게 봉사료를 얼마나 주는지 훔쳐보는 것을 자제할 수 없었다. 내가 아무리 은전이나 지폐를 꽉 쥐어 손안에 숨겨도 에메의 눈길은 내 손가락을 벌렸다. 그러나 그는 곧 고개를 딴 데로 돌렸다. 그는 신중하고 예의 바르며 비교적 적은 수익에도 만족했으니까. 하지만 남이 받는 돈은 그의 마음에 억누를 수 없는 호기심을 부추겨 군침 나게 하였다. 그런 짧은 순간 주의 깊고도 열정적인 그는, 쥘 베른의 소설을 읽는 어린이, 또는 식당에서 가까이 앉아 식사하다가, 자신은 주문 못하거니와 먹고 싶지도 않은 꿩을 옆 식탁에서 자르는 걸 보고서, 잠시 중요한 일을 잊고 그 새 요리에 애정과 부러움이 섞인 부드러운 눈길을 쏟아붓는 사람과도 같았다.

이렇게 자동차로 하는 산책은 날마다 이어졌다. 그런데 한번은, 내가 승강기로 방에 올라갈 때 엘리베이터 보이가 말했다. "그분이 와서 당신에게 전갈을 남기고 갔습니다." 이 말을, 엘리베이터 보이는 아주 쉰 목소리로 내 얼굴에 기침을 뱉고 침을 튀기며 말했다. "심한 감기에 걸려서!" 그가 덧붙였다. 마치 말하지 않으면 내가 그 감기를 알아차릴 수 없기라도 한 듯. "의사는 백일해라고 해요." 그러더니 내게 다시 기침과 침을 퍼붓기 시작했다. "힘들 텐데 그만 말하시지." 나는 그에게 친절히 말했으나, 그것은 꾸며낸 연기였다. 속으론 병이 옮진 않을까 전전긍긍했다. 그렇지 않아도 숨이 자주 가쁜데 백일해에 걸렸다간 여간 괴롭지 않을 거다. 그러나 그는 병 걸린 티를 내기 싫어하는 명창처럼 무슨 명예라도 건 듯이 끊임없이 떠들며 침을 튀겼다. "뭐, 별일 아닙니다." 이렇게 그는 말했다(자네는 그렇겠지만 내겐 그렇지 않다네, 하고 나는 생각했다). "게다가 나는 머잖아 파리에 돌아갑니다(그것 잘됐군. 그전에 내게 옮기지만 않는다면). 제 생각에 파리는 매우 멋진 곳 같습니다. 여기나 몬테카를로보다 더 멋진 곳임에 틀림없습니다. 안내원들이나 손님들, 철 따라 몬테카를로에 간 우두머리 사환들까지, 파리는 몬테카를로에 비하면 별로 멋지지 않다고 자주 말했지만 말입니다. 아마 그 사람들의 착각일 거예요. 그렇지만 우두머리 사환쯤 되려면 바보가 아니라야 합니다. 여러 주문을 받고 예약석을 잡아두려면, 머리가 필요하죠! 각본이나 책을 쓰는 것보다 더 대단한 일이라고 하는 이들도 있죠."

내가 머무는 층에 거의 다 이르렀을 때 엘리베이터 보이는 누름단추의 기능이 나쁘다고 나를 다시 아래에 내려놓았다. 그리고 눈 깜짝할 사이에 그것을 고쳤다. 나는 걸어서 올라가는 편이 더 낫겠다고 말했는데, 그 속에는 백일해에 걸리기 싫다는 뜻이 숨어 있었다. 그러나 엘리베이터 보이는 다정하면서도 전염성을 지닌 기침을 해대며 나를 다시 승강기 안으로 밀어넣었다. "이제는 조금도 위험하지 않습니다. 누름단추를 고쳤으니." 그가 쉬지 않고 지껄이는 걸 본 나는 발베크와 파리와 몬테카를로의 아름다움 비교보다도, 방문객의 이름과 그가 남기고 간 전갈을 알고 싶어서 그에게 물었다(마치 뱅자맹 고다르로 우리를 성가시게 하는 테너를 향해, 오히려 드뷔시의 곡을 노래해달라고 부탁하듯). "대체 누가 나를 만나러 왔지?" "어제 당신과 함께 외출한 분이십니다. 그분 명함을 찾으러 갔다 오겠습니다. 프런트에 있으니까요."

전날 나는 알베르틴을 데리러 가기 전에 동시에르 역에 로베르 드 생루를 내려주었으므로, 엘리베이터 보이가 말하는 사람이 생루인 줄 알았는데, 놀랍게도 찾아온 이는 운전사였다. '당신과 함께 외출한 분'이라는 말로 운전사를 가리킨 그는 내게, 그로서는 노동자도 사교인과 똑같이 분이라고 불리는 신사라는 점을 가르쳐주었다. 다만 말로서만 배운 교훈이다. 왜냐하면 나는 지금까지 한 번도 계급을 구별한 적이 없었으니까. 운전사를 분이라고 부르는 소리를 듣고서 내가 느낀 놀람은, 백작이 된 지 일주일밖에 안 되는 X 백작이 "백작부인께서는 피곤하신 모양입니다"라는 내 말을 듣고서 누구 이야기인가 싶어 뒤를 돌아볼 때와 같은 놀람이며, 그것은 오로지 그리 부르는 습관이 없었던 탓이다. 나는 여태껏 노동자와 부르주아와 대귀족 사이에 차별을 둔 적이 없었으며, 그들 모두 친구로 삼았을 것이다. 그리고 그중에서도 노동자를 제일 좋아하고 그 다음이 대귀족이지만, 이는 기호라기보다, 대귀족에게는 부르주아와 달리 노동자에 대한 예의를 더 요구할 수 있기 때문이다. 그것은 대귀족이 노동자를 깔보지 않기 때문이거나, 누구에게나 기꺼이 공손하기 때문이다. 사람들이 크게 기뻐하리란 걸 알기에 기꺼이 미소를 뿌리는 예쁜 여인들처럼.

　서민을 사교계 인간과 대등하게 여기는 나의 이런 사고방식은 사교계 인간들에겐 쉽게 인정을 받았지만 나의 어머니를 만족시켰다고는 말 못한다. 하지만 어머니가 그런 사람들 사이에서 인간적으로 어떤 차별을 행한 것은 아니다. 프랑수아즈가 고민을 하거나 몸이 아프거나 하면, 어머니는 그때마다 가장 친한 친구와 같은 우정과 헌신을 기울여 프랑수아즈를 위로하거나 간호했다. 다만 어머니는 할아버지의 영향을 너무 많이 받은 나머지, 사회적으로는 세습 계급을 구별할 수밖에 없었다. 콩브레 사람들이 아무리 착한 마음과 다감한 성품을 가지고 훌륭한 인간 평등론을 몸에 익혔다 한들 소용없었다. 예컨대 하인이 방자하게 나를 2인칭인 '당신'이라 부르기 시작하더니 그대로 슬그머니 3인칭 높임말을 점점 쓰지 않게 되기라도 하면, 어머니는 그러한 주제넘은 행동에 불만을 품었다. 그것은 생시몽의 《회상록》에서 그럴 권리가 없는 귀족이 핑계를 내세워 공문서에 '전하'의 칭호를 쓸 적마다, 또는 당연히 공작들에게 치러야 할 예를 점점 치르지 않을 적마다 느끼는 바와 똑같은 불만이었다. '콩브레 기질'이란 게 있었는데, 그 기질은 어찌나 고집센지 그것을 무너뜨리려면 몇 세기에 걸친 어짊(내 어머니의 어짊은 그지없었다)과 평등론이 필요했을 정도다. 그런 기질의 몇 조각이 어머니 마음속에 허물어지지 않은 채 남아 있는 건 부인할 수 없다. 어머니는 하인에게 손을 내밀기가, 그에게 쉽사리 10프랑을 내주기보다 훨씬 힘들었을 것이다(하기야 10프랑 쪽이 하인을 훨씬 더 기쁘게 했지만). 어머니로서는 그 생각을 입 밖에 낸 건 내지 않건, 주인은 주인이고 하인은 어디까지나 부엌에서 식사하는 인간이었다. 그래서 자동차 운전사가 나와 같이 식당에서 식사하는 걸 본 어머니는 불만스러운 표정을 지으며 나에게 말했다. "친구로선 운전사보다 훨씬 나은 사람이 있을 것 같구나." 마치 결혼에 대한 얘기가 나와, '결혼 상대라면 더 나은 사람이 있을 텐데' 말하듯.

운전사(다행히도 나는 이 운전사를 저녁 식사에 초대할 생각은 꿈에도 없었다)는 철 따라 그를 발베크에 파견했던 자동차 회사가 내일 곧바로 파리에 돌아오라 말했음을 내게 전하러 왔었다. 이 운전사는 잘생기고 늘 복음서의 말씀처럼 진실만을 말하는 듯한 숨김없는 말투를 썼으므로, 이러한 이유도 나에게는 진실로 다가왔다. 그러나 그것은 반밖에 맞지 않았다. 물론 실제로 발베크엔 더 이상 일이 없었다. 어쨌거나 회사 측은 그 성변화(聖變化)*의 성스러운 핸들에 매달린 젊은 전도사의 정직성을 반밖에 믿지 않아, 그가 되도록 빨리 파리에 돌아오기를 바랐다. 그리고 과연 이 젊은 사도는 샤를뤼스 씨에게 주행거리를 기적처럼 늘리는 곱셈을 썼다면, 그와 반대로 회사에 보고할 때에는 그동안 번 금액을 여섯으로 나누는 나눗셈을 썼다. 그 결과 회사 측은, 발베크에선 더 이상 아무도 자동차로 산책하지 않는다, 철로 보아 그게 사실임직하다, 그게 아니라면 누군가가 회사를 속이고 있다고 판단했다. 어느 경우라도 최선책은 운전사를 파리로 불러들이는 거라고 생각했다. 그렇다고 파리에 일이 있는 것도 아닌데 말이다. 운전사 또한 가능하다면 비수기는 피하고 싶었으리라.

나는 앞서—그땐 몰랐고 또 알았다면 여러 괴로움에서 벗어났을 텐데—이 운전사가 모렐과(남들 앞에서는 서로 모르는 척해도) 매우 친한 사이라고 말했다. 그러나 그에게 떠나지 않아도 될 방법이 있는 걸 모른 채, 그날부터 우리는 산책을 위해 마차를 빌리는 걸로 만족해야만 했다. 또는 가끔 알베르틴의 기분을 달래려, 승마를 좋아하는 그녀를 위해 안장 없은 말을 빌리기도 했다. 마차는 하나같이 엉망이었다. "지독하게 헌 마차!" 알베르틴이 말한다. 더구나 나는 가끔 혼자 있고 싶을 때가 있었다. 날짜를 정할 생각은 없었지만, 이제 나는 이런 생활을 끝장내고 싶었다. 일을 하지도 않고 쾌락에 빠져들지도 못하는 이 생활을 도저히 용서할 수 없었다. 그렇지만 가끔 나를 붙들고 있는 습관이 갑자기 없어지기도 했다. 그것은 보통 희열과 더불어 살고 싶다는 욕망으로 가득 찬 나의 옛 자아가, 잠시 현재의 자아와

---

* 미사 중에 빵과 포도주가 그리스도의 몸과 피로 변하는 거룩한 변화의 예식.

바뀌는 때였다. 특히 이 도피 욕망을 강하게 느낀 것은 어느 날 알베르틴을 그 숙모 집에 남겨둔 채 말을 타고 베르뒤랭 부부를 만나러 가다가, 베르뒤랭 부부가 아름다움을 자랑했던 숲 속에서 황량한 길로 접어들었을 즈음이었다.

그 길은 절벽의 생김새를 따라 오르막인 듯싶다가도 이어 우거진 숲에 둘러싸여 황량한 협곡으로 깊이 들어갔다. 한순간, 나를 둘러싼 벌거숭이 바위들과 그 사이로 보이는 바닷가가 마치 다른 세계의 조각들처럼 내 눈앞에 나부꼈다. 나는 이 산과 바다가 공존하는 풍경이, 게르망트 공작부인 댁에서 본 엘스티르의 그 탄복할 만한 두 수채화 〈뮤즈를 만난 시인〉과 〈켄타우로스를 만난 젊은이〉의 배경이 된 곳임을 알았다. 그러한 추상이 지금 내가 있는 곳을 현실 세계의 바깥에 모두 옮겨놓아, 나는 엘스티르가 그린 선사 시대의 젊은이처럼 산책을 하다가 신화 속 인물과 마주치더라도 조금도 놀라지 않았으리라. 갑자기 내가 탄 말이 뒷발로 일어섰다. 어떤 이상한 기척을 들었던 것인데, 나는 땅에 떨어지지 않으려고 말을 가까스로 진정시켰다. 그러고서 그 기척이 들려오는 성싶은 쪽으로 눈물 가득 찬 눈을 쳐들었다. 그러자 머리 위 50미터쯤 되는 곳에 햇빛을 받아 반짝이는 커다란 두 강철 날개 사이에 뭔가 타고 있는 것이 보였다. 그 얼굴은 뚜렷하지 않지만 인간의 얼굴과 비슷했다. 처음으로 신인(神人)을 목격한 그리스 사람이 그랬을지도 모를 만큼 나는 감동했다. 눈물이 흐르고 있었다. 그도 그럴 것이 기척이 머리 위에서 들려오는 걸 알아채자마자, 내가 처음으로 보려는 것이 비행기라는 생각에—이 무렵에는 아직 비행기가 희귀했다—울음이 복받쳐 올라왔기 때문이다. 그때의 나는 곧 신문에서 감동 어린 말이 나오리란 것을 느낄 때처럼, 와락 울음을 터뜨릴 준비를 한 채 비행기 모습이 보이기만을 기다렸을 뿐이다. 그런데 비행사는 어느 방향으로 갈지 망설이는 듯했다. 나는 느꼈다. 그의 앞쪽에는—습관이 이 몸을 포로로 잡아두지 않았다면, 내 앞쪽에도—공간과 삶의 온갖 길이 열려 있는 것이다. 비행사는 더 멀리 나아가더니 잠시 바다 위를 돌다가 갑자기, 중력과는 반대되는 어떤 인력에 이끌리는 듯, 제 조국에 되돌아가듯, 그 금빛 날개를 가볍게 흔들고 곧장 하늘로 돌진했다.

운전사 얘기로 되돌아가면, 그는 모렐에게 부탁해서 베르뒤랭 부부가 브레크(break)*를 자동차로 바꾸게 했을 뿐만 아니라(베르뒤랭 부부는 신도들에게 더할 수 없이 너그러웠으니까 이는 비교적 쉬웠다), 좀더 어려운 일로, 그 우두머리 마부인 예민하고 성격이 음침한 젊은이를 자신, 곧 운전사로 바꾸기까지 했다. 그것은 며칠에 걸쳐 다음 같은 방법으로 이뤄졌다. 모렐은 먼저 마차에 말을 연결하는 데 필요한 도구를 마부한테서 전부 훔쳐냈다. 어느 날엔 재갈이 없고, 어느 날엔 재갈 사슬이 온데간데없었다. 또 한번은 마부석의 방석이 가뭇없었고, 채찍, 덮개, 총채, 해면, 영양 가죽 장갑도 흔적 없이 사라졌다. 그래도 그는 그때마다 이웃 사람들한테서 도구를 빌려와 사태를 수습했다. 하지만 그 바람에 일이 늦어져서, 화가 난 베르뒤랭 씨한테 잔소리를 들은 그는 침울하고 음침한 생각에 빠지게 되었다. 운전사는 어서 고용되고 싶어 모렐에게 곧 파리로 돌아가게 된 것을 알렸다. 단호한 수단을 써야만 했다. 그래서 모렐은 베르뒤랭 씨의 하인들에게 말했다. 젊은 마부 녀석이 숨어서 기다렸다가 그들 여섯 명을 한꺼번에 해치워버리겠다고 떠들어대던데, 잠자코 보고만 있을 수 없지 않느냐고. 또 자기 처지에서는 끼어들 수 없지만 그들이 선수를 칠 수 있게 미리 알려주는 거라고 했다. 그래서 그들은 베르뒤랭 부부와 그 벗들이 산책하러 나간 사이, 다같이 마구간에 있는 젊은 마부를 때려눕히기로 결정했다. 그것은 이제부터 생기는 일의 계기에 지나지 않지만, 그 관계자들이 나중에 내 관심을 끌게 되므로 덧붙여 말해두는데, 그날 베르뒤랭네 별장에 피서를 와 있던 한 친구가 마침 그날 저녁에 떠나기로 되어, 부부는 그 전에 그와 함께 주변을 걷고 싶어했다.

모두가 산책을 떠나려 할 때였다. 그날 함께 산책하며 나무 그늘에서 바이올린을 켜기로 되어 있던 모렐이 놀랍게도 나에게 말했다. "실은 팔이 아픈데요. 베르뒤랭 부인에게 아프다고 말하기 싫어서 하는 부탁입니다만 하인 하나를, 그렇지, 호우슬러를 데리고 가 내 악기를 들도록 부인에게 청해주시죠." "다른 하인이 좋지 않을까." 나는 대답했다. "그 하인은 만찬을 위해 필요하니까." 그러자 모렐의 얼굴에 화난 표정이 스쳤다. "천만에. 소중한 바이올린을 아무에게나 맡기고 싶지 않습니다." 나는 이 선택의 까닭을 나중에 알았다. 호우슬러는 젊은 마부와 무척 사이좋은 형제였다. 만일 이 하인

---

* 대형 사륜마차.

이 집에 있었다면 마부를 도와줬을 것이다. 산책 도중, 모렐은 형인 호우슬러의 귀에 들리지 않게 낮은 목소리로 말했다. "저 녀석 좋은 놈이죠. 하긴 그 동생도 그렇지만. 만약 술 마시는 못된 버릇만 없다면……." "뭐요? 마신다고?" 베르뒤랭 부인은 술 마시는 마부를 거느리고 있다는 생각에 새파랗게 질려서 말했다. "부인께서는 모르셨습니까? 나는 늘 생각했습니다. 그가 당신들을 태우는 동안 사고를 일으키지 않은 게 기적이라고." "그럼 남들도 태우는군요?" "조금만 조사해봐도 아실 거예요. 그가 마차를 몇 번이나 전복시켰는지. 오늘도 그의 얼굴은 멍투성이죠. 어떻게 죽지 않고 살았는지 모르지만, 끌채까지 부러뜨렸죠." "오늘은 아직 그를 보지 못했는데." 베르뒤랭 부인은 그 화가 자기에게 생겼을지도 모른다는 생각에 부들부들 떨면서 말했다. "몸서리나네요." 그녀는 산책을 그만두고 돌아가려 했으나, 모렐은 시간을 끌기 위해 한없이 변주되는 바흐의 아리아를 연주했다. 저택에 돌아가자마자 베르뒤랭 부인이 차고에 가보니, 마차 끌채가 새것으로 바뀌었고 마부 호우슬러는 피투성이가 되어 있었다. 그녀는 그에게 아무 잔소리도 하지 않은 채, 이제 마부가 필요치 않으니 돈을 받고 나가라고 말하려 했는데, 마부가 스스로 나가겠다고 청해 모든 일이 끝났다. 그는 돌이켜 생각해 안장 따위가 매일 사라진 것도 동료들의 원한 탓임을 깨달았으나 그들을 고발할 마음은 들지 않았으며, 또 아무리 버텨보았자 결국 두들겨 맞아 반죽음 꼴로 쫓겨나고 말 거라 생각했다.

운전사는 다음 날 고용되었다. 뒤에 베르뒤랭 부인은(다른 사람을 고용해야만 했을 때) 이 운전사가 마음에 들어, 어떤 경우에도 믿을 수 있는 사람이라면서 내게 추천했다. 아무것도 모르는 나는 파리에서 그를 날품팔이로 고용한다. 그러나 이 이야기를 하기엔 아직 너무 이르다. 이런 일은 알베르틴의 이야기에서 다시 나올 것이다. 지금 우리는 라 라스플리에르에 있다. 나는 알베르틴과 함께 처음으로 만찬에 참석하러 온 참이다. 그리고 샤를뤼스 씨도 모렐과 함께 와 있다. 이때 모렐의 아버지는 1년에 3만 프랑의 고정 수입이 있고, 마차 한 대와 많은 조수, 정원사, 분부에 따르는 소작인을 거느린 '관리인'으로 꾸며지고 있었다. 어쨌든 지금은 너무 이르므로 독자에게 모렐의 심술궂은 인상을 그리 강하게 남기고 싶지 않다. 그는 오히려 모순으로 가득 찬 사내로, 어떤 날은 참으로 다정다감하기도 하다.

물론 나는 마부가 쫓겨난 것을 알고 놀랐는데, 그보다도 그 후임자가 알베르틴과 나를 여기저기 태워주었던 운전사인 것을 보고 더욱 놀랐다. 하지만 그가 들려준 복잡한 자초지종에 따르면, 그는 먼저 파리에 돌아갔으나 다시 베르뒤랭네에게 고용되어 돌아왔다고 한다. 나는 그것을 조금도 의심치 않았다. 마부의 해고에 대해 모렐이 내게 말을 걸었다. 그런 훌륭한 젊은이가 가버려서 유감스럽게 생각한다는 것을 일부러 내게 알리기 위해서였다. 그리고 평소에 내가 혼자 있는 걸 보면 글자 그대로 기쁨에 겨워 나한테 덤벼들었다. 그뿐만 아니라 내가 라 라스플리에르에서 모두에게 환영받는다는 걸 알고, 또한 나에게 자신과의 관계를 부정하게 해서 그의 주인 행세를 할 가능성을 모두 없애버렸으므로(하기야 나는 그런 행세를 할 생각은 꿈에도 없었지만), 그는 아무 위험도 없는 인간과의 친교에 대해 짐짓 냉담한 체하는 자신의 독선을 느껴 나를 피하는 태도를 버렸다. 나는 그의 태도 변화를 샤를뤼스 씨의 영향 탓으로 돌렸다. 실제로 모렐은 샤를뤼스 씨 덕분에 어떤 점에서는 견해가 더욱 넓어져 좀더 예술가적인 인간이 되었으나, 한편으로는 스승의 거침없고도 한시적인 거짓말 솜씨까지 그대로 이어받아 더욱 어리석어진 듯했다. 사실 내가 떠올릴 수 있는 것은 샤를뤼스 씨가 그에게 말했을지도 모른다는 것뿐이다. 나중에 들은 이야기지만, 알베르틴이 모렐을 잘 알고 있다는 것을 그 무렵의 내가 어찌 알 수 있었을까? (이것 또한 확실치 않았다. 알베르틴과 관계된 앙드레의 모든 단언은 특히 시간이 지나면 더욱 믿을 수 없는 성싶었으니 까닭인즉, 전에 보았듯이 앙드레는 알베르틴을 진정으로 좋아하지 않았으며 오히려 그녀를 질투하고 있었기 때문이다) 어쨌든 그것이 사실이라면 알베르틴도 모렐도 놀라울 만큼 날 속여왔다는 말이 된다.

　마부를 해고한 이 무렵 모렐이 내게 취한 새로운 태도는 그에 대한 내 의견을 바꾸게 했다. 애당초 내가 그를 몹쓸 사람이라고 생각한 것은, 이 젊은이가 나를 필요로 했을 때 나에게 보인 치사한 태도에서 유래했다. 이 비열한 사나이는 나를 이용하고선 손바닥 뒤집듯이 나를 무시하여, 마주쳐도 못 본 체하기에 이르렀다. 그 밖에도 돈으로만 맺어진 샤를뤼스 씨와의 관계, 그리고 무궤도한 수성(獸性) 본능이 모두 뚜렷한 사실이었으니, 수성 본능이(경우에 따라) 채워지지 않거나 갈등이 생기거나 하면, 그것이 그를 우울하게 만들었다. 그러나 그런 성격은 한결같이 추하기만 한 게 아니라 모순투성이였다. 그것은 중세기의 옛 서적과 같이, 오류와 너절한 전통과 외설로 가득한 잡다하고 이상한 혼합물이었다. 처음에 나는 그가 예술 분야에서 진짜 거장으로 불리는 만큼 한낱 연주자로서의 기교를 넘은 우수한 인격을 지녔다고 생각했다. 한번은 내가 일을 시작하고픈 나의 소망을 말하니까 그는 말했다. "일하시오. 유명해지시오." "누구의 말이죠?" 내가 물었다. "퐁탄(Fontanes)*¹이 샤토브리앙에게." 그는 또한 나폴레옹의 어떤 사랑 편지도 잘 알고 있었다. 나는 과연 모렐은 교양이 넘치는 사내라고 생각했다. 하지만 그가 어디서 읽었는지 모를 이 말은, 그가 동서고금의 문학을 통틀어서 유일하게 아는 문구임에 틀림없었다. 왜냐하면 그는 매일 저녁 그것을 내 앞에서 되풀이했으니까. 또한 자기에 대해서 내가 남에게 말하지 못하게 하려고 다음과 같은 말을 되뇌었다. 그는 이것도 문학적 인용이라고 여기는 듯싶었지만, 실은 프랑스의 것도 아니고, 숨기기를 좋아하는 하인 말고는 누구에게도 무의미한 말이었다. 즉 "의심 많은 자를 의심하라(Méfions-nous des méfiants)." 결국 이 어리석은 격언에서 퐁탄이 샤토브리앙에게 한 말까지 다다르면, 변화무쌍하나 생각보다 모순이 적은 모렐의 성격 대부분을 돌아본 셈이다.

이 젊은이는 조금이라도 돈이 되는 일이면 무슨 짓이든 양심의 가책 없이 해대는 남자—아마도 지나친 신경 흥분을 느끼거나 이상하게 짜증이 나긴 하겠지만, 이런 것에 대해 양심의 가책이라는 말은 가당치도 않으리라—, 자기에게 이익만 있다면 온 가족을 한 사람도 빠짐없이 고통 속에, 심지어 상(喪)을 당하는 슬픔 속에 빠뜨리는 일마저도 서슴지 않는 남자였다. 이 젊은이는 언제나 돈이 먼저였다. 선의 따위는 말할 것도 없고, 가장 단순하고 자연스러운 인간적 감정도 모두 돈만 못하다고 생각했다. 그러나 이것만큼은 돈보다 먼저라고 여겼으니, 바로 음악 학교에서 최우수상을 타는 자신의 졸업 자격과 플루트나 대위법(對位法)*² 학급에서 누가 자기를 비방하지 않을까 하는 문제였다. 그러므로 그가 몹시 분노하거나 매우 침울해져서 손도 못 댈 만큼 심술을 부리는 일은, 그가 세상의 흉계라고 부르는 것(악의

---

*1 프랑스의 시인, 대학교수(1757~1821).
*2 둘 이상의 독립된 선율이나 성부를 동시에 결합시켜 곡을 만드는 작곡법.

있는 인간과 마주친 몇몇 특수한 경우를 일반화한 말일 것이다) 때문에 일어났다. 그는 남의 이야기는 절대로 하지 않고 자기 목적을 숨긴 채 모든 사람을 경계함으로써, 그러한 흥계에서 벗어날 수 있다는 자신을 가지고 있었다(내가 파리에 돌아온 뒤에 일어난 일로 보아서는, 불행히도 발베크의 운전사에게는 그의 의심이 '작용하지' 않았던 모양이다. 아마도 그는 운전사가 자신과 같은 부류의 인간이며, 곧 그의 좌우명과는 반대로 좋은 뜻으로 의심 많은 인간—교양 있는 사람들 앞에서는 고집스럽게 침묵을 지키지만 야비한 무리하고는 금세 터놓고 이야기하는 의심 많은 인간—이라 여긴 듯싶다). 그는 의심 많은 성질이 언제나 그를 궁지에서 벗어나게 하여, 가장 위험한 모험 속으로도 몰래 숨어들 수 있게 해준다고 생각했는데, 이는 반드시 틀린 생각이라고는 할 수 없었다. 그래서 베르제르 거리의 건물*에서는, 그에게 불리한 사실은 전혀 증명되지 않을 뿐더러 입에 오르는 일조차 불가능해 보였다. 이리하여 그는 일을 하고, 유명해지고, 아마도 뒷날 흠잡을 데 없는 관록으로, 온 세상에 그 이름을 자랑하는 음악 학교의 콩쿠르에서 바이올린 심사위원장이 될 것이다.

그러나 이렇게 모렐의 모순을 차례차례 늘어놓는 것은 그의 두뇌를 몹시 논리적인 것으로 생각하게 하는 결과가 되리라. 사실 그의 본성은 너무 구겨져서 뭐가 뭔지 알 수 없는 종이 한 장 같았다. 그에게는 꽤 훌륭한 신조도 있는 듯했고, 또 잘 쓰는 글씨지만 철자를 지나치게 많이 틀려 미관을 망친 글씨로 몇 시간 동안 남동생에게 편지를 썼다. 누이동생들을 대하는 태도가 좋지 않다, 너는 누이동생들의 오빠이자 기둥이라고 하는 한편, 누이동생들에겐 오빠에게 버릇없게 굴지 말라고 타일렀다.

이윽고 여름도 다 갔다. 두빌에 이르러 열차에서 내릴 때, 안개 속에 가려진 태양은 연보랏빛 하늘에 떠 있는 하나의 붉은 덩어리일 뿐이었다. 저녁이 되자 근처 소금기를 머금은 우거진 풀밭 위에 장엄한 고요가 내리고, 그것이 수많은 파리 사람들—대부분이 화가—을 두빌로 시골 생활을 즐기러 오게 했다. 이 고요에 습기가 더해지자 그들은 일찌감치 작은 별장으로 돌아갔다.

---

* 음악 학교를 가리키는 말.

몇몇 별장에는 벌써 등잔불이 켜져 있었다. 오로지 몇 마리 암소가 그대로 남아 음매음매 울면서 바다를 바라보고 있는가 하면, 어떤 암소들은 인간한테 더 흥미가 나서 우리 마차 쪽으로 눈길을 돌린다. 한 화가가 작은 언덕 위에 화가(畫架)를 세우고, 이 장엄한 고요와 부드러운 석양빛을 그리려 애쓰고 있다. 아마 암소들은 모르는 사이에 무보수로 화가의 모델이 될 것이다. 왜냐하면 그 명상적인 모양과 인간들이 사라진 뒤의 고독한 모습은 저녁이 풍기는 휴식의 강한 인상에 그 나름으로 이바지했으므로.

몇 주일이 더 지나자 가을이 깊어지고 낮이 아주 짧아져서, 조금만 산책을 해도 어두워졌다. 하지만 이런 변화 또한 즐거웠다. 오후에 근처를 한 바퀴 돌면 늦어도 5시에 돌아와 저녁 식사용 옷으로 갈아입어야 했는데, 이 무렵 둥글고 붉은 태양이 벌써—내가 전에 싫어했던—비스듬한 거울 한가운데까지 내려와 있어, 그리스 사람들이 적의 군함에 붙였던 불처럼 나의 온 책장 유리문 속에서 바다를 불태우고 있었다.

스모킹을 입는 동안에 어떤 몸짓이 주문되어 기운차고도 경박한 나를 불러일으켰다. 그것은 생루와 같이 리브벨에 저녁 식사를 하러 갔을 때와 불로뉴 숲 섬 만찬에 스테르마리아 아가씨를 데리고 가던 저녁의 내 모습과 같았다. 나는 무의식중에 그때와 같은 노래를 흥얼거렸다. 그걸 깨달았을 때 처음으로 나는 이 노래에 의해 간헐적으로 나타난 가수의 존재를 알아봤다. 이 가수는 이 노래밖에 몰랐다. 내가 이 노래를 처음으로 부른 것은, 알베르틴을 사랑하기 시작했을 즈음이다. 이때는 그녀와 결코 아는 사이가 되지 못할 거라고 생각했다. 그 다음은 파리에서였는데, 그녀를 사랑하기를 그만두었을 때, 처음으로 그녀를 내 것으로 만들고 난 며칠 뒤였다. 그리고 지금은 그녀를 다시 사랑하게 되고 그녀와 함께 만찬에 가려는 참이었다. 그래서 지배인은 매우 섭섭한 것 같았다. 내가 결국 라 라스플리에르에 묵게 되어 그의 호텔을 저버리지 않을까 걱정한 지배인은, 르 베크의 늪의 물이 '웅크리고(괴어 있다는 뜻)' 있으므로 별난 열병이 유행한다는 말을 들었다고 험담했다. 내 삶이 이렇게 세 쪽으로 펼쳐지는 것을 보고서 나는 그런 다양성을 기뻐했다. 게다가 우리가 잠시 옛날의 자기, 다시 말해 지금까지의 오랜 자기와 다른 옛 자기로 돌아갈 때, 감수성은 현재와 달리 습관에 의해 줄어들지 않아서 보잘것없는 충격에도 생생한 인상을 받아, 그 인상은 전에 받은 습관적인 인상을 희미하게 하며, 우리도 이 인상의 강함 때문에 술기운의 일시적인 흥분과 더불어 이 인상에 달라붙는다.

경편 기차역까지 우리를 데려다주는 합승마차나 삯마차에 탈 무렵에는 이미 날이 어두웠다. 휴게실에서 재판소장은 우리에게 말했다. "허! 라 라스플리에르에 가시나! 거참, 베르뒤랭 부인도 뻔뻔스럽군요. 오로지 저녁 식사 때문에 이런 어둠 속에서 당신들을 한 시간이나 기차를 타게 하다니. 게다가 밤 10시에 심한 바람을 뚫고 같은 길을 되돌아와야 하니 원. 당신들은 할 일이 무척 없나 봅니다." 그는 두 손을 비비면서 덧붙였다. 그는 그렇게 말함으로써 초대 받지 못한 불만과 함께 당신들이 하는 짓 따위를 할 '틈이 없다'는─혹여 그것이 가장 하찮은 일 때문이라 해도─'바쁜' 인간의 만족을 나타냈다.

물론 보고서를 작성하고 숫자를 다루며 상거래 편지에 답장 쓰고 주식가격 추이를 좇는 인간이, 이쪽을 비웃으면서 "당신같이 할 일이 하나도 없는 사람으로서는 그것도 좋지"라고 말할 때, 즐거운 우월감을 느끼는 것은 당연한 이치이다. 더구나 그런 우월감은, 이쪽의 심심풀이가 〈햄릿〉을 쓰거나 그저 그것을 읽는 것일 때에는 한층 경멸을 띤 감정, 아니 그 이상의 더 심한 감정이 된다(왜냐하면 외식은 바쁜 사람도 하니까). 그러나 이 점에서 바쁜 사람들은 사려가 부족하다. 그들은 마땅히 다음 같은 점을 생각해봐야 할 것이다. 그들의 눈에 한가한 사람의 웃기는 파적거리로 보이는 이해(利害)를 초월한 교양이란, 이쪽이 그것을 즐기는 모습을 그들이 목격한다면 그렇게 보일 테지만, 사실 바쁜 사람의 경우에도 그런 교양은 그들 자신의 직업에서 특출한 인물을 만들어낸다. 그런 인물은 바쁜 사람들보다 특별히 뛰어난 사법관이나 행정관은 아닐지 모르나, 그가 빨리 승진하면 바쁜 사람들은 단숨에 굴복하고 중얼거린다. "정말 교양이 대단해. 참으로 뛰어난 인물이야." 하지만 특히 재판소장이 이해하지 못한 것은, 라 라스플리에르에서의 이런 만찬에 나가는 내 즐거움이 그의 옳고도 비난 섞인 말처럼 '진짜 여행이라도 하듯이' 보이는 점이었다. 본디 여행 그 자체가 목적이 아니려니와 그런 데서 아무 즐거움도 구하지 않는 만큼 나에겐 여행이 보다 생생한 매력으로 다가왔고, 지금부터 갈 모임이 매력적이었는데, 그 모임도 이를 둘러싼 분위기에 따라서 즐거움이 좌우된다.

내가 호텔의—내 집이 된 호텔의—따스함을 버리고 알베르틴과 함께 기차에 탔을 때 주위는 이미 어두웠다. 객차 유리창에 비치는 램프 불빛은 헐떡거리는 작은 기차가 멈춰 설 때마다 어느 역에 도착했는지 알려주었다. 코타르가 우리를 못 볼까 봐서, 또 정거장 이름을 소리치는 목소리가 들리지 않아서, 나는 객실의 문을 열었다. 그러나 차 안에 뛰어든 것은 신도들이 아니라 바람·비·찬 공기였다. 새까만 어둠 속에서 나는 벌판을 분간하고 바다의 소리를 들었다. 우리는 평탄한 들판을 달렸다. 우리가 작은 핵심과 한데 섞이기에 앞서, 알베르틴은 가지고 온 금으로 된 화장품 가방에서 작은 거울을 꺼내 얼굴을 비춰 보았다. 사실 처음 얼마 동안은 알베르틴이 만찬에 앞서 화장을 고칠 수 있도록 베르뒤랭 부인은 그녀를 자기 화장실에 올려 보냈다. 그리하여 얼마 전부터 깊은 평온을 누리던 나도 이때는 알베르틴을 계단 밑에서 놓아줄 수밖에 없어서 불안과 시기가 섞인 작은 동요를 느꼈으며, 작은 동아리와 어울려 살롱에 혼자 있는 동안에도 2층에서 알베르틴이 뭘 하고 있는지 궁금해 몹시 걱정스러웠다. 그래서 다음 날 나는 가장 멋들어진 물건에 대해 샤를뤼스 씨에게 의견을 여쭤본 다음, 부랴사랴 전보로 카르티에 상점에 화장품 가방을 주문했는데, 그것이 알베르틴의 기쁨이 되는 동시에 내 기쁨도 되었다. 그 가방은 나에게 평온을 보증하면서 내 여자친구의 배려도 보증해주었다. 왜냐하면 내가 베르뒤랭 부인네 집에서 서로 떨어져 있는 걸 내가 싫어한다는 사실을 그녀는 확실히 눈치챘을 테니까. 그래서 만찬 전에 할 화장을 객차 안에서 마치려고 마음 쓰곤 했다.

　몇 달 전부터 베르뒤랭 부인의 단골손님에 샤를뤼스 씨가 들어가게 되었다. 그것도 가장 충실한 손님으로. 동시에르 서부역의 기다림방이나 플랫폼에 멈추는 승객들은 일정하게 매주 세 번, 반백 머리털에 검은 콧수염을 기르고 입술을 붉게 칠한 이 통통한 사내가 지나가는 모습을 보았다. 그 입술 연지는 계절의 끝 무렵보다 한여름에 더욱 눈에 띄었는데, 뙤약볕을 받아 더 생생해진 연지가 더위로 반쯤 녹았기 때문이다. 경편 기차 쪽으로 가면서 그는 슬쩍 엿보는 눈길을(오로지 감정가로서의 습관에서, 그도 그럴 것이 지금 그는 그를 순결한 인간으로 또는 적어도 보통의 경우 성실한 인간으로 만들어주는 감정을 품고 있으므로) 노동자, 군인, 테니스복을 입은 젊은이들에게 던질 수밖에 없었다. 그렇게 추상적이면서도 겁 많은 눈길을 던진 다음, 그는 곧 눈꺼풀을 내려 눈을 거의 다 감았다. 그 모양에는 기도를 외는 성직자의 경건한 몸짓과, 유일한 사랑에 몸과 마음을 다 바치는 아내 또는 예절 바른 아가씨의 조심성이 있었다. 베르뒤랭 부인의 신도들은 그가 자기들을 못 봐서 다른 찻간에 타는 줄로 믿었다(셰르바토프 대공부인이 곧잘 그러듯이). 그런데 그는 사실 자기와 같이 있는 모습을 남에게 보였을 때 상대가 만족할지 싫어할지 몰라, 보고 싶으면 상대편에서 자기에게 오도록 선택의 자유를 주는 인간으로서 그러는 것이었다.

코타르 의사는 처음에 샤를뤼스 씨를 만나러 갈 마음이 없어서 그를 혼자 그 찻간에 내버려두기를 바랐다. 의학계에서 높은 지위를 차지하고부터 그 타고난 망설이는 성격을 고쳐 거드름을 피우게 된 그는, 빙그레 웃으며 몸을 뒤로 젖히고 코안경 위로 스키를 바라보면서, 짓궂은 마음 때문에 또는 친구들의 의견을 넌지시 파악하려고 말했다. "이해하시나, 내가 혼자라면, 총각이라면……. 그러나 아내가 있으니, 그를 우리와 같이 여행하게 해도 좋은지 먼저 여러분의 의견을 묻고 싶은데요." 이렇게 의사는 속삭였다. "무슨 얘기죠?" 코타르 부인이 물었다. "아무것도 아니에요. 당신과는 관계없어요. 여자가 끼어들 일이 아니랍니다." 의사는 눈을 깜박이면서, 학생과 환자들 앞에서 그가 곧잘 하는 시치미를 떼고 농담하는 태도와 전에 베르뒤랭네 집에서 재치 있는 말을 한 뒤 으레 보였던 불안해하는 태도 사이에 중용을 지키는 당당한 자기만족과 더불어 대답했다. 그리고 그는 낮은 목소리로 말을 이었다. 코타르 부인의 귀는 '단체원'과 '타페트(tapette)'*라는 낱말밖에 분간하지 못했는데, 평소 의사의 언어에서 전자는 유대인을, 후자는 혀가 잘 도는 인간을 가리키는지라, 코타르 부인은 문제의 샤를뤼스 씨가 수다스러운 이스라엘 사람임에 틀림없다고 결론을 내렸다. 그녀는 그런 보잘것없는 문제 때문에 남작을 따돌리는 까닭을 몰라, 그를 혼자 내버려두지 않기로 요구하는 게 동아리 최고참 여성 회원인 자신의 의무라고 생각했다. 그래서 우리는 여전히 주저주저하는 코타르를 앞에 세우고, 샤를뤼스 씨의 찻간 쪽으로 한 걸음 두 걸음 나아가게 되었다.

구석 자리에서 발자크의 책을 읽고 있던 샤를뤼스 씨는 이런 망설임을 알

---

* '수다쟁이', 비어(卑語)로는 '남색가(男色家)'.

아차렸는데, 눈은 쳐들지 않았다. 그러나 귀먹은 벙어리가 남들이 느끼지 못하는 공기의 흔들림으로 등 뒤에 사람이 온 걸 알아채듯, 샤를뤼스 씨도 자기에 대한 남의 차가움을 미리 아는 데 날카로운 감각을 갖고 있었다. 지나치게 예민한 이 감각은 정신의 온 분야에 작용하는 습관이 있어서, 샤를뤼스 씨의 마음속에 갖가지 공상적인 괴로움을 만들어냈다. 서늘함을 느끼자마자 위층의 창문 하나가 열려 있구나 단정하고는 화를 버럭 내면서 재채기를 시작하는 신경증 환자처럼, 샤를뤼스 씨는 만일 어떤 사람이 그의 앞에서 생각에 잠긴 모습을 보이면 자기가 그 사람에 대해 지껄인 말을 누군가가 그 사람한테 고자질했구나 결론지었다. 아니, 실은 상대가 그의 앞에서 방심한 모습, 침울한 표정, 웃는 표정 따위를 지을 필요조차 없이, 그가 그것을 멋대로 지어냈다. 그 반면 다정한 모습을 지으면 그의 귀에 안 들어간 욕설을 감추기 쉬웠다. 코타르의 망설임을 단번에 알아챈 샤를뤼스 씨는, 눈을 내리깐 독서가가 자기들을 아직 못 봤겠거니 생각한 신도들이 적당히 다가왔을 때 손을 불쑥 내밀어 그들을 깜짝 놀라게 했다. 다만 코타르에 대해서는, 이 의사가 내민 손을 스웨이드 장갑을 낀 손으로 잡지 않은 채, 숙인 온몸을 대뜸 힘차게 바로 세우는 것으로 그쳤다. "꼭 댁과 같이 동행하고 싶어서요. 이렇게 구석에 혼자 계시게 해서야 쓰겠어요. 함께하는 게 우리에게는 큰 기쁨이에요." 코타르 부인이 사근사근한 목소리로 남작에게 말했다. "매우 영광입니다." 남작은 냉랭한 태도로 고개를 숙이면서 겉대답을 했다. "나 무척 기뻤어요. 댁이 마침내 이 고장을 택하셨다는 얘기를 듣고서요. 그럼 정하셨네요, 댁의 막……." 그녀는 막사(幕舍)*라고 말하려다가, 이 낱말이 너무나 히브리적이라서 유대인에게는 불쾌한 빈정거림처럼 들릴까 봐 그만 뚝 그쳤다. 그래서 말을 고쳐 익숙한 다른 표현을 골랐는데, 그것은 꽤나 거창한 말이었다. "다시 말해 '댁의 터주'를 안치할 곳을(이런 숭배의 대상은 기독교에 속하지도 않고, 또 죽은 지 오래된 종교의 신이라서 신봉하는 사람도 없으니 남의 비위를 건드릴 걱정이 없었다). 우리는 불행하게도 새 학기의 시작이랑 의사의 병원 근무가 있어서, 한곳에 오래 머무를 수 없답니다." 그리고 마분지 상자 하나를 남작에게 보이면서 말했다. "게다가 우리 여성이란

---

* 고대 유대의 이동식 성막(聖幕).

얼마나 불행한지 몰라요. 우리의 벗 베르뒤랭네 집같이 가까운 데 가는 데도 이런 온갖 종류의 짐을 챙겨야 하니 말이에요."

그러는 동안 나는 남작이 읽던 발자크의 책을 바라보고 있었다. 그것은 첫해 그가 내게 빌려주었던 베르고트의 책처럼, 무턱대고 산 가제본이 아니었다. 그것은 그의 서가의 책으로, '샤를뤼스 남작 장서'라는 명문(銘文)이 찍힌 것이었다. 그런 책에는 간혹 게르망트 가문의 독서 취미를 나타내기 위해 '바쁜 중에도 한가한 짬이 있음' 또는 '고생 없이는 아무것도 없음'이라는 명문이 찍히기도 했다. 그러나 오래지 않아 우리는 그것이 모렐을 기쁘게 하려고 다른 명문으로 바뀌는 걸 보리라. 잠시 뒤 코타르 부인은 좀더 남작 개인에 대한 것이라고 생각하는 화제를 꺼냈다. "내 의견과 같으신지 모르지만, 이보세요. 나는 생각이 넓어요. 그래서 내 생각으로는, 성실히 믿기만 한다면 어떤 종교라도 좋다고 생각해요. 난 그 신교도를 보기만 해도 광견병에 걸리는 사람들과는 달라요." "나는 내 종교가 참된 것이라고 배웠습니다." 샤를뤼스 씨가 대답했다. '이분은 광신자야.' 코타르 부인은 생각했다. '스완은 이보다 너그러웠는데, 만년을 빼놓는다면. 하기야 그이는 개종했지.' 그런데 그러기는커녕, 남작은 알다시피 태어났을 때부터 기독교 신자일 뿐만 아니라 중세기풍으로 독실한 신자였다. 13세기 조각가들과 마찬가지로 그에게 기독교 성당이란, 낱말의 산 뜻으로 볼 때, 완전히 현실로 여겨지는 수많은 인물이 사는 곳이었다. 곧 예언자, 사도, 천사, 인간으로 나타난 '말씀'이신 예수 그리스도를 둘러싼 온갖 성자, 그 어머니와 남편, 영원하신 아버지, 온갖 순교자와 박사, 그런 인물들이 커다란 돋을새김으로 군상같이 붐비며 대성당의 현관이나 안을 가득 채운 곳이었다. 샤를뤼스 씨는 그런 성스러운 인물들 가운데 영원한 아버지와 그의 사이를 잇는 수호천사로 대천사 미카엘, 가브리엘과 라파엘을 택했다. 그는 이 세 천사와 자주 대담을 가지고, 영원한 아버지의 옥좌 앞에 서는 이 대천사들은 그의 기도를 영원한 아버지에게 전하는 것이다. 그러므로 코타르 부인의 잘못된 생각이 나로선 퍽 웃겼다.

이제 종교적인 영역을 떠나 말하겠는데, 코타르 의사는 시골 아낙네인 어머니가 가난한 머리에서 짜낸 최고의 얄팍한 보따리를 받들고 파리에 올라와서, 의학으로 출세하려는 인간이 여러 해 동안 헌신해야만 하는 거의 순물질적인 연구에 몰두했다. 그 결과 교양을 쌓을 틈이 없었던 그는 큰 권위는 얻었으나 경험이 없었다. 그래서 이 '영광입니다'라는 말을 글자 그대로 해석해, 허영심이 강한 탓으로 그 말에 만족하면서도 착한 탓으로 측은한 생각이 들었다. "불쌍한 샤를뤼스." 그는 그날 밤 아내에게 말했다. "그가 우리한테 '같이 여행하는 게 영광입니다' 말했을 때 왠지 마음이 아프더군. 쯧쯧. 아마 녀석은 사귀는 사람이 없어서 겸손해졌나 봐."

이윽고 자비로운 코타르 부인의 인도를 받을 필요도 없이, 신도들은 처음에 샤를뤼스 씨 곁에서 느꼈던 거북함이 적든 많든 간에 결국 그 거북함을 극복하는 데 성공했다. 물론 그의 앞에 있으면서 그들이 끊임없이 염두에 둔 것은, 스키가 폭로한 이야기와 이 동행자의 몸에 포함된 성적 이상(異常)의 관념이었다. 그러나 그 이상조차 그들을 끌어들이는 어떤 매력으로 작용했다. 그들은 그 이상이, 말재주는 훌륭하지만 신자들에게 제대로 평가받지 못하는 그의 대화에 어떤 풍취를 주는 것처럼 느꼈다. 그래서 브리쇼 자신의 가장 재미나는 대화도 그것에 비하면 좀 시들다고 여기게 되었다. 하기야 처음부터 사람들은 샤를뤼스 씨의 지성이 뛰어난 점을 알아보고 마음에 들었던 것이다. "천재는 광기의 이웃이다"라고 의사는 떠벌렸는데, 지식에 굶주린 셰르바토프 대공부인이 아무리 캐물어도 그는 더 이상 그 어떤 말도 하지 않았다. 이 공리(公理)가 천재에 대해 그가 알고 있는 전부였으며, 게다가 이런 공리는 장티푸스와 관절염의 경우처럼 증명된 것이라고는 생각하지 않았기 때문이다. 그리고 저명인사가 되고서도 여전히 예절을 못 익힌 그는 이렇게 대꾸했다. "질문은 쓸모없습니다. 대공부인, 캐묻지 마시기를. 나는 쉬려고 바닷가에 왔으니. 게다가 들으셔도 내 말을 이해 못하십니다. 의학을 모르시니까." 이 말에 대공부인은 둘러대면서 입을 다물었는데, 속으로 코타르를 매력 있는 사내라고 생각하고, 또 저명인사란 반드시 가까이하기 쉽지 않다는 걸 깨달았다. 그래서 이 첫 무렵에 사람들은 이미 샤를뤼스 씨를 그 성도착이라는 악덕(이라 할까, 아무튼 일반적으로 그렇게 부르는 것)에도 지성이 뛰어난 사람이라고 생각하게 된 것이다. 그런데 지금에 와서는 그저 어렴풋하게, 그 악습 때문에 그를 남들보다 지적이라고 생각하게 되었다. 대학교수나 조각가에게 교묘히 선동된 샤를뤼스 씨가 그의 독특한 경험, 비밀스럽고 세련되며 매우 기괴한 경험에서 얻은 사랑·질투·아름다움에 대한 간단한 잠언(箴言)을 뱉으면, 그것이 신도들한테는 낯섦의 매력을 띠었다. 마치 예부터 프랑스 극예술이 보여주던 심리와 비슷한 어떤 심리가, 러시아나 일본의 연극에서 그 나라 배우를 통해 상연될 때 새로운 매력을 띠듯이. 그러나 샤를뤼스 씨의 귀에 안 들릴 때면 사람들은 위험을 무릅쓰고 고약한 농담을 해댔다. "저런!" 조각가는, 인도의 무희같이 속눈썹이 긴 젊은 철도원한테서 샤를뤼스 씨가 눈을 못 떼는 것을 보면서 속삭였다. "남작이 저 승무원에게 윙크하기 시작하면, 우리는 좀처럼 도착 못 할 거야. 열차는 뒷걸음치겠지. 저 노려보는 꼴 좀 보시지. 이건 경편 기차가 아니라 케이블카에 탄 거야."

그러나 결국 샤를뤼스 씨가 안 오기라도 하면 다들 실망감을 느꼈다. 흔해빠진 사람들 사이에 끼여 여행한다는 실망감, 자기 옆에 화장으로 울긋불긋한 그 배뚱뚱이, 속마음을 감춘 그 사람, 기묘한 냄새를 풍겨 그 과일을 맛볼 생각만 해도 속이 뒤집힐 수상한 외국 과일 상자 같은 그 인물이 없다는 실망감이었다. 이 관점에서 보면 남성 신도들은 샤를뤼스 씨가 차에 타는 생마르탱 뒤 센과, 모렐이 신도들과 합류하는 역인 동시에르 사이의 짧은 여정에서 한층 강렬한 만족을 느꼈다. 왜냐하면 바이올리니스트가 거기에 없는 한(그리고 부인들과 알베르틴이, 사내들의 대화를 방해하지 않으려고 따로 무리지어 있는 경우), 샤를뤼스 씨는 어떤 화제를 기피하는 기색을 보이지 않으려고 '고약한 품행이라는 딱지가 붙은 것'에 대해서도 태연히 얘기했기 때문이다. 알베르틴은 그에게 방해가 되지 않았다. 그녀는 자기가 있어서 마음대로 대화를 나누지 못할까 봐 염려하는 젊은 아가씨다운 상냥한 배려심에서 늘 부인들과 같이 있었다. 나는 그녀가 나와 같은 찻간에 있기만 하면 내 곁에 없어도 쉽사리 견딜 수 있었다. 이제는 그녀에게 질투도 사랑도 거의 느끼지 않게 된 터라, 내가 그녀와 만나지 않는 날에 그녀가 뭘 하는지 생각해보지도 않았기 때문이다. 그 반면 만나고 있는 동안은, 아슬아슬하게 배신을 감출 수 있는 간단한 칸막이만 있어도 견디지 못했다. 그녀가 부인들과 같이 이웃 칸에 가기라도 하면 나는 금세 그 자리에 엉덩이를 붙일 수 없어, 지껄이고 있는 브리쇼나 코타르 또는 샤를뤼스 씨의 기분을 언짢게 할 위험을 무릅쓰고, 그들에게 자리를 뜨는 까닭을 댈 틈도 없이 벌떡 일어나서 그들을 팽개쳐버리고, 뭔가 틀을 벗어난 일이 일어나지 않는가 보기 위해 이웃 칸으로 가는 것이었다.

동시에르까지 가는 동안 샤를뤼스 씨는 듣는 이의 기분이 언짢건 말건 상관없이 때로는 아주 까놓고 그런 품행에 대해 말하며, 자기 생각에 그 품행은 훌륭하지도 고약하지도 않다고 떠벌렸다. 그는 제 품행이 신도들의 정신 속에 한 점 의혹도 일으키지 않았다고 믿어 마지않아, 넓은 마음을 보이려고 능란하게 이야기를 펼쳤다. 그가 나중에 자주 쓰게 된 표현에 따르자면 이 세상엔 '자기를 주시하고 있는' 인간이 몇몇 있다고 그는 굳게 믿었다. 그러나 그는 그런 인간의 수는 서넛을 넘지 않거니와 이 노르망디 해안에는 한 사람도 없다고 상상했다. 그토록 세심하고도 의심 많은 사람이 그런 환상을 품었다니 놀라울 따름이다. 조금 사정을 알 법한 사람들에 대해서도 그는 상대의 지식이 막연한 것에 지나지 않을 거라고 은근히 믿어, 이것저것 얘기하는 중에 상대의 추측을 무너뜨릴 수 있다고 여겼다. 하지만 상대는 그저 예의상 그의 말을 곧이듣는 척했을 뿐이다. 나만 해도 그랬다. 그는 내가 그에 대해 뭘 알며 어떤 추측을 하는지 눈치챘으면서도, 그런 내 견해를 실제와 달리 먼 옛날의 것으로 생각하고 또 그런 지식이란 더할 수 없이 총괄적이라고 믿어서, 자기 말을 믿게 하려면 세부의 두세 군데만 부정하면 그만이라고 상상했다. 그런데 그렇기는커녕, 전체의 총괄적인 지식이라는 게 늘 세부의 지식에 앞서고 보니, 전체적인 지식은 세부의 조사를 한없이 쉽게 해주고 세부를 가리는 힘을 때려 부수니까, 위선자로 하여금 숨기려는 것을 숨기지 못하게 한다. 샤를뤼스 씨는 신도나 신도들의 어느 친구에게 초대받으면, 복잡하고 교활한 수단을 부려 열 사람쯤 늘어놓으면서 그 안에 슬쩍 모렐의 이름을 끼워 넣었다. 그럴 때 그는 스스로 깨닫지 못한 채, 그가 모렐과 함께 그 저녁에 초대된다면 안성맞춤이니 기쁘겠다는 뜻에 대해 그때마다 다른 이유를 대지만, 초대한 쪽은 이유를 곧이듣는 체하며, 그런 이유 대신에 늘 같은 단 하나의 이유를 알아챘다. 그가 남들이 모르는 줄 아는 이유, 곧 그가 모렐을 사랑한다는 이유였다.

마찬가지로 베르뒤랭 부인도, 샤를뤼스 씨가 절반은 예술적이고 절반은 인도적인 동기를 들면서 모렐에게 기울인 제 관심의 동기를 말하는 것을 그대로 받아들이는 체하면서, 이 바이올리니스트에 대한 그의 친절, 그녀의 말로는 눈물겨운 그 친절에 대해 남작에게 뜨겁게 사례하기를 그치지 않았다. 그런데 모렐과 그가 기차 타고 오지 않아 늦었던 어느 날, 마님의 "그 아가씨 일행만 안 왔네!"라는 말을 샤를뤼스 씨가 들었다면 얼마나 놀랐을까. 남작은 라 라스플리에르를 거의 떠나지 않고 거기서 전속 사제 또는 고정 신부 같은 얼굴을 하고 있었으며, 가끔(모렐이 이틀 동안 외출 허가를 받았을 때) 둘이 여기서 이틀 밤을 묵은 적도 있던 만큼, 그런 소리를 들었다면 더욱 가슴이 철렁 내려앉았으리라. 둘이서 묵을 때 베르뒤랭 부인은 그들에게 서로 통하는 두 방을 주고, 그들이 편히 있도록 이렇게 말했었다. "음악을 하고 싶으면 마음껏 하세요. 벽이 성벽같이 두꺼운 데다 2층에는 두 분밖에 안 계시고, 남편은 언제나 깊은 잠에 빠지니까요." 그런 날 샤를뤼스 씨는 대공부인 대신에 역까지 새 손님들을 마중하러 가는데, 베르뒤랭 부인이 건강 상태가 좋지 않아 못 나왔다는 변명을 하면서 부인의 상태를 어찌나 잘 설명하는지, 초대객들은 이런 경우에 적당한 표정을 짓고 들어오다가, 마님이 가슴과 등을 드러낸 드레스 차림으로 활기차게 돌아다니는 걸 보고서 놀라 냅다 고함을 질렀다.

샤를뤼스 씨는 잠깐 베르뒤랭 부인을 위해 신도들 중의 신도, 제2의 셰르바토프 대공부인이 되었던 것이다. 베르뒤랭 부인이 그의 사교계 지위에 대해 아는 것이라곤 대공부인의 지위보다 훨씬 더 확실하지 않았다. 그 대공부인이 작은 핵심밖에 방문하려 하지 않는 건 그녀가 남들을 깔보기도 하거니와 이 작은 핵심을 특히 좋아하기 때문이라고, 베르뒤랭 부인은 상상했다. 사실 자기들이 교제할 수 없는 인간을 모두 지긋지긋한 사람으로 취급하는 것은 베르뒤랭 부부 특유의 체면치레였으므로, 대공부인이 멋을 싫어하는 강철 같은 사람이라는 가설을 베르뒤랭 부인이 진심으로 믿을 리가 없었다. 그래도 베르뒤랭 부인은 제 소견을 끝내 고집해, 대공부인이 지긋지긋한 사람들과 교제하지 않는 건 지적인 취미에서 나온 본심 때문이라고 굳게 믿었다. 하기야 지긋지긋한 인간 수도 베르뒤랭 부부의 시야에서 점점 줄어들었다. 바닷가에서의 생활은 파리에서라면 그 장래의 결과가 두려워서 망설여지는 자기소개도 쉽게 만들어주었다. 아내 없이 발베크에 온 귀하신 양반들은 그 덕에 모든 일이 쉬워졌다. 그들은 라 라스플리에르에 가까워지기 위해 말을 붙여, 지긋지긋한 인간에서 품위 있는 인간으로 변해가고 있었다. 게르망트 대공도 그랬다. 물론 아무리 게르망트 대공부인이 그곳에 있지 않더라도, 만일 드레퓌스파의 인력이 라 라스플리에르로 통하는 비탈길을 단숨에 올라가게 할 만큼 강력한 힘을 갖지 않았다면, 그도 베르뒤랭네 별장에 '총각인 체'하고 갈 결심은 서지 않았으리라. 공교롭게 그날 마님은 외출 중이었지만. 하기야 베르뒤랭 부인에겐 그와 샤를뤼스 씨가 같은 사회의 인간인지 확실하지 않았다. 남작은 게르망트 공작을 제 형이라고 말하긴 했으나, 그건 어쩌면 협잡꾼의 거짓말인지도 몰랐다. 그가 그처럼 멋들어지게 차려입고 베르뒤랭네에 충실하고 친절해도, 부인은 게르망트 대공과 그를 같이 초대하기를 망설였다. 그녀는 스키와 브리쇼에게 의논했다. "남작과 게르망트 대공을 붙여놔도 괜찮을까요?" "글쎄요, 둘 가운데 한쪽이라면 아마도……." "한쪽? 그게 내게 무슨 도움이 됩니까?" 베르뒤랭 부인은 초조해하며 다시 입을 열었다. "난 둘을 붙여놔도 괜찮을지 궁금한 거라고요." "음! 부인, 그건 어려운 문제로군요." 베르뒤랭 부인은 어떤 악의도 없었다. 그녀는 남작의 품행을 알긴 했지만, 오해하기 쉬운 그런 표현을 썼을 때 마음속으로 남작의 품행을 조금도 생각하지 않고, 오로지 대공과 샤를뤼스 씨를 함께 초대할 수 있을지, 서로 뜻이 맞을지 알고 싶었을 뿐이다. '작은 동아리'의 예술가들이 즐겨 쓰는 상투적인 그런 말씨의 사용에 그녀는 아무 악의도 두지 않았다.

게르망트 씨를 자랑하려고, 그녀는 오찬을 든 다음, 해안의 뱃사람들이 출범 준비를 구경시키는 어느 자선회에 그를 데리고 가려 했다. 그러나 모든 일을 직접 할 틈이 없는 그녀는 그 직무를 신도들 중의 신도인 남작에게 맡겼다. "아시겠죠, 뱃사람들이 한군데 붙은 섭조개처럼 옴짝달싹하지 않으면 못써요. 그들이 여기저기 뛰어다니면서 출항 준비랄까, 뭐라고 하는지 모르지만, 하여튼 그것을 사람들한테 구경시켜야 해요. 발베크 플라즈 항구에 자주 가시는 당신이니, 별문제 없이 연습을 잘 시키실 테죠. 나보다 잘하실 거예요, 샤를뤼스 님, 젊은 뱃사람들을 움직이는 일을. 그나저나 게르망트 씨 때문에 우리는 고생하겠지요. 그는 자키 클럽의 바보일 거예요. 어머! 맙소사, 내가 자키 클럽에 대해 욕을 하다니! 아마 당신도 그 회원이시죠. 남작님, 대답이 없으시네요, 거기 회원이시죠? 어때요, 우리와 같이 나가시겠어요? 아, 맞아요. 여기 받은 책이 있어요. 당신 마음에 들 거예요. 루종(Henry Roujon)[1]의 책. 제목이 근사해요. 《사내들 중에서》.[2]

_____

[1] 프랑스 한림원 회원, 소설가(1853~1914).
[2] '사내들 사이에서'를 틀리게 말함.

나로서는 샤를뤼스 씨가 자주 셰르바토프 대공부인 역할을 대신하는 게, 내가 대공부인과 하찮으면서도 심각한 이유 때문에 사이가 틀어져 있던 만큼 다행스러웠다. 어느 날 내가 작은 열차 안에서 여느 때와 다름없이 셰르바토프 대공부인에게 친절을 다하고 있다가, 거기에 빌파리지 후작부인이 타는 걸 보았다. 사실 빌파리지 부인은 뢱상부르 대공부인 댁에 몇 주일 지내러 와 있었지만, 알베르틴과 날마다 만나는 필요에 매인 나는, 후작부인과 왕족인 그 집 부인이 여러 번 초대했으나 한 번도 응하지 않았다. 돌아가신 할머니의 벗을 보자 죄책감을 느낀 나는 순 의리로(셰르바토프 대공부인 곁을 떠나지 않고서) 후작부인과 꽤 오래 담소했다. 나는 전혀 몰랐지만, 빌파리지 부인은 내 이웃에 있는 이가 누군지 잘 알며 그녀와 사귀고 싶지 않다는 생각도 했다. 빌파리지 부인은 다음 정거장에서 내렸는데, 나는 그녀가 내리는 데 돕지 않은 것을 후회까지 하면서 대공부인 옆에 돌아와 앉았다. 그러나―마치 그 지위가 튼튼치 못해서 제 욕을 남이 들을까 봐, 남이 자기를 업신여길까 봐 겁내는 사람이 자주 갑자기 변하듯―분위기가 눈에 띄게 바뀌어 있었다. 〈양세계 평론〉 잡지에 몰두한 셰르바토프 부인은 내 물음에 겨우 입술 끝으로 대답하는 둥 마는 둥 하다가 드디어 편두통이 난다고 말했다. 나는 내가 뭘 잘못했는지 몰랐다. 대공부인에게 작별인사를 했을 때 그 얼굴에는 여느 때의 미소가 빛나지 않았으며, 그녀는 무뚝뚝하게 턱을 끄덕여 인사했을 뿐 손도 내밀지 않았다. 그리고 그 뒤로 내게 다시는 말을 건네지 않았다. 하지만 그런 그녀도―무엇을 이야기했는지는 모르지만―베르뒤랭 부부에겐 이야기를 한 모양이다. 내가 셰르바토프 대공부인에게 정중히 인사하는 게 좋지 못한 행동인지 그들에게 묻자마자, 다들 한결같이 서둘러 대답했다. "아니! 안 돼, 안 돼! 그럴 필요 없지! 그녀는 친절한 행위를 싫어해!" 그렇게 대답한 것은 나와 대공부인 사이를 틀어놓기 위해서가 아니었다. 그녀가 친절한 행위에 무감각하며, 세상의 겉치레에 움직이지 않는 영혼을 지녔다는 걸 모두가 믿게 하는 데 성공했기 때문이다. 인간 사회에서 다음 같은 규칙―물론 예외도 있지만―곧 목석같은 사람이란 남의 마음에 들지 못한 약자라는 것, 또 사람들의 평가 따위 아랑곳없이 속된 사람이 약점으로 여기는 다사로운 애정을 가진 자들만이 실은 강자라는 규칙을 이해하려면 갖가지 인간을 봐야 하니, 이를테면 불우한 시대에는 애정을 담은 미소를 띠면서 하찮은 신문기자의 거만한 인사를 소심하게 구걸하던 정치가가, 권력을 쥐고 나선 가장 완고하고 강경하며 가까이할 수 없는 사람으로 통하는 경우라든가, 코타르(새 환자들이 단단한 철봉으로 여기는)의 몸을 쭉 편 자세를 봐두는 게 필요하고, 일반적으로 인정되는 셰르바토프 대공부인의 거만한 태도와 속물근성 반대가, 어떤 실연의 분함과 어떤 속물근성의 실패에서 생겨났는지 알 필요가 있다.

하기야 셰르바토프 대공부인을 엄하게 비판할 순 없다. 이와 비슷한 경우가 얼마나 많은가! 어느 날 게르망트 가문 한 분의 장례식에서, 내 옆에 있던 어떤 명사가 키 크고 잘생긴 신사를 가리키며 말했다. "게르망트네 사람들 중에서 저이가 가장 굉장한, 가장 별난 사람입니다. 공작의 동생이죠." 나는 경솔히 그가 틀렸다고, 저 신사는 게르망트네와는 아무 관계도 없는 사람으로, 푸르니에 샤를로베즈라고 대답했다. 명사는 등을 돌리고, 그 뒤 다시는 내게 인사하지 않았다.

학사원 회원이자 고관이며 스키와 아는 사이인 대음악가가, 조카딸이 있는 아랑부빌에 들러 베르뒤랭네의 수요일회에 왔다. 샤를뤼스 씨는 (모렐의 청에 따라) 그에게 특별히 싹싹했는데, 특히 파리에 돌아가서 그 아카데미 회원이, 갖가지 비공개 연주회나 총연습 따위에서 모렐이 바이올린을 연주하는 장소에 샤를뤼스 씨가 드나들 수 있도록 허락해주길 바라서였다. 그 아카데미 회원은 아첨까지 받은 데다 본디 애교 있는 사람이라 쾌히 약속하고 또 그 약속을 지켰다. 남작은 이 인물이 자기를 위해 보여준 친절에 깊이 감동했다(하기야 이 사람은 오로지 여성만을 깊이 사랑했지만). 그리고 문외한이 들어갈 수 없는 공적인 장소에서 모렐을 만날 수 있게 편의를 봐주는 한편, 특별한 반향을 일으킬 게 틀림없는 연주회를 위해 같은 재능을 가진 다른 많은 사람 가운데에서 특히 이 젊은 바이올리니스트를 지명하여 그에게 이름이 알려질 기회를 준 이 유명한 예술가의 마음씨에 샤를뤼스 씨는 감동해 마지않았다. 그러나 샤를뤼스 씨가 몰랐던 사실은, 이 거장이 바이올리니스트와 그 고상한 비호자 사이의 관계를 훤히 알고 있었다는 점이니, 이 점에서 이 사람은 거듭 공덕을 베푼 셈이었다. 더 적절히 말하자면 두 곱으로 죄를 지었으니, 그만큼 샤를뤼스 씨는 이 사람에게 더욱 감사해야 마땅했다. 이 사람은 여성에 대한 사랑 말고 다른 사랑을 이해 못하며 그 사랑만이 그의 음악에 영감을 주므로, 물론 두 사람의 관계에 공감하는 일 없이, 오로지 도덕에 대한 무관심, 직업적인 배려와 상냥한 성질, 사교상의 친절, 속물근성에서 두 사람을 도왔을 뿐이다. 그는 그런 두 사람의 관계가 어떤 성격인지에 대해서는 깊이 생각해본 적이 거의 없어, 라 라스플리에르에서의 첫 만찬회에서 샤를뤼스 씨와 모렐에 대해 스키에게 물어보았을 때도 한 사내와 그 애인에 대해 말하듯 이렇게 물어보았을 정도이다. "함께 된 지 오래입니까?" 하지만 그는 뼛속까지 사교인이라 당사자들이 눈치채지 못하도록 신경을 쓰고, 모렐의 동료들 사이에 나쁜 소문이 나돌면 그것을 당장 그치게 하고는 모렐에게 "요즘에는 누구나 다 그런 험담을 듣네" 하고 아버지같이 말하면서 안심시키고자 마음먹었다. 또 그는 남작에게도 끊임없이 친절을 베풀어, 남작은 이 유명한 거장의 마음속에 그렇게 큰 악덕 또는 미덕이 있는 줄이야 상상도 못한 채 그의 태도를 훌륭하고도 자연스러운 것으로 생각했다. 그도 그럴 것이 샤를뤼스 씨가 없는 자리에서 사람들이 이러니저러니 하는 말들이나 모렐에 대한 '있는 말 없는 말'을, 샤를뤼스 씨에게 고자질할 만큼 비열한 영혼을 가진 사람은 아무도 없었기 때문이다. 그렇지만 이런 간단한 상황에서도 충분히 드러나는 것은, 일반적으로 헐뜯겨 어디에도 변호자 없는 그런 것, 예컨대 뒷구멍으로 하는 '험담' 같은 것도—우리 자신이 대상이라 유독 불쾌한 것이건, 제삼자에 대해 우리가 몰랐던 사실을 알려주는 것이건—그 나름대로 심리적인 값어치가 있다는 점이다. 그런 험담은, 우리가 실상(實相)인 줄 믿으나 사실 겉모습에 지나지 않는 사물에 대해 꾸며낸 견해를, 정신이 모른 체하지 못하도록 방해한다. 험담은 관념론 철학자의 마술사 같은 능란함과 더불어 겉을 뒤집어서, 짐작하지 못한 안감 천의 한구석을 재빨리 내보인다. 샤를뤼스 씨는 다정스러운 한 친척 여인이 "메메가 나를 사랑하다니 말도 안 되는 소리를? 이래 봬도 난 여자예요!" 말하는 걸 과연 떠올릴 수 있었겠는가. 그렇지만 그 여인은 샤를뤼스 씨에 대해 참되고도 깊은 애착을 가지고 있었다.

그러고 보면 베르뒤랭 부부의 경우에도 샤를뤼스 씨는 이들의 애정과 호의에 기대를 걸 권리가 하나도 없거니와, 그즈음 그들이 샤를뤼스 씨가 없는 자리에서 나누던 담화(나중에 보겠지만 그것은 한낱 담화만이 아니었다)가 그가 상상하고 있는 바와는 무척 달랐고, 다시 말해 그가 그 자리에 있을 때

듣던 담화의 단순한 되풀이와는 크게 달랐다고 해도 어찌 놀라겠는가? 베르뒤랭 부부가 자기를 어떻게 생각하는지 샤를뤼스 씨의 머리에 퍼뜩 떠올랐을 때, 그가 이따금 혼자 몽상에 잠기는 장소인 작은 이상(理想)의 정자(亭子)를 다정스러운 명문(銘文)으로 꾸미는 것은 어디까지나 그가 그 자리에서 직접 듣던 담화뿐이었다. 그 정자의 분위기가 어찌나 기분 좋고 안락한지, 거기서 쉬면 어찌나 기운이 나는지, 샤를뤼스 씨는 잠들기 전에 잠시 그곳에 들어가 제 근심을 풀고서 미소 지으며 나오곤 했다. 그러나 우리에게 그런 정자는 두 겹으로 되어 있다. 다시 말해 우리가 하나밖에 없다고 생각하는 건물과 마주하는 또 하나의 건물이 있다. 이 건물은 평소에 우리 눈에 안 띄지만 이게 진짜이며, 우리 눈에 익은 건물과 잘 어울리나 영 다르다. 그리고 그 장식에서 우리는 예상했던 것을 하나도 알아보지 못한다. 그 건물은 뜻하지 않은 적의로 찬 밉살스러운 상징으로써 우리를 소름끼치게 할 것이다. 샤를뤼스 씨가 어떤 험담을 듣는 바람에, 불만을 품은 출입 상인 또는 쫓겨난 하인이 방문마다 숯으로 음란한 낙서를 그린, 그런 뒷계단 가운데 하나를 거쳐서 적대적인 반대쪽 정자 안으로 들어갔더라면 얼마나 소스라쳤을까!

우리는 어떤 새가 타고난 방향감각이 없는 만큼이나 투시감각도 거리감각도 없어서, 우리에게 아무 관심도 기울이지 않는 남의 호의를 아주 가깝게 상상하고, 그러는 동안 도리어 우리가 남의 근심거리가 되고 있음을 짐작하지 못한다. 이와 같이 샤를뤼스 씨는, 제 몸이 헤엄치는 물이 어항 유리 저쪽까지 뻗어 있는 줄 아는 붕어처럼 속아 살았다. 어항은 그 유리에 물을 비추는데, 붕어는 제 바로 곁의 그늘에서 자기 모습을 보며 즐기는 구경꾼이나 전능한 양어가의 모습은 못 본다. 그러나 이윽고 예측할 수 없는 운명의 순간이 다가오면서—하기야 남작의 경우 그러한 때는 아직 미루어져 있지만 (그때 파리에서 양어가가 되는 사람은 베르뒤랭 부인일 텐데)—그때 양어가는 무자비하게도 고기를 그 즐겁게 노는 곳에서 건져내어 다른 곳으로 던져버린다. 뿐만 아니라 민족도 그것이 개인의 집합에 지나지 않는 이상, 이 물고기처럼 뿌리 깊고 집요하며 어쩔 도리 없는 맹목 상태의 보다 광대한 보기, 하지만 부분적으로는 서로 똑같은 보기를 우리에게 얼마든지 제공하고 있다. 그런데 샤를뤼스 씨가 뒤에서 남의 비웃음을 사는 뻔뻔스러운 말을 아무 쓸모없는 기교로 치장하여 작은 동아리 사람들에게 함부로 떠벌리는 것을 저 맹목 상태 탓이라고 해도, 그러한 맹목은 적어도 지금 그에게 아직 심각한 지장을 주지 않았고, 발베크에서 그런 지장이 일어날 리도 없었다. 확실히 소량의 단백질과 당(糖)과 조금 불규칙한 심장 박동만으론, 그런 줄모르는 사람에게는 정상 생활을 계속하는 데 방해가 되지 않는다. 그러나 의사만은 그 점에서 치명적인 지장의 조짐을 알아차린다. 현재 모렐에 대한 샤를뤼스 씨의 흥미는—플라토닉이건 아니건—그저 남작으로 하여금 모렐이 없는 자리에서, 모렐을 썩 잘생긴 젊은이로 생각한다는 말을 기꺼이 내뱉게 하는 정도였다. 그럴 때 남작은 남들이 그런 말을 아주 자연스럽게 들을 거라고 생각했다. 그래서 그는 마치 법정에 호출되어 자기에게 불리해 보이는 세부 진술마저 태연히 해버리는 교활한 인간같이 행동했다. 그런 진술은 자기에게 불리한 만큼, 무대에서 보는 피고의 상투적인 항의보다 더 자연스럽고 덜 비속하다고 생각되기 때문이다. 마찬가지로 늘 동시에르 우에스트와 생마르탱 뒤 센 사이의 기차 안에서—돌아가는 길로는 이 반대—샤를뤼스 씨는 매우 별난 품행을 지닌 이로 생각하는 사람들에 대해 기꺼이 얘기했는데, "요컨대 다들 별나다고 말하지만, 나는 그 까닭을 모르겠단 말씀이죠. 실은 하나도 별나지 않거든요" 하고 덧붙임으로써, 자기가 얼마나 얘기 상대와 맘 편히 지내는지 자기 자신에게 이해시켰다. 과연 그는 그러했다. 단, 작전의 주도권을 쥔 사람이 그이고, 듣는 쪽이 그의 말을 믿었거나 예의에 신경 써서 말없이 있다는 조건에서.

　모렐의 미모에 감탄하지 않을 때면 샤를뤼스 씨는 자기 감탄이 악덕이라고 불리는 어떤 특수한 기호와 아무 관계가 없기라도 한 듯 그런 악덕을 논했는데, 더구나 이 악덕이 자기와는 조금도 상관없다는 듯이 떠벌렸다. 가끔 이 악덕을 고유명사로 부르기조차 주저하지 않았다. 그가 읽는 발자크 책의 아름다운 장정을 바라본 다음, 내가 《인간 희극》 가운데 어느 것을 가장 좋아하느냐고 그에게 묻자, 그는 한 고정관념 쪽으로 생각을 돌리면서 대답했다. "글쎄 어느 것일까, 《투르의 신부》와 《버림받은 여인》같이 작은 세밀화일까 또는 《환멸》 시리즈처럼 커다란 벽화일까. 뭐요! 《환멸》을 모른다고? 아름답지, 카를로스 에레라가 사륜마차로 성관 앞을 지나가다가 그 이름을 묻자 그것이 라스티냐크, 그가 전에 좋아한 젊은이의 저택임을 아는 대목. 그때 신부는 몽상에 잠기네. 스완이 썩 재치 있게 이름 붙인, 그 남색(男色)

의 《올랭피오의 슬픔》*¹에 빠지지. 그리고 뤼시앵의 죽음! 누군지 생각나지 않네만, 같은 점에 흥미를 가진 어떤 사람은, 당신의 생애에서 가장 슬펐던 사건이 뭐냐는 질문에 《화류계 여인의 영화와 몰락》에 나오는 뤼시앵 드 뤼 방프레의 죽음'이라고 대답했다더군."*² "올해는 발자크가 대유행입니다. 지난해 염세주의처럼." 브리쇼가 이렇게 말하며 참견했다. "하지만 내 말이 발자크 열에 들뜬 사람들 마음을 아프게 하더라도, 아니 뭐 내가 문학계의 잔소리꾼이 되거나 문법적인 오류 조서를 만들 생각은 전혀 없지만, 터놓고 말해 당신이 유별나게 과대평가하시는 그 기막힌 졸작의 구질구질한 즉흥 작가를 나는 늘 좀스러운 삼류 문사로 생각했습니다. 당신이 말씀하시는 그 《환멸》로 말하자면, 남작, 나도 그걸 전문가의 열정으로 머리를 쥐어짜면서 읽어보았습니다. 그러나 솔직히 이 대중 소설은 과장된 허튼소리, 이중 삼중으로 알지 못할 횡설수설인데(이를테면 《행복한 에스더》, 《나쁜 길이 이끄는 곳》, 《사랑은 언제 늙은이들에게 되살아나나》 등등), 이것이 이해할 수 없는 인기로 한때 걸작의 지위에 올라 《로캉볼(Rocambole)》*³처럼 이상야릇한 인상을 늘 내게 주었습니다."

"당신은 인생을 모르시니까 그런 말을 하십니다." 남작은 이중으로 화가 나서 말했다. 그는 자신의 예술가로서의 이론도, 또 다른 이론도 브리쇼가 이해 못하고 있는 걸 느꼈기 때문이다. 브리쇼가 대답했다. "물론 프랑수아 라블레 선생처럼 말하면, 나를 매우 소르보나그르(Sorbonagre),*⁴ 소르보니콜(Sorbonicole)*⁵하고도 소르보니포름(Sorboniforme)*⁶이라고 말하시겠죠. 그렇지만 나는 동료들과 마찬가지로 책이 성실함과 삶의 인상을 주는 쪽을 좋아하는데, 그 식자들은 그렇지가 않아서……."

"라블레의 15분*⁷이로군요." 코타르 의사는 조금의 의심도 없이 자기 재치에 자신 있는 모양으로 참견했다. "그 식자들은 겉치레의 대가인 샤토브리

---

*1 위고의 장시(長詩).
*2 오스카 와일드를 말함. 또한 《화류계 여인의 영화와 몰락》은 발자크의 작품.
*3 퐁송 뒤테라유의 연속 대중 소설(1829~71).
*4 소르본 교수.
*5 '소르본 색이 짙은'이라는 라블레식 조어.
*6 '소르본의 틀에 박힌'이라는 라블레식 조어.
*7 라블레가 음식점에서 식사한 다음 값을 못 치러 쩔쩔맸다는 '15분간 딱하게 됐다'는 뜻.

앙 자작한테 복종하고 불로뉴 숲 수도원 교단(敎團)의 규칙에 따르면서, 인문주의자들의 엄한 규율대로 문학의 맹세를 했죠. 샤토브리앙 자작님이……." "샤토브리앙 오 폼(Chateaubriant aux Pommes)*이라뇨?" 코타르 의사가 말참견했다. "그가 그 단체의 수호신입니다." 브리쇼는 의사의 농담에 개의치 않고 계속해서 말했다. 의사는 대학교수의 말에 깜짝 놀라 샤를뤼스 씨를 불안스레 바라보았다. 코타르는 브리쇼가 좀 눈치 없다고 생각한 것이다. 한편 코타르의 곁말은 셰르바토프 대공부인의 입술에 잔미소를 꽃피웠다. "교수의 말씀과 더불어, 완벽한 회의주의자인 의사의 신랄한 비꼬기도 결코 그 권리를 잃지 않네요." 그녀는 의사의 '곁말'을 잘 알아들었다는 걸 나타내려고 붙임성 있게 말했다. "현자는 반드시 회의주의자입니다." 의사가 대답했다. "'크 세즈(Que sais-je, 나는 무엇을 아는가)'입니다. '그노티 세아우톤(Gnothi Seauton, 너 자신을 알라).' 소크라테스도 말했습니다. 옳은 말씀, 모든 일에 지나침은 잘못이죠. 그러나 그 말 하나로 소크라테스의 이름이 오늘까지 전해져왔다는 게 놀라울 뿐입니다. 그 철학 속에 뭐가 있습니까? 거의 아무것도 없지요. 그런데 샤르코와 그 밖의 사람들은 천 배나 더 주목할 만한 일들을 했습니다. 더구나 그 일은 적어도 그 어떤 것 위에, 이를테면 진행마비와 더불어 나타나는 병증으로 동공반사 정지 같은 것 위에 세워져 있어요. 그런데 그들은 거의 기억 속에서 사라졌으니! 그러한 사실을 생각할 때, 요컨대 소크라테스도 그다지 뛰어난 인간이 아닙니다. 할 일이 하나도 없어 온종일 어슬렁어슬렁 걸어다니거나, 하찮은 일로 왈가왈부 입씨름을 하거나 하며 지낸 이들이죠. 그리스도처럼 '서로 사랑할지어다' 말할 뿐. 이 아니 좋습니까." "여보……." 코타르 부인이 애원했다. "물론, 안사람은 반대하죠. 여성이란 다 신경증 환자니까." "하지만 여보, 나는 신경증이 아닌걸요." 코타르 부인이 중얼댔다. "뭐라고? 신경증이 아니라고? 아들이 아플 때마다 안사람은 불면증 증상을 보이죠. 하지만 뭐, 결국 소크라테스나 다른 사람들이 탁월한 교양을 위해서, 남에게 보여줄 만한 재능을 갖기 위해서 필요하다는 점은 인정합니다. 나도 항상 강의 첫날 학생들 앞에서 '그노티 세아우톤'을 인용합니다. 부샤르 의사도 이를 알고, 나를 칭찬해주셨죠."

---

* 감자를 곁들인 소고기 요리.

"나는 그다지 형식을 위한 형식을 주장하는 사람도 아니려니와, 시에서 수만 가지의 운(韻)을 뒤쫓으려고도 하지 않습니다만." 브리쇼가 말을 이었다. "아무튼《인간 희극》은—아니 조금도 인간답지 않은—선량하고도 심술궂은 오비디우스가 말했듯이, 예술성이 내용을 뛰어넘는 작품들과 너무나 동떨어져 있습니다. 결국 우리가 택할 것은 산허리의 오솔길입니다. 곧 르네*¹가 냉엄한 교황의 의무를 거룩하게 이루어낸 발레 오 루(Vallée-aux -Loups) *²와, 집행관의 입회인들에 들볶인 오노레 드 발자크가 종교의 열렬한 사도로서 어느 폴란드 여인을 위해 철자 틀린 악문을 횡설수설 계속 끼적거린 레 자르디(Les Jardies) *³에서 똑같은 거리에 있는, 뫼동 주교관*⁴ 또는 페르네의 오두막집*⁵으로 통하는 오솔길입니다." "샤토브리앙은 말씀 이상으로 생생하게 현대에 살아 있고, 또 발자크는 뭐라고 해도 위대한 작가란 말씀이오." 샤를뤼스 씨는 브리쇼 말에 화내지 않으려고 지나치게 스완의 취미가 스며든 투로 대답했다. "게다가 발자크는 다른 사람들이 전혀 모르는 정열, 거기에 불명예스런 낙인을 찍기 위해서만 연구하는 열정에까지 정통했죠. 불후의 명작《환멸》은 새삼 말할 것도 없이, 《사라진》이나《금빛 눈의 아가씨》나《사막에서의 정열》이나, 어지간히 수수께끼 같은《가짜 정부》만 해도, 나의 주장을 뒷받침해줍니다. 이렇듯 발자크의 '자연에서 벗어난' 특징에 대해 스완에게 얘기한 일이 있는데, 그때 그는 '당신은 텐(Taine) *⁶과 같은 의견이다' 말하더군요. 나는 텐 님과 아는 사이라는 영광은 못 누렸지만." 샤를뤼스 씨는 덧붙였다(사교계 사람들은 이처럼 귀에 거슬리는 습관을 따라 대작가에게 쓸데없는 '님'자를 붙임으로써, 경의를 표한다, 간격을 지킨다, 그리고 그들이 대작가와 아는 사이가 아니라는 걸 확실히 나타낸다고 믿는다). "나는 텐 님과 아는 사이가 아니었으나 그와 같은 의견임을 큰 영광으로 생각했소." 하기야 이런 우스꽝스러운 사교 습관에도 샤를뤼스 씨는 지성이 높았으므로, 만일 어떤 옛 결혼이 그의 가문과 발자크 가문 사이에

---

*1 샤토브리앙의 소설《르네》에 나오는 주인공.
*2 직역하면 '이리의 골짜기', 샤토브리앙의 영지.
*3 파리 교외에 있던 발자크의 집.
*4 라블레의 집.
*5 볼테르의 집.
*6 프랑스의 비평가, 철학자, 문학사가(1828~93).

인척 관계를 맺어주었다면 틀림없이 만족을(그것도 발자크에 못지않은 만족을) 느끼고, 더구나 아랫사람에 대한 훌륭한 겸양 표시인 듯 그 만족을 스스로 뽐내기를 참지 못했으리라.

가끔 생마르탱 뒤 셴의 다음 정거장에서 젊은이들이 열차에 타곤 했다. 샤를뤼스 씨는 그들을 바라볼 수밖에 없었는데, 젊은이들에게 쏠리는 눈길을 서둘러 거두고 숨기려 했다. 하지만 그 태도가 도리어 진짜 비밀보다 더 특수한 비밀을 감추고 있는 느낌을 주었다. 즉 그는 젊은이들을 알고 있는데 본의 아니게 그런 기색을 상대에게 보이고 말아, 꾹 참고 서둘러 우리 쪽으로 머리를 다시 돌린 듯했다. 마치 부모들 사이가 좋지 않아 친구들에게 인사하는 걸 금지당한 아이가, 그 친구들을 우연히 만났을 적에 반사적으로 머리를 쳐들었다가 가정교사의 엄한 감시 밑에 눈을 곧 내리뜨는 모양으로.

아까 발자크에 대해 논하면서 샤를뤼스 씨가 《화류계 여인의 영화와 몰락》의 한 대목을 《올랭피오의 슬픔》에 비유해 그리스말을 인용했을 때, 그 말을 들은 스키·브리쇼·코타르는 아마 비꼬기보다 만족스런 미소를 띠면서 서로 얼굴을 바라보았다. 그 미소는 드레퓌스한테 그 자신의 사건을 이야기시키거나 또는 황후한테 그 치세 시절을 이야기시키는 데 성공한 만찬 참석자들이 띠던 미소였다. 사람들은 샤를뤼스 씨가 이 화제에 대해 좀더 이야기하게 만들 셈이었으나, 어느새 동시에르에 도착해, 모렐이 우리와 함께했다. 샤를뤼스 씨는 모렐 앞에서 늘 조심스럽게 말을 삼간다. 스키가 뤼시앵 드 뤼방프레에 대한 카를로스 에레라의 사랑 이야기로 남작을 데리고 돌아오려 했을 때, 남작은 숨은 뜻이 있는 듯 난처한 태도를 짓다가, 드디어(사람들이 스키의 말을 듣지 않는 걸 보고서) 딸 앞에서 외설한 이야기가 오가는 걸 눈치챈 아버지처럼 엄하게 나무라는 듯한 표정을 보였다. 그래도 스키가 고집 세게 계속하려 드니까 마침내 샤를뤼스 씨는 눈을 부릅뜨고 목소리를 높여, 코타르 부인과 셰르바토프 대공부인과의 담소에 열중해 어차피 이쪽 이야기를 안 듣고 있는 알베르틴을 가리키면서, 뜻을 뚜렷이 나타내는 투로, 또 버릇 없는 인간에게 훈계하려는 듯이 두 가지 뜻을 함께 넣어 암시하는 투로 일렀다. "이제는 저 아가씨의 흥미를 끌 수 있는 얘기를 합시다." 그러나 나는 당장 깨달았다. 그에게 젊은 아가씨란 알베르틴이 아니라 모렐이라는 것을. 게다가 곧 그는, 모렐 앞에서 그런 대화를 하지 말자고 부탁하면서 쓴 말투로 내 해석의 정확함을 증명했다. 그는 바이올리니스트에 대해 다음같이 나에게 말했다. "여보게, 그는 자네가 생각할지도 모르는 그런 인간이 전혀 아닐세. 매우 정숙한 애지. 언제나 얌전하고, 썩 착실한 애지." 이런 말로 미루어 샤를뤼스 씨가 성도착을, 여인들한테 매음이 그렇듯 젊은이들한테 불길한 위험으로 여김을 알 수 있었다. 또 그는 모렐에 대해 '착실한'이라는 형용사를 썼는데, 그것은 젊은 여직공에게 쓰일 때와 같은 뜻이었다.

그때 브리쇼는 화제를 바꾸려고, 앵카르빌에 오래 있을 셈이냐고 나에게 물었다. 나는 앵카르빌이 아니라 발베크에 묵고 있다고 몇 번이나 그에게 주의를 줬는데도 헛일, 그는 늘 틀렸다. 앵카르빌 또는 발베크 앵카르빌이라는 이름씨로 연안 일대를 가리키고 있었기 때문이다. 그렇듯 같은 것을 사람들과는 좀 다른 이름씨로 부르는 이들이 있게 마련이다. 포부르 생제르맹의 한 귀부인은 게르망트 공작부인에 대해 말할 때마다 나에게, 제나이드 또는 오리안 제나이드를 만난 지 오래되느냐고 물었는데, 나는 처음엔 무슨 말인지 몰랐다. 아마도 게르망트 부인의 한 친척 여인 이름이 오리안이라서 혼동을 피하기 위해 게르망트 부인을 오리안 제나이드로 부른 시절이 있었던 것 같다. 마찬가지로 처음에는 정거장이 앵카르빌에 하나만 있어서, 거기서 마차로 발베크에 갔는지도 모른다.

"무슨 얘기를 하셨어요?" 알베르틴은 샤를뤼스 씨가 급작스럽게 아버지의 엄숙한 말투로 변한 데 놀라 물었다. "발자크에 대해서." 남작이 급히 대답했다. "오늘 저녁 아가씨는 그야말로 카디냥 대공부인* 옷차림이군요. 만찬회 때 대공부인의 첫 옷차림이 아니라, 그 다음 옷차림이군요." 이런 일치가 생겨난 것은, 내가 알베르틴의 옷을 고를 때 엘스티르 덕분에 그녀가 갖춘 취미에서 영감을 받았기 때문이다. 엘스티르는 검소를 중히 여겼는데, 그것은 이제 프랑스풍의 부드러움과 순함이 어울리지 않는다면 영국풍이라고 부를 검소함이었다. 엘스티르가 좋아하는 드레스는 흔히 디안 드 카디냥 옷처럼 회색의 조화로운 배합을 우리 눈에 선보였다. 알베르틴 옷차림의 참된 가치를 감상할 줄 아는 사람은 거의 샤를뤼스 씨밖에 없었다. 그의 눈은 알베

---

* 발자크의 소설 《카디냥 대공부인의 비밀》에 나오는 주인공.

르틴의 옷차림에서 어디가 희귀하며 어디에 가치가 있는지 바로 알아챘다. 그는 천의 이름을 결코 틀리지 않았거니와 만든 사람도 알고 있었다. 다만 그는—특히 여인들의 옷에 대해선—엘스티르가 허용하는 것보다 좀더 화려하고 빛깔 있는 것을 더 좋아했다. 그래서 그날 저녁 그녀는 암고양이 같은 조그만 장밋빛 코를 구부리면서 반쯤 생글생글 반쯤 불안해하는 눈길을 내게 던졌다. 회색 크레프드신 치마 위에 회색 체비엇 양털 겉옷을 입은 알베르틴은 과연 회색 한 가지로만 이루어진 인상을 주었다. 그러나 그녀가 겉옷을 입거나 벗거나 하는 데 헐렁헐렁한 소매를 잡아 내리거나 쳐들거나 하는 손이 필요해, 내게 도와달라는 신호를 하면서 겉옷을 벗자, 드러난 소매는 매우 부드러운 타탄체크 모양으로 장밋빛, 엷은 파랑, 초록빛 도는 푸른빛, 비둘기 털빛이라, 마치 회색 하늘에 무지개가 나타난 듯했다. 그녀는 이 효과가 샤를뤼스 씨의 마음에 들었는지 궁금했다. "오!" 남작은 황홀해져서 외쳤다. "이건 한 줄기 빛이요 색채의 프리즘(prisme)입니다. 치하해 마지않소." "하지만 이분의 공인걸요." 알베르틴은 나를 가리키면서 얌전히 대답했다. 그녀는 내게서 받은 선물을 남에게 보이는 걸 좋아했으므로. "빛깔을 겁내는 이는 차려입을 줄 모르는 여인들뿐이죠." 샤를뤼스 씨는 이어 말했다. "속되지 않은 화려함과 싱겁지 않은 부드러움이 있어야죠. 그야 아가씨는, 속세에서 떠난 몸인 듯이 보이려고 한 카디냥 부인과는 다르죠. 카디냥 부인은 그런 관념을 그 회색 옷차림으로 차근차근 아르테즈*에게 심어주려고 했거든요."

이 옷의 말 없는 표현에 흥미를 느낀 알베르틴은 샤를뤼스 씨에게 카디냥 대공부인에 대해 물었다. "음! 참으로 좋은 중편소설입니다." 남작은 꿈꾸는 듯이 말했다. "나는 디안 드 카디냥이 에스파르 부인과 같이 산책한 작은 정원을 알죠. 그곳은 내 사촌누이의 정원입니다." 브리쇼가 코타르에게 속삭였다. "사촌누이의 정원이 어쩌고저쩌고하는 문제가 족보와 마찬가지로 이 훌륭하신 남작에게는 무조건 값어치를 지니는 모양입니다. 그러나 우리처럼 거기를 산책할 특권도 없고, 그 귀부인도 모르며, 귀족의 칭호도 못 가진 자들한테, 그런 정원이 무슨 흥미가 있겠어요?" 왜냐하면 브리쇼는 예술작품

---

* 발자크의 작품 《카디냥 대공부인의 비밀》에 나오는 인물, 에스파르 부인도 같음.

처럼 옷과 뜰에도 흥미를 가질 수 있다고는 생각하지 못했고, 또 샤를뤼스 씨가 카디냥 부인의 작은 산책로를 머릿속에 그려본 것이 발자크 작품에 그려져 있는 대로라고는 꿈에도 몰랐기 때문이다. 남작은 계속해서 나에게 그 사촌누이 이야기를 했다. "자네도 그분을 아시네." 그리하여 나를, 샤를뤼스 씨와 같은 사회의 인간은 아닐망정 적어도 그 사회에 드나드는 인간이면서도 작은 동아리에 귀양온 아무개처럼 대해서 기쁘게 하려고. "어쨌거나 자네는 빌파리지 부인 댁에서 그분을 만났을 거야." "보크뢰 성관을 갖고 계신 빌파리지 후작부인인가요?" 브리쇼가 열띤 표정으로 물었다. "그렇소, 아시오?" 샤를뤼스 씨는 무뚝뚝하게 물었다. "아니요, 전혀." 브리쇼는 대답했다. "그러나 우리 동료인 노르푸아가 해마다 휴가의 얼마 동안을 보크뢰에서 지내죠. 거기 주소로 그에게 편지를 부친 일이 있습니다."

나는 모렐의 흥미를 끌려고, 노르푸아 씨는 아버지의 친구라고 말했다. 하지만 그의 표정은 조금도 변하지 않았으며 아무런 반응도 없었다. 그 정도로 그는 나의 부모를 하찮은 인간으로 보아, 그의 아버지가 하인으로 일했던 내 종조할아버지와는 하늘과 땅 차이라고 여겼던 것이다. 하기야 종조할아버지는 집안의 다른 사람들과는 반대로 어지간히 '잘난 체하기' 좋아해서, 그 하인들에게 눈부신 추억을 남겨놓았다. "빌파리지 부인은 탁월한 여인인 것 같아요. 그러나 나는 아직 내 눈으로 그 점을 판단한 적이 없거니와, 내 동료들도 마찬가지죠. 노르푸아는 학사원에서는 예의와 호의로 가득하나, 아직 아무도 후작부인에게 소개를 하지 않았거든요. 아는 이들 가운데 부인의 초대를 받은 사람은, 부인과 옛날부터 교제하던 우리 친구 튀로 당쟁(Thureau-Dangin)*¹뿐입니다. 아, 가스통 부아시에(Gaston Boissier)*²도, 부인이 그의 연구 논문을 읽고 특별히 흥미를 느껴 그를 만나고 싶어했죠. 그는 한 번 만찬에 초대되어 홀딱 반해서 돌아왔습니다. 부아시에 부인은 아직 초대를 못 받았지만." 이러한 이름에 모렐은 한없이 감동한 듯 미소지었다. "아아! 튀로 당쟁." 그는 내가 노르푸아 후작과 나의 아버지에 대해 말했을 때는 그토록 무관심했으면서 이번에는 관심 있는 모양으로 나에게 말했다. "튀로 당

---

*1 역사가, 아카데미 프랑세즈의 종신 사무국장(1837~1913).
*2 《새 고고학적 산책》을 쓴 소르본 대학 교수. 아카데미 프랑세즈의 종신 사무국장(1823~1908).

쟁은 당신의 종조할아버지와 단짝이었습니다. 한 귀부인이 아카데미 프랑세즈의 입회 연설회의 중앙 자리를 하나 원했을 때, 종조할아버지께서 말씀하셨어요. '튀로 당쟁에게 편지를 쓰겠소.' 물론 자리표가 곧 왔죠. 아시다시피 튀로 당쟁 씨는 종조할아버지님의 부탁을 감히 거절하지 못했거든요, 뒤탈이 두려워서. 부아시에(Boissier)*의 이름도 들으니 반갑네요. 종조할아버지께서 정월 초하루에 귀부인들에게 보내는 물건을 전부 그곳에 주문하셨으니까. 나는 거기를 잘 알죠, 그 심부름을 했던 사람과 친했거든요." 사실 친했던 정도가 아니라, 심부름을 했던 사람은 그의 아버지였다.

내 종조할아버지를 추억하는 모렐의 이러한 다정스러운 이야기 가운데 어떤 것은, 우리 식구가 그저 할머니 때문에 이사 와 살고 있는 게르망트네 저택 일부에 그대로 눌러앉아 있을 셈은 아니라는 사실과 관련 있었다. 가끔 좋은 데가 있으면 이사하자는 얘기가 나왔다. 그런데 이 문제에 대해 샤를 모렐이 내게 한 권고를 이해하려면, 전에 종조할아버지가 말제르브 큰거리 40번지의 2에 살았던 일을 알아야 한다. 결과적으로 내가 그 장밋빛 드레스를 입은 부인 이야기를 해버려서 부모님과 아돌프 종조할아버지 사이를 틀어놓은 그 운명적인 날이 오기까지 우리는 아돌프 종조할아버지 댁에 자주 갔는데, 그래서 우리집에선 '종조할아버지 댁'이라고 말하는 대신에 '40번지의 2'라고 말했다. 어머니의 사촌누이들은 더할 나위 없이 자연스럽게 어머니에게 말하곤 했다. "그렇구나! 이번 일요일엔 안 되겠네, 40번지의 2에서 저녁을 먹을 테니." 내가 친척 아주머니를 뵈러 가려면, 식구들은 맨 먼저 '40번지의 2'에 가보라고 거듭 부탁했다. 그 집을 맨 먼저 찾아오지 않았다고 종조할아버지가 화내지 않도록. 그 건물은 종조할아버지의 것이었는데 사실 임차인을 매우 까다롭게 골라서, 임차인들은 다 친구거나 언젠가 친구가 되는 이들뿐이었다. 남작인 바트리 육군 대령은 수리비를 손쉽게 타내려고 날마다 40번지의 2에 와서 종조할아버지와 같이 여송연 한 대를 피웠다. 대문은 늘 닫혀 있었다. 창문 하나에 세탁물이나 양탄자가 널린 게 종조할아버지 눈에 띄기라도 하면 화가 나서 안으로 들어가, 오늘날의 순경보다 더 재빨리 거두게 했다. 그러나 결국 가옥을 나눠 세준 데는 변함이 없어, 그에

---

* 파리의 과자점. 모렐이 아카데미 회원인 가스통 부아시에와 혼동하고 있음.

게 남은 공간은 두 층과 마구간뿐이었다. 그런데도 건물의 썩 좋은 손질 상태를 칭찬해주면 그가 기뻐하는 걸 알아, 세 든 사람들이 마치 종조할아버지가 그곳의 유일한 거주자인 것처럼 그 '작은 저택'의 안락함을 예찬하기라도 하면, 종조할아버지도 그다지 부인하지 않고 그런 앞뒤 안 맞는 말을 지껄이게 내버려두었다. '작은 저택'은 확실히 안락했다(종조할아버지가 그 시대의 온갖 발명품을 거기에 끌어들였으므로). 하지만 그 건물은 조금도 두드러지지 않았다. 다만 종조할아버지 혼자 짐짓 겸손한 척 '나의 오두막'이라 말하면서도 마음속으로는, 안락하며 호화롭고 매력적이란 점에서 이 작은 저택과 비교될 수 있는 데가 파리에 없다고 여겨, 아무튼 그런 생각을 하인, 하인의 마누라, 마부, 식모의 머리에 깊이 심어준 것이다. 샤를 모렐은 이 신념 속에서 성장했다. 그리고 이 신념을 버리지 않았다. 그래서 그가 나와 담소하지 않는 날도, 열차 안에서 내가 아무개에게 이사할지도 모른다고 말하면, 바로 그는 내게 미소 지으면서 잘 아는 체 눈을 깜박이며 말했다. "그야! 40번지의 2 같은 데라야 하죠! 그런 데라면 당신 가족한테 딱 맞을 걸요. 당신 종조할아버지께선 그 점에 대해 훤히 알고 계셨습니다. 온 파리를 찾아본들 40번지의 2만한 데가 없을 거라고 확신합니다."

카디냥 대공부인의 이야기를 하는 샤를뤼스 씨의 표정이 무척 우울했다. 나는 이 소설이 그에게, 그와 그다지 관계없는 사촌누이의 작은 뜰만을 생각하게 한 것이 아님을 알아챘다. 그는 깊은 몽상에 빠졌다가 자기 자신에게 말하듯 외쳤다. "《카디냥 대공부인의 비밀》! 참으로 걸작이다! 자신의 나쁜 평판이 사랑하는 사내에게 알려질까 봐 그토록 겁내는 디안, 그 무시무시한 심각함, 그 무시무시한 고통! 그야말로 영원한 참이자, 겉보기보다 훨씬 보편적인 참! 얼마나 광범하게 널린 참이냐!" 샤를뤼스 씨는 이런 말을 서글프게 입 밖에 냈는데, 그 슬픔에서 그가 얼마쯤 매력도 발견하고 있는 게 느껴졌다. 확실히 샤를뤼스 씨는 제 품행이 어느 정도까지 알려져 있는지 또는 알려져 있지 않은지 몰라, 파리에 돌아가면 자신이 모렐과 함께 있는 모습을 보고 모렐의 가족들이 끼어들어 자기 행복을 위태롭게 할지도 모른다는 생각에, 얼마 전부터 걱정이 산더미 같았다. 분명 지금껏 그는 충분히 있을 법한 이 일을 몹시 언짢고도 괴로운 일로밖에 여기지 않았으리라. 그런데 남작은 훌륭한 예술가였다. 그래서 조금 전부터 제 처지를 발자크가 묘사한 카디냥 부인의 처지와 겹쳐본 결과 지금은 이를테면 소설 속으로 도피해, 그에게 닥쳐올지도 모르는 불운의 위협 앞에 여전히 벌벌 떨면서도, 스완이나 생루라면 틀림없이 '무척 발자크적'이라고 불렀을 그런 것을 불운 속에서 발견하며 위안으로 삼았던 것이다. 이처럼 샤를뤼스 씨가 카디냥 대공부인과 동화하는 것은, 그가 이미 갖가지 보기를 보인 바 있는 습관적인 정신 전환 덕분에 누워서 떡 먹기만큼 쉬웠다. 게다가 이 동화가 이루어질 경우 사랑의 대상인 여인을 그저 젊은이로 바꾸기만 하면, 정상적인 남녀 관계의 주위에 벌어지는 사회의 번잡한 모든 과정이 즉시 이 젊은이 주위에 펼쳐지는 것이었다. 어떤 이유로 책력이나 시간표를 한번 고치고 나면, 한 해를 몇 주일 늦게 시작하거나 자정을 15분 빨리 치게 하거나 해도, 하루는 그대로 24시간이며 한 달은 30일일 테니까, 시간 측정에서 비롯되는 모든 것은 계속 똑같을 것이다. 숫자들 사이의 관계가 늘 같은 이상, 모든 일을 아무 혼란도 일으키지 않고서 바꿔버릴 수 있다. '중앙 유럽 시간'이나 음력을 받아들여 쓰는 생활에서도 마찬가지다.

여배우를 부양할 때 느끼는 자부심도 샤를뤼스 씨와 모렐의 관계에서 한 몫했던 성싶다. 처음 만난 날 샤를뤼스 씨는 즉시 모렐의 신상을 조사했다. 물론 그는 모렐이 지체가 낮은 집안 출신임을 알았다. 그러나 우리가 사랑하는 고급 매춘부는 가난한 집안의 딸이라 해서 매력을 잃는 게 아니다. 그 반면 샤를뤼스 씨가 모렐의 신상에 대해 편지로 문의한 저명한 음악가들은—스완을 오데트에게 소개하는 마당에, 오데트를 보기보다 까다롭고도 인기 있는 여인으로 설명했던 그 친구들처럼 특수한 속셈은 품지 않고서—신진을 떠벌려서 칭찬하려는 유명인의 단순하고 평범한 생각으로 남작에게 대답했다. "암! 위대한 재능, 대단한 인재로, 물론 아직 젊긴 하지만 훌륭한 사람들에게 높이 평가되고 있으니 앞길이 창창합니다." 그리고 성도착을 모르는 인간의 버릇대로 모렐의 남성미에 대해 말했다. "게다가 연주하는 모습이 아름다워요. 연주회에서 누구보다도 빼어납니다. 머리털이 곱고, 자세가 우아하며, 얼굴도 아리땁고, 마치 초상화에 그려진 바이올리니스트 같아요." 이리하여 샤를뤼스 씨는 본디 인기가 많았던 모렐의 사람됨을 알게 되자 더욱 마음이 자극되어, 그를 파리로 데리고 돌아가는 일을 기쁨으로 삼았고, 그를 위해 비둘기집을 지어 그가 늘 그리로 돌아오게 되기를 꿈꾸었다. 그 밖의 시간에는 모렐이 자유롭게 지내기를 원했다. 자유 시간은 모렐의 직업상 필요하거니와, 샤를뤼스 씨는 모렐에게 아무리 많은 돈을 주어도 그가 연주가로서 일을 계속하길 바랐기 때문이다. 이런 생각은, 인간이란 뭔가 해야한다, 인간은 재능으로밖에 값어치가 없으니, 귀족 칭호나 돈이란 숫자 뒤에 줄줄이 붙어서 그런 인간의 가치를 배로 늘리는 영(0)에 지나지 않는다는 게르망트 집안 특유의 생각에서 나오기도 하고, 한편 바이올리니스트가 늘 한가해서 그의 곁에 있고 보면 아무래도 지루해할 거라는 두려움에서 온 것이기도 했다. 또한 그는 앞으로 대연주회 때 이렇게 혼잣말하는 기쁨을 포기하고 싶지 않았다. '지금 갈채받는 저 젊은이는 오늘 밤 내 집에 있겠지.' 고상한 사람들은 사랑을 할 때 그것이 어떤 형태의 사랑이건, 이제까지 자기 허영에 만족을 가져다주었다고 생각하는 이전의 유리한 조건을 깨뜨릴지도 모를 짓으로 거드름을 피운다.

모렐은 내가 자기에게 아무런 악의도 없다는 사실, 샤를뤼스 씨에게 깊이 빠져 있으면서도 두 사람에 대해서는 그 육체적인 면에 전혀 관심없다는 사실 따위를 알게 되자, 나에게 따뜻한 호의를 보여주었다. 마치 고급 창부가, 어떤 사나이가 자기에게 욕망을 품고 있지 않다는 사실을 알게 되고, 또 그 사나이가 자기 애인의 좋은 친구이며 그들 사이를 원만하게 맺어줄 인간이라는 사실을 알게 되었을 때와 같이. 그는 전에 생루의 애인인 라셀이 한 말과 어김없이 똑같은 말을 내게 했을 뿐만 아니라, 샤를뤼스 씨가 내게 여러 번 전한 바에 따르면, 라셀이 나에 대해 로베르에게 한 말과 똑같은 것을 모렐은 내가 없는 자리에서 샤를뤼스 씨에게 말했다. 곧 "그녀는 자네를 매우 좋아하네" 말한 로베르처럼, 샤를뤼스 씨는 나에게 말했다. "그는 자네를 매우 좋아하네." 그리고 조카가 자기 애인을 위해 그랬듯, 외삼촌인 샤를뤼스 씨는 모렐을 위해 자주 나에게 그들과 함께 식사하러 오기를 청했다. 게다가 이 두 사람 사이에는 로베르와 라셀 사이 못지않게 파란이 끊이질 않았다. 물론 샤를리(모렐)가 자리를 뜨면, 샤를뤼스 씨는 바이올리니스트가 자기 앞에서 얼마나 착한지 뽐내면서 칭찬해 마지않았다.

한편 샤를리는 신도들이 다 있는 자리에서도 자주 눈에 띄게 기분 나쁜 얼굴을 했는데, 이는 남작이 바라는 명랑하고도 온순한 모양이 아니었다. 나중에 샤를뤼스 씨가 약해져서 이런 모렐의 버릇없는 태도마저 용서하게 되자,

바이올리니스트는 점점 더 짜증을 감추려고 애쓰지 않을 뿐만 아니라 오히려 짜증이 난 체까지 했다. 나는 샤를리가 군인 친구들과 함께 있는 찻간에 들어온 샤를뤼스 씨를, 친구들에게 눈짓하면서 어깨를 으쓱하고 맞이하는 꼴을 본 적이 있다. 어떤 때는 샤를뤼스 씨를 보고도, 사뭇 진저리나는 아무 개가 오기라도 한 듯, 조는 체한 적도 있다. 또는 그가 기침을 하기 시작하자 다른 사람들은 와자하게 웃어대며 샤를뤼스 씨 같은 사람들의 부드러운 말씨를 비웃으려고 흉내내거나 샤를리를 한구석으로 끌어당겼다. 그러면 끝에 가서 샤를리가 하는 수 없는 듯 샤를뤼스 씨 곁으로 돌아오곤 했는데, 샤를뤼스 씨의 가슴은 그런 모든 화살로 꿰뚫렸다. 그가 얼마나 그런 못된 행위를 참아왔는지 헤아릴 수조차 없을 정도다. 그같이 매번 다른 형태의 아픔은 샤를뤼스 씨로 하여금 그때마다 행복이란 문제를 새로 제기케 했다. 이전의 관계가 몹시 불쾌한 추억으로 오염되어감에 따라, 그는 더욱더 요구가 많아질 뿐만 아니라 뭔가 다른 것을 바라게 되었다.

그렇지만 그러한 갈등 장면이 나중에 아무리 괴로운 것이 됐다 해도, 처음에는 프랑스 서민 출신답게 단순하며 보기에 순진하고, 아무에게도 구속받지 않는 자랑으로 가득 찬 듯한 모렐의 풍모가 그에게 매력을 입혔음을 인정해야 한다. 물론 그것은 가짜였다. 사랑을 하는 인간은 늘 헛된 시도를 되풀이하며 비싼 값을 치러야만 하지만, 사랑을 하지 않는 인간은 곧바르고 끄떡도 없는 우아한 길을 편히 따라갈 수 있으므로, 그만큼 그런 거짓된 풍모는 모렐에게 더 유리했다. 그런 풍모는 종족의 특권으로 모렐의 얼굴에 존재했는데, 그의 마음은 어둡게 닫혀 있는데도 그 얼굴만은 어찌나 밝게 트였는지, 샹파뉴 지방의 대성당에 꽃핀 새 그리스 양식의 우아함으로 꾸며져 있는 듯했다. 평소에는 허세를 떨고 있어도 뜻밖의 순간에 샤를뤼스 씨와 눈길이 마주치면, 그는 작은 동아리 사람들 앞에서 거북한 듯 낯을 붉히며 눈을 내리깔았는데, 그런 데서 남작은 소설을 읽어내고 더할 나위 없이 기뻐하곤 했다. 하지만 그것은 한낱 노여움과 굴욕의 표시였다. 그런 노여움은 가끔 말로 나타났다. 왜냐하면 평소에 모렐이 아무리 침착하고 철저히 단정했던들 자주 무너지기도 했기 때문이다. 때로는 남작이 그에게 한마디 하면 모렐의 입에서 건방진 대꾸가 딱딱한 말투로 튀어나와, 그곳 사람들의 감정을 상하게 한 적도 있었다. 샤를뤼스 씨는 슬픈 모양으로 고개를 떨어뜨리고 아무

대답도 하지 않았다. 그는 사랑하는 자녀들의 냉담함이나 박정함이 조금도 눈에 들어오지 않았다고 믿는 아버지의 자비로운 능력을 발휘해서 여전히 바이올리니스트를 온갖 말로 칭찬했다.

하기야 샤를뤼스 씨도 늘 온순하지만은 않았으나, 그 반항은 흔히 목적을 이루지 못했다. 가장 큰 이유는, 그가 사교계 사람들과 함께 살아온 탓에 자신이 상대에게 일으키는 반응을 어림잡을 때, 선천적인 것은 아닐망정 적어도 후천적으로 상대가 얻었을 비속함을 먼저 헤아렸기 때문이다. 그런데 지금 그는 그런 것보다도, 오히려 모렐의 몸속에서 시민계급의 일시적인 무관심의 경향에 맞닥뜨리게 됐다. 샤를뤼스 씨에게는 불행하게도, 콩세르바투아르와 그곳에서의 좋은 평판이 문제가 될 때(나중에 더욱 중대해지는 이 문제는 그 무렵 아직 나타나지 않았지만), 모렐에게는 모든 일이 관심 밖이라는 걸 몰랐다. 그래서 이를테면 부르주아는 허영심에서, 귀족은 이익 때문에 자유롭게 이름을 바꾸지만 이 젊은 바이올리니스트의 경우는 달라, 모렐이라는 이름이 바이올린 최우수상과 굳게 붙어 있어서 개명은 불가능했다. 샤를뤼스 씨는 모렐의 모든 것, 그 이름까지 전부 손에 쥐고 싶었다. 모렐의 세례명이 샤를뤼스와 비슷한 샤를리며, 또 둘이서 자주 만나는 소유지가 레 샤름(les Charmes)*이라는 것을 생각해낸 그는, 부르기 좋은 아름다운 이름이 예술가 명성의 반을 차지하니까, 바이올린의 명수는 망설임 없이 그들의 밀회 장소를 암시하는 '샤르멜'이라는 이름을 가져야 마땅하다고 모렐을 설득하려 했다. 모렐은 어깨를 으쓱했다. 마지막 논거를 들 때 샤를뤼스 씨는 운 나쁜 생각이 머리에 떠올라 그런 이름을 가진 하인이 있다고 덧붙였다. 이 말은 젊은이의 맹렬한 노기에 기름을 부은 꼴밖에 되지 않았다. "옛날 우리 조상이 왕의 시종, 시종장(侍從長)의 칭호를 자랑 삼던 시대가 있었다네." "또 다른 시대도 있었죠." 모렐이 거만하게 대답했다. "우리 조상이 당신네 조상의 목을 댕강 자르던 시대도." 샤를뤼스 씨는 결국 '샤르멜'이란 이름을 도로 거둬들이고 대신에 모렐을 양자로 삼아, 자기 마음대로 쓸 수 있는 게르망트 가문의 칭호 가운데 하나를 그에게 주려고 했다(그러나 나중에 알듯이 여러 사정으로 그럴 수 없었지만). 그런데 설령 이 바이올리니스트

---

* '매혹'이라는 뜻.

에게 칭호를 준다 해도, 그가 모렐이라는 이름에 붙은 예술가로서의 명성과 '학급'에서 생길 비난을 생각해 거절했으리라는 걸, 만일 샤를뤼스 씨가 짐작할 수 있었다면 매우 놀랐으리라. 이렇듯 모렐은 베르제르 거리를 포부르 생제르맹 위에 놓고 있었다. 어쨌든 샤를뤼스 씨는, 모렐을 위해 'PLVS VLTRA CAROLS'*라는 고대 명문을 넣은 상징적인 반지를 만들게 하는 것만으로 얼마간 만족했다.

물론 이러한 낯선 적 앞에서 샤를뤼스 씨는 작전을 바꿨어야 옳다. 그러나 누가 그럴 능력이 있단 말인가. 게다가 샤를뤼스 씨에게 실수가 있었다면 모렐도 마찬가지다. 두 사람 사이를 갈라지게 한 일 자체보다도 모렐에 대한 샤를뤼스 씨의 신용을 한때나마 더욱 떨어뜨린 것은(하지만 이 한때라는 것이 결정적이었는데), 모렐의 몸속에는 준엄함 앞에 아첨 떨고 부드러움에 무람없이 대답하는 천한 품성만 있는 게 아니라는 사실이었다. 이 같은 성격의 천함과 더불어, 나쁜 교양에서 비롯된 복잡한 신경쇠약까지 있었다. 이 신경쇠약은 그가 잘못을 저지르고 있거나 폐를 끼치고 있는 상황에서 눈떠, 남작의 마음을 풀어주기 위해 온갖 친절함과 상냥함과 명랑함이 필요한 바로 그 순간에, 그는 침울하고 퉁명스런 인간이 되고 말았다. 그래서 상대가 찬성해주지 않을 걸 뻔히 아는 시비를 일부러 하려 들며, 보잘것없는 이유와 그 보잘것없음을 더욱 강조하는 날카로운 사나움과 더불어 제 악의에 찬 반대 의견을 고집했다. 그도 그럴 것이 모렐은 금세 논리에서 밀려도 또 다른 시비를 만들어내어, 그 안에서 그의 무지와 어리석음을 한껏 펼쳐 보였으니까. 그런 무지와 어리석음도, 그가 남의 마음에 들려고 상냥하게 굴 때는 거의 눈에 띄지 않았다. 반대로 침울한 기분이 폭발하면 그런 결점밖에는 눈에 띄지 않아서, 그것은 괜찮은 것에서 없애버려야 할 대상으로 변했다. 그런 때 샤를뤼스 씨는 맥이 다 빠져서 더 좋은 내일에 희망을 걸 뿐이었는데, 한편 모렐은 남작 덕분에 호화롭게 사는 것도 잊고 교만한 연민을 담아 비꼬는 미소를 띠며 말했다. "나는 아무한테서 아무것도 받은 적이 없어요. 그래서 고맙다는 말 한마디 할 사람이 없죠."

어쨌든 한동안 샤를뤼스 씨는 마치 사교계 인사를 대하듯이 화풀이를 계

---

* Plus Ultra Carlos(카를로스보다 나은 자)를 일부러 달리 쓴 것. 카를로스는 앞에서 말한 발자크의 소설에 나오는 보트랭(Vautrin)의 아호임.

속했는데, 그 화풀이가 진짜건 가짜건 쓸데없는 짓이었다. 하지만 늘 그렇지도 않았다. 이를테면 어느 날(이라고 하지만 이 첫 무렵에서 얼마 뒤) 남작이 샤를리와 나와 함께 베르뒤랭네의 오찬에서 돌아오고 있었는데, 남작은 그 오후의 끝과 저녁을 바이올리니스트와 동시에르에서 지내리라 여기고 있었다. 그런데 열차에서 내리는 마당에 바이올리니스트가 '안 됩니다. 할 일이 있어서'라는 대답과 함께 작별인사를 하자 샤를뤼스 씨는 어찌나 실망했던지, 아무리 불행을 참으려 해도 끝내 출입구 앞에 멍하니 서서 눈물을 흘리고 말았는데, 나는 그 속눈썹의 마스카라가 눈물로 녹는 걸 보았다. 그 괴로움을 보다 못한 나는, 사실 알베르틴과 둘이 동시에르에서 그 오후를 끝낼 예정이었지만, 알베르틴의 귀에 대고 속삭였다. 까닭이야 모르나 몹시 슬픈 듯싶은 샤를뤼스 씨를 혼자 내버려두고 싶지 않다고. 정다운 내 여자친구는 기꺼이 승낙했다. 그래서 나는 샤를뤼스 씨에게, 내가 좀 함께 가도 괜찮겠느냐고 물었다. 그도 제안에는 동의했으나, 그 때문에 내 사촌누이에게 폐가 되면 미안하다고 사양했다. 나는 마치 아내한테 하듯 그녀에게 부드럽게 명령했다. "먼저 돌아가, 오늘 저녁 다시 만날 테니." 그리고 그녀가 마치 남편에게 하듯 마음대로 하라는 허락과 자기도 샤를뤼스 씨를 좋아하니 그에게 당신이 필요하다면 그 청을 들어주라는 동의의 말을 하자, 나는 어떤 감미로움을 맛보았다(틀림없이 마지막으로, 왜냐하면 나는 그녀와 헤어질 결심을 했으니까).

우리, 남작과 나는 걸어갔다. 그는 뚱뚱한 몸을 좌우로 흔들며 예수회 수사같이 눈을 내리깔고, 나는 그 뒤를 따르며, 어느 카페까지 갔다. 우리 앞에 맥주가 나왔다. 나는 샤를뤼스 씨의 눈이 불안에 휩싸여 어떤 계획에 몰두한 걸 느꼈다. 갑자기 그는 종이와 잉크를 청하더니 몹시 빠르게 글을 쓰기 시작했다. 한 장 또 한 장을 글씨로 덮어가는 동안, 그 눈은 울분이 끓어넘치는 공상으로 번쩍거렸다. 여덟 장쯤 썼을 때, "자네에게 중요한 볼일을 부탁할 수 있을까?" 그는 내게 말했다. "이 쪽지를 봉투에 넣어주게, 반드시 봉해야지. 마차를 타든지, 가능하다면 빨리 가도록 자동차를 타시게. 모렐은 옷을 갈아입으려고 들를 테니까, 틀림없이 아직 제 방에 있을 걸세. 불쌍한 녀석, 헤어질 때 허세를 부리려고 했단 말씀이야. 하지만 마음속은 나보다 더욱 서글펐을 게 틀림없어. 이 쪽지를 녀석에게 전해주게나. 그리고 어디서 나를 만났느냐고 묻거든, 자네가 도중에 동시에르에 내려서(하기야 이건 사실이지) 로베르를 만나려고 했다가(이건 아마 사실이 아니겠지만) 우연히 나를 만났는데, 내가 낯선 사람과 있더라, 보아하니 내가 머리끝까지 화가 난 듯싶고, 뜻하지 않게 입회인을 보내니 어쩌니 하는 말을 들은 듯하다고, 그에게 말해주시게(나는 사실 내일 결투하네). 특히 내가 이런 일을 부탁했다고는 녀석에게 말하지 말게. 녀석을 데려오려고 애쓰지 않아도 좋네만, 자네와 같이 오고 싶어한다면 말리지 마시게. 자, 그럼 부탁하오. 이 일은 녀석을 위해서야. 자네 덕분에 크나큰 비극을 피할 수 있겠군. 자네가 떠난 사이, 나는 입회인에게 편지를 쓰겠네. 나 때문에 자네 사촌누이와의 산책을 방해했구려. 그녀가 나를 원망하지 않기를 바라고, 또 그럴 거라 믿네. 고상한 아가씨니까, 사정의 중대성을 판단할 만한 아가씨인 줄 내가 아니까. 나 대신 감사의 말을 전해주게. 물론 나는 아가씨께 몸소 신세를 지고, 또 신세지게 된 게 기쁘기 그지없군그래."

나는 샤를뤼스 씨가 정말 딱했다. 샤를리가 원인인 듯한 결투를 그가 말릴 수도 있었을 것 같아, 보호자 곁에 남아 있지 않고 그처럼 냉담하게 훌쩍 떠나버린 데 나는 분개했다. 내가 더욱 화가 난 것은, 모렐이 사는 집에 이르러 바이올리니스트의 목소리를 알아들었을 때였다. 그는 즐거운 기분을 드러내다 못해 가슴 가득히 〈토요일 저녁, 일 다음에〉라는 유행가를 노래하고 있었다. 모렐이 지금쯤 서글퍼하고 있다는 걸 남이 믿어주기를 바랐고, 또 아마 자신도 믿고 있을 그 불쌍한 샤를뤼스 씨가 이런 모렐의 목소리를 들었다면! 샤를리는 나를 보자 기쁜 나머지 춤추기 시작했다. "여! 자네(아차, 이렇게 불러 실례, 빌어먹을 군대 생활을 하다 보면 못된 버릇이 몸에 배게 마련이라), 당신을 이런 데서 만나다니 서쪽에서 해가 떴군요! 오늘 저녁 할 일이 없으니, 부디 같이 지냅시다. 좋다면 여기 그대로 있어도 좋고, 원하신다면 보트 타러 가도 좋습니다. 음악을 해도 좋죠, 나는 아무래도 좋습니다." 나는 발베크에서 저녁 식사를 해야 한다고 그에게 말했다. 그는 거기에 초대받고 싶어 안달이 났으나 나는 싫었다. "그렇게 바쁘다면 왜 오셨죠?" "샤를뤼스 씨의 편지를 가져왔지." 이 이름을 듣자 그의 명랑한 모습은 사라지고 얼굴이 일그러졌다. "뭐야! 이렇게까지 나를 성가시게 하다니! 이건 마치 내가 노예 같군! 자네도 참 친절도 하시지. 나는 이런 편지는 뜯지 않아. 못 만났다고 전하시죠." "뜯어보는 게 좋지 않을까? 뭔가 중요한 이야기 같던데." "천만의 말씀. 당신은 그 늙어 빠진 악당의 거짓말, 악마 같은 술책을 모르시지. 나를 오게 하려는 속임수입니다. 제기랄! 갈까 보냐. 오늘 저녁은 평화롭게 지내고 싶으니까." "그러나 내일 결투가 있지 않소?" 나는, 그도 알고 있거니 짐작해 모렐에게 물었다. "결투?" 그는 깜짝 놀라며 말했다. "전혀 모르는데요. 아무튼 나하곤 상관없죠. 그 더러운 영감, 죽고 싶다면 멋대로 죽으라지. 아니, 하지만 어쩐지 좀 마음에 걸리는데요. 그 편지를 읽어볼까요. 운이 좋으면 내가 돌아와서 읽어볼 수 있게 편지를 놓고 왔다고 그에게 말씀하시구려."

모렐이 지껄이는 동안, 나는 샤를뤼스 씨가 그에게 준 훌륭한 책들이 방안 가득 쌓여 있는 것을 어리벙벙하게 바라보았다. 바이올리니스트는 종속의 표시로 저 자신을 모욕하는 듯한 '남작에게 속함' 따위의 장서 명문(藏書銘文)이 적힌 책은 거절했으므로, 남작은 불행한 사랑의 일편단심을 즐기는 감상적(感傷的)인 기교를 발휘해 그것을 다른 명문들로 바꾸었는데, 그것은 옛 조상에게서 유래하는 명문을 애틋한 우정에 관련된 여러 가지 경우에 따라 제본공에게 주문해서 만들게 한 것이었다. 이따금 그것은 간결하고도 자신만만한 것이었다. 이를테면 'Spes mea(나의 희망)' 또는 'Exspectata non eludet(나의 희망을 저버리지 않도다)' 등등. 때로는 그저 참고 따르는 'J'attendrai(나는 기다리노라)' 같은 것도 있었다. 또 어떤 것은 'Mes plaisir du mestre(임과 한 몸인 이 기쁨)'처럼 성적이었다. 또는 시미안 가문에서 빌려온 것으로서 푸른 탑과 백합꽃이 뿌려져 본디와는 다른 뜻으로 쓰인 문구, 순결을 권하는 말인 'Sustentant lilia turres(탑은 백합을 받쳐주도다―제후(諸侯)는 왕을 지키도다―강한 자는 깨끗하고 가련한 것을 지키도다)'도 있었다. 그 밖에, 절망한 자가 지상에서 자기를 원하지 않았던 사람에게 천상에서 만날 것을 약속하는 'Manet ultima caelo(나의 마지막 집은 천상에 있도다)' 따위가 있고, 또 손이 닿지 않았던 포도송이는 덜 익은 것으로 생각하고, 손에 넣지 못했던 것은 애초에 구하려 하지 않았다는 태도를 지으면서, 샤를뤼스 씨는 어떤 명문에서 다음과 같이 말하고 있었다. 'Non mortale quod opto(내가 원하는 것은 불멸하리로다).' 그러나 그것들을 모두 읽기에는 시간이 없었다.

아까 종이 위에 이 편지의 글을 냅다 갈겨쓰던 샤를뤼스 씨가 마치 펜을 달리게 하는 영감의 악마한테 사로잡힌 듯 보였다면, 두 송이 붉은 장미로 둘러싸인 사자와 'Atavis et armis(조상과 무기에 의하여)'라는 글자가 든 봉인을 뜯어 읽기 시작한 모렐의 얼굴은 샤를뤼스 씨가 그것을 썼을 때만큼이나 열정적이라서, 남작이 펜으로 부랴사랴 검게 한 이 종이 위를 달리는 모렐의 눈길은 남작의 펜 속도에 못지않았다. "아아! 제기랄!" 그는 외쳤다. "꼴좋게 됐군! 어디서 그를 찾는다? 지금 그가 어디 있는지 모르잖아." 서두른다면 그가 기력을 되찾으려고 맥주를 주문했던 그 카페에 아직 있을지도 모른다고 나는 넌지시 말했다. "돌아올지 어떨지 몰라." 그는 가정부에게 말하고 나서 혼잣말로 덧붙였다. "형편을 봐야 알겠지." 몇 분 뒤 우리는 카페에 이르렀다. 나는 샤를뤼스 씨가 나를 언뜻 본 순간 떠올린 표정을 주의 깊게 살폈다. 내가 혼자 오지 않은 것을 보자, 호흡과 생기가 그에게 되살아난 듯했다.

사실 이날 저녁, 모렐 없이 지낼 수 없다는 기분이 든 그는, 연대의 두 장교가 바이올리니스트에 대해 샤를뤼스 씨의 욕을 했다는 고자질을 들어 그 장교들에게 입회인을 보내기에 이르렀다는 가짜 결투를 생각해냈던 것이다. 모렐은 추문이 나돌아 제 군대 생활이 엉망이 될까 봐 허겁지겁 달려왔다. 이 점에서 모렐은 절대로 틀리지 않았다. 왜냐하면 제 거짓말을 더욱 사실답게 만들려고, 샤를뤼스 씨는 이미 두 친구에게(하나는 코타르였다) 입회인이 되어달라는 편지를 보냈기 때문이다. 그래서 만일 바이올리니스트가 오지 않았다면, 광기에 사로잡힌 샤를뤼스 씨는(슬픔을 격노로 바꾸기 위해) 무턱대고 두 입회인을 어떤 장교한테 보냈을 테고, 그 장교와 결투하는 게 그의 화풀이가 되었으리라. 이 동안 샤를뤼스 씨는 자기가 프랑스 왕가 이상으로 순수한 혈통임을 떠올리면서, 그 주인과는 사귀기도 싫었을 집의 우두머리 하인의 아들 때문에 이토록 초조해하다니 나도 속이 어지간히 없구나 하고 혼잣말로 중얼거렸다. 한편으로 그는 이제 악당들과의 교제에서밖에 즐거움을 느끼지 못한다 하더라도, 그런 놈들이 답장을 보내지 않거나 예고도 없이 약속한 모임에 오지 않고 사죄조차 하지 않는 뿌리 깊은 습관에, 그것이 흔히 연정에 대한 일인 만큼 몹시 감정이 상해서, 다른 시간도 안달복달 답답하고 머리끝까지 화가 나서, 가끔 하찮은 일에도 수많은 편지를 보내고 꼼꼼하게 시간을 지키려 하는 대사 및 대공들과의 교제를 그리워하곤 했다. 아쉽게도 그런 계급의 사람들에겐 이제 관심이 없지만, 아무튼 그들은 그에게 어떤 휴식을 주기도 했다. 모렐의 짓거리에 익숙해짐에 따라서 그는 자기가 모렐에 대해 얼마나 힘이 없는지 알게 되었다. 더럽지만 습관이 돼버린 교우 관계가 너무도 많은 장소와 시간을 차지하는 바람에, 업신여김을 받고 보람 없는 애원을 하는 콧대 높은 대귀족에게 한 시간도 남겨주지 않는, 모렐의 생활에 자기가 얼마나 비집고 들어갈 수 없는지 샤를뤼스 씨는 깨달았다. 그래서 그는 이 자리에 음악가가 오지 않을 거라 굳게 믿었고, 이러다가 그와 영원히 절교하게 될까 봐 애태우고 있었다.

모렐의 모습을 본 순간 샤를뤼스 씨는 그만 외마디 소리를 억누를 수가 없었다. 그러나 곧 자기가 이겼다는 걸 알고는, 화해 조건을 제시하고 거기서 되도록 많은 이익을 얻으려 했다. "뭣 하러 왔나?" 그는 모렐에게 말했다. "또 자네는?" 나를 노려보면서 덧붙였다. "이 사람을 끌고 오지 말라고 일부러 자네에게 부탁했는데." "이분이 나를 끌고 온 게 아닙니다." 모렐이 말했다. 순진한 척 아양을 부리며, 인습적이자 시대에 뒤떨어진 번민하는 눈길을 샤를뤼스 씨에게 보내며, 남작을 껴안고 실컷 울고 싶은 듯이. "이분이 말리는데도 왔어요. 우리 둘의 우정을 봐서라도 제발 이런 미친 짓을 마시옵기를 무릎 꿇고 빌러 왔습니다." 샤를뤼스 씨는 기뻐 어쩔 줄 몰랐다. 이런 반응은 그의 신경을 너무나 강하게 자극했다. 그래도 그는 꾹 참았다. "어지간히 적절하지 못한 데서 우정을 내세우는군." 그는 무뚝뚝하게 대답했다. "우정에 따르자면 자넨 오히려 나한테 찬성해야 할 게 아닌가. 내가 어리석은 자의 무례를 눈감아주려는 마음이 없어졌으니. 더구나 이 애정이란 것도 전에는 좀더 훌륭했는데, 어쨌든 자네의 부탁을 들어주고 싶어도 이제는 어쩔 수 없어. 입회인에게 이미 편지를 보냈고, 그들도 분명 받아들일 테니까. 자네는 나에 대해 늘 얼간이같이 처신해왔어. 내가 자네에게 나타냈던 편애를 정당한 권리로 뽐내지도 않고, 자네가 특무 상사나 하인 무리 틈에서 군대 규율에 매여 사는 동안 내가 품은 우정이 자네한테 얼마나 비할 바 없는 자랑스러움을 주었는지 사람들에게 이해시키려 하지도 않고서, 자네는 애써 변명만 하며, 어리석게도 제대로 감사하지 않는 것으로 제 가치를 증명하려고 했단 말씀이야." 그는, 어떤 장면들이 그에게 깊은 굴욕을 주었는지 눈치 못 채게 덧붙였다. "물론 이 점에서 자네는 남들의 질투에 휘둘렸다는 것밖에 죄가 없지. 그건 나도 알아. 그러나 내가 자네를 택한 결과 자네에게 돌아갈 온갖 이익이 질투를 불러온다는 걸, 자네의 친구들이 자네와 나 사이를 틀려고 자네를 부추기는 한편으로 자네 자리를 가로채려고 애쓴다는 걸 짐작 못하다니, 그 나이를 먹고도 자네는 왜 그렇게 어린애(그것도 버릇없는 어린애) 같은가? 이 점에 대해 자네가 믿는 여러 사람들한테서 내가 받은 편지를 자네에게 알릴 필요가 있다고는 생각지 않았지. 그런 상것들의 말 따위, 나는 그들의 부질없는 비웃음과 마찬가지로 무시하지. 다만 내가 걱정하는 인간은 오직 자네뿐이야. 난 자네를 좋아하니까. 그러나 애정에도 한계가 있는 법이야, 물론 자네도 알아챘을 테고."

이 '상것'이라는 낱말은 그의 아버지가 그것이었던 만큼 모렐의 귀에 따갑게 들렸으리라. 하지만 바로 그의 아버지가 그것이었으므로, 질투에 의한 온갖 사회적인 불행에 대한 설명은, 너무 간단하고 또렷하면서도 부조리하지만 또한 단단한 것이어서, 마치 낡은 속임수가 연극의 관객에게 먹히고 또 성직자의 위협이 신자들에게 통하는 것처럼 늘 어떤 계급의 '갈채'를 받았는데, 어쨌든 이 설명은 모렐의 마음속에서, 인간 불행의 원인은 모두 질투에 있다고 믿는 프랑수아즈나 게르망트 부인의 하인들과 거의 같은 정도로 강한 믿음을 얻게 되었다. 그는 친구들이 제 자리를 훔치려 했음을 의심치 않았다. 그래서 이 비참한 결투, 다만 꾸며낸 일에 지나지 않는 결투 이야기를 듣고 참담한 기분을 느꼈다. "아아! 야단났군." 샤를리는 외쳤다. "나는 살아남지 못해요. 그런데 그 입회인들은 장교를 찾아가기에 앞서 당신을 만나기로 되어 있지 않습니까?" "글쎄, 그럴 거라고 생각하네만. 한 입회인에게 내가 오늘 저녁 여기 있겠다고 말해두었지. 그에게 이런저런 지시를 내릴 거야." "그분이 오기 전에 당신에게 해명하고 싶은데요. 아무튼 당신 곁에 있게 해주십쇼." 모렐은 다정하게 부탁했다. 그것은 샤를뤼스 씨가 바라는 바였다. 하지만 그는 얼른 받아들이지 않았다.

"내가 '귀여운 자식은 매로 키워라'는 속담을 실천하는 줄로 생각한다면 잘못이야. 내가 귀여워하는 사람은 자네지만, 우리 사이가 틀어진 다음에도, 자네에게 피해를 입히려고 비겁한 짓을 한 놈들을 혼내주려고 하는 거니까. 그놈들은 나 같은 인간이 어째서 자네처럼 껄렁한 녀석과 어울리게 되었는지 물어보기까지 했지만, 남을 헐뜯는 그런 질문에 나는 여태껏 내 사촌인 라 로슈푸코 가문의 가훈으로만 대꾸했지, 곧 '그것은 내 기쁨이다'라고 말씀이야. 자네에게 여러 번 얘기했듯이 이 기쁨이야말로 나의 최대 기쁨이 될 가능성이 있었어. 자네 혼자 함부로 높이 올라간들 내 가치가 낮아질 리 없으니까." 그러고 나서 거의 미친 듯이 오만한 충동에 휩싸여 두 팔을 쳐들면서 고래고래 외쳤다. "탄투스 아브 우노 스플렌도르(Tantus ab uno splendor, 유일자에게서 온 이토록 찬란한 빛)! 겸양은 자신의 비하(卑下)가 아니로다!" 그는 자부심과 환희에 들떠 이렇듯 열광적인 소리를 한 다음 다시 침착하게 덧붙였다. "나는 나의 두 적이 신분은 떨어져도, 내가 수치심 없이 흘릴 수 있는 피와 똑같이 고귀한 피를 가졌길 바라네. 하긴 이 점에 대해서는 신중하게 신상을 조사해놓았으니 안심이야. 만일 자네가 내게 얼마간 감사의 정을 품었다면, 오히려 나를 자랑스럽게 여겨야 하네. 이제 자네가 얼마나 바보인지를 깨달았으니, 마침내 숙명적인 상황에 이르러, 내 조상같이 '죽음이란 삶이로다' 말하면서 자네 때문에 조상의 용맹한 투쟁심을 되찾고 있으니까."

샤를뤼스 씨는 진심으로 이렇게 말했다. 모렐에 대한 애정에서뿐만 아니라, 그 조상한테서 이어받았다고 소박하게 믿고 있는 호전적인 기질에서 자신이 싸우게 되었다는 생각에 기뻤던 것이다. 처음에는 모렐을 오게 하려고 꾸민 결투에 지나지 않았으나 지금은 그것을 단념하기가 유감스럽기 짝이 없었다. 그는 어떤 일을 시작하든지 그때마다 스스로 곧 용감하고도 이름 높은 게르망트 원수와 하나가 되는구나 하고 여길 수밖에 없었는데, 이것이 남의 경우라면 결투하러 가는 이런 행위마저 조금도 대수롭지 않다고 생각했다. "썩 훌륭한 광경일 거야." 그는 한 마디 한 마디 낭송하듯 읊조리면서 진심으로 우리에게 말했다. "〈새끼 독수리〉의 사라 베르나르의 모습이 어쨌다는 거야? 똥이야. 〈오이디푸스〉를 연기하는 무네 쉴리? 똥이지. 님(Nîmes)의 투기장에서 해보라지, 기껏해야 대낮에 나타난 핏기 없는 허깨비 꼴이 되겠지. 그런 게 무슨 가치가 있나? 이 듣도 보도 못한 광경, 옛 원수의 후손이 싸우는 모습에 비하면." 이런 생각만으로도 샤를뤼스 씨는 기쁨을 억누르지 못해 몰리에르를 떠올리게 하는 허공 찌르기를 시작했다. 우리는 깨질까 봐 맥주잔을 얼른 끌어당기면서, 이 솜씨라면 장검을 맞부딪치자마자 적수도 의

사도 입회인도 죄다 상처 입히지 않을까 걱정스러웠다. "이 얼마나 화가의 관심을 끌 광경이냐 말씀이야! 자네 엘스티르와 아는 사이지." 그는 나에게 말했다. "모시고 오게나." 그분은 지금 이 해안에 없다고 나는 대답했다. 그러자 샤를뤼스 씨는 전보는 칠 수 있지 않느냐고 내게 넌지시 말했다. "그 화가를 위해 하는 말씀이야. 뭐니뭐니해도 재미있는 일이지, 거장으로서— 내 의견으론 그는 거장이지—이 같은 민족 부활의 본보기를 화폭에 담는다는 것은. 아마 이런 일은 한 세기에 한 번도 일어나기 힘들걸." 그는 잠자코 있는 나에게 이렇게 덧붙였다.

아무튼 샤를뤼스 씨가 처음에 정말 허구로 여겼던 결투를 생각하는 데 기뻐 어쩔 줄 몰랐다고 하면, 모렐은 이 결투로 생길 소문 덕분에 연대 '군악대'에서 나온 험담이 베르제르 거리의 전당인 콩세르바투아르까지 퍼질지도 모른다는 생각에 전전긍긍했다. '학급'에서 이미 이 일을 다 알 것 같아, 그는 결투라는 관념에 도취되어 쉴 새 없이 손짓 발짓을 해대는 샤를뤼스 씨한테 점점 더 집요하게 들러붙었다. 모렐은 결투 날이라고 꾸며진 모레까지 곁에 있게 해달라고 남작에게 간청했다. 남작을 감시해 이성의 목소리를 듣도록 노력해보려고. 이토록 다정한 제의가 샤를뤼스 씨의 마지막 망설임을 이겨냈다. 남작은 어찌어찌 핑계를 찾아 마지막 결정을 모레까지 미루겠다고 말했다. 이런 투로 일을 단번에 처리하지 않음으로써, 샤를뤼스 씨는 적어도 이틀 동안 샤를리를 붙잡아두고 또 그 사이를 이용해 결투를 단념하는 교환 조건으로 그에게서 앞날을 위한 약속을 얻어낼 줄 알았다. 결투 자체가 매력적이라서 그만두기가 섭섭하다고 남작은 말했다. 하기야 이는 진정으로 한 말이었으니, 그는 적수와 장검을 부딪치거나 총알을 주고받는 결투를 늘 재미로 삼아왔기 때문이다.

드디어 코타르가 왔다. 그것도 매우 늦게. 왜냐하면 입회인의 소임을 맡아 기쁘고도 흥분돼서 오는 길에 카페나 농가마다 들러, 미안하지만 '100호실' 아니 '작은 집'*이 어디냐고 물었기 때문이다. 그가 오자마자 남작은 그를 별실로 데리고 갔다. 샤를리와 내가 회담에 참석하지 않는 편이 더 규정에 맞는다고 생각했고, 또 하찮은 방을 고귀한 분들의 임시 집무실이나 회의실

---

* 화장실을 말함.

로 만드는 데 능숙했기 때문이다. 코타르와 단둘이 되자 그는 먼저 뜨겁게 감사의 뜻을 표했다. 그러더니 고자질로 들은 말이 실제로 지껄여진 흔적은 없는 듯하여, 앞으로 다른 문제가 없는 한 사건은 막을 내렸다고 여겨, 이 뜻을 의사가 두 번째 입회인에게 알려주기를 바란다고 꽤 또렷하게 말했다.

위험은 사라지도다. 코타르는 실망했다. 좀 화를 내고 싶기까지 했다. 그러나 그는 퍼뜩, 당대의 가장 훌륭한 의학 업적을 쌓은 은사 한 분이 처음에 겨우 두 표 차로 아카데미에 들어가지 못했을 때 화를 꾹 참고 뽑힌 경쟁자에게 악수하러 다가갔던 일을 떠올렸다. 그래서 코타르 의사도 어차피 정해진 일에 눈을 부릅뜬들 무슨 소득이겠냐고 단념하고, 참으로 겁 많은 인물이라 아무래도 그냥 넘길 수 없는 것이다라고 중얼거린 다음, 잘됐다, 해결이 나서 기쁘다고 덧붙였다. 샤를뤼스 씨는 그의 형인 게르망트 공작이 내 아버지의 짤막한 외투 깃을 바로잡아주었던 것처럼, 아니 오히려 게르망트 공작부인이 서민계급 여인의 허리를 안아주기라도 하듯, 의사가 송충이처럼 징그러웠음에도 그에게 감사를 표하고 싶어서 제 의자를 의사의 의자에 바싹 가져갔다. 그리고 성도착자로서가 아니라 게르망트네 사람으로서 의사에게 작별인사를 하려고, 육체적인 쾌감을 얻기는커녕 도리어 육체적인 불쾌감을 이겨내면서, 말의 콧등을 쓰다듬으며 설탕 덩어리를 주는 주인의 착한 마음씨로 의사의 손을 잡아 잠깐 어루만졌다. 코타르는 지금껏 남작의 소행에 대해서 나돌고 있는 좋지 못한 소문을 들었다는 내색은 한 번도 한 적이 없었지만, 속으로는 분명 그가 아직 그다지 겪어 보지 못한 '비정상적인' 인물의 부류에 남작이 속한다고 여기고 있었다(그는 늘 그렇듯 부적절한 낱말을 써서 진지한 말투로 베르뒤랭 씨의 어떤 하인에 대해 "그 녀석 남작의 정부가 아닙니까?"라고까지 말했다). 그래서 코타르는, 이 손의 애무는 강간 직전의 서막이며 결투 따위는 핑계에 지나지 않는구나, 자기는 남작의 함정에 걸려 이런 외딴 방에 끌려와 이제 강간당하고 말겠구나라고 떠올렸다. 겁에 질려 의자에 못박힌 코타르는 몸을 일으킬 용기도 없이 공포에 사로잡혀 두 눈을 두리번거릴 뿐, 마치 인간의 살을 먹을지도 모르는 야만인의 손안에 떨어진 듯했다.

마침내 샤를뤼스 씨가 그의 손을 놓아버리고는 어디까지나 상냥하게 대하려고 말했다. "우리와 같이 뭣 좀 드시러 갑시다. 왜 있잖소, 옛사람이 마자 그랑(mazagran)*¹이나 글로리아(gloria)*²라고 부르던 것, 오늘날에는 고고학적인 진품으로, 라비슈의 연극이나 동시에르의 카페에서밖에 찾지 못하는 음료 말입니다. '글로리아'야말로 이 자리에 딱 알맞고, 이 상황에도 어지간히 잘 어울리는 게 아닐지? 어떻소?" "나는 금주 연맹의 회장입니다." 코타르가 대답했다. "내가 본보기가 되지 못한다는 소문이 나는 덴 어떤 시골의 돌팔이가 지나가는 걸로 충분할 겁니다. '오스 호미니 수블리메 데디트 카엘룸케 투에리(Os homini sublime dedit caelumque tueri, 그는 인간에게 숭고한 얼굴과 하늘을 보는 특권을 주었도다).'*³"그는 아무 연관도 없는데 이런 인용을 덧붙였다. 그의 머릿속에 저장된 라틴어 인용문이 어지간히 적었기 때문이다. 하기야 그걸로도 제자들을 깜짝 놀라게 하기엔 충분했지만. 샤를뤼스 씨는 어깨를 으쓱하고 코타르에게 이 일은 비밀로 해달라고 부탁했다. 무산된 결투의 동기가 순전히 지어낸 것이었던 만큼, 제멋대로 택한 상대 장교의 귀에 들어가면 곤란했기 때문이다.

그 뒤 그는 코타르를 우리에게 데리고 왔다. 우리 넷이 마시는 동안 코타르 부인은 문 밖에서 남편을 기다리다가, 샤를뤼스 씨가 부인의 모습을 똑똑히 보았으면서도 들어오라고 하지 않자 직접 들어와서 남작에게 인사했다. 그러자 남작은 마치 하녀를 대하듯 의자에 앉은 채 손을 내밀었는데 아침을 받는 임금 같기도 하고, 멋없는 여인을 식탁에 앉히기 싫어하는 속물 같기도 하며, 친구들하고만 있는 게 즐거워 방해받기를 원치 않는 이기주의자 같기도 했다. 그래서 코타르 부인은 그대로 서서 샤를뤼스 씨와 남편에게 말했다. 그러나 아마도 예의라든가 범절이라는 것은 게르망트네만의 특권이 아니라 아무리 멍청한 두뇌도 번쩍 비추어 이끄는 힘을 지녔기 때문인지, 아니면 본인이 아내를 지나치게 속이는 만큼 이따금 어떤 속죄로서 아내에게 결례하는 놈에게 맞서 아내를 지키는 의무를 느끼기 때문인지, 코타르 의사는 이제껏 내가 본 적 없는 모양새로 갑자기 눈살을 찌푸리더니 샤를뤼스 씨와 아무런 의논 없이 주인인 체 말했다. "이봐, 레옹틴, 그렇게 서 있지 말고 앉구려." "하지만 방해가 되지 않습니까?" 코타르 부인은 샤를뤼스 씨에게

---

*1 냉커피.

*2 영광의 찬송가. 여기서는 구어로 브랜디를 탄 커피.

*3 오비디우스의 글.

머뭇거리며 물었는데, 샤를뤼스 씨는 의사의 말투에 깜짝 놀라 대답도 못했다. 그러자 이번에도 샤를뤼스 씨에게 틈을 주지 않고 코타르가 위엄 있게 대꾸했다. "앉으라고 했잖아."

잠시 뒤 자리를 피하자 샤를뤼스 씨는 모렐에게 말했다. "다행히 자네 실수가 잘 해결된 이 사건을 종합해서 결론을 하나 얻었네. 자네는 스스로 처신할 줄 모르니까, 군복무가 끝나면 내가 직접 자네를 자네 아버지한테 데리고 가겠어. 라파엘 대천사가 신의 사자로 어린 토비아를 데리고 간 것처럼 말일세." 그리고 남작은 호기롭게 기쁜 듯이 싱글벙글하기 시작했으나, 모렐은 그렇게 끌려가리라 생각하니 하나도 달갑지 않아 남작의 기쁨을 함께 나누지 못하는 듯했다. 자신을 대천사에 비유하고 모렐을 토비아에 빗대는 기쁨에 취한 샤를뤼스 씨는 제 말의 목적, 그의 바람대로 모렐이 그와 함께 파리로 돌아갈지 알기 위해 속을 떠보는 걸 그만 잊고 말았다. 자신의 일방적인 사랑, 아니 자기에 대한 사랑(자부심)에 도취된 남작은, 바이올리니스트가 지은 뾰로통한 표정을 못 보았거나 못 본 체했다. 그는 모렐 혼자 카페에 남겨두고 나서 자랑스러운 미소를 띠며 나한테 말했던 것이다. "자네 보았나? 내가 그를 어린 토비아에 비유했을 때 그가 얼마나 기뻐했는지? 그건 말일세, 두뇌가 명석하니까 바로 깨달았기 때문이야. 앞으로 그가 보살핌을 받아야 하는 아버지는, 수염 북슬북슬한 험상궂은 하인인 육신의 아버지가 아니라, 정신의 아버지, 곧 나라는 걸. 그에게는 얼마나 자랑스러운 일인가! 그가 얼마나 의기양양하게 머리를 쳐들었나! 내 마음속을 깨닫는 순간 그의 기쁨은 어떠했겠나! 앞으로 그는 날마다 외칠 게 확실하이, '오, 신이여, 당신의 종 토비아에게 긴 나그넷길의 선도자로서 축복받는 대천사 라파엘을 보내주신 신이여, 당신의 종인 우리가 늘 그에 의해 보호되옵고 그의 〈도움〉을 받도록 하옵소서'." 남작은, 자기가 어느 날 신의 옥좌 앞에 앉을 거라는 확신을 품고 다음같이 덧붙였다. "별로 필요치 않아서 내가 천상의 사자임을 그에게 알리지 않았으나, 그는 스스로 이를 깨달아 행복에 말문이 막혔던 거야!" 그리고 샤를뤼스 씨는(거꾸로 행복에 말문이 막히지 않아), 미친놈인 줄 알고 뒤돌아보는 몇몇 사람을 개의치 않고 혼자 두 팔을 번쩍 올리면서 힘껏 외쳤다. "할렐루야!"

이 화해는 샤를뤼스 씨의 고민을 아주 잠깐 없애줬을 뿐이었다. 모렐은 무척 먼 데로 연습하러 떠나 샤를뤼스 씨가 그를 만나러 갈 수도, 나를 그에게 보내 말을 전할 수도 없었던 적이 있는데, 그럴 때 자주 모렐은 남작한테 비관적이고도 다정한 편지를 보내, 무시무시한 일 때문에 2만 5천 프랑이 필요하게 되어 아무래도 이 세상과 작별해야 하나 보다고 하소연했다. 그는 무시무시한 일이 뭔지 쓰지 않았는데, 만약 써 보냈더라도 틀림없이 지어낸 이야기였으리라. 돈 자체로 말하면, 샤를뤼스 씨는 그 행위가 자기를 대단치 않게 생각하는 것이며 또한 샤를리가 남의 총애를 얻도록 도와주는 꼴임을 깨닫지 못했더라면 기꺼이 보내주었을 것이다. 그래서 한마디로 거절하는 그의 전보문들은 무뚝뚝하며 그 목소리처럼 단호한 가락이었다. 전보의 효과를 굳게 믿었을 때, 그는 모렐이 차라리 자기와 영원히 헤어져주기를 바라 마지않았다. 이유인즉 그런 일이 일어나지 않을 거라는 자신이 있는 그는, 이 피할 수 없는 관계에서 앞으로 생길 온갖 지장을 알아차렸기 때문이다. 그러나 모렐한테서 아무 답장도 오지 않으면 그는 잠들지 못한 채 계속 안절부절못했다. 이처럼 우리가 모르는 사이에 일상생활에서 겪는 일과 우리 눈에 띄지 않는 마음속의 깊은 현실이라는 게 과연 헤아릴 수 없이 많다. 그래서 그는 모렐에게 2만 5천 프랑을 필요케 한 그 엄청난 사건에 대해 온갖 가정을 세우며, 갖가지 형태를 부여하고 그것에 여러 고유명사를 차례로 붙였다. 이런 때 분명 샤를뤼스 씨는(이즈음 줄어가던 그의 속물근성은, 서민에 대한 점점 커지는 그 호기심에 의해, 추월당하진 않았을망정 적어도 이미 따라잡혔음에도) 형형색색 우아한 옷들이 소용돌이치는 상류 사교계 모임을 왠지 그립게 회상했을 것이다. 그곳에서는 매력 있는 남녀들이 그에게서 이욕을 떠난 쾌락밖에 구하지 않으며, 아무도 '그를 속이려는' 생각을 하거나 당장 2만 5천 프랑을 받지 못하면 자살해버릴 듯싶은 '무시무시한 일'을 꾸며내지 않았다. 그리고 이런 때, 어쩌면 나보다 더 많이 콩브레 기질을 지녔으며 봉건적인 긍지를 독일풍의 거만에 접붙인 그는, 하인 따위의 진정한 애인이 되려면 반드시 희생을 치러야 하며 서민계급은 상류계급과 전혀 다르다는 사실을 분명히 깨달았으리라. 요컨대 그는 내가 늘 그렇게 했던 바와는 달리, 서민계급을 '믿지 않았던' 것이다.

작은 열차의 다음 역 멘빌, 이 또한 모렐과 샤를뤼스 씨와 관련된 한 사건을 떠올리게 한다. 그 이야기를 하기에 앞서 말해둘 것은, 멘빌에 다다르자

(폐를 끼치지 않으려고 라 라스플리에르에 묵기 싫어하는 멋쟁이 신참을 발베크에 데리고 오던 때) 나중에 얘기할 장면만큼은 심하진 않지만 좀 보기 딱한 장면이 벌어졌다는 것이다. 가벼운 손짐을 가지고 열차에 탄 신참은, 으레 그랑 호텔이 좀 멀다고 생각하지만, 발베크에 이르기까진 불편한 별장들이 있는 작은 해변밖에 없으므로, 사치와 안락을 좋아한 나머지 긴 여행길을 꾹 참아내고 있었다. 그런데 열차가 멘빌에 멈추는 순간 그는 난데없이 호화로운 건물이 우뚝 서 있는 걸 보았다. 신참은 그것이 바로 매춘부 집이라는 걸 꿈에도 몰랐다. "더 멀리 안 가렵니다." 신참은 실리에 밝고 분별 있기로 유명한 코타르 부인에게 말했다. "저기 내게 딱 맞는 데가 있군요. 발베크가 여기보다 더 좋을지 확실치도 않는데 계속 타고 가봤자 무슨 소용이 있을까요? 척 봐도 쾌적한 시설이 다 갖춰져 있을 것 같은데요. 저 정도면 당당히 베르뒤랭 부인을 모실 수 있겠어요. 사실 사례 겸 부인을 위해 작은 모임을 가질 생각이거든요. 저기라면 발베크보다 오시기도 편할 테죠. 부인에게 아주 어울리는 곳인 듯합니다. 또 댁의 부인에게도 말이지요, 친애하는 코타르 교수. 살롱도 많겠죠, 여기 계시는 귀부인님들도 그 살롱에 모시겠습니다. 우리끼리 이야기지만, 왜 베르뒤랭 부인께서 라 라스플리에르 따위에 세드는 대신 이곳을 거처로 정하지 않으셨는지 모르겠네요. 라 라스플리에르 같은 옛 가옥보다 이쪽 건물이 더 건강에 좋습니다. 라 라스플리에르는 아무래도 축축하고 깨끗하지도 못합니다. 더운 물이 안 나오니 마음대로 씻지도 못하고요. 멘빌이 훨씬 더 쾌적할 것 같습니다. 저기라면 베르뒤랭 부인께서도 마님의 역할을 완벽하게 하셨을 텐데. 어쨌든 사람마다 취미가 달라서, 나는 이곳에 자리잡겠습니다. 코타르 부인, 나와 함께 내리지 않겠습니까? 어서 빨리, 열차가 곧 떠나니까요. 저 집에 나를 안내해주십시오. 머잖아 부인 댁같이 될걸요, 자주 드나드시게 될 테니까. 부인에게 썩 어울리는 집인데요." 이 운수 나쁜 신참의 입을 틀어막으려고, 특히 내리지 못하게 하려고 사람들은 몹시 애를 태웠다. 그러나 신참은 실수에서 흔히 나오는 고집 때문에 막무가내로 가방을 들었다. 베르뒤랭 부인도 코타르 부인도 그를 만나러 거기에 절대 가지 않을 거라고 우리가 아무리 말해도 쇠귀에 경 읽기였다. "어쨌든 나는 저기에 묵을 겁니다. 베르뒤랭 부인께서는 저기 있는 내게 편지 주시면 그만이죠."

모렐에 대한 추억은 더 특수한 사건과 관계가 있다. 그 밖에도 많은 일이 있었지만, 여기서는 작은 열차가 멈추고, 역원이 동시에르요, 그라트바스트요, 멘빌요 하고 외침에 따라서 작은 바닷가 또는 부대 소재지가 떠올리게 하는 특수한 작은 사건만을 적어보겠다. 나는 이미 멘빌(Maineville=Media villa)*과, 가정주부들의 항의에 아랑곳없이 얼마 전 그곳에 세워진 호화로운 매춘부 집 때문에 그곳이 대단해진 일에 대해 말했다. 그러나 어떤 점에서 멘빌이 모렐과 샤를뤼스 씨에 대한 내 기억과 관련 있는지를 이야기하기에 앞서 짚고 넘어가야 할 점이 있다. 모렐이 자못 중요한 일처럼 어느 자유로운 시간을 간직하려고 애쓰는 것과, 일이 있다면서 그 시간을 대수롭지 않게 허비하는 것 사이에 모순이 있다는 점이고(이 점에 대해서는 나중에 더 자세히 말하겠거니와), 또 같은 모순이 그가 샤를뤼스 씨에게 하는 다른 변명 가운데에도 있다는 점이다. 남작에게 이욕을 떠난 체하는 그는(보호자가 관대해서 손쉽게 그런 수를 부릴 수 있었다), 개인 지도 따위를 하기 위해 저녁을 제멋대로 보내고 싶을 때마다 꼭 탐욕스런 미소를 띠고 다음 같은 말을 덧붙여 핑계로 삼았다. "게다가 그 일로 40프랑을 벌거든요. 적잖은 돈이죠, 가게 해주십쇼. 사정 다 알잖습니까. 내 이익이 된다니까요. 제기랄, 난 당신처럼 금리만으로 먹고살 팔자가 아니라고요. 지위도 쌓아야 하고, 푼돈이라도 생길 때마다 벌어놓아야 하니까요."

개인 지도를 하고 싶다는 모렐의 말은 아예 거짓은 아니었다. 한편 어떤 돈이든 똑같다는 말은 틀린 말이다. 제 손으로 벌고 보면 낡아빠진 화폐에서도 빛이 반짝거린다. 만일 그가 정말 개인 지도를 위해 외출했다면, 그것은 아마 그가 개인 지도를 마치고 떠날 때에 생도가 내주는 금화 두 푼이 샤를뤼스 씨의 손에서 떨어진 금화 두 푼과 다른 효과를 낳아서였을 것이다. 그리고 금화 두 푼을 준다면 큰 부자도 몇 킬로 길을 멀다 하지 않을 텐데 하인의 아들에게는 그 몇 킬로가 몇십 리에 해당한다. 그러나 샤를뤼스 씨는 바이올린 개인 지도의 사실성에 대해 여러 번 큰 의심을 품었는데, 이 음악가가 다른 핑계, 물질적인 관점에서 동떨어진 데다 앞뒤가 안 맞는 핑계를 자주 꾸며댔던 만큼 그 의심은 점점 더 크게 자라났다. 이와 같이 모렐은 의

---

* 페르시아 사람의 마을.

식적으로나 무의식적으로나 자기 생활의 모습을 어둡게, 몇몇 부분만이 겨우 분간되게 나타낼 수밖에 없었다. 한 달쯤 그는 밤에는 자유로운 몸이란 조건으로 샤를뤼스 씨의 말을 순순히 따랐다. 밤에는 대수학 공부를 계속하고 싶다는 이유였다. 그 다음에 샤를뤼스 씨를 보러 가냐고? 설마! 안 될 말씀, 대수학 강의는 늦게까지 계속되는 일이 잦았다. "그래 새벽 2시까지도?" 남작이 물었다. "가끔." "하지만 대수학이라면 책으로도 쉽게 배워." "그러면 편하겠죠. 그야 강의를 들어도 제대로 이해 못하거든요." "그렇다면 대체 왜? 더구나 대수학은 자네에게 아무 도움도 안 되지 않나." "그냥 그게 좋아요. 내 신경쇠약을 없애주니까." '대수학 때문에 밤에 자유 시간을 원하는 게 아닌지도 몰라.' 샤를뤼스 씨는 생각했다. '경찰의 끄나풀 노릇을 하는 걸까?' 어쨌든 모렐은 아무리 말려도 대수학 또는 바이올린 때문이라며 자기를 위해 늦은 시간을 남겨두었다.

한번은 어느 쪽도 아닌 경우로, 뤽상부르 공작부인을 방문하기 위해 이 바닷가에 며칠 지내러 온 게르망트 대공이 우연히 모렐을 만나, 그가 누군지도 모르고 자기 정체도 밝히지 않은 채, 50프랑을 주고서 멘빌의 매춘부 집에서 그와 하룻밤을 함께 지낸 일이 있었다. 모렐 처지에선 게르망트 대공에게서 받는 벌이와, 갈색으로 그을린 젖가슴을 드러내 보인 여인들에게 둘러싸인 즐거움으로, 이를테면 꿩 먹고 알 먹기였다. 그런데 어떻게 해선지 모르나 샤를뤼스 씨가 이 일과 장소를 눈치챘다. 다만 모렐을 유혹한 색마의 이름은 알 수 없었다. 그는 질투로 미쳐 그 색마를 알아내려고 쥐피앙에게 전보를 쳤다. 쥐피앙은 이틀 뒤에 도착했다. 그리고 다음 주 초에 모렐이 또다시 외출하겠다고 기별했을 때, 남작은 쥐피앙에게 부탁했다. 그 집 여주인을 매수해, 그녀가 자기와 쥐피앙을 숨겨줘 그 장면을 몰래 엿보게 설득해달라고. "알아모셨습니다. 해보죠, 귀염둥이 님." 쥐피앙이 남작에게 대답했다. 이 불안이 샤를뤼스 씨의 정신을 얼마나 혼란스럽게 하며, 또 그 때문에 잠깐 그의 정신 활동을 얼마나 풍요롭게 했는지 상상할 수 없다. 사랑은 이렇듯 참으로 사념의 지질학적인 융기(隆起)를 일으킨다. 샤를뤼스 씨의 정신은 며칠 전만 해도 매우 평탄한 벌판과 비슷해 땅바닥에서 솟아오른 한 덩어리 관념조차 눈에 띄지 않았건만, 이제는 그곳에 난데없이 바위처럼 단단한 산이 우뚝 솟아났다. 그것도 어떤 조각가가 거기서 대리석을 날라 가는 대신에 그 자리에서 끌로 새기기라도 한 듯, 분노·질투·호기심·부러움·미움·괴로움·거만·공포·사랑 따위의 거대하고도 거창한 군상이 되어 꿈틀대는 산이.

그러는 동안에 모렐이 사정이 있어서 외출하겠다던 저녁이 왔다. 쥐피앙은 임무를 완수했다. 그 집 여주인은 그와 남작이 밤 11시 즈음에 오면 숨겨주기로 했다. 샤를뤼스 씨는 이 호화로운 매춘부' 집(근처의 멋쟁이들이 다 오는 집)에 이르기까지 세 거리를 살금살금 걸으며, 혹시 방 안에서 모렐이 들을까 봐 목소리를 낮추며 쥐피앙에게 더 작은 목소리로 말하라고 애원했다. 그런데 소리 죽여 현관에 들어서자마자, 이런 장소에 익숙지 않은 샤를뤼스 씨는 깜짝 놀라고 말았다. 기가 막히게도 증권거래소나 경매장보다 더 시끄러운 데 들어온 기분이었다. 그가 주위에 모여드는 여자들에게 더 낮은 목소리로 말하라고 부탁해도 헛일. 하기야 그녀들의 목소리도 '뚱쟁이 할멈'이 냅다 지르는 공매와 낙찰 소리로 들리지 않게 되었다. 이 할멈은 선명한 갈색 가발을 썼고 주름살투성이인 그 얼굴은 공증인이나 에스파냐의 신부같이 근엄했는데, 교통 정리하는 순경처럼 번갈아 문들을 여닫게 하면서 우레 같은 목소리로 끊임없이 명령했다. "손님을 모셔라, 28번 에스파냐 방에." "통행금지." "문을 다시 열어. 노에미 아가씨를 청하는 손님들, 아가씨는 페르시아 방에서 대기." 샤를뤼스 씨는 큰길을 건너야 하는 촌사람처럼 쩔쩔맸다. 쿨리빌의 옛 성당 현관의 기둥머리에 조각된 주제보다 훨씬 덜 불경한 비교를 한다면, 계집애들의 목소리가 지칠 줄 모르고 한결 낮은 음으로 할멈의 명령을 되풀이하는 게, 마치 시골 성당의 잘 울리는 실내에서 소리 내어 교리 문답을 읽는 생도들의 목소리를 듣는 것 같았다. 아까 거리에서는 혹시 모렐이 창가에 있어 자기 소리가 들릴까 봐 겁냈던 샤를뤼스 씨도, 방에서는 바깥이 조금도 보이지 않는 걸 깨닫고 이 넓은 계단 여기저기에서 마구 울려 퍼지는 소리에 휩싸여 이제는 그리 허둥대지 않게 되었다.

그 골고다 언덕 끝에서 그는 노에미 아가씨를 발견했다. 이 아가씨는 그와 쥐피앙을 숨겨주기로 되어 있는데, 먼저 그들을 으리으리하지만 아무것도 보이지 않는 페르시아 방에 처넣었다. 아가씨는 모렐이 아까 오렌지 주스를 주문했는데 그것을 가져다주고 나서, 두 손님을 곧 옆방이 보이는 객실로 안내하겠다고 샤를뤼스 씨에게 말했다. 그녀는 다른 손님도 있으니까 그때까지 그들이 심심하지 않도록 '똑똑한 색시'를 보내겠다면서, 마치 옛날이야기에서처럼 두 사람에게 약속했다. 그렇게들 불렀기 때문이다. '똑똑한 색시'는 페르시아 가운을 입고 있었는데 그것을 자주 벗으려 들었다. 샤를뤼스 씨가 그러지 말라고 부탁하자, 그녀는 한 병에 40프랑이나 하는 샴페인을 가져오게 했다. 모렐은 사실 이 동안 게르망트 대공과 함께 있었다. 그는 체면치레로 방을 잘못 안 체하면서 두 여인이 있는 어느 방에 들어갔고, 두 여인은 서둘러 두 사내만 있게 했던 것이다. 샤를뤼스 씨는 그런 줄도 모르고 꿍얼꿍얼 욕을 늘어놓으며, 여기저기 문들을 열고 싶어하면서 노에미 아가씨를 다시 불러오라고 했다. 노에미 아가씨는, 모렐에 대해 그녀 자신이 쥐피앙에게 말해주었던 내용과 들어맞지 않는 이야기를 지껄이는 똑똑한 색시를 보고는, 그녀를 몰아내고 곧 그 대신 '얌전한 색시'를 보냈는데, 이 아가씨는 더 자세한 이야기는 조금도 말하지 않고 도리어 이 집이 얼마나 믿음직한 곳인지 얘기하더니, 마찬가지로 샴페인을 시켰다. 남작은 몹시 화를 내면서 또다시 노에미 아가씨를 불렀다. 그러자 아가씨는 두 사람에게 말했다. "네, 좀 오래 걸리네요. 색시들이 여러 자세를 취하는데도, 그 사람은 아무 짓도 하려고 들지 않네요." 마침내 남작의 온갖 회유와 공갈 앞에, 노에미 아가씨는 난처하다는 태도로 5분 이상은 더 기다리게 하지 않겠다고 두 사람에게 다짐하면서 나갔다. 그 5분이 한 시간이나 계속되고 나서, 겨우 노에미는 하늘을 찌를 듯 격노한 샤를뤼스 씨와 몸 둘 바를 모르는 쥐피앙을 조금 열린 어느 문 쪽으로 살금살금 데리고 갔다. "썩 잘 보일 거예요. 하기야 지금은 그다지 재미없어요. 그 사람 세 색시하고 있는데, 연대 생활을 얘기해주는 중이니까요."

드디어 남작은 문틈과 거울을 통해서 안을 구경할 수 있었다. 하지만 죽을 듯한 무서움에 사로잡혀 어쩔 수 없이 몸을 벽에 기댔다. 눈앞에 있는 건 그야 모렐이었다. 그러나 사교(邪敎)의 비술과 마법이 아직 존재하기라도 하듯, 그에게서 몇 미터 떨어진 곳에서 옆얼굴을 보이고 있는 것은 오히려 모렐의 망령이자 미라였다. 나사로*처럼 부활한 모렐도 아니고 모렐의 유령, 모렐의 환영, 저세상에서 돌아오거나 이 방에 마법으로 불려온 모렐이었다(그리고 보니 이 방 안에는, 벽과 긴 의자 등등 곳곳에 마법 부적 같은 무늬

＊신약 성경에 나오는 인물로, 죽은 지 4일 만에 예수가 회생시킨 사람.

가 그려져 있었다). 모렐은 죽은 사람처럼 색채를 모두 잃고 있었다. 아까까지 함께 어울려 즐거워하며 놀았을 게 틀림없는 여인들 사이에서, 창백해진 그는 어색한 몸짓으로 꼼짝 않고 서서 가만히 굳어 있었다. 앞에 놓인 샴페인을 마시려고 힘 빠진 팔을 천천히 내밀다가 축 늘어뜨렸다. 종교가 영혼 불멸을 얘기하면서 허무마저 포함된 어떤 것을 들려주는 경우처럼 어슴푸레한 인상을 주는 광경이었다. 여인들은 그를 질문으로 괴롭혔다. "아시겠어요?" 노에미 아가씨가 남작에게 낮은 목소리로 말했다. "애들이 그에게 연대 생활에 대한 얘기를 시키고 있어요. 재미나시죠? —그녀는 깔깔대며 말했다 —만족하세요? 저분 조용하네요, 안 그래요?" 그녀는 덧붙였다. 마치 죽어가는 인간에 대해 말하듯. 여인들은 더욱 끈질기게 질문했지만 생기 없는 모렐은 대답할 힘도 없었다. 뭔가 한마디 중얼대는 기적조차 일어나지 않았다. 샤를뤼스 씨는 잠깐 머리를 갸우뚱하다가 금세 진실을 깨달았다. 곧 쥐피앙이 교섭하러 갔을 때 저지른 실수 때문인지 아니면 거듭 부탁한 비밀을 절대 지키지 못하게 하는 팽창력 때문인지, 이런 여인들의 경솔한 성격 탓인지, 경찰을 두려워해선지, 어쨌든 두 신사가 이 자리를 구경하기 위해 비싼 값을 치렀음을 누가 모렐에게 귀띔했으며, 누군가가 게르망트 대공을 빠져나가게 하고서 그 자리에 세 여인을 놔두고는, 깜짝 놀란 나머지 마비되어 벌벌 떠는 가련한 모렐을 이런 상태에 놓아둔 것이다. 사실 샤를뤼스 씨 위치에서는 모렐의 모습이 잘 안 보이는데도, 모렐은 두려워서 말도 못하고, 떨어뜨릴 것 같아서 감히 잔을 들 힘도 없이 온몸에 남작의 눈길을 느끼고 있었다.

그런데 이 말썽은 게르망트 대공에게도 좋지 않게 끝났다. 샤를뤼스 씨의 눈에 안 띄게 끌려나왔을 때, 대공은 이 사건의 장본인이 누군지 짐작 못하고서 뜻밖의 실패에 화가 나, 여전히 자기 신분을 숨긴 채 내일 밤 그가 세든 작은 별장에서 만나자고 모렐한테 간청했다. 그는 그 별장에 짧게 머물 예정이었는데도, 우리가 전에 빌파리지 부인 댁에서 주목했던 바와 똑같은 괴벽에 따라, 자택에 있는 느낌을 좀더 느끼기 위해 집안의 수많은 기념품으로 그곳을 꾸며놓았다. 어쨌든 모렐은 그다음 날, 끊임없이 뒤돌아보며 샤를뤼스 씨가 뒤따라오거나 숨어 있지는 않은지 바들바들 떨면서, 수상한 사람이 하나도 없는 걸 확인한 다음에 드디어 별장 안으로 들어섰다. 하인이 나와 그를 손님방으로 모시면서 주인님(그의 주인은 들킬까 봐 하인에게 대공의 이름을 부르지 말라고 일러두었다)에게 알리러 가겠다고 말했다. 그러나 모렐이 혼자되어 머리털이 흐트러지지나 않았는지 거울을 들여다보려고 했을 때, 환각 같은 게 보였다. 벽난로 위 사진들이 바이올리니스트의 눈에 익은, 이미 샤를뤼스 씨의 집에서 본 적이 있는, 게르망트 대공부인, 뢱상부르 공작부인, 빌파리지 부인의 사진이라 먼저 그를 아연케 했다. 또한 그는 샤를뤼스 씨의 사진을 보았다. 그것은 조금 뒤에 처져 있었다. 남작이 이상하게 노려보는 눈길을 모렐 위에 붙박아 놓고 있는 듯했다. 공포에 질려 얼빠진 모렐은 첫 충격에서 벗어나자, 이건 샤를뤼스 씨가 그의 충실함을 시험하고자 놓은 덫이라고 생각했다. 그래서 구르다시피 별장 계단을 내려가 걸음아 날 살려라 하고 길거리로 뛰쳐나갔다. 게르망트 대공이(이번엔 모든 일에 빈틈이 없는지, 상대가 위험 인물이 아닌지, 잠깐 사귄 사람에게 필요한 준비를 다 했다고 여긴 다음) 손님방에 들어왔을 때는 아무도 없었다. 혹시 도둑일까 봐 대공은 연발 권총을 쥐고 하인과 같이 그다지 넓지 않은 집을 샅샅이 뒤졌다. 작은 뜰 구석구석과 지하실까지 뒤졌으나 헛수고, 확실히 와 있는 줄 알았던 녀석의 모습이 온데간데없었다. 대공은 그다음 주에 여러 번 모렐과 마주쳤다. 그러나 그때마다 위험 인물인 모렐은 오히려 대공이 더 위험한 놈이었기라도 하듯 달아났다. 의혹 속에 파묻힌 모렐은 영영 그 의혹을 없애지 못해, 파리에 가서까지 게르망트 대공의 모습을 보기만 해도 달아나곤 했다. 이리하여 샤를뤼스 씨는 그를 절망시킬 부정(不貞)에서 보호되었으며, 또 이러저러해서, 특히 어찌 이렇게 됐는지 조금도 떠올려보지 못한 채 복수했다.

그런데 내가 들은 이런 말썽에 대한 회상은 벌써 다른 회상으로 바뀐다. 왜냐하면 TSN선은 그 '낡은 차'다운 걸음을 다시 시작하여, 정거장마다 계속해서 여행객들을 내리거나 태우거나 하기 때문이다.

그라트바스트에서는 가끔 크레시 백작, 피에르 드 베르쥐 씨가 탔다(사람들은 그저 크레시 백작이라고 불렀다). 그는 누이가 거기에 살아, 누이와 함께 오후를 지내러 갔다 온 길이었다. 그는 가난하지만 품위가 높은 귀족으로, 나는 그와 그다지 친밀하지 않은 캉브르메르네 사람들을 통해 아는 사이가 되었다. 더할 수 없이 수수하다 못해 거의 비참한 살림에 이르게 된 그에게는 여송연 한 대나 '음료' 한 잔이 얼마나 소중한지 몰랐다. 이를 알아차린 나는, 알베르틴을 볼 수 없는 날 그를 발베크에 초대하는 버릇이 들었다. 아주 세련되고 말재주가 썩 좋으며, 하얀 눈 같은 머리털에 남을 호리는 푸른 눈을 가진 그는, 분명히 그 자신이 겪었던 지주(地主) 생활의 편함과 족보에 대해서는 특히 매우 번지르르하게 입술 끝으로 얘기했다. 그의 반지에 새겨져 있는 게 뭐냐고 묻자, 그는 겸허한 미소를 띠며 대답했다. "베르쥐(verju)* 포도나무의 가지죠." 그리고 그는 술맛을 감정하는 기쁨과 더불어 덧붙였다. "우리 집안의 가문(家紋)은 베르쥐 포도나무 가지입니다—내 성이 베르쥐니까 그것을 상징해서—녹색 줄기와 잎이 붙은 가지지요." 그러나 내가 발베크에서 그에게 베르쥐 포도주밖에 대접하지 않았다면 분명 그는 실망했으리라. 그는 가장 비싼 포도주를 좋아했는데, 아마도 평소에는 그런 술을 먹지 못하기 때문이고, 그런데도 술에 대한 안목이 높기 때문이며, 그 맛을 좋아하기 때문이고, 어쩌면 지나치게 빠져 있기 때문일 것이다. 그러므로 내가 그를 발베크에서의 저녁 식사에 초대하면 그는 세련된 지식을 가지고 식사를 주문했는데, 너무 많이 먹었으며, 특히 데워야 할 포도주는 데우고 식혀야 할 포도주는 얼음으로 차갑게 해서 마셨다. 저녁 식사 앞뒤에 그는 포트와인이나 고급 브랜디에 대해 그가 바라는 날짜와 번호를 지시했다. 마치 일반에게 알려져 있지 않으나 그는 잘 알고 있는 어느 후작 영지의 설립 과정을 가리키기라도 하듯.

나를 마음에 들어하던 에메는 내가 그런 저녁 식사에 손님을 초대하면 기뻐하며 보이들에게 외쳤다. "25번 식탁을 빨리 차려라." 아니, 그는 '차려라'라고조차 말하지 않고, 그 식탁이 그를 위해 차려지는 것이기라도 하듯, "차려다오" 말했다. 우두머리 사환의 언어란 사환 반장이나 부반장, 보통 사환 따위의 언어와 전혀 달랐다. 그래서 내가 계산서를 청할 때 에메는 우리를 시중한 사환에게, 마치 날뛰는 말을 달래듯 손등으로 진정시키는 듯한 동작을 되풀이하면서 말했다. "너무 덤벼들지 말게(계산을 위해), 침착하게, 아주 침착하게." 그러다가 사환이 메모한 계산서를 가져가려 하면, 에메는 제 충고가 엄밀히 지켜지지 않았을까 봐 사환을 불러 세운다. "잠깐, 내가 직접 계산하겠네." 내가 상관없다고 말하자 그는 대꾸한다. "내 방침에 따르면,

---

* 신맛이 강한 포도의 하나.

좀 상스러운 말로 손님을 등쳐먹어서는 못쓰니까요."

　지배인으로 말하자면, 내가 초대한 사람의 옷차림이 수수하고, 늘 같으며, 꽤 낡은 걸 보고서(그렇지만 만일 이 사람에게 재산만 있었다면, 그만큼 발자크풍의 멋쟁이처럼 호화롭게 옷 입는 기술을 잘 발휘했을 사람도 없었으리라), 나를 배려해서 일이 다 잘되어가는지 멀리서 감독하며, 또 균형이 안 잡힌 식탁 다리 밑에 굄목을 받치도록 눈짓하는 정도로 만족했다. 이 지배인은 접시닦이로 사회에 처음 나왔다는 과거를 숨겼음에도, 남처럼 직접 일을 할 줄 모르는 게 아니었다. 그는 어느 날 특별한 사정이 있어서 손수 새끼 칠면조 살코기를 칼질한 일이 있었다. 나는 외출해서 구경을 못했으나 나중에 들은 바에 따르면, 그는 성직자같이 위엄을 갖추고 당당하게 칼질을 했단다. 조리대 주위에는 조금 거리를 두고 경건히 그를 둘러싼 사환들 무리가, 기회랍시고, 요리를 배우려고 하기보다 그에게 잘 보이려는 마음에서 감탄하듯 입을 벌리고 있었다. 하기야 정작 지배인은(희생물의 뱃속을 찬찬히 들여다보면서 거기에서 어떤 징조라도 헤아렸는지 숭고한 임무를 띤 날카로운 눈을 떼지 않아), 사환들의 얼굴을 보아도 본 게 아니었지만. 이 제물을 바친 제사장은 내가 없다는 것조차 깨닫지 못했다. 이를 알았을 때 그는 매우 섭섭하게 생각했다. "뭐라고요? 내가 직접 새끼 칠면조를 칼질하는 걸 구경하지 않으셨다고요?" 나는 여태껏 로마도, 베네치아도, 시에나도, 마드리드의 프라도 미술관도, 드레스덴의 미술관도, 인도 제국도, 〈페드르〉에 나오는 사라 베르나르도 구경 못했는데 하는 수 없다고 단념하고 있으니, 그 새끼 칠면조의 칼질도 그런 유감스런 일의 목록에 넣겠다고 그에게 대답했다. 그중 연극과 비교(〈페드르〉에 나오는 사라)한 것만큼은 그도 이해한 듯했다. 그도 그럴 것이 그는 내 입을 통해, 대공연날에 형인 코클랭이 대사가 딱 한마디 있거나 아예 없는 초심자 역을 맡았었음을 알았기에. "그래도 당신을 위해 섭섭하기 짝이 없는데요. 언제 내가 다시 칼질을 할지? 대사건이 일어나지 않고서야. 전쟁이라도 일어나지 않고서야(과연 휴전이 필요했다)." 이날부터 일력이 바뀌어서 다들 다음과 같이 날짜를 세게 되었다. '그건 내가 손수 새끼 칠면조를 칼질한 날의 다음 날이다.' '그건 바로 지배인이 손수 새끼 칠면조를 칼질한 지 일주일째 되는 날입니다.' 이처럼 이 해부는 그리스도 탄생 또는 이슬람력의 헤지라처럼 특별한 달력의 처음이 되었는데, 다른 달력만큼 널리 퍼지지도 오래가지도 않았다.

　크레시 씨가 생활에서 느끼는 외로움은 이제 말을 가지지 못하는 것과 맛 좋은 음식을 먹지 못하는 데서 오기도 했으나, 캉브르메르 가문이나 게르망트 가문은 다 한 가지라고 생각할지도 모르는 이웃들하고만 사귀는 데서도 비롯했다. 현재 르그랑댕은 르그랑댕 드 메제글리즈라고 스스로 일컫지만 사실 조금도 그럴 자격이 없다. 이 사실을 내가 안다는 걸 눈치챘을 때, 마시던 술에 얼근해 있던 크레시 씨는 기뻐 어쩔 줄 몰라했다. 그의 누이는 아는 체하는 얼굴로 나에게 말했다. "오빠는 당신과 얘기할 때만큼 즐거워한 적이 없어요." 실제로 캉브르메르네의 낮은 신분과 게르망트네의 높은 신분을 아는 인간, 진짜 상류 사회의 존재를 실감하고 있는 인간을 이곳에서 찾아내고부터 그는 살맛을 느꼈다. 마치 지구상의 온 도서관이 불타버리고 아주 무지한 종족이 나타난 뒤, 한 늙은 라틴어 학자가 그 앞에서 호라티우스의 시구를 인용하는 걸 듣고서는 다시 일어나 삶에 대한 믿음을 되찾기라도 하듯. 그러므로 그가 열차에서 내릴 때마다 나에게 꼬박꼬박 '다음번은 언제죠, 우리의 작은 모임은?' 물었던 것은, 식객의 탐욕스러운 식성에서만큼이나 박식가의 왕성한 식욕에서였고, 또 그가 발베크의 회식을, 그에게는 소중하지만 누구와도 얘기할 수 없던 화제에 대해 담소하는 기회 같은 것으로 보고, 따라서 그런 회식을 일정한 날 위니옹 클럽*1의 산해진미 앞에 애서가 협회의 사람들이 모이는 그 만찬회와 비슷한 것으로 여겼기 때문이다.

　그는 제 가문에 한해서 매우 겸손해서, 그것이 매우 고귀한 가문이고, 크레시 칭호를 가진 영국 가계(家系)에서 갈라져 나와 프랑스에 정착한 정당한 분가임을 내가 안 것은 크레시 씨를 통해서가 아니었다. 그가 진짜 크레시라는 걸 알았을 때, 나는 게르망트 부인의 조카딸이 찰스 크레시라는 아메리카 사람한테 시집갔던 일을 이야기하고, 그 아메리카 사람과 그는 아무 인척 관계가 없다고 생각한다며 그에게 말했다. "하나도 없죠." 그는 말했다. "이를테면—하기야 우리 가문은 그토록 저명하지 않으나—몽고메리, 베리, 찬도스 또는 카펠이라는 이름의 수많은 아메리카 사람이, 펨브로크(Pembroke)*2

---

*1 세르클 드 뤼니옹(cercle de l'union), 파리 마들렌 큰거리 11번지에 있는 남자들의 사교 클럽.
*2 몽고메리 가문 선조의 이름.

나 버킹엄이나 에섹스라는 가문 또는 베리 공작과 관계가 없듯이." 나는 여러 번이나 농담으로, 나와 아는 사이인 스완 부인이 전에 고급 창부였는데 오데트 드 크레시라는 이름으로 유명했다는 사실을 그에게 이야기할까 생각했다. 그러나 알랑송 공작이라면 남이 그 앞에서 에밀리엔 알랑송에 대해 지껄여도 그다지 기분 나빠하지 않을지 모르나, 크레시 씨 앞에서 그런 농담까지 꺼낼 만큼 나는 그와 친한 사이라고는 느끼지 않았다. "그이는 매우 고귀한 가문 태생입니다." 어느 날 몽쉬르방 씨가 내게 말했다. "그 선조의 이름은 셀로르(Saylor) *¹입니다." 그리고 덧붙이기를, 앵카르빌 위에 있는 그의 옛 성은 이제 거의 사람이 살 수 없게 되었으며, 살림이 넉넉한 가정에서 태어났으나 오늘날 너무나 몰락한 그는 그곳을 손보아 고칠 힘이 없지만, 그래도 그 성에는 아직 가문의 옛 명문(銘文)이 남아 있다고 했다. 그 명문은 이곳에 둥지를 튼 맹금 한 무리가 옛적 날아다녔을 때의 성미 급함으로 풀이되든, 또는 오늘날에 와서 이 높다랗고 황량한 소굴에서 몰락해가는 자신을 바라보며 다가오는 죽음을 기다리고 있는 상태로 풀이되든, 나에게는 무척 아름다워 보였다. 과연 이런 이중의 뜻으로 셀로르라는 이름을 가지고 재미있게 만든 것이 이 명구, '느 세 뢰르(Ne sais l'heure, 세월을 모르노라)'이다.

에르몽빌에서 가끔 쉬브르니(chevregny) 씨가 탔다. 브리쇼 씨의 말에 따르면 이분의 이름은, 카브리에르(Cabrières) *² 추기경의 이름처럼 '염소(chèvres)가 모이는 곳'이라는 뜻이었다. 이분은 캉브르메르네 친척이었다. 그래서 그는 상류 사회의 멋을 틀리게 평가한 캉브르메르네 사람들에 의해 자주 페테른에 초대되었으나, 눈부신 다른 초대객이 없는 경우에 한해서였다. 1년 내내 보솔레유에 사는 쉬브르니 씨는 캉브르메르네 사람들 이상으로 촌티가 풀풀 났다. 그래서 그는 파리에 가서 몇 주일 지냈을 때, '구경할 게 한가득'이라 하루도 헛되이 보낼 수 없었다. 어느 연극을 구경했느냐고 누가 물어보면, 하도 많은 연극을 급히 소화한 나머지 얼떨떨해져서 뭐가 뭔지 모르고 말 때가 있을 정도였다. 그러나 이런 어리벙벙함은 오히려 드물었다. 왜냐하면 그는 파리의 사물에 대해, 드물게 거기에 가보는 이들 특유의 상세함과 더불어 정통했기 때문이다. 그는 내게 볼 만한 '새로운 것'들을 권했다

---

*1 직역하면 때를 안다. 곧 sais lors를 한데 묶은 조어(造語).

*2 직역하면 어린 염소(cabri)가 모이는 곳(ières).

("그건 한번 볼 만합니다"라고). 하지만 그는 작품을 평가할 때 즐거운 하룻 저녁을 보낼 수 있느냐 없느냐 하는 관점에서밖에 생각하지 않아, 과연 그것이 예술사에서 '새로운 것'을 세울 수 있을는지 의심해볼 정도까지의 심미적 관점은 알지 못했다. 이처럼 뭐든지 다 같은 면으로 비평하면서 그는 말했다. "한번은 오페라 코미크 극장에 갔는데 상연 작품이 그저 그렇더군요. 〈펠레아스와 멜리장드〉라는 것인데, 신통치 못한 작품입니다. 페리에(Perier)*¹는 여전히 잘하지만, 다른 작품에서 보는 편이 좋습니다. 그런데 짐나즈 극장에서는 〈성주의 부인(La Châtelaine)〉*²을 상연하더군요. 두 번이나 보러 갔습니다. 꼭 가보시오, 볼 만합니다. 배우들이 황홀하도록 썩 잘 연기하더군요. 프레발, 마리 마니에, 바롱 피스도 나옵니다." 그는 내가 들어본 적도 없는 배우들의 이름까지 주워섬겼는데, 게르망트 공작처럼 님·부인·아가씨라는 높임을 붙이는 법이 없었다. 게르망트 공작은 똑같이 지나치게 격식을 차린 경멸하는 투로 '이베트 길베르 아가씨의 노래'와 '샤르코 씨의 실험'에 대해 얘기했는데, 쉬브르니 씨는 그런 높임을 쓰지 않고 마치 볼테르나 몽테스키외라고 말하듯, 코르나리아라든가 드엘리라고 말했다. 이유인즉 그의 안에서는, 파리의 모든 것에 대해서 그러듯이 배우들에게도 멸시하는 태도를 보이려는 귀족의 욕망이, 허물없이 보이려는 촌사람의 욕망에 지고 있었기 때문이다.

캉브르메르 부부는 아무리 보아도 젊은 시절은 지났지만 페테른에서는 아직 '젊은 부부'라고 불렸는데, 내가 이른바 그 '젊은 부부'와 같이 라 라스플리에르에서 식사했던 첫 만찬회 뒤로, 늙은 캉브르메르 후작부인은 곧바로 편지 수천 통 속에서도 그 필적을 알아볼 수 있는 편지 한 통을 내게 써 보냈다. 그 내용은 다음과 같다. '당신의 사촌 매씨를 데리고 오세요. 이루 말할 수 없이 아름다우며—사랑스러운—호감 가는 그 아가씨를. 얼마나 커다란 기쁨일까요, 즐거움일까요.' 그녀의 표현엔 편지를 받는 이가 기대하는 점진적인 발전이 늘 빠져 있었다. 그래서 결국 나는 이러한 '디미누엔도(diminuendo)'의 본질에 대한 의견을 바꿔, 그녀가 일부러 그런 표현을 썼다고 생각했으며, 아

---

*1 프랑스 가수(1869년 태생), 펠레아스 역을 처음으로 함.
*2 알프레드 카퓌(1858~1922)의 통속 희극. 〈펠레아스와 멜리장드〉와 마찬가지로 1902년에 초연.

울러 거기에서 생트 뵈브로 하여금 낱말의 온갖 올바른 결합을 깨뜨리게 하고 좀 습관적인 모든 표현을 변질시키게 한 악취미와 똑같은 것—다만 사교 방면에 옮겨진 것—을 발견하고야 말았다. 이 편지의 글투에서는 서로 다른 스승에게서 배웠을 게 틀림없는 두 방식이 맞서고 있었다. 그 두 번째 방식은, 평범한 형용사들을 겹쳐 쓸 때 하강음계식(下降音階式)으로 쓰면서 완전한 화음으로 끝나는 걸 피하는 방식으로, 부인으로 하여금 그 평범함을 메우게 했으리라. 그 반면 내가 깨닫게 된 것은, 이런 역점진법(逆漸進法)이 아들인 후작이나 사촌누이들에 의해 쓰이면, 그것이 후작 미망인의 경우와 달리 세련되지 못하고 서투르다는 점이었다. 그도 그럴 것이 이 집안에서는 먼 친척들까지도 젤리아 숙모에게 감탄해 그녀를 흉내냈으므로, 이 세 형용사의 방식은 지껄이면서 감격의 한숨을 내쉬는 방식처럼 크게 유행했기 때문이다. 이러한 모방은 핏속에도 전해져, 집안의 어느 여자아이가 어려서부터 재잘거리다가 침을 꿀꺽 삼키려고 잠깐 멈추면, 식구들은 "젤리아 숙모의 피를 이어받았나 봐" 말하고, 머잖아 그 여자아이의 윗입술이 엷은 수염 같은 솜털로 덮이게 되리라 예상하면서 그 아이가 가지고 있을 음악적 소질을 키워줘야겠구나 결심하는 것이었다.

캉브르메르네 사람들과 베르뒤랭 부인의 교제는 오래지 않아 갖가지 이유 때문에, 캉브르메르네 사람들과 나 사이보다 좀 멀어지게 되었다. 캉브르메르네 사람들은 베르뒤랭 부인을 초대하고 싶었다. '젊은' 후작부인은 나한테 건방지게 말했다. "그분을 초대한들 뭐가 문제겠어요. 시골에서는 아무나 만나는데, 별로 대단치도 않은 일이죠." 그러나 속으로 적잖이 걱정스러웠던 그들은 예의에 대한 그들의 소망을 실천할 방법에 대해 내게 자주 의논했다. 그런데 그들이 나와 알베르틴을 생루의 친구들, 이 지방의 일류 멋쟁이들이자 구르빌 별장의 소유자들이며, 베르뒤랭 부인이 은근히 사귀고 싶어 안달이 나 있는 노르망디의 상류계급 사람들보다 더 격이 높은 이들과 같이 초대한 일이 있었다. 그러므로 나는 캉브르메르네 사람들에게 그들과 함께 베르뒤랭 부인을 초대해보기를 권했다. 그러나 페테른 성관의 사람들은 귀족 친구들의 불만을 살까 봐(그들은 그토록 소심했다), 또는 베르뒤랭 부부가 지적이지 않은 사람들과 자리를 같이해 심심해할까 봐(그들은 그토록 단순했다), 아니면 여러 종류를 섞었다가 '실수'할까 봐(그들은 그토록 경험이 풍부하지 못한 인습으로 머릿속이 젖어 있었다), 그래서는 함께 손발이 맞지 않을 것이다, 그래서는 '탈'이 있을 것이다, 차라리 베르뒤랭 부인을 초대하는 건 다른 만찬회(그녀의 작은 동아리를 다 초대하는)로 미루는 편이 좋겠다고 말하는 것이었다. 그래서 오는 만찬회—생루의 친구들과 어울리는 멋진 만찬회—에는 작은 핵심에서 모렐만을 초대하기로 했다. 그러면 샤를뤼스 씨도 그들이 화려한 손님들을 초대했음을 간접적으로 알게 될 테고, 또한 음악가야 바이올린을 가지고 와달라고 부탁하면 초대 손님들을 위해 훌륭한 심심풀이가 되어줄 테니까. 그들은 그 목록에 코타르도 끼워넣었다. 코타르의 사람됨이 활기 있어 만찬회에서 '분위기를 잘 띄운다'고 캉브르메르 씨가 단언했기 때문이며, 가족 가운데 누가 병에 걸리는 경우엔 의사와 친해두면 편리할 테니까. 그러나 '안사람과 길을 트지 않으려'고 남편만 초대했다.

베르뒤랭 부인은 작은 동아리의 두 회원이 그녀를 빼놓고 페테른의 '친한 사이끼리'의 만찬회에 초대되었음을 알았을 때 격분했다. 처음에는 승낙하려던 의사에게 그녀는 거만한 답장을 받아쓰게 했다. 그 가운데 "우리는 그날 저녁 베르뒤랭 부인 댁에서 저녁 식사 함으로"란 문장에서 이 '우리'라는 복수는, 캉브르메르네 사람들에게 주는 교훈임에 틀림없으니, 코타르 부부가 두 몸이지만 한마음이라는 걸 보이기 위해서였다. 모렐로 말하면, 베르뒤랭 부인은 그에게 그다지 무례한 행동을 시킬 필요가 없었다. 그가 스스로 그렇게 했기 때문인데, 앞뒤 사정은 다음과 같다. 우리가 이미 보았듯이 샤를뤼스 씨에 대해 모렐은, 쾌락에 대해서는 남작을 괴롭히는 자립성을 가졌더라도, 다른 분야에서는 남작의 영향을 더욱더 뚜렷이 느끼게 되어, 이를테면 남작은 젊은 바이올린 명수의 음악 지식을 넓히고 그 양식을 더욱 순화했다. 그러나 적어도 우리 이야기의 지금 단계에서는 아직 단순한 영향에 지나지 않았다. 그러나 남작이 말하는 것은 무엇이나 다 믿고서 모렐이 행동에 옮기는 한 분야가 있었다. 눈 딱 감고, 게다가 미치광이같이. 그도 그럴 것이 샤를뤼스 씨의 가르침이 엉터리였을 뿐만 아니라, 만약 그것이 대귀족에게는 유효할지라도 모렐이 그대로 하면 우스꽝스러운 것이 되었기 때문이다. 모렐이 그토록 스승의 말을 곧이곧대로 믿고 온순하게 따랐던 분야란, 바로 사교 생활이었다. 샤를뤼스 씨를 알기 전에는 사교계의 지식이 하나도 없었던 바이올리니스트는, 남작이 그에게 보여준 거만하고도 간략한 스케치를 선 그대로 받아들였다. "빼어난 가문이라는 게 몇몇 있지." 샤를뤼스 씨는 모렐에게 말했다. "첫째가 게르망트 가문으로, 프랑스 왕가와 맺은 인척 관계가 열넷이나 있고, 게다가 그것은 프랑스 왕가에게 무엇보다도 큰 경사라네. 마땅히 프랑스 왕위를 이어받아야 했던 이는 알동스 드 게르망트였지, 루이 르 그로(Louis le Gros)*1가 아니었어. 이복형제라 해도 루이가 동생이었으니까. 루이 14세 때 우리 가문은 왕제(王弟)의 죽음에 임해, 왕과 똑같은 할머니의 자손으로서 상복을 입었다네. 또 게르망트 가문에 비하면 한참 떨어지지만, 그나마 손꼽을 만한 건 라 트레모유 가문이지. 나폴리 왕과 푸아티에 백작의 자손들이야. 그리고 위제스 가문, 그렇게 유서 깊진 않아도 개중에는 가장 오래된 귀족이야. 뤼인 가문, 아주 새로우나 인척 관계로 빛나지. 그 다음은 슈아죌 가문, 아르쿠르 가문, 라 로슈푸코 가문 따위야. 그렇군, 노아유 가문을 하나 더 넣겠네, 툴루즈 백작이야 어쨌든. 그리고 몽테스키외 가문, 카스텔란 가문, 뭐 깜빡한 게 없다면 대강 이쯤이야. 캉브르메르드(Cambremerde)*2 후작이니 바트페르피슈(Vatefairefiche)*3 후작이니 하는 어중이떠중이로 말하면, 상하귀천(上下貴賤)의 차이가 없거니와 자네 연대의 피우피우(Pioupiou)*4와 조금도 차이가 없다네. 자네가 카카(caca)*5 백작부인네에 피피(pipi)*6하러 가건, 피피 남작부인네에 카카하러 가건 마찬가지야. 결국 자네 명성이 땅에 떨어진다 이거지, 밑씻개처럼 똥 묻은 걸레를 들고서 말씀이야. 웩, 퉤퉤!" 모렐은 좀 짤막한 듯한 이 역사 강의를 온갖 정성을 다해 머릿속에 새겨두었다. 그래서 그는 자신이 게르망트네 한 사람이라도 된 것처럼 사물을 판단하게 되어, 그 가짜인 라 투르 도베르뉴네 사람들과 자리를 같이해, 자기가 그들을 업신여기는 걸 거만한 악수로써 느끼게 할 기회를 목을 길게 빼고 기다렸다. 한편 캉브르메르네 사람들에 대해서는, 그들이 '연대의 피우피우 이상의 것'이 아니었음을 그들에게 나타낼 기회가 마침내 왔다. 모렐은 그들의 초대에 대답하지 않다가, 만찬회 날 저

---

*1 루이 6세(1104~37).

*2 진출(進出) Cambremer에다 de를 붙임으로써 merde(똥)라는 뜻이 됨.

*3 엉뚱한 일이다! 뒈져라! 뜻의 숙어 Va te faire fiche를 한데 엮어 인명화함.

*4 속어로 보병(步兵).

*5 지지, 똥.

*6 오줌, 쉬.

녁 마지막 시간에 전보로 거절하고는 마치 황태자처럼 행동하기라도 한 듯 기뻐했다.

그런데 몇 마디 더 해야 할 것은, 일반적으로 샤를뤼스 씨는 그 성격의 결점이 활동을 시작할 때마다 얼마나 까다롭고 좀스러운 인간이 되는지, 더구나 평소에는 그토록 섬세하고 고상한 그가 얼마나 어리석은 인간이 되는지 상상도 할 수 없다는 점이다. 그런 성격의 결점은 과연 되풀이되는 어떤 정신병이라 하겠다. 그런 현상을 여성 아니 남성도 포함하여, 뛰어난 지성을 갖췄지만 과민한 신경 장애로 고민하는 이들에게서 발견하지 못한 사람이 있겠는가? 그들이 행복하고 평온하며 주위 사람들에게 만족할 때, 그들은 귀중한 재능으로 모두를 탄복하게 하고, 글자 그대로 그들의 입에서 나오는 말은 진리의 말씀이다. 그런데 두통과 상한 자존심만으로 모든 것이 싹 변한다. 맑은 지성은 갑자기 흐려지고 경련을 일으키며 오므라들어, 이제는 신경질 나고 의심 깊은 자아, 태도를 짐짓 꾸미면서 공연히 불쾌한 짓만 하는 자아를 반사할 뿐이다.

캉브르메르네 사람들은 머리끝까지 화가 났다. 또 그 사이에 다른 말썽도 있어서 그들과 작은 동아리의 관계에 긴장된 공기를 불어넣었다. 우리, 곧 코타르 부부, 샤를뤼스 씨, 브리쇼, 모렐과 내가 라 라스플리에르의 만찬에서 돌아올 적에 있었던 일이다. 그날 낮 우리가 만찬회에 갈 때, 아랑부빌의 친구 집에 점심을 먹으러 가던 캉브르메르네 사람들이 같은 열차에 탔다. 그리고 돌아오는 길에 나는 샤를뤼스 씨한테 말했다. "그토록 발자크를 좋아하시며 또 현대 사회에서도 발자크를 인식할 줄 아시는 당신이라면, 분명 캉브르메르네 사람들이 이른바 '시골 생활 정경'에서 빠져나온 것 같다고 생각하시겠지요." 그런데 샤를뤼스 씨는 마치 캉브르메르 집안사람들의 친한 벗이기라도 한 듯, 또 내 지적에 감정이 상한 듯, 내 말을 딱 끊고 퉁명스레 대답했다. "자네가 그런 말을 하는 건 여편네가 서방보다 뛰어나기 때문이겠지." "절대 아닙니다! 내가 말하려는 것은 '시골의 뮤즈'도, 바르즈통 부인*1도 아니고, 다만……." 샤를뤼스 씨는 또다시 내 말을 막았다. "오히려 모르소프 부인*2이란 말인가." 기차가 정차하고 브리쇼가 내렸다. "우리가

*1 발자크의 소설 인물.
*2 발자크의 소설 《골짜기의 백합》의 여주인공.

그토록 손짓 발짓 다 했는데도 눈치채지 못하다니, 당신도 참 심하신데.”
“무슨 말씀이세요?” “아니, 브리쇼가 캉브르메르 부인에게 홀딱 반한 걸 못
알아차리셨습니까?” 나는 코타르 부부와 샤를뤼스 씨의 태도를 통해 그것이
작은 핵심 안에서 아무도 의심치 않는 사실임을 알았다. 거기서는 왠지 그들
의 악의가 느껴졌다. “저런, 자네가 그녀에 대해 말했을 때 그가 얼마나 당
황했는지 자네 눈에는 안 띄었단 말인가.” 샤를뤼스 씨가 이어 말했다. 그는
자신이 여자 경험이 풍부하며, 또 여인이 돋우어주는 감정을 평소에 겪고 있
기라도 한 듯이 자연스럽게 말하기를 즐겼다. 그러나 모든 젊은이에 대한—
그 애정이 주로 모렐에게 쏠렸음에도—어렴풋하게 아버지다운 말투가, 그가
떠벌리고 있는 여색가로서의 견해를 뒤엎었다. “오! 이런 아이들은 말이
야.” 그는 꾸며낸 듯한 가락으로 날카롭게 말했다. “모든 일을 가르쳐주어야
한다네. 마치 갓난애와도 같이 순진하니까. 사내가 언제 여자를 사랑하는지
알아보지 못하거든. 내가 자네 나이 때는 더 놀아났었는데.” 그는 이렇게 덧
붙였다. 그는 건달 말씨를 즐겨 썼는데, 아마 거기에 취미가 있기 때문이거
나, 어쩌면 그런 말씨를 피함으로써, 오히려 그가 그런 말씨를 쓰는 무리들
과 친하게 지낸다는 것을 스스로 밝히는 꼴이 될까 봐 염려했기 때문일지도
모른다.

　며칠 뒤 나는 명백한 사실에 무릎 꿇고 말아, 브리쇼가 후작부인에게 열중
해 있는 걸 인정해야만 했다. 공교롭게 그는 그녀의 집에서 여러 차례 오찬
을 대접받았다. 베르뒤랭 부인은 드디어 제재할 때가 왔다고 생각했다. 작은
핵심의 정책으로 봐도 간섭이 필요하다고 보았거니와, 그녀는 그런 때에 터
져나오는 변명과 갈등 같은 것에 점점 더 강한 흥미를, 귀족 사회와 마찬가
지로 부르주아 사회에서도 한가함이 꼭 낳게 되는 그 흥미를 가졌던 것이다.
라 라스플리에르에서 크나큰 놀라움을 맛봤던 어느 하루, 우리는 베르뒤랭
부인이 브리쇼와 같이 한 시간이나 사라진 것을 보았다. 나중에 들은 바에
따르면, 그때 그녀는 브리쇼에게 캉브르메르 부인이 그를 우롱하고 있다는
것, 그가 그녀의 살롱에서 웃음거리라는 것, 그가 노년의 체면을 잃어가며
교육계에서의 지위를 위태롭게 하고 있다는 것을 한바탕 막힘없이 쏟아냈
다. 그녀는 브리쇼가 파리에서 동거하는 세탁부며 그들 사이에서 난 계집애
얘기까지 감동 어린 말씨로 지껄이고 말았다. 그녀는 그를 휘어잡는 데 성공

했고, 브리쇼는 이제 페테른에 발길을 끊었다. 하지만 그 괴로움이야 어찌 적으랴, 이틀 동안 아주 눈이 멀지 않았나 보기에 딱할 정도였고, 아무튼 이때에 그의 병이 급격히 악화되어 영영 고쳐지지 않았다.

한편 캉브르메르네 사람들은 모렐에게 많이 화가 나서, 한번은 일부러 모렐을 빼놓고 샤를뤼스 씨를 초대했다. 남작에게서 답장이 없자 그들은 실수했을까 봐 걱정이 되어, 앙심을 품어봤자 손해만 보는구나 깨닫고는 뒤늦게 모렐에게 초대장을 보냈다. 이 천한 짓은 남작의 세력을 보여주는 듯해서 그를 미소 짓게 했다. "우리 둘이서라면 나는 승낙한다고 답장 쓰게나." 남작은 모렐에게 말했다. 만찬날이 되어 페테른의 큰 손님방은 손님을 기다렸다. 캉브르메르네 사람들은 사실 멋진 세계의 꽃인 페레 부부를 위해 만찬회를 베풀고 있었다. 그러나 그들은 샤를뤼스 씨를 언짢게 할까 봐 어찌나 걱정했는지, 페레 부부와 사귀게 된 게 쉬브르니 씨를 통해서였건만, 만찬날 우연히 페테른에 들른 그를 본 순간 캉브르메르 부인은 안달이 났다. 집안사람들은 되도록 빨리 그를 보솔레유로 쫓아내려고 온갖 평계를 짜내보았으나 때는 늦어버렸다. 그는 페레 부부와 안뜰에서 스쳐 지나갔고, 페레 부부는 그가 내쫓기는 걸 보고는 그의 굴욕감 못지않은 불쾌감을 느꼈다. 하지만 기어코 캉브르메르네 사람들은 미묘한 차이, 집안끼리는 개의치 않으나 남들 앞에서만은 헤아리는 미묘한 차이에서 쉬브르니 씨를 촌사람으로 판단하여, 그의 모습이 샤를뤼스 씨의 눈에 안 띄기를 바랐다. 바로 그런 남들이야말로 그 차이를 눈치채지 못하는 유일한 사람들이건만. 그래도 우리는 자기가 벗어나려고 애쓰는 상태에 그대로 머물러 있는 친척을 남들에게 보이기 싫어한다.

페레 부부로 말하면, 이들은 가장 높은 정도로 이른바 '매우 훌륭한' 사람들이었다. 물론 이 부부를 그렇게 부르는 이들의 눈에는 게르망트네 사람들, 로앙네 사람들과 그 밖의 사람들도 똑같이 훌륭한 사람들이었으나, 그들에 대해선 그 가문의 명성 덕분에 굳이 훌륭하다고 말할 필요도 없었다. 그런데 페레 부인 어머니의 고귀한 가문과, 그녀와 남편이 자주 드나드는 몹시 폐쇄적인 동아리는 아무도 몰랐다. 그래서 사람들은 이들의 이름을 말한 다음, '더할 나위 없이 훌륭한' 사람들이라고 그때마다 설명을 덧붙였다. 그들의 알려지지 않은 이름이 그들을 높은 산의 꽃으로 만들었나? 어쨌거나 페레 부부가, 이를테면 라 트레모유네 사람들이 교제했을 이들과 벗이 아님은 사실이다. 페레 부부가 해마다 캉브르메르네의 오후 모임 가운데 하나에 오려면, 이 라 망슈 지방에서 바닷가의 여왕이라고 불리는 캉브르메르 노후작부인의 지위가 필요했다. 이번에 캉브르메르네 사람들은 그런 페레 부부를 만찬에 초대했고, 또 샤를뤼스 씨가 부부에게 어떤 효과를 줄지 크게 기대하고 있었다. 그래서 손님 중에 샤를뤼스 씨가 있다는 걸 슬쩍 귀띔했다. 뜻밖에 페레 부인은 샤를뤼스 씨와 아는 사이가 아니었다. 캉브르메르 부인은 생생한 만족감을 느꼈다. 특별히 주요한 두 물질을 처음으로 합치려는 화학자의 미소가 그녀 얼굴에 감돌았다.

이윽고 문이 열렸다. 캉브르메르 부인은 모렐 혼자 들어오는 걸 보고서 자칫 정신을 잃을 뻔했다. 장관의 불참을 둘러대는 소임을 맡은 비서처럼, 몸이 불편해 안타깝다는 왕자의 뜻을 대신 전하는 신분 낮은 아내처럼(오말 공작을 위해 클랭샹 부인이 자주 그렇게 했듯), 모렐은 더할 나위 없이 경쾌한 투로 알렸다. "남작께서는 못 오실 겁니다. 몸이 좀 불편해서요. 어쨌든 저는 그렇기 때문이라고 생각합니다만. 이번 주일 동안 그분을 못 뵈었습니다." 이 마지막 말을 통해서까지 그는 캉브르메르 부인을 절망시켰다. 그녀는 모렐이 언제나 샤를뤼스 씨와 만난다고 페레 부부에게 말한 처지였으니까. 캉브르메르 부부는 남작이 안 와서 도리어 모임 분위기가 편해진 체하며, 모렐의 귀에 들리지 않게 손님들한테 말했다. "그분 없이도 잘해 나가겠지요, 안 그래요, 도리어 더 재미날 거예요."

그러나 캉브르메르 부부는 사실 몹시 화가 났다. 그들은 베르뒤랭 부인이 꾸민 음모라고 짐작해, 눈에는 눈 이에는 이, 베르뒤랭 부인이 그들을 라 라스플리에르에 다시 초대했을 때 캉브르메르 씨는 이렇게 말했다. 제 집을 다시 보고 작은 단체에 다시 참석하는 즐거움을 억누르지 못해서 왔으나, 자기 혼자뿐이며, 후작부인은 섭섭하게도 의사가 외출하지 말라고 해서 못 왔다고. 캉브르메르 부부는 이 외짝 출석으로, 샤를뤼스 씨를 징계함과 더불어 베르뒤랭 부부에게 제한된 예의밖에 갚을 의무가 없음을 보인 셈이었다. 마치 그 옛날 왕비들이 공작부인을 배웅하면서 다음 방의 중간쯤까지만 갔듯이.

몇 주일 뒤 그들은 거의 앙숙이 되었다. 캉브르메르 씨는 나한테 변명했다. "사실 샤를뤼스 씨와는 성미가 맞지 않습니다. 그는 지독한 드레퓌스파라서……." "말도 안 돼요!" "아니……. 아무튼 그 사촌인 게르망트 대공은 그래요. 그래서 많은 비난을 받고 있다니까. 내 친척 가운데 거기에 눈치 빠른 이가 있거든요. 나는 그런 사람들과 사귀지 못합니다. 그러다간 모든 친척과 틀어지게요." 캉브르메르 부인이 말했다. "게르망트 대공이 드레퓌스파니까, 더 잘됐네요." 그 조카딸과 혼인 이야기가 나도는 생루도 드레퓌스파니. 그게 아마 결혼의 이유겠지요." "여보, 우리가 몹시 아끼는 생루를 드레퓌스파라고 말하다니, 그러지 마오. 그런 주장을 경솔하게 털어놔선 못써요." 캉브르메르 씨가 말했다. "군대 안에 소문이 자자하게 나겠소!" "그는 전에 드레퓌스파였지만, 이제는 그렇지 않습니다." 나는 캉브르메르 씨에게 말했다. "그런데 게르망트 브라사크 아가씨와의 혼인 이야기는 정말입니까?" "그렇다는 소문입니다만, 당신이 더 잘 아실 텐데." "되풀이하지만, 그이는 나한테 자기가 드레퓌스파라고 말했어요" 하고 캉브르메르 부인이 말했다. "하기야 무리도 아니죠. 게르망트네 사람들은 절반은 독일 사람이거든요." 그러자 캉캉이 말했다. "바렌 거리의 게르망트네 사람들이라면 참으로 그렇다고 말할 수 있지. 그러나 생루는 아니야. 그가 아무리 독일 혈족과 촌수가 가깝더라도 소용없는 게, 그 아버지께서 프랑스 대귀족 칭호의 유지권을 확보해놓았거든. 다시 말해 1871년에 병역에 다시 돌아가 전쟁터에서 가장 빛나게 전사했거든. 이 점에 대해선 아무리 엄격해도 어쩔 수 없어. 칭송하든 폄하하든, 과장해서는 안 돼. '인 메디오……비투스(In medio……virtus, 덕(德)은……중간에).'* 뭐라더라, 생각나지 않는걸. 코타르 의사가 한 말인데. 그 사람 늘 재치 있는 말을 하지. 아무래도 라루스 소사전을 하나 집에 놔둬야겠어."

라틴말 인용문에 대한 의사 표시를 피하려고, 또 생루에 대한 이야기에선 남편이 그녀를 어리석다고 생각하는 듯하니 그 화제를 그만두려고, 캉브르메르 부인은 '마님' 쪽으로 화제를 돌렸다. 그녀와의 불화야말로 더 설명할 필요가 있다고 생각했으므로. "우리는 베르뒤랭 부인한테 라 라스플리에르를 기꺼이 세놓았죠." 후작부인이 말했다. "다만 곤란한 것은, 빌려 든 가옥뿐만 아니라 거기에 딸려 있는 목장이며 오래된 벽걸이며 그 밖에 임대 계약서에 들어 있지 않은 오만 가지를 그녀는 다 제 것으로 여기고, 한술 더 떠서 우리와 친하게 지낼 권리까지 있다고 믿는 듯싶다는 점이에요. 그것은 가옥

---

* in medio stat virtus(덕은 중간에 선다, 곧 중용지도)가 생각나지 않았던 것임.

과는 전혀 다른 것들입니다. 관리인이나 대리인을 통해 모든 일을 분명히 해 두지 않았던 게 우리의 실수입니다만. 무슨 난리를 치든 페테른 사람들한텐 그까짓 것 아무래도 좋아요. 하지만 그 베르뒤랭 할멈이 바람에 휘날려서 엉 망이 된 머리를 하고 나의 초대일에 오는 걸 우리 시누빌 아주머니께서 보기 라도 한다면, 어떤 얼굴을 하실지 눈에 선해요. 샤를뤼스 씨로 말하자면, 물 론 그분은 매우 훌륭한 사람들과 사귀지만, 아주 이상한 사람들과도 친한가 봐요." 나는 그게 누구냐고 물었다. 대답할 말이 궁해진 캉브르메르 부인은 드디어 이렇게 말하고 말았다. "모로인지 모리유인지 모뤼인지, 이름은 정확 하게 기억나지 않지만, 하여튼 한 사내를 돌보고 있는 게 그이라고들 하더군 요. 물론 바이올리니스트인 모렐과는 아무 관계없지만." 그녀는 얼굴을 붉히 면서 덧붙였다. "나는 베르뒤랭 부인이 라 망슈 지방에서 우리 가옥에 세를 들었으니 파리에서도 나를 방문하는 게 당연한 권리일 거라고 상상하고 있다 는 느낌이 들었을 때, 깨끗이 인연을 끊어야 할 때가 되었음을 깨달았죠."

'마님'과의 이런 불화에도, 캉브르메르 부부는 그 신도들과 사이가 나쁘지 않아, 같은 기차에 타면 으레 우리 찻간에 들어왔다. 두빌에 거의 다 오면 알베르틴은 마지막으로 거울을 다시 꺼내, 때로는 장갑을 바꾸거나 모자를 잠깐 벗고는 내가 사준 대모빗으로 헝클어진 머리를 빗으며, 머리칼을 풍성 하게 부풀리고, 필요하면 목덜미까지 규칙적으로 파인 골짜기처럼 늘어뜨린 곱슬곱슬한 머리 위로 곱게 튼 머리를 들어올리기도 했다. 마중 온 마차에 먼저 올라타면, 우리는 이제 자기가 어디에 있는지 모른다. 길이 밝지 않기 때문이다. 차바퀴의 소음이 더 커져서 마을을 지나고 있구나 알아차리고는, 이제 도착했다고 여겼는데 아직 들판 한가운데 있어 먼 종소리를 듣거나 하 며, 우리는 스모킹을 입었다는 사실도 잊고 가물가물 졸면서 어둠 속에서 끝 없이 흔들린다. 그러다 우리는 멀리서 기차를 타고 온 데다가 그 어떤 철도 에도 따르게 마련인 조그만 사고까지 겪은 터라서, 밤도 깊었는데 파리로 되 돌아가는 길의 거의 절반 정도는 실려온 기분이 든다. 갑자기 마차가 잔 모 랫길로 미끄러져 들면서 우리가 저택 정원에 들어섰다는 것을 퍼뜩 깨닫게 하는가 싶자, 우리를 다시 사교 생활로 끌어들이는 살롱의 불빛, 다음에는 식당의 불빛이 눈앞에서 환하게 빛을 낸다. 그 식당에서 이미 오래전에 지나 간 듯싶은 8시 치는 소리를 듣고, 시간이 단숨에 거꾸로 가는 것 같은 강한 충격을 느끼지만, 한편 불빛에 빛나는 만찬 식탁에는 헤아릴 수 없는 요리와 고급 포도주가, 연미복 차림의 사나이들과 반(半)야회복을 입은 여자들 주위에 쉴 새 없이 놓이고 있어서, 마치 정식 만찬회같이 보인다. 다만 그것과 다른 점은, 시골과 해변을 오가는 본디 엄숙한 밤 시간이 이런 사교 목적을 위해 불려오면서 짜낸, 어둡고 기묘한 베일 두 겹에 이 만찬회가 싸여 있다는 점이었는데, 따라서 그것이 이 만찬의 성질을 바꿔놓았던 것이다.

우리는 마차를 타고 돌아가기 위해, 휘황찬란한 살롱의 눈부시지만 금세 잊혀질 호화로운 사치와 작별해야만 했다. 나는 알베르틴이 나 없는 사이에 다른 사람들과 함께 타는 일 없이 반드시 나하고만 같이 탈 수 있도록 마차에 미리 손을 써두었는데, 그 이유는 흔히 또 다른 데에 있었다. 곧 어두운 마차 속에서 단둘이 여러 수작을 할 수 있었기 때문이고, 내리막길에서 서로 몸이 부딪칠 때에, 더구나 갑자기 빛이 새어 들거나 할 때에 서로 끌어안을 핑계가 되었기 때문이다. 캉브르메르 씨는 아직 베르뒤랭 부부와 앙숙이 아니었을 때 나에게 물었다. "이렇게 안개가 심한데, 혹시 당신도 호흡 곤란을 일으킬 것 같지 않습니까? 내 누이도 오늘 아침 심한 발작을 일으켰죠. 허! 당신도 그랬군요." 그는 만족스러운 듯 말했다. "오늘 밤 누이에게 이 일을 말해주겠습니다. 돌아가자마자 누이가, 당신이 최근 오랫동안 발작을 일으키지 않았는지 물어볼 게 뻔하거든요." 하기야 그는 누이의 발작에 대해 말하기 위해서 내 발작을 말할 뿐이었고, 두 발작의 차이를 밝히려고 내 증상의 특징을 캐물었던 것이다. 그러나 그런 차이에도 누이의 호흡 곤란이야말로 전형적인 증세라고 생각한 그는, 누이의 호흡 곤란에 '잘 들었던' 요법을 남들이 내 호흡 곤란에 대해 처방하지 않았다는 사실을 도저히 믿지 못했다. 그래서 그는 내가 그런 요법을 시도하지 않았다는 사실을 알고는 화를 냈다. 하기는 어떤 식이 요법을 철저하게 따르기보다 더 힘든 일이 있다면, 그것은 식이 요법을 남들에게 강요하지 않는 일이니까. "아, 이거 실례했소. 나야 문외한이지만, 당신은 마침 여기에 아레오파고스(Areopagos)*의, 아니 그 방면의 지식의 샘 앞에 계시오. 코타르 교수는 그 점에 대해서 어떻게 생각하시던가요?"

그런데 나는 다른 기회에 또 한 번 그 아내를 만났다. 그녀가 전에 내 '사촌

---

* 그리스의 최고 법원.

누이'에겐 별난 취미가 있다고 말한 적이 있어, 그것이 무슨 뜻인지 알고 싶었기 때문이다. 그녀는 그런 말을 한 걸 부인하다가 마침내 솔직히 털어놓았다. 내 사촌누이와 함께 있었던 듯한 어느 여인에 대해 얘기했던 거라고. 이름은 모른다고 하다가 결국, 만약 틀리지 않았다면 그녀는 은행가의 아내로리나, 리네트, 리제트, 리아, 요컨대 그런 따위의 이름이라고 말했다. '은행가의 아내'라는 말은 연막을 치려고 끼워넣은 속임수에 지나지 않는다고 나는 생각했다. 그것이 사실인지 알베르틴에게 물어보고 싶었다. 그러나 나로서는 물어보는 것보다 다 아는 체하는 편이 더 좋았다. 게다가 물어본댔자 알베르틴은 아무 대답도 안 했으리라. 아니면 그저 'non(아니)'이라고 대답하되, 그 'n'은 몹시 우물거리고, 반대로 'on'은 거의 외치다시피 말했을 것이다. 알베르틴은 자기에게 불리할 듯싶은 사실은 절대 말하지 않았지만, 그 사실 없이는 설명할 수 없는 다른 사실은 이야기했다. 따라서 사실이라는 것은, 남이하는 말 그 자체가 아니라, 차라리 남이 하는 말에서 흘러나오는 흐름, 눈으로 볼 수는 없어도 잡을 수는 있는 흐름이다. 그래서 당신이 비시에서 사귀었다는 여자는 나쁜 취미를 가진 여자였겠지 하고 캐물었더니, 그녀는 내가 생각하는 그런 여자가 결코 아니다, 자기에게 나쁜 짓을 하게 한 적은 한 번도없었다고 잘라 말했다. 그런데 다른 어느 날, 그런 취미를 가진 인간에 대한나의 호기심을 이야기하노라니, 알베르틴은 자기는 모르지만 비시의 그 부인에게는 그런 여자친구가 있다면서, 부인이 '자기한테 소개해주기로 약속'했다고 덧붙였다. 그런데 비시의 부인이 그녀에게 그런 약속을 했다면 알베르틴은 그 약속을 좋아한 셈이며, 또 비시의 부인은 그런 제의를 하면 알베르틴이기뻐하리란 것을 알고 있었던 셈이다. 하지만 어차피 알베르틴에게 그런 점을내세워 반박해봤자, 나는 자신의 지식을 그녀에게서밖에는 얻지 못하는 것으로 보였으리라. 그래서 그녀는 더 이상 정보를 주지 않게 되었을 테고, 나는 아무것도 알지 못하게 되어 만만한 상대로 여겨졌을 것이다. 더구나 지금 우리는 발베크에 있고, 비시 부인과 그 여자친구는 망통에 살고 있었다. 떨어져있다는 사실, 위험이 있을 수 없다는 사실이, 나의 의혹을 빨리 없애버렸다.

캉브르메르 씨가 정거장에서 내게 말을 걸 때, 나는 보통 알베르틴과 둘이서 어둠을 이용하여 비밀스런 짓을 하고 있었다. 다만 어둠이 오롯하지 못할까 봐 알베르틴이 몸부림을 치는 바람에 그만큼 애를 먹었지만. "코타르가 우리를 보았을 게 틀림없다니까요. 보지는 않았대도 헐떡거리는 당신 목소리를 들었을 거예요. 마침 모두 당신의 숨차는 현상, 호흡 곤란에 대해서 얘기하고 있었거든요." 마차가 두빌 역의 불빛 속으로 들어서자 알베르틴은 내게 말했다. 그리고 우리는 여기에서 돌아가는 기차를 탔다. 그런데 갈 때와 마찬가지로 돌아오는 길이 나에게 어떤 시적인 인상을 줌으로써, 내 마음속에 여행을 하고 싶은 욕망, 새로운 생활을 하고 싶은 욕망을 불러일으켜, 거기에서 알베르틴과의 결혼 계획을 포기하고 심지어 우리 관계를 결정적으로 끊고 싶은 욕망까지 일어나게 했는데, 동시에 우리 관계는 모순돼 있으므로 이런 걸 끊는 일쯤은 무척 쉽게 여겨지는 것이었다. 왜냐하면 갈 때와 마찬가지로 올 때에도, 정거장마다 저마다 다른 벗들이 우리 찻간에 올라타기도 하고 플랫폼에서 우리에게 인사를 보내기도 해서, 잠깐 공상의 즐거움이야 단숨에 눌러버릴 기세로, 우리를 끊임없이 편안하게 해주는 사교의 즐거움이 그 자리를 지배했기 때문이다.

이미 정거장에 닿기 전에 정거장의 이름은(그것을 내 귀로 들은 날부터, 곧 할머니와 같이 발베크로 여행을 갔던 첫날 저녁부터, 나로 하여금 그토록 꿈꾸게 한 정거장 이름은), 알베르틴의 질문을 받은 브리쇼가 그 어원을 우리에게 자세히 설명해주던 저녁부터, 완전히 인간적인 것으로 변해 그 야릇한 어감을 잃어버리고 말았다. 처음에 나는 피크플뢰르(Fiquefleur), 옹플뢰르(Honfleur), 플레르(Flers), 바르플뢰르(Barfleur), 아르플뢰르(Harfleur) 등과 같은 지명들 끝에 붙어 있는 플뢰르(fleur, 꽃)를 아름답다고 생각했으며, 브리크뵈프(Bricquebœuf) 끝에 붙은 뵈프(Bœuf, 황소)를 재미있다고 생각했다. 하지만 브리쇼가(기차를 함께 탄 첫날에), 플뢰르는 '포르(port, 항구)'라는 뜻이고 피오르(fiord, 노르웨이의 협만)와 마찬가지이며, 뵈프는 노르망디 사투리의 부드(budh)로서 '오두막(cabane)'을 뜻한다고 내게 가르쳐 준 순간, 꽃도 황소도 모두 사라졌다. 그는 다른 보기를 얼마든지 들었으므로, 처음에는 특수하다고 생각되던 게 일반화되고 말았다. 브리크뵈프는 엘뵈프(Elbeuf)라는 동네 이름과 이어졌다. 처음에는 그 고장만큼이나 개성적인 이름이다 싶었던 펜드피(Pennedepie) 같은 이름은, 이치로는 도저히 설명할 수 없는 기묘한 것이 태곳적부터 그 안에 섞여 들어가, 노르망디의 어떤 치즈처럼 향토적이고 구수하며 딱딱한 단어를 빚어내고 있는 듯했는데,

펜(pen)은 갈리아어로 '산(山)'이라는 뜻으로, 펜마르크(Penmarch)에서도 아펜니노(Appennino) 산맥에서도 찾아볼 수 있다는 사실을 알고 실망했다.

기차가 멈춰 설 때마다, 손님이 들어오지 않는다 해도 누군가와 악수를 나눌 일은 있다는 것을 알고 있었으므로, 나는 알베르틴에게 말했다. "얼른 브리쇼에게 물어봐요, 당신이 알고 싶다던 이름이 많았잖아. 마르쿠빌 로르귈뢰즈(Marcouville l'Orgueilleuse)에 대해서도 말했지." "그 오르귈뢰(orgueil, 자랑)라는 게 참 좋아요, 으쓱대는 마을이에요." 알베르틴이 말했다. 그러자 브리쇼가 대답했다. "실은 그보다 더 으쓱대지요. 만약에 프랑스어로 변하지 않았거나, 아니, 바이외 주교의 기록집에서 발견되는 마르쿠빌라 쉬페르바(Marcouvilla superba)와 같은 후기 라틴어로도 변하지 않은 더욱 오래된 어형, 보다 노르만어에 가까운 어형, 마르퀼피빌라 쉬페르바(Marculphivilla superba) 곧 메르쿨프(Merculph)*의 마을, 영지라는 뜻으로 당신이 해석하신다면 말입니다. 이처럼 빌(ville, 동네)이라는 철자로 끝나는 거의 모든 지명에서, 지금도 당신은 이 해안에 우뚝 서 있는 노르만의 사나운 침략자들의 환상을 볼 수 있을 겁니다. 에르몽빌(Hermonville)에서는 손님방 문 앞에 선 우리의 명의(名醫) 모습밖에 못 봤죠. 사실 그 모습은 고대 스칸디나비아의 우두머리하고는 아무런 관계도 없어요. 하지만 눈을 감아보시오, 저 유명한 노르만족의 우두머리 헤리뭉드(Herimund)의 모습이 보일 겁니다 (Herimundivilla, 헤리뭉드 마을). 모두들 루아니와 발베크 해안 역 사이에 있는 이 길은 가면서도, 루아니에서 옛 발베크로 가는 그 경치 좋은 길은 왜 안 가는지, 나는 도무지 알 수 없지만, 베르뒤랭 부인은 아마 여러분과 마차를 같이 타고 이쪽 길을 산책했을 테죠. 그때 보셨겠지만, 거기에 앵카르빌(Incarville) 곧 비스카르(Wiscar)의 마을이 있고, 또 베르뒤랭 부인 댁 조금 못미처에 투르빌(Tourville)이 있는데, 이것은 투롤(Turold)의 마을입니다. 하기야 이렇게 노르만인만 만나게 되는 건 아닙니다. 알망(Allemands, 독일인)도 이 근처까지 왔던 모양이오(옴낭쿠르(Aumenancourt)는 알마니퀴르타스(Alemanicurtis, 알망의 통로)가 변한 것이죠). 아, 저기 저 젊은 장교에겐 말하지 마시오. 말했다간 그 사촌 집에 갈 마음이 싹 가실지도 모르니까. 그

---

* 노르만족의 조상.

리고 색슨 사람(Saxons)도 있었어요. 시손(Sissonne)의 샘이라는 게 그 증거입니다(베르뒤랭 부인이 좋아하는 산책 장소 가운데 하나인데, 과연 그럴 만도 해요). 영국에도 미들섹스(Middlesex)니 웨섹스(Wessex)니 하는 곳이 있듯이 말입니다. 그리고 이건 잘 알 수 없지만 고트인(Goths), 곧 괴(gueux, 망나니)라고 불리던 자들도 이 근처까지 왔던 듯싶고, 또 무어족(Maures)도 그랬나 봐요. 모르타뉴(Mortagne)라는 이름은 모르타니아(Mauretania)에서 온 것이거든요. 고트 사람의 발자취는 구르빌(Gourville=Gothorumvilla)이라는 이름에 남아 있어요. 라틴 사람(Latins)의 흔적도 라니(Lagny=Latiniacum)에 남아 있는 형편이고요."

"나는 토르프옴(Thorpehomme)에 대해서 설명을 듣고 싶소만." 샤를뤼스 씨가 말했다. "옴(homme, 사나이)이란 말은 알겠는데 말씀이야." 그는 이렇게 덧붙였는데, 그때 조각가 스키와 코타르는 서로 뜻깊은 눈짓을 주고받았다. "다만 토르프(Thorp)라는 말은 뭐지요?" "옴은 말입니다. 남작, 당신이 아주 자연스럽게 생각하시는 그러한 뜻이 전혀 아닙니다." 브리쇼가 대답했다. 코타르와 조각가를 짓궂게 바라보면서. "여기서 옴이란, 어머니가 속하지 않은 그 성(性)*1하고는 아무 상관도 없어요. 옴은 홀름(holm)으로서, 작은 섬이라는 뜻이지요. 한편 토르프, 곧 마을에 대해서는, 제가 이미 이 젊은 분에게 싫증나도록 설명한 숱한 말 속에 자주 나왔습니다. 따라서 토르프옴 속에는 노르만인 우두머리 이름은 없고, 노르만어 낱말만이 있다 이겁니다. 이 일대가 얼마나 게르만화(독일화)되어 있는지 아시겠지요." "그건 좀 지나친 말씀 같은데요." 샤를뤼스 씨가 말했다. "나는 어제 오르주빌(Orgeville)에 갔습니다만……." "그거라면 남작, 아까 토르프옴에서 뺏은 사나이를 당신에게 돌려드리리다. 유식한 체하는 말이 아니라, 로베르 1세*2의 문서에 따르면 오르주빌은 오트게르빌라(Otgervilla), 곧 오트게르(Otger)*3의 영지입니다. 이러한 지명은 모두 옛날 봉건 제후의 이름이지요. 옥트빌 라 브넬(Octeville la Venelle)은 라브넬(l'Avenel)에서 온 겁니다. 아브넬(Avene-

---

*1 남성을 가리키는 말.

*2 1028~35년 무렵의 노르망디 공작.

*3 샤를마뉴 대왕 휘하의 귀족인 오지에 르 다누아(Ogier le Danois)를 말함인지 모르겠음—플레이아드판 주.

1) 가문은 중세의 명문이었습니다. 지난번에 베르뒤렝 부인이 우리를 데리고 갔던 부르그놀르(Bourguenolles)는 부르 드 몰(Bourg de Môles), 즉 몰의 도시라고 씌어 있더군요. 그도 그럴 것이, 그 마을은 11세기에 보두앙 드 몰(Baudoin de Môles)에 속했던 겁니다. 라 셰즈 보두앙(La Chaise-Baudoin)이라는 마을도 마찬가지예요. 아, 이거 벌써 동시에르에 도착한 모양인데요." "어럽쇼, 장교들이 떼 지어서 타려 드는군." 샤를뤼스 씨가 짐짓 놀란 체하면서 말했다. "아니, 이건 선생들을 위해서 드리는 말씀이오. 난 상관없지. 여기서 내리니까." 그러자 브리쇼가 말했다. "들었나요, 의사 선생? 남작께선 장교들한테 마구 짓밟힐까 봐서 겁이 나는 겁니다. 하지만 그들이 여기 모이는 건 그 임무상 당연하지요. 왜냐하면 동시에르(Doncières)는 바로 생시르(Saint-Cyr)니까요. 생시르, 곧 도미누스 시리아쿠스(Dominus Cyriacus)예요. 상크투스(sanctus, 거룩한)나 상크타(sancta, 거룩한)가 도미누스(dominus, 주인)나 도미나(domina, 주인)로 바뀌는 고장 이름은 많지요. 그런데 이 조용한 군인 도시의 분위기는 어딘지 생시르나 베르사유, 아니 퐁텐블로와도 닮은 데가 있는걸요."

이렇게 기차로 돌아가는 동안(갈 때도 마찬가지였지만) 나는 알베르틴에게 몸단장하라고 이르곤 했다. 암농쿠르, 동시에르, 에프르빌, 생바스트 등에서 기차에 오르는 사람들을 잠시 응대해야 한다는 걸 알기 때문이다. 사실 나는 그러한 응대가 그다지 싫지 않았다. 이를테면 에르몽빌(헤리뭉드의 영지)에서는 쉬브르니 씨를 응대하게 된다. 그는 다른 손님을 맞이하러 온 길에 왔느니 어쩌니 하고 찾아와서는, 나에게 내일 몽쉬르방으로 오찬을 하러 와달라는 부탁을 하고 간다. 또 동시에르에서는, 생루의 부탁을 받고(그에게 시간이 없을 때) 찾아온 그의 멋진 한 친구가 갑자기 들이닥치는 수가 있다. 그 친구는 코크 아르디(Coq Hardi, 용감무쌍한 싸움닭)장(莊)에서의 장교들 모임이나 프장 도레(Faisan Doré, 황금꿩)정(亭)에서의 하사관 모임에 오라는 보로디노 대위의 초대장을 나에게 전한다. 생루도 자주 왔는데, 그가 있는 동안 나는 남들이 눈치채지 못하게 알베르틴을 감시했다—하기야 그렇게 경계해봤자 아무 소용도 없었지만.

그런데 단 한 번, 나는 감시를 멈춘 적이 있었다. 역에 오래 멈춰 섰던 어느 날, 블로크는 우리에게 인사하러 왔다가 아버지가 기다린다면서 곧바로 물러

가버렸다. 그의 아버지는 최근 작은아버지의 유산을 받아, 라 코망드리라는 별장을 빌려 들고, 정복 차림의 몇몇 마부가 모는 역마차를 타고 싸돌아다니는 걸 대감 생활이라 여기고 있었다. 그런데 그때 블로크는 내게 마차까지 같이 가기를 청했다. "어서 빨리, 그 네발짐승들은 성미가 급하니까. 자, 신들의 귀여움을 받는 사나이, 어서 가세, 아버지가 기뻐할걸." 그러나 나는 알베르틴을 생루와 함께 기차에 두고 가는 게 걱정스러웠다. 내가 등을 돌리고 있는 동안 그 둘이서 말을 주고받고, 다른 찻간으로 가고, 서로 미소 짓고, 서로 몸을 맞붙게 할지도 몰랐다. 알베르틴에게 들러붙은 내 눈길은 생루가 거기에 있는 한 그녀한테서 뗄 수 없었다. 그런데 자기 아버지에게 인사하러 가 주기를 부탁했던 블로크는, 내게 하나도 지장이 없건만(기차가 적어도 15분간 정거장에 그대로 멈출 거라고 역원이 알려 거의 모든 승객이 하차했으니, 그들을 다시 태우지 않고선 기차는 출발하지 않을 테니까), 그 부탁을 거절한 나를 예의 모르는 놈으로 본 게 뻔했고, 이어서 내 거절을—이 경우에 내 행동이 그에게는 결정적인 대답이었다—분명히 속물근성 탓으로 돌리는 게 확실했다. 그도 그럴 것이 나하고 같이 있는 사람들의 이름을 그가 모르지 않았기 때문이다. 실은 조금 전 샤를뤼스 씨는, 지난날 블로크와 친해지려고 했던 것을 잊어버렸는지 또는 개의치 않는지 이번에도 나한테 말했었다. "여보게, 자네 친구를 소개해주게. 자네 행동은 나에 대한 결례야." 그러고서 그는 블로크와 담소했고, 상대가 마음에 썩 들었던지 "또 만납시다"라는 은혜를 블로크에게 베풀었다. "그럼 하는 수 없군. 자네는 내 아버지에게 인사하러 100미터를 걷기도 싫다 이거지. 아버지가 정말 기뻐하셨을 텐데." 블로크가 나에게 말했다. 내 가슴은 쓰라렸다. 우의가 없는 꼴로 보인 게, 더더구나 블로크로 하여금 내게 우의가 없다고 믿게 한 그 이유 때문에. 즉 '명사'들 앞에서는 내가 부르주아 친구에게 태도를 싹 바꾸는 놈이라고 블로크가 생각한 걸 느껴서.

이날부터 블로크는 내게 이전 같은 우정을 보이지 않게 되고, 더 괴롭게도, 내 성격에 대해 이전 같은 존경을 품지 않게 되었다. 그러나 나를 찻간에 그대로 있게 한 동기에 대해 그의 오해를 풀어주려면, 그가 나를 어리석은 속인(俗人)으로 믿게 내버려두기보다 몇 배나 더 괴로웠을 어떤 것—내가 알베르틴에 대해 질투하고 있는 것—을 그에게 말해야 했으리라. 그러므로 이론상 우리는 늘 솔직하게 자기 마음을 밝혀서 오해를 피해야 한다고 생각하지만,

인생에서는 흔히 없애지 못할 정도로 그런 오해를 거듭해 나가는데, 그것을 풀 수 있는 드문 기회가 왔을 때도 그것을 풀려면, 도리어 친구가 우리의 죄로 돌리는 상상적인 잘못 이상으로 그 친구 마음을 상하게 할 어떤 것을—이는 지금의 내 상황은 아니지만—폭로해야 하거나, 또는 오해 이상으로 우리를 궁지에 빠뜨릴 어떤 비밀의 고백—이것이 지금 내가 빠져 있는 처지이지만—을 해야 한다. 게다가 그를 따라갈 수 없었던 이유를 블로크에게 설명할 순 없었으니, 내가 설명도 없이 그저 언짢게 생각 말아달라고 말했다면, 나는 그가 언짢아하는 줄 알면서도 거절한 셈이니 결국 상대의 감정은 더욱 상했을 것이다. 지금은 이 운명(fatum) 앞에 순순히 머리를 숙이는 수밖에 없었다. 실은 알베르틴과 자리를 같이한 사실이 그를 배웅하지 못하게 했건만, 그는 반대로 명사와 자리를 같이한 것이 배웅을 안 한 이유인 줄로 안다. 운명이 이렇게 되기를 바랐던 것이다. 나로 말하면 그런 명사들이 지금보다 엄청 더 훌륭했더라도, 그런 사람들하고만 자리를 같이했다면 결국은 주로 블로크에게만 마음 쓰면서 예의를 다하기 위해 애썼을 텐데. 이와 같이 가까운 두 운명 사이에 금이 가고 그것이 점점 벌어져서 영원히 회복되지 않기엔, 우연하고 부조리한 하나의 사고(이 경우 알베르틴과 생루가 같은 자리에 있는 것)가 두 운명 사이에 끼어드는 것으로 충분하다. 그리고 내 경우에는 블로크의 우정보다 더 아름다운 우정이면서도, 무의식적으로 불화를 빚어낸 장본인이 상대로 하여금 어쩌면 그 자존심을 회복시켜 잠시 사라졌던 공감을 되찾게 했을지도 모를 일을 영원히 설명하지 않고 지나감으로써, 그대로 깨져버린 우정도 있다.

블로크의 우정보다 더 아름다운 우정이란 말은 지나친 말이 아닐 것이다. 블로크에겐 온갖 결점이 있어서 나를 더없이 불쾌하게 만들곤 했다. 그런데 우연히 그것이 알베르틴에 대한 내 애정과 마주치게 되어, 그 결점을 아주 참을 수 없는 것으로 만들었다. 그래서 내가 로베르를 눈으로 살피면서 블로크와 얘기한 이 짧은 동안에도, 블로크는 그가 봉탕 부인네에서 점심 먹었던 일, 다들 나에 대해 이야기하며 '헬리오스*가 기울 때까지' 칭찬했던 일을 내게 말했다. 나는 생각했다. '좋아. 봉탕 부인은 블로크를 천재로 생각하니까, 그가 내게 바쳤을 영광된 찬사야말로 남들의 천 마디보다 더 좋은 효과

---

* 태양.

를 냈을 테고, 알베르틴의 귀에도 들어가겠지. 머잖아 그녀는 내가 얼마나 '뛰어난' 인간인지 알게 될 거야. 아무렴, 이 이야기를 그녀의 작은어머니가 이미 전하지 않은 게 오히려 이상하지.' "그래." 블로크는 덧붙였다. "다들 자네를 칭찬했네. 나 혼자만이 깊은 침묵을 지켰지, 마치 음식물을 입에 넣은 듯이. 진짜 식사 이야기가 아닐세. 그건 평범한 식사였어. 그때 나는 타나토스*¹와 레테*²의 행복한 형제, 몸과 혀를 부드러운 끈으로 동여매는 거룩한 히프노스*³가 애용하던 양귀비 열매를 입에 머금은 것만 같았다네. 물론 자네를 존경한다는 점에서 나는 같이 초대됐던 탐욕스러운 들개 떼에 못지않아. 그러나 나는 자네를 이해하니까 존경하지만, 그들은 자네를 이해함 없이 존경하네그려. 솔직히 말해, 나는 뭇사람 앞에서 자네 이야기를 그렇게 지껄이기엔 자네를 몹시 존경한다네. 내 가슴속 깊이 품은 것을 큰 목소리로 찬양하다니, 그건 나로서는 엄청나게 신을 모독하는 행위일 걸세. 자네에 대해 누가 무엇을 물어봐도 소용없었지, 크로니온(Kronion)*⁴의 딸인 성스러운 '수치심(Pudeur)'이 끝까지 내 입을 다물게 했던 걸세."

나는 불쾌한 표정을 짓는 나쁜 취미는 없었다. 그러나 내 생각에 이 '수치심'이라는 것은—크로니온과 관련되기보다 더 많이—다음과 같은 감정들과 통하는 느낌이었다. 즉 그것은 그대들이 군림하는 신비로운 전당이 무식한 독자와 언론인들에게 짓밟힐까 봐, 그대들을 존경하는 비평가들로 하여금 그대들에 대한 이야기를 삼가게 만드는 그 점잖음(pudeur)이다. 그것은 그대들만 못한 인간들 속에 그대들을 섞지 않으려고 그대들에게 훈장을 주지 않는 정치가들의 신중함(pudeur)이다. 그것은 그대로 하여금 무능한 X씨의 동료가 되는 수치를 벗어날 수 있게 하려고 그대에게 찬성표를 던지지 않는 아카데미 회원의 삼감(pudeur)이다. 그리고 마지막으로 그것은, 죽은 아버지는 그럴 만한 공적이 있어서 그 무덤 위에 더할 나위 없이 경건한 꽃다발이 놓이는 것이련만 고인은 오히려 친한 사람들 사이에서 자기 이름이 오르내리길 바랄 거라면서 부디 조용히 놔두기를, 죽은 아버지에 대해서 아무것

---

*1 죽음.
*2 망각.
*3 잠.
*4 제우스 신을 가리키는 호메로스풍 이름 가운데 하나.

도 쓰지 말기를 우리에게 부탁하는 자식들, 고인을 언제까지고 살아 있는 사람처럼 대하면서 그 주위를 영광으로 감싸는 일은 멈춰주길 바라는 자식들의, 보다 존경스럽지만 더욱 죄스러운 수치심(pudeur)이다.

그런데 내가 그 아버지에게 인사하러 가지 못하는 이유를 몰랐던 블로크가 나를 괴롭히면서, 봉탕 부인네에서 내 평판이 나빠지게 했던 것을 털어놓으며 내 감정을 상하게 했다면(어째서 알베르틴이 이 오찬을 전혀 이야기하지 않았는지, 또 내가 나에 대한 블로크의 애정을 말했을 때 어째서 그녀가 침묵을 지켰는지, 이제야 나는 이해했지만), 이 젊은 이스라엘인은 샤를뤼스 씨에겐 노여움과는 딴판인 인상을 주었다.

확실히 블로크는 지금, 내가 잠깐이라도 고상한 사람들과 떨어질 수 없을 뿐만 아니라, 또한 그런 사람들(이를테면 샤를뤼스 씨)이 그에게 다가갈지도 모른다는 생각에 내가 그를 질투하여 둘 사이를 방해하고 서로 맺어지지 않도록 애쓴다고 믿고 있었다. 그런데 남작도 사실 내 동창생과 더 오래 마주하지 못한 것을 섭섭해했다. 다만 습관에 따라 그는 그런 기색을 보이지 않았다. 그는 아무런 내색 없이 내게 블로크에 대해 몇 마디 질문을 하기 시작했는데, 데면데면한 게 흥미 없다는 투였고, 내 대답을 들을 마음도 없어 보였다. 초연한 태도로, 관심이 없다기보다는 아예 멍하니 심심풀이로 단조로운 노랫가락을 중얼대듯, 그리고 나에 대한 한낱 예의를 차리듯이 물었다. "영리한 모양이군. 뭔가 쓰고 있다고 말하던데, 재능은 있나?" 나는 샤를뤼스 씨한테, 그에게 다시 만나자고 말씀하신 게 매우 친절하셨다고 말했다. 그런데 남작은 이 말을 들었다는 기색을 전혀 보이지 않았다. 내가 같은 말을 네 번이나 되풀이했는데도 잠자코 있었다. 그래서 샤를뤼스 씨가 다음같이 한 말을 내 귀로 들었다고 여겼을 때, 나는 내 귀가 환청에 희롱당하기라도 했나 의심하고 말았다. "그는 발베크에 살고 있나?" 남작은 이렇게 어렴풋한 물음의 투로 흥얼거렸는데, 언뜻 듣기에 이토록 꺼림칙한 의문문을 끝내는 데 프랑스말이 의문부호(?)밖에 갖지 못한 게 안타까울 정도였다. 하기야 그런 부호는 거의 샤를뤼스 씨한테만 도움이 되겠지만. "아뇨, 그의 집안은 이 근처 '라 코망드리(la commanderie)'*를 빌려 지내고 있습니다."

---

* 직역하면 기사령(騎士領).

알고 싶던 것을 알고 나자, 샤를뤼스 씨는 블로크를 업신여기는 체했다. "끔찍하군!" 그는 쇳소리 나는 힘찬 목소리를 되찾아서 외쳤다. "'라 코망드리'라고 불리는 고장이나 저택은 전부 말타 기사단(내가 그 회원이지만)에 의해 처음으로 세워지거나 소유되거나 했네. '탕플(Temple, 성당)' 또는 '카발리(Cavalry, 기병)'라는 장소들이 탕플 기사단에 의해 창설되었듯이. 내가 라 코망드리에 산다면 무척이나 자연스러운 일일 테지. 하지만 유대인이라니! 하기야 놀랄 건 없지. 그 종족의 특유하고 기묘한 신성 모독 취미의 소행이야. 유대인은 돈을 모아 별장을 살 만하게 되면, 번번이 수도원이라는 뜻인 르 프리외레(le Prieuré), 라베(l'Abbey), 르 모나스테르(le Monastére), 라 메종 디외(la Maison-Dieu)라고 불리는 것을 고르지. 나는 어느 유대인 관리와 거래를 한 일이 있는데, 그 사람이 어디 살았을 것 같나? 퐁 레베크(Pont-l'Evéque)*¹였다네. 그 사람이 브르타뉴에 좌천되었는데, 거기는 또 퐁 라베(Pont-l'Abbé)*²란 말씀이야. 성주간(聖週間)에 라 파숑(la Passion)*³이라 일컫는 그 천한 구경거리가 있을 때 극장 절반을 차지하는 게 유대인이네. 그들은 다시 한 번 그리스도를, 아니 적어도 그 인형을 십자가에 매달자는 생각에 흥분해 있지. 하루는 라무뢰 음악회에서, 내 옆자리에 어느 부유한 은행가인 유대인이 있었네. 베를리오즈의 〈그리스도의 어린 시절〉을 연주하니까 그는 아연실색했지. 그런데 오래지 않아 〈성금요일의 기적〉이 연주되자 그는 다시 평소처럼 더없이 행복한 표정을 짓더군. 자네 친구가 라 코망드리에 살다니, 가엾게도! 사디즘이란 말씀이야! 내게 가는 길을 가르쳐주겠나?" 그는 다시 무관심한 표정을 지으면서 덧붙였다. "우리의 유서 깊은 땅이 그와 같은 신성 모독에 어떻게 견디고 있는지 언제 보러 가야겠으니. 어쨌든 안타까운 일이로군, 그는 보기에 똑똑하고 섬세하니 말씀이야. 그가 파리의 탕플 거리에 산다면 그건 엎친 데 덮친 격이지!"

이렇게 말한 샤를뤼스 씨는 오로지 자기 이론을 지지하는 새로운 보기를 찾고 있는 척했는데, 실제론 내게 일석이조의 질문을 했으며 주된 목적은 블로크의 주소를 아는 것이었다. "확실히." 브리쇼가 토를 달았다. "탕플 거리

---

*1 직역하면 '주교교(主教橋)'.

*2 직역하면 '신부교(神父橋)'.

*3 그리스도 수난극.

는 전에 쉬발리 뒤 탕플이라고 불렸습니다. 이에 대해서, 남작, 한 말씀드려도 될까요?" 대학교수가 말했다. "뭐? 뭐요?" 샤를뤼스 씨는 퉁명스럽게 대꾸했다. 그런 참견이 자기가 알아내고 싶은 정보를 얻는 데 방해가 되므로. "아니, 아무것도 아닙니다." 브리쇼가 질려서 대답했다. "발베크의 어원에 대한 것인데 전에 나한테 질문한 이가 있어서요. 그래서 말인데 파리 탕플 거리는 지난날 바르 뒤 베크(Barre du-Bec) 거리라고 불렸습니다. 왜 그런고 하니, 노르망디의 베크 수도원이 파리의 그곳에 법정의 바르(barre)[1]를 가지고 있었기 때문이죠." 샤를뤼스 씨는 잠자코 못 들은 체했다. 이는 그의 거만한 태도 가운데 하나였다. "자네 친구는 파리의 어디에 살지? 파리 거리 4분의 3이 성당이나 수도원의 이름에서 비롯한 거니까, 계속되는 신성 모독 행위에 딱 알맞지. 유대인이라고 해서 라 마들렌 큰길이나 포부르 생토노레 또는 생토귀스탱 광장에 못 살게 할 수야 없단 말씀이야. 그들이 파르비 노트르담 광장, 아르쉬베셰 강둑, 샤누아네스 거리, 또는 아베 마리아 거리에 살 곳을 택함으로써 더 교묘하게 신성 모독 행위를 하지 않는 한, 그들의 곤란을 헤아려야 하네."

우리는 블로크가 현재 살고 있는 곳의 주소를 몰라 샤를뤼스 씨에게 가르쳐주지 못했다. 그러나 나는 그 아버지의 사무실이 블랑 망토(Blancs -Manteau)[2]에 있는 걸 알고 있었다. "저런! 참으로 도덕적이지 못하군." 샤를뤼스 씨는 외쳤다. 비꼬는 노여움으로 냅다 지르는 그 자신의 외침 소리에 깊은 만족을 느끼는 모양으로. "블랑 망토 거리." 그는 철자 하나하나를 쥐어짜듯 발음하며 빙그레 웃으면서 되풀이했다. "이 무슨 신성 모독인고! 생각 좀 해보게, 블로크 씨에 의해 더럽혀진 그 블랑 망토란 성모 마리아의 종들이라고 하는 탁발 수도회의 것이며, 그들을 그곳에 살게 하신 분이 성왕 루이였거든.[3] 그때부터 그 거리는 늘 수도회에 속해 왔지. 이 신성 모독이 더욱더 악마적인 까닭은, 블랑 망토 거리에서 엎어지면 코닿을 곳에 한 거리가 있는데, 이름은 잊었지만[4] 하여튼 그 거리는 온통 유대인들에게 점령

---

*1 법정 안의 난간.

*2 직역해서 '흰 외투'.

*3 성왕 루이가 1258년에 창설함.

*4 로지에 거리(La rue Rosiers) —플레이아드판 주.

되어 있기 때문이지. 점포들 앞에 히브리 글자가 나붙고, 무교병(無酵餅)*1을 만드는 가게며 유대인 푸줏간이 있어, 거기는 아주 파리의 유대인 거리지. 그러니 블로크 씨는 거기에 사는 게 당연해. 물론 그렇고말고."

샤를뤼스 씨는 어지간히 허풍 떠는 뽐내는 말투에 이어, 또 심미적인 이야기를 꺼내려고, 유전적인 무의식 반응을 보여서 뒤로 쳐던 그 얼굴에 루이 13세 시대의 늙은 근위병과 같은 표정을 띠며 말했다. "나는 이런 문제를 전부 예술적인 관점에서밖에 다루지 않네. 정치란 내가 나설 일이 아니려니와, 또 블로크가 거기에 속한다 한들 블로크 때문에 한 민족 전체를 비난할 순 없는 노릇이지. 그 민족은 스피노자를 유명한 아들로 치니까, 게다가 나는 유대교 회당을 드나드는 데서 꺼낼 수 있는 아름다움을 모르기엔 렘브란트에게 몹시 탄복하고 있네. 요컨대 게토, 즉 유대인 거리란 동종 혼합이며, 가장 완전한 만큼 더욱 아름답지. 하기야 이 민족은 실속 차리는 본능과 탐욕이 사디즘과 섞여 있으니까, 내가 말한 히브리 거리와 가까우며 이스라엘인의 푸줏간이 손 닿는 데 있다는 편리함이, 자네 친구로 하여금 블랑 망토 거리를 거처로 택하게 했을 걸세. 참으로 묘한 이야기지! 게다가 이상한 유대인 한 사람이 산 곳도 그 근처인데, 이 유대인은 성체 빵을 끓였다는 거야. 그런 뒤 남들도 그 짓을 흉내내어 그 유대인 자신을 끓였다더군. 이건 더욱더 이상한 일이지, 왜냐하면 유대인의 몸이 신의 몸만큼 값어치가 있다는 뜻이니까. 어쩌면 우린 자네 친구와 의논해서 블랑 망토 성당을 구경하러 갈 수도 있겠군. 생각해보게, 오를레앙 공 루이가 장 상푀르에게 암살된 뒤,*2 그 유해를 안치한 곳이 거기야. 이 암살은 불행하게도 국민을 오를레앙 가문에서 벗어나도록 하지 못했네. 하기야 나는 개인적으로 사촌인 샤르트르 공작과 매우 친하네만, 요컨대 오를레앙 가문은 찬탈자 무리지. 루이 16세를 무참히 죽이게 하고, 샤를 10세와 앙리 5세를 왕좌에서 밀어낸 것도 그들이지. 그런데 그건 혈통이라네. 그들의 조상 가운데에는 므시외(Monsieur)*3

---

*1 누룩을 넣지 않고 만든 빵. 유대인들이 출애굽의 수난과 하느님의 은혜를 기념하기 위해 먹음.

*2 1407년 11월 23일 밤의 사건.

*3 프랑스 왕의 동생에게 붙이던 칭호. 여기서는 루이 10세의 동생, 오를레앙 가문의 필립을 말함. 섭정은 그 아들인 오를레앙 공(1715~23).

—이렇게 불렸던 것은 아마도 그가 놀랄 정도로 잔소리 심한 할멈 같아서였겠지만—와 섭정과 그 밖에도 많은 이들이 있지. 얼마나 못된 가문이냐 말씀이야!" 유대인을 따돌리거나 히브리인을 감싸는 이 수다—겉모양을 중시하느냐 또는 숨은 의도를 중시하느냐에 따라 그 어느 쪽으로도 해석되는 수다—는, 모렐이 내게 속삭인 말로써 나한테는 희극적으로 멈추었다. 아마 샤를뤼스 씨가 이를 들었다면 발끈했으리라. 블로크가 샤를뤼스 씨에게 준 인상을 깨달을 수밖에 없었던 모렐은, 내 귀에다 대고 블로크를 '쫓아 보내' 줘서 고맙다 말하며 짓궂게 덧붙였다. "그는 그대로 여기 있고 싶었을걸요, 그게 다 질투죠. 내 자리를 차지하고 싶었던 겁니다. 과연 유대 놈이야!"

"이토록 오래 정차할 거면, 자네 친구에게 몇 가지 의식에 대한 설명을 부탁할걸 그랬군. 어디, 그를 다시 붙들어오지 않겠나?" 샤를뤼스 씨는 의심에서 나오는 걱정스런 표정으로 나에게 부탁했다. "그럴 수 없습니다. 마차 타고 떠났어요, 게다가 나한테 화도 났고." "고마워, 고마워요." 모렐이 내 귀에다 속삭였다. "터무니없는 이유를 다 대는군. 마차 따윈 얼마든지 따라잡을 수 있지, 자네가 자동차를 타고 가도 아무도 안 말리니까." 이처럼 샤를뤼스 씨는 모든 것이 자기 앞에서 머리 숙이는 일에 익숙한 인간답게 대꾸했다. 그러나 내가 잠자코 있자, 그는 거만하게 마지막 희망을 걸며 나에게 말했다. "좀 별난 것인 모양인데, 그 마차는 어떤 건가?" "덮개가 없는 역마차인데 벌써 라 코망드리에 닿았을걸요." 불가능에 부딪친 샤를뤼스 씨는 단념하고 농담하는 체했다. "알 만하군. 그들은 쓸데없이 값만 비싼 쿠페* 앞에서 꽁무니를 뺐을 걸세. 그건 가장 낮은 등급의 마차였을 테지."

드디어 기차가 다시 출발하는 신호가 들려, 생루는 우리 곁을 떠났다. 그러나 이날은 우리 찻간에 올라온 그가, 블로크를 따라가면 그를 알베르틴과 함께 남겨두게 된다는 생각으로 저도 모르게 나를 괴롭힌 유일한 날이었다. 다른 때는 그가 있어도 나는 괴롭지 않았다. 왜냐하면 알베르틴은 내가 온갖 불안에서 벗어날 수 있도록 어떤 핑계를 찾아내 로베르에게서 멀리 떨어져 앉았으므로, 실수로라도 로베르의 몸에 닿을 리 없고 악수하기조차 쉽지 않았기 때문이다. 로베르가 들어오자마자 그녀는 눈을 딴 데로 돌려, 다른 승

＊지붕 있는 2인승 사륜마차.

객 아무하고나 드러내놓고 여봐란듯이 담소하기 시작하고, 생루가 가버릴 때까지 그 연기를 계속했다.

이렇듯 생루가 동시에르에서 우리를 찾아와도 나는 고통은커녕 거북함조 차 느끼지 않았으니, 다른 사람들의 방문과 별다를 게 없었다. 그들의 방문 은 모두 쾌적해서, 이를테면 이 땅의 경의와 환대를 내게 가져다주었다. 여 름의 끝 무렵부터 발베크에서 두빌에 이르는 이 길에서, 해질녘 생피에르 데 지프 역에서는 석양에 물든 봉우리의 눈처럼 절벽 꼭대기가 한순간 장밋빛 으로 반짝이는데, 이 역이 멀리 보일 때 내 머릿속에 떠오른 것은(첫날 저녁 에 그 우뚝 솟은 기묘한 모양을 본 순간, 발베크까지 가지 않고 기차를 돌려 파리로 되돌아가고 싶다는 강한 욕망을 북돋우면서 갑자기 나를 덮쳤던 그 울적함은 물론 아니거니와), 엘스티르가 나에게 말해준 이 근처의 아침 풍 경, 즉 해 뜨기 직전에 무지개의 일곱 빛깔이 온통 바위 표면에 반사된 풍 경, 어느 해 모래 위에서 이 화가의 모델이 되어주던 소년을 그가 몇 번이고 침대에서 깨우던 그 시각의 풍경도 아니었다. 생피에르 데 지프(Saint-Pierre -des-Ifs)*¹란 이름은 다만 샤토브리앙이나 발자크에 대해서 얘기를 나눌 수 있는 독특한 인물, 하얀 분칠을 한 50대 노인의 나타남을 나에게 예고했을 뿐이다. 또한 저녁 안개에 싸여 지난날 그토록 나를 몽상케 했던 앵카르빌의 낭떠러지도 이제는 마치 태고의 사암(砂岩)이 투명해진 듯, 그 너머에서 내 가 보는 것은, 캉브르메르 씨의 아저씨뻘 되는 이의 아름다운 저택으로, 그 곳은 내가 라 라스플리에르에서 저녁 식사를 하기 싫거나 발베크에 돌아가 고 싶지 않거나 하면 언제라도 기꺼이 맞이해줄 사람들이 사는 곳이었다. 이 처럼 첫 무렵의 신비함을 잃어버리고 만 것은 이 지방의 고장들 이름뿐만 아 니라, 이 고장들 자체였다. 그리하여 어원을 따져봄으로써 벌써 신비성을 절 반쯤 잃었던 고장 이름은 더한층 격이 낮아졌다.

돌아오는 길에 기차가 에르몽빌에서, 생바스트에서, 아랑부빌에서 멈추 면, 우리는 얼른 알아볼 수 없는 그림자를 발견했다. 눈이 나쁜 브리쇼라면 아마도 밤의 어둠을 틈타 나타난 헤리뭉드나 비스카르나 헤림발드*²의 유령 으로 보았을지도 모른다. 그러나 그 그림자는 기차에 다가왔다. 어떤 때 그

*1 직역하면, 주목(朱木)이 무성한 거룩한 암석.
*2 모두 노르만족의 우두머리들.

것은 베르뒤랭네와 완전히 사이가 틀어진 캉브르메르 씨에 지나지 않았다. 손님들을 배웅하던 그는 내게로 와서 어머니와 아내의 말을 전하며, 나를 며칠 페테른에 '납치하고' 싶은데 생각이 있느냐고 묻고, 페테른에 묵는 동안, 내게 글룩의 전곡을 노래해줄 뛰어난 여가수와, 나와 멋들어진 게임을 벌일 유명한 체스 선수가 잇달아 올 텐데, 그렇다고 이런 놀이가 바다에서 낚시와 요트 놀이를 하는 데 방해가 되진 않으며 베르뒤랭네 만찬회에도 지장이 안 될 거라고 말했다. 또 베르뒤랭네 만찬회를 위해, 캉브르메르 후작은 명예를 걸고 나를 '빌려주겠다', 되도록 편의를 봐 안전하게 보내주겠다고 내게 약속했다. "그러나 그렇게 높은 데 가는 게 당신 몸을 위해 좋다고는 생각할 수 없는데요. 내 누이라면 견디지 못할 겁니다. 눈 뜨고 볼 수 없는 꼴로 돌아오겠죠! 게다가 누이는 요즘 건강이 썩 좋지 않습니다. 그래요, 당신도 헐떡헐떡 발작이 심하군요! 그러면 내일쯤 당신도 못 일어나실 수 있지!" 그리고 그는 자지러지게 웃었는데 악의가 있는 게 아니라, 거리에서 절름발이가 나동그라지는 걸 보거나 귀머거리와 담소하는 걸 보고서 그만 웃음을 터뜨리는 행동과 같았다. "그런데 요즘은? 뭐라고요, 2주일 동안이나 발작이 없었다고요? 그거 참 멋지군요! 그럼 정말이지 페테른에 묵으러 오셔서, 당신의 호흡 곤란 발작에 대해 내 누이와 같이 이야기하셔야겠는데요."

앵카르빌에서 혼령처럼 밤의 어둠을 틈타 오는 이는 몽페이루(Montpey-roux)[1] 후작이었다. 사냥 때문에 자리를 비우느라 페테른에 못 갔던 그는 장화를 신고 꿩깃으로 장식한 모자를 쓴 채, 떠나는 사람들과 악수하러 '기차까지' 온 김에 나하고도 악수하며, 내게 방해되지 않는 요일에 아들을 방문시키겠다고 알리고, 아들을 맞아줘서 참으로 고맙고 또 내 덕분에 그가 조금이라도 책을 읽을 줄 알게 되면 기쁘기 그지없겠다고 말했다. 어떤 때는 소화시키러 나왔다고 말하는 크레시 씨가 담배를 한 대 피우며, 여송연을 한 대 또는 여러 대 받으면서 내게 말했다. "그래, 맞아! 우리의 다음번 루쿨루스(Lucullus)[2]풍 향연날이 언젠지 아직 말씀 안 하셨죠? 얘기할 게 아무것도 없었나요? 그렇지, 몽고메리 가문의 두 줄기 종파 문제를 얘기하다 만 것을 잊지 마시기를. 그 이야기는 끝내야죠. 그럼 당신만 믿겠습니다."

---

*1 라블레풍의 조어로서, 직역하면 '고산 지방의 적갈색 머리의 사람'이라는 뜻.
*2 기원전 1세기의 로마 장군으로 사치와 많은 재산으로 유명함.

다른 사람들은 그저 신문을 사러 와 있었다. 또 다른 수많은 이들이 우리와 잠시 잡담을 나누었는데, 그들은 잠깐 벗들을 만나는 것 말고는 아무것도할 게 없다는 이유만으로, 그들의 작은 별장에서 가장 가까운 정거장 플랫폼에 나와 있는 거라고 나는 짐작했다. 작은 기차의 이러한 정거장도 요컨대다른 것처럼 사교 생활의 한 환경이다. 그리고 기차 자체도 자기에게 주어진이 소임을 의식하는 모양인지, 뭔가 인간의 상냥함 같은 것을 터득하고 있었다. 참을성 많고 온순한 기차는 늦은 승객들이 다 타기까지 오래오래 기다리고, 만일 출발해도 태우고 가라는 신호를 보내오는 이들이 있으면 거두어들이기 위해 멈추었다. 그러면 그들은 숨을 헐떡거리며 쫓아온다. 이 점에서그들은 기차와 비슷했으나, 인간은 전속력으로 기차를 따라잡으려 하고 기차는 침착하게 속도를 떨어뜨린다는 점에서 달랐다. 그와 같이 에르몽빌, 아랑부빌, 앵카르빌, 노르만인의 위대한 정복 사업조차 이젠 내게 떠올리게 하지 못했고, 지난날 그 고장들이 저녁의 축축한 공기 속에 잠기는 걸 보면서내가 느꼈던 이해할 수 없는 슬픔에서 이 몸이 아주 벗어났음을 섭섭해하는듯했다. 동시에르! 내가 거기를 실제로 알고 꿈에서 깨어난 뒤에도 그 이름속에, 기분 좋게 차가운 거리들과 환히 밝혀진 진열창들, 맛 좋은 새 고기가얼마나 오랫동안 남아 있었는지! 동시에르! 그곳도 이젠 모렐이 차에 타는역에 지나지 않는다. 에그르빌(Égleville=Aquilae villa)은 셰르바토프 대공부인이 자주 우리를 기다리고 있는 정거장이다. 멘빌은 날씨 좋은 저녁, 알베르틴이 그다지 피곤하지 않아 나와 잠시 더 함께 있고 싶을 때 내리는 역이었다. 거기서 가파른 언덕길로 간다면, 파르빌(Parville=Paterni villa)에서 내려서 걷는 것과 별 차이가 없었다.

나는 첫날 저녁 내 가슴을 조였던 고독에 대한 불안감을 이젠 느끼지 않을뿐만 아니라, 그런 불안이 다시 눈뜰 염려도 없고 타향에 혼자 있는 느낌도들지 않았다. 이 땅은 밤나무와 위성류로 풍요한 데다 우정으로 풍성하여,그 우정은 지나오는 역을 따라 길디긴 사슬을 이루다가, 이따금 길게 이어지는 푸르스름한 언덕이 우툴두툴한 바위 그늘이나 한길 보리수 뒤에 숨듯이잠깐잠깐 끊어지지만, 그래도 중계역마다 친절한 귀족이 대표로 나와 성의어린 악수로 나의 갈 길을 막고는, 지루함을 덜어주면서 힘이 들면 나와 같이 가주겠다고 제의했다. 또 한 사람이 다음 정거장에 나와 있을 테지. 그러니 이 작은 열차의 기적 소리는 다른 벗을 만날 수 있도록 막 악수한 벗을 우리 곁에서 떠나게 했을 뿐이다. 드문드문 있는 별장들과 거의 빠른 걸음 속도로 그 근처를 달리는 기차 사이의 거리가 어찌나 가까운지, 플랫폼이나 기다림방 앞에서 그 성관의 주인이 우리를 부를 때면 어쩐지 그 성관 현관이나 방 창문에서 부르는 생각이 들어, 이 작은 지방 철도가 시골의 거리이고 외딴 귀족 별장이 도시의 저택 같았다. 때로는 누군가의 '안녕' 인사도 들을 수 없는 정거장이지만, 침묵은 충족된 안도감을 지니고 있었다. 그 침묵은 가까운 별장에서 일찍 잠자리에 든 정겨운 벗의 잠으로 만들어져 있음을 알기 때문이요, 만약 내가 잠자리를 얻기 위해 그들을 깨운다면, 나의 그러한 방문은 아마 대환영을 받았을 것이기 때문이다.

습관은 우리 시간을 가득 채운다. 그러므로 처음 닿았을 때 하루의 열두 시간은 완전히 비어 있어서 무슨 일에나 쓸 수 있었던 어떤 도시에서, 몇 달 뒤에는, 자유로운 시간이라고는 조금도 남지 않게 될 것이다. 더구나 지금의 나라면 우연히 하루 정도 시간이 비더라도, 전에는 성당을 둘러보기 위해 발베크에 왔건만 그 성당을 보려고 하루를 보낼 생각도 나지 않았으려니와, 엘스티르가 그린 풍경의 현장을 그의 아틀리에에서 보았던 그 소묘와 맞대어 보는 데 하루를 쓸 생각도 없이, 오히려 페레 씨네 집에 체스나 한 판 두러 갈 생각을 했으리라. 나에게 발베크가 그야말로 친구로 가득 찬 고장이 된 것은, 이곳이 전부터 지녔던 매력과 더불어서 나를 나쁜 길로 빠지게 하는 영향력을 가지게 됐다는 뜻이다. 갖가지 식물이 자라는 경작지(culture)*처럼 나누어진 이 바닷가 일대에는 온갖 교양을 갖춘 친구들이 흩어져 있었다. 나는 이 친구들을 방문하는 데 어쩔 수 없이 여행의 형식을 취했지만, 이제 이 여행도 잇따른 방문의 사교적인 즐거움밖에 없었다. 지난날 고장의 이름은 나의 흥분거리라서 그 하찮은 《성관연감(城館年鑑)》도 망슈 지방 부분 페이지를 넘기는 내게 기차 시간표와 똑같은 감동을 일으켰는데, 지금은 같은 고장의 이름들이 어느 사이 친근하게 되고 말았는지 이 시간표 또한, 나는 그 동시에르 경유 발베크―두빌행의 페이지를 주소록과 마찬가지로 천연덕스럽게 찾아볼 수 있었을 것이다. 이 무척이나 사교적인 골짜기의 나라,

---

* 농토·교양·문화라는 뜻도 됨.

산허리에 수많은 친구가 보이다가 안 보이다가 하면서 널리 깃들여 살고 있는 이 지방에선, 저녁을 알리는 시적인 외침은 이젠 올빼미나 개구리 울음이 아니라 크리크토(Criquetot)*¹ 씨의 '재미 좋으시오?'이거나, 브리쇼의 '카이레!'*²였다. 이 분위기는 더 이상 번민을 일으키지 않았으며 오로지 인간이 풍기는 냄새로 가득 차, 나는 쉽사리 숨 쉴 수 있고 지나치게 마음이 진정되기까지 했다. 조금이나마 내가 거기서 얻어낸 이득이 뭔고 하니, 사물을 실속 차리는 관점에서만 보게 되었다는 점이다. 나는 알베르틴과 결혼하는 것이 미친 짓 같다는 생각이 들었다.*

---

*1 쇠붙이가 삐걱거린다는 동사 Criqueter의 라블레풍 인명화(人名化).
*2 그리스 말로 '안녕'.

제4장

알베르틴 쪽으로 급선회/새벽녘의 슬픔/
나는 알베르틴을 데리고 곧장 파리로 출발

나는 알베르틴과 결정적으로 헤어지기 위해 하나의 기회만을 기다렸다. 그러던 어느 날 저녁, 어머니는 병으로 죽어가는 할머니의 여동생 한 분을 위로하기 위해, 돌아가신 할머니가 그러기를 바랐듯이 그동안에 내가 바다 공기를 실컷 마시도록 나를 두고 그다음 날 콩브레로 떠나게 되었다. 그 기회에 나는 어머니에게, 알베르틴과는 절대 결혼하지 않기로 결심했으며, 그녀와 만나는 것도 머지않아 그만둘 작정이라고 말해버렸다. 이러한 말로 떠나기 전날 어머니에게 만족을 줄 수 있음이 나는 기뻤다. 과연 어머니는 그것이 어머니에게도 크나큰 만족임을 숨기지 않았다. 이 점에 대해서는 알베르틴과도 해결을 봐야 했다.

그녀와 함께 라 라스플리에르에서 돌아오는 길, 신도들 가운데 아무개는 생마르 르 베튀에서, 아무개는 생피에르 데 지프에서, 아무개는 동시에르에서 내려 찻간에 우리 둘만 남았을 때, 그날따라 유난히 기분 좋고 그녀로부터 해방된 느낌이 든 나는 드디어 이 얘기를 꺼내기로 마음먹었다. 게다가 실은, 지금 내가 사랑하는 건 발베크의 젊은 아가씨들 가운데 하나, 다른 아가씨들처럼 요즘 이곳에 없지만 오래지 않아 돌아올 한 아가씨(물론 그 아가씨들 전부가 내 마음에 들었다. 왜냐하면 처음 내가 이곳에 왔던 날처럼, 그 하나하나가 나머지 다른 아가씨들의 진수(眞髓)의 어떤 부분을 지녀, 마치 특별한 겨레붙이 같았으니까) 곧 앙드레였다. 그녀는 며칠 안에 발베크에 다시 올 테고, 어차피 곧장 나를 만나러 오겠지. 그때 자유의 몸으로 있으면서, 내키지 않으면 그녀하고도 결혼하지 않고 언제든 베네치아로 훌쩍 떠나고 싶다. 다만 떠나기 전까지 그녀를 완전히 내 것으로 만들어놓고 싶지만. 그러기 위해 내가 취할 방법은, 그녀에게 너무 성급히 다가가지 않는 것이겠지. 이번에 그녀가 와서 함께 담소할 때, 나는 그녀에게 이렇게 말하리라. '몇 주일 더 일찍 못 만난 게 참으로 섭섭한데요! 그러면 당신을 사랑했을 텐데. 지금은 이미 마음을 정했죠. 그러나 그건 아무래도 좋고, 우리 자주 만납시다. 나는 또 하나의 사랑으로 침울하니까요. 그러니 나를 부디 위로해주시기를.' 나는 이런 대화를 생각하면서 속으로 싱글벙글했다. 이런 투로 나가면 앙드레는 내가 정말 그녀를 사랑하지 않는다고 착각할 테니까. 그러면 앙드레는 내게 물리지 않을 거고, 나는 즐겁고 부드럽게 그녀의 애정을 이용할 테니까. 하지만 그러기 위해서는 너무 둔하게 굴 순 없으니, 지금 알베르틴과 진지하게 결말을 지을 필요가 있었다. 또 내가 그녀의 친구한테 헌신할 결심을 한 이상, 그녀 곧 알베르틴은 내가 그녀를 사랑하지 않는다는 사실을 잘 알 필요가 있었다. 이를 빨리 그녀에게 얘기해야만 했다. 앙드레가 내일 당장에라도 올는지 모르니까.

그런데 파르빌에 가까워지자, 나는 오늘 저녁엔 시간이 없으며, 어차피 내 결정은 이제 돌이킬 수 없으니 그녀에게는 내일 전하는 게 좋겠단 생각이 들었다. 그래서 나는 베르뒤랭네 집 만찬회에 대해 그녀와 같이 이야기하는 것으로 그쳤다. 그녀는 기차가 파르빌 바로 앞 정거장인 앵카르빌을 막 출발하는 순간에 외투를 입으면서 나에게 말했다. "그럼 내일도 다시 베르뒤랭, 잊지 마세요. 당신이 데리러 오기로 했으니." 나는 어지간히 무뚝뚝하게 대답할 수밖에 없었다. "그러지, 내가 '그만두지' 않는 한. 그런 생활이 정말 시시하다는 생각이 들기 시작했거든. 아무튼 거기에 우리가 간다면, 라 라스플리에르에서 보내는 내 시간이 절대로 헛되지 않게, 연구 대상이 되고 기쁨이 될 무언가 크게 흥미로운 것을 달라고 베르뒤랭 부인에게 부탁해야겠지. 올해 발베크에선 그다지 재미를 못 봤거든." "듣기 싫은 말이네요, 하지만 탓하지 않겠어요. 당신 신경이 날카로워진 모양이니까. 그 기쁨이란 뭐죠?" "베르뒤랭 부인이 그 작품을 썩 잘 알고 있는 한 작곡가의 곡을 날 위해서 연주시키는 기쁨. 나 또한 그 작품 하나는 아는데 그 밖에도 여러 가지 있는 모양이라, 그 악보가 출판되었는지, 그것이 초기 작품과 다른지 꼭 알고 싶거든." "어떤 작곡가?" "귀여운 예쁜아, 네게 뱅퇴유라는 이름을 알려준들 헛수고일 거야."

그런데 우리가 아무리 가능한 한 온갖 관념을 머릿속에 굴려본들 진실은 결코 그 안에 없다. 진실은 뜻하지 않을 때 밖에서 닥쳐와, 우리 몸에 무시무시한 침을 놓아 영원한 상처를 남긴다. "당신이 얼마나 웃긴지 모르죠." 알베르틴은 일어나면서 대답했다. 기차가 멈추어가고 있었으므로. "그 이름만 들어도 당신이 상상조차 못할 만큼 많은 것들이 떠오른다고요. 그뿐만이 아니라 베르뒤랭 부인 없이도, 나는 당신이 원하는 정보를 모두 가르쳐줄 수 있을걸요. 생각 안 나요? 나를 어머니같이 언니같이 돌봐준, 나보다 나이 많은 여자친구에 대해 얘기한 적이 있잖아요. 나는 그 여자친구와 트리에스테(Trieste)*에서 나의 가장 좋은 해를 보냈죠. 또 몇 주일 안에 나 세르부르에서 그 친구를 만나기로 했어요. 거기에서 우리는 함께 여행 갈 거예요(좀 괴상야릇한 계획이지만, 내가 바다를 얼마나 좋아하는지 당신도 알죠). 그래, 바로 이 친구예요(어머, 당신이 상상할지도 모르는 그런 여인이 전혀 아니라니까!), 보세요, 참으로 야릇하죠, 그 사람이 바로 뱅퇴유의 딸과 가장 사이좋은 친구라나요. 그러니 나도 뱅퇴유의 딸을 당신과 거의 똑같이 잘 알아요. 나 그녀들을 언제나 언니라고 부른다고요. 당신은 나한테 음악에 대해 아무것도 모른다고 말했죠. 하기야 옳은 말씀이지만, 당신의 귀여운 알베르틴도 음악에 대해 당신에게 도움이 될 수 있다는 걸 유감없이 보여드리겠어요."

우리가 파르빌 정거장에 들어가고 있을 때, 콩브레와 몽주뱅에서 이토록 먼 곳에서, 뱅퇴유가 죽은 지 이토록 오랜 뒤에 발음된 이러한 말에, 하나의 심상이 내 마음속에서 반응하여 활동하기 시작했다. 참으로 오랜 세월 동안 마음속에 품어왔으니, 지난날 내가 그것을 담아두면서 그것이 해로운 힘을 가졌음을 알아챘다 하더라도, 세월이 흐르면 마땅히 그런 힘을 아주 잃을 거라고 믿었을 심상. 그것이 내 마음속에 생생하게 보존되어 있었던 것이다. 마치 신들의 힘으로 죽음을 벗어나서 정한 날에 아가멤논의 살해자를 벌하고자 고국에 돌아온 오레스테스같이. 나를 괴롭히기 위해서, 아, 그렇지, 어쩌면 할머니를 죽게 내버려둔 나를 벌하고자, 그 심상은 오래도록 거기에 파묻힌 듯하던 어둠의 바닥에서 갑자기 솟아올라 '복수자'처럼 덤벼들었다. 내가 인과응보인 두려워할 만한 새 생활을 시작하게 만들려고. 어쩌면 악행이

---

* 이탈리아와 유고슬라비아의 국경 지대에 있는 항구.

한없이 낮은 불길한 결과를 내 눈에 뚜렷이 보여주기 위해. 그 결과는 악행을 범한 사람들뿐만 아니라, 아아! 그 몽주뱅의 아득한 옛날의 어느 날 오후, 덤불 뒤에 숨어서(스완의 사랑 이야기를 재미나게 들었을 때와 마찬가지로) '안다'는 그 불길하고도 고난이 따르게 마련인 길을 위험스럽게도 내 앞에 펼쳐버렸던 나처럼, 기묘하고도 재미있는 광경을 구경했을 뿐인 인간, 구경했을 뿐이라고 생각했던 인간에게도 주어졌다.

이와 더불어 나는 내 가장 큰 괴로움 속에서 얼마간 자랑스러운, 얼마간 즐거운 느낌을 받았는데, 그것은 충격을 받고 껑충 뛰어오른 사람이 평소 아무리 노력해도 기어오르지 못할 높은 곳에 어쩌다 이른 듯한 느낌이었다. 사피즘(sapphisme)*의 전문가인 뱅퇴유 아가씨와 그 여자친구가 알베르틴과 친하다는 사실. 그것은 내가 여태껏 그럴 리 없다 생각하면서도 상상했던 바와 비교하면, 1889년 만국 박람회에 나온, 한 가옥에서 이웃 가옥으로 이어지는 게 고작이었던 작은 통화관, 오늘날 거리를 지나고 도시며 들이며 바다를 건너 나라와 나라까지 서로 연결하는 전화 사이의 하늘과 땅 차이가 그곳에 있었다. 그것은 이제 막 내가 상륙한 무섭고도 꺼림칙한 미지의 땅이자, 짐작하지 못한 번민의 새로운 전개였다. 그런데 우리를 휩쓰는 이 현실의 대홍수는, 우리의 소심하고도 자질구레한 추측과 견주면 엄청난 것이긴 해도, 추측을 통해 분명히 예감되고 있었다. 그것은 틀림없이 내가 이제 막 알게 된 것, 알베르틴과 뱅퇴유 아가씨의 절친한 사이 같은 것, 내 머리만으론 생각해낼 수 없었을 테지만 어렴풋이 두려워하던 그 무엇으로, 그 때문에 나는 전에 앙드레 곁에 있는 알베르틴을 보면서 어쩐지 걱정되었던 것이다. 우리가 번민 속에 충분히 파고들지 못하는 까닭은 흔히 창조적 정신이 모자라기 때문이다. 그리고 가장 가혹한 현실도 번민과 함께 어떤 아름다운 발견의 기쁨을 준다. 이유인즉 그런 현실은, 우리가 오래전부터 의심치 않고서 그대로 되새겨온 사물에 새롭게 뚜렷한 꼴을 주는 데 지나지 않기 때문이다.

기차는 파르빌에 멈추었다. 승객이라곤 우리 둘뿐이라서, "파르빌!" 외치는 승무원의 목소리는 그런 수고가 쓸데없다는 느낌 때문인지 맥빠진 소리였다. 물론 그것은 습관—그런 수고를 마치게 하는 습관, 꼼꼼함과 무기력

---

* 그리스의 여류 시인 사포(Sapho)와 제자들이 즐겼다는 데서 나온 말. 여자끼리의 동성애.

함을 그에게 한꺼번에 불어넣는 습관—탓이기도 했고, 더더구나 졸음 때문이기도 했다. 내 눈앞에 있던 알베르틴은 목적지에 닿은 걸 알고서, 우리가 있던 찻간에서 두세 걸음 걸어 나가 승강구 문을 열었다. 그런데 내리기 위해 그녀가 한 이 동작은 내 심장을 참을 수 없을 만큼 갈기갈기 찢었다. 마치 내 몸에서 두 걸음 떨어진 곳에 알베르틴의 몸이 독립된 공간을 차지하고 있는데도, 우리를 갈라놓는 이 공간, 성실한 화가라면 우리 사이에 반드시 그려넣어야 할 이 공간이 사실 겉모양에 지나지 않기라도 하듯, 또 마치 참된 현실에 따라서 사물을 바르게 다시 그리고자 원하는 사람이라면, 지금 알베르틴을 내게서 좀 떨어진 데 놓을 게 아니라 내 심장 가운데 놓아야만 하듯. 내게서 멀어지는 알베르틴이 내 마음을 어찌나 아프게 했는지, 나는 그녀를 쫓아가 죽을힘을 다해 그 팔을 잡아당겼다. 그리고 부탁했다. "도저히 안 되려나, 오늘 밤 발베크에 와서 자는 건?" "안 돼요. 난 졸려서 쓰러질 것 같아요." "와준다면 정말로 기쁠 텐데……." "그럼 좋아요, 이해가 안 가지만. 어째서 더 일찍 말하지 않았죠? 아무튼 남을게요."

알베르틴에게 다른 층의 방 하나를 정해준 다음 내 방에 돌아왔다. 어머니는 자고 있었다. 나는 창가에 앉아, 얇은 칸막이 너머에 있는 어머니의 귀에 들리지 않도록 흐느낌을 삼켰다. 나는 덧문을 닫을 생각조차 못했다. 눈을 쳐들자 내 눈앞의 하늘에, 엘스티르가 석양을 보고 그렸던, 리브벨의 식당에 있는 습작에서 봤던 것과 똑같은 어렴풋한 붉은빛이 보였다. 나는 발베크에 도착한 첫날 기차에서도 이와 똑같은 어두운 광경을 보고 감동했던 기억을 떠올렸다. 다만 이때는 이 심상 뒤에 따라오는 것이 밤이 아니라 새 하루였지만. 그러나 어떠한 하루도 이제 내게는 새롭지 않으려니와, 내 마음속에 행복에 대한 소망을 불러일으키지도 않을 테지. 그것은 오로지 이 몸에 더 버틸 기운이 남지 않을 때까지 내 고통을 질질 끌 테지. 코타르가 앵카르빌의 카지노에서 말했던 진실이 이제 내겐 털끝만 한 의심도 남기지 않았다. 내가 알베르틴에 대해 오래전부터 두려워했으며 어렴풋이 의심해온 것, 내 본능이 그녀의 존재 전체에서 맡아낸 것, 내 희망으로 다루어진 추리력이 내게 점점 인정하지 못하게 했던 것, 그것은 분명 사실이었다! 이제 알베르틴의 등 뒤에서 내가 보는 건 바다의 푸른 파도 봉우리가 아니라 몽주뱅의 방이었다. 그 방에서 그녀는 뱅퇴유 아가씨의 팔에 안겨, 낯선 쾌락에 겨운 신음 섞인 웃음을 흘리고 있었다. 그런 기호를 가진 뱅퇴유 아가씨가 알베르틴 같이 예쁜 처녀한테 어찌 그 기호를 만족시켜달라고 조르지 않았으랴. 또 알베르틴도 그것을 싫어하지 않고 동의했으리라. 그 증거로 둘의 사이는 나빠지기는커녕 오히려 더욱 친밀해지지 않았는가. 로즈몽드의 어깨에 턱을 얹은 알베르틴이 생글생글 웃으며 로즈몽드의 얼굴을 빤히 쳐다보면서 그 목에 입맞췄던 우아한 동작, 뱅퇴유 아가씨를 내게 떠올리게 하던 그 동작, 그러나 나는 한 몸짓으로 나타낸 교태가 반드시 같은 성벽의 결과로서 생긴다고 해석하는 데는 망설였다. 그런데 누가 알랴, 알베르틴이 그 짓을 뱅퇴유 아가씨한테서 직접 배웠을지?

어두운 하늘이 점점 환해졌다. 여태껏 더할 나위 없이 수수한 것, 카페오레 한 잔, 빗소리, 우렁찬 바람 소리에도 미소 짓지 않고선 눈뜬 적이 없었던 나, 그런 나는 곧 밝아올 하루, 그리고 그 다음에 올 모든 나날이 이제는 영원히 행복을 가져다주지 않으려니와, 내 고뇌의 계속을 가져오리라는 걸 느꼈다. 나는 아직 삶을 사랑했다. 그러나 이젠 거기서 잔혹한 것밖에 기대할 수 없다는 걸 알고 있었다. 나는 승강기로 달려가, 너무 이른 시간인데도 벨을 울려서 야간 근무하는 엘리베이터 보이를 불렀다. 그에게 알베르틴의 방에 가달라고 부탁하고, 중요한 이야기가 있으니 방에서 기다려주길 바란다는 전언을 맡겼다. "아가씨가 직접 오시겠답니다." 그는 대답하러 왔다. "곧 이곳으로 오십니다." 정말로 오래지 않아 알베르틴이 실내복 차림으로 들어왔다. 나는 더할 수 없이 낮은 목소리로 그녀에게 말하면서, 어머니와는 이 칸막이(지금 이 얄팍한 칸막이는 어쩔 수 없이 낮은 목소리로 속삭이게 만들어서 귀찮았으나, 지난날 옆방 할머니의 생각을 썩 잘 알아챌 수 있었을 때는 어떤 투명한 음악처럼 느껴졌다) 하나로밖에 떨어져 있지 않으니 어머니를 깨우지 않도록 목소리를 높이지 말라고 부탁했다.

"이런 시각에 깨워 미안해. 사실 말이지. 그대가 이해해주도록, 그대가 모르는 일을 한 가지 얘기해야겠어. 여기 올 적에 나는 결혼할 예정이던 여인, 나를 위해 모든 걸 버릴 결심을 한 여인과 헤어졌어. 그 여인은 오늘 아침 여행을 떠나기로 되어 있었지. 그래서 나는 일주일 전부터 날마다 생각해봤지, 내가 그 여인에게 돌아간다는 전보를 치지 않을 용기가 있을까 하고 말이야. 나는 그만한 용기가 있었어. 하지만 어찌나 가슴이 아팠는지 죽고 싶을 정도였어. 그래서 어젯밤 발베크에 묵으러 와주지 않겠느냐고 부탁한 거야. 죽는 마당에 작별인사를 하고 싶어서." 그러고 나서 나는 눈물을 펑펑 흘리며 나의 거짓을 그럴듯하게 만들었다. "세상에, 가엾어라. 그런 줄 알았다면 밤새 당신 곁에 있었을 텐데." 알베르틴이 이렇게 외쳤다. 이렇게 외치는 그녀의 머릿속에는, 내가 어쩌면 그 여인과 결혼할지도 모르고 그렇게 되면 그녀는 '훌륭한 시집'을 갈 기회를 놓친다는 생각은 떠오르지도 않았다. 그토록 그녀는, 내가 그 원인은 감출 수 있었지만 그 실체와 생생한 느낌은 숨길 수 없었던 슬픔에 진심으로 감동했다. 그녀가 말했다. "그러고 보니 어제 라 라스플리에르에서 돌아오는 길에 당신은 내내 안절부절못하며 슬퍼했죠. 난 다 알았어요. 무슨 일인가 걱정했지요." 사실 내 슬픔은 파르빌에 닿았을 때 시작되었다. 다행히 알베르틴은 내 신경질을 슬픔과 혼동하고 있지만 이것도 사실 전혀 달라, 내 안절부절못함은 아직도 앞으로 그녀와 같이 며칠을 더 살아야 한다는 싫증에서 나온 것이었다. 그녀는 덧붙였다. "나 이제는 당신 곁을 안 떠날래, 이대로 쭉 여기 있을래요." 그녀는 바로—그녀만이 내게 줄 수 있는—이 몸에 심한 아픔을 일으키는 독소에 맞서는 유일한 약을 내게 주었다. 하기야 이 약은 독소와 같은 물질로, 하나는 달고 다른 하나는 쓰나 둘 다 똑같이 알베르틴에게서 생겨났다. 이때에 알베르틴—나의 아픔—은 내게 괴로움을 일으키기를 그치며, 나를—약인 알베르틴으로서—회복기 환자처럼 편안해지게 했다.

그러나 나는 그녀가 오래지 않아 발베크를 떠나 셰르부르에, 셰르부르에서 트리에스테에 가려는 걸 알고 있었다. 그녀의 이전 버릇이 되살아나고 있는 것이다. 내가 무엇보다 바라는 바는, 알베르틴이 배를 타지 못하게 하고 그녀를 파리에 데리고 가는 것이었다. 물론 그녀가 원한다면 파리에서는 발베크에서보다 더 쉽게 트리에스테에 갈 수 있긴 하다. 하지만 먼저 파리에 가서 보자. 그렇지, 게르망트 부인에게 부탁하면, 뱅퇴유 아가씨의 여자친구에게 간접적으로 영향을 줘서 그녀가 트리에스테에 머무르지 않고 다른 곳에서 직장을 갖도록 할 수 있을지 모른다. 이를테면 내가 빌파리지 부인 댁에서, 아니 게르망트 부인 댁에서도 만난 적 있는 그 아무개 대공 댁에 근무시킬 수 있을지 모른다. 이 대공이라면 알베르틴이 이분 댁에 가서 그 여자친구를 만나려 해도, 게르망트 부인에게 미리 이야기를 듣고 두 여인을 못 만나게 할지도 모른다.

물론 알베르틴에게 그런 기호가 있는 이상, 그녀는 파리에서 그것을 만족시켜줄 상대를 얼마든지 찾아낼 수 있을 것이다. 그러나 질투의 움직임은 하나하나가 특수하며, 그 하나하나의 감정을 불러일으킨 인간—이번 경우에는 뱅퇴유 아가씨의 여자친구—의 흔적을 간직한다. 그러므로 지금 내 크나큰 걱정거리는 뱅퇴유 아가씨의 여자친구였다. 전에 나는 수수께끼 같은 정열과 더불어 오스트리아에 대해서 생각했다. 왜냐하면 알베르틴이 그 나라에서 왔고(그녀의 작은아버지가 그곳 대사관 참사관이었다), 그 나라의 지리적 특징, 인종, 사적, 풍경 같은 것을, 나는 지도나 사진첩에서 보듯이 알베르틴의 미소나 몸짓에서 볼 수 있었기 때문이다. 하지만 그런 수수께끼 같은 정열을 나는 지금도 느꼈는데, 다만 이번에는 거꾸로 소름끼치는 영역에서 느꼈다. 그렇다. 알베르틴은 거기서 왔다. 그 나라에서 그녀는 어느 집에 가든, 뱅퇴유 아가씨의 여자친구나 다른 여인을 다시 만날 수 있는 것이다. 어린 시절의 버릇이 되살아나겠지.

그녀들은 석 달 뒤 크리스마스를 위해, 그 다음 정월 초하루를 위해 모이겠지. 이 두 명절을 생각만 해도 나는 이미 슬펐다. 지난날 새해 휴가 내내 질베르트와 헤어져 있었을 때 느꼈던 슬픔의 기억이 무의식중에 떠올라서. 긴 저녁 식사와 섣달그믐 밤의 밤참을 들고 나서 다들 명랑하게 신이 나 있을 때, 알베르틴은 그곳 여자친구들과 함께, 그녀가 앙드레를 상대로 취하는 걸 내 눈으로 본 것과 똑같은 자세를 취하겠지. 그때 앙드레에 대한 알베르틴의 우정이야 순수했을지 몰라도, 이번 자세는 그 옛날 몽주뱅에서 내 눈앞에 크게 비쳤던, 여자친구한테 뒤쫓긴 뱅퇴유 아가씨의 자세와 같은 것이리라. 여자친구는 뱅퇴유 아가씨 몸을 간질이더니 그녀를 덮치려 한다. 그 뱅퇴유 아가씨 얼굴에, 지금 나는 알베르틴의 활활 타는 얼굴을 겹쳐 본다. 그런 알베르틴이 달아나면서, 그러다가 몸을 내맡기면서, 깊은 곳에서 치미는 괴상한 웃음을 흘리는 게 들린다. 지금 느끼는 이 괴로움에 비하면, 동시에르에서 생루가 나와 함께 있는 알베르틴을 만나, 그녀가 그에게 아양 부리는 짓을 했던 날 내가 겪었던 질투 따위야 뭐가 대수로운가. 마찬가지로, 내가 스테르마리아 아가씨의 편지를 기다리던 날 그녀가 내게 주었던 첫 입맞춤, 그런 입맞춤을 어느 사내가 가르쳐주었을까 곰곰이 생각하면서 겪었던 질투 따위야 뭐가 대수로운가. 생루나 어느 젊은이를 통해 일어난 이런 질투는 아무것도 아니었다. 그 경우에는 기껏해야 연적을 두려워하는 정도이며, 연적에게 이기기 위해 싸우기만 하면 된다. 그런데 이번에는 연적이 나와 같은 남자가 아니었고, 무기도 달랐다. 나는 똑같은 경기장에서 싸울 수 없었으며, 알베르틴에게 같은 쾌락을 줄 수도, 그녀의 쾌락을 정확히 이해할 수도 없었다.

살아가면서 우리는 가끔 하찮은 권한과 모든 장래를 맞바꾸려 들기도 한다. 나는 이전에 블라탱 부인과 벗이 되고자 삶의 모든 이익을 포기하려 했는데, 그녀가 스완 부인의 친구였기 때문이다. 그리고 오늘, 알베르틴이 트리에스테에 안 갈 수만 있다면 나는 온갖 괴로움을 참아냈을 테고, 그래도 모자란다면 그녀에게까지 괴로움을 지웠을 것이다. 그녀를 외따로 있게 가두고, 그녀가 가진 몇 푼 안 되는 돈도 모두 빼앗아, 무일푼이라서 여행이 불가능하게끔 했으리라. 이전에 내가 발베크에 가보고 싶었을 때 출발을 서두르게 한 것은, 페르시아풍 성당과 새벽녘 폭풍우를 보고 싶다는 소망 때문이었다. 그리고 지금 알베르틴이 트리에스테에 갈지도 모른다고 생각할 때 내 심장을 갈가리 찢는 것은, 그녀가 거기서 뱅퇴유 아가씨의 여자친구와 같이 크리스마스 이브를 지낼 거라는 사실이었다. 왜냐하면 상상력의 성질이 바뀌어 감수성의 영역으로 이동한들, 수많은 심상을 한꺼번에 알맞게 나누진 못하기 때문이다. 뱅퇴유 아가씨의 여자친구가 지금 셰르부르 또는 트리에스테에 없다, 그녀는 알베르틴을 만날 수 없다고 말해주는 사람이 있다면, 나는 얼마나 감미로운 기쁨의 눈물을 흘렸을까! 내 삶과 내 앞날이 얼마나 달라졌을까!

이처럼 내 질투 영역을 더할 나위 없이 제한하는 것은 아무 근거도 없는 짓이며, 알베르틴은 그러한 기호를 지니고 있는 이상 그것을 다른 여인들과도 실컷 만족시킬 수 있다는 걸 나는 알고 있었다. 하기야 그런 아가씨들이라도 다른 데서 알베르틴과 만난다면 이토록 내 마음을 아프게 하진 않았을지도 모른다. 지금 이렇듯 이해할 수 없는 적의에 찬 분위기가 퍼져나오는 곳은 트리에스테였으며, 알베르틴이 거기서 즐길 것을 내가 느끼는 낯선 세계, 그녀 자신의 추억과 우정과 어린 시절의 사랑이 남아 있는 미지의 세계에서였다. 이 분위기는 지난날 콩브레에서 어머니가 내게 잘 자라고 말해주러 오지 않고서 낯선 손님들과 담소하는 목소리가, 포크 소리에 섞여 식당에서 내 방까지 들려왔을 때와 같은 분위기였다. 그리고, 스완으로서는, 오데트가 야회복 차림으로 어떤 환락을 찾으러 간 그 집들을 가득 채웠던 것과 같은 분위기였다. 지금 내가 생각하는 트리에스테는, 깊은 생각에 잠긴 주민들이 살고 금빛 석양이 지며 종소리가 구슬프게 울리는 매혹적인 고장이 아니라, 지금 바로 불태워버려 현실 세계에서 없애고 싶은 저주받은 도시였다. 이 시가는 내 마음속에 빠지지 않는 날카로운 못처럼 박혀 있었다. 오래지 않아 알베르틴을 셰르부르와 트리에스테로 떠나게 해야 한다니 생각만 해도 오싹했다. 그렇다고 발베크에 그대로 있게 하는 것도 싫었다. 왜냐하면 내 연인과 뱅퇴유 아가씨 사이의 친밀한 관계가 거의 확실하게 밝혀진 지금, 알베르틴이 나와 같이 있지 않는 시간에(그 작은어머니 때문에 며칠이나 그녀를 전혀 만날 수 없는 일조차 있었다) 블로크의 사촌자매나 어쩌면 딴 여인들에게 몸을 내맡기고 있는지도 모른다는 생각이 들었기 때문이다. 오늘 저녁에라도 그녀가 블로크의 사촌자매를 만날지도 모른다는 생각에 미칠 것 같았다. 그래서 그녀가 며칠 동안 내 곁을 떠나지 않겠다고 말하자, 나는 그녀에게 대답했다. "사실 나는 파리에 돌아가고 싶어. 나와 같이 안 떠날래? 그리고 파리의 우리집에 와서 한동안 같이 살지 않겠어?"

나는 어떤 대가를 치르더라도 그녀를 혼자 있지 못하게 만들어야 했다. 적어도 며칠 동안은, 그녀를 내 곁에 잡아둬 뱅퇴유 아가씨의 여자친구를 못 만나게 해야 했다. 실제로 그녀는 나와 단둘이서 살게 될 거다. 왜냐하면 어머니는 아버지가 시찰 여행을 떠나는 틈을 이용해, 할머니의 뜻에 따라 할머니의 자매 한 분의 곁에서 며칠 지내기 위해 콩브레에 가기로 되어 있었으니까. 어머니는 그 이모를 좋아하지 않았다. 그분은 할머니한테 깊은 사랑을 받으면서도 자매의 도리를 다하지 못했기 때문이다. 이처럼 어린이들은 어른이 되어도, 그들에 대해 좋지 못했던 원한을 품고 기억한다. 그러나 할머니가 다 된 어머니는 원한을 품을 수 없었다. 할머니가 보낸 삶은 어머니로서는 티 없이 순진한 동심의 나날 같아, 거기서 어머니는 추억을 긷고, 그 추억의 다사로움이나 쓰라림이 어머니의 행동을 결정했다. 그 이모는 어머니에게 매우 귀중한 이야기들을 들려줄 수 있었을 텐데, 이제는 그러기도 어려울 것 같았다. 이모는 중태였으니까(암이라고 한다). 어머니는 아버지를 돌보느라 더 일찍 그녀를 보러 가지 못한 것을 뉘우쳤다. 그런 만큼 당신 어머니라면 틀림없이 하셨을 이 문병을 꼭 해야겠다고 생각했다. 어머니는 할머니의 아버지 기일(忌日)에(이분은 매우 나쁜 아버지였다), 할머니가 꼬박꼬박 그 무덤 위에 바치던 꽃을 이제 자신이 바치고 있었다. 이와 같이 어머니는 반쯤 열려가는 무덤을 향해서도, 그 이모가 내 할머니에게 살아 있을 때 해주지 않던 다사로운 말을 걸려고 했다. 어머니는 콩브레에 있는 동안은 이런저런 집 공사를 할 예정이었다. 할머니가 늘 하고 싶어하면서도 딸이 감독해줘야 한다면서 미루던 일이었다. 그래서 공사는 아직 시작되지 않았다. 어머니는 아버지보다 먼저 파리를 떠남으로써 아버지를 괴로운 슬픔에 빠뜨리지 말아야겠다고 생각했던 것이다. 사실 아버지는 어머니와 슬픔을 나누고는 있었지만, 어머니만큼 깊은 비탄에 빠져 있지는 않았다.

"어머나! 지금 그럴 순 없을 거예요." 알베르틴이 내게 대답했다. "어째서 당신은 그렇게 빨리 파리에 돌아가야 하죠? 그 여인이 떠났기 때문에?" "그 여인이 본 적도 없는 이런 소름끼치는 발베크에 있느니보다, 내가 그 여인과 친해진 곳에 있는 편이 더 아늑할 테니까."

알베르틴은 나중에 정말 깨달았을까? 다른 여인이 존재하지 않고, 또 지난밤에 내가 아주 비관해 죽고 싶었던 게, 그녀가 경솔하게 뱅퇴유 아가씨의 여자친구와 친하다고 말했기 때문임을. 알았을지도 모른다. 그럴 법하게 생각이 드는 순간이 있다. 그러나 어쨌든 이날 아침, 그녀는 다른 여인의 존재를 믿었다. "그렇다면 당신은 그 여인과 마땅히 결혼해야 해요." 그녀가 말했다. "그러면 당신은 행복할 거예요, 또 그 여인도 확실히 행복할 거예요." 나는 그녀에게 다음같이 대답했다. 사실 그 여인을 행복하게 만들 수 있다고 생각했으므로 그럴 결심을 할 뻔했다, 얼마 전, 앞으로 내 아내에게 많은 호사와 기쁨을 주고도 남을 막대한 유산이 손에 들어와, 나는 그 사랑하는 여인의 큰 희생을 하마터면 받아들일 뻔했다고. 알베르틴이 내게 무시무시한 번뇌를 겪게 한 뒤에 이토록 상냥하게 대해주자, 나는 감사의 정에 얼근히 취했다. 그래서 마치 여섯 잔째 브랜디를 따라주는 카페 보이에게 기꺼이 한 재산을 주겠다고 약속하듯이 그녀에게 말했다. 앞으로 내 아내는 자동차와 요트를 가질 텐데, 그대는 그토록 자동차와 요트를 좋아하니까, 내가 사랑하는 여인이 그대가 아닌 게 무척 안타까운 일이다, 나는 그대를 위해 완벽한 남편이 되었을 텐데, 그러나 아직 희망이 있으니, 어쩌면 앞으로도 우린 서로 즐겁게 만날지도 모른다고. 그렇기는 해도 술주정뱅이조차 주먹이 무서워서 길 가던 사람한테 치근거리길 삼가듯이, 나도 질베르트를 사랑했던 시절이라면 무심코 해버렸을 경솔한 짓은 하지 않았다. 즉 내가 사랑하는 것은 그녀, 알베르틴이라고 고백하는 짓 말이다.

"그러니까 나는 자칫 그 여인과 결혼할 뻔했어. 그렇지만 감히 할 용기가 없었지. 젊은 여인을 나처럼 병약하고 따분한 사람 곁에서 살게 하고 싶지 않아서." "별말씀을 다 하시네, 다들 당신 곁에서 살기를 바랄 거예요. 다들 얼마나 당신의 환심을 사려고 애쓰는지 생각해보라고요. 베르뒤랭 부인 댁에서는 늘 당신 얘기만 나오고, 또 고급 사교계에서도 그렇다고 하던데. 그럼 그 여인은 당신에게 상냥하지 못했군요? 당신이 스스로를 의심하게 만들었으니. 알 만해요. 그 여인이 어떤 인간인지. 인정머리 없는 여인이에요. 정말 밉네요, 아아! 내가 그 여인의 처지였다면……." "천만에, 아주아주 상냥한 여인이야. 지나칠 정도로. 베르뒤랭네 사람들과 그 밖의 사람들은 안중에도 없어. 내가 사랑하는 그 여인, 내가 단념해버린 그 여인을 빼곤, 내 소중한 사람은 귀여운 알베르틴밖에 없어. 너뿐이야. 함께 있으면서 나를 얼마간 위로해줄 수 있는 사람은―적어도 첫 무렵에." 나는, 그녀의 기를 꺾지 않도록, 요 며칠 동안 수많은 부탁을 할 수 있게 덧붙였다. 나는 결혼 가능성을 어렴풋하게 암시하기만 했다. 두 사람의 성격이 맞지 않아서 도저히 이루어질 것 같지 않다고 말하면서.

질투에 사로잡힐 때마다 나는 하는 수 없이, 생루와 '라셀 캉 뒤 세뇌르'의 관계나 스완과 오데트의 관계의 기억에 늘 시달린다. 그리하여 내가 남을 사랑하게 되면 상대의 사랑을 못 받게 된다, 오직 이해관계만이 나에게 한 여인을 묶어둘 수 있다는 생각으로 기울기 일쑤였다. 오데트와 라셀의 본보기에 따라서 알베르틴을 판단하는 것은 어처구니없는 짓인지도 모른다. 그러나 문제는 그녀가 아니라 나였다. 내 질투가 나로 하여금 매우 과소평가하게 한 것은 바로 상대에게 불어넣는 감정이었다. 어쩌면 틀린 이 판단에서, 틀림없이 수많은 불행이 생겨나 우리에게 덤벼들 것이다.

"그럼, 파리로 가자는 내 초대를 거절하는 거요?" "지금 내가 떠나는 건 작은어머니가 찬성하지 않으실 거예요. 그리고 나중에 내가 가더라도, 그런 모양으로 당신 댁에 묵는 건 이상해 보이지 않을까요? 파리에선 내가 당신 사촌 여동생이 아니라는 게 금방 들통날 테니."―"좋아! 우리 둘은 약혼한 사이라고 해두지. 아무려면 어때? 사실이 아니라는 걸 그대가 아는 바에야." 잠옷에서 고스란히 나온 알베르틴의 목은, 힘차고, 금빛이며, 결이 거칠었다. 나는 그녀를 꼭 껴안고 목에 입맞췄다. 어린 시절 내 가슴에서 결코 떼어놓을 수 없다고 믿은 어린애다운 슬픔을 가라앉히기 위해 어머니를 꼭 껴안고 입맞췄던 것처럼 순수하게.

알베르틴은 옷을 갈아입으러 가려고 내 곁을 떠났다. 더구나 그녀의 헌신은 벌써 약해지고 있었다. 아까 그녀는 잠깐이라도 내 곁을 떠나지 않겠다고 말했다(나는 그녀의 결심이 오래가지 않으리라는 걸 느꼈다. 우리 둘이 발베크에 그대로 있기라도 하면, 그녀가 오늘 저녁에라도 나 몰래 블로크의 사촌자매를 만나지 않을까 두려울 정도였다). 그런데 벌써 그녀는 지금부터 멘빌에 갔다가 오후에 나를 보러 다시 돌아오겠다고 말했다. 어젯밤 집에 안 돌아갔으니 편지가 쌓여 있을지도, 작은어머니가 걱정하고 있을지도 모른다면서. 나는 대답했다. "그 때문이라면 엘리베이터 보이를 보내서 작은어머니한테 그대가 여기 있다는 말을 전하고 그대 편지를 찾아오게 할 수도 있어." 그러자 상냥히 굴고 싶지만 굴복된 데 약이 오른 그녀는 미간에 주름살을 짓다가 곧 매우 상냥하게 말했다. "하긴 그래요." 그러고 나서 엘리베이터 보이를 심부름 보냈다.

알베르틴이 내 곁을 떠난 지 15분도 지나지 않았는데 엘리베이터 보이가 와서 가볍게 문을 두드렸다. 설마 내가 알베르틴과 담소하는 동안, 엘리베이터 보이가 멘빌에 갔다 왔다고는 생각하지 않았다. 그는 알베르틴이 작은어머니에게 편지를 쓴 것, 내가 바란다면 그녀는 오늘이라도 파리에 갈 수 있다는 것을 알리러 왔다. 하기야 그녀가 구두로 그런 말을 전하게 한 건 잘못이었다. 이른 아침인데도 벌써 지배인의 귀에 그 말이 들어가, 미치다시피 된 그가 내게 와서 마음에 들지 않는 일이라도 있는지, 정말 떠나는지, 오늘은 아무래도 바람이 걱정하는('걱정되는'이라는 뜻) 날씨라서 하다못해 며칠 기다릴 수 없는지 물었기 때문이다. 나는 블로크의 사촌자매가 이곳을 돌아다니는 지금, 특히 알베르틴을 보호할 수 있는 유일한 친구인 앙드레가 발베크에 없으니, 알베르틴을 이곳에 절대로 두고 싶지 않다는 사실을 그에게 하나 하나 설명할 마음은 없었다. 또한 발베크란 병자가 숨을 못 쉬게 되는 장소이므로, 만약 죽는 한이 있더라도 또 한 밤을 여기서 지내진 않겠다고 결심한 것도 말하기 싫었다. 더구나 나는 비슷한 하소연에 계속 맞서 싸워야 했다.

첫 싸움은 호텔에서 일어났다. 마리 지네스트와 셀레스트 알바레가 붉어진 눈을 하고 있었던 것이다(마리는 막았던 급류를 터놓은 듯한 흐느낌을 냅다 터뜨리고, 좀더 성질이 느른한 셀레스트는 마리에게 진정하라고 타일렀는데, 마리가 아는 단 하나의 시구 '이승에선 온 라일락꽃이 죽도다'를 중얼거리자, 셀레스트는 더 참지 못해 그 라일락꽃 빛깔 얼굴에 눈물이 가득 퍼졌다. 하기야 그녀들은 그날 저녁이 되자 나를 잊었겠지만). 다음에 지방 철도의 작은 열차 안에서 나는 그토록 남의 눈에 띄지 않게 조심했건만 결국 캉브르메르 씨와 부딪치고 말았다. 내 여행 가방을 본 그는 창백해졌다. 모레의 모임에 내가 오기를 기대했기 때문이다. 그는 내 호흡 곤란이 기후의 변화에 관계 있으니, 그 때문에 떠나기엔 10월이 좋을 거라고 설득하려 들어 나를 성가시게 했다. 아무튼 '출발을 일주일 미룰' 수 없겠느냐고 물었는데, 내가 그 어이없는 말씨에 화난 것은, 사실 그 제안이 나로선 참을 수 없는 일이었기 때문이다. 그가 그런 말을 찻간에서 지껄이는 동안, 열차가 정거장에 멈출 때마다 나는 헤림발드나 비스카르 같은 노르만족 우두머리의 귀신보다도 더 무시무시한 게 나타날까 봐 가슴 졸였다. 그것은 초대되기를 조르는 크레시 씨였고, 더욱 무시무시한 것은 나를 초대하고 싶어 안달이 난 베르뒤랭 부인이었다. 그러나 이런 것은 몇 시간 뒤에 일어날 일이다. 나는 아직 거기까지 이르지 않았다. 그저 지금 나는 죽을힘을 다하는 지배인의 하소연에 맞닥뜨리고 있을 뿐이다. 나는 지배인을 내쫓았다. 아무리 낮은 목소리로 수군거린들 어머니를 깨울까 봐 겁이 나서.

나는 혼자 방에 남았다. 처음 도착했을 때 그토록 불행하게 여겼던 천장이 너무나 높은 이 방, 스테르마리아 아가씨를 그토록 다정다감하게 생각했고, 바닷가에 멈추는 철새들같이 알베르틴과 그 여자친구들이 지나가는 걸 엿보았던 방, 내가 엘리베이터 보이를 시켜 그녀를 데려오게 했을 때 그토록 감동 없이 그녀를 차지했던 방. 이곳에서 나는 할머니의 상냥한 마음을 느끼고 그 다음에 할머니의 죽음을 실감했다. 아침 햇살이 바닥까지 비치는 이 방의 덧문을, 나는 내 손으로 열고서 처음으로 바다의 첫 지맥(支脈)을 보았다 (알베르틴은 우리 포옹을 남이 보지 못하게 내 손으로 덧문을 닫게 했다). 나는 변치 않는 사물과 맞대어보면서 나 자신의 변화를 뚜렷이 의식했다. 그렇지만 우리는 인간을 대하듯 사물에 익숙해진다. 그러다가 문득 우리는 깨닫는다. 그 사물이 전에는 다른 뜻을 품고 있었으며, 그 뜻을 모두 잃어버리고 말았을 때에도 오늘날의 사건과는 매우 다른 사건들을 둘러싼 틀로써 존재했다는 사실을. 그때처럼 유리 끼운 책장들에 둘러싸여 같은 천장 밑에서 이루어진 온갖 행위의 다양성과 그런 다양성이 품고 있는 인간의 마음과 삶의 변화는, 무대장치의 변함없는 끄떡없음에 의해 더욱 커지며, 장소의 통일성에 의해 더욱 강화되는 성싶다.

한순간 이런 생각이 두세 번 머릿속에 떠올랐다. 이 방과 이 책장이 있는 세계, 그 안에서 알베르틴의 더할 나위 없이 작은 존재인 이 세계는, 어쩌면 한 지적인 세계 곧 유일한 현실 세계이고, 그에 비해 나의 슬픔은 고작 소설을 읽을 때에 느끼는 슬픔 같은 것이라, 오직 어리석은 자만이 그런 슬픔을 엿가락 늘이듯 삶 속에 늘어뜨리는 게 아닐까. 그러니 이 현실 세계에 이르려면, 서커스에서 종이 바른 고리를 통과하듯이 내 괴로움을 뚫고 나가서 그 세계에 다시 들어가려면, 그리하여 소설을 다 읽은 다음에는 가공의 여주인공 행동에 아랑곳하지 않듯이 알베르틴의 행동에 더 이상 개의치 않으려면, 어쩌면 내 의지를 살짝 나타내는 것만으로 충분하지 않을까. 게다가 내가 사랑한 여인들도 그녀들에 대한 내 사랑에 꼭 들어맞은 적이 한 번도 없었다. 내 사랑은 순수했다. 왜냐하면 나는 그녀들을 만나서 나만의 것으로 하기 위해 모든 일을 제쳐놓았으니까. 어느 날 저녁, 오지 않는 그녀들을 기다리다 못해 흐느껴 울기도 했으니까. 그러나 그녀들은 나의 그 같은 사랑의 심상이었기보다는, 오히려 그런 사랑을 깨워서 절정까지 올려 보내는 특성을 지니고 있었다. 그녀들을 눈으로 보고 그 목소리를 귀로 들었을 때, 나는 그녀들 안에서 내 사랑과 비슷한 것이나 내 사랑을 설명할 수 있는 것을 하나도 찾아내지 못했다. 그렇지만 나의 유일한 기쁨은 그녀들을 보는 것, 나의 유일한 걱정은 그녀들을 기다리는 것이었다.

이를테면 그녀들과 아무 관계없는 힘이 우연히 자연에 의해 그녀들에게 덧붙여져서, 그 전류와도 같은 힘의 작용이 결과적으로 내 사랑을 북돋아서,

나의 모든 행동을 이끌며 나의 모든 괴로움을 일으켰다고 할 수도 있으리라. 하지만 그런 것은 그 여인들의 아름다움, 지혜로움 또는 착한 마음과는 전혀 달랐다. 우리 몸에 전류가 통하듯 나는 내 사랑에 감전돼, 그 사랑에 흔들리며 살고 그 사랑을 느꼈다. 그러나 한 번도 사랑을 보거나 생각하는 데 이를 수 없었다. 오히려 나로선 이런 사랑에서(흔히 사랑과 함께 생기지만, 사랑을 이루기에 모자란 육체적인 쾌락에 대한 이야기는 잠시 미뤄두기로 하고) 우리가 여성이라는 겉모습 아래, 마치 비밀스런 신들을 대하듯이 여성에게 부차적으로 따르는 그러한 보이지 않는 힘을 향해서 말을 건다는 생각까지 하고플 정도다. 우리에게 필요한 것은 이 여신들이 베푸는 은혜이고, 우리는 실제의 기쁨을 발견하지 못한 채 여신들과의 접촉을 찾고 또 찾는다. 여성은 남몰래 만나는 동안 우리를 그런 여신들에게 소개하는 것일 뿐이지, 그 이상은 거의 하지 않는다. 우리는 봉헌물(奉獻物)로서 보석이며 여행을 약속하고, 뜨겁게 사랑한다는 뜻의 틀에 박힌 말과 반대로 무관심하다는 뜻의 상투어를 발음한다. 우리는 그녀에게서 새로운 밀회 약속을, 그것도 기꺼이 동의하는 밀회 약속을 얻기 위해 온갖 노력을 다한다. 그런데 여인이 위와 같은 숨은 힘을 못 갖추었다면, 정말로 우리는 그 여인 자체를 위해서 이렇게 애를 쓸까? 그러기는커녕 먼저 그 여인이 떠나버리면, 우리는 그 여인이 어떤 옷을 입고 있었는지조차도 아리송하려니와 그 여인을 주의 깊게 보지도 않았던 사실을 깨닫는다.

시각(視覺)이야말로 정말로 우리를 속이는 감각이구나! 알베르틴의 몸같이 더할 나위 없이 사랑받는 인간의 몸마저, 몇 미터, 아니 몇 센티미터 떨어져 있어도, 우리에게서 멀게 보인다. 거기에 깃들인 영혼도 마찬가지다. 그런데 우리에 대한 이 영혼의 위치가 어떤 이유로 심하게 바뀌어서, 그녀가 우리 아닌 다른 사람을 사랑하고 있음이 드러났다고 해보자. 그런 때 우리는 갈기갈기 찢긴 심장의 고동에 의해, 몸과 마음을 다해 사랑하는 이가 있던 데가 우리에게서 몇 걸음 떨어진 곳이 아니라 우리 마음속임을 느낀다. 우리 마음속, 다만 얼마쯤 표면적인 부분 말이다. 그런데 '그 여자친구, 그것은 뱅퇴유 아가씨'라는 말은 나로선 찾아낼 수 없었던 '열려라, 참깨'란 주문으로, 알베르틴을 산산조각 난 내 심장 깊숙이 들여보내고 말았다. 문은 그녀를 들여보내고 나서 다시 닫혀, 내가 100년 동안 찾아본들 문을 다시 여는 방법은 알아내지 못하리.

  이런 말을, 나는 아까 알베르틴이 내 곁에 있는 동안만은 잠깐 듣지 않고 있었다. 심한 불안을 달래기 위해 콩브레에서 어머니를 껴안았듯이 알베르틴을 껴안으면서, 나는 어느 정도 알베르틴의 순결을 믿었다. 아니 적어도 내가 발견한 그녀의 악덕에 대해 계속 생각하고 있지는 않았다. 그러나 혼자가 된 지금, 말상대가 입을 다물자마자 들리는 귀울림처럼 그런 말이 다시 윙윙 울리기 시작했다. 이제 나는 그녀의 악덕을 의심할 여지도 없었다. 점점 솟아오르는 햇빛은 내 주위 사물의 모양을 바꾸면서 잠깐 그녀에 대한 내 위치를 옮겨놓아, 다시금 나의 괴로움을 더 가혹하게 의식하게 했다. 이토록 아름답고, 이토록 괴롭게 시작되는 아침은 일찍이 본 적이 없었다. 햇빛에 밝게 빛나기 시작하지만 더 이상 아무런 흥미도 끌지 않는 풍경, 어제까지만 해도 찾아가고 싶은 욕망으로 나를 가득 채웠던 온갖 풍경을 생각하면서, 나는 복받치는 울음을 참을 수 없었다. 바로 그때였다. 미사에서 빵과 포도주를 바치는 기계적 움직임처럼, 그러나 내 처지에선 평생토록 매일 아침마다 모든 환희를 죽여 바쳐야 하는 피비린내 나는 봉헌식을 상징하는 동작처럼 —이는 새벽마다 새로이 장중하게 반복되는 나날의 내 슬픔과 내 상처의 피인데—태양의 황금 알은 한데 엉길 때의 농도 변화가 일으키는 균형의 파괴로 떠밀려서, 그림에서 보는 가시 모양의 불길에 휩싸여 막을 탁 찢고 나타났다. 그 전부터 태양이 막 뒤에서 나올 순간을 떨면서 기다리고 있다는 것을 느낄 수 있었건만, 이제 태양은 딱딱하게 굳은 신비로운 붉은 막을 그 빛의 홍수 밑에 지워버리고 말았다.

  나는 내 울음소리를 들었다. 이 순간 뜻하지 않게 문이 열렸다. 가슴을 두근대는 내 앞에 할머니가 서 있는 것 같았다. 이미 몇 번이나 겪었지만 오로지 잠잘 때만 겪었던 할머니의 나타남. 그럼 이번에도 모두 꿈에 지나지 않았나? 아니다! 나는 말똥말똥 깨어 있었다. "나를 돌아가신 네 할머니와 비슷하다고 생각했나 보구나." 어머니가 말했다—그 인물은 바로 어머니였으니까. 질겁한 나를 진정시키려는 듯 부드럽게, 그리고 또 결코 아양떨 줄 몰랐던 수수한 보람의 아름다운 미소로써 할머니와 닮았음을 스스로 고백하면서. 근심스러운 눈과 부쩍 늙은 두 볼 둘레에 꾸불꾸불 휘감겨 붙은 풀어헤친 머리털, 그 희끗희끗한 타래, 할머니 것을 그대로 물려 입은 실내복.

이런 것들 때문에 잠깐 어머니를 알아보지 못해, 나는 내가 잠들어 있는 건지 아니면 할머니가 되살아난 건지 당황했던 것이다. 오래전부터 이미 어머니는, 어린 내 눈에 익었던 젊고도 잘 웃는 어머니라기보다 오히려 할머니를 닮아 있었다. 그러나 나는 그 점을 너무나 생각해보지 않았다. 이를테면 오래 계속해서 책을 읽던 사람이 멍하니 시간 가는 줄 깨닫지 못하다가, 문득 주위에서 늘 똑같은 궤도로 움직이는 태양이 어제 똑같은 시각의 태양을 떠올리게 해, 제 주변에 해넘이를 준비하는 똑같은 조화와 일치를 가져오는 걸 보듯. 어머니는 미소 지으며 나의 착각을 지적했다. 그도 그럴 것이 할머니와 그토록 닮은 게 어머니에게는 기쁜 일이라서.

"잠결에 우는 소리가 들리는 것 같아서 와봤단다. 그 소리에 깨어났거든. 그런데 왜 그러니, 누워 있지 않고? 눈에 눈물이 글썽하구나. 무슨 일이니?" 나는 두 손으로 어머니의 얼굴을 감쌌다. "어머니, 큰일났어요. 어머니가 내 마음이 잘도 변하는구나 생각할까 봐 겁이 나요. 어제 어머니한테 알베르틴에 대해 너무나 좋지 않게 말했는데, 그 말은 사실 옳지 않았거든요." "그래서, 뭐가 문제니?" 어머니는 이렇게 말하고 나서 해돋이를 언뜻 보고, 그 어머니를 생각하면서 쓸쓸히 미소 짓더니, 내가 언제나 객관적으로 바라보지 않는 걸 할머니가 슬프게 여기던 그 풍경을 맛보란 뜻에서 내게 창을 가리켰다. 그러나 어머니가 가리키는 발베크의 바닷가, 바다, 해돋이 뒤에, 나는 어머니 눈에도 띌 정도의 절망감과 더불어 몽주뱅의 방을 보았다. 거기서는 장밋빛으로 물든 채 큰 암고양이처럼 몸을 움츠리고 코언저리에 짓궂은 표정을 띤 알베르틴이, 어느 사이에 뱅퇴유 아가씨의 여자친구 자리를 차지해, 아가씨처럼 음탕스러운 웃음을 터뜨리며 말하고 있었다. "흥! 본들 대수야, 더 좋지. 내가 감히 이 늙은 원숭이한테 침 못 뱉을 줄 알아?" 창 너머로 펼쳐져 있는 경치 뒤에 내가 본 것은 그런 정경이었다. 앞 풍경은 뒤 정경 위에 한 반사처럼 겹쳐진 우중충한 너울에 지나지 않았다. 정말로 앞 풍경 자체는 한 폭의 그림처럼 거의 비현실 같았다. 맞은편 파르빌 절벽의 돌출부에 있는 작은 숲, 우리가 전에 고리찾기 놀이를 하고 놀았던 그 숲에 그려진 무성한 수풀은 가파르게 기울어지며 바다까지 다다르고, 수면은 아직 온통 금빛 갯물로 칠해져 있었다. 언젠가 내가 알베르틴과 함께 그곳으로 낮잠을 자러 갔다가, 해가 지는 광경을 보면서 일어나던 그 시각처럼. 새벽의 자갯돌을 빈틈없이 깔아놓은 수면에 장밋빛과 푸른빛 헝겊 조각처럼 아직 떠돌고 있는 찢긴 밤안개 속을, 배 몇 척이 비스듬한 빛에 미소 지으면서 지나갔는데, 그 비스듬한 햇빛은 저녁 무렵 그 배들이 돌아오는 때처럼 그 돛과 기울어진 돛대의 끝을 노랗게 물들이고 있었다. 왠지 으스스하고 쓸쓸한 허깨비 같은 이 광경은 순수한 저녁놀을 떠올리게 했지만, 실제 저녁처럼 그 전에 이미 흘러간 낮 시간으로 뒷받침되고 있는 게 아니라, 거기서 나누어져 그저 집어넣어진 것, 몽주뱅의 심상보다 훨씬 흐리터분한 것이었으니, 결국 몽주뱅의 무시무시한 심상은 그로 인해 지워지지도, 덮어지지도, 감춰지지도 않았다—회상과 몽상의 시적이고도 헛된 심상이었다.

"하지만 말이다." 어머니가 말했다. "너는 나에게 알베르틴 욕은 한마디도 하지 않았어. 그녀가 좀 성가시다, 결혼할 생각을 단념해 만족스럽다고 했을 뿐이야. 그처럼 울 만한 이유가 못 돼. 생각 좀 해봐라, 네 엄마는 오늘 떠나는데, 커다란 늑대 씨를 이런 상태로 내버려두고 가는 게 얼마나 슬프겠니. 더구나, 불쌍한 아가야. 너를 위로해줄 틈이 없구나. 내 짐이야 다 꾸려져 있지만, 출발하는 날은 그래도 바쁘게 마련이니까." "그런 일이 아니라니까요." 이렇게 말하면서 나는 앞날을 계산하며, 나의 의지를 신중하게 검토하며 확실히 깨달았다. 알베르틴이 뱅퇴유 아가씨의 여자친구에게 그토록 오랫동안 애정을 느껴온 이상, 그녀는 결백할 리 없었다. 알베르틴은 분명 악덕의 전망을 전해 받았다. 아니 그녀의 온갖 몸짓을 봐도 알 듯이 애초에 그녀는 악덕의 소질, 내 염려가 여러 번 예감했으며 그녀가 결코 그 짓에 탐닉하기를 그치지 않았을(어쩌면 지금도 내가 곁에 없는 틈을 타 빠져 있을) 악덕의 소질을 타고난 것이다. 그리 생각한 나는, 이런 말로써 내가 어머니에게 끼치는 걱정이 어머니 입을 통해 드러나진 않을망정 분명 심각하게 생각에 잠긴 어머니 얼굴에, 내게 슬픔을 주느냐 해를 주느냐 하는 두 가지 중대사를 비교할 때 늘 떠올리는 표정으로 나타나리란 것—그 표정은 이를테면 콩브레에서 어머니가 체념하고 내 곁에서 자기로 했을 때 처음으로 보여준 것이며, 이제는 그것이 나에게 코냑을 마셔도 좋다는 허락을 내렸을 때의 할머니 표정과 아주 비슷했는데—을 알면서도 어머니에게 말했다.

"나는 어머니를 걱정시키려 해요. 첫째 어머니가 원하듯이 여기 남지 않고, 나 어머니와 함께 떠날 거예요. 그러나 이건 아직 아무것도 아니에요.

이곳은 내 몸에 해로워서 돌아가고 싶을 뿐이니까. 그보다도 잘 들으세요, 너무 상심 마시고. 저, 나 거짓말했어요. 어제 나쁜 악의는 없었지만 어머니를 속여버렸어요. 나는 밤새워 곰곰 생각해봤죠. 꼭 이렇게밖에 할 수 없어, 그것도 곧바로 정해야 해. 나는 지금 제대로 알아차렸으니까. 다시는 맘이 변하지 않을 테니까. 이렇게 하지 않으면 나 살아갈 수 없을 테니까. 그러니까 나, 어떤 일이 있어도 알베르틴과 결혼하고 말 거예요."

옮긴이 민희식 (閔憙植)

경기고 졸업 서울대 졸업 프랑스 스트라스부르대 문학박사 성균관대 교수 이화여대 교수 계명대·외국어대 프랑스과 교수 한양대 불문과 교수 한양대도서관장 저서 《프랑스문학사》 《법화경과 신약성서》 《불교와 서구사상》 《토마스복음서와 불교》 《어린왕자의 심층분석》 역서 《현대불문학사》 플로베르 《보바리부인》 지드 《좁은문》 뒤마피스 《춘희》 바실라르 《촛불의 철학》 뒤 가르 《티보네 사람들》 《한국시집 (불역)》 박경리 《토지 (불역)》 한말숙 《아름다운 연가 (불역)》 《김춘수시집 (불역)》 허근욱 《내가 설 땅은 어디냐 (불역)》 《불문학사예술론》 《행복에 이르는 길》 프랑스문화공로훈장, 펜번역문학상 수상

141

Marcel Proust
À LA RECHERCHE DU TEMPS PERDU
잃어버린 시간을 찾아서 II
마르셀 프루스트/민희식 옮김
1판 1쇄 발행/2010. 10. 30
1판 5쇄 발행/2015. 3. 10
발행인 고정일
발행처 동서문화사
창업 1956. 12. 12. 등록 16-3799
서울 강남구 도산대로 163 (신사동)
☎ 546-0331~6 (FAX) 545-0331
www.dongsuhbook.com

*

잘못 만들어진 책은 바꾸어 드립니다.

*

사업자등록번호 211-87-75330
ISBN 978-89-497-0680-1 04080
ISBN 978-89-497-0382-4 (세트)